Das Afrika-Lexikon

20°
10°West
0°
10°Ost
20°
30°
40°
50°
60°
40°
Kap Verde
MAROKKO
TUNESIEN
30°Nord
Kanar. Inseln
ALGERIEN
LIBYEN
ÄGYPTEN
23,5°
1
20°
MAURETANIEN
MALI
NIGER
TSCHAD
ERITREA
SUDAN
Sokotra
2
3
4
BURKINA FASO
9
GUINEA
10°
5
ELFENBEIN-KÜSTE
GHANA
BENIN
7
NIGERIA
ÄTHIOPIEN
6
ZENTRALAFR. REP.
KAMERUN
SOMALIA
Bioko
8
UGANDA
Príncipe
0°
GABUN
KENIA
São Tomé
KONGO
RUANDA
DEM. REP. KONGO
BURUNDI
Seychellen
Sansibar
TANSANIA
10°
ANGOLA
MALAWI
SAMBIA
Komoren
St. Helena
1 WESTSAHARA
2 SENEGAL
3 GAMBIA
4 GUINEA-BISSAU
5 SIERRA LEONE
6 LIBERIA
7 TOGO
8 ÄQUATORIALGUINEA
9 DSCHIBUTI
• Hauptstadt
SIMBABWE
MOSAM-BIK
MADAGASKAR
NAMIBIA
BOTSUANA
Mauritius
Réunion
SÜDAFRIKA
SWASILAND
LESOTHO
400 km
30°Süd
© Inst. für Kulturgeographie Univ. Freiburg

Das Afrika-Lexikon

Ein Kontinent in 1000 Stichwörtern

In Verbindung mit Till Förster, Leonhard Harding, Carola Lentz, Peter Meyns, Dieter Riemenschneider, Johannes Triebel, Raimund Vogels, Karl Vorlaufer, Rainer Voßen, Helmut Ziegert

herausgegeben von Jacob E. Mabe

Mit 101 Abbildungen, Karten und Tabellen

Sonderausgabe

Peter Hammer Verlag
Verlag J. B. Metzler

Inhalt

Gefördert vom Kirchlichen Entwicklungsdienst der Evangelischen Kirche in Deutschland durch den ABP sowie von der Evangelischen Kirche im Rheinland

CIP-Titelsätze für beide Verlage sind erhältlich bei der Deutschen Bibliothek.

Gedruckt auf chlorfrei gebleichtem, säurefreiem und alterungsbeständigem Papier

ISBN 3-476-02046-0 (Metzler)
ISBN 3-7795-0020-5 (Peter Hammer)

Einbandgestaltung: Wolf Erlbruch
Lektorat: Gudrun Honke
Satz: Typomedia, Ostfildern
Druck und Bindung: Kösel, Krugzell
Printed in Germany
August/2004

www.metzlerverlag.de
www.peter-hammer-verlag.de

Peter Hammer Verlag GmbH, Wuppertal
Verlag J. B. Metzler, Stuttgart · Weimar

Vorwort des Herausgebers

Das Afrika-Lexikon ist das erste Nachschlagewerk seiner Art, das in deutscher Sprache erscheint. Es versteht sich als eine Reaktion auf das zunehmende Bedürfnis insbesondere der Leserinnen und Leser nach sachlicheren Informationen über die afrikanische Vergangenheit und Gegenwart. Sein Ziel ist einerseits, das Kulturrepertoire Afrikas aus verschiedenen wissenschaftlichen Gesichtspunkten zu untersuchen, und andererseits, das bislang erreichte Wissen über Afrika in möglichst verständlicher Form einem breiteren Leserkreis zugänglich zu machen. Durch fundierte und profunde Informationen will das Lexikon den Zugang zu afrikanischen Lebenswelten erleichtern und erhebt damit den Anspruch, in dieser Bündelung und Präsentation des Wissens eine eigenständige und originelle Leistung erbracht zu haben.

Der bei der Auswahl der Artikel verwendete Kulturbegriff bezieht sich nicht nur auf die traditionellen Normen, Werte und Lebensformen, sondern umfasst auch Alltagsleben, Geschichte, Politik und Wirtschaft, Kunst, Literatur, Philosophie, Wissenschaften, neue Technologien und Medien. (Auf Personenartikel, die einen zweiten Band erforderlich gemacht hätten, musste verzichtet werden.) Damit will das Lexikon zugleich ein vorurteilsfreies und positives Bild von Afrika präsentieren. Vor diesem Hintergrund wurden Stichwörter ausgewählt, die nicht nur atavistische, triviale oder sogenannte afrikaspezifische Lebensweisen spiegeln, sondern auch moderne Denkweisen behandeln sowie bestimmte wissenschaftsrelevante Sachverhalte im afrikanischen Kontext veranschaulichen. Die Aufnahme pejorativer Begriffe dient dazu, unreflektiert negative Meinungen über Afrika zu korrigieren.

Thema des Afrika-Lexikons ist der ganze Kontinent. Dies entspricht den Ergebnissen neuerer Forschung, die zwischen den einzelnen Regionen Afrikas jahrtausendealte Verbindungen aufgezeigt hat und früher übliche Aufteilungen wie Weiß- und Schwarzafrika oder Nord- und subsaharisches Afrika mehr und mehr fragwürdig erscheinen lässt.

Ein Wort zu den Länderartikeln: Sie beginnen mit aktuellsten statistischen Daten. Diese Daten stammen teils aus nationalen Erhebungen, größtenteils aber aus den Statistiken der Vereinten Nationen (UN) und ihrer Unterorganisationen, insbesondere UNDP, UNICEF und UNAIDS, und werden jährlich im *Human Development Report* veröffentlicht. Die Angaben in diesem Lexikon sind in der Regel dem *Human Development Report 2001* entnommen. Die HIV-Rate ist aufgeführt, da in vielen Artikeln auf die Auswirkungen von Aids hingewiesen wird. Bei allen statistischen Angaben ist zu berücksichtigen, dass die Daten aufgrund der Vielzahl der Quellen, die in die UN-Statistiken eingehen, eine unterschiedliche Qualität aufweisen und manchmal auf Schätzungen beruhen, die aber regelmäßig neuesten Entwicklungen angepasst werden.

Ein solches Nachschlagewerk kann nicht ohne fremde Hilfe und Fachkompetenz entstehen. So danke ich allen etwa 200 namhaften Autorinnen und Autoren aus Afrika und Europa für ihre konstruktive Mitarbeit sowie ihre geistige Aufgeschlossenheit. Mit ihrer Bereitschaft, sich von ethnozentrischen Betrachtungsweisen oder sonstigen endgültigen Positionierungen zu distanzieren und stattdessen neue Deutungsmuster zu wagen, haben sie einen maßgeblichen Beitrag zum Gelingen des Lexikons geleistet. Weder von Afrikanern noch von Europäern waren Borniertheiten zu befürchten. Im Gegenteil hat sich durch die Kooperation der Wissenschaftler beider Kontinente eine neue Form des intellektuellen Austauschs konstituiert, die zweifellos als Exempel für interdisziplinäre Forschung sowie als ein neuer Anfang für interkulturellen Dialog gewürdigt werden kann. Ungeachtet der unterschiedlichen Herkunft und Sozialisation der Autoren versucht das Lexikon die Heterogenität der Standpunkte dadurch zu vermeiden, dass sich jeder einzelne Autor an den Zielen der wissenschaftlichen Objektivität und der allgemeinen Verständlichkeit orientiert.

Für das Zustandekommen des Lexikons danke ich zunächst den beiden Verlagen, die für dieses Vorhaben zu einer Kooperation zusammengefunden haben: dem Verlag J. B. Metzler, insbesondere dem Verlagsleiter Dr. Bernd Lutz, dem Lektor Dr. Oliver Schütze sowie Monika Johannsen, und dem Peter Hammer Verlag, vor allem dem Verlagsleiter Hermann Schulz, Monika Bilstein und nicht zuletzt der Lektorin Gudrun Honke, die die gesamte Redaktion des Lexikons übernommen hat. Großer Dank gebührt auch dem Kirchlichen Entwicklungsdienst der Evangelischen Kirche in Deutschland, der das Lexikon durch den ABP gefördert hat, ebenso der Evangelischen Kirche im Rheinland. Auch den Übersetzern Dr. Joachim Wilke (aus dem Französischen) und Bettina Schiller (aus dem Englischen und Französischen) ist zu danken. – Undenkbar wäre das Lexikon ohne die Mitwirkung einer großen Zahl von Wissenschaftlerinnen und Wissenschaftlern gewesen, die beratend und betreuend an der Konzeption und Realisierung bereitwillig und engagiert mitgearbeitet haben. Stellvertretend für viele nenne ich hier Professor Dr. Ulrich Rebstock und Professor Eike W. Schamp. Aus ihrer Reihe haben einige als Fachkoordinatoren bestimmte Themenbereiche verantwortlich betreut und die Auswahl der Artikel und Autoren sowie die inhaltliche Gestaltung der Artikel in die Hand genommen. Die Liste der Namen findet sich im Anschluss an die Vorworte. Mit beispiellosem Engagement und anregender Kritik haben sie das Projekt bis zu dessen Abschluss begleitet. Meinen afrikanischen Freunden Professor Dr. Samir Amin, Professor Dr. Jean Godefroy Bidima, Professor Dr. Georges Ngal und Professor Dr. Fouad Ibrahim bin ich ebenfalls zu Dank verpflichtet. Ansonsten sei allen Autoren für ihre Flexibilität sowie ihre menschliche und konstruktive Zusammenarbeit gedankt. Mein besonderer Dank gilt nicht zuletzt meiner Frau Dr. Ute Winkler für ihre Ratschläge und lange Geduld sowie meinem kleinen Sohn Syl für manch unerwartete Inspiration. Autoren, deren Beiträge aus unterschiedlichen Gründen nicht erscheinen konnten, bitte ich um Nachsicht. Redaktionsschluß des Afrika-Lexikons war der 31. 7. 2001.

Berlin, im August 2001

Jacob Emmanuel Mabe

Vorwort der Verlage

Afrika zu Beginn des 21. Jahrhunderts: Das Afrika-Lexikon schlägt den, wie wir meinen, einzig gangbaren Weg ein, ein neues Afrikabild anzubieten. Nahezu 200 Autorinnen und Autoren sichteten, was die Forschung in aller Welt über Afrika weiß, sie schauten genauer und gerechter hin, sie versuchten Einordnungen und Wertungen abseits ausgetretener Pfade und verloren das wichtigste Ziel nie aus den Augen – dass es nämlich um Afrika geht und nicht länger um fragwürdige Erwartungen der restlichen Welt, im Innern unbewusst verfestigte Bilder, Urteile und Vorurteile. Nur genaue Informationen und kenntnisreiche Einordnungen können langfristig ein neues, verantwortbares Bild von Afrika entstehen lassen: Das Afrika der reichen Geschichte und Kulturen, der unglaublichen moralischen und politischen Kräfte, mit denen die brutalen Einschnitte von Sklavenverschleppungen, Kolonialherrschaft und Einmischungen der Gegenwart als Teil eigener Geschichte akzeptiert werden, die Vielfalt der Sprachen, Traditionen, Literaturen, Kunst und Musik, der humanen Werte, der Anstrengungen für eigene neue Wege zur Demokratie und Gestaltung der Gegenwart und Zukunft. Das Afrika der Widersprüche, aber auch das kluge und stolze Afrika, das sich verweigert, allzu schnell in die Forderungen scheinbar unausweichlicher »Weltordnungen« einzuwilligen. Weil Afrikas *wirkliche* Eliten mit guten Gründen und zu Recht auf eigenen Wegen beharren, ihre Gesellschaften zu gestalten.

Ein solches Unternehmen ist ohne die Zusammenarbeit afrikanischer und internationaler Wissenschaftler, die sich zum Teil ein Leben lang mit Afrika beschäftigen, nicht zu leisten. Auch hätte wohl kaum einer der beiden herausgebenden Verlage diese Herausforderung allein glaubwürdig durchstehen können. Hier musste die Professionalität des Verlages J. B. Metzler als führendes Unternehmen in der Edition von Lexika mit den jahrzehntelangen Beziehungen zu afrikanischen Literaturen des Peter Hammer Verlages zusammen gehen, koordiniert durch eine erfahrene (Afrika-)Lektorin, Gudrun Honke. Sie hat die Entwicklung des Lexikons – zusammen mit Dr. Oliver Schütze – von Anfang an begleitet und schließlich die Lektorierung und Redaktion sämtlicher Texte im Austausch mit den Koordinator/innen und Autor/innen besorgt – ohne ihre Arbeit, das sei hier festgehalten, wäre das Lexikon in dieser Form nicht denkbar gewesen. Der Herausgeber Dr. Dr. Jacob Emmanuel Mabe schließlich, der mit der Idee des Lexikons zwei Verlage begeistern konnte, ist mit seinen umfangreichen Kenntnissen und Erfahrungen – in der Wissenschaft wie in den verschiedenen Kulturen, in denen er zu Hause ist –, mit seinen weitgespannten Kontakten und seiner großen Fähigkeit, die Menschen zusammenzubringen, sicherlich ein Glücksfall für dieses Vorhaben gewesen.

Ein solches Unternehmen ist auch ohne die Hilfe von Institutionen kaum zu bewerkstelligen: An dieser Stelle ist dem Kirchlichen Entwicklungsdienst der Evangelischen Kirche in Deutschland zu danken, der durch seinen Ausschuß für Entwicklungsbezogene Bildung und Publizistik (ABP) das Lexikon großzügig gefördert hat, ebenso der Evangelischen Kirche im Rheinland.

Nach allem, was wir vom internationalen Buchmarkt wissen, gibt es bis zum Erscheinen dieses Buches kein vergleichbares, den ganzen Kontinent umfassendes Afrika-Lexikon. Es ist nicht an uns, diese Leistung zu loben, wohl aber der rechte Ort darauf hinzuweisen, dass allein im deutschen Sprachraum Tausende, die sich beruflich, politisch oder aus persönlichem Engagement mit Afrika beschäftigen, endlich ein brauchbares Kompendium zur Hand haben, mit dem sich arbeiten lässt. Es ist glücklicherweise kein Werk für die Wissenschaft geworden, sondern eines für Benutzerinnen und Benutzer in den verschiedenen Ebenen und Institutionen der Entwicklungszusammenarbeit, in Schulen, Arbeitsgruppen und Bildungseinrichtungen, die eine neue Arbeitsgrundlage brauchen und die nicht akzeptieren wollen, dass ein ganzer Kontinent vom wachsenden internationalen Dialog ausgeschlossen wird.

Das Afrika-Lexikon ist Teil dieses Dialogs – und eine aufregende Lektüre zu einem so erregenden wie spannenden Thema unserer Zeit dazu.

Stuttgart und Wuppertal, im August 2001

Die Fachkoordinatoren

Professor Dr. Till Förster, Basel/Bayreuth: Kunst
Professor Dr. Leonhard Harding, Hamburg: Geschichte
Professor Dr. Carola Lentz, Frankfurt/M.: Gesellschaft
Dr. Dr. Jacob E. Mabe, Berlin: Länderartikel, Philosophie, Wirtschaft und Technik, traditionelle Religionen
Professor Dr. Peter Meyns, Duisburg: Politik
Professor em. Dr. Dieter Riemenschneider, Frankfurt/Auckland: Literaturen
PD Dr. Dr. Johannes Triebel, Neuendettelsau: Christentum
Professor Dr. Karl Vorlaufer, Düsseldorf: Geographie, Umweltschutz, Urbanisierung, Tourismus
Professor Dr. Raimund Vogels, Hannover: Musik
Professor Dr. Rainer Voßen, Frankfurt/M.: Sprachen
Professor Dr. Helmut Ziegert, Hamburg: Archäologie, Vor- und Frühgeschichte

Abhängigkeit ↗ peripherer Kapitalismus

Abstammung ↗ Klan und Lineage, ↗ Matrilinearität, ↗ Stamm, ↗ Verwandtschaft

Abtreibung. Schwangerschaftsabbruch ist auch in Afrika eine verbreitete Form der Geburtenregelung. Man schätzt, dass weltweit etwa 15% aller Schwangerschaften in einer Fehlgeburt und 22% in einer A. enden. Von den jährl. weltweit etwa 50 Mio. A. werden etwa 20 Mio. von Personen ohne die notwendigen Fertigkeiten durchgeführt und/oder in einer Umgebung, die nicht minimalen medizin. Standards entspricht. Da fast alle Länder Afrikas A. verbieten oder nur in sehr eng definierten Ausnahmen zulassen (Gefahr für Leben und Gesundheit der Frau, Vergewaltigung), werden die meisten A. unter unzureichenden Bedingungen vorgenommen; eine Notfallversorgung ist kaum gegeben. Die auf jährl. 5 Mio. geschätzten Risiko-A. in Afrika resultieren in etwa 34.000 Todesfällen sowie einem Vielfachen an gesundheitlichen Folgen. Durchschnittl. 13% und in einigen Ländern bis zu 50% der in den meisten afrik. Staaten extrem hohen Müttersterblichkeit beruhen auf den Folgen von A. Da verlässliche Statistiken fehlen, beruhen Zahlenangaben meist auf in Krankenhäusern durchgeführten Studien; insbes. über A. von Frauen in ländl. Gegenden liegen kaum Daten vor.

A. werden durch Einführen scharfer Gegenstände in Vagina und Gebärmutter oder durch die Einnahme unterschiedlichster Kräuter und chemischer Substanzen herbeigeführt oder versucht herbeizuführen, und zwar vom Gesundheitspersonal, von Hebammen, traditionellen Praktikern und den Frauen selbst.

In jeder Gesellschaft gibt es Frauen, für die in einer bestimmten persönlichen, wirtsch. und sozialen Situation das Austragen einer Schwangerschaft inakzeptabel ist. Der häufig niedrige Status von ↗ Frauen in Afrika und ihr Mangel an Selbstbestimmung schränken aber die Möglichkeiten ein, ungewollte Schwangerschaften zu vermeiden. In Gesellschaften, in denen Frauen früh heiraten und Kinder haben oder auch schon vor der Ehe Kinder haben sollen, werden A. wohl eher von Frauen mit erfülltem Kinderwunsch vorgenommen. Wo jedoch sexuelle Beziehungen vor der Ehe gesellsch. nicht akzeptiert sind und z.B. schwangere Schülerinnen die Schule verlassen müssen, werden überproportional viele A. von jungen unverheirateten Frauen vorgenommen. Abtreibungskomplikationen betreffen überwiegend Jugendliche, weil insbes. sie weniger über sichere Abtreibungsmöglichkeiten informiert sind und nicht das dafür notwendige Geld haben. Die Folgen unsachgemäßer A. beanspruchen enorme finanzielle und personelle Ressourcen, z.B. in den gynäkologischen Abteilungen der Krankenhäuser und -stationen. Rechtliche Regelungen haben i.d.R. wenig Einfluss auf die Zahl der A., jedoch auf ihre gesundheitlichen Folgen; Sexualaufklärung für Jugendliche, Zugang zu Verhütungsmitteln und Beratungsstellen für Familienplanung könnten dagegen A. einschränken. Seit in den 1990er Jahren mehrere internat. Konferenzen und Konventionen den Regierungen empfahlen, Programme zur Vermeidung von A. und zur Behandlung der gesundheitlichen Folgen unsachgemäßer A. zu entwickeln sowie sicheren Schwangerschaftsabbruch dort zugänglich zu machen, wo er nicht verboten ist, hat die öffentl. Diskussion um die Abtreibungsgesetzgebung zugenommen und Programme zur besseren Betreuung von Komplikationen bei A. werden umgesetzt. ↗ Verhütung, ↗ Schwangerschaft und Geburtshilfe, ↗ Gesundheitsversorgung, ↗ Geschlechterbeziehungen.

🕮 Bankole/Singh/Haas, Characteristics of Women Who Obtain Induced Abortion: a Worldwide Review. In: Internat. Family Planning Perspectives 25 (1999). – Alan Guttmacher Institute, Sharing Responsibility – Women, Society and Abortion Worldwide, New York 1999. – IPPF Africa Region, Unsafe Abortion and Post-Abortion Family Planning in Africa, London 1994. – www.who.int

Cordula Schümer

Abuja-Vertrag ↗ OAU

Achämenidenreich. Die Achämeniden waren ein persisches Herrschergeschlecht, das sich spätestens seit König Dareios I. (522–486 v. Chr.) auf einen Dynastiegründer Achaimenes bezog. Die Eroberungen von Kyros III. machten das A. zwischen 553 und 530 v. Chr. zu einem Großreich, das sich schließlich vom Mittelmeer bis zum Indus und von den eurasischen Steppen bis zum Roten Meer erstreckte. 525 v. Chr. griff das A. unter Kyros' Sohn Kambyses III. mit der Eroberung Ägyptens erstmals auf Afrika über. Unter Dareios I. erfolgte 513/12 v. Chr. auch der Anschluss von Libyen und ↗ Nubien. Alle drei Gebiete gehörten als Satrapien zum A. und erschienen fortan in Listen des Reichsbestandes.

Die Achämeniden wurden in Ägypten als 27. (525–406 v. Chr.) und 31. Dynastie (343/42–333/32 v. Chr.) gezählt. Ihre Herrschaft wurde mehrfach durch Aufstände erschüttert, von denen die Erhebung des Amyrtaios von Saïs die folgenreichste war und Ägypten unter der 28.–30. Dynastie (405–344/43 v. Chr.) mehr als 50 Jahre Unabh. einbrachte, bis Artaxerxes III. das Land wiederum unterwarf. Die Achämenidenherrschaft in NO-Afrika endete im Jahr 332 v. Chr. mit dem Feldzug Alexanders des Großen. Die Präsenz der Achämeniden in Ägypten dokumentieren Denkmäler v. a. aus der Zeit von Kambyses III. und Dareios I., die zeigen, dass sich die persischen Herrscher in die Tradition der ägypt. Pharaonen stellten. Eine Reihe von Stelen und eine in Susa gefundene, jedoch in Ägypten gefertigte und aufgestellte Statue des Dareios I. stehen in Zusammenhang mit der Fertigstellung des ↗ Suezkanals unter diesem König.

🕮 B. Jacobs, Die Satrapienverwaltung im Perserreich z. Z. Darius' III., Wiesbaden 1994. – P. Briant, Histoire de l'empire perse de Cyrus à Alexandre, Paris 1996.

Bruno Jacobs

Acholi (Luo-Sprache) ↗ Nilotisch

Ackerbau ist eine Form der ↗ Bodennutzung, die auf dem Prinzip regelmäßiger, i.d.R. jährl., Bearbeitung und nachfolgender pflanzlicher Produktion beruht. Mehr noch als andere Formen der ↗ landwirtsch. Produktion ist der A. in hohem Maße abhängig vom Standort. So kann A. in den Gebieten der feuchten Tropen nicht nachhaltig betrieben werden, weswegen entweder lange Brachezeiten nötig sind (↗ Wanderfeldbau) oder Dauerkulturen mit einjährigen Nutzpflanzen und fallweise auch mit holzwirtsch. genutzten Baumarten kombiniert werden (↗ Agroforstwirtschaft). Brachesysteme sind heute noch weit verbreitet. Wo die Verfügbarkeit des Bodens lange Perioden der Bodenruhe von 20 Jahren und mehr noch zulässt, vermögen diese die Bodenfruchtbarkeit zu regenerieren. Steigende Bevölkerungsdichten (↗ Bevölkerung) haben allerdings in den meisten Gebieten kurze Brachezeiten von drei bis vier Jahren erzwungen. Darauf kann als Mittel zur Eindämmung des Unkrautwuchses oft nicht verzichtet werden, der in den Tropen (↗ Ökozonen, ↗ Klima) einen wesentlichen arbeitswirtsch. Engpass darstellt. In den Trockengebieten dienen mehrjährige Brachen der Speicherung pflanzenverfügbarer Bodenfeuchte (*dry farming*). In den Gebieten der Feuchtsavannen (↗ Savanne) herrscht regenabhängiger A. vor. Dagegen verschiebt sich in den Trockensavannen mit abnehmenden Jahresniederschlägen das Gewicht mehr und mehr zugunsten der ↗ Viehhaltung. Die ackerbaulichen Produktionssysteme der semihumiden (halbfeuchten) und semiariden (halbtrockenen) Gebiete weisen von Region zu Region erhebliche Unterschiede auf. Die standortspezifische Ausprägung ist abhängig von der vorherrschenden Bodenqualität, traditionellen Verhaltensweisen, Zugang zu Märkten oder von der Verfügbarkeit technischer Neuerungen.

Vermutlich wurde der A. in Afrika, ausgehend vom mittleren und oberen Nilgebiet, vor etwa 2000 Jahren mit der Bantu-Wanderung über den ganzen Kontinent verbreitet. Während anfänglich die autochthonen Sammelwirtschaften verdrängt wurden, erfolgt die Ausbreitung heute zu Lasten der für den A. weniger geeigneten Weidegebiete. Aufgrund des Bevölkerungswachstums und stagnierender oder sinkender Flächenerträge in den traditionellen Ackerbaugebieten weiten sich die Anbauflächen heute ungewöhnlich schnell aus. Selbst trockene Gebiete mit niedrigerer Produktivität und Steilhänge mit hoher Erosionsgefährdung (↗ Erosionsschutz) werden einbezogen. Gruppen, die ausschließlich Ackerbau treiben, sind gegenüber denen, die Vieh halten, in der Überzahl. Aber auch unter den Hirtennomaden überwiegen die, welche nebenbei Felder zur Nahrungsmittelproduktion bestellen (Semi-Nomaden, ↗ Nomadismus). In vielen Gebieten hat die zunehmende Bodenverknappung zu wachsender Konkurrenz zwischen Ackerbauern und Viehhaltern und daraus resultierenden Konflikten geführt.

Durch die Integration der Viehhaltung (*mixed farming*) kann eine Steigerung der landwirtsch. Produktivität erfolgen. Dies ist in semihumiden Gebieten und insbes. in tropischen Höhenlagen möglich. Beispiele für die Integration sind die tierische Anspannung, der Anbau fruchtbarkeitsmehrender Futterpflanzen und die Nutzung tierischen Dungs. Ein weiteres integriertes Bodennutzungssystem stellt die Feldgraswirtschaft dar, d. h. der v. a. in tropischen Höhenlagen verbreitete regelmäßige Wechsel von Acker- und Weidenutzung. In den feuchten Gebieten der Tropen verhindert die Tsetsefliege die Integration der Viehhaltung.

Prägendes Element im A. ist die Bodenbearbeitung, die nach den verwendeten Geräten oder nach Form und Intensität gegliedert werden kann. Die Handhacke ist in Afrika auch heute noch am weitesten verbreitet, während der Spaten nur im Reisbau Madagaskars, Senegals und Gambias Verwendung findet. Die Pflugkultur ist dort traditionell anzutreffen, wo stationärer Anbau üblich und die Haltung von Großvieh möglich war. Sie ist insbes. in Nordafrika und im Hochland von Äthiopien seit Jahrtausenden verbreitet. Während der Kolonialzeit fand sie auch in Teilen des südl. Afrika und in Westafrika Eingang. Ziel der Bodenbearbeitung ist die Herstellung eines guten Pflanzbeetes, die Verbesserung der Wasseraufnahmekapazität und die Verminderung der Verdunstung durch Brechung der Bodenporen. Darüber hinaus sollen Pflanzenreste eingearbeitet werden, was mit der Hacke nur möglich ist, wenn der Boden über das organische Material gehäuft wird (Damm- oder Hügelkultur). In den semiariden Gebieten ist aus ökolog. Gründen die minimale Bodenbearbeitung sinnvoll, wofür traditionell der eisenbewehrte Pflanzstock oder der Hakenpflug verwendet wird. Im Zuge einer Modernisierung können diese durch die schleppergezogene Scheiben- oder Zinkenegge ersetzt werden (↗ Landtechnik, ↗ Mechanisierung). Der Schlepperpflug wird seit den 1930er Jahren, zunächst bei europ. Siedlern und staatl. Siedlungsunternehmen, verwendet. In der Folgezeit gingen auch viele Hackbau treibende Kleinbauern auf den gemieteten Schlepperpflug über, da sich dieser im Vergleich zur tierischen Anspannung problemloser übernehmen ließ. Allerdings führen heute erhöhte Ölpreise und Devisenknappheit wieder zu vermehrter Nutzung des von Tieren gezogenen Pfluges. ↗ Landwirtschaft.

🕮 A. Volz, Traditionelle Anbaustrategien westafrik. Bauernkulturen, Münster 1990.

Eckhart Baum

Adamawa-Ubangi, Sprachfamilie des ↗ Niger-Kongo, deren ca. 170 Mitglieder in Zentralafrika von Nigeria über Nordkamerun, Südtschad, die Zentralafrik. Rep., den N der Demokrat. Rep. Kongo bis in den Südsudan verbreitet sind. A.-U. gliedert sich in die Zweige A. (im W) und U. (im O), die erstmals von Joseph Harold Greenberg (1915–2001) unter der Bez. »Adamawa-Eastern« zusammengefasst wurden. Der Name »Adamawa« leitet sich vom gleichnamigen Emirat in Nordostnigeria ab, »Ubangi« bezieht sich auf den Hauptfluss des östl. Verbreitungsgebiets. – Nach neueren Klassifikationen wird das A.-U. mit dem ↗ Gur innerhalb des Niger-Kongo zur Nordgruppe des Volta-Kongo gezählt, wobei die Grenze zwischen beiden Familien noch unklar ist. Ungeklärt ist v. a. der Status der A.sprachen im NW, die ein Bindeglied zwischen A.-U. und Gur darstellen sollen. Eine umfassende interne Gliederung der von Greenberg in 14 Gruppen eingeteilten Adamawasprachen steht noch aus. Etabliert ist eine Südwestgruppe, der in Nigeria u. a. Mumuye (ca. 500.000 Sprecher), Yendang (ca. 80.000), Vere (weniger als 100.000), Samba Leko (ca. 100.000) sowie in Kamerun Dii (Duru, über 50.000) angehören. Einer zweiten Gruppe werden die Adamawasprachen im NO (Nordkamerun/Tschad/Zentralafrik. Rep.) zugeordnet. Hierzu zählen u. a. Mbum (über 50.000, Kamerun u. Zentralafrik. Rep.), Boua (unter 10.000), Day (über 50.000, beide Tschad), Mundang (über 200.000), Tupuri (über 200.000, beide Kamerun u. Tschad), Pana (ca. 80.000) und Kare (ca. 100.000, beide Zentralafrik. Rep.). Eine dritte Gruppe umfasst die Adamawasprachen im NW, in Nordostnigeria, z. B. ɓɘna (Yungur, ca. 100.000), Longuda (über 50.000), Waja (über 50.000) und Jen (über 20.000), die möglicherweise zwischen Gur und A.-U. anzusiedeln sind. – Die Ubangisprachen stellen sich vergleichsweise homogener dar und sind insges. besser dokumentiert. Man unterscheidet heute drei Gruppen: (1) Gbaya (im W), (2a) Ngbandi, (2b) Banda, (2c) Sere-Ngbaka-Mba, (3) Zande (im O). Bedeutende Sprachen in den drei Gruppen sind u. a.: (1) Ngbaka (ca. 800.000, Demokrat. Rep. Kongo), Manza (ca. 220.000, Zentralafrik. Rep.), die Sprachen und ↗ Dialekte der Gbaya (zus. über 600.000, Kamerun u. Zentralafrik. Rep.); (2a) Ngbandi und Yakoma (zus. über 300.000, Demokrat.Rep. Kongo u. Zentralafrik. Rep.); (2b) die Sprachen der Banda (einige mit über 100.000 Sprechern, Zentralafrik. Rep. u. angrenzende Gebiete); (2c) Ngbaka Ma'bo (ca. 150.000, Zentralafrik. Rep.), Mayogo (ca. 100.000, Demokrat. Rep. Kongo); (3) Zande (über eine Mio., Demokrat. Rep. Kongo/Sudan/Zentralafrik. Rep.), die A.-U.-Sprache mit der größten Sprecherzahl. Zum Sere-Ngbaka-Mba (2c) gehören auch einige der ↗ Pygmäensprachen, z. B. Baka (ca. 30.000, Kamerun), Bomassa (Sprecherzahl unklar, Demokrat. Rep. Kongo) und Ganzi (ca. 1.400, Zentralafrik. Rep.). Auf dem Ngbandi (2a) basiert das Sango, eine sich stark ausbreitende Kreolsprache (↗ Pidgin- und Kreolsprachen), die 1988 bereits für ca. 350.000 Menschen Muttersprache war und zur Zweitsprache von mehreren Mio. Menschen der ges. Ubangiregion geworden ist. – Gemeinsamkeiten der A.-U.-Sprachen bestehen

z. B. in der Wortstellung bei assoziativen Konstruktionen (Genitivverbindungen) – das Determinierte steht i.d.R. vor dem Determinierenden (»Haus des Vaters«) – und in der Satzstellung, i.d.R. Subjekt-Prädikat-Objekt. Weit verbreitet sind zudem die Unterscheidung zwischen perfektivem und imperfektivem Aspekt, die am Verb markiert wird, sowie Verbalableitungen (Kausativ, Iterativ, Intensiv, Benefaktiv). Nominalklassen (↗ Nominalklassensprache), im Niger-Kongo altes Erbe, fehlen im U. weitgehend und sind nur in den Mbasprachen (2c) belegt. Im A. kommen Nominalklassen v. a. im NW, in einigen Sprachen im SW und in der Bouagruppe im NO vor. Weitere Adamawasprachen lassen noch Reste eines Klassensystems erkennen. Die Klassenmarkierung erfolgt in allen A.-U.-Sprachen überwiegend durch Suffixe am Nomen. Präfixe sind selten und in den Mbasprachen möglicherweise aus benachbarten ↗ Bantusprachen entlehnt. Im A. sind Klassenpräfixe lediglich aus dem Tula (Wajagruppe) und Sprachen der Yungurgruppe als Bestandteil einer bilateralen Affigierung mit Prä- und Suffix (Tula: kʊ-nʊʊ-aŋ »Zahn«, tʊ-nʊʊ-rɪ »Zähne«) bekannt, die (im Tula häufiger als im Yungur) jedoch nur bei wenigen Nomina belegt ist. A.-U.-Sprachen sind ↗ Tonsprachen, wobei der Ton sowohl lexikalisch als auch grammatisch distinktive Funktion haben kann.

📖 R. Boyd, Adamawa-Ubangi. In: J. Bendor-Samuel (Hg.), The Niger-Congo Languages, Lanham/New York/London 1989, S. 178–215. – J. H. Greenberg, The Languages of Africa, Den Haag/Bloomington 1963. – B. Grimes (Hg.), Ethnologue: Languages of the World, 13. Aufl., Dallas 1966. – U. Kleinewillinghöfer, Die nordwestlichen Adamawa-Sprachen – eine Übersicht. In: U. Seibert (Hg.), Afrik. Sprachen zwischen Gestern und Morgen, Köln 1996, S. 80–103.

Ulrich Kleinewillinghöfer

ADB ↗ AfDB

Adoption. In vielen Gesellschaften Afrikas wachsen Kinder nicht bei ihren leiblichen Eltern auf. Üblich sind – als permanente oder temporäre Arrangements – A., Kindspflegschaft und andere Formen sozialer Elternschaft, etwa die zeitweise Betreuung von Kindern innerhalb der Großfamilie. A. im engeren Sinne beinhaltet die Übertragung nahezu aller Funktionen von Elternschaft auf die Adoptiveltern. Bei Kindspflegschaft behalten die biolog. Eltern wichtige Befugnisse wie z. B. Entscheidungen über den Schulbesuch. Kindspflegschaft und A. sind bes. verbreitet in Westafrika, etwa bei den Baatombu, Gusii, Hausa, Kotokoli und Mende. Der Zeitpunkt der Kindsübergabe variiert beträchtlich: Während die Mende bereits Säuglinge an Pflegeeltern geben, geschieht dies bei den Baatombu nicht vor dem dritten Lebensjahr. Die Pflegeeltern können Großmütter und klassifikatorische Geschwister der Eltern sein, seltener auch Personen, zu denen keine Verwandtschaftsbeziehung besteht. In zentralafrik. Gesellschaften ist die A. durch den Mutterbruder weit verbreitet. Auch innerhalb einer Gesellschaft können unterschiedl. Formen von A. und sozialer Elternschaft vorkommen. So kennen die ostafrik. Turkana drei versch. Formen sozialer Elternschaft: Die vollständige A., bei der die Adoptiveltern die Klan- und Verwandtschaftszugehörigkeit der Kinder determinieren und alle Rechte wahrnehmen; die Pflegschaft, bei der die Pflegeeltern viele Rechte an den Kindern wahrnehmen, und schließlich das temporäre »Ausleihen« von Kindern und deren Arbeitskraft.

Alle Formen sozialer Elternschaft verbindet die Vorstellung, ein Wechsel der zentralen Bezugsperson sei unproblematisch für die normale Kindesentwicklung (↗ Kindheit). Viele Gesellschaften glauben zudem, dass soziale Eltern Erziehungsaufgaben besser wahrnehmen können als die biologischen, die dazu neigen, Kinder durch Verwöhnen zu verderben. Die Praxis von A. und Kindspflegschaft wird (1) sozioökonom., (2) sozial oder (3) strukturalistisch erklärt. Zu (1) zählt die Vorstellung einer besseren Lastenverteilung der Kindererziehung durch eine angemessene Verteilung der Kinder auf ökonom. unterschiedlich potente Haushalte. Der »Kinderausgleich« zwischen armen und reichen Haushalten mindert zudem das Problem von Unfruchtbarkeit und dient dem Krisenmanagement. (2) A. und Kindspflegschaft ermöglichen die Versorgung der Alten mit kindlicher Arbeitskraft. Ferner führt A. zur Stärkung der Beziehungen zwischen den biolog. und den Adoptiveltern, was den gesellsch. Zusammenhalt stärkt. Schließlich kann soziale Elternschaft Kindern bes. Bildungschancen eröffnen, und die »doppelte Elternschaft« fördert die soziale Vernetzung der Kinder. (3) Strukturalistische Erklärungen betonen die Verbindungen zwischen der Zirkulation von Kindern und Frauen und führen an, dass Kinder häufig als Gegengabe für Frauen in die Schwiegerfamilie gegeben werden. Allerdings ist gegen monokausale Erklärungen Skepsis angebracht, denn erst in jüngster Zeit haben Einzelstudien die einheimischen Logiken der A. genauer untersucht.

A. und Kindspflegschaft unterliegen vielfältigen Transformationen durch Urbanisierungsprozesse (↗ Urbanisierung, ↗ Migration), und Kinder werden oft zwischen ländl. und städt. Familien ausgetauscht. In den Städten sind neue Formen von Kindspflegschaft wie Dienstmädchenverhältnisse oder Schülerpensionen entstanden. Damit verändern sich auch die Normen und Wertvorstellungen zur Elternschaft.

🕮 E. Goody, Parenthood and Social Reproduction. Fostering and Occupational Roles in West Africa, Cambridge 1982. – S. Lallemand, Adoption et marriage. Les Cotocoli du Centre du Togo, Paris 1994. – B. Shell-Duncan, Child Fostering Among Nomadic Turkana Pastoralists. Demographic and Health Consequences. In: E. Fratkin (Hg.), African Pastoralist Systems. An Integrated Approach, London 1994, S. 147–64.

Erdmute Alber

Aerophone (Blasinstrumente), Gattungsbegriff für ↗ Musikinstrumente, bei denen meist durch Anblasen eine Luftsäule in Schwingung versetzt wird, wie bei der ↗ Flöte, ↗ Trompete oder einem ↗ Doppelrohrblattinstrument.

AfDB (*African Development Bank/Banque Africaine de Développement*), eine regionale Entwicklungsbank für den afrik. Kontinent (mit vergleichbarer Aufgabenstellung wie die Weltbank, die Asiatische und die Interamerik. Entwicklungsbank) mit Sitz in Abidjan (Elfenbeinküste). Die AfDB wurde 1963 als rein afrik. Institution gegründet und nahm 1966 die Arbeit auf. Zur Erweiterung der Kapitalbasis wurde 1979 der Zutritt auch nichtafrik. Mitgliedsstaaten beschlossen, wegen hinhaltenden Widerstandes (u. a. von Algerien, Nigeria) aber erst 1982 wirksam. Mitglieder derzeit (1. 1. 2001): alle 53 afrik., 24 außerafrik. (davon 14 europ.) Staaten. Oberziel der AfDB ist die finanzielle Förderung der wirtsch. und sozialen Entwicklung Afrikas, wobei die Priorität bei den ärmeren Ländern und auf den Sektoren Landwirtschaft, Infrastruktur und Industrie liegen soll. Die Bank selbst vergibt Kredite zu variablen Bedingungen an die ökonom. relativ stärkeren Staaten (mit deutlichem Schwerpunkt auf Nordafrika). Daneben gibt es in der AfDB-Gruppe als separate Einheiten den 1972 gegründeten ADF (*African Development Fund*), der zinsfreie und lang laufende Kredite an die ärmeren Mitgliedsländer vergibt und ausschließl. aus regelmäßigen Finanzbeiträgen der nichtafrik. Mitglieder gespeist wird, sowie den 1976 geschaffenen NTF (*Nigeria Trust Fund*), der auf Sonderbeiträgen Nigerias beruht und nur noch eine mindere Rolle spielt. Außerdem ist die AfDB aktiv beteiligt an der *Africa Reinsurance Corporation*, der *African Export-Import Bank*, der *Association of African Development Finance Institutions, Shelter-Afrique* und SIFIDA (*Société Internationale Financière pour les Investissements et le Développement en Afrique*). In den 1990er Jahren durchlief die AfDB eine mehrjährige Krisenphase mit massiver externer Kritik an einer laxen Geschäftsführung, die zu hohen finanziellen Außenständen geführt und die Reputation ernsthaft gefährdet hatte, bei gleichzeitiger Furcht vor einer allzu starken Einflussnahme der nichtafrik. Mitglieder, deren Finanzbeiträge aber dringend benötigt wurden. Unter neuer Führung wurde ab 1995 ein harter Sanierungskurs durchgesetzt, der das Leistungsprofil deutlich verbesserte. Als Kompromiss wurde der Kapitalanteil der nichtafrik. Mitglieder an der AfDB von 33 % auf 40 % angehoben.

🕮 E. P. English/H. M. Mule, The African Development Bank, Boulder/London 1996.

Rolf Hofmeier

African Personality, von Repräsentanten des Befreiungskampfes aufgrund gemeinsamer Erfahrungen mit dem Kolonialismus und im antikolonialen Kampf entwickelte Vorstellungen, die Selbstbewusstsein und moralische Überlegenheit gegenüber den europ. Kolonialmächten ausdrücken. V. a. von Kwame Nkrumah wird A. P. als ein Gefühl des Einsseins aufgefasst. Pol. wird die beschworene tief verwurzelte Einheit in Konzepten des ↗ Panafrikanismus entwickelt, der ↗ Tribalismus und Separatismus in den Befreiungsbewegungen (↗ Rebellenbewegungen) überwinden helfen sollte. A. P. war trotz mancher Übereinstimmung die bildungs- und kulturpol. Alternative zur ↗ *Négritude*. Im Gegensatz zu L. S. Senghors Konzept der *Négritude* betonen Nkrumah u. a. mit der A. P. nicht die gemeinsame Hautfarbe, setzen auch nicht afrik. Emotion gegen europ. Rationalität, sondern wollen ein dynamisches nach vorn weisendes Persönlichkeitsbild entwickeln. Die *Négritude* hat ihre philosophischen Grundlagen in der surrealistischen Avantgarde Frankreichs, die A. P. dagegen bes. im Rationalismus und in der engl. bürgerlichen Rechtslehre. Nach Nkrumah ist der Kapitalismus ein Betrug an der Persönlichkeit und dem Bewusstsein Afrikas, und deshalb erforderte die Wiederherstellung der afrik. humanistischen und egalitären Gesellschaftsprinzipien den ↗ Sozialismus (↗ *Consciencismus*). Der A.P. geht es um Sensibilisierung und Politisierung der Massen. Hauptanliegen von Bildung und Erziehung ist nach Meinung von W.E.B. du Bois, der das Konzept der A.P. maßgeblich beeinflusste, dass die jungen Afrikaner nicht mehr billige Arbeitskräfte für die ausl. Industrie abgeben oder für ausl. Propagandazwecke missbraucht werden, sondern sich zu modernen, intelligenten, verantwortungsbewussten und weitblickenden Persönlichkeiten entwickeln. A. P. fand bis Mitte der 1960er Jahre eine fast ausschließlich positive Resonanz bei der afrik. Intelligenz. Kritische Auseinandersetzungen mit dem aufklärerischen Erziehungs- und Gesellschaftsideal der A. P. finden sich später v.a. in der afrik. Belletristik, exemplarisch in dem Roman von Ayi Kwei Armah *The Beautiful Ones Are Not Yet Born* (1968; dt.: *Die Schönen sind noch nicht geboren*). ↗ Anglophone Literaturen, ↗ Entkolonialisierung.

🕮 K. Nkrumah, Afrika muss eins werden, Leipzig 1965. – R. Jestel (Hg.), Das Afrika der Afrikaner, Frankfurt/M. 1982. – J. O. Sofola, African Culture and African Personality: What Makes an African Person African? Ibadan 1973.

Gerd-Rüdiger Hoffmann

Afrika (Begriff). Der Erdteil-Begriff A. hat eine lange und verzweigte Vorgeschichte und entstand zur Zeit der ↗ griechischen und ↗ römischen Kolonisation Nordafrikas. Der Begriff leitet sich wohl von dem libyschen Volk der Afri ab, das im Hinterland der antiken Hafenstädte ↗ Karthago und Utica (heute nördl. Tunesien) siedelte. Wie aus dem Siegernamen *Africanus* des älteren Scipio (um 234–183 v. Chr.) zu ersehen ist, wurde dieser Begriff spätestens in der Zeit des 2. Punischen Krieges (218–201 v. Chr.) für ein Gebiet verwendet, das weit größer war als das Gebiet der Afri. Und aus Sallusts Geschichtswerk *Bellum Iugurthinum* (Der Jugurthinische Krieg, um 40 v. Chr.) geht hervor, dass er bereits einige Zeit später – von Ägypten abgesehen – ganz Nordafrika bezeichnete. Den Kontinent A. konnten die Römer mit dem Wort *Africa* allerdings erst bezeichnen, als der latein. Begriff *Africa* eine wenigstens teilweise deckungsgleiche Fläche mit dem griech. Begriff *Libýē* ausgebildet hatte – dies war frühestens in der 2. Hälfte des 3. Jh. v. Chr. der Fall, und zwar aufgrund der Begriffsinhalte »Nordafrika« oder »punisch beherrschtes A.« Auf dem Umweg über diesen Teilbegriff wurde dann der Vollbegriff des Kontinents erreicht, denn diesen Begriffsinhalt besaß das griech. Wort *Libýē* seit längerer Zeit ebenfalls.

In der Lit. taucht der griech. Erdteil-Begriff *Libýē* zum ersten Mal bei Pindar (*Pythien*, 474 v. Chr.) auf. Er verschwand dann nicht mehr aus den geogr. Vorstellungen der Griechen, wenngleich *Libýē* auch später nicht selten »Teil Asiens« oder »Nordafrika« oder »Teil Nordafrikas« bedeuten konnte. Ursprgl. aber haben den mit dem geogr. Begriff *Libýē* in gewisser Weise korrelierenden ethn. Begriff *Líbyes* nicht Griechen geprägt, sondern Ägypter, die mit diesem Wort das Berbervolk *Rbw* bzw. *Lbw* bezeichneten, das westl. des Nildeltas siedelte.

Es hat sogar den Anschein, als ob *Rbw/Lbw* letzten Endes eine berberische Bezeichnung war. Sie erhielt sich in einigen ägypt., vom 13. bis zum 8. Jh. v. Chr. reichenden Dokumenten. Im 8. Jh. v. Chr. regierten im Nildelta Herrscher, die den Titel »großer Fürst der *Rbw*« trugen – etwa in der Zeit, in der die homerischen Epen entstanden (Homer, Odyssee 4, 83–90), und ein Jh. vor der Zeit, in der die Griechen die Kyrenaika besiedelten. So scheinen die Griechen über Ägypter mit der ethn. Bez. *Rbw/Lbw* = *Libyes* in Berührung gekommen zu sein.

Werner Huß

Afrikaans (ehem. Kapholländisch, *Cape Dutch*), dem Niederländischen verwandte indoeurop. Sprache (Rep. Südafrika und Nachbarstaaten), von gesch. 4–5 Mio. Menschen als erste oder weitere Sprache gesprochen. A. ist im 17. Jh. in den Handelsniederlassungen der *Dutch East India Company* in einer Sprachkontaktsituation (↗ Sprachkontakt) entstanden, in der Sprecher europ., asiat. und afrik. Sprachen aufeinandertrafen. Neben dem in der Lit. und in den Medien verwendeten Standard-A., das aus dem ↗ Dialekt der östl. Kapregion hervorgegangen ist, sind versch. ↗ Pidgin- und Kreolvarietäten in Gebrauch (z. B. *Flaaitaal, Cape Coloured A.*). – Während die Morphologie des A. im Vergleich mit dem Niederländischen Vereinfachungen aufweist (z. B. Verlust der Genusunterscheidung am Nomen; ↗ Nominalklassensprache), sind in anderen Bereichen komplexe Strukturen bewahrt worden (unterschiedliche Wortreihenfolge in Haupt- und Nebensätzen). Charakteristisch ist außerdem die Verwendung einer doppelten Verneinungsform (*Hy het nie eleg nie, wörtl.: »er* *hat nicht gelacht nicht*«), deren Herkunft auf europ. Sprachen und ↗ Dialekte wie auch auf den Einfluss von ↗ Khoisansprachen zurückgeführt wurde. – Das A. ist seit 1875 Schriftsprache, etablierte sich aber erst im 20. Jh. als Lit.sprache. ↗ Afrikaans-Literatur, ↗ Südafrika, Völker, Kulturen und Staaten.

📖 H. den Besten, Double negation and genesis of Afrikaans. In: P. Muysken/N. Smith (Hg.), Substrata versus Universals in Creole Genesis, Amsterdam 1986, S. 185–230. – E. H. Raidt, Einführung in Geschichte und Struktur des Afrikaans, Darmstadt 1983.

Gabriele Sommer

Afrikaans-Literatur, Teil der südafrik. Lit. (↗ Afrikaans), entstand im 17. Jh., nachdem sich Portugiesen und Holländer am Kap niedergelassen hatten, als Kontaktsprache des Niederländischen mit dem ↗ Khoisan und dem von Sklaven aus dem O gesprochenen Malayischen. In der zweiten Hälfte des 19. Jh. nahmen Nachkommen der Kolonialisten die Sprache für sich in Besitz, um ihre eigene weiße nat. Identität zu schaffen, und Afrikaans etablierte sich als Literatursprache. Das imperialistische brit. Vordringen zu Beginn des 20. Jh. nach der Entdeckung von Gold in Südafrika und der ↗ Burenkrieg regten die ersten bedeutsamen Gedichte in Afrikaans an, die von Eugène Marais (1871–1936), Jan F. E. Celliers (1865–1940), Totius (J. D. du Toit, 1877–1953) und C. Louis Leipoldt (1880–1947) verfasst wurden. Diese frühe Lyrik handelte von der Tragik des Krieges, insbes. seiner Wirkung auf Mütter und Kinder und betrauerte den Tod der Liebsten, prangerte die Kriegsführung an. Sie begründete eine Lyriktradition in Afrikaans. Der herausragende Dichter dieser Dekade war N. P. van Wyk Louw (1906–70), der noch heute als einer der führenden Vertreter der A.-L. gilt. Er verstand Lyrik als Kunst und sprachliche Vollendung und verfasste neben Natur-, Liebes- und metaphysischen Gedichten auch dramatische und epische Lit. Seine Vorstellung von der *ars poetica* beinflusste das Werk der meisten großen Dichter in Afrikaans. D. J. Opperman (1914–85) mit seiner dichten und oft kryptischen Bildhaftigkeit wurde sein würdiger Nachfolger. Der moderne und postmoderne Dichter Breyten Breytenbach (*1939) hat van Wyk Louws und Oppermans Ästhetik und metaphorische Sprachgewalt weiterentwickelt; Wort und Bild dienen einem Surrealismus und einer Imagination, die der intuitive Leser nur mit emotionaler Betroffenheit erfährt. Elisabeth Eybers (*1915), die zweite wichtige Vertreterin der 1930er Jahre, trug mit ihrer weibl. geprägten Technik und Thematik zur Lyrik dieses Jahrzehnts bei und hat in Antjie Krogs (*1952) Feminismus und präziser Bildlichkeit ihre moderne Nachfolgerin gefunden.

Neben Lyrik als Ästhetik des Worts widmeten sich die Prosaautoren den Themen der ökonom. Wirklichkeit, der Transformation in das industrielle Zeitalter und der Entfremdung der ländl. Gemeinschaft. Seit Beginn der Kolonialzeit sprachen v. a. Bauern Afrikaans, deren nat. Bewusstsein von Land, Natur und Arbeitsethos geprägt war. Der Afrikaansroman seit den 1920er Jahren – D. F. Malherbe (1881–1969) – und bis heute – Etienne van Heerden (*1954) sowie Anna M. Louw (*1913) – bringt die Beziehung zu Land und Farm zum Ausdruck. Malherbes und Jochem van Bruggen (1881–1957) betrauerten den Verlust der Idylle durch die Industrie, den Niedergang des Patriarchats und den Verlust von Farm und Land. Seit den 1960er Jahren haben moderne Romanciers die Farm satirisch behandelt, sie alternativ aus dem Blickwinkel der Vätergeneration betrachtet und gelegentlich ihre Auflösung und den damit verknüpften Identitätsverlust der »Afrikaner« dargestellt. – Moderne Prosa steht in engem Zusammenhang mit der pol. Landschaft. Die 1960er Jahre, Abschnitt der »revolutionären« Lit. mit neuen Formen, Themen und jungen Autoren, die nach Paris gingen, waren vom wirtsch. Boom geprägt. Als es schien, die ↗ Apartheid habe endgültig gesiegt, wandten sich junge schwarze und weiße in Afrikaans schreibende Autoren gegen diese Ideologie. Die Werke von André P. Brink (*1935), Jan Rabie (*1920), Etienne Leroux (1922–89), Anna M. Louw, Elsa Joubert (*1922), Abraham H. de Vries (*1937) und Hennie Aucamp (*1934) griffen mit ihren satir., allegor. und realistischen Erzählungen über pol. ↗ Widerstand und Polizeibrutalität die Politik der nationalistischen Regierung an. Zugleich schufen Louw, Joubert und Chris Barnard (*1939) in ihren Romanen ein Bewusstsein eines nicht nur von weißen Siedlern bestimmten Lebensstils. Die kanonisierte Ästhetik der Lyrik erlaubte dagegen, außer in satirischen Gedichten und in Ingrid Jonkers (1933–65) und Breytenbachs Werk, kaum eine pol. Kommentierung und Verurteilung des Regimes.

Protest gegen pol. Diskriminierung fand sich jedoch schon vor den 1960er Jahren u. a. in den deutlich vernehmbaren Minderheitsstimmen von P. J. Philander (*1921) und von Adam Small (*1936), dem Vorläufer einer alternativen A.-L., die im Dialekt der schwarzen afrikaanssprachigen Bev. abgefasst war und von der kanonisierten Lit. abwich. Bereits vorher hatte Peter Blum (1925–90) Arbeiter-Afrikaans als Mittel pol. und gesellsch. Satire eingesetzt. Diese Lit. entwickelt sich gegenwärtig nicht nur sprachlich weiter, sondern schafft die Welt eines »Anderen«, wie sie von schwarzen Autoren, v. a. A.H.M. Scholtz, Abraham Philips, Elias Nel und Melvin Whitebooi, gesehen wird.

Die Demokratisierung Südafrikas und seine Politik der elf offiziellen Sprachen geht mit dem Bedeutungsverlust des A. einher, das vorher neben Englisch eine der beiden Amtssprachen war, wobei das Englische immer bestimmender wird. Obwohl die A.-L. weiterhin produktiver ist als die englische, ist die Rolle des Afrikaans v. a. in der akad. und beruflichen Ausbildung gefährdet. Ob das Englische die A.-L. beeinträchtigen wird, bleibt abzuwarten. ↗ Südafrika.

🕮 J. C. Kannemeyer, A History of Afrikaans Literature, Pietermaritzburg 1993.

Ampie Coetzee

Afrikanische Ideologie ist zunächst die Gesamtheit philos., weltanschaulicher und teilweise relig. Vorstellungen sowie programmatisch formulierter Handlungsanweisungen im Unabhängigkeitskampf bzw. nach erreichter staatl. Selbständigkeit in afrik. Ländern (↗ Panafrikanismus, ↗ Négritude, ↗ African Personality). A. I. umfasst zudem auch nat., kontinentale oder ethn. begründete pol. wirksame Philosophien. In beiden Bedeutungen wird der Begriff »Ideologie« nicht als falsches Bewusstsein definiert, sondern weitgehend übereinstimmend in der Bedeutung pol. ↗ Philosophie für Afrika verwendet. Das Wort »afrikanisch« kann betonen, dass es sich im Sinne von A. Gramsci nicht um willkürliche, von außen eingeführte, rationalistische Ideologien handelt, sondern um organische Ideologien, die hist. notwendig sind, als gültig angenommen werden und den Menschen ermöglichen, ein Bewusstsein von ihrer Lage zu erlangen sowie Auswege aus dieser Lage aufzuzeigen. Drei Erscheinungen der a. I. sind bes. hervorzuheben: (1) Schriften von bedeutenden Politikern mit philos. Anspruch, z. B. ↗ *Consciencismus* (K. Nkrumah), ↗ *Ujamaa* (J.K. Nyerere), afrik. *Authentizität* (Mobuto Sese Seko), afrik. ↗ *Humanismus* (K. Kaunda), ↗ *Négritude* (L.S. Senghor u. a.); (2) antikoloniale pol. Lit. (A. Césaire, F. Fanon, Ngugi wa Thiong'o, S. Biko, A. Cabral u. a.) und (3) Dramen, Erzählungen, Gedichte und Romane (insbes. Briefromane und hist. Romane) mit dem Anspruch, mobilisierend zu wirken (Ch. Achebe, M. Bâ, H. Lopes, A. Neto, O. p'Bitek, Pepetela u. a.). Dazu kommen die seit Mitte der 1970er Jahre geführten Debatten innerhalb der akad. Philosophie Afrikas (P. J. Hountondji, M. Towa, A. A. Dieng, H. O. Oruka u. a.). Als wichtige Aufgabe der a. I. wird hier die philos. Bewältigung der afrik. Krise gesehen, um ein neues Denken oder einen neuen Menschen (F. Fanon) hervorbringen zu können. Zunehmend werden traditionalistische Elemente und a. I. im Verständnis von kollektivem Bewusstsein kritisiert. Ideol., wiss. und literarische Produktionen in Afrika sollten, so T. Boni-Kone, unter dem Gesichtspunkt einer pluralen Logik erforscht werden.

🕮 K. Nkrumah, I Speak of Freedom. A Statement of African Ideology, London, Melbourne 1961. – L. S. Senghor, Mein Bekenntnis, Leipzig 1991. – T. Boni-Kone, Crise, philosophie et société, in: Postkoloniales Philosophieren: Afrika, Wien 1992, S. 170–189. – J. R. Nellis, A Theory of Ideology. The Tanzanian Example, Nairobi, London 1972.

Gerd-Rüdiger Hoffmann

Afrikanische Renaissance ↗ Entwicklungszusammenarbeit, ↗ Modernisierung

Afrikanische Theologie ↗ Christentum

Afrikanische Unabhängige Kirchen ↗ Christentum, ↗ Kirchen, christliche

Afrikanische Union ↗ OAU

Afrikanischer Sozialismus ↗ Sozialismus

Afrikanisierung, die Summe der pol. Maßnahmen in Afrika zum Zweck der Ablösung ausländischer durch einheimische Arbeitskräfte, oft, aber nicht nur von Führungskräften in Wirtschaft und Verwaltung. In diesem Sinne bedeutet A. auch Indigenisierung; so z. B. in Kamerun Kamerunisierung, in Nigeria Nigerianisierung usw. A. ist vorwiegend eine afrik. Konsequenz aus dem Kolonialismus. In der Kolonialzeit wurden Fremde zur Modernisierung der Wirtschaft ins Land geholt, die vielfach auch als Mittler oder Puffer zwischen kolonialer Administration und einheimischer Bev. dienten. Fremde Minderheiten waren v. a. im Zwischenhandel tätig, in brit. Kolonien auch als mittlere Beamte in der Verwaltung, darüber hinaus als technische ↗ Eliten. In

Westafrika waren Libanesen, Griechen und Syrer Händler und Geldverleiher, teilweise schon vor der kolonialen Eroberung. Seit der Kolonialzeit arbeiten Zuwanderer aus Nigeria (vorwiegend Hausa), Togo, Benin, Mali oder Burkina Faso in versch. Nachbarländern, oft im Kleinhandel, aber auch in der ↗ Landwirtschaft (↗ Migration). In den letzten Jahrzehnten wurden sie mehrfach des Landes verwiesen. In Ostafrika lag der Handel in vorkolonialer Zeit bei den Arabern, später bei den Indern.

A. drückt sich durch Diskriminierung von Nichtafrikanern bzw. Ausländern in Wirtschaft und Verwaltung aus. Die Vertreibungen erreichten einen Höhepunkt unter Idi Amin in Uganda, wo die indische Bev. 1972 entschädigungslos enteignet und ausgewiesen wurde. Nur wenige Angehörige der Minoritäten suchten sich durch Annahme der jeweiligen Staatsbürgerschaft vor Maßnahmen der A. zu schützen. Vielmehr wichen viele in neue Wirtschaftssektoren aus – und wurden so Unternehmer, die zur ↗ Industrialisierung in Ländern wie Kenia und Nigeria beitrugen – oder wanderten aus. Die A. hat sich als untaugliches Instrument erwiesen, da Einheimische wegen unzureichender Qualifizierung oft nicht die Unternehmer, Techniker und Händler in vollem Maße ersetzen konnten. Viele Regierungen versuchten daraufhin, die Lücken durch Staatsunternehmen und ausl. Manager zu schließen. In den meisten Fällen führte A. zu erheblichen ökonom. Einbußen. A. in der Form der Indigenisierung, d. h. der Vertreibung von Afrikanern, die nicht Angehörige des jeweiligen Staates sind, gehört in einigen Ländern auch heute noch zum innenpol. Programm von Regierung und Parteien. ↗ Nationenbildung, ↗ Rassismus.

📖 N. Balabkins, Indigenization and Economic Development: The Nigerian Experience. Greenwich, Connecticut 1982. – D. Himbara, The Failed Africanization of Commerce and Industry in Kenya. In: World Development 22 (1994), S. 469–482.

Eike W. Schamp

Afrikanistik, Wissenschaftsdisziplin, die sich mit der Erforschung und Beschreibung von Sprachen und Lit. in Afrika befasst. Forschungsgegenstand sind auch alle kulturellen, sozialen und hist. Aspekte, soweit diese mit linguistischen Methoden zu erschließen sind.

I. Geschichtlicher Überblick. Die wiss. Beschäftigung mit afrik. Sprachen ist eine Sache der Neuzeit. Das europ. Interesse an Afrika zeigte sich zunächst in dreifacher Hinsicht – Merkantilismus, Machtpolitik und Missionierung gingen dabei Hand in Hand. Bezeichnenderweise sind die ersten Sammlungen und Beschreibungen afrik. Sprachen im 16. und 17. Jh. Produkte der Missionierung und waren als katechetische Hilfsmittel gedacht. Es waren v. a. kath. Missionare, die sich dem Sprachstudium widmeten und in ihren Arbeiten schon zu recht bemerkenswerten Einsichten in die Strukturen westl. ↗ Bantusprachen (z. B. Kikongo und Kimbundu) gelangten. Als bedeutendstes Werk dieser Epoche der frühen »Missionssprachwissenschaften« gilt die Kikongo-Grammatik von G. Brusciotto (1659). In ihr sind nicht nur das Nominalklassensystem (↗ Nominalklassensprache), sondern auch verbale Derivationen (z. B. Applikativ) richtig erkannt und beschrieben. Fast zur gleichen Zeit entwickelte sich auf dem Gebiet des ↗ Nubischen wie auch in äthiosemitischen Sprachen (↗ Semitisch) eine umfangreiche Lexikographie. A. Carradori da Pistoia (ca. 1600–1652) verfasste 1650 ein Wörterbuch zum nubischen Kenzi-Dialekt mit mehr als 7.000 Einträgen, Anastasius Kirchner übersetzte 1636 ein koptisch-arab. Wörterbuch ins Lateinische, und Hiob Ludolf (1624–1704) veröffentlichte 1698 sowohl ein amharisch-lat. Wörterbuch als auch eine Grammatik zum Ge'ez, womit er gleichsam zum Begründer der europ. Äthiopistik avancierte. Vom späten 17. bis ins späte 18. Jh. litt die Kenntnis über Afrika und seine Sprachen unter den Folgen des ↗ Sklavenhandels. Erst zu Beginn des 19. Jh. nahm die wiss. Beschäftigung mit afrik. Sprachen wieder zu, was jetzt auch vor dem Hintergrund der Aufklärung sehen ist. Es entstanden umfangreiche Wörtersammlungen – etwa das Pallas-Vokabularium (1790/91) mit Wortformen aus 30 afrik. Sprachen oder Kompendien wie der »Mithridates« (1812), worin grammatische Skizzen, Textproben sowie philologische Erörterungen zu ↗ afrik. Sprachen zu finden sind. Das 19. Jh. war das Zeitalter der großen Entdeckungsreisen ins Innere Afrikas. Forschern wie Mungo Park, David Livingstone, Heinrich Barth, Adolf Overweg, Gustav Nachtigal und Georg Schweinfurth verdanken wir neben einer Fülle von Daten zur Geographie, Ethnographie, Hydrologie, Botanik und Zoologie auch sprachliche Aufzeichnungen. Zur selben Zeit befassten sich christl. Missionare (↗ Mission, christl.) wie Sigismund W. Koelle (1823–1902) und Joh. Gottlieb Christaller (1827–1895) in Westafrika oder Joh. Ludwig Krapf (1810–1881) in Ostafrika mit einheimischen Sprachen. Während Koelle mit seiner »Polyglotta Africana« 1854 ein fundamentales Werk schuf, das aus 156 west- und zentralafrik. Sprachen jeweils etwa 300 Wörter auflistet, und Krapf sich um eine umfassende Darstellung des ↗ Swahili und anderer ostafrik. Sprachen bemühte, beschrieb Christaller als Erster das Phänomen des musikalischen Tons im Twi. Von Wilh. Heinr. Immanuel Bleek (1827–1875) wurde 1858 der Begriff »Bantu« in die A. eingeführt, die fortan mehr und mehr von deutschsprachigen Wissenschaftlern dominiert wurde. Neben den Ägyptologen Leo Reinisch (1832–1919) und Carl Richard Lepsius (1810–1884), deren Namen engstens mit dem Studium der kuschitischen (↗ Kuschitisch) bzw. nilotischen (↗ Nilotisch) Sprachen verbunden sind, waren es in erster Linie Carl Meinhof (1857–1944) und Diedrich Westermann (1875–1956), die mit ihren grundlegenden, z.T. aber auch umstrittenen Arbeiten zum Bantu und zu den ↗ Sudansprachen das Bild der modernen A. bis weit ins 20. Jh. hinein prägten. Meinhofs großes Verdienst liegt in der Etablierung einer hist.-vgl. Bantuistik begründet. Er stellte entwicklungsgeschichtl. Lautgesetze auf und rekonstruierte im sog. »Urbantu« die hypothetischen Ausgangsformen aller Bantusprachen. Wegen seiner Hamitentheorie (↗ Hamitensprachen, ↗ Kulturkreise), die nachhaltig die Vorstellung von der afrik. Frühgeschichte prägte, wurde er heftig angegriffen, da er hier in unzulässiger Weise anthropologische und linguistische Kriterien miteinander vermischte. Westermann wiederum, der die bes. Beziehungen einiger Sudansprachen zu den Bantusprachen erkannte, legte mit einer Vielzahl von Einzelbeschreibungen v.a. zu den ↗ Kwa-, aber auch zu den ↗ Mande- und nilotischen Sprachen (↗ Nilotisch) den Grundstein für seine klassifikatorischen Arbeiten. Waren Meinhof (ab 1909) und Westermann (ab 1910) am Seminar für Kolonialsprachen in Hamburg bzw. am Seminar für Orientalische Sprachen in Berlin die ersten A.-Professoren, wenngleich ohne fachspezifische Ausbildung (beide waren Theologen), so traten mit ihren Schülern und Nachfolgern Berufslinguisten an ihre Stelle. Wissenschaftler wie August Klingenheben (1886–1967), Johannes Lukas (1901–1980), Oswin Köhler (1911–1996) und Ernst Dammann (geb. 1904) sind hier zu nennen, die mit ihren grundlegenden Arbeiten auf den Gebieten der Fulistik (↗ Fulfulde), des ↗ Tschadischen, des ↗ Khoisan und der Bantuistik die dt. A. weiterführten und ausbauten. – Aber auch in Ländern wie Südafrika (Clement Martyn Doke, 1893–1930), Frankreich (Ernest Renan, 1823–1893; Ernest François Delafosse, 1870–1926), England (Malcolm Guthrie, 1903–1972), Belgien, Italien, den Niederlanden, Polen und Russland entwickelten sich im 19. und frühen 20. Jh. – teilweise als Ableger der dt. Schule – bedeutende Zentren der sprachwiss. Afrikaforschung. Wo sich die Forschung an den kolonialen Interessen der Länder orientierte, war sie i.d.R. weniger theoretisierend als pragmatisch ausgerichtet, was seinen Niederschlag v.a. in der Erarbeitung von Grammatiken und Wörterbüchern fand. In den Nordamerika schließlich, insbes. in den USA hat sich eine »afrikanistische Tradition«, als deren bedeutendster Vertreter Joseph Harold Greenberg (1915–2001) zu nennen ist, zumeist im Rahmen der allg. Linguistik herausgebildet.

II. Die Klassifikation der afrik. Sprachen. Mit der Erforschung und Dokumentation afrik. Sprachen ging das Bemühen um deren Gliederung einher. So erkannte man bereits früh den Zusammenhang der nördl. und südl. des Äquators verbreiteten Klassensprachen (↗ Nominalklassensprache), die sich von den Sprachen im W Afrikas sowie von den Khoisansprachen deutlich unterscheiden. Erste Klassifikationsversuche stammen von H. Lichtenstein (1808), W. Marsden (1818), J.C. Prichard und A. Balbi (1826), J. Clarke und A.F. Pott (1848) sowie Krapf (1850) und Bleek (1858, 1862). Um die Mitte des 19. Jh. kam es vereinzelt – z.B. bei R.G. Latham (1850) und Friedrich Müller (1868/76) – zu einer prekären Verknüpfung von Sprach- und Rassetypus bei der Einordnung afrik. Sprachen. Auch die nachfolgenden Modelle von Lepsius (1880), R.N. Cust (1883) und selbst Meinhof (1895) beriefen sich – in Anlehnung an Darwins Evolutionsidee, methodologisch falsch – auf außerlinguistische Kriterien, um die Entstehung und Entwicklung der versch. Sprachtypen Afrikas zu erklären. Erst Westermann (1935/1949 und, zusammen mit M.A. Bryan, 1952) legte eine allg. anerkannte Klassifikation vor, die dann von Greenberg (1963, 1966) modifiziert und weiterentwickelt wurde. Auch wenn Details (wie z.B. die Zugehörigkeit des sog. ↗ Omotischen zum ↗ Afroasiatischen oder des Mande zum ↗ Niger-Kongo) inzwischen in Frage gestellt wurden und das ↗ Nilosaharanische eher als »Sammelbecken« für eine Reihe klassifikatorisch zweifelhafter Sprachen erscheint, gilt Greenbergs Klassifikation noch heute als weithin anerkannte Referenzgliederung der Sprachen Afrikas.

III. Standortbestimmung und Ausblick. Die gegenwärtige Situation der A. ist von mehreren

Forschungsschwerpunkten und Zielrichtungen geprägt. Zu ihnen gehören die Beschreibung bisher wenig bekannter afrik. Sprachen, wobei die Erstellung von Grammatiken und Wörterbüchern vordringlich ist. Daneben stellt die Sprachvergleichung angesichts einer stets wachsenden Materialbasis ein weiteres Hauptanliegen dar, das nicht nur der Verbesserung bestehender Klassifikationen dient, sondern v. a. auch einen Einblick in die hist. Sprachzusammenhänge ermöglicht. Eine weitere, bes. in den letzten Jahren vermehrt in den Vordergrund getretene Forschungsrichtung in der A. ist die Dokumentation der ↗ Oralliteratur (↗ Erzählen/Erzählforschung, ↗ geschichtliche Überlieferung), d. h. der Märchen, Mythen, Fabeln und Erzählungen, die mit zu den größten Kulturschätzen Afrikas zählen. Durch den schnellen Wandel der afrik. Gesellschaften fallen der A. zusätzliche Aufgaben zu, etwa in der ↗ Sprachplanung und -beratung. Die Verschriftlichung von Sprachen (Alphabetisierung und Erwachsenenbildung), die Standardisierung oder Statusplanung einer Sprache im pol., erzieherischen oder kulturellen Sektor gehören hierher.

📖 B. Heine/Th. C. Schadeberg/E. Wolff (Hg.), Die Sprachen Afrikas, Hamburg 1981. – H. Jungraithmayr/ W.J.G. Möhlig (Hg.), Lexikon der Afrikanistik, Berlin 1983. – O. Köhler, Geschichte und Probleme der Gliederung der Sprachen Afrikas. In: H. Baumann (Hg.), Die Völker Afrikas und ihre traditionellen Kulturen. Teil I: Allg. Teil und südl. Afrika, Wiesbaden 1975, S. 135–373. – W.J.G. Möhlig, Entwicklung und Situation der Afrikanistik in der BRD. In: W. Prinz/P. Weingart (Hg.), Die sog. Geisteswissenschaften: Innenansichten, Frankfurt am Main 1990, S. 375–387.

Rudolf Leger

Afroamerikanische Musik. Im Zuge des transatlantischen ↗ Sklavenhandels gelangten bis ins 19. Jh. mit den deportierten Afrikanern unterschiedlicher ethn. Herkunft versch. afrik. Musikkulturen in die Karibik, nach Süd- und Nordamerika. Die Ausbildung und Entwicklung afrokaribischer und afroamerik. Musikformen ist nur auf diesem Hintergrund zu verstehen. In der musikwiss. Lit. zur a. M. sind deren afrik. Wurzeln eingehend untersucht worden. Der große Einfluss hingegen, den a. M. v. a. seit Beginn des 20. Jh. auf musikalische Entwicklungen in Afrika hatte, fand von Seiten der Musikforschung bisher kaum Beachtung.

Da fast alle Genres der a. M. im westl. Klassifikationssystem der ↗ Popularmusik zugerechnet werden, ist es nicht zuletzt diesem Einfluss zuzuschreiben, dass auch viele neuere Genres afrik. Musik zumindest aus einer europ. und amerik. Perspektive als Popularmusik kategorisiert werden. V. a. solche afrik. Musikformen, die sich nominell nicht von ihren afroamerik. Vorbildern abgrenzen, wurden daher im Rahmen einer auf »Authentizität« bedachten westl. Rezeption bislang weitgehend ignoriert. Dabei hatten bereits zu Beginn des 20. Jh. Genres a. M. wie Ragtime, Dixieland und andere frühe Spielarten des Jazz einen maßgeblichen Anteil an der Entstehung afrik. Musikrichtungen wie dem v. a. in den anglophonen Ländern Westafrikas populären ↗ *Highlife* oder südafrik. ↗ *Marabi*. Unter dem Einfluss US-amerik. Spirituals und Gospels entstand in Südafrika schon früh eine eigenständige Tradition relig. Musik, deren aktuelle Vertreter wie Rebecca Malope noch immer zu den populärsten Musikern des Landes zählen.

Die afrik. Rezeption des Blues und dessen Bedeutung für die Entstehung afrik. Genres wie der westafrik. ↗ *Palmwine Music* oder südafrik. ↗ *Kwela* sind v. a. dank der 1999 veröffentlichten Untersuchung *Africa and the Blues* von G. Kubik heute am besten dokumentiert.

Swing und andere zeitgenössische Spielarten des Jazz, die während des Zweiten Weltkrieges mit brit. und US-amerik. Militärangehörigen nach Afrika gelangten, führten in den späten 1940er und in den 1950er Jahren zur Ausbildung regionaler Jazzszenen in den urbanen Zentren Afrikas. Durch Interpreten wie Miriam Makeba, den Pianisten Abdullah Ibrahim (früher Dollar Brand) oder den Trompeter Hugh Maskela erlangte in den 1960er Jahren v. a. der südafrik. Jazz internat. Bekanntheit.

V. a. im frankophonen West- und Zentralafrika hatte in den 1950er und 1960er Jahren die Musik der spanischsprachigen Karibik wie kubanische Rumba und Son einen wesentlichen Einfluss auf die Entwicklung afrik. Genres wie ↗ *Mbalax* (Senegal) und ↗ *Soukous*, der häufig auch als kongolesische Rumba bezeichnet wird.

Die späten 1950er und die 1960er Jahre waren geprägt durch die Unabhängigkeitsbestrebungen und die ↗ Entkolonialisierung einerseits sowie den Kampf schwarzer Bürgerrechtsbewegungen und der *Black Power*-Bewegung in den USA andererseits. Vor diesem Hintergrund und aufgrund der durch die wachsende Verbreitung der Massenmedien zunehmenden Bekanntheit a.M. stieg deren Bedeutung für die musikalische Entwicklung in Afrika in den kommenden Jahrzehnten weiter an. V. a. Genres wie Rhythm and Blues, Soul und Funk, in denen sich der Kampf um eine afroamerik. Identität musikalisch artikulierte, stießen im nachkolonialen Afrika auf Aufmerksamkeit.

US-amerik. Musiker wie der »Godfather of Soul« James Brown inspirierten afrik. Musiker wie Fela »Anikulapo« Kuti (Nigeria) oder Manu Dibango (Kamerun) bei der Schaffung z. T. sozialkritischer afrik. Popularmusikgenres wie ↗ *Afrobeat* oder ↗ *Makossa*. Und die Ideen der jamaikanischen *Rastafari*-Bewegung, die ihren musikalischen Ausdruck im Reggae fanden, wurden in den 1970er Jahren von afrik. Musikern wie *Alpha Blondy* (Seydou Koné) *& The Solar System* aufgegriffen und führten zur Entstehung einer afrik. Reggaeszene mit Abidjan (Elfenbeinküste) als Zentrum.

In den 1990er Jahren avancierte die *Rap Music* als musikalische Ausdrucksform der Mitte der 1970er Jahre in New York entstandenen Hip-Hop-Kultur zu einer der wichtigsten Musikformen in ganz Afrika. Als Hauptstadt der afrik. *Rap Music* gilt neben Dar es Salaam (Tansania) heute v. a. Dakar (Senegal). Einen guten Überblick über die Rapszene Dakars, zu deren internat. bekanntesten Vertretern *Positive Black Soul* und *Bideew Bou Bess* zählen, vermittelt die 2000 von dem von Youssou N'Dour gegründeten Label Jololi herausgegebene CD *Da Hop* (Jololi/ Delabel/Virgin).

📖 R. Allingham, South Africa: Jazz. In: S. Broughton (Hg.), World Music: The Rough Guide, Bd. 1: Africa, Europe and the Middle East, London 1999. – G. Mthembu-Salter, South Africa: Gospel Music, ebd. – www.africanhiphop.com – www.senerap.com

Oliver Seibt

Afroasiatisch (auch Afro-Asiatisch, Afrasisch), einer der vier Sprachstämme in Afrika und einziger mit Repräsentanten auch in Asien (Vorderer Orient, ↗ Semitisch). Bekannt auch als Hamitosemitisch (Hamito-Semitisch), Semitohamitisch (seltener Erythräisch, Lisramisch). Der Terminus A., Ende der 1950er Jahre eingeführt, sollte die mit »Hamitisch« zusammengesetzten Bez. ersetzen: (1) wegen der sprachwissenschaftlich unscharfen Definition der Einheit »Hamitisch« und ihrer eventuellen Opposition zu »Semitisch«; (2) wegen der hist. außersprachlichen Konnotationen des Begriffs »Hamitisch« (↗ Hamitensprachen). Zum A. gehören ca. 250 genetisch verwandte Sprachen (davon ein Dutzend ausgestorbene, d. h. nur durch schriftliche Überlieferungen bekannte und heute nicht mehr gesprochene), die sechs Sprachfamilien repräsentieren: ↗ Ägyptisch (Altägyptisch), ↗ Berber, ↗ Kuschitisch, ↗ Omotisch, Semitisch und ↗ Tschadisch. Die Zahl der Sprecher, die im Gebiet zwischen Vorderasien und dem Horn von Afrika über ganz Nord- und Zentralafrika bis zum Atlantischen Ozean im W verbreitet leben, wird heute auf insges. 250 Mio. geschätzt. – Kenntnisstand und vorhandene Grundlagen zur Erforschung der einzelnen afroasiat. Sprachfamilien sind sehr unterschiedlich. Das Ägyptische mit seiner über 4.000 Jahre alten Geschichte ist nur aus schriftlichen Quellen bekannt; zum Semitischen (benannt nach Sem, Sohn von Noah, vgl. Gen. 9, 18, 10, 21) gehören ausgestorbene, seit dem 3. Jt. v. Chr. bezeugte Sprachen wie das Akkadische (mit den babylonischen und assyrischen ↗ Dialekten) oder das Ugaritische, Phönizische, Aramäische usw. sowie die im Nahen Osten, in Äthiopien, Eritrea und Nordafrika heute noch gesprochenen Sprachen (Hebräisch, Soqotri, Amharisch, ↗ Arabisch usw.). Alle bekannten ↗ Berbersprachen (vom griech. lautmalerischen Wort *bárbaros* mit der ursprgl. Bedeutung »nicht Griechisch Sprechender« abgeleitet) werden heute noch gesprochen; sollten auch die Sprache der libyschen Inschriften und das Guanche (Kanarische Inseln) zu dieser Familie gehören, gäbe es auch ausgestorbene Vertreter. Systematische Beschreibungen einiger Sprachen der tschadischen, omotischen und kuschitischen Familien (benannt nach Noahs Enkel, Kusch, Gen. 10, 6) gibt es erst seit dem 19. Jh., für viele, nur dem Namen nach bekannte Sprachen steht diese Aufgabe noch bevor. Dieser unterschiedliche Dokumentationsstand der afroasiat. Sprachen stellt ein schwieriges methodologisches Problem für die hist.-vergl. Afroasiatistik dar. Einerseits ist der Vergleich der bezeugten hist. Sprachstufen innerhalb einer Familie unabdingbar für die Rekonstruktion der Ursprache, aus der sich die heutigen Sprachen entwickelt haben; andererseits verfälschen direkte Vergleiche von vor 5.000 Jahren gesprochenen mit heute existierenden Sprachen aus verschied. Familien die Rekonstruktion des Proto-A. An den Rekonstruktionen innerhalb der einzelnen afroasiat. Familien wird derzeit gearbeitet, um u. a. eine vergleichbare Zeittiefe für das Proto-Tschadische, Proto-Kuschitische, Proto-Berberische usw. zu erreichen. Diese Aufgabe wird erschwert durch Sprachveränderungen aufgrund dauerhafter Kontakte (↗ Sprachkontakt) – in Vergangenheit und Gegenwart – zwischen Sprechern verwandter und auch nicht verwandter Sprachen. So leben z. B. die Kuschiten in Kontakt mit Spre-

Karte 1

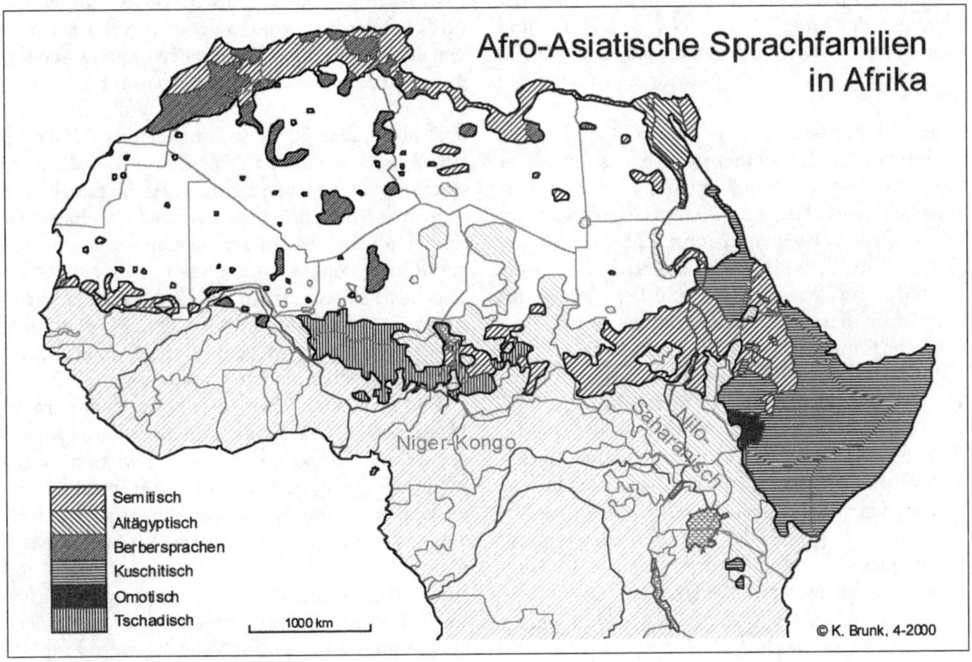

chern äthiosemitischer, ↗ nilotischer oder ↗ Bantusprachen, Sprecher des Tschadischen mit Sprechern des ↗ Adamawa-Ubangi, ↗ Saharanischen oder ↗ Benue-Kongo. Dazu kommen Prozesse von ↗ Sprachwechsel und ↗ Sprachtod, durch die wichtige Erkenntnisse über eine Reihe kleinerer Sprachen für immer verborgen bleiben werden. Erst eine genaue Analyse der linguistischen Sub-, Ad- und Superstrata in einzelnen Sprachen und Sprachgruppen kann Aufschlüsse über die Geschichte der Sprecher des A. bringen. – Aufgrund des jetzigen Kenntnisstands wird die Urheimat der Afroasiaten in der südöstl. präariden Sahara lokalisiert (Diakonoff 1988). Um das 8. Jt. v. Chr. sollen sich die Ägypter abgespalten haben und in Richtung Oberer Nil, die Sprecher des Proto-Tschadischen dagegen in Richtung S gewandert sein. Danach zogen die Omotisch- und später die Kuschitischsprecher nach SO. Als Letzte sollen sich die Proto-Semiten und Proto-Berber zwischen dem 6. und 5. Jt. auseinander entwickelt haben. – Alle afroasiat. Sprachfamilien weisen bestimmte gemeinsame Merkmale auf, die für ihre genetische Verwandtschaft sprechen: im phonologischen Bereich die Opposition von stimmhaften vs. stimmlosen vs. emphatischen oder glottalisierten Konsonanten; im morphologischen Bereich die Pronominalsysteme und die Form der Pronomina, das Femininmorphem *t*, das Pluralmorphem *n* oder die Pluralbildung durch inneren Ablaut, die nominale Derivation durch das Präfix *mV-*, die verbale Grundopposition Perfektiv vs. Imperfektiv, die verbalen Ableitungsmorpheme *s* für Kausativ, *t* für Reflexiv und Medial, Reduplikation für Intensiv; im lexikalischen Bereich gemeinsamer Grundwortschatz. – Im afroasiat. Sprachraum wurden einige der ältesten ↗ Schriftsysteme der Welt entwickelt.

📖 I. M. Diakonoff, Afrasian Languages, Moskau 1988. – C. Ehret, Reconstructing Proto-Afroasiatic (Proto-Afrasian). Vowels, tone, consonants, and vocabulary, Berkeley/Los Angeles 1995. – J. H. Greenberg, The Languages of Africa, Den Haag/Bloomington 1963. – V. E. Orel/O. V. Stolbova, Hamito-Semitic Etymological Dictionary. Materials for a reconstruction, Leiden/New York/Köln 1995. – H.-J. Sasse, Afroasiatisch. In: B. Heine/Th. C. Schadeberg/E. Wolff (Hg.), Die Sprachen Afrikas, Hamburg 1981, S. 129–148.

Dymitr Ibriszimow

Afrobeat, eine 1970 von dem nigerianischen Saxophonisten und Sänger Fela »Anikulapo« Kuti (eigentl.: Ransome-Kuti; 1938–1997) geprägte Bez. für einen maßgeblich von ihm entwickelten Stil der westafrik. ↗ Popularmusik, der Elemente des *Dance Band*-↗ *Highlife*, Funk, Soul und Modern Jazz (↗ afroamerikanische Musik) miteinander verbindet. Nachdem Kuti einige Jahre bei der *Highlife*-Band Victor Olaiyas gesungen hatte, studierte er ab 1958 in London Trompete und Musiktheorie. Dort gründete er die Band *Koola Lobitos*, mit der er nach seiner Rückkehr nach Nigeria 1963 eine stark von der Musik Miles Davis' und John Coltranes beeinflusste Form des *Highlife* kreierte, die er als *Highlife Jazz* bezeichnete. Seine Begegnung mit den Ideen der *Black Panther*-Bewegung 1969 während einer USA-Reise führte zur starken Politisierung seiner Musik. 1970 benannte Kuti seine Band in *Africa '70* um (später in *Egypt '80*) und entwickelte unter Einfluß des afroamerik. Soul den *A.* Die kritischen Texte seiner in den 1970er und 1980er Jahren nat. wie internat. erfolgreichen Musik brachten Kuti zahlreiche Repressalien von Seiten der nigerianischen Machthaber ein, u.a. einen mehrjährigen Gefängnisaufenthalt Mitte der 1980er Jahre.

🕮 M.E. Veal, Fela. The Life and Times of an African Musical Icon, Philadelphia 2000.

Oliver Seibt

Afrokaribische Musik, Afrokubanische Musik ↗ afroamerikanische Musik

Afrooptimismus/-pessimismus ↗ Entwicklungszusammenarbeit

Agrarforschung ↗ grüne Revolution

Agrarpolitik stellt einen Teilbereich der allg. Wirtschafts- und Gesellschaftspolitik dar und ist schwerpunktmäßig auf die ↗ Landwirtschaft ausgerichtet. Sie bezeichnet die Gesamtheit aller Bestrebungen und Maßnahmen, die darauf abzielen, die ordnungspol. Rahmenbedingungen für den Agrarsektor zu gestalten und den Ablauf der ökonom. Prozesse im Agrarsektor zu beeinflussen. Primäre Ziele der A. in den EL (Entwicklungsländern) sind die Ernährungssicherung, die Armutsbekämpfung durch Arbeitsplatz- und Einkommensschaffung im ländl. Raum, die Verbesserung der sozialen und wirtsch. Infrastruktur, die Verhinderung einer zu starken Landflucht (↗ Migration), die Erhaltung der natürlichen Ressourcen und die Verbesserung des ökolog. Gleichgewichts.

Weltweit wird fast überall durch agrarpol. Instrumente in den landwirtsch. Sektor eingegriffen, allerdings sind in den EL im Vergleich zu den IL (Industrieländern) andere Rahmenbedingungen zu berücksichtigen. So beträgt der Anteil der Landwirtschaft am Sozialprodukt in den EL z.T. noch über 50%, wohingegen er in den IL unter 5% gesunken ist. Die ↗ Bevölkerung wächst schneller, der techn. Fortschritt vollzieht sich meist langsamer, es herrschen vielfach Armut, Hunger und Unterernährung, und der Abstand der Lebensbedingungen zwischen Stadt und Land ist wesentlich größer (↗ Stadt, ↗ Urbanisierung). Zudem findet in den EL eher eine Besteuerung und in den IL meist eine Unterstützung des Agrarsektors statt.

Für die tatsächlichen Anreize der Landwirte in EL ist sowohl die direkte wie auch die indirekte A. wichtig. Direkte A. beinhaltet wirtsch. Maßnahmen, die gezielt auf den Agrarsektor einwirken, z.B. Preisstützungsmaßnahmen. So werden in den EL durch die direkte A. Güter für den heimischen Verbrauch (wie Weizen, Mais und Reis) oft gegenüber den Agrarexportgütern (wie Kaffee) bevorteilt. Ein Grund für diese Ungleichbehandlung ist, dass in Nahrungsmittelimportländern eine Erhöhung des Selbstversorgungsgrades und eine Verringerung der Importabhängigkeit angestrebt wird. Dagegen bezieht sich die indirekte A. auf Instrumente der Wirtschaftspolitik, die auf andere Sektoren oder die gesamtwirtsch. Entwicklung abzielen, aber den Agrarsektor beeinflussen. Ein verbreitetes Beispiel für indirekte A. in EL ist eine Importsubstitutionspolitik für Industriegüter, die über Wechselkurs- und Faktorpreiseffekte den Agrarsektor implizit belastet.

Die Wirkungen der direkten und der indirekten A. auf die Preisrelation zwischen Agrar- und Nichtagrarsektor und die daraus folgenden Allokations- und Verteilungseffekte ergeben in EL folgende Protektionsstruktur: Der Agrarsektor wird über eine indirekte A. belastet, v.a. von der Importsubstitutionspolitik im industriellen Sektor. Damit ist eine Verschlechterung der Preisrelation zwischen Agrar- und Nichtagrarsektor verbunden sowie eine Überbewertung der heimischen Währung. Diese Wirkungen der indirekten A. sind für die Produktion typischer Agrarimportgüter (z.B. Weizen und Reis) ebenso negativ wie für typische Agrarexportgüter (z.B. Kaffee oder Kakao). Als Folge der direkten A. besteht in den meisten Ländern eine Besteuerung traditioneller Agarexportgüter über Exportzölle und Exportsteuern. Staatl. Monopole (sog. *Marketing*

Boards bzw. Absatzbehörden), wie z. B. in Ghana, kontrollieren die Agrarexporte und den Ankauf einzelner Agrarprodukte. Zwar sollten ihre Mittel für die Landwirtschaft verwendet werden, doch wurden sie in der Vergangenheit mehr und mehr zur Unterstützung der ↗ Industrialisierung eingesetzt. Die direkte A. führt zu einer deutlichen Benachteiligung der Produktion von Agrarexportgütern im Vergleich zu den typischen Agrarimportgütern. In vielen EL haben die negativen Wirkungen der direkten und indirekten A. eine hohe Besteuerung des Agrarexportsektors ergeben. Bei den Agrarimportgütern wurden Anreize über die direkte A. durch die negativen Effekte der indirekten A. oft wieder kompensiert. Auch in Afrika stellte die indirekte A. einen wichtigen Einflussfaktor der Agrarproduktion dar und war z. T. bedeutender als die direkte A. Die wirtschaftspol. Diskriminierung des Agrarsektors besteht aus vielerlei Gründen noch heute. Diese A. ist mit gesamtwirtsch. Wohlstandsverlusten verbunden, und Hunger und Unterernährung stellen weiterhin ungelöste Probleme in den EL dar. ↗ Finanz- und Währungspolitik, ↗ Handels- und Marktsysteme, ↗ Landesentwicklung, ↗ Lomé-Abkommen.

📖 P. Gorn/R. Herrmann/B. Schalk, The Pattern of Protection for Food Crops and Cash Crops in Developing Countries. In: European Review of Agricultural Economics 20 (1993), S. 261–290. – M. Schiff/A. Valdés, The Political Economy of Agricultural Pricing Policy, Bd. 4: A Synthesis of the Economics in Developing Countries, Baltimore/London 1992. – Weltbank (Hg.), Weltentwicklungsbericht 1986, Washington 1986 (www.worldbank.org).

Roland Herrmann/Susanne Gärtner

Agroforstwirtschaft ist ein Sammelbegriff für Bodennutzungssysteme und Technologien, in denen ausdauernde Holzgewächse planmäßig auf der gleichen Fläche zusammen mit landwirtsch. Pflanzen angebaut werden. Entscheidender Faktor der A. ist die Integration von Bäumen. Die Kombination der land- und forstwirtsch. Strukturelemente und Maßnahmen kann dabei sowohl räumlich neben- als auch zeitlich hintereinander erfolgen. In Fällen, in denen die ↗ Viehhaltung als weiteres Element in die ↗ Bodennutzung integriert ist, spricht man von agro-silvo-pastoralen Systemen. Während der Feldbau in den feuchttrop. Niederungslagen Afrikas eine nachhaltige Ertragssicherung nicht gewährleisten kann, wird von der A. die langfristige Erhaltung des ökolog. Gleichgewichts und die Steigerung der Bodenfruchtbarkeit erwartet. Diese positiven Wirkungen stellen sich v.a. dann ein, wenn Stickstoff liefernde Baum- und Buscharten gepflanzt werden. Besondere Bedeutung gewinnt die A. auch dadurch, dass überwiegend innerbetriebliche Ressourcen eingesetzt werden und die Abhängigkeit von zugekauften Betriebsmitteln entsprechend gering ist. A. leistet einen wichtigen Beitrag zum Schutz vor Wind- und Wassererosion (↗ Erosionsschutz). Bäume liefern neben Brenn- und Bauholz auch Früchte, Fasern und Futter. Hinzu kommen Schattenwirkung und verbesserte Wasserhaltefähigkeit. Allerdings kann sich die Konkurrenz um Licht und Bodenfeuchte auch ertragsmindernd auf die Feldkulturen auswirken.

Seit Gründung des ICRAF (*International Council for Agroforestry*) 1977 in Nairobi (Kenia) hat die A. in Entwicklungsprogrammen zunehmend Eingang gefunden. Ziel ist es, die Tragfähigkeit ländl. Räume zu erhöhen und die Lebensqualität der ↗ Bevölkerung zu verbessern. Indigenes Wissen und autochthone Ansätze sind bes. förderungswürdig. Insges. wird von der A. ein Beitrag zur nachhaltigen Sicherung und Verbesserung der lokalen Versorgung mit Nahrungsmitteln und Energie erwartet. ↗ Landwirtschaft.

📖 A. Young, The Potential of Agroforestry for Soil Conservation and Sustainable Land Use. In: E. Baum (Hg.), Topics in Applied Resource Management in the Tropics. Bd. 2: The Extent of Soil Erosion, Regional Comparisons. Witzenhausen 1989.

Eckhard Baum

Ägypten. **Fläche:** 1.002 Mio. km², davon 96% Wüste. **Einw.:** 66,7 Mio. (1999). **Einw./km²:** 1.810 auf dem besiedelten Land. **Bev.-Wachstum:** 2,0% (1990–99). **Stadtbev.:** 45 % (1999). **Hauptstadt:** Kairo (Groß-Kairo ca. 16 Mio. Einw.). **Unabh.:** 28. 2. 1922. **Staatsform:** Präsidialrep.; Mehrparteiensystem. **Währung:** ägypt. Pfund. **HDI-Rang** 105/162 (2001). **Auslandsverschuldung** (ohne Berücksichtigung von milit. Rüstungsgütern): 32 Mrd. US$ (1998). **Anteil der Entwicklungshilfe am BSP:** 2,4% (1998). **BSP/Kopf:** 1.400 US$, **HIV-infizierte Erwachsene:** 0,02%, **Lebenserwartung**: m 65,3 J., w 68,5 J., **Alphabetisierung** der Erwachsenen: m 66,1%, w 42,8% (1999). **Einschulungsrate**: m 94%, w 89% (1995–99). **Amtssprache:** ↗ Arabisch; **Nationalsprache:** Ägypt.-Arab.

I. Naturraum. Ä. liegt in NO-Afrika und gehört klimat. zum südl. Bereich des subtropischen Mittelmeerklimas mit trockenen, heißen

Sommern und feuchten, warmgemäßigten Wintern (↗ Klima, ↗ Ökozonen). Die Jahresniederschläge nehmen von N nach S rasch von 190 mm auf 0 mm ab. Vegetationsgeogr. stellt der größte Teil von Ä. eine Vollwüste dar, wobei ein markanter Gegensatz zwischen der grünen, dichtbesiedelten Nilstromoase und der menschenleeren staubgelben Wüste besteht, welche 96% der Landesfläche ausmacht.

Ä. gliedert sich in vier unterschiedliche Naturlandschaften:

(1) *Die Westl. (Libysche) Wüste* nimmt 69,2% der Landesfläche ein und besteht überwiegend aus horizontal lagernden Kalk- und Sandsteinschichten. An die zukünftige wirtsch. Entwicklung der Depressionen der Westl. Wüste (Siwa, Qattara (bis 135 m unter NN)), Bahariya, Farafra, Dakhla, Kharga, Toshka und Ost-Uweinat) knüpfen sich große Erwartungen. Bislang zeigt die seit 1958 betriebene landwirtsch. Erschließung der Westl. Wüste jedoch nur geringe Erfolge.

(2) *Die Östl. (Arab.) Wüste* erstreckt sich zwischen dem Niltal und dem Roten Meer. Durch Hebung des kontinentalen Randes (bei dem Auseinanderbrechen von Gondwana, ↗ Naturräume) wurden die kristallinen Gesteine des Grundgebirges freigelegt. Im N, wo die Hebung geringer war, sind die tertiären und mesozoischen Sedimentgesteinsschichten noch vorhanden. Die Östl. Wüste wird von der Reliefkette des Rote-Meer-Gebirges (bis 2.187 m) beherrscht. Die Erdölfelder an der Küste und im Offshorebereich des Roten Meeres sowie beiderseits des Golfs von Suez sind von großer wirtsch. Bedeutung.

(3) *Halbinsel Sinai:* Vor dem granitischen Horst Südsinais teilt sich der Rote-Meer-Graben in den Golf von Suez und den Golf von Aqaba. Die höchste Erhebung Sinais ist der Gabal Katharina (2.635 m). Den N Sinais bildet ein ausgedehntes, von jüngeren Ablagerungen bedecktes Flachland. An der Mittelmeerküste wechseln sich Landzungen und Lagunen ab.

(4) *Niltal und Nildelta:* Das Tal des Nil ist kastenförmig in die tertiären Sedimentgesteine eingetieft. Während die schmalsten Abschnitte bei ↗ Assuan lediglich 1 km breit sind, erreicht das Niltal in Mittelägypten eine Breite von 20 km, im N von 210 km. Niltal und Nildelta sind mit einer mächtigen Decke schwarzer, schluffiger Sedimente bedeckt, die den vulkanischen Böden des äthiop. Hochlandes entstammen. Seit dem Bau des Assuan-Staudamms findet in Ä. keine Ablagerung solcher fruchtbarer Sedimente mehr statt. Obwohl das Niltal einschließlich des Deltas lediglich 3,5% der Landesoberfläche umfasst, leben dort 96% der Ägypter.

II. Bevölkerung und ethnische Gruppierungen. Die heutigen Ägypter gehören zum arab.-islam. Kulturkreis. Vom 1. Jh. n. Chr. bis zur arab. Eroberung des Landes im 7. Jh. waren sie kopt.-orthodoxe Christen (↗ Christentum), deren ↗ Islamisierung in Wellen unterschiedlich gearteten und häufig wirtsch. Drucks (v.a. Zwangssteuer für Christen) erfolgte und eine Arabisierung nach sich zog. Die ↗ Kopten, heute 12–15% der Bev., gelten als die Nachfahren der Alten Ägypter und haben sich ihre eigene Fellachenidentität bewahrt. Physiognomisch unterscheiden sie sich jedoch kaum von der muslim. Bevölkerungsmehrheit. Ethn. ↗ Minderheiten sind die Nubier (ca. 50.000), die arab. Beduinen (ca. 50.000) sowie die ↗ Berber der Oase Siwa (ca. 15.000). Am Ende des 18. Jh. betrug die Bevölkerungszahl Ä. 2,46 Mio. In den nachfolgenden hundert Jahren stieg sie auf ca. 10 Mio. an. Im Jahr 2000 hatte Ä. fast 61,4 Mio. Einw., wovon ca. 2,5 Mio. im Ausland leben, überwiegend als Gastarbeiter in den erdölreichen arab. Nachbarstaaten. Die rasche Bevölkerungszunahme führt insbes. in den beiden Metropolen Kairo und Alexandria zu Problemen im Bereich der Infrastruktur, wie Wohnungen, Trinkwasser, Entsorgung von Abwässern und Müll usw. Überall entstehende illegale Wohnbauten und ↗ Squattersiedlungen mit mehr als 12 Mio. Bewohnern sind ein deutlicher Hinweis auf das Versagen der staatl. Wohnungsbauprogramme (↗ Bevölkerung, ↗ Stadt, ↗ Slums, ↗ Urbanisierung).

III. Geschichte und Politik. Die Hochkultur ↗ Altägyptens hat keinen prägenden Niederschlag in der Identität der heutigen Bewohner des Landes gefunden. Hierfür ist in erster Linie die Tatsache verantwortlich, dass die Ägypter über mehr als 3.000 Jahre hinweg wechselnder Fremdherrschaft unterworfen waren. So übernahmen im 13. Jh. v. Chr. asiat. Völker die Macht in Ä., gefolgt von Libyern, Persern, Griechen, Römern (↗ griechische, ↗ römische Kolonisation), Byzantinern, ↗ Arabern, Mameluken und schließlich den Türken, die bis ins 20. Jh. über Ä. herrschten. Erst 1922 mit der Erlangung der Unabh. konnten die Ägypter ihre Geschicke selbst bestimmen. Den Wendepunkt zur Selbstbestimmung in Ä. stellt nicht Nassers Militärputsch von 1952, sondern der Aufstand von 1919–22 gegen die brit. Herrschaft dar. Die Erhebung, deren Symbol, Halbmond und Kreuz, die Einheit von Muslimen und Christen im Lande verkörpern sollte, führte zur Einführung einer konstitutionellen Monarchie. Diese wies einen höheren Grad an Demokratisierung auf als die Zeit von Nassers ↗ Militärregime (1953–70) bis heute. Unter Sadat (1970–81) wurde das von Nasser abgeschaffte Mehrparteiensystem zwar wieder eingeführt, die Macht der alten Regierungspartei (NDP) jedoch nicht eingeschränkt. Hingegen erlaubte die pol. Liberalisierung die Rückkehr der Muslimbrüder und ihrer radikalen Splittergruppen, den *Gama'at Al-Islamiya*. Letztere ermordeten Sadat 1981 nicht zuletzt wegen seines zwei Jahre zuvor mit Israel geschlossenen Friedensabkommens, das sie als Verrat an der Sache der Palästinenser betrachteten. Auch Mubarak (seit 1981) konnte der wachsenden Kraft der Islamisten im Lande nicht Herr werden. Ihre Terroranschläge richten sich gegen Politiker, Denker, ausl. Touristen (1997: Massaker von Luxor mit 59 Toten) und Kopten (2000: Massaker von Al-Koshh mit 21 Toten).

IV. Wirtschaft und Sozialstruktur. – IV.1. Wirtschaftsdaten. Seit alters her ist Ä. mit seinen Fellachen als Agrarland bekannt. Zwischen 1965 und 1998 verringerte sich der Anteil der Agrarwirtschaft am BIP zwar von 29% auf 17%, während die Anteile von Industrie und Dienstleistungen von 27% auf 32% bzw. von 45% auf 50% stiegen, doch waren 1998 in der ↗ Landwirtschaft immerhin noch 35% der Beschäftigten tätig, in der Industrie 21% und im Dienstleistungssektor 44%. Die Arbeitslosenquote betrug im gleichen Jahr offiziell 7,9%, während Schätzungen der ILO von 20% ausgingen. Die jährl. Inflationsrate betrug 1990–98 9,7%. Das Außenhandelsdefizit belief sich 1998 auf 13,04 Mrd. US$. Hauptexportgüter waren: Erdöl und Erdölprodukte 33,7% (↗ Bergbau); Garne und Textilien 14,8%; Agrarprodukte 4,7%. Hauptimportgüter waren: Kraftfahrzeuge, Maschinen und Elektrogeräte 19,0%; Nahrungsmittel 23,5%; Erdölprodukte 8,2% (↗ Außenwirtschaft).

IV.2. Land- und Bewässerungswirtschaft. Die Landwirtschaft ist fast ausschließlich vom Nilwasser abhängig. Der an der Mittelmeerküste betriebene Regenfeldbau und die Oasenwirtschaft beanspruchen zusammen weniger als 1% der Agrarfläche. Seit Jahrtausenden errichteten die Ägypter Wasserbauten am Nil, um sein Wasser optimal zu nutzen. Im 20. Jh. ging man von der saisonalen Flutbewässerung in der Nilaue zur Dauerbewässerung über. Zu diesem Zweck wurde der Fluss an mehreren Stellen aufgestaut. Der Assuan-Staudamm (1968) ist ein Überjahresspeicher mit einer Kapazität von 160 Mrd. m³ und einer Stauseelänge von 500–600 km. Er bietet sowohl Schutz vor Überflutungen als auch vor Dürren und dient der Stromerzeugung (1997/98: 15% der im Lande erzeugten Elektrizität; ↗ Assuan). Das Hauptziel, die Erweiterung der Agrarfläche um 25%, wurde allerdings nicht erreicht. Die Schadfolgen überwiegen den Nutzen: Verschlechterung der Nilwasserqualität, Ausbleiben von Ablagerungen fruchtbarer Sedimente, Bodenversalzung, Bodenvernässung, die mit dem Anstieg des Grundwassers verbundene Zerstörung der Altertümer im Niltal sowie Gesundheitsrisiken, insbes. die Zunahme von Bilharziose (↗ Tropenkrankheiten). Durch die heute übliche Dauerbewässerung erzielen die Fellachen im Niltal knapp zwei Ernten jährl.; 1998 betrugen die Hektarerträge von Weizen 60 dt, von Mais 64 dt, von Kartoffeln 215 dt und von Reis 79 dt (1997). Den Tierbestand schätzte man 1997 auf 6,9 Mio. Rinder und Wasserbüffel, 8,7 Mio. Schafe und Ziegen sowie 280.000 Kamele. 1998 wurden 545.600 t Fisch angelandet. Eine Selbstversorgung mit Nahrungsmitteln ist dennoch nicht annähernd möglich. Große Defizite bestehen bei Weizen (59% des Bedarfs), bei Fleisch (21% des Bedarfs), bei Fisch (26% des Bedarfs), bei Speiseöl (65% des Bedarfs) sowie bei Zucker (49% des Bedarfs). – Das gegenwärtig größte Vorhaben zur Landgewinnung ist das Toschka-Projekt. Innerhalb von 20 Jahren soll bis 2017 ein 800 km langer Kanal gebaut werden, durch den Wasser aus dem Assuan-Stausee in die Toschka-Depression und in weitere Senken in der Westl. Wüste geleitet werden kann. Einerseits leidet das Projekt unter erheblichen Finanzierungsproblemen, andererseits ist auch seine zukünftige Rentabilität zweifelhaft. Nilwasser ist bereits jetzt ein knappes Gut im Lande. Die für das Projekt vorgesehenen 5 Mrd. m³ Wasser würden den Fellachen im Niltal fehlen. Die Hebung von Grundwasser aus 200–300 m Tiefe für Ackerbauzwecke ist unökonomisch. Die Vergabe des Landes an Großinvestoren aus dem arab. Ausland führte bereits im Vorfeld zur Verbitterung der Kleinbauern und landlosen Fellachen im Niltal (↗ Bewässerungswirtschaft, ↗ Umweltschutz).

IV.3. Industrie. Obwohl die ↗ Industrialisierung Ä. recht früh begann und erfolgreich war, sind die Zukunftsperspektiven eher düster. Es sind folgende Industrietypen zu unterscheiden: (1) die Altindustrien, welche bereits im 19. Jh. auf der Grundlage von Baumwolle und anderen Agrarprodukten entstand; (2) die neuen Industrien, die einerseits seit den 1960er Jahren auf der Basis von einheimischem Erdöl und Erdgas, anderseits auch von importierten Rohstoffen und Halbfertigprodukten aufgebaut wurden, und (3) die Kleinindustrien, die größtenteils zum informellen Gewerbesektor gehören. In den 1990er Jahren führten die Maßnahmen zur ↗ Strukturanpassung, durch die die ägypt. Wirtschaft saniert werden sollte, zu einem Abbau staatl. Sozialleistungen und zu einer weiteren Verschlechterung der Lage ärmerer Bevölkerungsschichten. Die Privatisierung zahlreicher staatl. Großbetriebe mit ihrem überhöhten Arbeitskräftebesatz führte zu Massenentlassungen, ohne dass alternative Beschäftigungsmöglichkeiten gefunden oder angemessene Abfindungen gezahlt wurden.

IV.4. Tourismus. Man setzt große Hoffnungen auf den ↗ Tourismus. 1999 besuchten 4,8 Mio. Ausländer Ä. mit insges. 31 Mio. Übernachtungen und gaben 3,5 Mrd. US$ im Lande aus. Kamen die Touristen früher, um die ägypt. Altertümer im Niltal zu besuchen, so sind heute die meisten von ihnen Bade- und Wassersporturlauber mit Zielgebieten am Roten Meer und am Golf von Aqaba. Ein ebenfalls bedeutender Binnentourismus konzentriert sich entlang der Mittelmeerküste mit den Schwerpunkten Alexandria und Marsa Matruh.

IV.5. Sozialstruktur. Die ↗ Sozialstruktur der ägypt. Gesellschaft ergibt sich aus den ökonom. Rahmenbedingungen. Die geringen Ressourcen des Landes sind äußerst ungleich verteilt, was dazu führt, dass sich eine dünne reiche Oberschicht (1990: 75.000 Bürger mit Vermögen zwischen 5 und 200 Mio. US$) bei einer breiten Masse armer, um das Überleben kämpfender Schichten ausbildete. 1995 lebte nahezu ein Viertel der Bev. unterhalb der Armutsgrenze.

V. Literatur, Musik, Kunst. In Ä. finden zwei versch. Sprachen Verwendung: die hocharab. Schriftsprache, die nicht als Umgangssprache verwendet wird, und das Ägypt.-Arab., die gesprochene Sprache. Es entstanden demzufolge zwei voneinander getrennte Literaturen. Das Hocharab. ist die Sprache des ↗ Koran sowie der formellen Dichtung und Prosa, als deren Vertreter Ahmad Shawky, Taha Hussein, Tawfiq Al-Hakim und der Nobelpreisträger Naguib Mahfuz zu nennen sind (↗ arabischsprachige Literatur). Unzählige Volksliteraten verwenden hingegen das Ägypt.-Arab., wie etwa Naguib El-Rihamy und Adel Imam in ihren Komödien sowie Um Kalthum und Abdelhalim Hafiz in ihren Liedern. Das Ägypt.-Arab. erfuhr weite Verbreitung, denn es war auch die Sprache einer blühenden Filmindustrie, die bereits in den 1940er Jahren in Kairo ein hohes Niveau erreichte. Heute ist Yussef Chahine der renommierteste ägypt. Filmregisseur. Durch das Aufkommen des ↗ Fernsehens in den 1950er Jahren wurden ägypt. Filme, Lieder und Musik stärker in der arab. Welt bekannt. Ä. besitzt einen eigenen Satelliten, Nilesat 101. – Die ↗ moderne Kunst in Ä. zeigt starke Anlehnung an die Trends der westl. Welt. Lediglich das Kunsthandwerk ist davon ausgenommen, das sich einerseits am Geschmack der Einheimischen orientiert, andererseits der Nachfrage der Touristen nach traditioneller Kunst Rechnung tragen muss.

🕮 CAPMAS, Statistical Year Book, versch. Jahrgänge. – F. Ibrahim/B. Ibrahim, Ägypten – Eine geogr. Landeskunde, Darmstadt 1996. – G. Meyer, Kairo. Entwicklungsprobleme einer Metropole der Dritten Welt, Köln 1989. – H. Schamp, Ägypten, Tübingen 1997.

Fouad Ibrahim

Ägyptisch. Die Bez. Ä. basiert auf der griech. Völkerbenennung, die von dem ägypt. Namen der alten Hauptstadt Memphis (Hutkaptah) abgeleitet ist, und steht hier als Sammelbegriff für die Sprachstufen, die in ↗ Altägypten von ca. 3300 v. Chr. – 650 n. Chr. im Kerngebiet des altägypt. Staates vom Nildelta bis zum 1. Katarakt, von den Oasen der Westwüste bis zur Küste des Roten Meeres verbreitet waren, zeitweise aber auch darüber hinaus in den von Ägypten besetzten Gebieten Palästinas und Syriens und des heutigen Sudans bis zum 4. Katarakt (↗ Meroitisch) als Verwaltungssprache benutzt wurden. Die Eigenbez. war im Altertum *ra-en-kemet* (später: *medet-en-kemet*) »Sprache des ägypt. Staatsgebiets«, wovon sich die bisweilen zu findende Sprachbez. »Kemisch« ableitet. Ä. bzw. Ä.-Koptisch ist damit der am längsten zu verfolgende Zweig des ↗ afroasiat. Sprachstamms. Im Einzelnen sind folgende Stufen und Verwendungsbereiche des Ä. zu unterscheiden:

I. Altägyptisch und Mittelägyptisch. Die frühesten Schriftzeugnisse etikettieren Grabbeigaben in der Nekropole von Abydos (Grab Uj, ca. 3300 v. Chr.). Ab ca. 2600 v. Chr. ist das Alt-Ä. in privaten Urkunden, Biographien, Verwaltungstexten und Grabinschriften fassbar, von denen die »Pyramidentexte« in den Königsgräbern von 2360–2200 v. Chr. das größte Textkorpus darstellen. Das Mittel-Ä. (2100–1350 v. Chr.) löst das Alt-Ä. ab und entwickelt sich zu der Sprachstufe, die als klassische Schriftsprache in Lit., Ritualtexten und offiziellen Inschriften bis zum

Ende der altägypt. Geschichte in Gebrauch bleibt (»Spätmittel-Ä.«). Von Anfang an gibt es neben den »gemeißelten« Hieroglyphen (↗ Schriftsysteme), deren Schreibrichtung je nach Anbringungskontext variiert werden kann, eine Handschriftvariante, das Hieratische, das grundsätzlich von rechts nach links, anfänglich in senkrechten Zeilen, ab dem Mittleren Reich in waagerechten Zeilen mit Tinte geschrieben wurde.

II. Neuägyptisch und Demotisch. Das Neu-Ä. (1350–950 v. Chr.) ist die seit ca. 1500 v. Chr. zunächst schriftlich nicht fixierte Umgangssprache, die erst ab ca. 1350 v. Chr. in offiziellen Inschriften, Verwaltungstexten, Lit. und Ritualtexten belegt ist. Das Neu-Ä. nimmt einige Sprachphänomene des Alt-Ä. wieder auf. Die Handschriftarten beginnen sich in dieser Epoche zu zergliedern: Für Verwaltungszwecke reichte eine immer knapper werdende Geschäftskursive, die im 8.–7. Jh. v. Chr. schließlich als Abnormhieratisch bezeichnet wird, während für relig. und lit. Texte eine sorgfältige Buchschrift gepflegt wird. Eine geradlinige Weiterentwicklung der neuägypt. Sprache und der kursiven Handschrift stellt das Demotische (griech.: »Volkssprache«; ägypt. Eigenbez.: »Briefschrift«) dar, das von 650 v. Chr. bis 452 n. Chr. belegt ist und zunächst wieder nur als Umgangssprache und für Verwaltungszwecke benutzt wird, sich allmählich aber auch als Lit.sprache durchsetzt. Diese aus zahlreichen Kürzeln bestehende Schrift wird bisweilen auch in Stein gemeißelt und für alte Texte mittelägypt. Sprachstufe benutzt. Hieratisch (griech.: »priesterliche Schrift«; ägypt. Bez.: »Schrift der Gottesworte«) ist jetzt überwiegend relig. Papyri vorbehalten und wird bis ins 3. Jh. n. Chr. verwendet. Das Hieroglyphenrepertoire wird in den ptolemäerzeitl. Tempelbauten von ursprgl. ca. 700 auf 7.000 versch. Zeichen erweitert (ägypt. Bez. jetzt: »Schrift des Lebenshauses«), um die visuelle Erfassung des Wortbildes zu erweitern. Die letzte Hieroglypheninschrift entstand 394 n. Chr. im Tempel von Philae.

III. Koptisch. Die Sprache der christl. Ägypter (↗ Kopten) ist wiederum mit einer neuen Schriftart verbunden: Das Koptische ist sprachgeschichtlich eine Weiterentwicklung des Demotischen, wird aber erstmals inklusive der Vokale mit einer rein phonetischen Schrift notiert, die sich aus dem griech. Alphabet und sieben Zeichen, die dem Demotischen entlehnt sind, zusammensetzt. Hier können nun deutlich von N nach S lokale ↗ Dialekte unterschieden werden: Bohairisch (Delta), Fayumisch, Assiutisch, Achmimisch, Subachmimisch und als Hoch- und Lit.sprache Sahidisch (Oberägypten). Koptisch ist erstmals im 1. Jh. n. Chr. belegt und findet heute noch in der Liturgie der koptischen Kirchen Verwendung. – Das ägypt. Schriftsystem ist vom Beginn bis zur Einführung des griech.-koptischen Alphabets vom Prinzip her konstant geblieben und war nie eine reine Bilderschrift. Es setzt sich aus bildhaften Schriftzeichen versch. Funktionen zusammen, die miteinander nach bestimmten Regeln kombiniert werden: 1. Lautzeichen/Phonogramme für 24 konsonantische Einzelphoneme oder für Phonemkomplexe; 2. Begriffszeichen/Semogramme, die mit dem im Zeichen dargestellten Objekt in irgendeiner Weise zusammenhängen; 3. Kategoriezeichen/Determinative, die das Wort einer bestimmten semantischen Gruppe (Mensch, Tier, Verb der Bewegung, Abstraktum etc.) zuweisen. Die Lexeme werden häufig aus dreiradikaligen Wurzeln gebildet, es finden sich aber auch Wörter mit einem bis fünf Radikalen. Reduplikationen, Präfixe und Endungen erweitern die Wurzel, um semantische Differenzierungen zu liefern. Es gibt zwei Genera (Mask., Fem.) und drei Numeri (Sing., Pl., Dual). Als Satzstrukturen treten nichtverbale (Substantivalsatz, Adverbialsatz, Adjektivalsatz) und verbale Sätze (Spaltsatz, komplexe Verbformen) auf. Die Verbalmorphologie beruht auf versch. Verbalklassen (v.a. nach Anzahl und Eigenschaft der Radikale) und Flexionselementen (bes. Suffixkonjugation, Präfixe, Infixe, Vokalisation, Hilfsverben, Präpositionen). Das ägypt. Zahlensystem ist bereits zusammen mit den ersten Hieroglyphen als reines Dezimalsystem konzipiert, Ziffernschreibweise wurde bevorzugt. ↗ Altägyptische Literatur.

📖 M. Depauw, A Companion to Demotic Studies, Brüssel 1997. – F. Junge, Sprache. In: W. Helck/W. Westendorf (Hg.), Lexikon der Ägyptologie, Bd. 5, Wiesbaden 1984, S. 1176–1211. – A. Loprieno, Ancient Egyptian. A linguistic introduction, Cambridge 1995. – C. Peust, Egyptian Phonology: An Introduction to the Phonology of a Dead Language, Göttingen 1999. – U.-K. Plisch, Einführung in die koptische Sprache: sahidischer Dialekt, Wiesbaden 1999. – W. Schenkel, Einführung in die altägypt. Sprachwissenschaft, Darmstadt 1990.

Ursula Verhoeven

Ägyptische Philosophie ↗ Altägypten, ↗ Maat, ↗ Philosophie

Ägyptologie. *I. Geschichte der Ägyptologie von der Antike bis Champollion.* Die Ä. als akademische Fachdisziplin geht auf das Jahr 1822 zurück, als J. F. Champollion seine Entzifferung der Hieroglyphen veröffentlichte und im Gefolge dieser Entdeckung einen Lehrstuhl am *Collège de France* erhielt. Das wiss. Interesse an der altägypt. Kultur ist aber viel älter, im Grunde beginnt es bei den Griechen, die sich in zahlreichen Schriften gerade mit dieser Kultur beschäftigen. Sechs ganze Monographien und eine Unmenge verstreuter Zitate haben sich von dieser Lit. erhalten: das 2. Buch von Herodots Historien, das 1. Buch von Diodors *Bibliotheca historica*, das 17. Buch von Strabons Geographie, *De Iside et Osiride* von Plutarch, die Abhandlung *De mysteriis Aegyptiorum* von Jamblich und die beiden Bücher über Hieroglyphen von Horapollon. Das ist weitaus mehr als von jedem anderen Gebiet der griech. Ethnographie und erlaubt uns, von einer griech. Ägyptologie zu sprechen, ohne die das abendländische Interesse an der altägypt. Kultur nicht zu denken ist. Bes. in der Renaissance trat mit der Wiederentdeckung der griech. Schriften, v. a. auch des *Corpus Hermeticum*, einer Sammlung spätantiker Texte, die man für Zeugnisse ältester Weisheit hielt, auch das alte Ägypten in den Vordergrund des Interesses. Ägypten galt als die Urheimat der Weisheit, die sich von dort über Moses in die Bibel und über Orpheus, Pythagoras, Platon und andere griech. Ägyptenreisende in die abendländische Tradition verbreitet habe. Das entsprach einem griech. Ägyptenbild, das v. a. Hekataios von Abdera vertritt, demzufolge Griechenland von Ägypten aus kolonisiert worden und daher die griech. Kultur letztlich aus Ägypten gekommen sei. Von diesem Werk haben sich bei Diodor umfangreiche Exzerpte erhalten. Der amerik. Politologe Martin Bernal hat in unseren Tagen versucht, dieses Ägyptenbild wieder zur Geltung zu bringen, ohne sich freilich Rechenschaft abzulegen über die interessegeleiteten Rahmenbedingungen dieser Geschichtsrekonstruktion, die Hekataios für Ptolemaios I. verfasste. Diesem ersten ägypt. König griech. Abstammung hatte er sowohl die überragende Bedeutung Ägyptens als auch die uralte Verbindung zwischen dieser und der griech. Kultur als legitimierende Grundlage seiner Herrschaft darstellen und in der Gestalt Pharaos als aufgeklärtem Monarchen eine Art Fürstenspiegel vorhalten wollen. Gerade dieser Punkt machte das durch Diodor vermittelte Ägyptenbild des Hekataios für die Aufklärung wichtig, in deren Rahmen man auch die napoleonische Expedition nach Ägypten und damit auch die Entzifferung der Hieroglyphen durch Champollion (auf der Basis des von den Franzosen gefundenen, später nach London gelangten Steins von Rosette mit einer Inschrift in Hieroglyphisch, Demotisch und Griechisch) sehen muss.

Bis zu Champollion war man davon ausgegangen, in den Hieroglyphen eine Symbolschrift vor sich zu haben, die nicht Sprachlaute, sondern Sinngehalte aufzeichnete. Auf der Grundlage der Hieroglyphenbücher des Horapollon und der hermetischen Schriften hielt man die Hieroglyphen gar für eine Geheimschrift, in der für Eingeweihte die Weisheiten des Hermes Trismegistos überliefert wurden. Athanasius Kircher (1601–1680) legte Übersetzungen ganzer Inschriften vor, die er in diesem Sinne zu verstehen glaubte. Champollion gelang der Durchbruch, weil er die Symboltheorie endgültig verwarf und nach dem Lautwert der Zeichen fragte. Den Schlüssel lieferten ihm die Königsnamen wie Ptolemaios, Kleopatra und Berenike, die im hieroglyphischen Text durch die Schreibung in »Kartuschen« hervortraten.

II. Ägyptologie seit dem 19. Jh. Die Ä. entfaltete sich im 19. Jh. und unter deutlicher frz. Vorherrschaft v. a. als Archäologie, die durch Ausgrabungen und Ankäufe die großen Museen in Paris, Berlin, London, Turin und Leiden füllte. Als gegen Ende des 19. Jh. dem Berliner Ägyptologen Adolf Erman (1854–1937) die Erschließung der Grammatik des ↗ Ägyptischen gelang und 1897 auch die Preußische Akademie der Wissenschaften unter Ermans Leitung und Mitarbeit von über 50 internat. Fachgelehrten das erst 1963 abgeschlossene Projekt eines Wörterbuchs der ägypt. Sprache in Angriff nahm, verlagerte sich das Zentrum der Ä. nach Berlin. Damit verschob sich auch das Schwergewicht des Faches von der Archäologie auf die Philologie. Nach dem Zeitalter der großen Sammlungen begann das Zeitalter der Texteditionen, bei denen sich neben Erman und seinem Schüler Kurt Sethe (1869–1934) v. a. der Engländer Alan H. Gardiner (1879–1963) hervorgetan hat. Die Berliner Schule vermochte ihre Vorrangstellung auf philolog. Gebiet bis in die Nazizeit aufrechtzuerhalten; ihr entstammte auch der als Jude aus Deutschland vertriebene Sprachwissenschaftler H.J. Polotsky (1905–1991), der an der *Hebrew University* Ä. lehrte und die Theorie der ägypt. Grammatik nach dem 2. Weltkrieg revolutionierte.

Gleichzeitig mit dem Durchbruch der Berliner

Schule auf philolog. Gebiet gelang dem Engländer Flinders Petrie (1853–1942) ein entspr. Durchbruch auf dem Gebiet der Archäologie. Mit der Seriation, einer auf der Korrelation morphologischer (Veränderung v.a. von Gefäßformen) und archäolog. Daten (Fundlage, Schicht, Friedhofsabschnitt) beruhenden Methode, war er seiner Zeit weit voraus, vermochte die relative Chronologie der ägypt. Vor- und Frühgeschichte erstmals auf eine sichere Grundlage zu stellen und gelangte zu einer in ihren allg. Zügen noch heute gültigen Rekonstruktion der Entstehung der ägypt. Kultur.

Der Gründungsvater der amerik. Ä., James Henry Breasted (1865–1935), hat in Berlin studiert, dort 1894 promoviert und kann als Zögling der Berliner Schule gelten. Ihm verdankt das Fach die Gründung des *Oriental Institute* in Chicago, noch heute eines der führenden Zentren der Ä. mit einer für die Ä. insges. kennzeichnenden Verbindung zur Feldforschung (bes. Epigraphik und Philologie), sowie eine Reihe bahnbrechender Arbeiten v.a. auf dem Gebiet der ägypt. Geschichte. Sein viel gelesenes und in viele Sprachen übersetztes Hauptwerk *A History of Egypt* erschien 1906. Sein 1912 erschienenes Buch *The Development of Religion and Thought in Ancient Egypt* ist der erste Versuch einer Geistesgeschichte Ägyptens; auf dieser Grundlage haben dann der gleichfalls in Chicago wirkende Henri Frankfort und andere eine neue, kulturwiss. Richtung der Ä. begründet, die sich um ein Verstehen der antiken Hinterlassenschaften aus der Eigenbegrifflichkeit des ägypt. Denkens bemüht. Diese Richtung wurde und wird insbes. in Deutschland weitergeführt durch E. Otto, S. Morenz, H. Brunner, E. Hornung, J. Assmann und andere.

Die Ä. umgreift wie kaum ein anderes Fach ein breites Spektrum kulturwiss. Methoden und Richtungen. Im Mittelpunkt steht die Archäologie mit einer Fülle groß angelegter Unternehmungen, die im Laufe des 20. Jh. zu vielen spektakulären Entdeckungen geführt haben wie etwa die Wiederentdeckung des monotheistischen »Ketzerkönigs« Echnaton durch engl. und dt. Grabungen vor dem Ersten Weltkrieg, die Entdeckung des Tutanchamun-Grabes durch Howard Carter 1922, die Ausgrabung der Arbeitersiedlung von *Der el-Medine* durch die Franzosen, die Entdeckung eines neuen Tempels Thutmosis' III. durch die Polen 1968, die Auffindung der Gräber des Haremhab und einer Reihe weiterer hoher Beamter der Nachamarna- und Ramessidenzeit in Saqqara durch ein engl.-niederl. Team (seit Anfang der 1970er Jahre), die Entdeckung der Hyksos-Hauptstadt Avaris und der benachbarten Ramsesstadt, der Hauptstadt des Ramessidenreiches durch den Österreicher M. Bietak und den Deutschen E. Pusch sowie schließlich in jüngster Zeit die Wiederentdeckung bedeutender Teile des ptolemäischen Alexandria durch frz. Unterwasser-Archäologen. Zur Archäologie im weiteren Sinne gehören auch die bedeutenden Sammlungen ägypt. Kunst in Kairo, Paris, London, Berlin, Hildesheim, München, Turin, New York, Boston und vielen anderen Orten.

Als akademisches Fach ist Ä. v.a. in Deutschland (mit stärkerer Berücksichtigung der Lehre) und Frankreich (mit stärkerer Berücksichtigung der Forschung im Rahmen des CNRS) etabliert; mit etwas weniger Stellen folgen Großbritannien, Niederlande und die USA. Die meisten europ. Länder sowie Japan, Australien und Neuseeland haben zumindest ein ägyptologisches Zentrum. Hier steht meist die Philologie im Zentrum. Dazu gehören die Editionen, Kommentare und Interpretationen der Texte und die Erschließung der ägypt. Grammatik und Lexik in den versch. Sprachstadien des Ägypt. (Alt-, Mittel- und Neuägypt., Demotisch und Koptisch) sowie die Rekonstruktion der in den Texten zur Sprache kommenden Sachbereiche der ägypt. Welt wie etwa Religion, Geschichte, Verwaltung, Wirtschaft, Recht, Ethik, Medizin und Mathematik. An den meisten ägyptologischen Instituten werden aber auch Archäologie und Kunstgeschichte gelehrt. Bis heute hat das Fach seiner Aufspaltung in Philologie und Archäologie widerstehen können. Allerdings haben sich Demotistik und Koptologie als eigene Fachrichtungen ausdifferenziert. Die Demotistik hat in den letzten Jahren bes. Auftrieb erhalten durch die endlich begonnene systematische Aufarbeitung der überreichen Papyrusfunde aus Tebtynis, von denen wichtigste Erkenntnisse über die Lit.- und Religionsgeschichte Ägyptens in hellenistischer Zeit zu erwarten sind. Die Ä. hat sich auch immer für die Rezeption ↗ Altägyptens in späteren Zeiten interessiert. Erik Iversen schrieb die Geschichte des »Hieroglyphen-Mythos« von der Spätantike bis zu Champollion, und Siegfried Morenz widmete der Begegnung Europas mit Ägypten ein grundlegendes Werk. In diesen Zusammenhang gehört auch Martin Bernals *Black Athena* mit seiner These, dass die Griechen ihre eigene Kultur auf orientalische und ägypt. Ursprünge zurückgeführt hätten, diese Herkunft der abendländischen Kultur aber mit der Wende zum 19. Jh. und der Entstehung der professionellen Ä. verdrängt und vergessen worden sei. In den USA wurde Bernals These zum Ausgangspunkt des Afrozentrismus, der den Vorrang der afrik. vor der europ. Kultur behauptet. In den letzten Jahrzehnten beginnt sich, ausgehend von Sheikh Anta Diop und Theophile Obenga, auch in Afrika im Zusammenhang der Suche nach einer afrik. Identität und ihren Ursprüngen eine eigenständige ägyptologische Forschung zu entfalten. ↗ Maat, ↗ Zeitrechnung, altägypt.

📖 E. Hornung, Einführung in die Ägyptologie, 4. Aufl., Darmstadt 1993. – E. Iversen, The Myth of Egypt, Kopenhagen/Princeton 1993. – W. R. Dawson/E. Uphill, Who Was Who in Egyptology, 2. Aufl., London 1972.

Jan Assmann

Ahnenkult. Im A. geht es um die kultische Verehrung der verstorbenen Vorfahren durch Opfer und Anrufung. Afrik. relig. Denken lässt sich mit dem Satz »mit den Ahnen leben« zusammenfassen. Ahnen sind die Verstorbenen, die ein moralisch gutes Leben geführt haben und Nachkommen hinterlassen. Sie gehören in gewisser Weise immer noch zur Gemeinschaft der Lebenden, auf die sie Macht und Einfluss haben. Von ihnen hängen Wohlbefinden und etwaiges Unglück ab. Der A. ist das Regulativ, um mit dieser Realität angemessen umgehen zu können.

Der Schlüssel, um den A. zu verstehen, besteht in der Interdependenz von Lebenden und Ahnen. Die Ahnen sind die Garanten des Lebens. Nur über sie partizipiert die Gemeinschaft am Lebensstrom, der von alters her die ↗ Familie durchströmt. Jeder hat die Aufgabe, das Leben der Gemeinschaft zu erhalten und dafür Sorge zu tragen, dass der Lebensstrom nicht abreißt. Wer die Beziehung zu den Ahnen vernachlässigt, gefährdet das Leben der Gemeinschaft. Näher besehen sind auch die Ahnen auf die Lebenden angewiesen. Nur wenn man sich ihrer im A. erinnert, können sie existieren. Ohne die Lebenden ist der Ahne nichts, weshalb die meisten Afrikaner sich Nachkommen wünschen, damit sie jemand im A. verehren kann.

Darüber hinaus kommt den Ahnen die Funktion zu, über Recht und Ordnung zu wachen. Sie gelten als Hüter der Traditionen und Sitten. Jeder Verstoß gegen ihre Anweisungen wird von ihnen bestraft. Um Unglück zu beheben, Krankheit zu heilen und friedliches Leben wieder zu ermöglichen, muss auf Weisung eines Heilers oder Wahrsagers den Ahnen i.d.R. an ihren Gräbern ein Opfer dargebracht und ihre Hilfe erbeten werden. Beim A. geht es also um Kommunikation mit bzw. Gebet zu den Ahnen über die Anliegen des Alltags.

Es ist aus heutiger Sicht schwer zu sagen, ob A. ein sozialer oder relig. Akt ist. Als Ausdruck afrik. Familiendenkens und Gemeinschaftsgefühls verlängert der A. die Ehrerbietung, die man zu Lebzeiten den Eltern und Großeltern erwiesen hat, über den Tod hinaus. Damit hat der A., auch Ahnenehrung genannt, eine wichtige soziale, die Gesellschaft stabilisierende Funktion. Wird der A. aber als relig. Akt verstanden, steht das Gebet zu den Ahnen und damit die Abhängigkeit der Menschen von ihnen im Mittelpunkt. Denn die Ahnen können Unheil anrichten oder »Heil«, d.h. Leben in seiner Fülle gewähren. Damit ist A. das Zentrum relig. Handelns und so zentraler Ausdruck afrik. traditioneller ↗ Religionen. ↗ Divination.

📖 H. Balz, Where the Faith has to Live. Studies in Bakossi Society and Religion, Bd. 2, Berlin 1995. – Th. Sundermeier, Nur gemeinsam können wir leben. Das Menschenbild schwarzafrik. Religionen, Gütersloh 1988. – J. Triebel, Zwischen Angst und Hoffnung. Ahnenverehrung in Afrika. In: W. Sommer (Hg.), Zeitenwende – Zeitenende. Beiträge zur Apokalyptik und Eschatologie, Stuttgart/Berlin 1997, S. 227–240.

Johannes Triebel

Aids (*acquired immune deficiency syndrome*), bisher tödlich verlaufende Infektionskrankheit, die durch das menschliche Immunschwächevirus HIV (*human immunodeficiency virus*) hervorgerufen und durch Blut, sexuelle Kontakte sowie von der Mutter auf das Kind (bei der Geburt oder durch Muttermilch) übertragen wird. Afrika ist weitaus stärker als andere Kontinente betroffen. Nach UN-Schätzungen lebten Ende 2000 von den weltweit 36,1 Mio. HIV-Infizierten 25,3 Mio. im subsahar. Afrika, d.h. 70 % der Fälle bei nur 10% der Weltbev. Im Gegensatz zu Westeuropa, wo A. in der Mehrzahl homosexuelle Männer und Drogenabhängige betrifft, sind in Afrika 55% aller Infizierten Frauen. Von den weltweit 11 Mio. Aidswaisen leben 90% im subsahar. Afrika. A. hat Malaria als häufigste Todesursache verdrängt. Seit Anfang der 1980er Jahre, als A. in den USA erstmals identifiziert wurde, hat sich die Krankheit zunächst in Ostafrika, dann in West- und explosionsartig im südl. Afrika ausgebreitet, wohingegen Nordafrika bislang relativ verschont geblieben ist. In 16 Ländern sind mehr als 10% der erwachsenen Bev. infiziert, in Südafrika, dem Land mit der höchsten Ansteckungsrate, ein Viertel und in Botsuana, Malawi, Sambia sowie Simbabwe mehr als ein Drittel.

Für das dramatische Ausmaß von A. in Afrika ist neben Armut eine Vielzahl von Faktoren verantwortlich: (1) Ökonom. und pol. Ursachen: ↗ Migration, ↗ Urbanisierung, wachsende Verelendung, Mangel an bezahlbaren Medikamenten, fehlender Zugang zu medizin. Versorgung, zu Bildung, zu pol. und gesellsch. Rechten, massenhafte Vertreibungen durch ↗ Kriege/Bürgerkriege und pol. Instabilität. (2) Biologische Ursachen: häufiges Vorkommen nicht behandelter Geschlechtskrankheiten, die durch Genitalgeschwüre eine Ansteckung mit HIV begünstigen. (3) Soziokulturelle Ursachen: seltener Gebrauch von Kondomen, voreheliche, außereheliche sowie kommerzielle sexuelle Beziehungen (↗ Prostitution), Promiskuität, Eheformen wie ↗ Polygamie, ↗ Levirat, ↗ Sororat, ungleicher Status der Geschlechter mit geringem Entscheidungsspielraum der Frauen bei sexuellen Handlungen, hohe Altersunterschiede der Sexualpartner sowie fehlende Sexualerziehung insbes. der Mädchen. Hinzu kommt, dass Krankheit und Tod nicht immer auf natürliche Ursachen zurückgeführt, sondern als böses Omen, Vergiftung, ↗ Hexerei oder göttliche Strafe empfunden und für nur bedingt beeinflussbar gehalten werden. Als Krankheit, die mit Sexualität und Leben spendenden Flüssigkeiten (Sperma, Blut, Muttermilch) zusammenhängt, unterliegt A. kulturellen Tabus, was eine öffentl. Diskussion und Aufklärungskampagnen erschwert. Viele Länder haben das Problem daher zunächst verdrängt und erst in den 1990er Jahren, als A. zunehmend als nat. Katastrophe wahrgenommen wurde, Maßnahmen eingeleitet und sich den UN-Programmen zur Aids-Bekämpfung (ab 1996: UNAIDS) angeschlossen.

A. ist nicht nur eine menschliche, sondern für die betroffenen Staaten auch eine soziale und ökonom. Katastrophe und mit einem spürbaren Absinken des Entwicklungsstandards verbunden: Die Versorgung von Aidskranken, der Tod junger Erwachsener, die steigende Zahl von Aidswaisen führt zu Einkommensverlusten aller Bevölkerungsschichten, insbes. der armen und weniger gebildeten, zur Zerrüttung sozialer Beziehungen und zu Verwahrlosung. Die Abnahme der durchschnittl. Lebenserwartung (um bis zu 30 Jahre) lässt das Wirtschaftswachstum sinken, z. B. in Südafrika um 0,3 bis 0,4 %, was bis 2010 ein Absinken des BIP um ca. 17 % bedeuten könnte und einen Verlust von 22 Mrd. US$ für die einheimische Wirtschaft. Bei verminderten Staatseinnahmen sind drastische Budgeterhöhungen erforderlich, insbes. im öffentl. Gesundheitswesen aufgrund der ständig zunehmenden Krankheitsfälle sowie im Bildungssystem, da durch den aidsbedingten Mangel an Fachpersonal erheblich mehr qualifizierte Arbeitskräfte (z. B. in Südafrika drei für einen Arbeitsplatz) ausgebildet werden müssen.

Um die katastrophalen Folgen abzuwenden, die A. für die Zukunft Afrikas hat, sind neben Maßnahmen gegen die HIV-Weitergabe von Müttern an Neugeborene v. a. Aufklärungskampagnen, Ausbildungsprogramme und der Ausbau des Bildungssystems notwendig. So konnte in Uganda die Infektionsrate durch konsequente Aufklärung und Erziehung innerhalb von fünf Jahren fast halbiert werden, und bei höherem Bildungsniveau, das haben Studien im subsahar. Afrika gezeigt, steigt die Bereitschaft, das Sexualverhalten zu ändern und Kondome zu benutzen. Dazu sind nach UNAIDS-Schätzungen jährl. ein bis drei Mrd. US$ erforderlich (in den USA z. B. stehen bei erheblich weniger Infektionen jährlich 10 Mrd. $ zur Verfügung), die u. a. durch Schuldenerlass der reichen Länder aufgebracht werden könnten. A. ist auch ein Symbol des ökonom. Ungleichgewichts in der Welt. Nicht nur bei der Prävention, auch bei der medizin. Betreuung der Aidsinfizierten ist Afrika auf internat. Unterstützung angewiesen. Medikamente kosten pro Patient und Jahr ca. 15.000 US$, für die Gesundheitsversorgung stehen in Afrika pro Einwohner jedoch nur 4–40 US$ zur Verfügung. Auf die Pharmaindustrie wird daher verstärkt öffentl. Druck ausgeübt, die Medikamentenpreise drastisch zu senken (Elfenbeinküste, Senegal, Uganda und Ruanda haben bereits Sonderkonditionen ausgehandelt) bzw. die Herstellung billigerer Medikamente vor Ort zuzulassen und einen Impfstoff zu entwickeln, ohne den A. in Afrika letztlich nicht erfolgreich zu bekämpfen sein wird.

📖 M. Gehler, Un continent se meurt. La tragédie du SIDA en Afrique, Paris 2000. – M. L. Renaud, Women at the Crossroads: A Prostitute Community Response to Aids in Urban Senegal, New York 1997. – www.unaids.org

Damien Rwegera

Airport Art ↗ Touristenkunst

Akan (Sprache) ↗ Kwa

Akida, ein mittlerer, meist ortsfremder afrik. Distriktvorsteher, von der Kolonialverwaltung in Dt.-Ostafrika ernannt. ↗ Kolonialismus, ↗ Ostafrika, Völker, Kulturen und Staaten.

Leonhard Harding

Akkulturation umfasst die Änderungen kultureller Normen und Verhaltensweisen, die bei einem andauernden Kontakt zwischen Gruppen oder Individuen mit unterschiedlichen kulturellen Traditionen in Gang gesetzt werden. Die Bezeichnung A. wurde erstmals in den 1880er Jahren von amerik. Anthropologen benutzt, ein detaillierteres Konzept in den 1930er Jahren anhand der Kontakte zwischen Afrikanern und Europäern sowie zwischen nordamerik. Indianern und Angloamerikanern erarbeitet. Untersuchungen zur A., die zwischen 1930 und 1950 ihre Blütezeit hatten und eng mit dem Kolonialismus verknüpft waren, konzentrierten sich auf die Übernahme oder Kombination kultureller Elemente (Akzeptanz, Adaptation, Ablehnung) in Abhängigkeit von der Größe der aufeinander treffenden Gruppen und den Bedingungen, unter denen der Kulturkontakt zustande gekommen war. Die Veränderungen interpretierte man allg. eher als »Kulturfusion« denn als bloße Vermischung.

Im Gegensatz zu älteren Ideologien, die den Kolonialismus als eine ↗ zivilisatorische Mission ansahen, bot das Konzept der A. ein neues deskriptives Vokabular für die reellen Auswirkungen des Kolonialismus auf »native Gesellschaften«, bes. in Afrika. Der Kolonialismus wurde als eine von mehreren Formen des Kulturkontakts zwischen »primitiven« und »westl.« Gesellschaften betrachtet. Malinowski unterschied zwar A. und »Transkulturation« auf der Grundlage von Wechselseitigkeit und Asymmetrie zwischen den aufeinander treffenden Gruppen, die Studien zur A. bezogen sich in den 1930er Jahren jedoch fast ausschließlich auf koloniale Akkulturationsprozesse.

Der Begriff der A. basiert auf der Vorstellung, dass die Welt aus einem Mosaik separater Kulturen besteht, die jede für sich ein organisches Ganzes bilden und durch scharfe, exakt definierte Grenzen voneinander getrennt sind. Beim Kulturkontakt kommt es zwischen diesen ganzheitlichen Gesellschaften zum Austausch kultureller Eigenschaften. Die Vorgänge bei der A. und der später so genannten ↗ Kreolisierung (insbes. ↗ Synkretismus) sind sehr ähnlich. Theorien zum Kulturkontakt beschrieben native Gesellschaften und ihre »hybriden« Kulturen als Teil der modernen Welt und machten den Weg frei für eine Analyse der Geschichte und Interaktion kolonialer und nativer Gesellschaften. Afrik. und westl. Gesellschaften traten nun nebeneinander auf. Durch die Perspektive der A. und bes. durch die Kategorie »Kulturfusion« wird, ähnlich wie beim Paradigma der Globalisierung und bei der Unterscheidung zwischen Zentrum und Peripherie oder zwischen entwickelten und Entwicklungsländern, die Unterscheidung zwischen traditionellen und modernen Kulturen verwischt. ↗ Kultur, ↗ Assimilation, ↗ Bikulturalismus.

🕮 B. Malinowski (Hg.), Methods of Study of Culture Contact in Africa, Oxford 1938. – Ders., The Dynamics of Culture Change. An Inquiry into Race Relations in Africa, New Haven 1949. – R. Redfield/R. Linton/M. J. Herskovits, The Memorandum for the Study of Acculturation. In: American Anthropologist (38) 1936.

Ayse Caglar

Aksum ↗ Axum

Aladura-Kirchen ↗ Christentum, ↗ Kirchen, christliche

Alafin, der sakrale König im Yoruba-Staat Oyo (heutiges SW-Nigeria). ↗ Westafrika, Völker, Kulturen und Staaten, ↗ Yoruba-Staaten.

Benson Osarhieme Osadolor

Alexandria ↗ griechische Kolonisation, ↗ Christentum

Algerien. **Fläche:** 2.381.741 km^2. **Einw.:** 30,8 Mio. (1999). **Hauptstadt:** Algier (1999: 2,6 Mill. Einw.). **Stadtbev.:** 59,5% (1999). **Unabh.:** 1. 7. 1962. **Staatsform**: Präsidialrepublik; Zweikammerparlament (Nat. Volksversammlung und Rat der Nation); Mehrparteiensystem. **Währung:** Dinar. **HDI-Rang** 100/162 (2001). **Auslandsverschuldung**: 31,0 Mrd. US$ (1999). **Anteil der Entwicklungshilfe am BSP**: 1% (1998). **BSP/Kopf**: 1.550 US$, **HIV-infizierte Erwachsene**: 0,07%, **Lebenserwartung**: m 67,9 J., w 70,8 J., **Alphabetisierung** der Erwachsenen: m 77,4%, w 55,7% (1999). **Einschulungsrate**: m 94%, w 91% (1995–99). **Sprachen:** ↗ Arabisch (Amtssprache), Tamazight, Tamaschek (↗ Berbersprachen der Kabylen bzw. Tuareg), Frz.

I. Naturraum: Im Zentrum des ↗ Maghreb erstreckt sich A. von der Südküste des Mittelmeers bis tief in die Wüsten der ↗ Sahara. Den N durchqueren von W nach O die Gebirgszüge des Küsten- und des Sahara-Atlas. Der Küstenatlas trennt das fruchtbare Tell-Gebiet von den Steppen der Hochebene der Schotts (Salzseen), die der Sahara-Atlas gegen den Wüstenraum im S (fast 2 Mio. km^2) abgrenzt. Dort liegen einzelne Oasen und Schotts zwischen großen Ergs (Sandwüsten), Hamadas (Steinwüsten), Felswüsten des Tademaït-Plateaus und des Hoggargebirges. Das ↗ Klima ist mediterran, mit noch ausreichenden Niederschlägen im Tell- und im Küstenatlas; es wird semiarid auf der Hochebene und im Sahara-Atlas; südl. davon fällt nur selten Regen, dann aber heftig. Nur ein Fluss, der Chelif im westl. Küstenatlas, führt ständig Wasser; alle anderen Wasserläufe sind intermittierend bzw. episodisch.

II. Bevölkerung und ethnische Gruppierungen. Die seit alters her ansässigen Berbergruppen bewohnen heute z. T. Bergländer der Kabylei und des Aurès sowie den tiefen S (Tuareg); in der Mehrzahl sind sie arabisiert und islamisiert (↗ Islamisierung). ↗ Araber bilden die Bevölkerungsmehrheit. Vor der Unabh. lebten etwa 1,1 Mio. Franzosen in A. sowie naturalisierte ↗ Juden (etwa 150.000), Spanier (bei Oran) und Italiener (um Constantine). Fast alle sind nach 1962 abgewandert. Früher haben Sklavenhändler pro Jahr etwa 70.000 Afrikaner aus den Gebieten südl. der Sahara nach A. gebracht.

III. Geschichte und Politik. Als die Phönizier im 7. Jh. v. Chr. an der Küste Handelsstützpunkte anlegten und Städte wie Hippone, Bougie, Jijel und Algier gründeten, hatte sich in A. schon seit vorgeschichtlicher Zeit die Zivilisation der Berber herausgebildet. Während der Punischen Kriege im 3. und 2. Jh. v. Chr. verbündete sich der Berberführer Massinissa (227–148 v. Chr.) mit Rom gegen ↗ Karthago und gründete das Königreich ↗ Numidien. Unter Massinissas Enkel Jughurta (112–105 v. Chr.) fiel Numidien an Rom (↗ römische Kolonisation), A. wurde zur Kornkammers Roms. Nach dem Niedergang des röm. Reichs wurde A. 431 n. Chr. von den Vandalen erobert, diese wiederum 533 von den Byzantinern geschlagen. 674 wichen die Byzantiner den Arabern. Die Berber leisteten unter König Koçaïla (gest. 686) und Königin Kahina (gest. 701) im Aurès zunächst heftigen Widerstand, bekehrten sich aber später zum ↗ Islam.

Das islamische A. wurde eine Provinz des umayyadischen Kalifats in Damaskus, optierte aber für den Kharidjismus. So entstand im W, 776 von Abdallah Ibn Rostom in Tahert begründet, das Reich der rostemidischen Ibaditen. 909 wurde es von den schiitischen ↗ Fatimiden zerschlagen. In jenen Zeiten herrschten wechselnde islam. Dynastien im Land bzw. in Landesteilen: Idrissiden (788–909), Aghlabiten (800–909), Fatimiden (909–972), Ziriden (972–1014), Hammaditen (1014–1153), ↗ Almoraviden (1079–1145), ↗ Almohaden (1130–1269), ↗ Hafsiden (1229–1536), ↗ Mereniden (1269–1393) und Zianiden (1235–1550). Prägenden Einfluss auf die Entwicklung A. hatten insbes. die berberischen Dynastien der Rostemiden, Ziriden, Hammaditen und Zianiden.

Im 16. Jh. rief die Bev. Algiers, das zu einem gefürchteten Korsarenstützpunkt geworden war, die türkische Flotte herbei, um die span. Okkupation einiger Küstenstädte zu beenden und die Belagerung Algiers durch Karl V. abzuwehren. Dadurch wurde A. nominell dem ottomanischen Kalifat in Istanbul angegliedert, blieb aber faktisch selbständig. Unter den Beys (1671–1830) unterhielt A. eine Korsarenflotte und beherrschte das Mittelmeer; die europ. Staaten zahlten Tribut. Die heutigen Landesgrenzen wurden damals fast sämtlich gezogen. Um der Piraterie Einhalt zu gebieten, griff 1815 eine Flotte der USA Algier an, das 1830 von Frankreich erobert wurde. Das Landesinnere wurde erst nach einem 17-jährigen Krieg unterworfen. Der Widerstandsführer Emir Abd el-Kader (1808–1883) gilt als Begründer des modernen algerischen Staates. Nach dem Ersten Weltkrieg entwickelte sich die nationalistische Bewegung, die zunächst die pol. Gleichberechtigung anstrebte. Nach dem Massaker von Sétif am 8. Mai 1945 und den brutalen Repressionen durch die frz. Armee begann 1954 die FNL (Nat. Befreiungsfront) den bewaffneten Kampf gegen die Kolonialmacht. 1962 gewann A. die Unabh. zurück (↗ Algerienkrieg).

Die erste Regierung des unabh. A. übernahm Ahmed Ben Bella. Unter dem Einparteiregime der FNL wurde mit Nationalisierungen und Enteignung frz. Besitztümer Kurs auf einen Sozialismus genommen. Versch. Oppositionsführer (z. B. Ferhat Abbas, Ben Khedda, Mostefaï) gingen außer Landes, in der Kabylei regte sich ↗ Widerstand. Außenpol. bekannte sich A. zur ↗ Blockfreienbewegung. 1965 ergriff Oberst Houari Boumedienne mit der Armee die Macht. Wirtschaftsproblemen sollte durch weitere Nationalisierungen (u. a. Erdöl) bei einer gewissen Liberalisierung und Anpassung des Sozialismus an die Realitäten begegnet werden. Die beiden Vierjahrespläne (1970–73, 1974–77) zielten auf Industrialisierung und die Durchsetzung einer

Agrarreform. Die Charta von 1976 verstärkte die Selbstverwaltung in Industrie und Landwirtschaft. Verbesserung der Schulbildung und Arabisierung, unter Boumedienne eingeleitet, wurden nach seinem Tod (Dez. 1978) und der Wahl Oberst Benjedid Chadlis zum Präsidenten (Feb. 1979) weitergeführt. Unter Chadli konnte, wie schon unter seinen Vorgängern, die wachsende Arbeitslosigkeit nicht verringert werden. In der Folge gewannen radikale islamistische Strömungen an Zulauf; bei den Wahlen im Dez. 1991 siegte die FIS (Islam. Heilsfront) im ersten Wahlgang; der zweite fand nicht statt. Die Armee zwang Chadli zum Rücktritt. Sein Nachfolger Liamine Zéroual verbot im März 1992 die FIS. Im Vertrag von Rom 1995 verpflichtete sich die FIS zur friedlichen Konfliktbeilegung; es übte nunmehr die GIA (Bewaffnete Islam. Gruppe) Gewalt und Terror aus. Lt. Amnesty International sind im algerischen Bürgerkrieg zwischen 1992 und 1998 mindestens 80.000 Menschen, vorwiegend Frauen und Kinder, getötet worden. Zéroual trat im Sept. 1998 zurück. Seit April 1999 ist Abdelaziz Bouteflika Präsident, dessen Politik der nat. Versöhnung bislang erfolglos blieb. Im Jahre 2000 wurden nach offiziellen Angaben 2.000 Menschen ermordet. Im April 2001 entfachte die langjährige Forderung der Kabylen nach Anerkennung ihrer Sprache sowie nach Demokratisierung einen Aufstand.

IV. Wirtschaft. Den größten Reichtum der algerischen Wirtschaft bilden heute die Erdöl- und Erdgasfelder im S (Hassi Messaoud, Hassi R'Mel u. a.). Zwar nutzt sie auch beträchtliche Vorkommen an Phosphaten, Kohle, Eisen-, Blei- und Zinkerz, aber für das OPEC-Land A. ist Erdöl der Hebel der ↗ Industrialisierung (↗ Bergbau).

↗ Landwirtschaft wird auf Großflächen modern und mechanisiert, auf Kleinflächen weiterhin traditionell von den Fellachen, in Trockengebieten extensiv betrieben wie z. B. Weizenanbau auf der semiariden Hochebene, die ansonsten Wanderhirten als Weideland dient. Die ↗ Fischerei ist wenig entwickelt. Für den Export werden Zitrusfrüchte, Datteln und in geringem Umfang Wein (nach dem Rückbau der Weingüter aus der Kolonialzeit), für den Binnenbedarf Hafer, Gerste, Hart- und Weichweizen sowie Oliven produziert.

Die Entscheidung, nach der Unabh. die Wirtschaft zu sozialisieren, hat die Produktivität in A. nicht gefördert. Probleme, die durch Abwanderung nach Frankreich, Anstieg der Arbeitslosigkeit, rückläufige Einnahmen aus dem Erdölexport, zunehmende Auslandsverschuldung, rapiden Bevölkerungsanstieg sowie einen destruktiven islam. Integrismus entstanden sind, wurden so vergrößert.

V. Literatur und Musik. Die neuere Lit. aus A. besteht aus: (1) der arab. Lit. (↗ arabischsprachige Literatur); (2) der Lit. der Franzosen in A. (Albert Camus, Jules Roy u. a.); (3) der frankophonen algerischen Lit., die entstand, weil Frz. zeitweilig als Amts- und Schriftsprache vorgeschrieben war (↗ frankophone Literatur im Maghreb). Erwähnt seien Mouloud Ferraoun (*Le fils du pauvre*, 1950), Mouloud Mammeri (*La colline oubliée*, 1952; dt. *Verlorener Hügel*) und Mohammed Dib (*La grande maison*, 1952). Nach der Unabh. widmete sich die Lit. aktuellen Themen wie der Identitätsproblematik, Herkunftsfragen, der Sozialkritik, den Kulturdefiziten und dem Verhältnis des Schriftstellers zur Sprache. Genannt seien die Romanautoren Kateb Yacine (*Nedjma*, 1956, dt. *Nedschma; Le polygone étoilé*, 1964, dt. *Sternenvieleck*) und Rachid Boudjedra (*L'escargot entêté;* dt. *Die hartnäckige Schnecke*) sowie Rachid Mimouni, Rabah Belamri, Malika Mokkedem, Tahar Djahout, Leïla Sebbar und Assia Djebar, Trägerin des Friedenspreises des Dt. Buchhandels. Internat. Anerkennung fanden auch Filmkunst, z. B. Mohamed Lakhdar-Haminas *Chronique des années de braise* (1975), und ↗ Popularmusik (↗ Rai u. a.), z. B. die Musiker Khaled, Idir, Cheb Mami, Faudel, Rachid Taha und der 1999 ermordete Matoub Lounes.

🕮 L. Addi, Les mutations de la société algérienne. Famille et lien social dans l'Algérie contemporaine, Paris 1999. – B. Stora, Histoire de l'Algérie depuis l'indépendence, Paris 1994. – Ders., Histoire de l'Algérie coloniale (1830–1954), Paris 1994.

Georges Ngal

Algerienkrieg, von 1954 bis 1962 geführter Unabhängigkeitskrieg gegen Frankreich. Die alger. Départements Oran, Constantine, Alger gehörten staatsrechtl. zum Mutterland, gleichberechtigt waren aber nur die 800.000 europ. Siedler, die sich seit der Eroberung 1830 dort niedergelassen hatten, nicht die über acht Mio. arab. und kabylischen Einw. (↗ Araber, ↗ Berber.) Alle Reformversuche waren am Widerstand einer machtvollen Siedlerlobby und der pol. Klasse in Paris gescheitert. Die seit Anfang des 20. Jh. aufkeimende algerische Nationalbewegung strebte nach 1945, dem weltpolitischen Trend zur ↗ Entkolonialisierung folgend, nicht länger eine

Assimilation oder Föderation mit Frankreich an, sondern die Unabh. Die Unzufriedenheit entlud sich am 8. Mai 1945, Ende des Zweiten Weltkriegs, in Aufruhr und Gewalt. Blutige Repression stellte die Ordnung wieder her, durchgreifende Reformen kamen aber nicht zustande. So begann die FLN (*Front de Libération Nationale*) zehn Jahre später, am 1. Nov. 1954, einen Aufstand, der in den A. mündete. Höhepunkt war Anfang 1957 die »Schlacht um Algier«, während der die mit allen Vollmachten ausgestattete frz. Armee die FLN aus der Stadt trieb. Dies, die Abschottung der Grenzen und neue Operationstaktiken führten dazu, dass milit. eine Pattsituation eintrat. Politisch arbeitete die Zeit für die FLN: Paris konnte weder die Internationalisierung (UN-Debatte) noch die Gründung einer algerischen Exilregierung (Sept. 1958) verhindern. Am A., der Frankreich polarisierte, zerbrach die IV. Republik. Der frz. Präsident de Gaulle erzwang die Beendigung des A.: Gegen massive Proteste, trotz eines Putschversuchs (April 1961), trotz Terroraktionen der OAS, einer extremistischen Untergrundorganisation, und unter Missachtung der Interessen der Algerienfranzosen, die repatriiert wurden, sowie Opferung der mit Frankreich zusammenarbeitenden Muslime (*Harkis*) stimmte er in den Verträgen von Evian vom 18.3.62 der Unabh. Algeriens zu. Der A. brachte zwischen einer halben und einer Mio. Menschen den Tod. Algerien war ökonom. zerrüttet, seine Beziehungen zu Frankreich blieben noch längere Zeit prekär.

🕮 B. de Droz, E. Lever, Histoire de la guerre d'Algérie, Paris 1982. – R. Maran, Staatsverbrechen, Ideologie und Folter im Algerienkrieg, Frankfurt/M. 1996.

Klaus-Jürgen Müller

Alkohol. Im sozialen, wirtsch. und religiösen Gefüge afrik. Gesellschaften spielte A. zu allen Zeiten eine herausragende Rolle. Die alten Ägypter waren die ersten Bierbrauer des Kontinents. Um in einem feuchtheißen Klima, wo es oft nur unsauberes Trinkwasser gibt, den Durst zu stillen und sich zu stärken, trinken die Menschen in Afrika von alters her schwach alkoholische, aus einheimischen Pflanzen gewonnene Getränke mit hohem Nährwert. Aus Hirse braut man Bier, indem man die Körner zerstößt, einweicht, kocht und in großen Vorratskrügen mehrere Tage lang gären lässt. Ebenso werden auch, ähnlich wie bei der Herstellung von Apfelwein in Europa, Früchte wie z.B. Mangos und v.a. in Ostafrika Kochbananen vergoren. Zur Gewinnung von Palmwein (Westafrika) bohrt man hohle Stäbe in die Palmen und leitet den Saft in rund um den Stamm befestigte Behälter. Täglich werden, ausschließlich von Männern, mehrere Liter Palmwein gezapft, die man für den Verkauf und damit er länger vorhält, mit Wasser mischt.

Die Ursprünge des Branntweinhandels in Afrika sind nicht genau bekannt, aber im 17. Jh. wurde Schnaps zu einer festen Größe in Westafrika, als Händler auf der Suche nach Gold, Elfenbein und Sklaven ihn einführten; Rum-, Whisky-, Ginflaschen und -fässer wurden Mode und Gewohnheit. Da unbekannt war, wie hochprozentiger A. gebrannt wird, importierten die Afrikaner ihn von brasilianischen, portug. und brit. Lieferanten, später von dt. und niederländ. Schnapshändlern.

Die koloniale Aufteilung Afrikas im späten 19. Jh. ergänzte eine andere entlang von Alkoholgrenzen; in muslim. Gebieten herrschte Prohibition. Umständlich zu transportieren und von geringem Verkaufswert, hatte der lokal produzierte A. nur selten seine Herstellungsregion verlassen. Autos, Eisenbahnen und Fahrräder erhöhten die Mobilität von A. und schufen nationale Märkte für Spirituosen. V.a. in den städt. Regionen Ostafrikas und den Minengebieten in Südafrika wurde um den Alkoholkonsum (zwischen Staat, schwarzen Trinkern und weißen Siedlern) erbittert gekämpft. Zölle auf Alkoholimporte und Verbrauchssteuern für lokale Hersteller waren eine wichtige Einnahmequelle für die Regierungen. Zwischen dem Ende des transatlantischen ↗ Sklavenhandels um 1850 und dem Beginn des Rohölgeschäfts hundert Jahre später war der Alkoholimport bspw. in Nigeria der größte und bedeutendste Außenhandelsposten.

Im 19. Jh. schließlich begannen die Afrikaner, zuerst im südl. Afrika, eigene hochprozentige Schnäpse zu brennen. Die Destillation war einfach: eine Dose, ein Topf mit Wasser und ein Metallröhrchen. Der niedrige Preis und das patriotische *Made-in-Africa*-Etikett verschafften einheimischen Spirituosen den Zugang zu den Märkten und in die Gesellschaft des Kontinents. In dem Bestreben, die Trinkgewohnheiten zugunsten des weniger starken Biers zu verändern, und in der Hoffnung auf Exportsteuern durch Unterstützung einer Industrie, die den Bierimport ersetzen sollte, förderten die Kolonialverwaltungen und dann die unabh. Staaten die einheimische Alkoholproduktion. Nach Öl und Bergbau stellen die Brauereien, an denen mehr und mehr internat. Großbrauereien wie Heineken und Guiness beteiligt sind, in Afrika den drittgrößten Industriesektor dar. Während v. a. in ruralen Gebieten weiterhin lokales Bier getrunken wird, was für die Bäuerinnen eine lohnende Verdienstmöglichkeit darstellt, verkaufen unzählige Bars fast überall, sowohl in ländl. Handelszentren als auch in Großstädten, Flaschenbier.

Heute hat der Schnaps- und Bierkonsum viele Gesichter und spielt sowohl auf privater als auch auf gemeinschaftlicher und auf ritueller Ebene im Lebenszyklus vieler Menschen eine Rolle. Außer strenggläubigen Muslimen und fundamentalistischen Christen gibt es kaum Afrikaner, die nicht trinken. A. wird nach Alter, Rang, Reichtum und Geschlecht ausgeteilt. Der Älteste oder das Familienoberhaupt erhält zuerst die Kalebasse bzw. das Glas, der Jüngste in der Gruppe wird zuletzt bedient. Für Frauen und Mädchen gibt es manchmal separate Trinkrunden. Der Alkoholgenuss kann schon vor der Geburt beginnen, da Frauen bisweilen hochprozentige Getränke zur Linderung von Schwangerschaftsbeschwerden nehmen. Einheimische Ärzte gebrauchen Schnaps als Lösungsmittel. Ältere Leute, an Gewässern und in Bergregionen lebende Menschen nehmen *hot drinks* (Schnaps), um sich vor Erkältungen zu schützen. Hochprozentiges wird bei Taufzeremonien und Initiationsriten (↗ Initiation, ↗ Feste) verwendet. Palmwein, eine Flasche Bier oder ein Glas Whisky sind Symbole der Gastfreundschaft. Zum ↗ Brautpreis gehören alkoholische Getränke. Die Hochzeitsgäste trinken A., und das Brautpaar vollzieht gemeinsam Trinkrituale. Bei Amtshandlungen der Ältesten, von Amtseinführungen bis zu Rechtsfällen, spielen Spirituosen eine wichtige Rolle. Bei Bestattungszeremonien (↗ Bestattungsrituale) wird A. manchmal zum Waschen der Leiche verwandt oder mit dem Toten zusammen begraben; zuweilen werden ein paar Tropfen als Trankopfer auf den Boden gegossen, Flaschen als Andenken auf das Grab gelegt. ↗ Drogen.

🕮 E. Akyeampong, Drink, Power, and Cultural Change: A Social History of Alcohol in Ghana, c. 1800 to Recent Times, Oxford 1996. – S. Heap, »We Think Prohibition is a Farce«: Drinking in the Alcohol-Prohibited Zone of Colonial Northern Nigeria. In: Internat. Journal of African Historical Studies 31 (1998), S. 23–51. – P. La Hausse, Brewers, Beerhalls and Boycotts: A History of Liquor in South Africa, Johannesburg 1988.

Simon Heap

Almohaden, eine im 12. und 13. Jh. von Marokko bis NW-Libyen und in al-Andalus herrschende Berberdynastie bzw. die diese tragende islam. Reformbewegung. Letztere wurde durch den Masmuda-Berber Ibn Tumart (1091–1130) begründet und beruhte auf dem strikten Bekenntnis der göttlichen Einheit, dem Glauben an den von Gott gesandten Mahdi und einem puristischen ↗ Islam strengster Observanz. Sie entstand als Protestbewegung gegen die ↗ Almoraviden und malikitischen Theologen, die die Lehren des al-Gazzali (1058–1111) verworfen hatten. Von Tinmallal im Hohen Atlas, wo sich Ibn Tumart Ende 1121 als Mahdi proklamierte, breitete sich die Lehre rasch aus und erreichte 1147 mit der Einnahme von Marrakesch den Sturz der Almoraviden. Abd al-Mumin (1133–63), ein Zanata-Berber aus der Nähe von Tlemsen und Jünger des Mahdi, sicherte sich dessen Nachfolge und begründete das Reich der A. Bereits 1160 war ganz Nordafrika unterworfen; die almoravidischen Statthalter – voran der Admiral ihrer Flotte – gingen meist zu den A. über. Der Sohn und Nachfolger des Reichsgründers, Abu Yaqub Yusuf (1163–84), verstärkte die kulturellen Bindungen Nordafrikas mit al-Andalus. Der fortdauernde Druck der *Reconquista* wurde unter Abu Yusuf Yaqub al Mansur in der Schlacht von Alarcos vorübergehend zum Stehen gebracht, aber bereits unter Muhammad an-Nasir (1199–1213) machte die schwere Niederlage von Las Navas de Tolosa (1212) den inzwischen eingetretenen Machtverfall deutlich sichtbar. Nach dem Abfall Ifriqiyas (Tunesiens und Ostalgeriens) 1229 und Yaghmurasans, der in Westalgerien die Dynastie der Abdalwadiden begründete, drangen die ↗ Meriniden nach Marokko ein, nahmen 1250 Fes und machten 1269 mit der Erstürmung von Marrakesch dem Reich der A. ein Ende.

Was die A. zu schaffen wussten, war ein Staatswesen mit einem ausgeklügelten System abgestufter Kontrollorgane (Räte), Prediger und einer Art Elitekommissare. Die A. versagten insofern, als sie dem islam. Staat zuliebe die Möglichkeit, einen dauerhaften Bund aller Berber zu schaffen, verpassten. Die Formel aller berberischen Dynastien und Staaten – ein Clan an der Führungsspitze eines Reiches – verkörperten sie beispielhaft.

Hans-Rudolf Singer

Almoraviden, eine über Marokko, Westalgerien und al-Andalus herrschende Berberdynastie (ca. 1056–1147) bzw. die diese tragende islam. Reformbewegung strikt malikitisch-orthodoxer Richtung (↗ islamische Rechtsschulen). Sie wurde begründet durch Abdallah Ibn Yassin aus

Südmarokko, der ab 1048 unter den Sahara-Sanhaga (Berber) missionierte und so deren Versuche einleitete, die Hegemonie über ganz Marokko zu gewinnen. Obwohl meist nur als relig. Bewegung verstanden, waren wirtsch. Faktoren im Spiel, da den Sanhaga der einträgliche Karawanenhandel zwischen den Nigergebieten und dem Südrand des Mittelmeerraumes verloren gegangen war.

Gegen 1058 begannen unter Abu Bakr die Eroberungszüge, wobei 1070 Marrakesch als künftige Hauptstadt gegründet wurde. Sein Vetter, Yusuf Ibn Taschfin (1061–1106) verdrängte ihn vom Oberbefehl, beließ ihm aber die sahar. Gebiete, die ab 1076 einen eigenen Staat bildeten. Die A. wandten sich nach N; zwischen 1071 und 1106 gewann Yusuf, zumeist kampflos, Marokko und Westalgerien, von 1086 bis 1102 eroberte er das arab. Spanien. Ab 1126 machten die ↗ Almohaden den A. zu schaffen und beendeten schließlich deren Herrschaft 1147 mit der Eroberung von Marrakesch.

Trotz der relativen Kürze der almoravidischen Dynastie wurden die Grundlagen des späteren marokkanischen Staates unter ihrer Herrschaft gelegt, das Land mit einem Hof und einer zentralen Verwaltung ausgestattet und Nordafrika weithin den Einflüssen der maurischen Kultur Spaniens geöffnet. Die in ihrem afrik. Machtbereich von jeher starken heterodoxen Richtungen wurden ausgeschaltet und der Triumph der malikitischen Orthodoxie vollendet. Hof und Verwaltung wurden »hispanisiert«, Gelehrte und Künstler strömten von jenseits der Meerenge herbei und machten das nordwestl. Afrika zu einem Teil der hispano-maurischen Kulturprovinz.

Hans-Rudolf Singer

Altägypten. *I. Naturraum.* Das vom Nil bewässerte Land vom 1. Katarakt (bei Assuan) bis zur Mittelmeerküste und die unmittelbare Umgebung heißt altägypt. *Kmt*, »das schwarze (Frucht)Land« (das griech. *Aígyptos* kommt von ägypt. *Ḥwt-k3-Ptḥ*, eigentl. eine Bezeichnung der Stadt Memphis). Sein heutiges Klima ist im Verlauf des 3. Jt. entstanden, vorher hatten die angrenzende libysche und arab. Wüste noch eher steppenhaften Charakter. Das Niltal ist eine Art Flussoase; Grundlage der altägypt. Landwirtschaft war eine an die jährl. Nilflut gebundene Bassinbewässerung (zeitweises Zurückhalten des Überschwemmungswassers durch Deiche), die eine Ernte pro Jahr erlaubte. Ganzjährige Bewässerungen mit Hilfe von Wasserhebegeräten, die zwei bis drei Ernten pro Jahr erlauben, waren in älterer Zeit nur in begrenztem Umfang für den Gartenbau üblich. Stauanlagen hatten vor der Neuzeit nur lokale Bedeutung, effiziente Wasserhebegeräte (*Sakijeh*) sind erst in hellenistischer Zeit eingeführt worden. Der Nil ist nicht nur Lebensquell der Landwirtschaft, sondern auch die Hauptverkehrsader, die Ägypten erst zu *einem* Land machte. Durch den Nil hatte Ägypten schon in vorgeschichtl. Zeit einen bes. Charakter, dennoch entsprechen die allg. Entwicklungsstadien (Bronzezeit, Eisenzeit) denen der anderen alten Kulturen.

II. Geschichte und Kultur. – II. 1. Vor- und Frühzeit. In eigener Tradition besteht Ägypten aus zwei Ländern: Ober- und Unterägypten, und dieser Unterschied ist schon in vorgeschichtl. Zeit greifbar. Die unterägypt. Fundplätze (ab dem 6. Jt. belegt) zeigen einen engen Zusammenhang mit Vorderasien, die oberägypt. (ab dem 5. Jt.) mit den nubisch-sudanesischen Kulturen. In der zweiten Hälfte des 4. Jt. werden in Oberägypten Ansätze zu staatl. Gebilden erkennbar, um 3100 ein gesamtägypt. Königtum, das etwa acht bis zehn Generationen vor die 1. Dynastie zurückreicht (Dynastie 0). Die Unterteilung der ägypt. Geschichte in Dynastien geht auf den ägypt.-hellenist. Historiker Manetho zurück, der sie altägypt. Überlieferung entnommen hat. Frühgeschichtl. Darstellungen zeigen kriegerische Auseinandersetzungen mit und in Unterägypten. In der späteren Tradition war es ein (zeitgenössisch nicht nachweisbarer) König Menes, der Ober- und Unterägypten zu einem Staat einte, die Residenzstadt Memphis gründete und mit dem die 1. Dynastie begann. Der Beginn der »hist.« Zeit in Ägypten ist bestimmt durch die Bildung eines gesamtägypt. Königtums, die Erfindung und Entwicklung eines ↗ Schriftsystems und die Herausbildung der typisch ägypt. Darstellungsweise. Zentren der Königsherrschaft sind Memphis sowie Abydos im 8. oberägypt. Gau, nach dessen Hauptort Thinis die 1. und 2. Dynastie auch Thinitenzeit genannt wird (ca. 3200–2700). Der Pharao ist der Mittelpunkt nicht nur des Staates, sondern auch der Religion, der einzige, der zwischen Götter- und Menschenwelt vermitteln kann und selbst als Inkarnation des Himmelsgottes und Sohn der Sonne zu beiden Sphären gehört. Der tote König ist ein Gott, für dessen Begräbnis und Kult bis zum Ende des Neuen Reiches riesiger Aufwand betrieben wurde.

II.2. Altes Reich. Die Zeit der 3.–6. Dynastie

(ca. 2700–2200) bezeichnet man als Altes Reich. Es entwickeln sich komplexe Verwaltungsstrukturen, das Land wird in 42 Gaue eingeteilt und einer zentralen Leitung unterstellt. Die Bev. wird zu staatl. Dienstleistungen herangezogen, in den Residenzfriedhöfen von Memphis können dadurch schon in der 3. und 4. Dynastie königliche Grabbauten von gewaltigen Dimensionen errichtet werden. In den Werkstätten der Residenz werden die typischen Merkmale altägypt. Kunst kanonisiert und die monumentale Steinbauweise sowie die Pyramidenform entwickelt. In der 4. Dynastie errichten Snofru, Cheops, Chefren und Mykerinos riesige Grabanlagen in der Nähe von Memphis, das während der ges. altägypt. Geschichte die Königsstadt schlechthin war. Aufgrund seiner zentralen Lage war es meist auch Verwaltungszentrum, wichtigste Festung und Schlüssel zum Besitz des Landes. Die Hauptgötter von Memphis waren Ptah sowie der Apisstier. In der 5. und 6. Dynastie werden kleinere Pyramiden gebaut, erstmalig mit beschrifteten Innenräumen, in denen das älteste relig. Schriftkorpus überliefert ist. Die ägypt. Religion kennt schon in frühester Zeit eine Vielzahl unterschiedlicher Götter und Lokalkulte, einige ihrer bes. typischen Züge, wie der Glaube an den Totenkönig Osiris und der Sonnenkult, werden aber in dieser Zeit entscheidend geformt. Die hohen Beamten errichten sich monumentale Gräber in der Nähe des Königsgrabs, oft reichhaltig dekoriert und beschriftet mit Szenen des täglichen Lebens und biographischen Texten, die wichtige Angaben zu den Laufbahnen der Beamten und den ethischen Grundsätzen der Lebensführung überliefern. Angaben über Handelsexpeditionen nach ↗ Nubien und Palästina finden sich in einigen Gräbern von Provinzfunktionären aus Oberägypten. Am Ende des Alten Reiches ändern sich die Verhältnisse ziemlich abrupt: Der Zentralstaat verschwindet, Ägypten zerfällt in autonome Regionen, die Könige wechseln rasch. Ob innere Schwierigkeiten oder Angriffe von außen die Ursachen dieser Entwicklung sind, ist unbekannt.

II.3. Erste Zwischenzeit und Mittleres Reich. In der Ersten Zwischenzeit (ca. 2200–2000) wird das südl. Oberägypten von Provinzmachthabern regiert, die weitgehend unabh. sind und sich untereinander bekriegen. Nur allmählich setzen sich die Fürsten von Theben durch und beginnen eine neue (11.) Dynastie in Oberägypten. Im N ist Herakleopolis die neue Residenz der 9. und 10. Dynastie, deren Macht bis ins nördl. Oberägypten reicht. In Kunst und Sprache zeichnen sich neue Entwicklungen ab, da es jetzt keine vorbildhafte Residenz mehr gibt. Dem thebanischen König Mentuhotep II. gelingt es kurz nach 2050, Ägypten wieder zu einen. Er und seine unmittelbaren Nachfolger stehen noch in der Tradition der thebanischen Gaufürsten und lassen sich in Theben in Felsengräbern bestatten. Um 2000 kommt eine neue (12.) Dynastie an die Macht, die wieder mehr an das Alte Reich anknüpft. Aus den Provinzfürsten werden allmählich königliche Beamte, die Zentralverwaltung wird gestärkt, das Land entsprechend den neuen Entwicklungen in Bezirke eingeteilt. Die Residenz wird in die Nähe von Memphis verlegt und dort lassen sich die Könige wieder in Pyramiden bestatten. Im S wird Nubien bis zum 2. Katarakt erobert und durch Festungen gesichert. Die 12. Dynastie ist eine der stabilsten Epochen der ägypt. Geschichte, die einzelnen Herrscher haben durchweg lange Regierungszeiten. Sie sind auf rigorose Sicherung ihrer Herrschaft bedacht, die geforderte Unterwerfung unter den königlichen Willen kommt auf vielfältige Weise zum Ausdruck. Es ist aber auch eine kulturelle Blütezeit: Kunst und Sprache der 12. Dynastie gelten von nun an als vorbildhaft, und erst jetzt entsteht eine Lit. im eigentlichen Sinne, deren Werke noch Jh. später als Klassiker galten (↗ altägyptische Literatur).

II.4. Zweite Zwischenzeit und Neues Reich. Im Verlauf der 12. Dynastie wandern ↗ Semitisch sprechende Gruppen ins Delta ein, und um 1800 werden Teile von Unterägypten offenbar selbstständig. Dies führt auch im übrigen Land zu Instabilität, die neue 13. Dynastie ist eine lange Folge kurzlebiger Herrscher. Um 1650 entsteht im N das Reich der Hyksos, das sich von Palästina bis nach Oberägyten erstreckt, beherrscht von kanaanäischen Fürsten, die Pferd und Streitwagen nutzen und in Auaris in Unterägypten residieren. Südl. des 3. Katarakts entsteht gleichzeitig das Reich von Kusch. Die in Theben herrschende oberägypt. 17. Dynastie geht schließlich gegen beide Nachbarn kriegerisch vor und kann nach schweren Kämpfen die Hyksos vertreiben und Unterägypten und Palästina erobern. In der Folge wird der ägypt. Einfluss bis zum Euphrat ausgedehnt und Nubien bis zum 4. Katarakt erobert, wo die ägypt. Herrschaft ca. 400 Jahre Bestand hat. Mit der 18. Dynastie (ca. 1550–1300), der glanzvollsten Epoche der ägypt. Geschichte, beginnt das Neue Reich. Die Vormachtstellung Ägyptens stützt sich auf die von den Hyksos übernommene Streitwagentechnik und wirtsch. auf die Ausbeutung der nubischen

Goldvorkommen, die seinen Reichtum bei den Nachbarvölkern legendär werden lässt. Er zeigt sich auch in den Bauten dieser Zeit, Tempeln, Palästen und Grabanlagen, v.a. in Theben, das nun zu einer der prächtigsten Städte des Altertums wird. Der thebanische Gott Amun erlangt eine landesweite Vorrangstellung, und seine Stadt wird das wichtigste relig. Zentrum. Hier werden die Könige bis zum Ende des Neuen Reiches im Tal der Könige bestattet, zunächst in geheim angelegten Felskammern, später in riesigen Felsengräbern. Jedes Grab hat einen eigenen Totentempel, der neben der kultischen auch bedeutende wirtsch. Funktionen hat. Für die Anlage der Königsgräber im Tal der Könige ist eine Gemeinschaft von Handwerkern zuständig, die auf der thebanischen Westseite eine eigene Siedlung hat (Deir el-Medina). Um 1350 besteigt Amenophis IV. den Thron und löst eine relig. Revolution aus, durch die der traditionelle Polytheismus abgeschafft und nur noch die Sonne (Aton) verehrt wird. Er nennt sich nun Echnaton und gründet eine neue Residenz in Amarna in Mittelägypten. Die Verehrung anderer Götter, bes. die des Amun von Theben, wird verboten und verfolgt. Aber mit dem Tod Echnatons verschwindet auch die neue Religion. Unter Tutanchamun werden die alten Kulte wieder offiziell gefördert, wird Amarna aufgegeben und die Residenz nach Memphis verlegt; Theben bleibt das religiöse Zentrum. Unter der folgenden 19. und 20. Dynastie (Ramessidenzeit, ca. 1300–1070) spielt das Militär aufgrund der labileren äußeren Lage eine zunehmend wichtige Rolle. Das Königtum wird weltlicher, es verliert seine Funktion als alleiniger Mittler zwischen Gott und Mensch. Unter Sethos I. und seinem Sohn Ramses II. erlebt Ägypten eine neue Blütezeit, in der noch einmal überall im Land große Bauten errichtet werden, ebenso eine neue Residenz im Ostdelta. Gegen Ende dieser Zeit wird aber die äußere Bedrohung durch libysche Stämme und die neue Siedlungsgebiete suchenden »Seevölker« akut. Die Nachfolger Ramses' II. kämpfen mit wechselndem Erfolg, im weiteren Verlauf des 12. Jh. gerät Ägypten in immer größere Schwierigkeiten. Die Angreifer gelangen bis weit ins Landesinnere, und ihre Aktivitäten führen zu großen wirtsch. und admin. Problemen. Gegen Ende des 12. Jh. verliert Ägypten die Kontrolle über seine asiat. Gebiete, bald darauf geht auch Nubien verloren.

II.5. Dritte Zwischenzeit und Spätzeit. Am Ende des Neuen Reiches ergreifen libysche Stammesführer die Macht. Ägypten wird geteilt: Oberägypten untersteht einem Heerführer, der zugleich Hohepriester des Amun von Theben ist, Unterägypten wird von einem (gleichfalls libyschen) König in Tanis regiert. Die Herrschaft der Libyer führt zu kulturellem Niedergang und Verarmung, es entwickeln sich feudalistische Herrschaftsstrukturen, das Land zerfällt in Kleinfürstentümer. In Nubien entwickelt sich in dieser Zeit in der Gegend des 4. Katarakts bei Napata ein neues Machtzentrum, das im Verlauf des 8. Jh. seinen Einfluß bis nach Oberägypten ausdehnt, und von ca. 715–664 wird ganz Ägypten von einer nubischen (25.) Dynastie regiert. Die Nubier haben die ägypt. Religion übernommen und vertreten darin eine bes. orthodoxe Richtung. Unter ihnen erlebt die ägypt. Kultur eine Art Renaissance: Die eigene Vergangenheit wird wiederentdeckt, und in vielen Bereichen orientiert man sich an Vorbildern aus älteren Epochen. Um 700 kommt es zu Konflikten mit dem expandierenden Großreich der Assyrer, die Ägypten schließlich in mehreren Feldzügen unterwerfen und die Nubier daraus vertreiben. Aufgrund eigener innerer Schwierigkeiten können sich die Assyrer nicht lange halten. Der Fürst von Saïs erobert mit Hilfe griech. Söldner zunächst das Delta, er löst sich von den Assyrern und kann auch Oberägypten gewinnen. Obwohl auch die neue (26.) Dynastie (664–525) libyschen Ursprungs ist, betreibt sie eine andere Politik: Der Feudalismus wird beseitigt, Ägypten wieder ein zentral gelenkter Staat mit Großmachtambitionen und engen Kontakten zur griech. Welt. Kulturell knüpft man an die nubische Renaissance an und pflegt die ägypt. Vergangenheit. 525 erobert der persische Großkönig Kambyses das Land, das nun als Provinz des persischen Imperiums von einem Statthalter regiert wird. Die neuen Herren bezwecken v.a. die Ausbeutung des Landes und sind dementsprechend unbeliebt. 404 gelingt es wiederum libyschen Deltafürsten, Ägypten von den Persern zu befreien. Die 28.–30. Dynastie (404–343) bedeutet eine letzte Blütezeit, in der man sich am Vorbild der 26. Dynastie orientiert. Nach einem persischen Interregnum wird Ägypten 332 von Alexander erobert und nach dessen Tod von seinem General Ptolemaios verwaltet, der sich bald (306) selbst zum Pharao macht und die Dynastie der Ptolemäer begründet, die in der neugegr. griech. Stadt Alexandria residiert. Unter ihnen gehört Ägypten zu den hellenistischen Reichen des Mittelmeerraums, beherrscht von einer griech. Oberschicht, die von der ägypt. Kultur nur peripher beeinflusst ist. Mit dem Niedergang des Ptolemäerreiches erlangt Rom größeren Einfluß, und 30. v. Chr. wird Ägypten schließlich röm. Provinz mit einem Sonderstatus, der seine Ausbeutung allein durch die kaiserliche Verwaltung sicherstellen soll. Das röm. Regime ist strenger als das ptolemäische und führt zu einer starken Einschränkung der alten Kulte und ihrer Priesterschaft, die jetzt fast allein Träger der kulturellen Traditionen ist. Im 3. Jh. breitet sich das ↗ Christentum immer mehr aus und verdrängt und vernichtet die heidnischen Kulte. Mit ihnen verschwindet allmählich auch die alte Schrift, denn die Bibel wird nur in der neuen (koptischen) Volkssprache mit griech. Buchstaben geschrieben (↗ Kopten). Die Aufgabe der alten Schriftsysteme führt dazu, dass die ges. schriftl. Überlieferung der vorchristl. Zeit bald unverständlich wird.

III. Das ägypt. Erbe. Die altägypt. Kultur hat schon zu Beginn bzw. im Verlauf des 3. Jt. eine Reihe von zivilisatorischen Großleistungen hervorgebracht: eines der frühesten Schriftsysteme, das über 3000 Jahre in Gebrauch blieb, den frühesten praktikablen Kalender (mit 12 Monaten à 30 Tagen und 5 Schalttagen), eine hochentwickelte Bau- und Ingenieurkunst, basierend auf soliden math. Kenntnissen, die es schon zu Beginn der Steinbautechnik (um 2700) erlaubten, riesige Anlagen in exakter Arbeit zu errichten, eine auf genauer Beobachtung beruhende leistungsfähige Medizin und vieles mehr. Diese Errungenschaften haben großen Einfluß auf die Nachbarvölker und spätere Kulturen gehabt: Der altägypt. Kalender liegt dem julianischen zugrunde, die ägypt. Schrift hat vermutlich den Anstoß zur Entwicklung des nordwestsemitischen Alphabets gegeben (das seinerseits dem griech. zugrundeliegt), die ägypt. Medizin war noch bei den Griechen hoch angesehen. Dagegen ist das Alte Ägypten selbst in vorhellenistischer Zeit nur wenig von Nachbarkulturen beeinflußt worden, charakteristisch ist vielmehr die ganz eigene Ausprägung der ägypt. Kultur: in der Darstellungsweise der Kunst, in der Architektur, in der Religion, in der Schrift oder im Kalender. Alle diese Dinge haben sich im Verlauf der Geschichte weiterentwickelt, sind aber nicht mehr grundsätzlich verändert worden. Das Alte Ägypten ist das Musterbeispiel einer Kultur, die sich weitgehend selbständig entfaltet und weiterentwickelt hat. Ursächlich dafür sind die bes. Umweltbedingungen (Klima und regelmäßige Bewässerung durch den Nil) und die relative Isolation des Landes: die Verbindung nach außen verläuft nur über Wüstenpisten bzw. über den Nil, der aber durch Stromschnellen unterbrochen ist. Dennoch gab es zu allen Zeiten Kontakte und Handel mit den Nachbarn. Zu Beginn seiner Geschichte ist Ägypten deutlich nach S orientiert, wie sich aus den Bezeichnungen der Himmelsrichtungen ergibt (z. B. O = links und W = rechts). Auch der Handel mit innerafrik. Produkten ist schon im Alten Reich nachweisbar. Mit der Invasion der Hyksos verlagert sich das Interesse eher nach N, sehr deutlich dann in der Ramessidenzeit. Nach der Herrschaft der Nubier über Ägypten (25. Dynastie) kommt es sogar zu einem radikalen Bruch: die 26. Dynastie orientiert sich nahezu ausschließlich zur Mittelmeerwelt, alle wichtigen Zentren liegen jetzt im Delta, Oberägypten wird reine Provinz. Diese Haltung setzt sich auch unter der Herrschaft der Perser und Makedonier fort. Aus dieser Zeit stammen auch die Berichte der griech. Historiker über Ägypten, die das spätere Bild der ägypt. Kultur geprägt haben. Die neuzeitliche europ. Wissenschaft konnte zunächst nur von diesen Quellen ausgehen. Nach der Entzifferung der Hieroglyphen gehörte die ↗ Ägyptologie dann zu den orientalistischen Fächern, die ägypt. Kultur wurde v. a. in ihren Beziehungen zu den Ländern des Vorderen Orients betrachtet. Die afrik. Wurzeln des Alten Ägypten sind daher in der europ. Wissenschaft eher stiefmütterlich behandelt worden. Seit einigen Jahrzehnten suchen afrik. Forscher wie Cheik Anta Diop, Theophile Obenga u. a. nach den Spuren der ägypt. Zivilisation in Afrika. ↗ Ägyptisch, ↗ griechische Kolonisation, ↗ Juden in Afrika, ↗ Maat, ↗ Meroitisch, ↗ römische Kolonisation, ↗ Zeitrechnung, altägpt.

🕮 W. Helck (Hg.), Lexikon der Ägyptologie, 7 Bde., Wiesbaden 1975–1992. – B. G. Trigger (Hg.), Ancient Egypt. A Social History, Cambridge 1983. – L'Egypte et la vallée du Nil, Bd. 1: J. Vercoutter, Des origines à la fin de l'Ancien Empire, Paris 1992. – Bd. 2: C. Vandersleyen, De la fin de l'Ancien Empire à la fin du Nouvel Empire, Paris 1995. – Cheikh Anta Diop, Civilisation ou barbarie. Anthropologie sans complaisance, Paris 1981. – Th. Obenga, L'afrique dans l'antiquité. Egypte pharaonique – Afrique Noire, Paris 1972.

Karl Jansen-Winkeln

Altägyptisch ↗ Ägyptisch

Altägyptische Literatur. *I. Definition.* Unter a. L. wird hier Schrifttum nicht-dokumentarischen und nicht-magisch/kultischen Charakters verstanden; der Bereich der sog. Gebrauchslit.

(Alltagstexte, hist. Inschriften, wiss. Texte zur Medizin, Mathematik, Astronomie und Kulttopographie, Hymnen und Kultliturgie sowie Jenseitslit.) bleibt unberücksichtigt. Die a.L. ist überwiegend in hieratischen und demotischen (↗ Ägyptisch) Manuskripten überliefert und wurde von einer relativ kleinen schreibkundigen Elite verfasst. Sie diente z.T. der Rezitation vor einem größeren Publikum zu den Zwecken der staatspol. Propaganda, der Bildung oder der Unterhaltung.

II. Literarische Gattungen. Die zu erkennenden Gattungen/Textsorten sind zumeist für die ges. Zeitspanne ↗ Altägyptens belegt: (1) Als älteste ist die im Grabkontext verankerte Autobiographie anzusehen, die mit wechselnden Schwerpunkten retrospektiv über das Leben realer Personen und deren Laufbahn berichtet und/oder ein ideales Verhalten schildert. (2) Im Bereich der Schreiberschulen kursierten versch. Lebens- oder Weisheitslehren, die manchmal negative Charakteristiken nichtliterater Berufe enthalten und den zukünftigen Beamten schrittweise auf seine Tätigkeit im Sinne der gesellsch. Ordnung (↗ Maat) vorbereiten sollten. (3) Amüsant verpackte prophetische Lit. fungierte als nat. Propaganda oder nachträgliche Legitimation einzelner Herrscher. (4) Die monologische Rede hat ihren Ursprung in Verteidigungsplädoyers vor Gericht (»Beredter Oasenhändler«). (5) Pol. Krisenzeiten haben die sog. Problemlit. hervorgebracht, die sich mit gravierenden Veränderungen in der Gesellschaft auseinandersetzt (»Gespräch eines Mannes mit seinem Ba«, »Klagen des Chacheperreseneb«, »Dialog des Ipu-wer mit dem Allherrn«). Auch der »Moskauer lit. Brief des Wermai« stellt eine Klage über die sozialen Verhältnisse seiner Zeit dar und kann wie die satirische Streitschrift des Papyrus Anastasi I als Vorläufer des Briefromans gelten. (6) Im Mittelpunkt der zahlreichen Erzählungen stehen frühere Könige (Snofru und Cheops im Papyrus Westcar, ein kuschitischer König im Papyrus Vandier, Petubastis-Trilogie) oder fiktive Beamte, deren Erlebnisse im Ausland geschildert werden (12. Dynastie: »Sinuhe«; 20./21. Dynastie: »Wenamun«). Auch anonyme Charaktere (»Schiffbrüchiger«) oder märchenhafte Helden (Magier im Papyrus Westcar und Papyrus Vandier, »Verwunschener Prinz«, »Zwei-Brüder-Märchen«, Romane um »Prinz Setna«) treten auf. Die ausführlichen Erzählungen aus der Götterwelt (»Himmelskuh«, »Horus und Seth«, »Astarte und das Meer«, »List der Isis«, »Tefnutlegende«) geben Einblick in die Mythologie und bescheinigen den Gottheiten menschliche Schwächen und Eigenheiten. ↗ Frauen sind in fast allen Erzählungen negativ konnotiert. Durch Untreue, Falschheit, Neugierde, List, Gier oder Zorn lösen sie oft die weitere Handlung aus. Königliche ↗ Homosexualität wird verheimlicht und anekdotenhaft thematisiert (Papyrus Chassinat I). (7) Im Rahmen von Festgesängen haben sich stilistisch anspruchsvolle Liebesgedichte (auch aus der Sicht der Frau) und Harfnerlieder (mit *memento mori-* und *carpe diem-*Themen) als literarische Gattungen etabliert. (8) Ein demotischer Papyrus beinhaltet erstmals als Invektive die kunstvolle Beschimpfung eines verkommenen Harfners. (9) Auch Tiergeschichten und lehrhafte Fabeln sind mehrfach belegt.

III. Gegenwärtige Forschungsbereiche. Neben der Frage nach der Verortung der lit. Texte in der altägypt. Gesellschaft (»Sitz im Leben«) und damit nach der Abgrenzung bzw. Existenz von schöner Lit. werden in der ↗ Ägyptologie gegenwärtig folgende Problemkreise diskutiert: Vokabular und Grammatik literarischer Werke, Stilmittel (Wortspiele, Metaphern) und Gliederungsmerkmale (»Gedankenpaare«, *parallelismus membrorum,* »Metrik«), Fiktionalität und Intertextualität, die Abhängigkeit vom Dekorum, der werkimmanente Diskurs, die Frage nach der Autorschaft, die Existenz eines literarischen *undergrounds.* Die Grundlagenforschung gilt weiter der Überlieferung und Verbreitung der Texte und auch der noch ausstehenden Erstbearbeitung umfangreichen Materials, v.a. des 1. Jt. v. Chr.

🕮 M. Lichtheim, Ancient Egyptian Literature. A Book of Readings, 3 Bde., Berkeley/Los Angeles 1973–1980. – A. Loprieno (Hg.), Ancient Egyptian Literature: History and Forms, Leiden 1996. – R.B. Parkinson, The Tale of Sinuhe and Other Ancient Egyptian Poems 1940–1640 BC, Oxford 1997.

Ursula Verhoeven

Altäthiopisch ↗ Semitisch

Altäthiopische Literatur. Altäthiopisch oder Ge'ez, die Sprache des Reiches von ↗ Axum seit dem 1. Jh. n. Chr., ist zuerst in Inschriften greifbar. Mit dem Christentum im 4. Jh. und den ersten Übersetzungen aus der Bibel wird es Literatursprache, in den folgenden anderthalb Jahrtausenden entstand eine große Zahl meist relig. Werke. Mit dem *Physiologus* (Buch des Naturkundigen) und *Barlaam und Josaphat* bewahrte sie aber auch antikes Bildungsgut. Das *Henoch-*

buch, das sogar unter die alttestamentarischen Schriften aufgenommen wurde, ist nur in der altäthiop. Übersetzung vollständig überliefert. Mit Jekunno Amlak (1270–1285), dem Begründer der salomonischen Dynastie (bis 1974), beginnt eine neue Epoche, die anfangs durch zahlreiche Übersetzungen aus dem christl.-arab. Schrifttum gekennzeichnet ist. Einen Höhepunkt stellt die Zeit des Kaisers Zär'a Ja'qob (1434–1468) dar, der selbst theol. Werke verfasste; das bedeutendste ist *Mätshafä Berhan* (Buch des – christl. – Lichtes). Zu dieser Zeit entstand auch die Rechtsdarstellung *Fetha Nägäst* (Recht der Könige). Gegen die kath. Missionsversuche verfasste Kaiser Gälawdewos seine Bekenntnisschrift (*Confessio Claudii*). Eines der letzten großen theol. Werke ist *Fäws Mänfäsawi* (Geistliche Heilung, 17. Jh.). – Die Geschichtslit. wurde seit den Anfängen gepflegt. Aufschlussreich sind die Werke über die Kriege von Amdä Siyon (14. Jh.) und die großen Kriege gegen die Muslime (im 16./17. Jh.). Die offiziellen äthiop. ↗ Chroniken werden bis zum Ende des 19. Jh. fortgesetzt. Weitere beliebte Textgattungen sind Heiligengeschichten (*Gädl*, z. B. von dem bekanntesten äthiop. Heiligen Täklä-Haimanot), Zauberliteratur, grammatische Lit. (*Säwasew*) und Lyrik. Seit dem 19. Jh. weicht die a. L. immer mehr der ↗ amharischen und ↗ tigrinischen Lit., ohne ihre Bedeutung in der äthiop.- und eritreisch-orthodoxen Kirche zu verlieren. Es sind noch nicht alle altäthiop. Manuskripte per Film archiviert und beschrieben worden, und nur ein Teil von ihnen wurde bis jetzt übersetzt und herausgegeben. Das Altäthiop. ist von Umfang und Geltungsdauer her die bedeutendste einheimische Literatursprache Afrikas. ↗ Semitisch, ↗ Schriftsysteme, afrik.

Rainer Voigt

Alter. In afrik. Kulturen springt die Verschiedenheit der Formen der Altersorganisation ins Auge. Außerordentlich vielfältig ist die Art, wie Gesellschaften Lebensalter praktisch und begrifflich gliedern. Vielfältig ist auch die Art, wie sie ihre Alten behandeln oder die Alten sich gesellsch. Institutionen zunutze machen, um die Alterssicherung zu gewährleisten.

Das soziale A. wird in Afrika nicht über die Anzahl gelebter Jahre bestimmt, sondern über die Stellung in der Generationenfolge, den sozialen Status, die Zugehörigkeit zu festgelegten Altersgruppen bzw. -klassen oder durch die Position im Familienzyklus. Es werden vier Typen der Altersgliederung unterschieden: (1) Physisch-funktional: V. a. bei Jäger- und Sammlergesellschaften (z. B. in Zentralafrika) finden sich Altersbegriffe, die auf die körperlichen Fähigkeiten abheben. Wer nicht mehr zu großen Anstrengungen in der Lage ist – bei Männern zu weiten Jagdzügen, bei Frauen zum Sammeln der Grundnahrungsmittel und zur Versorgung von Kleinkindern –, gilt als alt. (2) Alters- und Generationsklassensysteme (↗ Altersklassen): Hier gehört jeder Mensch zu einer als gleichaltrig bezeichneten Gruppe von Menschen, die mit ihm in gleichem Verhältnis zur vorangegangenen Generation steht. Mit diesen de facto oft sehr unterschiedlichen Gleichaltrigen rückt der Mensch in rituell bestimmten Jahreszyklen, im Gada-System der Oromo (Äthiopien, Kenia) etwa alle acht Jahre, in andere Alterskategorien auf. Hierbei variiert das A. oft beträchtlich. So können in einer Gruppe manche 40 Jahre jünger sein als die Ältesten der gleichen Kategorie. (3) Unterscheidung nach Positionen im Reproduktionszyklus: In manchen Gesellschaften ist der Familienstatus, insbes. von ↗ Frauen, die dominante Ordnungskategorie im Lebenslauf. Entscheidend ist, ob sie schon heiratsfähig, verheiratet, Mutter, geschieden, Schwiegermutter oder Witwe sind. Unverheiratete oder kinderlose alte Frauen oder Männer können so nie zu Alten werden. (4) Senioritätssysteme: Hierbei beinhaltet das Vorrücken in der Geburtenfolge einen Machtzuwachs. A. wird immer im Verhältnis zu den Nachgeborenen definiert. Diese Vorstellung von A. kommt unserer Vorstellung von chronologischem A. am nächsten. Auch in Gesellschaften, in denen A. und Macht verknüpft sind, werden keineswegs alle alten Menschen zu Geronten und teilen das hohe Prestige, das mit A. assoziiert wird. Wer alt wird, ohne ein Ältester zu sein, kann u. U. an den Rand gedrängt werden.

Bei der Betrachtung nichtindustrieller afrik. Gesellschaften wird deutlich, dass die Versorgung im hohen A. – wenn die Alten mehr konsumieren, als sie produzieren können –, nichts Natürliches ist, sondern einer institutionellen Einbettung bedarf, die problematisch ist und ein unstabiler Balanceakt bleibt. Die versch. Formen der Alterssicherung implizieren deshalb immer auch den Konflikt zwischen Lebensaltern. Sehr unterschiedliche Institutionen dienen u. a. auch der Absicherung des Überlebens alter Menschen. (1) Magie und Religion: Hohes Ansehen der Alten kann von einer Zuschreibung magischer Kompetenz abgeleitet sein, die aber als durchaus ambivalent wahrgenommen wird und in bestimmten kulturellen Kontexten auch die Verachtung oder Tötung der Alten begründen kann. Auch relig. Institutionen, in denen Wissen um wirksame Gebete, Rituale oder Heilkräuter von Alten angehäuft wurde, können diesen Sicherheit und Versorgung bieten. (2) Akkumuliertes Wissen: In einer Reihe schriftloser Kulturen stützen die Alten ihre Altersversorgung auf das Beherrschen von Wissenselementen, die für die Gesellschaft unverzichtbar sind. So gibt es eine Spezialisierung von Alten auf erinnerbares Wissen u. a. über Dorf- und Klangeschichte, über Landbesitzverhältnisse oder Konfliktlösungsstrategien. Dieses Wissen schafft Prestige. (3) Eigentum: Das Eigentum an Land und Häusern oder die Position des Verwalters von Grund und Boden der Verwandtschaftslinie sichern eine Versorgung der Alten.

Nichts verletzt das Bild vom Umgang afrik. Kulturen mit ihren Alten so sehr wie die Praxis der Altentötung (Senizid) in Jäger- und Sammlergesellschaften. Die San, Jäger und Sammler in der Kalahari (Südafrika), ließen ihre gebrechlichen Alten zurück, wenn sie nicht mehr zu langen Streifzügen zur Nahrungssuche in der Wüste imstande waren und somit die Mobilität der ganzen Gruppe eingeschränkt hätten. Bei Ernteausfällen und sie begleitenden Hungersnöten sind es die Kleinkinder und die Alten, die zuerst sterben, da die verbliebenen Nahrungsmittel zuerst an die arbeits- und reproduktionsfähigen Erwachsenen verteilt werden. Heute sind Vernachlässigung und Unterversorgung der Alten insbes. dort eine regelmäßige Erscheinung, wo die junge Generation abwandert und die Älteren – sogar die eigenen Eltern und Großeltern – die normativen Verpflichtungen nicht mehr erzwingen können. In Ländern mit hoher ↗ Aids-Infektionsrate ist die Versorgung zunehmend schwieriger zu gewährleisten, da immer größere Teile der jüngeren Generation an der Epidemie sterben. ↗ Bevölkerung.

🕮 C. Attias-Donfut/L. Rosenmayr (Hg.), Vieillir en Afrique, Paris 1994. – D. Dracklé (Hg.), Alt und zahm? Alter und Älterwerden in unterschiedlichen Kulturen, Hamburg 1998. – G. Elwert/M.Kohli (Hg.), Im Lauf der Zeit. Saarbrücken 1990.

Karola Elwert-Kretschmer

Altersklassen, Zusammenschlüsse von Männern und ↗ Frauen gleichen sozialen Alters, stellen in Afrika eines der primären soziopol. Beziehungssysteme dar (↗ Klan und Lineage, ↗ Verwandtschaft, ↗ Bünde, ↗ Nachbarschaft, ↗ Dorf). Oft werden Elemente von A. von anderen Beziehungssystemen dominiert, z. B. bei den Nuer (Sudan) durch die segmentäre Lineage. A. lassen sich als Verlaufsmodelle von Statusgruppen (*age-grade*) darstellen, die aus Gruppen von ungefähr Gleichaltrigen zusammengesetzt sind (*age-set*) und über eine kollektive Identität verfügen. Mit den Statusgruppen sind bestimmte Aufgaben in der Arbeitsteilung, der Politik und im rituellen Leben verbunden. Oft wird über die Zugehörigkeit zu Altersklassen auch die Berechtigung zur biolog. Reproduktion – das Recht zu heiraten und Kinder zu bekommen – organisiert. A. können auch dadurch definiert werden, wie eine Gesellschaft ihre Mitglieder auf der Grundlage strukturellen Alters klassifiziert. »Strukturelles Alter« drückt aus, dass alle Angehörigen einer Generation, unabh. von ihrem biolog. Alter, die Statusstufen des »sozialen Alters« (↗ Kindheit, ↗ Jugend, Erwachsenenstatus, ↗ Alter) gemeinsam durchlaufen.

Institutionalisierte, formalisierte und korporativ verfasste A. umfassen nur den männl. Teil einer Gesellschaft. A. sind damit in der Regel auch konstitutiv für die Entwicklung männl., sich von Weiblichkeit abgrenzender Geschlechterrollen (↗ Geschlechterbeziehungen). Ob es in afrik. Gesellschaften auch Beispiele formal verfasster A. von Frauen gibt, konnte bislang nicht nachgewiesen werden.

Für Afrika werden vier Idealtypen von A. unterschieden: (1) das Initiationsmodell, (2) das Generationsmodell, (3) das residentielle Modell und (4) das Regimentsmodell. Im Initiationsmodell werden z. B. bei den Maasai (Kenia, Tansania) die Übergänge zwischen Jugend und der Phase des Kriegers sowie zwischen der Phase des Kriegers und des gereiften Erwachsenen durch Initiationsriten (↗ Initiation) markiert. Das Generationsmodell ist am deutlichsten in den Gada-A. versch. Völker Südäthiopiens und Nordkenias ausgeprägt, z. B. bei oromosprachigen Gruppen, Sidamo, Konso, Arbore, Rendille. Die Vorstellung strukturellen Alters ist hier auf den Gipfel getrieben: Alle Söhne eines Vaters gehören grundsätzlich einer Generationsklasse an und durchlaufen innerhalb dieser gemeinsam die sukzessiven Stufen, gleichgültig, wie groß der Altersunterschied zwischen ihnen ist. Gada-A. waren und sind hochkomplexe rituelle und soziopol. Formationen. Im residentiellen Modell, das v. a. in Westafrika, aber auch in Ostafrika anzutreffen ist, werden junge Männer in eigenen Siedlungen zusammengefasst. Im Regimentsmodell, das in den vorkolonialen Staaten des südl.

Afrikas stark verbreitet war, z. B. bei den Zulu, basierten die Heereseinheiten auf sukzessiven A. In der Praxis setzen sich A. aber aus Elementen aller Modelle zusammen. Sie haben auch hist. Entwicklungen durchlaufen, durch die einzelne Elemente mehr oder weniger stark betont wurden. Bes. die Funktion der »Krieger« änderte sich. Mit der Kolonisierung verloren die A. ihren korporativen und institutionalisierten Charakter, während informelle Altersabstufungen, die sich durch die spontane Selbstorganisation von Altersgleichen ergaben, weiter Bestand hatten.

B. Bernardi, Age Class Systems. Social Institutions and Polities Based on Age, Cambridge 1985. – B. Streck, Alter. In: ders. (Hg.), Wörterbuch der Ethnologie, 2. erw. Aufl., Wuppertal 2000.

Thomas Zitelmann

Amazonen ↗ Westafrika, Völker, Kulturen und Staaten

Amharisch ↗ Semitisch, ↗ Schriftsysteme, afrik., ↗ Verkehrssprache

Amharische Literatur. Amharisch ist im äthiopischen Reich seit dem 14. Jh. die Sprache des Hofes (*lesanä negus*, »Sprache des Königs«) und der Verwaltung. Aus der Epoche bis zum 19. Jh. sind nur wenige Texte überliefert, wie die Königslieder (16. Jh.) und einige relig. Lit. (17. Jh.). Im 19. Jh. entstand eine nichtrelig. a. L., u. a. mit den aus dem Griech. übersetzten Fabeln des Äsop, drei Chroniken der Herrschaft von Kaiser Theodor (1855–1868), einer legendenhaften Geschichte von Ahmed Grany sowie dem *Buch der weltlichen und spirituellen Unterhaltung*. Ebenfalls im 19. Jh. erschienen die ersten amh. Grammatiken von Gäbrä-Mika'el und Aläqa Tayyä, der später Lektor an der Universität Berlin war. Gegen Ende des 19. Jh. existiert eine Druckerei der schwed. Mission in Asmara und eine kath. in Keren. Am Beginn des 20. Jh. steht das Werk von Afäworq Gäbrä-Iyäsus, der lange in Italien lebte. Sein Roman *Lebb wolläd tarik* (Imaginäre Geschichte, Rom 1908), später unter dem Namen seines Protagonisten *Tobbya* (2. Ausg. Dire Dawa 1926/27) bekannt, gilt als erster Roman in amh. Sprache. Zwischen 1890 und 1922 erschienen in Asmara viele amh. Werke, u. a. eine *Geschichte des äthiopischen Volkes* von Aläqa Tayyä. Mit der Gründung zweier Druckereien in Addis Abeba nimmt die Buchproduktion weiter zu, und auch in den beiden Wochenzeitungen *Aymero* (Vernunft) und *Berhan-enna sälam* (Licht und Friede) werden literarische Arbeiten veröffentlicht. Die bedeutendsten Schriftsteller vor der ital. Eroberung 1935 sind Afäworq Gäbrä-Iyäsus (1868–1947) und Heruy Woldä-Sellase (1879–1938), der als Vater der a. L. gilt. Nach dem Ende der ital. Herrschaft (1941) werden traditionelle Themen (wie hist. Abhandlungen) fortgeführt. Es verstärkt sich die Imitation des westl. Stils, z. B. bei der Dialoggestaltung. Die wichtigsten Autoren der Nachkriegszeit sind Mäkonnen Indalkachäw (1891–1963), Käbbädä Mika'el (geb. 1914, *Tarik-enna messale*, Geschichten und Parabeln, für die Schule geschrieben) und Germachäw Täklä-Hawaryat (1915–1987, *Ar'aya*, eine hist. Novelle, 1948/49).

Sehr viele amh. Werke sind durch ihren devoten Bezug zu Haile Selassie und ihren moralisch-didaktischen Stil charakterisiert, der wenig Raum für Individualisierung lässt. Dies änderte sich in den 1950er Jahren mit dem Werk von Taddäsä Libän (geb. 1930), dem Pionier der amh. Kurzgeschichte, und Haddis Alämayyähu (geb. 1909/10), dem wohl populärsten amh. Autor, dessen bekanntester Roman *Feqr eskä mäqaber* (Liebe bis ins Grab) 1965/66 erschien. Andere wichtige Werke sind der sozialkritische Roman *Adäfris* von Danyachäw Worqu (geb. 1936), *Yalacha gabicha* (Ungleiche Heirat, 1964/65) von Mängestu Lämma (1928–1988) und *Alewwällädim* (Ich möchte nicht geboren worden sein, 1962/63) von Abbe Gubänya (1933/34–1980), einem der bekanntesten amh. Autoren. Mit dem Sturz des Kaisers (1974) und der Errichtung des kommunistischen Derg-Regimes (bis 1991) beginnt ein neuer Abschnitt der a. L. Gedanken der Revolution werden von Be'alu Germa (1938/39–1984?) in seinem Roman *Yä-qäyy kokäb terri* (Der Ruf des roten Sterns, 1980) aufgegriffen. Er gehörte zum Kreis um den Staatschef Mengistu Haile Mariam und hatte pol. Posten inne. In dem Roman *Oromay* (1982/83) schilderte er einige pol. Figuren so detailgetreu, dass das Buch verboten wurde und der Autor verschwand (1984). Der meistgefeierte revolutionäre Autor war Berhanu Zärihun (1933/34–1987), der den ersten Band seiner Trilogie (*Ma'ebäl*, Sturm, 1980–1982) im Gefängnis zu schreiben begann. – Die a. L. verfügt über alle möglichen Genres und gehört zu den am weitesten entwickelten afrik. Lit. ↗ Altäthiopische Literatur, ↗ Semitisch, ↗ tigrinische Literatur.

Rainer Voigt

Amtssprache ↗ Nationalsprache

Angepasste Technologie (*appropriate technology*) ist ein entwicklungspol. Begriff aus den 1960er Jahren, der von einer Differenzierung der Technik für Industrie- und Entwicklungsländer ausgeht. Ähnlich wie die Begriffe *intermediate technology* (mittlere Technologiestufe), *low-cost-technology* (Billigtechnologie), *self-help-technology* (Selbsthilfetechnologie) bezeichnet er situationsgerechte Geräte und Verfahren. Die Diskussion um a. T. beruht auf der Erkenntnis, dass die Technologie der westl. Länder aus ihrer Kultur und ihren Bedürfnissen heraus entstanden und vornehmlich arbeitssparend und kapitalintensiv ist, sich in dieser Form aber keineswegs für die i.d.R. kapitalschwachen sog. EL (Entwicklungsländer) eignet. Ziel entsprechender Technologieentwicklungen – insbes. im Bereich der ↗ landwirtsch. Produktion und in der Lagerung und Weiterverarbeitung von Agrarprodukten – ist es, den Menschen in den EL Geräte und Verfahren zur Verfügung zu stellen, die weitgehend unabh. von importierten Ressourcen (↗ Rohstoffe, Ersatzteile, Energie) sind, dem Entwicklungsstand eines Landes entsprechen, sozialverträglich und ökol. akzeptabel sind. Bes. sollte durch den verstärkten Einsatz von Zugtieren in semiariden (halbtrockenen) Regionen Afrikas die Abhängigkeit von importierten Erdölderivaten vermieden werden. So wurden z. B. auch millionenfach Kleinbiogasanlagen (↗ Energien, erneuerbare) mit staatl. Subventionen und im Rahmen der techn. Zusammenarbeit (↗ Entwicklungszusammenarbeit) zur lokalen Energieversorgung gebaut, einfache Geräte zum Schälen, Dreschen und Reinigen von Hülsen- und Körnerfrüchten propagiert oder verbesserte Holz-, Holzkohle- und Solarkocher eingeführt.

Da sich die westl. Industrie mit ihrem Know-how weitgehend von der Entwicklung a. T. distanzierte, blieben Konstruktion und Bau von Geräten, Anlagen und auch von Kleintraktoren weniger erfahrenen Handwerkern und Laien überlassen. Derartige Werkzeuge und Geräte waren dann billig, Funktion und Lebensdauer ließen aber, wie große Schrotthaufen in den EL bezeugen, zu wünschen übrig. Außerdem zeigte sich, dass eine solide, einfache Technik wohl für landwirtsch. Subsistenzbetriebe ausreicht – sofern sie sich diese überhaupt leisten können –, es aber hoch mechanisierter Agrarbetriebe bedarf, um genügend Nahrungsmittel für die in den Städten (↗ Stadt, ↗ Urbanisierung) lebende Bev. zu produzieren. Außerdem wurde als Konkurrenz zu a. T. der überbetriebliche Maschineneinsatz gefördert, um auch kleinen Betrieben die Vorteile moderner Technik zukommen zu lassen (↗ Mechanisierung). GATE, die dt. Institution zum Austausch von a. T., definierte a. T. in den 1980er Jahren neu: »Angepasst sind Lösungen, die sich nach wirtsch. wie auch nach sozialen und kulturellen Kriterien als bes. geeignet für Entwicklungsprozesse erweisen. Sie sollen bei optimaler Ressourcennutzung und minimaler Umweltbelastung zu einer sozioökom. Entwicklung beitragen. Fallweise kann es sich dabei um traditionelle, intermediäre oder hoch entwickelte Technologie handeln.« Inzwischen hat sich gezeigt, dass mehr noch als die Geräte selbst, das Know-how und die notwendige Infrastruktur entscheidend sind für den erfolgreichen Einsatz einer Technologie.

Kein Land der Erde wird sich heute ausschließlich auf low-input, arbeitsintensive Technik, beschränken können, um nicht von der Weltentwicklung abgekoppelt zu werden. So werden in jedem afrik. Staat arbeitsintensive Verfahren (um ein hohes Maß an produktiver Beschäftigung zu erreichen) und kapitalintensive Verfahren (z. B. in der medizin. Technik, ↗ Forschung und auch in der ↗ Landwirtschaft) nebeneinander existieren müssen. Im Zuge der Globalisierung rücken Länder und Menschen enger zusammen, Probleme wie die Umweltbedrohung (↗ Umweltschutz) treffen die ganze Welt, die weiter nach Lösungen suchen muss, die der jeweiligen Situation angepasst sind, sich aber stets ändern werden.

📖 E. F. Schumacher, Small is beautiful: die Rückkehr zum menschlichen Maß, 2. Aufl., Heidelberg 1995.

Rüdiger Krause

Anglophone Literaturen, in der ehemaligen Kolonialsprache Englisch verfasste moderne Schriftliteraturen v. a. in West-, Ost- sowie im südl. Afrika. A. L. entstehen wie andere Literaturen in ehemaligen Kolonialsprachen (↗ frankophone, ↗ hispanophone, ↗ lusophone Literaturen) und ↗ Literaturen in afrik. Sprachen z. T. bereits in der ersten Hälfte des 20. Jh., entwickeln sich jedoch erst ab den 1950er Jahren zu qualitativ und quantitativ bedeutenden, internat. rezipierten Literaturen.

Die Ursprünge der a. L. Schwarzafrikas gehen auf die brit. Kolonisierung weiter Teile West-, Ost- und Südafrikas zurück. Bereits im 18. Jh. veröffentlichten nach Europa bzw. Amerika verschleppte Westafrikaner, und zwar I. Sancho, O. Equiano, O. Cugoano, P. Wheatley, autobiographische Werke, in denen sie sich v. a. gegen die

Sklaverei wandten. In Westafrika verfassten seit Mitte des 19. Jh. eine Reihe bedeutender Publizisten, die der neu entstehenden schwarzen Bildungselite angehörten, pädagogische und pol. Schriften, die oft stark an europ. Bildungsidealen orientiert waren (E. W. Blyden, J. Africanus B. Horton, J. E. Casely Hayford). Mit dem Erstarken der antikolonialen Bewegungen im 20. Jh. entsteht eine Fülle oft autobiographischer, pol., ethnolog. und pädagogischer Schriften, die sich für die Emanzipation Schwarzafrikas von der europ. Kolonialherrschaft einsetzen.

I. Anglophone Literaturen in Westafrika. Einer der ersten englischsprachigen modernen Autoren in Westafrika ist Amos Tutuola (Nigeria), dessen stark an die orale Tradition der ↗ Yoruba anknüpfendes Erstlingswerk *The Palm Wine Drinkard* (1952, dt. *Der Palmweintrinker*) innerhalb wie außerhalb Afrikas auf große Beachtung stößt. Der eigentümliche autodidaktische Stil seiner von Geistern und Fabelwesen bevölkerten Prosa prägt auch spätere seiner Werke, wird von anderen Autoren jedoch nicht übernommen. Als eigentliche Gründerfigur der modernen westafrik. Lit. gilt Chinua Achebe, dessen erster Roman *Things Fall Apart* (1958, dt. *Okonkwo oder das Alte stürzt*) die Konfrontation der traditionellen Igbo-Gesellschaft Ostnigerias mit dem brit. Kolonialismus thematisiert. Achebes erklärtes Ziel besteht zunächst darin, dem vom ↗ Kolonialismus entworfenen Bild eines primitiven Afrika ein wirklichkeitsgetreues Porträt afrik. Geschichte und Kultur entgegenzustellen; in späteren Werken – insbes. *A Man of the People* (1966) – wendet er sich jedoch der zeitgenössischen Gesellschaftswirklichkeit zu und wird zu einem der schärfsten Kritiker von ↗ Korruption und autoritärer Gewaltherrschaft (↗ autoritäre Regime) im nachkolonialen Nigeria, die er mit den Hoffnungen und Idealen der antikolonialen Bewegungen konfrontiert.

Dieser Übergang von einer kulturnationalistisch inspirierten Beschäftigung mit kulturellen Traditionen zu einer gegenwartsbezogenen Gesellschaftskritik wird auch von zahlreichen anderen Autoren vollzogen. In den 1960er Jahren entsteht so eine regelrechte Desillusionierungslit., zu deren bedeutendsten Vertretern neben Achebe und dem späteren Literaturnobelpreisträger Wole Soyinka auch der Ghanaer Ayi Kwei Armah gehört. Armahs Roman *The Beautyful Ones Are Not Yet Born* (1968, dt. *Die Schönen sind noch nicht geboren*) kritisiert die autoritär korrumpierte Herrschaft des charismatischen Radikalnationalisten Kwame Nkrumah und entwirft ein von Zynismus und Existentialismus geprägtes Bild einer orientierungslos gewordenen Gesellschaft. In Nigeria legt der v. a. als Dramatiker bekannt gewordene Soyinka mit *The Interpreters* (1965, dt. *Die Ausleger*) einen Roman über eine Gruppe junger städt. Intellektueller vor, deren kritisches Engagement beim Aufbau einer neuen Nation auf traditionell verbrämte, aber durchaus modern organisierte Machtstrukturen stößt. Die selbstkritische Konfrontation mit der eigenen Geschichte und Gegenwart prägt bereits Soyinkas frühe Stücke wie z. B. *A Dance of the Forests* (1963) und *The Road* (1965, dt. *Die Straße*) und bleibt ein charakteristisches Merkmal seiner zahlreichen Theaterstücke, Prosawerke und Gedichte.

In Nigeria spielt der Biafrakrieg (1967–70) eine zentrale Rolle bei der Hinwendung der a. L. zur zeitgenössischen Gesellschaft. Die traumatischen Ereignisse des Krieges, bei dem wenige Jahre nach der Unabh. über 1 Mio. Menschen ums Leben kamen, werden nicht nur von Schriftstellern der älteren Generation behandelt – z. B. in Achebes Kurzgeschichtenband *Girls at War* (1972) und Soyinkas Roman *Season of Anomy* (1973, dt. *Plage der tollwütigen Hunde/ Zeit der Gesetzlosigkeit*) –, sondern rufen auch zahlreiche jüngere Autoren auf den Plan. Zu dieser gelegentlich stärker an dramatischen Kriegsabenteuern als an der Aufarbeitung der Konfliktursachen interessierten nigerianischen Nachkriegslit. zählen u. a. Eddy Irohs Romane *Forty-Eight Guns for the General* (1976) und *Toads of War* (1979) sowie Chukwuemeka Ikes *Sunset at Dawn* (1976).

Während in den 1960er Jahren Lyriker wie J. P. Clark, Gabriel Okara und Christopher Okigbo vielfältige Versuche unternehmen, neue Synthesen aus der mythischen Bilderwelt der oralen Tradition (↗ Oralliteratur) und den literarischen Techniken des europ. Modernismus zu schaffen, bildet sich v. a. in Nigeria bereits in den 1950er Jahren eine städt. Lit. heraus, die sich in Sprache und Stil gelegentlich an amerik. Vorbilder anlehnt und den hektischen Lebensrhythmus sowie den Zerfall traditioneller Wertvorstellungen in den neu entstehenden Metropolen Afrikas thematisiert. Zu den bedeutendsten Vertretern dieser Lit. gehört Cyprian Ekwensi mit Romanen wie *People of the City* (1954) und *Jagua Nana* (1961, dt. *Jagua Nana*). Neben der Lit. der Bildungselite entwickelt sich seit Ende der 1950er Jahre mit der »Onitsha Markt-Lit.« in Ostnigeria eine ↗ Populärliteratur, die – teils belehrend, teils unterhaltend, aber auch mit den

Mitteln der Triviallit. – wichtige Alltagsprobleme der neuen städt. Bevölkerungsschichten aufgreift.

Waren die Anfänge der westafrik. Lit. v. a. von männl. Autoren bestimmt, melden sich ab den 1970er Jahren auch verstärkt Frauen literarisch zu Wort (↗ Frauenliteratur). In Nigeria setzt sich Buchi Emecheta in Romanen wie *The Bride Price* (1976) und *The Joys of Motherhood* (1979, dt. *Zwanzig Säcke Muschelgeld*) mit der sozialen Benachteiligung von Frauen in traditionellen und modernen Kontexten auseinander und wendet sich gegen überkommene Geschlechterrollen, die Frauen lediglich eine subalterne Stellung in der Gesellschaft zubilligen. Ama Ata Aidoo aus Ghana schildert in Romanen wie *Our Sister Killjoy* (1981) und *Changes* (1991, dt. *Die Zweitfrau*) den Versuch einer neuen Generation afrik. Frauen, aus traditionellen Rollenmustern auszubrechen und ein selbstbestimmtes Leben zu führen.

Eine spezifisch westafrik. Form des magischen Realismus zeichnet sich in den Prosawerken des in London lebenden Nigerianers Ben Okri ab, der in Romanen wie *The Famished Road* (1991, dt. *Die hungrige Straße*) und *Songs of Enchantment* (1993) fließende Übergänge zwischen der Geisterwelt traditioneller westafrik. Kulturen und modernen Lebenswirklichkeiten gestaltet. In ähnlicher Weise verbindet auch Kojo Laing aus Ghana in sprachgewaltigen Romanen wie *Search Sweet Country* (1986, dt. *Die Sonnensucher*) und v. a. in *Major Gentl and the Achimota Wars* (1992) die Gedankenwelt des Übernatürlichen mit psycholog. einfühlsamen Beobachtungen des zeitgenössischen städt. Lebens in Ghana.

In den 1980er und 1990er Jahren wird für viele nigerianische Autoren die neu entstandene Demokratisierungsbewegung und die Kritik an der Gewaltherrschaft der Militärs zu einem beherrschenden Thema, das in zahlreichen Theaterstücken Soyinkas, in Achebes Roman *Anthills of the Savannah* (1987, dt. *Termitenhügel in der Savanne*) und in der satirischen Prosa Ken Saro-Wiwas aufgegriffen wird. Der Tod Saro-Wiwas, der sich gegen die Umweltzerstörung durch die Ölproduktion im Nigerdelta wendet und nach einem von den Militärs inszenierten Schauprozess hingerichtet wird, löst 1995 weltweite Proteste aus.

II. Anglophone Literaturen in Ostafrika. Die Entwicklung der a. L. in Ostafrika vollzieht sich zunächst v. a. im Umfeld der Makerere-Universität im ugandischen Kampala. Als Reaktion auf die eng an brit. Vorbilder angelehnte sog. Makerere-Lit. entwickelt sich um 1970 eine lebendige ostafrik. Literaturszene, die sich während der Diktatur Idi Amins in Uganda v. a. auf das benachbarte Kenia konzentriert. Zu den bekanntesten Vertretern der ostafrik. Lit. gehört Okot p'Bitek aus Uganda, der mit seinen als *Songs* bezeichneten Langgedichten an die orale Tradition der nordugandischen Acholi anknüpfte. Der radikale Kulturnationalismus p'Biteks, der in *Song of Lawino* (1966, dt. *Lawinos Lied*) und *Song of Ocol* (1970, dt. *Ocols Lied*) zum Ausdruck kommt und die Intellektuellen zur Heimkehr in die traditionelle Kultur Afrikas aufruft, findet zwar starke Beachtung, wirkt jedoch kaum stilbildend; Ähnliches gilt für das bewusst provokant angelegte avantgardistische Werk Taban lo Liyongs, der mit Büchern wie *The Last Word* (1969) und *Meditations in Limbo* (1970) einen spezifisch ostafrik. Modernismus zu begründen sucht. In den 1970er Jahren entsteht v. a. in Kenia eine Großstadtliteratur, die sich mit wachsenden sozialen Gegensätzen und Problemen wie Arbeitslosigkeit, Armut und Kriminalität auseinanderzusetzen beginnt und in Meja Mwangi (mit Romanen wie *Going Down River Road*, 1976, dt. *Nairobi, River Road*, und *Cockroach Dance*, 1979) ihren prononciertesten Vertreter findet. Für ein großstädt. Massenpublikum schreiben Populärautoren wie Charles Mangua und David Maillu, deren Romane sich in Sprache und Stil oft an US-amerik. Vorbilder anlehnen und – in gelegentlich satirischer, oft jedoch auch in unverblümt pornographischer Form – den Lebenstil neuer städt. Mittelschichten thematisieren. – Die Werke des internat. bekanntesten ostafrik. Autors, Ngugi wa Thiong'o, sind in erster Linie vom gewaltsamen antikolonialen Widerstand im Kenia der 1950er Jahre, der sog. ↗ Mau-Mau-Bewegung, geprägt. Kommt in den frühen Romanen Ngugis wie *Weep Not, Child* (1964, dt. *Abschied von der Nacht*) und *A Grain of Wheat* (1967, dt. *Freiheit mit gesenktem Kopf*) noch die selbstkritische Aufarbeitung der antikolonialen Gewalt und der ihr zugrunde liegenden Ideale eine zentrale Rolle zu, stehen spätere Werke wie *Petals of Blood* (1977, dt. *Verbrannte Blüten*) und *Devil on the Cross* (1982, dt. *Der gekreuzigte Teufel*) ganz im Zeichen der Hinwendung zu einem orthodoxen Marxismus. Ab Ende der 1970er Jahre wendet sich Ngugi vom Engl. als Literatursprache ab und fordert in zahlreichen Publikationen, afrik. Lit. solle grundsätzlich nur in afrik. Sprachen verfasst werden. Obwohl diese Position in der afrik. Literaturkritik stark rezipiert wird, hat sie in der Lit. selbst jedoch kaum Widerhall gefunden.

Als produktivster zeitgenössischer Autor Ostafrikas hat sich der somalische Romancier Nuruddin Farah erwiesen, dessen Werke ein eindrucksvolles Bild der zeitgenössischen Gesellschaft Somalias zeichnen. Schon in frühen Romanen wie *From A Crooked Rib* (1970, dt. *Aus einer gekrümmten Rippe*) oder *A Naked Needle* (1976, dt. *Wie eine nackte Nadel*) steht die Situation von Frauen in einer stark patriarchalisch geprägten Gesellschaft im Mittelpunkt des Interesses; auch in späteren Werken wie *Sardines* (1981, dt. *Tochter Frau*) zeichnet Farah psycholog. einfühlsame Porträts moderner Frauen. Ihre Auseinandersetzung mit überkommenen Geschlechternormen mündet in eine grundlegende Kritik des früheren »Kasernensozialismus« in Somalia und der Allianz von modernen Herrschaftsideologien und repressiven Momenten traditioneller Kulturen (wie der in Somalia praktizierten weibl. ↗ Beschneidung). Die scharfsinnige Beobachtung von Familienbeziehungen und Geschlechterdifferenzen zeichnet auch Werke wie *Maps* (1986, dt. *Maps*), *Gifts* (1992) und *Secrets* (1998, dt. *Geheimnisse*) aus.

Mit dem Zusammenbruch der von Kenia, Uganda und Tansania ins Leben gerufenen Ostafrik. Gemeinschaft (↗ EAC) gerät die ostafrik. Lit. ab 1976 in eine lang anhaltende Krise. Eine Reihe regionaler Verlage muss schließen, und etliche Literaturzeitschriften stellen ihr Erscheinen ein. Die a. L. in Ostafrika hat seither bedeutende Einzelpersönlichkeiten hervorgebracht, kann an die in ganz Afrika beachtete innovative Rolle der 1960er und 1970er Jahre jedoch bisher nicht wieder anschließen.

III. Anglophone Literaturen im südl. Afrika. Im südl. Afrika entstehen bedeutende a. L. v. a. in Simbabwe und Südafrika, die in literaturgeschichtl. Hinsicht jedoch markante Unterschiede aufweisen.

In Simbabwe – dem ehem. Rhodesien – entwickelt sich erst spät eine moderne Schriftlit. der schwarzen Bevölkerungsmehrheit, die ab den 1970er Jahren vom lang anhaltenden Befreiungskampf (↗ Rebellenbewegungen) gegen das rhodesische Siedlerregime geprägt ist. Bemerkenswerterweise findet sich bereits in den Werken dieser Zeit keine Glorifizierung des antikolonialen ↗ Widerstands, sondern eine nüchterne und selbstkritische Auseinandersetzung mit Idealen und Alltagshandeln der Befreiungsbewegung, wie z. B. in Stanley Nyamfukudzas Roman *The Non-Believer's Journey* (1980), und mit den psycholog. Auswirkungen rassistischer Unterdrükkung, wie z. B. in Dambudzo Marecheras Romanen *The House of Hunger* (1978, dt. *Haus des Hungers*) und *Black Sunlight* (1980).

Diese selbstkritische Tendenz der Lit. setzt sich nach dem Sturz des Siedlerregimes 1980 auch im unabh. Simbabwe fort. Der 1978 mit nur 35 Jahren verstorbene Marechera nimmt autoritäre Verkrustungen der nachkolonialen Gesellschaft mit provokant avantgardistischer Kurzprosa und satirischen Theaterstücken aufs Korn, die z. T. erst posthum veröffentlicht wurden (*Cemetery of Mind*, 1992). Einen besonderen Akzent der Literaturentwicklung in Simbabwe haben Autorinnen wie Tsitsi Dangarembga und Yvonne Vera gesetzt. Dangarembgas Roman *Nervous Conditions* (1988, dt. *Der Preis der Freiheit*) portraitiert die vielfältigen Geschlechter- und Generationenkonflikte innerhalb einer neu entstehenden schwarzen Mittelklasse, während sich Vera in ihrem Kurzgeschichtenband *Why Don't You Carve Other Animals* (1992, dt. *Seelen im Exil*) und Romanen wie *Under the Tongue* (1996) mit der Rolle von Frauen im nachkolonialen Simbabwe auseinandersetzt, wo die während des Befreiungskampfs angestrebte Schaffung einer gerechteren Gesellschaft rasch überkommenen Geschlechternormen Platz gemacht hat. Veras Romane *Without a Name* (1994, dt. *Eine Frau ohne Namen*) und *Butterfly Burning* (1998, dt. *Schmetterling in Flammen*) stellt das Bemühen einer schwarzen Frau in den Mittelpunkt, noch zu Zeiten des Siedlerregimes ein selbstbestimmtes Leben zu führen, und bildet so einen interessanten Gegensatz zu Chenjerai Hoves Roman *Bones* (1988, dt. *Knochen*), wo das individuelle Schicksal der ebenfalls schwarzen Protagonistin zum Symbol für den Befreiungskampf der gesamten schwarzen Bevölkerung überhöht wird.

Den wichtigsten Beitrag zur Entwicklung der a. L. im südl. Afrika hat das größte Land der Region, ↗ Südafrika, geleistet. Bereits im 19. Jh. beginnen weiße Autoren literarische Werke zu veröffentlichen, in denen wie in Olive Schreiners *The Story of an African Farm* (1883, dt. *Geschichte einer afrik. Farm*) das Leben in Südafrika im Mittelpunkt steht. Schwarze Autoren beginnen in den 1920er und 1930er Jahren, eine eigenständige Lit. zu schaffen, die Geschichte und Gegenwart der schwarzen Bevölkerungsmehrheit zum Thema hat; hierzu gehören u. a. Romanschrifsteller wie Sol T. Plaatje mit *Mhudi* (1930), Thomas Mofolo mit *Chaka* (1931, dt. *Shaka Zulu*) und Herbert Dhlomo mit *The Val-*

ley of the Thousand Hills (1941). – Nach der Einführung des ↗ Apartheidsystems 1948 steht die Lit. der 1950er Jahre ganz im Zeichen der Opposition gegen den von vielen schwarzen und weißen Intellektuellen als absurd betrachteten institutionalisierten ↗ Rassismus. Um die Zeitschrift *Drum* formiert sich eine Gruppe schwarzer Autoren (Todd Matshikisa, James Matthews, Ezekiel Mphahlele, Can Themba u. a.), die in oft satirischer Form die ebenso grotesken wie unmenschlichen Auswirkungen des Apartheidsystems auf das Leben der schwarzen Bevölkerungsmehrheit thematisieren. Auch weiße Autoren sehen die Hauptaufgabe der Lit. darin, Widerstand gegen das Apartheidsystem zu leisten, was z. B. in Romanen der späteren Literaturnobelpreisträgerin Nadine Gordimer wie *The Lying Days* (1953, dt. *Entzauberung*) und *A World of Strangers* (1958, dt. *Fremdling unter Fremden*) zum Ausdruck kommt. Nach dem Verbot aller Oppositionsbewegungen 1960 gehen viele schwarze Autoren ins Ausland, wo sie über drei Jahrzehnte hinweg eine südafrik. Exilliteratur schaffen, zu deren bekanntesten Vertretern der Romanautor Alex LaGuma mit Werken wie *A Walk in the Night* (1962) und *Time of the Butcherbird* (1979) sowie der Dichter Dennis Brutus mit Gedichtbänden wie *Letters to Martha* (1968) und *Stubborn Hope* (1978) gehören. Während weiße Autoren wie Gordimer und der Dramatiker Athol Fugard – wenn auch unter erheblichem pol. Druck – in Südafrika selbst literarisch aktiv bleiben können, entwickelt sich erst im Zusammenhang mit dem Aufstand von Soweto 1976 eine neue schwarze Lit., die stark von den Auffassungen der sog. *Black Consciousness*-Bewegung geprägt ist und den multikulturellen Idealen der 1950er Jahre eine bewusst afrozentrische Perspektive entgegenstellt. Aufgrund der allgegenwärtigen ↗ Zensur im Apartheidstaat entwickeln sich auf öffentl. Veranstaltungen vorgetragene Gebrauchslyrik und Straßentheater zu typischen Ausdrucksformen der *Black Consciousness*-Lit., in deren Umfeld jedoch auch vielbeachtete Gedichtbände wie Oswald Mtshalis *Sounds of a Cowhide Drum* (1971) entstanden.

Bis weit in die 1980er Jahre hinein ist die a. L. Südafrikas somit von völlig unterschiedlichen, untereinander weitgehend abgeschotteten literarischen Strömungen bestimmt: einer schwarzen Exilliteratur; einer schwarzen Lit. in Südafrika mit Autoren wie Mafika Gwala, Don Mattera, Enver Carim, Achmat Dangor, Matsemela Manaka, Mzwakhe Mbuli, Zakes Mda, Gcina Mhlope, Sipho Sepamla, Wally Serote, Miriam Tlali und einer weißen liberalen Lit., zu deren bedeutendsten Vertretern neben Gordimer und Fugard Autoren wie Breyten Breytenbach, André Brink, J. M. Coetzee und Christopher Hope gehören. Erst mit dem sich abzeichnenden Ende der Apartheid-Ära in der zweiten Hälfte der 1980er Jahre nähern sich diese Strömungen einander an, so dass seither zumindest in ersten Ansätzen von einer gemeinsamen südafrik. Lit. gesprochen werden kann.

Die Lit. der späten 80er Jahre steht ganz im Zeichen der gewaltgeladenen Endphase des Apartheidregimes, aber auch des Nachdenkens über die pol. und kulturellen Konturen eines neuen Südafrika, was u. a. in Romanen wie Gordimers *My Son's Story* (1990, dt. *Die Geschichte meines Sohnes*) und Coetzees *Age of Iron* (1990, dt. *Eiserne Zeit*), aber auch in den Kurzgeschichten Njabulo Ndebeles (*Fools and Other Stories*, 1983) zum Ausdruck kommt. Nach dem Umbruch von 1990, der Wiederzulassung der Oppositionsbewegungen und dem Ende des Apartheidstaates 1994 müssen sich viele Autoren, die den Widerstand gegen die Apartheid als Hauptanliegen der Lit. begriffen hatten, neu orientieren. Der Aufbau eines demokrat. Afrika, das allen seinen Bürgern ein Mindestmaß an sozialer Gerechtigkeit und pol. Freiheit zu bieten vermag, wird von Autoren der älteren Generation, aber auch von einer Vielzahl neuer literarischer Stimmen wie dem Rap-Dichter Lesego Rampolokeng (*Talking Rain*, 1993), dem Prosaautor Ivan Vladislavic (*The Folly*, 1993, dt. *Der Plan des Baumeisters*) oder der Essayistin und Romanautorin Zoë Wicomb kritisch begleitet.

IV. Literaturzeitschriften und -kritik. Erste Gemeinsamkeiten anglophoner Literaturkritik in Afrika entwickelten sich bereits in den 1960er Jahren, als eine kritische Auseinandersetzung mit der ↗ *Négritude*-Bewegung im frankophonen Westafrika beginnt, die von vielen anglophonen Kritikern und Autoren als eine rückwärts gewandte und romantische Verklärung afrik. Kultur abgelehnt wird. Dennoch entwickelt sich auch im anglophonen Afrika eine eigenständige kulturnationalistisch inspirierte Literaturkritik, die von Autoren wie Okot p'Bitek in Ostafrika, Mazisi Kunene in Südafrika und dem nigerianischen Kritiker Chinweizu in Westafrika vertreten wird. Zu den Grundanliegen afrik. Literaturkritik gehört das Interesse an den Bezügen moderner Schriftliteraturen zu versch. traditionellen Formen mündlicher Dichtung, aber auch an der pol. Rolle der Lit. in den nachkolonialen Gesellschaften Afrikas. Eine marxistisch inspirierte Literaturkritik, zu deren bekanntesten Vertretern Ngugi wa Thiong'o aus Kenia gehört, stößt in den 1970er und 1980er Jahren auf großes Interesse, verliert aber mit dem Ende des Ost-West-Konflikts auch in Afrika an Einfluss. Für viele Kritiker steht das Bemühen, der spezifischen Modernität zeitgenössischer afrik. Literaturen und Kulturen nachzuspüren, im Vordergrund; ein Anliegen, das die renommierteste Literaturzeitschrift Afrikas, *Transition*, bereits in den 1960er Jahren verfolgt und das insbes. in den kritischen Schriften Soyinkas zum Ausdruck kommt. Zahlreiche kleinere regionale Literaturzeitschriften in West- und Ostafrika, die in den 1960er und 1970er Jahren auch ein überregionales Publikum fanden, existieren nicht mehr, so dass heute v. a. internat. Verlage und Zeitschriften dominieren. In den 1990er Jahren wurde die Kritik afrik. Lit. im Zuge der sog. postkolonialen Literaturtheorie stärker in internat. Kontexte eingebunden, was von vielen Kritikern in Afrika selbst jedoch eher kritisch beurteilt wird. ↗ Autobiographie, ↗ Sprachen, europäische.

🕮 A. S. Gérard (Hg.), European-Language Writing in Sub-Saharan Africa, 2 Bde., Budapest 1986. – D. Killam/ R. Rowe (Hg), The Companion to African Literatures, Oxford 2000. – K. Kreimeier, Geborstene Trommeln, Frankfurt/M 1985. – O. Owomoyela (Hg.), A History of Twentieth Century African Literature, Lincoln 1993. – D. Riemenschneider, Grundlagen zur Literatur in engl. Sprache: West- und Ostafrika, München 1983.

Frank Schulze-Engler

Angola. **Fläche:** 1.246.700 km². **Einw.:** 12,8 Mio. (1999). **Bev.-Wachstum/Jahr**: 3,04% (1990–99). **Stadtbev.:** 34% (1999). **Hauptstadt und Wirtschaftsmetropole:** Luanda (2,5 Mio Einw.). **Unabh.:** 11. 11. 1975. **Staatsform**: Präsidialrep.; Einkammerparlament (Volksversammlung); Mehrparteiensystem. **Währung:** Kwanza. **HDI-Rang** 146/162 (2001). **Auslandsverschuldung**: 12,5 Mrd. US$ (1999). **Anteil der Entwicklungshilfe am BSP**: 7% (1998). **BSP/Kopf**: 229 US$ (1999). **HIV-infizierte Erwachsene**: 2,8%, **Lebenserwartung**: m 43,6 J., w 46,3 J. (1999). **Alphabetisierung** der Erwachsenen: m 56%, w 29% (1995–99). **Amtssprache:** Portug.; **Regional- und Nationalsprachen**: u. a. Kikongo, Kimbundu, Lunda, Ganguela, Naneka, Herero, Ndonga (↗ Bantusprachen).

I. Naturraum. Das südwestafrik. Land ist zusammen mit der 30 km nördl. gelegenen Exklave Cabinda (7.278 km²) flächenmäßig das siebtgrößte Land Afrikas. Während das Landesinnere versch. Gebirge zwischen 1.200 und 2.620 m (Serra Môco) aufweist, ist der 50 km breite Küstenstreifen niedrig und sumpfig. Dieses Küstengebiet bietet mit seinem fruchtbaren Boden und vielen Flüssen nicht nur gute Voraussetzungen für die ↗ Landwirtschaft, sondern ist auch das wichtigste Wasserreservoir SW-Afrikas. Das im Lande herrschende ↗ Klima variiert je nach Höhenlagen und Windeinfluss; im N ist es heiß und feucht, in anderen Regionen trocken und mild. Der Dauerkrieg in A. hat ebenso menschliche wie schwere ökolog. Folgen gehabt (↗ Ökozonen, ↗ Umweltschutz).

II. Bevölkerung und ethnische Gruppierungen. Die ↗ Bevölkerung von A. ist ungleichmäßig auf das Land verteilt. Der lange antikoloniale Kampf und der seit der Unabh. andauernde Bürgerkrieg (↗ Kriege/Bürgerkriege) haben nicht nur etwa 1,5 Mio. Angolaner zur Flucht ins Ausland gezwungen, sondern auch Tausende von Familien aus ihren Heimatregionen vertrieben. Von den ca. 90 versch. ethn. Gruppen mit jeweils eigenen Traditionen in A. sind drei wegen ihrer Größe und heutigen Bedeutung hervorzuheben: Die Kimbundu (23%) bewohnen das Gebiet von der Hauptstadt Luanda bis weit ins Landesinnere; die Ovimbundu (38%) leben im zentralen Hochland. Im N und in Cabinda leben ca. 1,5 Mio Bakongo, in den Wüstengebieten etwa 10.000 San. Angaben über die Zahl der Europäer sind nicht vorhanden.

III. Geschichte und Politik. A. wies in vorkolonialer Zeit versch. pol. Gesellschaftsformen auf, von Königreichen im N bis zu kleinen Dorfgemeinschaften in anderen Landesteilen (↗ vorkoloniale politische Systeme). Die Geschichte des heutigen Staates A. ist durch den Kontakt mit Europäern bestimmt. 1482 erreichte der portug. Seefahrer Diego Cao die angolanische Küste. Ab 1491 kamen portug. Händler und Missionare an den Hof des Manikongo Nzinga Nkuwu, Herrscher des Königreichs ↗ Kongo, der sich wie sein Nachfolger zum ↗ Christentum bekehrte. Das Hauptinteresse der Portugiesen an A. bestand bis weit in das 19. Jh. hinein im ↗ Sklavenhandel. Seine heutige Gestalt erhielt A. mit der Festlegung seiner Grenzen auf der ↗ Berliner Afrika-Konferenz 1884/85. Prägendes Merkmal des portug. Kolonialsystems wurden versch. Formen der Zwangsarbeit. Als nach 1945 weltweit antikoloniale Bewegungen entstanden, erklärte Portugal A. zu seiner Überseeprovinz mit dem Ziel, seinen kolonialen Besitz zu retten. 1961 brach im N der Krieg gegen die portug. Kolonialherrschaft aus. Der Befreiungskampf litt darunter, dass er von drei ↗ Rebellenbewegungen geführt wurde, die mehr gegen- als miteinander kämpften: Im NW war die FNLA (Nationale Front für die Befreiung Angolas) tätig; die MPLA (Volksbefreiungsfront Angolas), die 1956 vornehmlich von städt. Intellektuellen gegr. worden war und sich aus sog. *Assimilados* und Plantagenarbeitern rekrutierte, stützte sich auf die Küstenstädte und das Hinterland; von der MPLA spaltete sich 1966 die UNITA (Union für die vollständige Unabh. Angolas) ab, die v.a. im zentralen Hochland unter den Ovimbundu ihre Basis hatte. Diese Spaltung ist eine Folge der Kolonisierung Angolas durch Portugal, die sich im Wesentlichen auf die Küste und das unmittelbare Hinterland konzentrierte, wo sich Ansätze eines Nationalbewusstseins bildeten, während die östl. und südl. Gebiete weitgehend ihren pol. Traditionen und Entwicklungen überlassen blieben.

Mit der portug. Revolution 1974 war der Weg frei für die Unabh. der portug. Kolonien. Anfang 1975 wurden mit den drei Befreiungsorganisationen im Abkommen von Alvor die Bildung einer Übergangsregierung und die Durchführung von Wahlen vereinbart. Doch schon im Aug. brachen Kämpfe um die Macht aus; als A. im Nov. die Unabh. erlangte, befand sich das Land in einem milit. Konflikt, der schnell die Form eines Stellvertreterkrieges zwischen Ost und West annahm. Die UNITA setze auf eine pro-kapitalistische Entwicklung, bezog Waffen und pol. Unterstützung aus den USA und erhielt immer wieder unmittelbaren milit. Beistand durch südafrik. Truppen; die MPLA orientierte sich an den kommunistischen Ländern, holte kubanische Truppen ins Land und erhielt Waffenhilfe aus dem Ostblock, während die FNLA bald bedeutungslos wurde. In der Machtfrage setzte sich die MPLA durch. Das Ende des Ost-West-Konflikts machte mit dem Vertrag von New York im Dez. 1988 zwischen Südafrika, Angola und Kuba den Weg frei für den Abzug auswärtiger Truppen. Im Friedensvertrag von Bicesse 1991 vereinbarten beide Seiten die Zusammenführung der Armeen und internat. überwachte Wahlen für 1992. Die UNITA erkannte jedoch den Wahlsieg der MPLA nicht an, und die nie ganz erloschenen Kämpfe eskalierten zu einem neuen Bürgerkrieg. Ein erneutes Friedensabkommen 1994 in Lusaka und Kontrolle des Friedensprozesses durch die UN brachten bisher keine Lösung des Konflikts (↗ Blauhelmeinsätze). Der Bürgerkrieg kostete bislang etwa 1,4 Mio. Menschenleben. Die Zahl der Vertriebenen im Land wurde Mitte 2001 auf 3,8 Mio. geschätzt.

IV. Wirtschaft. Von seinen natürlichen Ressourcen her ist A. eines der reichsten Länder der Welt. Das Land besitzt Erdöl, Diamanten, Phosphat, Kupfer u.a. Trotzdem wurde in der Vergangenheit der ↗ Landwirtschaft große Bedeutung beigemessen. Wichtigste Agrarprodukte waren Kaffee, Zucker, Baumwolle Erdnüsse, Tabak u.a. Krieg und Bürgerkrieg haben das Land in tiefe Armut gestürzt. Ehemals Selbstversorger, muss A. heute in großem Umfang Lebensmittel importieren. Auch die kommerzielle Landwirtschaft ist zusammengebrochen. Baumwolle und Kaffee, einst wichtige Exportgüter, spielen kaum noch eine Rolle. Die industrielle Produktion liegt gegenwärtig unter dem Stand von 1975. Mit Erdöl und Diamanten wird fast nur der Krieg finanziert. Öl ist die wichtigste Einnahmequelle der MPLA-Regierung, Diamanten die der UNITA (↗ Bergbau). Der Krieg hat die soziale und physische Infrastruktur zerstört, die ↗ Gesundheitsversorgung und den Ausbildungssektor weitgehend lahmgelegt. Felder und Wege werden wegen Minengefahr z.T. noch auf Jahrzehnte unbetretbar bleiben (↗ Landminen). Die ges. ↗ Zivilgesellschaft muss praktisch neu aufgebaut werden. Sie beginnt sich seit Mitte 2000 zu artikulieren.

V. Literatur. Die Lit., nach der Unabh. durch Autoren wie Pepetela, Luandino Vieira und durch Kinderbücher auch internat. bekannt, schweigt heute. Die Medienlandschaft, die sich im Vorfeld der Wahlen von 1992 pluralistisch und innovativ entwickelt hatte, unterliegt heute einer rigorosen Kriegszensur. ↗ Lusophone Literaturen, ↗ Zentralafrika, Völker, Kulturen und Staaten.

📖 M. Kuder/W.J.G. Möhlig (Hg.), Angola. Naturraum, Wirtschaft, Bevölkerung, Kultur, Zeitgeschichte und Entwicklungsperspektiven, Köln 1994. – K. Maier, Angola: Promises and Lies, London 1996. – R. Kapuscinski, Wieder ein Tag Leben: Innenansichten eines Bürgerkrieges, Frankfurt 1994. – Human Rights Watch, Angola Unravels. The Rise and Fall of the Lusaka Peace Process, New York 1993.

Hein Möllers

Animation rurale ↗ Community Development

Animismus, religionstheoretischer Begriff, den der engl. Anthropologe Edward B. Tylor 1871 in seinem Werk *Primitive Culture* entwickelte. Er vertrat dabei die These, alle Lebewesen und die Natur selbst seien beseelt. Dieser Glaube habe seinen Ursprung in Traum- und Halluzinationserfahrungen der »primitiven« Menschen. Nach

Tylor ist der A. Ausgangspunkt einer relig. Evolution, die über den ↗ Ahnenkult und den Polytheismus zum Monotheismus führt. Diese Evolutionstheorie ist längst widerlegt.

Zugleich bezeichnet A. einen Seelen- und ↗ Geisterglauben als religionsgeschichtl. Phänomen. In dieser Hinsicht wird A. teilweise bis heute in der popularwiss. Lit. als Pauschalbezeichnung für traditionelle ↗ Religionen in Afrika und anderswo verwendet. Da die Natur (Tiere, Pflanzen, Berge, Flüsse usw.) hier als beseelt verstanden wird, spricht man irreführenderweise von Naturreligionen. Zu Recht lehnen Afrikaner heute diese beiden verallgemeinernden Bez. ihrer ursprgl. Religion ab, da damit höchstens ein Teilbereich, nicht aber das Ganze der Religion beschrieben werden kann.

🕮 F. Gölz, Der primitive Mensch und seine Religion, Gütersloh 1963. – E. B. Idowu, African Traditional Religion. A Definition, London 1973.

Johannes Triebel

Annobón (»gutes Jahr«), Insel im Atlantik, etwa 60 km von der Küste Gabuns entfernt. 1778 wurde die 17 km^2 große Insel von Spanien besetzt. Später wurde A. mit den beiden anderen afrik. Kolonien Spaniens, dem Festlandsgebiet Rio Muni (Mbini) und der Insel Santa Isabel (Fernando Póo, heute ↗ Bioko), zusammengelegt, mit zentraler Verwaltung in Santa Isabel. Daraus ist der Staat ↗ Äquatorialguinea entstanden, der aus diesen drei Gebieten besteht, die aufgrund ihrer weiten Entfernungen voneinander eigentlich nicht zusammenpassen. Von 1973 bis 1979 hieß A. Pagalu. Die Insel ist Heimat für Menschen, deren Vorfahren überwiegend Sklaven von Europäern waren. Auf A. wird portug. gesprochen, vermutlich aufgrund der Nähe zu den ehem. portug. Kolonien São Tomé und Príncipe.

Jacob E. Mabe

Apartheid (↗ Afrikaans: »getrennte Entwicklung«), institutionalisierte Rassendiskriminierung, mit der die Weißen in Südafrika von 1948 bis 1994 ihre Herrschaft über die schwarze Mehrheit der Bev. aufrecht erhielten. Die A. entstand aus zwei weit in die südafrik. Geschichte reichenden Wurzeln. Die relig.-ideol. ging auf die burischen Siedler des 17. Jh. zurück, die aus dem calvinistischen Glauben ihre rassische Überlegenheit ableiteten. Pol.-ökonom. wurzelte die A. in den Gold- und Diamantenfunden im späten 19. Jh., die, um sie profitabel ausbeuten zu können, ein Reservoir billiger schwarzer Arbeitskräfte erforderten. Sowohl unter den Weißen brit. Abstammung (seit dem ↗ Burenkrieg an der Macht) als auch den Weißen burischer Abstammung, die 1948 die Regierung übernahmen, wurde die Privilegierung der Weißen zu einem System institutionalisierter A. ausgebaut, das eine der schwerwiegendsten Menschenrechtsverletzungen (↗ Menschenrechte) im 20. Jh. darstellt. In unzähligen Gesetzen wurden die Rassentrennung sowie ein Gewaltapparat zur Sicherung weißer Herrschaft legalisiert. Grundlage war die staatl. Zuordnung der Bev. zur »Rasse« der Weißen, Farbigen, ↗ Inder oder Schwarzen. Den einzelnen »Rassen« wurden gesonderte Siedlungsgebiete, z. B. den Schwarzen ethn. getrennte ↗ Bantustane, zugewiesen. Die Passgesetze dienten der Kontrolle der Menschen an ihrem Aufenthaltsort (denn Arbeitsverhältnisse bedingten die Anwesenheit vieler Schwarzer in weißen Gebieten). Per Gesetz wurde der Staat ermächtigt, gegen jeden Widerstand vorzugehen, sowie die wirtsch. Privilegierung (*job reservation*) der Weißen und die getrennte Erziehung festgeschrieben. – Ideengeschichtlich ist A. mit dem ↗ Kolonialismus verwandt. Die brit. ↗ Indirekte Herrschaft nahm, indem sie den »Eingeborenen« bes. Lebensformen zuschrieb, die A. in dieser Hinsicht vorweg. Auch andere Siedlerkolonien (Australien, Kanada, USA) haben die Urbewohner in ihrem eigenen Land in Reservaten eingegrenzt. A. ist insofern als Extremfall kolonialer Herrschaft anzusehen. ↗ Freedom Charakter, ↗ Frontlinienstaaten.

🕮 J. Fisch, Geschichte Südafrikas, München 1991. – L. Thompson, A History of South Africa, New Haven/London 1995. – H. Vogt, Apartheid und Unterentwicklung, Frankfurt/New York 1982.

Peter Meyns

Äquatorialguinea. **Fläche:** 28.051 km^2. **Einw.:** 450.000 (2000). **Bev.-Wachstum/Jahr**: 2,5% (1990–99). **Stadtbev.:** 47% (1999). **Hauptstadt:** Malabo (50.000 Einw.). **Wirtschaftsmetropolen:** Malabo und Bata (40.000 Einw.). **Unabh.:** 12. 10. 1968. **Staatsform**: Präsidialrep.; Einkammerparlament (Nationalversammlung mit 80 Abgeordneten); Mehrparteiensystem. **Währung:** CFA-Franc. **HDI-Rang** 110/162 (2001). **Auslandsverschuldung**: 285 Mio. US$ (2000). **BSP/Kopf**: 1.200 US$ (2000). **Anteil der Entwicklungshilfe am BSP**: 5% (1998). **HIV-infizierte Erwachsene**: 0,51%, **Lebenserwartung**: m 59 J., w 52,2 J.,

Alphabetisierung der Erwachsenen: m 91,9%, w 73,3% (1999). **Einschulungsrate**: m/w 89% (1995–99). **Amtssprache:** Span.; **Nationalsprachen:** Fang, Bubi, Ndowe u. a.

I. Naturraum. Äg. liegt am Golf von Guinea und besteht aus dem Festlandgebiet Mbini (Rio Muni), den zwei Hauptinseln ↗ Bioko und ↗ Annobón sowie den drei kleinen küstennahen Inseln Mbane, Conga und Corisco. Etwa drei Viertel der Landesfläche sind von ↗ Regenwald bedeckt. Nur in höhergelegenen Gebieten finden sich Feuchtsavannen. Äg. weist ein typisches Äquatorialklima mit hoher Luftfeuchtigkeit auf. Die mittlere Temperatur liegt in Bata und Malabo bei 25 °C (↗ Klima).

II. Bevölkerung und ethnische Gruppierungen. Bis 1979 war Äg. eines der wenigen Länder der Welt mit abnehmender ↗ Bevölkerung. Auslöser für den demographischen Rückgang war die nach der Unabh. 1968 beschlossene Verstaatlichung ausl. Plantagenbetriebe. Wegen der Enteignung und Terrorherrschaft unter Marcias Nguema (1979) verließen die meisten Spanier Äg.; Regimekritiker, insbes. aus der ethn. Gruppe der Fang, sowie alle in Plantagen Beschäftigten (vorwiegend aus Nigeria, Kamerun und Liberia) wurden des Landes verwiesen. Seit den 1980er Jahren nimmt die Bev. wieder zu, was auf die hohe Zahl der Rückkehrer und neuen Migranten zurückzuführen ist. Drei Viertel der Äquatorialguineer leben auf dem Festland. Die Fang stellen die größte ethn. Gruppe (84%). Auf dem Festland sind neben den Fang auch versch. Kleingruppen wie die Benga, Ndowe, Kombe beheimatet. Auf Bioko leben vorwiegend Bubi sowie anglophone Kreolen (↗ Pidgin- und Kreolsprachen). Etwa 90% der Äquatorialguineer bekennen sich zum ↗ Christentum.

III. Geschichte und Politik. Die Geschichte von Äg. beginnt mit der Ankunft des portug. Seefahrers Fernando Póo auf der später nach ihm benannten Insel (heute Bioko) im Jahre 1469. 1778 eroberte Spanien das Land, das ab 1858 durch einen span. Gouverneur regiert und 1904 in seiner jetzigen Zusammensetzung vereinigt wurde. 1964 erhielt Äg. interne Autonomie, 1968 seine vollständige Unabh. von Spanien. Staatspräsident wurde Francisco Marcias Nguema, der das Land bis zu seinem Sturz 1979 durch Misswirtschaft und Terror an den Rand des Abgrunds brachte. Ihm folgte sein Neffe Teodore Obiang Nguema Mbasogo, bis heute an der Macht. Auf Druck der internat. Geber, insbes. von IWF und Weltbank, wurde 1991 das Mehrparteiensystem eingeführt, doch ist die ehem. Einheitspartei von Obiang Nguema, die PDGE (*Partido Democrático de Guinea Equatorial*), dominierende pol. Kraft geblieben. Bei den Parlamentswahlen 1999 erhielt sie 75 von 80 Sitzen. Auf die UP (*Unión Popular*) entfielen vier Sitze und auf die CPDS (*Convergencia para la Democratia Social*) ein Sitz. Der Regierung wurden wiederholt massive Menschenrechtsverletzungen vorgeworfen.

IV. Wirtschaft. Bodenschätze, Wasser und Holz sind die natürlichen Reichtümer des Landes. Vor der Unabh. zählte Äg. zu den wenigen Ländern mit florierender Wirtschaft, die während der elfjährigen Terrorherrschaft Marcias Nguemas weitgehend ruiniert wurde. Die unter Obiang Nguema seit 1979 eingeleiteten Reformen trugen erst in den letzten Jahren zu einer deutlichen Verbesserung der Wirtschaftslage bei. Ihm ist gelungen, Äg. 1983 in die zentralafrik. Zollunion (UDEAC) und 1985 in die CFA-Währungsgemeinschaft zu integrieren. Äg. ist eines der wenigen Länder Afrikas mit stetigem Wirtschaftswachstum (etwa 10% seit 1993). Trotz der rapiden ↗ Industrialisierung beschäftigt die ↗ Landwirtschaft nach wie vor 70% der Bev., wenngleich ihr Anteil am BIP (37%) in den letzten Jahren deutlich zurückgegangen ist. Haupterzeugnisse sind Kakao (v. a. auf Bioko), Holz und Palmöl. Der ↗ Viehhaltung und ↗ Fischerei kommt ebenfalls große Bedeutung zu. Die industrielle Produktion besteht größtenteils in der Verarbeitung der Tropenhölzer durch Sägewerke. Mit der gegenwärtigen Ölförderung bei Malabo sind große Hoffnungen auf dauerhaften Wirtschaftsaufschwung verknüpft (↗ Bergbau). Zu den bisherigen Einfuhrprodukten zählen Mineralölerzeugnisse, Nahrungsmittel, Maschinen, Fahrzeuge und Stahl. Ausgeführt werden v. a. Kakao (70%) und Holz (25%). Ab 2001 soll Erdöl exportiert werden. Wichtigste Handelspartner sind USA, Kamerun, Spanien und Frankreich. ↗ Hispanophone Literatur.

🕮 M. Liniger Goumaz, Die Republik Äquatorial Guinea, Hamburg 1984. – Ders., Guinée équatoriale. 30 ans d'État délinquant nguémiste, Paris 1998.

Jacob E. Mabe

Araber. Ursprgl. wurden nur die nomadischen Bewohner der arab. Halbinsel als A. (etwa: »Wüstenbewohner«) bezeichnet. In dieser Bedeutung lässt sich der Begriff bereits im 1. Jt. v. Chr. nachweisen. Heute hingegen umfasst der Terminus i.d.R. alle, die sich des ↗ Arabischen als Muttersprache bedienen. Ihr Lebensraum findet sich vornehmlich in Westasien und Nordafrika, doch auch in anderen Regionen leben A. Die Angaben über ihre Gesamtzahl schwanken zwischen 150 und 170 Mio., teils liegen sie auch erheblich darüber. Diese Ungenauigkeit erklärt sich daraus, dass es keine eindeutigen Kriterien der Zugehörigkeit gibt. Wer zu den A. zählt und wer nicht, bestimmt sich vielmehr aus der Kombination einer Vielzahl unterschiedlicher Elemente, nicht nur aus dem Merkmal der gemeinsamen arab. Sprache. Dabei spielt nicht zuletzt das Selbstverständnis eine wichtige Rolle: A. ist, wer sich als A. versteht. Entsprechend bilden die A. eine äußerst inhomogene ethn. Gruppe. Weder im Blick auf ihre physische Gestalt noch hinsichtlich ihrer Lebensformen lässt sich Einheitlichkeit feststellen. – Heute sind nur noch etwa fünf Prozent der A. Nomaden. Viele haben das Wanderdasein aufgegeben und sich als Bauern niedergelassen oder gehen einem anderen Beruf nach, der einen festen Wohnsitz verlangt. Die Mehrheit der A. lebt in ländl. Gebieten, wo die traditionelle arab. Kultur noch am tiefsten verankert ist. Doch schon jetzt wohnt knapp die Hälfte in den Kleinstädten und Metropolen. Schnell lösen sich dort die alten sozialen Bindungen auf, begleitet von einem rapiden Wertewandel. – Der größte Teil der A. bekennt sich zum ↗ Islam. Ihr kultureller Aufstieg ab dem 7. Jh. n. Chr. ging mit dem Siegeszug der neuen Religion Hand in Hand. Die arab. Eroberungen in Nordafrika bildeten dabei eine wichtige Grundlage für die ↗ Islamisierung der Region, die allerdings durchaus auch ohne Arabisierung stattfinden konnte, wie z. B. bei den Berbern. Insbes. die ersten Jahrhunderte islam. Geschichte gelten als Blütezeit islam.-arab. Kultur. Im 19. Jh. geriet dann fast die gesamte arab. Welt unter europ. Vorherrschaft. Seit den 1920er Jahren sind die A. zunehmend darum bemüht, dem gemeinsamen Erbe der arab. Kultur auch pol. Ausdruck zu verleihen und mit dem Konzept des Panarabismus einen Rahmen jenseits nationalstaatl. Prinzipien zu schaffen, allerdings ohne Erfolg. – In Afrika selbst gibt es – abgesehen von den ca. 40 Mio. Arab. sprechenden Ägyptern – die meisten A. im ↗ Maghreb. Doch auch im subsahar. Afrika finden sich A., so z. B. in Ostafrika und insbes. in der Region um den Tschadsee: Ungefähr 1 Mio. halbnomadischer A. – von den Bewohnern der Region als *Schuwa* bezeichnet – lebt verstreut zwischen Darfur und ↗ Bornu. Dort wie auch andernorts im subsahar. Afrika ist es bisweilen zu Spannungen zwischen A. und anderen Ethnien gekommen. Solche Spannungen verschärfen sich, wenn die ethn. Trennungslinien mit pol., sozialen und relig. in eins fallen. Nicht selten werden insbes. von der nichtmuslimischen Bev. auch die den arab. Ländern des Nahen Ostens mit den Petro-Dollars gegebenen wirtsch. Interventionsmöglichkeiten als Bedrohung gesehen. Alles dies kann aber nicht darüber hinwegtäuschen, dass das kulturelle Erbe der A. einen integralen Bestandteil Afrikas darstellt und die künftige Entwicklung des Kontinents auch im subsahar. Afrika weiterhin beeinflussen wird. ↗ Arabischsprachige Lit., ↗ OIC.

🕮 M. Rodinson, Die Araber, Frankfurt/M. 1981. – Ph. K. Hitti, History of the Arabs, London, 10. Aufl. 1996. – R. V. Weekes (Hg.), Muslim Peoples, 2. Aufl. Westport 1984.

Klaus Hock

Arabisch (↗ Semitisch), mit fast 110 Mio. Sprechern größte Sprache Afrikas. A. besitzt drei versch. Profile: Es ist (1) Muttersprache von insges. ca. 220 Mio. Menschen, (2) Sprache des ↗ Korans und (3) ↗ Nationalsprache zahlreicher Staaten, darunter acht in Afrika (Ägypten, Sudan, Libyen, Tunesien, Algerien, Marokko, Mauretanien, Tschad). A. kommt somit bes. Bedeutung im Bildungs- und Verwaltungswesen zu. Auch in Ländern, in denen es keinen offiziellen Status besitzt, spielt A. eine wichtige Rolle. – Muttersprachliches A. kam im 7. Jh. mit der islam. Eroberung des Nordens nach Afrika. Zunächst siedelte die arabischsprachige Bev. überwiegend in Städten, während die ländl. Gebiete weitgehend von Sprechern anderer Sprachen (↗ Berber, Koptisch ↗ Ägyptisch) bewohnt waren. Erst ab dem 10. Jh., als die Stämme der Bani Hilal und Wulad Sulayman, aus Südägypten kommend, weite Teile Nordafrikas überrannten, setzte eine verstärkte Arabisierung der Region ein, die bis ins 16. Jh. hinein andauerte, als die Westsahara (Mauretanien) und Teile der Küste Marokkos von arab. Stämmen besiedelt wurden. In Ägypten wurde die Arabisierung im 9. Jh. durch die Abschaffung von Gesetzen beschleunigt, die der Diskriminierung der koptischen Bev. dienten. Ab dem 13. Jh. drängten arab. Stämme in das nubische Reich im Sudan, nach dessen Fall sich Arabischsprecher bis ins Tschadseegebiet ausdehnten. Somit erreichte muttersprachliches A. im Großen und Ganzen die Grenzen, die es heute aufweist. Sonderbewegungen wie die kontinuierliche Abwanderung von Arabern aus dem Persischen Golf an die ostafrik. Küste (v. a. im 18. und 19. Jh.) endeten i. d. R. mit der Assimilation des muttersprachlichen A., während das Kreol-A.

(↗ Pidgin- und Kreolsprachen), das in der zweiten Hälfte des 19. Jh. im Südsudan entstand, aus heutiger Sicht als unabh. Sprache und nicht als eine Varietät (↗ Dialekte) des A. betrachtet werden muss. – Dialektologisch gesehen gliedert sich muttersprachliches A. in Afrika in drei Komplexe: Der eine umfasst Nordafrika von der westl. Hälfte Libyens an nach W; er ist durch das Fehlen kurzer Vokale in offenen Silben charakterisiert. Der zweite hat sein Zentrum in Ostlibyen und erfasst Teile Ägyptens und des Sudans; er ist durch bestimmte vokalische Prozesse (z. B. *a* → *i* in offener Silbe) gekennzeichnet. Der dritte Komplex erstreckt sich von Ägypten den Nil entlang bis in den Sudan und weiter nach W bis Nordostnigeria. Dort werden kurze Vokale in fast allen Positionen beibehalten. Diese Darstellung verschweigt allerdings die Vielzahl weiterer dialektaler Unterschiede. In Nordafrika z. B. wird muttersprachliches A. i.d.R. als städt. oder ländl. klassifiziert, je nachdem, ob der dem Proto-Semitischen *qaaf* entsprechende Laut als *q* oder *g* realisiert wird. Solche Unterschiede verweisen auf hist. bedingte Entstehungsprozesse. In diesem Beispiel wird angenommen, dass die *q*-Varietät auf eine erste (städt.) Einwanderungswelle von Arabern und die *g*-Varietät auf eine spätere zurückgeht. Jedenfalls deutet die Existenz von sehr einzigartigen Isoglossen zwischen den Varietäten des muttersprachlichen A. in Afrika und außerhalb auf einen gemeinsamen Ursprung hin, der mind. so alt ist wie die klassische Sprache. – Die älteste Quelle des Hoch-A. aus Afrika stammt von einem Dichter namens Al-Kanemi (ca. 1200), der in Marokko und Andalusien (Spanien) tätig war. Islam. Wissenschaftler aus Nordafrika beherrschten zu jener frühen Zeit das arab. Schrifttum, das sich in zwei ungleiche Teile gliedert: relig. und säkulare Lit. Erstere bildet den Hauptteil und behandelt theologische, juristische, islam., linguistische wie auch biographische und didaktische Themen. Die säkulare Lit. umfasst Königslisten, ↗ Chroniken, Dichtung und Briefe. V. a. zum ersten Bereich übernahmen afrik. Verfasser Muster aus islam. Wissenschaften, so dass sie stilistisch wie inhaltlich eng den Regeln der klassischen Sprache folgten. Geogr. ist Westafrika das älteste und vom Umfang her wichtigste Gebiet dieses Schrifttums. Im östl. Sudan entsteht ein relativ großes Korpus von Schriften erst ab dem frühen 19. Jh., in Ostafrika kommt der Haupteinfluss aus Oman. Fast überall im islam. Afrika vollzog sich zu jener Zeit ein Umbruch, wobei die Zahl arab. Schriften sich fortan stetig und schnell erhöhte; dies galt auch für die Kolonialzeit, v. a. in brit. regierten Ländern, wo die Politik der ↗ Indirekten Herrschaft die Pflege traditioneller Strukturen (einschl. islam. Recht) gestattete und damit implizit den Gebrauch des Hoch-A. begünstigte. – Wie in der Vergangenheit begegnen muslim. Afrikaner noch heute dem A. v. a. in den Koranschulen, wo nicht die Sprache, sondern der Korantext im Vordergrund steht. Aus diesem Grunde beherrschen nur wenige muslim. Afrikaner in nicht arabischsprachigen Gebieten das A. aktiv. Auch ist angesichts seiner zentralen Funktion in islam. Gesellschaften auffällig, welch geringe Rolle das A. in der Nationalsprachenfrage afrik. Länder spielt.

🕮 J. Hunwick (Hg.), Arabic Literature of Africa, Bd. 2: The Writings of Central Sudanic Africa, Leiden 1995. – R. O'Fahey (Hg.), Arabic Literature of Africa, Bd. 1: The Writings of Eastern Sudanic Africa to c. 1900, Leiden 1994. – J. Owens, Neighborhood and Ancestry. Variation in the spoken Arabic of Maiduguri, Nigeria, Amsterdam 1998.

Jonathan Owens

Arabische Liga, 1945 von Ägypten, Irak, Jemen, Libanon, Saudi-Arabien, Syrien und Transjordanien (heute Jordanien) mit dem Ziel gegründet, die Beziehungen der Mitgliedsländer auszubauen, ihre Unabh. zu schützen bzw. – angesichts fortdauernder milit. Besetzung einiger Länder – vollständig zu verwirklichen, Konflikte untereinander auf friedlichem Wege zu lösen und arab. Interessen gegenüber anderen Staaten zu vertreten. Von einzelnen Beteiligten wurde die AL auch als Beitrag zur Wiederherstellung der arab. Einheit und als Vorstufe zu einem weitergehenden Zusammenschluss der arab. Staaten gesehen.

Höchstes Beschlussorgan der AL ist der Ligarat, der zweimal jährl. tagt. Koordiniert wird die Arbeit der AL durch den Generalsekretär, der traditionell aus Ägypten bestellt wird, dem (mit Ausnahme der Jahre 1979 bis 1991) offiziellen Sitz der Liga. Die AL hat 16 offizielle Ausschüsse (Erdölfragen, Gesundheit, Kultur, Wirtschaft u. a.), Unterorganisationen sowie Fachkommissionen. Aus den Ausschüssen und Arbeitsgruppen wurden u. a. die (letztlich erfolglose) Initiative zur »Arab. Wirtschaftseinheit« (1957) oder die »Charta der Sozialarbeit« (1971) entwickelt. Der seit 1974 institutionalisierte »euro-arab. Dialog« wird von einem der 10 stellv. Generalsekretäre koordiniert. Die AL kann eigene Friedenstruppen aufstellen (wie 1976 im Libanon), sie verfügt über einen eigenen Entwicklungsfonds, eine Atomagentur, die Arab. Postunion und andere permanente Fachorganisationen.

Schon bei der Gründung der AL nahm Ägypten als bevölkerungsreichstes Mitgliedsland eine Führungsrolle ein, die 1954 bis 1967 unter Nasser weiter ausgebaut wurde, wobei die panarab. Bekundungen des Präsidenten den ägypt. Vormachtanspruch in der AL nur unzureichend verdecken konnten. Der Friedensschluss Ägyptens mit Israel (Camp David) erwies sich 1979 als schwere Belastung für die AL, in deren Gefolge Ägypten ausgeschlossen und der Sitz der AL von Kairo nach Tunis verlegt wurde. 1989 wurde Ägypten wieder aufgenommen, 1991 kehrte die AL nach Kairo zurück. Seit der Rückkehr in das arab. Lager 1989 nimmt Ägypten eine wichtige, aber nur zusammen mit Syrien und Saudi-Arabien dominierende Rolle ein, zumal das Land unter Mubarak weiterhin eine eher nationalägypt. als panarab. Politik verfolgt.

Das Ziel der AL, die Konkurrenz innerhalb der arab. Welt zu reduzieren und die arab. Interessen gemeinsam nach außen zu vertreten, wird u.a. durch den tiefgreifenden pol. Dissens zwischen Syrien und dem Irak oder zwischen Irak und Kuweit konterkariert. Die Liga-Mitglieder Ägypten und Syrien nahmen 1991 sogar an der Seite der USA am zweiten Golfkrieg gegen den Irak teil.

Weitere Probleme sind die sozioökonom. und soziokulturellen Inhomogenitäten der Mitgliedsländer, da der AL neben den arab. Staaten Kuweit, Saudi-Arabien und Jemen auch solche mit lediglich arabisierter Bevölkerung (z.B. Algerien und Marokko) oder mehrheitlich anderen, z.B. afrik. Volksgruppen angehören, die nicht die gemeinsame arab. Geschichte eint, sondern allenfalls die gemeinsame islam. Religion. Auch die unterschiedlichen ökonom. Interessen von reichen Ländern wie Kuweit und extrem armen wie Mauretanien tragen zur Reduzierung der Handlungsfähigkeit der AL bei.

🕮 K. Eberlein, Die Arab. Liga, Bd. 1–3, Frankfurt 1993/95. – League of the Arab States. In: The Middle East and North Africa 1995, London 1995, S. 232ff. – M.I. Al Ramadhani, Die Liga der Arab. Staaten, Diss., Bamberg 1974. – U. Steinbach/R. Robert (Hg.), Der Nahe und Mittlere Osten. Opladen 1988.

Frank Bliss

Arabischsprachige Literatur. Die a. L. Nordafrikas gehört nach Gattungen, Stil und Inhalt bis ins 19. Jh. zur klassischen a. L., die vom ↗ Islam als Kulturfaktor geprägt ist. Seit ca. 1870 wirkten mit wachsendem pol., ökonom. und kulturellen Einfluss westeurop. Kolonialmächte, anfangs insbes. Frankreich, und deren Lit. auf die Entstehung einer modernen a. L. ein. In den frz. dominierten Ländern des ↗ Maghreb entstanden ↗ frankophone Literaturen.

I. Klassische arabischsprachige Literatur. – I.1. Überblick. Der Literaturbegriff für die klass. a. L. unterscheidet sich vom europ. Neben Dichtung, Sprichwörtern und gnomischer Lit. umfasst er alle Gattungen, die das Wissen boten, das zur höfischen Bildung (*Adab*, heute Lit. im engeren Sinn) gehörte: hist., geogr., genealogisch, biogr. L., Grammatik, Sprachwissenschaft, Rhetorik, Poetik. Volkslit. in der Umgangssprache, z.B. *Die Erzählungen aus Tausendundeiner Nacht*, entsprach nicht diesem elitären Bildungsideal. *Adab* ist belehrend-unterhaltsame Lit., brillant in der Hochsprache formuliert. Sie entwickelte sich im O des islam. Reichs, in Damaskus als Sitz der Umayyaden (661–750), dann unter hellenistischen, mittelpersischen und indischen Einflüssen in Bagdad als kosmopol. Metropole der Abbasiden (750–1258). Die a. L. wurde nun die Lit. aller Völker von Spanien bis zum Industal, die mit dem Islam die arab. Sprache übernahmen. Um 1000 lebte im O das (Neu-) Persische als Literatursprache wieder auf. Mit dem Machtzerfall der Abbasiden wurden kleinere Höfe zu Kulturzentren, etwa die Aghlabiden in Kairuan (9. Jh.), die Idrisiden in Fes (9. Jh.), die Hamdaniden in Aleppo (10. Jh.), die ↗ Fatimiden seit 909 in Mahdiya, danach in al-Mansuriya (Ägypten) die Ayyubiden, später die Mamluken in Kairo. Spätestens seit dem 13. Jh. löste Kairo Bagdad als Kulturmetropole ab. Die Gründung des Umayyadenreichs in Cordoba 756, das seit 1032 in kleinere Dynastien zerfiel, führte zur Entwicklung der spanisch-arab. Lit., die, anfangs von der ostarab. Lit. beeinflusst, insbes. auf Nordafrika einwirkte. Dichter und Gelehrte waren jahrhundertelang mobil. Die Pilgerfahrt nach Mekka (↗ Hadjdj) als relig. Pflicht jedes Muslims veranlasste Wissbegierige zu ausgedehnteren Reisen. Dichter wie Gelehrte waren von Mäzenaten abhängig. Bildungsideal und -inhalte waren, wenngleich sich regionale Varianten entwickelten, lange von Spanien/Nordafrika bis Indien im Wesentlichen einheitlich.

I.2. Lyrische Dichtung. Früheste arab. Dichtung wurde aus vorislam. Zeit vom 5. Jh. an in kunstvollen langen Qasiden, meist in Halbversen und stets mit *einem* durchgehenden Metrum und Reimbuchstaben oral tradiert. Kurze, improvisierte Verse in einem schlichteren Metrum waren Kampf-, Reit-, auch Kindertanzlieder. Trotz der Ablehnung der Dichter in Sure 26: 224–6 hatte der Prophet Mohammed seit seiner Zeit als pol. und soziales Oberhaupt der Gemeinde in Medina »seinen« Dichter, Ḥassān Ibn Ṯābit, früher Hofdichter der Ġassāniden und Laḫmiden, der die neue Religion poetisch propagierte. Dichtung gilt bis heute als Kern- und Glanzstück der a. L. und Kultur. Die altarab. Poesie wurde mit der Entwicklung der Schriftkultur vom 8/9. Jh. an in Anthologien (*Dīwānen*) gesammelt. Formal blieb sie Vorbild für die arab. Dichtung bis ins 20. Jh. Aber die Themen änderten sich. Aus einer festen, durch das Leben der Beduinen bestimmten Themenfolge (Klage über eine frühere Liebe beim verlassenen Lagerplatz eines anderen Stammes, Lob des Reittiers, Naturbeschreibung, Lob eines Gönners, des eigenen Stammes, Selbstlob des Dichters, Schmähung eines fremden Stammes) entwickelten sich einzelne Gattungen. Sie gelten dem höfisch-urbanen Leben: das Lobgedicht (*Madīḥ*) auf den höfischen Gönner; das individuelle Liebesgedicht (*Ġazal*), seit dem 8. Jh. auch, in einer von Geschlechtertrennung dominierten Gesellschaft, auf Jünglinge (Abū Nuwās, ca. 755–ca. 813), oder so formuliert, dass bei androgynem Schönheitsideal unklar ist, ob Mann oder Frau besungen werden. Das oft derbdrastische Schmähgedicht (*Hiǧā'*) schalt geizige Gönner, Rivalen, Gegner, das jeweils andere Geschlecht. Die Elegie (*Marṯiyya*) auf Gefallene, Verstorbene, später auch untergegangene Städte, Dynastien, auf Palastruinen konnte mit dem Lob- wie dem Schmähgedicht oszillieren. Während in vor- und frühislam. Zeit Dichterinnen die Tugenden männl. Angehöriger in Elegien priesen, wurden Elegien auf Frauen erst vom 9. Jh. an akzeptiert, zunächst auf Mütter. Jagd- (*Ṭardiyya*) und Weingedicht (*Ḫamriyya*) besangen höfische Freuden. Das relig. Askesegedicht (*Zuhdiyya*) und myst. Dichtung sprach von Gefühlen zu Gott. Gedankenlyrik kritisierte das Schicksal, Zeitumstände, die Religion und ihre Vertreter (Abū l-'Alā' al-Ma'arrī, 973–1058). Kritische arab. Dichter im 20. Jh. knüpften an sie an. Beschreibende Dichtung (*Waṣf) galt Gegenständen, Speisen, Kleidungsstücken, Blumen, Gärten, Naturphänomenen. Naturpoesie hatte Vorformen in den altarab. Qasiden*. Selbst relig.-rechtl., philosoph., grammat., prosod., rhetor., medizin. (Avicenna = Ibn Sīnā, gest. 1037), kalligraph., navigator., landwirtsch., mathemat., astronom. oder Schachprobleme wurden bis ins 19. Jh. in langen Lehrgedichten (*Urǧūza*) meist in paarigen Reimen dargestellt. Sie galten in poet. Lehrbüchern wegen mangelnder Vorstellungskraft nicht als Dichtung. Rangstreitdichtung (*Munāẓarāt*), z. B. zwischen Sommer und Winter, versch. Wissenschaften, Schwarzen und Weißen, Feder und Schwert, Homo- und Heteroerotik, Auto und Straßenbahn hatte vermutlich altoriental. Vorbilder und konnte/kann scherzhaft bis satirisch sein. Der arab. Dichter war lange der *poeta doctus*, der Tausende von Versen seiner Vorgänger mit ihrem Bilder- und Metaphernreichtum auswendig kennen, sie variieren und anzitieren können und zudem über reiches hist. Wissen für Anspielungen verfügen musste. Eine ausgefeilte Verslehre und Rhetorik bildete die poetologische Basis. Gelegenheitsgedichte (meist öffentl. rezitiert) zur Errichtung von Bauten, zu Hochzeiten, Geburten, Beschneidungen der Söhne (Hochrangiger), zur Rückkehr von der Pilgerfahrt usw. belegen den Rang der Dichtung im höfischen, dann generell urbanen Leben. Zur höfischen Unterhaltung gehörte Meinungsaustausch in Versen, bei denen einer Reim und Metrum vorgab, die Partner in Erwiderungen beides aufnahmen. Sanghafte Strophengedichte (*Muwaššaḥāt/Zaǧal/Dubait*) breiteten sich vom islam. Spanien in andere Regionen aus.

I.3. Prosaliteratur. Am Anfang der islam.-arab. Prosalit. steht der Koran mit seiner, bes. in den letzten, frühen, kurzen Suren poetischen Sprache, seinen Bildern, Metaphern, narrativen Passagen. Zitate aus ihm werden bis heute in Poesie und Prosa ebenso eingeflochten wie in die pol. Rhetorik. Die Reimprosa des Koran wurde Vorbild für die Kunstprosa von ca. 900 bis zum Kanzleischreiben und zu Ziertiteln für alle Bücher bis ca. 1870. Die Wurzelstruktur des Arabischen macht Reim- und Wortspiele leicht. – Vollendete Sprachbeherrschung war auch Basis der relig.-rechtl. Lit. Ihre Quelle war nach dem Koran die zweite Basis des islam. Rechts, die *Hadīt*-Lit. *Ḥadīṯe* sind Zeugenberichte über das, was der Prophet in bestimmten Situationen gesagt, getan oder geduldet haben soll, gestützt durch ›Ketten‹ von Überlieferern. Die *Ḥadīṯe* wurden vom 9. Jh. an aufgezeichnet und sachlich geordnet in großen Kompendien gesammelt, von denen sechs kanonisch wurden. Wichtig sind v. a. die von al-Buḫārī (810–70) und von Muslim (gest. 875). Wie der Koran wurden sie Basis für umfangreiche Kommentare und zudem hinsichtlich der Überlieferer Ausgangspunkt biogr. Lit. Dass nicht alle Überlieferungen von Mohammed stammten, war auch islam. Kommentatoren klar.

Sie untersuchten die Überliefererketten. Hier spiegeln sich Entwicklungen und Meinungskämpfe der kulturell und ethn. heterogenen frühen Gemeinden. An Gattungen finden sich Legenden, Mythen, Anekdoten, Ich-Berichte, auch kunstvolle Erzählungen. – Das erste arab.-arab. Lexikon (8. Jh.) ist nach phonetischen Aspekten geordnet. Die klass. lexikograph. Lit. vom 11. Jh. an enthält Poesie und Sprichwörter als Belege, auch Hinweise auf hist. Gestalten, ist also auch kulturhist. Quelle. Die Anordnung der Lemmata nach dem letzten Wurzelkonsonanten erleichterte das Reimen. – Eine hochentwickelte grammat. Lit., basierend auf der Sprache des Koran als geoffenbartem Wort Gottes und der alten Dichter, war das Fundament dieser Sprachkultur. Sie begann im 8. Jh. mit dem »Buch« des Persers Sībawaih.

Beginn der *Adab*-Lit. war Ibn al-Muqaffa's Übersetzung der Tierfabeln indischer Herkunft des Bidpai, *Kalīla wa-Dimna*, aus dem Mittelpersischen, sein Großes *Adab*-Buch, wie die Fabeln eine Art Fürstenspiegel mit Maximen für Höflinge, die an Lebensregeln für Renaissancefürsten erinnern, und sein *Sendschreiben der Freundschaft* mit Ratschlägen des Autors für einen frühen Abbasidenkalifen. Realist. Anekdoten als straff pointierte Erzählungen spielten in der höfischen Unterhaltung eine große Rolle. Sie wurden seit dem 10. Jh. z.B. in *al-Faraǧ ba'da š-šidda* (*Freud nach Leid-*) Anthologien gesammelt, aus denen einige, oft »zerzählt«, später in die ägypt. Rezension der *Tausendundeine Nacht* eingingen. Die *al-Maḥāsin-wa-l-Masāwī*-Lit. vom 9. Jh. an konfrontierte die guten und schlechten Eigenschaften von Personengruppen, Dingen usw. in Anekdoten, *Ḥadīṯen*, Versen. Vom 9. Jh. an gab es *Adab*-Handbücher für Berufsgruppen: *Adab al-Kātib, Adab al-Qāḍī, Adab al-Wazīr, Adab as-Sulṭān* (Der *Adab* des höfischen Sekretärs, des Richters, Wesirs, Sultans). Vielbändige *Adab*-Enzyklopädien versch. Ausrichtung vom 9. Jh. an (Ǧāḥiẓ, Basra, Bagdad, 776/7–868/9; Ibn Qutaiba, Bagdad, 828–89, Ibn 'Abd Rabbihi, Cordoba, 860–940) boten den Bildungsstoff, verbunden mit ethischen und Verhaltensregeln, sachlich geordnet, in Anekdoten, Versen, Sprichwörtern, *Ḥadīṯen*. Gipfel der arab. Kunstprosa sind die *Maqāmāt*, in ihren Meisterwerken von al-Hamaḏānī (968–1008, Herat) und al-Ḥarīrī (gest. 1122, Basra) sozialsatirische, pikareske Szenen in Reimprosa, durchsetzt mit Versen, die alle sprachspielerischen Möglichkeiten des Arab. in Laut und Schrift nutzen. Ein Erzähler berichtet von einem Vagabunden, Prototyp des hochgebildeten, aber stellenlosen Intellektuellen der Zeit, der an wechselnden Orten in wechselnder Maskerade mit ironisierender Verbalakrobatik Menschen unterhält und nasführt. *Maqāmen* entstanden in variierten Inhalten in allen Regionen der a.-islam. Welt bis ins 20. Jh. Sie verschmolzen später oft mit der Rangstreitdichtung. Z.B. verfasste der ägypt. Polyhistor as-Suyūṭī (1445–1505) sechs *Maqāmen*, in denen versch. Parfüms (Moschusm.), Blumen (Rosenm.), Früchte (Apfelm.), Gemüsesorten (Smaragdm.), Nussarten (Pistazienm.), Edelsteine (Edelsteinm.) über ihre Vorzüge streiten. Typisch blieb der artifizielle Stil, gemischt aus Reimprosa und Versen. Vorworte zu allen Gattungen wurden wort- und sprachspielerisch in Reimprosa verfasst.

Auch die reiche hist., biogr. und geogr. Lit. enthält meist illustrierende Verse und ab ca. 900 Reimprosa. Die hist. Lit. knüpft an die altarab., zuerst oral tradierten Berichte über die *Ayyām al-'Arab* (Kampftage der arab. Stämme) an. Die *Futūḥ*- und *Maġāzī*-Lit. seit dem 8. Jh. beschrieb, frühere Berichte aufnehmend, die islam. Eroberungen im 7./8. Jh. Die arab. Historiographie ist reich an Weltgeschichten (Ṭabarī, 839–923, auch Autor eines riesigen Korankommentars) als Geschichte der den Muslimen damals bekannten Welt, an Chroniken, später hist. Darstellungen versch. Länder, Dynastien, Regionen, Städte. Neben Faktendarstellungen, oft in parallelen, auch variierenden, widersprüchlichen aber unkommentierten Augenzeugenberichten, enthält sie narrative Elemente, Anekdoten und Ich-Berichte über die vorislam. Zeit sowie Mythen und Legenden iran., bibl. und altarab. Herkunft. Die geogr. Lit. seit dem 9. Jh. nimmt antike, indische und mittelpersische Überlieferungen auf, beruht aber meist auf eigenen Beobachtungen der meist nicht nur in islam. Ländern weitgereisten Verfasser. Sie diente auch dem Post- und Nachrichtenwesen und der Verwaltung. Neben der beschreibenden physikal. und Humangeographie umfasste sie die mathematische, die astronomische Geographie und die Kartographie (al-Balḫī, gest. 934, Weltkarte des Idrīsī, Ceuta 1100–ca. 1162).

Vom 12. Jh. an gab es eine eigene Reiselit. (*Riḥla*), an deren Beginn Ibn Ǧubair (1145, Valencia-1217, Alexandria) steht, der 1184/85 über Ceuta, Sardinien, Sizilien, Kreta nach Alexandria, Kairo, Djidda, Mekka reiste und über den Irak, Syrien, Sizilien, Karthago nach Granada zurückkehrte. Vom 12. Jh. an entstanden geogr.

Enzyklopädien (Yāqūt, gest. 1229). Die kosmograph. Lit. entwickelte sich als unterhaltsame Gattung vom 13. Jh. an. Sie knüpfte an Werke z.B. über *Die Wunder Indiens* (10. Jh.) an, auch an Volkslit. über die Wunder der Meere, des Landes, der Bäume usw., und beschreibt ungewöhnliche reale oder legendäre Phänomene, wie sie schon die arab. geogr., auch die hist. Lit. enthält, von den Denkmälern der Antike und des Alten Orients bis zu Sternbildern und Phantasie- oder realen Tieren und Pflanzen. Das berühmteste Werk, in Handschriften oft mit farbigen Miniaturen versehen, stammt von al-Qazwīnī (1203–83). Die biograph. Lit. beginnt mit der (legendär angereicherten) Biographie des Propheten Mohammed durch Ibn Isḥāq (gest. 762) in der Redaktion des Ibn Hišām (gest. 828 oder 833), fährt fort mit Biographien der ersten Muslims (*Das große Generationenbuch* des Ibn Sa'd, gest. 844) und weist bald vielbändige Lexika auf, die z.B. Dichter, Gelehrte, berühmte Persönlichkeiten in bekannten Orten oder einer bestimmten Zeit verzeichnen. Frauen erscheinen meist, schon bei Ibn Sa'd, der Geschlechtertrennung entsprechend, in einem eigenen Band. Es gab auch Biographien bekannter Persönlichkeiten und später vereinzelt Autobiographien, z.B. die des relig. Reformers al-Ġazālī (1058–1111). – Das erste erhaltene hist. Werk über Ägypten, Ibn 'Abd al-Ḥakams *Eroberung Ägyptens* (nach 860), beginnt mit vielfältig begründeten Empfehlungen, die ↗ Kopten als Ureinwohner mit ihrer Religion, Sprache und Kultur zu respektieren. Das Arab. setzte sich in Ägypten erst nach 800 von oben her langsam durch. – Die bis heute gebräuchlichste, weil klare und leicht zu memorierende Darstellung der arab. Grammatik stammt von Ibn Āǧurrūm (1273/4–1323, Fes). Ibn Manẓūr (1233–1311), Kompilator eines der umfangreichsten arab.-arab. Lexika (*Die Sprache der Araber*), war Richter und Kanzleibeamter in Tripolis.

Die Fatimiden hatten, bes. nach der Gründung von Kairo 972, ihre Hofdichter Ibn Hāni' (gest. 973) und Umāra al-Yamanī (1121–1174), deren Lobgedichte auch über ihre Politik und Propaganda informieren. Eine bekannte geogr./hist.-poet. Anthologie aus der Fatimidenzeit ist das *Klosterbuch* des Bibliothekars aš-Šābuštī (gest. um 1008), das 53 Klöster als Treffpunkte für Dichter im Irak, in Syrien und Ägypten vorstellt und Gedichte versch. Gattungen, Liebes-, Weinsowie beschreibende, auch obszöne (*Muǧūn*) Poesie hinzufügt. Die Fatimiden gründeten Bibliotheken, pflegten das Lobgedicht auf den Propheten und seine Familie, doch ihre Nachfolger, die Ayyubiden, zerstörten aus relig.-pol. Gründen vieles. Hofdichter der Ayyubiden waren Bahā' ad-Dīn Zuhair (1186, Mekka –1258) mit Preisgedichten auf Siege über die Kreuzfahrer und Liebespoesie; Ibn Ṣanā' al-Mulk (1155–1211), der neben eigenen Strophengedichten eine Poetik dieser Gattung verfasste, und Ibn Maṭrūḥ (1196–1251). Zu großer Reife gelangte in Ägypten die mystische Dichtung beim frühen Gnostiker Ḏū n-Nūn al-Miṣrī (796–861) und später durch Ibn al-Fāriḍ (1181–1235). Topoi irdischer Liebe, auch des Weingenusses werden hier auf die Beziehung zu Gott übertragen. Ein enzyklopäd. Lehrbuch der Poetik verfasste der ziridische Hofpoet Ibn Rašīq al-Qairawānī (1000–1063 oder 1071). Ḥāzim al-Qarṭāǧannī (1211, Cartagena–1285, Tunis) verfasste, nachdem er Spanien verlassen musste, Lobgedichte auf die Herrscher von Marrakesch und Tunis, verbunden mit Elegien auf das verlorene Spanien, und eine durch die Verbindung philosophischer und poetologischer Ideen originelle Literaturtheorie. – Die Gattung der Fürstenspiegel wurde fortgesetzt durch den gebürtigen Spanier aṭ-Ṭurṭūšī (1059 oder 1060–1126 oder 1131), der nach Studien in Bagdad, Basra, Damaskus, Jerusalem, dem Libanon und Kairo als Religionsgelehrter in Alexandria lebte, und den Polyhistor Ibn Ẓafar (1104–70 oder 72), gebürtiger Sizilianer, der in Ägypten, Nordafrika und Syrien reiste und dort starb. Umfangreiche *Adab*-Enzyklopädien stellten an-Nuwairī (1279–1332), al-Ibšīhī (1388–1446) und der Jurist al-Qalqašandī (1355–1418) z.Z. der Mamluken zusammen. Dieser verfasste auch ein genealogisches und hist. Handbuch der altarab. Stämme und ein Handbuch über das Kalifat. Seine *Adab*-Enzyklopädie, Höhepunkt der Gattung, enthält eine *Maqāma* auf das Amt des höfischen Sekretärs, kalligraphische und andere Hinweise für diesen und hist. wertvolle Schreiben an islam. und nichtislam. Herrscher als Modelle für diplomatische Korrespondenz.

Autor der exzellentesten Reisebeschreibung ist Ibn Baṭṭūṭa (1304, Tanger–1377), der auf drei Reisen zwischen 1325 und 1353 über das Mittelmeer, durch Vorder- und Kleinasien bis Indien, China, Java, Sumatra und in den Niger kam. – Ibn Ḥaǧar al-'Askalānī (1372–1449), 21 Jahre Oberrichter von Ägypten und Syrien, stellte das größte biogr. Lexikon über *Ḥadīṯ*-Überlieferer zusammen, wertvoll durch viel frühes Material. Bekannte Gelehrte seiner Zeit mit ihrem Werdegang präsentierte sein Schüler, der Polyhistor as-Saḫāwī (1427–97), Autor von über 200 Werken, in einem vielbändigen Lexikon. – Die Historiographie setzte al-Kindī (897–961) mit einer Geschichte der Gouverneure und Richter in Ägypten, einer über die ägypt. Neumuslime und einer hist. Topographie fort, die Quellen für spätere Autoren darstellten. Singulär ist die Geschichtsphilosophie über die Gründe für den Aufstieg und Fall von Dynastien, die Ibn Ḫaldūn (1332, Tunis-1406, Kairo) nach Tätigkeiten an nordafrik. Höfen in der Einführung zu seiner Weltgeschichte entwickelte. Eine Geschichte der Fatimiden, eine Chronik der Ayyubiden und Mamluken bis in seine Lebenszeit und eine umfangreiche hist. Topographie Ägyptens, voller sozialhist. und ökonom. Details verfasste al-Maqrīzī (1364–1441), Marktinspektor in Kairo. Ibn Taġrībirdī (1409/10–1470) schrieb eine Geschichte Ägyptens von der arab. Eroberung bis 1467, ein biogr. Lexikon über Sultane, Emire und Gelehrte bis 1451 und Kommentare zu Zeitereignissen bis 1469. Stark narrativ ist Ibn Iyās' (1448–1524) umfangreiche Chronik der ausgehenden Mamlukenzeit und türk. Besetzung Ägyptens. Das Wissen seiner Zeit für spätere Generationen darlegen wollte as-Suyūṭī (1445–1505), weil er wachsende Korruption in Macht- und Wissenschaftsbetrieb beobachtete. Zu seinen über 500 Werken gehören hist. Chroniken, *Ḥadīṯ*-Sammlungen und -kommentare, Korankommentare, mentalitäts- und sozialhist. aufschlussreiche Sammlungen relig. Rechtsgutachten, erotische Abhandlungen, eine über die Pest, *Maqamen,* sowie eine über den Unterschied zwischen Plagiat und Original. Die frz. Besetzung des Landes 1798–1801, die Übergriffe der Soldaten, die Unruhen unter der Bev., die Bewunderung gebildeter Ägypter für ihnen unbekannte Technik (von der Druckerpresse bis zur Schubkarre) und Institute der Franzosen sowie die Jahre danach schildert der letzte Band des Geschichtswerks von al-Ǧabartī (1753–1825).

II. Die Volksliteratur entwickelte sich in Ägypten insbes. z.Z. der Mamluken, von langen Volksromanen (Baibarsroman, *Sīrat Banī Hilāl, Sīrat 'Antar, Sīrat Ḏāt al-Himma*) bis zur ersten vollständigen Fassung von *Tausendundeiner Nacht* im 19. Jh. Diese entstand, nachdem begeisterte Europäer nach einer solchen, bis dahin unauffindbaren, weil wohl nicht vorhandenen suchten und in Frankreich und Deutschland Fälschungen erschienen waren. Der frz. Orientalist Antoine Galland hatte 1704–17 eine unvollständige syrische Handschrift für die frz. aristokrat. Lesewelt der Zeit adaptiert und nach (ebenfalls von ihm redigierten) mündlichen Erzählungen eines Maroniten aus Aleppo und anderen Quellen ergänzt, für die z.T. bis heute keine Originale gefunden wurden. Auszüge aus Volksromanen wurden durch Erzähler in Caféhäusern oder von Dorf zu Dorf wandernd vorgetragen, bis Radio und TV sie verdrängten. Versuche zur Wiederbelebung gibt es z.B. auf dem Fna-Platz in Marrakesch. Zur Volkslit., obwohl nicht anonym, gehören die drei Schattenspiele des auch für Schmäh- und pornographische Gedichte bekannten Augenarztes Ibn Dāniyāl (gest. Kairo, 1310), die in der Umgangssprache der Zeit und voll derber Späße soziale/mentale Phänomene in den städt. Unterschichten darstellen. Der Historiker Ibn Iyās berichtet z.Z. der türk. Besetzung von Schattenspielen, die von Kairo in die Türkei gelangten. Später und nachdem die Mamluken sie aus moralischen Gründen verboten hatten, wurden sie als türkische *Karagöz* nach Syrien, Ägypten und Nordafrika reimportiert.

III. 1. Die moderne arabische Literatur nahm ihren Anfang in Ägypten. Die Napoleonische Expedition 1798–1801 regte Neuerungen und Reformen an, die, rein machtpol. bedingt, auch kulturelle Veränderungen auslösten. Der Buchdruck seit 1824 ermöglichte den Druck einer Regierungszeitung (seit 1828), seit ca. 1870 auch von Zeitungen und Zeitschriften privater Gründer und die weitere Verbreitung von Wissen und Bildung. Studiengruppen, seit 1826 zunächst nach Paris, öffneten den Teilnehmern aus der türk.-ägypt. Oberschicht neue Horizonte und führten zum Überdenken der eigenen Situation. Seit ca. 1850 wurden säkulare Schulen zur Ausbildung von Staatsbeamten, Militärs, Ärzten gegründet. Lehrkräfte kamen aus Frankreich und Italien. Schul- und Bildungsreformen ermöglichten generelle Modernisierungen. Übersetzungen erschlossen neue wissenschaftl. Erkenntnisse. Werke zuerst der frz., dann der engl., russ., italien., später der dt. Lit., hier v.a. Goethes »Werther« und Kafka, damit Gattungen wie Roman, Kurzgeschichte, Novelle und Drama, wurden durch Adaptionen bekannt. Das erste Werk, das (mit Passagen in Reimprosa, Verseinschüben) adaptiert wurde, war Fénelons *Télémaque,* das an arab. Fürstenspiegel erinnert und durch seine Absolutismuskritik aktuelle Bezüge hatte. Übersetzer war Rifā'a aṭ Ṭahṭāwī (1803–73), Absolvent der islam. *Azhar*-Universität in Kairo, der an der ersten Studiendelegation 1826–31 nach Paris teilnahm und über seine Eindrücke einen detaillierten, die frz. Kultur als (zumeist) bewundernswert und mit Koran und Prophetentradition kompatibel schildernden Reisebericht schrieb, der für ägypt. und türk. Beamte bis 1914 Pflichtlektüre wurde. Aṭ-Ṭahṭāwī wurde 1837 Direktor der vom Khediven neugegr. Sprachenschule und seit 1842 Herausgeber der ersten nun rein arab.-ägypt. Zeitung. Er übersetzte viele geisteswissenschaftl. Werke aus dem Frz. und publizierte 1873 ein umfangreiches, viele arab. Quellen zitierendes, von frz. Reformideen beeinflusstes Buch über die Notwendigkeit von Mädchenbildung und unterstützte gegen orthodox islam. Kreise die Eröffnung der ersten staatl. arab. Mädchenschule in Kairo 1873.

III. 2. Romane und Erzählungen. Erfolgreicher Begründer des hist. Romans wurde der christlich-libanesische Immigrant Ǧirǧī Zaidān (1861–1914) seit 1892. In 22 bis heute beliebten, in andere vorderoriental. Sprachen übersetzten Romanen knüpft er z. Z. des sich entwickelnden arab. Nationalismus an Glanzpunkte der islam.-arab. Geschichte an. Er popularisierte in zahlreichen Werken westl. wissensch. Erkenntnisse und Methoden. Journalismus und Übersetzungen hatten eine langsame Modernisierung des Arab. in Lexik und Stil zur Folge. Furcht vor kultureller Überfremdung rief das eigene Erbe ins Gedächtnis. Die *Maqāma* wurde, u. a. durch Muḥammad al-Muwailiḥī 1902/1907, in kultur- und sozialkritischer Form und modernerer Sprache neubelebt. Kritik wird hier insbes. an der oberflächlichen Verwestlichung der Oberschicht geübt. Die ersten realistischen, sozialkritischen Erzählungen verfassten die Brüder Muḥammad Taimūr (1892–1921) und Maḥmūd Taimūr (1894–1973). Muḥammad Taimūr schrieb auch sozialkritische Dramen. Nach Anfängen in Syrien und dem Libanon nach 1848 wurden in Ägypten seit 1870 Adaptionen frz. Dramen (Corneille, Molière, Racine) durch jüdische und christl. Autoren, bald auch an *Tausendundeine Nacht* anknüpfende Stücke auf privaten Bühnen wohlhabender Christen oder ↗ Juden aufgeführt. Als »Vater« des realistischen Romans gilt Muḥammad Ḥusain Haikal (1888–1956), der mit *Zainab* (1913) die Fellachen und Probleme der Frau in der arab. Gesellschaft in die Lit. einbrachte (Zwangsverheiratung, gesellschaftl. Konventionen gegen natürliche Gefühle), wenn auch aus der romantisierenden Sicht eines Oberschichtautors. Das Theater und Dialoge in realistischer Lit. lösten bei der in allen arab. Ländern herrschenden Zweisprachigkeit Debatten über die Sprachebene aus (Dialekt als Mutter-/Alltagssprache oder Hochsprache als Lit.-/Kultursprache). Theaterstücke, bis z. B. auf Übersetzungen/Adaptionen der wegen ihres Handlungsreichtums beliebten Shakespeare- oder antiker Dramen, werden meist im Dialekt aufgeführt. Auch pol. Lyrik wird heute häufiger im Dialekt als in der Muttersprache abgefasst. Der ägypt. Dialekt ist durch zahlreiche ägypt. Filme auch in anderen arab. Ländern, in denen andere Dialekte gesprochen werden, bekannt. Kurzgeschichte, realistischer Roman und Drama reiften in den 1930er/40er Jahren. Alle Autoren dieser Zeit erhielten Anregungen durch ihr Studium in Frankreich. Ṭāhā Ḥusain (1888–1972) beschrieb in seiner Autobiographie seine Kindheit als blinder Sohn eines kinderreichen armen Fellachen und seinen Bildungsprozess, zuerst an der *Azhar*-Universität, dann an der Sorbonne. Nach der Promotion wurde er einer der ersten ägypt. Professoren an der 1908 gegr. Universität, später Erziehungsminister, schrieb sozialkritische Romane, Erzählungen, übersetzte griech. Dramen, führte Methoden frz. Literaturkritik ein und provozierte wiederholt heftige Auseinandersetzungen. Die These, die altarab. Dichtung sei eine Fälschung aus islam. Zeit, kostete ihn die Professur. Taufīq al-Ḥakīm (1898–1987), Autor realistischer Romane und symbolistischer Dramen (*Die Siebenschläfer* 1933, *Schehrazad* 1934, *Isis* 1955, *Der weise Salomo* 1960), zwischen 1945 und 1950 auch sozialkritischer Stücke und seit 1962 Dramen des absurden Theaters, trug stark zur Entwicklung des Theaters bei. Mit seiner These, Ägypten sei Teil der Mittelmeer-, nicht der arab. Kultur in seinem Buch *Die Zukunft der Kultur in Ägypten* (1937) provozierte er arab. Nationalisten. Ṭ. Ḥusain, T. al-Ḥakīm und M. Ḥ. Haikal wandten sich in den 1930er/40er Jahren auch der Wiederbelebung des islam.-arab. Erbes zu, um z. Z. wachsender Verwestlichung an autochthone hist. Werte zu erinnern, werden aber seit ca. 15 Jahren von islam. Fundamentalisten heftig kritisiert. Naǧīb Maḥfūẓ (1911–), 1988 Literaturnobelpreisträger, schrieb ab 1942 zunächst hist. Romane und publizierte seit 1947 fast jedes Jahr einen realistischen sozialkritischen Roman, auch Erzählungen. In seiner Trilogie, deren Titel Gassen in der Altstadt von Kairo nennen (1956/57), zeichnete er das Leben von drei Generationen einer Kairoer Kaufmannsfamilie zwischen 1919 und 1945. In späteren Figuren- und symbolistischen Romanen (*Miramar*, dt. 1989; *Die Reise des Ibn Fattuma*; *Die Nacht der tausend Nächte, 1998*), in Erzählungen (*Die Moschee in der Gasse*, dt. 1989), seit dem Junikrieg 1967 auch in symbolistischen Lesedramen, greift er Probleme der ägypt. Gesellschaft offen oder verschlüsselt auf. Schärfer in seiner Sozial- und Mentalitätskritik ist Yūsuf Idrīs (1927–91) in Erzählungen, Romanen (*Die Sünde*) und Dramen (*Al-Farāfīr*) seit den 1950er Jahren. Idwār al-Ḫarrāṭ (1926–) verarbeitet in Romanen und Erzählungen seit 1960 seine Erfahrungen als Kopte in einer islam. Umgebung. Sun'allāh Ibrāhīm (1937–) gilt als Begründer der Gefängnislit. in der a. L. (*Wie das riecht* 1966), Ergebnis seiner Haft aus pol. Gründen 1959–64, und zeichnete die Korruption unter der Regierung Sadat mit beißender Ironie (*Der Prüfungsausschuss* 1982, dt. 1987). In seiner Romansatire *Ehre* (1997) ist Leben im Gefängnis Symbol für das der ägypt. Gesellschaft. Ǧamāl al-Ġīṭānī (1945–) verwebt oft Passagen aus älterer a. L. mit modernen Stoffen. Z. B. benutzt er in seinem brillanten hist. Roman *Seini Barakat* (1971) Ibn Iyās ebenso wie Maqrīzī, um Machtmissbrauch und Zwiegesichtigkeit heutiger Machtträger, hier Nassers, aufzuzeigen. In *Die Ereignisse in der Safrangasse* (1976) flicht er fiktive Akten- und Zeitungsberichte, um die Destruktion des Menschen durch absolute Macht und Gleichschaltung zu verdeutlichen. In sein autobiogr. und zeitkritisches *Buch der Offenbarungen* (1983–86) verwebt er symbolisierend Texte aus dem Hauptwerk des spanisch-arab. Mystikers Ibn 'Arabī (1185–1245) und Ṭabarīs *Annalen*. Yūsuf al-Qa'īd (1944–) schildert in Romanen und Erzählungen psychologisch feinfühlig, kritisch und literarisch experimentell Probleme des Lebens auf dem Land (*Die Trauer* 1969, *Nachrichten von der Menissi-Farm* 1971, *Der Krieg im Land Ägypten* 1978, *Die Klagen eines sprachgewandten Ägypters* 1981–85).

Ägypten ist das arab. Land, in dem sich früh eine Frauenliteratur entwickelte. Laṭīfa az-Zayyāt (1923–1996), Anglistin an der Ain-Shams-Universität in Kairo, verband in ihrem Roman *Die geöffnete Tür* (1960) die Identitätsfindung einer Tochter aus bürgerlichem Haus mit dem ägypt. Befreiungskampf. 1992 unternahm sie in *Durchsuchungsbefehl. Persönliche Unterlagen* eine Selbsterkundung. Alīfa Rif'at (1930–1996) zeichnete in Erzählungen seit Ende der 1950er Jahre Verletzungen, Träume von Frauen in einer extrem patriarchalischen Gesellschaft. Die Ärztin Nawāl as-Sa'dāwī (Nawal el Saadawi, 1931–) kämpft in Sachbüchern, Romanen (*Gott stirbt am Nil*, dt. 1986; *Der Sturz des Imams*, dt. 1994; *Ringelreihen*, dt. 1990; *Eine Frau auf der Suche*, dt. 1995; *Die Unschuld des Teufels* 1892) und Erzählungen mit kritischer Sensibilität gegen christl. wie islam. relig. begründete Männerherrschaft, die Frauen psychisch zerstört.

III. 3. Lyrische Dichtung und Theater. Am längsten wahrte die in der arab. Kultur so tief verwurzelte Dichtung die traditionellen Formen, doch griff sie seit ca. 1860 neue, aktuelle Themen auf: Bei Wahrung von Monoreim und Monometrum entstanden pol., sozial- und mentalitätskritische, patriotische und kritisch-anklagende *Qasiden* zur Situation der Frau. Bekannte Dichter waren Maḥmūd Sāmī al- Bārūdī (1839–1904), der Hofdichter Aḥmad Šauqī (1868–1932), der zudem Lesedramen in Versen über hist. Stoffe schrieb, und Ḥāfiẓ Ibrāhīm (1872?-1932). Sie alle verfassten auch neoklassizistische Lob- und Trauer-*Qasiden* auf Persönlichkeiten der Zeit und Schmäh-*Qasiden* auf Vertreter der brit. Kolonialpolitik. Bairam at- Tūnisī (1893, Alexandria – 1961) publizierte, zwischen Ägypten, Tunesien und Syrien (als Emigrant) pendelnd, sozialsatir. Poesie und Prosa im ägypt. und im tunes. Dialekt und legte damit die Basis für Dialektpoesie dieser Art bis heute. In den 1920er und 1930er Jahren wurden romantische Strömungen wichtig, Liebes- und Naturlyrik, auch eine trotzige Bohèmehaltung, angeregt von der frz. und engl. Romantik und vom frz. Symbolismus. Begründung war, *Ši'r*, das arab. Wort für Dichtung, stamme von *ša'ara*, »fühlen, durch Fühlen wissen«; ('Alī Maḥmūd Ṭāhā, 1902–49, Maḥmūd Zakī Abū Šādī, 1892–1955, Ibrāhīm Nāǧī, 1898–1953). Poesie in freien Rhythmen und Reimen entstand seit ca. 1950, ausgehend vom Irak und dann dem Libanon. Altoriental., bibl. und antike Mythen, der Einfluss von T. S. Eliot, E. Sitwell, St. John-Perse spielten und spielen hier zunehmend eine Rolle. Dichter der folgenden Generation wie Aḥmad 'Abd al-Mu'ṭi Ḥiǧāzī (1935–), Ṣalāḥ 'Abd aṣ-Ṣabūr (1931–81), dieser auch in Versdramen, Muḥammad 'Afīfī Maṭar (1936–), Amal Dunqul (1940–83) nehmen in freien Rhythmen und schlichterer Sprache, jedoch oft symbol- und anspielungsreich, pol., soziale und psychosoziale Themen der Zeit auf wie die Entfremdung des Intellektuellen in einer Gesellschaft voll pol. wie sozialer Repressionen und Tabus, das Bedrückende der Großstädte. Gestalten der arab. Volkslit. wie der Schelm Ǧuḥā, den schon Ibn an-Nadīm kennt, Sindbad der Seefahrer als der nach Freiheit und Weite suchende frustrierte Intellektuelle, Schehrezad als kluge, gebildete, emanzipierte Frau, aber auch der gegen Windmühlenflügel kämpfende Don Quichotte, Sysiphus und Jesus am Kreuz werden zu Symbolgestalten in Poesie und Prosa. – Das Theater, dessen öffentlichkeitswirksame Funktion bes. im Hinblick auf Machtkritik Anregungen durch Brecht erfuhr, wurde bzw. wird durch Autoren wie Nuʿmān ʿĀšūr (1918–87), Saʿd ad-Dīn Wahba (1925–), Mīḫāʾīl Rūmān (1927–73) und ʿAlī Sālim (1936–) getragen.

Eine moderne arab. Erzähllit. gibt es auch in Libyen (Ibrāhīm al-Faqīh, 1927-, seit ca. 1987 Kairo), Tunesien (al-Bašīr Ḫurayyif, 1917–83, Muṣṭafā al- Fārisī, 1931-, ʿIzz ad-Dīn al-Madanī, 1938–) und Marokko (ʿAbd al-Karīm Ġallāb, 1917-, Muḥammad Šukrī (Choukri), 1935-, Muḥammad Zafzāf, 1945-, Ḫannāṯa Bannūna, 1940-, als Autorin). Doch entwickelte sie sich hier später. Einflüsse kamen v. a. aus Ägypten und Frankreich, in jüngerer Zeit stärker aus den USA, England, auch Lateinamerika. In Marokko nimmt aṭ-Ṭayyib aṣ-Ṣiddīqī erfolgreich autochthone Traditionen wie das Schattenspiel und die *Maqāma* für das Theater auf. – Die heftigsten Auseinandersetzungen um frankophone als moderne oder arab. als sprachlich autochthone Lit. gab es in Algerien, abhängig auch von Wellen einer Arabisierungspolitik. Sozialkritische arab. Romane erscheinen seit 1970 (Abdelhamid Benhedouga, 1925-, mit *Südwind*, aṭ-Ṭāhir Waṭṭār, 1936-, mit realistischen, später stärker symbolistischen Romanen und Erzählungen). Rachid Boujedra (1941–) ging in den 1980er Jahren von frankophonen Romanen zu arab. als der Sprache seiner Eltern über.

🕮 The Encyclopedia of Islam, 2nd ed., Bd. 1 ff, Leiden 1960 ff. – The Cambridge History of Arabic Literature, Bd. 1 ff, Cambridge/London 1983 ff. – H. Gätje (Hg.), Grundriss der arab. Philologie, Bd. 2, Bd. 3 (Suppl. Hg. v. W. Fischer), Wiesbaden 1987, 1992. – W. Heinrichs (Hg.), Orientalisches Mittelalter (Neues Handbuch der Literaturwissenschaften, Bd. 5), Wiesbaden 1990. – J. S. Meisami/P. Starkey (Hg.), Encyclopedia of Arabic Literature, Bd. 1,2, London/New York 1998.

Wiebke Walther

Architektur. *I. Gegenstand.* A. umfasst nach Vitruv (*De architectura*, 1. Jh. v. Chr.) sowohl Theorie und Technik des Bauwesens als auch den speziellen Baustil, d. h. die Gesamtheit aller Bauformen einer Ethnie. Im erweiterten Sinn schließt A. auch für Afrika die kulturelle Bedeutung von Bauten (deren soziale, relig. und wirtsch. Funktionen) und die durch diese Bauten gebildeten Siedlungsanlagen ein. Daher bietet die afrik. A. ein komplexes Bild, das sich im Zuge einer wechselvollen Geschichte ausgestaltet hat: durch traditionelle und westl. Großbauten gekennzeichnete Stadtanlagen (↗ Stadt, ↗ Stadtplanung), dörfliche Siedlungen mit bäuerlichen Gehöften (↗ Dorf), Zeltlager pastoraler Gruppen (↗ Nomadismus) und Jagdlager von Jägern und Sammlern.

II. Architektur und Umwelt. Die afrik. A. weist von Palastbauten über Häuser und Wirtschaftsgebäude (Ställe, Speicher, technische Anlagen) bis zu Hütten oder Zelten einen großen Variantenreichtum auf: Bauten mit rundem, ovalem oder geradem Grundriss, mit Kuppel-, Kegel-, First- oder Flachdach, aus unterschiedlichen Materialien wie Holzgerüst, Palmrippen, Hirsestroh, Stein oder Lehm treten in den einzelnen ↗ Ökozonen in vielfältigen Kombinationen auf. Es lassen sich aber, ungeachtet der hist. und sozioökonom. bedingten Vielfalt und Variabilität der Bauformen, vier Grundtypen definieren: In den Trockenzonen um die Wendekreise, deren Wüstencharakter eine Lebensweise als Jäger und Sammler oder als Karawanenführer und Wanderhirten bedingt, sind transportable oder in kurzer Zeit zu errichtende Behausungen wie (1) Wetterschirm oder Kuppelhütte und Zelt charakteristisch. Kuppelhütten (aus Zweigen mit Laubbedeckung) bewohnen auch die sog. Pygmäen, eine Gruppe kleinwüchsiger Jäger und Sammler, deren Lebensraum der tropische Regenwald ist. Die Trockensavannen (↗ Savanne), die von Viehzüchtergruppen in saisonal bedingtem Rhythmus durchzogen werden, weisen mit der (2) Kuppelhütte eine für die mobile Lebensweise spezifische Wohnform auf, deren Gerüststangen und Deckmaterial in diesen materialarmen Gebieten mitgeführt werden. In den feuchteren Zonen (Baumsavanne und Regenwaldgebiete), dem Siedlungsgebiet der sesshaften Hackbauern, sind dauerhafte Bauten üblich. In der Savanne herrscht das (3) zylindrische Haus (Wände aus Lehm oder Flechtwerk) mit konischem Strohdach vor, das zwischen dem Atlantik im W, dem Weißen Nil im O, in Ostafrika, im Kongo- und Sambesi-Gebiet verbreitet ist. In den Waldregionen Ober- und Niederguineas vom Bissagos-Archipel über Nigeria bis zur Kongomündung stellt das (4) rechteckige Firstdachhaus (Wände und Dach aus vegetabilem Material) die charakteristische Wohnform dar.

III. Stadtarchitektur. Einerseits übernehmen Städte zunehmend im Zuge der Kolonisierung – z. B. Cotonou (Benin) oder Libreville (Rep. Kongo) und verstärkt seit der Unabh. – z. B. Abidjan (Elfenbeinküste) oder Lusaka (Sambia) – westl. Bauformen und -materialien, andererseits spiegeln hist. Stadtanlagen bis in die Gegenwart soziopol. vorkoloniale Ordnungen. Dies ist z. B. bei der von den Shona aus Stein errichteten Wehranlage Groß-Simbabwe (bis 1450, im heutigen Staat Simbabwe) der Fall oder bei Städten der ↗ Yoruba (Nigeria), die z. T. auf mythischen Ursprung (bis ins 14. Jh.) zurückgeführt werden, z. T. aber auch erst im 19. Jh. begründet wurden. Ebenso wie in den Reichen der Mangbetu (Kongo) und der ↗ Asante (Ghana) sind diese Städte Residenzen einheimischer Herrscher (↗ König) mit einem komplexen Hofstaat und/oder wirtsch. Zentren für Berg- und Bodenbau und durch Palastbauten geprägt. Nordafrik. A. (Tunesien/Marokko) ist, wie auch die A. NO-Afrikas (Ägypten, Äthiopien), teilweise von der vorderorientalischen und islam. Stadt-A. und Baukunst geprägt und für die A. des subsahar. Afrika soweit von Bedeutung, als sich Formen der Berber-A. im ↗ Maghreb auf die A. südl. der Sahara ausgewirkt haben. In den Zentren des Transsaharahandels – in Städten wie Djénné, Gao und Timbuktu (Mali) oder Kano (Nigeria), die seit dem europ. Mittelalter Gedankengut und Bautraditionen des aus Nordafrika eindringenden ↗ Islam (↗ Islamisierung) aufnahmen und an das Hinterland weitergaben (↗ Westafrika, Völker, Kulturen und Staaten) – dominieren Handelshäuser, Moscheen und Koranschulen das Stadtbild. Auch in der Swahili-Kultur an der ostafrik. Küste (↗ Ostafrika, Völker, Kulturen und Staaten), die auf eine mehr als tausendjährige Geschichte zurückblickt, zeigen sich in den Bauformen islam. Einflüsse. Seit dem 15./16. Jh. hinterließ auch der Kontakt mit europ. Handelsgesellschaften Spuren, so bspw. die von den Portugiesen in den Städten der Guineaküste (El Mina) angelegten Forts und Handelshäuser in europ. Baustil. Einflüsse aus dieser Zeit auf afrik. Bautraditionen, wie z. B. die Übernahme der rechteckigen Bauweise, lassen sich allerdings nicht gesichert zurückverfolgen.

IV. Dörfliche Architektur/Gehöft. Der Übergang von Städten, die von der Landwirtschaft geprägt sein können, zu Siedlungen, die nach westl. Definition dörfliche Strukturen aufweisen, ist fließend. Die in vielen afrik. Gesellschaften große Bedeutung der ↗ Verwandtschaft (↗ Klan und Lineage, ↗ Familie) bestimmt in weiten Regionen die Siedlungsanlage. Die erweiterte Familie kann eine Wohn- und Wirtschaftseinheit bilden, aber auch eine relig. Gemeinschaft mit Stätten für den ↗ Ahnenkult sein, die unter der Leitung des Familienältesten in einem Gehöft zusammenlebt (wie in der Sudanzone). Daher umfasst das bäuerliche Gehöft unterschiedliche, funktional begründete Bautypen. Als Hausform ist das zylindrische Kegeldachhaus der Pflanzer und als Gehöft eine damit verbundene, annähernd kreisförmige Anlage (»Rundling«) für weite Gebiete der afrik. Savanne charakteristisch. Die Häuser (↗ Haus) eines solchen Gehöfts sind dem Innenraum der Anlage zugewendet (Abb. 1). Sie dienen dem Mann oder einer seiner Frauen mit ihren Kindern als Wohn-/Schlafraum und/oder als Küche. Zusätzliche Häuser werden durch die Heirat mit einer weiteren Frau, als Vorratshäuser oder für Gäste notwendig; auch Grab- oder Ahnenhaus, Menstruations- und Geburtshaus sowie ein Kulthaus können dem Gehöft angehören. Letzteres weist i. Allg. keine eigene Bauform auf, denn einen Sakralbau haben afrik. Kulturen nur in seltenen Fällen und wenn, dann vermutlich wie bei den Dogon (Mali) unter Fremdeinfluss entwickelt. Neben den Häusern umfasst das Gehöft Ställe für das Kleinvieh (Ziegen, Schafe, Hühner), einen Wirtschaftshof für die Speicher (Hirse, Mais oder Bohnen) und mitunter zum Einstellen des Großviehs. Eine aus einer lebenden oder trockenen Hecke bzw. einer Umfassungsmauer aus Lehm oder Stein bestehenden Umzäunung schließt die Gehöftanlage nach außen ab und verbindet sie zu einer Einheit. Zahl und Zusammensetzung der Bewohner sind unterschiedlich. So können nur der Mann, seine Frau(en) und deren Kinder in einer Gehöftanlage, aber auch mehrere verheiratete Brüder und Söhne, mit ihren Frauen und Kindern, zusammen wohnen und wirtschaften. Bei den im Nigerbogen (Burkina Faso) lebenden Mossi, Lyela, Kasena und Bisa bilden die Gehöfte Einheiten (»Dorfviertel«), die einem Dorfoberhaupt mit teilweise auch relig. Funktionen unterstehen. Haus und Gehöft besitzen vielfach symbolische Bedeutung und spiegeln wie z. B. bei den Mossi als eine Art Mikrokosmos kosmologische Vorstellungen der Gemeinschaft. Diese kommen u. a. in der Lage des Eingangs, der nach einer bestimmten Himmelsrichtung ausgerichtet sein kann, zum Ausdruck. Das Haus des Gehöftältesten, seiner ersten Frau und seiner Mutter, aber auch Altäre und Gräber sind – wie das Kulthaus und andere sakrale Stätten – an einen bestimmten Standort im Gehöft gebunden.

V. Mobile Architektur (Wildlager, Wetterschirm, Kuppelhütte). In sog. wildbeuterischen Gesellschaften (↗ Wildbeuterkunst) schließen sich mehrere Familien zu Jagd- und Sammeltrupps zusammen und schlagen gemeinsam ihr Lager auf. Die Einzelfamilie – Mann, Frau und Kinder – bewohnt eine Behausung, die durch Nischen erweitert werden kann und in der sie eine eigene Feuerstelle hat. Bei Jagdausflügen biegen z. B. die San (Südafrika) die lebenden

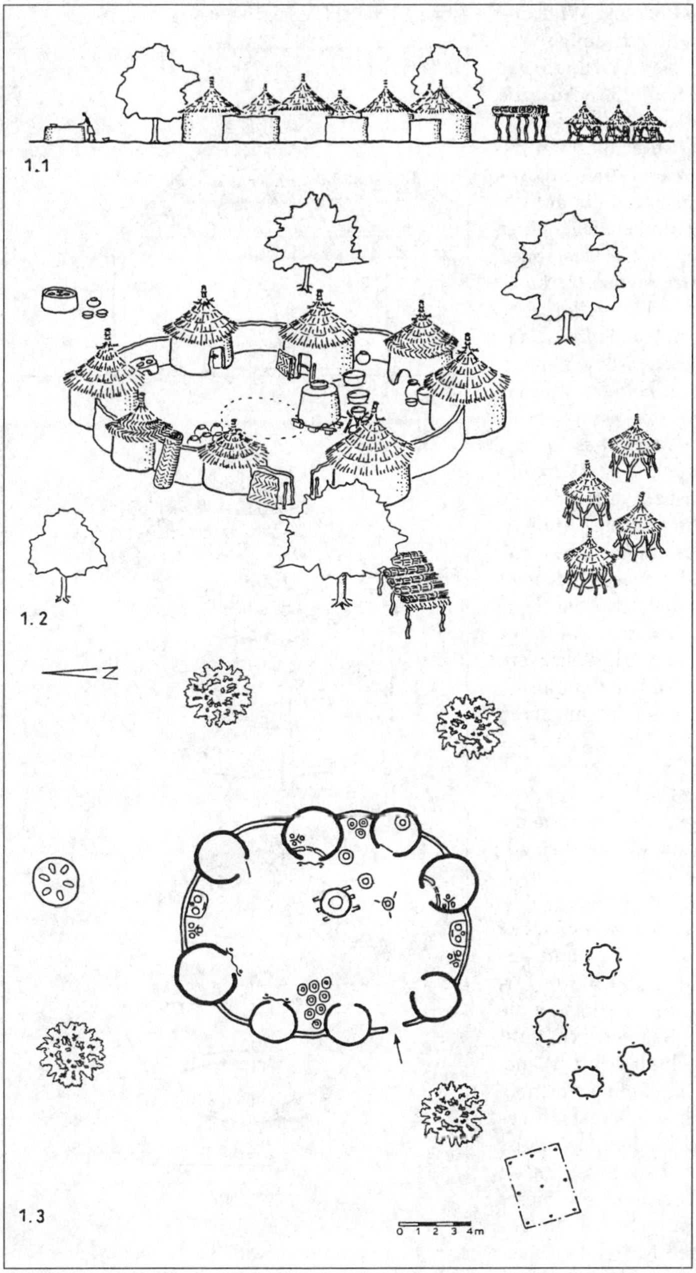

Abb. 1: Gehöft, Mossi, Nigerbogen

Zweige eines Busches als kurzzeitiges Obdach zusammen, verbinden sie oben miteinander und dichten sie nach der Windseite mit Gras, Fellen oder Zweigen ab. Dieses sog. *Wildlager* gilt in der Architekturtheorie als eine Zwischenform zwischen natürlicher und künstlicher Behausung. In der Konstruktion ist der »gebogene *Wetterschirm*« dem Wildlager verwandt. Eine Anzahl Zweige wird auf dem Grundriss eines Kreissegmentes in die Erde gesteckt und im Scheitel zusammengebunden. Wird dieses Kuppelsegment – bis auf den Eingang – geschlossen, entsteht die *Kuppelhütte,* die den sog. Wildbeutern bei einem längeren Aufenthalt (einige Wochen) als Unterkunft dient. Das Errichten der Behausung ist bei Jägern und Sammlern Aufgabe der Frau, die diese in ein bis zwei Tagen bewältigt. Auch bei den Hirten errichtet die Frau die Behausung: eine Kuppelhütte (»Bienenkorbhütte«) von größeren Dimensionen, die auf die mobile Lebensweise der Bewohner ausgerichtet ist. Die zum Bau notwendigen Gerüststangen werden auf Tieren mitgeführt; ebenso Deckmaterial und Hausrat – kunstvoll geflochtene Strohmatten (z. B. bei den westafrik. Fulbe), Bahnen aus Tierhaaren (z. B. bei arab. Gruppen in der ↗ Sahara) oder sorgfältig verarbeitetes ↗ Leder wie bei den Tuareg.

VI. Hausarchitektur (zylindrisches Haus, Firstdachhaus, Pyramidenhaus). Bei sesshaften Gruppen erfordert der Hausbau differenzierte Arbeitsvorgänge und erfolgt daher im Familienverband. Dabei wird jedes Familienmitglied seinen Fähigkeiten entsprechend eingesetzt. Frauen und Kinder leisten Hilfsarbeiten wie das Herbeischaffen von Wasser oder leichtem Baumaterial; junge Männer führen körperlich schwere Arbeiten aus, z. B. Kneten von Lehmmörtel, Transport von Stämmen. Männer im mittleren Alter übernehmen technisch schwierige, besondere Erfahrung voraussetzende Arbeiten wie das Errichten der Wände und die Dachkonstruktion. Ältere Männer beaufsichtigen und beraten die Bauarbeiten. Dorfbewohner, die als gute Handwerker bekannt sind, können zum Bauen herangezogen werden, als Lohn erhalten sie i.d.R. Naturalien. Die Konstruktion des *zylindrischen Hauses* mit kreisförmigem Grundriss und konischem Strohdach ist mit der Kuppelhütte verwandt. Ohne die Gerüststäbe zu biegen, sitzt die Hütte sozusagen als »Dach« (Sparrendach«) auf dem festen Unterbau der zylindrischen Wand. Diese kann aus Pfosten, die als Ständer dienen, errichtet sein und wird durch z. T. kunstvoll geflochtene Matten verkleidet. In der Sudanzone treten tragende Wände aus Lehm, vereinzelt auch aus Stein auf. Der Durchmesser dieses Haustyps überschreitet 3–5 m nicht, der Innenraum kann jedoch durch einen Mittelpfahl über das durchschnittl. Maß von etwa 20 m² hinaus erweitert werden (z. B. Gurma, Dagomba im Nigerbogen) (Abb. 2).

Abb. 2: Haus, Mossi, Nigerbogen

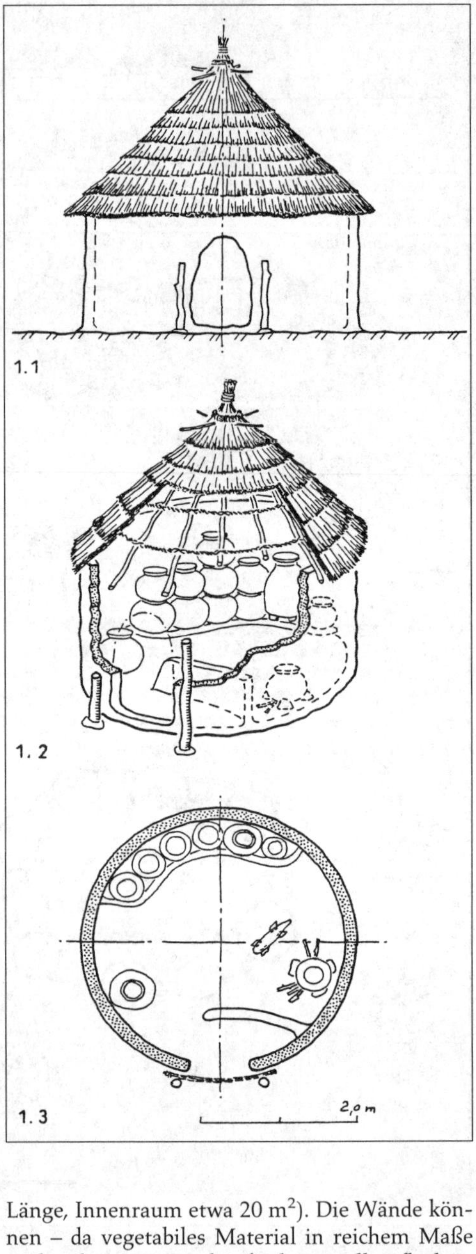

Das rechteckige *Firstdachhaus* der Pflanzer, in Regenwaldgebieten als Haufen- und häufig als Zeilendorf entlang von Flussläufen oder Straßen, ist charakterisiert durch die Ständer, welche die Firststange tragen (durchschnittlich 4–5 m Länge, Innenraum etwa 20 m²). Die Wände können – da vegetabiles Material in reichem Maße vorhanden ist – aus häufig kunstvoll geflochtenen Matten bestehen. Ein mehrlagiges Strohdach schafft im Hausinnern Kühle. In den Residenzen afrik. Könige wurden solche Firstdachhäuser in großen Dimensionen gebaut. Unter den Varianten dieses Haustyps ist das sog. Schildkrötendachhaus der Mongo (Kongo), ein eindrucksvoller Bau, bei dem die Firststange nach oben gebogen und mit mehreren Lagen Stroh so abgedeckt ist, dass er einem schweren, überkragenden Schildkrötenpanzer ähnelt. Auch der Pfahlbau – in den sumpfigen Überschwemmungsgebieten des Oberen Kasai/Kongo und Mangrovengebieten der Elfenbeinküste sowie im Nigerdelta – stellt mit seiner rechteckigen, zum Teil quadratischen Wandkonstruktion, die von einem Firstdach gedeckt wird, eine Variante des Firstdachhauses dar.

Das in Angola, im Kongogebiet und im Kameruner Grasland verbreitete *Pyramidendachhaus* stellt eine Zwischenform dar, die Konstruktionselemente des Firstdach- und des zylindro-konischen Hauses vereinigt: Den quadratischen Unterbau beschirmt ein aus vier dreieckigen Dachsegmenten zusammengesetztes Strohdach. Die Wände werden von dem Dach überkragt und verandaartig durch Holzpfosten abgestützt. V. a. die Pyramidendachhäuser der Bamileke-Könige, Würdenträger und Geheimbünde (Kameruner Grasland) sind von eindrucksvoller Größe und Ausstattung (bis zu mehr als 20 m hoch). Der Bau betont die Vertikale, verwendet in reichem Maße geschnitzte Balken als plastischen Bauschmuck und erzielt durch Verkleidung der Dachkonstruktion eine besonders ästhetische Fassadenwirkung.

VII. Sonderformen der afrik. Architektur (Impluvium, Lehmburgen, Lehmkastenhaus, Moschee- und Palastbauten). Eine Sonderstellung nehmen Bauformen ein, die weitgehend von Fremdeinflüssen geprägt sind, jedoch – z. T. mit einheimischen Formen und Technologien verschmolzen – in den traditionellen Baubestand aufgenommen wurden. Dazu ist das bei den ↗ Yoruba (südl. Nigeria) verbreitete *Impluvium* zu rechnen, das einem mediterranen Vorbild entspricht und sich v. a. an den Königshöfen als Herrscherresidenz erhalten hat. Unter Einfluss des nordafrik. Lehmbaus entstanden in der Sudanzone, u. a. im Tschadseegebiet und Inneren Nigerbogen sowie in Mittel-Nigeria Gehöfte, die als wehrhafte Anlagen – entweder mit einer alle Räume überspannenden Lehmdecke, wie bei den Somba/Tamberma in Nordtogo, oder durch eine Umfassungsmauer aus Lehm, wie in der Sudanzone – die Bewohner bis zur Kolonialzeit vor räuberischen Überfällen (Sklavenrazzien) islamisierter Großreiche schützten. Aus Verteidigungsgründen sind diese Anlagen aus nichtbrennbarem Material – Lehm – gebaut, was in der ↗ Ethnologie zu der Bezeichnung *Lehmburgen* geführt hat. Die Mauern, Wände und das Lehmflachdach – auch die gesamte Inneneinrichtung, wie Bänke, Sockel, Bett, Mahltisch, Herd, Vorratsgefäße (im besonderen Speicher) – sind aus Erde geformt. Dabei handelt es sich um ein variantenreiches, plastisches Bauen, das durch die Verwendung von Lehmmörtel als Baumaterial einen handmodellierten Charakter von hohem künstlerischen Wert erhält, so bspw. die Frauenhäuser der Lyela und Kasena im oberen Voltagebiet (Burkina Faso/Ghana), die Somba/Tamberma-«Burgen« in Nordtogo oder die kegelartigen Gebäude der Musgu südl. des Tschadsees. Diese Bauten besitzen überwiegend einen runden Grundriss. Runde Bauformen rechnet die Ethnologie den afrik. Kulturen als einheimisch zu.

Der rechteckige Lehmbau und die Verwendung luftgetrockneter Lehmziegel erreichten Westafrika im Zuge des Transsaharahandels vermutlich schon in vorislam. Zeit, verstärkt jedoch seit dem 10./11. Jahrhundert. Diese kostenarme, ökolog. angepasste und in kurzer Zeit fertigzustellende Bauweise hat sich bis in die Gegenwart erhalten; sie wird oft, z. B. in Mali, von wandernden Handwerkergruppen ausgeführt. Die Grundform des Lehmziegelbaus stellt das *Lehmkastenhaus* dar, ein rechteckiger Bau, der in den Handelsstädten des Transsaharaverkehrs städt. Häuser mit eigenem Stil ausgebildet hat, so z. B. das »Djénné«-Haus, mit einer von Lisenen (vorgelagerten Pfeilern) und konischen Dachaufsätzen aus Lehm gegliederten Fassade. Der strengere »Timbuktu«-Stil und das von einer meist »falschen« Kuppel überwölbte Haus der städt. Hausa zeugen von der Fähigkeit der Afrikaner, fremde Bautraditionen aufzunehmen und schöpferisch umzugestalten.

Moschee- und Palastbauten verbreiten sich als herausragende Bauwerke von besonderer Ästhetik von den Städten der Sudanzone in das ländliche Hinterland. Die Moschee ist nach einem weit verbreiteten Grundschema in zwei Abschnitte gegliedert: in einen flachgedeckten Betraum, dessen Lehmdecke von Pfeilern gestützt wird (Gebetsraum der Männer) und in einen offenen, nach Westen angegliederten Hof (Gebetsraum der Frauen). Die nach Mekka ausgerichtete Ostfassade ist i. Allg. schlicht gestaltet und überwiegend durch den mit einem Fassadengebälk ausgestatteten *mihrab*-Turm gegliedert; die zum Hof ausgerichtete Westfassade weist häufig reichen Bauschmuck auf. Ein charakteristisches Konstruktionselement sind die Lisenen, welche die Lehmdecke mitunter bis zu 1,50 m überragen und im Gesamteindruck die Vertikale dominieren lassen. Die Freitagsmoscheen von Mopti und Djenné (Mali) sind bekannte Zeugnisse dieser Baukunst, die unter westlichem Einfluss stark im Rückgang begriffen ist.

VIII. Architekturwandel. Die gesamte afrik. Baukunst befindet sich seit Mitte des 20. Jh. in einem Prozess beschleunigten Wandels. Wurden noch in der ersten Hälfte des 20. Jh. einheimische Baumaterialien und -techniken zur Errichtung kolonialer Großbauten wie Gouverneursresidenzen, Handelshäuser, Krankenstationen verwendet und ein eigener »Kolonialstil« geprägt, so haben seitdem westl. Baumaterialien – v. a. Zement und Wellblech – Einzug auch in ländl. Regionen gehalten und bestimmen mit einer einfachen Grundform des rechteckigen, mit Wellblech gedeckten Hauses (Pult- oder Firstdach) zunehmend das Bild der Siedlungen. An Stelle des vegetabilen und Lehmmaterials werden dauerhafte Baustoffe bevorzugt, weil sie den Bewohner eines im »europ.« Stil errichteten Hauses als »fortschrittlich« ausweisen, aber auch weil infolge des Zerfalls traditioneller Familienstrukturen – u. a. durch ↗ Wanderarbeit und den Wegzug der jungen Männer im Zuge der ↗ Urbanisierung – die aufgrund der geringen Resistenz des Baumaterials Lehm regelmäßig anfallenden Reparaturarbeiten von den in den Dörfern zurückbleibenden Alten, Frauen und Kindern nicht zu bewältigen sind. Der Formenreichtum der afrik. Architektur wird somit zunehmend reduziert.

IX. Bewertung der Architektur. Die meist kleinen Dimensionen der Hütten und Häuser in Afrika und die Tatsache, dass ihr Baumaterial überwiegend aus vegetabilen, d. h. vergänglichen Baustoffen bestanden hat, führte bis in die Gegenwart zu Diskussionen, ob afrik. A. im westl. Sinn als »Baukunst« aufzufassen sei. Detaillierte Forschungen, die Ende des 19. Jh. v. a. mit Leo Frobenius einsetzten, machten deutlich, dass die afrik. Bauten über ihre Zweckgebundenheit hinaus die technische Bewältigung und ästhetische Gestaltung des verfügbaren Baumaterials repräsentieren und zugleich die sozialen und pol. Ordnungen sowie die relig. Vorstellungen ihrer Kulturen symbolisieren. Heute ist die afrik. A. als Baukunst ein anerkannter Bereich der Weltarchitektur.

📖 J. A. Adam, Wohn- und Siedlungsformen im Süden Marokkos. München 1981. – C. Coquéry-Vidrovitch, Histoire des villes d'Afrique noire. Des origines à la colonisation, Paris 1993. – S. Denyer, African Traditional Architecture, New York 1978. – A. Fiedermutz-Laun, Der Lehmbau in Afrika südlich der Sahara. In: H. Wichman (Hg.), Architektur der Vergänglichkeit. Lehmbauten der Dritten Welt, Basel 1983. – L. Prussin, Hatumere: Islamic Design in West Africa, Los Angeles/London 1986. – L. Prussin, African Nomadic Architecture, Washington 1995.

Annemarie Fiedermutz-Laun

Artenschutz ↗ Naturschutz, ↗ World Wide Fund for Nature (WWF)

Asante. Das Reich Asante, im heutigen Ghana, entstand zwischen 1670 und 1690. Osei Tutu, der dadurch zum ersten Herrscher des Reichs, zum Asantehene, wurde, legte mehrere kleinere Reiche zusammen und soll auch die Hauptstadt, Kumasi, gegründet haben. Das pol. System war föderal: Die Herrscher der Ursprungsreiche, die Omanhene, verwalteten ihr Territorium, kamen zu Reichsangelegenheiten in einem Staatsrat zusammen und trafen die wichtigsten Entscheidungen gemeinsam mit dem Asantehene. Seit Ende des 17. Jh. unterwarfen die Truppen zahlreiche Nachbarvölker, von denen das Reich u. a. Sklaven als Tribut erhielt. Zu Beginn des 19. Jh. erreichte A. seine größte Ausdehnung, hatte auch die Küstenvölker, die Fanti, unterworfen und damit direkten Zugang zum Überseehandel erhalten. Gehandelt wurde mit Gold und Sklaven, gegen Waffen, Stoffe und andere europ. Waren. Die Wirtschaft war merkantilistisch geprägt, der Außenhandel mit den Europäern geschah im Auftrag und auf Rechnung des Asantehene. Ein Außenhandelsmonopol bestand auch für Luxusgüter, die bei Hof als Statussymbole der Herrschenden galten. Zahlreiche Sklaven waren in der Landwirtschaft und im Goldbergbau eingesetzt.

Weil sie das Sklavenexportverbot nicht einhalten und den Briten den Zugang zu den Binnenmärkten verwehren wollten, wurden die Asantehene in Kriege mit den Engländern verwickelt; Kumasi wurde 1874 eingenommen, 1883 führte der Machtverlust zu einem Putsch, in dem unzufriedene Händler und Stadtbewohner den Asantehene Mensa Bonsu stürzten. 1896 wurde A. von den Briten unterworfen und der Kolonie Goldküste eingegliedert. ↗ *Golden Stool.*

📖 T.C. McCaskie, State and Society in Pre-colonial Asante, Cambridge 1994. – I. Wilks, Asante in the 19th Century. The structure and evolution of a political order, Cambridge 1989.

Leonhard Harding

Asantehene, Titel des obersten Herrschers im Reich ↗ Asante (ca. 1670 bis 1896 im heutigen Ghana). ↗ König, ↗ Westafrika, Völker, Kulturen und Staaten.

Leonhard Harding

Ascención (Ascension), kleine Insel im Atlantik mit 88 km^2 und 1.300 Einw., gehört pol. zu der Inselgruppe ↗ Sankt Helena. A. wurde 1673 von Europäern besetzt und ist seit 1834 brit. Kolonie. Seit 1988 hat die Inselgruppe eine eigene Verfassung sowie ein Parlament (Legislativrat) mit 16 Mitgliedern, von denen 12 gewählt sind. Allerdings wird der Gouverneur von London ernannt.

Jacob E. Mabe

Ashanti ↗ Asante

Askari, bewaffnete afrik. Söldnergruppen, in Ostafrika von der dt. und brit. Kolonialmacht eingesetzt. ↗ Kolonialismus, ↗ Ostafrika, Völker, Kulturen und Staaten.

Leonhard Harding

Askia, Titel der Könige des Reiches ↗ Songhay seit Mohammed I. Ture (1493–1528). ↗ Westafrika, Völker, Kulturen und Staaten.

Benson Osarhieme Osadolor

Assimilation. Obgleich A. und ↗ Akkulturation als Bez. für Vorgänge bei kulturellen Veränderungen häufig simultan verwendet werden, bezeichnet A. die Ergebnisse der Akkulturation, bei der eine Gruppe die größere Anzahl kultureller Eigenschaften der anderen Gruppe, mit der sie in Berührung kommt, übernimmt. Bei A. treffen unterschiedlich große oder ungleich komplexe Gruppen aufeinander. Komplette Absonderung und völlige A. sind die entgegengesetzten Enden ein und derselben Skala. Die Akkulturation bei Migranten oder ethn. Minderheiten wurde von »Schmelztiegel-«Theoretikern wie Redfield, Linton und Herskovits meist als A. beschrieben, bei der, wenn eine Gruppe oder Gesellschaft die größere Menge an Eigenschaften aus einer anderen Kultur übernimmt, der Hauptteil ihres kulturellen Erbes verlorengehe und nicht nur die Verhaltensmuster, sondern auch die inneren Werte der anderen Kultur übernommen würden. Auch Malinowski und andere Autoren der *Methods of Study of Culture Contact in Africa* sprechen von assimilierten Afrikanern, meinen aber eher Akkulturation als A. Es geht ihnen um die neue *composite culture* in Afrika, eine aus versch. Elementen zusammengesetzte Kultur, die aus dem Kontakt zwischen Europäern und Afrikanern hervorgeht und eher durch kompromissreiche wechselseitige Veränderungen charakterisiert ist als durch die einseitige Übernahme von Verhaltensmustern. A. unterscheidet sich von Akkomodation oder Adaptation insofern, als sie eine einseitige Durchdringung bedeutet, während die anderen Formen kultureller Veränderung wechselseitig vonstatten gehen. ↗ Kultur.

🕮 B. Malinowski (Hg.), Methods of Study of Culture Contact in Africa, Oxford 1938. – R. Teske/B. Nelson, Acculturation and Assimilation. A Clarification. In: American Ethnologist 1 (1974).

Ayse Caglar

Assuan (Aswan). Hauptstadt der oberägypt. Provinz A. am 1. Katarakt des Nil mit der Insel Elephantine und der Kitchener-Insel. Die Granitfelsen in der 1. Stromschnelle bildeten lange Zeit die natürliche Südgrenze Ägyptens. In pharaonischer Zeit lag auf Elephantine der städt. Kern der milit. Grenzfeste Abu (altägypt.: »Elefant«) mit Verwaltungsgebäuden, Wohnvierteln, Tempeln; auf dem Ostufer (dem heutigen A.) waren Hafen und Handelsquartiere. A. hieß im griech. Altertum Syene; den Namen hat Plinius auf den in Ägypten nur bei A. vorkommenden Rosengranit (Syenit) übertragen. A. durchlebt eine rasante Entwicklung: 1966 noch 35.000 Einwohner, 1977 etwa 80.000, 2000 bei 220.000. Es gibt ein Tourismuszentrum mit Hotels, Bahnhof, Flugplatz, Anlegeplatz für Nilkreuzfahrtschiffe. Auch die Afrika-Universität und der Ausbau der Stadt zum Industriezentrum mit Düngemittelfabrik, Fischverarbeitung und Eisenerzabbau sichern eine hohe Attraktivität. – 5 km südl. von A. liegt der alte Staudamm, erbaut 1892–1902 und erhöht 1912 und 1932 (Höhe: 51 m; Länge: 2,14 km; Breite oben: 12 m, unten: 35 m; Stauvolumen: 5,4 Mrd. m^3); kleine Schleuse an der Westseite. – Der Hochdamm *Sadd el-Ali*, 7 km südl. des alten, wurde 1960–1971 erbaut (Höhe: 111 m; Länge: 3,8 km; Anstieg des Wassers: ca. 62 m; Stauvolumen: 165 Mrd. m^3). Der Stausee ist rund 600 km lang und reicht etwa 300 km in den Sudan. Das Kraftwerk liefert mit 12 Turbinen 2,1 Mio kW Strom. – Ausflüge: Elephantine mit Museum, Nilometer, Tempelbauten. – Kitchener-Insel mit botanischem Reichtum; ehem. Eigentümer: Lord Kitchener (1850–1916). – Mausoleum des Aga Khan (1877–1957), dessen Bauform von Denkmälern der ↗ Fatimidenzeit inspiriert ist. – Simeonskloster aus dem 6.–8. Jh., eine der größten Anlagen dieser Art aus koptischer Zeit (↗ Kopten). – Felsengräber in der *Qubbet el-Hawa* aus dem Alten und Mittleren Reich. – Steinbrüche und unvollendeter Obelisk (42 m lang) bei den Kuppelgräbern des fatimidischen Friedhofs. – Agilkia mit dem von der Insel Philae versetzten Tempelkomplex (Isis-Heiligtum). – Abu Simbel mit den beiden Felsentempeln von Ramses II. (1290–1224 v. Chr.).

📖 L. Habachi/H. Riad, Aswan, The Town of a Glorious Past, Kairo 1959.

Karlheinz Schüssler

Äthiopien. **Fläche:** 1.133.380 km^2. **Einw.:** 61,4 Mio. (1999). **Bev.-Wachstum/Jahr**: 2,7% (1990–99). **Stadtbev.:** 17,2% (1999). **Hauptstadt:** Addis Abeba (3 Mio. Einw.). **Wirtschaftsmetropolen:** Addis Abeba, Dire Dawa (174.000 Einw.), Harar (163.000 Einw.) und Gondar (147.000 Einw.). **Unabh.** seit seiner Entstehung vor über 2000 J. **Staatsform**: Bundesrep. seit 1994; Zweikammerparlament (*Council of People's Representation* und *Federal Council*); Mehrparteiensystem. **Währung:** Birr. **HDI-Rang** 158/162 (2001). **Anteil der Entwicklungshilfe am BSP**: 11% (1998). **BSP/Kopf**: 100 US$ (1999). **HIV-infizierte Erwachsene**: 10,6%, **Lebenserwartung**: m 43,3 J., w 44,9 J., **Alphabetisierung** m 42,8%, w 31,8% (1999). **Einschulungsrate**: m 43%, w 28% (1995–99). **Amtssprache:** Amharisch; **Regionalsprachen:** u.a. Tigrinisch, Oromo (↗ Semitisch, ↗ Kuschitisch, ↗ Omotisch).

I. Naturraum. Ä. liegt in seinem Kerngebiet auf dem ostafrik. Hochplateau, das durch die Danakil-Senke (bis minus 116 m) und den Grabenbruch geteilt wird (↗ Ökozonen). Mehr als die Hälfte des Landes liegt über 1.200 m hoch. Die Landschaft ist durch Hochplateaus, tiefe Flusseinschnitte und weit gespannte Vulkanmassive gekennzeichnet. Die ↗ Klima- und Vegetationszonen entsprechen den Höhenlagen. Es werden vier Zonen unterschieden: (1) Qolla: die heiße Zone vom Meeresspiegel bis 1.800 m (Wüste, Halbwüste, Dorn- und Trockensavanne), (2) Woina däga: die warmgemäßigte Weidezone von 1.800 bis 2.400 m (das Hauptsiedlungs- und Anbaugebiet), (3) Däga: die kaltgemäßigte Zone von 2.400 bis 3.500 m (Viehzucht), (4) die Hochgebirgszone, die mit dem Ras Daschän bis 4.600 m reicht. Das Klima auf dem Hochland ist angenehm; Addis Abeba hat eine Jahresdurchschnittstemperatur von 23 °C. Die Regenmengen sind sehr unterschiedlich, am höchsten im SW (z.B. Gore 2.104 mm), am niedrigsten im SO (Ogaden) und im N (z.B. Meqele 663 mm).

II. Bevölkerung und ethnische Gruppierungen. Die alte Provinzeinteilung (Schoa, Godscham, Gondar, Wollo usw.) des kaiserlichen Ä. (bis 1974) wurde nach dem Ende des kommunistischen Derg-Regimes (1991) 1994 aufgegeben und nach Sprach- und Volkszugehörigkeiten in 14 Bundesländer aufgeteilt. Die fünf größten (mit jeweils einer Sprache) sind die der Oromo (ca. 17 Mio.), Amhara (ca. 16 Mio.), Tigrai (ca. 4 Mio.), Somali (ca 1 Mio.) und Afar (ca. 700.000). Weitere Bundesländer im S und SW des Landes sind Gurage-Hadiya-Kembata, Sidama (ca. 1,7 Mio.), Wolaitta (1,5 Mio.), Omo, Keffa sowie Gambela und Benshangul. Diese sind in Bezirke aufgeteilt, in denen die jeweiligen Ethnien kulturelle Autonomie haben. Wolaitta z.B. weist 13 Bezirke auf, die den Namen der dort vorherrschenden Ethnien tragen. Die fünf Bundesländer der Gurage-Hadiya-Kembata, Sidama, Wolaitta, Omo und Keffa sind in dem großen Bundesland der Völker des Südens zusammengefasst. Damit gibt es heute 10 Bundesländer, deren interne Gliederung mit Modifizierungen beibehalten wurde. Kennzeichnend für das neue Ä. sind die Dezentralisierung und Regionalisierung (Anerkennung der lokalen Sprachen als Schul- und Verwaltungssprachen). Erstmals in der äthiop. Geschichte wurde das Sezessionsrecht der Bundesländer festgelegt, von dem Eritrea 1993 Gebrauch machte.

III. Geschichte und Politik. Das abessinische Hochland stellt den Kernbereich der Länder Ä. und Eritrea dar. Die (islam.) Tiefländer haben in der Geschichte z.T. ihre Eigenständigkeit bewahren können. Das Zentrum der Macht lag seit dem Reich von ↗ Axum (1.–9. Jh. n.Chr.) immer im Bereich der beiden semitischen Völker der Tigriner (im N) und der Amharen (im Zentrum des heutigen Ä.). Das Reich selbst entstand im N des Landes aus südarab. Siedlern und einheim. ↗ kuschitischsprachigen Völkern. Während die späteren Tigriner im N verblieben, breiteten sich Volksgruppen nach S aus, die man seit dem 13. Jh. als Amharen bezeichnet. Mit der Gründung der salomonischen Dynastie (1270–1974) hatte sich das Zentrum der Macht vom N (Axumiten, später Dynastie der Zagwe) nach S verlagert. Doch blieb die Stadt Axum Königsstadt. Die bedeutendsten Herrscher waren Amdè-Siyon (1314–1344) und der Erneuerer der äthiop. Kirche Zèr'a-Ya'qob (1434–1468). Eine große Bedrohung stellten die vernichtenden Eroberungszüge von Ahmed Granj (1527–1543) dar. Die Wanderungen der Oromo nach N zeichneten damals die Völkerkarte Ä. neu. Seit dem 17. Jh. wurde das Reich von Gondar aus regiert. Eine stärkere Zentralisierung wieder vom S aus wurde unter den Kaisern Tewodros II. (Theodor, 1855–1868 Eroberung von Mèqdèla) und Johannes IV. (1872–1889 Schlacht bei Mètèmma gegen die Mahdisten, ↗ Mahdi) erreicht. Menilik II. (1889–1913) gelang es, von seiner neu gegr. Hauptstadt Addis Abeba aus, die früher zum Reich gehörigen Gebiete im S und weitere Gebiete darüber hinaus zu erobern. Den Italienern musste er Eritrea abtreten; durch den Sieg von Adua wurde der Vormarsch der Italiener gestoppt. Der anfangs progressive Kaiser Haile Selassie (Regent 1916, König 1928, Kaiser 1930–1974) ging bei der Eroberung von Ä. durch die Italiener (1935/36) ins Exil. Bei seiner Rückkehr entmachtete er die alte Feudalschicht und vollendete die Zentralisierung, die allerdings in eine absolute Monarchie mündete. 1952 bildete Ä. eine Föderation mit Eritrea; 1962 wurde Letzteres zur einfachen Provinz degradiert, was die Eritreer zum Freiheitskampf veranlasste. 1974 übernahm das Militär unter Mengistu Haile Mariam die Macht, setzte den Kaiser ab und die Verfassung von 1955 außer Kraft. 1977 wurde Mengistu offiziell zum Staatspräsidenten der sozialistischen Rep. Ä. Der Einmarsch der Tigraiischen Befreiungsfront in Addis Abeba und die Flucht Mengistus 1991 verhalfen Eritrea zur Unabh. und führten zur Bildung einer neuen äthiop. Regierung unter Melles Zenawi. Der zaghafte Demokratisierungsprozess und die wirtsch. Entwicklung sind jedoch ins Stocken geraten. Andere Hauptprobleme sind die Integration der Muslime, die während der Kaiserzeit benachteiligt waren, und der Antagonismus der beiden größten Volksgruppen, der Amharen und der Oromo, der durch die Herrschaft der Tigrai etwas neutralisiert ist. Trotz der Gewährung regionaler Autonomie und Anerkennung der eigenen Sprache sind manche Oromo mit dem Erreichten nicht zufrieden. Große Änderungen brachte die Verstaatlichung von Grund und Boden sowie der Industrie 1974/75 mit sich. Diese wurde mit dem Ende des kommunistischen Regimes 1991 nicht rückgängig gemacht. Mit der Verabschiedung einer neuen Verfassung wurde 1995 die Demokrat. Bundesrep. Äthiopien proklamiert, und die ersten Parlamentswahlen in der Geschichte des Landes wurden abgehalten. Maßgebliche Parteien sind neben der 1989 entstandenen EPRDF (*Ethiopian People's Revolutionary Democratic Front*), die ANDM (*Amhara National Democratic Movement*), die OPDO (*Oromo People's Democratic Organization*) und die TPLF (*Tigray People's Liberation Front*) unter dem Vorsitz des Staatspräsidenten Melles Zenawi.

IV. Wirtschaftliche Entwicklung und Sozialstruktur. Ä. gehört zu den ärmsten Ländern Afrikas (und der Welt); ein Drittel der Bev. gilt als absolut arm. Die Gründe sind ein sehr hohes Bevölkerungswachstum, die unangepassten Anbautechnologien, unzulängliche Infrastruktur und die Dürreperioden. Die Waldfläche ist in den letzten 100 Jahren auf 3,6% zurückgegangen und der Erfolg des Wiederaufforstungsprogramms angesichts des großen Bedarfs an Brennmaterial nicht gesichert. Folgenreich war auch die Kollektivierungs- und Zwangsumsiedlungspolitik des kommunist. Derg (ab 1975) und der Bürgerkriege (↗ Kriege/Bürgerkriege). Die Landwirtschaft ist mit einem Anteil von ca. 85% der Beschäftigten und von ca. 55% am BIP der wichtigste Wirtschaftssektor. Hauptexportprodukt ist Kaffee. Der Boden gehört dem Staat, er kann aber gepachtet werden. Die wirtsch. Liberalisierungspolik der Regierung kommt nicht voran (es gibt kaum ausl. Investoren). Außerdem verlangsamt der seit 1998 immer wieder aufflackernde Krieg mit Eritrea den wirtsch. Erholungsprozess.

V. Literatur, Musik, Kunst. Trotz seines unzureichenden Bildungssystems besitzt Ä. zwei Literaturen (die ↗ tigrinische und ↗ amharische Lit.), die zu den ältesten Afrikas gehören. Die anderen Ethnien (wie Oromo, Sidamo, Wolaytta, Somali, Afar, Gurage, Kambaata, Hadiyya u.a.) haben, was früher verboten war, begonnen, in ihren eigenen Sprachen zu schreiben, da die neue Politik der Dezentralisierung und Regionalisierung ihre kulturelle Selbstbestimmung fördert. Auch in der ↗ Musik und Kunst (↗ Malerei) hat Ä. lange Traditionen, die sich bis zur Gegenwart erhalten haben und die kulturelle Vielfalt der äthiop. Völker spiegeln. ↗ Altäthiopische Literatur, ↗ Christentum, ↗ Kunst, christliche, ↗ Nordostafrika, Völker, Kulturen und Staaten.

📖 E. Hammerschmidt: Äthiopien: Christl. Reich zwischen Gestern und Heute, Wiesbaden 1967. – A. Bartnicki/J. Mantel-Niecko, Geschichte Äthiopiens, 2 Bde., Berlin 1978. – M. Kebede, Survival and Modernization.

Ethiopia's Enigmatic Present. A Philosophical Discourse, Lawrenceville/Asmara 2001.

Rainer Voigt

Äthiopische Literatur ↗ altäthiopische Literatur, ↗ amharische Literatur, ↗ tigrinische Literatur

Äthiopistik ↗ Nordostafrika, Völker, Kulturen und Staaten, ↗ Semitisch

Atlantisch, Sprachfamilie des ↗ Niger-Kongo. Die ca. 40 Sprachen werden vornehmlich in Westafrika vom Senegal bis Liberia gesprochen. Eine Ausnahme stellt das ↗ Ful(fulde) dar, das über den gesamten Sudangürtel vom Senegal bis in die Republik Sudan verbreitet ist. Das A. ist v.a. entlang der Küstenregionen in Rückzugsgebieten beheimatet, wohin es vermutlich von den nördl. benachbarten, expansiveren Mandesprachen (↗ Mande) abgedrängt wurde. Obwohl das A. insges. als gut dokumentiert gelten kann, fehlen zu einzelnen Sprachen, insbes. im heutigen Guinea-Bissau und Guinea, die grundlegendsten Daten. Atlantische ↗ Verkehrssprachen aber wie Wolof, Serer, Ful und Temne wurden bereits seit Ende des 18. Jh. durch Missionare und Kolonialbeamte dokumentiert. Die Verwandtschaftsbeziehungen innerhalb der Sprachfamilie sind seit Mitte des 19. Jh. erkannt (bes. von Sigismund W. Koelle, auf den auch der Terminus A. zurückgeht). Auch die Beziehungen des A. zu benachbarten Sprachfamilien wurden früh erforscht; es waren aber v.a. die Arbeiten J.H. Greenbergs, die die Position des A. innerhalb des Niger-Kongo klärten und zur bis heute allg. akzeptierten Gliederung führten. Danach nimmt das A. im Niger-Kongo eine Sonderstellung ein, insofern es sich schon sehr früh vom übrigen Sprachstamm abgespalten haben muss, wofür v.a. der exklusiv atlantische Wortschatz spricht. Die folgende interne Gliederung des A. beruht auf dem von J.D. Sapir erstellten Modell:

I. *Nördl. Zweig.* (a) Senegambia-Sprachen (1. Ful, Serer; 2.Wolof); (b) Cangin-Sprachen (1. Lehar, Safen, Non; 2. Ndut, Falor); (c) Bak-Sprachen (1. Dyula-Gruppe; 2. Manjaku, Papel, Mankanya; 3. Balanta, Ganja); (d) Ostsenegal-Guinea-Sprachen (1. Tenda-Gruppe; 2. Biafada, Pajade; 3. Kobiana, Kasanga, Banhum); (e) Nalu-Sprachen (Nalu, Mbulungish, Baga Mboteni). – II. *Bijago.* – III. *Südl. Zweig.* (a) Sua; (b) Mel-Sprachen (1. Temne, Baga-Koba-Gruppe; 2. Sherbro, Mmani, Krim, Kissi, Bullom; 3. Gola); (c) Limba.

Während der nördl. Zweig typologisch einander sehr ähnliche Sprachen umfasst, deren Verwandtschaft deutlich ist, sind die Verwandtschaftsbeziehungen zum isolierten Bijago und dem südl. Zweig sehr viel weitläufiger und nicht immer eindeutig nachweisbar; dies führte zu der Überlegung, die Melsprachen ganz aus dem A. auszugliedern. Die nördl. Sprachen sind Klassensprachen mit oft über 20 Klassen (z.B. Ful, Biafada, Konyagi) und dem Nominalstamm präfigierten Klassenzeichen, wozu in einigen Fällen noch nachgestellte Klassenmorpheme kommen; eine Ausnahme bildet das Ful, das nur Klassensuffixe kennt (↗ Nominalklassensprache). Allen nördl. atlantischen Sprachen ist außerdem gemeinsam, dass der erste Konsonant des Nominalstamms in Abhängigkeit von der Zugehörigkeit zur Nominalklasse variiert (Anlautpermutation). I.d.R. kommen solche Anlautwechsel in drei Stufen vor; vgl. Biafada (Anlautkonsonant ist unterstrichen, davor steht das Klassenzeichen): *ji-sadə* »Hund«, *ma-cadə* »Hunde«, *ne-ncadə* »Hündchen«. Auch die Anlautkonsonanten bei Verben unterliegen derartigen Alternationen; vgl. Ful: *mi winndii* »ich schrieb«, *min mbinndii* »wir schrieben«. Das Bijago und der südl. Zweig verfügen ebenfalls über Nominalklassen, jedoch ohne die charakteristischen Anlautwechsel; das Klassenzeichen wird hier vorangestellt. Ein weiteres Charakteristikum der atlantischen Sprachen sind die kombinierbaren Nachsilben, mit denen Verbalableitungen gebildet werden; vgl. Ful: *'yam-* »fragen« mit *'yam'yam-t-indir-* »diskutieren«; *heew-* »voll sein« mit *heɓɓ-i-t-an-* »für jdn. vervollständigen«, *hebb-i-n-ir-* »in einer Weise füllen«, *hebb-i-n-an-* »für jdn. füllen« usw.

📖 J.H. Greenberg, The Languages of Africa, Den Haag/Bloomington 1963. – S.W. Koelle, Polyglotta Africana, London/Salisbury 1854. – J.D. Sapir, West Atlantic: An Inventory of the Languages, their Noun Class Systems and Consonant Alternation. In: Th.A. Sebeok (Hg.), Current Trends in Linguistics 7, Den Haag/Paris 1971, S. 45–112.

Anne Storch

Ausbildung ↗ Bildungswesen, ↗ Brain Drain, ↗ Missionsschule

Außenwirtschaft umfasst den Außenhandel von Gütern und Dienstleistungen, grenzüberschreitende Bewegungen von Kapital und Arbeitskräften (↗ Migration aus den jeweiligen

Nachbarländern nach z. B. Südafrika, Sambia, Kenia und Elfenbeinküste; Abwanderung hochqualifizierter Arbeitskräfte in die Industrieländer, ↗ *Brain Drain*) sowie das Währungssystem und die Währungstransaktionen einer Volkswirtschaft. Beeinflussende Faktoren sind die Entwicklung der internat. Märkte, die nat. Außenwirtschaftspolitik und internat. Wirtschaftsabkommen.

I. Tendenzen. Exporte aus und Kapitalzuflüsse nach Afrika wuchsen in den letzten 20 Jahren langsamer als die gesamte Wirtschaftsleistung des Kontinents – im Gegensatz zu allen anderen Weltregionen, die sich zunehmend in die Weltwirtschaft integrierten. Damit verlor nicht nur die A. an Bedeutung für die afrik. Volkswirtschaften, sondern Afrika umgekehrt auch an weltwirtsch. Relevanz. So sank der Anteil am Weltexport nach Angaben der WTO zwischen 1980 und 2000 von 6% auf 2%. Vorteile der internat. Arbeitsteilung (Spezialisierungsgewinne durch internat. Gütertausch, Kapital- und Technologietransfer durch ausl. Investitionen) konnten somit in Afrika weniger realisiert werden als andernorts. Ursachen für die Marginalisierung Afrikas sind die abnehmende Bedeutung von ↗ Rohstoffen im Welthandel, die geringe ↗ Industrialisierung afrik. Volkswirtschaften, unzureichende ↗ Transportsysteme insbes. in Ländern ohne Meereszugang, andere Infrastrukturmängel wie die mangelnde Verlässlichkeit der Stromversorgung für Telekommunikation sowie auf Unternehmensebene unzulängliche Lieferkapazitäten, Qualitätsgarantien und Vertragstreue. Auch die Wirtschaftspolitik behinderte lange Zeit die weltwirtsch. Integration Afrikas: Seit ihrer pol. Unabh. verfolgten die meisten Staaten eine importsubstituierende Außenwirtschaftsstrategie mit dem Ziel, durch eine Überbewertung der heimischen Währung Importe von Produktionsmitteln und Konsumgütern zu verbilligen, zugleich aber durch produktspezifische Beschränkungen, z. B. bes. Zollsätze, die neu entstehenden nat. Industrien zu schützen und zu fördern – häufig auch im Rahmen regionaler Freihandelsabkommen (↗ kollektive Eigenständigkeit). Jede Überbewertung der Währung behindert den Export und damit einen potentiellen wirtsch. Wachstumsfaktor. Eine Umkehr der Außenwirtschaftspolitik erfolgte seit Ende der 1970er Jahre unter maßgeblicher Beteiligung von Weltbank und IWF durch Programme zur ↗ Strukturanpassung, d. h. Währungsabwertungen und Orientierung auf die Produktion traditioneller (landwirtsch.) Güter für den Export, um die bestehenden komparativen Kostenvorteile zu nutzen und später durch Exportdiversifizierung Wachstumsimpulse zu schaffen. Weltweit sinkende Erzeugerpreise für Rohstoffe haben diese Strategie zunächst konterkariert. Erst Mitte der 1990er Jahre erreichte der Außenwirtschaftssektor in den meisten Ländern eine höhere Wachstumsrate als die Binnenwirtschaft. Diese Umkehr wird allerdings wegen der großen Schwankungen der Rohstoffpreise kaum von Dauer sein.

II. Außenhandel. Afrika lieferte 1999 Waren im Werte von 100 Mrd. US$ an Volkswirtschaften außerhalb der Region; die offiziell registrierten Warenausfuhren innerhalb Afrikas beliefen sich auf lediglich 11 Mrd. US$. Allerdings gibt es im intraafrik. Handel einen erheblichen nicht registrierten, grenzüberschreitenden Warenverkehr (Schmuggel). Über die Hälfte der afrik. Exporte sind Mineralstoffe, ein Viertel sind Landwirtschaftsprodukte. Afrikas Importe beliefen sich 1999 auf 133 Mrd. US$ – v. a. Maschinen und andere Fertigwaren (jeweils etwa ein Drittel), Nahrungsmittel, Erdöl, Chemikalien. Eine größere Bedeutung für den Welthandel hat Südafrika (1999 Exporte und Importe im Wert von jeweils 27 Mrd. US$), ferner die Erdölexportländer und Mittelmeeranrainer: Algerien, Nigeria, Libyen, Marokko und Tunesien. Die übrigen 47 Volkswirtschaften Afrikas lieferten insges. Güter im Wert von nur 40 Mrd. US$ ins Ausland. I.d.R. sind die Exporte afrik. Volkswirtschaften auf wenige Produkte oder sogar nur ein einziges konzentriert: Erdöl aus Nigeria (95% der Exporteinnahmen 1995), Kupfer aus Sambia (80–90%), Tabak aus Malawi (70%). Ghana exportiert Gold, Kakao und Holz (zusammen 70% der Exporterlöse), Kamerun exportiert Erdöl, Kakao, Holz, Kaffee und Aluminium (zusammen 70%). Nur wenige Länder führen größere Mengen Fertigwaren aus (Mauritius, Simbabwe, Südafrika, Kenia). Die Konzentration auf wenige Exportgüter führt zu hoher Abhängigkeit von Nachfrageschwankungen auf dem Weltmarkt. Neben dem mengenmäßigen Absatz ist das Preisverhältnis zwischen Exporten und Importen (*commodity terms of trade*) für den Außenhandel relevant. Bei konstanten oder steigenden Preisen für eingeführte Maschinen und Fertigwaren führte der Rückgang der Rohstoffpreise seit Ende der 1970er Jahre insbes. für die nicht Erdöl exportierenden Länder zu einem nachhaltigen Verfall der realen Austauschverhältnisse im Außenhandel. Sinkende Preise für Kakao, Kaffee, Baumwolle, Palmöl, Kupfer und Aluminium führten Ende der 1980er Jahre zu katastrophalen Einbußen in den *commodity terms of trade*: In Ghana z. B. sank der Indexwert von 100 (1987) auf 45 (1992). Konjunkturbedingt, z. T. auch durch Anpassungen im Exportmix, stieg dieser Indikator in den meisten Ländern wieder an – in Ghana 1997 auf einen Wert von 69. Ein gelegentlich vermuteter säkularer Verfall der *terms of trade* für alle Rohstoff exportierenden Volkswirtschaften lässt sich empirisch allerdings nicht belegen. – Die Handelsströme der Weltwirtschaftsregion Afrika sind in hohem Maße nach außen gerichtet. Während in Asien etwa 45% des grenzüberschreitenden Handels innerhalb der Region selbst stattfindet, beträgt der intrakontinentale Außenhandel Afrikas nur ca. 10% des ges. Außenhandelsvolumens der afrik. Länder (1999). Gründe dafür liegen in den mangelhaften Transportmöglichkeiten, Handelshemmnissen (u. a. Zölle), der geringen Kaufkraft der Bev. und in der Tatsache, dass benachbarte Länder häufig die gleichen Produkte exportieren und daher kein Anreiz zum Austausch besteht. Für die meisten afrik. Länder ist die EU wichtigster Handelspartner: Bspw. verkauften Kamerun, Niger und Uganda mehr als zwei Drittel ihrer Exporte nach Europa. Ausnahmen sind Nigeria (Haupthandelspartner USA), einige Binnenländer sowie Kenia und Simbabwe (ein Drittel der Gesamtexporte in afrik. Länder). Die ↗ Lomé- bzw. Cotonou-Abkommen garantieren freien Zugang zum Industriegütermarkt Europas sowie günstige Zollsätze für die meisten Agrargüter. Südafrika wurde seit 1994 in das Allg. Präferenzsystem (APS) für EL (Entwicklungsländer) einbezogen. Infolge der von der WTO angestrebten Liberalisierung werden die dadurch gegenüber anderen EL entstandenen Vorteile in Zukunft aber an Bedeutung verlieren. Dann müssen bestehende Absatzmärkte im Ausland durch intraafrik. Wirtschaftskooperationen sowie verstärkte Anstrengungen zur Qualitätssicherung gehalten und neue Märkte durch Exportdiversifizierung und Handelsliberalisierung innerhalb Afrikas erschlossen werden. – Die Konzentration der Außenhandelsbeziehungen auf ein Land legt es nahe, Währungen fest an die Währung dieses Landes zu binden, um das Risiko von Wechselkursschwankungen auszuschalten. Diesen Weg haben in der Franc-CFA-Zone 14 westafrik. Länder gewählt. Der Wechselkurs zum frz. Franc wurde bislang lediglich einmal (1994) abgewertet. Die Wechselkurse der übrigen afrik. Währungen unterliegen dagegen häufig Abwertungen, um inflationsbedingte Kaufkraftverluste gegenüber den globalen Leitwährungen auszugleichen. – Weltweit hat sich der grenzüberschreitende Handel mit Dienstleistungen (u. a. Transport, Reisen, Kommunikation, Finanzdienstleistungen) seit 1980 mehr als verdreifacht und ist damit stärker gewachsen als der internat. Warenhandel. Diese Entwicklung berührte die afrik. Volkswirtschaften kaum. Nur Touristikdienstleistungen haben für Länder wie Kenia und Südafrika an Bedeutung gewonnen (↗ Tourismus). Der Anteil Afrikas am weltweiten Dienstleistungsexport ging seit 1980 um fast die Hälfte zurück und beträgt jetzt 2 %.

III. Grenzüberschreitende Faktorbewegungen. Nettokapitalzuflüsse nach Afrika kamen noch Anfang der 1980er Jahre vorwiegend aus privaten Quellen. Während des internat. Kreditbooms 1977–82 (Folge der Erdölpreisexplosionen der 1970er Jahre und der weltweiten Vermögensumschichtungen) stellten Bankkredite, die jedoch nur selten produktiv verwendet wurden, die vorherrschende Komponente privater langfristiger Kapitalzuflüsse dar. In den 1990er Jahren wurden private Kredite praktisch nicht mehr gewährt, es kam bei dieser Art Kapitalverkehr sogar zu Nettoabflüssen. Andererseits ist das subsahar. Afrika die Entwicklungsregion mit den höchsten Kapitalzuflüssen aus öffentl. Quellen geworden: 1990–95 erhielt die Region ein Viertel aller für EL aus öffentl. Quellen der Industrieländer und von internat. Organisationen gewährten Zuschüsse und Kredite. Daher sind fast alle afrik. Volkswirtschaften gegenüber dem Ausland hoch verschuldet, und der weit überwiegende Teil der Schulden (ca. drei Viertel) ist bei öffentl. Kreditgebern anhängig (↗ Verschuldung). Der Schuldendienst, d. h. die Tilgung der Kredite und die Zinszahlung, bindet für Investitionen benötigte Finanzmittel. In Verhandlungen mit den im Pariser Klub zusammengeschlossenen öffentl. Gläubigern konnten mehrere Länder mit Auflagen zur Wirtschaftsreform verknüpfte Umschuldungsabkommen erreichen. – Neben Krediten sind ausl. Direktinvestitionen (ADI), d. h. Beteiligungen an einem ausl. Unternehmen mit mehr als 10% des Anlagekapitals, und Portfolioinvestitionen (Wertpapierkäufe) als geringfügigere, ausschließlich renditeorientierte Beteiligungen mögliche Formen des Kapitalimports aus privaten Quellen. Seit Mitte der 1980er Jahre werden Investitionen weltweit zunehmend außerhalb des Herkunftslandes getätigt (Globalisierung). Zwar hat auch das subsahar. Afrika (mit Ausnahme der Länder der CFA-Zone) seitdem einen wachsenden Bestand sowie schwankende, aber tendenziell wachsende Zuflüsse von ADI. Von den 1998 weltweit in Höhe von 430 Mrd. US$ getätigten Direktinvestitionen außerhalb des Herkunftslandes entfielen aber nur etwa 90 Mrd. US$ auf EL und davon nur knapp 5 Mrd. US$. auf das subsahar. Afrika (ohne Südafrika). Generell können Direktinvestitionen im Ausland beschaffungsorientiert (Rohstoffgewinnung, niedrige Lohnkosten) oder absatzorientiert sein. Direktinvestitionen in Afrika erfolgten i. Allg. zum Rohstoffabbau (Angola, Kamerun, Gabun, Ghana, Guinea, Nigeria), manchmal sind auch Lohnkostenvorteile für ADI ausschlaggebend (Mauritius). Marktorientierte ADI finden sich nur vereinzelt, z. B. bei der Produktion von Mercedes-Fahrzeugen in Nigeria und Südafrika. Die Gewinne aus Direktinvestitionen in Afrika sind zwar oft höher als Gewinne aus Investitionen in anderen EL: 24–30% gegenüber 16–18 % (erste Hälfte der 1990er Jahre), allerdings ist das Länderrisiko für den Investor erheblich höher. – Erst seit 1992 sind z. B. in Südafrika, Botsuana und Elfenbeinküste Portfolioinvestitionen aus dem Ausland erlaubt, die zu Liquiditätszuwachs und Ausdifferenzierung der Finanzmärkte beitragen können. Im Verhältnis zu anderen »neuen Märkten« (*emerging markets*) ist das Volumen ausl. Portfolioinvestitionen in Afrika gering.

🕮 P. Collier, The Marginalization of Africa. In: Internat. Labour Review 134 (1995), S. 541–557. – African Development Perspectives Yearbook, Bd. 8: Africa's Re-Integration Into the World Economy, Münster/Hamburg 2001. – H. Bass, Berg- und Talfahrt bei Rohkakao. Westafrika: Die Strukturprobleme bleiben – dennoch gibt es Auswege. In: Entwicklung und Zusammenarbeit 42 (2001) 3; sowie die jährl. erscheinenden Berichte der UNCTAD (Trade and Development Report, World Investment Report: www.unctad.org) und der WTO (World Trade Report: www.wto.org).

Hans H. Bass

Australopithecus ↗ Wiege der Menschheit

Autobiographie als literarische Gattung war Afrika fremd und entstand beim Kontakt mit dem Westen, bspw. im 18. Jh. die *life narratives* ehemaliger Sklaven wie Olaudah Equiano oder Ottobah Cugoano. Im 19. Jh. förderten europ. Missionen und koloniale Instanzen die Aufzeichnung afrik. Lebensläufe. In den 1930er Jahren erschienen die ersten Anthologien afrik. Lebensläufe: *Ten Africans* (1936) und *Afrikaner erzählen ihr Leben* (1938), während Bakary Diallo mit *Force Bonté* (1926) die erste von einem Afrikaner geschriebene A. veröffentlichte. In der goldenen Dekade der ↗ frankophonen Lit. folgten autobiograf. Romane in europ. Sprachen: Camara Laye, *L'Enfant Noir* (1953, dt. *Einer aus Kurussa*), Mongo Béti, *Le Pauvre Christ de Bomba* (1956, dt. *Der arme Christ aus Bomba*), Ousmane Sembène, *Le Docker Noir* (1956), Bernard Dadié, *Climbié* (1956), Cheikh H. Kane, *L'Aventure Ambiguë* (1961, dt. *Der Zwiespalt des Samba Diallo*) und Aké Loba, *L'Etudiant Noir* (1960, dt. *Kocoumbo, ein schwarzer Student in Paris*). – In der ↗ anglophonen Lit. dominierten zunächst A. von Politikern wie Jomo Kenyatta oder Kwame Nkrumah. Mit Wole Soyinkas *Aké – The Years of Childhood* (1981, dt. *Ake. Die Jahre der Kindheit*) und *Ibadan – The Penkelemes Years* (1994, dt. *Ibadan. Streunerjahre 1946–65*) erlangte die afrik. A. internat. Anerkennung. Gefängnistagebücher bezeugen die existentielle Bedrohung afrik. Autoren, so Dadié, *Carnet de Prison* (1980), Soyinka, *The Man Died – Prison Notes* (1972, dt. *Der Mann ist tot*) oder Ngugi wa Thiong'o, *A Writer's Prison Diary* (1981, dt. *Gefängnistagebuch*). Im letzten Viertel des 20. Jh. erschienen breit angelegte Memoiren von Birago Diop (5 Bd. 1978–89) und Amadou Hampâté Bâ (bislang 2 Bde. 1991/94), persönliche Lebensgeschichten im hist. Zusammenhang. V. Y. Mudimbe (1994) eröffnete mit seiner *intellectual autobiography* ein neues Paradigma, zu dem auch die des Nigerianers Twins Seven-Seven zählt (1999). – Weibl. A. waren bereits in den o. a. Anthologien enthalten. Mit Buchi Emecheta, *In the Ditch* (1972), und Mariama Bâ, *Une si longue lettre* (1979, dt. *Ein so langer Brief*) begann eine Periode autobiograph. Schreibens afrik. Frauen, ergänzt von frankophonen Werken (Ken Bugul, *Le Baobab Fou* 1982, dt. *Die Nacht des Baobab*, und Calixthe Beyala, *C'est le Soleil qui m'a brûlée* 1987, dt. *Wen die Sonne liebt, den tötet sie*) sowie anglophonen A. von Amma Darko (*Spinnweben* 1996) oder Miriam Kwalanda (*Die Farbe meines Gesichts* 1999, dt. *Lebensreise einer kenianischen Frau*). ↗ Frankophone Literaturen im Maghreb.

🕮 Autobiographies et récits de vie en Afrique, Paris 1991. – J. Riesz/U. Schild (Hg.), Genres autobiographiques en Afrique/Autobiographical Genres in Africa, Berlin 1996.

János Riesz

Autoritäre Regime, eine Herrschaftsform, die zwischen ↗ Demokratie und Totalitarismus liegt. Bis 1989/90 wurden die meisten Länder Afrikas autoritär regiert, seitdem hat eine Demokratisierungswelle eingesetzt, die freilich, wie zahlreiche Rückfälle zeigen, noch instabil ist. Unter a. R. versteht man pol. Systeme, die im Wesentlichen durch drei Merkmale gekennzeichnet sind: (1) begrenzter Pluralismus, (2) fehlende umfassende Ideologie, (3) geringer Grad von Mobilisierung, wobei sich in der Realität – insbes. nach den Umwälzungen von 1989/90 – noch sehr viel mehr Typen herausgebildet haben, als diese Merkmale andeuten können. A. R. haben viele Jahre lang die Frage aufgeworfen, ob nicht eine positive Korrelation zwischen dem Regimetypus und dem Grad der sozioökonom. Entwicklung vorliegen bzw. ob eine »Entwicklungsdiktatur« nicht verstärkt, d. h. besser organisiert, eine Verbesserung der Lebensbedingungen ihrer Bev. erreichen könne. Dies wurde selbst für ↗ Militärregime vermutet. In der Retrospektive erwiesen sich solche Annahmen – insbes. für Afrika – als haltlos. Es kann heute als gesicherte Erkenntnis gelten, dass die an die Macht gekommenen ↗ Eliten sich in a. R. eher schamlos bereichert als Entwicklungsprozesse ausgelöst haben. Man spricht daher von einer Kriminalisierung des Staates, d. h. der Routinisierung illegaler Praktiken in Staat und Verwaltung, wobei die Illegalität nach den Gesetzen des jeweiligen Landes und dem internat. Recht zu messen ist.

Folgende Merkmale, die in Afrika zur Konstituierung von a. R. geführt haben, lassen sich unterscheiden: (1) Rahmenbedingungen für eine oligarchische Machtausübung der neuen Elite nach der Unabh., (2) eine ideol. Legitimation im Sinne gebündelter Anstrengungen über eine zentrale Planung zur Überwindung der Unterentwicklung bzw. der Folgen der Kolonialherrschaft, (3) eine pol.-soziale Begründung durch den Rekurs auf vermeintlich hist. ableitbare Formen gemeinschaftlichen Handelns, wie das Beispiel ↗ Ujamaa in Tansania zeigt, (4) eine modernistisch-okzidentale Begründung im Sinne der Verhinderung des Aufkommens von Klassengegensätzen und (5) eine extreme Personalisierung von Herrschaftsausübung, die Formen des Klientelismus und ↗ Neopatrimonialismus mit sich bringt.

Die bekannteste Form von a. R. ist die Herrschaft der Einheitspartei im ↗ Einparteisystem. In Afrika ist auch ein häufiges Vorkommen von Militärregimen zu konstatieren, auch wenn sie nur selten lange bestanden haben. Aus heutiger Sicht lassen sich kaum noch normative Rechtfertigungen für a. R. aufrechterhalten. Tatsache ist jedoch, dass trotz des großen Demokratisierungsdrucks autoritäre Herrschaftsformen noch weithin wirksam sind. ↗ Nachkolonialer Staat.

🕮 H. F. Illy u. a., Diktatur – Staatsmodell für die Dritte Welt? Freiburg/Würzburg 1980. – D. Nohlen, Autoritäre Systeme. In: Ders. (Hg.), Lexikon der Politik, Bd. 4, München 1997, S. 67–75. – A. Kourouma, Die Nächte des großen Jägers. Roman, Wuppertal 2000.

Hans F. Illy

Axum, im nördl. Hochland Äthiopiens gelegene Hauptstadt des Axumitischen und später Äthiop. Reichs, des einzigen nicht kolonisierten Staates in Afrika mit über 3000-jähriger Geschichte; in der Antike eine der Weltmächte mit pol. und Handelsbeziehungen zum Niltal, zu den Staaten des Mittelmeerraums und Arabiens.

Als hist. Quellen liegen Schriftmitteilungen aus den Mittelmeerkulturen, Schriftquellen auf Stein aus A. und spätere äthiop. Berichte, als Überreste Münzen und Baureste vor. Durch die Deutsche A.-Expedition 1906 wurde eine große Zahl Denkmäler freigelegt und beschrieben, die meisten jedoch ohne stratigraphische und zeitliche Einordnung. In späteren punktuellen Ausgrabungen wurden Palastfundamente und Gräber freigelegt. Spektakulär sind die großen reliefierten Grabstelen, die größte war 32 m hoch und wog über 510 t. In einem neuen Projekt seit 2000 werden die Umweltgeschichte sowie das Besiedlungs- und Kulturverhalten erforscht; dabei konnten vollständig erhaltene Burgen, Königsgräber, weitere Baukomplexe und Plätze ehemaliger Metallverarbeitung entdeckt und untersucht werden.

A. entwickelte sich im 1. Jt. v. Chr. als antiker Stadtstaat mit einem Kranz befriedeter und befreundeter Völker. Früh setzte die Christianisierung (↗ Mission, christl.) ein, um 320 n. Chr. wurde unter König Ezana das ↗ Christentum Staatsreligion. Später wurde die Hauptstadt nach S verlegt: nach Lalibela, Gonder und um 1900 nach Addis Ababa; Gründe waren neben der Ausdehnung des Reiches nach S wahrscheinlich abnehmende Niederschläge und Wassermangel für die expandierenden Hauptstädte. Für die Religion und das Staatsverständnis spielt A. bis heute eine verbindende Rolle. ↗ Semitisch.

🕮 E. Littmann (Hg.), Deutsche Aksum-Expedition, 4 Bde., Berlin 1913. – U. Timp, Aksum und der Untergang Meroë's, Münster 1972. – H. Ziegert, Preliminary Report on the Hamburg Archaeological Mission to Axum 2000. In: Annales d'Ethiopie, 2001.

Helmut Ziegert

Azania, alte Bez. für Ostafrika südl. von Kap Guardafui (Somalia). In der Anti-Apartheidbewegung Bez. für für das Südafrika der Zukunft.

Leonhard Harding

BAD ↗ AfDB

Balafon ↗ Xylophon

Balanta (Sprache) ↗ Atlantisch

Bambara/Dyula (Dioula, Jula), als Sprachbez. genauer: Bamanankan bzw. Julakan (*-kan* = »Sprache«); eng verwandte Sprachvarietäten in Mali, Burkina Faso und der Elfenbeinküste. Sie gehören zum großen Dialekt- bzw. Sprachenkontinuum des Manding (↗ Mande) und bilden darin ein Subkontinuum. B. und Dy. sind untereinander verstehbar. Auch mit dem im benachbarten Guinea gesprochenen Maninka ist Verstehbarkeit weitgehend gegeben. – Der Begriff B. bezeichnet grundsätzlich jene Gruppe regionaler Varianten des Manding, die etwa zwischen Bamako und San am Niger und in den angrenzenden Gebieten Malis gesprochen werden. Auf der Basis der ↗ Dialekte von Segu und v.a. von Bamako, der Hauptstadt Malis, wurden 1966 per Erlass die Grundlagen für ein Standard-B. als Schriftsprache geschaffen. Als »nationales Verständigungsmittel mit maximaler Verbreitung« – so die sprachpol. (↗ Sprachpolitik) abgesicherte Formulierung – ist B. heute fast überall in Mali als Zweitsprache in Gebrauch. Da eine große Zahl dieser Zweitsprachensprecher wiederum andere Manding-Varietäten sprechen, deren Verhältnis zum B. als dialektal bezeichnet werden kann, ist auch die Form der ↗ Verkehrssprache bzw. ↗ Nationalsprache B. nicht einheitlich. Etwa 80% der Bev. Malis soll B. als Erst- oder Zweitsprache beherrschen. – Der Begriff Dy. bezeichnet in der Sprache selbst eigentlich den Fernhändler, dann aber auch die entsprechenden Sprachformen. Die Verbreitung des Dy. erfolgte entlang der Fernhandelswege – mit Handelsstützpunkten der Dy. – vom heutigen Mali ausgehend nach S und O bzw. SO. Größere dyulasprachige Gebiete unterschiedlicher Varietäten liegen v.a. im N der Elfenbeinküste (Dy. von Kong, Dy. von Odienné). Kleinere Enklaven finden sich auch in Südmali, im westl. Burkina Faso und im NO der Elfenbeinküste. In den entsprechenden Regionen bilden dyulasprachige Händler auch häufig eine Einwohnergruppe in den Städten und in Siedlungen anderssprachiger Ethnien. Im W Burkina Fasos und in weiten Teilen der Elfenbeinküste hat Dy. als Verkehrssprache große Verbreitung. Für die Elfenbeinküste haben bereits in den 1970er Jahren auf soziolingustischen Untersuchungen (↗ Soziolin-

Karte 2: Verbreitung des Bambara und Dyula

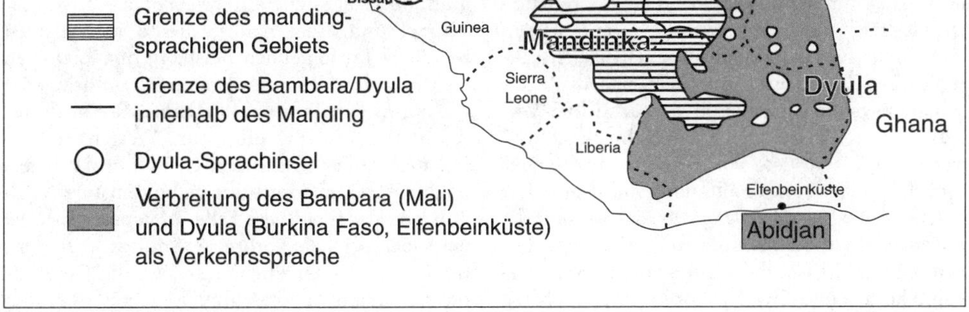

guistik) basierende Schätzungen ergeben, dass etwa zwei Drittel der Bewohner Dy. als Erst- oder Zweitsprache beherrschen. – Angaben zu absoluten Sprecherzahlen für B./Dy. sind nur unter großem Vorbehalt machbar. Nach neueren Schätzungen ist von ca. 3,5 bis 4 Mio. Muttersprachlern auszugehen, davon allein etwa 3 Mio. für das B. in Mali.

📖 D. Dalby, Distribution and nomenclature of the Manding people and their languages. In: C. Hodge (Hg.), Papers on the Manding, Den Haag 1971, S. 1–13. – M.-J. Derive, Dioula véhiculaire, dioula de Kong et dioula d'Odienné. In: Annales de l'Université d'Abidjan (Série H, Linguistique) 9 (1976), S. 55–83. – R. Kastenholz, Essai de classification des dialectes manden-kan. In: Sprache und Geschichte in Afrika 1 (1979), S. 205–223.

Raimund Kastenholz

Banken ↗ Finanz- und Währungspolitik, ↗ Finanzsektor

Bantusprachen, Begriff der afrikanistischen Sprachwissenschaft (↗ Afrikanistik), der eine Unterfamilie des ↗ Benue-Kongo bezeichnet. Das Verbreitungsgebiet der ca. 400 B. umfasst weite Teile des äquatorialen Regenwaldes sowie die ost- und südafrik. Savannenzone. Der Terminus »Bantu« ist von dem in diesen Sprachen weit verbreiteten Pluralnomen *bantu* bzw. *abantu* »Menschen« übernommen. – Die Klassifikation der B. durch J.H. Greenberg (1915–2001) enthält, im Gegensatz zu der von Malcolm Guthrie (1903–1972) vorgenommenen, eine Reihe von Sprachen bes. an der nordwestl. und nördl. Grenze des Verbreitungsgebiets, die zwar bantuhafte Züge aufweisen, jedoch wegen fehlender bantutypischer Merkmale diesen nicht eindeutig zugeordnet werden können. Für solche Sprachen, die einen gewissen Übergang zwischen den eigentlichen B. und den ↗ Sudansprachen darstellen, wurden Begriffe wie Semi-Bantu, Bantoid oder Grasland-Bantu gebildet. Die Abgrenzung ist allerdings bis heute strittig. – Die B. lassen sich durch fünf Merkmale linguistisch charakterisieren. Zum Ersten erweisen sich die Konsonantensysteme im zwischensprachlichen Vergleich als teilweise recht unterschiedlich, weil durch areale Einflüsse von Seiten bantufremder Sprachen der Konsonantenbestand verändert oder erweitert wurde. Beispiele hierfür sind die Schnalzlaute (↗ Schnalzsprache) in einigen Südbantusprachen (v.a. die Nguni-Sprachen, zu denen Xhosa, Zulu, Swati gehören, und Ndebele). Dagegen weisen die Vokalsysteme eine größere Homogenität auf. Zum Zweiten werden die Nomina in sog. Nominalklassen (↗ Nominalklassensprache) unterteilt, wobei jede dieser Klassen durch ein grammatisches Zeichen markiert ist, das vor den Wortstamm gesetzt wird, z.B. *ki-hendo* »Beil« im Nyaturu (Tansania). In den einzelnen B. können bis zu 23 versch. Klassen vorkommen; diese sind nach Sing. und Pl. paarweise angeordnet, wobei jeder Klasse eine feste Ordnungsziffer zugewiesen ist. Darüber hinaus stellen diese Klassen häufig eine semantische Kategorisierung des Wortmaterials dar. In der Singularklasse 1 finden sich z.B. viele Begriffe für Menschen (»Kind«, »Gast«), in der Klasse 2 die dazugehörigen Pl. »Kinder« bzw. »Gäste«. Ferner müssen andere Wörter eines Satzes, die von einem Nomen grammatisch abhängig sind, mit der Klasse des herrschenden Nomens übereinstimmen. Die Übereinstimmung wird formal durch ein entsprechendes Konkordanzpräfix erzielt: *m-geni m-moja a-takuja* »Gast einer er wird kommen« (↗ Swahili, Ostafrika). Zum Dritten verfügen die B. über einen sog. agglutinierenden Sprachbau. Dies bedeutet, dass die Wortwurzeln unveränderbar sind, aus ihnen aber durch Hinzufügung von Prä- und Suffixen eine Reihe von Wortarten gebildet werden können. Charakteristisch ist zunächst die Verbindung einer Wortwurzel mit einem grammatischen Suffix in Endstellung, wodurch eine Wortbasis mit verbaler Funktion gebildet werden kann: *-som-* »lesen« > *-som-e* »lesen + Subjunktiv« (Swahili). Des Weiteren kann die Verbindung einer Wortwurzel mit einem grammatischen Suffix dazu benutzt werden, einen Wortstamm mit nominaler Funktion zu bilden: *-sulil-* »schmieden für« > *i-sulil-o* »Schmiede« (Nyamwezi, Tansania). Darüber hinaus können durch die Anfügung von Suffixen an Wortwurzeln in präfinaler Position sog. Verbalableitungen gebildet werden, z.B. *-log-* »verhexen» > *-log-w-* »verhexen + Passiv« (Nyamwezi). Durch die Agglutination entstehen so Wörter, die aus einer Wurzel und einer ganzen Reihe von Affixen bestehen. Im folgenden Beispiel gruppieren sich die Affixe um den Verbalstamm *-let-* »bringen»: *wa-me-ni-let-e-a maji* »sie haben für mich gebracht Wasser« (Swahili). Zum Vierten sind die Vokabulare der B. semantisch und durch regelmäßige Lautentsprechungen miteinander verbunden. Dabei sind die Fälle, in denen ein Wort eine überregionale Verbreitung aufweist, eindeutig in der Minderzahl; meist sind die Distributionen regional beschränkt. Zum Fünften

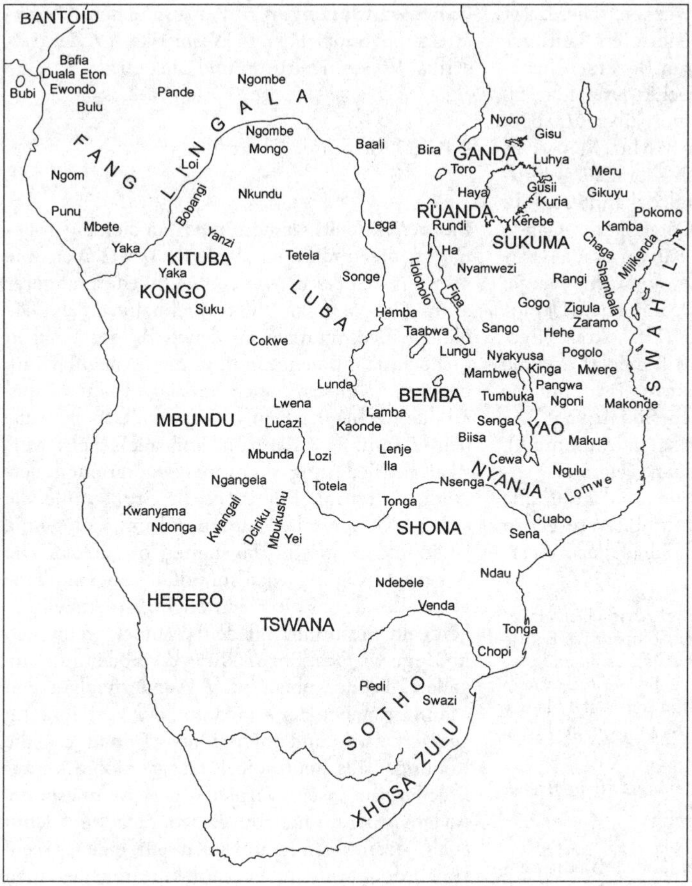

Karte 3: Verbreitungsgebiete der Bantu- und der bantoiden Sprachen

schließlich können in prosodologischer Hinsicht einige B. als ↗ Tonsprachen, andere als reine Akzentsprachen klassifiziert werden. – Die B. weisen zwar eine große Anzahl von sprachlichen Gemeinsamkeiten und Ähnlichkeiten auf, die auf ihre enge genealogische Verwandtschaft untereinander schließen lässt; trotzdem konnte bisher keine schlüssige und allg. anerkannte genetische Gliederung erarbeitet werden. Von neueren dialektologischen Forschungsergebnissen ausgehend, ist der Hauptgrund dieses Problems wohl darin zu sehen, dass sich die heutigen B. nicht aus einer, sondern aus mehreren Ursprungssprachen entwickelt haben. Auf einer bestimmten diachronen Ebene, die heute empirisch nicht mehr fassbar ist, gehen sicherlich alle B. auf eine sprachliche Urquelle zurück. Für die Einordnung einer ganzen Reihe von grammatischen und lexikalischen Erscheinungen in den heutigen B. ist die Annahme einer linearen, von einer einzigen hist. Quelle ausgehenden Entwicklung jedoch unzureichend. Vielmehr müssen sich versch., genealogisch verwandte Ursprachen zu unterschiedlichen Zeiten auf unterschiedlichen Wegen in das heutige Gebiet der B. verbreitet und dort mit bereits vorhandenen verwandten sowie nichtverwandten Sprachen vermischt haben. Durch diesen Mischungsprozess, der teilweise noch anhält, konnten bestimmte sprachliche Divergenzen wieder ausgeglichen werden. Aus den Gliederungsversuchen sind vielfach auch Hypothesen zur Wanderungsgeschichte der Bantu (↗ Ostafrika, ↗ Südafrika, ↗ Zentralafrika, Völker, Kulturen und Staaten) abgeleitet worden. Eine weitgehend akzeptierte Lehrmeinung besagt, dass sich diese aus dem zentralen Sudan nördl. bzw. nordwestl. des Regenwaldes in ihre heutigen Sprachgebiete ausbreiteten. Neuere Erkenntnisse gehen davon aus, dass diese hist. Prozesse durch andere Sprachfamilien wie z. B. das

↗ Kuschitische mitgestaltet wurden. Dies lässt sich bes. an Teilen des spezialisierteren Bantuvokabulars ablesen. – Die meisten B. zählen heutzutage nur wenige Tsd. Sprecher, ungefähr 50 erreichen eine Sprecherzahl von über 100.000, etwa 10 werden von über einer Mio. Menschen als Mutter- bzw. als ↗ Verkehrssprache gesprochen. Zu den wichtigsten und bekanntesten B. gehören u.a. Swahili (Ostafrika), Ganda (Uganda), Kikuyu (Kenia), Kinyaruanda (Ruanda), Rundi (Burundi), Chewa (auch Nyanja; Malawi, Sambia, Mosambik), Lingala (Demokrat. Rep. Kongo), Bemba (Demokrat. Rep. Kongo u. Sambia), Kimbundu (Angola), Makua (Tansania u. Mosambik), Lomwe (Mosambik), Shona (Simbabwe), Sotho (Rep. Südafrika u. Lesotho), Tsonga (Rep. Südafrika u. Mosambik), Tswana (Rep. Südafrika, Botsuana, Namibia) sowie Xhosa (alias »Kaffir«), Venda und Zulu (alle Rep. Südafrika). ↗ Afrikanistik, Literaturen in afrik. Sprachen: Ostafrika; Südafrika; Westafrika.

📖 J. H. Greenberg, The Languages of Africa, Den Haag/Bloomington 1963. – M. Guthrie, Comparative Bantu. An introduction to the comparative linguistics and prehistory of the Bantu languages, 4 Bde., Farnborough 1967–71. – W.J.G. Möhlig, Stratification in the history of the Bantu languages. In: Sprache und Geschichte in Afrika 3 (1981), S. 251–316.

Reinhard Klein-Arendt

Bantustan, auch als *Homelands* bez. Siedlungsgebiete, die der schwarzen südafrik. Bev. durch die Weißen im Rahmen der ↗ Apartheid zugewiesen wurden. Bereits 1913 wurden durch den *Natives Land Act* die Besitzrechte der Schwarzen auf 7% des weniger fruchtbaren südafrik. Bodens begrenzt. Später wurde der Anteil auf 13% erhöht. Bei der Institutionalisierung der Apartheid nach 1948 wurde dieses Land in zehn Einheiten unterteilt, die jeweils einer ethn. homogenen afrik. »Nation« als *Homeland* mit eigener – allerdings der Kontrolle des Apartheidstaates unterstehenden – Verwaltung dienten. Vier dieser B. – Transkei (1976), Bophuthatswana (1977), Venda (1979) und Ciskei (1981) – wurden sogar in die »Unabhängigkeit« entlassen, internat. jedoch nicht anerkannt. Nach dem Ende der Apartheid Anfang der 1990er Jahre wurden die B. aufgelöst und in die neue südafrik. Verwaltungsstruktur eingegliedert.

Peter Meyns

Bantuwanderungen ↗ Bantusprachen, ↗ Ostafrika, ↗ Südafrika, ↗ Westafrika, ↗ Zentralafrika, Völker, Kulturen und Staaten

Batik ↗ Kleidung, ↗ Textilien

Bauer/Bäuerin werden in Afrika diejenigen genannt, die traditionell Bodenbau betreiben. Sie grenzen sich damit von den Mitgliedern anderer ethn. Gruppen, z.B. den Viehhaltern, ab. Die ökolog. Bedingungen, in denen B. leben, haben nicht nur ↗ Bodennutzung und Anbautechnik geprägt, sondern auch Sozialverhalten und ↗ Bodenrecht. B. leben in Verwandtschaftsgruppen (↗ Familie, ↗ Klan und Lineage), die in vertikaler Gliederung mehrere Generationen vereinigen. Zentrale Einheit ist die Großfamilie, die sich in Kleinfamilien aufteilen kann. Polygamie ist in nicht christl. Haushalten oft üblich. Die Arbeitserledigung wird innerhalb des Familienverbandes durch die traditionelle Arbeitsteilung geregelt. Sie unterliegt dem Wandel, wenn sich im Zuge wirtsch. Entwicklung die Bodennutzung ändert. Früher oblag im ↗ Wanderfeldbau den Männern neben der ↗ Jagd und der Verteidigung gegen natürl. und menschliche Feinde v.a. die Rodung. Fällt heute die Rodung infolge kurzer Brachezeiten weg, verbleibt den Männern die Bodenvorbereitung. In diesem Stadium kann auch jedem Familienmitglied ein eigenes Feld zugeordnet werden. Verkaufskulturen liegen in der Regel in der Verantwortlichkeit der Männer, während Frauen als Ernährerinnen der Familie mit der Subsistenzproduktion einen Großteil der Feldarbeit übernehmen, aus der sie eventuelle Überschüsse auf lokalen Märkten verkaufen können. Ein weiteres Element der Arbeitswirtschaft bäuerl. Gesellschaften ist die Nachbarschaftshilfe (↗ Nachbarschaft), die auf einem Ausgleich von Leistung und Gegenleistung beruht. Durch Differenzierung der Betriebsgrößen infolge wirtsch. Entwicklung entsteht daraus die bezahlte Lohnarbeit. Bäuerl. Wirtschaftsweisen erstreben nicht die Maximierung des Ertrages, sondern ein als angemessen erachtetes Verhältnis von Aufwand und Ertrag. Oberstes Ziel ist die Sicherheit der Versorgung der Familie mit der notwendigen Menge an Nahrungsmitteln und Geld, wobei das Risiko, das unter Bedingungen schwankender Niederschläge, häufiger Krankheiten und niedriger Preise sehr hoch ist, stets begrenzt werden muss. Aufgrund der schwierigen Lage der afrik. ↗ Landwirtschaft wandern immer mehr Mitglieder bäuerl. Familienverbände in die ↗ Stadt (↗ Migration), wo sie u. U. auf kleinen Flächen Nahrungsmittel für den Markt anbauen. Im subsahar. Afrika lebten 1999 noch 62% der ↗ Bevölkerung in ländl. Regionen.

Eckhard Baum

Baule (Sprache) ↗ Kwa

Befreiungsbewegungen ↗ Rebellenbewegungen

Befreiungstheologie ↗ Christentum

Beja (Sprache) ↗ Kuschitisch

Bemba (Sprache) ↗ Bantusprachen

Benin (Königreich), ein Reich unter den edosprachigen Völkern im SW des heutigen Nigeria (↗ Benue-Kongo). Auf seinem Hoheitsgebiet übte der Oba (↗ König) die administrative und rechtl. Gewalt aus und besaß ein königliches Handelsmonopol. Gegr. wurde das Königreich etwa 600 n. Chr. von der Ogiso-Dynastie, deren Herrschaft im 11. Jh. endete; die jetzige Herrscherdynastie geht auf das 13. Jh. zurück. Bis zur Eroberung durch Großbritannien 1897 und zum darauf folgenden Verlust der Unabh. wurde das Königreich B. niemals von seinen Nachbarn bezwungen. Ab 1897 stand es unter brit. Kolonialherrschaft. Mit seinen traditionellen Institutionen und seiner Autorität im modernen Nigeria symbolisiert es bis zum heutigen Tag das afrik. Erbe.

B. war unter all den alten Reichen Westafrikas das bekannteste und jahrhundertelang eines der größten. Die Hauptstadt war den Europäern seit dem 15. Jh. bekannt. Auf der Höhe seiner imperialen Macht beherrschte B. die Staaten bis zum Niger im O und zur Atlantikküste im S, außerdem die ↗ Yorubastaaten im W und SW bis zur Grenze des späteren Dahomey. Im späten 16. Jh. erreichte es eine gemeinsame Grenze mit dem Stadtstaat Oyo. Im frühen 16. Jh., als B. seine Macht entlang der Küstenlagune westwärts festigte, wurde in Eko (Lagos) eine königliche Dynastie beninischer Herkunft eingesetzt. – Im Zentrum der Staatsverwaltung, umgeben von zahlreichen Adeligen, Priestern, Gefolgsleuten und Staatsbeamten, stand der Oba, ein Herrscher, dem übernatürliche Kräfte zugeschrieben wurden und dessen Titel erblich war. Pfeiler des pol. Systems waren die Königsmacher (*Uzama n Ihirin*), deren Ämter ebenfalls erblich waren, sowie die Stadt- und Palastkommandeure, Gruppen von Würdenträgern und Anwärtern auf erbliche und nichterbliche Titel. Die Rangordnungen entwickelten sich über eine lange Zeit hinweg und gaben so dem System eine Flexibilität, die ihm Bestand verliehen.

Die ↗ Beninkunst ist auf der ganzen Welt berühmt und zeugt vom Beitrag Afrikas zur Weltkultur. Die Kunstwerke dienten als Schmuck und sollten die Legitimität und Macht des Oba unterstreichen. ↗ Westafrika, Völker, Kulturen und Staaten.

🕮 J. Egharevba, A Short History of Benin, 3. Aufl., Ibadan 1960. – J.A. Ombu, The Benin Kingdom, 1550–1970: an Enumerative Bibliography, Dresden 1995.

Benson Osarhieme Osadolor

Benin (République Bénin). **Fläche:** 112.622 km^2. **Einw.:** 6,1 Mio. (1999). **Bev.-Wachstum/Jahr**: 2,7% (1990–99). **Stadtbev.:** 42% (1999). **Hauptstadt:** Porto Novo (200.000 Einw.). **Verwaltungs- und Wirtschaftszentrum:** Cotonou (750.000 Einw.). **Unabh.:** 1. 8. 1960. **Staatsform**: Präsidialrep.; Einkammerparlament (Nationalversammlung); Mehrparteiensystem. **Währung:** CFA-Franc. **HDI-Rang** 147/162 (2001). **Auslandsverschuldung**: 1,7 Mrd. US$ (1999). **Anteil der Entwicklungshilfe am BSP**: 9% (1998). **BSP/Kopf**: 380 US$ (1999). **HIV-infizierte Erwachsene**: 2,45%, **Lebenserwartung**: m 52 J., w 55,4 J., **Alphabetisierung** der Erwachsenen: m 55,4%, w 23,6% (1999). **Einschulungsrate**: m 75%, w 50% (1995–99). **Amtssprache:** Frz.; **Nationalsprachen:** Fon (↗ Kwa), Gengbe/Mina, Yoruba (↗ Benue-Kongo), Dendi (↗ Nilosaharanisch) u. a.

I. Naturraum. Das westafrik. Küstenland B. weist eine vielfältige Landschaft auf (↗ Ökozonen). Feuchte Wälder mit überwiegend Ölpalmplantagen prägen die Vegetation der Küstenebene im S. Zwischen den Tälern des Landesinnern liegen Dorn- und Buschsavannen. Der NW wird vom Atakoragebirge beherrscht. Im NO dominieren Tallandschaften. In B. herrscht tropisches ↗ Klima mit zwei Regen- und zwei Trockenzeiten. Im S liegen die mittleren Jahresniederschläge zwischen 900 und 1.400 mm. Die

Durchschnittstemperaturen liegen mit 24 °C im N deutlich höher.

II. Geschichte und Politik. Die Grenzen der heutigen Rep. B. wurden überwiegend dort gezogen, wo bei der Kolonisierung (↗ Kolonialismus) ↗ segmentäre Gesellschaften oder Kriegsherren siedelten, also der Widerstand geringer war. Pol. dominant waren zu diesem Zeitpunkt die Königreiche von Dahomey und Porto Novo (Hogbonu), deren wirtsch. Basis die Sklavenjagd und ab der Mitte des 19. Jh. auch der Export von Palmöl war (↗ vorkoloniale pol. Systeme, ↗ Westafrika, Völker, Kulturen und Staaten). Nach der Eroberung Dahomeys durch Frankreich 1894 zog sich die koloniale Erschließung bis 1898 hin. Der Export von Agrarprodukten in der Kolonialzeit, insbes. Palmöl – später dominant Baumwolle –, galt zwar als Begründung für die kostspielige Kolonisierung, erbrachte jedoch nicht das für die Verwaltung benötigte Steueraufkommen. So wurde von der Eisenbahnlinie, welche die Küste mit dem Fluss Niger verbinden sollte, nicht einmal die Hälfte gebaut. Auch der Bau von Schulen und Gesundheitsstationen blieb weit hinter den Plänen zurück. Im Zweiten Weltkrieg unterstützte die Kolonialverwaltung das mit Nazi-Deutschland kooperierende Vichy-Regime. Frz. Bürger, die sich an die Briten wenden wollten, und der Opposition zur milit. Mobilisierung verdächtige Dahomeaner (wie der Abbé Etienne Soglo) wurden 1940–44 verfolgt. In den ersten 50 Jahren der Kolonialherrschaft entwickelte sich unter der Decke der kaum veränderten wirtsch. und pol. Strukturen eine intellektuelle Bewegung humanistischer Zielsetzung, die über die Staatsgrenzen hinaus strebte (wie bspw. Louis Hunkanrin). Die vergleichsweise große Zahl dahomeanischer Intellektueller, die im frz. Staatsdienst in anderen Kolonien wirkten, v. a. Justin Ahomadegbe, Hubert Maga und Sourou Migan Apithy, brachte ab 1946 ihr Talent in die Politik ein. 1960 erlangte Dahomey seine Unabh. mit Maga als Staatspräsident. Als Einwandererkind ohne ethn. Wählerbasis suchte Maga den Kontakt zu Offizieren aus dem N, wie Kérékou, Kouandete und Alley, die alle später Militärpräsidenten wurden. Von 1960 bis 1972 fiel B. durch eine große pol. Instabilität auf. Zwölf Regierungen – darunter fünf durch Staatsstreiche – wechselten einander ab. Ein Militärputsch brachte Mathieu Kérékou 1972 an die Macht. Der Wirtschaftsboom in Nigeria wirkte sich positiv auf Dahomey aus, das 1975 in B. umbenannt wurde. Die nigerianische Wirtschaftskrise Ende der 1970er Jahre führte zur Ausweisung beninischer Wanderarbeiter aus Nigeria und zur Schließung der Grenzen zwischen beiden Ländern und hatte den Zusammenbruch der beninischen Wirtschaft zur Folge. Nach Schließung der Staatsbanken 1987 wurden die Gehälter von Staatsbediensteten nur noch unregelmäßig gezahlt, mit Ausnahme von Polizei und Militär. 1989 spitzte sich die Lage durch Studentenunruhen und Gewerkschaftsagitation zu. In dieser angespannten Situation lieferte der Wandel in Osteuropa eine wichtige Anregung. Eine ↗ nationale Konferenz wurde einberufen, die einen friedlichen Machtwechsel ermöglichte und den früheren Weltbankbeamten Nicéphore Soglo durch freie Wahlen unter Beteiligung vieler Parteien an die Macht brachte. Bei den Wahlen 1996 wurde Soglo, dem man vorwarf, seine Verwandten bei der Ämtervergabe zu begünstigen, von Kérékou besiegt, der seit 1998 (Wiederwahl 2001) zugleich Staats- und Regierungschef ist.

III. Bevölkerung und ethnische Gruppierungen. Heute erscheint es als selbstverständlich, dass jeder Beniner zu einer bestimmten, durch eine eigene Sprache gekennzeichneten ethn. Gruppe gehört, doch war dies nicht immer so. ↗ Nachbarschaft, ↗ Verwandtschaft, ↗ Religion, Zugehörigkeit zum gleichen Herrschaftssystem waren die wichtigsten Referenzen für die Selbstidentifikation von Wir-Gruppen. In einem Teil dieser Fälle deckte sich dies mit einer gemeinsamen Sprache. Heute werden die Ethnien üblicherweise nach sprachlichen Kriterien zusammengefasst (↗ Ethnizität). Zur Ewe- oder Gbe-Sprachgruppe gehören die Fon einschließlich der Maxi mit 1,31 Mio. (nach Zahlen von 1992), ebenso die Gun und westl. Toli mit 0,62 Mio., wie die Aja und Waci mit 0,52 Mio., die Ayizo-Xweda, östl. Toli und Tofin mit 0,24 Mio. und die Mina und Xwla mit 0,18 Mio. Zum Yoruba (eine Kwa-Sprache wie Gbe) gehören Nago, Ketu, Cabe und Idaca, welche zusammen 0,59 Mio. ausmachen. Zu den ↗ Gur-Sprachen gehören die Batombu, welche mit den weniger zahlreichen Boko, die eine hier völlig isolierte ↗ Mande-Sprache sprechen, 0,42 Mio. ausmachen. Die nördl. Gur-Sprecher (Betamaribe, Berba, Yowabu usw.) machen 0,32 Mio. aus und die südl. Gur-Sprecher (Yom, Anii usw.) 0,15 Mio. Sprachen des Sahel (↗ Atlantisch) sprechen die ↗ Fulbe einschließlich der früher versklavten Gando-Bev. (0,27 Mio.) und die Dendi (↗ Nilosaharanisch) mit 0,11 Mio. 120.000 Sprecher kleinerer Sprachen oder Einwanderer sind hiermit nicht erfasst.

Die großen Unterschiede sind freilich nicht

die zwischen Sprachen, sondern diejenigen zwischen versch. Formen der pol. Kultur. Fon, Gun und ↗ Yoruba verbindet eine solide Tradition hierarchisch orientierter Politik. Maxi, Toli, Aja, Ayizo und Xwla sind hingegen genauso wie die nördl. und südl. Gur-Sprecher von der Tradition segmentärer Gesellschaften geprägt. Bei den Mina, Anii und Dendi finden sich Formen der Selbstverwaltung sowohl in vor- als auch in nachkolonialer Zeit, welche ein starkes Element von Öffentlichkeit impliziert. Die Batombu hatten ein ganz eigenes pol. System entwickelt, in dem Razzien und Redistribution erraubter Reichtümer zwecks Beeinflussung der Königswähler miteinander abwechselten. Dieses System, das heute ohne Gewaltanwendung auskommt, bestimmt in der Kombination von Aneignung und Redistribution auch heute noch die lokale Politik.

IV. Wirtschaft. Die ↗ Landwirtschaft ist der bedeutendste Wirtschaftssektor. Hauptanbauprodukte sind Mais, Maniok, Yams und Sorghum. Obwohl die Bev. sich von 1984 bis 1996 verdoppelte, hielt die Nahrungsmittelproduktion damit Schritt. Wichtigstes Exportprodukt ist Baumwolle, die über Einkaufsmonopole aufgekauft und von wenigen Lizenzinhabern zu erheblichen Profiten exportiert wird. Der Wirtschaftssektor, der »für Regen und Sonnenschein sorgt«, ist der fast ausschließlich illegale Handel (Schmuggel) mit Nigeria. Der Staatshaushalt beruht überwiegend auf den Importsteuern jener Produkte, welche dann später nach Nigeria exportiert werden. Wichtigste Industriebranchen sind Baumwollentkernungsanlagen, Zuckerraffinerien, Zementwerke.

V. Kunst, Literatur und Musik. Die noch bis in die 1980er Jahre fast ausschließlich getragene, Anfang des 20. Jh. in Mode gekommene ↗ Kleidung nach eigenen Schnitten auf der Grundlage holländischer Stoffe mit javanischen Mustern ist heute im Verschwinden begriffen. Nur die ältere Kleidung von Hausa-Würdenträgern, die von anderen islam. Gruppen des N übernommen wurde, hält sich im entsprechenden Milieu noch. Die einheimische Esskultur war v.a. dort entfaltet, wo in den Küstenstädten aus Brasilien zurückgekehrte frühere Sklaven ihre Rezepte mitbrachten. Hochentwickelt war schon in vorkolonialer Zeit die ↗ Architektur der Pfahlbauten in der Lagune von Nukue, welche die Tofin errichteten, und die zweistöckigen Lehmburgen der Betamaribe im NW des Landes. In dieser Gegend zeichneten sich die Menschen, die bis in die Kolonialzeit überwiegend nackt gingen, durch die zurückhaltende Form ihres ↗ Schmucks aus. ↗ Skulptur und ↗ Plastik sind durch die ästhetischen Vorstellungen geprägt, die von den Königshöfen von Abomey und Porto Novo ausstrahlten. In der ↗ modernen Kunst haben Romuald Hazoumé und Francis Nicaise Tchiakpe (Tchiff) internat. Renommée erlangt. Über die Grenzen Benins hinaus bekannt ist auch der Romanautor Olympe Bhêly-Quenum. B. fällt internat. heute v.a. auf durch den Export seiner ↗ Musik wie von G.G.Vickey und Angélique Kidjo (↗ Musiker, ↗ Popularmusik).

🕮 Th. Bierschenk/J.-P. Olivier de Sardan, Les pouvoirs au village. Le Bénin rural entre démocratisation et décentralisation, Paris 1998. – Ph. David, Le Bénin, Paris 1997. – H. D'Almeida-Topor, Histoire économique du Dahomey, Paris 1995. – G. Elwert, Bauern und Staat in Westafrika. Die Verflechtung sozioökonomischer Sektoren am Beisp. Benin, Frankfurt/M. 1983.

Georg Elwert

Beninkunst ist eines der eindrucksvollsten Beispiele höfischer Kunst im subsahar. Afrika vorkolonialer Zeit, ja afrik. ↗ Kunst überhaupt. Weltbekannt wurde die B. 1897, als Tausende von Metallarbeiten und Elfenbeinschnitzereien als brit. Kriegsbeute nach Europa verschleppt und dort versteigert wurden. Diese Werke sind offenbar von gildenmäßig organisierten Künstlern geschaffen worden und dienten vornehmlich der Glorifizierung und Legitimation des Herrschers sowie der Verehrung seiner tatsächlichen und vermeintlichen Vorfahren.

Zu den wichtigsten Beispielen der B. zählen Darstellungen von Königs- und Königinmutter-Köpfen aus Metall, in die reich beschnitzte Elefantenstoßzähne gesteckt waren. Die Köpfe, die auf den Ahnenaltären von Herrschern und anderen Würdenträgern standen, stellen keine Porträts dar, sondern standardisierte Repräsentationen früherer Machthaber. Weitere hervorragende Metallarbeiten aus Benin sind freistehende Plastiken von Menschen und Tieren sowie viereckige Platten, die wahrscheinlich als Verkleidung von Palastsäulen dienten und im Flachrelief Figuren und Szenen zeigen. Zu den Meisterwerken der Elfenbeinschnitzerei der B. zählen neben den beschnitzten Altarstoßzähnen fein gearbeitete Hüftmasken und Armstulpen.

Die Gelbgussarbeiten aus Benin sind als Bronzeplastiken bekannt. Chemischen Analysen zufolge sind die meisten jedoch aus sog. Gelbmetall (Legierungen aus Kupfer, Zinn, Zink, Blei sowie in kleineren Anteilen Buntmetallen) und nicht aus Bronze (einer Legierung vorwiegend aus Kupfer und Zinn) gefertigt.

Ein Großteil der B. zeigt Szenen aus der mythischen und hist. verbürgten Geschichte des Reichs, einheimische Würdenträger, Europäer, Palastzeremonien, ↗ Musikinstrumente, Tiere sowie rituelle Gegenstände und Symbole. Die genaue Interpretation vieler Motive ist schwierig, da die Stücke 1897 aus ihrem Kontext gerissen wurden. Viele der seither aufgezeichneten Erklärungen sind von pol. Umständen der kolonialen und nachkolonialen Vergangenheit und Gegenwart geprägt.

Den ersten Versuch, die B. zu datieren, unternahm Felix von Luschan, Direktor des Berliner Völkerkundemuseums, Ahnherr der Benin-Forschung und Begründer der sog. Verfallstheorie, die annahm, dass die B. seit dem 16. Jh. stetig an Niveau eingebüßt habe. Von Luschans zeitliche Einordnung wurde abgelöst durch die Chronologie von William Fagg und Philip Dark, die bis heute Forschung und Kunstmarkt bestimmt. Unter dem Eindruck der Bronzeköpfe aus ↗ Ife sowie der Ansicht des Benin-Lokalhistorikers Egharevba, wonach die Gusstechnik um 1300 aus Ife in Benin übernommen worden sein soll, aber unter Vernachlässigung alternativer Überlieferungen nahm Fagg an, dass die Kunst aus Ife in fast unveränderter Form in Benin eingeführt worden sei und die naturalistischen Beninköpfe, die jenen aus Ife am meisten ähnelten, demnach die ältesten sein müssten, und teilte die Metallköpfe aufgrund stilistischer Kriterien in drei Perioden ein: (1) Frühe Periode – 15. bis Mitte 16. Jh.: die naturalistischen Köpfe, (2) Mittlere Periode – 16. und 17. Jh.: die Köpfe mit hohen Kragen und Halsbändern, (3) Späte Periode – 18. und 19. Jh.: die massivsten und konventionellsten Köpfe mit »geflügeltem« Kopfschmuck. Die Metallplatten ordneten Fagg und Dark sämtlich der mittleren Periode zu, weil der Historiograph Dapper 1668 nach dem Bericht eines niederländ. Reisenden, der die Stadt 1640 besucht hatte, bei der Palastbeschreibung messingbeschlagene Säulen erwähnt, sein Landsmann Nyendael 1701 aber nicht. Daraus zogen Fagg und Dark die keineswegs zwingende Folgerung, dass im 18. Jh. keine Platten mehr gefertigt worden seien.

Neuere archäolog. Befunde widersprechen allerdings der These, die B. sei von Ife abhängig. So gibt es Hinweise darauf, dass Künstler aus anderen Regionen sich in der Hauptstadt ansiedelten und in die bestehenden Gilden eingegliedert wurden oder sogar neue Vereinigungen bildeten. Außerdem gelangten viele Objekte von anderswoher als Tribut, Geschenke oder Beutestücke nach Benin. Daher besteht kein Grund, stilistische und qualitative Unterschiede einzig auf unterschiedliche Herstellungszeiten zurückzuführen. Zudem können die stilistischen Unterschiede bei den Metallköpfen auch auf versch. Funktionen oder Bedeutungen hinweisen. Im Übrigen ist die B. nicht mit dem Maßstab einer an antiken europ. Vorbildern angelehnten Niedergangstheorie zu messen. Die wechselvolle Geschichte des Reichs legt vielmehr Sprünge und Neuerungen bei gleichzeitiger Beibehaltung älterer Charakteristika nahe.

Abb. 3: Reiterfigur. Gelbguss. Benin/Nigeria

Viele der außerhalb der Hauptstadt geschaffenen Holz- und Lehmskulpturen unterscheiden sich deutlich von der höfischen Kunst. Sie ähneln stilistisch Werken anderer edosprachiger (↗ Benue-Kongo) Gruppen. Diese Plastiken und Skulpturen wurden für regionale und lokale Kulte gefertigt, die ergänzend, unabh. oder sogar oppositionell zu den Kulten des Königshauses entstanden sind. Wenngleich im Königreich ↗ Benin (heutiges Südnigeria) höfische und nichthöfische Kunst weitgehend unabh. voneinander bestanden haben, liegen gegenseitige Beeinflussungen doch nahe.

🕮 P. Ben-Amos, The Art of Benin, London 1995. – S. Eisenhofer, Höfische Elfenbeinschnitzerei im Reich Benin, München 1999. – K. Ezra, Royal Art of Benin, New York 1992.

Stefan Eisenhofer

Benue-Kongo, Sprachfamilie des ↗ Niger-Kongo, die nach J.H. Greenberg (1963) in vier Zweige zerfällt: (1) Plateau, (2) Jukunoid, (3) Cross-River, (4) Bantoid. In jüngerer Zeit wurden zum einen die Abgrenzung des B.-K. vom ↗ Kwa wie auch die internen Verwandtschaftsverhältnisse der B.-K.sprachen revidiert; so mussten schließlich die östl. Kwasprachen dem B.-K. (»New Benue-Congo«) zugerechnet und die innere Gliederung der Familie modifiziert werden. Nach Kay Williamson (1989) gliedert sich das B.-K. nun in elf Zweige (vgl. Abb.).

Sowohl in seiner geogr. Verbreitung als auch von der Anzahl der hier zusammengefassten Sprachen stellt das B.-K. die größte afrik. Sprachfamilie dar. Es umfasst mehr als 700 Sprachen, die von den westl. Küstenregionen Benins und Nigerias über das Kongobecken bis zur ostafrik. Küste, den vorgelagerten Inseln im Indischen Ozean und schließlich bis ins südl. Afrika hinein verbreitet sind. Zum B.-K. gehören außerdem die einzigen afrik. Sprachen, die in der Neuen Welt wesentliche Verbreitung erlangten und noch heute in der Karibik und in Südamerika gesprochen werden (wie etwa das Yoruba). Einige B.-K.-Sprachen, die in Küstennähe beheimatet sind, waren in Europa seit Anbeginn der Kolonialisierung bekannt und gehören heute zu den sehr gut erforschten Sprachen Afrikas, so z.B. Yoruba, Igbo, Edo, Efik und Duala in Westafrika und v.a. das ↗ Swahili an der ostafrik. Küste.

Gleichzeitig findet sich im B.-K. eine Vielzahl an kaum oder gar nicht erforschten Minoritätensprachen, die z.T. vor dem Aussterben stehen (↗ Sprachtod). Dokumentation und Analyse dieser Sprachen stellen ein vordringliches Anliegen der B.-K.-Forschung dar. – Die B.-K.-Sprachen sind mehrheitlich ↗ Tonsprachen, die neben oft sehr komplexen Vokal- und Konsonantensystemen drei und mehr Tonhöhen aufweisen. Einige B.-K.-Sprachen wie das Swahili haben allerdings ihr Tonsystem verloren und besitzen stattdessen einen Akzent. Ursprgl. dürften alle B.-K.-Sprachen Nominalklassen (↗ Nominalklassensprache) mit Klassenzeichen, die dem Nominalstamm vorangestellt sind und aus mehreren grammatischen Segmenten bestehen, aufgewiesen haben. Es sind jedoch alle denkbaren Abbau- und Wiederaufbauprozesse nachweisbar, so dass sich die Familie durch eine sehr große typologische Vielfalt auszeichnet. Ihren Entstehungskern hatte die heute so heterogene Sprachfamilie nach jüngeren Rekonstruktionsversuchen südöstl. des Benue-Niger-Zusammenflusses. Von dort aus führten versch. Migrationsschübe in die angrenzenden Gebiete des heutigen Nigeria, sehr viel später mit der Bantu-Expansion (↗ Ostafrika, ↗ Südafrika, ↗ Zentralafrika, Völker, Kulturen und Staaten) in die südl. Hälfte des Kontinents. – Die Zweige des B.-K. setzen sich wie folgt zusammen: Oko, von ca. 4.000 Personen in Mittelnigeria gesprochen, wenig dokumentiert; Ukaan-Akpes, Sprecherzahl unbekannt, beide Sprachen wenig dokumentiert; Defoid, von Mittel- und Südnigeria bis Benin verbreitet, dazu zählen u.a. Yoruba, Itsekiri und Igala; Edoid, in Süd- und Südostnigeria, z.B. Edo und Urhobo; Nupoid, in Mittelnigeria, wichtige Sprachen sind Gwari, Nupe, Gade; Idomoid, ebenfalls Mittelnigeria, zu nennen ist v.a. das Idoma; Igboid, mit den in

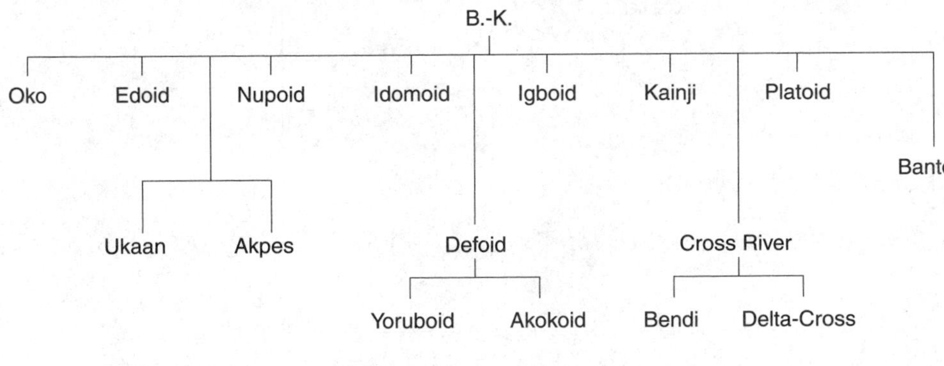

Südostnigeria verbreiteten Igbo-Lekten; Cross River, ebenfalls Südostnigeria, zu den bekannteren Sprachen gehören Ogoni, Efik und Ibibio; Kainji umfasst v.a. Minoritätensprachen Westnigerias und des Jos-Plateaus; Platoid, Sprachen des nigerianischen Jos-Plateaus und des Benue-Tals, v.a. das Birom, Kagoro, Tarok und die Jukunsprachen; Bantoid umfasst z.B. die Sprachen des Mambila-Plateaus an der nigerianisch-kamerunischen Grenze, das ostnigerianische Daka und Tiv, die nigerianischen Jarawan-Bantusprachen, die kamerunischen Grasland-Sprachen und v.a. die ↗ Bantusprachen, die beinahe in der gesamten Südhälfte des Kontinents zu finden sind. ↗ Literaturen in afrik. Sprachen: Ostafrika; Südafrika; Westafrika.

🕮 R. Blench/D.H. Crozier, An Index of Nigerian Languages, Dallas 1976. – J.H. Greenberg, The Languages of Africa, Den Haag/Bloomington 1963. – K. Williamson, Benue-Congo Overview. In: J. Bendor-Samuel (Hg.), The Niger-Congo Languages, Lanham/New York/London 1989, S. 244–274.

Anne Storch

Berber, Sprachfamilie des ↗ Afroasiatischen, wird in den Ländern Nordafrikas, insbes. in Marokko und Algerien gesprochen. Dort ist die berbersprachige Bev. mit etwas weniger als 50% bzw. knapp 30% am größten. Das Gebiet der Tuareg (u.a. Tamaschek) im S erstreckt sich über versch. Länder: Niger, Mali, Algerien, Libyen, Burkina Faso und Nigeria. Weitere Sprachinseln befinden sich in Tunesien, Südmauretanien, Ägypten und Libyen. Auf den Kanarischen Inseln ist die Berbersprache im 17. Jh. ausgestorben. *Amazigh* (fem. *Tamazight*) ist die B.-Bez. für die Sprache und zugleich Eigenbez. – Das Libysche, die Sprache der in ganz Nordafrika entdeckten Inschriften, gilt als Vorfahre des B. (↗ Schriftsysteme). Die Inschriften, deren älteste in vorchristl. Zeit zurückreichen, sind in einem Alphabet verfasst, das dem noch heute von den Tuareg benutzten *Tifinagh* verwandt ist (Tab. 8). – Ein Vergleich der Lautsysteme der Berbersprachen ermöglicht die Zusammenstellung gemeinsamer Phoneme (Tab. 9). In den meisten nördl. Sprachen besteht eine Tendenz der Entwicklung von Verschlusslauten (*b, t, d, k, g*) zu Reibelauten (β, θ, ð, ç, ʝ). Konsonantenlänge ist in allen Sprachen relevant, Vokallänge jedoch nur im Tuareg. Die in der Mehrheit der Sprachen vorhandenen Pharyngallaute (ħ, ʕ) und der Laryngal (*h*) stammen aus semitischen Entlehnungen (↗ Semitisch) bzw. aus der mutmaßlichen Entwicklung eines Halbkonsonanten. Das Verb besitzt eine einfache Form, von der andere Verben durch Präfixe abgeleitet werden können. Die drei Grundformen sind Kausativ (*s-*), Passiv (*tt(w)-*) und Reziprokativ (*m(j)-*). B. besitzt drei grundlegende Themen: Aorist (*mgr* »ernten«, *aru* »schreiben«), Präteritum oder Perfektiv (*mgr, uri/a*) und negiertes Präteritum (*mgir, uri*), sowie den Intensivaorist oder Imperfektiv (*mggr, ttaru*). Das Präteritum wird aus dem Aorist heraus durch Vokalalternanz gebildet und der Intensivaorist durch Präfigierung von *tt* und/oder durch Längung eines Konsonanten (mit oder

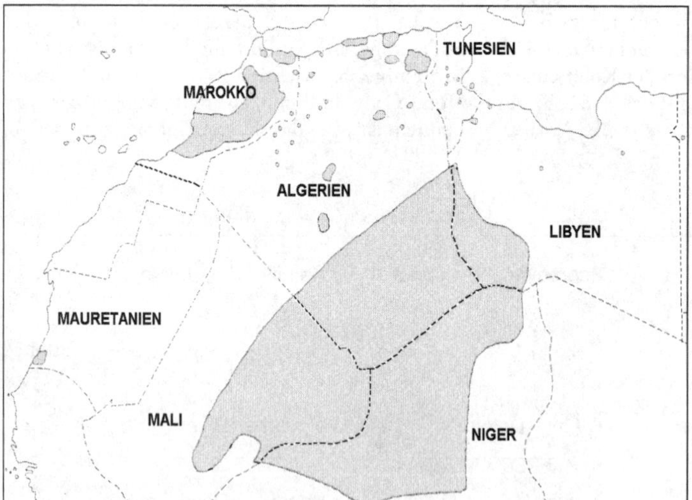

Karte 4: Verbreitung des Berber

Abb. 4: Tifinagh-Alphabet der Tuareg des Hoggar (Algerien)

b	Θ	ʒ	ⵊ	r	○	ƶ	#
ʃ	C	k	⁖	s	⊙		
d	Λ	l	‖	t	+	a	·
đ	E	m	⊏	ŧ	⊞		
f	][	n	ǀ	w	:	i	ⵢ
g	ⵅ	ɲ	ǂ	x	::	u	:
j	↑	q	⋯	j	ⵢ		
h	⁝	ʁ	⁚	z	Ж		

ohne begleitende Vokalalternanz). Das Verbalsystem ist aspektuell: Der Aorist ist neutral; er kann je nach syntaktischem Kontext den Wert eines jeden anderen Themas annehmen. Mit einer präverbalen Partikel (z. B. *ad*, *rad*) bekommt er Optativ- oder Futurwert. Der Intensivaorist weist auf Vorgänge hin, die im Verlauf begriffen, von Dauer sind oder wiederholt werden. Das Präteritum indiziert einen abgeschlossenen Vorgang. Die Negativform verwendet die präverbale Partikel *ur* (mit Varianten). Das Verb liefert versch. Nominalderivate mittels Präfixen. Das Nomen hat zwei Genera; das mit einem Vokal beginnende Mask. und das Fem. mit initialem *t* (und häufig mit Suffix *-t*). Der Plural wird durch Vokalalternanz und/oder Suffigierung von *n* (mit Varianten) gebildet. Sehr gebräuchlich ist der Nominalsatz. Der Verbalsatz beginnt i.d.R. mit dem Verb, jedoch kann zur Hervorhebung jedes Satzelement an den Anfang treten. – Seit der Antike schreiben die B. in der Sprache der Eroberer, bes. Lat. (Apuleius, Augustinus) und heute Arab. und Frz. Es gibt eine v. a. relig., mit arab. Zeichen transkribierte Lit., deren älteste Belege ins 12. Jh. zurückreichen (*Barghawata*). Die B. haben inzwischen den Willen, ihre Sprache und Kultur zu fördern. Seit einigen Jahrzehnten findet man neben Übersetzungen internat. Werke auch Romane und Theaterstücke in Originalsprache, v. a. auf Kabylisch (Algerien) und in marokkanischen Sprachen.

Abb. 5: System der gemeinsamen Phoneme der Berbersprachen

Vokale	a	i	u		ə		
Halbkonsonante		j	w				
Konsonante							
Labiale	b	f	m				
Dentale	t	d	đ		n	l	r
Sibilanten	s	z	ƶ		ʃ	ʒ	
Velar / Uvular	k	g		ʁ			

🕮 A. Basset, La langue berbère, London/New York/Toronto 1952. – L. Galand, Le berbère. In: J. Perrot (Hg.), Les langues dans le monde ancien et moderne. 3e partie: Les langues chamito-sémitiques, Paris 1988, S. 207–242.

Kamal Naït-Zerrad

Bergbau. *I. Allgemeines.* Unter B. versteht man Aufsuchen, Gewinnen und Aufbereitung von Bodenschätzen, d. h. mineralischen ↗ Rohstoffen, wie sie natürliche Lagerstätten in der Erdrinde aufweisen. Diese bergbauliche Urproduktion und der daraus entstandene Markt ist mit Blick auf Afrika nach Edelmetallen (Gold, Silber, Platinmetall), Nichteisenmetallen (Kupfer, Aluminium), Eisenerz und Stahlveredlern (Chrom, Nickel, Mangan), Sondermetallen (Titan), Schmucksteinen (Diamant) sowie Energierohstoffen (Erdöl, Erdgas, Kohle) zu unterteilen. Beim Gewinnen mineralischen Rohstoffes bedient man sich dreierlei Art B.: Tagebau (in offener Baugrube), Tiefbau (mit Grubenbauen unter Tage), Bohrloch-B. (mit Tiefbohren von Festland, Schiff oder Plattform aus). Im Flachwasser wird zur Gewinnung zuweilen der Schwimmbagger eingesetzt.

II. Geschichte. Als frühe Gewinnungsstätten sind die Grube Ngwenka in Swasiland und die Pomongwe-Höhle bei Matopes (Simbabwe) bekannt, wo vor 40.000 Jahren rot oder schwarz färbendes Mineral für kultische Zwecke zu Tage geschafft worden sein soll. Vor etwa 6.000 Jahren gewinnt aus Geröll in Flüssen gewaschenes oder aus lockerem Boden gegrabenes Gold zunehmend an Bedeutung. Besitz von Gold schmückt, trägt alsbald zur Machtentfaltung bei und beflügelt das Entstehen neuartiger Strukturen menschlicher Gesellschaft. Frühe Reiche entstehen, vergehen oder drängen nach Ausbreitung ihrer Macht in noch unstrukturiertes Gebiet. Gediegenes Gold lässt sich ohne weitere Behandlung zum gewünschten Gegenstand formen. Von Natur aus unreines Metall hingegen muss meist aus Erz, d. h. aus dessen Verbindung mit anderem Stoff, verschmolzen werden. Das Verhütten von Erz etwa zu metallischem Kupfer, Blei und Eisen sowie Vermischen von Metall zu einer Legierung, wie Kupfer und Zinn zu Bronze oder Kupfer und Zinkerz zu Messing, ist das Ergebnis langwierigen Heranreifens metallurgischer Prozesse. Ein früher Handel bringt lebhaften Austausch von Rohstoffen und Artefakten zwischen der arab. Welt und dem afrik. Kontinent. Im östl. Mittelmeerraum setzt sich der Gebrauch von Eisen seit 1200 v.Chr. durch und verdrängt Bronze. In Ost- und Zentralafrika ist erstes Eisen in Schlacken von Schmelzöfen für das 7. Jh. v.Chr., in Westafrika (in Taruga bei ↗ Nok) seit dem 4. Jh. v.Chr. nachgewiesen. Eine vom Mittelmeerraum unabh. Entdeckung des Schmelzprozesses ist nicht ausgeschlossen. In Simbabwe entsprechen die Perioden der Eisenzeit einem ähnlichem Ansatz, bis etwa 1800 n.Chr. Außer Waffen, Ackerbau- und Handwerksgerät entsteht Schmuck. Das Verhütten lokaler Erze und Erzeugen von schmiedbarem Eisen bürgern sich südl. der Sahara ein. Gold steht in der Wertschätzung an der Spitze, als Inbegriff von Reichtum und als Zahlungsmittel. Ähnlich angesehen sind Silber und Schmuckstein. Bei Metall, bes. Eisen, tritt mehr der Gebrauchswert für Waffen und Werkzeug hervor. Tagebau im Sinne einfachen Einsammelns von im Gelände vorgefundenem Mineral bis hin zum Graben unter Lösen festeren Gesteins bildet den Anfang. Der Übergang zum beschwerlicheren Tiefbau mit Stollen oder Schacht erscheint eher als logistisches Problem, solange die Machthaber an Ort und Stelle für genügend Arbeitskraft sorgen, etwa in Form von Kriegsgefangenen, Sklaven und Sträflingen. Archäologische Funde weisen in Ägypten (↗ Altägypten) schon um 3000 v.Chr. den Gebrauch von Kupferwerkzeug in Gestalt von Säge und Meißel nach.

Sofern Metall in natürlicher Beschaffenheit nicht nutzbar ist, muss das Roherz von taubem Gestein befreit und zum Verhütten vorbereitet werden. Seit pharaonischer Zeit wird goldhaltiges Quarzgestein auf einem flachgekrümmten Stein mit einer Kugel zu Gesteinsmehl zermahlen, das Mahlgut in fließendem Wasser, entweder auf einem Waschbrett oder auf einem Tierfell (Goldenes Vlies), in gewaschenen Sand und Goldkorn sortiert. Bis ins 5. Jh. v.Chr. wird natürliches Berggold mit seinem ursprgl. für die betreffende Lagerstätte typischen Gehalt an Gold und Silber weiter verarbeitet. Infolgedessen können ältere Artefakte aus Gold, teils mit bis zu 20% Silbergehalt, noch heutzutage zur Identifikation der betreffenden Lagerstätte beitragen.

Die Phase der Kolonialherrschaft ist in Afrika untrennbar mit der Aneignung der Bodenschätze verbunden, insbes. durch König Leopold I. von Belgien in Belg.-Kongo oder Cecil Rhodes im südl. Afrika. Im industrialisierten Europa des 19. Jh. erreicht die Produktion an Industriegütern ein zuvor nicht für möglich gehaltenes Ausmaß, auch hinsichtlich der Vielfalt der Erzeugnisse. Daraus entsteht binnen kurzem ein ebenso gewaltiger wie vielfältiger Bedarf an mineralischem Rohstoff, dem heimische Quellen nicht gewachsen sind. Für die Produktionsstätten in Afrika bedeutet ein Hinwenden zum Großbetrieb unter weitgehendem Ersatz von Handarbeit einen hohen finanziellen Aufwand, z. B. für Maschinen zum Gewinnen, Transportieren, Aufbereiten und Weiterverarbeiten des Minerals. Darüber hinaus muss an der Produktionsstätte die Infrastruktur, bei Massengut bis hin zur Verfrachtung zu einem schiffbaren Hafen und Umschlag zum Transport nach Übersee, erstellt werden. In der Kolonialzeit wurde dies häufig durch ↗ Zwangsarbeit gelöst. (↗ Südafrika, Völker, Kulturen und Staaten, ↗ Westafrika, Völker, Kulturen und Staaten, ↗ Wanderarbeit)

III. Einzelne mineralische Rohstoffe. – III.1. Gold. Von alters her gilt Afrika als reiche Goldquelle. Das Gold der ↗ Asante war sprichwörtlich. Noch heute halten Südafrika, Ghana, Simbabwe, Mali und Guinea ein Viertel der jährl. Weltproduktion (1998: etwa 2.600 t, davon Südafrika 473 t). Weitere Lagerstätten finden sich u. a. in Tansania, Elfenbeinküste und Namibia. Exploration und Aufschluss neuer Lagerstättenkapazität ist bevorzugt auf die Umgebung von Objekten mit Hintergrund früherer Gewinnung im südl. (50% der weltweit bekannten Lagerstätten) und im westl. Afrika gerichtet. Das Metall wird internat. in Barren bis 13 kg Masse und bis 99,9% Gehalt an Gold gehandelt. Der in US$ je Feinunze (31,1 Gramm) in London notierte Preis ist seit 1996 von fast 420 auf ca. 265 (2001) gesunken, eine Folge überreichlicher Versorgung des Marktes durch Goldverkauf von Notenbanken. Drei Viertel des Aufkommens am Weltmarkt (1998: 4.100 t) wird zu Schmuck verarbeitet, der Rest verteilt sich u. a. auf Elektronikindustrie, privaten Ankauf, Prägung von Münzen und Medaillen.

III.2. Silber. Die Silberproduktion des Kontinents entstammt überwiegend den Gruben in Marokko (1998: 310 t) und Südafrika (160 t), teils als Beiprodukt der Gewinnung von Gold oder Blei und Zink. Weil die Weltproduktion (16.237 t) lediglich zu einem Viertel von primären Silbererzgruben bestritten wird, liegt das Angebot (26.000 t) meist in Händen von Produzenten primär anderen Metalls und ist rückläufig. Die Nachfrage nach Silber betrifft die Fotochemie, Elektro- und Elektronikindustrie,

Silbergerät und Schmuck. Bei reichlichem Silberangebot auf dem Weltmarkt ist der Silberpreis (2001: ca. 4,25 US$ je Feinunze) auf niedrigem Niveau stabil.

III.3. Metalle der Platingruppe. Auf dem Kontinent sind zwei bedeutende Platinlagerstätten beheimatet, der Bushveld-Komplex im NW Südafrikas und Great Dyke in Simbabwe. Während Great Dyke noch in Entwicklung steht (Grube Hartley), beträgt die Platinproduktion in Südafrika (1998: 200 t) zwei Drittel des Weltaufkommens (168 t), an Palladium ein Viertel (56 von 236 t). Platin wird zu 40% in der Schmuckindustrie, je 30% Abgas-Katalysatortechnik, Computerindustrie und zur Münzprägung benötigt; Palladium (1998: 260 t) je zur Hälfte für Katalysatortechnik und industrielle Verwendung.

III.4. Kupfer. Die Bergwerksproduktion, gemessen in Tsd. Tonnen Metallinhalt im Kupfererz (1998: 570) stammt vorwiegend aus Sambia (300), Südafrika (190) und, aufgrund des Bürgerkriegs in größerem Abstand, der Demokrat. Rep. Kongo (35). In Sambia und Kongo dominieren Gruben im sog. Kupfergürtel, wo als Beiprodukt Kobalt auftritt. In Südafrika ist der größte Produzent Palabora (Nördl. Provinz), der mit Erschöpfen des tagebaufähigen Vorrats zum Tiefbau übergeht. Südafrika fördert weitere schätzungsweise 10.000 t jährl. als Nebenerzeugnis aus dem Gold- und Platin-B. Wegen hoher Leitfähigkeit des Metalls für Elektro- und Wärmeenergie findet es Abnehmer in Elektroindustrie und Maschinenbau, wird jedoch zunehmend durch andere Werkstoffe ersetzt.

III.5. Aluminium. Grundlage primärer Erzeugung von Aluminium ist Bauxit, meist ein Produkt tiefgreifender Gesteinsverwitterung unter tropisch wechselfeuchtem Klima, das im Erdboden enthaltene Aluminiumoxide anreichert, bspw. auf 45–60 % Gehalt. An der Weltproduktion von Bauxit in Höhe von geschätzt 125 Mio. t (1998) ist Guinea mit 17 Mio. t (Export) beteiligt. Der früher zweitgrößte Erzeuger, Sierra Leone, ist wegen des Bürgerkriegs ausgefallen. Dem Bauxitaufkommen steht eine Erzeugung der Hütten an primärem Aluminium von insges. 16 Mio. t gegenüber, zu der Afrika 1,1 Mio. t beiträgt, davon die Hälfte Südafrika. Hütten befinden sich in Richards Bay (Südafrika), Naga Hamadi (Ägypten) und Maputo (Mosambik). Aluminium erlebt seit dem Zweiten Weltkrieg einen Aufschwung wegen der vielseitigen Verwendbarkeit, die auf seinen Eigenschaften wie geringe Dichte (wenig mehr als ein Drittel gegenüber Eisen), Korrosionsbeständigkeit und gute Formbarkeit beruhen. Eine Legierung des Metalls, etwa mit Kupfer, erreicht hohe mechanische Festigkeit. Aluminium substituiert andere Werkstoffe im Bauwesen, Transport, Maschinenbau und in der Elektro- und Verpackungsindustrie.

III.6. Eisenerz. Die jährl. Weltproduktion hat sich seit dem Zweiten Weltkrieg auf ungefähr 1.000 Mio t Erz unterschiedlichen Eisengehalts vervierfacht. Die Förderländer Afrikas steuern am Ende des Jahrhunderts mehr als 50 Mio. t bei, davon Südafrika 31, Mauretanien 12, Algerien 5 und Ägypten 3. Der zeitweise leistungsfähigste Lieferant in Afrika, Liberia mit bspw. 26 Mio. t (1973), ist infolge des Bürgerkriegs ausgefallen. In Südafrika liefern zwei Gruben, Sishen und Thabazimbi, zusammen den Bedarf der eigenen Stahlwerke mit 25 (Tagebau) und 3 (Tiefbau) Mio. t jährl. Kapazität. Gehandelt wird Eisenerz entweder im Rohzustand, als gesintertes Feinerz, oder als Pellets, d. h. bereits zum Verhütten im Hochofen vorbereitet. Daneben kennt man die Direktreduktion von Eisenerz zu Eisenschwamm als Vorstufe einer Weiterverarbeitung im Elektroofen. In Mauretanien fördert die SNIM (*Société Nationale Industrielle et Minière*) direkt verschiffbares hochhaltig hämatitisches Erz (64–65% Eisen) der Gruben Kedia d'Idjil und M'Haoudat sowie geringhaltig magnetitisches Erz (37%) der Grube Guelb El Rhein, das vor Versand durch trockene Magnetscheidung auf 66% angereichert wird. Mit 13 Mio. t hat Afrika einen bescheidenen Anteil an der Welt-Rohstahlerzeugung (776 Mio. t 1998).

IV. Stahlveredler. – IV.1. Chrom. Chrom wird als Eisenlegierung Ferrochrom dem Stahl zugesetzt, um ihm eine höhere Widerstandskraft gegen mechanische Beanspruchung und Korrosion zu verleihen. Ausgangsmaterial für Ferrochrom ist Chromit. An der auf 13 Mio. t geschätzten Weltproduktion handelsfähigen Chromits ist Afrika zur Hälfte beteiligt. Den Löwenanteil (5,9 Mio. t) bestreitet Südafrika.

IV.2. Nickel ist ein Legierungselement für hochfeste Stahlsorten, beständig gegen hohe Temperatur und den Angriff von Chemikalien. Zu 1,1 Mio. t der jährl. Weltproduktion (1998) tragen Gruben des Kontinents 68.000 t bei. In Südafrika liefern sieben Platin- und eine Kupfererzgrube zusammen fast die Hälfte (33.000 t) als Beiprodukt. Die vermehrte Erzeugung rostfreien Stahls führt zur Erschließung von Nickelerzlagerstätten, bspw. des Nkomati-Nickel-Projekts auf der Farm Mpumalanga bei Slaaihoek.

Auch Botsuana (20.000 t aus der Tiefbaugrube Selebi-Phikwe) ist dabei, die Kapazität zu erweitern. Gegenwärtig übersteigt in Afrika die Bergwerksproduktion noch die Hüttenkapazität, weswegen ein Zwischenprodukt, ein Kupfer-Nickel-Stein, zur Aufarbeitung nach Übersee exportiert wird. Der Nickelerz-B. in Simbabwe, der noch 10.000 t Metallinhalt nennt, leidet unter der geringeren Qualität des Erzes.

IV.3. Mangan. An der geschätzten Erzproduktion der Welt (1998: 20 Mio. t), von der die Stahlindustrie neun Zehntel abnimmt, ist Afrika mit einem Viertel durch Südafrika vertreten. Bei Stahl ist Mangan ein Zuschlagstoff, der ein leichteres Verarbeiten (Formen, Schmieden, Schweißen) ermöglicht und den Schweißwiderstand verbessert. Die Nachfrage konzentriert sich auf die Legierungen Ferromangan und Silicomangan.

IV.4 Kobalt. Die primäre Weltproduktion stammt bis zu den 1990er Jahren im Wesentlichen aus Bergwerken im Kupfer-Kobalt-Erzgürtel der Provinz Katanga (Demokrat. Rep. Kongo). Infolge des Bürgerkriegs ist das Aufkommen an Kobalt als Beiprodukt der Kupferproduktion rückläufig. Bspw. lieferte Zaïre (heute Demokrat. Rep. Kongo) 1986 noch 40.500 t Kobalt, 1998 aber nur noch etwa 4.000 t. Das Metall hat als Legierungsbestandteil von Stoffen für Turbinen, Brenner, Dauermagnete, Bohr- und Schneidwerkzeuge Bedeutung. Bis Ende der 1970er Jahre vereinigte die Gesellschaft Gécamines ungefähr die Hälfte der Weltproduktion auf sich.

IV.5. Vanadium. Bedeutendster Lieferant an primärem Vanadium, das für Stahl höchster Festigkeit verwendet wird, ist Südafrika. Die Highveld Steel & Vanadium Corp. produziert mit 1997 29.0000 t fast die Hälfte der Weltproduktion (65.000 t) an Vanadiumpentoxid.

V. Titan. Sierra Leone und Südafrika trugen Anfang der 1990er Jahre mit natürlichem Rutil zur Erzeugung von Titan bei, das nicht in elementarem Zustand vorkommt. Die Produktion von Sierra Leone kam 1995 infolge des Bürgerkriegs zum Erliegen. Einen Ausgleich schaffte dafür das Mineralsand-Projekt Namakwa Sands (Westküste Kapprovinz, Südafrika). Der Hauptproduzent Richards Bay Minerals erzeugt jährl. 1,2 Mio. t Mineralsand. Das Aufkommen am Zwischenprodukt Titanschlacke wird mit insges. 1 Mio. t jährl. (1998) beziffert.

VI. Diamanten: An der jährl. Weltproduktion von natürlichem Rohdiamant (1998: 118 Mio. Karat) ist Afrika schätzungsweise zur Hälfte beteiligt. Nach Karatmasse (1 Kt = 0,2 g) ergibt sich für die drei Hauptproduzenten die Reihenfolge Botsuana (19,8 Mio. Kt), Demokrat. Rep Kongo (18,1 Mio. Kt) und Südafrika (10,8 Mio. Kt). Auch nach Wert der Karatmasse führt Botsuana, weil hier wertvoller Schmuckstein höheren Anteil hat gegenüber sog. Industriediamanten. Hier gilt die Grube Jwaneng als reichstes Vorkommen (12,7 Mio. Kt im Wert von 1,1 Mrd. US$). Da heute über drei Viertel des industriellen Bedarfs synthetisch hergestellt wird, überwiegt mit über 80% die Förderung von Schmuckdiamanten. Galt seit dem Altertum zunächst Indien als Dorado des Schmucksteins, spricht man im 18. Jh. von »Diamantbergen an der afrik. Goldküste« und »Diamanten im Königreich Angola«. Angola und Guinea liefern heute 3,0 und 0,3 Mio. Kt (1998). Das Schürfen nach Diamanten außerhalb der Minen geschieht in kleinen Gruppen unter schwierigen Bedingungen, in Bürgerkriegsländern wie Sierra Leone, Angola und der Demokrat. Rep. Kongo werden auch ↗ Kindersoldaten bzw. Zwangsarbeiter eingesetzt. Um zu verhindern, dass ↗ Rebellenbewegungen den bewaffneten Kampf mit dem Verkauf sog. Blutdiamanten finanzieren, haben sich Vertreter aus den führenden Diamanten exportierenden, verarbeitenden und importierenden Ländern im Okt. 2000 auf ein Zertifizierungssystem geeinigt. Die Vermarktung von Schmuck- und Industriediamanten geschieht in London durch die CSO, eine Zentrale Verkaufsgesellschaft, das Schleifen weiterhin größtenteils in Antwerpen. Die südafrik. De Beers Consolidated Mines Limited setzt ungefähr 70% der Weltfördermenge an Rohdiamanten ab. Dieser kartellartige Zusammenschluss auf der Produktionsseite soll Angebot und Nachfrage am internat. Markt einigermaßen im Gleichgewicht halten.

VII. Erdöl und Erdgas. Afrika produziert gut ein Zehntel des Weltaufkommens an Erdöl (1998: 370 von 3.512 Mio. t). Daran sind wesentlich beteiligt Nigeria (104), Libyen (67), Algerien (38) und Ägypten (44). Wachsende Bedeutung haben künftig die off-shore-Förderung der Enklave Cabinda (Angola), ferner Neuaufschlüsse im S des Sudan. Die Erdölförderung liegt bei wenigen internat. Konzernen, die aus ökolog. (wie z. B. Shell im nigerianischen Nigerdelta) bzw. pol. Gründen (wie z. B. Elf-Total in der Rep. Kongo und in Gabun) in die Kritik geraten sind.

Die Fördermenge des Kontinents an Erdgas ist, von Algerien (77) abgesehen, gegenüber dem Weltaufkommen (1998: 105 von 2.220 Mrd. m^3) sehr bescheiden, erst recht gemessen an dem nachgewiesenen Lagerstättenvorrat (fast 10.000

Mrd. m^3, davon je ein Drittel in Algerien und in Nigeria). Anders als beim Vermarkten von Erdöl ist der von Natur aus gasförmige Energieträger auf genügend großen Verbrauch an Ort und Stelle oder leistungsfähige Transportsysteme angewiesen, sei es durch Rohrleitungen oder, nach Verflüssigung, durch Tanker. Der lokale Verbrauch ist bislang auf Nigeria, Südafrika, Angola und Gabun beschränkt.

VIII. Steinkohle. An der Weltproduktion von Steinkohle (1998: 3.800 Mio. t) ist Afrika hauptsächlich durch Südafrika (223) beteiligt. In großem Abstand folgen Simbabwe (5), Sambia und Marokko (je weniger als 0,4). Die Produktion in Südafrika konzentriert sich auf Gruben im Witbank-Middelburg-Revier, Mpumalanga. Der Tiefbau (55%) überwiegt gegenüber dem Tagebau. Der Absatz dient hauptsächlich der Erzeugung von Strom (90 Mio. t) und synthetischem Kohlenwasserstoff (60), sodann dem Export (67) auf dem Seeweg über den Hafen Richards Bay.

IX. Uran. Bei einer Weltproduktion von 38.000 t Uranoxid (1998) ist Niger (4.400 t) bedeutendster Lieferant des Kontinents, gefolgt von Namibia (3.300 t) mit dem Tagebau Rössing bei Swakopmund. Bei nur leicht ansteigendem Bedarf auf dem Weltmarkt zeigt die Produktion aufgrund eines Überangebots und durch freigegebene Vorräte aus milit. Beständen allerdings eine sinkende Tendenz. ↗ Außenwirtschaft, ↗ Energiewirtschaft, ↗ Industrialisierung, ↗ Lomé-Abkommen, ↗ Migration, ↗ Neue Weltwirtschaftsordnung, ↗ Stadt, ↗ Stadtplanung, ↗ Umweltschutz, ↗ Urbanisierung.

🕮 F. Friedensburg/G. Dorstewitz, Die Bergwirtschaft der Erde, Stuttgart 1976. – J. Marchand, L'économie minière en Afrique australe, Paris 1996. – Metals and Minerals Annual Review 1999ff. – Mining Journal, Annual Review Supplement 1999ff. – Mining, Minerals and Energy. In: South Africa Yearbook, Pretoria 1998.

Ernst-Ulrich Reuther

Berliner Afrika-Konferenz, vom 15. 11. 1884 bis zum 26. 2. 1885 auf Einladung des Reichskanzlers Otto von Bismarck in Berlin abgehaltene Konferenz, bei der die Vertreter 13 europ. Nationen, der USA und der Wirtschaft über die Regelung der internat. Handelsinteressen in Afrika berieten. In der Schlussakte einigten sich die europ. Mächte, die ihre im Zuge der Industrialisierung entstandenen innenpol., ökonom. und sozialen Konflikte durch die Erschließung von Rohstoffquellen und neuen Märkten zu lösen hofften, auf Handelsfreiheit in Zentralafrika zwischen dem 5. Breitengrad und dem Sambesi sowie freie Schifffahrt auf dem Kongo und Sambesi. In Abwesenheit der betroffenen Afrikaner legte die B. A.-K. auch Modalitäten künftiger kolonialer Besitzergreifungen fest und überließ dem belg. König Leopold II. das Kongogebiet. Wenn die koloniale Inbesitznahme auch weiterhin mit milit. oder diplomat. Mitteln bzw. durch Zuvorkommen der Konkurrenz erfolgte, so beschleunigte die B. A.-K. doch den Wettlauf um Afrika. Unmittelbar danach erhielt z. B. Karl Peters einen kaiserlichen Schutzbrief für die ostafrik. Gebiete der Gesellschaft für dt. Kolonialisation, für viele afrik. Staaten wurden in bi- bzw. multilateralen Abkommen noch heute gültige künstliche Grenzen festgelegt. ↗ Kolonialismus.

🕮 J. Schildknecht, Bismarck, Südwestafrika und die Kongokonferenz. Hamburg 2000.

Philippe Essomba

Beschneidung, kollektiv oder individuell durchgeführte operative Entfernung oder Veränderung bestimmter Teile der äußeren Geschlechtsorgane bei Kindern bzw. Erwachsenen beiderlei Geschlechts. Aufgrund der Zeugungsanteile beider Eltern gelten Kinder (meist bis zur Pubertät) als ursprgl. bisexuell angelegt. Damit aus ihnen vollgültige Männer und Frauen werden, die heiraten und ihren Zeugungsfunktionen nachkommen können, bedarf es des »korrigierenden« Eingriffs, der bei Jungen in der Entfernung der Vorhaut als weiblichem, bei Mädchen in der Entfernung der Klitoris als männlichem »Reststück« besteht. Die B. ist damit Teil der Riten, die den Übergang vom Kind zum Erwachsenen vollziehen (↗ Initiation).

Häufigste Form der traditionellen Knaben-B. ist die Zirkumzision (Entfernung der Penisvorhaut), die sich mit der ↗ Islamisierung auch unter Bevölkerungsgruppen verbreitet hat, die ehemals keine Knaben-B. kannten. Seltener ist die Inzision (z. B. bei den ostafrik. Maasai), bei der die Vorhaut lediglich vom Eichelrand (*Collum glandis*) bis zur Penisspitze dorsal eingeschnitten wird. Die zunächst beidseitig herabhängenden Lappen wachsen unterhalb der Eichel (*Glans*) zu einem Wulst zusammen, der sich mit der Zeit merklich zurückbildet.

Bei der in Ägypten und nahezu allen Ländern West-, Zentral- und Ostafrikas verbreiteten Mädchen-B. werden entweder die Vorhaut der Klitoris oder Vorhaut und Spitze der Klitoris oder die ganze Klitoris (Klitoridektomie) oder zusätzlich die kleinen Schamlippen, seltener auch der obere Teil der großen Schamlippen (Exzision) entfernt. Die Operation kann nach der Geburt, einige Monate oder Jahre später oder bei Eintritt in die Pubertät erfolgen und wird von älteren Frauen unter Ausschluss der männl. Öffentlichkeit, falls staatlicherseits untersagt, auch heimlich ausgeführt. In NO-Afrika und dem Sudan, aber auch in Teilen Eritreas, Somalias, des Tschad, Nordnigerias und Malis ist damit ein zeitweiliges Verschließen der Scheide (Infibulation) verbunden, gewöhnlich erstmals bei Mädchen im Alter von zwei bis acht Jahren. Dabei werden zunächst die Klitoris und die kleinen Schamlippen exstirpiert, dann die großen Schamlippen bis auf Hautrandteile beiderseits der Vagina abgetragen und (mit Rindersehne, Pferdehaar, Zwirn oder Bast) vernäht oder zum Verwachsen zusammengelegt. Belassen wird eine etwa fingerstarke Öffnung zum Ausscheiden von Urin und Menstruationsblut. Kurz vor der Hochzeit nimmt eine erfahrene Frau oder der Bräutigam selbst die Defibulation durch einen Einschnitt längs der Narbe vor. Vor der ersten Niederkunft wird die Öffnung durch einen abermaligen Schnitt erweitert – und danach so weit, dass der Geschlechtsverkehr gerade noch möglich bleibt, aufs Neue verschlossen. Folge dieser sog. pharaonischen B. sind nicht nur psychische Traumata, sie führt auch häufig zu schwerwiegenden Komplikationen wie akuten oder chronischen Infektionen der Harnwege und Geschlechtsorgane, Blutungen, Zysten und Abszessen an der Vulva, Geschwulsten, Problemen beim Urinieren, Stauung von Menstruationsblut in der Bauchhöhle, Frigidität, Unfruchtbarkeit und Tod. Dennoch sind immer noch 80–90% aller Mädchen und Frauen in Nubien und im Sudan infibuliert. Zweck der pharaonischen B. soll sein, zunächst die Jungfräulichkeit und später die eheliche Treue der Frauen zu sichern.

Die weibl. B. – internat. FGM *(Female genital mutilation)* bzw. weibl. Genitalverstümmelung genannt und zunehmend als Menschenrechtsverletzung eingestuft – ist heute in Afrika heftig umstritten. Während sie einerseits noch immer als wichtiger Bestandteil der traditionellen Kultur gilt, schließen sich in den meisten Ländern verstärkt Frauen zusammen, um Öffentlichkeit und Betroffene im Kampf gegen die B. aufzuklären und zu sensibilisieren.

📖 M. Bloch, From Blessing to Violence. History and Ideology in the Circumcision Ritual of the Merina of Madagascar, Cambridge 1986. – A. Cloudsley, Women of Ondurman. Life, Love and the Cult of Virginity, London 1983. – S. Dinslage, Mädchenbeschneidung in Westafrika, Hohenschäftlarn 1981. – C. Hermann, Das Recht auf Weiblichkeit. Hoffnung im Kampf gegen die Genitalverstümmelung, Bonn 2000.

Ute Ritz-Müller

Besessenheit, Erregungszustand, bei dem eine Person als durch Dämonen, Gottheiten oder die Geister verstorbener Menschen ergriffen angesehen wird. Dadurch bekommt der Besessene mehr ↗ »Lebenskraft«, sein Verhalten (z. B. die Sprechweise) ändert sich, und er befindet sich meist in einem unbewussten Zustand.

Einem Besessenen werden häufig außergewöhnliche Fähigkeiten wie die Traum- und Zukunftsdeutung, die Diagnose von Krankheiten etc. zugeschrieben. B. wird in diesen Fällen als gesellsch. nützlich angesehen, in anderer Form als dem Betroffenen wie etwa eine psychische Krankheit schadend. Bes. ausgeprägt findet sich B. in Afrika v. a. im Einflussbereich des islam. Volksglaubens (↗ Islam) sowie im Schnittbereich von islam. und traditionellen Religionen (↗ Synkretismus).

B. kommt bspw. in Marokko bei Einzelpersonen vor oder als kollektive Erscheinung. Hier finden sich Personen zusammen, die wie z. B. die *Hamadsha* von ähnlichen Dämonen besessen sind und eine Art Therapiegemeinschaft bilden. Von welcher B. ein Individuum betroffen ist, manifestiert sich dagegen häufig erst durch den Beitritt zur Gruppe oder die Beteiligung an ihren therapeutischen Zeremonien.

In Ägypten dominieren zwei Arten der Besessenheit: durch Totengeister und durch sog. *Zâr*-Geister. Bei der ersteren Form ergreift der Geist einer z. T. bekannten Person, etwa der eines vor Generationen verstorbenen Heiligen (↗ Marabut), von einem Individuum Besitz und zwingt es zu bestimmten Handlungen (Opfer, Bau eines Grabmals, Pilgerfahrt etc.). Erfüllt der Besessene die Verpflichtungen, reduzieren sich die negativen Wirkungen der B. bis hin zur völligen Befreiung von ihr.

Der wahrscheinlich aus Äthiopien stammende und auch im Sudan verbreitete *Zâr* beruht auf der Idee, dass Personen, insbes. Frauen, von einem *Zâr*-Geist besessen werden, was erhebliche negative Folgen für Verhalten und Wohlbefinden des Ergriffenen haben kann. Durch Zeremonien, die man ebenfalls *Zâr* nennt (Musik, Tanz, Opferung eines Tieres), werden in Ägypten die Geister wohlwollend gestimmt und die Besessenen von den negativen Folgen wie z. B. Krankheiten geheilt. Dabei bedient man sich einer Vermittlerin, der *Kûdya* oder *Schêcha,* ferner bestimmter Kleidungsstücke und Amulette. Der *Zâr*-Kult ist unter Christen und Muslimen verbreitet, und auch den Geistern werden verschiedenste Religionszugehörigkeiten (v. a. Islam, aber auch Christen- oder Judentum) zugeschrieben. Heute wird der *Zâr*-Kult auch als eine Bewegung gesehen, die Frauen einen Freiraum in der männl. beherrschten ägypt. Gesellschaft schaffen soll.

🕮 V. Crapanzano, Die Hamadsa. Eine ethnopsychiatrische Untersuchung in Marokko, Stuttgart 1981. – B. Heintze: Besessenheitsphänomene im mittleren Bantugebiet, Wiesbaden 1970. – R. Kriss/H. Kriss-Heinrich, Volksglaube im Bereich des Islam, Bd. 2, Wiesbaden 1962. – G. Böhringer-Thärigen, Besessene Frauen. Der Zâr-Kult von Omdurman, Wuppertal 1996.

Frank Bliss

Bestattungsrituale, Übergangsriten vom Leben zum Tod, die der Aufnahme der Verstorbenen in das Totenreich und die Ahnengemeinschaft (↗ Ahnenkult) dienen und von großer gesellsch. Bedeutung sind. Aus Achtung vor dem Toten und verwandtschaftlicher Solidarität richtet man insbes. in Westafrika möglichst großangelegte Begräbnisfeiern aus, teilweise sowohl nach christl. als auch nach traditionellem Ritus, die Familien bis an den Rand des Ruins treiben können. Dennoch schrankt man sie ungern ein: Selbst die ärgste Verschuldung ist einem beleidigten Toten vorzuziehen.

Während die Toten bei den Muslimen innerhalb weniger Stunden in einem weißen Tuch begraben werden, da ein Totenkult der islam. Lehrmeinung widerspricht, in stark christl. geprägten Regionen kath., ev. oder freikirchliche Bestattungen und bei nomadischen Gruppen Beerdigungen ohne großen rituellen Aufwand stattfinden, gibt es in vielen Agrargesellschaften ausgeprägte Bestattungsrituale. Künstlerisch gestaltete Graber und Erinnerungsmale – z. B. geschwärzte Hocker (Akan, Ghana und Elfenbeinküste), beschnitzte hölzerne Pfosten (Giriama, Kenia), tönerne Schreine (Dogon, Mali) oder Metallskulpturen (Fon, Benin) – bezeugen die ungebrochene Präsenz der Verstorbenen unter den Lebenden. Über die Art und den Ort der Bestattung entscheiden die nächsten Verwandten. Da es immer auch um Erbfragen geht, führt bei wichtigen Persönlichkeiten der Tod häufig zu Streitigkeiten zwischen blutsverwandten wie angeheirateten Verwandten – wie im Fall des bekannten kenianischen Rechtsanwalts S. M. Otieno – oder versch. Lokal- und Glaubensgemeinschaften.

Aufgrund der wirtsch., statusspezifischen und pol. Differenzierungen unterscheiden sich B. selbst in ein und derselben Gesellschaft nach Alter (Kinder werden ohne große Trauerfeierlichkeiten zu Grabe getragen), Geschlecht (für Männer oft länger und kostspieliger als für ↗ Frauen), Persönlichkeit, Bund- und Schichtzugehörigkeit sowie schließlich der Art des Todes. Für Personen, die auf plötzliche, vorzeitige oder ungewöhnliche Weise, z. B. durch stigmatisierende Krankheiten wie Lepra, Pocken, Elephantiasis, durch Mord, Suizid oder Unfall ums Leben kamen, also offenbar kein gerechtes Leben führten und daher einen sog. Schlimmen Tod erlitten, finden keine, bestenfalls verkürzte B. statt. Gleich Unverheirateten, Kinderlosen, Kriminellen und ehemaligen Sklaven sind sie als Ahnen (↗ Ahnenkult) unerwünscht, weshalb ihre Bestattung auch keines besonderen Zeremoniells bedarf. Verantwortungsträger der Gesellschaft befinden so über das künftige Geschick der Verstorbenen. Im Rahmen »ordnungsgemäßer« B., zumal bei hochrangigen Toten, wird der Verstorbene sorgfältig auf seine künftige Existenz im Jenseits vorbereitet, indem man den Leichnam wäscht, mit wohlriechenden Essenzen einreibt, ihm Finger- und Fußnägel schneidet und die Haare ordnet oder abrasiert. Anschließend legt man ihm eine bestimmte Kleidung an, schmückt ihn und gibt ihm Gebrauchsgüter in die Hand, die für sein Geschlecht und Alter, bisweilen auch seinen Beruf und Status typisch sind. Analog zur sog. verkehrten Welt des Totenreichs werden die entsprechenden Handlungen oft umgekehrt durchgeführt – man wäscht den Toten mit kaltem Wasser, benutzt die linke Hand usw. Diese sog. Leichenkosmetik fand früher im engsten Familienkreis statt, war oft Aufgabe von Frauen jenseits der Menopause, denen die Verunreinigung nicht mehr gefährlich werden konnte. Auch sonst verläuft während dieser Zeit fast nichts normal: Die Arbeit ruht, die Angehörigen fasten, legen Trauertrachten an, schneiden sich die Haare, tragen eine bestimmte Bemalung auf und verbringen eine gewisse Zeit in Abgeschiedenheit. Der Leichnam verbleibt eine bestimmte Zeit lang im Sterbezimmer oder der Eingangshalle des Hauses. Besucher kommen, um einen letzten Blick auf den Verstorbenen zu werfen, der aufgebahrt liegt, um »persönlich« an seinen Trauerfeierlichkeiten teilzuhaben und der Gemeinschaft Gelegenheit zur offiziellen Verabschiedung zu geben. Die Hinterbliebenen klagen um ihn, unterhalten ihn mit Maskentänzen und Wettspielen (in den Städten auch moderner Bandmusik), rühmen ihn in Liedern und Preisgedichten. Die Gäste werden großzügig mit Limonaden, Bier, Palmwein und hochprozentigen Alkoholika bewirtet, was dem Toten unter den Lebenden wie den Ahnen zum Ruhm gereicht. Aufgrund der klimatischen Bedingungen (nur in den Städten können sich wohlhabende Familien eine längere Konservierung der Toten leisten) wird der Leichnam bald nach Todeseintritt, je nach Status in Matten, Tuche oder Häute gehüllt bzw. in einer einfachen Holzkiste begraben. Eine Neuerung bilden die seit den 1960er Jahren in Ghana in Mode gekommenen Phantasiesärge aus der Werkstatt Kane Kweis und seiner Nachfolger, die auf bildhafte Weise (in Gestalt von Autos, Flugzeugen, Booten, Tieren, Pflanzen usw.) Tätigkeit und Verdienste des Verstorbenen festhalten (↗ Kunst, städt.). Früher waren an der Grablegung nur Männer beteiligt; z. B. Sakralkönigen, aber auch Kindern und schwangeren Frauen war die Teilnahme an B. untersagt, um sie nicht deren Lebensfeindlichkeit auszusetzen. Nach der Beerdigung tritt die Seele des Verstorbenen ihre langwierige, oft gefährliche und mit verschiedenen Proben verbundene Reise ins Totenreich an. Der hohen Kosten wegen wird die große Abschiedsfeier – nach der Grablegung – häufig auf einen oft Monate späteren Zeitpunkt, i.d.R. in der Trockenzeit, verschoben. Der Tote selbst ist dabei unsichtbar, in Gestalt einer Puppe oder eines Stellvertreters aus der Gemeinschaft zu Gast. Bis dahin bestehen die Treuepflicht der Witwen und die Amtszeit der verstorbenen Würdenträger fort. Wesentlicher Teil der Riten am Ende der Trauerzeit ist ein gemeinsames Mahl, das die Aufnahme des Verstorbenen unter die Ahnen besiegelt und die Bindungen zwischen den Überlebenden bekräftigt, die sich – ähnlich wie eine Kette, von der ein Glied verlorenging – neu zusammenschließen. Schließlich hält man in periodischen Totengedenkfeiern die Erinnerung an die Toten auch späterhin aufrecht. Ziel der B. ist die Festigung der Beziehung zu den Verstorbenen, die als Ahnen Verantwortung für das Überleben der Gemeinschaft tragen. Im Gegensatz zu anderen Traditionen hat der soziale Wandel die Bedeutung der B. selbst in den Städten keineswegs verringert; sie sind weiterhin wichtiger Anlass, verwandtschaftliche Bindungen zu demonstrieren und zu stärken.

🕮 J. Goody, Death, Property and the Ancestors: A Study of the Mortuary Customs of the Lodagaa of West Africa, London 1962. – L.-V. Thomas, La mort africaine. Idéologie funéraire en Afrique Noire, Paris 1982. – T. Sundermeier, Todesriten und Lebenssymbole in den afrik. Religionen. Symbol und Wirklichkeit, Darmstadt 1980, S. 250–259.

Ute Ritz-Müller

Bete (Sprache) ↗ Kwa, ↗ Schriftsysteme, afrik.

Bevölkerung. *I. Bevölkerungsentwicklung.* Markantes Merkmal der B. Afrikas ist das im Vergleich zur Weltbevölkerung rasante Wachstum. 1950 stellte die B. Afrikas mit ca. 224 Mio. 8,8%, im Jahre 2000 mit über 800 Mio. ca. 13% der Welt-Bev. Für 2025 sind 15,9% prognostiziert. Von 1970–1990 verzeichnete das subsahar. Afrika trotz zahlreicher Kriege, Hungerkatastrophen, des Zusammenbruchs medizin. Dienste in vielen Regionen oder der Ausbreitung von Krankheiten und Seuchen wie Malaria (↗ Tropenkrankheiten) und ↗ Aids ein Bevölkerungswachstum von 2,8%, von 1990–99 von immerhin noch 2,6% (1970–90/1990–99 Lateinamerika und Südasien 2,2/1,7 bzw. 1,9%; Ostasien 1,8/1,2%; Industrieländer 0,7/0,6%; vgl. auch Karte 5). Beispielhaft für viele Länder steht Ke-

Karte 5: Das Bevölkerungswachstum (in %) in den Ländern Afrikas 1950–1998

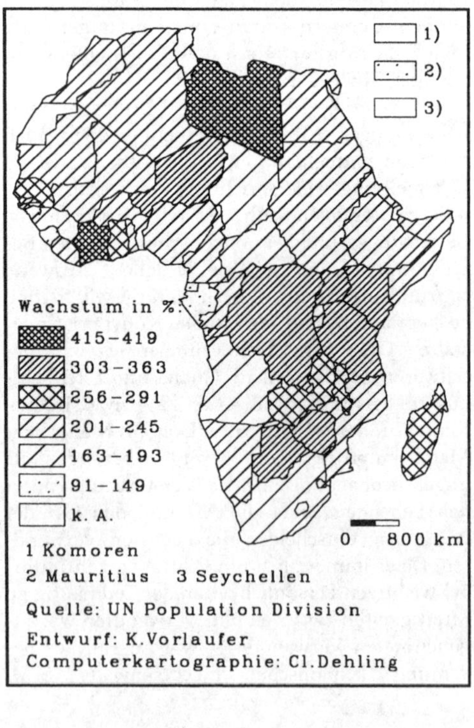

Abb. 6: Die Stellung afrikanischer Großräume im demographischen Übergang im Vergleich zu anderen Weltregionen 1975-80 und 1995-2000

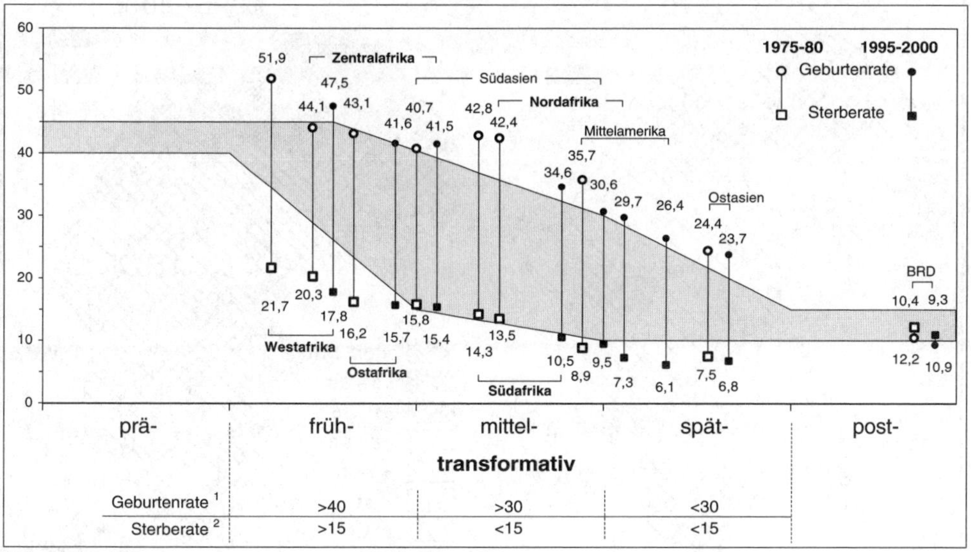

Entwurf: K.Vorlaufer Grafik: U.Dortschy Quelle: Daten der UN Population Division 1998

[1] Zahl der Lebendgeborenen pro 1000 Einwohner der mittleren Wohnbevölkerung

[2] Zahl der Gestorbenen pro 1000 Einwohner der mittleren Wohnbevölkerung

nia, das nach der Unabh. 1963 bei rasant steigenden Geburten- und schnell sinkenden Sterbeziffern ein Spitzenwachstum von ca. 4,3% in den frühen 1980er Jahren und von immerhin noch 2,1% in den späten 1990er Jahren erreichte (Welt: 1,4%). Gleichwohl ist Afrika gemessen an seiner Fläche mit ca. 819 Mio. Einw. im Jahre 2000 bevölkerungsarm: Indien weist bei nur 10% der Fläche Afrikas eine um fast 30% größere B. auf.

Für das subsahar. Afrika lassen sich fünf Phasen der Bevölkerungsentwicklung unterscheiden: (1) Zeitenwende bis ca. 1600: Auf der Basis einer zunächst noch geringen B. und gewisser Fortschritte in der Agrartechnik ergab sich ein Bevölkerungswachstum von ca. 12 auf 100 Mio. Menschen. Der Anteil an der Welt-B. betrug um 1600 18%. (2) 1600–ca. 1900: Die B. ging v. a. infolge des ↗ Sklavenhandels um fast 10% zurück; der Anteil an der Welt-B. fiel auf 5,5%. Geburten- und Sterberaten waren hoch. Nach dem Modell des demographischen Übergangs befand sich das subsahar. Afrika in der prätransformativen Phase (Abb. 6). (3) 1900–1945/50: Mit der Etablierung der Kolonialherrschaft (↗ Kolonialismus), durch verbesserte ↗ Gesundheitsversorgung, die Unterbindung von Sklavenhandel und Kriege erfolgte ein allmählicher Rückgang der hohen Sterberaten bei weiter hohen Geburtenraten. Die B. wuchs von 95 (1900) auf 167 Mio. (1950), das sind +75%. (4) 1945/50–1960: Infolge des Wirtschaftswachstums, verbesserter medizin. Versorgung und Schulbildung sank die Sterberate weiter; die Geburtenrate war gleichbleibend oder nahm leicht zu. Die meisten Länder befinden sich in der frühtransformativen Phase. (5) Seit 1960: Sinkende Sterberaten (1960/65: 229/1.000 Einw.; 1985/90: 148) und weiterhin hohe Geburtenraten (1960/65: 48,8/1.000 Einw.; 1985/90: 43,1) führen zu einem rasanten Bevölkerungswachstum von bis zu 4% pro Jahr. Die meisten Länder befinden sich noch am Ende der früh-, nur Südafrika ist bereits in der mitteltransformativen Phase; die Bevölkerungsschere weitet sich noch, beginnt sich in einigen Ländern jedoch infolge zurückgehender Geburtenraten sowie steigender Sterberaten infolge von Aids und ↗ Kriegen/Bürgerkriegen etwas zu schließen.

Nordafrika verzeichnete bis ca. 1850 eine vom Rest des Kontinents abweichende Bevölkerungsentwicklung. Hier wurde das Maximum um ca.

Karte 6: Die Lebenserwartung bei Geburt in den Ländern Afrikas

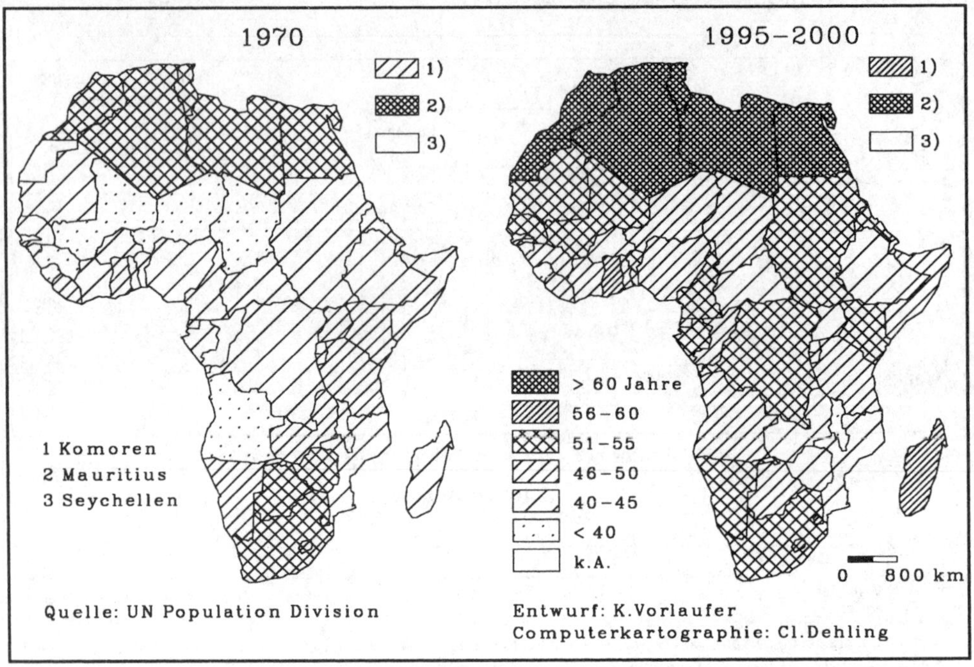

200 n. Chr. mit 16 Mio. Menschen erreicht; nach einem starken Rückgang wurde diese Zahl erst um 1900 wieder ausgewiesen. Dann setzte eine mit dem subsahar. Afrika vergleichbare rasante Entwicklung ein. Heute befindet sich Nordafrika bereits in der mitteltransformativen Phase; die Bevölkerungsschere schließt sich allmählich (Sterberate 1985/90: 9,8; 1995/2000: 7,5; Geburtenrate 1985/90: 34,4; 1995/2000: 28,2).

II. Faktoren des Bevölkerungswachstums. Dauer des Transformationsprozesses sowie Höhe und Abstand der Sterbe- und Fruchtbarkeitsziffern werden beeinflusst durch kulturspezifische Faktoren, Kriege und Unterschiede in der wirtsch. Entwicklung, die Übernutzung natürl. Ressourcen, die Ausbreitung von Aids, Hungerkatastrophen (z. B. Äthiopien) oder die unterschiedliche Intensität der aus den IL übernommenen Strategien (z. B. Leitbild der Familienplanung, Verwendung moderner Kontrazeptiva). Infolge weiter verbesserter medizin. Versorgung und der Seuchenbekämpfung ging die Sterberate kontinentweit und bes. in Nordafrika zurück, und zwar von 8,6/1.000 Einw. (1990/95) auf 7,5 (1995/2000). Dies trifft auch auf die Säuglingssterblichkeit zu, die im Vergleich zum Europa des 19. Jh. in Afrika niedrig, im Vergleich zu den IL heute aber hoch ist (subsahar. Afrika bei knapp über 100, in Simbabwe 1999 nur bei 60 auf 1.000 Geburten; Deutschland Mitte des 19. Jh. ca. 300, IL 1999: 6). Die durchschnittliche Lebenserwartung bei der Geburt ist zwischen 1970 und 2000 i. Allg. gestiegen, im subsahar. Afrika von 44 auf 49 Jahre: Die Lebenserwartung weist nicht nur zwischen den Ländern (Karte 6), sondern i.d.R. auch innerhalb eines Landes, zwischen versch. Sozialschichten und ethn. Gruppen markante Unterschiede auf. Zwischen den Distrikten Kenias z. B. schwankte 1969 die Lebenserwartung bei der Geburt zwischen 34,2 und 63,2 Jahren: Regionale Disparitäten hinsichtlich u. a. Einkommen, Bildungsstand, medizin. Versorgung sind wichtige Faktoren. Große Unterschiede weist die Mortalität zudem zwischen Stadt und Land auf. Die Sterberate ist in Städten v. a. infolge besserer medizin. und hygienischer Standards niedriger als auf dem Lande. Auch die Unterschiede zwischen ↗ Slums und Oberschichtvierteln sind eklatant.

Mit der Ausbreitung von Aids hat sich die Sterberate in den meisten Ländern – mit Ausnahme des von der Epidemie nur wenig betroffenen Nordafrika – wieder erhöht. Daraus ergibt sich ein Rückgang der durchschnittl. Lebenserwartung bei der Geburt, in Botsuana z. B. von 52 (1970) auf 45 Jahre (1999), in Simbabwe von 50 auf 43 Jahre, nach Schätzungen der WHO sogar auf nur ca. 40 Jahre. Das Wachstum der B. (und Wirtsch.) wird wesentlich davon abhängen, ob es gelingt, die rasante Ausbreitung von Aids zu verhindern. Neben der Sterblichkeit sind für die Bevölkerungsentwicklung die Geburtenraten entscheidend. Besser als die rohe Geburtenrate vermittelt die TFR (Totale Fruchtbarkeitsrate) einen Einblick in die Fruchtbarkeit einer B. Die TFR gibt an, wie viele Kinder durchschnittl. von einer Frau im gebärfähigen Alter geboren werden. Im Vergleich zu anderen Weltregionen weist die B. Afrikas eine hohe Fruchtbarkeit auf (subsahar. Afrika 1999: 5,4; Welt: 2,6), die jedoch innerhalb des Kontinents stark schwankt. In Mali lag sie 1999 z. B. bei 6,4, in Südafrika nur bei 3,1. Schon viele 20-jährige Frauen sind oft mehrfache Mütter: Wenn auch die Zahl unerwünschter Schwangerschaften insbes. bei jungen Mädchen steigt, so werden doch häufige Geburten und frühe Heirat durch die Einbindung in Großfamilien meist wirtsch. abgefedert. Mutterschaft und Kinderreichtum gelten in Afrika als ein Wert an sich, als Basis eines sinnerfüllten Lebens. Kinder gelten als Garantie der Fortsetzung des Lebens in der Ahnenreihe (↗ Ahnenkult). Als Arbeitskräfte und für die Versorgung im Alter sind sie unentbehrlich. Ein stärkerer Geburtenrückgang wurde bisher auch durch den Einfluss des Katholizismus und Islam verhindert; beide Religionen lehnen Familienplanung ab. Die seit Jahren vielerorts propagierte und internat. geförderte Familienplanung zeigt erst in jüngster Zeit Erfolge (↗ Abtreibung, ↗ Schwangerschaft und Geburtshilfe, ↗ Verhütung).

Der aktuelle Rückgang der TFR wird sich auf die Dynamik des Bevölkerungswachstums erst in einigen Jahrzehnten auswirken. Die große Zahl der in den nächsten 15 Jahren ins gebärfähige Alter kommenden Frauen wird auch bei einer rückläufigen TFR eine weiter hohe Geburtenzahl bedingen. Diese als Echo- und Momentum-Effekt bezeichnete Eigendynamik wird rd. 50–75 Jahre andauern, bis die Altersverteilung den veränderten Geburtenraten angepasst ist. Bei der für 1998–2015 prognostizierten Wachstumsdynamik von 2,3% pro Jahr wird sich die B. des subsahar. Afrikas in ca. 30 Jahren auf rd. 1,2 Mrd. Menschen verdoppeln. In jedem Fall aber besteht für eine riesige wachsende Zahl junger Menschen ein enormer zusätzlicher Bedarf an Schul- und Arbeitsplätzen, Wohnungen, Nahrungsmitteln und medizin. Versorgung. In Anbetracht der schon weit verbreiteten Armut, Arbeitslosigkeit und Unterbeschäftigung, von Hunger und Unterernährung sind dies kaum lösbare Probleme. Soziale, pol., ethn. und relig. Konflikte dürften sich verschärfen.

III. Bevölkerungsverteilung. Das Bevölkerungswachstum wird in seinen Auswirkungen durch die extrem unterschiedliche Bevölkerungsverteilung und -dichte verschärft. Regionen mit extrem hoher Bevölkerungsdichte, in denen die Tragfähigkeit bereits überschritten, die Übernutzung und damit die Zerstörung natürl. Ressourcen ein drängendes Problem ist, stehen weite Gebiete gegenüber, die, an ihren Ressourcen gemessen, bevölkerungsarm sind. Das ostafrik. Hochland mit seinen günstigen agrarökolog. Bedingungen, die Oberguinea-Staaten sowie einige nordafrik. Länder haben eine relativ hohe Bevölkerungsdichte. Demgegenüber ist die Dichte in den weiten Trockenräumen der Sahelzone und des südl. Afrika (v. a. in Namibia, Botsuana) gering. Die Länder im Bereich des äquatorialen Regenwaldes weisen ebenfalls eine geringe Dichte auf, u. a., weil diese Gebiete mit zehn humiden Monaten auf der Basis der Brandrodung schwerer zu roden und zu besiedeln waren und sind als die sich im N und S anschließenden Feuchtsavannen. Im Kontaktbereich zwischen der Regenwald- und Feuchtsavannenzone (↗ Ökozonen) werden daher mit die größten Dichten erreicht. Hohe Bevölkerungsdichten weisen im subsahar. Afrika zudem die Höhenstufen zwischen ca. 1.200–2.200 m auf, u. a., weil hier Malaria und Schlafkrankheit weniger auftreten, Niederschläge i.d.R. hoch und verlässlich sind, die Tsetsefliege kaum vorkommt und so Rinderhaltung möglich ist. Die ungleiche Verteilung der B. ist auf Landesebene oft noch schärfer ausgeprägt. Bei Berücksichtigung nur des nutzbaren Ackerlandes (Karte 7) verschieben sich die Dichtewerte eklatant. In Ägypten z. B. konzentrieren sich 98% der B. auf ein nur wenige Kilometer breites Band entlang des Nil und im Nildelta. Abgesehen von den Oasen sind riesige Trockenräume menschenleer. In Kenia konzentrieren sich über 90% der B. auf rd. 20% der Staatsfläche. In einigen kleinbäuerl. Regionen etwa Westkenias wird eine Bevölkerungsdichte von rd. 1.000 Einw. pro km^2 erreicht, in trockneren, nur für die extensive ↗ Weidewirtschaft geeigneten Regionen liegen die Werte lediglich bei 1–2 Einw./km^2. Diese extremen Unterschiede werden durch die rasante Entfaltung riesiger hoch verdichteter Agglomerationen verschärft. Infolge unterschiedlicher Ressourcenausstattung

Karte 7: Die Bevölkerungsdichte in den Staaten Afrikas bezogen auf das nutzbare Ackerland 1998

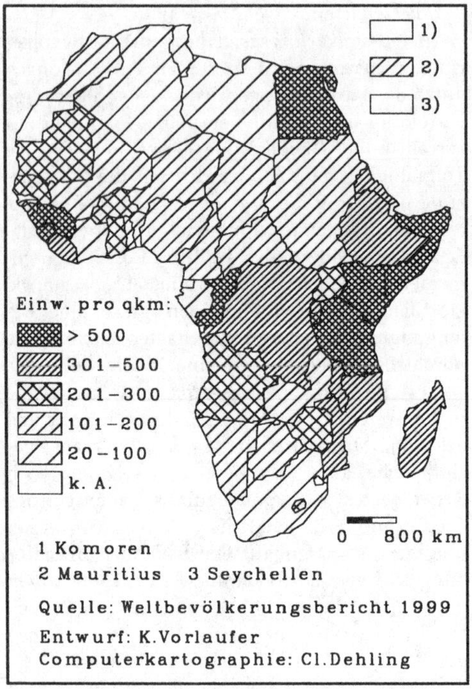

ist sowohl die effektive (heutige) als auch potenzielle (künftige) Tragfähigkeit sehr differenziert. Dünnbesiedelte Trockengebiete können daher – in Relation zu ihren Ressourcen – schon übervölkert sein, während Gebiete mit hervorragenden agrarökolog. Bedingungen und günstiger Lage zu den Märkten evtl. trotz bereits hoher Dichte ihr Bevölkerungsoptimum noch nicht erreicht haben. Obwohl die relativ dünn besiedelten Regenwälder z. B. in Gabun, Kongo, Demokrat. Rep. Kongo und der Zentralafrik. Republik hinsichtlich ihres agrarischen Potentials nicht zu überschätzen sind, ist hier die Tragfähigkeitsgrenze noch nicht erreicht. Der Bevölkerungsdruck der angrenzenden dichtbesiedelten Hochländer wie Burundi und Ruanda auf diese noch relativ bevölkerungsarmen Räume wird sich langfristig weiter verschärfen, und Konflikte zwischen übervölkerten und bevölkerungsarmen Ländern sind vorgezeichnet.

Staatl. und ↗ ethnische Konflikte ergeben sich oft dadurch, dass Bevölkerungsgruppen aus ihrer übervölkerten Heimatregion in unterbevölkerte Siedlungsräume einwandern. Durch eine verstärkte Erschließung bisher noch un- oder untergenutzter Potenziale wie z. B. dem tropischen Regenwald oder von Naturparks können sich ökolog. Probleme ergeben – wie bei der Klimaveränderung auch von globaler Relevanz.

IV. Bevölkerungswachstum und wirtsch. Entwicklung. In weiten Räumen Afrikas könnte ein noch stärkeres Bevölkerungswachstum zum Katalysator wirtsch. Entwicklung werden. Insbes. in den in Relation zu ihren Ressourcen dünn besiedelten Räumen ergeben sich dann Wachstumsimpulse; es entstehen u. a. Märkte im Nahbereich der bisher noch dispers siedelnden B., deren Versorgung mit staatl. und privaten Dienstleistungen sowie mit Infrastrukturen bisher auch aufgrund zu geringer Bevölkerungsdichte wirtsch. nicht realisierbar ist.

Zwischen dem Wachstum und der Wohlfahrt der B. besteht kein positiver Zusammenhang, wie ein Vergleich des Bevölkerungswachstums mit dem von der UNDP (*United Nations Development Program*) entwickelten HDI (Index für menschliche Entwicklung) bestätigt (Abb. 7), der sich aus drei Parametern zusammensetzt: Lebensdauer (durchschnittliche Lebenserwartung bei Geburt), Bildungsgrad (Alphabetisierungsrate von Erwachsenen und Gesamteinschulungsquote) und Lebensstandard (reales BIP/Kopf in US$ auf Kaufkraftparitätsbasis). Der Index 1 repräsentiert die höchste, der Index 0,1 die niedrigste Entwicklung. (Fast) alle Länder Afrikas weisen im Vergleich selbst zu anderen Entwicklungsländern extrem niedrige Indices auf. Infolge des v. a. aidsbedingten Rückgangs der Lebenserwartung auf max. 45 Jahre wird sich der Index in den nächsten Jahren bes. für Länder des subsahar. Afrika verringern.

In vielen Ländern hat die bisher hohe Fruchtbarkeit die Einkommensverteilung zu Ungunsten der Armen weiter verstärkt und ein schnelleres Wirtschaftswachstum verhindert. Bei einer noch deutlich höheren B. wird sich zudem der Ressourcenverbrauch dramatisch verschärfen. Im Sahel, in Ägypten und insbes. Ostfrika sind die für eine agrarische Nutzung geeigneten Flächen schon jetzt weitgehend aufgebraucht; der Anbau greift bereits auf weniger günstige Areale (oder illegal auf Wald-/Naturschutzgebiete) über, die geringere und unsichere Ernteerträge bringen. In trockeneren Regionen wird bei weiter wachsender B. der Wasserverbrauch zunehmen. Die Erschließung neuer Wasservorräte und die Wasseraufbereitung werden einen stetig größeren Teil der nat. Budgets verschlingen, der dann für andere Entwicklungsmaßnahmen fehlt. Mit

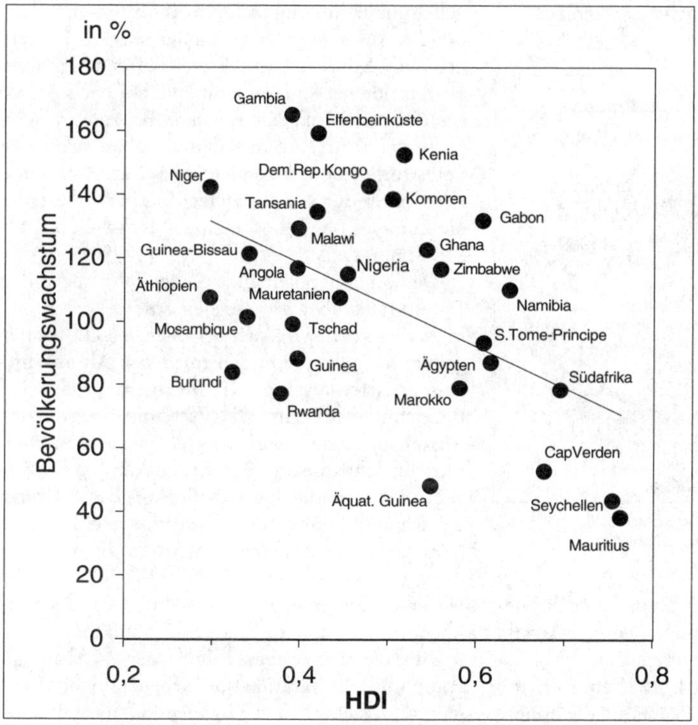

Abb. 7: Der Zusammenhang zwischen Human Development Index (1997) und Bevölkerungswachstum (1970–1998) am Beispiel ausgewählter Länder

Quelle: Human Development Report 1998

Entwurf: K.Vorlaufer

Grafik: U.Dortschy

dem enormen Wachstum der B. ist zudem eine Steigerung der Erzeugung von Treibhausgasen verbunden. Im subsahar. Afrika werden z. B. 68% des gestiegenen CO_2-Ausstosses der Jahre 1980–88 auf das Bevölkerungswachstum zurückgeführt. Ein Großteil der projektierten Bevölkerungszunahme wird sich zudem auf Städte konzentrieren, der Verbrauch von oft wertvollen Agrarflächen für Siedlungen wird sich erhöhen. Die Absorptionsfähigkeit der Umwelt von Müll und Abwässern wird zunehmend überschritten; ein Zusammenbruch der Ökosysteme ist zu befürchten (↗ Umweltschutz). Der Landhunger der wachsenden B. ist eine direkte Bedrohung für andere Arten. Lebensräume wild lebender Tiere und Pflanzen werden eingeschränkt oder gänzlich vernichtet; die Biodiversität wird weiter zurückgehen (↗ Naturschutz). Die Überfischung der Meere und großen Seen ist eine weitere Bedrohung. Trotz rasanten Bevölkerungswachstums ist im subsahar. Afrika der Anteil unterernährter Menschen von 1979/81 bis 1995/97 zwar um 4% zurückgegangen, liegt aber mit 33% weltweit an der Spitze. In Mittel-, Ost- und im südl. Afrika ist die Hälfte der B. unterernährt. Trotz oft beachtlicher Investitionen in die ↗ Landwirtschaft und der Ausdehnung der landwirtsch. Produktionsflächen hat sich namentlich in den Staaten mit schnell wachsender B., wie z. B. Kenia, die Nahrungsmittelproduktion pro Kopf in den letzten Jahren verringert, in Ländern mit relativ geringer Bevölkerungszunahme hingegen erhöht wie z. B. in Mauritius und Ägypten. Bei einer schon für die nächsten Jahrzehnte zu erwartenden Verdopplung oder Verdreifachung der B. in vielen Ländern wird sich diese Situation verschärfen. Unterernährung und Hunger als ständige Begleiter einer Bevölkerungsmehrheit werden sich verzögernd auf die Entwicklung anderer Wirtschaftssektoren auswirken.

V. Probleme der Altersgliederung. Die Alters- und Geschlechtergliederung zeigt in den meisten Ländern die für eine schnell wachsende B. typische Pyramidenform mit breiter Basis als Ausdruck der großen Zahl von Kindern (↗ Kinder,

Abb. 8: Das Bevölkerungswachstum Kenias zwischen 1969 und 1998

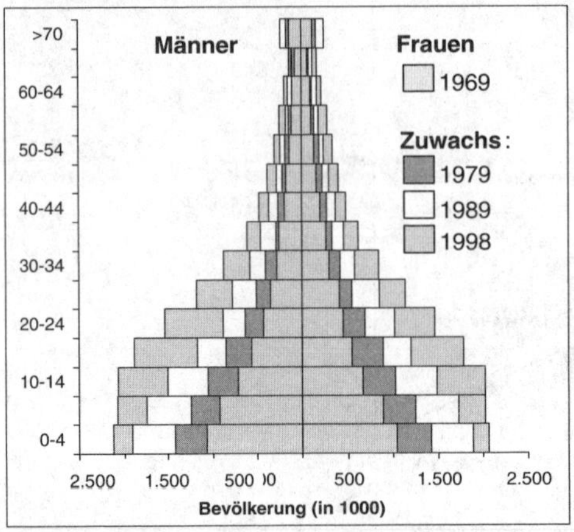

Quelle: Kenia Population Census; U.S.Census Bureau
Entwurf: K.Vorlaufer Grafik: U.Dortschy

↗ Jugendliche) und schmaler Spitze für die geringe Zahl älterer Menschen, deren Anzahl durch den Rückgang der Geburtenrate (im subsahar. Afrika von 1970 jährl. 48 Geburten pro 1.000 Einw. auf 40 im Jahre 1999) und die höhere Lebenserwartung allerdings steigen wird. Mauritius ist eines der wenigen Länder, in denen die Zahl der Angehörigen jüngerer Altersgruppen absolut ab-, die der mittleren und älteren Altersgruppen infolge hoher Fruchtbarkeitsrate früherer Jahre zugenommen hat. Eine dramatisch gestiegene Zahl der Angehörigen aller Altersgruppen ist jedoch typisch für die meisten Länder (Beispiel Kenia, Abb. 8). Die damit verknüpfte Notwendigkeit der Schaffung zusätzlicher Schulen, Arbeitsplätze und Wohnungen ist eine kaum lösbare Aufgabe. Die schnell wachsende Zahl auch älterer Menschen infolge gestiegener Lebenserwartung stellt die Gesellschaft vor weitere Probleme. Im Zuge sozialen Wandels und zunehmender Verelendung breiter Schichten und durch Aids wird das traditionelle System sozialer Fürsorge für die Alten, die großfamiliäre Solidargemeinschaft, zunehmend brüchig (↗ Alter, ↗ Familie, ↗ Verwandtschaft). Renten- und Pensionsansprüche bestehen nur für eine winzige Minderheit (↗ soziale Vorsorge). V.a. Witwen sind im Alter auf familiäre Unterstützung angewiesen. Eine Studie aus Simbabwe ergab 1995, dass 21% der Alten weder von Kindern noch von anderen Verwandten Hilfe erhalten. Das Überleben dieser steigenden Zahl alter Menschen ist in fast allen Ländern gefährdet. Zusätzlich müssen überlebende Großmütter oft allein für die Aidswaisen ihrer Kinder sorgen. Eigentlich von Menschen im Erwerbsalter abhängige Generationen sind zunehmend auf sich selbst gestellt. In Großstädten wie z.B. Addis Abeba (Äthiopien) und Accra (Ghana) haben sich erste Selbsthilfegruppen gebildet, die allein stehende Alte unterstützen; in vielen Städten übertrifft die Zahl der obdachlosen alten Menschen die der Straßenkinder.

Der Abhängigkeitsindex, die Zahl der unter 15- und der über 59-Jährigen auf 100 der B., ist in Afrika hoch. Volkswirtsch. wird so ein immer größerer Teil des von den mittleren Altersgruppen erwirtschafteten BIP für nicht produktive Bereiche verbraucht. Die Verteilung begrenzter Mittel auf eine steigende Zahl von Menschen nur für den Konsum, zur physischen Existenzsicherung, schränkt die Möglichkeit des Sparens, die Kapitalbildung für Investitionen ein. In einem kumulativen Prozess wird so die Verelendung einer stetig größeren B. beschleunigt. Die Unterschiede in der Alters- und Geschlechtergliederung zwischen Stadt und Land sind groß. In Städten überwiegen infolge der ↗ Urbanisierung und ↗ Migration die arbeitsfähigen Jahrgänge, auf dem Lande Kinder und Ältere. Insbes. für einen wachsenden Teil der auf dem Lande lebenden Alten, deren Unterstützung durch die in der Stadt lebenden arbeitsfähigen Kinder tendenziell abnehmen wird, verschärft sich die Armut.

VI. Ethnische Struktur. In den meisten Ländern des subsahar. Afrika stellen Afrikaner weit über 95% der B.: Nur in den Hauptstädten leben – z.T. nur vorübergehend – oft größere Gruppen Menschen etwa europ. oder asiat. Herkunft (↗ Minderheiten). Selbst in Simbabwe, der ehem. Siedlerkolonie Südrhodesien, stellen Weiße nur noch eine winzige Minderheit in Höhe von ca. 0,5%. Auch die ebenfalls wirtsch. noch bedeutende asiat. B. Ostafrikas ist zurückgegangen, zumal seit der Unabh. viele ↗ Inder unter Zwang (Uganda) oder freiwillig aufgrund unsicherer Zukunftsperspektiven Ostafrika verlassen haben und noch verlassen. Eine wichtige Rolle im Handel spielt in Westafrika die ebenfalls kleine Minderheit der Libanesen. Nur in der »Regenbogennation« Südafrika und eingeschränkter in Namibia leben größere nicht schwarze Gruppen, wobei die demographischen Merkmale stark variieren (Tab. 1). Ähnliche Differenzierungen sind oft auch zwischen afrik. Ethnien typisch, da sie u.a. hinsichtlich Urbanisierungsgrad, Wirtschaftsweise – Landwirtschaft, ↗ Nomadismus –, Bil-

Tab. 1: Die Differenzierung demographischer Merkmale der Bevölkerungsgruppen Südafrikas

	Schwarze	Farbige	Asiaten/ Inder	Weiße
Zahl in Mio. 1996	31,13	3,60	1,05	4,43
mittlere jährliche Zuwachsrate in %				
1980–91	2,78	1,90	1,78	1,07
1991–95	2,40	1,43	1,40	0,67
Geburtenrate (%)				
1970	40,0	34,1	32,3	22,9
1994	25,3	21,7	18,1	13,7
Lebenserwartung bei Geburt in Jahren				
1980	56,2	58,5	65,4	70,4
1991	60,3	66,5	68,9	73,1

Quelle: Wiese, B.: Südafrika mit Lesotho und Swasiland, Gotha/Stuttgart 1999 (nach offiziellen Statistiken)

dungsstand und Umweltsituation große Unterschiede aufweisen. Die afrik. B. fast aller Staaten gliedert sich i.d.R. in eine große Zahl etwa in Sprache, Religion und Identität unterschiedlicher Ethnien (↗ Ethnizität, ↗ politisierte Ethnizität, ↗ Sozialstruktur). Ethn. und relig. Zugehörigkeit verquicken sich nicht selten und stellen ein nicht unbeträchtliches Konfliktpotential dar, so z. B. christl. Yoruba/Ibo und islam. Hausa in Nigeria; islam. Araber/christl. Dinka und Schilluk im Sudan.

🕮 J. Bähr/Chr. Jentsch/W. Kuls, Bevölkerungsgeografie, Berlin, New York 1992. – UNDP (Hg.), Human Development Report 2000 (www.undp.org). – UN-Bevölkerungsfonds (Hg.), Weltbevölkerungsbericht, Bonn, jährl. seit 1987. – WHO (Hg.), World Health Report 2000 (www.who.int). – www. uneca.org – www.weltbevölkerung.de

Karl Vorlaufer

Bewässerungswirtschaft ist die Methode, mit der pflanzliche Erzeugung auch unter Bedingungen ganzjähriger Aridität (Trockenheit) ermöglicht wird. Dabei setzt der enorm hohe Investitionsbedarf neben dem knappen Faktor Wasser der Ausdehnung der B. Grenzen. Von der als Ackerland genutzten Fläche Afrikas (1,7 Mrd. ha) werden 0,4% bewässert. Für die Wüstenzone ist die ausschließlich auf B. basierende Oasenlandwirtschaft mit der Dattelpalme als Hauptfrucht und der Etagenkultur charakteristisch. Ägypten verfügt mit 3,2 Mio. ha über die größte Bewässerungsfläche, die zwar nur 3 % des Landes, aber fast 100 % des bebaubaren Bodens ausmacht. Nach der Fertigstellung des ↗ Assuandamms 1971 blieben die seit dem Altertum jährlich wiederkehrenden Überflutungen aus, und die Bauern mussten innerhalb kürzester Zeit auf Wasserhebeverfahren umstellen. Seitdem können jährl. zwei Ernten erzielt werden. Der Sudan hat unter den afrik. Staaten mit 1,9 Mio. ha die zweitgrößte Bewässerungsfläche. Hier hat der Baumwollanbau im Gezira- und Manangilgebiet Bedeutung erlangt. Auch in semiariden (halbtrockenen) bis humiden (feuchten) Gebieten ist die B. sinnvoll, da sie die Bodenproduktivität steigert und das Risiko mindert. Die Rolle, die B. für die Ernährungssicherung spielen kann, hat sich bspw. in Marokko (1,2 Mio. ha) gezeigt, wo durch die gezielte Ausbreitung der B. (*politique des barrages*) die Probleme der regelmäßig wiederkehrenden Dürrezeiten erheblich gemildert werden konnten. Auch in Südafrika hat die B. einen Umfang von 1,2 Mio. ha erreicht. Im Hochland von Madagaskar ist der bewässerte Reisbau (1,1 Mio. ha) bereits vor mehreren Hundert Jahren durch die eingewanderte asiat. Bev. verbreitet worden. Dagegen ist die B. entlang der großen Flüsse Niger und Senegal eine neuere Entwicklung; die Produktion von Reis leistet hier einen wichtigen Beitrag zur ↗ Ernährung. Die WARDA (*West Africa Rice Development Association*) erprobt und verbreitet die B. als nachhaltig stabiles Bodennutzungssystem (↗ Bodennutzung) auf den Talsohlen der feuchttropischen Länder Westafrikas. Nachteile der B. sind ein hoher Input an Dünger, Versalzung der Böden und die Verbreitung von Bilharziose. ↗ Landwirtschaft.

Eckhard Baum

Biafra-Krieg ↗ Krieg/Bürgerkriege

Bibel. Die B. ist so eng wie kein anderes Buch in die Geschichte Afrikas verwoben, und ebenso hat Afrika zur Geschichte der B. beigetragen. In der ägypt. Stadt Alexandria wurde gegen 130 v. Chr. das Alte Testament ins Griech. übersetzt. Berühmte nordafrik. Theologen wie Tertullian, Cyprian und Augustin lieferten klassische Beiträge zur Bibelauslegung. Die seit dem 2. Jh. nach Chr. in Nordafrika entstehenden Nationalkirchen Ägyptens, Äthiopiens und ↗ Nubiens erhielten schon früh Übersetzungen der B. in ihre Sprachen. Im subsahar. Afrika war die Missionstätigkeit bes. auf ev. Seite eng mit der Übersetzung und Verbreitung der B. in einheimische Sprachen verbunden. Die Erforschung von Struktur und Vokabular der afrik. Sprachen geschah in den ersten Jahrzehnten des Kolonialismus fast ausschließlich zum Zweck der Bibelübersetzung, weil die B. nach ev. Verständnis das Hauptmittel zur ↗ Mission darstellte. Die bedeutendsten Afrikamissionare widmeten der Bibelübersetzung viel Zeit und Kraft und wurden dabei zu den Vorläufern der ↗ Afrikanistik.

Bei der Übersetzung und Verbreitung der B. waren einheimische Christen unentbehrliche Mitarbeiter der Missionare. Nicht nur christl. Gemeinden, sondern auch Repräsentanten der afrik. Gesellschaften erkannten den Bildungswert der B. als inspirierende Quelle und einigendes geistiges Band bei einem den neuzeitlichen Herausforderungen entsprechenden Kulturwandel. Durch die Aufnahme biblischer Begriffe und Leitbilder wuchs der eigene Sprachschatz, und die gemeinsame Benutzung von Bibelübersetzungen in die Einzelsprachen bestimmter Sprachfamilien förderte die Entwicklung von Ethnien übergreifenden Sprachen. Auch das afrik. Liedgut befasste sich vornehmlich mit biblischen Motiven (↗ Gottesdienst). Dasselbe gilt für die Kunst, wovon z. B. die weltweit verbreiteten Linolschnitte von Azariah Mbatha, einem Zulu, Zeugnis ablegen (↗ Kunst, christl.; ↗ Grafik).

Aufgrund ihres anderen kulturellen Hintergrunds finden afrik. Christen oft gegenüber der europ.-theologischen Exegese neue Aspekte zum Verständnis der B. Auf großes Interesse stieß z. B. die Entdeckung soziologischer Parallelen in der Volksordnung Israels und den Kulturen Afrikas, was den afrik. Kirchen vielfach eine alttestamentlich-gesetzliche Prägung gab. Gemeinsamkeiten mit afrik. Mythen fand man in der Urgeschichte von Schöpfung, Sündenfall und Gottesgericht (↗ Schöpfungsmythen).

Biblische Grundgedanken hatten in Afrika auch eine pol. Wirkung. So wurde die Aneignung der christl. Überzeugung von der Gleichheit und Einheit aller Menschen vor Gott sowie der befreienden Bedeutung des Evangeliums zu einem Impuls beim Entstehen des afrik. ↗ Nationalismus, in der Uhuru-Bewegung (↗ Widerstand) und im Protest gegen die ↗ Apartheid. Ebenso stellte Israels Exodus aus Ägypten ein Leitmotiv afrik. Widerstandsführer dar, wenn sie ihre Rolle mit der des Mose identifizierten.

Der Respekt der Afrikaner vor der Autorität der B. zeigt sich auch in der regen Nachfrage sowohl nach Neuauflagen klassischer Bibelübersetzungen als auch nach Neuübersetzungen. Übersetzungen in bisher unberücksichtigte Sprachen werden weiterhin betrieben. Im Jahre 1994 lag die ganze B. in 127 afrik. Sprachen vor, in mehr Sprachen als auf irgendeinem anderen Kontinent.

📖 J. Mbiti: Bibel und Theologie im afrik. Christentum, Göttingen 1987. – W. A. Smalley: Translation as Mission: Bible Translation in the Modern Missionary Movement, Macon/Georgia 1991.

Peter Beyerhaus

Bikulturalismus, offizielle und institutionale Koexistenz zweier Kulturen. Als bikulturell gilt ein Land mit zwei Sprachen wie Kanada oder Belgien. In den meisten afrik. Ländern koexistieren allerdings Dutzende von Gruppen mit jeweils eigener ↗ Kultur und Sprache. Von B. in Afrika wird auch gesprochen, wenn man die Begegnung von zwei ↗ Literaturen mit korrelativen Zügen kennzeichnet oder den Gegensatz der literarischen Schriftsprache zur ↗ Oralliteratur (↗ geschichtliche Überlieferung) und zur praktischen Kommunikation in einem Land mit einheitlicher Sprache oder Kultur betont. B. kennzeichnet ferner die Lage von Kindern, die mit Elementen zweier unterschiedlicher Kulturen erzogen werden, so namentlich von Einwandererkindern, denen seitens der Eltern die Kultur des Herkunftslandes, von ihrem Umfeld aber ein Teil der Kultur des Empfangslandes vermittelt wird.

In Afrika geht der B. auf älteste Zeiten zurück. Für Nordafrika finden sich in der vorislam. Periode nacheinander ägypt., libysche, punische, griech., latein., christl. und berberische Spuren; sie entsprechen linguistischen und kulturellen Räumen, die im Lauf der Jahrhunderte Ablagerungen unterschiedlicher Herkunft aufweisen, so auf dem Sockel ↗ Karthagos der latein. Lit. mit Augustin, über der Lit. der Priester und Weisen Ägyptens jene der ↗ Kopten, der anderen Christen usw. Aber insbes. in der nachkolonialen Periode zeigen dann die Lit. in Sprachen wie ↗ Berber, ↗ Arabisch, ↗ Ägyptisch, Koptisch, ↗ Swahili, Yoruba (↗ Benue-Kongo), Xhosa und Kikongo (↗ Bantusprachen), Frz., Engl., Span. und Portug. (↗ Sprachen, europ.) sowie ↗ Afrikaans u.a. einen sehr ausgeprägten B. in den versch. hier definierten Bedeutungen. Je nach Kontext wird eher von Polykulturalismus zu reden sein als von B. ↗ Mehrsprachigkeit.

Georges Ngal

Bildungswesen. *I. Erziehung in vorkolonialer Zeit.* In allen Gesellschaften ist die Übermittlung von Verhaltenseinstellungen und Werthaltungen, aber auch von konkretem Wissen an deren heranwachsende Glieder Aufgabe der Erziehung. Diese wird einerseits von der Familie, andererseits von öffentl. und privaten Bildungsinstitutionen wahrgenommen. Abgesehen von den frühen Formen institutionalisierter Erziehung am Hofe der Pharaonen in Ägypten, den entsprechenden Einflüssen der griech. und röm. Kultur, v.a. in Nordafrika, und dem B. der ↗ Araber spielte sich Erziehung auf dem afrik. Kontinent in und außerhalb der ↗ Familie in den traditionellen Formen ab. Sie erfolgte über die Familien durch Spiele und bes. Übungen. Es gab aber auch lehrlingsähnliche Formen, in denen der Vater, die Mutter oder Verwandte und vereinzelt auch spezialisierte Fachkräfte handwerkliche und gewerbliche Fähigkeiten vermittelten. Die Vermittlung bezog sich nicht nur auf Kenntnisse von ↗ Ackerbau und ↗ Viehhaltung und der unmittelbaren Umgebung, sondern auch auf ↗ Kunst, Literatur, ↗ Musik, ↗ Tanz, ↗ Religion und die Vergangenheit (↗ geschichtliche Überlieferung, ↗ Oralliteratur). Herzstück dieser Erziehung aber war die institutionalisierte Übermittlung grundlegender Kenntnisse über das Leben und die Gemeinschaft, die in gesondert zusammengezogenen Altersgruppen (↗ Altersklassen) stattfand und nach einer Phase der Absonderung mit der ↗ Initiation in die Erwachsenengesellschaft endete. Herrscher, Priester und Heiler wurden in bes. Form auf ihre Aufgaben vorbereitet.

Aus der arab. Tradition verbreiteten sich mit dem Vordringen des ↗ Islam auf dem Kontinent die Koranschulen bzw. das islam. B. mit den Universitäten von Al Azhar in Kairo (seit etwa 1000), Kairouan/Tunesien, Fez/Marokko oder Timbuktu/Mali (Hochblüte im 16. Jh.). Unter den ↗ Kopten in Ägypten und im alten Äthiopien gab es ein hochentwickeltes christl. B.

II. Bildungswesen der Kolonialzeit. Vor und während der Kolonisierung Afrikas fassten die christl. Missionen Fuß und brachten die europ. Schule mit. Im Jahre 1827 wurde das Fourah Bay College in Sierra Leone auf Initiative der christl. Mission eröffnet, das nach 1945 zur ersten Universität in Westafrika wurde. In den 1870er Jahren gründeten die Missionen in Westafrika mehrere Grundschulen und je eine Sekundarschule an der Goldküste (im heutigen Ghana) und in Nigeria, denen entsprechende Einrichtungen gegen Ende des Jahrhunderts in Ostafrika folgten (↗ Missionsschule).

Die Kolonialbehörden richteten Schulen ein zur Vorbereitung einheimischer Hilfskräfte für die Verwaltung bzw. der Söhne afrik. Chiefs, um so die alten Herrschaftsstrukturen in die neuen Verwaltungsstrukturen einzubinden. Im Jahre 1927 gab es mit dem Achimota College an der Goldküste die erste afrik. staatl. Sekundarschule auf dem Kontinent. Hauptsächlich aufgrund der Bemühungen der Missionare, aber durch die Kolonialbehörden abgestützt und auch finanziell unterstützt, verbreitete sich die westl. Bildung über alle Teile des Kontinents, wenn auch nicht gleichmäßig in städt. und ländl. Regionen und kaum an die bestehenden Lebensbedingungen der Afrikaner angepasst. Höhere techn. Schulen und Universitäten wurden erst nach dem Zweiten Weltkrieg eingerichtet.

III. Koloniales Erbe. Als um 1960 die meisten Kolonien die Unabh. erlangten, bestanden erhebliche Probleme mit den bis dahin erfolgten westl. Schulgründungen: (1) Die Mehrheit der Bev. wurde nicht erreicht, blieb daher illiterat und war auf eine moderne Kommunikation in einem eigenen Staatswesen nicht vorbereitet. (2) Die kleine, von den Kolonialregierungen ausgebildete afrik. ↗ Elite, die mit der Unabh. an die Macht kam, war weitgehend ihrer eigenen Kultur entfremdet. (3) Die Vernachlässigung der technischen und beruflichen Bildung und die Attraktivität der *White-Collar*-Berufe führten zur Missachtung der Hand- und Feldarbeit und standen einer modernen industriellen Entwicklung im Wege. (4) Die ungleiche regionale Verteilung der Bildungseinrichtungen behinderte ein Zusammenwachsen der versch. ethn. Gruppen und schürte oft Spannungen zwischen ihnen (↗ Ethnizität).

Das über die Missionen und Kolonialregierungen nach Afrika importierte westl. B. hatte jedoch eine so große Anziehungskraft gewonnen, dass es ohne tiefergehende Reflexion unmittelbar in die neue Wirklichkeit der unabh. Staaten überführt wurde. Die neuen afrik. Führer sahen in diesem B. das beste Mittel für die ↗ Nationenbildung, für eine soziale Transformation ihrer Länder im Sinne der ↗ Modernisierung und für deren wirtsch. Entwicklung. Man war sich zwar einig, dass das in der Kolonialzeit aufgebaute System nicht etwa nur weiter ausgebaut, sondern auch qualitativ reformiert werden musste. Der öffentliche Druck auf einen Zugang zu den schulischen Institutionen, die bisher nur wenigen Auserwählten vorbehalten waren, war jedoch so groß, dass mehr Schulplätze geschaffen wurden. Eine Neudefinition des Sinns der Bildung bzw. eine inhaltliche Umgestaltung des aus der Kolonialzeit übernommenen B. erfolgte durchweg nicht und ist bis heute ein Desiderat geblieben.

IV. Bildungspolitische Konzeptionen nach der Unabhängigkeit. Der wohl wichtigste afrik. Ansatz zu einer qualitativen Reform stammt von dem ehem. Präsidenten Tansanias, Julius Nyerere, der Lehrer war. In seiner *Education for Self-Reliance* (1967) stellte er Bildung als Grundlage eines neuen afrik. ↗ Sozialismus dar und hob die Notwendigkeit hervor, die elitäre Ausrichtung kolonialer Bildung durch eine Grundbildung für alle abzulösen, die westl. und traditionelle afrik. Bildungselemente integriert und die Achtung vor körperlicher Arbeit und Dienstleistungen für die Gemeinschaft in den Bildungsprozess einbezieht.

Im Jahre 1961 wurde auf Veranlassung der UNESCO der erste wichtige Schritt zur Förderung des B. im unabh. Afrika auf einer Konferenz von 35 afrik. Staaten in Addis Abeba (Äthiopien) unternommen. Der auf dieser Konferenz verabschiedete Addis-Abeba-Plan für afrik. Bildung enthielt einmal die Aufforderung, die Bildungsinhalte auf die afrik. Umwelt zu beziehen. Zum zweiten legte er quantitative Entwicklungsziele fest. Das B. in Afrika sollte im Zeitraum von 1960 bis 1980 von 40 % auf 100 % im Primarschulbereich, von 3 % auf 30 % im Sekundarbereich und von 0,5 % auf 5 % im Hochschulbereich anwachsen, jeweils bezogen auf die Gesamtbev. im entsprechenden Alter. Ein Jahr später befasste sich Konferenz in Antananarivo (Madagaskar) mit der Entwicklung des höheren B. In der Folgezeit versuchten weitere internat. Konferenzen der afrik. Erziehungsminister (so in Abidjan/Elfenbeinküste 1964, in Nairobi/Kenia 1968, in Lagos/Nigeria 1976, in Harare/Simbabwe 1982 und in Dakar/Senegal 1991), die Entwicklung von Schulen und Hochschulen in Afrika voranzutreiben. Schon bald zeigte sich, dass einerseits die Planziffern von Addis Abeba nicht zu erreichen waren, andererseits aber gab es schon seit 1964 Anzeichen dafür, dass die steigenden Zahlen der Primarschulabgänger und später der Sekundar- und Hochschulabgänger nicht in den wirtsch. Entwicklungsprozess eingegliedert werden konnten. Für sich betrachtet war die Expansion des B. in Afrika zunächst dennoch beachtlich. Sie überstieg die Zuwachsraten aller anderen Entwicklungsregionen der Welt. Von 1961 bis 1980 stieg die Einschulung im Primarschulwesen um 6,2% jährlich. Bis 1980 gelangten etwa 70% der afrik. Kinder in die Primarschule und etwa 20% in die Sekundarschule, allerdings hier wesentlich mehr Jungen als Mädchen, bei einem Anteil der Jungen von 25% und dem der Mädchen von nur 15%. Der prozentual größte Anstieg wurde bei den Hochschulen erreicht, deren Studentenzahl sich in diesem Zeitraum verzwanzigfachte, allerdings mit sehr hohen Kosten. Während im Schnitt für einen Platz in der Grundschule 1980 nur 22 US$ und in der Sekundarschule 133 US$ ausgegeben wurden, waren es für einen Hochschulplatz 986 US$, also fast fünfzig Mal so viel wie für den in der Grundschule.

V. Rückläufige Entwicklung seit 1980. In den 1980er Jahren führten Bevölkerungsanstieg und erhebliche wirtsch. Probleme in vielen Staaten zu einem Rückgang der erreichten Einschulungsraten, wovon sich ein Teil dieser Staaten bis heute nicht erholt hat. In ganz Afrika gehen derzeit etwa 4o Mio. Kinder überhaupt nicht zur Schule. In zehn Ländern, und zwar Äthiopien (Einschulungsrate: männl. 43 %, weibl. 28 %, 1995–99), Burkina Faso (Besuch der Grundschule: männl. 38 %, weibl. 28 %, 1990–99), Eritrea (39/35 %), Guinea (39/26 %), Komoren (45/42 %), Mali (45/36 %), Niger (31/21 %), Senegal (48/42 %), Somalia (21/13 %) und Tschad (44/29 %), besuchen weniger als die Hälfte der Kinder im Schulalter die Grundschule. Nur 8 der 53 afrik. Staaten haben die Grundschulrate von 100% erreicht (Botsuana, Kap Verde, Libyen, Malawi, Mauritius, Seychellen, Swasiland, Tunesien). In 28 Ländern können mehr als die Hälfte der ↗ Frauen weder lesen noch schreiben. Die Wiederholerraten sind mit bis zu einem Drittel in der Grundschule sehr hoch, und ebenfalls ein Drittel der Grundschüler und -schülerinnen muss die Schule – vielfach aus wirtsch.

Gründen – vor Abschluss der vierten Klasse verlassen.

Unterernährung und Krankheiten sind ein weiteres Hindernis für die Bildung. Zudem ist die Unterrichtssituation in vielen Schulen des Kontinents schwierig. Die Lehrer und Lehrerinnen sind unzureichend ausgebildet und vielfach völlig unterbezahlt bzw. monatelang nicht bezahlt, was sie für ihre Tätigkeit nicht sonderlich motiviert. Lehr- und Lernmaterialien sind kaum vorhanden. Viele Klassenzimmer haben keine Tafel. Die Kinder hocken in kahlen und unsauberen Räumen oder sitzen unter Bäumen im Freien. Sie haben mitunter lange Schulwege und werden in der Schule mit vielen Dingen konfrontiert, die für ihr späteres Leben keine Bedeutung haben.

Bes. zurückgeblieben ist der Hochschul- und Wissenschaftsbereich. Der Anteil der wiss. Veröffentlichungen der Welt aus Afrika beträgt nur 0,8%, und lediglich 0,36% der Naturwissenschaftler und Ingenieure der Welt arbeiten in Afrika. Hinzu kommt eine große Abwanderung von Fach- und Führungskräften (↗ *Brain Drain*). Seit 1960 hat der Kontinent ein Drittel seiner ausgebildeten Fachkräfte an die Industrienationen verloren, allein zwischen 1985 und 1990 an die 60.000 höhere und mittlere Fach- und Führungskräfte.

Die Gründe für diese Unzulänglichkeiten sind vielfältig. Die gewaltige Expansion der sozialen Dienste, neben der Bildung auch der ↗ Gesundheitsversorgung, nach der Unabh. und die wirtsch. Krise der 1980er Jahre ebenso wie die enormen Auslandsschulden bzw. deren Rückzahlung belasten die Staatshaushalte schwer und lassen eine angemessene Finanzierung des B. nicht zu (↗ Verschuldung). Gleichzeitig tragen die finanziellen Engpässe dazu bei, dass die notwendigen strukturellen Veränderungen bzw. Reformen nicht erfolgen. So bleibt die Schule, die immer noch dem europ. Vorbild nachjagt, ein Fremdkörper in der afrik. Gesellschaft. Das lässt sich u.a. an den im Unterricht dominierenden europ. ↗ Sprachen ablesen, was sich bes. in der Grundschule negativ auf Schulleistungen und auf soziale Integration auswirkt. In nur wenigen Ländern erfolgt der ges. Primarschulunterricht in einer einheimischen Sprache, z.B. in Äthiopien, Eritrea, Ruanda und Tansania. In etwa einem Drittel der Staaten werden afrik. ↗ Sprachen zwar als Unterrichtssprache benutzt, aber lediglich in den Anfangsjahren, meist in der ersten bis dritten Klasse. Obwohl immer wieder auf die Notwendigkeit hingewiesen wurde, Kinder in einer ihnen vertrauten Sprache und Kultur zu unterrichten, hat sich diese Situation seit 1982 nicht wesentlich verändert. Erst in den letzten Jahren versuchen einige Staaten, die Schule an das sprachliche und kulturelle Umfeld der Kinder anzubinden. Das ist jedoch bei der Sprachenvielfalt mancher Länder nicht einfach und erfordert eine detaillierte Planung und mitunter auch zusätzliche finanzielle Ressourcen.

Ähnlich krass zeigt sich die bisherige Unfähigkeit der Regierungen und der betroffenen Institutionen zu grundlegenden Reformen im Hochschulbereich. Die Mehrzahl der Studenten und Studentinnen sind nach wie vor in den geisteswiss. Fakultäten eingeschrieben. Die Vermittlung spezifischer techn. Fertigkeiten, etwa im ländl. Bereich oder im öffentl. Gesundheitswesen, ist unterrepräsentiert.

VI. Internationale bildungspolitische Zusammenarbeit und neue Entwicklungsprogramme. Seit der Konferenz von Addis Abeba hat die internat. ↗ Entwicklungszusammenarbeit dem afrik. B. vielfältige Impulse gegeben und bedeutende Finanzmittel bereitgestellt. Im Jahre 1996 bspw. erhielt Afrika in diesem Bereich 668 Mio. US$ offizielle Entwicklungshilfe. Das entspricht etwa 3% der Bildungsausgaben der afrik. Staaten in Höhe von etwa 20 Mrd. US$. Etwa die Hälfte dieser Hilfe ging in die Grundbildung. Die Hilfsaktivitäten sind aber noch zu wenig koordiniert, zu sehr von außen gesteuert, zu wenig den nat. Prioritäten und Wirklichkeiten angepasst und insges. zu gering, um die Bildungssituation grundlegend verbessern zu können.

Die Weltbank hat 1988 die afrik. Regierungen aufgefordert, umfassende und kohärente Entwicklungsprogramme zu formulieren (*Education in Sub-Saharan Africa: Policies for Adjustment, Revitalization and Expansion*). Auf der Weltkonferenz »Erziehung für alle« in Jomtien/Thailand verpflichteten sich 1990 alle Länder der Welt und die großen internat. Entwicklungsagenturen, bis zum Jahre 2000 eine Grundbildung für alle zu gewährleisten. Mehr als 40 afrik. Regierungen erarbeiteten daraufhin entsprechende Entwicklungspläne. Da das Ziel, die Einschulungsrate von 100%, nur von wenigen Staaten erreicht wurde, hat das Weltforum für Erziehung im April 2000 in Dakar (Senegal) erneut die Staaten und Entwicklungsagenturen der Welt aufgefordert, »Erziehung für alle« spätestens bis 2015 überall sicherzustellen.

Für die meisten afrik. Länder besteht nach wie vor ein Bevölkerungswachstum von zwischen 2 und 3%, was in 25 bis 30 Jahren zur Verdoppelung der ↗ Bevölkerung führen wird. Je schneller es gelingt, Bedingungen zu schaffen, die zu einer Verlangsamung dieses Wachstums führen, desto effektiver können die nat. und internat. Ressourcen eingesetzt werden. Weiter sind die Folgen der vielen (bewaffneten) Konflikte für den Wiederaufbau im B. zu bewältigen. Auch die vielen Krankheiten und v. a. die Todesfälle durch ↗ Aids hinterlassen ihre Spuren. In einigen Ländern sind bis zu 40% der Lehrkräfte infiziert und werden in den nächsten Jahren sterben. Nicht nur im Hinblick auf den Wiederaufbau der Infrastruktur und die Bewältigung der vielen Traumata bei den Kindern ist das B. gefragt, sondern auch im Hinblick auf Maßnahmen der Konfliktvermeidung oder der Erziehung zum Frieden, zur ↗ Demokratie und zur Achtung der ↗ Menschenrechte. Mit Fernunterricht und dem Einsatz neuer ↗ Medien bietet sich eine kostengünstige Möglichkeit der Bildungsvermittlung.

Bildung wird auch in Zukunft eine wichtige Voraussetzung von Entwicklung sein. Ohne durchgreifende qualitative und quantitative Verbesserungen im B. können weder die sozioökonom. Lebensbedingungen verbessert, noch kann die Armut wirksam bekämpft werden. Bildung ist zudem ein effektives Mittel, die Geburtenraten zu senken. Bildung kann allerdings nicht allein wirtsch. Entwicklung für alle bewirken. Pol. und makroökonom. Stabilität bzw. ein Regierungssystem, das nicht auf die eigenen Interessen, sondern auf die der Entwicklung aller gesellsch. Kräfte ausgerichtet ist, sind ebenso notwendig. ↗ Internet.

🕮 A. Habte/T. Wagaw, Education and social change. In: General History of Africa, Bd. 8, London/Paris 1993, S. 678–701. – Weltbank (Hg.), Education in Sub-Saharan Africa: Policies for Adjustment, Revitalization and Expansion, Washington 1988. – A. A. Mazrui, Towards Diagnosing and Treating Cultural Dependency: The Case of the African University. In: International Journal of Educational Development 12 (1992), 2, S. 95–111.

Wolfgang Küper

Bilingualismus ↗ Bikulturalismus, ↗ Mehrsprachigkeit

Biodiversität ↗ Naturschutz, ↗ Wildtierbewirtschaftung

Bioko. Vulkanische Insel im Atlantik, im Golf von Guinea, etwa 35 km von der Kameruner Küste entfernt. B. mit seiner Fläche von 2.017 km² gehört zu Äquatorialguinea und hat mehr als 110.000 Einw. Die Wirtschaftsmetropole der Insel, Malabo (früher Santa Isabel), mit etwa 40.000 Einw., ist zugleich Hauptstadt von Äquatorialguinea. Weitere Stadt auf der Insel ist Luba mit 15.000 Einw. Früher wurde B. nach dem portug. Seefahrer Fernando Póo genannt, der die Insel 1469 vermutlich als erster Europäer erreicht hatte. Von 1973 bis 1979 trug sie den Namen des ersten Präsidenten Marcias Nguema. Erst nach dessen Tod bekam die Insel die amtl. Bezeichnung B. Die dominierende Volksgruppe sind die Bubi. Dort lebt zudem eine zugewanderte Bev. (»Ferdinandos« genannt), die sich im 19. Jh. von der brit. Sklaverei befreit hatte und überwiegend ↗ Pidgin-Engl. spricht. Fast die ganze Insel wird von ↗ Regenwald bedeckt. Auf. B. herrscht ein feuchtheißes Klima.

Jacob E. Mabe

Blauhelmeinsätze, aufgrund der UN-blauen Kopfbedeckung der Soldaten Bez. für ein UN-Instrument milit. Friedenserhaltung, das in der Zeit des Ost-West-Konflikts entwickelt wurde. Traditionelle B. beruhen auf dem Einverständnis der Konfliktparteien sowie der Bereitschaft der UN-Mitgliedstaaten zur Entsendung von Truppen. Die Aufgaben bestehen in der Überwachung von Abkommen (insbes. Waffenstillständen) und der Bildung von Pufferzonen zwischen den Konfliktparteien. Neben Friedenstruppen, die in Verbänden operieren und leichte Waffen tragen, gibt es auch unbewaffnete Beobachtermissionen aus Offizieren und Zivilisten. Mit dem Ende des Ost-West-Konflikts erfuhren die B. eine Ausweitung hin zu multidimensionalem *Peace-keeping*. Dazu gehören die Überwachung der lokalen Polizei, die Organisation und Überwachung demokrat. Wahlen, die Unterstützung der lokalen Administration sowie die Schaffung günstiger Bedingungen für nat. Versöhnung und Friedenskonsolidierung. Darüber hinaus operieren UN-Truppen vermehrt im Rahmen »humanitärer Interventionen« und »robuster B.«, um in kriegerischem Umfeld humanitäre Aufgaben zu übernehmen und massive Menschenrechtsverletzungen zu verhindern.

I. Blauhelmeinsätze während des Ost-West-Konflikts. Von den 13 B., die von 1948 bis 1987 weltweit stattfanden, war nur einer in Afrika: die ONUC (*Opération des Nations Unies au Congo*), die heute eher skeptisch bewertet wird und sich grundlegend von den übrigen damaligen B. unterschied. Von 1960 bis 1964 waren im Kongo bis zu 20.000 Soldaten stationiert, um eine weitere Eskalation der Kongokrise zu verhindern (↗ Kriege/Bürgerkriege). Die völkerrechtl. Legitimation des Kongo-Einsatzes war umstritten, *de facto* stellte er eine Zwangsmaßnahme dar, die kaum etwas mit dem Charakter traditioneller B. zu tun hatte und die UN einer Zerreißprobe unterzog.

II. Blauhelmeinsätze seit 1989. Mit dem Ende des Ost-West-Konflikts änderte sich die Situation: Insges. 19 B. wurden zwischen 1989 und Jan. 2001 in zwölf afrik. Konflikten auf den Weg gebracht (Äthiopien/Eritrea, Angola, Liberia, Demokrat. Rep. Kongo, Mosambik, Namibia, Ruanda, Sierra Leone, Somalia, Tschad/Libyen, Westsahara, Zentralafrik. Rep.). Sie reichten von Beobachtermissionen und Friedenstruppen über multidimensionale Einsätze bis hin zu humanitären Interventionen. B. in Afrika machten in den 1990er Jahren etwa die Hälfte aller neu beschlossenen UN-Operationen aus. Zugleich herrscht seit Mitte der 1990er Jahre angesichts zahlreicher Rückschläge Ernüchterung vor, die die Entsendung weiterer Missionen (so etwa nach Burundi, Rep. Kongo) verhinderte bzw. verzögerte. Im Jan. 2001 waren von den weltweit 15 B. vier in Afrika lokalisiert (Westsahara, Sierra Leone, Dem. Rep. Kongo, Äthiopien/Eritrea).

III. Blauhelmeinsätze im südlichen Afrika. Der erste B. nach dem Ost-West-Konflikt war in Afrika die UNTAG (*UN Transition Assistance Group*). Sie begleitete 1989/90 mit mehr als 6.000 Soldaten und Polizisten erfolgreich den Übergang Namibias in die Unabh. und war durch die Angola-Namibia-Vereinbarungen möglich geworden, auf die sich Südafrika, Angola und Kuba unter Vermittlung der USA und Beteiligung der Sowjetunion Ende 1988 verständigt hatten. Der Einsatz war konzeptionell innovativ, insofern er die Vorbereitung von Wahlen und die Kontrolle der Polizei beinhaltete, und ist als Vorstufe multidimensionaler B. anzusehen.

Eng mit dem Namibia-Einsatz verbunden war die UNAVEM I (*UN Angola Verification Mission*). Sie überwachte von 1989 bis 1991 den Abzug der kubanischen Truppen aus Angola. Im Mai 1991 vermittelte Portugal zwischen der angolanischen Regierung und der UNITA das Abkommen von Bicesse, an dem die USA und die Sowjetunion als Garantiemächte beteiligt waren und das die Demobilisierung der Exkombattanten, die Bildung einer neuen Armee und Wahlen vorsah. Die erst spät einbezogenen UN begleiteten diesen Prozess mit einem B. (UNAVEM II), der mit 350 Militär- und 90 Polizeibeobachtern nur unzureichend ausgestattet war. Nach den Parlaments- und Präsidentschaftswahlen vom Sept. 1992, als UNITA-Chef Savimbi den Erfolg der Regierungspartei MPLA und des Präsidenten dos Santos nicht anerkannte, scheiterte der Friedensprozess. Wieder aufgenommene Kampfhandlungen mündeten in eine humanitäre Katastrophe, der 1993/94 mehrere hunderttausend Menschen zum Opfer fielen.

1992 wurde auch der Krieg in Mosambik beigelegt. Auf Drängen insbes. der RENAMO und ihres Führers Dhlakama überwachte von Ende 1992 bis 1994 die ONUMOZ (*UN-Operation in Mozambique*) die Demobilisierung und Entwaffnung der Kombattanten und die Wahlen von Okt. 1994, aus denen die regierende FRELIMO und Präsident Chissano als Sieger hervorgingen. Aufgrund der schlechten Erfahrungen mit UNAVEM II umfasste ONUMOZ neben etwa 6.500 Soldaten auch Zivilpolizei und eine humanitäre Komponente (UNOHAC), was ebenso wie die Bewertung der Parlaments- und Präsidentschaftswahlen als »frei und fair« nicht unumstritten blieb. ONUMOZ wurde aber trotzdem als überwiegend gelungener B. gewertet.

1995 sollte das Erfolgsmodell ONUMOZ auf den angolanischen Bürgerkrieg übertragen werden. Mit dem Lusaka-Abkommen vom Nov. 1994 hatten die Konfliktparteien eine neue Friedensvereinbarung erzielt, die das Ergebnis der 1992er Wahlen anerkannte. UNAVEM II wurde 1995 in UNAVEM III umgewandelt und auf bis zu 7.000 Soldaten ausgeweitet. Die mit Ablauf des B. 1997 erzielten Fortschritte bei der Regierungsbildung und Demobilisierung blieben brüchig, da sich die UNITA, die sich in dieser Phase aus illegalem Diamantenverkauf finanzierte, nicht an die Vereinbarungen hielt. Auch die Nachfolgeoperation MONUA (*UN Observer Mission in Angol*a) konnte mit ihren 1.000 Polizisten, Soldaten und Beobachtern kriegerische Auseinandersetzungen nicht verhindern und wurde 1999 beendet.

IV. Blauhelmeinsätze in Nordafrika. In Nordafrika spielten UN-Missionen eine geringe Rolle. Nach einem von Libyen akzeptierten Urteil des Internat. Gerichtshofes zugunsten des Tschad wurde 1994 UNASOG (*UN Aouzou Strip Observer Group*, bestehend aus 9 Militärbeobachtern, 6 Zivilisten), erfolgreich eingesetzt, um den Abzug libyscher Truppen aus einem umstrittenen Grenzstreifen zu überwachen. Als komplizierter erwies sich 1991 die Aufgabe der 2001 etwa 300 Personen umfassenden MINURSO (*UN Mission for the Referendum in Western Sahara*) in der ehem. span. Kolonie. Grundlage war ein von der POLISARIO und Marokko 1988 auf Vermittlung der UN und der OAU unterzeichneter Friedensplan mit Waffenstillstandsabkommen, den MINURSO erfolgreich überwachte. Ein Referendum über die Zukunft der Westsahara ist jedoch, hauptsächlich aufgrund marokkanischer Hinhaltetaktik, immer wieder verschoben worden. Nachdem zuletzt der für Juli 2000 angesetzte Termin gestrichen wurde, ist vor dem Jahr 2002 nicht mit einer Abstimmung zu rechnen.

V. Blauhelmeinsätze am Horn von Afrika. 1988 begann in Somalia ein Bürgerkrieg, der ab 1991 zum Staatszerfall führte. Die tödliche Mischung aus Krieg und Dürre löste eine humanitäre Katastrophe aus, der bis Ende 1992 vermutlich 300.000 Menschen zum Opfer fielen. Die im April 1992 beschlossene UNOSOM I (*UN Operation in Somalia* mit zunächst nur 50 Militärbeobachtern, später zusätzlich 500 Soldaten) erzielte keine Wirkung. Angesichts des menschlichen Leids genehmigte der UN-Sicherheitsrat am 3. 12. 1992 mit Resolution 794 die Entsendung einer 30.000 Soldaten starken multinat. Truppe unter Führung der USA, um die Bereitstellung humanitärer Hilfsgüter zu ermöglichen, notfalls mit milit. Mitteln. Die UNITAF (*Unified Task Force*) wurde im Mai 1993 durch rund 20.000 Blauhelmsoldaten unter UN-Oberbefehl (UNOSOM II) abgelöst. UNOSOM II war der erste B., der mit einem *enforcement*-Mandat gemäß Kapitel VII UN-Charta (Zwangsmaßnahmen) ausgestattet war. Die Lage im Lande konnte kurzfristig stabilisiert werden, doch geriet die UNOSOM II bald in eine Zwangslage: Die UN wurden nach der Tötung von 23 pakistanischen Blauhelmen am 5. 6. 1993 selbst zur Kriegspartei, als sie auf Druck der USA zur Verfolgung des *Warlord* Aidid übergingen. Als im Okt. 1993 amerik. Soldaten ums Leben kamen, ihre Leichen durch die Straßen von Mogadischu geschleift wurden und entsprechende Fernsehbilder um die Welt gingen, bereiteten die USA und dann auch die anderen Staaten einen »geordneten Rückzug« vor. Im März 1995 verließ die UN-Mission das Land.

Nachdem der Krieg zwischen Äthiopien und Eritrea im Juni 2000 durch ein Waffenstillstandsabkommen beendet wurde, beschloss der UN-Sicherheitsrat im Juli bzw. Sept. 2000 die Entsendung von 4.200 Blauhelmsoldaten und Militärbeobachtern. Anfang 2001 überwachten 3.300 Soldaten und 145 Militärbeobachter die Einrichtung einer Pufferzone und die Umsetzung des im Dez. 2000 unterzeichneten Friedensabkommens.

VI. Blauhelmeinsätze in Zentralafrika. Die für die westl. Öffentlichkeit einschneidenden Erfahrungen mit Somalia hatten Rückwirkungen auf das UN-Engagement in Zentralafrika. Auf den ↗ Genozid in Ruanda 1994 und die völlige Destabilisierung der Region ab 1995 reagierte die internat. Gemeinschaft unentschlossen bis paralysiert. Zunächst (Juni 1993 bis Sept. 1994) sollten in dem Konflikt zwischen der von Exil-Tutsi dominierten RPF (Ruand. Patriotischen Front), die ab 1990 von Uganda aus Ruanda angriff, und dem Regime des Hutu-Präsidenten Habyarimana 81 Militärbeobachter der UNOMUR (*UN Observer Mission Uganda-Rwanda*) sicherstellen, dass die RPF keine Waffen von Uganda erhielt. Nach dem Friedensvertrag von Arusha (4. 8. 1993) entsandten die UN die UNAMIR I (*UN Assistance Mission for Rwanda*). Die etwa 2.500 Blauhelme wurden im April 1994 zu Zeugen (und mitunter auch Gejagten) eines detailliert geplanten Genozids, dem innerhalb dreier Monate zwischen 500.000 und 1 Mio. Tutsi und oppositionelle Hutu zum Opfer fielen (↗ ethn. Konflikt). Nach der Ermordung von 10 belg. Blauhelmsoldaten wurden die B. bis auf 540 verbleibende Soldaten abzogen. Am 17. 5. 1994 fasste der UN-Sicherheitsrat mit Resolution 918 den verspäteten Beschluss, eine 5.500 Mann starke humanitäre Schutztruppe (UNAMIR II) zu entsenden, deren Aufstellung mehrere Monate in Anspruch nahm. Am 22. 6. 1994 stimmte der Sicherheitsrat mit Resolution 929 einer umstrittenen Intervention Frankreichs zu, der *Opération Turquoise*, die im SW des Landes die humanitäre Versorgung sicherstellen sollte, daneben aber auch vielen für den Genozid Verantwortlichen die Flucht ermöglichte. UNAMIR II wurde im März 1996 nach erheblichen Spannungen mit der neuen RPF-Regierung abgezogen.

Wesentlich auf afrik. Truppen stützten sich die Peace-keeping-Missionen in der Zentralafrik. Rep. Nach mehreren Meutereien wurde am 1997 unter Vermittlung west- und zentralafrik. Staaten ein Friedensvertrag vereinbart, der Amnestie und Entwaffnung der Meuterer sowie ihre Reintegration in die Armee vorsah. Die Umsetzung sollte durch die 800 Soldaten starke Interafrik. Friedenstruppe MISAB (*Mission Interafricaine de Surveillance des Accords de Bangui*) überwacht werden. MISAB wurde logistisch und finanziell von Frankreich unterstützt. Die Lage blieb jedoch labil. Im April 1998 wurde MISAB durch die 1.500 Soldaten starke UN-Truppe MINURCA (*Mission des Nations Unies en République Centrafricaine*) ersetzt. Aufgabe von MI-

NURCA war es, in Bangui Sicherheit und Bewegungsfreiheit zu gewährleisten, die nat. Sicherheitskräfte zu unterstützen, die Lagerung und Vernichtung der eingesammelten Waffen zu überwachen, bei der Reform der Polizei mitzuwirken und die Abhaltung der Wahlen zu gewährleisten. Nach den Parlamentswahlen Ende 1998 wurde das Mandat um ein Jahr bis zu den Präsidentschaftswahlen im Sept. 1999 verlängert, die der Amtsinhaber Patassé gewann. Am 15. 2. 2000 wurde MINURCA beendet.

Am 30. 11. 1999 beschloss der UN-Sicherheitsrat eine neue Mission für die Demokrat. Rep. Kongo, die MONUC (*UN Mission in the Democratic Republic of Kongo*), im Feb. 2000 stimmte der Rat dafür, in die Demokrat. Rep. Kongo unter Kapitel VII der UN-Charter 500 Militärbeobachter und 5.000 Blauhelmsoldaten zu entsenden, die das Waffenstillstandsabkommen von Lusaka, das die von Angola, Namibia und Simbabwe unterstützte kongolesische Regierung im Juli 1999 mit den von Ruanda und Uganda unterstützten Rebellen vereinbart hatte. Mandat und Handlungsmöglichkeiten von MONUC blieben aber begrenzt. Am 31. März 2001 waren 246 Militärbeobachter, 255 Soldaten und 283 zivile Mitarbeiter vor Ort; hinzu kamen 160 lokale Angestellte.

VII. Blauhelmeinsätze in Westafrika. In Westafrika haben die UN in den 1990er Jahren die Überwachung und Begleitung einer regionalen Interventionstruppe durch UN-Beobachtermissionen als ein »Mischmodell« des *Peace-keeping angewandt.* 1990 hatte die ↗ ECOWAS mit einer Interventionstruppe, der ↗ ECOMOG, in den Liberia-Konflikt eingegriffen, deren Einsatz die UN nachträglich legimitierten und 1992 mit Resolution 788 durch die Verhängung eines Waffenembargos unterstützten. Auf der Grundlage der Cotonou-Vereinbarung 1993 autorisierte der UN-Sicherheitsrat die UNOMIL (*UN Observer Mission in Liberia*) mit einer Größe von bis zu 368 Militärbeobachtern. Nach der Abhaltung von Wahlen, aus denen Rebellenführer Taylor als Sieger hervorging, verließ UNOMIL 1997 das Land. – Ebenso verfuhren die UN im Nachbarland Sierra Leone, wo seit 1991 ein eng mit dem Liberia-Konflikt verflochtener Bürgerkrieg herrschte. 1997 schloss die in Guinea befindliche Exilregierung des demokrat. gewählten Präsidenten Kabbah mit einer aus Armee und Rebellen gebildeten Junta eine Friedensvereinbarung, die die ECOMOG-Truppen mit Gewalt durchsetzten. 1999 vermittelte der UN-Sondergesandte eine weitere Vereinbarung. Nachdem die am 13. 7. 1998 vom UN-Sicherheitsrat autorisierte UNOMSIL (*UN Observer Mission in Sierra Leone*) nur die Aufgabe gehabt hatte, die ECOMOG zu unterstützen, übernahmen im Okt. 1999 die UN die Hauptrolle bei der Überwachung des Friedensabkommens. Mit 6.000 Mann sollte UNAMSIL *(UN Mission in Sierra Leone*) schrittweise die ECOMOG ersetzen, die sich aus finanziellen Gründen zurückzogen. Im Feb. 2000 wurde das Mandat ausgeweitet und die Maximalstärke auf bis zu 11.000 Blauhelme erhöht.

VIII. Zukunft der Blauhelmeinsätze in Afrika. Nach dem erfolglos verlaufenen Friedenseinsatz in Somalia ist in den westl. Staaten und bes. in den USA eine stark abnehmende Bereitschaft zu verzeichnen, sich mit eigenen Soldaten an UN-Friedensoperationen in Afrika zu beteiligen. Die USA, Frankreich, Großbritannien sowie die EU/WEU haben daher seit 1994 vielfältige Initiativen unternommen, den Aufbau afrik. *Peace-keeping*-Kapazitäten zu fördern. Anfang 1997 lancierten die USA eine *African Crisis Response Inititative* (ACRI) mit dem Ziel, in versch. afrik. Staaten 8 bis 10 Bataillone mit jeweils 500 bis 800 Soldaten auszubilden. Frankreich engagierte sich mit ähnlicher Ausrichtung in den frankophonen Ländern West- und Zentralafrikas, so bspw. bei der Interafrik. Friedenstruppe MISAB. Großbritannien setzte in Kooperation mit Nigeria einen europ.-afrik. Konsultationsprozess in Gang, der auf die Stärkung von OAU-Kapazitäten in den Bereichen Frühwarnung und Operationsplanung sowie auf die Unterstützung von Trainingszentren in Kairo (Ägypten) und Harare (Simbabwe) abzielte. Schließlich gibt es Bemühungen, die sicherheitspol. Rolle ↗ regionaler Organisationen wie der ECOWAS und der ↗ SADC auszubauen. Diese Entwicklungen führen dazu, dass im Bereich des *Peace-keeping* das Verhältnis zwischen regionalen Organisationen, ↗ OAU und den UN neu bestimmt wird. ↗ Rebellenbewegungen.

🕮 K.A. Annan, Konfliktursachen und die Förderung dauerhaften Friedens und einer nachhaltigen Entwicklung in Afrika, New York 1998. – E.J. Keller/D. Rothchild (Hg.), Africa in the New Internat. Order, London 1996. – W. Kühne, Afrika auf dem Wege zu eigenen Kapazitäten für Konfliktprävention und Peace-keeping? Ebenhausen 1998. – V. Matthies, Zwischen Erfolg und Fehlschlag. Die Friedensmissionen der VN in Afrika. In: Vereinte Nationen 43 (1995), 3, S. 105–112. – V. Matthies, Die friedenspol. Rolle der OAU. In: Institut für Afrika-Kunde/R. Hofmeier (Hg.), Afrika-Jahrbuch 1996, Opladen 1997, S. 49–62. – UN Department of Peace-Keeping Operations, UN Peace-Keeping Operations, New York 2000 (http://www.un.org/Depts/DPKO/Missions).

Tobias Debiel

Blockfreienbewegung, ein seit 1961 bestehender, loser Zusammenschluss vornehmlich afrik., asiatischer, und lateinamerik. Staaten, die sich als die pol. Stimme der ↗ Dritten Welt in den internat. Beziehungen begreifen. Das Entstehen der B. war Ausdruck der wachsenden Zahl junger Nationalstaaten, die am Ende der Kolonialzeit ihren Platz in der Welt suchten. Bereits 1955 hatten sich 29 Staaten Asiens und Afrikas, darunter China und Indien, auf Einladung Sukarnos zur hist. Bandung-Konferenz in Indonesien zusammengefunden. Der *Geist von Bandung*, der die Prinzipien friedlicher Koexistenz und die Vollendung der ↗ Entkolonialisierung beinhaltete, prägte auch die B. Deren Gründungsväter, v.a. G.A. Nasser (Ägypten), J. Nehru (Indien) und J.B. Tito (Jugoslawien), führte zudem die Sorge um den Weltfrieden angesichts der Rivalität der beiden Machtblöcke im Ost-West-Konflikt zusammen, als sie 1961 die Gründungskonferenz der B. nach Belgrad einberiefen. Die 25 Gründungsmitglieder erklärten, dass sie sich nicht an Militärbündnissen im Kontext des Konflikts der Großmächte beteiligen würden. Seit 1976 unterhält die B. ein Koordinationsbüro am Sitz der UN in New York.

Die Staaten Afrikas verpflichteten sich in der Charta der 1963 gegr. ↗ OAU auf die Prinzipien der Blockfreiheit. Sie haben immer eine aktive Rolle in der B. gespielt. Von 12 Gipfelkonferenzen, die bis 1998 stattgefunden haben, wurden 5 in Afrika abgehalten: 1964 in Kairo, 1970 in Lusaka (Sambia), 1973 in Algier, 1986 in Harare (Simbabwe) und 1998 in Durban (Südafrika). Heute umfasst die B. 113 Mitglieder, darunter 53 afrik. Staaten.

Die B. ist durch die Heterogenität ihrer Mitglieder gekennzeichnet. Gemeinsam ist ihnen ihre periphere wirtsch. Stellung und verbreitete Armut, die fehlende Macht in der Weltpolitik und ihre (bis auf einige Ausnahmen) geringe Größe. Standen zunächst pol. Fragestellungen wie die prekäre Stellung der Mitgliedstaaten zwischen den Machtblöcken, friedliche Konfliktbewältigung und Solidarität mit den antikolonialen Unabhängigkeitsbewegungen im Vordergrund, so widmete sich die B. in den 1970er Jahren verstärkt ökonom. Forderungen an den Norden. Zusammen mit der ↗ Gruppe der 77 formulierte sie wirtschafts- und entwicklungspol. Positionen der Dritten Welt und setzte sich v.a. im Rahmen des UN-Systems für eine ↗ Neue Weltwirtschaftsordnung ein. Obwohl diese Forderungen letztlich am Widerstand der Industriestaaten scheiterten, ist es der B. gelungen, ihren Mitgliedern die Teilnahme an internat. Verhandlungen zu ermöglichen und die Thematik des Nord-Süd-Konflikts in der internat. Politik zu verankern.

Schien ihre Existenz nach dem Ende des Ost-West-Konflikts zunächst gefährdet, so begreift sich die B. heute als Interessengruppe des Südens in einer sich verändernden, globalisierten Welt. Es hat sich gezeigt, daß der Wunsch nach einer gemeinsamen Organisation fortbesteht. Insbes. die wachsenden Fragen bzgl. eines globalisierten Freihandels und der Rolle der WTO dabei haben die Länder des Süden wieder stärker zusammengeführt und der B. die Perspektive einer Renaissance eröffnet, die auf dem Gipfeltreffen in Durban 1998 verkündet wurde. ↗ Peripherer Kapitalismus, ↗ Rebellenbewegungen.

🕮 S.Amin, La faillite du développement en Afrique et dans le tiers monde, Paris 1989. – V. Matthies, Die Blockfreien – Ursprünge, Entwicklung, Konzeptionen, Opladen 1985. – M.-L. Pörtner, Die Blockfreien-Bewegung seit 1989, Wiesbaden 1997.

Samir Amin

Blues ↗ afroamerikanische Musik

Bodennutzung erfolgt in Afrika weniger in großen kommerziellen Einheiten wie Plantagen (↗ Plantagenwirtschaft) oder Ranchen, sondern im Rahmen kleinbäuerl. Haushaltswirtschaften, die über geringe Anbauflächen verfügen. Die einzelnen Kulturarten und ihr gemeinsamer Beitrag zur Versorgung der ↗ Familie mit Nahrungsmitteln und Geldeinkommen sind im Bodennutzungssystem eng miteinander verzahnt. Die jeweiligen natürlichen und wirtsch. Standortbedingungen sowie die Traditionen und Präferenzen der Landbewirtschafter bedingen die außerordentlich große Vielfalt der B. in Afrika.

Im weiteren Sinne sind auch die Sammelwirtschaften eine Form der B., wie sie bspw. noch bei den Pygmäen im Kongobecken und den San der Kalahari anzutreffen sind. Aber i.d.R. bezeichnet B. Formen des Feldbaus, der Plantagenwirtschaft oder der ↗ Viehhaltung. Der ↗ Ackerbau unterscheidet sich nach Intensität des Umtriebs der Kulturarten, Wassereinsatz, Anbautechnik sowie den verwendeten Geräten zur Bodenbearbeitung. In der ↗ Weidewirtschaft wird unterschieden zwischen wandernden und ortsfesten Systemen sowie solchen, in denen auch Ackerbau üblich ist.

Aufgrund der weiten Verbreitung der Brachewirtschaften in Afrika ist die Klassifizierung nach dem Umtrieb der Kulturarten sinnvoll. Für den ↗ Wanderfeldbau sind lange Brachen und, dadurch bedingt, die regelmäßige Verlegung des Wohnorts charakteristisch. Bei kurzen Brachezeiten, die i.Allg. durch den Bevölkerungsdruck verursacht werden, und stationärem Wohnsitz liegt semipermanenter Feldbau vor. Weite Teile der afrik. ↗ Landwirtschaft befinden sich heute in einem kritischen Stadium, da die Bodenfruchtbarkeit stark abgesunken ist und infolgedessen die ↗ Bauern verarmt sind. Die Entwicklung zu einem nachhaltigen System des permanenten Feldbaus, z.B. durch die Einführung komplexer Fruchtfolgen, den Übergang zur ↗ Agroforstwirtschaft oder zur Integration der Viehhaltung ist nur mit hohem Aufwand und erheblichen Risiken möglich. Ein- oder mehrjährige Brachen, je nach Grad der Aridität, werden in den Trockengebieten, wo die Regenmenge einer Saison nicht ausreicht, zur Speicherung von Bodenfeuchte praktiziert (*dry farming*). Aufgrund der schwankenden Niederschläge sind die Risiken allerdings hoch.

In der Feldgraswirtschaft wird die Bodenfruchtbarkeit durch den Wechsel von einigen Jahren ackerbaulicher Nutzung und anschließender mehrjähriger Beweidung erhalten. Während der Weidephase regenerieren sich Humusgehalt und Bodenstruktur, Schädlinge und Unkräuter werden dezimiert. Eine Intensivierung stellt die geregelte Feldgraswirtschaft dar, in der Futterpflanzen nach Beendigung der Ackernutzung eingesät werden. Feldgraswirtschaften sind charakteristisch für Savannengebiete (↗ Savannen, ↗ Ökozonen) und tropische Höhenlagen, wo sie die Möglichkeit bieten, durch die Integration der Tierhaltung die Bodenfruchtbarkeit zu stabilisieren.

Beim Wassereinsatz ist zwischen Regenfeldbau und ↗ Bewässerungswirtschaft zu unterscheiden. Zwischenformen sind Wasserkonzentrationsverfahren, die in Gebieten äußerst geringer Niederschläge üblich sind. Hier wird durch natürliche oder künstliche Gestaltung der Bodenoberfläche das Regenwasser an dafür geeigneten Stellen zusammengezogen, was Pflanzenbau möglich macht. Die Bewässerungswirtschaft hat sich mit Ausnahme des Niltals und der Oasen in Afrika erst spät verbreitet. Die heute vorhandenen Perimeter im subsahar. Afrika sind i.d.R. neueren Datums. Endemisch vorkommende, durch Wasser und Sümpfe verbreitete Krankheiten, machten es früher unmöglich, dauerhaft in der Nähe großer Wasserläufe zu siedeln.

🕮 H. Ruthenberg/B. Andreae, Landwirtsch. Betriebssysteme in den Tropen und Subtropen. In: P. von Blanckenburg (Hg.), Handbuch der Landwirtschaft und Ernährung in den Entwicklungsländern, Bd. 1, Stuttgart 1982.

Eckhard Baum

Bodenrecht regelt die auf den Boden bezogenen Verfügungs- und Nutzungsrechte im Rahmen einer gesellschaftlichen Ordnung. B. muss nicht in geschriebener Form vorliegen; entscheidend ist, dass es allg. anerkannt ist und seine Beachtung von einer Autorität geregelt wird. Das im subsahar. Afrika weit verbreitete kommunale B. gewährt jedem ↗ Bauern ein Nutzungsrecht innerhalb des von seiner ethn. Gruppe, ↗ Familie oder ↗ Verwandtschaft kontrollierten Gebietes. Sowohl die Vorfahren, die in der Erde ruhen, als auch die Lebenden und die noch nicht Geborenen besitzen den Boden gemeinsam. Das Land kann daher nicht veräußert werden. Die Verteilung des Landes obliegt traditionell in Westafrika den ↗ Erdherren (*chefs de terre*), den in den Dörfern eingesetzten Älteren zur Verteilung des Bodens. Das kommunale B. wird den Ansprüchen moderner Wirtschaftsordnungen vielfach nicht mehr gerecht, da es wenig Anreize bietet, den Boden zu erhalten bzw. in Grundverbesserungen zu investieren. Das kommunale B. kann zudem gleichberechtigten Zugang zum Land nur noch dann gewährleisten, wenn Bodenreserven verfügbar sind. Mit steigender Bevölkerungsdichte und insbes. bei Vorherrschen von permanentem Feldbau wandeln sich Nutzungsrechte zu Quasi-Eigentumsrechten. Die Folge dieser Entwicklung ist das Entstehen einer Klasse von Landlosen, was erheblichen sozialen Zündstoff schafft. Nach der Unabh. wurde Boden, der dem kommunalen Recht unterlag, vielfach zu Staatseigentum erklärt. Dies blieb für die Bewirtschafter i.d.R. ohne unmittelbare Konsequenzen. Die Wirkung auf Naturwälder und Aufforstungsflächen war dagegen eher negativ, da unkontrollierte Landnahme und Abholzung gefördert wurden. In manchen Ländern benachteiligt das traditionelle B. Frauen, die bei der Bodennutzung nur eingeschränkt berücksichtigt werden.

Feudales B. gab es bspw. in Ägypten und Äthiopien, wo vor den Agrarreformen der 1950er bzw. 1970er Jahre oligarchisch oder zentralistisch regierte Reiche bestanden. Großgrundbesitzer, die gleichzeitig an der Staatsmacht beteiligt waren, vergaben das Land an Pächter. Üblicherweise geschah das im System der Teilpacht, d.h. neben Arbeitsleistung für den Grundherrn musste ein Teil der Ernte abgeliefert werden. In Äthiopien konnte dieser Anteil z.B. bis zu 50% des Ertrages ausmachen, je nachdem ob der Landeigentümer Ochsen und Gespanne zur Verfügung stellte oder nicht. Während früher unter feudalem B. umfangreiche Kulturleistungen und Investitionen in Grundverbesserungen (Terrassen, Bewässerungsanlagen u.a.) getätigt wurden, behinderte das System der Teilpacht später die Modernisierung der ↗ landwirtsch. Produktion. Ertragsteigernde Produktionsmittel bspw. konnten nicht eingesetzt werden, wenn die Ernte mit dem Grundherrn geteilt werden musste. Allerdings hat die Überführung des Landes in Genossenschaftsbesitz oder Staatseigentum durch Agrarreformen i.d.R. auch keine Produktivitätssteigerung bewirkt.

In einigen Ländern Afrikas besteht infolge der ↗ Islamisierung kommunales B. neben dem Individualeigentum. In der Kolonialzeit wurden Eigentumstitel im europ. Sinne vergeben, die i.d.R. nicht für die autochtone Bev., sondern nur für europ. und asiat. Siedler galten. Heute gewinnt privates B. zunehmend an Bedeutung. In Kenia bspw. wurde kleinbäuerl. Land katastermäßig erfasst und in Eigentum überführt. Der Boden kann seitdem beliehen werden und Investitionen in Grundverbesserungen, z.B. für den ↗ Erosionsschutz, werden möglich. ↗ Familien- und Erbrecht, ↗ Recht.

🕮 Deutsche Gesellschaft für Techn. Zusammenarbeit (GTZ), Bodenrecht und Bodenordnung. Ein Orientierungsrahmen, Eschborn 1997. – K. Schukalla, Traditionelles Bodenrecht und ländl. Entwicklung, Münster 1998. – A. Eckert, Grundbesitz, Landkonflikte und kolonialer Wandel. Douala 1880–1960, Stuttgart 1999.

Eckhard Baum

Bodenschätze ↗ Bergbau

Bornu, auch Kanem-Bornu, Reich im Zentralsudan (14.–20. Jh.); heute Borno, eine Provinz in NO-Nigeria mit der Hauptstadt Maiduguri. Der Name leitet sich ab von Barnu, in Kanuri (↗ Saharanisch) »Land der Berber«. Das Reich Kanem, nördl. des Tschadsees, wird bereits im 7. Jh. als Südstation des Karawanenhandels vom Mittelmeer erwähnt. Als Folge interner Konflikte verlegten die Herrscher von Kanem im 14. Jh. ihren Sitz nach Bornu, südwestl. des Tschadsees.

B. war ein Vielvölkerstaat, dessen wirtsch. Blüte auf landwirtsch. und pastoraler Produktion, regionalem Austausch und v.a. dem Fern- und ↗ Sklavenhandel gründete. Sklaven, das wichtigste Exportgut, dienten auch als Arbeitskräfte in der Landwirtschaft und als Soldaten. Das pol. System basierte auf einer Aristokratie berittener Krieger, die gleichzeitig administrative Funktionen erfüllten. Zunächst die Oberschicht, dann auch immer mehr Untertanen bekehrten sich ab dem 11. Jh. zum ↗ Islam. In der Ideologie der Saifawa-Dynastie, die von ca. 1075 bis 1846 über Kanem-Bornu herrschte, verband sich eine vom Islam abgeleitete Legitimation des Herrschers, in Kanuri *Mai*, mit sahelo-sudanischen Traditionen. *Mai* Idris Aloma (1571–1603) dehnte Bornus Machtbereich bedeutend aus, nicht zuletzt dank des erstmaligen Einsatzes von Gewehren. 1808, im Verlauf des Fulbe-↗ *Djihad* von Usman dan Fodio (↗ Fulbe-Reiche), wurde B. zeitweilig erobert, und die westl. Provinzen gingen verloren. Der Reformer Muhammad Amin al-Kanemi (gest. 1835) gründete 1814 die neue Hauptstadt Kukawa, wo seine Nachkommen als neue Herrscher von B. residierten (1846–93), die Kontrolle über die Gebiete nördl. und östl. des Tschadsees aber an den Rivalen Wadai abgeben mussten. 1893 eroberte der Sklavenjäger Rabih Ibn Fadlallah Kukawa. Nach dessen Tod 1900 wurde B. unter Großbritannien (Nigeria), Frankreich (Tschad, Niger), Deutschland (Kamerun) aufgeteilt. ↗ Islamisierung, ↗ Westafrika, Völker, Kulturen und Staaten.

🕮 H. Barth, Reisen und Entdeckungen in Nord- und Central-Afrika in den Jahren 1845–1855, 5 Bde., Gotha 1856–58. – D. Lange, Le diwan des sultans du (Kanem-) Bornu: chronologie et histoire d'un royaume africaine, Wiesbaden 1977.

Astrid Meier

Botsuana. **Fläche:** 581.780 km². **Einw.:** 1,6 Mio. (1999). **Bev.-Wachstum/Jahr**: 2,5% (1990–99). **Stadtbev.:** 50% (offiz. Statistik), 30% (faktisch). **Hauptstadt:** Gaborone (160.000 Einw. 1999), zweitgrößte Stadt Francistown (80.000 Einw.). **Unabh.:** 30. 9. 1966. **Staatsform**: Präsidialdemokratie mit Parlament (40 Abgeordnete) und *House of Chiefs* mit beratender Funktion, derzeit drei Parteien im Parlament, Regierungspartei: BDP (*Botswana Democratic Party*). **Währung:** 1 Pula = 100 Thebe. **HDI-Rang** 114/162 (2001). **Anteil der Entwicklungshilfe am BSP**: 2%

(1998). **BSP/Kopf**: 3.240 US$, **HIV-infizierte Erwachsene**: 35,8%, **Lebenserwartung**: m 41,6 J., w 41,9 J., **Alphabetisierung** der Erwachsenen: m 73,8%, w 78,9% (1999). **Einschulungsrate**: m 98%, w 99% (1995–99). **Sprachen:** Tswana (↗ Bantusprachen) und Engl. (Amts- und Umgangssprachen), daneben Kalanga (Shona-Dialekt, ↗ Bantuspachen), Kgalagkadi u. a.

I. Naturraum. In B. dominiert die weitgehend ebene Halbwüsten- und Savannenlandschaft der ↗ Kalahari. Das Relief zeichnet sich durch insges. nur geringe Höhendifferenzen um 1.000 m ü. NN aus und wird durch das zentrale Kalaharibecken bestimmt. Lediglich die im SO gelegenen Hügelketten erreichen Höhen über 1.400 m. In den östl. und nordwestl. Landesteilen treten vereinzelt Inselberge als markante Reliefererscheinungen hervor. Klimatisch weist die randtropische Binnenlage von B. charakteristische Bedingungen einer Übergangszone auf (↗ Klima). 80% der Niederschläge fallen zwischen Okt. und März. B. gehört aufgrund der geringen Regenmengen (langjähriges Mittel um 500 mm) und der hohen Niederschlagsvariabilität zu den am meisten von Dürre gefährdeten Staaten Afrikas. Die Böden entsprechen den semiariden (halbtrockenen) bis semihumiden (halbfeuchten) Klimabedingungen. Es dominieren Sand- und Sand-Lehm-Böden (Arenosole). Die beiden einzigen perennierenden Oberflächengewässer sind der Okavango und der Linyanti/Chobe. Die übrigen Flussläufe führen nur in ergiebigen Regenzeiten Wasser. Das Binnendelta des Okavango im NO nimmt hydrologisch eine herausragende Bedeutung ein. Der Okavango versickert, aus dem regenreicheren Angola kommend, aufgrund einer den weiteren Abfluss behindernden tektonischen Verwerfung im Kalaharibecken. Das von ihm gebildete Delta stellt eine aquatische Großlandschaft dar, deren ökolog. Bedeutung (Grundwasserlieferant, Refugium für unzählige Tier- und Pflanzenarten) gar nicht überschätzt werden kann. Die Vegetation wird durch versch. Savannentypen bestimmt. Die im semiariden SW vorherrschende Dornstrauchsavanne (↗ Savanne) geht in den zentralen und östl. Landesteilen allmählich in eine Strauch- und Baumsavanne über, die im N und NO ihrerseits von lichten Mopanewäldern abgelöst wird. Die Salzpfannen sind praktisch vegetationslos.

II. Geschichte und Politik. B. gehört zu den wenigen Ländern Afrikas mit einer seit der Unabh. funktionierenden Demokratie. 1885 wurden die Tswana-Staaten zwischen dem Molopofluss und dem 22. südl. Breitengrad unter brit. Herrschaft gestellt. 1890 wurde der brit. Einflussbereich nach N bis zum Sambesi/Chobe erweitert und zum Protektorat erklärt. Da Rohstoffvorkommen nicht bekannt waren, wurde das *Bechuanaland Protectorate* lediglich als Arbeitskräftereservoir für die Gold- und Diamantenminen in Südafrika genutzt. Nach Festlegung der kolonialen Einflusssphären im südl. Afrika schwand das pol.-strategische Interesse Großbritanniens an Bechuanaland. Die Hauptverwaltung lag außerhalb des Territoriums in Mafeking; kleinere administrative Zentren, die andernorts oft auch die Funktion regionaler Wachstumspole übernahmen, entstanden kaum. Seit Anfang der 1950er Jahre stimulierte der wachsende Widerstand Großbritanniens gegen das ↗ Apartheidregime in Südafrika, welches mehrfach versucht hatte, Bechuanaland zu inkorporieren, Unabhängigkeitsbestrebungen im Protektorat. Im Unterschied zur Situation in vielen anderen Kolonialgebieten kam es so zu einer gemeinsamen aktiven Vorbereitung der Souveränität durch das Mutterland und pol. Kräfte in Bechuanaland. 1966 wurde B. unabhängig. In dem friedlich und konstruktiv verlaufenden Unabhängigkeitsprozess mag einer der Gründe für das gesellsch. tief verankerte demokrat. Bewusstsein in B. liegen. Alle 5 Jahre abgehaltene freie Wahlen sind Ausdruck einer großen pol. Stabilität; trotz des seit einigen Jahren wachsenden Einflusses verschiedener Oppositionsparteien stellt allerdings die BDP (*Botswana Democratic Party*) seit 1966 die Regierung.

III. Wirtschaft und Sozialstruktur. Nach Erlangung der Souveränität gehörte B. zu den zehn ärmsten Staaten der Erde. Dies änderte sich mit der Entdeckung von Diamantenvorkommen Mitte der 1970er Jahre grundlegend. Heute ist B. der weltweit größte Produzent von Schmuckdiamanten (↗ Bergbau). Das vom Staat B. und dem Bergbaukonzern de Beers gegründete Unternehmen Debswana stellt sicher, dass ein Großteil der Erträge aus dem Diamantenhandel in B. verbleibt. Etwa 75% aller Exporte entfallen auf Schmuckdiamanten, daneben werden Kupfer-Nickel-Konzentrat und Rindfleisch exportiert. Eigene Kohlevorkommen decken den binnenländ. Energiebedarf. Das Wirtschaftswachstum wird seit Mitte der 1980er Jahre weltweit nur von wenigen asiat. Staaten übertroffen. Die hohen Exporterlöse fließen v. a. in den Ausbau der Infrastruktur sowie in ein vielschichtiges Dürre-Bewältigungsprogramm. Die ungünstigen Klima- und Bodenverhältnisse stellen große Hemmnisse für die landwirtsch. Produktion dar.

Eine dominierende Stellung nimmt die Rinderzucht ein, wobei hier jedoch durch Überweidung und Huftritt der Bodendegradation erheblich Vorschub geleistet wird. ↗ Ackerbau (überwiegend auf der Basis von Regenfeldbau, v.a. Mais und Sorghum) wird v.a. in den östl. Landesteilen betrieben. Er deckt aber selbst in guten Erntejahren höchstens ein Drittel des Getreidebedarfs.

IV. Bevölkerung und ethnische Gruppierungen. Etwa 80% der Bev. gehören verschiedenen Tswana-Gruppen an, rund 15% anderen Ethnien (v.a. Kalanga, daneben u.a. auch Herero, Humbukush, Yei). Die in der Kalahari lebende San-Bev. umfasst noch etwa 20.000 Menschen. Die übrigen Einw. sind Nichtafrikaner (hier v.a. ↗ Inder und Europäer). – Trotz der wirtsch. Prosperität, einer fast flächendeckenden medizin. Versorgung und eines relativ effizienten Bildungswesens hat ein großer Teil der Bev. nicht am Wohlstand teil. Nach Angaben der Regierung leben sogar rund 50% der Bev. unterhalb der Armutsgrenze. Bes. betroffen sind verwundbare Bevölkerungsgruppen in dürregefährdeten ländl. Regionen sowie zunehmend in Marginalsiedlungen der rasant wachsenden Städte Gaborone und Francistown. ↗ Aids ist hier inzwischen das Hauptentwicklungsproblem, denn nach UN-Schätzungen ist mehr als ein Drittel der Gesamtbev. HIV-infiziert. Dies führte zu einer drastischen Reduzierung der noch vor wenigen Jahren im afrik. Vergleich überdurchschnittl. Lebenserwartung.

V. Kunst. ↗ Felsbilder, die teilweise Jahrtausende alt sind, zeugen von frühen künstlerischen Aktivitäten in B. Doch hat sich erst seit wenigen Jahren ein nennenswertes Kunsthandwerk entwickelt. Neben Töpferwaren (↗ Töpferei) und Webteppichen (↗ Weberei) hat v.a. die Korbflechterei an Bedeutung gewonnen. Sie wurde von Angola nach B. gebracht.

📖 F. Krüger, Urbanisierung und Verwundbarkeit in Botswana, Pfaffenweiler 1997. – F. Krüger/G. Rakelmann (Hg.), Botswana. Alltagswelten im Umbruch, Münster/Hamburg 2000. – I. Schapera/J. Comaroff, The Tswana, rev. ed., London 1991.

Fred Krüger

Boxen ↗ Sport

Brain Drain ist eine Form der ↗ Migration, die die Abwanderung von teilweise hoch qualifizierten Fachkräften und Intelligenzija aus den EL (Entwicklungsländern) bezeichnet. Zielregionen sind dabei sowohl die IL (Industrieländer) als auch klassische Einwanderungsländer (USA, Kanada) und ehem. Kolonialmächte (Großbritannien, Frankreich), aber auch Schwellenländer und Erdöl fördernde Staaten (z.B. Golfstaaten, Nigeria, Gabun) oder Staaten, die entwickelter sind als ihre Nachbarländer, bspw. Südafrika. Die Zielländer können sich je nach wirtsch. Konjunktur ändern. Die EL übernehmen i.d.R. die Ausbildungskosten; die anderen Länder haben den Nutzen. Hiermit gehen den EL auf Dauer Entwicklungschancen und Know-how verloren. Bereits bis zum Ende der 1980er Jahre wurde der Verlust für Afrika auf ca. 1,2 Mio. Personen bzw. 50 Mio. US$. geschätzt. Genauere Daten liegen nicht vor.

Die Wanderungsbewegung qualifizierter Fachkräfte unterscheidet bei den *push*-Faktoren (Druckfaktoren) ökonom., kulturelle und intellektuelle, soziale und pol. Faktoren wie ökonom. Unterentwicklung, geringe Einkommenshöhe und -steigerung, mangelnde Bildungs- und Arbeitskräfteplanung, Verfall der wiss.-techn. Infrastruktur, mangelnde Kommunikationssysteme, Formen der Diskriminierung ethn., relig. und sprachlicher Art, Vorurteile gegen ↗ Forschung und Entwicklung, intellektuelle Repression, pol. Instabilität sowie geringe Betonung der Wissenschaftspolitik. In vielen EL wird dieser Trend durch die internat. verordnete ↗ Strukturanpassung verstärkt, die die Kürzung von Bildungs- und Gesundheitsausgaben zur Folge hat. Zu den *push*-Faktoren gehören auch hist. Bedingungen, v.a. das von den Kolonialmächten importierte Bildungssystem, Möglichkeiten der Auslandsausbildung, ein internat. Markt für qualifizierte Arbeitskräfte und persönliche Faktoren.

Zu den *pull*-Faktoren (Zugfaktoren) rechnet man die Attraktivität der Einwanderungsländer in Bezug auf Einkommen, gute Forschungs- und Entwicklungsinfrastruktur, soziale Absicherung, intellektuelle Freiheit, persönliche Sicherheit und eine Nachfrage nach hochqualifizierten Arbeitskräften. Die Entscheidung, fortzugehen, wird bestimmt durch die »*job-vacancy*-Hypothese« und die »*income-differentials*-Hypothese«, d.h. die unterschiedlichen Beschäftigungs- und Einkommenssituationen in Herkunfts- und Zielland.

Fehlender Rückkehrwille von Ausgebildeten, die teils Stipendien von ihren Heimatländern erhalten, schädigt die EL ebenfalls. Obwohl die Entsendung zu Ausbildung und Studium unter der Bedingung gewährt worden ist, für die Entwicklung des Herkunftslandes personelle Ressourcen zu schaffen, bleiben zunehmend Fachkräfte in den Ausbildungsländern. Genaue Zahlen über die Abwanderungen gibt es weder nach Herkunft noch nach Qualifikationsniveau. Eine Umkehrung des Prozesses ist wohl nur durch die Verbesserungen aller Rahmenbedingungen in den Heimatländern möglich. ↗ Eliten, ↗ Migration.

🕮 D. Galinski, Brain Drain aus Entwicklungsländern. Theoret. Grundlagen und entwicklungspol. Konsequenzen, Frankfurt/M. 1986. – B. A. Odunsi, An Analysis of Brain Drain and its Impacts on Manpower Development in Nigeria. In: Journal of Third World Studies 13 (1996), S. 193–214. – G. Braun, Internat. Migration: Ihre Folgen für die Ursprungsländer und Ansätze eines Migrationsregimes, St. Augustin 1998.

Klaus-Dieter Osswald

Brautpreis (auch Brautgut), alle Güter und Dienste, die anlässlich einer Eheschließung von der Familie des Mannes an die der Braut entrichtet werden. Durch die in vielen afrik. Gesellschaften übliche Übergabe eines B. werden eine Ehe rechtsgültig und die daraus hervorgehenden Kinder legitim. Die Entrichtung eines B. ist nicht mit einem Kauf gleichzusetzen, sondern ein Ausgleich für den Verlust eines Familienmitglieds und deren Arbeitskraft, eine Art Pfand für die gute Behandlung der Frau sowie die symbolische Besiegelung der Verbindung zwischen zwei Verwandtschaftsgruppen (↗ Heiratsordnungen, ↗ Verwandtschaft).

Die Form des B. ist in jeder Gesellschaft unterschiedlich. Es kann sich z. B. um Getreide, Groß- oder Kleinvieh, Haushaltsgegenstände, Stoffe, Kaurischnecken, Bargeld oder Arbeitsleistungen des Bräutigams (»Brautdienst«) handeln. Die Höhe des B. ist z. T. Gegenstand langer Verhandlungen, seine Entrichtung kann sich über Jahre hinziehen, auch wenn das Paar bereits zusammenlebt. Die Zahlung des B. kommt i.d.R. den männl. Verwandten der Braut zugute und wird wiederum für B. verwendet. Oft ist der B. so hoch, dass er nicht vom Bräutigam allein aufgebracht werden kann, der darum vielfältige soziale und wirtsch. Beziehungen mobilisieren muss. Diese Mobilisierung von Verwandtschaftsbeziehungen und persönlichen Netzwerken gehört mit zur sozialen Funktion von Eheschließungen, da sie bestehende Bindungen aktualisiert und neue schafft.

Der B. ist in vielen Fällen nur ein Teil der Gesamtheit von Gaben und Gegengaben, die im Verlauf einer Eheanbahnung und -schließung zwischen den beteiligten Verwandtschaftsgruppen ausgetauscht werden. Dieser Austausch bestätigt das Prinzip der Gegenseitigkeit (Reziprozität) in ritueller und materieller Weise. Er erfolgt oft in mehreren Schritten, in denen auch die Überlagerung hist. gewachsener rechtl. und relig. Vorstellungen sichtbar wird, so z. B. bei der städt. muslim. Swahili-Bev. an der Küste Ostafrikas: (1) die im ↗ islam. Eherecht festgelegte Brautgabe (*mahari*), eine i.d.R. niedrige Geldsumme, die von der Patrilineage des Bräutigams an den Vater oder Vormund der Braut entrichtet wird; (2) eine *kitu*, »Ding« genannte Geldsumme, die relativ hoch sein kann, von der Patrilineage des Bräutigams an den Vater oder Vormund der Braut gezahlt wird und z. T. in die Hochzeitsfeierlichkeiten, die ↗ Mitgift und in Almosen fließt; (3) kleinere Geschenke des Bräutigams an die weiblichen Verwandten der Braut; (4) die Mitgift (*hidaya*), die die Braut von ihrem Vater erhält und die aus Hausrat, Möbeln, Kleidung und Schmuck besteht; (5) Rechte der Braut an einem Steinhaus, entweder in Form eines eigenen Hauses oder einer Etage im Haus ihres Vaters.

Die zunehmende Zahlung des B. in Form von Bargeld führt dazu, dass junge Männer heute unabhängiger von ihren Verwandten sind und sich das Geld verdienen oder aber, bei einer »Inflation« des B., diesen nicht aufbringen können und die Eheschließung später oder gar nicht stattfindet. Im städt. Milieu, wo Ehepartner nicht unbedingt aufgrund von Herkunft gewählt werden, entfällt ein B. unter Umständen völlig (↗ Stadt, ↗ Urbanisierung). Die Höhe des B. dokumentiert u. a. den sozialen Status des Brautpaares, welcher in prunkvollen Hochzeitsfeierlichkeiten zur Schau gestellt wird (↗ Feste).

🕮 J. Goody/S. J. Tambiah, Bridewealth and Dowry. Cambridge 1973. – J. Middleton, The World of the Swahili. An African Mercantile Civilization. New Haven 1992.

Katja Werthmann

Broederbond (Afrikaner Broederbond), 1918 gegr. Geheimgesellschaft kleinerer Angestellter, Beamter und Intellektueller, die nach dem ↗ Burenkrieg im brit. dominierten Südafrika über eine gezielte Personalpolitik den burischen Einfluss stärkte. Der B. rückte Mitte der 1980er Jahre von der ↗ Apartheid ab und ist heute fast bedeutungslos geworden.

Gesine Krüger

Bruderschaften, islamische. *I. Begriff und Grundlagen.* Der im ↗ Islam weithin übliche Begriff für eine mystische B. ist *tariqa,* wörtlich »Weg« oder »Pfad«. Damit bezeichnet das arab. Wort eine soziale Organisationsform, spiegelt zugleich aber die ursprgl. Bedeutung des Begriffs, nämlich eine besondere Methodik geistiger Übungen und Praktiken der Annäherung an Gott. Schon früh in der islam. Geschichte betonten muslimische Mystiker die Bedeutung von individueller Frömmigkeit und persönlicher relig. Erfahrung. Bald sammelte sich eine wachsende Schar Anhänger um sie und machte die Lehren und Regeln dieser Sufis, wie sie auch genannt wurden, zur Richtschnur ihrer Glaubenspraxis. Die Führer der B. oder Scheichs gaben ihr relig.-rituelles Wissen an ihre Schüler weiter und setzten sie als Nachfolger ein. So entstanden im Laufe der Zeit spirituelle Überlieferungsketten, aus denen die jeweiligen Führer der B. ihre Autorität ableiteten. Eine solche Überlieferungskette (*silsila*) wird gewöhnlich über den Gründer des Ordens hinaus bis auf Mohammed selbst zurückgeführt. Im Zentrum der relig. Übungen steht der *dhikr,* das »Gedenken« (Gottes) in Form der Rezitation von Gebeten oder Glaubensformeln in gesprochener, gesungener oder auch getanzter Form sowie vielfältige andere meditative Praktiken. In vielen Regionen der islam. Welt gibt es zur Pflege des Gemeinschaftslebens der B. Gemeindezentren – im Maghreb *zawiya* oder *ribat,* in Ägypten *khanqah* genannt –, die oft an Moscheen angeschlossen sind und über Küchen, Kantinen, Studentenwohnheime oder gar Hospitäler verfügen.

II. Anfänge. Etwa ab dem 12. Jh. verfestigten sich die Gruppen, die sich bis dahin bloß informell um einzelne Scheichs gebildet hatten, zu B. oder Sufi-Orden und wurden in der Folgezeit zur wichtigsten Form der Sozialorganisation in der islam. Welt. In ihrer Mannigfaltigkeit repräsentieren die B. auch die vielschichtige hist. Entwicklung des mystischen Islam. Dabei lassen sich grob vier Typen unterscheiden: Einige, vornehmlich Gründungen jüngeren Datums wie etwa die *Tidjaniyya,* haben sich aus der Initiative einzelner Personen entwickelt. Andere stehen in der großen Tradition der alten Orden des 12. und 13. Jh., so die von Abd al-Qadir al-Jilani (1077–1166) gegründete *Qadiriyya* oder die nach Abu al-Hasan ash-Shadili (1196–1258) benannte *Shadiliyya.* Eine dritte Gruppe B. führt sich wiederum auf die frühen Sufis zurück und beansprucht, eine bes. breite und nach allen Seiten hin offene mystische Überlieferung zu repräsentieren. In Afrika, insbes. in Nordafrika, ist darüber hinaus noch ein weiterer Typ häufig anzutreffen, nämlich lokal begrenzte B., die an das Grabmal eines berühmten Heiligen, eines ↗ Marabuts, gebunden sind, wo sich eine Tradition mystischer Volksfrömmigkeit herausgebildet hat.

III. Reformbruderschaften. Im 17. und 18. Jh. kam es zu einer zweiten Welle der Gründung von B. bzw. zur Transformation der älteren Orden, da sich auch Neugründungen in die vorhandenen Traditionen einfügten. Die Geschichte der B. war zu jener Zeit vornehmlich dadurch gekennzeichnet, dass volksrelig. und ekstatische Elemente in den Hintergrund traten und stärker an der Scharia, dem islam. Recht, orientierten Tendenzen Platz machten. Zugleich wiesen diese Neugründungen straffere Organisationsformen auf, die trotz der Entwicklung weit verzweigter Netzwerkstrukturen mit einer stärkeren Zentralisierung einhergingen. Damals erweiterten die B. auch das Spektrum ihrer Aktivitäten und fanden in neue Bevölkerungsschichten Eingang. So konnten bspw. Zweige der *Qadiriyya* und der *Shadiliyya* in urbanen Zentren wie Kairo insbes. unter der städt. Elite Anhänger gewinnen. Andere B. expandierten großflächig und trugen so dazu bei, dass sich hochkomplexe Netzwerke von Gelehrten, Kaufleuten, Lehrern und Ordensführern entwickeln konnten. Diese Netzwerke wiederum boten die Voraussetzung für den Beitrag der B. zur ↗ Islamisierung Afrikas, wobei insbes. der *Qadiriyya* eine Schlüsselrolle zukam. So war etwa Usman dan Fodio, der Führer des Fulbe-↗ *Djihad,* Mitglied dieses Ordens.

IV. Neuere Entwicklungen. Im 19. und 20. Jh. veränderten sich die B. nochmals. Wiederum entstanden Neugründungen, die sich den Überlieferungsketten der älteren B. angliederten, und erneut fanden diese Orden Eingang in weitere Bevölkerungsschichten, wo sie einen bedeutenden Beitrag zur Vertiefung von Frömmigkeit und Glaubenspraxis leisteten. Manche B. bzw. einige ihrer Zweige waren zu jener Zeit aktiv im antikolonialen Kampf engagiert. So leistete etwa seit den 1830er Jahren der *Qadiriyya*-Scheich Abd al-Qadir in Algerien heftigen milit. ↗ Widerstand gegen die Franzosen, und Ende des 19. Jh. führte in Somalia ein Scheich der *Shadiliyya,* Muhammad Abdallah Hassan, den Aufstand gegen die Briten an. Viele Neugründungen insbes. im nordafrik. Bereich gehen auf Schüler des marokkanischen Mystikers Ahmad Ibn Idris (ca. 1749–1837) zurück. Die bekannteste unter ihnen ist die von Muhammad as-Sanusi (1787–1859) gegründete ↗ *Sanusiyya,* die der kolonialen Invasion der Italiener über Jahrzehnte hinweg erbittert Gegenwehr bot. 1951 konnte ihr damaliger Führer, Muhammad Idris (1890–1983), die Unabh. Libyens ausrufen. Für das subsahar. Afrika wurde neben der älteren *Qadiriyya* insbes. die von Ahmad at-Tidjani (1737–1815) gegründete *Tidjaniyya* von Bedeutung: Während sie sich in Nordafrika der Teilnahme am milit. Widerstand gegen die Franzosen verweigerte, wurde sie in Westafrika zur Trägerin eines antikolonialen *Djihad* unter Führung von Umar Tall (ca. 1797–1864). Im 20. Jh. reagierten die B. mit erstaunlicher Flexibilität auf die Veränderungen, die mit dem Einbruch der abendländischen Zivilisation auch den afrik. Islam vor völlig neue Herausforderungen stellte. So arrangierte sich etwa im Senegal die *Muridiyya,* ein Zweig der *Qadiriyya,* mit der frz. Kolonialmacht und war für die Transformation der senegalesischen Agrarökonomie während und nach der Kolonialzeit von entscheidender Bedeutung. In jüngster Zeit hat die *Muridiyya* ihre Netzwerke auf internat. Ebene nach Nordamerika und Westeuropa ausgebaut. Diese dienen über die Bereitstellung wirtsch. Kontakte hinaus der relig.-kulturellen Identitätsfindung und der pol. Interessenvertretung. In ähnlicher Weise hatte die *Niassiyya,* ein nach Ibrahim Niass (1900–75) aus Kaolak (Senegal) benannter Zweig der *Tidjaniyya,* gegen Mitte des 20. Jh. für die wirtsch. Neustrukturierung des traditionellen Handelssektors in Kano (Nordnigeria) eine wichtige Rolle gespielt. In manchen Regionen Afrikas wiederum haben die B. zunehmend pol. Aufgaben übernommen. Am auffälligsten ist diese Entwicklung im Sudan verlaufen, wo sich einige Orden sogar in pol. Parteien verwandelten: So wurde die dortige *Niassiyya,* die vornehmlich die Interessen westafrik. Immigranten vertritt, in eine straff organisierte *Pressure Group* transformiert, die zum Erreichen ihrer pol. Ziele auch mit der islamistischen »Nationalen Islam. Front« taktische Bündnisse einzugehen bereit war. Die von Muhammad Usman al-Mirghani (ca. 1793–1852), einem Schüler von Ahmad Ibn Idris, gegründete *Khatmiyyah* wiederum war quasi als Volkspartei organisiert bzw. bildete zumindest die organisatorische Grundlage für eine pol. Partei, die unter wechselndem Namen die Geschicke des Landes in der zweiten Hälfte des 20. Jh. maßgeblich mitbestimmte.

V. Zukunftsperspektiven. Durch ihre Verwurzelung in der lokalen Bev. haben die B. von Beginn an eine wichtige Mittlerrolle zwischen den muslimischen Gemeinschaften in Afrika und der islam. Welt eingenommen. Da bei ihnen legalistische und formalistische Glaubensauffassungen oftmals in den Hintergrund traten, konnten sie sich auch gegenüber afrik. Traditionen und Praktiken eine gewisse Offenheit bewahren (↗ Synkretismus). Darüber hinaus ermöglichte ihre dezentrale Netzwerkstruktur es vielen afrik. Muslimen, innerhalb der B. Führungsverantwortung zu übernehmen und so in die globale muslimische Gemeinschaft Eingang zu finden. So trugen und tragen die B. beinahe zwangsläufig zur Ausbreitung des Islam bei. An der Schnittstelle von Afrikanisierung und Islamisierung sichern sie gleichermaßen islam. Identität und afrik. Authentizität, indem sie Raum für individuelle Frömmigkeit und konkrete Gemeinschaftserfahrung bieten, dabei aber die Integration in die islam. Welt garantieren. Als flexible soziale Organisationsformen könnten die B. für den afrik. Islam zu Brücken in eine Moderne werden, die gleichermaßen afrik. und islam. geprägt ist. ↗ Mystik.

📖 J. S. Trimingham, The Sufi Orders in Islam, Oxford 1971. – E. E. Evans-Pritchard, The Sanusi of Cyrenaica, Oxford 1949. – J. Abun-Nasr, The Tijaniyya: A Sufi Order in the Modern World, Oxford 1965. – B. G. Martin, Muslim Brotherhoods in Nineteenth-Century Africa, Cambridge 1976. – D. Cruise O'Brien/C. Coulon (Hg.), Charisma and Brotherhood in Islam, Oxford 1988. – A. S. Karrar, The Sufi Brotherhoods in the Sudan, Evanston 1992.

Klaus Hock

Buchhandel ↗ Verlagswesen und Buchhandel

Bünde sind eine nicht auf Verwandtschaftsbeziehungen beruhende Form sozialer Organisation, deren Mitglieder sich aufgrund gemeinsamer Interessen, definierter Aktivitäten und Ziele zusammenschließen. B. haben verbindliche Regeln und eine formale Konstitution. Im Unterschied zu ↗ Altersklassen sind B. auf Dauer angelegte Körperschaften, die sich durch die Aufnahme neuer Mitglieder verjüngen. Diese geschieht durch ein oft kostspieliges Initiationsritual (↗ Initiation), das von einem Tag bis mehrere Jahre dauern kann. Der Beitritt zu einem Bund ist nominell freiwillig, erfolgt jedoch häufig unter sozialem Druck. Bei Geheimbünden wird in Afrika selten die Mitgliedschaft geheim gehalten, vielmehr geht es um den Besitz geheimen Wissens. Viele der Frauen- und Männerbünde sind durch Grade und Ämter hierarchisch gegliedert. Bundoberhaupt und -älteste leiten Ahnenopfer (↗ Ahnenkult), ↗ Rituale und ↗ Feste, bei denen oft ↗ Masken eine wichtige Rolle spielen, verwalten das geheime Wissen und vereidigen ihre Mitglieder zu dessen Geheimhaltung. Ein Austritt ist daher im Gegensatz zu ↗ Vereinen nahezu unmöglich. Die geogr. Verbreitung von B. konzentriert sich im subsahar. Afrika auf die Regenwaldgebiete West- und Zentralafrikas. B. sind meist regional verbreitet und nur selten auf eine ethn. Gruppe beschränkt. An einem Ort finden sich oft mehrere B. mit unterschiedlichen Zielsetzungen. Fast überall, wo Männer-B. existieren, gibt es auch Frauen-B. Frauensektionen innerhalb von Männer-B. oder B. mit gemischter Mitgliedschaft sind seltener. Bekannte B. sind Poro und Sande in Liberia und Sierra Leone, Ogboni in den ↗ Yoruba-Königreichen (Nigeria), Ngbe im Cross River-Gebiet Kameruns und Nigerias, Djengu und Kwifon in Kamerun, Kifwebe bei den Songye und Luba, Bwami bei den Lega (Demokrat. Rep. Kongo), Nyau in Malawi.

B. wurden bisher im Hinblick auf Stadien gesellschaftlicher Entwicklung oder innerhalb bestimmter soziopol. Strukturen untersucht. Die ältere evolutionistische Theorie (↗ Ethnologie) knüpfte die Entstehung der B. an Sesshaftigkeit, Familie und Feldbau oder an die Ablösung eines angenommenen Matriarchats durch ein Patriarchat und verstand unter B. v.a. Männer-B. Die Strukturfunktionalisten nahmen an, dass B. erst in größeren und kompakten Dörfern entstünden, um die auseinanderstrebenden Lineages (↗ Klan und Lineage) zusammenzuhalten. Tatsächlich existieren B. jedoch in sehr unterschiedlichen soziopol. Strukturen, in großen Königreichen ebenso wie in kleinen Orten und vereinzelt auch bei Pygmäen. Andere Theorien zu B. machten eine mangelnde Effizienz des Rechtssystems oder das Aufeinandertreffen versch. ethn. Gruppen, die ihre jeweils eigene Kultur als geheimes Wissen bewahren wollten, für das Entstehen von B. verantwortlich und versuchten so zu erklären, warum manche Gesellschaften B. kennen, andere nicht – z. B. ↗ Ashanti (Ghana), Bemba (Demokrat. Rep. Kongo) sowie ostafrik. Viehzüchter, welche stattdessen ausgeprägte Altersklassensysteme haben. Heute weiß man, dass v.a. ökonom. und hist. Bedingungen entscheidend sind für die Existenz von B. und diese sich bspw. über Handelsbeziehungen, Heiratsallianzen, ↗ Migration, Eroberung oder Kauf verbreiten. Der Besitz der B. spiegelt somit regionale Beziehungsgeflechte wider.

In vorkolonialer Zeit widmeten sich B. auch milit. Zwecken. B. nehmen neben repräsentativen Auftritten zu kommunalen und lebenszeitlichen Festen vielfältige Aufgaben wahr. B. kontrollieren ökonom. Ressourcen (Handel, Fischerei), vertreten die Interessen spezialisierter Gruppen oder unterstützen die lokale Politik. Viele B. sind exekutiver Arm lokaler pol. Institutionen und für die Einhaltung der Gesetze zuständig. Frauen-B. führen in bestimmten Situationen Rituale durch, die die Politik der Männer zeitweilig außer Kraft setzen. I. Allg. arbeiten Frauen- und Männerbünde jedoch nicht gegeneinander, sondern nehmen komplementäre Funktionen wahr. Je nach Spezialisierung bieten B. versch. Dienstleistungen an: Schlichtung von Streitfällen, Unterhaltung durch Tänze, Herstellung von Gegenständen, medizin. Behandlung, Problemlösung bei ↗ Hexerei.

B. wurden vom kolonialen und ↗ nachkolonialen Staat einerseits als subversive Institutionen bekämpft, andererseits auch immer wieder für pol. Zwecke instrumentalisiert. Mit Einführung des ↗ Christentums haben sich manche B. verändert. Zudem wurden zahlreiche christl. inspirierte Geheimbünde und Freimaurerlogen gegründet. In komplexen ethn. Zusammenhängen können B. ein Gegengewicht zur Politik der herrschenden Gruppe bilden. Dabei werden Fremde oft ganz oder vom Aufstieg in höhere Grade ausgeschlossen. In seltenen Fällen sind B. subversiv, und die Mitgliedschaft ist geheim.

Eine besondere Form subversiver B. sind Parallelorganisationen zu den offiziellen B., von deren Mitgliedern angenommen wird, dass sie nachts in Gestalt von Hexen zu ihrer alleinigen Bereicherung auf Kosten der Mitmenschen agieren. Die offiziellen B. bieten dagegen eine legitime Möglichkeit, durch Initiations- und Bußgelder sowie Bundverkauf Reichtum zu erwerben und umzuverteilen. Dadurch verhelfen B. nicht nur den eigenen Mitgliedern zu Wohlstand und Status, sondern durch prunkvolle öffentl. Auftritte verleihen sie – als wertvolles immaterielles Eigentum – dem ganzen Dorf, dem Häuptlingstum oder gar dem Königreich Prestige.

Ute Röschenthaler

Burenkrieg (1899–1902), Krieg zwischen Großbritannien und den Burenrep. Transvaal und Oranje-Freistaat aufgrund von Repressionen gegen die brit. Bev. in den Burenrep. 90.000 schwarze und weiße Soldaten wie Zivilisten fanden den Tod. Im Frieden von *Vereeniging* mussten die Buren, die nach Anfangserfolgen und einem Guerillakrieg kapituliert hatten, auf ihre Autonomie verzichten, erhielten aber Wiederaufbauleistungen, und ↗ Afrikaans wurde als Amtssprache beibehalten.

Gesine Krüger

Bürgerkrieg ↗ Kriege/Bürgerkriege

Burkina Faso (bis 1983: Obervolta). **Fläche:** 274.200 km^2. **Einw.:** 11,2 Mio. (1999). **Bev.-Wachstum/Jahr**: 2,8% (1990–99). **Stadtbev.**: 18% (1999); **Hauptstadt:** Wagadugu (752.000 Einw. 1996). **Unabh.:** 5. 8. 1960; **Staatsform**: Präsidialrep.; Mehrparteiensystem, führende Partei: CDP (*Congrès pour le démocratie et le progrès*); **Währung:** CFA-Franc. **HDI-Rang** 159/162 (2001). **Auslandsverschuldung**: 1,3 Mrd. US$ (1996). **Anteil der Entwicklungshilfe am BSP**: 15% (1998). **BSP/Kopf**: 240 US$ (1999). **HIV-infizierte Erwachsene**: 6,4%, **Lebenserwartung**: m 45,1 J., w 47 J., **Alphabetisierung** der Erwachsenen: m 33%, w 13,3% (1999). **Einschulungsrate**: m 40%, w 28% (1995–99). **Amtssprache:** Frz.; **Regional- und Verkehrssprachen:** Moore, Dagbani und Gurma (↗ Gur), Dyula (↗ Bambara), ↗ Fulfulde.

I. Naturraum. B.F. ist ein Binnenstaat im Herzen der Sudanzone Westafrikas. Der Großteil des Landes liegt in der Trockensavanne, nur im NO hat B.F. einen Anteil an der Sahelzone (↗ Ökozonen). Wie in allen Sahel-Sudanländern sind die jährl. Niederschlagsschwankungen und damit das Dürrerisiko hoch (↗ Klima). Ein bes. ökolog. Problemraum ist das mit über 100 Ew./km^2 dicht besiedelte Zentral- oder Mossi-Plateau. Wegen der Unfruchtbarkeit der tropischen Böden, der weiten Verbreitung von Lateritkrusten (Eisenpanzern) und einer ausgeprägten ↗ Desertifikation ist das landwirtsch. Ertragspotential gering und die Abwanderung hoch.

II. Geschichte. Eng verbunden mit der Geschichte des heutigen Staates sind die vier Mossi-Königtümer (Tenkodogo, Wagadugu, Yatenga und Gurma), die aufgrund ihrer hierarchisch-straffen Organisation und milit. Schlagkraft seit dem 14./15. Jh. die Herrschaft über die autochthonen Völker etablieren konnten (↗ Westafrika, Völker, Staaten, Kulturen). Das Königreich Wogodogo gab der Hauptstadt Wagadugu ihren Namen, in der bis heute der Mossi-Herrscher, der ↗ Mogho Naba, als sakraler König residiert und den Fortbestand der traditionellen dynastischen Gewalt im modernen Staat garantiert. In vorkolonialer Zeit war das heutige Staatsgebiet neben den Mossi-Reichen in weitgehend unabh. Territorien (Liptako, Djegodji; Königreich Kenedugu, Gwiriko) aufgegliedert. Nach der frz. Besetzung gehörte das Gebiet, das als Arbeitskräftereservoir für die Kaffeeplantagen der Elfenbeinküste diente, zunächst als Teil von Ober-Senegal-Niger, dann als eigenständige Kolonie *Haute Volta* zu Frz.-Westafrika und wurde in den 1930er Jahren mit Niger und der Elfenbeinküste zusammengelegt. Seit 1947 wieder eigenständige Kolonie, wurde Obervolta am 5. 8. 1960 in die Unabh. entlassen.

III. Politik. Nach der Unabh. lösten sich zwischen 1960 und 1980 ↗ autoritäre Regime sowie Militär- und Zivilregierungen ab, die kaum Entwicklungsimpulse zu geben vermochten. Seit 1980 kam es zu einer Reihe von Militärputschen: 1980 übernahm eine Junta unter Oberst Zerbo die Macht. 1982 wurde er durch einen *Conseil du Salut du Peuple* abgesetzt, an dessen Spitze J.-B. Ouedraogo stand. Diese wenig erfolgreiche Regierung wurde von Thomas Sankara und drei anderen linken Militärs am 4. 8. 1983 gestürzt. Die »Revolution vom 4. August« stellt den tiefgreifendsten Einschnitt in der neueren Geschichte Obervoltas dar, das nun den Namen *Burkina Faso* (Land der integren Menschen) erhielt. Die sozialrevolutionäre Umgestaltung zielte in erster Linie auf eine Förderung der ländl. Bev. ab. Zentrales Machtinstrument war der CNR (*Conseil National de la Revolution*), der mittels 7.000 »Komitees zur Verteidigung der Revolution« die Kleinbauern für die Entwicklungsideen im Umweltbereich – Kampf gegen Buschfeuer, ungeregelten Holzeinschlag und freien Weidegang des Viehs – mobilisieren sollte. Gegen ↗ Korruption und Staatsverschuldung (Senkung der Gehälter im öffentl. Dienst) wurden energische Maßnahmen ergriffen. Aufgrund der von den Funktionären als zu hart empfundenen Reformen entwickelte sich Widerstand, v.a. bei den ↗ Gewerkschaften. Am 15. 10. 1987 wurde Sankara bei einem erneuten Militärputsch unter Führung seines einstigen Gefolgsmannes Blaise Compaoré getötet. 1991 begann ein Demokratisierungsprozess (↗ Demokratie), Compaoré wurde im Dez. bei den Präsidentschaftwahlen bestätigt. Aus den Parlamentswahlen von 1992, bei denen 27 Parteien antraten, ging die vom Präsidenten angeführte ODP/MT (*Organisation pour la démocratie populaire/Mouvement du travail*) mit 72% aller Mandate als Siegerin hervor. Bei den Parlamentswahlen im Mai 1997 und den Kommunalwahlen im Feb. 2001 konnte sie unter dem neuen Namen CDP (*Congrès pour la démocratie et le progrès*) ihre führende Stellung weiter ausbauen.

Wirtschaftspol. unterwarf sich B. F. seit Mitte der 1990er Jahre auf Drängen von Weltbank und IWF Maßnahmen der ↗ Strukturanpassung. Im Zuge der Liberalisierungspolitik wurden seit 1991 18 Staatsbetriebe privatisiert und die Preiskontrolle für zahlreiche Produkte abgeschafft. Derzeit gilt B. F. in Afrika als »Musterschüler« der Weltbank. Außenpol. vermittelte B. F. im Tuareg-Konflikt (↗ Kriege/Bürgerkriege) in Mali und wirkte bei dem ECOMOG-Einsatz (↗ Blauhelmeinsätze) in Liberia mit. Gleichzeitig werfen internat. Beobachter der Regierung von B. F. vor, die Rebellen in Sierra Leone zu unterstützen.

IV. Bevölkerung und ethnische Gruppierungen. Ethn. relativ homogen ist der zentrale N und O von B. F., wo sich die Mossi konzentrieren, die mit 48% der Gesamtbev. die dominierende Gruppe darstellen. Dagegen gleicht der W einem Vielvölkermosaik. Im Umkreis der zweitgrößten Stadt Bobo-Dioulasso leben die Bobo Fing; im Gebiet zwischen Mouhoun (schwarze Volta) und Nazinon (rote Volta) siedeln Gurunsi, Kassena und andere voltaische Altvölker. Aus dem N wanderten die Mande-Dyula und Samo ein; die Lobi, Dagara und die Birifor drangen in die Gebiete westl. des Mouhoun vor. Der N und NO ist kulturell von teils sesshaften und teils halbnomadischen ↗ Fulbe und Tuareg-Gruppen sowie ihren ehem. Abhängigen geprägt. Ca. 50% der Bev. gehören traditionellen ↗ Religionen an, rd. 40% bekennen sich zum ↗ Islam, der Anteil der Christen (↗ Christentum), meist Katholiken, ist mit 10% höher als in den Nachbarstaaten; sie verfügen über einen großen Einfluss im öffentl. Leben. Als Folge der Dürren (1970–73; 1983/85) wanderten Tausende von Mossi-Bauern in den SW des Landes. Fulbe-Gruppen dringen seit 1973 mit ihrem Vieh zunehmend in die Savannenzonen des S vor. Seit langem hat die Arbeitsmigration (↗ Migration) der Männer in die benachbarte Elfenbeinküste große Bedeutung, wo etwa 3 Mio. Burkinabé leben. Neuere Zielgebiete internat. Wanderungen sind u. a. Nigeria, Nordafrika (Libyen), Italien, Frankreich und die USA.

V. Wirtschaft. Trotz des derzeit hohen Wirtschaftswachstums von 6,2% (1998) ist B. F. eines der ärmsten Länder der Welt. Der Agrarsektor bildet das ökonom. Rückgrat des Landes und erbringt über 60% der Außenhandelserlöse. Mit 200.000 t erreichte die Baumwollproduktion 1996/97 einen vorläufigen Höchststand. In normalen Niederschlagsjahren ist die Grundversorgung mit Sorghum und Hirse gewährleistet. Reis und Weizen, die Grundnahrungsmittel der Städter, müssen jedoch in immer größerem Umfang importiert werden. Die Abwertung 1994 des CFA-Franc um 50% wirkte sich positiv auf die Agrarexporte aus. Dies gilt insbes. für die verstärkte Ausfuhr von Vieh, Gemüse, Obst, Baumwolle und Shibutter, die im Außenhandel inzwischen an dritter Stelle steht. Entwicklungspotentiale bestehen im Bergbausektor (Gold, Mangan, Zink), der seit 1994 liberalisiert wurde und zunehmend ausl. Investoren anzieht. Als Überlebensökonomie entwurzelter Kleinbauern spielt der informelle Goldbergbau seit der letzten Dürre (1984) landesweit eine immer größere Rolle.

VI. Tourismus und Kultur. Wenngleich B. F. nur über wenig reizvolle Naturlandschaften verfügt, gewinnen bestimmte Zweige des ↗ Tourismus eine zunehmende ökonom. Bedeutung. 1995 kamen 173.000 ausl. Touristen, meist Transit- und Kongressreisende, aber auch Jagdsafari-, Natur- und Ökotouristen, die aufgrund des Reichtums an Wildtieren den Nationalpark »W« sowie die Naturreservate von Arli und Pama im SO des Landes besuchen. Durch das seit 1989 regelmäßig stattfindende Filmfestival FESPACO (*Festival Panafricain du Cinéma de Ouagadougou*) ist B. F. Zentrum des afrik. Films (↗ Kino). 1995 wurde die *Cinémathèque Africaine* eröffnet, wo derzeit ca. 160 Kopien afrik. Filme gelagert werden. Renommierte Filmemacher sind Gaston Kamboré, Idrissa Ouedraogo oder Drissa Touré, die Themen wie Überleben in ↗ *Slums* oder die ↗ Aids-Problematik im Kontext der Wanderarbeit aufgreifen. Alternierend zum FESPACO findet der SIAO (*Salon International de l'Artisanat de Ouagadougou*) statt, auf dem Kunsthandwerk aus der Region vermarktet wird.

🕮 H. Asche, Burkina Faso. In: Nohlen, D./F. Nuscheler (Hg.), Handbuch der Dritten Welt, Bd. 4, Bonn, 1993, S. 172–191. – E. Harsch, Burkina Faso in the winds of liberalisation. In: Review of African Political Economy 78 (1998)S. 625 ff.

Thomas Krings

Burundi. **Fläche:** 27.834 km². **Einw.:** 6,3 Mio. (1999). **Bev.-Wachstum/Jahr**: 2,1% (1990–99). **Stadtbev.:** 8,7% (1999). **Hauptstadt und Wirtschaftsmetropole:** Bujumbura (400.000 Einw.). **Unabh.:** 1. 7. 1962. **Staatsform**: Präsidialrepublik; Einkammerparlament (Nationalversammlung), zweite Kammer (Senat) vorgesehen; Mehrparteiensystem. **Währung:** Burundi-Franc. **HDI-Rang** 160/162 (2001). **Auslandsverschuldung**: 1,2 Mrd. US$ (2000). **Anteil der Entwicklungshilfe am BSP**: 8% (1998). **BSP/Kopf**: 120 US$, **HIV-infizierte Erwachsene**: 11,3%, **Lebenserwartung**: m 39,6 J., w 41,5 J., **Alphabetisierung** der Erwachsenen: m 55,6%, w 39% (1999). **Einschulungsrate**: m 38%, w 37% (1995–99). **Amtssprache:** Frz.; **Nationalsprache:** Kirundi (Rundi, ↗ Bantusprachen). **Verkehrssprache:** ↗ Swahili.

I. Naturraum. Das Binnenland B. liegt südl. des Äquators und östl. des zentralafrik. Grabens. Ein großer Teil der Landesfläche besteht aus Hochplateaus (bis zu 1.500 m). Im W verläuft eine Gebirgslandschaft parallel zum Tanganjikasee, der den einzigen Wasserweg des Landes darstellt. Das Klima ist mild, und die Durchschnittstemperaturen bewegen sich zwischen 15 °C und 23 °C. Die Überbeanspruchung der Böden aufgrund der landwirtsch. Nutzung bei hoher Bevölkerungsdichte und die unkontrollierte Abholzung stellen B. vor eine große ökolog. Herausforderung.

II. Bevölkerung und ethnische Gruppierungen. B. hat zusammen mit Ruanda mit 236 Einw./km^2 die höchste Bevölkerungsdichte Afrikas. Die Abgrenzung von Hutu (ca. 85% der Bev.), Tutsi (ca. 14%) und Twa (ca. 1%) als ethn. Gruppen ist aufgrund ihrer Geschichte und gemeinsamen Sprache und Kultur problematisch. Die heute ethn. interpretierten Kategorien dienten in vorkolonialer Zeit zur Unterscheidung sozialer Schichten. Zwischen den tributpflichtigen Bauern (Hutu) und Teilen des Adels (Tutsi) existierte eine soziale Mobilität. Die heutige Situation ist der Endpunkt einer konflikthaften Entwicklung unter kolonialen und nachkolonialen Herrschaftsstrukturen (↗ Ethnizität, ↗ ethnische Konflikte, ↗ politisierte Ethnizität). Daneben gibt es regionale Rivalitäten.

Seit 1966 sind in dem immer wieder aufflammenden Konflikt mehr als 600.000 Menschen getötet worden. Heute leben etwa 800.000, d.h. 13% der Gesamtbev., als Flüchtlinge im Ausland. In B. lebten bis 1993 etwa 3.000 Europäer und 2.000 Asiaten überwiegend ind. Abstammung (↗ Inder).

III. Geschichte und Politik. Die heutige Rep. ist aus dem im 16. Jh. gegr. Königreich Urundi hervorgegangen, das von 1890 bis zum Ende des Ersten Weltkrieges zu Dt.-Ostafrika gehörte. 1919 wurde B. als ↗ Mandatsgebiet des Völkerbundes, ab 1945 unter der ↗ Treuhandschaft der UN von Belgien verwaltet. 1962 erlangte B. als Monarchie unter König Mwambutsa IV. die Unabh. 1966 stürzte eine Militärjunta unter Michel Micombero die Monarchie und rief die Rep. aus. Unter der Herrschaft Micomberos (1966–1976) bestand die Armee größtenteils aus Tutsi der südl. Region, und es begann die systematische Verfolgung der Hutu, die 1972 mit einem Massaker an ca. 250.000 Hutu einen Höhepunkt erreichte (was im Nachbarland Ruanda eine Verfolgung der Tutsi auslöste). 1976 putschte Oberst Jean Baptiste Bagaza, auch ein Tutsi, gegen Micombero, 1987 wurde er durch einen weiteren Militärputsch unter der Führung Pierre Buyoyas gestürzt. Nach dem Ende des Ost-West-Konflikts musste das Mehrparteiensystem eingeführt werden. Die ersten demokratischen Präsidentschaftswahlen seit der Unabh. gewann 1993 Melchior Ndadaye, ein Oppositionspolitiker und Hutu. 101 Tage später beendeten ein Militärputsch und die Ermordung Ndadayes die junge Demokratie und stürzte das Land in einen noch andauernden Bürgerkrieg, der allein zwischen 1993 und 1999 über 250.000 Opfer forderte. 1996 gelangte Buyoya durch einen Putsch wieder an die Macht. Zwischen der Regierung und den meisten Oppositionsparteien wurde im Aug. 2000 unter Mitwirkung von Mandela ein Friedensabkommen unterzeichnet, das aber wirkungslos blieb, da es von extremistischen Hutu-Gruppierungen und von Teilen der Armee abgelehnt wurde. Im Juli 2001 einigten sich die Konfliktparteien, wiederum durch Vermittlung Mandelas, auf eine dreijährige Übergangslösung, wonach abwechselnd ein Tutsi und ein Hutu Präsident sein sollen.

IV. Wirtschaft. Die ↗ Landwirtschaft ist mit mehr als 90% der Beschäftigten der dominierende Wirtschaftssektor. Insges. leidet die Wirtschaft unter der Binnenlage. Zusätzlich ist die Verkehrsinfrastruktur unzureichend. Import/Export-Güter müssen per LKW von und nach Daressalaam (Tansania) oder Mombasa (Kenia) transportiert werden. Exportiert werden Kaffee (60% der Gesamtexporte), Tee und Baumwolle. Die Industrie beschränkt sich auf die Verarbeitung von Agrarerzeugnissen. Im SO des Landes sind Nickelvorkommen nachgewiesen, bislang allerdings noch nicht genutzt. Importiert werden Mineralölerzeugnisse, Maschinen und Güter des gehobenen Bedarfs aus Belgien, Deutschland und Frankreich.

V. Literatur. Die moderne Literatur beginnt mit dem Priester Michel Kayoya (1934–1972), der 1968 ein Poem mit dem Titel *Sur les traces de mon père* (dt. *Auf den Spuren meines Vaters*, Wuppertal 1973) veröffentlichte. Als bedeutendster Schriftsteller der Gegenwart gilt Frédéric Ngenzebuhoro (*1952), der ebenso in Rundi wie in Frz. schreibt (*Grand-Père, parle*). Jüngere Autoren sind Antoine Kabuhare (*1966), Dieudonné Ntakarahera (*1964) und Richard Ndayizigamiye (*1964).

🕮 M. Mbonimpa, Hutu, Tutsi, Twa. Pour une société sans castes au Burundi, Paris 1993. – J. P. Chretien, Le défi de l'ethnisme. Rwanda et Burundi 1990–96, Paris 1997. – J.-M. Sindayigaya, Grands-Lacs: Démocratie ou Ethnocratie? Paris 1998.

Albert Mbonerane/Jacob E. Mabe

Casablanca-Gruppe ↗ OAU

CEAO; CEEAC ↗ CEMAC

CEMAC (*Communauté Economique et Monétaire de l'Afrique Centrale*), eine auf Schaffung einer Wirtschafts- und Währungsunion der Länder in Zentralafrika abzielende ↗ regionale Organisation mit Sitz in Bangui (Zentralafrik. Rep.), die formell im Februar 1998 als Nachfolgerin der seit 1966 existierenden UDEAC (*Union Douanière et Economique de l'Afrique Centrale*) geschaffen wurde. Mitglieder sind: Äquatorialguinea, Gabun, Kamerun, Rep. Kongo, Tschad, Zentralafrik. Rep. In über drei Jahrzehnten Existenz hatte die UDEAC infolge von Verteilungskonflikten zwischen den Mitgliedsländern nie das Ziel einer Zoll- und Wirtschaftsunion realisieren können und war weitgehend wirkungslos geblieben. Auch die Umwandlung zur CEMAC traf auf versch. Widerstände und dauerte nach dem Gründungsbeschluss noch vier Jahre. Insgesamt hinkt die Wirtschaftsintegration in Zentralafrika seit langem hinter der anderer Regionen Afrikas her. Die CEMAC-Mitglieder verfügen über eine gemeinsame Zentralbank BEAC (*Banque des Etats de l'Afrique Centrale*), die den Franc-CFA (*Coopération Financière en Afrique Centrale*) als Währung emittiert, und über eine Entwicklungsbank BDEAC (*Banque de Développement des Etats de l'Afrique Centrale*). Die CEMAC bildet auch den Kern der geogr. umfassenderen CEEAC (*Communauté Economique des Etats de l'Afrique Centrale*), zu der außerdem noch Angola, Burundi, Demokrat. Rep. Kongo, Ruanda und São Tomé und Príncipe gehören. Die 1983 gegründete CEEAC mit Sitz in Libreville (Gabun) hat allerdings bisher keine konkreten Aktivitäten entwickeln können.

Rolf Hofmeier

CEPGL ↗ regionale Organisationen

Ceuta und Melilla, span. Exklaven an der marokkanischen Mittelmeerküste. C. (18,5 km^2, ca. 70.000 Einw. 2000) wurde 1415 von Portugal erobert, fiel 1580 mit dem span. Interregnum in Portugal an Spanien und gehört nun administrativ zur Provinz Cádiz. M. (14 km^2, ca. 57.000 Einw. 2000) wurde 1497, nach der Rückeroberung des maurischen Königreichs Granada, von Spanien in Besitz genommen und wird gegenwärtig von der Stadt Malaga verwaltet.

Die beiden inzw. von Marokko beanspruchten Exklaven sind heute wichtige Hafenstädte und – da Territorium der EU – Anziehungspunkt für Menschen aus West- und Nordafrika, die nach Europa einwandern wollen (↗ Flüchtlinge).

Otto Honke

Chewa, auch Nyanja (Sprache) ↗ Bantusprachen

Chimurenga, ein Genre der ↗ Popularmusik aus Simbabwe. *Ch.*, im Shona (↗ Bantusprachen) auch der Begriff für Befreiungskampf, gewann insbes. 1970–1980 im Aufstand gegen das weiße Siedlerregime (↗ Rebellenbewegungen) Bedeutung als Genre pol. Protestlieder. Diese wurden während nächtlicher Zusammenkünfte der ländl. Bev. mit den Freiheitskämpfern in einer Mischung aus christl. Hymnen und traditionellen Shona-Liedern mit improvisierten Texten gesungen. Einer der erfolgreichsten Musiker des *Ch.* war Thomas Mapfumo, der während des Befreiungskriegs in Simbabwe, später auch in Europa und den USA bekannt wurde. Er arrangierte *mbira*-Musik (↗ Lamellophon) für E-Gitarren, Bass und Schlagzeug. Seine pol. und sozialkritischen Texte bedienen sich z. T. alter Shona-Sprichworte. Mapfumos Musik beeinflusste auch Oliver Mtukudzi und Comrade Chinx, die an der Entstehung der Popularmusik Simbabwes einen wesentlichen Anteil haben.

🕮 Th. Turino, Nationalists, Cosmopolitans, and Popular Music in Zimbabwe, Chicago 2000.

Florian Carl

Chordophone (Saiteninstrumente), Gattungsbegriff für ↗ Musikinstrumente, bei denen eine gespannte Saite durch Zupfen oder Streichen in Schwingung versetzt wird und Klang erzeugt, wie bei dem ↗ Musikbogen, der ↗ Laute, ↗ Harfe, ↗ Leier und ↗ Stegharfe.

Christentum. *I. Verbreitung und Struktur.* Der Anteil Afrikas an der Weltchristenheit beträgt ca. 19%. Das Ch. prägt heute v.a. im subsahar. Afrika das relig. Erscheinungsbild. Nordafrika ist muslimisch; Christen bilden dort eine Minderheit, und in den meisten Ländern NO-, Ost- und Westafrikas sind sowohl Ch. als auch der ↗ Islam vertreten, was z.B. in Nigeria und im Sudan verstärkt zu Spannungen führt (vgl. Karte 11 zur Religionsverteilung beim Artikel »Islam«). Die Christen gehören einer Vielzahl von ↗ Kirchen an: der röm.-kath., den lutherischen und reformierten, orthodoxen, anglikanischen, baptistischen, methodistischen sowie mehreren Tsd. Afrik. Unabh. Kirchen. Ökumenisch sind die Kirchen seit 1963 – mit Ausnahme der röm.-kath. – in der gesamtafrik. Kirchenkonferenz AACC (*All Africa Conference of Churches*) zusammengefasst. Die kath. Kirche wird in der 1961 gegr. AMECEA (*Association of Member Episcopal Conferences in Eastern Africa*) und im 1969 eröffneten SECAM (*Symposium of the Episcopal Conferences of Africa and Madagascar*) länderübergreifend repräsentiert.

II. Frühchristentum. Das Ch. ist im nördl. Afrika, zu dessen ältester Kirche die koptische gehört, seit dem 1. Jh. n.Chr. präsent (↗ Kopten, ↗ römische Kolonisation). Vom 4. Jh. bis zur islam. Eroberung im 7. Jh. war das Ch. in Nordafrika die vorherrschende Religion und hatte z.B. mit Origenes (ca. 185–253/54), der grundlegend für die griech. Theologie in Alexandria wirkte, und insbes. Augustinus (354–430), dem größten latein. Kirchenlehrer des Frühchristentums, entscheidenden Anteil an der Entwicklung der kirchlichen Dogmatik und dem Aufbau der latein. Kirche. Mit der von Augustinus bekämpften schismatischen Bewegung der Donatisten (↗ Donatismus) entstand im 4. Jh. eine zweite Kirche, die sich erst nach Verfolgung durch die röm. Behörden auflöste, aber noch bis ins 7. Jh. Spuren hinterließ. Ebenfalls im 4. Jh. wurde die heute noch bestehende äthiop. Kirche gegründet (↗ Axum).

III. Neuzeitliches afrik. Christentum. Da die neuzeitliche Missionierung ein europ. Ch. nach Afrika exportierte, spricht man erst wieder in Bezug auf das 20. Jh. von einem »afrik. Ch.« und meint damit die Antwort afrik. Christen auf das monokulturelle Religionsverständnis, das den Missionskirchen zugrunde lag. Mit den Unabhängigkeitsbewegungen und der Bildung eines neuen afrik. Selbstbewußtseins (*Black consciousness,* ↗ *Négritude,* ↗ *African Personality,*) kam es zur Kritik an den importierten kirchlichen Strukturen und deren Theologien. Daraus entwickelte sich der unter den Begriffen Inkulturation (kath.) und Kontextualisierung (ev.) bekannt gewordene programmatische Versuch, Evangelium und afrik. Denk- und Lebensweise zu verbinden (↗ Synkretismus). Die Realisierung dieses Programms erweist sich allerdings schon angesichts der enormen Anzahl afrik. ↗ Sprachen (bis zu ungefähr 2.000) als langwierig. In der kath. Kirche erfolgte der Aufbruch zu einem multikulturellen Lernprozess, in dem es versch. Formen, das Christsein zu leben, zu entdecken und zu respektieren gilt, mit dem Zweiten Vatikanischen Konzil (1962–65). Dieses brachte eine – wenn auch noch in vielem zaghafte – liturgische Erneuerung und trug durch seine Aufwertung der Ortskirchen zur Bildung von Basisgemeinden (*small christian communities* in Kenia, Tansania, Sambia, Uganda bzw. *petites communautés chrétiennes* in Kongo) und der Übertragung der Gemeindeleitung an Laien bei. Darüber hinaus ermutigten nachkonziliare Schreiben den gesellsch. Einsatz der Kirche in Menschenrechtsfragen, für ↗ Flüchtlinge, für die Opfer von Hungerkatastrophen und zur Bewahrung der Schöpfung.

IV. Afrik. Unabhängige Kirchen. Aus den Afrik. Unabh. Kirchen (AUK), insbes. den Pfingstbewegungen, die sowohl exogener (meist USA) als auch afrik. Herkunft sind, erwächst die bislang stärkste relig. Erneuerung. Bei den AUK handelt es sich um Gemeinschaften unterschiedlichster Größe, teilweise um temporäre Phänomene, die seit der zweiten Hälfte des 19. Jh. entstanden und vorwiegend im südl. sowie im westl. Afrika zu finden sind. Anfangs (bis ca. 1910) entstanden solche Bewegungen – mit Rückgriff auf Psalm 68,32 und Apostelgeschichte 8,26–40 meist als »äthiop.« Kirchen bezeichnet – als Reaktion gegen Bevormundung seitens der Missionskirchen. Von 1910–1930 gründeten sich v.a. Geist- oder zionistische Kirchen (im Anschluss an die afroamerik. Pfingstkirche der *Christian Catholic Apostolic Church in Zion*), die meist ein heiliges Zentrum (neues Jerusalem) besitzen, der Heilung und dem Wirken des Geistes besondere Bedeutung beimessen. Zu den bekannten AUK gehören die Kimbanguisten

(EJCSK – *L'Eglise de Jésus-Christ sur la Terre par le prophète Simon Kimbangu*) in der Demokrat. Rep. Kongo, die Nazaretha-Kirche von Isaiah Shembe, die *Zionist Christian Church* von Samuel Mutendi sowie die 1930 gegr. *Church of the Lord* (*Aladura*), eine ökumenische, der pfingstlichen Tradition verpflichtete Gemeinschaft, die weltweite Verbreitung fand.

Die Ursachen für die Entstehung solcher AUK lagen zum einen in der Enttäuschung vieler Afrikaner über das westl. Ch. – fehlendes Verständnis und mangelnder Respekt der Missionare gegenüber den traditionellen ↗ Religionen, Arroganz und Paternalismus – und zum anderen in der Suche nach einer eigenen Identität. AUK sind daher Protest- und Widerstandsbewegungen gegenüber den Missionskirchen bzw. Versuche, ein authentisch afrik. Ch. zu begründen: *a place to feel at home*. Eine wichtige Rolle spielte dabei die Übersetzung der ↗ Bibel in die jeweilige afrik. Sprache, die es ermöglichte, das Verhalten der Missionare unmittelbar an den biblischen Idealen zu messen und von ihnen ausgeblendete Seiten wie z. B. ↗ Polygamie und Wertschätzung von Sexualität und Fruchtbarkeit zu entdecken. Im Vordergrund des Interesses der AUK steht das Geistwirken, wie es sich in prophetischer Rede, in ↗ Träumen, Trance und in der Glossolalie (ekstatisches Reden in fremden Sprachen) äußert. Die AUK halten an der Ganzheitlichkeit des Glaubens fest, z. B. an der Heilung in der Gemeinschaft, und setzen mehr auf Orthopraxis als auf Orthodoxie. In der Ausgestaltung von ↗ Gottesdiensten entwickeln sie viel Kreativität und greifen stark auf die afrik. Symbolik zurück.

V. Afrik. Theologie. Abgesehen von vereinzelten Spuren, wie sie bspw. bei der 1706 im Königreich ↗ Kongo von den Portugiesen hingerichteten Priesterin Kimpa Vita (Donna Béatrice) und ihrer Rede vom Schwarzen Christus bzw. Gott sei schwarz zu finden sind, beginnt die Entwicklung einer eigenständigen afrik. Theologie in der zweiten Hälfte des 20 Jh. Erste Impulse gaben europ. Missionare wie der Deutsche Bruno Gutmann (1876–1966), der unter den Dschagga arbeitete, oder der belg. Franziskaner Placide Tempels (1906–1977). Mit seinem Werk *La philosophie bantoue* (1945), in dem er die ↗ Lebenskraft (*force vitale*) als zentralen Begriff der Bantu-Ontologie und des afrik. Denkens herausstellt (↗ Ethnophilosophie), übte Tempels einen bedeutenden Einfluss aus auf junge afrik. Theologen wie Vincent Mulago (Kongo) und Alexis Kagame (Ruanda). Mit dem von Alioune Diop 1956 herausgegebenen *Des prêtres noirs s'interrogent* begann eine breite öffentl. Diskussion um afrik. Theologie. Eine wichtiger Diskussionsbeitrag stammte von Tharcisse Tshibangu (Kongo), der eine Integration von christl. Glauben und afrik. Kultur für notwendig erachtete. 1960 erschien Bengt Sundklers *The Christian Ministry in Africa*, das lange Zeit als Standardwerk zur Afrikanisierung der Theologie galt.

Die protestantische Auseinandersetzung afrik. Theologie begann 1966 auf der AACC (gesamtafrik. Kirchenkonferenz) in Ibadan (Nigeria). Wichtige Beiträge lieferten Bolaji Idowu (Nigeria), Harry Sawyerr (Sierra Leone) und John S. Mbiti (Kenia) sowie 1972 ein Kongress an der Makerere-Universität in Uganda zum Thema *African Theology and Church Life*. 1977 wurde die überkonfessionelle EAAT/AOTA (*Ecumenical Association of African Theologians/Association Oecuménique de Théologiens Africains*) gegründet, die Vereinigung afrik. Theologen und Theologinnen, die zu der ein Jahr zuvor in Daressalaam (Tansania) gegründeten Ökumenischen Vereinigung von Dritte-Welt-Theologen (EATWOT) gehört und zusammen mit der 1983 ins Leben gerufenen EAATSA (*Ecumenical Association of African Theologians of South Africa*) führend an der Ausarbeitung einer afrik. Theologie beteiligt war. Zu den bekannten Vertretern aus dem frankophonen Raum gehören Engelbert Mveng und Jean Marc Éla (Kamerun), Oscar Bimwenyi-Kweshi, Bénézet Bujo und A. Ngindu Mushete (Demokrat. Rep. Kongo), Anselme Titianma Sanon (Burkina Faso) und Efoé-Julien Pénoukou (Benin). Aus dem anglophonen Raum sind John S. Mbiti (Kenia), Kwesi A. Dickson und John S. Pobee (Ghana), Charles Nyamiti (Tansania) und Edward Fasholé-Luke (Sierra Leone) zu nennen. Prominente afrik. Theologinnen sind Rosemary Edet und Teresa Okure (Nigeria), Elizabeth Amoah, Mercy Amba Oduyoye (Ghana) und Amélé Ekué (Togo). Während manche Theologen mehr kulturelle Probleme behandeln, wie sie sich aus der Afrikanisierung des Ch. ergeben (Ethnotheologie), stehen für andere die aktuellen gesellschaftspol. Herausforderungen aus den Transformationsprozessen im Mittelpunkt des Interesses. Zu den theolog. Quellen zählen nicht allein Bibel und kirchliche Überlieferung, sondern traditionelle Religiosität und afrik. Anthropologie genauso wie die in Mythen (↗ Mythos), Sprichwörtern (↗ Oralliteratur), Gesängen (↗ Gesang) u. a. sich findende afrik. Weisheit (↗ Oralphilosophie, ↗ Weisheitsphilosophie)

VI. Schwarze Theologie. Black Theology ist eine Selbstbezeichnung von Befreiungstheologien in Südafrika, die in den späten 1960er, frühen 1970er Jahren unter dem Einfluss der afroamerik. *Black Power*-Bewegung und der *Black consciousness* im Widerstand gegen die ↗ Apartheid entstand und eine menschenwürdigere Gesellschaft anstrebte. Aus der langen und leidvollen Erfahrung mit dem weißen, auch theologisch legitimierten ↗ Rassismus und ↗ Kolonialismus heraus begannen Christen, sich mit Politik auseinanderzusetzen und nach der Bedeutung des Evangeliums für den Kampf um Befreiung in einer Gesellschaft zu fragen, die den Schwarzen die minimalsten Lebensrechte vorenthielt. Ausgangspunkt schwarzer Theologie ist deshalb die konkrete Leiderfahrung von Afrikanern, die mit Hilfe einer Kontextanalyse zu Bewusstsein gebracht wird, um auch die internalisierte Sklavenmentalität zu brechen. Durch das Evangelium motiviert, insbes. durch die Identifikation Jesu Christi mit den Armen und Leidenden, nahmen Christen den Kampf um Humanität, soziale Gerechtigkeit und kulturelle Würde auf. Schwarze Theologen zeigten die Verflechtung von weißem Ch. und europ. Ausbeutungssystem und forderten eine Befreiung des Evangeliums aus den Fesseln abendländischer Tradition. Allan Boesak, Manas Buthelezi, Frank Chicane, Bonganjalo Goba, Simon Maimela, Takatso Mofokeng, Mokgethi Motlhabi, Gabriel Setiloane sind Repräsentanten der schwarzen Theologie in Südafrika. Von nachhaltiger Wirkung war das von schwarzen und weißen Theologen erarbeitete Kairos-Dokument, welches erstmals 1985 und in einer revidierten Fassung ein Jahr später erneut erschien. Darin wird die »Staatstheologie«, die Rassismus, Kapitalismus und Totalitarismus in sich vereint, scharf zurückgewiesen; genauso wenden sich die Verfasser gegen die »Kirchentheologie«, die Apartheid nur in begrenztem Rahmen und verhalten kritisiert. Statt dessen formulieren sie eine »prophetische Theologie«, in der Gott auf der Seite der Unterdrückten steht und die Christen zum Kampf für Befreiung und für eine gerechte Gesellschaft ermutigt werden. Nach dem Ende des Apartheidsystems (1994) sprachen Theologen wie Charles Villa-Vicencio von einer Theologie der Rekonstruktion (*Constructive Theology*), um damit die Notwendigkeit einer Beteiligung am Prozess des gesellsch. Aufbaus hervorzuheben. Eine solche Theologie hat allem ihre Zustimmung zu verweigern, was von der Lebensgestaltung und -erhaltung wegführt oder ihnen zuwider läuft. Vielmehr hat sie entschieden all das zu bejahen, was der gesellsch. Gerechtigkeit und menschlichen Würde dient. ↗ Juden in Afrika, ↗ Kunst, christl.

🕮 J. M. Éla, Mein Glaube als Afrikaner. Das Evangelium in schwarzafrik. Wirklichkeit, Freiburg 1987. – J. S. Mbiti, Bibel und Theologie im afrik. Christentum, Göttingen 1987. – H. J. Becken, Wo der Glaube noch jung ist. Afrik. Unabh. Kirchen im Südlichen Afrika, Erlangen 1985. – B. Bujo, Afrik. Theologie in ihrem gesellschaftlichen Kontext, Düsseldorf 1986. – M. A. Oduyoye, Wir selber haben ihn gehört. Theologische Reflexionen zum Christentum in Afrika, Freiburg/Schweiz 1988. – J. Parratt, Theologiegeschichte der Dritten Welt – Afrika, München 1991. – H. Rücker, »Afrikanische Theologie«. Darstellung und Dialog, Innsbruck/Wien 1985.

Giancarlo Collet

Chroniken. *I. Westafrik. Chroniken.* Unter Westafrika soll hier das Gebiet zwischen dem Südrand der Sahara und der Atlantikküste verstanden werden, das nach O hin durch den Schari und den Nordrand des äquatorialen Regenwalds in Kamerun begrenzt wird. In dieser Region gab es vor der Ausbreitung des ↗ Islam seit dem 11. Jh. von Nordafrika her und des europ. ↗ Kolonialismus seit dem 16. Jh. im Küstenbereich keine indigenen ↗ Schriftsysteme. – Ch. sind in Westafrika wie die meisten anderen lit. Zeugnisse überwiegend in arab. Schrift und Sprache verfasst. Mit arab. Lettern geschriebene Texte in einheimischen Sprachen (z. B. ↗ Hausa, ↗ Ful[fulde]) gewannen erst seit dem 19. Jh. einige Bedeutung. Das Gros der arab. Ch. entstand in den am stärksten vom Islam überformten Staatsgebilden der nördl. Savannen (wie Tekrur, ↗ Mali, ↗ Songhay, den Hausa-Staaten und ↗ Bornu) und war vor 1632 für die Regenwald- und Küstenbereiche unergiebig. Die frühesten der dort von Westafrikanern in europ. Sprachen verfassten Schriftzeugnisse reichen nicht über das 18. Jh. zurück. – Eine erste kritische Aufarbeitung der arab. Schriftquellen erfolgte 1841 durch W. D. Cooley (*The Negroland of the Arabs*); ein umfangreiches Korpus von kommentierten engl. Übersetzungen legten J. F. P. Hopkins und N. Levtzion 1981 vor. Ein Großteil der darin enthaltenen Texte stammt jedoch aus der Feder von Historiographen, die Informationen über Westafrika an Orten wie Tunis, Kairo usw. zusammentrugen, aber nur selten (wie z. B. Ibn Battuta, 1304–1377) auf eigene Reiseerfahrungen zurückgreifen konnten. Lokale Autoren als Schöpfer von älteren, vor dem 17. Jh. zu datierenden Ch. sind nur in wenigen Fällen eindeutig nachweisbar, und mitunter bleiben die Urheber anonym. – In der den Europäern lange Zeit als sagenumwoben geltenden Stadt Timbuktu (Mali) entstanden Anfang des 17. Jh. zwei Ch., die auf der Grundlage mündlicher Überlieferungen Ereignisse aus der Region des Nigerbogens z. T. bis in die Zeit vor 1500 zurückverfolgen: der *Ta'rikh al-Sudan* des berberischen Gelehrten ᶜAbd al-Rahman al-Saᶜdi (beendet 1655) und der *Ta'rikh al-Fattash*, der von Mahmud al-Kati 1519 begonnen und von seinem Enkel Ibn al-Mukhtar um 1665 abgeschlossen wurde. Ein bedeutendes Dokument aus dem Hausaland stellt die arab. Ch. von Kano dar, die erst um 1880 ihre endgültige Gestalt erhielt, die Geschichte der Stadt jedoch bis in ihre legendären Anfänge um 1000 n. Chr. zurückverfolgt. Mit der Vergangenheit von Kano beschäftigt sich auch die in Hausa abgefasste Vers-Ch. *Wakar Bagauda* (Gesang von B.), die gleichfalls erst im 19. Jh. schriftlich niedergelegt wurde. Im *Diwan* der Sultane des Reiches Bornu reihten ungenannte Chronisten Daten vom Beginn des 13. Jh. bis 1846 aneinander. Zu Beginn des 19. Jh. erfolgte ein bedeutender Aufschwung in der Tätigkeit westafrik. Chronisten, die nunmehr v. a. die »heiligen Kriege« (↗ Djihad) der fulbischen Begründer des Reiches Sokoto (↗ Fulbe-Reiche) sowie von Al-Hadjdj ᶜUmar Tall (1794–1864) und Samori Ture (1835–1900) dokumentierten.

II. Ostafrik. Chroniken. Unter dem Einfluss der arab. Historiographie und Literalität sind an der ostafrik. Küste von Südsomalia über Kenia und Tansania bis nach Nordmosambik sowie auf den Komoren zahlreiche Chronikdokumente zu einzelnen Städten entstanden. Ihre Komplexität reicht von kleineren Notaten bis hin zu größeren Ch., von denen die wichtigsten im Laufe des 20. Jh. philologisch bearbeitet wurden. Hierzu gehören die Ch. von Shungwaya, Pate, Lamu, Mombasa, Vumba Kuu, Sansibar, Kilwa, Ngazija und Mayotte, von denen zumeist mehrere Fassungen existieren. Auf ↗ Swahili in arab. Schrift verfasst wird ihre Entstehung in die zweite Hälfte des 19. Jh. datiert. Hierbei handelt es sich um Kopien älterer Dokumente in arab. Sprache, die nach Angaben ihrer Schreiber z. T. damals bereits verloren gegangen waren, etwa durch Klima- und Termitenschäden oder Kriegszerstörungen. Formale Bestandteile dieser Dokumente, in denen schriftliche Zeugnisse und orale Traditionen miteinander kombiniert wurden, sind Herrschergenealogien, Prosaberichte und Formen der metrisch gestalteten Dichtung. Die sukzessive darin aufgeführten Personen und Ereignisse werden nur punktuell nach dem arab. Kalender datiert, weswegen zahlreiche Elemente der Ch. Gegenstand einer historiographischen Diskussion sind. Allg. thematische Elemente sind: die Ankunft der ersten Einwanderer aus dem Nahen Osten (Shirazi, Araber), die ersten und jeweils folgenden Herrscher und ihre Haupteigenschaften und Verdienste, Ortsgründungen, die Handelsbeziehungen nach Arabien und Indien, die Einführung von Kulturgütern, der Sieg über die Portugiesen (Ende 17. Jh.), Episoden aus den Hegemonialkonflikten mit den Nachbarstädten und -inseln (18./19. Jh.), die Ankunft der Oman-Araber (18./19. Jh.), zuletzt die Anfänge des europ. Kolonialzugriffs. Ihrer Funktion nach dienten die Ch. vorrangig der Herrschaftslegitimation einzelner Abstammungsgruppen, während heute den Editionen eine Rolle in der Behauptung der kulturellen Identität zugesprochen wird. ↗ Arabischsprachige Literatur, ↗ geschichtliche Überlieferung, ↗ Geschichtsschreibung.

📖 G.S.P. Freeman-Grenville, The East African Coast. Select documents from the first to the earlier nineteenth century, Oxford 1962. – J.F.P. Hopkins/N. Levtzion, Corpus of Early Arabic Sources for West African History, Cambridge 1981. – I. Wilks/N. Levtzion/B.M. Haight (Hg.), Chronicles from Gonja. A tradition of West African Muslim historiography, Cambridge 1986.

Ulrich Braukämper/Thomas Geider

CILSS ↗ regionale Organisationen

Codeswitching ↗ Sprachwechsel

COMESA (*Common Market for Eastern and Southern Africa*), eine auf Schaffung eines gemeinsamen Marktes der Länder im östl. und südl. Afrika abzielende ↗ regionale Organisation mit Sitz in Lusaka (Sambia), die formell 1994 als Nachfolgerin der seit 1981 existierenden PTA (*Preferential Trade Area for Eastern and Southern Africa*) gegründet wurde. Mitglieder sind (1. 1. 2001): Ägypten, Angola, Äthiopien, Burundi, Dschibuti, Eritrea, Kenia, Komoren, Demokrat. Rep. Kongo, Madagaskar, Malawi, Mauritius, Namibia, Ruanda, Sambia, Seychellen, Simbabwe, Sudan, Swasiland, Uganda. Lesotho und Mosambik hatten 1997 sowie Tansania 2000 ihre Mitgliedschaft aufgekündigt, während Südafrika als wichtigste regionale Wirtschaftsmacht aufgrund einer seit langem anhaltenden und fortbestehenden Rivalität mit der ↗ SADC wegen ähnlicher Ziele und überlappender Mitgliedschaft kein Interesse an einem Beitritt hatte. Die Kernaufgaben der COMESA liegen im Handelsbereich mit dem Ziel der Schaffung einer Freihandelszone (Teilbeginn Nov. 2000) und einer Zollunion bis zum Jahr 2004. Nach mehrfachen Verzögerungen der vorgesehenen Zollsenkungen und verbreiteter Skepsis bzgl. der Weiterexistenz der COMESA hat diese inzwischen ihre Ziele besser voranbringen können, obgleich die Heterogenität der Mitglieder und die großen geogr. Distanzen offensichtliche Grenzen setzen. An einer Entwicklungsbank (*PTA-Bank*) mit temporärem Sitz in Nairobi sind 15 der Mitgliedsländer beteiligt.

Rolf Hofmeier

Commonwealth. Eine alle Kontinente umfassende freiwillige Gruppierung (ohne Verfassung oder Vertragstext) unabh. Staaten, die ursprgl. auf das *British Empire* bzw. (ab 1931) das *British Commonwealth of Nations* zurückgeht. Unter den insgesamt 54 Mitgliedern (Stand 1. 1. 2001) sind 19 Staaten aus Afrika, also ein Drittel aller selbstständigen Länder des Kontinents. Mitglieder sind: Botsuana, Gambia, Ghana, Kamerun, Kenia, Lesotho, Malawi, Mauritius, Mosambik, Namibia, Nigeria, Sambia, Seychellen, Sierra Leone, Simbabwe, Südafrika, Swasiland, Tansania, Uganda. Das Sekretariat befindet sich in London. Die Vorgeschichte des C. geht in die zweite Hälfte des 19. Jh. zurück, als die ersten weißen *Dominions* des Empire (zuerst Kanada) die Autonomie erhielten. Als erstes afrik. Land trat Ghana 1957 dem C. bei. In jüngster Zeit wurde die Mitgliedschaft über den Kreis ehemals brit. Kolonien und Territorien hinaus erweitert: 1990 Namibia, 1995 Mosambik und Kamerun. Ein Aufnahmeantrag von Ruanda wurde 1997 zurückgestellt. Südafrika hatte 1961 nach wachsender Kritik wegen der Apartheidpolitik auf die weitere Mitgliedschaft verzichtet, wurde aber 1994 nach dem pol. Wandel wieder aufgenommen. Nigeria wurde wegen seines Militärregimes 1995 von der Mitgliedschaft suspendiert (aber nicht ausgeschlossen) und 1999 nach Abhaltung von Wahlen wieder aufgenommen.

Wichtigstes und sichtbarstes Forum des C. sind die zweijährig stattfindenden Gipfeltreffen der Regierungschefs (CHOGM, *C. Heads of Government Meetings*), die informellen Charakter haben und konsensual ohne Abstimmungen ablaufen. In Afrika fanden bisher drei Gipfel statt: 1979 in Lusaka (Sambia), 1991 in Harare (Simbabwe) und im Nov. 1999 in Durban (Südafrika). Abschlusserklärungen der Gipfeltreffen, die als pol. Leitlinien bes. Bedeutung erlangt haben, sind die allg. Erklärung der C.-Prinzipien (Singapur 1971), die Erklärung über Rassismus (Lusaka 1979) und die Erklärung zu Demokratie und Menschenrechten (Harare 1991). Im Gesamtrahmen des C. gibt es eine große Zahl spezialisierter Organisationen, die auf verschiedensten Gebieten einen kontinuierlichen Erfahrungsaustausch zwischen den Mitgliedsländern ermöglichen. Ein 1971 geschaffener CFTC (*C. Fund for Technical Cooperation*) vermittelt entwicklungspol. Unterstützung, basierend auf freiwilligen Beiträgen der reicheren Mitglieder.

Das C. hatte bei inneren pol. Entwicklungen und Konflikten der einzelnen Mitgliedsländer keine Sanktionsmacht. Deshalb blieb es bis Mitte der 1970er Jahre ohne erkennbare Bedeutung etwa für den Kampf gegen das weiße Siedlerregime in Rhodesien oder die Apartheid in Südafrika. Erst in der Endphase der Überführung Rhodesiens in das unabh. Simbabwe erhielt das C. eine wichtige Rolle (CHOGM Lusaka 1979), in der Folgezeit auch im Hinblick auf Südafrika. In den 1990er Jahren trat gerade in Afrika die Beschäftigung mit der Einhaltung von ↗ Menschenrechten und ↗ Demokratie – neben der Zielsetzung einer nachhaltigen Wirtschafts- und Sozialentwicklung und der Armutsbekämpfung – immer stärker in den Vordergrund. Ausgelöst durch die Menschenrechtsverletzungen des ↗ Militärregimes in Nigeria wurde 1995 eine CMAG (*C. Ministerial Action Group*) aus Außenministern versch. Mitgliedsländer zur fortlaufenden Überprüfung der Lage in Nigeria gebildet. Die CMAG, die auch zeitweilige Mitgliedschaftsrestriktionen gegen die Militärregime in Gambia und Sierra Leone verhängte, wurde 1998 in eine permanente Einrichtung umgewandelt. Durch Wahlbeobachtergruppen verfolgt das C. aktiv Wahlen und Demokratisierungschritte in Afrika seit Anfang der 1990er Jahre.

🕮 W. D. McIntyre, The Significance of the Commonwealth 1965–1990, London 1991. – The Commonwealth Yearbook, London (jährl.).

Rolf Hofmeier

Community Development/Animation Rurale sind Strategien, die von England und Frankreich kurz nach der Unabh. v. a. für den ländl. Raum entwickelt und eingesetzt wurden. Sie zielten ab auf die Entwicklung von unten, von den »Graswurzeln« her, für benachteiligte nomadische (↗ Nomadismus) oder bäuerl. Bevölkerungsgruppen.

Voraussetzung waren dabei vorhandene vordemokrat., vorgenossenschaftliche, segmentäre

Sozialstrukturen, z. B. Formen der gegenseitigen Hilfe, kollektiven Arbeit und traditionellen sozialen Sicherung, die für eine Modernisierung nutzbar gemacht werden sollten. C. D. übertrug Erfahrungen aus sozialen Organisationsformen aus Großbritannien und den USA nach Afrika, die dort unter dem Namen C. D., *Community Organization* oder *Mass Education* weiterentwickelt wurden. Eine klare Definition gibt es nicht, da alle Maßnahmen mit der größtmöglichen Flexibilität eingesetzt werden.

1957 wurde das Konzept auf Anregung der ↗ ECA als eine Strategie, die gleichzeitig die wirtsch. und soziale Entwicklung fördert, Energien mobilisiert und erzieherischen Charakter hat, in den ehemaligen brit. Kolonien unter dem Namen C. D., in den ehemals frz. als A. R. übernommen und variiert. Hauptziele sind der Wandel von Einstellungen im ↗ Dorf, die Anleitung durch Regierungsvertreter, kurzum die Kombination von Eigeninitiative und Hilfe von außen in Bereichen wie Alphabetisierung, Erwachsenenbildung, gemeinsame Bauvorhaben, Frauen- und Jugendarbeit, Organisation des landwirtsch. Bereichs (↗ Landwirtschaft), Anleitung zum Hausbau, Haushaltsführung, Hygiene und Gesundheitspflege (↗ Gesundheitsversorgung). Die Aktivitäten sollen nicht gleichzeitig entwickelt werden, sondern sich behutsam gesteuert je nach Bedarf und Notwendigkeit voneinander ableiten. Deshalb wird im C. D. viel Wert auf ausgebildete Fachkräfte gelegt, die ins Dorf kommen und dort arbeiten. In der A. R. werden dagegen eher Vertreter des Dorfes in gemeinsame Ausbildungszentren geholt, die dann als Multiplikatoren in die Dörfer zurückzukehren.

Beide Ansätze wollen den Willen zur Selbsthilfe fördern, das Gefühl für und die Einsicht in die Notwendigkeit der Aktionen, die Mobilisierung des Dorfes als Gesamtgruppe. Das Konzept soll sich aus Modellprojekten verbreiten, weitere Bevölkerungsgruppen sollen sich beteiligen, jeweils neue Aktivitäten hinzukommen. Es soll laufend überprüft werden, ob die Zielsetzungen erreichbar sind, ansonsten sind je nach den lokalen Bedürfnissen Änderungen vorzunehmen; eine kurz- und mittelfristige Rentabilität muss erzielt werden. Einer der Ansätze, die für ökonom. fruchtbar gehalten wurden, war die Entwicklung genossenschaftl. Organisationsformen. Probleme bei der Umsetzung ergaben sich v. a., wenn die soziostrukturellen Voraussetzungen nicht beachtet wurden, wenn das Konzept trotz lokaler Orientierung als zu zentralistisch empfunden wurde und wenn für die Implementierung und Durchführung zu wenig ausgebildete Fachkräfte zu Verfügung standen. Wenn man die ländl. Bev. am Entwicklungsprozess beteiligen will, bieten sich C. D. bzw. A. R. zusammen mit dem Genossenschaftswesen als Mobilisierungsmöglichkeiten an.

🕮 Community Development Journal, London 1965ff. – H. Hintjens, Community Development in the Third World. In: Community Development Journal 33 (1998), S. 281–284. – K. D. Osswald, Community Development und Animation rurale. In: P. Trappe (Hg.), Sozialer Wandel in Afrika südl. der Sahara, Bd. 1, Hannover 1968, S. 63–88.

Klaus-Dieter Osswald

Consciencismus, von Kwame Nkrumah und seinem *Philosophy Club* zur Begründung einer am Befreiungskampf orientierten afrik. ↗ Philosophie eingeführter Begriff. C. bezeichnet ein philos. System, das Bewusstsein im Sinne von Selbstbewusstsein und umfassende Gesellschaftstheorie für Afrika als Einheit erfasst. In diesem Sinne ist C. ein Schlüsselbegriff der ↗ afrik. Ideologie in den 1960er Jahren und ein wichtiger Meilenstein in der Geschichte der neueren afrik. Philosophie. Dargestellt hat Nkrumah (unter Mitarbeit seines Philosophieklubs) den C. 1964 in dem Buch *Consciencism – Philosophy and Ideology for Decolonization and Development with Particular Reference to the African Revolution*. Er erläutert C. als Philosophie, die sich auf den Materialismus stützt und einen afrik. ↗ Sozialismus als Theorie und Praxis begründet. Ausführlich behandelt er Vertreter der europ. Philosophiegeschichte, was ihm das Lob und den gleichzeitigen Vorwurf einbrachte, mit diesem Buch das intellektuell reifste, aber am wenigsten afrik. geschrieben zu haben. Ziel des C. ist es, drei Segmente, und zwar das traditionelle, das westl. und das islam., zu einer Symbiose zu führen. Diese Kräfte müssten nach Nkrumah so entwickelt werden, dass sie schließlich den Prinzipien der ↗ *African Personality* entsprechen. Entscheidend sei das durch Kommunalismus, Materialismus und Klassenlosigkeit gekennzeichnete traditionelle Segment. Die Grundprinzipien des afrik. Kommunalismus stimmten mit dem Sozialismus überein. Allerdings sei Klassenkampf in afrik. Gesellschaften unbekannt. Nkrumah behauptet im C. eine kollektive (materialistische) ↗ Weltanschauung, weshalb sich in diesem Punkt trotz pol. Gegensätze eine gewisse Nähe zur ↗ Ethnophilosophie ergibt. Das Materialismuspostulat verhindert allerdings nicht, dass der C. eine widersprüchliche idealistische Konstruktion bleibt, was bes. im letzten Kapitel deutlich wird, das auf Wunsch Nkrumahs in der dt. Ausgabe die Überschrift »Mathematik der Entkolonialisierung« trägt. In Anlehnung an Gandhi entwickelt Nkrumah die These von der *positive action*, die gewaltfreien Widerstand begründet. In der geänderten Fassung von 1970 korrigiert er einige Aussagen und erkennt unter dem Eindruck des 1966 gegen ihn gerichteten Putsches und des nachfolgenden Asyls in Guinea die marxistische These vom Klassenkampf auch für Afrika an. Die Diskussion über den C. bleibt lange Zeit in unproduktiven Gegenüberstellungen verhaftet – Nkrumah als Diktator versus C. als zeitgenössische afrik. Philosophie zur Begründung von *African Personality*, der Einheit Afrikas und des afrik. Sozialismus. Erst nach Nkrumahs Tod 1972 setzt eine kritische Rückbesinnung ein. ↗ Entkolonialisierung.

📖 P.J. Hountondji, Afrikanische Philosophie: Mythos und Realität, Berlin 1993. – G.-R. Hoffmann, Kwame Nkrumah als Philosoph. In: asien, afrika, lateinamerika, Heft 6 (1989), S. 1021–1030. – M. Towa, »Consciencisme«. In: Présence Africaine N° 85 (1973), S. 148–177.

Gerd-Rüdiger Hoffmann

Conseil de l'entente ↗ regionale Organisationen

Côte d'Ivoire (offizielle Bez. der **Elfenbeinküste**). **Fläche:** 322.462 km^2. **Einw.:** 15,7 Mio. (1999). **Bev.-Wachstum/Jahr**: 2,5% (1990–99). **Stadtbev.:** 46% (1999). **Hauptstadt:** Yamoussoukro (190.000 Einw.). **Wirtschaftsmetropole:** Abidjan (3,5 Mio. Einw.). **Unabh.:** 1. 1. 1960. **Staatsform**: Präsidialrep., Mehrparteiensystem. **Währung:** CFA-Franc. **HDI-Rang** 144/162 (2001). **Anteil der Entwicklungshilfe am BSP**: 7,8% (1998). **BSP/Kopf**: 710 $ (1999). **HIV-infizierte Erwachsene**: 10,8%, **Lebenserwartung**: m 47,5 J., w 48,1 J., **Alphabetisierung** der Erwachsenen: m 53,8%, w 37,2% (1999). **Einschulungsrate**: männl. 63%, weibl. 47% (1995–99). **Amtssprache:** Frz.; **Nationalsprachen:** ↗ Mande, Dyula, Akan, Senufo, Bete, Agni, Baule, Moore u.a. (↗ Gur, ↗ Kwa, ↗ Niger-Kongo).

I. Naturraum. Das Land an der Oberguineaküste ist durch ein wenig moduliertes Relief gekennzeichnet. Die Höhen steigen leicht von S nach NW bis etwa 400m. Allein im W erreichen die Berge des Nimba-Massivs Höhen von bis zu 1.752m. Die drei größten Flüsse Sassandra, Bandama und Komoë verlaufen in NS-Richtung und münden in den Atlantik. Es lassen sich drei große Naturräume unterscheiden: die Lagunen an der Küste, der ↗ Regenwald im S und SW sowie die wechselfeuchten ↗ Savannen im N (↗ Ökozonen). Das ↗ Klima ist im S tropisch mit ganzjährigem Regen und Maxima im Mai bis Juli sowie Aug. und Sept. Im N gibt es eine ausgeprägte Trockenzeit von Dez. bis April. Die Lagunen erstrecken sich entlang der Küste von Ghana im O bis etwa zur Mündung des Sassandra. Sie bilden einen schmalen Gürtel, in dem Kokospalmen und kleinere salzresistente Gehölze gedeihen. Primärer Regenwald, der früher den gesamten S des Landes durchzog, ist Ende des 20. Jh. infolge der Abholzung und Anlage von Plantagen nur mehr im SW zu finden. Fast die gesamte nördl. Hälfte der C.I. besitzt eine Savannen-Vegetation mit kleineren, trockenresistenten Gehölzen und ausgedehnten Grasländern.

II. Bevölkerung und ethnische Gruppierungen. Die Bev. der C.I. setzt sich aus etwa 35 ethn. Gruppen zusammen, die vier Familien angehören: den Kru im SW, den Akan im SO, O und im Zentrum, den Mande im NW und den Gur- oder Voltaischen Völkern im zentralen N und NO, wobei es aufgrund der Binnenwanderung Überschneidungen gibt. Die größten ethn. Gruppen sind die Baule im Zentrum (ca. 15%, Akan), die Senufo im Norden (10%, Gur) und versch. Manding-Gruppen (17%, Mande).

Nicht in der C.I. Gebürtige machen nach der Volkszählung von 1998 fast ein Drittel der Bev. aus. Neben Migranten aus anderen, i.d.R. benachbarten afrik. Ländern (↗ Migration) zählen hierzu auch die wirtsch. einflussreichen Libanesen sowie Asiaten und Europäer. Während die Bev. noch bis Mitte des 20. Jh. überwiegend ländl. geprägt war und Ackerbau betrieb, lebt heute etwa die Hälfte in Städten, v.a. in den beiden Ballungsräumen Abidjan und Bouaké. Etwa 45% der Bev. ist unter 15 Jahre alt.

Die Mehrheit der Bev. praktiziert traditionelle ↗ Religionen. Mehr als ein Viertel bekennt sich zum ↗ Islam (1998), wobei die Zahl der Muslime v.a. im N der C.I. in der zweiten Hälfte des 20. Jh. stark gestiegen ist. Etwa 20% sind Christen, v.a. röm.-kath. Konfession. Synkretistische Glaubensgemeinschaften (↗ Synkretismus) gewinnen zunehmend Anhänger.

III. Geschichte. Bis in die Neuzeit hinein war das Gebiet der späteren C.I. relativ isoliert. Der Transsaharahandel erreichte bis Ende des 17. Jh.

nur den N des Landes (↗ Westafrika, Völker, Kulturen, Staaten). Unter der Herrschaft muslim. Krieger und Händler entstand dort im 18. Jh. mit Kong das einzige größere vorkoloniale Reich. Seine wirtsch. Grundlage war der Handel, v. a. mit Textilien, Sklaven, Kolanüssen und Salz.

Bis Mitte des 19. Jh. verhinderte die unzugängliche Küste ein Vordringen von Europäern in das Landesinnere. Frankreich versuchte ab etwa 1880, das von ihm kontrollierte Gebiet auszudehnen, zunächst durch Handelsprivilegien und Schutzverträge mit lokalen Herrschern. 1893 wurde die C. I. offiziell frz. Kolonie (↗ Kolonialismus). Der Feldzug gegen Samori Ture, den letzten Reichsgründer der Manding im N (bis 1898), und der ↗ Widerstand der Baule im Zentrum (bis 1918) gehören zu den längsten und blutigsten Auseinandersetzungen zwischen Europäern und Afrikanern im W des Kontinents.

Aus dem Widerstand gegen die ↗ Zwangsarbeit formierte sich in den 1940er Jahren eine Opposition gegen die koloniale Herrschaft, getragen durch die inzw. entstandene Schicht der Beamten und selbständigen Pflanzer. Aus dieser Bewegung ging die spätere Demokrat. Partei der C. I., die PDCI (*Parti Démocratique de Côte d'Ivoire*), hervor. An ihrer Spitze stand Felix Houphouët-Boigny, der das Land 1960 in die Unabh. führte, sein erster Präsident wurde und eine autokrat. Herrschaft etablierte, die den Einparteistaat, aber auch pol. Stabilität und eine verhältnismäßig solide Wirtschaft mit sich brachte (↗ autoritäre Regime, ↗ Einparteisystem). Nach der wirtsch. Krise der 1980er Jahre sah sich Houphouët-Boigny jedoch gezwungen, zu den Wahlen 1990 erstmals mehrere Parteien zuzulassen. Sein Tod Ende 1993 war der Beginn eines gegenwärtig noch nicht entschiedenen Machtkampfes. Zunächst übernahm Henri Konan Bédié als Präsident der Nationalversammlung verfassungsgemäß die Nachfolge, die er 1995 durch die Präsidentschaftswahlen mit 95,2% der Stimmen absicherte. Die Kandidaten der *Front Républicain*, Alassane Drahmane Ouattara (RDR, *Rassemblement des Républicains*) und Laurent Gbagbo (FPI, *Front Populaire Ivoirien*), boykottierten die Wahl. Um Ouattara als Kandidaten für zukünftige Wahlen auszuschalten, wurde die Konzeption der *Ivoirité*, die besagt, dass nur derjenige Ivorer (und wählbar) ist, der die ivorische Staatsangehörigkeit beider Elternteile nachweisen kann, zum pol. Prinzip erhoben. Angesichts der auf diesem Hintergrund nicht eindeutigen Nationalität Ouattaras, der nacheinander als Vertreter für Burkina Faso bei der Zentralbank der Franc CFA-Zone und als ivorischer Ministerpräsident tätig war, und bei dem hohen Ausländeranteil der Bev. hatte die *Ivoirité*-Kampagne wesentlichen Anteil an der auch aufgrund der schwierigen ökonom. Situation zunehmenden pol. Instabilität. Ende 1999 brachte ein Militärputsch General Gueï an die Macht. Aus den Präsidentschaftswahlen im Okt. 2000 (ohne Zulassung Ouattaras) ging Gbagbo als umstrittener Sieger hervor. Im Mai 2001 waren die Gelder der internat. Geber noch gesperrt.

IV. Wirtschaft. Die vorkolonialen Wirtschaftsformen waren vorwiegend durch landwirtsch. Subsistenzproduktion sowie durch Handwerk und Handel bestimmt. Bereits während der ersten Jahre der Kolonialherrschaft wurde neben dem Export tropischer Hölzer der Anbau von Kaffee und Kakao im S sowie von Baumwolle im N für den europ. Markt eingeführt und gefördert. Die ↗ Landwirtschaft war auch die Basis des wirtsch. Aufschwungs der C. I. nach der Unabhängigkeit. Kaffee, Kakao und Holz blieben die wichtigsten Exportprodukte. Daneben entstand ein wachsender Binnenmarkt für Konsumgüter. Überschüsse aus dem Export landwirtsch. Erzeugnisse verwendete man zum Ausbau der Infrastruktur, v. a. für Straßen, die Häfen von Abidjan und San Pedro und die Elektrifizierung des Landesinnern. Die wirtsch. Bindungen an Frankreich wurden aufrechterhalten. Zwischen 1960 und 1980 verdoppelte sich die Zahl der in der C. I. lebenden Franzosen auf 60.000; bis zum Jahr 2000 war sie allerdings auf 25.000 gesunken.

Der Wandel des Weltwirtschaftssystems, die rasch steigenden Rohölpreise sowie gesunkene Preise für Kaffee und Kakao führten Ende der 1970er Jahre zu einer Finanzkrise; im folgenden Jahrzehnt wurden die strukturellen Schwächen der Wirtschaft deutlich spürbar. Nach einer kurzen Erholung brach die Wirtschaft Ende der 1980er Jahre erneut ein. Der Staat konnte seine Auslandsschulden nicht mehr bedienen; 1987/88 wurden ein Umschuldungsabkommen geschlossen und wirtsch. Reformen eingeleitet, die allerdings nur zögernd umgesetzt wurden. Erst nach dem Tode Houphouët-Boignys konnte Anfang 1994 der in der C. I. gültige Franc CFA um 50% abgewertet und damit die außenwirtsch. Position des Landes weiter verbessert werden, der Bev. wurde jedoch ein großer Teil ihrer Kaufkraft genommen (↗ Außenwirtschaft, ↗ Strukturanpassung).

V. Kultur. Die C. I. ist auch kulturell ein vielfältiges Land, das zunehmend von den Gegensätzen arm-reich, ländlich-städtisch, modern-traditonell und Nord-Süd geprägt ist. Mit diesen Problemen, aber auch mit der afrik. Geschichte und ihrer Relevanz für die Gegenwart setzen sich die Literatur, die Musik (↗ Popularmusik) und die darstellenden Künste (↗ Kunst, ↗ moderne Kunst) immer wieder auseinander. Auch internat. bekannt geworden sind die Tanz-Ensembles *Village Ki-Yi* von Werewere Liking und *Koteba*, die Musiker Alpha Blondy und Aisha Koné sowie die Schriftsteller Bernard Dadie, Véronique Tadjo und v. a. Ahmadou Kourouma, dessen literarisches Werk mehrfach preisgekrönt wurde (↗ frankophone Literatur).

🕮 B. Wiese, Elfenbeinküste, Darmstadt 1980, – G. Rougerie, La Côte d'Ivoire, 5. Aufl. 1982. – J. C. Berthélemy, Growth and Crisis in Côte d'Ivoire, Washington 1996.

Till Förster

Cotonou-Abkommen ↗ Lomé-Abkommen

CPLP (*Comunidade dos Países de Língua Portuguesa*). Am 17. 7. 1996 wurde auf einer Konferenz der Staats- und Regierungschefs von Angola, Brasilien, Guinea-Bissau, Kap Verde, Portugal, Mosambik und São Tomé und Príncipe die »Gemeinschaft der Länder portugiesischer Sprache« (CPLP) in Lissabon gegründet. Im Gründungsdokument werden die Stärkung von Solidarität und Kooperation zwischen den Mitgliedsländern, die Förderung der wirtsch. und sozialen Entwicklung sowie die Bekräftigung und Verbreitung der portug. Sprache als Ziele der Gemeinschaft genannt. Ausdrücklich wird die Achtung der souveränen Gleichheit der Mitgliedsstaaten hervorgehoben. Damit zog die CPLP einen Schlussstrich unter vergangene Beziehungen. Denn viele Jahre lang hatte Portugal die Idee eines »lusitanischen Imperiums« unter seiner Hegemonie verfolgt, aus dem sich seine afrik. Kolonien erst 1974/75, nach ihrer Unabh., befreien konnten. Das Bestreben Portugals, die lusophonen Länder aufgrund der gemeinsamen portug. Sprache und des Interesses, diese als internat. Sprache zu verwurzeln, wieder zusammenzuführen, blieb lange erfolglos. Mit der Zugehörigkeit zur CPLP erhoffen sich die afrik. Mitgliedsländer, mit Hilfe Portugals einen besseren Zugang zu EU-Mitteln und freien Zuzug nach Europa zu erhalten. Bei Letzterem kann Portugal ihnen wegen seiner Bindung an den Schengener Vertrag jedoch kaum entgegenkommen. Geogr. über drei Kontinente verstreut, sind die Möglichkeiten ökonom. Kooperation zwischen den CPLP-Ländern begrenzt. Dass die CPLP keinen überragenden Stellenwert hat, zeigt die Tatsache, dass sich ihre afrik. Mitglieder auch anderen Gemeinschaften angeschlossen haben: Mosambik dem ↗ *Commonwealth*, Guinea-Bissau der Franc-CFA-Zone und andere als Beobachter den jährl. ↗ Frankophonie-Treffen. ↗ PALOP.

🕮 P. Canelas de Castro, The Community of the Portuguese Speaking Countries. In: Verfassung und Recht in Übersee 31 (1998), S. 122–50, 268–301.

Peter Meyns

Dagbani (Sprache) ↗ Gur

Dahomey ↗ Benin (Republik)

Darfur ↗ Fur

DARS ↗ Westsahara

Dekolonisation ↗ Entkolonialisierung

Demokratie. *I. Begriffsbestimmung.* Die D. ist eine pol. Herrschaftsform, die in einer Mehrzahl der afrik. Staaten zu Beginn der 1990er Jahre eine Renaissance erlebt hat. Im Zuge der sog. dritten Welle der Demokratisierung wurden in aufeinander folgenden Etappen zunächst in Lateinamerika, anschließend in Mittel- und Osteuropa und nur kurze Zeit später auch in mehr als 30 Staaten Afrikas Demokratisierungsprozesse in Gang gesetzt. Trotz dieser weltweiten Ausbreitung pol. Systeme, die als D. bezeichnet werden, existiert keine allg. anerkannte wiss. Definition dessen, was ein demokrat. System ausmacht. Unterschieden wird zwischen normativen Auslegungen des Demokratiebegriffs und prozeduralen oder minimalistischen Definitionen. In der normativen Demokratieauffassung wird D. nicht auf den Bereich der pol. Ordnung reduziert; sie ist vielmehr auch eine Gesellschaftsform, die die Demokratisierung möglichst vieler gesellsch. Bereiche zum Ziel hat und eine Ausweitung der Partizipationschancen der Bürger anstrebt. Insbes. in den Augen einiger Kritiker des Demokratieexports nach Afrika schließt Demokratisierung auch eine Verbesserung der ökonom. und sozialen Chancengleichheit im Sinne eines *empowerment* der Bevölkerung ein.

Nach dieser Auffassung ist eine Trennung des Demokratiebegriffs vom Entwicklungsbegriff problematisch, da die effektive Teilnahme der Bürger an pol. Prozessen ohne eine Veränderung der sozioökonom. Voraussetzungen kaum möglich erscheint. – In der empirisch orientierten, komparativen Demokratieforschung hat sich jedoch weitgehend der minimalistische Demokratiebegriff durchgesetzt, der sich an R. Dahls Konzept der Polyarchie anlehnt. Danach muss ein System im Wesentlichen drei prozedurale Mindestanforderungen erfüllen, um als demokrat. zu gelten: (1) pol. Wettbewerb zwischen Parteien und Individuen, (2) ein hoher Grad an pol. Partizipation (insbes. in freien und fairen Wahlen) und (3) die Einhaltung rechtl. Standards wie die Kontrolle der Politik durch eine unabh. Justiz und die Anerkennung unveräußerlicher Menschen- und Bürgerrechte. Diese Eingrenzung des Demokratiebegriffs auf den Bereich des pol. Systems im engeren Sinn trägt zur Akzeptanz der D. als universalistisches Konzept bei, da es einen Spielraum offen lässt für die konkrete Ausformung der D. in unterschiedlichen kulturellen und pol. Kontexten. D. wird in diesem Verständnis nicht als dichotomes Konzept ausgelegt, das entweder verwirklicht oder nicht verwirklicht sein kann, sondern als Prozess des soziopol. Wandels begriffen. Zudem ermöglicht der minimalistische Demokratiebegriff eine kulturübergreifende Vergleichbarkeit, da er außereurop. Formen der demokrat. Herrschaft nicht durch eine zu starke Orientierung auf seine europ. Wurzeln ausschließt.

II. Demokratische Tradition Afrikas. Inwieweit Elemente einer traditionellen afrik. pol. Kultur als Anknüpfungspunkte für die moderne D. dienen können, ist umstritten. Im vorkolonialen Afrika hat es eine große Vielfalt an Herrschafts- und Gesellschaftsformen (↗ vorkoloniale pol. Systeme) gegeben, so dass nicht von einer einheitlichen afrik. Herrschaftstradition gesprochen werden kann. Es standen sich Häuptlingstümer, Königtümer (↗ König), Theokratien, Stadtstaaten und ↗ segmentäre Gesellschaften ohne übergeordnete, weltliche Herrschaftsinstanzen gegenüber. Die Ausrichtung der pol. Ordnung hing dabei stark von der Art der erwirtschafteten Lebensgrundlage und der Bevölkerungsdichte ab. So wiesen Nomaden- und Hirtenvölker geringere Autoritätsstrukturen auf als stärker durch Handel und gegenseitige ökonom. Abhängigkeiten geprägte Gesellschaften. Das in vielen Gesellschaften verbreitete dörfliche Palaver (↗ *No-party Democracy*) stellte eine Form friedlicher Konfliktlösung dar, in der Konsensentscheidungen quasi basisdemokrat. durch Diskussionen herbeigeführt wurden. Die Partizipation an der Diskussion beschränkte sich jedoch i.d.R. auf die männl. Dorfbewohner, deren Einflussmöglichkeiten auf die zu treffende Entscheidung erst mit zunehmendem Alter stiegen. Weiterhin wurde in vielen Gesellschaften die Position und Einflussnahme der Teilnehmer am Palaver durch Besitz und Familienzugehörigkeit bestimmt, so dass auch das egalitäre Element oft weniger stark ausgeprägt war als vielfach im Nachhinein proklamiert wurde. In den meisten afrik. Gesellschaften war eine punktuelle Kritik am Herrscher möglich, die Institution einer permanenten Kontrolle durch eine organisierte Opposition existierte jedoch nicht. Insbes. für Minderheiten blieb häufig nur die *exit option* als Ausweg, d.h. die Möglichkeit, durch Flucht oder Abwanderung der Macht des Herrschers zu entgehen. Unabh. davon, inwieweit eine genuin demokrat. pol. Kultur real existierte, kann sich jedoch das Bewusstsein über eine demokrat. Tradition positiv auf die Überlebensfähigkeit der modernen D. auswirken. So gilt z.B. die hohe gesellsch. Bedeutung, die der friedlichen und konsensualen Konfliktlösung auf Dorfebene in Botsuana beigemessen wird, als eine der Ursachen für die Stabilität der botsuanischen D.

III. Geschichte der Demokratie. Erste Erfahrungen mit demokrat. Regierungssystemen konnten in der Endphase der Kolonialzeit gesammelt werden. Nach Erlangung der Unabh. wurden in der Mehrzahl der afrik. Staaten demokrat. Verfassungen und Mehrparteiensysteme eingeführt, die von den neuen pol. Entscheidungsträgern mit den abziehenden Kolonialmächten ausgehandelt worden waren. In den ehem. frz. Kolonien diente i.d.R. die Verfassung der V. Republik als Vorbild für die Unabhängigkeitsverfassungen, wobei der im frz. System ohnehin starken Position des Staatsoberhauptes häufig (z.B. Guinea, Elfenbeinküste, Niger) nur geringe Kontrollmechanismen gegenübergestellt wurden. Auch in den ehem. brit. und belg. Kolonien wurden die importierten Regierungsmodelle vielfach schon in den 1960er Jahren (z.B. Ghana, Malawi, Kenia, Rep. Kongo) in Richtung eines sog. afrik. Präsidentialismus umgewandelt, indem dem Präsidenten als Staats- und Regierungsoberhaupt weitreichende exekutive Vollmachten eingeräumt wurden. Dies hatte nicht nur eine Machtkonzentration, sondern auch eine starke Personalisierung von pol. Herrschaft zur Folge. Der ersten formaldemokrat. Phase nach der Unabh. folgte fast überall die schrittweise Einschränkung der Parteienkonkurrenz, worauf i.d.R. nur kurze Zeit später die offizielle Einführung des Einparteisystems (↗ Parteien) erfolgte. Nachdem ab Mitte der 1960er und in den 1970er Jahren in zahlreichen Ländern Militärputsche stattfanden, war die D. als pol. Herrschaftsform in Afrika kaum noch anzutreffen. ↗ Militärregime und zivile ↗ Einparteisysteme prägten die pol. Landschaft. Das vielfach vorgebrachte Argument gegen die Mehrparteiensysteme war die ethn. Heterogenität der neuen Staatsgebilde. Dem Fehlen eines nationalstaatl. Zusammengehörigkeitsgefühls der Ethnien, die durch die koloniale Grenzziehung vielfach gespalten bzw. neu »zusammengewürfelt« worden waren, sollte durch nationalistische Einheitsideologien und Abschaffung der auf ethn. Identifikationen beruhenden Parteienkonkurrenz entgegengewirkt werden (↗ Ethnizität). Viele als »tribalistisch« klassifizierte Konflikte zwischen den ethn. Gruppen verschärften sich allerdings gerade dadurch, dass Rechte von Minderheitsethnien missachtet wurden oder die herrschende Regierungselite bzw. Militärjunta im Verteilungskonflikt um staatl. Pfründe ihre Macht dadurch abzusichern suchte, dass sie bestimmte Mehrheitsgruppen bevorzugte, während ganze Regionen vernachlässigt wurden. Ein weiteres Argument gegen die Mehrparteiendemokratie stellte das proklamierte Entwicklungsideal der neuen afrik. Eliten dar, das von der Notwendigkeit der vorrangigen Förderung der sozioökonom. Entwicklung durch einen handlungsfähigen Staat vor der Einführung von D. ausging. – Obwohl in einigen Einparteisystemen das Bemühen glaubwürdig erschien, durch innerparteiliche D. den Mangel an Meinungspluralismus auszugleichen (z.B. Tansania), verlief die Entscheidungsfindung in den Einheitsparteien der unterschiedlichen Regime i.d.R. nicht demokrat. und unter Einbeziehung der Basis, sondern – gemäß der Herrschaftslogik von *personal rule*-Systemen – zunehmend autoritär und willkürlich. Notwendige pol. Kurskorrekturen, insbes. in der Wirtschaftspolitik, kamen nicht zustande. Spätestens zu Beginn der 1980er Jahre wurde deutlich, dass sich die Mehrzahl der pol. Systeme Afrikas zu »Diktaturen ohne Entwicklung« gewandelt hatte. – Die Enttäuschung über die ausbleibenden Entwicklungserfolge war es auch, die das Ende der ↗ autoritären Regime Afrikas einläutete. So war der Auslöser für die Massenproteste gegen die verkrusteten Staatsstrukturen, die in Afrika Ende der 80er Jahre einsetzten, die schlechte wirtsch. Situation der Länder, unter der zunehmend auch die gebildeten Mittelschichten in den Städten zu leiden hatten. Diese neuen Mittelschichten, organisiert in Gewerkschaften, Handelskammern, Lehrer-, Journalisten- oder Rechtsanwaltsvereinigungen, entwickelten sich zu den Trägern der neuen Demokratiebewegungen, die verstärkt pol. und wirtsch. Reformen einklagten. Auch andere Interessengruppen, wie Militärs und Staatsbeamte oder die marginalisierten städt. Armen, zeigten sich zunehmend konfliktbereit und setzten Verhandlungsprozesse um die Staatsmacht in Gang (↗ nationale Konferenz). Außenpol. wirkte sich das Ende des Ost-West-Konflikts positiv auf die Demokratisierungsbewegungen der 1990er Jahre aus. Die Unterstützung für die autoritären Regime, die im Zuge der globalen Systemkonkurrenz – je nach pol. Ausrichtung der afrik. Verbündeten – von Westeuropa bzw. den USA und den Ländern des Ostblocks gewährt wurde, ließ spürbar nach. – Die Redemokratisierung Afrikas setzte zu Beginn der 1990er Jahre ein. Eine Vorreiterrolle spielte dabei das westafrik. Benin, wo bereits Ende 1989 heftige Proteste urbaner Bevölkerungsgruppen gegen das bankrotte Militärregime stattfanden. Erstmals gelang es einer oppositionellen, konfliktbereiten ↗ Zivilgesellschaft, einen Militärdiktator zu stürzen und eine Mehrparteienverfassung rechtskräftig werden zu lassen, so dass freie Wahlen stattfinden konnten. In den folgenden fünf Jahren wurden in fast allen Staaten Afrikas demokrat. Reformen eingeleitet, die von der Einführung eines Mehrparteiensystems bis zur Anerkennung bzw. pol. Durchsetzung demokrat. Rechte wie der Presse- und Versammlungsfreiheit oder der Gewaltenteilung reichten.

IV. Typen der Demokratie. Die Typen der D. in Afrika weisen häufig einen fragilen bzw. vorläufigen Charakter auf, der vom Status einer konsolidierten D. noch weit entfernt ist. Die versch. Erscheinungsformen und Defizite der noch jungen D. in Afrika haben zahlreiche Typologisierungen und neue Begrifflichkeiten wie »blockierte« D., »Fassaden«-D. oder »defizitäre« D entstehen lassen. Es existieren in der Tat versch. Mischformen der D., die sich formal von autoritären Systemen unterscheiden, in denen jedoch eine Aushöhlung der demokrat. Prinzipien zu beobachten ist. Wenngleich nahezu überall Wahlen stattgefunden haben, bei denen mehrere Parteien zugelassen wurden, so musste die Chancengleichheit zwischen der herrschenden und den oppositionellen Parteien in vielen Fällen bezweifelt werden. Oft genießt die herrschende Partei einen erheblichen organisatorischen und technischen Vorsprung, den sie strategisch auszunutzen weiß, z. B. über die Kontrolle der ↗ Medien. Neben den vielseitigen Behinderungen der Opposition – bis hin zu Einschüchterungen ihrer Anhänger – erscheint auch das Bekenntnis zur Anerkennung von Menschen- und Bürgerrechten einiger »gewandelter« afrik. Eliten unglaubwürdig. So wurde die verfassungsrechtl. Einführung demokrat. Prinzipien in einigen Ländern auch als Transition zu »Mehrparteiensystemen ohne Demokratisierung« kritisiert. – In formaler Hinsicht weisen die afrik. D. starke Ähnlichkeiten zu den D. in den westl. Industrieländern auf. Es überwiegen nicht die parlamentarischen Regierungssysteme (wie z. B. in Deutschland oder Großbritannien), sondern präsidentielle und semipräsidentielle Regierungssysteme (wie in den USA und Frankreich). Darin zeigt sich die Tendenz zu einem starken exekutiven Präsidenten. Die Folge ist, dass der Staatspräsident häufig über eine große Machtfülle verfügt, der oft ein schwaches Parlament gegenübersteht. Die Wahlsysteme wurden i.d.R. auch nach der Redemokratisierung Afrikas nicht verändert, d. h., dass in den ehem. brit. und frz. Kolonien das Mehrheitswahlrecht dominiert, während in den ehem. portug. Kolonien das Verhältniswahlsystem vorherrscht. In den jungen D. Namibia und Südafrika wurden Verhältniswahlsysteme eingeführt, was sich positiv auf die Chancen kleinerer Oppositionsparteien auf eine Repräsentation im Parlament ausgewirkt hat.

V. Perspektiven der Demokratie. Über die zukünftigen Chancen der D., sich auf dem afrik. Kontinent dauerhaft etablieren zu können, kann kein einheitliches Urteil abgegeben werden. Auf der einen Seite ist der Trend in Richtung D. und Rechtsstaatlichkeit nicht zu übersehen. Auf der anderen Seite existieren eine Reihe von Problemen, die den Prozess der Demokratisierung bedrohen: (1) In vielen der nichtdemokrat. Staaten leiden die Bev. unter gewaltsamen Konflikten und sind von Staatszerfall bedroht. Die Bürgerkriege in Sierra Leone, Liberia und der Demokrat. Rep. Kongo sind dramatische Beispiele. Diese Länder sind nicht nur weit von einer möglichen Demokratisierung entfernt, sie stellen auch für benachbarte Länder eine Bedrohung dar, in Konflikte einbezogen zu werden und so die Demokratisierung zu behindern oder gar umzukehren. (2) Pol. Gewalt ist auch in Staaten zu finden, wo Demokratisierungsprozesse stecken geblieben sind bzw. blockiert wurden. In diesen Ländern hat kein Übergang von der mit Unsicherheit behafteten Umbruchphase des Regimewechsels in einen stabileren Zustand stattgefunden, in dem neue, verbindliche gesellsch. und soziale Normen gelten. Es kam vielmehr zu Konflikten zwischen alten und neuen Eliten und versch. Gruppen der Bev., die i.d.R. auf der Basis ethn. Loyalitäten mobilisiert wurden. Der nicht durchsetzungsfähige Staat war mit der Regelung dieser Konflikte nach rechtsstaatl. Verfahren überfordert, Korruption und gewaltsame Auseinandersetzungen nahmen zu. (3) In zahlreichen Mehrparteiensystemen Afrikas sind akteursbedingte Entwicklungen zu beobachten, die an den Chancen einer substantiellen D. zweifeln lassen. Nicht nur das Verhalten der neuen regierenden Eliten, deren Methoden zum Machterhalt häufig dem undemokrat. Stil ihrer Vorgänger ähneln, sondern auch das Agieren der oppositionellen pol. Akteure macht deutlich, dass von der Einführung demokrat. Spielregeln bis zu einem voll entwickelten demokrat. System Lernprozesse erforderlich sind, die unter Umständen viel Zeit benötigen. So sind die oppositionellen Parteien häufig schwach und zersplittert und stellen in den Augen vieler Wähler keine programmatische Alternative zu den regierenden Parteien dar. Auch die ↗ Zivilgesellschaft, auf die viele Beobachter zu Beginn der 1990er Jahre ihre Hoffnungen gesetzt hatten, hat sich in den meisten Ländern bisher nur teilweise zu der erhofften Instanz gesellsch. Gegenmacht entwickeln können. (4) Die strukturelle Frage, wie sich D. unter den Bedingungen von Armut und Unterentwicklung entfalten kann, bleibt weiterhin ungeklärt. Wenngleich die Wirtschaftskrisen vielerorts die Ablösung der autoritären Regime ausgelöst haben, so ist die Dauerhaftigkeit der D. ohne sozioökonom. Fortschritte der neuen Regierungen gefährdet. Der Widerstand gegen die autoritäre Herrschaft war oft mit der Hoffnung auf wirtsch. und soziale Verbesserungen verbunden, so dass die Legitimation vieler demokrat. gewählter Regierungen bei oft gleichbleibender Armut der Bev. abnahm. Die in vielen Bereichen ökonom. notwendigen, sozial jedoch schlecht abgefederten Programme zur ↗ Strukturanpassung haben die Zahl der städt. Armen erhöht, was eine wachsende Entfremdung vom pol. System zur Folge hatte. Die pol. Frustration der Bev. in vielen D. Afrikas manifestiert sich z. B. in zunehmend niedrigeren Wahlbeteiligungen, die im Gegensatz stehen zur durchweg hohen Partizipation in den ersten Wahlen nach den demokrat. Regimewechseln. – Trotz dieser Probleme kann jedoch nicht in Abrede gestellt werden, dass die demokrat. Reformen vielfach erste Erfolge zeigen. In vielen Ländern steht die Regierung einer zunehmend kritischen Medienöffentlichkeit gegenüber, die demokrat. Defizite anprangert und eine bessere Regierungsführung einklagt. Auch Verfassungsgerichte und Parlamente fordern verstärkt ihre Rechte als Kontrollinstanzen der Regierungen ein.

🕮 C. Ake, Democracy and Development in Africa, Washington 1996. – M. Bratton/N. van de Walle, Democratic Experiments in Africa: Regime Transitions in Comparative Perspective, Cambridge 1997. – R. A. Dahl, Polyarchy. Participation and Opposition, New Haven and London 1971. – G. Erdmann, Demokratie, Kultur und Tradition. Zum Problem vorkolonialer Herrschaft in der afrik. Demokratiedebatte, Hamburg 1998. – W. Merkel/H. J. Puhle, Von der Diktatur zur Demokratie: Transformation, Erfolgsbedingungen, Entwicklungspfade, Opladen 1999. – G. Schubert/R. Tetzlaff (Hg.), Blockierte Demokratien in der Dritten Welt, Opladen 1998.

Antonie Nord

Demotisch ↗ Ägyptisch

Dendi (Songhai-Dialekt) ↗ Nilosaharanisch

Desertifikation, lat. *desertum facere*, verwüsten, bezeichnet die Ausbreitung wüstenähnlicher Verhältnisse in Gebiete, in denen sie zonal-klimatisch nicht existieren sollten. Seit der UNCOD (*UN Conference on Desertification*) 1977 in Nairobi (Kenia) hat der Begriff D. in den entwicklungspol. Sprachgebrauch Eingang gefunden. D. ist maßgeblich anthropogen, d. h. vom Menschen verursacht, und äußert sich durch eine deutliche Verminderung bzw. Zerstörung des biolog.-biotischen Potentials des Landes, so dass wüstenähnliche Bedingungen entstehen. D. ist als ein Degradationsprozess zu verstehen, der unter bestimmten Klimabedingungen, vornehmlich in den randtropisch semiariden (halbtrockenen) Zonen im Bereich der Dornstrauch- und Trockensavannen (↗ Savanne), aber auch in den semiariden Subtropen, z. B. in den Halbwüsten am Nordrand der ↗ Sahara verbreitet ist (Karte 8). D. entsteht sowohl in weidewirtsch. genutzten Regionen (↗ Weidewirtschaft) als auch in Regenfeldbau- und Bewässerungsgebieten. Sie tritt typischerweise nicht zonal-flächenhaft auf, sondern punktuell und fleckenhaft überall dort, wo eine anthropogen verursachte Fehl- bzw. Übernutzung der Böden und des natürl. Pflanzenkleides stattfindet, so v. a. im Umkreis von Städten und Dörfern durch Brennholzentnahme, aber auch ringförmig um Tiefbrunnen und Wasserstellen, wo die Grasdecken durch Überweidung zerstört werden. Die zunehmende ↗ Verstädterung ist ein verstärkender Faktor der D., die außer der Bodenstruktur auch den Wasserhaushalt und die Artenzusammensetzung der natürl. Vegetation verändert.

Die Erscheinungsformen der D. reichen von einer Remobilisierung alter, früher durch Grasvegetation festliegender Altdünen im südl. Sahel über Formen der Verkrustung der Bodenoberfläche (Laterisierung) im Bereich des Mossi-Plateaus (Burkina Faso), von flächenhaftem Bodenabtrag (Denudation), der Gully-Bildung und der Bodenversalzung bis hin zu versch. Formen und Stadien der Zerstörung des natürl. Pflanzenkleides durch Überweidung, Nutz- und Brennholzentnahme sowie durch Brandrodung im Zuge der Landwechselwirtschaft (↗ Landwirtschaft). Die floristische Artenverarmung (Biodiversitätsverlust) ist ein wichtiger Indikator für D.; meist kommt es zu einer Zunahme von für Mensch und Weidetiere wenig nutzbaren Pflanzen wie z. B. des Sodomapfels (*Calotropis procera*) in Teilräumen des Sahel.

Wenn D. in den geschädigten Regionen die Folgen von Dürreperioden verstärkt, wird sie zu einem beträchtlichen Risiko. In geoökolog. Hinsicht führen Dürreperioden durch Grundwasserabsenkung, Absterben von Bäumen etc. zu einer weiteren Verschlechterung des Naturpotentials, womit sie einer weiteren Degradierung der ↗ Naturräume Vorschub leisten. Dürreperioden und D. stehen deshalb in einem systemischen Zusammenhang, wenngleich ihre Ursachen einerseits klimatisch (Dürren), andererseits anthropogen bedingt sind.

Für die Ausbreitung der D. im 20. Jh. in den randtropisch semiariden und subtropischen Klimazonen wird i.d.R. die Ursachenkette Bevölkerungsdruck (↗ Bevölkerung), Überkultivierung, Überweidung und Abholzung (↗ Forst- und Holzwirtschaft) als ausschlaggebend angesehen. Dabei werden die diesen Phänomenen zugrunde liegenden Prozesse des sozioökonom. Strukturwandels seit der Kolonialzeit, d. h. die hist. und pol.-ökonom. Dimension der D., zu wenig beachtet. So führte z. B. die frz. Politik der agrarischen Inwertsetzung (*mise en valeur*) im sog. Erdnussbecken im westl. Senegal und südl. Teil des heutigen Niger zur sukzessiven Erschließung der Savannenräume für den Erdnussanbau. Da für den Erdnussanbau Böden mit sandiger Textur am besten geeignet sind, die ursprgl. eher extensiv entweder weidewirtsch. oder für den An-

Karte 8: Verbreitung der durch Desertifikation gefährdeten Gebiete in Afrika

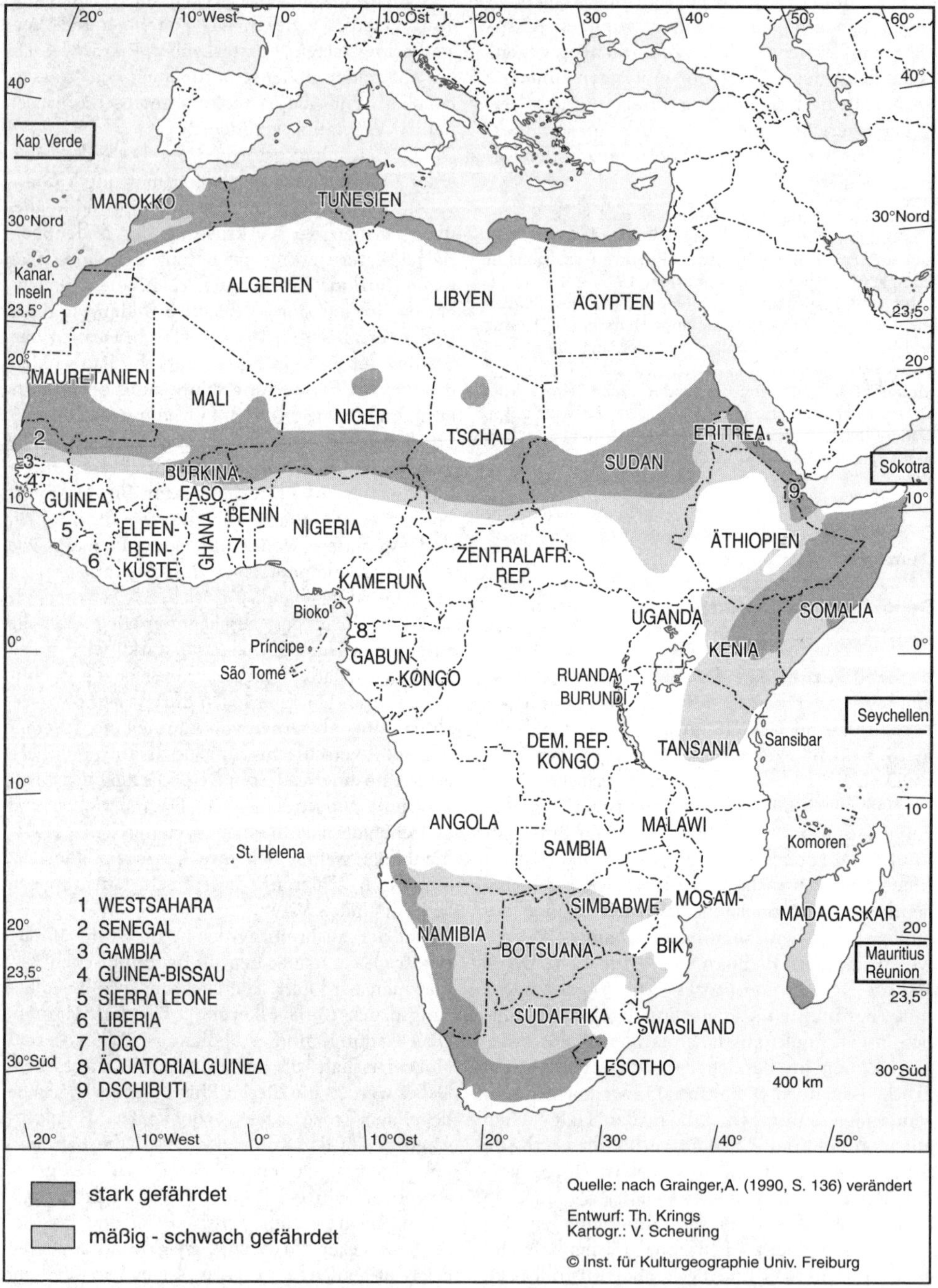

bau von Pennisetumhirse genutzt wurden, kam es bereits im ersten Drittel des 20. Jh. durch D. zu einer großräumigen Degradation der Böden im Erdnussbecken, so dass der Erdnussanbau immer weiter nach N und O in die Siedlungsräume der halbnomadischen Fulbe wanderte. Betreiber des Erdnussanbaus waren Angehörige der islam. ↗ Bruderschaft der Muriden *(Muridiyya)*, deren Anführer eine Interessenallianz mit der Kolonialverwaltung eingegangen waren und ihre Anhänger (jüngere Wolof-Bauern) zur Erdnussproduktion veranlassten. In den südl. Teilen Nigers führte der Erdnussanbau in den 1970er Jahren zu gravierender D., so dass der Anbau seit 1978 in Folge mehrerer Dürreperioden und damit einhergehender Bodendegradation rückläufig war. Neben diesen z.T. extern gesteuerten Prozessen wirkte sich auch der soziopol. Wandel negativ auf die Umweltsituation aus. Da die koloniale Pazifizierung (↗ Kolonialismus), die sukzessive Befreiung der schwarzen Sklaven und Abhängigen nomadischer Völker sowie die Verbesserung der ↗ Gesundheitsversorgung zu einer Zunahme der Bev. führte, erfolgte z.B. im Südsahel von Burkina Faso und Niger eine Ausweitung des Hirseanbaus. Mit dem Gelderlös aus Hirseüberschüssen kauften sich die Iklan, die ehem. Abhängigen der Tuareg, große Rinder- und Kleinviehherden. Da es sich bei diesen Gruppen um Halbnomaden bzw. Sesshafte handelt, betreiben sie die Tierhaltung in einer ökolog. wenig angepassten stationären Weise, so dass die D. auf den Altdünen zunimmt. Seit den 1970er Jahren begannen in der Sahelzone auch Städter in die Viehhaltung zu investieren. Urbanes Handelskapital fließt nur selten in gewerbliche Betriebe, es wird eher spekulativ im Agrarbereich eingesetzt. Bspw. hat sich in Mali und Somalia die Rinder- und Schafzucht zu einem dynamischen Wirtschaftszweig entwickelt. Somalia war bis vor dem Bürgerkrieg einer der Hauptexporteure von Fleischschafen in die Staaten der arab. Halbinsel. Die Aufzucht der Tiere wird von Lohnhirten durchgeführt. Zwecks schnellen Profits halten viele Hirten die früher üblichen Weideregeln nicht mehr ein. Übernutzungen der Weideflächen, z.B. der nahrhaften Bourgou-Grasweiden im Nigerbinnendelta von Mali, sind die Folge.

Die Zerstörung der natürl. Vegetation und eine Degradation der Böden findet heute auch in vielen Gebieten der Trockensavannen statt. Durch die Einführung des Pflugbaus und der Ochsenanspannung (↗ Landtechnik) steigt auch hier die Zahl der Rinder. Nomadische Viehherden, die aus den von Dürre betroffenen Gebieten des Sahel nach Süden in die Ackerbauregionen vordringen, erhöhen hier den Druck auf die verbliebene Brachlandvegetation. Mancherorts im südl. Afrika, z.B. in Simbabwe, tritt D. in oder am Rande von Nationalparks als Folge eines zu hohen Wildbestandes auf (↗ Wildbewirtschaftung).

Die ↗ Verschuldung und die Folgen der ↗ Strukturanpassung zwingen viele Staaten seit den 1990er Jahren zu einer massiven Ausweitung der agrarischen Cash-Crop-Produktion (Erdnuss, Baumwolle, Tabak). Damit steigt die Übernutzung der für den Getreideanbau benötigten Flächen.

Seit 1980 werden in vielen Projekten ländl. Regionalentwicklung (↗ ländl. Entwicklung) Maßnahmen zur Desertifikationsbekämpfung durchgeführt. Technisch bewährt haben sich (1) die Anlage von Bankettenfeldern, d.h. kleinerer mit Steinwällen und Gräben eingefasster Areale, die die flächenhafte Bodenerosion eindämmen sollen und als Standorte für den Hirseanbau genutzt werden, (2) die Anlage von »Halbmonden«, d.h. sichelförmigen Wällen auf Plateaus mit Oberflächenverkrustung zum Zweck des *water-harvesting*, (3) mit Bäumen und Sträuchern bepflanzte Konturlinien zur Eindämmung des Bodenabtrags durch Wind, (4) Steinreihen in Ackerbauflachen, (5) Dünenbefestigung mit Gräsern und Palmblättern, (6) Gully-Verbauung mit in Drahtgitter verpackten Gesteinsblöcken (Gabionen) sowie (7) die Technik des *mise en défense*, d.h. der Einhegung natürl. Vegetationsareale (↗ Erosionsschutz). Problematisch ist dabei immer die sozioökonom. Nachhaltigkeit. Vielfach stehen aufgrund der ↗ Migration v.a. jüngerer Männer nicht genug Arbeitskräfte zur Verfügung, um diese Maßnahmen dauerhaft weiterzuverfolgen; gleichzeitig ergeben sich zunehmend Schwierigkeiten aufgrund unsicherer ↗ Bodenrechte. Auch die Nutzungsrechte an den angepflanzten Bäumen sind nicht eindeutig geregelt.

Die Quantifizierung, die Messung und das Monitoring der D. auf unterschiedlichen räumlichen Maßstabsebenen befindet sich erst in den Anfängen. Ein wichtiges Hilfsmittel stellt hierzu die kontinuierliche Auswertung multitemporaler Satellitenbild- und Luftbildserien dar, die durch empirische physisch-geogr. und sozialwiss. Untersuchungen vor Ort ergänzt werden müssen. ↗ Ökozonen, ↗ Wüste.

📖 A. Grainger, The Threatening Desert. Controlling Desertification, London 1990. – Th. Krings, Theoretische Ansätze zur Erklärung der ökolog. Krise in der Sahelzone Afrikas. In: Zeitschrift für Wirtschaftsgeografie 38 (1994), S. 1–10. – H. Mensching, Desertifikation, Darmstadt 1990.

Thomas Krings

Destabilisierung. Das Ende des portug. ↗ Kolonialismus 1974/75 führte im südl. Afrika zu einer regionalen Wende. Durch die Unabh. Angolas und Mosambiks veränderte sich das Kräfteverhältnis zwischen den verbliebenen weißen Mächten und den afrik. Staaten. Insbes. das Apartheidregime in Südafrika sah die Sicherheitszone entlang seiner nördl. Grenze bröckeln. Auf diese neue Lage reagierte es mit der Politik der D. Sie bestand darin, als Bedrohung angesehene Nachbarländer durch unterschiedliche – v.a. milit. – Maßnahmen so unter Druck zu setzen, dass sie ihr Verhalten im Sinne Südafrikas modifizierten. D. war eingebettet in die »totale nationale Strategie« P.W. Bothas, von 1978 bis 1989 zuerst Premierminister, ab 1984 Präsident Südafrikas. Es handelte sich um eine umfassende, sowohl nach innen wie nach außen gerichtete gesellsch. Strategie mit dem Ziel, die ↗ Apartheid gegen den Weltkommunismus abzusichern. D. sollte die betroffenen Nachbarländer kurzfristig davon abhalten, südafrik. Befreiungsbewegungen (↗ Rebellenbewegungen) zu unterstützen, während langfristig eine »Konstellation von Staaten im südl. Afrika« unter der Hegemonie Südafrikas angestrebt wurde. Unrühmlich bekannt wurde die D. durch die milit. Unterstützung von Anti-Regime-Rebellenbewegungen, namentlich der RENAMO in Mosambik und der UNITA in Angola. Außerdem operierte die D. mit Militärschlägen gegen Ziele in Nachbarländern, die mit der Abwehr bevorstehender Angriffe gerechtfertigt wurden, und übte mit Hilfe der südafrik. Wirtschaftsmacht Druck aus. Das Ende der D. kam mit dem Ende des Ost-West-Konflikts und der Reformbereitschaft der weißen Regierung nach Bothas Entmachtung.

📖 R.M. Price, The Apartheid State in Crisis. Political Transformation in South Africa 1975–1990, New York/Oxford 1991.

Peter Meyns

Dezentralisierung ↗ Öffentliche Verwaltung

Dialekt, jedwede regional gebundene, zumeist nicht verschriftlichte, umgangssprachliche Varietät/Variante einer Standard- oder Hochsprache, deren Verbreitungsgebiet i.d.R. nicht mit dem anderer D. derselben Standard- oder Hochsprache überlappt; wird gemeinhin synonym gebraucht zu »Mundart«. Wechselseitige Verstehbarkeit verwandter D. untereinander ist zwar die Regel, aber nicht ausreichendes Kriterium für die schwierige Abgrenzung von Sprache und D. Im afrik. Kontext wird der Begriff D. von Europäern überaus häufig geringschätzig verwendet, und zwar auch für solche Sprachsysteme, die nach allg. gültigen sprachwissenschaftlichen Maßstäben Sprachen darstellen. Hauptgründe dafür dürften sein, dass (1) immer noch zahlreiche afrik. Sprachen der Verschriftlichung harren und (2) nur wenige afrik. Sprachen standard- oder hochsprachliche Formen entwickelt haben. – Die wiss. Erforschung dialektaler Verhältnisse ist Aufgabe der Dialektologie bzw. Dialektgeographie, die in der ↗ Afrikanistik ein noch recht junges Arbeitsgebiet darstellt. Ein bes. Problem dieser Forschungsrichtung besteht darin, dass weite Teile der afrik. Bev. nicht sesshaft sind, sondern einer nomadischen oder halbnomadischen, durch Mobilität gekennzeichneten Lebensform anhängen (↗ Nomadismus), die die eindeutige Zuordnung von Dialektsprechern zu konkreten Lokalitäten (etwa Siedlungen) erschweren oder gar unmöglich machen. Ein Beispiel dafür sind die Rinder haltenden Maasai in Ostafrika, deren Schweifgebiete allerdings durch die soziopol. Organisation auf bestimmte territoriale Einheiten beschränkt sind, so dass eine annähernde Dialektologie der Maa(sai)-Sprache (↗ Nilotisch) erreichbar ist. Ideale Voraussetzungen für eine dialektale Bestandsaufnahme bietet dagegen bspw. das Bisa (↗ Mande) im S Burkina Fasos und angrenzenden Gebieten Ghanas und Togos, dessen Sprecher als Feldbauern lokal gebunden sind und sich zudem insofern in einer sprachinselähnlichen Situation befinden, als sie von gursprachigen (↗ Gur) Gesellschaften umgeben sind. Bes. schwierig gestaltet sich die Ermittlung von Dialektsystemen, wenn ursprgl. Dialektgrenzen – wie im Fall des Tswana (↗ Bantusprachen) von Botsuana – durch sprachpol. Maßnahmen (↗ Nationalsprache, Schul- und Mediensprache; ↗ Sprachpolitik) ihren grenzdefinierenden Charakter verlieren und zu teils unüberschaubaren dialektalen Überlappungen führen. Nicht selten sind dialektale Situationen wie die des Chaga (Bantu, Tansania), die sich als ein Kontinuum, d.h. als eine Kette von mundartlichen Sprachformen präsentieren, in der die jeweils unmittelbar benachbarten Mitglieder wechselseitig verstehbar sind und mit zunehmender räumlicher Distanz die Verstehbarkeit abnimmt.

🕮 W.J.G. Möhlig, Sprachgeographie. In: B. Heine/Th. C. Schadeberg/E. Wolff (Hg.), Die Sprachen Afrikas, Hamburg 1981, S. 445–477. – R. Voßen, Towards a Comparative Study of the Maa Dialects of Kenya and Tanzania, Hamburg 1988. – R. Voßen/K. Keuthmann, Linguistic variation and inter-dialect contact in Setswana. In: Frankfurter Afrikanistische Blätter 7 (1995), S. 31–42.

Rainer Voßen

Diamanten ↗ Bergbau, ↗ Kriege/Bürgerkriege, ↗ Rebellenbewegungen

Diktatur ↗ nachkolonialer Staat

Dinka (Sprache) ↗ Nilotisch, ↗ Ostsudanisch

Divination. Unter den Begriffen D. und Orakel werden allg. alle Methoden zur Erkundung des dem Menschen nicht zugänglichen Unbekannten zusammengefasst. Dabei kann es sich sowohl um zeitlich oder räumlich entfernte Ereignisse oder Zusammenhänge handeln als auch um Dinge, deren verborgene Eigenschaften vom Menschen weder sinnlich noch durch Experimente an ihnen selbst zu erfassen sind.

In Afrika dienen Wahr- oder Weissagungen weniger der Verkündigung der Zukunft, sondern bestimmen eher, was unter ungeklärten Umständen zu geschehen hat. Sie bauen auf der Vorstellung auf, dass zwischen versch. Dingen und/oder Ereignissen verborgene Beziehungen existieren, die von einem dafür ausgebildetem Experten, dem Wahrsager, aufgedeckt und gedeutet werden können. Die moderne Vorstellung von Zufall und Kontingenz ist den meisten afrik. Gesellschaften dagegen weitgehend fremd.

Nahezu alle Erscheinungen der Natur oder Handlungen des Menschen können zu Zwecken der D. genutzt werden. D. beginnen meist mit einer Reihe Fragen, die vom Wahrsager mit Hilfe versch. Techniken beantwortet werden. Die Fragen richten sich meist an Wesen (»Geister«, ↗ Geisterglaube), zu denen nur der Wahrsager selbst Zugang hat. Zu den am weitesten verbreiteten Divinationstechniken gehört in Westafrika das Werfen von Kaurischneckengehäusen. Die Fallmuster können nur zu einer Bejahung oder Verneinung der Frage führen, aber auch mit einem festen Korpus von Divinationssprüchen verknüpft sein, deren Rezitation und weitere Interpretation dann dem Wahrsager obliegt. Das Ifa-Orakel der ↗ Yoruba bedient sich dazu eines mit Mehl bestreuten Brettes, auf dem die Ergebnisse der einzelnen Würfe verzeichnet werden. Eine in Zentralafrika weit verbreitete Technik ist das Reibeorakel. Auf ein eingefettetes Holz, das häufig in der Form eines Tieres geschnitzt ist, setzt man einen hölzernen Stempel, der ebenfalls figürlich gestaltet sein kann. Parallel dazu werden vom Wahrsager Fragen gestellt. Bewegt sich der Stempel, ist dies ein Hinweis auf die Beantwortung der Frage. Auch geomantische Praktiken (Wahrsagen aus der Erde) finden sich weithin in West- und Zentralafrika.

Über den Rahmen der eigentlichen Konsultation hinaus lässt sich D. als ein längerer sozialer Prozess verstehen. Da die Probleme der Gegenwart aus verborgenen Ereignissen der Vergangenheit gedeutet werden, ist es die wichtigste Aufgabe des Wahrsagers, seinen Klienten einen Weg aus ihren gegenwärtigen Schwierigkeiten zu weisen. Ihn zu gehen, ist dann jedoch den Klienten überlassen. Ihnen werden dazu bestimmte Gebote, Verbote und Handlungen aufgetragen, deren genaue Befolgung oder Ausführung über Erfolg oder Misserfolg entscheiden. Da solche Vorschriften nicht notwendig vollständig bekannt sein müssen und mithin unwissentlich verletzt werden können, ist die D. als solche nicht falsifizierbar. D. bietet keine letzte Sicherheit, sondern den Klienten eine hinreichende Bestimmung ihrer aktuellen Lebenssituation, die ihnen eine Orientierung in der Gegenwart ermöglicht. Wenn Bedarf besteht, können weitere D. notwendig sein.

Das Ziel, dem Klienten Orientierung zu bieten, wird durchweg mittels der gleichen logischen Schritte erreicht. In den meisten Divinationspraktiken in Afrika wird die Komplexität der Lebenswelt durch einige wenige, in der Regel zeichenhafte Elemente ersetzt. Erscheint dem Klienten seine Lebenssituation als undurchsichtig und bedrohlich, ist es die Aufgabe des Wahrsagers, deren wesentliche Elemente zu bestimmen und sie damit verständlich zu machen. Der Klient kann sich dadurch orientieren und gewinnt seine Handlungsfähigkeit zurück. Im Laufe dieses Prozesses werden intersubjektive Beziehungen zwischen Menschen häufig als Subjekt-Objekt-Beziehungen umgedeutet: Die Divinationsobjekte, die der Wahrsager seinem Klienten vorlegt, stehen für andere Menschen oder existentielle Lebensbezüge zu diesen. Oft ist der Klient aufgefordert, diese Objekte in neue

Zusammenhänge zu bringen, indem er sie selbst voneinander trennt, zueinander stellt oder sie manipuliert. ↗ Ahnenkult, ↗ Hexerei, ↗ Magie, ↗ Marabut.

📖 E. Evans-Pritchard, Witchcraft, Oracles and Magic among the Zande, Oxford 1938. – P. Peek (Hg.), African Divination Systems, Bloomington 1991.

Till Förster

Djembe ↗ Trommel

Djihad, auch *jihad* oder – wie gesprochen – *dschihad* geschrieben, leitet sich von der arab. Wurzel *jahada* ab und bedeutet »Bemühung«, »Anstrengung«, »Kampf«. Dieser Kampf »für die Sache Gottes« kann sich als Engagement für den ↗ Islam nach außen richten, indem die Gläubigen für die Verbesserung des Zustands der islam. Gesellschaft oder für die Verbreitung des Islam eintreten. Vom »D. der Feder und der Zunge« ist die Rede, wenn dieser Einsatz im friedlichen Diskurs geschieht. Doch auch der »D. des Schwertes«, also die Anwendung von Gewalt, wird als legitim erachtet, falls er sich gegen Feinde des Islam richtet. Moderne Interpretationen des D. betonen allerdings seinen defensiven Charakter und betrachten gewaltsame Formen des D. nur für den Verteidigungsfall als gerechtfertigt. Vornehmlich mystische Traditionen im Islam haben gegenüber dem physischen Einsatz für den Islam, dem »kleinen D.«, stets an der Priorität des »großen D.« festgehalten, der die Überwindung der eigenen moralischen Unzulänglichkeiten zum Ziel hat. – Dieses Bedeutungsspektrum des Wortes zeigt, dass die weithin übliche Übersetzung von D. als »Heiliger Krieg« die Sache nicht trifft – auch dann nicht, wenn sie sich auf den »D. des Schwertes« bezieht: Zwischen »heiligen« und »säkularen« Kriegen wird im Islam nicht differenziert, und im Gegensatz zum eigentlichen »Heiligen Krieg« geschah der gewaltsame D. weitgehend unabh. von staatl. Lenkung; bestenfalls könnte also vom heiligen »Kampf« die Rede sein. Entsprechend der klassischen Rechtstradition hatte der D. außerdem nicht die relig. Expansion zum Ziel, sondern diente primär dazu, die Machtsphäre des Islam und damit den Geltungsbereich des islam. Rechts auszubreiten und zu sichern. Nichtmuslime, soweit sie – wie ↗ Juden oder Christen – als Schriftbesitzer anerkannt waren, mussten nicht zum Islam konvertieren. Gegen alle anderen jedoch wurde der Kampf bis zur Annahme des Islam fortgesetzt. Zugleich diente die klassische Doktrin des D. immer wieder auch der Rechtfertigung milit. Kampagnen nicht nur gegen Nichtmuslime, sondern auch gegen Muslime, die in diesem Falle kurzerhand zu Ungläubigen oder Rebellen erklärt wurden. – Insbes. im 18. und 19. Jh. kam es weltweit zu sog. D.-Bewegungen. Allen gemeinsam war das Bemühen, die bloß oberflächlich islamisierten Gesellschaften von allen Vermischungen mit unislamischen oder unerlaubten »Neuerungen« zu reinigen und ein wahrhaft islam. Gemeinwesen zu errichten. Nicht selten verbanden sich damit auch andere Motive wie z. B. das des antikolonialen ↗ Widerstands. Als Höhepunkt und Vorbild vieler D.-Bewegungen in Westafrika, die mit der des Nasir ad-Din ca. 1675 eröffnet wurde, gilt der sog. Fulbe-D. des Usman dan Fodio (1754–1817) in der Region des heutigen Nordnigeria und südl. Niger. In den weiteren Kontext dieser Bewegungen gehören neben dem D. des Umar Tall in Westafrika (ca. 1797–1864) der antikoloniale Kampf der von Muhammad as-Sanusi (1791–1859) gegründeten ↗ Bruderschaft *Sanusiyya* in Nordafrika, der sog. ↗ Mahdi-Aufstand (1881–1898) des Muhammad Ahmad im Ostsudan oder der Aufstand des Muhammad Abdallah Hassan (1864–1920) in Somalia. – Manche radikale islam. Bewegungen der Gegenwart interpretieren D. als einen Auftrag zur völligen ↗ Islamisierung von Staat und Gesellschaft, wobei einige von ihnen den Einsatz von Gewalt für gerechtfertigt oder gar geboten halten. ↗ Fulbe-Reiche, ↗ Westafrika, Völker, Kulturen und Staaten.

📖 M. Khadduri, War and Peace in the Law of Islam, Baltimore 1955. – A. Th. Khoury, Toleranz im Islam, 2. Aufl. Altenberge 1986. – R. Peters, Jihad in Classical and Modern Islam, Princeton 1996.

Klaus Hock

Donatismus. *I. Definition.* D. ist die polemisch abwertende Bezeichnung für eine ethisch radikale, an traditionelle Elemente der afrik. Kirche anknüpfende christl. Bewegung im röm. Nordafrika im 4.–7. Jh. n. Chr. Sie führte in den Auseinandersetzungen über die Konsequenzen aus der diokletianischen Christenverfolgung, d. h. um die Frage, wie mit Laien und Klerikern zu verfahren sei, die den staatl. Behörden nachgegeben hatten und zu *lapsi* (»Abgefallenen«) geworden waren, z. B. heilige Schriften ausgeliefert hatten (*traditores*), zu einer Spaltung der afrik. Kirche. Es bildete sich eine eigene donatistische

Kirche, welche von den übrigen Kirchen als schismatisch angesehen und deshalb polemisch mit dem Namen ihres führenden Bischofs, Donatus von ↗ Karthago, bezeichnet wurde.

II. Geschichte. Die in Afrika kurze (303–305) Verfolgung der Christen durch Kaiser Diokletian hatte viele Opfer gefordert. Aufgrund staatl. Zwangsmaßnahmen hatten auch Kleriker heilige Bücher ausgeliefert (z.T. »häretische« Schriften, aber auch das galt wegen Vermeidung des Martyriums als Abfall vom Glauben). Schon seit 305 kam es zu scharfen innerkirchlichen Auseinandersetzungen über den Umgang mit solchen *traditores*. Traditionell war die afrik. Kirche in Fragen der Kirchenzucht radikal: Abgefallene konnten nicht mehr Glieder der Kirche oder gar des Klerus sein, denn die Kirche war die Gemeinschaft der Sündlosen. Bischof Mensurius von Karthago und sein Diakon Caecilianus waren in Verdacht geraten, verhaftete Christen nicht genug unterstützt zu haben (wohl um Provokationen der Behörden zu verhindern). Als nach Mensurius' Tod Caecilianus zum Nachfolger geweiht wurde, entstand gegen den neuen karthagischen Bischof eine Opposition v.a. numidischer Bischöfe. Die Gültigkeit seiner Weihe wurde bestritten, da sich ein *traditor* daran beteiligt habe. 312 setzte eine vom numidischen Primas nach Karthago einberufene Synode von 70 Bischöfen Caecilianus ab und weihte an seiner Stelle Maiorinus (gest. 313). Die Absetzung des Caecilianus wurde außerhalb Afrikas nicht anerkannt und führte zur Spaltung der Kirche in Afrika. Der röm. Kaiser Konstantin der Große erkannte Caecilianus an, woraufhin die Gruppe um Maiorinus mit dem Anspruch, allein die kath. Kirche Afrikas zu sein, an den Kaiser appellierte und eine Untersuchung der Vorwürfe gegen Caecilianus forderte.

Inzwischen war Donatus als Nachfolger des Maiorinus Bischof von Karthago geworden. Bis zu seinem Tod 355 im Exil war er die prägende Gestalt des D. Konstantin beauftragte Miltiades von Rom und drei gallische Bischöfe mit der von den Donatisten geforderten Untersuchung. Nach röm. kirchlicher Tradition wurde Caecilianus' Weihe als gültig angesehen und Donatus verurteilt. Als seine Anhänger das Urteil nicht akzeptierten und erneut den Kaiser anriefen, berief dieser 314 eine Synode nach Arles, die das Urteil von Rom bestätigte. Gegen neuen Protest der Donatisten ging Konstantin 316/17 zunächst mit staatl. Mitteln vor, gab jedoch dem massiven Widerstand im Jahre 321 nach. Im Widerspruch zu seiner Einheitsideologie bestanden in Afrika zwei Kirchen nebeneinander, wobei die donatistische wahrscheinlich die größere war. Wohl 336 konnte Donatus in Karthago eine von 270 donatistischen Bischöfen besuchte Synode abhalten.

Nach dem Tod des Caecilianus (346) forderte Donatus von Kaiser Constans die Anerkennung des D. als alleinige kath. Kirche Afrikas. Dieser reagierte ab 346 mit massiven Verfolgungen, die viele Opfer forderten und eigene donatistische Märtyrerkulte und -Lit. hervorbrachten. Donatus musste 347 ins Exil. Unter Kaiser Julian Apostata (361–363) kehrten die Verbannten zurück. Während des Episkopats von Donatus' Nachfolger Parmenianus (gest. 392/393) erlebten die Donatisten ihre Blütezeit: Sie waren die Kirche Afrikas. Seit 403 galten die Häretikergesetze auch für den D. Nach dem antidonatistischen Werk des Optatus von Mileve begann mit Aurelius von Karthago und Augustinus die theologische Diskussion mit dem D. 411 fand in Karthago unter staatl. Leitung eine große Debatte von mehr als 500 donatistischen und kath. Bischöfen (v.a. Aurelius und Augustinus) statt, bei der das Schicksal des D. eigentlich bereits besiegelt war. Durch ein prokath. Einheitsedikt des Honorius wurde er verboten; die Folge waren Massenübertritte zum Katholizismus. Reste der Donatisten behaupteten sich trotz massiver Verfolgungen unter vandalischer und byzantin. Herrschaft bis zur arab. Invasion. ↗ Christentum, ↗ Mission, christl., ↗ römische Kolonisation.

🕮 H.C. Frend, The Donatist Church, 3. Aufl., 1983. – E.L. Grasmück, Coercitio. Staat und Kirche im Donatistenstreit, 1964.

Hanns Brennecke

Doppelglocke, ↗ Musikinstrument aus der Familie der unmittelbar geschlagenen Idiophone (Selbstklinger). Bei der D. sind zwei klöppellose Metallglocken miteinander verbunden, die der Spieler mit einem Holz- oder Eisenstab von außen anschlägt. D. fanden sowohl als Insignien königl. Macht Verwendung – wie im 18. Jh. bei den Herrschern des Lunda-Reiches (Kongo; ↗ Zentralafrika, Völker, Kulturen und Staaten) – als auch im relig. Ritus. Musikalisch dient der hohe, schrille Klang des Instruments häufig der Darstellung sog. *time-line-pattern* (↗ Rhythmus), oder er wird als ↗ Instrumentalsprache zur Wiedergabe von Texten verwendet. In der heutigen musikalischen Praxis findet die D. v.a. im Zusammenspiel mit Trommelensembles Verwendung.

Abb. 9: Rahmengriff-Doppelglocke aus Kamerun mit dem typischen ›Fensterkreuz‹ und Umwicklung aus pflanzlichem Material

🕮 Art. »Glocken«. In: Die Musik in Geschichte und Gegenwart, Bd. 3, Kassel/Stuttgart 1995, S. 1435.

Raimund Vogels

Doppelrohrblattinstrument, häufig als Oboe bezeichnetes ↗ Musikinstrument aus der Familie der Aerophone (Blasinstrumente). Die einheitliche Bezeichnung und zahlreiche gemeinsame Konstruktionsmerkmale, wie z. B. die konische Bohrung des Rohres oder die Befestigung des Halms mit Lippenscheibe und aufgestecktem Metallrohr, sind keine Besonderheit Afrikas, sie finden sich auch auf dem gesamten asiat. Kontinent. Alle D. weisen auf einen im Zuge der Ausbreitung des ↗ Islam intensiven kulturellen Austausch zwischen dem nördl. Afrika und der Sahelzone. Die Verwendung der D. steht im Sahel vielfach im Kontext höfischer Repräsentation (↗ Hofmusik), während z. B. in Ägypten sog. *mizmar-baladi*-Ensembles v. a. zur Unterhaltung bei ↗ Festen spielen.

🕮 Art. »Doppelrohrblattinstrument«. In: Die Musik in Geschichte und Gegenwart, Bd. 2, Kassel/Stuttgart 1995, S. 1414.

Raimund Vogels

Dorf, ländl. Siedlung mit überwiegend agrarischer Wirtschaftsform. Für Afrika setzt sich D. als pauschalisierender Begriff in europ. und einheimischen Sprachen seit dem späten 19. Jh. gegenüber älteren, differenzierteren Terminologien durch. Im engeren Sinne werden darunter größere, räumlich abgegrenzte Siedlungen mit vielfältigen Binnenbeziehungen, gemeinschaftlicher Identität und basisnahen pol. Institutionen verstanden. Das afrik. D. wurde darüber hinaus zum Synonym von Bodenständigkeit und Traditionsnähe (↗ Tradition) und damit, je nach Einstellung, zum entwicklungshemmenden oder auch idyllischen Gegenpol von ↗ Stadt, Staat und Moderne stilisiert.

In der hist. Realität zeigt das D. in Afrika nicht erst im 20. Jh. eine große Variationsbreite und Dynamik. Vorkoloniale Dörfer waren teils rund, teils band- oder haufenförmig angelegt und reichten von verstreuten, oft kurzlebigen Weilern (bes. verbreitet im O und S) bis hin zu kompakten, teils befestigten Großdörfern mit interner sozialräumlicher Segregation (bes. im W). Diese versch. Dorfformen, die sich oft auch in derselben Region fanden, ergaben sich aus unterschiedlicher Landnutzung (Ackerbau, Viehhaltung und Jagd- bzw. Sammelwirtschaft) sowie pol.-ökonom. Strukturen und Strategien (Fernhandel, Sklavenkriege, Patronage- bzw. Gefolgschaftsverhältnisse, Autonomiestreben etc.) und standen untereinander in vielfältigen Beziehungen.

Die koloniale Befriedung, neue Formen der Marktintegration und die Christianisierung verstärkten im 20. Jh. vielerorts die Tendenz zu Streusiedlung und individuellem Landbesitz. Gleichzeitig gab es aber auch vielfältige neue Anstöße für Siedlungsverdichtung und -stabilisierung, v. a. entlang der Straßen: (1) die wachsende Bedeutung öffentl. Infrastruktur wie Straßen, Gesundheitszentren, Schulen usw.; (2) die Etablierung des D. als unterster Einheit des kolonialen und ↗ nachkolonialen Staats mit neuen pol. und rechtl. Funktionen (z. B. die Institutionen der *village headmen/chefs de village* und *village committees*); sowie (3) staatl. Umsiedlungs- und Konzentrationsmaßnahmen (*villagization* u. ä.). Letztere wurden zunächst vorrangig in Siedlerkolonien durchgeführt, in der Endphase des ↗ Kolonialismus und danach auch auf viele andere Länder ausgeweitet. Parallel dazu wurde das D. vielerorts durch feste Siedlungs- und Gemarkungsgrenzen markiert und ihm wurden neuartige Ideologien »traditioneller Solidarität«, des ↗ *community development* und auch relig. Gemeinschaft zugeordnet. Ältere Strukturen und Vorstellungen des D. konnten damit aber kaum völlig verdrängt werden, sie erhielten z. T. nur neue Etiketten.

Demnach müssen auch in Afrika Formen und Wandlungen des D. im Kontext vielfältiger Außenbeziehungen erklärt werden. Das gleiche gilt auch für dorfinterne Strukturen und Prozesse. ↗ Verwandtschaft (↗ Klan und Lineage; ↗ Heiratsordnungen, ↗ Familie) ist weithin der wichtigste Integrationsfaktor des afrik. D. Aber auch ↗ Nachbarschaft, Freundschaft, Gefolgschafts- und Abhängigkeitsverhältnisse sowie pol.-rituelle Funktionen wie die des nominellen Erstsiedlers oder Erdpriesters (↗ Erdherr) spielten und spielen eine nicht zu unterschätzende Rolle. Dennoch sind alltägliches Zusammenleben, gemeinschaftliche Identität und lokale Macht bzw. Autorität im D. keineswegs einfach gegeben, sondern immer wieder Anlass zu Rivalität und Konflikt und auf Schlichtungs- und Aushandlungsprozesse angewiesen. Interne wie externe Integrations- und Legitimationsversuche stützen sich u. a. auf Geschichtserzählungen und öffentl. ↗ Rituale. All diese Bemühungen stehen vor dem Hintergrund ausgeprägter sozioökonom. Ungleichheit innerhalb der Dorfbev. Das typische Bild des afrik. D. ist darum keine adäquate Beschreibung der Realität, sondern ein facettenreiches Projekt der afrik. Moderne, an dem Regierungen und NGOs (»Dorfentwicklung«), Wissenschaftler (»Dorfstudien«) und auch Dorfbewohner selbst beteiligt waren und sind.

📖 A. v. Oppen, Dorf, Siedlung, Gemeinschaft. In: J.-G. Deutsch/A.Wirz (Hg.), Geschichte in Afrika, Berlin 1997, S. 231–60.

Achim v. Oppen

Dritte Welt. Bez., die der frz. Demograph Alfred Sauvy 1952 analog zur Ersten (westl. Industrieländer) und Zweiten Welt (östl. Industrieländer) für die Entwicklungsländer vorschlug. D. W. ist etwa gleichbedeutend mit Süden (heute mehr in Mode) oder Peripherien des kapitalistischen Weltsystems (↗ peripherer Kapitalismus). Als *»tiermondisme«* war die D. W. in den 1950er und 1960er Jahren Inbegriff des radikalen Aufbruchs der vom ↗ Kolonialismus unterjochten Völker (↗ Blockfreienbewegung). Der Begriff D. W. zielt einmal auf die Konzeption, neben den beiden Machtblöcken einen eigenen Weg zu beschreiten (↗ *Self-reliance*), zum andern auf die von der globalen Expansion des Kapitalismus erzeugte Polarisierung und dadurch verursachte Armut und Unterentwicklung. Nach dem Ende des Ost-West-Konflikts und damit der Zweiten Welt schien es keinen Sinn mehr zu machen, von der D. W. zu sprechen. Der sehr viel weiter in der Geschichte zurückreichende und immer noch brisante Nord-Süd-Konflikt sorgte jedoch für den Fortbestand dieser Bez. (↗ Gruppe der 77).

Um 1800, am Vorabend der industriellen Revolution, unterschieden sich die Weltregionen nur wenig in ihrer durchschnittl. Produktivität – etwa im Verh. 2 zu 1. Heute steht das Verhältnis für Zentren und Peripherien bei etwa 60 zu 1, und Vorteile des hohen Entwicklungsniveaus genießen nicht mehr als 20% der Weltbevölkerung. Dabei weisen die Länder der D. W. aufgrund ihrer unterschiedlichen wirtsch. Entwicklung eine große Heterogenität auf. Zu unterscheiden sind:

(1) Die kapitalistischen Länder Ostasiens (Südkorea, Taiwan, Hongkong, Singapur), nach ihnen jedoch auch andere Länder Südostasiens (v. a. Malaysia und Thailand) und China, die zunehmende Wachstumsraten verzeichneten, während diese fast im gesamten Rest der Welt nachließen. Trotz der 1997er Wirtschaftskrise konkurrieren diese Länder aktiv auf den Weltmärkten für Industrieerzeugnisse. Die wirtsch. Dynamik geht bei ihnen einher mit weniger scharfen sozialen Verwerfungen (was im Einzelfall nuanciert werden muss), geringerer Verwundbarkeit, weil die Beziehungen innerhalb der Region wie in der EU intensiviert werden, und Interventionen des Staates, der eine bestimmende Rolle bei der Umsetzung der nationalen, wenn auch nach außen geöffneten Entwicklungsstrategien behält.

(2) Die Länder Lateinamerikas und Indien besitzen ebensolche industrielle Kapazitäten. Aber die regionale Integration ist weniger ausgeprägt (20% für Lateinamerika), die staatl. Intervention weniger kohärent. Die Ungleichheiten, ohnehin in diesen Regionen erheblich, verschärfen sich umso dramatischer, als die Wachstumsraten bescheiden bleiben.

(3) Die Länder Afrikas und der arab. bzw. islam. Welt haben noch eine veraltete internat. Arbeitsteilung. Sie bleiben großenteils Rohstoffexporteure, denn sie sind entweder noch nicht ins Industriezeitalter eingetreten, oder sie haben schwächliche, verwundbare, nicht wettbewerbsfähige Industrien (↗ Industrialisierung). Zeichen der sozialen Verwerfungen sind hier die verarmten und ausgeschlossenen Massen. Es gibt nur wenige Fortschritte der regionalen (innerafrik. oder innerarab.) Integration (↗ regionale Organisationen). Diese Gruppe umfasst zwar arme oder sehr arme wie auch sog. reiche Länder (gering bevölkerte Erdölexporteure), ist aber, da kein Land sich an der Gestaltung des Welt-

systems beteiligt, marginalisiert. Eine Analyse dieser Länder an Hand von drei Entwicklungsmodellen – Agrarexporteure, Bergbauländer, Nutznießer von Erdölrenten – und eine Untersuchung der unterschiedlichen, aus der Unabh. (↗ nachkolonialer Staat) hervorgegangenen sozialen Hegemonien macht deutlich, dass die Entwicklung hier kaum mehr war als ein Versuch, sich in das kapitalistische Weltsystem zu fügen, und dass das Modell der kolonialen Verwertung ohne größere Transformationen überlebt hat.

Der Unterschied zwischen aktiven und marginalisierten Peripherien betrifft nicht nur die Wettbewerbsfähigkeit ihrer industriellen Produktion, sondern auch ihre Politik. In den aktiven Peripherien haben die Machthaber und hinter ihnen die Gesellschaft als Ganzes (was innere soziale Widersprüche nicht ausschließt) ein Projekt und eine Strategie, um es zu verwirklichen. Das gilt für China, Korea und in geringerem Maße für bestimmte Länder Südostasiens, Indien und einige Länder Lateinamerikas. Diese nat. Projekte stehen denen der Zentren gegenüber, und das Ergebnis dieser Konfrontation wird die Welt von morgen prägen. Dagegen haben die marginalisierten Peripherien weder eigene Projekte, selbst wenn die Rhetorik des pol. ↗ Islam das vorgibt, noch eigene Strategien. Die Zentren denken für sie und behalten die Initiative zu Projekten für diese Regionen (z. B. die Assoziation EU – AKP-Staaten). Diese Länder sind daher passiv der Globalisierung unterworfen.

Natur und Perspektiven der Einbindung der D. W.-Länder in das kapitalistische Weltsystem werden nicht einhellig beurteilt. Manche Beobachter sehen die dynamischsten aufstrebenden Länder auf dem Weg des Aufholens und daher nicht mehr als Peripherien, sondern auf Zwischenstufen der Weltrangordnung (↗ Schwellenländer). Für andere bilden sie den Kern der eigentlichen Peripherie von morgen. Der Gegensatz Zentren – Peripherien beruht heute nicht mehr auf dem Gegensatz von industrialisierten und nicht industrialisierten Wirtschaften, sondern ist im Kontext der von der Triade USA, EU, Japan ausgeübten monopolistischen Kontrollen zu sehen. Diese neuen Monopole der Triade – in Bezug auf Technologien, Zentralisierung der Finanzmittel, Zugang zu den Naturschätzen der Welt, Kontrolle der Kommunikationsmittel und Verfügung über Massenvernichtungswaffen – werden zu einer noch verschärfteren Polarisierung in globalem Maßstab führen. ↗ Peripherer Kapitalismus.

🕮 S. Amin, Capitalism in the Age of Globalisation, London/New Jersey 1996. – L. Brock, Die Dritte Welt in ihrem fünften Jahrzehnt. In: Aus Politik und Zeitgeschichte 50 (1992), 4. 12. 1992, S. 13–23. – D. Nohlen/F. Nuscheler (Hg.), Handbuch der Dritten Welt, Bd. 1: Grundprobleme, Theorien, Strategien, 3. Aufl., Bonn 1992.

Samir Amin

Drogen, bewusstseinsverändernde Substanzen, spielen in Afrika eine zentrale Rolle in ↗ Ritualen und Zeremonien. Die wichtigsten D. sind, neben ↗ Alkohol, in Äthiopien und den umliegenden Ländern Khat (*Catha edulis*), in Westafrika Kola (Nüsse des Kolabaums, *Cola nitida* und *Cola acuminata*) und in den Regenwäldern Zentralafrikas Iboga (*Tabernanthe iboga*). In den jeweiligen Anbaugebieten haben sich um den Konsum dieser D. Handelsnetze und ganze Wirtschaftszweige entwickelt; neue Märkte eroberten diese D. jedoch nicht. Manche afrik. Staaten haben den Drogenkonsum verboten, teils auf Druck von UNDP, dem internat. Drogenkontrollprogramm, teils, da sie D. und die mit ihnen verbundenen Rituale als ein mit der ↗ Modernisierung unvereinbares Relikt der Vergangenheit ansehen.

(1) Die grünen Khatblätter, bündelweise zu kaufen, werden in Äthiopien, Somalia, Nordkenia und dem Jemen gekaut. Mit untätigen, diskutierenden Männern assoziiert, die schädlich sein sollen für die Arbeitsmoral und ungewählte Regierungen, wurde der Khatkonsum z. B. in Somalia 1983 verboten. Während des Bürgerkriegs (↗ Kriege/Bürgerkriege) erlebte Khat, da an Stelle von Sold ausgegeben, einen neuen Boom, wovon Hersteller wie die Meru (Kenia) und Hararghe (Äthiopien), wo Khat das zweitwichtigste Exportgut darstellt, profitierten. In Äthiopien spielt Khat u. a. bei Hochzeitsverhandlungen, Gedenkzeremonien und Erntedankfesten (↗ Feste) eine große Rolle, wird z. B. aber auch in Koranschulen und an Universitäten konsumiert. Regelmäßiger Konsum führt eher zu psychischer als zu körperlicher Abhängigkeit. – (2) Kolanüsse enthalten zwischen 1% und 4% Koffein sowie bis zu 0,1% Theobromin und stimulieren das zentrale Nervensystem und die Skelettmuskulatur. Ein Langzeitkonsum der bitteren Nuss kann zu Reizbarkeit, Paranoia, Schlaflosigkeit und Zahnverfall führen. Kolabäume wurden zunächst in den Waldgebieten Ghanas, der Elfenbeinküste, Liberias, Sierra Leones und Guineas kultiviert, seit dem 19. Jh. auch in Togo, Benin und Nigeria. Bereits seit dem 15. Jh. sind Kolanüsse in Westafrika als Handelsgut bekannt, wo-

bei das Vordringen des ↗ Islam, der die Kolanuss als eine der wenigen psychoaktiven Substanzen toleriert, den Konsum stimulierte. Die Kolanuss spielt eine wichtige Rolle als Symbol für Gastfreundschaft, als Opfergabe und bei Hochzeiten. – (3) Während Khat wie Kola zwanglos konsumiert werden können, ist der Gebrauch von Iboga oder Ibogain, der Wurzel des in den Regenwäldern Kongo, Gabuns und Kameruns wachsenden Ibogastrauchs (Familie der Hundsgiftgewächse), nur im rituellen Kontext möglich. Iboga hat eine stark halluzinogene, LSD-ähnliche Wirkung. Bei den Fang (Gabun) ist die Einnahme von Iboga Bestandteil des Bwiti-Kults und somit Voraussetzung für den gesellsch. Aufstieg und das Erlangen des Ältestenstatus. Nach der ↗ Initiation wird der Neophyt zwar nicht wieder eine ähnliche Menge Iboga zu sich nehmen, sich gelegentlich jedoch mit kleineren Dosen »das Herz wärmen«.

In vielen Teilen Afrikas war der Gebrauch bewusstseinsverändernder Substanzen gewöhnlich den Älteren vorbehalten. In der Kolonialzeit und nach der Unabh. traten jedoch Markt und Säkularisierung an die Stelle traditioneller Konsumkontrollen. Cannabis, eine seit langem in Nordafrika, heute in ganz Afrika weit verbreitete, ursprgl. aus Indien importierte Droge, ist dafür ein Beispiel. In den südafrik. Townships verbindet man den Cannabiskonsum mit Subversion und Unterwelt; Machtkämpfe zwischen Dealern haben viel zur Spirale von Gewalt und Kriminalität beigetragen. In Westafrika, der letzten Region in Afrika, die Cannabis importiert hat, wurde der »Indische Hanf« während des Zweiten Weltkriegs von Soldaten, die aus dem Burmakrieg zurückkehrten, eingeführt. Innerhalb einer Generation verbreiteten sich Anbau und Konsum von Cannabis über die ganze Region. In Nigeria und Ghana werden Produktion und Distribution von hohen Militärs bestimmt, die in Kartellen organisiert und inzwischen in das internat. Drogengeschäft eingestiegen sind. Seit den späten 1970er Jahren haben Banden hauptsächlich nigerianischer Drogenhändler einen weiteren Markt geschaffen, indem sie Kokain aus Südamerika und Heroin aus Asien in die USA und nach Europa liefern. Etwas davon sickert auch in die lokalen Märkte ein, doch bisher beschränkt sich der Konsum von Kokain und Heroin auf eine kleine Konsumentenzahl in den Städten. Zwar übt die internat. Gemeinschaft Druck auf die afrik. Regierungen aus, strengere Maßnahmen gegen Drogenvergehen zu ergreifen, zwar werden immer wieder Konsumenten und Händler verhaftet und drakonisch bestraft, trotzdem ist Cannabis in übervölkerten Großstädten wie Accra, Abidjan, Dakar und Lagos weit verbreitet. In den 1990er Jahren sind neben Nigeria v. a. Kriegs- bzw. Bürgerkriegsländer wie z. B. Liberia als Drehscheibe des internat. Drogenhandels in die Schlagzeilen geraten.

🕮 Ch. Brule, Les drogues en Afrique subsaharienne, Paris 1998. – J. F. Werner, Marges, sex et drogues à Dakar: ethnographie urbaine, Paris 1993.

Axel Klein

Dschibuti. **Fläche:** 23.200 km^2. **Einw.:** 600.000 (2000). **Bev.-Wachstum/Jahr**: 2,2% (1990–99). **Stadtbev.:** 83% (1999). **Hauptstadt und Wirtschaftsmetropole:** Dschibuti (380.000 Einw.). **Unabh.:** 27. 6. 1977. **Staatsform**: Präsidialrep.; Einkammerparlament (Nationalversammlung); Mehrparteiensystem. **Währung:** Franc de Djibouti. **HDI-Rang** 137/162 (2001). **Auslandsverschuldung**: 288 Mio. US$ (1999). **BSP/Kopf**: 790 US$ (1999). **HIV-infizierte Erwachsene**: 11,8%, **Lebenserwartung**: m 42,6J., w 45,3 J., **Alphabetisierung** der Erwachsenen: m 74,9%, w. 52,8% (1999). **Einschulungsrate**: männl. 39%, weibl. 28% (1995–99). **Amtssprache:** Frz., Arab.; **Nationalsprachen:** ↗ Kuschitische Sprachen.

I. Naturraum. D. erstreckt sich um den Golf von *Tadjourah* südwestl. der strateg. wichtigen Meerenge von *Bab el-Mandeb*. Die Ebenen des Landesinneren sind von Basalt- und Kalk-Plateaus umgeben. Die Gipfel der Gebirgsketten im N erreichen Höhen von bis zu 1.800 m. Das ↗ Klima ist durch große Trockenheit (durchschnittl. 10 Regentage/Jahr) bei stark variierenden Niederschlägen und ganzjähriger Hitze gekennzeichnet. Die wenigen natürlichen Ressourcen (v. a. Weideland, Salzvorkommen, Fischreichtum, Kalk- und Gipslager) begrenzen die wirtsch. Nutzungsmöglichkeiten. ↗ Ökozonen.

II. Bevölkerung und ethnische Gruppierungen. Die Bevölkerungszahl setzt sich aus ca. 0,6 Mio. Einheimischen sowie einigen zehntausend Gastarbeitern und Flüchtlingen v. a. aus Somalia zusammen. Einem sehr dünn besiedelten ländl. Raum steht die Hauptstadtregion mit ca. zwei Dritteln der Einw. gegenüber. Ethn. setzt sich die Bev. aus den somalischen Issa (rd. 47%) sowie den süderitreischen Afar (ca. 37%), von den Arabern Danakil genannt, zusammen (ursprgl. Nomadenvölker, ↗ Nomadismus). Bedeutende Minderheiten bilden jemenitische ↗ Araber (ca. 6%), ↗ Inder und Pakistani. Von den ca. 10.000 in

Dschibuti lebenden Franzosen gehören ca. 3.500 dem frz. Militär an.

III. Geschichte und Politik. Zwischen 1862 und 1896 schlossen die Franzosen mehrere Schutzverträge mit Führern der Issa und Afar sowie Abkommen mit dem äthiop. Kaiser Menelik II. ab. 1896 entstand daraus die Kolonie Frz.-Somaliland. Die Eröffnung des ↗ Suezkanals (1869), das Aufkommen der Dampfschifffahrt sowie der von Frankreich (ab 1897 mit Unterstützung Äthiopiens) durchgeführte Eisenbahnbau von Dschibuti nach Addis Abeba verhalfen der jungen Hafenstadt zu rascher wirtsch. und pol. Bedeutung. 1958 entschied sich D. als *Territoire Français des Afars et Issas* für den Verbleib in der Frz. Gemeinschaft. Die Unabhängigkeitsbestrebungen der Bev. im folgenden Jahrzehnt führten nach Wahlen zu einer gesetzgebenden Versammlung am 27. 6. 1977 zum Ziel. Einzig zugelassene Partei war seit 1981 die RPP (*Rassemblement Populaire pour le Progrès*). Bei der Ende 1992 erstmals abgehaltenen Mehrparteienwahl (de facto mit zwei Parteien) erhielt wiederum die RPP alle Sitze. Die Rechtsprechung basiert auf islam. und traditionellem Recht. D. ist Mitglied der ↗ OAU und der ↗ Arabischen Liga sowie AKP-Staat.

IV. Wirtschaft und Sozialstruktur. Die Wirtschaft stellt ähnlich wie in der frz. Kolonialzeit eine Dienstleistungsökonomie dar, deren Hauptsäulen bis heute Hafen, Eisenbahn, Flughafen, Militär, Banken, Versicherungen und Gastronomie bilden. Fast alle Güter (einschl. Nahrungsmittel) müssen eingeführt werden. Bemühungen zur Ansiedlung von Betrieben des verarbeitenden Gewerbes hatten bisher wenig Erfolg. Insbes. hat die in Djidda (Saudi-Arabien) und Dubai (V.A.E.) gewährte Steuerfreiheit die Attraktivität des Standorts D. geschmälert. Für eine Diversifizierung der Wirtschaft bieten sich neben der Industrie die ↗ Fischerei, der bewässerte Anbau von Gemüse und Früchten und nicht zuletzt der Tauchtourismus an (↗ Tourismus). Durch die Unabh. Eritreas und den schwelenden Konflikt zwischen Eritrea und Äthiopien (↗ Kriege/Bürgerkriege) wird derzeit der überwiegende Teil des äthiop. Warenverkehrs über den Hafen von D. sowie die Eisenbahnlinie nach Addis Abeba abgewickelt. Dadurch hat D. eine deutliche wirtsch. Belebung erfahren.

Die Sozialstruktur von D. ist islam.-arab. geprägt, erlaubt jedoch ↗ Frauen im öffentl. Leben größere Entfaltungsmöglichkeiten. Hierzu hat mit Sicherheit der lange frz. Einfluss beigetragen. Durch das direkte Nebeneinander einer reichen Händlerschicht und der zahlungskräftigen Gruppe der frz. Militärs, Entwicklungsexperten und Geschäftsleuten (üppiger Lebensstil, Villen etc.) und der Masse der marginalisierten ehem. Nomaden, ↗ Flüchtlingen und Gastarbeitern (sehr hohe Arbeitslosigkeit, Bettler, Elendsviertel etc.) treten in D.-Stadt und seinem Umland die sozialen Gegensätze krass in Erscheinung. Viele Menschen müssen zur Existenzsicherung auf mehrere Erwerbsquellen (Kleinhandel, Gelegenheitsarbeiter, Dienstpersonal, ↗ Prostitution etc.) setzen. Ähnlich wie im Jemen führt der übermäßige Genuss von Khat (↗ Drogen) zu einer Beeinträchtigung des wirtsch. und öffentl. Lebens.

V. Literatur, Musik und Kunst. Kulturell ist D. durch das Nebeneinander der beiden kuschitischen Völker Afar und Issa (mit eigenen Sprachen) sowie starke arab. und frz. Einflüsse geprägt. In Lit., Musik und Kunst steht eine eigenständige dschibutische Kultur noch am Anfang. Als Schriftsteller auch in Europa bekannt geworden ist Abdourahman Waberi, der in seinen Werken aktuelle Entwicklungen des Landes aufgreift. Ansonsten dominieren in vielen Bereichen Geschmack und Stil der ehemaligen Kolonialmacht Frankreich, doch sind auch, insbes. in Musik und Tanz, somal. und arab. Einflüsse feststellbar. ↗ Nordostafrika, Völker, Kulturen und Staaten.

📖 B. Girrbach, Djibouti. In: Handbuch der Dritten Welt, 3. Aufl., Bd. 5, Bonn 1993, S. 68–78. – J. Janzen, Djibouti. In: U. Steinbach/R. Robert (Hg.), Der Nahe und Mittlere Osten, Bd. 2, Opladen 1988, S. 83ff. – I. Wais, Djibouti. Entwicklungsprobleme und Perspektiven, Osnabrück 1991. – F. Piquet, Des nomades entre la ville et les sables, Paris/Genève 1998.

Jörg Janzen

Dschihad ↗ *Djihad*

Duala (Sprache) ↗ Benue-Kongo

Dürre ↗ Desertifikation, ↗ Klima, ↗ Ökozonen

Dyula (Sprache) ↗ Bambara

EAC (*East African Community*). Im Nov. 1999 auf dem Hintergrund einer lange zurückreichenden regionalen Kooperation in Ostafrika neu konstituierte ↗ regionale Organisation mit Sitz in Arusha (Tansania). Mitglieder sind Kenia, Tansania und Uganda. Bereits seit den 1920er Jahren hatte es enge Formen der Zusammenarbeit im Wirtschafts- und Währungsbereich und bei pol. Fragen gegeben. Nach einem Prozess fortschreitender Intensivierung und institutioneller Veränderungen war nach der Unabh. der drei Länder 1967 eine erste EAC gegründet worden, die einige Jahre lang als Modell für die regionale Zusammenarbeit von Entwicklungsländern galt und ambitionierte Integrationsziele verfolgte. Dennoch kam es aufgrund unterschiedlicher ökonom. Strukturen und Interessen sowie eskalierender pol. Spannungen (↗ *Ujamaa* in Tansania; Idi Amin in Uganda) schon bald zu einer Erosion, die 1977 zum Zusammenbruch der EAC führte. Unter grundlegend veränderten Rahmenbedingungen schien die regionale Kooperation Anfang der 1990er Jahre wieder wünschenswert und im März 1996 wurde unter der Bezeichnung *East African Cooperation* ein neues Sekretariat in Arusha eingerichtet. Als Vision wird erneut eine weitgehende Zusammenarbeit (potenziell sogar eine pol. Föderation) angestrebt, in dem am 7. 7. 2000 in Kraft getretenen EAC-Vertrag eine Konkretisierung der Handels- und Wirtschaftsintegration aber wegen Bedenken Tansanias und Ugandas zunächst ausgeklammert. Mittelfristig erscheint eine Erweiterung der Mitgliedschaft um Burundi und Ruanda möglich.

🕮 R. Hofmeier, Die Ostafrik. Gemeinschaft. Fallstudie über Geschichte, Funktionsweise und Zerfall einer regionalen Staatengruppierung in der Dritten Welt. In: V. Matthies (Hg.), Süd-Süd-Beziehungen, München/Köln 1982, S. 273–309.

Rolf Hofmeier

Earth priest ↗ Erdherr/Erdpriester

ECA (*Economic Commission for Africa*). Eine der fünf kontinentalen Wirtschaftskommissionen des UN-Systems, die dem ECOSOC (Wirtschafts- und Sozialrat der UN) unterstehen, mit Sitz in Addis Abeba (Äthiopien). Die ECA wurde 1958 gegründet; heute gehören ihr alle 53 unabh. Staaten Afrikas an. Die Gründungsresolution bestimmte als Ziel, die afrik. Wirtschafts- und Sozialentwicklung zu fördern, v. a. durch Stärkung der regionalen und kontinentalen Kooperation und Integration sowie durch Vertiefung der Wirtschaftsbeziehungen zwischen afrik. Ländern und anderen Staaten der Welt. Die ECA fungiert als Clearingstelle für die gemeinsame Erarbeitung wirtsch. Entwicklungsstrategien der afrik. Länder, für die Untersuchung und Förderung kontinentaler und regionaler Zusammenarbeit, für die Informations- und Datensammlung sowie als Diskussionsforum für Regierungskonsultationen. Die ECA darf nur mit Zustimmung der nat. Regierungen aktiv werden. Die fachliche Arbeit obliegt weitgehend dem Sekretariat in Addis Abeba, das sich neben einem Leitungsbüro und einem Frauenzentrum aus acht Fachabteilungen zusammensetzt. Ein wichtiges Bindeglied zwischen Sekretariat und Ländern stellen die fünf Regionalbüros dar: in Tanger (Marokko) für Nordafrika, Niamey (Niger) für Westafrika, Yaoundé (Kamerun) für Zentralafrika, Kigali (Ruanda) für das östl. und Lusaka (Sambia) für das südl. Afrika. Bei allen Fragen der Wirtschaftspolitik und Regionalintegration arbeitet die ECA eng zusammen mit ↗ OAU und ↗ AfDB, den beiden anderen sich auf den Gesamtkontinent beziehenden Organisationen. Wichtigstes Ziel ist die mittelfristige Schaffung einer *African Economic Community*, deren Vertrag 1991 beim OAU-Gipfel in Abuja (Nigeria) unterzeichnet wurde und seit 1994 nach Ratifizierung durch zwei Drittel der Mitglieder in Kraft ist.

Rolf Hofmeier

ECOMOG (*ECOWAS Monitoring Group* bzw. *ECOWAS Ceasefire Monitoring Group*). In Liberia (1990–99), Sierra Leone (1997–2000) und Guinea-Bissau (1999) kamen multinat. Streitkräfte westafrik. Staaten zum Einsatz – Eingreifverbände aus Mitgliedstaaten der ↗ ECOWAS, die entsandt wurden, um innerstaatl. Kriege zu beenden, Waffenstillstände zu überwachen und die sicherheitspol. Rahmenbedingungen für längerfristige Friedensregelungen (u. a. durch allg. Wahlen) zu schaffen.

Die Initiative zur ECOMOG-Gründung ergriff die Regionalmacht Nigeria, als der 1989 begonnene Bürgerkrieg in Liberia zu immer mehr Massakern an der Zivilbev. führte. Mit der humanitären Begründung, dem »Abschlachten afrik. Brüder« Einhalt gebieten zu müssen, setzte Nigeria im Aug. 1990 die Entsendung der Eingreiftruppe in das Kriegsland durch. Dieser Beschluss war weder durch den UN-Sicherheitsrat autorisiert noch durch eine ECOWAS-Gipfelkonferenz; er stützte sich lediglich auf das Votum des von Nigeria dominierten, aus fünf Staaten bestehenden und eigens aus Anlass des Liberia-Konflikts gegründeten *ECOWAS Standing Mediation Committee*. Die völkerrechtl. Legitimation der Eingreiftruppe blieb daher umstritten: Regierungen frankophoner ECOWAS-Staaten und Oppositionskreise in den ECOMOG-Gründerstaaten Nigeria, Ghana, Guinea, Gambia und Sierra Leone kritisierten die Intervention u. a. als Versuch zur Schaffung einer »Pax Nigeriana«. Trotz der fragwürdigen Umstände ihrer Gründung erhielt die ECOMOG Rückendeckung durch die UN- und OAU-Generalsekretäre sowie u. a. die USA. Um den Geburtsfehler, die fehlende Akzeptanz frankophoner Staaten und der mächtigsten liberianischen Kriegspartei unter Führung Ch. Taylors, zu korrigieren, wurde der ECOMOG im Sept. 1993 per Resolution des UN-Sicherheitsrates die UNOMIL vorgeschaltet (↗ Blauhelmeinsätze). Erst im Aug. 1996 konnte in Abuja ein Friedensabkommen erzielt werden, das es ermöglichte, die Streitmacht mit Beteiligung einer Reihe frankophoner Staaten als allg. akzeptierte Friedenstruppe einzusetzen und Wahlen abzuhalten, die den Krieg beendeten.

Kurz bevor in Liberia der Wahlsieger Ch. Taylor die Regierung übernahm, verlagerte sich das ECOMOG-Einsatzgebiet in das Nachbarland Sierra Leone. Als die 1996 gewählte Regierung von A. T. Kabbah 1997 durch einen Militärputsch gestürzt wurde, entsandte Nigeria zunächst im Alleingang unter der Bez. ECOMOG Truppen, um den Umsturz rückgängig zu machen. UN, OAU, ECOWAS und westl. Staaten billigten diese Initiative, doch gelang es Nigeria erst im Feb. 1998 durch eine besser vorbereitete Militärintervention, Kabbah gewaltsam den Weg zurück zur Macht zu ebnen und seine Regierung gegen weitere Rebellenoffensiven zu verteidigen. Ein angesichts eines milit. Patts im Juli 1999 in Lomé (Togo) geschlossenes Friedensabkommen übertrug der zwischenzeitlich durch Soldaten aus Ghana, Guinea und Mali ergänzten Eingreiftruppe u. a. die Aufgabe, die Demobilisierung von Milizionären zu überwachen. Wegen der immensen Kosten und des hohen Sicherheitsrisikos wurde 1999 jedoch der Rückzug eingeleitet.

In Guinea-Bissau, wo es 1998–99 nach einem Militäraufstand zu bewaffneten Auseinandersetzungen kam, hielt sich die Regionalmacht Nigeria abseits. Nach anfänglicher Intervention der Nachbarstaaten Senegal und Guinea mit finanzieller und logistischer Unterstützung Frankreichs wurden unter der Bez. ECOMOG Truppen aus Benin, Mali, Niger, Togo und Gambia eingesetzt.

Ungeachtet der durchwachsenen Bilanz beschloss die ECOWAS Ende 2000, eine – diesmal wieder von Nigeria dominierte – ECOMOG-Truppe bereitzuhalten, um die befürchtete Ausweitung grenzüberschreitender milit. Konflikte in Guinea, Sierra Leone und Liberia zu einem Regionalkrieg zu verhindern. In Teilen v. a. des nigerianischen Militärs wird das Interesse verfolgt, die bisherige Ad-hoc-Eingreiftruppe zu einer ständigen sicherheitspol. Einrichtung aufzuwerten, was sich mit Interessen der USA an »afrik. Lösungen für afrik. Probleme« deckt. ↗ Kriege/Bürgerkriege.

🕮 K. Magyar/E. Conteh-Morgan (Hg.), Peacekeeping in Africa: ECOMOG in Liberia, New York 1998. – M. A. Vogt (Hg.), The Liberian Crisis and ECOMOG: A Bold Attempt at Regional Peacekeeping, Lagos 1992.

Peter Körner

ECOWAS (*Economic Community of West African States*; frz.: CEDEAO, *Communauté Economique de l'Afrique de l'Ouest*). ECOWAS wurde 1975 mit Sitz in Lagos (Nigeria) gegründet. Mitgliedsländer sind Benin, Burkina Faso, Elfenbeinküste, Gambia, Ghana, Guinea, Guinea-Bissau, Kap Verde, Liberia, Mali, Mauretanien, Niger, Nigeria, Senegal, Sierra Leone und Togo. Ziele sind die Förderung der wirtsch. Stabilität und Anhebung des Lebensstandards, regionale Kooperation und Entwicklung im Bereich Handel, Landwirtschaft, Kommunikation, Verkehr, Zahlungsverkehr und Zölle. Geplant sind die Bildung einer Freihandelszone und die Schaffung einer Zollunion nach europ. Vorbild. Angekündigt wurde auch die Bildung einer Währungsunion. Die währungspol. Integration wird von der Unterorganisation WAMA (*West African Monetary Agency*) gefördert. Das Ziel bestand darin, bis zum Jahr 2000 eine Gemeinschaftswährung zu etablieren. Davon ist ECOWAS jedoch weit entfernt, nicht zuletzt infolge unterschiedlicher Währungsstabilität – bspw. verfügen die erfolgreicheren frankophonen Gemeinschaften ↗ UEMOA und ↗ CEMAC über eine gemeinsame konvertible Währung, den Franc-CFA, und eine stärkere Liberalisierung der Märkte –, infolge unterschiedlicher Wirtschaftskraft, Größe und Einwohnerzahl (z. B. zwischen Nigeria mit ca. 85 Mio. Einwohnern und Gambia mit 600.000), der pol.-ideol. Ausrichtung und der Anbindung einiger Mitgliedstaaten an Frankreich. Diese pol. und wirtsch. Unterschiede haben bislang eine wirkliche Integration verhindert. Trotz der relativ geringen Fortschritte im formellen Integrationsprozess hat sich der Handel zwischen den Ländern ausgeweitet – wenn auch meist als informeller Handel (Schmuggel), der eine lange Tradition hat und heute mit modernen Mitteln weitergeführt wird. Beteiligt sind Unternehmen des informellen Sektors (insbes. bei Elektronikersatzteilen und nigerianischen Pharmazeutika), Staatsbeamte und Bauern. Es wird geschätzt, dass die Handelsintegration – unter Berücksichtigung des informellen Sektors – inzwischen bei ca. 25% liegt (d.h. ein Viertel des gesamten Außenhandels findet innerhalb der ECOWAS-Staaten statt). Die im Rahmen des ↗ Lomé-Abkommens und des Nachfolgeabkommens von Cotonou vorgesehene Kooperation der EU mit einzelnen Regionen (Freihandelszonen) könnte dem Integrationsprozess neuen Auftrieb geben.

Alle Maßnahmen zur Verbesserung des Integrationsprozesses wurden aufgrund mangelnder Einigung, der schwachen Integration von Institutionen, der finanziellen Unterausstattung des Amtssitzes in Lagos (neuerdings in Abuja/ Nigeria), der schwachen Ausstattung des »Fonds für Zusammenarbeit, Kompensation und Entwicklung« (mit Sitz in Lomé, Togo) und der nationalstaatl. Eigeninteressen immer wieder verschoben.

Eine wichtige pol. Rolle nahm ECOWAS in der Initiative zur Konfliktvermeidung und -schlichtung in Westafrika ein. Zur Beendigung des liberianischen Bürgerkrieges wurde die von ECOWAS gebildete ↗ ECOMOG-Truppe eingesetzt.

🕮 D. von der Boom, Politik und Probleme der ECOWAS, Hamburg 1996. – P. Körner, Macht- und Interessenspolitik in der ECOWAS, Hamburg 1996. – S. Radelet, Regional Integration and Cooperation in Sub-Saharan Africa, Cambridge, Mass. 1997.

Robert Kappel

Edelmetalle ↗ Bergbau

Egalitarismus, sozialpolit. und ideol. Konzeption, die die Errichtung der Gleichheit aller Menschen in einer Gesellschaft anstrebt. Die Gleichheit kann sich dabei auf Gleichheit im Besitz persönlichen Eigentums und/oder Gleichheit in Rechten und Pflichten beziehen. In Afrika beinhaltet E. fast immer, dass die zukünftige Schaffung der Gleichheit als Rückgriff auf vergangene und teilweise verschüttete afrik. Werte verstanden wird. Unter dem Eindruck der Zusammenarbeit einiger Vertreter afrik. Eliten mit den Kolonialmächten und nach der Unabh. mit pol. und ökonom. starken europ., nordamerik. und zunehmend auch arab. Ländern bzw. Institutionen oder Unternehmen wurde immer wieder versucht, egalitaristischen Konzeptionen einen Verhaltenskodex für Führungskräfte beizugeben, um ein Handeln gegen die Interessen der afrik. Bev. zu verhindern. Ziel des E. ist es, sich herausbildende soziale Gegensätze so weit einzudämmen, dass der Zusammenhalt innerhalb einer Befreiungsbewegung (↗ Rebellenbewegung), eines Staatsgebildes, einer ↗ Partei oder in panafrikanistischer Dimension (↗ Panafrikanismus) innerhalb des Kontinents nicht gefährdet wird. Die Quellen für afrik. E. sind im Kommunalismus und im ↗ Sozialismus, aber auch im ↗ Christen- und ↗ Judentum zu suchen. Seltener finden sich Bezüge zu Rousseau oder Fichte, die in Europa für egalitaristische Gesellschaftsideale stehen. Exemplarisch für E. sind die Konzeptionen von J.K. Nyerere über ↗ *Ujamaa* und K. Nkrumahs ↗ Consciencismus. Trotz häufigen Bezugs auf den Marxismus wird im E. die Gleichheit der Menschen nicht als hist. Produkt, sondern als dem Wesen der Afrikaner innewohnend betrachtet. Nyerere betont allerdings, dass Gleichheit nicht über Nacht eingeführt werden kann, nur weil sich afrik. Länder zur sozialistischen Option bekennen. In neuerer Zeit werden Elemente des afrik. E. auch in Zusammenhang mit der Kritik an weltweitem Liberalismus und Tendenzen der Globalisierung v.a. von moralischen Positionen aus verwendet.

🕮 J.K. Nyerere, Communitarian Socialism. In: Liberation 8 (1962). – K. Nkrumah, Consciencismus. Philosophie und Ideologie zur Entkolonialisierung und Entwicklung, mit bes. Berücks. der afrik. Revolution, Köln 1965. – A. Honneth (Hg.), Kommunitarismus. Eine Debatte über die moralischen Grundlagen moderner Gesellschaften, Frankfurt/M. 1993.

Gerd-Rüdiger Hoffmann

Ehe gilt auch in Afrika in erster Linie als Institution zur legitimen Fortpflanzung und Begründung einer ↗ Familie. Biolog. und soziale Elternschaft ist an die Existenz einer gesellsch. anerkannten Lebensgemeinschaft zwischen zwei Partnern gebunden. Diese müssen, wie im Fall der ↗ Gynägamie, nicht unbedingt versch. biolog. Geschlechts sein. Anders als im christl. geprägten Europa gelten E. in vielen afrik. Gesellschaften nicht als lebenslange, unauflösliche Bindungen, auch wenn ein solches Ideal durchaus existiert. Die E. wird eher als ein Prozess gesehen, der sich durch die Geburt von Kindern zu einem dauerhaften Zustand verfestigt, nicht als unmittelbares Ergebnis der Heirat (↗ Heiratsordnungen, ↗ Brautpreis).

Die erste E., meist das entscheidende Übergangsritual in den Erwachsenenstatus, ist häufig instabil, u.a. weil sie oft von den Eltern von Braut und Bräutigam arrangiert wird und der Altersunterschied zwischen den Ehepartnern erheblich sein kann. Um sich aus einer E. mit einem ungeliebten älteren Mann und dem schwierigen Zusammenleben mit seinen anderen ↗ Frauen (↗ Polygamie) zu befreien, wählen junge Frauen immer häufiger die Scheidung. E., die ohne die Zustimmung der Beteiligten zustande kommen (z.B. durch Kinderverlobung), werden durch die moderne Gesetzgebung zunehmend eingeschränkt. Wenngleich die E. aufgrund der veränderten ↗ Geschlechterbeziehungen heute einem Wandel unterliegt, ist sie doch nicht nur eine Verbindung zwischen zwei Individuen, sondern eine Angelegenheit, welche die Verwandtschaftsgruppen beider Partner betreffen (↗ Verwandtschaft).

E. in Afrika ist keine Partnerschaft im westeurop. Sinne, sondern gekennzeichnet durch die »Trennung« und Eigenständigkeit von Mann und Frau. Beide arbeiten in versch. Bereichen, und es wird auf getrennte Kassen geachtet, so dass der eine keinen Zugriff auf das Einkommen des anderen hat, dessen Höhe nicht kennt und im Bedarfsfall nur schwerlich Ansprüche auf Unterstützung durchsetzen kann. Die Sachlichkeit, mit der viele E. in Afrika geschlossen und geführt werden, bedeutet aber nicht, dass Liebe nicht existiert. Emotionale Nähe sucht man nicht unbedingt beim Ehepartner, sondern auch bei den Eltern, Geschwistern, Kindern oder bei gleichgeschlechtlichen Freunden.

🕮 C. Oppong (Hg.), Female and Male in West Africa. London 1983.

Katja Werthmann

Eherecht ↗ islamisches Ehe- unf Familienrecht, ↗ Familien- und Erbrecht, ↗ Recht

Eigentum bezeichnet das Recht, über eine Sache wie z.B. Grund und Boden, Tiere sowie sonstige bewegliche Güter nach Belieben zu verfügen, soweit nicht Gesetze oder Rechte Dritter dem entgegenstehen. Während das islam. Recht in Nordafrika das individuelle, relativ uneingeschränkte E. (= *milk*) kennt, dem das staatl. oder kollektive Eigentum diametral gegenübersteht, ist im subsahar. Afrika der Eigentumsbegriff überaus vielschichtig. Hier wird E. individuell oder der Gruppe (Gemein-E. auf Ebenen wie ↗ Dorf, ↗ Klan oder Lineage; E. einer ↗ Altersklasse, einer sozialen Gruppe etc.) zugeordnet und seine Nutzung und Verfügbarkeit erheblich eingeschränkt.

Bestimmte Dinge gehören ausschließlich Männern, andere nur ↗ Frauen, oder sie können wie z.B. Ackerland oft ausschließlich von Autochthonen, nicht aber von Zuwanderern erworben werden. Bei den Pygmäen sind z.B. Waffen und Arbeitsgeräte meist individuelles E., wohingegen das Jagdgebiet Gemein-E. (eines Klans) ist. Nomaden (↗ Nomadismus) reklamieren ebenfalls häufig kollektive Eigentumsrechte für bestimmte Territorien, die ausschließlich von einer Gruppe oder einer genau definierten Anzahl versch. Gruppen genutzt werden dürfen. Auch Weide-E. kann abgestuft sein, indem (Teil-)Eigentümer bestimmte Flächen z.B. nur sukzessive beweiden dürfen. Vom E. zu unterscheiden sind Nutzungsrechte, die Nomaden z.B. in der Darfur-Provinz (Sudan) auf dem Gebiet ↗ Ackerbau betreibender Gemeinden in der Form zeitlich limitierter Weiderechte oder von Durchzugskorridoren eingeräumt werden.

Häufig steht traditionelles Gewohnheitsrecht dem »modernen« staatl. ↗ Recht gegenüber. Im Forstrecht z.B. geht der Trend dahin, traditionelle Nutzungsrechte wieder anzuerkennen. Zu Spannungen kommt es dagegen, wenn wie in Sambia der Staat die traditionellen Landeigentumsrechte (↗ Bodenrecht) nicht mehr anerkennt und Landflächen als sog. Staatseigentum an Dritte verkauft.

Einzelne Kategorien von E. wie z.B. Boden können mancherorts durchaus individuell durch Erbschaft, Schenkung oder für ein Entgelt erworben, aber nicht außerhalb der ↗ Verwandtschaft weitergegeben werden (↗ Familien- und Erbrecht). Die Nutzung des E. kann saisonal oder auf bestimmte Teile beschränkt bleiben, z.B. können Früchte am Baum nur dem Eigentümer, Blätter und herabfallende Äste und sekundäre Erzeugnisse des Baumhains aber jedem zugänglich sein.

Innerhalb vieler Rechtssysteme verpflichtet E., soweit es sich nicht um den persönlichen Hausrat, die Kleidung oder den Schmuck eines Individuums handelt. So ist ggf. das nicht selbst genutzte Land eines Dorfes, eines Klans oder sogar eines Individuums leihweise für eine Saison Dritten zu überlassen. Im islam. Nordafrika muss Wasser aus einem privaten Brunnen kostenlos zum Durstlöschen zur Verfügung gestellt werden, oder ein Eigentümer hat zu dulden, dass Dritte einen Kanal über sein Land legen, wenn sie keinen unmittelbaren Zugang zu einem Gewässer haben.

🕮 J. Raintree (Hg.), Land, Trees and Tenure, Nairobi/Madison 1987.

Frank Bliss

Einparteisystem. Im Gefolge der Unabh. zahlreicher Staaten in den Jahren ab 1960 setzte sich das E. als das am weitesten verbreitete pol. System in Afrika durch. In einem E. bestimmt nur eine einzige pol. Partei die Politik eines Landes. In den Ländern, in denen eine nationalistische Bewegung den Kampf gegen die Kolonialherrschaft angeführt und mit breiter Unterstützung der Bev. die Regierungsverantwortung übernommen hatte, schien keine Notwendigkeit für mehrere miteinander konkurrierende ↗ Parteien zu bestehen. Weitere Argumente, die das E. als das für afrik. Verhältnisse am besten geeignete System rechtfertigten, waren die Vorrangigkeit der sozioökonom. Entwicklung, die Bewahrung der nat. Einheit im Rahmen der ↗ Nationenbildung und der Bezug auf die afrik. Tradition. – In der Realität waren E. durch zunehmend autokratische Merkmale gekennzeichnet. Zwar wurden in einigen E. auch Parlamentswahlen zwischen zwei oder mehr von der Einheitspartei aufgestellten Kandidaten abgehalten, doch kann diesen Wahlen in vergleichender Betrachtung nur semikompetitiver Charakter zugesprochen werden. Zudem erfüllte die Einheitspartei das Erfordernis, die gesamte Nation zu repräsentieren, in Wirklichkeit nicht, so dass sie die Herrschaft im Namen der ganzen Nation, aber im Interesse partikularer Gruppen ausübte. Autokratische Herrschaft gepaart mit schwach ausgebildeten Kontrollmechanismen stärkte den ↗ Neopatrimonialismus. Während E. häufig der Selbstprivilegierung kleiner Machteliten dienten, blieb die in Aussicht gestellte sozioökonom. Entwicklung der breiten Bev. i.d.R. aus. – Seit 1989/90 sind fast alle E. in Afrika durch Mehrparteiensysteme abgelöst worden. Trotz Mehrparteienverfassungen haben indessen manche Länder aufgrund der Dominanz einzelner Parteien auch weiterhin den Charakter faktischer (*de facto*) E. ↗ Autoritäre Regime, ↗ Demokratie, ↗ Nachkolonialer Staat, ↗ Nationalismus.

Peter Meyns

Eisen/Eisenerz ↗ Bergbau, ↗ Ghana (Reich), ↗ Nok-Kultur, ↗ Ostafrika; Südafrika, Völker, Kulturen und Staaten, ↗ Schmiede

Eisenbahn ↗ Technikgeschichte, ↗ Transportsysteme

Elfenbeinhandel ↗ Naturschutz, ↗ Wildtierbewirtschaftung, ↗ World Wide Fund of Nature

Elfenbeinküste ↗ Côte d'Ivoire

Eliten bestehen aus den Inhabern höchster Führungspositionen einer Gesellschaft, die insges. eine soziokulturelle, pol. und wirtsch. gestaltende Minderheit bilden (↗ Sozialstruktur). Hist. kann man in Afrika traditionelle E., Übergangs-E. und modernisierende E. unterscheiden, obwohl die Übergänge fließend sind. Gemeinsamkeiten werden durch die zunehmende Verschmelzung von Wirtschafts- und pol. E. gestützt. Reiche Kaufleute oder Rechtsanwälte werden *chiefs*, Politiker übernehmen die Leitung von Staatsunternehmen. – In vorkolonialer Zeit bestimmten traditionelle E. die afrik. Gesellschaften (↗ traditionelle pol. Herrscher). Sie gehörten zu privilegierten Familien, erbten ihre Position oder erhielten sie durch eine Mischung von Erbe und Wahl und waren oft zugleich die oberste relig. Autorität. In der Kolonialzeit (↗ Kolonialismus) wurden diese E. entmachtet, da Kolonialbeamte die höchsten Führungspositionen ausfüllten und die traditionellen *chiefs* entweder abgeschafft oder in das Kolonialsystem eingegliedert wurden, also der Fremdbestimmung durch die Kolonialverwaltung unterlagen. Probleme hatten die hierarchisch geordneten Kolonialregierungen v. a. mit ↗ segmentären Gesellschaften, die nur Ältestenräte kannten, aber keine ↗ Könige oder *chiefs* und die sich oft gegen die Oktroyierung von *chiefs* wehrten. In diesen Gesellschaften wurde eine »neotraditionelle« Häuptlings-E. erst durch die Kolonialherren eingeführt. In der Kolonialzeit entstand jedoch auch die Übergangselite. Sie wurde in den christl. ↗ Missionsschulen und staatl. Schulen (↗ Bildungswesen) ausgebildet, übernahm die europ. Bildungsvorstellungen und bediente sich der kolonialen Amtssprache (engl., frz., portug. etc.)

Das Herkunftsprinzip, das die Auslese der traditionellen E. bestimmte, wurde teilweise durch das Leistungsprinzip abgelöst. Die Absolventen der Missionsschulen und der europ. oder afrik. Universitäten nahmen in der Kolonialzeit die mittleren Ränge in der ↗ öffentl. Verwaltung, in den Kirchen, im Bildungs- und Gesundheitswesen und in der Wirtschaft ein. Allmählich wurden aber auch traditionelle Positionen von westl. gebildeten Afrikanern übernommen. Nach dem Zweiten Weltkrieg erkämpften sie mit Unterstützung der Bauern und Arbeiter die Unabh. ihrer Staaten von der Kolonialherrschaft. Bis zu diesem Zeitpunkt waren sie Konsensus-E., da sie sich gemeinsam gegen die Kolonialherrschaft wandten. Nach dem Erreichen der Unabh. ließ der Konsensus nach, und eine Differenzierung der Machtelite in Politiker, Bürokraten, Technokraten und Wirtschaftsführer (Unternehmer oder Leiter staatl. Betriebe) setzte ein. Außerdem entstanden Gegensätze zwischen der nat. Elite der Hauptstadt und den regionalen E., die teilweise noch traditionell gegründet waren, auf dem Lande und in kleineren Städten. Die regionalen E. stützen sich auf bestimmte Ethnien (herkömmliche oder neu geschaffene) und stehen beim Kampf um Ressourcen des Landes oft im Gegensatz zu den nat. E. Das kann zur Sezession führen (Biafra) oder zum Bürgerkrieg (Sudan, Äthiopien, Kongo, Ruanda; ↗ Kriege/Bürgerkriege).

Eine weitere Differenzierung der E. erfolgt durch ihre versch. Funktionen (Funktions-E.). Man kann die pol. Machtelite von der relig. (Kirchenführer), der milit. (Offiziere) und der wiss.-kulturellen E. (Lehrer, Professoren, Studierende, Schriftsteller, Journalisten) unterscheiden, zu der die schon erwähnte wirtsch. E. kommt. Die modernisierende E., die die Übergangs-E. ablöst, unterscheidet sich von dieser auch in ihrem Verhalten zum Geld. Wohlstand ist das Ziel aller E., aber sie gehen damit unterschiedlich um. Die traditionellen und die Übergangs-E. fühlen sich verpflichtet, von ihrem Reichtum an die Mitglieder der Großfamilie und auch an ihre Anhänger und Mitglieder ihres Klans (↗ Klan und Lineage) und ihres Herkunftsortes abzugeben (↗ Neopatrimonialismus). Die modernisierenden E. versuchen, sich diesen Verpflichtungen mehr und mehr zu entziehen, was Konflikte mit den Nicht-E. verstärkt. Teils findet eine Abwanderung statt nach Europa und Nordamerika (↗ Brain Drain, ↗ Forschung und Entwicklung).

Konnten die Übergangs-E. noch durch ↗ Einparteisysteme oder Militärherrschaft (↗ Militärregime) ihre Macht mit oder ohne Gewalt verteidigen, beschränkt die beginnende Demokratisierung (↗ Demokratie) zunehmend ihre Alleinherrschaft. Wichtiger als die Gründung neuer ↗ Parteien ist für die Demokratisierung die Entstehung der ↗ Zivilgesellschaft, d.h. auch von einer Gegenelite. Geistliche, Journalisten, Schriftsteller, Rechtsanwälte und Studierende waren schon immer in Afrika die Kritiker der diktatorischen Systeme und wurden verfolgt, verhaftet, ins Exil geschickt oder ermordet. Ein früher Kritiker der pol. und bürokratischen E. in den unabh. gewordenen Staaten Afrikas war der in Algerien tätige Psychiater Frantz Fanon, der sie als unproduktiv und ausbeuterisch beschrieb. Setzen sich die von der Gegenelite und von großen Teilen der Mittelschicht geforderten ↗ Menschenrechte durch, insbes. Religions- und Pressefreiheit, unabh. Gerichtsbarkeit, allg. und geheime Wahlen und die Unverletzlichkeit der Person, muss die modernisierende E. Beschränkungen ihrer Macht hinnehmen. Hinzu kommt, dass die zunehmende Globalisierung der Weltwirtschaft die Abhängigkeit der afrik. E. von Entscheidungen internat. Organisationen (Weltbank, IWF) und Unternehmen verstärkt. Die pol. und wirtsch. E. stehen vor der Alternative, sich gegen für das Land oft nachteilige Entscheidungen der internat. Akteure zu wehren oder diese gegenüber den Nicht-E. ihres Landes zu vertreten. Beides führt zu Konflikten.

In neuerer Zeit ist, veranlasst durch die wiss.-kulturelle E., eine stärkere Hinwendung der pol. Macht-E. zu in der Kolonialzeit verschütteten afrik. Traditionen zu beobachten. So hat es trotz aller Widerstände durch ↗ Christentum und ↗ Islam immer Verbindungen zwischen Mitgliedern afrik. E. und ↗ Hexerei und ↗ Magie gegeben, vergleichbar mit der Neigung mancher europ. Elitenmitglieder zu Astrologen und anderen Zukunftsdeutern. Die Hinwendung zur Wiederaufnahme afrik. Traditionen ist also ambivalent. Sie enthält emanzipative und regressive Elemente. Das hat auch Konsequenzen für die ↗ Frauen, die viel später als die Männer die Möglichkeit erhielten, Schulen und Hochschulen zu besuchen und führende Positionen einzunehmen (↗ Geschlechterbeziehungen). Der Kampf gut ausgebildeter Afrikanerinnen gegen willkürliche relig., pol., wirtsch. und rechtl. Beschränkungen ist ein wichtiger Faktor bei der sich nur langsam entwickelnden Demokratisierung afrik. Gesellschaften, die nur dann zu stabilen Systemen führt, wenn die zerstrittenen E. einen neuen Grundkonsens finden.

📖 T.D. Bakary, Les elites africaines au pouvoir, Paris 1990. – A. Cohen, The Politics of Elite Culture, Berkeley 1981. – P. Geschiere, The Modernity of Witchcraft. Politics and the Occult in Postcolonial Africa, Charlottesville 1997. – G. Grohs, Stufen afrik. Emanzipation. Studie zum Selbstverständnis westafrik. E., Stuttgart 1967. – C. Lentz, Home, Death and Leadership. Discourses of an Educated Elite from North-Western Ghana. In: Social Anthropology (2) 1994.

Gerhard Grohs

Endogamie ↗ Verwandtschaft

Energien, erneuerbare. *I. Begriff*. Sammelbezeichnung für Energiearten, die sich ständig erneuern. Da sie als unerschöpflich gelten, werden sie weltweit als Hoffnungsträger für eine nachhaltige und umweltschonende ↗ Energiewirtschaft angesehen. Allerdings werden e. E. in Afrika nicht primär aus klima-, umwelt- und naturschutzpol. Gründen gefördert. Ihre Nutzung hat vielmehr zum Ziel, einem großen Teil der Bev. den Zugang zu Elektrizität und modernen Wärmequellen zu öffnen. Zu den e. E. Afrikas zählen Biomasse, Solarenergie, Wasserkraft und Windenergie. Die Kernenergie ist nahezu bedeutungslos. Nur Südafrika hat ein eigenes Kernkraftwerk. In Marokko und in Ägypten tragen atomare Elemente zur Energieerzeugung bei, obwohl beide Länder keine Atomkraftwerke besitzen.

II. Biomasse ist der Inbegriff der organischen Stoffe, die in lebenden Organismen gespeichert sind. Zur Erhaltung und zum Aufbau von Biomasse wird die Energie von der Sonne geliefert und von den Pflanzen durch Fotosynthese in chemische Energie umgewandelt. Durch die Verbrennung landwirtsch. Abfälle, zelluloseartiger Pflanzen, von Hausmüll und Holz (Holz- und Feuerungsanlagen) nutzt man Biogas. In vielen Ländern des subsahar. Afrikas dienen Ernterückstände von Baumwolle, Zuckerrohr, Palmkernen, Reis etc. der Wärme- und Stromerzeugung. In Afrika besteht noch Zurückhaltung gegenüber der Idee der Produktion biolog. Treibstoffe aus agrarischen Pflanzen. Die Biomasse hat den Vorteil, dass ihre Nutzung weder externes Wissen noch hohen Kapitalaufwand erfordert. Für die Energieversorgung insbes. in ländl. Regionen Äquatorialafrikas ist sie besser geeignet als in den Regionen des Sahel, des ↗ Maghreb und des südl. Afrika mit Vegetationsproblemen. Nicht zu raten ist der Anbau nachwachsender Pflanzen, da er nicht nur zu einer ↗ Monokultur, sondern auch zu einer Flächenkonkurrenz zwischen Energiepflanzen und Nahrungsmitteln führen kann.

III. Sonnenenergie bezeichnet die Energie der Sonne. Sie wird entweder direkt durch fotoelektrische Zellen oder indirekt durch Dampferzeugung in elektr. Energie umgewandelt. Man unterscheidet drei Strahlungsarten der Sonne auf der Erdoberfläche: eine direkte, eine diffuse und eine globale Strahlung. Bei direkter Strahlung gelangt die Sonne auf die Erde ohne Streuung durch die Atmosphäre. Sie ist in den Wüstenregionen der ↗ Sahara und ↗ Kalahari bes. hoch, wo im Jahr mehr als 3.600 Sonnenstunden gemessen werden. Die diffuse Strahlung ergibt sich aus einer mehrfachen Streuung und Reflexion in der Atmosphäre und wird deshalb mittels Flachkollektoren genutzt. Die globale Strahlung resultiert aus der Mischung von direkter, diffuser und der vom Boden reflektierten Strahlung. Bislang wird die Solarenergie in Afrika durch Fotovoltaikanlagen, Solarkocher und mittels Sonnenkollektoren genutzt, die allerdings nur kurzfristig zur Deckung des Energiebedarfs beitragen können. Von Nachteil ist der geringe Wirkungsgrad sowie die kurze Lebensdauer insbes. von solaren Modulen und Zellen. Trotzdem müssen die afrik. Länder gerade bei den neuen Energietechnologien die Rolle des Dauerimporteurs überwinden. Denn in der Solarbranche könnte Afrika eine Schlüsselfunktion übernehmen, wenn kreative Afrikaner ermutigt würden, sich für die solare Technik zu engagieren.

IV. Wasserkraft bezeichnet die Energie aus strömendem und aufgestautem Wasser. Sie findet sich in der Natur als potentielle Lageenergie in stillen oder stehenden ↗ Gewässern und als Bewegungsenergie in fließenden Gewässern, im Tidenhub der Gezeiten und in Meeresströmungen. Da dieser Kreislauf von der Sonne so gehalten wird, dass die Gewässer ständig und erneut dem Meer zufließen, erweist sich die Wasserkraft als eine indirekte Nutzungsform der Sonnenenergie und wird deshalb den e. E. zugeordnet. Länder mit ausreichender, ja sogar überschüssiger Wasserkraftproduktion sind u. a. die Demokrat. Rep. Kongo (Inga), Kamerun (Edea und Song Loulou) und Mosambik (Cabora Basa). Aus Mangel an Kapital und wegen meist unzureichender Infrastruktur bleiben viele Reserven ungenutzt. Nicht zuletzt sind Entfernungen zwischen Wasserfällen und Zielorten (Industriegebieten oder Großstädten) oft sehr weit, was den Verzicht auf Wasserkraftprojekte zur Folge hat.

V. Windenergie bezeichnet die durch Zufuhr von Strahlungsenergie der Sonne erzeugten Druckunterschiede in der Atmosphäre, die zu einer Luftbewegung relativ zur Erdoberfläche führen. Sie wird durch Windräder oder Windkraftanlagen genutzt. In Afrika werden seit einigen Jahren insbes. in küstennahen Regionen Projekte mit hoher Windgeschwindigkeit erprobt. Für die bereits installierte Kapazität fehlen zuverlässige Angaben. Diese Energietechnologie hat erhebliche Umsetzungsprobleme, was ihre marginale Bedeutung erklärt.

VI. Perspektiven. Ungeachtet aller Bemühungen ist Afrika noch davon weit entfernt, einen Durchbruch mit e. E. zu erzielen. Nicht zuletzt sind hohe Kosten dafür maßgebend, auch die technologische Abhängigkeit von den Industrieländern hindert die afrik. Staaten daran, ihr Potential an regenerativen Energien hinreichend auszunutzen. Windräder, Fotovoltaikanlagen und sonstige Solarmodule kommen aus dem Ausland. Schließlich sollte der Wettbewerb in den einzelnen afrik. Ländern stimuliert werden. Denn eine inländ. Produktion, die den Ansprüchen des Marktes gerecht wird, kann nicht nur zu drastischen Preissenkungen führen, sondern auch die Exportunternehmen zu Direktinvestitionen ermuntern. Auch innerhalb Afrikas müssen Verbundorganisationen geschaffen werden, um die Interessen der einzelnen Länder besser zu koordinieren und zu vertreten. Auf internat. Ebene empfiehlt es sich, eine Art der Partnerschaft mit den Industrienationen zu fördern, die darauf zielt, die Zusammenarbeit zwischen den lokalen afrik. Energieunternehmen und Firmen in Europa, Japan und Nordamerika zu fördern. So könnte verhindert werden, dass Afrika ein Dauerimporteur für Produkte von e. E. bleibt.

🕮 J. Muiruri/E. Naumann (Hg.), Recent Experiences in Research, Development & Dissimenation of Renewable Energy Technologies in Sub-Saharan Africa, Nairobi 1993. – D. Hall/Y. S. Mao (Hg.), Biomass Energy and Coal in Africa, London, New Jersey 1994. – J. E. Mabe, Sonnenergie in Afrika – Von der Meerwasserentsalzung bis zur Begrünung des Sahel. In: H. G. Brauch (Hg.), Energiepolitik, techn. Entwicklung, pol. Strategien, Handlungskonzepte zu erneuerbaren Energien und rationeller Energienutzung, Berlin 1996, S. 507–518.

Jacob E. Mabe

Energiewirtschaft. *I. Allgemeines.* E. bezeichnet das Wirtschaftsgebiet, welches sich mit der Erzeugung, Umwandlung und dem Vertrieb von Energieträgern beschäftigt. Ziel ist die Sicherstellung eines Gleichgewichts zwischen der Nachfrage nach Endenergien (Wärme, Kraft, Licht) und dem Angebot an Primär- und Sekundärenergien (Erdöl, Erdgas, Elektrizität, Kohle etc.). Bis 1960 spielte die E. in Afrika lediglich eine marginale Rolle, da über 90% der Afrikaner in ländl. Regionen lebten und kaum kommerzielle Energien benötigten. Als einzige Wärmequelle stand lediglich das Brennholz zur Verfügung, das insbes. zum Kochen, Trocknen landwirtsch. Erzeugnisse, zur Töpferei etc. genutzt wurde. Zu den wichtigsten Bereichen der gegenwärtigen E. in Afrika gehören die Mineralöl- und die Elektrizitätswirtschaft. Den erneuerbaren ↗ Energien kommt angesichts ihrer Nachhaltigkeit und Umweltverträglichkeit immer mehr Bedeutung für die afrik. Energieversorgung zu.

II. Historische Entwicklung. Bereits im 19. Jh. wurde Kohle aus Afrika exportiert, um v. a. die brit. Industrie mit Energie zu versorgen. Die erste mechanische Energierevolution fand in Afrika mit dem Bau von Eisenbahnlinien gegen Ende des 19. Jh. statt. Nach der Errichtung kleiner thermischer und hydraulischer Zentren ab 1930 in Marokko, um frühe Industrieanlagen und städt. Siedlungen mit Strom zu versorgen, begann die Elektrifizierung der städt. Zentren insbes. in subsahar. Ländern erst nach 1950. Die ab 1960 einsetzende ↗ Industrialisierung und die mit ihr einhergehende ↗ Urbanisierung haben eine rasche und stetige Nachfrage ausgelöst. Zwischen 1960 und 1998 hatten die afrik. Länder eine durchschnittl. Verbrauchssteigerung von jährl. 5%. In dieser Zeit wurden insbes. in Ghana, Kamerun, Demokrat. Rep. Kongo, Mosambik, Nigeria und Senegal/Mali Wasserkraftwerke gebaut, und auch die Erdölproduktion und Verarbeitung hatte sich durch die Errichtung neuer Raffinerien in versch. Staaten drastisch erhöht.

III. Die Mineralölwirtschaft (↗ Bergbau). Mineralöl und Erdgas sind nicht nur wesentliche Teile der nat. Volkswirtschaften einiger afrik. Staaten, sondern auch aufgrund der mit ihrer Nutzung verbundenen Konflikte Objekte internat. Beziehungen. Kennzeichnend für den afrik. Mineralölmarkt ist die dominante Präsenz von amerik. und europ. Konzernen. Die afrik. Länder haben lediglich einen geringen Marktanteil. Selbst die größten Zulieferbetriebe und Tankstellen, die lokale Arbeitsplätze schaffen und die Versorgung mit Benzin, Diesel, Gas, Heizöl und Kerosin sicherstellen, liegen überwiegend in ausl. Hand. Bislang konnte kaum ein einziges (nat.) Erdölunternehmen entstehen. Doch hat sich die Zahl der afrik. Erdölproduzenten in den letzten beiden Jahrzehnten erhöht. Zu ihnen gehören Ägypten, Algerien, Angola, Äquatorialguinea, Elfenbeinküste, Gabun, Kamerun, Rep. Kongo, Libyen, Madagaskar, Senegal, Sudan, Tunesien und Tschad.

IV. Elektrizitätswirtschaft. Als primäre Energie wird Elektrizität in Wasserkraftwerken, Fotovoltaikanlagen und Windkraftwerken produziert. Als sekundäre Energie erfolgt ihre Erzeugung hingegen in thermischen Zentralen durch Kohle, Heizöl und Naturgas. Derzeit sind etwa 70% der in Afrika produzierten Elektrizität hydraulischer, solarer oder eolischer (Wind) Herkunft. Große

Abnehmer der Elektrizität sind Industrien, öffentl. Einrichtungen und private Haushalte, wobei seit 1960 eine rasante Zunahme des Stromverbrauchs stattgefunden hat. Trotz aller Anstrengungen weisen viele Länder aber noch unzureichende Verteilungs- und Verbundnetze auf. Internat. Finanzberater drängen auf die Privatisierung der Elektrizitätswirtschaft. Die Regierungen hingegen weisen darauf hin, dass sich die Mehrheit ihrer Bevölkerung wegen fehlender oder niedriger Kaufkraft den kommerziellen Strom nicht leisten kann und die Privatisierung daher ihr Ziel verfehlen könnte.

V. Energieprobleme. Das Hauptproblem der afrik. E. liegt in der ungleichen Verteilung der Ressourcen auf die versch. Regionen. Auch innerhalb einer Region sind die Abweichungen von Land zu Land sehr groß. Ein weiteres Problem betrifft die unzureichende Energieversorgung in den jeweiligen Staaten. Hinzu kommt die nahezu unüberbrückbare Kluft zwischen der fast stagnierenden Energieerzeugung und der stetigen Verbrauchsentwicklung. Schließlich ist auf die Importabhängigkeit vieler Länder von Mineralölprodukten zu verweisen. Bes. betroffen sind die Länder der Sahelzone, die kaum über eigene Ressourcen verfügen. Allg. sind Ölimporte mit negativen Folgen für die Leistungsbilanz verbunden und verursachen zudem eine hohe Auslandsverschuldung (↗ Verschuldung). Die meisten erdölreichen Länder wie etwa Gabun und Angola sind wiederum vom Export abhängig. Sie brauchen Devisen, um Entwicklungsprojekte zu finanzieren sowie Lebensmittel, Medikamente und Kfz zu importieren. In manchen Ländern werden Einnahmen aus dem Ölexport für Waffenkäufe zu Kriegszwecken (gegen die eigene Bev.) verausgabt wie z. B. in Angola. Ein weiteres Phänomen betrifft abgelegene Länder wie Tschad, die zwar Ölvorkommen aufweisen, doch aufgrund ihrer Entfernung vom Meer auf die Häfen ihrer Nachbarn angewiesen sind. So plant Tschad den Bau einer 1.000 km langen Pipeline von Doba bis zum Kameruner Hafen in Kribi. Das Vorhaben wird jedoch aufgrund der Erfahrungen in Nigeria von Umweltschützern kritisiert. Da insbes. bei Öl sich die Vorräte schwer quantifizieren lassen, wird i.d.R. unterstellt, dass der Verbrauch größer ist als die Entdeckung neuer Lagerstätten. Damit hängen die Ölpreise nicht unmittelbar von der Nachfrage- und Angebotsentwicklung ab, sondern vom bereits entdeckten Vorrat, wobei man davon ausgeht, dass der Ölverbrauch in Afrika schneller ansteigt, als die Vorräte reichen.

Ungeachtet der wirtsch. Rezession insbes. seit der zweiten Ölkrise 1979/80 haben sich die Energiepreise in Afrika entweder stabilisiert oder sogar erhöht, während im gleichen Zeitraum die Kaufkraft der Bev. drastisch gesunken ist. Infolgedessen verzeichnen die subsahar. Länder (außer Südafrika) im internat. Vergleich im Durchschnitt den niedrigsten kommerziellen Energieverbrauch pro Kopf (ca. 25 kg Öleinheiten/Jahr). Kennzeichnend für die afrik. E. ist die dominierende Rolle des Staates, der alle Aktivitäten maßgeblich beeinflusst. Es gibt kaum ein Land mit einem freien Energiemarkt. Fast alle Energieversorgungsunternehmen (EVU) gehören dem Staat oder verdanken ihre Existenz einer hohen staatl. Beteiligung. Auch in Ländern mit relativ liberalen Märkten, wie Algerien, Elfenbeinküste, Ghana, Kamerun, Kenia, Marokko, Senegal oder Simbabwe, werden immer wieder Gesetze erlassen, die die nat. EVU vor ausl. Konkurrenz schützen. Paradox dabei ist, dass sich diese Länder eine stärkere Präsenz ausl. Investoren wünschen, diese sich jedoch durch nat. Regulierungsmaßnahmen v.a. im Bereich der Preise abgeschreckt fühlen.

VI. Perspektiven. Die Zukunft der afrik. E. wird davon abhängen, ob die notwendigen Kapitalressourcen für eine technologische Erneuerung im Energiesektor und für den Einsatz von Energiespartechnologien in den Energie nachfragenden Wirtschaftssektoren mobilisiert werden können. Insbes. geht es darum, den Verbrauch von fossilen Energieträgern drastisch zu senken. Letztere können allerdings nur durch regenerative Energien substituiert werden, deren Einsatz technologisch und logistisch komplex ist und zudem fremdes Know-How erfordert. Von daher ist eine energiepol. Wende nicht nur vom pol. Willen und von Kapitalressourcen abhängig, sondern auch eine Wissensfrage.

Von künftiger Bedeutung ist die Verankerung der Energiepolitik im Rahmen einer zukunftsweisenden Wirtschaftsplanung und Wirtschaftsreform, da die Programme der ↗ Strukturanpassung und die Energiesektorplanungen in den Ländern nicht miteinander verzahnt sind. Die öffentl. und privaten Investitionen in den Energiesektor müssen besser bewertet und effektiver eingesetzt werden. Durch eine angepasste Preispolitik wären für die Energieträger auch entsprechende Rückflüsse zu den EVU möglich, gleichzeitig aber die Endnutzer zum Energiesparen angehalten. Zur Reduzierung der technologischen Abhängigkeit im Energiesekor sind die angewandte Forschung und die Ausbildung zu verstärken. Von Bedeutung ist aber auch die regionale Zusammenarbeit der Länder, da durch gemeinsame Investitionen, Forschung und Ausbildung und durch gemeinsame Markterschließung Kosten erheblich reduziert werden können. Für die energienachfragenden Sektoren (Haushalte, Industrie, Verkehr, Bewässerung, ↗ Landwirtschaft) sind Energiewirtschaftspläne und insbes. -einsparpläne zu erarbeiten und energiepol. durchzusetzen. Diese Pläne sollten aber auch auf lokaler Ebene in den Städten und in den ländl. Gebieten mit den Betroffenen und ↗ NGOs abgestimmt werden. Auf dieser Grundlage kann der Energiesektor auch zur internat. Wettbewerbsfähigkeit der Länder beitragen. Die stärkere Ausrichtung der ↗ Entwicklungszusammenarbeit auf Projekte zur Energieeinsparung und zur Verbreitung regenerativer Energietechnologie ist möglich, wenn die fatale Übereinstimmung von ausl. Wirtschaftsinteressen der Geberländer und Interessen der Planungs- und Finanzministerien der afrik. Länder, Großprojekte der E. zu finanzieren, durchbrochen werden kann.

🕮 J. E. Mabe, Bevölkerungswachstum, technologische Entwicklung und Energiebedarfsdeckung in Afrika. Fallstudien am Beispiel der Republik Kamerun, Frankfurt/M. 1993. – J. Girod (Hg.), L'énergie en Afrique, la situation énergétique de 34 pays de l'Afrique subsahar. et du Nord, Paris 1994. – K. Wohlmuth, Wirtschaftspol. Rahmenbedingungen der Förderung von kleinen und dezentralen Energieprojekten. Am Beispiel afrik. Länder südl. der Sahara. In: H. G. Brauch (Hg.), Energiepolitik, Berlin 1996, S. 519–536.

Jacob E. Mabe/Karl Wohlmuth

Englischsprachige Literaturen ↗ anglophone Literaturen

Entkolonialisierung, auch Dekolonisation. *I. Definition.* Unter E. versteht man (1) den welthist. Prozess, in dem die Kolonien nach 1945 ihre pol. Unabh. erlangten, und (2) im weiteren Sinne die Beseitigung aller Formen von Abhängigkeit ehem. Kolonien und ihrer Bev.

II. Entkolonialisierung als welthistorischer Prozess. Mit Ausnahme von Äthiopien und Liberia, die nie Kolonien waren, von Südafrika, das 1910, und Ägypten, das 1922 seine Unabh. erlangte, setzte die E. als welthist. Prozess nach dem Zweiten Weltkrieg ein. In West- und Zentralafrika führte sie bis 1960, in Ostafrika bis 1964 zur pol. Unabh. der meisten afrik. Staaten. Weite Teile des südl. Afrika und die portug. Kolonien blieben allerdings bis in die 1970er Jahre Kolonien. Die E. war Ergebnis weltpol. veränderter Kräfteverhältnisse sowie der Unabhängigkeitsbewegungen in den Kolonien selbst. Der Zweite Weltkrieg hatte die Schwäche der beiden wichtigsten Kolonialmächte Großbritannien und Frankreich offengelegt. Die neuen Supermächte USA und Sowjetunion besaßen keine Kolonien in Afrika, suchten ihren Einfluss dort zu vergrößern und unterstützten Bestrebungen nach Unabh. auch diplomatisch (UN); in der Suezkrise 1956 (↗ Suezkanal) schließlich waren die USA nicht mehr zur Unterstützung einer direkten Intervention der alten Kolonialmächte bereit.

Großbritannien hatte bereits seit den späten 1930er Jahren seine Kolonialherrschaft (*colonial development and welfare*) modernisiert, allerdings ohne damit konkrete zeitliche Vorstellungen über eine pol. Unabh. der Kolonien zu verbinden. Der Zweite Weltkrieg, im Namen von Freiheit und Demokratie gegen Deutschland geführt, stellte die Legitimation brit. und frz. Kolonialherrschaft grundsätzlich infrage. Nach 1945 begannen beide Kolonialmächte Reformen, die zu einer wachsenden afrik. Repräsentation in pol. Gremien führte. Inspiriert u. a. durch die Unabh. Indiens 1947, gewann der afrik. ↗ Nationalismus an Stärke, meist in Form friedlichen Protests. Einzelne Unruhen und Aufstände (Algerien 1945, Madagaskar 1947, Ghana 1948) gefährdeten die Kolonialherrschaft zwar nicht in ihrer Substanz, erhöhten jedoch die Kosten ihrer Aufrechterhaltung und machten den pol. Handlungsbedarf deutlich.

Zunächst ging die E. mit einem allg. wirtsch. Aufschwung, verstärkter kolonialer Durchdringung (»zweite koloniale Okkupation« durch vermehrtes europ. Personal und wachsende Investitionen in Exportproduktion) sowie einer Mobilisierung der kolonialen ökonom. Ressourcen (v. a. Devisenreserven) für den Wiederaufbau in Europa einher. In den 1950er Jahren begannen die Kolonien jedoch an ökonom. Bedeutung zu verlieren; die pol. Unabh. um 1960 fiel bereits mit einem Abflauen der Konjunktur für afrik. Exportprodukte zusammen.

Die nordafrik. Kolonien (außer Algerien) wurden im Zusammenhang mit der früher einsetzenden E. der arab. Welt bereits bis 1956 unabh. In den brit. Kolonien im subsahar. Afrika verlief die E. v. a. als Prozess der Erweiterung des Wahlrechts und der Kompetenzen afrik. geführter Regierungen sowie einer Verfassungsreform. Diesen Prozess kennzeichnete eine Mischung aus Verhandlungen und begrenzter Repression gegen nationalistische Führer; an seinem Ende stand das *responsible self-government* durch gewählte afrik. Politiker. Ghana unter Kwame Nkrumah spielte hier die Vorreiterrolle und wurde 1957 unabh.; in Nigeria verzögerten regionale Gegensätze die Unabh. bis 1960. Konfliktreicher verlief die E. in den brit. Kolonien in Ost- und im südl. Afrika, in denen es europ. Siedler (und asiat. Einwanderer, ↗ Inder) gab. In Kenia kam es erst nach Beendigung des ↗ Mau-Mau-Aufstands zu einer konstitutionellen Lösung; die europ. Farmen wurden schließlich von der neuen kenianischen ↗ Elite aufgekauft. Die 1953 gebildete Zentralafrik. Föderation wurde nach Protesten und der Ausrufung des Ausnahmezustands in Malawi (1959) wieder aufgelöst. Ihre Bestandteile Sambia und Malawi wurden 1964 unabh.; die weiße Minderheitsregierung in Südrhodesien erklärte 1965 einseitig die Unabh. von Großbritannien.

Unter internat. Druck aufgrund des ↗ Algerienkriegs (ab 1954) und der von der UPC (Union der Völker Kameruns) geführten Rebellion in Kamerun (ab 1956) erweiterte die frz. Kolonialmacht die Beteiligung afrik. Politiker (*loi cadre* 1955). Eine innenpol. Krise und die Machtübernahme de Gaulles 1958 eröffneten die Option für eine von Frankreich gewährte Semi-Unabh., aus der Guinea unter Sekou Touré ausscherte und noch im selben Jahr die Unabh. erlangte. Die übrigen frz. Kolonien in West- und Zentralafrika wurden 1960 unabh. Obwohl die frz. E. mit der außenpol. Reorientierung Frankreichs zur EU einherging, blieben die ehem. frz. Kolonien dem »Mutterland« enger verbunden als die brit., wie wirtsch. Verflechtungen (insbes. Franc-CFA-Zone) sowie pol. und milit. Interventionen Frankreichs belegen.

Belgien strebte mangels innenpol. Interesses und vergleichsweise geringen Profils afrik. nationalististischer Politik in seinen Kolonien während der 1950er Jahre keine E. an. Die unter dem Eindruck der Entwicklung in den brit. und frz. Kolonien innerhalb von nur 18 Monaten betriebene Unabh. des Kongo 1960 mündete in einen Bürgerkrieg.

Als von seinen Kolonialgebieten ökonom. abhängiger Agrarstaat widersetzte sich allein Portugal milit. dem Entkolonialisierungsprozess (Aufstand in Angola 1961). Die gegen die ↗ Rebellenbewegungen geführten Kolonialkriege trugen 1974 zur Beendigung der Diktatur in Portugal bei und führten zur Unabh. der restlichen portug. Kolonien bis 1975. Hierdurch wurde eine Verstärkung des bewaffneten Kampfs gegen die weiße Minderheitsregierung Südrhodesiens möglich, was 1980 zur Unabh. des Landes als Simbabwe führte.

Sonderfälle des Entkolonialisierungsprozesses waren: (1) Namibia, das als ehem. dt. Kolonie (ab 1971 völkerrechtl. illegal) von Südafrika verwaltet (↗ Mandatsgebiete) und nach Krieg sowie UN-kontrollierten Wahlen 1990 unabh. wurde; (2) die ehem. ital. Kolonie Eritrea, die 1992 nach 30-jährigem Unabhängigkeitskampf ihre »zweite Unabh.« von Äthiopien erreichte; sowie (3) Südafrika, das nach seiner Unabh. von Großbritannien 1910 nach Jahren der ↗ Apartheid erst 1994 eine Mehrheitsregierung erhielt und damit als entkolonialisiert gelten kann.

Die E. brachte die pol. Unabh. für die neuen afrik. Staaten, allerdings in zersplitterter Form; panafrik. Ideale (↗ Panafrikanismus) erwiesen sich aufgrund regionaler Disparitäten und Konkurrenz regionaler pol. Eliten als nicht realisierbar. Die große Zahl neuer Staaten führte zu Kräfteverschiebungen innerhalb der UN. Obwohl viele der neuen Staaten sich pol. an die eine oder andere Weltmacht anlehnten, gehörten doch fast alle der ↗ Blockfreienbewegung an, die eine Alternative zwischen den Machtblöcken des Ost-West-Konflikts suchte. Die verzögerte E. v. a. im lusophonen und im südl. Afrika führte zu langwierigen Kriegen, die durch die Regionalpolitik des Apartheidregimes in Südafrika unterstützt, in den Ost-West-Konflikt hineingezogen wurden. In Angola, Mosambik und Simbabwe resultierten daraus nach der Unabh. weitere bewaffnete Konflikte (↗ Kriege/Bürgerkriege).

III. Entkolonialisierung im weiteren Sinne. Die pol. Unabh. der afrik. Staaten bedeutet keine Beendigung ihrer wirtsch. ↗ Abhängigkeit von den Metropolen (↗ Neokolonialismus). Auch manche strukturellen Defizite des ↗ nachkolonialen Staats sind auf das ↗ koloniale Erbe zurückzuführen. Formen kultureller und sozialpsycholog. Abhängigkeit haben das Ende des Kolonialismus überdauert. Befreiung im umfassenden Sinne steht nach Ansicht mancher afrik. Intellektueller noch aus. In diesem Sinne bleibt E. ein bis heute unvollendetes Projekt. ↗ *African Personality*, ↗ afrikanische Ideologie, ↗ Conscienscismus, ↗ *Négritude*, ↗ Widerstand.

📖 J. D. Hargreaves, Decolonization in Africa, London/New York 1988. – D. Birmingham, The Decolonization of Africa, London 1995. – R. Tetzlaff (Hg.), Afrika zwischen Dekolonisation, Staatsversagen und Demokratisierung, Hamburg 1995.

Axel Harneit-Sievers

Entwaldung. Neben dem Rückgang der immer- und halbimmergrünen Regenwälder in den immerfeuchten Tropen (↗ Regenwald/Regenwaldzerstörung), greift die E. auch in den wechselfeuchten ↗ Savannen- und Trockenwaldgebieten immer schneller um sich. Ca. 40% der Savannenbestände im trop. Afrika sind stark degradiert. Die Ursachen liegen einmal in dem aufgrund von Bevölkerungswachstum (↗ Bevölkerung) und ↗ Urbanisierung steigenden Nutz- und Brennholzbedarf, zum anderen im agrarstrukturellen Wandel wie z. B. der massiven Ausweitung weltmarktorientierter Cash-Crop-Produktion (Baumwolle, Tabak) bereits seit dem ersten Drittel des 20. Jh. sowie dem steigenden Bedarf an Ackerland.

Von der E. bes. betroffen sind die von Miombowäldern bedeckten Länder SO-Afrikas (Malawi, Simbabwe, Tansania), wo zwischen 1990 und 1995 2,1 Mio. ha der Anlage von Tabakfeldern weichen mussten. Nach der Brandrodung wird zunächst Tabak angebaut, der stets neue, keimfreie Böden benötigt, dann Mais in zwei Anbauperioden. Nach einem dreijährigen Nutzungszyklus ist der Boden erschöpft, und neue Flächen müssen gerodet werden. In Ost- und SO-Afrika werden Entwaldungsprozesse aber auch durch die starke Zunahme des Wildtierbestandes, v.a. Elefanten, in den Nationalparks Kenias (Amboseli, Tsavo) und Simbabwes (Hwange) ausgelöst. Dies ist eine Folge der Zusammendrängung von Wildtierbeständen auf relativ begrenzte Schutzflächen (↗ Naturschutz, ↗ Wildtierbewirtschaftung), während es im Umkreis der Parks zu einer intensivierten agrarwirtsch. Nutzung durch eine ständig wachsende Bev. kommt (↗ Landwirtschaft).

In den Trocken- und Feuchtsavannen Westafrikas ist die E. dagegen eher selektiv als flächenhaft, so dass sog. landwirtsch. Parksavannen entstehen, wobei die für die Ernährungssicherung und Viehfutterbeschaffung wertvollen Baumarten, z. B. Schibutterbäume (*Acacia albida*), auf den Feldern bleiben. Beispiele für Wald erhaltende Strategien finden sich aber auch bei manchen Völkern in der Übergangszone vom Regenwald zur Feuchtsavanne, z. B. bei den Kissi (Guinea), wo aus kultischen Gründen ringförmige Waldgebiete um Siedlungen erhalten werden. Flächenhafte E. findet im Umkreis großer Städte (↗ Stadt) statt aufgrund des Bau- und Brennholzbedarfs; so muss z. B. Brennholz und Holzkohle zur Versorgung von Bamako (Mali) oder Niamey (Niger) bereits aus über 100 km Entfernung herangeschafft werden. Auch Grüngürtelanlagen wie z. B. im Umkreis von Wagadugu, der Hauptstadt von Burkina Faso, können die Brennholzkrise nicht beheben; sie verbessern eher das Lokalklima und verhindern Bodenerosion (↗ Erosionsschutz). Im nördl. Sahel, z. B. am N- und S-Rand des Nigerbinnendeltas in Mali, sind durch wiederholte Dürreperioden und damit verbundenes Absinken des Grundwasserspiegels ausgedehnte Gehölzbestände abgestorben. Das Totholz wird in den Städten Malis als Brennmaterial verkauft. ↗ Ökozonen.

🕮 FAO (Hg.), State of the World's Forest, Rom 1997 (www.fao.org). – H. Geist, Tropenwaldzerstörung durch Tabak. In: Geogr. Rundschau 50 (1998), S. 283–290. – J. Fairhead/M. Leach, Reframing Deforestation: Global Analysis and Local Realities. Studies in Westafrica, London 1998.

Thomas Krings

Entwicklungsdiktatur ↗ Autoritäre Regime, ↗ Zivilgesellschaft

Entwicklungshilfe ↗ Entwicklungszusammenarbeit, ↗ kirchliche Entwicklungsarbeit

Entwicklungszusammenarbeit (EZ). Oberbegriff für alle Maßnahmen und Aktivitäten, die von unterschiedlichen Akteuren und Trägern mit dem Ziel einer Verbesserung der wirtsch. und sozialen Lebenssituation in den Entwicklungsländern (EL) durchgeführt werden; auch synonym gebraucht mit Entwicklungshilfe (EH), was auf Dt. wegen abwertender Konnotation häufig vermieden, auf Engl. (*aid*) aber verwandt wird. Die EZ im engeren Sinne ist abzugrenzen von dem weiter gefassten Begriff der internat. Entwicklungspolitik (EP), der alle Bereiche der Nord-Süd-Beziehungen zwischen Industrieländern (IL) und EL einschließt (wie z. B. Fragen der Finanz-, Handels-, Rohstoff- und Umweltpolitik). Nach der vom DAC (*Development Assistance Committee*) der OECD festgelegten Definition umfasst die als EZ anerkannte ODA (*Official Development Assistance*) alle Leistungen, die aus öffentl. Haushalten der Geberländer stammen, zur Verbesserung der Lebensbedingungen in den Empfängerländern bestimmt sind und mindestens ein sog. Zuschusselement von 25% (im Vergleich zu marktüblichen Finanzkonditionen) aufweisen. Privatinvestitionen, Exportkredite, Militärhilfe, rein private Spenden und Hilfsleistungen fallen somit nicht unter die ODA. Alle afrik. Staaten (einschl. Südafrika seit dem Ende der Apartheid) sind internat. als EL klassifiziert und damit potenzielle Empfänger von ODA. Zu den Akteuren bzw. Trägern der EZ gehören auch die afrik. Institutionen, während im Folgenden nur die Seite der internat. Geber (engl.: *donors*) dargestellt wird.

Die EZ umfasst ein breites Spektrum unterschiedlicher Instrumente und an der Durchführung beteiligter Institutionen bzw. Organisationen. Es gibt bilaterale EZ (von Einzelstaaten) und multilaterale (von internat. Organisationen, die aber meist aus nat. Mitteln finanziert werden). Die EZ-Leistungen können als reine Zuwendungen (engl.: *grants*) oder als Kredite mit z. B. niedrigen Zinsen, langen Rückzahlungsfristen erfolgen. Insbes. in Deutschland wichtig sind einmal die finanzielle Zusammenarbeit (FZ), wobei Finanzmittel für Investitionen transferiert werden, und zum zweiten die techn. Zusammenarbeit (TZ), die vornehmlich auf fachliche Beratung, Ausbildung und Übertragung von Knowhow abstellt; dazu gehört auch die personelle Zusammenarbeit (PZ). Innerhalb der auf langfristige Zielsetzungen angelegten EZ gibt es allerdings auch Notwendigkeiten zu akuter Nahrungsmittel- und Katastrophenhilfe. Neben den auf staatl. Ebene mit der Konzeption und Durchführung der EZ befassten öffentl. Institutionen spielen auch nichtstaatl. Organisationen – wie Kirchen, parteinahe pol. Stiftungen, andere ↗ Nichtregierungsorganisationen (NGOs) – unter Einsatz staatl. wie auch eigener Mittel im Bereich der EZ eine wichtige ergänzende Rolle. Darüber hinaus wird neuerdings unter dem Begriff *Public Private Partnership* (PPP) eine Kooperation regulärer staatl. EZ mit der Privatwirtschaft propagiert, um so neue Potenziale erschließen zu können.

Aus der großen Zahl der in der EZ tätigen Organisationen werden hier nur die wichtigsten aufgeführt: Auf internat. Ebene sind dies: die Weltbank, die ↗ AfDB als regionale Entwicklungsbank, der IWF, die EU sowie die UN-Organisationen, insbes. das UNDP (*UN Development Programme*). Alle EZ-Geberländer haben ihre eigenen nat. Durchführungsorganisationen. In Deutschland liegt die pol. Verantwortung für die EZ beim seit 1961 existierenden Bundesministerium für Wirtsch. Zusammenarbeit und Entwicklung (BMZ), während die Durchführung der Projekte und Programme in der FZ durch die Kreditanstalt für Wiederaufbau (KfW) und in der TZ durch die Dt. Gesellschaft für Techn. Zusammenarbeit (GTZ) erfolgt. Der Förderung von privaten Investitionen dient die Dt. Investitions- und Entwicklungsgesellschaft (DEG), die Aus- und Fortbildung von Führungskräften aus EL erfolgt über die Dt. Stiftung für Internat. Entwicklung (DSE) und die Carl-Duisberg-Gesellschaft (CDG), die Entsendung von dt. Entwicklungshelfern durch den Dt. Entwicklungsdienst (DED). Die ev. und die kath. Kirche sind u. a. durch Hilfswerke entwicklungspol. in Afrika engagiert (↗ Kirchl. Entwicklungsarbeit). Die den im Bundestag vertretenen Parteien nahestehenden pol. Stiftungen – Friedr.-Ebert-Stiftung (SPD), Konrad-Adenauer-Stiftung (CDU), Heinrich-Böll-Stiftung (Grüne), Friedr.-Naumann-Stiftung (FDP) und Hanns-Seidel-Stiftung (CSU) – betätigen sich i.d.R. im Bereich der gesellschaftspol. Bewusstseinsbildung. Darüber hinaus arbeiten noch viele kleinere NGOs in Afrika ebenso wie eine beträchtliche Anzahl Consulting-Unternehmen und Gutachter; auch einzelne Firmen sind mit Lieferaufträgen für EZ-Vorhaben vertreten (selbst wenn insges. der dt. Export nach Afrika nur eine marginale Größe aufweist).

Nach rund vier Jahrzehnten Erfahrung mit EZ in Afrika sieht die Erfolgsbilanz sowohl in Fachkreisen wie in der Öffentlichkeit ausgesprochen kritisch und unbefriedigend aus. Afrika ist unbestritten die Weltregion, die seit vielen Jahren in Relation zu ihrer Bev. und ihrem Sozialprodukt die weltweit höchsten EZ-Leistungen erhalten hat, wo sich, pauschal betrachtet und von wenigen Ausnahmen abgesehen, die sozioökonom. Situation der Bevölkerungsmehrheit über Jahre jedoch verschlechterte und sich in den 1990er Jahren allenfalls auf extrem niedrigem Niveau stabilisierte, aber noch nicht wieder merklich verbessert hat, ja im Zeichen der Globalisierung sogar noch weiter zurückzufallen droht. Allerdings sollten die Erwartungen bzgl. der Auswirkungen von EZ nicht zu hoch geschraubt werden, da Entwicklung ein extrem komplexer gesamtgesellsch. Prozess (mit internen wie externen Einflussgrößen) ist, zu dem EZ auch im besten Fall nicht mehr als einen begrenzten Teil beisteuern kann. Dennoch herrscht weithin der Eindruck vor, dass die bisherige Form der EZ insbes. in Afrika nicht effektiv gewesen sei und keine signifikanten Erfolge habe erzielen können. Von einigen Kritikern wird sogar gerade das Übermaß an EZ – Afrika als Prototyp eines von externer Hilfe abhängigen Kontinents – als Hindernis für eine bessere Entwicklung angesehen, da dieses Hilfesyndrom die Mobilisierung eigener Kräfte untergraben und eine Dynamisierung lokaler Wirtschaftspotentiale verhindert habe: Schlagwort Afropessimismus. Andersgerichtete

Äußerungen (neuer Afro-Optimismus) stehen bisher auf unsicherem Boden. Auch das maßgeblich vom südafrik. Präsidenten Mbeki vertretene Konzept einer allumfassenden »Afrik. Renaissance« stellt eher eine der Mobilisierung dienende Zielorientierung dar als schon erreichte Realität.

Die internat. EZ mit Afrika erfuhr im Laufe der Jahrzehnte mehrfache tiefgreifende Veränderungen sowohl im Hinblick auf entwicklungstheoretische Konzepte und die verfolgten pol. Ziele der Geber als auch im Hinblick auf die praktischen Instrumente und Durchführungsmodalitäten. Bis zum Ende des Ost-West-Konflikts war die Vergabe der EH geprägt von der pol. Konkurrenz zwischen den beiden Großmächten, auf die tatsächlichen Entwicklungsleistungen und -ergebnisse der afrik. Regierungen wurde wenig geachtet. Dies änderte sich erst in den 1990er Jahren, da nun die Beurteilung genuiner Leistungskriterien der Empfängerländer (in Bezug auf ökonom. wie gesellschaftspol. Ziele) in den Vordergrund rückte. Dennoch behielten bei der bilateralen EZ auch weiterhin die jeweiligen nat. Eigeninteressen und Prioritäten der Geber ein dominierendes Gewicht. Während anfänglich die Begründung für EZ ganz überwiegend in der Notwendigkeit von Transfers knappen Investitionskapitals nach Afrika (als Grundvoraussetzung für Wirtschaftswachstum) und in verschiedensten Formen von Ausbildungsprogrammen gesehen wurde, ergab sich dann als Reaktion auf viele Enttäuschungen und Fehlschläge ein besseres Verständnis der Komplexitäten des Entwicklungsprozesses und der wechselseitigen Verflechtungen vieler Komponenten. Über im engeren Sinne ökonom. Fragestellungen hinaus kamen dabei die pol. Systeme der afrik. Länder und ihre soziokulturellen Gegebenheiten als wesentliche – häufig hemmende – Einflussgrößen ins Blickfeld. Da die meisten zunächst auf Kreditbasis (entweder vom Privatsektor oder im EZ-Rahmen) getätigten Investitionen ihre volkswirtsch. intendierten Ziele nicht erreichten, ergab sich eine schnell wachsende und untragbar werdende Auslandsverschuldung nahezu aller afrik. Länder. Dies führte zu immer großzügigeren Finanzierungsbedingungen der EZ (weitgehende Umstellung auf nicht rückzahlbare Zuschüsse, Erlass früherer EZ-Kredite) und zu Forderungen nach umfassenden Schuldenerlassen (u.a. seit 1996 im Rahmen der HIPC-Initiative für die *Highly Indebted Poor Countries*). Die seit Beginn der 1980er Jahre von Weltbank und IWF propagierte ↗ Strukturanpassung, die bei den meisten afrik. Regierungen auf erheblichen Widerstand traf und wegen ihrer sozialen Auswirkungen umstritten blieb, sah das Heil in umfassender Liberalisierung, Vertrauen auf die Marktkräfte und in weitgehendem Abbau staatl. Strukturen. Inzwischen wird wieder stärker die Notwendigkeit zentraler staatl. Funktionen und der Armutsorientierung von EZ-Maßnahmen anerkannt. Das ODA-Gesamtvolumen ist seit Beginn der 1990er Jahre rückläufig; während andere Entwicklungsregionen diesen Rückgang durch stark ansteigende private Kapitaltransfers (v.a. für Direktinvestitionen) mehr als kompensieren konnten, gilt dies nicht für Afrika (↗ Außenwirtschaft), wo der ODA-Zufluss wohl noch weiter zurückgehen wird.

Heute ist weitgehend akzeptiert, dass zwar EZ auch bei Formulierung stringenter Vergabebedingungen (d.h. Konditionalität), z.B. in ökonom. und/oder pol. Hinsicht, keine echten und dauerhaften Erfolge in einem Empfängerland erzwingen, bei geeigneten Rahmenbedingungen (im Sinne »guter Regierungsführung«) aber eine positiv unterstützende Wirksamkeit erzielen kann. Tatsächlich effektiv kann EZ also nur dort sein, wo die nat. Entscheidungsträger eine eigenständige (*ownership*) Politik betreiben, die auf nachhaltige Entwicklungserfolge abzielt. Angesichts weiter zurückgehender EZ-Etats in den Geberländern ist davon auszugehen, dass in Zukunft die knappen EZ-Mittel durch eine sorgfältigere Auswahl auf weniger Empfängerländer konzentriert werden. Im Bemühen um eine Verbesserung der Effektivität der EZ darf aber die weiterbestehende Mitverantwortung der Strukturen in den Geberländern nicht übersehen werden.

🕮 BMZ (Hg.), Journalisten-Handbuch Entwicklungspolitik, Bonn (jährl.) – J. Carlsson/G. Somolekae/N. van de Walle, Foreign Aid in Africa. Learning from Country Experiences, Uppsala 1997. – R. Cassen, Entwicklungszusammenarbeit, Bern/Stuttgart 1990. – C. Lancaster, Aid to Africa: so Much to Do, so Little Done, Chicago 1999. – F. Nuscheler, Lern- und Arbeitsbuch Entwicklungspolitik, 4. Aufl., Bonn 1995. – Weltbank: Weltentwicklungsbericht, Washington (jährl.). – World Bank (Hg.), Aid and Reform in Africa, Washington 2001.

Rolf Hofmeier

Epos ↗ Oralliteratur

Erbrecht ↗ Familien- und Erbrecht

Erdherr/Erdpriester (auch *earth priest, maître de territoire, chef foncier, chef de terre*), territorialer Herrscher. Die allg. übliche Vorstellung von Land als wirtsch. zu nutzendes Jagd-, Sammel- oder Fischfanggebiet, Weide- oder Ackerland oder als Wohnraum führt im traditionellen Afrika dazu, dass sich jedes Territorium unter einer doppelten »Inbesitznahme« oder »Beherrschung« befindet. Da ist die spirituelle und metaphysische »Herrschaft« der Gottheit, die das Territorium bewohnt und beschützt, und da ist die menschliche »Herrschaft« des Mannes oder der Frau, die das Land als erste besetzt und das Wohlwollen der Gottheit erworben haben, um unter ihrem Schutz tätig zu werden. Dort, wo die ↗ Tradition nicht vollständig von der westl., eurasischen oder östl. Zivilisation beeinflusst und unterdrückt ist, untersteht Land, was das Nutzungsrecht anbelangt, der Macht seiner sakralen Gebietsherren und -herrinnen. Im Gegensatz dazu liegt die pol. Macht bei den ↗ traditionellen pol. Herrschern.

Durch den »Herrscher-Priester« oder die »Herrscherin-Priesterin« der Schutzgottheit des Landes wird die Saat- und Erntezeit, die Saison der Jagd, des Fischfangs oder der Herdenwanderung eröffnet. Die Schutzgottheit kann durch eine menschliche oder tierische Gestalt, durch ein pflanzliches, mineralisches oder kosmisches Element symbolisiert werden, z.B. die Königspython mit den Goldschuppen der Fon-Yoruba (Nigeria) als die Schutzgottheit der mineralischen Reichtümer. Die Frauen findet man in den Bereichen des Ackerlandes und des Wassers. Für die sesshaften Ackerbauern, Viehzüchter und Fischer bei den Serer und Fulbe (Senegal) hat ein Territorium drei »Herrscher«: Den *gay leydi*, Beherrscher der Erde, Priester des *ngay* Bodenkults; den *ngay mool*, Beherrscher des Fischfangs, Priester des *ngay* Wasserkults; den *gaynago*, Beherrscher der Herden.

Namenkundlich entspringen die Bezeichnungen für Orte, Fischfang-, Weide-, Sammel- oder Jagdgebiete im Wesentlichen dieser weit verbreiteten Vorstellung von der Beziehung zwischen dem Land und dem Geist, der es bewohnt, und der Person, die auf ihm wohnt. I. Allg. werden der Name Gottes, die Namen der Gottheiten und die Orts- oder Zugehörigkeitsderivate miteinander verknüpft. So besitzen z.B. die Bantu mit Namen *kum, kom, ngom, kumba, makumba* auf den gleichnamigen Landesteilen Autorität, die *sylla* bei den Soninke (Westafrika) sind Herrscher über die Länder *Ta* von den *Sila* oder *Tasili*. Entsprechend lassen sich noch viele andere Bezeichnungen rekonstruieren: *Gebbta*, Land *Ta* von *Gebb*, daher Ägypten, *Taba*, Land *Ta* des Allerhöchsten *Ba*, daher *Tayba, Touba, Theben. Tabasumba*, in der Sprache der Mossi *topsoba*, Beherrscher der Erde, bedeutet ursprünglich Land *Ta* des höchsten Gottes *Ba* und der Pythongottheit *Sum*, höchste Gottheit *Ba*. Die Bez. der Herrscher über das Land, den Ackerbau, die Jagd, den Fischfang oder die Viehzucht schöpft in der Regel aus denselben Quellen.

Die Tatsache, dass die Inbesitznahme des Landes, die sich von der Inbesitznahme der Macht unterscheidet, in der frühen Geschichte Afrikas stattgefunden hat, wobei das menschliche Handeln mit einem spirituellen und metaphysischen Element verknüpft wurde, erklärt, warum die E. als einzige befugt sind, über das Nutzungsrecht zu bestimmen. Die Verbindung zu den Gottheiten wird als unkündbar betrachtet. Man mag in der afrik. Tradition den traditionellen Herrschern zwar die pol. Macht entreißen, doch die Macht über das spirituelle und metaphysische Territorium kann den E. nicht genommen werden, und sie sind noch heute in weiten Teilen des Kontinents präsent. ↗ Bodenrecht, ↗ vorkoloniale politische Systeme.

Pathé Diagne

Erdöl ↗ Bergbau, ↗ Energiewirtschaft

Eritrea. **Fläche:** 121.144 km². **Einw.:** 3,5 Mio. (1999). **Bev.-Wachstum/Jahr**: 2,8% (1990–99). **Stadtbev.:** 18% (1999). **Hauptstadt und Wirtschaftsmetropole:** Asmara (420.000 Einw.). **Unabh.:** 24. 5. 1993. **Staatsform**: Präsidialrep.; Einkammerparlament (Nationalkongress); Mehrparteiensystem. **Währung:** Nafka. **HDI-Rang** 148/162 (2001). **Auslandsverschuldung**: 149 Mio. US$. **Anteil der Entwicklungshilfe am BSP**: 21%. **BSP/Kopf**: 200 US$. (1999). **HIV-infizierte Erwachsene**: 2,9%, **Lebenserwartung**: m 50,4 J., w 53,2 J., **Alphabetisierung** der Erwachsenen: m 66,5%, w 39,4% (1999). **Einschulungsrate**: m 40%, w 35% (1995–99). **Sprachen:** Tigrinisch (↗ Semitisch) und ↗ Arab.

I. Naturraum. Naturräumlich lässt sich E. in 4 Zonen gliedern: (1) Die flachwellige, 1.151 km lange Küstenebene am Roten Meer mit Halbwüsten- und Dornsavannenvegetation. Das ↗ Klima ist durch ganzjährig hohe Durchschnittstemperaturen von 25–30 °C gekennzeichnet. Während Winterregen dem nördl. Küstenabschnitt bis zu 500 mm Jahresniederschlag bescheren, ist für die südl. Küstenzone ein sehr trockenes Klima bestimmend. (2) Die sich südwestl. küstenparallel anschließenden, mehr Niederschlag erhaltenden Danakilberge bestehen aus z. T. noch aktiven Vulkanen. (3) Der zentrale Teil Eritreas wird durch den nördl. Teil des äthiop. Hochlandes mit Höhen von bis über 3.000 m eingenommen. Mit zunehmender Höhenlage und steigenden Niederschlägen ist eine Vegetationsabfolge von der Dornsavanne über die Feuchtsavanne (↗ Savanne) bis hin zum tropischen ↗ Regen- und Höhenwald ausgeprägt (↗ Ökozonen). Die höchste Durchschnittstemperatur wird im Hochland mit 29 °C im Mai gemessen. Im Winter sind Temperaturen um 0 °C nicht selten. (4) Das sich zur sudanesischen Grenze hin anschließende westl. Tiefland mit Dornsavannenvegetation ist durch ein semiarides (halbtrockenes) Klima mit Höchsttemperaturen im Frühjahr sowie sommerlichen Niederschlägen und winterlicher Trockenheit gekennzeichnet. Der jahrzehntelange Unabhängigkeitskrieg hat enorme Umweltschäden zur Folge gehabt. Davon ist v. a. die ↗ Landwirtschaft betroffen, u. a. durch den Verfall von Ackerterrassen, Erosion und Abholzung.

II. Bevölkerung und ethnische Gruppierungen. Die Bev. ist ethn. wie sprachlich sehr heterogen. Die beiden wichtigsten Gruppen bilden Tigrinya (50%) und Tigre (31,5%). Mit Abstand folgen die mehrheitlich muslimischen Saho (5%), Afar (5%), Hedareb (2,5%), Kunama (2%), Bilen (2%) sowie Nara (1,5%). Sie leben überwiegend (halb-)nomadisch in den östl. und westl. Tiefländern (↗ Nomadismus). Die sesshafte Bauern- und Stadtbev. des Hochlandes besteht zum großen Teil aus christl. Tigrinya (↗ Christentum, ↗ Kopten). Zwischen beiden großen Religionsgruppen bestehen nicht zuletzt auch wegen des ungleichen Ressourcenzugangs Spannungen. Während des 30-jährigen Krieges mit Äthiopien ist es infolge zahlloser Migrationsströme zu einer tiefgreifenden regionalen Umschichtung der Bev. gekommen (ca. 1,5 Mio. Binnenflüchtlinge). Noch immer leben Hunderttausende v. a. muslimischer Flüchtlinge im benachbarten Ausland (Sudan ca. 0,3 Mio.; Äthiopien; Saudi-Arabien, ↗ Flüchtlinge).

III. Geschichte und Politik. Im letzten Drittel des 19. Jh. erfolgte die koloniale Inbesitznahme Eritreas durch Italien, das mehrfach versucht hatte, E. als Sprungbrett für die Eroberung Äthiopiens zu nutzen. Die vernichtende Niederlage der Italiener durch die Äthiopier in der Schlacht von Adua (1896) stoppte den Expansionsdrang zunächst. Dem für Mussolini erfolgreichen, von Somalia und Eritrea aus geführten Abessinienfeldzug (1935) folgte die Gründung Ital.-Ostafrikas, bestehend aus Eritrea, Äthiopien und Ital.-Somaliland. Nach dem Sieg Großbritanniens über Italien am Horn von Afrika im Jahre 1941 wurde Ital.-Ostafrika unter brit. Militärverwaltung gestellt. Im Jahre 1952 erfolgte ein UN-Beschluss, E. durch eine Föderation mit Äthiopien zu verbinden, das so einen Meereszugang erhielt. 1962 wurde Eritrea von Äthiopien rechtswidrig als 14. Provinz annektiert. Damit begann ein blutiger 30-jähriger Unabhängigkeitskampf. Hunderttausende, darunter ein Großteil der Bildungsschicht, flüchteten ins Ausland, v. a. in den Sudan. Im Land selbst hatte der Krieg die Entwurzelung großer Bevölkerungsteile sowie enorme infrastrukturelle sowie ökolog. Schäden zur Folge. Aber auch nach erkämpfter Unabh. kehrte im Land keine Ruhe ein, 1993 kamen Konflikte mit im Sudan lebenden islamistisch orientierten Eritreern hinzu. 1995 kam es zu einem Krieg mit dem Jemen um die der Straße von Bab el-Mandeb vorgelagerten, strategisch wichtigen Hanish-Inseln. Ende der 1990er Jahre brach ein für beide Seiten sehr verlustreicher Grenzkrieg mit Äthiopien aus, der im Juni 2000 durch ein Waffenstillstandsabkommen beendet wurde (↗ Kriege/Bürgerkriege, ↗ Blauhelmeinsätze).

IV. Wirtschaft und Sozialstruktur. E. gehört zu den ärmsten Staaten der Erde, obwohl es ein breites Spektrum an wirtsch. nutzbaren natürlichen Ressourcen aufweist, die jedoch meist nur unzureichend erschlossen sind (Bodenschätze). Die Erhöhung der ↗ landwirtsch. Produktion wird insbes. durch eine nicht ganzjährige Verfügbarkeit über Wasser sowie degradierte Böden erschwert, und die mangelhafte Infrastruktur (Straßen, Elektrizität u. a.) steht einer raschen Verbesserung der Wirtschaftslage entgegen. Ca. 50% der erwerbsfähigen Bev. sind arbeitslos, zusätzlich müssen ehem. Soldaten in die schwach entwickelte Wirtschaft integriert werden. Wichtigste Wirtschaftssektoren mit folgenden Anteilen am BIP sind: Handel und Verkehr (ca. 40%), weitere Dienstleistungsbereiche (ca. 25%), Industrie (ca. 25%, ↗ Industrialisierung), ↗ Land-, ↗ Forst- und ↗ Fischereiwirtschaft (ca. 10%). Die eritr. Landwirtschaft (Anteile von ca. 5% Acker- und 60% Weideland an der Staatsfläche) ist derzeit nicht in der Lage, mehr als ca. ein Drittel der benötigten Grundnahrungsmittel (Sorghum, Hirse, Gerste, Knollenfrüchte, Gemüse, Obst) zu erzeugen. Kaffee und Baumwolle werden in begrenztem Umfang produziert. Die besten Anbaugebiete liegen im nordöstl. Hochland sowie an und zwischen den Flüssen Gash und Takase im SW. Die (halb)nomadische Tierhaltung konzentriert sich auf die Schaf-, Ziegen- und Rinderhaltung im SO und NW. Die fortschreitende ↗ Entwaldung (nur noch ca. 5% Waldfläche) zwecks Ackerland- und Brennholzgewinnung fördert in starkem Maße die Bodenerosion (↗ Erosionsschutz, ↗ Umweltschutz). Die reichen Fischbestände im Roten Meer konnten bisher wirtsch. kaum genutzt werden. Die Bodenschätze (Eisenerz, Kupfer, Nickel, Zink, Mangan, Silber, Gold, Chrom sowie Schwefel, Pottasche, Salz und eventuell Erdöl, ↗ Bergbau) werden bisher gar nicht oder nur in geringem Umfang abgebaut.

Die Anlagen des produzierenden Gewerbes stammen größtenteils noch aus der ital. Kolonialzeit. Sie sind völlig veraltet oder wurden im Krieg zerstört. Wichtige Industriestandorte sind Asmara (v. a. Textilindustrie), Massaua (Baustoff- und Salzproduktion) sowie Assab (Raffinerie). Weiterhin bestehen noch Verarbeitungsbetriebe für Lebensmittel, Getränke, Chemikalien und Leder.

Die ethn. Heterogenität, die relig. Spannungen zwischen fundamentalist. Muslimen und Christen, die hohe Arbeitslosigkeit (ca. 50% der Erwerbsbev.), die immer noch mangelhafte Eingliederung der ehem. Unabhängigkeitskämpfer in Wirtschaft und Gesellschaft und das Vorhandensein einer kleineren neureichen und pol. mächtigen Führungsschicht hat soziale Spannungen zur Folge, die sich jederzeit gewaltsam entladen können.

V. Literatur, Musik und Kunst. Die Kultur ist in bes. Maße durch die zwei großen Bevölkerungsgruppen, die koptischen Christen des Hochlandes und die islam. Bewohner des Küstentieflandes, geprägt. Lit., Musik und materielle Kultur der muslim. Einw. sind arab. beeinflusst. Durch den Jahrhunderte alten Seehandel kamen architektonische Elemente sowie Teppiche (↗ Weberei), Matten, ↗ Textilien, Edelmetalle und v. a. Silberschmuck aus dem arab.-ind. Raum ins Land, so dass Werkstoffe und Ornamentik der Gebrauchskultur (insbes. ↗ Schmuck) bei den Muslimen stark orientalische Einflüsse aufweisen. Bei der christl.-kopt. Bev. ist ein kleines, durch phantasievolle Einfachheit gekennzeichnetes Spektrum an Schmuckstilen, z. B. koptische Kreuze aus Silber, verbreitet. In der Kirchenkunst findet man kopt. und ostkirchliche Einflüsse. Bei der Herstellung von Gemälden in Gebetbüchern und Wandmalereien wurde eine hohe Vollendung erreicht. ↗ Christliche Kunst, ↗ tigrinische Literatur, ↗ Nordostafrika, Völker, Kulturen und Staaten.

🕮 V. Matthies, Äthiopien, Eritrea, Somalia, Djibouti, 3., überarb. Aufl., München 1997. – E. Furrer-Kreski, Handbuch Eritrea. Geschichte und Gegenwart eines Konfliktes, Zürich 1990. – T. Killion, Historical Dictionary of Eritrea, Lanham, Md. 1998. – N. Hirt, Eritrea zwischen Krieg und Frieden. Die Entwicklung seit der Unabh., Hamburg 2001.

Jörg Janzen

Eritrea-Konflikt ↗ Kriege/Bürgerkriege

Eritreische Literatur ↗ tigrinische Literatur

Ernährung. Die Aufnahme von Nahrungsstoffen zum Aufbau, zur Erhaltung, Bewegung und Fortpflanzung des Menschen stellt ein Grundbedürfnis der Menschheit dar. Aus makroökonom. Sicht bezeichnet Ernährungssicherheit die Fähigkeit von Ländern oder Regionen, eine ausreichende Versorgung mit Nahrungsmitteln zu jedem Zeitpunkt zu ermöglichen. Auf die Haushaltsebene bezogen, ist sie die Fähigkeit des Haushalts, seine Mitglieder ausreichend mit Nahrung zu versorgen, entweder durch Eigenproduktion oder Kauf von Nahrungsmitteln. Die Sicherstellung der E. ist ein zentrales gesellschaftspol. Ziel in Afrika und in der Welt insgesamt.

Die notwendigen Stoffe Kohlenhydrate, Fette, Eiweiße, Mineralstoffe, Spurenelemente, Vitamine, Ballaststoffe und Wasser sind in den natürlichen Nahrungsmitteln enthalten. Eine ausgewogene E., d. h. Nährstoffe in ausreichender Menge und richtiger Zusammensetzung, verhindert Mangelerscheinungen; eine mangelhaft angepasste, quantitativ und qualitativ unrichtige E. wird als Fehlernährung bezeichnet, die z. T. lebensbedrohliche Krankheiten verursachen kann.

In den EL (Entwicklungsländern) und v. a. in Afrika ist die Ernährungssicherheit durch unzureichendes Niveau, unzureichende Qualität und unzureichende Stabilität gefährdet. Es kommt zu Unter- bzw. Fehl- oder Mangelernährung, die zu mangelnder Leistungsfähigkeit sowie Hemmung der körperlichen und geistigen Entwicklung führt. Ein wichtiger Indikator der Ernährungssituation ist die Kalorienversorgung pro Kopf und Tag. Dabei ist zu berücksichtigen, dass der tägliche Energiebedarf eines gesunden Menschen im Wesentlichen von seiner körperlichen Leistung abhängig ist. Der Ruheumsatz (Grundumsatz) von 1.800 kcal erhöht sich je nach dem Schweregrad der körperlichen Arbeit um bis zu 2.200 kcal und mehr (Leistungsumsatz). Außerdem beeinflussen Geschlecht, Alter oder klimatische Bedingungen den täglichen Energiebedarf.

Die Welternährungssituation hat sich seit den 1960er Jahren verbessert: 1961 lag der Kalorienverbrauch bei 2.257 kcal/Tag, 1997 bei 2.782 kcal/Tag. Dieser Trend gilt auch für Afrika: 1961 2.110 kcal/Tag, 1997 2.406 kcal/Tag. Das Ernährungsmuster ist allerdings in Afrika anders. Der Kalorienverbrauch wurde 1997 zu 93% über pflanzliche Erzeugnisse gedeckt. Der entsprechende Anteil liegt weltweit bei 84% und in Deutschland bei nur 69%. Auch der tägl. Energieverbrauch in Afrika liegt weit unter dem der Bundesbürger (1997: 3.382 kcal/Tag) und dem der IL (1997: 3.240 kcal/Tag). Hinter dem niedrigen Durchschnittsniveau der Kalorienversorgung in Afrika verbergen sich starke Ungleichheiten und immer noch ein erhebliches Maß an Unterernährung. Wie in der Welt insges. betrifft Unterernährung in Afrika v.a. die Bev. in ländl. Regionen sowie Frauen und Kinder, insbes. unter fünf Jahren. Die Zahl der Unterernährten ist abhängig von der Ernte und schwankt daher im saisonalen Verlauf.

Die Verschlechterung der Nahrungsmittelversorgung ist einmal darauf zurückzuführen, dass die Eigenproduktion an Nahrungsmitteln weniger steigt, als die ↗ Bevölkerung wächst, zum anderen kann das Nahrungsmitteldefizit nicht durch Importe ausgeglichen werden, weil in den einzelnen Ländern die aus dem Warenexport erzielten Gewinne nicht zur Einfuhr benötigter Nahrungsmittel ausreichen. Außerdem fehlt dazu oft der pol. Wille, und ärmere Bevölkerungsschichten und damit die Mehrheit der Bev. bringen nicht die Kaufkraft auf, sich zusätzlich zur Eigenproduktion mit Nahrungsmitteln zu versorgen. Die Ursachen für Unterernährung sind vielfältig: Neben dem unzureichenden Niveau der Nahrungsmittelversorgung gefährden auch Instabilitäten der Versorgung die Ernährungssicherheit. Hierfür sind Dürren, Überflutungen, Heuschrecken, Kriege, pol. Unruhen oder Schwankungen der Weltmarktpreise verantwortlich. Dazu kommt die mangelnde Infrastruktur, die den Transport von Nahrungsmitteln aus Überschussgebieten in unterversorgte Regionen erschwert. Kurzfristigen Gefährdungen der Ernährungssicherheit wird mit Nahrungsmittelhilfe und Kreditprogrammen des IWF begegnet.

Langfristig kann das Problem der Ernährungssicherheit in Afrika nur gelöst werden, wenn Wirtschaftswachstum, v.a. Produktionssteigerung in der ↗ Landwirtschaft, sowie Ausbau und Unterhalt der Infrastruktur und pol. Stabilität in den EL erreicht werden. Wichtig ist dabei auch, dass nat. Agrar- und Wirtschaftspolitiken in Afrika der Diskriminierung des Agrarsektors entgegenwirken. Es wären verbesserte (steuerliche) Anreize zur Agrarproduktion zu schaffen, um über Einkommenssteigerung und Produktionswachstum im ländl. Raum der Armut und Unterernährung zu begegnen. ↗ Agrarpolitik, ↗ Bevölkerung, ↗ ländliche Entwicklung, ↗ Landesentwicklung.

🕮 FAO, Food Balance Sheet, versch. Jahrgänge, Rom (www.fao.org). - P. Foster/H.D. Leathers, The World Food Problem. Tackling the Causes of Undernutrition in the Third World, 2. Auflage, Boulder/London 1999. – W.v. Urff, Ernährung. In: P.J. Opitz (Hg.), Weltprobleme, 4. Aufl., Bonn 1995, S. 213–244.

Roland Hermann/Susanne Gärtner

Erosionsschutz umschreibt alle Maßnahmen des Menschen, die den genutzten Teil der Erdoberfläche vor Abtrag durch Wasser und Wind bewahren sollen. Natürl. Schutz ist durch die permanente Bedeckung des Bodens durch Pflanzen gegeben. Ackerbauliche Nutzung, Überweidung und Entwaldung führen zur Erosion. Diese ist umso stärker ausgeprägt, je steiler und trockener ein Standort ist. Gebräuchliche Schutzmaßnahmen sind Steinwälle, Gräben, vegetative Streifen entlang der Konturlinien der Hänge, Windschutzpflanzungen etc. Der beste Schutz wird durch Terrassierung erreicht. Je knapper, d.h. je wertvoller der Boden ist, desto eher ist die Wirtschaftlichkeit und Akzeptanz von Erosionsschutzmaßnahmen gegeben. ↗ Desertifikation.

Eckhart Baum

Erzählen/Erzählforschung. Jede einzelne Kultur in Afrika hat ihre eigenen Regeln, Formen und Motivinventare des mündlichen E., das auf allen Ebenen des traditionellen und modernen Lebens Bedeutung hat. Allg. Verbreitung finden die universal aufgestellten Gattungen Mythos, Epos, Märchen, Sage, Fabel und Anekdote, für die in jeder einzelnen Sprache spezifische Termini und Kategorisierungsmerkmale gelten. Im Tagesrhythmus wiederkehrende Gelegenheiten des privaten E. sind die Mußestunden unter dem Schattendach und in der abendlichen Hausgemeinschaft. Öffentl. E. findet anlässlich von Versammlungen, Hochzeits-, Initiations- und Totenfesten statt (↗ Feste, ↗ Initiation, ↗ Bestattungsrituale). In manchen Kulturen West- und Nordafrikas hat sich ein professionelles Erzählertum herausgebildet (↗ Griot, ↗ Preisgesang). In ganz Afrika verbreitet ist die Restriktion, tagsüber Märchen zu erzählen, womit mystische oder profane Sanktionen verbunden sind (z.B. Ressourcenverluste, körperliche Missbildungen, Unglück in der Familie). Die Beschränkung auf die Nachtstunden ist als eine Trennung von Arbeits- und Freizeit zu interpretieren. Erzählrestriktionen können außerdem für die arbeitsreichen Jahreszeiten und die Periode eines Interregnums in Kraft treten. – Die Hauptfunktionen des E. liegen in der Unterhaltung und Belehrung durch fantastische oder realistische Geschichten. In vielen Kulturen wird geschlechts- und altersspezifisch erzählt. Frauen sind die großen Überlieferer der auf »Lügen« beruhenden Zauber- und Schreckmärchen, in denen es zumeist um das Erwachsenwerden und Ehe- und Familienkonsolidierung geht. Insbes. in islam. geprägten Kulturen tendieren die Männer zu moralischen Geschichten. Z.T. können diese esoterischen Charakter und damit initiatorische Funktionen haben. Jugendliche Erzähler lieben v.a. *Trickster*- und *Enfant-Terrible*-Geschichten, in denen die Autoritäten relativiert werden. Prinzipiell herrscht jedoch eine thematische Offenheit, die vom Interesse des individuellen Erzählers und seiner Zuhörerschaft geleitet wird. – Gelernt wird das E. in der Praxis des Zuhörens, wobei Kinder zum Vortragen ermutigt werden. Eine Ausbildungspraxis ist nur für das professionelle Erzählertum bedeutsam. Die meisten Märchen werden monologisch erzählt. Enthalten sie Liedteile, beteiligen sich die Zuhörer durch Mitsingen. Einzelne Kulturen kennen neben dem Erzähler einen Respondenten, der das Vorgetragene durch Interjektionen oder Redeteile bestätigt, kritisiert, kommentiert und lenkt. Übliche erzählerische Mittel sind wechselnde Figurenreden, Stimmimitationen, Formeln, bestimmte Arten von Satz- und Wortwiederholungen, ↗ Ideophone, Stimmmodulationen und Gesten. Das E. von kultureigenen wie auch importierten Geschichten ist mittlerweile Teil des modernen Schulunterrichts, der vielfach dazu anhält, Traditionen aufzunehmen. Erzählstunden werden außerdem im Radio und Fernsehen eingerichtet. In der an afrik., amerik. und europ. Hochschulen durchgeführten Erzählforschung sind die hauptsächlichen Arbeitsfelder: (1) die feldforscherische Aufnahme der Erzählungen und ihre philologische Edition, die um etwa 1850 begründet wurde – hiervon leiten sich Leseeditionen für eine allgemeinere Leserschaft ab; (2) die Analyse der Textsprache zu Zwecken der Sprachforschung; (3) die folkloristische Klassifikation und Erstellung von afrikaspezifischen Motiv- und Typenindizes; (4) kulturhist. Studien zur Motivdiffusion; (5) strukturalistisch und ethnolinguistisch fundierte Themen-, Typen- und Motivstudien; (6) sozialethnologische Textanalysen und Interpretationen; (7) linguistische Analysen der Stil- und Diskursmittel; (8) Performanzanalysen und die Ethnographie des Sprechens (↗ Soziolinguistik); (9) Analysen der Wechselbeziehungen zwischen ↗ Oralliteratur und schriftlicher Literatur; (10) der angewandte Bereich der Alphabetisierung und Schuldidaktik. Zukünftige Aufgabenfelder liegen weiterhin in der Textdokumentation, der Analyse neu entstehender Gattungen, der Archivierung und dem Aufbau einer Komparatistik (Übersetzung, Performanzkomplex, Thematologie, Intermedialität, Weltliteraturdiskussion).

🕮 W.J.G. Möhlig/H. Jungraithmayr (Hg.), Lexikon der afrik. Erzählforschung, Köln 1998.

Thomas Geider

Erziehung ↗ Bildungswesen, ↗ Ethik

Etatismus ↗ Nachkolonialer Staat

Ethik definiert das Wünschenswerte sowie die Grundlagen menschlichen Handelns in einer ↗ Gesellschaft. Wie jede Gemeinschaftsbeziehung braucht auch das soziale Leben in Afrika ethisch begr. Normen für Haltungen, Wünsche und Handlungen von Personen. Zwar gibt es keine einheitliche moralphilos. Konzeption für ganz Afrika, doch insges. strukturiert die E. dort vermittels des Normbegriffs und seiner Beziehung zum Gesetz das ↗ Recht; sie kommt insofern in Berührung mit der Anthropologie, als die Handlungsnormen eng mit dem Imaginären der Menschen verbunden sind. Zudem verweist die E. auf Religion, da die sozialen Regeln häufig im Namen des transzendenten Absoluten aufgestellt werden. Eine afrik. E. zu definieren, heißt, die Pluralität ihrer anthropologisch, relig. und rechtl. geprägten Ausdrucksformen zu benennen.

I. Personalistische Ethik oder das Privileg der Relation. Ein Hauptmerkmal afrik. ↗ Kulturen ist die Bezugnahme auf die Person. Die Beziehungen zwischen Personen stehen im Mittelpunkt des gesellsch. Lebens. Nach Kwame Gyekye (Ghana), der das Denken der Akan untersucht hat, besteht der Reichtum eines Menschen in den anderen Menschen; reich ist, wer mit vielen Personen eng verbunden ist, d.h. viele Freunde hat. Deswegen werden Nachkommenschaft, Freundschaften und ↗ Verwandtschaft (↗ Heiratsordnungen) zumeist höher geschätzt als materielle Güter. Für die personalistische E. ist die Person keine an und in sich abgeschlossene Wesenheit; nur durch Vermittlung des anderen erfährt sie Wandlungen im Gefüge von ↗ Sprache, Institutionen und Beziehungen zum Absoluten. Bei den ↗ Initiationen, in den ↗ Altersklassen, bei Eigentumsfragen (↗ Eigentum), Erbschaften etc. steht nicht das Sein der Dinge im Vordergrund, sondern die Relation zwischen Personen.

In Nordafrika, wo die E. eng an den ↗ Islam gebunden ist, hat zwar das Wort des Propheten Mohammed überragende Bedeutung, doch auch dort verbleibt der Mensch im Zentrum des gesellsch. Lebens. Daher gilt nur als gläubig, wer der von der Gemeinschaft der Gläubigen bestimmten Logik zwischenmenschlicher Beziehung folgt. Das vorgeschriebene Almosengeben (*zakhad*) verbindet das Subjekt mit der Gemeinde. Wenn der Mensch in Ausübung der Tugend Gott anerkennt, so schließt das seine Freiheit ein, denn nach der islamischen E. ist Gott allein groß, und kein Mensch hat, ontologisch gesehen, höheres Recht als andere. Bei den oft nicht muslimischen Kabylen verbürgt die Zentralstellung der Person den Bestand der E. Mensch ist der Mensch nur unter Menschen (*argaz yer irgazen*).

Der Vorrang der Person und der Relation zieht die Idee der Gleichheit nicht zwangsläufig nach sich. In afrik. Kulturen hat E. eine Geltung, die zwar personalistisch ist, jedoch vertikale soziale Hierarchie rechtfertigt. Bei den Mandingo und Tuareg (Mali), den Dyula und Malinke (Elfenbeinküste), den Kuranko, Wolof, Fulbe und Soninke (Senegal), den Senufo (Burkina Faso, Elfenbeinküste) finden sich ethische Konzeptionen, die durch relig. und mythische Begründungen der Kastenhierarchie die Ungleichheit legitimieren. In anderen subsahar. Regionen, wo das Kastensystem selten vorkommt, verträgt sich die E. durchaus mit der Ungleichstellung nach dem Prinzip des Erstgeborenenrechts (Vorrang des ältesten Sohnes).

II. Hedonistische Ethik ohne Schuldzuweisung. Die Lust wird in ethischen Konzeptionen mitunter angeprangert, mitunter gepriesen; die betreffende Problematik verweist aber immer auf die jeweilige Stellung zum ↗ Körper. In Afrika gilt der Körper als Träger deutlicher Spuren der ↗ Tradition, die er bei der Initiation und durch weitere physische und ästhetische Akte erhält (Beweise für Ausdauer; ↗ Frisuren). Dabei sei betont, dass der Körper nicht an sich schuldig ist oder schuldig macht; besudelt wird er erst durch Genuss von unreinen (tabuisierten) Speisen oder Verstoß gegen andere Verbote. Vor dem Verstoß ist der Körper sozusagen neutral. Daher ist die Lust an sich nichts Böses. Wenn auf die Lust Verderbnis folgt, so aufgrund des Verstoßes gegen eine Regel und nicht aufgrund der Lust selbst. Afrik. Erziehungskonzeptionen enthalten Initiationen in den (nicht nur genitalen) Erotismus und in die Lust. Mädchen wie Jungen werden beim Eintreten in die Pubertät in versch. Aktivitäten eingeweiht, die bei sexuellen Aktivitäten, beim Essen und beim Spiel Lust bereiten. Das sind drei Bereiche der Lust, die keine ethische Konzeption verurteilt, solange nicht Verbote übertreten werden wie jene des Inzests, des Ehebruchs, der vorehelichen sexuellen Beziehungen, der Einnahme untersagter Speisen und des Zeitvertreibs mit Spielen, die mit Rücksicht auf die Produktion nicht statthaft sind. Die afrik. E. ist hinsichtlich ihrer Auffassung vom Körper hedonistisch. Statt das Lustprinzip hinter dem Leistungsprinzip zurückzustellen, unterscheidet sie sehr wohl zwischen den Bereichen von Lust und Leistung, ohne einem von ihnen das Primat zu geben.

III. Mutualistische Ethik: Gerechtigkeit und Vergeltung. Die drei häufig gebrauchten ethischen Kategorien Verantwortung, Gerechtigkeit und Sühne haben in der afrik. E. eine bes. Bedeutung. Verantwortlich gemacht werden kann nicht nur ein individuelles Subjekt – obwohl Strafverfahren auf Basis eines Gottesurteils das Individuum direkt betreffen –, sondern auch die Gruppe oder Altersklasse eines Rechtsverletzers oder Schuldners, indem der Einzelne nicht nur einen selbst begangenen Frevel zu verantworten hat, sondern auch für das Tun anderer Gruppenmitglieder einstehen muss. Kehrseite der Teilhabe an der Ehre der Gruppe ist die Teilhabe an Schuld und Schulden. Diese E., die eine auf die Gruppe ausgeweitete Verantwortung gelten lässt, ist dem Wesen nach mutualistisch. Die Gruppe ist eine Art Vereinigung auf Gegenseitigkeit; ihre Mitglieder differieren zwar in ihrer Individualität und ihren Bestrebungen, aber sie haben Interdependenzstrategien zu befolgen, die den Radius der Schuld ausdehnen: Ein Mörder macht seine ↗ Familie und seinen ↗ Klan schuldig, ein Dieb ist die Schande seiner Großfamilie und seiner Nachkommenschaft. Diese Praxis der Gegenseitigkeit in der Verantwortung verweist auf eine bes. Auffassung der Gerechtigkeit. Letztere versteht sich oft als distributiv (verteilend), aber die Distributivität folgt nicht einem arithmetischen Schema, das den Nachdruck auf Gleichheit und Gleichwertigkeit legt. Bestraft wird nicht entsprechend der Schwere der Tat (z. B. Tötung), sondern je nach dem Gewicht der Symbolwerte, deren Verletzung den Tatbestand ausmacht (Tötung eines Verwandten, eines Elternteils, eines Bruders usw.). Für eine arithmetische und extensive Auffassung der verteilenden Gerechtigkeit, die von Gleichheit und Gleichwertigkeit der Subjekte ausgeht, wäre das Töten in allen Fällen böse, weil eine formelle Gleichstellung der Opfer postuliert wird. Diese arithmetische Sichtweise erfordert ein Verständnis von Recht und Billigkeit, worin Addition und Subtraktion als Schlüsselworte fungieren: Bei Teilungen ist für »gleiche Teile« zu sorgen. Erbanteile werden je nach Kinderzahl und Bedürfnissen der Nutznießer zugebilligt. Die afrik. verteilende E. ist dagegen intensiv; sie achtet nicht auf eine abstrakte Gleichheit, sondern auf die Rolle und den Symbolgehalt der Betroffenen. Eine Tötung ist nicht an sich strafbar, z. B. dann nicht, wenn in hierarchisch strukturierten Gesellschaften ein Niederer von einem Höheren getötet wurde; sie wird nur strafbar, wenn sie die symbolische Ordnung verletzt und die anthropologischen Kennwerte in Gefahr bringt: Einen Bruder zu töten, stellt die Verwandtschaftsbande und mithin das genealogische Band in Frage.

Im Erbrecht (↗ Familien- und Erbrecht) gilt bei der Besitzverteilung nicht das Gleichheitsprinzip. Wichtig ist hier die Teilhabe. Die Erbanteile werden also nicht je nach den Bedürfnissen und Belastungen der Berechtigten, sondern nach ihrem jeweiligen Platz im symbolischen Dispositiv verteilt. In manchen Fällen erben Ältere mehr als Jüngere, selbst wenn Letztere mehr Kinder zu versorgen haben. In anderen Fällen erhalten Männer mehr als ↗ Frauen. Der arithmetisch verteilenden Gerechtigkeit mag das ungerecht erscheinen, aber hier kommt die symbolische Distributivität der Rollen ins Spiel. Die E. zielt nicht darauf ab, durch Tugendhaftigkeit zum Wahren zu gelangen. Die Rechtspflege westl. Typs will durch Ermittlungen, Beweise und Gutachten zum wahren Sachverhalt vordringen, indem sie Lügen und Irrtümer ausschließt. Der afrik. E. gemäß gehen die Verfahren der Gerechtigkeit ebenfalls auf die Wahrheit aus, doch kommt es dabei auf Frieden an. Daraus erklärt sich, dass oft zwar der Schuldige entlarvt, die Verantwortung für seinen Frevel aber einem bösen Geist zugeschrieben wird, der sich seiner bemächtigt habe. So wird der Täter des Frevels identifiziert und doch von demjenigen. der ihn in sich hat, getrennt, und dies, weil die E. dem Frieden Vorrang gibt und nicht der Wahrheit. Die allzu grobe Wahrheit, die das soziale Band zu zerreißen droht, wird versteckt. Die Vorstellungen von Gut und Böse, Pflicht und Motivationen werden aus der Zentralstellung der Person, der Bedeutung der Relation, der Minderwertung des Leistungsprinzips und der Sorge um das soziale Band verständlich. ↗ Philosophie.

📖 K. Gyekye, An Essay on African Philosophical Thought: The Akan Conceptual Scheme, London 1987. – A. Ocholla-Ayayo, Traditional Ideology and Ethics among the Southern Luo, Uppsala 1976. – H. Odera Oruka, Ethics, Nairobi 1990.

Jean-Godefroy Bidima

Ethnische Konflikte, von manchen auch als ethnopol. oder ethnozistische Konflikte bezeichnet, sind gewaltsame Auseinandersetzungen von Gruppen mit soziokulturellen Unterschieden, die meist eine von drei Konfliktursachen zum Inhalt haben: Bewahrung von Macht bzw. Abwehr von hegemonialen Machtansprüchen anderer (Furcht vor ↗ Assimilation); Bewahrung oder Ausdehnung der eigenen kulturellen Identitätsansprüche (Autonomie und Hegemonie) und die Verteidigung bzw. Eroberung materieller Ressourcen auf Kosten anderer »Wir-Gruppen«. Das Ethnische daran ist häufig nur die kostengünstigste und die höhere Wirksamkeit versprechende Form der *Konfliktmodalität* – nicht deren Ursache. Man spricht deshalb besser von ethnopol. oder – im Fall von sezessionistischen Bewegungen – von ethnoregionalistischen Konflikten.

Es gibt diverse Erklärungen über Ursprung und Beendigung e. K. Ted Gurr erklärt ihre globale Existenz durch die Begegnung sozioökonom. ungleicher Gruppen, die um Macht, Ressourcen oder Prestige kämpfen und dabei ihre Anhängerschaft mobilisieren. Für die Mobilisierung der Anhänger spielen zwei Faktoren eine bes. Rolle: zum einen die Stärke der kollektiven Identität einer Ethnie, zum andern der Grad ihrer kollektiven Benachteiligung. E. K. sind deshalb bes. langlebig und zäh, weil sie oftmals nicht primär um eine gerechte Ressourcenverteilung geführt werden, sondern um die Bewahrung des Gruppenstatus, der kulturell definiert wird. Während Verteilungsprobleme rational lösbar sind, widersetzen sich konkurrierende Ansprüche auf die »richtige« Definition nat. Identität diesem rationalen Zugriff und verknäulen das Problem zu einem fundamentalen Streit um existenzielle Fragen. Im Sudan z.B. ereignete sich folgende ethn.-rassistische Eskalationsspirale: Nachdem 1955 ein relativ harmloser Streit über die Besetzung von Verwaltungsposten zwischen Nord- und Südsudanesen rational und einvernehmlich nicht gelöst werden konnte, eskalierte er allmählich zu einem Bürgerkrieg der benachteiligten Südsudanesen, die eine reguläre ↗ Rebellenbewegung zur Abwehr sozioökonom. Diskriminierung und kultureller Überfremdung (Schulsprache Arab. statt Engl. etc.) gründeten. Daraus wurde, da beide Seiten zu Kompromissen in zentralen Fragen der relig. bzw. kulturellen Identität nicht bereit waren, der längste ethnopol. Konflikt Afrikas mit mehr als 2 Mio. Toten und völlig verhärteten Fronten, zu dem nun zu allen anderen Dimensionen die relig. Komponente – die Scharia-Frage – gekommen ist. Dies ist ein Fall von »Konfliktintensivierung durch Konfliktakkumulation« (P. Waldmann).

Derartig komplexe Prozessverläufe, bei denen sich durch Politisierung von Volksgruppen oder ethn. Entitäten deren strittige Identität im Konfliktverlauf weiter verhärtet, lassen sich mit einfachen monokausalen Ansätzen – etwa als Modernisierungskonflikt – nicht erklären. So lässt sich auch der größte und tragischste Konflikt dieser Art in Afrika, der ↗ Genozid von 1994 in Ruanda mit der Folge der pol. Destabilisierung der ges. zentralafrik. Region der Großen Seen, nicht einfach auf eine Dimension – etwa auf den tradierten oder von den Kolonialmächten geschürten Hass zwischen Tutsi und Hutu – reduzieren. Hier liegt eher der Fall einer komplizierten *Ethnogenese* durch die Eskalation militanter Konflikte über Jahrhunderte um immer knapper werdende Bodenressourcen vor, die zu Identifikationen und Exklusionen führten. Waren Tutsi und Hutu einst primär soziale Kategorien (Krieger und Bauern), so wurden sie im Verlauf des Konflikts durch Feindbilder und Propaganda (»Gehirnwäsche«) zu unversöhnlichen Gegnern als Exponenten unterschiedlicher Volksgruppen, Ethnien oder gar »Rassen« gemacht. Aber auch fingierte oder manipulierte Weltbilder können unter Stressbedingungen neue konkrete Realitäten schaffen, weil sie ein Eigenleben gewinnen und sich von ihren Entstehungsgründen ablösen. Die pol. erzeugte ethn.-pol. Identität der Täter als bedrängtes Volk der Hutu, das um sein Überleben kämpfen zu müssen glaubte (wie im benachbarten Burundi), schuf allmählich die Bereitschaft, die eigenen Nachbarn, Volksgenossen und Verwandten in großer Zahl mit der Machete – dem demokratischsten Mordinstrument – umzubringen. Ethnopol. erzeugter Hass setzt die Tötungshemmungen herab, nicht nur in Afrika.

In Zukunft ist bei wachsenden Verteilungsproblemen infolge von Bevölkerungswachstum, Ressourcenknappheit und Politisierung aller Lebensbereiche mit einer Intensivierung und Ausweitung e.K. zu rechnen. Weitverbreitete klientelistische Pfründenwirtschaft (↗ Neopatrimonialismus), exzessive ↗ Korruption, die Ausnutzung des Staatsapparats als wichtigste Ressource für die Bereitstellung und den Machterhalt von Staatsklassen sowie autoritär-repressive Herrschaftssysteme (↗ Autoritäre Regime) führten im Verein mit Störungen lokaler Systeme der Landnutzung, mit Landverlust, ökolog. Schädigungen und schrumpfenden Ressourcen in vielen Fällen zur Desintegration von Staat und Gesellschaft und zu lang anhaltendem Konfliktaustrag.

Versuche, e.K. bzw. ethnoregionalistische Konflikte zu entschärfen, können auf drei Ebenen ansetzen: der Ebene der Prinzipien und Ideen, jener der gesellsch.-pol. Führungsgruppen und schließlich auf der institutionellen Ebene (Föderalismus; Mehrparteiensystem). Auf der Ebene der Normen sollte Demokratisierung unterstützt und dabei das Konzept des *demos* anstelle des *ethnos* propagiert werden, wobei Demos primär auf das Volk als legitimer Träger der pol. Herrschaft abstellt, während Ethnos mehr die geschichtlichen, relig.-kulturellen und sozioökonom. Besonderheiten einer Volksgruppe meint. ↗ Demokratie im Sinne von Demos begründet v.a. individuelle Rechte, als Ethnos ist sie die Quelle kollektiver Rechte. Pol. Eliten des Zentrum mit demokrat. Selbstverständnis werden daher eher bereit sein, ethnoregionalistische Kompromisse im Rahmen föderaler Regierungssysteme zu akzeptieren als Eliten, die sich auf das Ethnosprinzip als staatl. Legitimationsbasis versteifen. Entscheidend dürfte aber in den meisten Fällen von e.K. das Verhalten der pol. Führer gegenüber der Regierung sein. Solange sie glauben, ihre eigenen materiellen wie immateriellen Interessen außerhalb eines gemeinsamen Herrschaftssystems (UNITA in Angola) oder gar Staatsverbandes (Casamance-Sezessionsbewegung in Senegal) genauso gut oder sogar besser verfolgen zu können, werden sie zu pol. Kompromissen nicht bereit sein. Andererseits hat der Fall der RENAMO in Mosambik gezeigt, dass auch militante ethnopol. Bewegungen Kompromisse eingehen, wenn deren Führungen genug Anreize geboten werden, ihre partikularen Interessen innerhalb eines demokratisierten pluralistisch-föderalen Systems verfolgen zu können.

Der Erhalt und die Festigung lebensfähiger staatl. Strukturen, um Staatszerfall und Staatskollaps als Brutstätten ethnopol. Konflikte vorbeugen zu können, sollte daher eine primäre Aufgabe internat. Entwicklungspolitik (↗ Entwicklungszusammenarbeit) sein. Generell gilt, dass die Beendigung und Befriedung e.K. ohne Entwicklung nicht von Dauer sein kann und zahlreiche afrik. Gesellschaften auf Unterstützung von außen angewiesen sein werden, um Demilitarisierungs-, Dezentralisierungs- und Demokratisierungsprozesse mit Aussicht auf dauerhaften Erfolg absichern zu können. ↗ Politisierte Ethnizität

📖 T. R. Gurr, Why Minorities Rebel? A Global Analysis of Communal Mobilization and Conflict since 1945. In: Internat. Political Science Review 14 (1993), S. 161–201. – V. Matthies, Kriegerische Konflikte und friedliche Konfliktbearbeitung in Afrika. In: M. A. Ferdowsi (Hg.), Afrika zwischen Agonie und Aufbruch, München 1998, S. 49–78. – O. Nnoli, Ethnic Politics in Africa, Ibadan 1989. – R. Tetzlaff, Der Wegfall effektiver Staatsgewalt in den Staaten Afrikas. In: Die Friedens-Warte 74 (1999), S. 307–330. – P. Waldmann/G. Elwert (Hg.), Ethnizität im Wandel, Saarbrücken 1989. – P. Waldmann, Ethnoregionalismus und Nationalstaat. In: Leviathan 21 (1993), S. 391–406.

Rainer Tetzlaff

Ethnizität. Der Begriff E., eine Eindeutschung des im Engl. erst seit den 1960er Jahren geläufigen Worts *ethnicity*, zielt auf die Beziehungen zwischen ethn. Gruppen (Ethnien) und lässt sich am besten als »Denken in ethn. Kategorien« übersetzen. Ethnien sind familienübergreifende Gruppen, die sich selbst eine kollektive Identität zuschreiben und/oder von außen als Gruppe definiert werden. Die Kriterien, die die Außengrenze der Gruppe markieren, sind höchst wandelbar und greifen immer nur einen kleinen Teil des kulturellen Repertoires auf, das eine ethn. Gruppe mit vielen ihrer Nachbarn teilt (↗ Kulturkreise). Man muss also unterscheiden zwischen den soziologisch beschreibbaren Prozessen der Gruppenbildung und -abgrenzung einerseits und den ethn. Ideologien andererseits, die die Gruppen selbst entwickeln. Ethn. Gemeinschaftsideologien behaupten i.d.R., dass die Mitglieder der Wir-Gruppe (der Ethnie) Kultur, Abstammung, Sprache und Geschichte miteinander teilen; oft wird auch die Vorstellung eines gemeinsamen Territoriums formuliert. Manchmal ist Religion das wichtigste Kriterium ethn. Gemeinsamkeit; dann kann sogar ohne gemeinsame Sprache Zugehörigkeit zu einer ethn. Gruppe behauptet werden. Ethn. Gemeinsamkeiten werden immer als ererbt und qua Geburt (oder Adoption in die Gruppe) gegeben vorgestellt und meist als wichtiger erachtet als individuell erworbene ökonom. und pol. Positionen. Die Begriffe E. und ethn. Gruppe ersetzen heute in Afrika oft problematisch gewordene Termini wie ↗ Tribalismus, Rasse (↗ Rassismus) oder ↗ Stamm, ohne deswegen aber präziser definiert zu sein. E. ist eine schillernde, vieldeutige Kategorie, die längst nicht mehr nur zum Repertoire sozialwiss. Begriffe, sondern auch zum Wortschatz von Politikern und sozialen Bewegungen gehört.

Wer heute über E. in Afrika schreibt, steht vor einem Paradox. Auf der einen Seite sind sich westl. Historiker und Ethnologen weitgehend einig, dass das vorkoloniale Afrika nicht aus den gegenwärtig bekannten ethn. Gruppen bestand, zwischen denen sich klare kulturelle, sprachliche und pol.-territoriale Grenzen hätten ziehen lassen. Prägende Charakteristika der meisten afrik. Gesellschaften waren (und sind noch heute) Mobilität, überlappende Netzwerke, multiple Gruppenmitgliedschaften und kontextabhängige Grenzziehungen. Nur in wenigen Fällen ähnelten die afrik. Gemeinschaftsideologien dem europ. »Volks«-Denken des 19. Jh. Afrik. Gemeinschaften gründeten sich auf ↗ Nachbarschaft, ↗ Verwandtschaft oder die gemeinsame Loyalität gegenüber einem pol. Oberhaupt, aber nicht unbedingt auf eine gemeinsame Sprache und Kultur. Die meisten vorkolonialen Staaten (↗ vorkoloniale pol. Systeme) waren multiethn. Gebilde; der gemeinsame Name, der heute als Ethnonym verwendet wird, verwies auf die gemeinsame Anerkennung des Herrschers, nicht auf gemeinsame Herkunft und Sprache. Nicht staatl. organisierte Gruppen waren durch sich vielfältig überlappende Verwandtschaftsbeziehungen und relig. und wirtsch. Netzwerke sowie ↗ Bünde oder ↗ Altersklassen untereineinander und mit den sie umgebenden Staaten verbunden, hatten aber nur selten ein Gemeinschaftsbewusstsein entwickelt, das über den eigenen Klan und die Siedlung hinausging. Ethn. Gemeinschaftsideologien entwickelten sich aus diesen regional versch. kollektiven Identitäten meist erst in der Auseinandersetzung mit dem europ. Denken in Stämmen, das Missionare und Kolonialbeamte nach Afrika brachten.

Auf der anderen Seite haben ethn. Gemeinschaftsideologien aber inzwischen in Afrika so stark Fuß gefasst, dass die Vorstellung, die heute bekannten ethn. Gruppen existierten schon seit Jahrhunderten, weit verbreitet ist. Ob nun E. positiv als Festhalten an kulturellen Traditionen oder negativ als illegitime pol. Vetternwirtschaft bewertet wird, sie ist fester Bestandteil des öffentl. pol. Diskurses in Afrika und auch in Europa, man denke nur an die in den Medien übliche Erklärung, die ↗ Kriege/Bürgerkriege seien Auswüchse traditioneller »Stammesfehden«. Doch auch wenn viele Afrikaner die hist. Wurzeln der versch. Ethnien betonen, so wird über die konkreten Grenzen, Namen, Geschichte und kulturellen Werte der ethn. Gruppen lebhaft gestritten.

I. Die koloniale »Erfindung« von Ethnizität. Der Eindruck der hist. Kontinuität der heutigen afrik. Ethnien verdankt sich z. T. dem Umstand, dass die Kolonialbeamten, Missionare und Ethnografen bei ihrer Klassifikation der afrik. »Stämme« und deren schriftlicher sowie kartographischer Fixierung an lokale Namen anknüpften. In vorkolonialer Zeit verwiesen diese Namen aber oft eher auf Berufsgruppen oder pol. Gemeinwesen als auf kulturell-sprachlich definierte und rigide voneinander abgegrenzte ethn. Gemeinschaften. So konnten nomadische, Rinder haltende Tuareg im Norden Nigerias zu Hausa werden, wenn sie in Zeiten extremer Dürre in die Städte zogen und Handel trieben. Als Nupe wurden dagegen alle Krieger, Bauern, Viehhalter und Handwerker versch. Ursprünge bezeichnet, wenn sie nur den Nupe-König als Oberhaupt anerkannten. Manche der heute gebräuchlichen ethn. Namen waren ursprgl. nur eine Selbstbezeichnung für »Menschen«; andere entspringen den Fremdbezeichnungen, mit denen eine Bev. von ihren Nachbarn oder von Händlern oder Eroberern benannt wurde. Welche Namen in die kolonialen Landkarten und Ethnographien Eingang fanden, hing nicht zuletzt von den afrik. Übersetzern und lokalen Eliten ab, mit denen die Kolonialherren zusammenarbeiteten. Dabei wurden ethn. Kategorien immer »im Plural« entworfen, als System von Unterschieden, die die Kolonialbeamten nun häufig mit Bezug auf ihre militärstrategischen und verwaltungstechn. Anforderungen definierten. So wurden z. B. die Dagara im heutigen Nordghana trotz gemeinsamer Sprache in »Lobi« und »Dagarti« unterteilt, weil die einen als kriegerischer und schwerer zu befrieden erschienen als die anderen. Vielerorts galten auch bestimmte »Stämme« als bes. geeignet für den Dienst in der Armee oder als Minenarbeiter.

Das koloniale Verständnis von »Stämmen« war von nationalistischen und evolutionistischen Theorien des 19. Jh. geprägt. In den Augen der Kolonialbeamten gehörte jeder Afrikaner einem – und nur einem – »Stamm« an, der Abstammung, Sprache und Kultur teilte, sich deutlich von den Nachbarn unterschied, auf einem bestimmten Territorium lebte und von einem Ältestenrat oder Häuptling regiert wurde. Dabei galt der »Stamm« als ein Stadium einer natürl., gesetzmäßigen pol. Entwicklung, die in aufsteigender Linie von Familien zu Klans, Klans zu Stämmen, Stämmen zu Stammesföderationen und schließlich zu Nationen verlief. Der »Stamm« war also nicht nur ein Instrument der Klassifikation, sondern auch pol. Ordnungsmodell, und Häuptlingstümer und Distrikte sollten den ethn. Grenzen Rechnung tragen. Dass Ethnien und *native states* (so die brit. Terminologie) deckungsgleich würden, erwies sich in der Praxis als nicht realisierbar. Tatsächlich wurden darum meist nicht »Stämme« in Häuptlingstümern organisiert, sondern umgekehrt wurden durch machtpol. Faktoren zustande gekommene Häuptlingstümer nachträglich mit einem ethn. Etikett versehen.

Diese koloniale »Erfindung« von Stämmen speiste sich aber auch aus der aktiven Mitwirkung von Afrikanern, die aus eigenen Interessen neue pol. und kulturelle Traditionen schufen und »Stammes«geschichten schrieben. Genauso wie die Kolonialbeamten effektive Verwaltungseinheiten brauchten, wollten viele Afrikaner Aktionseinheiten ins Leben rufen, die größer und wirksamer waren als der Verwandtschaftsverband und die einzelne Siedlung und die es ermöglichten, auf koloniale Entscheidungen Einfluss zu nehmen. Häuptlinge, Missionszöglinge und Älteste spielten eine zentrale Rolle in der Benennung von Ethnien und Kodifizierung von »Stammes«bräuchen. Teils wurden ganz neue Praktiken, Symbole und Geschichten als »Tradition« eingeführt; teils wurden ältere Elemente aufgegriffen, die dann aber durch ihre Verschriftlichung und Fixierung ihren Charakter veränderten. Koloniale ethn. Kategorien waren insges. erheblich rigider als die vorkolonialen kollektiven Identitäten.

Die koloniale »Erfindung« von Stämmen knüpfte an komplexe und lokal verschiedenartige Vergemeinschaftungsprozesse an. Drei Aspekte lassen sich festhalten: (1) der Kontext sozialer Ungleichheit, in dem ethn. Kategorien typischerweise entstanden sind, und zwar oft – zumindest anfänglich – als Instrument der Stabilisierung (oder Neubegründung) dieser Ungleichheit; (2) die Zusammenarbeit kolonialer Autoritäten mit afrik. »Kulturmaklern«, die europ. mit lokalen Identitätsmodellen verflochten; (3) die Verfestigung der neu produzierten Identitäten durch alltägliche (Verwaltungs-)Praxis, die ihnen den Anschein der Natürlichkeit verlieh. Entscheidend ist, dass die Gründe für die Fortdauer ethn. Identitäten sich sehr weit von den Gründen entfernen können, deretwegen sie geschaffen wurden. In vielen Kolonien entstanden durch den raschen sozialen Wandel – ↗ Migration, ↗ Urbanisierung und die wachsende Monetarisierung sozialer Beziehungen auch auf dem Land – Unsicherheit und Bedürfnisse nach Orientierung an »traditionellen« Werten, die die neuen ethn. Ideologien für breite Bevölkerungskreise attraktiv machten.

II. Ethnizität und Arbeitsmigration. Für die vielen afrik. Arbeitsmigranten, die seit Beginn des 20. Jh. in immer wachsender Zahl ihre Dörfer verlassen, um saisonal oder auch langfristig in den Städten, auf Plantagen oder im Bergbau zu arbeiten, wurde die ethn. Zugehörigkeit zu einer wichtigen Ressource für Hilfe bei der Arbeitssuche, Beschaffung von Unterkünften und in Notfällen. Auch für Geselligkeit und Feste wurde von vielen der Kreis derer vorgezogen, mit denen man die Sprache (wenngleich in versch. Dialekten), musikalische Traditionen und Bräuche teilte. Mit der Berufung auf die gemeinsame Zugehörigkeit zu einer ethn. Gruppe ließen sich weit mehr Menschen zum Beistand bei Beerdigungen mobilisieren, als Klan- oder Dorfzugehörigkeit es vermochten. In vielen Städten und Minen wurde es auch von den Arbeitgebern, lokalen Chiefs und der Kolonialverwaltung erwartet, dass sich die Migranten unter ethn. Führern (in brit. Terminologie: *tribal headmen*) zusammenschlossen, die als Vermittler zwischen Migranten und Gastgebern fungieren sollten. An die Stelle der *tribal headmen* für die Migranten sind heute vielerorts ↗ Vereine getreten, in denen sich Migranten aus einer Herkunftsregion zum Zweck gegenseitiger Hilfe zusammenschließen und die darüber hinaus oft auch zur Entwicklung der Heimat beitragen wollen – in Nigeria z. B. die vielerorts verbreiteten *hometown associations*, im frankophonen Afrika die *associations de ressortissants*. E. ist also nach wie vor eine wichtige Grundlage von Solidarität in der Fremde.

Nicht nur für Arbeitsmigranten, auch für Händler und andere Berufssparten kann E. zur ökonom. Ressource werden. Gut untersucht ist das Beispiel von Hausa-Händlern in Westafrika, die ihre kulturelle und relig. Differenz zur Gastgesellschaft nutzten, um ein Monopol über den Fernhandel mit Kolanüssen und Vieh aufrechtzuerhalten. Ähnliche ethn. »Monopole« finden sich v. a. im ↗ informellen Sektor. Wo die Verknüpfung von ökonom. Tätigkeit und ethn. Zugehörigkeit sehr eng ist, lassen sich oft Fälle von ethn. »Konversion« beobachten: Jemand wechselt seine ethn. Identität, um Zugang zu einer bestimmten Berufssparte zu erhalten.

Seit den 1940er Jahren haben v. a. brit. Sozialanthropologen in einer Reihe methodisch und theoretisch innovativer Studien zu Städten im rhodesischen Kupfergürtel und in Südafrika den Zusammenhang von E. und Arbeitsmigration untersucht. Diese Studien betonten die Situationsbezogenheit, Flexibilität und Manipulierbarkeit ethn. Zugehörigkeit im urbanen Kontext. Städt. ethn. Kategorien entsprachen nämlich oft nicht den ländl. »Stämmen«, sondern wurden von den Migranten oder ihren Arbeitgebern den jeweiligen Erfordernissen gemäß neu geschaffen. Mit der Rückkehr der Migranten in ihre Heimat wirkten die neuen ethn. Kategorien auch in die ländl. Siedlungen zurück. Wenn man die ethn. Zusammenschlüsse über einen längeren Zeitraum beobachtet, wird auch klar, dass ihre Grenzen fließend sind. In Süden Ghanas schlossen sich z. B. zu Beginn des 20. Jh. alle Migranten aus dem Norden der Kolonie unter einem einzigen *tribal headman* zusammen und verhielten sich damit so, als ob sie einer einzigen ethn. Gruppe angehörten. Mit der Zahl der Arbeitsmigranten aus dem Norden wuchs aber das Bedürfnis nach weiterer Untergliederung, und mit zusätzlichen *tribal headmen* für kleinere Gruppen wurden auch neue »Stämme« definiert – ein Prozess, der meist durch Konflikte der sezessionierenden Gruppe mit dem alten *headman* ausgelöst wurde. Ähnlich ergeht es heute ethn. Vereinen: Sobald die Zahl der potenziellen Mitglieder steigt, geht die Tendenz in Richtung auf weitere Fragmentierung. Je nach Situation können aber auch die umfassenderen Zugehörigkeiten nach wie vor handlungsrelevant sein.

III. Politische Ethnizität. Wachsendes ethn. Bewusstsein und die Integration einer Gruppe in einen Staat schließen sich keineswegs gegenseitig aus, wie viele neuere Studien zeigen, im Gegenteil: Der neue pol. Kontext macht den Rückgriff auf ethn. Identität zu einer nützlichen Strategie, Vorteile für die eigene Gruppe einzufordern. Doch warum drückt sich in den ↗ nachkolonialen Staaten Konkurrenz um Bildung, Einkommen, Status, Infrastruktur und pol. Einfluss so oft in ethn. Konflikten aus, nicht in Klassenkampf oder Religionskrieg? Z.T. hängt das mit der räumlich ungleichen Verteilung von Gütern wie Bildung und Infrastruktur zusammen – ein Resultat von regional unterschiedlich verlaufenen Modernisierungsprozessen. Auf dem Hintergrund der kolonialen »Ethnisierung« werden diese Unterschiede nun in ethn. Kategorien wahrgenommen, als Bevorzugung bestimmter ethn. Gruppen gegenüber anderen. Außerdem werden die gebildeten Eliten von weniger begüterten Mitgliedern ihrer ethn. Gruppe unter Druck gesetzt, ihnen Arbeitsplätze, Zugang zu Schulen und eine verbesserte Infrastruktur in der Heimat zu verschaffen. Daher schließen sich die Eliten nur selten zu einer pan-ethn., nat. herrschenden Klasse zusammen, sondern konkurrieren untereinander um die Zuweisung von Mitteln an ihre jeweilige Herkunftsregion. In demokrat. Systemen ist die eigene ethn. Gruppe zusätzlich auch als Wählerpotential wichtig. Dadurch entwickelt sich der Staat zu einem nach ethn. Gesichtspunkten funktionierenden klientelistischen System (↗ Neopatrimonialismus). Diese Form der Instrumentalisierung von E. wird manchmal auch »pol. Tribalismus« genannt. Jedenfalls ist E. heute eines der innerhalb wie außerhalb Afrikas populärsten Erklärungsmuster für pol. Diskriminierung, Unterentwicklung und Bürgerkriege, selbst dann, wenn andere Faktoren wie Ökonomie und Demographie (↗ Bevölkerung) unübersehbar sind.

IV. Die Mehrdimensionalität von Ethnizität. Eine allg. Theorie der E. im heutigen Afrika lässt sich aus der bisherigen Forschung nicht ableiten. Deutlich wird vielmehr immer wieder, dass die Entstehung ethn. Identitäten hist. und regional spezifisch verläuft und dass E. versch. Funktionen und Bedeutungen annimmt. E. kann zum Medium persönlicher und kollektiver Identität in Situationen der Fremdheit und Unsicherheit werden wie bei den Migranten. Sie kann eine moralische Gemeinschaft begründen, innerhalb derer über Elite-Status (↗ Eliten) und Ansprüche der weniger wohlhabenden Mitglieder auf Umverteilung und ein Mindestmaß an gegenseitiger Unterstützung gestritten wird. E. kann zur Ressource klientelistischer Netzwerke und pol. Mobilisierung werden, mit der um Bildung, Posten, allg. um größere Zuwendungen vom Staat konkurriert wird. Ethn. Ideologien konstruieren das Bild einer natürl. und unveränderlichen Identität. Ihre Wirkungsmacht beruht darauf, dass die emotionale Kraft von Verwandtschaft und »Heimat« auf größere Gemeinschaften übertragen wird. Aber nur weil sich dahinter Raum für multiple Interpretationen und Aushandlungsprozesse verbirgt, ist E. für so viele versch. Menschen emotional attraktiv und zugleich strategisch effizient. Wo diese Aushandlungsprozesse allerdings gewaltsam beschränkt werden, produzieren ethn. Ideologien auch Ausschluss, Not, Unsicherheit und Tod. ↗ Ethnische Konflikte, ↗ politisierte Ethnizität, ↗ Tradition.

📖 B. Berman, Ethnicity, Patronage and the African State. The Politics of Uncivil Nationalism. In: African Affairs 97 (1998). – G. Elwert, Nationalismus und Ethnizität. Über die Bildung von Wir-Gruppen. In: Kölner Zeitschrift für Soziologie und Sozialpsych. 41 (1989). – C. Lentz, Ethnizität und »Tribalismus« in Afrika. Ein Forschungsüberblick. In: Leviathan 23 (1995), S. 115–145. – C. Lentz/P. Nugent (Hg.), Ethnicity in Ghana. The Limits of Invention. London 2000. – T. Ranger, The Invention of Tradition in Colonial Africa. In: E. Hobsbawm/T. Ranger (Hg.), The Invention of Tradition, Cambridge 1983, S. 211–62. – L. Vail (Hg.), The Creation of Tribalism in Southern Africa, London 1989.

Carola Lentz

Ethnologie. Die E. Afrikas hat zum Gegenstand (1) die Differenz und Einheit der Bev. des Kontinents, (2) ihre gesellsch., pol., wirtsch. und relig. Institutionen sowie (3) ihre materielle Kultur und Geisteswelt. In den letzten Jahrzehnten hat sich die E. Afrikas verstärkt der ↗ Ethnizität sowie der ↗ Entwicklungszusammenarbeit und Krisenforschung zugewandt und sich mit der Entwicklung des eigenen Wissens beschäftigt. Die E. Afrikas stützt sich auf eine Ahnenreihe ethnographischer Arbeiten, die von der frühen Völkerbeschreibung Herodots (5. Jh. v. Chr.) über die Berichte arab. Gelehrter im Mittelalter zu den europ. Reisenden und Sklavenhändlern der Frühen Neuzeit und den Missionaren, Abenteurern und Vertretern der Kolonialmächte des 19. Jh. reichen. Im ausgehenden 18. Jh. setzte mit dem Freihandel eine systematische europ. Bereisung und Beschreibung Afrikas ein; 1788 wurde die *British African Association* gegr. Die Eroberung des Sudans durch Ägypten (1838), aber auch der verbesserte Umgang mit ↗ Tropenkrankheiten erlaubten seit etwa 1840 ein gezielteres Reisen. Erst auf dieser Grundlage entwickelte sich eine systematische E. Afrikas.

I. Themen und Schulen. Seit Mitte des 19. Jh. entstanden drei große theoretische Entwürfe, durch deren Raster die E. Afrikas betrachtet wurde: (1) der Evolutionismus mit der Frage, nach welchen Gesetzmäßigkeiten, wie und in welcher Folge sich Institutionen und Gruppen entwickeln; (2) der Diffusionismus mit der Frage, von welchem Ursprungsort sich Dinge, Formen und Institutionen durchsetzen; (3) der Funktionalismus mit der Frage, welche Funktionen (der Bedürfnisbefriedigung) mit Dingen und Institutionen verbunden sind und wie diese Institutionen zum Gleichgewichtszustand einer sozialen und pol. Einheit beitragen. Evolutionismus und Diffusionismus gingen von der Existenz natürlicher kollektiver Organismen aus und hatten große Räume im Blick. Hier standen Fragen nach »Rasse« und ↗ Kulturkreis im Mittelpunkt. Der v.a. seit etwa 1920 mit der brit. *social anthropology* verbundene Funktionalismus betrachtete soziale Organismen und lokale, mikrosoziale Strukturen. Thematisiert wurden jetzt ↗ segmentäre Gesellschaft, ↗ Klan und Lineage, ↗ Dorf, ↗ Nachbarschaft und Staat. Ethnolog. Arbeit in Afrika hieß nun gezielte Feldforschung.

Für die Fragestellung des Evolutionismus war afrik. Quellenmaterial von untergeordneter Bedeutung. Der Diffusionismus entwickelte sich seit Mitte des 19. Jh. in einer Hochphase der Expeditionen ins Innere Afrikas und mit dem Beginn der Kolonisierung des Kontinents. Die Nord-Süd-Traverse durch Afrika – von Ägypten, den Nil aufwärts, nach Äthiopien und zur ostafrik. Küste sowie durch die Sahara – wurde zur ersten Matrix, entlang derer systematische ethnolog. Modelle und Hypothesen entworfen wurden. Die Existenz von Staaten und Reichen von langer hist. Dauer, am Horn von Afrika (Abessinien), im Sudangürtel des westl. Afrika (↗ Ghana, ↗ Mali, ↗ Songhay), im östl. Afrika (Königreiche des Zwischenseengebiets), wurde auf Diffusionen und Wanderungsbewegungen aus dem Mittelmeerraum, von der arab. Halbinsel, aus Mesopotamien oder Indien zurückgeführt. Notorisch bekannt wurde die Hamitentheorie, die alle kulturelle und gesellsch. Entwicklung in Afrika der Wanderung von Hirtenvölkern, von N nach S und von O nach W, zuschrieb. Demgegenüber erschien das autochthone Afrika als Ort permanenter Anarchie, der Kleinkriege, des Menschenraubes und der Sklaverei (↗ Sklavenhandel).

Der Anthropogeograph Friedr. Ratzel ergänzte die diffusionistische Perspektive. Ratzels Afrika war durch Großreiche gekennzeichnet, zu deren Entstehen Migrationen beitrugen. Diese Reiche trugen ein Zerfallspotential in sich, weil sich aus ihnen heraus und an ihren Grenzen neue Gemeinwesen heranbildeten, die gegen die alte Ordnung rebellierten. Ratzels Anhänger Leo Frobenius wies auf die Islam-Brille hin, durch die die Reisenden des 19. Jh. die pol. Struktur und Geschichte großer Teile Westafrikas betrachtet hatten, denn vielfach waren die Begleiter und örtlichen Gastgeber der Karawanenreisenden gebildete Muslime, die ihr eigenes Zivilisationsmodell weitergaben. Frobenius unterschied zwischen staatsbildenden und gemeinschaftsbildenden Völkern, den sog. Äthiopen, »urafrik.«, über strikt patriarchalische Sippen organisierte Bauernvölker. Damit nahm er in gewisser Weise die bereits in den 1930er Jahren von der *social anthropology* vollzogene Teilung zwischen zentralisierten und nicht zentralisierten Gesellschaften Afrikas vorweg (↗ segmentäre Gesellschaften).

II. Ethnologie Afrikas als Arbeitsfeld und Projektionsfläche. Die E. Afrikas beschäftigt sich zunehmend auch mit der Genese des Wissens über Afrika und dem Rückfluss dieses Wissens nach Afrika. Die E. Afrikas war immer auch eine Projektionsfläche für euro-amerik. Grundstimmungen. Dies liegt u.a. daran, dass die Afrikaner selbst erst sehr spät den Prozess der Hypothesen- und Modellbildung bewusst beeinflussen konnten.

Bis in die 1880er Jahre wurde die E. Afrikas z.T. durch liberale, dem ↗ Kolonialismus kritisch gegenüberstehende Wissenschaftler vertreten wie in Deutschland Felix von Luschan, Direktor des Museums für Völkerkunde in Berlin, der mit seinem Verständnis für afrik. ↗ Kunst bewirkte, dass das Afrikabewusstsein der afrik. Diaspora in Europa und Nordamerika eine Renaissance erlebte, was wiederum auch die wiss. Diskurse über Afrika beeinflusste. Diffusionismus und Funktionalismus entwickelten sich hingegen ganz im Schatten der kolonialen Aufteilung Afrikas. Bei Frobenius, der seine bäuerl. Äthiopen auf einer W-O-Traverse ansiedelte, erhielt die afrik. Kultur einen höheren Stellenwert. Diese ethnolog. Matrix beeinflusste auch den Blick der Expedition Dakar-Dschibuti (1932–33), unter der Leitung des frz. Ethnologen Marcel Griaule, mit Michel Leiris als Chronisten des »Phantoms Afrika«. Anstelle der Betonung ethn., kultureller und sprachlicher Differenzen sah Griaule in afrik. ↗ Besessenheitskulten eine alles transzendierende Gemeinsamkeit. In der *social anthropology* der 1930er Jahre wurde das zeitgeistige

Ordnungsmuster der Körperschaft zu einem afrikanisierten Paradigma und mit der Suche nach abstrakten Gleichgewichtssituationen verbunden – in einer Zeit von Protest, Revolte, Revolution, Krieg, Wanderarbeit und Kulturwandel.

Mit der ↗ Entkolonisierung wurden aktivistische Positionen entwickelt, die zunächst von gesellschaftsoptimistischen und später -pessimistischen Deutungen geprägt waren. Im Zuge der Entstehung der ↗ nachkolonialen Staaten und staatl. vermittelter Konzepte von ↗ Modernisierung und Entwicklung (ca. 1960–1980) rückten Afrikaner als handelnde Subjekte in den Mittelpunkt. An die Stelle der Vorstellungen von festgefügten Ordnungen traten solche von Netzwerken, transaktionalen Organismen und sich überlappenden Produktionsweisen. Die ethnolog. Forschungen bauten auf den differenzierten konflikt- und ritualethnolog. Studien von Max Gluckmann und Victor Turner auf oder orientierten sich an marxistischen Modellen. Die Praktiker der Entkolonisierung förderten eigene pol. Diskurse, in denen ethnolog. Theorie und Politik vermischt wurden. In Form der Vorstellung einer »regulierten Anarchie« wurde auch das Modell nichtstaatl. Gesellschaftsordnungen zu einem revolutionären Hoffnungsträger (z. B. bei Amilcar Cabral als Theoretiker und Praktiker des antikolonialen Befreiungskampfes in Guinea-Bissau). Zum gesellschaftsoptimistischen Zweig der E. Afrikas gehört auch das Interesse am lokalen Wissen der ländl. Bev., um es in gelenkte Entwicklung einzubauen.

Mit der Entwicklung vieler unabh. Staaten zu ↗ autoritären Regimes ab etwa 1980 schlug der Optimismus in Pessimismus um, wobei transaktionalistische Theorieansätze auch weiterhin dominierten. Pragmatische Überlebensstrategien, zunehmende gesellsch. und staatl. Desintegration, Hungerkatastrophen, interne ↗ Kriege und ↗ Flüchtlinge wurden zu Themen der E. Afrikas. Dem Ethnischen als gemeinschaftsfördernder Ideologie außerhalb der nationalstaatl. Sphäre wird große Aufmerksamkeit gewidmet (↗ politisierte Ethnizität, ↗ Tribalismus). Dass die Tribalisierung Afrikas die Retribalisierung Europas vorwegnimmt, steht als Menetekel an der Wand. Die E. Afrikas wird zu Beginn des 21. Jh. durch das ethno-, öko- und migrationspol. Bedrohungspotential ihres Gegenstandes nach dem Ende des Ost-West-Konflikts eingeholt. Die Hamitentheorie haben Gewaltakteure in Ostafrika (insbes. in Ruanda) zu einem eigenen pol. Instrument gemacht und die krisenpräventiven Rehabilitationsprogramme der bi- und multilateralen Entwicklungszusammenarbeit finden in einer »Anthropologie der Wut« ihre auto-ethnolog. Begleitung. ↗ Geschichtsschreibung, ↗ Kultur.

🕮 T. Asad (Hg.), Anthropology and the Colonial Encounter, London 1973. – J.-G. Deutsch/A. Wirz (Hg.), Geschichte in Afrika. Einführung in Probleme und Debatten, Berlin 1997. – J. Goody, The Expansive Moment. Anthropology in Britain and Africa 1918–1970, Cambridge 1995. – J. Kramer/C. Sigrist (Hg.), Gesellschaften ohne Staat, Frankfurt 1977. – C. Monga, The Anthropology of Anger. Civil Society and Democracy in Africa, London 1996. – S. F. Moore, Anthropology and Africa. Changing Perspectives on a Changing Scene, London 1994.

Thomas Zitelmann

Ethnophilosophie. Eine Denkweise, die eine gemeinsame afrik. Weltanschauung unterstellt und diese als ↗ Philosophie behandelt.

I. Begriff und Geschichte. Der Terminus E. wurde um 1970 von Marcien Towa (Kamerun) und Paulin Hountondji (Benin) in die afrik. Philosophiesprache eingeführt, um den Philosophiebegriff auf alle Elemente der Kultur wie Märchen, Legenden, Mythen und Sprichwörter auszuweiten (↗ Oralliteratur). Die E. wird so genannt, weil sie sich überwiegend auf ethnolog. Quellen stützt.

Die ethnophilos. Methode geht auf den belg. Missionar Placide Tempels zurück, der in seinem Werk *La philosophie bantoue* (1945), behauptete, bei den Baluba (Kongo) eine für alle Bantu spezifische Philosophie gefunden zu haben. Diese Philosophie leitete er aus mythologischen und relig. Überlieferungen ab, anhand derer er eine Kriteriologie aufstellte, verknüpft mit einer dynamisch-vitalistischen Ontologie. Danach ist der Bantu ein Philosoph, der sich an Kriterien wie Übereinstimmung, Mitgefühl und Nachahmung orientiert. Seine Ethik gründet sich auf eine ontologische Rangordnung. Tempels stellte sich eine pyramidenförmig strukturierte Hierarchie der Lebenskräfte (↗ Lebenskraft) vor, an deren Spitze Gott als Schöpfer alles Seienden steht. Je nach Geburt und Anlagen werden die Menschen mit unterschiedlichen Lebenskräften ausgestattet. Von Tempels beeinflusst, schloss 1956 Alexis Kagame (Ruanda) von linguistischen Analogien des Kinyaruanda (↗ Bantusprachen) auf eine afrik. Philosophie. Kagame fand für zehn aristotelische Kategorien des Seins (Substanz, Qualität, Quantität, Relation, Ort, Zeit, Tun, Lage, Haben, Leiden) Entsprechungen im Kinyaruanda und folgerte daraus, dass die Bantusprachen ebenso für die Philosophie tauglich seien wie das Griech. zu Zeiten des Aristoteles. 1959 veröffentlichte Makara Kiza (Burundi) ein Werk über die Dialektik der Barundi, François-Marie Lufuluabo (Kongo) 1962 eine Bantu-Theodizee. Dieselbe Methodologie wurde 1967 von zwei Kamerunern aufgegriffen: Basile J. Fouda entwarf an Hand von Sprichwörtern und Mythen eine Philosophie der Existenz, Jean Calvin Bahoken baute in seinen *Clairières métaphysiques* die Todesvorstellung seiner sozialen Gruppe zu einer Lebensphilosophie aus. In Westafrika übernahmen Alassane Ndaw (*La Pensée africaine*) und Assane Sylla (*La Philosophie morale des Wolof*) aus Senegal die Methode von Tempels. Dabei erhob Ndaw die Synthese zur eigentlichen und ausschließlichen Methode der afrik. Philosophie, während Sylla aus Volksweisheiten und Sinnsprüchen der Wolof eine Moralphilosophie ableitete. Schließlich bezeichnete 1973 John Mbiti (Kenia) die traditionellen afrik. ↗ Religionen schlicht und einfach als afrik. Philosophie.

II. Kritik der Ethnophilosophie. Towa und Hountondji verstehen die Philosophie innerhalb der Kultur als einen bes. Bereich, den ein kritischer Geist kennzeichnet, der nichts ungeprüft als gesichert gelten lässt. Philosophie ist etwas anderes als Mythen, Sprichwörter oder auch die Religion, und das Vorgehen, alle Elemente der Kultur als Philosophie aufzufassen, kommt einer groben Verallgemeinerung gleich. Was die Methode angeht, ist ↗ Weltanschauung eben nicht gleich Philosophie. Diese Annahme verwässert vielmehr den Philosophiebegriff. Schon 1956 war Tempels von Aimé Césaire in *Le Discours sur le Colonialisme* angegriffen worden: Wenn Tempels auf die Ontologie poche, so lenke er die Bantu davon ab, dass sie vom ↗ Kolonialismus ökonom. ausgebeutet würden. Amady Ali Dieng (Senegal), Eboussi Boulaga (Kamerun), H. Okolo Okonda (Demokrat. Rep. Kongo), Kwasi Wiredu (Ghana), Jean-Godefroy Bidima (Kamerun), Youssouf M. Guissé (Senegal), S. S. Adotevi (Benin) u. a. haben die E. als Vorstufe der Bekehrung zum ↗ Christentum, als Essentialismus bzw. als Manöver zur Ablenkung der Afrikaner kritisiert. Was die Philosophie selbst angeht, so gibt es keine anonyme Philosophie in einer Gesellschaft, und die Angehörigen einer Gesellschaft sind aufgrund ihrer Vertrautheit mit Kosmogonien, Liedern, Sprichwörtern und Märchen nicht schon sämtlich Philosophen. Die Philosophie ist vielmehr eine bes. Anstrengung, die den Dialog, das Teilen von Ideen und deren Weitergabe erfordert.

III. Gegenreaktion der Ethnophilosophie. Die Reaktion der Ethnophilosophen lässt sich unter vier Gesichtspunkten betrachten. (1) Da ist zunächst der epistemologische. Bahoken erwiderte, man könne ↗ Mythos und Philosophie, Allegorie und rationelle Demonstration nicht strikt voneinander trennen. Mythen und Allegorien würden oft zur Rechtfertigung der ethnophilos. Methode herangezogen. Die Ethnophilosophen beriefen sich dabei auf den philosophischen Pluralismus und nähmen für sich in Anspruch, sich auf den geometrischen Geist und für den Geist der Feinheit entschieden zu haben, von dem man wisse, dass er philosophisch sei. (2) In anthropologischer Hinsicht sahen sie keine Wesensdifferenz zwischen einem ethnolog. und einem philos. Diskurs. (3) In hist. Hinsicht machte Pathé Diagne (Senegal) einen Unterschied zwischen denjenigen, welche die Philosophie von den afrik. Traditionen ableiten, und anderen, die sich an eine westl. Definition der Philosophie halten. Erstere seien afrik. Philosophen, letztere dagegen Europhilosophen wie Towa, Wiredu und Hountondji. (4) In soziolog. Hinsicht ging Hebga davon aus, dass jede Philosophie Tochter ihrer Zeit und ihres Milieus sei und ungeachtet ihres universellen Anspruchs ihren strukturellen und lokalen Bestimmungen verhaftet bleibe. Seines Erachtens ist die griech. Philosophie nur auf dem Hintergrund der orphischen Mysterien, pol. Kämpfe und epischen Tradition zu verstehen. Für Abdou Touré und Niamkey Koffi (Elfenbeinküste) hingegen ist die Kritik der E. ein Manöver des afrik. Elitismus, der im Namen seiner Klasse andere als Ethnophilosophen einstuft, was wiederum von Hountondji als Populismus kritisiert wurde.

IV. Aktualität der Ethnophilosophie. Die Debatten um die E. fallen unter das allg. Problem, dass zu bestimmen bleibt, was afrik. Philosophie ist. Diese Problematik verdankt sich der kolonialen Arroganz, die den nichteurop. Kulturen ihre Würde absprach. Der Streit zwischen den Ethnophilosophen und ihren Kritikern hat dabei wichtigere Fragestellungen, die die afrik. Philosophie aufzuwerfen hätte, verdunkelt und verdrängt: z. B. Rolle des Staates, Verhältnis zwischen intellektueller Produktion und Geld, Rolle der ↗ Frauen, Platz der Gewalt, Rolle des Schuldbewusstseins, Wiederaneignung der Technologie. Die gegenwärtige afrik. Philosophie stellt also – wenn man das Problem der E. beiseite lässt – erneut Fragen nach dem Verhältnis Afrikas zur Moderne (Bidima), zur Postmoderne (Appiah und Gyekye, Ghana), zum Heiligen (Bimwenyi,

Demokrat. Rep. Kongo), zur Entstehung neuer Paradigmen (Mudimbe, Rep. Kongo) und zur Hermeneutik (Sodipo, Nigeria). Die E. hat unstreitig eine heuristische Bedeutung. Sie ruft der oft zu sehr vom Theorizismus bestimmten Philosophie in Erinnerung, dass sie sich einerseits nur unter Einbeziehung anderer Disziplinen der Humanwissenschaft entwickeln und andererseits ihre Universalität nur im Hinblick auf die Belastung durch ihre soziolog. Herkunft behaupten kann. Die E. ruft der Philosophie eines ihrer großen Probleme in Erinnerung: Wie kann man die Universalität der Vernunft in einer durch Geschichte und Geographie eingegrenzten, partikulären Art und Weise behaupten? Wie kann eine ethn. Sprache zur universellen werden? Heute haben die Diskussionen um die afrik. Philosophie andere Fragestellungen zu behandeln als diejenige ihrer eigenen Existenz, womit die E. so gut wie verabschiedet wurde. Überlebt hat sie nur dank des Identitätsanspruchs der Afroamerikaner und eines exotischen Afrikaverständnisses insbes. in Europa. Afroamerikaner stärken ihr Selbstbewusstsein, indem sie die gesamte afrik. Kultur in den Augen der Welt als Philosophie darstellen. Aus unterschiedlichen Interessen suchen viele Europäer das wahre und authentische Afrika in der vorkolonialen Vergangenheit und sehen alles Moderne als nicht typisch afrik. an. Und mit dem guten Gewissen der Achtung des anderen, der Unterschiedlichkeit, wird dann als »afrik. Philosophie« jedwede Mythologie oder Religion akzeptiert, die darauf abzielt, eine bestimmte Ordnung zu rechtfertigen statt sie zu in Frage zu stellen. Kolonialem Denken entsprungen, das – immerhin – die Achtung des anderen im Blick hatte, überlebt die E. nur dank einer ebenso ambivalenten Achtung der Differenz. ↗ Weisheitsphilosophie, ↗ *Négritude*.

🕮 P. Tempels, Bantu-Philosophie. Ontologie und Ethik, Heidelberg 1956. – M. Towa, Essai sur la problématique philosophique dans l'Afrique actuelle, Yaoundé 1971. – J.-G. Bidima, La philosophie négro-africaine, Paris 1995. – P. Hountondji, Afrik. Philosophie, Mythos und Realität, Berlin 1993. – D. Masolo, African Philosophy in Search of Identity, Bloomington 1994.

Jean-Godefroy Bidima

Evangelium ↗ Bibel, ↗ Christentum, ↗ Juden in Afrika, ↗ Kirchen, christliche, ↗ Mission

Ewe, auch Gbe (Sprache) ↗ Kwa

Exogamie ↗ Verwandtschaft

Faijum. Provinz mit über 1,5 Mio. Einw. 80 km südwestl. von Kairo in der Libyschen Wüste. Hauptstadt ist Medinet El-Faijum (310.000 Einw.). Ein mildes Klima und große Bodenfruchtbarkeit erlauben den Anbau von Getreide, Mais, Reis, Bananen, Oliven, Orangen, Wein, Zuckerrohr, Baumwolle und Tabak. In großen Blumengärten werden Parfümessenzen gewonnen. Hinzu kommen der Fischreichtum des Karunsees und ein großer Bestand an Wildenten sowie Färbereien, Wollverarbeitung, Zigarettenherstellung. Der Name F. leitet sich vom ägypt. *pa jom*, »das Meer« ab und meint den Karunsee (*Birket El-Karun*), im Altertum Moirissee genannt (45 m unter dem Meeresspiegel gelegen; Länge: 40 km; größte Breite: 8 km; durchschnittl. Tiefe: 4 m; Ausdehnung: 233 km^2). Einst wimmelte es hier von Krokodilen, und die meisten Tempel waren dem Krokodilsgott Sobek geweiht. Der See wird vom Josefsfluss (*Bahr Jusuf*) gespeist, der sich etwa 250 km stromaufwärts bei Dairut vom Nil abspaltet und in die Senke abfließt. Durch das Gefälle entsteht in den Kanälen eine Strömung, die große unterschlächtige Wasserräder (*Nurija*) zur Bewässerung antreibt. Die Pharaonen der 12. Dynastie (1991–1785 v.Chr.) haben das einstige Sumpfgebiet kultiviert und beachtliche Bauwerke hinterlassen: Sesostris II. errichtete die in ihrer Konstruktion ungewöhnliche Pyramide bei Illahun, Amenenhet III. die Ziegelpyramide mitsamt sog. Labyrinth (Totentempel) bei Hawara. Von den Tempeln jener Zeit sind die in *Medinet Madi* und *Kasr Es-Sagha* gut erhalten. 1.500 Jahre später haben die Ptolemäer die Entwässerungsarbeiten fortgesetzt, Boden dazugewonnen und vorwiegend griech. und makedonische Veteranen angesiedelt. Am Seeufer entstanden neue Städte und Tempel, etwa in Dime, Dionysias (*Kasr Karun*), Karanis (*Kom Auschin*), Tebtynis. Aus dem 1.–4. Jh. n. Chr. fand man bei Hawara viele Mumienporträts, auf Holz oder Leinwand gemalte (insbes. enkaustische, weniger Tempera-Malerei), zuweilen fast lebensgroße Brustbilder, die über dem Gesicht des Verstorbenen in die Mumienbinden eingewickelt waren. ↗ Altägypten.

🕮 B. Borg, Der zierlichste Anblick der Welt. Ägyptische Porträtmumien, Mainz 1998.

Karlheinz Schüssler

Familie, grundlegende, auf ↗ Verwandtschaft oder Heirat beruhende soziale Lebensform. Insbes. in ländl. Regionen Afrikas richten sich Arbeitsteilung (zwischen Männern und Frauen sowie zwischen den Generationen) und Zugang zu Ressourcen, z. B. Landnutzungsrechte (↗ Bodenrecht), nach Verwandtschaftsbeziehungen und ↗ Heiratsordnungen. Es gibt einen großen Reichtum an Familientypen mit jeweils unterschiedlichen Wohnsitz- und Vererbungsregeln. Bei manchen ethn. Gruppen verläuft Vererbung – z. B. von Namen, Status und Eigentum – entweder über die väterliche (patrilineare) oder mütterliche (matrilineare) Linie (↗ Matrilinearität), bei anderen sowohl über die mütterliche als auch über die väterliche Linie (bilinear). In patrilinearen Gruppierungen ziehen Ehepaare nach der Heirat häufig zur F. des Mannes (virilokale Residenz, ↗ Patrilokalität), in matrilinearen zur F. der Frau (uxorilokale Residenz). Daneben existieren Formen duolokaler Residenz, d. h. Ehepartner bleiben in weitgehend »eingeschlechtlichen« Haushalten – mit Vätern oder Müttern und anderen männl. bzw. weibl. Verwandten – wohnen. F., die in gemeinsamen oder benachbarten Häusern und Gehöften leben, bilden nicht notwendigerweise auch Produktions- und Konsumptionseinheiten. Häufig sind sie in einzelne Haushalte untergliedert, die in Größe und Zusammensetzung sowie Art und Ausmaß von Kooperation zwischen den Mitgliedern beträchtlich variieren. – In Bezug auf F. und ↗ Ehe gelten unterschiedliche rechtliche Regelungen (↗ Familien- und Erbrecht). Gewohnheitsrecht, ↗ islam. Ehe- und Familienrecht und die staatl. Gesetzgebung können widersprüchliche normative Orientierungen vermitteln (↗ Recht). Kommerzialisierung der Landwirtschaft, ↗ Migration, ↗ Urbanisierung, Christianisierung (↗ Mission) und ↗ Islamisierung haben zu teils erheblichen Veränderungen familiärer und ehelicher Beziehungen geführt, z. B. einer wachsenden Anzahl ↗ Frauen, die – temporär oder dauerhaft – Haushalte ohne männl. Partner führen (↗ Geschlechterbeziehungen). Staatl. Systeme sozialer Sicherung (↗ soziale Vorsorge) sind wenig entwickelt, deshalb sind Beziehungen zur erweiterten F. – neben Netzwerken unter Freunden, Nachbarn (↗ Nachbarschaft) und Bekannten – nach wie vor von großer Bedeutung für die Gestaltung des Alltags und die Strategien persönlicher Krisenbewältigung. Angesichts der schwierigen sozioökom. Verhältnisse in vielen afrik. Staaten sind manche F. nicht mehr in der Lage, ihren Verpflichtungen zur Versorgung der Familienmitglieder nachzukommen, so dass insbes. in städt. Regionen auch Kinder u. U. für sich selbst sorgen müssen (↗ Kindheit).

🕮 J. Fishburne Collier/S. J. Yanagisako, Gender and Kinship. Essays Toward a Unified Analysis, Stanford 1987. – D. Parkin/D. Nyamwaya (Hg.), Transformations of African Marriage, Manchester 1987. – B. Potthast-Jutkeit (Hg.), Familienstrukturen in kolonialen und postkolonialen Gesellschaften, Münster 1997.

Gabriele Zdunnek

Familien- und Erbrecht. Das F. regelt die personen- und vermögensrechtl. Beziehungen von Mitgliedern der ↗ Familie, insbes. die Eheschließung, die Ehewirkungen, die Auflösung der ↗ Ehe, das rechtl. Eltern-Kind-Verhältnis einschl. Status, Sorgerecht und Unterhalt, Vormundschaft, Pflegschaft und ↗ Adoption. Das E. bestimmt den Übergang vermögensbezogener Rechte und Pflichten vom Erblasser auf die Erben im Todesfall; hierbei ist, je nachdem ob ein Testament vorliegt oder nicht, zwischen der (seltenen) Testat- und der (häufigen) Intestaterbfolge zu unterscheiden. Eng mit dem E. verbunden sind Fragen der Beerdigung und Totengedenkfeiern (↗ Bestattungsrituale) sowie der Übertragung gesellsch. Positionen. Beim F. u. E. ist die in afrik. Ländern bestehende Rechtsvielfalt bes. ausgeprägt. Auch in den Staaten, in denen das F. u. E. vereinheitlicht wurde, existiert im gelebten Recht die Rechtsvielfalt fort. Staatl. Recht, die afrik. Gewohnheitsrechte und das relig. Recht wie insbes. das islam. (↗ islam. Ehe- und Familienrecht) gehen dabei von unterschiedlichen Familienkonzepten aus. – In den afrik. Gewohnheitsrechtssystemen wird Familie in erster Linie durch die Abstammung definiert. Je nach dem Abstammungs- und Verwandtschaftssystem der Gemeinschaft (↗ Verwandtschaft, ↗ Klan und Lineage) erfolgt die rechtl. Zuordnung einer Person zur Familie des Vaters (patrilinear), der Mutter (matrilinear) oder beider Eltern (dual). Daraus ergeben sich der personenrechtl. Status und die Zugangsrechte der Person zu wichtigen Ressourcen wie Grund und Boden sowie ihre familien- und erbrechtl. Position mit den entsprechenden Rechten und Pflichten, die Bestandteil eines umfassenden, auf Reziprozität beruhenden Beziehungsgefüges zwischen Familien und ihren Mitgliedern sind. Familien- und erbrechtl. relevante Vorgänge wie Geburt, ↗ Initiation, Eheschließung und Tod werden von Zeremonien und Riten begleitet, bei denen der starke Gemeinschaftsbezug des Individuums deutlich wird. Für die Eheschließung und Ehescheidung (↗ Heiratsordnungen) ist auch der Konsens der beteiligten Familien erforderlich, der durch den Austausch von Geschenken, häufig auch Brautgut (↗ Brautpreis) zum Ausdruck gebracht wird. Die meisten Gewohnheitsrechtssysteme sehen ↗ Polygamie vor. – Diese gewohnheitsrechtl. Familienkonzepte werden von der auf die konjugale Familie (Kernfamilie) und die rein individuelle Ehe- und Verwandtschaftsbeziehung abstellenden Auffassung, die dem staatl. Recht zugrunde liegt, überlagert und modifiziert. Hieraus ergeben sich Konflikte, insbes. im Hinblick auf ↗ Geschlechterbeziehungen und Kindesrechte, im Eherecht, ehelichen Güterrecht, Unterhaltsrecht, Kindschaftsrecht, Scheidungs- und Scheidungsfolgenrecht sowie im E. Unter heutigen sozioökonom. Bedingungen hält das Gewohnheitsrecht oft keine angemessenen Regelungen zur sozialen Absicherung der Frauen und Kinder mehr bereit, oder seine vermeintliche Anwendung führt zu Unzuträglichkeiten, etwa wenn die Mitglieder der Abstammungsfamilie des verstorbenen Mannes ihre »traditionellen« Rechte geltend machen, die damit verbundenen Pflichten aber nicht übernehmen. Aufgrund des gesellsch. Wandels sowie internat. Übereinkommen und nationalstaatl. Verfassungen, die die Gleichberechtigung der ↗ Frau und Rechte des Kindes postulieren, wird die patriarchal orientierte Familienstruktur zunehmend kritisiert. ↗ Recht.

🕮 A. Bainham (Hg.), The International Survey of Family Law, Bristol (vormals The Hague) 1994 ff. – A. Bergmann/M. Ferid (Hg.), Internat. Ehe- und Kindschaftsrecht, Frankfurt 1952 ff. – B. Rwezaura u. a., Parting the Long Grass: Revealing and Reconceptualising the African Family. In: Journal of Legal Pluralism and Unofficial Law 35 (1995), S. 25–73.

Harald Sippel/Ulrike Wanitzek

Familienplanung ↗ Verhütung

Fante (Akan-Dialekt) ↗ Kwa

Fatimiden, arab.-islam. Dynastie schiitischen Bekenntnisses in Ifriqiya (Tunesien und Ostalgerien), später in Ägypten (909–1171). Die F. leiteten aus ihrer behaupteten Abkunft vom Propheten Mohammed (über dessen Tochter Fatima) ihren Anspruch auf die universale Lenkung der islam. Gesamtgemeinde ab. Nach jahrzehntelanger revolutionärer Propaganda gegen das Kalifat der Abbasiden von Bagdad gelang ihnen zu Anfang des 10. Jh. in Nordafrika die Gründung eines Gegenkalifats, das sich militärisch auf das Berbervolk der Kutama im O des heutigen Algerien stützte. Nach der Eroberung Ifriqiyas trat der Dynastiegründer Abdallâh 909 in Kairuan (heute Tunesien) als der verheißene Erneuerer des ↗ Islam, der »Rechtgeleitete« (*Mahdi*) auf; das schiit.-ismailit. Bekenntnis wurde als die eigentliche, reine Form des Islams propagiert. Von der 916 gegründeten Palaststadt al-Mahdiya (an der tunesischen Küste) aus suchten die F. ihren Anspruch auf die islam. Universalherrschaft durchzusetzen; in mehreren Feldzügen wurde der ↗ Maghreb bis zur Atlantikküste erobert. 969 unterwarf sich das krisengeschüttelte Ägypten der Oberhoheit der F.; 973 siedelte der vierte Fatimidenkalif al-Muizz in das neugegründete Kairo über. Als Oberherren der von ihnen eingesetzten Emire von Ifriqiya und Sizilien blieben die F. bis in die Mitte des 11. Jh. die islam. Vormacht im westl. Mittelmeer. Ihr eigentliches Ziel, den Sturz der Abbasiden, erreichten die F. nicht. Dagegen wurden sie trotz ihres schiitischen Bekenntnisses in Mekka und Medina als Kalifen und damit als Schutzherren der Pilgerstätten anerkannt; 1047 etablierten sich im Jemen die Sulaihiden, eine schiitische Vasallendynastie der F. Die Herrschaft über das Rote Meer und damit über den Seehandel vom Ind. Ozean zum Mittelmeer sicherte Ägypten eine dominierende Stellung im Welthandel; Kairo stieg zu einer der wirtsch. und geistigen Metropolen der islam. Welt auf.

Das schiitisch-ismailitische Bekenntnis der F. wurde privilegiert, doch blieb die Zahl seiner Anhänger gering gegenüber den Sunniten, die zwar als Muslime zweiter Klasse galten, in der Ausübung ihres Kultes aber kaum behindert wurden. Die christl. Bevölkerungsmehrheit von Ägypten, die Christen Syriens und die ↗ Juden genossen den Schützlingsstatus (*dimma*), den das islam. Recht den Anhängern monotheistischer Religionen gewährt; Christen und Juden dominierten v. a. in der ägypt. Finanzverwaltung und stiegen gelegentlich zum Amt des Wesirs auf. Lediglich unter al-Hakim (996–1021) wurden die Nichtmuslime bedrängt, als der Kalif versuchte, ihnen die – nach islam. Anschauung rechtmäßigen – diskriminierenden Kleidervorschriften und Kennzeichen aufzuzwingen, die Ausübung ihres Kultes in der Öffentlichkeit zu beschränken, den Beamtenapparat zu islamisieren und durch Konfiskationen seine leeren Kassen zu füllen; eine Bekehrung aller Christen zum Islam war jedoch zu keinem Zeitpunkt beabsichtigt. Mehrere Kirchen und Klöster in Ägypten und Syrien, u. a. die Grabeskirche in Jerusalem, wurden in den Jahren 1009–19 enteignet, ausgeplündert und z. T. zerstört. Außenpol.

Rücksichtnahme auf Byzanz zwang jedoch al-Hakim und seinen Nachfolger az-Zahir (1021–36), diese Maßnahmen rückgängig zu machen.

Unter al-Mustansir (1036–94) sah Ägypten zunächst den Höhepunkt seiner wirtsch. und pol. Macht und erlebte dann infolge pol. Wirren, Beduineneinfällen, Missernten und Seuchen einen schnellen Niedergang; 1051 sagte sich der Maghreb unter der berberischen Statthalterdynastie der Ziriden von Ägypten los. Unter dem armenischen Wesir Badr al-Gamali, den al-Mustansir an die Spitze von Armee und Verwaltung berief (1074–94), und unter dessen Sohn und Nachfolger al-Afdal (1094–1121) festigte die Dynastie ihre Herrschaft jedoch noch einmal. Die türkischen und die unter al-Mustansir neu aufgestellten sudanesischen Truppen wurden durch armenische Söldner ersetzt; Kairo erhielt zum Schutz gegen innere Wirren seit 1087 neue Mauern und Tore; Steuernachlässe und Verwaltungsreformen brachten dem Land Erholung und neuen wirtsch. Aufschwung. Nach der Ermordung des Kalifen al-Amir (1130) verfiel Ägypten erneut der Anarchie und geriet gegenüber dem fränkischen Königreich Jerusalem in die Defensive, zeitweilig war es nicht mehr als ein fränkisches Protektorat. Das Ende des fränkischen Einflusses kam mit der endgültigen Besetzung des Nillandes durch eine syrische Armee; deren Befehlshaber, der Ayyubide Salahaddin (Saladin) Yusuf, wurde zum Wesir der F. erhoben. 1171 stürzte Saladin die schiitische Dynastie und ließ den Abbasidenkalifen von Bagdad als Oberherrn der gesamten islam. Welt proklamieren.

Die F. errichteten in ihrer (von Saladin aufgegebenen) Palaststadt Kairo bedeutende Bauten wie die 970 gegründete Palastmoschee al-Azhar (die erst im 13. Jh. zu einer Hochschule wurde) und die Moschee al-Hakims (990); wiss. Studien aller Art diente das von al-Hakim 1005 eröffnete »Haus der Weisheit«, eine Lehranstalt und Bibliothek, die nach dem Sturz der Dynastie geschlossen wurde. Bedeutendstes Ergebnis der von den F. geförderten Forschungen ist die »Hakim'sche Tabelle« des Astronomen Ibn Yunus; von den unter den F. errichteten Observatorien hat sich indes keines erhalten.

🕮 H. Halm, Das Reich des Mahdi. Der Aufstieg der Fatimiden (875–973), München 1991.

Heinz Halm

Fellachen (abgeleitet von arab. *fallaḥa* »spalten, pflügen, bebauen, beackern«). Der den Boden bearbeitet, ist der *fallāḥa*, der »Ackerbauer, Landmann«, d. h. im Vorderen Orient, insbes. in Ägypten, die in Ackerbau und Landwirtschaft tätige Bev. Von ihrer Arbeit hängt Gedeihen, Wohlfahrt und Erfolg ab, wie es das verwandte arab. Wort *fallāḥ* ausdrückt. Die F. sind überwiegend islam. Glaubens, doch gibt es gerade in Ägypten, Palästina und im Irak starke christl. Minderheiten. In Ägypten zählt ein Großteil der F. zu den ↗ Kopten, die sich für die Nachfahren des Pharaonenvolkes halten und sich im Gegensatz zur Stadtbev. mit den Fremden, den arab. Eroberern, kaum vermischt haben. Das Ansehen des Mannes ist geprägt von der Anzahl seiner Kinder; die Frau muss sie gebären und aufziehen. Die F. – gut zwei Drittel des ägypt. Volkes – sind anspruchslos und konservativ. So hat sich das Leben auf dem Lande über Jt. nur wenig verändert, und viele alte Traditionen bleiben bewahrt. Die Häuser in den Dörfern sind aus Nilschlammziegeln, gestampften Lehmböden und Dächern aus Palmenstämmen mit aufgelegtem Zuckerrohr oder Maisstroh (früher Schilf). Die Arbeit auf dem Felde wird mit Hacke, Zugvieh und Pflugschar verrichtet wie vor 3500 Jahren auf den Wandbildern ägypt. Gräber. Die F. dreschen und worfeln das Getreide nach alttestamentlicher Art und bewässern ihre Felder immer noch mittels *Sakije*, *Schaduf*, archimedischer Schraube oder Wasserrad, wenn auch langsam mehr motorgetriebene Pumpen verwandt werden. Der Kontakt mit dem Nilwasser führt zu Ansteckungen mit Bilharziose (↗ Tropenkrankeiten). Mit der Revolution 1952 enteignete Nasser die Großgrundbesitzer und brachte die F. in den Besitz kleiner Felder, was aber zur Beeinträchtigung der Produktivität führte, da die Felder durch Erbteilung für einen rentablen Anbau bisweilen zu klein geworden sind.

Karlheinz Schüssler

Felsbilder. Als Sammelbegriff bezeichnet F. sowohl Formen der ↗ Malerei oder ↗ Grafik (Felsmalerei) als auch Gravierungen (Felsritzungen, Petroglyphen), die teilweise mit Malerei kombiniert sind, auf natürlichem, unbehauenem Fels. In Afrika finden sich F. meist in den Savannen- und Trockengebieten, wobei Fundgebiete in der ↗ Sahara (Hoggar, Aïr, Tassili-n-Ajjer u. a.), im ↗ Maghreb (Atlas-Gebirge), in Ostafrika (Kenia, Tansania) und im südl. Afrika (Namibia, Simbabwe, Südafrika) am besten erforscht sind. F. hinterlassen haben sowohl Jäger- und Sammlervölker (z. B. im südl. Afrika, möglicherweise seit 10.000 Jahren und bis in die Gegenwart, ↗ Wildbeuterkunst) als auch Hirten (z. B. südl. Libyen, ca. 5500 bis 1200 v.Chr.). Über die Urheber älterer F. ist so gut wie nichts bekannt, wenngleich bspw. im südl. Afrika diese Kunst wahlweise den Vorfahren heutiger Bewohner zugeschrieben wird oder einer früheren, ausgestorbenen Bev. In größeren Fundgebieten v. a. des südl. Afrika sind regionale Stile zu erkennen. Oft sind vor der Witterung geschützte Orte (Felsüberhänge, Höhlen) mit F. verziert, aber sie finden sich auch an exponierteren Stellen. Bei der Technik der *Felsritzungen* wird das Bild nach einer Vorzeichnung (z. B. mit Holzkohle) mit Steinwerkzeugen in die Felsoberfläche (Patina und Verwitterungsschicht) gehackt, gemeißelt oder gekratzt. So entstehen je nach Härte des Untergrundes bis zu mehrere Zentimeter tiefe Gravierungen, die sich farblich vom umliegenden Fels abheben können. Reliefartige Bilder, bei denen die Form erhaben aus dem Fels herausgearbeitet ist, sind selten. Innenflächen und Umrisse der Figuren werden, evtl. vor dem Auftragen von Malerei, durch Polieren geebnet. Die Farben setzen sich aus mineralischen Pigmenten und organischen Bindemitteln (u. a. Fette, Blut, Eiweiß) zusammen: Gelb- und Rottöne (Ocker), Schwarz (Kohle) und Weiß (Kaolin, Gips), die sich von der natürlichen Farbe des Felsens abheben, überwiegen. Die Verwendung spezieller Malwerkzeuge (u. a. Pinsel) ist bereits bei sehr alten Malereien belegt. Das Alter von F. lässt sich gelegentlich mit Hilfe analytischer Verfahren (Radiokarbonmethode, Massenspektrographie), durch begleitende archäolog. Untersuchungen und über eine Analyse figürlicher Darstellungen (von Wildfauna, Vieh oder Gegenständen, deren Vorkommen in der Region datierbar ist) annähernd bestimmen. Mehrschichtige und somit über einen größeren Zeitraum hinweg ausgeführte F. gestatten eine relative Chronologie, wie auch die Identifizierung unterscheidbarer »Stile«. Oft stammen die F. aus einer Zeit, für die es in den betreffenden Regionen keine schriftl. Quellen gibt, in manchen Gegenden werden sie jedoch heute noch z. B. bei ↗ Initiationen, Hochzeiten oder Beerdigungen (↗ Bestattungsrituale) und als Zeitvertreib ausgeführt. Bei den Motiven überwiegt die naturalistische Darstellung, v. a. von Mensch und Tier. Diese geht oft über die detailgetreue Abbildung hinaus und bezieht grafische Effekte (Ornamente, Schraffuren usw.) ein, die den Figuren Ausdruck, Charakter und Lebendigkeit verleihen. Tierfiguren und Jagdszenen sind in der Regel nicht statisch, sondern wirken bewegt. Neben realen Wesen finden sich Abbildungen von mythologischen Gestalten und Mensch-Tier-Mischwesen (Theriomorphen), evtl. Heiler oder herausragende Persönlichkeiten. Abstrakte Darstellungen von Tieren und Menschen wie auch nichtgegenständliche, amorphe Figuren sind ebenfalls nicht selten. Viele afrik. F. sind von außerordentlicher Kunstfertigkeit und gelten heute als bedeutendes Kulturerbe der Menschheit (↗ Weltkulturerbe). Seit ihrer »Entdeckung« durch europ. Reisende wurden die F. vielfach als Schilderungen aus dem sozialen Leben ihrer Urheber interpretiert. Jüngere Studien, die ethnolog. Erkenntnisse – z. B. über Riten, ↗ Rituale und Mythologie (↗ Mythos) – in ihre Interpretation einbeziehen, lassen hingegen Zweifel daran aufkommen, und abstrakte Formen und Muster entziehen sich oft gänzlich einer Deutung.

🕮 A. R. Willcox, The Rock Art of Africa, London/Canberra 1984. – U. Hallier, Felsbilder früher Jägervölker der Zentralsahara, Stuttgart 1995.

Ulrich Bauer

Female genital mutilation ↗ Beschneidung

Feminismus ↗ Frauen, ↗ Frauenliteratur, ↗ Geschlechterbeziehungen

Fernsehen. Das F. verdankt seine Entwicklung der Unabh. der afrik. Staaten. Vor 1960 gab es F. nur in wenigen anglophonen Ländern wie Simbabwe (damals Rhodesien) und Nigeria (Fernsehsender Ibadan, 1959). Allg. ging die Einführung der Fernsehtechnik ungleichmäßig vor sich, je nach der pol.-ideol. und insbes. der wirtsch. Lage des betreffenden Staates. Das F. wurde 1963 in Kenia und in einigen ehemals frz. Kolonien wie der (damaligen) Volksrep. Kongo (Brazzaville), in der Elfenbeinküste und Gabun, 1965 in Senegal, 1966 in Zaire (Demokrat. Rep. Kongo), 1971 in Mali und in den 1980er Jahren in weiteren Ländern eingerichtet, darunter 1984 in Mauretanien, in Ruanda hingegen erst Anfang der 1990er Jahre. Insges. gab es in Afrika (ohne Südafrika) 1965 knapp 100.000 Fernsehempfänger. Bis 1975 stieg die Zahl auf 600.000, 1985 auf 7,9 Mio. und im Jahr 1995 auf 20,9 Mio.

Anfangs waren die afrik. Fernsehanstalten staatl. Einrichtungen. Der Staat stellte dem F. die Aufgabe, pol. Bildung, Allgemeinbildung und Geschichtsbewusstsein zu fördern. Wie andere ↗ Medien ist das F. in Afrika heute von der pol.

Liberalisierung der 1990er Jahre geprägt. In vielen Ländern wirken jetzt neben dem staatl. nat. F. auch private nat. sowie ausl. Fernsehsender. Doch staatl. Fernsehanstalten haben nach wie vor dominanten Einfluss. Viele private Fernsehsender befinden sich noch in der Aufbauphase. Große Hoffnungen werden in regionale Zusammenschlüsse wie z. B. die SABA (*South African Broadcasting Association*) gesetzt, während die Mitglieder der eher frankophon orientierten URTNA (*Union des Radiodiffusions et Télévisions Nationales d'Afrique*) sowohl finanzielle als auch organisatorische Schwierigkeiten haben. Ausl. Sender erreichen wegen der raschen Verbreitung von Parabolantennen für Gemeinschafts- und Einzelempfang von Satellitenübertragungen heute Zuschauer in allen afrik. Ländern. So konnten z. B. in Kamerun bereits seit 1990 über zwanzig von den Satelliten Eutelsat, Astra, Intelsat, Gorizont und Arabsat übertragene Fernsehprogramme empfangen werden, inzwischen hat sich die Zahl der digital zu empfangenden Kanäle verdoppelt.

Viele Anstalten verfügen allerdings über inzwischen veraltetes techn. Material, was Direktübertragungen nur aus den Hauptstädten zulässt. Die Eigenproduktionen der Sender beschränken sich i.d.R. auf lokale Nachrichtensendungen (↗ Zensur), Unterhaltungs- und Musikveranstaltungen (teilweise in Landessprachen), Talkshows und Fußballspiele einheimischer Mannschaften. Großer Beliebtheit erfreuen sich, z. B. in Nordafrika, lokale Soap-Operas, in denen oft aktuelle Alltagsprobleme zur Darstellung kommen, aber auch, z. B. in der Elfenbeinküste, satirische Sendungen. Da größere Eigenproduktionen an den eingeschränkten Budgets scheitern, dominieren in den meisten Ländern Übertragungen europ. Fußballspiele, billiger ausl. B- und C-Filme und internat., insbes. brasilianische Serienproduktionen. ↗ Akkulturation, ↗ Kino, ↗ Kultur, ↗ Medien, ↗ Rundfunk.

🕮 A. Ba, Télévisions, paraboles et démocraties en Afrique Noire, Paris 1996.

Eddie Tambwe Kitenge bin Kitoko

Feste. Wie in allen Gesellschaften und Kulturen gibt es auch in Afrika Zeiten und Orte für ein gesteigertes gemeinsames Leben und Erleben. F. entsprechen einem allg. menschlichen Bedürfnis nach begrenzter Unterbrechung alltäglicher Routinen. Manche F. entwickeln sich spontan als Antwort auf besondere Momente des Glücks, doch häufiger sind sie mit vorhersehbaren oder regelmäßigen Ereignissen verknüpft, die das Zusammenleben der gesamten Gesellschaft oder eines Teils betreffen. Typische Anlässe sind wichtige Einschnitte des Lebenszyklus wie Geburt, ↗ Beschneidung, Pubertät oder Hochzeit (↗ Ehe, ↗ Heiratsordnungen). Auch elementare Situationen alltäglicher Arbeit wie Aussaat und Ernte oder bei Handwerkern die Fertigstellung eines bedeutenden Werkes können zu F. Anlass geben. Daneben oder ergänzend gibt es jahreszeitliche F., mit denen der Beginn von Vegetationsperioden oder die Sonnenwende gefeiert wird. Sozialer oder beruflicher Aufstieg wie die Freisprechung bei Handwerkern oder das Erreichen eines hohen Amts kann mit eigenen Verdienstfesten begangen werden.

Da sakral und profan in afrik. Gesellschaften selten eindeutig differenziert sind, haben F. aus relig. Anlässen fast immer auch eine der Welt zugewandte Seite. Augenfällig wird dies bei den ausgedehnten Feierlichkeiten, die sich in vielen afrik. Gesellschaften nach dem Tod einer angesehenen Persönlichkeit den ↗ Bestattungsritualen anschließen. Dabei sind in der Erfahrung der Menschen wie in der wiss. Analyse die Übergänge zu Riten (↗ Ritus) und Ritualen oft fließend. Der Verlauf von F. hängt aber stärker als der von Ritualen von der spontanen Interaktion der Beteiligten ab. Während bei Riten den Handlungen ein in hohem Maße bindendes Modell zugrunde liegt, sind bei F. die Handelnden oft zur spielerischen Entfaltung ihrer Kreativität aufgefordert. V. a. dieser Freiraum verleiht F. ihre den Alltag überhöhende Attraktivität.

Die Anziehungskraft von F. wird i.d.R. mit Hilfe künstlerischer Mittel gesteigert. ↗ Musik, ↗ Tanz und theatralische Darstellungen (↗ Theater) sind in vielen Fällen unabdingbare Bestandteile der F. Hinzu kommen leibliche Genüsse wie reichhaltiges Essen und Trinken, je nachdem auch alkoholische Getränke und andere Rauschmittel (↗ Alkohol, ↗ Drogen). F. und insbes. Verdienstfeste können darüber hinaus Anlass zur Verteilung zahlloser Gaben bieten. Während die Freigebigkeit der Veranstalter ihr Prestige wachsen lässt, verlieren sie nicht selten den größten Teil ihrer Habe. Die mit F. verbundene Umverteilung von Reichtümern, die über lange Zeiträume angespart wurden, ist ein Merkmal der meisten ↗ segmentären Gesellschaften Afrikas. In hierarchisierten Gesellschaften können auf diese Art Patronage und Klientelbeziehungen bekräftigt oder erneuert werden.

F. richten sich immer an die Gegenwart, doch

zugleich werden sie vor dem hist. Hintergrund anderer F. gestaltet und wahrgenommen und dienen ihrerseits als Folie, vor der zukünftige F. durchgeführt werden. In der körperlichen und kognitiven, aber auch nachträglich modifizierten Erinnerung bilden sie einen Fundus gesellsch. Gedächtnisses, der die bloße Aufzeichnung einzelner Ereignisse mittels oraler oder schriftlicher Überlieferungen weit übersteigt. In ihnen äußert sich die Geschichtlichkeit afrik. Gesellschaften oft unmittelbar: So werden in vielen F. koloniale und postkoloniale Herrschaft subversiv zur Darstellung gebracht.

Wiss. Untersuchungen betonten versch. Aspekte afrik. F. und folgten darin mehr oder weniger deutlich den jeweiligen theoretischen Paradigmen. Im Anschluss an Emile Durkheim sahen viele Ethnologen F. als Inszenierungen, in denen eine Gesellschaft sich selbst darstellt oder doch das, was sie als ihre innersten Werte sieht. Dazu bedient sie sich eines Repertoires anschaulicher Zeichen, die Victor Turner als symbolische Schlüssel zum Verständnis der ganzen Gesellschaft ansah. In neueren Studien werden eher die Widersprüche und Idiosynkrasien individuellen Handelns in den Vordergrund gerückt. ↗ Initiation.

🕮 V. Turner (Hg.), Celebration: Studies in Festivity and Ritual, Washington 1982.

Till Förster

Fetischismus. Der Begriff F. geht auf das portug. *feitiço* und das frz. *fétiche* zurück (künstlich gemacht, von lat. *factitius*). Diese Bez. relig. Praktiken westafrik. Völker, die sehr früh in den Berichten portug. und franz. Seefahrer und Kaufleute auftauchen, übertrug Ch. de Brosse 1760 auf andere Religionen und sprach ihnen unter dem Neologismus F. eine allg. Bedeutung zu: Überall in der Welt gebe es die Verehrung bestimmter und letztendlich beliebiger irdischer Gegenstände, denen göttliche Kraft und Macht zugeschrieben werde. Der frz. Philosoph Auguste Comte ordnete den F. als primitivste Stufe der Entwicklung des menschlichen Geistes ein: F. – Polytheismus – Monotheismus. Die generalisierende Verwendung des Begriffs bei Karl Marx (Ware als F.) und in der Psychoanalyse (Sexual-F.) hat ihn dann endgültig religionswiss. diskreditiert. Der Begriff F. sollte in dieser Allgemeinheit nicht mehr gebraucht werden, sondern – wenn überhaupt – nur begrenzt zur Beschreibung relig. Phänomene in Westafrika Anwendung finden.

Zum F. gehören zwei Elemente: (1) ein materielles Objekt, das wegen seiner bes. Erscheinung sich dem Finder aufdrängte, aufgrund eines Erlebnisses und eines Priesterbescheids gewählt oder künstlich hergestellt wurde, und (2) die geistige Kraft, die von ihm Besitz ergreift. Das Objekt wird zum Machtträger. Diese Macht wohnt dem Objekt als solchem nicht inne, sie muss initiiert werden. Das geschieht rituell durch Waschung, Salbung, Opfer. Der Fetisch wird nicht angebetet. Er verliert seine relig. Bedeutung und wird wert- und nutzlos, wenn die geistige Kraft das Objekt verlässt. Dann kann er weggeworfen oder seine Kraft durch Gaben und Opfer reaktiviert und gestärkt werden. Welche Form der Fetisch auch hat, er stellt keinen Gott oder Geist dar, sondern deutet dessen Kraft an und vermittelt sie, aber stellt sie nicht zur Schau. Das unterscheidet den F. vom ↗ Ahnenkult. ↗ Religionen, traditionelle, ↗ Magie.

🕮 F. Auplais, Cérémonies fétichistes. In: Anthropos 31 (1936), 239–241. – K. H. Kohl, Fetisch, Tabu, Totem. In: G. Gladigow/H. G. Kippenberg (Hg.), Neue Ansätze in der Religionswissenschaft, München 1983, S. 59–74. – J. F. Thiel, Was sind Fetische? Frankfurt/M. 1986.

Theo Sundermeier

Figur/Ahnenfigur ↗ Skulptur

Filariosen ↗ Tropenkrankheiten

Film ↗ Kino, ↗ Literaturverfilmung

Finanz- und Währungspolitik. Bereich der Wirtschaftspolitik mit der Aufgabe, Ungleichgewichte wie Inflation, exzessive Geldmengen- und Kreditexpansion, hohe Budgetdefizite und überbewertete Wechselkurse zu vermeiden, so dass das Produktionspotential eines Landes möglichst kontinuierlich ausgeschöpft werden kann.

I. Entwicklung durch angemessene Finanz- und Währungspolitik. Eine gut abgestimmte F.-u. W. kann das Entwicklungspotential eines Landes fördern und besser nutzen. Dies trifft insbes. auf Afrika zu, denn Probleme mit der F.-u. W. sind eine wesentliche Ursache der Wachstumsschwäche, der Zahlungsbilanzprobleme wie auch der zunehmenden Abhängigkeit von der finanziellen ↗ Entwicklungszusammenarbeit. Zu unterscheiden sind dabei die Bedeutung der F.-u. W. für (1) die langfristige Stimulierung der Produktion und der Nutzung der Ressourcen einerseits und (2) die kurz- bzw. mittelfristige Konjunktursteuerung und Vermeidung makroökonom. Ungleichgewichte mit hohen Budgetdefiziten und Inflationstendenzen andererseits. In längerfristiger Perspektive ist es Aufgabe der F.-u. W., die Investitionen auf hohem Niveau zu finanzieren und die Investitionspolitik so zu beinflussen, dass Investitionsprojekte mit hoher Ertragsrate gefördert werden. In Afrika bestehen Probleme aufgrund der niedrigen Investitionen und der oft unzureichenden Effizienz von Investitionsprojekten (↗ Finanzsektor). Die Höhe und Art der Besteuerung spielt als Finanzierungsbasis für öffentl. Investitionen (Schulen, Straßen, ↗ Gesundheitsversorgung etc.) eine entscheidende Rolle. Öffentl. Investitionen wiederum unterstützen in vielerlei Hinsicht die private Investitionstätigkeit. Doch sind Umfang und Finanzierung der öffentl. Investitionen weithin ungesichert, v. a. aufgrund der oft negativen staatl. Ersparnisse.

Die Geldpolitik kann durch die Beeinflussung des Kredits und der umlaufenden Geldmenge wie auch durch Zinssatzänderungen sowohl auf den Konsum als auch auf Investitionen und Ersparnisbildung Einfluss nehmen, doch gilt insbes. für Afrika, dass der Zinssatz nur ein Faktor für die Ersparnisbildung ist neben zahlreichen anderen. Erforderlich ist v. a. die Reduzierung der öffentl. unproduktiven Konsumkomponenten, insbes. der Ausgaben für Verteidigung, Sicherheit und ↗ öffentliche Verwaltung. Diese Ausgaben führen dazu, dass öffentl. Investitionen nicht oder nur mit Mitteln der Entwicklungszusammenarbeit finanziert werden können. Öffentl. Investitionen sind aber notwendig, um private Investitionen durch angemessene Infrastrukturen zu unterstützen. Dazu bedarf es einer ausreichenden Steuerbasis, die oft nicht gegeben ist. Die Länder könnten daher durch Steuerreformen die Strukturtransformation ihrer Ökonomien beschleunigen. Die Steuersysteme sind nicht ausreichend progressiv in Bezug auf höhere Einkommen und Vermögen. Wohlhabende Schichten tragen nur unzureichend die Steuerlast mit. Statt die Produktion zu fördern, gefährden Steuersysteme eher die Produktionsbasis, insbes. in der ↗ Landwirtschaft sowie im Bereich kleiner und mittlerer ↗ Unternehmen. Steuern sollten einen Anreiz geben, die landwirtsch. Fläche effektiver zu nutzen bzw. den Standort eines produzierenden Unternehmens in der Nähe der Märkte effektiver zu nutzen, doch vielfach ist dies nicht der Fall, sondern die Besteuerung der Produktionsmengen, der Gewinne bzw. der Einkommen erfolgt exzessiv und trifft bes. kleine Unternehmen und landwirtsch. Produzenten. Die Steuersysteme sind kompliziert, überaus bürokratisch und nicht hinreichend einkommenselastisch, so dass eine regelmäßige Anpassung der Steuerbasis an die Inflation und an die Veränderungen von Potential und Erträgen (etwa von landwirtsch. oder industriell genutzten Flächen bzw. von Nutzungsrechten im ↗ Bergbau) dringend notwendig ist, um die Steuerbasis zu sichern. Die Steuersysteme sind auch nicht diversifiziert genug und schwanken daher zu sehr in Abhängigkeit von den dominierenden Steuern (auf Exporte, Importe und Verbrauchsausgaben), die Stabilität des Steuersystems ist insges. zu gering. Um die Steigerung und Diversifizierung der Produktion und eine Erhöhung der Exporte, auch neuer Produkte, zu erreichen, ist eine Steuerreform erforderlich.

Die Steuerquote in Bezug auf das BSP in Afrika ist zu gering, was bedeutet, dass die Basis für die Budget- und Entwicklungsfinanzierung unzureichend bleibt. Sie erreicht nicht einmal 20% des BSP gegenüber einer Quote von etwa 40% in den Industrieländern. Der Staat kann den wichtigen Hebel der öffentl. Investitionen für die Wirtschaftsförderung daher nur unzureichend einsetzen. Die Steuerquoten variieren zudem stark zwischen 6 und 20 %. Da die Staatsausgabenquote bezogen auf das BSP aber bei 20–25% liegt, ergeben sich Jahr für Jahr Budgetdefizite in fast unveränderter Höhe, die zu der immer höheren ↗ Verschuldung und zu der dramatischen Abhängigkeit von der Entwicklungszusammenarbeit führten. Ein bes. Problemfeld sind die schwer zu kontrollierenden öffentl. Ausgaben, eine Folge von hohen Militärbudgets, sog. Schattenhaushalten und den letztlich vom Budget zu finanzierenden Verlusten öffentl. Unternehmen und Banken. Private Investitionen werden vom Staat daher nur unzureichend unterstützt, so dass die privaten Investoren mit hohen ökonom. Risiken belastet bleiben.

II. Kurz- und mittelfristige Stabilisierung durch Finanz- und Währungspolitik. Eine der wichtigsten Aufgaben der F.-u. W. in Afrika ist es, sicherzustellen, dass nicht plötzlich auftretende Nachfrageausfälle bzw. Nachfragesteigerungen bei exportierten Rohstoffen und Preiserhöhungen bzw. -minderungen auf den Rohstoffmärkten die Wirtschaft und den Staatshaushalt zerrütten (dies sind sog. externe Schocks, insbes. *Terms of Trade*-Schocks). Daher ist F.-u. W. so einzusetzen, dass Produktion und Beschäftigung stabilisiert werden können. Nur dann können angemessene Verteilungswirkungen bei Einkommen und Vermögen und positive soziale Auswirkungen der Wirtschaftspolitik erreicht werden.

Dauerhafte Budgetdefizite, die Monetarisierung dieser Defizite durch eine inflationär wirkende Geldmengenerhöhung und eine weithin fehlende Unabh. der Zentralbanken afrik. Länder gefährden diese Stabilisierungsaufgabe immer wieder und erschweren so die Aufrechterhaltung der für eine günstigere Zahlungsbilanzposition notwendigen internat. Wettbewerbsposition auf nat. und unternehmerischer Ebene. Die Unabh. afrik. Zentralbanken kann nicht als gesichert angesehen werden, da das Finanzministerium bzw. andere pol. Administrationen bei der Geldmengenentwickung und Kreditentwicklung mitbestimmen, v.a. durch die Festlegung der Staatsausgaben und damit der Budgetdefizite, die pol. für notwendig gehalten werden. Zudem sind die indirekten Instrumente der W. über Zinssatzvariationen und eine Liquiditätspolitik durch Wertpapierverkäufe und -käufe der Zentralbank wenig wirksam gegenüber den direkten Maßnahmen der Kreditkontrolle, mit denen Staat und Unternehmen in versch. Wirtschaftssektoren Kredite zugewiesen werden, um Prioritäten bei der sektoralen Entwicklung durchsetzen zu können. Die unzureichende Entwicklung des Bankensektors und der Finanzmärkte lässt eine stärker indirekt wirkende Geldmengen- und Kreditkontrolle derzeit kaum zu.

Die Budgetdefizite sind trotz der erheblichen fiskalischen Reformbemühungen in den letzten Dekaden nur unzureichend reduziert, Verbesserungen bei den Budgetdefiziten allenfalls durch höhere Mittel der Entwicklungszusammenarbeit erreicht worden, nicht aber durch eigene Umstrukturierungen bei den Ausgaben und Einnahmen des Staates. Wenn von den internat. Hilfen abgesehen wird, sind die Defizite mit etwa 8% des BIP extrem hoch und mit einer eigenständigen und entwicklungsförderlichen Wirtschaftspolitik nicht vereinbar. Die unzureichenden Einnahmen zur Finanzierung der staatl. Ausgaben erhöhen die Inflationsgefahr und verschlechtern damit die Wettbewerbsposition heimischer Firmen und Produkte auf dem Weltmarkt. Zudem kommt es zum *Crowding Out* (Abschöpfen finanzieller Mittel durch den Staat auf Kosten privater Unternehmen).

Der Währungspolitik kommt daher die Aufgabe zu, die Inflationstendenzen zu bekämpfen und die ökonom. Aktivität auf hohem Niveau zu stabilisieren, auch durch angemessen hohe reale Zinssätze. Die Qualität der F.-u.W. wird aber weiterhin beeinträchtigt durch die unzureichende Bankenaufsicht, die dominierende Rolle des Staats bei der Inflationsentstehung durch die Budgetdefizite, die Abhängigkeit der Zentralbanken vom Finanzministerium bzw. pol.-administrativen Prozess und schließlich durch die unzureichende Entwicklung von Geld- und Finanzmärkten, wodurch eine indirekt wirkende Währungspolitik durch Zins- und Liquiditätspol. erschwert wird.

III. Langfristige Perspektiven der Finanz- und Währungspolitik. Für die Zukunft ist es wichtig, die Glaubwürdigkeit der Wirtschaftspol. in afrik. Ländern zu stärken und eine institutionell unabh. Zentralbank zu schaffen. Sind Reputation und Effektivität der Zentralbank in der Geldpolitik gering, was v.a. mit dem pol. Einfluss auf ihre Entscheidungen zu tun hat, so bleibt als Ausweg ggf. die Einbindung des Landes in eine Währungsunion. Die Zentralbanken können in Zukunft nur dann effektiv arbeiten, wenn die bisherigen Strukturen geändert und insbes. der pol. Einfluss auf die Zentralbankpolitik abgewehrt werden kann. Sie kann nur effektiv sein, wenn die pol. Spitze diese Autonomie unterstützt. Uganda ist derzeit eines der wenigen Länder, das sowohl in der Budget- als auch in der Zentralbankpolitik einen von der pol. Führung gestützten Reformkurs eingeschlagen und so den Devisenmarkt und Finanzsektor stabilisierend beeinflusst hat. Dieses Beispiel zeigt, dass Reformen nur dann wirksam sind, wenn die Zentralbankpolitik durch eine reformorientierte Finanzpolitik des Staates gestützt wird. Trotz institutioneller und juristischer Anpassungen gibt es aber deutliche Grenzen einer Zentralbankreform mit dem Ziel einer unabh. Geldpolitik. Da die Wirkungen der Geldpolitik auf den privaten Sektor sehr begrenzt sind, ist der Einfluss der Zentralbank auf die Kreditpolitik gegenüber dem öffentl. Sektor für die Effektivität bestimmend.

Allg. kann die Geldpolitik in Afrika weniger für die Feinsteuerung der Konjunktur genutzt werden, sondern eher für die Beeinflussung längerfristiger Entwicklungen. Die Enge der Finanzmärkte und die dominierende Rolle des Staatssektors in der Wirtschaft erlauben nur bedingt eine liquiditätsorientierte und damit stabilisierende Geldpolitik der Zentralbank, etwa durch die Instrumente der Zins- und der Offenmarktpolitik. Nur bei einem Zusammenwirken von Zentralbankpolitik und staatl. Finanzpolitik gibt es überhaupt Chancen, die Fiskal- und Geldpolitik entwicklungsförderlich auszugestalten. Die Förderung der Entwicklung von Geld-, Devisen- und Finanzmärkten (↗ Finanzsektor) kann es zukünftig den Zentralbanken ermöglichen, effektiver als bisher über Zinssätze, Mindestreserven und durch liquiditätsorientierte Wertpapiergeschäfte die Geldmenge zu steuern.

Bemerkenswert ist das in den letzten Jahren deutlich erkennbare neue Interesse an Währungsunionen in Afrika, offensichtlich, um Stabilität zu gewinnen, indem die Richtung der Geld- und Fiskalpolitik von supranat. Organen der Währungsunion bestimmt wird. Die Mitgliedschaft in einer Währungsunion kann die Durchführung einer laxen Geld- und Fiskalpolitik erschweren und dadurch die Glaubwürdigkeit der Wirtschaftspolitik stärken. Dies setzt aber Anreize voraus, in der Währungsunion die für alle Mitglieder geltenden geld- und fiskalpol. Regeln zu akzeptieren und umzusetzen und zudem auch die relevanten Entscheidungen mit diesem Ziel transparent zu machen.

Es ist eine offene Frage, ob dies ein geeigneter Weg sein kann, die Glaubwürdigkeit der Wirtschaftspolitik zu erhöhen. Afrika hat eine reiche Erfahrung mit Währungsunionen (Franc-CFA-Zone, *Eastern African Currency Board, Rand Monetary Area*), doch zeigte sich immer wieder, dass es starke Anreize geben muss, um in der Währungsunion zu bleiben und die geld- und fiskalpol. Regeln der Union in den Mitgliedsländern zu akzeptieren und konsequent umzusetzen.

In Ostafrika wurde im April 1998 ein Vertrag zur Wiederbelebung der ostafrik. Wirtschafts- und Währungsunion geschlossen (↗ EAC). 1994 wurde von den Ländern der Westafrik. Währungsunion die Westafrik. Wirtschafts- und Währungsunion vereinbart (↗ ECOWAS), 1995 dann die Zentralafrik. Wirtschafts- und Währungsunion (↗ CEMAC). In Südafrika wird zwischen den ↗ SADC-Ländern, die 1997 eine Freihandelszone schufen, über eine Erweiterung der aus dem *Rand Monetary Agreement* hervor gegangenen CMA (*Common Monetary Area*) auf die SADC-Länder gesprochen. Ob das pol. und administrative System in allen Ländern einer solchen Union in der Lage sein wird, die notwendigen finanz- und geldpol. Regeln auch umzusetzen, kann allerdings nicht generell unterstellt werden kann. Welcher Weg zu mehr Stabilität in der Wirtschaftspolitik Afrikas führen kann, bleibt daher eine offene Frage.

🕮 A. Tietmeyer, Geld- und Budgetpolitik in einer Währungsunion, dargest. am Beispiel der Westafrik. Währungsunion, Bochum 1997. – Weltbank (Hg.), Adjustment in Africa, Reforms, Results, and the Road Ahead, Washington/Oxford 1994. – D. Guillaume/D. Stasavage, Making and Breaking Monetary Policy Rules: The Experience of African Countries. Working Paper, Centre for the Study of African Economies, Oxford 1999.

Karl Wohlmuth

Finanzsektor. *I. Allgemeines.* Im F. werden Ersparnisse mobilisiert und durch Finanzinstitute (Banken etc.) in Investitionen transformiert. Die Finanzinstitute sind also Vermittler zwischen den Sparern und den Investoren, und von der Selektionsfähigkeit bzgl. der Investitionsprojekte hängen Wirtschaftswachstum, Beschäftigungsrate und damit die ges. Entwicklung der Länder ab.

II. Die Kluft zwischen Investitionen und Ersparnissen. Die Sparraten sind v. a. im subsahar. Afrika so niedrig, dass Investitionen und Wirtschaftswachstum stark von ausl. Ersparnissen, insbes. von der finanziellen ↗ Entwicklungszusammenarbeit, abhängig sind. Die Lücke zwischen Ersparnissen und Investitionen hat sich seit den 1960er Jahren kontinuierlich ausgeweitet und konnte trotz diverser Wirtschaftsreformen seit den 1980er Jahren nicht auf ein tragfähiges Niveau zurückgeführt werden. Die Bruttoersparnisse sind von etwa 11 % im Durchschnitt der Jahre 1965–73 auf etwa 8% in den Jahren 1974–81 und dann weiter auf etwa 5% in den Jahren 1982–92 gesunken. Die Bruttoinvestitionen liegen in diesen Perioden mit etwa 17 %, 22 % und 19 % weit über den erreichten Ersparnissen. Somit finanzieren die Länder ihre Investitionen zu einem erheblichen Teil von ausl. Ersparnissen und sind zunehmend abhängig von Entwicklungshilfe. Der F. ist weder bei der Mobilisierung von Ersparnissen noch bei der Bewertung von Risiken oder der Transformation von Ersparnissen in produktive Investitionen leistungsfähig. Die Maßnahmen zur Reform des F. im Kontext der ↗ Strukturanpassung der 1990er Jahre haben bisher keine Trendumkehr bewirkt. Dazu kommt, dass der Anteil der privaten Investitionen an den ges. Investitionen bei nur 55% liegt und damit das Gewicht des staatl. Sektors bei der Investitionstätigkeit noch immer überaus hoch ist. Investitionen im öffentl. Sektor und in Staatsunternehmen spielen trotz aller Privatisierungsbemühungen der Regierungen nach wie vor eine große Rolle.

Die Finanzsysteme in Afrika sind geprägt durch einen geringen Grad der bedarfsbezogenen Diversifizierung und eine unzureichende geogr. Verbreitung. Insbes. in ländl. Gebieten sind Finanzinstitutionen, wie etwa Filialen von Postsparkassen oder Banken, unzureichend präsent. Daher können der ↗ informelle Sektor, ländl. und städt. Klein- und Kleinstunternehmen und Kleinbauern kaum mit Krediten bzw. mit günstigen und angepassten Sparmöglichkeiten versorgt werden und sind von informellen Finanzeinrichtungen abhängig. Die hohen Risiken für Sparer und Investoren und die funktionalen Probleme der Finanzsysteme hängen auch mit dem geringen Diversifizierungsgrad der Produktion und der Exporte, der unverändert hohen Abhängigkeit der Volkswirtschaft von ↗ Landwirtschaft und ↗ Rohstoffproduktion und den damit verb. externen und internen Bedingungen, Ursachen und Folgen (Wetter, Naturkatastrophen, Rohstoffpreisverfall, Abhängigkeit von der Konjunktur der Industrieländer, Dürre, Bürgerkriege, Wasserversorgungsprobleme) zusammen.

III. Der formale Finanzsektor. Der sog. formale F. besteht aus der Zentralbank, Geschäftsbanken, Entwicklungsbanken und diversen anderen Finanzeinrichtungen wie Versicherungen sowie Pensions- und Sozialversicherungsfonds. Die Geschäftsbanken sind noch vorwiegend in staatl. Hand, doch deren Kreditfinanzierungen sind eher kurzfristig und wenig entwicklungsorientiert ausgerichtet. Aufgrund von Verflechtungen mit Politik und öffentl. Sektor, hoher Bestände an notleidenden Krediten, hoher Ausfallrisiken bei der Kreditgewährung und unzureichender Bankenüberwachung gilt für die übrigen Institutionen Gleiches, wenn sich durch Finanzsektorreformen und Privatisierungen seit den 1980er Jahren die Eigentumsverhältnisse auch zu Gunsten der privaten Wirtschaft verschoben haben. Entwicklungsbanken sollten dieses Defizit frühzeitig beheben und für wichtige produktive Sektoren wie ↗ Landwirtschaft, Industrie, Handwerk und ↗ Bergbau adäquate langfristige Finanzierungen bereitstellen. Diese Entwicklungsbanken waren allerdings meist mit der lokalen Mobilisierung von Ersparnissen nicht befasst und zudem von ausl. Finanzierungen sowie von dem pol. Druck der zentralen und lokalen Regierungen abhängig. Probleme bei der Refinanzierung, der Liquiditätssicherung, hohe Transaktionskosten und wachsende Insolvenzrisiken haben sie daran gehindert, Entwicklungsimpulse zu geben. Die Wirksamkeit subventionierter Kredite dieser Banken für produktive Sektorprojekte erwies sich oft als gering, manchmal sogar als kontraproduktiv, und die Überwachung dieser Banken wie auch der finanzierten Investitionsprojekte war unzureichend.

Als seltenes Beispiel für relativ erfolgreiche Arbeit werden Einrichtungen in Simbabwe wie die *Zimbabwe Development Corporation* und die *Agricultural Finance Corporation* erwähnt, weil es gelungen ist, parallel lokale Ersparnisse zu mobilisieren und die Kredittätigkeit zu diversifizieren. Die *Smallholder Agricultural Credit Administration* von Malawi zählt ebenfalls zu den Erfolgsbeispielen, weil den Kleinbauern neben den eigentlichen Finanzdienstleistungen eine Vielzahl von Leistungen (Einkauf, Vermarktung, Beratung, etc.) angeboten wird; eine Rolle spielt auch die Einbeziehung lokaler Bauernvereinigungen in die Entscheidungsprozesse über die Kreditvergabe.

Von diesen positiven Beispielen abgesehen, sind die Geschäfts- und Entwicklungsbanken in Afrika durch zum Teil extrem hohe Anteile notleidender Kredite am gesamten Forderungsbestand gekennzeichnet. Die Gründe dafür sind politisierte Kreditgewährung, finanzielle Repression (die Regulierung der Einlagen- und Kreditzinssätze nach staatl. Vorgaben) sowie das Fehlen von Überwachungseinrichtungen. Eine Politik der Zinssubventionen, Zinsgrenzen, Kreditzuteilungen und der direkten Interventionen ersetzte oft eine eigene Risiken- und Projektbewertung durch die Banken. Diese Politik wurde mit dem Ziel gerechtfertigt, Kredite zu niedrigen Zinsen für prioritäre Sektoren der Wirtschaft zur Verfügung zu stellen, doch in der Praxis haben sich derartige Interventionen als entwicklungsfeindlich erwiesen. Reformen im formalen F. sollten diese finanzielle Repression korrigieren helfen, insbes. auch durch umfangreiche Sanierungen und Rekapitalisierungen von Staatsbanken in Verbindung mit anschließender Privatisierung. Doch hat diese Politik bisher nur bedingten Erfolg erzielt.

IV. Der informelle Finanzsektor. Es handelt sich dabei um finanzielle Transaktionen (Sparen, Kreditgewährungen aller Art) von Finanzeinrichtungen, die nicht der Bankenregulierung oder einer sonstigen Form staatl. finanzieller Überwachung unterliegen. Schätzungsweise sparen bis zu 70% der afrik. Bev. im informellen F. oder nehmen dort ihre Kredite auf. Dies gilt insbes. für die ländl. Bev., doch auch in Städten gewinnt das informelle Finanzwesen immer mehr an Bedeutung. Vermutlich werden mehr als 50% der Ersparnisse afrik. Volkswirtschaften im ↗ informellen Sektor getätigt, der damit für die Sparkapitalbildung von außerordentlich großer Bedeutung ist. Etwa 80% der Kleinbauern haben Zugang zu versch. Kreditformen im informellen Sektor. Spar- und Kreditvereinigungen auf Rotationsbasis (↗ Tontine) bieten die Möglichkeit, auf der Basis einer kleinen regelmäßigen Ansparsumme im Wechsel mit anderen Teilnehmern einen größeren Betrag als Kredit von der Vereinigung zu bekommen. Außerdem spielen Spar- und Kreditvereinigungen traditionell eine große Rolle bei der Finanzierung im ländl. Bereich, weil sie sowohl Sparformen als auch Kredit anbieten und daher für die Finanzintermediation zwischen Sparen und Investieren unabdingbar sind. Nach neuen Erkenntnissen ist die Bedeutung der informellen Finanzierungen für den privaten Sektor der afrik. Wirtschaften in den letzten Jahren sogar noch gestiegen.

Dort sind viele Akteure tätig: Geldverleiher, Spar- und Kreditvereinigungen auf Rotationsbasis, Sparvereine, Händler und Großgrundbesitzer mit Finanzgeschäften, Kreditvereinigungen, Spar- und Kreditgenossenschaften sowie diverse Finanzhäuser. Kredit wird für Lageraufbau, Notfälle, Ausgleich von Einkommen und Konsum über die Zeit, Investitionen bzw. Arbeitskapital bereitgestellt. Geldverleiher verlangen für ihre oft nur sehr kurzfristigen Kredite hohe Zinsen, die aber den diversen Risiken vor Ort entsprechen. Sparvereine sammeln kleine Ersparnisse und sichern damit die Tageseinnahmen von Kleinhändlern über den Tag hinaus. Spar- und Kreditvereinigungen nach dem Rotationsprinzip ermöglichen es, zwischen Sparen und Investieren auszugleichen und zudem Überschüsse bzw. Defizite mit anderen Finanzeinrichtungen abzugleichen. Der informelle F. wächst auch, weil (1) das formale Bankensystem für viele Produzenten und Konsumenten in den ländl. Gebieten und in den städt. Randzonen nicht erreichbar ist, (2) die Kreditgewährung durch das Bankensystem im Rahmen der Sanierung und Rekapitalisierung erschwert wurde und (3) viele Wirtschaftstreibende neben den Krediten des formalen F. ergänzend auch nach Krediten des informellen Sektors fragen. Die Ausweitung des informellen F. geht einher mit einer wachsenden Bedeutung der Schattenwirtschaft des informellen Wirtschaftssektors, die zwischen 20 und 40% des offiziellen BIP vieler Länder ausmacht. Die Akteure des informellen F. können mit den Unsicherheiten, Prozeduren, Kosten und Risiken bei der Kreditgewährung und bei der Mobilisierung von Ersparnissen gegenüber den informellen Wirtschaftssektoren besser umgehen. Im Gegensatz zu den spezifischen Sicherheiten, die im formalen F. Voraussetzung für die Kreditgewährung sind, bestehen im informellen Sektor Absprachen über den Ankauf der Ernte, über den Kauf von Inputs und Arbeitsleistungen, über die Vermarktung von Produkten sowie sonstige Vereinbarungen über notwendige Dienstleistungen für die landwirtsch. oder die handwerkliche Produktion. Kredite werden auf der Basis von nachgewiesenen Produktionsleistungen, Reputation, Prestige, Arbeitskrafteinsatz etc. vergeben.

Trotz der Reformen des F. seit den 1980er Jahren ist die Bedeutung des informellen Sektors, der spezifische Marktnischen mit Finanzdienstleistungen versorgt, kontinuierlich angestiegen. Insoweit profitiert er deutlich mehr als der formale Sektor von Wirtschaftsreformen und von -liberalisierung. Die Schwäche des informellen Sektors liegt in der geringen Leistung an Finanzintermediation, da die Kredit- und die Sparvereinigungen weitgehend getrennt arbeiten und auf Vermittler angewiesen sind. Es gibt jedoch einen bemerkenswerten Trend, aus dem informellen Sektor heraus diese Lücke durch »halbformale« Finanzintermediäre zu schließen, die dann auf beiden Seiten (Sparen und Kreditgewährung) tätig sind, so etwa die »Finanzhäuser« in Nigeria oder die Susu-Unternehmen in Ghana. Diese neuen Einrichtungen bedürfen dann aber einer Registrierung und Regulierung und werden so zunehmend in das formale Finanzwesen einbezogen.

V. Interdependenz zwischen den Sektoren. Informelle und formale Finanzsysteme agieren in Afrika nebeneinander, so dass die wechselseitigen Vorteile an Kundennähe, Risikenbewertung, Information und Kostensituation nicht gesamtwirtsch. optimal ausgenutzt werden können. Während Kleinbauern und Kleinstunternehmen vom informellen Sektor bedient werden, größere Unternehmen und v.a. Staatsunternehmen vom formalen Sektor, profitieren die vielen kleinen und mittleren Unternehmen nicht von den Dienstleistungen der Finanzsysteme; für sie existiert keine finanzielle Infrastruktur. Damit ist die Tätigkeit des F. in Afrika am oberen und am unteren Ende der Unternehmensaktivitäten polarisiert. Reformen des F. haben diese Fragmentierung bisher nicht überwinden können und müssen daher gezielt bei den Unternehmergruppen ansetzen, die keinen adäquaten Zugang zu Finanzmitteln, flexiblen und sicheren Sparmöglichkeiten wie auch zu den anderen notwendigen Finanzdienstleistungen der Wirtschaft haben.

Es gibt kaum funktionale Vernetzungen zwischen beiden Sektoren, und auch die direkten und indirekten Verbindungen sind begrenzt. Indirekte Verbindungen über die Nachfrageseite (die private Wirtschaft) könnten kompetitiv oder komplementär sein, sind aber aufgrund der fehlenden Vernetzungen wenig ausgeprägt. Bei den Kreditangeboten für die private Wirtschaft ergänzen sich die beiden Sektoren daher nicht; ein Wettbewerb, der zugunsten der Kreditnachfrager oder der Einleger wirken könnte, findet nicht statt. Da beide Sektoren weitgehend Finanzenklaven ohne Verbindung zueinander bilden, kann die Unternehmensfinanzierung nicht effizient durchgeführt werden, was die Expansion der auch aus beschäftigungspol. Gründen wichtigen Klein- und Mittelbetriebe beeinträchtigt. Förderprogramme können dieses Defizit nicht ausgleichen.

VI. Finanzsektorreformen. Bisher wurde wenig erreicht, um die Abschottung der beiden Finanzsysteme zu überwinden, eine stärkere Vernetzung zu erreichen und die Unternehmen im mittleren Bereich finanziell zu fördern. Andererseits haben die informellen Finanzsysteme von der Wirtschaftsliberalisierung profitiert, weil die Finanzsektorreformen die Managementstrukturen des formalen Bankwesens bisher zu wenig positiv beeinflussten. Die Regulierung des formalen F. entspricht bis heute nicht den Notwendigkeiten, weder auf der Einlagen- noch auf der Kreditseite, da pol. Einflüsse, fehlende juristische Rahmenbedingungen, fehlende Kreditüberwachungs- und Einlagensicherungssysteme und zudem Qualifikationsprobleme bei der Bankenaufsicht die Regulierung erschweren. Die Überwachung war oft zu sehr konzentriert auf die Einhaltung von Kreditgrenzen bei Banken aus geldpol. Gründen, nicht aber auf die Qualitätssicherung bei der Kreditgewährung (↗ Finanz- und Währungspolitik). Obwohl durch Maßnahmen der Finanzsektorliberalisierung und der Finanz- und Währungspol. die oft negativen realen (d. h. inflationsbereinigten) Kredit- und Einlagenzinssätze in afrik. Ländern korrigiert wurden, ist darüber hinaus aufgrund des Fehlens komplementärer Reformmaßnahmen wenig erreicht worden. Die Banken finanzieren nach wie vor die hohen Budgetdefizite und stellen letztlich eine Erweiterung des nat. Fiskalsystems dar. Die Versuche, insolvente Banken nachhaltig zu rekapitalisieren, also hohe Bestände an notleidenden Krediten aus den Bilanzen zu nehmen und neues Kapital zur Verfügung zu stellen, sind oft gescheitert, haben aber hohe Budgetmittel gebunden und damit inflationär gewirkt. Die Privatisierung von Banken hat auch deshalb wenig Erfolge gebracht, weil die Wirtschaft weithin staatl. kontrolliert blieb und die Überwachung der Banken durch Zentralbank und Bankenaufsicht ein ungelöstes Problem geblieben ist. V. a. aber dominieren Politik und öffentl. Sektor mit Finanzierungsansprüchen die Kreditpolitik der privaten Banken. Auch die Entwicklung von Börsen wird durch den Staatseinfluss erschwert, direkt durch die Art der Budgetfinanzierung und indirekt durch den Einfluss des Staates auf die ↗ Unternehmen und die Banken.

📖 African Development Bank, African Development Report (http://www.afdb.org). – M. Nissanke/E. Aryeetey, Financial Integration and Development. Liberalization and Reform in Sub-Saharan Africa, London 1998. – K. Wohlmuth u. a.(Hg.), Empowerment and Economic Development, Münster 1999. – The Virtual Library on Microcredit (http://www.soc.titech.ac.jp/icm).

Karl Wohlmuth

Fischerei wird in Afrika neben der Hochsee- und Küsten-F. v. a. von Anwohnern der Flüsse, Seen und Überschwemmungsgebiete betrieben, die sich von Fisch auch maßgeblich ernähren. Andererseits werden Binnengewässer, an deren Ufern Gruppen siedeln, die gewohnheitsmäßig nicht fischen und auch in Notzeiten nicht darauf zurückgreifen, kaum für den Fischfang genutzt. Hier sind jedoch Verhaltensänderungen zu verzeichnen: Z. B. haben die Turkana, Viehnomaden in Kenia, etwa 1930 damit begonnen, Fischfang zu betreiben, und erwirtschaften heute damit stabile Einkommen. Die Aufgabe der ↗ Frauen in der traditionellen F. besteht in der Herstellung von Netzen und der Fischverarbeitung (Trocknen oder Räuchern). In Westafrika liegt der Fischhandel fast ausschließlich bei den Frauen.

Methoden der Konservierung sind in ariden Gebieten das Trocknen, während in Regionen mit humidem ↗ Klima das Räuchern üblich ist. Salz für die Haltbarmachung wird mit Ausnahme von Uganda und Mauretanien i.d.R. nicht verwendet. Die Aquakultur, insbes. die Aufzucht von Süßwasserfischen in künstlichen Teichen, ist in Afrika so gut wie unbekannt und hat auch dort, wo sie von der ↗ Entwicklungszusammenarbeit gefördert wurde, keine größere Bedeutung erlangt.

Während die Hochsee-F. mit größeren Schiffen betrieben wird, herrschen in der traditionellen F. der offenen Meeresküsten und der Binnengewässer die althergebrachten Fahrzeuge wie Pirogen und Auslegerboote vor. Boote aus Röhricht findet man auf dem Tschadsee, dem Tanasee in

Äthiopien und auf dem Nil im Sudan. Traditionelle Fanggeräte sind unterschiedliche Angeln, Fischzäune, stehende Netze und Reusen. Letztere sind oft sehr effizient und zeugen von großer Erfahrung und Kenntnis der Verhaltensweisen der Fische. Auf der anderen Seite führen nicht angepasste Techniken dazu, dass der Fischfang in vielen Seen unergiebiger wird, so z. B. im Malawisee mit den im Süden angrenzenden Gewässern, dem Chiwa-, Chiuta und Malombesee. Während in den 1970er Jahren jeder Bürger Malawis noch 15 kg Fisch pro Jahr verzehrte, musste er sich in den ausgehenden 1990er Jahren mit der Hälfte begnügen. Infolge von Überfischung abnehmende Fangergebnisse hatten die Fischer dazu veranlasst, die Maschen der Netze ständig enger zu knüpfen oder Netze bis 1.500 m Länge auszulegen, die am Ende mit engmaschigen Moskitonetzen versehen waren. So konnten keine Jungfische mehr heranwachsen. In manchen Ländern werden auch Fangrechte für die Hochsee-F. an ausl. Fangflotten vergeben, oder es wird illegal gefischt, was an der Küste von Guinea, Sierra Leone und Angola zu einer Überfischung geführt hat.

Die Produktion moderner Fischereibetriebe kommt nur zu einem geringeren Teil der einheimischen Bev. zugute. Sie ist vielmehr für andere Märkte, insbes. in Europa, bestimmt. I.d.R. erfolgt die Ausfuhr in Form verarbeiteter Produkte wie Fischmehl und Konserven. Die wichtigsten Exportländer sind Marokko, Südafrika, Elfenbeinküste, Namibia, Mauretanien und Senegal.

Die meisten Binnenländer können ihren Fischbedarf aus eigener Produktion nicht decken. Die jährl. Produktionssteigerung überschreitet i.Allg. nicht das Bevölkerungswachstum (↗ Bevölkerung). Der mittlere Verbrauch auf dem gesamten Kontinent liegt bei etwa 7 kg pro Kopf und Jahr (gegenüber 19 kg in den USA und 22 kg in der EU). Für die Mehrheit der armen Bevölkerungsgruppen, die ihren Eiweißbedarf aus dem Marktangebot decken müssen, ist Fisch ein fast unerschwingliches Luxusprodukt, wobei es zwischen den einzelnen Ländern erhebliche Unterschiede gibt. Die Verbrauchszahlen schwanken zwischen 0,1 kg pro Kopf und Jahr in Äthiopien und 27 kg pro Kopf und Jahr im Senegal. Natürlicherweise anders ist die Situation auf den vorgelagerten Inseln (Komoren, Seychellen und Madagaskar zwischen 25 und 30 kg pro Kopf und Jahr, St. Helena sogar 55 kg pro Kopf und Jahr). Mit traditioneller Küsten- und Fluss-F. wird im Durchschnitt kaum mehr als eine Tonne pro Person und Jahr gefischt. Die Entwicklungspläne vieler Länder sehen daher die Schaffung moderner Kleinbetriebe oder von Großfischereien vor, die das Zehnfache oder mehr pro Arbeitskraft anlanden können. Problematisch ist, dass die traditionellen Fischer diesen Entwicklungssprung meist nicht mit vollziehen können und sich folglich der Konkurrenz der modernen Betriebe ausgesetzt sehen.

🕮 L. Naegel, Aquakultur. In: Handbuch der Landwirtschaft und Ernährung in den Entwicklungsländern, Bd. 5: P. Horst/I. Reh, Tierzucht in den Tropen und Subtropen, 2. Aufl., Stuttgart 1999.- U. Stewen, Fischereiprojekt in Malawi auf der EXPO 2000. In: Entwicklung und ländl. Raum, Heft 1, Frankfurt/M. 1998.

Eckhard Baum

Flöte, ↗ Musikinstrument aus der Familie der Aerophone (Blasinstrumente), bei dem eine begrenzte Luftsäule durch Anblasen über eine scharfe Kante in Schwingung versetzt wird. Weitverbreitet sind in Afrika insbes. randgeblasene offene Längs-F., bei denen der Luftstrom von den Lippen über die obere Öffnung eines Rohres gelenkt wird und an der gegenüberliegenden Seite wieder austritt. Die Zahl der meist im gleichen Abstand gebohrten Grifflöcher kann dabei selbst lokal schwanken. Geschlossene Längs-F., wie z. B. Pfeifen aus kleinen Tierhörnern, und Gefäß-F., die aus Schneckengehäusen oder Kalebassen hergestellt werden, sind seltener anzutreffen. F. dienen den unterschiedlichsten kulturellen Zwecken: zum Rufen der Tiere bei den Hirten sowie als Instrument der Heilung (↗ Krankheit und Heilung) und der Tanzunterhaltung (↗ Tanz), bei denen die Flötenspieler häufig von Trommlern begleitet werden. Auch in Europa und den USA bekannt wurde *ndehoo*, die Einton-F. der Pygmäen, auf der Francis Bebey, Musiker aus Kamerun, traditionelle und moderne Kompositionen spielte.

🕮 Art. »Flöte«. In: Die Musik in Geschichte und Gegenwart, Bd. 3, Kassel/Stuttgart 1995, S. 562.

Raimund Vogels

Flüchtlinge sind Menschen, die aufgrund von Verfolgung oder Krieg ihren angestammten Lebensraum unfreiwillig verlassen, um vorübergehend oder dauerhaft in einem anderen Gebiet Zuflucht zu suchen.

I. Vor- und Frühgeschichte. F. traten in Afrika nicht erst im 20. Jh. auf. Mündliche Quellen weisen auf Fluchtbewegungen im prähist. Afrika hin. Der »Auszug aus Ägypten« etwa im 13. Jh. v.Chr., von dem das Buch Exodus im Alten Testament berichtet, ist wahrscheinlich die älteste schriftl. Quelle über Massenflucht in Afrika (↗ Juden). F. sind keine zufälligen Einzelereignisse, vielmehr fanden sie im Rahmen größerer hist. Prozesse statt. Die Geschichte Afrikas wurde vom Aufstieg und Niedergang kleinerer, zentralisierter pol. Systeme oder ausgedehnter Reiche geprägt und seit über 2000 Jahren von außerafrik. hist. Prozessen überlagert (↗ vorkoloniale pol. Systeme). Einer der ersten, die Expansion des Römischen Reichs nach Nordafrika (↗ röm. Kolonisation), begann mit dem Sieg Roms über ↗ Karthago im Dritten Punischen Krieg (149–146 v.Chr.), gefolgt von Flucht vor Krieg und Versklavung. Danach drangen Araber in Nord- und Ostafrika ein. Bereits islamisiert (↗ Islamisierung), entgingen die Berber durch Flucht in schwer zugängliche Regionen des Atlasgebirges und der Sahara der drohenden Arabisierung. Mit der arab. Expansion nach Nordafrika sowie der omanischen Machtausdehnung nach Ostafrika entstand ein ↗ Sklavenhandel: Über 10 Mio. Afrikaner wurden via Transsahararouten bzw. das Rote Meer nach Arabien oder via ↗ Sansibar nach Oman verschleppt; zahllose Afrikaner zogen der Versklavung die Flucht vor. Mit der Bildung europ. Nationalstaaten im 15. Jh. setzte die span. *reconquista* der arab. Herrschaft auf der Iberischen Halbinsel ein Ende. Etwa 150.000 span. Juden und 3 Mio. Muslime flohen nach Nordafrika. Der Drang des christl. Europa nach Schwarzafrika hatte bereits Mitte des 15. Jh. eingesetzt. Der transatlantische Sklavenhandel (1450–1867) bestimmte die erste Phase afrik.-europ. Beziehungen. Mindestens 10 Mio. Afrikaner wurden als Sklaven nach Amerika gebracht; hinzu kommen die etwa 3 Mio., die während der Schifffahrt starben. Die Zahl der bei den Sklavenjagden getöteten und vor ihnen geflohenen Afrikaner – es gibt Berichte von völlig entvölkerten Landstrichen – ist unbekannt. Der sog. Dreieckshandel zwischen Afrika, Amerika und Europa – Sklaven, Rohstoffe, industrielle Fertigprodukte – hat die wirtsch. Entwicklung Europas gefördert. Die Europäer erwarben eine techn. Überlegenheit, die ihre erneute Expansion nach Afrika im 19. Jh. ermöglichte: Dieses Mal ging es um die Kolonisierung und territoriale Aufteilung Afrikas.

II. Flüchtlinge seit der europäischen Eroberung Afrikas. Versch. Flüchtlingsströme prägen diese hist. Phase. Bes. in den Siedlungskolonien erfolgte die Gewinnung von Plantagenland für europ. Farmer durch die Vertreibung afrik. Kleinbauern und Viehhalter von ihrem angestammten Boden. So schoben z.B. die Briten in Kenia zehntausende Kikuyu aus den White Highlands in Reservate ab, um 4.000 Weißen Land zuzuteilen. Ein zweiter Typ von F. entstand, als – nach der Abschaffung der Sklaverei – die Rekrutierung von sog. Kontraktarbeitern einsetzte. Der drohenden ↗ Zwangsarbeit z.B. auf europ. Farmen entzogen sich bspw. aus der mosambikanischen Provinz Niassa bis 1919 rund 100.000 Afrikaner durch die Flucht nach Dt.-Ostafrika/Tanganyika. Einen dritten Typ von F. verursachten die Strafexpeditionen der Kolonialarmeen gegen aufständische Völker: Dem ↗ Genozid der dt. Schutztruppe an den Herero und Nama (1904–07) in Dt.-Südwestafrika konnten nur wenige nach brit. Bechuanaland entfliehen. Weitere F. entstanden durch die Kampfhandlungen der europ. Staaten in Afrika während des Ersten und Zweiten Weltkriegs. Der Erste Weltkrieg konzentrierte sich auf die dt. Kolonien. 1915 flohen z.B. aus Kamerun ca. 65.000 Menschen in die span. Kolonie Rio Muni, darunter 25.000 afrik. Soldaten der dt. Schutztruppe. Während des Zweiten Weltkriegs traten F. an den Kriegsschauplätzen in Äthiopien, Eritrea und Somaliland (1935–41) und in Tunesien, Libyen und Ägypten (1940–43) auf. Gegen Ende der 1950er Jahre setzte die ↗ Entkolonialisierung ein. Weigerten sich Kolonialmächte, ihre Kolonien friedlich in die Unabh. zu entlassen, entbrannten langjährige Befreiungskriege (↗ Kriege/Bürgerkriege, ↗ Rebellenbewegungen). Teils massive Flüchtlingsströme verzeichneten Algerien, Angola, Portug.-Guinea, Mosambik und Rhodesien. Insges. 1,2 Mio. Afrikaner flohen aus ihrer Heimat in Nachbarländer, weitere 2,7 Mio. innerhalb der Kolonien in andere Gebiete. Mit der Unabh., ob friedlich oder gewaltsam erlangt, setzten gewalttätige Konflikte oder die Furcht vor Repressalien einen Exodus europ. Siedler in ihre Mutterländer in Gang: U.a. rund eine halbe Mio. Italiener, über 1,5 Mio. Franzosen und etwa 700.000 Portugiesen verließen fluchtartig Afrika. Seit der Unabh. Simbabwes (1980) ist die Entkolonialisierung abgeschlossen. Die meisten afrik. F. kehrten in ihre Heimat zurück.

III. Postkoloniale Flüchtlinge. Erst mit Erlangung der völkerrechtl. Souveränität konnten sich die neuen Staaten Afrikas mit dem Flüchtlingsproblem befassen, denn nur unabh. Länder können als Vertragsstaaten der Genfer Flüchtlingskonvention (1951) den UN-Hochkommissar für Flüchtlinge um Hilfe ersuchen. Als afrik. Besonderheit erhielt die Konventionsdefinition des Begriffs Flüchtling (*Refugee*), die eine individuelle Verfolgung voraussetzt, mit der ↗ OAU-Flüchtlingskonvention (1969) eine erhebliche Erweiterung. Seither werden auch Kriege als Fluchtgrund anerkannt. Eine völkerrechtl. Regelung des Problems der innerhalb ihrer Heimatländer Geflohenen steht noch aus. Sie gelten nicht als Flüchtlinge, sondern als innerstaatl. Vertriebene (*internally displaced persons*). Seit Ende der 1980er Jahre beraten versch. UN- und OAU-Gremien diesen Aspekt. Die nationalstaatl. Konsolidierung der unabh. afrik. Staaten dauert an. Die kolonialen Grenzen fassten unterschiedliche Bev. willkürlich in Staaten zusammen oder zerteilten ihre Wohngebiete auf Nachbarstaaten, so dass afrik. Staaten heute i.d.R. Vielvölkerstaaten mit jeweils zahlreichen ↗ Minderheiten sind. An dieser gesellsch. Heterogenität entzündeten sich viele Kriege, gefolgt von großen Flüchtlingsströmen. ↗ Einparteisysteme oder ↗ Militärregime strebten nach ethn. abgestützter Monopolisierung ihrer pol. Macht; versch. afrik. Regierungen wollten über eine ethn. oder relig. Homogenisierung ihrer Staaten, d.h. über die Vertreibung ganzer Bevölkerungsgruppen, ihre Macht absichern (↗ Ethnizität). Mehrere zehntausend Kopten verließen Ägypten, aus ost- und zentralafrik. Ländern flohen rund 300.000 ↗ Inder, ca. 60.000 Schwarzafrikaner flüchteten 1989/90 aus Mauretanien. Konkurrierende Herrschaftsansprüche führten in vielen Staaten zu Kriegen zwischen Regierungstruppen und Rebellenbewegungen, der Hauptfluchtursache in Afrika. Viele Mio. Menschen flohen aus und in Äthiopien, Burundi, Dschibuti, Guinea-Bissau, Kongo, Liberia, Mali, Niger, Ruanda, Sierra Leone, Somalia, Sudan, Südafrika, Tschad, Uganda, Zaire. Nur wenige zwischenstaatl. Kriege brachen aus, da die OAU eine Anerkennung gewaltsamer Grenzveränderungen in ihrer Charta ausschloss. Aber z.B. der Ogaden-Krieg (1976–88) zwischen Somalia und Äthiopien, der Aouzou-Konflikt zwischen Libyen und Tschad (1973–89) und der äthiop.-eritreische Grenzkrieg (seit 1998) verursachten große Flüchtlingsströme. Ähnlich selten versuchten Widerstandsbewegungen in Sezessionskriegen die Abspaltung eines Teilgebiets eines Staates zu erkämpfen. In Katanga (1960–63) und Süd-Kasai (1960–63) im Kongo (Kinshasa) sowie Biafra (1967–70) in Nigeria flohen Zehntausende vor den Sezessionskriegen bzw. den anschließenden zwangsweisen Wiedervereinigungen. In Afrika brachen bisher drei Kriege aus, in denen afrik. Staaten angrenzende Gebiete widerrechtl. besetzten, um deren Selbständigkeit zu verhindern. Die Kriege in Namibia (1966–88) und Eritrea (1961–91) führten zu deren Unabh., die Westsahara blieb auch nach Beendigung des Krieges (1975–91) weiter von Marokko okkupiert. Jeweils Hunderttausende flohen. Hegemonialkriege fanden nur im südl. Afrika statt: Das 1994 überwundene Apartheidregime Südafrikas wählte die direkte und indirekte milit. Destabilisierung Angolas (1975–89) und Mosambiks (1980–92) als ein Mittel zur Aufrechterhaltung der weißen Vorherrschaft am Kap. Von den Mio. geflohenen Angolanern und Mosambikanern konnten bislang nur letztere zurückkehren. In Angola scheiterte der Aufbau eines demokrat. Systems am Wiederaufflammen des Krieges. Die institutionalisierte Diskriminierung unter der ↗ Apartheid vertrieb 4 Mio. Menschen innerhalb Südafrikas. Die völlige Rechtlosigkeit während der Terrorherrschaften von Sekou Touré in Guinea, Macias Nguema in Äquatorialguinea, Idi Amin in Uganda und Bokassa in der Zentralafrik. Republik setzte eine massive Entvölkerung dieser Länder in Gang. Demokratisierungsprozesse begleiten das Ende des Ost-West-Konflikts, deren Scheitern verursachte neue Flüchtlingsbewegungen. Insbes. die Regierungen in Togo, Kenia und Zaire vertrieben vor Wahlen insges. weit über 1 Mio. potentielle Oppositionswähler, um eine drohende Wahlniederlage abzuwenden. In Ruanda verübte die radikale Hutu-Regierung 1994 einen systematisch vorbereiteten ↗ Genozid an Tutsi und gemäßigten Hutu. Bis zu 1 Mio. Ruander starben, 3 Mio. flohen aus Furcht vor Racheakten der vordringenden Tutsi-Rebellen. Manche Wahlverlierer zogen den Krieg gegen demokrat. gewählte Regierungen der parlamentarischen Opposition vor: 1992 die UNITA in Angola, 1993 die von Tutsi dominierte burundische Armee gegen die gewählte Hutu-Regierung und 1997 der abgewählte Militärmachthaber in der Rep. Kongo. Jeweils Hunderttausende flohen. Somalia versank nach dem Sturz des Diktators Siad Barre (1991) im Chaos konkurrierender Warlords, deren Machtbasis in ihren Klans liegt. Die staatl. Strukturen lösten sich auf, 3 Mio. Somali flohen. Die zunehmende Internationalisierung von Kriegen in Afrika bringt nahezu unüberschaubare Flüchtlingsprobleme mit sich. Allein in dem 1998 begonnenen Krieg in der Demokrat. Rep. Kongo intervenierten acht afrik. Staaten: Angola, Burundi, Namibia, Ruanda, Sudan, Tschad, Uganda und Simbabwe. Insges. brachen in Afrika während der 1990er Jahre 30 neue

Kriege aus, mehr als in jeder Dekade zuvor, Hauptursache von Flucht und Vertreibung von Mio. Menschen. Eine gleiche Anzahl Konflikte konnte in dieser Zeit beigelegt werden und bildete somit die Voraussetzung für die Repatriierung von rund 7 Mio. Flüchtlingen und die Rückkehr weiterer Mio. Vertriebener. Diese hochgradige Migrationsdynamik kennzeichnete Afrika am Ende des 20. Jh. Eine Lösung der Flüchtlingsproblematik setzt die Beilegung der Kriege und Konflikte voraus. Bei der zunehmenden Konflikthäufigkeit und -intensität sind die Aussichten allerdings schlecht. ↗ Migration.

🕮 E.-R. Mbaya, La Communauté Internationale et les Movements des Populations en Afrique, Abidjan 1985. – R. Sergio, International Migration in Africa. Legal and Administrative Aspects, Geneva 1989. – R. Richter, Flüchtlingsfragen in Afrika. Zwangsmigrationen im Rahmen größerer Entwicklungsprozesse, Baden-Baden 1992.

Roland Richter

Fluss ↗ Gewässer

Fon (Ewe-Dialekt) ↗ Kwa

Forschung und Entwicklung. In allen afrik. Staaten ist die Forderung, Forschung und techn. Entwicklung zu stärken, weit verbreitet. Für Wachstum und die Überwindung von Armut werden einheimische Fachleute gebraucht. Darüber hinaus soll lokales, durch mündliche Überlieferung und durch Anwendung erhaltenes Wissen – ein Ausdruck der eigenen ↗ Kultur und Geschichte – bewahrt und zur Grundlage angepasster Technologien werden. Kennzeichnend für die Lage von Wissenschaft und Forschung in den meisten afrik. Ländern ist, dass zwischen den Erklärungen und dem tatsächlichen Zustand mit Ausnahme von Südafrika, das nach den internat. üblichen Merkmalen über Kapazitäten verfügt wie die Mongolei oder die Philippinen, eine weite Kluft besteht. Zahlreiche im Ausland ausgebildete Wissenschaftler und Techniker kehren nicht in ihre Heimatländer zurück (↗ *Brain Drain*). Die wenigen Forschungseinrichtungen, die sich mit den lokalen Problemen befassen, werden größtenteils mit ausl. Wissenschaftlern besetzt und von diesen geleitet, die Erkenntnisse in IL (Industrieländern) veröffentlicht. Bibliotheken und Forschungseinrichtungen sind schlecht ausgestattet, die staatl. festgesetzte Besoldung in diesen Institutionen ist niedrig und unattraktiv für Fachleute, die mit ihren Kenntnissen und Fähigkeiten auch in den IL gute Beschäftigungsmöglichkeiten vorfinden. Die Gründe für die unzureichende Ausprägung von Wissenschaft und Technologie liegen zum einen in der Vernachlässigung dieses Sektors in der Wirtschafts- und Entwicklungspolitik; zum anderen können aufgrund des geringen Wirtschaftswachstums nicht genügend Mittel für Forschung und techn. Entwicklung bereitgestellt werden. Grenzübergreifender Forschung zwischen den Staaten – ein Weg, der sich anbieten würde, die knappen Mittel zu bündeln – bleibt ein nachhaltiger Erfolg versagt, da die Wissenschaftsinstitutionen und Regierungen wenig Bereitschaft zu einer Zusammenarbeit zeigen. Netzwerke zwischen versch. Einrichtungen in Afrika oder von mehreren afrik. Staaten betriebene Frühwarnsysteme, die neue Aufgaben für Wissenschaft und Technologie benennen und Folgemaßnahmen auslösen können, sind nicht zuletzt an den schlechten innerafrik. Kommunikationsverbindungen gescheitert. Problematisch erscheinen auch die Ziele der Forschungspolitik in vielen Ländern. Aufgenommen wurden Vorhaben, für die die einheimischen Einrichtungen keine Spezialisierungsvorteile nutzen und deren Ergebnisse für die Lösung der Probleme im eigenen Land nicht verwertet werden konnten. Als Alternative sind für die Zukunft Reformen der Wissenschafts-, der Wirtschafts- und der Entwicklungspolitik anzustreben, unterstützt durch techn. und finanzielle ↗ Entwicklungszusammenarbeit sowie durch eine Einbeziehung afrik. Wissenschaftler und Forschungseinrichtungen in den internat. wiss. Erfahrungsaustausch. ↗ Grüne Revolution.

Karl Wolfgang Menck

Forst- und Holzwirtschaft. Afrika ist mit 520 Mio. ha Wald bedeckt, d. h. 7 % der Gesamtfläche. Hinzu kommen 6 Mio. ha Forstplantagen. Die jährl. Entwaldungsrate betrug von 1990 bis 1995 3,7 Mio. ha (0,7 %). Gründe dafür sind Rodungen für Siedlungszwecke und Infrastruktur, traditioneller Brandrodungsfeldbau, Umwandlungen in landwirtsch. Nutzflächen sowie Brennholzgewinnung und, insbes. vor 1990, der Einschlag von Edelhölzern. Heute wird für Holzkohle mehr Holz geschlagen als für den Export. Unsachgemäße Forstwirtschaft wird für 10 % des Waldrückgangs verantwortlich gemacht. Unter natürl. Verhältnissen besteht die Bewaldung Afrikas zu 98 % aus Laub- und nur zu 2 % aus Nadelbaumarten. Die Zahl der vorkommenden Baumarten wird auf 2.000 bis 2.500 geschätzt.

Holzeinschlagsrechte werden i.d.R. in Form von großflächigen und langjährigen Konzessionen mit der Auflage zur Wiederaufforstung vergeben, wobei in Krisengebieten wie in der Demokrat. Rep. Kongo oder Sierra Leone unkontrolliert eingeschlagen wird. In anderen Ländern erschwert die Bestechlichkeit der Forstbehörden eine geregelte Kontrolle.

Die Wälder lassen sich in drei Typen unterteilen: (1) Tropische immer-, halbimmer- und regengrüne Feuchtwälder (↗ Regenwald) mit 265 Mio. ha Fläche: Diese erstrecken sich in Westafrika in einem küstennahen Streifen von Guinea an ostwärts, mit einer Unterbrechung durch die Beninschwelle über den größten Teil Zentralafrikas bis nach Uganda und südwärts über das Kongobecken bis in den Süden der Demokrat. Rep. Kongo. In Ostafrika finden sich kleinere Feuchtwaldgebiete z. B. in Kenia, Tansania, auf Madagaskar, den Komoren und Seychellen. Die afrik. Feuchtwälder bilden keine einheitliche Vegetationsform, vielmehr unterscheiden sie sich floristisch und strukturell z. T. beträchtlich aufgrund ihrer unterschiedlichen Standortverhältnisse. Bes. die westafrik., aber auch die ostafrik. und insularen Feuchtwälder sind heute in ihrer Ausdehnung reduziert und mehr oder weniger stark degradiert. Der Bezirk Yamoussoukro (Elfenbeinküste) wies z. B. 1999 nur noch 1 % Waldfläche aus. Demgegenüber sind die zentralafrik. Wälder aufgrund geringer Erschließung und dünner Besiedlung noch weitgehend intakt. Aus forst- und holzwirtsch. Sicht handelt es sich um z. T. vorratsreiche Bestände mit unterschiedlich hohen Anteilen an vermarktungsfähigen Baumarten wie z. B. Meliaceen. Unter der Sammelbezeichnung »Mahagoni« sind Hölzer dieser Familie wie Khaya, Sapelli oder Sipo für den internat. Holzhandel von großer Bedeutung, dazu kommen Arten aus der Gruppe der Leguminosen wie bspw. Doussié, Limbali oder Wengé. Die EU ist der größte Abnehmer tropischer Hölzer aus Afrika (1997: 4,3 Mio. m^3), davon gelangten 360.000 m^3 nach Deutschland. Der Schwerpunkt des afrik. Holzexports liegt in West- und Zentralafrika in der Hand internat. Konzerne. Ghana und die Elfenbeinküste sind wichtige Furnier- und Schnittholzlieferanten. Rundholz wird vorrangig aus Kamerun, Gabun (überwiegend Okoumé) sowie der Demokrat. Rep. Kongo exportiert. Zunehmend wird Rund- und Schnittholz in asiatische Käuferländer wie Malaysia, Indonesien, China, Japan exportiert, z. B. 1997 mehr als 50% des in Kamerun und Gabun produzierten Rundholzes.

(2) Tropische Trockenwälder im Anschluss an die Feuchtwaldgebiete mit einer Fläche von etwa 240 Mio. ha: Dieser Waldtyp, der auch offenes Waldland, Gebüsch und Baumsavannen umfasst, ist zunehmend durch den Menschen geprägt worden. Die Degradation dieser Ökosysteme wird bes. durch Land- und Viehwirtschaft, Feuer und Dürren verursacht. Die Wälder dienen der Bev. v. a. zur Brennholzgewinnung, außerdem erfüllen sie eine wichtige Funktion als Lieferant von Lebens- und Genussmitteln, Medikamenten, Viehfutter und anderen Waldprodukten mit lokaler und z. T. internat. Bedeutung. Die Bestände, niedrige, 5 bis 10 m – selten bis 20 m – hohe Bäume mit häufig schirmartigen Kronen, sind deutlich baumartenärmer. Mimosaceen (u. a. Akazien), Combretaceen und Rubiaceen sind hier typische Gehölzfamilien. Eine bedeutende Fläche nimmt v. a. im östl. Afrika der Miombowald ein, eine Trockenwaldformation, in der *Brachystegia spp.*, *Julbernadia spp.* und *Isoberlinia spp.* vorherrschen. Für den lokalen und in begrenztem Umfang auch den internat. Holzhandel sind Chanfuta, (*Afzelia quanzensis*), Grenadill (*Dalbergia melanoxylon*) und Mukwa (*Pterocarpus angolensis*) wichtig.

(3) Subtropische Wälder und Buschlandschaften finden sich mit 15 Mio. ha in Nordafrika und im äußersten Süden des Kontinents. Die nordafrik. Mittelmeerländer sind eine vom Menschen intensiv geprägte Kulturlandschaft, die seit dem Altertum massive Waldzerstörungen erlitten hat. Die heute vorhandenen Wälder in den Maghrebländern sind meist degradiert (Macchie, Garique), erfüllen aber Funktionen des ↗ Erosionsschutzes und liefern wichtige Waldprodukte. Als nutzholzliefernde Arten kommen Atlaszeder (*Cedrus atlantica*), Aleppokiefer (*Pinus halepensis*) und immergrüne Eichen (*Quercus spp.*) vor. Von ökonom. Bedeutung ist die Korkeiche (*Q. suber*). Weitere typische Gehölze sind *Podocarpus*- und *Juniperus*-Arten, Olivenbaum (*Olea europea*), Pistazie (*Pistacia lentiscus*), Feige (*Ficus carica*) und Dattelpalme (*Phoenix dactylifera*). Plantagenforstwirtschaft wird erfolgreich mit Eukalyptusarten (u. a. *E. globulus*) und Kiefern auf 1,5 Mio. ha betrieben.

Im subtropischen Südafrika hat der Plantagenanbau (↗ Plantagenwirtschaft) auf 1,2 Mio. ha bes. mit eingeführten Kiefern (z. B. *Puradiata, P. ponderosa, P. merkusii*), Eukalypten (z. B. *E. grandis*) und Akazien (z. B. *A. mearnsii*) größere Bedeutung als die natürl. Waldfläche (300.000 ha), die sich aus Ericaceen, Proteaceen und Leguminosen zusammensetzt, aber degradiert ist.

Wirtsch. wichtige Arten sind u. a. Kap-Olive (*O. capensis*), Yellowwood (*Podocarpus spp.*) und Stinkwood (*Ocotea bullata*). ↗ Entwaldung, ↗ Naturschutz, ↗ Ökozonen, ↗ Umweltschutz.

🕮 K. G. Dahms, Afrik. Exporthölzer, 3. Aufl., Leinfelden-Echterdingen 1999. – J. Pretzsch, Afrika. In: J. Herkendell/J. Pretzsch (Hg.), Die Wälder der Erde. Bestandsaufnahme und Perspektiven, München 1995. – www.fao.org

Jobst-Michael Schröder

Fotografie. *I. Allgemeines.* Als reproduktive Technik, die reale Gegenstände abbildet, wurde die F. bereits gegen Mitte des 19. Jh. von Europäern in Afrika eingeführt und etablierte sich zunächst in den Küstenstädten Kapstadt (Südafrika), Freetown (Sierra Leone), Saint-Louis (Senegal) etc. Ungeachtet der kulturellen, sozialen und ökonom. Unterschiede zwischen den einzelnen Ländern hat die F. in Afrika eine Eigenart entwickelt, die sowohl im Maghreb als auch in den subsahar. Regionen zum Ausdruck kommt. Ihre Bilder sind nicht nur Kunstobjekte, sondern auch Dokumente der pol. und gesellsch. Realität während der Kolonialzeit und insbes. nach der Unabh. (Abb. 10).

II. Geschichte. – II.1. Politische Geschichte: Die engagierte Fotografie. In allen afrik. Ländern ist die pol. Geschichte mehr oder minder bestimmend für die allg. Orientierung der fotografischen Praxis. So geben z. B. professionelle Fotografen im südl. Afrika (Angola, Mosambik, Simbabwe, Namibia, Südafrika usw.) in ihren Reportagen den Befreiungskriegen, den Rassenkonflikten sowie Demokratie- und Menschenrechtsfragen großen Raum. Fast alle bedeutenden Fotografen, wie Ramadhan Khamis (Kenia), John Liebenberg (Namibia), Antonio Ole (Angola), Peter Magbubane und Peter MacKenzie (Südafrika), Alexander Joe (Simbabwe) und Ricardo Rangel (Mosambik) widmen sich nahezu ständig diesen Themen. Insbes. gilt dies für die Fotografen aus dem südl. Afrika, die sich allerdings nicht nur auf ihre Heimatregion beschränken. Mitunter ziehen sie durch den ganzen Erdteil, um Ereignisse zu fotografieren, die das Leid der Menschen vor Augen führen. So ging der Simbabwer A. Joe nach Ruanda und Burundi, um vom dortigen ↗ Genozid zu berichten. Gleiches gilt für den Südafrikaner J. Liebenberg, der die Schrecken des Unabhängigkeitskrieges in Namibia dokumentiert hat. Von den für die Durchsetzung der ↗ Menschenrechte eintretenden engagierten Fotografen sei Seth Armand Maksim (Madagaskar) erwähnt, der 1997 für das ILO (*Internat. Labour Office*) eine Ausstellung über Kinderarbeit gestaltete.

II.2. Wirtschaftsgeschichte: Fotografie und Armut. Die Geschichte der F. hängt zudem mit der wirtsch. Entwicklung zusammen. In vielen Fällen wurden und werden Aufnahmen gemacht, die v. a. die Armut zeigen. So spielt die Darstellung von Elend auf den Straßen Dakars eine bes. Rolle bei den aus Senegal stammenden Fotografen Mamadou Touré Béhan, Boubacar Touré Mandémory und Bouna Medoune Seye. A. Joe hat den Hunger in Äthiopien, S. A. Maksim die Kinderarbeit in Afrika thematisiert. Die abgebildete Armut hat auch oft Einfluss auf die angewandte Technik. Weil es an vielen Orten Strom weder aus dem Netz noch aus Notstromaggregaten gibt, nutzt der Fotograf auch den Hof als Atelier, nimmt dort bei Tageslicht auf und verwendet die dekorierte Mauer als Kulisse. Mit diesem Verfahren operierte Félix Diallo (Mali) von 1955 bis 1975, ähnlich wie mehrere seiner Kollegen. In der Armut machen Atelierfotografen oft Passbildaufnahmen mit Weitwinkel im Format 6 × 6, um sie nachher im Labor zurechtzuschneiden. Cornélius Yao Augustt Azaglo, der bis zum Jahr 2000 ein Atelier in Korhogo (Elfenbeinküste) hatte, benutzte dieses Verfahren 1962 bei der Zählung der ländl. Bev. Aus technischen Gründen war (und bleibt) die Reportage-F. schwierig. Sie wurde oft, wie von C. Y. A. Azaglo in den 1950er Jahren, mit der Polaroid-Kamera realisiert. Die weniger aufwändige Atelier-F. war jedenfalls, auch wegen der geringen Geldmittel der Haushalte und des niedrigen Lebensstandards, bis in die 1980er Jahre am meisten verbreitet. Zurückgegangen, aber nicht verschwunden ist sie seit dem Aufkommen der Farbfilme und dem Aufschwung der Amateur-F., als leichtere Kameras auf den Markt kamen.

III.3. Geschichte der Profession. Die Lebensdaten von Altmeistern der afrik. F. wie Agbago Acolatse aus Togo (1880–1975), James K. Bruce-Vanderpuye aus Ghana (1899–1989) und Mama Casset aus Senegal (1908–1992) belegen, dass die Geschichte der von Afrikanern betriebenen F. im ersten Viertel des 20. Jh. beginnt. Obwohl sich das fotografische Schaffen Acolatses über etwa 50 Jahre erstreckt, wurden aus seinem Œuvre nur ganze 80 Postkarten verbreitet (zwischen 1920 und 1930). Dabei zeigt das in 1970er Jahren entstandene Werk des Ghanaer Altmeisters Bruce-Vanderpuye, dass die Geschichte Afrikas und diejenige der F. auf dem Kontinent eng verbunden sind.

Abb. 10: Akinbode Akinbiyi, Lagos Island, 1988

Was die Ausbildung anbetrifft, war die offizielle oder private, professionelle oder Amateur-F. zunächst in Händen der europ. Kolonialherren; die afrik. Fotografen arbeiteten als Kopierer in den Labors. Auf diese Weise, in der Praxis, unterwiesen einige erfahrene Lichtbildner europ. Herkunft – der Brite J.A.C. Holm in Ghana, der Franzose Oscar Lataque in Senegal, der Deutsche Lutterold in Togo, Ghana und Nigeria – mehrere afrik. Fotografen wie Vanderpuye, Casset und Acolatse, die dann wiederum weitere Generationen junger Afrikaner schulten. Seit der Unabh. wird die Berufsausbildung zwar weiter von heimischen oder eingewanderten Fotografen in der Praxis vermittelt; doch darüber hinaus erfolgt sie an afrik., europ. und amerik. Instituten und Hochschulen, so an der Nationalhochschule für Architektur und Visuelle Künste in Brüssel (Belgien), an der Sektion Bildende Kunst der Universität Georgetown und dem Amerik. Filminstitut (USA), den Kunsthochschulen von Paris (Frankreich) und Kapstadt (Südafrika), dem Institut für Angewandte Kunst in Kairo (Ägypten), dem Ausbildungsinstitut für Informations- und Kommunikationstechniken in Niamey (Niger), dem Institut für Journalistik in Accra (Ghana) und dem Nat. Kunstinstitut in Bamako (Mali) mit zunehmend professionellem Anspruch. Das führte allmählich zur Spezialisierung in den Sparten Fotojournalismus, Mode-F., Werbe-F., Reise- oder ethnographische F., wiss. F., experimentell-ästhetische F., Reportage-F., Sozio-F. u. a. Diese Diversifizierung geht gewiss auf die immer weiter entwickelte Fachbildung der Hochschulen, Institute und Spezialkurse in den fotografischen Berufen zurück, jedoch auch darauf, dass sich Intellektuelle an den Universitäten in der F. qualifizieren, ihre Theorien mit deren Hilfe erproben und sie als Instrument soziolog., ethnolog., ästhetischer und darstellender Forschung verwenden.

Die Produktionen der afrik. F. betreffen oft die Illustration von Postkarten, Kalendern, Katalogen und Werbeplakaten, weiter von Fachzeitschriften, Büchern, CD-Hüllen usw.

An Ausstellungen sind Repräsentanten der afrik. F. seit Beginn der 1990er Jahre auf Fotografie-Festivals in Europa, den USA, Asien und namentlich Japan beteiligt. Das *Centre Wallonie-Bruxelles* in Paris präsentierte 1992 den Senegalesen Mama Casset (im selben Jahr auf dem »Monat der F.« in Dakar ausgestellt), den Tansanier John Kiyaya (in Frankreich auch von der *FNAC*, vom *Centre de photo de Lecture* 1992, auf den *Rencontres photographiques* in Rouen 1993 sowie 1995 in der angesehenen städt. Galerie des *Château d'Eau* in Toulouse ausgestellt) und den Senegalesen Djibril Sy. Das Festival *Off* in Arles präsentierte während der *Rencontres internationales de la photographie* 1996 Ali Hefied (Algerien) und 1997 Youssouf Sogodogo (Mali). Das *Centre national de la photographie* stellte 1995 Samuel Fosso (Zentralafrik. Rep.) aus. Hicham Labib (Ägypten) beteiligte sich an den Ausstellungen *Identités méditerranéennes* in Aix-en-Provence (1992) und *Louxor* in Le Mans (1998). In Deutschland präsentierten *Snap me one* 1998 die Werke des ghanaischen Altmeisters Bruce-Vanderpuye (im selben Jahr auf den *Troisièmes Rencontres de la photographie africaine* in Bamako ausgestellt) und seines Landsmanns Philipp Kwame Apagya sowie das Haus der Kulturen der Welt in Berlin 1999 die Arbeiten von Nabil Boutros (Ägypten). In Japan stellte die Galerie Kaï in Osaka 1997 die Malier Y. Sogodogo und Alioune Ba aus. In New York präsentierte das Guggenheim-Museum 1996 N. Boutros und S. Fosso. Der Madegasse Pierro Men erhielt in San Francisco den *Mother Jones-Leica-Preis*. Adeniyi-Jones stellte 1994 im *Transafrica Forum/African Eye Gallery* in Washington aus; A. Ba (Mali) war in Kollektiv- oder Personalausstellungen u.a. in Frankreich, den Niederlanden, Deutschland, Japan präsent. George Hallet (Südafrika), 1970 vor der ↗ Apartheid außer Landes geflüchtet, arbeitete in versch. Ländern und stellte dort aus, so in Frankreich, England, den Niederlanden und USA. Für Afrika selbst sind außer den versch. nat. Ausstellungen, an denen die Fotografen im eigenen Land teilnehmen, die *Rencontres internationales de la photographie africaine* in Bamako (Mali) zu nennen, die seit 1994 alle zwei Jahre auf Initiative des Ministeriums für Kultur und Kommunikation unter Mitwirkung der NGO *Afrique en création* stattfinden. Diese Treffen sind offen für Fotografen aller afrik. Länder. Sowohl die Ausbildung und Spezialisierung als auch die diversen Ausstellungen sind ein hinreichender Beleg für den Professionalismus im Bereich der F. in Afrika.

III. Die Fotografie und die soziale Evolution. Gewiss leisten die Fotoreportagen die eigentl. Dokumentationsarbeit über den Alltag, jedoch sind die Fotoateliers der Ort *par excellence*, an dem die afrik. Gesellschaft ihren Zugang zu importierten Werten und deren Anpassung an vorhandene Werte deutlich macht. Die Kleidung, die Frisuren und die von Menschen vor der Kamera präsentierten Utensilien (Rundfunkgerät, Telefon, Moped usw.), die oft vom Fotografen gestellt werden, sowie die Hintergrunddekorationen im Atelier erscheinen als Zeichen, in denen das Bestreben, die Wünsche und Frustrationen der Menschen ausgedrückt werden. Der Erwerb importierter Konsumgüter gilt oft als Ereignis, das mittels Erinnerungsfoto festgehalten werden muss. Eine Auswertung der F. an Hand solcher Elemente lässt Veränderungen ebenso in den Denk- und Lebensweisen wie im Umgang mit für den Alltagsbedarf notwendigen Fertigwaren in der Zeit deutlich werden. Die F. fungiert damit in Afrika zugleich als hist. Archiv und als Bühne, auf der die heutige Gesellschaft ihre Träume von einem anderen Leben zur Schau stellt. Gleichwohl offenbart sie damit auch ihre Enttäuschungen, denn dieses Wunschleben spielt sich vielfach nur im Imaginären ab. Das belegen Atelierdekors, die ein luxuriöses Appartement als Betätigungsfeld der fotografierten Person vortäuschen, wie etwa in den Studios von Seydou Keita (Mali) und P.K. Akagya (Ghana).

IV. Die Fotografie als Kulturarchiv. Wie der Film hat auch die F. in Afrika einen wichtigen Platz im Kampf für die Rückgewinnung, Aufwertung und Bewahrung eigener kultureller Identität. So veröffentlichte der nigerianische Fotograf Utomi Ekpei Puis eine Aufnahmenserie über bildende Künstler und Kunstsammler seines Landes. Der seit 1970 in Paris lebende Kameruner Bill Akwa Betote (*1952) erfasst mit seiner Kamera die Formen afrik. Kultur im Pariser Randgebiet, insbes. die Darbietung der versch. afrik. Rhythmen in einem multikulturellen Umfeld. Youssouf Sogodogo (Mali) gehört mit seinen Reportagen über die Kunst- und Kulturwochen und seinen 1997 in der *Vogue* erschienenen Studien über die Frisuren malischer Frauen zu dieser Richtung der auf Probleme der kulturellen Identität eingehenden Fotografen. Orte und Plätze im Wandel der Zeiten dokumentieren die Marokkanerin Souad Guennoun (*1956) mit ihren Arbeiten zur verschwundenen Architektur Casablancas und zur modernen Architektur Marokkos sowie Django Cissé (Mali, *1946) mit seinen Aufnahmen von Monumenten und zentralen Plätzen Bamakos. Der Algerier Ali Hefied (*1943) hingegen will mit seiner Serie über das algerische Theater und mit seiner Ausstellung über den Bühnendichter Abdelkader Alloula das Andenken an das einheimische Theater bewahren helfen. Im selben Sinn widmet sich der Nigerianer Babajide Adeniyi-Jones (1952) dem

Verhältnis der heutigen Kultur seines Landes zur Tradition. ↗ Kunst, städt.

🕮 Anthologie de la photographie africaine. Histoire et dictionnaire de 1840 à nos jours, Paris 1998. – T. Wendl/ H. Behrend, Snap Me One! Studiofotografen in Afrika, München 1998. – Porträt Afrika. Fotografische Positionen eines Jahrhunderts, Berlin 2000.

Henriette Mbollé

Frankophone Literaturen im Maghreb. *I. Kulturgeschichtlicher Hintergrund.* Der geopol. Raum Maghreb (arab. *Al Maghrib*, Westen, Ende der Welt) umfasst die seit 1989 in der Wirtschaftsunion ↗ UMA (*Union du Maghreb Arabe*) zusammengeschlossenen nordafrik. Staaten Libyen, Mauretanien, Algerien, Tunesien und Marokko. Die f.L. der drei letztgenannten Länder, des sog. Kleinen Maghreb, werden auch als maghrebinische Literaturen in frz. Sprache bezeichnet.

Der ↗ Maghreb ist seit über 1.000 Jahren Sammelbecken verschiedenster Kulturen und Zivilisationen. Die Geschichte der berberischen Urbevölkerung ist die einer langen Kolonisation: Die Phönizier, das Römische Imperium (↗ röm. Kolonisation), die Vandalen und Byzanz haben nacheinander den Maghreb erobert und besiedelt. Einschneidend ist die Kolonisation durch die ↗ Araber und die damit verbundene ↗ Islamisierung vom 7. bis 11. Jh. Mit der *Reconquista* erhält die Herausbildung des multikulturellen Raumes Maghreb im 15. Jh. neue Impulse: Nach ihrer Vertreibung aus Spanien lassen sich nicht nur Muslime, sondern auch ↗ Juden dort nieder. ↗ Kolonialismus und ↗ Widerstand, ↗ Assimilation und Kosmopolitismus sind im kulturellen Gedächtnis des Maghreb eingeschrieben. Lange Zeit leben Angehörige versch. ethn. Gruppen und Religionen in spannungsvoller Koexistenz zusammen: Berber, Araber und Europäer – Muslime, Juden und Christen. Die frz. Kolonialherrschaft markiert in neuerer Zeit den großen Einschnitt. 1830 wird Algerien Kolonie und erlangt erst nach dem Unabhängigkeitskrieg (1954–1962, ↗ Algerienkrieg) Selbständigkeit. Der Krieg wird für Frankreich und Algerien zum Trauma; die ↗ Entkolonialisierung gestaltet sich schwieriger als in den beiden anderen Staaten, die »nur« Protektorate waren: Marokko von 1912 bis 1956, Tunesien von 1882 bis 1956.

Die unterschiedliche Dauer und Intensität der frz. Kolonisation hat auch die Lit. der drei Staaten auf unterschiedliche Weise geprägt. Die ersten Texte in frz. Sprache werden in Algerien bereits um die Jahrhundertwende verfasst, in Marokko und Tunesien erst in den 1950er Jahren. Ferner bestehen quantitative Unterschiede: In Algerien entsteht ca. die Hälfte aller publizierten Texte, es folgt Marokko und mit großem Abstand Tunesien. Zwar stellt die Lyrik den größten Teil maghrebinischer Lit., die Rezeption konzentriert sich jedoch auf die erzählende Prosa. Das Theater nimmt den geringsten Raum ein.

II. Die Literaturen des Maghreb. Die frankophone ist nur eine der Lit. des Maghreb. Sie entsteht neben der berberischen und der über 1.000 Jahre alten ↗ arabischsprachigen Lit. Von den Berbern haben allein die Tuareg früh eine Schrift entwickelt (↗ Schriftsysteme). Die berberische Lit. ist daher im Wesentlichen eine mündliche und wird erst in jüngster Zeit verschriftet (z.B. Jean Amrouche, *Chants berbères de Kabylie*, 1939). Die Lit. in arab. Sprache wird in klassischem Hocharab. und den versch. maghrebinischen Varietäten verfasst. In Drama und Lyrik macht sie den Großteil der literarischen Produktion des Maghreb und bes. Tunesiens aus. Der Roman als nichtautochthone Gattung wird zunächst ausschließlich auf Frz. verfasst, bis im Zuge von Entkolonialisierung und Re-Arabisierung einige Autoren, so z.B. Rachid Boudjedra, wieder in Arab. publizieren.

Zu den f.L. des Maghreb zählen in erster Linie die Texte der autochthonen Maghrebiner. Welche frankophonen Autoren und Texte man über diese hinaus zu den maghrebinischen Literaturen rechnet, wird kontrovers diskutiert. Während die klassische Literaturwissenschaft das literarische Feld entsprechend der ethn. Zugehörigkeit der Autoren begrenzt und somit im Maghreb schreibende Franko-Algerier ausschließt, fasst die im Sinne postkolonialer Literaturtheorie argumentierende Forschung den Definitionsrahmen weiter. Entscheidend für die Zuordnung sind hier nicht ethn. Zugehörigkeit oder der Wohnort von Autoren in Frankreich oder dem Maghreb, sondern allein der Bezug der Werke auf den Maghreb sowie deren Verankerung im literarischen Feld Nordafrika. Entsprechend zählt man hier auch die Arbeiten der *Beurs*, d.h. in Frankreich geborener bzw. aufgewachsener Maghrebiner hinzu (z.B. Mehdi Charef, *Le thé au harem d'Archi Ahmed*, 1983; dt: *Tee im Harem des Archimedes*; Nina Bouraoui, *Garçon manqué*, 2000). Im Maghreb entstanden und auf ihn bezogen sind ebenfalls die Werke von Franko-Algeriern der *Ecole d'Alger*: Albert Camus, Emmanuel Roblès, Jules Roy und Gabriel Audisio.

Die Lebensläufe der meisten autochthonen Autoren sind infolge der Kolonisation durch das frz. Schulsystem geprägt. In und mit der Sprache des anderen werden die europ. Kultur, ihr Bildungskosmos und ein laizistischer Hintergrund vermittelt. Der weitaus größte Teil der Autoren sind Akademiker. Auch in editorischer Hinsicht ist bis heute eine starke Ausrichtung auf Frankreich festzustellen. Erst mit der Unabh. entwickelt sich im Maghreb ein eigenes, bis in die 1980er Jahre weitgehend staatl. Verlagswesen. Geburtshelfer der entstehenden f. L. sind auch wegen der rigorosen ↗ Zensur frz. Verlagshäuser.

1954 verfasst Albert Memmi mit seinem Essay *Portrait du colonisé précédé de Portrait du colonisateur* einen Schlüsseltext zum Verständnis maghrebinischer Lit. in frz. Sprache. Memmi liefert eine systemische Analyse der *situation coloniale*, in der er die Beziehung von Kolonisator und Kolonisiertem als grundsätzlich aufeinander bezogen reflektiert. Die Erkenntnis des Autors, dass Kolonisator und Kolonisierter zu solchen nicht als Individuen, sondern als Bestandteile eines Kollektivs werden, erklärt die Tatsache, dass die meisten Texte die Individualschicksale der Protagonisten als Kollektivschicksale zeigen. Die Identitätskrise der Maghrebiner, deren Ursprung als in der Kolonialzeit liegend bestimmt wird, ist in der Folge das dominierende Thema in Texten aller Gattungen dieser Lit. Memmis Postulat vom einzigen Ausweg der Revolte für den Kolonisierten macht seinen Text darüber hinaus, wie ebenfalls *Les damnés de la terre* (1961, dt. *Die Verdammten dieser Erde*) des führend an der algerischen FLN (*Front de Libération Nationale*) beteiligten Frantz Fanon, zu einem bewusstseinsbildenden und identitätsstiftenden Text für die Maghrebiner und die europ. antikolonialistische Linke. Die koloniale Situation schlägt sich nicht nur im Konflikt mit dem Kolonisator nieder, sondern auch in jenem zwischen den Generationen der Kolonisierten: Während eine erste Generation Schriftsteller, die bis zur Mitte der 1960er Jahre schreibt, stärkere Assimilationsbestrebungen zeigt, befinden sich die folgenden Autoren im Zustand einer doppelten Revolte: Ihre Kritik richtet sich nicht nur gegen das Kolonialsystem, sondern zunehmend auch gegen die Verkrustungen der eigenen, im islam. Traditionalismus erstarrenden *société bloquée* (Boudjedra).

III. Die Anfänge einer multikulturellen Literatur. – *III.1. Algerien.* Am Anfang der algerischen Lit. stehen – neben dem lyrischen Werk des kath. Berbers Jean Amrouche (*Cendres*, 1934; dt. *Lieder von der verlorenen Heimat*; *Etoile secrète*, 1937) – die Erzählungen von Mouloud Feraoun, Mouloud Mammeri und Mohammed Dib. In realistischer Ästhetik und klassischen Erzählformen schildern die Autoren die traditionelle algerische Gesellschaft, weswegen ihre Werke aus eurozentristischer Sicht oft als ethnographische, folkloristische Texte bzw. als Romane der Assimilation bezeichnet werden. Feraoun erzählt in seinem häufig als Gründungswerk algerischer Lit. bezeichneten *Le Fils du pauvre* (1954, dt. *Der Sohn des Armen*) die Geschichte vom sozialen Aufstieg des aus ärmlichen Verhältnissen stammenden kabylischen Lehrers Fouroulou Menrad. Mammeri schildert in *La colline oubliée* (1952, dt. *Verlorener Hügel*) die Welt eines kabylischen Dorfes und den Zusammenbruch traditioneller Lebensformen mit Ausbruch des Zweiten Weltkrieges. Mohammed Dib zeichnet in seiner Romantrilogie (*La grande maison*, 1952; *L'incendie*, 1954; *Le métier à tisser*, 1957; dt. *Algerische Trilogie*) ein Bild versch. sozialer Lebensräume des kolonialen Algerien anhand der Geschichte seines Protagonisten Omar. Obwohl die Werke keine explizite und offensichtliche Kritik am Kolonialismus üben, enthalten sie dennoch eine kritische Dimension: Selbst in ihrem »Folklorismus« beschreiben sie den sozialen Wandel und zeigen so anhand der Zerstörung ursprünglicher Lebenszusammenhänge die Auswirkungen der kolonialen Situation.

1956 erscheint mit Kateb Yacines *Nedjma* (dt. *Nedschma*) ein Text, der noch heute als bedeutendster der algerischen Lit. gilt. Yacine bricht in sprachlicher, thematischer, v. a. jedoch in formalkompositorischer Hinsicht mit traditionellen europ. Erzählformen, weswegen die Veröffentlichung von *Nedjma* mitten im Algerienkrieg als *éclatement d'une bombe littéraire* gewertet wurde. Der Text hat eine zyklische Erzählstruktur, in deren Zentrum die von vier Männern begehrte, archetypische und gleichzeitig visionäre Frauengestalt Nedjma (dt. Stern) steht, die in metaphorischer Übertragung als Allegorie Algeriens rezipiert werden kann.

III.2. Marokko und Tunesien. Die f. L. Marokkos beginnt mit Driss Chraïbis *Le passé simple* (1954). Die autobiogr. fundierte Geschichte des Helden Driss Ferdi, der gegen seinen autoritären Vater rebelliert, wird in Frankreich einhellig positiv aufgenommen – in Marokko jedoch provoziert der die eigene traditionell-islam. Gesellschaft kritisch in den Blick nehmende Text mitten in der Dekolonisationsphase einen Skandal. Die folgenden Texte des Autors (*Succession ouverte*, 1962; *La civilisation, ma mère!*, 1972; dt. *Die Zivilisation, Mutter!*) erzählen in der Chraïbi eigenen humorvoll-bissigen Erzählweise von der maghrebinischen Gesellschaft im Spannungsfeld zwischen Tradition und Moderne.

In Tunesien steht zu Anfang die engagiert pol. Essayistik Memmis (z. B. *Portrait d'un juif*, 1966; *L'homme dominé*, 1968), v. a. jedoch sein autobiogr. Erstlingswerk *La statue de sel* (1953, dt. *Die Salzsäule*), in dem er die Erfahrung »zwischen zwei Stühlen zu sitzen« als die seines Lebens, seiner Generation und die der Juden schlechthin darstellt.

IV. Der Aufbruch in die Moderne: Von der Mitte der 1960er Jahre bis zur Gegenwart. In Politik und Kultur setzt Anfang der 1960er Jahre eine Phase marxistisch-sozialistischer Orientierung und literarischer Neubestimmung ein. Diese liegt auch dem Programm der in Rabat herausgegebenen Literatur- und Kulturzeitschrift *Souffles* zugrunde (1966–1972). Den Autoren um den Chefredakteur Adellatif Laâbi geht es v. a. um die Neubestimmung des Frz. Eine kreative und subversive Aneignung soll die Sprache des Kolonisators von Zeichen und Semiotik des anderen befreien und gleichzeitig die eigene, während der Kolonialzeit verschüttete und abgewertete autochthone Kultur und Sprache integrieren. Die Autoren wollen die Maghrebinität ausdrücken, die *algérianité* (Boudjedra) und ihre *Mémoire tatouée* – so der Titel von Abdelkebir Khatibis Roman mit dem bezeichnenden Untertitel *autobiographie d'un décolonisé* (1971) – in umgekehrter Richtung in die frz. Sprache tätowieren. Eine kulturell markierte Erweiterung der frz. Literatursprache ist u. a. die Folge: Der Anteil der im frz. Wortschatz vorhandenen Wörter arab. und speziell maghrebinischer Herkunft steigt an, was europ. Leser und Übersetzer bereits auf der lexikalischen Ebene mit Fremdheit konfrontiert, die allein der Erwerb kulturellen Wissens aufheben kann.

Multikulturalität und Hybridität ist auch beim Umgang mit den literarischen Gattungen festzustellen. Die Zuordnung von Gattungsbezeichnungen ist eher Konzession an die Erwartungen von (europ.) Buchmarkt und Publikum als Identifikation mit traditionellen Mustern. In produktiver Rezeption werden autochthone Literaturformen in die europ. Gattungen transportiert. Die arab. Mystik findet durch die Übertragung von Texten des Sufismus (Abdelwahab Meddeb, *Les dits de Bistami*, 1989) Eingang in europ. Literaturformen, sowie ebenfalls die *Magamat*-Lit., eine arab. Textsorte, deren Kennzeichen Gattungsmischung, eine Vielzahl von Handlungen, Protagonisten und Schauplätzen sind. Dies gilt ferner für den meist kritischen Rekurs auf den ↗ Koran, dessen Zeichensystem Khatibi in *La blessure du nom propre* (1974) mit denen von Tätowierung, Kalligraphie, oraler und erotischer Literatur in Bezug setzt. Mohammed Khaïr-Eddines *Agadir* (1967, dt. *Agadir*) ist ein autobiogr. Text, der dramatische Passagen in einen narrativen Kern einarbeitet. In *Le livre du sang* (1979) lässt Khatibi arab. Traditionen und moderne europ. Schreibverfahren zusammenlaufen. Die während der 1960er Jahre in Frankreich im Zuge von Nouveau Roman, Poststrukturalismus und Intertextualität entwickelte postmoderne Ästhetik wird im Maghreb zwar rezipiert. Wo deren Konzeption jedoch die Autonomie des literarischen Faktums betont, akzentuieren die maghrebinischen Autoren gerade das literarische Engagement und bestimmen die Funktion von Lit. gesellschaftsbezogen. In dieser Synthese moderner und postmoderner Schreibverfahren und dem Ausdruck einer Maghrebinität liegt die Originalität und Bedeutsamkeit dieser Lit. Zwischen mindestens zwei Kulturen stehend, ist sie als permanente Übersetzung kultureller Codes zu rezipieren.

In dem Maße, wie maghrebinische Autoren in Frankreich leben, entstehen Emigrations- und Exilbeschreibungen, in denen die Kritik nicht mehr nur gegen die eigene Gesellschaft gerichtet ist. Chraïbis *Les boucs* (1955, dt. *Die Sündenböcke*) ist ein Vorläufer dieser Thematik, in Rachid Boudjedras *Topographie idéale pour une agression caractérisée* (1975, dt. *Topographie*) wird die Pariser Metro zum Symbol des anonymen Labyrinths der europ. Gesellschaft, die einem algerischen Emigranten zur Todesfalle wird.

Überschreitung von Gattungsgrenzen, multikultureller Poetik und Intertextualität bestimmen das Werk des Marokkaners Tahar Ben Jelloun. Nach seinen lyrischen Anfängen (z. B. *Cicatrices du soleil*, 1972) enthält sein erstes fiktionales Werk *Harrouda* (1973, dt. *Harrouda*) bereits alle Themen seines späteren Oeuvre: die Konzentration auf Marginalisierte, Identitätsfragen, Sexualität, Revolte und Reisen. Ben Jellouns Texte sind von einem Netz metaliterarischer Äußerungen sowie intertextueller Verweise durchzogen, seine Lit. ist fragmentarisch und offen. Bedeutsam in seinem Werk ist die Darstellung von Frauenschicksalen, deren Bewusstwerdungsprozess, so die Aussage der Texte, die paternalistische und einseitig auf das Männliche ausgerichtete Gesellschaftsordnung bedroht und deren Gewaltcharakter zum Ausdruck bringt. Auch Ben Jellouns Funktionsbestimmung von Lit. ist gesellschaftsbezogen: Sie ist Medium der Überwindung kultureller, individueller und insbes. weiblicher Aphasie. Anhand der Zentralfigur seines bekanntesten Romans *L'enfant de sable* (1985, dt. *Sohn ihres Vaters*), Zahra, die als Ahmed aufwachsen muss, um ihrem Vater die »Schande« nur weiblicher Nachkommen zu ersparen, illustriert Ben Jelloun die feministische These vom sozialen Konstrukt des weiblichen Geschlechts sowie die im Koran festgeschriebene Abwertung der Frau. *La nuit sacrée* (1987, dt. *Die Nacht der Unschuld*), wofür der Autor den Prix Goncourt erhält, ist die Fortsetzungsgeschichte von Zahras Selbstfindung. Ben Jellouns auch in Deutschland zum Bestseller gewordener Text *Le racisme expliqué à ma fille* (1998; dt. *Papa, was ist ein Fremder?*) ist eine in einfacher Sprache verfasste Erklärung der Phänomene ↗ Rassismus, Gewalt und Fremdenfeindlichkeit.

Über alle Perioden hinweg ist die maghrebinische Lit. in frz. Sprache durch die Dominanz des Autobiographischen gekennzeichnet. Obwohl die Biographie der Autoren mehr oder weniger deutlich die Grundlage vieler Texte bildet, gehen diese weit über den puren Lebensbericht hinaus: Das autobiogr. Ich enthüllt und verhüllt sich oft gleichermaßen. Die autobiogr. Erfahrung drückt sich nicht mehr im linearen, chronologischen Bericht aus, der Wahrheitsanspruch der traditionellen ↗ Autobiographie ist aufgegeben, individuelle und kollektive Geschichte verweben sich. Fiktionale (Boudjedra, *La répudiation*, 1969; dt. *Die Verstoßung*), lyrische und dramatische (Khaïr-Eddine, *Moi l'aigre*, 1970), metaliterarische und hist. (Djebar, *L'amour, la fantasia*, 1985, dt. *Fantasia*) Elemente durchbrechen den Bericht des Ich. Die maghrebinische Autobiographie knüpft damit an die neubestimmte europ. Autobiographie an (*nouvelle autobiographie*, Robbe-Grillet) und hat auch durch den Einfluss arab. Gattungssubstrate Anteil an deren Erneuerung. Ausnahmen sind in dieser Hinsicht die als klassisch zu bezeichnenden Autobiographien von Fadma Aïth Mansour Amrouche *Histoire de ma vie* (1968, dt. *Geschichte meines Lebens*) oder Choukris *Pain nu* (1980, dt. *Das nackte Brot*).

Eine sukzessive Annäherung an das autobiogr. Schreiben stellt das Werk der algerischen Autorin Assia Djebar dar. Ihre ersten vier Romane (*La soif*, 1957; *Les impatients*, 1958; *Les enfants du nouveau monde*, 1962; *Les alouettes naïves*, 1967) schreibt sie »les yeux fermés«, d.h. mit bewusster Vermeidung der autobiogr. Perspektive. Nach einer literarischen Pause in den 1970er Jahren, während derer Djebar nur cineastisch und in arab. Sprache arbeitet, veröffentlicht sie 1985 ihr bedeutendstes Werk *L'amour, la fantasia*, eine *autobiographie double*. Auf versch. Zeitebenen werden individuelle Geschichte der Autorin und die Kolonisationsgeschichte Algeriens ineinander verwoben. Mit der Konzentration auf das hist. Sujet steht *L'amour, la fantasia* im Kontext einer der wichtigsten Entwicklungen maghrebinischer Gegenwartsliteratur. Auf der Suche nach den kulturellen Wurzeln der modernen Staaten greifen die Autoren auf die mittelalterliche – Chraïbi, *La mère du printemps* (L'oum-er Bia), 1982 – und antike Geschichte ihrer Länder zurück. Während Djebar in *Loin de Médine, Filles d'Ismaël* (1991, dt. *Fern von Medina*) die Anfänge des ↗ Islam aus weiblicher Perspektive erkundet, spürt sie in *Vaste est la prison*, (1995, dt. *Weit ist mein Gefängnis*) den berberischen Wurzeln des Maghreb nach.

Die Lit. von ↗ Frauen bzw. die Thematik ihrer Stellung in der maghrebinischen Gesellschaft ist grundlegender Bestandteil maghrebinischer f.L. Initiatorin weiblichen Schreibens im Maghreb ist Marie Louise Taos Amrouche, die Schwester des Lyrikers. Ihr folgen z.B. Assia Djebar, die in *Ombre Sultane* (1987, dt. *Die Schattenkönigin*) weibliche Solidarität als grundlegend für eine Veränderung paternalistischer Strukturen und gegen Frauen gerichteter Gewalt bestimmt. Zu nennen sind weiterhin als wichtige maghrebinische Autorinnen Aïcha Lemsine, Aïcha Boubaci sowie Malika Mokeddem.

Für die maghrebinische Lit. der letzten Jahrzehnte sind neben der Rückkehr vieler Autoren zu realistischem Erzählen folgende Tendenzen festzustellen: Die Themen und Schauplätze öffnen sich zunehmend auch außer-maghrebinischen Räumen und Sujets (Djebar, *Les nuits de Strasbourg*, 1997; dt. *Nächte in Strassburg*; Dib, *L'infante maure*, 1994, dt. *Die maurische Infantin*) und der Verlust des Status als *littérature émergente* bewirkt eine zunehmende Universalisierung. Gleichzeitig hat die angespannte pol. Lage insbes. in Algerien zur Folge, dass viele Autoren in ihrem Schreiben zum Referenten Maghreb zurückkehren. Eine Auseinandersetzung mit der gewaltbestimmten Gegenwart Algeriens sucht beispielsweise Djebar in ihrer Novellensammlung *Oran langue morte*, (1997) oder auch Yasmina Khadra, ein ehemaliges Mitglied der algerischen Armee, in seinen Kriminalgeschichten (z. B. *Les Agneaux du Seigneur*, 1998). Auch der Marokkaner Driss Chraïbi hat mit den Geschichten von seinem Inspektor Ali Anteil an diesem Genre.

Im Zuge der Re-Arabisierung der Gesellschaften des Maghreb und der Bedrohung der kritischen und intellektuellen Schicht durch den islam. Fundamentalismus insbes. in Algerien bedeutet das Schreiben in frz. Sprache im Maghreb zunehmend eine kritisch-engagierte Parteinahme für Freiheit und v. a. für kulturelle Vielfalt. ↗ Frauenliteratur.

🕮 J. Déjeux, Dictionnaire des auteurs maghrébins de langue française, Paris 1984. – R. Keil, Vorwort. In: Dies. (Hg.), Hanîn. Prosa aus dem Maghreb, Heidelberg 1989, S. IX-XXXIII. – E. Arend/F. P. Kirsch (Hg.), Der erwiderte Blick, Würzburg 1996.

Elisabeth Arend/Elke Richter

Frankophone Literaturen im subsaharischen Afrika, französischsprachige Literaturen in den ehemaligen frz. Kolonialgebieten Westafrikas. *I. Anfänge.* Die f. L. entstand aufgrund der frz. Assimilationspolitik, die dem Unterrichten und Erlernen der frz. Sprache und Kultur bei der Bildung einer afrik. Elite einen zentralen Stellenwert einräumte. Bereits Mitte des 19. Jh., zu Beginn der kolonialen Expansion, werden in Senegal pol. Texte und Reiseberichte gedruckt. Die ersten literarischen Werke entstehen in den 1920er Jahren, u. a. die Schulerzählungen *Les trois volontés de Malic* (1920) von A. M. Diagne und Bakary Diallos ↗ Autobiographie *Force Bonté* (1926). In den 1930er Jahren folgen weitere Romane aus Senegal von Ousmane Socé und von Paul Hazoumé aus Dahome (heute Benin), die die sozialen Konflikte der Kolonialisierung aus der Sicht der urbanen afrik. Gesellschaft darstellen.

II. Négritude. Der Begriff der ↗ *Négritude* wurde Mitte der 1930er Jahre von Léopold Sédar Senghor aus Senegal und Aimé Césaire aus Martinique geprägt. Die *Négritude*, eine der bedeutendsten kulturphilosophischen, literarischen und pol. Bewegungen des frankophonen Schwarzafrika, war die Reaktion einer intellektuellen Elite auf die Kolonialisierung, insbes. auf die Entfremdung von der eigenen Kultur. Sie forderte die Befreiung vom europ. Vorbild, die Rückbesinnung auf die afrik. Kultur und wollte so den Afrikanern Selbstbewusstsein und Würde zurückgeben. Die Auflösung des Kulturkonflikts sollte durch die Herstellung einer Synthese der Kulturen, der afrik. und der europ., erreicht werden. Die ersten literarischen Dokumente der *Négritude* waren die Gedichte von Léon Damas aus Guyana (*Pigments*, 1937) sowie das zwei Jahre später in der Zeitschrift *Volontés* erschienene *Cahier d'un retour au pays natal* von Aimé Césaire, ein episches Gedicht, das als ein zentrales Werk dieser Literaturepoche gelten kann. Senghors 1936 entstandene Gedichte wurden erst nach dem Krieg in den beiden Anthologien *Chants d'ombre* (*Schattenlieder*) und *Hosties noires* (*Schwarze Hostien*) veröffentlicht. Wie auch andere *Négritude*-Dichter hat Senghor thematische Bereicherungen in die Dichtung gebracht. Die in seinen Gedichten immer wiederkehrenden Leitmotive zeugen vom Heimweh und der Sehnsucht des in Frankreich studierenden Autors: die afrik. Nacht, die Schönheit der afrik. Frau, die harmonische Kindheit, der Gesang und die Verehrung der Verstorbenen; Senghor schöpft aus afrik. Werten und kulturellen Praktiken, aus Mythen (↗ Mythos), Märchen und Sagen. Über die thematische Bereicherung hinaus bringt Senghor rhythmische Neuerungen in die f. L., indem er durch Alliterationen und Anaphern die frz. Sprache »gleichsam zum Tanzen bringt«. – Parallel zur Entwicklung der Lyrik entstand ein frankophones ↗ Theater: In den 1930er Jahren wurden die Schüler des William-Ponty-Gymnasiums (Senegal) von ihren frz. Lehrern dazu angeregt, Theaterstücke mit Bezug auf die afrik. Geschichte des 19. Jh. zu schreiben und auch aufzuführen. Entsprechend der *Négritude*-Dichtung, die die afrik. Kultur aufwertete, arbeiteten die jungen Dramaturgen ihre eigene Heimatgeschichte auf, wobei sie insbes. aus den Wolof-Epen von Cayor schöpften. In späteren Jahren erwiesen sich die frz. Kulturzentren als produktive Lehrstätte für das frankophone Theater. Die hist. Thematik blieb auch in den folgenden Jahrzehnten zentral.

III. Die antikoloniale Literatur der 1950er und 1960er Jahre. In den 1950er Jahren hatte bereits eine Polemik gegen die *Négritude* eingesetzt, als eine antikolonialistische Prosa neue thematische Schwerpunkte setzte. Die Romane dieser Zeit stellen die pol. und wirtsch. Abhängigkeit von der Kolonialmacht in den Mittelpunkt, und zwar parallel zur allg. Verbitterung und Radikalisierung afrik. Intellektueller und Politiker angesichts des frz. Desinteresses an afrik. Reformwünschen und Emanzipationsströmungen. Die durch ihr antikolonialistisches Engagement gekennzeichnete Prosa der 1950er Jahre ist als eine in sich geschlossene epochale Erscheinung von der *Négritude* deutlich abzusetzen. Die Romanciers bilden soziologisch eine mehr oder weniger homogene Gruppe, die v. a. von zwei Einflüssen geprägt ist: dem Erlebnis der afrik. Kindheit und der späteren Konfrontation – meist als Student – mit Europa. Ihr pol. Bewusstsein erwachte in dem Moment, als sie die koloniale Unterdrückung in Afrika mit dem gesicherten Leben in Frankreich vergleichen konnten. Die antikolonialistische Prosa entspricht der Zielsetzung der literarischen Kampfepoche im Sinne Frantz Fanons, mit dem die afrik. Schriftstellergeneration dieser Jahre in Kontakt stand. Sein Engagement für eine Lit., die sich gegen Fremdherrschaft richtet, verbindet die westafrik. Schriftsteller mit den Nordafrikanern Jean Sénac und Mouloud Mammeri. Die frühen Werke von Mongo Béti und Ferdinand Oyono (Kamerun), Ousmane Sembène (Senegal), Benjamin Matip und Jean Malonga (Rep. Kongo) sind pol. engagierte Romane, die nicht literaturästhetische Ansprüche erheben, sondern als Tendenzlit. konzipiert sind; ihre Funktion besteht darin, die pol. Meinung der Leser zu beeinflussen. Um dies zu erreichen, schildern die Romane die Diskriminierung der Afrikaner an einem prägnanten Einzelschicksal. In der Mehrzahl der Texte wird ein Afrikaner als junger Held den negativ gezeichneten Weißen kontrastierend gegenübergestellt. Der Protagonist ist i.d.R. ein Abkömmling der einfachen Landbevölkerung, der in das ihm fremde europ.-urbane Milieu gestoßen wird. So begegnet der Leser dem *Boy*, der nicht länger die Demütigungen eines weißen Herrn hinnehmen will; dem Bauern, der sich gegen den Aufkauf seiner Ernte durch weiße Monopolhändler wehrt; dem streikenden Arbeiter, der sich seiner Diskriminierung gegenüber dem weißen Kollegen bewusst wird. Grundsätzlich wird nicht die Lebensgeschichte, sondern eine Konfliktgeschichte der Zentralfigur dargestellt, und je heftiger das Engagement des Werkes ist, desto mehr verkürzt sich die dargestellte Zeitspanne. Die Authentizität des Romangeschehens wird oft durch die der Autobiographie und Chronik verwandten Techniken betont. Das Bestreben, zu einer möglichst realistisch-dokumentarischen Prosa zu gelangen, manifestiert sich auch in dem oft mit besonderer Betonung herausgearbeiteten Lokalkolorit. Die antikoloniale Thematik ist vielseitig; zum einen wird der Weiße in seiner Funktion innerhalb des kolonialen Systems berufstypisch gesehen: als Geschäftsmann, Kolonialbeamter oder Missionar. Der weiße Geschäftsmann wird als charakterloser, ausbeuterischer Kapitalist dargestellt, wobei die Schilderungen zwischen rassistischer Klischeevorstellung, spöttischer Demaskierung und hasserfüllten Charakteristika variieren. Die Darstellung des Kolonialbeamten dient v. a. agitatorischen Zwecken: Das Schüren von Emotionen scheint wichtiger zu sein als die authentische Wiedergabe der kolonialen Wirklichkeit. Am weitesten geht Sembène mit seiner Darstellung des Kolonialherren, während Oyono in eher hintergründiger Absicht die Illusion vom fürsorglichen Frankreich mit den Mitteln von Humor und Ironie zerstört. Allg. wird die Gestalt des weißen Missionars voller Enttäuschung geschildert, wobei Béti noch eine wohlwollende Haltung einnimmt, Oyono und Malonga ihn aber in den abstoßendsten Farben darstellen. Einerseits wird der Missionar – so bei Béti – als Zerstörer der traditionellen Kultur, andererseits wegen seiner kapitalistischen und ausbeutenden Lebensweise als gefährlicher Verbündeter und Handlanger der Kolonialmacht verurteilt. Übereinstimmend wird Kritik am kolonialen Schulsystem geübt, das der afrik. Kultur nicht im geringsten Rechnung trägt. Bernhard Binlin Dadié (Elfenbeinküste) prangert die Missstände an den rein frz. orientierten Kolonialschulen an, die den afrik. Schülern untersagten, in ihrer Muttersprache zu sprechen. Im Gegensatz zur Lit. der *Négritude* will er das koloniale System unmittelbar erschüttern. Die antikolonialistische Thematik hat in dieser Ausprägung die 1960er Jahre nicht überdauern können. Nachdem mit Erlangung der Unabh. der pol. Kampf gewonnen war, verlor das Thema ↗ Kolonialismus zunehmend an Aktualität. Autoren, die sich allzu sehr darauf konzentriert hatten, fiel es schwer, neue Themenkreise zu erschließen. Camara Laye (Guinea) und der Sozialkritiker Sembène haben ohne Unterbrechung ihre schriftstellerische Tätigkeit fortgesetzt – im Unterschied z. B. zu Malonga, Béti und Oyono. Laye veröffentlichte 1966 den gegen den guineischen Diktator Sekou Touré gerichteten Roman *Dramouss*, und Sembène hat sich auch einen Namen als Produzent und Regisseur sozialkritischer Filme gemacht (↗ Kino).

IV. Die Afrikanisierung der frankophonen Literatur in den 1970er und 1980er Jahren. Neue Elemente in Engagement und Thematik finden sich bei Autoren, die gegen Ende der 1960er Jahre im frankophonen Schwarzafrika hervortraten; zu ihnen gehören Francis Bebey (Kamerun), Jean Pliya (Benin) und Ahmadou Kourouma (Elfenbeinküste). In ihrer Prosa lassen sich nigerianische Einflüsse nachweisen. Mitte der 1960er Jahre wurde in Nigeria der Ruf nach einer Lit. wach, die sich zurückbesinnen sollte auf die ursprgl. traditionellen Aufgaben des afrik. Künstlers im weiten Sinne. Der Schriftsteller sollte sich in der Rolle des Lehrers sehen und gleichsam wie der ↗ Griot vergangener Zeiten aus seiner Lebensphilosophie und seinen Zukunftsvisionen vortragen. Afrik. Lit. sollte dazu dienen, die afrik. Gesellschaft zu formen und ihr die Werte zu vermitteln, die in einer Zeit der soziopol. Umstrukturierung verlorengegangen waren. Auch in Kamerun, Senegal und benachbarten Ländern wurde diese Forderung nach einer afrik. Lit. für Afrika Ende der 1960er Jahre aufgegriffen; hatten sich früher Schriftsteller wie Béti und Oyono hauptsächlich einem frz. Publikum zugewandt, so bahnte sich nun ein Wandel an. Die vormals zahlenmäßig beschränkte elitäre afrik. Leserschaft, die nur Politiker, Beamte, Lehrer und Intellektuelle umfasste, hatte erheblich zugenommen. Ein wichtiger zweiter Faktor kam den frankophonen Autoren zu Hilfe: In den unabh. Staaten entstanden eigene Verlagshäuser, die nach afrik. Werken und talentierten Autoren suchten (↗ Verlagswesen und Buchhandel). Einige dieser Verlage förderten die neue Literaturentwicklung und richteten ihre Produktion gezielt auf die afrik. Leserschaft: So hatte das Verlagshaus Editions CLE in Kamerun es sich zur Aufgabe gemacht, v. a. junge Kameruner und westafrik. Talente zu fordern, wobei neben Autoren auch Künstler zur graphischen Gestaltung der Bücher herangezogen wurden. Editions CLE bemühte sich auch lange Jahre erfolgreich um eine günstige Preisgestaltung, um die Bücher einem breiteren Publikum zugänglich zu machen. In den neuen Werken wurde afrik. Vokabular zwar noch durch Kursivdruck hervorgehoben, auf eine Erklärung und Deutung – so wie es die *Négritude*-Lit. und auch teilweise die antikolonialistische Prosa für erforderlich gehalten hatte – verzichtete man aber. Es wurde also zunehmend für ein sachkundiges afrik. Publikum geschrieben. Während Pliyas Erzählungen kaum über Westafrika hinaus bekannt wurden, haben andere Werke aus dieser Zeit internat. Anerkennung gefunden. Dazu gehört v. a. Kouroumas Roman *Les soleils des indépendances* (1968/1970, dt. *Der schwarze Fürst*). Der Roman handelt von dem erschütternden Schicksal eines Menschen, der sich im modernen Afrika nicht mehr zurecht finden kann. Es ist die Geschichte des letzten Prinzen der Doumbouyas, Fama, der seine Autorität und Würde sowie auch seine materiellen Schätze verloren hat, als die *indépendances* (Unabhängigkeiten) das soziale Gefüge der alten Gesellschaft zerstörten. Fama erhält keinen Dank für seine Hilfe im Kampf um die Unabh. Vielmehr ist er gezwungen, sich den Bettlern anzuschließen, die von den Malinke abfällig als »Geier« und »Hyänen-Bande« bezeichnet werden. Famas begrenzte gesellsch. Auftritte werden zum Symbol für den Abbau seiner Persönlichkeit: nur noch bei Beerdigungszeremonien, im Umfeld des Todes, wird die Anwesenheit des alten Mannes geduldet; als Analphabet und einem alten Gesellschaftssystem zugehörig, hat er keine Ansprüche mehr. Eine Kette von Ereignissen verstrickt den unschuldigen Romanhelden in pol. Machenschaften, bringt ihn ins Gefängnis und plötzlich – für Fama unbegreiflich – in die Freiheit zurück. In seiner Beschreibung der pol. Entwicklungen gebraucht Kourouma sowohl kunstvolle Anspielungen wie auch realistische Anklagen auf die Verhältnisse in den unabh. Staaten; die Traditionen der Malinke werden episch breit beschrieben. Wie Pliya weist auch Kourouma auf die folgenschwere Vernachlässigung afrik. Traditionen hin; reich an Sprichwörtern und Erzählungen der Malinke-Kultur liest sich der Roman wie ein hist. Dokument. Kourouma will ein Erbe festhalten, das schon bald auszusterben droht. – Sembène gibt in seinem Roman *Xala* (1973, dt. *Xala*) Einblicke in die islamische Kultur der Wolof (↗ Islam). Der senegalesische Autor zeichnet ein kritisches Bild der neuen Gesellschaft Dakars. Der Protagonist El Hadji Abdou Kadar Bèye hat sich ohne jegliches Verantwortungsbewusstsein gegenüber seinem Land mit anrüchigen Geschäften eine einträgliche Position verschafft. In neureichem, selbstgefälligem Stil stellt der nicht praktizierende Muslim seine westl. Schätze vor. Den plötzlichen Umschwung in El Hadjis Leben bewirkt der *xala*, der Fluch der Impotenz, der ihn in dem Moment trifft, wo er nach muslimischem Ritual die Hochzeit mit seiner dritten Frau feiert. Das Ende des Romans sieht in der bevorstehenden Heilung El Hadjis symbolisch die Lösung realer sozialer Konflikte voraus, die in einer radikalen Änderung des vorhandenen gesellsch. Systems liegen muss.

Im Unterschied zu den Romanen der 1950er Jahre ist der Realismus nicht mehr ungebrochen; in das Romangeschehen greifen mysteriöse bzw. magische Gewalten ein. Motive und Bilder erinnern an die *Négritude*-Dichtung, doch haben sie hier weniger romantischen Gehalt als soziale Relevanz. Ein weiteres Merkmal der f. L. der 1970er und 1980er Jahre ist der ausgeprägte ethnographische Bezug zu einzelnen Kulturen und Regionen. Dieser literarischen Strömung sind zuzuordnen: Aminata Sow Fall, Nafissatou Diallo, Seydou Badian, Massa Makan Diabaté, Amadou Koné, Cheik Aliou Ndao, Moussa Konaté, Ismaila Samba Traoré, M.M. Ngal. Sie propagieren die Selbstfindung ihrer Völker und appellieren an ein neues afrik. Solidaritätsempfinden und eine eigene Dynamik. Sie erinnern an die traditionellen moralischen und sozialen Werte ihrer Gesellschaften und lösen die neuen Konflikte mit alten Mitteln. Die Autoren konstruieren bewusst oder übernehmen unbewusst orale Elemente (↗ Oralliteratur) in die zeitgenössische Lit. Die Distanzierung von den frz. Einflüssen und die zunehmende Afrikanisierung (u.a. erscheint die jeweilige afrik. Muttersprache im frz. Text) haben in der Literaturkritik dazu geführt, das Attribut frankophon durch frankograph auszutauschen. Die oralen Muster der frankographen Schriftsteller sind Epen, Märchen, traditionelles Theater, Sprichwörter u.a. Diese literarischen Gattungen sind die Autobiographien der afrik. Völker. Die direkte oder indirekte Übertragung von Ethnotexten in die Prosa dokumentiert das Engagement der Romanciers für eine kulturelle Kontinuität und Identität. Aminata Sow Fall (*L'ex-père de la nation*, 1987, dt. *Der Sonnenpräsident*) und Ousmane Sembène (*Le dernier de l'Empire*, 1981) stellen, im Anklang an die Wolof-Epen von Cajor, gesellsch. Instabilitäten und pol. Umbrüche in den ↗ nachkolonialen Staaten in der besonderen Beziehung zwischen Individuum und Gruppe, z.B. zwischen Präsident und Volk, dar. Ein Herrscher ohne Orientierung, der sich in die Intrigen seines Gefolges verstrickt, wird vom Volk entthront. Die revolutionären jungen Helden, die in der antikolonialistischen Prosa so hoffnungsvoll gezeichnet wurden, sterben im Roman der 1970er und 1980er Jahre aus. Die Autoren dieser Literaturepoche unterliegen nicht mehr der eigenen Geschichte; vielmehr haben sie ein profundes Interesse an der literarischen Aufarbeitung und Bewältigung der pol. Krisen von gestern und heute.

Der Einfluss traditioneller Erzählmodelle wie z.B. des Märchens bringt weitere neue literarische Phänomene hervor. Das Märchen bezieht sich i.d.R. nicht auf pol. Ereignisse und Helden. Anders als das Epos konzentriert es sich auf die weniger elitäre Lebenssphäre der mit den Mühen des Alltags kämpfenden Bauern und Handwerker. In den Werken von Ahmadou Koné (Elfenbeinküste) und von Schriftstellern aus Mali, Senegal und Guinea sind sowohl thematische als auch erzählaufbauende Elemente des eigenen kulturspezifischen Märchens präsent: Die Darstellung übernatürlicher Begebenheiten umfasst Metamorphosen zwischen Tier- und Menschengestalten sowie auch das Verleihen von übermenschlicher Zauberkraft (↗ Magie). Die senegalesischen Romanautoren lehnen sich wiederholt an die Erzählstrukturen der traditionellen Tier- und Initiationsmärchen an.

V. Sprachproblematik. Das Verhältnis der Schriftsteller zu den eigenen afrik. und den europ. ↗ Sprachen durchläuft in den vergangenen Jahrzehnten unterschiedliche Stadien. Die senegalesischen *Négritude*-Dichter sahen z.B. die Muttersprache Wolof (↗ Atlantisch) als die Sprache der Tradition, Nostalgie und Emotion und trugen dazu bei, die frz. Sprache als das exklusive, rationale und moderne Medium der afrik. Lit. zu etablieren. Somit wurde die Dichotomie zwischen den afrik. Sprachen und der elitären Schriftsprache durch die *Négritude* entscheidend gefördert. Die antikolonialistischen Romane spiegeln das entwürdigende sprachliche Dilemma der Kolonialisierten wider: die Landbevölkerung und die in der Stadt lebenden Analphabeten werden als Opfer kolonialer Arroganz dargestellt; ihre Muttersprachen werden nicht anerkannt, und es wird von ihnen erwartet, dass sie sich in der Sprache der Kolonialmacht ausdrücken. In den Romanen wird ihnen ein primitives Frz. in den Mund gelegt. In Sembènes Werken wird die zunehmende Reaktion und Aggression gegenüber dieser unterschiedlichen Sprachbewertung spürbar, und der Autor kündigt an, dass die frz. Sprache ihre dominierende Stellung verlieren wird. Seit der Erlangung der Unabh. sind die Muttersprachen – insbes. in den 1970er und den 1980er Jahren – wieder stärker präsent. Die Texte werden teilweise zu Schauplätzen sprachlicher Feldzüge. Die literarische Kampagne zur Aufwertung der eigenen Sprache zeigt in dieser Phase eine Distanzierung von den Thesen der *Négritude*-Dichter. Die afrik. Sprachen sind nicht allein Sprachen der Tradition und Nostalgie, sondern reiche Landessprachen, die durch eine Re-Territorialisierung als nat. und offizielle Sprachen aufgewertet werden, aber auch als moderne Sprachen – worauf Cheik Aliou Ndao, Aminata Sow Fall hinweisen – in einzelnen Staaten untereinander konkurrieren. In den 1990er Jahren ist eine gewisse Ernüchterung eingetreten, die Autoren streben nicht mehr eine Mischung der Sprachen an. Abasse Ndione z.B. benutzt aggressive Sprachwendungen, konstruiert wiederholt einen exklusiven

Wolof-Text (Wolof ist die Hauptsprache im Senegal) und fügt – nicht ohne Ironie – neben lexikalischen Wolof-Einschüben in seinem Roman *La vie en spirale* (1988) den Kommentar ein: »nicht übersetzbar ins Französische« (intraduisible en francais).

VI. Frankophone Literatur ab 1990. Die Lit. spiegelt zunehmend auch globalere Erfahrungen der Schriftsteller wider, die über den Bikulturalismus hinaus andere ausl. Erfahrungen gesammelt haben. In den neuen Romanen der Kongolesen Henri Lopes (*Sur l'autre rive*, 1992, dt. *Der Geruch deiner Haut; Le Lys et le Flamboyant*, 1997) und Daniel Biyaoula (*L'impasse*, 1996; *Agonies*, 1998) sowie der Ivorerin Véronique Tadjo (*A vol d'oiseau*, 1992; *Champs de bataille de l'amour*, 1999) stehen zwischenmenschliche Beziehungen im Vordergrund. Es geht um Liebe, Gefühle und Partnerschaften, die Kontinente miteinander verbinden. Ein neuer Themenbereich, der die psycholog. Dimension mit einschließt, wird in die Prosa eingeführt. Individuelle Sorgen und Probleme werden beschrieben, und es ist nicht das Wohl der Gemeinschaft, das im Vordergrund der fiktiven Handlung steht. Parallel dazu hat mit den jüngsten Werken Kouroumas (*En attendant la vote des bêtes sauvages*, 1999, dt. *Die Nächte des großen Jägers; Allah n'est pas obligé*, 2000) der pol. Roman neue Aktualität erlangt. ↗ Sprachen, europäische.

🕮 A.-B. Ischinger, Der antikolonialistische Roman im frankophonen Schwarzafrika, Bern/Frankfurt 1975. – B. Mouralis, Littérature et développement, Paris 1984. – A.-B. Ischinger, Kulturidentität und Frankographie, Köln 1995.

Anne-Barbara Ischinger

Frankophonie, multilateraler Zusammenschluss aller Staaten Europas, Afrikas, Amerikas, Ozeaniens und Asiens mit Frz. als gemeinsamer Sprache. Hauptziel der F. ist die Förderung der Solidarität und Zusammenarbeit zwischen den Mitgliedern sowie die Unterstützung insbes. afrik. Staaten bei der Überwindung ihrer Krisen. In demographischer, sprachlicher, kultureller, wirtsch. und pol. Hinsicht stellt Afrika eine wesentliche Komponente der F. dar.

Erstmals benutzte der frz. Forscher Onésine Reclus das Wort F. im Jahre 1880, um den geogr. Raum zu bezeichnen, in dem Menschen damals Frz. sprachen. Später bezeichnete »frankophon« sämtliche von Frankreich kolonisierten Gebiete. In die wiss. und pol. Terminologie wurde das Konzept F. erst nach 1960 eingeführt, als die unabh. gewordenen Staaten Afrikas anfingen, ihre kulturellen und pol. Beziehungen zu Frankreich neu zu ordnen. Auslöser war die Entscheidung der afrik. Regierungen, Frz. als Amts- und Unterrichtssprache beizubehalten, um ethn. Konflikte zu vermeiden. Man fürchtete, dass sich jede Volksgruppe auf ihre sprachliche Identität berufen könnte, um die Bildung eines eigenen Staates zu fordern, und setzte die frz. Sprache als Mittel ein, die drohende innere Spaltung abzuwenden. Bei aller anfänglichen Zurückhaltung erkannte Frankreich rasch den Nutzen, den die frz. Sprache als Abwehrmittel gegen die brit. Hegemonie in Afrika bot, und unterstützte die Idee der Förderung einer gemeinsamen Sprache mit Afrikanern bei Wahrung der kulturellen Vielfalt. Für den Aufbau und die Koordinierung des franko-afrik. Dialogs im Bereich der Erziehung und Kultur wurden 1960 die Konferenz der Erziehungsminister (CONFEMEN) sowie die Assoziation der frz.-sprachigen Universitäten (AUPELP) ins Leben gerufen. Seitdem war F. eine Bez. für Länder mit Frz. als Amts- und Unterrichtssprache. Die Muttersprachler wurden dabei ausgeklammert. Auf Initiative des ehem. Präsidenten von Niger, H. Diori, kam es 1970 zur Gründung der Agentur für Techn. und Kulturelle Kooperation (ACCT) in Niamey (Niger).

Die Einbindung Frankreichs in die F. geht auf den 1984 von F. Mitterrand geschaffenen *Haut Conseil de la Francophonie* (HCF) zurück, dessen ursprgl. Aufgabe darin bestand, den frz. Präsidenten zu frankophonen Fragen zu beraten. Auf Initiative des HCF, dem heute 37 Persönlichkeiten aus Politik, Wissenschaft und Kunst angehören, lud Mitterrand 1986 unter der Mitwirkung von L. S. Senghor (Senegal) zum ersten Gipfel der Staats- und Regierungschefs der Länder mit Frz. als gemeinsamer Sprache nach Paris ein, wo die F. als zwischenstaatl. Organisation ins Leben gerufen wurde. Damit bekannte sich Frankreich erstmals offiziell zur F. Seit 1987 findet der Frankophoniegipfel alle zwei Jahre statt. Hauptorgane der F. sind: (1) Die Konferenz der Staats- und Regierungschefs, Gipfel genannt; (2) die interministerielle Konferenz der F. (IMF) der Außenminister oder deren Delegierter; (3) der ständige Rat der F. (CPF) unter dem Vorsitz des Generalsekretärs; (4) der für vier Jahre gewählte Generalsekretär mit administrativer Befugnis; (5) die F.-Agentur und (6) die internat. Versammlung frz.-sprachiger Parlamentarier (AIPLF) mit konsultativer Aufgabe.

Trotz der weltweit zunehmenden Verbreitung

der F. stellt Afrika derzeit 24 der 47 Mitglieder, wenngleich nicht alle afrik. Staaten, die der F. zugerechnet werden, frankophon im Sinne der Beherrschung frz. Sprache sind. Der F. gehören folgende Staaten Afrikas an:

(1) Südl. der Sahara: Benin, Burkina Faso, Burundi, Elfenbeinküste, Dschibuti, Gabun, Guinea, Kamerun, Demokrat. Rep. Kongo, Rep. Kongo, Mali, Niger, Ruanda, Senegal, Togo, Tschad, Zentralafrik. Republik;

(2) Indischer Ozean: Komoren, Madagaskar, Mauritius, Seychellen;

(3) Maghreb: Algerien, Marokko, Mauretanien, Tunesien.

Hinzu kommen die lusophonen und hispanophonen Staaten mit Teilnahmeberechtigung am Gipfel: Äquatorialguinea, Guinea-Bissau und Kap Verde. Ägypten besitzt einen Sonderstatus.

Die frankophone Solidarität mit Afrika drückt sich durch Hilfeleistungen der reicheren Mitglieder im Rahmen der techn. und finanziellen ↗ Entwicklungszusammenarbeit aus. Zudem setzen sich Frankreich, Belgien, Kanada und Luxemburg stets für Belange der frankophonen Staaten Afrikas ebenso bei den UN und der Weltbankgruppe wie bei der EU (Mitwirkung bei den ↗ Lomé-Abkommen, Einsatz für Schuldenerlass etc.) ein. Umgekehrt profitiert insbes. Frankreich wirtsch. und pol. von der F. Es sichert v.a. Absatzmärkte für frz. Produkte, billige Arbeitskräfte und seine Rohstoffzufuhr aus Afrika. Kanada trägt mit Stipendien zur Weiterbildung der Afrikaner bei und fördert verschiedene Entwicklungsprogramme. Umgekehrt stimuliert Kanada die Emigration von Afrikanern in die Provinzen Québec und Nouveau-Brunswick. Aus sprachlichen und hist. Gründen wird der F. auch in Zukunft große Bedeutung zukommen.

📖 M. Tétu, Qu'est-ce que la Francophonie? Paris 1997. – X. Deniau, La francophonie, 2. Aufl., Paris 1992. – Haut Conseil de la Francophonie: Rapport d'activité du secrétariat général, Paris 1998.

Jacob E. Mabe

Französischsprachige Literaturen ↗ Frankophone Literaturen

Frauen. Die Stellung der F. im vorkolonialen Afrika ist durch eine große Variationsbreite geschlechtsspezifischer Arbeitsteilung und unterschiedl. Formen pol. Partizipation gekennzeichnet. Es gab z.B. große Staatsgebilde mit aristokratischen Hierarchien, in denen für F. wenig Möglichkeiten direkter Repräsentation bestanden (↗ König). Daneben existierten kleinere pol. Einheiten und Stadtstaaten, in denen Frauenräte und Repräsentantinnen spezifischer Fraueninteressen in pol. Entscheidungsprozesse integriert waren. Diese Institutionen verloren während der Kolonialzeit an Relevanz; aus formellen pol. Strukturen der kolonialen und nachkolonialen Staaten blieben F. weitgehend ausgeschlossen. – Die geschlechtsspezifische Differenzierung in den nachkolonialen afrik. Gesellschaften rückte erst in den 1970er Jahren mit der Studie von Ester Boserup zur Rolle der F. in Afrika, Lateinamerika und Asien ins Blickfeld ethnolog. Forschung. Ihre These, dass F. im Modernisierungsprozess aus Arbeits- und Einflussbereichen zunehmend ausgeschlossen werden und sich dadurch ihr gesellsch. Status langfristig verschlechtert, war Ausgangspunkt für zahlreiche empirische Studien, die zu einer differenzierten Betrachtung von F. in Afrika beitrugen.

Nach wie vor bestehen insbes. in ländl. Gebieten Afrikas vielfältige Formen geschlechtsspezifischer Arbeitsteilung. F. bauen einen großen Teil der lokal und regional konsumierten Nahrungsmittel an und sind für die Verarbeitung, Lagerung und Vermarktung von Agrarerzeugnissen zuständig (↗ Bauer/Bäuerin). In vielen Regionen spielen sie auch als Arbeitskräfte in der landwirtsch. Exportproduktion eine wichtige Rolle. Im städt. formellen Sektor (↗ öffentl. Verwaltung, Industrie, Banken, große Handelshäuser etc.) arbeiten sie überwiegend in den weltweit typischen Frauenberufen, z.B. als Krankenschwestern, Lehrerinnen oder Sekretärinnen. Mit zunehmender ↗ Urbanisierung erweiterten sich die Erwerbsmöglichkeiten für F. im ↗ informellen Sektor (kleingewerbliche Handwerks-, Handels- und Dienstleistungsbetriebe). Wichtige Bereiche sind Handel, Verarbeitung von Nahrungsmitteln und Schneiderei sowie die Arbeit in Bars und Restaurants (↗ Prostitution). Hervorzuheben ist die große Heterogenität des informellen Sektors bezüglich Betriebsgrößen und Einkommenshöhe der Beschäftigten. Die Skala der »Kleinunternehmen« umfasst sowohl Großhändlerinnen auf den zentralen städt. Märkten, die Waren in Lastwagenladungen ein- und verkaufen (»Mama Benz«), als auch Kleinsthändlerinnen, die z.B. an Bushaltestellen auf einem Tablett ein Sortiment von Zigaretten, Streichhölzern und Süßigkeiten anbieten (↗ Mikrounternehmen). Inzwischen zeigen zahlreiche Studien, dass der Zugang für F. zu sog. modernen Erwerbsbereichen zwar beschränkt ist, sie jedoch als Agrarproduzentinnen, Unternehmerinnen und Beschäftigte des informellen Sektors eine zentrale Bedeutung für regionale und lokale Produktionssysteme haben. – In unterschiedlicher Stärke und Vielfalt existieren in allen afrik. Ländern Frauenorganisationen, die sich auf internat., nat. und lokaler Ebene für soziale, ökonom. und pol. Rechte von F. einsetzen. Mit schnellen Erfolgen in Richtung einer generell größeren Geschlechtergerechtigkeit wird jedoch auch von Seiten der Aktivistinnen kaum gerechnet. Es besteht weitgehend Konsens, dass in vielen Ländern Afrikas die Wirtschafts- und Verschuldungskrisen seit Anfang der 1980er Jahre zu weiteren Benachteiligungen von F. und zur Feminisierung von Armut beitragen. Am Beispiel einzelner Länder zeigt sich, dass Demokratisierungsprozesse nicht notwendigerweise zu mehr Partizipationsmöglichkeiten für F. führen. ↗ Geschlechterbeziehungen, ↗ Ehe, ↗ Heiratsordnungen, ↗ Matrilinearität, ↗ Schwangerschaft und Geburtshilfe, ↗ Abtreibungen, ↗ Frauenliteratur, ↗ Popularmusik.

🕮 E. Boserup, Die ökonom. Rolle der Frau in Afrika, Asien, Lateinamerika, Stuttgart 1982. – G. Clark, Onions are my Husband. Survival and Accumulation by West African Market Women, Chicago 1994.- I. Lenz/U. Luig (Hg.), Frauenmacht ohne Herrschaft. Geschlechterverhältnisse in nichtpatriarchalen Gesellschaften, Berlin 1990.

Gabriele Zdunnek

Frauenliteratur. In der mündl. Erzählkunst Afrikas kam ↗ Frauen eine große Bedeutung zu. Bis in die Gegenwart sind afrik. Schriftstellerinnen von Geschichten ihrer Kindheit geprägt; gleichzeitig wurden die in der Kindheit übermittelten patriarchalischen Verhaltensmuster für viele zum Impuls eigenen Schreibens und kritischer Auseinandersetzung. Einen direkten Übergang von der mündlichen zur schriftlichen Erzählkunst gibt es allerdings nicht. Das Entstehen von Lit. war an den Erwerb der formalen Fähigkeiten des Lesens und Schreibens gebunden, wobei Frauen benachteiligt waren. Insofern entwickelte sich Lit. von Frauen im Vergleich zu der von Männern mit einer zeitlichen Verzögerung von mehreren Jahrzehnten. Neben schlechterer Schulbildung hatten schreibende Frauen eine Vielzahl von gesellsch. Vorurteilen zu überwinden. Mangels entsprechender Bildung waren sie außerdem lange Zeit darauf beschränkt, in ihren Muttersprachen zu schreiben. Da die ↗ Literaturen in afrik. Sprachen der pol. Kontrolle durch die kolonialen Bildungsbehörden unterworfen war, mussten sie sich auf folkloristische oder triviale Themen beschränken. Dennoch spiegelten gerade die Bücher von Frauen, die im Wesentlichen seit den 1960er Jahren erschienen, aktuelle soziale Probleme wider. Oft ging es um den Zerfall der traditionellen Familiengemeinschaft durch die ↗ Urbanisierung und Verwestlichung afrik. Gesellschaften oder um Konflikte zwischen modernen und traditionellen Einstellungen und Praktiken, wie z. B. arrangierte ↗ Ehen und ↗ Polygamie. Dabei gibt es deutliche Unterschiede zwischen den vom Islam geprägten und den christl. missionierten Regionen. Da sich christl. erzogene Autorinnen meist mit Vorstellungen von individueller Liebe und monogamer Ehe identifizierten, wurden sie zu wichtigen Trägerinnen christl. Moral. Der Islam hingegen, der Polygamie und extreme Formen gesellsch. Ausgrenzung und Unterdrückung einschließlich weibl. ↗ Beschneidung sanktionierte, wurde für Frauen oft zum Ausgangspunkt eines kritischen literarischen Schaffens. Als bes. kompromisslose Feministin tat sich hier die Ägypterin Nawal El Saadawi hervor, die in den 1970er Jahren den Kampf gegen genitale Verstümmelung (↗ Beschneidung) begann. Als Ärztin und Psychiaterin setzte sie sich in einer Vielzahl von Werken mit der Situation der Frauen und Kinder auseinander, wofür sie zeitweise inhaftiert war und ihre Bücher verboten wurden. Ihr erster Roman *Ich spucke auf Euch: Bericht einer Frau am Punkt Null*, 1984 (arab. 1973), war ein viel rezipiertes Buch im deutschen Feminismus.

Mitte der 1960er Jahre erschienen die ersten Erzähltexte afrik. Frauen in europ. Sprachen. Ausgangspunkt und Impuls ihres Schreibens war meist der Wunsch, neue Frauenbilder zu entwerfen; in der männl. Lit. war die afrik. Frau meist stereotypisiert worden als passive, gefügige Ehefrau und fruchtbare, sorgende Mutter. Frauen, die von diesen Normen abwichen, wurden als Hexe oder lose Frau (Prostituierte) gebrandmarkt. In Westafrika traten Ama Ata Aidoo aus Ghana (geb. 1942) und Flora Nwapa aus Nigeria (1931–93) als Pionierinnen hervor; in ihren englischsprachigen Werken (↗ anglophone Literaturen) zeichneten sie starke Frauen, die sich v. a. in Fragen der Partnerwahl und der weibl. Fruchtbarkeit von jahrhundertealten Vorstellungen lösten. Nwapa war zudem die erste Frau, die zwei eigene Verlage gründete. Zeitgleich trat in Ostafrika die Kenianerin Grace Ogot (geb. 1930) mit ersten Prosawerken in Engl. und einer Erzählung in ihrer Muttersprache Luo

(↗ Nilotisch) in Erscheinung. Wie Aidoo und Nwapa und viele andere afrik. Autorinnen integrierte sie orale Elemente und afrik. Sprachstrukturen in ihre Texte. Ohne die ↗ Geschlechterbeziehungen grundsätzlich in Frage zu stellen, unterzog Ogot sie aus weibl. Perspektive einer kritischen Überprüfung, wobei christl. Moralvorstellungen für sie leitend waren. In den 1990er Jahren meldete sich eine neue Generation ostafrik. Frauen zu Wort. In den Anthologien *Our Secret Lives* (1990) und *They've Destroyed the Temple* (1992) brechen sie mit gesellsch. Tabus, sprechen über ihre privaten Gefühle und Ängste, aber auch über Gewalt gegen Frauen und sexuellen Missbrauch. In der breit entfalteten, umfangreichen Lit. in ↗ Swahili, die in Tansania vorherrscht, finden sich keine Werke von Frauen, obwohl diese prominent in der mündlichen Dichtkunst vertreten sind.

Die erste wichtige weibl. Stimme im französischsprachigen Westafrika (↗ frankophone Literaturen) ist die von Mariama Bâ (1929–1981) aus Senegal. In ihrem Briefroman *Une si longue lettre* (frz. 1979, dt. *Ein so langer Brief*, 1983), für den sie 1980 als erste Schwarzafrikanerin den renommierten Noma-Literaturpreis erhielt, setzte sie wichtige Zeichen für die Auseinandersetzung der Afrikanerin mit der islam.-polygamen Ehe. Radikaler als ihre Vorgängerinnen stellt die Nigerianerin Buchi Emecheta (geb. 1944) die Geschlechterbeziehungen in der patriarchalischen Gesellschaft in Frage, setzt sich in zahlreichen Romanen mit der ökonom. und sexuellen Unterdrückung und Abhängigkeit der schwarzen Frau in Afrika und im europ. Exil auseinander und fordert Selbstbestimmung über das eigene Leben und den eigenen Körper. – Im südl. Afrika liegt der Beginn der F. im Werk der frühen Feministin Olive Schreiner (1855–1920), einer Südafrikanerin engl. Abstammung, die in einer für ihre Zeit ungewöhnlichen Weise Geschlechterrollen in Frage stellte und für freie, gleichberechtigte Beziehungen zwischen Mann und Frau eintrat. Von ihr wurden später weiße und schwarze Autorinnen beeinflusst, so Nadine Gordimer (geb. 1923), Doris Lessing (geb. 1919) und Bessie Head (1937–86). Gordimer, die in ihrem umfangreichen Werk die einzelnen Phasen des Kampfes gegen die ↗ Apartheid aus weißer, weibl. Sicht begleitete, erhielt für ihr moralisch-literarisches Engagement 1991 den Literaturnobelpreis. Die im ehem. Rhodesien aufgewachsene Lessing legt in ihrem Frühwerk die geschlechtsspezifischen Beschränkungen offen, denen weiße Frauen in einer Kolonialgesellschaft unterworfen waren. In der schwarzen Anti-Apartheitsliteratur spielten Frauen eine geringere Rolle; im Wesentlichen erst ab Anfang der 1980er Jahre gelang es Ellen Kuzwayo (geb. 1914), Lauretta Ngcobo (geb. 1931) und Miriam Tlali (geb.1933), der speziellen Rolle der schwarzen Frau im Kampf gegen das Apartheidregime Gehör zu verschaffen. Eine Ausnahmestellung nimmt Head ein, die in den 1970er Jahren internat. Bekanntheit erlangte. Tochter einer weißen Mutter und eines unbekannten schwarzen Vaters, litt sie zeitlebens an ihrem Außenseiterdasein. In ihrem autobiogr. geprägten Roman *A Question of Power* (1974, dt. *Die Farbe der Macht*, 1987) gibt sie an Schizophrenie grenzenden Geisteszuständen Ausdruck, wie sie für sie aus der Verbindung von rassistischer und sexueller Unterdrückung entstanden. In anderen Erzähltexten fiktionalisierte sie Elemente aus dem sozialen Leben und der hist. Überlieferung ihrer Exilheimat Botsuana. Von Heads Werk gingen wichtige Impulse für die jüngste Generation afrik. Autorinnen aus, die sich auf völlig neue Weise bisher ausgegrenzten Themen von ↗ Körper, Sexualität, Gewalt, körperlicher und geistiger Krankheit zuwandten. Tsitsi Dangarembga (geb. 1959) aus Simbabwe geht in ihrem Roman *Nervous Conditions* (1988, dt. *Der Preis der Freiheit*, 1991) der von Frantz Fanon vernachlässigten spezifisch weibl. Form kolonialer Neurose nach und führt das Thema der Anorexie (Verweigerung des Essens) in die afrik. Lit. ein. Ihre Landsfrau Yvonne Vera (geb. 1964) befasst sich in ihren in rascher Folge in den 1990er Jahren erscheinenden Romanen und Erzählungen mit tabuisierten Themen wie Kindestötung, sexuellem Missbrauch und ↗ Abtreibung, wobei sie sich von einer linearen Erzählstruktur löst und einen neuartigen Schreibstil von großer lyrischer Dichte und Intensität entwickelt. Fast zeitgleich erscheinen die Romane der frankophonen Kamerunerin Calixthe Beyala (geb. 1961), die sich ebenfalls von der realistischen Schreibweise löst und in ständig wechselnden Erzählperspektiven sowohl männl. Gewalt gegen Frauen als auch weibl. Leidenschaft und Verbundenheit, einschließlich lesbischer Liebe (↗ Homosexualität) erkundet, womit sie wie keine vor ihr v.a. die männl. Leserschaft schockierte. Verbindungslinien ergeben sich hier zu der Algerierin Assia Djebar (geb. 1936), die in ihren Romanen und Filmen schon seit Ende der 1950er Jahre weibl. Selbstfindung in der arab. Gesellschaft nachgeht und insbes. in ihren neueren Werken versucht, einen zwischen Mündlichkeit und Schriftlichkeit, zwischen Geschichte, ↗ Autobiographie und Erinnerung angesiedelten weibl. Schreibstil zu entwickeln. – Die erste Generation schreibender Frauen in Afrika grenzte sich vom westl. Feminismus ab und identifizierte sich weitgehend mit dem Konzept des *womanism*, nach dem nicht der Geschlechterantagonismus, sondern soziale und pol. Faktoren für die Situation der afrik. Frau entscheidend sind. Das Schreiben der jüngeren Autorinnen ist jenseits dieser Alternative angesiedelt; es verbindet weibl. Erfahrung mit der Erprobung neuer erzählerischer Mittel, die dieser Erfahrung in ihrer Vielfalt, Komplexität und Gebrochenheit Ausdruck verleihen.

🕮 O. Cazenave, Femmes Rebelles: Naissance d'un nouveau roman africain au féminin, Paris 1996 (engl.: Rebellious Women, Boulder 2000). – U. Hechtfischer/R. Hof (Hg.), Metzler Autorinnen Lexikon, Stuttgart 1998. – J. M. Nfah-Abbenyi, Gender in African Women's Writing: Identity, Sexuality, and Difference, Bloomington 1997. – H. Mobashi, Die rebellischen Töchter Scheherazades. Arab. Schriftstellerinen der Gegenwart, München 1997.

Flora Veit-Wild

Freedom Charter (Freiheitscharta). Dokument des ↗ Widerstands gegen die ↗ Apartheid in Südafrika, das 1955 verabschiedet wurde und bis zu Beginn der 1990er Jahre für den Befreiungskampf grundlegend blieb. Die F.Ch. ging aus der *Congress Alliance* hervor, die der Afrik. Nationalkongress (ANC) Anfang der 1950er Jahre initiiert hatte, um alle Bevölkerungsgruppen Südafrikas im pol. Widerstand gegen die fortschreitende Institutionalisierung der Apartheid zusammenzuführen. Das Bündnis vereinigte Vertreter der vier Gruppen, die das Apartheidregime unterschied, nämlich den ANC, den *South African Indian Congress*, die *South African Coloured People's Organisation* und den *Congress of Democrats* (vorwiegend weiße Apartheidgegner) sowie den multirassischen *South African Congress of Trade Unions*. Für den 25./26. Juni 1955 beriefen diese Organisationen eine öffentl. Versammlung ein, die der damalige ANC-Führer Luthuli (Friedensnobelpreis 1961) als den ersten repräsentativen Kongress in der Geschichte Südafrikas bezeichnete. Der Kern der F.Ch., ihre nichtrassische Orientierung, wird in ihrer Präambel mit den oft zitierten Worten hervorgehoben: »*South Africa belongs to all who live in it, black and white, and (...) no government can justly claim authority unless it is based on the will of all the people.*« Die F.Ch. forderte v.a. demokrat. Grundrechte ein, formulierte aber auch radikaldemokrat. Positionen wie die Verstaatlichung von Grundindustrien und eine Landreform. – Nicht einverstanden mit der F.Ch. waren die pol. Kräfte, die eine eigenständige Befreiung der Schwarzen von der Rassendiskriminierung durch die Weißen für notwendig hielten. Sie spalteten sich später vom ANC ab und bildeten eigene kleine Organisationen, die der Idee des *black consciousness* verpflichtet waren.

Peter Meyns

Freundschaft ↗ Nachbarschaft, ↗ Scherzverwandtschaft, ↗ Vereine

Frisur. Die F. insbes. der Frauen spricht für das Schönheitsbedürfnis der Afrikaner. Sie beschreibt eine Physiognomie, bringt den Körper zur Geltung und drückt auch den Sozialstatus aus. Diese Kunst geht mit der Zeit und entnimmt ihr neue Formen und Stoffe, wobei aber dreierlei unverändert bleibt: (1) Furchen oder Scheitel zwischen den Haarpartien; (2) Verlängerung oder Auffüllung des Haarvolumens; (3) Flechtwerk mit Eigenhaar und/oder Fremdmaterial wie Baumwolle, Wolle, Leder oder Raphia. Eingearbeitet wird dabei auch schmückendes Beiwerk, darunter v.a. Kaurischnecken (Katsenawa/Nigeria), Metallmedaillons (Zarma/Niger), Perlen (Aït Atta/Marokko), Lederstücke (Drawa im Ktawa/Marokko) und Glöckchen (Jüdinnen der Beni-Sbih, Marokko). Außer dem Schmuck wird auch Haarersatz verwendet, so in Form von Perücken (südl. Afrika) oder von Wollknäueln, die unter dem Haar angebracht werden, um ihm mehr Fülle zu geben (Fulbe-Bororo). Heute gebräuchlich ist sowohl der traditionelle Stil als auch der moderne, der entweder der gängigen Mode oder dem Leitbild eines ausl. Stars folgt, und ein Mischstil, der traditionelle Flechten mit modernen Clips garniert. In der Vielfalt der Formen dominiert als Stilelement der Zopf. Über die F. gehen Botschaften vom Ich zu den anderen (Abb. 11). So können Frisurennamen auf existenzielle Situationen verweisen, z. B. bedeutet bei den Hausa die F. *Juyé bani gora* (»Kipp mir die Kalebasse um«), dass das Mädchen vor der Heirat steht. Früher symbolisierte die F. die Zugehörigkeit zu einer Kaste und stand in Beziehung zum Heiligen. Bestimmte F. konnten bei einigen Gruppen in der Elfenbeinküste nur von Angehörigen der Schmiedekaste (↗ Schmiede) oder in

Abb. 11: Frisur aus der Demokrat. Rep. Kongo: *Tolanda nzela moko* (Lingala, »Lasst uns den gleichen Weg gehen«)

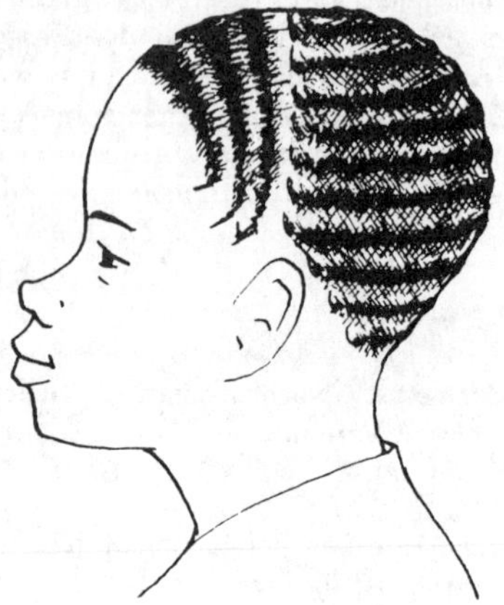

Senegal von der Frau eines ↗ Griot getragen werden. Heute sind diese Schranken aufgehoben und neue Techniken aufgekommen wie das Glätten des Haars mit Chemikalien, heißem Bügeleisen, Kohlenglut in einer leeren, gelochten Sardinenbüchse oder erhitzter Machete (Zentralafrika). Die F. ist der Ort der Lesbarkeit des Körpers, Anlass, mit anderen in Beziehung zu treten, und Ausdruck des Andersseins. ↗ Körper, ↗ Körperkunst.

🕮 K. Ferral, Coiffures africaines ou l'art de la tresse, Paris 1986. – M. Morin-Barde, Coiffures féminines au Maroc, Paris 1990. – R. Sieber/F. Herreman, Hair in African Art und Culture, München 2000.

Jean-Godefroy Bidima

Frontlinienstaaten (*Front Line States*) sind die unabh. afrik. Länder im südl. Afrika, die sich in der Endphase kolonialer und weißer Minderheitsherrschaft in bes. Maße für die Unterstützung der bewaffneten Befreiungskämpfe engagiert haben und die zugleich geogr. an die Länder angrenzten, in denen gekämpft wurde. Die »Gruppe der afrik. Frontstaaten«, wie die F. auch genannt wurden, war durch situationsbedingte Konsultationen auf der Ebene der Staatschefs geprägt.

Entstanden ist die Gruppe der F. 1974 bei der Suche nach einer Konfliktlösung in Simbabwe. Nach dem Umsturz in Portugal und der damit absehbaren Unabh. von Angola und Mosambik geriet das Bollwerk weißer Herrschaft im südl. Afrika, das Apartheidregime in Südafrika, in Bedrängnis. Die westl. Mächte, namentlich die USA, befürchteten eine pol. Radikalisierung und eine Stärkung östl. Positionen in der rohstoffreichen Region. In dieser Situation ergriff die Regierung am Kap, um eine Verhandlungslösung in Simbabwe herbeizuführen, eine sog. *détente*-Initiative. Präsident Kaunda (Sambia) war bereit, darauf einzugehen, suchte aber Rückendeckung für seine – nicht unumstrittene – Gesprächsbereitschaft bei den Staatschefs Nyerere (Tansania) und Khama (Botsuana) sowie dem designierten Präsidenten von Mosambik. Diese vier Präsidenten bildeten die Gruppe der F., die, nicht zuletzt aufgrund ihres hohen Ansehens, die Unterstützung der ↗ OAU erhielt und – neben den ↗ Rebellenbewegungen zum wichtigsten afrik. Akteur im Befreiungsprozess des südl. Afrika wurde.

Die *détente*-Initiative von Südafrika scheiterte erwartungsgemäß, weil sie die simbabwischen Rebellenbewegungen ausklammern wollte. Bei den nachfolgenden internat. Friedensinitiativen zu Simbabwe spielten die F. aufgrund ihrer Beziehungen zu den Rebellenbewegungen eine wichtige Rolle. Sie trugen v.a. zum Erfolg der *Lancaster House*-Unabhängigkeitsverhandlungen von 1979 bei. Die regionalen Konflikte der 1980er Jahre, insbes. in Angola und Mosambik im Gefolge der südafrik. ↗ Destablisierungspolitik, offenbarten hingegen die begrenzten Möglichkeiten der F., zugunsten ihrer beiden Mitgliedsländer tätig zu werden. Die Abschaffung der institutionalisierten ↗ Apartheid zwischen 1990–94 war schließlich ein im Kern interner Prozess ohne nennenswerte Beteiligung der F.

Zu den vier anfänglichen Mitgliedern der F. kamen 1976 Angola, 1980 Simbabwe und 1990 Namibia hinzu. Mit der Befreiung Südafrikas 1994 war die hist. Aufgabe der F. erfüllt.

1982 hatten die F. auf der Ebene der Außen- und Verteidigungsminister das ISDSC (*Inter-State Defence and Security Committee*) gegründet, das wiederbelebt und 1996 in das unter dem Dach der ↗ SADC neu geschaffene *Organ on Politics, Defence and Security* überführt wurde. ↗ Kriege/Bürgerkriege.

🕮 R. S. Jaster, A Regional Security Role for Africa's Front-Line States: Experience and Prospects, London 1983. – A. H. Omari, Regional Security: One View from the Front Line States, Cape Town/Daressalaam 1995.

Peter Meyns

Fújì, ein Genre der nigerianischen ↗ Popularmusik, das sich in den 1970er Jahren in Ibadan aus einer Fusion von Yoruba-Musiktraditionen wie *àpàlà*-Preisgesängen, *wéré* (muslim. Gebetsrufe) und ↗ *Jùjú*-Musik entwickelte. Während die mit dem Christentum assoziierte *Jùjú*-Musik in Folge der internat. Aktivitäten v.a. King Sunny Adés auch außerhalb Nigerias zu großer Popularität gelangte und für ein europ. und amerik. Publikum zum Inbegriff der Yoruba-Musik wurde, machten Mitte der 1980er Jahre Interpreten wie Sikiru Ayinde »Barrister« mit seiner 25-köpfigen Band *The Supreme Fuji Commanders* und Chief Ayinla Kollington mit seiner *African Fuji 1978 Organisation* die F.-Musik zur noch heute beliebtesten Popularmusik im SW Nigerias. Anders als bei den meisten Genres westafrik. Popularmusik, bei denen die Gitarre klanglich im Vordergrund steht, sind Saiteninstrumente beim *F.*, von dem es eine Vielzahl lokaler Stile gibt, nur von untergeordneter Bedeutung. Die Ensembles bestehen vornehmlich aus (z.T. elektrisch verstärkten) Perkussionsinstrumenten.

📖 R. Graham, Nigeria. In: S. Broughton et al. (Hg.), World Music: The Rough Guide, Bd. 1: Africa, Europe and the Middle East, London 1999. – W. Bender, Sweet Mother. Moderne afrik. Musik, Wuppertal 2000.

Oliver Seibt

Fulbe-Reiche, die von den Fulbe in Westafrika gegr. Staaten. Dazu zählen Futa Toro und die islam. Staatswesen Futa Djalon, Massina und Sokoto. Die Fulbe, auch Fulani, Fula, Peul, seit ca. 1000 als nomadisierende Rinderzüchter im Gebiet zwischen den Flüssen Senegal und Gambia heimisch, gründeten Ende des 15. Jh. einen Staat in Futa Toro (dem alten Takrur) am Senegal. Im Laufe des 16. Jh. wurden sie zu wichtigen Trägern der fortschreitenden ↗ Islamisierung Westafrikas. 1725 übernahmen relig. Gelehrte der Fulbe in Futa Djalon (heute Guinea) die Macht von den alten Mandinke-Herrschern und ließen zum ersten Mal den ↗ Koran in eine afrik. ↗ Sprache übersetzen. Futa Djalon war einer der größten Sklavenexporteure im Atlantik-Handel (↗ Sklavenhandel), und auch in der Landwirtschaft wurden Sklaven eingesetzt. Um 1780 kontrollierte Futa Djalon auch Futa Toro. Anfang des 19. Jh. kam es im Zuge der Fulbe-↗ *Djihads* zu zwei Staatsgründungen.

(1) Im Niger-Binnendelta löste der Gelehrte Shehu Ahmadu Lobbo (gest. 1845) Djenné und Timbuktu aus dem Machtbereich der Bambara von Segu und gründete 1818 das Fulbe-Reich von Massina mit der Hauptstadt Hamdallahi. Seine Nachfolger wurden 1862 von der zweiten *Djihad*-Welle unter al-Hadjdj Umar Tall (gest. 1864), Missionar der Tidjaniyya-↗ Bruderschaft und Angehöriger der ↗ Fulfulde sprechenden Tukuleur aus Futa Toro, überrollt.

(2) Das Kalifat von Sokoto, das eine durch regionalen Austausch zwischen Fulbe (Viehzucht) und Hausa (Getreideanbau), Fern- und Sklavenhandel wirtsch. bereits geeinte Region auch pol. zusammenschloss, entstand im Zuge des *Djihads* von Usman dan Fodio (1754–1817), einem Gelehrten aus Gobir und Anhänger der Qadiriyya-Bruderschaft. Dieser *Djihad* ergab sich aus der zunehmenden Islamisierung in den Hausa-Staaten. Als 1809 mit Sokoto eine neue Hauptstadt gegründet wurde, waren fast alle Hausa-Herrscher entmachtet und durch Anhänger Usmans, meist Fulbegelehrte, ersetzt worden, die jetzt als Emire (arab. *amir*, »Befehlshaber«) in rund 30 Emiraten und Unterprovinzen herrschten. Usmans Sohn Muhammad Bello übernahm 1817 das Kalifat mit dem Titel *sarkin musulmi* (»Herrscher der Muslime«). Die wirtsch. Blüte Sokotos beruhte sowohl auf der Landwirtschaft und dem regen Binnen- wie auch auf dem Sklavenhandel. Wichtig für die dauerhafte Einigung war die relig. Legitimation der Herrschaft nach dem Vorbild des Propheten (kein Kalif wurde im 19. Jh. abgesetzt) auf der Basis des islam. Rechtes. Obwohl der *Djihad* keine ethn. Bewegung war, übten doch überwiegend Fulbe die Herrschaft aus. Im Laufe des 19. Jh. assimilierten sich die Fulbe-Emire an ihre städt. Hausa-Untertanen, indem sie wie in Sokoto das Hausa als offizielle Sprache und das alte Beamtensystem der Hausa-Staaten übernahmen. Um 1900 war wahrscheinlich der Großteil der Bev. muslimisch. Als 1903 die Briten die Macht in Nordnigeria übernahmen, blieb der Kalif von Sokoto weiterhin einflussreich. ↗ Islam, ↗ Westafrika, Völker, Kulturen und Staaten, ↗ vorkoloniale politische Systeme.

📖 T. Diallo, Der theokratische Fulbestaat »Fuuta-Jaloo«. Ein Beitrag zur Theorie der Staatenbildung im Westafrika des 17. bis 19. Jh., Diss., Berlin 1979. – R. Loimeier, Die islamischen Revolutionen in Westafrika. In. I. Grau/C. Mährdel (Hg.), Afrika. Geschichte und Gesellschaft im 19. und 20. Jh., Wien 2000, S. 52–73.

Astrid Meier

Fulfulde (Ful, Fula, Peul, Fulani), eine der bekanntesten Klassensprachen (↗ Nominalklassen-

Karte 9: Verbreitung des Ful

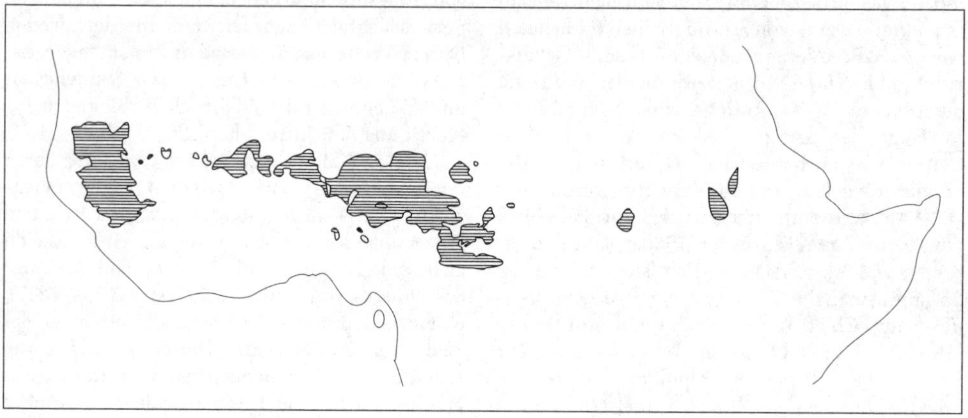

sprache) Westafrikas, die von ca. 12–15 Mio. Menschen in allen Ländern der Sudanzone, insbes. von einem größeren Teil der Bev. in Guinea, Guinea-Bissau, Senegal, Mali, Niger, Nigeria und Kamerun gesprochen wird. Ihre weite Verbreitung erfolgte durch die Wanderung nomadischer Rinderzüchter, die im 11. Jh. von Senegambien aus nach O zogen und Anfang des letzten Jh. das Rote Meer erreichten. Im Zuge dieser Wanderungen verbreiteten militante Fulbe den ↗ Islam in großen Teilen Westafrikas. Das innerhalb des ↗ Niger-Kongo der atlantischen Sprachfamilie (↗ Atlantisch) zugeordnete F. lässt sich in sechs Hauptdialekte bzw. Dialektgebiete unterteilen: Futa Toro, Futa Djalon, Massina, Sokoto, zentrales und nördl. Nigeria mit östl. Niger und Adamawa. – Je nach ↗ Dialekt besitzt die Sprache 20 bis 25 Nominalklassen mit vorwiegend suffigierenden Konkordanzzeichen. Das auffälligste Charakteristikum des F. ist neben der Fülle an Derivationen und der in afrik. Sprachen seltenen Diathese die Anlautpermutation. Bei diesem grammatisch bedingten Wechsel im Anlaut der Nomina, Zahlwörter und Verben findet eine nach festen Regeln auftretende Konsonantenveränderung statt, bei der die Frikativlaute *w, y, r, f, s* und *h* mit den oralen wie auch pränasalierten Explosiven *b, g, j, d, p, c, k* bzw. *mb, ng, nj* und *nd* wechseln; vgl. z. B. *wi'u gaynaako o wara* »Sag dem Hirten, er soll kommen!« mit *mbi'ee waynaaɓe ɓe ngara* »Sagt den Hirten, sie sollen kommen!«. Aus Gründen der Hervorhebung kann die übliche S(ubjekt)-V(erb)-O(bjekt)-Wortfolge in eine VSO- oder OVS-Stellung umgewandelt werden, wobei in bestimmten Fällen eine Suffix-Konjugation möglich ist; z. B. *mi winndii deftere* »ich schrieb ein Buch«, aber *deftere mbinndu-mi* »ein Buch schrieb ich«. – In jüngerer Zeit hat sich neben der traditionell stark vom Islam beeinflussten Dichtung eine moderne Lit. des F. mit den unterschiedlichsten Genres entwickelt, insbes. in Guinea und Kamerun, wo die Sprache den Status einer ↗ Verkehrssprache erlangt hat.

🕮 D. W. Arnott, The Nominal and Verbal Systems in Fula, Oxford 1970. – A. Klingenheben, Die Sprache der Ful, Hamburg 1963. – P. P. De Wolf, English-Fula Dictionary (Fulfulde, Pulaar, Fulani), 3 Bde., Berlin 1995.

Rudolf Leger

Funk ↗ afroamerikanische Musik

Fur, Bev. um den Dschebel Marra im W der Rep. Sudan. Die F. bildeten die Bev. des ca. im 16. Jh. gegr. Königreichs Darfur (»Land der Fur«), das 1874 vom Vizekönig von Ägypten eingenommen wurde, 1883 unter die Herrschaft des ↗ Mahdi geriet und 1916 dem Sudan angegliedert wurde. Gegen Ende des 16. Jh., unter der Herrschaft des Sultans Süleiman Solon, setzte die ↗ Islamisierung Darfurs ein.

Die F. weisen eine Siedlungs- und Sprachtradition ursprgl. zweier Völker auf, und zwar der Tora im W und der Kanaan im N und O. Rückschlüsse auf die durch eine offene Siedlungsweise und pol. durch lokale Führer gekennzeichneten Tora lassen archäologische Funde zu, wie z. B. größere Gräberfelder mit Einzelbestattung in Schachtgräbern mit Kreismauer-Aufbau, Stahlarm- und -beinringe, Schmuck aus importierten Eisen-, Kupfer-, Glas- und Kalksteinperlenketten und Kaurischnecken. Von den Kanaan (befestigte Einzelgehöfte auf halber Hanghöhe; Burgen der Könige auf Einzelvulkanen oder Plateaus) sind Familien-Gewölbegräber erhalten. Die Kanaan, deren Name für die Zeit von 1200 bis 1600 nachgewiesen ist, betrieben ↗ Sklavenhandel. Der Hauptort Darfurs war am Dschebel Si im N, dann Rokirroh am Nordfuß des Dschebel Marra. Um 1800 fand aufgrund langfristig abnehmender Niederschläge die Verlegung nach El Fasher statt. In neuester Zeit wanderte ein Teil der F. wegen der Dürre im Sahel nach S bis in die Zentralafrik. Rep. ab. ↗ Axum, ↗ Bornu, ↗ Nubien

📖 H. Ziegert, The Tora-Kanaan-Cultures of Jebel Marra, Frankfurt 2001.

Helmut Ziegert

Fur (Sprache) ↗ Nilosaharanisch

Fußball ↗ Sport

Futa Djalon, Futa Toro ↗ Fulbe-Reiche, ↗ Westafrika, Völker, Kulturen und Staaten

Ga (Sprache) ↗ Kwa

Gabun. Fläche 267.668 km². **Einw.:** 1,3 Mio. (2000). **Bev.-Wachstum/Jahr**: 2,7% (1990–99). **Stadtbev.:** 80,3% (1999). **Hauptstadt:** Libreville (450.000 Einw.). **Wirtschaftsmetropolen:** Libreville und Port-Gentil (165.000 Einw.). **Unabh.:** 17. 8. 1960. **Staatsform**: Präsidiale Rep.; Zweikammerparlament (Nationalversammlung mit 120 Abgeordneten und Senat); Mehrparteiensystem. **Währung:** CFA-Franc. **HDI-Rang** 109/162 (2001). **Auslandsverschuldung**: 4,3 Mrd. US$, **Anteil der Entwicklungshilfe am BSP**: 4% (1999). **BSP/Kopf**: 3.500 US$ (2000). **HIV-infizierte Erwachsene**: 4,2%, **Lebenserwartung**: m 51,4 J., w 53,8 J., **Alphabetisierung** der Erwachsenen: 63%, **Einschulungsrate**: m 82%, w 83% (1995–99). **Amtssprache:** Frz.; **Nationalsprachen:** Fang, Myene, Punu, Banzebi, Bapuru, Teke u. a.

I. Naturraum. Das an der Westküste Afrikas und symmetrisch zum Äquator liegende G. weist eine artenreiche Flora auf. Drei Viertel der Landesfläche sind von tropischem ↗ Regenwald bedeckt. Nur im SO finden sich Feuchtsavannen. Das hydrographische System (↗ Gewässer) besteht aus zahlreichen Flüssen mit dem Ogowe (1.200 km lang) an der Spitze, die die Regenwaldzone durchqueren und insbes. den Bewohnern des Landesinnern als Verkehrswege dienen. Dabei werden als Transportmittel Pirogen benutzt. Das ↗ Klima ist feucht mit Durchschnittstemperaturen zwischen 28 und 31 °C.

II. Bevölkerung und ethnische Gruppierungen. In G. gibt es keine zuverlässigen Angaben zur Einwohnerzahl. Mehrfach wurde der Regierung vorgeworfen, die Statistiken zu fälschen. Um Ansprüche auf Entwicklungshilfe erheben zu können, soll G. oft seine demographischen Daten nach oben korrigiert haben. (Da die Einwohnerzahl G. niedriger ist als offiziell angegeben, würde bei Zugrundelegung der Ergebnisse einer kontrollierten Volkszählung das Pro-Kopf-Einkommen so hoch ausfallen, dass G. keine Entwicklungshilfe erhalten würde.) In G. leben über 60 Ethnien mit jeweils eigenen Kulturen. Die Fang stellen mit 30% der Bev. die größte Volksgruppe, gefolgt von den Eshira (Sira) mit 15%, den Mbede mit 15%, den Mpongwe mit 15%, den Punu mit 11% und zahlreichen kleinen Gruppen. Als Minderheiten gelten Pygmäen und Europäer (etwa 12.000). Früher bestimmten Ackerbau und Fischfang die Lebensweise der Bev. Wegen des hohen ↗ Industrialisierungsgrads sind heute 80% der Gabuner Stadtbewohner, weite Teile des Landes unbewohnt. 40% der ↗ Bevölkerung sind unter 18 Jahre alt, lediglich 6% über 60 Jahre. 95% bekennen sich zum Christentum.

III. Geschichte und Politik. Der Name G. geht auf die portug. Bezeichnung *Rio do Gabao* für den Fluss Ogowe zurück. Portug. Seefahrer erreichten als erste Europäer 1472 die Küste; ihnen folgten Spanier, Holländer, Engländer und Franzosen, die Handel mit Elfenbein, Ebenholz und Sklaven betrieben, wobei die Franzosen ins Landesinnere vordrangen und dort Handelshäuser errichteten. 1849 gründeten die ersten befreiten afrik. Sklaven eine Wohnsiedlung in der heutigen Hauptstadt Libreville (d. h. freie Stadt). 1883 wurde G. frz. und 1910 in die Kolonie Frz.-Äquatorialafrika eingegliedert. 1960 erklärte G. seine Unabh., 1961 wurde Léon M'ba zum Staatspräsidenten gewählt. Nach dessen Tod 1967 trat der damalige Vizepräsident Omar Bongo (*1935) die Nachfolge an und bestimmt seitdem die Politik, die bis zur Einführung des Mehrparteiensystems 1990 durch Repression und Vertreibung von Oppositionellen gekennzeichnet war. Bei den letzen Parlamentswahlen 1996 entfielen 82 der 120 Sitze auf Bongos PDG (Demokrat. Partei Gabuns). Bei den letzten Präsidentschaftswahlen 1998 wurde Bongo im Amt bestätigt. Die Opposition warf dem Präsidenten Wahlmanipulation vor.

IV. Wirtschaft. Bis zur Unabh. galt der Wald als wichtigste Rohstoffquelle des Landes. G. verfügt über einen Waldbestand mit mehr als dreihundert Baumarten, die zu industriellen Zwecken genutzt werden (↗ Forst- und Holzwirtschaft). Seit 1965 unterwarf die Ölförderung die gabunische Gesellschaft und Wirtschaft einem grundlegenden Wandel (↗ Bergbau). Die traditionelle ↗ Landwirtschaft fiel der Petrochemie zum Opfer, die zugleich die holzverarbeitende Industrie verdrängte. Binnen kurzer Zeit wurde G. zu einem der reichsten Länder Afrikas. Der Wirtschaftsboom lockte nicht nur die eigene Landbev. in die Städte (↗ Urbanisierung), sondern auch Arbeitskräfte aus allen Nachbarstaaten (↗ Migration), da G. selbst wenige Einwohner und kaum qualifiziertes Fachpersonal besaß (↗ *Brain Drain*). Die transgabunische Eisenbahn wurde gebaut, die Libreville mit Franceville im S verbindet. Somit konnten weitere ↗ Rohstoffe wie Uran, Mangan und Eisenerz aus dem Landesinnern an die Küste befördert werden. Die Ölkrise 1979/80 zeigte allerdings die Grenzen der Petrochemie auf: Die Ölpreise verfielen, die Staatseinnahmen sanken, und G. stürzte in eine schwere Wirtschaftskrise. 1994 trat G. aus der OPEC (Organisation Erdöl exportierender Länder) aus. Seit 1998 läßt sich eine konjunkturelle Erholung der Wirtschaft feststellen. Der Anteil der industriellen Produktion am BIP beläuft sich auf 50%, gefolgt vom Dienstleistungssektor (40%) und der Landwirtschaft (9%). Das Erdöl bringt noch immer 80% der ges. Exporterlöse. Weitere wichtige Ausfuhrerzeugnisse sind Holz und Mangan. Aus dem Ausland werden insbes. Maschinen, Lebensmittel und Stahlprodukte importiert. Wichtigste Außenhandelspartner sind Frankreich, die ↗ CEMAC, EU, USA und Japan. Die Handelsbilanz von G. ist positiv.

V. Literatur und Musik. Wie in anderen afrik. Ländern wird die ↗ Tradition in G. durch Erzählungen, Lieder, Legenden und Sprichwörter gepflegt. Erste Schriftversuche wurden insbes. der ↗ Oralliteratur gewidmet. Geschrieben wird in Frz. Die in G. dominierende mündlich überlieferte Tradition ist die des ↗ Mvet, eines episch-musikalischen Gesangs insbes. der Fang. 1953 veröffentlichte André Raponda-Walker (1871–1969) erstmals gabunische Märchen. Zu den bekanntesten Schriftstellern zählen u. a. Vincent de Paul Ayonda (1918–1995), Pierre-Edgar Moundjegou-Mgangue (*1943), Angèle Ntyugwetondo Rawiri (*1954). Pierre-Claver Akendengué (*1943) mit seinen der traditionellen Weisheit gewidmeten Liedern ist der berühmteste gabunische Musiker der Gegenwart.

🕮 B. Clist, Gabon: 100.000 ans d'histoire, Saint-Maur 1995. – F.-P. Nze-Nguema, L'Etat au Gabon de 1929 à 1990. Le partage institutionnel du pouvoir, Paris 1998.

Jacob E. Mabe

Gambia. **Fläche:** 11.300 km^2. **Einw.:** 1,3 Mio. (1999). **Bev.-Wachstum/Jahr**: 3,6% (1990–99). **Stadtbev.:** 31,8% (1999). **Hauptstadt und Wirtschaftsmetropole:** Banjul (150.000 Einw.). **Unabh.:** 18. 2. 1965. **Staatsform**: Präsidialrep.; Parlamentssystem: Einkammerparlament (Repräsentantenhaus); Einparteisystem. **Währung:** Dalasi. **HDI-Rang** 149/162 (2001). **Anteil der Entwicklungshilfe am BSP**: 9% (1998). **BSP/Kopf**: 340 US$, **HIV-infizierte Erwachsene**: 2%, **Lebenserwartung**: m 44,5 J., w 47,6 J., **Alphabetisierung** der Erwachsenen: m 43,1%, w 28,5% (1999). **Einschulungsrate**: m 51%, w 43% (1995–99). **Amtssprache:** Engl. **Nationalsprachen:** Wolof (↗ Atlantisch), Ful, Manding (↗ Mande).

I. Naturraum. G. erstreckt sich inmitten von Senegal als schmaler Landstreifen von 15 bis 25 km Breite und 300 km Länge zu beiden Seiten des Gambiaflusses, der 240 km landeinwärts vom Atlantik schiffbar ist. Das Land liegt im Bereich des randtropischen ↗ Klimas mit einer langen Trockenzeit von Nov. bis Mai sowie einer Regenzeit von Juni bis Okt. Die Niederschläge erreichen nicht mehr als 1.000 mm; in der Trockenzeit ist es durch den Harmattan (kalter Wind) von Nov. bis März relativ kühl.

II. Bevölkerung und ethnische Gruppierungen. Die Bev. besteht aus zahlreichen ethn. Gruppen. Die Malinke (Mande) als größte Volksgruppe stellen zwei Fünftel der Bev. Sie leben überwiegend am Unterlauf des Gambia (*Lower River*), im Westbezirk (*Western Division*) und in einigen Teilen von Kombo. Die zweitgrößte ethn. Gruppe stellen die im Oberlaufbezirk (*Upper River Division*) leben Fulbe. Die Wolof bilden die drittgrößte Gruppe; sie leben überwiegend im Zentralbezirk (*Saloum District of the Central Division*), wo sie einen nahezu homogenen Block bilden, sowie auch in der Hauptstadt Banjul und Umgebung. Die Wolof von Banjul gehörten zu den ersten Gambiern, die eine westl. Schulbildung erhielten. Nach der Unabh. besetzten sie die Stellen in der ↗ öffentl. Verwaltung und im ↗ Bildungswesen. Die Sarakolle (Soninke), die lange Jahre als ethn. Minderheit mit den Fulbe

v. a. im Oberlaufbezirk gelebt hatten, wanderten nach der Unabh. wegen Landmangels aus und beteiligten sich in Zentralafrika, Südafrika und Sierra Leone am Diamantenhandel. Wieder heimgekehrt, investierten sie ihr Vermögen in kleinen Gewerbebetrieben, im Großhandel oder in Immobilien und verschafften sich großen pol. Einfluss. Neben den Dyula, die als Minderheit im Kreis Fogny leben, findet man in G. auch Kreolen, die als Aku bekannt sind und 1% der Bevölkerung stellen, sowie Serer und Hal Pular (Fulfulde).

III. Geschichte und Politik. Im 15. Jh. landeten portug. Seefahrer an der Küste und errichteten Handelsstationen; im 16. und 18. Jh. ließen sich Briten und Franzosen nieder, die v. a. Sklavenhandel betrieben. 1843 wurde G. brit. Kronkolonie, 1888 Protektorat. Die Regierung wurde auf einheimische Herrscher übertragen. In den 1950er Jahren entstanden pol. Parteien, 1965 erhielt G. die Unabhängigkeit im brit. ↗ Commonwealth, 1970 wurde G. durch Volksentscheid Rep. Staatsoberhaupt war von Anfang an der Tierarzt Al-Hadj Sir Daouda Kaïraba Diawara, ein Malinke und Begründer der PPP (Fortschrittliche Volkspartei). Der bei den Wahlen 1977 unterlegene Kandidat Kukoï Samba Sanyang unternahm 1981 einen Staatsstreich. Daraufhin intervenierte die Regierung Senegals unter Abdou Diouf, um Sir Daouda Diawara wieder einzusetzen. Danach bildete G. 1982 unter dem Namen Senegambia eine Konföderation mit Senegal, die die Armeen beider Länder zusammenführen und eine Zoll- und Währungsunion begründen sollte. Im Laufe der Jahre verschlechterten sich jedoch die Beziehungen, bis es 1989 zum Bruch des Konföderationsabkommens kam. Der Konflikt hatte u. a. darin bestanden, an Stelle der Fährverbindung eine Brücke über den Gambia zu bauen. 1994 wurde Diawara von Yayah Jammeh gestürzt, der einen Provisorischen Regierungsrat der Streitkräfte (AFPRE) bildete. 1996 wurde er in umstrittenen Wahlen zum Staatspräsidenten gewählt. 2000 scheiterte ein Putschversuch.

IV. Wirtschaft und Sozialstruktur. Die Wirtschaft ist von der Erdnuss als Exportkultur abhängig, die etwa ein Drittel der jährl. Exporteinnahmen erbringt. Der Pro-Kopf-Produktion nach steht das Land hier an zweiter Stelle der Welt; es gilt deswegen als »Erdnusskolonie« (*groundnut colony*). 60% der Bev. arbeiten in der ↗ Landwirtschaft. Reis, Hirse und Sorghum sowie Tierprodukte sind für den lokalen Verbrauch bestimmt. Neuerdings entwickelt sich auch der Anbau von Baumwolle, Sisal, Zitrusfrüchten und Tabak. Der ↗ Tourismus wird seit zehn Jahren ausgebaut; nach dem Staatsstreich 1994 erlitt die Tourismusbranche allerdings starke Einbußen. Die Industrie ist in G. nur schwach vertreten: zwei Ölmühlen, eine Gefrieranlage für Fisch und zwei Erdnuss-Schälbetriebe. Die Sozialstrukturen ähneln denen Senegals. In den hierarchisierten Gesellschaften der Wolof, Sarakolle, Malinke und Ful bestehen Kasten, die Dyula leben dagegen in egalitären Gesellschaften. Gebrauchskunst, Musik und Tänze gleichen denen in Senegal.

📖 H.A.J. Gailey, A History of the Gambia, London 1964. – C. M. Dienc-Njie, Gambia: The Fall of the Old Order, Dakar 1995. – E. Makedonsky, Le Sénégal – La Sénégambie, 2 Bde., Paris 1987.

Amady Aly Dieng

Ganda (Sprache) ↗ Bantusprachen

Garamanten (*garamantes*). Bez. der Römer für ein Berbervolk im Wadi el Adjal (Fezzan, Libyen), Besiedlung ca. 300 v. bis zur arab. Eroberung und Zerstörung 643 n. Chr.

Die G. produzierten Salz in einem Verhüttungsverfahren und mussten ihre Siedlungen wegen der Brunnenversalzung häufig verlegen. Ihre Bauten – eine Burg bei jeder Siedlung, Brunnen für Karawanen, im Tagesabstand Wehrtürme – bestanden aus Trockenlehmziegeln, spätere arab. meist aus Stampflehm. Tellsiedlungen (Stadt) existierten in Ben Dereba (bis 643 n. Chr.) und in Germa bis 1937. Zur Wasserversorgung bei unregelmäßigen Niederschlägen verwandten sie ein Drainagesystem (sog. Foggharas, Schachtreihen und Tunnel im Tonstein, 2.–6. Jh. n.Chr.). Sie betrieben Karawanenhandel zwischen Küste und Sahelraum, deponierten röm. Importe (Wein, Öl, Luxusgüter) in Gräbern (Gräberfelder an den Nordhängen der Schichtstufe: Kammergräber mit Pyramiden- oder Kreisaufbau). Es gibt Zeugnisse für Überfälle auf röm. Küstenstädte (Leptis Magna 68/69 n. Chr.) und Strafaktionen der Römer. Zeugnisse der heute noch bei den Tuareg gebräuchlichen Tifinagh-Schrift (↗ Berber) finden sich in G.-Gräbern. In Zuila (Ostfezzan) gab es eine christl. Gemeinde, 642 kämpften die Muslime gegen die *Nazareni*. ↗ Römische Kolonisation.

📖 C. M. Daniels, The Garamantes of Fezzan. In: F. F. Gadallah (Hg.), Libya in History, Tripolis 1968, S. 261–287. – E. M. Ruprechtsberger, Die Garamanten. Geschichte und Kultur eines libyschen Volkes, Mainz 1997.

– H. Ziegert, Budrinna. Zur jüngeren Besiedlungsgeschichte im Wadi el Adjal (Fezzan, Libyen). Tripolis 2001.

Helmut Ziegert

Gbe, auch Ewe (Sprache) ↗ Kwa

Ge'ez (Altäthiopisch) ↗ altäthiopische Literatur, ↗ Semitisch, ↗ Schriftsysteme, afrik.

Geber ↗ Entwicklungszusammenarbeit

Geburten- und Sterberaten ↗ Bevölkerung

Geburtshilfe ↗ Schwangerschaft und Geburtshilfe

Geheimbünde ↗ Bünde

Geheimsprache, im weitesten Sinne Bez. für bestimmte Kodes innerhalb eines sprachlichen Systems, deren Gebrauch der Einhaltung von Meidegeboten, Bezeugung von Respekt o. ä. kulturspezifischen Kommunikationsvorschriften dient. Als Typen von G. in Afrika gelten u. a. Trommel- (↗ Instrumentalsprache), Frauen- und Männer- sowie Königs- bzw. höfische Sprachen. Der gesellsch. Dreiteilung bei den Yemsa (auch: Janjero; Äthiopien, ↗ Omotisch) bspw. entspricht die Unterscheidung von Königs-, Respekt- und Volkssprache in ausgewählten Bereichen des sog. Grundwortschatzes (Gegenstände, Körperteile u. a.). Die Funktion von Meidung und Respekt zugleich kommt dem *Hlonipha* zu, das strukturell auf dem Zulu (Rep. Südafrika, ↗ Bantusprachen) basiert, durch lexikalische Ersetzung (Synonyme, Neubildungen) sowie lautliche Veränderungen gekennzeichnet ist und nur von Frauen im Gespräch mit oder über verschwägerte Personen verwendet wird. Ein bes. ↗ Schriftsystem gar ist für den höfischen Kode des Bamum (Kamerun, Grasland-Bantu) überliefert. Insges. gesehen ist der Bereich der afrik. G. allerdings noch wenig erforscht.

📖 E. Cerulli, Il linguaggio dei Giangerò ed alcune lingue Sidama dell'Omo, Rom 1938. – A. Schmitt, Die Bamum-Schrift, 3 Bde., Wiesbaden 1963. – D. Westermann, Afrik. Tabusitten in ihrer Einwirkung auf die Sprachgestaltung, Berlin 1940.

Rainer Voßen

Geisterglaube geht davon aus, dass die gesamte Natur (Tiere, Pflanzen, Berge, Flüsse usw.) beseelt ist, d. h. von Geistern belebt wird. Diese begegnen als Ahnengeister der Verstorbenen (↗ Ahnenkult) oder Naturgeister dem Menschen und beeinflussen sein Leben: Bei der ↗ Jagd muss der Tiergeist besänftigt werden, Flussgeister können beim Durchqueren des Flusses ihren Tribut fordern, beim Baumfällen können Baumgeister Unfälle verursachen. G. ist damit ein Weg, das Unerklärliche zu erklären, und er trägt wesentlich zur alltäglichen Daseinsbewältigung bei. Gemäß dem G. ist der Mensch jederzeit und an jedem Ort dem Einfluss dieser Geister ausgesetzt, die ihm Unglück und Schaden bringen können. Um sich vor ihrem negativen Einfluss zu schützen, müssen den Geistern Opfer dargebracht werden, oder der Heiler kann Amulette und Medizinen als Schutzmittel verordnen. Durch Opfer kann man aber auch das Wohlwollen der Geister und somit ihren Schutz erlangen. Geister können von Menschen Besitz ergreifen und so zu Krankheit und Tod führen (↗ Krankheit und Heilung) oder aber die Geistbesessenen zu ihrem Medium machen. Die ↗ Besessenheit, die sich in den versch. Regionen Afrikas unterschiedlich äußert, wird allerdings nicht einheitlich interpretiert.

Wegen der Verbindung der Geister mit der Natur wird teilweise anstelle von G. verallgemeinernd von Naturreligionen gesprochen. Allerdings hat dies nichts mit der Ehrfurcht vor der Natur oder einer Verehrung der Natur zu tun. G. wird auch als ↗ Animismus bezeichnet. In jedem Fall muss betont werden, dass G. nur einen Teilaspekt traditioneller ↗ Religionen in Afrika ausmacht und nicht für das Ganze derselben verwendet werden kann. ↗ Divination.

📖 E. Dammann, Die Religionen Afrikas, Stuttgart 1963. – Th. Sundermeier, Nur gemeinsam können wir leben. Das Menschenbild schwarzafrik. Religionen, Gütersloh 1988.

Johannes Triebel

Gelbguss ↗ Beninkunst, ↗ Plastik, ↗ Skulptur

Genozid (oder Völkermord), Handlungen, die in der Absicht begangen werden, nat., ethn., rassische oder relig. Gruppen zu zerstören. Dazu gehören die Tötung, das Zufügen schwerer körperlicher oder seelischer Schäden, die Schaffung von Lebensbedingungen, bei denen die vollständige oder teilweise physische Vernichtung einkalkuliert ist, sowie Maßnahmen zur Verhinderung von Geburten und die zwangsweise

Überführung von Kindern in eine andere Gruppe. Diese Definition stützt sich auf die UN-Konvention zur Verhinderung und Bestrafung von Völkermord. Damit unterliegt G. als völkerrechtl. Tatbestand ausdrücklich internat. Recht, kann nicht mehr als interne Angelegenheit eines Landes betrachtet werden und verjährt nicht.

Der Genozidbegriff wird in der internat. Pol. zurückhaltend verwandt. Erstens müssen Belege für die Absicht vorhanden sein, tatsächlich eine Gruppe zerstören zu wollen. (Sonst wird nur von Pogromen gesprochen.) Zweitens entsteht bei der Benennung von Verbrechen als G. der Druck, gegen denselben einschreiten zu müssen. Diesem Druck will sich die internat. Gemeinschaft aber oftmals entziehen.

Auch deshalb ist trotz einer Vielzahl von Gewalttaten und Pogromen für Afrika der dezidierte Nachweis eines G. schwer. Als ein Beispiel für G. während der Kolonialzeit gelten die Verbrechen der Deutschen an Herero und Nama im heutigen Namibia (↗ Hererokrieg). Im nachkolonialen Afrika wurde bei einer Reihe ↗ ethn. Konflikte der Vorwurf des G. erhoben, u. a. bei dem Krieg gegen die Ibo-Bevölkerung während des Biafrakriegs in Nigeria (↗ Kriege/Bürgerkriege), den gezielten Vernichtungsaktionen unter Idi Amin in Uganda sowie Verbrechen im Verlauf der Bürgerkriege in Sudan, Liberia oder Sierra Leone. – Ein eindeutig dokumentierter Fall ist der ruandische G., dem 1994 zwischen 500.000 und 1 Mio. Tutsi und oppositionelle Hutu zum Opfer fielen. Radikale Führer der Hutu-Mehrheit, darunter auch Mitglieder der Regierung, sahen ihre Vorherrschaft durch den Demokratisierungsprozess und einen Angriff von Exil-Tutsi bedroht. Zur Sicherung ihrer Macht bereiteten sie planmäßig und systematisch über mehrere Jahre hinweg die Vernichtung der Tutsi-Minderheit vor und riefen öffentlich zum Massenmord an den Tutsi auf. Nach dem gewaltsamen Tod des ruand. Präsidenten Habyarimana wurde der G. von Milizen unter Mitwirkung von Armee und Verwaltung vollzogen. Anhand vorbereiteter Todeslisten wurden führende Tutsi und Hutu-Oppositionelle ermordet, dann erfolgte die systematische Tötung der Tutsi in ihren Häusern ebenso wie in öffentl. Einrichtungen, in denen sie Schutz gesucht hatten, Tutsi-Frauen wurden massenhaft vergewaltigt. Erst der milit. Sieg der Exil-Tutsi setzte dem G. ein Ende. – Am Fall Ruanda zeigen sich die Schwierigkeiten der internat. Gemeinschaft, wirksam auf einen G. zu reagieren. Obwohl einige westl. Regierungen und die UN Kenntnis von dem geplanten G. hatten, unternahmen sie nichts. Selbst als die internat. Medien ausführlich über den G. berichteten, blieb die internat. Gemeinschaft (u. a. wegen der schlechten Erfahrungen mit dem ↗ Blauhelmeinsatz in Somalia 1992) weitgehend untätig. Auch die juristische Aufarbeitung des G. kommt nur schleppend voran, was die Versöhnung zwischen beiden Gruppen außerordentlich erschwert.

📖 African Rights (Hg.), Rwanda. Death, Despair and Defiance, London 1995. – G. J. Andreopoulos, Genocide: Conceptual and Historical Dimensions, Philadelphia 1994. – Human Rights Watch (Hg.), Leave None to Tell the Story. Genocide in Rwanda, New York 1999. – D. Neubert/A.-M. Brandstetter, Völkermord in Ruanda: Die falsche These vom »Stammeskrieg«. In: SOWI 25 (1996), S. 96-103.

Dieter Neubert

Genussprache ↗ Nominalklassensprache

Geomorphologie Afrikas ↗ Naturräume

Gesang durchdringt in Afrika fast alle Sphären menschl. Lebens: Er begleitet nicht nur ↗ Feste und die meisten Stationen im Lebenszyklus vom Wiegenlied bis zur Totenklage, sondern ist auch Teil des öffentl. Lebens. Gesangstexte setzen sich mit wichtigen sozialen Belangen auseinander, belehren, kritisieren, verspotten, sei es bei abendlichen Unterhaltungen, höfischer Repräsentation, relig. Riten oder durch bekannte professionelle Sänger und Sängerinnen mittels öffentl. Auftritte oder Massenmedien (↗ Medien) wie Musikkassetten, ↗ Rundfunk und ↗ Fernsehen. So vielfältig wie die Gelegenheiten, bei denen gesungen wird, so vielgestaltig sind auch die Arten des Singens. Dabei kann von der Singgelegenheit i.d.R. nicht auf die musikalische Struktur des G. geschlossen werden. Grundlage des G., dessen vielfältige Formen nicht immer eindeutig vom Sprechen, Beten, Weinen, Rufen, Jodeln, Geschichtenerzählen, Heilen etc. unterschieden werden, bildet meist eine Sprache-Melodie-Beziehung, bei der der musikalische Tonhöhenverlauf die Sprachtöne und den -rhythmus berücksichtigt. Bis auf wenige Ausnahmen, z. B. bei der rezitativischen Wiedergabe von Herrschergenealogien, ist der G. metrisch gegliedert und wird häufig nicht von Musikinstrumenten im eigentlichen Sinne rhythmisch begleitet, sondern z. B. durch die Verwendung von Geräten wie Hacken, Mahlsteinen oder Dreschflegeln, die im Arbeitsprozess Zeit- und Bewegungspattern

(↗ Rhythmus) bilden, kontrastiv zum G. eine innere Spannung aufbauen und das Ineinandergreifen der Arbeitsabläufe harmonisieren und erleichtern. Manche Formen des G. werden Spezialisten übertragen. So wird z. B. in Westafrika der ↗ Preisgesang von ↗ Griots vorgetragen. Bei anderen Berufsgruppen, wie z. B. Priestern oder Heilern, ist das Singen wesentlicher Bestandteil eines relig. Systems. ↗ Musiker, ↗ Popularmusik.

📖 A. Simon, Musik in Afrika, Berlin 1983. – K.J.H. Nketia, Music in Africa, London, 1975. – Art. »Afrika südlich der Sahara«. In: Die Musik in Geschichte und Gegenwart, Bd. 1, Kassel/Stuttgart 1995, S. 50.

Raimund Vogels

Geschichtliche Überlieferung. *I. Allgemeines.* Afrik. Gesellschaften entwickelten eine starke ↗ Tradition geschichtl. Bewusstseins, Begriffe wie Vergangenheit, Zeit und Raum eingeschlossen. Viele dieser Ideen kamen in versch. Alltagspraktiken zum Ausdruck, v. a. jedoch in den von einer Generation zur nächsten mündlich weitergegebenen Zeugnissen über die Vergangenheit, die sich von anderen hist. Darstellungen, die mit Objekten oder geschriebenen Quellen arbeiteten, prinzipiell unterscheiden. Dem Mündlichen verpflichtete Zivilisationen verliehen dem gesprochenen Wort eine große Legitimität, die Geschichte aufzuzeichnen und zu bewahren. Es gab »freie« Erzählungen, die auf versch. Weise nacherzählt werden konnten, und andere mit fester Form und unveränderlichem Inhalt, z. B. wenn es um bestimmte ↗ Rituale ging. Da die g.Ü. zahlreiche Themen, von der Wissenschaft bis zur ↗ Religion, berührt, eignet sie sich dafür, diverse Aspekte einer ↗ Gesellschaft, ihre Weltsicht, Wertvorstellungen, Ideen und Probleme offen zu legen.

Mit dem Zugang zur Schrift wurden solche Überlieferungen in versch. Formen, zum Beispiel als Generationsromane oder Heldenepen, schriftlich fixiert. Durch den Einfluss arab. und europ. Sprachen entstanden ↗ Chroniken und Nachschriften, darunter die Arbeiten von Samuel Johnson, Jacob Eghareva und Akiga Sai aus Nigeria, Sir Apollo Kagwa aus Uganda, Boubou Hama im Niger und Hampâté Bâ in Mali. Ohne das Überleben lokaler g.Ü. wäre die Rekonstruktion eines Großteils der Geschichte Afrikas schwierig, wenn nicht unmöglich gewesen.

II. Formen und Inhalt der geschichtlichen Überlieferung. Form und Inhalt der Bewahrung von Geschichte waren nicht unbedingt gleichförmig. Wenn Inhalt und Form frei waren, wie in Lobgedichten, konnte der Künstler abweichende Versionen erstellen und Erzählungen verändern und sich so auf sein Publikum einstellen. Oft blieb sich das Muster einer hist. Erzählung trotz unterschiedlicher Versionen gleich, und der Vortragende war eher darauf bedacht, den Regeln des Musters zu gehorchen als Änderungen einzubauen. Ein Erzähler konnte mit Rhythmen spielen und Verse abändern, wenn der Text frei war, aber man erwartete von ihm, dass er die wesentlichen Textelemente respektierte. Bestimmte Ü. musste ein Erzähler auswendig lernen, da Form und Inhalt genau festgelegt waren. In solchen Fällen glich die g.Ü. einem geschriebenen Text, der in seiner Gesamtheit ohne die geringste Veränderung übernommen werden musste. Es gab aber auch Fälle, in denen der Inhalt der g.Ü. festgelegt, die Form dagegen frei war, wie bei Sprichwörtern und Genealogien. Dann konnte der Erzähler den Inhalt übernehmen und die Form verändern. Die g.Ü. Afrikas kannten vielerlei Gattungen, wobei den einzelnen Genres und ihren Erzählern ein unterschiedliches Maß an Zuverlässigkeit abverlangt und Respekt entgegengebracht wurde. In vielen afrik. Gemeinschaften rechtfertigte die Geschichte bestehende kulturelle, soziale und pol. Institutionen. Ein Erzähler g.Ü. konnte gleichzeitig über die Vergangenheit und über die Gegenwart reden, bes. beim Vortrag von Gedichten zur Verherrlichung von ↗ Königen. So wie übernatürlichen Kräften und der Natur wurden auch Individuen und Gemeinschaften bedeutsame Mittlereigenschaften zugeschrieben. Es gab Anführer und Helden, aber auch Rebellen und Opfer. Einige Männer und Frauen taten sich, wie Mythen (↗ Mythos) und Loblieder bezeugen, bes. hervor. Ob in Form von Legenden oder Sprichwörtern, die g.Ü. war stets auch ein Mittel sozialer Reproduktion. Das Königtum und seine Institutionen, traditionelle Organisationen, Geheimbünde (↗ Bünde) etc., alle besaßen sie eine Geschichte, die sie legitimierte und ihre Praktiken und ihr Fortbestehen sicherte. ↗ Familien hatten ihre private Geschichte, die das Recht ihrer Mitglieder auf Land (↗ Erdherr/Erdpriester) und ihre Herkunftsansprüche beglaubigten. Dörfer und Städte verfügten über eine kollektive Geschichte, die ihnen ein legitimes Anrecht auf bestimmte Territorien gab und Fremde ausschloss. Es gab keine Könige und Dynastien ohne Geschichten über Macht, Privilegien und Herrschaftsrechte.

III. Der Erzähler. Auch die Erzähler waren mit einer gewissen Macht ausgestattet. Innerhalb der

Familien wurden die g.Ü. oft von Frauen bewahrt, die ihre Kenntnisse zur Bestätigung von Geschlechterrollen und Arbeitsteilung nutzten. In monarchischen Gesellschaften besaßen Erzähler die enorme Macht, ihr Wissen für die soziale Reproduktion zu verwenden. Die Hüter der Geschichte der Asante-Könige z. B. bewahrten Überlieferungen, die nur sie allein kannten. Die Biru-Spezialisten in Ruanda hatten als einzige das Privileg, die Rituale der königlichen Familie zu kennen. In manchen Gesellschaften wurden öffentl. Rezitationen veranstaltet, um dem Volk bestimmte Ereignisse und Verpflichtungen immer wieder ins Gedächtnis zu rufen. Häufige Wiederholungen ermöglichten dem Erzähler überdies getreue Wiedergaben. Wo Wissen mit Macht und sozialer Reproduktion verbunden war, konnte sich eine ganz bestimmte Gruppe von Erzählern herausbilden. So gab es bei den ↗ Yoruba weibliche Sänger und Dichter, im westl. Sudan ↗ Griots (↗ Preisgesang) und vielerorts Hofhistoriker (↗ Hofmusik). Die Hüter der g.Ü. waren unter versch. Namen bekannt (z. B. *arokin* bei den Oyo-Yoruba in Nigeria; *doma* bei den westafrik. Bambara) und wurden wegen ihrer umfangreichen Kenntnisse geachtet. Bei den Bambara z. B. dienten die Griots als Unterhalter, aber auch als Überlieferer der Geschichte. Manche von ihnen blieben an den Höfen und dienten dort als Richter; andere waren Genealogen und Historiker, die Texte komponierten und vortrugen; wieder andere waren ↗ Musiker und Sänger. Der Griot besaß eine große dichterische Freiheit, und sein Publikum wusste, wann er lobpries und wann er beschönigte. Griots waren meisterliche Ahnenforscher und konnten bei ihren Zuhörern Stolz auf die Vorfahren hervorrufen. Da es sich um eine spezialisierte Tätigkeit handelte, einem Beruf vergleichbar, mussten die Lehrlinge eine Art Ausbildung absolvieren. Hilfsmittel für das Auswendiglernen spielten eine große Rolle, ebenso die Unterstützung von Seiten anderer geschichtsbezogener Spezialisten wie Priester, Trommler, Sänger, Dichter und Genealogen. Auch Medizin- und Heilexperten, Jäger und ↗ Schmiede fungierten als hochgeachtete Bewahrer bestimmter g.Ü. und waren dafür verantwortlich, andere in diese Berufe einzuführen, bzw. Jugendliche auf das Erwachsenenalter vorzubereiten.

IV. Chronologie und Zeitbegriff. Die Kenntnisse einer Gesellschaft wurden nicht wie in modernen Bildungsanstalten in einzelne Kategorien zerlegt; das Ziel war vielmehr, ein mit sozialem Verhalten und pol. Praxis verknüpftes Überblickswissen zu vermitteln. Menschen, Planeten, Insekten und Tiere konnten alle als Teil einer unumstößlichen Gesellschaftsgeschichte geschildert werden. Moderne Wissenschaftler arbeiten mit einem universalen und absoluten Zeitbegriff, während in den afrik. g.Ü. die ↗ Zeit entweder als relativ betrachtet wird oder ein völlig anderer Zeitbegriff gilt. Zeit, als Historie, kann einem Mythos unterworfen sein, der die Vergangenheit auf ganz versch. Weise darstellt. Eine Legende mag die Dauer eines Ereignisses verlängern oder verkürzen, Namen hinzufügen oder weglassen, aber ein bestimmtes Zeitkonzept gibt es immer. Manche Ereignisse werden so geschildert, dass eine Vorstellung von Zeitlosigkeit entsteht, denn die Vergangenheit hängt mit der Gegenwart und die Gegenwart mit der Zukunft zusammen. Auch der Wandel ist von der Zeit bestimmt, einer Art hist. Zeit, die Fortschritt und Veränderung anzeigt. Es gab auch eine kalendarische Zeitrechnung, mit der Zählung von Tagen und Wochen, die bspw. zur Bestimmung von Marktzyklen verwendet wurde. Familien konnten die Zeit auch durch Geburten erfassen oder durch die Assoziation mit einem bestimmten positiven oder negativen Anlass (als dieser und jener geboren wurde; nach der Dürre) oder mit einem außergewöhnlichen Ereignis (nachdem der Fremde um Mitternacht die Stadt verlassen hatte). Diese Art der Chronologie reichte manchmal nicht weiter zurück als zwei oder drei Generationen. Eine Stadt oder ein Reich konnten die Zeit auf dieselbe Weise einteilen, nur dass die Erinnerung oft weiter zurück reichte, unter Umständen bis zum Beginn der herrschenden Dynastie, wie das Beispiel des Sundjata-Epos des Reichs ↗ Mali zeigt. Der »traditionelle Historiker« griff jedoch nicht unbedingt auf ein Kalendersystem zurück, wenn er die Ereignisse rekonstruieren wollte; statt die lineare Abfolge zu berücksichtigen, entschied er oder sie sich eher für eine erzählende Berichterstattung, in der verschiedenartige Geschehnisse und Episoden bunt durcheinander gemischt wurden, um so ein absolutes und ganzheitliches Bild zu zeichnen. Es gab einen linearen, einen zyklischen, einen dualen und einen spiralen Zeitbegriff. Um eine Erzählung entwirren zu können, muss man gesellsch. Strukturen und ihre Geschichte, Wertsysteme und die Rollen von Göttern und Individuen als hist. Mittler verstehen. Die traditionelle Geschichtsüberlieferung arbeitete mit einer relativen Chronologie, ohne numerische Daten, dafür mit der Auflistung von Königen, Helden, Kriegen, Generationen und Katastrophen. Zu Verzerrungen konnte es kommen, wenn der Erzähler die Dauer eines Ereignisses entweder verkürzte oder verlängerte, sei es, dass die Geschichte einer zeitgenössischen Tagesordnung entsprechen sollte oder dass es eine Erinnerungslücke gab. Manche Überlieferungen wollten »Zeit sparen«, indem sie »schreckliche Anführer«, »unnütze Gestalten«, »Thronräuber« abschafften und nur ganz wenige solcher »unerwünschter« oder »ungünstiger« Informationen gaben. Ebenso konnten sie eine geschichtliche Zeitspanne verlängern, um erfolgreiche Regenten zu »belohnen« oder bestimmten Ereignissen ein höheres Alter zuzuweisen, mit dem Ziel, sie für aktuelle Zwecke zu manipulieren.

V. Ethischer Kontext der geschichtlichen Überlieferungen. Die Erzähler waren keine unbesonnenen Redakteure: Manche Wörter waren heilig und wurden, wenn es um Rituale ging, sogar verehrt. Nicht nur die Chronologie gilt es zu entschlüsseln, sondern auch den Kontext und die »Art der Rede«. G. Ü. moralisierte Geschichte und bewegte sich dadurch gedanklich in einem bestimmten Ethikrahmen. Die Geschichte einer Dynastie, die mehrere Jahrzehnte überdauert hatte, konnte als »schlecht« oder »glorreich« dargestellt werden – das hing ganz von der Ethik der Darbietung ab. Wenn ein kriegerischer König in bester Erinnerung war, konnten seine überhaupt nicht in Kämpfe verwickelten Vorgänger auch als große Krieger hingestellt werden oder aber als Feiglinge, je nachdem, ob dies im Interesse der Dynastie war oder nicht. Auf der Grundlage eines bes. Ereignisses im Leben einer bestimmten Person konnte eine ganze Lineage stereotyp als gut oder schlecht angesehen werden. Eine Gelegenheit, über die Vergangenheit nachzudenken oder zu reden, wurde manchmal zu einer Lektion über das Leben oder zu einer Warnung über die Konsequenzen konkreten Verhaltens genutzt. Wertvorstellungen waren die Grundlage jeder Darstellung von Kausalität und Wahrheit und des Begriffs von Raum und Zeit. In den g.Ü. wurden die Ereignisse sowohl in rationaler als auch nichtrationaler Weise formuliert; dabei wurde nicht nur die Rolle der Menschen, sondern auch die der übernatürlichen Wesen hervorgehoben. Ein Unglück konnte durch ↗ Hexerei erklärt werden, durch Gottes Zorn oder als Folge übertriebener Eifersucht. Der Raum konnte so dargestellt werden, dass ein Wäldchen oder Geburtsort als Mittelpunkt des Universums erschien. Über Wahrheit entscheidet die Persönlichkeit des Erzählers, die getreue Wiedergabe der Legende, so wie die Leute sie aus früheren Berichten in Erinnerung haben, oder die Bestätigung der Geschichte durch die herrschenden Klassen. Der Reichtum der g.Ü. in Afrika zeugt von der Tiefe und Weite der Vergangenheit, vom Umfang des kulturellen Erbes und dem Vorhandensein einer großen Zahl mündlicher Daten, mit deren Hilfe moderne Gelehrte die Vergangenheit rekonstruieren können. ↗ Alter, ↗ Erzählen/Erzählforschung, ↗ Oralliteratur, ↗ Schriftsysteme.

🕮 A.H. Bâ, Von Mund zu Ohr. Initiation, Oralität, Gedächtnis: Afrikas lebende Tradition. In: Lettre International Nr. 21 (1993), S. 46–54. – T. Fayola (Hg.), African Historiography: Essays in Honour of J.F. Ade Ajayi, London 1993. – Ders. (Hg.), Yoruba Historiography, Madison 1991.- D. Henige, Oral Tradition as History, Madison 1985. – Ders, The Chronology of Oral Tradition: Quest for a Chimera, Oxford 1974. – J. Vansina, Oral tradition as History, London 1985.

Toyin Falola

Geschichtsschreibung. *I. Allgemeines.* Die G. zu Afrika hat sich zunächst außerhalb des Kontinents entwickelt, weil afrik. Völker bis auf wenige Ausnahmen keine ↗ Schriftsysteme kannten. In Europa war man deshalb seit Hegel der Auffassung, Afrika habe keine Geschichte, seine ↗ Gesellschaften seien keiner Entwicklung fähig. Die Veröffentlichung zahlreicher Reiseberichte, v.a. im 19. Jh., weckte zwar das Interesse an afrik. Geschichte, aber die koloniale Eroberung und ihre Rechtfertigung ließen das Bild Afrikas wieder verschwinden und verfälschten seine Geschichte mit vorwiegend negativen Charakteristika. Die südafrik. Geschichtsschreibung war ihrerseits lange Zeit primär an der Geschichte der Weißen interessiert.

Erst die Publikation mündlicher Überlieferungen (↗ Erzählen/Erzählforschung, ↗ geschichtliche Überlieferung, ↗ Griot, ↗ Oralliteratur) und eigener Geschichtsdarstellungen durch Afrikaner in West- und Ostafrika, so z.B. Joseph Ki-Zerbo aus Burkina Faso, gaben den Anstoß zu einer Neubesinnung und führten in der 2. Hälfte des 20. Jh. zur Schaffung von Forschungszentren und Lehrstühlen zur afrik. Geschichte an europ. und afrik. Universitäten.

Im arab. Kulturraum ist das Interesse an der Geschichte Afrikas durch frühe arabischsprachige Reisende und durch die ↗ Islamisierung in Nordafrika sowie die Ausbreitung des ↗ Islam in Westafrika und den ostafrik. Küstenstädten stärker entwickelt worden.

Leonhard Harding

II. Geschichtsschreibung Nordafrikas. Erste moderne Ansätze zur systematischen G. eines nordafrik. Landes machten Forscher im Gefolge der napoleonischen Eroberung Ägyptens (1798–1801) mit der *Description de l'Égypte.* Nach der frz. Besetzung Algeriens ab 1830 entwickelte sich eine koloniale G., die bis in die Frühzeit und Antike zurückgehende ereignisgeschichtliche Darstellungen hervorbrachte. Viele ihrer Vertreter versuchten, die ↗ zivilisatorische Mission zu legitimieren, indem sie die islam. Kultur und Gesellschaft Nordafrikas als erstarrt und dekadent darstellten. Nationalistische nordafrik. Autoren setzten im 20. Jh. das Unternehmen »Entkolonialisierung der Historiographie« mit einer Aufwertung der vorkolonialen Epoche und dem Hinweis auf die destruktiven Effekte des ↗ Kolonialismus dagegen. Wenn diese Tradition auch in manchen Bereichen der akad. Geschichtsschreibung der nachkolonialen Länder Nordafrikas dominiert, so hat sich dort doch auch eine starke Tendenz zu einer ideologiefreien Analyse entwickelt, die heute keine prinzipiellen Unterschiede zur in Europa und den USA betriebenen Forschung mehr aufweist. Versuche zu einer die ganze Geschichte Nordafrikas erfassenden Synthese (J. Abun-Nasr: *A History of the Maghrib,* 1971) wichen in der neueren Geschichtsschreibung Detailuntersuchungen. Als wichtige Forschungsansätze stechen die Sozialgeschichte (T. Bachrouch, *Le saint et le prince en Tunisie,* 1989), die Geschichte islam. Kultur (R. O'Fahey: *Enigmatic Saint: Ahmad Ibn Idris and the Idrisi Tradition,* 1990) sowie die hist. ↗ Ethnologie (C. Geertz: *Islam Observed,* 1968) hervor. Viel diskutierte Themen sind indigene Versuche zur Reform im 18. und 19. Jh. sowie die von J. Berque vertretene These der Modernität in der maghrebinischen Geistesgeschichte des 17. Jh. (*Ulémas, fondateurs, insurgés du Maghreb, XVII siècle,* 1982). Große Teile des Quellenbestands, v.a. Texte der bis in das 7. Jh. zurückreichenden muslim. Geschichtsschreibung und Archivalien, sind bis heute noch nicht ediert und aufgearbeitet. ↗ Arabischsprachige Literatur.

🕮 M. Le Gall/K. Perkins (Hg.), The Maghrib in Question. Essays in History & Historiography, Austin 1997.

Ralf Elger

III. Geschichtsschreibung Nordostafrikas. G. in Nordostafrika erinnert an Wanderung, an Landnahme (Besiedlung, Eroberung), an Ursprung von Legitimität und begründet darüber hinaus oft konkurrierende Ansprüche auf den gleichen Raum. Literate Traditionen, in der Kirchensprache Ge'ez (↗ Schriftsysteme), gibt es im christl. äthiop. (abessinischen) Reich und (in ↗ Arabisch) unter islam. Einfluss für Zeyla, Adal, Harar. Schrift und Buch – dynastische Listen, ↗ Chroniken, Hagiographien – wirkten funktional ähnlich wie mündliche Mnemotechniken, z.B. Erinnerung mittels Genealogie (Somali) oder über Zyklen von Alters- und Generationsklassen (Oromo), die alle zu distinktiven Systemen langer Dauer beitrugen.

Wichtige historiographische Themen und Formen entwickelten sich im Schatten der drei monotheistischen Religionen – Judaismus (↗ Judentum), ↗ Christentum, ↗ Islam – und ihrer Träger. Im 13. Jh. wurde im Buch der »Herrlichkeit der Könige« (*Kibre Nagest*) die Legitimität von Reich und Dynastie aus der alttestamentarischen Heilsgeschichte abgeleitet (Mythos von Salomo und der Königin von Saba). Die »Eroberung Abessiniens« (*Futuh al-Habasha*) spiegelt die Feldzüge des Imam Ahmed Granj (1529–43) gegen das christl. Reich und entstand im Zeichen osman.-portug. Konkurrenz um die nordostafrik. Küste. Ausgangspunkt vieler mündlicher Überlieferungsstränge war die lokale Neuordnung Nordostafrikas nach den Granj-Kriegen. Auch die Bildung Großäthiopiens unter Menelik II (1889–1913) begleiteten historiographische Strategien. Der salomonische Mythos wurde erneuert und für ein gerade erobertes Territorium die lange Dauer von »3000-Jahre Staat« imaginiert.

Institutionalisierte G. im modernen Äthiopien hat die Grundlage in einem patriotischen Historismus, der im ↗ Widerstand gegen die ital. Kolonisierung (1935–41) des Landes entwickelt und dann zur nat. Staatsräson erhoben wurde. Als Netzwerk von Personen und Institutionen wurden seit den 1960er Jahren *Ethiopian Studies* zum internat. Symbol dieses Historismus. Zeitlich verzögert wirkte dies dann auch als Blaupause für herausfordernde *Somali Studies, Eritrean Studies* und *Oromo Studies.* Neben der Kontinuität von patriotischem Historismus (der auch »dekonstruiert« wird) bestimmen zwei Trends die gegenwärtige G.: (1) Pragmatische Betonung von Sozial- und Wirtschaftsgeschichte, regionale und lokale Studien. (2) Annäherung von Geschichte und ↗ Ethnologie (*social anthropology, oral history,* Ethno-Historie).

Im Schatten der formalen Föderalisierung Äthiopiens fand ab 1991 das vorher primär extern diskutierte Paradigma von Zentrum und Peripherie offizielle Förderung. Gleichzeitig entwickelt sich ein Trend zu sehr lokaler G., die in unterschiedlichen Sprachen auch Laien zu Wort kommen lässt. Die Tradition mündlicher Überlieferung wird auf einer neuen Ebene in den schriftlichen Diskurs überführt. ↗ Altäthiopische Literatur, ↗ geschichtliche Überlieferung.

🕮 D. Crummey, Society, State and Nationality in the Recent Historiography of Ethiopia. In: Journal of African History 31 (1990), S. 103–119. – S. Bekele, Anthropology and History at Addis Ababa University: The Need for Collaboration. In: Sociology Ethnology Bulletin of Addis Ababa University 1 (1992), 2, S. 98–101. – E. Ullendorff, Ethiopia and the Bible. Oxford 1968.

Thomas Zitelmann

IV. Geschichtsschreibung Ostafrikas. Die frühesten schriftlichen Zeugnisse zur Rekonstruktion der Geschichte Ostafrikas stammen aus vorislam. (hellenistischer und röm.) Zeit. Dazu zählen v. a. die *Geographia* des Ptolemaios (um 140 n. Chr.) und der *Periplus des Erythräischen Meeres* (um 230 n. Chr.), ein anonymes Werk, das v. a. Hinweise zu Hafenstädten am Ind. Ozean – von der ostafrik. Küste über Arabien, Indien bis China – und zum Handel gibt, aber auch Rückschlüsse auf Lebensweise und Kultur der Küstenbevölkerung Ostafrikas zulässt. Eine weitere Quelle v. a. für den nördl. Teil der ostafrik. Küste bildet die *Topographica Christiana* des christl. Schriftstellers Cosmas Indicopleustes aus Alexandria (um 535).

Muslimische Geographen und Reisende liefern in ihren Schriften wertvolle Hinweise zur Geschichte des Küstenstreifens Ostafrikas: so etwa der aus Bagdad stammende Gelehrte Mas'udi mit seinem Werk über *Zandj*, die Küste und vorgelagerte Inseln (10. Jh.), Ibn Hawqal (10. Jh.), von dem nicht bekannt ist, ob er Ostafrika besucht hat, und der Schriftsteller al-Idrisi (12. Jh.), der in Sizilien lebte und für die Abfassung seines *Kitab Riyar* Berichte u. a. über Malindi und Mombasa kompilierte. Beeindruckend ist aber v. a. die detailreiche Beschreibung von Kilwa, das der weitgereiste Gelehrte Ibn Battuta 1331 besuchte und als eine der schönsten Städte der Welt beschrieb. In chines. Quellen finden sich bereits ab dem 9. Jh. Berichte über die Gesellschaften an der ostafrik. Küste.

Für die G. des Inneren Ostafrikas vor dem 16. Jh. können v. a. Archäologie und Sprachwissenschaft und in Ausnahmefällen (z. B. für die frühen Königreiche im Zwischenseengebiet) auch Oraltraditionen einen Beitrag leisten (↗ geschichtliche Überlieferung, ↗ Erzählen, ↗ Oralliteratur). Ab dem 16. Jh. gewinnen mündliche Quellen zunehmend an Bedeutung für die G. des Inneren. Das 16. Jh. stellt auch insofern einen Wendepunkt in der Geschichtsschreibung dar, als an der Küste zunehmend von Afrikanern verfasste, interne erzählende Quellen – anfangs in ↗ Arabisch, später in ↗ Swahili – entstehen. Dazu zählen v. a. ↗ Chroniken von Städten; eine der älteren ist die von Kilwa (um 1530). Bemerkenswerte arab. Quellen zur Küste aus dem 16. Jh. sind die von Ahmed Ibn Majid, dem Piloten, der Vasco da Gama den Seeweg von Malindi nach Indien eröffnete, und die von Abu Makhrama verfasste *Chronik des Forts von Aden*. Narrative externe schriftliche Quellen in europ. Sprachen (v. a. portug., engl.) nehmen ab dem 16. Jh. zu. Doch erst ab dem Ende des 18. Jh. setzt eine systematische Erforschung und Beschreibung des Inneren durch Reisende, Forscher und Missionare ein, deren Ergebnisse einerseits zur Grundlage für die koloniale Teilung Afrikas im 19. Jh. werden, andererseits zu einer weiteren – wenn auch nicht unproblematischen – Quelle für die G.

Die koloniale Situation war dem Entstehen einer G. Afrikas nicht förderlich; dennoch kam es bereits in der Zwischenkriegszeit in Europa, nach dem Zweiten Weltkrieg zunehmend auch in Afrika zur Institutionalisierung und Professionalisierung von Afrika-Studien (u. a. R. Oliver, J. Vansina); daneben leisteten sog. Amateur- und Lokalhistoriker in Ostafrika selbst einen wichtigen Beitrag zur Neubildung von Identität in ihren Gesellschaften.

Mit der pol. ↗ Entkolonialisierung ging eine Entkolonialisierung der G. einher. Die Universität von Daressalaam mit dem 1964 eröffneten *Department of History* ist von entscheidender Bedeutung für die Herausbildung einer neuen Art nationalistischer G. (*the School of Dar es Salaam*) und eng mit Namen wie T. O. Ranger, W. Rodney, I. Kimambo und A. Temu verbunden. Sie sollte methologisch zu einer materialistischen und in ihrer pol. Ausrichtung nach sozialistischen Historiographie überleiten.

Seit der zweiten Hälfte der 1980er Jahre werden die Kategorien *Sex and Gender* (biolog. und soziales, also zugeschriebenes Geschlecht) als zunehmend bedeutend auch in der G. Ostafrikas wahrgenommen.

🕮 H. Djait, Written Sources before the 15th Century; L. Hrbek, Written Sources from the 15th Century Onwards. In: J. Ki-Zerbo (Hg.), The General History of Africa, Bd. 1, London/Paris 1981, S. 87–112; 114–141. – G.S.P. Freeman-Grenville, The East African Coast. Selected Documents from the First to the Early 19th Century, Oxford 1962. – H. Slater, Dar es Salaam and the Postnationalist Historiography of Africa. In: B. Jewsiewicki/D. Newbury (Hg.), African Historiographies. What History for Which Africa? Beverly Hills 1986, S. 249–260.

Ingeborg Grau

V. Geschichtsschreibung Westafrikas. Die frühesten noch vorhandenen hist. Werke über Westafrika wurden in ↗ Arabisch geschrieben. Das Reisetagebuch des Ibn Battuta (1304–1377) und die Geschichte der Berber von Ibn Khaldûn (1332–1406) enthalten Kapitel über das Reich ↗ Mali, und zwei weitere Werke entstanden in Timbuktu: der *Tarikh al-Fattash* (ein Bericht über die ↗ Songhay-Könige mit Informationen über die islam. Gelehrten von Timbuktu), 1519 begonnen und später erweitert, sowie der zwischen 1629 und 1655 verfasste *Tarikh al-Sudan*. Hinzu kamen Mitte des 17. Jh. ein in Kano geschriebenes Traktat über die »Herkunft der Wangara« und im 18. Jh. mehrere arab. ↗ Chroniken, z. B. im Staat Gonja (im heutigen Ghana).

Die europ. G. begann etwas später. Obwohl einige Reisenden und Geographen des 17. Jh. hist. Berichte in ihre Beschreibungen Westafrikas einfügten, entstanden die frühesten ausschließlich hist. Werke erst im späten 18. Jh. im Zusammenhang mit der Debatte über den atlantischen ↗ Sklavenhandel. Sowohl Gegner des Sklavenhandels wie Anthony Benezet (1771) als auch Befürworter wie Archibald Dalzel (1793) widmeten sich der Geschichte afrik. Königreiche. Während viele Europäer des frühen 19. Jh. die Auffassung Hegels teilten, Afrika sei geschichtslos, setzten sich andere Reisenden, wie z. B. Thomas Bowdich (1821) und Heinrich Barth (1857–58), mit der Geschichte einzelner Gesellschaften auseinander.

Erst nach der Missionierung und kolonialen Teilung (↗ Mission, ↗ Kolonialismus) begannen die ersten in den Missionsschulen erzogenen Westafrikaner wie Yoro Dyao (ab 1864), Carl Christian Reindorf (1895), Samuel Johnson (1921) und Jacob Egharevba (1936), selbst hist. Werke in engl., frz. oder (seltener) einer afrik. Sprache (bes. Yoruba) zu veröffentlichen. Meist stützten sie sich primär auf die ihnen zugänglichen mündlichen Überlieferungen, ohne diese jedoch einfach zu reproduzieren.

Die Historiographie, die seit der Schaffung des ersten Lehrstuhls für die Geschichte Afrikas an der Londoner Universität (1948) dominiert, hatte zwar Verbindungen zu diesen versch. Ansätzen, wäre jedoch ohne die zunehmende Professionalisierung des Faches undenkbar gewesen. In den 1950er Jahren entstanden im späteren Ghana und Nigeria hist. Vereine, jeweils mit einer eigenen Zeitschrift, dann hist. Seminare (zunächst in Accra und Ibadan) und schließlich eigene Buchreihen. Die G. Westafrikas erlebte ihre Blüte zwischen den 1960er und 1980er Jahren. Die einflussreichste Synthese war zunächst die *Introduction to the History of West Africa* des Briten J. D. Fage (1955), die fünf Auflagen erlebte, bevor sie durch das von J. F. Ade Ajayi und Michael Crowder herausgegebene Sammelwerk *History of West Africa* (1971) überholt wurde. Im Unterschied zum Ansatz mancher frankophoner Historiker spielten mündliche ↗ geschichtliche Überlieferungen und ↗ Ethnologie in der anglophonen G. meist nur eine untergeordnete Rolle.

Parallel zu dieser akad. G. gibt es seit Jahrzehnten eine teilweise selbständige Tradition von Amateur- bzw. Lokalhistorikern in Westafrika, die v. a. für die Leserschaft ihrer direkten Umgebung schreiben.

🕮 J. D. Fage, Continuity and Change in the Writing of West African History. In: African Affairs 70 (1971), 236–251. – Caroline Neale, Writing ›Independent‹ History. African Historiography 1960–1980, London 1985. – P. Jenkins (Hg.), The Recovery of the West African Past. African Pastors and African History in the 19th Century, Basel 1998.

Adam Jones

VI. Geschichtsschreibung Zentralafrikas. Die ersten schriftlichen hist. Zeugnisse über Zentralafrika erschienen am Ende des 16. Jh. Sie wurden sowohl über die Ost- als auch die Westküste einschl. des Königreichs Kongo geschrieben, und zwar hauptsächlich von europ. Reisenden, enthalten aber auch einige Beiträgen von Afrikanern. Mit der Alphabetisierung am Ende des 19. Jh. begannen die Afrikaner, mündliche Überlieferungen aufzuzeichnen und ihre eigene Geschichte zu rekonstruieren. Viele dieser Beiträge bilden die Basis der modernen G. Zentralafrikas.

Seit den 1960er Jahren beschäftigen sich Historiker und Archäologen mit der Art und Richtung der prähist. Besiedlung Zentralafrikas, v. a. mit der sowohl sprachlich als auch archäolog. nachgewiesenen sog. Bantu-Wanderung, deren Details Grund für andauernde Forschungsdebatten geliefert hat. Lange Zeit kümmerte sich die G. v. a. um die Ursprünge und die hist. Entwicklung afrik. Staaten, z. B. solch umfangreich und gut dokumentierter Staaten wie Kongo und Großsimbabwe, als um die eher neueren hist. Epochen. Mündliche ↗ geschichtliche Überlieferungen wurden von i.d.R. in die Erforschung der Staatsgründungen und ihrer Entwicklung aufgenommen.

Der europ. Einfluss in Zentralafrika war verhältnismäßig bedeutend, da hier seit dem 16. Jh. Kolonien gegründet wurden. Für diese Kolonien, v. a. für Angola, muss die Frage nach Umfang des ↗ Sklavenhandels und seinen Auswirkung gestellt werden. Das Interesse am hist. Wandel, der durch die revolutionären Änderungen der Handelsstrukturen im 19. Jh. in Gang gesetzt wurde, und die Verbindung zwischen dem neuen Handelssystem und der Kolonisierung (↗ Kolonialismus) bilden neuere Forschungsansätze zur G. Zentralafrikas.

John Thornton

VII. Geschichtsschreibung Südafrikas. Die hist. Forschung findet heute in Südafrika in zahlreichen Universitätseinrichtungen, in Archiven und zeitgeschichtlich orientierten außeruniversitären Instituten sowie selbstorganisierten *History Workshops* statt. Das Archiv der nach 1994 eingesetzten *Truth and Reconciliation Commission* stellt mit 21.000 Aussagen von Opfern der ↗ Apartheid eine einzigartige Quellensammlung dar. Lange Zeit dominierte die Frage »Klasse« versus »Rasse« die Forschung. Sie entspricht heute in ihrer methodischen Vielfalt, ihren Fragestellungen und Untersuchungsgebieten internat. Standards und liefert selbst innovative Impulse. Die Erforschung mündlicher Überlieferungen hat eine lange Tradition, und Methoden der *oral history* kommt ein bes. Stellenwert zu. In den Darstellungen der *settler historians* um die Jahrhundertwende bleiben Afrikaner geschichtslose und unzivilisierte Barbaren, während die frühe »liberale Schule« Kolonialgeschichte als Interaktion versch. Völker, Kulturen, sozialer Systeme und Technologien verstand. Die nächste Generation von Historikern beschäftigte sich dann zunehmend mit der Geschichte afrik. Gesellschaften und Königreiche. Gemeinsam ist der »liberalen Schule« eine Interpretation, die in erster Linie von einem Interessenskonflikt der Briten und Buren ausgeht und Südafrika als *dual economy* eines weißen kapitalistischen und eines schwarzen ländl. Sektors begreift. Mit der Kritik an diesem Ansatz rückte die Untersuchung der internen Dynamik afrik. Gesellschaften in den Mittelpunkt. Die radikale, neomarxistische Schule der 1970er Jahre, die ebenfalls nicht mehr den *Boer-Brit*-Konflikt und die *Frontier*-Tradition in den Mittelpunkt stellte, untersuchte Produktionsweisen und die ökonom. Grundlage des pol. Systems. Dabei verstand sie ↗ Rassismus nicht als altertümliche, überkommene Ideologie, sondern als Mittel moderner, rationaler Herrschaftssicherung. In der zweiten Hälfte der 1970er Jahre wandte sich die Diskussion verstärkt der Rekonstruktion afrik. *peasant communities* zu, denen es gelungen war, eine konkurrenzfähige Marktproduktion aufzubauen. Den Analysen aus dem Bereich der pol. Ökonomie folgten in den 1980er Jahren zahlreiche sozialgeschichtl. Studien zu Stadt und Land. Die Subjekte rückten in den Mittelpunkt und damit Erfahrungen und Erinnerungen, gesellsch. und individuelle Praxen und der Kampf um Symbole. Die Geschlechtergeschichte gehört zu den innovativsten Teildisziplinen seit den 1990er Jahren.

📖 C. Saunders, The Making of the South African Past. Major historians on race and class, Cape Town/Johannesburg 1988.

Gesine Krüger

Geschlechterbeziehungen sind ein zentraler Bestandteil der gesellsch. Verhältnisse, die durch die ↗ Sozialstruktur, die ↗ Heiratsordnung, ↗ Verwandtschaft und ↗ Recht, aber auch durch Klassen- und Rassenverhältnisse und ethn. Beziehungen geprägt werden. Der Begriff G., der sich seit den 1980er Jahren eingebürgert hat, unterscheidet sich von »Geschlechterrollen« ebenso wie von »Geschlechterverhältnissen«. In Geschlechterrollen drücken sich die Rechte und Pflichten von Personen aus, die mit der ihnen zugeschriebenen oder von ihnen erworbenen gesellsch. Position (Status) verbunden sind; Geschlechterverhältnisse verweisen auf Machtverhältnisse, die auf der Ungleichheit zwischen den Geschlechtern basieren. Der Begriff G. ist neutraler, weil er nicht von vornherein eine Hierarchie zwischen den Geschlechtern oder spezifische Formen der Interaktion impliziert. Die unterschiedlichen theoretischen Positionen und Erkenntnisinteressen machen es fast unmöglich, Allgemeingültiges über G. in Afrika auszusagen. Im Folgenden werden darum zunächst die Forschungsgeschichte und anschließend überblicksartig einzelne Stationen hist. und gegenwärtiger afrik. G. skizziert.

I. Forschungsgeschichte. Beobachtungen zu G. in Afrika finden sich schon in den ersten europ. Reiseberichten, und afrik. Geschlechterrollen sind seit dem 19. Jh. immer wieder von Reisenden, Missionaren und Ethnographen beschrieben worden (↗ Chroniken, ↗ Geschichtsschreibung). Zwar dominierten negative Werturteile, doch da in die Beschreibungen nicht nur die Vorurteile der europ. Betrachter, sondern auch der Stand der beobachteten G. einflossen, kam es auch zu positiven Berichten. Erst durch die Kolonialpolitik (↗ Kolonialismus) und den zivilisatorischen Anspruch der christl. Kirchen (↗ Mission, christl.) setzte sich zu Beginn des 20. Jh. allmählich ein Bild afrik. G. durch, das die ↗ Frauen als unterdrückt und ausgebeutet darstellte. Solche Berichte hatten meist zum Ziel, den angeblich niedrigen Status afrik. Frauen zu verbessern und Reformen überkommener Sitten und Gebräuche einzuleiten, wie z. B. die Abschaffung der ↗ Initiation und der vielerorts ausgeführten ↗ Beschneidung, das Verbot der ↗ Polygamie, der Kinderverlobung und des Brautdienstes. Nicht selten lösten solche Reformversuche heftige pol. Kontroversen zwischen Afrikanern und Europäern aus, wie z. B. die Auseinandersetzung über die Beschneidung unter den Kikuyu in Kenia, die in den 1920er Jahren zu einem regelrechten Kulturkampf zwischen den versch. Kikuyu-Fraktionen und der Kolonialverwaltung führte.

Ethnologen beteiligten sich erst spät an der Erforschung der G. und analysierten diese dann auch nur im Rahmen der struktur-funktionalistischen Analyse der Gesamtgesellschaft. Angaben zu den G. finden sich in den meisten Ethnographien darum in Kapiteln über Verwandtschaft, Recht, Politik oder Wirtschaft (Arbeit), aber selten wurden G. explizit thematisiert. Zwar entstanden seit den 1930er Jahren vereinzelte Studien über die Stellung und Rolle von ↗ Frauen in spezifischen Ethnien, doch die systematische Erforschung der G. setzte erst in den 1960er Jahren ein, als im Rahmen der Unabh. afrik. Länder Politiker und Entwicklungsexperten die Rolle von Frauen im Entwicklungsprozess zu diskutieren begannen. Diese Debatte war zunächst durch die Ergebnisse der westl. Frauenforschung und Frauenbewegung geprägt, was von afrik. Wissenschaftlerinnen inzwischen als hegemonial und neokolonialistisch kritisiert wird. Der dominanten Diagnose, die Frauen primär als Opfer patriarchal-kolonialer Gesellschaften und Gewalt betrachtete, wurde das Bemühen entgegengesetzt, Frauen als handelnde Subjekte sichtbar zu machen und ihnen einen Platz in einer männerzentrierten Welt zu sichern. Viele Untersuchungen jener Zeit konzentrierten sich deshalb auf den Nachweis, dass die Ungleichheit zwischen den Geschlechtern durch die Kolonialpolitik entscheidend vorangetrieben worden war, während Frauen in vorkolonialer Zeit wichtige gesellsch. und pol. Aufgaben wahrgenommen hatten. Als Königinnen, Königinmütter, Amazonen, Priesterinnen und Hüterinnen der Traditionen waren sie den Männern nicht nur gleichgestellt gewesen, sondern hatten über sie auch formelle und informelle Kontrolle ausgeübt. Dieser Ansatz, Frauengeschichte aus der Perspektive berühmter Frauen zu schreiben, stieß jedoch bald auf Kritik, weil er die soziale Situation der Mehrheit der Frauen vernachlässigte. Die Geschichte der Frauen als Heldinnen wurde deshalb seit den 1970er Jahren durch ihre Opfer- und Leidensgeschichte ersetzt, in denen der Alltag von Frauen und bes. benachteiligte Gruppen wie Sklavinnen, Dienstmädchen und Prostituierte (↗ Prostitution) behandelt wurden.

Die Thesen von der universellen Asymmetrie der Geschlechter, die die feministischen Diskussionen seit den 1970er Jahren weltweit bestimmten, obwohl sie keineswegs durch statistische Befunde abgesichert waren, fanden auch in Afrika zunächst uneingeschränkt Zustimmung. Die Ursachen der Ungleichheit wurden unterschiedlich begründet: mit dem *male bias*, der Diskriminierung von Frauen durch Kolonialismus und Kapitalismus, ihrer Identifizierung mit der Natur und ihrem Ausschluss aus Öffentlichkeit und pol. Verantwortung. Differenziertere Fallstudien, die Beschreibung geschlechtsegalitärer und polyandrischer Gesellschaften (in S-Tansania) sowie die Dekonstruktion von Geschlecht als essentialistischer Kategorie ließen an diesen Thesen dann aber erhebliche Zweifel aufkommen. Erkenntnisse über die Transformation von Geschlechtsidentitäten und den performativen Umgang mit Geschlechterrollen eröffneten neue Themenbereiche. Die Untersuchung von Körper, Körperlichkeit und geschlechtsspezifischer Gewalt (Beschneidung, Vergewaltigungen) spielt gegenwärtig ebenso eine wichtige Rolle wie neue Forschung über Männer, Männlichkeit und Männerrollen. Außerdem erfährt die Beziehung von G. zu Klasse, Nationalität und Staat zunehmend Beachtung.

II. Wildbeutergesellschaften. In der Diskussion über Geschlechtssymmetrie haben Wildbeutergesellschaften in Afrika und anderswo eine prominente Rolle gespielt. Hier verfügen Frauen und Männer über verschiedene, aber sich gegenseitig ergänzende Machtfelder und ein hohes Maß an persönlicher Autonomie. Eine sorgfältige Analyse der Arbeitsverteilung und des Zugangs zu Statuspositionen hat den Mythos des Jägers als Kulturbringer widerlegt und die Verdienste von Frauen in der Vermittlung von Konflikten und als Heilerinnen hervorgehoben. Die gesellsch. Chancengleichheit findet ihren Niederschlag in Vorstellungen von Männlichkeit und Weiblichkeit, in denen Differenz und Gleichwertigkeit kein Gegensatz sind. Dieses Modell geschlechtsspezifischer Balance – fragil, konfliktträchtig, aber von Solidarität geprägt – hat sich durch die gewaltsame Integration der Wildbeutergruppen in den Nationalstaat, die zu ihrer Marginalisierung und Proletarisierung führte, grundlegend verändert. Auch die Sesshaftwerdung trug dazu bei, dass die G. in Wildbeutergesellschaften unter gegenwärtigen Bedingungen hierarchisch strukturiert und durch zunehmende Konflikte und familiäre Gewalt gekennzeichnet sind.

III. Geschlechterbeziehungen im vorkolonialen Afrika. Die Forschungsergebnisse über geschlechtssymmetrische Gesellschaften verdeutlichen die Notwendigkeit, statt von *Apriori*-Annahmen universaler struktureller Ungleichheit auszugehen, die Dynamik der G. aus lokaler, hist. spezifischer Perspektive zu untersuchen. Diese Sichtweise ermöglicht auch differenziertere Erkenntnisse über die G. im vorkolonialen Afrika. In der ethnographischen Literatur der 1960er und 1970er Jahre wurde v. a. die pol. bedeutsame Rolle von Frauen in matrilinearen und bilinearen Gesellschaften betont (↗ Matrilinearität). Neben solchem öffentl. Einfluss hatten Frauen jedoch auch in der Landwirtschaft und im Handel wichtige Positionen inne. Inwieweit sich dabei ein Machtgleichgewicht zwischen den Geschlechtern herausbilden konnte, hing vom matrilinear oder patrilinear vermittelten Zugang zu Land, Arbeitsmitteln und Arbeitskräften ebenso ab wie von der Wohnfolge, der Höhe des ↗ Brautpreises oder den zu entrichtenden Brautdiensten des Bräutigams/Ehemannes. Über Brautpreis/Brautdienst und Deszendenzregeln wurden reproduktive und ökonom. Rechte und die soziale Zugehörigkeit geregelt, die für die G. von großer Bedeutung waren. Im vorkolonialen Afrika spielten Hausklaverei und Schuldknechtschaft eine wichtige Rolle. Davon waren zwar grundsätzlich beide Geschlechter betroffen, junge Frauen aufgrund ihrer reproduktiven Fähigkeiten aber stärker begehrt. Hypogamie (Ehe zwischen einer Frau aus einer höheren mit einem Mann aus einer niedrigeren Schicht) und Hypergamie (Ehe zwischen einer Frau aus einer niedrigeren mit einem Mann aus einer höheren Schicht) wirkten sich auf die G. aus, konnten aber auch durch Auslösung der Schuldknechte oder durch Freikauf der Sklaven und Sklavinnen wieder aufgelöst werden. G. waren daher auch schon in vorkolonialer Zeit Bestandteil hierarchisch strukturierter Gesellschaften.

Grundsätzlich lässt sich zwar festhalten, dass Frauen in matrilinearen und bilinearen Gesellschaften aufgrund ihrer Kontrolle über Land größere ökonom. Sicherheit besaßen. Beim Tod ihres Ehemannes mussten sie jedoch empfindliche Einbußen hinnehmen, da i. d. R. der gesamte Besitz (Land, Haus, beweglicher Besitz) an die Verwandtschaft des Mannes fiel. Geht man davon aus, dass sich im Rahmen familiärer und verwandtschaftlicher Konstellationen immer gewisse Verhandlungsspielräume ergeben, dann muss auch das plakative Urteil über die Abhängigkeit und Unterdrückung von Frauen in patrilinearen Agrar- und Viehzüchtergesellschaften revidiert werden. Auch hier lässt sich z. B. an der Praxis der ↗ Gynägamie (Heirat zwischen Frauen) zeigen, dass Frauen über Spielräume verfügten, um ihre sozialen und ökonom. Interessen durchzusetzen.

IV. Geschlechterbeziehungen im kolonialen Afrika. Die Dynamik der afrik. G. blieb den Kolonialbeamten weitgehend verborgen. Sie beurteilten die afrik. Geschlechterverhältnisse oft vor dem Hintergrund europ. Familienmodelle und wurden von ihren afrik. Gewährsmännern und Notabeln auf subtile Weise dahin gehend manipuliert, Entscheidungen zugunsten der afrik. Männer zu treffen. Allerdings nutzten auch Frauen das Kolonialsystem für ihre Zwecke, wenn sie – ebenso wie Sklaven beiderlei Geschlechts – sich paternalistischer Vorherrschaft durch Flucht auf Missionsstationen oder in die neu entstehenden Städte entzogen. In Gebieten wie Westafrika, wo Frauen dieser Zuzug erlaubt war, waren sie auch ökonom. initativ und erfolgreich und bauten sich durch Handel, Bierbrauen, Prostitution und Vermietung von Wohnraum eine eigene wirtsch. Existenz auf. Im Verlauf der Kolonialzeit nutzten sie außerdem zunehmend die Angebote schulischer Bildung. In Zentral- und Südafrika blieb es Frauen allerdings bis in die 1960er Jahre hinein verboten, sich in den Bergwerksgebieten und neu gegr. Städten aufzuhalten. Diese staatl. Vorgaben führten zu einer neuen Arbeitsteilung zwischen den Geschlechtern, die Männer in den Bereich der Geldwirtschaft und der ↗ Wanderarbeit drängte und Frauen als Subsistenzproduzentinnen und allein stehenden Haushaltsvorständen ihren Platz in den Dörfern zuwies. Durch den Wegfall männlicher Arbeitskraft und die alleinige Verantwortung für Haus und Hof mussten sie Mehrarbeit verrichten und waren tendenziell vom Gelderwerb abgeschnitten, erkämpften sich gleichzeitig aber auch neue Freiheiten und Kompetenzen. Dennoch wurden dadurch die Weichen für die Feminisierung der Armut gestellt und Frauen aus wichtigen pol. Ämtern und öffentl. Aufgaben verdrängt. Allerdings gelang diese Verdrängung nie vollständig. So konnten sich auch unter kolonialen und postkolonialen Bedingungen manche pol. und relig. Führerinnen behaupten, wie die Königinmütter im ↗ Asante-Königreich oder die berühmten Geist-Medien in Ost-und Zentralafrika, die im antikolonialen Widerstand wichtige Koordinationsaufgaben übernommen hatten.

V. Neuere Entwicklungen. Die beständige Transformation der G. ist auch ein Kennzeichen der postkolonialen Ära, wobei neue nat. Gesetze zum ↗ Familien- und Erbrecht und öffentl. Diskussionen um Polygamie und Matrilinearität einen wichtigen Einfluss ausüben. Prozesse der Globalisierung generieren neue Klassenverhältnisse, in die Frauen und Männer in ungleicher Weise eingebunden sind. Es ist unbestreitbar, dass sich die Situation für die Mehrzahl der Frauen verschlechtert hat und diese Tendenz durch Maßnahmen der internat. ↗ Strukturanpassung weiter zunimmt. Im Kontext dieser zunehmenden ökonom. Differenzierung haben sich neue Funktionseliten gebildet, die zwar mehrheitlich von Männern dominiert sind, zu denen aber auch eine Minderheit von Frauen gehört. Außerdem nehmen Frauen ihre Chancen im Kulturbereich, insbes. in der Musik-, Film- und Videoszene wahr. Dies alles führt dazu, dass Frauen mehr Rechte einfordern und sich dabei nicht nur auf internat. Abkommen, sondern auch auf nat. Gesetzgebungen berufen. Deren Umsetzung stößt allerdings insbes. in den ländl. Gebieten oft auf erheblichen Widerstand. Auch auf dem Land bemühen sich aber Frauen darum, die beschränkten ökonom. und schulischen Möglichkeiten für größere Unabhängigkeit und mehr individuelle Freiheiten zu nutzen. V.a. junge Frauen in Stadt und Land nehmen von der festgefügten Rolle der Frau als Ehefrau (tendenziell) Abschied. Gründe dafür sind die Vernachlässigung ehelicher Pflichten durch Ehemänner, Alkoholismus und Gewalt in der Ehe. Die Scheidungsraten steigen z.T. sprunghaft in den Gesellschaften an, die diese Tendenz nicht durch hohe Brautpreise oder das islam. Recht eindämmen können. Die Zunahme matrifokaler Familienstrukturen stellt die G., die primär auf Ehe und Mutterschaft ausgerichtet waren, in Frage, wobei der Wunsch nach Kindern allerdings stabil bleibt. Vor dem Hintergrund von ↗ Aids werden auch Sexualität, ↗ Verhütung und Männlichkeitsvorstellungen neu diskutiert, und sowohl innerhalb der Paarbeziehungen als auch zwischen den Generationen wird erbittert um neue Konzeptionen von Moral gerungen. Geschlechtsidentitäten werden in diesen Prozessen oft neu bestimmt und ↗ Homosexualität, der noch immer etwas Skandalöses anhaftet, öffentlich diskutiert.

🕮 I. Amadiume, Male Daughters, Female Husbands. Gender and Sex in an African Society, London 1987. – N. Hafkin/E. G. Bay (Hg.), Women in Africa. Studies in Social and Economic Change, Stanford 1976. – I. Lenz/U. Luig (Hg.), Frauenmacht ohne Herrschaft. Geschlechterverhältnise in nicht-patriarchalischen Gesellschaften, Berlin 1990. – S.B. Ortner/H. Whitehead (Hg.), Sexual Meanings. The Cultural Construction of Gender and Sexuality, Cambridge 1981. – C. Robertson/I. Berger (Hg.), Women and Class in Africa, New York 1986. – M.Z. Rosaldo/L.Lamphere (Hg.), Woman, Culture and Society, Stanford 1974.

Ute Luig

Gesellschaft, Gesellschaften. Unter Gesellschaften versteht man Netzwerke von Menschen, die sich gegenseitig verpflichtet fühlen. Die Kohäsion (gegenseitige Verpflichtung innerhalb der Interaktionsnetze) wird durch den Bezug auf soziale Normen (Gesetze, Sitten, Regeln) erreicht. Als Gesellschaft (im Sing.) bezeichnet man die durch andere Menschen kommunikativ geschaffene Referenz für das Handeln der Einzelnen.

I. Gesellschaften und Nationalstaat. Da die wichtigste normative Referenz heute die Staatsapparate sind, werden G. normalerweise mit den Einwohnern von Nationalstaaten gleichgesetzt. Inwiefern jedoch die afrik. Nationalstaaten (↗ Nationenbildung) G. entsprechen, ist eine offene Frage, wie zwei Extrembeispielen zeigen: (1) In Senegal korrespondieren Nationalstaat und G. Die hohe Wahlbeteiligung (zuletzt im Jahr 2000) und die Bereitschaft vieler pol. engagierter Menschen, andere pol. Positionen zu tolerieren, verweisen auf ein hohes Maß an Kohäsion, das auch Pluralismus zulässt. Zwar wollen sich auch in Senegal Teile der Bev. – etwa in der Provinz Casamance – nicht der senegalesischen G. zuordnen. Doch ist die Zahl der Einheimischen und Ausländer, die an gemeinsamen Interaktionsnetzen teilzunehmen bereit sind, groß genug, um die senegalesische G. zu einem realen Hintergrund für die Interaktion auch mit anonymen Partnern zu machen. Hier wird deutlich, dass eine G., auch wenn sie wegen ihrer Beziehung zu einem Staat als National-G. bezeichnet werden kann, nicht identisch ist mit einer Nation oder Ethnie. Die Zugehörigkeit zur G. ist vielmehr von der realen Interaktion abhängig, an der Ausländer ebenso wie Einheimische teilnehmen. – (2) Die Demokrat. Rep. Kongo bietet ein extremes Beispiel von Nicht-Korrespondenz von Nationalstaat und G. Schon seit der Unabh. existieren dort Gebiete, die nicht vom Staat, sondern von relig. Verteidigungsgemeinschaften oder von Kriegsherren verwaltet werden. Ende der 1990er Jahre wurde dies durch die Anwesenheit von ausländ. und Rebellentruppen auch internat. offensichtlich. Die Kriegsherren errichten Herrschaften, womit sie eine konkurrierende normative Referenz schaffen. Gesellschaftlichkeit stellt sich aber unter diesen primär auf Ausbeutung zielenden Herrschaften nie für den Gesamtzusammenhang ein, sondern nur in durch ↗ Verwandtschaft, ↗ Nachbarschaft oder Religion (↗ Christentum, ↗ Islam, traditionelle ↗ Religionen) verbundenen regionalen Einheiten, an deren Grenzen (und an den Grenzen der Militärherrschaft) Misstrauen gegen Fremde dominiert.

II. Gesellschaftstypen. Insofern sich die Analyse von Gesellschaften von der Sozialstrukturanalyse (↗ Sozialstruktur) unterscheidet, stellt sich die Frage, was Menschen – und wie – verbindet. Die Verbindungen lassen sich als Netzwerke darstellen. Letztere unterscheiden sich in vielen afrik. G. für Frauen und Männer (↗ Geschlechterbeziehungen). So sind in patrilokalen G. (Ehepaare ziehen zum Vater des Ehemanns, ↗ Patrilokalität) Frauen v. a. mit anderen Frauen vernetzt. Wegen der männl. Dominanz in pol. Strukturen findet die Anbindung der Frauen an eine allgemeine Vergesellschaftung nur indirekt statt. In Gesellschaften ohne Rechtsstaat spielt der Klientelismus eine wichtige Rolle: Der Zugang zu knappen Ressourcen ist nur über Schlüsselpersonen, häufig Dorfchefs, möglich; die G. ist lokal stark vernetzt, aber überlokal nur schwach kohäsiv.

Zur Typisierung unterschiedlicher Formen von G. haben sich keine klaren Konventionen herausgebildet. Nach dem Typ der normativen Referenz können wir ↗ segmentäre G., in denen die geteilten Normen ausgehandelt werden, unterscheiden von herrschaftlichen G., in denen neben die Aushandlung von Normen auch die zentrale Autorität (Zentralinstanz) tritt, die Normen per Erzwingungsstab (z. B. Polizei) durchsetzen kann. Nach dem Typ der Kohäsion kann man zwischen Markt-G., Reziprozitäts- und Redistributions-G. unterscheiden, wobei die beiden letzten der Vergangenheit angehören. Bei Markt-Gesellschaften kommt es nur dann zu langfristigem Austausch mit Kredit und Investition, wenn Vertrauen durch den normativen Rahmen und durch die parallele Existenz nicht warenökonom. Beziehungen gesichert ist. In G., in denen der Warentausch stark eingeschränkt war, wurden die wichtigsten Formen sozialer Bindung, v. a. Beziehungen zu potentiellen Ehepartnern (↗ Heiratsordnungen, ↗ Ehe) und zu Machtinstanzen, durch Abgaben oder Gabentausch (Reziprozität) immer wieder bekräftigt.

Wenn für Afrika zwischen Agrar-, Industrie- und Dienstleistungsgesellschaften (auch postindustrielle Gesellschaften genannt) differenziert wird, so bezieht sich das auf die quantitative Dominanz des agrarischen, industriellen oder Dienstleistungssektors. Dass die – postindustrielle – Dienstleistungsgesellschaft in Afrika noch Zukunft sei, wird manchmal behauptet; aufgrund des hohen Anteils von Händlerinnen, Transporteuren und ihren Hilfskräften an den (Selbst)Beschäftigten (↗ informeller Sektor) könnten aber auch arme afrik. G. als Dienstleistungsgesellschaften eingestuft werden.

III. Gesellschaft und Gemeinschaft. Früher wurde häufig G. von Gemeinschaft abgegrenzt und Afrika mit Gemeinschaft identifiziert. Dabei galt G. als durch anonyme Beziehungen, Gemeinschaft als durch persönliche Beziehungen charakterisiert. Die Vorstellung, die afrik. G. bzw. Gemeinschaften seien solidarisch und wenig differenziert, bei kleinen Mitgliederzahlen nur durch Verwandtschaft verbunden (»Stammesgemeinschaft«), ist aber ein Mythos. Es gab auch in den vorkolonialen G. Afrikas immer Beziehungen zu anonymen Partnern (Herrschaftspersonal oder Handelspartnern); umgekehrt dominiert auch in westl. Industriegesellschaften die alltägliche Interaktion mit vertrauten Personen. Vergesellschaftung stellt sich bei Vertrautheit genauso wie in anonymen Beziehungen nur dann her, wenn das Konfliktpotential des interessengeleiteten und willkürlichen menschl. Handelns durch institutionell gefestigte Formen der Konfliktbewältigung kontrolliert ist. Solche Institutionen gab es auch in vorkolonialen afrik. G. (↗ vorkoloniale pol. Systeme.)

IV. Zivilgesellschaft. Die Möglichkeit selbstgesteuerter Entwicklung einer G. hängt davon ab, inwiefern Entfaltung, Ergänzung und Ausbau der konfliktregelnden Institutionen mit der wirtsch. Entwicklung Schritt halten. Defizite des

Rechtsstaats verzögern die gesellsch. Entwicklung. Dieses Problem wird auch mit dem Begriff der ↗ Zivilgesellschaft thematisiert, der in Afrika häufiger eine Zielvorstellung als eine Realität bezeichnet. Der vieldeutige Begriff Zivil-G. oder Bürger-G. bezeichnet eine G., in der der Einzelne als Bürger vergesellschaftet ist. Er hat – über Wahlen oder Abstimmungen – Teil an der pol. Macht, steht als anderen Gleicher einem von unabh. Richtern verwalteten normativen System gegenüber und kommuniziert potentiell mit anderen Bürgern in einer Form, die die Entstehung neuer gesellsch. Institutionen ermöglicht. Einzelne dieser Kriterien (Machtteilhabe, Recht, öffentl. Kommunikation) waren auch in vorkolonialen G. gegeben, und mancherorts existierten damals Formen von Zivil-G., die man i.d.R. erst mit dem 20. Jh. verbindet. In der kolonialen G. wurden aber die Möglichkeiten der Machtkontrolle geschwächt und richterliche Unabh. ausgeschaltet (in den brit. allerdings nicht im gleichen Maß wie in den frz., portug. oder belg. Kolonien). Erst in den 1990er Jahren kam es im Zuge der Ablösung der überalteten pol. Eliten und stimuliert durch das Ende des Ost-West-Konflikts in mehreren afrik. Staaten zu Bewegungen, die den Übergang zur Zivil-G. erkämpfen (↗ nachkolonialer Staat, ↗ Demokratie).

📖 H. Codere, Verteilungsmodus und Gesellschaftsform. In: E. Schlicht (Hg.), Einführung in die Verteilungstheorie, Reinbek 1976. – D. Neubert (Hg.), Die Zukunft Afrikas. Überleben in der Krise, St. Augustin 1991. – A. Kuper (Hg.), Conceptualizing Society, London 1992.

Georg Elwert

Gesundheitsversorgung. *I. Allgemeines.* Die G. wird von der traditionellen Medizin, den öffentl. Gesundheitsdiensten in Dispensarien, Gesundheitszentren und Krankenhäusern und von niedergelassenen Ärzten gewährleistet. Obwohl sich große Teile der Bev. im Krankheitsfall an traditionelle Heiler (↗ Krankheit und Heilung) wenden, ist die staatl. Gesundheitspolitik der meisten afrik. Länder primär an der westl. Medizin ausgerichtet. Das heutige Gesundheitssystem geht in den meisten Ländern auf die Kolonialmächte zurück und wurde nach der Unabh. ausgebaut.

II. Strukturen. Es lassen sich sechs Ebenen medizin. Versorgung feststellen (Abb.).

Die unteren drei Ebenen bilden die Basisgesundheitsdienste. Der Dorfgesundheitshelfer und die traditionellen Hebammen haben neben der Akutbehandlung wichtige Aufgaben in der

Prävention (z. B. Hygieneberatung). Dispensarien haben meist keine Betten, was sie von Gesundheitszentren unterscheidet. Beide verfügen nur über paramedizinisches bzw. Pflegepersonal, jedoch keinen Arzt. Im Distriktkrankenhaus können hingegen schwerere Fälle behandelt werden, da dort Mediziner tätig sind, denen Operationssäle und ein Labor zur Verfügung stehen. Das Distriktkrankenhaus und die Basisgesundheitsdienste bilden zusammen die wichtigsten Komponenten des Gesundheitsdistrikts, dessen Aufgaben in der Koordination und Administration der Gesundheitsdienste sowie in der Aus- und Fortbildung der Mitarbeiter in Gesundheitsstationen, Dispensarien und Präventivprogrammen, der Dorfgesundheitshelfer und traditionellen Hebammen bestehen. Zudem dient das Distriktkrankenhaus als Überweisungskrankenhaus, d. h., schwere Fälle werden von den Gesundheitszentren dorthin überwiesen. Die Bereitstellung insbes. von chirurgischen und breiteren diagnostischen Diensten in Krankenhäusern soll das Vertrauen der Bev. in das Gesundheitssystem stärken und die Akzeptanz der Präventivprogramme fördern. Hierzu gehören Impf- und Aidskampagnen, Schwangerschaftsvorsorgeuntersuchungen (↗ Schwangerschaft) etc. Das DHMT (*District Health Management Team*) führt die Präventionsmaßnahmen entweder selbst durch oder koordiniert sie. Es besteht aus mindestens einem Arzt, einer Krankenschwester (mit *Public-Health*-Ausbildung) und einem Apotheker.

Können Krankheiten im Distrikt nicht behandelt werden, wird der Patient an ein Regionalkrankenhaus überwiesen. Hier stehen Fachabteilungen (Internistische Medizin, Chirurgie, Gynäkologie und Geburtshilfe, Psychiatrie) zur Verfügung. In den meisten Ländern gibt es auch ein oder mehrere Tertiärkrankenhäuser, die über weitere Spezialisierungen (z. B. Orthopädie, Augenheilkunde, HNO) verfügen und gleichzeitig Lehrkrankenhäuser sind. Die Koordination der Gesundheitsdistrikte, der Regional- und Tertiärkrankenhäuser obliegt dem Gesundheitsministerium, das gleichzeitig die Verteilung des Budgets auf die einzelnen Ebenen des Gesundheitswesens vornimmt. Der Anteil der Staatsausgaben für Gesundheit (am Gesamtbudget) lag 1992–99 weltweit bei 12 %, im subsahar. Afrika jedoch nur bei 4 %. Wenn das Finanzvolumen der ↗ Entwicklungszusammenarbeit für den Gesundheitssektor i.d.R. auch weniger als 5 % ausmacht, fließen doch jährl. mehrere Mrd. US$ in die G. afrik. Länder.

III. Die Primary Health Care Innovation. Nach der Unabh. konnte der Ausbau der Krankenhäuser zunächst durchaus Erfolge aufweisen, doch wurde die Bevölkerungsmehrheit durch die bestehenden Dienste nicht erreicht und die Behandlungskosten in den bestehenden Institutionen stiegen immer weiter an. Dies führte zu der als PHC (*Primary Health Care*) bezeichneten neuen Konzeption, die 1978 von der WHO in der Deklaration von Alma Ata definiert wurde. PHC ist dabei nicht eine Stufe der Pyramide der Gesundheitsdienste, sondern ein umfassendes Konzept mit (1) grundbedürfnisrelevanten, (2) kurativen und v. a. (3) präventiven Maßnahmen. Zu (1) zählen Gesundheitserziehung, Ernährungssicherung, Trinkwasserversorgung und sanitäre Maßnahmen, zu (2) angemessene Behandlung und Versorgung mit kostengünstigen Medikamenten, zu (3) Mutter- und Kind-Gesundheitsversorgung, Familienplanung (↗ Verhütung), Impfkampagnen, Bekämpfung lokaler endemischer Krankheiten. Das Ziel, »Gesundheit für alle bis zum Jahr 2000«, wurde alllerdings nicht erreicht.

Bis heute konsumieren die großen Tertiärkrankenhäuser bis zu 80 % des Gesundheitsbudgets der Staaten, Präventionsprogramme sind unterfinanziert und eine Selbstverantwortung für die Gesundheit durch die betroffene Bev. ist i.d.R. nicht realisiert worden. Erfolgreich waren v. a. die Mutter-Kind-Programme der UNICEF, und hier insbes. die Impfprogramme. Insges. hat sich die Situation der G. in den 1990er Jahren stark verschlechtert, so dass Afrika bis heute, nicht zuletzt durch die Verbreitung von ↗ Aids, einen hohen krankheitsbedingten Verlust an Lebensjahren und -qualität aufweist: In mehr als 20 Ländern des subsahar. Afrika ist die durchschnittl. Lebenserwartung zwischen 1985/90 und 1995/2000 gesunken, in den Ländern Botsuana, Burundi, Namibia, Sambia, Simbabwe um mehr als sieben Jahre. Das Bruttosozialprodukt pro Kopf ist im subsahar. Afrika von 1975 bis 1999 im Durchschnitt um 1 % gefallen, z. B. in Madagaskar von 1.258 auf 799 US$ und in Mali von 898 auf 753 US$. Auch für 16 andere Staaten ist der Wert 1999 niedriger als der von 1975.

IV. Die Gesundheitsreformen. Seit Mitte der 1990er Jahre wurden auf Initiative der Weltbank Gesundheitsstrukturreformen durchgeführt. Die wichtigsten Elemente sind (1) Privatisierung, (2) Verringerung der Subventionen, (3) Verringerung sozialer und räumlicher Disparitäten sowie (4) die Entwicklung alternativer Finanzierungssysteme. Zu (1): Ziel der Privatisierung ist der Rückzug des Staates zugunsten der Einführung privater Gesundheitsdienstleistungen (ärztl. Niederlassungsrechte, Krankenhäuser in privater Trägerschaft). Zu (2): Der Anteil der privaten Gesundheitsausgaben schwankt zwischen fast 80% in Uganda und weniger als 15% in Lesotho. Ziel ist, die Kosten der kurativen Leistungen der Gesundheitsdienste mehr als bisher durch Patientengebühren zu decken. Zu (3): Basisgesundheitsdienste unterstützen sozial schwache Gruppen, insbes. auf dem Land. Ziel der Reform ist die Dezentralisierung der Planungsverantwortung auf die Ebene des Gesundheitsdistrikts sowie dort die Erhöhung der Managementkompetenz. Zusätzlich sollen Armutsgruppen in ↗ Slums speziell gefördert werden. Zu (4): Die Einführung ↗ sozialer Versorgungssysteme ist ein weiterer Schwerpunkt der Reform. Bislang sind Krankenversicherungen primär an Lohneinkommen gebunden, so dass nur Bezieher regelmäßiger Einkommen krankenversichert werden können. Da der Anteil der Selbständigen (Bauern, Kleinhändler etc.) sehr hoch ist, wurden bislang weniger als 2% der Bev. krankenversichert. Seit 1990 sind in einigen Ländern genossenschaftliche Krankenversicherungen für Bauern und Kleinhändler oder auch dörfliche Krankenversicherungen auf Gegenseitigkeit entstanden.

Nach dem Scheitern des *Primary-Health*-Konzepts und der unzulänglichen Umsetzung der Gesundheitsstrukturreformen formulierten die UN im Juni 2000 in der Erklärung »Paris 21« zusammen mit Weltbank, IWF und OECD neue Ziele der Gesundheitspolitik bis 2015: die Senkung der Kindersterblichkeit um zwei Drittel, die Senkung der Müttersterblichkeit um drei Viertel, allg. Zugang zu Familienplanung sowie die Halbierung der extremen Armut (Anteil der Bev. mit weniger als 1US$ pro Tag). ↗ Bevölkerung.

🕮 H.J. Diesfeld u.a., Gesundheitsversorgung in Entwicklungsländern. Berlin 1993. – D.R. Phillips, Health and Health Care in the Third World, New York 1990. – D.R. Phillips/Y. Verhasselt, Health and Development,

London 1994. – Weltbank (Hg.), Better health in Africa, Washington 1994 (www.worldbank.org – www.paris 21.org/betterworld).

Steffen Fleßa

🕮 C. Delgado u. a., Livestock to 2020. The Next Food Revolution, Washington 1999. – N. Islam, Population and Food in the Early Twenty-First Century: Meeting Future Food Demand of an Increasing Population, Washington 1995. – www.fao.org

Roland Herrmann/Susanne Gärtner

Getreide. Von nahezu 4.000 Arten sind folgende Getreidesorten als Nutzpflanzen bekannt: Weizen, Roggen, Hafer, Gerste, Hirse, Sorghum, Mais und Reis. Das G. stellt eine der Hauptnahrungsquellen für Mensch und Tier dar. Ein ausgereiftes Getreidekorn enthält ca. 70% Stärke, 12 % Wasser und 11 % Eiweiß. Hauptanbauprodukte in Afrika sind Mais und Sorghum. Im Vergleich dazu wird in den Entwicklungsländern insges. überwiegend Reis und Mais und in den Industrieländern hauptsächlich Mais und Weizen angebaut.

Trotz des weltweit verbreiteten Anbaus wird G. internat. in beachtlichem Ausmaß gehandelt (1997 rund 243 Mio. t oder knapp 12 % der erzeugten Menge). Allerdings unterscheiden sich die Ausfuhranteile an der erzeugten Menge je nach Getreideart sehr stark. So lag 1997 weltweit der Ausfuhranteil von Weizen bei 20 % und für Reis bei nur 3 %.

Rd. 55 % der tägl. pflanzlichen Nahrungsenergie in Afrika stammt aus den versch. Getreidesorten. Der Selbstversorgungsgrad für G. insges. ist von 1961–97 von 93 % auf 74 % gesunken, d. h., Afrika muss G. importieren, um den Bedarf zu decken. Während 1961 Mais einen Anteil von ca. 29 % und Weizen von ca. 22 % am jährl. Pro-Kopf-Verbrauch in Afrika hatten, fand bis 1997 eine Erhöhung und Verschiebung der Anteile statt. 1997 wurde der jährl. Pro-Kopf-Verbrauch von 144,3 kg/Kopf zu 32 % durch Weizen und zu 29 % durch Mais abgedeckt.

Von 1961–97 erhöhte sich in Gesamtafrika der Anteil für Futtermittel am Getreideangebot von 8% auf 11%, während der Anteil für Nahrungsmittelzwecke unverändert blieb (rund 74%). Dagegen schwankten beide Anteile in den subsahar. Ländern in dieser Zeit etwas, blieben aber in ihren relativen Anteilen unverändert und lagen 1997 bei 4% bzw. 79%.

Weltweit beeinflusst die steigende Nachfrage nach tierischen Erzeugnissen für die menschl. Ernährung den Weltmarkt stark. Die Nachfrage nach Getreide zur indirekten Ernährung, also über die Verwendung als Futtermittel, steigt deutlich schneller als die Nachfrage nach Getreide zur direkten Ernährung. ↗ Landwirtschaft.

Gewässer. *I. Fließgewässer.* Afrika ist in unterschiedliche Niederschlagsregime gegliedert: (1) die Winterregengebiete ganz im N und im S, (2) die niederschlagsarmen bis -losen Räume der ↗ Wüsten und Halbwüsten in den Passatgürteln, (3) die durch Sommerregen gekennzeichneten Zonen der wechselfeuchten Tropen und (4) die Regionen der immerfeuchten Tropen Zentralafrikas, die Niederschläge über das ganze Jahr empfangen. Gemäß dieser Einteilung sind in Afrika alle Typen von Fließgewässern ausgebildet: perennierende (über das ganze Jahr fließende) Flüsse, periodische (regelmäßig zur betreffenden Regenzeit Wasser führende) Abfluss-Systeme und episodische (nur unregelmäßig, oft erst nach Jahren oder Jahrzehnten der Abflussruhe meist nur für Stunden oder Tage fließende) Gewässer. Wie die zeitliche Steuerung der Wasserführung der Fließgewässer durch die Niederschlagsverteilung in der jeweiligen Klimazone ist auch die Höhe der Abflussmenge in afrik. Strom- und Fluss-Systemen sehr variabel.

(1) So weist das Kongo-(Zaire-)System im trop. immerfeuchten Zentral- und Westafrika mit über 40.000 m^3/sec mittlerem jährl. Abfluss die weitaus größte Abflussmenge auf. Gespeist wird der Kongo (Lauflänge 4.375 km) von den beiden großen nördl. Zubringern Ubangi und Sanga und zahlreichen südl. Tributären, deren Quellgebiete meist schon außerhalb der immerfeuchten Tropen an der Lunda-Schwelle ansetzen. (2) Starken Schwankungen in der Abflussmenge unterliegen alle Abfluss-Systeme der wechselfeuchten Tropen; hier liegen die Abfluss-Spitzen im Sommer/Spätsommer der betreffenden Hemisphäre. (3) Noch stärkeren Schwankungen unterlegen sind Abfluss-Systeme, die mehrere Klimazonen durchfließen, wie etwa der Niger (4.160 km Lauflänge), der aus Feuchtgebieten kommend über einen großen Bogen Trockengebiete durchfließt, um in seinem Unterlauf wieder trop. Feuchtgebiete zu durchströmen. Demgemäß kann der mittlere jährl. Abfluss über 5.500 m^3/sec betragen und zeitweise um ein Vielfaches unter- und überboten werden. Der Nil, mit 6.671 km längster Fluss der Welt, mit einem Einzugsgebiet von 2,8 Mio. km^2 (Kongo/

Zaire 3,8 Mio. km²), gilt als der Fremdlingsfluss schlechthin (ein Fluss, der aus einem Feuchtgebiet kommend in ein arides – trockenes – Gebiet fließt). Das westl. Quellsystem des Weißen Nil liegt in den zentralafrik. Regionen immerwährender Niederschläge, während das östl. Quellsystem des Blauen Nil überwiegend durch monsunale Niederschläge im äthiop. Hochland genährt wird. Dementsprechend unterschiedlich ist die Gesamthöhe und zeitliche Spitze der Wasserführung (Weißer Nil 26.500 Mio. m³ bei Erreichen des Sumpfgebietes Bahr el Sudd, wo er anschließend durch hohe Verdunstung über die Hälfte seiner Wassermenge verliert; Wasserführung gleich verteilt; Blauer Nil 51.400 Mio. m³ beim Zusammenfluss mit dem Weißen Nil; Wasserführung mit herausragendem Maximum in den Monaten Juli bis Sept.). Ab der Einmündung des Atbara durchströmt der Nil die Nubische und Arab. Wüste über eine Länge von 2.700 km als Flussoase bis zu seiner Deltamündung ins Mittelmeer ohne einen weiteren Nebenfluss. Die früher so bedeutungsvollen Charakteristika des Nil in seinem Unterlauf, periodische Schwankungen der Abflusshöhe und damit einhergehende Sedimentation der fruchtbaren Nilschlämme, sind heute durch den Bau des ↗ Assuan-Hochdamms verschwunden, wodurch neue ökolog. und ökonom. Probleme aufgetreten sind.

Entsprechend dem tektonischen/geomorphologischen Bau Afrikas in großräumige Becken/Schwellen-Strukturen (↗ Naturräume) müssen nahezu alle Strom- und größeren Fluss-Systeme solche Schwellen queren und überwinden. Dies gilt v. a. für den zentralen und südl. Teil Afrikas und dort für die in nicht weiter Küstenentfernung aufragenden Randstufen. Solche tektonischen Schwellen machen sich im Flusslauf als Stromschnellen oder Katarakte (z. B. die berühmten Nilkatarakte, zahlreiche Fluss-Schnellen im Kunene und Oranje) oder als echte Wasserfallstufen oder Wasserfälle bemerkbar (Murchison-Fälle des Sambesi beim Überwinden der östl. Randstufe des zentralafrik. Grabens, Livingstone-Fälle des Kongo/Zaire unterhalb von Kinshasa/Brazzaville beim Überwinden der westl. Randstufe). Die tektonisch vorgegebene Schwellenstruktur, die sich so häufig in Katarakten und Wasserfällen selbst großer Stromsysteme äußert, wirkte sich auf die hist. Erschließung des Kontinentes nachteilig aus und stellt heute noch ein Hindernis für die Schifffahrt dar. Wenngleich viele der Flüsse und Seen Afrikas als Schifffahrtswege genutzt werden, wie z. B. der kataraktfreie Teil des mittleren Kongo/Zaire, so ist doch eine durchgehende Befahrung nicht möglich, schon gar nicht von der Küste ins Landesinnere. Umgekehrt können Schwellen im Flusslängsprofil einen natürl. Gunstfaktor darstellen, da an ihnen der Bau von Stauseen (z. B. am Sambesi-Karibasee, 183 Mrd. m³ Stauinhalt u. Cabora-Bassasee, 160 Mrd. m³ Stauinhalt) und damit auch der Bau von Wasserkraftwerken (z. B. Ruacana-Fälle am Kunene) möglich ist.

II. Seen. Das Vorkommen und die Verteilung von Seen wird durch die tektonisch/geolog. Struktur und die Reliefeigenschaften gesteuert. Für Afrika als einen Teilkontinent des ehem. Gondwana sind äußerst lange Zeiträume der Reliefformung charakteristisch, die zu weit ausgedehnten Flächen (sog. Rumpfflächen) ohne tiefe Zertalung geführt haben. Dies stellt einen Ungunstfaktor für die natürl. Ausbildung von Seen dar. Demgemäß liegen die meisten Seen Afrikas, v. a. die größten in der Region, die einen geolog. jungen Reliefimpuls erfahren hat, im ostafrik. und zentralafrik. Grabensystem. Der Victoriasee, mit 68.800 km² der größte afrik. See, breitet sich in 1.134 m Meereshöhe auf einer Hochfläche aus, die zwischen den aufgestemmten Randschultern der beiden erwähnten Gräben gespannt ist. Der mit einer Fläche von 32.880 km² zweitgrößte und mit einer Tiefe von 1.470 m tiefste See Afrikas, der Tanganyikasee, wird in seinem 600 km langgestreckten Verlauf von den über 2.000 m hoch aufragenden Grabenschultern des zentralafrik. Grabens begleitet. Wo im S der Ast des zentralafrik. Grabens sich wieder mit dem des ostafrik. Grabens vereinigt, liegt der 30.800 km² große Malawisee (früher Njassasee). Ohne die vielen anderen Seen dieser Region zu nennen, ergibt sich, dass die Seendichte des übrigen Afrika aus den genannten Gründen viel geringer ist. Zudem unterliegen in den semiariden (halbtrockenen) und ariden Zonen v. a. Flachseen immenser Verdunstung. Dies gilt insbes. für den Tschadsee am Rande des nordafrik. Trockengürtels, in den Flüsse aus den südl. wechselfeuchten Gebieten (v. a. der Schari und Logone) endorheisch (ohne Mündung ins Meer) entwässern. Aufgrund seiner Tiefe von nur wenigen Metern bewirkt die hohe Verdunstung ein jährl. Schrumpfen und Anwachsen seiner Seefläche zwischen 10 und 20.000 km². Der Tschadsee dient wie viele andere kleinere Seen des nordafrik. Trockengürtels den Geowissenschaften schon lange als Indikator möglicher vergangener Feuchtklimate. Hohe ehem. Seespiegelstände, die im Tschadbecken überall aufgefunden werden können, werden als Zeugnisse für humidere Klimate bzw. solche mit geringerer Verdunstung als heute interpretiert.

III. Grundwasser. In den feuchten und wechselfeuchten Regionen des trop. Afrika werden die Grundwasservorräte laufend durch die hohen Niederschläge gespeist. Die Wasserentnahme erfolgt überwiegend im Fluss- oder Quellwasser und stellt für die Grundwassersituation kein Problem dar. In den semiariden und ariden Zonen Afrikas dagegen, die den größeren Teil der Fläche einnehmen, steht Oberflächenwasser nur für extrem kurze Zeiten oder überhaupt nicht zur Verfügung. Dementsprechend hat Grundwasser für alle Verbraucher einen denkbar hohen Stellenwert: Nomaden (↗ Nomadismus), ↗ Landwirtschaft und Bewässerungskulturen, Industrie (↗ Industrialisierung), Städte (↗ Stadt, ↗ Urbanisierung), neuerdings auch zunehmend ↗ Tourismus. In vielen Trockengebieten zeigt sich, dass die rezenten Grundwasserreservoirs der gesteigerten Entnahme nicht Schritt halten können, so dass auf tiefer liegende, fossile, d. h. in früheren Feuchtzeiten angelegte Grundwasservorkommen zurückgegriffen werden muss. Ausgezeichnete Grundwasserspeicher solcher fossilen Wässer bilden Sandsteine (z. B. der Nubische Sandstein in der ↗ Sahara, heute eher als Nubischer Aquifer bezeichnet, oder der Tsondab-Sandstein in der ↗ Namib). Tiefbohrungen und Motorpumpen erschließen die Vorräte und machen Wasserbaugroßprojekte wie den »Großen Künstlichen Fluss« in Libyen möglich. Für kleine wie riesige fossile Grundwasserkörper gilt aber, dass sie eine endliche Größe darstellen, da das entnommene Wasser durch die heutigen Niederschläge nicht mehr ersetzt wird. Dieser Sachverhalt wird für die im nördl. oder südl. Trockengürtel lebende ↗ Bevölkerung in nächster Zukunft ein existentielles Problem darstellen (↗ Umweltschutz).

IV. Wassernutzung. Die Fließgewässer und Seen dienen der Trink- und Brauchwasserentnahme, daher muss die Wasserqualität hohen Anforderungen genügen, z. B. bei Bewässerung einen geringen Salzgehalt haben. Das Nilwasser, schon immer durch hohe Salzgehalte gekennzeichnet, weist infolge der Bevölkerungszunahme und Industrialisierung v. a. Ägyptens mittlerweile extreme Schadstoffbelastung auf. Auch ist der alte Streit um die Verteilung des Nilwassers zwischen den Anrainerstaaten Ägypten, Äthiopien, Demokrat. Rep. Kongo, Sudan, Uganda noch immer nicht vertraglich beigelegt. Viele Konflikte werden durch die knapper werdenden Wasservorräte ausgelöst, wie 1989 die Auseinandersetzungen zwischen Mauretanien und Senegal gezeigt haben. Die Ausweitung von Anbauflächen zur Erhöhung der Agrarproduktion v. a. in Form von Bewässerungswirtschaft in Trockengebieten macht große Anstrengungen erforderlich. So sind beim Oranje von der feuchten Ostseite und aus dem Hochland von Lesotho »Wasserbrücken« über den Vaal geschaffen worden, damit er weiterhin die Trink- und Brauchwasserversorgung der Industrieregionen um Johannesburg (Südafrika) und der ausgedehnten Bewässerungsgebiete im Mittel- und Unterlauf (z. B. *Green River Project* Namibias) gewährleisten kann.

Klaus Hüser

Gewerkschaften. Sobald im kolonisierten Afrika ein moderner Wirtschafts- oder Verwaltungssektor mit Lohnarbeit entstand, schlossen sich Arbeitnehmer zu G. zusammen – in Tunesien z. B. schon vor dem Ersten Weltkrieg. In Südafrika gründeten weiße Bergleute 1902 ihre G. und streikten 1913–14, um Schwarze von besser bezahlten Arbeitsplätzen auszuschließen; 1918–27 organisierte C. Kadalie (ca. 1896–1951) bis zu 100.000 schwarze Hafen- und andere Arbeiter Südafrikas in der ICU *(Industrial and Commercial Workers Union)*, die bald danach jedoch an Erfolglosigkeit zugrunde ging. 1937 erlaubte die Pariser Volksfront-Regierung »Eingeborenen« die Bildung von G. in den frz. Kolonien. Im Zweiten Weltkrieg und unmittelbar danach entstanden fast überall G. in enger Zusammenarbeit mit den antikolonialen Befreiungsbewegungen (↗ Rebellenbewegungen). Es kam zu ersten Streiks, z. B. der Eisenbahner in Nigeria 1945 sowie in Frz.-Westafrika von Okt. 1947 bis März 1948. Ein schwarzer Bergarbeiterstreik in Südafrika wurde 1946 blutig niedergeschlagen.

Die Unterentwicklung des kolonialen Afrika begrenzte moderne Arbeitsbeziehungen auf enge Bereiche, nämlich die Verwaltung einschl. staatl. betriebener Schulen, Häfen und Eisenbahnen, den Bergbau, und – v. a. in Süd- und Nordafrika – wenige Ansätze weiterverarbeitender Industrie (↗ Industrialisierung). Dem entspricht bis heute in der Arbeiterschaft und damit in den G. ein Übergewicht von Lehrern und anderen Beschäftigten des öffentl. Dienstes. Noch 1996 waren in Afrika 62% der Erwerbsbev. in der Landwirtschaft tätig, 23% im Dienstleistungsbereich und nur 15% in der Industrie. Für Arbeitslose, die ungezählten Arbeit Suchenden, Wanderarbeiter, Hauspersonal und für die im ↗ informellen Sektor Tätigen sind die G. kaum attraktiv.

Mit der ↗ Entkolonisierung traten Führer der G. an die Spitze der Befreiungsbewegung, z. B. S. Touré (1922–84) in Guinea, J. Nkomo (1917–99) in Simbabwe. In Ghana, Kenia, Tansania ordneten sich die G. nach der Unabh. den neuen Einheitsparteien unter, die von der Arbeiterschaft verlangten, um der ↗ Nationenbildung willen auf Streiks zu verzichten.

Im April 1973 wurde im Rahmen der ↗ OAU die OATUU (*Organization of African Trade Union Unity*) gegründet. Ihr gehörten 1999 73 Verbände aus den 53 Staaten Afrikas an, mit nach eigener Angabe ca. 30 Mio. Mitgliedern; das wären 9,5% der Erwerbsbev. Sitz der OATUU ist Accra (Ghana); ihr Generalsekretär kommt seit 1986 aus Nigeria. 46 Verbände aus 39 Ländern sind daneben im IBFG (Internat. Bund Freier Gewerkschaften) organisiert, darunter die starken Organisationen aus Algerien (UGTA), Ghana (TUC), Marokko (UMT), Sambia (ZCTU), Simbabwe (ZCTU), Südafrika (COSATU und NACTU) und Tunesien (UGTT). Mit der Hinwendung zur ↗ Demokratie seit 1989/90 gingen auch viele G. auf Distanz zu den langjährig herrschenden Regierungen. In Sambia wurde 1991 der Gewerkschaftsführer F. Chiluba (*1943) zum neuen Staatspräsidenten gewählt. In Nigeria verbot der Militärdiktator Abacha 1994 nach dem Scheitern eines Erdölarbeiterstreiks die wichtigsten G. Dagegen waren in Südafrika nach Massenstreiks 1973 G. der Schwarzen als tariffähig anerkannt worden, und der mit 1,77 Mio. Mitgliedern (1997) bei weitem stärkste Gewerkschaftsbund COSATU (*Congress of South African Trade Unions*) trug im Bündnis mit dem ANC zur Überwindung der ↗ Apartheid bei; seit 1994 kritisiert COSATU mit wachsender Schärfe die neoliberale Wirtschaftspolitik der vom ANC geführten Regierung. In Namibia und Simbabwe haben 1999 prominente Gewerkschafter die Führung neuer Oppositionsparteien übernommen.

🕮 W. Ananaba, The Trade Union Movement in Africa. Promise and Performance, London 1979. – Ch. Beck, Zimbabwe zwischen Einparteienstaat und Zivilgesellschaft. Die Rolle der Gewerkschaften im Demokratisierungs- und Entwicklungsprozess, Frankfurt 1997. – S. Schmidt, Die Rolle der Schwarzen Gewerkschaften im Demokratisierungsprozess Südafrikas, Hamburg 1992.

Franz Ansprenger

Gewohnheitsrecht ↗ Recht

Ghana. **Fläche:** 239.460 km². **Einw.:** 18,9 Mio. (1999). **Bev.-Wachstum/Jahr**: 2,9% (1990–99). **Stadtbev.:** 38% (1999). **Hauptstadt:** Accra (1,2 Mio. Einw. 1998). **Unabh.:** 6. 3. 1957. **Staatsform**: präsidiale Rep.; Einkammerparlament (200 Abgeordnete); Mehrparteiensystem (1999): NDC (*National Democratic Congress*): 133 Mandate; NPP (New Patriotic Party): 61 M.; PCP (*People's Convention*): 5 M.; PNC (*People's National Convention*): 1 M. **Währung:** Cedi. **HDI-Rang** 119/162 (2001). **Auslandsverschuldung**: 6,3 Mrd. US$, **Anteil der Entwicklungshilfe am BSP** 10% (1998). **HIV-infizierte Erwachsene**: 3,6%, **Lebenserwartung**: m 55,3 J., w 57,9 J., **Alphabetisierung** der Erwachsenen: m 79,4%, w 61,5% (1999). **Einschulungsrate**: 79% (1995–99). **Amtssprache:** Engl.; **Regional- und Verkehrssprachen:** Twi, Fante, Ewe und Ga (↗ Kwa), ↗ Hausa.

I. Naturraum. (1) Küstenebene mit Savannencharakter im SO, (2) tropischer Regenwaldgürtel in der Mitte sowie (3) semiaride ↗ Savannen und Buschregionen im N (↗ Ökozonen). Bis auf wenige Restbestände im W ist der natürliche ↗ Regenwald durch Holzeinschlag und ↗ Landwirtschaft einem Sekundärwald gewichen. Ausgesprochene ↗ Desertifikation ist in den nördl. Savannen noch nicht zu beobachten. Das tropische ↗ Klima im S wird durch zwei Regenzeiten (Mai/Juli und Okt./Nov.) bestimmt. Im N kommt es zu nur einer Regenzeit (Juni – Sept.). In der Trockenzeit weht im N der staubbeladene Harmattan, der im Dez./Jan. bis zur Küste vordringen kann. Niederschlagsmengen nehmen von S (mit Max. von über 2.000 mm jährl. im SW) nach N hin bis auf ca. 1.000 mm im NO relativ kontinuierlich ab. Die mittleren Monatstemperaturen liegen landesweit über 25 °C und sind jahreszeitlich relativ konstant.

II. Geschichte und Politik. – II.1. Bis zum Ende der Kolonialzeit. Hist. Berichten zufolge migrierten die heute bekannten Ethnien erst ab dem frühen Mittelalter in das heutige Staatsgebiet. Mit der Ankunft der Europäer (1471) entstanden an der sog. Goldküste in den nachfolgenden Jahrhunderten zum Zwecke des Handels (Gold, Sklaven) rund 80 befestigte Anlagen europ. Mächte (Portugal, Holland, Großbritannien, Dänemark, Brandenburg-Preußen, Schweden, Frankreich). Im 16./17. Jh. entstanden im Gebiet der Akan-Völker (Asante und Fanti) zentralstaatl. organisierte Gesellschaften (Adanse 1550, Denkyira 1580, Akwamu 1640, ↗ Asante 1695). Auch in den nördl. Regionen gab es zentralisierte Reiche (Mamprusi, Dagomba, Gonja), die eine vermittelnde Rolle im Handel mit den großen Staaten im Nigerbogen wahrnahmen, wozu ab Mitte des 17. Jh. auch der ↗ Sklavenhandel zählte. Zu Beginn des 19. Jh. kontrollierten die Briten den Seehandel; 1874 eroberten sie das Asantereich. Der Küstenbereich wurde zur Kronkolonie »Goldküste« erklärt, dem das Asantereich 1896 als Protektorat angeschlossen wurde. Ende des 19. Jh. gerieten die nördl. Landesteile nach Abstimmung mit Frankreich und dem Dt. Reich ebenfalls unter brit. Kontrolle. Am 6. März 1957 wurde die Goldküste als erste brit. Kolonie Afrikas unter dem Namen G. in die Unabh. entlassen.

II.2. Unabhängigkeit. Das durch Wahlen legitimierte Staatsoberhaupt K. Nkrumah wandelte die nach dem Westminstermodell gestaltete Demokratie bald in ein ↗ Einparteisystem mit totalitärem Charakter um. Seine verstärkte Ostblock-Orientierung Anfang der 1960er Jahre sowie zunehmende wirtsch. Schwierigkeiten bewirkten 1966 durch einen Militärputsch seinen Sturz. Es folgte ein rascher Wechsel von Militär- und Zivilregierungen, die den wirtsch. Niedergang der ehem. Musterkolonie nicht verhindern konnten. Pol. Stabilität trat mit dem Putsch unterer Militärränge am 31. Dez. 1981 ein. Der unter Führung von Fliegerhauptmann Jerry J. Rawlings eingerichtete PNDC (*Provisional National Defence Council*) wurde am 7. 1. 1993 mit dem Ausrufen der nunmehr vierten Rep. durch eine gewählte Regierung abgelöst. Auch bei den zweiten Präsidentschafts- und Parlamentswahlen 1996 konnte sich Präsident Rawlings und sein *National Democratic Congress* siegreich behaupten. Da die Verfassung eine dritte Amtszeit nicht mehr vorsieht, wurde John Kufuor im Dez. 2000 zum Nachfolger Rawlings gewählt.

III. Bevölkerungs- und Sozialstruktur, ethnische Gruppierungen. Die Altersstruktur der Bev. weist den für Entwicklungsländer typischen hohen Anteil junger Menschen auf. Etwa zwei Drittel der Ghanaer sind Christen (↗ Christentum), ein Fünftel kann dem ↗ Islam und der Rest traditionellen ↗ Religionen zugeordnet werden. Etwa ein Drittel der Bev. gilt als in arm, wobei 75% der Armen im ländl. Räum, insbes. im N, leben. Auf Basis von linguistischen, kulturellen und hist. Merkmalen lässt sich die Bev. in ca. 100 Ethnien einteilen, wobei es sich bei der Mehrzahl um kleinere Gruppen handelt. Sie alle gehören dem ↗ Niger-Kongo-Sprachzweig an und innerhalb dieses Sprachzweigs zu den ↗ Kwa- und ↗ Gursprachen. Zu den im S lebenden kwasprachigen Ethnien (ca. 70% der Bev.) gehören die Akan-Völker (Asante, Fanti, Brong), die aus Südnigeria ca. im 17./18. Jh. eingewanderten Ewe und die Ende des 16. Jh. aus Benin eingewanderten Ga-Adangme. Zu den im N lebenden gursprachigen Ethnien (ca. 20% der Bev.) gehören die Mole Dagbane, Gurma und Grusi. Die Ethnien sind i.d.R. in Häuptlingstümern organisiert, denen auch heute im gesellsch. Leben, insbes. im N, eine wichtige Rolle zukommt. Da fast der ges. Landbesitz und die entsprechenden Nutzungsrechte ethn. reguliert sind, ist ethn. Zugehörigkeit über die individuelle Identifikationsbereitschaft hinaus mit wichtigen Zugangsrechten oder ökonom. Privilegien (Landnutzung) verbunden (↗ Ethnizität, ↗ Bodenrecht). In den durch ↗ Migration und hohes natürliches Bevölkerungswachstum gekennzeichneten ländl. Regionen des N sind gewaltsame Auseinandersetzungen um Landnutzungrechte oder hist. Privilegien keine Seltenheit. Größere Aufmerksamkeit erregten dabei die bürgerkriegsähnlichen Auseinandersetzungen zwischen Nanumba und Konkomba mit Tausenden von Opfern zu Beginn der 1990er Jahre.

IV. Wirtschaftliche Entwicklung. G. verfügt über einen relativen Reichtum an mineralischen (Gold, Diamanten, Mangan, Bauxit, ↗ Bergbau) und pflanzlichen (Holz, Kakao, Palmöl, Rohgummi) Rohstoffen. Trotz diesen vergleichsweise guten Voraussetzungen trat nach der Unabh. keine positive wirtsch. Entwicklung ein. 1984 wurden in Zusammenarbeit mit Weltbank und IWF Maßnahmen zur ↗ Strukturanpassung eingeleitet. Die Rehabilitierung der zerfallenen Infrastruktur und Privatisierung der maroden Staatswirtschaft, eine Sanierung der ↗ Öffentlichen Verwaltung sowie eine ↗ Finanz- und Währungspolitik, die die Entwicklung privatwirtsch. Strukturen fördert, gehörten zu dem Programm. Trotz des ab 1985 um 5 bis 10% steigenden Wirtschaftswachstums konnte das Land seine strukturellen Wirtschaftprobleme bislang nicht lösen. Der Export wird nach wie vor von traditionellen Rohstoffen dominiert (1998: Gold 39,7%, Kakao 34,1%, Holz 9,4% des Gesamtexportwertes von 1.8 Mrd. US$) und erwirtschaftet keine zur Finanzierung der Importe (1998: US$ 2.35 Mrd.) ausreichende Geldmenge. Trotz der Mittelzuflüsse aus der ↗ Entwicklungszusammenarbeit stieg die öffentl. Auslandsverschuldung auf 1998 US$ 6,3 Mrd. an. Die Landwirtschaft bildet mit 40,5% des BIP und etwa 60% der Beschäftigten das Rückgrat der Volkswirtschaft. Die Produktion lokaler Nahrungsmittel (Mais, Reis, Jams, Cassava, Plantain, Sorghum,

Hirse, Cocoyam) erfolgt wesentlich im Regenfeldbau und auf kleinbäuerlicher Produktionsbasis. Die Versorgung der Bev. mit Nahrungsmitteln ist ausreichend. Gegenwärtig werden ca. 13% der Weltproduktion an Kakao erzeugt; damit liegt G. hinter der Elfenbeinküste an zweiter Stelle. Der Anteil der Industrie an der Bruttowertschöpfung lag 1998 bei 27,4% (verarbeitendes Gewerbe 56%, Bergbau 11%, Bauwirtschaft 21%, Strom und Wasser 12%). Der Dienstleistungssektor trägt ca. 32% zur nat. Wertschöpfung bei. Insbes. der Handel wird in G. von den ↗ Frauen dominiert. Trotz steigender Besucherzahlen (1998 ca. 350.000) spielt der ↗ Tourismus noch keine bedeutende Rolle. Insges. verfügt das Land heute wieder über eine moderne, relativ leistungsfähige Infrastruktur, wozu neben Verkehr und Kommunikation (Telefon, ↗ Internet etc.) auch die gehobene Bildungsinfrastruktur mit fünf Universitäten (Accra, Kumasi, Cape Coast, Tamale, Winneba) zählt.

V. Literatur, Musik, Kunst. G. verfügt über eine reiche Kultur. Von hoher künstlerischer Bedeutung sind die Goldgewichte der Asante (↗ Plastik). Die aus Holz erstellten ↗ Masken und traditionellen Hocker (*stools*) reflektierten in ihren differenzierten Ausdrucksformen und Designs die ethn. Vielfalt der Landes ebenso wie die Töpferwaren (↗ Töpferei). Auch das Kente-Design traditioneller ↗ Textilien hat internat. Anerkennung und Verbreitung in ganz Afrika gefunden. Neben den alten Kunstformen hat sich die moderne ↗ Malerei entwickelt. Glover, Victor Butler und Ato Delaquis sind die internat. bekannten Vertreter. Musik und Tanz spielen in traditionellen Ausdrucksformen ebenso wie die Popularmusik (↗ *Highlife*, ↗ *Palmwine Music*) eine wichtige Rolle im Alltagsleben. Die moderne ghanaische Literatur wird mit Ayi Kwei Armahs Roman *The Beautyful Ones Are Not Yet Born* (1968, dt. *Die Schönen sind noch nicht geboren*) begründet, der die autoritäre Herrschaft Nkrumahs kritisiert. Obwohl es gegenwärtig mehr als 50 Schriftsteller gibt, die teilweise auch ins Deutsche übersetzt wurden (z.B. Kofi Awonoor, Amma Darko, Kojo Laing), sind ihre Werke in G. kaum zu erwerben. Das Land verfügt auch über eine bedeutende Filmindustrie: King Ampaw, Ata Yarney, Joe Daniels, Kofi Yirenkyi und Kwa Ansahs Produktionen wurden z.T. internat. prämiert und auch im dt. Fernsehen ausgestrahlt.

📖 E. Schmidt-Kallert, Ghana, Stuttgart 1994. – G.B. Kay, The Political Economy of Colonialism in Ghana, Cambridge 1972. – G.K. Nukunya, Tradition and Change in Ghana, Accra 1992. – V.K. Nyanteng, Policies and Options for Ghanaian Economic Development, Legon, 1997. – G. Kruk, Frauen in Ghana, Münster 2000.

Walter Thomi

Ghana (Reich), westafrik. Reich mit einer Blütezeit von ca. 800 bis 1080. Wahrscheinlich existierte G. schon vor dem 8. Jh., einem Zeitpunkt, zu dem es erstmals in arab. Quellen erwähnt wird. Es gehörte zu den Reichen, die in der Trockenregion südl. der Sahara, nördl. der Quellflüsse des Niger und des Senegal gelegen waren. G. wurde von den Soninke gegründet, einem Mande-Volk. Auf der Höhe seiner Macht erstreckte es sich vermutlich im S weiter als bis zu den Bambuk-Goldfeldern am Oberlauf des Senegal (heute Mali); im N wurde es von Audoghast (Mauretanien); im O von Gao (Mali) und im W von Takrur (Senegal) begrenzt.

G. war eine Zivilisation der Eisenzeit. Waffen aus Eisen sowie der Besitz von Pferden aus Nordafrika ermöglichten es den Soninke, eine mächtige Armee aufzubauen und ihre Nachbarn zu unterwerfen. Durch die günstige geogr. Lage hatten sie auch Zugang zu Salz und Gold, das durch das Gebiet nach Nordafrika transportiert wurde. Salz, das in der Sahara selten vorkommt und daher ein kostbares Handelsgut darstellt, wurde von den in der Wüste gelegenen Salzminen in Idjil, Taodeni und Taghaza sowie von der Senegalküste importiert. Ein erfolgreicher Handel, eine mächtige Armee und fähige Anführer sorgten für das Aufblühen des Reiches.

G. wurde von einem ↗ König regiert, der göttliche Autorität für sich beanspruchte. Mit Ausbreiten des ↗ Islam konvertierten einige der Höflinge, der König jedoch behielt seine angestammte Religion. Die königliche Residenz war Kumbi, wo es aber auch einen muslimischen Stadtbezirk gab. Die Einkünfte stammten aus der Besteuerung der Goldförderung und des Goldhandels. Eine Eselsladung Salz war mit einer Steuer von einem Golddinar bei der Einreise in das Königreich und zwei Dinar bei der Ausreise verbunden. Auch eingeführte Güter wie Kupfer, Salz, Gefäße, Textilien und Früchte wurden besteuert.

G. wurde in eine Anzahl von Kriegen verwickelt, die den Niedergang und schließlich den Zusammenbruch herbeiführten. Eine Quelle der Rivalität zwischen den Soninke und den Berbern in der Wüste war die Kontrolle über den Handel auf der Transsahararoute. Das Berbervolk der

Sanhaja forderte Zugang zu dieser Route, was die Kontrolle über G. selbst bedeutete. Auch mit den ebenfalls zu den Sanhaja gehörigen ↗ Almoraviden, die für ein Vordringen des Islam kämpften, kam es zu Auseinandersetzungen. Diese relig. Reformbewegung eroberte einen Teil der Wüstengebiete und im Jahre 1076 auch G. Im Innern des Reiches kämpften aufsässige Vasallenstaaten, vor allem Takrur und Kaniaga, für ihre Unabh.

G. existierte noch bis ins 13. Jh., war jedoch klein und schwach geworden. Seinen Nachbarn, besonders den Susu und den Malinke aus dem Reich ↗ Mali, gelangen erfolgreiche Invasionen. Die Handelsroute, von der das Reich abhängig gewesen war, verlagerte sich nach O, erst nach Walata und dann nach Timbuktu. Ca. 1240 gründete Sundjata auf der Asche von G. schließlich das Königreich Mali. ↗ Vorkoloniale politische Systeme, ↗ Westafrika, Völker, Kulturen und Staaten.

🕮 N. Levtzion, Ancient Ghana and Mali, London 1973. – R. Law, The Horse in Westafrican History, Oxford 1980.

Toyin Falola

Glas, eine amorphe, d.h. nichtkristalline Substanz, kommt in der Natur in Form von Obsidian und Tektiten vor. Künstliches Glas wird aus Quarz (SiO_2) und einem Flussmittel (Soda, Pottasche) hergestellt. Kalk, der sich meist schon im verwendeten Quarzsand befindet, verhindert die Auflösung in Wasser. Durch Zugabe von Metalloxiden erreicht man verschiedene Färbungen.

G. wurde zum ersten Mal ca. 2500 v. Chr. im Mittleren Osten gefertigt. In Ägypten erreicht die Glaskunst ihren Höhepunkt in der 18. Dynastie. Röm. und phönizisches G. wird bei Ausgrabungen in Nordafrika gefunden, ind. und chinesische Glasperlen aus vorchristl. Zeit an Grabungsorten in Ostafrika (z.B. in Großsimbawe).

Man unterscheidet Glasherstellung und -bearbeitung. Die handwerkliche Herstellung des Rohstoffes G. blieb weitgehend auf das nördl. Afrika beschränkt. Einzige Ausnahme im subsahar. Afrika sind die Nupe (Nordnigeria); die oralen Traditionen der dortigen Glasmacher (einer endogamen Handwerkergruppe) verweisen auf eine Herkunft des Handwerks aus Ägypten. Die Bearbeitung von importiertem G. ist in ganz Afrika verbreitet. Bis in die jüngere Vergangenheit weitgehend in Form von Fertigprodukten wie ↗ Perlen oder Flaschen eingeführt, wird G. (Flachglas und Hohlglas) heute in vielen Ländern Afrikas industriell hergestellt.

Glasprodukte wurden in Afrika in vielfältiger Weise weiterbearbeitet oder als Rohstoff recycelt. Die Glasperlenhersteller der Nupe bezogen in der Kolonialzeit den Rohstoff G. über ein ausgedehntes Händlernetz. So wurden aus dem ganzen Land Apothekenflaschen (rot), Milchflaschen (blau) und Handelsperlen zum Einschmelzen nach Bida geschafft. In Mauretanien (Kiffa-Perlen) und Ghana (Krobo und Akan) werden Perlen aus Glaspulver gefertigt.

Ulf Vierke

Globalisierung ↗ Außenwirtschaft

Gold ↗ Asante, ↗ Bergbau, ↗ Ghana (Reich), ↗ Karthago, ↗ Mali (Reich), ↗ Monomotapa, ↗ Nubien, ↗ Plastik, ↗ Schmuck, ↗ Südafrika; ↗ Westafrika, Völker, Kulturen und Staaten

Golden Stool, der symbolische Herrschersitz der Asantehene im Reich ↗ Asante (ca. 1670 bis 1896 im heutigen Ghana). Es handelt sich um einen Stuhl, der nach der Überlieferung als Seele und Einheit des Volkes der Asante angesehen wird und vom Himmel herabgekommen sein soll. Die Kernprovinzen des Reiches bzw. ihre Herrscher hatten ebenfalls einen symbolträchtigen »Stuhl«. Bis heute sind mit dem Amt eines Asante-Chief bestimmte Landrechte verbunden, die als *stool rights* bezeichnet werden.

Leonhard Harding

Gondwana ↗ Naturräume

Gospel ↗ afroamerikanische Musik

Gottesdienst. Der G. ist für Christen der Mittelpunkt ihres Glaubenslebens. Weil er für die ersten afrik. Christen das wichtigste Geschehen der Woche war, durften alle seine Elemente ausgiebig Zeit einnehmen: Gemeindegesang, Predigt, Gebete, Abendmahlsfeier wie auch andere Amtshandlungen, insbes. Taufen. Wie die rituellen Praktiken der traditionellen ↗ Religionen (↗ Ritus, Rituale) wurde so auch der christl. G. eine Gemeinschaftserfahrung.

Wichtiger Bestandteil des G. sind die Lieder, die in manchen Ländern Afrikas spontan vierstimmig, gelegentlich polyphon gesungen werden, was dem Miteinander emotionale Impulse verleiht. In größeren Gemeinden tragen Chöre zum G. bei. Das musikalische Niveau ist beachtlich und wird durch Singwettbewerbe auf regionalen und nat. Chorfesten gefördert. In manchen Kirchen, besonders den aus dt. ev. Missionen hervorgegangenen, erfreuen sich Posaunenchöre großer Beliebtheit. Das Liedgut besteht vielfach aus Chorälen, die, von den Missionaren übersetzt, aus den europ. Mutterkirchen übernommen wurden. Die afrik. Christen haben sich diese angeeignet, ohne sie als kulturelle Fremdkörper zu empfinden, dann aber auch durch eigene Liedtexte und Kompositionen ergänzt. Moderne, stark rhythmische Songs, die vielfach einen amerik. und charismatischen Ursprung haben, kommen hinzu (↗ Gesang).

Eine afrik. Eigentümlichkeit des G. bildet die Darbringung der Dankesgaben und Kollekten, die von den Gemeindegliedern singend zum Altar getragen werden, was das Verantwortungsbewusstsein für den kirchl. Selbstunterhalt stärkt. Wird im G. das Abendmahl gefeiert, bildet dies nach dem vorangegangenen Wort- und Gebets-G. den eigentlichen, mit großer Ehrfurcht begangenen Höhepunkt. Auch Amtshandlungen wie Taufe, Konfirmation, Trauung und Bestattung sind Sache der ganzen Gemeinde. Gleichwohl existiert ein bisher nur unbefriedigend gelöstes Problem der Inkulturation des ↗ Christentums und damit auch des G. In vielen Ländern Afrikas führen die Christen, wie sich in Krisenerfahrungen von Krankheit, Leid und Tod zeigt, de facto eine teils geheime, teils offenkundige relig. Doppelexistenz. Zur Erfüllung ihrer von der Kirche nicht befriedigten Bedürfnisse bzw. Verpflichtungen rekurrieren sie auf Praktiken traditioneller Religionen, konsultieren Heiler etc. (↗ Divination, ↗ Fetischismus, ↗ Krankheit und Heilung, ↗ Magie) oder schließen sich einer der zahlreichen Afrik. Unabh. Kirchen (↗ Christentum, ↗ Kirche) an, die für die o.a. Praktiken oft christl. Analogien entwickelt haben. Heilungsrituale sowie prophetische Ansagen unter Berufung auf den bei ihnen gegenwärtigen Heiligen Geist nehmen in ihren mit viel Bewegung, farbigen Uniformen und phantasievollen Symbolen gestalteten Kultfeiern weiten Raum ein. Das damit angesprochene Grundproblem einer Überfremdung der kulturellen afrik. Identität durch ein europ. Christentum kann nur mit Gespür für die Empfindungen und Wertvorstellungen gelöst werden, die durch Jahrtausende alte Kulturen geprägt sind und trotz moderner Zivilisation und der Deportierung ganzer Bevölkerungsgruppen nach Nord- und Südamerika (↗ Sklavenhandel) nicht ausgelöscht werden konnten.

Aufgabe einer Afrikanisierung des G. wäre es demnach, unter Beachtung ausgewählter Elemente der afrik. Kulturen und Religionen neue Formen zu entwickeln, die afrik. Christen in einer ihren Empfindungen entsprechenden Weise Antwort auf die universal gleiche Botschaft von Jesus Christus zu geben vermögen. Die dabei zu stellende Leitfrage lautet: Wie kann der G. eine authentisch afrik. Gestalt annehmen und zugleich authentisch christl., d.h. in ↗ Bibel und kirchl. Tradition verankert bleiben?

🕮 S.E. Serote, Meaningful Christian Worship for Africa. In: H.J. Becken (Hg.), Relevant Theology for Africa, Durban 1973, S. 148–154. – V. Mulago gwa Cikala M. (Hg.), Afrik. Spiritualität und christl. Glaube, Freiburg 1986. – L. Bertsch (Hg.), Der neue Messritus im Zaire. Ein Beispiel kontextueller Liturgie, Freiburg 1993. – W. Kornder, Die Entwicklung der Kirchenmusik in den ehemals dt. Missionsgebieten Tanzanias, Erlangen 1990. – J. Mbiti: Eucharistie, Koinonia und Gemeinschaft in der afrik. Christenheit, in: Zeitschrift für Mission 16 (1990), S. 149–155.

Peter Beyerhaus

Gottheit ↗ Divination, ↗ Maat, ↗ Religionen, traditionelle, ↗ Schöpfungsmythen

Grafik. Auch in der afrik. ↗ Kunst stellen die grafischen Künste neben ↗ Malerei und Bildhauerei (↗ Skulptur, ↗ Plastik) den dritten großen Bereich der bildenden Kunst dar. Als Sammelbegriff bezeichnet G. alle künstlerischen Produkte, denen eine zeichnerische Gestalt zugrunde liegt. Im Gegensatz zur Malerei wird in der G. weitgehend auf eine farbliche Gestaltung verzichtet. Sämtliche Verfahren der G., d.h. die versch. Techniken der Zeichnung und der manuell vervielfältigten künstlerischen Druckverfahren (Druck-G.), sind im Repertoire afrik. Kunst vertreten. Auf dem gesamten Kontinent lassen sich vielfältige Traditionen der G. nachweisen, so in der Kunst des klassischen Ägypten, den ↗ Felsbildern sowie in der islam. Kunst (v.a. Kalligraphie). Lokale Zentren der G. entstanden im 20. Jh. an Hochschulen mit Kunstabteilungen, von denen v.a. die Universitäten von Zaria und Nsukka (Nigeria) sowie von Khartum (Sudan) international Ansehen errungen haben. Daneben haben sich durch Vermittlung von Einzelpersonen lokale Workshops gebildet, in denen grafische Verfahren (v.a. Druck-G.) und Malerei ver-

Abb. 12: Azaria Mbatha, »Bergpredigt«, Linolschnitt, ca. 1962

mittelt werden, z. B. die »Malschule« von Poto-Poto (Brazzaville, Rep. Kongo), das Kunstatelier *Le Hangar* (Kinshasa, Demokrat. Rep. Kongo) und die sog. Oshogbo-Schule (Nigeria). In der südafrik. Kunst hat die Arbeit kirchl. Organisationen zur Herausbildung einer charakterist. Form von v.a. Druck-G. (Linol-, Holzschnitt) geführt, etwa die Schule von Rorke's Drift (Natal), aus der eine Reihe namhafter Künstler hervorgegangen ist (Abb. 12). Gebrauchs-G. findet sich in vielen Alltagsbereichen, v.a. in Werbung, Magazinen, Plakaten sowie Hüllen und Inlets von Tonträgern. In urbanen Zentren ist ein Markt für die grafische Gestaltung von Drucksachen entstanden, z. B. für Hochzeiten oder zur Ehrung Verstorbener. ↗ Kunst, städt., ↗ moderne Kunst.

📖 C. Deliss, Seven Stories About Modern Art in Africa, Paris/New York 1995. – Botschaften aus Südafrika. Kunst u. künstlerische Produktion schwarzer Künstler, Frankfurt/M. 1987.

Ulrich Bauer/Ulf Vierke

Grasland-Sprachen ↗ Bantusprachen

Grenzfrage ↗ Kriege/Bürgerkriege

Griechische Kolonisation, die Ausbreitung griech. Stadtstaaten (*poleis*) in Übersee zwischen dem 8. und 6. Jh. v. Chr. Gegenüber den Mutterstädten (*mētropoleis*) waren die einzelnen Kolonien (*apoikiai*) i.d.R. autonom. Die Auswanderung wurde v. a. von Überbev. und Landnot verursacht; pol. und soziale Konflikte kamen oft hinzu. Die wirtsch. Basis der meisten Kolonien bildete die Landwirtschaft. Der Überseehandel spielte als Wegbereiter der griech. Expansion zwar eine wichtige Rolle, doch gab es unter den Kolonien nur wenige reine Handelsstädte (*emporia*).

In Nordafrika erstreckte sich die griech. K. auf den Raum zwischen dem Machtbereich von ↗ Karthago im W und Ägypten im O, nämlich die Kyrenaika. Deren Hauptort Kyrene (heute Schahat) wurde um 630 v. Chr. von der ägäischen Insel Thera (Santorin) aus besiedelt. Im 6. Jh. kamen weitere Kolonisten aus der Peloponnes und Kreta sowie anderen Inseln hinzu. In der Gründungsphase gab es offenbar kooperative Beziehungen zwischen den Griechen und der autochtonen libyschen Bev. Der Führer der ersten Siedler nahm sogar den lokalen Königstitel Battos als seinen Namen an, und das Königtum dieser Dynastie hielt sich – für eine griech. Kolonie ungewöhnlich – bis ins 5. Jh. Das rasche Wachstum der griech. Bev. führte zu Spannungen und Kriegen mit den Nachbarn: Um 570 siegte Kyrene über den Pharao Apries, 525 musste das Königtum sich der Perserherrschaft unterwerfen, wurde im 5. und 4. Jh. wieder unabh., schloss sich dann Alexander d. Gr. an, wurde 322 Teil des Ptolemäerreiches und seit 74 v. Chr. schließlich röm. Provinz. – Kyrene, ca. 12 km vom Meer entfernt, auf einer fruchtbaren, gut bewässerten Hochfläche (über 600 m hoch) gelegen, prosperierte durch den Export von Getreide und anderen Agrarprodukten, insbes. der Heilpflanze Silphion, dem städt. Emblem auf den Münzen Kyrenes. Der Wohlstand und das Wachstum dieser Polis führte seit dem 6. Jh. v. Chr. zur Gründung von Tochterstädten in der Region, nämlich Barka, Tolmeta, Taucheira, Euhesperides (heute Benghazi) sowie dem Hafen Apollonia (heute Marsa Susa). Seit dem 3. Jh. v. Chr. wird die westl. Kyrenaika dementsprechend als *pentapolis* (»Fünf Städte«) bezeichnet. Weitere griech. Kolonien konnten sich im nordafrik. Raum offenbar nicht etablieren. Ein im späten 6. Jh. vom spartanischen Königssohn Dorieus initiiertes Siedlungsunternehmen im Oasengebiet am Kinyps (östl. des heutigen Tripolis) scheiterte am Widerstand der libyschen Makeer und der Karthager.

Als einziges griech. Emporion auf dem afrik. Kontinent entstand im Nildelta die Stadt Naukratis. Dieser Handelsplatz am westl. Nilarm, ca. 80 km landeinwärts, an dem dann auch Kaufleute aus Samos, Ägina u.a. griech. Poleis beteiligt waren, wurde um 650 v. Chr. vom kleinasiat. Milet aus gegründet. Um 560 wurden die Handelsbedingungen durch den Pharao Amasis festgelegt und Kultplätze für die einzelnen Händlergemeinschaften eingerichtet. Naukratis war in archaischer Zeit der einzige Konzessionshafen, über den die Griechen mit dem staatl. regulierten ägypt. Wirtschaftssystem Handel treiben konnten. Unter den Ptolemäern wurde die Stadt von Alexandria in den Schatten gestellt, aber sie blieb ein Warenumschlagplatz auf der Route nach Memphis und bestand als Polis bis in die Spätantike fort. – Alexandria wurde 331 von Alexander im Verlauf seiner Eroberung Ägyptens am Westende des Nildeltas gegründet. Die Stadt wurde auf einem schmalen Landstreifen zwischen dem Meer und dem Binnensee Mareotis mit einem rechtwinkligen Straßensystem erbaut; die vorgelagerte Insel Pharos mit dem weltberühmten Leuchtturm war durch einen 1.200 m langen Damm mit dem Festland verbunden, so dass zwei Seehäfen entstanden. Ein Kanal erschloss den Binnenhafen am Mareotissee, über den eine Verbindung zum Nil bis zum Roten Meer gegeben war. Die Wirtschaft Alexandrias beruhte folglich primär auf dem Handel (Getreideausfuhr, Transithandel zwischen Mittelmeer und Orient bis nach Indien), hinzu kamen bedeutende Gewerbe wie Papyrusherstellung, Leineweberei, Glas- und Metallverarbeitung.

Alexandria war ursprgl. eine autonome Polis mit Institutionen nach griech. Vorbild. Neben Griechen, die allein das volle Bürgerrecht besaßen, gab es andere ethn. Gruppen mit einer eigenen pol. Verfassung (*politeuma*), zumal eine große jüdische Gemeinde. Die Einwohnerschaft soll 300.000 Freie und damit insges. ca. 1 Mio. Menschen umfasst haben. A. wurde bald zur Residenz- und Hauptstadt des Ptolemäerreiches mit wichtigen Bauwerken: dem Königspalast, der Grabstätte Alexanders und der Ptolemäer sowie Institutionen wie dem Museion und der großen Bibliothek, welche Alexandria zur Hauptmetropole hellenistischer Wissenschaften werden ließen. Die kulturelle und wirtsch. Bedeutung der Stadt blieb auch in der röm. Kaiserzeit erhalten; nach Rom war sie die größte im ganzen Imperium. In der Spätantike wurde sie mit dem Patriarchensitz auch ein Zentrum der östl. Christenheit (↗ Christentum). Nach der arab. Eroberung 642 trat Alexandria seine führende Stellung an Fustat/Kairo ab. ↗ Juden in Afrika.

🕮 J. Boardman, Kolonien und Handel der Griechen, München 1981. – R.G. Goodchild, Kyrene und Apollonia, Zürich 1971. – M.M. Austin, Greece and Egypt in the Archaic Age, Cambridge 1970. – P. M. Fraser, Ptolemaic Alexandria, 2 Bde., Oxford 1972.

Peter Spahn

Griot. Die Griots, Erzähler der Geschichte, haben einen zentralen Platz in den Gesellschaften der Sahelzone eingenommen. Die Bezeichnung G. wird ihnen in den frankophonen Regionen Westafrikas gegeben. Sie waren die Bewahrer der Überlieferung und Vermittler in pol. und sozial hierarchisch aufgebauten Gesellschaften. Deshalb wurden sie »Menschen des Wortes« genannt. Bei vielen Völkern gehörten sie zu einer niedrigen gesellsch. Schicht, die wegen der Heirat innerhalb der Gruppe als Kaste bezeichnet wird. Dadurch wurde ihnen Respekt und Furcht, aber auch Verachtung entgegengebracht. Durch diese Position genossen sie gleichzeitig eine gewisse Freiheit des Wortes. G. haben bei der Errichtung des Reiches ↗ Mali eine entscheidende Rolle gespielt, und ihre Nachfahren verweisen noch heute mit Stolz darauf, dass sie in einer langen Kette der Überlieferung stehen und über einen langen Zeitraum den Mande-Herrschern zu Diensten gewesen sind. Die G. verstehen sich deshalb als Hüter des kollektiven Geschichtsbewusstseins, sie sind gleichsam das »Archiv des Volkes« und bewahren das Wissen der Vergangenheit. Sie erzählen die Geschichte der Herrschenden und der ganzen Gemeinschaft bei bestimmten Festen, in Gesang- und Gedichtform, häufig begleitet von einer Kora, einem Saiteninstrument (↗ Stegharfe). Ihr Vortrag gibt das Geschichtsbewusstsein der herrschenden Schichten wieder, erzählt die großen Taten der Herrscher und rezitiert ihre Genealogie. Durch diese Feier der Vergangenheit prägen sie das Bewusstsein der Menschen. Gleichzeitig üben sie eine diskrete Kritik aus, indem sie die Herrschenden an ihre Pflichten erinnern; und sie dienen als Vermittler zwischen gesellsch. getrennten oder verfeindeten Gruppen und Schichten.

Neben ihnen hat es andere Personen gegeben, die »Traditionalisten«, die als Eingeweihte galten, als jene, die über das ges. Wissen, alle Kenntnisse und alle Geheimnisse ihrer Gesellschaft verfügten. Die G. waren diejenigen, die in der Öffentlichkeit auftraten und Teile der Geschichte und der Kultur vermittelten, im Bemühen, die Stabilität von Gesellschaft und Staat zu stärken. Mit den großen Veränderungen dieser Völker hat sich auch die Funktion der G. gewandelt: Die zentrale gesellsch. Rolle der vorkolonialen Zeit ist unter der Kolonialherrschaft verloren gegangen; heute sind viele von ihnen ↗ Musiker, die gegen Geld bei Hochzeiten oder anderen Feiern auftreten und Preislieder (↗ Preisgesang) singen. Die Aufgabe, das kollektive Geschichtsbewusstsein zu bewahren, haben sie unter den Bedingungen der Schriftlichkeit verloren. Ihren Unterhalt verdienen sie nicht mehr durch ihre gesellsch. Position, sondern durch ihr individuelles Engagement.

Die G. waren zwar Erzähler der Geschichte, aber nicht Historiker im westl. Sinne; ihre Aufgabe bestand nicht primär in der kritischen Aufarbeitung der Vergangenheit, sondern in der Gestaltung der Gegenwart, in dem Beitrag, den sie zur pol. und gesellsch. Stabilität und Kontinuität leisten konnten und mussten. Sie waren damit eher den Herrschenden verpflichtet. ↗ Erzählen/Erzählforschung, ↗ geschichtliche Überlieferung, ↗ Oralliteratur.

🕮 T. A. Hale, Griots and Griottes, Masters of Words and Music, Bloomington 1996. – C. Panzacchi, Der Griot, Rheinfelden 1990. – C. Zobel, Das Gewicht der Rede: kulturelle Reinterpretation, Geschichte und Vermittlung bei den Mande Westafrikas, Frankfurt/M. 1997.

Boubacar Barry/Leonhard Harding

Großsimbabwe ↗ Geschichtsschreibung Zentralafrikas, ↗ Mission, ↗ Monomotapa, ↗ Südafrika, Völker, Kulturen und Staaten

Grüne Revolution ist ein Begriff, der in den frühen 1970er Jahren geprägt wurde, als angesichts der Züchtungserfolge bei wichtigen Kulturpflanzen wie Reis, Mais und Weizen erhebliche Ertragssteigerungen in kurzer Zeit möglich wurden. Die sog. Hochertragssorten wurden zuerst durch die mit Unterstützung der Ford-Stiftung in den 1960er Jahren aufgebauten internat. Agrarforschungszentren (IRRI, *Internat. Rice Research Institute,* auf den Philippinen und CIMMYT, *Centro Internat. de Mejoramiento de Maiz y Trigo,* in Mexiko) entwickelt. Hierbei handelte es sich um Hybridsorten, die unter günstigen Bedingungen, optimaler Düngung und Anwendung von chemischem Pflanzenschutz die Erträge um ein Vielfaches zu steigern in der Lage waren.

Das Potential dieser neuen Sorten weckte große Hoffnungen in der Annahme, dass die allg. Verfügbarkeit der Neuerungen in Verbindung mit Preisanreizen und gezielter Beratung ausreichen würden, um eine weite Verbreitung sicherzustellen. Tatsächlich konnten einige asiat. Länder bemerkenswerte Erfolge erzielen. Es zeigte sich aber auch, dass große regionale Unterschiede in der Verteilung der Wohlfahrtseffekte entstanden. So blieb Afrika, und hier insbes. der Regenfeldbau, weitgehend unberührt. Wo eine Übernahme stattfand, lagen die von den ↗ Bauern erwirtschafteten Erträge und tatsächlichen Einkommenszuwächse wesentlich unter denen, die laut Stationsergebnissen erreichbar sein sollten. Hinzu kamen negative soziale Auswirkungen, die insbes. finanzschwache Kleinbauern und benachteiligte Gruppen betrafen. Folge war ein Auseinanderlaufen der Schere zwischen Arm und Reich. Die Erkenntnis dieser Problematik führte dann zu alternativen ↗ Forschungs- und Entwicklungsansätzen, die alle im bäuerl. Betrieb angebauten Nutzpflanzen und ihre gegenseitigen Wirkungen zum Gegenstand hatten.

Die heutige Forschungsstruktur in Afrika weist den Internat. Agrarforschungszentren die Rolle zu, Schlüsseltechnologien zu entwickeln. Das System der nat. Stationen hat dagegen die Aufgabe, die Neuerungen unter lokalen bzw. regionalen Bedingungen zu erproben bzw. diese den jeweiligen Gegebenheiten anzupassen. Die nat. Stationen waren früher auf die Ertragssteigerung einzelner Verkaufskulturen spezialisiert. Heute bearbeiten sie i.d.R. auch die Nahrungskulturen und erforschen diese innerhalb des gesamten Bodennutzungssystems.

Die in Afrika bestehenden internat. Forschungszentren haben i.d.R. ein regionales Mandat, das die nat. Forschungsstationen einbindet. Die Ziele wandelten sich von vorwiegend produktionssteigernder Technologie- und Methodenentwicklung zu Ressourcenschutz und stärkerem Armuts- und Zielgruppenbezug. Erwartet werden breitere Akzeptanz und nachhaltige Wirkung der Innovationen. Neben der Forschung kommt den Zentren auch die Aufgabe zu, Fort- und Weiterbildungskurse für afrik. Fachkräfte anzubieten.

Die Trockengebiete Nordafrikas werden durch das ICARDA (*Internat. Center for Agricultural Research in the Dry Areas*) in Aleppo (Syrien) abgedeckt. Programme betreffen v.a. Getreide, Gemüse und Leguminosen sowie deren Verzahnung innerhalb standortspezifischer Fruchtfolgesysteme. Hinzu kommt die ↗ Viehhaltung, insbes. Schafe, Futterbau und Weidewirtschaft. Eine Abteilung für Ressourcen-Management beschäftigt sich mit der Erarbeitung nachhaltig tragfähiger Betriebssysteme.

Die Außenstelle des in Indien beheimateten ICRISAT (*Internat. Crops Research Institute for the Semi-Arid Tropics*) in Niamey (Niger) ist zuständig für die semiariden Gebiete Westafrikas mit den Hauptkulturen Sorghum, Perlhirse, versch. Hülsenfrüchten und Erdnüssen. Auch hier ist eine Abteilung für Ressourcenmanagement angegliedert, die sich schwerpunktmäßig der Erarbeitung bodenschonender und langfristig fruchtbarkeitserhaltender Methoden in den bäuerl. Betrieben des semiariden westafrik. Raumes widmet.

Das IITA (*Internat. Institute for Tropical Agriculture*) in Ibadan (Nigeria) kümmert sich vordringlich um die Regionen des afrik. feucht-tropischen Tieflands. Programme betreffen Hülsenfrüchte, Mais, Reis, Knollenfrüchte und Bananen. In komplexeren Ansätzen des Ressourcenmanagements werden diese Kulturen im Zusammenhang der vorherrschenden Bodennutzungssysteme der Mandatsregionen betrachtet. Zur Entwicklung von Alternativen zu den traditionellen Wanderhackbau- und Buschbrachesystemen und dem daraus resultierenden Schutz der Restbestände des tropischen Regenwaldes kommen Programme der biolog. Schädlingsbekämpfung.

Das ILCA (*Internat. Livestock Centre for Africa*) in Addis Abeba (Äthiopien) beschäftigt sich mit dem Komplex der Viehhaltung im subsahar. Afrika, insbes. große und kleine Wiederkäuer. Einen wichtigen Schwerpunkt stellt dabei die Trypanotoleranz (Toleranz gegen die Schlafkrankheit der Rinder, ↗ Tropenkrankheiten) dar. Hier arbeitet das ILCA eng mit dem ILRAD (*Internat. Laboratory for Research on Animal Deseases*) in Nairobi (Kenia) zusammen.

Als einzige Organisation beschäftigt sich die WARDA (*West Africa Rice Development Association*) in Bouaké (Elfenbeinküste) nur mit einer Kulturart, dem Reis. Ziel ist es, den Reisanbau als nachhaltig stabiles Element auf den Talsohlen der feucht-tropischen Länder in Westafrika zu verbreiten und zu verbessern. Hierzu werden Verfahren der ↗ Bewässerungswirtschaft erarbeitet, geeignete Bearbeitungsmethoden erprobt und ertragreichere Sorten verbreitet.

🕮 C. Knobloch, Farming Systems Research an den internat. Agrarforschungszentren. Hamburg 1996.

Eckhard Baum

Gruppe der 77. Eine Interessengruppe von Entwicklungsländern, die gemeinsame Positionen zu wirtsch.- und entwicklungspol. Fragen des Nord-Süd-Konflikts erarbeitet und insbes. im Rahmen des UN-Systems vertritt. Die G. d. 77 wurde 1964 von 77 EL aus Afrika, Asien und Lateinamerika anläßlich der Gründung der UNCTAD (*UN Conference on Trade and Development*) ins Leben gerufen. Mit der 1961 gegr. ↗ Blockfreienbewegung bildete die G. d. 77 in den 1970er Jahren eine »Koalition der Dritten Welt«, die entscheidenden Anteil an den – letztlich gescheiterten – Bestrebungen zur Errichtung einer ↗ Neuen Weltwirtschaftsordnung hatte. Im Unterschied zum globalpol. Selbstverständnis der Blockfreienbewegung konzentrierte sich die G. d. 77 auf Fragen der sozioökonom. Entwicklung. Sie konnte als eine »Gewerkschaft der Armen« (Nyerere) gesehen werden. Mit der Entwicklungs- und Verschuldungskrise vieler Länder der Dritten Welt in den 1980er Jahren verlor die G. d. 77 an Bedeutung. Im Zeichen der Globalisierungsdiskussion der 1990er Jahre erwies sie sich jedoch erneut als geeignetes Forum, um – ungeachtet der größer gewordenen Entwicklungsunterschiede in der Dritten Welt – gemeinsame Positionen in Bezug auf die Gefahren eines schrankenlosen Welthandels sowie die Schuldenlast für die nat. Ökonomien ihrer Mitgliedsländer zu formulieren. Die G. d. 77 hat ihren Sitz in New York. Von anfangs 77 war ihre Mitgliedschaft im Jahr 2000 auf 133 Länder, darunter alle afrik. Länder mit Ausnahme der Westsahara, angewachsen.

🕮 R. A. Mortimer, The Third World Coalition in International Politics, Boulder/London 1984. – M. Williams, Third World Cooperation. The Group of 77 in UNCTAD, London/New York 1991.

Peter Meyns

Guerillakrieg ↗ Rebellenbewegungen

Guinea. **Fläche:** 245.857 km². **Einw.:** 8 Mio. (1999), Flüchtlinge: ca. 400.000 aus Liberia und Sierra Leone (2000). **Bev.-Wachstum:** 2,7% (1990–99). **Stadtbev.:** 32% (1999). **Hauptstadt und Wirtschaftsmetropole:** Conakry (1,1 Mio. Einw. 1996). **Unabh.:** 2. 10. 1958. **Staatsform:** Präsidialrep.; Einkammerparlament; Mehrparteiensystem. **Währung:** Franc Guinéen. **HDI-Rang** 150/162 (2001). Auslandverschuldung: ca. 3 Mrd. US$, **Anteil der Entwicklungshilfe am BSP:** 10% (1998). **BSP/Kopf:** 510 US$, **HIV-infizierte Erwachsene:** 1,5%, **Lebenserwartung:** m 46,6 J., w 47,6 J. (1999). **Alphabetisierung** der Erwachsenen: 35%, **Einschulungsrate:** männl. 49%, weibl. 30% (1995–99). **Amtssprache:** Frz.; **Regional- und Verkehrssprachen:** Susu (↗ Mande), ↗ Fulfulde, Malinke (Manding, ↗ Mande), Kissi (↗ Atlantisch), Toma, Guerzè/Kpelle (↗ Mande) u. a.

I. Naturraum. Die Rep. G. besteht aus vier Großregionen: (1) Niederguinea an der Küste ist ein sumpfiges und regenreiches Gebiet, (2) Mittelguinea oder Futa Djalon im NW ein Hochland, in dem v. a. ↗ Landwirtschaft betrieben wird. Hier entspringen die Flüsse Gambia, Konkouré, Niger und Senegal. (3) Oberguinea oder das Manding-Plateau ist ein Gebirgsland im O mit Trockensavannen, in dem Viehzucht (↗ Viehhaltung) dominiert. (4) Die Waldregion im SO ist eine hochgelegene Gebirgslandschaft mit dem Nimba-Berg als höchster Erhebung (1.854 m). Insges. herrscht wechselfeuchtes ↗ Klima mit einer Trocken- und einer Regenzeit vor. Die mittleren Temperaturen liegen zwischen 18 und 30°. Der natürliche Reichtum an Ressourcen wird noch kaum genutzt, zunehmend und regional unterschiedlich wird er durch Erosion, ↗ Desertifikation, ↗ Entwaldung, Überfischung (↗ Fischerei), Über-Bev. und Bodenverschmutzung (↗ Umweltschutz) bedroht.

II. Bevölkerung und ethnische Gruppierungen. Am dichtesten ist das Küstengebiet um Conakry besiedelt. Die ↗ Fulbe sind mit 40% die größte ethn. Gruppe und leben v. a. in Mittelguinea, die Malinke (30%) in Oberguinea. Die Sousou (11%) stammen aus der Küstenregion. Weitere Gruppen sind die Kissi (6%), Kpelle (5%) und Toma. Die Sousou dominieren gegenwärtig die Politik, Fulbe und Malinke den Handel. Ungeachtet aller Bemühungen um Überwindung tribaler Unterschiede bestimmt die ethn. Zugehörigkeit immer noch das gesellsch. und pol. Verhalten und gefährdet damit den staatl. Zusammenhalt (↗ Ethnizität). Da mehrere der in Guinea lebenden Ethnien auch in den Nachbarländern vertreten sind, besteht die Gefahr, dass sich die ↗ ethnischen Konflikte in Sierra Leone und Liberia auf G. ausweiten. 85% der Bevölkerung sind Muslime (↗ Islam), 8% Christen (↗ Christentum) und 7% Anhänger traditioneller ↗ Religionen. Die seit 1985 durchgeführten Wirtschaftsreformen förderten die ↗ Migration in größere Städte, v. a. nach Conakry (↗ Urbanisierung). In Mittelguinea hatte dies regional einen Frauenüberschuss zur Folge. Die Stellung der Frau war nach der Unabh. aus pol. Gründen bes. gefördert worden. Trotzdem sind ↗ Frauen weiterhin in fast allen Bereichen benachteiligt und durch die Auflösung der traditionellen ↗ Sozialstrukturen noch zusätzlich belastet.

III. Geschichte und Politik. G. gehörte zum Einzugsgebiet versch. sudanischer Großreiche (↗ Westafrika, Völker, Kulturen, Staaten). Der Malinke Samori Ture (1830–1900) leistete hartnäckigen, aber vergeblichen ↗ Widerstand gegen die Etablierung der frz. Kolonialmacht. Die 1947 als Sektion der westafrik. RDA (*Rassemblement Démocratique Africain*) gegr. PDG (*Parti Démocratique de Guinée*) war ab 1957 bestimmende pol. Kraft. Unter dem Einfluss ihres Generalsekretärs Ahmed Sékou Touré stimmte G. 1958 als einzige Kolonie gegen die Mitgliedschaft in der *Communauté Française* und erlangte so die Unabh. Frankreich zog daraufhin alle Beamte kurzfristig ab, was zu erheblichen wirtsch. und entwicklungspol. Problemen führte. So erfolgte eine Hinwendung zum kommunistischen Block, was durch die sozialistische Politik Tourés begünstigt wurde. Unter seiner Herrschaft waren Oppositionelle massiver Unterdrückung und Verletzung der ↗ Menschenrechte ausgesetzt. Ca. 2 Mio. Guineer verließen das Land. Erst Mitte der 1970er Jahre setzte eine erneute Annäherung an den W ein. Nach Tourés Tod am 26. 3. 1984 übernahm das Militär unter Lansana Conté die Macht, der sich nur zögernd zur pol. Öffnung bereit fand. Auch nach Verabschiedung einer neuen Verfassung am 23. 12. 1990, der Schaffung demokrat. Strukturen durch Einführung eines Mehrparteiensystems 1992 sowie der Durchführung von Wahlen (erstmals im März 1993) ist Contés Macht ungebrochen. Die in sich zerstrittene Opposition und die unabh. Presse sind Opfer ständiger Repression. Contés Politik wird entscheidend von der Furcht vor ethn. Rivalitäten und dem Übergreifen der Konflikte in Sierra Leone und Liberia auf G. bestimmt. Aus diesem Grund wurde der Oppositionelle Alpha Condé als Malinke bes. verfolgt, speziell nach der Meuterei vom Feb. 1997. Diese war von unteren Soldatengruppen aus ökonom. Gründen ausgelöst und von höheren Offizieren für einen Putschversuch ausgenutzt worden. Condé wurde von Conté damit in Verbindung gebracht, nach der Präsidentschaftswahl 1998 verhaftet, Ende 2000 zu fünf Jahren Gefängnis verurteilt, im Juni 2001 aber begnadigt.

IV. Wirtschaft und Sozialstruktur. Zu den Bodenschätzen, die nur enklavenförmig abgebaut werden, gehören Bauxit, Eisenerz, Gold und Diamanten. G. verfügt bei Bauxit über 30% aller Weltreserven (↗ Bergbau). Der Abbau von Eisenerzvorkommen im SO (Nimba-Berge) scheiterte bisher an ökolog. Bedenken. Auch konnten sich die Investoren nicht darüber einigen, ob der Abtransport über Conakry oder den liberianischen Hafen Buchanan erfolgen soll. Die Landwirtschaft dient überwiegend der Subsistenzproduktion, ein Austausch innerhalb Guineas wird durch die mangelhafte Infrastruktur behindert. Die außenpol. Isolierung unter Touré hatte zu zentralwirtsch. und wenig entwickelten sozialpol. Strukturen geführt; Conté strebte dagegen eine Liberalisierung und Modernisierung an. Die 1985 begonnenen Wirtschaftsreformen mit der damit einher gehenden ↗ Strukturanpassung brachten leichte Erfolge im Hinblick auf Infrastruktur und Bildungssektor (↗ Bildung), führten aber auch zum Anwachsen des ↗ informellen Sektors. Haupthindernisse für die wirtsch. Entwicklung sind eine anhaltende Abhängigkeit von Veränderungen auf dem Weltmarkt, insbes. bei Bauxit (53% aller Ausfuhren). Weitere Handelsgüter sind Aluminium (18%), Diamanten (12%) und Kaffee (6%). Importiert werden v.a. Nahrungsmittel, Halbwaren, Konsumgüter und Mineralölprodukte. Wichtigste Handelspartner sind Frankreich, die Beneluxstaaten, Irland, Spanien und die CEDEAO.

V. Literatur und Musik. Touré förderte aus innen- und entwicklungspol. Gründen den Aufbau einer nat. Kultur. Gruppen wie das 1952 von Fodeba Keïta gegründete *Ballet africain* fanden auch im Ausland Anerkennung (↗ Tanz). Einzelpersonen sahen sich dagegen oft der Verfolgung ausgesetzt; viele Künstler und Schriftsteller gingen ins Exil, so z.B. Laye Camara (1928–1980), der in Dakar lebte. 1953 erschien sein erster Roman *L'enfant noir* (dt. *Einer aus Kurussa*). Weitere bekannte Schriftsteller sind Djibril Tamsin Niane (*Soundjata ou l'épopée mandingue*, 1960; dt. *Soundjata*), Williams Sassine (1944–1999) und Tierno Monénembo (*Un attiéké pour Elgass*, 1993, dt. *Zahltag in Abidjan*; *Cinéma*, 1997, dt. *Cinema*). Internat. Berühmtheit erlangt hat der Koraspieler und Sänger Mory Kanté. ↗ Frankophone Literaturen, ↗ Musiker, ↗ Popularmusik.

📖 J. Arulpragasam/D.E. Sahn, Economic Transition in Guinea, New York/London 1997. – M. Devey, La Guinée, Paris 1997. – J. Clapp: Adjustment Agriculture in Africa. Farmers, the State and the World Bank in Guinea, Basingstoke 1992.

Regina Wegemund

Guinea-Bissau. Fläche 36.125 km². **Einw.:** 1,2 Mio (1999). **Bev.-wachstum/Jahr:** 2,4%

(1999–2015). **Stadtbev.:** 23% (1999). **Hauptstadt und Wirtschaftszentrum:** Bissau (ca. 300.000 Einw., 1999). **Unabh.:** 24. 9. 1973. **Staatsform**: Präsidialrep.; Mehrparteiensystem. **Währung:** CFA-Franc seit 1996. **HDI-Rang** 156/162 (2001). **Auslandsverschuldung**: 964 Mio. US$, **Anteil der Entwicklungshilfe am BSP** 52% (1998). **BSP/Kopf**: 160 US$., **HIV-infizierte Erwachsene**: 2,5%, **Lebenserwartung**: m 43,1 J., w 45,9 J., **Alphabetisierung** der Erwachsenen: m 58,3%, w 18,3% (1999). **Einschulungsrate**: m 58%, w 32% (1995–99). **Amtssprache:** Portug.; **Verkehrs- und Nationalsprachen:** Kreolisch (↗ Pidgin- und Kreolsprachen), Balanta und Manjaku (↗ Atlantisch), ↗ Fulfulde, Manding (↗ Mande) u. a.

I. Naturraum. Als flaches, vielfach sumpfiges Küstenland weist G.-B. viele vorgelagerte Inseln auf, insbes. die Bissagosinseln. Nördl. des Geba (Bissau, Canchungo-Bula-Bissorã-Mansoa) liegen Hochplateaus, in den übrigen Landesteilen Hügel mit Erhebungen bis 300 m. Das ↗ Klima ist heiß und die Luftfeuchtigkeit hoch. G.-B. gilt als Übergangsgebiet zwischen Sahel im N und tropischem ↗ Regenwald im S (↗ Ökozonen). Durch zunehmende Rodung ist der ↗ Regenwald sehr dezimiert worden.

II. Bevölkerung und ethnische Gruppierungen. In G.-B. leben etwa 20 meist kleine Ethnien mit nur sehr geringen sprachlichen und kulturellen Verwandtschaften. Aus dem Kontakt zwischen Europäern (bes. Portugiesen) und Afrikanern entstand die kleine, jedoch einflussreiche Gruppe der Kreolen, heute auch *Burmedjos* oder Kapverder genannt. Bei allen Unterschieden sind ↗ ethnische Konflikte oder Spannungen selten. Der antikoloniale Befreiungskrieg begünstigte die geogr. und ethn. Mischung der Völker und trug auch zur schnellen Verbreitung des Kreolischen bei, das heute von etwa 80% der Bev. sowie im Parlament und zunehmend in ↗ Fernsehen und ↗ Rundfunk gesprochen, allerdings nur wenig als Schriftsprache benutzt wird. Der Austausch mit den Nachbarländern fördert die Verbreitung des Frz. Neben den traditionellen ↗ Religionen bekennen sich 37% der Guinea-Bissauer zum ↗ Islam und 8% zum ↗ Christentum. Im pol. Bereich bestehen traditionelle Herrschaftsstrukturen (*Régulos*) fort.

III. Geschichte und Politik. Die Portugiesen erreichten 1446 die Küste von G.-B. und trieben u. a. ↗ Sklavenhandel. 1558 kam es zur Gründung der ersten Siedlung Cacheu. Bis 1879 wurde die Kolonie von den Kapverden aus verwaltet. Erst infolge der ↗ Berliner Afrika-Konferenz 1884/85 begann Portugal mit der Besiedlung des Landes und der Grenzsicherung. 1940 erhielt das Land den Status einer portug. Überseeprovinz. 1956 gründeten einige wenige Guineer die Partei und Unabhängigkeitsbewegung PAIGC, die nach dem Massaker von Pindjiguiti (3. 8. 1959) in den Untergrund ging und im Januar 1963 den bewaffneten Kampf gegen die portug. Kolonialherrschaft aufnahm. Am 24. Sept. 1973 erklärte die erste Nationalversammlung im befreiten S einseitig die Unabh., die nach der Nelkenrevolution von Portugal am 10. 9. 1974 anerkannt wurde. Der antikoloniale Kampf und die nat. Souveränität trugen wesentlich zu der Herausbildung eines nat. Bewusstseins und dem Abbau des ethn. Partikularismus bei. Trotz der pol. Liberalisierung der 1990er Jahre und selbst nach den demokrat. Wahlen von Nov. 1994 etablierte sich ein klientelistisches (↗ Neopatrimonialismus), von ↗ Korruption geprägtes Regime, das nach einer Militärrevolte im Mai 1999 zusammenbrach. Nach João Bernardo Vieira (»Nino«, Präsident von 1980 bis 1999) ist Koumba Yala seit Feb. 2000 Staatsoberhaupt.

IV. Wirtschaft und Sozialstruktur. Seit der Kolonialzeit besteht ein deutlicher Gegensatz zwischen exportorientierter und Binnenwirtschaft. Seither haben sich die Diskrepanzen zwischen ↗ Stadt und Land sowie zwischen der kleinen städt. Ober- und Mittelschicht und der auf Subsistenzniveau und in Armut lebenden Bev. vergrößert. Zentrale Planwirtschaft sozialistischer Orientierung, Korruption und Misswirtschaft ließen die Versuche der ↗ Industrialisierung scheitern und ruinierten die ↗ Landwirtschaft. Seit 1986 liberalisiert G.-B. die Wirtschaft und führt Maßnahmen zur ↗ Strukturanpassung durch. Geringen Erfolgen im makroökonom. Bereich stehen wachsende Verschuldung, mangelnde private Investitionen und ein nur schwaches Wirtschaftswachstum gegenüber. Die Infrastruktur (Wasser, Elektrizität, Telefon, Schulen, ↗ Gesundheitsversorgung) ist sehr unzureichend. Die Landwirtschaft, Lebensgrundlage für ca. 80% der Bev., hat einen Anteil von 54% am BIP. Die kleinbäuerliche Landwirtschaft wird durch zunehmende Landkonzessionen an Angehörige der städt. Elite sowie durch billige Importe, z. B. von Reis aus Südostasien, bedroht. Neben Cashew- und Holzexporten sind ↗ Fischereikonzessionen eine wichtige Devisenquelle. Das Land hat nur geringe Rohstoffvorkommen: Es bestehen Pläne zum Abbau von Bauxit in der Region Boé; das Off-shore-Erdölvorkommen an der Grenze zu Senegal ist zwischen den beiden Ländern umstritten.

V. Musik, Literatur und Film stehen im Spannungsfeld zwischen den Wurzeln einheimischer Kultur und dem europ., bes. dem portug. Einfluss. Begründer der ↗ Popularmusik in G.-B. und bis heute in aller Munde sind José Carlos Schwarz (1949–1977) und seine Gruppe *Cobiana Djazz*. Über die Grenzen des Landes hinaus bekannt sind Sidónio Paes, Tino Trimó, Zé Manel, Manuel Leal Costa (»Manecas«), Maio Coopé und die Gruppen *Mama Djombo* und *Tabanka Djazz*. Während in der ↗ Musik die kreolische Sprache vorherrscht, ist die Lit. v.a. in Portug. (↗ lusophone Literatur.) Außer einigen Gedichtbänden setzen sich die drei Romane von Abdulai Sila und ein Roman von Filinto de Barros mit dem kolonialen Erbe und den Irrwegen des unabh. Staates auseinander. Internat. Anerkennung haben die Filme von Flora Gomes und Sana Na N'Hada gefunden (↗ Kino).

📖 U. Schiefer, Guinée-Bissau zwischen Weltwirtschaft und Subsistenz, Bonn 1986. – R.E. Galli/J. Jones, Guinea-Bissau. Politics, Economics and Society, London 1987. – M.P. Augel, A nova literatura da Guiné-Bissau, Bissau 1998. – R.A. Lobban/P.K. Mendy, Historical Dictionary of the Republic of Guinea-Bissau, 3. Aufl., Lanham, Md. 1997.

Johannes Augel

Gur, Sprachfamilie innerhalb des ↗ Niger-Kongo mit über 90 Sprachen. Die Gursprachen werden in Westafrika hauptsächlich in Burkina Faso und den angrenzenden Ländern Mali, Elfenbeinküste, Ghana, Togo und Benin gesprochen. Der Begriff G. wurde im 19. Jh. vom dt. Afrikanisten G.A. Krause eingeführt und beruht darauf, dass einige Sprachnamen die Lautfolge G-u-r enthalten (z.B. Gurmancema, Gurenne). Insbes. im frz. Sprachraum wird die geogr. Bez. *langues voltaïques* bevorzugt. Untersuchungen zur Sprachgeschichte deuten darauf hin, dass die Gursprachen im Gebiet des heutigen Nigeria entstanden und sich nach W ausbreiteten. – Die größte Gursprache ist das Moore (Burkina Faso) mit fast 5 Mio. Sprechern. Es wird zudem von etwa 2 Mio. Menschen als Zweit- oder Drittsprache gesprochen (↗ Verkehrssprachen). Nur wenige andere Gursprachen haben über 500.000 Sprecher: Gurmancema, Dagaare, Dagbane, Frafra, Kusaal, Kabiye, Ceebaara. Für viele liegt die Sprecherzahl unter 10.000 (z.B. Cefo, Burkina Faso: 3.500; Chala, Ghana: 2.000; Nootre, Benin: unter 2.000). Einige dieser Sprachen sind vom ↗ Sprachtod bedroht. – Klassifikatorisch wird das G. heute in Zentral-G. und Senufosprachen unterteilt, hinzu kommen einige nicht genauer klassifizierbare Sprachen. Senufosprachen werden v.a. in der Elfenbeinküste, in Mali und im südl. Burkina Faso gesprochen; Vertreter sind u.a. Ceebaara (Elfenbeinküste), Suppire (Elfenbeinküste, Mali, Burkina Faso), Minianka (Mali u. Burkina Faso) und Karaboro (Burkina Faso). Das Zentral-G. spaltet sich in einen Nord- und einen Südzweig. Zum nördl. Zentral-G. gehören Bwamu (Burkina Faso u. Mali), Koromfe (Burkina Faso) sowie die Oti-Volta-Sprachen u.a. mit Moore (Burkina Faso, Togo, Mali), Buli, Frafra (oder Gurenne), Mampruli, Kusaal, Dagbani und Konkomba (alle Ghana), Dagara oder Dagaari (Burkina Faso u. Ghana), Gurmancema (Burkina Faso u. Togo). Den Südzweig bilden Gurunsisprachen wie Kabiye, Tem (Togo), Kasem, Sisaala (Ghana u. Burkina Faso), Lyele, Nuni (Burkina Faso) sowie u.a. Bargu (Benin), Kirma, Dogose (Burkina Faso) und Lobi (Burkina Faso u. Elfenbeinküste). Im Gegensatz zu früheren Klassifikationen wird das Dogon (Mali) heute nicht mehr zum G. gerechnet. – Die Gursprachen sind mit Ausnahme des Koromfe ↗ Tonsprachen mit zwei, drei oder vier Tonebenen; der Ton kann sowohl lexikalische als auch grammatische Funktion haben. Ein weiteres sprachliches Merkmal des G. ist das Nominalklassensystem (↗ Nominalklassensprache), über das ein Großteil der Sprachen verfügt. Die Nominalklassen werden in den meisten Sprachen durch Suffixe (Moore: *moo-re* = Sprachbez., *moa-ga/moo-se* = Angehöriger der Ethnie, Sing./Pl.), seltener durch Präfixe (Khe: *su-khe* = Sprachbez., *u-khe/wa-khe* = Angehöriger der Ethnie, Sing./Pl.) verdeutlicht. Teilweise (z.B. im Gurmancema) ist eine beidseitige Affigierung belegt, die Definitheit ausdrückt. Einige Verbsysteme zeigen Ableitungen zur Bildung von Kausativ-, Intensiv- oder Benefaktivformen; auch die Unterscheidung zwischen perfektivem und imperfektivem Aspekt wird am Verbstamm markiert. Tempuskennzeichnungen stehen vor dem Verb. Die Satzstellung ist in den Sprachen des Zentral-G. i.d.R. Subjekt-Prädikat-Objekt, im Senufo und in einigen nicht klassifizierten Sprachen finden wir dagegen eine Voranstellung des Objekts vor das Prädikat. In Genitivkonstruktionen steht immer das *nomen rectum* vor dem *nomen regens*.

📖 G. Manessy, Matériaux linguistiques pour servir à l'histoire des populations du sud-ouest de la Haute-Volta. In: Sprache und Geschichte in Afrika 4 (1982), S. 95–164. – T. Naden, Gur. In: J. Bendor-Samuel (Hg.),

The Niger-Congo Languages, Lanham/New York/London 1989.

Kerstin Winkelmann

Gurma (Sprache) ↗ Gur

Gynägamie, eine Form der ↗ Ehe zwischen zwei Frauen, die bei einigen afrik. Gesellschaften mit patrilinearer Abstammungsrechnung wie den Igbo (Nigeria), Nuer (Sudan), Nandi (Kenia) oder Zulu (Südafrika) existiert. Dabei heiratet eine kinderlose Frau, die alle rechtlichen Positionen eines Ehemannes einnimmt, eine andere Frau, welche für sie Kinder gebiert. Der biolog. Vater hat keinerlei Rechte auf diese Kinder. Der »Ehemann« ist der soziale und legale Vater und kann Besitz in Form von Vieh an die Kinder vererben.

🕮 E. Tietmeyer, Frauen heiraten Frauen. Eine vergl. Studie zur Gynägamie in Afrika, Hohenschäftlarn 1985. – Dies., Gynägamie im Wandel: die Agikuyu zwischen Tradition und Anpassung, Münster 1991.

Katja Werthmann

Hadjdj. Die Wallfahrt nach Mekka – auch *hajj* oder, wie gesprochen, *hadsch* geschrieben – gehört zu den fünf »Pfeilern« des ↗ Islam und ist für alle Muslime verpflichtend, die gesundheitlich und finanziell dazu in der Lage sind. Der H. umfasst eine Reihe von Riten, die im Kern auf die »Abschiedswallfahrt« Mohammeds im Jahre 632 n. Chr. zurückgehen. Viele davon sind nichtislam. Ursprungs, werden aber zu einem Großteil Ibrahim (Abraham) zugeschrieben. Mit Betreten des Heiligen Gebietes um Mekka muss der Pilger zunächst einen Status der Reinheit annehmen, indem er sich u.a. mit dem Pilgergewand – zwei nahtlosen Tuchbahnen – bekleidet. Nach dem siebenmaligen Umschreiten der *Ka'ba*, des würfelförmigen Heiligtums in der Großen Moschee, läuft er ebenfalls siebenmal zwischen den Hügeln Marwa und Safa. Der zweite Teils des H. umfasst den Besuch mehrerer heiliger Stätten außerhalb Mekkas, je begleitet von exakt vorgeschriebenen Zeremonien. Im Gedenken an Abrahams Opfer wird am sog. »Großen Fest« ein Tier geopfert, und die Pilgerfahrt endet nach einem nochmaligen Besuch der *Ka'ba*. – Mehr als 2 Mio. Menschen nehmen jährlich am H. teil. Als Demonstration weltweiter Solidarität und Einheit aller Muslime hat er besondere symbolische Bedeutung. Eine Person, die am H. teilgenommen hat, kann ihrem Namen den Titel eines *Hadjdji* voranstellen. In ihrer Gemeinschaft zu Hause, deren finanzieller Unterstützung sie oftmals die Teilnahme an der Pilgerfahrt verdankt, genießt sie besonderes Ansehen. In einigen Staaten wird der H. staatl. subventioniert. Dies hat z.T. erregte Debatten ausgelöst und bspw. in Nigeria dazu geführt, dass die Regierung auch für christl. Wallfahrten nach Rom oder Jerusalem Fördergelder bereitstellt. ↗ Tourismus.

🕮 F.E. Peters, The Hajj: the Muslim Pilgrimage to Mecca and the Holy Places, Princeton 1994. – M. Wolfe, The Hadj: a Pilgrimage to Mecca, London 1994.

Klaus Hock

Hafsiden, große berberische Dynastie des nördl. ↗ Maghreb, deren Ahnherr Abu Hafs Umar als Genosse des Mahdi Ibn Tumart (gest. 1130) einer der Baumeister des ↗ Almohadenreichs war. Bei dessen Zerfall machte sich die Statthalterdynastie der H. mit dem Anspruch der Wahrung almohadischer Traditionen selbständig und dehnte ihren Einfluss auf Tlemsen und Nordmarokko aus. Ihr Herrschaftszentrum war Tunis. Von 1229 bis 1574 gestalteten die H., die seit 1270 meist den Titel von Kalifen führten, die Geschicke Nordafrikas, häufig in Konkurrenz zu den ↗ Meriniden und Abdalwadiden. Neben ernsten Krisen (u.a. 1348–50 und 1352–58 durch Okkupationen der Meriniden) erlebte das Hafsidenreich Perioden hoher pol., wirtsch. und kultureller Blüte, zu der die engen Handelsbeziehungen mit Aragon, der Provence und Italien und die Niederlassung bedeutender islam. Gelehrter aus al-Andalus (wie Ibn Khaldûn, Ibn Abbar u.a.) beitrugen.

Hans-Rudolf Singer

Hamitensprachen, von dem frz. Philosophen und Sprachforscher Ernest Renan (1823–1893) vorgeschlagener, seit Mitte des 19. Jh. gebrauchter Terminus, der den Namen Hams, des dunkelhäutigen Sohnes Noahs, in 1. Mose 10 aufgriff und (als Gegenstück zu den ↗ semitischen und japhetischen) auf schwarzafrik. Sprachen anwandte. So bezeichnete Joh. Ludwig Krapf (1810–1881) die ↗ Bantusprachen als hamitisch, nilohamitisch oder orphnohamitisch. Gegen Ende des 19. Jh. wurde die Bez. H. dann als Oberbegriff für alle nichtsemitischen Genussprachen Afrikas (↗ Nominalklassensprache) verstanden, um damit den afrik. Zweig dieser als verwandt angesehenen Sprachen enger zu fassen. Dabei war es weniger die Tatsache genetischer Beziehungen als vielmehr die Konzeption eines geschlossenen Sprachbereichs, die die Abgrenzung der H. gegenüber den semitischen wie auch gegenüber den Bantu- und ↗ Sudansprachen begründete. – Als auffälligstes Charakteristikum der H. wurde neben der Flexion das grammatische Geschlecht angesehen, dem eine sprachklassifizierende Funktion zukam. So postulierte Carl Richard Lepsius (1810–1884) einen hamitischen Sprachzweig, der das ↗ Ägyptische, ↗ Berberische und ↗ Kuschitische ebenso umfasste wie ↗ Hausa und das »Hottentottische« (↗ Khoisan). Carl Meinhofs (1857–1944) H. basierten auf dem Vergleich von 20 Merkmalen in den Sprachen Hausa, Schilh, Bedauye, Somali, Maasai (↗ Nilotisch), Nama und ↗ Fulfulde, wobei letztere eine Sonderstellung erlangte; denn Meinhof sah das Fulfulde als eine H., wie sie in ihrer Entwicklungsstufe zuerst in Afrika auftrat. Aus einer dem Fulfulde ähnlichen Sprache sei dann in Verschmelzung mit dem »Sudansprachgut« das Bantu als ↗ Mischsprache aus »hamitischem Vater und nigritischer Mutter« hervorgegangen. Insbes. in der älteren ↗ Afrikanistik wurden Bez. wie Nilo(to)hamitisch, Hamitonilotisch, Semitohamitisch, Hamitosemitisch und Tschadohamitisch verwendet, die für die jeweiligen Untergruppen dieser Sprachen die vermuteten hamitischen Beziehungen zum Ausdruck bringen sollten. – Schon früh verband sich mit dem Begriff H. die Vorstellung einer von Asien nach Afrika eingewanderten kaukasischen Hirtenbevölkerung mit hoch entwickelter Kultur (↗ Kulturkreise), deren geistige Überlegenheit über die autochthonen Völker Afrikas u. a. auch in ihren flektierenden Sprachen zum Ausdruck komme. Die Verbindung von sprachlichen und rassischen Kriterien sowie die zur Klassifikation angeführten typologischen Merkmale machen die Verwendung des Begriffs H. in der heutigen Afrikanistik obsolet. ↗ Ethnologie.

📖 O. Köhler, Geschichte und Probleme der Gliederung der Sprachen Afrikas. In: H. Baumann (Hg.), Die Völker Afrikas und ihre traditionellen Kulturen, Teil I: Allg. Teil und südl. Afrika, Wiesbaden 1975, S. 135–373. – R. Lepsius, Nubische Grammatik, mit einer Einleitung über die Völker und Sprachen Afrika's, Berlin 1880. – C. Meinhof, Die Sprachen der Hamiten, Hamburg 1912.

Rudolf Leger

Hamitentheorie ↗ Ethnologie, ↗ Kulturkreise, ↗ Hamitensprachen

Hamitosemitisch ↗ Afroasiatisch

Hanafiten, Hanbaliten ↗ islamische Rechtsschulen

Handels- und Marktsysteme sind alle staatl. Institutionen und agrarpol. Instrumente, mit denen Handel und Vermarktung insbes. von Agrarprodukten beeinflusst und gelenkt werden sollen. Damit werden versch. wirtschafts-, agrar- und ernährungspol. Ziele verfolgt, u. a. die Stabilisierung von Preisen und Erlösen auf heimischen Agrarmärkten. Ohne staatl. preisstabilisierende Maßnahmen gelten diese Märkte, die vergleichsweise starken witterungsbedingten Angebotsschwankungen unterliegen, als instabil. In EL (Entwicklungsländern) kann sich die Nachfrage nach Agrarprodukten auch durch Einkommensschwankungen ändern. Ein zweites Ziel der H.- u. M. ist die Beeinflussung des durchschnittl. Preisniveaus. Je nachdem, ob die Ausgaben der Verbraucher (bei Nahrungsmitteln), die Erlöse der Produzenten oder des Staates (bei Exportgütern) im Vordergrund stehen, kann eine Verminderung oder Erhöhung der Agrarpreise gegenüber dem Weltmarktniveau angestrebt werden.

In EL allg. und in Afrika insbes. sind drei wichtige Elemente von H.- u. M. zu unterscheiden: (1) Lagerhaltungspolitik (*Buffer Stocks*), (2) staatl. Vermarktung (*Marketing Boards*) und (3) Exportsteuern oder direkte mengenmäßige Handelsbeschränkungen. – (1) Die Lagerhaltungs- oder *Buffer-Stock*-Politiken zielen auf die Preisstabilisierung nat. Agrarmärkte. Sie dienen insbes. der Regulierung auf Nahrungsmittelmärkten und werden oft durch staatl. oder halbstaatl. Vermarktungseinrichtungen durchgeführt. Lager werden bei niedrigen Preisen auf- und bei hohen Preisen abgebaut, um Preisinstabilitäten zu vermindern. (2) *Marketing Boards* für Agrarexportgüter sind staatl. oder halbstaatl. Vermarktungseinrichtungen, die oft das Vermarktungsmonopol v. a. bei tropischen Produkten wie Kaffee, Kakao und Tee besitzen. Mit der Politik der Export-*Marketing-Boards* ist oft eine Besteuerung dieser Agrarexportgüter verbunden. Im Gegensatz zur ersten Kategorie der H.- u. M. sind Export-*Marketing-Boards* meist nicht in längerfristiger Lagerhaltung engagiert, da sie nicht auf Nahrungsmittel ausgerichtet sind und keine direkten Ernährungssicherungsziele verfolgen. Export-*Marketing-Boards*, im frankophonen Afrika als *Caisses de Stabilisation* bezeichnet, sind in Afrika mehr als in anderen Kontinenten verbreitet. (3) Exportsteuern oder direkte mengenmäßige Handelsbeschränkungen sind außenhandelspol. Instrumente, die nicht notwendigerweise die Errichtung einer Vermarktungseinrichtung erfordern. Sehr verbreitet sind Exportzölle oder Exportsteuern, mit denen bei agrarischen und nichtagrarischen Ausfuhrgütern Staatseinnahmen erwirtschaftet werden. Wie Importbeschränkungen bei Nahrungsmitteln finden mengenmäßige Exportbeschränkungen Anwendung, wenn in einzelnen Ländern Devisenknappheit herrscht. Ein auf Stabilisierung der Produzentenpreise und -erlöse ausgerichtetes System bei Exportgütern ist die Einrichtung eines Ausgleichsfonds (*Buffer Fund Stabilization*). Dort wird bei hohem Weltmarktpreis ein Zoll erhoben, und die Einnahmen fließen in diesen Fonds, um den Produzentenpreis in Zeiten niedriger Weltmarktpreise stabilisieren zu können. In Afrika hatte z. B. die Elfenbeinküste Ausgleichsfonds auf den Märkten für Kaffee, Kakao und Baumwolle eingesetzt.

Welche Wirkungen gingen von den Aktivitäten dieser H.- u. M. in der Vergangenheit aus? Neuere Langzeitstudien zu Export-*Marketing-Boards*, die in zahlreichen Ländern durchgeführt wurden, belegen, dass überwiegend ein preisstabilisierender, aber auch ein – schwächerer – erlösstabilisierender Effekt erreicht wurde. Die Stabilisierungseffekte waren i.d.R. bei Getreide wesentlich stärker als bei tropischen Getränken (Kaffee, Kakao, Tee) und Faserpflanzen. Von diesen preisstabilisierenden Effekten ist der Niveaueffekt der Vermarktungspolitik im Hinblick auf Preise und Erlöse zu unterscheiden. Dazu ist auf der Grundlage vieler EL und über einen längeren Zeitraum festzustellen, dass in den 1970er und 1980er Jahren ebenfalls eine sehr unterschiedliche Politik bei Getreide als typischem Nahrungsimportgut und bei tropischen Getränken als den traditionellen Exportgütern der EL vorlag. Die Ausfuhrprodukte wurden eindeutig und in hohem Maße über die beschriebenen Vermarktungspolitiken besteuert. Bei Nahrungsgütern wie Weizen und Reis lag eine wesentlich vorteilhaftere Preispolitik vor. Einzelne Länder schützten ihre Erzeuger mit Produzentenpreisen, die über den Weltmarktpreisen lagen. Andere Länder besteuerten ihre Erzeuger, doch lag das Ausmaß dieser Besteuerung in den meisten Fällen unter dem entsprechenden Niveau der Agrarexportgüter.

Insges. werden über die H.- u. M. speziell in Afrika Agrarexportgüter gegenüber Agrarimportgütern diskrimiert. Die Preisinstabilität im Exportsektor wird durch die H.- u. M. in geringem Umfang vermindert und das Niveau der Erzeugerpreise im Vergleich zu den jeweiligen Weltmarktpreisen deutlich stärker reduziert. Begründet ist dieser Unterschied im Protektionsniveau durch Ziele der Selbstversorgung, die bei den Nahrungsgütern eine große Rolle spielen. Demgegenüber dienen Agrarexportgüter seit Jahrzehnten und immer noch als Quelle für die Beschaffung von Staatseinnahmen über Exportsteuern. Die Benachteiligung des Agrarsektors in EL und dabei insbes. des Agrarexportsektors über die H.- u. M. führt zu einem Verzicht an Deviseneinnahmen und einem Wohlstandsverlust in den betreffenden Ländern.

Neben den genannten H.- u. M., mit denen der Staat in EL direkt in den Markt eingreift, sind indirekte Einflüsse des Staates z. B. auf lokalen Märkten vorhanden. Die private Vermarktung von Gütern auf lokalen Märkten und auf statistisch oft nicht erfassten parallelen Märkten ist ein wichtiger Bestandteil der Versorgungssicherung der Bev. Durch Bereitstellung von Infrastruktur, z. B. von Marktplätzen oder durch Kredite an Kleingewerbetreibende, kann der Staat diese Vermarktungseinrichtungen fördern und zu Beschäftigung und Ernährungssicherheit der Bev. beitragen. ↗ Agrarpolitik, ↗ Ernährung.

🕮 O. Knudsen/J. Nash, Domestic Price Stabilization Schemes in Developing Countries. In: Economic Development and Cultural Change 38 (1990), S. 539–558. – A.O. Krueger/M. Schiff/A. Valdés, The Political Economy of Agricultural Pricing Policy, Bd. 3: Africa and the Mediterranean, Washington 1991. – M. Wiebelt u. a., Discrimination Against Agriculture in Developing Countries? Tübingen 1993.

Roland Herrmann

Handelssprache ↗ Verkehrssprache

Harfe, ↗ Musikinstrument aus der Familie der Chordophone (Saiteninstrumente), das sich in Afrika v. a. nördl. des Äquators findet. Hist. Quellen zufolge liegt ihr afrik. Ursprung in Altägypten, von wo aus sie sich weiter verbreitete. Bei H. steht, anders als bei ↗ Lauten, die Saitenebene senkrecht zum Resonanzkörper. Der Hals als Saitenträger sowie der Resonator als Klangverstärker sind voneinander getrennt; bei dem als *spoon in cup* (»Löffel in der Tasse«) bezeichneten Typus ruht der Hals z. B. in der Resonatorschale und wird nur von der darüber gespannten Membran gehalten. H. dienen meist der Beglei-

Abb. 13: Konstruktionsmerkmale einer Harfe vom Typus »spoon in cup« am Beispiel einer *ennanga* aus Uganda

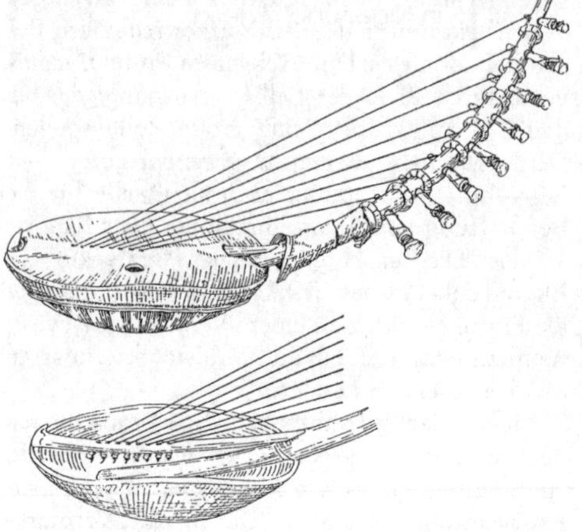

tung des Gesangs, z. B. beim ↗ Preisgesang oder der ↗ Hofmusik.

🕮 U. Wegner, Afrik. Saiteninstrumente, Berlin 1984.

Raimund Vogels

Harfenlaute ↗ Stegharfe

Harmattan ↗ Klima

Häuptling ↗ traditioneller politischer Herrscher

Haus/Hausbau, ein Bauwerk, bei dem im Unterschied zur »Hütte« Wände und Dach getrennte Konstruktionseinheiten sind. Neben der vorrangigen Funktion als Wohn-H. finden solche Gebäude auch Verwendung als Kult-H., Vorrats-H. oder als Stall. H. kann im übergeordneten Sinne auch die Bewohner eines Hauses (in Afrika die ↗ Familie) als Hausgemeinschaft bezeichnen. Mitunter (z. B. in der Sudanzone) wird das gesamte, von einer erweiterten Familie bewohnte, bäuerliche Gehöft als H. im Sinne von Haushalt/Wirtschaftsgemeinschaft bezeichnet. ↗ Architektur.

Annemarie Fiedermutz-Laun

Hausa, größte westafrik. und neben dem ↗ Swahili am weitesten verbreitete indigene Sprache Afrikas. Muttersprachlich wird H. in Nordnigeria und dem S der Rep. Niger gesprochen. Darüber hinaus ist es ↗ Verkehrssprache in Teilen West- und Zentralafrikas, insbes. im Sudan, in Ghana und in Kamerun. Auch im *Middle Belt* Nigerias ist H. Zweitsprache. Die Zahl aller Hausasprecher dürfte über 50 Mio. betragen; genauere Daten liegen nicht vor. – Das H. hat im Lauf der Forschungsgeschichte wechselnde Zuordnungen erfahren, die es u. a. als ↗ Sudan- oder ↗ Hamitensprache klassifizierten. Heute gilt es als ↗ tschadische Sprache und gehört damit zum ↗ afroasiat. Sprachstamm. Je nach Zählung hat das H. bis zu 16 regionale Varianten (↗ Dialekte), von denen Bausanci, Dauranci, Guddiranci, Haɗejanci, Kabbanci, Kananci, Katsinanci, Sakkwatanci, Zamfaranci und Zazzaganci in Nigeria beheimatet sind, während Aderanci, Damagaranci, Arewanci, Tibiranci/Gobiranci, Kurhwayanci und der Dialekt von Maraɗi in Niger gesprochen werden. Der Dialekt von Kano, das Kananci, liefert die Grundlage für das Standard-H. Alle H.-Dialekte sind gegenseitig verständlich. – H. ist eine Genussprache (↗ Nominalklassensprache) und unterscheidet maskulines und feminines Geschlecht im nominalen und pronominalen Komplex. Im Bereich des Verbs verfügt es über sieben ausschließlich aktive Konjugationsparadigmata (relativer und absoluter Progressiv, relatives und absolutes Perfekt, Habitual, zwei Futurformen, Subjunktiv-Neutral) mit jeweils neun Personen, wobei in der 2. und 3. Person Sing. zwischen Mask. und Fem. differenziert wird. H. ist eine ↗ Tonsprache mit zwei Ebenentönen (hoch und tief) und einem Konturton (fallend), die zur Bedeutungsdifferenzierung auf morphologischer und lexikalischer Ebene dienen. Auf phonologischer Ebene werden die fünf Kardinalvokale (jeweils kurz und lang) und je nach Dialekt bis zu 44 konsonantische Phoneme unterschieden, unter denen die implosiven Verschlusslaute ɓ und ɗ und die Ejektiven ƙ, *ts* und ʼy auffällig sind. Im Wortschatz des H. können eine Reihe von früheren und rezenten Einflüssen festgestellt werden. Ein großer Anteil arab. Lehnwörter zeugt von alten Kontakten, die z. T. auf Handelsaktivitäten, z. T. auf relig. Beeinflussung zurückzuführen sind. Eine weitere, jüngere Lehnwortschicht geht auf koloniale Einflüsse zurück, was dazu geführt hat, dass in der ehem. engl. Kolonie Nigeria anglophones und in der ehem. frz. Kolonie Niger frankophones Wortgut in die Sprache aufgenommen wurde. – Im H. liegen seit dem 13. Jh. erste schriftliche Quellen in *Ajami*, einer angepassten Orthographie auf Grundlage der arab. Schrift, vor. Mit Beginn der Kolonialisierung durch die Europäer

Karte 10: Verbreitung des Hausa

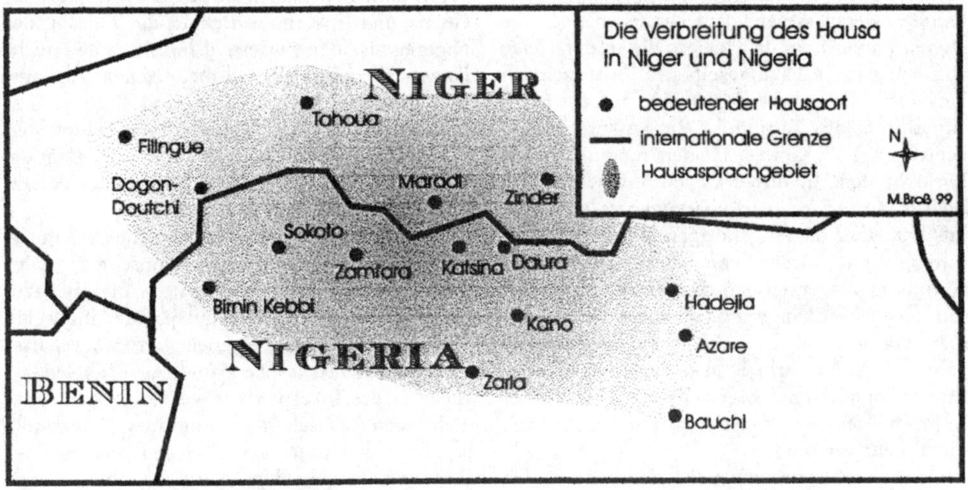

wurde diese Schrift außerhalb relig. Kontexte durch eine Schreibung mit lat. Buchstaben (*boko*) abgelöst, die zu den heutigen Orthographien Nigerias und Nigers, wie sie auf Konferenzen in Mali (Bamako 1966) und Niger (Niamey 1980) beschlossen wurden, führte. Implosive und Ejektive sollen in beiden Orthographien gekennzeichnet werden, in Niger darüber hinaus auch die Vokallänge. Der Ton hingegen wird nur bei wiss. Schreibung markiert. – H. verfügt über eine reichhaltige Lit. Es gibt zahlreiche belletristische und wiss. Veröffentlichungen. ↗ Literaturen in afrik. Sprachen: Westafrika.

🕮 H. E. Wolff, Referenzgrammatik des Hausa, Münster 1993. – G. P. Bargery, A Hausa-English Dictionary and English-Hausa Vocabulary, London 1934. – P. Newman, Hausa and the Chadic Language Family – A Bibliography, Köln 1996. – P. Newman, The Hausa Language. An encyclopedic reference grammar, New Haven/London 2000.

Michael Broß

Haushaltsgegenstände, Geräte zur Bewältigung der Hausarbeit sowie Behältnisse mit unterschiedlichen Funktionen und Inhalten. H. sind in Afrika teilweise noch aus natürlichen Materialien, z. B. Holz, Ton (↗ Töpferei), Kalebassen, Kokosschalen, Pflanzenfasern, Tierhäute, und werden in eigener oder lokaler Herstellung von Töpferinnen, ↗ Schmieden, Korbflechtern etc. gefertigt. Überwiegend haben heute aber industriell gefertigte H. sowohl aus einheimischer Produktion als auch importierte Artikel aus Emaille, Glas, Kupfer, Aluminium und Plastik die althergebrachten Gegenstände verdrängt und ersetzt. Obwohl der Gebrauchswert überwiegt, sind H. oft auch dekoriert und besitzen einen ästhetischen Wert. Sie können Auskunft über die Zugehörigkeit zu einer sozialen, ethnischen oder relig. Gruppe geben und sind Zeichen für die ökonom. Lage ihrer Besitzer/innen, so z. B. Kalebassen bei den Hirtennomaden im Sahel. In bäuerlichen Gesellschaften ist der Besitz der ↗ Frauen an H. umfangreicher als der von Männern. I. Allg. erfüllt ein einziger Gegenstand mehrere Funktionen, so dass innerhalb eines Haushalts nur wenige H. zu finden sind, wozu aber fast überall Hocker, Stühle, Mörser und Stößel gehören. Aufgrund der afrik. Essgewohnheiten werden als Besteck meist aus Kalebassen, Holz oder industriell gefertigte Löffel verwendet.

🕮 R. Sieber, African Furniture and Household Objects, Bloomigton/London 1980.

Birgit Martin

Heidentum. Bis hinein in das 20. Jh. diente der Begriff H. als pauschale Bezeichnung für die ursprgl. traditionellen ↗ Religionen in Afrika. Er ist nur aus dem jüdisch-christl. Kontext heraus zu verstehen. In der Bibel werden die nicht zum jüdischen Volk gehörenden Menschen als »die Völker« (hebr. *gojim*, griech. *ta ethne* = Heiden) bezeichnet. Im frühen ↗ Christentum wurden dann alle Nichtchristen Heiden genannt. Da sich das Christentum zunächst in den Städten ausbreitete, waren die auf dem Land Lebenden die *pagani* (latein.), zu dt. Heiden, die in der Heide auf dem flachen Land abseits der Kulturzentren Lebenden. Demnach ist Heiden zunächst ein christl.-theolog. Terminus, ein Entsprechungsbegriff zu Volk Gottes; Heiden meint also alle Nichtchristen. In dieser Bedeutung wurde der Begriff später religionsphänomenologisch gebraucht. Aber die Angehörigen anderer Universalreligionen wurden von dieser Pauschalbezeichnung ausgenommen. Damit waren Heiden nur noch die Anhänger traditioneller Religionen, die so nicht nur in relig. Hinsicht als rückständig galten. Die Bez. erhielt also eine diskriminierende Konnotation, gegen die sich Afrikaner wehrten. Heute wird der Begriff deshalb i.d.R. nicht mehr verwendet.

Auch der ↗ Islam grenzt sich deutlich von den Nichtmuslimen als Ungläubigen ab und nennt sie Kafirun (Singular: Kafir), was dasselbe wie Heiden bedeutet.

🕮 G. Rosenkranz, Heidentum – Was ist das? In: Th. Sundermeier (Hg.), Fides pro mundi vita. Fs. für H.- W. Gensichen, Gütersloh 1980, S. 69–78.

Johannes Triebel

Heiler ↗ Gesundheitsversorgung, ↗ Krankheit und Heilung, ↗ Magie

Heiratsordnungen definieren die Form der ↗ Ehe (z. B. ↗ Monogamie oder ↗ Polygamie), den Kreis der vorgeschriebenen, erwünschten oder verbotenen Heiratspartner, den Wohnort des Ehepaares (↗ Patrilokalität) sowie die Zugehörigkeit der Kinder zu einer Abstammungsgruppe. H. in Afrika sind ausgesprochen vielfältig und lassen sich nicht deckungsgleich bestimmten Regionen, Wirtschaftsweisen, Verwandtschaftssystemen oder relig. Vorstellungen zuordnen. Außerdem ergeben sich in jeder Gesellschaft Widersprüche zwischen der idealtypischen Ordnung und der Praxis. Trotz der Vielfältigkeit afrik. H. lassen sich aber charakteristische Merkmale festhalten. Dazu gehört der Austausch von Gaben und Gegengaben zwischen Verwandtschaftsgruppen anlässlich der Eheschließung (↗ Brautpreis, ↗ Mitgift), die Heirat mit Verwandten sowie das Vorherrschen der Polygamie. In Gesellschaften mit patrilinearer Abstammungsrechnung und Erbfolge gehen die reproduktiven Fähigkeiten der Frau an die Patrilineage des Mannes über. Die Übergabe der Rechte an ihrer Fruchtbarkeit werden durch einen Brautpreis besiegelt. Die Frauen werden in die Lineage des Ehemannes inkorporiert, d. h., sie gelten nicht länger als Mitglieder ihrer eigenen Abstammungsgruppe. Im Falle des Todes ihres Ehemannes bleiben ihre reproduktiven Fähigkeiten der Patrilineage des Mannes erhalten, indem die Ehe mit einem Bruder des Mannes fortgesetzt wird (↗ Levirat).

Ethnologen unterscheiden zwischen verpflichtenden (präskriptiven) und erwünschten (präferentiellen) Heiraten. Vorschriften dienen dazu, den Kreis potentieller Heiratspartner innerhalb oder außerhalb der eigenen Verwandtschaftsgruppe festzulegen. Die grundlegendste Heiratsregel ist das Inzestverbot, welches sexuelle Beziehungen zwischen bestimmten Verwandtschaftsgraden untersagt. H. legen fest, ob Ehepartner der eigenen Verwandtschaftsgruppe (Endogamie) bzw. einer anderen Verwandtschaftsgruppe (Exogamie) entstammen müssen. Endogamie und Exogamie gelten aber auch für soziale Gruppen, in denen Berufe innerhalb einer Abstammungsgruppe weitergegeben werden. So dürfen beispielsweise ↗ Schmiede und ↗ Griots in vielen westafrik. Gesellschaften keine Angehörigen anderer sozialer Gruppen heiraten.

Ehen zwischen den Kindern von Geschwistern sind in vielen afrik. Gesellschaften erlaubt und sogar vorgeschrieben. Eine präskriptive Heirat wie z. B. die matrilaterale Kreuzkusinenheirat, d. h., die Ehe zwischen einem Mann und der Tochter des Bruders seiner Mutter, gilt oft nur für bestimmte Statusgruppen oder für die erste Eheschließung. Da nicht immer eine dem jeweiligen präskriptiven Heiratstypus entsprechende Partnerin existiert, kommt es zwangsläufig zu Abweichungen vom idealtypischen Heiratsverhalten, auch wenn die korrekte Einhaltung präskriptiver Regeln behauptet wird. Ehen zwischen Geschwisterkindern kommen in vielen patrilinearen, Landwirtschaft und Viehzucht betreibenden Gesellschaften im zentralen und östlichen Afrika vor, die durch den *cattle complex* gekennzeichnet sind. In diesen Gesellschaften verleiht der Besitz von Vieh ein Prestige, das weit über die wirtsch. Bedeutung der Viehzucht hinausgeht und im rituellen Kontext zum Ausdruck kommt. Der Brautpreis wird hier in Form von Vieh von den väterl. Verwandten des Mannes an die Verwandten der Frau gezahlt. Dabei haben die bevorzugten Formen der Ehe mit Geschwisterkindern unterschiedliche Folgen. Eine Heirat zwischen einem Mann und der Tochter seines

Mutterbruders (matrilaterale Kreuzkusinenheirat) begünstigt den Aufbau einer Heiratsallianz, da die Brautpreise in Form von Vieh zwischen bestimmten Patrilineages (↗ Klan und Lineage) zirkulieren. Durch die Ehe mit der Tochter eines Vaterbruders (patrilaterale Parallelkusinenheirat) bleibt das Vieh innerhalb der Patrilineage des Mannes und erhöht das Ansehen seiner Linie.

Präskriptive und präferentielle Heiratstypen dienen der Kontinuität von Allianzen zwischen Verwandtschaftsgruppen. Allianzen sind Beziehungen zwischen Verwandtschaftsgruppen, die durch ein System vorgeschriebener und wiederholter Heiraten in jeder Generation reproduziert werden. Dabei stehen sich die beteiligten Verwandtschaftsgruppen im Verhältnis von »Frauengeber« zu »Frauennehmer« gegenüber. Von Ethnologen wurden H. bes. im Zusammenhang von Theorien zu Abstammung und Allianz diskutiert. Allianztheoretiker wie Claude Lévi-Strauss betonten, dass der regelmäßige Austausch von Schwestern gegen Ehefrauen zwischen bestimmten Verwandtschaftsgruppen dazu diene, solidarische Beziehungen über mehrere Generationen hinweg zu stabilisieren. Abstammungstheorien, wie sie vor allem die brit. Sozialanthropologie hervorgebracht hat, betonten dagegen die Bedeutung von H. für die Übertragung von Status und die Vererbung von Gütern innerhalb von Verwandtschaftsgruppen (↗ Verwandtschaft, ↗ Familien- und Erbrecht). ↗ Frauen erschienen in diesen Theorien als Objekte von Tauschsystemen, die ausschließlich männl. Interessen dienen. Dabei wurde oft übersehen, dass Frauen nicht nur »hinter den Kulissen« die Regeln von H. und faktische Entscheidungen zum Teil erheblich beeinflussen, sondern auch materielle Vorteile von bestimmten Regeln haben. So werden u. U. Teile des Brautpreises an die Braut selbst oder an ihre mütterl. Verwandten gezahlt. Bei den Zulu im südl. Afrika z. B. erhält die Braut eine Kuh für sich selbst, da sie zunächst keine Milchprodukte von den Kühen ihrer Schwiegerfamilie zu sich nehmen darf. Die Mutter der Braut erhält ebenfalls eine Kuh, die auch nach einer Scheidung nicht zurückgegeben werden muss. Auf diese Weise haben Frauen Zugang zu Viehbesitz. Darüber hinaus bekräftigt der Brautpreis eine enge Verbindung zwischen Bruder und Schwester. Hat ein Mann für seine eigene Heirat Rinder aus dem Brautpreis seiner Schwester verwendet, so ist er in ihrer Schuld. Daraus folgt seine Verpflichtung, ihr jederzeit Schutz zu bieten und Respekt zu erweisen.

Die Eheschließung kann auf unterschiedliche Weise erfolgen. Gesetzlich anerkannt sind heute in vielen afrik. Staaten nur standesamtlich geschlossene Ehen. Alternativ oder zusätzlich können Paare nach den Bräuchen ihrer Herkunftsgruppe oder nach christl. oder islam. Ritus heiraten. Wo das Gesetz Polygamie verbietet, ermöglicht eine »traditionelle« Ehe Männern, doch mehr als eine Frau zu ehelichen, was für die Frauen den Nachteil hat, dass sie vor dem Gesetz nicht unterhalts- oder erbberechtigt sind.

🕮 L. Mair, African Marriage and Social Change, 2. Aufl., London 1984. – D. Parkin/D. Nyamwaya (Hg.), Transformations of African Marriage, Manchester 1987.

Katja Werthmann

Helgoland-Sansibar-Vertrag, am 1. 7. 1890 zwischen dem Dt. Reich und Großbritannien geschlossener Vertrag, in dem sich beide Mächte über ihre kolonialen Besitzansprüche in Ost- und im südl. Afrika sowie, im Anschluss an die ↗ Berliner Afrika-Konferenz und frühere Abkommen, auf gemeinsame Grenzen bzw. Grenzkorrekturen einigten. Großbritannien trat Helgoland und den Caprivi-Zipfel ab und veranlasste den Sultan von ↗ Sansibar, den der Insel gegenüberliegenden Küstenstreifen an das Dt. Reich zu verkaufen, welches den brit. Anspruch auf Sansibar und Witu (im heutigen Kenia und Somalia) anerkannte sowie u. a. auf Uganda verzichtete.

Abdul Sheriff

Heliopolis ↗ Maat

Hererokrieg, Teil des Kolonialkriegs von 1904–07 zwischen den Völkern Namibias und der dt. Kolonialmacht, der sich zeitweise bis in das Ovamboland im N erstreckte. Der H. begann mit dem Überfall auf Farmen. Als Kriegsursachen gelten das Händler- und Kreditwesen, Land- und Viehverluste sowie eine allg. Verschärfung des pol. und sozialen Klimas. Die zum Krieg entschlossenen *chiefs* setzten Samuel Maharero, einen langjährigen Vertrauten des Gouverneurs T. Leutwein, an die Spitze und hielten sich damit vermutlich die Option auf einen Verhandlungsfrieden offen. Das Dt. Reich antwortete mit der Entsendung Generalleutnants von Trotha, der einen gnadenlosen Vernichtungsfeldzug beschloss. In der Kesselschlacht am Waterberg im Aug. 1904 wurden die Herero und Nama (unter Anführern wie z. B. Hendrik Witbooi und Jacob Morenga) geschlagen; ein Teil entkam nach O durch die Wüste auf brit. Territorium. Während die Herero Frauen und Kinder verschont hatten, führten die Deutschen mit der Einrichtung von Konzentrationslagern und der Verfolgung der Flüchtlinge Krieg gegen das ganze Volk. Die Enteignung von Land und Vieh, die Aberkennung pol. Rechte und die Einführung strenger Passgesetze zielten auf vollständige Unterwerfung der überlebenden Herero. Die Kriegskosten beliefen sich auf 600 Mio. Mark. Auf dt. Seite starben von ca. 14.000 Soldaten 1.305. Die Zahlen der gefallenen, verhungerten und in den Konzentrationslagern umgekommenen Herero sind unbekannt. Nach den niedrigsten Schätzungen fand mehr als ein Drittel der Herero im Krieg und in der unmittelbaren Nachkriegszeit den Tod.

🕮 H. Drechsler, Südwestafrika unter dt. Kolonialherrschaft. Der Kampf der Herero und Nama gegen den dt. Imperialismus, Berlin/DDR 1966. – G. Krüger, Kriegsbewältigung und Geschichtsbewusstsein. Realität, Deutung und Verarbeitung des dt. Kolonialkriegs in Namibia 1904–17, Göttingen 1999. – U. Timm, Morenga. Roman, München 2000.

Gesine Krüger

Heroenkult ist eine Spezialform des ↗ Ahnenkults. Heroen werden wie besondere, hervorgehobene Ahnen verehrt. Sie können auch als Heil- und Kulturbringer bezeichnet werden. Gelegentlich haben sie die Funktion eines Ur- oder Stammahnen. Vielfach sind Heroen ursprgl. Fremde, die in ein Gebiet kulturelle Veränderungen bringen und deshalb Ansehen und Verehrung genießen. Die Heroenlegenden unterliegen meist einer Entwicklung. Um den oft hist. Kern der Überlieferung wachsen weitere Erzählungen, der Bericht über den Heroen absorbiert andere ihm verwandte Mythen (↗ Mythos) oder Traditionen. Der äußeren Entwicklung entspricht eine innere. Dem Wundertäter werden immer mehr übernatürliche Fähigkeiten zugeschrieben, seine Geburt wird mystifiziert. Der Heroe wird zum Übermenschen, dem Verehrung dargebracht wird, ja zu einem göttlichen Wesen, indem Vorstellungen von Gott auf ihn übertragen werden und er schließlich nicht mehr klar von Gott unterschieden werden kann. Oft wird er sogar mit Gott gleichgesetzt. Der vergöttlichte Heroe hat meist keine lebenden Repräsentanten, sondern eine Art Priesterschaft, die vom Geist des Heroen ergriffen ist und als Medium wirkt. Aufgabe des H. ist es, relig. und pol. Kräfte zu entwickeln, die mehrere soziologische Einheiten wie Dörfer, Gemeinschaften und Bevölkerungsgruppen zusammenhalten. Die Ausformung der einzelnen Traditionen im H. ist sehr unterschiedlich. ↗ Religionen, traditionelle.

🕮 J. Triebel, Gottesglaube und Heroenkult in Afrika. Untersuchungen zum Lwembe-Kult der Wakinga in Südtansania, Erlangen 1993.

Johannes Triebel

Herrschaftsformen ↗ vorkoloniale politische Systeme

Hexerei. *I. Definition.* Unter einem Hexer, einer Hexe, wird eine Person verstanden, die von einer unheilvollen, mitunter ihr selbst nicht bewussten Kraft besessen ist und von ihr dazu getrieben wird, Schaden, Zerstörung, Krankheit und Tod zu bringen. Die H. ist die Gesamtheit der bösen Handlungen des Hexers. »Nicht bewusst« bezieht sich darauf, dass die Veranlagungen zum wohltuenden oder unheilvollen Wirken als angeboren gelten und durch die ↗ Initiation auf diese oder jene Handlungsweise gelenkt bzw. bestärkt werden sollen (↗ Ritus/Rituale). Der Hexer operiert im Bereich des Bösen. Die afrik. Terminologie ist eher neutral. In vielen afrik. Sprachen heißt es nur: eine mit (Schadens-) Macht begabte Person. Wenn sie die Funktionen eines Sehers, Heilers, genialen Barden usw. ausübt, trägt sie den Namen, der ihrer wohltuenden Tätigkeit entspricht, und darf nicht als Hexer oder Hexe bezeichnet werden. Dies entspricht der von Evans-Pritchards in die angelsächsische Sozialanthropologie eingeführten Unterscheidung zwischen Zauberei/Magie (*sorcery*) und Hexerei (*witchcraft*), wobei der »Zauberer« oder »Heiler« mit Hilfe spezifischer Rituale versucht, unpersönliche Kräfte unter seine Kontrolle zu bringen, die für ganz unterschiedliche Ereignisse (Regen oder Dürre, Krankheiten, Insektenplagen etc.) verantwortlich gemacht werden, aber eines gemeinsam haben: Es sind Störungen der natürlichen/menschlichen Ordnung. Dabei bedient er sich auch materieller Substanzen und Objekte. Solches Spezialistentum kann im Dienst der Gemeinschaft stehen, aber auch individuellen Aufträgen nachkommen. Nicht immer und überall lassen sich Zauberei und H. auf den ersten Blick voneinander trennen, weil Schadenszauber bspw. (wie er etwa gegen Feinde angewandt wird) auch auf sozial nicht sanktionierte Praktiken ausgedehnt werden kann, v.a. aber, weil sich Hexer magischer Rituale und Vorkehrungen bedienen.

II. Materialisierung der unheilvollen Kraft. Die Verhexungskraft materialisiert sich in einem Wesen, das weder ein Ding noch eine bloße Vorstellung ist und sich als Auswuchs aus den Eingeweiden, als kleines Tier (Ratte, Krebs mit Scheren) oder in anderen sichtbaren Formen zeigt. So betrachten z.B. die ↗ Asante das *adze* als Teil des menschlichen Organismus, der jedoch psychische Wirkungen zur Folge hat. Manchmal nennen sie es *mbisimu mangu* (Seele der H.). Ihrer Ansicht nach kann es seinen Platz im Körper verlassen und den psychischen Teil der Organe seines Opfers herausreißen und verschlingen (sog. Hexenflug, Vampirismus oder Fernwirkung). Dabei betonen die Hüter des sozialen Wissens, dass es sich wirklich um ein Wesen handele, während Europäer eher von etwas Spirituellem sprechen würden. Die Bev. des subsahar. Afrika sieht physische Übel und moralisch Böses nicht als Gegensätze. Für sie ist das Übel Eines, und alles, was den Menschen Leiden zufügt (Krankheiten, Hungersnöte, Krieg, Tod usw.), ist von derselben Art; oder man betrachtet alle physischen Übel als Auswirkungen des radikal Bösen, das im Herzen bzw. nach anderer Ansicht im Magen ansässig ist.

III. Einige Erscheinungsformen der Hexerei. – III.1. Verhexen. Durch Schadenszauber wird jemand gesundheitlich geschädigt oder getötet. Wie viele andere Völker einst und jetzt meinen die afrikanischen, man könne auf andere vermittels ihrer Ausscheidungen oder Abfälle (Speichel, Urin, Menstruationsblut, Nagelabschnitte, Haare usw.), mittels Gegenständen, mit denen sie Kontakt hatten, oder Abbildungen des Opfers (Schatten, Zeichnung, Fotografie) einwirken. Manchmal braucht das Verhexen keinen materiellen Träger, sondern trifft die Zielperson direkt; man redet dann von geschleuderten Würmern, Nadeln, Blitzen, unsichtbaren Raketen u.a. Eigenen Angaben zufolge bedienen sich die Hexer auch bes. mächtiger Gegenstände wie Ahnenreliquien, zauberkräftiger Steine, Pulver und geheimer Rituale.

III.2. Verwandlung von Menschen in Tiere. Der im griech.-röm. Altertum sehr verbreitete Glaube an die Verwandlung von Menschen in Tiere ist in Afrika noch lebendig. Journalisten schreiben darüber regelmäßig Sensationsberichte. So behauptete die Zeitung *Salongo* in Kinshasa (Demokrat. Rep. Kongo) in den 1980er Jahren, ein in ein Krokodil verwandelter Mann habe drei Kinder gefressen. Solche Menschen werden als Hexer betrachtet, da sie die Verwandlung in ein gefährliches Tier betreiben, um Menschen zu fressen.

III.3. Kannibalismus ist von dem oben Gesagten zu trennen. Es handelt sich hierbei nicht um Menschenfresserei im physischen Sinn, auch wenn von verzehrtem Fleisch und Blut oder von verspeisten Lungen die Rede ist, was aber meist nur bildlich, symbolisch gemeint ist. Der Körper des Opfers ist sichtlich unversehrt, und doch wird ein Hexer sagen, dass er ihn schon fast ganz verspeist habe. Dass Hexer tatsächlich Kannibalismus praktizieren, wird immer wieder behauptet. Die Vorstellung fügt sich in die mit H. verbundenen Kategorien des Bösen.

IV. Interpretationsprobleme. Europäer und verwestlichte Afrikaner sind versucht, ohne weiteres auf das unerschöpfliche Reservoir eines wiss. Wortgebrauchs zurückzugreifen und dies alles als Illusionen, pseudosensorielle Halluzinationen, Zoopathie oder Dämonopathie (Empfindung des Befalls durch Tiere oder Dämonen) erklären zu wollen. Die Psychopathologie wird auch reichlich bemüht, um die bei H. und Zauberei auftretenden Phänomene als individuelle oder kollektive Täuschungen, Neurosen, ja Psychosen hinzustellen. Es gibt jedoch eine interdisziplinäre Herangehensweise (Philosophie, Psychopathologie, Physik, Epistemologie usw.), die vor scheinwiss., voreiligen Urteilen warnt. Statt selbstsicherer Behauptungen wäre in mancher Hinsicht das Eingeständnis der Unwissenheit angebracht. Griech. Philosophen sprachen in solchem Fall von einer Aporie.

V. Anpassungsprobleme. Längst haben die afrik. Hexer das Bedürfnis, ihren Wortgebrauch, wenn nicht gar ihre Technik der modernen Welt anzupassen. Soweit sie europ. Sprachen gebrauchen, reden sie gern von gestarteten Raketen, auch von Nachtflugzeugen, die unsichtbare Landebahnen auf einem Dorfplatz oder unter einem Baobab haben. Piloten und Passagiere dieser mysteriösen Luftfahrzeuge berichten manchmal von technischen Pannen oder Abstürzen. Der Ausdruck »jemand teuflisch verspeisen« ist insbes. in Westafrika üblich. Wo der Teufel (oder Satan) ins Spiel kommt, ist dies wahrscheinlich auf den Einfluss der ↗ Bibel oder des ↗ Koran zurückzuführen. Das Wort »verspeisen« wurde von den modernen Hexern des Kontinents übernommen, weil es vornehm klingt und nicht unbedingt an Menschenfresserei im physischen Sinn denken lässt. Eine Verhexung, die zum Tod eines Menschen führt, ist ein Essen eigener Art.

Auffallend viele Hexer wagen der Propaganda

halber immer häufiger, die Regel okkulten Tuns zu übertreten, d.h. die Regel des absoluten Geheimnisses und der esoterischen Sprache. Statt wie früher zu sagen: »Ich habe von einem Trauerfall im Dorf Soundso geträumt«, trauen sie sich heute, Menschen, die ihres wirtsch. und sozialen Erfolgs wegen beneidet werden, offen den Tod anzudrohen. Andere gehen so weit, die Liste der reihum dem Tod Geweihten mitten in der Stadt an einen Leitungsmast anzuschlagen. Das sind Anzeichen einer ziemlich beunruhigenden Entwicklung der traditionellen H., zumal wenn man weiß, dass die Hexer bemüht sind, ihre Kenntnisse zu vervollständigen und sich in ihren Fertigkeiten zu verbessern, indem sie sich bei Kollegen in fernen afrik., ja auch asiat. Ländern (Indien, Thailand) informieren und einweihen lassen sowie aus dem Westen Zauberbücher, Zauberstäbe und stark wirkende Salben beziehen. In der Tat beklagen viele, dass Afrika heute wieder eine Zunahme jener Übel erlebt, die traditionell der H. zugeschrieben werden: von der westl. Medizin nicht zu diagnostizierende Krankheiten, seltsame Unglücks- und Todesfälle, die sich anscheinend jeder rationalen Erklärung entziehen.

VI. Kampf gegen die Hexerei. In ihrer Werteskala gibt die afrik. Bev. dem Leben und der Gesundheit den allerersten Rang (↗ Krankheit und Heilung). Gut ist alles, was diese wesentlichen Werte fördert, böse ist alles, was sie zu schädigen oder zu vernichten sucht. Die H. wird als Feind des Menschen auf individueller wie auf sozialer Ebene angesehen und deshalb entschieden bekämpft. Die traditionellen Heiler setzen dazu auf Vorbeugung oder Therapie. Sie liefern ihren Kunden Amulette zum Schutz vor Verhexung und Angriffen von Zauberern: Armbänder sowie Rinden und stark wirkende Einreibungen zum Schutz der Wohnungen. Wenn das Unheil schon geschehen ist, geht man daran, die Verhexung aufzuheben oder den Zauber von den Opfern zu nehmen, und zwar durch Exorzismus, d.h. Befreiung einer Person von einem bösartigen Wesen, das von ihr Besitz ergriffen hat, oder durch Adorzismus, ein Ritual, das dem Individuum seine mit okkulten Verfahren verflüchtigte und geraubte Seele zurückbringen und restaurieren soll.

Unbarmherzig bekämpft wurde die H. auch von den christl. und islam. Missionaren (↗ Islamisierung, ↗ Mission) sowie von den Verfechtern der modernen Zivilisation. Es bleibt jedoch festzustellen, dass weder die einen noch die anderen das ausmerzen konnten, was sie als heidnischen Aberglauben bzw. als irrationale Glaubensvorstellungen und Praktiken ansahen. Die H. leistet Widerstand, sie passt sich an und erhält sogar Verstärkung. ↗ Besessenheit, ↗ Magie, ↗ Mystik.

📖 P. Geschiere, The Modernity of Witchcraft. Politics and Occult in Postcolonial Africa, Charlottesville/London 1997. – M. Hebga, La rationalité d'un discours africain sur les phénomènes paranormaux, Paris 1998. – T. Multhaupt, Hexerei und Antihexerei in Afrika, München 1989. – B. Nzuzi, Approches africaines de la sorcellerie, Kinshasa 1997.

Meinrad Hebga

Hieroglyphen ↗ Altägypten

Highlife, Oberbegriff für eine Reihe unterschiedlicher Genres der ↗ Popularmusik in den anglophonen Ländern Westafrikas. Als *H.* wurde in den 1920er Jahren in Accra (heute Ghana) die Musik der nach europ. bzw. amerik. Vorbild instrumentierten Tanzorchester bezeichnet, die in den Clubs der wohlhabenden schwarzen Oberschicht europ. und amerik. Tanzmusik (Walzer, Polka, Ragtime, Tango etc.) spielten, ab Ende der 20er Jahre aber zunehmend auch urbane afrik. Musik in ihr Repertoire integrierten. Später wurde *H.* allg. als Oberbegriff für ghanaische und nigerianische Popularmusik gebraucht und rückwirkend auch auf die ↗ *Palmwine Music* (*Guitar Band H.*) und die von der Marschmusik der kolonialen Militärkapellen inspirierten *adaha*-Blasensembles (*Adaha H.*) ausgedehnt. Die Stationierung insbes. US-amerik. Truppen während des Zweiten Weltkriegs in Westafrika führte zu einer starken Beeinflussung des *Dance Band H.* durch amerik. Jazz und Swing. Nach dem Krieg wichen die großen Orchester der Vorkriegszeit kleineren Ensembles. Zu den bedeutendsten Vertretern des *Dance Band H.* zählt »E. T.« (Emmanuel Tettey) Mensah mit seiner Band, den *Tempos*. Seine Version des *Dance Band H.*, die Elemente von Swing, Calypso und afrokubanischer Musik (↗ afroamerikanische Musik) miteinander verband, wurde in den 1950er Jahren so populär, dass er zum »*King of H.*« avancierte und im Zuge einer ausgedehnten Tournee der *Tempos* 1958 durch Westafrika zahlreiche Musiker beeinflusste. In den 1960er Jahren entwickelte sich der *Dance Band H.* weg vom Sound der *Tempos*, hin zu einem Stil mit Anklängen an den Bebop und Modern Jazz. Seit den 1970er Jahren hat der *H.* in Ghana und Westnigeria gegenüber jüngeren Genres der Popularmusik

Abb. 14: Schallplattenhülle einer LP von E. T. Mensah. Der »King of Highlife« ist mit seiner Trompete links oben zu sehen

wie dem ↗ *Jùjú*, ↗ *Afrobeat* oder ↗ *Fújì* an Bedeutung verloren.

📖 J. Collins, E. T. Mensah. The King of Highlife, London 1986. – Ders., West African Pop Roots, Philadelphia 1992.

Oliver Seibt

HipHop ↗ afroamerikanische Musik

Hispanophone Literatur, spanischsprachige Lit. aus Äquatorial-Guinea, das 1778–1968 unter spanischer Kolonialherrschaft stand. Die spanische Kolonialpolitik, die die Schulausbildung auf ein niedriges Niveau begrenzte, hatte zur Folge, dass sich erst in den 1960er Jahren eine h. L. herausbildete. Die ersten Texte junger Äquatorialguineer, die von der Zeitschrift *La Guinea Espagnola* seit 1960 veröffentlicht wurden, stammen alle von Priestern wie Rafael Maria Nze Abuy, Constantino Ocha'a Mve, Leoncio u. a. Abgesehen von Nze Abuy und Ocha'a Mve, deren Texte in der mündlichen Tradition Afrikas (↗ Oralliteratur) wurzeln, übernahmen die Autoren der »Vorläufergeneration« literarische Muster der kolonialen Machthaber. In den ersten Jahren der Unabh. zwang die Diktatur von Macias Nguema viele Schriftsteller ins Exil. Ihre Veröffentlichungen beschreiben v. a. dessen diktatorische Herrschaft, so z. B. die *Anthologia de la literatura guineana* von Donato Ndongo-Bidyogo und die hist. Abhandlung *Historia y tragédia de Guinea Ecuatorial*. Nach dem Staatsstreich 1978 kehrten zahlreiche Exilanten zurück, und ein neuer Aufschwung setzte ein, eine kulturelle Renaissance, die bis in die Gegenwart fortdauert. ↗ Sprachen, europäische.

Georges Ngal

Historiographie ↗ Geschichtsschreibung

Hofmusik umfasst alle musikalischen Betätigungen im Umfeld höfischer Herrschaft. Der Begriff schließt nicht nur die tatsächlich erklingende Musik mit ein, meist solche mit ausgeprägtem Repräsentationscharakter, sondern bezieht sich auch auf Konzeptionen, bei denen Instrumente wie v. a. ↗ Trommeln, ↗ Doppelglocken, ↗ Xylophone als Symbole königlicher Macht gelten oder die eigentlichen Träger dieser Macht sind. In solchen Fällen ist die Kontrolle über die Instrumente Garant für die Rechtmäßigkeit des Königtums. Die Ensembles variieren je nach der Tradition des Königtums, und zwar hinsichtlich ihres Musikstils, Instrumentariums und Repertoires. Höfische Instrumente werden oft mit einem höheren Maß an handwerklicher Sorgfalt gefertigt, sei es bei der Verwendung besonderer Materialien wie z. B. Elfenbein, dem Anbringen aufwendiger ↗ Schnitzereien oder der Beachtung ritueller Vorschriften bei der Herstellung und dem Stimmvorgang. Da Hofmusiker meist über Generationen dem Hof verbunden sind und nicht selten innerhalb des Palastes leben, sind sie i.d.R. der möglichst reinen Erhaltung eines musikalischen Repertoires verpflichtet. Dieser Anspruch war allerdings infolge des sozialen Wandels in der Kolonialzeit (↗ Kolonialismus, ↗ Urbanisierung) nur bedingt einzulösen. Unter den Bedingungen postkolonialer, nationalstaatl. Ordnungen hat mancherorts eine Neubestimmung höfischer Kultur stattgefunden, die der H. eine neue Funktion als Bewahrerin der kulturellen Wurzeln zuschreibt. Dieser Funktionswandel geht jedoch oft mit einer *invention of tradition* einher, bei der unter dem Einfluss des pol. Wandels neue kulturelle Formen kreiert werden, die traditionell anmuten, aber auf aktuelle Bedingungen zugeschnitten wurden. ↗ Griot, ↗ Musiker, ↗ Tradition.

📖 Art. »Afrika südlich der Sahara«. In: Die Musik in Geschichte und Gegenwart, Bd. 1, Kassel/Stuttgart 1994, S. 50. – A. Simon, Musik in Afrika, Berlin 1983.

Raimund Vogels

Homelands ↗ Bantustan

Homosexualität, gleichgeschlechtliches Verhalten unter Männern und Frauen. Viele Afrikaner sind der Überzeugung, dass H. in Afrika ursprgl. nicht vorgekommen, sondern von Arabern und Europäern importiert worden sei. Neuere hist. und ethnographische Forschungen belegen aber, dass es schon in vorislam. Zeit und lange vor Ankunft der Europäer unterschiedliche Formen von H. gegeben hat und die afrik. Gesellschaften ein eigenes Verständnis homosexuellen Verhaltens entwickelten. Da H. immer in einen hist. und soziokulturellen Kontext eingebunden ist und im vorkolonialen Afrika oft in die bestehenden Geschlechter- und Verwandtschaftsbeziehungen integriert wurde, ist die Ausbildung homosexueller Identitäten und entsprechender gesellsch. Kategorien eine Entwicklung neuester Zeit. Von daher ist es fragwürdig, westl. Vorstellungen von H. (Schwule und Lesben) undifferenziert auf afrik. Realitäten zu übertragen. Sinnvoller erscheint die Unterscheidung der amerik. Forscher S. Murray und W. Roscoe von (1) homosexuellem Verhalten mit Statusunterschied zwischen den Sexualpartnern, auf der Basis von Alter und Wohlstand; (2) homosexuellem Verhalten mit Übernahme der üblichen Geschlechterrollen, wobei unter Männern der passive Sexualpartner als »weiblich« wahrgenommen wird; und von (3) egalitärem homosexuellem Verhalten wie in modernen westl. Gesellschaften, ohne soziale und ökonom. Statusunterschiede.

In Nordafrika war männl., in geringerem Maß auch weibl. H. Thema der klassischen ↗ arabischsprachigen Literatur, männl. H. zwischen milit. Führern und Sklaven ist vielfach belegt. In vielen ↗ vorkolonialen pol. Systemen, z. B. im Azandestaat (heute SW-Sudan), war männl. H. institutionalisiert. Insbes. Soldaten und Prinzen hatten hier eheähnliche homosexuelle Beziehungen mit jungen Männern zwischen 15 und 20 Jahren, deren Eltern einen ↗ Brautpreis erhielten. Der junge Mann schlief mit seinem »Ehemann« und verrichtete häusliche Verpflichtungen wie Holzsuchen und Wassertragen. War er erwachsen, wurde er von seinem »Ehemann« entlassen und konnte selbst eine homosexuelle Beziehung eingehen. In Azande gab es H. auch unter Frauen, die oft zum gleichen polygynen Haushalt gehörten. Weibliche H. wurde aber, falls entdeckt, bestraft. In anderen Gesellschaften waren hingegen Ehen zwischen zwei Frauen möglich (↗ Gynägamie). Ob dies generell sexuelle Beziehungen einschloss, ist umstritten. Im südl. Afrika wurden homosexuelle Frauen oft als Heilerinnen angesehen, wobei dieser Status ihnen erlaubte, unverheiratet zu bleiben. Vielerorts gehörten Praktiken weibl. und männl. H. auch zur ↗ Initiation.

Obwohl Missionierung (↗ Mission) und ↗ Kolonialismus H. als unnatürliches Verhalten moralisch verurteilten und kriminalisierten, verbreiteten sich mit der Ende des 19. Jh. einsetzenden Industrialisierung in den südafrik. Minenstädten unter den ↗ Wanderarbeitern homosexuelle Praktiken. Als *tinkonkana* (»Ehefrau« in der ↗ Bantusprache Tsonga) bezeichnete Jugendliche leisteten ihren »Ehemännern« häusliche und sexuelle Dienste, v. a. in der Form von Schenkelverkehr, *metsha* (Xhosa) oder *hlobongo* (Zulu), eine gängige, voreheliche Sexualpraxis unter Jugendlichen im südl. Afrika. Die *tinkonkana* erwarteten als Gegenleistung Schutz und finanzielle Entlohnung. Da einige *tinkonkana* das Geld sparten, um in ihre Heimat zurückzugehen und dort den Brautpreis zu zahlen, sind die sog. Minenehen als Widerstand gegen Proletarisierung und ↗ Urbanisierung interpretiert worden. Diese Auslegung lässt aber homosexuelles Verlangen und Aussagen außer Acht, dass manche Minenarbeiter Ehen mit *tinkonkana* heterosexuellen Bindungen vorzogen.

Ethnographische Studien über H. im gegenwärtigen Afrika gibt es zur ostafrik. Swahiliküste und zu Nordnigeria. Die *mashoga* der Swahiliküste sind Männer, deren Geschlechtsidentität sich nicht nur in ihrem homosexuellen Verhalten, sondern auch im geringen Status und Verrichten »weibl.« Arbeiten (Prostitution mit Männern, öffentl. Singen in Frauenkleidern) ausdrückt. Im Sexualakt übernehmen *mashoga* die passive Rolle; ihr aktiver Partner, *basha* oder *haji*, gilt als »richtiger« Mann. – In Kano (N-Nigeria) existiert eine männl. homosexuelle Subkultur. Für diese Männer, die sich als Männer oder als Frauen identifizieren, ist homosexuelles Verhalten eine Praxis, keine psychosexuelle Disposition und nicht unvereinbar mit Heterosexualität. Effeminierte Männer, *'yan daudu*, passiv im homosexuellen Akt, verwenden weibl. Redensarten und Gestik, verrichten Frauenarbeit (Verkauf von selbst gekochtem Essen) und treten oft als Begleiter von weibl. Prostituierten auf. Trotzdem verstehen sie sich – und beanspruchen Privilegien – als Männer; Heirat und Vaterschaft ist für sie nicht Ausdruck heterosexuellen Verlangens, sondern die moralische und soziale Verpflichtung jedes erwachsenen Hausa-Mannes. Einige gleichaltrige *'yan daudu* haben auch homosexuelle Beziehungen ohne feste sexuelle Rollen, was als lesbisches Verhalten, *kifi*, verstanden wird.

In den letzten Jahren entstanden v. a. im südl. Afrika pol. Homosexuellen-Organisationen, nicht zuletzt mit *Lesbians in South Africa* und *Sister Namibia* auch Organisationen lesbischer Frauen, um gegen Diskriminierung und Kriminalisierung anzukämpfen (in den meisten afrik. Staaten wird H. mit Gefängnis bestraft). Als erster Staat des Kontinents hat Südafrika in der neuen Verfassung Diskriminierung aufgrund sexueller Orientierung verboten. In Kapstadt und Johannesburg blühen homosexuelle Subkulturen, die sich an westl. Formen einer egalitären H. orientieren. Auch in anderen afrik. Metropolen entwickeln sich, teils klandestin, solche Subkulturen. Die vermehrte Präsenz von H. scheint unter afrik. Politikern allerdings eine neue Welle von Repression auszulösen.

🕮 M. Gevisser/E. Cameron (Hg.), Defiant Desire: Gay and Lesbian Lives in South Africa, Johannesburg 1994. – C. Dunton/M. Palmberg, Human Rights and Homosexuality in Southern Africa, Uppsala 1996. – S. O. Murray/W. Roscoe (Hg.), Boy-Wives and Female Husbands: Studies of African Homosexualities, New York 1998. – W. Dinkelberg (Hg.), Das Schweigen brechen. Menschenrechtsverletzungen aufgrund sexueller Orientierung, Berlin 1999.

Stephan F. Miescher

Horn von Afrika. Das H.v.A. umfasst das Gebiet zwischen dem Roten Meer und dem Ind. Ozean im O sowie dem Nilbecken und dem ostafrik. Hochland im W und schließt die Länder Somalia (als Kerngebiet) mit Somaliland, Dschibuti, Äthiopien, Eritrea und Kenia ein; manche rechnen auch den Sudan dazu. Natur- wie kulturgeogr. ist das H.v.A. sehr heterogen. Der Begriff wird in erster Linie in der (entwicklungs)pol. Diskussion verwendet, wenn über Dürren und Hungerkatastrophen unter der zum beträchtlichen Teil pastoralen ↗ Bevölkerung (↗ Nomadismus) sowie über die ständig neu aufflammenden Kriege berichtet wird. ↗ Nordostafrika, Völker, Kulturen und Staaten.

Fouad Ibrahim

Hottentottisch ↗ Khoisan

Humanismus bezeichnet eine Lehre, die den Menschen als freies, vernunftbegabtes Wesen in den Mittelpunkt stellt. In Afrika steht der H. im Zusammenhang mit drei Phänomenen: der Sklaverei (↗ Sklavenhandel), dem ↗ Kolonialismus und dem ↗ nachkolonialen Staat. Die Verurteilung der Sklaverei beinhaltete eine Kritik des Kolonialismus, der sich auf die Ideologie der ↗ zivilisatorischen Mission des Westens gegenüber anderen Völkern stützte. Der neue afrik. H. klagte die Würde der Völker Afrikas ein. Diese erwiesen sich damit vor den Augen der Welt als Kulturschöpfer, die eine neue, auf die Öffnung zum anderen gegründete ↗ Ethik aufstellten. So proklamierte Aimé Césaire aus Martinique die ↗ *Négritude* als H. Zu dem aus kulturellen Traditionen schöpfenden H. gehören Freiheit, Kreativität und Offenheit. Der afrik. H. steht heute vor der Herausforderung, einen demokratisch öffentl. Raum zu gestalten, in dem die wirtsch., administrativen und pol. Strukturen dem Menschen dienen (↗ Zivilgesellschaft).

Ging es hier um eine doppelte Rückeroberung – in kultureller und pol. Hinsicht – so musste der arab. H. sich nur pol. behaupten, da die Würde der arab. Kultur trotz des kolonialistischen Zugriffs anerkannt wurde. So entstanden in Nordafrika pol. ↗ Parteien mit humanistischer und oft panarab. Zielsetzung wie z. B. die Néo-Destour-Partei in Tunesien. V. a. im ↗ Maghreb gründet sich der H. jedoch auf die islam. Theologie als seine erste Inspiratorin, die das Wesen des Menschen und seinen Platz in der ↗ Gesellschaft bestimmt. Im ↗ Islam ist jedem eine Prädestination, ein Schicksal (*mektub*) gegeben. Da aber der Mensch dem ↗ Koran zufolge das ihm vorbehaltene künftige Leben nicht kennt, entscheidet er aus freiem Willen und in eigener Wahl. Diese Freiheit gegenüber anderen Menschen auf sich zu nehmen und zu wählen, weil niemand sein Schicksal kennt – das sind die beiden Hebel des arab. H. in Nordafrika.

Der H. muss heute den anthropologischen und ethischen Rahmen, der das Verhältnis des Afrikaners zu sich selbst, zu anderen, zu den pol. Institutionen und zum Absoluten strukturiert, neu bestimmen. Die Aufgabe eines afrik. H. ist es, die Grundwerte wieder aufzugreifen, die das Individuum in afrik. Gesellschaften leiten – z. B. Leben und Gegenseitigkeit –, und sie mit einer in Gestaltung begriffenen Geschichte zu konfrontieren. Dieser H. wird damit zur Aktivität, zum Projekt und zur fortwährenden Schöpfung. ↗ Philosophie, afrik.

📖 W.A. Eteki'a Mbumua, Un certain humanisme, Yaoundé 1970. – A. Laroui, L'idéologie arabe contemporaine, Paris 1967. – K. Kaunda, A Humanist in Africa, Nashville 1966.

Jean-Godefroy Bidima

Hyksos ↗ Altägypten, ↗ Nubien

Ibaditen ↗ islamische Rechtsschulen

Ideophon (»Lautbild«), Wortart, die in den meisten afrik. Sprachen vorkommt und auf lautmalerische oder lautsymbolische Weise bestimmte Handlungen oder Ereignisse mit feinsten Bedeutungsnuancen beschreibt bzw. näher qualifiziert. Fast immer stellen I. eine bes. morphologische und syntaktische Klasse dar, die in europ. Sprachen kein Äquivalent hat. Auch eine Übersetzung lässt sich oft nur ansatzweise geben, da I. in hohem Maße mit dem Sprachgefühl der jeweiligen Muttersprachler verbunden sind. Ein gängiges Merkmal von I. ist die ungewöhnliche Lautgestalt. Eine Rolle spielen in der Lautsymbolik afrik. Sprachen z.B. Phänomene wie Tonhöhe (↗ Tonsprache), Anzahl und Art der Vokale, Beschaffenheit der Konsonanten sowie die Silbenstruktur. So ist ein Hochton im Kwami (Nigeria) häufig mit dem Konzept kleiner, flüchtiger Objekte und schneller Handlungen, ein Tiefton mit etwas Großem, Dauerhaftem assoziiert: *bíríí* »plötzlich unvermutet hervortreten«, *kúkkúy* »klitzeklein, kaum sichtbar«; *bùyà* »Geräusch einer Herde, die gemächlich getrieben wird«, *gìngìrìm* »groß und mächtig; Einfluss haben«. Im Ewe (Ghana, Togo) existieren vergleichbare Lautbilder, bei denen hohe Töne, kurze vordere Vokale und stimmlose Konsonanten etwas Kleines, Feines, Festes ausdrücken und tiefe Töne, hintere Vokale und stimmlose Konsonanten etwas Großes, Weiches symbolisieren: *píapía* »auf kleinen Füßen gehen«, *bòhòbòhò* »Gang eines korpulenten, schwerfälligen Menschen«.

📖 D.P. Kunene, The Ideophone in Southern Sotho, Berlin 1978. – R. Leger, Eine Grammatik der Kwami-Sprache (Nordostnigeria), Köln 1994. – D. Westermann, Laut, Ton und Sinn in westafrik. Sudansprachen. In: Festschrift Meinhof, Hamburg 1927, S. 315–328.

Anne Storch

Idiophone (Selbstklinger), ↗ Musikinstrumente, deren Material, z.B. Holz oder Metall, als Klangelement dient, das als Ganzes, also ohne Zuhilfenahme einer Membrane, Saite etc., in Schwingung versetzt wird, wie z.B. ↗ Lamellophone, ↗ Xylophone, ↗ Doppelglocken und ↗ Rasseln.

Ife gilt nach populären Traditionen der Yoruba (Nigeria) als derjenige Ort, an dem die Welt erschaffen wurde. Die Stadt liegt in der Übergangszone zwischen der Savannen- und Waldregion im SW des heutigen Nigeria und wird von vielen Yoruba als ihr spirituelles und rituelles Zentrum betrachtet. Sie dient als Residenz des ↗ Oni von Ife, des höchsten Würdenträgers der Yoruba.

Nach einer weitverbreiteten Tradition wurde I. gegründet, indem Oduduwa, der Sohn des Himmelsgottes Olorun, sich vom Himmel herabließ und mit Hilfe eines fünfzehigen Huhnes mittels Sand auf einer Wasserfläche die Erde und I. als ersten Ort schuf. Andere Traditionen berichten von einer Wanderung Oduduwas und seiner Gefährten aus dem Osten nach I., wobei Oduduwa von den Kanaanäern oder einem König aus Mekka abstammen soll. Auf Oduduwa als Gründer von I. und dem Yoruba-Königtum führen sich nicht nur die zahlreichen ↗ Könige der Yoruba zurück (↗ Yoruba-Staaten), sondern auch das Herrscherhaus des Edo-Reiches von ↗ Benin.

Bekannt in der westl. Welt ist I. seit Beginn des 20. Jh., als Leo Frobenius dort Terrakotten, Metallarbeiten und Steinskulpturen fand. Ihr für das subsahar. Afrika ungewöhnlich naturalistischer und idealisierter Stil verleitete ihn zu der Meinung, Platons Atlantis gefunden zu haben. Bei diesen Plastiken handelt es sich meist um sehr fein und differenziert gearbeitete Darstellungen menschlicher Köpfe und Figuren. Die Metallplastiken sind im Wachsausschmelzverfahren gefertigt und bezeugen die hohe Meisterschaft ihrer Schöpfer. Die damalige Erscheinung der Stücke unterschied sich aber wohl deutlich von der heutigen, weil sie ursprünglich bemalt und mit Haaren, Bärten und Kopfbedeckungen versehen waren.

Ihre frühere Funktion ist bislang ungeklärt. Möglicherweise dienten sie als Gedenkköpfe und -figuren auf den Schreinen oder als Utensilien für die zweite und endgültige Bestattung von Würdenträgern. Jedenfalls dürften sie auf gesellsch. Stratifizierung und Patronage von Kunst hinweisen, weil das prestigeträchtige Kupfer in die Region importiert werden musste. Dabei ist ungesichert, ob nur das Material oder bereits die Stücke selbst nach I. gebracht wurden, da vor dem 20. Jh. dort keine Gießertraditionen aufgefunden werden konnten.

Archäolog. Grabungen legen eine Besiedlung von I. seit spätestens dem 9.–10. Jh. nahe; die Befunde häufen sich für die Zeit vom 12. bis zum 15. Jh. Über die Entwicklung der Stadt selbst ist allerdings fast nichts bekannt, zumal die bislang entdeckten Stadtmauern nicht zuverlässig datiert sind. Die ↗ Plastiken werden in ihrer Mehrzahl dem Zeitraum vor dem 17. Jh. zugeordnet, wobei der Höhepunkt der Kunst von I. in das späte 14. und frühe 15. Jh. gelegt wird. Diese Angaben sind jedoch problematisch, weil eine kritische Studie der Fundumstände und eine umfassende Betrachtung der Beziehungen von I. zu den künstlerischen und rituellen Traditionen der Nachbarregionen noch aussteht und es sich bei den meisten Stücken aus I. um Oberflächenabsammlungen handelt, bei denen jeglicher stratigraphische Kontext fehlt.

🕮 G. Connah, African Civilizations, Cambridge 1987. – A. Wardwell (Hg.), Yoruba-Nine Centuries of African Art and Thought, New York 1989. – F. Willett, Ife in the History of West African Sculpture, London 1967.

Stefan Eisenhofer

IGAD ↗ regionale Organisationen

Igbo (Sprache) ↗ Benue-Kongo, ↗ Literaturen in afrik. Sprachen: Westafrika

Inder. Indische Handelsbeziehungen zu Ostafrika gehen bis in das 1. Jh. v. Chr. zurück. Im 16. Jh. fanden die Portugiesen ind. Kaufleute längs der Küste vor. Ihre Anzahl nahm im 19. Jh. zu; sie dominierten den Handel von Äthiopien bis Mosambik. Um 1880 lebten allein 6.000 I. in der Stadt ↗ Sansibar und anderen Häfen. Für den Bau der Uganda-Bahn wurden ab 1896 ind. »Kulis« angeworben. Nur 20% der 39.000 rekrutierten Arbeiter blieben in Ostafrika, doch der Eisenbahnbau führte zu verstärkter Einwanderung von I., die in jeder Kleinstadt im Hinterland bis weit in den Kongo hinein lebten und ihren Lebensunterhalt als Ladenbesitzer oder Exportkaufleute bestritten. Am Ende der Kolonialherrschaft lebten in Ostafrika bei 25 Mio. Einwohnern 350.000 I. (0,01%), die als Hindus, Muslime, Sikhs und Christen keine homogene Gruppe darstellten. Nach der Unabh. führte die wirtsch. Macht der ind. Bev. zu Repressalien, die 1971 in der Enteignung und Ausweisung sämtlicher I. aus Uganda durch Idi Amin ihren Höhepunkt fanden. Diese Maßnahme wurde 1990 von Präsident Museveni zurückgenommen. Heute hat sich die Zahl der I. auch aufgrund der pol. Instabilität der Region stark verringert.

In der Mitte des 19. Jh. wurden I. als Vertragsarbeiter für die Zuckerrohrplantagen auf Mauritius und Réunion angeworben, wo sie nun die Hälfte bzw. ein Viertel der Bev. stellen. In Südafrika, insbes. Natal, arbeiteten I. seit dem 17. Jh. auf den Zuckerplantagen, später auch auf Farmen, beim Straßen- und Eisenbahnbau und als Hauspersonal. 1913 organisierten die I. unter Führung Ghandis einen Streik gegen die Rassendiskrimierung. Beim Kampf gegen die ↗ Apartheid unterstützten sie den ANC. ↗ Afrikanisierung, ↗ Minderheiten, ↗ Ostafrika, Völker, Kulturen und Staaten.

🕮 I. Rothermund, Die pol. und wirtsch. Rolle der asiatischen Minderheit in Ostafrika, Berlin 1965. – C. Molt, Minderheiten im Transformationsprozess. I. in Durban, Münster 1998.

Abdul Sheriff

Indirekte Herrschaft/*indirect rule* ist ein Begriff zur Umschreibung einer spezifischen Form des ↗ Kolonialismus, die insbes. in Afrika entwickelt und praktiziert wurde. Kernelemente dieser kolonialen Herrschaftsform wurden vom brit. Empire konzipiert und praktiziert, aber auch in Dt.-Ostafrika angewandt, z. B. in der Residentur Ruanda. Sie bestand in der Delegierung von Verwaltungsbefugnissen und -kontrolle an einheimische Herrscher, die durch Ausübung der lokalen Macht vom Kolonialsystem profitierten und dadurch zum Bestandteil der etablierten Strukturen fremdbestimmter Herrschaft wurden. Zugleich oblag ihnen die Aufgabe der inhaltlichen Festlegung heimischer ↗ Traditionen, auf deren Grundlage sie die Rechtshoheit (einschl. der Rechtsprechung) in ihrem Einflussbereich ausüben durften.

Die Schaffung solcherart getrennter, aber untergeordneter Staatsstrukturen innerhalb einer als Kolonie definierten territorialen Einheit vollzog sich erstmals in Südafrika und später in Westafrika (wo diese Herrschaftsform v. a. in Nigeria perfektioniert wurde). In Natal wurde bereits Mitte des 19. Jh. ein zweigeteiltes System geschaffen, das die Gesellschaft in ein modernes (»zivilisiertes«) Segment für die Kolonisatoren und in – auf diverses sog. Stammesrecht basierende – Untergliederungen für die Kolonisierten teilte. Die Definition dessen, was traditionelles (Stammes-)Recht war, oblag dem Wechselspiel zwischen Kolonisatoren und dem lokalen Herrscher, der als »Häuptling« einer spezifisch definierten Bev. anerkannt wurde. Sowohl die Wahl eines »Häuptlings« wie auch die Festlegung seiner lokalen »Untertanen« vollzog sich im weiteren Verlauf der Anwendung i. H. mitunter relativ spontan und willkürlich. So wurden Stämme (↗ Stamm, ↗ Ethnizität) geschaffen und Traditionen erfunden, die es zuvor zumindest in dieser Form nicht gegeben hatte. In gewisser Weise billigte i. H. den davon Betroffenen auf der Grundlage eines paternalistischen Verständnisses von eigenständiger Verwaltung in festgelegten Gebieten ein begrenztes Selbstbestimmungsrecht zu, das in den Kolonien mit direkter kolonialer Herrschaftsausübung (zumeist den Siedlerkolonien) keine oder nur eine unwesentliche Rolle spielte. In Natal wurde das über fast ein halbes Jahrhundert im Wechselspiel entstandene traditionelle Stammesrecht erstmals 1891 kodifiziert, bevor es schließlich 1927 in ganz Südafrika etabliert wurde. Die von der afrikaanssprachigen Bev. Südafrikas während der 1950er und 1960er Jahre unter der ↗ Apartheid systematisierte »getrennte Entwicklung« kann so besehen als Kontinuität und Kulminationspunkt einer Logik der i. H. gelten.

Zur vollen Entfaltung gelangte i. H. nach der systematischen Ausformulierung als koloniales Herrschaftskonzept durch den bei der inhaltlichen Gestaltung des brit. Kolonialismus wesentlich beteiligten Lord Lugard. Sie basierte auf der Politik einer institutionalisierten Trennung, wobei die Kontrolle der »Eingeborenen« (*natives*) durch die eingesetzten Häuptlinge erfolgte. Dabei war die Kolonialbehörde bei der Erfindung neuer, ihr opportuner Traditionen keinesfalls zimperlich. So wohnte den geschaffenen und anerkannten Instanzen i. H. eine mitunter recht kreative Mischung aus tatsächlich zuvor bestehendem lokalen Rechts- und Kulturverständnis sowie dessen relativ eigenmächtiger Abwandlung und auch Ergänzung um bis dahin nicht vorhandene Elemente inne. Dieser Prozess konnte ab etwa 1920 als abgeschlossen gelten. Formen i. H. galten seither als die allg. akzeptierte Herrschaftspraxis des brit. Kolonialismus gegenüber den »Eingeborenen« (ein diskriminierender Terminus, der als integraler Bestandteil i. H. und deren ideol. Grundsubstanz verstanden werden kann).

🕮 M. Mamdani, Citizen and Subject. Contemporary Africa and the Legacy of Late Colonialism, London 1996.

Henning Melber

Industrialisierung gilt seit der Industriellen Revolution in England im 18. Jh. als der wichtigste Motor für wirtsch. Entwicklung. Als I. im engeren Sinne bezeichnet man das Wachstum der industriellen Produktion in neuen Sektoren und Regionen. Die Regierungen versuchen dieses mit ihrer Industriepolitik zu steuern, denn die I. stellt erhebliche Anforderungen an einen allg. gesellsch. Wandel von Normen, Institutionen und Verhaltensweisen. Erst diese I. im weiteren Sinne schafft die Grundlagen für eine erfolgreiche I. im engeren Sinne.

I. Industrialisierung im engeren Sinne. Afrika gehört zu den am geringsten industrialisierten Regionen der Welt. In vielen Ländern trägt die Industrie mit weniger als 10% zum BIP bei, in stärker industrialisierten Ländern gerade 20% (z. B. Südafrika, Nigeria, Simbabwe, Kamerun). Trotz seiner Bedeutung als Rohstoffproduzent gilt Südafrika als der »Industriegigant« im subsahar. Afrika, dessen industrielle Produktion die des folgenden Landes – Nigeria – um etwa das Achtfache übertrifft.

Die I. Afrikas begann in Ägypten. Schon im frühen 19. Jh. versuchte Gouverneur Mehmed Ali eine binnenorientierte I., die an der erzwungenen Öffnung für Produkte aus England scheiterte. Eine urbane Industrie entwickelte sich Anfang des 20. Jh. in den großen, von Weißen besiedelten Städten Nord- und Südafrikas und auch wieder in Ägypten. Erst sehr spät entstand dagegen im subsahar. Afrika eine Industrie, mit Ausnahme einiger »Inseln«, in denen Rohstoffe für den Export bearbeitet wurden. Zu diesen zählen die Hüttenkomplexe an den Bergbaustandorten Shaba (Kongo), Copperbelt (Sambia) und Witwatersrand (Südafrika). Gelegentlich wurden Verarbeitungsbetriebe auf Plantagen (↗ Plantagenwirtschaft) errichtet.

Die I. des subsahar. Afrikas begann nur zögerlich in der Kolonialzeit. Alle Kolonialmächte haben das Aufkommen einer auf den Binnenmarkt ausgerichteten Industrie in Afrika unterdrückt, obwohl die einzigen dort tätigen Unternehmer entweder der Kolonialmacht oder nichtafrik. Minoritäten angehörten. Nur in Zeiten unbeabsichtigter Abschottung entstanden Industriebetriebe, v. a. im Zweiten Weltkrieg, bei der Isolierung Rhodesiens während der von Präsident Ian Smith erklärten Unabh. oder im nigerianischen Biafra-Sezessionskrieg (↗ Kriege/Bürgerkriege). Nach der Wiedereingliederung in die weltwirtsch. Arbeitsteilung mussten die meisten Betriebe wegen der neu einsetzenden Konkurrenz wieder schließen. Eine Ausnahme bilden die in

Ostnigeria von Einheimischen aufgebauten Industrien, die nach der wiederhergestellten nat. Einheit weiter aufblühten.

So leidet die I. Afrikas heute einerseits noch unter den Folgen des ↗ Kolonialismus, andererseits aber unter einer unangemessenen Industrialisierungspolitik der unabh. Regierungen. Zwar boten die Agroindustrien – z. B. Plantagen für Tee, Zuckerrohr, Ananas –, Energie aus Wasserkraft nutzende Industrien – z. B. Aluminiumhütten am Volta-Stausee (Ghana), Edea (Kamerun) –, Rohöl verarbeitende Industrien – bes. in Nigeria – und holzverarbeitende Industrien in West- und Zentralafrika relative frühe Ansatzpunkte für eine exportorientierte I., doch entwickelte sich erst nach der Unabh. mit der schnell einsetzenden ↗ Urbanisierung eine städt. Konsumgüterindustrie zur Versorgung des Binnenmarktes. Entgegen der großen Verfügbarkeit gering qualifizierter Arbeitskräfte, aber der Knappheit an Kapital in afrik. Volkswirtschaften wurden aufgrund staatl. Regulierungen bevorzugt kapitalintensive Großindustrien errichtet. Da kaum Zwischenprodukte und Investitionsgüter hergestellt werden, fehlt es weitgehend an einer landesinternen Verflechtung der afrik. Industrie. Sie ist regional sehr ungleich verteilt, wenig auf Export ausgerichtet und von geringem technologischen Niveau; kurz, internat. kaum wettbewerbsfähig. Die Krisen der 1980er und 1990er Jahre haben in vielen Staaten (bes. Westafrikas) sogar zu einer De-Industrialisierung geführt.

Oft wird übersehen, dass in diesen 20 Jahren dennoch eine I. durch kleine ↗ Unternehmen bzw. ↗ Mikrounternehmen stattgefunden hat. In einigen Städten sind lokale *Cluster* vieler kleiner, arbeitsintensiv produzierender und untereinander sowohl kooperierender als auch in Wettbewerb stehender Betriebe herangewachsen, die Ausgangspunkt für eine neue Art der I. für lokale Bedürfnisse sind. So entstanden z. B. Gewerbe für Bekleidung in Nairobi (Kenia), der Autoreparatur in Thika (Kenia), Kumasi (Ghana) und Bamenda (Kamerun), für Metallprodukte in Kumasi (Ghana), für Autoersatzteile in Nnewi (Nigeria) sowie für Schuhe und Lederwaren in Aba und Onitsha (Nigeria). Sie beziehen ihre Wettbewerbsfähigkeit auf dem Binnenmarkt durch teils familienbezogene Netzwerke, Kooperation, informelle Finanzierung, gemeinsame Anstrengungen zur Behebung von Defiziten der Infrastruktur etc. Diese Zusammenarbeit, die den beteiligten Unternehmen Wettbewerbsvorteile ermöglicht, ist aufgrund von Vertrauensbeziehungen gewachsen, die durch kulturell gebundene Institutionen (Regelsysteme) an wenigen Orten Afrikas entstanden.

II. Direkte Industrialisierungspolitik. Seit den 1960er Jahren haben viele afrik. Regierungen der I. eine Schlüsselrolle zugemessen. Die Industriepolitik war jedoch im Ganzen wenig erfolgreich: Es blieb bei der aus der Kolonialzeit stammenden Ausrichtung der Länder auf die ehem. Kolonialmacht – die teils weiterhin erheblich Einfluss nahm –, es fehlte eine einheimische Unternehmerschicht, und schließlich waren die gewählten Strategien unangemessen. Lokale Unternehmer aus ↗ Minderheiten wurden zur Aufgabe ihrer Betriebe gezwungen, und zugleich verhinderten Regierungen das Aufkommen einheimischer Unternehmer. In manchen Ländern hat allerdings die ↗ Afrikanisierung des Handels die Investitionen von Minderheiten erst in die I. gelenkt, z. B. in Nigeria und Kenia. Afrik. Regierungen haben überall den Aufbau einer kapitalintensiven Industrie durch Staatsunternehmen und multinat. Unternehmen bevorzugt, und zwar sowohl in Ländern, die das Entwicklungsmodell der Marktwirtschaft, als auch in Ländern, die das Entwicklungsmodell des afrik. ↗ Sozialismus und der ↗ *self reliance* (Tansania) einschlugen. Folglich entstanden große Industrieeinheiten, deren Kapazitäten nie ausgeschöpft wurden, in einem pol. und ökonom. System der ↗ Rentenökonomie.

Zugleich folgt die Industriepolitik vielfach einer Strategie der Importsubstitution, die auf den Ersatz von Importgütern durch Eigenproduktion ausgerichtet ist. Diese Politik hat nur bei Endprodukten, insbes. Konsumgütern, Erfolg, im Übrigen steigende Importe von Ausrüstungsgütern und Vorprodukten, wachsende Abhängigkeit vom Ausland, Verhinderung von Produktivitätszuwächsen bei geringem Absatz in kleinen Ländern etc. zur Folge. Importsubstitution hat damit erheblich zur Fragmentierung und gleichzeitiger Außenabhängigkeit der Industrie Afrikas beigetragen. In keinem Land konnte so auf Dauer eine eigenständige I. erreicht werden.

Die exportorientierte Industriepolitik hat nur in kleinen Ländern Erfolg gehabt, die das Modell einer arbeitsintensiven, auf niedrigen Löhnen basierenden I. in sog. freien Produktionszonen verfolgten (z. B. Mauritius). In diesen Zonen werden nat. Regulierungen weitgehend außer Kraft gesetzt, um ausl. Investoren anzuziehen, die ausschließlich für den Export produzieren. Länder, die den Weg der exportorientierten I. mit rohstoffverarbeitender Industrie wählten, sahen sich einer weltweit zunehmenden Konkurrenz bei gleichzeitig abnehmender Nachfrage nach ihren Produkten in den Industrieländern ausgesetzt und scheiterten u.a. an fallenden Weltmarktpreisen. Schließlich haben wirtsch. Schocks durch Dürrekatastrophen, Bürgerkriege und Ölkrisen maßgeblich zum Misserfolg der afrik. Industrialisierungspolitik beigetragen.

Die Auflösung der engen pol. Bindungen an die ehem. Kolonialmächte, die lange auch durch die ↗ Lomé-Abkommen mit der EU aufrecht erhalten wurden, die Maßnahmen zur ↗ Strukturanpassung von IWF und Weltbank sowie die neuen Formen der Globalisierung erzwingen heute veränderte industriepol. Strategien. Zur Überwindung der seit nahezu dreißig Jahren anhaltenden Krise der afrik. Industrie wird eine flexible und zugleich umfassende neue Industriepolitik erforderlich, die u.a. Formen der Importsubstitution mit denen der Exportorientierung verbinden muss.

III. Industrialisierung im weiteren Sinne. Hemmnisse für eine I. liegen weitgehend in den herrschenden pol. und sozialen Verhältnissen in afrik. Ländern. Die rentenökonom. Verhältnisse haben das Aufkommen einer einheimischen Unternehmerschaft weitgehend verhindert. Regierungen haben die Währungen oft überbewertet, was Kapitalflucht und die Möglichkeit des Erzielens von Renten (*rent seeking*) zur Folge hatte. Auch wurde u.a. durch Staatseingriffe die Entwicklung eines funktionsfähigen Bankensektors, der Industrieinvestitionen zu ausgewogenen Zinsen finanzieren könnte, verhindert. Pol. Instabilitäten, Wirtschaftskrisen durch starke Außenabhängigkeit und Staatskonsum (z.B. in Rüstungsgütern) haben dazu beigetragen, dass wenig in die notwendigen Infrastrukturen investiert wurde. In Afrika fehlt es an einer Technologiepolitik und Industrieforschung. Das Bildungssystem geht an industriellen Aktivitäten vorbei. Das Rechtssystem schützt weder eigene technische Innovationen noch Markennamen afrik. Unternehmen. So steht Afrika grundsätzlich vor einer Schwäche der sozialen Institutionen, die für einen eigenständigen Industrialisierungsprozess notwendig wären. Aus der Fragmentierung der nat. sozialen Systeme erwächst eine Inkohärenz, die I. im engeren Sinne weitgehend verhindert. Wo abseits der pol. Einflussnahme solche kohärenten sozialen Systeme in der kleingewerblichen Produktion dennoch heranwachsen, werden sie gegenwärtig weder von den eigenen Regierungen noch von den zunehmend mächtiger werdenden internat. Organisationen wie Weltbank oder WTO gefördert. ↗ Außenwirtschaft, ↗ Stadt, ↗ Stadtplanung, ↗ Transportsysteme, ↗ Umweltschutz.

📖 Ph. Hugon, L'économie de l'Afrique, Paris 1993. – R. Kappel, Industrielle Entwicklung oder De-Industrialisierung in Afrika? In: Nord-Süd aktuell 8 (1994), S. 617–636. – S. Lall/S. Wangwe, Industrial Policy and Industrialisation in Sub-Saharan Africa. In: Journal of African Economies 7 (1998), Suppl. 1, S. 70–107. – D. McCormick, Enterprise Clusters in Africa: On the Way to Industrialisation? Brighton 1998. – P.O. Pedersen/D. McCormick, African Business Systems in a Globalising World. In: Journal of Modern African Studies 37 (1999), S. 109–133.

Eike W. Schamp

Infibulation ↗ Beschneidung

Informeller Sektor, zusammenfassender Begriff für überwiegend kleinbetrieblich organisierte Arbeit in Produktion und Handel, zumeist staatl. wenig reguliert oder statistisch erfasst, eine quantitativ bedeutende Form der wirtsch. Tätigkeit in den Städten fast aller EL (Entwicklungsländer).

Ältere Theorien über den Arbeitsmarkt in EL legten ein duales Modell zugrunde. Demnach wandern Arbeitskräfte im Zuge des Entwicklungsprozesses vom traditionellen landwirtsch. Sektor in den modernen städt. Industriesektor ab (↗ Migration). Dort, wo eine Absorption nicht sofort möglich wäre, würden übergangsweise Gelegenheitsarbeiten angenommen. Im Laufe der 1970er Jahre erkannte man, dass diese Tätigkeiten keinesfalls temporär waren, sondern häufig eine lebenslange Beschäftigungsform und dass es sich überdies um eine Lebens- und Arbeitsweise mit eigenen, für EL typischen Charakteristika handelte. Zudem zeigte sich hier kein marginales Phänomen, sondern ein zentrales Moment der Volkswirtschaften von EL. Der brit. Sozialanthropologe Keith Hart führte 1973 bei einer Untersuchung dieser Tätigkeiten in Accra (Ghana) dafür den Begriff des i.S. ein. Zur gleichen Zeit definierte eine ILO-Studiengruppe in Kenia den i.S. aufgrund von sieben Kennzeichen: (1) dem Fehlen von Zutrittsbarrieren für Neuankömmlinge, (2) der Nutzung vorwiegend einheimischer Ressourcen, (3) der auf ↗ Familien basierenden und (4) kleinbetrieblichen Organisation der ↗ Unternehmen, (5) der arbeitsintensiven und den lokalen Verhältnissen angepassten Technologie, (6) dem Kompetenzerwerb außerhalb des formalen Bildungssystems sowie (7) der unregulierten und wettbewerbsintensiven

Märkte in diesem volkswirtsch. Sektor. Die Aktivitäten im i. S. werden nicht mehr als rückständig und der Entwicklung hinderlich angesehen, sondern sie demonstrieren ein beachtliches unternehmerisches Potenzial dieser Bevölkerungsgruppe mit großer Bedeutung für den Entwicklungsprozess.

Kritiker wiesen v. a. auf die große Heterogenität der Betriebe und Arbeitsverhältnisse hin, die als »informell« zusammengefasst werden sollten, andere hielten auch den volkswirtsch. Begriff »Sektor« für nicht anwendbar. Manche sprechen deshalb unter Berücksichtigung v. a. der betrieblichen Organisationsform von einem Kleingewerbesektor, womit allerdings ebenfalls höchst heterogene Lebens- und Produktionsformen zusammengefasst werden. Andere stellen den Haushalt in den Mittelpunkt und diskutieren Arbeitsverhältnisse und Einkommensmöglichkeiten im Zusammenhang der Lebensbedingungen einer *community of the poor.* Wissenschaftler, die den Begriff i. S. weiterhin benutzen, weil er eine sinnvolle Erweiterung der ökonom. Analyse durch Ansätze anderer Disziplinen ermöglicht, beschränken sich meist auf zwei Hauptkriterien: kleinbetriebliche Produktionsweise und Vermeidung staatl. Regulierungen (und dadurch auch fehlende Erfassung in volkswirtsch. Statistiken). Die ILO spricht heute von informellen Wirtschaftseinheiten, wenn das wirtsch. Hauptziel die Schaffung einer Beschäftigungsmöglichkeit für den Betreiber selbst ist, ein niedriger Organisationsgrad (Kleinbetrieb, ↗ Mikrounternehmen) besteht und der Besitz der Produktionsfaktoren Arbeit und Kapital zusammenfällt. Empirisch gibt es häufig Überschneidungen zwischen den versch. Kriterien. Die kleinbetriebliche Organisationsform kann i.d.R. als eine Annäherung an den i. S. angesehen werden, mehr noch als die unterlassene Registrierung. So haben zwei Drittel der Kleinbetriebe in Niger eine Gewerbelizenz, in Swasiland etwas mehr als die Hälfte. Vorschriften zur Arbeitssicherheit werden aber nur von 7% der nigrischen Kleinbetriebe eingehalten und von 19% der swasischen.

Heute arbeiten bis zu zwei Drittel der städt. Bev. Afrikas im i. S. Neue Arbeitsplätze entstehen fast ausschließlich in diesem Sektor, v. a. durch Betriebsneugründungen. Unternehmen im i. S. haben allerdings meist nur eine kurze Lebensdauer: Zwei Drittel aller Neugründungen bestehen nicht länger als drei Jahre. Vorherrschende Tätigkeiten sind Handel und Dienstleistungen (z. B. Kleintransporte) sowie die Warenproduktion (↗ Schneiderei, Möbelherstellung und Metallbearbeitung). ↗ Frauen haben meist einen gleich hohen Anteil an der informellen Beschäftigung wie Männer, konzentrieren sich aber auf weniger Branchen, wie Nahrungsmittelzubereitung, Kleinhandel und persönliche Dienstleistungen, u. a. als Friseusen. Je ärmer eine Volkswirtschaft, gemessen am durchschnittl. Pro-Kopf-Einkommen, desto mehr Menschen arbeiten informell. Dies hängt damit zusammen, dass informelle Betriebe einkommensunelastisch nachgefragte Güter herstellen, d. h. dass diese Güter v. a. von Konsumenten mit niedrigen Einkommen nachgefragt werden, während mit steigenden Einkommen industriell gefertigte Standardprodukte bevorzugt werden. Formelle und informelle Aktivitäten sind jedoch häufig miteinander verzahnt: auf der Ebene der Akteure durch Einkommen, das gleichzeitig in beiden Sektoren erzielt wird, aber auch durch Beschäftigte, die zwischen beiden Sektoren wechseln. Auf der Ebene der Unternehmen erweist sich der i. S. als wichtiger Zulieferer für formelle Unternehmen, wobei engere Formen der Zusammenarbeit, z. B. Unterauftragnahme, oft an gesetzlichen Regelungen scheitern. Die Mehrheit der informellen Betriebe beschäftigt nur eine Person, jedoch bilden die Betriebe häufig spontane *Cluster* (bspw. unterschiedliche Automobilhandwerke in einer gemeinsamen Ansiedlung) und kompensieren so die Nachteile des Kleinbetriebs wie die mangelnde Breite des Angebots. Die Lohnsätze im i. S. nähern sich von unten dem Minimallohn im formellen Sektor an und sind i. Allg. höher als in der ↗ Landwirtschaft. Die Unternehmereinkünfte im i. S. sind extrem unterschiedlich, einige bei gleichen Ausbildungsvoraussetzungen weit höher als im formellen Sektor der Volkswirtschaft. Meist niedriger sind hingegen die Einkommen der abhängig Beschäftigten und die Einkommen in Branchen mit niedrigen Eintrittsbarrieren, die als sog. Arbeitsmarktschwamm fungieren. Obwohl eine Ausbildung die Einkommen im i. S. positiv beeinflussen kann, ist die anfängliche Kapitalausstattung i.d.R. der entscheidende Faktor.

Die Hoffnungen, die sich mit einer erfolgreichen Entwicklung des i. S. verbinden, sind so heterogen wie seine Akteure: Während im unteren Teil des Sektors v. a. eine Verbesserung der Lebensbedingungen erreicht werden soll, könnte der obere Teil zu volkswirtsch. Dynamik und zur Entstehung eines Mittelstandes beitragen. Eine Förderpolitik für den i. S. muss dieser Heterogenität Rechnung tragen. Entwicklungspol. empfohlen werden einerseits betriebswirtsch. Förderprogramme, z. B. die Kreditvergabe an vielversprechende Unternehmer, gesichert etwa durch gegenseitige Bürgschaften einer Kleingruppe anstelle der nicht vorhandenen banküblichen Sicherheiten. Andererseits gibt es Projekte, die unabh. vom vermuteten Wachstumspotential des Gewerbes Menschen dabei unterstützen, durch *self employment* eigenes Einkommen zu erzielen, ergänzt durch eine Verbesserung der Lebensbedingungen, also Slumsanierung (↗ Slums, ↗ Squattersiedlungen), ↗ Gesundheitsversorgung oder Frauenförderung. Zudem wird der Abbau institutioneller Diskriminierung der Unternehmen des i. S., z. B. bei der Kreditvergabe oder dem Zugang zu Importen, und die makroökonom. Stützung durch staatl. Nachfrageschaffung empfohlen. ↗ Finanzsektor, ↗ Stadt, ↗ Urbanisierung.

📖 African Development Perspectives Yearbook, Bd. 4: Active Labour and Employment Policies, Münster 1996. – K. Hart, Informal Sector Income Opportunities and Urban Government in Ghana. In: Journal of Modern African Studies 11 (1973), S. 61–89. – Ch. Reichert/N. Boschmann, Förderung von Kleingewerbe und Handwerk. Erfahrungen im informellen Sektor, Eschborn 1995.

Hans H. Bass/Markus Wauschkuhn

Informelle Siedlungen ↗ Slums, ↗ Squattersiedlungen

Initiation ist ein ritualisierter Vorgang, der meist den Übergang in eine neue, dem natürlichen Lebensalter entsprechende Altersstufe (↗ Kindheit, ↗ Jugend, Erwachsenenzeit, ↗ Alter) markiert (↗ Ritual). Bes. ausgeprägt und von langer Dauer ist die I. männl. Jugendlicher in einigen durch ↗ Altersklassen gekennzeichneten Gesellschaften wie bei den ostafrik. Maasai. Auch Mädchen werden vielfach in ritualisierten Übergangsphasen initiiert und auf ihre künftige Rolle als Ehefrau und Mutter vorbereitet. In zahlreichen randislam. Gesellschaften und großen Teilen Ost- und NO-Afrikas gehört dazu auch die ↗ Beschneidung der Frau. Die Selbstverständlichkeit, mit der sich der volle Personenstatus – und damit verbunden die individuelle und kollektive Identität – auf die Beschneidung und I. gründet, lässt die medizinische und soziale Kritik an der Weiterführung dieser Praxis oft abprallen.

Die I. geht meist mit schmerzhaften Eingriffen in den Körper, Prüfungen und Angsterfahrungen einher. Die Initianten erleben einen symbolischen Tod, mit dem die alte Lebensphase endet, und eine Wiedergeburt, die die neue Lebensphase einleitet. Wichtig ist, dass sich die Initianten der Prüfung oder dem schmerzhaften Eingriff stellen. Dies können relativ späte Beschneidungen sein, aber auch das Anlegen von Schmucknarben, Tätowierungen oder Bemalungen. Bei den Hamar (Äthiopien) stellt der »Sprung über die Rinder« die mit Angst und Hoffnung erwartete Prüfungssituation dar. Bei der I. wird das Verhältnis zwischen Tod und Wiedergeburt auf dem Höhepunkt der Rituale oft dramatisch ausagiert. In vielen Generationsklassensystemen in NO-Afrika, wo der volle Erwachsenenstatus erst mit dem 40. Lebensjahr erreicht wird, beinhaltet die I. eine späte, schmerzhafte Beschneidung. Bei den Sidamo (Äthiopien) stellen sich dann die Männer, die eben noch starke, erwachsene Krieger waren, ostentativ als geschwächte Alte dar. Manchmal gehört zu der I. auch eine rituelle Isolierung. Ältestengruppen können dabei als rituelle Beschützer auftreten und so Verbindungen zwischen den Generationen festlegen. Bei den Bassari (Senegal) z. B. findet die Beschneidung der Männer zwischen dem 15. und 20. Lebensjahr statt. In Waldaufenthalten – der Isolierungsphase – werden sie von Patinnen betreut und zu einem gegenüber ihrem tatsächlichen Alter regressiven, kindlichen Verhalten gezwungen, dessen Einhaltung durch ältere Jugendliche überwacht wird. Ziele dieser Übung sind Gehorsam und Selbstkontrolle. Initiationsrituale können öffentl., halböffentl. oder ganz im Verschwiegenen stattfinden, wie z. B. bei den Frauen der Senufo (Elfenbeinküste) im Sandogo-Geheimbund (↗ Bünde).

In der außerafrik. Wahrnehmung erscheinen afrik. Initiationsrituale meist doppelt verfremdet. Zum einen werden sie auf den dramatischen Höhepunkt verkürzt, der durch mehr oder weniger spektakuläre artistische Ritualsequenzen (↗ Tanz, ↗ Gesang) gekennzeichnet ist. Tatsächlich sind diese Sequenzen aber Höhepunkte von Übungs-, Lern- und Lehrprozessen, die jahrzehntelang dauern können, wie etwa bei den Maasai. Zum anderen erscheint das mit der I. verbundene Wissen von einer Aura des Geheimnisvollen umgeben, selbst wenn es im Kern um sehr weltliche Dinge geht. Die Vermittlung der relig. Aspekte der jeweiligen Gesellschaften steht bei der I. aber im Mittelpunkt. Die Übergänge zum vollen Erwachsenenstatus sind kollektive Ereignisse, die Bruchstellen im Alltag markieren, durch die das Übernatürliche in die Welt kommt.

Im Schatten der relig. Aspekte wird v.a. auch praktisches Alltagswissen vermittelt, das mit der neuen Lebensstufe zusammenhängt (z.B. Kleidung, Körperhaltung, Moral, Sprachstile). Lange Phasen der Einführung in neue Wissensbestände und Verhaltensweisen, die den Status des gereiften Erwachsenen kennzeichnen, werden in Initiationsritualen dramatisiert. Initiationsprozesse verkünden dabei aber kein statisches traditionelles Wissen, sondern nehmen immer auch Neues auf. Die I. der jungen Ndebele-Frauen im südl. Afrika z.B. vermittelt zusätzlich Kenntnisse über neue gesellschaftliche und modische Accessoires, und während der I. gleichzeitig die Mitgliedschaft im ANC (*African Nat. Congress*) zu bekunden, stellt keinen Widerspruch dar.

Dramatisiert wird in der I. auch das Verhältnis zwischen Individuum und Kollektiv. Die Jugendlichen werden z.B. bei den Maasai zur korporativen Altersklasse der »jungen Krieger« zusammengefasst. Gleichzeitig geht die Klasse der »Krieger« kollektiv in die Klasse der gereiften Erwachsenen über. In einigen Gesellschaften werden I. in zeitlich festgesetzten Abständen abgehalten. Anderswo, etwa bei den Taneka (Benin), hängt der Zeitpunkt davon ab, wann ein Initiant und seine erweiterte Familie finanziell in der Lage sind, das Initiationsfest (↗ Feste) auszurichten. So können die bereits Erwachsenen oder Ältesten individuelle oder kollektive Emanzipationsprozesse nachfolgender Generationen verzögern. Bei den Maasai können »junge Krieger« durch bes. unbotmäßiges Verhalten gegenüber den Älteren die rituellen Übergänge aber auch beschleunigen. I. betrifft nicht nur die unmittelbaren Initianten. Bei den Maasai z.B. bestimmen die Übergänge der Männer auch den Status der Schwestern, Mütter, Geliebten und Ehefrauen. Mit der I. wandeln sich auch die Beziehungen der Männer zu den Frauen.

Sozialer Wandel und ↗ Urbanisierung hatten unterschiedliche Auswirkungen auf Prozesse der I. Bei den südostafrik. Bemba vermutete A. Richards in den dreißiger Jahren, das *chisungu*, die I. der Frauen, hätte keinen weiteren Bestand. Zeitlich kondensiert und inhaltlich angepasst, z.B. in Bezug auf das Thema ↗ Aids, existiert die I. der Frauen bei den Bemba bis heute. Auch die periodischen und routinisierten Handelsreisen junger West- und Zentralafrikaner nach Europa können als I. in Verhältnisse gesehen werden, die durch die doppelte Unsicherheit von interner Unordnung und äußerer Globalisierung gekennzeichnet sind.

🕮 C. Beckwith/A. Fisher, Afrika – Kulte, Feste, Rituale, Bd. 1, München 1999. – T. Spear/R. Waller (Hg.), Being Masai, London 1993. – B. Streck, Initiation. In: ders. (Hg.), Wörterbuch der Ethnologie, 2. erw. Aufl., Wuppertal 2000. – C.A. Kratz, Initiation and Transition Rites. In: J. Middleton (Hg.), Encyclopedia of Africa south of the Sahara, Bd. 2, New York 1997.

Thomas Zitelmann

Inkulturation ↗ Christentum, ↗ Gottesdienst, ↗ Synkretismus

Instrumentalsprache (auch: Trommelsprache, Sprechtrommeln, Sprechspielen), wichtiges Prinzip der afrik. ↗ Musik, das auf einer engen Sprache-Musik-Beziehung beruht und die Wiedergabe von sprachlichen Texten durch das Instrumentalspiel beschreibt. In vielen indigenen Musikkonzepten wird das musiktheoretische Konzept »Melodie« durch eine Vorstellung von »Sprache« oder »Stimme« ersetzt. Die Grundlage dafür liegt in der tonalen Struktur (↗ Tonsprache) der meisten afrik. Sprachen, bei der für das Verständnis der gesprochenen Phrasen die Wahrnehmung von Tonhöhenunterschieden eine wesentliche Voraussetzung bildet. Folgt die musikalische Melodiebildung dem gesprochenen Tonverlauf und dem Sprechrhythmus, ist die Grundlage für das textliche Verstehen musikalischer Zusammenhänge geschaffen. Die enge Bindung zur Sprache wird i.d.R. von musikalischen Eigengesetzmäßigkeiten, wie z.B. der Verwendung bestimmter musikalischer Pattern (↗ Rhythmus) oder Motive, überlagert, wodurch ein statisches Abbild der Sprache in der Musik verhindert wird. Für das Phänomen I. ist sowohl die Art der Texte als auch die Kompetenz der Zuhörer, musikalische Texte wahrzunehmen, von Bedeutung. Bei den Texten handelt es sich meist um poetische Sprachformeln, die entweder direkt dem Sprichwortvorrat entnommen werden, oder um kurze Textformeln, die sich durch große sprachliche Prägnanz mit zahlreichen Assonanzen, Alliterationen und unterschiedlichen Reimformen auszeichnen. Aufgrund des nicht statischen Zusammenhangs zwischen Text und Melodie spielt die Interpretation der »Musiktexte« durch die Zuhörer eine wichtige Rolle und hat einen großen Anteil am beständigen Wandel der Aussagen. »Sprachfähig« sind vom Prinzip her alle Musikinstrumente, die höhenunterscheidbare Töne produzieren können: von der ↗ Doppelglocke bis zur Langtrompete, von der ↗ Laute bis zur ↗ Trommel. Letztere werden aufgrund der rhythmischen Präzision, der Klangfarbenvielfalt und der Lautstärke, die es erlaubt, Texte über eine relativ große Entfernung und für eine große Zuhörerschaft zu übermitteln, bes. häufig als sog. *talking drums* verwendet.

📖 Th. A. Sebeok/D. J. Umiker-Sebeok (Hg.), Speech Surrogates: Drum and Whistle Systems, 2 Bde., Den Haag 1976.

Raimund Vogels

Internet. Das *Inter Network System*, gewöhnlich als I. bezeichnet, ermöglicht Wechselbeziehungen zwischen Informatiknetzen auf der ganzen Erde. Mit im Jahre 2000 ca. 40 bis 50 Mio. Teilnehmern in 170 Ländern könnte es sich zur weltweiten Datenbank sowie zum Medium des Austauschs und der Teilung des Wissens auf allen Gebieten entwickeln. Afrika ist jedoch in Bezug auf Nutzung und Ausbau des I. in einer extremen Situation, die sowohl Pessimismus als auch optimistische Erwartungen weckt.

Seit das I. 1994 für den öffentlichen Gebrauch freigegeben ist, scheint es dem Begriff des *globalen Dorfes*, den der kanadische Soziologe Marshall McLuhan in den 1950er Jahren geprägt hat, mit Inhalt zu füllen. Große Teile der Welt bleiben jedoch auch in dieser Hinsicht benachteiligt. In Afrika stehen der Internetnutzung die geringe Industrialisierung, veraltete und verrottete Verkehrs- und Nachrichtenverbindungen sowie die für die große Mehrheit der Bev. unerschwinglichen Betriebskosten (Telefongebühren, Provideranschluss) entgegen. Wegen der hohen Kosten sind dort selbst konventionelle Medien wie Buch, ↗ Presse, ↗ Rundfunk, ↗ Kino und ↗ Fernsehen weithin der städt. Bev. vorbehalten, wenngleich mehr als die Hälfte der Afrikaner auf dem Lande wohnt. Hinzu kommt, dass ein Drittel ohne elektrischen Strom lebt. Von allen Telefonanschlüssen der Welt entfallen ganze 2% auf Afrika, allein auf Westeuropa dagegen 33%, auf Nordamerika 27%, auf Asien 21% und 6% auf Lateinamerika. Während die IL (Industrieländer) pro Jahr und Einwohner 80 US$ in den Telekommunikationssektor investieren, erreichen die afrik. Länder nicht einmal 10 US$. Fast 10% der Weltbev. besitzen dort nur 1% des Weltbestands an Personalcomputern, der sich zu mehr als 90% in den IL befindet. Von rund 800 Mio. Bev. des afrik. Kontinents können nur knapp 3 Mio. das I. nutzen – 80% davon in der Rep. Südafrika.

Trotz dieser ungünstigen Lage und der Gefahr der ↗ Zensur durch versch. Regierungen hat das I. in Afrika hohe Zuwachsraten. 1998 waren dort 7.800 Computer an das I. angeschlossen. 1999 stieg diese Zahl auf 15.000. Mit 92% lag das Jahreswachstum höher als in allen anderen Regionen der südl. Hemisphäre. In den letzten drei Jahren hat es sich versechsfacht. In weiteren drei Jahren wird es, Schätzungen zufolge, mehr als 4,5 Mio. Anschlüsse geben. Die Investitionen in Kommunikations- und Informatikausrüstungen wuchsen dabei in Zentralafrika seit 1984 um mehr als 10% pro Jahr. Zugleich bemühen sich internat. Organisationen um bessere Vernetzungen. Bes. Bedeutung hat dabei das Projekt *Africa ONE*, ein 32.000 km langes Glasfaserkabel um den afrik. Kontinent zu legen und von den Küstenstädten ausgehend die Verbindungen zu den Binnenländern auszubauen. Die dafür erforderlichen Investitionen in Höhe von 1,6 Mrd. US$ werden von Privatinvestoren und den beteiligten afrik. Staaten getätigt, die entsprechende Kredite von der Weltbank erhalten.

Genutzt wird das I. bisher fast nur in großen Städten, v. a. in den Hauptstädten, und zwar von Verwaltungen, Universitäten und Unternehmen, die ihren Aktivitäten entsprechend auf interafrik. und internat. Vernetzung angewiesen sind, oder auf dem von Vereinigungen begründeten populär-assoziativen Weg. So entstanden z. B. das *Maison du Congo* in Paris und Kinshasa, ferner *Famafrique*, das sich als Cyberraum der ↗ Frauen Afrikas bezeichnet, und eine wachsende Anzahl von *Cybercafés* in vielen großen Städten. Weil Informatikausrüstungen und Telefonanschlüsse für die meisten Familien zu teuer sind, machen sich viele, besonders junge Menschen dort mit dem I. vertraut. Sie surfen im Net auf der Suche nach Beschäftigung oder einem Studienplatz an einer ausl. Universität, senden und empfangen E-Mails usw. Die von den *Cybercafés* ausgelöste Dynamik wird mittelfristig das Maß für die Verbreitung des I. in Afrika sein. Auch für das ↗ Bildungswesen wird das I. eingesetzt. Die Weltbank unterstützt die AVU (Afrik. Virtuelle Universität), an der sich zahlreiche Universitäten v. a. anglophoner afrik. Staaten beteiligen.

Afrik. ↗ Eliten und auf diesem Gebiet tätige internat. Organisationen trauen den neuen Informations- und Kommunikationstechnologien zu, Strukturschwächen auszugleichen, Etappen des klassischen Entwicklungsprozesses zu überspringen, durch Internetverbindungen eine schnellere Öffnung zur Welt und die Verbesserung des afrik. Produktangebots, der Ausbildung usw. zu erreichen. Letzten Endes wäre die ges. sozioökonom. Entwicklung vom Aufschwung dieser Technologien abhängig. Dem gegenüber steht die Gefahr der Herausbildung zweier Gesellschaften mit und ohne Zugang zu Informationen und nicht zuletzt die Angst zahlreicher Politiker und Militärs vor der ungehinderten Nachrichtenverbreitung durch das I.

Der Optimismus kann die kritischen Vorbehalte gegenüber dem Netz der Netzwerke nicht entkräften. Die Sozialgeschichte der ↗ Medien zeigt vielmehr, dass soziale Räume nie durch ein neues Instrument, sondern immer durch die Aneignungsweisen revolutioniert werden.

🕮 Cl. Ondobo, L'Afrique dans les enjeux mondiaux de la communication, perspectives d'avenir. In: Communication en Afrique à l'âge postmoderne, autonomie et dépendances culturelles, Louvain-la-Neuve 1992. – Weltbank, Weltentwicklungsbericht (»http://www.worldbank.int« – www.worldbank.int). – www.avu.org

Eddie Tambwe Kitenge bin Kitoko

IOC ↗ regionale Organisationen

Isicathamiya, Chormusik-Stil aus Südafrika (↗ Popularmusik). *I.* entstand in der zweiten Hälfte des 19. Jh. unter zulusprachigen Wanderarbeitern (↗ Bantusprachen, ↗ Wanderarbeit) im Umkreis der Minen und Bergbaugebiete. Zahlreiche Männerchöre prägten diesen homophonen A-cappella-Gesangsstil, der im 20. Jh. durch Konzertreisen von Chören wie dem *Ohlange Choir* über die industriellen Zentren Südafrikas hinaus auch in ländl. Regionen bekannt wurde und dort traditionelle Musikstile beeinflusste. Große Beliebtheit erlangten ab den 1920er Jahren, nicht zuletzt durch zahlreiche Chorwettbewerbe, Chöre wie die *Crocodiles*, die *Evening Birds* und *Amanzimtoti*. Die Lieder *Wimoweh* (1950) von den *Weavers* und *The Lion Sleeps Tonight* (1961) von den *Tokens* wurden zu Hits auch der amerik. Charts. Ende der 1980er Jahre wurde die Gruppe *Ladysmith Black Mambazo* unter der Leitung von Joseph Shabalala durch ihre Mitwirkung an Paul Simons Album *Graceland* internat. bekannt. Ihr Album *Shaka Zulu* (1988) wurde wie *Graceland* mit einem Grammy ausgezeichnet. ↗ Südafrika, Völker, Kulturen und Staaten.

🕮 V. Erlmann, African Stars. Studies in Black South African Performance, Chicago 1991. – Ders., Nightsong. Performance, Power and Practice in South Africa, Chicago 1996.

Florian Carl

Islam. *I. Grundlagen und Quelle des Islam.* Nach islam. Verständnis ist der I. eine Religion, die in jedem Menschen schöpfungsgemäß angelegt ist und entsprechend der arab. Bedeutung des Begriffs in einer Haltung der »Hingabe« (an Gott) zum Ausdruck kommt. Doch leitet sich der I. in seiner hist. Erscheinungsform vom Propheten Mohammed (ca. 570–632 n. Chr.) und die durch ihn vermittelte Offenbarung des Wortes Gottes im ↗ Koran her. Gleichermaßen Fremd- wie Eigenbezeichnung, steht der I. heute für eine mit mehr als einer Mrd. Anhänger in fast allen Ländern anzutreffende Weltreligion. Weit mehr als 300 Mio. Muslime leben in Afrika. Bereits vor dem Beginn islam. Zeitrechnung (622 n. Chr.) sollen Mitglieder der jungen muslimischen Gemeinde, die in Mekka Repressionen ausgesetzt waren, in Abessinien Asyl gefunden haben. Damit wäre der I. in Afrika beinahe so alt wie seine Geschichte selbst.

II. Historische Entwicklungen des Islam in Afrika. Aufgrund seiner jahrhundertelangen Interaktion mit den traditionellen ↗ Religionen und den lokalen Kulturen (↗ Synkretismus) weist der I. in Afrika eine besondere Komplexität auf. Schon in seiner frühen Phase zeigt er in Nordafrika eine Vielfalt, die sich später im subsahar. Kontext weiter ausdifferenziert. Seine Bandbreite reicht von gesetzesorientierten Traditionen bis hin zum volkstümlichen Mystizismus – wobei zwischen diesen beiden Richtungen kein Gegensatz behauptet werden darf. Auch die unterschiedlichen Formen und Träger der ↗ Islamisierung haben dazu beigetragen, dass der I. in den versch. Regionen Afrikas eine außerordentliche Vielfalt ausbilden konnte, wie sich bereits am Beispiel der islam. ↗ Bruderschaften zeigt. Diese mystischen Orden spiegeln wiederum ein äußerst breites Spektrum, das von afrik. Traditionen über den islam. Reformismus bis hin zu liberalen oder gar säkularen Tendenzen reicht. Darüber hinaus haben Entwicklungen in Westasien den afrik. I. im Laufe der Geschichte immer wieder angereichert. Ende des 18. Jh. bspw. entsteht auf der arab. Halbinsel eine Bewegung, die zunächst in Nordafrika, dann auch im subsahar. Afrika wachsenden Einfluss gewinnt: die *Wahhabiyya*, so genannt nach ihrem Gründer Muhammad Ibn Abd al-Wahhab (1703–91), der sich insbes. gegen die mystischen Orden wendet und alle volkstümlichen Praktiken als unislam. Neuerungen (arab. *bida'*, Sing. *bid'a*) verwirft. Eine weitere Richtung, die zunächst in Nordafrika, später auch im subsahar. Afrika Fuß fassen kann, gehört in den Dunstkreis einer modernistischen

Reformbewegung, die um die Wende vom 19. zum 20. Jh. als *Salafiyya* bekannt wird. Nach Ansicht der *Salafiyya* ist der Verfall des I. und der Aufstieg des europ. ↗ Kolonialismus nur dadurch aufzuhalten, dass die Muslime zu den Wurzeln des I. zurückkehren – eben zum reinen Glauben der Altvordern (arab. *salaf*), zur Praxis der ersten Generation der Muslime. Im 20. Jh. differenziert sich die *Salafiyya* in unterschiedliche Zweige und Bewegungen aus und entwickelt ein Spektrum von einem liberalen, sogar säkularen Reformflügel bis hin zu radikalen pol. Bewegungen wie bspw. der der Muslim-Brüder und anderen, z. T. militanten Gruppen.

II.1. Islam in Nordafrika und im Ostsudan. Im Gefolge der arab. Eroberungen kann der I. bereits im 7. Jh. n. Chr. in Nordafrika Fuß fassen, wobei zunächst islam. Sondergemeinschaften – die Kharidjiten und später die Schiiten (Errichtung des ↗ Fatimiden-Kalifats im 10. Jh.) – maßgeblichen Einfluss erlangen. Erst ab dem 11. Jh. erfolgt eine von Sunniten getragene umfassende Islamisierung der Region, wobei große Reformbewegungen wie die der ↗ Almoraviden (11.–12. Jh.) und der ↗ Almohaden (12.–13. Jh.) insbes. auch für die Ausbreitung des I. nach S Bedeutung erlangen. Bis weit in das 19. Jh. hinein sichern kleinere Dynastien (vornehmlich im Westteil Nordafrikas, dem ↗ Maghreb) bzw. eine – oft nur nominelle – Oberherrschaft des Osmanischen Reiches die Unabh. der Region von europ. Mächten. Der antikoloniale Kampf wird in Nordafrika vornehmlich unter dem Banner des ↗ Nationalismus geführt (↗ Widerstand). Erst nach der Unabh. formieren sich im Rahmen des weltweiten islam. Aufbruchs der 1970er Jahre pol. Bewegungen zunehmend unter Bezug auf islam. Symbolik und geben dem nordafrik. I. die Gestalt einer pol. Kraft. Darüber hinaus bleiben bis in die Gegenwart hinein jedoch auch volksrelig. Traditionen der Heiligenverehrung sowie der urban geprägte Gelehrten-I. für den nordafrik. Raum bestimmend. – Bereits im ersten Jh. seiner Geschichte dringt der I. von Ägypten aus auch nilaufwärts in die Region des östl. Sudangürtel vor, kann jedoch nur im Nordteil Fuß fassen. Das Scheitern des zunächst erfolgreichen sog. ↗ Mahdi-Aufstands des Muhammad Ahmad (1843–1885) führt dazu, dass die Region unter brit. Kontrolle gerät. In der Folge legen die Briten mit ihrer Religionspolitik letztlich den Grundstein für die Spaltung des Landes in einen arab. geprägten, islam. N und einen afrik. geprägten, teils christianisierten S. Damit hinterlassen sie dem jungen Nationalstaat ein schweres, bis in die Gegenwart spürbares Erbe.

II.2. Islam in Westafrika. Bereits seit dem 8. Jh. findet der I. durch nordafrik. Händler in Westafrika Eingang, beschränkt sich zunächst aber vornehmlich auf die städt. Zentren der großen Sahel- und Sudan-Reiche wie das alte ↗ Ghana, ↗ Mali und ↗ Songhay. Erst ab dem 16. Jh. dringt er zunehmend in ländl. Gebiete ein und vermischt sich dort mit traditionellen Praktiken. Unter dem Schlagwort des ↗ *Djihad* treten daraufhin mehrere Reformbewegungen mit dem Anspruch auf, den I. vor Vermischung zu schützen bzw. von allem »Unislamischen« zu reinigen. Die milit. Aktionen wenden sich dabei vornehmlich gegen die traditionellen Herrscher und das Establishment; es sind also auch hier handfeste pol. Interessen am Werke. Das bekannteste Beispiel dieser Bewegungen ist der sog. Fulbe-*Djihad* des Usman dan Fodio (1754–1817), dessen Sohn Muhammad Bello das Sultanat von Sokoto (im heutigen Nordnigeria) gründet (↗ Fulbe-Reiche). Bemühungen, eine striktere Observanz des islam. Rechts durchzusetzen, sind allerdings nur teilweise erfolgreich. Immerhin bewirken die *Djihad*-Bewegungen eine Konsolidierung des I. in Westafrika, dessen Verwurzelung im afrik. Kontext jedoch weiterhin dem mystisch geprägten Volksislam zu verdanken ist. Zur Kolonialzeit zeigt sich der westafrik. I. in seinen pol. Intentionen durchaus widersprüchlich: Einerseits gilt er als Religion des antikolonialen Widerstands, andererseits gibt es Beispiele enger Kooperation der Religionsführer mit den Kolonialverwaltungen.

In der Frühphase der Unabh. hat der I. in Westafrika eine nur untergeordnete Bedeutung. Erst in den letzten Jahrzehnten versucht sich das wachsende relig., kulturelle und pol. Selbstbewusstsein des I. auch in dieser Region mehr Gehör zu verschaffen. Das zeigt sich etwa an der seit längerem in Nigeria geführten Scharia-Debatte: Hier fordert eine wachsende Anzahl Muslime, dem islam. Recht eine verfassungsmäßige Geltung einzuräumen. Damit wird der seit dem Ende der Kolonialzeit bestehende Konsens über den säkularen Nationalstaat in Frage gestellt. ↗ Westafrika, Völker, Kulturen und Staaten.

II.3. Islam in Ostafrika. Am Horn von Afrika kann der I. nur in jenen Gebieten Fuß fassen, die nicht dem christl. Königreich Äthiopien unterstehen. In der Region des heutigen Somalia, wo die muslimische Bev. ihren Ursprung auf Mischehen arab. Muslime mit einheimischen Frauen zurückführt, entwickeln sich einzelne Küstenorte wie Mogadischu zu bedeutsamen Handelszentren, während die nomadische Bev. (↗ Nomadismus) für die Ausbreitung der neuen Religion ins Hinterland sorgt. Südl. davon bildet sich an der Küste aus arab.-persisch-afrik. Elementen die Swahili-Kultur, die nach der Vertreibung der Portugiesen insbes. im 18. und 19. Jh. ihre Blütezeit erlebt. Erst in der modernen Kolonialzeit jedoch kann sich der I. entlang der großen Handelsrouten auch ins Landesinnere ausbreiten. ↗ Ostafrika, Völker, Kulturen und Staaten.

II.4. Islam im südl. Afrika. Ein völlig anderes Gepräge hat der südafrik. I.: Seit dem späten 17. Jh. werden aus Südostasien und Bengalen muslimische Sklaven ins südl. Afrika deportiert, und im 19. Jh. siedeln sich große Immigrantengruppen aus Indien, unter ihnen viele Muslime, in Südafrika an. Somit ist der I. in dieser Region stärker von süd- und südostasiat. Traditionen beeinflusst und hat – nicht zuletzt auch in der Auseinandersetzung mit dem System der ↗ Apartheid – ganz eigenständige Ausdrucksformen entwickelt, die sich von anderen Ausprägungen des afrik. I. unterscheiden.

III. Islam und europ. Kolonisierung. Zugleich mit fast der gesamten islam. Welt gerät auch der afrik. I. im 19. und 20. Jh. unter direkte oder indirekte europ. Herrschaft. Schon früh bemühen sich afrik. Muslime darum, in der Auseinandersetzung mit dem europ. Kolonialismus authentische islam. Werte wieder zu entdecken und sich an ihnen zu orientieren. Dieses Bestreben erhält dann nach dem Ende der Kolonialzeit seine eigentliche Dynamik; denn erst mit dem Erreichen der pol. Unabh. wird den afrik. Muslimen bewusst, welches Ausmaß an Veränderungen das koloniale Zwischenspiel ausgelöst hat: die Zerstörung traditioneller islam. Institutionen, die Zersplitterung der muslimischen Gemeinschaft in künstliche Einheiten einzelner Nationalstaaten, Verwestlichung und Säkularisierung, die Integration in den Weltmarkt und die damit verbundene ökonom. Ausrichtung auf die Regionen der nördl. Hemisphäre usw.

IV. Die Entwicklung des Islam in der Gegenwart. – IV.1. Wachsendes islamisches Selbstbewusstsein. Heute sind afrik. Muslime immer noch darum bemüht, ihre Identität und ihr Verhältnis zu den kulturellen Werten und Normen des Abendlandes neu zu definieren und eigenständige Konzepte für die pol. und sozialen Rahmenbedingungen zu entwickeln. Doch inzwischen vollziehen sich diese Überlegungen in einem veränderten hist. Kontext: Die afrik. Muslime beginnen aus dem Bannkreis des kolonialen Traumas herauszutreten und machen sich daran, die Auswirkungen des Einbruchs der Moderne auf die islam. Gemeinschaften in Afrika selbstbewusst zu analysieren. Im Zentrum ihrer Kritik stehen dabei insbes. Instrumente, Institutionen und Organisationen nichtislam. Provenienz, die ihrer Meinung nach vor den großen Herausforderungen und Problemen der nachkolonialen Zeit versagt haben, mehr noch, die selbst Teil des Problems sind. Folgerichtig blicken viele afrik. Muslime heute nicht mehr ehrfürchtig auf die Errungenschaften des Abendlands, sondern orientieren sich an einem Referenzrahmen, der ihnen Authentizität, Identität und Selbstbewusstsein vermittelt: dem I. und der islam. Gemeinschaft in ihren lokalen, regionalen und globalen Dimensionen. Dieser Perspektivenwechsel ist dadurch erleichtert worden, dass eine Reihe von islam. geprägten Staaten einen Teil des Überschusses aus ihren Erdöleinnahmen dafür eingesetzt hat, ihre Beziehungen zu muslimischen Gemeinschaften in versch. Regionen der Welt und insbes. in Afrika zu intensivieren. So kann auch der afrik. I. an Entwicklungen der weiteren islam. Welt teilhaben, und die Afrikanisierung des I. geht einher mit seiner Globalisierung.

IV.2. Islamischer Internationalismus. Bereits in vorkolonialer Zeit hat zwischen den muslimischen Gemeinschaften in Afrika und der weiteren islam. Welt ein enger kultureller Austausch bestanden. Die Institution des ↗ *Hadjdj* hat entsprechende Kontakte ebenso ermöglicht wie die Netzwerke der Händler oder der Bruderschaften oder das Studium an Zentren der islam. Bildung. Seit der Unabh. sind große internat. Organisationen darum bemüht, diese Beziehungen zu institutionalisieren, wie z. B. die Liga der Islam. Welt, die 1989 im nigerianischen Abuja gegründete Islam-in-Afrika-Organisation oder die ↗ OIC (*Organisation der Islam. Konferenz*). Indem der islam. Internationalismus die Beziehungen der afrik. Muslime zur weiteren islam. Welt fördert, stärkt er zugleich ihre relig. Identität und ihre pol. Artikulationsfähigkeit.

IV.3. Islamisierung des Bildungswesens. Die Integration der muslimischen Gemeinschaften Afrikas in die islam. Welt vollzieht sich nicht nur im relig. und pol. Bereich. Auch auf dem Gebiet der Bildung und Erziehung ist der afrik. I. während der letzten Jahrzehnte in die Offensive gegangen und besinnt sich seiner eigenen Kräfte. Die Konsolidierung der muslimischen Gemeinschaften nach innen und die Förderung der Kommunikation auf internat. Ebene führen selbst unter westl. orientieren Muslimen zum Umdenken und ziehen eine verstärkte Islamisierung des Erziehungswesens nach sich: Zunächst waren

Karte 11: Religionsverteilung in den afrikanischen Nationalstaaten (Karte: Ulrich Rebstock)

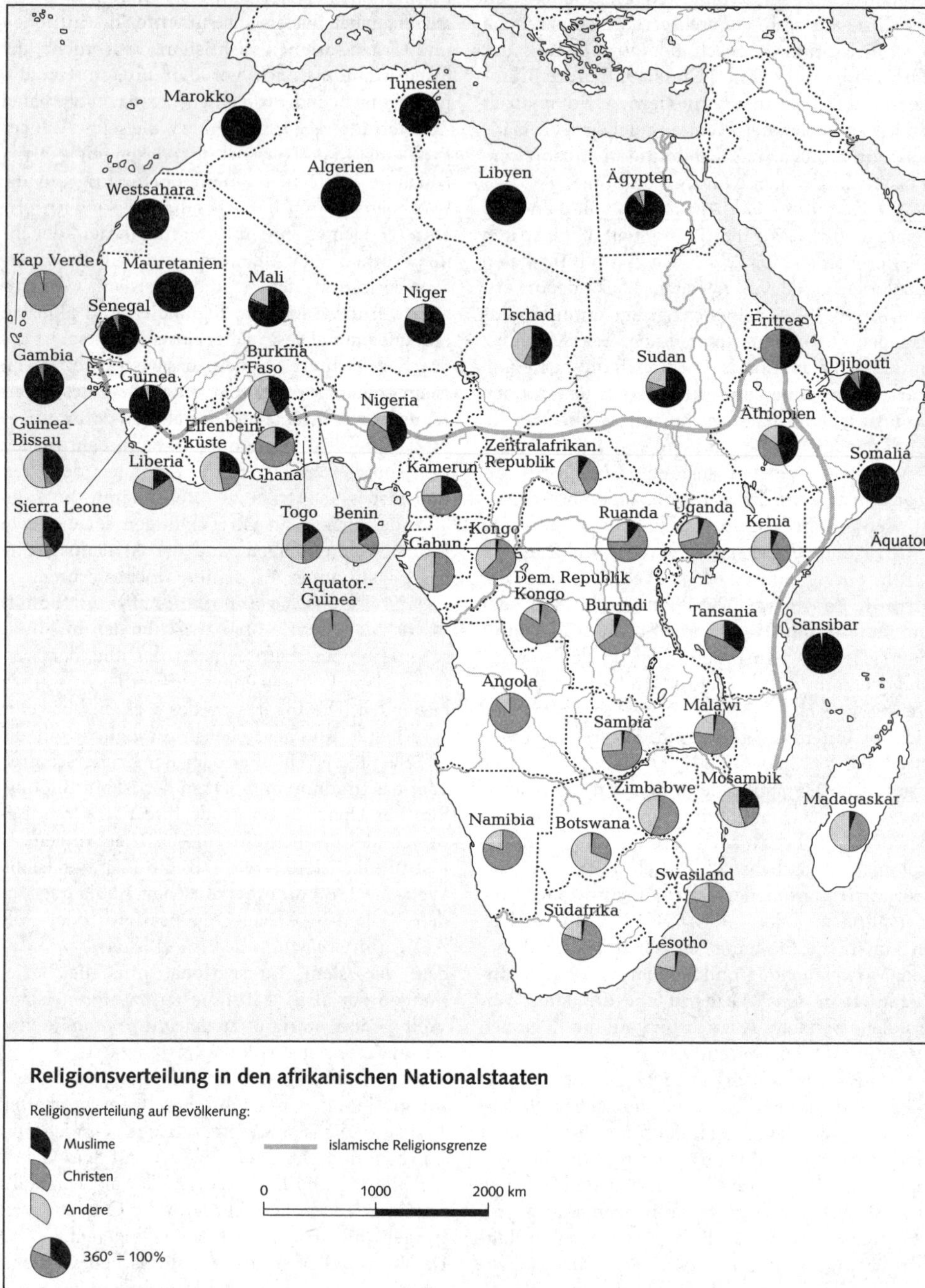

viele afrik. Muslime davon ausgegangen, dass das Ideal der islam. Emanzipation durch westl. Schulbildung zu erreichen sei. Doch inzwischen erscheint ihnen die Vermittlung von islam. Grundwerten als Schlüssel zum Erreichen sozialer Gerechtigkeit und kultureller Gleichberechtigung. Auch die Pflege des ↗ Arabischen hat in diesem Zusammenhang an Bedeutung gewonnen und gilt vielen afrik. Muslimen als Bedingung der Möglichkeit einer authentischen Verständigung im Geiste des I. über alle ethn. Grenzen hinweg. Nun hat die Islamisierung des Erziehungswesens in den einzelnen afrik. Ländern durchaus unterschiedliche Formen angenommen. Dennoch trägt sie überall in ähnlicher Weise zur Profilierung der muslimischen Gemeinschaften bei und stärkt das kulturelle, relig. und pol. Selbstbewusstsein der afrik. Muslime in ihren jeweiligen regionalen und lokalen Kontexten. Dabei sind die islam. Bildungsinstitutionen in den meisten afrik. Ländern nur ansatzweise in das öffentl. Erziehungssystem (↗ Bildung) integriert. Doch das spielt kaum eine Rolle; entscheidend ist vielmehr, dass sie einen konstitutiven Faktor für die Ausbildung einer islam. Identität der jeweiligen muslimischen Gemeinschaften darstellen.

IV.4. Neue ↗ Eliten. Von besonderer Bedeutung für den afrik. I. ist die Entstehung einer Schicht Gelehrter und Intellektueller, die als pol. Interessengruppe die Führungsrolle in ihren muslimischen Gemeinschaften beansprucht. Das Phänomen selbst ist nicht neu. Denn bereits zu Beginn des 20. Jh. hatten in Südnigeria und andernorts muslimische Gelehrte derartige Interessengruppen gebildet. Seit Ende der 1970er Jahre betritt jedoch eine neue Generation Muslime die pol. Bühne. Als intellektuelle Avantgarde verfügt sie großteils nicht nur über eine solide westl. Bildung, sondern auch über eine fundierte islam. Erziehung und glaubt aufgrund ihrer Doppelqualifikation, gegenüber den traditionellen Gelehrten oder den nur westl. ausgebildeten Intellektuellen über die besseren Führungsqualitäten zu verfügen. Zudem gilt sie in den Augen ihrer muslimischen Landsleute als bestens gerüstet, sowohl gegen die zerstörerischen Einflüsse des modernen Säkularismus vorgehen als auch die lähmende Stagnation des traditionellen I. überwinden zu können. Schließlich verdankt sich die Hochschätzung dieser neuen pol. Interessengruppe auch der Tatsache, dass sie angesichts des wachsenden Individualismus, der im Zuge der gesellsch. Umwälzungen auch im Kontext des afrik. I. immer mehr an Bedeutung gewonnen hat, Halt und Orientierung bietet. Vielen afrik. Muslimen gilt sie als Prototyp einer islam. Moderne jenseits westl. Lebensformen.

IV.5. Zusammenfassung und Ausblick. Der afrik. I. hat nichts von seiner Vielfalt eingebüßt, allerdings konnten in den letzten Jahren und Jahrzehnten sog. islamistische Bewegungen an Bedeutung gewinnen. Diese wenden sich gegen den Einfluss von Verwestlichung und Säkularisierung, brandmarken das Versagen der Regierungen, ziehen mit heftigen Attacken gegen die Repräsentanten des traditionellen islam. Establishments zu Felde und stellen die tatsächliche oder vermeintliche Rückständigkeit der mystischen Orden und der Volksreligiosität an den Pranger. Doch nicht nur in Bezug auf diese islamistischen Bewegungen, sondern auf den afrik. I. insges. ist festzustellen, dass die Muslime in engagierter Weise versuchen, im Kampf um kulturelle Selbstbehauptung, soziale Akzeptanz und pol. Einflussnahme neue Strategien zu entwickeln, die sich explizit an islam. Werten und Normen orientieren. Dies geschieht vor dem Hintergrund vielfältiger Herausforderungen und krisenhafter Entwicklungen auf dem afrik. Kontinent sowie im Lichte neuer Perspektiven, die sich für den afrik. I. in den letzten Jahren auf der Grundlage des islam. Internationalismus, einer an islam. Werten orientierten Bildungsoffensive und der Profilierung einer neuen Generation muslimischer Intellektueller ergeben haben. Afrik. Muslime entwickeln ihre eigene Vision von der Zukunft des afrik. Kontinents. Sie agieren auf der pol. Bühne Afrikas als Muslime, und sie bringen sich in der übrigen islam. Welt als Afrikaner ein. Dies wird nicht nur eine neue Dynamik der Einbindung des I. in seinen afrik. Kontext zur Folge haben, sondern auch dem afrik. I. innerhalb des Weltislam ein größeres Gewicht verleihen, als es bisher der Fall war. ↗ Arabischsprachige Literaturen, ↗ Araber, ↗ Juden in Afrika, ↗ Marabut, ↗ Mystik, ↗ Ramadan, ↗ Sanusiyya.

📖 J. S. Trimingham, The Influence of Islam Upon Africa, London 1968. – I. M. Lewis (Hg.), Islam in Tropical Africa, 2. Aufl., Bloomington/London 1980. – L. Brenner, Muslim Identity and Social Change in Africa, London 1993. – M. Hiskett, The Course of Islam in Africa, Edinburgh 1994. – D. Westerlund/E. E. Rosander (Hg.): African Islam and Islam in Africa, London 1997. – N. Levtzion/R. L. Powers (Hg.), The History of Islam in Africa, Athens/Ohio 2000.

Klaus Hock

Islamische Rechtsschulen (arab. *madhâhib*, Sing. *madhhab*). *I. Entstehung und Grundlagen.* Das islam. Gesetz, die Scharia (*sharî'a*), als Ausdruck des Willens Gottes gibt den Weg vor, auf dem die Muslime zu wandeln haben, um diesem Gotteswillen zu entsprechen. Die grundlegenden Wegzeichen hierzu sind im ↗ Koran niedergelegt. Doch entgegen einem weit verbreiteten Missverständnis ist die heilige Schrift des Islam kein »Gesetzbuch«, und folglich mussten für rechtl. Fragen, auf die der Koran keine Antwort gibt, Richtlinien erstellt werden: So bilden sich während des 8. Jh. n. Chr. in den städt. Zentren der islam. Welt unter dem Einfluss bedeutender Gelehrter versch. Rechtstraditionen heraus, aus denen sich zunächst die sog. älteren i. R. entwickeln. Die zwei wichtigsten sind die nach Abû Hanîfa (gest. 767) benannten Hanafiten in Kufa/Irak und die Malikiten in Medina, die sich auf Mâlik Ibn Anas (gest. 796) zurückführen. Strittig bleibt allerdings bei allen, inwieweit neben den durch den Koran und das Verhalten des Propheten festgelegten Vorgaben auch die durch vernünftige Überlegungen gestützte persönliche Meinung (*ra'y*) als Prinzip der Rechtsfindung anerkannt werden sollte. Das Wirken des Gelehrten Shâfi'î (gest. 820), auf den sich später die Schafiiten berufen, führt zu einer strikteren Systematisierung und Normierung der Rechtswissenschaft (arab. *fiqh*): Seine Theorie der »Wurzeln« oder »Grundlagen des Rechts« (*usûl al-fiqh*) beschränkt die Rechtsfindungsprinzipien auf vier: neben dem (1) Koran und der in authentischer Überlieferung (*hadîth*) erhaltenen, (2) göttlich inspirierten Tradition (*sunna*) des Propheten Mohammed – seinen »Gewohnheiten«, Handlungen und Äußerungen – wird nur noch (3) der Konsens (*ijmâ'*) der Rechtsgelehrten und (4) der Analogieschluss (*qiyâs*) anerkannt. Als weitere bedeutsame Rechtsschule konstituieren sich schließlich die Hanbaliten, die den Bagdader Gelehrten Ahmad Ibn Hanbal (gest. 855) als ihren Gründer betrachten. Diese vier i. R., die bis heute Bestand haben, unterscheiden sich vornehmlich darin, dass sie neben Shâfi'îs vier »Grundlagen« weitere, sekundäre Rechtsfindungsmittel gelten lassen: So halten die Hanafiten den *ra'y* sowie den *ihtisân* (persönliche Akzeptanz einer Lösung in Bezug auf die Gesellschaft) für legitime Prinzipien, während die Malikiten den *istislâh* (Erwägung des öffentl. Interesses und der Orientierung am Gemeinwohl) anerkennen. Die Hanbaliten hingegen lehnen selbst den Analogieschluss, z. T. sogar den Konsens weitgehend ab. – Neben diesen im sunnitischen ↗ Islam anerkannten vier R. konstituieren sich im Laufe der Geschichte noch versch. schiitische R. sowie die nach Abdallâh Ibn Ibâd benannten Ibaditen, ein Zweig der extremistischen Kharidjiten der islam. Frühzeit.

II. Verbreitung in Afrika. Die Weichen zur geogr. Verteilung der i. R. in Afrika werden bereits z. Z. ihrer Entstehung gestellt: Rechtsgelehrte aus Spanien und Nordafrika fühlen sich aus Abneigung gegen das abbasidische Kalifat, das die Hanafiten unterstützt, den Malikiten verbunden. Diese betonen im Gegensatz zu der an sozialen Statusgruppen orientierten, »kosmopol.« Ausrichtung der hanafitischen Tradition die Bedeutung gewachsener Verwandtschaftsbeziehungen. Das kommt nicht nur den Bedürfnissen der nordafrik. Stadtbevölkerung entgegen, deren Sozialstruktur vornehmlich auf verwandtschaftlichen Bindungen basiert, sondern bildet auch eine wichtige Voraussetzung für die Ausbreitung der malikitischen Rechtsschule in das subsahar. Afrika. Widerstand erwächst den Malikiten in Nordafrika durch die ibaditische Rechtsschule, die unter den Berbern sowie bei einigen nomadischen Gruppen Fuß fassen kann und bis heute auf der Insel Djerba vor Tunesien vertreten ist. Die Herausforderungen durch die schiitischen Fatimiden sowie durch den Führer der relig. Reformbewegung der ↗ Almohaden, Mohammed Ibn Tumart (1091–1130), der die universalistische Ausrichtung schafiitischer Rechtsauffassung politisch umzusetzen versucht, bleiben jedoch Episode. So kann sich die malikitische Rechtsschule weitgehend ungehindert nach West- und Zentralafrika ausbreiten, wo sie bis zur Gegenwart eine beherrschende Monopolstellung einnimmt. – Ungefähr zeitgleich findet die schafiitische Rechtsschule ihren Weg nach Ostafrika, wo sie unter der städt. Bev. schnell Fuß fasst und konkurrierenden i. R. – vertreten insbes. durch die aus dem Yemen stammenden schiitischen Zayditen und die aus Oman nach Sansibar zugewanderten Ibaditen sowie durch diverse schiitische Immigrantengruppen aus Indien – eine bloß marginale Bedeutung zuweist.

III. Weitere Entwicklungen. Bis zum 16. Jh. n. Chr. haben sich in den urbanen Zentren Nordafrikas die islam. Rechtstraditionen weitgehend stabilisiert. Fortan prägt das islam. Recht alle Aspekte des öffentl. Lebens. Im subsahar. Afrika hingegen müssen sich die i. R. immer noch auf den wirtsch. und pol. Kontext einstellen, der von Region zu Region nicht unerheblich variiert. Bspw. scheitert die Einrichtung frommer Stiftungen (*awqâf*, Sing. *waqf*) in Westafrika – im Gegensatz zu Ostafrika – daran, dass es dort praktisch kein Privateigentum an Land oder Immobilien gibt (↗ Bodenrecht, ↗ Erdherr): Bis ins 20. Jh. hinein agiert der Emir wie ein traditioneller Herrscher aus vorislam. Zeit als Schiedsrichter in Eigentumsfragen. Mit dem Islamisierungsschub (↗ Islamisierung) zu Beginn des 16. Jh. kann sich das islam. Rechtssystem in Westafrika hingegen in anderen Bereichen konsolidieren: Die Legitimität des Herrschers muss sich fortan an der Scharia messen lassen, und die klare Einteilung der Bev. in Muslime und Nichtmuslime bringt ein bislang unbekanntes, umfassendes und allg. gültiges Statussystem zur Geltung. Die großen ↗ *Djihad*-Bewegungen des 19. Jh. schließlich fördern eine weitgehende Verankerung des islam. Rechts im Bewusstsein der muslimischen Bev., und zwar nicht durch gewaltsame Indoktrination, sondern durch kulturelle Bildungsarbeit. – Während der Kolonialzeit sieht sich das islam. Rechtssystem dann einer Vielzahl äußerst unterschiedlicher Herausforderungen gegenüber: Im Senegal bspw. versuchen frz. Kolonialkreise, traditionell-afrik. Recht zu fördern, in der Hoffnung, es als Barriere gegen die Ausbreitung des Islam benutzen zu können; in Kenia wollen die Briten zwar an der Küste islam. Gerichtshöfe anerkennen, im Landesinneren hingegen traditionellem und engl. Recht eine Monopolstellung verschaffen; in Nordnigeria wiederum verfolgen sie den Plan, flankiert durch das kolonialpol. Prinzip der ↗ indirekten Herrschaft, den muslimischen Herrschern und Gelehrten in rechtl. Angelegenheiten weitgehende Autonomie einzuräumen. – Eines der drängendsten Probleme für die nachkolonialen Rechtsordnungen in Afrika ergibt sich aus der Frage, welche Bedeutung dem islam. Recht in modernen Nationalstaaten zukommen kann, die am Prinzip der nat. Einheitlichkeit des Rechtssystems festhalten (↗ Recht). In den meisten Ländern ist der Geltungsbereich der Scharia auf das Personalstatuts-, Familien- und Erbrecht (↗ islam. Ehe- und Familienrecht) reduziert worden; im Sudan hingegen existieren im Zuge einer generellen Islamisierungspolitik Bemühungen, der Scharia als integralem Recht allg. Geltung zu verschaffen; in Nigeria wiederum finden sich Stimmen, die eine Art »duales« Rechtssystem – islam. Recht für Muslime, säkulares Recht für Nichtmuslime – befürworten. Die hierdurch aufgeworfenen Probleme sind äußerst vielfältig, und sicherlich wird es keine einheitliche Antwort auf die damit verbundenen Fragen geben können. Gemeinsam ist den i. R. in Afrika, dass sie sich alle gleichermaßen diesen Fragen stellen müssen. Die unterschiedlichen Antworten werden vornehmlich vom jeweiligen pol., sozioökom. und kulturellen Kontext geprägt sein und in Detailfragen der Anwendung islam. Rechtsfindungsprinzipien ihren Niederschlag finden. ↗ Familien- und Erbrecht.

🕮 J.N.D. Anderson, Islamic Law in Africa, 2. Aufl., London 1970. – N.J. Coulson, A History of Islamic Law, Edinburgh 1964. – Al-Muwatta of Imam Malik Ibn Anas, The First Formulation of Islamic Law, London 1989. – A. Christelow, Islamic Law in Africa. In: N. Levtzion/R.L. Powers (Hg.), The History of Islam in Africa, Athens/Ohio 2000, S. 373–396.

Klaus Hock

Islamisches Ehe- und Familienrecht. Das islam. E. ergibt sich aus der Scharia, dem islam. Recht. Dort ist die ↗ Ehe eine vertraglich geregelte Beziehung zwischen Mann und Frau, die bei Nichterfüllung der gegenseitigen Pflichten oder Unvereinbarkeit der Partner aufgelöst werden kann. Nur der Ehemann hat das Recht zur einseitigen und unbegründeten Auflösung der Ehe (Verstoßung).

Bei der Eheschließung vor zwei Zeugen wird die Frau durch einen Vormund vertreten. Frauen können unabh. vom Ehemann Eigentum besitzen und verwalten. Dazu gehört insbes. die Brautgabe (*mahr*), die der Bräutigam der Braut übergibt und die diese nur im Fall einer von ihr initiierten Scheidung zurückzahlen muss. Ehefrauen und Töchter sind erbberechtigt, wobei ↗ Frauen nur die Hälfte des Anteils eines männl. Erben derselben Verwandtschaftsstufe zusteht.

Der ↗ Koran gestattet einem Mann die Heirat mit bis zu vier Frauen unter der Bedingung, alle Ehefrauen gleichzubehandeln. Der Ehemann ist verpflichtet, seine Frauen und Kinder mit Nahrung, Kleidung und Wohnraum zu versorgen. Nach einer Scheidung oder dem Tod des Mannes müssen Frauen eine dreimonatige Wartezeit einhalten, bevor sie wieder heiraten. In dieser Zeit soll nach einer Scheidung festgestellt werden, ob die Frau schwanger ist. Bringt sie ein Kind zur Welt, besteht die Unterhaltspflicht für den Ehemann bis zum Abstillen des Kindes; das weitere Sorgerecht liegt bei ihm. Bei einer Versöhnung innerhalb der Wartezeit kann die Ehe ohne erneute Eheschließung fortgesetzt werden. Eine Verstoßung durch dreifaches Aussprechen der Scheidungsformel vor Zeugen hingegen macht die Scheidung endgültig. Das islam. Recht sieht mehrere Formen der Scheidung vor: *ṭālāk*, die

Verstoßung der Frau durch den Ehemann; *khul*, Scheidung in gegenseitigem Einvernehmen bzw. auf Wunsch der Frau, die dem Mann eine dafür vereinbarte Summe zahlt; und *faskh*, die Annullierung der Ehe vor Gericht aus schwerwiegenden Gründen. Ist bis zur Scheidung noch nicht die Brautgabe gezahlt worden, kann die Frau diese einklagen. Wenn auch nur Männer das Recht haben, Ehefrauen zu verstoßen, kann die Frau doch ihren Mann zu einer Verstoßung provozieren. Dies hat für sie den Vorteil, dass keine Anhörung vor Gericht stattfindet, somit auch keine Gerichtsgebühren anfallen und die Brautgabe nicht zurückerstattet werden muss.

In einigen nordafrik. Ländern wird die Ausübung des islam. E. heute durch die staatl. Gesetzgebung modifiziert oder eingeschränkt, insbes. in Bezug auf arrangierte Ehen, die ↗ Polygamie, die Scheidung und das Sorgerecht. So ist Polygamie in Tunesien verboten. In Marokko und Ägypten muß die erste Ehefrau zustimmen, wenn der Ehemann eine weitere Frau heiraten möchte. Das islam. Recht wird neben dem staatl. ↗ Recht in manchen subsahar. Ländern wie bspw. Nigeria im Bereich des ↗ Familien- und Erbrechts anerkannt, d. h. Familien- und Erbangelegenheiten können vor einem islam. Richter geregelt werden. Dabei können sich Unterschiede zwischen den Rechtsnormen und der Auslegung ergeben. So sieht die in einigen afrik. Ländern angewandte malikitische Rechtsschule im Kontrast zu anderen Rechtsschulen vor, dass eine Frau nach der Scheidung das Sorgerecht für ihre Kinder behält, und zwar für Mädchen bis zur Heirat und für Jungen bis zum 15. Lebensjahr. Die Frau hat in dieser Zeit Anspruch auf Unterhalt durch ihren geschiedenen Mann, allerdings nur, wenn sie unverheiratet bleibt. In Nordnigeria z. B. ist jedoch der soziale Druck auf Frauen im gebärfähigen Alter, sich wieder zu verheiraten, so groß, dass sie dieses Recht nur selten in Anspruch nehmen können. Problematisch ist auch, dass viele Frauen nicht ausreichend über ihre Rechte informiert sind. ↗ Islam. Rechtsschulen.

📖 C. Fluehr-Lobban, Islamic Society in Practice, Gainesville 1994.

Katja Werthmann

Islamisierung. Wie der afrik. ↗ Islam insgesamt eine große Vielfalt aufweist, so ist auch die I. in sehr unterschiedlichen Formen verlaufen. Dabei lassen sich grob mehrere Typen voneinander abheben, die allerdings häufig ineinander verwoben sind.

I. Islamisierung im Gefolge militärischer Eroberungen. Bereits im ersten Jh. islam. Geschichte eroberten arab. Muslime ↗ Nordafrika. Im Laufe der nächsten Jahrhunderte wurde diese Region weitgehend islamisiert. Später erfolgten von dort aus zwischen dem 11. und dem 16. Jh. vereinzelt milit. Übergriffe in die westafrik. Sahelzone. Wie schon bei der Eroberung Nordafrikas, so kam es auch bei diesen Militäraktionen bisweilen zu Zwangskonversionen. Sie blieben jedoch eher die Ausnahme. Entscheidender war, dass die Errichtung islam. Herrschaft ein »islam. Milieu« mit allen seinen rechtl., relig., sozialen und pol. Institutionen hatte entstehen lassen. Damit wurde nämlich eine wichtige Voraussetzung für die Hinwendung der nichtmuslimischen Bev. zur neuen Religion geschaffen. Die Konversion zum Islam geschah also in gewisser Weise nicht wegen, sondern trotz der milit. Eroberung. Eine I. »durch das Schwert« allein hätte wohl kaum eine so tiefe Verwurzelung des Islam in den betreffenden Gesellschaften nach sich ziehen können.

II. Islamisierung und Handel. Muslimische Kaufleute haben als Träger der I. Afrikas eine herausragende Rolle gespielt. In eingeschränktem Sinn gilt dies auch für die ostafrik. Küstengebiete: Dort siedelten sich schon in vorislam. Zeit Kolonien arab. Händler an. Diese wurden nach der Konversion zum Islam ihrerseits zu Agenten der I. und trugen insbes. ab dem 19. Jh. maßgeblich zur Ausbreitung des neuen Glaubens ins Innere ↗ Ostafrikas sowie nach ↗ Zentral- und Südostafrika bei. In ↗ Westafrika ist die Bedeutung der Kaufleute für die I. noch klarer erkennbar. Dort hatte sich der Islam von N nach S über die großen transsahar. Karawanenrouten verbreitet. Damit war der Grundstein dafür gelegt, dass Länder wie Senegal, Mali oder Niger heute weitgehend islamisch sind. Der Prozess der I. zog sich dort über eine lange Zeit hin und verlief in mehreren Phasen. Zunächst lebten die muslimischen Händler nur vorübergehend in den westafrik. Handelszentren. Bald aber ließen sie sich nieder und bildeten kleine muslimische Gemeinschaften – oftmals in eigenen Wohngebieten und zunächst noch unter nichtislam. Herrschern. Doch gerade diese Herrscher sollten sich bald von der neuen Religion angezogen fühlen und zum Islam konvertieren. Hierbei spielten muslimische Gelehrte (↗ Marabut), »Heilige« und Ordensführer eine entscheidende Rolle.

III. Islamisierung durch religiöse Experten.

Wenngleich die Bedeutung der Kaufleute als Träger der I. nicht unterschätzt werden soll, hatte doch eine andere Gruppe Muslime noch größeren Anteil an der Ausbreitung des Islam in Afrika: muslimische relig. Experten, die den Kaufleuten als Seelsorger, theologische Berater oder Sachverständige in Rechtsfragen beiseite standen und sie bei ihren Reisen begleiteten bzw. sich mit ihnen in den neuen Siedlungen niederließen. Einerseits islam. Gelehrte im traditionellen Sinne, andererseits Spezialisten auf Gebieten wie Traumdeutung, Heilung, Geisterbeschwörung oder Schutzzauber beeindruckten sie mit ihrer Frömmigkeit, ihrem Wissen und ihren therapeutischen Fähigkeiten viele lokale Herrscher, die wiederum hofften, sich durch ihre Konversion die Kräfte der neuen Religion nutzbar machen und ihre pol. Stellung stärken zu können. So etablierte sich der Islam als eine Art »Hofreligion«, mit der die Herrscher ihrer pol. Macht eine neue relig. Basis verliehen. Die Wirkung dieser I. war jedoch begrenzt: In dezentral organisierten Gesellschaften fand der Islam trotz langer Anwesenheit muslimischer Händler und relig. Experten keinen Eingang, und an den Sitzen der lokalen Herrscher blieb sein Einfluss auf die unmittelbare Umgebung der Höfe beschränkt. Da sich die muslimischen Herrscher weitgehend einer Bev. gegenüber sahen, die ihrer traditionellen ↗ Religion treu blieb oder allenfalls oberflächlich islamisiert war, mussten sie ständig Kompromisse eingehen. Denn ihre Herrschaft war immer noch zu einem großen Teil in traditionellen Strukturen verankert und ließ sich nicht allein auf der Grundlage der neuen Religion legitimieren. In der Folge führte dies zu einer zunehmenden Vermischung islam. und traditioneller Kulte (↗ Synkretismus), was die wachsenden Widersprüche zwischen dem Ideal der Orientierung am Islam und der tatsächlichen Verankerung eines Großteils der Bev. in den traditionellen Kulten allerdings nur oberflächlich überdecken konnte.

IV. Islamisierung durch militante Erneuerungsbewegungen. Die Vermischung von islam. und traditionellen Praktiken bildete den Hintergrund für Entwicklungen, die schließlich zur Herausbildung von militanten Erneuerungsbewegungen führten. Diese wurden zwischen dem 17. und dem 20. Jh. als sog. ↗ *Djihad*-Bewegungen zu einem der bedeutendsten Faktoren der I. Afrikas. Sie begannen ca. 1675 im Gebiet der südwestl. Sahara mit dem *Djihad* unter Nasir ad-Din, erhielten im Kontext des antikolonialen ↗ Widerstands eine zusätzliche Dynamik und fanden sich in einigen Regionen Afrikas bis ins 20. Jh. hinein. Anders als bei der mit milit. Eroberungen nichtislamischer Gebiete einhergehenden I. ging es bei diesen Bewegungen um die Etablierung islam. Vorherrschaft im Kontext pluralistischer, zum Teil bereits oberflächlich islamisierter Gesellschaften. Wenngleich die tatsächliche Durchsetzung islam. Prinzipien im Gefolge der Erneuerungsbemühungen weit hinter den selbst gesetzten Ansprüchen zurückblieb, hatte die Ausbreitung des Islam auf lange Sicht hin doch eine neue Dimension erreicht. Die Einrichtung und weitgehende Sicherung islam. Herrschaft rückte den Islam in den betroffenen Regionen aus einer eher randständigen Position ins Zentrum der Gesellschaft. In der Folge entstand ein wachsendes Netz islam. Institutionen und trug dazu bei, dass eine umfassende und tiefgreifende I. einsetzte.

V. Islamisierung durch Migration. Insbes. unter kolonialer Herrschaft und auf der Basis verbesserter Kommunikations- und Transportmöglichkeiten verbreitete sich der Islam zunehmend auch durch ↗ Migration und Ansiedlung von Muslimen in nichtislamisierten Regionen. Das Phänomen der I. durch Migration ist nicht neu. In Ostafrika hatten schon in frühester islam. Geschichte muslimische Siedler die Grundlage der Swahili-Kultur gelegt, Nordafrika war nach der milit. Eroberung vornehmlich im Zuge von Migrationsbewegungen islamisiert worden, und auch im subsahar. Westafrika wurden die Niederlassungen muslimischer Händler zum Ausgangspunkt islam. Ausbreitung. Außerdem entstanden ab dem 19. Jh. in den westafrik. Küstenregionen und ihrem Hinterland von zugewanderten Muslimen gegründete Siedlungen (*zongo*). Sie wurden zu multikulturellen Kristallisationspunkten für die weitere muslimische Immigration und boten neuen Konvertiten eine relig. Heimat. Niederlassungen von arab. oder Swahili-Händlern im ostafrik. Binnenland sowie in Zentral- und Südostafrika spielten eine ähnliche Rolle. Ein anderes Bild bot sich in Südafrika. Dort waren seit Ende des 17. Jh. zunächst aus Südostasien, dann aus dem indischen Subkontinent Sklaven und Zwangsarbeiter bzw. angeworbene und freiwillige Arbeitskräfte angesiedelt worden. Insbes. im 20. Jh. konnte der Islam u. a. aufgrund seines Engagements gegen die ↗ Apartheid auch über die Immigrantengemeinschaften hinaus Sympathien und Anhänger gewinnen.

VI. Islamisierung durch organisierte Propagandatätigkeit. In früheren Jahrhunderten hatten sich oftmals Führer der ↗ Bruderschaften oder auch andere relig. Experten der Aufgabe angenommen, durch Wort und Tat für die Sache des Islam zu werben, und sich so gezielt darum bemüht, neue Konvertiten zu gewinnen. Aufgrund ihrer Weisheit und ihres Wissens sowie ihrer Fähigkeiten als Heiler, Schlichter bei Streitfällen, Weissager oder Ratgeber in allen Lebenslagen waren sie weit über die Religionsgrenzen hinweg anerkannt und wurden als vertrauenswürdige Botschafter ihres Glaubens respektiert. In jüngerer Zeit lassen sich auch Ansätze gezielter Propagandatätigkeit finden, die als *da'wa* bezeichnet wird, bisweilen von den christl. Missionsaktivitäten (↗ Mission, christl.) inspiriert ist und entsprechend vielfältige Methoden der I. einsetzt: durch das Verteilen von Schriften und Tonbandkassetten, durch Übersetzungen wichtiger islam. Literatur (einschließlich des ↗ Koran) in die einheimischen Sprachen, durch Straßenpredigten, aber auch durch Angebote diakonischer Art. In einigen Teilen Afrikas hat diesbezüglich die in der islam. Welt weithin als »häretisch« geltende *Ahmadiyya*-Bewegung eine Vorreiterrolle gespielt, indem sie sich am christl. Vorbild orientierte und mit ihrer offensiven Missionstätigkeit die anderen Muslime unter Zugzwang setzte. Die *Isma'iliyya* unter der Führung des Agha Khan ist insbes. in Ostafrika neben ihrem sozialen Engagement im Bereich der ↗ Entwicklungszusammenarbeit auch durch »missionarische« Aktivitäten hervorgetreten. Mit dem Ölreichtum in vielen Ländern der islam. Welt stehen seit den 1970er Jahren dem Islam erhebliche finanzielle Ressourcen zur Verfügung. Tatsächlich werden diese Gelder jedoch weniger dafür eingesetzt, um durch organisierte Propaganda neue Konvertiten zu gewinnen, sondern sie kommen zunächst den islam. Gemeinschaften selbst zugute – durch den Bau von Schulen, Moscheen und Kliniken oder durch die Bereitstellung von Stipendien für das Studium in arab. Ländern. Das entspricht auch eher dem traditionellen Verständnis von *da'wa* als einer Art »innere Mission« zur Stärkung des islam. Charakters muslimischer Gemeinschaften. Dadurch wird aber auch die Attraktivität dieser Gemeinschaften erhöht, was wiederum dazu beitragen kann, neue Konvertiten zu gewinnen. – Die I. Afrikas war und ist ein vielschichtiger Vorgang. Denn I. ist in geogr. wie in relig. Kategorien zu verstehen und meint sowohl die äußere Ausbreitung des Islam als auch seine Vertiefung durch Erneuerung und Reform. Entscheidend ist jedoch, dass die I. Afrikas mit einer Afrikanisierung des Islam einhergeht. Dadurch erhält der afrik. Islam eine dynamische Pluralisierung und Offenheit, die sich gleichermaßen an der weiteren islam. Welt wie an den Werten der afrik. Traditionen orientiert. ↗ Ostafrika, Völker, Kulturen und Staaten, ↗ vorkoloniale pol. Systeme, ↗ Westafrika, Völker, Kulturen und Staaten.

📖 R. Bulliet, Conversion to Islam in the Medieval Period, Cambridge/London 1979. – N. Levtzion (Hg.), Conversion to Islam, New York/London 1979. – N. Levtzion/H. J. Fisher (Hg.), Rural and Urban Islam in West Africa, Boulder/London 1987. – R. Otayek, Le radicalisme islamique au sud du Sahara, Paris 1993.

Klaus Hock

Jagd charakterisiert im Verbund mit Sammeln eine Wirtschaftsform, in der weder Pflanzen noch Tiere für die Nahrungsgewinnung domestiziert worden sind. Gruppen, die in klassischer Weise als Jäger und Sammler bezeichnet werden können, waren ursprgl. im ganzen subsahar. Afrika beheimatet, mussten aber in den vergangenen Jh. in der Auseinandersetzung mit Ackerbauern und Viehhaltern als Unterlegene weichen und leben heute in typischen Rückzugsgebieten, so bspw. die Pygmäen in den äquatorialen Regenwäldern des Kongobeckens und die San (auch Buschmänner genannt) in der ↗ Kalahari-Halbwüste im Süden Afrikas. Die hoch spezialisierte Anpassung von Nutzungstechniken an die natürl. Gegebenheiten einer menschenfeindlichen Umwelt gewährleisten das Überleben. Die verwendeten Jagdgeräte, i.d.R. Pfeil und Bogen, Speer oder Fallen verschiedenster Art, und Verhaltensnormen, die sicherstellen, dass nicht über den Eigenbedarf hinaus gejagt wird, gewährleisten den Bestand des Ökosystems. Allerdings beträgt Fleisch nur 20% des Nahrungsanteils dieser Jägerkulturen, d. h. der überwiegende Teil der Nahrung stammt aus dem Sammeln von Knollen, Früchten, Beeren und Gräsern.

Wenn auch heute in vielen Regionen Afrikas die Wildtierbestände stark dezimiert worden sind, leistet die J. für die Selbstversorgung und für den Verkauf auf lokalen Märkten, legal oder durch Wilderer, doch einen wichtigen Beitrag zur Eiweißversorgung der Bev. In Westafrika werden bspw. über 70 Säugetierarten, darunter auch Nagetiere, Fledermäuse und Affen, gejagt und zur Ernährung auch der städt. Bev. genutzt. Dabei kann der Verbrauch an Wildfleisch bis zu 5 kg jährl. pro Kopf betragen. Die Jäger sind oft in ↗ Bünden zusammengeschlossen. Die Mitgliedschaft, in Westafrika sichtbar an der erdfarbenen, mit Amuletten und Spiegeln behängten Kleidung, setzt eine ↗ Initiation voraus. Das traditionelle Bild des in Einklang mit der Natur stehenden Jägers wird in westafrik. Fernsehserien zur Propagierung des Umweltbewusstseins eingesetzt. ↗ Naturschutz, ↗ Wildtierbewirtschaftung.

Eckhard Baum

Jäger und Sammler ↗ Jagd, ↗ vorkoloniale politische Systeme, ↗ Wildbeuterkunst

Jazz ↗ afroamerikanische Musik

Jihad ↗ *Djihad*

Jive ↗ Kwela

Juden in Afrika. *I. Bibel und Hagada.* Die Verbindung der J. zu Afrika ist etwa so alt wie die Geschichte des Judentums. Als erste Quelle berichtet die Bibel über eine jüdische Existenz in Afrika. Abraham, der Gründungsvater der jüdischen Religion, wanderte der biblischen Mythologie zufolge nach Ägypten, wo er und seine Frau Sara dem Pharao begegneten. Das Buch Genesis beschreibt überdies den Aufstieg Josefs, des Sohnes Jakobs, zum Ratgeber und Stellvertreter des Pharao und die Niederlassung der Hebräer in Ägypten. Afrika ist auch der Schauplatz der Ereignisse des Buchs Exodus. Nach ihrer Niederlassung in Ägypten, so berichten das erste und zweite Buch Moses, wurden die Hebräer versklavt und unterdrückt, bis die zwölf Stämme Israels – die Nachkommen Jakobs – das Land unter der Führung Moses' verließen. Während der Wanderung durch die Halbinsel Sinai erhielten sie das jüdische Gesetz: die Gebote und Verbote, die zum wichtigsten Bestandteil der jüdischen Religion werden sollten. Darüber hinaus wurde der Exodus aus Ägypten in einem heiligen Buch kanonisiert. Aus der *Hagada* lesen bis heute J. in aller Welt am Pessach-Abend – einem der wichtigsten Feiertage der jüdischen Religion – und erinnern sich somit der Zeit, als die Israeliten sich aufmachten, Ägypten zu verlassen. Durch die Erzählungen der Bibel erhielt Ägypten eine bes. metaphorische Bedeutung für die J. Es repräsentierte die Wiege des Judentums und wurde gleichzeitig zu einem Synonym für Versklavung. Die negativen Erfahrungen der J. als Fremde in Ägypten flossen wohl auch in die jüdische Gesetzgebung ein, denn hier ist eine durchaus positive Einstellung gegenüber Fremden (*Gerim*) ebenso zu finden wie das ausdrückliche Verbot, diese zu quälen, zu verfolgen und zu benachteiligen.

II. Jüdisches Leben in Afrika. – II.1. Antike. Die Verbindung der J. zu Afrika stützt sich allerdings nicht nur auf die Erzählungen der Bibel und relig. Mythen, die häufig nur schwer mit hist. Funden belegt werden können. Sie entstand gleichfalls, hist. rekonstruierbar, durch dauerhaftes jüdisches Leben in Afrika von der Antike bis in die Gegenwart. Ein Archiv aus dem 5. Jh. v. Chr., das auf der Insel Elephantine (in der Nähe des heutigen ↗ Assuan) gefunden wurde, ist, sieht man von biblischen Quellen ab, der erste Beleg für jüdisches Leben in Afrika. Dokumenten unterschiedlicher Art zufolge besteht kein Zweifel an der Existenz einer jüdischen milit. Siedlung auf Elephantine. Während der pharaonischen Dynastie der Saïs und der persischen Herrschaft nach der Eroberung Ägyptens durch Kambyses II. im Jahr 525 v. Chr. (↗ Altägypten) dienten jüdische Soldaten in den ägypt. bzw. persischen Armeen auf Elephantine. Möglicherweise kamen J. als Söldner nach der Zerstörung des Salomonischen Tempels nach Ägypten. Das Ende der persischen Herrschaft und die Eroberung Ägyptens 332 v. Chr. durch Alexander den Großen eröffnete eine neue Epoche in der Geschichte der J. in Afrika, die sich u.a. durch die Berichte des jüdischen Historikers Flavius Josephus und des jüdischen Philosophen Philon wie auch durch Briefe des röm. Kaisers Claudius detailliert dokumentieren läßt. Im Laufe der Ptolemäischen Zeit und während der röm. Herrschaft (ab 30 n. Chr.) entstand in Ägypten eine der bedeutendsten jüdischen Gemeinden der Welt, die sich von hier aus über den gesamten nordafrik. Raum und möglicherweise sogar bis nach Äthiopien ausdehnte. Ihr Herz war Alexandria, dessen jüdische Gemeinde sowohl unter den Ptolemäern als auch unter den Römern Autonomie genoss. Die J. nahmen hellenistische Einflüsse auf und beeinflussten ihrerseits die hellenistisch-röm. Welt (↗ griechische, ↗ römische Kolonisation). Griechisch nahm den Platz des Hebräischen und Aramäischen als Umgangssprache ein, und jüdische Gelehrte – der berühmteste war Philon aus Alexandria – gingen daran, die jüdische Religion mit den Prinzipien der griech. Philosophie zu verbinden. In Alexandria wurde der Pentateuch ins Griech. übersetzt, das zur liturgischen Sprache in den Synagogen der Stadt geworden war. Später wurde die gesamte Bibel ins Griech. übertragen, und diese Übersetzung, die *Septuaginta*, wurde zur Grundlage späterer

Übersetzungen der Bibel ins Lateinische und in andere europ. Sprachen. So trug das Zusammenleben von Griechen und J. in Afrika indirekt zur Verbreitung der Bibel als einer Säule der abendländischen Kultur und Zivilisation bei. – Jedoch waren die Beziehungen zwischen J. und den anderen Bevölkerungsgruppen in Ägypten nicht immer ohne Spannungen. Kultureller und wirtsch. Wettbewerb führte nicht selten zu Konflikten und zum Ausbruch von Gewalt gegen J. Der Schriftsteller Apion aus Alexandrien veröffentlichte eine antijüdische Hetzschrift, in der er als einer der ersten den zeitgenössischen Antisemitismus theoretisch systematisierte. Möglicherweise reichen die Wurzeln der sog. Ritualmord-Vorwürfe – man beschuldigte die J., nichtjüdische Kinder zu töten und deren Blut für rituelle Zwecke zum Pessach-Fest zu verwenden –, die später in der christl. Welt zu blutigen Pogromen gegen J. führten, zurück in diese Zeit. Immer wieder kam es zu Ausschreitungen der griech. und der einheimischen ägypt. Bev. gegen die jüdische Gemeinde, es wurden sogar Synagogen in Brand gesetzt. Der Aufstand der J. in Judäa gegen die Römer im Jahr 68 n. Chr. beeinflusste auch die Beziehungen zwischen Römern und J. in Ägypten und Kyrene (heute Schahat, NO-Libyen), wo die J. 115–117 n. Chr. rebellierten. Die Rebellion, der sog. Diaspora-Aufstand, wurde gewaltsam unterdrückt und endete für die J. mit katastrophalen demographischen, kulturellen und wirtsch. Folgen. Die Aufnahme des ↗ Christentums als Staatsreligion des röm. Reichs im Jahr 315 n. Chr. führte zu einer weiteren Verschärfung der Situation. Trotzdem stellten die J. weiterhin einen wichtigen Teil der Bev. Nordafrikas dar.

II.2. Jüdisches Leben unter islamischer Herrschaft. Nach der arab. Eroberung Nordafrikas im 7. Jh. gelangten die dort ansässigen J. unter islam. Herrschaft. Die neuen Herrscher erließen Gesetze, die das jüdische Leben regeln sollten. Zwar wurden die J. als *Dhimmi* anerkannt, nämlich als eine relig. Minderheit, die unter dem ↗ Islam geduldet wurde und ihre relig. Autonomie beibehalten durfte. Gleichzeitig aber mussten sie bes. Steuern zahlen, waren von der Armee ausgeschlossen, durften keine Pferde reiten, und ihre Aussage vor Gericht war nicht der Aussage eines Muslimen gleichgestellt. Allerdings wurden diese Restriktionen nicht immer streng befolgt. Die arab. und später die osmanische Herrschaft waren Epochen der Blüte für die J. Nordafrikas. In Marokko, Algerien und Tunesien entstanden wichtige jüdische Gemeinden. Fez wurde zu einem wichtigen rabbinischen Zentrum in der jüdischen Welt. In Ägypten verfasste Rabbi Saadia Gaon im 10. Jh. u. a. ein hebräisches Lexikon und das Buch der hebräischen Grammatik und wurde damit zum Begründer der hebräischen Sprachwissenschaft. Maimonides, der jüdische Leibarzt Saladins, der im ägypt. Fostat (Alt-Kairo) lebte und arbeitete, fasste im 12. Jh. die jüdische Gesetzgebung in 14 Büchern zusammen: Die *Mischne Tora* (Kleine Tora) gilt bis heute als autoritativer Maßstab der orientalischen J. – Nach der Vertreibung der J. von der Iberischen Halbinsel 1492 fanden sie Asyl in den Gemeinden Nordafrikas. Sie brachten ihre Kultur mit, die in Spanien im Laufe der Generationen aus der permanenten Auseinandersetzung zwischen Islam, Judentum und Christentum entstanden war. Die Vertriebenen wurden nach und nach zu einem wichtigen Element der jüdischen Bev. Nordafrikas, das breite Aspekte des Lebens – Religion, Wirtschaft, Sprache, Sitten usw. – prägte.

II.3. 19. Jahrhundert. Die Begegnung zwischen Afrika und Europa im 19. Jh. veränderte auch die Situation der J. und ihre Beziehungen zur nichtjüdischen Umgebung. Die Kolonisierung Afrikas durch europ. Siedler führte zur Etablierung neuer Gemeinden durch J. europ. Herkunft, v. a. in den subsahar. Gebieten. 1841 etablierte sich die erste jüdische Gemeinde in Kapstadt, die zum Kern eines großen jüdischen Zentrums in Südafrika wurde. Auf ihrem Höhepunkt umfasste die südafrik. Gemeinde 118.200 Mitglieder. Ihre wirtsch., juristische und soziale Situation war bestimmt durch ihre Hautfarbe: J. genossen die gleichen Rechte wie weiße Siedler, im Gegensatz zur diskriminierten Stellung der schwarzen Bev. Kleine jüdische Niederlassungen wurden in Belgisch-Kongo und in den ostafrik. Kolonien Englands gegründet. Die *Alliance Israélite Universelle*, eine internat. jüdische Organisation, die von den frz. J. 1860 gegründet worden war und von der frz. Regierung unterstützt wurde, etablierte in Nordafrika ein Erziehungssystem, das maßgeblich zur Verbreitung abendländischer Kultur und europ. Sprachen, v. a. des Frz., unter den J. beitrug, z. B. in den Gemeinden Casablancas, Rabats, Tunesiens, Tripolis', Alexandrias, Kairos. Die nordafrik. J. identifizierten sich allmählich mit der europ. Kultur der Kolonialmächte und distanzierten sich mehr und mehr von der einheimischen Bev. In Algerien galten die J. ab 1870 sogar als frz. Staatsangehörige genau wie die frz. Siedler und ganz im Gegensatz zur arab. Bev. Die *Alliance Israelite Universelle* sandte auch Expeditionen nach Äthiopien, die Kontakte mit den dort lebenden J. – den *Falasha* (Fremden) – wieder beleben sollten. Mit der Intensivierung der Beziehungen zwischen den afrik. J. und den J. des Westens verband sich gleichzeitig eine veränderte Rezeption Afrikas im Judentum. Wenn in der Vergangenheit in Afrika die Wiege des Judentums und eines der großen Zentren jüdischer Kultur gesehen worden war, so betrachteten die europ. J. nun, geprägt von der negativen, wenn nicht rassistischen Einstellung des Westens gegenüber diesem Kontinent, die afrik. jüdischen Gemeinden als rückständig.

II.4. 20. Jahrhundert. Ironischerweise spielte Afrika aber eine bes. wichtige Rolle bei der Entwicklung des Zionismus in Europa und während der Vernichtung der europ. J. im Zweiten Weltkrieg. Theodor Herzl, der Begründer der zionistischen Bewegung, schlug im August 1903 auf dem 6. Zionistischen Kongress auf Anregung der Briten vor, den Judenstaat vorläufig in Uganda zu errichten. Der Hauptimpuls hierfür war wohl die dringende Notwendigkeit, eine Zuflucht für J. aus Russland und Osteuropa zu finden, die in ihrer Heimat Pogromen und Verfolgung ausgesetzt waren. Sowohl aufgrund heftigen Widerstands innerhalb der zionistischen Bewegung als auch wegen der schwierigen Lebensbedingungen in Uganda wurde der sog. Uganda-Plan wieder verworfen. Die Idee, J. in Afrika anzusiedeln, wurde auch von den Nationalsozialisten geprüft. Im Juni 1940, kurz vor Beginn der systematischen Vernichtung der europ. J., schlug die SS vor, die europ. J. auf die Insel Madagaskar, als eine Art jüdischen Reservats, umzusiedeln. Auch dieser Plan wurde nicht realisiert. Im Gegenteil: Afrika wurde während des Holocaust für Tausende europ. J. zur Zufluchtsstätte; so fanden z.B. J. aus Westeuropa in Marokko vorläufiges Asyl auf ihrem Weg nach Amerika. Nach der Gründung Israels im Jahr 1948 und im Zuge der Entkolonialisierung Afrikas in den 1950er und 1960er Jahren verließen die meisten J., zum Teil freiwillig, zum Teil unter erheblichem Druck von Seiten der jungen arab. Staaten, nach mehr als zwei Jahrtausenden Afrika. Die Identifizierung der J. mit den europ. Kolonialmächten wie auch die Entstehung des israelisch-arab. Konflikts blieb nicht ohne Auswirkungen auf die Beziehungen zwischen J. und Arabern in den neu gegr. arab. Staaten Nordafrikas. Nach 1948 und bes. nach der Unabhängigkeitserklärung Marokkos 1956 verließen allmählich ca. eine Viertel Million J. das Land: Die Mehrheit ging nach Israel, einige aber auch nach Frankreich, Kanada und in andere Länder. Nach dem Unabhängigkeitskrieg in Algerien setzte auch hier ein ähnlicher Prozess ein. Die J. kämpften kaum an der Seite der arab. Bevölkerung und verließen Algerien nach der frz. Niederlage, v.a. nach Frankreich. Auch in Ägypten, Libyen und Tunesien wanderte fast die ganze jüdische Gemeinde binnen einiger Jahre nach der Unabh. der jeweiligen Staaten aus. Die Destabilisierung der inneren Situation in Äthiopien nach dem Sturz des Kaisers Haile Selassie 1974 führte in den 1980er und 1990er Jahren zur Auswanderung der äthiop. J. nach Israel. Die größte jüdische Gemeinde des afrik. Kontinents existiert heute in Südafrika. Hier lebten laut einer freiwilligen Umfrage im Jahre 1991 zwischen 92.000 und 106.000 J. Das Apartheidregime diskriminierte auch die J., wenn auch nicht im gleichen Maß wie die schwarze Bevölkerung. Dies und zunehmende wirtsch. Probleme des Landes sowie die nach der Abschaffung der Apartheid wachsenden ethn. Spannungen führten und führen zu einer allmählichen Abwanderung der jüdischen Bev. v.a. in die angelsächsische Welt und nach Israel. Obwohl das jüdische Leben im Afrika der Gegenwart nur noch ein Schatten seiner Vergangenheit ist, konstituiert Afrika bis heute einen lebendigen Teil der jüdischen Religion und der kollektiven Erinnerung aller J. Ebenso ist die Erfahrung vom Leben auf dem afrik. Kontinent zu einem Faktor geworden, der J. afrik. Herkunft im heutigen Israel und anderswo eine gemeinsame ethn. Gruppenidentität verschafft.

🕮 J.M. Modrzejewski, Les Juifs d'Egypte, de Ramsès II à Hadrien, Paris 1992. – N.A. Stillman, The Jews of the Arab Lands, A History and Source Book, Philadelphia 1979. – H.H. Ben-Sasson (Hg.), Die Geschichte des jüdischen Volkes, München 1978.

Eli Bar-Chen

Jugend, Lebensabschnitt zwischen ↗ Kindheit und Erwachsenenalter, der in den afrik. Gesellschaften unterschiedlich definiert wird. Früher kennzeichneten Übergangsriten (↗ Initiation, ↗ Ritus), die nicht unbedingt mit dem natürlichen Lebensalter zu tun hatten, den Eintritt in die Welt der Erwachsenen: Z.B. gab es im 16. Jh. in Madagaskar, so berichten die ersten Europäer, die dorthin kamen, Ehepaare, die 12 bis 13 Jahre alt waren. Solche in Ackerbauer-, Viehzüchter- oder Jägergesellschaften jeweils unterschiedlichen Rituale sind heute durch die zunehmende ↗ Urbanisierung Afrikas, die von westl. Lebensweisen und dem Vordringen der ↗ Medien hervorgerufenen Veränderungen größtenteils verschwunden und durch die biolog. Definition von Jugend bzw. den Eintritt ins Erwerbsleben ersetzt worden. Die große Anzahl junger Menschen im subsahar. Afrika ist eine Folge des hohen Bevölkerungswachstums (↗ Bevölkerung). Das Durchschnittsalter der Bev. liegt bei 17,5 Jahren – im Gegensatz zu 25,5 weltweit, 23,5 in den Entwicklungsländern und 35,5 in den Industrienationen. Damit ist die Hälfte der Bewohner Afrikas (oder knapp 800 Mio. Menschen im Jahr 2000) jünger als 17 Jahre.

Der hohe Anteil von Kindern und Jugendlichen bringt vielschichtige soziale, wirtsch. und pol. Probleme mit sich. Was kann in der Politik bspw. ↗ Demokratie bedeuten, wenn ein so großer Anteil der Bev. entweder gar nicht oder nur in untergeordneter Position an der Gestaltung des öffentl. Lebens mitwirkt? In einer Vielzahl afrik. Länder sind die jungen ↗ Frauen bes. benachteiligt, und zwar nicht nur in der Politik, wo sie unterrepräsentiert sind. Nicht nur, dass ihr Beitrag zur Wirtschaft nicht genügend Beachtung findet, häufig werden sie auch sowohl von der staatl. wie von der traditionellen Rechtsprechung in Erbfolgesachen, Eigentumsangelegenheiten, Finanz- und Grundbesitzfragen benachteiligt (↗ Familien- und Erbrecht). Die Einschulungsrate ist bei Mädchen in den 1990er Jahren zwar auf 51% (Grundschule) bzw. 22% (weiterführende Schulen) gestiegen, liegt damit aber immer noch niedriger als bei Jungen (60 bzw. 28%). Insges. haben im subsahar. Afrika nur 46% aller Jugendlichen (15 bis 23 Jahre) Zugang zu ↗ Bildung. Kinder und Jugendliche sind für die arbeitende Bev. eine Last, hinzu kommt eine schwierige Wirtschaftslage. Dieser Druck auf die Erwerbstätigen erklärt, warum junge Menschen schon sehr früh und oft unter schwierigsten Bedingungen ins Arbeitsleben einsteigen, und macht deutlich, weshalb es bei der Bodennutzung und Fragen materiellen Besitzes selbst unbedeutender Größenordnungen häufig zu Konflikten kommt. Auf dem Wirtschaftssektor sind die jenseits der Gesetze operierenden Kleinunternehmer im ↗ informellen Sektor meist junge Leute. Ihre vielseitigen und zunehmenden Aktivitäten zeugen von großem Einfallsreichtum. Die Überlebensstrategie dieser jungen Unternehmer besteht darin, jede sich bietende Gelegenheit zu nutzen, etwas zu verdienen, manche zeichnen sich auch durch innovatives Vorgehen und mittelfristige Investitionen aus. Lange bevor Politiker an Länder übergreifende Zollunionen dachten, hatten junge Geschäftsleute bereits damit begonnen, in Umgehung rechtl. Bestimmungen grenzüberschreitend Handel zu treiben.

Ein weiterer Bereich, in dem Jugendliche Auswege aus der ökonom. Misere, aber auch Prestige und Anerkennung suchen, sind die in die versch. ↗ Kriege/Bürgerkriege verwickelten Armeen, Guerilla- und Söldnertruppen. Die Schwierigkeit, den jungen Soldaten nach ihrer Demilitarisierung lohnende sozioökonom. Perspektiven zu bieten, ist vermutlich einer der Gründe für die mangelnde Bereitschaft zum Friedensschluss (↗ Kindersoldaten).

Trotz dieses düsteren Bildes ist die J. Afrikas, ein Trumpf des Kontinents, nicht passiv. In den afrik. Städten (↗ Stadt) schmiedet die J. das Afrika von morgen, selbst wenn sie im Augenblick noch mehrheitlich in ländl. Regionen zu Hause ist. Die Städte ziehen die J. an, und die jungen Menschen vom Land sehen in ihnen häufig ein – wenn auch trügerisches – Vorbild, v. a. aber eine Fluchtmöglichkeit aus dem schwerfälligen dörflichen Umfeld (↗ Migration). Zwar sind die städt. Jugendlichen am schwersten von Arbeitslosigkeit, Kriminalität, Drogenmissbrauch (↗ Drogen) und ↗ Aids betroffen, doch die immer schneller voranschreitende Verstädterung des subsahar. Afrika (mit einer Urbanisierungsrate von 38% für das Jahr 2000 gegenüber 20,8% 1975) bildet auch den Rahmen für das Aufeinandertreffen versch. Kulturen einschl. der globalen Jugendkultur. So haben Idole aus ↗ Film, ↗ Fernsehen und ↗ Sport (insbes. Fußball) die traditionellen Vorbilder weitgehend verdrängt. Für Künstler und andere junge Talente gibt es keinen anderen Weg als den in die Städte. Die Kinder und Jugendlichen bilden dort die Speerspitzen der Protestbewegungen, insbes. nach dem Ende des Ost-West-Konflikts gegen ↗ autoritäre Regime und für Demokratisierung. Auch die neuen relig. Bewegungen gegen das Establishment entstehen in den Städten. Sie entspringen i.d.R. einer J., die Zugang zu Bildungseinrichtungen hat und erst seit kurzem in der Stadt lebt. Die am weitesten urbanisierten Länder bringen die findigsten jungen Menschen hervor. Diesen Teil der Gesellschaft für seine Entwicklung zu mobilisieren, ist die größte Herausforderung Afrikas für das neue Jahrtausend. ↗ Altersklassen, ↗ Kinder- und Jugendliteratur.

🕮 Human Development Report 2000 (www.undp.org). – F. W. Gathu, Television and the Shaping of Culture in Kenya: a Case Study of Nairobi High School Youth's Use of Foreign TV Programming, Diss., Bowling Green, Ohio 1995.

Sofolo Randrianja

Jùjú, ein Genre der nigerianischen ↗ Popularmusik, das sich in den 1930er Jahren in Lagos als lokale, stark in der Yoruba-Kultur verwurzelte Variante der westafrik. ↗ *Palmwine Music* entwickelte. Der Name *J.* leitet sich vermutlich von einer pejorativen Bez. der Europäer für einheimische Religionspraktiken her. Im Gegenzug wurde das mit christl. Musikpraxis assoziierte Tamburin, das zusammen mit dem Banjo und der Kürbisrassel *sèkèrè* die typische Besetzung früher *J.*-Ensembles bildete, als »*J.* der Europäer« bezeichnet. Eine andere etymologische Erklärung führt den Begriff auf das Yoruba-Verb *jù* (werfen) zurück, der Praxis einiger Tamburinspieler entsprechend, die ihr Instrument während des Spiels in die Luft werfen und in einem rhythmisch passenden Moment wieder auffangen. Als Begründer und bedeutendster Interpret der ersten Phase der *J.*-Musik (1932–1948) gilt »Tunde« (Abdulrafiu Babatunde) King. Zu den wichtigsten Vertretern des modernen *J.* ab 1948, der durch ein verlangsamtes Tempo, größere Ensembles sowie die Verwendung elektrisch verstärkter Gitarren und zahlreicher lokaler Perkussionsinstrumente charakterisiert ist, gelten in den 1950er Jahren I. K. Dairo und heute v. a. Chief Commander Ebeneezer Obey und King Sunny Adé. In den 1970er Jahren wurde *J.* zur dominierenden Musik im SW Nigerias, da sich die bis dahin populären, meist von Ostnigerianern geleiteten ↗ *Highlife*-Ensembles in den Wirren des Biafrakriegs (1967–70, ↗ Kriege/Bürgerkriege) auflösten oder nach Ostnigeria abwanderten.

🕮 Chr. A. Waterman, Jùjú. A Social History and Ethnography of an African Popular Music, Chicago 1990.

Oliver Seibt

Jumbe (Dschumbe), von der Kolonialverwaltung in Dt.-Ostafrika anerkannte Chefs kleiner Gebiete oder Dörfer. ↗ Ostafrika, Völker, Kulturen und Staaten.

Leonhard Harding

Kabaka, Titel der Herrscher von Buganda. ↗ König, ↗ Ostafrika, Völker, Kulturen und Staaten.

Leonhard Harding

Kabylisch ↗ Berber

Kalahari. *I. Halbwüste.* K. ist die zwischen 800 und 1.300 m ü. M. sich ausbreitende Halbwüste, die weite Teile Botsuanas bedeckt. V. a. im W, zu Namibia hin, liegen weitverbreitet Längsdünenfelder von geringer Höhe, die, da großteils bewachsen, nicht mehr durch Windeinwirkung weiterwandern. Die Aridität (Trockenheit) nimmt von S mit 250 mm Jahresniederschlag nach N – etwa 500 mm – kontinuierlich ab; alle Übergänge, gerade auch im N zu den trop. Feuchtsavannen (↗ Savanne), sind fließend, so dass die Vegetation von derjenigen der trockenen subtrop. Steppen im S bis zu derjenigen der Trockensavannen der äußeren Tropen im N reicht. Die zentrale K. ist ein nach außen abflussloses Gebiet; der von der feuchteren Lundaschwelle abfließende Okavango versickert im weiten Sumpfgebiet des Okavangobeckens und hat nur gelegentlich über den Botletle eine Verbindung zur zentral gelegenen versalzten Makarikari-Pfanne.

II. Geolog.-tektonischer Begriff. Hier wird unter K. der innerkontinentale Bereich des Subkontinents Südafrika verstanden, der sich schüsselförmig zwischen der SW- und SO-afrik. Randschwelle spannt und seit langen Zeiträumen der Erdgeschichte als Akkumulationsgebiet der von den Schwellen abgetragenen Materialien fungiert. Im N wird dieser Raum von der Lundaschwelle begrenzt, im S spätestens von den Kapketten. In sich selbst ist er in kleinere Beckeneinheiten gegliedert. Mächtige Sedimente in Form von Sandsteinen, Kalksteinen, aber auch unverfestigten Sanden bauen seinen Untergrund auf. ↗ Naturräume, ↗ Ökozonen, ↗ Wüste.

Klaus Hüser

Kalimba ↗ Lamellophon

Kamerun. **Fläche:** 475 442 km². **Einw.:** 14,6 Mio. (1999). **Bev.-Wachstum/Jahr:** 2,7% (1990–99). **Stadtbev.:** 48% (1999). **Hauptstadt:** Jaunde (1 Mio.). **Wirtschaftsmetropole:** Duala (1,5 Mio.). **Unabh.:** 1. 1. 1960. **Staatsform:** Präsidiale Rep.; Zweikammerparlament (Nationalversammlung, Senat in der neuen Verfassung von 1996 vorgesehen); Mehrparteiensystem. **Währung:** CFA-Franc. **HDI-Rang** 125/162 (2001). **Auslandsverschuldung:** 9,3 Mrd. US$ (2000). **Anteil der Entwicklungshilfe am BSP:** 5% (1998). **BSP/Kopf:** 650 US$ (2000). **HIV-infizierte Erwachsene:** 7,7%, **Lebenserwartung:** m 49,1 J., w 50,8 J., **Alphabetisierung** der

Erwachsenen: m 81,2%, w 68,6% (1999). **Einschulungsrate:** m 82%, w 71% (1995–99). **Amtssprachen:** Frz. und Engl.; **National- und Verkehrssprachen:** u. a. Bafia, Bakundu, Bamun, Basaa, Bulu, Duala, Ewondo, ↗ Fulfulde, ↗ Hausa, Maka, Mbo, ↗ Pidgin, versch. Bamileke-Sprachen (↗ Bantusprachen).

I. Naturraum. Zwischen West- und Zentralafrika liegend, weist K. versch. ↗ Ökozonen auf, die das ↗ Klima und die Lebensweisen der Menschen maßgeblich bestimmen. Etwa ein Viertel der Landesfläche ist noch mit Wald bedeckt. Doch könnte der zunehmende Holzeinschlag und der damit einhergehende Rückgang des Waldbestandes zu großen klimatischen Veränderungen führen. Der ↗ Regenwald erstreckt sich von der Küste im S in das aufsteigende innere Land hinein und nimmt nordwärts allmählich ab. Von der Landesmitte hin in den äußersten N finden sich Feucht- und Trockensavannen. Im W liegen die höchsten Gebirge mit dem Vulkan Kamerunberg (4.070 m). Das Klima ist im S ganzjährig feucht und nach N hin wechselhaft trocken. Die Durchschnittstemperaturen sind in Duala 26°, in Jaunde 22° und in Garua 29°.

II. Bevölkerung und ethnische Gruppierungen. In K. leben etwa 200 ethn. Gruppen mit jeweils eigenen Sprachen, Traditionen und Ritualen. Daher gilt K. als repräsentatives Beispiel für afrik. Kulturvielfalt. Die ↗ Bevölkerung, ungleichmäßig auf die Regionen verteilt, ist relativ jung: Mehr als 50% der Kameruner sind unter 15 Jahre und nur 6% über 65 Jahre alt. K. weist folgende ethn. Gruppen auf: (1) die bantusprachige Bev. vorwiegend im S und O: die Bafia, Bakoko, Bakweri, Balong, Banen, Basaa, Batanga, Bulu, Duala, Ewondo, Eton, Maka, Mbo, Yambasa u. a. Die ländl. Bev. lebt vorwiegend vom ↗ Ackerbau, der ↗ Fischerei und ↗ Jagd. (2) Die Semi-Bantu (Grasland-Bantu) im W: die Bafut, Bali, Bamileke, Bamun, Banso, Kom, Tikar, Widikum, überwiegend Ackerbauern und Händler. Ihre traditionellen Herrschaftssysteme sind Chefferien und Königtümer. (3) Die sudansprachigen Ethnien im N: die Bana, Bata, Baya, Daba, Fali, Guider, Matakam, Mora, Musgum, Nduru, Tupuri u. a.; Viehzucht und ↗ Nomadismus prägen ihre traditionelle Lebensweise. Wenig islamisiert, werden sie von den muslimischen Fulbe als *Kirdi* (Heiden) bezeichnet. (4) Die Fulbe im N betreiben ↗ Viehhaltung und sind überwiegend Stadtbewohner. (5) Im N leben ebenfalls die Kotoko und Banana vom Fischfang, die Hausa vom Handel sowie die Bororo und Schoa-Araber als Wanderhirten. (6) Die Pygmäen: Etwa 10.000 leben in K.: Die Bagielli im SW, die Babinga, die Bedjang und die Ngoro im Zentrum und im SO sind von ihrer Kultur her Jäger und Sammler. (7) In K. beheimatet sind schließlich auch andere Afrikaner, ca. 15.000 Asiaten und ca. 20.000 Europäer, die größtenteils in den Großstädten wohnen. Heute sind fast alle Städte zu multiethn. und -relig. Zentren geworden. 48% der Kameruner sind Christen, 22% Muslime.

III. Geschichte und Politik. Sowohl die Karthager als auch die Araber haben vor der Ankunft der Europäer von der Region um den Kamerunberg berichtet. 1472 erreichten portug. Seefahrer die Flussmündung des Wuri, den sie nach den dort vorhandenen Flusskrebsen *rio dos camarões* nannten, woraus sich der Name K. ableitet. Den Portugiesen folgten Niederländer, Franzosen, Spanier und Briten. Gegen Salz, Stoffe, ↗ Alkohol und Feuerwaffen tauschten sie Palmöl, Fische und Sklaven. Ab 1862 kamen auch dt. Kaufleute, die 1884 im Namen des dt. Reichs einen Vertrag mit den Königen Bell und Akwa abschlossen, der K. zum dt. Schutzgebiet erklärte. 1919 wurde K. zum ↗ Mandatsgebiet des Völkerbundes, der Frankreich und Großbritannien die Verwaltung übertrug. 1945 ging K. in die ↗ Treuhandschaft der UN über. Am 1. 1. 1960 erlangte der von Frankreich verwaltete Teil K. seine Unabh. mit Ahmadou Ahidjo (1924–1989) als Staatspräsident. Nach der Wiedervereinigung mit dem westl. Teil am 1. 10. 1961 wurde K. eine föderative Rep. In diesen als Folge der doppelten brit. und frz. Kolonisation gegr. Bundesstaat sind die Völker beider Teile bis heute nicht gleichermaßen integriert. Insbes. die anglophonen Kameruner fühlen sich wirtsch. und pol. benachteiligt. Das Spannungsverhältnis zwischen beiden Teilen verschärfte sich während der Demokratiebewegungen der 1990er Jahre, als einige Führer im W die Sezession forderten. Die Protestaktionen v. a. in den Städten zwangen die Nationalversammlung, das Mehrparteiengesetz zu billigen, das seit 1966 systematisch missachtet worden war. Auch Ahidjos Nachfolger Paul Biya (seit 1982) ist es kaum gelungen, den ↗ Tribalismus zu entschärfen. Bei den letzten Parlamentswahlen 1997 entfielen 88 von 150 Sitzen auf Biyas RDPC (Demokrat. Sammlung des Volks von Kamerun). Bei den Präsidentschaftswahlen im selben Jahr wurde Biya für sieben weitere Jahre im Amt bestätigt. Außenpol. bemüht sich K. um die Verbesserung der Beziehungen zu seinen Nachbarn. Allerdings hat der jüngste Konflikt um Erdöl bei Bakassi das Verhältnis zu Nigeria erheblich belastet.

IV. Wirtschaft. Das Wirtschaftssystem ist eine Mischform von Markt- und Planwirtschaft. Die Wirtschaftsstruktur ist weitgehend von der ↗ Landwirtschaft geprägt, wenngleich der Industriesektor in den letzten Jahrzehnten an Bedeutung gewonnen hat. Haupterwerbsquelle bleibt nach wie vor die Landwirtschaft, die etwa 60% der Erwerbstätigen stellt. Zu den wichtigsten agrar. Exportprodukten gehören Kakao, Kaffee, Bananen, Kautschuk, Palmöl, Baumwolle, Tee und Zucker. Der traditionelle Ackerbau ist sowohl für den Eigenbedarf als auch den lokalen Markt bestimmt. Bataten, Bohnen, Kassava, Erdnüsse, Kochbananen, Makabo, Mais, Maniok, Reis, Süßkartoffeln, Taro und Yams sind die Grundnahrungsmittel. Dominierende Industriebranchen sind Metallindustrien, Bierbrauereien, Mineralölindustrien, Holz-, Tabak- und Zementindustrien. Zu den wichtigsten Bodenschätzen zählen Erdöl, Erdgas und Bauxit (↗ Bergbau).

V. Literatur, Kunst und Musik. Das eigentliche Kulturleben wird maßgeblich ebenso durch die ↗ Oralliteratur wie durch die Musik, die Künste, Lit., ↗ Philosophie und Wissenschaften zum Ausdruck gebracht. Die Oralliteratur ist insbes. durch die Epen von Mpopo, Djeki La Djambe, Akoma Mba und Njap Makon geprägt. Die geschriebene Lit. hingegen begann mit den 1920 vom Sultan Ibrahim Njoha (1867–1958) in der Bamunsprache veröff. hist. Abhandlungen. Seitdem entwickelte sich die moderne Lit. fast nur in europ. Sprachen (↗ frankophone Literaturen). 1930 verfaßte Isaac Moumie-Eta den ersten Roman in Frz. mit gleichzeitiger Übersetzung in Duala. Vor der Unabh. betraten Autoren wie Mongo Beti (*1932, *Trop de soleil tue l'amour*, 1999; dt. *Sonne Liebe Tod*), Ferdinand Oyono (*1929), Joseph Owona (1921–1981) die literarische Bühne. Mit der Gründung des Verlagshauses *Editions CLE* (*Centre de Littérature Evangélique*) in Jaunde 1963 begann eine neue literarische Epoche mit Francis Bebey (1929–2001), Rene Philombe (*1930), Jean Ikellè-Matiba (1936–1984) u. a. In neuester Zeit hat Calixte Beyala internat. für literarisches Aufsehen gesorgt (*Les honneurs perdus*, 1996; dt. *Jenseits von Duala*). Die wichtigsten Zeitungen und Magazine erscheinen in Frz. und Engl. (↗ Medien). Im ↗ Rundfunk und ↗ Fernsehen gibt es jedoch auch Sendungen in den Nationalsprachen. Das Kunstgewerbe wird insbes. im W von den Tikar, Bali, Bamileke und Bamun betrieben. Dort werden bspw. Masken und Keramik aus Bronze und Holz hergestellt, die das traditionelle Leben spiegeln. Schließlich kennt K. versch. Musikgattungen und -arten, die vorwiegend aus traditionellen Rhythmen hervorgegangen sind. In der ↗ Popularmusik feiern ↗ Musiker und Gruppen wie Manu Dibango, Ekambi Brillant, Toto Guillaume (↗ Makossa); Jean Bikoko, *Les Vétérants*, Mbarga Soukous, Princess Erika und *Les Têtes Brûlées* (Bikutsi) auch internat. große Erfolge. Seit der Fußballweltmeisterschaft 1990 ist Roger Milla der berühmteste Sportler seines Landes.

🕮 J-F. Bayart, L'Etat au Cameroun, 2. Aufl., Paris 1985. – M. Njeuma (Hg.), Introduction to the History of Cameroon, 19th and 20th Centuries, London 1989. – J. E. Mabe, Bevölkerungswachstum, technologische Entwicklung und Energiebedarfsdeckung in Afrika, Fallstudien am Beispiel Kamerun, Frankfurt/M. 1993. – F. Eboussi Boulaga, La démocratie de transit au Cameroun, Paris 1997.

Jacob E. Mabe

Kanarische Inseln (*Islas Canarias*), seit 1982 eine der 17 *Comunidades Autónomas* des Königreichs Spanien. **Fläche:** 7.242 km², 1,6 Mio. Einw. (1999). Provinzen seit 1927: Las Palmas (Gran Canaria, Fuerteventura, Lanzarote) und Santa Cruz de Tenerife (Teneriffa, Gomera, Palma, Hierro).

I. Naturraum. Die K.I., eine Inselgruppe im Atlant. Ozean 100–500 km westl. vor der afrik. Küste entfernt, wurden vor 20 bis 2 Mill. Jahren von vulkanischen Kräften auf einem gehobenen ozeanischen Sockel gebildet. Die Landschaft der westl. Inseln ist geprägt durch hohe Gebirgsstöcke (Teneriffa: Pico de Teide 3.718 m), tief eingeschnittene Gießbachtäler (Barrancos) und von Steilwänden rings umschlossene Talkessel (Calderas). Die geolog. älteren Inseln Fuerteventura und Lanzarote sind niedriger und flacher, mit weiten Lavafeldern und Dünen von angewehtem saharischem Sand. Das ↗ Klima ist subtrop.-mediterran (Santa Cruz Jan. 17,5° C/Juli 24,2° C), feucht an den Luvseiten (NO) der hohen westl. Inseln (Santa Cruz 244 mm Niederschlag jährl., Max. Nov/Dez.) trockener an den Leeseiten (SW) und auf den flachen östl. Inseln (Arrecife 112 mm Niederschlag jährl., Mai bis Aug. niederschlagsfrei). Vegetationszonen der westl. Inseln sind: Sukkulenten (Wolfsmilchgewächse etc.) und Wacholdergehölz im trockenen Küstenbereich und leeseitig bis 1.000 m; Monteverde (Lorbeerwald und Baumheide) luvseitig im Bereich der Passatnebel von 600 bis 1.500 m, darüber und leeseitig humusarme Böden mit Kiefernwald bis zur Baumgrenze um 2.000 m, im Hochgebirgsbereich Zistrose, Ginster, Natternkopf, Teide-Veilchen. In der Pflanzenwelt finden sich zumeist insulare Sonderformen mediterraner Gattungen; Drachenbaum und Til-Baum sind isolierte Reliktarten der tertiärzeitlichen Flora.

II. Geschichte. – II.1. Guanches. Etwa 6.000 Jahre v. Chr. kamen nacheiszeitliche Muschelhaufenleute von der portug. oder marokkanischen Atlantikküste auf Binsen- oder Papyrusbooten in den Archipel: Menschen des im nacheiszeitlichen Westeuropa und in NW-Afrika verbreiteten Cro-Magnon-Typus. Etwa 4.000 bis 3.000 Jahre v. Chr. erreichten zwei neolithische Besiedlungswellen von NW-Afrika die Inseln: Hirten mit Schaf und Ziege sowie mediterrane Gerstenfeldbauer, die Keramik und Mumienbestattung mitbrachten. Die Sprache dieser beiden Gruppen hat im Wortgut weitreichende Beziehungen zur prähist. Sprachenwelt in Westeuropa und NW-Afrika. *II.2. Kanarier.* Im 2. Jt. v. Chr. drangen Indogermanisch sprechende Gruppen von Westeuropa nach NW-Afrika vor. Ausläufer dieser Wanderung reichten bis nach Fuerteventura und Lanzarote und gelangten bis zum Anfang des 1. Jt. v. Chr. nach Gran Canaria. Auf Fuerteventura und Lanzarote sind petroglyphische Inschriften in kanarischer Sprache und einer den germanischen Runen verwandten Schrift erhalten. *II.3. Mauretanier.* Im Laufe des 1. Jt. v. Chr. wurden Lanzarote und der größere Teil von Fuerteventura von *Mahoreros* (Mauretaniern) in Besitz genommen. Der hellenistischen Antike waren die K.I. nur vom Hörensagen bekannt. Die Beschreibung bei Plinius (VI 32) beruht auf dem Bericht einer im Auftrag König Juba des Jüngeren von Mauretanien (25 v.–24 n.Chr.) durchgeführten Erkundungsfahrt. Jubas Agenten erwarben auf den »Purpurinseln« Orchilla-Flechten. Nachdem das Königreich Mauretanien Mitte des 1. Jh. n. Chr. gewaltsam dem Römischen Reich angeschlossen worden war, flüchteten sich Auswanderer auf die Inseln Palma, Hierro, Gomera, wo sie ihre ↗ berberische und punische Muttersprache bewahrt haben.

II.4. 11.–15. Jh. Von der islam.-arab. Eroberung des ↗ Maghreb blieben die Inseln unberührt. Nur im 11./12. Jh. ergaben sich vorübergehend lose Kontakte zu den ↗ Almoraviden. Seit Mitte des 13. Jh. wurden die *Îles de Forte Aventure* immer wieder von normannischen Seefahrern auf der Fahrt nach Südamerika wegen des kostbaren Holzes der *Caesalpinia echinata* (Brasil) aufgesucht. 1341 war der Archipel Ziel einer portug.-genues. Expedition, worüber ein Bericht von der Hand eines Niccoloso da Recco vorliegt. *II.5. Die christl.-abendl. Eroberung* der K.I. begann mit der Landung der normannischen Ritter Jean de Béthencourt und Gadifer de la Salle auf Lanzarote am 7. Juli 1402. Nach dem Königreich der Béthencourt auf Lanzarote und Fuerteventura (1402–1148) und der Feudalherrschaft des Peraza Herrera (1448–1488) wurden die K.I. von Spanien erobert (1478–1496). Gran Canara, Palma und Teneriffa unterstanden unmittelbar der Krone; die anderen blieben feudale *Señoríos*, bis durch die liberale Verfassung von 1837 eine *Provincia de Canarias* (Hauptstadt Santa Cruz) eingerichtet wurde. *II.6. Brückenkopf zur Neuen Welt.* Seit am 6. Sept. 1492 Kolumbus von Gomera aus nach W ins offene Weltmeer hinausfuhr, waren die K.I. Spaniens cisatlantischer Brückenkopf zu den Kolonien in der Neuen Welt. Die Inseln hatten in bedeutendem Maße Teil an der span. Besiedlung Lateinamerikas – und an den Befreiungskriegen der Kolonien im 19. Jh.: Francisco de Miranda war Tinerfeño, die Gattin Simón Bolívars stammte von Gran Canaria, die Mutter José Martís von Santa Cruz.

II.7: 19./20. Jh. Die Hoffnung auf Autonomie innerhalb eines span. Staatenbundes z.Z. des radikalliberalen Regimes zu Madrid 1868 bis 1874 – dem der grancanarische Dichter Nicolás Estévanez Murphy als Gouverneur der Hauptstadt und Minister angehörte – wurde nach der Restauration hinfällig. Die *Partido Liberal Fusionista* unter Fernando León Castillo befürwortete die zentralistische Regierungspolitik. Dagegen kämpfte die Bewegung *Vacagueré* unter Secundino Delgado für nat. Sebstbestimmung. Symptomatisch für die indessen fest gefügte Bindung an Festlandspanien ist, dass im span. Bürgerkrieg einerseits der Regierungschef der Rep., Juan Negrin, ein Grancanario war, andrerseits Gen. Franco von La Laguna auf Teneriffa aus zum Sturz der Volksfront aufrief. Im Zuge der nachfrankistischen Staatsreform erlangten die K.I. regionale Autonomie. Stärkste Partei war zunächst die von Madrid gelenkte *Partido Socialista Obrero Español;* 1990 vereinigten sich diverse insulare Parteien zur nat. *Coalición Canaria,* die seit den Regionalwahlen 1995 (33% der Stimmen) den Regierungschef stellt: Manuel Hermoso, aufgrund eines labilen Bündnisses mit der *Partido Popular* des derzeitigen span. Ministerpräsidenten José Maria Aznar.

III. Wirtschaft. Die Wirtschaftskrise des 19. Jh. – bedingt durch hohes Bevölkerungswachstum (von 100.000 um 1800 auf 350.000 um 1900), Abbruch der Beziehungen zu Lateinamerika, Niedergang der Weinproduktion (Reblaus,

Mehltau) und Verdrängung des von der Cochenille-Schildlaus gewonnenen Farbstoffs vom Markt durch Industriefarben – wurde durch Einführung der Kultur der Cavendish-Banane nur vorübergehend gemildert. In der 2. Hälfte des 20. Jh. ist der ↗ Tourismus zum dominanten Wirtschaftsfaktor geworden (etwa 80% des BIP). Der Wert der Importgüter übertrifft den der Exportgüter (Obst und Gemüse, Fischereiprodukte) um mehr als das Fünffache.

📖 D. J. Wölfel, Monumenta Linguae Canariae, Graz 1965. – P. Hernández Hernández (Hg.), Natura y Cultura de las Islas Canarias. Las Palmas/La Laguna 1978. – G. Böhm, Sprache und Geschichte im Kanarischen Archipel, Bd. 1: Kulturgeschichte, Bd. 3: Epigraphik, Wien 1996/99.

Gerhard Böhm

Kanem-Bornu ↗ Bornu

Kap Verde. **Fläche:** 4033 km². **Einw.:** 418.000 (1999). **Bev.-Wachstum/Jahr**: 2,3% (1990–99). **Stadtbev.:** 61% (1999). **Hauptstadt:** Praia (120.000 Einw. 2000). **Wirtschaftszentren**: Praia, Mindelo. **Unabh.:** 5. 7. 1975. **Staatsform**: Rep.; pol. System: Parlamentarismus, Mehrparteiensystem. **Währung:** Escudo Caboverdeano. **HDI-Rang** 91/162 (2001). **Auslandsverschuldung**: 220 Mio. US$ (1997). **Anteil der Entwicklungshilfe am BSP**: 26% (1998). **BSP/Kopf**: 1.330 US$, **Lebenserwartung**: m 66 J., w 71,8 J., **Alphabetisierung** der Erwachsenen: m 84,5%, w 65,1% (1999). **Einschulungsrate**: m 100%, w 97% (1995–99). **Amtssprache:** Portug.; **Verkehrssprache**: Kreolisch (↗ Pidgin- und Kreolsprachen).

I. Naturraum. K. V. ist ein kleiner Inselstaat im Atlantik, etwa 500 km vor Senegal an der westafrik. Küste. Er besteht aus zehn Inseln, von denen neun bewohnt sind, fünf dem Winde zugekehrt (*barlavento*-Gruppe: Santo Antão, São Vicente, São Nicolau, Sal, Boa Vista) und vier vom Winde abgekehrt (*sotavento*-Gruppe: Brava, Fogo, Santiago, Maio). Trotz seiner Meereslage gehört K. V. zur Sahelzone und leidet, wie die übrigen Länder dieser Region, unter wiederkehrenden Dürreperioden. Landschaftlich ist K. V. teils vulkanisch-bergig, teils sandig-flach. Seine Böden sind karg und überwiegend wenig fruchtbar. Meeresressourcen sind sein wichtigster natürlicher Reichtum.

II. Bevölkerung. Als portug. Seefahrer K. V. 1460 entdeckten, waren die Inseln unbewohnt. Die heutige Bev. ist eine Mischlingsbev., Nachfahren portug. Herren und afrik. Sklaven. Mit Portugal etablierte sich die kath. Kirche in K. V. und ist bis heute dominant. In den Jahren portug. Kolonialmacht wurde die Bev. durch Hungersnöte infolge schwerer Dürren immer wieder dezimiert. Schon seit dem späten 18. Jh. entwickelte sich die ↗ Migration als wichtigste Überlebensstrategie. Heute leben etwa genauso viel Kapverder in Übersee wie in K. V. selbst, eine Mehrheit davon an der Ostküste der USA. Weitere Auslandsgemeinschaften befinden sich in fast allen westeurop. Ländern, v. a. in Portugal, sowie in einigen afrik. Ländern, insbes. Angola, Senegal und São Tomé e Príncipe. – In K. V. gibt es eine starke Migration in die Städte. V. a. Praia auf der Insel Santiago, auf der mehr als 50% der Gesamtbev. lebt, ist davon betroffen.

III. Geschichte und Politik. Für Portugal hatte K. V. immer eine bes. Stellung, zum einen weil die Bev. von Portugiesen abstammte, zum anderen aber auch wegen der strategischen Lage der Inseln im Atlantik. 1956 bekräftigten jedoch Vertreter der beiden westafrik. Kolonien Portugals mit der Gründung der PAIGC (Afrik. Partei für die Unabh. Guinea-Bissaus und Kap Verdes), dass auch K. V. zu Afrika gehört. Gründungsvater der PAIGC war der Kapverder Amílcar Cabral, ein herausragender Theoretiker und Praktiker der afrik. Befreiung. Unter seiner Führung kämpfte die PAIGC ab 1963 in Guinea-Bissau für die Unabh. beider Länder. Die vom portug. Geheimdienst angezettelte Ermordung Cabrals 1973 nutzte Animositäten gegen die Führungsrolle von Kapverdern in der PAIGC aus und sollte auch eine Spaltung zwischen Guinea-Bissau und K. V. herbeiführen. Dennoch erlangten beide Länder nach der Nelkenrevolution in Portugal unter der Führung der PAIGC die Unabh. Die Perspektive eines gemeinsamen Staates scheiterte jedoch endgültig 1980 nach einem Militärcoup mit anti-kapverdischer Stoßrichtung gegen den ersten Präsidenten Guinea-Bissaus, einem Halbbruder Cabrals. Der kapverdische Flügel der PAIGC gründete danach eine eigene Partei, die PAICV (Afrik. Partei für die Unabh. Kap Verdes). – Seit der Unabh. herrschte die PAIGC/PAICV in einem – dem Charakter von K. V. als einem weltoffenen Land entsprechenden – relativ offenen ↗ Einparteisystem. Als sie jedoch dem afrik. ↗ Wind des Wandels folgte und 1991 Mehrparteienwahlen zuließ, musste die PAICV eine deutliche Niederlage hinnehmen und die Regierungsverantwortung an die erst im Jahr zuvor gegründete MpD (Bewegung für Demokratie) abgeben. Bei den Wahlen im Frühjahr

2001 konnte die PAIVC die Mehrheit zurückerobern.

IV. Wirtschaft und Sozialstruktur. Aufgrund der Kargheit seiner natürl. Ressourcen war die Existenz von K. V. immer von außenwirtsch. Beziehungen abhängig. Wichtig sind zum einen die Überweisungen der Emigranten aus Übersee. Einkünfte bringen auch Dienstleistungen wie die Nutzung des internat. Flughafens von Sal, der Tourismus sowie in geringerem Maße Fischereiexporte. Darüber hinaus ist K. V. auf internat. ↗ Entwicklungszusammenarbeit angewiesen, insbes. auf regelmäßige Nahrungsmittelhilfe. Trotz seiner prekären Entwicklungsbedingungen hat K. V. es geschafft, eine relativ stabile Wirtschaft aufzubauen. Im Unterschied zur PAICV-Regierung, die auf strikte ↗ Blockfreiheit Wert legte, leitete die MpD-Regierung eine stärkere Annäherung an Portugal und die EU ein. Ihre neoliberale Wirtschaftspolitik mit der verstärkten Förderung privatwirtsch. Initiativen hat die sozialen Gegensätze in K. V. deutlicher hervortreten lassen. Migration und eine patriarchalische ↗ Sozialstruktur tragen dazu bei, dass ↗ Geschlechterbeziehungen in K. V. instabil (viele außereheliche Geburten) und ↗ Frauen unterprivilegiert sind.

V. Literatur und Musik. So wie K. V. eine *naçao mestiça* ist, so hat es eine eigenständige und reiche hybride Kultur hervorgebracht (↗ Kreolisierung), in der ↗ Kreolisch mehr als gleichberechtigt neben Portug. steht. Zentrum der literarischen Produktion war v. a. Mindelo auf São Vicente, mit seinem Hafen ein Tor zur Welt. Um die Zeitschrift *Claridade* (Licht) und ihre Autoren (Jorge Barbosa, Baltasar Lopes, Manuel Lopes) entstand bereits Ende der 1930er Jahre eine Bewegung, die die Identität von K. V. in seiner durch Dürre und Migration geprägten Realität suchte. Nach der Unabh. erschienene Werke (z. B. von Germano Almeida) sind hingegen von einer eher universalistischen Sicht geprägt. – Tief verwurzelt in der Bev. ist die musikalische Tradition. V. a. die in Kreolisch gesungenen *mornas*, die den Schmerz von Trennung und Sehnsucht zum Ausdruck bringen, sind beliebt. Ihre Anfänge reichen ins späte 19. Jh. zurück. Weltweit bekannt geworden sind sie durch Cesária Évora, die schon lange vor der Unabh. in den Bars von Mindelo auftrat, aber erst in den 1990er Jahren mit ihrer CD *Miss Perfumado* internat. Anerkennung fand (↗ Musiker). Andere *morna*-Sänger wie Bana oder Ildo Lobo und Musikgruppen (*Bulimondo, Os Tubarões*), die ebenfalls aus der Volksmusik hervorgegangene schnellere Tanzrhythmen wie *funana* oder *coladera* spielen, sind auch über die K. V. hinaus bekannt geworden. ↗ PALOP, ↗ CPLP, ↗ lusophone Literaturen.

🕮 D. Brookshaw, Cape Verde. In: P. Chabal (Hg.), The Post-Colonial Literature of Lusophone Africa, London 1996, S. 179–233. – R. A. Lobban, Cape Verde – Crioulo Colony to Independent Nation, Boulder 1998. – V. Monteiro, Les musiques du Cap-Vert, Paris 1998.

Peter Meyns

Kapitalismus ↗ peripherer Kapitalismus

Karthago (von phönizisch *Quart-Hadascht*, »Neue Stadt«), Stadt an der nordafrik. Küste, nordöstl. von Tunis, der Überlieferung nach 814 v. Chr. von Tyros aus gegründet. Dank seiner Lage und des fruchtbaren Hinterlandes überflügelte es die anderen phönizischen Kolonien im westl. Mittelmeer. K. beherrschte den Handel v. a. mit den Völkern im afrik. und spanischen Hinterland, u. a. mit Gold, Silber und Zinn. Karthagische Handelsexpeditionen führten nach Westafrika (bis zum Golf von Guinea) und nach NW-Europa (Bretagne, südl. Britannien). Spätestens seit dem 6. Jh. wurde die Stadt pol. selbstständig und besaß eine oligarchische Verfassung mit Jahresbeamten (Suffeten), Senat (von mehreren hundert Mitgliedern auf Lebenszeit) und einem Rat der 104. Ihr Herrschaftsbereich umfasste Nordtunesien, Handelsstützpunkte an der nordafrik. Küste von Marokko (westl. von Tanger) bis ins heutige Libyen (Golf von Sidra), im W Siziliens, auf Sardinien, den Balearen und in Südspanien. Die karthagischen Armeen wurden größtenteils aus fremdländischen Söldnern rekrutiert. Größere Kriege gab es mit den Griechen auf Sizilien: 480 v. Chr. Schlacht bei Himera, dann wieder ab 409 und im 4. Jh., zuletzt zwischen 319 und 307 gegen Agathokles von Syrakus. Aus den Verwicklungen in Sizilien entzündeten sich im 3. Jh. die folgenreichen Kriege mit Rom (264–241, 218–201, 149–146), die jeweils mit der Niederlage von K. und schließlich (146 v. Chr.) mit der völligen Vernichtung der Stadt und des Staates K. endeten. Danach wurde das Gebiet von K., das formell verflucht und von jeglicher Neubebauung ausgeschlossen worden war, Teil der röm. Provinz *Africa*. Die Gründung einer röm. *colonia* z. Z. der Gracchen (133–121) scheiterte; sie gelang erst ein Jh. später im Zuge der ↗ römischen Kolonisation unter Caesar und Augustus. Das röm. K. wurde Hauptstadt der

Provinz *Africa Proconsularis* und entwickelte sich in der Kaiserzeit wiederum zu der neben Rom bedeutendsten Stadt im westl. Mittelmeerraum, v. a. wirtsch. und kulturell. Seit dem 3. Jh. n. Chr. spielte es als ein Zentrum der lateinischen und nordafrik. Christenheit eine wichtige Rolle (↗ Christentum, ↗ Donatisten). 439 wurde K. von den Vandalen erobert und für ein Jh. Hauptstadt ihres Reichs. 533 erfolgte die Rückeroberung durch das oström. Reich. Die arab. Invasion führte 697 zum Untergang des röm.-christl. K., dessen Nachfolge Tunis antrat. ↗ Griechische Kolonisation, ↗ Westafrika, Völker, Kulturen und Staaten.

📖 W. Huß, Die Karthager, 2. Aufl., München 1994. – W. Huß (Hg.), Karthago, Darmstadt 1992. – M. H. Fantar, Carthage. Approche d'une civilisation, 2 Bde., Tunis 1993.

Peter Spahn

KBO ↗ regionale Organisationen

Kenia. **Fläche:** 580.367 km^2. **Einw.:** 30 Mio. (1999). **Bev.-Wachstum/Jahr**: 2,5% (1990–99). **Flüchtlinge**: 223.696 (als Aufnahmeland am 1. 1. 2000). **Stadtbev.:** 32% (1999). **Hauptstadt:** Nairobi (1,81 Mio. Einw. 1999). **Wirtschaftsmetropolen:** Nairobi, Nakuru, Mombasa. **Unabh.:** 12. 12. 1963. **Staatsform**: Präsidialrep. (im *Commonwealth*); Mehrparteiensystem; Parlament mit 224 Mitgliedern, Wahl alle 5 Jahre; Direktwahl des Staatsoberhaupts (Präsident Daniel Arap Moi) alle 5 J.; letzte Wahl: 29./30. 12. 1997. **Währung:** Kenya Shilling. **HDI-Rang** 123/162 (2001). **Auslandsverschuldung**: 7 Mrd. US$, **Anteil der Entwicklungshilfe am BSP**: 4,2% (1998). **BSP/Kopf**: 360 US$, **HIV-infizierte Erwachsene**: 14%, **Lebenserwartung**: m 50,4 J., w 52,2 J., **Alphabetisierung** der Erwachsenen: m 88,3%, w 74,8% (1999). **Einschulungsrate**: m 92%, w 89% (1995–99). **Handels- u. Amtssprache:** Engl. und ↗ Swahili; **Regional- u. Verkehrssprachen:** Kikuyu, Luo, Maasai, über 30 weitere Sprachen.

I. Naturraum. K. gliedert sich in zahlreiche, durch Höhenlage, Relief, Klima, Vegetation und damit wirtsch. Potential versch. ↗ Ökozonen: (1) ein ca. 40–60 km breiter Küstenstreifen, der sich im NO bis zu 250 km landeinwärts erstreckt und mit einer Höhe bis zu 250 m im O relativ hohe Niederschläge erhält (rd. 750–1.300 mm pro Jahr). An der Grenze zu Somalia herrscht arides Klima vor. (2) Dem Küstenstreifen schließt sich eine ausgedehnte (75% des Landes), von rd. 250 auf 1.500 m ansteigende Hochfläche an, weithin mit Niederschlägen zwischen 250–500 mm, in N-K. mit weniger als 250 mm und extensiver Weidewirtschaft der Hirtenvölker. Hier liegen Nationalparks wie Tsavo, Amboseli, Meru, Samburu. Der großen, niederschlags- und bevölkerungsarmen Hochfläche sind relativ kleine, aber niederschlagsreiche und daher sehr dicht besiedelte Hügel/Bergländer aufgesetzt. (3) Das Hochland im zentralen und westl. K. (Flächenanteil ca. 20%) wird durch den 60–150 km breiten ostafrik. Graben gegliedert, an dessen Rändern hohe Gebirge entstanden (u. a. Nyandarua/Aberdare-Kette: 3.999 m) sowie einzelne, heute erloschene Vulkane (v. a. Mt. Kenia: 5.199 m; an der Grenze zu Uganda Mt. Elgon: 4.310 m). Auf der Grabensohle liegen große Salz- (z. B. der Nakuru- und der Turkanasee) und Süßwasserseen (z. B. der Naivasha- und Baringosee) sowie hohe Vulkane (Menegai; Mt. Longonot 2.480 m; Mt. Suswa 2.357 m). Das Hochland fällt im W zum Becken des Viktoriasees ab.

II. Bevölkerung und ethnische Gruppierungen. Die ↗ Bevölkerung besteht zu über 95% aus Afrikanern. V. a. an der Küste lebt schon seit Jh. eine kleine arab. Minorität (1989: 41.595 Pers.). Die Zahl der in der Kolonialzeit eingewanderten und insbes. im Handel und Gewerbe engagierten *Asians* (↗ Inder, Pakistani) ist seit der Unabh. infolge Auswanderung zurückgegangen (1962: 176.600; 1989: 89.185). Auch die Zahl der Europäer hat im Zuge der ↗ Entkolonialisierung abgenommen (1962: 55.800; 1989: 34.560). Die afrik. Bev. gliedert sich in rd. 40 v. a. durch Sprachen unterscheidbare Ethnien (insges. 14 ↗ Bantu-, 9 ↗ kuschitische, 6 ↗ nilotische Sprachen). Rd. 67% der Bev. zählen zu den Bantusprechern wie v. a. die Kikuyu (1989: 21% der Bev.), das größte und pol. lange dominierende Volk, die Kamba (11,4%), Luhya (14,4%), Kisii (6,2%), Embu (5%), Mijkenda (4,7%) sowie Swahili-Shirazi der Küste (0,5%), deren Sprache zur *Lingua Franca* Ostafrikas und kenianischen Amtssprache wurde. Kikuyu nehmen, gefördert durch die Herrschaft Jomo Kenyattas (1964–78), heute eine bedeutende Stellung in Wirtschaft, Verwaltung und Politik ein; sie sind v. a. Kleinbauern mit starker (auch Welt-) Marktproduktion. Etwa 27% der Bev. sind Niloten. Die Luo (12,4% der Bev.) und Kalenjin (11,5%) sind die größten nilot. Völker mit bedeutendem pol. Einfluss; Präsident (seit 1978) Daniel Arap Moi ist ein Kalenjin. Die Luo sind heute v. a. Fischer, insbes. am heimischen Viktoriasee und als Zuwanderer am Turkanasee sowie Ackerbauern mit Viehhaltung.

Die Kalenjin sind v.a. Ackerbauern. Nur ca. 3% der Bev. zählen zu den Kuschiten (u.a. die Somali), die jedoch auf ca. 40% Staatsfläche im ariden N und NO überwiegend als ↗ Nomaden (Kamelhaltung) leben. Die Somali stellen die am wenigsten in den Staat integrierte Bev. Insbes. seit Einführung des Mehrparteiensystems 1991 kam es in versch. Landesteilen fast in jedem Jahr zu blutigen ↗ ethn. Konflikten, v.a. wegen der Landnahme der Kikuyu in Siedlungsräumen der Kalenjin und Maasai. Weitere zentrale Probleme bestehen in der steigenden Massenarbeitslosigkeit und wachsenden Verelendung großer Bevölkerungsteile. 2000 lebten rd. 50% aller Kenianer in (absoluter) Armut.

Etwa 70% der Kenianer sind Christen; rd. 25% Anhänger traditioneller ↗ Religionen. Etwa 7% bekennen sich zum (v.a. sunnit.) ↗ Islam, der an der Küste schon seit 1000 Jahren beheimatet ist. Die Christianisierung (↗ Christentum) setzte erst im 19. Jh. ein. Die bevölkerungsreichen, wirtsch. starken Zentralregionen sind überwiegend christl.; die Küstenbev. ist vornehmlich islam.; die Somali sind ausschließlich Muslime.

III. Wirtschaft. Die ↗ Landwirtschaft erwirtschaftet seit Jahren rd. 35% des BIP, beschäftigt ca. 70% aller Erwerbspersonen und erbringt etwa 75% aller Erlöse aus dem Warenexport. Trotz bedeutender Plantagenwirtschaft (v.a. Tee, Kaffee, Zuckerrohr, an trockneren Standorten Sisal) ist K. ein Land der Kleinbauern. Kleinbetriebe mit weniger als 2 ha erzeugen ca. 75% des Wertes aller Agrarprodukte, 55% der marktorientierten Erzeugung, Sie beliefern als Kontraktbauern die bedeutende Agroindustrie (Herstellung u.a. von Speiseöl, Tabakwaren, Milchprodukten) und beschäftigen 85% aller in der Landwirtschaft Tätigen. Die meisten Kleinbetriebe sind auf Eigenbedarfsdeckung ausgerichtet; v.a. das Grundnahrungsmittel Mais, Hülsenfrüchte, an trockneren Standorten Hirse und Cassava sind wichtige Kulturen. Kleinbetriebe tragen wesentlich zur Versorgung des Binnenmarktes bei und beteiligen sich im hohen Maße an der weltmarktorientierten Erzeugung von Tee (1999: 62% von 248.700 t) und Kaffee (58% von 68.100 t). Infolge wachsenden Landmangels werden zunehmend agrarökolog. marginale Räume oder unter Schutz gestellte Wälder sowie Naturschutzgebiete illegal besiedelt. Nutzungskonflikte zwischen ↗ Ackerbau, ↗ Weidewirtschaft, ↗ Naturschutz und ↗ Tourismus verschärfen sich.

Der Anteil der Industrie am BIP beträgt seit langem rd. 10%. Durch die schon in der Kolonialzeit verfolgte importsubstituierende Industrialisierungsstrategie entwickelte sich eine breitgefächerte Konsumgüterindustrie (v.a. Nahrungs-, Genussmittel, Getränke, Glas, Textilien, Leder-, Gummi-, Plastikwaren), die im Zuge der seit den 1990er Jahren erfolgten Liberalisierung zunehmender ausl. Konkurrenz ausgesetzt ist. Ein beschränkter Binnenmarkt, wachsende ausl. Konkurrenz, Kapitalmangel und häufige Ausfälle der Energieversorgung verhindern eine schnelle ↗ Industrialisierung. ↗ Korruption, bürokratische Ineffizienz und innenpol. Instabilität schränken die Attraktivität für ausl. Investoren ein. Viele Betriebe arbeiten weit unter ihrer Kapazität. Mit Kenias Beitritt 1994 zur ↗ COMESA erhoffte sich die Industrie (bisher vergeblich) einen größeren Absatzmarkt.

Der Tourismus entwickelte sich in den 1970er und 1980er Jahren zu einem der wichtigsten Wirtschaftszweige: Er war über Jahre nach Kaffee und/oder Tee zweit- oder drittwichtigster Devisenbringer, schuf direkt und indirekt Arbeitsplätze und Einkommen für ca. 0,6–0,8 Mio. Kenianer (einschl. Familienmitglieder) und erwies sich als relativ erfolgreiches Instrument zur Erschließung peripherer Räume; die durch ihn erzielten Einnahmen legitimieren die Existenz großer Naturschutzgebiete. Seit 1991 befindet sich der Tourismus in der Krise, v.a. wegen der hohen Kriminalität, pol. Krisen und ↗ Aids.

IV. Politik. K. wurde 1890 brit. Protektorat mit einem hohen Anteil weißer Siedlerbev. Die ethn. Vielfalt hat die Politik seit der Unabh. maßgeblich geprägt. Der blutige Unabhängigkeitskampf (↗ Mau-Mau-Aufstand 1952–56) wurde v.a. von Kikuyu getragen, die sich pol. in der 1960 gegr. und bis heute die Regierung stellenden KANU (*Kenya African National Union*) formierten. Unter Führung der Einheitspartei KANU und Jomo Kenyattas wurde K. zu einem marktwirtsch. und westl. orientierten Staat. Erst 1991 wurden unter Druck der kenianischen Opposition und westl. Geberländer andere Parteien zugelassen. Bei den ersten »freien Wahlen« erhielt Moi 38%, bei der Wahl 1997 40% der Stimmen. Der Anteil der Gegenkandidaten lag aufgrund der Zersplitterung der Opposition viel niedriger. Außenpol. wird seit 1996 die Wiederbelebung der 1967 gegr., jedoch 1977 aufgekündigten *East African Community* angestrebt, in der K., Uganda und Tansania einen gemeinsamen Markt bildeten und zahlreiche Gemeinschaftsinstitutionen unterhielten.

Gespannte Beziehungen bestehen zum Sudan, Somalia und Äthiopien. Sudan erhebt Anspruch auf das evtl. erdölreiche, von K. verwaltete, aber völkerrechtl. dem Sudan zugeordnete Elemi-Dreieck. Der Sudan beschuldigt K. der Unterstützung südsudan. Rebellen. K. wirft Somalia und Äthiopien Grenzverletzungen vor. Der Zerfall Somalias hat einen Flüchtlingsstrom nach K. ausgelöst.

V. Kunst, Literatur, Musik. Die Kunst der Swahili-Kultur besitzt v. a. in der Architektur durch den arab.-persischen Einfluss an der Küste eine eigene Ausprägung. Im Zuge der touristischen Entwicklung entstand eine umfangreiche ↗ Touristenkunst, die i.d.R. nicht an vorkoloniale Traditionen anknüpfte. Holzschnitzer des Kamba- oder Specksteinschnitzer des Kisii-Volks beliefern den Markt v. a. mit figürlichen Darstellungen. Zu den internat. bekannten Malern zählen u. a. Ancent Soi, Francis Kahuri, Sane Wadu und Kahare Miano. K. weist eine reichhaltige moderne Lit. auf (↗ anglophone Lit., ↗ Lit. in afrik. Sprachen: Ostafrika); zahlreiche Autoren wie z. B. Ole Kulet, Grace Ogot, Meja Mwangi und insbes. der bedeutendste kenianische Schriftsteller Ngugi wa Thiong'o (vormals James Ngugi) haben internat. Anerkennung gefunden. Mwangi befasst sich in seinen Romanen (u. a. *Going Down River Road,* 1975; dt. *Nairobi River Road,* 1997) mit Problemen des Großstadtlebens, Ngugi v. a. mit dem Zusammenprall zwischen traditionellen und modernen Lebensstilen. Seine ersten, bereits in den 1960er Jahren erschienenen Romane schrieb Ngugi in engl. Sprache (u. a. *Petals of blood,* 1977; dt. *Verbrannte Blüten,* 1995). In bewusster Hinwendung zu den Traditionen seines Volkes (Kikuyu) schrieb er seine späteren Romane in Kikuyu (z. B. *Matigari,* 1991; dt. *Matigari,* 1991). Neben der überall noch gespielten traditionellen (v. a. Tanz-) ↗ Musik mit überkommenen Intrumenten (u. a. ↗ Trommeln, Hörner, Flöten) oder der insbes. bei den Kamba verbreiteten Vokalmusik wird in Städten die vom kongolesischen ↗ *Soukous* beeinflusste ↗ Popularmusik (u. a. ↗ *Taarab*) gespielt. ↗ Ostafrika, Völker, Kulturen und Staaten.

🕮 H. Hecklau, Kenia, München, 1993. – W. Leifer (Hg.), Kenia, Tübingen/Basel 1977. – K. Vorlaufer, Kenya, Stuttgart 1990.

Karl Vorlaufer

Kerma, antikes Königreich am Nil. Heute ist K. ein kleiner Ort im Dongola-Becken am Ostufer des Nils am Südende des 3. Katarakts. Das alte K. gilt als Hauptstadt des Königreichs K. (ca. 2500–1500 v. Chr.) und war Ziel der Expeditionen ägypt. Gaufürsten der 6. Dynastie (2325–2155 v.Chr.), u. a. des Gaufürsten Herchuf aus Elephantine (↗ Assuan), der auf mehreren Expeditionen bis in das sog. Land Jam, jenes K., vorgestoßen ist. Die größte Ausdehnung erlebte K. etwa um die Zweite Zwischenzeit Ägyptens (1650–1540 v.Chr.), als die Grenze im S bis an den 4. Katarakt und im N über den 2. Katarakt hinaus bis nach Unternubien reichte. Pharao Thutmosis I. (1506–1494 v. Chr.) hat K. schließlich erobert und die Hauptstadt um 1500 v. Chr. zerstört. Die Stadt K. hatte Rundbauten, ähnlich afrik. Siedlungen, einzigartig aber sind ihre beiden *Deffufas*, die G. Reisner in den Jahren 1913 und 1916 ausgegraben hat. Mit dem Ausdruck *Deffufas* bezeichnen die Nubier Ziegelbefestigungen, hier: riesige Ruinenberge aus Nilschlamm. Dabei handelt es sich um Tumulusgräber von Prinzen, in denen u. a. sehr viele Funde ägypt. Ursprungs waren, und zwar Geschenke, Tauschwaren oder Trophäen. Im Laufe der 1000-jährigen Geschichte änderten sich die Bestattungsbräuche: Während im Frühen K. (2500–2050 v. Chr.) das Grab bis zu 8 m im Durchmesser erreichte, wurde es im Mittleren K. (2050–1750 v.Chr.) zusehends größer, da nun dem Toten ganze Herden von Ziegen oder Widdern mitgegeben wurden. Gegen Ende des Mittleren K. nimmt die Zahl der Menschenopfer zu (Familien mit ihren Kindern liegen um den Bestatteten herum); gleichzeitig nehmen die Tieropfer ab. Im Klassischen K. schließlich (1750–1500 v. Chr.) erreicht die Zahl der Menschen, die ihrem König ins Jenseits folgen, mehrere Hundert. ↗ Altägypten, ↗ Nubien.

🕮 Ch. Bonnet, Das Königreich von Kerma. In: D. Wildung (Hg.), Sudan. Antike Königreiche am Nil, München 1996, S. 89–116.

Karlheinz Schüssler

Khatmiyya ↗ Bruderschaften, islamische

Khoisan (auch: *Khoesaan*), mit ca. 30 Sprachen und gesch. 220.000 Sprechern kleinster der vier Sprachstämme Afrikas (↗ Sprachen, afrik.), der noch im 19. Jh. annähernd 100 Sprachen und ↗ Dialekte gezählt haben mag. Khoisansprachen sind gegenwärtig v. a. in Botsuana und Namibia, daneben in Südangola, Südsambia, Westsimbabwe und dem nördl. Südafrika verbreitet; im ostafrik. Tansania bilden Hadza und Sandawe Kh.-Sprachinseln. Der Begriff »Khoisan« (aus

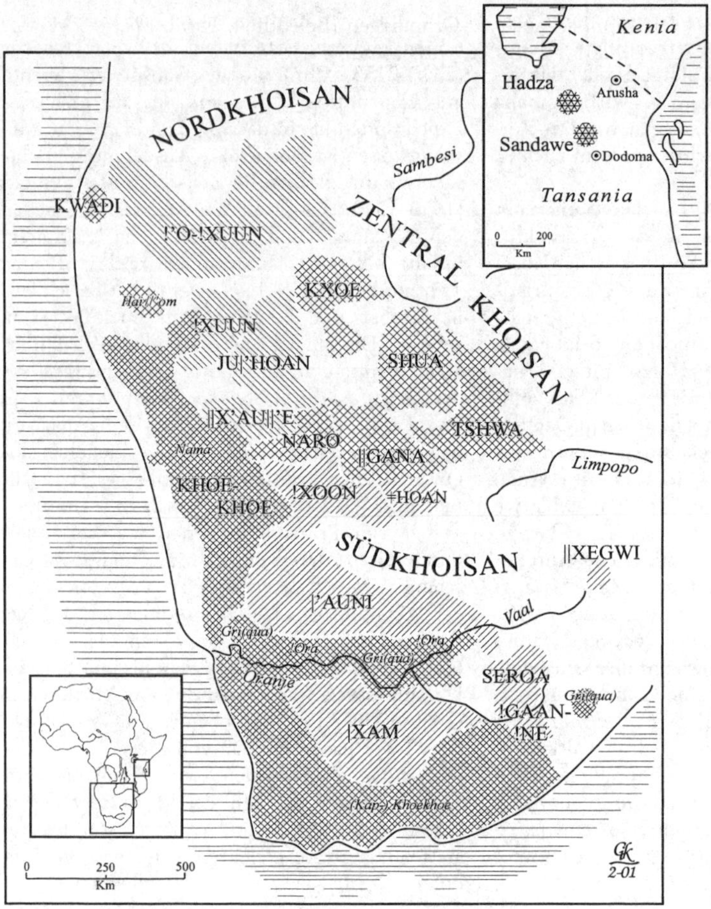

Karte 12: Verbreitung des Khoisan

khoi ~ *khoe* »Mensch« + *san* »Wildbeuter« gebildet) ersetzt heute die zumeist pejorativ besetzten, älteren Bez. »Hottentottisch« (für die Sprachen der Viehzüchter) und »Buschmännisch« (für die Sprachen der Jäger-Sammler). Größte und zugleich einzige Khoisansprache mit offiziellem Status ist Nama/Damara (über 100.000 Sprecher), gefolgt vom Sandawe (einige Zehntsd.); alle anderen Khoisansprachen weisen Sprecherzahlen zwischen wenigen Hundert und einigen Tsd. auf. Mit Ausnahme der Nama/Damara stellen Kh.-Sprachgemeinschaften heute überall Minoritäten dar. Während die massive Einwanderung und Ausbreitung der Bantu (↗ Zentralafrika; ↗ Südafrika, Völker, Kulturen und Staaten), deren Anfänge auf die Zeitwende zurückgehen dürfte, im Verbund mit der europ. Kolonisierung des südl. Afrika ab der Mitte des 17. Jh. schon früh zu teilweiser Zerstörung, Vertreibung oder Absorbierung der ehem. autochthonen Kh.-Bev. geführt hatten, ist die gegenwärtige Situation der Kh. weitgehend von Marginalisierung und Stigmatisierung geprägt. – Die Annahme genetischer Verwandtschaft aller bekannten Khoisansprachen ist heftig umstritten, weil ein stichhaltiger Nachweis bis heute nicht geführt werden konnte. Die von J.H. Greenberg (1963) vorgeschlagene Gliederung wird von vielen eher pragmatisch als Bezugssystem denn als linguistisch untermauerte, genealogische Klassifikation angesehen. Danach gliedert sich Kh. in südafrik. Kh. (mit den Zweigen Nord, Zentral und Süd) einerseits und ostafrik. Kh. (Hadza, Sandawe) andererseits; die nur wenig bekannten Sprachen Kwadi (Angola) und ǂHoan (Botsuana) bleiben unberücksichtigt. Aus sprachstruktureller Sicht ließen sich Nord- und Süd-Kh. mit ǂHoan ebenso zusammenfassen wie Zentral-Kh. und Sandawe (evtl. auch Kwadi), wonach sich folgendes Bild ergäbe († = ausgestorben): (1)

Nicht-*Khoe*. a) *Ju* (Nord): (!'O)!Xuun, ||X'au||'e, Ju|'hoan; b) *!Ui-Taa* (Süd): *!Ui* (†|Xam, †|'Auni, †ǂKhomani, †||Xegwi u. a.); *Taa* (!Xoon, †Kakia); c) ǂHoan. (2) *Khoe* (Zentral). a) *Khoekhoe* (ehem. »Hottentottisch«): Nord (Nama/Damara, Hai||'om, ǂAakhoe); Süd (†!Ora, †Kap-Khoekhoe-Dialekte); b) Kalahari-*Khoe*: West (Kxoe, Buga, ||Ani; Naro, G||ana, G|ui, ǂHaba); Ost (Shua, Ts'ixa, Danisi, |Xaise, †Deti; Kua-Tsua); c) Sandawe; d) Kwadi. (3) Hadza. Die Bez. *Ju* (für Nord-Kh.), *!Ui* bzw. *Taa* (für Süd-Kh.) und *Khoe* (für Zentral-Kh.) leiten sich jeweils vom Wort für »Mensch« ab und werden heute oft bevorzugt verwendet. – Die größten Gemeinsamkeiten teilen Khoisansprachen im Lautsystem, das durch dreigeteilte Inventare mit ingressiven Schnalzlauten (»Klicks«), egressiven Konsonanten und unterschiedlich gefärbten Vokalen gekennzeichnet ist. Dabei stellen die Schnalze eine typologische Besonderheit des Khoisan dar, die außerhalb des Sprachstamms (als Ergebnis von Entlehnung) v. a. noch in benachbarten ↗ Bantusprachen (↗ Schnalzsprache) vorkommen. Schnalze sind suktive (d. h. Saug-)Laute mit doppeltem Verschluss. Die Art der Lösung des vorderen Verschlusses bestimmt den sog. Influx (das eigentliche Schnalzgeräusch), die des hinteren den Efflux, der phonetisch den Übergang zum stets folgenden Vokal herstellt. Insges. belegt sind fünf Influxe: bilabial (dargestellt als ʘ), dental (|), palatal (ǂ), alveolar (!) und lateral (||). Während der bilabiale Schnalz auf Süd-Kh. und ǂHoan beschränkt ist, kommen dentaler und lateraler Schnalz überall im Kh. vor. Die Zahl der distinktiven Schnalzphoneme mit bedeutungsunterscheidender Funktion schwankt im Kh. zwischen weniger als 20 (z. B. Deti) und über 80 (!Xoon). Unter den egressiven Konsonanten dominieren die (v. a. labialen, alveolaren, velaren und glottalen) Verschlusslaute. Vokale kommen überall oral und nasal vor, bes. im Nord- und Süd-Kh. erscheinen zudem glottalisierte, (»gepresste«) pharyngalisierte und überhauchte Vokale. Alle Khoisansprachen sind ↗ Tonsprachen. – Zentral-Kh., Sandawe und Hadza verfügen über eine reichhaltige flexionale und derivationale Morphologie (v. a. am Verb mit zahlreichen Ableitungsfunktionen und Tempus/Aspekt-Markern), während Nord- und Süd-Kh. stärker syntaktisch-analytisch ausgerichtet sind. Außer ǂHoan und den !Ui-Sprachen (Süd-Kh.) besitzen alle Khoisansprachen nominale Klassen mit recht versch. Konkordanzsystemen (↗ Nominalklassensprache). Ju|'hoan und !Xoon haben sog. verdeckte Systeme mit semantisch reduzierten Grundlagen (Belebtheit, Form, Speisemerkmale, Körperteile); Zentral-Kh., Sandawe, Hadza und Kwadi dagegen verwenden Klassenaffixe, die (primär) grammatisches Geschlecht ausdrücken und sich mit Numerus zu einer gemeinsamen Form verbinden. Im Zentral-Kh. bspw. kombinieren sich die Genera Maskulinum, Femininum und Kommune (d. h. Mask. + Fem.) mit den Numeri Sing., Pl. und Dual zu uniformen Suffixen (z. B. Naro *-sara* »fem. dual [zwei von etwas Weibl.]«). – Syntaktisch gehen Khoisansprachen z. T. sehr versch. Wege. Sind die »Nicht-Khoe»-Sprachen durch S(ubjekt)-V(erb)-O(bjekt)-Stellung gekennzeichnet, so herrscht im Zentral-Kh., Sandawe und Kwadi die Wortreihenfolge SOV und im Hadza gar die in Afrika seltene Struktur VSO vor. Die SOV- und VSO-Strukturen gehen mit einer Voranstellung nominaler Modifizierer einher (z. B. ||Ani *|áú-m khóé-mà* »ein großer Mann«), die SVO-Folge bedingt die umgekehrte Wortstellung. – Die Klassifikation lexikalischer Morpheme orientiert sich im Kh. kaum an europ. Vorbildern. Zwar kann prinzipiell von einer Trennung der Wortarten Nomen und Verb gesprochen werden (Adjektive dagegen existieren in vielen Sprachen nicht), doch bedarf es oftmals eines syntaktischen Kontextes, um Fehlinterpretationen auszuschließen. So kann im !Xoon bspw. der Wortstamm *ǂ'án* einerseits »denken, vermuten«, andererseits »Gedanke« ausdrücken. Ähnlich verhält es sich im Zentral-Kh., wo (im Naro etwa) *kx'ùí* »sprechen/Sprechen«, *kx'ùí-kù* (reziprokative Stammerweiterung) »streiten« und *kx'ùí-sà* (Genus-Numerus-Markierung) »Sprache, Gesetz« bedeutet. Eine Besonderheit der »Nicht-Khoe»-Sprachen und des Sandawe besteht im Vorhandensein numerus-sensitiver Suppletivformen für Nomina und Verben (z. B. ǂHoan »nehmen, bekommen»: Sg. *!kù*, Pl. *ǂq'aí*).

🕮 J. H. Greenberg, The Languages of Africa, Den Haag /Bloomington 1963. – T. Güldemann/R. Voßen, Khoisan. In: B. Heine/D. Nurse (Hg.), African Languages – an introduction, Cambridge 2000, S. 99–122. – O. Köhler, Les langues khoïsan. In: J. Perrot (Hg.), Les langues dans le monde ancien et moderne. Teil I: Les langues de l'Afrique subsaharienne, Paris 1981, S. 455–615. – B. Sands, Eastern and Southern African Khoisan. Evaluating claims of distant linguistic relationships, Köln 1998. – R. Voßen, Die Khoe-Sprachen. Ein Beitrag zur Erforschung der Sprachgeschichte Afrikas, Köln 1997. – J. C. Winter, Die Khoisan-Familie. In: B. Heine/Th. C. Schadeberg/E. Wolff (Hg.), Die Sprachen Afrikas, Hamburg 1981, S. 329–374.

Rainer Voßen

Kikongo, Kikuyu, Kimbundu, Kinyaruanda (jew. Sprache) ↗ Bantusprachen

Kinder- und Jugendliteratur. Lit. für Kinder und Jugendliche ist in Afrika in einheimischen wie in europ. ↗ Sprachen geschrieben und hat meist das erzieherische Ziel, Kindern und Jugendlichen die Normen, Wertvorstellungen und Verhaltensweisen der Gesellschaft nahezubringen, in die sie hineinwachsen. Für Kinder in ländl. Regionen sind dies immer noch zwei Lebensbereiche: zu Hause mit der/den einheimischen Sprache/n der ↗ Familie und des sozialen Umfelds und im Kontrast dazu die Schule, die Erziehungsvorstellungen und Kulturtechniken einer meist fremden Welt in einer europ. Sprache vermittelt. Für Kinder und Jugendliche, die in größeren Städten aufwachsen, gilt diese Dichotomie meist nur noch in geringerem Maße.

Lit. für Kinder und Jugendliche in afrik. Sprachen entstand in geschriebener Form ebenso spät wie die Lit. für Erwachsene. Die von der ↗ Gesellschaft angestrebten und für wert erachteten Regeln und Moralvorstellungen wurden in mündlicher Form durch Fabeln, Märchen, Rätsel, Lieder, Reime und Sprichwörter (↗ Oralliteratur) in der Sprache der ethn. Gruppe, der die Kinder und Jugendlichen angehörten, vermittelt. Sie wurden von Generation zu Generation durch Erzähler und Verwandte weitergereicht (↗ Erzählen/Erzählforschung), verändert, modifiziert und erst spät gesammelt und aufgezeichnet, zunächst von den Missionaren, dann von Ethnologen, Linguisten und insbes. auch afrik. Schriftstellern. Erst in den letzten fünfzehn Jahren gibt es eine eigenständige Lit. für Kinder und Jugendliche in afrik. Sprachen, die sowohl der eigenen Lektüre dient, als auch im Sprachunterricht der Grundschule Verwendung findet.

Mehr als die Lit. in afrik. Sprachen ist in Afrika eine K.u.J. in europ. Sprachen entstanden, die neben den mit den Texten in einheimischen Sprachen geteilten pädagog. Zielen auch zwecks Erlernens der Fremdsprache verfasst wurde. Kinder und Jugendliche sollen die Fremdsprache durch lit. Texte in anderen Zusammenhängen kennen lernen als im ausschließlichen Sprachtraining. Dabei hat sich eine K.u.J. entwickelt, die den gängigen Genres und der Alterseinteilung der Leserschaft in Europa und in anderen Regionen der Welt folgt. Den jüngsten Leserinnen und Lesern werden in der jeweiligen Fremdsprache Märchen, Fabeln, Reime, Rätsel und Lieder angeboten, die meist der Zugehörigkeit zu konkreten Ethnien oder Regionen des Landes entkleidet sind. Für etwas ältere Kinder gibt es die klassischen Genres der Schul- und Abenteuergeschichten, der realistischen Erzählungen, der Familiengeschichten und Geschichten der ↗ Migration vom Land in die ↗ Stadt. Alle Themen, die einen festen Platz in der westl. K.u.J. haben, finden sich auch in der afrik. Kinderlit. wieder: Von Behinderten ist ebenso die Rede wie von Kindern, die ohne Eltern aufwachsen, von Arbeitslosigkeit ebenso wie von übermäßigem Reichtum, autobiographische Kindheitserinnerungen stehen neben fiktiven. Im Unterschied zur westl. K.u.J. sind allerdings moderne Erzählformen äußerst unterrepräsentiert, vielmehr überwiegen bislang didaktisierende Erzählungen, so dass für die Leserin und den Leser kaum eine Möglichkeit kritischer Auseinandersetzung mit dem Erzählten oder zur Bildung einer eigenen Meinung bleibt. Oft finden sich am Ende des Buches didaktisierende Fragen. Lediglich in Büchern von Autoren und Autorinnen, die sich auch in der Belletristik einen Namen gemacht haben, wie z.B. Chinua Achebe, Flora Nwapa und Buchi Emecheta (Nigeria), Meja Mwangi (Kenia), Pepetela (Angola), finden sich Ansätze zu mehr formaler Freiheit. Pol. Lit. hat sich v.a. in der Zeit der Unabhängigkeitskämpfe entwickelt, spielt aber auch in der Auseinandersetzung mit dem ↗ Neokolonialismus (Ngugi wa Thiong'o) eine Rolle. Im Bilderbuchbereich hat der Autor und Illustrator Meshack Asare aus Ghana (*The Brassman's Secret*, dt. *Kwajo und das Geheimnis des Trommelmännchens*) ästhetische Maßstäbe gesetzt.

Ältere Kinder und Jugendliche können neuerdings auf Serienangebote meist in europ. und amerik. Metropolen angesiedelter Verlage zurückgreifen, wenn auch das Jugendlichen durchschnittl. zur Verfügung stehende Geld eine Anschaffung von Büchern fast unmöglich macht. Diese Jugendlit. nimmt sich aller Themen der Moderne an, allerdings in oft reißerischer Aufmachung und nicht immer frei von ↗ Rassismus und Sexismus. In zunehmendem Maße entwickelt sich, wofür das Gesamtwerk von Ken Saro-Wiwa (Nigeria) ein Beispiel darstellt, eine fast serielle Produktion von Lit., die mit gleichem Stoff und gleichen Charakteren unterschiedliche Leserschaften bedient und in den modernen ↗ Medien ihre Fortsetzung findet.

Die Entwicklung einer eigenen K.u.J. von hoher Qualität ist in Afrika nach wie vor abhängig von der katastrophalen Lage des Buchmarkts, den Monopolen westl. Verlage, der stagnierenden Entwicklung der Leserschaft und den starken pol. Spannungen in einzelnen Ländern. Auf dem Buchmarkt durchzusetzen sind eher der ↗ populären Lit. zuzurechnende, schnell geschriebene Produkte, nicht jedoch anspruchsvolle Kinder- und Jugendlit. Doch gibt es immer wieder Ausnahmen, z. B. die Entwicklung eines eigenständigen Dramas für Kinder durch Efua Sutherland oder Lyrik für Kinder durch Ama Ata Aidoo in Ghana. ↗ Jugend, ↗ Kindheit, ↗ Verlagswesen und Buchhandel.

🕮 R. Granqvist/J. Martini (Hg.), Preserving the Landscape of Imagination: Children's Literature in Africa, Amsterdam 1997. – M. Machet/S. Olen (Hg.), Other Worlds Other Lives, 3 Bde., Pretoria 1996. – O. Osa, African Children's and Youth Literature, New York 1995.

Jürgen Martini

Kindersoldaten. In afrik. ↗ Kriegen und Bürgerkriegen werden Schätzungen zufolge mehr als 120.000 Kinder und Jugendliche unter 18 Jahren als Kämpfer und Kämpferinnen missbraucht. Manche von ihnen sind nicht einmal sieben Jahre alt. Dies ist das Ergebnis eines Berichts der im Mai 1998 gegründeten »Koalition zur Beendigung des Missbrauchs von Kindern als Soldaten«. Weltweit wird die Zahl der K. auf 300.000 geschätzt. Der umfangreiche Einsatz von K. in Afrika ist für Algerien, Angola, Burundi, Demokrat. Rep. Kongo, Rep. Kongo, Liberia, Mosambik, Ruanda, Sierra Leone, Sudan und Uganda nachgewiesen. Waisen und Flüchtlingskinder sind bes. leicht zu rekrutieren. K. machen oftmals eine kleine »Karriere«: Sie beginnen als Lastenträger oder Köche, Wachleute, Boten oder Spione. Später bedienen sie auch Waffen. In manchen Fällen werden Kinder systematisch so abgerichtet, dass sie grausamste Verbrechen begehen. Sowohl Regierungen als auch ↗ Rebellenbewegungen sind für diese Praktiken verantwortlich.

Das Verbot der Rekrutierung von K. ergibt sich aus der Kinderrechtskonvention von 1989, den Zusatzprotokollen zu den Genfer Konventionen von 1977 und dem Statut des im Juli 1998 beschlossenen Internat. Strafgerichtshofs. Strittig ist die Frage des Alters. Während die ILO in ihrer Konvention zur Kinderarbeit jeden unter 18 Jahren als Kind definiert, wurden K. bislang nur bis zu einem Alter von 15 Jahren geschützt. Die UN-Generalversammlung hat jedoch am 25. 5. 2000 ein von einer Arbeitsgruppe am 21. 1. 2000 verabschiedetes Zusatzprotokoll zur Kinderrechtskonvention angenommen, das den Kampfeinsatz erst mit 18 Jahren gestattet und nun zur Ratifikation ausliegt. Eine ähnliche Regelung enthält auch die *OAU Charter on the Rights and Welfare of the Child* von 1992, die Anfang 2000 allerdings noch nicht in Kraft getreten war.

🕮 Coalition to Stop the Use of Child Soldiers, The Use of Children as Soldiers in Africa. A Country Analysis of Child Recruitment and Participation in Armed Conflicts, New York/Genf 1999. – www.child-soldiers.org – www.kindersoldaten.de

Tobias Debiel

Kindheit umfasst den Lebensabschnitt von der Geburt bis zur Pubertät, ist aber aus sozialhist. Sicht nicht nur ein biolog. determiniertes Lebensalter, sondern v. a. ein gesellschafts- und epochenabhängiges Phänomen. Obwohl die ↗ Bevölkerung im subsahar. Afrika mit einem Wachstum von jährl. 2,3 % (1998–2015) und einem Durchschnittsalter von nur 17,5 Jahren weltweit die »jüngste« und der Anteil von Kindern und Jugendlichen an der Gesamtbev. somit relativ hoch ist, gibt es bislang nur wenige Untersuchungen zu K. in Afrika, so dass unser Bild der Formen, Verläufe und Vorstellungen von K. mosaikartig bleibt.

Die Herausbildung eines eigenen Raumes für K., die sich durch Schulzeit verlängert hat, und damit die Ausdifferenzierung von K. und Erwachsenenwelt hat in Afrika kaum stattgefunden. Institutionalisierte Kinderräume wie Kinderzimmer oder Spielplätze spielen nur eine marginale Rolle. Kleinkinder werden, auf dem Rücken getragen, z. B. zur Feldarbeit der Mütter mitgenommen; größere Kinder sind unübersehbarer Bestandteil nahezu aller Alltagswelten. Durch die zunehmende Alphabetisierung hat K. sich aber doch verändert. Die Einschulungsrate lag in den 1990er Jahren im subsahar. Afrika bei 61 % (Jungen) bzw. 57 % (Mädchen) und immerhin 66 % der Erstklässler erreichten die 5. Klasse der Grundschule. Mit Ausnahme von städt. europäisierten Mittel- und Oberschichten liegt die Zuständigkeit für Kinder nicht ausschließl. bei den biolog. Eltern. Vielerorts ist der Onkel mütterlicherseits zuständig für die Kindererziehung, bzw. es sind Kindspflegschaften üblich (↗ Adoption). Aber auch da, wo Kinder bei biolog. Eltern aufwachsen, übernimmt die erweiterte Großfamilie vielfach Verantwortungen.

Überall gibt es Vorstellungen über »normale« und »unnormale« Kinder: In weiten Teilen Westafrikas z. B. wird ein bestimmtes Zahnungsverhalten – etwa wenn die oberen Schneidezähne zuerst wachsen – als Zeichen dafür gewertet, dass Kinder verhext oder mit besonderer Macht ausgestattet seien. Bis heute werden diese Kinder gelegentlich ausgesetzt oder Missionaren übergeben. Im Igboland (Nigeria) und anderen afrik. Gesellschaften wie z. B. den Dagara (Ghana) existiert die Vorstellung, es gebe Kinder, die nicht so recht von dieser Welt und daher zum frühen Tod bestimmt seien, jedoch mehrfach wiedergeboren würden. Dies kann als Rationalisierung der Erfahrung aufgefasst werden, dass die Kindersterblichkeit sehr hoch ist. In manchen Regionen Afrikas treten Zwillingsgeburten gehäuft auf; bei den Yoruba in Westafrika z. B. ist jede 12. Geburt eine Zwillingsgeburt (weltweit jede 80). Oft werden Zwillinge mit Göttern in Verbindung gebracht, manchmal, z. T. auch je nach Geschlecht, verehrt, anderswo als bedrohlich empfunden und vereinzelt auch immer noch getötet.

I.d.R. werden Kinder spätestens nach dem zweiten Lebensjahr abgestillt. Anschließend beginnt eine geschlechtsspezifische und zumeist geschlechtergetrennte Erziehung und Ausbildung: Die Mädchen werden von weibl. Bezugspersonen in die Sphäre weibl. Arbeit, v. a. Hausarbeit, sozialisiert, während die Erziehung der Jungen den Männern obliegt. Üblich sind versch. Formen der Kinderarbeit – vom Helfen bei Feldarbeit über den Verkauf von Waren bis zur Tätigkeit als Dienstmädchen. Problematisiert werden sie, da als Teil kindlichen Lernens angesehen, nur selten. Der Übergang von der Kindheit zur Jugend und zum Erwachsenenleben, das mit der Heirat eintritt, ist in den meisten Gesellschaften mit Übergangsritualen verbunden. Wachsende sozioökonom. Probleme und pol. Destabilisierung haben in vielen Ländern zu einer steigenden Zahl Kinder geführt, die als Straßenkinder, Kriegs-, Aidswaisen oder ↗ Kindersoldaten nicht mehr in allen Fällen im Familienverband aufwachsen und für ihren Lebensunterhalt selbst aufkommen müssen. ↗ Jugend, ↗ Initiation, ↗ Aids, ↗ Kinder- und Jugendliteratur.

🕮 S. E. Somé, In unserer Mitte. Kinder in der Gemeinschaft, Berlin 2000. – P. Riesman, First Find your Child a Good Mother: The Construction of Self in two African Communities, New Brunswick 1992. – M.-J. van de Loo/M. Reinhart (Hg.), Kinder. Ethnolog. Forschungen in fünf Kontinenten, München 1993. – Human Development Report 2000 (www.undp.org).

Erdmute Alber

Kino. Afrika blickt auf eine hundertjährige Geschichte der Filmproduktion, -distribution und -rezeption zurück.

I. Koloniales Kino. Unmittelbar nach der Erfindung des Kinematographen 1896 setzt die Produktion ethnographischer, anthropolog. und kolonialer Expeditions-, Dokumentar- und Spielfilme sowie von Wochenschauen in Afrika ein für den europ. und amerik. Markt. Aufgrund der engen Verflechtung von Film- und Kolonialpolitik obliegt die filmische Repräsentation Afrikas bis in die 1960er Jahre fast ausschließlich dem Westen. Dieses Filmschaffen führt stilistisch und inhaltlich die durch u. a. Kuriositätensammlungen, exotische Reiselit. und Expeditionsberichte tradierten europ. Vorstellungs- und Repräsentationsformen Afrikas fort. Auch in den frühen Filmen herrschen Flora und Fauna, ↗ Rituale, Alltagsszenen, Landschaftspanoramen, Architekturdokumentationen und Inszenierungen handwerklichen und ballistischen Könnens vor. Sie spiegeln einerseits die westl. Faszination an den fremden Kulturen Afrikas und andererseits die ökonom. hegemonialen Expansionsinteressen an den Kolonien und ihren Bewohnern, die es zu befrieden gilt (↗ Kolonialismus). Beiden Tendenzen ist der fiktionalisierende westl. Zugriff zu Eigen, der sich im Bedürfnis nach Authentizität und Alterität – als ersehnte Gegenwelt zur eigenen technisierten Lebenswelt – ausdrückt. Man war überzeugt, in den lebendigen afrik. Kulturen jene menschliche Urgeschichte und uneingeschränkte Naturverbundenheit zu entdecken, die durch die westl. Zivilisationsentwicklung verloren gegangen war. Die Filme machen allerdings augenscheinlich, dass es sich um ein Zerrbild der Wirklichkeit handelt: Das Verhältnis zwischen Betrachter und Betrachtetem tritt durch die sichtbare Präsenz der Kamera zutage, die Afrika beobachtet, als ob es seine Daseinsberechtigung in dem Vergnügen findet, das es dem westl. Betrachter verschafft. Finanziert und in Auftrag gegeben werden diese Filme, die gleichermaßen in den regulären K. wie vor anthropologischem und kulturversiertem Fachpublikum gezeigt werden, von ethnographischen Sammlungen und Kolonialmuseen, Weltausstellungen sowie staatl. und privaten Übersee-Wirtschaftsgesellschaften wie Bahngesellschaften, Tee-, Kakao-, Kautschuk- und Holzimporteuren etc. Afrika interessiert ebenfalls als Filmabsatzmarkt kontinentalen Ausmaßes. Unter der Aufsicht der jeweiligen Kolonialministerien und ihrer Zensurbehörden werden seit 1900 Filme in die Kolonien importiert oder zu didaktischen Zwecken für die

Kolonalbev. hergestellt. Themen sind Produktionseffizienz in Form von Lehrfilmen über ↗ Plantagenwirtschaft, technologischen Fortschritt als wichtigste westl. Zivilisationsleistung und die Heranbildung einer neuen afrik. ↗ Elite nach westl. Modell. Hier greifen die imperialen Interessen v.a. in die Sektoren Handel, ↗ Bildungswesen und christl. Missionierung (↗ Mission) ein. Während des Ersten und Zweiten Weltkriegs dienen Propagandafilme der Rekrutierung von Soldaten, z.B. *Tirailleurs* (Schützen), Tabors und Spahi, sowie der Steuererhebung. Während brit. *Film-Units* – kleine Filmproduktionseinheiten – vor Ort die Mitwirkung afrik. Fachkräfte zulassen, zeichnet sich der frz. bzw. belg. Zentralismus durch absolutes Filmverbot für sog. Eingeborene wie für frz. Kritiker der Kolonialpolitik aus: Die frz. Filme *Afrique 50* von Robert Vautrier (1950) und *Les statues meurent aussi* von Alain Resnais/Chris Marker (1953) bspw. werden zeitweilig verboten, während Paulin Soumanou Vieyra *Afrique sur Seine* 1950 in Paris dreht und die Vorschrift umgeht.

II. Filmindustrien und Autorenkino. Seit Afrikas fremdbestimmter Aufteilung in Kolonien und Protektorate infolge der ↗ Berliner Afrikakonferenz 1884/85 ist Afrika von den ehem. Mutterländern technologisch abhängig, so auch in Bezug auf den ges. Filmproduktionsablauf. Das benötigte schnelllebige techn. Equipment sowie Filmlaboratorien, Schnitt- und Projektionsapparate sind westl. Herstellung bzw. fast nur im Westen zugänglich, d.h. afrik. Filmproduktion wird von ausl. Marktgesetzen bestimmt. Einträglich sind allerdings schon seit den 1910er Jahren die populären und finanzstarken Filmindustrien in Algerien, Tunesien und Ägypten. Es ist die Blütezeit des maghrebinischen Stummfilms. Mit dem Tonfilm dominiert seit den 1940er Jahren in der Region das ägyptische K., das eine arab. Kunstsprache entwickelt, um über die Landesgrenzen hinweg seinen filmwirtsch. Standort aufrechtzuerhalten. Insbes. in den 1950er und 1960er Jahren sind Tunesien und Algerien starken pol. und kulturellen Veränderungen ausgesetzt, die die Filmbranche nachhaltig beeinflussen. Eine techn. weitgehend unabh. Filmindustrie entwickelt sich ebenfalls seit den 1910er Jahren in Südafrika. Dessen Filmindustrie gehorcht bis 1993 der ↗ Apartheid und ist in eine pro- und eine apartheidkritische Filmproduktion gespalten. Sie bezieht ihren Markterfolg aus den Exporten in die benachbarten brit. Kolonien und späteren anglophonen Nachbarländer. Im Gegensatz zu den arab.-maghrebinischen Ländern und ihren nat. Kinematographien setzt die Filmproduktion afrik. Autoren im subsahar. Afrika, insbes. Ost- und Westafrikas (der jüngsten Kinematographie weltweit), erst mit den Unabhängigkeitsbewegungen in den späten 1950er Jahren ein. Bis heute sind Filmproduktionsmittel in den subsahar. Ländern äußerst selten und dann meistens veraltet. Die wenigsten staatl. Fernsehanstalten (↗ Fernsehen) sind finanzstarke Auftraggeber bzw. nicht hinreichend techn. ausgestattet, um Fachkräfte auszubilden und dauerhaft zu beschäftigen, vielmehr auf westl. Entwicklungsfonds angewiesen. Filmprojekte müssen auf westl. Koproduzenten, Labors und Postproduktionseinrichtungen zurückgreifen. Mit Ausnahme von Südafrika existiert nur in Ghana eine Filmhochschule, die NAFTI (*National Film and Television School*), die der kostspieligen Filmtechnik die billigere und damit zugänglichere Videotechnik vorzieht. Des Weiteren finden derzeit nur unregelmäßig Lehrgänge an staatl. Film- und europ. Kulturinstituten statt. Ost- und Westafrikas Filmproduktion ist in das sog. frankophone, anglophone und lusophone K. unterteilt, worin sich das ↗ koloniale Erbe sprachlich manifestiert. Angesichts der ungefähr 2.000 afrik. ↗ Sprachen ist die Wahl der Filmsprache pol. und wirtsch. entscheidend und von der Zuschauerquote, der sprachlichen Anbindung an westl. Koproduzenten und potentielle Verleiher abhängig. Um eine größtmögliche Zuschauerschaft in Afrika und im Westen anzusprechen, werden häufig mehrere Sprachen, eine europ. und eine bzw. mehrere afrik. Sprachen verwendet. Dieser Umstand wirft allerdings auch ein Licht auf ortsspezifische Mischkulturen und mehrsprachige Alltagspraxen in Afrika. Allein das nigerianische Yoruba-K. konnte in den 1970er Jahren aufgrund der technol. Hinterlassenschaften der brit. *Film-Units* und der millionenstarken yorubasprachigen Zuschauerschaft einen einträglichen und exportträchtigen Filmmarkt aufbauen. Demgegenüber zeichnet sich das mandingsprachige (↗ Mande) K. in der ehem. frz. besetzten Region Senegal, Gambia, Südmauritanien, Mali, Elfenbeinküste und Burkina Faso zwar durch eine gemeinsame Sprache aus, doch ohne marktwirtsch. Erfolge zu verbuchen, und ist deshalb von internat. Subventionen abhängig. Dieses als pol. bzw. soziales K. verstandene Autorenk. unterliegt den globalisierten Marktbedingungen, in denen afrik. K. in Afrika und weltweit ein Randdasein fristet. Während in westl. Filmindustrien die Kategorie Autorenk. längst aufgegeben ist, wird sie gegenüber afrik. Filmschaffen als Qualitätsurteil seitens westl. Kritiker und Verleiher eingesetzt: Der Autor verbürgt sich für den künstlerischen und pol. Wert; er erfährt individuelle Anerkennung, während der multinat. Kontext der Herstellung des Films, seine Herkunft, der Drehort verdrängt und mögliche populäre, industrielle Produktionsformen diskreditiert bzw. übersehen werden. Zu bedenken ist ebenfalls der pol. Einfluss der ↗ nachkolonialen Staaten auf die Filmproduktion, mit dem Filmautoren zu kämpfen haben – v. a. wenn an den innenpol. Verhältnissen Kritik geübt wird. Demgegenüber wurde anläßlich afrik. Kulturkonferenzen seit den 1960er Jahren in gemeinsamen bildungspol. Verlautbarungen der Film als Ausdruck pol. und kultureller Selbstbestimmung beschworen und seine Tragweite für die panafrik. Idee betont (↗ Panafrikanismus). Seinen hervorgehobenen Status verdankt der Film der Tatsache, von jedermann unmittelbar verstanden werden zu können, womit er sich als Mittel eignet, den eigenen Alltag, die eigenen Geschichte(n) und ↗ Kultur(en) darzulegen und zur Bildung der afrik., meist analphabetischen Massen beizutragen.

III. Tendenzen des afrik. Kinos. In Kenntnis des kolonialen K., der Enteignung des eigenen Abbilds und Sprechens sowie der Fortsetzung der hegemonialen Bedingungen, unter denen der afrik. Filmmarkt besteht, verfolgt das Filmschaffen der ersten Generation afrik. Autoren, insbes. Ousmane Sembènes, Med Hondos, Safi Fayes, die ↗ Entkolonialisierung der Leinwände und Rückeroberung der Öffentlichkeit. Die jüngere Generation, genannt seien François Woukoache, Bouna Médoune Seye, Tsitsi Dangarembga, José Laplaine, versucht der Selbstbezüglichkeit und Marginalisierung des afrik. K. durch explizite Anleihen und Bezüge zur Filmgeschichte entgegenzuwirken. I. Allg. werden folgende narrative Tendenzen des afrik. Films unterschieden:

(1) Der *sozialrealistischen Erzählform* nach werden Erfahrungen dargelegt, in denen ↗ Tradition und Moderne, mündliche und schriftliche Kultur, formeller und ↗ informeller Sektor, Reichtum und Armut, ländl. und urbane Gemeinschaften als Gegensätze dargestellt und in Bezug gesetzt werden. Themen wie ↗ Polygamie, Hinterweltlertum und ↗ Korruption dienen insbes. in den folgenden Filmen als entlarvendes Narrationsmoment, um Macht zu verhöhnen und Alltagserfahrungen als Wissen und Lebenskunst darzulegen: *Xala* von O. Sembène (1974), *La vie est belle* von Mweeze Ngangura/Benoit Lamy (1987), *Bal poussière* von Henri Duparc (1988), *Back Home Again* von Kwame Bob Johnson/Chris Zokko Nartey (1994), *Kasarmu Ce* von Sidiki Balewa (1991).

(2) *Konfrontation mit dem kolonialen Erbe.* Ziel der hist. Epen, Fresken und dokumentarischen Rekonstruktionen ist es, die Kolonial- bzw. Sklavengeschichte aus der Sicht der Kolonisierten darzulegen. Es gilt, afrik. Heroen zu zeigen, während die westl. Geschichtsschreibung allein die Aktivitäten der Eroberer nennt, ↗ Widerstand dort, wo koloniale und postkoloniale Medien jegliche Opposition verschweigen, und Eigenständigkeit und Zivilcourage dem gängigen Miserabilismus westl. Berichterstattung entgegenzustellen. Folgende Filme sind für diese Tendenz repräsentativ: *Sarraounia* von M. Hondo (1986), *Heritage Africa* von Kwah Ansah (1988), *Sambizanga* von Sarah Maldoror (1972), *Camp de Thiaroye* von O. Sembène/Thierno Faty Sow (1987), *Tabataba* von Raimond Rajaonarivelo (1988), *Afrique, je te plumerai* von Jean-Marie Téno (1992), *Asientos* von François Woukoache (1995).

(3) *Besinnung auf afrik. Wurzeln.* Der Rückgriff auf vorkoloniale Traditionen, die als Zeichen kultureller Authentizität gelten, dient dazu, einerseits die lange verschwiegenen und missverstandenen Aspekte afrik. Geschichte hervorzuheben und andererseits, zeitgenössischen Tendenzen zur ↗ Akkulturation entgegenzuwirken. Hist. bzw. traditionalistische Rekonstruktionen werden aber auch mit zeitgenössischen pol. und sozialen Lebensumständen in Verbindung gebracht, deren symbolische und allegorische Gehalte pol. ↗ Zensur und didaktisch orientierte Narrationsstrukturen zu umgehen ermöglichen. Der Versuch, traditionelle Kenntnisse wie Griotismus (↗ Griot), ↗ Musik, ↗ Weisheitsphilosophie, ↗ Oralliteratur etc. in filmischen Narrationsformen zu rehabilitieren, hat am deutlichsten zur Entwicklung einer *afrik. Filmästhetik* beigetragen. Zudem vermitteln solche filmisch verarbeiteten oralen Überlieferungen auch außerhalb Afrikas die Kulturen des Kontinents und verhelfen ihnen zur internat. Anerkennung, wenn man folgenden Filmen Rechnung trägt: *Wend Kûuni* von Gaston Kaboré (1982), *Yeelen* von Souleymane Cissé (1987), *Yaaba* von Idrissa Ouédraogo (1989), *Keïta – de la bouche à l'oreille* von Dani Kouyaté (1995), *Guimba* von Cheikh Oumar Sissoko (1996).

(4) *Poetischer Realismus.* Die vorherigen Tendenzen wurden scharf kritisiert, so bspw. die Besinnung auf afrik. Traditionalismen als romantische und konservative Rückwärtsgewandt-

heit bzw. die plakative Haltung des pol. motivierten Filmschaffens bemängelt. Traditionalistische bzw. pol. Aspekte sind aber auch in folgenden Filmen präsent: *Contras' City* (1968), *Touki Bouki* (1973) und *Le franc* (1994) von Djibril Diop-Mambety, *Piccmi* von Mansour Sora Wade (1992), *Temedy* von Gahité Fofana (1995), *Quartier Mozart* von Jean-Pierre Bekolo (1992), *La vie sur terre* von Abdherramane Sissako (1998). Allerdings dominieren hier essayistische Züge, kommt es ihnen darauf an, das zeitgenössische Alltagsleben der kleinen Leute insbes. in den Großstädten zu dokumentieren und die Wirklichkeit poetisch zu transzendieren. Traum und Wirklichkeit, Wünsche und Tatsachen werden filmisch verwoben. Entlehnt werden die filmischen Mittel insbes. dem akustischen Alltag: die Geräuschvielfalt der belebten Straßen, der ↗ Popularmusik, der plärrenden Radios, Lautsprecher, Gebetsrufe, der Märkte, Höfe etc. Signifikant für diese Alltagspolyphonie ist der unverwechselbare Ort, an der sie stattfindet, sowie die stilistische Vielfalt, mit der in Filmen auf sie eingegangen wird und die als afrik. Eklektizismus beschrieben wird (↗ Stadt, ↗ Urbanisierung).

(5) *Kino der zeitgenössischen afrik. Diaspora.* Die meisten afrik. Filmschaffenden haben eine westl. Filmausbildung erhalten. Viele leben aus ökonom. bzw. pol. Gründen im Westen – weshalb die Metropolen Paris, Montreal, Brüssel, London und New York als Hauptstädte des afrik. K. gelten – bzw. pendeln zwischen ihrem Herkunftsort und ihrer westl. Wahlheimat und begreifen sich als Bürger zweier Welten und Vermittler zwischen den Welten. *The Last Angel of History* von John Akomfrah (1995), *Le clandestin* von José Laplaine (1996), *Pièces d'Identités* von Mweeze Ngangura (1997), *Une couleur Café* von H. Duparc (1998) und *Waalo Fendo* von Mohamed Soudani (1998) bspw. thematisieren afrik. Diaspora anhand individueller Erfahrungen mit Assimilationszwang, ↗ Rassismus, ↗ Migration und die resultierenden Mischkulturen (↗ Kreolisierung). Anleihen bei der unterdessen im Westen anerkannten schwarzen, v. a. amerik. und brit. Popkultur, Musik- und Videoproduktion sind hier auffällig: einerseits um die gängigen westl. Klischees von Afrika zu umgehen und andererseits um von der Liberalisierung gegenüber schwarzen Kulturen zu profitieren. Solche Filme werden – obwohl sie plakative Gegensätze zu unterlaufen trachten – zwangsläufig in die Nähe der Diskurse um Multikulturalismus und in Nischen älterer Migrationsbewegungen afrik. Herkunft gebracht.

IV. Rezeption. Die afrik. Festivals in Ägypten *Journées du Film de Karthage,* seit 1968, in Burkina Faso das seit 1969 stattfindende FESPACO (*Festival Panafricain du Cinéma de Ouagadougou*), in Simbabwe das seit 1993 in Harare unregelmäßig stattfindende *International Film & Television Festival,* in Senegal das RECIDAK (*Rencontres Cinématographiques de Dakar*) und in Südafrika das seit 1996 in Kapstadt stattfindende SITHENGI (*Southern African International Film & Television Market*) haben nur ansatzweise einen afrik. Filmmarkt etablieren können. Auch Filmemachervereinigungen wie bspw. die FEPACI (*Fédération Panafricaine des Cinéastes*) mit Sitz in Wagadugu/ Burkina Faso versuchen, afrik. K. als eigenständige und v. a. finanziell autarke Produktion afrik. Filme voranzutreiben. Sie fordern außerdem die Gründung eines afrik. Distributionsverbundes, der afrik. Filme regulär an die lokale Öffentlichkeit bringen soll. Bislang blieben diese Bemühungen erfolglos. Afrik. Filme können in Afrika nur sehr selten gesehen werden. Hingegen werden sie durch eine Vielzahl kleiner und mittlerer unabh. Festivals und Verleiher in Europa und Nordamerika präsentiert, während afrik. Kinosäle von europ., amerik. sowie libanesischen *Blockbooking*-Gesellschaften bespielt werden, die mit Hollywood-, asiatischen Action-, Karaté- und Kung-Fu-Filmen sowie indischen Musicals Monopolwirtschaft betreiben und die K. für lokale Filme versperren. Befürworter strenger Einfuhrkontrollen sehen hierin einen weiteren Aspekt abträglicher westl. Bevormundung und Entfremdung. Aber die Beliebtheit von *Martial-Arts*-Filmen und indischen Musicals zeigt eine Assimilationsleistung der Zuschauerschaft an, die erst allmählich als Indiz spezifisch afrik. urbaner Mischkultur wahrgenommen wird (↗ Assimilation).

V. Wissenschaftliche Aufarbeitung des afrik. Kinos. Afrik. K. ist bislang wiss. lediglich marginal behandelt worden. Afrik. Filmwissenschaft findet fast ausschließlich außerhalb Afrikas statt. An afrik. Universitäten wird Filmwissenschaft nicht gelehrt, sondern findet derzeit – wenn überhaupt – nur innerhalb der Soziologie und Literaturwissenschaft Interesse. Im Zuge der marxistischen Kritik und der folgenden Differenzierungen von *Race-, Class-, Gender*-Topoi bildeten sich emanzipative Strömungen innerhalb der Geisteswissenschaften im Westen, v. a. in Großbritannien und den USA. Die Filmwissenschaft koppelte sich vom Kanon der Literaturwissenschaft ab, während gleichzeitig seit Beginn der 1980er Jahre Vertreter der *Cultural Studies* am Eurozentrismus der Geisteswissenschaften Kritik übten und sich den sog. Randbereichen widmeten. Autoren wie Homi Bhabha, Teshome Gabriel, Mbaye Cham, Clyde Taylor, Paul Gilroy, Stuart Hall, Trinh T. Min-ha u. a. hatten dabei auch immer Filme afrik. Regisseure im Blick. Dabei geht es ihnen um die Aufwertung des K. aus Lateinamerika, Asien und Afrika, das *Third Cinema*, das sich v. a. dadurch auszeichnet, dass es weder zur Hollywood-Unterhaltungsindustrie – *First Cinema* – zählt noch zu Bewegungen europ. unabh. Filmproduktion – *Second* bzw. *Counter Cinema*. Mit dem Aufkommen postkolonialer Kritik und Theorie findet auch die Ausweitung in *Asian Studies, Latin-* bzw. *Native-American Studies, African Studies* wie ↗ Afrikanistik und *Migration-Studies* statt, die die bisherige Vereinheitlichung der sog. Dritten Welt unterläuft. Eine Initialzündung gab in den USA wie in Großbritannien die Arbeit von Filmemachern afrik. Herkunft wie bspw. des gebürtigen Äthiopiers Haile Gerima, der Amerikaner Julie Dash und Melvin van Peebles, der Briten Isaac Julien, Maureen Blackwood, Ngozi Onwurah und von Filmkollektiven wie *Black Audio Film Collective* oder *Sankofa Production*, die seit den 1970er Jahren der diskriminierenden westl. Repräsentation von Schwarzen im westl. K. mit Gegenbildern beizukommen versuchen. Unter dem Etikett *Black Cinema* – als Nachhut des Interesses am *Black American Cinema* bzw. *Black British Cinema*, die das *Black* aus dem Independentbereich in den *Mainstream* hoben – werden nun auch Filme afrik. Autoren wahrgenommen. Die Diskurse um *Black Cinema* und *African Cinema* – Afrika, seine hist. Diaspora und die zeitgenössischen Migrationen – werden seitdem von migrierten Wissenschaftlern gleichermaßen geführt.

VI. Filmkritik. Afrik. Filmemacher und -kritiker wie der gebürtige Beniner Paulin Soumanou Vieyra und der Tunesier Ferid Boughédir geben seit den 1970er Jahren Anstöße zu einer eigenständigen innerafrik. Filmkritik. Bislang wird die Kritik afrik. Filme dennoch hauptsächlich von westl. Fachkräften geleistet. In ihrer Wahrnehmung herrschen weitgehend Konstruktionen von Alterität und Fremdheit sowie die Erwartung pol. und radikaler Kritik an den bestehenden globalisierten Verhältnissen vor. Dass die afrik. Lebensverhältnisse und kulturellen Ausdrucksformen aus westl. Perspektive nur mangelhaft einzusehen sind und demnach afrik. Filme mit westl. narrativen und stilistischen Mustern in Konkurrenz geraten, verhindert den gleichgestellten Austausch zwischen den Innen- und Außenansichten auf die filmische Bearbeitung afrik. Kulturen.

VII. Perspektiven des afrik. Kinos. Ansätze einer einheitlichen innerafrik. Filmpolitik, Einfuhrkontrolle und Besteuerung ausl. Filme als Einnahmequelle zur Finanzierung lokaler Filmproduktionen konnten bislang nicht umgesetzt werden. An staatl. Kultur- und Wirtschaftsförderung ist angesichts der ökonom. und pol. Lage vieler afrik. Staaten nicht zu denken. Da das Interesse und die finanzielle Unterstützung des Westens sich zunehmend vom Süden zurückziehen, steht aus, ob überhaupt noch afrik. Autorenfilme realisiert werden können. Allerdings gibt das Ende der Apartheid 1993 Grund zur Hoffnung, Südafrikas filmindustrielle Einrichtungen könnten zum Ausgangspunkt einer marktträchtigen innerafrik. Filmproduktion werden. Außerdem ist die Videoproduktion nicht zu unterschätzen, die bspw. in Nigeria heute immense Erfolge verbucht. ↗ Literaturverfilmungen.

🕮 G. Convents, A la recherche des images oubliées. Préhistoire du cinéma en Afrique 1897–1918, Brüssel 1986. – M. Diawara, African Cinema. Politics and Culture, Bloomington 1992. – F. N. Ukadike, Black African Cinema, Berkeley/Los Angeles 1994. – New Discourses of African Cinema/Nouveaux discours du cinéma africain. In: Iris 18 (1995). – M. H. Gutberlet/H. P. Metzler (Hg.), Afrik. Kino, Bad Honnef 1997. – I. Bakari/M. Cham (Hg.), African Experiences of Cinema, London 1996.

Marie-Hélène Gutberlet

Kirchen, christliche. *I. Allgemeines.* Im subsahar. Afrika bilden die christl. K. mit etwa zwei Dritteln der Bev. (bzw. der Hälfte in ganz Afrika) den größten relig. Block. Sie zeichnen sich durch eine große Vielfalt aus. Obwohl das ↗ Christentum schon sehr früh nach Afrika kam und vom 3. bis 8. Jh. große Teile Nordafrikas christl. waren (↗ Donatismus), wandte sich das subsahar. Afrika erst im Zuge der neueren Missionsbewegung im 17. bis 19. Jh. dem Christentum zu (↗ Mission). Zwar hatten die westl. Missionare daran einen gewichtigen Anteil, doch erfolgte die Evangelisierung Afrikas zum überwiegenden Teil durch Afrikaner. Die K. Afrikas zeichnen sich durch großes Engagement – der Gottesdienstbesuch (↗ Gottesdienst) ist wenigstens zehnmal höher als in Westeuropa – und große Vielfalt aus; es gibt ca. 10.000 versch. Kirchen. Die K. spiegeln einerseits ihre unterschiedliche westl. Herkunft wider, andererseits sind sie von starker afrik. Initiative und oft auch Innovation geprägt.

II. Einzelne christliche Kirchen. – II.1. Orientalische Kirchen. Diese älteste Gruppe christl. K. ist heute durch die koptische K. Ägyptens (seit 62 n. Chr., ↗ Kopten) und die orthodoxe K. Äthiopiens (seit 325 n. Chr., ↗ Axum) vertreten. Sie haben zwar nur 30 Mio. Mitglieder, blicken aber auf eine lange Geschichte zurück, die das Christentum als afrik. Religion ausweist und im 19. Jh. als Inspiration für die Bildung Afrik. Unabh. Kirchen (sog. äthiop. K., ↗ Christentum) diente, v. a. in Süd- und Westafrika.

II.2. Katholische Kirche. Zur kath. K. als weitaus größter christl. Gruppierung gehören etwa 40% aller afrik. Christen. Wie die ev. K. auch, ist sie im islam. Nordafrika fast ausschließlich durch Fremde vertreten. Obwohl kath. Missionsarbeit bereits im 15. Jh. mit den von den Küstenbereichen ins Innere Afrikas (insbes. ↗ Kongo, Angola, Mosambik) vordringenden Portugiesen begann, erreichte die kath. K. mit der neueren Missionsbewegung ihre heutige Stellung. Inzwischen ist die kath. Hierarchie überall errichtet, und fast alle Bischöfe sind Bürger ihres Landes, wenn auch die Selbständigkeit durch die Struktur als Weltkirche mit ihrem Zentrum in Rom begrenzt ist. Da die afrik. kath. Ortskirchen fast alle dem westl. (lat.) Ritus angehören, ist z. B. für Priester der Zölibat verpflichtend. In Angola, Burundi, beiden Kongo-Staaten, Äquatorial-Guinea, Gabun, Kamerun, Kap Verde, Lesotho, Mosambik, Réunion, Ruanda, Seychellen, São Thomé und Uganda sind mehr als 40% der Bev. Katholiken.

II.3. Evangelische Kirchen. Unter ihnen sind die klassischen protestantischen Denominationen, deren Ursprünge in der europ. Reformation liegen und die durch die Missionsbewegung nach Afrika kamen, noch führend. Ihre geogr. Verteilung ergibt sich in den meisten Fällen aus der Missionsgeschichte des 19. Jh., weswegen ihre Schwerpunkte in den damals besser erreichbaren küstennahen Gebieten liegen. So ist der lutherische Anteil in Madagaskar, Tansania oder Namibia hoch, die Anglikanische K. bedeutend in Nigeria und Uganda, und die Reformierten K. spielen eine wichtige Rolle in Ghana und Malawi. Diese protestantischen K. kommen in ihrem Charakter den westeurop. Volkskirchen am nächsten, sind aber stärker von Erweckungsbewegungen geprägt. Die protestantischen K. Afrikas haben heute alle die Selbständigkeit gegenüber ihren Mutterkirchen erreicht, halten aber meist weltweite Verbindungen aufrecht.

II.4. Evangelikale Kirchen sind in Afrika wesentlich stärker als in Europa vertreten. Die größten unter ihnen gehen auf die interdenominationalen Glaubensmissionen zurück. Sie sind am stärksten in Kenia (*Africa Inland Church* mit über 1 Mio. Mitglieder), Nigeria (*Evangelical Churches of Westafrica* 1,5 Mio. Mitglieder; *Churches of Christ in Nigeria*, 4 Mio. Mitglieder) und in anderen Gebieten Zentralafrikas vertreten wie Tschad oder Kongo, wo sie die größte Gruppe der nichtkath. K. darstellen. Diese K. haben zwar Beziehungen zu Missionen, aber keine Mutterkirchen. Andere evangelikale K. gehen dagegen auf die Missionsarbeit der entsprechenden K. wie der Baptisten oder der Heilsarmee in Amerika und Europa zurück. Ihr Anteil an der Bev. ist oft viel höher als in den Heimatländern, so z. B. bei den Siebenten-Tags-Adventisten, den Freien Methodisten, der Kirche der Nazarener oder den Pfingstkirchen. Letztere wachsen stärker als die klassischen protestantischen K. und bilden in einigen Ländern die Basis für die Entstehung großer unabh. afrik. Denominationsfamilien, wie z. B. die Zionisten in Südafrika und die *Aladura*-Kirchen in Nigeria.

II.5. Charismatische Kirchen: Sie sind (seit 1970) die jüngste und z. Z. am schnellsten wachsende Gruppe, die bes. in Nigeria und der Demokrat. Rep. Kongo beheimatet ist. Ihre Zentren liegen in den großen Städten, wo es eine beachtliche Mittel- und Oberschicht gibt. Die Namen dieser K. sind recht unterschiedlich, z. B. *Living Waters, Flames of Victory* oder *Calvary Family Church*.

II.6. Afrik. Unabhängige Kirchen. Alle großen christl. Gruppierungen brachten und bringen sog. unabh. K. hervor (allerdings weniger im kath. und orientalischen Bereich), die sich von ihren Mutterkirchen oft nur durch die Abwesenheit von Missionaren unterscheiden. Heute nennen sie sich statt *Independent* gern *African Instituted Churches*. Afrik. christl. Innovation hat aber auch in diesen K. zu mehr Eigenständigkeit in Theologie und Gottesdienst geführt, so z. B. in der Kimbanguisten-Kirche in Kongo, den *Aladura*-Kirchen in Nigeria, der *Eglise Harriste* in der Elfenbeinküste und den *Spirit Churches* in Simbabwe. Obwohl die große Mehrzahl der christl. Denominationen zu den Afrik. Unabh. K. gehört, bilden sie nur eine Minderheit der afrik. Christen, da viele dieser K. nur aus wenigen Gemeinden bestehen. In geogr. Hinsicht variiert die Verbreitung sehr stark (Tansania 1%, Nigeria 10%, Südafrika 25%). Die charismatischen K. sind, trotz gewisser Beziehungen zum Westen, fast ausschließlich in Afrika entstandene (»unabh.«) K. Nur sehr wenige Afrik. Unabh. K. haben synkretistische Tendenzen (↗ Synkretismus), womit sie in die Nähe marginaler weltweiter christl. Gruppen wie der Mormonen rücken.

III. Gesellschaftliche Funktionen der christlichen Kirchen. In Afrika sind die christl. K. eine Realität, deren Bedeutung weit über den relig. Bereich hinausreicht. Ihr starkes Engagement im Gesundheits- und Schulwesen (mit neu gegr. christl. Universitäten, ↗ Missionsschulen) ist bes. im Lichte des Rückgangs staatl. Engagements in diesen Bereichen für die Menschen hilfreich und manchmal lebensrettend (↗ kirchliche Entwicklungsarbeit). In totalitären Staaten sind die K. die einzigen Massenorganisationen, die nur schwer gleichgeschaltet werden können. In den Demokratisierungsprozessen nach 1990 waren die K. oft führend beteiligt und wirkten wie Geburtshelferinnen (↗ Demokratie, ↗ Zivilgesellschaft), und auch heute werden sie von Politikern oft genug hofiert oder gefürchtet.

In den afrik. K. überwiegen die Frauen, was aber in deren Führung selten reflektiert wird. Die afrik. K. wachsen sowohl aufgrund der hohen Geburtenzahlen als auch durch Bekehrungen aus den traditionellen ↗ Religionen. Bekehrungen vom und zum ↗ Islam sind dagegen nicht häufig. Etwa 10% der Bev. Afrikas sind heute weder Christen noch Muslime, und es steht zu erwarten, dass der größte Teil von ihnen Christen wird. Die kirchl. Landschaft Afrikas unterscheidet sich von der Europas durch die geringere Bedeutung der Volkskirchen und durch eine weit größere (und stark zunehmende) denominationelle Vielfalt, wobei die evangelikalen, pfingstlichen und charismatischen Sektoren meist schneller wachsen als die klassischen Konfessionen.

Alle christl. K. Afrikas haben Teil an der »Südverschiebung des Christentums«, durch die seit etwa 1970 die Mehrheit der Christen im Süden der Welt wohnt. Dies hat bei einer Anzahl ursprgl. amerik. oder europ. Kirchen dazu geführt, dass jetzt die meisten ihrer Mitglieder in Afrika leben (z.B. Herrnhuter Brüdergemeine, Siebenten-Tags-Adventisten) oder aber einen entscheidenden Anteil ausmachen wie bei den Anglikanern (über 30 Mio. Mitglieder, etwa ebenso viele wie in Europa).

Obwohl die Säkularisierung auch in Afrika stattfindet, ist zu erwarten, dass die K. Afrikas in diesem Jh. bei weiter wachsender Vielfalt ihre große Bedeutung behalten werden und ihr Einfluss im Rahmen der weltweiten Christenheit steigen wird.

📖 D. Barrett (Hg.), World Christian Encyclopedia, Nairobi/Oxford 1982. – J. Bauer, 2000 years of Christianity in Africa. An African History, Nairobi 1994. – K. Fiedler, Ganz auf Vertrauen. Geschichte und Kirchenverständnis der Glaubensmissionen, Gießen 1992. – A. Hastings, A History of African Christianity 1950–1975, Cambridge/ London 1979.

Klaus Fiedler

Kirchenmusik ↗ Gottesdienst, ↗ Musik

Kirchliche Entwicklungsarbeit. Von Anfang an hat sich christl. ↗ Mission nicht nur um die Verbreitung des Evangeliums bemüht, sondern sie hatte das Wohl der Menschen im Blick. Zunächst wurden Missionsstationen errichtet, die zugleich Zentren medizin. Hilfe waren. Später entstanden auch Missionskrankenhäuser. Beim Aufbau der Stationen halfen einheimische Männer, die handwerklich angeleitet und später in Handwerkerschulen ausgebildet wurden. ↗ Missionsschulen kamen hinzu. Diese Bereiche sind die Hauptschwerpunkte auch heutiger k.E. Für die meisten afrik. ↗ Kirchen sind der Verkündigungsauftrag und die ↗ Entwicklungszusammenarbeit nicht voneinander zu trennen.

Als in der zweiten Hälfte des 20. Jh. staatlicherseits den unabh. gewordenen Ländern Entwicklungshilfe gewährt wurde, beteiligten sich die europ. und amerik. Kirchen an diesen Programmen und unterstützten ihrerseits die Entwicklungsprojekte der selbständig gewordenen Kirchen. Die meisten afrik. Regierungen erwarteten von den Kirchen geradezu einen Beitrag zum Aufbau der Länder. Neben der Projektunterstützung fand k.E. in der Entsendung von Personal ihren Ausdruck, v.a. im medizin., landwirtsch., verwaltungstechnischen, schulischen und berufsbildenden Bereich. Zu den Trägern der k.E. in Deutschland zählen auf ev. Seite: Brot für die Welt, Kirchl. Entwicklungsdienst (KED), Dienste in Übersee (DÜ, zur Personalvermittlung), Ev. Zentralstelle für Entwicklungshilfe (EZE). KED, DÜ und EZE sind seit Anfang 2000 im Ev. Entwicklungsdienst (EED) zusammengefasst. Auf kath. Seite sind Misereor, die Arbeitsgemeinschaft Entwicklungshilfe (AGEH, zur Personalvermittlung) und die Kath. Zentralstelle für Entwicklungshilfe (KZE) zu nennen.

Seit Ende der 1960er Jahre betonen die Kirchen bes. den Einsatz für gerechtere Strukturen in den Ländern Afrikas, Asiens und Lateinamerikas. Alle Unterstützung soll als Hilfe zur Selbsthilfe dienen und damit die Selbständigkeit fördern. Im ökumenischen Kontext wird die Notwendigkeit hervorgehoben, die vorhandenen Gaben und Möglichkeiten miteinander zu teilen (*sharing of resources*). In der gegenwärtigen Debatte stehen vor allem Fragen einer nachhaltigen Entwicklung (*sustainability*) und einer Rechenschaftslegung (*accountability*) im Mittelpunkt. ↗ Christentum.

🕮 W. Gern, Entwicklung. In: Lexikon missionstheologischer Grundbegriffe, Berlin 1987, S. 72–82. – EKD (Hg.), Der Entwicklungsdienst der Kirche – ein Beitrag für Frieden und Gerechtigkeit in der Welt, Gütersloh 1973.

Johannes Triebel

Kissi (Sprache) ↗ Atlantisch

Klan und Lineage sind Einteilungen in Abstammungs- oder Verwandtschaftsgruppen (↗ Verwandtschaft). Dabei ist strittig, ob Ethnologen diese Einteilung in den gleichen Grenzen und nach den gleichen Kriterien vornehmen wie die Gesellschaften, von denen sie annehmen, sie seien in K.u.L. organisiert. Die Frage, welche Rolle Abstammung, Abstammungsideologie und lokale Vergemeinschaftung bei der Herausbildung von K.u.L. spielen, ist von Fall zu Fall zu klären und wird kontrovers diskutiert. Als nicht sinnvoll hat sich erwiesen, K.u.L. in strikter Abgrenzung voneinander zu definieren, etwa zu sagen, die L. berufe sich auf einen namentlich bekannten Vorfahren, während beim K. dieser wirkliche oder geglaubte gemeinsame Vorfahr aus einer ferneren Vergangenheit stamme und nicht mehr namentlich bekannt sei. In manchen Gesellschaften stehen auch bei Einheiten geringer genealogischer Tiefe Gruppennamen im Vordergrund und nicht die Namen von Individuen, während anderswo Vorfahrenreihen mit zwanzig und mehr Namen memoriert werden und sich alle Abstammungsgruppen auf namentlich benannte Vorfahren berufen. Viele Ethnologen gebrauchen die Begriffe Klan, Subklan und Lineage nur für größere und kleinere Einheiten gleicher Art in ↗ segmentären Gesellschaften. Andere verwenden stattdessen Termini wie *major, minor* und *minimal lineage*.

Als irrig hat sich auch die weit verbreitete Annahme erwiesen, K.u.L. seien nichts weiter als Untereinheiten, bzw. Untereinheiten von Untereinheiten, von ↗ Stamm oder Ethnien (↗ Ethnizität). Oft finden sich dieselben K. in Gruppen mit unterschiedlichen Sprachen und Kulturen, versch. Ethnien also. Solche interethn. Klanbeziehungen können darauf zurückzuführen sein, dass ethn. Differenzierungsprozesse durch Eroberung, sprachliche Assimilation oder relig. Bekehrung quer zu den Einteilungen in K. verlaufen sind. Dies ist z. B. bei kuschitischsprachigen Ethnien (↗ Kuschitisch) von Kamelnomaden im ariden N Kenias und im S Äthiopiens häufig der Fall gewesen. In Notzeiten wie Dürren oder in Bedrängnis durch feindliche Überfälle finden Kenner dieser interethn. Klanbeziehungen, d. h. in den oralen Traditionen versierte Nomaden, häufig Klanbrüder in Nachbarethnien, bei denen sie Zuflucht suchen können.

Das Tal des Omo (südl. Äthiopien) gehört zu einer ethn. Fragmentierungszone, in der es viele pol. voneinander unabh. und sprachlich oft stark voneinander versch. ethn. Gruppen gibt, die nur wenige Tsd. Menschen umfassen. In dieser Region kommt es häufig vor, dass Gruppen, die im Verlauf der zahlreichen kriegerischen Auseinandersetzungen stark dezimiert werden und sich als eigenständige Gruppe nicht mehr behaupten können, sich miteinander oder mit überlegenen Gruppen zusammenschließen. So entstehen neue pol.-milit. Einheiten, die sich dann sprachlich und kulturell angleichen (↗ Assimilation) und damit zu ethn. Gruppen werden. K. sind hier die relativ konstanten Elemente, die zu immer wieder neuen Ethnien zusammengewürfelt werden. Ähnliches findet sich zumindest in vorkolonialer Zeit auch bei vielen relativ mobilen Ackerbauergruppen in der westafrik. ↗ Savanne. Hier hat der Kolonialismus aber zu einer Verhärtung der Grenzziehung der Gruppen geführt.

So wie Ethnien aus K. versch. Ursprungs bestehen können, können sich auch L. und Individuen versch. Herkunft zu K. zusammenschließen. Oft berufen sich durch solche Zusammenschlüsse gebildete Gruppen im Nachhinein auf einen gemeinsamen Ursprung. Die Redeweise von Klanbrüdern, Klanschwestern, Vätern etc. ist dann aber meist bloße Etikette und Konvention, und das Wissen vom heterogenen Ursprung bleibt in den oralen Traditionen (↗ Oralliteratur) erhalten und wird auch auf Befragen unumwunden mitgeteilt. Fasst man also K.u.L. unter dem Oberbegriff »Abstammungsgruppen« zusammen, so ist dabei im Auge zu behalten, dass eine solche Gruppe häufig oder gar i.d.R. ihre Entstehung nicht gemeinsamer Abstammung verdankt. Vielmehr formieren sich Gruppen, um gemeinsame Unternehmungen durchzuführen, z. B. zum Zwecke der Verteidigung. Die Fiktion der gemeinsamen Abstammung und das Ethos der Brüderlichkeit ist bei solchen Zusammenschlüssen von großem Wert. Durch Geburt und Tod entsteht der Zwang, festlegen zu müssen, wie die Gruppenmitgliedschaft an die nächste Generation weitergegeben werden soll, ob z. B. an die Kinder der zugehörigen Männer, an die der zugehörigen Frauen, also der Schwestern dieser Männer, oder an beide. Dadurch, dass eine Gruppe sich das Ethos der Brüderlichkeit und eine Rekrutierungsregel zulegt, die dann in der Rückschau als Abstammungsregel erscheint, wird sie zu einer Abstammungsgruppe. In analytischen Modellen mag es Abstammungsregeln geben, aus denen sich dann Gruppenstrukturen entwickeln. In vielen hist. Fällen aber scheint die Gruppe primär und die Abstammungsregel sekundär zu sein.

📖 M. Fortes, The Structure of Unilineal Descent Groups. In: American Anthropologist 55 (1953). – I. M. Lewis, Blood and Bone: The Call of Kinship in Somali Society, London 1994. – G. Schlee, Identities on the Move: Clanship and Pastoralism in Northern Kenya, Manchester 1989.

Günther Schlee

Klassensprache ↗ Nominalklassensprache

Kleidung. Zu K. zählen alle Körperbedeckungen verschiedenster Materialien und Formen. In Afrika variieren die Arten des Sich-Kleidens von Hüftschnüren und Schürzen bis hin zur vollständigen Verhüllung des Körpers. Materialien wie z. B. ↗ Textilien, ↗ Leder und Felle werden gewickelt – z. B. als Wickelrock, Umhang, Schleier – oder zu Kleidungsstücken verarbeitet getragen, wie z. B. Hemden, Hosen, Sandalen. Industrielle Stoffe, Konfektions-K. und Secondhand-K. haben die handgefertigte K. heute in weiten Bereichen verdrängt.

K. schützt den Körper vor Einwirkungen von außen wie z. B. klimatischen Einflüssen, verhüllt den Körper je nach moralischen und relig. Normen und schmückt ihn entsprechend den jeweiligen kulturell geprägten ästhetischen Vorstellungen. Eine klare Abgrenzung von K. und ↗ Schmuck ist oft nicht möglich. K. kommt als Teil des äußeren Erscheinungsbildes einer Person (neben z. B. ↗ Frisur, ↗ Schmuck) auch zeichenhafte Bedeutung zu. Je nach Kontext können Art, Qualität, Wert, verarbeitete Stoffmenge, Stoffmuster und Neuheit bzw. Alter der getragenen K. als Zeichen fungieren. So tragen die Muster der maschinell hergestellten Wax-Batiken und der bedruckten Baumwollstoffe, sog. *Fancy*, häufig Namen (z. B. »Das Auge meiner Rivalin«, *Mon mari est capable*, »ABC«), mit denen Botschaften vermittelt werden können. K. variiert nicht nur mit dem Geschlecht und Alter des Trägers, sondern auch mit dessen wirtsch. Situation und sozialer Position. Sie kann dem Ausdruck von Werten dienen sowie die Zugehörigkeit zu einer sozialen, ethn., relig. oder pol. Gruppe ausdrücken. K. eignet sich bes. zur Repräsentation von Status, Macht und Wohlstand in der Öffentlichkeit. Das Zeremonialkostüm des Oba von ↗ Benin besteht vorwiegend aus Korallenperlen als Zeichen seiner Herrschaft, aber auch zur Wahrung der Fruchtbarkeit des Landes. Personen wählen K. nach dem jeweiligen Anlass aus (Arbeit, Alltag, Festtag, Ritual), wobei es unterschiedliche gesellsch. Vorstellungen von angemessener Bekleidung gibt. Bei Zeremonien und Ritualen – z. B. Übergangsriten wie ↗ Initiation, Hochzeit (↗ Heiratsordnungen), Beerdigung (↗ Bestattungsrituale) – kann bestimmte K. vorgeschrieben sein. Die Mädchen der Ndebele (Südafrika) tragen zum Abschluss der Initiation u. a. bestimmte Perlenschürzen und Wolldecken als Umhänge, die ihren Eintritt in das Erwachsenenalter ausdrücken.

K. unterliegt immer modischem Wechsel und Wandel. Faktoren, die den Wandel beeinflussen, sind auf individueller, lokaler, aber auch nat. und globaler Ebene zu finden. Auch rituell getragene K. bleibt nicht über Jahrzehnte hinweg gleich, obwohl sie stabiler erscheint als z. B. städt. Moden. Fremde Elemente werden nicht einfach übernommen, sondern gemäß eigener Vorstellungen ausgewählt und in die lokale Kleidungspraxis integriert, z. T. umgedeutet und neu gestaltet.

Der Einfluss von ↗ Christentum, ↗ Islam und westl. Moralvorstellungen führte in Afrika zu einem zunehmenden Bedecken des Körpers. Während der Kolonialisierung wurden europ. Kleidungsstile eingeführt (u. a. Uniformen). In den Städten (↗ Stadt) entstanden neue soziale Milieus, deren K. sich bevorzugt am europ. Vorbild orientierte. Mitglieder der herrschenden Eliten tragen heute bei offiziellen Anlässen häufig dunkle Anzüge als Zeichen ihrer Milieuzugehörigkeit, städt. Jugendliche bevorzugen Jeanshosen und T-Shirts als Ausdruck ihres modernen urbanen Lebensstils.

In manchen Staaten, z. B. in Burkina Faso unter Präsident Sankara oder in Zaire unter Mobutu, war nach der Unabh. eine pol. motivierte

Abkehr vom westl. Vorbild zu beobachten, und afrik. K. wurde vermehrt als Ausdruck kultureller, nat. und ethn. Identität eingesetzt – auch außerhalb Afrikas. In den letzten Jahren wurden verstärkt afrik. Modeschöpfer, die afrik. Elemente mit europ. zu neuen Modestilen kombinieren, in der globalen Modewelt bekannt, u. a. Chris Seydou aus Mali und Alphadi aus Niger. ↗ Schneiderei, ↗ Weberei.

📖 H. Hendrickson (Hg.), Clothing and Difference. Embodied Identities in Colonial and Post-Colonial Africa, Durham/London 1996. – Prince Claus Fund/Africa World Press (Hg.), The Art of African Fashion, Den Haag 1998. – Revue Noire, Spécial Mode/African Fashion, Nr. 27, Paris 1997/1998. – B. Gardi (Hg.), Boubou, c'est chic. Gewänder aus Mali und anderen Ländern Westafrikas, Basel 2000.

Kerstin Bauer

Kleptokratie ↗ Korruption

Klick ↗ Schnalzsprache

Klientelismus ↗ Neopatrimonialismus

Klima und Klimageschichte. *I. Klima.* Die das K. steuernden Faktoren sind komplex; generell werden sie in astronomische, z. B. Energie der Sonneneinstrahlung, Neigung der Erdachse zu ihrer Umlaufbahn, Tages- und Nachtlänge, und terrestrische Faktoren, z. B. Land-Meer-Verteilung, Höhe über dem Meeresspiegel, Exposition, gegliedert. Bezogen auf die erste Faktorengruppe ist Afrika der von allen Erdteilen tropischste Kontinent.

1. *Tropen.* Was den Begriff Tropen angeht, so erweist sich die astronom. Bestimmung als Land zwischen den Wendekreisen am sinnvollsten und einfachsten. Da die Nordspitze Afrikas, das Cap Blanc in Tunesien, bei 37°21′ N liegt und die Südspitze, das Cap Agulhas in Südafrika, bei 34°50′ S, ist Afrika der einzige Erdteil, der sich nahezu gleich weit nördl. und südl. des Äquators erstreckt. Rd. 23,5 Mio. km^2 Landfläche liegen innerhalb und nur rd. 6,5 Mio. km^2 außerhalb der Wendekreise (WK), wobei die Nordhemisphäre rd. 5 Mio. km^2 deutlich mehr Fläche aufweist. Am nördl. und südl. WK wendet scheinbar der Lauf der Sonne; sie steht am 21.6. mittags senkrecht über 23,5° nördl. und am 21.12. über 23,5° südl. Breite, also im Zenit. In den Inneren Tropen finden diese Zenitdurchgänge jeweils im Frühjahr und Herbst statt, in den Äußeren Tropen folgen sie im jeweiligen Sommer rasch aufeinander. Da das Strahlenbündel der Sonne als paralleler Strahlengang auf die Erdoberfläche trifft, erhält diese zu den jeweiligen Jahreszeiten unterschiedliche Energiezufuhr, wobei das Gebiet zwischen den WK die größte Strahlungsbilanz aufweist; das Maximum wird zwischen dem Äquator und etwa 10° erreicht.)

2. *Tropische Zirkulation/Passatströmungen.* Afrika unterliegt mit dem größten Teil seiner Fläche der trop. Zirkulation, die wiederum Teil der globalen atmosphärischen Zirkulation ist. Die trop. Zirkulation besteht aus einem geschlossenen Kreislauf von Luftmassen, die in Äquatornähe aufgrund der hohen Aufheizung bis in ca. 15–16 km Höhe aufsteigen, in Richtung der Pole in der Höhe abfließen, im Bereich der WK zur Erdoberfläche absinken und in bodennahen Bereichen zum Äquator zurückgeführt werden. Diese meridionale Zirkulation wird auch als Hadley-Zelle bezeichnet. Für das Wettergeschehen und die Klimastruktur der von der Hadley-Zirkulation betroffenen Gebiete sind mehrere Fakten grundlegend: Der aufsteigende Ast in äquatornahen Gebieten, nicht unbedingt auf breiter Front, sondern eher in kleinräumig wirksamen Schläuchen, führt durch die Abkühlung der Luftmassen in der Höhe zu dauerhaften, ergiebigen Niederschlägen. Außerdem muss das am Boden zwangsläufig entstehende Luftmassendefizit ausgeglichen werden. Die in dieses Bodentief von beiden Seiten des Äquators herangeführten Luftmassen prallen in einer als ITC (Innertrop. Konvergenz) bez. Zone aufeinander. Durch den unterschiedlichen Zenitalstand der Sonne zu den einzelnen Jahreszeiten verschiebt sich die Lage der ITC jeweils deutlich vom Äquator weg: Im nordafrik. Sommer liegt sie mehr oder weniger breitenkreisparallel zwischen 10 und 15° N, im südafrik. Sommer mit einer breiten Ausbuchtung fast bis zum südl. WK im Zentrum des Kalaharibeckens (↗ Kalahari). Der absteigende Ast der Hadley-Zelle nördl. und südl. der WK führt durch die dabei erfolgende Erwärmung zu Wolkenfreiheit und Niederschlagsarmut, woraus sich die hohe Aridität (Trockenheit) dieser Gebiete begründet. Am Boden baut sich folglich ein hoher Luftdruck auf (das sind die randtrop.-subtrop. Hochdruckzonen Nord- und Südafrikas), aus dem die Luftmassen bevorzugt zu den äquatorialen Tiefdruckgebieten abfließen, um das dortige Defizit zu füllen. Durch den Drehimpuls der Erde erfolgt dies nicht in einem reinen NS-Transport, also nicht als sog. Gradientwind, sondern entsprechend den Bedingungen eines rotierenden Systems unter

Ablenkung aus der Gradientrichtung (Coriolis-Kraft oder besser Coriolis-Beschleunigung). Auf der N-Halbkugel erfolgt diese Ablenkung nach rechts, auf der S-Halbkugel nach links. Daraus ergeben sich die sog. Passatströmungen: der NO-Passat Nordafrikas (z. B. der Harmattan, der bis zur Guineaküste weht) und der SO-Passat Südafrikas.

3. *Niederschlagsverteilung.* Für die Niederschlagsverteilung über Afrika ist also die Lage der ITC und die daraus sich entwickelnde Passatzirkulation entscheidend. Im Juli/Aug. bei ausgeprägter Nordlage der ITC überschreiten die SO-Passate des Südatlantik den Äquator und werden dann (nach rechts) zu SW-Winden abgelenkt, die somit von Feuchtigkeit gesättigt nach Westafrika eindringen und dort ein Niederschlagsmaximum hervorrufen. Da diese Gebiete sonst vom NO-Passat bestrichen werden (also entgegengesetzt), wird die Zirkulation auch als monsunal bezeichnet. Zur gleichen Jahreszeit kann der äußerste S Afrikas von Tiefdruckgebieten der dortigen Westwindzone beeinflusst werden, erhält also Winterregen. Im übrigen südl. Afrika herrscht große Trockenheit, auch Zentralafrika verzeichnet ein Niederschlagsminimum. Nur der küstennahe Bereich des Osthorns von Afrika wird ebenfalls von einer feuchten SW-Monsunströmung beeinflusst. Zeitlich fortschreitend verlagert sich die ITC nach S; Anfang Okt. liegt sie in Afrika über dem Äquator, der jetzt sein erstes Niederschlagsmaximum erhält. Das zweite folgt beim neuerlichen Durchgang der ITC im März/April. Im Jan. dagegen bauscht die ITC über dem südl. Afrika weit nach S aus. Das sich daraus ergebende Hitzetief saugt maritime Luftmassen aus dem südl. Indischen Ozean an (v. a. über dem warmen Mosambik-/Agulhasstrom), aber auch aus der äquatorialen Tiefdruckzone des Kongobeckens. Beide Strömungen bringen dem S Feuchtigkeit, während Nordafrika zur gleichen Zeit durch große Trockenheit charakterisiert ist. Hier weht jetzt der trockene NO-Passat, der sich nicht wie in südl. Afrika über einem warmen Meer mit Feuchtigkeit sättigen kann.

4. *Meeresströmungen.* Diese sind für das K. des benachbarten Festlandes von grundsätzlicher Bedeutung, was sich bes. gut für das südl. Afrika zeigen lässt. Die Ostseite ist durch den warmen Mosambikstrom geprägt, über dem der SO-Passat Feuchtigkeit aufnimmt, die beim Auflaufen auf die SO-afrik. Randstufe abgegeben werden muss. Das führt dort zu mittleren Jahresniederschlägen zwischen 600 und 1.000 mm. Auf gleicher geogr. Breite findet sich auf der Westseite Südafrikas mit der ↗ Namib eine küstenparallele Trockenzone, die im unmittelbaren Küstenbereich mit unter 50 mm Jahresniederschlag hyperarid werden kann. Dafür verantwortlich ist die Auftriebszirkulation des Benguelastroms, über dessen kaltem Oberflächenwasser eine beständige Nebelbank liegt. Aus der resultierenden Druckverteilung und der ablandigen Komponente der Meeresströmung ergeben sich auch ablandige Luftströmungen, die die Aridität der Region verstärken. Vergleichbar, wenn auch nicht ganz so wirkungsvoll, ist der Kanarenstrom vor der Küste Marokkos und Mauretaniens.

Die massige, nördl. und südl. des Äquators mehr oder weniger gleich verteilte Landmasse Afrikas kommt dem Idealbild eines Kontinents und damit auch dem Idealbild einer Klimagliederung nahe. Daher überrascht nicht die grundsätzlich breitenkreisparallele, also zonale Anordnung aller afrik. Klimazonen, die nur durch die erwähnten Meeresströmungen und die Hochlage mancher Gebiete modifiziert wird. V. a. die Hochflächen des östl. und südl. Afrika wirken thermisch als Heizflächen, die zu stabilen Hitzetiefs, sog. Ferrell'schen Tiefs, führen können. Dadurch wird die normale zonale Zirkulation von einer regional wirksamen Zirkulation überlagert. Dazu kommt, dass mit zunehmender Höhe auch die mittleren Temperaturen deutlich zurückgehen.

5. *Klimazonen.* Aufgrund des Zirkulationsmusters und der Eigenschaften des Kontinents überwiegt die hygrische Differenzierung Afrikas die thermische bei weitem, die Jahreszeiten sind also hygrische, d. h. Regen- und Trockenzeiten, und keine thermischen. Außerdem ergibt sich daraus die breitenkreisparallele, zum Äquator spiegelbildliche Anordnung folgender Klimazonen: (1) trop. Regenwald-K. – auch äquatoriales K. oder trop. Regen-K. genannt – in Zentralafrika und der westafrik. Küstenregion (bis 8° N) mit zehn humiden Monaten und über 2.000 mm Jahresniederschlag bei zwei flachen Niederschlagsmaxima, (2) trop. sommerhumides Feucht-K. – auch trop. Feuchtsavannen-K. genannt –, nördl. und südl. bis zu 10° reichend, mit sieben bis zehn humiden Monaten, 2 ausgeprägten Regenzeiten und 1.200 bis 1.600 mm Jahresniederschlag, (3) wechselfeuchtes Tropen-K. – Sommerregengebiete – mit ausgeprägten Regenzeiten zum jeweiligen Zenitalstand der Sonne und ebenso ausgeprägter Trockenzeit, nördl. etwa bis 15°, südl. bis 20° reichend, mit Jahresniederschlägen zwischen 1.000 und

1.300 mm bei etwa sechs humiden Monaten, (4) Trocken-K., die weitaus größte Zone Afrikas, die je nach Grad der Aridität in semiaride, aride und hyperaride Regionen gegliedert ist oder nach Breitenlage in trop. bzw. subtrop. Wüsten- und Halbwüstengebiete, mit max. vier humiden Monaten und Jahresniederschlägen, deren Höhe und Zuverlässigkeit stark variieren kann und im Kernbereich der ↗ Wüsten nahezu gegen Null geht, (5). subtrop.-winterfeuchtes K. – auch mediterran bzw. Winterregengebiete genannt – im äußersten NW und SW des Kontinents mit Niederschlägen von 600–1.000 mm bei unter fünf humiden Monaten, (6) trop. Gebirgs-K. der über 1.200 Höhenmeter aufragenden Gebirge Zentral-, Ost- und SO-Afrikas, die zwar die höchsten Niederschlagswerte aufweisen (z. B. 4.000 mm am Ruwenzori, Uganda), aber sich thermisch durch die wesentlich geringeren Jahresmitteltemperaturen von den übrigen trop. Gebieten absetzen.

II. Klimageschichte. Im Lauf der erdgeschichtl. Entwicklung vom Superkontinent Gondwana (↗ Naturräume) zum heutigen Teilkontinent Afrika hat dieser eine vielfältige Klimageschichte erfahren. So gibt es eindeutige Hinweise wie z. B. Tillite (verfestigte Moränen) für eine frühe Vereisung des heutigen südl. Afrika zur Zeit des Karbon und Perm. Bei dem anschließenden Zerbrechen Gondwanas in der Zeit von Jura und Kreide und damit der Bildung des Atlantischen und Indischen Ozeans, dürfte der ehem. kontinental-trockene Kontinent eine Feuchtezunahme erfahren haben. Die Drift aus der zirkumpolaren Lage vom Südpol in die heutige geogr. Position hat die einzelnen Regionen Afrikas zwangsläufig durch versch. Klimazonen geführt, so dass es nicht verwundert, wenn wir in heutigen Trockengebieten, z. B. der Sahara, Hinweise auf ehem. feuchte oder wechselfeucht-trop. Bedingungen finden, u. a. in Form alter Laterite. Umgekehrt lassen sich in SW-Afrika anhand von Sedimenten, die später durch Kalkeintrag zu oberflächlichen Kalkkrusten verfestigt wurden, große Reliefverschüttungsprozesse nachweisen, die für die endgültige Aridisierung dieses Raumes seit Entstehung der Benguela-Zirkulation im ausgehenden Tertiär sprechen. Auch die jüngste Erdgeschichte, das Quartär, das in Gebieten der höheren geogr. Breiten durch den Wechsel von Eiszeiten und Zwischeneiszeiten gekennzeichnet war, hat klimageschichtl. in Afrika seine Spuren hinterlassen. Diese sind bes. gut durch alte Seespiegelstände zu fassen; der Tschadsee mit seiner Abfolge unterschiedlicher Seeausdehnungen und höher liegender fossiler Uferbereiche ist dafür ein berühmtes Beispiel. Selbst für die Inneren Tropen Afrikas, die lange als klimakonstant galten, lassen sich heute v. a. durch fossile Böden Zeiten geringerer Feuchte – oder besser größerer Trockenheit – nachweisen, die den Hochglazialen, also den maximalen Vereisungsständen der höheren Breiten entsprechen. ↗ Ökozonen.

Klaus Hüser

Klitorisbeschneidung ↗ Beschneidung

Knollenfrüchte sind Pflanzen, deren unterirdische Speicherorgane überwiegend Stärke als Reservematerial enthalten, wobei die Gehalte je nach Art unterschiedlich sind (80–100g/100g Trockenmasse). Von größter Bedeutung sind Maniok, Batate (Süßkartoffel), Yams und die Kartoffel. Frisch geerntet weisen sie einen Wassergehalt von 80 % auf, weshalb sich ein Transport nur für teurere Qualitäten anbietet. Neben Stärke fallen bei der Verarbeitung kaum verwertbare Nebenprodukte an, lediglich Viehfutter von geringer Qualität. In Afrika dienen pflanzliche Erzeugnisse als Hauptenergielieferanten (↗ Ernährung); davon entfallen ca. 15 % auf K.

K. sind lokale Produkte; die Produktion wird dem heimischen Verbrauch zugeführt. Im Gegensatz dazu steht Weizen, der von den EL (Entwicklungsländern) erst importiert werden muss. Auf dem Hintergrund der starken Importabhängigkeit vieler afrik. Länder bei ↗ Getreide, instabiler Getreidepreise und knapper Devisenreserven leisten K. einen wichtigen Beitrag zur Ernährungssicherung. Der Selbstversorgungsgrad liegt bei ca. 100 % und ist von 1961–97 relativ konstant geblieben. Im gleichen Zeitraum schwankte der jährl. Pro-Kopf-Verbrauch leicht und lag 1997 bei 126 kg/Kopf und Jahr. Mit einem relativ stabilen Anteil am Gesamtverbrauch von K. in Höhe von ca. 60 % bzw. ca. 8 % sind Maniok und Yams die wichtigsten K. Afrikas. Im Vergleich dazu werden in den EL insges. überwiegend Batate und Maniok angebaut, in den Industrieländern fast ausschließlich Kartoffeln produziert. ↗ Landwirtschaft.

🕮 S. Rehm/G. Espig, Die Kulturpflanzen der Tropen und Subtropen. Anbau, wirtsch. Bedeutung, Verwertung, Stuttgart 1996. – www.fao.org

Roland Herrmann/Susanne Gärtner

Kohle ↗ Bergbau, ↗ Energiewirtschaft

Kollektive Eigenständigkeit (*collective self-reliance*). Übertragung und Weiterentwicklung des – ursprgl. nationalstaatl. verstandenen – Konzepts der ↗ *self-reliance* (Vertrauen auf die eigenen Kräfte und Ressourcen, ein von J.K. Nyerere 1967 geprägter Begriff) auf den generellen Bereich der Nord-Süd-Beziehungen und auf die regionale Kooperation zwischen EL. Das Konzept der k.E. verfolgte das Ziel, gegenüber der globalen (wirtsch. und pol.) Konkurrenz der IL (Industrieländer) des Nordens das Gewicht der EL (Entwicklungsländer) durch gemeinsame Positionen zu stärken sowie durch vertiefte regionale Kooperation und Integration Wirtschaftsräume zu schaffen, die von den Weltmarktzwängen weniger abhängig wären. Die Strategie, gegen die Länder und Konzerne bzw. Privatwirtschaftsinteressen des N eine gewerkschaftsähnliche Gegenmacht aufzubauen, verfolgte man pol. im Rahmen der ↗ Blockfreienbewegung, wirtsch. u.a. in Rahmen der UNCTAD-Konferenzen (*UN Conference on Trade and Development*, ab 1964) sowie in der 1967 geschaffenen ↗ »Gruppe der 77«. Durch intensivierte Süd-Süd-Zusammenarbeit auch über Kontinentalgrenzen hinweg – durch ECDC/TCDC (*Economic/Technical Cooperation among Developing Countries*) – erhoffte man sich eine stärkere Verhandlungsposition gegenüber den IL. Allerdings spielte Afrika bei den Konfrontationen (u.a. über die ↗ Neue Weltwirtschaftsordnung) der 1970er Jahre im Vergleich zu gewichtigeren EL (wie China, Indien, Brasilien) nur eine untergeordnete Rolle.

Infolge zunehmender Eigeninteressen der EL (z.B. Herausbildung von ↗ Schwellenländern), des Endes des Ost-West-Konflikts und der sich daraus ergebenden weltwirtsch. Veränderungen verlor das Konzept der k.E. spätestens zu Beginn der 1990er Jahre an Überzeugungskraft, obgleich Blockfreienbewegung und »Gruppe der 77« (mit deutlich verminderten Aktivitäten) weiter existieren. Die Ansätze einer institutionalisierten Süd-Süd-Kooperation wurden weitgehend abgelöst durch neue, direktere Wirtschafts- und Investitionsbeziehungen zwischen EL. Das letzte Plädoyer für eine auf k.E. abstellende, die neue Weltwirtschaftslage berücksichtigende gemeinsame Strategie der EL erfolgte 1990 im Bericht der Süd-Kommission unter Leitung von J.K. Nyerere, die die Blockfreienbewegung eingesetzt hatte. Als Nebeneffekt wurde im gleichen Jahr eine neue Gruppierung etwas fortgeschrittenerer EL aus drei Kontinenten (G 15) gegr., die sich für die gemeinsame Vertretung ihrer Interessen im Weltwirtschaftssystem einsetzen wollte (aus Afrika: Ägypten, Algerien, Nigeria, Senegal, Simbabwe, ab 1997 auch Kenia), allerdings ohne merkliche Bedeutung blieb.

In Bezug auf Afrika hatte die ↗ OAU schon 1980 in ihrem Lagos-Aktionsplan auf verstärkte Regionalkooperation und ein Konzept der k.E. abgestellt und 1991 im Abuja-Vertrag die Einrichtung einer afrik. Wirtschaftsgemeinschaft beschlossen, die bis 2025 erfolgen sollte. Die Umsetzung dieser Absichtserklärungen ist bisher nicht erkennbar. Die ↗ ECA hatte 1989 als Gegenentwurf zu den IWF- und Weltbank-Programmen zur ↗ Strukturanpassung einen auf das Konzept der k.E. abzielenden Rahmenplan alternativer Wirtschafts- und Sozialentwicklung Afrikas vorgelegt, der aber nur von wenigen afrik. Regierungen aufgegriffen wurde. Seither ist auch die ECA auf liberale marktwirtsch. Wirtschaftsstrategien eingeschwenkt. Angesichts der scheinbar unaufhaltsamen Globalisierung ist das Konzept der k.E. heute völlig in den Hintergrund getreten, obgleich einige Grundannahmen nach wie vor durchaus Berechtigung beanspruchen können. ↗ Regionale Organisationen.

📖 K.M. Khan (Hg.), Self-Reliance als nat. und kollektive Entwicklungsstrategie, München 1980. – Stiftung Entwicklung und Frieden (Hg.), Die Herausforderung des Südens. Der Bericht der Süd-Kommission, Bonn 1991.

Rolf Hofmeier

Koloniales Erbe charakterisiert strukturelle Hypotheken in den Gesellschaften Afrikas, die fremdbestimmte Herrschaft hinterlassen hat. Dies sind sowohl materielle wie auch psychosoziale Phänomene. In den meisten Fällen hinterließ die europ. Kolonialherrschaft Deformierungen, von denen die pol., soziale und wirtsch. Struktur der Länder nachhaltig geprägt wurde. Häufig war die zumindest anfängliche Ausrichtung auch der unabh. Staaten und deren Eliten auf die ehem. Kolonialmacht in den Metropolen ein bedeutendes Wesensmerkmal des k.E., das den Spielraum für eigenständige Entwicklungsmodelle und -wege drastisch einengte. Die geschaffenen Wirtschaftsstrukturen basierten zumeist auf der Ausbeutung und dem Export von unverarbeiteten Rohstoffen (landwirtsch. Monokulturen, Erzen und Metallen, ↗ Landwirtschaft, ↗ Bergbau), die eine Abhängigkeit der Volkswirtschaften vom Weltmarkt bewirkten und die Orientierung auf externe Märkte vertieften. Eine binnengerichtete wirtsch. Entwicklung fand so kaum statt, und mit der Verschlechterung der *terms of trade* führte die export- und handelsorientierte Strategie der meisten Länder in die Verschuldungskrise. Zu den Hinterlassenschaften des ↗ Kolonialismus sind aber auch die herkömmlichen Strukturen pol. Systeme, staatl. Verwaltungsmodelle, Grenzen und die äußeren Rahmenbedingungen gesellsch. Reproduktion zu zählen, wie z. B. die Übernahme des europ. Bildungsbegriffs und Schulwesens. Obgleich das k. E. lang anhaltende Entwicklungshemmnisse mit sich brachte, wird es heutzutage des Öfteren aber auch als populistische Ablenkung von hausgemachten Problemen missbraucht. Autokratische Herrscher und deren nutznießende Klientel verbergen hinter dem Verweis auf das k. E. ihre eigenen kleptokratischen Machenschaften, von denen die Bevölkerungsmehrheit i.d.R. keinen Nutzen zu ziehen vermag. Über die *de facto* bestehende massive Behinderung gesellsch. Wandels zugunsten mehr selbstbestimmter Strukturen durch das k. E. sollten diese Ausflüchte selbstsüchtiger Herrscher jedoch nicht hinwegtäuschen.

Henning Melber

Kolonialismus, die gewaltsame Errichtung europ. Herrschaft in Afrika während des 19. und 20. Jh. Vorausgegangen war eine lange, bis ins 15. Jh. zurückreichende Geschichte euroafrik. Kontakte.

I. Allgemeines. Im Zuge nationalistischer Rivalitäten und aufgrund eines ausgeprägten, vom Wunsch nach Prestige, ↗ Rohstoffen und neuen Einnahmequellen motivierten Expansionsdrangs der europ. Mächte verlagerte sich nach 1885 der Schwerpunkt von Handelsbeziehungen hin zu pol. Kontrolle. Auf der ↗ Berliner Afrika-Konferenz 1884/85 vereinbarten die konkurrierenden europ. Nationen freie Schifffahrt auf den Flüssen Kongo und Sambesi; außerdem legten sie fest, dass ein von einer europ. Nation an der afrik. Küste beanspruchtes Gebiet nur dann als Protektorat anerkannt würde, wenn es sich um eine »effektive Besitzergreifung« handele. In der Folge kam es in großer Zahl zu »Vertragsabschlüssen« mit Herrschern und Oberhäuptern in den Küstenregionen, auf deren Grundlage die europ. Mächte Schutzgebiete errichteten. Schon bald beanspruchten sie auch das Hinterland als Teil ihrer Einflusssphäre. Es kam zu zahlreichen Streitigkeiten über Grenzverläufe und Einflussbereiche zwischen Frankreich, Großbritannien und Deutschland, zwischen Portugal und Großbritannien und zwischen Deutschland und Großbritannien, doch diese Probleme wurden beigelegt und die neu gezogenen Grenzen vertraglich abgesichert. Die afrik. Bev. leistete auf breiter Front erbitterten und teilweise lang anhaltenden ↗ Widerstand, doch der entscheidende Faktor bei der Eroberung war technologische Überlegenheit: Moderne Maschinengewehre trafen auf traditionelle Waffen wie Pfeil und Bogen oder auf veraltete Vorderlader. Manche afrik. Anführer ergaben sich aufgrund der demütigenden Niederlage ihrer mächtigen Nachbarn. Der Widerstand dauerte jedoch während der ges. Kolonialherrschaft an. Daraus entwickelten sich, paradoxerweise unter dem Einfluss europ. Denkens, jene nationalistischen Bewegungen, die letztlich zur Unabh. führten. Die Kolonialherren mussten mit Vertretern der neuen afrik. Oberschicht verhandeln, die Reformen und Machtübergabe forderten (↗ *African Personality*, ↗ afrik. Ideologie). Die alten einheimischen Autoritäten wollten ihre Macht behalten, sei es als subimperialistische Kollaborateure wie in Buganda oder als Vertreter der *Indirect Rule* (↗ Indirekte Herrschaft) wie in Nordnigeria. Auch die versch. Religionen (↗ Christentum, ↗ Islam) wurden eingespannt, wenn es um Autonomieforderungen ging. Die Kolonialherren bedienten sich bei solchen Verhandlungen unterschiedlicher Strategien: Gewalt, Beteiligung an der Macht, Belohnungen und Kompromisse.

II. Koloniale Grenzen und Verwaltung. Die neuen Grenzen waren künstlich. Zahlreiche afrik. Völker wie z. B. die ↗ Yoruba, die Ewe und die Hausa in Westafrika fanden sich nun auf zwei oder mehr Länder verteilt. Die kolonialen Verwaltungssysteme unterschieden sich deutlich voneinander; sie entwickelten sich z. T. in Reaktion auf die lokalen Verhältnisse, z. T. aus weiter gespannten pol. Überlegungen des Mutterlandes heraus, sollten aber in jedem Fall den Kolonialmächten größtmöglichen Profit einbringen. Deshalb galt es, überall Kosten zu sparen und mit möglichst wenig Personal auszukommen. So ergab sich ein Zwei-Stufen-Modell. Auf der höheren Stufe befand sich die Zentralverwaltung, die in der Hauptstadt saß und aus einem Gouverneur oder Generalgouverneur, hohen Polizei- und Armeeoffizieren, Räten, Richtern und Beamten bestand. Die Zentralverwaltung führte die Anordnungen und Befehle aus Europa aus. Auf der Stufe darunter war die jeweilige Lokalverwaltung angesiedelt, unter Einbeziehung der pol. Institutionen der Afrikaner. In den brit. Territorien wurden die ↗ Könige und ↗ traditionellen pol. Herrscher respektiert; anderswo wurden sie gering geachtet und missbraucht, wie es bei den Belgiern im Kongo der Fall war. Die brit. und die frz. Herrschaft sollen im Folgenden ausführlicher dargestellt werden, da diese beiden Mächte sich den Löwenanteil des Kontinents sicherten.

III. Das britische Kolonialsystem. Die brit. Kolonien wurden als separate Länder regiert, jedes mit einem eigenen, in London ernannten Gouverneur und unter der Kontrolle des Ministers für die Kolonien. Der Gouverneur stand einer Zentralverwaltung vor, mit einem Exekutivrat, einem weißen Gremium, das relativ wenig Macht besaß. Ein Legislativrat verabschiedete Gesetze, die vom Gouverneur gebilligt werden mussten, wobei sich die gesetzgebende Macht des Rats zunächst nicht unbedingt auf die ganze Kolonie erstreckte, außer in Gambia und Sierra Leone. Die afrik. Elite bemühte sich darum, im Legislativrat vertreten zu sein, und trat für eine öffentl. Wahl der Mitglieder ein. Das Grundprinzip der Lokalverwaltung (die den meisten Bürgern einer Kolonie am nächsten stand) war die Indirekte Herrschaft, die zu versch. Zeiten in vielen Gebieten mit unterschiedlichem Erfolg eingeführt wurde. Sie basierte auf der Annahme, dass die Afrikaner am besten von ihren eigenen Königen und Chefs regiert werden könnten. Das nördl. Nigeria wurde zwischen 1900 und 1906 unter der Aufsicht von Lord Lugard zum erfolgreichen Versuchsgebiet für dieses Herrschaftsmodell. Die Region war berühmt für ihre Emirate, die von mächtigen Herrschern inmitten eines grandiosen Hofstaats aus zahllosen Würdenträgern (= Staatsbeamten) regiert wurden, also ein für die Indirekte Herrschaft bestens geeignetes System. Zwischen 1924 und 1929 wurde die Indirekte Herrschaft auch im südl. Nigeria eingeführt. Im Reich Oyo im W stärkte sie den Status der ↗ Alafin und verlieh ihnen eine größere Macht, als sie zuvor besessen hatten, während die gebildete Oberschicht bis zum Jahr 1934 keinen Zugang zu Verwaltungsposten erhielt. Im O, wo es keine mächtigen traditionellen Herrscher gab, wurden sog. *Warrant Chiefs* ernannt und mit Befehlsgewalt ausgestattet, was zu Missbrauch und Korruption führte. Da die Indirekte Herrschaft von einer direkten Besteuerung begleitet wurde, stieß sie auf breite Ablehnung, was 1929 zu einer großen Rebellion führte. Danach wurde das System reformiert. Zur gleichen Zeit wurde die Indirekte Herrschaft auch an der Goldküste (heute Ghana), in Sierra Leone und Gambia eingeführt. Der Errichtung der Indirekten Herrschaft ging die Aufteilung des betreffenden Territoriums in mehrere Provinzen voraus, die jeweils einem weißen Residenten, d. h. Regierungsvertreter, unterstanden. Jede Provinz war wiederum in mehrere Distrikte aufgeteilt, die von einem *District Officer* geleitet wurden, auch er ein Europäer, der allein dem Residenten verantwortlich war. Der Distriktkommandant überwachte und beriet die Könige und anderen Machthaber. Solange die einheimischen Herrschaftsträger zur Zusammenarbeit bereit waren, gab es kaum Probleme; es herrschte gegenseitiger Respekt. Europ. Beamte lernten nur in Ausnahmefällen einheimische Sprachen wie ↗ Hausa, ↗ Arabisch oder ↗ Swahili und waren daher auf Dolmetscher angewiesen, die ihre sprachliche Überlegenheit leicht missbrauchen und ausnutzen konnten. I.Allg. war die Indirekte Herrschaft billig und effizient und ermöglichte es den Briten, mit wenig Personal auszukommen, direkten Kontakt mit ihren Untergebenen zu vermeiden und die Afrikaner soweit zu manipulieren, dass sie unpopuläre Maßnahmen, wie z. B. das Einziehen von Steuern, selbst durchführten. Das System brachte jedoch einige Probleme mit sich. Könige und Chefs kamen, oft zum Nachteil anderer Titelträger, in den Genuss größerer Privilegien. Die vorrangige Notwendigkeit, die Briten zufrieden zu stellen, hatte in vielen Fällen eine Missachtung der Wünsche ihres eigenen Volks zur Folge. Unbeliebte Machthaber konnten auch nicht entfernt werden, so lange sie von den Kolonialherren unterstützt wurden. Da diese auf die lokalen Herrschaftsträger angewiesen waren, blieb die aufstrebende einheimische Elite unbeachtet; nicht einmal ausgebildeten Rechtsanwälten war es gestattet, ihren Beruf bei Gericht auszuüben. In manchen Gebieten wie im Sudan und in Nordnigeria wurde die Verbreitung westl. Schulbildung gebremst, um die Interessen der einheimischen Machthaber zu schützen.

IV. Das französische Kolonialsystem. Die Franzosen schlossen mehrere Kolonien zu Föderationen wie Frz.-Westafrika zusammen, das aus acht Kolonien bestand: Senegal, Frz.-Sudan (heute Mali), Frz.-Guinea (heute Guinea), die Elfenbeinküste, Niger, Mauretanien, Dahomey (heute Benin) und Ober-Volta (heute Burkina Faso). Die Föderation wurde von einem Generalgouverneur geleitet, jede Kolonie von einem Gouverneur verwaltet. Obwohl diese beiden Beamten große Macht besaßen, mussten ihre Entscheidungen von der frz. Regierung gebilligt werden, und alle Gesetze wurden in Paris erlassen. Ein beratendes Organ, der Kolonialrat, der hauptsächlich aus weißen Beamten bestand, kam einmal im Jahr zusammen. Daneben verfolgten die Franzosen eine Assimilationspolitik, wonach die afrik. Untertanen frz. Bürger mit all deren Rechten und Privilegien werden sollten, vollständig in die frz. Kultur integriert. Die Kolonien wurden als Teil Überseefrankreichs betrachtet (*France d'Outre-Mer*). ↗ Assimilation wurde in den sog. Vier Kommunen Senegals praktiziert, d.h. in den Städten Dakar, Saint-Louis, Rufisque und La Gorée, deren Einw. frz. Staatsbürger und Katholiken waren und eine an Frankreich angeglichene Schulbildung erhielten und wo die Männer wählen durften. Außerdem konnten Schwarze und Mischlinge gehobene Stellungen im Staatsdienst, in der Armee und im Handelswesen erreichen. Diese Kommunen hatten des weiteren städt. Verwaltungen nach frz. Vorbild, mit Stadträten und einem Bürgermeister, und einen Generalrat wie in den frz. Departements und Regionen. Die Kommunen wählten einen Abgeordneten für die Frz. Nationalversammlung. Die Assimilation gestattete es gebildeten Afrikanern, einen Status der Gleichrangigkeit zu erlangen, wie es ihn in den brit. Kolonien nicht gab. Allerdings gelang es bis zum Jahr 1939 außerhalb der Vier Kommunen nur 500 Afrikanern, frz. Staatsbürger zu werden. Das lag an den hohen Anforderungen: Ein Bewerber musste in der Armee gedient und zehn Jahre lang für die Franzosen gearbeitet haben, und er musste die frz. Sprache korrekt lesen und schreiben können. 1946 wurden die Bedingungen liberalisiert. Assimilation setzte die Überlegenheit der frz. Kultur gegenüber der afrik. voraus. Die entsprechenden Zielpersonen waren aufgefordert, ihre traditionelle Lebensart aufzugeben. Ein Zusammenprall der Kulturen war unvermeidbar. Assimilierte Afrikaner, von denen man Dankbarkeit erwartete, setzten sich später bes. für den Gedanken der »schwarzen Identität« ein und hoben ihre eigenen Wurzeln und ↗ Traditionen hervor (↗ *Négritude*).

In anderen Regionen der frz. Kolonien hieß das Verwaltungssystem »Assoziation«. Frankreich hatte nicht vor, das Staatsbürgerrecht auf alle Afrikaner auszuweiten, da die Franzosen dann in der Minderheit gewesen wären; um die frz. Kultur anderen aufzuzwingen, wären hohe Ausgaben für genügend frz. Schulen u.ä.m. vonnöten gewesen, eine bes. in islamisierten Gebieten, wo der Widerstand am größten war, entmutigende Vorstellung. Außerhalb der Vier Kommunen waren Afrikaner Untergebene mit eingeschränkten Rechten und zahlreichen Pflichten, darunter Steuerabgabe, ↗ Zwangsarbeit und Militärdienst. Sie waren Opfer des *Indigénat*, eines Gesetzes, das es einem frz. Beamten erlaubte, einen Afrikaner ohne Prozess vierzehn Tage ins Gefängnis zu sperren und weitere Verhaftungen und Urteilssprüche ohne ordentliche Gerichtsverhandlung vorzunehmen. Vor 1944 konnten Afrikaner in keine ↗ Gewerkschaft oder pol. ↗ Partei eintreten. Eine Kolonie war ohne Rücksicht auf regionale oder kulturelle Gegebenheiten in *Cercles* eingeteilt, die einem *Commandant de Cercle*, einem Kreiskommandanten, unterstanden (vergleichbar dem brit. *District Officer*). Ein *Cercle* war wiederum in mehrere Bezirke unterteilt, die jeweils dem *Chef de Subdivision* unterstanden. Die kleinste Verwaltungseinheit war der *Canton* unter der Leitung eines *Chef de Canton*, der etwa zwei Dutzend Dörfern vorstand. Afrik. Herrschaftsträger besaßen bestenfalls eingeschränkte Macht und erhielten eine geringe Entlohnung. Viele von ihnen hatten nicht einmal einen traditionellen Titelanspruch, sondern wurden lediglich für ihre Rollen als ehemalige Soldaten oder frz. Loyalisten belohnt. I.d.R. mussten sie Steuern eintreiben und Zwangsarbeiter oder Soldaten rekrutieren, und es wurde von ihnen erwartet, dass sie tatkräftig und loyal mit den kolonialen Behörden zusammenarbeiteten. Die Steuern wogen schwer und wurden sogar von Kindern eingezogen. Viele Menschen verließen ihre Dörfer auf der Suche nach Geld, um ihre Steuerschuld begleichen zu können (↗ Migration). Auch Rekrutierungen für die Armee wurden – zumindest zeitweise – in großem Umfang durchgeführt, so dass ganze Landstriche ihrer jungen Männer beraubt waren.

V. Weitere Kolonialgebiete. Das Dt. Reich besaß seine Kolonien (offiziell Schutzgebiete genannt) in Westafrika (Togo und Kamerun), Ostafrika (Dt.-Ostafrika, auf dem Gebiet des heutigen Tansania, Ruanda und Burundi) und Südwestafrika (Dt.-Südwest, heute Namibia) nur bis zum Ersten Weltkrieg. Es unternahm keine größeren Anstrengungen, den Menschen in den Kolonien die dt. Sprache und Kultur aufzuzwingen. Die dt. Kolonien unterschieden sich stark voneinander, weshalb auch die Verwaltung keineswegs so einheitlich war, wie das von pol. Seite vielleicht angestrebt wurde (in Dt.-Südwest, mitdem Ziel dt. Besiedlung, sehr viel direkter als in Kamerun mit seinen vielen kleineren und größeren Königreichen). Dem von Berlin ernannten Gouverneur unterstand ein nur langsam wachsender Apparat von Zivilbeamten und Militärpersonal. An eine Integration der einheimischen Bev. war nicht gedacht, und Afrikaner durften nur als Angehörige der Schutztruppe unter dt. Offizieren Dienst tun. Widerstand in der Bev. wurde mit allen Mitteln gebrochen (z. B. ↗ Hererokrieg; Zerschlagung des ↗ Maji-Maji-Aufstands). Eine nostalgische Erinnerung an die dt. Kolonialzeit ist daher in keiner Weise angebracht.

Der Kongo war die einzige Kolonie Belgiens, größer als Belgien selbst, und wurde in drei Phasen verwaltet: 1885–1908; 1908/10 – ca. 1919; 1919–1960. In der ersten Phase war der Kongo praktisch Privateigentum des belg. Königs Leopold II.; das belg. Kabinett und Parlament hatten nichts mit seiner Verwaltung zu tun. Der König beutete den Kongo brutal aus und zwang die einheimischen Chefs, Zwangsarbeiter für die Gewinnung von Kautschuk und Elfenbein zu rekrutieren. Jeglicher Versuch von Widerstand wurde mit harter Militärgewalt und Zerstörung beantwortet. Nach internat. Protesten übernahm 1908 der belg. Staat den Kongo, die Ausschreitungen wurden weniger und den traditionellen Herrschaftsträgern wurde einige Macht zugestanden. Ihren Einflussbereich hielt man klein, um jeden organisierten Widerstand zu unterbinden. Sie wurden von Belgien aus ernannt und konnten gemaßregelt und abgesetzt werden. Das System war so unausgegoren, dass es fast zum Zusammenbruch der lokalen Befehlsstrukturen kam, bevor 1919 größere Verwaltungseinheiten geschaffen wurden. Erst danach kamen zahlreiche belg. Verwaltungsbeamte ins Land (1960 waren es über 10.000).

Die portug. Kolonialherrschaft in Angola, Mosambik, Guinea-Bissau, auf den Kapverdischen Inseln, São Tomé und Príncipe war in ähnlicher Weise von Ausbeutung und Brutalität gekennzeichnet. Die Portugiesen setzten die Zwangsarbeit durch, traten ganze Landstriche an Handelsgesellschaften mit uneingeschränkten Machtbefugnissen ab, machten kaum Investitionen, schickten ihre Jugendlichen zu Tausenden nach Afrika. Die Rassendiskriminierung war Wirklichkeit in ihren Kolonien, die erst spät, in den 1970er Jahren und nach blutigen Befreiungskriegen, in die Unabh. entlassen wurden.

VI. Der Kolonialismus und seine Auswirkungen. Die koloniale Herrschaft ging mit weitreichenden pol., sozialen und wirtsch. Veränderungen einher. Um die pol. Konsequenzen zu verstehen, muss man sich nur vor Augen halten, dass Afrika von Großbritannien, Frankreich, Deutschland, Portugal, Italien, Spanien und Belgien untereinander aufgeteilt, dass neue Grenzen gezogen und den so entstandenen territorialen Gebilden neue Namen, Hauptstädte, Sprachen und Verwaltungsorgane zugewiesen wurden. Zwar gaben diese neuen Institutionen die Basis für die späteren nationalistischen Bewegungen ab, sie brachten aber nicht unbedingt starke und in sich einige Nationalstaaten hervor. Nach dem Motto *divide et impera* war es unter den europ. Kolonialoffizieren üblich, Rivalitäten zwischen ethn. Gruppen zu schüren (↗ politisierte Ethnizität). Eine Kolonie war ein Wirtschaftsgut, das es mit größtmöglichem Gewinn auszubeuten galt. Rohstoffquellen und Absatzmärkte in Afrika sollten die wirtsch. Bedürfnisse Europas decken. Das Ergebnis war ein Kurswechsel weg von der Nahrungsproduktion hin zum Cash-Crop-Farming, dem Anbau von Exportgütern. Der Reichtumstransfer führte zwangsläufig zur Unterentwicklung Afrikas. Kolonien sollten sich finanziell selbst tragen, das Geld wurde durch direkte Steuern, Zwangsarbeit und indirekte Export- und Importsteuern beigebracht. In den meisten Gegenden dominierte der Export landwirtsch. Erzeugnisse (Erdnüsse, Kaffee, Kakao, Kautschuk, Ölprodukte), die traditionelle Produktion wurde zugunsten der neuen Monopolanbaufrüchte überall zurückgedrängt. Wenn vorhanden, wurden auch Bodenschätze ausgebeutet, v. a. Zinn, Gold, Diamanten und Bauxit (↗ Bergbau). Die Feldfrüchte wurden von Bauern produziert, die davon nicht profitierten, sondern im Gegenteil verarmten, die Mineralien von europ. Firmen abgebaut, die riesige Gewinne machten. Die Wirtschaft dominierten fusionierte Auslandsfirmen jeder Größenordnung. Der Wettbewerb zwischen ihnen war selten bes. scharf, da sie sich darauf geeinigt hatten, für afrik. Produkte niedrige Preise festzusetzen. Indische und libanesische Kaufleute zogen nach Afrika, um an den profitablen Geschäften der Europäer teilzuhaben, wodurch die Existenzgrundlage afrik. Kleinhändler gefährdet wurde. Wann immer es im Interesse der Kolonialherren lag, wie z. B. während des Zweiten Weltkrieges, gründeten die Regierungen Handelsgesellschaften, die Exportgüter zu niedrigen Preisen aufkauften und damit beachtliche Profite anhäuften. Gelegentlich gewährten die Kolonien den Mutterländern zu geringen Zinssätzen Darlehen, die dann manchmal (wie z. B. im Kongo geschehen) auch noch abgeschrieben wurden. In den meisten Gebieten gab es keine nennenswerte Industrie. Man errichtete lediglich ein paar Fabriken zur Weiterverarbeitung, um Schiffsraum einzusparen (Erdnüsse wurden geschält, Baumwolle entkernt) oder um Bier und andere Getränke herzustellen. Die Anforderungen einer exportorientierten Wirtschaft führten zur Einführung neuer Währungen und zum Bau neuer ↗ Transport- und Kommunikationssysteme. Banknoten und Münzen traten an die Stelle älterer Zahlungsmittel wie Kaurischnecken und Manilla (offene Kupfer- und Messingringe). Lohnarbeit, Marktwirtschaft und der Zwang, Steuern zu zahlen, führten zur raschen Verbreitung dieser neuen Währungen. Eisenbahnlinien wurden gebaut, um die Häfen mit dem Landesinneren zu verbinden, in erster Linie, um Rohstoffe und Arbeitskräfte zu transportieren – weniger, um die afrik. Länder miteinander zu verbinden. Mit afrik. Arbeitskraft und afrik. Geld gebaut, brachten die Eisenbahnen europ. Kaufleuten und Handelsgesellschaften große Gewinne und ermöglichten es ihnen, ↗ Wanderarbeiter zu beschäftigen, importierte Waren zu transportieren und die Menge der Exportgüter zu vergrößern. Afrik. Geschäftsleute leisteten mit ihren Lastwagen Zubringerdienste auf schlechten Straßen. Neue Straßen und Eisenbahnlinien führten zu einer massiven Abwanderung in die Städte (↗ Stadt), zur Verbreitung von Christentum und Islam und anderer kultureller Bewegungen und brachten europ. Importgüter in fast jeden Winkel.

Es gab versch. koloniale Strategien in Bezug auf Grund und Boden, aber jede hatte nachhaltige Konsequenzen. In den brit. Besitzungen Westafrikas entstanden keine Plantagen, europ. Siedler wurden nicht ermutigt, den Boden zu bebauen. Eine der Hauptauswirkungen war hier die Kommerzialisierung des Landes, da wirtsch. Veränderungen zum weit verbreitetem Tausch von Ländereien führten. Im ostafrik. Hochland und in Rhodesien errichteten europ. Siedler kommerzielle Plantagen. Auch die portug., frz. und belg. Behörden gestatteten europ. Handelsgesellschaften den Ausbau von Plantagen. Diese Politik führte zur Enteignung fruchtbaren afrik. Landes und war ein Hauptgrund für antikoloniale Revolten (↗ Mau-Mau). Die wichtigste soziale Veränderung war wohl das ↗ Bildungswesen. Kolonialverwaltung, Missionare und Firmen brauchten eine gewisse Anzahl alphabetisierter Afrikaner, daher unterstützten sie die Einrichtung von Schulen, v.a. den Elementarunterricht. Die Entwicklung höherer Schulen ging eher zögerlich voran, da man befürchtete, die Absolventen würden sich für nationalistische Ideen begeistern und mehr Rechte und Privilegien fordern. In den portug. und belg. Kolonien gab es kaum Sekundarstufen. Vielerorts spielten die christl. Missionen eine bestimmende Rolle in der Schulbildung. Sie nutzten die ↗ Missionsschulen für die Bekehrung. In vielen brit. Kolonien arbeiteten die Verwaltungen mit ihnen zusammen, um öffentl. Gelder zu sparen. Die in diesen Schulen heranwachsende ↗ Elite war die Vorhut des Wandels; sie forderte zunächst nur kosmetische Reformen, propagierte dann aber einen kämpferischen ↗ Nationalismus, der das Ende der Kolonialherrschaft zumindest mit herbeiführte. Westl. Bildung brachte eine neue Führungselite hervor, gab afrik. Sprachen eine Schrift und ermöglichte damit eine großflächige Alphabetisierung. Es gab noch weitere soziale und kulturelle Veränderungen. Alte Städte dehnten sich aus, neue schossen aus dem Boden. Das waren Verwaltungszentren oder Hafenstädte oder Orte, die Eisenbahnanschluss hatten und von der neuen Wirtschaftslage profitierten. Die ↗ Urbanisierung brachte mehr Afrikaner miteinander in Kontakt als je zuvor und schuf eine Arbeiterklasse, die wiederum zur Gründung von Gewerkschaften, Parteien und Nationalbewusstsein beitrug. In den Städten bildeten sich Kleinfamilien, die nicht mehr in großen Gemeinschaften, sondern in einem beschränkten Haushalt lebten und sich ehemals unbekannte Ideen von individuellen Rechten und Privateigentum zu eigen machten.

VII. Die Bilanz des K. fällt eher negativ als positiv aus. Die meiste Zeit wurde nur wenig für die Entwicklung der Kolonien getan. Neue Infrastrukturen wie Straßen und Bahnlinien wurden nur aus selbstsüchtigen kommerziellen Interessen gebaut, um den Export- und Importhandel zu erleichtern. Die Bauern profitierten kaum, da sie bei den Preisen übervorteilt wurden und fast jeglicher Grundlagenversorgung entbehren mussten. Investitionen von Seiten der Regierungen und Handelsgesellschaften waren nur dafür gedacht, Gewinne zu erzielen, nicht aber, den Lebensstandard der Bev. zu heben. Anbaugüter wurden nur für den Export gefördert, selbst wenn dadurch die Nahrungsmittel knapp wurden. Die Länder Afrikas wurden zunehmend abhängiger von einigen wenigen Exportgütern. Beispiele sind die Elfenbeinküste, die auf den Verkauf von Kakao und Kaffee angewiesen, und Sambia, das vom Kupferexport abhängig war. Die Veränderungen waren nicht überall gleich: In vielen ländl. Gegenden waren sie eher oberflächlich und lückenhaft, während Eisenbahnverbindungen und Schulbildung folgenschwere Auswirkungen v.a. für die Stadtbewohner hatten; in Gebieten mit einem hohen europ. Siedleranteil an der Bev., wie in Algerien und Kenia, konnten die Veränderungen zerstörerisch wirken. Die Kolonialherrschaft dauerte kürzer als von ihren Architekten geplant. In vielen Teilen Afrikas begann sie nach 1945, als eine Welle nationalistischer Bewegungen aufkam, zu kollabieren (↗ Entkolonialisierung). Noch lange nach dem Zerfall der europ. Kolonialreiche ist jedoch ihr Erbe zu spüren. Fast alle Grenzen wurden beibehalten, europ. Sprachen dienen noch heute als offizielle Landessprachen, ungelöste ethn. Rivalitäten und Minderheitenprobleme führen zu pol. Instabilität (↗ ethnische Konflikte), und der etablierte Transfer von Reichtümern aus Afrika dauert an. Die Hinterlassenschaften des K. in Afrika sind so mächtig und so weitreichend, dass die Unabh. Afrikas stark eingeschränkt ist und die postkoloniale Ära häufig als neokolonial bezeichnet wird. ↗ Helgoland-Sansibar-Vertrag, ↗ koloniales Erbe, ↗ Native Authorities, ↗ zivilisatorische Mission.

🕮 A.A. Boahen, African Perspective of Colonialism, Baltimore 1987. – T. Falola (Hg.), Tradition and Change in Africa: The Essays of J. F. Ade Ajayi, Trenton 1999. – H. Gründer, Geschichte der dt. Kolonien, Paderborn 1985. – J. Osterhammel, Kolonialismus. Geschichte, Formen, Folgen, München 1995. – W. Reinhard, Geschichte der europäischen Expansion, 4 Bde., Stuttgart 1983–1990.

Toyin Falola

Komoren, Inselgruppe im Indischen Ozean, zwischen der Nordspitze Madagaskars und der ostafrik. Küste gelegen. Die K., vier größere Inseln und viele Eilande, sind vulkanischen Ursprungs. Ihrer Lage am Nordende der Straße von Mosambik verdanken sie eine strategische Bedeutung, denn zwischen Mohéli und Anjouan verläuft ein viel befahrener internat. Seeweg, den auch Großtanker auf ihrer Nahostfahrt um das Kap der Guten Hoffnung benutzen.

Die Fluktuation der Bewohner innerhalb der Inseln ist beträchtlich. Allein 1966 betrug der interinsulare Wanderungssaldo für Grand Commore –595, für Anjouan –4.060, für Mohéli +2.343 und Mayotte +2.312.

Die K. wurden 1912 eine frz. Kolonie und von Madagaskar aus verwaltet, 1946 frz. Überseeterritorium mit eigener Verwaltung. Bei der 1958 in frz. Kolonien des subsahar. Afrika durchgeführten Abstimmung entschieden sich die K. mit überwältigender Mehrheit zum Verbleib in der frz. *Communité*. Die Zentralverwaltung der K. hatte bis 1962 ihren Sitz in Dzaoudzi (Mayotte), von wo sie (bis 1966) nach Moroni (Njazidja) verlagert wurde.

Nach stärkeren Unruhen wurde im Dez. 1974 ein Referendum durchgeführt, wonach sich 95% der Bevölkerung für die Unabh. aussprach. Die Insel ↗ Mayotte stimmte allerdings aus hist. wie wirtsch. Gründen mit 64% für den Verbleib bei Frankreich. Daraufhin erklärten sich die K. 1975 einseitig für unabh. und bildeten – ohne Mayotte – die Islam. Bundesrep. ↗ Komoren. Fortwährende Machtkämpfe und wachsende pol. Instabilität veranlassten die Inseln Nzwani (Anjouan) und Mwali (Mohélie) 1997, sich von der Islam. Bundesrep. (Njazidja/Grand Comore) zu trennen und wieder den Anschluss an Frankreich zu suchen. Da dem nicht entsprochen wurde, erklärten Nzwani und Mwali Mitte 1999 ihre Unabh.

Tropischer ↗ Regenwald bedeckte einst die Inseln. Brandrodung, Brennholzgewinnung und Raubbau, d.h. unkontrollierte Abholzung wertvoller tropischer Harthölzer (Palisander, Mahagoni u.a.), ließen den gesamten Waldbestand (1968: 29.000 ha) innerhalb von 14 Jahren auf 17.600 ha schrumpfen (↗ Entwaldung). Dieser Waldverlust setzt sich fort und führt zu erheblichen Erosionsschäden, die mit Anpflanzungen (Eukalyptus, Zypressen u.a.) unzureichend bekämpft werden. Haupterwerbszweig ist die

	Fläche/Einwohner (in 1.000) km²	1951	1966	1980	*2000
Njazidja (Grand Comore)	1.148	82	119	189	265
Nzwani (Anjouan)	424	60	84	148	210
Mwali (Mohélie)	290	5	10	19	30
Mayotte (Mahoré)	374	17	33	52	140
Komoren total	**2.510	165	245	408	645

*) geschätzt **) einschl. zahlreicher kleiner Inseln und Eilande

Fläche und Bevölkerungsentwicklung

↗ Landwirtschaft, die meist in Subsistenz mit Kleinviehhaltung betrieben wird. Fehlende Bodenschätze zwangen zum Anbau und Export tropischer Pflanzen, die der Inselgruppe den Ruf von Parfüm- und Gewürzinseln eintrug. Wichtigste Parfümpflanze ist der Ylang-Ylang-Baum, aus dessen Blüten durch mehrfache Destillation ätherische Öle gewonnen werden, die vorwiegend als Geruchsstabilisator bei der Parfümherstellung Verwendung finden. Der größte Teil der Ylang-Ylang-Essenzen kommt von den K. Wichtigstes Exportprodukt ist Vanille, die über die Hälfte der Devisen erbringt. Nachteilig sind allerdings die relativ großen Schwankungen im Vanillehandel. Der Bestand an Gewürznelkenbäumen (vorwiegend auf Anjouan) und Kokospalmen (Kopra), vor Jahren noch eine Art »Leitkultur«, hat an Bedeutung für den Export stark verloren.

Die schmale Rohstoffbasis, der unzureichende Binnenmarkt, fehlendes Kapital, Mangel an qualifizierten Arbeitskräften, die wirtschafts- und verkehrsmäßige Isolierung stellten die wesentlichen Hindernisse der wirtsch. Entwicklung dar. Hinzu kommt die nicht zuletzt auch auf dem Hintergrund der ↗ Islamisierung labile pol. Lage.

📖 J. Jeske, Die Komoren – Wirtschaftsgeogr. Strukturen und pol.-ökonom. Dependenzbeziehungen eines kleinen Inselstaates, Hamburg 1987. – R. Battistini/P. Verin, Géographie des Comores, Paris 1984.

Erhard Gabriel

Komoren (Islamische Bundesrepublik Komoren). **Fläche** (Inseln Njazidja, Nzwani, Mwali): 1.862 km². **Einw.:** 652.000 (1999 gesch.). **Bev.-Wachstum/Jahr**: 2% (1990–99). **Stadtbev.:** 33% (1999). **Hauptstadt:** Moroni (30.000 Einw., 2000 gesch.). **Unabh.:** 1975. **Staatsform**: Islam. Bundesrep. seit 1982; Präsidialrep. mit Bundesversammlung; Mehrparteiensystem. **Währung:** Komoren-Franc. **HDI-Rang** 124/162 (2001) **Auslandsverschuldung**: 206 Mio. US$ (1996). **Anteil der Entwicklungshilfe am BSP**: 18% (1998). **BSP/Kopf**: 350 US$, **HIV-infizierte Erwachsene**: 0,1%, **Lebenserwartung**: m 58 J., w 60,8 J., **Alphabetisierung** der Erwachsenen: m 66,3%, w 52,1% (1999). **Einschulungsrate**: m 65%, w 55% (1995–99). **Amtssprachen**: Frz., ↗ Arab.; **Regional- und Verkehrssprachen:** Komorisch (mit Swahili verwandt). **Staatsreligion**: Islam (99% der Bev.).

Njazidja (frz. Grand Comore)	1.148 km²; 265.000 Ew. 230 je km²
Nzwani (frz. Anjouan)	424 km²; 210.000 Ew. 495 je km²
Mwali (frz. Mohéli)	290 km²; 30.000 Ew. 103 je km²
Hauptorte und Verwaltungssitze der drei Inseln:	
Moroni auf Njazidja	30.000 Ew.
Mutsamudu auf Nzwani	16.000 Ew.
Fomboni auf Mwali	10.000 Ew. (alle 2000 gesch.).

Die Bev., Nachfahren afrik., arab. und madagassischer Einwanderer, besiedelt auf allen Inseln vorwiegend die Küstengegenden. Wirtsch. gehört die Islam. Bundesrep. K. zu den noch wenig entwickelten Ländern der Erde. Über 80% leben von der ↗ Landwirtschaft, die 1997 aber nur mit 38,7% am BIP beteiligt war. Rund 100.000 ha werden als Acker- und Baumkulturflächen (Ylang-Ylang zur Herstellung ätherischer Öle) genutzt. 15.000 ha dienen als Wiesen und Weiden. Angebaut werden – vorwiegend für den Export – Vanille, Ylang-Ylang und Gewürznelken, die am Exporterlös (1995) mit 55%, 20%, bzw. 3% beteiligt waren. Hauptabnehmer sind Frankreich und die USA. Die Eigenversorgung mit den Grundnahrungsmitteln Reis, Maniok, Süßkartoffeln und Bananen wird nicht erreicht, v. a. Reis muss in beträchtlichen Mengen importiert werden (1995 rund 21% der Einfuhr).

Alle drei Inseln besitzen lokale Flughäfen. Air Comores unterhält einen regelmäßigen Luftverkehr zwischen den Inseln. Njazidja besitzt in Hahahya bei Moroni einen internat. Flughafen. Tiefwasserhäfen besitzen Moroni und Mutsamudu. Der ↗ Tourismus steckt trotz guter Voraussetzungen noch in den Anfängen. 1992 kamen 19.000 Besucher überwiegend aus Frankreich und der Südafrik. Republik. In Moroni erscheinen zwei Wochenzeitungen. Der staatl. ↗ Rundfunk *Radio Comores* sendet in Swahili, Frz. und Arab. Der Fernsehbetrieb ist im Aufbau.

Machtkämpfe, Wahlbetrug und Aufstände veranlassten die Inseln Nzwani und Mwali 1997, aus der Islam. Bundesrep. auszutreten. Nach dem erfolglosen Versuch, sich Frankreich anzuschließen, erklärten sie ihre Unabh. Seitdem besteht die Islam. Bundesrep. K. nur noch aus der Insel Njazidja. ↗ Komoren (Inselgruppe).

📖 E. Gabriel u. a., Afrika Transparent, Baden-Baden 1990. – J. Jeske, Die Komoren. Wirtschaftsgeographische Strukturen und pol.-ökonom. Dependenzbeziehungen eines kleinen Inselstaates, Hamburg 1987. – M. D. Newitt, The Comoro Islands, Boulder 1984.

Erhard Gabriel

Komponisten ↗ Musik

Konflikte ↗ ethnische Konflikte, ↗ Kriege/Bürgerkriege

Kongo (Demokratische Republik, Ex-Zaïre). Fläche: 2.345.409 km^2. **Einw.:** 49,6 Mio. (1999). **Hauptstadt:** Kinshasa (4 Mio.). **Stadtbev.:** 30% (1999). **Unabh.:** 30. 6. 1960. **Staatsform:** Präsidialrep., Mehrparteiensystem. **Währung:** Franc congolais. **HDI-Rang** 142/162 (2001). **Auslandsverschuldung:** 12,6 Mrd. US$. **Anteil der Entwicklungshilfe am BSP:** 2% (1998). **BSP/Kopf:** 120 US$, **HIV-infizierte Erwachsene:** 5%, **Lebenserwartung:** m 49,7 J., w 52,3 J., **Alphabetisierung** der Erwachsenen: m 72,4%, w 48,7% (1999). **Einschulungsrate:** m 66%, w 51% (1995–99). **Amtssprache:** Frz. Wichtigste **Nationalsprachen:** Lingala, ↗ Swahili, Kikongo, Luba. ↗ Bantusprachen, ↗ Niger-Kongo.

I. Naturraum. Zwei Drittel des Landes liegen in dem riesigen Becken, das der 4.374 km lange Kongofluss mit den Nebenflüssen Ubangi, Lomami, Tschuapa und Kassai entwässert (↗ Gewässer). Die Ränder des Beckens steigen allmählich zu Plateaus (Katanga im S) oder Bergzügen an, am höchsten im O am Rand des zentralafrik. Grabens. Vegetation und ↗ Klima werden durch die Lage am Äquator, die Hydrographie und das Relief bestimmt. Das zentrale Becken bedeckt ↗ Regenwald (43% der Landesfläche); als Galeriewald erstreckt er sich weiter an den Oberläufen der Flüsse; die höheren Lagen sind ↗ Savanne (↗ Ökozonen). Das Klima ist tropisch mit mittleren Temperaturen zwischen 20° und 25 °C.

II. Bevölkerung und ethnische Gruppierungen. Die kongolesische Bev. ist geprägt von ethn. und sprachlicher Vielfalt. Allein die bantusprachige Bev. macht drei Viertel der etwa 300 ethn. Gruppen aus, die überwiegend im Zentrum und im S des Landes leben. Zu ihnen gehören u. a. die Teke (Teke-Kali, Ngungulu, Njinji, Katege, Ifumu, Wumbu), die Mboshi (Mboko, Akwa, Ngare, Koyo, Likuala, Kuba), die Ngala (Bobangi Mboko, Ngara etc.), die Ngombe (Bwela, Bati, Boa, Mangala etc.), die Mongo-Nkundo (Ngando, Lilia u. a.), die Luba (Luba-Kasai, Lulua, Kiluba-Katanga, Kihemba, Sanga), die Tetela, die Kaonde (Lunda), die Nkoya, die Kongo (Kibembe, Kivili, Kunyi u. a.), die Kimbundu, die Yaka-Hola, die Mbala, die Chokwe und die Pende. Im N leben auch Sudanvölker.

III. Geschichte und Politik. Als im 15. Jh. Portugiesen an der Kongo-Mündung landeten, bestanden im Land mehrere zentralisierte Reiche wie die Königreiche ↗ Kongo, Teke, Mongo, Kuba, Lunda, Luba, die pol. Systeme der Zande, Mangbetu, Ngbandi u. a. Die heutigen Grenzen sind Ergebnis der ↗ Berliner Afrika-Konferenz 1884/85 und eine Hinterlassenschaft des belg. Königs Leopold II, der den Unabh. Kongo-Staat (1885–1908) begründete, der dann zur Kolonie Belg.-Kongo (1908–1960) wurde. Am 30. Juni 1960 erlangte die D.R.K. die Unabh. Erster Präsident war Joseph Kasavubu. Der erste Ministerpräsident, Patrice-Emery Lumumba, wurde 1961 in das abtrünnige Katanga verschleppt und dort bei Lubumbashi (damals Elizabethville) ermordet. Die Sezession Süd-Kasais und Katangas dauerte von 1961 bis 1965. General Mobutu setzte 1965 Kasavubu ab. Er errichte 1967 mit Hilfe der MPR (Volksbewegung der Revolution) ein ↗ autoritäres Regime, das ideologisch auf dem »authentischen Nationalismus« und auf der Strategie des »Rückgriffs auf die Authentizität« beruhte. Das Land wurde in Zaïre umbenannt. Ab 1971 war die MPR die Einheitspartei (↗ Einparteisystem). Nach einer weiteren drastischen Verschlechterung der Wirtschaftslage ab 1990 musste Mobutu wieder ein Mehrparteiensystem zulassen. 1991 wurde eine ↗ nationale Konferenz einberufen, die 1992 ein Übergangsparlament wählte. Infolge des weiteren pol. und ökonom. Niedergangs und ausgelöst durch die Rebellion der Banyamulenge im O des Landes, formierte sich eine von Laurent Désiré Kabila geführte Allianz zur Befreiung des Landes, die Mobutu entmachtete. 1997 wurde die D. R. K. wieder als einheitliche Rep. proklamiert; Kabila ernannte sich selbst zum Präsidenten. 1998 begann die RCD (Sammlungsbewegung der Kongolesen für die Demokratie) vom S der Provinz Kivu aus eine zweite Rebellion, die von Uganda, Burundi und Ruanda milit. unterstützt wurde (↗ Kriege/Bürgerkriege). Kabila erhielt milit. Unterstützung von Angola, Namibia und Simbabwe. Versch. Waffenstillstandsabkommen wurden nicht eingehalten. Faktisch ist das Land in drei Zonen geteilt, die von der Regierung der D. R. K, der RCD in Goma bzw. der MLC in der Äquator-Provinz kontrolliert werden. Am 16. 1. 2001 wurde L. D. Kabila von einem Leibwächter erschossen. Nachfolger ist sein Sohn Joseph.

IV. Wirtschaft. Die kongolesische Wirtschaft ist seit der Zeit des Unabh. Kongo-Staat Leopolds II. auf den Abbau und Export der sagenhaft reichen Bodenschätze ausgerichtet, die heute noch 70% des Nationalprodukts umfassen: Kupfer, Zinkerzkonzentrat, Kobalt (60% der Weltproduktion bis 1960), Zinn, Mangan, Gold, Diamanten (↗ Bergbau). Unter dem belg. Kolonialregime erfolgte die sozioökonom. Erschließung v.a. in Abhängigkeit von ausl. Firmen und Kolonialherren. Der Abbau der Bodenschätze war ebenfalls das Werk des europ. Kapitalismus, insbes. der UMHK (Bergbau-Union von Ober-Katanga). Die Kupferproduktion erreichte bis in die 1960er Jahre 500.000 t pro Jahr. In der Mobutu-Ära fiel sie auf 30.000 t jährlich.

Zugunsten der Machthaber errichtete die Einheitspartei ein unproduktives System der »Bauchwirtschaft«, das auf Raubbau, parasitäre Konsumtion, Vergabe von Pfründen und Verschleuderung der Überschüsse durch üppige Ausgaben hinauslief. Die sog. Zairisierung der Wirtschaft (1974), die Beschlagnahme allen Auslandseigentums an Produktionsstätten und Kapital, war eine Sonderform der Plünderung unter dem Deckmantel entschädigungsloser Nationalisierung. Weitere planmäßige Plünderungen folgten 1991 und 1993. L.D. Kabila verfuhr nach dem Muster Mobutus und vergab Kontrakte und Konzessionen an Firmen und Personengruppen aus Ländern, die ihn im Krieg gegen Uganda, Ruanda und Burundi unterstützen: Angola (für Erdöl und Erdgas), Simbabwe (für Erzbergbau), Namibia (für Diamantenvorkommen in der Kasai-Provinz). Die anfangs positive Währungsreform begünstigte bald den Raubbau zugunsten kurzfristiger Profite seiner Partner. Alle Transaktionen müssen in der Landeswährung abgewickelt werden; 56 staatl. Unternehmen müssen Sonderabgaben für die Kriegführung aufbringen; die neu gegr. kongolesische Börse BCMP hat faktisch das Aufkaufmonopol für Edelmetalle u. dgl. Dies geschieht im Namen eines engstirnigen Nationalismus.

V. Literatur, Kunst und Musik. Zu der reichen ↗ Oralliteratur gehören epische Erzählungen wie das *Lianja* der Mongo, das *Mwindo* der Nyanga und das *Ndinde* der Barega. Wiederkehrende Grundthemen sind der Krieg, die Jagd und die Magie. Die nationalsprachige Lit. verdankt ihre Anfänge den portug. Missionaren. 1556 wurde in Evora (Portugal) ein Katechismus in Portug. und Kikongo gedruckt. Am Ende des 19. Jh. erschienen mehrere Werke in Kikongo, darunter Übersetzungen der Evangelien und Gesangbücher. Timoteo Vingadio, ein Lehrer, veröffentlichte 1928 eine Bearbeitung des *Robinson Crusoe* und die Märchensammlung *Nswese Ansusu Ampembe ye gana zankaka*. Ein anderer Lehrer, Emile Disengomoka, gab 1943 Gedichte und Märchen in Kikongo heraus. So entstand eine Tradition von Erbauungs- und allegorischen Schriften.

Die Anfänge der ↗ frankophonen Lit. wurden gefördert durch die Literaturwettbewerbe der *Amis de l'art indigène*, die Zeitschrift *Brousse* und die Gründung des Verlages *Bibliothèque de l'Etoile* durch den Jesuiten Jean Coméliau (1943). Als Bolamba Chefredakteur der Zeitschrift *La Voix du Congolais* wurde (1944–1959), entstand dort ein literarisches Forum, an dem Paul Lomami mitwirkte, bevor er nach Brazzaville ins Exil ging (1950–1960). Seine Novelle *Ngando* hatte 1948 den Preis der Brüsseler Messe erhalten; fast gleichzeitig war in Madrid François-Joseph Mopilas autobiogr. Erzählung *Die Kindheit* in Span. erschienen (1949). Der *Bibliothèque de l'Etoile* ist die Herausgabe der ersten kongolesischen Romane zu verdanken, *Victoire de l'amour* von Dieudonné Mutombo (1954) und *Le Mystère de l'enfant disparu* von Thimothée Malembe (1960). Seine Blütezeit erreicht der Roman in den 1970er Jahren mit Batukezanga Zamenga als dem populärsten Autor, den Romanciers Y.V. Mudimbe (*Le Bel Immonde*, 1976; dt. *Auch wir sind schmutzige Flüsse*), Georges Ngal (*Giambatista Vico ou le viol du discours africain*, 1975), Pius Ngandu Nkashama (*Le Pacte de sang*, 1984) u.a. Als Lyriker/innen sind bekannt geworden: Clémentine Faïk-Nzuji (*Murmures*, 1967), Ph. Nzazu Masegabio (*Somme première*, 1968), Dieudonné Mukala Kadima Nzuji (*Les Ressacs*, 1969) u.a. Die Bühnendichtung begann 1951 mit Albert Mongita in der Tradition des Schultheaters und erzielte ihren Durchbruch bald mit Norbert Mikanza Mobiem (*Procès à Makala*).

Die D.R.K. erscheint als Vaterland der afrik. ↗ Popularmusik. Auf diesem Gebiet dominierte und dominiert sie die Szene. Berühmte Namen sind Papa Wemba, Wendo, Kabasele, Luambo Makiadi alias Franco, Tabu Ley alias Rochereau, Pepe Kalle, Mbilia Bel u.v.a. In der ↗ Malerei und Bildhauerei sind die Gebrüder Tchenge, der Bildhauer Liyolo sowie der Maler Chéri Samba internat. bekannt. Die beiden Zentren Kinshasa und Lubumbashi mit ihren Nationalmuseen geben einen Eindruck vom Reichtum der kongol. Kunst.

📖 C. Braeckman u.a., Kabila prend le pouvoir, Brüssel 1998. – J.P. Kambila-Kankwende, Congo. La Solution lumumbiste. Pour sortir définitivement du mobutisme, Paris 1998. – I. Ndayel è Nziem, Histoire générale du Congo. De l'héritage ancien à l'âge contemporain, Louvain-la-Neuve 1998. – J.Cl. Willame, L'Odyssée Kabila. Trajectoire pour un Congo nouveau?, Paris 1999. – A. Hochschild, Schatten über dem Kongo. Die Geschichte eines der großen, fast vergessenen Menschheitsverbrechen, Stuttgart 2000.

Georges Ngal

Kongo-Konferenz ↗ Berliner Afrika-Konferenz

Kongo (Königreich). Das Königreich K. entstand gegen Ende des 14. Jh. aus dem Zusammenschluss kleinerer Staaten an der Mündung des Kongoflusses in der Nähe von Boma (heute Demokrat. Rep. Kongo, Angola). Als die Portugiesen dort 1483 landeten, war K. der größte Staat der Region mit der Hauptstadt Mbanza Kongo. Zwischen Portugiesen und König (Manikongo) kam es zu einer Handelsallianz, inbes. im Elfenbein- und ↗ Sklavenhandel. Alfonso I. Mvemba Mzinga, König 1505–1543, nahm wie schon sein Vater das ↗ Christentum an und akzeptierte die pol. Führung der Portugiesen. Nach anfänglich guten Beziehungen kühlte sich das Verhältnis ab (u. a. auch wegen der Versuche des Königs, den Sklavenhandel einzuschränken), und Portugal gründete die Kolonie Angola (1575). Zu Beginn des 17. Jh. kam es zu ersten portug. Angriffen gegen K.

Seine größte territoriale Ausweitung und Machtkonzentration erreichte K. unter Garcia II. Nkanga a Lukeni (1641–61). Die Abspaltung der Küstenprovinz Soyo sowie die Cliquenwirtschaft der königlichen Familie um 1630 führte zu pol. Destabilisierung, die nach dem Tode von König Antonio I. Vita Nkanga während der Schlacht von Mbwila (1665) gegen das portug. Angola in einen Bürgerkrieg mündete.

Rivalisierende Thronanwärter aus versch. Zweigen der königl. Familie teilten das Land unter sich auf, doch keiner vermochte seine Einheit wieder herzustellen oder das zerstörte Mbanza Kongo wieder aufzubauen. Beatriz Kimpa Vita, eine relig. Reformerin, die sich vom Heiligen Antonius besessen glaubte und eine zahlreiche Anhängerschaft hinter sich hatte, eroberte zeitweilig die Hauptstadt zurück. Pedro IV. Agua Rosada Nusamo a Mbandu (1696–1718) gelang es, die Einheit des Landes wieder herzustellen, indem er die Existenz der rivalisierenden Blöcke anerkannte und die Macht wechselseitig verteilte. Diese Vereinbarung wurde häufig gebrochen, und Kriege, die zur Ausweitung des Sklavenhandels beitrugen, prägten das 18. Jh. Durch Unterstützung des milit. ausgebildeten Königs Pedro V Agua Rosada konnte Portugal 1885 K. besetzen.

🕮 J.K. Thornton, The Kingdom of Kongo, Madison 1983. – A. Hilton, The Kingdom of Kongo, Oxford 1985.

John Thornton

Kongo-Kordofanisch ↗ Niger-Kordofanisch, ↗ Niger-Kongo, ↗ Kordofanisch

Kongokreuze, Plastiken und Skulpturen in Kreuzform aus Holz, Elfenbein, Bronze oder Messing, die in der unteren Kongoregion zwischen dem 16. und 18. Jh. gefertigt wurden. Sie zeigen als Motiv eine Jesusfigur am Kreuz, die oft von weiteren Figuren flankiert ist. Ihren Ursprung besitzen die K. in der christl. Missionierung (↗ Mission, christl.) des Reiches ↗ Kongo durch die Portugiesen seit Ende des 15. Jh. Dort entstand der erste christl. Staat südl. der Sahara, und viele lokale Herrscher traten zum ↗ Christentum über. Nach dem Rückzug der Europäer schwächte sich der christl. Einfluß rasch ab. Das Kreuz als Symbol blieb jedoch erhalten und wurde mit veränderten Bedeutungen in einheimische Kulte und Weltsichten eingebaut: als Symbole und Insignien der Macht, als Amulette, bei Rechtsprechungen und Jagdriten. Auch bei der Ikonographie der K. verschmelzen lokale und europ. inspirierte Darstellungsmuster.

🕮 E. Bassani/W. Fagg, Africa and the Renaissance, München 1988.

Stefan Eisenhofer

Kongokrise ↗ Kriege/Bürgerkriege, ↗ Rebellenbewegungen

Kongo (Republik). **Fläche:** 342.000 km², **Einw.:** 2,9 Mio. (1999), **Einw./km²** 8,3. **Bev.-Wachstum/Jahr:** 2,8%. **Stadtbev.:** 62% (1999), **Hauptstadt:** Brazzaville (etwa 600.000 Einw.). **Wirtschaftsmetropolen:** Brazzaville, Pointe Noire. **Unabh.:** 15. 8. 1960. **Staatsform:** Republik (bis 1992 Volksrep.); Einkammerparlament (seit 1998 Übergangsparlament); Mehrparteiensystem. **Währung:** CFA-Franc. **HDI-Rang** 126/162 (2001). **Auslandsverschuldung:** 6 Mrd. US$ (1996). **Anteil der Entwicklungshilfe am BSP:** 3% (1998). **BSP/Kopf:** 670 US$, **HIV-infizierte Erwachsene:** 6,4%, **Lebenserwartung:** m 49 J., w

53,3 J., **Alphabetisierung** der Erwachsenen: m 86,6%, w 73% (1999). **Einschulungsrate**: m 99%, w 93% (1995–99). **Amtssprache:** Frz., **Regional- und Verkehrssprachen:** Lingala, Kikongo, Sanga (Luba-Dialekt), Teke. ↗ Bantusprachen, ↗ Niger-Kongo.

I. Naturraum: Naturräumlich lassen sich drei Landschaftstypen unterscheiden: (1) Entlang der knapp 200 km langen Küstenlinie erstreckt sich ein bis 60 km breites, flachwelliges Küstentiefland mit Höhen bis 200 m. Die Vegetation setzt sich aus ↗ Savanne und Wald, überwiegend Sekundärwald, aber auch ausgedehnten Eukalyptus- und Kiefernplantagen zusammen. (2) Hinter dem Küstentiefland erhebt sich die Niederguineaschwelle als Randschwelle des Kongobeckens. Die größte Erhebung ist mit 1.040 m der Monte Mabemba. Das Mayombeplateau und das Chaillu-Massiv sind überwiegend bewaldet und werden z. T. intensiv von Forstkonzessionen genutzt (↗ Forst- und Holzwirtschaft). Zwischen den Gebirgszügen liegt die Niari-Ebene mit Feuchtsavanne. (3) Das Kongobecken nimmt den größten Teil des Landes ein und wird durch die Fluss-Systeme des Kongo und Ubangi geprägt (↗ Gewässer, ↗ Ökozonen). Tropischer immergrüner und wechselgrüner ↗ Feuchtwald bestimmt die Vegetation. Das ↗ Klima ist tropisch und durch zwei Regenzeiten im Jan./Mai sowie im Okt./Dez. charakterisiert. Durchschnittl. fallen 1.500–2.000 mm Niederschlag bei einer Jahresmitteltemperatur von 23 °C.

II. Bevölkerung und ethnische Gruppierungen. Die Besiedlungsdichte beträgt im N weniger als 1 Einw./km^2, im S (Region Bouenza) 13,5 Einw./km^2. Bes. hoch ist der Agglomerationsgrad entlang der Bahnstrecke zwischen den beiden Großstädten Brazzaville und Pointe Noire, wo etwa 70% der Kongolesen leben. Die Bev. besteht aus mehr als 50 Ethnien. Die Bakongo und die Vili machen über 50% der Bev. aus. Weitere wichtige Ethnien sind die Lari, die Teke, die M'bochi und die Sangha, die in den nördl. Landesteilen beheimatet sind. ↗ Minderheiten bilden die Pygmäen und Ubangi-Völker. Ethn. Spannungen finden in der Politik ihren Niederschlag. Die Macht wechselte seit der Unabh. zwischen den südl. Gruppen, bes. den Lari, und denen des N, bes. den M'bochi.

III. Geschichte und Politik. 1482 erreichte der portug. Seefahrer Diego Câo das Gebiet, wo er zwei große Reiche vorfand, das der Loanga und das der Mani-Kongo. 1880 begann die frz. Kolonialisierung durch Pierre Savorgnan de Brazza (nach dem Brazzaville seinen Namen erhielt), 1910 wurde K. Teil von Frz.-Äquatorialafrika mit Brazzaville als Hauptstadt. Im Vorfeld der Unabh. kam es zu Auseinandersetzungen zwischen versch. Volksgruppen. Der erste Staatspräsident nach der Unabh., Fulbert Youlou, wurde 1963 nach einem Generalstreik unter dem zunehmenden Einfluss linksradikaler Intellektueller zum Rücktritt gezwungen, das *Mouvement National de la Révolution* gegründet und 1964 das ↗ Einparteisystem eingeführt (↗ Sozialismus). 1968 übernahm das Militär die Macht, die sozialistische Volksrep. Kongo wurde proklamiert, M. Ngouabi als Staatspräsident gewählt. 1977 wurde Ngouabi bei einem Putschversuch getötet; Nachfolger wurde nach zweijährigen ethn. geprägten Rivalitäten um die Macht Denis Sassou-N'Guesso (1979–1992, seit 1997), wie Ngouabi ein M'bochi. Bis in die 1990er Jahre hatten somit die M'bochi durch Vergabe der Spitzenpositionen an Verwandte u. ä. die pol. Vormachtstellung im K. inne. Nach dem Ende des Ost-West-Konflikts erfolgte die Abkehr vom sozialistischen System. 1992 wurde Pascal Lissouba, ein Lari, zum Präsidenten der Rep. gewählt. Mit der Wahl Lissoubas, dem ebenfalls Machtmissbrauch und Korruption vorgeworfen wurde, verschärften sich die ↗ ethnischen Konflikte. 1994 entflammte ein Bürgerkrieg, der trotz eines Friedensabkommens (1995) weiter eskalierte (↗ Kriege/Bürgerkriege). Nach der Einnahme Brazzavilles und der Flucht Lissoubas 1997 ernannte sich der Oppositionsführer und frühere Präsident Sassou-N'Guesso zum Präsidenten. Mit dem Waffenstillstandsabkommen von Nov. 1999 wurden die Kampfhandlungen, die große Teile der Bev. zur Flucht gezwungen hatten, vorläufig ausgesetzt. Im April 2001 stimmten Regierung und Oppositionsparteien einem neuen Verfassungsentwurf zu, über den Ende 2001 per Volksentscheid abgestimmt werden soll.

IV. Wirtschaft und Sozialstruktur. Erdöl ist das bedeutsamste Rohstoffvorkommen in K. Die Exploitation der vor der Küste liegenden Ölfelder bescherte dem Land bis Mitte der 1970er Jahre eine jährl. Steigerung des BIP von mehr als 5%. Zunehmende wirtsch. Schwierigkeiten erzwangen schließlich eine teilweise Verpfändung der Ölvorräte zur Aufrechterhaltung der Zahlungsfähigkeit des Staates. Bis 1994 stieg die Inflation auf 61% pro Jahr. Wirtsch. Reformbestrebungen, von Weltbank, IWF und anderen internat. Organisationen unterstützt, blieben bis zu Beginn des Bürgerkriegs ohne Erfolg. Das BIP wird zu 57% von den Sektoren Industrie, 33% Dienstleistungen und 10% Landwirtschaft erbracht. Exporte bestehen zu 80% aus Rohöl, gefolgt von Holz und landwirtsch. Produkten. Wichtigster Außenhandelspartner sind die USA mit 31% Anteil des Wertvolumens, gefolgt von der EU. Importiert werden vorwiegend Maschinen, Baumaterial und chem. Produkte (↗ Außenwirtschaft). Als Lieferland steht Frankreich mit 34% aller Einfuhren an erster Stelle, gefolgt von Italien (12%) und den USA (7%).

V. Literatur, Musik, Kunst. Zur modernen kongolesischen Lit., die gleich nach der Unabh. entstanden ist, gehört eine Vielzahl Autoren, deren Werke sich mit den gesellsch. Problemen Afrikas auseinandersetzen und heute Klassiker der afrik. Lit. sind. Zu den berühmtesten zählen: Tchicaya U Tam'Si (1931–1988; *Les Méduses*, dt. *Das Geheimnis der Medusen*), Sony Labou Tansi (1947–1995; *L'état honteux*, dt. *Die heillose Verfassung*), Henri Lopes (geb. 1937; *Le Lys et le Flamboyant*) und Emmanuel B. Dongala (geb. 1941; *Les petits garçons naissent aussi des étoiles*, dt. *Kinder von den Sternen*). ↗ Tanz und ↗ Musik, z.B. Jagdtänze oder Kyébé-Tänze der M'bochi, sind wichtige Bestandteile der Tradition und des tägl. Lebens. ↗ Popularmusik aus K. ist über die Grenzen Afrikas hinaus verbreitet. Stilrichtungen sind Kongo-Jazz, Rumba oder ↗ *Soukous*. Zur großen Zahl auch internat. bekannter Interpreten gehören Youlou Mabiala, Samba Ngo (beide *Soukous*) oder Passi Jo (kongolesischer Folk *Wala*). Die zeitgenössische ↗ Malerei hat einen eigenen naturalistischen Stil geprägt, der nach einem Vorort von Brazzaville als *Poto-Poto* bezeichnet wird. ↗ Zentralafrika, Völker, Kulturen und Staaten.

📖 Babu-Zale, Le Congo de Lissouba, Paris 1996. – G. Ndalei, Crises, mutations et conflits politiques au Congo-Brazzaville, Paris 1998. – J. Oelßner, Republik Kongo: Ethnien, Macht und Konsequenzen. Die einen befehlen, die anderen gehorchen. In: Das Parlament, Bonn 1997, 9, S. 18.

Jobst-Michael Schröder

Kongo-Saharanisch ↗ Nilosaharanisch

König. K. und Königtum, aus der europ. Geschichte entstandene Begriffe, bezeichnen eine Herrschaftsform, in der ein Geschlecht vom Schöpfergott mit bes. Fähigkeiten und Autorität sowie dem Auftrag zur Ausübung pol. Macht ausgestattet worden ist. Dieses Verständnis beinhaltet heute nur noch den durch die ↗ Tradition legitimierten Herrschaftsanspruch eines adligen Geschlechts.

In Afrika hat es ähnliche Konzepte und vergleichbare Formen der Machtausübung gegeben, aber unter lokal versch. Bedingungen und Bez., die über die sprachlichen Besonderheiten Unterschiede in Bezug auf das Selbstverständnis, die Legitimation der Macht und die Funktionen ausdrückten. Solche Titel waren ↗ Askia, Mansa, ↗ Mogho Naba, Oba, ↗ Oni, ↗ Alafin, ↗ Asantehene, ↗ Kabaka, ↗ Mwami, Kazembe, Mwaant Yaav etc. Die Titel bezeichneten Herrscher, die ihre Macht aus ihrer milit. Stärke, einem göttlichen Ursprung ihres Geschlechts oder aus der Tradition ableiteten. Die Macht war ihnen nicht von Gott oder Göttern übertragen worden, sie übten sie auch nicht im Namen Gottes aus, sondern in ihrem eigenen Namen. Vielen, insbes. den sakralen K., wurden magische Kräfte zugeschrieben, die sie über die Natur erhoben und außerhalb der Gesellschaft stellten. Die K. verfügten über eine menschliches Maß übersteigende »↗ Lebenskraft«, in der sich die Kraft des Geschlechtes, die persönliche Kraft sowie die Kraft der besiegten Feinde vereinten. Die Erhaltung dieser Lebenskraft war für das Wohlergehen der Gesellschaft von vitaler Bedeutung, weil es als Zeichen der Einheit von Mensch und Natur angesehen wurde. Ein alternder Herrscher konnte daher zum Selbstmord gezwungen werden, um das Wohl des Volkes zu erhalten.

Der K. unterschied sich von anderen Machtträgern, v.a. vom sog. Häuptling, dadurch, dass sein Herrschaftsanspruch sich nicht auf eine Verwandtschaftsgruppe bezog und begrenzte, sondern sich auch auf unterworfene Völker oder auf Gruppen erstreckte, die sich unter seinen Schutz gestellt hatten. Die Machtfülle fand in der Kontrolle durch Ältestenräte oder andere Würdenträger ihre Begrenzung.

Meistens haben Männer diese Ämter ausgeübt; aber auch Frauen haben pol. Funktionen und oberste Ämter innegehabt, selbst wenn diese nicht immer mit der Bezeichnung »Königin« oder *Chief* belegt wurden. Eine bekannte Funktion war die der Königinmutter. Sie übte die klassische pol. Rolle aus, *supporter, campaign manager, go-between, protector* zum Wohle ihres Sohnes. Im Königreich Benin unterhielt sie einen eigenen Hof, sie war die höchste Frau im Reiche. In anderen Gesellschaften wurde eine Frau aus der Herrscherfamilie gewählt, der man den Titel »Königinmutter« gab. Ihre Aufgabe war es, über die Moral der Frauen und Mädchen zu wachen, relig. Praktiken, die den Lebensrhythmus der Frauen begleiteten, zu pflegen und den Frieden zwischen den großen Familien zu fördern. Sie war häufig die höchste Autorität in Fragen der Genealogie und bezog aus diesem Wissen hohes Ansehen. ↗ Traditioneller pol. Herrscher.

Leonhard Harding

Kopten. Bez. für ägypt. Christen. Nach der Eroberung Ägyptens im Jahre 641/642 n. Chr. durch die ↗ Araber bezeichneten diese die Bewohner des Nillandes, die das ↗ Christentum längst angenommen hatten, nicht mehr mit deren altem griech. Namen *aigyptios*, sondern wandelten ihn in arab. *qubti* um. Später wurde der Name zur Bezeichnung einer ethn. Gruppe, denn die kopt. Christen sehen sich als die wahren Nachkommen der alten Ägypter. Die Legende hat den Evangelisten Markus um 70 n. Chr. zum Anfänger der christl. Verkündigung in Alexandria und Ägypten gemacht. Die neue Botschaft dürfte sich schnell in den Städten und dann in den Dörfern des Niltals verbreitet haben. Mit der Übersetzung der ↗ Bibel in die Landessprache wurde eigens eine neue Schriftsprache (Koptisch, ↗ Altägyptisch) eingeführt durch Übernahme der Buchstaben des griech. Alphabets (↗ Schriftsysteme). Die gesprochene Sprache wurde im Mittelalter vom ↗ Arabischen verdrängt, lebt in der Kirchensprache aber noch fort. Heute sind von den gut 64 Mio. Einw. Ägyptens rund 10% K. Außer in Kairo und Alexandria sind sie v. a. in Mittel- und Oberägypten beheimatet und gehören durchweg der kopt.-orthodoxen Kirche an. Diese ist monophysitisch, d. h. sie kennt seit dem Konzil von Chalkedon (451 n.Chr.) nur eine einzige göttlich-menschliche Natur Christi (*mono physis* = eine Natur). Zur kopt. Kirche gehören zahlreiche Klöster und 18 Bistümer, die dem seit 1971 regierenden Patriarchen Schenute III. unterstehen; er ist der offiziellen Zählung nach der 117. Patriarch von Alexandria und Papst der kopt. Kirche; seinen Sitz hat er in Kairo. Die kopt. Kirche unterhält Grund-, Haupt- und Sonntagsschulen, ferner ein Institut für kopt. Studien mit einer theolog. Abteilung. In der Architektur sind selbständige Lösungen aus der Zeit nach 451 v. a. bei den Klosterkirchen zu finden. Das Schisma und die Konstituierung der monophysitischen Kirche in Ägypten haben eine eigenständige Kunstproduktion begünstigt. Erst seit dieser Zeit kommt auch die volkstümliche kopt. Kunst zu voller Blüte.

📖 E. Brunner-Traut, Die Kopten. Leben und Lehre der frühen Christen in Ägypten, Köln 1982. – O.F.A. Meinardus, Two Thousand Years of Coptic Christianity, Cairo 1999.

Karlheinz Schüssler

Koptisch ↗ Ägyptisch

Kora ↗ Stegharfe

Koran. Die heilige Schrift des ↗ Islam, der K. (von arab. *Qur'ân*, »Rezitation«), ist für Muslime das dem Propheten Mohammed »in klarem Arabisch« offenbarte Wort Gottes. Der K. wird insbes. in relig. und rechtl. Fragen als höchste Autorität angesehen und gilt gleichermaßen als unfehlbar, unantastbar und unübersetzbar. Dennoch ist er immer wieder äußerst unterschiedlich interpretiert und vielfach übersetzt worden, u. a. in mehrere afrik. ↗ Sprachen. – Bereits seit dem 11. Jh. n. Chr. ist auch an vielen Herrscherhöfen der subsahar. Reiche die sakrale Autorität des K. weitgehend anerkannt; bspw. gehört schon damals am Hof von Gao (Kawkaw) neben Schwert und Schild eine Koranausgabe zu den Amtsinsignien des Königs – und dies, obwohl das Hofzeremoniell weitgehend von nichtislam. afrik. Praktiken geprägt ist. Schon früh wird der K. auch als Medium der Bildung eingesetzt; an den Höfen bilden sich Zentren islam. Erziehung, so z. B. in Kanem-Bornu (↗ Bornu), ebenfalls bereits seit dem 11. Jh. Dort können sich zudem ländl. Schulzentren entwickeln und auf dem Gebiet von Koranrezitation, -orthographie und -kalligraphie eine Tradition islam. Bildung etablieren, die weit über die Region hinaus Berühmtheit erlangt. – Die Hochschätzung des K. hat in den weithin mündlich geprägten Kulturen Afrikas schon immer die Attraktivität der neuen Religion erhöht und nicht unerheblich zur erfolgreichen Ausbreitung des Islam beigetragen. Der K. wird dabei häufig mehr als Quelle der Segensmacht denn als Offenbarung des Gotteswillens verstanden. Besondere Bedeutung kommt in diesem Zusammenhang auch den Gelehrten zu, deren Expertise nicht auf eine intellektuelle Koranexegese beschränkt ist: Manche haben sich darauf spezialisiert, aus Koranversen Heilmittel oder Schutz- und Abwehrzauber zu fertigen; andere verstehen sich darauf, mit Hilfe des K. Geister auszutreiben oder zu bändigen; wieder andere vermitteln durch Koranrezitationen Segen anlässlich wichtiger lebensgeschichtlicher Ereignisse oder sind durch die Macht des Koran befähigt, selbst Wundertaten (*karamat*) zu vollbringen (↗ Magie, ↗ Marabut). – Vielen ↗ Bruderschaften ist das Erfassen des inneren Sinnes (*bâtin*) des K. gegenüber seiner äußeren Bedeutung (*zâhir*) bes. wichtig. Sie haben eine eigenwillige Koranexegese entwickelt, die durch allegorische Interpretationen den Rahmen der traditionellen Koranauslegung sprengt und nicht selten ausdrücklich auf den afrik. Kontext Bezug nimmt. Islam. Bewegungen, die das Auftreten eines ↗ *Mahdi* (Rechtgeleiteten) erwarten, entwickeln häufig ein Koranverständnis, das erheblich von der Norm abweicht; bspw. gelten den Anhängern des sog. Mahdi von Thies in Senegal, Serigne Abdoulaye Yakhine (gest. 1943), manche Schriften ihres Meisters als Koranoffenbarung. Andere, insbes. reformorientierte Gruppierungen, pflegen eine Koraninterpretation im Dienste der pol. Mobilisierung und Aufklärung, nicht selten gepaart mit Polemiken gegen die Bruderschaften. Die Frage, ob der K. auch in afrik. Sprachen übersetzt werden darf, wird dabei nach wie vor äußerst kontrovers diskutiert. Einige Koraneditionen in afrik. Sprachen sind als Reaktion auf Übersetzungen durch Nichtmuslime oder als häretisch bewertete Gruppierungen entstanden, um deren vermeintliche oder tatsächliche Verfälschungen zu korrigieren. Davon unberührt bleibt die Tatsache, dass weite Bereiche afrik. Kunst, Literatur und Musik maßgeblich vom K. geprägt sind, und insofern hat de facto eine »Übersetzung« in den kulturellen Kontext Afrikas stattgefunden. ↗ Arabischsprachige Literautren, ↗ Islamisierung, ↗ Literaturen in afrik. Sprachen: Ostafrika.

🕮 H. Gätje, Koran und Koranexegese, Zürich 1971. – L. Sanneh, Translating the Message. The Missionary Impact on Culture, 2. Aufl., Maryknoll 1990. – D. Westerlund/E. E. Rosander (Hg.), African Islam and Islam in Africa, London 1997.

Klaus Hock

Kordofanisch. In den Nuba-Bergen (Rep. Sudan, Südkordofan) verbreiteter Zweig des ↗ Niger-Kordofanischen, bei manchen Autoren des ↗ Niger-Kongo. Die 20 Sprachen mit rd. 150.000 Sprechern untergliedern sich in vier Gruppen (in Klammern die früheren Bez.): (1) Heiban (Koalib); westl.: Moro, Tira, evtl. Shwai; zentral: Otoro, Heiban, Laro, Logol, Koalib; östl.: Warnang, Ko (Kau); (2) Talodi: Ngile (Daloka, Masakin), Dengebu (Masakin), Tacho, Jomang (Talodi), Nding (Eliri), Tegem (Lafofa); (3) Rashad (Tegali): Tegali-Dialekte, Tagoi-Dialekte; (4). Katla: Katla, Tima. Die genetische Zuordnung

Karte 13: Verbreitung der kordofanischen Sprachen

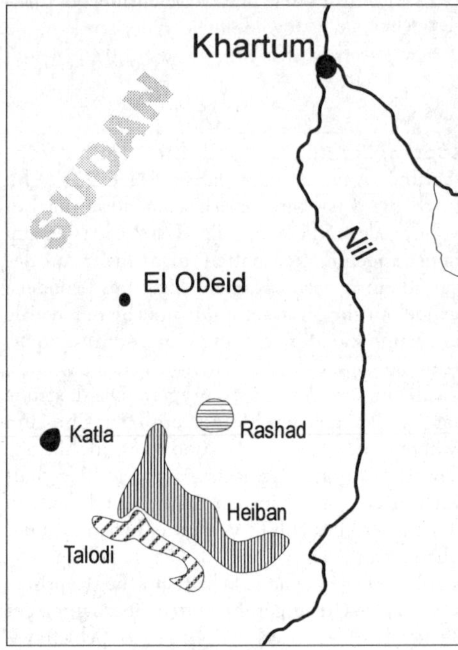

des K. zum Niger-Kongo stützt sich auf grammatische Argumente, da der lexikalische Vergleich bisher nur zwei gemeinsame Wurzeln (**-git* »Auge« und **-nyi(n)* »Zahn«) erbracht hat. Das Nominalklassensystem, das den kordofanischen Sprachen außer den Tegali-Dialekten der Rashad-Gruppe eigen ist (↗ Nominalklassensprache) weist jedoch mit anderen Niger-Kongo-Sprachen so deutliche formale und inhaltliche Gemeinsamkeiten auf (z. B. die Präfixe *gu-* [Klasse 1], *li-* [Klasse 5], Nasal [Klasse 6a]), dass die genetische Verwandtschaft als gesichert gelten kann. Die im S der Nuba-Berge gesprochenen und eng miteinander verwandten Sprachen der Krongo-Kadugli-Gruppe (»Tumtum«), nämlich Tulishi, Keiga (Deiga), Kanga, Miri, Kadugli (Talla), Katcha, Tumma, Krongo und Tumtum (Talasa), werden wegen mangelnder lexikalischer und grammatischer Übereinstimmungen heute nicht mehr dem K., sondern dem ↗ Nilosaharanischen zugerechnet.

🕮 Th. C. Schadeberg, A Survey of Kordofanian, Bd. 1: The Heiban Group; Bd. 2: The Talodi Group, Hamburg 1981. – Th. C. Schadeberg, Kordofanian. In: J. Bendor-Samuel (Hg.), The Niger-Congo Languages, Lanham 1989, S. 67–81.

Mechthild Reh

Körper. In Afrika ist der K. der Ort der Begegnung mit dem anderen, der Inschrift von Kraft und Schönheit. Ihm wird nicht von vornherein Schuld zugewiesen wie in der antiken und christl. europ. Kultur, die den K. aufgrund seiner bloßen Existenz verdammen. In Afrika ist der K. zunächst neutral, weder gut noch schlecht. Er wird schlecht, wenn er ein symbolisches Verbot verletzt, und gut, wenn er eine Weihe erringen kann (↗ Initiation). Er wird nach dem Handeln beurteilt, nicht nach der bloßen Existenz. Der K. ist ein gesellsch., nicht nur ein biolog. Objekt, dem Geschichtlichkeit zukommt, denn er ist immer Traditionen, der Gesellschaftsordnung oder der Religion untergeordnet. Den ↗ Frauen zeigte er ihre Unterordnung unter die ↗ Gesellschaft und das vorgegebene Bild ihrer Schwachheit gegenüber der Kraft des Mannes. Durch den K. wird das Gesetz verlautbart, denn Gottesurteile, die Unschuld oder Schuld eines Individuums beweisen sollen, werden vermittels des K. gefällt, der so zum Zeugen für Unschuld oder Schuld wird. Bei den Muslimen wird das Verhältnis zu Allah ebenfalls durch den K. vermittelt. Die Waschungen vor den Gebeten sowie das Fasten dienen dazu, sich für Gott zu reinigen. Auch die Körperhaltung hat relig. Bedeutung (Niederknien, Niederkauern). Der K. kann zudem ein Gefäß des Göttlichen sein (die Trancen des ↗ *Vodún* in Benin, Togo und Nigeria und des *Bwiti* bei den Fang in Gabun gehen durch den K., der zur Inkarnation der Göttlichkeit wird). In den traditionellen Ringkämpfen wurde auf die Körperkraft gesetzt; der K. stellte ein Symbol der Stärke dar. Des Weiteren symbolisiert der tote K. zuweilen die Fortdauer des Lebens. Die Dyula (Senegal) befragen den Leichnam, um die Todesursache zu bestimmen. Schließlich ist der K. Objekt sozialen Ausschlusses. Ein K., der nicht den anderen glich, wurde getötet (Albinos), und zwei K., die einander zu sehr ähnelten, galten mitunter als gefährlich; so wurden bei den Igbo (Nigeria) Zwillinge getötet.

Heute tragen ↗ Sport und Mode (↗ Textilien) dazu bei, die Körperlichkeit neu zu definieren. Die traditionellen Kriterien für Schönheit, Stattlichkeit und Regelmäßigkeit werden durch ein neues Herangehen an sportliche und ästhetische Betätigung, z. B. Misswahlen, modifiziert. Der K. wird somit zu einem Ort, wo die sozialen Paradigmen, die das Verhältnis zum eigenen Selbst, zu anderen und Institutionen definieren, in Bewegung geraten. ↗ Körperschmuck, ↗ Lebenskraft, ↗ Schmuck.

Jean-Godefroy Bidima

Körperkunst. K. bezeichnet als Oberbegriff sämtliche Verfahren, Techniken und Formen der ästhetischen Gestaltung des menschlichen ↗ Körpers. Dabei handelt es sich nicht um eine Form von ↗ Kunst im engeren Wortsinn. Assoziiert mit dem Begriff K., aber mit ihm nicht identisch, ist ↗ Schmuck (Körperschmuck). K. bezeichnet allerdings weniger die individuelle und spezifische Manifestation von Schmuck, sondern vielmehr das übergeordnete System, in das einzelne, schmückende Elemente eingebettet sind. K. umfasst in der Regel mehrere Formen (v. a. ↗ Frisur und Tatauierung bzw. Körpermalerei), die zusammen getragen werden und eine Einheit bilden.

Es wird zwischen permanenter und temporärer K. unterschieden. Zu den bekanntesten Formen der permanenten K. zählen die Farb- und Stich-Tatauierung (auch Tätowierung) sowie der Narbenschmuck (auch Ziernarben, Skarifizierung). Bei der Farb- und Stich-Tatauierung werden mit Hilfe von Nadeln oder Dornen Farbstoffe (pflanzliche und mineralische Pigmente) unter die Epidermis gebracht. Mit diesem Verfahren werden einfache, aber auch äußerst komplexe und großflächige Muster angefertigt. Gesichtstatauierungen der Berber (Marokko, Algerien) und der Woodabe (Niger) sollen u. a. Gesundheit und Wohlergehen der Trägerin bzw. des Trägers wahren und den »bösen Blick« abwehren. Verbreiteter als Tatauierungen ist im subsahar. Afrika der Narbenschmuck. Er entsteht, indem die Haut aufgeritzt und der Heilungsprozess der Wunde durch Einreiben z. B. mit Asche hinausgezögert wird. Dabei bilden sich wulstig aufgeworfene Narben. Gesichtsnarben (z. B. der Yoruba/Nigeria) dienen häufig zur Kennzeichnung ethn. Zugehörigkeit, und sie sind Zeichen für sozialen oder rituellen Status ihres Trägers (z. B. *Ichi*-Narben bei den Igbo/Nigeria). Bei manchen Völkern werden größere Flächen der Haut mit geometrischem Narbenschmuck verziert. Bei den Frauen der Karo (Äthiopien), Nuba (Sudan) und Ga'anda (Nigeria) wird ein solcher Körperschmuck in mehreren Schritten aufgetragen, wobei zugleich Lebensabschnitte der Trägerin markiert werden, etwa ↗ Initiation, Verheiratung, Geburt eigener Kinder oder Wechsel von ↗ Altersklassen. Das Anbringen der Narben ist mitunter mit großen Schmerzen und einem langwierigen Heilungsprozess verbunden. Indem die Trägerin bzw. der Träger die Schmerzen erduldet, erwirbt sie/er sich Anerkennung und wird zum vollwertigen Mitglied der Gesellschaft. Diese Form der K. ist

Abb. 15: Würdenträger bei der Verleihung des *Ozo*-Titels, SO-Nigeria, 1983 (Foto: H. Cole)

wohl am stärksten vom kulturellen Wandel afrik. Gesellschaften betroffen und wird zunehmend seltener.

Zur temporären K. zählt neben ↗ Frisuren die Körpermalerei, die in außerordentlicher Vielfalt in Afrika verbreitet ist. Eine einfache, eindrucksvolle Form entsteht, wenn Männer der Kikuyu (Kenia) und Maasai (Kenia, Tansania) ihre Körper mit einer Paste aus Fett und Kalk bzw. Ocker bestreichen. In diese Schicht werden dann Muster gemalt, wodurch die dunkle Haut zum Vorschein kommt. Bei den Nuba (Sudan) existiert ein komplexes Zeichensystem von Körpermalerei und Frisuren, das die Herkunft und die Zugehörigkeit eines Mannes zum jeweiligen Altersgrad der Gesellschaft signalisiert. Neben ästhetischen und zeichenhaft-rituellen Funktionen erfüllt Körpermalerei oft auch eine pflegende Funktion, da die beim Anrühren der Farben verwendeten Substanzen (v.a. Fette) ein Austrocknen der Haut verhindern und Schutz vor Ungeziefer bieten. Von großer sozialer Bedeutung ist die gegenseitige Körperpflege und das Schmücken: Während in langwieriger Arbeit Haare frisiert oder Körpermalereien aufgetragen werden, bietet sich die Gelegenheit zum Geschichtenerzählen, Plaudern oder gemeinsamen Singen (↗ Erzählen, ↗ Gesang).

Die Dauerhaftigkeit bzw. die bedingte Haltbarkeit der vorgestellten Formen von K. lassen auf ihre jeweilige Funktion schließen. Hinweise auf die (ethn., geschlechtliche, genealogische) Identität einer Person werden tendenziell durch permanente Formen von K. übermittelt. Soziale Ereignisse im Leben eines Individuums (Heirat, Namengebung, Initiation, Tod) werden in der Regel durch entsprechende ↗ Feste markiert, und zu solchen Anlässen wird besondere Sorgfalt auf Schmuck gelegt. Hier spielen temporäre Formen der K. eine Rolle. So schmücken die Berber-Frauen (Marokko, Algerien) zu festlichen Anlässen ihre Hände und Füße mit einem aus der Hennapflanze gewonnenen roten Farbstoff. Aus geometrischen Grundmustern entstehen komplexe Ornamente, die neben ästhetischen auch magisch-relig., schützende Funktionen aufweisen. Es findet sich ebenfalls eine Kombination aus temporärer und permanenter K., wenn etwa zu festlichen Anlässen Tatauierungen durch Körpermalerei ergänzt werden (Abb. 15).

📖 K. Gröning, Geschmückte Haut. Eine Kulturgeschichte der Körperkunst, München 1997. – L. Riefenstahl, Die Nuba von Kau, München 1976. – E. Blauer, Afrika: Farben – Menschen – Mythen, Köln 1999.

Ulrich Bauer

Korruption ist als ein weltweites Phänomen auch in Afrika allgegenwärtig und nach Meinung vieler Beobachter dort inzwischen ein zentrales Entwicklungshemmnis. Allerdings findet K. fast immer im Verborgenen statt. Über ihr tatsächliches Ausmaß gibt es keine verlässlichen statistischen Angaben. Pol. oder bürokratische K. kann definiert werden als Missbrauch öffentl. Ämter und Ressourcen für privaten Gewinn.

Die weit verbreitete endemische oder systemische K. wird im afrik. Kontext auf unterschiedliche Ursachen zurückgeführt, die in der Praxis aber kaum voneinander zu trennen sind und das Entstehen eines afrik. K.-Komplexes begünstigen. Aus soziokultureller Perspektive wird betont, dass in Afrika das Gemeinschaftsgefühl und die Beziehungen zu Großfamilie, ↗ Klan und ethn. Großgruppe vor dem nat. Gemeinwohl rangieren. Da der Nationalstaat während des ↗ Kolonialismus einem Konglomerat ethn., kulturell und relig. heterogener Gruppen übergestülpt wurde, nimmt es kaum Wunder, dass die ethischen und moralischen Standards des Westens als dysfunktional begriffen und weitgehend ignoriert wurden. Wer im Rahmen neopatrimonialer Herrschaft (↗ Neopatrimonialismus) Zugang zu Macht und Ressourcen erhielt, verstand dies häufig als Aufforderung zu hemmungsloser Selbstbereicherung. Mit der großen wirtsch. und finanziellen Krise ab Anfang der 1980er Jahre, die insbes. im öffentl. Dienst zu z. T. drastischen Sparmaßnahmen führte (↗ öffentl. Verwaltung), rückte die K. auch auf die unteren Ebenen des Staates vor. Und obwohl noch fast jede neue Regierung die K. der Vorgänger in ihren offiziellen Verlautbarungen verdammt und rasche Abhilfe versprochen hat, sind Erfolge im Kampf gegen die K. rar geblieben.

Allerdings darf auch das Fehlverhalten der Industrieländer nicht unterschlagen werden, die Afrika häufig der endemischen K. bezichtigen, selbst aber ihre Großaufträge, Waffengeschäfte oder Consulting-Aktivitäten auf der Basis von Bestechungszahlungen sichern, auch wenn hier im Rahmen von OECD-Vereinbarungen inzwischen rechtl. Verbote zu greifen beginnen. Dennoch läßt sich die K. selbst unter günstigen inneren und äußeren Bedingungen nicht vollständig besiegen; der Kampf gegen sie sollte aber gleichwohl aufgenommen werden. Daher sind Initiativen, konkrete Unterstützung und Beratung von außen auch für Afrika wichtig. Unter den geltenden Bedingungen extremer Knappheit und Instabilität kann dies jedoch nur langfristig geschehen. Außer internat. Hilfestellungen setzt das allmähliche Zurückdrängen der K. aber auch voraus, dass die Menschen vor Ort sich weiter gegen die schlimmsten Auswüchse des Phänomens zur Wehr setzen und nicht nur auf der begrenzten Ebene lokaler Solidargemeinschaften Ehrlichkeit, Offenheit und Rechenschaftspflicht praktizieren.

Im Rahmen der Demokratisierung (↗ Demokratie) hat man seit Anfang der 1990er Jahre vielerorts begonnen, das Problem wahrzunehmen, es offen anzuprangern und zu diskutieren sowie über Gegenmaßnahmen nachzudenken.

🕮 J.-F. Bayart, L'état en Afrique: La politique du ventre, Paris 1989. – C. Jakobeit, Korruption in Afrika – Erscheinungsformen, Ursachen, Konsequenzen und Gegenstrategien. In: Institut für Afrika-Kunde/R. Hofmeier (Hg.), Afrika Jahrbuch 1993, Opladen 1994, S. 46–56. – J. P. Olivier de Sardan, A Moral Economy of Corruption in Africa? In: Journal of Modern African Studies 37 (1999), S. 25–52.

Cord Jakobeit

Kosmologie ↗ Religionen, traditionelle ↗ Metaphysik

Kpelle (Sprache) ↗ Mande, ↗ Schriftsysteme, afrik.

Krankheit und Heilung. Heilung von einer Krankheit zu suchen, heißt in Afrika nicht selten, sich unterschiedlicher, ja zum Teil gegensätzlicher Ätiologien (Klärungen von Krankheitsursachen) und Therapien zu bedienen. An diesem eher pragmatischen und erfolgsorientierten Umgang mit K.u.H., den die Medizinethnologie »medizin. Pluralismus« nennt, wird weder moralisch noch intellektuell Anstoß genommen. Vielfältig sind bereits die lokalen Ätiologien. Unterschieden werden personale und natürl. Ursachen. Erstere betreffen K., die in der sozialen Umwelt des Kranken begründet liegen, letztere solche K., die als außerhalb des menschlichen Einflusses stehend gedacht werden. Dabei wird zumeist unterschieden zwischen K., die von Gott oder den Ahnen (↗ Ahnenkult) kommen; K., die auf ↗ Hexerei und ↗ Magie zurückzuführen sind; K., die durch Verunreinigungen und unzulässige Vermischungen von Körpersäften und Körpertemperaturen entstehen; und K., für die natürl. Umstände verantwortlich sind wie etwa Allergien auf bestimmte Pollen und Gräser.

Die jeweilige Ursache bestimmt die Schwere der K. und ihre Therapie. Auch diese ist vielfältig. Für welche sich entschieden wird, ist abhängig vom Typ der Symptome und der Länge des Leidens. Klarheit in der Diagnose resultiert daraus nur bedingt. In der Praxis vermischen sich die jeweiligen Einteilungen und erweisen sich als abhängig von den sozialen Kontexten, in denen der/die Kranke lebt. So können etwa Husten und Brustschmerzen durchaus als Folge feuchter und kalter Nächte eingestuft werden, für die man Linderung mittels eines Besuchs beim Arzt oder in der Krankenstation und der Einnahme eines in den Industrienationen, Indien oder Südafrika hergestellten Hustensafts sucht. Die gleichen Symptome können bei anhaltenden Beschwerden aber auch zum Besuch eines traditionellen Heilers führen, der diese als Ergebnis von Ehebruch und des damit erfolgten Kontakts zweier ungleicher ritueller Körpertemperaturen deutet, was neben dem Inhalieren eines Baumrindensuds eine finanzielle Kompensation an die Familie der betrogenen Partei notwendig macht. Die sog. Patientenkarrieren der Industrieländer, also die Konsultation mehrerer medizin. Autoritäten, das Einholen mehrerer Diagnosen und das Durchlaufen mehrerer Therapieformen, finden sich also auch in Afrika.

Anders hingegen ist hier die aktive Einbindung der Kranken in ein soziales, an der Diagnose und Therapie beteiligtes Netzwerk, das zumeist aus den Angehörigen des Kranken besteht. In der gemeinsamen Erörterung des Leidens und seiner möglichen Ursachen befindet die Gruppe, welcher Weg zur Heilung einzuschlagen ist, und beschreitet diesen, wenn notwendig, mit dem Kranken zusammen. So kann, wenn die Beteiligten das dieser Beratung zugrunde liegende kulturelle Ordnungsmuster anerkennen und bereit sind, die kulturellen Regeln zu befolgen, ein Wahrsager konsultiert werden, der mittels ↗ Divination Krankheitsursachen und Heilungsmöglichkeiten offenbart. Ergebnis der Divination kann etwa die Überweisung des Kranken in einen sog. afflikiven Kult sein. Der Zusatz »afflikiv« bezieht sich auf personalistische Krankheitsvorstellungen und das Verständnis von Leid und K. als etwas von außen Kommendes, das in das Individuum eindringt und von ihm Besitz ergreift. Verantwortlich dafür können Ahnen sein oder Geister der Wildnis (↗ Geisterglaube) oder der Fremde. Affliktive Kulte begegnen der Kraft dieser Instanzen durch den Versuch ihrer Kontrolle und Zähmung. Dabei bedienen sie sich einerseits der Mittel von Ähnlichkeit und Nachahmung sowie bildhafter Redewendungen wie Metapher, Metonymie und Synekdoche, andererseits performativer Mittel wie ↗ Musik und ↗ Tanz. Im Mittelpunkt steht vielfach die Trommel, die v.a. in Zentral- und im südl. Afrika seit langer Zeit die Heilungsrituale bestimmt.

Divination und ↗ Ritual stehen für ein Verständnis der Person als soziales Subjekt. Körper und Selbst werden als Einheit begriffen, die wiederum als Teil eines größeren sozialen Körpers gedacht wird, was u. a. in der häufig zu findenden Verwendung von Körperbildern wie »Brust« oder »Schoß« als Bez. bestimmter sozialer Beziehungen von Nähe und Verpflichtung zum Ausdruck kommt. Die enge Verschränkung zwischen der öffentl.-pol. und der privat-moralischen Sphäre bedeutet auf der Ebene K.u.H., dass der individuell-passiven Dimension des Krankwerdens die kollektiv-aktive Dimension des Gesundbleibens entspricht.

Der Komplex öffentl. Gesundheit bzw. *Public Health* findet sich diesbezüglich auch in Afrika. In vorkolonialer Zeit gehörten hierzu Institutionen wie die des Regenkults, des Königtums (↗ König) oder des Giftorakels. Die ihnen zugeschriebene Bedeutung reichte von der Wahrung der Fruchtbarkeit und des Wohlergehens der Gesellschaft als Ganzes bis hin zur symbolischen Reinigung der Gemeinschaft von den Übeln der Hexerei. Im Zuge der Etablierung kolonialer Herrschaft (↗ Kolonialismus) veränderte sich ihre Autorität. Zum Teil wurden sie, wie im Falle des Königtums, in das hegemoniale System integriert, zum Teil, wie im Falle des Giftorakels, verboten. Pol. Gründe dominierten gleichwohl über medizin.-ethische. Im Zentrum stand die Macht über die Definition von K. und damit über die Definition des Subjekts. Wer das Recht hatte, über den Namen einer K. zu bestimmen, bestimmte damit auch, welche Elemente des Lebens zu Leid und K. und welche Wege zur H. führen. Die koloniale Einführung der westl. Biomedizin (↗ Tropenkrankheiten) erwies sich vor diesem Hintergrund als integraler Teil des Versuchs der Etablierung neuer ökonom. und psychosozialer Strukturen, innerhalb derer das Subjekt – allerdings nur partiell – als für sich selbst verantwortlich gesehen wurde. Professionalisierung und Privatisierung sind Ergebnisse dieses Prozesses. Auf der Ebene der Institutionen spiegeln sie sich in den zahlreichen nat. und transnat. Verbänden traditioneller Heiler. Zum Teil angesiedelt in der Stadt und ausgestattet mit Handys und Laptops, zum Teil auf dem Land in einfachen Häusern wohnend, stehen sie sowohl in Konkurrenz untereinander als auch zu den staatl. Gesundheitseinrichtungen (↗ Gesundheitsversorgung). Ebenfalls in diesem Bereich findet sich eine in den letzten Jahren stark angewachsene Zahl von Pfingstkirchen. Auch sie sind im Bereich K.u.H. zahlreich vertreten, sehen sie doch die Ursache für Leid und Armut in den Sünden eines gottlosen Lebens, mit dem es zu brechen gilt. Welche Wahl auch immer getroffen wird, ob Krankenhaus, Heiler, Kirche oder auch nur der Kauf von ein paar Tabletten im nächsten Krämerladen, es ist eine Wahl, die auf einem reichen Spektrum von Erfahrungen und Erwartungen basiert. Leid und K. erscheinen im afrik. Kontext eben oftmals als weit mehr als eine körperliche Dysfunktion, was bedeutet, dass auch die Versuche, Heil und H. zu finden, dynamisch und vielschichtig sind.

🕮 S: Feiermann/J. Janzen (Hg.), The Social Basis of Health and Healing in Africa, Berkeley 1992. – M. Vaughan, Curing Their Ills: Colonial Power and African Illness, Cambride 1992. – J. Janzen, Ngoma Discourses in Central and Southern Africa, Berkeley, Los Angeles 1992.

Peter Probst

Kreolisch ↗ Pidgin- und Kreolsprachen, ↗ Verkehrssprachen

Kreolisierung. Der Begriff K., eine aus der Linguistik abgeleitete Metapher, dient der Analyse peripherer kultureller Prozesse und Veränderungen. K. verweist auf einen stetigen Austausch zwischen den Kulturen und geht davon aus, dass Kulturen ebenso wie Sprachen oft aus versch. Quellen gespeist werden. So wie ↗ Pidgin- und Kreolsprachen aus mehreren Grammatiken und Wortschätzen bestehen, vereinen kreolische Kulturen versch. Völker, ihre Geschichte, Traditionen und Religionen und zeichnen sich durch Heterogenität und Flexibilität aus. Der Begriff K. bezog sich ursprgl. auf die Kulturkontakte zwischen Zentrum und Peripherie (↗ peripherer Kapitalismus) sowie auf die kulturellen Prozesse in den Ländern der ↗ Dritten Welt, wurde mit der Zeit jedoch auf Kulturbewegungen in der ganzen Welt angewandt. Das Konzept K. stellt unser herkömmliches Bild von der Welt als einem Mosaik sorgfältig gegeneinander abgegrenzter Kulturen in Frage und verneint das Vorhandensein interner Einheitlichkeit und klarer Schranken zwischen Kulturen.

In Bezug auf Afrika unterscheidet K. beim Kulturkontakt zwischen einer Pidgin- und einer Kreol Phase. Während unter der Kolonialherrschaft Kulturen pidginisiert, d. h. Elemente verschiedenster Herkunft einfach mit indigenen Elementen zusammengeworfen wurden, bildete sich im Folgenden eine neue Synthese, in der die »geborgten« Elemente umgewandelt wurden und mit den vorhandenen zu neuen Identitäten verschmolzen. Beispiele aus populären afrik. Kulturen sind: ↗ Highlife in Ghana, der Kongo-Jazz (↗ Soukous), ↗ städt. Kunst aus der Demokrat. Rep. Kongo, synkretistische relig. Bewegungen (↗ Synkretismus).

Die Globalisierungsdebatte in Afrika konzentriert sich im Wesentlichen auf Prozesse der K. Während man im Zusammenhang mit Kolonialismus von ↗ Akkulturation sprach, wurde im Rahmen der Globalisierung für den Kulturkontakt der Begriff K. entwickelt. Zwar verorten beide Perspektiven die Kolonie bzw. Peripherie in der »modernen« globalisierten Welt, doch trägt das Konzept K. durch die Betonung der Wechselbeziehungen von Kulturen dazu bei, scharfe Abgrenzungen zwischen »uns« und »den anderen« zu verwischen. Die erhöhte Mobilität von Menschen, Gütern, Ideen und Informationen schafft weltweite Verbindungen, die den Austausch zwischen versch. kulturellen Traditionen beschleunigen und neue *cross-over*-Identitäten und Kulturdiffusionen hervorbringen. ↗ Kultur.

🕮 J. Fabian, Popular Culture in Africa. Findings and Conjectures. In: Africa 48 (1978), S. 315–334. – U. Hannerz, The World in Creolisation. In: Africa 57 (1987), S. 546–559.

Ayse Caglar

Kriege/Bürgerkriege. Afrika ist weltweit der Kontinent mit der höchsten Kriegsanfälligkeit seit 1945. Nach Angaben der Arbeitsgemeinschaft Kriegsursachenforschung (AKUF) wurden hier 56 K. geführt, mehr als ein Viertel der über 200 bewaffneten Konflikte zwischen 1945 und 1999. Dabei waren die Zeit der ↗ Entkolonisierung (1960–1964), die Periode nach dem Zerfall des portug. Kolonialreichs (1975–1979) sowie die Zeit nach dem Ende des Ost-West-Konflikts (1990–1994), die zu nachlassendem Engagement der Supermächte und einer Distanzierung westl. Geber von zuvor gestützten ↗ autoritären Regimen führte, bes. gewaltintensiv. Permanente Krisenregionen waren das Horn von Afrika (Sudan, Äthiopien/Eritrea, Somalia) und das südl. Afrika (Angola, Mosambik, Namibia, Simbabwe, Südafrika). In den 1990er Jahren ergab sich – mit Ausnahme Angolas – im südl. Afrika eine gewisse Beruhigung. Dafür sind Westafrika (Liberia, Sierra Leone) und v. a. Zentralafrika (Ruanda, Burundi, Demokrat. Rep. Kongo, Rep. Kongo) als vom Zerfall bedrohte Kriegsregionen hinzugekommen.

Welches Ausmaß kriegerische Auseinandersetzungen in Afrika haben, zeigt sich daran, dass nur wenige der 53 Staaten seit 1945 keinen bewaffneten Konflikt erlebten: Benin, Botsuana, Gabun, Malawi, Madagaskar sowie einige auf Inseln gelegenen Mikrostaaten. Die Politik ist in vielen Ländern nicht nur durch kriegerische Konflikte militarisiert, sondern – insbes. in Westafrika – durch die stets drohende Einmischung der Armee oder die unmittelbare Herrschaft von ↗ Militärregimen geprägt. Zwischen 1960 und 1997 haben in Afrika 73 erfolgreiche Militärcoups stattgefunden und noch einmal doppelt so viele sind fehlgeschlagen.

Zwischen 1945 und 1990 kamen in bewaffneten Konflikten weltweit etwa 22 Mio. Menschen ums Leben, mehr als 6 Mio. davon in Afrika. Dabei war v. a. die Zivilbev. betroffen. Während der 1990er Jahre fielen allein in Somalia, dem Sudan, Angola, Liberia, Ruanda, Äthiopien und Eritrea zwischen 1,5 und 2 Mio. Menschen Kriegen, kriegsbedingten Hungersnöten, Vertreibung und Völkermord zum Opfer.

I. Kriege/Bürgerkriege zur Zeit des Ost-West-Konflikts. In der Zeit des Ost-West-Konflikts wurden insges. 43 K. in Afrika gezählt. Ein Blick auf die Entwicklungen in den versch. Regionen zeigt, dass trotz einer allg. hohen Gewaltanfälligkeit erhebliche Unterschiede bei Konfliktursachen und Kriegstypen feststellbar sind. In Nordafrika wurden zwischen 1945 und 1989 sechs K. verzeichnet. Der Großteil der K. fand von etwa 1950 bis 1965 statt und hatte die Unabh. von Frankreich bzw. Spanien zum Gegenstand (Algerien, Marokko, Spanisch-Sahara, Tunesien), wobei der ↗ Algerienkrieg (1954–1962) bes. brutal verlief. Zwischen Okt. 1963 und Feb. 1964 waren Marokko und Algerien im sog. Tindouf-Krieg in einen Grenzkonflikt verwickelt. Bis heute ungelöst ist die Frage der Unabh. der ↗ Westsahara, für die die POLISARIO (↗ Rebellenbewegungen) seit 1975 kämpft.

In Westafrika wurden zwischen 1945 und 1989 sechs K. ausgetragen. Neben dem Unabhängigkeitskrieg in Guinea-Bissau war Nigeria von mehreren Konflikten betroffen. Mit 600.000 bis 2 Mio. Toten verlief der Biafra-Krieg (1967–70) am verlustreichsten. Die von christl. Igbo dominierte erdölreiche Ostprovinz Nigerias kämpfte dabei um die Sezession gegen die vom vorwiegend muslim. Nordnigeria beherrschte Zentralregierung. In Kano (Nordnigeria) kam es bis in die 1980er Jahre zu Aufständen gegen Armut und westl. Materialismus. Ende 1985 führte Mali gegen Burkina Faso einen der eher seltenen Grenzkriege in Afrika.

In Zentralafrika fanden sieben K. statt. In Kamerun kämpfte die UPC (*Union des Populations du Cameroun*) zwischen 1955 und 1963 für die Unabh. Der Tschad war von 1966 bis 1998 Schauplatz eines vielschichtigen Bürgerkriegs, der unter Beteiligung libyscher und frz. Truppen geführt wurde und eine OAU-Friedenstruppe scheitern ließ. Allein fünf K. spielten sich in der Demokrat. Rep. Kongo ab. Hohe Verluste forderte der Kongokrieg (1960–1963). Hier verband sich unmittelbar nach der Unabh. der Sezessionsversuch der rohstoffreichen Provinzen Katanga (Shaba) und Kasai mit der Intervention belg. Truppen und einem innenpol. Machtkonflikt. Zahlreiche Rebellionen und Unruhen in den Jahren 1964–67 und 1977/78 – hauptsächlich in Shaba – zeigten die fortbestehende Instabilität.

Das Horn von Afrika war mit neun K. zwischen 1945 und 1989 die kriegsträchtigste Region Afrikas. Zunächst stand in Dschibuti (1947/48) und beim ↗ Mau-Mau-Aufstand in Kenia (1952–56) die koloniale Unabh. im Vordergrund. Der Sudan war Schauplatz zweier K. (1953–72, 1983-heute). Die angestrebte Selbstbestimmung des christl. geprägten, schwarzafrik. S gegenüber der arab.-muslim. dominierten Zentralregierung im N ist eine wichtige Konfliktursache; doch die Kontrolle über die Ressourcen des S und die Aufsplitterung der Kriegsparteien im S sind mit entscheidend für die Kriegsdynamik. Äthiopien war in die meisten K. am Horn verwickelt. Ab 1962 kämpften versch. eritreische Rebellenbewegungen gegen die Herrschaft von Haile Selassie und das Mengistu-Regime. Erst dessen Sturz, den eine Allianz mit den seit 1975 kämpfenden Rebellenbewegungen in Tigray im Mai 1991 herbeiführte, beendete die Auseinandersetzung. Seit Mitte der 1970er Jahre wandte sich auch die Bevölkerungsmehrheit der Oromo gegen die Zentralregierung. Dieser Konflikt dauerte nach 1991 in veränderter Konstellation fort. Im Ogaden hatte bereits 1963/64 ein K. stattgefunden. 1977–78 kam es dann zu verlustreichen Auseinandersetzungen zwischen Somalia und Äthiopien. Im Mai 1988 eskalierte schließlich in Somalia ein Bürgerkrieg, der zum weitgehenden Zerfall von Staats- und Gesellschaftsstrukturen führte.

Ostafrika wurde zwischen 1945 und 1989 von sieben gewalttätigen Konflikten erschüttert. In Ruanda war es nach der sog. Bauernrevolution der Hutu-Bevölkerungsmehrheit von 1959 bis weit in die 1960er Jahre zu bürgerkriegsähnlichen Unruhen gekommen; die in die Nachbarländer geflohenen Tutsi versuchten wiederholt die gewaltsame Rückkehr. In Burundi scheiterte 1972/73 ein Aufstand von Hutu-Milizen, auf den die von Tutsi dominierte Armee mit einer genozidähnlichen Vernichtung beinahe der ges. alphabetisierten Hutu-Bev. antwortete. In zwei Konflikte waren Tansania und Uganda verwickelt. 1971/72 versuchte Tansania erfolglos, in Uganda die von Idi Amin entmachtete Zivilregierung M. Obotes durch die Unterstützung einer Rebellenbewegung wieder an die Macht zu bringen. 1978 reagierte Tansania auf eine Grenzverletzung mit einer milit. Intervention, in deren Verlauf 1979 das Amin-Regime gestürzt wurde. Uganda kam jedoch nicht zur Ruhe: Nach fünfjährigem Krieg stürzte 1986 die NRM/A (*National Resistance Movement/Army*) unter Führung von Y. Museveni die Zentralregierung. Doch auch gegen Museveni haben sich seit 1987 immer wieder Rebellen erhoben.

Im südl. Afrika fanden zwischen 1945 und 1989 acht K. statt, die wesentlich von der südafrik. Pol. der ↗ Destabilisierung und der globalen Einmischung der UdSSR, der USA und Kubas geprägt waren. Der Angola-Krieg war in seiner ersten Phase (1961–74) ein Dekolonisationskonflikt (↗ Entkolonialisierung). Nach der Unabh. Angolas von Portugal kämpften die UNITA (Union für die vollständige Unabh. Angolas) und die FNLA (Nat. Front für die Befreiung Angolas) gegen die sozialistisch orientierte Regierung der MPLA (Volksbefreiungsfront Angolas). Auch in Mosambik lassen sich zwei Phasen unterscheiden. Nachdem die FRELIMO (Front für die Befreiung Mosambiks) nach einem zehnjährigen Krieg gegen die portug. Kolonialmacht 1974 die Unabh. erreicht hatte, sah sie sich zwischen 1978 und 1992 in einen Krieg mit der RENAMO (Nat. Widerstand von Mosambik) verwickelt, die vom rhodesischen Geheimdienst aufgebaut und dann vom südafrik. Geheimdienst übernommen worden war. Im Rhodesienkonflikt kämpften zwischen 1966 und 1979 die ZANU (*Zimbabwe African National Union*) und die ZAPU (*Zimbabwe African People's Union*) gegen das von Südafrika unterstützte Siedlerregime. Nach der Unabh. kam es im Matabeleland-Konflikt (1980–1988) zu einem Machtkampf zwischen der ZANU unter Führung von Staatspräsident R. Mugabe und der ZAPU unter Führung von J. Nkomo. Um einen lokal begrenzten Konflikt handelte es sich auch beim Mushala-Aufstand (1976–1982) in der NW-Provinz Sambias. Für Namibia wurde nach über zwanzigjährigem Unabhängigkeitskampf der SWAPO (*South West Africa People's Organization*) mit dem New Yorker Abkommen Ende 1988 das Ende der völkerrechtswidrigen Besetzung durch die Rep. Südafrika eingeleitet. In Südafrika wiederum kämpfte v.a. der ANC (Afrik. Nationalkongress) mit Unterbrechungen seit 1958 für die Abschaffung des Apartheidsystems.

II. Kriege/Bürgerkriege in den 1990er Jahren. Afrika ist der einzige Kontinent, der in den 1990er Jahren kaum vom weltweiten Rückgang der K. berührt war. Während die Zahl der K. weltweit von 52 im Jahre 1992 auf 32 im Jahre 1998 zurückging, blieb die Gewalt in Afrika auf hohem Niveau. 14 bewaffnete Konflikte in Afrika stellten mehr als 40% der weltweit ausgetragenen K. dar. Insges. waren in den 1990er Jahren 25 afrik. K. zu verzeichnen, von denen zwölf ihren Ursprung in den vorhergegangenen Jahrzehnten hatten. Von ihnen wurden neun K. zumindest im Sinne eines Waffenstillstandes beendet, z.B. der Konflikt um die Entkolonialisierung Westsaharas (1975–91), der Konflikt im Tschad (1966–98) sowie die K. in Mosambik (1978–92), und Südafrika (1958–94). Die langjährigen Auseinandersetzungen in Äthiopien/Eritrea wurden mit dem Sturz des Mengistu-Regimes beendet, so der Tigray-Konflikt (1975–91) der Eritrea-Konflikt (1962–91) und der Oromo-Konflikt (1976–91). Der Krieg zwischen Äthiopien und Eritrea und der Oromo-Konflikt flammten jedoch wenige Jahre später in anderer Gestalt wieder auf. Der Ende 1989 begonnene und äußerst brutal geführte Bürgerkrieg in Liberia, in dem es zeitweise zu einer extremen Aufsplitterung von Kriegsparteien und einer Truppenintervention der ↗ ECOMOG gekommen war, wurde 1996 beendet. Drei Konflikte, die vor 1990 begannen, konnten bis zum Jahr 2000 nicht beigelegt werden, so die K. in Somalia (seit 1988), im Sudan (seit 1983) sowie der Bürgerkrieg in Angola (seit 1975).

In den 1990er Jahren brachen 13 neue Konflikte aus. In fünf Fällen konnten die Kampfhandlungen beigelegt oder ausgesetzt werden, in Dschibuti (1991–94), in der angolanischen Exklave Cabinda (1992–96), bei den Tuareg-Aufständen in Mali und Niger (1990–96), in Guinea-Bissau (1998–99) sowie in Äthiopien/Eritrea (1998–2000). In acht Ländern dauerten die gewaltsamen Auseinandersetzungen im Jahr 2000 noch an, so in Algerien (seit 1992), in der Casamance-Region des Senegal (seit 1990), in Sierra Leone (seit 1993) trotz Präsenz von ECOMOG- bzw. Blauhelmsoldaten, in der Rep. Kongo (seit 1997), in der Demokrat. Rep. Kongo (seit 1997), in Burundi (seit 1993), in Ruanda (seit 1990) und in dem 1995 erneut ausgebrochenen Bürgerkriegs im N Ugandas.

III. Kriegstypen und externe Intervention. Bei der überwiegenden Mehrheit der bewaffneten Auseinandersetzungen seit 1945 handelt es sich um Bürgerkriege. Dabei dominierten K., die auf den Sturz des herrschenden Regimes abzielten. Aber auch zahlreiche Konflikte, bei denen Autonomie- und Sezessionsabsichten eine Rolle spielten, waren vertreten. Außerdem gab es in den 1960er und 1970er Jahren im Vergleich zu anderen Weltregionen einen hohen Anteil an Entkolonialisierungskriegen. Bei den Anti-Regime-K. fällt auf, dass Machtfragen bedeutsamer waren als eine grundlegende Veränderung des pol. Systems. Die nur unzureichende Konsolidierung staatl. Herrschaft in zahlreichen afrik. Ländern hat ein großes Terrain für Machtkonflikte eröffnet. Die Autonomie- und Sezessionkonflikte beruhen zum überwiegenden Teil auf den während der kolonialen Vergangenheit willkürlich gezogenen Grenzen. Mitte der 1990er Jahre bestanden in immerhin dreizehn Regionen Autonomie- und Sezessionsbestrebungen bzw. es war mit entsprechenden Auseinandersetzungen zu rechnen, z. B. in Somaliland (*de facto* seit 1990 selbständig), Südsudan/Darfur (W-Sudan) und Oromyia (die Hälfte Äthiopiens).

Oftmals spitzte sich im Verlaufe innerstaatl. Auseinandersetzungen das vielschichtige Geflecht von Konfliktursachen (fehlende Selbstbestimmung, fehlende pol. und ökonom. Partizipationschancen, Bewahrung der eigenen kulturellen Identität etc.) auf einen Machtkampf konkurrierender Eliten um die Kontrolle der Staatsmacht und materieller Ressourcen zu. Künstliche Grenzziehungen sowie staatl. Schwäche und Porösität führten dazu, dass Konflikte im Sinne eines *spill over*-Effekts auf die Nachbarstaaten übergriffen und die ges. Region erfassten. Zwischenstaatl. Grenz- und Territorialstreitigkeiten spielten eine vergleichsweise untergeordnete Rolle. I.d.R. sind Grenzfragen bei zwischenstaatl. Auseinandersetzungen eher Auslöser oder Vorwand, nicht die eigentlichen Kriegsgründe. Vielmehr geht es häufig um Fragen regionaler Hegemonie, um die Schaffung von Sicherheitszonen sowie um die gezielte Unterstützung von Aufständischen im Nachbarland. So verbanden sich im zweiten Ogadenkrieg (1977–78) Gebietsansprüche Somalias gegenüber Äthiopien mit der Ablenkung von innenpol. Problemen des Regimes von S. Barre. Hinzu kamen der Wechsel der globalen Schutzmächte und die Intervention Kubas. Auch beim K. zwischen Uganda und Tansania 1978–79 waren nicht Grenzprobleme, sondern das pol. Herrschaftssystem in Uganda maßgeblich. Die Politik der ↗ Destabilisierung, die Südafrika bis Ende der 1980er Jahre gegenüber Angola und Mosambik verfolgte, ist ein weiteres Beispiel für den komplexen Charakter regionalisierter K. In der zweiten Hälfte der 1990er Jahre hat die wechselseitige Intervention in Zentralafrika eine neue Dimension erreicht. In den Kongokrieg waren mit Ruanda, Uganda, Simbabwe, Angola, Namibia und dem Tschad zeitweise sechs externe Mächte mit eigenen Truppen involviert. Schauplatz einer weiteren Destabilisierung war das Horn von Afrika. Der Krieg zwischen Äthiopien und Eritrea (1998–2000) ist nicht nur ein trauriges Beispiel dafür, wie eine Region sich nach dem Ende globaler Einmischung selbst zerfleischt. Vielmehr versuchten beide Länder auch, innenpol. Zerrüttungen im Nachbarstaat sowie das pol. Chaos im staatenlosen Somalia für ihre Kriegszwecke zu instrumentalisieren.

Neben regionaler Einmischung hat in der Zeit des Kalten K. die globale Einflussnahme und Intervention in erheblichem Maße zur Aufheizung und Aufrechterhaltung von Konflikten beigetragen. Neben dem frz. Militarismus in West- und Zentralafrika sowie der belg. Destabilisierung im Kongo ist die milit. Beteiligung der USA, der Sowjetunion und Kubas zu nennen. Sie hat den Charakter der Konflikte in Äthiopien, Somalia und Angola maßgeblich mitbestimmt. Nach dem Ende des Ost-West-Konflikts war in der ersten Hälfte der 1990er Jahre in Ost- und Zentralafrika sowie in Westafrika eine starke Rivalität zwischen frz. und amerik. Einflusssphärenpolitik zu beobachten. Sie scheint jedoch angesichts einer schrittweisen Verminderung des frz. Engagements und eines sehr selektiven amerik. Engagements von rückläufiger Bedeutung zu sein.

IV. Missglückter Systemwandel und chronische Kriegsstrukturen. Woher rührt die Zerbrechlichkeit und Kriegsanfälligkeit, die Afrika in den 1990er Jahren zum Kriegskontinent hat werden lassen? Ab den 1970er Jahren kam es in vielen Staaten zu sozioökonom. und pol. Stagnation. Die bürokratischen Staatsklassen, die ihre Macht durch ↗ Neopatrimonialismus absicherten, stellten zwar eine fragile Stabilität her, initiierten aber keinen Wachstums- und Modernisierungsprozess und finanzierten sich aus Exporterlösen sowie aus der ↗ Entwicklungszusammenarbeit und Militärhilfe. Der ökonom. Globalisierungsschub drängte zahlreiche afrik. Ökonomien noch weiter an die Peripherie des weltwirtsch. Geschehens, die sozialen Belastungen der von IWF und Weltbank auferlegten ↗ Strukturanpassung traten verschärfend hinzu. Mit dem Ende des Ost-West-Konflikts wurden die ärmeren Länder Afrikas zudem in der globalen Koalitionsbildung uninteressant und die Handlungsoption einer Schaukelpolitik kam ihnen abhanden. Stattdessen gerieten sie unter pol. Druck westl. Geber, die die Entwicklungszusammenarbeit kürzten oder einstellten, wenn ihre Forderungen nach *good governance*, ↗ Demokratie und Rechtsstaatlichkeit nicht erfüllt wurden. Der schockartige externe Ressourcenentzug hatte eine mitunter ambivalente Wirkung: Einerseits wurde die Basis ↗ autoritärer Regime untergraben, die oftmals bereits durch die von den pol. Umbrüchen im Ostblock angesteckte ↗ Zivilgesellschaft im eigenen Lande in Frage gestellt worden waren. Andererseits wirkte der rasche Herrschaftszerfall als Katalysator für gewaltsamen Konfliktaustrag. Somalia, Liberia, Ruanda, Burundi und Demokrat. Rep. Kongo sind Beispiele für einen derartigen Kollaps pol. Systeme.

Bedenklich ist, dass viele Bürgerkriege der 1990er Jahre eine regelrechte Eigendynamik gewonnen haben und mit dem Zerfall von Staat und Gesellschaft einhergehen. Die Zahl der Akteure hat zugenommen, die Verquickung pol.-ökonom. und milit. Machtaneignung durch Warlords macht Kriegsziele und Kriegsparteien undurchsichtiger, die exzessive Verbreitung von Kleinwaffen hat zur Allgegenwart von Gewalt geführt, der Zerfall sozialer Strukturen erleichtert die massenhafte Rekrutierung von ↗ Kindersoldaten. In solch einer Situation wird für viele Menschen die ethn. oder relig. Identität zum oftmals letzten Bezugspunkt, was die Bildung von Feindbildern erleichtert. Pol. Unternehmer verstehen in erschreckendem Ausmaß, die vielfältig ↗ politisierte Ethnizität für ihre gewaltsame Machteroberung zu mobilisieren und instrumentalisieren.

Angesichts fehlender sozioökonom. Perspektiven bilden junge Männer oftmals eine ideale Basis für organisierte Gewalt, Bandenkriminalität etc. Da der Staat nicht in der Lage ist, die Kriminalität einzudämmen, ja mitunter direkt daran beteiligt ist, greifen Wohlhabende verstärkt auf private Sicherheitsdienste zurück, die einen der wenigen boomenden Wirtschaftssektoren in Afrika darstellen. Sowohl Konzerne als auch Regierungen und Rebellengruppen heuern zudem mehr und mehr Söldner an, so dass sich für bestimmte afrik. Länder von einer »Privatisierung der Sicherheit« sprechen lässt. Die ökonom. Basis für diesen Formwandel der Gewalt bilden Kriegswirtschaften, die ihre Ressourcen aus Zwang, dem illegalen Handel mit Rohstoffen (Diamanten, Gold, Tropenhölzer) und Drogen sowie aus der Instrumentalisierung externer Hilfsleistungen ziehen und sich in der zunehmend globalisierten Weltwirtschaft lukrative Nischen erobert haben. ↗ Blauhelmeinsätze, ↗ ethnische Konflikte, ↗ nachkoloniale Staaten, ↗ Sozialismus, ↗ Flüchtlinge, ↗ Landminen.

🕮 G. Baechler, Zivile Konfliktbearbeitung in Afrika, Bern 1998. – J. Cilliers/P. Mason (Hg.), Peace, Profit or Plunder? The Privatisation of Security in War-Torn African Societies, Pretoria/Ottawa 1999. – K. J. Gantzel/T. Schwinghammer, Die Kriege seit dem Zweiten Weltkrieg bis 1992, Münster/Hamburg 1995. – V. Matthies, Die friedenspol. Rolle der Organisation der Afrik. Einheit. In: Institut für Afrika-Kunde/R. Hofmeier (Hg.), Afrika-Jahrbuch 1996, Opladen 1997, S. 49–62. – A. Onadipe/D. Lord, African Conflict and the Media, London 1998. – T. Rabehl (Hg.), Das Kriegsgeschehen 1999, Opladen 2000.

Tobias Debiel

Kru (Sprache) ↗ Kwa

Kultur. In unserem alltäglichen Sprachgebrauch und mit Bezug auf westl. Gesellschaften bezeichnet K. meist nur einen bestimmten Ausschnitt des gesellsch. Lebens: v. a. Kunst, manchmal auch Religion und Wissenschaft. Dagegen ist der Kulturbegriff der Ethnologie, der diesem Lexikon zugrunde liegt und zunehmend auch über die Kulturwissenschaften hinaus Verwendung findet, insbes. bei der Behandlung außereurop. Gesellschaften, umfassender. Unter K. wird die ganze Lebensweise von Menschen verstanden oder, wie die klassische Formulierung des brit. Ethnologen Edward Tylor (1871) lautet: K. ist »jenes komplexe Ganze, das Wissen, Glaube, Kunst, Moral, Sitte und Brauch und alle anderen Fähigkeiten und Gewohnheiten einschließt, die der Mensch als Mitglied der Gesellschaft erworben hat«. Bei aller Vielfalt von Kulturdefinitionen, die seither entwickelt wurden (schon 1952 dokumentierten Kroeber/Kluckhohn 160 versch. ethnolog. Definitionen) lassen sich doch bestimmte Theorietraditionen und Debatten erkennen, die auch die Diskussion über afrik. Kulturen prägen.

I. Ganzheitlicher versus kognitiver Kulturbegriff. Viele der an Tylor anknüpfenden Kulturdefinitionen kann man als ganzheitlich charakterisieren: Sie fassen unter K. sowohl die immateriellen als auch die materiellen Aspekte menschlichen Lebens, alle Errungenschaften, Institutionen und Verhaltensweisen, die nicht von Natur aus vorgegeben, sondern durch Innovationen von Menschen zielgerichtet hinzugefügt wurden. Der Mensch als Mängelwesen, das nur z. T. durch Instinkte geleitet und genetisch programmiert ist, muss sein Überleben durch selbst geschaffene und dadurch prinzipiell offene, veränderbare Techniken und Institutionen sichern. K. ist also gewissermaßen Instinktersatz und wird durch die äußere Umwelt sowie die innere menschliche Natur zwar geprägt, aber nicht determiniert. Dagegen legen Vertreter eines kognitiven Kulturbegriffs den Schwerpunkt auf die immateriellen Aspekte, also die Normen und Werte, Deutungsmuster und Symbole, die die Verhaltensweisen und Institutionen einer Gesellschaft prägen. K. ist hier gewissermaßen das kollektive mentale Programm, das »Netz von Bedeutungen« (Geertz), die das menschliche Handeln und die materiellen Hervorbringungen anleiten. Beide Richtungen sind sich aber über den kollektiven Charakter von K. einig: K. wird von Menschen als sozialen Lebewesen hervorgebracht, weiterentwickelt und an die nachfolgenden Generationen vermittelt.

II. Universalismus der Kultur versus Mannigfaltigkeit der Kulturen. Der kollektive Charakter von K. und die Bindung von K. an auf Dauer angelegte Lebensgemeinschaften wird grundsätzlich von allen Kulturtheorien anerkannt, aber recht unterschiedlich thematisiert. Während einige die universellen Aspekte von K. unterstreichen und nach Erklärungen für die zahlreichen kulturellen Übereinstimmungen suchen, die sich auch in räumlich voneinander entfernten Gesellschaften finden lassen, betonen andere die Vielfalt der Kulturen und sehen in ihnen in sich geschlossene, einzigartige und einmalige Gebilde. Beide Denkrichtungen haben auch die Beschäftigung mit afrik. Kulturen geprägt (↗ Ethnologie). Zu den universalistischen Kulturtheorien gehören die älteren diffusionistischen Ansätze, die nach der geogr. Ausbreitung (Diffusion) bestimmter kultureller Elemente fragen. Häufig suchte man dabei nach einer »Urkultur«, von der ausgehend sich durch Migration, Handel und Eroberungen Vorstellungsgebäude und materielle Güter verbreiteten. Sahen die Briten Elliot Smith (1871–1937) und W. G. Perry im alten Ägypten den Ursprung vieler kultureller Errungenschaften in Afrika (und sogar in Australien, Altmexiko etc.), so fanden dt. Ethnologen wie Leo Frobenius (1873–1938) und Bernhard Ankermann in den Verbreitungsmustern von materiellen Gütern wie Waffen, Kleidung, Haustypen oder Musikinstrumenten auch Spuren indischer und arab. Einflüsse. Entsprechend gliederten sie Afrika nicht in hunderte unterschiedlicher Einzelkulturen, sondern suchten nach hist. gewachsenen größeren Einheiten – oft als kulturgeogr. Provinzen oder ↗ Kulturkreise bezeichnet. Andere, wie der Wiener Ethnologe Pater Wilh. Schmidt (1868–1954), legten der kulturellen Gliederung Afrikas weniger die Unterschiede in den materiellen Gütern als vielmehr Variationen von Glaubensvorstellungen und Verwandtschaftsformen zugrunde. Schmidt interpretierte die Vielfalt afrik. Kulturen und Religionen als Abwandlungen eines angeblich ursprünglichen Urmonotheismus. Aus heutiger Sicht erscheinen viele Annahmen dieser älteren diffusionistischen Ansätze methodisch fragwürdig. Doch zeigen die neueren Diskussionen über kulturellen Wandel, dass die Suche nach übergreifenden Zusammenhängen den dynamischen und wandelbaren kulturellen Austauschverhältnissen der flexiblen, mobilen afrik. Gesellschaften besser Rechnung trug als die Verabsolutierung isolierter Einzelkulturen, die sich in den 1940er bis 1960er Jahren unter dem Einfluss des brit. Strukturfunktionalismus und kulturrelativistischer Ansätze aus den USA durchsetzte. Unter dieser Perspektive – die auch den Blick vieler Kolonialbeamter prägte – erschien Afrika als Mosaik nebeneinander existierender Einzelkulturen, in sich homogen und systemisch integriert und voneinander hinsichtlich Sprache, relig. Vorstellungen und kultureller Institutionen eindeutig unterschieden. Allerdings fand die methodisch folgenreiche Prämisse der amerik. Kulturrelativisten, dass alle Kulturen ethnozentrisch seien und nur »aus sich selbst heraus« verstanden (nicht aber verglichen) werden könnten, unter den Afrikaforschern nur begrenzten Widerhall. Die Gleichung zwischen »Ethnie« (↗ Ethnizität) und »Kultur« setzte sich dennoch weitgehend durch und prägt heute auch die pol. und populären Debatten über K. in Afrika selbst.

III. Neuere Debatten über Kultur. Dass afrik. Kulturen nicht statisch, sondern wandelbar sind, wurde schon recht früh thematisiert. Allerdings wurde dabei der Impuls für den kulturellen Wandel nicht den doch eher statisch aufgefassten »traditionellen« Kulturen zugeschrieben, sondern ihrem Kontakt mit dem Kolonialismus, der in unterschiedlichen Dynamiken von ↗ Assimilation, ↗ Akkulturation und kultureller Fusion mündete. Erst in jüngerer Zeit werden die Wandlungsfähigkeit und multiplen Austauschprozesse auch vorkolonialer afrik. kultureller Systeme betont – Prozesse kulturellen Wandels, die dann im Kontext von Kolonialismus und postkolonialer Globalisierung neue Impulse erhielten und die häufig als mit der Biologie oder Linguistik entlehnten Begriffen wie Hybridisierung, ↗ Kreolisierung oder Synkretisierung bezeichnet werden. Mit dieser Betonung der kulturellen Dynamik gerät auch die Vorstellung von in sich abgeschlossenen Einzelkulturen zunehmend in die Kritik. Kulturen sind weder intern homogen noch eindeutig einer ethn. Gruppe zuzuordnen noch klar voneinander abzugrenzen. Wie kann man dann aber überhaupt noch von unterschiedlichen Kulturen sprechen? Statt Kulturen durch einen festen Kanon bestimmter Normen und Praktiken (bestimmte Verwandtschafts- und

Heiratsordnung, relig. Vorstellungen, materielle Kultur etc.) zu definieren, den alle Mitglieder teilen (müssen), gehen neuere Ansätze eher davon aus, dass Kulturen ein Diskursfeld oder eine Arena darstellen, auf der die zentralen Werte und Institutionen immer wieder neu ausgehandelt werden. Die kulturelle Gemeinsamkeit, die jeweils nur temporär hergestellt wird, konstituiert sich dann über die von allen anerkannten Regeln, nach denen die Debatten geführt werden, durch die kollektive Erinnerung an bereits geführte Debatten und durch die gemeinsamen Streitgegenstände, an denen sich die Debatten typischerweise entzünden. Diese neueren Ansätze finden allerdings im öffentl. Diskurs über K. und »Multikulturalismus« nur wenig Widerhall. Auch in Afrika dominiert auf dem Feld der Kulturpolitik ein eher essentialistisches Verständnis von Einzelkulturen als einmaligen, geschlossenen Systemen mit tiefen hist. Wurzeln. Diese Kulturen, so die weithin geteilte Vorstellung afrik. Politiker, können und müssen zwar durch vorsichtige Reformen an die Erfordernisse der »modernen« Gesellschaft angepasst werden (↗ Tradition), aber sie prägen ihre Mitglieder nach wie vor zutiefst und werden darum immer wieder zur Quelle von Konflikten (mit angeblich kulturell nicht kompatiblen Gruppen).

📖 A. L. Kroeber/C. Kluckhohn, Culture. A Critical Review of Concepts and Definitions, Harvard 1952. – C. Geertz, Dichte Beschreibung. Bemerkungen zu einer deutenden Theorie von Kultur. In: ders., Dichte Beschreibung. Beiträge zum Verstehen kultureller Systeme, Frankfurt/M. 1987. – K.-H. Kohl, Ethnologie – die Wissenschaft vom kulturell Fremden, München 1993. – W. Rudolph, Ethnos und Kultur. In: H. Fischer, Ethnologie. Einführung und Überblick, Berlin 1998. – C. Brumann, Writing for Culture. Why a Successful Concept Should not be Discarded. In: Current Anthropology 40 (1999), suppl. – W. Schiffauer, Kultur als Diskursfeld. In: Frankfurter Rundschau, 27. 4. 1999 (Nr. 97).

Carola Lentz

Kulturkreise, von Leo Frobenius eingeführter Begriff zur ethnolog. Unterteilung des afrik. Kontinents, der zunächst ein zeitliches Stratum definierte. Auch Kulturprovinz bzw. in der amerik. Tradition *culture area* genannt, beziehen K. selbst bei ausdrücklicher Beschränkung auf kulturelle Verbreitungskriterien Geschichte, Landschaft, Genetik und Sprache der betr. Region mit ein. Die gröbste Einteilung trennt den nordsahar. (↗ Weißafrika) vom subsahar. (↗ Schwarzafrika) Kontinent, wobei das Hochland von Äthiopien gern als dritter K. hervorgehoben wurde. Alle Invasoren Afrikas, also Phönizier, Römer, Indonesier, Araber und Europäer, haben eigene Aufteilungen vorgenommen, im Folgenden geht es jedoch nur um die ethnolog. Konzepte der letzten 100 Jahre.

Die ersten Entwürfe, die damals nur oberflächlich und lückenhaft bekannten über 800 Ethnien Afrikas zu größeren Einheiten zusammenzufassen, legten im Sinne des Kulturdiffusionismus 1894 bzw. 1898 Frobenius und 1901 bzw. 1904 Bernhard Ankermann vor. Beide gingen von einer Kulturscheide zwischen Westafrika und einem sich halbkreisförmig um diesen feuchttropischen Kern legenden Ostafrika aus und suchten für beide K. außerafrik. Beziehungen. Die Methode erwuchs aus der Beschäftigung mit materieller Kultur im Völkerkundemuseum; infolgedessen betrafen die Ähnlichkeitskriterien Waffen, ↗ Kleidung, Haustypen (Architektur), ↗ Musikinstrumente – aber auch Körperveränderungen, bei Frobenius insbes. Stilformen. Frobenius gelangte so zu vier, Ankermann zu zehn »kulturgeogr. Provinzen«.

Nach dem Ersten Weltkrieg, in der Blütezeit von Kolonialverwaltung und Kolonialwissenschaft, konkurrierten vier ethnolog. Aufteilungen des Kontinents. Die brit. Aufteilung von Charles Gabriel Seligman (1930) führte, vom Panägyptismus geprägt, die wesentlichen Errungenschaften Afrikas auf eine sich nach W und S gabelnde Innovationswelle zurück. Diese als Hamitentheorie bekannt gewordene Vorstellung beurteilte die afrik. K. nach ihrer Beimengung der sog. hamitischen Kultur, die mit entsprechenden biolog. und sprachl. Merkmalen belegt wurde. Wesentlich differenzierter gelangen Hermann Baumanns Versuche, aus dem Zusammenspiel von Geographie, »Rasse«, Sprache und Kultur »Provinzen« zu rekonstruieren – zunächst fünf, dann 13, zuletzt 26 (1975), gebildet aus Vermischung und Überlagerung von sechs Kulturschichten (K. in der älteren Bedeutung), denen er 1940 noch die neuere arab. und europ. Beeinflussung anfügte.

Ebenso originell wie umstritten war Frobenius' zweiter Entwurf von 1929, in dem er im »Geist des Erdteils« drei Formensprachen mit regionalem Schwerpunkt und exogener Befruchtung (»syrtisch«, »atlantisch« und »erythräisch«) unterschied und überdies den ganzen Kontinent aus der Spannung zwischen Bauerntum (»Äthiopik«) und Hirtentum (»Hamitik«) heraus erklärte. Auch die vierte Einteilung, die Übertragung der amerik. Kulturareal-Lehre auf Afrika durch Melville Herskovits (1924), arbeitete mit idealistischen, wenn auch weniger kunsttheoretischen als vielmehr psycholog. Konzepten. Unter seinen neun K. zeigte insbes. der ost- und südafrik. *cattle complex* (1926), dass K. nicht durch mechanische Addition von Merkmalen gebildet werden, sondern durch Leitideen und Grundwerte, die alle anderen Kulturaspekte in ihren Bann ziehen.

Nach dem Zweiten Weltkrieg setzte einerseits eine deskriptive Intensivierung der Afrika-Ethnographie ein: Das *International African Institute* in London begann 1945 unter Daryll Forde einen kleinräumigen, dafür umso genaueren *Ethnographic Survey of Africa.* Andererseits wurden die etablierten K. ideologiekritisch überprüft. Das russische Standardwerk von D. A. Olderogge und I. I. Potechin (1954, 1961) folgte noch Baumann, der dann mit seinen Schülern eine (1975/79 posthum veröffentl.) Neufassung erarbeitete. Kurz vor 1960, dem »Jahr Afrikas«, bemühte sich aber der amerik. Kulturkomparatist George Peter Murdock um eine grundlegende Revision, die die neuen Erkenntnisse der Sprachwissenschaft, Archäologie und Humanbiologie und bisher vernachlässigte Kulturzüge wie Arbeitsteilung, Verwandtschaftsterminologie oder Herrschaftsformen berücksichtigte. Die daraus resultierenden zehn K. (Jäger, Sudanbauern, nordafrik. Bauern, Synthese des Nilkorridors, Südkuschiten, SO-asiatischer Einfluss, Bantu, ostafrik. Hirten, hirtenbäuerl. Mischform, nord- und westafrik. Hirten) unterscheiden sich aber nicht substantiell von den älteren Konzepten.

In der nachkolonialen Phase ging das Interesse an K. stark zurück; die Lokalstudie (Dorf, Ethnie, Stadtteil) und die interdisziplinäre Kooperation gewannen Priorität. Aus jüngerer Zeit sollen nur zwei Entwürfe erwähnt werden: die Einteilung des Kontinents nach »Zivilisationen« (des Bogens, der Lichtungen, der Speicher, der Lanze, der Städte und der Industrie) durch Jacques Maquet und Herbert Ganslmayr (1962, dt. 1970/78) sowie die Orientierung an Ökotypen bei Colin Turnbull (1976). Im Gegensatz zum industrieoptimistischen Schluss von Maquet und Ganslmayr weist Turnbull wieder auf den mächtigen Einfluss von Klima und Erde, der die afrik. Kulturen v. a. zu bestimmen scheint und weiten Gebieten ein einheitliches Gepräge verleiht. Auch außerhalb des Faches (z. B. in der Publizistik) werden ethnographisch homogene Regionen bisweilen K. genannt. ↗ Ethnologie, ↗ Kultur, ↗ Kreolisierung.

🕮 H. Baumann, Die Völker Afrikas und ihre traditionellen Kulturen, Bd. 1.2, Wiesbaden 1975/79. – L. Frobenius, Kulturgeschichte Afrikas, Repr. d. Ausg. 1933, Wuppertal 1993. – J. Maquet/H. Ganslmayr, Die Afrikaner. Völker und Kulturen des schwarzen Kontinents, München 1978. – C. Turnbull, Man in Africa, Harmondsworth 1976. – J. Zwernemann, Culture History and African Anthropology: A Century of Research in Germany and Austria, Uppsala 1983.

Bernhard Streck

Kunst. *I. Gegenstand.* Afrik. K. ist weder inhaltlich noch räumlich als Einheit zu bestimmen. Die Gründe dafür liegen nicht nur in der Vielfalt des Kontinents und seiner Kulturen, sondern auch an den unterschiedlichen Grundlagen westl. und afrik. K. Die herkömmlichen Gattungen der abendländischen Kunstgeschichte – bildende K., darstellende K. und ↗ Musik – sind in afrik. Gesellschaften nicht notwendig voneinander geschieden, bestimmen aber nach wie vor Untersuchungen und Darstellungen der afrik. Künste. Auch das moderne Konzept von K. als einem autonomen Feld menschlichen Erfahrens und Handelns ist den meisten Gesellschaften Afrikas fremd. Anstelle von Kunst ist deshalb oft genauer von künstlerischen Ausdrucksformen zu sprechen. Sie finden sich in vielen Bereichen des Alltags, der ↗ Religion oder der repräsentativen Darstellung oder Kritik von Herrschaft. Das Sehen dieser Formen bildet sich nicht an ihnen selbst, sondern in Erfahrungs- und Handlungszusammenhängen, die über das abendländische Feld von Kunst hinausweisen. Der Auftritt einer ↗ Maske kann zugleich die Zurschaustellung eines Werkes der bildenden K. (des geschnitzten Maskenkörpers), die Darstellung einer Handlung als ↗ Tanz oder ↗ Theater und eine musikalische Darbietung sein. Seinen Sinn kann der Auftritt aus einem relig. legitimierten Weltbild, aus einer Satire der gesellsch. Verhältnisse oder aus anderen Zielen und Interessen der Handelnden beziehen. Fast durchgängig verweisen künstlerische Ausdrucksformen in Afrika in ihrer gestalterischen Kontinuität zu älteren Formen wie in ihrer aktuellen Umsetzung auf solche außerhalb ihrer selbst liegenden Ziele.

Aufgrund der Fülle möglicher Ziele und Interessen ist eine den ganzen Kontinent umfassende Typik afrik. K. kaum zu entwerfen. Als eingeschränkt tragfähiges Kriterium haben sich gesellsch. Typen erwiesen, die jedoch nicht auf den afrik. Kontinent beschränkt sind. Die Kunst der Jäger und Sammler ist heute fast ausschließlich in Relikten vertreten, etwa den ↗ Felsbildern des südl. und östl. Afrika und der ↗ Sahara. Hirtengesellschaften besitzen häufig eine anspruchsvolle Kunst des Körpers, die sich in ↗ Schmuck, ↗ Kleidung (↗ Textilien, ↗ Schneiderei), ↗ Frisuren und Tatauierungen (↗ Körperkunst) äußert. Die figürliche ↗ Skulptur und ↗ Plastik, die sich als erstes mit dem Begriff afrik. K. verbindet, ist zum größten Teil das Werk bäuerlicher oder höfischer Gesellschaften. Manche Skulpturen sind an bestimmte Institutionen gebunden. So werden vielfach die Masken junger Erwachsener nur während Passageriten getragen (↗ Initiation, ↗ Ritus). Patronage durch geheime ↗ Bünde oder Herrscher spielt in ↗ segmentären wie pol. zentralisierten Gesellschaften eine große Rolle.

Parallel zu diesen i.d.R. als traditionell bezeichneten künstlerischen Ausdrucksformen ist in den kolonialen und postkolonialen Gesellschaften auch K. im modernen, westl. Sinne entstanden. Wendet sie sich an ein lokales Publikum, lässt sie sich als populäre oder städtische K. (↗ Kunst, städt.) charakterisieren. Ist sie der globalen Kunstwelt (↗ Kunstmarkt/Kunstwelt) verpflichtet, wird sie häufig als internat. Kunst (↗ moderne K.) bezeichnet. Hier hat sich v.a. die ↗ Malerei zu einer eigenständigen künstlerischen Gattung entwickelt. Obwohl zwischen den sog. traditionellen und modernen Künsten Afrikas zahlreiche Berührungspunkte bestehen und viele moderne Kunstwerke sich auf ältere künstlerische Ausdrucksformen beziehen, werden beide nur selten vor dem Hintergrund ihres geschichtlichen und gesellsch. Zusammenhanges gesehen.

II. Geschichte. Auch hist. werden die Künste Afrikas gemeinhin nicht zu einer Einheit zusammengefasst. Obwohl es über die Sahara hinweg zahlreiche Berührungspunkte zwischen dem »weißen« und dem »schwarzen« Afrika gab und gibt, wird i.d.R. die der abendländischen Geschichte verpflichtete, vorwiegend islam. K. Nordafrikas von der des subsahar. Afrika getrennt. Die Konstruktion entsprechender Kunstprovinzen geht im Wesentlichen auf die europ. Geistesgeschichte zurück, die nur dem nördl. Afrika eine der eigenen vergleichbare Geschichte und Kultur zuschrieb, während die übrigen Teile des Kontinents als geschichtslos galten. Mit dem Aufkommen des Evolutionismus (↗ Ethnologie) wurde afrik. K. als Beleg früherer Entwicklungsstufen der Menschheit gewertet. Nicht nur die Felsbilder des südlichen Afrika, die tatsächlich zu den ältesten Zeugnissen künstlerischen Schaffens überhaupt gehören, auch die gesamte Skulptur und Plastik des zeitgenössischen tropischen Afrika wurden zum Ausdruck von Menschen, die einer anderen Zeit angehörten. Als »Naturvölker« kannten sie noch keinen geschichtlichen Wandel und waren dem Westen letztlich nicht ebenbürtig. Eine Auseinandersetzung mit der Geschichte der Künste Afrikas fand deshalb kaum statt. Wenngleich es immer wieder Einzelne gab, die den ästhetischen Wert der Werke erkannten, wurden sie bis ins 19. Jh. hinein vorwiegend als Kuriosa oder als handwerkliche Erzeugnisse erworben und gesammelt. Auch in den ersten ethnographischen Sammlungen wurde der künstlerische Wert viele Artefakte verkannt. Sie wurden, sofern sie überhaupt gezielt gesammelt wurden, als typische Beispiele für vergangene Epochen der Menschheitsgeschichte gezeigt. Nach dieser universalgeschichtlichen Idee waren jeder Entwicklungsstufe der Menschheit bestimmte Formen der Kunst zu eigen. So schrieb Wilhelm Worringer 1907, dass der Anfang der Kunst in der Abstraktion läge, da »der Primitive« in ständiger Angst vor der Natur lebe und diese deshalb nicht nachzuahmen wage. Dagegen kamen andere zu der Überzeugung, dass z.B. die Felsbilder der südafrik. ↗ Wildbeuter einer »primitiven Jagdmagie« entsprungen sein müssten, die die Bannung des Wildes durch die Imitation einer wirklichen Handlung, die symbolisch-kultische Tötung des Wildes in seiner bildlichen Darstellung, zum Ziele habe.

Im Laufe des 20. Jh. sind die Spekulationen über den Ursprung der afrik. wie der Kunst überhaupt sämtlich widerlegt worden. Die Vorstellung eines universellen und geradlinigen Fortschrittes, der auch alle künstlerischen Ausdrucksformen umfasste und sie letztlich zu einem Anhängsel des technologischen Könnens reduzierte, wurde Anfang des 20. Jh. von zwei Seiten in Frage gestellt. Auf wiss. Seite löste eine kulturhistorische Perspektive die evolutionistische ab, während in der Kunstwelt eine ästhetisierende Sichtweise zunehmend die Auseinandersetzung mit der afrik. Skulptur und Plastik bestimmte.

Die »Entdeckung« der afrik. K. als K. ist dabei wesentlich Künstlern wie denen der Künstlervereinigungen *Die Brücke* und *Der blaue Reiter* in Deutschland sowie Pablo Picasso, André Derain und Henri Matisse in Frankreich zu verdanken. Von ihnen und bald auch der Kunstkritik wurde die afrik. K. als der europ. grundsätzlich gleichwertig anerkannt. Die Künstler waren vornehmlich an den gestalterischen Eigenschaften der Werke interessiert, da sich ihnen in ihren eigenen Werken ähnliche formale Probleme stellten. Was dagegen die afrik. K. von der abendländischen unterschied, war ihnen nebensächlich. Sie sahen die afrik. K., vertreten durch Skulptur und Plastik, als Ausdruck allg. menschlicher Kreativität, die keiner weiteren Erklärung bedurfte. Diese Projektion moderner Vorstellungen wird seitdem in zahlreichen Ausstellungen inszeniert. Die einzelnen Werke werden in idealisierten Räumen und Vitrinen ohne nähere Hinweise auf ihre Herkunft, Entstehung und v.a. ihren Gebrauch wie Kunstwerke der eigenen Geschichte präsentiert. Erst seit den 1980er Jahren wird diese Darstellung als Fortsetzung der kolonialen Dominanz kritisiert.

III. Die Stilgeschichte der afrik. K. konnte bislang nur in wenigen Bereichen und/oder Regionen rekonstruiert werden, v.a. in der islam. Kunst, der sakralen ↗ Architektur und der Kunst ↗ Altägyptens oder in den Städten ↗ Benin und ↗ Ife. Ansonsten erlauben die Quellen noch keine genaueren, zusammenhängenden Darstellungen. Die meisten Skulpturen sind aus Holz geschnitzt und überdauern im feuchten tropischen Klima nicht so lange wie Kunstwerke aus Stein oder gebranntem Ton. Die überwiegende Mehrheit der sog. alten traditionellen Skulpturen ist nicht vor Mitte des 19. Jh. entstanden. Auch sind im tropischen Afrika wenig archäolog. Grabungen durchgeführt worden, so dass ältere Zeugnisse künstlerischen Schaffens oft eher zufällig entdeckt als systematisch gesammelt wurden. Durch Raubgrabungen, die den ↗ Kunstmarkt bedienen, gehen weitere Quellen verloren. Manche in der europ. Kunstgeschichte gängigen Methoden der Datierung sind im subtropischen und tropischen Afrika nicht anwendbar.

Nicht nur wegen fehlender Daten hat sich das herkömmliche Modell der Stilgeschichte in Afrika als wenig fruchtbar erwiesen. Der Hauptgrund liegt in der erwähnten gesellsch. Einbettung künstlerischer Ausdrucksformen. Einerseits scheinen viele schriftlose Gesellschaften nicht an einer Konservierung vergangener Kunst interessiert zu sein. Die in den Werken verkörperten Ideale und Werte sind Bilder der Gegenwart, nicht der Vergangenheit. Andererseits erlaubt es deren fehlende Autonomie nicht, ihre Geschichtlichkeit aus sich selbst heraus zu deuten. Der stilistische Wandel lässt sich nur im Rahmen des allg. lebensweltlichen Wandels beschreiben. Da sich das Sehen von künstlerischen Ausdrucksformen nicht an diesen selbst bildet, muss eine Stilgeschichte zu einer Geschichte des Wahrnehmens und Sehens, des Gebrauchs und des Handelns werden. In diesem Sinne hat sich in den letzten Jahren aus Ethnologie und Kunstgeschichte v.a. in den USA ein neuer Zweig der Kunstwissenschaft etablieren können. Zu seinen wichtigsten Themenfeldern und Forschungsergebnissen zählen:

Der Künstler und sein Werk sind in afrik. Gesellschaften gewöhnlich kein Thema öffentl. Kritik und des Erinnerns. Zwar werden individuelle Leistungen in der Regel anerkannt, doch häufig nicht in die Öffentlichkeit getragen. So bleibt das Wissen um die Urheberschaft einzelner Werke auf wenige Spezialisten oder Eingeweihte beschränkt. In vielen Gesellschaften ist unter Schnitzern oder ihren Auftraggebern bekannt, wer welche Werke geschaffen hat und wer die Ausführung bestimmter Typen besonders gut beherrscht, aber über diesen Kreis hinaus verliert sich dieses Wissen schnell. Die Gründe dafür liegen z.T. im rituellen Gebrauch der Werke. So erscheinen viele Masken als Verkörperungen sonst unsichtbarer Wesen. Weder der Tänzer noch die von ihm getragene Maske sollen als menschlich erkennbar sein. Gegenüber dem Auftritt der Maske ist die Erinnerung an den Schnitzer sekundär. Ähnliches gilt für viele Figuren. Auch sie stellen häufig Wesen dar, die sonst nicht sichtbar sind. Die fast überall in Afrika anzutreffenden Wesen der Wildnis (»Buschgeister«) und die verstorbenen Vorfahren (↗ Ahnenkult) gehören dazu. V.a. die figürlichen Darstellungen der letzteren sind eine verborgene Kunst, die oft nur die Nachfahren des Verstorbenen sehen dürfen. Selbst unmittelbare Nachbarn wissen vielfach nichts von der Existenz solcher Figuren. Die Erinnerung an den Schnitzer kann deshalb kaum außerhalb der Verwandtschaft tradiert werden.

In einigen Fällen kann man daher zwar den individuellen Stil eines Meisters anhand seiner Werke identifizieren, aber dem Œuvre keinen Namen zuordnen. Ein Beispiel ist der weltberühmt gewordene »Meister von Buli«, ein unbekannter Luba-Schnitzer, der vermutlich Ende des 19. Jh. im südöstl. Kongo lebte und wohl nicht nur für lokale Herrscher, sondern auch für europ. Auftraggeber arbeitete. Seine Handschrift wurde in den 1930er Jahren von Frans Olbrechts identifiziert, dem Kurator des königlichen Museums für Zentralafrika in Tervuren bei Brüssel. Heute werden ihm etwa 20 Werke zugeschrieben, v.a. Stühle, deren Sitz von einer aufrechten Figur mit erhobenen Armen getragen wird. Ein kleines Œuvre wie seines ist in Afrika eher die Regel, erklärt aber nicht die Anonymität der Kunst. Die Luba, denen der »Meister von Buli« angehörte, besitzen zuverlässige Memotechniken, mit deren Hilfe sie in der Lage sind, die Namen ihrer Könige über viele Generationen zu bewahren.

Der Name eines Schnitzers war dagegen nicht der gesellsch. Erinnerung wert.

Dagegen bewahren Gesellschaften, in denen Kunstwerke zur öffentl. Darstellung persönlicher Identität dienen, eher die Namen der Künstler. So sind viele Masken bei den Dan in Liberia und der Elfenbeinküste persönlicher Besitz und treten bei Festen auf, mit denen der Besitzer seine Verdienste feiert. Häufig begleitet der Schnitzer die von ihm geschnitzten Masken, so dass jedermann sehen kann, wer ein gelungenes Stück geschaffen hat. Dementsprechend weit verbreitet ist das Wissen um die Urheberschaft einzelner Werke und das Können der Künstler.

Genau wie das intentionale Schaffen von »Kunst« vielen afrik. Gesellschaften fremd war und ist, so war es auch die Vorstellung des frei eigene Formen schaffenden Künstlers und die einer künstlerischen Avantgarde. Künstlerischer Wandel war für den einzelnen Künstler ein stetes Ausweiten der Grenzen und Möglichkeiten, die ihm seine Gesellschaft und ihre künstlerische Tradition auferlegte. Die Künstler suchten eher überlieferte Stile zu erweitern als sie zu revolutionieren. In ihren Werken werden Handlungszwänge und Freiheiten ihrer eigenen Zeit und Gesellschaft deutlich. Nur vor diesem Hintergrund lässt sich erfassen, welche persönlichen Stile sie sich erarbeiten. Es ist eine offene, nur empirisch zu beantwortende Frage, die genauer, keiner westl. Intuition folgenden Beobachtung bedarf.

IV. Kreativität. Vor dem Hintergrund der alten Vorstellungen eines geschichtslosen Afrika und der in den meisten afrik. Gesellschaften fehlenden Vorstellungen von Autonomie und Avantgarde war die Frage nach der Entstehung des Neuen in der Kunst des Kontinents mehr als bloß akademisch. Bereits Anfang des 20. Jh. mussten mit der genauer werdenden Kenntnis lokaler Stile die universalgeschichtlichen Deutungsmuster aufgegeben werden. Bis etwa Mitte der 1930er Jahre konnte die Fülle der afrik. Skulpturen und Plastiken einzelnen Stilzentren zugeordnet werden. Sie waren im Wesentlichen mit der ethn. Landkarte identisch, die sich die europ. Kolonialverwaltungen geschaffen hatten. Der Ethnos, den man sich damals als einen kleinen, geschlossenen Kosmos vorstellte, wurde gleichsam zum Schöpfer der Werke. Er trat an die Stelle des individuellen Künstlers in der abendländischen Kunstgeschichte. Freilich war auch diese Konzeption ahistorisch und bot keine Möglichkeit, Wandel in der afrik. K. zu erfassen und zu beschreiben.

Mit der Dominanz des Strukturfunktionalismus in der Ethnologie trat die Frage nach Wandel und Kreativität in der afrik. Kunst zunächst in den Hintergrund. In sehr eingehenden Studien wurden gesellsch. Zusammenhänge untersucht, aber kaum deren Wandel. Erst in den 1960er und 1970er Jahren erwachte wieder das Interesse an der Entstehung des Neuen. Dabei privilegierte man wiederum westl. Deutungsmuster. Kreativität schrieb man dem individuellen Künstler zu, während die gesellsch. Bedingungen, unter denen sich Individualität entfalten konnte, kaum berücksichtigt wurden. Anstöße zur Korrektur dieses Bildes kamen eher aus Randbereichen der afrik. Kunstwissenschaften, v.a. aus der Beschäftigung mit der populären Kultur der sich rasch wandelnden postkolonialen Gesellschaften. Die nahezu überall zu beobachtende Verquickung mit neuen Medien wie Werbung, *comic strips*, ↗ Fotografie, ↗ Fernsehen und Video machte deutlich, dass Kreativität in der afrik. Kunst mehr und mehr aus der Auseinandersetzung mit der globalisierten Welt entstand. Afrik. Künstler eigneten sich die neuen Techniken nicht nur schnell an, sondern nutzten sie auch auf eigene Art und Weise. Was sie schufen, war weder ein Abbild dessen, was ihnen aus der westl. Welt bekannt geworden war, noch eine bloße Fortsetzung der traditionellen Künste.

Ein Beispiel für diese gelegentlich auch unter dem Begriff Synkretisierung zusammengefassten Künste ist Mami Wata, die entlang der gesamten Guineaküste verehrt wird. Mami Wata ist eine verführerische Nixe, eine weiße Frau mit Fischschwanz, deren Körper und Haupt Schlangen umwinden. Der Kult speist sich wohl aus versch. Quellen, u.a. den Gallionsfiguren europ. Schiffe, die als Geister gedeutet wurden. Mami Watas heutige Gestalt geht wahrscheinlich auf ein eigentlich für den indischen Markt bestimmtes Bild zurück, das zunächst in Hamburg von Arnold Schleisinger in großer Auflage als *Der Schlangenbändiger* oder *Die Schlangenbeschwörerin* gedruckt worden sein soll. In der Kolonialzeit wurden europ., ind. oder lokale Nachdrucke entlang der westafrik. Küste vertrieben. Mami Wata, so der Mythos, lebt am Wasser und erscheint den Menschen in Träumen und Visionen. Ihre Anhänger sind ihre Liebhaber, denen sie sagenhaften Reichtum schenkt, wenn sie sich mit ihr einlassen und keiner irdischen Frau mehr Aufmerksamkeit schenken. Tun sie es doch, stürzt sie Mami Wata ins Unglück.

Aus der Figur der Mami Wata ist eine überwältigende Fülle an künstlerischen Darstellun-

Abb. 16: Mami Wata auf einer *seri*-Maske, Zoro bi Semi (?), Guro, Elfenbeinküste. Holz, Ölfarbe, 58,2 cm

gen hervorgegangen. V.a. das kleine, nach Wohlstand und sozialem Aufstieg strebende Bürgertum in den Städten hat sich Mami Wata auf gemalten Bildern in seine Häuser geholt. Diese werden in großen Serien in den Ateliers örtlicher Schildermaler hergestellt und auf der Straße vertrieben (Abb. 16). Daneben ist Mami Wata aber in vielen weiteren Formen präsent, z.B. in Skulpturen, die sie auf den ihr geweihten Schreinen darstellen, Tanzmasken wie denen der Guro, die die Frau aufrecht über dem Gesicht der Maske zeigen, und in zahllosen Wandmalereien der Cafés und Bars. In der Literatur und ↗ Popularmusik wird Mami Wata geschildert, und sie ist ein immer wiederkehrendes Thema der lokal produzierten Videos und Filme.

V. Ästhetik. Mit dem Wachsen der Kenntnisse, dem Scheitern der universalhist. Spekulationen und v.a. der Neubewertung der afrik. Künste durch die Künstler der Moderne stellte sich eine kunsttheoretische Frage neu: Sind die Kriterien, nach denen in Afrika künstlerische Ausdrucksformen bewertet werden, von der gleichen Art wie die des Abendlandes oder ist es Kontingenz, dass die Kunstwelt in den afrik. Skulpturen dieselben ästhetischen Prinzipien wieder zu entdecken glaubt, derer sie sich selbst bedient? Kann die afrik. K. als Beleg für eine universale, allg. menschliche Sprache der K. angeführt werden?

Von einer modernen Ästhetik ausgehend, sah die Kunstwelt diese Annahme schon durch die Gestalt, die formalen Eigenschaften der Kunstwerke bestätigt. Für sie war das Ästhetische nicht etwas zeichenhaft Gemachtes oder Wahrgenommenes, sondern schon vorhanden und dem Künstler wie dem Betrachter vorgegeben. Der afrik. Schnitzer und der moderne Kunstkenner bezogen sich letztlich über alle kulturellen Grenzen und Unterschiede hinweg auf dieselben Wurzeln der Menschheit. Folglich verwiesen eine Figur aus dem abgeschiedensten Winkel Afrikas und ein Gemälde aus dem Zentrum der internat. Kunstwelt gleichermaßen auf ein und dieselbe, universale Ästhetik. Sie konnten diese verdeutlichen oder, wenn es sich um ein Meisterwerk handelte, steigern, aber sie konnten sich ihr nicht entziehen. V.a. Kunstethnologen meldeten immer wieder Zweifel an dieser Konzeption an. Eine wachsende Zahl von Untersuchungen hatte gezeigt, dass die meisten afrik. Kulturen keinen selbständigen Begriff des Schönen kennen, sondern dieser sich fast immer mit moralischen oder utilitaristischen Elementen verbindet. Das Sehen von Figuren oder Masken unterlag mithin nicht den Bedingungen, die sich die Ästhetik seit Kant auferlegt hatte. So werden Masken durchweg dann als die »schönsten« bzw. »besten« bezeichnet, wenn sie wirkungsmächtiger sind. Selbst Ausnahmen wie etwa bei den Yoruba (Nigeria) sind in letzter Zeit zunehmend in Frage gestellt worden.

Die kunstethnolog. Studien haben sämtlich gezeigt, dass das Sehen von Kunst nicht unabh. von der Kultur des Betrachters möglich ist. Doch Wahrnehmung allg. und das Sehen im Besonderen erschöpfen sich nicht in der Reproduktion kognitiver Deutungsmuster, wie sie in der Sprache einer Kultur zum Ausdruck kommen. Das Fehlen eines ausdifferenzierten Vokabulars widerlegt also nicht die These einer universalen Ästhetik, wohl aber deren moderne Formulierung. Im Sehen fällt Kausales und Intentionales zusammen: Ein Kunstwerk als Gegenstand kann sehr verschieden wahrgenommen werden, aber es hat auch Eigenschaften, die sich nicht ändern. Sowohl die Intentionalität des Sehens wie ihr Verhältnis zu den Dingen zu klären gibt uns die afrik. K. weiterhin auf. ↗ Grafik, ↗ Haushaltsgegenstände, ↗ Kunst, christliche, ↗ Leder, ↗ Museen, ↗ Töpferei, ↗ Schnitzerei, ↗ schwarzafrik. Kunst, ↗ Touristenkunst.

📖 R. Brain, African Art and Society, London 1980. – T. Förster, Kunst in Afrika, Köln 1988. – J. Perani/F. Smith (Hg.), The Visual Arts of Africa, Upper Saddle River 1998. – T. Phillips (Hg.), Africa. The Art of a Continent, London 1995. – J. Vansina, Art History in Africa, London 1984. – S. Vogel (Hg.), Africa Explores, München 1991. – F. Willett, African Art, 3. Aufl., London 1983.

Till Förster

Kunst, christliche. *I. Allgemeines.* Ch.K. in Afrika scheint zu großen Teilen in der Nachahmung westl. Kunstschaffens und dem Verrat an einheimischen Kulturen zu bestehen. Wie stellten die Afrikaner die Abwendung von den Göttern ihrer Ahnen (↗ Ahnenkult, ↗ Religionen, traditionelle) und die Hinwendung zum ↗ Christentum künstlerisch dar? Wurden vielleicht die alten Bünde nicht aufgegeben, sondern beständige Synthesen geschaffen? Die Beantwortung dieser Fragen wird durch die lange Präsenz des Christentums in Afrika erschwert. Das Christentum ist nicht monolithisch, und es besteht auch keine Einheitlichkeit im relig. Kunstschaffen.

II. Christentum und christliche Kunst in NO-Afrika. Wie das Beispiel früher Christengemeinden im ↗ Maghreb zeigt, gelangte das Christentum nach Afrika, bevor so manche Heiden in Europa das Evangelium hörten. Schon früh wird Nordafrika, insbes. Ägypten, ↗ Numidien und die röm. Provinz Africa (↗ röm. Kolonisation), zu einem Zentrum der Erarbeitung christl. Lehrsätze und kirchenpol. Auseinandersetzungen. Vom Maghreb verbreitet sich das Evangelium nach ↗ Nubien, Äthiopien und dem Sudan, wo es, als der ↗ Islam Nordafrika erobert, weiterlebt, bis zum 15. Jh. im Sudan und bis zum heutigen Tag in Äthiopien (↗ Kirchen, ↗ Mission). Bis zur Begegnung Portugals mit Äthiopien im 16. Jh. war eine östl. geprägte ch.K. vorherrschend Durch die Isolation konnten lokale Ästhetikformen hinzukommen. Die äthiop. Kunst besteht insbes. in Buchmalereien, kirchlichen Wandgemälden und Ikonen aus Holz und Metall.

Die Ikonen scheinen ausschließlich für relig. Zwecke hergestellt worden zu sein und wurden nicht – wie in Griechenland oder Russland – in Privathäusern aufbewahrt. Man bestellte z.B. bei einem kunstschaffenden Priester eine Ikone und schenkte sie zu seinem Seelenheil einer Kirche. Zwar machte die Ikonen stilitistische Anleihen bei östl. Modellen, zwar wurden später durch den Einfluss portug. Jesuiten papistische Motive populär, doch hatten sich durch Details in den Gesichtszügen der Heiligen, die Aufnahme lokaler Heiliger und theolog. Eigentümlichkeiten durchaus lokale Varianten entwickelt. So wurde Jesus bspw. nicht aus dem offenen Grab kommend dargestellt, sondern beim Betreten der Vorhölle. Eine zentrale Rolle in der äthiop. Kunst spielten Maria, die Kreuzigung, der Gnadenbund Gottes und lokale Heilige neben biblischen Propheten. Es gab ein riesiges Sortiment an Prozessionskreuzen, Handkreuzen (für Priester bei der Begegnung mit Laien) sowie v.a. Schmuckkreuzen (für Halsketten) aus Kupfer, Bronze und Eisen, manche auch aus Gold, Silber und Holz. Als sich das Christentum, zunächst im 16. Jh. und dann, in stärkerem Maße, im 19. Jh., auch im subsahar. Afrika ausbreitete, führte dies zum Auseinanderfallen der Einheit sowohl der Lehre als auch der Kunst.

III. Christliche Kunst in der Kolonialzeit. (1) Vor 1940 kam schöpferische ch.K. im subsahar. Afrika aufgrund der Vormachtstellung und Beeinflussung von außen nur in sehr beschränktem Umfang vor. So stellte die röm.-kath. Kirche fest, dass europ. Volkskunst die Menschen faszinierte, und setzte sie zur Bekehrung ein. Bunte Bilder von Christus am Kreuz oder der Jungfrau Maria, ein Kind mit dem Antlitz eines Erwachsenen im Arm oder mit surrealistisch blutendem Herzen, wurden importiert und großzügig verteilt. Grotten mit Skulpturen der Mutter Gottes, mit Girlanden behängt, wurden errichtet. Glasscheiben mit biblischen Szenen in höhlengleichen Kirchen, Rosenkränze, Apostel- und Heiligenfiguren begleiteten den missionarischen Eifer und trafen, da sie die weit verbreitete Spiritualität nährten, auf große Resonanz.

Lokale künstlerische Produktivität wurde nicht als notwendig erachtet: Die kaukasischen Gesichtszüge der Heiligen offenbarten die rassistische Ideologie des gesamten Unterfangens, das von europ. Architektur, latein. Liturgie und den wollenen Kleidern der Priester unter tropischer Sonne geprägt war. Die Kunst zementierte das Mysterium Gottes und der weißen Macht, die nicht selten als mehr oder weniger identisch dargestellt wurden. Die Protestanten wiederum vertieften sich in die anikonischen (nicht bildhaften) Texte der Heiligen Schrift und übten sich in der Schlichtheit, bis auf die Anglikanische Kirche, die der »Schönheit der Heiligkeit« etwas Platz einräumte.

(2) Im Herbst des Kolonialismus fand ein Wandel statt. Zum einen missbilligten die Kolonialverwaltungen häufig den Ikonoklasmus der

kirchlichen Kulturpolitik und regten die Produktion, Kollektion und Bewahrung lokaler Kunstwerke und einheimischen Kunsthandwerks an. So entstanden in der Zwischenkriegszeit zahlreiche Museen. Zum anderen nahm der kulturelle ↗ Nationalismus Einfluss auf die Politik, und der alte, mit Wilmont Blyden verbundene »Äthiopianismus« des 19. Jh. erhielt durch die ↗ *Négritude* neuen Aufschwung, woraufhin die röm.-kath. Missionare die ch. K. indigenisierten. Father Kevin Carroll in Nigeria, Engelbert Mveng in Kamerun, Hans Groeber in Simbabwe hielten Workshops ab, um Afrikaner zu lehren, ihren Glauben in einem einheimischen künstlerischen Idiom auszudrücken. Das *Rorke Drift Art and Craft Center* der Lutherischen Kirche in Natal (1967) bildete zahlreiche Künstler wie John Ndevasia Muafangejo (Namibia) aus, dessen phantasievolle Linolschnitte Glauben mit pol. Kritik verbanden. Allerdings trafen diese Bestrebungen vielerorts auf die Kritik der ersten Generation afrik. Konvertiten, die von der Dämonisierung ursprgl. Religionen durchdrungen waren. Daneben hemmte Furcht vor ↗ Synkretismus die künstlerische Kreativität.

(3) Im Zuge der Debatte über ↗ Entkolonialisierung und Afrikanisierung in den ersten Jahren der Unabh. wurde die Fremdheit der kulturellen Wurzeln des Christentums zu einem Hauptgegenstand nationalistischer Rhetorik. Die Katholiken beschleunigten ihre Bemühungen, einheimische Priester auszubilden, das Evangelium in die Landessprachen zu übersetzen und den Widerstreit zwischen Kontroverse und Anpassung im Bekehrungsprozess durch Kunst aufzuzeigen. Kennedy Wesongas *Baboon*-Darstellung des Schicksals von Lots Frau ist ein Beispiel für jenes Kunstgenre, das biblische Szenen in traditionelle Sprache überträgt.

IV. Christliche Kunst im südlichen Afrika. In den Königreichen ↗ Kongo und Soyo beeinflussten vom 16. bis zum 18. Jh. portug. Missionare die künstlerische Produktion – reiche Holzschnitzereien und Skulpturen der Kreuzigung, Heilige, lange hölzerne Prozessionsstäbe mit schmuckvollen Kreuzen an der Spitze und Türpfosten mit biblischen Szenen (↗ Kongokreuze). Dieser Stil breitete sich aus, z. B. in Nigeria, wo biblische Motive in die traditionelle Yoruba-Tischlerei Eingang fanden. Am Eingang der Universitätskapelle von Ibadan steht die Skulptur des Auferstandenen von Ben Enwonwu, die Tore ziert Bandeles Geschichte von Adam und Eva. Ein Problem war, wie Jesus Christus in den afrik. Plan des Universums eingewebt werden könnte. So entstanden der Schwarze Christus und die Schwarze Madonna als Gegensatz zur Vorstellung vom Weißen Christus und von der Religion des Weißen Mannes. Dies ist Kernstück der Arbeiten von Künstlern wie Livingstone Sango (Gemälde) und Stephen Katsande (Malerei) aus Simbabwe sowie von Charles B. S. Nkosi (Aquarell) und Lindiwe Mvemve (Linolschnitt) aus Südafrika.

V. Unabhängige Kirchen und christliche Kunst. Ein weiterer Grund für den Wandel der ch. K. sind die Afrik. Unabh. oder spirituellen Kirchen, die dem Heiligen Geist im Evangelium durch die Verwendung oraler Elemente und afrik. Sprachen größeres Gewicht zu verleihen suchten und so das künstlerische Schaffen inspirierten. Beispiele dafür gibt es im Bwiti-Kult, der in vielen künstlerischen Darstellungsformen Christentum und Kultur der Fang (Gabun) miteinander verband. Die »Skulpturengärten« der *Twelve Apostles Church* in Ghana und die Perlen-Armbänder und Fußspangen der *Church of Nazarites* der Zulu in Südafrika sind nur einige Beispiele dafür, wie sich lokale Ideologien in der Kunst ausdrücken. Allerdings lassen andere Gruppierungen, wie die Kimbanguisten in der Demokrat. Rep. Kongo, künstlerisches Design nur auf geistlichen Gewändern zu; wiederum andere, wie die *Celestial Church of Christ* in Nigeria, verwenden noch immer ein kaukasisches Christusbild. Die nativistischen Gemeinden verwenden aufgrund ihres Flirts mit östl. Kulten orientalische Bilder. All diese Zionisten- oder Aladura-Gruppen, wie sie im Süden und Westen Afrikas heißen, haben prächtige Farben und satten Symbolismus in die Liturgie eingeführt und räumen Heiligen und Engeln viel Platz ein. Die Pfingstbewegung, die seit den 1970er Jahren eine hervorstechende Rolle spielt, verweist als bibeltreue Anhängerin des Evangelikalismus ihre Mitglieder auf den anikonischen Charakter der Heiligen Schrift und ergeht sich in Schimpftiraden über Idiolatrie und Ikonen. Dafür erschließt sie Quellen der Naturtheologie und begreift die Natur als symbolisches System, durch das Gott zu den Menschen spricht. Im Glauben an die Macht des Wortes verwendet sie moderne Medien wie Fotos, grafische Darstellungen, Hochganzproduktionen, Poster, Aufkleber und Spruchbänder mit Beschreibungen der Schönheit der Schöpfung und Bibelzitaten, um die Gläubigen zu erbauen, das Evangelium zu popularisieren und den Reiz traditioneller Religionen zu mindern. Mit Theaterstücken und Chören wird versucht, den Analphabetismus zu umgehen. Ziel ist das Hervorbringen einer Massenbewegung. Durch die Vorliebe für abstrakte Motive wird vermieden, sich in kultische Elemente traditioneller Religion zu verstricken. Christus, so argumentiert die Bewegung, ist in jeder Kultur vorhanden und urteilt über alle Kulturen. Alle sind gleich weit von seinem Thron entfernt und so in ein transnat. Netz eingebunden.

Der Konflikt zwischen der Idee des *Universal Pilgrim* und dem Prinzip lokaler Ausformung lässt die ch. K. in Afrika der säkularen Kunst hinterherhinken. ↗ Kopten, ↗ Malerei.

🕮 Th. Sundermaier (Hg.), Die Bilder und das Wort. Zum Verstehen christl. Kunst in Afrika und Asien, Göttingen 1999.

Ogbu Kalu

Kunst, städtische, wird als populäre Kunst in afrik. städt. Milieus geschaffen und v. a. dort rezipiert. Es handelt sich meist um Auftragsarbeiten, und der Produzent arbeitet nicht aus einem expressiven Bedürfnis heraus. Unter der Sammelbezeichnung st. K. werden v. a. die Schildermalerei (↗ Malerei), die (Porträt- und Studio-) ↗ Fotografie, die vielfältigen Formen der ↗ Skulptur und ↗ Plastik für eine lokale Kundschaft zusammengefasst. Die Produktion findet in Werkstätten statt, in denen die Vermittlung des handwerklichen Wissens in formalisierten Meister-Lehrling-Beziehungen erfolgt. Bei der Rezeption st. K. innerhalb Afrikas können zwei Bereiche unterschieden werden: Im öffentl. Raum stehen Objekte mit expressivem, signalhaftem und dekorativem Charakter (v. a. Werbung) im Vordergrund, während andere Werke auf den privaten Bereich beschränkt sind. Eine weitere Rezeptionsebene der st. K. stellt die globale Kunstwelt dar. Seit den 1980er Jahren findet st. K. Eingang in Kunstsammlungen und wird weltweit von Galerien und Museen ausgestellt, v. a. Werbeschilder von Friseuren, Schneidern und Fotostudios (u. a. Allmighty God Art Works, Ghana; Middle Art [i. e. Augustin Okoye], 1936-, Nigeria), Formen der populären Tafelmalerei und Galeriekunst (↗ moderne Kunst). Eine besondere Form der st. K. sind Zementplastiken für Verstorbene (u. a. Sunday Jack Akpan, 1940-, und Aniedi Okon Akpan, 1916-, beide Nigeria; Abb. 37) und figürliche Holzsärge (u. a. Samuel Kane Kwei, 1927-, Ghana). Die Konzeption von st. K. (*urban art*, Vogel 1991) als eigenständiger Gattung innerhalb der afrik. Kunstgeschichte ist kaum dazu geeignet, das Phänomen in seiner

Abb. 17: Sunday Jack Akpan, »Großer Häuptling mit Stock«, Ölfarben auf Zement, 1986

soziokulturellen Komplexität und formalen Vielfalt zu erfassen.

🕮 S. Vogel, Urban Art: Art of the Here and Now. In: Dies. (Hg.), Africa Explores: 20th Century African Art, München 1991, S. 114–129. – T. Wendl/H. Behrend,

Snap Me One! Studiofotografen in Afrika, München 1998.

Ulrich Bauer/Ulf Vierke

Kunstmarkt/Kunstwelt. In vielen afrik. Ländern, insbes. in West- und Südafrika, stellt die Kunstw. heute eine gesellsch. Institution dar. Zum institutionellen Umfeld zählen sowohl der kunstproduzierende als auch distribuierende Apparat sowie Publikum, Kunsttheoretiker und Medienberichterstattung. Seit den 1990er Jahren finden in Abidjan (Elfenbeinküste), Bamako (Mali), Dakar (Senegal) und Johannesburg (Südafrika) Biennalen oder Großfestivals der ↗ Kunst und/oder ↗ Fotografie statt, meist als Bestandteil der Selbstinszenierung der unabh. Nationalstaaten. Der sich so konstituierende Kunstm. bedient sowohl lokale als auch internat. Käufer, d. h. nationale Eliten, vor Ort lebende Ausländer und Touristen. Die Absatzmärkte in Europa und den USA werden von Galeristen und Kunstsammlern bestimmt, die i.d.R. über Zwischenhändler in Afrika verfügen. Internat. Kunstmessen und -ausstellungen räumen der afrik. Kunst zunehmend einen festen Platz in der globalen Kunstw. ein, wie bspw. die Biennalen in Venedig und Sao Paulo, die Documenta in Kassel oder die Art Cologne. Zum Leiter der 11. Documenta wurde der Nigerianer O. Enwezor gewählt. Der Marktwert der transnational zirkulierenden Kunstwerke richtet sich nach ihrer Präsenz und dem Bekanntheitsgrad in den westl. Metropolen. Vergleichbar mit dem Einfluss der idealistischen Philosophie auf die europ. Moderne ist auch die afrik. Kunstw. dabei stark von der Annahme der Eigenbegründung und Selbstreferentialität der Kunst geprägt. Dieses Kriterium sowie die institutionelle Einbindung der Werke sind ausschlaggebend für die Differenzierung der Kunst von Handwerk, Kunsthandwerk und anderen künstlerischen Ausdrucksformen.

📖 G. Dickie, Art and the Aesthetic. An Institutional Analysis, Ithaca 1974. – Th. McEvilley, Fusion. West African Artists at the Venice Biennale, New York/München 1992. – C. B. Steiner, African Art in Transit, Cambridge 1994.

Anja Pauls

Kusch ↗ Altägypten, ↗ Nubien

Kuschitisch, Sprachfamilie des ↗ Afroasiatischen, nach Joseph H. Greenberg noch in fünf Zweige (Nord, Zentral, West, Ost, Süd) gegliedert, von denen West als eigenständiger Zweig ↗ Omotisch ausgesondert und Ost und Süd zusammengefasst wurden, so dass sich folgende Dreiteilung ergibt: (1) Nord (Beja ~ Bedauye), (2) Zentral (Agaw: Bilin, Xamir, Xamtanga, Kemant, Awngi) und (3) Ost-Süd. Als größte Untergruppe umfasst das Ost-K. Saho-Afar, Omo-Tana (Somali, Rendille, Boni, Bayso, Arbore, Dhaasanach, Elmolo), Oromoid (Oromo, Konso, Gidole), die Hochlandgruppe (Sidamo, Darasa, Hadiyya, Kambata), Burji, das Dullay-Dialektbündel und Yaaku. Das Süd-K. gliedert sich in die West-Rift-Gruppe (Iraqw, Gorwaa, Alagwa, Burunge) sowie Qwadza und Asax. Unklassifizierbar sind aufgrund massiver Kontaktphänomene Ma'a/Mbugu (↗ Mischsprache) und Dahalo (↗ Schnalzsprache). – Mit etwa 40 Sprachen (bei über 20 Mio. Sprechern) ist K. in Nordostafrika in sieben Staaten (Sudan, Eritrea, Dschibuti, Somalia, Äthiopien, Kenia, Tansania) verbreitet. Neben kleinen Sprachgruppen (z. B. Bayso, ca. 500 Sprecher) und solchen, die infolge pol. und wirtsch. Marginalisierung und ↗ Sprachwechsel inzwischen ausgestorben sind (Elmolo, Yaaku, Qwadza), gibt es bedeutende kuschitische Sprachgemeinschaften mit überregionaler Funktion als ↗ Verkehrssprache, die auf eine Geschichte der Verschriftlichung und Standardisierung zurückblicken: Somali (mind. 4 Mio.), Staats- und ↗ Nationalsprache der Rep. Somalia, verbreitet auch in Ostäthiopien, Dschibuti und Kenia; und Oromo (früher unter dem als herabwürdigend empfundenen Xenonym »Galla« bekannt, etwa 7 Mio.), seit dem 15. Jh. aus dem südl. Hochland Äthiopiens im N bis an die eritreische Grenze, im O bis nach Harar, im W bis in den Sudan und im S bis an die kenianische Küste ausgedehnt, an der Schwelle zur Aufsplitterung in zahlreiche ↗ Dialekte, nach dem ↗ Swahili die am weitesten verbreitete Verkehrssprache Ostafrikas. – Phonologisch zeichnen sich die kuschitischen Sprachen durch glottalisierte Verschlusslaute wie *t'*, ʧ̆', *k'*, die pharyngalen Reibelaute ħ und ʕ (Saho-Afar, Somali, Rendille, Dullay, Süd-K.), ein zusätzliches dentales Phonem (implosiv ɗ oder retroflex ɖ) und einen lateralen Reibelaut ɬ (nur Süd-K.) aus. Die meisten kuschitischen Sprachen besitzen ein Ton-Akzent-System (↗ Tonsprache). Töne markieren z. B. Unterschiede im Genus (Somali *ínàm* »Junge« vs. *inám* »Mädchen«), Numerus (Dhaasanach *mór* »Leopard« vs. *mòr* [Pl.]), Kasus und Tempus (Somali *ʕáli báan qabán* »Ali hat ihn nicht gefangen« vs. *ʕáli báàn qabán* »ich werde

Ali fangen«). – Typologisch offenbaren die kuschitischen Sprachen Subjekt-Objekt-Verb-Charakteristika (Modifizierendes vor Modifiziertem: satzfinale Stellung des finiten Verbs, Dominanz von Postpositionen). Im Gegensatz zum Ost- und Süd-K. gehen hier am rigidesten die Agaw-Sprachen vor, die auch attributive Adjektive, nominale Possessoren, Zahlwörter, Demonstrativa und Relativsätze dem Bezugsnomen voranstellen. Zentrale Merkmale der morphologischen Struktur sind die verbale Derivation, das Vorkommen nominaler Genus-, Numerus- und Kasussysteme, der lexikalische Gegensatz von prä- und insbes. suffixflektierten Verben verbunden mit einem Nord-Süd-Gefälle in der Virulenz der Präfixflexion sowie die Tendenz, bestimmte Verben (z. B. »da sein«, »existieren«, »haben«, »sagen«, »wollen«) zu verallgemeinern und zum Ausdruck temporaler Relationen in umschreibenden Konstruktionen mit dem Hauptverb heranzuziehen. Die jüngste Stufe in der Chronologie der Verbflexion erreichen einige ost- und südkuschitische Sprachen (Somali, Arbore, Dhaasanach, Dullay, Oromo, Iraqw) durch die Grammatikalisierung reduzierter Personalpronomina zu subjektmarkierenden verbalen Proklitika (»Selektoren«), die ihrerseits temporale, modale und kasusspezifische Flexionsmorpheme auf sich ziehen. – In einigen kuschitischen Sprachen spielt die pragmatische Hierarchisierung der Information eine so zentrale Rolle, dass in jeder Äußerung eines der Satzglieder morphologisch als neu oder fokalisiert markiert werden muss; z. B. Rendille *ínam á-yimi* »der Junge *kam*« (Prädikatsfokus als Antwort auf die Frage »Was ist passiert?«) gegenüber *ínam-é yimi* »der *Junge* kam« (Nominalfokus als Antwort auf die Frage »Wer kam?«). – Literatursprachen sind im Wesentlichen das Somali (ältere Texte in Arab., seit 1972 offiziell in lat. Schrift; das um 1925 eingeführte Somali-Alphabet konnte sich nicht behaupten) und das Oromo (in äthiopischer und nach dem Ende des Kaisertums auch in lat. Schrift). ↗ Literaturen in afrik. Sprachen: Ostafrika.

🕮 F. Palmer, Cushitic. In: Th. A. Sebeok (Hg.), Linguistics in Sub-Saharan Africa, Den Haag/Paris 1971, S. 571–585. – H.-J. Sasse, Die kuschitischen Sprachen. In: B. Heine/Th. C. Schadeberg/E. Wolff (Hg.), Die Sprachen Afrikas, Hamburg 1981, S. 187–215.

Roland Kießling

Kwa, Sprachfamilie des ↗ Niger-Kongo, die in Westafrika von Liberia bis Nigeria beheimatet ist. Zum K. zählen etwa 80 Sprachen, von denen die bekanntesten Baule in der Elfenbeinküste, Twi (Akan, ↗ Asante) in Ghana und Ewe (Gbe) in Ghana und Togo sind. Die Bez. K., die auf den Wortstamm *-koá*, Twi für »Mensch«, zurückgeht, wurde um 1885 von G. A. Krause eingeführt. Wenngleich die Zusammengehörigkeit der Kwasprachen bereits im 19. Jh. erkannt wurde, besteht bis heute über die Gesamtgliederung der Familie keine endgültige Klarheit. So wurden in der Klassifikation J. H. Greenbergs noch nigerianische ↗ Benue-Kongo-Sprachen wie Yoruba, Igbo, Edo und Nupe zum K. gezählt, die inzwischen aufgrund von lexikalischen Vergleichen aus dieser Familie ausgegliedert sind (»New K.«). Ebenso werden in älteren Klassifikationen die Krusprachen Liberias und der Elfenbeinküste zum K. gerechnet, während heute das Kru als eigenständiger Zweig des Niger-Kongo behandelt wird. J. M. Stewart schlägt folgende Gliederung des K. vor:

I. *Nyo.* (1) Avikam-Alladian, (2) Agnéby, (3) Attié, (4) Potu-Tano [i. Ega, ii. Potu, iii. Tano, iv. Lelemi, v. Logba, vi. Basila-Adele], (5) Ga-Dangme. – II. *Left Bank.* (1) Gbe, (2) Avatime-Nyangbo, (3) Kposo, (4) Kebu-Animere.

Avikam und Alladian werden entlang der Küste westl. von Abidjan gesprochen. Zum Agnéby zählen das Adiukru, Abidji und Abbey, die nordwestl. von Abidjan entlang des Agnéby-Flusses beheimatet sind. Attié besteht aus einigen ↗ Dialekten, die zwischen Agnéby und Comoe gesprochen werden. Ega wird nordwestl. des Avikam-Gebietes gesprochen. Zum Potu zählen Ebrié und Mbatto, nördl. Abidjan. Unter Tano sind die Sprachen Krobu, Aburé, Eotilé, Anyi, Baule in der Elfenbeinküste, Chakosi in Ghana und Togo sowie Nzema, Ahanta, Akan (Twi-Fante, Asante, Brong, Akuapem) v. a. in Ghana zusammengefasst. Die folgenden drei Gruppen (iv. – vi.) setzen sich aus den früher als »Togorestsprachen« bezeichneten, d. h. in Rückzugsgebieten Togos beheimateten Sprachen zusammen, die Überbleibsel eines einst größeren Kontinuums bilden. Dazu zählen Lelemi, Akpafu-Lolobi, Likpe, Santrokofi, Logba, Basila und Adele. Gã ist eine wichtige ↗ Verkehrssprache im Raum Accra, Dangme wird östl. davon gesprochen. Das Gbe ist v. a. in Ghana und Togo beheimatet, wo es auch als Ewe bekannt ist. Unter seinen Dialekten sind v. a. Fon und Anlo zu nennen. Zu den übrigen drei Gruppen gehören ebenfalls »Togorestsprachen«, namentlich Avatime, Nyangbo-Tafi, Kposo, Ahlo, Bowili, Kebu und Animere. – Die Krusprachen, die möglicherweise zum K. zählen,

Abb. 18: Pennywhistle-Spieler

sind in Stewarts Modell nicht berücksichtigt. Zu ihren bekanntesten Vertretern zählen Bassa, Krahn und Grebo, die v.a. im südöstl. Liberia gesprochen werden. Der Name Kru könnte sich von engl. *crew* herleiten: Die Küstenbewohner Liberias und der Elfenbeinküste verdingten sich im letzten Jh. als Schiffsbesatzungen und wurden als *kroo-men* bekannt. Die Sprachgruppe wird in West-Kru (Bete, Dida, Kwadia, Bakwe) und Ost-Kru (Grebo, Guere, Krahn, Bassa, Klao) gegliedert. Größte Sprache ist das Guere-Krahn mit annähernd 400.000 Sprechern. – Zu den Merkmalen des K. zählen höchst komplexe Tonsysteme (↗ Tonsprache), serielle Verbkonstruktionen, bei denen eine größere Anzahl von Verben aneinandergereiht werden kann, ohne dass eine Markierung der Zeit oder Person an den einzelnen Verben erforderlich ist, sowie oft nur schwach ausgeprägte Nominalklassen (↗ Niger-Kongo, ↗ Nominalklassensprache), die v.a. in den sog. »Togorestsprachen« und im Kru vorkommen.

🕮 O. Köhler, Geschichte und Probleme der Gliederung der Sprachen Afrikas. In: H. Baumann (Hg.), Die Völker Afrikas und ihre traditionellen Kulturen, Teil I, Wiesbaden 1975, S. 135–373. – L. Marchese, Kru. In: J. Bendor-Samuel (Hg.), The Niger-Congo Languages, Lanham/New York/London 1989, S. 119–139. – J.M. Stewart, Kwa. In: J. Bendor-Samuel (Hg.), The Niger-Congo Languages, Lanham/New York/London 1989, S. 217–245.

Anne Storch

Kwela, auch als *Pennywhistle* oder *Pennywhistle Jive* bezeichneter Stil der ↗ Popularmusik Südafrikas, der auch in Malawi, Sambia und Simbabwe populär war. Beeinflusst von ↗ *Marabi*, Swing (↗ afroamerikanische Musik) und später auch Rock'n'Roll, entstand *K.* Anfang der 1950er Jahre in den urbanen Zentren Südafrikas, insbes. Johannesburg, wo Gruppen jugendl. Musiker aus den *Townships* amerik. Tanz-und Filmmusik nachspielten, die im südafrik. Rundfunk zu hören war. Da sich die *K.*-Musiker kein teures Saxophon leisten konnten, verwendeten sie eine oder mehrere *Pennywhistles* (Blechflöten). Hinzu kamen akustische Gitarren und der anfangs aus Teekisten selbstgebaute Bass. Die internat. bekanntesten und kommerziell erfolgreichsten *K.*-Musiker waren Spokes Mashiyane und Lemmy Special Mabaso. In den späten 1950er Jahren wurden die *Pennywhistles* allmählich von Saxophonen abgelöst, Gitarren und Bass durch elektrische Instrumente ersetzt. Damit ging die Ära des *K.* Mitte der 1960er Jahre zu Ende. Ihm folgten Stile wie *Mbaqanga*, auch *Saxophone Jive* genannt. Elemente des *K.* fanden Eingang in andere Musikstile des südl. Afrika sowie in die Popularmusik Europas und der USA.

🕮 D.B. Coplan, In Township Tonight! South Africa's Black City Music and Theatre, Johannesburg 1985.

Florian Carl

Lagos-Aktionsplan ↗ Neue Weltwirtschaftsordnung, ↗ OAU

Lamellophon, ↗ Musikinstrument, das zur Familie der ↗ Idiophone (Selbstklinger) gehört. Eine je nach Ausgestaltung variierende Zahl von Zungen (Lamellen) aus Metall, Holz, Bambus u.ä. ist auf einem Brett oder hölzernen Kasten

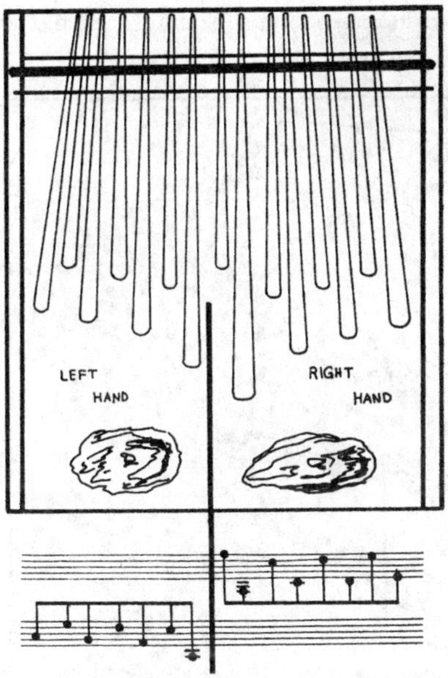

Abb. 19: Mbira-Schema mit Übertragung der Noten der einzelnen Lamellen. Mbira mit Kronkorken, die den Schnarreffekt hervorrufen

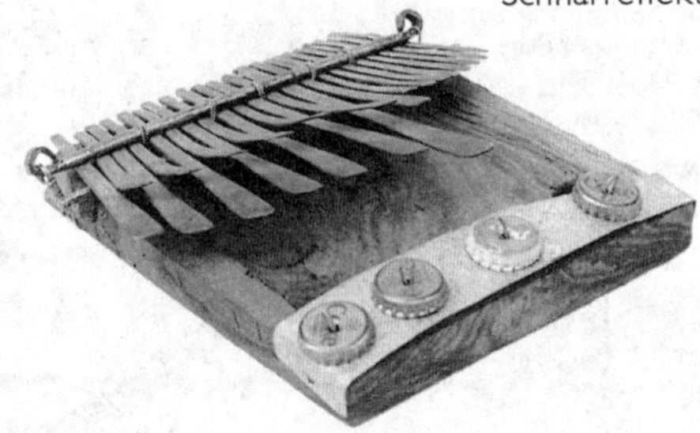

montiert und wird durch Anzupfen zum Schwingen gebracht. L., früher umgangssprachlich auch Daumenklavier genannt, sind in versch. Formen und Gestaltungsweisen in vielen afrik. Kulturen beheimatet. Die manchmal verwendete allg. Bez. *sansa* oder *sanza* beruht auf einem Missverständnis und findet sich in keiner afrik. Sprache. Im bantusprachigen Raum basieren die Namen für L. (teilweise auch für ↗ Xylophone) häufig auf einem der Wortstämme *-limba/-rimba, -mbira/-mbila* oder *-kembe*. Zu den auch außerhalb Afrikas bekannten L. zählt die *mbira*, das klassische Instrument der Shona (Simbabwe), das seit Jahrhunderten sowohl als Soloinstrument wie auch zu feierlichen Anlässen im Ensemble gespielt wird. Eine *mbira* hat 22 oder mehr in drei Spielbereichen angeordnete Metallzungen.

L. ohne Kastenresonatoren werden oft auf oder innerhalb einer Kalebasse gespielt. Die Klangfarbe modifiziert man häufig durch Rasselkörper, z. B. Muscheln, Metallringe, Kronkorken u. ä., die man an den Lamellen oder dem Klangbrett befestigt. Bei Instrumenten mit Kastenresonator können sich darin Rasselkörper befinden. Außerdem sind die Resonatoren meist mit zwei Schalllöchern versehen, von denen eins beim Spielen zur Klangbeeinflussung geöffnet und geschlossen werden kann, wie z. B. bei der aus dem Kongogebiet stammenden *likembe*, während das zweite manchmal mit einer Membran versehen ist, die einen Summton erzeugt, wie z. B. bei der *ilimba* der Wagogo (Tansania). L. werden bei den unterschiedlichsten Gelegenheiten gespielt, von der Unterhaltung über die Krankenheilung bis zu relig. Zeremonien, ohne dass von der Ausgestaltung des Instruments auf seine Verwendung geschlossen werden könnte. L., die in anderen Regionen der Welt beheimatet sind, speziell in der Karibik, lassen sich auf afrik. Ursprünge zurückführen.

🕮 G. Grupe, Traditional Mbira Music of the Shona. In: Iwalewa Forum 2 (1998), S. 5–23. – G. Kubik, Kalimba, Nsansi, Mbira. Lamellophone in Afrika, Berlin 1998.

Gerd Grupe

Landesentwicklung beinhaltet die Entwicklung des ländl. Raums über den Aufbau zentralörtlicher Netze, Umsiedlungsprogramme oder die Schaffung von alternativen Zielen der Land-Stadt-↗ Migration neben der Primatstadt etwa über Wachstumspole bzw. Entwicklungszentren (↗ Stadt, Karte 33). Damit sollen die in vielen Ländern vorhandenen Disparitäten hinsichtlich Pro-Kopf-Einkommen, ↗ Gesundheitsversorgung, Zugang zu Bildung und Arbeitsplätzen außerhalb der ↗ Landwirtschaft gemildert werden. Auch entspricht die Bevölkerungsverteilung oft nicht der Verteilung der wirtsch. Potentiale. Dichtbevölkerten, von der Landwirtschaft abhängigen Regionen, nicht selten mit ungünstigen agrarsozialen (ungleiche Landverteilung, Besitzersplitterung) und -ökolog. Bedingungen

Karte 14: Sambia als Beispiel für die Verknüpfung des Entwicklungszentren- mit dem Zentrale-Orte-Konzept

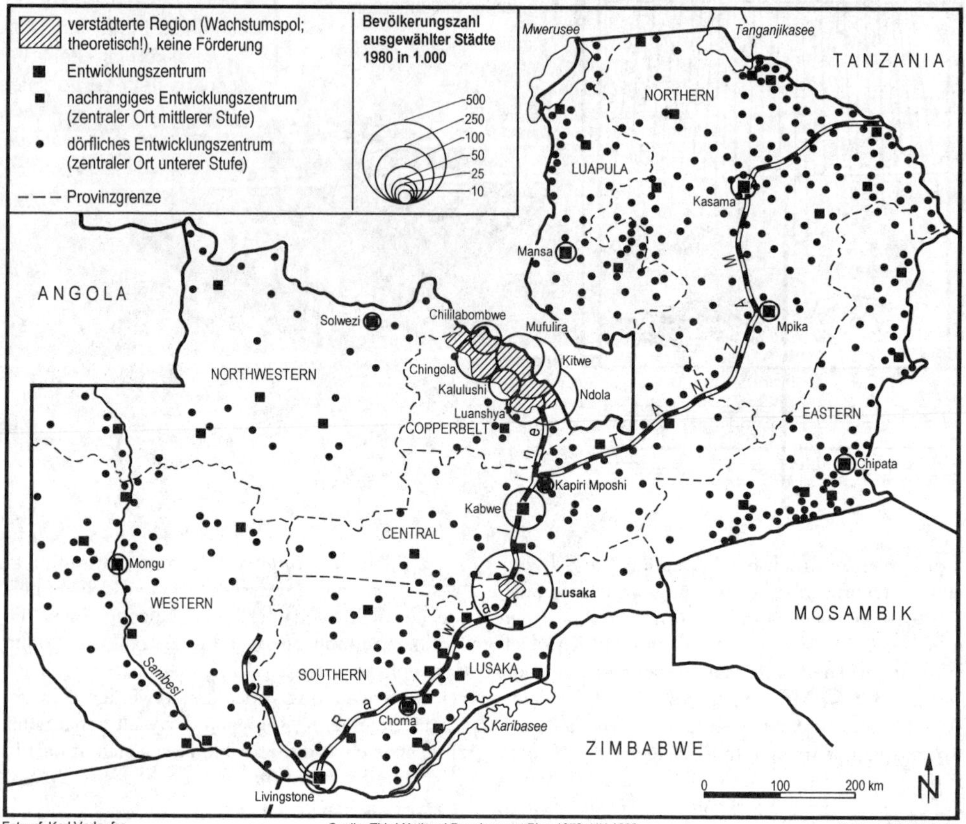

Entwurf: Karl Vorlaufer Quelle: Third National Development Plan 1979; UN 1998 Kartographie: U. Beha

(z. B. keine verlässlichen Niederschläge, schlechte Böden), stehen Regionen gegenüber, die gemessen an ihrer Tragfähigkeit nicht genügend bevölkert sind, woraus sich ungleiche Lebenschancen für die ↗ Bevölkerung ergeben mit daraus resultierenden Konflikten bis hin zu ↗ Kriegen/Bürgerkriegen, einer Übernutzung der Ressourcen übervölkerter Räume mit der Folge einer Ressourcenzerstörung (↗ Desertifikation, ↗ Entwaldung, exzessiver Süßwasserverbrauch). Andererseits werden für das Wirtschaftswachstum unentbehrliche Potentiale der dünn- oder unbesiedelten Räume nicht ausreichend genutzt.

L. basiert auf zwei Konzepten. (1) Der Ansatz einer »Entwicklung von unten« (*development from below; bottom-up-approach*) befürwortet eine räumlich breit gestreute Investitionstätigkeit, den Aufbau eines Netzes zentraler Orte zunächst unterer Stufe, um eine flächendeckende Versorgung der Bev. zu erreichen und räumlich weit gestreute Entwicklungsimpulse auszulösen. Dieser Ansatz bietet sich für Länder an, die als Basis ihrer Entwicklung weniger die zur Schwerpunktbildung tendierende ↗ Industrialisierung, sondern die Landwirtschaft betrachten. Dieses agripolitane Konzept beinhaltet den Aufbau eines Netzes von Kleinzentren mit Funktionen für die Landwirtschaft. Der *bottom-up*-Ansatz wird oft verknüpft mit dem Konzept der Integrierten ↗ ländl. Entwicklung. Die dekonzentrierte Entwicklung des ländl. Raumes sollte synchron mit dem Aufbau städt. Funktionen erfolgen, ist jedoch wachstumshemmend, da die durch die räumliche Ballung von Wirtschaft und Bev. entstehenden Kostenersparnisse entfallen. (2) In Anbetracht des Kapitalmangels vieler Länder und unter dem Zwang, mit begrenzten Mitteln ein schnelles Wirtschaftswachstum zu erreichen, verfolgen viele Länder das Konzept der dezentralisierten Konzentration. Als Gegengewicht zu

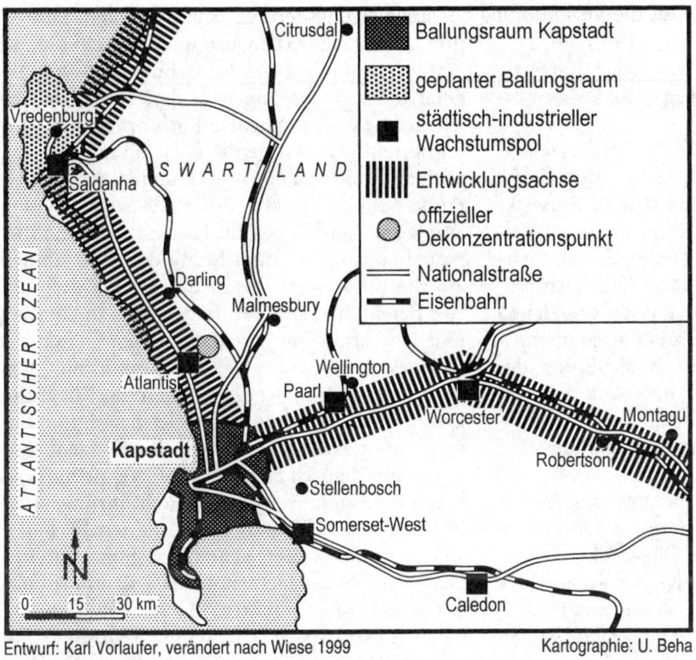

Karte 15: Wachstumspole und Entwicklungsachsen als Instrumente der Landesentwicklung: das Beispiel Westliches Kapland/Südafrika

den Primatstädten werden bereits größere Städte in wirtsch. schwachen Räumen als Wachstumspole bestimmt, von denen Wachstumsimpulse auf den ländl. Raum ausstrahlen sollen. Auch kleinere Zentren sollen gefördert werden, um die Standortgrundlagen so zu verbessern, dass sie attraktiv für Investoren sind und die Städte zu Entwicklungszentren werden, von denen *trickle-down-* und *spin-off-*Effekte auf den ländl. Raum ausstrahlen. Viele Länder streben einen Disparitätenabbau über die Dezentralisierung der ↗ öffentl. Verwaltung an. So versucht z. B. Kenia über eine Erhöhung der Zahl der Distrikte deren Hauptorte mit größeren Selbstverwaltungskompetenzen zu dynamischen Zentren zu entwickeln. Die Distrikte sind in der Flächengröße so begrenzt, dass sich eine wachstumsfördernde Verflechtung zwischen Stadt und Land ergeben kann. In Nigeria z. B. wurde die Zahl der Bundesstaaten 1967 von 12 auf 22 und schließlich auf 35 mit jeweils eigenen Hauptstädten erhöht; zudem wurde mit der Gründung der neuen Hauptstadt Abuja (↗ Stadtplanung) eine weitere, als Wachstumspol designierte Stadt in zentraler Lage aufgebaut. Häufig sind jedoch große ländl. Räume aufgrund zu großer Distanzen zum Hauptort mit diesem kaum verflochten und profitieren deshalb wenig von den von diesen Polen ausgehenden Impulsen. Oft, z. B. in Kenia, wird das Konzept der konzentrierten Förderung einer Stadt innerhalb einer Region durch das Zentrale-Orte-Konzept ergänzt. Demnach soll ein engmaschiges Netz Zentraler Orte aufgebaut werden, die Grundfunktionen (z. B. Schulen, medizin. Einrichtungen, Markt) für die Land-Bev. bieten.

Algerien ist ein Beispiel für eine relativ erfolgreiche L. mit dem Ziel eines Disparitätenabbaus (zunächst) vorrangig nach dem Wachstumspol-Konzept. Die unterentwickelte Küste Ostalgeriens und die im Binnenland gelegenen Zentren vormals nur halb städt. Charakters erhielten über die Ansiedlung von Industrien (an der Küste Annaba, im Binnenland z. B. Batna und Sétif) oder im Zuge einer Verwaltungsneugliederung wachstumsfördernde administrative Funktionen. Neben Industrie und Verwaltung ist auch der ↗ Tourismus ein relativ effizientes Instrument des Disparitätenabbaus.

Das durch extreme Disparitäten gekennzeichnete Sambia ist ein Beispiel für eine Verknüpfung des Wachstumspols-/Entwicklungszentren- mit dem Zentrale-Orte-Konzept (Karte 14). Bei der Unabh. 1963 lagen die zehn größten Städte, in denen rd. 95% der ges. städt. Bev. Sambias lebten, an der sog. *Railway Line*. Ziel der L. seit 1963 ist daher die Förderung von Städten abseits der Bahn. Da die begrenzten finanziellen und techn. Mittel jedoch keine effiziente Förderung vieler Zentren erlaubten, reduzierten Sambia und andere Länder mit ähnlichem Konzept daher deren Zahl. Die Dezentralisierung der Industrie auf kleinere Städte erwies sich jedoch kaum erfolgreich.

In anderen Ländern, so in Südafrika, wurde zudem das Entwicklungsachsen-Konzept zum Paradigma der L. Demnach soll sich die Entwicklung vorrangig auf große interregionale Verkehrsachsen konzentrieren, an denen auch Planstädte angelegt wurden, so z. B. die Trabantenstadt Atlantis an der Achse Kapstadt-Saldanha (Karte 15). Eine Optimierung der Agglomerationsvorteile bei gleichzeitiger Reduzierung des Flächenverbrauchs und der Entzerrung der Entwicklung auf nur eine Großstadt wird so angestrebt. Andere wiederum wollen mit planmäßig angelegten Entlastungs-(Trabanten-/Satelliten-) Städten im Um- und Hinterland großer Agglomerationen ein ausgewogeneres Städtesystem und damit den Abbau von Disparitäten erreichen, z. B. Ägypten, wo auch der Siedlungsdruck auf wertvolle Agrarflächen wie auf das lebensnotwendige Bewässerungsland gemildert werden soll. ↗ Agrarpolitik, ↗ Urbanisierung.

🕮 K. Vorlaufer, Systeme zentraler Orte in Kenya. Genese, Struktur, Bedeutung. In: Afrika im Spiegel neuer Forschung, Frankfurt/M. 1986, S. 21–63.

Karl Vorlaufer

Landflucht ↗ Migration

Ländliche Entwicklung ist ein Ansatz der ↗ Entwicklungszusammenarbeit, der auf den ländl. Raum als Ganzes abzielt. Er erstrebt eine umfassende Verbesserung der sozioökonom. Lebensbedingungen der auf dem Lande lebenden Bev. In den ländl. Regionen Afrikas lebt und arbeitet nach wie vor der überwiegende Teil der Menschen (1999: 62%), und das Bevölkerungswachstum ist hoch (1998–2015: 2,3%, ↗ Bevölkerung). Dem stehen aber geringe Zuwachsraten des Arbeitsplatzangebotes gegenüber. Das Stadt-Land-Gefälle betrifft nicht nur die Einkommen, sondern auch die Verfügbarkeit von sozialen Dienstleistungen und Bildungsmöglichkeiten. Die daraus resultierenden Probleme führen zu Landflucht und überproportionalem Wachstum der Städte (↗ Migration, ↗ Stadt, ↗ Urbanisierung). Die klassische Aufgabe des ländl. Raumes, die städt. Bev. mit Nahrungsmitteln zu versorgen, kann dieser in den meisten Ländern Afrikas nicht mehr erfüllen.

Das Konzept der l. E. wurde auf dem Hintergrund negativer Erfahrungen entwickelt, die mit einseitiger Produktionsförderung und vorwiegend techn. Neuerungen in den 1960er Jahren gemacht wurden. Mit der Einführung der »Integrierten l. E.« wurde die Gleichrangigkeit von wirtsch. und sozialer Entwicklung in den Mittelpunkt gestellt. Der Armuts- und Zielgruppenbezug wurde stärker betont. Hinzu kamen die Partizipation und die Ausrichtung der Maßnahmen auf die Bedarfslage der Zielgruppen. Durch aktive Beteiligung der betroffenen Bev. an Planung und Durchführung der Maßnahmen sollten die Voraussetzungen für eine Entwicklung von unten geschaffen werden. Allerdings liegt im Erfordernis der Komplexität gleichzeitig die Begrenzung des Ansatzes, denn das Konzept tendierte automatisch zu großen, schwer überschaubaren Projekten, welche die Durchführungsorganisationen in der Praxis überforderten.

Das Konzept der »Ländl. Regionalentwicklung« verbindet Elemente der l. E. mit raumwirtsch. Gesichtspunkten. Es handelt sich um einen auf eine spezifische Region bezogenen Planungsansatz, in den sich überschaubare Projekte einordnen und in einer schrittweisen Vorgehensweise ihren Beitrag zur Erreichung des Gesamtziels leisten. Zwar sind die Steigerung der ↗ landwirtsch. Produktion und die daraus erhofften Einkommensverbesserungen nach wie vor ein zentraler Gegenstand der Ländl. Regionalentwicklung, aber auch andere Aspekte wie Infrastruktur, Schul- und Gesundheitswesen, Kleingewerbe, ländl. Handwerker und Handel spielen eine wichtige Rolle. Gesamtwirtsch. soll die Ländl. Regionalentwicklung mit der Dezentralisierung einhergehen, die angesichts der für die meisten Länder Afrikas charakteristischen überragenden Stellung der Metropolen eingeleitet werden muss.

Typisch für die Ländl. Regionalentwicklung ist der multisektorale Planungs- und Entwicklungsansatz, arbeitsintensive Produktionsbereiche einer Region zu fördern. Mit einer engen Verzahnung lokaler Nachfrage und lokalen Produktionspotentialen sollen tragfähige Wirtschaftskreisläufe entstehen, die weitere Investitionen ermöglichen. Die dominierende Stellung staatl. Institutionen soll auf ein sinnvolles Maß zurückgeführt werden. Die Grundsätze der Ländl. Regionalentwicklung, wie z. B. die Beteiligung der Betroffenen an Planung und Durchführung der Vorhaben, sprechen für eine Förderung von Selbsthilfeorganisationen. Der hierdurch bewirkte Ansatz einer Entwicklung von unten soll Demokratisierungsprozesse stimulieren (↗ *Community Development*). Die versch. Organisationsformen der Selbsthilfe und Eigeninitiative erweisen sich auch zur Förderung selbstbestimmter techn., finanzieller und organisatorischer Wandlungsprozesse als wirksam. Voraussetzung ist jedoch, dass die gemeinsam durchgeführten Vorhaben den Zielgruppen Vorteile erbringen.

Erste Erfolge der Ländl. Regionalentwicklung dürfen nicht darüber hinwegtäuschen, dass die Voraussetzungen für eine effektive Regionalpolitik in vielen Ländern Afrikas nicht gegeben sind. Interregionaler Kapitaltransfer findet eher zu Lasten der schwachen Regionen statt als zu deren Gunsten, und qualifizierte Arbeitskräfte wandern nach wie vor ab. Die Entscheidungsstrukturen in den Machtzentren lassen oft wenig Raum für eine wirksame Interessenvertretung der ländl. Bev. Damit sind für l. E. demokratische Strukturen (↗ Demokratie) unabdingbar. ↗ Landesentwicklung.

🕮 Deutsche Gesellschaft für Techn. Zusammenarbeit (Hg.), Ländliche Regionalentwicklung, LRE aktuell, Eschborn 1997.

Eckhard Baum

Landminen. In rund 70 Bürgerkriegsgebieten der Welt stellen Landminen eine »tödliche Erbschaft« bewaffneter Konflikte dar. Nach Angaben des Internat. Komitees vom Roten Kreuz werden pro Jahr etwa 15.000 Menschen durch Minen getötet oder verwundet. Schätzungen gehen von 60 bis 100 Mio. Landminen weltweit aus, die Agrarland blockieren und die Nutzung von Weideland unmöglich machen. Etwa ein Drittel der verlegten Minen entfallen auf Afrika. Bes. betroffen sind Angola, Äthiopien, Eritrea, Mosambik, Somalia und Sudan, aber auch Senegal. Als Minenproduzenten für afrik. Konfliktgebiete sind in den vergangenen 25 Jahren v. a. Belgien, die VR China, die Tschechoslowakei, Frankreich, die DDR, Italien, Pakistan, Südafrika, Großbritannien, die USA, die Sowjetunion, Jugoslawien und Simbabwe in Erscheinung getreten.

Am 4. Dezember 1997 wurde in Ottawa die »Konvention über das Verbot der Verwendung, Lagerung, Produktion und Weitergabe von Anti-Personen-Minen sowie über ihre Zerstörung« verabschiedet. Dieser Erfolg wurde maßgeblich von der ICBL (Internat. Koalition für ein Verbot von Landminen) erreicht, zu der sich über 1.300 ↗ Nichtregierungsorganistionen aus mehr als 75 Ländern zusammengeschlossen haben. Die Koordinatorin der ICBL, J. Williams, erhielt 1997 den Friedensnobelpreis. Der Landminenvertrag ist am 1. 3. 1999 in Kraft getreten. Bis zum 31. 1. 2001 hatten ihn 139 Staaten unterschrieben, 110 ihn ratifiziert. Allerdings haben die Hauptproduzenten Russland, VR China, die USA und Nordkorea die Konvention bislang nicht unterzeichnet, und es werden darin nur Anti-Personen-, nicht aber Anti-Panzer-Minen erfasst. In Afrika haben bislang 43 Länder den Landminen-Vertrag unterschrieben, 28 ihn ratifiziert.

🕮 International Campaign to Ban Landmines (ICBL), Landmine Monitor Report 1999: Towards a Mine Free World, Washington 1999 (www.icbl.org).

Tobias Debiel

Landrecht ↗ Bodenrecht

Landtechnik umfasst den Komplex handwerklich hergestellter Hilfsmittel für die Arbeitserledigung, im Wesentlichen für Bodenbearbeitung, Pflege und Ernte, aber auch für ↗ Bewässerung und Vorratshaltung. Schleppergezogene Scheibenpflüge und -eggen wurden in den 1940er Jahren in Afrika eingeführt. Seitdem fanden sie, vielfach durch private Lohnunternehmer zur Verfügung gestellt, weite Verbreitung. Bestrebungen, sie in Trockengebieten, wo minimale Bodenbearbeitung erforderlich ist, durch den Zinkenpflug oder Kultivator zu ersetzen, waren bislang weniger erfolgreich. Leichte Einachsschlepper haben teilweise im bewässerten Reisbau Eingang gefunden. Die Problematik komplizierter Technik liegt jedoch v. a. darin, dass sie i.d.R. aus Europa, Asien oder Nordamerika eingeführt werden muss. Für die Entwicklung einer eigenständigen und nachhaltigen L. ist es erfolgversprechender, lokale Handwerker in der Anfertigung und Reparatur angepasster Technologien auszubilden. Erfahrungen haben gezeigt, dass einfache Bodenbearbeitungsgeräte und Karren für die tierische Anspannung ebenso wie Anlagen für die Vorratshaltung von örtlichen ↗ Schmieden angefertigt werden können, sofern hochwertige Materialien verfügbar sind. In einigen Ländern, u. a. in Nordafrika, haben sich auch einschlägige Kleinindustrien erfolgreich etablieren können.

Neben der wichtigen Rolle der L. bei der kontinuierlichen Steigerung von Ernteerträgen und Arbeitsproduktivität kommt ihr zur Vermeidung von Lagerverlusten, die bei traditionellen Verfahren bis zu 50% betragen können, besondere Bedeutung zu. In der Entwicklung und Verbreitung von angepassten Technologien des Nachernte- und Vorratsschutzes, einschließlich der effizienten Verarbeitung und Transformation von landwirtsch. Produkten, liegt ein wichtiges Potential zur Steigerung der Ernährungssicherheit. ↗ Angepasste Technologie, ↗ Landwirtschaft, ↗ Mechanisierung.

Eckhard Baum

Landwirtschaft ist in Afrika der wichtigste Erwerbszweig. Die Bedeutung leitet sich aus der Tatsache ab, dass noch immer der überwiegende Teil der ↗ Bevölkerung von der L. lebt. Die Mehrzahl der afrik. Länder sind typische Agrarstaaten. Bezogen auf den ganzen Kontinent machte der Anteil der ländl. Bev. 1996 etwa 60% aus. Ein unterschiedlich ausgeprägter Grad der ↗ Urbanisierung führte in den letzten Jahrzehnten zu erheblichen Schwankungsbreiten. Länder mit geringem Anteil an Einwohnern, die ihren Lebensunterhalt von der L. bestreiten, sind Algerien (24%), Libyen (6%) und Südafrika (11%). Dagegen weisen Äthiopien, Burkina Faso, Burundi, Guinea, Malawi, Niger und Ruanda Quoten von über 85% auf.

Von der gesamten Landfläche Afrikas mit 29,6 Mio. km^2 wurden 1996 5,8%; also eine Fläche von 1,7 Mrd. ha, als Ackerland genutzt. 0,7% ist mit Dauerkulturen bestanden und 0,4% wird bewässert. Über 93% entfallen auf extensiv genutzte Naturweiden (↗ Savannen), Wald- und Buschland, ↗ Gewässer, ↗ Wüsten sowie überbaute Flächen (städt. Siedlungen und Straßen). Die ↗ Bewässerungswirtschaft hat in Ägypten die größte Bedeutung (3,2 Mio. ha). Aber auch der Sudan, Marokko, Südafrika und Madagaskar verfügen über nennenswerte Flächen bewässerten Landes.

Die Bedingungen und Formen der ↗ landwirtsch. Produktion variieren außerordentlich stark infolge des regional unterschiedlichen ↗ Klimas. Gleiches gilt für die Landbaumethoden, die oft auf alten Erfahrungen und überlieferten, aus den Gegebenheiten eines Standorts entwickelten Kenntnissen beruhen. Dazu gehören Methoden der Rodung, der Bodenbearbeitung, der Bestandspflege, der Fruchtbarkeitserhaltung und des Bodenschutzes.

Die Länder Nordafrikas und die Südspitze des Kontinents sind zu den subtrop. Winterregengebieten zu zählen (↗ Ökozonen). Leitkulturen sind hier die Hauptgetreidearten (↗ Getreide); die mediterranen Dauerkulturen finden weite Verbreitung. Die ↗ Viehhaltung ist ein bedeutender, i.d.R. extensiv betriebener Erwerbszweig. In der Wüstenzone ist die intensive Oasen-L. mit der Dattelpalme als Hauptfrucht und der Etagenkultur charakteristisch. Bewässerungs- bzw. Überschwemmungsfeldbau wurde insbes. entlang der großen Flüsse entwickelt. Einen Schwerpunkt bildet das Niger-Binnendelta mit dem Anbau von Reis und Pennisetum.

Die Niederschläge zwischen den Wendekreisen werden in Menge und Verteilung durch den Verlauf der intertrop. Konvergenzzone und den Rhythmus der Jahreszeitenwinde bestimmt. Die südl. der ↗ Sahara sich anschließenden offenen Savannen (Sahel-, Sudan- und nördl. Guineazone), die in geringerer geogr. Ausdehnung ihre Pendants südl. des Äquators haben, sind durch die extensive Viehhaltung der Hirtennomaden geprägt, die sporadisch auch Feldbau betreiben (↗ Nomadismus). Wo drei bis vier humide Monate im Jahr zu erwarten sind, wird Regenfeldbau mit allerdings hohem Anbaurisiko möglich. Versch. Hirsearten, bei zunehmenden Niederschlägen auch Mais, sind neben Hülsenfrüchten die wichtigsten Nahrungsmittel. Als Verkaufskulturen haben Erdnüsse und Baumwolle vorrangige Bedeutung erlangt. Die Brandrodung ist in Verbindung mit dem ↗ Wanderfeldbau weit verbreitet. Bäume werden oft in losem Bestand in der Feldflur belassen. Neben vielfachen Nutzungsmöglichkeiten können einige Arten dem Boden Stickstoff zuführen (bspw. *Acacia albida* in Westafrika). Zum Schutz vor Erosion ist es üblich, vom Feld abgesammelte Steine zu kleinen Mauern entlang der Konturlinien aufzuschichten. Durch kontinuierliches Hacken hangaufwärts entsteht dann die Terrassenkultur. Die Handhacke ist nach wie vor das Universalinstrument der Kleinbauern, aber auch die tierische Anspannung und die Pflugkultur wurden gebietsweise erfolgreich eingeführt.

In den Feuchtsavannen und Übergangsräumen zu den trop. Waldgebieten wird die Viehhaltung durch das Vorkommen der Tsetsefliege als Überträger der Nagana-Seuche eingeschränkt. Als Grundnahrungsmittel werden neben dem Mais zunehmend ↗ Knollenfrüchte (Yams, Maniok, Taro) angebaut. Gängiges Prinzip des Feldbaus ist die Mischkultur, die den Gesamtertrag steigert, den Boden schont und dem komplexen Bedarf an Nahrungsmitteln entgegenkommt. Während früher die Savannen die bevorzugten Siedlungsräume waren, sind heute die südl. angrenzenden Waldgebiete neben den tropischen Höhenlagen die wichtigsten Wirtschaftsräume im tropischen Afrika. Niederschläge von über 1.500 mm jährl. bewirken die vergleichsweise hohe Tragfähigkeit. Die Feucht- und Regenwälder wurden infolge dieser Entwicklung kontinuierlich verdrängt (↗ Regenwald/Regenwaldzerstörung). Obwohl in vielen Gebieten noch Wanderfeldbau und Brandrodung mit mehr oder weniger langen Brachezeiten anzutreffen ist, erzwingt das hohe Bevölkerungswachstum überall intensivere Formen der Umlagewirtschaft bzw. Systeme der permanenten ↗ Bodennutzung. Stabilisierende Elemente sind v. a. die Dauerkulturen, von denen als wichtigste Kakao, Tieflandkaffee (*Coffea canephora* oder *robusta*), Ölpalmen, Bananen und Kautschuk zu nennen sind. Diese bilden nicht nur die Grundlage der ↗ Plantagenwirtschaft, sondern bieten auch der kleinbäuerl. L. Investitionsmöglichkeiten und vergleichsweise sichere Einkommensquellen. Dauerkulturen sind an den feuchttropischen Standort bes. gut angepasst und bieten dem Boden Schutz vor Erosion (↗ Erosionsschutz). Ein System geordneter Integration von Obst und Holz liefernden Bäumen und Nahrungsfrüchten stellt die ↗ Agroforstwirtschaft dar. In Madagaskar wurde die bewässerte Reiskultur schon früh von asiat. Einwanderern eingeführt. In den feuchten Tropen, insbes. in einigen Ländern Westafrikas (Guinea, Sierra Leone, Liberia), hat neben dem Trockenreis auch der Nassreis größere Bedeutung erlangt. Unter den gegebenen Verhältnissen stellt er ein vergleichsweise stabiles System dar, das einen erheblichen Beitrag zur Sicherung der Nahrungsmittelversorgung erbringen kann.

Ökolog. Gunsträume sind die tropischen Höhenlagen Ostafrikas. In Äquatornähe und definitionsgemäß ab 1.000 m über dem Meeresspiegel gelegen, weisen sie für die L. besonders zuträgliche Bedingungen auf. Die Böden, soweit sie vulkanischen Ursprungs sind, verfügen über ein hohes Maß an natürlicher Fruchtbarkeit. Die Entwicklungschancen sind in diesen Gebieten besonders gut. Sie finden Ausdruck in den Möglichkeiten der vielseitigen Gestaltung der Bodennutzungssysteme und der Steigerung der Intensität der Bodennutzung. Gebietsweise extrem hohe Bevölkerungsdichten, wie bspw. in den Bergländern Ruanda und Burundi, bedingen allerdings Betriebsgrößen, die unterhalb des Subsistenzniveaus liegen. Der Einfluss der Höhenstufen auf die Agrarproduktion lässt sich besonders deutlich in Äthiopien verfolgen. Während in den dünn besiedelten Gebieten am Gebirgsfuß typische tropische Produkte angebaut werden, findet man in den Höhenlagen zwischen 1.600 und 2.500 m den Weizenanbau. Eine nur in dieser Region bestellte Getreideart ist der Tef (*Eragrostis tef*). Kaffee hat hier sein Ursprungsgebiet und ist die wichtigste Verkaufskultur. Ausgedehnte Terrassierungen schützen den Boden vor der Erosion. Die höchsten Siedlungen liegen auf 3.500 m. In den Hochlagen von Kenia, Tansania, Uganda, Ruanda und Burundi ist die Differenzierung der Bodennutzung nach Höhenstufen weniger ausgeprägt. Ursache hierfür ist vermutlich, dass diese Gebiete bedeutend später durch Ackerbauern besiedelt wurden als in Äthiopien.

Angesichts des Bevölkerungswachstums und verbreiteter Unterernährung in vielen Ländern Afrikas ist die Steigerung der landwirtsch. Produktion unerlässlich. Von 1987 bis 1996 wuchs die Erzeugung um jährlich 2,8% und lag damit nur geringfügig über dem Bevölkerungswachstum. Die Produktion pro Kopf stieg nur um jährl. 0,3%. Die Zuwächse betrafen fast ausschließlich die Nahrungsproduktion, während Verkaufskulturen nur unwesentlich ausgedehnt wurden. Die Steigerungsraten pflanzlicher Erzeugung waren mehr als doppelt so hoch wie die der tierischen, die sich pro Kopf um jährl. 0,9% verminderte. Unterschiede zwischen den Ländern resultieren aus den spezifischen Klimabedingungen, dem Stand der Infrastruktur und Risikofaktoren wie z. B. Kriege/Bürgerkriege. So konnten bspw. Ghana und Nigeria zwischen 1987 und 1996 die landwirtsch. Produktion um jährl. 5–6% und die Pro-Kopf-Produktion um 2–3% steigern. Dagegen sank die jährliche landwirtsch. Erzeugung in Ruanda und Gambia im gleichen Zeitraum um 2–4%. Gleichzeitig sank in Ruanda infolge des Bevölkerungsrückgangs durch ↗ Genozid und Flucht die Pro-Kopf-Produktion nur um 0,7%, in Gambia allerdings um jährl. 6,6%. Die positiven Beispiele zeigen aber, dass afrik. ↗ Bauern/Bäuerinnen in der Lage sind, unter günstigen Rahmenbedingungen, und dazu zählt v. a. pol. Stabilität, erhebliche Steigerungsraten der landwirtsch. Produktion zu erzielen und auch in Zukunft einen wichtigen Beitrag zur ↗ Ernährung der wachsenden Bev. zu leisten (was allerdings nicht für die Gebiete der Trockenzonen gilt). Zudem wäre die Nahrungsmittelversorgung von Mangelgebieten aus Überschussregionen durchaus möglich. Dies wird jedoch nicht nur durch die mangelhafte Infrastruktur verhindert, sondern auch durch den Weltmarkt, auf dem teilweise subventionierte Produkte billig angeboten werden. ↗ Ackerbau, ↗ Agrarpolitik, ↗ ländl. Entwicklung, ↗ Landtechnik, ↗ Monokultur, ↗ ökolog. Anbau, ↗ Weidewirtschaft.

🕮 FAO Production Yearbook, Rom 1997 (www.fao.org).

Eckhard Baum

Landwirtschaftliche Produktion unterscheidet sich vom Sammeln und Jagen dadurch, dass die Prozesse durch den Landwirt kontrolliert werden. Die Ressourcen oder Produktionsfaktoren der landwirtsch. Erzeugung werden in die Gruppen Boden, Arbeit, Kapital und Betriebsführung unterteilt. Wie diese kombiniert werden, ist durch die ökolog., wirtsch., sozialen, kulturellen und pol. Standortbedingungen sowie den Kenntnisstand des ↗ Bauern bzw. der Bäuerin bestimmt. Ziel der l. P. ist die Selbstversorgung mit Nahrungsmitteln und die Erlangung eines ausreichenden Geldeinkommens. Dabei steht für Kleinbauern nicht die Ertragsmaximierung im Vordergrund, sondern ein als angemessen erachtetes Verhältnis von Aufwand und Ertrag sowie – angesichts hoher Unsicherheit im Hinblick auf Witterungsverlauf und erzielbare Preise – die Risikobegrenzung. Von der industriellen Produktion unterscheidet sich die landwirtsch. dadurch, dass dem Faktor Boden neben der Arbeit eine große Bedeutung zukommt. In der extensiven l. P., wie sie in Afrika vorherrscht, wird wenig Kapital eingesetzt. Verfügbare Fläche und der Einsatz von Arbeitskräften hängen von der Besiedlungsdichte (↗ Bevölkerung) und dem daraus resultierenden Landmangel ab. ↗ Landwirtschaft.

🕮 FAO Production Yearbook, Rom 1997 (www.fao.org).

Eckhard Baum

Laufwettbewerbe ↗ Sport

Laute, ↗ Musikinstrument aus der Familie der zusammengesetzten Chordophone (Saiteninstrumente). Bei L. laufen, anders als bei ↗ Harfen, die Saiten parallel zum Resonanzkörper. Der Hals als Saitenträger sowie der Resonator als Klangverstärker sind voneinander getrennt. Afrik. L. weisen eine Fülle von Konstruktionsmerkmalen auf, die in der ↗ Musikethnologie vielfach als Grundlage entwicklungsgeschichtl. Hypothesenbildungen dienten. Man unterscheidet Bogen-, Joch-, Spieß- und Halslauten.

(1) Bogen-L. Die Saiten dieser L. sind von der Spitze des gebogenen Halses zum Resonator gespannt, wobei jede Saite einen eigenen Saitenträger hat, der separat aus dem Resonator herausragt. Bogen-L. sind in ganz Westafrika verbreitet, allerdings nicht in einem geschlossenen Gebiet, sondern einer Vielzahl eng begrenzter, unzusammenhängender Regionen. Die Bauart weist sowohl in Bezug auf die Saitenanzahl als auch auf die Materialien, die Verbindung der konstruktiven Elemente, Stimmvorrichtungen oder die Befestigung von Rasselelementen regionale Unterschiede auf. Bogen-L. gibt es nur in Afrika.

(2) Joch-L. Bei dieser L., häufig auch als Leier bzw. Lyra bezeichnet, besteht der Saitenträger aus einer Konstruktion dreier Saitenträger, von denen zwei parallel oder v-förmig aus dem Resonanzkörper ragen, während ein dritter als Querstange wie ein Joch aufgesetzt wird, der den Druck der Saitenspannung aufnimmt. Der Resonator der Joch-L. kann schalenförmig sein, z. B. wenn eine Kalebasse oder eine Emailleschüssel verwendet wird, oder kastenförmig wie bei der *begenna,* einem Instrument der Amharen (Äthiopien), das bei kirchlichen Feiern gespielt wird. Joch-L. stammen wie ↗ Harfen und Spieß-L. aus dem alten Orient und fanden über ↗ Altägypten ihren Weg nach Afrika, wo sie heute in Ostafrika gebräuchlich sind.

(3) Spieß-L. Diese vielgestaltigsten L. sind in ganz Afrika verbreitet, allerdings mit zahlreichen regionalen Besonderheiten. Je nach Form des Resonators wird zwischen Kasten-, Röhren- und Schalenspieß-L. unterschieden. Die ersten beiden kommen fast ausschließlich in Ostafrika vor, während Schalenspieß-L. in West- und Ostafrika zu finden sind. Im Gegensatz zu Joch- und Bogen-L. und unabh. von der Form des Resonators können die Saiten der Spieß-L. nicht nur mit Finger oder Plektrum zum Schwingen gebracht, sondern auch mit einem Bogen gestrichen werden, so z. B. bei der Röhrenspieß-L. *endingidi* aus Uganda oder der *goge* der Hausa (Nigeria).

(4) Hals-L. Die konstruktiv aufwändigen Hals-L., bei denen der Hals als Saitenträger an den Resonator gesetzt wird, finden sich v. a. in Nordafrika. Berühmtheit erlangte die L. *ud,* die von den Gelehrten des arab. Mittelalters als Königin der Musikinstrumente beschrieben wurde, wesentlichen Anteil an der Weiterentwicklung der musiktheoretischen Ansätze der griech. Antike hatte und heute teilweise in der ostafrik. Küstenregion gebräuchlich ist (↗ Taarab). Die gestrichene L. *rebab* ist ebenso eng mit der arab.

Musiktradition Nordafrikas verbunden, hat sich aber nicht im subsahar. Afrika verbreitet.

🕮 U. Wegner, Afrik. Saiteninstrumente, Berlin 1984.

Raimund Vogels

Lebenserwartung ↗ Bevölkerung

Lebenskraft, philos. Begriff, der Kraft mit den Interaktionen zwischen Mensch und Kosmos verbindet. Bestimmte Kosmologien, z. B. jene der Thonga (Mosambik), verstehen den Menschen als Frucht der Natur. Der Mensch behält so seine Bindung an seinen Herkunftsort, die sich in der Wechselwirkung zwischen seiner eigenen Kraft und der Energie des Ortes äußert. Wie in den Lebensphilosophien gilt die Natur als von Kräften und einer bewegenden Energie beseelt, die bei Geburt auf den Menschen übergehen, der sie entweder durch ↗ Initiation und ↗ Ritus steigern oder durch Verletzung von Verboten schmälern kann.

Das Wesen der L. wird oft personalisiert. Für die Banda und Manja (Zentralafrika) ist sie ein Gott. Manchmal ist sie so unbestimmt, dass sie mit der Vorstellung vom Sein zusammenfällt. L. wird auch als eine den meisten Menschen gegebene spirituelle Energie aufgefasst, die entweder als unheilvoll oder als wohltuend gilt. Der Energieschub – ob naturgegeben oder von einem personalisierten Wesen verliehen – ist veränderlich, d.h. L. kann, je nach der Konzeption vom Sein, von anderen und von den Institutionen, ab- oder zunehmen.

Die L.-Vorstellung hatte großen Einfluss auf die ↗ Ethnophilosophie von Placide Tempels, der von der Existenz einer dynamischen, weil auf den Kraftbegriff gestützten Ontologie der Bantu sprach. Für ihn sind Sein und Kraft identisch, und nur aus dieser Identität würden sich Psychologie, ↗ Ethik und Politik erklären lassen. Der Mensch (↗ *muntu*) sei demnach eine lebendige Kraft. Diese Gleichsetzung wurde mit dem Argument kritisiert, wenn die Kraft alle sozialen Lebensbereiche der Afrikaner in Beschlag nehme, könnten diese nie eine lebenstaugliche Rechtsauffassung besitzen. Im Übrigen hat Tshiamalenga Ntumba darauf hingewiesen, dass in der Luba-Sprache, die Tempels seiner Analyse zugrunde legte, zwischen *ntu* (Sein) und *bukole* (Kraft) streng unterschieden wird.

🕮 P. Tempels, Bantu Philosophie, Heidelberg 1956. – A.M. Vergiat, Les rites secrets des primitifs de l'Oubangi, 2. Aufl., Paris 1981. – T. Ntumba, La vision Ntu de l'homme. In: A. Smets (Hg.), Philosophie africaine. Bd. 1, Kinshasa 1975.

Jean-Godefroy Bidima

Leder ist ein aus tierischer Haut durch Gerben hergestelltes Produkt. Für die Umwandlung der von Haaren, Oberhaut und Unterhaut befreiten Haut in den lederartigen Zustand erfolgt zuerst die Haarentfernung bzw. -lockerung, und zwar mechanisch durch Abschaben oder chemisch durch Kälken mit einer natriumsulfidhaltigen Kalksuspension, dem sog. Äscher. Danach werden beim Streichen, Glätten und Reinmachen letzte Haareste entfernt. Das wohl älteste und in Westafrika noch heute weit verbreitete Gerbverfahren ist die pflanzliche Gerbung. In Nordafrika gab es daneben auch schon früh mineralische Gerbung (Alaun- oder Weißgerbung). Bei der industriellen Verarbeitung von Häuten kommt heute der Chromgerbung die wichtigste Rolle zu. Lederarbeiten sind in den verschiedensten Formen und Verwendungen in ganz Afrika anzutreffen. Haut- und Lederverarbeitung zur Subsistenz ist häufig Frauenarbeit, in Gesellschaften mit größerer handwerklicher Differenzierung dagegen Männerarbeit, die teilweise bestimmten Geburtsgruppen vorbehalten ist (etwa den *garankew* der westafrik. Mande).

Lederarbeiten werden als ↗ Schmuck, ↗ Kleidung, Haushaltsgerät etc. verwendet. Mäntel, Kissen, Satteldecken, Taschen, Sandalen, Messer- und Schwertscheiden, Amulette und Koraneinbände stellt man aus L. her. Bekannt sind die koptischen Lederarbeiten des 4.–8. Jh. mit ihren meisterhaften Ritz- und Schälarbeiten, Goldauflagen, Flechtarbeiten, Färbungen und Punzierungen. Zur Verarbeitung des L. werden heute darüber hinaus noch die Techniken der Applikation angewandt, bei der verschiedenfarbige Lederstreifen übereinander genäht oder geklebt werden, sowie das Bemalen, Einpressen, Einschneiden oder Abnähen. Der westl. Sudan ist für kunstvolle Knotarbeiten bekannt. Ornamentale Bestickungen mit Naturfasern, Plastikstreifen oder Glasperlen (↗ Perlen) werden in ganz Afrika ausgeführt.

Charakteristisch sind Lederarbeiten für kunstgewerbliche Objekte islam. Kulturen. In Westafrika gelten Hausa und Manding als Meister im Gerben, Färben und Verarbeiten von Schaf- und Ziegenhäuten. Ihre Produkte finden heute v.a. als Souvenirs Absatz (↗ Touristenkunst).

Der Gebrauch von L. als Kleidung ist in den letzten hundert Jahren erheblich zurückgegangen und beschränkt sich heute auf Schuhwerk und wenige Ausnahmen v.a. bei Jägern, Sammlern und Hirtennomaden (↗ Nomadismus). Oft handelt es sich dabei um durch Einfetten haltbar gemachte Häute und nicht um L. im engeren Sinn, da keine Gerbung erfolgt. In Ostafrika verwenden z.B. Frauen der Samburu, Maasai, Turkana noch heute vielfach mit Glasperlen bestickte Röcke, Umhänge und Gürtel aus derartig behandelten Häuten.

Ulf Vierke

Legende ↗ Oralliteratur

Lesotho. **Fläche:** 30.355 km^2. **Einw.:** 2 Mio. (1999). **Bev.-Wachstum/Jahr**: 2,2% (1990–99). **Stadtbev.:** 27% (1999). **Hauptstadt:** Maseru (367.000 Einw. 1992). **Unabh.:** 04. 10. 1966. **Staatsform**: Parlamentarische Monarchie, Parlament mit 80 gewählten Abgeordneten; Senat, bestehend aus 22 Chiefs und 11 nominierten Mitgliedern. Parteienstruktur: LCD (*Lesotho Congress for Democracy*), Regierungspartei, BNP (*Basotho National Party*), BCP (*Basutoland Congress Party*). **Währung:** 1 Loti = 100 Lisente. **HDI-Rang** 120/162 (2001). **Auslandsverschuldung**: 659,8 Mio. US$ (1997). **Anteil der Entwicklungshilfe am BSP**: 6% (1998). **BSP/Kopf**: 550 US$, **HIV-infizierte Erwachsene**: 23,6%, **Lebenserwartung**: m 47,8 J., w 48 J., **Alphabetisierung** der Erwachsenen: m 71,7%, w 93,3% (1999). **Einschulungsrate**: m 55%, w 65% (1995–99). **Amtssprachen**: Sotho (↗ Bantusprachen) und Engl.

I. Naturraum. Das von südafrik. Territorium umgebene L. ist ein kleines, gebirgiges und karges Hochland mit Halbwüste und Trockensavanne (↗ Ökozonen). Es bildet die Hauptwasserscheide im südl. Afrika. Die Höhenlage sorgt für ein kühles ↗ Klima. Die Jahresmitteltemperatur liegt zwischen 11°-15 °C. Die Niederschläge fallen überwiegend von Dez. bis März. Es gibt nur einen geringen Baumbestand. Vorherrschend sind Grasflächen.

II. ↗ Bevölkerung und ethnische Gruppierungen. L. ist eines der wenigen Länder Afrikas mit homogener Bev. Über 99% der Einw. sind Basotho. Das Bevölkerungswachstum von jährl. 2,2% (1990–99) wird wegen der knappen landwirtsch. Nutzflächen (nur 13% der Gesamtfläche sind dafür geeignet) schwerwiegende sozioökonom. und ökolog. Folgen haben, v.a. Bodenerosion und Verkarstung.

III. Geschichte und Politik. Um das 1830 gegr. Königreich L. gegen südafrik. Voortrekker zu schützen, suchte König Moshoeshoe I. Schutz bei Großbritannien, das 1868 L. zum brit. Protektorat Basutoland erklärte. Die traditionelle Hierarchie mit König und Chiefs blieb erhalten. Nach den ersten allg. Wahlen 1965 führte Chief Leabua Jonathan 1966 das Land unter dem Namen Lesotho in die Unabh. Nach den Wahlen 1970 weigerte Jonathan sich, seine Niederlage anzuerkennen, verhängte den Ausnahmezustand und regierte mit Notstandsverordnungen weiter. Die außenpol. Orientierung in Richtung Sowjetunion und die Asylgewährung für ANC-Aktivisten verschlechterten die Beziehungen zu Südafrika dramatisch. Pretoria schloss aus Protest die Grenzen zu L. und trug damit zu einem Putsch des dortigen Militärs gegen das autoritäre Regime von Chief Jonathan im Januar 1986 bei, der von der Bev. mit Beifall aufgenommen wurde. Die pol. Ambitionen des Königs Moshoeshoe II. führten zum Machtkampf mit der Militärregierung und 1990 zum Exil des Monarchen, der durch seinen Sohn, Letsie III., ersetzt wurde. Ein unblutiger Putsch ebnete den Weg zurück zu einer Zivilregierung. In den demokrat. Wahlen von 1993 gewann als Folge des Mehrheitswahlrechts die BCP mit 74,8% der Stimmen alle 65 Parlamentssitze. König Letsie III. dankte 1995 zu Gunsten seines Vaters Moshoeshoe II. ab, wurde aber nach dessen Unfalltod 1996 erneut König. Die BCP spaltete sich im Juni 1997 in einen konservativen und einen radikalen Flügel. Bei einem Machtkampf zwischen der altgedienten Parteiführung und jungen Politikern setzte sich die Alte Garde mit der Gründung des LCD (*Lesotho Congress for Democracy*) durch, der in den Parlamentswahlen 1998 mit einem Stimmenanteil von 61% 78 der 79 Sitze gewann, während die BCP leer ausging. Das Wahlergebnis wurde von der Opposition nicht akzeptiert. Nach anhaltenden Unruhen und einem versuchten Militäraufstand ersuchte die Regierung die ↗ SADC um Beistand. Im Sept. 1998 intervenierten Truppen aus Südafrika und Botsuana und stellten die öffentl. Ordnung wieder her. Zur Entspannung der aufgeheizten Lage handelte die Regierung mit der Opposition unter Vermittlung der SADC eine Wiederholung der Wahlen innerhalb von 18 Monaten aus. Die demokrat. Ordnung ist nach wie vor fragil. Das fast vollständige Fehlen der Opposition im Parlament und die damit verbundene Desintegration von Entscheidungen sowie pol. Ambitionen des Militärs erschweren eine Konsolidierung des demokrat.

Systems. Die Medienlandschaft ist übersichtlich. Neben staatl. ↗ Rundfunk- und ↗ Fernsehen existiert ein zunehmendes Spektrum unabh. Zeitungen (↗ Medien).

IV. Wirtschaft und Sozialstruktur. Die Wirtschaft ist geprägt durch einen zwar abnehmenden, aber noch hohen Anteil von Migranten (↗ Migration), die in südafrik. Bergwerken arbeiten (1998: 76.053) und mit ihren Überweisungen wesentlich zum Nationaleinkommen beitragen. Z.Z. wird ein Wasserkraftwerk gebaut, um Strom nach Südafrika zu exportieren. Wichtige Exportgüter sind Schuhe und Textilien, die neben Südafrika v.a. in die USA verkauft werden. Die Landwirtschaft spielt wegen der geringen Anbauflächen und Dürren nur eine untergeordnete Rolle. Die Beschäftigten im Agrarsektor (50% der Arbeiterschaft) erwirtschafteten lediglich 10% des BIP (1998). ↗ Literatur in afrik. Sprachen: Südafrika.

🕮 J. Ferguson, The Anti-Politics Machine. Development, Depolitization and Bureaucratic State Power in Lesotho, Cambridge 1990. – R. Southall/T. Petlane, Democratisation and Demilitarisation in Lesotho: The General Elections of 1993 and its Aftermath, Pretoria 1995.

Heiko Meinhardt

Levirat, Sekundärehe zwischen einer Witwe und einem Bruder ihres verstorbenen Ehemannes. Das L. dient der Witwenversorgung, aber auch dem Weiterbestehen einer Verwandtschaftslinie (↗ Klan und Lineage) und der Aufrechterhaltung von Heiratsallianzen. Die im L. geb. Kinder gelten als Kinder des verstorbenen Ehemannes oder seines Bruders, auch wenn sie de facto von einem anderen Mann stammen. Ist die Witwe schon jenseits des gebärfähigen Alters, wird das L. oft nur pro forma geschlossen, z.T. mit einem wesentlich jüngeren Mann. Obwohl das L. durch christl. Einfluss und staatl. Gesetzgebung eingeschränkt wurde, existiert es in einigen afrik. Gesellschaften, wie z.B. bei den Mossi (Burkina Faso), auch heute noch. Das Pendant zum L. ist das ↗ Sororat. ↗ Ehe.

Katja Werthmann

Liberia. **Fläche:** 99.067 km². **Einw.:** 2,9 Mio. (2000; noch 273.000 Kriegsflüchtlinge v.a. in Guinea und der Elfenbeinküste). **Stadtbev.:** 45% (2000), **Hauptstadt und Wirtschaftsmetropole:** Monrovia (ca. 1 Mio. Einw.). **Unabh.:** 26.7. 1847. **Staatsform**: Präsidialrep.; Zweikammerparlament (Repräsentantenhaus und Senat); Mehrparteiensystem. **Währung:** Liberia Dollar. **HDI-Rang**: L. ist nicht aufgeführt. **Auslandsverschuldung**: ca. 3 Mrd. US$ (2000). **Lebenserwartung**: 50 Jahre (2000). **Alphabetisierung** der Erwachsenen: 53% (2000). **Amtssprache:** Engl.; **Verkehrssprachen:** Engl., Krio (kreol. Engl, ↗ Pidgin- und Kreolsprachen).

I. Naturraum. L., ein Kleinstaat an der westafrik. Küste, besteht aus einer flachen, sumpfigen Küstenregion, einem zentralen Plateau und der bergigen Oberguineaschwelle (höchste Erhebung: Mt. Nimba, 1.752 m). Der tropische ↗ Regenwald wurde durch Brennholzgewinnung, Raubbau und Kriegseinwirkung (1989–97) auf weniger als zwei Fünftel des Staatsterritoriums reduziert. Erhebliche Flächen werden von Heveaplantagen (Kautschuk) eingenommen. ↗ Klima.

II. Bevölkerung und ethnische Gruppierungen. Die Bev. besteht aus 16 Ethnien, die mehrheitlich Mande- und Kru-Völkern angehören. Je 20–25% (v.a. in Städten) sind Christen (↗ Christentum) und Muslime (↗ Islam), der größere Teil Anhänger traditional-afrik. ↗ Religionen. Für das pol.-gesellsch. Machtgefüge bedeutsam wurden wenige Gruppen: Krahn (4–5%), denen der Diktator Samuel Doe (1980–90) entstammte; das Händlervolk der Mandingo (5%), dem wichtige Bündnispartner angehörten; Gio und Mano (zusammen 15%), aus denen sich 1989 das »Fußvolk« der Kriegsgegner Does rekrutierte; sog. »Ameriko-Liberianer« (2–3%).

III. Geschichte und Politik. L. wurde von Nachkommen freigelassener afroamerik. Sklaven aus den USA gegründet. Der Krieg 1989–97 war ein Kampf rivalisierender pol.-gesellsch. Kräfte um Ressourcen und Macht. Von der Unabh. 1847 bis 1980 übte die Gruppe der Ameriko-Liberianer exklusiv die Herrschaft über Wirtschaft, Politik, Land und Leute aus, bevor durch einen blutigen Militärputsch unter Hauptmann Samuel ↗ Doe erstmals Angehörige solcher Ethnien die Macht eroberten, die schon vor den Ameriko-Liberianern im Lande gelebt hatten. Gio und Mano, zu denen eine rivalisierende Gruppe Militärs gehörte, wurden blutig unterdrückt. Als Doe 1988/89 die Unterstützung der USA verlor, denen er im Kalten Krieg als Bündnispartner gedient hatte, gingen seine Gegner um Charles Taylor und dessen Miliz NPFL (*National Patriotic Front of Liberia*) Weihnachten 1989 zum Angriff über. Eine Intervention der westafrik. Eingreiftruppe ↗ ECOMOG unter Führung der mit Doe verbündeten Regionalmacht Nigeria im Aug. 1990 vereitelte Taylors Machtübernahme, verhinderte aber nicht Does Ermordung durch eine von der Taylor-Armee abgespaltene Miliz. Während danach in Monrovia unter ECOMOG-Schutz eine Übergangsregierung eingesetzt wurde, tobte im Hinterland ein blutiger Machtkampf zwischen Taylor-Armee und einer wachsenden Zahl Milizen. Erst das Friedensabkommen von Abuja (Aug. 1996) ermöglichte im Juli 1997 allg. Wahlen, aus denen Taylor und die NPFL-Nachfolgeorganisation NPP (*National Patriotic Party*) als klare Sieger hervorgingen. Die neue Regierung verkündete einen Kurs des Wiederaufbaus und der nat. Versöhnung, doch beides drohte an den nicht überwundenen gewaltträchtigen innenpol. Gegensätzen zu scheitern. Taylor versuchte, seine Herrschaft mit harter Hand zu sichern. Ab 1999 griffen ehem. Kriegsgegner wieder zu den Waffen; an der Grenze zu Guinea entstand ein neuer Kriegsherd.

IV. Wirtschaft. Die Mehrheit der Bev. hat unter dem Krieg schwer gelitten. Angesichts von mehr als 200.000 Todesopfern, Hunderttausenden Flüchtlingen und verbreiteter Abhängigkeit von internat. humanitärer Hilfe richtete sich die Masse der Menschen auf ein Überleben durch Subsistenzackerbau (↗ Landwirtschaft) und Aktivitäten im ↗ informellen Sektor ein. Staat und Wirtschaft, für die vor dem Krieg Eisenerz Hauptdevisenbringer war, orientierten sich nach dem durch Kriegszerstörung bedingten Ausfall von Eisenerz auf den Export von Diamanten, Tropenholz und Kautschuk (↗ Bergbau). Liberias Bedeutung für die Weltökonomie liegt allerdings weniger in Produkten als in der Dienstleistung als Billigflaggenland für Reedereien aus aller Welt, für letztere ein Milliardengeschäft, für den Staat lediglich ein Zuzatzeinkommen von 20 bis 30 Mio. US$ jährl. (bei Warenexporten bis 1 Mrd. US$).

V. Literatur, Kunst und Musik. Die Wirtschaft des Landes wurde durch den mit exzessiver Brutalität geführten Krieg ruiniert. Die v. a. bei männl. Jugendlichen (↗ Kindersoldaten) und Männern geschürte Gewaltbereitschaft hatte eine Basis in der soziokulturellen Sphäre: einerseits Geheimbünden (z. B. Poro, Sande, ↗ Bünde) und Blutopferrituale der traditionalen Gemeinschaft, andererseits »Amerikanisierung« der Gesellschaft und Brutalisierung des Männlichkeitsbildes durch Rambo- und Kungfu-Filme. Während des Krieges und danach machte sich allerdings in Lit. und Kunst auch eine Gegenströmung bemerkbar. Gewalt, Kriegsfolgen und Probleme des Wiederaufbaus avancierten zu zentralen Themen nicht nur des realen Lebens, sondern auch seiner kulturellen Ausdrucksformen. So schrieb Lynda Schuster über *The Final Days of Dr. Doe,* Patricia Jabbeh Wesley, Emigrantin in den USA, publizierte 1998 in *Before the Palm Could Bloom: Poems of Africa* eine Reportage über den Krieg. Straßenkünstler in Monrovia (z. B. Leslie Lumeh, Lawson Sworh) suchten in ↗ Malerei und (noch unveröffentl.) Lit. Formen der Bewältigung des Krieges und der Probleme beim Wiederaufbau. Dabei wurden auch die ↗ Medien zu einem wichtigen Faktor, darunter v. a. das von der Schweizer *Fondation Hirondelle* finanzierte, 2000 von der Regierung Taylor zwangsweise geschlossene *Star Radio.* Um Ablenkung der Bev. von Alltagsbeschwernissen und pol. Fragen kümmerten sich u. a. Taylors ↗ Rundfunk *Kiss FM* und der in Europa aktive Fußballweltstar George Weah, der in Monrovia einen Nachtclub eröffnete und 1999 als Importprodukt eine eigene CD (*Lone Star Liberia*) auf den Markt brachte.

🕮 S. Ellis, The Mask of Anarchy: the Destruction of Liberia and the Religious Dimension of an African Civil War, New York 1999. – E. Osaghae, Ethnicity, Class and the Struggle for State Power in Liberia, Dakar 1996.

Peter Körner

Libyen. **Fläche:** 1.755.500 km^2. **Einw.:** 5,2 Mio. (1999). **Bev.-Wachstum/Jahr**: 2,4% (1990–99). **Stadtbev.:** 87%. (1999), **Hauptstadt und Wirtschaftsmetropole:** Tripolis (1,5 Mio. Einw. 2000). **Unabh.:** 24. 12. 1951. **Staatsform**: Sozialistische Libysch-Arab. Volksrep. Parlamentssystem: allg. Volkskongress mit rund 2.700 Mitgliedern; rund 15.000 regionale und lokale Volkskomitees. **Währung:** Libyscher Dinar. **HDI-Rang** 59/162 (2001). **Auslandsverschuldung**: 4,2 Mrd. US$ (1998). **BSP/Kopf**: ca. 9.300 US$ (2000). **HIV-infizierte Erwachsene**: 0,05%, **Lebenserwartung**: m 68,6 J., w 72,5 J., **Alphabetisierung** der Erwachsenen: m 90,2%, w 66,9% (1999). **Einschulungsrate**: m 97%, w 96% (1995–99). **Amtssprache:** ↗ Arabisch; **Regionalsprachen:** ↗ Berber; Engl. und Ital. als Handelssprachen.

I. Naturraum. Die Nordgrenze von L., dem viertgrößten Land Afrikas, bildet das Mittelmeer, das in der Mitte durch die tief nach S greifende Syrtebucht unmittelbar die ↗ Sahara erreicht (↗ Ökozonen). Das Gebiet östl. einer Linie von Agheila, einer Stadt am südlichsten Punkt der Syrtebucht, über Marada bis Dohone ist die Kyrenaika. Das Gebiet westl. dieser Linie umfasst im nördl. Teil Tripolitanien und im südl. Teil den Fezzan. Der im NW vorspringende tripolitanische Dschebel mit der vorgelagerten Küstenebene, der Djefara, so wie das im NO aufragende Bergland, der Dschebel Achdar, sind landwirtsch. nutzbare Gebiete; die einzigen, sieht man von den wenigen Oasen im Landesinneren ab. Die restlichen 90% sind Teil der Sahara, die hier keineswegs nur aus Sand und Dünen besteht, sondern vorwiegend aus Serir und Hamada, d. h. Kies- bzw. Steinwüsten. Entlang der Linie Tripolis – Wau en-Namus – Dohone breiten sich relativ große basaltische Ergussgebiete aus, meist flache schwarze Lavadecken: ein Gebiet südl. Tarhuna, dann der Dschebel es-Soda; die Harudsch el-Asuad und der Dschebel Egei. Zu beiden Seiten der Harudsch lagern große Sandseen, die im Fezzan Edeyen genannt werden. Oasen sind im O Libyens selten. Im W treten sie in Streifen auf, v. a. an den Rändern des Edeyen von Ubari (auf der Linie Ubari – Sebha, sowie Edri – Brak) und des Edeyen von Murzuq (auf der Linie Zuila – Murzuq sowie Zuila – Gatrun).

II. Bevölkerung und ethnische Gruppierungen. Die Bev. setzte sich um 1900 etwa zu gleichen Teilen aus Arabern, Nachkommen der berber. Ur-Bev. und aus Kulughli (Türkenabkömmlingen) zusammen. Durch die pol. und wirtsch. Ereignisse der letzten Jahrzehnte, v. a. im Gefolge des wirtsch. Aufschwungs seit Einsetzen der Erdölexporte, ist viel an ursprgl. ethn.-kultureller Identität verlorengegangen. Mitverantwortlich dafür ist die Aufgabe alter Oasen und Dörfer zu Gunsten von modernen Betonsiedlungen in städt. Randbezirken, die zu einer stärkeren Vermischung der Kulturen führte (↗ Stadt, ↗ Urbanisierung). Im Fezzan wächst der Anteil der schwarzen Bevölkerung durch Gastarbeiter aus dem S, aber auch durch den unkontrollierten Zuzug von Tibbu, die ebenso wie die berber. Tuareg an ihrer alten Kultur festhalten und sich von den anderen abheben. Der ↗ Islam, zu dem sich 97% der Bev. bekennen, wird seit ↗ Gaddafis Machtübernahme in sunnit.-fundamentalist. Prägung kompromisslos propagiert. Die Christianisierung der Kolonialzeit blieb ohne Dauererfolg (2001 etwa 40.000 Katholiken).

III. Geschichte und Politik. In den landwirtsch. nutzbaren schmalen Küstenstreifen entwickelte sich weder eine eigenständige Hochkultur, wie in Ägypten, noch ein Machtzentrum von mediterranem Gewicht. Kulturelle Einflüsse und Einwanderer kamen im Ostteil, in der Barka (Dschebel Achdar), aus Griechenland (↗ griechische Kolonisation); im Westteil aus dem phöniz. ↗ Karthago, das in Sabratha, Leptis und Oea (Tripolis) Faktoreien unterhielt. Um die Zeitenwende war der N des Landes Teil der römischen Provinzen *Cyrene* und *Africa Proconsularis,* wovon heute noch die prachtvollen Ruinen von Sabratha und Leptis Magna künden. Die Großstadt Leptis Magna (um 200 über 100.000 Einw.) errichtete 203 ihrem Sohn, dem Kaiser Septimius Severus, einen heute noch erhaltenen Triumphbogen. Es war Libyens große Zeit, in der die Küstenebene der Djefara zu den Kornkammern des Röm. Reiches gehörte (↗ römische Kolonisation).

Schon früh arabisiert und islamisiert (Tripolitanien 647 in arab. Hand), gehörte das Land zeitweilig zu Ägypten, zu den Reichen der ↗ Fatimiden, ↗ Hafsiden und schließlich von der Mitte des 16. Jh. bis zum Ital.-Türkischen Krieg 1911/12, wenn auch nur lose, zum Osmanischen Reich. 1837 wurde die ↗ Sanusiyya gegr., eine islam. ↗ Bruderschaft und aktivistisch-mystische Erneuerungsbewegung, die eine Reform des Islam durch Neugestaltung der staatl., sozialen und milit. Organisation ihrer Anhänger erreichen wollte. Pol. engagierte sich die Sanussiya im Kampf gegen die türkische und später ital. Herrschaft. Ein Enkel des Gründers der Bruderschaft, M. Ben Ali as-Sanusi, wurde 1951 als Idris I. Herrscher des Königreichs L., das die Provinzen Tripolitanien, Fezzan und Kyrenaika umfasste. 1969 stürzte eine Gruppe »freier Offiziere« die Monarchie. Oberst M. al-Gaddafi wurde Staatsoberhaupt.

IV. Wirtschaft. In der ital. Kolonialzeit (1911–1943) wurden die herkömmlichen Wirtschaftsstrukturen verändert, da in den Anbaugebieten Tripolitaniens und des Dschebel Achdar ital. Kriegsveteranen angesiedelt werden sollten. 1939 waren bereits 25.000 Neusiedler in Tripolitanien ansässig; ein Jahr später sollten 35.000 in der Kyrenaika eintreffen. Geplant war eine Europäisierung der Agrarlandschaft: Anbau von Ölbaum- und Apfelsinenplantagen sowie Anlage von genormten Kleinfarmen nebst Zentralen Orten mit Schule, Kirche, Läden und Verwaltung. Das Vorhaben scheiterte am Zweiten Weltkrieg, und unter Idris I. wurde planmäßig ab- und umgebaut.

Die geringen landwirtsch. nutzbaren Flächen, die Wasserarmut und der relative Erdölreichtum sind die bestimmenden Wirtschaftsfaktoren. Der Versuch, die landwirtsch. Nutzflächen zu erweitern, ist aufwendig und unrentabel. Die Wasserarmut, die sich neuerdings in den wachsenden Siedlungsstreifen an der Mittelmeerküste bemerkbar macht, wird z. Z. zwar durch das

GGMR-Großprojekt (*Great Man-Made-River*) überwunden, aber die fossilen Grundwasserreserven, die Quellen des GGMR, befinden sich fast 1.000 km von der Küste entfernt in der ↗ Wüste (↗ Umweltschutz). Die immensen Baukosten (mit rd. 25 Mrd. US$ eines der teuersten Projekte weltweit), die beschränkte Lebensdauer (rund 50 Jahre) und der hohe Instandhaltungsaufwand stehen in keinem Verhältnis zum erhofften Nutzen. Die Einnahmen aus der Erdölwirtschaft – mit über 95% der Exporterlöse die Haupteinnahmequelle des libyschen Staates – ermöglichten die Realisierung der gigantischen Idee. Mit rd. 3,9 Mrd. t Erdölreserven (2001 gesch.), das sind 2,9% der Weltreserven, gehört L. zu den Großen im Ölgeschäft. In der letzten Dekade des 20. Jh. förderten die libyschen Ölfelder jährl. rund 70 Mio. t, wovon dank geringen Eigenbedarfs der Großteil exportiert werden konnte (↗ Bergbau, ↗ Energiewirtschaft).

Die hochentwickelte Infrastruktur (Hartbelagstraßen, Luftverkehr, Seehäfen u. a.) ist auf die Zentren Tripolis und Benghasi ausgerichtet. Das gilt v. a. für das ausgezeichnete Straßennetz, das ausgehend von der hist. Küstenstraße (der einstigen Via Balbia) bis tief in den S nach Ghat und Kufra reicht. Wirtsch. wichtig sind die sechs Tankerterminals (Marsa al-Brega, Es-Sider, Ras Lanuf, Zueitina, Marsa al-Hariga, Zawiyah) und das dazugehörige gut ausgebaute Pipelinenetz. Das Kernproblem der libyschen Wirtschaft ist die Beschränktheit, die Endlichkeit der Träger des Aufschwungs: Wasser und Öl. Bisher ist es trotz intensiver Bemühungen nicht gelungen, sich durch eine nachhaltige ↗ Industrialisierung hiervon zu lösen.

V. Literatur. Der einzige libysche Autor, dessen Romane bislang ins Dt. übersetzt wurden, ist Ibrahim al-Koni. Sein literarisches Werk, für das er 1996 den libyschen Staatspreis für Kunst und Literatur erhielt, beschreibt die menschliche Existenz vor dem Hintergrund der Wüste (*Blutender Stein*, 1995; *Goldstaub*, 1997; *Nachthaut*, 1999; *Der Magier. Das Epos der Tuareg*, 2001; ↗ arabischsprachige Literatur). ↗ Garamanten ↗ No-party Democracy.

🕮 E. Gabriel, Erdöl und Erdgas in Afrika. In: Afrika 1984. – 50 Jahre Wirtschaftspartnerschaft, Hamburg 1984. – K. Schliephake, Libyen – zum Stand der Erdölwirtschaft und der Industrialisierung, Würzburg 1997. – W. Englert/H.Matthes, Libyen, Bilanz einer Revolution. 1969–1999, Opladen 2000.

Erhard Gabriel

Likembe ↗ Lamellophon

Lineage ↗ Klan und Lineage

Lingala (Sprache) ↗ Bantusprachen, ↗ Niger-Kongo, ↗ Verkehrssprache

Literatur ↗ Afrikaans-Literatur, ↗ altägyptische Literatur, ↗ altäthiopische Literatur, ↗ amharische Literatur, ↗ anglophone Literaturen, ↗ arabischsprachige Literatur, ↗ Autobiographie, ↗ frankophone Literaturen im subsahar. Afrika, im Maghreb, ↗ Frauenliteratur, ↗ hispanophone Literatur, ↗ Kinder- und Jugendliteratur, ↗ Literaturen in afrik. Sprachen: Ostafrika, Südafrika, Westafrika, ↗ Literaturverfilmung, ↗ lusophone Literaturen, ↗ Mvett, ↗ Oralliteratur, ↗ populäre Literatur, ↗ Theater, ↗ tigrinische Literatur, ↗ Verlagswesen und Buchhandel, ↗ Zensur

Literaturen in afrikanischen Sprachen: Ostafrika. *I. Allgemeines.* Diese Literaturen umfassen einmal die umfangreiche ↗ Oralliteratur und zum zweiten die wachsende schriftliche Literatur. Sie sind zu sehen im Gegenüber von Volkssprachen und einer oder mehrerer Nationalsprachen, ein Gegensatz, der den Kern der Auseinandersetzung um die kreative Verwendung afrik. oder europ. ↗ Sprachen bildet. Außerhalb Afrikas ist die afrik. Lit. in europ. Sprachen bekannter als jene in afrik. Sprachen, obwohl letztere schon Jahrhunderte vor der Ankunft der Europäer existierten. Paradoxerweise existieren in den vielsprachigen Ländern Kenia, Tansania und Uganda nur wenige literarisch genutzte Sprachen – Volkssprachen wie Luo und Acholi (↗ Nilotisch), Ganda oder Kikuyu (↗ Bantusprachen) oder eine *lingua franca* wie z. B. die Nationalsprache Somali (↗ Kuschitisch) bzw. Swahili. Obwohl die meisten literarischen Gattungen fast überall verbreitet sind, gibt es doch einige Unterschiede. Z. B. findet sich die klassische islam. Swahilidichtung, die bis ins 17. Jh. zurückreicht, v. a. in Kenia und Tansania, nicht in Uganda. Lehrdichtung in Swahili differiert regional in Form und Inhalt. Orale Erzählformen wie Legenden und Mythen sind seltener bei den Küstenbewohnern anzutreffen, häufiger bei den Kikuyu (Kenia), Dschagga (Tansania) und Baganda (Uganda). Andere Formen der Orallit. sind v. a. in ländl. Regionen weit verbreitet. In den Städten werden sie allmählich durch moderne ↗ Medien ersetzt.

II. Somaliliteratur. Somalia, eines der wenigen einsprachigen afrik. Länder, besaß vor 1972 keine eigene Schrift. Erst als eine neue Sprachpolitik einen neuen Sprachgebrauch anregte, entwickelte sich eine – orale und schriftliche – Somalilit. In dem islam. Land schufen muslimische Gelehrte und Dichter eine lebendige hist. und lit. Tradition. Diese lässt sich rückblickend in vier Abschnitte gliedern: Auf die präkoloniale »Goldene Zeit« folgten »Feuer und Glut« (1899–1944), »Laute« (1944–69) und die »Neue Zeit« (seit 1969). Die Oraldichtung der »Goldenen Zeit« mit ihren ästhetischen, didaktischen, gelegentlich mystischen und gesellsch. Aspekten nimmt weiterhin größeren Raum ein als die Prosaformen und beeinflusst das öffentl. Leben noch heute. Zentrales Thema der »Feuer-und-Glut«-Periode waren Konflikte und Kriege – v. a. gegen die Kolonialmächte. In der ersten Hälfte dieser Periode entstanden wenige schriftlich abgefasste Werke; bekannt wurden lediglich zwei Gedichte, *Axad Sheeki* (Das Jahr des Sheeki) und *Yaa Nabi Salaam calayka* (O Prophet, Friede sei mit Dir); das erste ein pol. Gedicht, das die Invasion Somalias und den Bürgerkrieg beklagt, das zweite eine relig. Ermahnung, beide verfasst von Sheek Uwey Xaaji Maxamed (1847–1909). Am besten dokumentiert sind die Gedichte von Sayyid Maxamed Cabdulle Xasan (1856–1921), dem größten somalischen Dichter und Begründer der modernen somalischen Lyrik, der auch der erste große Nationalist war. Die sozialen und pol. Veränderungen gegen Ende des Zweiten Weltkriegs (während der »Laute«-Phase) führten bei einem Teil der somalischen Bev. zur allmählichen Abkehr vom traditionellen Lebensstil. Dazu gehörte auch die Übernahme unterschiedlicher Stile und literarischer Techniken von außen, die u. a. eine neue Kurzform der Liebesdichtung hervorbrachte. Zu dieser Zeit traten auch lit. Gattungen wie Roman, Drama und Novelle hinzu, und die Thematik wurde vielfältiger.

III. Kenia und Tansania. – III.1. Allgemeines. Eine Schriftlit. in Luo, Kikuyu oder anderen Volkssprachen Kenias existiert nur am Rand. Hier wie in Tansania überwiegt die Swahililit., beinflusst durch lange Kontakte der afrik. und arab. Küstenbewohner mit fremden Kulturen, die soziopol. Geschichte der Sprache selbst und die Durchsetzung nachkolonialer sprachpol. Vorstellungen durch die Regierungen (↗ Sprachpolitik). Die islam. Swahililit., vorherrschend an der Küste Kenias, geht bis ins 17. Jh. zurück. Lamu, die Insel Pate und Mvita (Mombasa) galten als Mekka der Swahililyrik, von wo sie sich auf andere Küstenregionen des Landes und Tansanias ausbreitete.

III.2. Epen und Lyrik. Als Dichter zu erwähnen ist Aidarusi bin Athumani, der sich in *Hamziya* mit dem Leben des Propheten Mohammed beschäftigt. Mwengo bin Athumani, der Autor von *Chuo cha Herikali* oder *Utenzi wa Herikali* (Das Lied der Schlacht von Tabuk oder Das Epos von Herakleios), gestaltet in dem heroischen Gedicht die Geschichte eines legendären Feldzugs gegen das byzantinische Reich. Der wichtigste Dichter ist Sayyid Abdul bin Nassir (ca. 1720 – ca. 1820), der *Fumo Liyongo* (engl.: Takhmis of Liyongo) und *Al-Inkishafi* (Das Erwachen der Seele) verfasste. Das Epos über den Dichter-Helden Liyingo zeigt ihn als unbesiegbaren afrik. Achilles oder Siegfried, das Geheimnis ihrer Verwundbarkeit eingeschlossen. *Al-Inkishafi* ist mit seinen zahlreichen Anrufungen Gottes und der strengen Kritik an Sinnenlust, Habgier und Gewalt, die zum Untergang der Pate-Kultur geführt hätten, ein gleichermaßen relig. wie weltliches Gedicht. Obwohl die Swahilidichtung Kenias fast alle Facetten des Lebens behandelt, weist sie eine gewisse Affinität zum Politischen auf, v. a. in den Gedichten von Malenga al-Kilifiy (1515–92). Dieser Linie folgten auch Sayyid Abdul bin Nassir mit *Al-Inkishafi* und im 19. Jh. Muyaka bin Haji und seine Zeitgenossen. In der Gegenwart setzt Abdilatif Abdulla diese Tradition in seiner Sammlung *Sauti ya Dhiki* (Stimme der Todesqualen, 1973) ebenso fort wie Al-Amin Mazrui in *Chembe cha Moyo* (Schmerz im Herzen, 1988). Auch in den Zeitungen erscheinen Gedichte mit pol. Unterton. – Die bis in die 1970er Jahre vorherrschende traditionelle prosodische Form wurde in der modernen Swahilidichtung zunehmend durch den freien Vers ergänzt, begleitet von einer Debatte über Qualität und Authentizität. Ahmad Nassir, einer der besten Swahilidichter Kenias, vertritt in seiner Sammlung *Malenga wa Mvita Diwani ya Ustadh Bhalo* (Der Laureat von Mvita und die Sammlung Juma Bhalo, 1974) die traditionelle Gedichtform, während Al-Amin Mazrui freie Verswahl bevorzugt. Abdilatif Abdullas formal traditionelle Gedichte in *Sauti ya Dikhi* mit zumeist pol. Themen enstanden während seiner Haftzeit. Die poetische Tradition in Tansania geht zurück bis in die dt. Kolonialherrschaft und galt der eigenen Glorifizierung, bes. dem Widerstand. Shaaban Robert und seine Zeitgenossen wie Amri Abeid, Mathias Mnyampala und Saadaini Kandoro führten diese Tradition fort. Euphrase Kezilahabi, der den freien Vers bevorzugt, ist der bedeutendste moderne Dichter. Seine beiden Sammlungen, *Kichomi* (Stechender Schmerz) und *Karibu Ndani* (Willkommen darin, 1974), behandeln unterschiedliche Themen und berühren philosophische und pol. Aspekte. Ähnlich in Form und Thematik erweist sich *Malenga von Bara* (Der Laureat auf dem Festland) von M. Mulokozi und K. Kahigi.

III.3. Swahili-Prosa. – (1) Kenia. Die Swahili-Prosa stellt etwas völlig Neues dar und setzt in den 1950er Jahren ein, eventuell beinflusst von Formen der narrativen Dichtung wie *utenzi* oder *utendi.* ↗ Chroniken und *safaris* (Reisen) – Aufzeichnungen von Küstenbewohnern, die Forscher ins Innere Ostafrikas begleiteten oder mit ihnen nach Europa gingen – entwickelten die Prosa weiter. Weitere Faktoren waren westl.-christl. Erziehung sowie die Gründung von Druckereien und Verlagen. Beispiele sind u.a. Roberts *Kusadikika* (Glaubwürdiges Land, 1951), *Kufikirika* (Ein imaginäres Land) und *Siku ya Watenzi Wote* (Ein Tag der Handelnden, 1974), das an Tausendundeine Nacht erinnert. Abdullas Detektivromane, z.B. *Mzimu wa Watu wa Kale* (Die Wohnstätte der Ahnen, 1960) sind Arthur Conan Doyle nachempfunden. Stilistisch und geopol. weist der Swahiliroman in Kenia, Tansania und auf ↗ Sansibar eine große Formenvielfalt auf. Obwohl der erste Roman, Mbotelas *Uhuru wa Watumwa* (Befreiung von der Sklaverei), bereits 1934 erschien, entwickelte sich der Swahiliroman in Kenia erst in jüngerer Zeit; etwa *Kuishi Kwingi ni Kuona Mengi* (Langes Leben heißt viel zu sehen, 1968) von Somba oder *Alipanda Upepo na Kuvuna Tufani* (Er säte Wind und erntete Sturm, 1969). Vergleichbar mit Ngugi wa Thiong'os Werken (↗ anglophone Literaturen) handelt Karethis *Kaburi Bila Msalaba* als einziger Swahiliroman vom ↗ Mau-Mau-Aufstand. Auch der bedeutendste kenianische Swahiliautor Mkangi verarbeitet in *Ukiwa* (Der Ausgestoßene, 1975), *Mafuta* (Öl, 1984) und in der Satire *Walensi* (Sie sind wir, 1997) pol. Themen.

(2) Tansania. Swahili war stets eng mit der Politik Tansanias verzahnt, und dies erklärt, warum es hier im Gegensatz zu Kenia keine nennenswerte englischsprachige Lit. gibt. Unter den älteren Autoren ist v.a. Aniceti Kitereza (1896–1981) zu nennen, dessen Hauptwerk *Bwana Myombekere na Bibi Bugonoka na Ntulanalwo na Bulihwali* (dt. *Die Kinder der Regenmacher,* 1991) in seiner Muttersprache Kerewe entstanden war (1945 abgeschlossen), bevor es vom Autor ins Swahili übersetzt und erstmals 1980 veröffentlicht wurde. Der bekannteste Swahiliautor Tansanias ist Kezilahabi mit seinen seit 1971 etwa einem halben Dutzend Romanen, u.a. *Rosa Mistica* (1971) und *Mzingile* (1996). Seine jüngsten Werke zeichnen sich durch Experimentierfreudigkeit, Fabulierkunst und surrealistische Tendenzen aus. Ein zweiter Autor, Banzi, ist von der Kritik wegen seiner künstlerischen Fähigkeiten gerühmt worden (u.a. *Titi la Mkwe,* Die Brust der Schwiegermutter, 1972, und *Nipe Nikupe,* Austausch, 1982). Die Kurzgeschichte floriert v.a. in Sansibar, wo die BBC in den 1970er Jahren Wettbewerbe veranstaltete. M.S. Mohamed gewann mehrere Preise, seine Erzählungen wurden vom Verlag Longman (Kenia) in der Reihe *Hekaya za Kuburudisha* (Unterhaltsame Geschichten) veröffentlicht. Auch S.A. Mohameds Kurzgeschichten wurden preisgekrönt (u.a. von der Dt. Welle).Trotz allem verfügt die Kurzgeschichte aber nur über einen kleinen Markt, da sie von den Schulen, Colleges und Universitäten nicht ins Programm genommen wurde und wenige Leser hat.

Zu den Autoren aus Sansibar zählen M.S. Abdulla, der »Vater« des Detektivromans, und M.S. Farsi. Während Abdulla moderne und realistische Themen wählte, ist Farsis ethnographischer Roman *Kurwa na Doto* (Kurwa und Doto, 1960) durch eine orale Erzähltechnik und ein moralisierendes Thema gekennzeichnet. M.S. Mohamed gewann für seinen ersten Roman *Kiu* (Durst, 1972) den ostafrik. Literaturpreis; der zweite, *Nyota ya Rehema* (Der Stern von Rehema, 1976), behandelt Rassenvorurteile. S.A. Shafi gestaltete die pol. Geschichte Sansibars in *Kasri ya Mwinyi Fuad* (1978, dt. *Die Sklaverei der Gewürze,* 1997) und *Kuli* (1979). S.A. Mohameds Romane, u.a. *Asali Chungu* (Bitterer Honig, 1977) und *Tata za Asumini* (Die Rätsel von Asumini, 1990), brachten ihm den Ruf eines soziopol. Analytikers ein. Die einzige Schriftstellerin Sansibars, Kharusi, die u.a. *Usinisahau* (Vergiss mich nicht, 1966) und *Kosa la Mwisho* (Der letzte Fehler, 1987) geschrieben hat, lebt in Kenia.

(3) ↗ Theater in Swahili. Theaterstücke gab es zunächst in Kenia, wo brit. Siedler ihre mitgeführte Theaterkultur nostalgisch genossen. Graham Hyslop und zwei afrik. Theaterstudenten schrieben Stücke in Swahili, Hyslop u.a. *Mgeni Karibu* (Willkommen Fremder, 1957) und *Afadhali Mchawi* (Lieber eine Hexe, 1957). Henry Kuria verfasste *Nakupenda Lakini* (Ich liebe dich, doch ..., 1957), Gerishon Ngugi Nimelogwa *Nisiwe na Mpenzi* (Verflixt keine Geliebte

zu haben, 1961). Ngugi wa Thiong'o begann Mitte der 1970er Jahre Theaterstücke in seiner Muttersprache Kikuyu zu schreiben (*Ngaahika ndeenda*, engl.: *I Will Marry When I Want*, 1977). Der bekannteste Dramatiker ist der aus Tansania stammende und in Berlin ausgebildete Ebrahim Hussain. Neben *Alikiona* (Er wurde bestraft, 1970) schrieb er *Mashetani* (Die Teufel, 1971), eine Kritik an lokaler und internat. Politik, und *Arusi* (Die Hochzeit, 1980), das den Zusammenbruch der ↗ EAC thematisiert, sowie *Jogoo Kijijini na Ngao ya Jadi* (Ein Hahn im Dorf und das Schild der Tradition, 1976), zwei dramatische Monologe mit oralen Elementen, die sich gegen ethn. Unterdrückung wenden. – Nur zwei Sansibari haben Stücke verfasst: F. Topan (*Mfalme Juha*, Der schwachsinnige König, 1971) und S. A. Mohamed, u. a. mit dem experimentellen *Amezidi* (Zuviel, 1995).

IV. Uganda. Aus Uganda ist Lit. in afrik. Sprachen kaum bekannt, mit Ausnahme von Okot p'Biteks Roman *Lak Tar* (1953), der in seiner Muttersprache Acholi geschrieben ist. Dies trifft auch für die anglophone Lit. zu und verwundert, denn die meisten ostafrik. Autoren studierten am Makerere College in Kampala, von wo die wichtigsten Bildungsimpulse ausgingen. Doch das pol. Chaos und die langjährige Unterdrückung der Künstler in Uganda hat die lit. Produktivität im Land fast zum Erliegen gebracht. Insges. gilt für die afrikanischsprachigen Lit. Ostafrikas, dass zunehmend lit. anspruchsvollere Werke erscheinen, während die Qualität der Literaturkritik damit nicht Schritt gehalten hat. Sie beschränkt sich auf sporadische Rezensionen und thematische und formale Analysen individueller Werke. Eine gefestigte kritische Tradition auf solider theoretischer Grundlage mit der nötigen Resonanz ist bisher nicht in Sicht. ↗ Ostafrika, Völker, Kulturen und Staaten.

🕮 J. Maw, Fire and Lightning: Language, Affect and Society in 20th Century Swahili Poetry, Wien 1999.

Said A. M. Khamis

Literaturen in afrikanischen Sprachen: Südafrika. *I. Allgemeines.* Lit. in den vorherrschenden südafrik. Sprachen Xhosa, Sotho und Zulu lässt sich zurückdatieren auf das frühe 19. Jh. und auf die Ankunft europ. Missionare, Verwaltungsbeamter und Pädagogen, die Lese- und Schriftkultur, westl. Erziehungsprinzipien und Lit. sowie Druckerpressen mitbrachten. Auf diesem Hintergrund sind die unterschiedlichen Genres der südafrik. Lit. in afrik. Sprachen entstanden. Trotz großer, v. a. thematischer Ähnlichkeiten entwickelten sich die Lit. in Xhosa, Sotho und Zulu unabh. voneinander. Die Xhosa hatten bereits mehrere Jahrzehnte Kontakt zu Europäern, bevor diese sich nach Zululand vorwagten. Beide Völker, die zur gleichen Ngunigruppe zählen und linguistisch wie kulturell eng miteinander verwandt sind, wurden schließlich unterworfen, obwohl die Zulu größeren Widerstand leisteten. Diese hist. Faktoren führten zu unterschiedlichen literarischen Entwicklungen. Ähnliches gilt auch für die Sotho-Lit., wobei die Sotho größere Autonomie genossen und der europ. Kolonisierung entgingen.

Zur Entwicklung der Xhosa-Lit. trug die Lovedale Press in der östl. Kapprovinz bei; in Zululand setzte sie, bedingt durch das spätere Eintreffen von Missionaren, verzögert ein. Allerdings erst im 20. Jh. wird eine Reihe Autoren bekannt, unter ihnen B. W. Vilakazi (1906–47) und R.R.R. Dhlomo (1901–71) aus Zululand, S. M. Mofokeng (1923–57) aus dem Südsotho sowie R. L. Ratidladi (1910–71), der in Tswana schrieb; weiterhin D. C. Masrivate (1897–1989), der in Tsonga schrieb, und E. M. Ramaila (1897–1962) aus Nordsotho. Venda als Schriftsprache wurde vor 1940 fast nur von Missionaren der Berliner Missionsgesellschaft verwendet.

II. 1810–1860. Der erste von fünf Abschnitten in der Geschichte südafrik. Lit. umfasst 1810–1860 und ist von starkem missionarischen Einfluss auf die Xhosa und Sotho sprechende Bev. geprägt. Der Dichter Ntsikana war der erste Xhosa-Konvertit nach der Ankunft Joh. Th. van der Kemps, Missionar der *London Missionary Society*, in der östl. Kapprovinz 1799. Er griff auf traditionelle Preislieder zurück, und ihm zugeschriebene Kirchenlieder werden bis heute in der presbyterianischen Kirche gesungen. Reverend John Ross ereichte Kapstadt 1823, richtete eine kleine Druckerpresse ein und förderte so in entscheidender Weise die Entstehung der geschriebenen Xhosa-Lit. Für Nordsotho trifft dies auf die Berliner Lutherischen Missionare zu. E. M. Ramaila und O. K. Matsepe waren hier die ersten Autoren. Druckerpressen schufen die Grundlage der Schriftlit. und förderten die Herausbildung des Romans, doch missionarischer Einfluss führte zu einer eigenständigen literarischen Entwicklung, insbes. thematisch. Autoren wurden angehalten, didaktisch-christl. zu schreiben, während traditionelle Themen verurteilt wurden, was zu einem kulturellen Wandel beitrug, der letztlich in der traumatisch erfahrenen Kolonisierung mündete. Allein der Beitrag von drei frz. Missionaren, 1833 von König Moeshoeshoe I. in das heutige Lesotho als Berater eingeladen, führte hier zu einer unterschiedlichen Entwicklung. Die erste Druckerpresse wurde 1841 in Morija eingerichtet.

1824 hatte Chaka das Zulureich errichtet, das nach 1887 und mit der Absetzung und Verbannung Dinizulus unter europ. Herrschaft fiel, die 1906 endgültig konsolidiert wurde. Missionsarbeit und die Entstehung einer Schriftlit. setzte somit ein halbes Jahrhundert später ein als bei den Xhosa.

III. 1860–1910. Den zweiten Abschnitt von 1860 bis 1910 kennzeichnet die Entstehung von Zeitungen, insbes. in Xhosa, was Xhosa-Schriftsteller – unter ihnen viele Konvertiten – ermunterte, Gedichte v. a. christl. Inhalts zu veröffentlichen. Zu Schriftprosa kam es allerdings nicht, obwohl eine Jahrhunderte alte mündliche Erzähltradition existierte.

IV. 1910–1950. In den Jahren von 1910 bis 1950 enstanden die ersten literarischen Werke, u. a. Romane, wobei Buchveröffentlichungen die Zeitungsbeiträge ablösten. Nun wurden auch Zeitungen in Zulu gegr., etwa *Ilanga laseNatal*, die einzige heute noch erscheinende einheimische Zeitung. Zu den ersten Romanveröffentlichungen zählen S.E.K. Mqhayis *uSamsan* (1909), der den Xhosaroman begründete, und *Itayala Lamawele* (Das Gerichtsverfahren der Zwillinge, 1914), der ihm bis heute den Ruf des besten Xhosaautors einbrachte. Vor Ausbruch des Zweiten Weltkriegs erschien dann einer der wichtigsten Xhosaromane, A. C. Jordans *Ingqumbo yeminyana* (Der Zorn der Ahnen). Thematisch vielfach der ↗ Zensur der Missionare ausgesetzt, wandten sich in dieser Zeit viele Autoren stilistischen Experimenten zu. – Als erster Schriftsteller aus dem südl. Sotho gilt A. M. Sekese mit den frühesten Prosaerzählungen in Sotho. Thomas Mofolo, der wohl berühmteste Sothoautor, leistete mit *Chaka*, 1925 in Morija gedruckt, einen Beitrag zur Weltlit., der in zahlreiche Sprachen, z. B. ins Dt. (*Chaka, der Zulu*, 1953), Frz. und Engl. übersetzt wurde. – Der Zulu-Kirchenführer Isaiah Shembe verfasste Kirchenlieder, die allerdings nicht vor 1940 im Druck erschienen, und J. L. Dube, Autor des ersten Romans in Zulu, *Insila kaShaka* (1930), nimmt eine ähnlich wichtige Rolle ein wie Mofolo und Mqhayi. Zugleich begannen die Dhlomo-Brüder in Zulu zu schreiben, übertroffen von B. W. Vilakazi, dem berühmtesten Zuluschriftsteller dieser Zeit. – Die Tsonga-Lit. wurde durch den Roman *Sasovona* (1938) von D. C. Marivate begr. *Elewani* (1954), verfasst von T. N. Maumela, bezeichnet den Beginn der Lit. in Venda und zeichnet sich im Gegensatz zu Werken in anderen Sprachen durch seine Faszination für ↗ Hexerei aus. Weitere Themen behandeln die Bekehrung zum ↗ Christentum sowie Konflikte um Liebe, Kultur und traditionelle pol. Führung.

V. 1950–1990. In den Jahren von 1950 bis 1990 kam es zur Gründung einer Reihe von Verlagen wie Oxford University Press, Via Afrika, Juta, Maskew Miller Longman und MacMillan Boleswa, die Werke in afrik. Sprachen veröffentlichten und Lovedale Press in den Hintergrund drängten. Ihre Publikationen zielten v. a. auf den Schulbuchmarkt. Thematisch unterlagen sie weiterhin der Zensur, nun nicht länger jener der Missionare, sondern den Instanzen des Apartheidregimes (↗ Apartheid) und der Sprachüberwachung, die auf pol. und gesellsch. Neutralität der Texte bestanden. Während dieser Zeit erschien C.L.S. Nyembezis *Mntanami! Mntanami!*, einer der bis heute besten Zuluromane. Der erste Swatiroman, *Izakhiwo ZamaSwasi* (1952), wurde ironischerweise von J.S.M. Matsebula in Zulu abgefasst. In der Venda-Lit. trat N. A. Milubi als erfolgreichster und mutigster Autor hervor, der sich Themen wie Bestechung, ↗ Korruption und Inhaftierungen widmete.

VI. Seit 1990 ist eine Reihe schwarzer Druckereien wie Skotaville (jetzt Juta-Skotaville) entstanden. Schwarze Direktoren übernahmen Funktionen in ehemals weißen Unternehmen. Schwarze Verlagslektoren wurden eingestellt und begannen mit der Bearbeitung von Werken in ihren eigenen Sprachen. Ein Beispiel ist die *Heinemann Mamela Africa Series*, die 1999 unter dem Motto »Afrikanische Autoren schreiben heute klassische Werke für morgen und für Männer und Frauen, die sich stolz ihres Erbes erfreuen« auf den Weg gebracht wurde. Zu den ersten Veröffentlichungen zählten E.S.Q. Zulus episches Gedicht *Madiba*, der Roman *Kodiyamalla* des preisgekrönten Autors N. Maake, eine Übersetzung von S. T. Plaatjes *Mohudi* in Tswana, Malungwanas *Ndzumba wa Afrika*, Gedichtanthologien in Tsonga, J. J. Ncongwanes Roman *Loyishayile Sewuyosile* und Ngewus Xhosa-Kurzgeschichten in *Sisengxakini kulo Mzantsi Afrika*. Wenn sich solche Verlagsunternehmen behaupten können, werden sie eine wichtige Rolle für die zukünftige Entwicklung afrik. Lit. spielen. Auch der Einsatz des Internet (z. B. www.LiNet.co.za) könnte hier zum Zuge kommen. Trotz dieser positiven Entwicklung dürften aber finanzielle Restriktionen der Regierung, z.B. beim Kauf von Schulbüchern, sowie Zusammenschlüsse und Umstrukturierungen von Unternehmen, verbunden mit einer Akzentverlagerung hin zur Förderung afrik. Sprachen, wie sie die Verfassung vorsieht, nicht ohne Auswirkung auf die Publikationsmöglichkeiten literarischer Texte bleiben. Zum ersten Mal erleben Menschen schwarzer Hautfarbe deren Entstehungsprozess bis zur Veröffentlichung selbst mit. Damit besteht die Hoffnung, dass die Anerkennung der afrik. Sprachen als gleichberechtigt den Alphabetismus fördert und zu einer wachsenden Leserschaft führt, was der Veröffentlichung literarischer Werke dienen würde, die nicht nur den Schulbuchmarkt im Auge haben. Eine weitere Errungenschaft der letzten Jahre ist die Einführung von Schreibwettbewerben in südafrik. Sprachen und die Vergabe von Preisen, z.B. des *Maskew Miller Longman Young Africa Award* und des M-Net-Buchpreises. Hier wird der Verfassung Südafrikas Rechnung getragen, die elf Sprachen offiziell anerkennt. ↗ Bantusprachen, ↗ Isicathamiya, ↗ Sprachpolitik, ↗ Südafrika, Völker, Kulturen und Staaten, ↗ Verlagswesen und Buchhandel.

🕮 B.W. Andrzejewski u.a., Literatures in African Languages. Theoretical Issues and Sample Surveys, Cambridge 1985. – A. Gérard, Four African Languages: Xhosa, Sotho, Zulu, Amharic, Berkely 1971. – A. Gérard, Comparative Literature and African Literatures, Pretoria 1993.

Russell H. Kashuela

Literaturen in afrikanischen Sprachen: Westafrika. *I. Allgemeines.* Vierhundert in Westafrika gesprochene Sprachen (↗ Atlantisch, ↗ Bantusprachen, ↗ Benue-Kongo, ↗ Gur, ↗ Kwa, ↗ Mande) sollten eine reichhaltige Schriftlit. vermuten lassen. Vielfach umfasst eine ↗ Sprache aber nicht mehr als 30.000 Sprecher. Andere Sprachen werden dagegen in mehreren Ländern gesprochen, so z.B. Yoruba von etwa einem Viertel der nigerianischen Bev. und als Muttersprache von der Hälfte der Einwohner von Benin. Ewe wird im SO Ghanas, im S Togos und wiederum in Benin gesprochen. Mehr als 50 Mio. Menschen sind in Nigeria, Ghana und Niger ↗ Hausasprecher. 12–15 Mio. Menschen in ganz Westafrika sprechen ↗ Fulfulde. Den stärksten Einfluss auf die westafrik. Lit. übten die jeweiligen ↗ Oralliteraturen aus, viele Sprachen wurden von europ. Missionaren verschriftlicht. Als Folge wurden zunächst Bibelübersetzungen und andere christl. Texte in afrik. Sprachen veröffentlicht. Eine kraftvolle literarische Tradition weisen jedoch nur die Hauptsprachen auf. Stellvertretend für den ges. westafrik. Raum wird im Folgenden die Lit. in Yoruba, Hausa und Igbo und den Akansprachen dargestellt.

II. Die Yorubaliteratur ist die am weitesten entwickelte Lit. in einer westafrik. Sprache. Hier ließ das frühe Interesse der Yoruba an westl. Erziehung eine gebildete ↗ Elite entstehen, die nach Anstößen christl. Missionare des 19. Jh. eine blühende literarische Tradition schuf.

II.1. Lyrik. Zunächst entstand Lyrik. Moses Lijadu veröffentlichte 1886 Gedichte von Aribiloso in *Kekere Iwe Orin Aribiloso* (Die Gesänge von Aribiloso). Ihnen folgte 1902 das Werk von Josiah Sobowale Sowande, dem ersten großen Yorubadichter, *Awon Arofo Orin ti Sobo Arobiodu ati ti Oyesile Karibo* (Das Gedicht von Sobo Arobiodu und Oyesile Karibo). Arobiodu und seine Zeitgenossen verwandten mit *orin arungbe* eine literarische Form, die dem *oro*-Kult der Egba nahestand. Die Yorubalyrik erreichte 1969 ihre Reife mit der Gründung der Dichtergruppe *Egbe Ijinle Yoruba*. Im gleichen Jahr erschien auch die Anthologie *Ewe Iwoyi* mit den Werken führender Dichter wie Faleti, Afolabi Olabimtan Ogunniran und Akinjogbin. Seither ist eine ganze Reihe von Gedichtsammlungen einzelner Autoren erschienen. Olanrewaju Adepoju und Kunle Olugundudu setzten die Lyrik als Mittel pol. Aufklärung ein.

II.2. Prosa. Der erste Yorubaroman, *Itan Emi Segilola* (Segilolas Autobiographie), die Geschichte einer Prostituierten, erschien als Fortsetzungsroman 1930 in *Akede Eko* (Lagos Herald) und wurde von I.B. Thomas verfasst, dessen episodische Darstellungsweise dem Schelmenroman nachempfunden ist. Ihm folgten Lehrer-Schriftsteller, die den Yorubaroman erst eigentlich begründeten. Mit *Ogboju Ode Nimu Igbo Irunmole* (u.d.T. *The Forest of a Thousand Daemons*, 1968, von Wole Soyinka ins Engl. übersetzt) verkörpert Daniel Fagunwa diese Generation. Er schrieb fünf Romane, die sich durch ihre schöpferische Sensibilität auszeichnen, eine eigene Tradition begründeten und andere Schriftsteller anregten und beeinflussten. Fagunwas allegorische, episodisch gestaltete und didaktische Werke spiegeln sowohl christl.-moralische Werte als auch das Weltbild der Yoruba wider. Seine Nachfolger wandten sich der zeitgenössischen Wirklichkeit zu. Zu ihnen zählen D.F. Odunjo, Adebayo Faleti, Afolabi Olabimtan u.a. Insbes.

Akinlades Detektivgeschichten beeindrucken durch Originalität und realistische Gestaltung.

II.3. Theater. Das Yorubadrama fußt auf dem rituellen ↗ Theater, der *alarinjo*-Tradition und dem Wandertheater, setzt sich vielfach mit der Geschichte auseinander, ist gesellschaftskritisch und spricht die Massen an. Viele Stücke unabh. Theatergruppen legten die Grundlage für das moderne Drama, dessen Entwicklung sich auf Adeboyes *Babalolas Pasan Sina* (Die Peitsche trifft den Falschen, 1954) zurückführen lässt. *Agbalowomeri* von Odunjo, ein weiteres wichtiges Stück, erschien vier Jahre später. Jüngere Werke des vielseitigen Faleti, von Olabimitan, Ishola, Oladejo Okediji und Adepoju zeigen darüber hinaus innovative Züge. Formal schuldet das moderne Drama viel europ. Traditionen, mit denen die Dramatiker vertraut sind, auch wenn es inhaltlich die Yorubaweltsicht widerspiegelt.

III. Die Hausaliteratur, vom ↗ Islam und der brit. Kolonialpolitik geprägt, die die Hausa von westl. Einflüssen fernhielten, ist formal und inhaltlich kaum vom Westen beeinflusst – wobei hinzukommt, dass die engl. Sprache in Nordnigeria nicht zur *lingua franca* wurde. Die Hausalit. ist nicht umfangreich, weist aber eine lange Geschichte auf, ist in arab. (*ajami*) und lat. (*boko*) Schrift niedergelegt und hat eine bemerkenswerte offizielle Förderung erfahren.

III.1. Lyrik. Zu den frühesten Texten zählt die ↗ *Djihad*-Dichtung aus der Umgebung des islam. Reformers und Herrschers Usman Dan Fodio (↗ Fulbe-Reiche, ↗ Islamisierung). Inspiriert von islam. Reformeifer verfassten Usman, sein Sohn Muhammed Bello und seine Tochter Nana Asma'u relig. Verse nach dem Vorbild von *wa'azi* und dem klassisch-arab. *madahu,* einer dem Preise des Propheten Mohammed dienenden dichterischen Form. Da diese frühen Schriftsteller in *ajami* schrieben, waren sie zur Verbreitung ihrer Werke auf Schreiber angewiesen. Die Hausalyrik entwickelte seit dem 19. Jh. einen stark didaktischen Hang, wurde allerdings im 20. Jh. um unterschiedliche Facetten bereichert. Das Werk von Sa'adu Zungur verdeutlicht z. B. ihre Möglichkeiten zu einem pol. Diskurs (Beispiele aus den 1950er und 1960er Jahren in *Gaskiya Ta Fi Kwabo,* einer 1939 gegr. Zeitung in Hausa). Werke dieses Autors wie auch von Mu'azu Hadejia, Mudi Sipikin und Aliyu Mamengi wurden seither von der NORLA (*Northern Region Literature Agency*) veröffentlicht.

III.2. Prosa. Mit der Einführung der lat. Schrift entstand der Hausaroman, der sich auf keine eigene Tradition epischer Langformen berufen konnte und somit ein hist. Novum darstellt. Die erste öffentl. Schule in Kano, dem Zentrum der Hausakultur, wurde 1909 eröffnet, doch es bedurfte des Eingreifens von Kolonialbeamten, hier die lat. Schrift zu verbreiten, was dann zu einer Blütezeit der Kurzgeschichte führte. Das Übersetzungs- und Literaturbüro – die spätere *Gaskiya Company* – förderte an den Schulen das Schreiben in Hausa; die ersten Romane waren Wettbewerbsarbeiten, die hier eingereicht und später publiziert wurden. Sie knüpften an die Märchen- und mündliche Erzähltradition der Hausa an. Abubakar Imam, bald der herausragende Romancier, arbeitete später mit dem Literaturbüro zusammen und gab *Gaskiya* heraus.

III.3. Theater. Übersetzte und adaptierte Theaterstücke stellen den Hauptanteil der dramatischen Lit., denn aufgrund der generellen Ablehnung des Theaters entstanden kaum eigene Stücke. Die erste Sammlung, *Six Hausa Plays* (1936), geht zurück auf East, einen brit. Kolonialbeamten. Bis möglicherweise Schultheatergruppen und das Fernsehdrama die weitere Entwicklung des Theaters beeinflussen, dürfte noch einige Zeit vergehen.

IV. Igbo-Literatur. – IV.1. Allgemeines. Während Igbo-Autoren einen entscheidenden Beitrag zur nigerianischen ↗ anglophonen Lit. geleistet haben, kennt die in der Sprache der dominierenden Bevölkerungsgruppe Südostnigerias verfasste Lit. weder eine bes. Entwicklung noch eine Renaissance. Ein Grund hierfür ist die Vielzahl der Igbodialekte, die der Entwicklung einer allg. akzeptierten Orthographie entgegenstand, was zudem zu internen Auseinandersetzungen führte und die Abfassung lit. Werke in Igbo lange Zeit uninteressant und undankbar erscheinen ließ. Anstrengungen zur Förderung führten daher auch zu keinen erwähnenswerten Ergebnissen. Bei der Entwicklung der Igbo-Schriftsprache nahm die *Church Missionary Society* die führende Stellung ein. 1857 veröffentlichte sie eine von Bischof Ajayi Crowther entwickelte Fibel (*Isoama Ibo Primer*), die liturgischen Zwecken diente, als Unterrichtsmaterial eingesetzt und später auf zwei Bände erweitert wurde.

IV.2. Prosa. Der erste Igboroman, *Omenuku* (Ernährer in Notzeiten, 1933) von Pita Nwana, wurde als Sieger eines internat. Schreibwettbewerbs des *International Institute of African Languages and Culture* veröffentlicht. Er ist bis heute der meistgelesene Igboroman und wurde sogar in unterschiedlichen Igbo-Orthographien publiziert. *Omenuku* zeigt deutliche Einflüsse von Bunyans *Pilgrim's Progress*, einem der ersten aus dem Engl. ins Igbo übersetzten Werke, und bedient sich außerdem stark der Igbo-Volkstradition, insbes. Gebeten und Sprichwörtern. Das zweite Beispiel, *Ije Odumode Jere* (Odumodes Reisen, 1963) von Leopold Bell-Gam, handelt von den Abenteuern Odumodes und ist beeinflusst von Swifts *Gullivers Reisen* sowie Defoes *Robinson Crusoe*. Der Held verkörpert den Igbo dieser Zeit, gefangen zwischen der eigenen Tradition und den Werten der Weißen.

Das *Literature Bureau of Eastern Nigeria*, 1949 in Umuahia eingerichtet und beauftragt, die Lit. in Igbo zu fördern, hat diese Aufgabe kaum erfüllt. Die wenigen Werke, die hierzu beigetragen haben, entstanden vielmehr erst in den 1970er Jahren. Hierzu zählen R.M. Ekechukwus Anthologie *Akpa Uche* (Fülle der Weisheit, 1975) und A.B. Chukwezis *Udo kan mma* (Am besten Frieden). Das Werk des begabtesten Igbo-Autors und produktivsten Romanciers, Tony Ubesie, zeichnet sich durch Humor und Ironie, realistische Charakterisierung und anekdotische Einschübe aus. Seine experimentierfreudigen Publikationen werden wohl die weitere Entwicklung des Igboromans bestimmen.

V. Die Akansprachen. – V.1. Allgemeines. Fante und Twi werden von etwa vier Mio. Menschen in Ghana und Teilen der Elfenbeinküste gesprochen. Wie die meisten Lit. Westafrikas in autochtonen Sprachen geht auch die akansprachige auf Einwirkungen europ. Missionare zurück, obwohl die Schriftlit. sich zu unterschiedlichen Zeiten entwickelten. Die Fante machten früh mit dem westl. Bildungssystem Bekanntschaft, so dass schon bald eine gebildete Elite entstand. Fibeln in Fante wurden bereits 1860 veröffentlicht.

V.2. Lyrik. Als erster und zudem produktiver Autor begründete Gaddiel Robert Acquah die Fantelit. mit einem undatierten Gedichtband, *Akyeyerere* (Trostlieder). Mit der Einbeziehung der Sprache in das westafrik. Schulcurriculum in den 1930er Jahren wuchs die Leserschaft. Darüber hinaus förderte das *Vernacular Literature Bureau* (später Büro für Ghanaische Sprachen) die Lit. in Fante und anderen Sprachen. Die meisten Schriftsteller – zu den bekanntesten zählen Samuel Kofi Otoo, Winful Archie und Efua Sutherland – bedienen sich der eigenen Volkstradition.

V.3. Prosa und Theater. Kwabena Gyate Akwa, sicher der wichtigste Autor nach der Unabh. des Landes, schrieb bereits seit 1937 Stücke und Geschichten für die *Ghana Broadcasting Corporation*. Die Twi-Lit. entstand nur wenig später als die Fante-Lit. Hier förderten dt. Missionare die Verwendung der Sprache zum Nutzen ihrer eigenen Tätigkeit, wobei sich das Akwapem-Twi als das lit. Medium entwickelte. J.J. Adaye veröffentlichte 1913 unter dem Titel *Bere Adu!* (Es ist Zeit!) Geschichten in Akwapem-Twi. In den 1940er und 1950er Jahren folgten Stücke von Emmanuel J. Osew und Joseph Boakye Dankwa. Auf Volksmärchen basierende Kurzgeschichten dominierten in den 1960er Jahren mit Autoren wie Offei Darko, Edwin Efa, A.V.N. Amarteifo und Lawrence Akpraku die Lit. Die in Asante-Twi, einer größeren Sprechergruppe als die Akwapem-Twi, abgefasste Lit. fand ihren Gründer im Musikwissenschaftler Kwabena Nketia, der 1936 die Erzählung *Semode* (Gute Nachricht) veröffentlichte. Theaterstücke, Kurzgeschichten und Märchensammlungen entstanden wesentlich später. Nachfolger wie Robert Tabi, Thomas Yao und Andrew Danteh verarbeiteten Orallit. In den späten 1960er Jahren kam es zu einer lit. Renaissance mit Werken von Joseph Oduro, Michael Boateng Amanfo und E.M. Opong, die über eine bloße Verarbeitung von mündlich überlieferten Märchen hinausgingen, während Kwabu Adom-Amanfo die von Nketia und Tabi begründete dramatische Tradition fortsetzte. Eine neue Dichtergeneration vertritt Joseph Brantuo, der in den 1960er Jahren zu schreiben begann. ↗ Westafrika, Völker, Kulturen und Staaten.

🕮 O. Abdul-Raheem (Hg.), Essays on Northern Nigerian Literature, Bd. 1, Zaria 1990. – E. Emenyonu, The Rise of the Igbo Novel, Ibadan 1978. – G. Furness, Poetry, Prose and Popular Culture in Hausa, London 1996. – A. Gerard, African Language Literatures, Harlow 1981. – Y. Ogunbiyi (Hg.), Perspectives on Nigerian Literatures: 1700 to the Present, Bd. 1, Lagos 1988.

Oyeniyi Okunoye

Literaturkritik ↗ anglophone Literaturen

Literaturverfilmung. L. dient nicht nur als ästhetisches Medium der europäischsprachigen afrik. Schriftsteller, sondern knüpft direkt Kontakt mit einem in europ. Sprachen leseunkundigen Publikum. Der wichtigste Vertreter afrik. L. ist Ousmane Sembène aus Senegal. In seinen Filmen tritt Wolof (↗ Atlantisch) an die Stelle des Frz. Auf *Vehi-Ciosane ou Blanche Genèse* (verfilmt als *Niaye*, 1964, dt. *Weiße Genesis*, 1983) folgten *Mandabi* (1968), *Xala* (1974) und *Guelwaar* (1992), die die gleichnamigen Romane in den Schatten stellten. Nur wenige Schriftsteller sind Sembène gefolgt, z. B. Bassek Ba Kobhio (Kamerun) mit der Verfilmung des Romans *Sango Malo. Le Maître du Canton* (1991) unter dem Titel *Sango Malo* (1991). Ansonsten sind es eher Filmemacher, die sich afrik. Lit. aneignen, obwohl die meisten Klassiker noch unverfilmt sind. Ausnahmen bilden *Bullfrog in the Sun* (1971) des dt. Regisseurs Hans-Jürgen Pohland, eine gekürze Adaptation von Chinua Achebes *Things Fall Apart* (1958, dt. *Okonkwo oder das Alte stürzt*) und *No longer at Ease* (1960, dt. *Obi*); *La Reine Sarraouinia* (1986) von Med Hondo (Mauretanien) nach dem 1980 erschienenen Roman *Sarraouinia* von Abdoulaye Mamani (Niger) sowie *Sambizangaa* (1972) von Sarah Maldoror nach *A Vida verdadeira de Domingos Xavier* (1981, dt. *Das wahre Leben des Domingos Xavier*) des Angolaners José Luandino Vieira.

Wo die Oratur (↗ Oralliteratur, ↗ geschichtl. Überlieferung) die älteste ästhetische Ausdrucksform darstellt, lassen sich afrik. Filme stets als L. bezeichnen, da sie keine Transposition in das Medium der Schrift erfordern. Zum Vorschein kommt dies in der unmittelbaren Verfilmung von Mythen, Legenden, Märchen usw., ferner in der Verwendung von Strukturen und Elementen der Oratur und schließlich im Rückgriff des Filmemachers auf den Gestus des Rhapsoden. Während *Keita, l'Héritage du Griot* (1994) von Dani Kouyaté oder die mehrteilige Filmserie *L'Epopée des Mooses* (1997) von Adama Traoré (beide Burkina Faso) Verfilmungen oraler Erzählungen darstellen, benutzen *Wend Kuuni* (1982) und *Buud Yam* (1996) von Gaston Kaboré (Burkina Faso) Strukturen der Oratur. *Mirt Sost Shi Amit* (1974) von Haile Gerima (Äthiopien) und *Mossane* (1996) von Safi Faye (Senegal) zählen zum dritten Typus.

Afrik. Oratur ist nicht nur Erzählung, sondern auch Performanz (↗ Theater), wie die filmische Verarbeitung von Orallit. zeigt; z. B. in Ola Baloguns (Nigeria) gemeinsam mit Duro Ladipo gedrehtem *Ajani-Ogun* (1975), in *Ija Ominira* (1977) mit Ade Folayan, *Aiye* (1979) mit Hubert Ogunde und *Orun Moorun* (1982) mit Moses Olaiya Adejumo – alle Vertreter des Yoruba-Wandertheaters, die den Yoruba-Film etablierten. Ihre Popularität hat zur Entstehung eines florierenden Markts von Videofilmen beigetragen.

Die ↗ populäre Lit. in Afrika belegt, dass Filme auch Lit. erzeugen können. Autoren von *soyayya*-Büchern im Norden Nigerias, inspiriert durch ind. Filme, haben Bücher in ihrer Muttersprache Hausa (↗ Tschadisch) verfasst, was zur »parallellen Modernität« führte, wie Brian Larkin bei seiner Beschäftigung mit den in Kano florierenden *littafan soyayya* (Liebesgeschichten) festgestellt hat. ↗ Kino.

🕮 B. Larkin,Indian Films and Nigerian Lovers: Media and the Creation of Parallel Modernities. In: Africa 67 (1997), S. 406–440. – M. Cham, Structural and Thematic Parallels in Oral Narrative and Film: Mandabi and Two African Oral Narratives. In: I. Okpenwho (Hg.), The Oral Performance in Africa, Ibadan 1990, S. 251–269. – J. Haynes (Hg.), Nigerian Video Films, Johannesburg 1997.

Patrice Nganang

Lomé-Abkommen, Kooperationsverträge im Rahmen der sog. Lomé-Konvention zwischen der AKP-Staatengruppe (Afrika – Karibik – Pazifik), der im Jahr 2000 71 Länder angehörten, und der Europ. Gemeinschaft bzw. Europ. Union (EG/EU). Das erste L.-A. wurde 1975 in Lomé, der Hauptstadt Togos, geschlossen. Im Jahr 2000 wurde das L.-A. durch das Cotonou-Abkommen ersetzt.

I. Allgemeines. Auch nach dem Ende des ↗ Kolonialismus spielt Europa in fast allen AKP-Ländern eine herausragende Rolle. V. a. Frankreich hat in seinen ehem. Kolonien durch milit., pol. und wirtsch. Engagement z. T. massiv Einfluss genommen. Die Beziehungen der AKP-Länder zu den europ. Mächten werden heute v. a. durch die inzwischen vier L.-A. und bilaterale Verträge mit einzelnen Ländern geprägt, die aus den Yaoundé-Verträgen entstanden sind und mit dem Beitritt Großbritanniens, Dänemarks und Irlands zur EG (1973) in das heute einzigartige Kooperationsmodell Lomé mündeten.

Die Lomé-Verträge I-IV gewähren der AKP-Staatengruppe Sondervergünstigungen, die über das Allg. Präferenzsystem (APS) hinausgehen und zudem Kompensationsfonds (SYSMIN und STABEX), Zollregelungen und ↗ Entwicklungszusammenarbeit beinhalten. Die Lomé-Konvention hat bei den Kooperationsbeziehungen der EU zu Regionen der ↗ Dritten Welt die weitaus größte Bedeutung. Die Vertreter der EG/EU und der AKP-Staatengruppe sehen im Lomé-Vertrag den Beginn einer nachkolonialen Kooperation gleichberechtigter Partner, die in unterschiedlichen Entwicklungsphasen ihr Interesse an der Kooperation aufgrund der gemeinsamen, hist. bedingten wirtsch., sozialen und pol. Anknüpfungspunkte bekundet und weiterentwickelt haben. Es handelt sich um eine vertikale Kooperation, d.h. Kooperation von wirtsch. schwachen Staaten mit starken, die die Form einer klientelistischen Beziehung annimmt. Die schwächere Partei sucht Vorteile aus der Dialektik der Abhängigkeit zu ziehen: Nutzung der gegenwärtigen Abhängigkeit und der hist. gewachsenen Beziehungen, um Ressourcen zur Milderung der Abhängigkeit zu erhalten.

Seit 1989 haben sich die Kooperationsbedingungen verändert, und 1993 hat in der EU eine Diskussion begonnen, die die Fortführung der Kooperationsbeziehungen in Frage stellt. V. a. der Maastricht-Vertrag zur europ. Einigung (1991), die GATT-Beschlüsse und die Gründung der WTO (*World Trade Organization*), aber auch veränderte Konstellationen im Pazifikraum, die regionale Kooperation in Nordamerika mit der Gründung der NAFTA (*North American Free Trade Area*), die Zusammenarbeit mit den Mittelmeerländern sowie der Zusammenbruch des Ostblocks haben die Kooperation zwischen Europa und den AKP-Ländern in eine neue weltwirtsch. Landschaft gestellt und den Einfluss der AKP-Staatengruppe vermindert. Lomé IV hatte eine Laufzeit bis zum Feb. 2000. Seit 1998 haben die Vertragspartnern über die zukünftige Ausgestaltung des L.-A. verhandelt und im Mai 2000 ein Nachfolgeabkommen vereinbart, das Cotonou-Abkommen.

II. Die Instrumente der Kooperation. – (1) Handelspolitik. Die Zollregelung der L.-A. begünstigt Waren aus den AKP-Ländern durch Zoll- und Abgabenfreiheit. Trotz dieser Vorzüge ist der Anteil der Importe aus den AKP-Ländern an den EU-Gesamtimporten zurückgegangen. Haupthandelspartner der AKP-Staaten ist die EU. Die bisher gewährten Präferenzen haben sich durch die Liberalisierung des Welthandels (Uruguay-Runde) reduziert und zu Nettoverlusten der AKP- Exporte geführt.

(2) Finanzielle und techn. Kooperation. Angesichts der wirtsch. Krise in den meisten AKP-Ländern kommt der finanziellen Unterstützung der EU, die die bilaterale Zusammenarbeit ergänzt und sich seit 1975 stark ausgeweitet hat, eine wichtige Rolle zu. Die bilaterale Unter-

Tab. 2: Die Finanzmittel der Lomé-Abkommen im Vergleich, Mrd. ECU und %

	Lomé I 1975–1980 4. EEF insg.	**Lomé II** 1980–1985 5. EEF insg.	%	**Lomé III** 1985–1990 6. EEF insg.	%	**Lomé IV/1** 1990–1995 7. EEF Insg.	%	**Lomé IV/2** 1995–2000 8. EEF Insg.	%
Programmhilfe (1–2)	**2.057**	**2.986**	**54**	**4.860**	**57**	**7.995**	**67**	**9.592**	**65.6**
1 Zuschüsse	2.057	2.986	54	4.860	57	6.845	57	8.192	56.0
2 Strukturanpassungsdarlehen	–	–	–	–	–	1.150	10	1.400	9.6
Nicht programmierbare Hilfe (3–6)	**0.923**	**1.641**	**30**	**2.540**	**30**	**2.800**	**23**		
3 Sonderdarlehen	0.446	0.518	9	0.600	7	–	–	–	–
4 Risikokapital	0.097	0.284	5	0.600	7	0.820	7	1.000	6.8
5 Stabex	0.380	0.557	10	0.925	11	1.500	12	1.800	12.3
6 Sysmin	–	0.282	5	0.415	5	0.480	4	0.575	3.9
7 EEF (1–6)	**2.980**	**4.627**	**84**	**7.400**	**87**	**10.800**	**90**	**12.967**	**88.7**
8 EIB	0.390	0.885	16	1.100	13	1.200	10	1.658	11.3
Insgesamt (7–8)	**3.457**	**5.512**	**100**	**8.500**	**100**	**12.000**	**100**	**14.625**	**100**

Erläuterungen: EEF = Europ. Entwicklungsfonds; EIB = Mittel der Europ. Investitionsbank

stützung der Einzelstaaten ist in etwa so hoch wie der EU (s. Tabelle 1).

Die gesamte finanzielle Unterstützung der EU umfasste in Lomé IV/2 ein Volumen von 14,6 Mrd. ECU, wovon ca. 13 Mrd. ECU aus dem 8. EEF (Europ. Entwicklungsfonds) zur Verfügung gestellt wurden. Bis einschl. dem 6. EEF wurden die Beträge zu zwei Drittel als Zuschuss zur Verfügung gestellt, der Rest als Darlehen zum Zinssatz von 1% vergeben. Daneben stellt die EIB (Europ. Investitionsbank) zinsgünstige Darlehen zur Verfügung. Die Mittel aus dem EEF beinhalten somit einen hohen Schenkungsanteil. Seit dem 7. EEF werden die Mittel ausschließl. als nicht rückzahlbare Zuschüsse vergeben.

Die Lomé-Konvention unterscheidet grundsätzlich zwischen Programmhilfe und »nicht programmierbarer« Hilfe. Die Mittel der *Programmhilfe* werden zu Beginn des L.-A. zwischen den EU-Mitgliedstaaten, dem entsprechenden AKP-Staat und der EU ausgehandelt und im sog. NIP (Nat. Indikativ-Programm) festgehalten. Die Programmhilfe umfasst Projekte der Entwicklungszusammenarbeit, die Förderung der regionalen Zusammenarbeit für sieben Regionen in den AKP-Staaten, Programme in den Bereichen Gesundheit und ↗ Aids-Bekämpfung, Hilfe für Kleinstprojekte, industrielle Zusammenarbeit, Entwicklung von Handel und Fremdenverkehr, kulturelle Zusammenarbeit, ↗ Bildung und Ausbildung und Programme zur ↗ Strukturanpassung. Zu diesen wirtsch.-pol. relevanten Bereichen kommen sektorale Entwicklungs- und Einfuhrprogramme. Hierbei handelt es sich zumeist um indirekte Budgethilfen, die den Ländern Deviseneinsparungen bei notwendigen Importen ermöglichen. Die »nicht programmierbare Hilfe« beinhaltet die Mittel für Sonderdarlehen, Risikokapital, STABEX und SYSMIN und betrifft alle Ausgaben, die zu Beginn der Kooperation nicht geplant werden können. Der EEF wird nicht aus dem Haushaltsbudget der EU finanziert, sondern aus den Beiträgen der EU-Mitgliedstaaten. Traditionell sind Deutschland und Frankreich (mit jew. ca. 25%) die größten Geldgeber (Tab. 2)

(3) Die Subventionssysteme STABEX und SYSMIN. Das STABEX-System (Stabilisierungsfonds für landwirtsch. Exportprodukte, *Stabilization of Export Earnings*) und der Sonderfonds für Bergbauerzeugnisse (SYSMIN) sind wesentliche Bausteine des Kooperationsabkommens. Das STABEX-System wurde bereits in Lomé I vertraglich verankert. Es umfasst in Lomé IV 51 landwirtsch. Rohstoffe und soll Mindereinnahmen bei den Exporterlösen (z. B. infolge von Preissenkungen) in gewissem Umfang ausgleichen. Die bis 1990 geltende Rückzahlungspflicht entfällt, d. h. Mittel aus dem STABEX-Fonds werden als nicht rückzahlbarer Kredit gewährt. Problematisch bei STABEX ist: Die Gesamtzahlungen sind auf bestimmte Plafonds begrenzt, so dass extreme Preissenkungen nicht aufgefangen werden konnten; die Zahl der einbezogenen Produkte ist begrenzt, es fehlen die Agrarprodukte, die durch die EU-Marktordnungen gestützt werden (wie Zucker und Tabak). Außerdem sind verarbeitete Agrarprodukte nicht einbezogen; durch die Festlegung einer Abhängigkeitsgrenze (5%) besteht kaum ein Anreiz zur Diversifizierung; die Auszahlung der Mittel ist z. T. schleppend, weil zwischen den AKP-Ländern und der EU zunächst eine Rahmenvereinbarung der gegenseitigen Verpflichtung geschlossen werden muss. – Erstmals kam es im Rahmen von Lomé II zur Errichtung eines Sonderfonds für Bergbauerzeugnisse (SYSMIN). Länder, die hauptsächlich mineralische Rohstoffe exportieren (wie Demokrat. Rep. Kongo, Sambia, Mauretanien, Liberia, Jamaika, Papua-Neuguinea) waren vom Ausgleichssystem ausgeschlossen. Der Mineralienfonds stellt in Lomé IV bei Erlösausfällen für neun mineralische Rohstoffe (Kupfer, Kobalt, Phosphat, Mangan, Bauxit, Zinn und Eisenerz, Gold und Uran) 575 Mio. ECU zur Verfügung. SYSMIN berücksichtigt nur Produkte, die einen Anteil von mehr als 15% an den Gesamtexporten haben (bei LLDC; bei Binnen- und Inselstaaten 10%) und deren Ausfuhrerlöse sich mindestens um 10% vermindert haben. SYSMIN-Mittel wurden bis 1990 als langfristiges, zinsgünstiges Darlehen nur zweckgebunden für Projekte zur Sicherung der Produktions- und Ausfuhrkapazität dieser Mineralien vergeben. Seit Lomé IV sind SYSMIN-Mittel nicht rückzahlbare Kredite. SYSMIN ist im Unterschied zu STABEX kein System zur Erlösstabilisierung, obwohl Erlösminderungen ausgeglichen werden. SYSMIN verfolgt den Zweck, die Zufuhr von Rohstoffen für die rohstoffarme EU zu sichern. SYSMIN-Gelder werden zur Verfügung gestellt, um der Gefahr von Stilllegungen der Bergbauproduktion durch sinkende Rohstofferlöse zu entgehen.

(4) Industrieförderung. In Art. 17 von Lomé IV wird als Ziel der Industrialisierung ein sich selbst tragendes Wachstum und eine ausgewogene und vielfältige Entwicklung genannt. Insbes. unterstützt werden soll die vertikale und horizontale Diversifizierung der Volkswirtschaf-

ten. Vergleicht man die Industrieförderungsmaßnahmen von Lomé I mit Lomé IV, so zeigt sich, dass zur Entwicklung der verarbeitenden Industrie weniger Mittel aufgewendet werden (Lomé I noch 25%, Lomé II-IV ca. 10%). Mit der industriellen Kooperation sind die EIB und das *Centre for the Development of Industry* (seit 2000: *Centre for the Development of Enterprise*) befasst.

(5) Regionale Kooperation. Die Unterstützung der regionalen Kooperation spielte bereits seit Lomé I eine große – und wachsende – Rolle. In Lomé IV wurden 1,25 Mrd. ECU für regionale Kooperation zur Verfügung gestellt. Das Schwergewicht der Förderprogramme liegt in der Verbesserung der Infrastruktur, und für sieben Regionen innerhalb der AKP-Staatengemeinschaft stehen regionale Indikativprogramme, die Länder übergreifende Programme und Projekte finanzieren, zur Verfügung. Die Unterstützungsmaßnahmen konzentrieren sich auf folgende Bereiche: Beitrag zu den Übergangskosten, Kompensationszahlungen für die Verlierer der Kooperation, techn. Hilfe, Ausbildung und Forschung und Begünstigung grenzüberschreitender Maßnahmen.

III. Gibt es eine Zukunft für Lomé? AKP-Länder und EU pflegen eine historisch gewachsene Netzwerkbildung, die allerdings strukturelle Heterogenitäten, Asymmetrien und Blockierungen nicht vermieden hat. Die selbst gesteckten Ziele – Beseitigung der Armut, Begünstigung sich selbst tragender Wirtschaftsstrukturen und Beförderung demokrat. Strukturen – wurden bestenfalls ansatzweise zu erreichen versucht. Einzelne Projekte und Programme und in Krisensituationen Nothilfe- und Nahrungsmittelhilfe sowie auch die Stabilisierungsfonds haben zur Linderung von Problemen beigetragen.

Die Lomé-Kooperation war von Anfang an keine strategische Allianz zur Beseitigung von Unterentwicklung und Armut. Sie hatte nicht zum Ziel, Technologie zu transferieren und Investitionen zu fördern, sondern richtete sich auf pol. Einbindung und partikulare ökonom. Interessen. Sie beförderte ein kollektives, einem überholten nachkolonialen Kooperationsgedanken verpflichtetes Klientelsystem.

Lange Zeit wurde die Bedeutung der Demokratie in der Kooperation mit Ländern der Dritten Welt unterschiedlich gewichtet. Erst in Lomé III (1985–1990) konnte bei der Einbeziehung der Menschenrechte in die Entwicklungszusammenarbeit ein Durchbruch erzielt werden. Schließlich wurde in Lomé IV (1990–1995) erstmals ein Kapitel über ↗ Menschenrechte aufgenommen (Artikel 5). Falls es zu schwerwiegenden Menschenrechtsverletzungen kommt, kann die EU einen abgestuften Maßnahmenkatalog beschließen, wozu u. a. Demarchen, Änderungen der entwicklungspol. Zusammenarbeit bis hin zu ihrer Aussetzung gehören.

Das im Februar 2000 vereinbarte Nachfolgeabkommen zu Lomé IV wurde im Mai 2000 in Cotonou, der Hauptstadt von Benin, unterzeichnet. Es hat zum Ziel die Demokratisierung, die Durchsetzung von Menschenrechten und rechtsstaatl. Prinzipien. Vereinbart wurden ferner eine Rücknahmeklausel für abgelehnte Asylbewerber, eine gute Regierungsführung, die Fortführung der Handelspräferenzen (bis zum Jahr 2008) und die Überführung des Handelspräferenzabkommens in regionale Freihandelsverträge. Diese sehen die stufenweise gegenseitige Marktöffnung innerhalb der Region und mit der EU vor. Bis zur vollständigen Marktintegration sind Übergangsfristen bis zum Jahr 2018 vorgesehen. Sonderregelungen gelten für die 39 ärmsten AKP-Länder. Für diese Gruppe werden ab 2005 sämtliche Einfuhrzölle der EU gestrichen. Die Finanzmittel wurden auf 12,5 Mrd. Euro gesenkt, eine weitere Mrd. Euro kann im Jahr 2004 nachbewilligt werden. Hinzu kommen Mittel der EIB in der Höhe von 1,7 Mrd. Euro. Vereinbart wurde auch eine verbesserte Erfolgskontrolle.

📖 M.A. Ferdowsi (Hg.), Vom Enthusiasmus zur Ernüchterung? Die Entwicklungspolitik der EU, München 1999. – R. Kappel, Europ. Entwicklungspolitik im Wandel. Perspektiven der Kooperation zwischen der EU und den AKP-Ländern, Duisburg 1996. – H. Lingnau, Neue Elemente in der Entwicklungszusammenarbeit der EG zu Beginn der 90er Jahre, Berlin 1991. – P. Molt, EU sucht nach gemeinsamer Afrikapolitik. In: Journal für Entwicklungspol. 15 (1999), S. 257–274. – M. Van Reisen, Global Player EU. Die Nord-Süd-Politik der EU, Osnabrück/Bonn 1999. – S. Wolf, Die handelspol. Zusammenarbeit als Hindernis oder Schub für die Integration der AKP-Länder in die Weltwirtschaft? In: Journal für Entwicklungspol. 15 (1999), S. 293–308. – S. Brüne, Jenseits benevolenter Rhetorik: Offene Grundfragen europ. Entwicklungspolitik. In: Nord-Süd aktuell 2 (2000), S. 296–303.

Robert Kappel

Lomwe (Sprache) ↗ Bantusprachen

Lozi (Sprache) ↗ Mischsprache

Luba (Sprache) ↗ Niger-Kongo

Luo (Sprache) ↗ Nilotisch

Lusaka-Manifest ↗ OAU

Lusophone Literaturen, die portugiesischsprachigen Literaturen von Angola, Guinea-Bissau, Kap Verde, Mosambik, São Tomé und Príncipe, den ehem. portug. Kolonien.

I. Angola. Die angolanische Lit. ist die umfangreichste unter den l. L. Afrikas. Als erstes Werk gilt der 1849 in Luanda erschienene Gedichtband *Espontaneidades da minha alma/às senhoras africanas* von José da Silva Maia Ferreira, der, wie auch die meisten ihm folgenden Autoren, den *filhos da terra*, dem angolanischen Kreolentum, entstammte. Unabh. von der eigenen Hautfarbe entwickelte diese Gesellschaft ein eigenes Bewusstsein und Lebensgefühl: die *Angolanidade*, die im Roman *O segredo da morta* (1929) von António de Assis Júnior zum ersten Mal ausführlicher thematisiert wird und bis in die neueste Zeit (Pepetela, *A gloriosa família* 1997) den Leitfaden durch die angolan. Lit. bildet. Die bleierne Last einer Phase verschärfter Kolonisation ab 1920, die literarisch in Castro Soromenhos *Camaxilo-Trilogie* (*Terra Morta* 1949 u. a.) sozialkritisch angeprangert wird, führte 1951 mit dem Erscheinen der Zeitschrift *Mensagem* zu einer zunächst literarischen, später pol. Aufbruchstimmung. Dichter wie Agostinho Neto (*Sagrada Esperança* 1974) gründeten nicht nur die *Mensagem*, sondern 1956 auch die Unabhängigkeitsbewegung MPLA. 1975 wurde Neto erster Präsident des unabh. Angola, zahlreiche Autoren erhielten im neugegr. Staat Spitzenpositionen. Mit Luandino Vieiras erzählerischem Werk (u. a. *Luuanda*, 1964; *Nós, os do Makulusu*, 1974) u. a. erlangten die *Musseques* (Siedlungen der Afrikaner in den Städten) ein lit. und sprachliches Eigengewicht. Als wichtigstes Werk des Unabhängigkeitskampfes gilt der Roman *Mayombe* (geschrieben 1971, erschienen 1980), in dem der Autor Pepetela, selbst aktiver Guerrillakämpfer auf Seiten der MPLA, sich bereits in dieser Phase der Problematik eines zukünftig freien Angola stellte und auch nicht vor Themen wie ↗ Tribalismus, ↗ Korruption, Machtmissbrauch zurückschreckte. Pepetela setzt sich bis heute am aktivsten mit der gesellsch. Situation im modernen Angola auseinander. Seine satirischen Romane *O cão e os calús* (1985) und *O desejo de Kianda* (1995), seine Auseinandersetzung mit seiner revolutionären Generation (*A geração da Utopia*, 1992) sowie die Parabel *Parábola do Cágado Velho* (1996), in der er die verheerenden Auswirkungen des andauernden Bürgerkrieges (↗ Kriege/Bürgerkriege) auf die unbeteiligte Bev. thematisiert, zeugen von ungebrochenem Mut, sich der von ihm selbst mitgeschaffenen Realität radikal und literarisch kreativ zu stellen.

II. Kap Verde, kulturell, ethn. und sprachlich Schmelztiegel Europas und Afrikas, hat für die Kleinheit seines Raums eine erstaunlich reichhaltige Lit. sowohl in Portug. als auch ↗ Kreolisch hervorgebracht. Mit der Zeitschrift *Claridade* (1936) erreichte die Lit. der Inseln eine erste Blütezeit; seitdem ist sie von folgenden Themen geprägt: Trockenheit, Hunger, Isolation durch Insellage, Emigration und Sehnsucht nach der Heimat. Der Lyriker Jorge Barbosa (1902–71), später Baltazar Lopes mit seinem Roman *Chiquinho* (1947) und Manuel Lopes mit Romanen wie *Os flagelados do vento leste* (1959) schufen Marksteine für die kapverdische Lit. Klimatische, gesellsch. und kulturelle Ähnlichkeiten zum brasilianischen NO schlagen sich auch literarisch in Parallelen zum brasilianischen *Romance nordestino* nieder. Z. Z. des Unabhängigkeitskampfes kam es u. a. zu einer größeren Hinwendung zum afrik. Kontinent – Guinea-Bissau und Kap Verde kämpften damals für eine gemeinsame Unabh. unter Führung des Dichters Amílcar Cabral – mit pol.-emanzipatorischer Thematik. Corsino Fortes mit *Pão & Fonema* (1974) und Timóteo Tio Tiofe (João Varela) mit *O primeiro livro de Notcha* (1975) prägen diese Epoche. Mit Germano Almeidas Romanen, z. B. *O testamento do Sr. Napumoceno da Silva Araújo* (1991, dt. *Das Testament des Monsieur Napumoceno*), hat eine humorvoll kritische Distanz Einzug in die kapverdische Lit. gehalten.

III. Mosambik nimmt auch auf dem Gebiet der Lit. eine gewisse Zwitterstellung zwischen der lusoafrik. und der anglophonen südafrik. Welt ein (↗ anglophone Literaturen). Die eigene Hautfarbe spielt eine größere Rolle als sonst in der l. L. Afrikas üblich. Sie wird thematisiert bei farbigen Lyrikern wie Rui de Noronha (1909–43), Noémia de Sousa (*Negra* 1951) und José Craveirinha (*Manifesto* 1964). Weiße Autoren wie u. a. Rui Knopfli lebten vergleichsweise stärker in ihrer eigenen lit. Welt, hinterließen aber eine starke Akzentuierung literarischer Ästhetik, die neben dem Werk José Craveirinhas v. a. einige Werke der neueren mosambik. Lit. prägt. Mit dem Prosawerk Mia Coutos hat die mosambik. Lit. auch internat. Anerkennung gefunden. Nachdem Couto schon in versch. Erzählungen seine erzählerische Begabung bewiesen und ein eigenes mosambik. Portug. geschaffen hatte, schrieb er mit *Terra sonâmbula* (1992, dt. *Das schlafwandelnde Land*) und *A varanda do frangipani* (1996, dt. *Unter dem Frangipanibaum*) zwei Romane, einer im Bürgerkrieg, der andere danach spielend, die souverän und kreativ mit afrik. Erzähltraditionen, europ. Romanformen und Elementen des lateinamerik. magischen Realismus umgehen und eine neuartige Poetik schaffen.

IV. São Tomé und Príncipe hatte mit Francisco José Tenreiros Gedichtsammlung *Ilha de nome santo* (1942) den ersten Vertreter der ↗ *Négritude* im lusophonen Afrika (↗ frankophone Literaturen).

V. Guinea-Bissau tritt in neuerer Zeit literarisch u. a. mit Helder Proenãs *Não posso adiar a palavra* (1982) in Erscheinung. ↗ Sprachen, europäische.

📖 R. Hamilton, Voices from an Empire, Minneapolis 1975. – P. Chabal, The Postcolonial Literature of Lusophone Africa, London 1996. – M. Ferreira, Literaturas africanas de Expressão Portuguesa, 2 Bde., Lissabon 1977.

Stefanie Hoehn

Lyrik ↗ Literaturen in afrik. Sprachen

Maat, die altägypt. Göttin der Gerechtigkeit, Wahrheit und Ordnung. Der Wesir, der im altägypt. Staat die Funktionen des höchsten Beamten unter dem König und des obersten Richters wahrnahm, galt als Hohepriester der M. und trug ihr Bild um den Hals. Sie besaß einen kleinen Tempel in Karnak-Nord, ansonsten ist von ihrem Kult nicht viel bekannt. Sie gehört nicht zu den großen Gottheiten, sondern ist eher eine Personifikation; der Begriff aber, den sie personifiziert, spielt in der altägypt. Kultur eine nicht zu überschätzende Rolle. M. gilt als die Tochter des Sonnengottes Re und als eine Erscheinungsform der Göttin Tefnut. Der kosmogonische ↗ Mythos von Heliopolis (↗ Schöpfungsmythen) lässt die Welt aus Atum entstehen, dem Gott der Präexistenz, der im Übergang zur Existenz als Sonnengott erscheint (Atum-Re) und aus sich heraus ein Zwillingspaar, Schu (Luft) und Tefnut (Feuer), hervorbringt. In einem Text aus dem Anfang des 2. Jt. v. Chr. werden Schu mit »Leben« und Tefnut mit M. »Wahrheit-Gerechtigkeit« gleichgesetzt. Tefnut ist das Schlangendiadem, das sich der Sonnengott zum Zeichen der Herrschaft über die von ihm geschaffene Welt aufsetzt; als »Stirnschlange« trägt sie den Beinamen Nesret, »(Zorn-)Flammende«, und verkörpert die vornehmste Tugend des Herrschers, Recht und Gerechtigkeit zu verbreiten und sich über das Unrecht zu empören. Die von der Sonne ausgehende Strahlung wird in diesem Mythos als Gerechtigkeit ausgedeutet, die wie das Sonnenlicht die Welt mit Orientierung und Ordnung erfüllt und wie die Glut der Sonne das Böse mit Feuer vertilgt. Nach ägypt. Vorstellung verhilft der Sonnengott Tag für Tag im Himmel und Nacht für Nacht in der Unterwelt der M. zur Geltung. Auf der Erde aber ist der König vom Schöpfer dazu eingesetzt, die M. zu verwirklichen, indem er die Götter (mit Opfern) besänftigt und den Menschen Recht spricht. Der Begriff M. umfasst also beides: Opferkult und Gerechtigkeit (Rechtsprechung). Dadurch schafft der König die Bedingungen dafür, dass der einzelne die M. »sagen« (im Sinne von Wahrheit) und »tun« kann (im Sinne von Gerechtigkeit). Ohne den Staat ist nach ägypt. Vorstellung die M. auf Erden nicht heimisch zu machen. Erst in der Zeit der griech.-röm. Fremdherrschaft (↗ griechische, ↗ römische Kolonisation) wird die Vorstellung greifbar, dass die M. einst in einer Goldenen Urzeit auf Erden wohnte, jetzt aber unwiederbringlich in den Himmel entschwunden ist. Nach klassischer Auffassung ist der Staat eine göttliche Einrichtung zur Befreiung der Menschen von gegenseitiger Unterdrückung. M. ist das Prinzip solcher Befreiung: Sie gibt dem Einzelnen Atemluft und verheißt ihm sogar Fortdauer über den Tod hinaus.

Der Einzelne hat nach dem Tod vor einem Totengericht Rechenschaft abzulegen darüber, in welcher Weise seine Lebensführung den Normen der M. entsprochen hat. Dazu wird sein Herz auf eine Waage gelegt und gegen eine Figur der M. abgewogen, während er gegenüber den Totenrichtern seine Unschuld im Hinblick auf eine lange Reihe möglicher Verfehlungen beteuern muss.

Diese Verfehlungen gegen die M. finden sich im 125. Kapitel des Totenbuchs in zwei Listen A und B kodifiziert. Beide Listen beginnen mit der Versicherung, keine *jzft* (»Unwahrheit, Unrecht, Unordnung«), d. h. positiv, die M. getan zu haben. Die in B aufgezählten Verfehlungen lassen sich in Handlungssünden (z. B. töten, rauben, stehlen, ehebrechen, Unzucht treiben, Leid verursachen, Schmerz zufügen, hungern lassen, Maße und Gewichte fälschen), Zungensünden (z. B. lügen, verleumden, lästern, schimpfen, schreien, unbedacht reden) und Herzenssünden

(z. B. begehren, sich überheben, jähzornig sein, taub sein für Worte der Wahrheit) aufteilen.

Diese Regeln sollen eine Lebensführung fundieren, die den Einzelnen so fest wie möglich in die Gemeinschaft einbindet, die soziale Harmonie fördert und mit dem Willen der Götter wie den Ansprüchen von Staat und Gesellschaft in Einklang steht.

M. ist das Prinzip der Gerechtigkeit als sozialer Harmonie, die zugleich auch als Wahrheit und als kosmische Ordnung verstanden wird. Wenn die M. unter den Menschen verschwindet, z. B. durch den Zusammenbruch des Staates, dann hat das kosmische Konsequenzen. ↗ Ägyptologie, ↗ Altägypten, ↗ Zeitrechnung, altägypt.

🕮 R. Anthes, Die Maat des Echnaton von Amarna, Baltimore 1952. – J. Assmann, Ma'at. Gerechtigkeit und Unsterblichkeit im Alten Ägypten, 2. Aufl., München 1995. – M. Lichtheim, Maat in Egyptian Autobiographies and Related Studies, Fribourg 1992.

Jan Assmann

Madagaskar (Repoblican'i Madagasikara/République Démocratique de Madagascar). **Fläche:** 587.041 km². **Einw.:** 15,5 Mio. (1999). **Bev.-Wachstum/Jahr**: 3,2% (1990–99). **Stadtbev.:** 29% (1999). **Hauptstadt:** Antananarivo: 1,5 Mio. Einw., Großraum 3,4 Mio. (2000), zugleich größtes Wirtschaftszentrum. **Unabh.:** seit 1960. **Staatsform**: Republik. **Währung:** Madagaskar-Franc. **HDI-Rang** 135/162 (2001). **Auslandsverschuldung**: 4,4 Mrd. US$, **Anteil der Entwicklungshilfe am BSP**: 13% (1998). **BSP/Kopf**: 250 US$, **HIV-infizierte Erwachsene**: 0,15%, **Lebenserwartung**: m 51,1 J., w 53,4 J., **Alphabetisierung** der Erwachsenen: m 72,8%, w 58,8% (1999). **Einschulungsrate**: m 67%, w 69% (1995–99). **Amtssprachen**: Madagassisch (auch Unterrichtssprache in der Primarschule), Frz.; **Regionalsprachen:** Hova u. a. Dialekte des Madagassischen.

I. Naturraum. M., der »kleine Kontinent«, lag schon immer nicht nur räumlich am Rande des Weltgeschehens. Den Kern dieser gewaltigen Insel bildet ein über 1.000 m hohes zentrales Hochland, das steil nach O und relativ sanft nach W abfällt. Der Anbau konzentriert sich auf die Niederungen, während die durch ↗ Entwaldung entstandenen Savannen der Hochflächen – neben Reisanbau – als Weide (vorwiegend für Zeburinder, von denen es etwa 10 Mio. auf der Insel geben soll) genutzt werden. M. ist die viertgrößte Insel der Erde. Sie wird umlagert von zahlreichen Eilanden und kleinen Inseln, von denen Nosy Be (293 km²) und Nosy Boraha (165 km²) die größten sind. M. verfügt über eine einzigartige Flora und Fauna, die in weiten Teilen der Insel durch Brandweidewirtschaft und Wanderfeldbau stark gefährdet ist (↗ Naturschutz, ↗ Umweltschutz, ↗ World Wide Fund for Nature). Das gilt v. a. für die einzigartige Tierwelt, die größtenteils nur hier anzutreffen ist. 95% der Reptilienarten, 60% der Vogelarten und die Lemuren sind endemisch.

II. Bevölkerung und ethnische Gruppierungen. Die Bev. besteht überwiegend aus Madagassen (*Malagasy*), einem Jahrhunderte alten – inzwischen vereinheitlichten – Mischvolk. Die ersten Bewohner waren Einwanderer aus über 20 malaiisch-indon. Gruppen: Fernsegler, die sich seit dem 4. Jh. hier niederließen. Später folgten Afrikaner und Araber, sowie komorische, indische, chin. und europ. Minderheiten. Offiziell bekennen sich etwa die Hälfte der Einw. zum Christentum (Katholiken 25%, Protestanten 20%). Allerdings verknüpfen sie damit einen eigenwilligen ↗ Ahnenkult, der sie mit der anderen Hälfte der Bev., die sich zu traditionellen ↗ Religionen bekennt, verbindet. Der ↗ Islam ist nur schwach vertreten (5%). In dem nach internat. Maßstäben sehr armen M. leben fast drei Viertel der Bev. unter der Armutsgrenze. Besiedelt sind vorwiegend die klimatisch günstig gelegenen Teile der Insel: die Hochflächen und viele Stellen der Ostküste. Auf der Hochfläche befinden sich die Hauptstadt Antananarivo, die einzige Millionenstadt der Insel, und die Großstädte Fianarantsoa und Antsirabe (zwischen 120.000 und 180.000 Ew.). An der Ostküste liegen die Großstädte Toamasina (Tamatave), und Antsiranana (Diégo Suarez), sowie im NW Mahajanga (Majunga) und im SW Toliara (↗ Stadt, ↗ Urbanisierung).

III. Geschichte und Politik. Frankreich erklärte 1896 die Insel zur Kolonie. Während des Zweiten Weltkrieges unter brit. Besatzung, unterstand sie 1946 bis zur Unabh. (1960) einem frz. Generalgouverneur. Nach einem sozialistischen Zwischenspiel 1972–1980, währenddessen die meisten Franzosen das Land verließen, folgte eine Wiederannäherung an den Westen. Die Verfassung von 1992 schuf eine Präsidialrep. mit einer Nationalversammlung von 150 Mitgliedern. Traditionelle Dorfversammlungen (*Fonkonolona*) bilden die Verwaltungsbasis.

IV. Wirtschaft. Die gebirgige Landschaft erschwert eine landwirtsch. Nutzung. 15,4 Mio. ha sind Wald. Die Kulturflächen (fruchtbare Schwemmböden in den Küstenebenen und Vulkanböden auf Hangterassen) nehmen 5% der Gesamtfläche ein. 3,1 Mio. ha sind Acker- und Dauerkulturen, wovon 0,92 Mio. ha künstlich bewässert werden. 34 Mio. ha werden als Weide genutzt. Grundnahrungsmittel ist Reis (↗ Getreide), der zusätzlich zur Eigenproduktion eingeführt werden muss, daneben Maniok und Mais. 1996 waren 76% der Erwerbstätigen in der ↗ Landwirtschaft tätig. Lohnbeschäftigung bieten größere exportorientierte Betriebe, die v. a. den wichtigsten Exportartikel Kaffee erzeugen, der 1996 19% der Exporteinnahmen erbrachte. In weitem Abstand folgen Vanille (1996: 5%), Gewürze und Früchte, ferner Sisal, Tabak, Baumwolle, Zuckerrohr, Kakao und Pfeffer. Der ↗ Bergbau (Chromerz, Glimmer, Graphit) ist unbedeutend, erbrachte aber 1996 immerhin noch 19% der Ausfuhreinnahmen. Das BIP betrug 1997 3.546 Mio. US$, wozu die Landwirtschaft 31%, die Industrie 14% und das Dienstleistungsgewerbe 55% beitrug. Trotz guter Voraussetzungen – wie landschaftlicher Schönheit und reizvoller Strände – ist der ↗ Tourismus aufgrund fehlender Infrastruktur noch unbedeutend. M. setzt auf Ökotourismus, da Massentourismus als Gefährdung dieses ↗ Weltnaturerbes angesehen wird. 1994 wurden lediglich 65.000 Touristen gezählt. Überseehäfen besitzen Mahajanga, Toliara, Antsiranana und Toamasina. Letzterer ist der bedeutendste Außenhandelshafen der Insel mit Bahnverbindung zur Hauptstadt. Wie in den meisten ehem. Kolonialländern leidet die Entwicklung an vielfachen Spannungen zwischen ↗ kolonialem Erbe, ↗ Tradition und Moderne.

V. Literatur und Musik. M. besitzt eine reiche mündlich überlieferte Lit. (↗ Oralliteratur) in madagassischer Sprache und, seit der Kolonialzeit, eine moderne Lit. in Madagassisch und Frz., deren Begründer, Jean-Jacques Rabearivelo (1901–1937) in M. noch heute populär ist. Internat. bekannt wurden Michèle Rakotoson (*Dadabé*, dt. *Dadabé*) und Jean-Luc Raharimanana (*Lucarne*, dt. *Haut der Nacht*). Die madagassische ↗ Popularmusik hat Elemente traditioneller Musik mit westl. und afrik. Musikrichtungen verschmolzen. Auf internat. Bühnen aufgetreten sind u. a. *Mahaleo, Tarika, Solo Miral, Tirike, Njava*, der Gitarrist D'Gary u.v.m.

🕮 R. Battistini/J.Hoerner, Géographie de Madagascar, Paris 1986. – M. Covell, Madagascar, London 1987. – E. Gabriel/F. Conze, Afrika Transparent, Baden-Baden 1990.

Erhard Gabriel

Maghreb. *Al-Maghreb*, arab. »der Westen«, ist die Bez., die die aus dem O (*Al-Mashriq*) kommenden Araber für das Gebiet NW-Afrikas verwendeten. Heute wird der Begriff sowohl für Marokko als auch für die Ländergruppe Marokko, Algerien und Tunesien verwendet. Diese Länder weisen natürl. und kulturelle Gemeinsamkeiten auf, die sie von den arab. Staaten im O unterscheiden. Die berberische Kultur und Sprache sind wichtige Merkmale des M., es kommt jedoch durch die gleichzeitige Zugehörigkeit zum frankophonen Kulturbereich zu einer Überlappung prägender Elemente. Bislang scheiterten alle Versuche einer pol. Einigung oder stärkeren Zusammenführung der Maghrebstaaten. Eine der Ursachen hierfür ist die pol. Instabilität Algeriens sowie die Angst der meisten Marokkaner und Tunesier vor einem islam. Radikalismus algerischer Prägung. ↗ Arabischsprachige Lit., ↗ Frankophone Lit. im Maghreb, ↗ Islam, ↗ Nordafrika.

Fouad Ibrahim

Maghrebinische Literatur in arabischer Sprache ↗ arabischsprachige Literaturen; **in französischer Sprache** ↗ frankophone Literaturen im Maghreb

Magie. *I. Definition und Wirkungsweise.* Nach afrik. Auffassungen Inbegriff einer übernatürlichen Kraft oder Fähigkeit mit unterschiedlichen Wirkungsrichtungen: Sie kann einen Menschen, der sie besitzt, zum Heiler, Seher, Priester oder im Gegenteil zum Hexer, Vampir, Inkubus usw. werden lassen. Die meisten Afrikaner glauben an die M., und in manchen Gruppen ist sie gängige Praxis: ein Wissen, ein Können, eine Technik okkulten Charakters, die bestimmte eingeweihte Personen besitzen und nutzen, um die Kräfte der Natur, ja auch die Geister und selbst Gott ihrem Willen zu unterwerfen.

Die sog. magische Mentalität findet sich bei allen Völkern. Eine bestimmte Art zu beten lässt darauf schließen, dass der Betende überzeugt ist oder mindestens hofft, seine Gebetsformeln oder Gesten würden Wirkung erzielen. Christen oder Muslime setzen z. B. oft Vertrauen in das Aufsagen von Bibel- oder Koransprüchen und verschiedenster Gebete, in Wallfahrten usw.

In Afrika sind die Besitzer magischer Kraft der Überzeugung, sie könnten nach Belieben auf die Natur einwirken. Mit geheimen Sprüchen, Gesten, einem Ritual (↗ Ritus, Ritual), bei dem sie

Rinden und Räuchermittel verwenden, meinen sie, Regen oder Dürre herbeiführen zu können.

Berichtet wird, dass ein Blitz als Rache eines betrogenen Ehemanns die Zielperson mitten auf dem Markt traf, ohne andere zu schädigen, und dass Zauberkräftige Nichteingeweihte durch Frachtflüge eigener Art verblüfft haben, bei dem Holz tonnenweise in wenigen Minuten Dutzende von Kilometern weit transportiert wurde. Es sei bemerkt, dass solche Fakten nicht durch ein rationales Prinzip widerlegt werden können.

Die traditionelle afrik. Medizin kennt unerklärliche und doch nachprüfbare therapeutische Leistungen. Von M. sprechen die Heiler dabei nicht. Der Heilvorgang beruht einerseits auf rationeller Anwendung versch. Medikamente (Kräuter, Eiweiß usw.), deren chemische Zusammensetzung sich feststellen lässt, andererseits auf dem Anrufen der Wassergeister nach entsprechender ↗ Initiation, also auf der Kombination einer bestimmten Arznei mit einem bestimmten Spruch. Behandelt wird nicht ein Fuß, ein Arm o.ä., sondern eine Person in ihrem günstigen oder feindseligen ökolog. und spirituellen Umfeld (↗ Krankheit und Heilung).

M. besteht also in Afrika in der Triade Wissen-Können-Technik. Die Triade ist ambivalent, d.h. sie kann dazu dienen, Gutes zu tun oder Schaden zuzufügen. Im guten Sinn wird sie in der Therapeutik, der Religion, bei Jagd, Fischerei und handwerklicher Arbeit, in Musik, Tanz u.v.m. wirksam. Diese Tätigkeiten können zwar im Prinzip von jedermann ausgeführt werden, aber jenseits bestimmter Leistungsschwellen würde man von M. sprechen. Auf der bösen Seite (Behexung, Verzauberung, Heimsuchung durch Inkubus- oder Sukkubus-Geister, Dschinns, mystischer Kannibalismus u.a.) spricht man von ↗ Hexerei oder auch von schwarzer M.

II. Ursprung, Zuwachs und Verlust. Magisches Wissen und magische Techniken werden in einem Lernprozess erworben, der Initiation. Aber ist die Kraft der Magier angeboren oder erworben? Können außerdem die Elemente jener Triade Zuwachs, Abnahme oder Verlust erfahren? Afrikaner denken, dass bestimmte Personen bereits von Geburt an mit einer bes. Kraft ausgestattet sind, die Experten für das Okkulte bald entdecken. Es geht dann darum, sie auf Wunsch der Eltern oder im Einvernehmen mit ihnen zu gegebener Zeit zu orientieren, zu bekräftigen und zu entwickeln. Diese Arbeit an der Sozialisation der angeborenen Kraft beginnt, bevor das Kind ins bewusste Alter eintritt. Die noch ruhenden Wirkungsmöglichkeiten treten erst mit der Initiation allmählich zu Tage, bis sie ein reifes Stadium erreichen. Wie man glaubt, dass ein Magier seine Fähigkeiten unter der Leitung eines erfahreneren Lehrers steigern kann, ist auch die Überzeugung verbreitet, dass Geister die Begabung zum Heilen bei Missbrauch (wenn sich der Magier z.B. auf Kosten seiner Klienten bereichern will) oder bei Vernachlässigung von Familienpflichten (wie der Pflege von Ahnengräbern) wieder entziehen können. ↗ Ahnenkult, ↗ Alter, ↗ Divination, ↗ Mystik.

Meinrad Hebga

Mahdi (arab. *mahdi,* der »Rechtgeleitete«), Figur der islam. Mythologie, die das Ende der Zeiten ankündigt, sowie charismatische Führerfigur im Sudan (Mahdi-Aufstand) und dort bis heute eine einflussreiche pol. Bewegung (Mahdiyya). 1881 trat im ägypt. besetzten Sudan ein Mann namens Muhammed Ahmad Ibn Abd Allah auf. Zu einer Zeit, als wegen des islam. Jahrhundertwechsels (1882 = 1300 nach Hidjra) Ängste vor dem Jüngsten Gericht grassierten, erklärte er sich zum erwarteten M. und damit zum Erneuerer, der die Reinheit der Religion nach dem Vorbild des Propheten wieder herstellen wollte. Der M. rief zum ↗ *Djihad* auf gegen die ägypt.-osmanische Herrschaft und errichtete einen eigenen Staat vom Roten Meer bis Darfur (1881–98). Seine Anhängerschaft wurde in schlagkräftige Armeen (arab. *ansar,* »Helfer«) umgewandelt, die die ägypt.-brit. Expeditionen mehrmals besiegten und 1885 Omdurman und Khartum eroberten. Nach dem Tode des M. 1885 und dem Rückzug der Ägypter herrschte sein Nachfolger bis zur brit. Besetzung des Sudans 1898.

Die Jahre der Mahdi-Herrschaft werden als Katastrophe erinnert: Durch den dauernden Kriegszustand kam es infolge der Requisitionen der Armeen zu Hungerkrisen, die sich nach W ausdehnten und zu neuem Widerstand führten, dem mit Waffengewalt begegnet wurde: ein Teufelskreis, dem unzählige Menschen zum Opfer fielen.

🕮 P.M. Holt, The Mahdist State in the Sudan, 2. Aufl., London 1970. – R. Slatin, Feuer und Schwert im Sudan. Meine Kämpfe mit den Derwischen, meine Gefangenschaft und Flucht 1879–1895, Leipzig 1896. – J. Ohrwalder, Aufstand und Reich des Mahdi und meine zehnjährige Gefangenschaft daselbst, Innsbruck 1892.

Astrid Meier

Maji-Maji-Aufstand, ein in Dt.-Ostafrika (im heutigen Tansania) im Juli 1905 ausgebrochener Aufstand gegen die dt. Kolonialherrschaft, der erst 1907 niedergeschlagen werden konnte. Die Ursachen lagen in den wachsenden Belastungen der Bev. durch Steuern, ↗ Zwangsarbeit sowie durch Arbeitsverpflichtungen auf den Schamben (Pflanzungen), in denen gegen geringes Entgelt Baumwolle für den dt. Markt angebaut werden musste. Auslöser des Aufstands war das harte polizeiliche Vorgehen eines Bezirksvorstehers gegen Bauern, die als Protest gegen die wachsende Unterdrückung eine solche Pflanzung verwüstet hatten. Die Bauern waren durch einen weitverbreiteten Kult um den Propheten Kinjikitile und den Aufruf, alle Weißen ins Meer zu treiben, in ihrem Unmut über die Fremdherrschaft bestärkt worden. Der M.-M.-A. dehnte sich über kulturelle Grenzen hinweg auf viele Völker im S von Dt.-Ostafrika aus. Durch Kinjikitile wurden Boten ausgesandt und ein heiliges Wasser, *maji-maji*, verteilt, um ein gemeinsames Vorgehen zu erreichen. Das *maji-maji* galt als verbindendes Symbol und Garant der Unverwundbarkeit gegen die dt. Waffen.

Vom dt. Gouverneur, Graf von Götzen, wurde der Aufstand zunächst als atavistische Reaktion zurückgebliebener Völker gegenüber der europ. Kultur gedeutet. Andere sahen sehr wohl die wachsende Last der Bev. als Hauptursache. Afrik. Nationalisten deuten den Aufstand als »Proto-Nationalismus«, d. h. als Beginn einer nat. Bewegung, die über traditionelle Grenzen hinweg zahlreiche Völker im Kampf gegen die Fremdherrschaft verbunden und damit den immer vorhandenen Widerstandswillen der Bevölkerung deutlich gemacht hat (↗ Widerstand).

Bei dem M.-M.-A. und der folgenden Hungersnot kamen schätzungsweise 250.000 bis 300.000 Menschen um, etwa ein Drittel der Bev. Auf europ. Seite waren 15 Opfer zu beklagen, außerdem 73 getötete Askaris sowie 316 Träger und andere Hilfskräfte.

🕮 G.C.K. Gwassa/J. Iliffe (Hg.), Records of the Maji Maji rising: T. 1, Nairobi 1969. – J. Iliffe, A Modern History of Tanganyika, Cambridge 1979. – K.M. Seeberg, Der Maji-Maji-Krieg gegen die dt. Kolonialherrschaft, Berlin 1989.

Leonhard Harding

Makossa, ein Genre der ↗ Popularmusik Kameruns. Der *M.* entwickelte sich in den frühen 1960er Jahren in Duala als Fusion aus ghanaischem ↗ *Highlife*, kongolesischer Rumba bzw. ↗ *Soukous*, afrokubanischer Musik (↗ afroamerikanische Musik) und *ambasse bey*, einer lokalen Variante der in ganz Westafrika verbreiteten ↗ *Palmwine Music*. Der Begriff *M.* leitet sich wahrscheinlich ab von der Duala-Bez. *kossa* für ein auf rhythmischem Händeklatschen basierendes Kinderspiel. Internat. bekannt wurde der *M.* 1972 durch den Hit *Soul Makossa* des Saxophonisten Manu Dibango. Zu den prominentesten Vertretern des *M.* in den 1980er Jahren zählen Moni Bilé, Eboa Lotin, Ekambi Brillant, Dina Bell und Sam Fan Thomas, dessen Titel *African Typic Collection* 1984 in ganz Westafrika, Europa und der Karibik zum Hit wurde.

🕮 M. Dibango, Trios kilos de café, Paris 1989; engl.: Three Kilos of Coffee, Chicago 1994.

Oliver Seibt

Makua (Sprache) ↗ Bantusprachen

Malagasy (Sprache) ↗ Madagaskar

Malaria ↗ Tropenkrankheiten

Malawi. **Fläche:** 118.484 km². **Einw.:** 11 Mio. (1999). **Bev.-Wachstum/Jahr**: 1,5% (1990–99). **Stadtbev.:** 24% (1999). **Hauptstadt:** Lilongwe (395.500 Einw. 1994). **Wirtschaftsmetropole:** Blantyre (446.800 Einw. 1994). **Unabh.:** 06. 07. 1964. **Staatsform**: Präsidialrep.; Einkammerparlament mit 193 gewählten Abgeordneten; Mehrparteiensystem. Parteienstruktur: UDF (*United Democratic Front*), Regierungspartei; MCP (*Malawi Congress Party*), ehem. Einheitspartei; AFORD (*Alliance for Democracy*). **Währung:** 1 Kwacha = 100 Tambala. **HDI-Rang** 151/162 (2001). **Auslandsverschuldung**: 2.5 Mio. US$, **Anteil der Entwicklungshilfe am BSP**: 20% (1998). **BSP/Kopf**: 190 US$, **HIV-infizierte Erwachsene**: 16%, **Lebenserwartung**: m 40,4 J., w 40,2 J., **Alphabetisierung** der Erwachsenen: m 73,8%, w 45,3% (1999). **Einschulungsrate** 100% (1995–99). **Amtssprachen**: Engl. und Chewa (↗ Bantusprachen); **Regionalsprachen:** Yao, Lomwe (Makua-Dialekt), Tumbuka u. a.

I. Naturraum. Der südostafrik. Binnenstaat M. gehört zu den äußeren Tropen (↗ Ökozonen). Insges. zählen ca. 80% des 28.500 km² großen Malawisees zum Staatsgebiet. M. wird in den Oberflächenformen vom Ostafrik. Grabenbruchsystem bestimmt, dessen südl. Bereich das Land durchzieht. Die tief eingesenkte Grabenzone wird von hohen plateauartigen Randgebirgen umgeben. Die Regenzeit dauert von Nov. bis April. Im feuchten N werden durchschnittl. 1.500 mm Niederschlag im Jahr gemessen, im S sind es 1.000 mm. Die Durchschnittstemperatur liegt in Flachlandgebieten bei 24 °C, in den Hochländern bei 18–22 °C (↗ Klima). Die landwirtsch. Ausrichtung des an mineralischen Rohstoffen armen Landes hat im Zusammenspiel mit einem hohen Bevölkerungswachstum zu Umweltproblemen geführt, so z. B. zu Bodenerosion und Verkarstung durch die oft rigorose Abholzung von Wäldern (↗ Entwaldung) in Folge von Brennholzknappheit. Extreme klimatische Bedingungen (Dürren bzw. Überschwemmungen) haben in der letzten Dekade verstärkt zu Nahrungsmittelknappheit geführt.

II. Bevölkerung und ethnische Gruppierungen. Auffällig ist in M. die Verteilung der wichtigsten ethn. Gruppen auf die drei Regionen. Etwa 50% sind Chewa, gefolgt von Lomwe (15%), Yao (14%) und Tumbuka (9%); Europäer < 1%. Während die Süd- und Zentralregion mit 125 bzw. 96 Einw./km^2 dicht besiedelt sind, leben in der Nordregion nur 34 Menschen/km^2. Die drei Regionen stellen die Hauptsiedlungsgebiete der drei wichtigsten Ethnien dar. Unter der Herrschaft von Hastings Kamuzu Banda (1900–1997), dem ersten Präsidenten (Amtszeit 1966–1994), wurden die Chewa in der Zentralregion beim Zugang zu einflussreichen pol. Ämtern und wirtsch. Ressourcen bevorzugt. Im Gegensatz zu Banda bemüht sich die UDF-Regierung, die ihre Anhängerschaft überwiegend in der Südregion hat, um eine regional ausgewogenere Politik. Die Nordregion wurde von Banda systematisch vernachlässigt. Pol. wird sie von der AFORD dominiert. Die weit verbreitete Vetternwirtschaft (↗ Neopatrimonialismus) orientiert sich häufig an der regionalen, nicht primär an der ethn. Zugehörigkeit.

III. Geschichte und Politik. Das rohstoffarme Binnenland wurde 1891 unter dem Namen Nyasaland brit. Protektorat. 1953 wurde das Gebiet Teil der Föderation von Rhodesien und Nyasaland und diente als Arbeitskräftereservoir für die Gold- und Kupferminen sowie für die von weißen Siedlern betriebenen Plantagen in Süd- und Nordrhodesien. Mit der Rückkehr von Banda 1958 gewann der Kampf um die Unabh. an Dynamik. Der in den USA und Großbritannien ausgebildete Arzt setzte sich an die Spitze des NAC (*Nyasaland African Congress*), der nach Unruhen von der Kolonialverwaltung 1959 verboten und 1960 als MCP *Malawi Congress Party* wiedergegr. wurde. Aufgrund seines Alters genoss Banda großen Respekt bei den traditionellen Chiefs, die ihm bei der Mobilisierung der Bev. beachtliche Hilfe leisteten. M. erlangte seine Unabh. auf dem Verhandlungsweg; die verhasste Föderation von Rhodesien und Nyasaland wurde Ende 1963 aufgelöst. MCP-Vorsitzender auf Lebenszeit und nach der Unabh. 1964 Premierminister, festigte Banda seine Macht 1966 mit einer Präsidialverfassung. Neben der Festschreibung des ↗ Einparteisystems erhielt Banda (ab 1971 Präsident auf Lebenszeit) weitest reichende Machtbefugnisse. Mit Hilfe eines effizienten Repressionsapparates wurde jegliche pol. Opposition im Lande ausgeschaltet. Im W galt Banda, der strikte Antikommunist, als zuverlässlicher Verbündeter; in Afrika hingegen war er pol. isoliert, da M. als einziger afrik. Staat diplomat. Beziehungen zum ↗ Apartheidregime in Südafrika unterhielt. Erst Anfang 1992 geriet das Banda-Regime durch einen krit. Hirtenbrief der kath. Bischöfe innenpol. unter Druck, und es entstanden zwei demokrat. Reformbewegungen, einmal die größtenteils von Unternehmern aus der Südregion geführte UDF unter Bakili Muluzi und zum zweiten die von Akademikern aus der Nordregion geführten Bewegung AFORD unter Chakufwa Chihana. Nach dem Referendum von 1993 zur Einführung eines Mehrparteiensystems wurden am 17. 05. 1994 die ersten demokrat. Wahlen abgehalten, in der sich die pol.-regionale Dreiteilung des Landes reflektierte. Muluzi gewann mit relativer Mehrheit die Direktwahl zum Präsidenten, während seine UDF die Parlamentsmehrheit knapp verfehlte. Die friedliche Abwahl Bandas war maßgeblich auf die prodemokrat. Haltung des Militärs zurückzuführen. Im Mai 1994 wurde eine demokrat. Verfassung verabschiedet. Die staatl. Institutionen inkl. der Justiz erfreuen sich breiter Akzeptanz. Zivilgesellschaftl. Strukturen entwickelten sich bisher nur rudimentär. Bei den zweiten demokrat. Wahlen (Juni 1999) konnte sich der Amtsinhaber mit 51% der Stimmen bei lebhafter Wahlbeteiligung (93%) durchsetzen. Neben einem staatl. Fernseh- und zwei Radiosendern gibt es zwei Tages- und mehrere Wochenzeitungen. (↗ Fernsehen, ↗ Rundfunk, ↗ Medien).

IV. Wirtschaft und Sozialstruktur. Die Volkswirtschaft wird vom Agrarsektor beherrscht, der einen Anteil von etwa 90% an den Gesamtexporten von M. hat. Hauptnahrungsmittel ist der Mais. Neben kleinbäuerlich-(halb)subsistenter Wirtschaftsweise im krypto-traditionalen Sektor existiert in geringem Umfang eine moderne ↗ Plantagenwirtschaft für Tabak (76%), Tee und

Zucker. Diese bilden auch die Hauptexportgüter (70%/7%/7%). Daneben weist M. einen kleinen Industrie-, Handels- und Dienstleistungssektor auf, der trotz Privatisierungsanstrengungen weitgehend vom Staat dominiert wird. Der Anteil der Industrie (↗ Industrialisierung) am BIP beträgt 17%, während 35% auf den Agrarsektor entfallen. Importiert werden insbes. Industriegüter, Treibstoffe und Kfz. Die wichtigsten Außenhandelspartner sind Südafrika, Simbabwe, USA und Deutschland. Mineralische Rohstoffvorkommen sind kaum vorhanden. Kleinbauern und ihre Familien, der größte Teil der Bev., können aufgrund einer Verknappung der landwirtsch. Nutzflächen mit den produzierten Nahrungsmitteln kaum den Eigenbedarf decken. Die durch eine schwere Wirtschaftskrise erforderlich gewordenen Maßnahmen der ↗ Strukturanpassung von IWF und Weltbank haben die Lebensbedingungen der ärmeren Bevölkerungsschichten weiterhin verschlechtert. 1991 lebten 54% unterhalb der Armutsgrenze.

V. Literatur, Musik und Kunst. Unter dem Banda-Regime wurde die freie Entfaltung von Lit., Kunst und Musik verhindert (↗ Zensur). Neben dem Klassiker *Man of Africa* (1934) von Samuel Ntara sind die Schriftsteller E. W. Chafulumira, Legson Kayira und David Rubadiri sowie der Lyriker Jack Mapanje mit seinem Werk *Of Chameleons and Gods* (1981) zu nennen. Letzterer war unter Banda mehrmals wegen seiner als regimekritisch gewerteten Arbeiten verhaftet worden. Traditionelle wie moderne Musik und ↗ Tanz sind wichtige Bestandteile des Alltagslebens. In den 1950er Jahren bestimmte der ↗ *Kwela*, nach der Unabh. die *Mbumba*-Musik die ↗ Popularmusik in M., die heute durch zahlreiche Bands und Stilrichtungen geprägt ist.

📖 A. Erhard, Malawi. Agrarstruktur und Unterentwicklung, Innsbruck 1994. – H. Meinhardt, Pol. Transition und Demokratisierung in Malawi, Hamburg 1997. – H. Meinhardt, Die Rolle des Parlaments im autoritären Malawi, Hamburg 1993.

Heiko Meinhardt

Malerei. *I. Gegenstand.* In den westl. Kunstwissenschaften stellt M. neben ↗ Grafik und Bildhauerei (↗ Plastik, ↗ Skulptur) den dritten großen Bereich der bildenden ↗ Kunst dar. Ausgehend vom Bildträger wird die M. in die drei Bereiche Wand-, kunstgewerbliche und Tafel-M. gegliedert. Bezogen auf die Länder und Kulturen Afrikas befassen sich eine ganze Reihe von wiss. Disziplinen, unter ihnen die Altertumswissenschaften (u. a. ↗ Ägyptologie), die ↗ Archäologie, die Theologie sowie die ↗ Ethnologie mit Phänomenen, die im engen Sinne als Kunst, im Weiteren als »künstlerische Ausdrucksformen« bezeichnet werden können. Nicht zuletzt aufgrund einer fehlenden umfassenden Analyse afrik. Kunst ist eine Übertragung kunstwiss. Konzepte auf afrik. Verhältnisse nicht immer möglich oder angebracht.

II. Die Wand-, Decken- und Fassaden-Malerei ist v. a. für ↗ Altägypten und die Architektur des islam. Nordafrika gut dokumentiert. Sie ist ebenfalls auf eindrucksvolle Weise in die Lehmarchitektur des Sahel (u. a. Mali, Niger) integriert (↗ Architektur). Mit dem allg. Begriff »Wand-M.« sind Formen und Techniken der Wand- und Fassaden-M. in west- und südafrik. Gesellschaften beschrieben (u. a. Soninke, Kassena, Igbo, Ndebele). Internat. bekannt geworden ist die Wand-M. der Ndebele-Frauen aus dem östl. Südafrika: Stilbildend sind hier geometrische, symmetrische Formen der überwiegend nichtgegenständlichen Fassaden-M., die in kräftig-bunten, schwarz eingefassten Flächen auf den weißen Untergrund der Lehm- oder Zementmauern aufgetragen wird. Aufsehen erregte die Malerin Esther Mahlangu (1935–), als sie Ende der 1980er Jahre ein *BMW-Art Car* im Ndebele-Stil bemalte. In großem Kontrast zur M. der Ndebele steht die *Uli*-M. (Wand- und Körper-M.) der Igbo-Frauen im südöstl. Nigeria. Außenwände von Schreinen und Gehöften werden in versch. regionalen und individuellen Stilen mit dekorativer, zeichenhafter M. versehen. Diese Elemente und Zeichen finden sich ebenfalls in einer regional verbreiteten Körper-M. (↗ Körperkunst), die zu festlichen Anlässen mit pflanzlichen Farbstoffen (u. a. Indigo) aufgetragen wird. Internat. Bekanntheit erlangte die *Uli*-M. durch ihre Verarbeitung in den Werken akademischer Maler der Nsukka-Schule in Nigeria (↗ moderne Kunst). Neben den genannten existiert in weiten Teilen Afrikas eine Vielzahl regionaler Formen der Wand- und Körper-M. Eine Dokumentation und Rekonstruktion hist. Entwicklungen (Stilgeschichte) wird v. a. durch ihren vergänglichen Charakter erschwert. In der modernen Architektur findet sich Wand-M. als Werbe-M. (Hotels, Bars, Geschäfte), an öffentl. Gebäuden (Kirchen, repräsentative Staatskunst) wie auch an Privathäusern. Die pol. Wand-M. in Südafrika (engl. *murals*), die stark von der pol. Wand-M. in Mittel- und Südamerika (Mexiko, Chile) beeinflusst ist, verdient eine besondere Erwähnung, da sie oftmals nicht einer Repräsentation staatl. Politik

Abb. 20: Obiora Udechukwu, »"Go!"«, Tinte, Tintenlavierung

und Interessen diente, sondern gegen den Widerstand der Machthaber geschaffen wurde. Ein mit der Wand-M. eng verwandter Bereich stellt die malerische Gestaltung von Verkehrsmitteln dar, v. a. Bussen und LKW in West-, Zentral- und Ostafrika. Auch die Felsmalerei (↗ Felsbilder) kann im weiteren Sinne der Wand-M. zugeordnet werden.

III. Kunstgewerbliche Malerei entsteht in Afrika allenfalls in industrialisierten, urbanen Zusammenhängen. Daneben gibt es eine Vielzahl von handwerklichen Formen der M., etwa in der Gestaltung von Skulptur (v. a. Holzschnitzerei) und Plastik (v. a. Keramik) sowie in der Dekoration von ↗ Textilien. Eine große Zahl von Holzschnitzereien des späten 19. und des gesamten 20. Jh. weist eine farbliche Fassung auf, v. a. Helm- und andere ↗ Masken, Figuren, Hocker und Türen (↗ Schnitzerei).

IV. Tafelmalerei. In der afrik. Tafel-M. sind sämtliche aus der westl. M. bekannte Techniken vertreten: Aquarell-M., Gouache-M., Enkaustik (M. mit durch Wachs gebundenen Farben), Öl-M., Pastell-, Tempera-M. und Tusche-M. Als Träger werden v. a. Papier, Leinwand, Holz und Glas verwendet. Auf Grund der klimatischen Bedingungen in vielen afrik. Ländern spielen Wahl des Trägers bzw. der Technik sowie konservatorische Fragen eine entscheidende Rolle bei der Produktion, Sammlung und Ausstellung von M.

(1) Äthiopische Malerei. In NO-Afrika, v. a. in Äthiopien, existiert eine sehr alte Maltradition. Die Entwicklung der äthiop. M. reicht bis ins 4. Jh. zurück und hat immer wieder Einflüsse der außerafrik. M., insbes. der Ikonen-M. des östl. Christentums, aufgenommen. Sie war zunächst sakral orientiert; profane Themen tauchen bis zum Anfang des 20. Jh. kaum auf. Ab dem 6. Jh. lassen sich Beziehungen zur benachbarten, islam. geprägten M. und der des indischen Subkontinents feststellen. Durch christl. Missionare gelangen ab dem 16. Jh. Reproduktionen nordeurop. relig. M. nach Afrika und wirken auf die äthiop. M. ein. Im 20. Jh. tritt die sog. äthiop. Volksmalerei in den Vordergrund, die von Künstlern außerhalb der Klöster geschaffen wird. Zu ihren Themen zählen hist. Kriegssze-

nen oder die Königslegende, die in erzählenden Bildfolgen umgesetzt werden. Bereits in den 1920er und 1930er Jahren studieren äthiop. Maler in Europa und den USA. In den 1950er Jahren entsteht eine moderne äthiop. M., und 1957 wird die *Addis Ababa Fine Arts School* gegründet. Die Dozenten sind zunächst in Europa ausgebildete Künstler wie Skunder Boghossian (1937–), der wie kein anderer die moderne äthiop. M. geprägt hat. Charakteristisch für viele äthiop. Maler ist, dass sie ihre formale Ausbildung zumindest teilweise in Europa oder den USA absolviert haben. So arbeitete eine Generation Maler (u. a. Zerihun Yetmgeta, 1943–, Wosene Kosrof, 1950–) nach einem ersten Abschluss in Addis Abeba in den 1970er Jahren an der Howard University (Washington D. C.), wo Boghossian eine Professur für M. hatte. Enge Beziehungen bestehen seit den 1960er Jahren zwischen der modernen äthiop. M. und der sudanesischen M., wie in der »Schule von Khartum«. Charakteristisch für die Vertreter beider Zentren ist die Rückbesinnung auf traditionelle künstlerische Formen (z. B. Kalligraphie und Ornamentik), die unter Bezugnahme auf relig. Mystik und ↗ Oralliteratur in einer symbolhaften M. verschmelzen. Erklärtes Ziel der Maler ist es, eine moderne und gesellschaftrelevante Kunst zu schaffen.

(2) Tafelmalerei im subsaharischen Afrika und in Zentralafrika. In diesem Raum ist die Tafel-M. ein relativ neues Phänomen: Ihre Anfänge liegen in der Phase der frühen Kolonialisierung und Missionierung. In den 1920er Jahren fördern Einzelpersonen aus dem Kreis der Missionen und Kolonialverwaltungen die Entstehung von Kunstwerken und sorgen dafür, dass sie in Europa anläßlich von Kolonialausstellungen oder in Galerien gezeigt wurden. Die Bilder sind i.d.R. gegenständlich und in versch. Techniken (Tinte, Wasserfarben, Blei- und Buntstift) auf Papier oder Karton ausgeführt. Charakteristisch für diese frühe M. ist, dass die afrik. Künstler von Europäern »entdeckt« werden, wie ein Beispiel aus Belg.-Kongo zeigt: Mitte der 1920er Jahre begegnet der belg. Postbeamte Georges Thiery dem Elfenbeinschnitzer Albert Lubaki (geb. 1895) und dem Schneider Djilatendo (Tshyela Ntendu, geb. nach 1890), deren Zeichnungen und M. er aufkauft und sammelt. 1929 findet eine Ausstellung von Werken Lubakis im Brüsseler *Palais des Beaux Arts* statt, eine der ersten Ausstellungen afrik. ↗ moderner Kunst überhaupt. Ungeachtet der Aufmerksamkeit, die diesen ersten »modernen« Malern Afrikas zuteil wird, verliert sich ihre Spur bald. Das Wenige, was heute über Lubaki und Djilatendo überliefert ist, wirkt wie eine von ihrem »Entdecker« erzählte Geschichte.

Für eine systematische Vermittlung von M. und grafischen Techniken in Afrika zeichnen etwa seit der Wende des 19./20. Jh. zunächst die Missionen und Missionsschulen verantwortlich. Zu den ersten afrik. Tafelmalern gehören Absolventen der Kolonialschulen, wie etwa der Nigerianer Aina Onabolu (1882–1963), die ihrerseits die nachfolgende Malergeneration unterrichten (z. B. Onabolus Schüler Akinola Lasekan, 1916–1972). Noch während der Kolonialzeit entstehen in einer Reihe westafrik. Städte Kunstschulen sowie Hochschulen mit Abteilungen für Bildende Kunst. Der Unterricht orientiert sich an den Curricula der jeweiligen Kolonialmacht Frankreich bzw. Großbritannien. Mit der Unabh., die für viele westafrik. Länder Anfang der 1960er Jahre erfolgt, entwickelt sich eine eigenständige, nat. und »afrik.« Bildungs- und Kulturpolitik. Diese steht mancherorts, insbes. in Senegal und Nigeria, im Zeichen einer Afrikanisierung (etwa unter dem Einfluss der ↗ *Négritude*). Seit den 1980er Jahren sind Maler, die in einer Diaspora in Europa oder den USA leben (z. B. Ibrahim Salahi, 1930–, Olu Oguibe, 1964–, Ouattara, 1957–), wie auch die zunehmende Einbindung der M. in globale Strukturen (internat. Künstleraustausch, Biennalen) prägend. Die Rezeption der M. des subsahar. Afrika wird von einer Zuordnung zu lokalen Schulen bestimmt, z. B. zu den Schulen von Kinshasa (Demokrat. Rep. Kongo), Dakar (Senegal), Poto-Poto (Brazzaville, Rep. Kongo) oder Oshogbo (Nigeria). Ein einheitlicher Stil dieser Schulen ist oft darauf zurückzuführen, dass die künstlerischen Werke aus Workshops hervorgegangen sind. Schulen und Workshops stehen i.d.R. unter der Leitung oder Patronage von Europäern bzw. Amerikanern. Einige Teilnehmer der Workshops werden zu Multiplikatoren, indem sie Werkstätten gründen und das Wissen an neue Generationen von Künstlern (oder Handwerkern) weitergeben. So entstehen charakteristische lokale Stile. Darüber hinaus haben viele einen individuellen Stil entwickelt und sich als eigenständige Künstler in der globalen Kunstwelt etabliert.

Ein Jahr nach der Unabh. entsteht in Dakar, der Hauptstadt Senegals, ein Kunstzentrum um Maler wie Papa Ibra Tall (1931–) und Iba N'Diaye (1928–). Charakteristisch für das künstlerische Schaffen in Senegal wie auch in anderen Kunstzentren Afrikas ist die Einbindung von M. in einen gesamt-künstlerischen Kontext. So wirkt in der *Agit-Art* der Schule von Dakar M. mit versch. Künsten wie der Textilkunst (↗ Textilien), Skulptur, Plastik bis zum Bereich der Performance zusammen. Nicht nur in Dakar steht der gesamtgesellsch. Bezug der Kunst im Vordergrund. Viele Künstler (v. a. Maler und Bildhauer) studieren die künstlerischen Ausdrucksformen afrik. Gesellschaften, besuchen Völkerkundemuseen in Europa und unternehmen Studienreisen innerhalb Afrikas. Traditionelle Ästhetik und künstlerische Formen sind für sie mehr als ein stofflicher »Steinbruch« für eine folklorisierende Kunst. In ihren Werken greifen sie thematisch sowohl Traditionen als auch den afrik. Alltag auf, legen Brüche und Kontinuität einer sich wandelnden Gesellschaft offen und verarbeiten die Suche nach kultureller und afrik. Identität. Viele begreifen ihre Kunst als ein Mittel, um den Zustand ihrer Gesellschaft zu kommentieren und diese zu gestalten.

In den ersten Jahren der Unabh. förderten die afrik. Staaten die Entwicklung auf dem Gebiet der Bildenden Kunst und nutzten sie auch zu pol. Zwecken, etwa als Mittel der Selbstdarstellung im Ausland. Mit großem Aufwand wurden Festivals ins Leben gerufen, wie das *Premier Festival Mondial des Arts Nègres* (Dakar/Senegal 1966), dem 1977 das *Second World Black Festival of Arts and Culture* (FESTAC '77, Lagos/Nigeria) folgte. Die Entstehung einer modernen afrik. Kunst, vorneweg der M., wurde zur nat. Aufgabe, so dass staatl. Fördermittel und Auftragsarbeiten gerade den akademischen Malern eine entscheidende Einkommensquelle verschafften. In manchen afrik. Ländern ist diese Entwicklung allerdings durch pol. Machtwechsel (z. B. Militärputsche und Bürgerkrieg in Nigeria) und Finanzprobleme unterbrochen und ausgesetzt worden.

(3) Tafelmalerei im südlichen Afrika. In diesem seit dem 17. Jh. von Europäern kolonisierten Raum hat sich eine in Europa über lange Zeit wenig beachtete »weiße« M. entwickelt. Sie ist durch enge Beziehungen der weißen Bevölkerung zu ihren Herkunftsländern (Niederlande, Großbritannien, Deutschland) in Technik, Stil und Sujet an europ. Vorbildern orientiert, doch finden sich gleichwohl afrik. Elemente, etwa in der Landschafts- und Historien-M. (z. B. *Voortrekker*-Romantik). Zentrale Bedeutung für die moderne »weiße« M. in Südafrika hat das Werk der expressionistischen Malerin Irma Stern (1894–1966), der in Kapstadt ein eigenes Museum gewidmet ist. Für die Zeit der ↗ Apartheid lassen sich mehrere, nebeneinander existierende Strömungen der südafrik. M. ausmachen, die pol. bzw. ethn. konstituiert sind und deren Entstehung auf die Kulturpolitik des Apartheidstaates zurückzuführen ist. U. a. aufgrund des *Bantu Education Act* (1953) ist Angehörigen der schwarzen und farbigen Bevölkerungsgruppen der Zugang zu den Kunstakademien verwehrt. Eine engagierte Kunst, die gesellsch. Missstände und das pol. Unrecht des Apartheidsystems anprangert, ist lange Zeit unerwünscht und findet keinen Eingang in Galerien, Kunstausstellungen und Museen. Zusätzlich leidet die gesamte Kunst (Darstellende und Bildende Kunst, ↗ Musik und ↗ Literatur) unter den Auswirkungen eines UN-Kulturboykotts gegen Südafrika. Viele weiße Künstler reagieren auf die Situation, indem sie ein inneres Exil wählen; Landschafts-M., Abstraktion und folkloristische Darstellungen dominieren die Ausstellungen der Zeit der Apartheid. Die schwarzen Künstler vermeiden teils eine Konfrontation mit dem System, teils wählen sie das Exil. Das Werk dieser Exilkünstler (M. und Grafik) bestimmt lange Zeit die Wahrnehmung südafrik. Kunstschaffens in Europa und den USA. Schwarze Künstler erfahren ihre künstlerische Ausbildung und spätere Förderung während dieser Zeit z. T. durch kirchliche Schulen und Verbände (z. B. Azaria Mbatha, 1941–, siehe Abb. im Art. »Grafik«; John Muafangejo, 1943–1987), und in ihrer M. und Grafik finden sich daher oft christl. bzw. kirchliche Themen (↗ Kunst, christl.). In Europa bekannt werden daneben v. a. solche Werke, die sich mit dem Apartheidsystem und den Lebensbedingungen der schwarzen Bevölkerungsmehrheit auseinandersetzen. Ein herausragender Vertreter der südafrik. »schwarzen« Malerei ist Gerard Sekoto (1913–1993), der in Südafrika bereits Ansehen genießt, bevor er 1947 nach Paris emigriert. Nach dem Ende der Apartheid hat Südafrika in den 1990er Jahren rasch Anschluss an die internat. Kunstszene gefunden, in erster Linie durch die Einrichtung der Johannesburger Kunstbiennale *Africus* (seit 1995). Eine erste Gesamtschau von M. aus der »Regenbogennation« Südafrika ist 1996 unter dem programmatischen Titel *Colours* im Berliner Haus der Kulturen der Welt ausgestellt worden.

(4) Weitere Formen der Malerei in Afrika. In Galerien und Ausstellungen in Europa erringt die afrik. *Schildermalerei* große Aufmerksamkeit. Dabei handelt es sich ursprgl. um Werbeschilder, die im Auftrag z. B. von Friseuren, Schneidern und traditionellen Heilern angefertigt werden. Schilder-M. ist in West-, Ost- und Zentralafrika verbreitet. Die Schilder werden

nach Vorlagen (Fotografien, Magazine) gemalt, und sie verbinden i.d.R. figürliche Darstellungen und Schrift. In der westl. Welt werden sie als städt. Kunst (↗ Kunst, städtische) wahrgenommen. Einige Schildermaler haben nach ihrer »Entdeckung« eine Entwicklung hin zur Tafel-M. vollzogen (Cheri Samba 1956–) oder arbeiten in beiden Medien zugleich, wie z. B. der Nigerianer Middle Art (i. e. Augustin Okoye 1936–).

Die tansanische *Quadratmalerei* (auch *Tinga-Tinga*-Malerei) ist eine v. a. als ↗ Touristenkunst internat. bekannte Sonderform der afrik. Tafel-M. Dabei handelt es sich um gegenständliche M. auf quadratischen Bildträgern (ursprünglich Hartfaserplatten, heute zumeist Leinwand). Als Farben werden Autolacke und Anstreichfarben verwendet. Motive sind hauptsächlich Tier- und Pflanzendarstellungen. Als Begründer der *Quadrat-M.* gilt Eduardo Saidi Tingatinga (1937–1972). Anfänglich verkauft er seine Arbeiten vor einem Supermarkt in Daressalaam an eine vorwiegend weiße Kundschaft. Als er mit Hilfe skandinavischer Förderer internat. bekannt wird, gründet er eine Werkstatt, in der in gemeinschaftlicher Arbeit im sog. Tinga-Tinga-Stil gearbeitet wird. In Daressalaam arbeiten heute mehrere Werkstätten und Künstler in diesem Genre.

🕮 C. Deliss, Seven Stories About Modern Art in Africa, Paris/New York 1995. – A. Hug (Hg.), Colours, Neue Kunst aus Südafrika, Berlin 1996. – M. Courtney-Clarke, Die Farben Afrikas, München 1993. – S. Ottenberg, New Traditions from Nigeria. Seven Artists of the Nsukka Group, Washington 1997.

Ulrich Bauer/Ulf Vierke

Mali (Königreich), westafrik. Reich mit einer Blütezeit von ca. 1235 bis 1400. Das Reich M. ging aus dem kleinen Staat Kangaba in der Nähe des oberen Nigerflusses hervor, einer Mande-Gründung. Kangaba gehörte ursprgl. zu ↗ Ghana, bevor es im 13. Jh. von dem Sosso-Krieger Sumanguru erobert wurde. Sundjata Keita, ein berühmter Fürst aus Kangaba, besiegte Sumanguru etwa im Jahre 1235 und schuf in den darauffolgenden zwanzig Jahren den Grundstein für M. Er wurde so zum Volkshelden und Reichsgründer. Weitere Regionen wurden Kangaba eingliedert, darunter Gebiete, die zuvor Ghana beherrscht hatte, ferner die südl. der Sahara gelegenen Bergbaureviere und Handelszentren, die Goldfelder der Wangara und das Nigerknie, v. a. die Städte Gao, Djenné und Timbuktu. Sundjata gelang es, die Kontrolle über den Goldhandel zu etablieren, und baute ein wirksames Verwaltungssystem auf. Seine Hauptstadt war Niani, und er nahm den Titel Mansa (König) an. Weitere Könige folgten ihm nach, doch keiner war so erfolgreich wie Mansa Musa (auch Kankan Musa genannt), der um 1312 den Thron bestieg. Sein Vorgänger, Abubakar II., hatte versucht, mit 200 Booten den Atlantik nach W zu überqueren, und war nicht zurückgekehrt.

Unter Mansa Musa (ca. 1312–1337) erlebte M. den Höhepunkt seiner Macht. Seine Kontrolle des Reichs war effektiv und leistungsstark. Der Handel wurde lebhafter, und Gao, Djenné und Timbuktu erlangten große Berühmtheit. Geschäftsleute, Architekten und Gelehrte aus Nordafrika brachten Konzepte zum Aufbau staatl. Strukturen mit, die zu spürbaren Veränderungen führten. Musa verbesserte die Beziehungen zu nordafrik. Staaten und förderte die Ausbreitung des ↗ Islam. Er selbst unternahm 1324–26 eine prunkvolle Pilgerreise nach Mekka, die wegen seines verschwenderischen Umgangs mit Gold internat. Aufsehen erregte.

Der Niedergang M. begann in der zweiten Hälfte des 14. Jh. Zu Beginn des 15. Jh. war der Einfluss auf das ursprgl. Staatsgebiet Kangabas geschrumpft. Sein Schicksal wurde schließlich durch Aufstände in zahlreichen Provinzen, Angriffe der Tuareg im N und der Mossi im S sowie die Entstehung des neuen Reiches ↗ Songhay besiegelt.

🕮 P. J. Imperato, Historical Dictionary of Mali, 3. Aufl., Lanham 1996.

Toyin Falola

Mali (République Mali), **Fläche:** 1.240.000 km². **Einw.:** 11 Mio. (1999). **Bev.-Wachstum/Jahr**: 2,4% (1990–99). **Stadtbev.**: 30% (1999). **Hauptstadt:** Bamako (900.000 Einw.). **Unabh.:** 22. 9. 1960; **Staatsform**: Präsidialrep. seit 1960; Mehrparteiensystem, führende Partei ADEMA/PASJ (*Alliance pour la démocratie – Parti africain pour la solidarité et la justice*). **Währung:** CFA-Franc. **HDI-Rang** 153/162 (2001). **Auslandsverschuldung** 1.500 Mrd. FCFA (1996). **Anteil der Entwicklungshilfe am BSP**: 13% (1998). **BSP/Kopf**: 240 US$, **HIV-infizierte Erwachsene**: 2%, **Lebenserwartung** m 50,2 J. w 52,2 J., **Alphabetisierung** der Erwachsenen: m 47,3%, w 32,7% (1999). **Einschulungsrate**: m 47%; w 33% (1995–99). **Amtssprachen**: Frz., ↗ Bambara, Songhai (↗ Nilosaharanisch), ↗ Fulfulde, Tamaschek (↗ Berber); **Regional- und Verkehrssprache:** Dyula (↗ Bambara).

I. Naturraum. Im Übergangsbereich von der ↗ Sahara zu den wechselfeuchten Tropen gelegen, hat M. Anteil an vier großen Klima- und Vegetationszonen, an der ↗ Wüste/Halbwüste und Dornstrauchsavanne im N und NO sowie an der Trockensavanne und sudano-guineischen Baumsavanne (↗ Savanne) in den zentralen und südwestl. Landesteilen. Die Jahresniederschläge nehmen von NO nach SW von 50 mm auf 1.200 mm zu. Ein ökolog. Handicap ist die hohe raum-zeitliche Niederschlagsvariabilität und ein damit verbundenes extremes Dürrerisiko. Etwa 60% der Landesfläche sind wüstenhaft, ca. 20% der Staatsfläche v. a. in der Sahelzone sind durch anthropogen (menschlich) verursachte ↗ Desertifikation geschädigt.

II. Geschichte. Die Rep. M. gab sich ihren Namen in Andenken an das gleichnamige mittelalterliche Großreich ↗ Mali, das seit dem 12. Jh. im oberen Nigergebiet die Vorherrschaft gewann und im 14. Jh. durch den ↗ Songhay-Großstaat von Gao abgelöst wurde. Unter den Songhay-Askiaherrschern stiegen die Städte Djenné und Timbuktu zu wichtigen Handelszentren auf (↗ Westafrika, Völker, Kulturen, Staaten). Ende des 19. Jh. wurde die Region von den aus dem Senegal vorrückenden Franzosen besetzt, 1890 die Bambara-Hauptstadt Segu. Zwei Jahre später erfolgte die Gründung der frz. Kolonie *Soudan,* die 1895 in das Generalgouvernement AOF (*Afrique Occidentale Française*) mit Verwaltungssitz Dakar eingegliedert wurde. Seit 1899 war M. Teil der Kolonie *Haut-Senegal-Niger,* von der 1910 Niger als Teilkolonie abgetrennt wurde, während die Gebiete des heutigen M. bis zur Unabh. am 22. 9. 1960 die Bez. *Soudan français* erhielten.

Die Unabhängigkeitsbewegung wurde in den 1950er Jahren von der malischen Sektion des RDA (*Rassemblement Démocratique Africain*) unter Mamadou Konaté und Modibo Keita angeführt. Keita war auch Malis erster Präsident. Ideologisch fußte die Einheitspartei US-RDA auf dem »wiss. Sozialismus«. Bis 1967 wurde in der Landwirtschaft eine Kollektivierungspolik und im sekundären Sektor die Gründung von Staatsbetrieben vorangetrieben. Regimegegner wurden ausgeschaltet und z. T. als Zwangsarbeiter in die Salzminen von Taoudenit (zentrale Sahara) deportiert. Nach dem Scheitern dieser Politik errang 1968 nach einem Staatsstreich General Moussa Traoré die Macht und etablierte ein ↗ Militärregime, das die staatl. Wirtschaft noch ausbaute. Zu Beginn der 1970er Jahre erzwangen von der Dürre verursachte ernährungspol. Probleme eine verstärkte Anlehnung M. an Frankreich und die EU. M. wurde zu einem der größten Nahrungshilfeempfänger im westl. Afrika. In der Folgezeit versuchte das Militärregime, sich durch eine Verfassung (1974), die Gründung der Einheitspartei UDPM (*Union démocratique du peuple Malien,* 1979) sowie Wahlen eine pol. legitimierte Basis zu verschaffen. Nach Massenkundgebungen und Demokratieforderungen (↗ Demokratie), die trotz Einsatz von Gewalt nicht unterdrückt werden konnten, wurde Traoré 1991 durch reformwillige Militärs gestürzt. Eine Übergangsregierung arbeitete eine neue Verfassung aus, die Anfang 1992 angenommen wurde. Aus den Parlamentswahlen im Frühjahr 1992 ging die ADEMA-PASJ (*Alliance pour la Démocratie au Mali – Parti africain pour la solidarité et la justice*) als führende Kraft hervor. Im April wurde der Generalsekretär der ADEMA-PASJ, der Hochschullehrer Alpha Oumar Konaré, zum Staatspräsidenten gewählt. Er stellte sich im Mai 1997 der Wiederwahl siegte und mit 95,9% der Stimmen. In seine erste Amtszeit fiel der Tuareg-Aufstand im N des Landes, der erst 1996 mit Hilfe Algeriens und des westl. Auslands beigelegt werden konnte (↗ Kriege/Bürgerkriege). Die Tuaregrebellen wurden nach ihrer Entwaffnung in die Armee integriert. Seit 1995 erhielten sie mehr pol. Mitspracherechte und eine eigene administrative Region (8. Region Kidal im Iforas-Gebirge).

III. Bevölkerung und ethnische Gruppierungen. Quer durch M. verläuft die fließende Grenze zwischen der bäuerl. Welt der sudanischen, schwarzafrik. Bev. im S und der Welt der hellhäutigen arabo-berber. Nomaden (Tuareg, Mauren) im N. Das pol. dominierende Volk im S sind die Bambara (33% der Bev.), die wie die Malinke (6%) und Sarakolle (9%) zu den ↗ Mande-Völkern gehören. Zu den sudanischen Gruppen »altnigritischer Prägung« zählen die Senufo (9%), Bwa und Dogon. Die ebenfalls schwarzafrik. Songhay (6%) im Raum Timbuktu-Gao werden zu den ältesten Bewohnern M. gerechnet. Im Nigerbinnendelta leben die ↗ Fulbe-Rinderhalter und ihre Reis- und Hirseanbau treibenden Abhängigen (Rimaybe, Maccube). Die traditionelle Gesellschaftsstruktur bei den meisten Völkern war extrem hierarchisiert. Bis in die Mitte des 20. Jh. unterschied man zwischen abhängigen Sklaven, Berufskasten (↗ Schmiede, ↗ *Griots*), freien Bauern und der Aristokratie. Der ↗ Islam ist für 90% der Bev. mit Ausnahme der Dogon und Bwa seit dem Mittelalter die relig.-kulturelle Grundlage. Mit einem Anteil von 10% an der Bev. um 1960 (heute ca. 5%) sind die arabo-berber. Volksgruppen (Tuareg, Mauren) immer stärker zur ↗ Minderheit geworden. Infolge der verheerenden Dürreperioden zu Beginn der 1970er und 1980er Jahre verloren sie einen Großteil ihrer Viehherden und somit die materielle Grundlage zum Erwerb von Getreide. Die Unterschlagung von Nahrungsmittelhilfe aus der EU während der Dürreperiode und eine jahrzehntelange Benachteiligung bei Entwicklungsvorhaben waren u.a. die Ursachen für die Autonomiebestrebungen der Tuareg in den 1990er Jahren. Durch die kriegerischen Ereignisse wurden viele Mauren und Tuareg getötet oder flüchteten in die Nachbarländer.

Die pol. Führungselite von M. rekrutiert sich zum einen aus den alten Familienklans der Mande und Bambara (Keita, Cissé, Coulibaly), zum anderen aus Kreisen, die während der Kolonialzeit das frz. Bildungssystem durchlaufen hatten, unter ihnen viele Fulbe und Diawambe (Händlerkaste der Fulbe).

IV. Wirtschaft. Trotz der gesamtwirtsch. Wachstumsrate von 5% Mitte der 1990er Jahre gehört M. noch zu den ärmsten Ländern der Welt. Das Rückgrat der Wirtschaft bildet die ↗ Landwirtschaft, in der 80% der Bev. tätig sind. Der Anteil des Agrarsektors am BIP betrug 1998 48%. Während in den 1980er Jahren die nat. Selbstversorgung mit Getreide (Hirse, Sorghum, Reis) noch nicht gewährleistet war, scheint M. nun diesem Ziel näher zu kommen. Im Zeitraum 1985–96 hat sich die Produktionsmenge bei Getreide von 1 Mio. t auf über 2 Mio. t erhöht. In normalen Niederschlagsjahren ist eine nat. Getreideselbstversorgung gewährleistet. Probleme bereitet nach wie vor die unzureichende Verteilung der Nahrungsmittel innerhalb des Landes. Hauptdevisenbringer ist die Baumwolle, die 50% der Exporterlöse liefert. M. ist derzeit der größte Baumwollexporteur Afrikas. Die Produktion für unentkernte Baumwolle entwickelte sich von 100.000 t (1975) auf 529.000 t (1997/98). Produktion und Vermarktung übernimmt die CMDT (*Compagnie Malienne de Textile Fibres*). Im Zuge der ↗ Strukturanpassungs- und Privatisierungspolitik seit 1992 wird die CMDT derzeit aus einem parastaatl. Agrobusiness-Unternehmen in eine Aktiengesellschaft umgewandelt.

Einen großen, jedoch noch wenig rationell genutzten Reichtum bildet die ↗ Viehhaltung. Der Tierhaltungssektor trug 1996 zu 10% des BIP bei und erbrachte 8,1% des Außenhandelserlöses. Der Rinderbestand ist mit ca. 5.9 Mio. Tieren der größte in allen westafrik. Ländern und befand sich früher vor allem in den Händen der halbnomad. Fulbe; seit 1980 investieren zunehmend städt. Gruppen in diesen Sektor.

Die Industrie (↗ Industrialisierung) ist bislang nur schwach im Raum Bamako entwickelt und auf die Verarbeitung von landwirtsch. Erzeugnissen und einfachen Konsumgütern ausgerichtet (Anteil am BIP 1996: 15,4%). In Planung befindet sich der Bau einer Fabrik in Fana, die den Anteil der im Inland verarbeiteten Baumwolle erhöhen soll. Das größte Entwicklungsvorhaben bildet das mit dem Senegal und Mauretanien gemeinsam geplante Manantali-Projekt, der Bau eines auf 200 MW ausgelegten Wasserkraftwerks am Bafing, einem Zufluss des Senegal-Stromes. Wachsendes ökonom. Gewicht gewinnt die Prospektion und Förderung von mineralischen Ressourcen (Gold, Mangan, Phosphat) mit der Beteiligung ausländ. Firmen. In den Goldminen von Syama und Kalama im S M. wurden 1996 18,5 t Gold gefördert (↗ Bergbau).

V. Literatur und Musik. Der wohl berühmteste malische Schriftsteller ist Amadou Hampâté Ba (1900–1991), der die ↗ Oralliteratur und Geschichtsüberlieferungen der Fulbe gesammelt und in seinen literarischen Werken ein facettenreiches Bild des vorkolonialen und kolonialen M. gezeichnet hat. M. ist eine der führenden Film- u. Musiknationen des frankophonen Afrika. Filme wie *Das Leben auf Erden* von Abderrahman Cissoko oder *Taafe Fanga* v. Adama Drabo (↗ Kino) feiern ebenso internat. Erfolge wie die Musik z.B. von Habib Koité und seiner Band Bamanda. In Koités Musik verschmelzen traditionelle Rhythmen und Musikfiguren (Instrumente wie Tamani und Balafon in der Tradition der Bambara und Songhay) mit westl., euroamerik. Stilen. Ebenso haben auch der Musiker Salif Keita, die Sängerin Oumou Sangaré aus dem Ouassoulou sowie Ali Farka Touré (Musik der Songhay-Tradition) große internat. Erfolge und treten als Botschafter des musikalischen Reichtums der Sahelvölker in Erscheinung (↗ Musiker, ↗ Popularmusik).

📖 J.-P.Azam/Ch. Morrisson, Conflict and Growth in Africa, Bd. 1: The Sahel, Paris 1999, S. 31–57 (Mali). – R. Wegemund, Mali. In: R. Hofmeier/C. Jakobeit (Hg.), Afrika-Jahrbuch 1999, Opladen 2000, S. 132–135.

Thomas Krings

Malikiten ↗ islamische Rechtsschulen, ↗ Almoraviden

Malinke, auch Manding (Sprache) ↗ Mande

Mami Wata ↗ Kunst

Mandatsgebiete, die 1919–46 formal dem Völkerbund übertragenen und von einzelnen Staaten verwalteten ehem. dt. Kolonien und ehem. türkischen Gebiete Vorderasiens. Nachdem das Dt. Reich seine Kolonien bald nach Ausbruch des Ersten Weltkriegs verloren hatte, wurden diese im Friedensvertrag von Versailles mit der Begründung, Deutschland sei seiner zivilisatorischen Aufgabe nicht gewachsen gewesen, als Völkerbundsmandat jeweils einer Siegermacht überantwortet. Dt.-Ostafrika ging an Großbritannien (Tanganyika) und Belgien (Rwanda-Urundi). Kamerun und Togo wurden unter Großbritannien und Frankreich aufgeteilt. Dt. Südwestafrika (heute Namibia) fiel an die Südafrik. Union. – Die Einrichtung der M. geschah im Geist der ↗ Berliner Afrika-Konferenz, die betroffene Bev. wurde nicht befragt. Nach der Auflösung des Völkerbundes und der Gründung der UN wurden die M. unter deren ↗ Treuhandschaft gestellt.

Philippe Essomba

Mande, Sprachfamilie des ↗ Niger-Kongo mit ca. 40 Sprachen in Westafrika. Sprachen mit großer Sprecherzahl sind: Manding, ein Kontinuum eng verwandter Varietäten (u.a. ↗ Bambara/Dyula, Maninka, Mandinka; ↗ Dialekte), mit insges. 7 Mio. Sprechern in den Ländern Gambia, Senegal, Guinea, Guinea-Bissau, Mali, Liberia, Elfenbeinküste und Burkina Faso (versch. Varietäten des Manding dienen zudem als ↗ Verkehrssprachen, s. Bambara/Dyula); Mɛnde mit ca. 1,5 Mio. Sprechern in Sierra Leone; Soninke (Mali, Senegal, Mauretanien), Sooso (Sierra Leone, Guinea) und Dan (Liberia, Elfenbeinküste) mit jeweils ca. einer Mio. Sprechern. M.-Sprachinseln finden sich auch in Ghana und, weit östl. vom eigentlichen Kerngebiet gelegen, in Benin und Nigeria (Busa, Boko). – Der Begriff M. wurde grundlegend geprägt von Sigismund W. Koelle (»Polyglotta Africana«, 1854), dort zunächst noch in der Form *Mandén-ga*, die (unter Weglassung des Suffixes *-ga*) wiederholt aufgegriffen und letztlich 1943 von Diedrich Westermann für die Sprachfamilie insges. festgeschrieben wurde. *Mandenga* bezeichnet ursprgl. den Bewohner (*-ga*) der Landschaft *Mande(n)* am oberen Niger, auf der Grenze der heutigen Staaten Guinea und Mali. Diese Landschaft, die als Kernland des alten Reiches ↗ Mali angesehen wird, spielt nach wie vor eine große Rolle im hist. Selbstverständnis vieler mandesprachiger Völker. – Die genaue Stellung des M. innerhalb des Niger-Kongo konnte bislang nicht zufriedenstellend bestimmt werden. Intern lassen sich die Mandesprachen in zwei Untergruppen gliedern:

I. *West-M.* (1) Nordwest-M., mit Sprachen wie Soninke, Bɔbɔ, Tieyaxo und Sorogama (»Bozo«), Sembla, Duun; (2) Zentral-/Südwest-M., Vertreter dieses Zweiges sind z.B. (a) (zum Zentral-M.) Manding, Sooso, Vai, Jɔgɔ (»Ligbi«) und (b) (zum Südwest-M.) Kpelle, Mɛnde, Looma.

II. *Ost-M.* (1) Mani-Bandama, mit z.B. Dan, Guro, Mano, Gban; (2) Volta-Niger, mit Bisa, Busa und San/Sane.

Strukturelle Merkmale sind u.a. Wortreihenfolge Subjekt-Objekt-Verb; Markierung von Tempus und Aspekt durch Suffixe am Verb und durch Auxiliare nach dem Subjekt, die typischerweise mit dem Subjektpronomen zu einem phonologischen Wort verschmelzen; wenig komplexe Flexionsmorphologie, jedoch stark ausgeprägte lexikalische Morphologie (Derivation, Komposition); Fehlen eines Nominalklassensystems (↗ Nominalklassensprache) bzw. jeglicher Spuren eines solchen.

🕮 D. Dwyer, The place of Mande in Niger-Congo. In: I. Maddieson/Th. J. Hinnebusch (Hg.), Language History and Linguistic Description in Africa, Trenton/Asmara 1998, S. 27–36. – M. Houis, Les langues du groupe mandé. In: J. Perrot (Hg.), Les langues dans le monde ancien et moderne. Les langues de l'Afrique subsaharienne, pidgins et créoles, Paris 1981, S. 67–73. – R. Kastenholz, Sprachgeschichte im West-Mande. Methoden und Rekonstruktionen, Köln 1996.

Raimund Kastenholz

Manding/Mandingo (Sprache) ↗ Mande

Marabi, ein Anfang des 20. Jh. entstandenes Genre der südafrik. ↗ Popularmusik. In den *Shebeens*, illegalen Trinkhallen in den *Townships*, wurde *M.* bei Tanzveranstaltungen zur Begleitung von Klavier und mit kleinen Steinen gefüllten Blechdosen gesungen. Die Stücke basierten meist auf einer zyklisch wiederholten, viertaktigen harmonischen Phrase aus drei Akkorden, während in den Gesangsmelodien in eklektizistischer Weise unterschiedliche musikalische Einflüsse (ländl. Musiktraditionen der Zulu, Xhosa und anderer ethn. Gruppen), die mit den Wanderarbeitern im Zuge der Urbanisierung in die *Townships* gelangten, aber auch frühe Formen der ↗ afroamerik. Musik wie Ragtime und Dixieland aufgegriffen und miteinander kombiniert wurden. Zu den bekanntesten Interpreten zählten »Fingertips« Matshikiza und Tebetjane, dessen Komposition *u Tebetjane Ufana ne'Mfene* von 1932 als charakteristisch für diese frühe Form des *M.* gilt. Als musikalische Ausdrucksform der *Townships* galt *M.* außerhalb der Ghettos aber als anstößig, es existieren daher keine Aufnahmen.

Ab Mitte der 1930er Jahre änderte sich die Instrumentierung. Gitarren, Banjos und Concertinas ersetzten das Klavier, und afroamerik. Swing wurde zu einem wesentlichen Einfluss für die weitere Entwicklung des *M.*, der seinerseits nach dem Zweiten Weltkrieg und bis in die 50er Jahre eine Grundlage für die Entstehung versch. urbaner Musikformen wie südafrik. Jazz, *Mbaqanga* und ↗ *Kwela* darstellte.

🕮 Ch. Ballantine, Marabi Nights. Early South African Jazz and Vaudeville, Johannesburg 1993.

Oliver Seibt

Marabut, (1) die über die span. und frz. Sprache aus dem arab. Begriff *murâbit* abgeleitete Bez. in Teilen der islam. Welt für eine lebende Person, Mann oder Frau, die aufgrund göttlicher Kraft (*baraka*) segensreiche Dinge bis hin zu Wundern vollbringen kann, (2) v.a. im Maghreb ein Toter, dessen Grabbezirk aufgrund seiner *baraka* auch in der Gegenwart noch segensreich wirken kann, (3) das Grabmal selbst, ein von Ägypten bis Marokko zumeist quaderförmiger Bau mit Kuppel, der nach dieser Form auch *qubba* genannt wird. Person und Grab werden auch *shekh, wâlî* oder *sîdî*, das Grab in Ägypten aus beiden Wörtern zusammengesetzt auch *qubbit ash-shekh* genannt.

Zunächst war im islam. Kulturbereich (↗ Islam, ↗ Islamisierung) ein M. eine Person, die sich der Ausübung und Tradierung der Religion widmete. Dabei war dieser Personenkreis *murâbit*, von der übrigen Bev. räumlich in einer Einsiedelei oder in einem Gemeinschaftsquartier Gleichgesinnter abgesondert. Durch umfassende Kenntnis des Islam, große Frömmigkeit und (angeblich) vollbrachte Wunder wurden einzelne M., viele von ihnen auch Sufi-Lehrer, zu den jetzt noch verehrten »Heiligen«, d.h. Trägern der *baraka*. In Ägypten und v.a. in Marokko sind lebende Marabuts heute selten. An ihre Stelle treten die *sayyids*, Nachkommen aus dem Hause des Propheten, die ebenfalls über die *baraka* verfügen, ohne indes Wunder zu vollbringen.

Im subsahar. Afrika stellen *sayyids* die Mehrzahl der M., die dort als islam. relig. Funktionäre schlechthin gelten müssen, ohne allerdings stets als Träger der *baraka* angesehen zu werden. Sie sind mancherorts so zahlreich, dass sie z.B. bei den Mauren eigene endogame Klans bilden. Der Anspruch auf *sayyid*-Abstammung ist dabei allerdings oft eine ideolog. Absicherung des Anspruchs auf relig. Führerschaft. Ganz besonders trifft dies z.B. auf die M. der Fulbe, Hausa und Songhay zu. In jüngster Zeit reklamieren M. auch pol. Macht, wie z.B. in Senegal, wo sie sich u.a. als Vertreter einer sozialen Bewegung gegen die etablierte Herrschaft gerieren. ↗ Bruderschaften.

🕮 L.C. Behrman, Muslim Brotherhoods and Politics in Senegal, Cambridge 1970. – H. Kimmerle, Die Dimension des Interkulturellen. Philosophie in Afrika – afrik. Philosophie, T.2. In: H. Kimmerle/R.A. Mall (Hg.), Studien zur interkulturellen Philosophie, Bd. 2, Amsterdam 1994. – A.J. Wensinck/J.H. Kramers (Hg.), Handwörterbuch des Islam, Leiden 1941. – E. Westermarck, Ritual and Belief in Morocco, London 1926.

Frank Bliss

Märchen ↗ altägyptische Literatur, ↗ Erzählen/Erzählforschung, ↗ Literaturen in afrik. Sprachen: Ostafrika, ↗ Oralliteratur

Marginalisierung ↗ Dritte Welt, ↗ peripherer Kapitalismus

Marktwirtschaft ↗ Handels- und Marktsysteme

Marokko. **Fläche**: 458.730 km², einschl. des annektierten Teils der Westsahara 710.850 km². **Einw.** (ohne Westsahara): 30,2 Mio (2000). **Bev.-Wachstum/Jahr**: 1,7% (1990–99). **Stadtbev.:** 55% (1999). **Hauptstadt:** Rabat (ca. 1,4 Mio Einw.). **Wirtschaftsmetropole:** Casablanca (ca. 3,7 Mio. Einw. 1999). **Unabh.:** 2. 3. 1956. **Staatsform**: konstitutionelle Monarchie mit eingeschränktem Mehrparteiensystem. **Währung:** Dirham. **HDI-Rang** 112/162 (2001). **Auslandsverschuldung**: 21,8 Mrd. US$. **Anteil der Entwicklungshilfe am BSP**: 2% (1998), **BSP/Kopf**: 1.200 US$, **HIV-infizierte Erwachsene**: 0,03%, **Lebenserwartung** m 65,4 J., w 69,1 J., **Alphabetisierung** der Erwachsenen: m 61,1%, w 35,1% (1999). **Einschulungsrate**: m 77%, w 64% (1995–99). **Amtssprache:** ↗ Arabisch; **Handels-**

und Bildungssprache: Frz., Span.; **Regionalsprachen:** ↗ Berber (25% der Bev.).

I. Naturraum. Von der Fläche M. entfallen nur rund 84.620 km² auf ganzjährige Kulturen (Obstbäume und Bewässerungsflächen). Der Großteil des Landes besteht aus semiariden, teilweise für die Viehhaltung nutzbaren Steppengebieten, den Gebirgszügen des Atlas und im S den ariden Halb- und Vollwüsten. Weite Flächen sind u.a. wegen kleinräumiger werdender ↗ Weidewirtschaft, Landprivatisierung und abnehmendem kollektiven Landmanagement von Überweidung und ↗ Erosion betroffen, die weltweit einzigartigen Arganiebestände des Sous-Gebiets hochgradig gefährdet. Durch zahlreiche Staudammvorhaben im Atlasgebirge ist der Grundwasserhaushalt der südöstl. Oasengebiete gefährdet.

II. Bevölkerung und ethnische Gruppierungen. Die Bev. setzt sich aus berbersprachigen Gruppen (↗ Berber), arabisierten, d.h. mehr oder weniger ausschließlich Arab. sprechenden Nachkommen vormals als Berber bezeichneter Gruppen, und Arabern als Nachkommen der insbes. im 8. und 12./13. Jh. eingewanderten Stämme zusammen. Die ersten beiden Gruppen umfassen jeweils ca. 40%, die dritte etwa 20% der Bev. Von den vormals überall im Land großen jüdischen Gemeinden sind nach mehreren mehr oder weniger freiwilligen Migrationswellen seit 1948 nur noch wenige tausend Personen übrig geblieben (↗ Judentum). Traditionell sind die weiten Ebenen des W und die großen Städte Siedlungsgebiete arabischsprachiger Gruppen, während die Bewohner der Atlasketten, des Rif und des S bis heute im Alltag mehrheitlich Berbersprachen sprechen.

Die Unterscheidung zwischen Arabern und Berbern ist indes problematisch. Längst nur noch sprachlich auszumachende Unterschiede zwischen den so Bezeichneten wurden von den Franzosen während der Protektoratszeit (1912–1956) künstlich vertieft, etwa durch den *Berber-Dahir*, einen Regierungserlass von 1930, der den Berbern im Gegensatz zu den Arabern bes. Rechte und eine eigene Gerichtsbarkeit einräumte. Auf diese Weise hoffte die Kolonialmacht auf Unterstützung der Berber gegen das (arab.) Königshaus und dessen trotz des Protektorates fortbestehender Autorität. Die Gründung des *Collège d'Azrou*, einer Schule, die bewusst eine nur Berber und Frz. sprechende Elite heranziehen sollte, ging in ähnliche Richtung.

Jahrhundertelang durchaus vorhandene Spannungen innerhalb der marokkanische Gesellschaft resultierten weniger aus dem scheinbaren Gegensatz Berber – Araber, sondern aus dem Dualismus von Stadt- und Landbev. und von Sesshaften und Nomaden.

Der bereits von Ibn Khaldûn (1332–1406) beschriebene Gegensatz von Sesshaften und Nomaden ist in M. nicht nur vor dem Hintergrund des Aufstiegs und Falls der zahlreichen Dynastien vom 11.–17. Jh. zu sehen. Auch die Existenz der weltberühmten Lehmarchitektur des östl. Atlasvorlandes und des Anti-Atlas mit ihren Speicherburgen (*agadîr*), den befestigten Siedlungen in den Oasentälern der ↗ Sahara (*kasba*) und den Wohnburgen (*qsar, tighermt*) ist ohne die ständige Bedrohung der Sesshaften durch sowohl arab.- wie berbersprachige Nomaden bis weit in das 19. Jh. nicht verständlich. Heute verläuft das Miteinander von Bauern und den Nomaden, deren Zahl abnimmt, eher friedlich. Konflikte entstehen dort, wo im Zuge der Sesshaftwerdung Land privatisiert wird und es mit den teilweise noch nomadisierenden Gruppenangehörigen zum Streit um Weiderechte kommt.

III. Geschichte. Die Geschichte von M. reicht bis in die Altsteinzeit (Pebble-Kultur, Acheuléen, Moustérien) zurück. Zwischen dem 11. und 7. Jh. v.Chr. besetzen die Phönizier einzelne Orte an Mittelmeer und Atlantik, ohne das von unabh. Völkern bewohnte Hinterland zu erobern. Einer kurzen Phase der Einheit unter den sog. maurischen Königen (Bocchus, Juba I. u.a.) folgt seit dem 1. Jh. v.Chr. die röm. Phase, in der der größte Teil M. als Provinz *Mauretania Tingitana* Rom untersteht (↗ römische Kolonisation). Im 4. und 5. Jh. löst sich die röm. Herrschaft zugunsten kleiner, wohl berber. »Fürsten«tümer auf. 683 erfolgt der erste arab. Vorstoss, jedoch kommt es anders als in Tunesien zu keiner dauerhaften Besetzung durch arab. Stämme. Dennoch wird die zuvor teilweise christl., in erheblichem Umfang aber auch jüd. Bev, v.a. seit dem Ende des 8. Jh. unter Einfluss der Idrissiden von Fes islamisiert und insbes. in den Städten wie Marrakesch, Rabat/Salé oder im später zerstörten Sijilmassa im sahar. Tafilalet mit arab. Kulturelementen vertraut gemacht.

Unter den ↗ Fatimiden wird M. zumindest formell im 10. Jh. dem Kairoer Kalifat unterworfen. Ab Mitte des 11. Jh. kommt es durch die ↗ Almoraviden zur erstmaligen Gründung eines einheitl. und unabh. »Berber«-Reiches (Berber im Sinne der Sprache der herrschenden Schicht), das in seinem Kern das heutige M. umfasst, aber auch Herrschaftsansprüche auf span. Gebiete des 1031 untergegangenen Kalifats der Umayyaden erhebt und durchsetzt. Mitte des 12. Jh. werden die Almoraviden von den ebenfalls berbersprachigen ↗ Almohaden, diese rund 100 Jahre später von den ↗ Meriniden abgelöst. Letztere werden 1465 nach erheblichen Kämpfen von den Banu Ouattas gestürzt, die aber ihre Macht bereits zwei Generationen später an die Saaditen abgeben müssen. Damit herrscht nach den Idrissiden erneut eine arab. Dynastie über M., die etwa 1670 von den ebenfalls arab. Alawiten abgelöst wird. Mit Mohammed VI. regiert heute nach 330 Jahren immer noch ein Vertreter dieser ihre Abstammung vom Propheten Mohammed herleitenden Dynastie in M.

IV. Wirtschaft. Trotz großer Rohstoffvorkommen (einschl. der Westsahara rd. 50% der Weltreserven an Phosphat, wichtige Vorkommen von Eisen, Salzen, Mangan, Zink, Kobalt, aber auch Kupfer, Erdöl und Erdgas), regional bedeutender Wasserressourcen und einem relativ günstigen Klima für die ↗ Landwirtschaft ist M. von großen sozialen Disparitäten gekennzeichnet. Die Landflucht aufgrund infrastruktureller Vernachlässigung des ländl. Raumes ist beträchtlich, entsprechend kommt es in den nicht mehr aufnahmefähigen Städten zu einer erheblichen Slumbildung. Die Arbeitslosigkeit ist durchgängig hoch, insbes. auch bei Jugendlichen.

Die Landwirtschaft mit über 40% aller Berufstätigen (zuzügl. »mithelfender« Familienangehöriger) ist in M. weiterhin der größte Beschäftigungsbereich (Industrie: unter 30%). Etwa ein Fünftel des BSP wird in der Landwirtschaft erzeugt. Traditionell gilt die Investition in eine Farm auch heute noch als erstrebenswert, selbst wenn viele reichere Landbesitzer ihren Boden verpachten und einem anderen Beruf nachgehen. Auch die gebildete marokkanische Elite betrachtet den Ruhestand auf dem Land als erstrebenswertes Ziel.

Das Handwerk hat eine lange Geschichte und ist überaus differenziert. Es kann sich in erheblichem Umfang auf nat. Produkte – Leder, Wolle, Tonwaren, (Zedern-)Holz, Eisen, Kupfer/Bronze usw. – stützen. Im Gegensatz zu Algerien oder Libyen wird diese Tradition bis heute gefördert, etwa durch die Verwendung »maurischer« Elemente im modernen Bausektor (Wohnbauten, Hotels, Verwaltungsgebäude), aber auch durch die private Nachfrage bessergestellter einheim. Schichten und den ↗ Tourismus.

V. Politische und gesellschaftliche Struktur. Seit der Unabh. 1956 ist M. eine konstitutionelle Monarchie, die dem König große Machtbefugnisse einräumt und die Parteien durch den Staatsapparat erheblich einschränkt. Die marokkanische Gesellschaft ist hierarchisch strukturiert. Die vormals relativ egalitären Gesellschaftsstrukturen berber. Volksgruppen wurde bereits in früheren Jh. und zuletzt unter frz. Einfluss zerstört. König Hassan II. (1929–1999) herrschte absolut, trotz Existenz eines Parlaments und Ministerrates. Die frühere massive Unterdrückung der Opposition ist heute einem scheinbar kooperativen Miteinander gewichen. Dabei haben die oppositionellen Kräfte angesichts der kurzfristig kaum zu verändernden Machtstrukturen ihre Forderungen nach Mitsprache erheblich reduziert. Der in den 1980er Jahren erstarkte islam. Integrismus wird einerseits rigoros von der Staatsmacht verfolgt, andererseits war Hassan II. bemüht, durch selbst eingeleitete ↗ Islamisierung der Gesellschaft den Integristen den ideolog. Boden zu entziehen. Als *Sharîf*, d.h. Nachkomme des Propheten, der gerade bei einfachen Leuten auf dem Land wegen seiner *baraka* (↗ Marabut) verehrt wird, ist die Legitimität des Königs aus islam. Sicht groß. König Mohammed VI. kündigte in seiner Thronrede Juli 1999 Schritte in Richtung Demokratisierung an. Wenn auch hinsichlich der Menschenrechtsfrage mit der Entlassung pol. Häftlinge und der Rückkehr von Regimegegnern aus dem Exil Fortschritte zu verzeichnen sind, wurden doch im Dez. 2000 die drei wichtigsten unabh. Zeitungen verboten. Inwieweit pol. Reformen letztlich durchgesetzt werden können, bleibt daher abzuwarten.

Die hierarch. Strukturen setzen sich in der Familie fort. Das Familienoberhaupt übt in den meisten Familien Autorität auch über die erwachsenen Söhne aus. Gesellsch. und individueller Druck wird an Frauen weitergegeben, deren Rolle äußerst ambivalent ist. Während sie einerseits unter den sozialen Disparitäten besonders zu leiden haben, genießen sie punktuell die Unterstützung der Regierung wie auch des Königshauses.

VI. Literatur, Musik und Kunst haben in M. eine lange Tradition (↗ arabischsprachige, ↗ frankophone Literaturen). Der moderne Roman- und Sachbuchautor Tahar Ben Jelloun ist mit zahlreichen Übersetzungen (z.B. *Die Nacht der Unschuld, Der blinde Engel*) auch dem dt. Publikum bekannt. Wie der zeitkritische Romanschriftsteller Abdelhak Serhane (*Messauda, Kinder der engen Gassen*) widmet er sich v.a. sozialen Problemen u.a. auch von Migranten. Die ↗ Musik greift u.a. auf andalusische Traditionen zurück und beinhaltet heute versch. populäre, z. T. regional begrenzte Richtungen wie ↗ *Rai, Daqqa, ›Aîta, Sûfi*-Musik des Hamadsha und Gnâwa, arab. Chansons bis hin zum »Berber«-Rock. Film und ↗ Fernsehen fallen dementgegen qualitativ ab, u. a. weil die zum Teil guten (jüngeren) Regisseure ihre Ideen nur im Ausland verwirklichen können.

Innerhalb der Kunst sind neben der jüngst an Bedeutung zunehmenden modernen ↗ Malerei besonders die klassischen Kunst(handwerks)-Sparten zu nennen wie Stukkatur, Fayencemalerei und -mosaikarbeit, Teppichknüpferei und -weberei oder das Kunstschmiedehandwerk einschließlich der Schmuckherstellung.

🕮 A. Behaddou, Maroc: les élites du royaume. Essai sur l'organisation du pouvoir au Maroc, Paris 1997. – B. Cubertafond, Le système politique marocain, Paris 1997. – J. Dahan, Regard d'un juif marocain sur l'histoire contemporaine de son pays, Paris 1995. – B. G. Hoffman, The Structure of Traditional Society in Morocco, Den Haag 1967. – S. Hegasy, Staat, Öffentlichkeit und Zivilgesellschaft in Marokko. Hamburg 1997. – G. Mouloud, Les Berbères dans l'histoire, Algier 1990.

Frank Bliss

Marxismus-Leninismus ↗ Sozialismus

Maskarenen. Die Inselgruppe ostwärts Madagaskars besteht aus den beiden größeren Inseln ↗ Mauritius und ↗ Réunion, außerdem noch vielen kleinen Nebeninseln, wovon Rodriguez mit 104 km² die größte ist. Alle sind vulkanischen Ursprungs. Tätigen Vulkanismus gibt es nur noch auf Réunion. Ein beständiger, kräftiger SO-Passat bestimmt das sommerfeuchte Tropenklima. Er bringt in der Regenzeit (Dez.-April) v. a. den Ostseiten der Inseln starke Niederschläge (bis 4.000 mm). Häufig treten tropische Wirbelstürme auf, die in der ↗ Landwirtschaft wegen ihrer verheerenden Wirkung gefürchtet sind.

Die koloniale Erschließung erfolgte im 18. Jh. durch die Franzosen. Réunion blieb bis heute frz., wurde 1946 DOM (*Départment d'outremer*) und gilt seitdem als Teil des Mutterlandes. Großbritannien übernahm 1810 Mauritius und gab der Insel 1968 die Unabh. Seit 1992 ist Mauritius mit seinen Nebeninseln durch Verfassungsänderung Rep.

Die stark gemischte Bev. setzt sich zusammen aus ↗ Arabern, Europäern, ↗ Indern, Madagassen, Chinesen u. a. Auf Mauritius überwiegen die Inder, auf den anderen Inseln die Kreolen; eine entsprechende Vielfalt findet sich auch in der Musik und Literatur. Die hohe Bevölkerungsdichte steht in keinem Verhältnis zu den Erwerbsmöglichkeiten.

Den ursprgl. Tropenwald verdrängten von Kolonialherren angelegte Pflanzungen und Plantagen, zu deren Aufbau und Unterhalt Sklaven aus Madagaskar und Ostafrika herbeigeholt wurden. Nach der Sklavenbefreiung (1835) ersetzte man sie durch ind. Gastarbeiter. Die Plantagen betrieben vorwiegend Zuckerrohranbau in Monokultur.

Erhard Gabriel

Maske. M. gehören zu den eindrücklichsten künstlerischen Ausdrucksformen Afrikas und sind oft Teil umfassender Gesamtkunstwerke. In ihnen verbinden sich nicht nur bildende mit darstellenden Künsten, sondern vielfach auch Musik mit Gesängen und anderen Genres der ↗ Oralliteratur. Während in afrik. Gesellschaften die Erfahrung von M. durch ihren vielschichtigen Auftritt und v. a. durch Handeln und Performance des Maskenträgers bestimmt wird, sind in vielen musealen Sammlungen allein die meist hölzernen Maskenkörper zu sehen. Durch das Fehlen der Kostüme und Accessoires, der theatralischen Darstellungen oder des Tanzes der Träger und ihrer Interaktion mit den Zuschauern wird der Gegenstand des Maskenkörpers ein bloßes Relikt dessen, was M. in ihrer jeweiligen afrik. Lebenswelt waren.

Maskenkostüme können aus natürlichen wie künstlichen Materialien gestaltet werden. Nicht notwendig wird der gesamte Körper verhüllt. In Zentralafrika gibt es M., die den menschlichen Körper des Trägers erkennbar machen oder sogar Beine und Arme besonders hervorheben. Häufiger ist jedoch das vollständige Kostüm aus ↗ Textilien oder Raphiaumhängen, unter dem der Träger gar nicht oder nur schemenhaft sichtbar ist. Besonderes verborgen wird aber fast immer das Gesicht. Es kann hinter einem einfachen Fundstück wie einem Tuch oder einem Überwurf aus Bast oder anderen Fasern verschwinden oder durch einen eigens dafür hergestellten Maskenkörper verdeckt werden. Da beim Auftritt der M. die Beweglichkeit des Trägers häufig eine große Rolle spielt, bieten sich Flechtwerke oder Maskenkörper aus leichtem Holz an. Erstere finden sich besonders im südl. Zentralafrika (z. B. Tschokwe). Sie werden oft wie Korbwaren hergestellt und können die Physiognomie eines Menschen, Tieres oder einer Chimäre ins Riesenhafte und Groteske übersteigern. Die größten

Abb. 21: *yarajo*-Maske der Senufo, Elfenbeinküste (Foto: T. Förster)

dieser M. können nur von mehrere Menschen getragen werden. Hölzerne Maskenkörper lassen sich nach mehreren Typen unterscheiden. Am häufigsten sind Vorsatz-M., die vor das Gesicht gebunden werden (Dan/Liberia, Punu/Gabun, Pende/Kongo). Sie sind i.d.R. kaum größer als das Gesicht eines Menschen, nur in der westl. Sudanzone gibt es M., die über dem Gesicht eine dekorierte, manchmal haushohe Planke zeigen (Dogon, Mossi). Aufsatz-M. werden dagegen auf dem Kopf getragen, während das Gesicht des Trägers durch ein Netz oder Tuch unterhalb des hölzernen Maskenkörpers verborgen ist (Kameruner Grasland, Yoruba/Nigeria). Weiterhin gibt es Stülp-M., die den Kopf des Trägers mehr oder weniger vollständig umschließen. Manchmal zeigen sie die Form eines glatten Helmes, doch häufiger sind sie nach einem Tier gestaltet. Die in Westafrika verbreiteten Helm-M. zeigen den aufgerissenen Rachen eines wilden Tieres, dessen Gestalt mitunter von einem Krokodil oder einer Hyäne hergeleitet wird. Manchmal finden sich in den M. auch die Merkmale versch. Tiere kombiniert (Senufo/Elfenbeinküste, Igbo/Nigeria). Holzskulpturen können auch zur umfangreicheren Maskierungen verwendet werden. So gibt es Vorsätze, die dem männl. Träger Brüste und Bauch einer Schwangeren verleihen (Yoruba).

Die ältesten Zeugnisse afrik. Maskenwesens stammen aus dem 16. und 17. Jh., darunter auch bildliche Darstellungen. V.a. in bäuerlichen und höfischen Gesellschaften sind M. aus festen Körpern und umfangreichen Kostümen zu finden, während ↗ Wildbeuter und Hirten eher Körperbemalungen (↗ Körperkunst) und ↗ Schmuck zu Maskierungen einsetzen. M. im ersten, engeren Sinne werden ganz überwiegend von Männern getragen und sind meistens im Besitz eines sozialen Verbandes, im Besonderen von Männerbünden (↗ Bünde). Zu ihren Aufgaben gehört die soziale Kontrolle abweichenden Handelns, v.a. während gesellsch. Krisen. Die Anonymität des Maskenträgers erlaubt ihm, Sanktionen im Namen des Bundes auszuüben, dem die M. und ihr Träger angehören. Diese Aufgabe kann durch Zaubermittel und ähnliche, dem Maskenkörper nicht selten direkt angeheftete Substanzen verstärkt werden. Anderswo wird soziale Kontrolle durch Karikatur einzelner Personen erreicht. Dieses im Alltag sonst unmögliche Handeln wird bisweilen mit mythischen Überlieferungen (↗ Mythos) legitimiert. Verbreitet ist das Motiv, dass M. ursprgl. im Besitz der Frauen gewesen seien und erst durch eine Verfehlung der Frauen oder durch eine List in die Gewalt der Männer übergegangen sind. Heute werden M. nur sehr vereinzelt von Frauen getragen (Mende/Westafrika). Viele M. greifen Entwicklungen der Gegenwart und aktuelle Ereignisse auf, kommentieren sie darstellerisch und mischen sich bei Gelegenheit auch direkt ein. Dementsprechend tritt das Verhältnis zu weiteren Teilnehmern, Zuschauern und der vielfältige Vollzug des Auftrittes mehr und mehr an die Stelle der mythischen Modelle.

Aufgrund ihrer darstellerischen Qualitäten werden M. von vielen strenggläubigen Muslimen abgelehnt, örtlich jedoch vielfach toleriert oder sogar als wünschenswerte Äußerungsformen relig. Hingabe verstanden, was nicht selten als Überbleibsel älterer ↗ Religionen und Glaubensvorstellungen interpretiert wird. Allerdings legt das selten stetige Verhältnis zwischen der großen Tradition des Hochislam und den kleinen, lokalen Traditionen vielfältige gegenseitige Aneignungsprozesse nahe, die sich nicht auf bloße Ablehnung oder Integration reduzieren lassen. In vielen muslimisch geprägten Städten Westafrikas werden bis heute M. getragen, wenngleich eine Tendenz hin zu einem eher spielerischen, rituell wenig verbindlichen Umgang mit ihnen festzustellen ist.

🕮 H. Cole, I Am Not Myself. The Art of African Masquerade, Los Angeles 1985. – C. Falgayrettes-Leveau, Masques, Paris 1995. – S. L. Kasfir (Hg.), West African Masks and Cultural Systems, Tervuren 1988.

Till Förster

Massenmedien ↗ Medien

Massina ↗ Fulbe-Reiche, ↗ Westafrika, Völker, Kulturen und Staaten

Matatu (Taxi) ↗ Transportsysteme

Matrilinearität bezeichnet die Regelung der Abstammung über die weibl.-mütterliche Linie (uterin). Matrilinear organisierte Gesellschaften finden sich über den gesamten afrik. Kontinent verteilt, v. a. im sich quer über das südl. Zentralafrika ziehenden sog. matrilinearen Gürtel – von Angola und Kongo am Atlantik nach Tansania und Mosambik am Ind. Ozean. Wie viele in der Ethnologie verwendete Kategorien ist auch M. weniger eine Bez. für einen konkreten und eindeutigen Sachverhalt als vielmehr ein Sammelbegriff für ein in sich höchst versch. und flexibles Prinzip sozialer Organisation. Die mit der Abstammung über die weibl.-mütterliche Linie verbundenen Regelungen der Gütervererbung, der Wohnfolge, der Ämternachfolge u.a.m. sind ebenso wenig einheitlich wie die Frage des Verhältnisses unter den Geschlechtern oder der Verteilung von Autorität. M. in Afrika erweist sich darum sowohl vom Gegenstand als auch vom Verständnis her als ein Thema des Disputs. Drei Diskussionsstränge lassen sich unterscheiden. (1) Geprägt von den rechtshist. Untersuchungen des 19. Jh. (Bachofen, Maine, Morgan), beschäftigen sich strukturfunktionale Ansätze (↗ Ethnologie) v. a. mit dem Konflikt zwischen Abstammung und ↗ Ehe. Dem per Ehevertrag gestifteten Band zwischen Mann und Frau steht das auf gleicher Abstammung basierende Band zwischen Bruder und Schwester gegenüber. M. erscheint somit als von inhärenten Widersprüchen gekennzeichnet, von daher ordnungsschwach und im Prozess des sozioökonom. Wandels zum Verschwinden bzw. zum Übergang zur Patrilinearität (Abstammung über die männl.-väterliche Linie) verurteilt. – (2) Das Einlassen auf die Differenz zum Prinzip der Patrilinearität markiert den feministischen Strang der Diskussion. Die strukturfunktionalistische Definition von M. weisen feministische Arbeiten als androzentrisches, vom Primat der Kernfamilie und von der Überlegenheit der Patrilinearität ausgehendes Vorurteil zurück. M. erscheint bei ihnen nicht als defizitär, sondern als eigenständige Ideologie und pol. Wirtschaftsform, die durch Geschlechteregalität und distributiven Kommunalismus gekennzeichnet ist. Implizit gilt jedoch auch hier das Prinzip der Patrilinearität als Referenzpunkt, wird dieser doch in Umkehrung zur M. bestimmt durch männliche Dominanz, Hierarchie und produktiven Individualismus. – (3) Der Verzicht auf solche dichotomischen, wertenden Betrachtungsweisen bestimmt den dritten Diskussionsstrang. Ausgehend vom empirischen Befund, dass es keinen notwendigen Übergang von M. zu Patrilinearität gibt und entsprechende Veränderungen stattdessen lediglich partiell und selektiv erfolgen, verfolgen neuere Arbeiten einen hist. fundierten handlungsorientierten Ansatz. Die über die Vorstellung gemeinsamer Abstammung und gemeinsamen Bluts bestimmte M. erweist sich aus dieser Perspektive nicht als totalisierende Größe, sondern als eine der ständigen Dialektik zwischen Struktur und Praxis folgende Denkfigur, die Akteuren vielfältige Nutzungsweisen zur Herstellung und Gestaltung ihrer sozialen Beziehung erlaubt. ↗ Verwandtschaft, ↗ Klan und Lineage.

🕮 M. Douglas, Is Matriliny Doomed in Africa? In: M. Douglas/P. Kaberry (Hg.), Man in Africa, London 1969. – P. Peters, Revisiting the Puzzle of Matriliny in South-Central Africa. In: Critique of Anthropology (17) 1997.

Peter Probst

Mau-Mau, antikoloniale Bewegung in Kenia 1952–56, hauptsächlich von den Kikuyu getragen. Sie begann nach dem Zweiten Weltkrieg als ↗ Widerstand gegen die Landenteignung durch die brit. Siedler. Die durch diese Politik hervorgerufene Landknappheit zwang Tausende von Kikuyu, ihre angestammten Siedlungsgebiete zu verlassen. Da Klagen und Beschwerden afrik. Sprecher der Betroffenen keine Wirkung zeigten, bildete sich eine Guerilla, die v. a. aus den Waldgebieten um den Mt. Kenia und den Aberdares heraus operierte und weiße Farmen angriff.

Während die Rebellen, die nicht von außen unterstützt wurden, nur über leichte Waffen (Pistolen, Gewehre, Macheten, Speere, Pfeil und Bogen) und wenige erbeutete Maschinengewehre verfügten, setzte die brit. Kolonialarmee reguläre Truppen (ca. 25.000 Mann), schweres

Gerät, Artillerie, Schlachtschiffe, Bomber und Jagdflieger ein. 1956, am Ende des Aufstands, waren ca. 12.000 Afrikaner getötet worden, davon 1.000 von den Briten erhängt. Außerdem waren ca. 80.000 Männer, Frauen und Kinder interniert worden. Unter den Europäern waren rund 100 Tote zu beklagen. Jomo Kenyatta, Vorsitzender der *Kenya African Union*, wurde von den Briten der Anstiftung zum Aufruhr beschuldigt und zu sieben Jahren Gefängnis sowie 2 Jahren Exil verurteilt.

Obwohl sie letztlich erfolglos blieb, hat die Mau-Mau-Bewegung die brit. Regierung zum Umdenken in der Kolonialpolitik und zu einer schnelleren Entlassung Kenias in die Unabh. gezwungen, wobei auch die Kosten des Aufstandes in Höhe von 60 Mio. £ eine Rolle gespielt haben mögen. Nach der Unabh. wurde die Bedeutung des Aufstands kontrovers diskutiert. Da die Mitglieder einen geheimen Eid schwören mussten, wird er teilweise als Bauernaufstand ohne Führer, teilweise als Geheimbund der Kikuyu gesehen. Der Verdacht der Kollaboration gegenüber einem Teil der Bev. hat noch jahrelang im unabh. Kenia nachgewirkt. ↗ Ostafrika, Völker, Kulturen und Staaten.

🕮 M. S. Clough, Mau Mau Memoirs. History, Memory, and Politics. 1997. – G. Kershaw, Mau Mau from Below, Oxford 1997. – W. O. Maloba, Mau Mau and Kenya, 2. Aufl., Bloomington 1998.

Wunyabari O. Maloba

Mauretanien. **Fläche:** 1.030.700 km². **Einw.:** 2,6 Mio. (2000). **Bev.-Wachstum/Jahr**: 2,8% (1990–99). **Stadtbev.:** 57% (1999). **Hauptstadt und Wirtschaftsmetropole:** Nouakchott (0,8 Mio.). **Unabh.:** 28. 11. 1960. **Staatsform**: Präsidialrep., Zweikammerparlament (Nationalversammlung und Senat). **Währung:** Ouguiya (1 UM = 5 Khums). **HDI-Rang** 139/162 (2001). **Auslandsverschuldung**: 2,5 Mrd US$. **Anteil der Entwicklungshilfe am BSP**: 17% (1998). **BSP/Kopf**: 380 US$, **HIV-infizierte Erwachsene**: 0,5%, **Lebenserwartung**: m 49,5 J. w 52,7 J., **Alphabetisierung** der Erwachsenen: m 52,2%, w 31,4% (1999). **Einschulungsrate**: m 61%, w 53% (1995–99). **Amtssprache:** ↗ Arabisch; **Nationalsprachen:** ↗ Fulfulde, Wolof (↗ Atlantisch), Soninke (↗ Mande); **Verkehrssprachen:** Hassaniyya, Frz.

I. Naturraum. M. ist geogr. und kulturgeschichtl. ein Brückenland zwischen dem arab. ↗ Maghreb und Westafrika. Etwa 90% der Landesfläche wird von der ↗ Sahara eingenommen, und nur 6% – überwiegend entlang des südl. Grenzflusses Senegal – sind landwirtsch. nutzbar.

II. Geschichte, Politik und Bevölkerung. Die Austrocknungsphase der Sahara unterbrach eine blühende schwarze neolith. Kultur, deren Träger nach der Zeitenwende von aus dem N vordringenden Berbernomaden nach S abgedrängt wurden. Mit der ↗ Islamisierung der westl. Sahara im 11. Jh. wurde die Region in die Geschichte des Maghreb einbezogen. Berber aus dem SW von M. (↗ Almoraviden) waren an der maurischen Kolonisierung Andalusiens beteiligt. Umgekehrt begannen im 14. Jh. ↗ Araber aus Südmarokko (Banu Hassan) mit räuberischen Vorstößen nach S. Aufgrund eines zwischen den milit. unterlegenen einheimischen Berbernomaden (Zawaya) und den siegreichen Arabern geschlossenen »Gesellschaftsvertrages« entwickelte sich Mitte des 17. Jh. schließlich eine Gesellschaft, deren Sprache die Banu Hassan ihren Namen gaben. In der traditionellen Überlieferung, die allerdings von den Zawaya gepflegt wurde, bildete sich ein Mythos des Konsenses, der bis heute die gesellsch. Wirklichkeit von M. bestimmt. Die »Araber«, denen die Zawaya das Privileg des Waffentragens, aber auch die Verpflichtung zum milit. Schutz übertrugen, erkannten im Gegenzug den Anspruch der Zawaya an, als Hüter des wahren Glaubens und Bewahrer des relig. Rechts die geistige Autorität im Gemeinwesen zu bilden. Infolge der tradierten Verinnerlichung der Rollenverteilung zwischen diesen beiden Gruppen, deren tatsächliche Überlagerung und Vermischung unaufhaltsam fortschritt, spaltete sich die maurische Gesellschaft in eine virtuelle zweigeteilte Pyramide, an deren Spitze der arab. Militäradel und der Religions- und Geldadel der Zawaya stand, die von abhängigen Tributärgruppen und durch Raub und Kauf erworbenen schwarzen Sklaven ihre Einkünfte erwirtschaften ließen. Die im 19. Jh. einsetzende frz. Kolonialpolitik, die mit den Zawaya sympathisierte, konnte die innere Stabilität dieser Sozialordnung nur wenig erschüttern. Mit der endgültigen Eingliederung von M. in Frz.-Westafrika (1905–32) erfolgte die Integration des Landes in die frankophone Kolonialwelt. Mit der Unabh. 1960 bekam M. eine republikanische Verfassung und wurde in die frz.-westafrik. Währungsunion (CFA) aufgenommen (Austritt 1972). Die Innenpolitik während der Regierungszeit des ersten Präsidenten, Mokhtar ould Daddah (1961–78), degenerierte zum Regime einer Einheitspartei (PPM, Mauretanische Volkspartei). Demokrat. und oppositionelle Strömungen wurden unterdrückt. Außenpol. zielte der Kurs auf die Lockerung der engen Beziehungen zu Frankreich und den schwarzen Nachbarstaaten Senegal und Mali und auf die gleichzeitige Annäherung an die islam.-arab. Staatengemeinschaft. 1973 trat M. der ↗ Arabischen Liga, 1978 der ↗ UMA (*Union Maghreb Arabe*) bei. Der Westsaharakonflikt (↗ Kriege/Bürgerkriege) brachte eine erhebliche Störung der angestrebten Balance-Politik mit sich und führte zu einem Guerillakrieg zwischen der *Polisario*, der sahrauischen Befreiungsarmee, und den beiden annektierenden Staaten Marokko und M. 1978 putschte das Militär, löste das Parlament auf und übertrug einem »Militärkomitee des Nat. Heils« die Staatsführung. Unter Oberst Maaouiya ould Sid Ahmed Taya, seit 1984 an der Macht (seit 1992 als gewählter Präsident), durchlief das Land eine Reihe pol. Krisen, u.a. einen milit. Grenzkonflikt 1989 mit Senegal. Die außen- und innenpol. Reaktionen auf diese Phase offensiver proarab. Politik erzwangen 1991 die Verabschiedung einer neuen Verfassung und das Abhalten mehrerer demokrat. Wahlen (1992, 1996, 1999). Neue Parteien wurden zugelassen, das Presserecht liberalisiert, der Grundkonflikt der maurischen Gesellschaft allerdings nicht entschärft. Den frankophonen schwarzen Minderheiten Tukuleur, Fulbe, Wolof, Bambara, Soninke (zus. ca. 16%) und Teilen der Mauren – ca. 50% zählen sich zu den »Weißen« – steht nach wie vor die arabophone pol. und milit. Elite der Mauren (Hassan und Zawaya) entgegen. Das nationalistische Konzept der mauretanischen Einheit und die Berufung auf den allen gemeinsamen ↗ Islam (1983 und 1991 zur Staatsreligion erhoben) kaschieren nur dürftig die wachsende Polarisierung der Gesellschaft.

III. Wirtschaft, Handwerk und Kunst. M. gehört aktuell und potentiell zu den ärmsten Ländern der Welt. Seine wichtigsten Ausfuhrgüter (1995), Fisch (47%) und Eisenerz (39% der Exporterlöse, ↗ Bergbau), decken nur ca. 60% des Einfuhrbedarfs an Nahrungs- und Konsumgütern. Der Bewässerungsanbau im S und die ↗ Viehhaltung (ca. 7 Mio. Kamele, Rinder, Schafe, Ziegen) erlitten während der Trockenperioden (1974–76, 1980–81) gravierende Einbußen, was zu einer rapiden ↗ Urbanisierung führte, d.h. der Abwanderung der Nomaden (↗ Nomadismus) aus der Wüste und ihrer Ansiedlung in stetig wachsenden ↗ Slums entlang der beiden einzigen Teerstraßen (insges. ca. 1.400 km) des Landes. Die über Jahrhunderte gewachsene und tradierte Lebensweise der Mauren, die auf Handel, Viehnomadismus und islam. Oasenkultur beruhte, brach damit auseinander. Die Karawanenrouten und die islam. »Zeltuniversitäten« – und mit ihnen ganze Bibliotheken voller arab. Handschriften – verwehte der Sand. Sowohl die Pflege der arab.-islam. Wissenschaften als auch des traditionellen Kunsthandwerks (↗ Leder, ↗ Weberei und ↗ Schmuck) unterblieb. Ungebrochen ist die maurische Vorliebe für Poesie und Liedkunst. Obwohl die *Draa* und *Mlaffa*, die traditionellen Gewänder der Mauren und Maurinnen, noch das Straßenbild beherrschen, ist der tiefe kulturelle und wirtsch. Umbruch des Landes unübersehbar. Radio, ↗ Fernsehen, Telefon und Auto katapultierten das Land innerhalb weniger Jahrzehnte in die »Moderne«. Die prekäre wirtsch. Lage lässt nur eine kleine europäisierte Elite davon profitieren und wenig Raum für die notwendige kulturelle Selbstfindung einer Gesellschaft, die zu Beginn des 21. Jh. ihre altbewährte kulturelle und hist. Identität verloren hat.

🕮 F. De Chassey, Mauritanie. 1900–1975, Paris 1978. – R. Oßwald, Die Handelsstädte der Westsahara, Berlin 1986. – V. De Beauvais, Parenté et politique en Mauritanie. Essai d'anthropologie, Paris 1998.

Ulrich Rebstock

Mauritius (République Mauritius). Zum Inselstaat gehören Rodriguez, sowie die nördl. weitab gelegenen Inseln Agalegas und das Cargados-Carajos-Archipel (22 Korallen-Eilande). **Fläche:** 2.040 km^2, davon Rodriguez 104 km^2, beide Agalegas (70 km^2), Cargados-Carajos-Archipel (1 km^2). **Einw.:** 1,2 Mio. (1999). **Bev.-Wachstum:** 0,9% (1990–99). **Stadtbev.:** 41% (1999). **Hauptstadt:** Port Louis mit 150.000 Einw. (2000 gesch.). **Unabh.:** 12. 3. 1968 im ↗ *Commonwealth* (ohne die weitab gelegene Insel Diego Garcia, Teil des Chagaos-Archipel (*British Indian Ocean Territory*), die an Großbritannien abgetreten werden musste und seit 1973 an die USA verpachtet ist). **Staatsform**: zunächst konstitutionelle Monarchie, ab 12. 3. 1992 parlament. Rep.; Mehrparteiensystem. **Währung:** Mauritius-Rupie. **HDI-Rang** 63/162 (2001). Auslandsverschuldung 1,8 Mrd. US$ (1996). **Anteil der Entwicklungshilfe am BSP**: 1% (1998). **BSP/Kopf**: 3.590 US$ (1999), damit gehört M. zu den reichen Staaten Afrikas. **HIV-infizierte Erwachsene**: 0,08%, **Lebenserwartung**: m 67,3 J. w 75,1 J., **Alphabetisierung** der Erwachsenen: m 87,6%, w 80,8% (1999). **Einschulungsrate**: m 97%, w

99% (1995–99). **Amtssprache:** Engl.; **Regional- und Verkehrssprachen:** Kreolisch (↗ Pidgin- und Kreolsprachen), Bhojipuri, Frz.

I. Naturraum. Die Insel M., die zur Inselgruppe der ↗ Maskarenen gehört, ist vulkanischen Ursprungs. Charakteristisch sind die in 600 m Höhe gelegenen Hochflächen, die von drei Gebirgen mit Gipfelhöhen bis zu 826 m überragt werden. Der ursprünglich tropische ↗ Regenwald musste dem Zuckerrohranbau weichen. In den höher gelegenen Gebirgsteilen blieb die ursprgl. Buschvegetation erhalten. Ein beständiger SO-Passat versorgt in der Regenzeit (Dez. – April) v. a. den SO-Teil der Insel mit heftigen Niederschlägen (1.000 bis 4.000 mm), den Westteil mit nur rund 800 mm Regen (↗ Klima).

II. Bevölkerung und Sozialpolitik. Mehr als zwei Drittel der Bev. ist indischer Abstammung, ein knappes Drittel sind Kreolen, eine kleine ↗ Minderheit Chinesen und Weiße. Was die Religion betrifft, so sind die Hälfte der Bev. Hindus, ein Drittel Christen, ein Siebentel Muslime (↗ Christentum, ↗ Islam). Die Besiedlung ballt sich in einem von NW nach SO verlaufenden Streifen, der sich quer über den Mittelteil der Insel erstreckt. Je rund 100.000 Einw. haben die hier gelegenen – zunehmend zusammenwachsenden – Städte Beau Bassin-Rose Hill, Quatre Bornes, Vacoas-Phoenix und Curepipe. Für bedürftige Personen ist die ↗ Gesundheitsversorgung kostenfrei. Die Altersversorgung wurde aus der Kolonialzeit übernommen, 1976 verändert und umfasst heute drei Komponenten: Grundrenten, einkommensabhängige Pflichtrenten für abhängig Beschäftigte und Arbeitsunfallrenten, nebst entsprechenden Witwen- und Waisenrenten. Stark gefördert wird das Schulwesen. Neben zahlreichen Primar- und Sekundarschulen gibt es zwei Handelsschulen, ein Polytechnikum und eine Universität.

III. Wirtschaft. 52% der Insel ist Kulturfläche. Für den Eigenbedarf werden Reis, Mais, Kartoffeln, Bananen, Gemüse u. a. angebaut. In der ↗ Landwirtschaft sind 9% der Erwerbstätigen, 32% in der Industrie und 59% im Dienstleistungsgewerbe beschäftigt. Zum BIP (1997 4,4 Mrd. $) trugen die Landwirtschaft 9%, die ↗ Industrie (Textil, Strickwaren u. a.) 33% und die Dienstleistungsbetriebe 58% bei. Das bestätigt den erfolgreichen Strukturwandel der letzten Jahre. – Der vormals artenreiche Tropenwald musste Zuckerrohrplantagen weichen, die von Sklaven aus Madagaskar und Ostafrika aufgebaut und unterhalten wurden. Nach Verbot der Sklaverei 1835 wurden ind. Arbeiter beschäftigt, deren Nachkommen heute den Hauptteil der Bev. ausmachen. Die Konkurrenz der Zuckerrübe und der neue Seeweg durch den ↗ Suezkanal (seit 1869) machten der blühenden Wirtschaft der Zuckerinsel schwer zu schaffen. In den letzten Dekaden kamen weitere ungünstige Faktoren (fallende Weltmarktpreise, Klimaschwankungen u. a.) hinzu, so dass der Zucker 1996 nur noch rund 26% der Exporteinnahmen ausmachte, obgleich noch über zwei Drittel der Anbauflächen mit Zuckerrohr bestanden ist. M. hatte sich rechtzeitig anderen Einnahmequellen zugewandt, insbes. der Textilverarbeitung. Diese erbringen z. Z. über die Hälfte der Exporteinnahmen, wobei die Diversifizierung noch nicht abgeschlossen ist. Drittgrößter Devisenbringer ist der ↗ Tourismus. 1997 besuchten über eine halbe Million ausl. Touristen die Insel, die über den Flughafen Mahébourg eng an das internat. Flugnetz angeschlossen ist.

IV. Medien und Literatur. In Port Louis erscheinen vier zweisprachige (engl./frz.) und zwei chin. Tageszeitungen. Die MBC (*Mauritius Broadcasting Corporation*) sendet mehrere Hörfunkprogramme in engl., frz., chin. und indischer Sprache, sowie auch seit 1965 ein Fernsehprogramm (↗ Fernsehen). M. verfügt über eine reiche Literatur in Frz., Engl., Kreolisch (v. a. Oralliteratur), Ind. und Chinesisch. Neben den Poeten Edouard J. Maunick und Khal sind die Romanautorinnen Amanda Devi und Marie-Thèrese Humbert auch internat. bekannt.

🕮 A. Toussaint, Histoire de l'Ile Maurice, 2. Aufl., Paris 1974. – U. Leffler, Mauritius, Abhängigkeit und Entwicklung einer Inselökonomie. Determinanten einer exportorientierten Industrialisierung durch Freie Produktionszonen, Hamburg 1988. – E. Gabriel u. a., Afrika Transparent, Baden-Baden 1990.

Erhard Gabriel

Mayotte, frz. Insel im Indischen Ozean, gehört zur Inselgruppe der ↗ Komoren. **Fläche:** 374 km². **Einw.:** 140.000 Einw. (2000 gesch.). **Bev.-Wachstum:** 3,7% (1985–1992). **Hauptstadt:** Dzaoudzi mit 10.000 Einw. (2000 gesch.). **Staatsform**: Im Referendum der Komoren 1974 stimmten 63,8% für den Verbleib im frz. Staatsverband. Grund dafür war die Angst vor Überfremdung. Die Mahoren befürchteten, durch von der überwiegend durch arab. Einflüsse geprägten madagassisch-kreolischen Bev. der übrigen Inseln beherrscht zu werden. **Währung:** Frz. Franc bzw. Euro. Religion: ↗ Islam (98%). **Amtsspra-**

che: Frz. **Regional- und Verkehrssprachen:** Komorisch, ein Swahilidialekt.

Pol. gehört M. seit 1976 als *Collectivité territoriale* (Gebietskörperschaft) zu den Außengebieten Frankreichs. Auf der vorgelagerten kleinen Insel Pamanzi Be liegt die Hauptstadt Dzaoudzi, die bis 1962 Sitz der frz. Zentralverwaltung des *Archipel des Comores* war. Größter Ort auf der eigentlichen Insel M. ist Mamoutzou (25.000 Ew., 2000 gesch.).

Das fruchtbare Bergland steigt bis auf 660 m über N. N. Der größte Teil der Kulturflächen dient der Erzeugung von Ylang-Ylang, Vanille, Kaffee, Zuckerrohr sowie Kopra. Illegale Einwanderer von den Nachbarinseln (aus Anjouan 1999 rd. 20.000) belasten die Wirtschaft.

Für den Export werden vorwiegend Ylang-Ylang, Vanille und Zimt angebaut, die am Exporterlös (1995) mit 22%, 4%, bzw. 4% beteiligt waren. Hauptabnehmer ist Frankreich (80%). Der ↗ Tourismus ist angelaufen (1995: fast 29.000 Auslandsgäste) und dank stabiler Verhältnisse entwicklungsfähig, besonders der behördlich geförderte Ökotourismus zum »Paradies der Schildkröten«, wie sich M. gern nennt. ↗ Komoren.

Erhard Gabriel

Mbalax, ein Genre der ↗ Popularmusik Senegals. Die 1960 anläßlich der Unabh. Senegals von dem Clubbesitzer Ibra Kasset gegr. *Star Band de Dakar* entwickelte in den späten 1970er Jahren den *M.*, benannt nach einem Rhythmus der Wolof-Musik. Die Band integrierte senegalesische ↗ Trommeln wie die *tama* und *sabar* und traditionelle Rhythmen in die bis dahin von fast allen senegalesischen Interpreten gespielte afrokubanische Musik und kongolesische Rumba (↗ Soukous) und sang auf Wolof (↗ Atlantisch). Der nat. wie internat. prominenteste Vertreter des *M.* ist Youssou N'Dour (*1959), Sohn einer Tukulor-Griotte (↗ Musiker, ↗ Preisgesang), der 1976 als Sänger der *Star Band* beitrat und 1979 gemeinsam mit dem *tama*-Spieler Assane Thiam und dem Gitarristen Badou Ndiaye die Gruppe *Étoile de Dakar* gründete, die ab 1981 unter dem Namen *Youssou N'Dour et Super Étoile de Dakar* (heute: *Super Étoile*) durch ausgedehnte Tourneen und die Kooperation mit dem brit. Musiker Peter Gabriel zu Weltruhm gelangte. Seit den 1990er Jahren haben in Senegal vermehrt auch *M.*-Sängerinnen wie Aminata Fall und Fatou Guewel großen Erfolg.

🕮 J. Cathcart, Hey You! A Portrait of Youssou N'Dour, Oxford 1989. – C. Panzacchi, Mbalax Mi. Musikszene Senegal, 2. Aufl., Wuppertal 1997.

Oliver Seibt

Mbira ↗ Lamellophon, ↗ Chimurenga

Mechanisierung bezeichnet den Prozess zunehmender Substitution von Handarbeit durch den Einsatz mechanischer Hilfsmittel. Die Verwendung bspw. einachsiger geschobener Hackgeräte oder fußgetriebener Dreschmaschinen steigert die Effizienz der menschlichen Arbeitskraft ebenso wie Zugtiere, Schlepper, Erntemaschinen und Wasserpumpen. In Nordafrika und Äthiopien ist der Ochsenpflug schon seit Jahrtausenden verbreitet. Während der Kolonialzeit fand er auch im südl. und westl. Afrika Eingang. Vergleichsweise problemlos ist in neuerer Zeit überall der Schlepperpflug eingeführt worden, der von Kleinbauern auch gemietet werden kann. Kleine Einachsschlepper sind insbes. in der ↗ Bewässerungswirtschaft üblich. Die M. ist wirtschaftlich, wenn durch sie, bspw. in dünn besiedelten Ländern, die Anbaufläche ausgedehnt werden kann oder wenn freigesetzte Arbeitskräfte anderweitig produktiv eingesetzt werden können. In den wenig industrialisierten Ländern Afrikas (↗ Industrialisierung) ist dies i.d.R. nicht gewährleistet. ↗ Angepasste Technologie, ↗ Landtechnik, ↗ Landwirtschaft.

Eckhard Baum

Medien sind Vermittler, mit deren Hilfe eine Mitteilung oder Kommunikation erfolgt. Als solche werden sie auch Kommunikations- bzw. Massenmedien genannt. Zu den klassischen M. gehören der ↗ Rundfunk, das ↗ Fernsehen und die ↗ Presse. Die M. wenden sich i.d.R. an relativ große, heterogene und anonyme Empfängerkreise. Ihre Botschaften werden öffentl. übermittelt und oft so organisiert, dass sie die Mehrzahl der Empfänger gleichzeitig erreichen. Sie unterscheiden sich von anderen Kommunikationstypen durch ihre öffentl. Ausrichtung. Ihr Hauptziel ist die Befriedigung kollektiver Bedürfnisse nach Informationsaustausch. Dass die Massenmedien heute mit der ↗ Industrialisierung verbunden sind, festigt ihren Status als soziales Phänomen.

In Afrika traten die Massenmedien erst im Zuge der Kolonialherrschaft auf. In den vorkolonialen Gesellschaften wurden Mitteilungen anders übermittelt: Mythische, relig. und rituelle Praktiken (↗ Trommeln, ↗ Tanz, ↗ Oralliteratur etc.) dienten dazu, die Gruppenkommunikation sicherzustellen, indem sie menschliche Beziehungen mittels symbolischer Verfahren ordneten, die zur Bewahrung und Aufwertung des kollektiven Gedächtnisses der Gruppe beitrugen. Sie gehörten zu einem umfassenden System kultureller Vermittlungen. Die künstlerischen Ausdrucksweisen bekundeten den Willen von Personen und Gruppen zur Kommunikation mit anderen oder anderen Gruppen. Daneben gab es auch die Übermittlung von Nachrichten durch Boten oder Klangkörper.

Kommunikationspraktiken wie *Tamtam*, rituelle Tänze usw., aber auch Gespräche per Telefon funktionieren ohne Bezug auf ↗ Schriftsysteme oder ein anderes graphisches System. Im Lauf der Zeit wurden auch im subsahar. Afrika graphische Zeichen für die Gruppenkommunikation entwickelt. Zu Beginn des 20. Jh. entwarf z. B. Ibrahim Njoya ein Schriftsystem für die Bamunsprache in Kamerun. Zur selben Zeit erfand Usman Jussuf in Somalia ein von links nach rechts geschriebenes Alphabet. Bis heute benutzen die Tuaregfrauen in Niger die *Tifinagh*-Schrift für ihre Gedichte und zur Wiedergabe der *Tamascheg*-Sprache. Im Osten Nigerias verwendet ein Geheimbund die *Nsibidi*, eine Silbenschrift in Piktogrammen; in der Elfenbeinküste und in Ghana benutzen die Bini ein in Stein geschnittenes Alphabet. Mit der Übernahme des lateinischen Alphabets und den entsprechenden techn. Voraussetzungen verbreitete sich der Buchdruck in Afrika, die Basis für die Druckmedien Buch, Broschüren, Zeitungen und Zeitschriften (↗ Verlagswesen und Buchhandel). Der periodischen ↗ Presse folgte der Transfer des ↗ Rundfunks auf den Kontinent. Das ↗ Fernsehen wurde hingegen erst nach der Unabh. eingeführt. Als neues M. ist in der Verbindung von Telefon und Computer das ↗ Internet hinzugekommen. Alle diese M. verändern durch die Möglichkeiten der Vernetzung über Grenzen und Kontinente hinweg die kulturellen Fundamente der afrik. Gesellschaften.

In der Geschichte der Industrieländer sind die Massenmedien in linearer Folge erfunden und verbreitet worden. Die Problematik der M. in Afrika beruht zum großen Teil darauf, dass die versch. Massenkommunikationsmittel fast mit einem Schlage eingedrungen sind, ohne hist. Abstand, ohne irgendeine Staffelung in der hist. Evolution. Während die Entwicklung der neuen Informationstechnologien, namentlich des Internets, im Mittelpunkt der Diskussion in Afrika steht, sind Teile der Bev. noch Analphabeten, ganze Landschaften des Kontinents ohne elektrische Energie und ohne Zugang zu vielen M. Die Situation zwingt den Kontinent, dringlich pol. Gesamtstrategien in Bezug auf die M. ins Auge zu fassen. ↗ Akkulturation, ↗ Kino, ↗ Kultur, ↗ Technikgeschichte.

🕮 A.-J. Tudesq, Les médias en Afrique, Paris 1999. -A.H.H. Aden, Von der Trommel zum Handy. Kommunikation und Kult in Afrika, Bad Honnef 2000. – M.Ch. Mbida, Afrika und die internat. Kommunikationsordnung: Zu Entwicklungstendenzen der afrik. Medien in der 1990er Jahren und ihre Lage in der Globalisierung, Diss., Frankfurt/M. 2000.

Eddie Tambwe Kitenge bin Kitoko

Medizin ↗ Gesundheitsversorgung, ↗ Krankheit und Heilung, ↗ Tropenkrankheiten

Megastadt ↗ Urbanisierung

Mehrsprachigkeit (auch: Zweisprachigkeit, Multi-/Bilingualismus; ↗ Soziolinguistik), prägt das Sprachenprofil der meisten afrik. Nationalstaaten (gesellsch. M.), ungeachtet ihrer jeweiligen sprachpol. Ausrichtung oder der Zusammensetzung des Sprachenrepertoires von Angehörigen versch. Sprachgemeinschaften (individuelle M.). Aufgrund von außersprachlichen Faktoren wie ↗ Urbanisierung, ↗ Migration und ↗ Wanderarbeit oder allg. hoher Mobilitätsrate sind vielsprachige Situationen in Afrika selten durch das Nebeneinander von Sprachen in klar abgrenzbaren geogr. Räumen gekennzeichnet (gesellsch. M. ohne individuelle M.). Vielmehr ist M. überwiegend durch das aufgrund von Sprachprestige und Status stratifizierte und/oder konkurrierende Auftreten versch. Sprachen im nationalstaatl. Rahmen wie auch im Sprachenrepertoire des Einzelnen geprägt. Häufig wird dabei die Herausbildung einer komplementären Verteilung von Sprachen in bestimmten Kommunikationsbereichen festgestellt (Di-/Triglossie). Im unabh. Kenia z. B. wurde das Englische als offizielle Sprache beibehalten (↗ Sprachpolitik). Mit wenigen Ausnahmen wird es noch heute überwiegend als Schulsprache erlernt, und seine Anwendung bleibt nicht selten auf formelle Kontexte beschränkt (↗ öffentl. Verwaltung, ↗ Bildungswesen, ↗ Medien). Das überregional und weiter verbreitete ↗ Swahili hingegen erfüllt nicht nur offizielle Funktionen, es ist als ↗ Verkehrssprache in weiteren Domänen in Gebrauch. Dementsprechend wird Swahili häufig als zweite oder weitere Sprache erworben und gewohnheitsmäßig dort eingesetzt, wo üblicherweise noch die Verwendung von ca. 40 weiteren lokalen oder Vernakulärsprachen vorherrscht. Mehrsprachige Sprecher verfügen darüber hinaus über die Möglichkeit, gemäß ihrer kommunikativen Kompetenz versch. Sprachen in einem Sprechereignis und/oder innerhalb einer Äußerung einzusetzen (Codeswitching/Codewechsel, Sprachmischung, ↗ Sprachkontakt). Verkaufsgespräche auf Märkten der kenianischen Hauptstadt Nairobi bspw. verlaufen üblicherweise mehrsprachig. Eine Kikuyu-Verkäuferin wird im Verkaufsgespräch am Marktstand mit einem bekanntermaßen sprachbewussten Luo zwar v.a. Swahili sprechen (unmarkierte Sprachwahl); Beobachtungen des tatsächlichen Sprachgebrauchs in solchen Situationen haben aber gezeigt, dass durchaus auch Luo und sogar das Englische zum Einsatz kommen können (markierte Sprachwahl). ↗ Bikulturalismus.

🕮 A. D. de Cluver, A Dictionary of Language Planning Terms, Pretoria 1993. – B. Heine, Sprache, Gesellschaft und Kommunikation, München 1979.

Gabriele Sommer

Mehrstimmigkeit, in großen Teilen Afrikas musikalisches Gestaltungsprinzip, wohingegen in den unter islam. Einfluß stehenden Regionen eine Tendenz zu eher einstimmigem Musizieren vorherrscht. M. existiert in vielfältigen Formen, bei denen in je nach musikalischer Tradition unterschiedlicher Art und Weise mehrere simultan erklingende melodische Linien kombiniert werden. Homophone Musik ist dadurch gekennzeichnet, dass alle beteiligten Stimmen zeitlich synchron verlaufen. Eine Möglichkeit zur Bildung von M. ist hierbei das sog. Überspringverfahren (nach G. Kubik), bei dem weitere Stimmen dadurch gewonnen werden, dass in Abhängigkeit vom jeweiligen Tonvorrat (↗ Tonsystem) der unmittelbar benachbarte Skalenton übersprungen und der nächste als Melodieton einer zweiten Stimme gewählt wird.

Bei polyphonem Musizieren ergibt sich M. dagegen durch eine melodisch und rhythmisch selbständige Stimmführung der beteiligten Parts. In Simbabwe und einigen angrenzenden Regionen basieren sie auf zyklischen Akkordprogressionen, die die melodische Gestaltung sowie die Zusammenklänge steuern. Als Sonderfall ist die sog. Hoquetus-Technik zu betrachten, bei der sich ein mehrstimmiges Geflecht durch Kombination versch. rhythmischer Formeln (↗ Rhythmus) auf Einton-Instrumenten (↗ Flöten, Hörner) ergibt.

🕮 G. Grupe, Traditional Mbira Music of the Shona. In: Iwalewa Forum 2 (1998), S. 5–23. – G. Kubik, Einige Grundbegriffe und -konzepte der afrik. Musikforschung. In: Jahrbuch für musikalische Volks- und Völkerkunde 11 (1984), S. 57–102. – S. Arom, African Polyphony and Polyrhythm. Musical Structure and Methodology, Cambridge 1991.

Gerd Grupe

Melilla ↗ Ceuta

Melodie, musiktheoretisches Konzept zur Beschreibung der tonräumlichen Dimension von Musik. Die Melodiebildung beruht zunächst auf dem ↗ Tonsystem der jeweiligen Musikkultur, wobei sich hinsichtlich der konkreten Intonation zwischen Instrumentalstimmungen und vokaler Praxis Unterschiede ergeben können. Bezüglich ihrer zeitl. und formalen Gliederung orientieren sich M. i.d.R. am Prinzip der Patternbildung sowie einer Einbettung in zyklische Strukturen (↗ Rhythmus). Da es sich bei vielen afrik. ↗ Sprachen um ↗ Tonsprachen handelt, bei denen die Intonation ein distinktives, bedeutungstragendes Element darstellt, berücksichtigen gesungene M. meist die Sprachmelodie, um die Textverständlichkeit zu garantieren (↗ Gesang). Dieses Phänomen findet auch bei dem Prinzip der ↗ Instrumentalsprache Anwendung.

Gerd Grupe

Memphis ↗ Altägypten

Menschenrechte, die unverletzlichen und unveräußerlichen Rechte und Grundfreiheiten des Einzelnen gegenüber dem Staat, z. B. Recht auf Leben und körperliche Unversehrtheit, Recht auf freie Entfaltung der Persönlichkeit, Freiheit der Person, Glaubens- und Gewissensfreiheit sowie auch das Selbstbestimmungsrecht der Völker.

I. Allgemeines. Afrika ist immer wieder durch schwerwiegende Menschenrechtsverletzungen in die Schlagzeilen gekommen, etwa durch die Schreckensherrschaft von Idi Amin und Milton Obote in Uganda, Mengistu Haile Mariam in Äthiopien oder Hissène Habre im Tschad (↗ autoritäre Regime), durch die Kriege in Angola und den beiden Kongostaaten, durch den ↗ Genozid in Ruanda oder die ↗ Kindersoldaten in Liberia und Sierra Leone. Bis in die 1980er Jahre verschanzten sich afrik. Führer gegen internat. Kritik an Menschenrechtsverletzungen in ihrem Land meist hinter dem völkerrechtl. Grundsatz der Nichteinmischung in die inneren Angelegenheiten, während sich westl. Vorwürfe auf den Universalismus der M. stützten. Zur strafrechtl. Verfolgung der Verantwortlichen des ruandischen Völkermords wurde das UN-Tribunal in Arusha (Tansania) geschaffen; bislang ergingen allerdings erst wenige Urteile. Ein weiteres UN-Tribunal soll in Sierra Leone eingerichtet werden.

In der Kolonialzeit hatten die europ. Kolonialmächte die in Art. 63 der Europ. Menschenrechtskonvention von 1950 enthaltene Möglichkeit nicht genutzt, die Konvention auch für ihre Kolonien anzuwenden. Das Recht auf Selbstbestimmung wurde den afrik. Staaten i.d.R. erst nach Befreiungskämpfen zugestanden. Auch haben sich manche europ. Staaten sowie die USA durch die Unterstützung des Apartheidregimes in Südafrika in den Augen der Afrikaner als Verfechter der M. unglaubwürdig gemacht. Das erste ↗ Lomé-Abkommen von 1975 hielt sich daher von pol. Fragen wie den M. fern. Die ↗ OAU (Organisation für Afrik. Einheit) richtete ihre Politik in erster Linie gegen die ↗ Apartheid in Namibia und Südafrika sowie den wirtsch. ↗ Neokolonialismus, andere Menschenrechtsfragen wurden erst ab den 1980er Jahren beraten. Zwar wiesen fast alle Verfassungen der unabh. afrik. Staaten umfangreiche Menschenrechtskataloge auf, doch wurden diese häufig unter Berufung auf wirtsch. oder pol. Probleme außer Kraft gesetzt. Der Ost-West-Konflikt bot Möglichkeiten wirtsch. Unterstützung im Austausch für Loyalität zu einem der beiden Lager, und zwar unabh. vom inneren Zustand eines Landes.

II. Die OAU und die Afrik. Menschenrechtscharta. Ins Blickfeld afrik. Politik rückten die M. (1) nach der Ablösung mehrerer afrik. Diktatoren in den späten 1970er Jahren und (2) nach dem Ende des Ost-West-Konflikts 1989. Ersteres war der Anlass zur Ausarbeitung der »Afrik. Charta der Rechte des Menschen und der Völker« im Rahmen der OAU. Letzteres hatte eine breite Demokratisierungswelle zur Folge, die auch als eine Art zweite Befreiung Afrikas bezeichnet werden kann (↗ Demokratie, ↗ Zivilgesellschaft). M. wurden nun von einer inneren zu einer internat. Angelegenheit, mit der sich auch die OAU befassen musste.

Dazu hat beigetragen, dass die EU die ↗ Entwicklungszusammenarbeit mit den afrik. Staaten zunehmend von Fortschritten im Bereich Demokratie und M. abhängig machte und überdies eine verantwortliche Regierungsführung einforderte, die u.a. den Kampf gegen ↗ Korruption und die Einschränkung der Militärausgaben einschließen sollte. Damit erhielten die nat. und internat. ↗ Nichtregierungsorganisationen (NGOs) als Instrumente der Zivilgesellschaft mehr Handlungsspielraum und konnten stärker für die Umsetzung menschenrechtl. Verpflichtungen eintreten.

Die »Afrik. Charta der Rechte des Menschen und der Völker« war ein bewusster Versuch, eine afrik. Konzeption des Menschenrechtsschutzes zu entwickeln. Die Charta orientiert sich nicht an der Europ. Menschenrechtskonvention (1950), sondern an der Allg. Erklärung der M. der UN von 1948. Ausdrücklich bezieht sie sich auf die hist. Tradition und Werte der afrik. Zivilisation und bekennt sich zur Beseitigung des ↗ Kolonialismus, des ↗ Neokolonialismus und der ↗ Apartheid, auswärtiger Militärstützpunkte und jeder Form der Diskriminierung. Zudem enthält die Charta einen umfassenden Menschenrechtskatalog, der sich aus bürgerlich-pol., wirtsch.-sozialen und sog. Rechten der Völker zusammensetzt und damit alle drei Dimensionen der M. in einem Instrument vereint. Unter den Rechten der Völker finden sich das Recht auf Gleichheit sowie auf pol. und wirtsch. Selbstbestimmung. Erstmals wird in einem regionalen Menschenrechtsinstrument auch das Recht der Völker auf wirtsch., soziale und kulturelle Entwicklung statuiert sowie ein Recht auf nat. und internat. Frieden und Sicherheit und auf eine allg. befriedigende und die Entwicklung begünstigende Umwelt eingeräumt. Die Rechte werden durch eine Reihe von Pflichten ergänzt, in denen die afrik. Spezifizität der Charta zum Ausdruck kommt, etwa die Pflicht zur Bewahrung der harmonischen Entwicklung der ↗ Familie und der Unterstützung der Eltern im Fall der Notwendigkeit, die Pflicht, der nat. Gemeinschaft zu dienen und Steuern zu zahlen sowie die afrik. Einheit zu fördern, insbes. jedoch die Pflicht zur Bewahrung und Stärkung »positiver afrik. kultureller Werte« (Art. 29). Diese Pflichten stellen eine Art Gegenleistung für die gewährten Rechte dar. Sie sind jedoch im Rahmen eines Menschenrechtsinstruments kaum durchsetzbar und somit eher als Postulate zu verstehen.

III. Die Afrik. Menschenrechtscharta und die Rolle der Frau. Angesichts des gesellsch. Umbruchs auf dem Kontinent ist der Inhalt der positiven afrik. kulturellen Werte jedoch umstritten. So sollte die Einschränkung auf »positive Werte« bestimmte kulturelle Praktiken wie die ↗ Beschneidung und andere Formen der Geschlechtsverstümmlung von ↗ Frauen, aber auch die Überlassung junger Mädchen für Sklavendienste oder die Vererbung verwitweter Frauen an einen Bruder des verstorbenen Mannes ausschließen. Afrik. Frauenorganisationen kritisieren allerdings das Familienbild der Charta, v.a. den in Art. 18 enthaltenen Auftrag an den Staat, die Familie als Wächter der Moral und von der Gemeinschaft anerkannter traditioneller Werte zu schützen und sich um ihre physische und moralische Gesundheit zu kümmern. Diese Bestimmung könnte v.a. in islam. Ländern die Verhinderung für notwendig erachteter Reformen legitimieren. Daher wurde ein Zusatzprotokoll zur Charta entworfen, in dem die Bestimmungen im Hinblick auf die Situation afrik. Frauen näher spezifiziert werden. Damit sollen die Verpflichtungen aus der Afrik. Charta auch an die »Internat. Konvention zur Beseitigung jeder Form der Diskriminierung der Frau« angepasst werden, der viele afrik. Staaten bereits angehören. Allerdings besteht die Gefahr, dass dieses Protokoll nur durch einen Teil der Vertragsparteien der Afrik. Menschenrechtscharta ratifiziert wird. Einen anderen Weg bietet die Charta selbst, die den Staaten die Beseitigung jeder Diskriminierung gegen Frauen aufträgt und den Schutz der Rechte von Frau und Kind an den Standard internat. Deklarationen und Übereinkommen bindet. Die Afrik. Kommission könnte somit durch eine interpretative Erklärung dasselbe Ziel in allg. verbindlicher Form erreichen.

Eine anlässlich der Verabschiedung des Internat. Übereinkommens über die Rechte des Kindes im Jahr 1990 ausgearbeitete »Afrik. Charta der Rechte des Kindes« ist am 29. Nov. 1999 mit nur 16 Mitgliedsstaaten in Kraft getreten. Die »Afrik. Charta der Rechte des Menschen und der Völker«, die aufgrund des Ortes ihrer Ausarbeitung in Banjul (Gambia) auch als »Banjul-Charta« bezeichnet wird, trat nach Ratifikation durch die Mehrheit der OAU-Mitglieder am 21. Oktober 1986 in Kraft. Dieser Tag wird seither in Afrika als Tag der M. begangen. Heute gehören der Charta alle 52 OAU-Mitglieder einschließlich Südafrikas an.

IV. Die Aufgaben der Afrik. Menschenrechtskommission und das Beschwerdeverfahren. Mit dem Inkrafttreten der Charta wurde die »Afrik. Kommission für die Rechte des Menschen und der Völker« eingerichtet, deren Sitz Banjul ist. Die aus 11 Mitgliedern bestehende Kommission ist ein Unterorgan der OAU und für die Förderung und den Schutz der Rechte des Menschen und der Völker in Afrika zuständig. Angesichts der Größe des Kontinents und der Neuheit rechtl. garantierter M. ist die Förderung (*promotion*) der Kenntnis der M. bes. wichtig. Zur Bekanntmachung der Charta wird in den einzelnen Ländern die Zusammenarbeit mit NGOs gesucht. So wurde mehr als 200 afrik. und internat. NGOs ein beratender Status eingeräumt. Die NGOs beteiligen sich auch an den öffentl., d.h. nicht mit den Beschwerdeverfahren zusammenhängenden Sitzungen der Kommission. Durch regelmäßige NGO-Workshops zur Vorbereitung der Kommissionssitzungen und eine Vielzahl anderer Aktivitäten wurden die NGOs zu einer Hauptstütze der Tätigkeit der Kommission.

Hinsichtlich des Schutzmechanismus sieht die Afrik. Charta zwei Verfahren vor: ein Berichtssystem und ein Beschwerdesystem. Die Vertragsparteien der Charta haben alle zwei Jahre einen Bericht über die Verwirklichung der Verpflichtungen aus der Charta im nat. Recht vorzulegen. Die Kommission erörtert die Berichte in öffentl. Sitzung, kommentiert die Berichte und gibt Empfehlungen ab. Allerdings nehmen die meisten Vertragsparteien ihre Berichterstattungspflicht nicht ernst und liefern unzureichende oder verspätete Berichte ab.

Das Beschwerdesystem beruht auf Mitteilungen von Staaten, einzelnen Personen oder NGOs an die Kommission über behauptete Menschenrechtsverletzungen. Vom Instrument der Staatenbeschwerde wurde allerdings bisher noch nie Gebrauch gemacht. Die Afrik. Charta sieht als Voraussetzung für Mitteilungen im Gegensatz zu anderen internat. Verfahren keine Zustimmungserklärung der betroffenen Staaten vor. Das Verfahren weist mehrere Schwächen auf und ist wenig effizient: Erhaltene Mitteilungen werden zuerst auf die Erfüllung bestimmter Voraussetzungen wie die Erschöpfung des nat. Instanzenzuges geprüft und dann dem betroffenen Staat zur Stellungnahme übermittelt. Falls trotz Dringlichkeit keine Stellungnahme erfolgt, wird die Prüfung der Beschwerde inzwischen auch ohne den betroffenen Staat vorgenommen. Das Ergebnis ist ein Bericht an die jährl. Versammlung der Staats- und Regierungschefs der OAU, die bei schwerwiegenden Verletzungen eine eingehendere Prüfung beschließen kann. In einigen Fällen hat die Kommission selbständig Untersuchungen vor Ort durchgeführt, wobei sie auf die Zustimmung des besuchten Staates angewiesen ist. In den ersten Jahren wurden die Ergebnisse des Verfahrens nicht veröffentlicht, inzwischen enthalten die Jahresberichte der Kommission einen Anhang über die behandelten Fälle. Doch die Kommission kann nur hoffen, dass die Veröffentlichung ihrer Feststellungen die Staaten zum Handeln veranlasst. Ihre Empfehlungen haben keinen Zwangscharakter, sie kann auch keine Entschädigungen zuerkennen.

V. Das Projekt eines Afrik. Menschenrechtsgerichtshofs und andere Verfahren des Menschenrechtsschutzes. Diese Schwächen des Schutzmechanismus haben zum Projekt der Schaffung eines Afrik. Gerichtshofs für M. und die Rechte der Völker geführt, das 1998 von der OAU-Versammlung angenommen wurde. Zusätzlich zur Kommission sollen in einem zweistufigen Verfahren bestimmte Beschwerden auch durch einen Gerichtshof geprüft werden. Dieser soll ebenfalls aus 11 Personen bestehen und verbindliche, Schadensersatz einschließende Urteile erlassen können. Derzeit ist das Statut des Gerichtshofes im Ratifikationsstadium, welches längere Zeit in Anspruch nehmen könnte. Noch ungesichert ist die Finanzierung des Gerichtshofs, da die OAU die für die Kommission notwendigen Ressourcen kaum mobilisieren kann. Umso wichtiger wäre es daher, dass die Bestimmungen der Afrik. Charta von den nat. Gerichten angewendet werden, was in manchen Ländern aus rechtl., in anderen aus pol. Gründen nicht der Fall ist. Ein weiterer wichtiger Ansatz ist die Einrichtung nat. Institutionen zum Schutz der M., etwa nat. Menschenrechtskommissionen oder Ombudsinstitutionen, die in einigen Staaten mit Erfolg tätig sind, in anderen aber auch nur als Fassade für die um die M. besorgten westl. Partner dienen.

Angesichts der Ineffizienz ihres Verfahrens und der Existenz einer Vielzahl struktureller Menschenrechtsverletzungen auf dem afrik. Kontinent hat die Afrik. Kommission nach dem Vorbild der UN Sonderberichterstatter bestellt, um aktiver auf allg. Probleme wie Hinrichtungen ohne Gerichtsverfahren, unzureichende Haftbedingungen oder die Diskriminierung von Frauen reagieren zu können. Ein Hauptproblem dieser an sich sinnvollen Einrichtung ist wiederum deren Finanzierung. Auch bei der Tätigkeit der Sonderberichterstatter spielen die NGOs eine wichtige Rolle. Außerdem hat die Afrik. Kommission der OAU ein Dringlichkeitsverfahren für Fälle massiver Menschenrechtsverletzungen vorgeschlagen.

Der Schutz und die Förderung der M. auf allen Ebenen muss in Afrika wie auch anderswo von den Menschen selbst eingefordert werden. Daher ist dem Aufbau einer einheimischen Zivilgesellschaft und ihrer Befähigung zur aktiven Verfolgung des Anliegens der M. erste Priorität zu geben. Insbes. die EU fördert Programme für afrik. Menschenrechtsorganisationen und im Rahmen des Abkommens von Cotonou als Nachfolger des Lomé-Abkommens auch den Aufbau der Zivilgesellschaft. ↗ Recht.

📖 W. Benedek, Durchsetzung von Rechten des Menschen und der Völker in Afrika auf regionaler und nationaler Ebene. In: Zeitschrift für ausländisches öffentliches Recht und Völkerrecht 54 (1994), S. 150–181. – N. Krisch, The Establishment of an African Court on Human and Peoples' Rights. In: ZaöRV 58 (1998), S. 713–726. – U. Tonndorf, Menschenrechte in Afrika: Konzeption, Verletzung und Rechtsschutz im Rahmen der OAU, Freiburg 1997. – U.O. Umozurike, The African Charter on Human and Peoples' Rights, The Hague 1997. – M. Wittinger, Familie und Frau im regionalen Menschenrechtsschutz, Baden-Baden 1999. – M. Worku, Entwicklungstendenzen des regionalen Menschenrechtsschutzes: Die Afrik. Charta der Rechte des Menschen und der Völker, Berlin 2000.

Wolfgang Benedek

Meriniden, berberische Dynastie der Wasin-Zanata (Berber), die von 1244 bis 1465 den westl. ↗ Maghreb beherrschten. Ursprgl. in der alger.-marokkan. Grenzzone nomadisierende Schafzüchter, wurden sie durch die ↗ Araber nach Nordmarokko abgedrängt und eroberten beim Verfall des Almohadenreichs zwischen 1244 und 1269 ganz Marokko. Es folgte von 1269 bis 1358 eine Phase der Expansion nach O (Eroberung von Tlemsen 1337 und Tunis 1347) und jenseits der Meerenge, wo sie den Westteil des Königreichs Granada besetzt hielten. Das Ringen um die Meerenge endete mit der Niederlage am Salado und der Eroberung von Algeciras durch Alfons XI. (1340 bzw. 1344). Diese Ereignisse bezeichnen sowohl den Höhepunkt der meridinischen Macht unter Abu al-Hasan Ali (1331–51), dem neunten der 26 Sultane der Dynastie, als auch den Beginn der Verfallsphase. In kultureller Hinsicht haben die M. mit drei Städtegründungen v.a. in der Baukunst viel geleistet.

Hans-Rudolf Singer

Meroe ↗ Nubien

Meroitisch, eine von vermutlich mehreren Sprachen des Reiches von Napata und Meroe, das zwischen dem 8. Jh. v. Chr. und dem 4. Jh. n. Chr. den nördl. und mittleren Sudan beherrschte. Bereits um 1500 v. Chr. lässt sich meroitisches Sprachgut in ägypt. Quellen nachweisen. Da eine Eigenbez. der Sprecher bislang nicht bekannt ist, wurde der Name einer Hauptstadt des Reiches auf die Sprache übertragen. Ab ca. 200 v. Chr. löste das M. das bis dahin vorherrschende ↗ Ägyptische als Schriftsprache ab. Beide Schriftformen des M. (↗ Schriftsysteme) – hieroglyphisch und kursiv – wurden aus dem Ägyptischen bzw. Demotischen abgeleitet. Erst im Verlauf des 4. Jh. wurde mit dem Ende des meroitischen Reiches auch die meroitische Schrift aufgegeben. Das M. ist somit die zweitälteste Schriftsprache des afrik. Kontinents. – Im Gegensatz zum älteren Altägyptischen ist das M. immer noch ein ungelöstes Rätsel. Mehr als 800 Texte von unterschiedlichem Umfang sind in meroitischer Sprache erhalten. Seit es F.Ll. Griffith 1911 gelang, den phonetischen Wert der Zeichen des meroitischen Alphabets zu bestimmen, gilt das M. als »lesbar«. In den seither vergangenen 90 Jahren sind bei der Entzifferung der Sprache jedoch kaum Fortschritte erzielt worden. Nur rund 30 meroitische Begriffe konnten in ihrer Bedeutung sicher entschlüsselt werden, der Inhalt der Texte blieb deshalb bis heute weitgehend verschlossen. Ebenso wenig gelang es, das M. eindeutig einer afrik. Sprachfamilie zuzuordnen. Indizien lassen sich sowohl für Beziehungen zum nilosaharanischen Sprachstamm (↗ Nilosaharanisch) als auch zum ↗ Kuschitischen, d.h. zum afroasiat. Sprachstamm (↗ Afroasiatisch), finden.

📖 M. Bechhaus-Gerst, Nubier und Kuschiten im Niltal. Sprach- und Kulturkontakte im »no-man's land«, Köln 1989. – I. Hofmann, Material für eine Meroitische Grammatik, Wien 1981.

Marianne Bechhaus-Gerst

Metaphysik (griech. *metà tà physiká*, das, was hinter der Physik steht und ihr zugrunde liegt). Philos. Disziplin, die nach den letzten Gründen und Zusammenhängen der Dinge hinter der sinnlich erfahrbaren Wirklichkeit fragt. Im afrik. Denken herrscht die Vorstellung, der Mensch sei fähig, hinter das Sichtbare zurückzufragen und somit die verborgenen Gesetzmäßigkeiten der Welt sowie die Seinsprinzipien zu erkennen. Diese insbes. von afrik. Weisheits- und Kulturphilosophen (Alassane Ndaw, Henry Odera Oruka u.a., ↗ Weisheitsphilosophie) vertretene Auffassung von M. hat ihre Wurzel in der mündlichen Überlieferung (↗ geschichtliche Überlieferung, ↗ Oralliteratur, ↗ Oralphilosophie). Die dem mündlich überlieferten Denken entnommene Konzeption von M. wird demnach als Erfahrung begriffen, die neue Horizonte zum spirituellen Leben wie zur philos. Reflexion eröffnet. Dabei werden Sprichwörter, Märchen, Legenden, rituelle und traditionelle Mythen u.a. als Mittel benutzt, die Hintergründe der Wirklichkeit begreiflich zu machen. Die der afrik. M. zugrunde liegenden Begriffe wie Seele, Geist, Körper, Leib, Lebenskraft, Sein, Denken, Intelligenz, Substanz, Vernunft, Ort, Zeit sind allerdings nicht nur ontologisch, sondern auch mythologisch begründet. Von daher ist die M. zugleich explizit und implizit. Während das moderne philos. Denken Europas die Befunde der M. für nicht beweisbar und möglich hält, ist ein erheblicher Teil der afrik. Intellektuellen davon überzeugt, mit metaphysischem Wissen die gesamte Wirklichkeit denkend überblicken und sogar transzendieren zu können. Wirklichkeit ist hiernach nicht nur, was ist oder unmittelbar erscheint, sondern auch das Mögliche. Welche Möglichkeit die M. schafft und inwieweit sie zur Wirklichkeit wird oder jene transzendiert, kommt nach afrik. Auffassung durch Poesie, Musik, Kunst, Philosophie, Religion etc. zum Ausdruck. Die Transzendenz wird hingegen damit begründet, der Mensch sei darauf angewiesen, nicht nur in der Gegenwart mit Rückblick auf die Vergangenheit zu leben, sondern auch seine Zukunft zu erfinden. Zudem dient die M. einerseits der Verbindung von theoretischen Ideen und praktischem Leben und andererseits der Schaffung eines einheitlichen Weltbildes, indem der Dualismus von Sein und Schein im Denken aufgehoben ist.

Die zweite Konzeption der M. stammt von afrik. Religionsphilosophen und -ethnologen, die mit theologischen Begriffen operieren und damit M. mit christl. bzw. islam. ↗ Spiritualität und ↗ Mystik verbinden. Dabei überwiegt die relig. Anschauung, insofern Gott als höchstes und vollkommenes Wesen angenommen wird, das Menschen, Tiere, Mineralien und Pflanzen schafft und ihnen ↗ Lebenskraft gibt. Diese Vorstellung zieht sich bis in die ↗ Ethnophilosophie, deren Vertreter versuchen, die christliche M. auf die bes. Bedingungen des afrik. Denkens anzuwenden. Afrik. Universalisten (↗ Philosophie) halten hingegen die M. für wenig geeignet, dem afrik. Denken zum Fortschritt zu verhelfen, plädieren aber nicht für einen endgültigen Verzicht auf M., sondern für deren Beschränkung auf bestimmte Teile der Erkenntnis, die sich nicht auf empirische Gegenstände beziehen.

📖 J.E. Bahoken, clairières métaphysiques africaines. Essai sur la philosophie et la religion chez les Bantu du Sud-Cameroun, Paris 1967. – A. Kagame, Sprache und Sein. Die Ontologie der Bantu Zentralafrikas, Brazzaville und Heidelberg 1985. – M. Hebga, L'Afrique de la raison, l'Afrique de la foi, Paris 1995.

Jacob E. Mabe

Migration (Wanderung) *I. Allgemeines.* M. ist eine temporäre oder permanente Wohnsitzverlegung von Individuen oder Gruppen. Migrationsrichtungen, -distanzen, -gründe, -umfänge und -auswirkungen sind vielfältig, zeitlich und räumlich extrem differenziert. Es ist daher nicht möglich, alle Formen von M. nach ihren Ursachen (Kriegs-, Umwelt-, Armutsflüchtlinge oder freiwillige M.), Erscheinungsformen und Auswirkungen zu typologisieren. Stattdessen bietet sich eine Klassifikation nach der Migrationsrichtung an (Tab. 3).

II. Land-Land-Migration stellt die älteste, noch heute umfangreiche M. dar. Hierzu zählen u. a. die räumliche Ausbreitung ganzer Völker im Zuge kriegerischer Auseinandersetzungen oder einer friedlichen Okkupation von Gebieten wie z. B. die Bantu-M. und die temporären Wohnsitzverlegungen der Nomaden (↗ Nomadismus), Wanderfeldbauern oder Wanderhändler Westafrikas. Ziele intensiver Land-Land-M. waren während des ↗ Kolonialismus die Gebiete europ. Farmen und Plantagen mit ihrem hohen Arbeitskräftebedarf. Solche sog. Siedlerkolonien (v. a. Kenia, Teile Dt.-Ostafrikas, Rhodesien, Angola, Südafrika) konnten ohne massive Land-Land-M. wirtsch. nicht erschlossen werden. Die M. der zunächst kaum zur Lohnarbeit bereiten einheimischen Bev. wurde durch versch. Faktoren initiiert bzw. beschleunigt: (1) Hungerkatastrophen (Rinderpest, Dürren usw.) in weiten Teilen v. a. des südl. und östl. Afrika im ausgehenden 19. und frühen 20. Jh., die z. B. in Mosambik bis 1920 ca. 100.000 Einw. zur M. in das benachbarte Njassaland (heute Malawi) veranlassten, wo sie Arbeit beim Eisenbahnbau und auf Plantagen fanden; (2) die in fast allen Kolonien eingeführte Kopfsteuer. Nur über eine M. in ländl. und städt. Zentren der Lohnarbeit war es möglich, das Geld zur Bezahlung der Steuer zu verdienen; (3) die Erwirtschaftung eines Bargeldeinkommens für den ↗ Brautpreis bei den überwiegend jungen männl. Arbeitsmigranten. Im östl. und südl. Afrika entwickelte sich die Teilnahme an der zirkulären M., dem Pendeln zwischen Zu- und Abwanderungsregion, zu einem auf dem Lande prestigeträchtigen Lebensstil, der z. T. mit den traditionellen Initiationsriten (↗ Initiation) verknüpft war, diese ergänzte oder ersetzte. Weil die Kolonialwirtschaft keine Arbeitsplätze für Frauen bereitstellte, waren diese an der M. zunächst nur marginal beteiligt. Die geringen Löhne und die beengten, nur für junge Männer vorgesehenen Unterkünfte erlaubten es zudem nicht, eine Familie in der Stadt zu unterhalten. In den Zuwanderungsregionen bestand daher ein extremer Männer-, in den Abwanderungsregionen ein extremer Frauenüberschuss mit Folgen wie z. B. ↗ Prostitution (↗ Homosexualität). In vielen Städten entfielen auf 100 Frauen 130 bis 250 Männer; in den südafrik. Städten, v. a. in Bergbauzentren, setzte sich die afrik. Bev. um 1910 zu 93% aus Männern zusammen. Da die expandierende Kolonialwirtschaft aber nicht genügend männl. Arbeitskräfte gewinnen konnte, wurden (auch aufgrund geringerer Lohnkosten) zunehmend Frauen und Kinder als Arbeitskräfte eingestellt, woraus sich eine wachsende Beteiligung von Frauen und Familien an der M. ergab.

Auch heute noch weithin typisch ist die zirkuläre bzw. saisonale M. in Abhängigkeit vom landwirtsch. Arbeitskalender. Zur Zeit der arbeitsintensiven Kaffee-, Tabak- oder – in Westafrika – Kakaoernte ist ein großer Teil der Bev. in die saisonale, oft nur einige Monate umfassende Arbeits-M. einbezogen; nach der Ernte erfolgt(e) die Rückkehr. Mit der Ausweitung weltmarktorientierter *cash crop*-Produktion wurden schon in der Kolonialzeit auch kleinbäuerl. Siedlungsräume Ziele umfangreicher Wanderarbeiterströme (↗ Wanderarbeit) und mancherorts zunehmend zu Zielen endgültiger Zuwanderung. Die kleinbäuerl. Kakaoproduzenten in Ghana und der Elfenbeinküste beschäftigen z. B. für die Ernte saisonal, zunehmend auch längerfristig Zugewanderte aus Burkina Faso, Mali und Nordghana. Umfangreiche M. erfolgen aus den dicht bevölkerten, ökolog. risikoreichen Armutsgebieten der Sahelzone von Burkina Faso, Mali und Guinea in relativ prosperierende Regionen agrarer Produktion der (küstennahen) westafrik. Feuchtsavannenzone, z. B. in die Elfenbeinküste. Im Regenwaldgürtel Südnigerias entwickelte sich nach 1945 eine kleinbäuerl. Produktion von Kakao, Palmöl, Kaffee, Tee, Bananen und Jams. Heimische Grundeigentümer beschäftigten hier v. a. Wanderarbeiter. Aber es siedelten sich auch Wanderpächter (*migrant tenant farmers*) an. Die Land-Land-M. erfolgen i.d.R. von den übervöl-

Tab. 3: Eine Typologie der Migrationen in Afrika nach der Wanderungsrichtung

Wanderungsrichtung	Binnenwanderung		Internationale Wanderungen	
	temporär	permanent	temporär	permanent
I Land-Land				
<u>Abwanderungsgründe</u> (Push-Faktoren)				
Landlosigkeit/-mangel	x	xx	x	xx
Arbeitslosigkeit	–	xx	–	xx
Umweltprobleme (u.a. Dürren, Desertifikation, Überschwemmungen)	x	xx	x	xx
Bürgerkrieg	xx	x	xx	x
Zwangsumsiedlungen	–	x	–	–
<u>Zuwanderungsgründe</u> (pull-Faktoren)				
Land, Arbeitsplätze		xx	x	xx
»Frieden«	xx	x	xx	x
ökologisch »intakte« Umwelt	x	xx	x	x
II Land-Stadt				
<u>Abwanderungsgründe</u>				
Landlosigkeit/-mangel	x	xx	x	xx
Arbeitslosigkeit	x	xx	xx	x
Umweltprobleme (u.a. Dürren, Desertifikation, Überschwemmungen)	x	xx	xx	x
Bürgerkrieg	x	xx	xx	x
soziale familiäre/dörfliche Kontrolle, Diskriminierung	x	xx	x	x
fehlende Ausbildungsmöglichkeiten	x	xx	x	x
<u>Zuwanderungsgründe</u>				
Arbeitsplätze	x	xx	x	xx
Ausbildungsmöglichkeiten	x	xx	x	x
freizügigeres Leben/Abenteuer	x	xx	x	x
soziale Aufstiegschancen	x	xx	x	x
III Stadt-Land				
<u>Abwanderungsgründe</u>				
Arbeitslosigkeit	x	xx	x	x
Wohnungsnot	x	xx	x	x
Krankheit/Alter	–	xx		x
soziale »Heimatlosigkeit«	–	xx	–	x
<u>Zuwanderungsgründe</u>				
Landbesitz	x	xx	x	x
Familienwohnsitz	x	xx	x	x
soziale Bindungen	x	xx	x	x
IV Stadt-Stadt				
<u>Abwanderungsgründe</u>				
Arbeitslosigkeit	x	xx	x	xx
Wohnungsnot	x	xx	x	xx
fehlende Karriereaussichten	x	xx	–	xx
<u>Zuwanderungsgründe</u>				
(bessere) Arbeit	–	xx	x	xx
(bessere) Wohnung	–	xx	x	xx
beruflicher Aufstieg	–	xx	–	–
bessere Ausbildungsmöglichkeiten	xx	xx	x	x
familiäre Beziehungen	–	x	–	x

xx häufig   x seltener   – nicht relevant

Karte 16: Nigeria: Hauptströme agrarischer Wanderung und Kolonisation (um 1975)

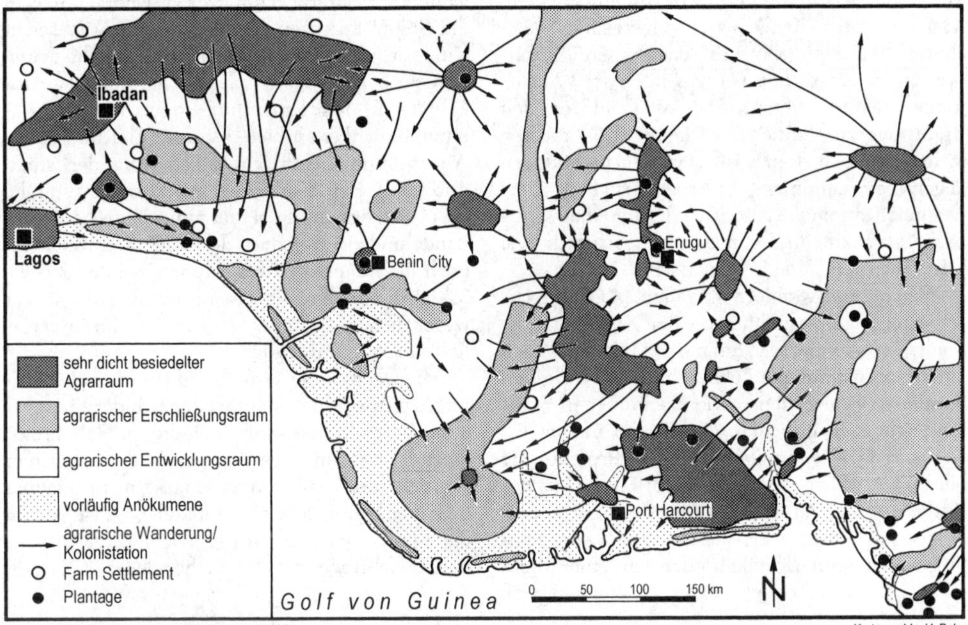

Entwurf: Karl Vorlaufer, verändert nach Grenzebach 1984 Kartographie: U. Beha

kerten, durch Landmangel gekennzeichneten Gebieten in dünner besiedelte, wirtsch. dynamische agrarische Entwicklungs- oder in unbesiedelte Erschließungsräume wie in Südnigeria (Karte 16). Viele Zuwanderer migrieren in ihnen fremde Siedlungsgebiete mit der Folge oft beträchtlicher sozialer Spannungen zwischen Einheimischen und Zuwanderern (s. a. unter Pkt. IV).

Umfangreiche, z. T. erzwungene Land-Land-M. waren in vielen Ländern Folge staatl. Umsiedlungsprogramme. Im Zuge großer Staudammprojekte wurden Zehntausende umgesiedelt wie am Kainji-Damm (Nigeria, 1963), Volta-Damm (Ghana, 1964), Kariba-Damm (Sambia, Simbabwe) und bei ↗ Assuan am Nil. Massive Umsiedlungen fanden u. a. in Südafrika und in Äthiopien statt; als spektakulärste Massenumsiedlung ist das 1967 in Tansania zunächst auf freiwilliger Basis, ab 1974 mit Zwang durchgesetzte ↗ Ujamaa-Konzept bekannt geworden, die Umsiedlung der vormals in Einzelgehöften und Weilern siedelnden Bev. in Dörfer. Mit Aufgabe dieser Politik 1977 setzte eine Rückkehr aus den Dörfern zu den Einzelgehöften ein, v. a., da die Bauern einen Wohnort in der Nähe ihrer Felder bevorzugen.

In Kenia und (eingeschränkter) in Simbabwe wurden nach der Unabh. vormals europ. Farmgebiete mit mehreren hunderttausend afrik. Bauern besiedelt und so Ziel umfangreicher Land-Land-M.; 2000 hat in Simbabwe eine weitere Enteignung von Farmern europ. Herkunft und die Aufteilung dieses Landes an Veteranen des Unabhängigkeitskrieges stattgefunden. Infolge rasanten Bevölkerungswachstums (↗ Bevölkerung) und Landmangels in vielen ländl. Regionen verstärkt sich generell die Abwanderung in weniger dicht besiedelte, häufig nur mit marginalen Ressourcen ausgestattete Regionen oder in die für Hirten als Trockenzeitweiden unentbehrlichen, da regenreicheren Areale sowie in Randzonen von Naturschutzgebieten (↗ Naturschutz), woraus sich massive, teils als ↗ ethnische Konflikte bezeichnete Auseinandersetzungen um die Landnutzung ergeben können. Land-Land-Migranten siedeln sich in Zuwanderungsgebieten oft als Squatter, als illegale Siedler, an (↗ Squattersiedlungen, ↗ Slums).

III. Land-Stadt-Migration. Am augenfälligsten und das deutlichste Zeichen des sozialen Wandels sind die Land-Stadt-M. (↗ Stadt, ↗ Urbanisierung.) Neben dem Motiv einer Verbesserung der ökonom. Lage sind hierfür folgende Faktoren relevant: (1) Das Streben nach Freiheit von der Kontrolle durch die ältere Generation;

(2) die in der Stadt i.d.R. besseren Wohn- und Versorgungsbedingungen in Bezug auf Schulen, Krankenhäuser, Trinkwasser, Elektrizität, gesichertes Warenangebot; (3) das höhere Sozialprestige der Stadt und (4) teils noch der Wunsch junger männl. Migranten, das Geld für den Brautpreis zu verdienen. Diesen *pull*-Faktoren stehen im ländl. Raum oft starke *push*-Faktoren gegenüber: Landmangel, Arbeitslosigkeit, Umweltgefährdungen, schlechte oder fehlende schulische, medizin. und sonstige Infrastruktur wie z.B. Elektrizität und Trinkwasser.

Zunehmend wandern ↗ Frauen (↗ Geschlechterbeziehungen) unabh. von der Familie in die Stadt. Gründe hierfür sind u.a.: (1) Streben nach einem eigenständigen Leben ohne die oft rigiden familiären Kontrollen sowie nach einer in Städten leichter erhältlichen, vom Mann unabh. Erwerbsarbeit – wenngleich oft als Prostituierte oder im ↗ informellen Sektor; (2) Flucht aus der Bürde der Landarbeit, des Wasser- und Feuerholzholens über große Distanzen, vor dem Stigma der Kinderlosigkeit oder dem einer allein erziehenden Mutter. Verstärkt hat sich die Zuwanderung älterer, i.d.R. verwitweter Frauen in die Städte zu ihren hier lebenden erwachsenen Kindern, da sich Witwen und geschiedenen Frauen in patrilokalen Gesellschaften (↗ Patrilokalität) auf dem Lande nur eingeschränkte Existenzmöglichkeiten bieten. Damit gleicht sich die Alters- und Geschlechtergliederung der städt. und ländl. Bev. tendenziell an. Vormals typische Disproportionen, der Frauenüberschuss auf dem Lande und ein Defizit in der Stadt, kennzeichnen noch die höheren Altersgruppen; bei den 20- bis 35-Jährigen, der für die jüngsten Zuwanderer wesentlichen Gruppe, ist das Geschlechterverhältnis i.d.R. ausgeglichener.

Mit wachsender Größe und funktionaler Differenzierung einer Stadt weitet sich der Einzugsbereich der M. aus – oft, weil die im Nahbereich lebende Bev. in quantitativer und qualitativer Hinsicht den städt. Arbeitsmarkt nicht adäquat bedienen kann. Für die Umland-Bev. ist zudem die Agrarproduktion auf eigenem Lande für einen nachfragestarken, nahegelegenen städt.

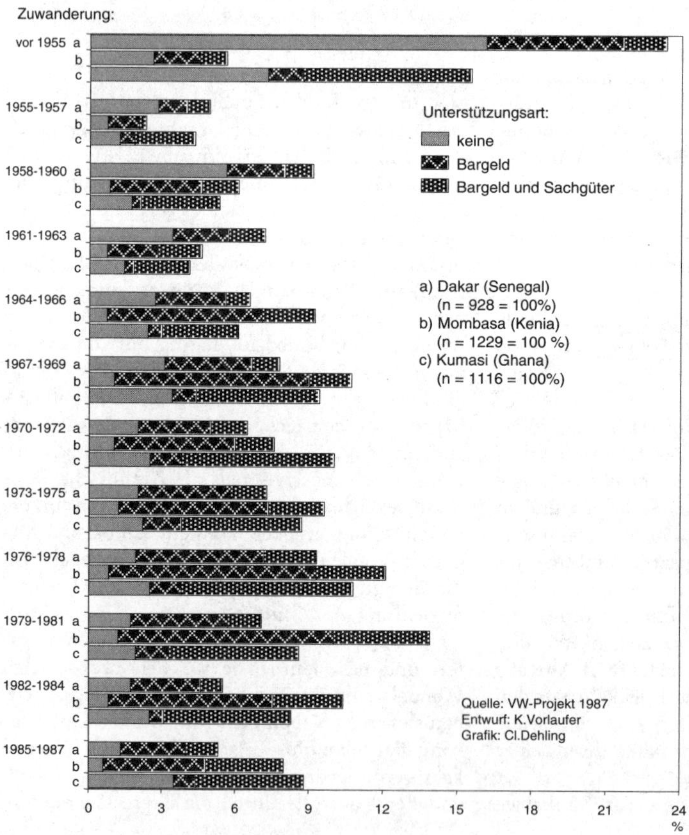

Abb. 22: Das Ausmaß der Transferleistungen von Land-Stadt-Wanderern in ihre Herkunftsräume am Beispiel der Migranten mit unterschiedlich langem Stadtaufenthalt in ausgewählten west- und ostafrik. Großstädten (1987)

Markt oft attraktiver als eine Tätigkeit in der Stadt. Tourismuszentren, wie z. B. Malindi in Kenia oder Victoria Falls in Simbabwe, weisen einen bes. hohen Anteil von Zuwanderern aus entfernten Regionen auch deshalb auf, weil die Tätigkeit in der gehobenen Hotellerie Qualifikationen verlangt, die die Umland-Bev. nicht besitzt (↗ Tourismus).

Die große Bedeutung, die Zuwanderung für das Wachstum einer industriell geprägten Mittelstadt hat, sowie die durch zirkuläre M. entstehende Verflechtung zwischen Stadt und Land wird am Beispiel des 40 km nördl. Nairobi gelegene Thika deutlich (ca. 90.000 Einw.). In den 1980er Jahren waren nur 4% der Erwachsenen in Thika geboren. 84% aller Männer waren Eigentümer bzw. zukünftige Erben von Land in ihrer Herkunftsregion, das von ihnen bzw. Familienangehörigen bewirtschaftet wurde. 60% aller landbesitzenden Familien unterhielten deshalb zwei Haushalte: Die Ehefrau(en) und Kinder bewirtschaften die *Shamba* in der Herkunftsregion, der Mann lebt in der Stadt. Diese Strategie der gespaltenen Haushalte erleichtert die Existenzsicherung und ist Ursache eines umfangreichen Einkommenstransfers von der Stadt aufs Land (Abb. 22). Viele wirtsch. schwache Räume der Peripherie hängen am Tropf dieser Geldüberweisungen, die oft auch für Investitionen in die ↗ Landwirtschaft verwendet werden und so einen Beitrag zur ↗ ländl. Entwicklung leisten. Landeigentum wird sozial hoch bewertet und als Garant für eine angestrebte Rückkehr nach Jahren des Stadtaufenthaltes oder nach dem altersbedingten Ausscheiden aus dem Arbeitsleben angesehen. Viele sind daher bestrebt, mit dem Einkommen aus der Stadt in der Herkunftsregion Land zu erwerben. Migranten stellen in den Städten (↗ Stadt, Karte 33), aber auch auf dem Land einen hohen Anteil der Bev. In manchen ländl. Regionen Simbabwes z. B. ist fast jeder vierte Bewohner innerhalb nur eines Jahres zu- oder abgewandert. Ein Großteil der Bev. pendelt zwischen Stadt und Land, nicht selten, um während der landwirtsch. Nebensaison in der Stadt einem Erwerb nachzugehen. In Mali wandern jährl. Tausende von Webern wie auch Bauern in die Städte, wo Basisprodukte für das Weben günstiger zu beziehen sind und bessere Absatzchancen für ihre Produkte bestehen.

Umweltbedingte M. ist umfangreich und nimmt weiter zu. Die ↗ Desertifikation z. B. führt zur starken Land-Stadt-M. vormaliger Nomaden v. a. im Sahel. Auch Bauern in dürre- oder erosionsgefährdeten Regionen wandern in großer Zahl in Städte. Hungerkatastrophen (wie in Äthiopien 1984, 2000) können immense M. in Städte und auch kleinere Mittelpunktsiedlungen auslösen, wo Zugang zur Nahrungsmittelhilfe gegeben ist. Ein Migrationstyp von wachsender Bedeutung ist in größeren Städten die Rand-M.: Die einkommensstärkere Bev. zieht in das Umland der Städte; die von ihr verlassenen Wohnquartiere in den Innenstädten werden zu Zielen der Land-Stadt-M.. Um die tunesischen Städte sind im Zuge dieser Suburbanisierung bis zu 15 km tiefe Gartenstadtgürtel entstanden. Insbes. in Südafrika verlegen v. a. Weiße ihren Wohnsitz aufgrund der hohen Kriminalität in besser zu schützende, da entsprechend konzipierte Stadtrandsiedlungen in sog. *gated communities* (»Zitadellen«, ↗ Stadt, Abb. 35).

IV. Internat. Migration. Binnenwanderung macht zwar den Großteil der M. aus, jedoch sind auch grenzüberschreitende innerafrik. Wanderungen von Bedeutung und insbes. für das westl. und südl. Afrika typisch. Aus den subsistenzwirtsch. ausgerichteten, z. T. übervölkerten Armutsgebieten der westafrik. Trockensavannen kommen große Wanderungsströme in die marktorientierten Agrarräume und Städte der Küstenregionen (s. a. unter Pkt. I). Seit den 1970er Jahren ist die damals boomende Elfenbeinküste Hauptziel dieser M. Um 1990 waren rd. 30% (Karte 17) der Bev. dieses Landes Ausländer. In den südl. Küstenregionen erreichte der Ausländeranteil ca. 40% und in der Wirtschaftsmetropole Abidjan 50%. 1975 lebten von der Bev. Burkina Fasos 17%, Malis 7%, Togos 13% und Gambias 10% in anderen westafrik. Ländern. Im Zuge des Ölbooms der 1970er Jahre wurde Nigeria zum Ziel umfangreicher M. aus dem Ausland, insbes. aus dem nun unter einer Wirtschaftskrise leidenden Ghana. In den letzten Jahren werden v. a. aus Mali, Benin und Togo verstärkt Kinder entweder ihren Eltern abgekauft oder verschleppt, um auf Plantagen in Nigeria oder der Elfenbeinküste zu arbeiten. In Nordafrika ist das bevölkerungsarme, jedoch erdölreiche Libyen Ziel starker Arbeits-M. v. a. aus Ägypten, aber auch aus dem subsahar. Afrika.

Wichtigstes Ziel internat. M. ist seit dem Ende der Apartheid Südafrika. Bergbau, Industrie und Landwirtschaft beschäftigen schon seit fast 100 Jahren einen hohen Anteil an Arbeitskräften aus Malawi, Sambia, Simbabwe, Mosambik, Swasiland, Botsuana und Lesotho. 1972 z. B. waren drei Viertel der 350.000 Bergleute in den Goldminen Ausländer, 1996 immerhin noch 45% (von 426.872). Die meisten ausl. Arbeiter wur-

Karte 17: Anteil ausländischer Migranten an der Gesamtbevölkerung in den Ländern Afrikas 1990

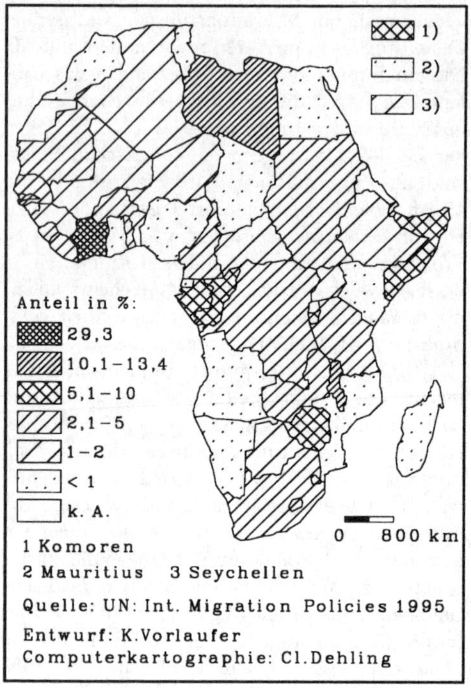

den und werden auf der Basis befristeter Verträge beschäftigt: Das System der Wanderarbeit ist in Südafrika am ausgeprägtesten. Für Lesotho, das wichtigste Herkunftsland ausl. Bergleute, ergeben sich durch den Rückgang der Wanderarbeiter infolge der Rezession des Goldbergbaus und verschärfter Zuwanderungsbeschränkungen seit den 1990er Jahren ökonom. Schwierigkeiten, waren doch um 1990 noch ca. 80% aller Familien auf Überweisungen der Wanderarbeiter aus Südafrika angewiesen. In Südafrika wird der Rückgang der Zahl legaler Wanderarbeiter mehr als kompensiert durch eine enorm gestiegene illegale Zuwanderung aus den Nachbarstaaten wie auch aus Westafrika. Die Zahl illegaler Einwanderer betrug nach offiziellen Schätzungen 1992 ca. 1 Mio., 1995 rd. 5 Mio. und 1997 sogar 8,5 Mio. (= ca. 20% der offiziellen Bev.!). Seit 1994 wurden Grenzkontrollen und Einwanderungsgesetze drastisch verschärft, die Aufenthalts- und Arbeitserlaubnis für Ausländer beschränkt sowie Arbeitgeber, die illegal Ausländer beschäftigen, härter bestraft; von 1990–97 wurden 0,9 Mio. afrik. Ausländer des Landes verwiesen. Die Fremdenfeindlichkeit mit Übergriffen auf Migranten nimmt in Anbetracht wachsender Arbeitslosigkeit und Wohnungsnot zu.

Durch die Entwicklung auch ländl. Räume (↗ Landesentwicklung) versuchen viele Länder die Landflucht zu drosseln.

Der Zusammenbruch staatl. Ordnung in Ländern wie u. a. Angola, beiden Kongo-Staaten, Liberia, Sierra Leone sowie die Übergriffe einer nicht mehr kontrollierbaren Soldateska haben eine umfangreiche Stadtflucht ausgelöst, da die Überlebenschancen auf dem Lande größer sind als in Städten. Andererseits wurden in Bürgerkriegsländern Städte, unter strikter Regierungskontrolle stehend wie z. B. Luanda in Angola oder Khartum (mit rd. 1,5 Mio. Flüchtlingen aus dem Südsudan), zu Zielen der Landflucht.

V. Interkontinentale M. setzten in den 1960er Jahren aus Nordafrika zunächst nach Frankreich und dann in andere Staaten Westeuropas ein. Nach der Unabh. Algeriens 1962 z. B. erfolgte eine Rückwanderung von ca. 2 Mio. Siedlern und Beamten nach Frankreich; mehrere hunderttausend Portugiesen verließen Angola und Mosambik nach der Unabh. dieser Länder 1975. Die Arbeits-M. aus Algerien, Marokko und Tunesien nach Westeuropa ist seit den 1970er Jahren beträchtlich. Umfangreich sind auch die M. aus dem subsahar. Afrika – sei es von Einwanderern, Flüchtlingen oder Asylsuchenden – in fast alle Industriestaaten. Durch diese M. werden sowohl in den Ziel- als auch in den Herkunftsländern beträchtliche Probleme und Veränderungen ausgelöst. So werden u. a. westl. Ideen und Lebensstile in die Herkunftsländer transferiert und dort zunächst auf lokaler Ebene zu Triebfedern des sozialen Wandels. Neben Europa sind Saudi-Arabien und die Golfstaaten Ziel der Arbeits-M. aus Nordafrika, v. a. aus Ägypten. Millionen Ägypter aller Schichten beteiligen sich an dieser Arbeits-M.: Lehrer, Verwaltungsbeamte, Handwerker, Kleinbauern. Die in den Gastländern erwirtschafteten Einkommen fließen im hohen Maße in die Heimatländer. In Marokko stellten diese Überweisungen z. B. 1990 7,7% des BIP (1995: 5,9%); 47,4% der Werte aller Warenexporte (1995: 40,4%) und 29% der Zahlungen für Importe (1995: 22,3%). Die Zahlungsbilanzeffekte der internat. Arbeits-M. sind beträchtlich (Tab. 4). Ein Großteil der Überweisungen wird im Zielland investiert. Neben dem Erwerb von Immobilien fließen in Marokko z. B. beträchtliche Investitionen in die Industrie, das Tourismusgewerbe und die Landwirtschaft. Viele Migranten

Tab. 4: Der %-Anteil der Überweisungen im Ausland lebender Migranten an den Deviseneinnahmen ausgewählter Länder Afrikas

Land	Jahr	%
Komoren	1991	16,3
Äthiopien	1993	3,7
Mosambik	1992	16,0
Ägypten	1993	31,1
Marokko	1993	23,4
Sudan	1992	25,1
Tunesien	1994	9,0
Lesotho	1994	57,0
Benin	1993	17,8
Burkina Faso	1993	28,2
Cap Verden	1992	50,8
Mali	1993	22,9
Senegal	1993	6,5

Quelle: UN: Inl. Migration Policies 1995

kommen aus peripheren, ökonom. schwachen Regionen. Das im Ausland ersparte Geld wird in diesen Peripherieräumen oft investiert, deren wirtsch. Lage sich so verbessert.

Schon mit der Gründung des Staates Israels (1949) setzte aus allen nordafrik. Ländern eine starke Auswanderung von ↗ Juden ein. Aus Marokko migrierten ca. 400.000 Juden nach Israel. Auch Kanada wurde zu einem wichtigen Ziel jüdischer Auswanderer.

VI. Flüchtlings-Migration. Die zahlreichen Bürgerkriege haben immense grenzüberschreitende und landesinterne Flüchtlings-M. ausgelöst (↗ Flüchtlinge). Millionen Afrikaner haben im letzten Jahrzehnt aus ihrer Heimat fliehen müssen und leben oft mehrere Jahre häufig in riesigen Flüchtlingslagern. Auf dem Höhepunkt der ↗ Kriege/Bürgerkriege 1995 gab es in Afrika insges. rd. 6,8 Mio. internat. und 11,1 Mio. landesinterne Flüchtlinge (*refugees* bzw. *displaced persons*). Diese Flucht- und Rückkehrbewegungen haben in den Ab- und Zuwanderungsräumen verheerende wirtsch., soziokulturelle und ökolog. Auswirkungen: vom Zerbrechen sozialer Bindungen sowie dörflicher und familiärer Strukturen über Verfall von Infrastrukturen, brachliegende Agrarflächen bis hin zu nicht zu bewältigenden Belastungen in den Aufnahmeländern mit daraus resultierenden Konflikten zwischen Altansässigen und Flüchtlingen und ökolog. Katastrophen im Umfeld der Flüchtlingslager. ↗ Brain Drain.

🕮 J. Baker, T. Akin Aina (Hg.), The Migration Experience in Africa. Uppsala 1995. – M. Berriane/H. Popp (Hg.), Migrations internationales entre le Maghreb et l'Europe – les effets sur les pays de destination et d'origine, Passau 1998. – K. Vorlaufer, Wanderungen zwischen ländl. Peripherie- und großstädt. Zentralräumen in Afrika. Eine migrationstheoretische und empirische Studie am Beispiel Nairobi. In: Zeitschrift für Wirtschaftsgeographie 28 (1984), S. 229–261. – K. Vorlaufer, Urbanisierung und Stadt-Land-Beziehungen von Migranten in Primat- und Sekundärstädten Afrikas: Dakar/Senegal und Mombasa/Kenia. In: Zeitschrift für Wirtschaftsgeografie 36 (1992), S. 77–108.

Karl Vorlaufer

Mikrounternehmen, kleine und kleinste ↗ Unternehmen, in denen der »Unternehmer« entweder allein, mit wenigen Familienmitgliedern oder mit einigen, oft seiner Familie nahestehenden Arbeitskräften arbeitet. M. produzieren oder reparieren marktorientiert – zumeist in handwerklicher Art –, verwenden einfachste Technologien und haben eine geringe oder keine betriebsinterne Arbeitsteilung. Wohnstätte des »Unternehmers« und Betriebsstätte fallen vielfach zusammen; der private Haushalt und der Betrieb sind weder in ihrer Organisation noch in den sozialen Beziehungen getrennt. Man spricht auch von »Unternehmern wider Willen«, d.h. Unternehmern der ↗ Überlebensökonomie, die nur selten auf Wachstum ihres Betriebes hoffen dürfen. M. sind die in Afrika vorherrschende Betriebsform, und zwar sowohl in den Städten (↗ Stadt) als auch auf dem Land. Dort sind sie zumeist mit der Landwirtschaft verbunden. Sie sind Bestandteil des formellen und ↗ informellen Sektors und werden in der Entwicklungspolitik oft als förderungswürdige Zielgruppe, bes. bei Kleinkrediten, bevorzugt.

Eike W. Schamp

Militärregime. 32 der 53 afrik. Staaten, darunter allein 14 der 16 Mitglieder der westafrik. Wirtschaftsgemeinschaft ↗ ECOWAS, erlebten nach ihrer Unabh. mehr oder weniger lange Phasen von Militärherrschaft. Seit dem ersten geglückten Staatsstreich in Ägypten im Juli 1952 gab es insgesamt etwa 80 vorübergehende oder länger dauernde Machtübernahmen durch afrik. Armeen. Die Mehrheit der über 40 Umstürze ereignete sich in Westafrika. Neben den erfolgreichen war eine vergleichbar große Zahl gescheiterter Staatsstreiche zu registrieren. Die Putsch-Rangliste des Kontinents wird mit je sechs Umstürzen von Nigeria, Benin und Burkina Faso angeführt, gefolgt von Ghana, Sierra Leone und Burundi mit je fünf Staatsstreichen. Die mit Abstand längste Dauer von Militärherrschaft – insges. fast dreißig Jahre – erlebte Nigeria. Frei von direkter Militärherrschaft blieben u.a. Senegal in Westafrika, Tunesien und Marokko in Nordafrika, Kenia und Tansania in Ostafrika, Gabun und Kamerun in Zentralafrika, Namibia, Sambia, Simbabwe und Südafrika im südl. Afrika. Diese zivilen Herrschaftssysteme verdankten ihre jahrzehntelange stabile Existenz ↗ autoritären Regimen oder der Regentschaft charismatischer Herrscher.

Militärherrschaft nahm in afrik. Staaten unterschiedliche Ausprägungen an. Während Militärdiktaturen lateinamerik. Provenienz durch massive Repression und schwerste Menschenrechtsverletzungen gekennzeichnet waren, gab es in Afrika Militärregierungen in einer Bandbreite, die von fast liberalen Herrschaftsformen mit einem hohen Maß an Meinungs- und Bewegungsfreiheit bis zu Diktaturen reichte, die Lateinamerika an Härte und Brutalität nicht nachstanden. Neben Militärherrschaft als Herrschaft von Generälen entwickelten sich auch – z.B. in Ghana unter Rawlings (1981–92) – Herrschaftsformen nachrangiger Militärs (z.B. Dienstgrad Hauptmann). Konservativ-reaktionäre Militärregierungen standen neben Militärregierungen mit progressivem Selbstverständnis oder populistischem Zuschnitt. Vor der Demokratisierungseuphorie Anfang der 1990er Jahre waren afrik. Militärregierungen zudem in den Ost-West-Konflikt verstrickt. Die Anlehnung an die USA bzw. den Westen einerseits, an die Sowjetunion und den Osten andererseits bildete seinerzeit eine wichtige Voraussetzung für das pol. Überleben.

Die meisten milit. Machtübernahmen ereigneten sich in den 1960er und 1970er Jahren. Im Zuge der internat. Umwälzungen nach 1989 verschlechterte sich das Image von Umstürzen und M. massiv, die Geberländer beharrten auf Demokratisierung. In dem Maße, in dem die Euphorie des Wandels abebbte und die in den ersten Jahrzehnten nach der Unabh. etablierten Herrschaftsmechanismen wieder in den Vordergrund rückten, entwickelte sich ab Mitte der 1990er Jahre ein Trend zur Renaissance des Staatsstreichs. Gambia (1994), Sierra Leone (1996, 1997), Niger, Guinea-Bissau, die Komoren und – erstmals nach Jahrzehnten scheinbar stabiler Zivilherrschaft – die Elfenbeinküste (alle 1999) verlängerten die Umsturzliste. Im Unterschied zu früher gab sich die ↗ OAU nicht mehr – getreu dem in ihrer Charta verankerten Prinzip der Nichteinmischung – mit der Feststellung zufrieden, bei nicht verfassungsgemäßen Machtwechseln handele es sich um die innere Angelegenheit eines souveränen Staats. Im Juli 1999 fasste sie den Beschluss, Regimen, die durch Putsch an die Macht gelangten, die offizielle Anerkennung und die Teilnahme an OAU-Sitzungen zu verweigern.

Die Ursachen für die Errichtung von M. liegen in den jeweiligen pol.-gesellsch. Verhältnissen der betroffenen Länder, i. d. R. in der Zuspitzung und im Zusammenwirken ökonom., sozialer und pol. Krisen. Strukturell wurde die Entstehung von Militärherrschaft durch die willkürlichen Grenzziehungen der Kolonialmächte begünstigt, die Menschen unterschiedlicher ethn. Herkunft zum Zusammenleben in gemeinsamen Staatsverbänden zwangen. Statt nat. Identitäten bildeten sich oft ethn.-regionale Identitäten und Loyalitäten, die von konfliktfähigen Gruppen für eine oft gewaltträchtige Rivalität um Ressourcen und pol. Macht instrumentalisiert und missbraucht werden konnten. Statt demokrat. Mechanismen von Partizipation an wirtsch. Chancen und pol. Einfluss blühten vielfach Klientelismus (↗ Neopatrimonialismus) und ↗ Korruption. Selbstprivilegierung herrschender Gruppen, Vetternwirtschaft, die Verschärfung innergesellsch. (Verteilungs-) Konflikte und Missmanagement führten nicht selten zu Wirtschaftskrisen, sozialen Verwerfungen und pol. Turbulenzen, die dann das Militär als »Retter der Nation« auf den Plan riefen.

Die Überwindung von Wirtschaftskrisen, die Bekämpfung der Korruption, die Wiederherstellung pol. stabiler Verhältnisse, die Sicherung des durch pol.-gesellsch. Zentrifugalkräfte bedrohten staatl. Zusammenhalts und im Extremfall die Abwendung von Kriegen zählten zu den Begründungszusammenhängen der Machtübernahme durch Militärs. Dabei stand das Militär in einer zwiespältigen Position: Einerseits verkörperte es aufgrund seiner Primäraufgabe der Landesverteidigung Nation und staatl. Zusammenhalt, andererseits rekrutierte es sich selbst i. d. R. bevorzugt aus Teilregionen und bestimmten Ethnien eines Landes, stellte also einen Zerrspiegel existierender gesellsch. Widersprüche dar. Aufgrund der ambivalenten Position des Militärs konnte Militärherrschaft pol. Verhältnisse meist nur kurz- bis mittelfristig stabilisieren, längerfristig entwickelten sich auch unter diesen Regimen Krisen. »Palastrevolten« und die Machtübernahme durch unbelastete »Gesichter« oder alternative Fraktionen des Militärs waren eine mögliche Folge, die Rückkehr zur Zivilherrschaft bildete die zweite Option. ↗ nachkolonialer Staat.

🕮 E. Hutchful/A. Bathily (Hg.), The Military and Militarism in Africa, Dakar 1998. – M. Waller/J. Markakis, Military Marxist Regimes in Africa, London 1986.

Peter Körner

Minderheiten. Im Unterschied zu statistischen M., sozialen Aggregaten und Sozialkategorien (wie z. B. Randgruppen) sind M. im soziologischen Sinne soziale Gruppen, denen nicht alle gesellsch. Positionen offenstehen (*non dominant groups*). Sie sind Teil einer Mehrheitsgesellschaft (oft Gastgesellschaft genannt), besitzen ein eigenes Werte- und Normsystem, ein Wir-Gefühl, eine integrierte Struktur mit Status- und Rollensystem, auf Dauer und Regelmäßigkeit angelegte Interaktion und eine genügend große Anzahl Mitglieder, um ihre kulturellen Eigenarten pflegen und tradieren zu können.

Es gibt für M. eine Vielzahl von Differenzierungen. Unterschieden werden rassische, ethn., relig., sprachliche, nat. M., wobei die Abgrenzung zur dominanten Kultur, die von der Mehrheit oder Gastgesellschaft bestimmt wird, sich verstärkt, wenn mehrere dieser Merkmale zusammenkommen. Weitere Unterscheidungen werden vorgenommen zwischen primären und sekundären M., d. h., ob eine Minderheit hist. auf einem bestimmten Territorium angesiedelt war oder durch ↗ Migration in einer ↗ Gesellschaft entstanden ist. Dazu gibt es Unterschiede zwischen Massenminderheiten (Schwarze im Südafrika der ↗ Apartheid) und M., die zahlenmäßig nicht so ins Gewicht fallen. Weitere Unterscheidungen werden nach der regionalen Verteilung vorgenommen, d. h., ob eine M. in einem Gebiet konzentriert oder über größere Bereiche verstreut ist. Entscheidend ist, dass den M. gegenüber eigene Stereotypen vorhanden sind oder entwickelt werden und dass ihnen gegenüber Diskriminationsmechanismen existieren. Die Auswirkungen können von Benachteiligungen bis hin zur physischen Vernichtung reichen.

In fast allen afrik. Staaten leben M. verschiedenster Ausprägung, was z. T. zu gravierenden Problemen führt. Dies hat auch hist. Gründe. M. sind zunächst wohl dadurch entstanden, dass ökonom. versch. organisierte Gruppen, z. B. Jäger und Sammler, Bauern oder Nomaden, in Kontakt kamen, auf demselben Territorium lebten oder sich durch Migrationsprozesse überlagerten, so v. a. in Bereichen des Sahel und Ostafrikas (z. B. in den Königreichen im Zwischenseengebiet). Weitere M. sind durch den ↗ Kolonialismus entstanden. Bei der Einteilung in durch die Kolonialmächte geschaffene administrative Bereiche wurden die verschiedensten kulturellen und relig. Gruppen in einem Territorium als Ethnie zusammengefasst (↗ Ethnizität) und Differenzen noch verstärkt, um durch Gegensätze möglichen ↗ Widerstand gegen die Kolonialverwaltung zu schwächen. Durch die Bindung an das Mutterland entwickelten sich versch. Bildungssysteme; kultureller Imperialismus trennte eigentlich zusammengehörige Gruppen. Dazu kam die Missionierung durch den ↗ Islam und die christl. Kirchen (↗ Islamisierung, ↗ Mission), die versch., oft konkurrierende Religionsgemeinschaften schuf. Die ↗ Entkolonialisierung hat die kolonialen Verwaltungseinheiten zu Staaten zusammengefasst. Dabei war einer der ersten Beschlüsse der ↗ OAU (*Organisation der Afrik. Einheit*), die von den Kolonialmächten geschaffenen Grenzen nicht anzutasten, und die unabh. Staaten versuchten mit dem Konzept der ↗ Nationenbildung (*nation building*) ein gemeinsames Bewusstsein für den neuen Staat zu schaffen. Viele Gruppen blieben durch die Staatsgrenzen getrennt, was zu sezessionistischen Tendenzen und Diskussionen über das Selbstbestimmungsrecht von Volksgruppen führte. Aus den in den ↗ nachkolonialen Staaten entstandenen Konkurrenzsituationen um Macht und Privilegien, ökonom. und kulturelle Dominanz ergaben sich neue Machtkonflikte, Bürgerkriege (↗ Kriege/Bürgerkriege), Militärrevolten; und durch sog. ↗ ethnische Konflikte (↗ politisierte Ethnizität), Umweltprobleme, Katastrophen, Hunger, Armut, ↗ Urbanisierung, Arbeitsmigration, Fluchtbewegungen und Vertreibungen (↗ Flüchtlinge) bildeten sich neue M. Um solche Konflikte zu vermeiden oder zumindest zu mindern, suchen viele afrik. Verfassungen die Bildung von Parteien auf der Grundlage ethn., relig. und regionaler Zugehörigkeit zu verhindern.

Das Verhältnis zwischen Mehrheit und M. wird in der Theorie als eine Typologie beschrieben. Danach gibt es den peripheren Kontakt, der zu Domination und Paternalismus führen kann. Weitere Stufen wären Integration, wobei die M. in der Mehrheit aufgeht und ihren Minderheitenstatus verliert, sowie Pluralismus mit einem relativ ungestörten Verhältnis zwischen den sozialen Gruppen. Damit wären Formen des Multikulturalismus erreicht. Wichtig für das Verhältnis von Mehrheit zu M. sind auch die zwischen ihnen ablaufenden Prozesse. Dabei versteht man unter ↗ Akkulturation einen Austausch soziokultureller Muster zwischen den Gruppen, unter ↗ Assimilation die Angleichung der M. an die dominante Kultur, unter Amalgamation die Angleichung durch Heirat zwischen Gruppenmitgliedern von Mehrheit und M. Möchten M. sich nicht assimilieren, kann die Mehrheit ihnen ein pluralistisches System zugestehen, ihnen Schutz gewähren oder sogar bestimmte Sonderrechte einräumen. Möchte die Mehrheit bei M. die Assimilation erzwingen, können M. sich fügen, ausweichen oder sich sezessionistisch verhalten. Wird eine solche Sezession nicht geduldet, entstehen militante M.

Die Strukturen zwischen Mehrheit und M. wurden von Soziologen und Ethnologen auch mit den Konzepten zu *Middleman-Minorities* und *Marginal Man* beschrieben. Unter den *Middleman*-M. versteht man Gruppen, die innerhalb einer Gesellschaft im Sinne einer Arbeitsteilung bestimmte Funktionen übernehmen wie Handel (z. B. Asiaten wie die ↗ Inder in Ostafrika, Libanesen und Griechen in Westafrika), im Dienstleistungsbereich oder in bestimmten Berufen, etwa im Handwerk, und somit für eine Gesellschaft wichtig sind. Andere Funktionen und Qualifikationen unterscheiden sie von der Mehrheitsgesellschaft, diese braucht sie, doch werden sie in die Gesellschaft nicht voll integriert, weil sie ethn. oder von ihrem kulturellen Hintergrund her verschieden sind, bleiben also Fremde. Bei der Marginalität, dem *Marginal Man*, handelt es sich um ein Konzept der amerik. Soziologie: Der *Marginal Man* wird beschrieben als der »Mischling«, als »kultureller Hybride« zwischen Kulturen bzw. Ethnien, der nicht mehr zur Herkunftskultur, aber auch nicht zu der Kultur gehört, der er sich selbst zugehörig fühlt. Damit kommt er in eine schwierige, psychisch belastende Lage, kann aber gleichzeitig eine Brückenfunktion, die Aufgabe eines Vermittlers zwischen den versch. Gruppen, übernehmen. Einzelmarginalität kann problematisch, Gruppenmarginalität für eine Gesellschaft fruchtbar sein. Manchmal kommt es bei Marginalität, z. B. bei den rassisch-ethn. Mischlingen wie den *Cape Coloureds* in Südafrika, zur Bildung völlig neuer Gruppierungen, die sich weder an einer Herkunftsgruppe noch an einer Zielgruppe orientieren können. Typische *Marginal Men* wären in Afrika die Politiker der ersten Stunde: Sie sind einer bestimmten ethn. Gruppe zuzuordnen, durch die Kolonialmacht ausgebildet worden, haben eine der in den Kolonien eingerichteten Eliteschulen besucht, in der Metropole studiert, sind dort kulturell assimiliert, ohne oft noch die Muttersprache zu beherrschen, teilweise akzeptiert und dennoch – selbst als Minister in Europa – Diskriminationsmechanismen unterworfen worden. Sie wenden sich oft in nativistischer Weise wieder den kulturellen Werten der Herkunftsgruppe zu, diese betonend und als mindestens gleichwertig darstellend, und stellen sich bei der Entkolonialisierung auf die Seite der ethn. Herkunftsgruppe. Zunächst wird also versucht, die vermeintliche Unterlegenheit der Herkunftskultur als zumindest den Kulturen Europas gleichwertig darzustellen (↗ *Négritude*, ↗ *African Personality*), dann mit den in der Metropole erworbenen Qualifikationen der Kampf um die Unabhängigkeit geführt. Diesen Persönlichkeiten wurden pol. Führungsqualitäten zugetraut, und sie waren oft die ersten Präsidenten der unabh. gewordenen Staaten.

🕮 K. D. Osswald, Das Konzept des Marginal Man in der Soziologie. In: SSIP-Mitteilungen 20/21 (1969), S. 2–20. – W. Heitmeyer (Hg.), Die bedrängte Toleranz – ethn.-kulturelle Konflikte, relig. Differenzen und die Gefahren politisierter Gewalt, Frankfurt/ 1996. – N. Paech, Minderheitenpolitik und Völkerrecht. In: Aus Politik und Zeitgeschichte, 1998, B46/47, S. 18–26.

Klaus-Dieter Osswald

Mineralien ↗ Bergbau

MINURCA ↗ Blauhelmeinsätze

MINURSO ↗ Blauhelmeinsätze

Mirliton ↗ Xylophon

MISAB ↗ Blauhelmeinsätze

Mischsprache, Bez. für Sprachen, die aufgrund von intensivem ↗ Sprachkontakt oder Zweisprachigkeit (↗ Mehrsprachigkeit) auf Vermischung ursprgl. versch. Sprachformen zurückgehen. In der ↗ Afrikanistik fand das Mischsprachenkonzept seit dem ausgehenden 19. Jh. regen Zuspruch; die Anwendung unscharfer Kriterien führte jedoch häufig zur Verwechslung von Entlehnung und systematischer Vermischung und ließ so entwicklungsgeschichtl. Zerrbilder entstehen, die z. T. noch heute die Vorstellung einer breiten Öffentlichkeit prägen. So wird das ↗ Swahili z. B. von vielen nicht als ↗ Bantusprache, sondern als M. betrachtet, nur weil ein beträchtlicher Teil des Wortschatzes aus dem

↗ Arabischen übernommen wurde. Auch die ost- und südnilotischen (↗ Nilotisch) Sprachen Ostafrikas sind aufgrund typologischer Ähnlichkeiten (↗ Sprachen, afrik.) lange Zeit als Ergebnis von Sprachmischung aus (west)nilotischen und hamitischen (d. h. v. a. kuschitischen; ↗ Hamitensprachen, ↗ Kuschitisch) Sprachen angesehen worden, ehe Mitte des 20. Jh. der gesamtnilotische Zusammenhang erkannt wurde. Als typische M. gelten bspw. Ma'a ~ Mbugu (Tansania, mit kuschitischem Wortschatz und Bantu-Grammatik) und Lozi (Sambia/Ostnamibia, aus den Bantusprachen Sotho und Luyana entstanden). Einen Sonderfall von M. stellen die ↗ Pidgin- und Kreolsprachen dar.

🕮 D.F. Gowlett, The parentage and development of Lozi. In: Journal of African Languages and Linguistics 11 (1989), S. 127–149. – B. Heine, Zur Frage der Sprachmischung in Afrika. In: Zeitschrift der Dt. Morgenländischen Gesellschaft, Supplementbd. 1, 3, Wiesbaden 1969, S. 1104–1112. – P. Bakker/M. Mous (Hg.), Mixed Languages, Amsterdam 1994.

Rainer Voßen

Mission, christliche. *I. Frühchristentum.* Die Geschichte der christl. Glaubensverbreitung bzw. der Evangelisierung Afrikas beginnt im 1. Jh. christl. Zeitrechnung in der röm. Provinz *Africa,* wo die noch heute bestehende koptische Kirche Ägyptens den Evangelisten Markus als ihren Gründer ansieht (↗ Kopten, ↗ röm. Kolonisation). Die Ausbreitung erfolgte von Stadt zu Stadt; die Landbev. wandte sich dem ↗ Christentum nur sporadisch zu. Bis zum 7. Jh., als das Christentum infolge der arab. Eroberung des Maghreb vom ↗ Islam verdrängt wurde, waren Alexandria und das davon beeinflusste Gebiet der Kyrenaika (östl. Libyen), sowie ↗ Karthago (↗ Donatismus) die Zentren der christl. Religion, die sich von dort aus über ↗ Nubien, wo es seit 326 einen Bischof und von ca. 700 bis 1323 ein christl. Nubierreich gab, bis nach Äthiopien (↗ Axum) verbreitete, wo sie heute noch besteht.

II. Die christliche Mission im 16. und 17. Jh. Die zweite Phase der Missionierung setzte zum selben Zeitpunkt ein, als Afrika von der europ. Expansion erfasst wurde. Sie steht in Zusammenhang mit dem portug. Unternehmen, in West- und Zentralafrika ein Handelsnetz aufzubauen, dem die Kirche in Form einer päpstlichen Bulle ihren Segen gab. Durch die Bulle *Romanus pontifex* vom 8. Jan. 1455 übertrug Papst Nikolaus V. dem portug. König Afonso V. und dem Infanten Heinrich die Länder, Häfen, Inseln und Meere Afrikas samt dem Patronat über die Kirchen, dem Handelsmonopol und dem Recht, die Ungläubigen in die Sklaverei zu führen (↗ Sklavenhandel). Als die Portugiesen 1482 die Mündung des Kongoflusses entdeckt hatten und 1487 nach Mbanza Congo, dem Herrschersitz des Kongoreichs, gelangten, kam es zu einer Zusammenarbeit zwischen dem König von Portugal und jenem des Kongoreichs, die mit der Ausweisung der Missionare 1560 zu Ende ging. Ein weiterer portug. Missionierungsversuch fand im Reich von ↗ Monomotapa statt, dem Nachfolgereich Großsimbabwes im südöstl. Afrika. Im Glauben, dass mit der Konversion der Herrscher auch das Volk zum Christentum bekehrt sei, tauften die portug. Missionare v. a. die Könige. Nach dem Rückzug der Portugiesen verlor das Christentum an Einfluss.

Ende des 16. Jh. und v. a. im 17. Jh. errichteten protestantische Mächte, vornehmlich Holländer, Engländer, Dänen und Schweden, an der Westküste Afrikas ihre Forts. Ihre Geistlichen kümmerten sich i.d.R. um die Europäer und deren afrik. Angestellte. Im Jahre 1652 gründete die Ostindische Kompanie Kapstadt. Die Buren ließen ihre Angestellten im christl. Glauben unterrichten, wodurch allmählich eine afrik. Gemeinde entstand. 1732 begann die Herrnhuter Brüdergemeine ihre Arbeit in Afrika, 1738 in Südafrika.

III. Mission im Zeitalter des Kolonialismus. Im Kontext von ↗ Kolonialismus und Imperialismus erfolgte in der zweiten Hälfte des 19. Jh. (z. B. durch Pioniere wie David Livingstone) die missionarische Durchdringung des Kontinents. Das Verhältnis von M. und Kolonialismus erweist sich als facettenreich: M. war einmal Wegbereiterin des Kolonialismus (Königreich Buganda), ein andermal von der Kolonialmacht abhängig und profitierte von ihr; oder sie formierte sich als Opposition zur kolonialen Herrschaft (Zentralafrika). Von einer wirklichen Missionierung Afrikas, an der kath. und protestantische Missionsgesellschaften vieler europ. Staaten beteiligt waren, lässt sich frühestens gegen Ende des 19. Jh. sprechen. Diese neuere afrik. Missions- und Kirchengeschichte kann in vier Perioden aufgeteilt werden: (1) Die erste Periode beginnt – je nach Region – um 1840, 1860 oder 1880 und dauert etwa bis 1900. Die Missionare arbeiteten noch vorwiegend an den Küsten; das Missionsmittel war an vielen Orten das sog. Christendorf, in dem man die Neuchristen zu sammeln suchte, um sie von ihrer Umwelt abzuschirmen und ihnen eine neue, auch gemeinschaftlich geprägte christl. Identität zu vermitteln. Zum Teil handelte es sich bei diesen Neuchristen um losgekaufte Sklaven. (2) Die zweite Periode dauerte von 1890/1900 bis zum Ersten Weltkrieg 1914–1918. In diesen Jahren etablierte sich die Kolonialherrschaft, der ↗ Sklavenhandel, gegen den sich die meisten Missionare gewandt hatten, verschwand, und die Weißen stießen weiter ins Innere Afrikas vor. Die Missionare befassten sich intensiver mit den afrik. Kulturen. Da es noch keine ethnolog. Forschung im wiss. Sinn gab, erforschten sie auf eigene Faust Hintergründe der afrik. Gesellschaften. (3) Die dritte Periode umfasst die Zeit vom Ende des Ersten Weltkriegs bis zum Ende der 1950er Jahre, also bis gegen Ende der Kolonialzeit. Der Schwerpunkt der Arbeit lag eindeutig auf der Schule (↗ Missionsschule), aber nicht mehr der einfachen Buschschule der Anfangszeit. Die Kolonialverwaltungen waren mittlerweile selbst am Aufbau des Schulwesens interessiert. Meist ergab sich eine Arbeitsteilung: Die Regierungen streckten das nötige Geld vor, die M. errichteten und führten unter staatl. Kontrolle die Schulen. Aus den Buschschulen wurden Primarschulen, aus den früheren Ausbildungsstätten für Katecheten Lehrerseminare. Nach dem Ausbau des Grundschulwesens wurde mit der Einrichtung von Mittelschulen begonnen, und bereits vor Ausbruch des Zweiten Weltkrieges dachte man an Universitäten. Infolge des Krieges konnten viele Pläne nicht weiter verfolgt werden, immerhin entstanden zwei kirchliche Universitäten: eine in Kinshasa (heute Demokrat. Rep. Kongo) und eine andere in Lesotho. Viele Schulen wurden in der Folgezeit verstaatlicht. (4) Die vierte Periode beginnt am Vorabend der pol. Unabh. der afrik. Staaten, also ungefähr ab 1960. Trotz ihrer Überzeugung, dass ein wohlwollender Kolonialismus legitim sei, akzeptierten die Missionare i.d.R. auch eine Bewegung in Richtung pol. Autonomie, hofften aber, diese würde nicht zu schnell kommen. Die kath. Bischöfe in Tanganjika vollbrachten insofern eine Pionierleistung, als sie sich 1953 für die pol. Unabh. des Landes aussprachen. Seit der Zeit der ↗ Entkolonialisierung haben die Christen – mit Unterstützung der Kirchen – in zunehmendem Maße angefangen, ihrem Glauben einen afrik. Ausdruck zu geben. Aus den Missionskirchen wurden junge ↗ Kirchen bzw. afrik. Ortskirchen, die sich – für die kath. Kirche insbes. seit dem letzten Konzil (1962–65) – nicht nur von ihren überkommenen westl. Kirchenstrukturen und theologischem Denken absetzten, sondern auch ihr eigenes Kirchenverständnis und eine eigene Theologie entwickelten, um ein authentisches afrik. Christentum zu gestalten.

IV. Missionare in Afrika. Die Rolle des Missionars bzw. der Missionarin hat sich im Laufe der Zeit weitgehend verändert. Anfänglich wirkten sie als Pioniere und Gründer, wobei dem Kolonisator und dem Missionar vieles gemeinsam war. Beide kamen aus der westl. Zivilisation, waren Fremde, hatten dieselbe Lebensweise und führten Neuerungen ein. Hatte das Christentum erst einmal in einer Gruppe Fuß gefasst und wurden Kirchen errichtet, galt es, die Gemeinden zu führen und die neue Lebensweise auch institutionell zu verankern (Schulen, Krankenstationen, kleine und große Seminare u. a.). In dieser Zeit wirkte der Missionar als Führer und Manager. Er führte und leitete die Christengemeinden und die an sie gebundenen Institutionen. Ihm zur Seite standen die ersten Christen und später einheimische Priester und Pfarrer. Wie für den Kolonisator, so ist auch für den Missionar die Verbindung von Fremdheit und Macht charakteristisch. Die Kultur des Missionars galt als die überlegene, seine Religion als die wahre, seine materielle Hilfe schien unerschöpflich. Er blieb aber ein fremder Arbeiter in einer fremden Kirche. Mit der pol. Unabh. veränderte sich die Stellung der Kirche und mit ihr die Rolle des Missionars. Die westl. Führung wurde massiv in Frage gestellt; nicht zuletzt unter pol. Druck ging die Leitung an die Afrikaner über, die ihre Kirche in eigener Verantwortung führen und gestalten. Der Missionar wurde Mitarbeiter und Partner in einem gemeinsamen Werk, eine Rolle, die zu erfüllen ihm gelegentlich bis heute noch schwerfällt. ↗ Kunst, christliche.

📖 H. Gründer, Welteroberung und Christentum. Ein Handbuch zur Geschichte der Neuzeit, Gütersloh 1992. – Ders., Geschichte der deutschen Kolonien, 2. Aufl., Paderborn 1991. S. Neill, Geschichte der christl. Missionen, 2. Aufl., Erlangen 1990. – U. van der Heyden (Hg.), Mission und Moderne. Beiträge zur Geschichte der christl. Mission in Afrika, Köln 1996.

Giancarlo Collet

Mission, islamische ↗ Islamisierung

Missionsschule. Christl. Missionen haben sehr bald auf ihren Missionsstationen Schulen eröffnet. Die M. war somit ein Mittel, um die Bev. mit der christl. Botschaft zu erreichen. Sie stand bewusst allen Bevölkerungsschichten offen und nahm sowohl Jungen als auch Mädchen auf. In vielen Fällen handelte es sich um sog. Kostschulen, d.h. Internatsschulen. Die Kinder blieben die Woche über dort, um ihnen weite Wege zu ersparen und sie mit christl. Lebensformen vertraut zu machen.

Ziel der M. war es zunächst nicht, europ. Bildung zu vermitteln, sondern die Schulen als Mittel der ↗ Mission einzusetzen. Die Weitergabe von Glaubensinhalten stand im Mittelpunkt. Notwendigerweise war dies mit der Vermittlung von Elementarbildung verbunden. Die Kinder sollten Lesen und Schreiben lernen, um auch die ↗ Bibel selbst verstehen zu können, die sehr bald in die einheimischen Sprachen übersetzt wurde. Die M. benutzte bewusst keine europ., sondern lokale Sprachen als Unterrichtsmedium. Damit stärkte sie die einheimische Kultur. Dieser missionsmethodische Ansatz führte dazu, dass das Christentum als »Religion der Schulstube« bezeichnet und verstanden wurde. Zumindest in der Anfangszeit wurde Lesenkönnen und Christsein als dasselbe angesehen.

Die M. diente auch dazu, einheimische Christen als Mitarbeitende für die Missionare heranzubilden. So entwickelten sich aus den M. oft Seminare für Evangelisten, Katecheten und Gemeindehelfer. Auch die theologischen Seminare zur Ausbildung von Pfarrern und Priestern haben hier ihren Ursprung. Ebenso entstanden Handwerker- und andere berufsbildende Schulen (↗ Kirchliche Entwicklungsarbeit).

Bald trat eine nicht antizipierte andere Funktion in den Vordergrund: Die M. stellte die für die Kolonialverwaltung im pol. und wirtsch. Bereich notwendigen Hilfskräfte bereit und musste ihnen die dafür nötigen Kenntnisse vermitteln. Zugleich waren die Kolonialregierungen aber nicht an einem zu hohen Bildungsstand der Bev. und damit kritischem Potential interessiert, was zu Spannungen mit den Missionen führte. Die M. waren in den nach Unabh. strebenden Kolonien ein wichtiger Faktor. Viele afrik. Staatsmänner und Politiker wurden in M. ausgebildet.

Der Aufbau höherer Schulen wurde von den Missionen in Angriff genommen, um für kirchl. Führungsaufgaben geeignetes Personal zu gewinnen. Hier musste mit den Regierungen kooperiert werden, z.B. in Bezug auf Lehrpläne. Nach der Unabh. gingen die M. i.d.R. in kirchliche Trägerschaft über, soweit sie nicht verstaatlicht wurden. Vereinzelt wurden auch kirchliche Universitäten gegründet. Insges. hat die M. beim Aufbau des Schulwesens in Afrika eine beachtliche Leistung erbracht. ↗ Bildungswesen, ↗ Christentum, ↗ Elite.

🕮 J. Eggert, Mission und sozialer Wandel in Ostafrika, Bielefeld 1970. – H.E. Hamer/K. Müller, Missionsschule. In: Lexikon missionstheologischer Grundbegriffe, Berlin 1987, S. 302–312.

Johannes Triebel

Mitgift, Güter, die bei einer Eheschließung von der Familie der Braut dem Bräutigam oder der Braut übergeben werden. Mitgiftzahlungen existieren v.a. in Gesellschaften mit patrilinearer Erbfolge und entsprechen oft dem Erbteil der Braut. In Afrika sind sie, außer in den islam. Regionen, eher unüblich und nicht zu verwechseln mit dem ↗ Brautpreis, auch wenn im frankophonen und anglophonen Raum die Bez. *dot* und *dowry* (M.) dafür verwendet werden. Von Brautpreis und M. zu unterscheiden ist die Aussteuer. Dabei handelt es sich um Haushaltsgegenstände oder Stoffe, die einer Braut von ihrer Mutter oder ihren mütterl. Verwandten in die ↗ Ehe mitgegeben werden und ihr persönliches Eigentum bleiben.

Katja Werthmann

Mode ↗ Kleidung, ↗ Schneiderei, ↗ Textilien, ↗ Weberei

Moderne Kunst. *I. Gegenstand*. Der Begriff »moderne ↗ Kunst in Afrika« wird häufig synonym mit »zeitgenössische afrik. Kunst« und »neue Kunst in/aus Afrika« gebraucht. Diese begriffliche Unschärfe weist auf das Fehlen einer etablierten Kunstwissenschaft Afrikas im deutschsprachigen Raum hin. Eine differenzierte Betrachtung, Beschreibung, systematische Analyse und Theoriebildung der Phänomene steht erst an ihren Anfängen. M.K. ist als Konzept in den Kunstwissenschaften, v.a. der westl. Kunstgeschichte, entstanden. Sie ist auf Seiten der Kunstschaffenden (Künstler) und v.a. in ihrer Rezeption von einer Hinwendung zum Artefakt gekennzeichnet, die primär aus sich selbst bestimmt oder motiviert ist. Erklärte und bewusste Brüche mit der Tradition kennzeichnen die m.K. ebenso wie eine rasche Abfolge oft gegenläufiger Tendenzen und das Nebeneinander einer großen Stilvielfalt. In Afrika entfaltet das Konzept der Moderne im Zuge der zu Beginn des 20. Jh. einsetzenden Einbindung afrik. Kunstschaffens in globale Kontexte immer mehr Wirkkraft. M.K. ist im o.a. Sinn am engsten mit akademischem Kunstschaffen in Afrika verbunden, aber weit darüber hinaus prägend. In vielen Bereichen erweist sich eine unveränderte Übertragung oder Anwendung dieses engen Konzepts von m.K auf afrik. Kontexte als problematisch und schließt weite Teile zeitgenössischen ästhetischen Schaffens aus. Die Vertreter der akademischen afrik. Kunstwelt sind Teil einer modernen globalen Kunstwelt und stehen so auch in der Tradition westl. Kunstgeschichte und -kritik. Im Werk und Schaffen nicht akademisch gebildeter zeitgenössischer Künstler sind ebenfalls Bezüge zur Moderne vorhanden, so dass es sinnvoll erscheint, hier von m.K. zu sprechen.

II. Akademische Kunst. Die Entwicklung akademischer Kunst in Abgrenzung zum Kunstschaffen von Nichtakademikern (Autodidakten, Handwerkern etc.) kann aufgrund der hist. Gegebenheiten nicht einheitlich für das ges. Afrika dargestellt werden. Sie ist eng mit der jüngeren Geschichte der jeweiligen Länder und insbes. mit der Kolonialisierung Afrikas verbunden.

In *(1) Südafrika* bestehen durch die Orientierung der weißen Bevölkerung an den kulturellen Zentren Europas seit dem 19. Jh. enge Kontakte zur internat. Entwicklung der Kunst. Im Verlauf des 20. Jh. ist die Entstehung einer akademischen Kunst entscheidend durch die Politik der ↗ Apartheid bestimmt, die der schwarzen Bevölkerungsmehrheit den Zugang zu den Hochschulen verwehrt. Durch verschärfte ↗ Zensur und andere Repressalien wird die Entfaltungsmöglichkeit auch weißer Künstler beschnitten. Während die Akademiekunst durch den internat. Kulturboykott von Entwicklungen außerhalb des Landes abgeschnitten ist, entsteht in den USA und Europa (z. B. Azaria Mbatha, 1941–) eine südafrik. Exilkunst (neben bildender Kunst auch ↗ Literatur und ↗ Musik). Auch in Südafrika finden weiße Künstler weiterhin Nischen, in denen sie gesellschaftskritisch wirken konnten – neben ↗ Malerei v. a. in den Bereichen ↗ Theater, Film (↗ Kino), Literatur, so z. B. William Kentridge (1955–), der sich in Animationsfilmen und als Direktor der *Handspring Puppet Company* mit Apartheid, ↗ Entkolonialisierung und Versöhnung in Südafrika auseinandersetzt. Seit der pol. Wende 1994 haben schwarze Künstler Zugang zu den Akademien und werden von der südafrik. Kulturpolitik bes. gefördert. Zugleich reagiert die westl. Kunstöffentlichkeit auf die neue Situation mit einer Würdigung des künstlerischen Schaffens im Neuen Südafrika.

(2) Westafrika. Charakteristisch für die Entwicklung der m.K. in einer ehemaligen engl. Kolonie ist Nigeria. In den 1920er Jahren wird Kunsterziehung an den Schulen Nigerias eingeführt. 1927 tritt Kenneth C. Murray (1902–1972) als erster *Art Education Officer* sein Amt in Nigeria an. Auf seine Initiative geht die Gründung der ersten nigerianischen Museen zurück, wie auch die erste Ausstellung mit nigerianischer m.K. außerhalb Nigerias (London 1937). Noch während der Kolonialzeit entstehen Kunstschulen, in denen vorwiegend engl. Kunstlehrer nach einem am engl. Vorbild orientierten Curriculum unterrichten. Es gelten westl. Ideale. Eine Verbindung mit dem soziokulturellen Umfeld der Schüler ist allenfalls auf stofflicher Ebene (Motivwahl) erwünscht. Im Zuge der Unabh. Nigerias (1960) werden die engl. Lehrkräfte nach und nach durch einheimische, von Europäern ausgebildete Kräfte ersetzt. Lehrpläne und Unterrichtsformen werden dagegen zunächst nicht modifiziert. Neben der Ausbildung von Kunstlehrern besteht die Aufgabe der Kunstschulen darin, Künstler auszubilden, die eine neue, nigerianische Kunst für die junge Gesellschaft schaffen und den jungen unabh. Staat im In- und Ausland repräsentieren sollen. Bereits Ende der 1950er Jahre entsteht die *Zaria Arts Society* in Nordnigeria (u. a. Demas Nwoko, 1935–, Uche Okeke, 1933–, Bruce Onobrakpeya, 1932–), die in Kunstausbildung und -praxis eine Abkehr von der rein westl. Kunst anstrebt. Ihr Konzept der *Natural Synthesis* fordert eine Verbindung nigerianischer Kunsttraditionen, Formen und Ideen mit geeigneten westlichen. Als Weiterentwicklung gilt die Kunstschule, die Anfang der 1970er an der *University of Nigeria at Nsukka* entsteht und unter der Sammelbezeichnung *Nsukka School* bzw. *Uliism* bekannt wird (u. a. Obiora Udechukwu, 1946–, El Anatsui, 1944–, Tayo Adenaike, 1954–, Chike Aniakor, 1939–).

Auch im frankophonen Afrika sind in nachkolonialer Zeit wichtige Zentren m.K. entstanden, v. a. die *École des Beaux Arts* in Dakar/Senegal (u. a. Iba N'Diaye, 1928–, El Hadji Sy, 1954–, Papa Ibra Tall, 1931–). In den ehemals portug. Kolonien haben sich dagegen keine vergleichbaren Strukturen entwickelt. Internat. Beachtung und Anerkennung hat allenfalls der mosambikanische Maler Valente Malangatana (1936–) aus Lourenço Marques (Maputo) erfahren. Seine künstlerische Entwicklung ist durch die Patronage des portug. Architekten Amancio (Pancho) Guedes geprägt, und Malangatanas Werke wurden seit den frühen 1960er Jahren u. a. in Südafrika, Nigeria und vielen europ. Ländern ausgestellt.

III. Moderne Kunst außerhalb der Akade-

Abb. 23: Henry Munyaradzi, »Leaf Head«, 1976

mien. Über die Akademien hinaus existieren in Afrika Bereiche des Kunstschaffens, die im weiteren Sinne als m.K. bezeichnet werden können. Hierzu zählen v.a. Künstlergruppen, Workshops und Autodidakten. 1936 gründet die Engländerin Margaret Trowell in Kampala (Uganda) das *Makerere College of Arts.* Zu Beginn der 1940er Jahre gründet Pierre Romain Desfossés (1887–1954) in Elisabethville/Belg.-Kongo (heute Lubumbashi/Demokrat. Rep. Kongo), das Kunstatelier *Le Hangar* (ab 1947 *Academie de l'Art populaire congolais*). Desfossés erste Schüler sind seine Hausangestellten, die er in künstlerischen Techniken unterweist. Zu den wichtigsten Vertretern dieser Schule gehören Pilipili Mulongoya (Lebensdaten nicht überliefert), Bela Borkémas (1918-?) und Mwenze Kibwanga (1924-?). Der hier entstandene Pili-Pili- oder Kongo-Stil ist von zentraler Bedeutung für die beginnende Rezeption afrik. m.K. in der westl. Welt. Bereits 1949 kauft das *Museum of Modern Art* in New York einhundert Werke dieser Schule; weitere Werke finden sich in vielen bedeutenden Sammlungen der afrik. Moderne. Als Teil der 1957 gegründeten *Rhodes National Gallery* in Salisbury (heute Harare/Simbabwe) ruft Frank McEwen den *Central African Workshop* ins Leben. Bekannt wird dieser durch die sog. Shona-↗ Skulpturen von Künstlern wie Joram Mariga (1927–2000), Paul Gwichiri (1938–) und Thomas Mukarobgwa (1924–1999). In Oshogbo (Nigeria) leiten Ulli und Georgina Beier seit 1963 versch. Workshops, aus denen die *Oshogbo*-Schule hervorgeht. Ihr werden Künstler wie Taiwo Olaniyi (bekannt unter dem Namen Twins Seven-Seven, 1944–), Rufus Ogundele (1946–1996), Gift Orakpo (1953–1979), Adebisi Fabunmi (1946–) und Tijani Mayakiri (1937–1991) zugerechnet. Wie Desfossés vor ihnen gelingt es Ulli und Georgina Beier, der von ihnen initiierten Kunstschule zu internat. Ansehen zu verhelfen. Eine Reihe von Künstlern der ersten Generation haben ihrerseits Werkstätten gegründet und damit Oshogbo zu einem

Zentrum der Kunstproduktion gemacht. Die österreichische Künstlerin Susanne Wenger (1915–), seit 1958 in Oshogbo, wurde dort in den Kult der Flussgöttin Oshun initiiert und hat sich der Renovierung und Ausschmückung von Schreinen der Yoruba-Gottheiten angenommen. Ihre Zementplastiken (↗ Plastik) werden zusammen mit den Skulpturen von Bildhauern wie Adebisi Akanji (1930–) und Buraimoh Gbadamosi (1936–) einer eigenen Künstlergruppe, *New Sacred Art*, zugerechnet.

In Ostafrika, insbes. in Kenia, üben Galerien wie *Paa Ya Paa* (geleitet vom Maler Elimo Njau, 1932–), *Watatu* (Ruth Schaffer, 1911–1996) und *African Heritage* (Alan Donovan, 1938–) einen prägenden Einfluss auf das dortige Kunstschaffen aus.

IV. Rezeption. Bei der Wahrnehmung nichtakademischer afrik. bildender Kunst ist die Vorstellung verbreitet, der Künstler habe seine Werke unbeeinflusst von Kenntnissen europ. Kunst, aus eigener Inspiration, geschaffen. Im Gegenteil lässt sich für viele der o. a. Beispiele belegen, dass die Künstler Zugang zu Kunstkatalogen und Ausstellungen (z. B. Wanderausstellungen europ. Kulturinstitute) hatten. Einige Künstler haben nach ersten Erfahrungen in Workshops eine akademische Kunstausbildung aufgenommen, und viele sind nach Europa und in die USA gereist. Charakteristisch für die Rezeption ist der Vorwurf an afrik. m.K., ihr fehle das »Authentische«, »Eigenständige«, »Afrikanische«, wie auch die Darstellung ihrer Erschaffer als bloße Epigonen namhafter europ. Künstler (z. B. eines Bildhauers als »Henry Moore Afrikas«). Beides sind einengende Perspektiven, die ein diffuses Konzept des »Afrikanischen« zum zentralen, wertenden Kriterium machen (↗ schwarzafrik. Kunst) und so eine differenzierte Auseinandersetzung mit m.K. in Afrika erschweren bzw. verhindern.

V. Strukturen. Zentren afrik. m.K. sind v. a. die Großstädte Afrikas. Daneben hat sich in den Metropolen Europas (Paris, London) und der USA (u. a. New York) eine afrik. Diaspora gebildet, die, als integraler Bestandteil einer internat. Kunstszene, für die interessierte Öffentlichkeit durch ein Netz von Galerien und Ausstellungsorten präsent ist. Von der ersten Ausstellung afrik. m.K. in Europa (1927 im *Imperial Institute*, London) bis in die 1960er Jahre ist es bei wenigen, überwiegend kleinen Ausstellungen afrik. m.K. geblieben. Doch ihre Zahl hat ständig zugenommen, und seit Ende der 1980er Jahre ist auch eine Öffnung der etablierten Institutionen der westl. Kunstwelt für diese Kunst zu verzeichnen. Hervorzuheben sind die Ausstellungen *Magiciens de la terre* (1989), *Africa Explores* (1991–1994) und *Africa Hoy* (1991). 1992 werden zum ersten Mal westafrik. Künstler im Rahmen der bedeutendsten Kunstausstellung im deutschsprachigen Raum, der 9. Documenta, vorgestellt: Ousmane Sow (Senegal, 1935–) und Mo Edoga (Nigeria). Documenta X zeigt 1997 Werke von Oladélé Ajiboyé Bamgboyé (Nigeria, 1963–), William Kentridge (Südafrika, 1955–) und Abderrahmane Sissako (Mauretanien, 1961–). Künstlerischer Leiter der 11. Documenta ist mit dem nigerianischen Kunstkritiker Okwui Enwesor erstmals ein Afrikaner. Die Projektgruppe Stoffwechsel organisiert seit 1997 parallel zur Documenta Ausstellungen und Symposien zur Kunst Afrikas, Lateinamerikas und Asiens. Unter dem Titel *Seven Stories About Art in Africa* zeigt eine Teilausstellung des Festivals *Africa '95* Werke von sechzig afrik. Künstlern in der Londoner *Whitechapel Art Gallery*. 1981 wird an der Universität Bayreuth das Iwalewa-Haus als Dokumentations- und Forschungszentrum für afrik. Kunst und Alltagskultur gegründet. Als weltweit einmaliges Institut beherbergt es eine umfangreiche Lehr- und Forschungssammlung m.K. Afrikas. Weitere Sammlungen m.K. Afrikas befinden sich in Deutschland in Privatbesitz sowie in Völkerkundemuseen: München beherbergt eine Sammlung äthiop. Kunst, und die Schwerpunkte in Frankfurt sind Süd- und Ostafrika. Von großer Bedeutung für die Präsentation afrik. m.K. sind die Biennalen von Venedig (v. a. seit 1991) und Havanna (seit 1984). 1994 wird die Biennale *Dak'Art* in Dakar (Senegal) und 1995 die Biennale *Africus* in Johannesburg (Südafrika) ins Leben gerufen. Daneben existieren in vielen Ländern nat. und regionale Festivals und Wettbewerbe, die gleichermaßen arrivierte Künstler wie auch den künstlerischen Nachwuchs fördern.

Eine kritische Auseinandersetzung mit m.K. Afrikas erfolgt über internat. Kunstzeitschriften wie *African Arts* (Los Angeles), *Nka* (New York), *Third Text* (London), *Revue Noire* (Paris) sowie *Glendora* (Lagos). In vielen afrik. Ländern werden Kunstzeitschriften von überwiegend nat. Bedeutung herausgegeben. Ein wichtiger Impuls für die Einbindung afrik. m.K. in internat. Zusammenhänge sowie für die globale Vernetzung der Kunstwelt(en) geht von Kunst-»Zeitschriften« im Internet aus, so z. B. dem südafrik. Projekt *ArtThrob*. ↗ Grafik, ↗ Kunst, städt., ↗ Kunstmarkt, ↗ Museen.

🕮 C. Deliss (Hg.), Seven Stories about Modern Art in Africa, Paris/New York 1995. – S. Vogel (Hg.), Africa Explores. 20th Century African Art, New York 1991. – Africus: Johannesburg Biennale, Johannesburg 1995 und 1997.

Ulrich Bauer/Ulf Vierke

Modernisierung, *I. Modernisierung in der Theoriediskussion.* Der unkritische Blick auf die M. wurde in der Theoriediskussion der 1950er und 1960er Jahre von der Vorstellung geprägt, dass alle unterentwickelten Gesellschaften einen Prozess der Nachahmung und der Angleichung an die entwickelten Gesellschaften des Westens durchlaufen würden. Auch Afrika wurde als Teil dieses Wandels begriffen, bei dem weltweit durch Anstöße von außen die traditionellen Werte, Denk- und Verhaltensweisen sowie die pol., ökonom., sozialen, kulturellen und technol. Strukturen dem Leitbild angepasst würden, das von den westl. Industrieländern vorgezeichnet worden war. Spätestens im Verlauf der 1970er Jahre wurde jedoch nicht zuletzt anhand der (Fehl-) Entwicklungen in Afrika klar, dass eine derart lineare, uniforme, naiv-ahist. und kontextunabh. Sichtweise von M. nicht mehr mit der Realität in Übereinstimmung zu bringen war. Der Blick auf das, was im afrik. Kontext unter M. zu verstehen ist, hat sich seither gewandelt. M. wird nicht mehr ausschließl. auf Merkmale bezogen, die aus der europ. Erfahrung abstrahiert werden, vielmehr haben hist. bedingte und kontextabhängige Erklärungsfaktoren ein stärkeres Gewicht erhalten.

II. Modernisierung als Gradmesser afrik. Gegenwartsentwicklung. Die Krise von Entwicklung und M. ist in Afrika bis auf wenige Ausnahmen chronisch und dauerhaft. In der Folge weicht die Realität vor Ort immer stärker von dem ab, was dem europ. Modell entspricht. Legte man die westl. Messlatte an, würde den Menschen vor Ort nur zu leicht die eigene Würde des Lebensalltags auf unzulässige Weise entzogen; die hist. (↗ Kolonialismus) und ökonom.-pol. Mitverantwortung (↗ Verschuldung, Agrardumping) des Westens bliebe ausgeblendet. Die Entwicklung in Afrika zeigt nachdrücklich, dass M. weder ein linearer noch ein uniformer Prozess ist, sondern dass die postmoderne Realität vielmehr von der Gleichzeitigkeit des Ungleichzeitigen geprägt wird, bei der die Spannungen und Regressionen durchaus überwiegen können. Aus vergleichender Perspektive gilt für Afrika, dass die in ihrem ursprgl. Verständnis gescheiterte M. eine zunehmend gefährliche Situation geschaffen hat. In den »gescheiterten« bzw. »blockierten« pol. Übergangsprozessen und angesichts einer tiefgreifenden ökonom. Misere spitzt sich die Politisierung zu, ohne dass ein hinreichend gestärkter institutioneller Rahmen zu ihrer Abfederung bestünde. Gleichzeitig schrumpft fast überall die für eine erfolgreiche Abfederung erforderliche materielle Grundlage. Dennoch sind Phänomene wie die Dauerhaftigkeit und Brutalität von afrik. Bürgerkriegen und Staatszerfallsprozessen (↗ Kriege/Bürgerkriege) Teil der komplexen und widersprüchlichen afrik. Moderne, die nicht ohne Rückgriff auf die lokalspezifischen hist. und gesellsch. Besonderheiten erklärt werden kann.

III. Modernisierung im Gegenwartsdiskurs. Für Afrika muss es darum gehen, sich mit einem neuen Verständnis von M. den Herausforderungen des Staatszerfalls, der ökolog. und ökonom. Misere, der blockierten Demokratisierung und Beharrungskraft neopatrimonialer Herrschaftsstrukturen (↗ Neopatriomonialismus), der Massenarmut und des allg. Bedeutungsverlustes im Zuge der Globalisierung, kurz: den beinahe vollständig ausgebliebenen Verheißungen der Moderne zu stellen. Dabei geht es nicht darum, im Sinne kulturalistischer Katastrophenszenarien oder Determinismen (»Afrika ist zur M. strukturell nicht fähig«) die gängigen Vorurteile über Afrika zu wiederholen. So kann z. B. das vom südafrik. Präsidenten Thabo Mbeki propagierte Konzept der »Afrik. Renaissance« als ein Versuch gelten, die Verheißungen der M. unter den spezifischen Bedingungen afrik. Gegenwart als angepasstes Leitbild neu zu formulieren. Ob aber Afrika im Hinblick auf seine vielfältigen Belastungen und Probleme durch einen eigenständigen, zweifellos konfliktreichen und langwierigen Lernprozess in der Lage sein wird, über einen Schatten zu springen, der längst nicht mehr nur von außen als solcher differenziert wahrgenommen wird, bleibt zu hoffen. Die Entwicklung in Afrika macht zudem klar, dass auch im Westen das Paradigma der M. deutlicher relativiert werden muss. Denn im Rahmen der »zweiten« bzw. der »reflexiven« oder der »kritischen« Moderne muss diese selbst neue Wege erkunden. Wenn auch die westl. Kultur mehr mit sich selbst in Konflikt gerät, sich stärker aus der selbstreferentiellen Fixierung löst, sich mit den Herausforderungen des demographischen Übergangs, der ökolog. Krise oder der sozialen Individualisierung stärker auseinandersetzt, dann ist ein sinnvoller Anfang gemacht und die scheinbare Distanz zu den Geschehnissen in Afrika überwunden. Auch wenn es in Afrika ungleich schwieriger sein dürfte, wird es darauf ankommen, dass Afrika weiter nach einer eigenen Sprache sucht, den Dialog mit dem Westen aufnimmt und einen Weg zwischen einem vereinnahmenden Universalismus und einem kulturalistischen Partikularismus findet, der es ermöglicht, die Moderne als gemeinsam zu gestaltendes Projekt der Zukunft anzusehen. Afrika muss sich davor hüten, die eigene Zukunft als bereits erneut kolonisiert zu betrachten. M. muss überall als komplexer und widersprüchlicher Prozess begriffen werden, der analytisch nur mit pluralistischen und multiperspektivischen Ansätzen besser verstanden werden kann. In der globalen Lern- und Verantwortungsgemeinschaft gibt es keine Senior- und Juniorpartner mehr.

🕮 M. Featherstone (Hg.), Global Modernities, London 1995. – A. Giddens, The Consequences of Modernity, Cambridge 1990. – M. Mamdani, Citizen and Subject. Contemporary Africa and the Legacy of Late Colonialism, Princeton 1996. – D. Senghaas, Zivilisierung wider Willen. Der Konflikt der Kulturen mit sich selbst, Frankfurt/M. 1998. – R. Weimann (Hg.), Ränder der Moderne. Repräsentation und Alterität im (post)kolonialen Diskurs, Frankfurt/M. 1997.

Cord Jakobeit

Mogho Naba, Titel des obersten Mossi-Herrschers, der seinen Sitz in Wagadugu (heute Burkina Faso) hat. Der Titel kommt dem jeweils direkten Nachfahr des ersten Herrschers zu und existiert noch heute. ↗ Westafrika, Völker, Kulturen und Staaten.

Benson Osarhieme Osadolor

Monogamie (Einehe), eheliche Verbindung mit ausschließlich einem Partner. Die ↗ Ehe mit mehreren Partnern nennt man ↗ Polygamie. In etlichen afrik. Staaten werden vor dem Gesetz heute nur offiziell geschlossene monogame Ehen als legal anerkannt.

Katja Werthmann

Monokultur ist eine grundsätzlich naturwidrige Anbauweise und an Voraussetzungen gebunden, die neben der Wahl des geeigneten Standortes v.a. in einer relativen Selbstverträglichkeit der Kulturpflanzen liegen. Auch bei günstigen Bedingungen sind i.d.R. hohe Aufwendungen für Mineraldüngung und chemischen Pflanzenschutz erforderlich, um dem einseitigen Nährstoffentzug und dem Wachstum der Schädlingspopulationen entgegenzuwirken. Arbeitskräfte finden meist nur saisonal Beschäftigung. Aus betriebswirtsch. Sicht können mit M. zwar höchste Erträge erzielt werden, dem stehen aber Nachteile wie Risikobelastung, Kapitalbedarf und das Erfordernis sicheren Marktzugangs entgegen. In Afrika findet sich M. vorwiegend in kommerzialisierten Großbetrieben und in der ↗ Plantagenwirtschaft. Für die bäuerl. ↗ Landwirtschaft ist mit Ausnahme des bewässerten Reisbaus die Mischkultur charakteristisch.

Baumwolle ist eine der Kulturpflanzen, die wegen ihrer großen Selbstverträglichkeit jahrzehntelang in M. angebaut werden kann. In der ↗ Bewässerungswirtschaft der Gezira (Sudan) wurde dies seit 1925 praktiziert. Allerdings ist man hier in jüngerer Zeit, nachdem Zeichen der Bodenerschöpfung unübersehbar geworden waren, zu einer dreigliedrigen Fruchtfolge im Verbund mit Hirse und Lubia (*Dolichos lablab*) übergegangen. Zuckerrohr und Sisal eignen sich für den Anbau in M., und gleiches gilt, schon aufgrund ihrer langen ökonom. Nutzungsdauer, für die tropischen Dauerkulturen Kautschuk (35 Jahre), Ölpalme und Tee (50 Jahre), Kokospalme (80 Jahre) und Robusta-Kaffee (über 100 Jahre). Aber auch diese typischen Plantagenkulturen werden nicht immer in M. angebaut. Untersaaten zur Bodenbedeckung, einjährige Kulturen in den ersten Jahren oder Viehweiden bspw. unter Kokospalmen sind durchaus üblich.

Eckhard Baum

Monomotapa, Mitte des 15. Jh. gegr. Reich auf dem Gebiet des heutigen Simbabwe. Um den Handel mit Gold und Elfenbein von Zentralafrika zu den ostafrik. Hafenstädten kontrollieren zu können, lösten mehrere Militärführer sich aus der Abhängigkeit mächtiger Reiche, unterwarfen andere Gebiete und errichteten neue Reiche. In diesem Zusammenhang entstand um die Mitte des 15. Jh. unter Mutota ein Nachfolgestaat von Großsimbabwe. Der Herrschertitel des neuen Reiches, *mwene mutapa*, wurde später von den Portugiesen, die seit etwa 1500 an der ostafrik. Küste Handel trieben, zu *Monomotapa* verändert und als Bezeichnung dieses Reiches verwandt. Der Sohn Mutotas eroberte in zahlreichen Kriegszügen bis 1480 den größten Teil des heutigen Simbabwe, das Sambesi-Tal und einen großen Landstrich bis zum Indischen

Ozean und brachte M. zu seiner größten Ausdehnung und Blüte. Seine ökonom. Basis lag im Reichtum an Gold und Elfenbein, die im Fernhandel an die Araber in den ostafrik. Küstenstädten verkauft wurden, in einer florierenden Landwirtschaft sowie einer ausgedehnten Viehzucht. Die Portugiesen versuchten seit ihrer Niederlassung an der Küste, Goldabbau und Goldhandel unter ihre Kontrolle zu bringen. Zwischen 1629 und 1693 konnten sie die Hauptstadt von M. besetzt halten. In der Folgezeit kontrollierte das aufstrebende Reich Changamire den Goldhandel, im 17. und 18. Jh. nahm der Goldabbau allerdings ab.

An der Spitze des Reiches stand ein Herrscher, mit einer gut bewaffneten Gruppe mehrerer hundert Kämpfer, die die innere Sicherheit aufrechtzuerhalten hatten, Abgaben einzogen und unterworfene Nachbarvölker kontrollierten. Händler und der Fernhandel spielten eine herausragende Rolle. Alle Handelswaren wurden besteuert, und die Bev. musste den Hof und die Armee mit Nahrungsmitteln versorgen. Wie Großsimbabwe kannte auch M. den Bau großer Steinhäuser und -wälle. Ende des 19. Jh. kam die gesamte Region unter brit. Kontrolle. ↗ Vorkoloniale politische Systeme.

🕮 S.I.G. Mudenge, A Political History of Munhumutapa, c 1400–1902, Harare/London, N.J. 1988. – G. Connah, A question of context: Great Zimbabwe and related sites. In: Ders., African Civilizations. An Archaeological Perspective, Cambridge 2001, S. 223–262.

Leonhard Harding

Monrovia-Gruppe ↗ OAU

MONUA; MONUC ↗ Blauhelmeinsätze

Moore (Sprache) ↗ Gur

Mosambik. **Fläche:** 799.380 km². **Einw.:** 17,9 Mio. (1999). **Stadtbev.:** 39% (1999). **Hauptstadt und Wirtschaftsmetropole:** Maputo (1,1 Mio. Einw. 2000). **Unabh.:** 25. 6. 1975. **Staatsform:** Präsidialrep.; Einkammerparlament (Volksversammlung); Mehrparteiensystem. **Währung:** Metical. **HDI-Rang** 157/162 (2001). **Auslandsverschuldung**: 1 Mrd. US$ (1999). **Anteil der Entwicklungshilfe am BSP**: 30% (1998). **BSP/Kopf**: 230 US$, **HIV-infizierte Erwachsene**: 13,2%, **Lebenserwartung**: m 38,8 J., w 40,8 J., **Alphabetisierung** der Erwachsenen: m 59,3%, w 27,9% (1999). **Einschulungsrate**: m 47%, w 40% (1995–99). **Amtssprache:** Portug.; **Regionalsprachen:** Makua (26,3%), Chewa/Nyanja (11,4%), Lomwe, Sena, Chwabo u.a. (↗ Bantusprachen.)

I. Naturraum. Aufgrund seiner günstigen Lage am Ind. Ozean dient M. als wichtiges Transitland für viele Binnenländer im südl. Afrika. Geogr. wird das Land in vier Teile gegliedert: den N, das Sambesigebiet, Zentral-M. und das Save-Land im S (↗ Ökozonen). Mit seiner 2.800 km langen Küste mit vielen Sandstränden weist M. ein reiches touristisches Potential auf. Umwelt und Natur wurden während des jahrzehntelangen Bürgerkrieges in Mitleidenschaft gezogen. Die durch den Krieg bedingte Land-Stadt-Wanderung ging mit der Zerstörung der Wälder einher. Ebenfalls stark dezimiert wurden vielerorts die üppigen Mangrovenbestände, die an weiten Teilen die Küste vor den Fluten des Ind. Ozeans schützen. Von der Erosion ist v.a. die Stadt Beira im Zentrum betroffen. Anfang 2000 erlitt M. die größte Flutkatastrophe seiner Geschichte. (↗ Entwaldung, ↗ Naturschutz, ↗ Umweltschutz.)

II. Bevölkerung und ethnische Gruppierungen. Trotz der zunehmenden ↗ Urbanisierung lebt die überwiegende Mehrheit der Mosambikaner in ländl. Regionen. Fast die Hälfte der Bev. ist auf die Zentralprovinzen Zambezia, Nampula und Sofala konzentriert. Die Niassa-Provinz im N ist am dünnsten besiedelt. Zu portug. Kolonialzeiten gingen jährl. etwa 300.000 Menschen insbes. aus dem S des Landes als ↗ Wanderarbeiter in die Erzminen Südafrikas. Während des Bürgerkriegs (↗ Kriege/Bürgerkriege) waren ca. 1,5 Mio. Mosambikaner ins Ausland geflohen, weitere 4–5 Mio. galten als Vertriebene im eigenen Land. Die Rückkehr der kleinbäuerlichen Familien nach dem Friedensschluss 1992 und ihre Wiederansiedlung hat die Frage der Landzuteilung und Rechtssicherheit aufgeworfen. Nach dem 1997 verkündeten Landgesetz wurden Kleinbauern sowie ländl. Gemeinden Nutzungsrechte auf Land gewährt, das weiterhin staatl. ist (↗ Bodenrecht). Vielerorts haben die Machthaber das Land entweder sich selbst angeeignet oder an ausl. Geschäftsleute veräußert.

Die Bev. von M. besteht aus rund 40 ethn. bzw. 15 Sprachgruppen. Die Makua-Lomwe stellen mit 40% den größten Bevölkerungsteil. Weitere 25% der Mosambikaner gehören zu den Thonga-Gruppen (Tswa, Ronga und Tsonga-Shangaan) und 15% zu den Shona. Kleinere Gruppen sind Sena-Nyanja, Chopi, Makonde, ↗ Swahili. Matrilineare Gesellschaften finden sich nördl. des Sambesi (↗ Matrilinearität), ansonsten entspricht die ↗ Sozialstruktur der für

Afrika typischen Hierarchisierung mit *chiefs* und Ältesten an oberster Stelle. Die kleine Minderheit der asiat. und europ. Bev., die hauptsächlich Portug. spricht, lebt vorwiegend in den Städten. Nach der Unabh. 1975 hatte die Regierung keine ethn. oder tribale Bevölkerungspol. verfolgt, daher spielte die ethn. Komponente im Bürgerkrieg eine eher untergeordnete Rolle, wenn auch die Führungsriege der RENAMO sich fast ausschließlich aus den Sena in Zentralmosambik rekrutierte (↗ ethnische Konflikte, ↗ Ethnizität, ↗ Rassismus).

III. Geschichte und Politik. Schon z.Z. der großen Bantu-Reiche (↗ Monomotapa, Simbabwe, Marave) hatte an der mosambikanischen Küste der Fernhandel mit arab. und indischen Händlern geblüht. Anfang des 16. Jh. erreichten Portugiesen die Küste, die von ihren Handelsstationen an der Sambesi-Mündung aus ihren Einfluss ins Landesinnere ausbauten und die arab. Händler verdrängten. Wegen der ökonom. Schwäche gelang den Portugiesen, die vornehmlich an Sklaven für Brasilien und an Elfenbein interessiert waren, erst gegen Ende des 19. Jh. die endgültige Etablierung der Kolonialmacht in M. Die Einführung von Zwangsarbeit, Zwangskulturen und Wanderarbeit, v.a. in den südafrik. Minen, verstärkte den ↗ Widerstand, der schon der kolonialen Eroberung entgegengesetzt worden war. 1962 gründete sich aus drei nationalistischen Organisationen die FRELIMO (*Frente de Libertação de Moçambique*, ↗ Rebellenbewegungen), die zwei Jahre später den bewaffneten Kampf aufnahm, bis nach der Nelkenrevolution in Portugal 1975 die Unabh. erreicht wurde. Bereits im Unabhängigkeitskampf von sozialistischen Staaten unterstützt, wurde die FRELIMO zur Einheitspartei und M. zur sozialistischen Volksrep. (↗ Sozialismus). 1979 kam es zu blutigen Auseinandersetzungen zwischen der FRELIMO und der RENAMO, einer vom südafrik. Apartheidregime unterstützten Rebellenarmee. Nach zähen Friedensverhandlungen in Rom wurde der Krieg 1992 beendet. Bei den Wahlen 1994 und im Dez. 1999 siegten die FRELIMO und Präsident Joaquim Alberto Chissano jeweils knapp vor der RENAMO und deren Kandidaten Dhalakama.

IV. Wirtschaft und Sozialstruktur. Bis Mitte der 1990er Jahre zählte M. zu den ärmsten Ländern der Erde. Seit der zweiten Hälfte der 1990er Jahre gehört es aufgrund seines Wirtschaftswachstums zu den ökonom. erfolgreicheren Staaten Afrikas. Nach der Unabh. hatte M. über einen ausgewogenen Agrarsektor und über eine kleine, aber leistungsfähige verarbeitende Industrie verfügt. Seine Devisen erzielte das Land über Einnahmen aus dem internat. Transitverkehr, aus den Transferzahlungen der Wanderarbeiter und nicht zuletzt aus dem ↗ Tourismus. Nach der Abkehr vom Marxismus-Leninismus und einer beispiellosen Privatisierungswelle in den 1990er Jahren wird heute v.a. in den S des Landes investiert. Wirtsch. ist M. abhängig von Südafrika, das die meisten Investitionen tätigt und ein bes. Interesse an der Entwicklung des Maputo-Korridors hat. An der Landbev. ging der Wirtschaftsboom, der durch die Flutkatastrophe einen vorübergehenden Rückschlag erlitten hat, bislang vorbei. Der ↗ Ackerbau wird durch etwa 2 Mio. ↗ Landminen erschwert. Als weitere Hypothek aus dem Bürgerkrieg ist die gesellsch. Reintegration der Soldaten und kriegstraumatisierten Kinder zu bewältigen.

V. Literatur, Musik, Kunst. In M. hat sich eine vielfältige Lit., Malerei und Musikszene herausgebildet. Als einer der bedeutendsten Maler Afrikas gilt Malangatana Valente Ngewnya (geb. 1936), der zahlreiche nat. und internat. Auszeichnungen erhalten hat. Trotz der in Afrika verbreiteten gesellsch. Vorurteile gegenüber schreibenden ↗ Frauen gibt es eine bemerkenswerte Anzahl Schriftstellerinnen, z.B. Lina Magaia, Paulina Chiziane (*Balada de amor ao vento*, dt. *Liebeslied an den Wind*) und Lilia Momple (↗ Frauenliteratur, ↗ lusophone Literaturen). Unter den Autoren hat sich v.a. Mia Couto (u.a. *Terra Sonâmbula*, dt. *Das schlafwandelnde Land*) über die Landesgrenzen hinweg einen Namen gemacht. Zu den bekannten Vertretern der Musikszene gehören das *Orchestra Marrabenta*, die Gruppe *Ghorwane* sowie Stewart Sukuma, der als neue Stimme M. gilt.

🕮 E. Adam, Mozambique. In: Handbuch der Dritten Welt, Bd. 5,3. überarb. Aufl., Bonn 1993, S. 384–400.

Lothar Berger

MRU ↗ regionale Organisationen

Mündliche Überlieferung ↗ Erzählen/Erzählforschung, ↗ geschichtliche Überlieferung, ↗ Griot, ↗ Mvett, ↗ Oralliteratur, ↗ Oralphilosophie, ↗ Preisgesang

Muntu, in Teilen des subsahar. Afrikas Bez. für Mensch, Individuum oder Person. M. stammt aus den ↗ Bantusprachen des zentralen und südl. Afrika, die meist die mehr oder minder abgewandelte Wurzel *ntu* in ihren Bez. für den Menschen aufweisen, so z. B. *min, mwana, adamu* oder *mtu*, das Luba (Kongo) schließlich *muntu*.

Der ruandische Philosoph Alexis Kagame meinte, diese Wurzel *ntu* entspreche dem philos. Begriff der Substanz. Eine essentialistische Ethnographie, die auf den belg. Pater Placide Tempels zurückgeht, setzte M. schließlich gleich mit dem afrik. Menschen, schrieb ihm zu, dass ihn der Sinn für Familie, Solidarität und Hierarchie kennzeichne, und hielt damit nur Merkmale fest, die sich in jeder mit einer Geschichte voller Zufälligkeiten konfrontierten menschlichen Gesellschaft finden. Eboussi Boulaga sprach von einer »Krise des M.«, die eine »Krise des Afrikaners« überhaupt sei. Damit wird nicht nur ein ausschließlich bei den Bantu verwendeter Wortstamm als Ausdruck für den Afrikaner schlechthin benutzt, Janheinz Jahn fasste mit der Behauptung, der Ausdruck M. betreffe im weiteren Sinn die Lebenden, die Toten, die Ahnen und die Götter, den Begriff M. gar als einen Schlüssel der afrik. Kultur. Diese ethnographischen Kuriosa hatten vielfach Einfluss auf afrik. Philosophen. Den Ausdruck M. (für den Menschen) auch für Gott zu benutzen, ist aber nicht möglich. Selbst wenn sich bei den Dschagga (Tansania) *mungu* (Gott) ähnlich anhört wie *mtu* (Mensch), in anderen Bantusprachen ist das nicht der Fall. Bei den Bakongo (Kongo) unterscheidet sich *muntu* (Mensch) deutlich von *nzambi* (Gott), bei den Fang *môr* (oder *mot*) von *zamé, zambe* oder *zamba* (Gott).

📖 A. Kagame, Sprache und Sein. Die Ontologie der Bantu Zentralafrikas, Heidelberg 1985. – J. Jahn, Muntu, Köln 1986. – E. Boulaga, La crise du muntu, Paris 1977.

Jean-Godefroy Bidima

Muridiyya ↗ Bruderschaften, islamische

Museen sind in Afrika junge, oft erst nach der Unabh. gegründete Einrichtungen. Auch wenn es in Afrika vergleichsweise weniger Museen gibt als in Europa, so wird ihnen doch eine hohe Bedeutung für das nat. Selbstverständnis zugesprochen. Afrik. M. fehlen in vielen Fällen große, für die jeweiligen Landeskulturen repräsentative Sammlungen. Viele alte, heute in Afrika nicht mehr hergestellte Objekte von hohem kunstgeschichtl. Wert befinden sich überwiegend in den großen Museen in Europa und in den USA. Ein weiteres Problem afrik. M. ist die geringe fachliche Ausbildung der Mitarbeiter. Obwohl der ICCROM (*International Council for the Conservation and Restoration of Museums*) einige Zentren zur museologischen Fortbildung eingerichtet hat, bleiben Aufenthalte in europ. M. eine wichtige Möglichkeit der Mitarbeiter, sich die fachlichen Voraussetzungen anzueignen. Zu den Problemen der kleinen Sammlungen und der schlechten Ausbildung der Mitarbeiter treten – damit zusammenhängend – die oft unzureichenden Mittel zur Bewahrung der Sammlungen. In vielen M. sind die Magazine kaum gesichert, und der Stand der Dokumentation ist für die Überwachung der Sammlungen nicht ausreichend.

Diesen Problemen stehen hohe, immer wieder öffentl. zum Ausdruck gebrachte museumsdidaktische Ziele gegenüber. Angesichts der geringen Schulbildung und der in vielen Ländern schwachen kulturellen Identität der Nation wird den M. die Aufgabe zugewiesen, zur Schaffung einer nat. kulturellen Identität beizutragen. Die M. versuchen dann, z. B. unter dem Schlagwort *Unity through Diversity*, im Rahmen ihrer Ausstellungen kulturelle Pluralität als Teil der nat. Identität zu zeigen. Allerdings fehlt es den Museen an Reichweite: Meist befindet sich das Museum in der Landeshauptstadt und wird – außer von Touristen – nur von Angehörigen der besser gebildeten Oberschicht besucht. Ein Ausweg aus diesem Dilemma ist die Förderung der Zusammenarbeit zwischen Schulen und M., die von der DSE (Dt. Stiftung für Entwicklung) unterstützt wird.

Aufgrund der hohen Bedeutung der M. in Afrika hat der ICOM (*International Council of Museums*) ein Handbuch afrik. M. mit über 500 Einträgen vorgelegt. Weiterhin unterstützt das WAMP (*West African Museums Programme*) Ausstellungsvorhaben von M. in Westafrika. Trotz der internat. Förderung afrik. M. können die Probleme der Verflechtung von Politik und Museumsarbeit innerhalb der einzelnen Länder nur dort gelöst werden. Die pol. Systeme versuchen, das Museum zu ihren Zwecken zu nutzen, und gefährden so seine Glaubwürdigkeit gegenüber der Öffentlichkeit. Das Museum ist immer wieder der Gefahr ausgesetzt, zum Teil der Propaganda für die Machthaber zu werden. Die ideelle und finanzielle Unabh. der M. von der Politik muss eine zentrale Forderung bleiben.

Die Frage, ob die Institution »Museum« überhaupt an die lokalen Lerntraditionen angepasst werden kann, steht im Mittelpunkt einer aktuellen Debatte um Museumsdidaktik in Afrika.

Ausgehend von Ländern, in denen das jeweilige Nationalmuseum Nachfolgeinstitut kolonialzeitlicher Sammlungen ist (z. B. Elfenbeinküste, Sudan, Senegal), wird diskutiert, wie weit entsprechende Ausstellungen noch immer einen »Blick aus der Fremde« auf die Kulturen des eigenen Landes widerspiegeln. Ethn. Bezeichnungen als stereotype Elemente der Objektlegenden anstelle genauer Angaben zur Person des Herstellers und zum Ort sind ein Beispiel dafür (↗ Kunst; ↗ Schwarzafrik. Kunst). Ziel einer neuen Museumsdidaktik ist es daher, mit afrik. Konzepten die eigene Kultur als Teil der eigenen Gesellschaft darzustellen.

🕮 U. Bude (Hg.), Zusammenarbeit von Museen und Schulen in Schwarzafrika, Bonn 1988. – V. Négri, Autonomy of Museums in Africa, Paris 1995. – S. Peters (Hg.), Directory of Museums in Africa, London 1990.

Hans P. Hahn

Musik. *I. Terminologie.* M. wird aus westl. Perspektive als eine eigenständige Kunstform gesehen, für die sich in den meisten europ. Sprachen entsprechende, aus dem Griech. abgeleitete Begriffe finden: *musiké, musica, music* etc., was für das subsahar. Afrika jedoch keineswegs selbstverständlich ist. Einen entsprechenden Terminus, der dieses semantische Feld umfasst, gab es in afrik. ↗ Sprachen ursprgl. nicht. Wo M. als Lehnwort aus europ. Sprachen Eingang in afrik. Sprachen gefunden hat, bezeichnet der Begriff meist Formen der Popularmusik, die im Austausch mit europ. und US-amerik. Einflüssen entstanden sind.

Zum Charakteristikum vieler afrik. Kulturen zählt, dass die Sphäre der M. begrifflich oft nicht von der damit im traditionellen Kontext meist verbundenen Bewegung, dem ↗ Tanz, teilweise auch nicht von den Musikinstrumenten getrennt wird. So schließt *ngoma*, eine in den ↗ Bantusprachen gebräuchliche Bezeichnung, je nach Sprache sowohl die Konnotation »Trommel« als auch »Musik« und »Tanz(-fest)« ein, im ↗ Swahili z. B. alle drei, im Shona nur erstere. Bei den Dan (Elfenbeinküste, Liberia) bedeutet der Ausdruck *ta* je nach Kontext »Gesang«, »Instrumentalspiel« oder »Tanz«. Andererseits gibt es mitunter statt eines generellen, abstrakten Terminus eher Bez. für konkrete, einzelne Genres, so z. B. bei den Aka-Pygmäen (Zentralafrik. Rep.) *bòndó* (M. für Riten vor dem Aufbruch zu größeren Jagden), *yómbè* (M. für Festlichkeiten), *mò.mbénzélé* (M. für Beerdigungen) u.a.m.

Das Musizieren kann ebenfalls unterschiedlich aufgefasst und benannt werden. Häufig hat ein Verb, das wörtlich mit »schlagen« zu übersetzen wäre, auch die Bedeutung »spielen (eines Instruments), zum Klingen bringen«. Bei den Chewa (Malawi) dagegen »singen« sowohl Menschen als auch Zithern, Gitarren und Lamellophone. Im Shona wird zwischen »singen« und »spielen, zum Klingen bringen« unterschieden.

II. Geschichte. – II.1. Musikalischer Wandel. Die M. Afrikas unterliegt einem beständigen kulturellen Wandel, auf den neben individueller schöpferischer Kraft auch alle Faktoren des gesellsch. Wandels einwirken, d. h. neben veränderten ökolog. und ökonom. Bedingungen v. a. ↗ Sprachwandel, ↗ Migration und kulturelle Kontakte jeder Art, vom nachbarschaftlichen Austausch über transkontinentale Handelsbeziehungen bis zur durch ↗ Medien vermittelten Begegnung mit Asien, Amerika und Europa (↗ Kreolisierung, ↗ Kultur). Wandlungsprozesse sind keine neuen Entwicklungen, die unter westl. Einfluss zur Auflösung einer vermeintlichen alten Musiktradition geführt hätten, sondern gehören zu jeder gelebten Kultur. Vorstellungen von Ursprünglichkeit, Authentizität, Archaik u. a. erweisen sich vor diesem Hintergrund als höchst eurozentrisch und sind als ideologische Begrifflichkeiten zurückzuweisen, die der afrik. M. ihre Historizität absprechen, aktuelle Veränderungen stets unter der Perspektive des »Verlusts des Eigenen« darstellen und damit den Musikkulturen Afrikas die Fähigkeit zu konstantem Wandel absprechen.

II.2. Rekonstruktion der Musikgeschichte. Die Beschäftigung mit der Musikgeschichte Afrikas hat zum Ziel, anhand von Interpretationen hist. Quellen Modelle aufzustellen, die Erklärungsansätze für die heutige Musiklandschaft Afrika darstellen. Der Anspruch, die afrik. Musikgeschichte und ihre klanglichen Phänomene zu rekonstruieren, scheint bei der heutigen Quellenlage nicht einlösbar. Die derzeit gängigen Modellbildungen, z. B. von G. Kubik, versuchen den musikalischen Wandel über die Rekonstruktion von Sprachentwicklungen und -verbreitungen einerseits und des technologischen Wandels andererseits zu erklären. Bei Ersterem wird angesichts des in Afrika zu beobachtenden wechselseitigen Einflusses von Musik und Sprache an die über 4.000 Jahre zurückreichenden Karten der Sprachverbreitung von J. Greenberg angeknüpft und ein Zusammenhang zwischen musikalisch-stilistischen und sprachlichen Räumen hergestellt. Im zweiten Fall werden Erkenntnisse zur Technikgeschichte, z. B. der Einsatz der Metallverarbeitung, zugezogen, um die Fertigung bestimmter Musikinstrumente und deren Ausbreitung zu erklären.

II.3. Hist. Quellen. Die Quellen zur Musikgeschichte lassen sich wie folgt einteilen: (1) gegenständliche Quellen, z. B. archäolog. Funde, alte Musikinstrumente; (2) bildliche Quellen, z. B. Felszeichnungen, hist. Fotos, frühe Filme; (3) musikalisch-klangliche Quellen, z. B. Edison-Phonogramme, frühe Feldforschungsaufnahmen; (4) textliche Quellen, z. B. schriftliche Zeugnisse arab., afrik. oder europ. Ursprungs; (5) sprachliche Quellen, z. B. mündlich überlieferte Erzählungen historischen Inhalts.

(1) Gegenständliche Quellen (aus archäolog. Grabungen) zählen zu den frühesten Zeugnissen musikalischer Betätigung in Afrika. Da die meisten Musikinstrumente, aus natürlichen Materialien hergestellt, einem kurzzeitigen Verfallsprozess unterliegen, liefern nur wenige Exemplare eindeutig interpretierbare Daten zur Musikgeschichte. Zu diesen gehören ↗ Doppelglocken oder Metallzungen von ↗ Lamellophonen, deren früheste Funde, die im Zusammenhang mit den Bantuwanderungen von West- nach Ostafrika datiert wurden, aus der Zeit um 800 n.Chr. stammen. Zahlreicher sind die Reliefdarstellungen von Musikinstrumenten auf Gegenständen des rituellen und alltäglichen Gebrauchs. Insbes. Stein- und Terrakottafunde aus dem 10. bis 14. Jh. aus den Grabungen bei ↗ Ife (Nigeria) geben Aufschluss über die Vielfalt des in diesem Raum verwendeten Instrumentariums: Neben Darstellungen von ↗ Trommeln versch. Typs zeigt ein Relief Doppelglocken und ein Paar Tierhörner, die offensichtlich zusammen gespielt werden. Ähnlich verhält es sich mit den sog. Benin-Bronzetafeln, die zahlreiche Hinweise über die Verwendung von Musikinstrumenten vom 16. bis 19. Jh. am Hof des alten Königreichs ↗ Benin liefern (↗ Beninkunst). Zu den gegenständlichen Quellen neueren Datums zählen Musikinstrumente mit hohem Symbolwert (denen z. B. der Status von Herrschaftsinsignien zugesprochen wird) sowie Musikinstrumente verstorbener Musiker, die zum Andenken bewahrt werden. Sowohl in der handwerklich-künstlerischen Ausgestaltung als auch in baulichen Details weichen solche Instrumente oftmals von gegenwärtigen Varianten ab und bieten so Ansatzpunkte zur Beschreibung kulturellen Wandels.

(2) Bildquellen sind jeweils an den äußersten zeitlichen Rändern angesiedelt, d. h. in der fernsten und der jüngsten Vergangenheit. So sind die ↗ Felsbilder in der Sahara, insbes. im Tassili n'Ajjer, bis zu 8.000 Jahre alt, während die ↗ Fotografie erst seit dem Kolonialismus in Afrika existiert. Handelt es sich bei den Felsbildern mit ziemlicher Sicherheit um heimische Zeugnisse musikalischer und tänzerischer Aktivitäten, so ist bei Fotografie, Film (↗ Kino) und Videofilm zu berücksichtigen, dass diese Medien (von afrik. Fotografen und Regisseuren abgesehen) Blicke von außen auf eine fremde Kultur werfen.

(3) Musikalisch-klangliche Quellen. Die frühesten Belege stehen in direkter Verbindung mit den Forschungszielen und -methoden der ↗ Musikethnologie bzw. der Vergleichenden Musikwissenschaft. Durch die Initiative E. M. von Hornbostels wurde das Berliner Phonogramm-Archiv Anfang des 20. Jh. eine der größten Sammelstätten von Klangaufnahmen aus Afrika. Allerdings ging die Sammlung während des Zweiten Weltkriegs verloren und tauchte erst nach der Vereinigung Deutschlands zu Beginn der 1990er Jahre wieder auf. Die Veröffentlichung dieser alten Aufnahmen wird für die Interpretation der afrik. Musikgeschichte von unschätzbarem Wert sein. Ab den 1920er Jahren entdeckte die Schallplattenindustrie den afrik. Markt und produzierte Schellackplatten mit afrik. Popularmusik, die gleichermaßen wichtige musikalische Quellen sind.

(4) Textliche Quellen mit Hinweisen zur M. Afrikas stammen aus dem 11. Jh. und wurden von arab. Geographen auf der Basis von Berichten arab. Kaufleute zusammengetragen. Der Reisebericht Ibn Battutas (14. Jh.) enthält eine erste detaillierte Beschreibung des ↗ Preisgesangs im Königreich Mali. Zu den frühesten lokalen Textquellen, die aus dem 17. Jh. stammen, zählen Berichte von Ibn Furtu über die kriegerischen Auseinandersetzungen zwischen dem Königreich Bornu und seinen Nachbarn, wobei die Verwendung von Musikinstrumenten während der Kriegszüge detailliert beschrieben wird. Textliche Quellen europ. Herkunft, die bis ins frühe 16. Jh. zurück reichen, sind zunächst im Zusammenhang mit der Erkundung der afrik. Küste und Gründung von Handelsniederlassungen entstanden. Wachsendes geogr. Interesse und erste imperialist. Bestrebungen haben im 19. Jh. zur Aussendung von Forschungsexpeditionen in das Innere Afrikas geführt. Die aus diesem Anlass entstandenen Forschungs- und Reiseberichte enthalten eine Fülle von Hinweisen auf die Musik und überraschen in der Genauigkeit der Beschreibung musikalischer Zusammenhänge (↗ Chroniken, ↗ Geschichtsschreibung).

(5) Sprachliche Quellen. Häufig als *oral traditions* beschrieben, beruhen sie auf dem Wissen und der Darstellung hist. Zusammenhänge meist ausgewählter Informanten zur M. Die zeitliche Tiefe solcher mündlich weitergegebenen Informationen reicht selten mehr als drei oder vier Generationen zurück. Wie die textlichen bedürfen auch die sprachlichen Quellen einer eingehenden Quellenkritik, die nach der Perspektive und den möglichen Interessen des Informanten fragt, für den i.d.R. nicht die Rekonstruktion von Geschichte relevant ist, sondern die Erklärung der Gegenwart mit Hilfe der hist. Rückschau (↗ Erzählen, ↗ geschichtliche Überlieferung, ↗ Oralliteratur).

III. Stilistische Eigenschaften. Trotz einer großen musikalischen Vielfalt können auf dem afrik. Kontinent mindestens drei große Stilareale unterschieden werden: (1) ein nördl. Gebiet zwischen der Mittelmeerküste und der Sahara, das stark unter dem Einfluss einer arab. Musiktradition steht. In grober Verallgemeinerung ist für diese Musik die Bindung an arab. Skalenmodelle, sog. *maqam*, und Trommelmodi, sog. *usul*, kennzeichnend. Es dominiert die monomelodische musikalische Anlage, die häufig stark von den Gedichttexten geprägt ist. Große Ensemblegattungen wie die ↗ Nuba oder auch einzelne alles überragende Musikerpersönlichkeiten wie die ägypt. Sängerin Umm Kulthum strahlen über den afrik. Kontinent in die ganze arab. Welt aus. – (2) das subsahar. Afrika mit unzähligen Lokaltraditionen. Allg. Kennzeichen für diesen musikalisch sehr heterogenen Raum ist die herausgehobene Funktionalität von Musik. Strukturell dominieren die Schichtung rhythmisch komplexer Abläufe und die häufig bewegungsmäßig gedachte Anlage von Kompositionen, z.B. im Zusammenhang mit ↗ Tanz oder Körperbewegung des Musikers. – (3) die der Ostküste Afrikas vorgelagerten Inseln, wo sich afrik., asiat., europ. und einheimische Traditionen sehr stark vermischt haben. Im Einzelfall erscheint eine eindeutige Zuordnung der Herkunft der jeweiligen stilistischen Eigenschaft allerdings nicht unproblematisch. Im Bereich der Musikinstrumente lassen sich eindeutige Belege für den starken asiat. Einfluss, z.B. bei der Röhren-↗ Zither *valiha* oder der Plattstab-Zither *jejo voatavo*, finden. Dagegen scheint sich ein starkes afrik. Erbe eher im Bereich der Musikgestaltung mit 12er Formzahlen und der Schichtung und Repetition rhythmischer Pattern (↗ Rhythmus) niederzuschlagen

Zur Beschreibung stilistischer Eigenschaften der afrik. M. ist zwischen kultureigenen und von außen herangetragenen Perspektiven zu differenzieren. Zum Verständnis einheimischer Musikkonzepte stellt die jeweilige musikbezogene Terminologie einen wichtigen Ansatzpunkt dar. So basieren westl. Tonraumvorstellungen auf der konzeptionellen Grundlage »tief-hoch«, die in Afrika vielfach als »groß-klein« oder »dunkel-hell« gesehen wird. Sofern eine einheimische Fachsprache nicht existiert, bedarf es geeigneter Methoden, um nicht verbalisierte, doch Wirkung entfaltende kognitive Konzepte der Musiker zu Tage zu fördern. Solche Experimente sind bspw. durchgeführt worden, um zu Interpretationen von ↗ Tonsystemen (S. Arom) oder der Wahrnehmung von musikalischen Pattern (U. Wegner) zu gelangen.

Die musikethnologische Diskussion der intrakulturellen Perspektive kann durch eine interkulturell-vergleichende ergänzt werden. Dadurch lassen sich einerseits Grundprinzipien afrik. M. herausarbeiten, ohne aber andererseits die z.T. bedeutenden Unterschiede der musikalischen Gestaltung in den versch. afrik. Musiktraditionen aus den Augen zu verlieren. So kann beispielweise bei der Diskussion des ↗ Rhythmus in der afrik. M. zwischen dem Puls, der kleinsten musikalisch gliedernden Einheit, und dem Beat, einer von den Musikern wahrgenommenen Zeitstruktur, unterschieden werden. Bei beiden Kategorien handelt es sich allerdings um ethnomusikologische Fachbegriffe, für die keine Pendants in afrik. Sprachen vorhanden bzw. gebräuchlich sind.

IV. Anlässe. M. ist in den unterschiedlichsten kulturellen Kontexten anzutreffen; es gibt kaum Ereignisse und Lebenssituationen ohne M. Eindeutige Bedeutungszusammenhänge, die alle Berufs- und Altersklassen teilen würden, lassen sich heute aber selbst innerhalb einzelner Gruppen, Ethnien und Gesellschaften kaum mehr zuordnen: Was für die Alten im ↗ Dorf das wichtigste rituelle Ereignis im Jahreskreislauf ist, bei dem der M. eine zentrale relig. Funktion zukommt, kann für den jungen Städter gerade noch Anlass sein, den Besuch des Dorfs mit dem für ihn primär gesellsch. Ereignis zu verbinden und im gemeinsamen unterhaltenden Tanz zu feiern. Bedeutungen erhält M. v.a. über die Zuweisung durch das Individuum, wodurch sie in sehr direkter Weise allen Formen des kulturellen Wandels unterliegt. Unterschieden werden kann allg. die Sphäre der privaten Musikausübung – z.B. Wiegenlieder, Lieder zur Begleitung von Arbeitsabläufen oder zur Zerstreuung – von der öffentlichen. Letztere (M. zu bestimmten Anlässen) weist Elemente der *performance* auf, die nicht selten Spezialisten übertragen wird wie dem Priester oder Heiler (↗ Religion, ↗ Ritus), Preissänger bzw. ↗ Griot oder Hofmusiker. Das musikalische Bild Afrikas wird ferner zumindest seit der 2. Hälfte des 20. Jh. wesentlich von der ↗ Popularmusik und dem dazugehörigen sozialen Umfeld wie Starkult und Clubszene mitgeprägt. Die Verwendung afrik. M. im christl. Gottesdienst hat in den Kirchen unterschiedliche Bedeutung erlangt. In der kath. Kirche haben seit dem II. Vatikanischen Konzil ab Mitte der 1960er Jahre verstärkt Bemühungen um eine Indigenisierung der Liturgie eingesetzt, was zur Herausbildung einer eigenen Kirchenmusik geführt hat. Kennzeichnend für diese Bestrebung war die Vermeidung direkter Übernahmen des traditionellen Repertoires und die musikalische Neuschaffung, die sich stilistisch aber eng an die einheimische Musiküberlieferung anlehnte. Für die protestantischen und synkretistischen Kirchen lassen sich kaum einheitliche Aussagen treffen. Es ist sowohl die vollständige Ablehnung afrik. M. im christl. Ritus, z.B in vielen methodistischen Kirchen, als auch eine direkte Übernahme und Umdeutung der traditionellen M. in vielen synkretistischen Kirchen zu beobachten.

Bislang nur wenig Aufmerksamkeit hat die M von an europ. oder afrik. Hochschulen und Universitäten ausgebildeten Komponisten erhalten. Die Werke von Komponisten wie z. B. F. Sowande oder A. Euba folgen oft an Bela Bartok angelehnten ästhetischen Vorstellungen, in denen die Möglichkeiten der Verbindung von indigener Musikpraxis und westl. Kompositionsformen ausgelotet werden. Je nach Intention des Komponisten findet dabei stärker der europ. artifizielle oder der afrik. musikpraktische Aspekt Betonung. ↗ Gesang, ↗ Hofmusik, ↗ Mehrstimmigkeit, ↗ Melodie, ↗ Musiker, ↗ Musikinstrumente, ↗ Tonsystem.

📖 S. Arom, African Polyphony and Polyrhythm. Musical Structure and Methodology, Cambridge 1991. – Art. »Afrika südlich der Sahara«. In: Die Musik in Geschichte und Gegenwart, Bd. 1, Kassel/Stuttgart 1994, S. 50. A. Simon (Hg.), Musik in Afrika, Berlin 1983. – J.M. Chernoff, Rhythmen der Gemeinschaft. Musik und Sensibilität im afrik. Leben, München 1994. – E. Charry, Mande Music. Traditional and Modern Music of the Maninka and Mandinka of Western Africa, Chicago 2000. – www.africanmusic.org

Gerd Grupe/Raimund Vogels

Abb. 24: Musikerin der Topoke aus Zaire beim Spielen auf dem *bomgoma*-Mundbogen

Musikbogen, in Afrika weit verbreitetes ↗ Musikinstrument aus der Familie der Chordophone (Saiteninstrumente). Zwischen den Enden eines gekrümmten Holzstabes ist eine Saite aus Pflanzenfaser oder Metall ausgespannt. Wegen der geringen Lautstärke kommt ein Resonator zum Einsatz: entweder in Form der Mundhöhle des Spielers (Mundbogen) oder einer externen Kalebasse (Kalebassenbogen). Die Saite wird direkt mittels Zupfen, Schlagen oder Streichen bzw. indirekt mittels Blasen oder Schrapen des Holzstabs in Schwingung versetzt. Durch Verkürzen der Saite läßt sich die Grundfrequenz des Saitentons erhöhen. Dazu benutzt man Finger, Stöckchen oder Kinn bzw. eine Stimmschlinge oder ein Fädchen, die die Saite in zwei ungleich lange Abschnitte teilen. Mit dem M. werden Obertonmelodien gebildet, die entstehen, indem der Spieler durch Einwirken auf den Resonator Partialtöne aus dem Gesamtspektrum hervorhebt.

📖 U. Wegner, Afrik. Saiteninstrumente, Berlin 1984. – K.-P. Brenner, Chipendani und Mbira, Göttingen 1997.

Gerd Grupe

Musiker sind Personen, die über besondere musikalische Kenntnisse und Fähigkeiten verfügen. Sie begründen damit eine eigene soziale Gruppe, deren Status je nach Gesellschaft höchst unterschiedlich ausfallen und von hohem Ansehen bis zu relativer Geringschätzung reichen kann. Nicht immer ist bei Darbietungen traditioneller Musik eine Trennung möglich zwischen M. und Zuschauern/Zuhörern, denn letztere sind nicht rein passiv, sondern können z. B. als (zusätzliche) Chorsänger, Tänzer oder durch rhythmisches Klatschen beteiligt sein. Trotzdem ist die Vorstellung verfehlt, afrik. Musikkulturen basierten auf den Aktivitäten anonymer Gruppen, an denen jeder partizipiere(n könne).

In den westafrik. Mande-Kulturen (↗ Westafrika, Völker, Kulturen und Staaten) werden ↗ Griots aufgrund ihres hist. und genealogischen Wissens sowie ihrer Epen- und ↗ Preisgesänge geschätzt und fungieren oftmals als Berater von Führungspersönlichkeiten, z. B. ↗ traditionellen pol. Herrschern (↗ Hofmusik), heute auch Politikern oder Geschäftsleuten. Mit dem hohen sozialen Stellenwert der M. ist allerdings nicht immer ein entsprechendes Prestige verbunden. In der Rangordnung mancher Kulturen gehören sie eher zum unteren Teil der sozialen Pyramide. Während Hofmusiker und Griots noch am ehesten unseren Vorstellungen von Berufsmusikern nahekommen, die von der Musikausübung leben, gilt dies nur eingeschränkt für andere professionelle M. Obwohl hier eine Bezahlung in Form von Bewirtung, Geschenken oder in Geld durchaus üblich ist, gehen die M. häufig zur Sicherung ihres Lebensunterhalts auch einer anderen Tätigkeit nach, z. B. als Handwerker oder in der Landwirtschaft.

Die Hinwendung zur Musik kann auf versch. Weise erfolgen, sei es, dass es sich um eine Familientradition handelt, bei der die musikalischen Kenntnisse an die folgenden Generationen weitergegeben werden (Vater – Sohn oder Onkel – Neffe etc.), sei es, dass ein erkennbares und von der Gemeinschaft anerkanntes Talent dazu führt, dass dieses von erfahrenen M. gefördert wird. Dies geschieht meist jedoch nicht im Stil einer formalisierten Ausbildung, sondern eher informell durch allmähliches Hineinwachsen und beginnt bereits in frühester Jugend, indem z. B. ein älterer Bruder gelegentlich Fehler korrigiert, während der jüngere versucht, musikalische Vorlagen nachzuahmen.

Auch übernatürliche Ereignisse können einen Auslöser darstellen. Immer wieder wird berichtet, dass am Beginn eines musikalischen Werdegangs ein außergewöhnliches Erlebnis stand (z. B. ein Traum oder Vorfall im Zusammenhang mit einem bestimmten Instrument), das vom Betroffenen sowie seinem sozialen Umfeld als Aufforderung begriffen wurde, Musiker zu werden.

Zwar sind wir gewohnt, einzelne Musiktraditionen eher als kollektiv geprägte Stile wahrzunehmen, die sich auf bestimmte verbindliche Merkmale stützen und sich regional oder ethn. zuordnen lassen, doch wird dabei leicht übersehen, dass auch in traditionellen Kontexten einzelne Musikerpersönlichkeiten hervortretende Positionen einnehmen. Welche davon in Europa als Individuen wahrgenommen und bekannt wurden und werden, hängt nicht zuletzt von der Forschungs- und Publikationstätigkeit einzelner Ethnomusikologen ab (wie bspw. den Arbeiten G. Kubiks über den ugandischen Hofmusiker Evaristo Muyinda).

Anders stellt sich die Lage im Bereich der urbanen, populären Musik dar (↗ Popularmusik). Da sie ohnehin auf wechselnde Moden und diesen zuzuordnende Stars bzw. berühmte Ensembles orientiert ist, sind hier einzelne M. über afrik. Landes- und Kontinentgrenzen hinweg bekannt geworden. Dabei ist das Maß ihrer Popularität an den Bekanntheitsgrad des jeweiligen Stils geknüpft. Ist er vorwiegend bei einer bestimmten ethn. bzw. Sprachgruppe verbreitet, gilt dies auch für seine Hauptvertreter (z. B. ↗ *Fújì*-M. der Yoruba in Nigeria). Eine überregionale Bedeutung hat dagegen z. B. die kongolesische Popularmusik (und damit ihre Hauptprotagonisten), die stilistisch bis weit nach West-, Ost- und Südafrika ausstrahlt. Eine Karriere über die Grenzen des Kontinents hinaus war, von Ausnahmen wie Francis Bebey, Manu Dibango und Miriam Makeba abgesehen, noch bis in die 1990er Jahre von einer Kooperation mit westl. Musikern und Produzenten abhängig (wie z. B. Paul Simon, Peter Gabriel). Mit der sich seitdem etablierenden World Music-Szene hat sich die Zahl afrik. Musiker und Musikerinnen, die in US-Amerika und Europa bekannt sind, erheblich vergrößert. Zu den über die Grenzen Afrikas hinaus bekanntesten zählen Angélique Kidjo, Oumou Sangaré, Aisha Koné, Salif Keita, Baaba Maal, Youssou N'Dour, Cesaria Evora u.v.a.m.

🕮 Art. »Afrika südlich der Sahara«. In: Die Musik in Geschichte und Gegenwart, Bd. 1, Kassel/Stuttgart 1994, S. 50. – Weltmusik. The Rough Guide, Stuttgart 2000.

Gerd Grupe

Musikethnologie. *I. Allgemeines.* M. ist eine kulturwiss. Disziplin, die musikwiss. und ethnolog. Fragestellungen, Perspektiven und Methoden miteinander verbindet. In Bezug auf Afrika ist das Erkenntnisinteresse der M. auf die ↗ Musik des Kontinents in ihren Konzeptionen und hist., soziokulturellen und phänomenolog. Ausprägungen gerichtet. M. nahm ihren Anfang im späten 19. Jh. mit musikpsycholog. und kulturvergleichenden Forschungen, die von evolutionistischen und diffusionistischen Ansätzen (↗ Ethnologie), insbes. der Kulturkreislehre (↗ Kulturkreise), beeinflusst waren. Ab den 1950er Jahren entwickelte die M. mit der Übernahme ganzheitlicher und kulturrelativistischer Theorien eine noch stärker ethnolog. Ausrichtung. In den 1970er Jahren gab C. Geertz der M. eine neue Richtung, indem er, ausgehend von einem semiotischen Kulturbegriff (↗ Kultur), den Erkenntnisprozess interkultureller Musikforschung problematisierte, auf den hohen interpretatorischen Anteil verwies und den Vorgang der Erkenntnisgewinnung mit der Auslegung eines literarischen Textes verglich.

II. Geschichte der M. Abgesehen von den Reiseberichten des 18. und 19. Jh., die vielfach als Beginn der M. bezeichnet werden, geht die Entwicklung einer sich auf Afrika beziehenden M. mit der kolonialen Eroberung des Kontinents einher. Erste Tonaufnahmen, die mit dem Edison-Phonographen auf Wachswalzen festgehalten wurden, gelangten ab 1902 in die kurz zuvor gegr. Phonogramm-Archive in Berlin und Wien. Zu den ersten Sammlern, i.d.R. Kolonialbeamten und Missionaren, in Ausnahmefällen auch Geographen, Linguisten und Ethnologen, zählten Smend, G. Tessmann, C. Meinhof, F. von Luschan, F. Thorbecke. Die eigentliche Bearbeitung dieser Tonaufnahmen leisteten Musikwissenschaftler in den europ. Archiven, v.a. E.M. von Hornbostel, der 1905 M. erstmals methodisch und inhaltlich als die Erforschung von Ursprung und Entwicklung der Musik bestimmte. Aufgrund der dürftigen Datenbasis (neben Tonaufnahmen standen nur ↗ Musikinstrumente zur Verfügung, die in großer Zahl in die Völkerkundemuseen gelangt waren) beschränkte man sich v.a. auf musikalische Strukturanalysen in meist diffusionistischer Perspektive. Eine Neuorientierung ging von P.R. Kirby, H.Tracey und A.M. Jones aus, die in den 1920er und 1930er Jahren in Afrika arbeiteten und insbes. die musikalische Rezeption derjenigen untersuchten, für die und von denen die Musik gespielt wird. Gleichzeitig wuchs auch die Bedeutung der Feldforschung und der sog. teilnehmenden Beobachtung. In den Arbeiten von A.P. Merriam und J. Blacking wird der Perspektivenwandel von der musikalischen Strukturanalyse hin zum kulturanthropologischen Blick auf Musik vollzogen. Dabei rückt z.B. Blacking, der in der Tradition der brit. *social anthropology* steht, die Bedeutung sozialer Institutionen ins Blickfeld und hebt Parallelen zwischen gesellsch. und musikalischen Strukturen hervor. Hingegen spiegelt sich in der frz. M., z.B. in den Arbeiten von H. Zemp, der strukturalistische Ansatz von C. Lévi-Strauss wider, der die Rolle der Musik bei kosmologischen und philos. Konzepten untersucht. Mit dem Ausgang des 20. Jh. setzte in der Kulturanthropologie eine Diskussion über die Erkenntnismöglichkeiten, -bedingungen, -gegenstände und Repräsentationsformen ethnograph. Forschung ein, die den interpretativen und diskursiven Charakter der Disziplin hervorhob. Davon ging ein wichtiger Impuls auch für die M. aus, der zu einer gegenwärtig noch andauernden Neuorientierung und selbstreflexiven Überprüfung musikethnolog. Methodik sowie u.a. zu einer wiss. Beschäftigung mit der ↗ Popularmusik geführt hat.

III. Erforschung der Konzeptionen afrik. Musik. Hier ist die M. stets der Frage nach der musikalischen Zeit und ihrer Wahrnehmung in der rhythmischen Organisation nachgegangen. Unter Einschluss einer möglichen tonräumlichen Perspektive galt das Interesse insbes. dem Zusammenspiel und der Verschränkung versch. musikalischer Pattern und ihrer Wahrnehmung. Dabei hat das Konzept der *inherent pattern* von G. Kubik, nach dem bestimmte klangliche Gestaltmuster erst durch die Verzahnung zweier anderer Muster zum Vorschein kommen und diese nur wahrgenommenen Gestalten die eigentliche kompositorische Grundlage bilden, die Diskussion nachhaltig beeinflusst. Das Konzept der musikalischen Pattern, die zyklisch gedacht werden und deren Anfang oder Ende nicht aus sich selbst heraus bestimmbar ist, findet sich schon bei Hornbostel und ist von ihm auf Bewegungspattern, z.B. im ↗ Tanz, ausgeweitet worden als eine gleichbedeutende, wenn auch im westl. Sinne außermusikalische Ebene. Der Blick auf die Wechselbeziehung von Sprache und Musik beeinflusste früh die M., wobei der Einfluss des Sprachtons auf die Melodiebildung im Zentrum der Erörterung stand (↗ Instrumentalsprachen, ↗ Gesang). Nicht nur das Verhältnis von Sprache zur Musik, sondern auch die Repräsentation von Musik in den afrik. ↗ Sprachen bot

v. a. unter Einbeziehung der ethnographischen Perspektive einen wichtigen Erkenntniszugang. In die afrik. musikalischen Terminologien sind meist zudem die kulturellen Bedeutungen und theoretischen Grundlagen von Musik eingelagert, die heute zu den zentralen Fragestellungen der M. zählen.

🕮 Art. »Musikethnologie heute«. In: Die Musik in Geschichte und Gegenwart, Bd. 6, Kassel/Stuttgart 1997, S. 1280. – C. Waterman, Africa. In: H. Myers, Ethnomusicology. Historical and Regional Studies, New York/London 1993.

Raimund Vogels

Musikinstrumente gibt es in Afrika in großer Vielzahl. Sie sind, je nach hist. Entwicklung, ökolog. und soziokulturellem Kontext aus unterschiedlichsten Materialien gebaut (von Holz über Kalebassen bis hin zu Konservendosen, von Hautstreifen bis zum Nylonfaden) und auf versch. Weise gestaltet und verziert. Während die M. in afrik. Gesellschaften v. a. in ihrer relig. Funktion und anthropomorphen (menschenähnlichen) Qualität gesehen werden, erforscht die ↗ Musikethnologie die Entstehung, Entwicklung und Verwendungsweisen der M. und versucht, sie u. a. nach ihrer gesellsch. und musikalischen Funktion oder nach Konstruktionsprinzipien zu klassifizieren. Da die Klangästhetik vieler M. aber zahlreiche zusätzliche geräuschhafte Klangelemente bedingt – wie das Schnarren einer über die Trommelmembran gespannten Saite, das Summen von Mirlitons, die an Xylophon-Resonatoren angebracht, oder das Klingeln von kleinen Metallrasseln, die auf den Hals der ↗ Lauten aufgesteckt werden –, sind die meisten M. nicht eindeutig zu klassifizieren.

Klassifikationen, die auf der europ. Wahrnehmung von M. beruhen und zugleich den Anspruch erheben, auch auf afrik. M. anwendbar zu sein, gibt es seit dem 17. Jh. 1620 stellte Michael Praetorius in seiner musiktheoretischen Schrift *Syntagma musicum* erstmals afrik. Instrumente bildlich dar, die er auch klassifizierte. Zu den bekanntesten M.-Klassifikationen des 20. Jh. zählt die von Erich Moritz von Hornbostel und Curt Sachs (1914). Beide entwickelten anhand der M.-Sammlung des Berliner Völkerkundemuseums eine in ihrem Anspruch weltweit anwendbare Ordnung der M., die aufgrund ihrer Klarheit bis heute Verwendung findet. Danach wird, vom schwingenden Material ausgehend, zwischen (1) Idiophonen oder Selbstklingern, (2) Membranophonen wie z. B. Trommeln, (3) Chordophonen oder Saiteninstrumenten und (4) Aerophonen oder Blasinstrumenten unterschieden.

(1) Idiophone (Selbstklinger) sind M., bei denen Klangelemente als ganzes, z. B. Platten, Stäbe, Gefäße oder Zungen, in Schwingung versetzt werden, und nicht eigens dafür angebrachte Medien wie Saiten oder Membranen. Je nach Art der Schwingungserzeugung unterscheidet man drei Typen: (a) unmittelbar geschlagene Idiophone, z. B. ↗ Xylophone, Steinspiele, ↗ Doppelglocken, Gegenschlagstäbe, Schlitztrommeln sowie Aufschlaggefäße aller Art vom Tongefäß über die Kalebasse bis zur Glasflasche, die von einem Spieler angeschlagen werden; (b) mittelbar geschlagene Idiophone, z. B. ↗ Rasseln oder am M. angebrachte und beim Spiel mitschwingende Klangelemente, die nur mittelbar, z. B. durch Bewegung eines Rasselelements, in Schwingung versetzt werden und einen Klang produzieren; (c) gezupfte Idiophone, z. B. ↗ Lamellophone wie Mbira und Likembe, die spieltechnisch eng mit den Xylophonen verwandt sind und Schwingungen durch das Anzupfen von Zungen erzeugen, die auf einem Resonator an einer Seite frei schwingend angebracht sind.

(2) Membranophone sind M., bei denen eine gespannte Membran, meist in Form einer Fellbespannung, in Schwingung versetzt wird. Aus der Art der Schwingungsanregung ergibt sich eine weitere Unterscheidung, wonach alle ↗ Trommeln als geschlagene Membranophone zu klassifizieren sind. Eine Sonderform als »angesungene« Membranophone bilden die Mirlitons, die an kleinen Resonatoröffnungen angebracht werden und, durch Schallwellen in Schwingung versetzt, einen den Klang verändernden Summeffekt hervorbringen.

(3) Bei den Chordophonen (Saiteninstrumenten) sind eine oder mehrere Saiten zwischen zwei festen Punkten gespannt. Aus der Konstruktionsweise und evtl. der Verbindung des Saitenträgers mit einem Resonanzkörper ergibt sich die Unterscheidung von einfachen und zusammengesetzten Chordophonen: (a) Bei einfachen Chordophonen wird die Saitenspannung vollständig von einem oder mehreren Saitenträgern aufgenommen, ohne dass ein Resonator an der Spannung der Saite beteiligt wäre. Evtl. angebrachte Kalebassen, die die Aufgabe eines Resonators übernehmen, lassen sich bei einfachen Chordophonen entfernen, ohne das M. in seiner Funktionalität zu beeinträchtigen. Zu dieser Gattung zählen alle ↗ Zithern, ↗ Musikbögen und Musikstäbe. (b) Zusammengesetzte Chordo-

phone bestehen aus einem Saitenträger und einem Resonanzkörper. Beide Teile sind so miteinander verbunden, dass das M. funktionsunfähig wird, wenn man sie voneinander trennt. Zu dieser Gattung werden alle ↗ Lauten, ↗ Harfen und ↗ Stegharfen gerechnet.

(4) Bei Aerophonen (Blasinstrumenten) wird entweder die ein M. umgebende Luft oder eine Luftsäule innerhalb eines Instruments in Schwingung versetzt. Was die Schwingung veranlasst, ist ein nachgeordnetes Unterscheidungskriterium. Bei den eigentlichen Blasinstrumenten wird eine nach unten oder zur Seite offene oder eine eingeschlossene Luftsäule durch spezielle Anblastechniken in Schwingung versetzt. Bei ↗ Flöten lenkt der Spieler den Luftstrom entweder mit dem Mund oder mit einem Mundstück über eine scharfe Kante. Die Brechung des Luftstroms bewirkt eine Schwingungsanregung innerhalb des Instruments. Die Klangerzeugung bei Rohrblattinstrumenten entsteht mittels eines meist flachgedrückten Halms, dessen Seiten durch den Luftstrom in Vibration geraten und die Luftsäule im Instrument in Schwingung versetzen. Bei der ↗ Trompete erzeugen die an die Instrumentenöffnung gepressten, schwingenden Lippen des Spielers periodische Luftstöße, die die Luftsäule im Inneren des Instruments zum Schwingen bringt.

Afrik. M. und ihre Verbreitung bieten einen guten Beleg dafür, in welch hohem Maße die Kulturen Afrikas in einem beständigen Austauschverhältnis sowohl untereinander als auch mit Europa, Asien und Amerika standen. Während zahlreiche Instrumente v.a. durch den ↗ Sklavenhandel von Afrika nach Amerika und von dort nach Europa ausstrahlten, wie z. B. bestimmte Trommeln, Xylophone etc., verweisen v.a. die zahlreichen Saiteninstrumente Afrikas, wie z. B. Lauten, Harfen etc., auf asiat. Wurzeln. Als wichtigste Übernahme aus Europa hat sich im Laufe des 20. Jh. die Gitarre mit der Entwicklung eigener Spielweisen verbreitet.

🕮 Art. »Afrika südlich der Sahara«. In: Die Musik in Geschichte und Gegenwart, Bd. 1, Kassel/Stuttgart 1994, S. 50. – U. Wegner, Afrik. Saiteninstrumente, Berlin 1984. – A. Meyer, Afrik. Trommeln. West- und Zentralafrika, Berlin 1997. – G. Kubik, Kalimba, Nsansi, Mbira. Lamellophone in Afrika, Berlin 1998.

Raimund Vogels

Mvet. Das M. oder Mvett ist ein Heldenlied der Fang, die heute große Teile Südkameruns und Nordgabuns sowie ganz Äquatorialguinea bewohnen. Im weiteren Sinn bezeichnet M. den Interpreten des Heldenlieds, das Instrument und den vorgetragenen Gesang.

Zwischen hist. Realität und mythischer Erzählung angesiedelt, geht das M. in seiner Entstehung auf die *obane*, die großen Wanderungen der Fang, zurück. Die Migration begann vermutlich im 6. Jh. v. Chr., als der Perserkönig Kambyses II. in Ägypten eindrang und die Fang das Niltal verlassen mussten. Während des Auszugs der von den *Bassa* und *Mvele* vertriebenen Fang, so heißt es, fiel ein großer Krieger und Musiker namens Oyono Ada Ngono in tiefe Bewusstlosigkeit, in der ihm das M. von *Eyö*, dem Absoluten, offenbart wurde.

Das M. handelt in detaillierten, lebhaften narrativen Sequenzen von dem unversöhnlichen Kampf zwischen den unsterblichen *Egong* und den sterblichen *Okü*. Auslöser ist das unerbittliche Ringen der *Okü* um den Besitz des Geheimnisses der Unsterblichkeit, das die *Egong* eifersüchtig wahren. Gleichwohl ist das M. kaum als bloßer Lobgesang auf die Mannhaftigkeit zu verstehen. Die ständigen, heftigen kriegerischen Aufwallungen versinnbildlichen vielmehr den immer währenden Kampf des Menschen um das Ausscheiden aus der Kontingenz und die Selbstvollendung in der Zeitlosigkeit der Unsterblichkeit. Hier wird das M. zur Auseinandersetzung mit der Transzendenz. Das M. lehrt, dass die Transzendenz von der Materialität, der *Immanenz*, ausgehend erlangt werden kann. Dazu muss jedoch jeder Mensch verstehen, seinem Universum des Sinns zu entsprechen. Intelligenz und ↗ Initiation sind ihm als Mittel gegeben, das Wort der Alten zu vernehmen und im Einklang mit der Natur zu leben. Als epische, philos. und kosmologische Dichtung ist das M. gleichsam ein Buch der Grundlagen, ein Ort des Wissens, der aber auch in die Zukunft des Sinns als des eigenen Schicksals weist. ↗ geschichtliche Überlieferung, ↗ Oralliteratur, ↗ Philosophie, ↗ Zivilisation.

🕮 B. Mvé Ondo, Finalité de l'homme et transcendance dans le Mvett. In: Notre Librairie 105 (1991), S. 63–66. – D.A. Ndoutoume, Du Mvett. Processus de démocratisation conté par un diseur du Mvett, Paris 1993. – T.N. Ndoutoume, Le Mvett. Epopée Fang, Paris 1970

Steve Robert Renombo Ogoula

Mwami (Titel der Herrscher von Ruanda) ↗ König, ↗ Ostafrika, Völker, Kulturen und Staaten

Mystik. Der Begriff M. gehört zwar nicht zum Wortschatz der afrik. Sprachen, doch in der umfangreichen europ. Lit., die das Gebiet des Okkulten behandelt, ist er sehr gebräuchlich. Selbst wenn ihnen der aus dem Griech. stammende Begriff unbekannt ist, wissen Afrikaner doch um den Sachverhalt, den er benennt. Mystisch heißt so viel wie mysteriös, undurchdringlich für die gewöhnliche menschliche Erkenntnis, aber fassbar für wenige Privilegierte bzw. Eingeweihte, die Zugang zur Welt des Unsichtbaren haben. Das Gebiet des Mystischen öffnet sich nur für eine Elite, die eine esoterische oder interne, für diesen Kreis klare Unterweisung erhält, wogegen sich Außenstehende mit einer esoterischen oder externen, nur symbolischen Sprache begnügen müssen, welche die geheimen Kenntnisse und Praktiken einer ↗ Bruderschaft oder eines Bundes (↗ Bünde) benennt und zugleich verschleiert. In diesem Sinn bedeutet mystisch so viel wie okkult, und die Begriffe Mystizismus und Okkultismus wären äquivalent.

Stößt man dennoch auf den Mystikbegriff im Sinne der Lehrer der christl. ↗ Spiritualität wie Jean de la Croix bzw. der islam.-sufistischen Spiritualität wie al-Gazzali, so handelt es sich dabei um eine innige Verbindung zwischen Mensch und Gott. In diesem Zusammenhang spricht man vom Schauen, von Visionen, Ekstasen, Illumination, verwandelnder Union, spiritueller Heirat. Europ. Ethnologen sehen die afrik. Spiritualität auf derselben Stufe wie jene der Weltreligionen: Der Mensch begnügt sich nicht damit, die Gottheit um Beistand anzuflehen; er möchte Gott sehen, Fühlung zu ihm aufnehmen und in bestimmtem Maße der andere werden. Dabei handelt es sich nicht um eine radikale und endgültige Verwandlung, sondern um eine wiederholbare spirituelle Erfahrung, die den Andächtigen nicht in ein überirdisches Paradies entrückt wie in der christl. oder der islam. Religion, sondern sein irdisches Leben verschönert.

In Afrika wird die M. jedoch gewöhnlich ganz anders verortet, und zwar in der Welt der Nacht oder des Geheimen, des Arkanum. Nach der afrik. Kosmogonie gibt es eine unsichtbare Region als Pendant der sichtbaren Weltregion. Hexer und von Geistern entführte Personen können Ausflüge dahin erleben, aber die ständigen Bewohner sind – außer Gott – Dämonen und Manen. Für die Mossi gehen z.B. in den Wäldern und Bergen Burkina Fasos die *kinkirsi* um, und an der ganzen Atlantikküste ist die Rede von *Mami Wata*, der Herrin der Gewässer. Bei den Manen hingegen handelt es sich um Verstorbene, die durch den Tod *bazimu, bakishi, bakugi, kwito* usw. geworden sind. Je nachdem, wie sie sich den Menschen gegenüber verhalten, spricht man von guten oder bösen Dämonen bzw. Manen.

Die mit übernatürlichen Kräften ausgestatteten Personen schließen sich in Bruderschaften oder Bünden zusammen, z.B. als Seher, Heiler, Hexer, Magier, Fetischpriester usw. Jede Gruppe besitzt eine Geheimsprache, die nur ihren Adepten nach Maßgabe ihrer ↗ Initiation offenbart wird. Inhalte an Außenstehende weiterzugeben, ist streng verboten und unter schwere Strafe (bis zur Todesstrafe) gestellt. Z.T. existiert eine geschlechtsspezifische Differenzierung; so haben Männer ihre für ↗ Frauen verbotenen Mysterien, und Frauen hüten ihre eifersüchtig vor Männern. ↗ Christentum, ↗ Geisterglaube, ↗ Hexerei, ↗ Islam, ↗ Magie, ↗ Religionen, traditionelle, ↗ Vodún.

🕮 D. Zahn, Religion, spiritualité et pensée africaines, Paris 1970. – M. Hebga, La rationalité d'un discours africain sur les phénomènes paranormaux, Paris 1998.

Meinrad Hebga

Mythos, Versuch, den Ursprung der Welt zu erklären. Der M. ist zunächst ein Bericht von Geschehnissen, die in vorgeschichtlichen Zeiten verortet sind. Er kann zu jeder Tageszeit erzählt werden und bezieht seine Wirksamkeit aus der lebendigen Rede, der Stimme, der Gestik, der Mimik, dem ↗ Tanz des Erzählers. Auf die Redeweise von Rezitativ und Tanz gründet der M. Sinn und Kraft seiner Botschaft. Der M. ist häufig ätiologisch, d.h., er sagt, warum und wie die Dinge, die Lebewesen, die Menschen, die Götter entstanden sind. Er greift verschiedene Elemente der Natur auf und versucht, ihre Spezifik und ihr Dasein zu legitimieren. Insofern ist er eine Projektion der unbewussten Wünsche, die der ges. Menschheit eigen sind. Soziologisch ist der M. insofern, als er den Rahmen zeichnet, in dem sich eine soziale Gruppe zu bewegen hat; dazu ruft er ihr namentlich das Normensystem der Ahnen in Erinnerung. Der Erzähler trägt ihn nicht vor, weil er sein Publikum einfach unterhalten möchte, wie im Fall des Märchens, er erwartet vielmehr, dass das Publikum daraus die gehörige Lehre für seine Lebenspraxis zieht. Der M. hat somit juridische und soziale Implikationen. Er ist soziales Regulierungsprinzip. In diesem Sinn lieferte er in den traditionellen Gesellschaften das normative Modell. Er ist auch eschatologisch, wenn er eine Vision des Einzelnen und der Gruppe in der jenseitigen Welt bietet. Schließlich ist der M. symbolisch, da er die Glaubensvorstellung einer Bev. oder ethn. Gruppe und die Konzeptionen zur Stellung des Menschen in der Welt offenbart. Insges. ist der M. gleichsam die narrative Auferstehung eines Urgeschehens, das weiter auf die Gruppe einwirkt und durch den ↗ Ritus neu belebt wird.

Sein Reichtum liegt aber darin, dass er in Afrika offenbar eine gelungene Synthese realisiert, indem er (als Rede, mehr oder minder sakraler Diskurs, mündlich oder schriftlich überlieferter Bericht) auf seine Natur, den Ursprung und die Eigenart ihrer einzelnen Elemente sowie ihre versch. Beziehungen zur Welt hinweist. Eine derartige Synthese hat zweierlei Reiz: Der afrik. M. bleibt lebendige Rede; man muss ihn in der Situation, in seinem Funktionieren und seinem Gesamtausdruck erfassen. Die versch. Ebenen seiner Beziehung zur Welt sind dann ebenso leicht zu begreifen wie beim Epos, dem Genre, dem er am nächsten steht. Wie das Epos bündelt der M. eine Vielzahl kultureller Gegebenheiten. In diesem Sinn ist er eine Ereignissequenz aus der Geschichte einer bestimmten sozialen Gruppe. Der Bericht offenbart ihren Ursprung, ihre Stellung, ihre Bestimmung in der Natur sowie ihre Beziehungen zu den Gottheiten und den Geistern der Vorfahren (↗ Ahnenkult, ↗ Geisterglaube). So bindet der M. reale hist. Ereignisse ein, schöpft daraus seinen Sinn und setzt seinen Bericht um in symbolische Formen der Ästhetik, der Moral oder der Historie, deren Prägnanz ihn selbst ausmacht. Zur Prägnanz des M. bleibt zu betonen, dass er dem Universum des Gedenkens ebenso angehört wie jenem der Rede. Er wird überliefert, zirkuliert in Raum und Zeit und gestattet, sie zu übersteigen.

Der M. vom Kampf gegen die Schlange, eine Variante des von G. Durand so benannten Streits zwischen Engel und Drachen, findet sich z. B. in drei afrik., z. T. geogr. benachbarten M.: im ägypt. M. von Seth und Horus (um 2600 v. Chr.), im westafrik. Soninke-M. von Bida über die Ursprünge des Reiches ↗ Ghana und im M. von Kumbi zu jenen des Reiches ↗ Mali. In allen dreien gibt es einen Streit: Seth, der Sturmgott, greift in Pythongestalt (er hat auch die Krokodilgestalt) seinen jungen Widersacher Horus an; Bida liegt im Streit mit Prinz Mamadu, wobei die Tradition der Soninke besagt, das Reich Wagadu sei in Bida, das einer großen Schlange gehöre, gegr. worden; im dritten M. schließlich tötet ein Verlobter die Schlange, die Kumbi beschützt. Die Konfliktlösung führt zur Gründung des ägypt. Staats; der M. von Kumbi fungiert analog: Kumbi war – so Mahmûd el Kâti in *Tarikh El Fettach* – die Haupstadt des Kayamagareiches. Nach Ibn Battutas Reisebericht hätte sie im heutigen Ghana gelegen (↗ Chroniken); M. Delafosse plaziert sie bei Wagadu nördl. von Gumbu. Die ungenaue Lokalisierung erhebt sie zur mythischen Stadt. Ihre Macht erstreckte sich auf den ganzen Westteil Malis. Diese große Hauptstadt des Kayamagareichs stand unter dem Schutz einer Schlange, die Jahr für Jahr das jüngste und schönste Mädchen des Reiches als Opfer verlangte. Einmal wollte ein Jüngling nicht zulassen, dass seine Verlobte geopfert werde. Er tötete die Schlange. Daraufhin verfiel Kumbi nach und nach und mit ihr das ganze Kayamagareich. Aus dem Verfall Kumbis entstand das Reich Mali, nördl. von Bamako am linken Ufer des Niger. Dieses Reich erreichte im 13. Jh. mit der Keita-Dynastie seine größte Macht. An deren Namen knüpft sich ein anderer großer M., jener des Sundjata, von dem das gleichnamige Epos berichtet. Schließlich sei darauf hingewiesen, dass der M. ebenso wie dem Universum der Rede auch jenem der mündlichen und schriftlichen Lit. angehört. ↗ Erzählen/Erzählforschung, ↗ geschichtliche Überlieferung, ↗ Oralliteratur, ↗ Oralphilosophie, ↗ Schöpfungsmythen.

🕮 M. Eliade, Aspects du mythe, Paris 1983. – J. Knappert, Lexikon der afrik. Mythologie, München 1995. – L.-M. Ongoum/I.-C. Tcheho, Littérature orale de l'Afrique contemporaine. Approches théoriques et pratiques, Ontario 1985.

Georges Ngal

Nachbarschaft bezeichnet (1) eine soziale Beziehung, die durch räumliche Nähe gekennzeichnet ist, und (2) eine kleinräumige Einheit mit komplexen alltäglichen Interaktionen, in der solche Beziehungen überwiegen. (1) Nähe und Ferne sind wesentliche, eigenständige Beziehungskategorien in afrik. Topographien. Allg. drückt die Niederlassung in räumlicher Nähe zueinander Bereitschaft aus zu alltäglichen Interaktionen, persönlicher Verbundenheit und Loyalität. N. unterscheidet sich damit von institutionalisierten Beziehungen, die sich über räumliche Distanz und in Ausnahmesituationen bewähren müssen, wie ↗ Verwandtschaft, Freundschaft, ↗ Altersklassen und ↗ Ethnizität. N. tritt oft unabh. von diesen auf bzw. fördert die Herausbildung weiterer sozialer Beziehungen (z. B. Heirat) und Institutionen (s. u.). Grundlage sind gemeinsame Praktiken wie Landnutzung, alltäglicher Gütertausch und gegenseitige Hilfe sowie Zeremonien, Kulte und ↗ Feste, die das Leben erleichtern und Vertrauen schaffen. Aufgrund der Nähe zum häuslichen Bereich sind ↗ Frauen an Nachbarschaftsbeziehungen bes. aktiv beteiligt. N. als Integrationsfaktor spielt nicht nur im städt. Milieu (↗ Stadt) und nicht erst im Kontext neuzeitlicher ↗ Urbanisierung eine Rolle. Im Unterschied zum europ. Verständnis wird N. in Afrika nicht notwendigerweise als horizontale, im Prinzip egalitäre Beziehung verstanden. Vielmehr sind Nachbarn oft gemeinsam loyal gegenüber lokalen Führungspersonen, etwa den Erstsiedlern (↗ Erdherr bzw. deren Nachkommen), *landlords*, Geschäftsleuten und Politikern.

(2) Trotz der Bedeutung nachbarschaftlicher Beziehungen im Alltagsleben ist es schwer, N. als fest umrissene sozialräumliche Einheiten zu bestimmen. In den afrik. ↗ Sprachen gibt es zwar eine breite Palette von Bez. für räumliche Konzentrationen von Einzelsiedlungen bzw. -haushalten (↗ Dorf). Als Kategorie in den (europ.) Verwaltungssprachen taucht der Begriff N. aber allenfalls bei Maßnahmen der Stadtteilentwicklung im Zusammenhang mit ↗ *community development* und Partizipation auf. Hier gelten meist bodenrechtl. und sozioökonom. Abgrenzungskriterien. Demgegenüber beruhen kollektive Identitäten und Mobilisierungen in Dorf- und Stadtteilen v. a. auf soziokulturellen und hist. Bindungen sowie gemeinsamen pol. Bezügen. Eine Rolle spielen persönliche Loyalitäten, bestimmte Berufe, gemeinsame Herkunft, Klanbeziehungen (↗ Klan und Lineage) und Ethnizität, aber auch gemeinschaftlicher Widerstand gegen staatl. Maßnahmen. Vielzitierte Beispiele sind etwa die Viertel der Hausa-Händler in Westafrika oder die umkämpften *townships, locations* bzw. *compounds* der (Wander-)Arbeiter im S des Kontinents. Gerade in Stadtteilen, die durch großräumige ↗ Migration und koloniale bzw. staatl. Zwangsmaßnahmen (z. B. in Südafrika während der ↗ Apartheid) entstanden sind, gibt es allerdings auch Tendenzen sozialer Desintegration. Die räumliche Segregation afrik. Städte und die selektive Wahrnehmung von Nachbarschaftsbeziehungen widerspricht zwar europ. Idealen urbanen Lebens, fördert aber die Erprobung und Entfaltung neuer Gruppenidentitäten und Organisationsformen. Diese reichen von ethn. Vereinigungen über Glaubensgemeinschaften, Sportclubs und Sparvereine bis hin zu lokalen Zellen pol. ↗ Parteien. Von bes. Interesse sind Ansätze gruppenübergreifender Integration und Außenvertretung (*residents' associations*) sowie nachbarschaftlicher Konfliktregelung (Schiedsstellen).

Achim v. Oppen

Nachkolonialer Staat. *I. Allgemein.* Afrika wurde 1885 als letzter Kontinent vom globalen Prozess der Staatenbildung erfasst, wenn sich auch erste Formierungen größerer Flächenstaaten schon im hist. Kontext des vorkolonialen Fern- und Sklavenhandels bildeten. Der n.St. ist im Wesentlichen das Produkt des antikolonialen Befreiungskampfes nach dem Zweiten Weltkrieg: die Ablösung der europ. Fremdherrschaft durch afrik. Parteien und Bewegungen unter Führung patriotischer, oftmals charismatischer Freiheitskämpfer. Ziel war die Afrikanisierung des kolonialherrschaftlichen Kommandostaats der Europäer, nicht etwa seine Auflösung oder die Rückkehr zu vorkolonialen Zuständen. Der koloniale Ablegerstaat stellte auch in seiner afrikanisierten Hülle ein fragiles pol. Gebilde dar, denn oktroyierter Staat und dazugehörige afrik. Gesellschaft passten nicht zueinander. War der eine durch Machtkonzentration in der kasernierten Hauptstadt gekennzeichnet und fungierte als Pol der ↗ Modernisierung, wurde die andere – die noch nicht zu einer ↗ Gesellschaft verdichtete Bev. – durch hochgradige Fragmentierung und ethn.-kulturelle Diversivität im Rahmen traditionaler, vormoderner agrarischer Produktionsverhältnisse bestimmt. Der subsistenzwirtsch. Agrarsektor bildete als Inbegriff von Rückständigkeit und sozialer Marginalisierung den Gegenpol zu den modernen Enklaven, die *cash crops* (auf Geldeinkommen abzielende marktfähige Waren) herstellten. Es fehlte der »Kitt« der Gesellschaft, deren diverse Gruppen ihren eigenen Staat zur Regelung ihrer Eigeninteressen im Namen des nat. Allgemeinwohls hätten hervorbringen können. Im Prozess des *state-building* kann dieser soziale Kitt durch privatkapitalistische Marktintegration, eine zündende Ideologie, eine mobilisierende Partei, durch Druck von außen oder eine charismatische Führerpersönlichkeit entstehen – Integrationsprozesse, die alle auch in Afrika zu beobachten waren, sich jedoch oftmals nicht als nachhaltig und strukturbildend erwiesen.

Das präsidentielle ↗ Einparteisystem war die typische Herrschaftsform in der ersten Generation nachkolonialer Führer. Ihrem Selbstverständnis nach waren Schaffung, Ausbau und Verteidigung der nat. Einheit im überkommenen staatl. Rahmen oberstes Handlungsgebot, ihre *raison d'être,* da Souveränität nach innen erst Schritt für Schritt aufgebaut werden musste. Aber zu dieser nat. Konsolidierung des aus der Kolonialzeit geerbten Staates fehlte es häufig an Mitteln und Strategien.

Daher ist das Verhältnis zwischen Staat und Gesellschaft im nachkolonialen Afrika prinzipiell als prekär und labil zu bezeichnen, selbst wenn wir neben chronisch instabilen Staaten auch solche vorfinden, die durch ein hohes Maß an Kontinuität über zwanzig, dreißig Jahre hinweg gekennzeichnet sind. Zu letzteren gehören die ↗ Militärregime in Libyen und Togo sowie die Diktaturen in Malawi (bis zu Präsident Bandas Entmachtung 1994), Kamerun, Simbabwe (seit Mugabes Machtantritt 1980) oder Gabun, wo O. Bongo seit vierzig Jahren als Staatschef amtiert.

II. Zu den Funktionen des Staates. Auch in Afrika hat der moderne Staat mehrere Funktionen und Gesichter. Zum einen ist er idealiter ein territoriales System von Verwaltungsinstitutionen zur Aufrechterhaltung von Ruhe und Ordnung und zur Besteuerung der Staatsbürger (innere Souveränität), zum anderen stellt sich Staat dar als ein mehr oder weniger demokrat. legitimiertes, autokratisches oder gar totalitäres Herrschaftsverhältnis zwischen Regierenden und Regierten. Die Abgrenzung zu verwandten Begriffen wie pol. System, ↗ öffentl. Verwaltung, Verfassungssystem etc. ist fließend; dennoch ist es sinnvoll, vom Staat als singulärem Akteur zu sprechen, der über exklusive Charakteristika und Privilegien verfügt. Ihm kommt – dem Anspruch nach – das Monopol legitimer Gewaltanwendung auf dem eigenen Territorium zu, und er repräsentiert Volk und Land nach außen – im Konzert der anderen souveränen Staaten. Er ist heute zum zentralen Ansprechpartner für das Aushandeln internat. (Umwelt-)Abkommen und (Rohstoff- und Handels-)Verträge, gleichzeitig auch erster Adressat für Vorwürfe aus der internat. Gemeinschaft bzgl. Menschenrechtsverletzungen auf seinem Territorium geworden. Als formal gleichberechtigte Mitglieder der Staatengemeinschaft und der UN haben auch die ehem. Kolonien Afrikas unmittelbar mit ihrer Unabh. den Status voller ↗ nat. Souveränität zugesprochen bekommen – unabh. von ihrem innerstaatl. Leistungsvermögen und ihrer Legitimationsbasis. Daher haben alle n.St. Afrikas diesen völkerrechtl. Grundsatz der formalen Gleichheit aller Staaten stets bes. verteidigt.

Aufgrund der Geschichte Afrikas seit dem atlantischen ↗ Sklavenhandel und seiner fast totalen Kolonisierung (mit Ausnahme Äthiopiens und Liberias) ist der afrik. Staat in der ersten nachkolonialen Ära (von ca. 1960 bis zur demokrat. Wende 1989/90) vom Herrschaftssystem des präsidentiellen Einparteistaats mit neopatrimonialem (im Gegensatz zu rational-institutionellem) Charakter geprägt (↗ Neopatrimonialismus): (1) Der n.St. Afrikas ist insofern ein hist. Kunstprodukt, als er seine Existenz in den bis heute bestehenden Grenzen nicht einer innergesellsch. Entwicklung verdankt, sondern dem Willen und den Herrschaftsansprüchen rivalisierender Kolonialmächte. Seine Existenz wird durch das Völkerrecht garantiert, unabh. von der inneren Stärke der Regierung. – (2) Kennzeichnend war die Dominanz einer bürokratischen Staatsklasse mit dem dazugehörigen staatswirtsch. Sektor, der die privatwirtsch. Akkumulation lange Zeit behinderte. Dazu gehören alle aus öffentl. Mitteln bezahlten höheren Amtsinhaber des zivilen und milit. Bereichs, die als korporatives Interesse die Maximierung und willkürliche Verteilung der Staatsrevenuen haben. Schwankte die Staatsklasse anfangs noch zwischen dem Verlangen nach pol. unkontrollierter Selbstbereicherung und dem Bewusstsein, Herrschaft auch durch Dienstleistungen am Volk legitimieren zu müssen (Vorliebe für Bildungsprojekte und Entwicklungspläne), so ist sie heute eher dem Volk entfremdet und von der Globalisierung eingeschüchtert, was eine beispiellose Kapitalflucht seitens der Privilegierten begünstigt hat. – (3) Ein weiteres Kennzeichen des neopatrimonialen n.St. war die Präferenz für staatl. dirigierte Wirtschafts- und Sozialplanung. Da sich eine einheimische nat. Bourgeoisie erst in Ansätzen hatte entwickelt können und es kaum industrielle Unternehmer gab, machten die Regierungen aus der Not eine Tugend und schufen staatl. Wirtschaftssektoren mit parastaatl. Institutionen zur Ankurbelung von Produktion und Handel. Dieses als Etatismus oder *developmentalism* bezeichnete System staatl. Dominanz bei der Entwicklung der Produktivkräfte des Landes kam zunächst auch den auswärtigen Gebern (einschl. der Weltbank) entgegen, die im »peripheren Staat« einen für alles zuständigen Ansprech- und Geschäftspartner hatten, was den Abschluss von Verträgen und Abkommen erleichterte. Da die afrik. Regierungen wie die von K. Nkrumah (Ghana), J. Nyerere (Tansania) oder Kaunda (Sambia) meist wenig von Ökonomie und Finanzen verstanden, kam es zu schweren wirtschaftspol. Fehlentscheidungen. V.a. die Verstaatlichung ausl. Konzerne und das Hochpäppeln einheimischer Industrieunternehmen durch

Kredite stellten sich bald als Ursachen für Überschuldung und Fehlentwicklung heraus. Von der sozialistischen Staatengemeinschaft ist der Etatismus mit der Theorie des »nichtkapitalistischen Entwicklungswegs« als Übergangsphase auf dem Weg zum ↗ Sozialismus ideologisch unterfüttert worden. – (4) Die Besteuerung der Rohstoffausbeutung und des Anbaus und Verkaufs tropischer Landwirtschaftsprodukte blieb i.d.R. die eigene materielle Basis staatl. Handelns. Mit zunehmenden Ansprüchen der Staatsklasse und an den Staat reichten die eigenen Einnahmen nicht aus, so dass die Abhängigkeit von Auslandskrediten rasch wuchs und oftmals die Handlungsfreiheit afrik. Regierungen einschränkte. Da auch der indirekten Besteuerung einer überwiegend armen Bev. enge Grenzen gesetzt sind, erlangen Auslandskredite und sog. Renteneinkommen eine große Bedeutung. Renten sind in diesem Kontext unverdiente Einkommen, die durch den Export von Rohstoffen oder in Form der Entwicklungshilferente in die Staatskasse fließen. Ihre Höhe wird nicht durch die Leistung der Produzenten oder Empfängerländer bestimmt, sondern durch mehr oder weniger spekulative pol. motivierte Gewinnerwartungen. – (5) In einer Reihe n.St. spielen die Überweisungen von Gastarbeitern und/oder Emigranten an ihre Familien eine wichtige Rolle; auch die Regierungen profitieren davon, weil dadurch Devisen ins Land kommen. In den Erdöl exportierenden Ländern Gabun, Angola, Nigeria oder Algerien ist es zur Herausbildung von klassischen »Renten-Staaten« gekommen, geprägt von *rent-seeking* Staatseliten, die dazu neigen, ihre Konsumbedürfnisse durch Importe zu decken und so die einheimischen Märkte ruinieren, v.a. in der Landwirtschaft. – (6) Militärcoups – erfolgreiche wie gescheiterte – haben sich häufiger ereignet als in anderen Weltregionen. Die große Bedeutung des Militärs als pol. Akteur in Militärregimen ist darauf zurückzuführen, dass eine afrik. konfliktfähige ↗ Zivilgesellschaft bei der Erlangung der Unabh. erst schwach entwickelt war und im Vergleich zu den schon in der Kolonialzeit geförderten milit. Berufen über weniger Erfahrung und einen geringen Organisationsgrad verfügte. – (7) Militärcoups haben sich auch deshalb in Afrika als häufige Form des Regierungswechsels herausgebildet, weil verfassungskonforme zivile Mittel des Regierungswechsels selten zugelassen und von den präsidentiellen Amtsinhabern auch nicht gewollt waren. Deren Vorstellung von staatl. Macht war i.d.R. die eines Mandats für Alleinherrschaft auf Lebenszeit, hin und wieder bestätigt durch Akklamationswahlen. Pol. Macht und demokrat. Spielregeln wurden als Gegensätze gesehen. V. a. fehlte es zunächst an pol. ↗ Parteien, die organisatorisch in der Bev. verankert waren und als mobilisierbarer Machtfaktor eine berechenbare Rolle spielen konnten. So konnte es nur in Ausnahmefällen (Mauritius) zu verfassungskonformen zivilen Machtwechseln kommen; erst mit der zweiten Demokratisierung nach 1989 ist hier ein deutlicher Wandel eingetreten. – (8) Die soziale Basis der autoritären nachkolonialen Herrschaftsregime war fragmentiert, unorganisiert und ökonom. fragil. Überwiegend in der Landwirtschaft und im Kleinhandel tätig, hat die Erwerbsbev. keine autonomen Klasseninteressen artikulieren können und damit keine Interessenparteien hervorgebracht als etwaige Antagonisten einer üppig wuchernden bürokratischen Staatsklasse. Sie hat sich vielmehr in den informellen Wirtschaftssektoren eingenistet und fürchtet den Staat als Repressionsanstalt. Die Bürokraten lebten – außer von den externen Renten – von der Besteuerung der produktiven Schichten der eigenen Bev., von den Bauern, Kleingewerbetreibenden und Händlern.

III. Typen des nachkolonialen Staates. In der ersten Phase nachkolonialer Entwicklung kam es, gemessen am Kriterium der Staatskonsolidierung, zu einer Ausdifferenzierung in mindestens drei Ländertypen. Es entstand eine kleine Gruppe pol. relativ stabiler Staaten, in denen der n.St. als eine Art eiserner Rahmen fungierte, in dem sich gesellsch. Leben und das große nat. Projekt Modernisierung und »Entwicklungsplanung« abspielte. Zu den gelungenen Fällen von ↗ Nationenbildung und Staatskonsolidierung können – trotz all der nach wie vor ungelösten Probleme von massenhafter Armut und Unterentwicklung – Botsuana, Mauritius, Tansania und Elfenbeinküste gezählt werden, nach überstandenen Turbulenzen vielleicht auch Ghana, Benin und Mali. Eine zweite Gruppe bilden die chronisch pol. instabilen Länder, in denen sich das Gewaltmonopol des Staates nicht durchsetzen konnte und/oder es zu Kriegen bzw. Bürgerkriegen kam: Sudan, Angola, Äthiopien, Ruanda, Burundi, Uganda, die Demokrat. Rep. Kongo (früher Zaire), Rep. Kongo, Senegal (Casamance-Konflikt) und weitere Staaten, in denen die Regierung bislang erfolglos bemüht ist, die Grenzen zu sichern und von allen Bevölkerungsgruppen als legitim anerkannt zu werden – minimale Voraussetzungen für eine Staatskonsolidierung. Eine dritte Gruppe bilden die Staaten, in denen zwar das Gewaltmonopol des Staates weitgehend aufrechterhalten werden konnte und die insofern pol. stabil geblieben (oder geworden) sind, die aber wegen mangelnder Rechtsstaatlichkeit und ↗ Demokratie nicht zu einer wirklichen Konsolidierung von Staat und Nation gefunden haben. Togo unter Präsident Eyadema, Kenia unter Arap Moi und Äthiopien unter Herrschaft der ethn. Minderheitsregierung von Zenawi gehören zu dieser Gruppe. Als vierte Gruppe, allerdings erst in den 1990er Jahren entstanden, können die Länder kategorisiert werden, die akut vom Staatszerfall bedroht sind bzw. bereits den Staatskollaps erlitten haben: Somalia (seit 1993); Liberia, Sierra Leone, Teile der Demokrat. Rep. Kongo, der Rep. Kongo, der Zentralafrik. Rep. und des Tschad.

Unterscheidet man die staatl. pol. Systeme nach ihren Konstitutionsbedingungen, so lassen sich nennen: ↗ Rebellenbewegungen an der Macht (z. B. FRELIMO in Mosambik); Putschisten an der Macht (Burundi); Monarchien (Swasiland) sowie formale und reale Mehrparteiendemokratien (Äthiopien, Ghana). Was die Regierungsformen des n.St. angeht, so hat es auch hierbei signifikante Veränderungen gegeben. Bis 1989/90 konnte man grob vier Grundtypen pol. Herrschaft unterscheiden:

(1) das auf Kooptation von Provinzführern und Repräsentanten von Interessenvereinigungen (Gewerkschaften) beruhende präsidentielle Einparteisystem neopatrimonialer Art, das Stabilität in der Phase der Nationenbildung verspricht; (2) das prätorianische Militärregime, entweder zur Absicherung parasitärer Herrschaft (Selbstbereicherungsdiktatur) oder im Dienste der Durchsetzung von Strukturanpassungspolitiken (Anpassungsdiktatur); (3) das auf Staatsterror und persönlicher Willkür beruhende *personal rule*-System eines pol. Führers, der sich an Verfassung und Gesetz nicht gebunden fühlt; (4) das durch Wahlen legitimierte Regierungssystem, entweder in der parlamentarischen Form (seltener) oder als präsidentielle Mehrparteiendemokratie.

Das präsidentielle Einparteisystem war mit Abstand das erfolgreichste und verbreitetste Regierungssystem Afrikas. Idealtypisch gesehen, basiert es auf zwei einfachen Regeln des staatl. Neopatrimonialismus. Der Chef als selbst ernannter Vater der Nation verkörpert in seiner Person den durch Gewaltenverschränkung unkontrollierbar gemachten Staat und hat als einziger die oberste Kompetenz der Zuteilung von Posten, Privilegien, Fiskaleinnahmen und Devisen. Der Chef kooptiert aus Klugheit möglichst alle Führer konfliktfähiger Gruppen und Regionen und verschafft ihnen und ihrer Klientel – im Tausch gegen pol. Loyalität – einen Anteil am staatl. Kuchen und Glanz des Hofes. In der Praxis litt dieses pragmatische, dem Eigennutz der neuen Nomenklatura frönende Einparteisystem an einem Strukturfehler: Bei schwindenden Staatseinnahmen und/oder steigender Verschuldung gerät das System der regional und ethn. ausbalancierten Revenue- und Ressourcenverteilung in Turbulenzen, da erfahrungsgemäß unter Stressbedingungen die eigene ethn.-regionale-soziale Klientel bevorzugt wird. Je größer die ressourcenabhängige Schieflage des Systems wird, als desto ungerechter wird die Staatstätigkeit wahrgenommen, desto rascher schwindet das Vertrauen in die Legitimität der Regierung.

Seit 1989/90 ist das Verhältnis zwischen Staat und Gesellschaft raschem Wandel ausgesetzt. Bestimmten Anfang der 1990er Jahre v. a. Demokratisierungsprozesse den Verlauf des Umbruchs, so dominierten gegen Ende des Jahrzehnts staatl. Verfallsprozesse das Bild. Als genereller Trend lässt sich ein Kompetenzzuwachs gesellsch. Interessengruppen, pol. Parteien und ↗ Nichtregierungsorgansiationen ausmachen, und zwar auf Kosten der Zuständigkeiten eines verarmten Zentralstaates, der immer weniger am Allgemeinwohl orientierte Dienstleistungen erbringen kann. Die Gesellschaft passt sich insofern dem geschwächten Staat an, als sie in ihm keine Ansatzpunkte für Identifikation mehr findet und sich alternative Instanzen jenseits des klassischen Staates schafft oder sich ihrer bedient, z. B. im Bereich des Religiösen (einschl. Zauberei und ↗ Hexerei) und des Ethn.-Kulturellen. Die Politisierung der Überbaustrukturen – ↗ politisierte Ethnizität, die Instrumentalisierung der Scharia oder des Gegensatzes zwischen ↗ Islam und ↗ Christentum für Zwecke des pol. Machterhalts (Nordnigeria) – hat zweifellos in dem Maße zugenommen, in dem das Ende des Ost-West-Konflikts die gesellsch. Widersprüche und wirtsch. Krisen an die Oberfläche brachte.

IV. Ausblick. Die Zukunft des n.St. bzw. der nachkolonialen Staatenwelt sieht nicht rosig aus, da mit dem Kollaps staatl. Einrichtungen das öffentl. Gewaltmonopol immer mehr zur Farce wird. Staatsgrenzen sind eher Fiktion als Ausdruck tatsächlicher Souveränität. Bürger- und Bandenkriege, ↗ ethn. Konflikte um Überlebensressourcen, Implosion staatl. Einrichtungen im Sozial- und Verkehrsbereich (aufgrund von *bad governance* und öffentl. Verarmung), die Herausbildung regionaler Vormächte mit Interventionsarmeen, die Politisierung und Militarisierung von ↗ Ethnizität und Religiosität werden auch in Zukunft zum pol. Panorama gehören. Damit nimmt die Bedeutung der informellen Wirtschafts- und Herrschaftsformen zwangsläufig zu, Bereiche, die nicht rechtsstaatl. und demokrat. Logik unterworfen, sondern vom Faustrecht des Stärkeren geprägt sind. In den Räumen, aus denen sich der Staat zurückziehen musste, etablieren sich lokale Autoritätspersonen, *big men*, Warlords, Banden, Schmugglernetzwerke oder auch traditionelle Würdenträger und Vermittler. Aufgrund der Verbindung von transnat. Rohstoffkonzernen und Lokalgrößen entstehen konkurrierende Territorialitätsformen von Dauer, deren materielles Interesse an der Aufrechterhaltung des außerstaatl., kriminellen Tauschzustands (Waffen und Devisen gegen lokale Rohstoffe) zu einer schweren Existenzkrise des n.St. in allen labilen Ländern führen könnte. – Die internat. ↗ Entwicklungszusammenarbeit sollte es sich daher zur Aufgabe machen, lebensfähige öffentl. Einrichtungen in Kernbereichen staatl. Herrschaft (Justiz, Polizei, Verwaltung, Gesundheits- und Hochschulwesen) finanziell und konzeptionell zu unterstützen (wo immer dies noch möglich ist), um sich der Implosion staatl. Autorität und damit den anarchischen Tendenzen entgegenzustemmen. Dabei dürfte in Zukunft der Aufbau wirklich dezentraler Verwaltungsstrukturen unter Einbeziehung von NGOs im Grundbildungs- und Gesundheitsbereich in überschaubaren Wirtschaftsregionen eine positive Antwort auf die gegenwärtige Staatskrise darstellen. Diese hat gezeigt, dass der Traum vom zentral gesteuerten neopatrimonialen Kommandostaat als effizienteste Form geplanter Entwicklung anachronistisch geworden ist.

🕮 F. Ansprenger, Pol. Geschichte Afrikas im 20. Jh., 3. Aufl., München 1999. – J.-F. Bayart, The State in Africa. The Politics of the Belly, London/New York 1993. – M. van Crefeld, Aufstieg und Untergang des Staates, München 1999. – R. Tetzlaff, Staat und Gesellschaft in Afrika: ein prekäres Verhältnis im Wandel. In: M. Schultz (Hg.), Entwicklung. Die Perspektive der Entwicklungssoziologie, Opladen 1997, S. 127–154. – R. Tetzlaff, Der Wegfall effektiver Staatsgewalt in den Staaten Afrikas. In: Die Friedens-Warte 74 (1999), S. 307–330.

Rainer Tetzlaff

Namib, ↗ Wüste, die sich in einem 30–100 km breiten Küstenstreifen etwa 1.200 km lang vom nordwestl. Kapland bis ins südöstl. Angola erstreckt. Die N. – »große Leere« in der Sprache der San und namengebend für Namibia – stellt wie die Atacama Südamerikas eine ökolog. Besonderheit dar: Ihre Aridität (Trockenheit) ist zwar auch auf die Lage beiderseits des südl. Wendekreises zurückzuführen, v.a. jedoch auf die unmittelbare Nähe zu den kalten Auftriebswässern des Benguelastroms. Dadurch erklärt sich einmal die Hyperaridität mit weniger als 10 mm Niederschlag pro Jahr und zum anderen die Besonderheit, dass fast täglich während der Nacht Nebel oft weit in die N. einziehen, sich jedoch nach Sonnenaufgang schnell wieder auflösen. Man spricht deswegen von einer Nebelwechselwüste. Zahlreiche Tier- und Pflanzenarten der N. haben sich auf die Möglichkeit der Tauaufnahme durch kondensierende Nebel eingestellt.

Geomorphologisch stellt die N. eine recht steile schiefe Ebene dar, die sich vor der Großen Südwestafrik. Randstufe erstreckt. Im S bilden langgestreckte und hohe Längsdünen die sog. Dünen-N., deren harmonisches Muster nur durch fossile oder rezente Trockenflussbetten gestört wird. In der Mitte stellt das Kuiseb-Tal eine natürl. Grenze zwischen diesem gewaltigen Dünenmeer und dem nördl. sandfreien Bereich der Fels- und Kies-N. dar. Erst an der Skelettküste baut sich wieder ein sehr schmaler, wesentlich jüngerer Dünengürtel auf, der sich über den Grenzfluss Kunene bis nach Angola zieht. Seit der Entstehung des Benguelastroms im Südatlantik darf dieser Raum als hocharid gelten, nur von wenigen Phasen geringer Feuchtigkeitsschwankungen unterbrochen. Damit zählt die N. zu den ältesten Wüsten der Welt. ↗ Ökozonen.

Klaus Hüser

Namibia. **Fläche:** 824.295 km^2. **Einw.:** 1,7 Mio. (2000). **Stadtbev.:** 30% (1999). **Hauptstadt:** Windhoek (ca. 250.000 Einw.). **Wirtschaftszentren**: Windhoek und Walvis Bay. **Unabh.:** 21. 3. 1990. **Staatsform**: Präsidialrep., Zwei Kammern (Parlament und Nationalrat); Mehrparteiensystem. **Währung:** Namibia $. **HDI-Rang** 111/162 (2001). **Auslandsverschuldung**: 728 Mio. Namibia $, **Anteil der Entwicklungshilfe am BSP**: 6% (1998). **BSP/Kopf**: 1.890 US$, **HIV-infizierte Erwachsene**: 19,5%, **Lebenserwartung**: m 44,7 J., w 44,9 J., **Alphabetisierung** der Erwachsenen: m 82,4%, w 80,4% (1999). **Einschulungsrate**: m 84%, w 88% (1995–99). **Amtssprache:** Engl.; in ca. 10 weiteren Sprachen (einschl. Dt.) wird in der Grundschule unterrichtet; **Regional- und Verkehrssprachen:** Engl., ↗ Afrikaans, Ndonga/Oshivambo (↗ Bantusprachen).

I. Naturraum. Das in weiten Teilen von Trockenheit und Dürre geprägte Steppenland N. verfügt nur in den nördl. Gebieten über hinreichend Niederschlag zum ↗ Ackerbau. Die ↗ Namib-Wüste bedeckt den westl. und die ↗ Kalahari-Wüste den südöstl. Landesteil. Die mittlerweile geschützten, labilen Ökosysteme der Wildreservate und anderer natürlicher Sehenswürdigkeiten sind von permanenten Erosionsprozessen bedroht. (↗ Klima, ↗ Naturschutz, ↗ Ökozonen.)

II. Geschichte und Politik. N. erlangte erst spät die staatl. Selbstbestimmung. Die ↗ Entkolonialisierung war Gegenstand langwieriger Verhandlungen unter Beteiligung der UN. 1884 wurde das »Schutzgebiet Dt.-Südwestafrika« proklamiert. Geschützt wurden hingegen nur die dt. Siedler, die sich im Landeszentrum mit zweifelhaften Methoden die besten Weidegebiete aneigneten und die dortige Bev. verdrängten. 1904 kam es zur Gegenwehr der Herero und Nama, was die dt. Kolonialmacht mit einem Vernichtungsbefehl ahndete, der völkermordähnliche Folgen hatte (↗ Hererokrieg). Die Überlebenden wurden der Rassentrennung unterworfen und in Reservate verbracht, sofern sie nicht Lohnarbeit verrichteten. Das rassistische Regelwerk war Vorläufer der ↗ Apartheid. Die im N lebende Bevölkerungsmehrheit der Ovambo wurde als ↗ Wanderarbeiter in die Kolonialwirtschaft einverleibt. Im Ersten Weltkrieg besetzten südafrik. Truppen N., und der Völkerbund übertrug Südafrika die Mandatsverwaltung (↗ Mandatsgebiete, ↗ Treuhandschaft). Seit den 1950er Jahren organisierten Kontraktarbeiter aus dem Ovamboland den Widerstand gegen die südafrik. Verwaltung, die seit der Gründung der UN unbeaufsichtigt weitergeführt wurde. So hatte Südafrika das Apartheidsystem ausbauen können, was einen völkerrechtswidrigen Verstoß gegen die Mandatspflicht darstellte. Die 1960 gegr. nat. Befreiungsbewegung SWAPO (*South West African People's Organisation*), die – seit 1966 auch mit den Mitteln des bewaffneten Kampfes – den antikolonialen Widerstand anführte, wurde 1974 durch die UN-Vollversammlung als einzig authentische Vertretung des namib. Volkes anerkannt. Doch erst 1989, nach dem Ende des Ost-West-Konflikts (und dem Abzug kubanischer Soldaten aus Angola), willigte Südafrika in freie Wahlen unter UN-Aufsicht ein. Die SWAPO erhielt 57% der Stimmen. Als demokrat. legitimierte »Befreiungsbewegung an der Macht« konnte sie seither in zwei weiteren Wahlen (1994 und 1999) ihre Vormachtstellung mit 72 bzw. 75% der Stimmen ausbauen und übt unter Präsident Sam Nujoma – der zum Zwecke einer dritten Amtszeit die Verfassung 1998 erstmals ändern ließ – eine faktische Einparteiherrschaft aus (↗ Einparteisystem). Das anfangs gezeigte Demokratieverständnis wird zunehmend von Arroganz der Macht und rabiateren Methoden der Ausgrenzung Oppositioneller abgelöst. Weitere Parteien sind der CoD (*Congress of Democrats*), die DTA (*Democratic* Turnhalle *Alliance*), die UDF (*United Democratic Front*) und die MAG (*Monitor Action Group*).

III. Wirtschaft und Sozialstruktur. Mehr als die Hälfte der ↗ Bevölkerung ist direkt oder indirekt von der ↗ Landwirtschaft abhängig. Aus klimatischen Gründen beschränkt sich der ↗ Ackerbau auf die nördl. Gebiete, ansonsten dominiert die ↗ Viehhaltung (Rinder, Schafe, Ziegen). Die zunehmende Veränderung des Ökosystems durch Erosionen begrenzt die Expansionsmöglichkeiten des ↗ Tourismus, der – neben dem Fischfang und der fischverarbeitenden Industrie – seit der Unabh. die größte Wachstumsbranche der Wirtschaft ist. Wasser ist das kostbarste Gut. Eine gute oder schlechte Regenzeit bestimmt das relative Wohlergehen hauptsächlich der Bev., die in den kommunalen Gebieten (den früheren Apartheidreservaten) lebt.

Seit der Unabh. liegt das jährl. Wirtschaftswachstum (3,5%) nur geringfügig über der Bevölkerungszunahme (2,5%). So stagniert das durchschnittl. Pro-Kopf-Einkommen bei etwa 2.000 US$ pro Jahr. Damit ist N. in der Einkommensskala besser als die meisten anderen afrik. Länder platziert. Doch der Schein trügt: N. hat die weltweit größten Einkommensunterschiede. Mehr als die Hälfte der Bev. lebt in absoluter Armut, mit einem durchschnittl. Jahreseinkommen von unter 100 US$. Die Wirtschaft ist von externen Faktoren abhängig: Seien es die klimat. Verhältnisse, die sich auf Landwirtschaft und Meerestemperatur (und damit auf den Fischbestand) auswirken, oder die Weltmarktpreise für Rohstoffe (Diamanten, Uranoxid, Kupfer sowie andere Edel- und Buntmetalle, ↗ Bergbau). Eine Diversifizierung zugunsten einer wertschaffenden verarbeitenden Industrie ist bislang nicht gelungen (↗ Industrialisierung). Die Arbeitslosigkeit liegt bei 25 bis 40% und steigt beständig.

Die Entkolonialisierung hat bislang keinen wesentlichen Ausgleich zwischen Arm und Reich erzielt, die Wirtschafts- und ↗ Sozialstruktur weist noch immer koloniale Grundmuster auf. Die staatl. Unabh. produzierte eine neue Elite, die, gestützt auf das pol. Monopol, Zugang zu den Ressourcen des Landes zum eigenen Vorteil suchte. Trotz allg. verbesserter materieller Infrastruktur und umfangreicher Sozialausgaben (etwa 40% des Staatshaushalts entfallen auf Bildung und Gesundheit) sind die Ungleichheiten geblieben.

Aufgrund des vom Apartheidgedanken geprägten ↗ Kolonialismus war der Großteil der Bev. bis vor kurzem marginalisiert. Die autoritären Strukturen totalitärer, fremdbestimmter Herrschaft waren der Identitätsfindung abträglich. So hat Namibia zwar eine beachtliche lokale Buchproduktion, aber kulturelle Ausdrucksformen verfügen über wenig eigenständiges Profil. Noch immer wird das öffentl. Leben insbes. in der Hauptstadt zu einem überproportionalen Teil von Angehörigen der weißen Minderheit geprägt. Windhoek zeigt sich so den Besuchern zumindest in der Innenstadt als überwiegend »europäisch«. Auch das ist gesellsch. Realität in Afrika.

🕮 H. Melber (Hg.), Namibia – A Decade of Independence 1990–2000. Windhoek 2000.

Henning Melber

Napata ↗ Meroitisch, ↗ Nubien

Nationale Konferenz, Bezeichnung für Bürgerbewegungen im Afrika der 1990er Jahre, die den Abbau der ↗ autoritären Regime und die Etablierung einer ↗ Zivilgesellschaft zum Ziel hatten. Als Reaktion auf die Massenarbeitslosigkeit, die galoppierende Korruption, die Maßnahmen zur ↗ Strukturanpassung und die Umwälzungen nach dem Ende des Ost-West-Konflikts entstanden n. K. im Umfeld der Kämpfe der ↗ Gewerkschaften, Studenten, relig. Bewegungen und der oftmals ins Exil gedrängten Oppositionsparteien.

N. K. fanden statt in Benin, Burkina Faso, Tschad, Gabun, Demokrat. Rep. Kongo, auf Madagaskar, in Niger und Togo. In Kamerun wurde das Abhalten einer n. K. verboten. Es gab zwei Typen: souveräne n. K. wie in Benin mit allen legislativen und exekutiven Vollmachten und nicht souveräne n. K. wie in Tschad und Gabun. Kennzeichnend für die n. K. war die starke Präsenz der kath. Kirche; außer im muslim. Niger hatten fast überall kath. Bischöfe den Vorsitz inne. Die Konferenzteilnehmer, v. a. der Angehörige der gebildeten Mittelschichten, wurden von ethn. und konfessionellen Organisationen sowie von Berufsverbänden (Rechtsanwälte) delegiert.

In den Debatten ging es um Wunden, die das autoritäre Regime hinterlassen hatte: Morde, Verschwinden von Personen, willkürliche Verhaftungen etc., seine Rechtspraxis und Wirtschaftspolitik wurden gegeißelt, neue pol. Spielregeln ausgearbeitet. Die souveränen n. K. behielten für die Übergangsperiode, d. h. bis zur Konstituierung eines demokrat. Parlaments und einer neuen Regierung, alle Vollmachten (Demokrat. Rep. Kongo, Benin, Madagaskar). Die Konferenzdebatten können als Sozialtherapie eines Volkes gesehen werden, das seine Dämonen austreibt, um einen Neuanfang zu wagen. Dieser war in Benin möglich, in der Demokrat. Rep. Kongo nicht. ↗ Demokratie.

🕮 F. Eboussi, Les conférences nationales en Afrique Noire. Une affaire à suivre, Paris 1993. – J.-G. Bidima, La palabre, une juridiction de la parole, Paris 1997.

Jean-Godefroy Bidima

Nationale Souveränität ist als ein formaler völkerrechtl. Status staatl. Unabh. und des Selbstbestimmungsrechts von nahezu allen Ländern Afrikas mehr oder weniger hart erkämpft worden. Zur Erlangung n.S. formierten sich oftmals Befreiungsbewegungen (↗ Rebellenbewegungen), die auch den bewaffneten Kampf in Kauf nahmen, mit Erfolg z. B. in Algerien, Angola, Guinea-Bissau, Mosambik, Simbabwe und Namibia. N. S. geht von der Annahme aus, dass eine (möglichst rechtmäßig von der Bev. eines Landes gewählte) Regierung die Belange des Landes sowohl nach innen wie nach außen vertritt (in diesem Sinne erlangte zuletzt Südafrika mit den ersten allg. und freien Wahlen im Jahre 1994 die n. S. – wenngleich die zuvor schon von der weißen Minderheitsregierung wahrgenommene Vertretung verdeutlicht, dass es sich weniger um die innere Rechtmäßigkeit eines Regimes handelt als die Anerkennung in außenpol. Hinsicht, die zwar im Falle Südafrikas eingeschränkt, aber dennoch vorhanden war). N. S. wird zumeist in einem formal völkerrechtl. Sinne verstanden, der den strukturellen Merkmalen von Abhängigkeit keine Bedeutung beimisst. Externe, auch hist. begründete Abhängigkeitsstrukturen und daraus resultierende Einflüsse auf die Staaten Afrikas lassen hingegen eine zumindest teilweise Fremdbestimmung in pol., ökonom. und kultureller Hinsicht erkennen, die den Grad n. S. eher relativieren. Vielleicht gerade deshalb legen die ↗ nachkolonialen Staaten Afrikas bes. Wert auf die Wahrung ihrer n. S., wobei entsprechende Sensibilitäten mitunter auch den Integrationsbestrebungen ↗ regionaler Organisationen und der engeren Kooperation von Staaten im Wege stehen.

Henning Melber

Nationalismus. In der Geschichte Afrikas ist N. gleichbedeutend mit dem (europ. gesprochen) modernen pol. Aufbegehren gegen den ↗ Kolonialismus. Afrik. N. richtet sich also nicht gegen Nachbarvölker, wie das für den europ. N. die Regel ist, und auch nicht pauschal gegen das jeweilige »Mutterland«, sondern gegen dessen pol. Machtzentrum. Entsprechendes gilt für den »schwarzen« N. gegenüber der »weißen« Herrschaftselite in Südafrika. Afrik. bzw. »schwarzer« N. zeigte sich auch in kolonial geprägten gesellsch. Beziehungen am Rande des pol. Systems, insbes. in der Arbeitswelt (↗ Gewerkschaften) und in den christl. Missionskirchen.

Seine Ursprünge fallen weitgehend mit denen des ↗ Panafrikanismus zusammen, zumal die aufbegehrenden Afrikaner im 19. Jh. eine zahlenmäßig kleine »moderne« Bildungselite darstellten und in vielen Fällen von einem Kolonialgebiet in ein anderes wechselten. Anknüpfend an die auf der »Brüderlichkeit« aller Menschen beruhende Argumentation der Antisklavereibewegung um 1800 (↗ Sklavenhandel) protestierten frühe afrik. Nationalisten gegen den weißen ↗ Rassismus. Dieser verschärfte sich gegen Ende des 19. Jh., als mehr Europäer, insbes. mehr weiße Frauen, nach Afrika kamen, so dass sich dort geschlossene weiße Gesellschaftskörper bilden konnten. In Südafrika bestand diese Situation schon seit Beginn der europ. Besiedlung 1652. Der frühe afrik. N. bediente sich fast ausschließl. des gedruckten Worts als Appell an die bessere Einsicht der Weißen. Bewaffneter Kampf lag jenseits denkbarer Möglichkeiten. Dieser wurde vielmehr bis 1945 ausschließl. von Gruppen geführt, die in örtlich begrenzten, vorkolonialen pol. Systemen (die Weißen sprachen von Stämmen) verwurzelt waren und deshalb nicht dem hier definierten N. zuzurechnen sind.

Nach dem Ersten Weltkrieg – in Südafrika schon 1912 mit der Gründung des (seit 1923 so benannten) *African National Congress* (ANC) – formierten sich in den meisten Kolonien pol. ↗ Parteien und Gewerkschaften, die den Protest gegen die Fremdherrschaft aktiver gestalteten. Sie erfassten anfangs außer städt. Bildungsschichten nur dauerhaft beschäftigte Industriearbeiter. Die Kolonialregierungen behinderten sie nach Kräften und vermuteten in ihnen Bundesgenossen der Kommunistischen Internationale. Nach 1945 griff der afrik. N. fast überall auf die Masse der überwiegend noch im ländl. Raum lebenden Bev. über. Es entstanden nat. Befreiungsbewegungen im Rahmen der kolonialen Grenzen – in Frz.-West- und Äquatorialafrika als RDA (*Rassemblement Démocratique Africain*) über die Grenzen der 1958/60 zu unabh. Staaten werdenden Territorien hinweg. Wo die Kolonialmacht den Weg zur Befreiung auf Dauer versperren wollte (Frankreich in Algerien, Portugal in allen seinen afrik. Kolonien (↗ PALOP), Südafrika im Zeichen der ↗ Apartheid, die weiße Minderheit in Simbabwe), griff der afrik. N. jetzt auch zum Mittel des bewaffneten Kampfes. – Die nationalistischen Bewegungen wandelten sich mit der Unabh. in vielen Ländern zu regierenden Einheitsparteien, die das pol. Bild Afrikas von 1960 bis etwa 1990 bestimmten. ↗ Einparteisystem, ↗ Nationenbildung, ↗ Rebellenbewegungen.

📖 F. Ansprenger, Pol. Geschichte Afrikas im 20. Jh., 3. Aufl., München 1999. – Th. Hodgkin, Nationalism in Colonial Africa, London 1956. – T. O. Ranger, Connections between Primary Resistance Movements and Modern Mass Nationalism in East and Central Africa. In: Journal of African History 9 (1968), S. 437–53, 631–41.

Franz Ansprenger

Nationalparks ↗ Naturschutz, ↗ Tourismus

Nationalsprache, eine nach sprachpol. Kriterien (↗ Sprachpolitik) bestimmte ↗ Verkehrssprache innerhalb eines staatl. Gebildes. N. ist kein fest umrissener Begriff in der ↗ Afrikanistik; es kann darunter jedwede einheimische Sprache verstanden werden, die innerhalb eines Landes gesprochen wird, oder jedwede Sprache eines Staates, die eine offizielle Würdigung (z. B. als Sprache soziokultureller Integration) erfährt. So wurden in Nigeria die drei größten Sprachen der Regionen Nord (↗ Hausa), West (Yoruba) und Ost (Igbo) der Bundesregierung als N. vorgeschlagen, von dieser jedoch nie akzeptiert. Als offizielle Sprache Nigerias fungiert bis heute die ehem. Kolonialsprache Englisch. Die Erhebung einer der drei großen einheimischen Sprachen zur alleinigen offiziellen Sprache hätte aufgrund des Statusgewinns bzw. -verlusts die überaus große Gefahr eines ↗ ethn. Konflikts heraufbeschworen, und selbst die offizielle Anerkennung der drei großen Sprachen wurde stets mit dem Argument der Gleichwertigkeit aller Sprachen Nigerias vereitelt. Mit dem ↗ Swahili in Tansania und dem Somali in Somalia wurden 1961 bzw. 1972 indigene Sprachen zu N. gemacht, im Falle Somalias sogar mit dem Zusatz, dass Somali einzige offizielle Sprache des Landes sein soll. Faktoren für die Wahl einer Sprache als N. sind u.a. vertikale Integration, weitgehende Akzeptanz und Kenntnis in der Bev. und der jeweilige Entwicklungsstand in Bezug auf Standardisierung und Orthographie. Als Hauptfunktion einer N. wird die Schaffung einer nat. Identität der multiethn. Bev. angesehen. Alle Überlegungen, entweder (wie z.B. in Nigeria) eine Kunstsprache (hier: *Wazobia*, eine Mischung aus Igbo, Hausa und Yoruba) oder aber eine andere afrik. Sprache (d.h. Swahili) zur N. Nigerias zu erheben, wurden inzwischen als der Sache nicht dienlich verworfen. Im Prinzip ist jede Sprache, die überregional verwendet wird oder, wie das ↗ Arabische, über die Religion eine weite Verbreitung erfahren hat, zur Bestimmung als N. geeignet. Dabei spielt es – von ideolog. Vorbehalten abgesehen – keine Rolle, ob es sich um eine der großen einheimischen Sprachen Afrikas, eine ehem. Kolonialsprache oder aber um eine Verkehrssprache aus dem Bereich der ↗ Pidgin- und Kreolsprachen handelt, so lange die genannten Bedingungen erfüllt sind.

🕮 A. Bamgbọṣe, Language and the Nation. The language question in sub-Saharan Africa, Edinburgh 1991. – C.M.B. Brann, Official and National Languages in Africa: Complementary or Conflict?, Quebec 1991. – J. Fishman, National Languages and Languages of Wider Communication in the Developing Nations. In: W.H. Whiteley (Hg.), Language Use and Language Change, London 1971, S. 27–56.

Michael Broß

Nationenbildung/*nation building*. Nach der Erlangung der Unabh. von europ. Herrschaft (↗ Kolonialismus, ↗ Nationalismus), für die das »Afrik. Jahr« 1960 als Orientierungsdatum gelten darf, sahen die Regierungen der neuen Staaten ihre vordringlichste innenpol. Aufgabe in der N., d.h. in der Stabilisierung des auf den Gesamtstaat bezogenen, oft von einer »nat.« Befreiungsbewegung bereits geweckten Identitätsbewusstseins einer Bev., die sich fast überall aus vielen Sprach-, Abstammungs- und Kulturgemeinschaften zusammensetzt. Teilw. entsprechen diese Gruppen (↗ Ethnien) pol. Systemen der vorkolonialen Zeit und fordern selbst pol. Loyalität. Nebensache ist, ob europ. Beobachter in solchen Systemen Staaten erkannten (z.B. das ↗ Zulureich in Süd-, Buganda in Ost-, das Kalifat von Sokoto in Westafrika) oder sie als »staatenlose Gesellschaften« klassifizierten. In Äthiopien und Nordafrika ist die Kontinuität von Staaten über Jahrtausende (Ägypten) oder Jahrhunderte (Marokko, Tunesien) hist. dokumentiert.

Die Kolonialregierungen hatten durch Festlegung der Landesgrenzen, durch Einführung ihrer Verwaltungs- und Schulsysteme, durch Auferlegung der Sprache des »Mutterlandes« als Amtssprache (nur in Dt.-Ostafrika – seit 1964 Tansania, Ruanda und Burundi – wurde 1890 die einheimische Verkehrssprache ↗ Swahili Amtssprache) Vorleistungen für eine N. erbracht, pol. aber eher auf das Prinzip *Divide et impera* (teile und herrsche) gesetzt. Die vorgegebenen Gruppen wurden zu diesem Zweck manipuliert oder gar neue »Stämme« (engl. *tribes*, frz. *tribus*), wie man sie zu nennen pflegte, erfunden und dadurch im Laufe der Zeit tatsächlich im Bewusstsein der Betroffenen geschaffen (↗ Ethnizität, ↗ indirekte Herrschaft).

Die Führer der neuen nachkolonialen Staaten sahen deshalb N. v.a. unter dem Gesichtspunkt des Kampfes gegen ↗ Tribalismus, zugleich als Voraussetzung für einen Erfolg ihrer Wirtschaftspolitik, die auf ↗ Modernisierung zielte. Als am besten geeignete Methode erschien ihnen fast überall zunächst das ↗ Einparteisystem, übernommen von der Befreiungsbewegung. Nach wenigen Jahren erwiesener Untauglichkeit machte es vielerorts einem (oder mehreren einander ablösenden) ↗ Militärregimen Platz.

In einigen Ländern wurde die staatl. Einheit und damit die N. durch vollzogene oder angestrebte Abspaltung von Regionen bedroht und dadurch ein Bürgerkrieg ausgelöst. Als Motiv spielten jedoch zumeist partikulare Wirtschaftsinteressen eine wichtigere Rolle als Tribalismus, so bei der Sezession des rohstoffreichen Katanga vom vorher belg. Kongo 1960–63. Der Biafra-Krieg 1967–70 wurde um die Ölquellen im SO Nigerias geführt. Der seit 1973 mit Waffengewalt ausgetragene Streit, ob die vormals span. ↗ Westsahara loyalen Untertanen des marokkanischen Königs zusteht oder eine eigene Nation ist, hat auch mit Phosphatvorkommen zu tun. Andernorts waren unterschiedliche hist. Prägungen maßgebend, so für die kriegerische Sezession des seit 1890 italien. kolonisierten Eritrea von Äthiopien 1962–93, für Aufstände der in der Sahara als Viehzüchter lebenden Tuareg (↗ Berber) gegen die Regierungen von Mali und Niger

1990–95 oder für Sezessionsdrohungen der Zulu-Regionalpartei *Inkatha* in Südafrika während der Überwindung der ↗ Apartheid 1990–94. Das Bestreben fast aller Zentralregierungen des Sudan, der christl. Bev. des Südens den Lebensstil des arab.-islam. Nordens aufzuzwingen, hat seit der Unabh. 1956 Kriege zur Folge gehabt, die nur kurzfristig durch Waffenstillstand und einen Ansatz zu regionaler Autonomie unterbrochenen waren.

Im Jahre 2000 ist jedoch nur für das 1962 angestrebte »größere« Äthiopien sicher und für den Sudan wahrscheinlich, dass die Politik der N. scheiterte. Überall sonst darf dieses Projekt als Erfolg gelten, mögen auch viele der eingesetzten pol. Mittel sich einen schlechten Ruf erworben haben und Föderalismus als naheliegendes Modell, selbst wo er ernsthaft erprobt wurde (Nigeria, Südafrika, partiell Uganda) noch auf nachhaltige Bewährung warten. Offenbar hat sich das Bewusstsein gemeinsamer Identität in den kolonialen/nachkolonialen Staatsgrenzen und pol. Loyalität zur gemeinsamen Regierung gefestigt, soweit diese als legitim empfunden wird. Das gilt für Ghana, wo das Einparteisystem ebenso scheiterte wie mehrere Militärregime, obwohl die wichtige Ethnie der Ewe auch im Nachbarstaat Togo tonangebend ist. Es gilt für Nigeria, wo unterschiedlichste diktatorische und demokrat. Regime mit dem Mittel eines nahezu inflationären Föderalismus (1999: 36 Bundesländer) gegen partikulare Eifersucht ankämpften. Es gilt für die Elfenbeinküste, die nach 40 Jahren kontinuierlicher Einparteiherrschaft Ende 1999 den ersten Militärputsch erlebte, und für Senegal mit einer über Jahrzehnte asymmetrischen Mehrparteien-Demokratie, in der seit 1960 immer dieselbe Partei regierte, bis im März 2000 der Oppositionskandidat zum Präsidenten gewählt wurde. Tansania mit Hunderten etwa gleich großer Ethnien kann ebenso als gefestigter Nationalstaat im westeurop. Sinne gelten wie Kenia mit der Führungsansprüche stellenden Kern-Ethnie der Kikuyu.

Selbst in Südafrika, wo N. bedeutet, dass die weißen vormaligen Kolonialherren und die rassisch unterdrückten Schwarzen zu einer neuen »Regenbogen-Nation« zusammenwachsen sollen, gibt es seit 1990 starke Anzeichen für beiderseitige verstandes-, wenn auch kaum gefühlsmäßige Besinnung auf Gemeinsamkeit. Anders steht es um Länder, in denen die Staatsordnung zusammenbrach, insbes. um Somalia seit 1991, obwohl gerade dort eine gemeinsame Sprache und Ethnizität, hinter der sich freilich seit jeher Klanrivalitäten verbargen, die N. zu begünstigen und »Tribalismus« auszuschließen schienen. Der ↗ Genozid, den 1994 in Ruanda Hutu an Tutsi verübten, markiert den bisher traurigsten Tiefpunkt der Bemühungen um N. Andere Staaten wie Tschad, Liberia oder Sierra Leone, in denen langwierige Bürgerkriege Staatszerfall anzuzeigen schienen, haben dagegen wieder zu einer mehr oder weniger stabilen Regierungsordnung gefunden. Auch die seit 1998 befürchtete Aufspaltung der Demokrat. Rep. Kongo in Interessenssphären der verfeindeten Nachbarstaaten ist bisher nicht eingetreten. Dennoch ist zu beobachten, dass partikulare Loyalitäten wieder erstarken, je weniger der »nat.« Staat versprochene Leistungen wie Landfrieden, Schutz vor Kriminalität, Wahrung der Menschenrechte und Ausbau eines sozialen Netzes tatsächlich erbringt. ↗ Kriege/Bürgerkriege.

🕮 M. Fortes/E. E. Evans-Pritchard (Hg.), African Political Systems, London 1940. – K. Nkrumah, Revolutionary Path, London 1973. – J. K. Nyerere, Freedom and Unity – Uhuru na Umoja, Daressalaam 1966. – L. S. Senghor, Nation et Voie Africaine du Socialisme, Paris 1961. – L. Vail (Hg.), The Creation of Tribalism in Southern Africa, London/Berkeley/Los Angeles 1989. – H. Yaméogo, Repenser L'Etat Africain, Paris 1993.

Franz Ansprenger

Native Authorities (lokale Herrschaftsgremien) waren Teil der brit. Kolonialverwaltung. Eine Kolonie, die mittels ↗ Indirekter Herrschaft (*indirect rule*) verwaltet wurde, war in Provinzen und diese wiederum in Distrikte aufgeteilt. Der Distrikt berief die N. A., die unter Leitung eines engl. *Disctrict Officer* die einheimischen Herrscher bei der kolonialen Verwaltung, Rechtssprechung und Steuereinziehung beaufsichtigten. Nach 1940 gehörten auch gebildete Afrikaner den N. A. an.

Toyin Falola

Naturräume (Relief und Untergrund)

I. Lage, Größe und Gestalt Afrikas. Afrika erstreckt sich als einziger aller Kontinente nahezu symmetrisch beidseits des Äquators. Die Entfernung von seiner nördlichsten Spitze bei 37°20′ N am Kap Blanc in Tunesien bis zum Südende bei 34°51′ S am Kap Agulhas (Nadelkap) in Südafrika beträgt rd. 8.000 km. Die größte Breite liegt mit etwa 7.500 km auf der Nordhalbkugel vor und reicht von 17°32′W am Kap Verde in Senegal bis zu 51°23′ am Kap Guardafui in Somalia. Afrika ist mit einer Fläche von rd. 30,4

Mio. km^2 der zweitgrößte Erdteil und nimmt rd. ein Fünftel der gesamten Festlandsmasse ein. In dieser Fläche sind rd. 0,6 Mio. km^2 (2%) Inselfläche enthalten, wovon der überwiegende Teil auf Madagaskar entfällt. Der nur sehr vereinzelt gebuchtete und gegliederte Küstenverlauf umfährt eine Strecke, die mit 30.000 km im Vergleich zu den anderen Kontinenten äußerst gering ist. Der nordöstl. Teil Somalias stellt die einzige Halbinsel dar; Große und Kleine Syrte (Libyen) und die durch das Nigerdelta bedingten beiden Loben des Golfs von Guinea greifen nur kurz ins Landesinnere ein. Daraus ergibt sich die insgesamt massige und kompakte Gestalt des afrik. Kontinents.

Vertikal gliedert sich Afrika ebenfalls sehr einfach in zwei Haupteinheiten. Den größten Teil, Niederafrika, nehmen mit mittleren Höhen von nur 300 m ü.M. – mit Ausnahme des Atlas und der zentralsahar. Bergländer Ahaggar, Air und Tibesti – Nord-, West- und weite Gebiete Zentralafrikas ein. Das östl. und südl. Afrika dagegen ragen mit mittleren Höhen von 1.200 m ü.M. als Hochafrika auf, dem das äthiop. Hochland und das Hochland von Lesotho nochmals deutlich aufgesetzt sind.

II. Geolog.-tektonische Grundstruktur. Diese sehr einfache Gliederung des äußeren Baus Afrikas ergibt sich durch ein grundlegendes tektonisches Element (Tektonik: horizontale und vertikale Bewegungen der Erdkruste): die sog. Becken-Schwellen-Struktur. Afrika ist schon in sehr alter erdgeschichtl. Vergangenheit von großräumigen Aufwölbungen betroffen worden, die den heutigen Kontinent randlich begleiten und in seinem Zentrum in versch. Richtungen durchziehen. Zwischen den gehobenen Schwellen wurden Becken ausgebildet. Bis auf den N wird der gesamte Kontinent gerade randlich von solchen Schwellen umfahren, so dass Afrika auch als der Prototyp eines sog. Randschwellen- bzw. Randstufenkontinentes gilt. Bes. eindrucksvoll ist dieses Phänomen im Südteil Hochafrikas, wo die SW-afrik. und SO-afrik. Randstufe – auch als *Great Escarpment* oder Große Randstufe bezeichnet – über 2.000 m ü.M. mauerartig aufragen und zwischen beiden schüsselförmig das weite Kalaharibecken (↗ Kalahari) in 1.200–800 m ü.M. gespannt ist. Vom Kalaharibecken trennt die Lundaschwelle (1.500 m) das schon zu Niederafrika gehörende riesige Kongobecken um 500 m ü.M. Der in Nordafrika NW-SO verlaufenden mittelsahar. Schwelle und der Airschwelle sitzen die zentralsahar. Gebirgsländer auf, die die großen Beckenlandschaften des Tschad, der Westsahara und der Libyschen Wüste (mit Syrte-, Murzuk- und Kufra-Becken) voneinander trennen. Die Becken-Schwellen-Struktur steuert und beeinflusst auch andere physische Faktoren und Prozesse. Die Schwellen als gehobene Formelemente unterliegen seit langer Zeit der Abtragung. Befreit von jüngeren Deckschichten, stehen dort meist sehr alte Gesteine des präkambrischen afrik. Sockels an, die häufig von siliziumreichen Schlieren durchzogen und dadurch sehr abtragungsresistent sind. Gleichzeitig dienen sie aber als Liefergebiete für das Akkumulationsmaterial, das in den Becken abgelagert wurde und wird und sich als ehem. lockeres Sediment zu Sedimentgesteinen verfestigt haben kann. Werden solche Gesteine von Erosionsprozessen angegriffen, bilden sich schüsselförmige Schichtstufen- und Tafelberglandschaften aus, wie sie vielfach in den nordafrik. Becken zu finden sind. Geht die Sedimentation von den Schwellen in die Becken bis in die heutige Zeit weiter, wie dies für das Kalaharibecken gilt, bilden sich weite und ausdruckslose Akkumulationsflächen aus lockeren Sanden. Das Akkumulationsmaterial aus den Schwellen stammt von Gesteinen, die vor der Entwicklung des Lebens entstanden sind. Somit fehlen völlig organogene Kalke, was die Unfruchtbarkeit der sich auf solchen Sedimenten entwickelnden Böden erklärt. Die Freilegung des kristallinen Sockels in den gehobenen Schwellen hat aber auch wichtige Mineral- und Erzlagerstätten in abbaufähige Position gebracht, wie z.B. die Uranlagerstätten im Bereich der Airschwelle oder die Zink- und Kupferlagerstätten im Bereich der Lundaschwelle. Die Randstufen haben entscheidenden Einfluss auf die Entwicklung des Flussnetzes, denn alle größeren Fluss- und Stromsysteme Afrikas müssen diese vor ihrer Meeresmündung durchbrechen. Sie tun dies in Schlucht- und Kataraktstrecken, die die Erschließung des Kontinentinneren vom Meer aus erheblich behindern.

III. Grundzüge der geolog. Entwicklungsgeschichte. Die Entwicklungsgeschichte des festländischen Erdkrustenteils, den wir heute Afrika nennen, reicht zurück bis weit in die Erdfrühzeit, das Präkambrium (ca. 4,5 Mrd. Jahre bis 570 Mio. Jahre vor heute). Aus dieser Zeit stammen vier Krustenelemente, die aus Gesteinen aufgebaut werden, die meist über 1,5 oder sogar über 2 Mrd. Jahre alt sind. Solche uralten Krustenabschnitte, die äußerst stabil sind und seit dem Präkambrium keine neuen Gebirgsbildungsprozesse, sondern allenfalls noch weit gespannte Verbiegungen – z.B. die zuvor geschilderte Becken-Schwellen-Struktur – erfahren haben, werden als Kratone bezeichnet. Für die heutige Landmasse Afrikas sind dies im N der Westafrik. und der Ostafrik. Kraton – auch Nilkraton und/oder nubischer/arab. Schild genannt –, in Zentralafrika der Kongokraton und in Südafrika der Kalaharikraton, alle die ältesten Grundgebirgskomplexe mit hochmetamorphen (vielfach umgewandelten) Gesteinen, die nur im Falle des Ostafrik. Kratons in der Folgezeit eine erneuernde, vorwiegend thermale Veränderung erfahren haben (spätkambrisch erneuertes Basement). Diese vier Krustenstücke konsolidierten sich unter gegenseitiger Verschweißung – z. B. im S der Damaragürtel als Schweißnaht zwischen dem Kongo- und dem Kalaharikraton – zu einem Präpangäa genannten Hyperkontinent, aus dem sich ab dem frühen Paläozoikum, dem Erdaltertum, der Megakontinent Pangäa (griech.: die ganze Erde) entwickelte. Dieser umfasste immer noch in einer unvorstellbar großen Landmasse alle heutigen N-(Laurasia) und S-Kontinente (Gondwana). Zu Beginn des Mesozoikums, des Erdmittelalters, genauer in der Trias, also vor etwa 200 Mio. Jahren, trennten sich die nördl. Landmassen ab und ließen einen riesigen, nach einer Landschaft in Zentralindien, dem Land der Gond, benannten Superkontinent Gondwana zurück. Dieser bestand aus den heutigen Kontinentfragmenten Südamerika, Afrika, Indien, Australien und Antarktica. Das Auseinanderbrechen von Präpangäa über Pangäa zu Gondwana geschah wahrscheinlich immer gleich: initial über kontinentale Grabenbildung, die sich durch stetiges Entfernen der Grabenschultern voneinander über lange Zeiten zu Meeren und Ozeanen entwickelte, in deren Zentrum, den sog. Mittelozeanischen Rücken, sich der Prozess des Auseinanderspreizens fortsetzte. Ein solcher Prozess erfasste dann im ausgehenden Mesozoikum (Oberer Jura – Kreide) auch das gesamte Gondwana und legte damit die endogene Grundstruktur des heutigen Afrika fest. Der Superkontinent wurde von Gräben durchzogen, die entstandenen Platten verdrifteten und kamen als Kontinentfragmente (s. o.) im Verlauf des Känozoikum (Erdneuzeit) allmählich in ihre heutige Position. Durch dieses Verdriften der Landmassen entstanden auch erst der Atlantische und Indische Ozean, gleichzeitig ereignete sich für Afrika die erste Plattenkollision, die die Auffaltung des Atlasgebirges zur Folge hatte. Der Atlas (ab der Kreide gefaltet) wie auch im S die Kapketten (bereits in der Trias gefaltet) stellen demnach für Afrika eigentlich ein tektonisches Fremdelement dar. Der Trennungsprozess war begleitet von der Förderung magmatischen Materials, das v. a. im S weite Gebiete mit mächtigen Flut- oder Plateaubasalten überdeckte, z. B. den Karoo-Basalten im südl. Ostafrika und den Etendeka-Basalten in Namibia. Gleichzeitig wurden die Grabenschultern gehoben, also mehr oder weniger die heutigen Kontinentränder: im N geringer, im S stärker, wodurch die grundsätzliche Konfiguration in Nieder- und Hochafrika und der Bau als Randstufenkontinent angelegt gewesen sein dürfte. Das wiederum hatte entscheidende Konsequenzen für alle Sedimentations- und Gesteinsbildungsprozesse der Folgezeit. Während im südafrik. Subkontinent aufgrund seiner innerkontinentalen und randlichen Hochlage (mit gewisser Einschränkung) nur terrestrische Sedimentation möglich war, konnten den nördl. Raum Niederafrikas häufig marine Überflutungen treffen. Diese griffen im jüngeren Mesozoikum und älteren Känozoikum vorwiegend vom Tethysmeer her, dessen Rest das heutige Mittelmeer darstellt, in unterschiedlichem Ausmaß auf den Kontinent über, so dass sich Nordafrika ganz wesentlich von Südafrika durch das Vorhandensein von kalkigen Sedimentgesteinen unterscheidet.

Das Zerbrechen des ehemals geschlossenen Gondwana ging aber in dem verbliebenen Teilfragment Afrika weiter: In der Verlängerung des mittelozeanischen arab.-indischen Rückens über einen Versatz durch den heutigen Golf von Aden riss seit dem Tertiär der Rote-Meer-Graben auf, teilte somit den nubisch-arab. Schild und trennte die arab. Halbinsel von Afrika ab. Im N setzte sich der Rote-Meer-Graben im Suez-Graben und im Graben des Golfs von Akaba fort, zwischen denen eindrucksvoll der Keil der Sinai-Halbinsel gehoben wurde; nach S entwickelte sich ein regelrechter Grabenschwarm, der sich in den Zentralafrik. und Ostafrik. Graben teilte. Gerade dieser innerkontinentale Prozess war von heftigen und vielfältigen vulkanischen Erscheinungen begleitet. Vulkanite aller Art bauen das Äthiop. Hochland auf; die höchsten Berge Afrikas, der Kilimandscharo (5.895 m) und der Mt. Kenia (5.194 m) verdanken diesem neuen und initialen Riftprozess ebenso wie die stark gehobene altkristalline Scholle des Ruwenzori (5.109 m) ihre Entstehung.

IV. Großformen und Charakteristika des Reliefs. Die geschilderten geolog.-tektonischen Merkmale geben die Grundstruktur des Reliefs vor. Neben der Gliederung in Nieder- und Hochafrika erweist sich die Becken-Schwellen-Struktur als entscheidend für die Ausformung der Makroreliefeinheiten. Die innerkontinentalen Schwellen sind meist nur flach aufgewölbte Erhebungen, auf denen die uralten Gesteine des afrik. Sockels freigelegt sind. In solchen Regionen finden wir also Rumpfflächenlandschaften (Flächen, die unabh. von der Gesteinsstruktur entstanden sind). Ihre Genese verdanken sie weniger über das Klima gesteuerten Prozessen als vielmehr den äußerst langen Zeiträumen terrestrischer Abtragung, die für Gondwanakontinente charakteristisch sind. Z. T. können solche Oberflächen uralt sein, sie wurden als präbasaltisches Relief bes. im südl. Afrika von mächtigen Plateaubasalten überdeckt und in der Folgezeit durch Abtragung wieder aufgedeckt. Auch die Beckenlandschaften zeigen als charakteristisches Formenelement Flächen. Dabei handelt es sich bes. in nordafrik. Becken aber um Schichtflächen (Oberfläche stellt auch den Ausstrich einer Gesteinsschicht dar), die an das Vorhandensein mesozoisch/känozoischer Sedimente geknüpft sind. Werden diese Schichten randlich abgetragen, bilden sich v. a. im ariden Bereich großartige Schichtstufenlandschaften aus. Solche finden sich in Niederafrika auch auf den randlichen Schwellen, die im Vergleich zum südl. Afrika viel weniger gehoben wurden und dadurch noch nicht völlig von Deckschichten entblößt sind. Zusammenfassend ergibt sich damit für diese Regionen Afrikas als charakteristisches Reliefelement die Flachform, oft unterbrochen durch abrupt aufragende, sehr steile Einzelberge (sog. Inselberge im Grundgebirge und sog. Zeugenberge im Deckgebirge). Beide Großräume sind nur gering zertalt, was einerseits klimatisch gesteuert sein kann, andererseits aber an der starken Abtragungsresistenz von Schwellen im Flusslängsprofil liegt. Landschaften mit großen Reliefunterschieden und/oder hohem Zertalungsgrad findet man gemäß der endogenen Struktur (1) vereinzelt auf innerkontinentalen Schwellen wie die zentralsahar. Gebirge des Ahaggar und Tibesti, die der mittelsahar. Schwelle als Vulkankomplexe aufsitzen; (2) in Regionen, in denen Plateaubasalte noch erhalten sind, z. B. das äthiop. Hochland und das Hochland von Lesotho; (3) in tektogen/vulkanogenen Gebieten z. B. im Zentral- und Ostafrik. Grabensystem, wo einerseits aufgrund des unterschiedlichen Alters versch. Grabensegmente auch versch. Stadien der Zertalung beobachtet werden und andererseits über 5.000 m hohe Vulkane aufragen, und schließlich (4) im Bereich stark gehobener Randstufen v. a. im südl. Afrika. Dort, wo große Fluss-Systeme in der Lage sind, die hochgestemmten Randstufen zu durchbrechen, können Tallandschaften ausgebildet sein, die wie der Fischfluss in Namibia zu den eindrucksvollsten Tälern der Erde gehören. ↗ Klima, ↗ Ökozonen.

Klaus Hüser

Naturschutz. *I. Ziele und Entwicklung des N.* Schon mit Beginn des ↗ Kolonialismus, verstärkt seit etwa 1970 im Rahmen der Ökologiedebatte wird in Afrika ein nat. und ein grenzüberschreitender N. betrieben. Der Schutz natürl. Ressourcen war jedoch schon in vorkolonialer Zeit – oft über tabuisierte Bäume, Wasserstellen, Wildarten – eine Strategie der Existenzsicherung vieler Menschen. Ziele des modernen N. sind die Sicherung der Funktions-, Leistungs- und Regenerierungsfähigkeit des Naturhaushalts und seiner Ressourcen, Schutz der auf dem Lande, in der Luft und im Wasser wild lebenden Tiere und Pflanzen in ihrer natürl. Lebensgemeinschaft (Biodiversität, Artenschutz), Erhaltung von Natur und Landschaft in ihrer Eigenart, Vielfalt und Schönheit sowie eine nachhaltige Nutzung natürl. Ressourcen.

Das erste Naturschutzgesetz Afrikas war die 1846 erlassene *Ordinance* zum Schutz der Ebenen und Hügel v. a. vor Erosion in der Kapkolonie. 1858 wurde hier der *Forest and Herbage Preservation Act* wirksam, der – 1888 modifiziert – als umfassendstes Naturschutzgesetz aller brit. Kolonien des 19. Jh. gilt. Die ersten Schutzgebiete entstanden zur Sicherung reicher Jagdgründe für die Kolonialherren, der für die Wirtschaft wichtigen Waldbestände oder von Gebirgslandschaften in ihrer Funktion als Wassereinzugsbereiche in Südafrika noch im 19. Jh. In Dt.-Ostfrika z. B. wurde N. durch die »Waldordnung für Usambara« 1895 eingeleitet, mit der in den Usambara-Bergen ein Schutzgebiet deklariert wurde, um Wald vor der sich ausbreitenden europ. Farmwirtschaft zu sichern. Die 1896 erlassene »Wildschutzverordnung« betraf die Ausweisung von Jagdreservaten, in denen seit 1903 Wildschutz Priorität hatte; Jagd war verboten. Bis 1914 wurden insges. 15 Schutzgebiete mit einer Gesamtfläche von rd. 30.000 km^2 ausgewiesen, die – wie auch in anderen Kolonien – oft Kerne heutiger Großschutzgebiete sind. Der internat. N. in Afrika wurde mit einer Konferenz der Kolonialmächte 1900 in London eingeleitet, auf der die *Convention for the Preservation of Wild Animals, Birds and Fish in Africa* unter-

Tab. 5: Merkmale, Nutzungsmöglichkeiten, Zahl und Größe der Schutzgebietskategorien der IUCN und deren Verbreitung nach Länderzahlen in Afrika (Stand 2000)

I. Strict Nature Reserve/Scientific Reserve

Zahl: 63	Größe: 31 404 km²	Länder: 19

Schutzziel: Sicherung eines von Menschen gänzlich ungestörten Evolutionsprozesses von Fauna, Flora und Landschaft in herausragenden Ökosystemen großer biologischer oder geologischer Vielfalt. Außer wissenschaftlicher Forschung keine menschlichen Aktivitäten erlaubt.

II. National Park

Zahl: 270	Größe: 865 531 km²	Länder: 40

Der höchsten Naturschutzbehörde eines Landes unterstehende, relativ große Fläche mit einem oder mehreren von Menschen nicht wesentlich veränderten Ökosystemen; Fauna, Flora, geomorphologische Stätten großer Attraktivität für Tourismus, Erziehung, Wissenschaft oder Landschaften großer Schönheit. Besucher erlaubt; andere Nutzungen und Siedlungen i.d.R. verboten.

III. National Monument/National Landmark

Zahl: 35	Größe: 4125 km²	Länder: 6

Schutz einzigartiger oder seltener natürlicher Phänomene von nationaler Bedeutung auf relativ kleinen Flächen unter Verantwortung staatl. oder nichtstaatl. Institutionen. Tourismus i.d.R. einzige Nutzung.

IV. Managed Nature Reserve/Nature Conservation Reserve/Wildlife Sanctuary

Zahl: 676	Größe: 626 779 km²	Länder: 45

Schutz herausragender biologischer oder landschaftlicher Besonderheiten, zu deren Sicherung auch menschliche Eingriffe erforderlich sein können. Kontrollierte Nutzung z. B. durch Landwirtschaft oder Jagd erlaubt. Zu dieser Kategorie zählen auch u.a. Game Reserves (z. B. Selous G.R./Tanzania), Hunting Reserves (z. B. in Algerien), die Ngorongoro Conservation Area/Tanzania.

V. Protected Landscape and Seascapes

Zahl: 30	Größe: 13 491 km²	Länder: 7

Schutz von Kultur- und Küstenlandschaften, in denen die Interaktion von Natur und Mensch harmonisch, positiv bewertet wird. Traditionelle Landnutzung, Tourismus erlaubt. Unter staatl. oder privater Verwaltung. Zu dieser Kategorie zählen auch Botanical Reserves (z. B. Bunga Forest/Zimbabwe), Wilderness Areas (z. B. Mavuradona/Zimbabwe) oder Recreation Parks (z. B. Ngezi/ Zimbabwe).

VI. Resource Reserve – Interim Conservation Unit

Zahl: 263	Größe: 605 347 km²	Länder: 23

Überwiegend extensive oder ungenutzte, bevölkerungsleere oder -arme Räume mit jedoch drohender stärkerer Nutzung, vor der die Natur – evtl. nur vorerst – geschützt werden soll. Aufgrund fehlender detaillierter Kenntnisse noch keine genaueren Schutz- und Nutzungsziele; oft Vorstufe zur Klassifikation stärker geschützter Kategorien.

Quelle: IUCN

zeichnet wurde. 1933 wurde das *Agreement for the Protection of the Fauna and Flora in Africa* geschlossen, das Grundlage für die Ausweisung streng geschützter Nationalparks (N. P.) wurde. Heute haben sich fast alle Staaten Afrikas den für sie relevanten internat. Naturschutzabkommen angeschlossen. Für Afrika bedeutsame Naturschutzkonventionen sind das 1972 in Ramsar (Iran) beschlossene Übereinkommen zur Sicherung von Feuchtgebieten als Lebensraum für Wasser und Wattvögel (Karte 18), die Konvention über Verbot, Beschränkung oder Reglementierung des Handels mit gefährdeten Arten frei lebender Tiere und Pflanzen (CITES bzw. Washingtoner Artenschutzabkommen, 1973), das Abkommen zur Erhaltung wandernder wild lebender Tierarten (Bonner Konvention, CMS, 1979) und v. a. die Rio-Konvention über die Sicherung der biolog. Vielfalt (CBD, 1992).

II. Schutzgebietskategorien, Nutzungsinteressen und -konflikte. Wichtigste Instrumente des N. in Afrika sind Schutzgebiete unterschiedlicher Art und Nutzungsmöglichkeiten (Tab. 5), die in vielen Staaten große Flächenanteile einnehmen (Karte 19). Im südl. Afrika entstanden nach dem Vorbild des 1872 gegr. Yellowstone N. P. (USA) die ersten Parks bereits vor 1918. Nach der Gründung nur weniger, aber bis heute wichtiger Großparks in den 1920er und 1930er Jahren, v. a. Belg.-Kongo 1925: Albert- heute Virunga-N. P. 7.800 km²; Südafrika 1926: Krüger N. P.; Südrhodesien 1930: Wankie/Hwange N. P. 14.651 km²; Nordrhodesien 1938/1939: South bzw. North Luwanga N. P., insges. 13.686 km², setzte eine stärkere Gründungswelle in spätkolonialer Zeit nach 1946 ein: u. a. Tsavo N. P./Kenia 1948: 20.802 km²; Serengeti/Tansania 1951: 14.763 km²; Murchison Falls N. P./Uganda 1952: 3.840 km². Die meisten unabh. Länder haben als Mitglieder der IUCN *(World Conservation Union)* diese Schutzpolitik fortgesetzt. Seit 1960 wurden mehr Flächen unter Schutz gestellt als in der Kolonialzeit. Schutzgebiete unterstehen i.d.R. dem Staat. Im südl. Afrika gibt es auch

Karte 18: Biosphärenreservate und Feuchtgebiete sowie Unterzeichnerstaaten des Ramsar-Abkommens in Afrika 1997

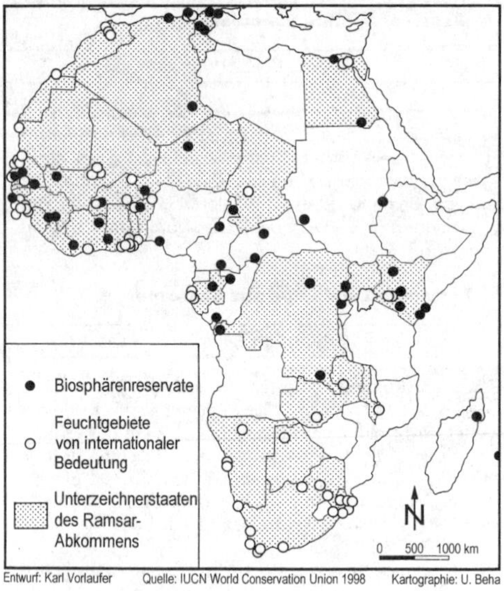

private Schutzgebiete. In Südafrika betreibt die *Conservation Corporation* seit 1991 zahlreiche Schutzgebiete (Phinda, Londolozi, Ngala) und Luxuscamps mit dem Ziel, Wildschutz, Ökotourismus und Beteiligung der Bev. an den Einnahmen zu verbinden. In Simbabwe und Namibia haben zahlreiche Rancher ihre oft riesigen Flächen zu *Conservancies* zusammengeschlossen, in denen Artenschutz, ↗ Wildtierbewirtschaftung und ↗ Tourismus verknüpft werden. Nach Zahl und Fläche kommt den N. P. und den *Managed Nature Reserves, Game Reserves* und *Wildlife Sanctuaries* in allen Ländern die größte Bedeutung zu. Da die für den Safari-Tourismus wichtigen N. P. und Wildschutzgebiete in extrem versch. Ökosystemen liegen, weisen Fauna und Flora in Artenzusammensetzung und -vielfalt große Unterschiede auf. Marine N. P. dienen dem Schutz von Korallenriffen, seltenen Fischen und Meeressäugern. Durch die Integration aquatischer und terrestrischer Ökosysteme in ein Schutzgebiet wird die Sicherung großer Biodiversität erleichtert. Häufig grenzen Schutzgebiete unterschiedlicher Kategorie unmittelbar aneinander, z. B. der Selous G. R./Tansania (44.800 km^2), der Zentrum eines wesentlich größeren, ca. 90.240 km^2 umfassenden Ökosystems ist (Karte 20), das durch die nicht auf die N. P. beschränkte Wildmigration eine Einheit bildet, jedoch unterschiedliche Habitate umfasst. Viele Schutzgebiete wurden zur Sicherung nur einer oder weniger, jedoch seltener Tierarten oder Vegetationsformationen gegr., wie der N. P. de Volcans/Ruanda (150 km^2) und der Bwimbi N. P./Uganda (330 km^2) als Refugien für Berggorillas oder der nur 44 km^{2}große Kakamega N. P./Kenia zur Sicherung der Restbestände des dortigen Regenwaldtyps. Der nur rd. zwei km^{2}große Saiwa Swamp N. P./Kenia ist Lebensraum der seltenen Sumpf-(Situnga)Antilope. Um die Sicherung großer Ökosysteme zu gewährleisten, werden viele Schutzgebiete durch Korridore, die als Wildmigrationsrouten dienen, miteinander vernetzt. Die grenzüberschreitende gemeinsame Planung mehrerer Länder für benachbarte Schutzgebiete wurde intensiviert. Seit 1999 verwalten z. B. Südafrika und Botsuana gemeinsam den Kalahari Gemsbock N. P./Südafrika und Gemsbock N. P./Botsuana. Viele Schutzgebiete werden aufgrund ihrer grenzüberschreitenden, oft globalen Bedeutung in internat. Naturschutzabkommen eingebunden. Der Lake Nakuru N. P./

Karte 19: Anteil der Schutzgebiete (Kategorie Ia/Ib bis VI der IUCN-Klassifikation) an der Fläche der Länder Afrikas 1997

Karte 20: Das Selous-Ökosystem/Tansania: Schutzgebietskategorien und Landnutzungskonflikte

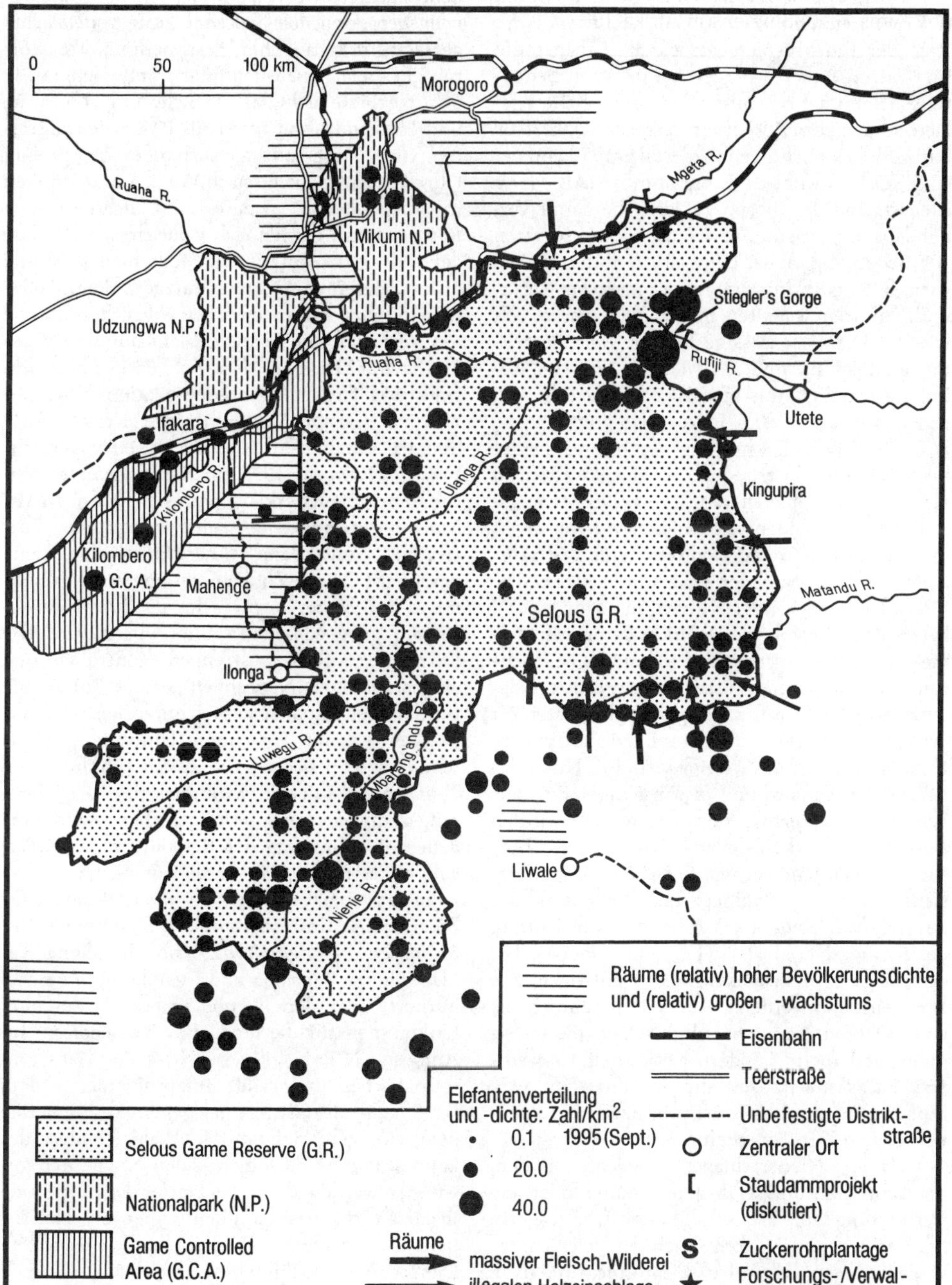

Entwurf: Karl Vorlaufer Kartographie K. Massoud

Quelle: eigene Erhebungen; Selous Game Revserve General Management Plan; GTZ Dar es Salaam 1996

Kenia (188 km^2) oder der marine und terrestrische Ökosysteme umfassende Banc d'Arguin N.P./Mauretanien (11.730 km^2) stehen auf der Liste der Feuchtgebiete insbes. als Lebensraum für Wasser- und Wattvögel von internat. Bedeutung (Ramsar-Konvention). Andere Schutzgebiete zählen zum ↗ Weltnaturerbe der UNESCO. Für zahlreiche Schutzgebiete ist das 1970 von der UNESCO initiierte Programm MAB (Der Mensch und die Biosphäre) und die damit verbundene Ausweisung von Biosphärenreservaten von Bedeutung, in der Umweltforschung, N. und wirtsch. Entwicklung in repräsentativen Natur- und Kulturlandschaften miteinander verkoppelt werden. Die ortsansässige Bev. ist gleichberechtigt an Planung und am Management der Reservate beteiligt, was eine Abkehr darstellt von dem bis in die 1980er Jahre verfolgten Ansatz, N.P. ohne Berücksichtigung der Interessen der lokalen Bev. zu begründen und zu verwalten. In vielen Schutzgebieten wurde die Bev. zwangsumgesiedelt; Weiden und Tränken durften nicht mehr genutzt werden; Jagd, Fischerei, das Sammeln von Früchten oder Holz waren illegal. Die Bev. erzielte so keinen Nutzen aus dem N. und beteiligte sich infolgedessen nicht daran, sah vielmehr im N. ein Instrument, das unter Missachtung überkommener Nutzungsrechte ihre Existenz vernichtete, was zu illegalen Aktivitäten oft großen Ausmaßes (Wilderei, Abholzungen, Landnahme, agrar-, weidewirtsch. Nutzung) führte. Die Umsiedlung ortsansässiger Bev. aus Schutzgebieten erfolgt noch heute: 1999 wurden Buschleute aus dem Central Kalahari N.P. (Botsuana) gegen eine geringe Entschädigung umgesiedelt. Auch den Pygmäen im ↗ Regenwald der Zentralafrik. Republik wurde mit Einrichtung des Dzanga-Ndoki N.P. (1990) mit dem Verbot der ↗ Jagd ihre Lebensgrundlage entzogen. Als Kompensation werden sie an den Einnahmen aus dem Ökotourismus beteiligt. Über diesen in mehr und mehr Ländern verfolgten *Community-Based*-Ansatz soll die Anrainer-Bev. z.B. Einkommen aus dem Tourismus bzw. einer Wildtierbewirtschaftung erhalten.

Geringe Niederschläge, schlechte Böden, überschwemmungsgefährdete Räume oder die Verbreitung der Tsetsefliege, der Überträgerin der Trypanosomiasis, kennzeichnen viele Schutzgebiete. Regenfeldbau ist weithin nicht möglich; die extensive ↗ Weidewirtschaft ist häufig die einzige, kaum die Existenz der wachsenden Bev. sichernde Basis. Es wird daher diskutiert, ob diese Schutzgebiete einen hinreichend großen wirtsch. Nutzen abwerfen oder einer alternativen Nutzung zugeführt werden sollten wie z.B. dem Bau von Wasserkraftwerken, Bewässerungsprojekten, der Trockenlegung von Feuchtgebieten, bergbaulichen Erschließung. Trotz oft riesiger Flächenausdehnung umfassen viele Schutzgebiete nicht das zur Sicherung von Fauna und Flora notwendige Areal. Einerseits migrieren viele Tiere jahreszeitlich oder bei großen Dürren auf der Suche nach Weiden und Tränken in ungeschützte, heute oft dichtbesiedelte Räume. Dann häufen sich Wildschäden (Verlust der Ernte, von Nutztieren, Menschenleben) und diskreditieren den Naturschutzgedanken. Andererseits wird Tieren oft über wildsichere Zäune das Verlassen der Schutzgebiete unmöglich gemacht, mit der Folge, dass viele Parks überstockt sind, was zu Vegetationsdegradation führt wie z.B. im Hwange N.P./Simbabwe, Krüger N.P./Südafrika und im Amboseli N.P./Kenia. Der Amboseli N.P. wurde 1995 zur Kernzone eines Biosphärenreservats erklärt, dem sich – dem MAB-Modell entsprechend – eine Pflegezone (Pufferzone) und dann eine Entwicklungszone anschließt. Diese Zoneneinteilung wird zunehmend auf bisher noch nicht als Biosphärenreservate ausgewiesene Räume übertragen. Die Kernzone unterliegt strengen Kontrollen und eingeschränkten Nutzungen. In der Pufferzone werden weitere, aber naturschutzorientierte Aktivitäten erlaubt: Forschung, Umwelterziehung, Standorte von *Lodges*, Camps für Erholung und Tourismus. In der Entwicklungszone, dem Siedlungsraum der ortsansässigen Bev., wird eine dauerhafte Nutzung der Ressourcen des Reservats angestrebt. 1995 wurde mit dt. Unterstützung das Projekt BRAAF (*Biosphere Reserves for Biodiversity, Conservation and Sustainable Development in Anglophone Africa*) in Ghana, Kenia, Nigeria, Tansania und Uganda mit dem Ziel initiiert, über den N. und insbes. Artenschutz Einkommen für die ländl. Bev. zu schaffen. Im Amboseli N.P. beteiligen sich so die Maasai an touristischen und Wildschutzprojekten. In dem im Regenwald Ghanas gelegenen Reservat Bia, dem einzigen Habitat der Waldelefanten des Landes, konnte die Bev. für den N. dadurch gewonnen werden, dass zwei Dörfer der Pflegezone Lizenzen für das Sammeln einer als Fleischlieferant begehrten Riesenschnecke erhielten. Die so erzielten Einnahmen werden – wie auch bei der schnell zunehmenden Zahl anderer, auf dem *Community-Based*-Ansatz des N. beruhenden Projekten – v.a. in kommunale Infrastrukturen investiert (u.a. Straßen, Schulen, Brunnen). In Ghana beschritt BRAAF zudem einen neuen, zukunftsfähigen Weg des N. Die im N Ghanas (und anderen Ländern) noch vorhandenen, im Unterschied zum degradierten Umland ökolog. intakten heiligen Haine, die traditionell bei der Bev. einen hohen Schutzstellenwert einnehmen, sind Referenzareale, von denen aus die sonst nicht mehr vorhandenen heimischen Pflanzenarten der ursprgl. ↗ Savanne unter Beteiligung der Bev. weiter gesichert, erforscht und schließlich in der Puffer- und Entwicklungszone des Reservats verbreitet werden sollen. Nicht mehr die vom Staat ausgewiesenen Schutzgebiete, sondern die in der überkommenen Kultur seit jeher geschützten Areale werden so zu Kernen von Ökosystemen, in denen N. und dauerhafte Nutzung eine Einheit bilden.

Heute schon wichtige Einkommensquellen aus dem N. sind Tourismus und Wildtierbewirtschaftung. Gefährdungen des Schutzzieles können sich durch den Tourismus jedoch dann ergeben, wenn infolge zu vieler Besucher, ihrer extremen räumlichen und zeitlichen Konzentrationen und ihres umweltunverträglichen Verhaltens die Tragfähigkeit der Schutzgebiete überschritten wird. Eine räumliche und zeitliche Lenkung der Besucher und evtl. Beschränkung ihrer Zahl erweist sich in stark besuchten Parks wie u.a. Amboseli, Krüger, Hwange als notwendig und wird über die drastische Anhebung der Eintrittsgebühren und/oder die Umlenkung der Touristen auf bisher weniger besuchte Schutzgebiete versucht. Über Zonierungskonzepte und die Ausweisung von Pufferzonen können sowohl Konflikte zwischen N. und Tourismus minimiert als auch die Teilhabe der Bev. an den Ressourcen eines Schutzgebietes und seines Umlandes vergrößert werden. Als Beispiel hierfür gilt der Murchisons Falls N.P./Uganda, der in fünf Zonen unterschiedlicher Nutzungsmöglichkeiten auch für den Tourismus eingeteilt wurde. Etwa 60% der Fläche bestehen aus der *Conservation Zone*. Obwohl dort jegliche Nutzung, auch der Tourismus, untersagt ist, ist sie doch Standort einer Flugpiste, was das Dilemma solcher Planungen verdeutlicht. Gefährdungen für zunehmend mehr Schutzgebiete gehen von der schnell wachsenden Bev. (illegale Landnahme, Nutzungen), der ↗ Urbanisierung, ↗ Industrialisierung sowie Intensivierung der landwirtsch. Produktion aus. Ein eklatantes Beispiel ist der Lake Nakuru N.P./Kenia (Karte 21). Der abflusslose Soda-See wird zunehmend verunreinigt mit der Folge, dass im rd. 50 km nördl. gelegenen Lake Bogoria N.P. im Jahre 2000 ein Massensterben der Flamingos einsetzte, die den größten Teil ihres Lebens am Nakuru-See verbracht hatten und dort kontaminiert wurden. Die industriellen Abwässer der rd. 400.000 Einw. zählenden Stadt Nakuru stellen eine Belastung dar. Neue Kläranlagen, verstärkte Umweltschutzbestimmungen und -kontrollen sollen die Sicherung des Parks und seiner Vogelwelt garantieren (↗ Umweltschutz). Die Río-Konvention zur Biodiversität hat erstmals die internat. finanzielle Verpflichtung für den N. in EL formuliert. Über den daraufhin etablierten, von der Weltbank verwalteten Fonds *Global Environment Facility* werden Naturschutzvorhaben finanziert.

Neben den Schutzgebieten nach den Kriterien der IUCN umfasst der N. Waldgebiete unterschiedlichen Typs (↗ Entwaldung). Waldschutzgebiete (*Forest Reserves, Forest Land*), in denen eine nachhaltige Nutzung unter staatl. Kontrolle erlaubt ist, nehmen in vielen Ländern große Flächen ein. Verstärkt konzentriert sich der N. auf die Sicherung der durch Holzeinschlag und die rasante Ausbreitung z.B. der Aquakulturen hoch gefährdeten, für die Biodiversität und den Küstenschutz wichtigen Mangrovenwälder (u.a. in Kenia, Tansania, Madagaskar). Mit der Verabschiedung der ICZM (*Arusha Resolution on Integrated Coastal Zone Management)* 1993 erhielt die Sicherung der Küstenressourcen in allen Küstenstaaten des östl. Afrika einen hohen Stellenwert. Der Schutz der Bergwälder dient der Sicherung der Biodiversität und ist Voraussetzung für ein effizientes Wassermanagement: Durch die Vegetation werden Niederschläge gebunden; Erosion und mögliche Flutkatastrophen in vorgelagerten, bevölkerungsreichen Ebenen werden verhindert oder gemildert. Die riesigen geschützten Waldflächen v.a. im trop. Afrika binden zudem große Mengen an Kohlendioxid und tragen so zur Stabilisierung des globalen Klimas bei. In der Rio-Konvention wird dem Schutz forstlicher Ressourcen eine zentrale Bedeutung zugemessen. Rd. 45% des ursprgl. Waldes wurden bereits abgeholzt; nur 5% der Restfläche unterliegen insges. – bei großen Unterschieden in den einzelnen Staaten – Schutzbestimmungen, die zudem oft nicht eingehalten werden. Basierend auf den Rio-Beschlüssen haben einige Länder mit der Formulierung nat. Waldprogramme begonnen, die sektorübergreifend Politik, Strategien und Aktionspläne zur Sicherung und Nutzung der Wälder anstreben. Ein Instrument ist hierbei die Übertragung der staatl. Forstrechte (Holzbezugs-, Weide-, Streurechte) auf Gemeinden und Privatpersonen. In Gambia z.B. wurde dörflichen Gemeinschaften

Karte 21: Nutzungskonflikte zwischen Naturschutz, Verstädterung, Landwirtschaft und Tourismus: der Lake Nakuru National Park/Kenia als Beispiel

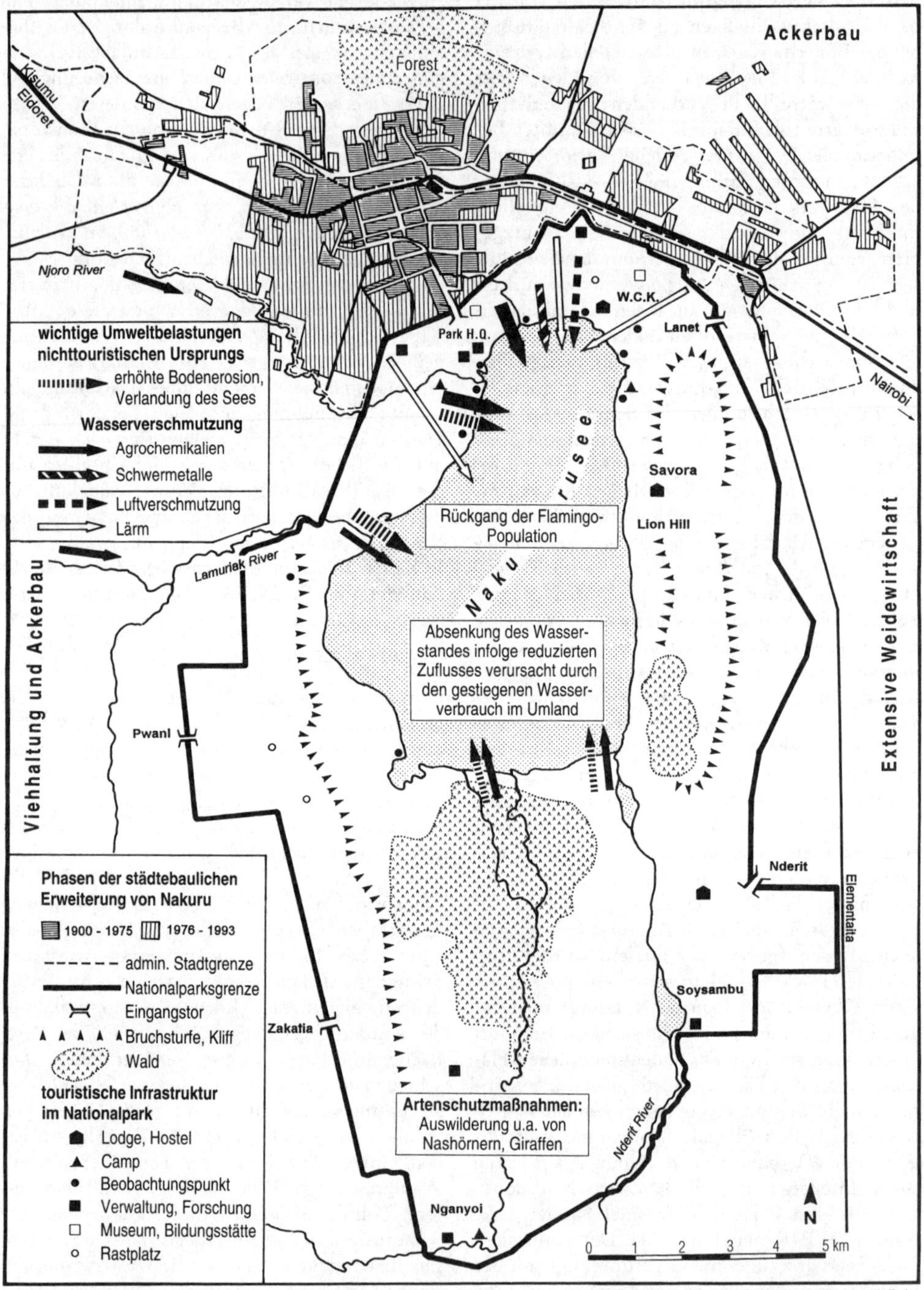

Entwurf: Karl Vorlaufer

Luftbildauswertung: H. Geist; Kartographie: U. Beha

Quellen: offizielle Nationalparkskarte, Luftbilder, eigene Erhebungen

Wald als Eigentum überschrieben in der Erwartung, dass so ein schonenderer Umgang mit den Waldressourcen erfolgt. In anderen Ländern (z. B. Malawi, Simbabwe) wird der Anrainer-Bev. in geschützten Wäldern eine beschränkte Nutzung gestattet (u. a. Imkerei, Sammeln von Raupen, Kräutern, Totholz), um so eine exzessive illegale Nutzung zu unterbinden.

📖 D. Anderson, R. Grove (Hg.), Conservation in Africa. People, Policies and Practise, Cambridge 1987. – K.-H. Erdmann (Hg.), Internat. Naturschutz, Berlin 1997. – European Commission (Hg.), Parks for Biodiversity. Policy Guidance Based on Experience in ACP Countries, Gland 2000. – K. Vorlaufer, Conservation, Local Communities and Tourism in Africa. Conflicts, Symbiosis, Sustainable Development. In: W. Hein (Hg.), Tourism and Sustainable Development, Hamburg 1997, S. 53–123. – R. Robinson (Hg.), African Heritage 2000: The Future of Protected Areas in Africa, Pretoria 1995. – K. Vorlaufer, Die Selous Game Reserve/Tansania – Naturschutz, Jagdtourismus und zukunftsfähige Entwicklung in Afrikas größtem Wildreservat. In: Erdkunde 4 (1998), S. 314–329. – IUCN/World Conservation Union (www.iucn.org).

Karl Vorlaufer

Ndebele (Sprache) ↗ Bantusprachen, ↗ Sprachpolitik

Négritude, eine kulturphilosophische, literarische und pol. Bewegung mit dem Ziel, das Bewusstsein der Schwarzen von ihrer Herkunft und Kultur zu stärken und über die Anerkennung einer schwarzen Kultur zur Überwindung der kolonialen Strukturen beizutragen. Die N. wurde insbes. von Intellektuellen der afrik. Diaspora und von den Antillen in Paris getragen. Der Begriff N. findet sich erstmals 1939 im *Cahier d'un retour au pays natal* (Zurück ins Heimatland) von Aimé Césaire aus Martinique. Als literarische Strömung ist sie mit den Namen Léopold Sédar Senghors und Aimé Césaires verbunden, die als ihre Begründer, Wortführer und Theoretiker gelten. Césaire definierte N. vom subjektiven Pol aus als »Bewusstsein, schwarz zu sein, was einschließt, sein Schicksal, seine Geschichte und seine Kultur auf sich zu nehmen.« Die N. ist daher die Anerkennung der Tatsache, schwarzer Hautfarbe zu sein, ohne dabei andere Völker abzulehnen oder auszuschließen. Vielmehr fördert sie die Menschlichkeit und das Zusammenleben mit anderen Völkern. Senghor fasst die N. als die Gesamtheit der kulturellen Werte der schwarzen Welt auf. Er begreift sie nicht als ↗ Rassismus, sondern als die spezifische Art der Schwarzen, den Kosmos zu erfassen. Vorbereitet von den schwarzafrik. Bewegungen der Zwischenkriegszeit und nicht zuletzt vom ↗ Panafrikanismus, deren Erbe sie z. T. übernahm, entstand die N. im März 1935 mit der Gründung der Zeitschrift *L'Etudiant noir* durch die Vereinigung der martinikanischen Studenten in Frankreich. Dort erschienen die ersten Artikel von Césaire (*Jeunesse noire et assimilation*) und Senghor (*L'humanisme et nous: René Maran*), und dorthin führte der Weg der schwarzen Bewusstseinsbildung, der sich in den ersten Panafrik. Kongressen (1919, 1921 und 1923) und dem Aufkommen zahlreicher schwarzer Vereinigungen der Zwischenkriegszeit sowie ihrer Presseorgane äußerte. Dazu zählen: *La Dépêche coloniale* (1922); *Les Continents* (1924–26), das offizielle Organ der Allg. Liga für die Verteidigung der schwarzen Rasse; die der III. Internationale angeschlossene *Union Intercoloniale* (gegr. 1921); das Journal *Le Libéré* (1923–1925); *Le Réveil des Noirs*, die Keimzelle des Verteidigungskomitees der Schwarzen (ab 1926) mit dem Presseorgan *La Voix des Nègres* (1926–27); *La Race noire* (1927–37); *La Dépêche africaine* (1928); *La Revue du monde noir* (1931–32); *Le Cri des Noirs* (1931–35), das Organ des Verbandes schwarzer Arbeiter; der Freundschaftsbund der Einwanderer aus Frz.-Äquatorialafrika (1928–39); die *Légitime Défense* (Juni 1932). Außerdem wehte aus Harlem der Wind der schwarzen Renaissance, deren Schriftsteller an der *Revue du monde noir* mitarbeiteten, und aus Haiti beeinflusste die Bewegung des *Indigénisme* mit Jean Price-Mars die N. Jede dieser Bewegungen musste sich mit dem Grundproblem der ↗ Assimilation an die frz. Kultur auseinandersetzten. Daraus ergab sich 1935 das Hauptanliegen der Zeitschrift *L'Etudiant noir*, nämlich die bei der Assimilation bislang gering geschätzte spezifische Leistung der Schwarzen stärker herauszuarbeiten. Die Publikation selbst stand zu ihren Vorgängern in einem Verhältnis von Kontinuität und Bruch. Das erste Heft von *L'Etudiant noir* März 1935 war das zweite eines Periodikums, das den Titel (von *L'Etudiant martiniquais* in *L'Etudiant noir*) und die Redaktion gewechselt hatte. Sie wurde nun von einem Kollegium mit Aimé Césaire als Direktor und Aristide Maugée als Generalsekretär geleitet. Von den Autoren des Hefts kam nur Senghor aus Afrika. Die Grundsatzdebatte drehte sich um das Problem der Assimilation und schied die Schwarzen in Anhänger und erbitterte Gegner. Césaires Beitrag bestand im Entwurf eines Programms für die schwarze

Jugend und enthielt bereits den Kern der Überlegungen, die später im *Cahier* entwickelt wurden. Césaire, der jede Vermischung ablehnte, verfocht die Idee einer rein schwarzen Seele (Identität), die durch keinerlei hist. Einflüsse verfälscht werden könne. Ganz im Gegensatz dazu stellte Senghor in dem für sein Denken exemplarischen Beitrag die These auf, dass die Vermischung eine hist. Tatsache sei und der Schwarze ihr Produkt. Danach müsste man von einer mehr fordernden, dynamischen antillanischen N. und einer eher gelassenen afrik. N. sprechen. Die spätere Entwicklung beider Begründer der N. bekräftigt diese Ansicht. In der Terminologie des *Cahier* meint N. die Fähigkeit des Schwarzen, sich seiner Umwelt anzupassen (»durchlässig für jeden Hauch der Welt«). Senghor spricht vom »sensorischen Feld«. Diese Konzeption der Emotion stammt von Leo Frobenius (↗ Ethnologie, ↗ Kulturkreise).

Die großen Werke der N. erschienen zwischen 1934 und 1948 (*Le Cahier d'un retour au pays natal; Armes miraculeuses; Quand les chiens se taisaient; Chants d'ombre; Hosties noires; Pigments; Poèmes nègres sur des airs africaines,* ↗ frankophone Literaturen). 1948 gilt als Jahr des Manifests der Bewegung, denn es erschien Senghors *Anthologie de la nouvelle poésie nègre et malgache de langue française* und darin das Vorwort *Orphée noire* (Schwarzer Orpheus) von Jean-Paul Sartre. Die N. hatte damit internat. Anerkennung und Bestätigung erhalten.

Die Handschrift der N. zeigt sich bei den Dichtern an bestimmten Formkonstanten: Wiederholung und Redundanz, Lautmalerei, Gleichklang, Häufigkeit von Metaphern. Die Schriftsteller der N. verwenden gern das Wort »tamtam«, um den afrik. Rhythmus anzudeuten. Als poetischer Mythos ist die N. im Roman leicht an der ethnologischen Prägung zu erkennen. So haben *Karim* (1935) und *Mirages de Paris* (1937) von Ousmane Socé, *Doguicimi* (1938) von Paul Hazoumé, *Tounka* (1946) von Abdoulaye Sadji und *L'Enfant noir* (1954, dt.: *Einer aus Kurussa*) von Camara Laye das gemeinsame Anliegen, die Lebensweise der Afrikaner zu beschreiben, um die schwarze Kultur zu veranschaulichen und zu verteidigen. Als Präsident Senegals machte Senghor die N. zur Entwicklungsideologie seines Landes. Die philosophischen Grundlagen formulierte er in Anlehnung an den ↗ Sozialismus und den Teilhardismus: Spiritualismus, Glauben an Gott, Bedeutsamkeit des Menschen, Konvergenz der Zivilisationen usw. und sprach vom afrik. Weg zum Sozialismus. Die N. blieb weiterhin die Gesamtheit der pol., sozialen, moralischen, kulturellen Werte der schwarzen Welt. Aber sie gründete sich nunmehr nicht nur auf die schwarze Hautfarbe, sondern auch auf geograph. sowie hist. Zusammenhänge. ↗ frankophone Literaturen im subsahar. Afrika, ↗ Philosophie, ↗ Humanismus.

🕮 R. Depestre, Bonjour et adieu à la négritude, Paris 1980. – M. Hausser, Essai sur la poétique de la négritude, 2 Bde., Paris 1987. – H.-J. Heinrichs, Sprich deine eigene Sprache, Afrika! Von der Négritude zur afrikanischen Literatur der Gegenwart, Berlin 1992.

Georges Ngal

Neokolonialismus, Bez. für eine Politik der Fortsetzung des ↗ Kolonialismus mit anderen Mitteln. Im N. tritt die formale pol. Unabh. der Kolonien an die Stelle der Verwaltung durch die ehem. Kolonialmächte, die alten Abhängigkeitsbeziehungen bleiben jedoch bestehen. In der Phase der ↗ Entkolonialisierung wurde insbes. Frankreich und Großbritannien der Vorwurf gemacht, den N. als Instrument ihrer Politik einzusetzen, indem sie ihre Kolonien in die Unabh. entlassen, sie mit wirtsch., kulturellen u. a. Mitteln jedoch weiterhin an sich binden und ausbeuten. Als Gewinner des N. wurde auch die USA aufgrund ihrer großen Wirtschaftsmacht angesehen. Wichtiger Bestandteil des N. ist zudem die Unterstützung einer kooperationswilligen Führungsschicht in den unabh. Staaten durch die ehemalige Kolonial- oder eine andere Hegemonialmacht, notfalls auch durch milit. Intervention (↗ Eliten). – Der N.-Diskurs wurde insbes. von radikalen pol. Kräften geführt, die auch nach der formalen pol. Unabh. die Fortsetzung des Befreiungskampfes bis zur Überwindung aller vom Kolonialismus geerbten Abhängigkeitsbeziehungen forderten (↗ koloniales Erbe, ↗ Self-Reliance, ↗ Sozialismus). K. Nkrumah, von 1957 bis zu seinem Sturz 1966 der erste Präsident Ghanas, sah den N. als jüngstes Stadium des Imperialismus und kritisierte insbes. die Balkanisierung Afrikas durch die Kolonialmächte. Das Ziel der Einheit Afrikas, das er propagierte, war als Strategie gegen den N. konzipiert (↗ OAU, ↗ Panafrikanismus).

🕮 K. Nkrumah, Neo-Colonialism. The Last Stage of Imperialism, London 1968.

Peter Meyns

Neopatrimonialismus. Eine in Afrika sehr verbreitete Form pol. Herrschaft, die aber auch in anderen Staaten der ↗ Dritten Welt vorkommt. N. benennt eine im Kern personalisierte Form der Herrschaftsausübung, die auf der klientelistischen Verteilung von Pfründen beruht, und bringt die Wirksamkeit traditioneller Normen und Verpflichtungen im ↗ nachkolonialen Staat zum Ausdruck.

N. ist eine Weiterentwicklung der Analyse des Patrimonialismus in vorbürokratischen Gesellschaften, wie sie Max Weber in *Wirtschaft und Gesellschaft* vorgenommen hat: Im Unterschied zur »bürokratischen Sachlichkeit« und des auf der abstrakten Geltung gleichen objektiven Rechts beruhenden Ideals der Verwaltung »ohne Ansehen der Person« gelte beim Patrimonialismus das entgegengesetzte Prinzip: »Die pol. Verwaltung wird als eine rein persönliche Angelegenheit des Herrn (…) behandelt. Wie er die Macht ausübt, ist daher durchaus Gegenstand seiner freien Willkür.« Im Patrimonialismus fehlt v.a. auch, so Weber, »die bürokratische Scheidung von ›privater‹ und ›amtlicher‹ Sphäre.« Rechtlich fußte der Patrimonialismus auf den traditionellen Strukturen, durch die die Führungsrolle des Herrschers legitimiert, aber auch Verpflichtungen abgeleitet wurden, die er gegenüber seinen Untertanen zu erfüllen hatte. Der N. praktiziert dieselben Herrschaftsprinzipien unter den veränderten, auch territorial erweiterten Bedingungen moderner staatl. Strukturen. Verschiedene pol. Systeme – i.d.R. ↗ autoritäre Regime (↗ Militärregime, ↗ Einparteisysteme), aber auch Mehrparteiensysteme – können den Rahmen für N. abgeben. Wesentlich bleibt die unangefochtene Autorität des Herrschers, zumeist des Staatspräsidenten. Er besitzt die Verfügungsgewalt über den Staatsapparat und setzt sie im Interesse seiner Herrschaftssicherung ein. Staatl. Ämter und Ressourcen sind die materielle Grundlage – die Pfründe – des N. Ämter werden nicht primär nach Kriterien sachlicher Kompetenz, sondern persönlicher Loyalität, nicht selten auch des Nepotismus vergeben. Der Zugang zu ihren Ämtern verschafft den Amtsinhabern wiederum Zugang zu Ämtern und Ressourcen in ihrem Verantwortungsbereich. So entsteht ein Netzwerk des Klientelismus, in dem Patronage und Loyalität zwei Seiten derselben Medaille sind und in dessen Zentrum der Herrscher die Fäden zieht. Die im nachkolonialen Afrika verbreitete nationalistische Wirtschaftspolitik, die zu einem dominanten staatl. Wirtschaftssektor führte, diente auch dem N., da sie zusätzliche Ämter und Ressourcen der staatl. Verfügungsgewalt unterstellte. N. kann sehr unterschiedliche Ausprägungen annehmen und schließt eine entwicklungsorientierte Politik des Staates nicht von vornherein aus. Fehlende Kontrollen staatl. Amtsführung, mangelnde Kompetenz vieler Amtsinhaber sowie der persönliche Bereicherungsdrang der herrschenden Elite begünstigen jedoch die zunehmende Privatisierung des Staates im Rahmen des N. Begleitet wird dieser Prozess, da er auch immer mehr kriminelle Energien freisetzt, durch fortschreitende – und insbes. in rohstoffreichen Ländern von ausländischen Investoren genährte – ↗ Korruption. Schrumpft die staatl. Pfründe durch exzessive Plünderung, wird das System des N. durch Wirtschaftskrise und verschärfte Cliquenkämpfe unterhöhlt.

🕮 J.F. Médard (Hg.), États d'Afrique Noire: Formation, Mécanismes et Crises, Paris 1994. – M. Weber, Wirtschaft und Gesellschaft, 5. rev. Aufl., Tübingen 1990.

Peter Meyns

Nepotismus ↗ Neopatrimonialismus

Neue Weltwirtschaftsordnung (NWWO). Mit der Parole der Schaffung einer NWWO propagierten die Länder der Dritten Welt und der ↗ Blockfreienbewegung seit der Ölkrise von 1973/74 v.a. im Rahmen der UN und der Unterorganisation UNCTAD (Konferenz der UN für Handel und Entwicklung) einen Katalog von Forderungen zur Reform der internat. Wirtschaftsbeziehungen. Grundforderung der NWWO war eine stärkere Beteiligung der Staaten der Dritten Welt am wachsenden Weltwohlstand, die im Rahmen der ↗ kollektiven Eigenständigkeit in mehreren Schritten und durch geeignete Maßnahmen allmählich erreicht werden sollte. Die NWWO kritisierte die nach dem Zweiten Weltkrieg geschaffene liberale Wirtschaftsordnung der sog. Bretton-Woods-Organisationen Weltbank, IWF und GATT (Allg. Zoll- und Handelsabkommen), die die EL (Entwicklungsländer) benachteiligt habe. Aufgrund der ungleichen Arbeitsteilung im Welthandel (Rohstoffe gegen Fertigwaren) und der sich verschlechternden Austauschbedingungen (*terms of trade*) sei es zu Zahlungsbilanzproblemen und Verschuldung gekommen. Eine gerechte NWWO solle die Ungleichheit beseitigen und den Wohlstand auch in den EL erhöhen helfen. Ferner wurde bemängelt, dass multinat. Konzerne eine zu große Marktmacht innehätten.

Ziel der NWWO war somit, die Benachteiligungen der EL in der Weltwirtschaft aufzuheben.

Organisiert in der ↗ Gruppe der 77, entwarfen afrik., asiat. und lateinamerik. Länder einen umfassenden Forderungskatalog, der zur Egalisierung von Ungleichheit beitragen sollte. Dazu gehörten Forderungen zur Rohstoffpolitik (integriertes Rohstoffprogramm), zur Handelspolitik, zur Industrialisierung, zu multinat. Konzernen (Verhaltenskodex) und zum Technologietransfer, die im Rahmen von UNCTAD III 1972 in Santiago (Chile), UNCTAD IV 1976 in Nairobi (Kenia) und UNCTAD V 1979 in Manila (Philippinen) erhoben wurden. Dazu kamen Forderungen für ein Währungssystem mit festen Wechselkursen, Erhöhung der öffentl. Entwicklungshilfe (0,7% des BSP), Schuldenerlass, besserer Zugang zu internat. Kapitalmärkten und höherer Stimmrechtsanteil der EL im IWF, in der Weltbank und anderen internat. Organisationen. Obgleich die Umsetzung der meisten Forderungen für eine NWWO nicht erfolgreich war, sind zahlreiche Maßnahmen verwirklicht worden, wie bspw. ein (nicht gut funktionierendes) integriertes Rohstoffprogramm, die Einrichtung sektoraler Entwicklungsfonds, größerer Einfluss in den Bretton-Woods-Organisationen, Schuldenerlass. Insges. ist aber spätestens seit 1983 eine abnehmende Bedeutung von UNCTAD und schließlich auch der Abschied von einer NWWO festzustellen, die gegen den Willen der Industrieländer nicht durchgesetzt werden konnte. UNCTAD wandte sich anderen Aufgaben zu und bekam Konkurrenz, z. B. durch die Gründung der WTO 1995, die aus GATT hervorging und größeren Einfluss auf die Welthandelsordnung nahm (Liberalisierung). – Die afrik. Staaten spielten in der Formulierung der Bausteine der NWWO eine eher marginale Rolle. Zwar agierten sie im Rahmen von ↗ OAU und Beschlüssen zur Verstärkung der innerafrik. Kooperation, bspw. dem Lagos-Aktionsplan, auf der Basis der Forderungen der NWWO. Letztendlich wandten sie sich aber der Kooperation mit der EG/EU zu, so bei der Verabschiedung des ↗ Lomé-Abkommens 1975, das wiederum Bausteine der NWWO übernahm, wie z. B. den Rohstoffsubventionsfonds, eine Vorzugsbehandlung beim Export in die EU.

🕮 B. Engels/K. Liebig (Hg.), Die Zukunft des Welthandelssystems, Hamburg 1999. – R. Kappel (Hg.), Afrikas Wirtschaftsperspektiven, Hamburg 1999. – V. Matthies, Neue Weltwirtschaftsordnung, Opladen 1980.

Robert Kappel

NGO ↗ Nichtregierungsorganisationen

Nguni-Sprachen, Sprachgruppe im südl. Afrika, zu der Xhosa, Zulu und Swati gehören, ↗ Bantusprachen

Niassiyya ↗ Bruderschaften, islamische

Nichtregierungsorganisationen, (meist NGOs, *Non-Governmental Organisations*) sind freiwillige und gemeinnützige Organisationen. Der Begriff stammt aus der UN-Charta, die in Artikel 71 einer Gruppe nichtstaatl. Organisationen einen beratenden Status bei den UN einräumt. Auf dieser Rechtsgrundlage wurden die NGO-Foren auf den Weltkonferenzen u. a. in Peking (Frauen) oder Rio de Janeiro (Umwelt) durchgeführt. Während die UN auch Berufsverbände oder Gewerkschaften mit erfasst, gelten in der entwicklungspol. Praxis v. a. Organisationen in den Bereichen soziale Dienstleistungen, lokale Entwicklung, Umwelt- und Menschenrechtsfragen (inkl. Frauenrechte) als NGOs. Des weiteren werden auch internat. tätige Selbsthilfegruppen und -organisationen einbezogen. Während NGOs im engeren Sinn v. a. gemeinnützig für andere tätig werden, dienen Selbsthilfegruppen und -organisationen dem Interesse ihrer Mitglieder. NGOs finanzieren sich aus Spenden, staatl. Zuschüssen, freiwilligen Arbeitsleistungen und Selbsthilfebeiträgen der Nutznießer. Zunehmend bemühen sich einige NGOs auch um Einnahmen aus gewerblichen Aktivitäten.

Zu den NGOs gehören u. a. kirchliche Hilfswerke wie Brot für die Welt, Misereor, Caritas, Hilfs- und Entwicklungsorganisationen wie die Dt. Welthungerhilfe, Oxfam, CARE, Ärzte ohne Grenzen und Menschenrechts- und Umweltorganisationen wie Amnesty International, Human Rights Watch/Africa, WWF (World Wide Fund for Nature). Diese NGOs haben ihr Zentrum im N (Nord-NGOs) im Gegensatz zu Süd-NGOs aus den Ländern des S. Nat. Gliederungen internat. tätiger Organisationen (Caritas, Rotes Kreuz) nehmen eine Zwischenstellung ein.

NGOs gelten in der Entwicklungspolitik als humanitär engagiert, basisnah, partizipativ, unbürokratisch, effizient, innovativ und als Ausdruck gesellsch. Selbstorganisation. Nach den Misserfolgen staatl. Entwicklungspolitik sind sie ein Hoffnungsträger. Entwicklungsaktivitäten werden nur teilweise direkt von Nord-NGOs durchgeführt. Zunehmend treten Nord-NGOs als Förderer von Süd-NGOs auf.

Die ersten in Afrika tätigen NGOs waren

Kirchen in den Bereichen von Mission und Wohlfahrt. Bes. in den Siedlerkolonien (z. B. Kenia) gründeten in Afrika lebende Europäer NGOs nach europ. Vorbild. Organisationen afrik. Zuwanderer in den Städten auf ethn. und regionaler Basis können als frühe Süd-NGOs angesehen werden. Noch in den 1980er Jahren standen Ländern mit einer beträchtlichen Zahl an nat. NGOs (Burkina Faso, Kenia, Ruanda, Senegal) andere Länder mit einer geringeren Zahl nat. NGOs gegenüber (Angola, Tschad). Mit dem wachsenden Interesse an der Entwicklungspolitik gab es gerade in Ländern mit zuvor wenigen NGOs Neugründungen. Zunächst wurden v. a. NGOs im Bereich der Entwicklung (inkl. soziale Dienstleistungen und Umwelt) gefördert. Hinzu kam eine gezielte Unterstützung für Frauenorganisationen. Seit der Demokratisierungswelle 1989/90 erhalten auch Menschenrechtsorganisationen sowie NGOs mit Aktivitäten der pol. Bildung erhebliche Unterstützung. Die Förderung der Süd-NGOs soll die afrik. ↗ Zivilgesellschaften stärken und eine selbstbestimmte Entwicklung fördern. Diese Strategie ist zumindest quantitativ mit einer großen Zahl an NGO-Neugründungen erfolgreich. Es ist allerdings fraglich, ob das quantitative Wachstum die erwarteten Entwicklungsimpulse einlöst. Der überwiegende Teil der NGO-Aktivitäten wird mit Mitteln aus dem Norden finanziert und ist durch Zielvorgaben der Geber beeinflusst. Es handelt sich um eine angebotsgesteuerte Entwicklung, die, trotz bestehender Unterschiede zwischen den Ländern, nur unzureichend durch eine lokale und nat. Basis gestützt ist.

Das Verhältnis der Süd-NGOs zu ihren Gebern aus dem Norden ist nicht konfliktfrei. Süd-NGOs beklagen die steuernden Eingriffe der Geber und die damit verbundene Beschneidung ihrer Autonomie. Das Verhältnis von NGOs zu den Regierungen in Afrika variiert erheblich zwischen den einzelnen Ländern und unterliegt innerhalb der Staaten pol. Konjunkturen. Die NGOs leisten einerseits einen willkommenen Beitrag zur Entwicklungspolitik. Andererseits kommt es bei erfolgreicher Arbeit zum Aufbau einer parallelen Dienstleistungsstruktur. Staatl. Handeln kann durch die oftmals besser ausgestatteten NGO-Angebote delegitimiert werden (schleichende Delegitimierung). Insbes. pol. aktive NGOs fordern zudem die Regierung direkt heraus und unterhöhlen ihre Machtstellung. Der notwendige Freiraum für die Arbeit von NGOs wird deshalb oftmals nur durch pol. Unterstützung aus den Ländern des Nordens gesichert.

Das gegenwärtige Interesse an NGOs überdeckt mitunter andere lokale Foren der gesellsch. Selbstorganisation, die fester in lokale Strukturen integriert sind und ebenfalls wichtige Entwicklungsbeiträge leisten könnten (z. B. ethn. oder regionale Entwicklungsorganisationen). ↗ kirchliche Entwicklungsarbeit, ↗ Entwicklungszusammenarbeit, ↗ Zivilgesellschaft.

🕮 M. Edwards/D. Hulme (Hg.), Beyond the Magic Bullet. NGO Performance and Accountability in the Post-Cold War World, West Hartford 1996. – M. Glagow, Nicht-Regierungsorganisationen in der internat. Entwicklungszusammenarbeit. In: D. Nohlen/F. Nuscheler (Hg.): Handbuch der Dritten Welt, Bd. 1, 3. Aufl., Bonn 1992, S. 304–326. – D. Neubert, Entwicklungspol. Hoffnungen und gesellsch. Wirklichkeit. Eine vergleichende Länderfallstudie von afrik. Nicht-Regierungsorganisationen in Kenia und Ruanda, Frankfurt/New York 1997.

Dieter Neubert

NICs (Newly Industrializing Countries)
↗ Schwellenländer

Niger (République du Niger). Fläche 1.267.000 km². **Einw.:** 10,5 Mio. (1999). **Bev.-Wachstum:** 3,3% (1990–99). **Stadtbev.:** 20% (1999). **Hauptstadt und Wirtschaftsmetropole:** Niamey (ca. 700.000 Mio. Einw., 1996). **Unabh.:** 3. 8. 1960. **Staatsform:** Präsidialrep.; Einkammerparlament; Mehrparteiensystem. **Währung:** CFA-Franc. **HDI-Rang** 161/162 (2001). Auslandverschuldung: ca. 1,579 Mio. US$. **Anteil der Entwicklungshilfe am BSP:** 14% (1998). **BSP/Kopf:** 190 US$, **HIV-infizierte Erwachsene:** 1,35%, **Lebenserwartung:** m 44.5 J., w 45,1 J., **Alphabetisierung** der Erwachsenen: m 23%, w 7,9% (1999). **Einschulungsrate:** m 30%, w 19% (1995–99). **Amtssprache:** Frz.; **Regional- und Verkehrssprachen:** ↗ Hausa, Zarma/Djerma (↗ Nilisaharanisch), Tamaschek (↗ Berber), ↗ Fulfulde u. a.

I. Naturraum. N. ist flächenmäßig der größte Staat Westafrikas, aber nur ein schmaler Streifen im S ist nutzbar. Drei Viertel des Territoriums sind ↗ Wüste oder Halbwüste. Das überwiegend flache Land erreicht im NO im Aïrgebirge eine Höhe bis 2.000 m. Einziger ständiger Wasserlauf ist der Niger. Im O verläuft die Grenze im Tschadsee, der N. aber nur noch bei hohem Wasserstand erreicht. Die ↗ Desertifikation ist das gravierendste ökolog. Problem (↗ Ökozonen).

II. Bevölkerung und ethnische Gruppierungen. Die Hausa sind mit 56% die größte ethn.

Gruppe und bestimmen die Wirtschaft. In Verwaltung und Armee dominieren die Djerma-Songhaï, die 22% der Gesamtbev. umfassen. Weitere Ethnien sind die ↗ Fulbe (8,5%), Tuareg (8%), Kanuri (4,3%) und Tubu (0,4%). Tuareg und Tubu haben 1991 eine Rebellion begonnen, da sie sich in Politik, Wirtschaft und Entwicklung an den Rand gedrängt sahen. Ein mit dem Abschluss eines Friedensabkommens 1995 eingeleiteter Befriedungs- und Entwaffnungsprozess wurde 2000 erfolgreich abgeschlossen. Bedingt durch den Wüstencharakter im N leben die meisten Nigrer im S und wandern verstärkt in die Städte ab (↗ Migration, ↗ Stadt, ↗ Urbanisierung). Der Anteil der Nomaden (Tuareg, Tubu, Fulbe, ↗ Nomadismus) ist relativ hoch. Zwischen ihnen und der bäuerlichen Bev. kommt es infolge zunehmender Landknappheit und aufgrund von Veränderungen des ↗ Bodenrechts oft zu gewaltsamen Auseinandersetzungen. Des Weiteren nehmen in dem überwiegend muslim. Land Konflikte mit Fundamentalisten zu (↗ Islam).

III. Geschichte und Politik. In vorkolonialer Zeit stand die nigrische Bev. unter dem Einfluss mehrerer westafrik. Königreiche. Sie schuf aber auch eigene Herrschaftsgebilde wie den Hausa-Stadtstaat Gobir, das Tuareg-Sultanat in Agadez oder Damagaram in Zinder (↗ Westafrika, Völker, Kulturen, Staaten). Im 19. Jh. kam N. unter den Einflussbereich der Franzosen und war von 1922 bis zur Unabh. Teil des frz. Kolonialreichs. Der erste Präsident Diori Hamani wurde für die Folgen der schweren Saheldürre ab 1968 sowie für die weit verbreitete ↗ Korruption verantwortlich gemacht und 1974 durch Seyni Kountché gestürzt. Dieser versuchte mit dem Konzept der *Société de Développement* einen eigenen Weg der ↗ Demokratie. Nach seinem Tod 1987 führte der neue Präsident Ali Saïbou ein Mehrparteiensystem ein. Eine ↗ nationale Konferenz (29.7.–3. 11. 1991) markierte den Beginn der Demokratisierung. Sie setzte eine Übergangsregierung ein und entwarf eine Verfassung, die sowohl dem Präsidenten als auch dem Ministerpräsidenten Machtfunktionen zuwies. Daher kam es nach den ersten freien Wahlen 1993 zu einer Blockade der pol. Institutionen, als die frühere Einheitspartei MNSD (*Mouvement National de la Société de Développement*) als stärkste Parlamentsfraktion den Ministerpräsidenten stellte, während der Präsident der ehem. Opposition entstammte. Diese Situation führte zum Putsch durch Ibrahim Baré Maïnassara 1996, der sich durch manipulierte Wahlen zu legitimieren versuchte und seine Macht durch massive Repression gegenüber Opposition und ↗ Medien absicherte. Seine Ermordung 1999 rief heftige nat. und internat. Proteste hervor. Das ↗ Militärregime unter Daouda Mallam Wanké gab daher nach Erarbeitung einer neuen Verfassung und der Durchführung von Wahlen die Macht Ende 1999 wieder an eine Zivilregierung ab. Präsident wurde Mamadou Tandja von der MNSD, die auch stärkste Parlamentsfraktion wurde.

IV. Wirtschaft und Sozialstruktur. Regelmäßige Dürreperioden bedrohen ↗ Landwirtschaft und ↗ Viehhaltung. Die Landwirtschaft dient überwiegend der Subsistenzproduktion, an Exportgütern werden v. a. Baumwolle und Erdnüsse angebaut. Mineralische Rohstoffe sind Gold, Öl und Uran (↗ Bergbau, ↗ Energiewirtschaft). Bes. die Uranvorkommen im N haben unter Kountché Investitionen ermöglicht, die eine relativ gute Infrastruktur entstehen ließen. Die Aufnahme von Privatkrediten durch die Regierung führte mit dem Rückgang der Erlöse aus dem Uranexport in den 1980er Jahren in die klassische Schuldenfalle. Trotz Umschuldungsabkommen und ↗ Strukturanpassung ab 1986 ist es bisher nicht gelungen, die daraus resultierenden sozioökonom. Probleme zu lösen. Die von den internat. Gebern geforderten Reformen setzt die Regierung nur zögernd um. Dies liegt v. a. an den pol. ↗ Eliten, die an Korruption und Misswirtschaft festhalten. Auch wehren sich die öffentl. Angestellten (↗ öffentliche Verwaltung) mit regelmäßigen Streiks gegen die mit den Wirtschaftsreformen verbundenen Entlassungen. Unter diesen Bedingungen wächst die Bedeutung des ↗ informellen Sektors. Hauptexportprodukte von N. sind Uran und Vieh, importiert werden v. a. Konsumgüter, Maschinen, Erdöl und Getreide. Haupthandelspartner sind Frankreich und Nigeria sowie Griechenland, Kanada und Elfenbeinküste. U. a. wegen der fehlenden wirtsch. Entwicklung ist N. eines der ärmsten Länder Afrikas.

V. Kunst und Literatur. Die Förderung und Vermarktung ihrer Kunst und Kultur stellt für die Tuareg eine neue wirtsch. Grundlage dar, nachdem ihre traditionellen Überlebensformen durch zunehmende Desertifikation und pol. Vernachlässigung weitgehend zerstört wurden. Dazu wurde von Mano Dayak, dem 1995 umgekommenen Anführer der Tuareg-Rebellen, mit dem Ausbau des ↗ Tourismus begonnen. – Bedeutende Schriftsteller sind die Politiker Boubou Hama und André Salifou, die sich v. a. der Sammlung der ↗ Oralliteratur aus N. widmeten.

In der afrik. Mode hat sich der Designer Alphadi einen Namen gemacht.

🕮 F. Fuglestadt, A History of Niger 1850–1960, Cambridge 1983. – R. Wegemund, Niger. In: H. Baumann/ M. Ebert (Hg.), Die Verfassungen der frankophonen und lusophonen Staaten des subsahar. Afrikas, Berlin 1997, S. 631–640. – R. Weiß, Wandel des Agrarsystems und Ernährungssicherung in Niger, Hamburg 1990.

Regina Wegemund

Nigeria. **Fläche:** 923.768 km². **Einw.:** 110,8 Mio. (1999). **Stadtbev.:** 43% (1999). **Hauptstadt:** Abuja (0,6 Mio. Einw). **Wirtschaftsmetropole** (ehem. Hauptstadt): Lagos (9 Mio. Einw.). **Unabh.:** 1. 10. 1960. **Staatsform**: Präsidialrep. (seit Mai 1999); Zweikammerparlament (Repräsentantenhaus und Senat); Mehrparteiensystem. **Währung:** Naira. **HDI-Rang** 136/162 (2001). **Auslandsverschuldung**: 32 Mrd. US$ (2000, geschätzt). **Anteil der Entwicklungshilfe am BSP**: 1% (1998). **BSP/Kopf**: 310 US$, **HIV-infizierte Erwachsene**: 5,1%, **Lebenserwartung**: m 51,3 J., w 51,7 J., **Alphabetisierung** der Erwachsenen: m 71,3%, w 54,2% (1999). **Einschulungsrate**: m 38%, w 33% (1995–99). **Amtssprache:** Engl.; **Verkehrssprachen:** u. a. ↗ Hausa, Yoruba und Igbo (↗ Benue-Kongo).

I. Naturraum. An der westafrik. Küste gelegen, mit Abstand volkreichster Staat des Kontinents, verfügt N. über eine beträchtliche naturräumliche Vielfalt, die von karg bewachsenen, zunehmend von Erosion und ↗ Desertifikation betroffenen Landesteilen im N über trockene und feuchte ↗ Savannenlandschaften bis hin zu Überresten des stark dezimierten tropischen ↗ Regenwalds im äußersten S reicht (↗ Ökozonen, ↗ Klima). Nahe der Kameruner Grenze liegen höhere Gebirgszüge (bis 2.042 m). Das Territorium wird vom Nigerstrom und dessen Nebenfluss Benuë in Linien durchzogen, die aus der Luft betrachtet den Buchstaben »Y« formen. Im Nigerdelta hat die Erdölförderung zu erheblichen ökolog. Schäden (↗ Umweltschutz) und in der Folge zu militanten pol. Konflikten geführt.

II. Geschichte und Gesellschaft. N. entstand im 20. Jh., als die Kolonialmacht Großbritannien die extrem heterogenen Landesteile mit mehr als 400 Völkern und Sprachen willkürlich-künstlich unter regional unterschiedlichen Herrschaftsformen von *direct rule* und *indirect rule* (↗ indirekte Herrschaft, ↗ Kolonialismus) zu einem Staat zusammenfügte. Dabei handelte es sich im Einzelnen um (1) den von Hausa-Fulbe (ein Drittel der Gesamtbev.) dominierten, islam. geprägten N mit Sultanaten und Emiraten als auch gegenwärtig regional bedeutsamen Herrschaftsstrukturen; (2) den von ↗ Yoruba (ein Fünftel) beherrschten, teils islam., teils christl. SW mit vorkolonialen Stadtstaaten; (3) den aus einer Igbo-Mehrheit (ein Sechstel) bestehenden, in der Kolonialzeit christl. missionierten SO, der vor der Kolonisierung über traditionale Dorfgemeinschaften hinaus kaum gesellsch. Organisationsformen herausgebildet hatte (↗ segmentäre Gesellschaft); und schließlich um (4) den von sog. Minoritätenvölkern bewohnten, im W mehrheitlich islam., im O mehrheitlich christl. *Middle Belt* (↗ Westafrika, Völker, Kulturen, Staaten; Königreich ↗ Benin; ↗ Bornu; ↗ Fulbe-Reiche). Die pol.-gesellsch. Heterogenität des Landes, die in einem N-S- und ↗ Islam-↗ Christentum-Gegensatz ihren extremen Ausdruck fand, mündete 1967 in die Aufgliederung in Bundesstaaten, deren Zahl von anfänglich 12 auf inzwischen 36 erhöht wurde. Hinzu kam 1991 das eigenständige *Federal Capital Territory* von Abuja.

Nach Einwohnerzahl, Wirtschaftskraft und Militärpotential ist Nigeria die unangefochtene Regionalmacht der 1975 gegründeten ↗ ECOWAS (Wirtschaftsgemeinschaft westafrik. Staaten), stärker als die übrigen Mitgliedsstaaten zusammen. Mit Militärinterventionen in den kriegsgeplagten ECOWAS-Ländern Liberia (1990–99) und Sierra Leone (1997–2000) untermauerte es seine regionale Hegemonie. Doch so stark Nigeria nach außen erscheinen mag, so zerrissen und verwundbar ist es im Innern. Aus pol.-gesellsch. Heterogenität erwuchs eine durch ethn., regionale und rel. Zugehörigkeit geprägte Konkurrenz um die pol. Macht und die Nutzung der wirtsch. Reichtümer, insbes. Erdöl, dessen Quellen vorwiegend im Nigerdelta liegen und 95 bis 99% der Exporterlöse, zwei Drittel der Staatseinnahmen und fast ein Siebtel des BIP einbringen. Die Rivalität um Ressourcen und Macht v. a. der drei größten Gruppen Hausa-Fulbe, Yoruba und Igbo bedrohte den Zusammenhalt des Staates, in dem die pol. Dominanz über Jahrzehnte vom N ausgeübt wurde, während die ökonom. aktivsten Bevölkerungsgruppen und wirtsch. Potentiale primär im S angesiedelt waren. Der Dauerkonflikt um Ressourcen und Macht war die Ursache dafür, dass Nigeria fast 30 Jahre lang – von Jan. 1966 bis Okt. 1979 und nahezu ununterbrochen von Ende 1983 bis Mai 1999 vom Militär regiert wurde, dessen Führungszirkel sich mehrheitlich aus dem *Middle Belt* rekrutierten.

III. Politische Konflikte ab 1966. Zur erstmaligen Errichtung eines ↗ Militärregimes kam es Anfang 1966, als die zivilen Politiker das Land durch ↗ Korruption, Misswirtschaft und Verschärfung regionaler Gegensätze bis an den Rand des Bürgerkrieges gebracht hatten. Da das Offizierskorps seit dem Ende der Kolonialzeit von Igbo dominiert wurde, kam es damit zu einer kurzzeitigen Ablösung der Herrschaft des N durch den S, doch wurde durch einen blutigen Gegenputsch von Militärs vorwiegend aus dem *Middle Belt* bereits Mitte 1966 die regionale Vorherrschaft des N wiederhergestellt. Im Gegenzug scherte die von Igbo beherrschte Ostregion mit dem Löwenanteil der Erdölvorkommen im Mai 1967 als unabh. Rep. Biafra aus dem Staatsverband aus. Erst durch einen der verlustreichsten Kriege der afrik. Geschichte konnte die Zentralgewalt diesen Schritt rückgängig machen (↗ Kriege/Bürgerkriege).

Als der seit Mitte 1966 regierende General Yakubu Gowon von dem Versprechen abrückte, Nigeria zur Zivilherrschaft zurückzuführen, wurde er trotz seines Ruhmes als Sieger im Biafrakrieg von einer rivalisierenden Fraktion um General Murtala Muhammed 1975 aus dem Amt vertrieben. Dessen Nachfolger Olusegun Obasanjo führte N. auf dem Wege allg. Wahlen im Okt. 1979 zur Zivilregierung zurück, bis es als Antwort auf die Korruption und Misswirtschaft unter Präsident Shehu Shagari, manipulierte Wahlen und blutige Unruhen Silvester 1983 zu einem erneuten Militärputsch kam. Dem Juntachef General Muhammadu Buhari folgte nach einer Palastrevolte im Aug. 1985 General Ibrahim Badamasi Babangida (im Volksmund: IBB), der eine langfristige Rückkehr zur Zivilregierung ankündigte. Als sich bei der Präsidentenwahl am 12. Juni 1993 aber der Sieg des aus der Sicht des Militärs falschen Kandidaten Moshood Abiola, eines Yoruba aus dem S, abzeichnete, wurde die Stimmenauszählung gestoppt und die Wahl annulliert. Babangida machte im August 1993 den Weg frei für den vom Militär bestimmten zivilen Interimspräsidenten Ernest Shonekan. Statt des von der Demokratiebewegung geforderten endgültigen Rückzugs in die Kasernen riss jedoch am 17. Nov. 1993 das Militär unter General Sani Abacha die Macht erneut an sich. In Nigeria gab es unter jeder Militärregierung Repressionen und Menschenrechtsverletzungen (↗ Menschenrechte), zu keiner Zeit jedoch traf es das Land wie unter Abacha. So wurden Abiola und Obasanjo ins Gefängnis geworfen, der Schriftsteller und Bürgerrechtler Ken Saro-Wiwa Ende 1995 sogar hingerichtet. Unter dem Eindruck westl. Sanktionen bereitete schließlich auch Abacha die Rückkehr zur Zivilherrschaft vor. Nach seinem plötzlichen Tod im Juni 1998 kam diese Aufgabe seinem pol. nicht ambitionierten Nachfolger zu, General Abdulsalami Abubakar. Obasanjo und zahlreiche andere pol. Gefangene wurden freigelassen, Abiola starb im Juli 1998 kurz vor dem angekündigten Ende seiner Haft.

Bei den Parlaments- und Präsidentschaftswahlen Anfang 1999 kristallisierte sich ein Dreiparteiensystem mit der AD (*Alliance for Democracy*), der APP (*All People's Party*) und der PDP (*People's Democratic Party*) heraus. Da die AD faktisch eine Yoruba-Partei, die APP ein Sammelbecken von Verbündeten und Nutznießern des Abacha-Regimes ist, avancierte die PDP zur stärksten pol. Kraft; ihr Gründer, der ehem. Militärmachthaber Obasanjo, wurde am 29. Mai 1999 Staatspräsident und Chef einer Zivilregierung. Da der neue Staats- und Regierungschef dem Militär entstammte, wurde er von Teilen der Demokratiebewegung abgelehnt. In westl. Ländern hingegen wurden seine weiterhin bestehenden Kontakte zu wichtigen Militärs (darunter Babangida) als Voraussetzung für den Bestand der Zivilregierung gesehen. In den ersten Amtsjahren Obasanjos erlebte N. eine Serie blutiger Unruhen, u. a. zwischen den beiden Hauptethnien Hausa und Yoruba (↗ ethnische Konflikte) sowie im Erdölgebiet des Nigerdeltas. Die Einführung der islam. Scharia in mehrheitlich muslim. nördl. Bundesstaaten heizte das innenpol. Klima zusätzlich auf.

III. Wirtschaft. Bei den pol. Konflikten geht es immer auch um Fragen der Ressourcenverteilung zwischen sozialen Gruppen und Regionen. Während eine Minderheit unvorstellbare Reichtümer anhäufte (allein die Abacha-Familie angeblich 4 Mrd. US$), geriet der Staat an den Rand des Bankrotts. Die Mehrheit der Bev. lebt von kleinbäuerl. ↗ Landwirtschaft, ↗ Viehhaltung, Handel und allerlei Aktivitäten im städt. ↗ informellen Sektor. Seit dem Ende des Erdölbooms der 1970er Jahre taumelte Nigeria von Wirtschaftskrise zu Wirtschaftskrise (↗ Bergbau, ↗ Energiewirtschaft). Ein Großteil der Erdöleinkünfte – eine Summe im dreistelligen Dollarmilliardenbereich – wurde für entwicklungspol. fragwürdige Großprojekte wie Stahl- und Aluminiumwerke, Rüstungsfabriken, die neue Hauptstadt Abuja im Zentrum des Landes (↗ Stadtplanung) und für private Bereicherung korrupter Staatsbediensteter, Politiker und Militärs abgezweigt.

IV. Literatur, Musik und Kunst. Korruption, Klientelismus (↗ Neopatrimonialismus), Misswirtschaft, Militärherrschaft, der krasse Gegensatz zwischen Arm und Reich zählen neben Kolonialismus und ↗ Neokolonialismus, dem Gegensatz von Tradition und Moderne sowie der Benachteiligung von ↗ Frauen zu den Hauptthemen in Literatur, Film (↗ Kino) und Musik. Mit Wole Soyinka brachte N. 1986 den ersten Literaturnobelpreisträger des subsahar. Afrika hervor. Weitere auch internat. bekannte Namen sind Chinua Achebe, Cyprian Ekwensi, Ben Okri, Amus Tutuola, Ken Saro-Wiwa und aus Reihen der Frauen u.a. Buchi Emecheta und Flora Nwapa. Kaum ein anderes afrik. Land hat eine so umfangreiche und vielfältige Literaturszene aufzuweisen (↗ Anglophone Literaturen, ↗ Literaturen in afrik. Sprachen: Westafrika). Achebes Romane *Things Fall Apart* und *No Longer at Ease* wurden in den 1970er Jahren von der *Nigerian Television Authority* bzw. Francis Oladele verfilmt. Saro-Wiwas pol. Engagement für die durch die Erdölförderung im Nigerdelta bedrohten Ogoni fand ebenfalls filmisch Beachtung (u.a. *The Drilling Fields*). Auch in der ↗ Musik entwickelte sich eine lebendige, z.T. sozial und pol. engagierte Szenerie. Bedeutende Stilrichtungen nigerianischer ↗ Popularmusik, die neben westafrik. Eigenarten (v.a. Perkussion) Elemente aus der Karibik, Brasilien und Asien aufnahm, sind ↗ *Afrobeat* (Fela Kuti, Femi Kuti), ↗ *Highlife*, ↗ *Juju* (King Sunny Ade, Ebenezer Obey, Gruppe *Ghetto Blaster*), ↗ *Fuji* (Chief Doctor Sikiru Ayinde Barrister, Adewale Ayuba, Kollington Ayinla), reggae-ähnlicher *Afro-Soul* (Sonny Okosun) und Jazz (*Kuyobe Jazz Quintet*). Der ↗ Aids-Tod Fela Kutis im Jahre 1997 rückte eine Krankheit ins öffentl. Bewusstsein, die auch in N. zunehmend zu einem Problem wird. ↗ Beninkunst, ↗ Ife, ↗ Nok-Kultur.

🕮 C. Achebe, Trouble with Nigeria, London 1984. – O.A. Ojo, In the Eyes of Time. A Biography of Olusegun Obasanjo, New York 1997. – E.E. Osaghae, Crippled Giant: Nigeria Since Independence. Indiana Univ. Press: 1998. – K. Saro-Wiwa, Flammen der Hölle, Reinbek 1996. – W. Soyinka, Die Last des Erinnerns, Düsseldorf 2001.

Peter Körner

Niger-Kongo, Sprachzweig, der gemeinsam mit dem ↗ Kordofanischen das ↗ Niger-Kordofanische bildet. Die genealogische Verwandtschaft der N.-K.-Sprachen wurde z.T. bereits im 19. Jh. erkannt, etwa von S.W. Koelle, der bei Befragungen befreiter Sklaven in Sierra Leone umfangreiche Wortlisten zu einer Vielzahl von N.-K.-Sprachen sammelte. Ein Teil des N.-K. wurde 1927 von Diedrich Westermann unter dem Terminus ↗ Sudansprachen zusammengefasst. Eine in ihren Grundzügen bis heute akzeptierte Klassifikation entwickelte J.H. Greenberg 1963. Danach besteht das N.-K. aus sechs Familien: Westatlantisch (↗ Atlantisch), ↗ Mande, ↗ Gur, Adamawa-Eastern (↗ Adamawa-Ubangi), ↗ Kwa, ↗ Benue-Kongo. Das darauf beruhende Modell von Kay Williamson bildet die hist. Abspaltungen und Entwicklungen der einzelnen Sprachfamilien und deren verwandtschaftliche Nähe zueinander ab, wobei keine Unterscheidung zwischen den Ordnungen N.-K. und Niger-Kordofanisch mehr gemacht wird (vgl. Abb.).

Dem N.-K. gehören schätzungsweise 1.200 Sprachen an, zu denen weit verbreitete ↗ Verkehrssprachen zählen, wie in Westafrika das ↗ Ful(fulde), Wolof, Susu, Temne, ↗ Bambara/Dyula, Akan, Ewe, Yoruba, und Igbo, in Zentralafrika das Sango, Lingala und Luba, in Ostafrika das ↗ Swahili und im südl. Afrika das Xhosa, Zulu und Shona. Eine große Zahl bisher kaum erforschter Minoritätensprachen, die z.T. nur von einzelnen Dorfgemeinschaften gesprochen

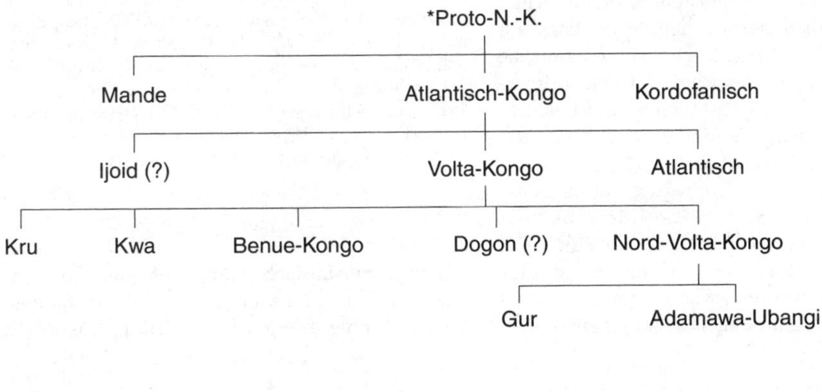

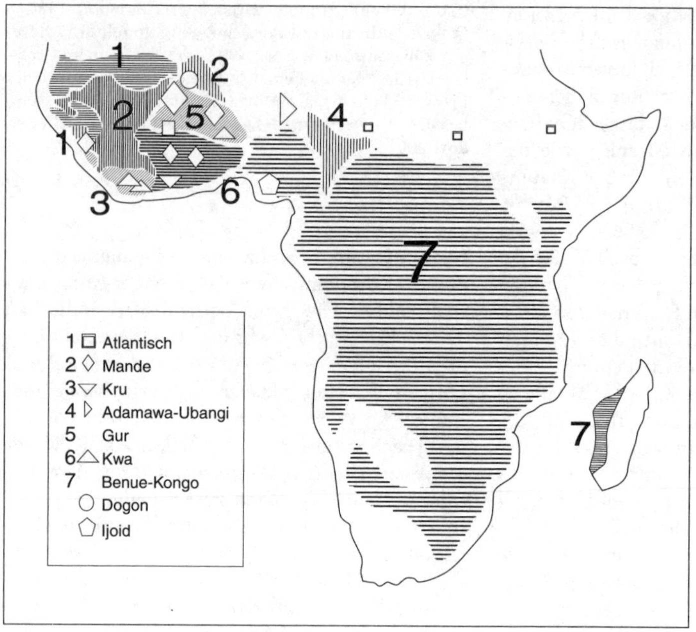

Karte 22: Verbreitung der Niger-Kongo-Sprachen

werden oder vor dem Aussterben stehen (↗ Sprachtod), machen jedoch einen beträchtlichen Teil des N.-K. aus. Die Grenze zwischen eigenständigen Sprachen und ↗ Dialekten ist oft nur schwer zu ziehen, womit die Dokumentation und Lokalisierung einzelner Sprachen erschwert werden. Die enorme räumliche Ausbreitung des N.-K. geht einher mit zahlreichen, z.T. sehr komplexen Phänomenen des ↗ Sprachkontakts, etwa zwischen dem ↗ Nilosaharanischen und dem Kordofanischen oder dem ↗ Tschadischen und den Adamawa-Ubangi- und Benue-Kongo-Sprachen. – Typisch für N.-K.-Sprachen sind die nur zweisilbigen Nominal- und einsilbigen Verbalstämme, die oft höchst komplexen Lautsysteme mit Phänomenen wie Vokalharmonie und einer Opposition von oralen und nasalen Vokalen (z.B. /a/ vs. /ã/). Die meisten N.-K.-Sprachen sind ↗ Nominalklassensprachen, d.h., dass am Nomen eine Einteilung in versch. semantische Kategorien wie z.B. Menschen, Sachen, Körperteile, Tiere, Pflanzen, Flüssigkeiten und Lokativbestimmungen vorgenommen wird. Mit der Klasseneinteilung ist zumeist auch eine Sing.-Pl.-Markierung verbunden; vgl. Swahili (Klassenzeichen unterstrichen) *m-tu* »Mensch«, *wa-tu* »Menschen«, *ki-ti* »Stuhl«, *vi-ti* »Stühle«. Die grammatischen Morpheme, die die Zugehörigkeit zu einer bestimmten Klasse markieren, treten auch an die vom Nomen abhängigen Wörter an; vgl. Swahili *m-tu m-zuri* »ein schöner Mensch«, *vi-ti vi-tatu* »drei Stühle«. Im N.-K. kommen von voll ausgeprägten, hochkomplexen Nominalklassensystemen bis hin zum völligen Verlust dieses grammatischen Prinzips alle Stufen des sprachlichen Ab- und Aufbaus vor. Das Verb ist in vielen N.-K.-Sprachen durch zahlreiche Ableitungsendungen charakterisiert, die seine Bedeutung beträchtlich modifizieren und seine syntaktische Rollenfunktion verändern können (vgl. Swahili *-ona* »sehen« mit *-onekana* »sichtbar sein«). ↗ Literaturen in afrik. Sprachen: Ostafrika; Südafrika; Westafrika.

🕮 K. Williamson, Niger-Congo Overview. In: J. Bendor-Samuel (Hg.), The Niger-Congo Languages, Lanham/New York/London 1989, S. 1–45. – P.P. De Wolf, Niger-Congo. In: B. Heine/Th.C. Schadeberg/E. Wolff (Hg.), Die Sprachen Afrikas, Hamburg 1981, S. 45–76. – J.H. Greenberg, The Languages of Africa, Den Haag/Bloomington 1963. – S.W. Koelle, Polyglotta Africana, London/Salisbury 1854. – D. Westermann, Die westl. Sudansprachen und ihre Beziehungen zum Bantu, Berlin 1927. – K. Williamson/R. Blench, Niger-Congo. In: B. Heine/D. Nurse (Hg.), African Languages – an introduction, Cambridge 2000, S. 11–42.

Anne Storch

Niger-Kordofanisch (auch Kongo-Kordofanisch), größter der vier in Afrika beheimateten Sprachstämme (↗ Sprachen, afrik.). Das N.-K.

hat eine Verbreitung vom Senegal im NW über ganz West- und Zentralafrika bis nordöstl. in die Rep. Sudan hinein und erstreckt sich über den südl. Teil des Kontinents bis in die Rep. Südafrika. Der Terminus N.-K. geht auf J. H. Greenberg zurück, der darunter die beiden Sprachzweige ↗ Niger-Kongo und ↗ Kordofanisch zusammenfasste und sich dabei auf eine hist. Tiefe bezog, die sprachwiss. nur schwer zu belegen ist. Methodisch lagen der Klassifikation lediglich der großräumige Vergleich des Grundwortschatzes (»Massenvergleich«) sowie der grammatischen Elemente zugrunde; in beiden Fällen ist die Aussagefähigkeit über sprachhist. Prozesse begrenzt. Neben einer Anzahl gemeinsamer Wortwurzeln sind Nominalklassen, d. h. die thematisch-semantische Einteilung der Nomina in versch. Kategorien (z. B. Personen, Flüssigkeiten, Tiere, Unbelebtes usw.), die durch grammatische Elemente markiert sind (↗ Nominalklassensprache), ein Hauptcharakteristikum fast aller Sprachfamilien des N.-K. (mit Ausnahme des ↗ Mande). Die Frage nach der genealogischen Zusammengehörigkeit von N.-K. und ↗ Nilosaharanisch, wie sie E. A. Gregersen formuliert, konnte bislang noch nicht eindeutig beantwortet werden.

🕮 J. Bendor-Samuel (Hg.), The Niger-Congo Languages, Lanham/New York/London 1989. – J. H. Greenberg, The Languages of Africa, Den Haag/Bloomington 1963. – E. Gregersen, Kongo-Saharan. In: Journal of African Languages 11 (1972), S. 69–89. – K. Williamson/R. Blech, Niger-Congo. In: B.Heine/D. Nurse (Hg.), African Languages – an introduction, Cambridge 2000, S. 11–42.

Anne Storch

Nilosaharanisch, von J. H. Greenberg (1963) eingeführte Bez. für eine Gruppe von über 150 afrik. ↗ Sprachen, die im Gebiet zwischen dem ↗ Afroasiatischen im N und O und dem ↗ Niger-Kongo im S gesprochen werden und nicht diesen beiden Sprachfamilien angehören. Allerdings wird immer wieder und durchaus mit guten Argumenten diskutiert, ob das Niger-Kongo und N. nicht überhaupt eine gemeinsame genetische Einheit bilden, für die E. A. Gregersen (1972) die Bez. »Kongo-Saharanisch« vorgeschlagen hat. Ob es sich beim N. tatsächlich um eine genetische Einheit handelt und welche Sprachgruppen genau dazugehören, bleibt kontrovers. Die Schwierigkeiten liegen insbes. in der immer noch unzureichenden Dokumentation des N. mit sei-

Karte 23: Verbreitung der nilosaharanischen Sprachen

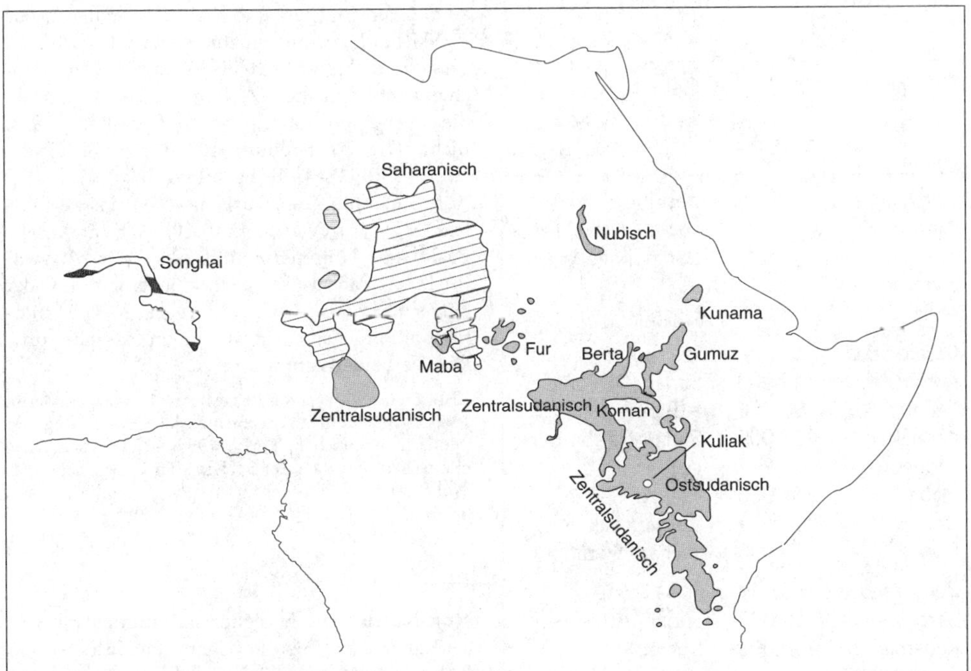

nen oft kleinen Sprecherzahlen bei gleichzeitiger geogr. Zerstreutheit und großer interner, lexikalischer und grammatischer Heterogenität. – Zum N. gehören nach Greenberg – von W nach O – die folgenden Sprachgruppen: (1) Songhai, (2) ↗ Saharanisch, (3) Maba, (4) Fur, (5) Schari-Nil mit den Zweigen a. ↗ Ostsudanisch, b. ↗ Zentralsudanisch, c. Berta, d. Kumam, sowie (6) Koma. Umstritten ist insbes. die Zugehörigkeit des Songhai, einer aus Songhai, Zarma und Dendi bestehenden Dialektgruppe (↗ Dialekt) am Nigerbogen (Westafrika). Die Kontroversen betreffen die vielfachen lexikalischen und grammatischen Parallelen zum ↗ Mande einerseits und zum ↗ Berber andererseits. Während diese von den einen als Folge von ↗ Sprachkontakt interpretiert werden und damit für die sprachgenetische Zuordnung als bedeutungslos gelten, interpretieren andere sie als Hinweis auf einen genetischen Ursprung entweder im Niger-Kongo oder im Berber. Andere Modifikationen des N. betreffen insbes. die Hinzunahme des früher dem ↗ Kordofanischen zugerechneten Krongo-Kadugli sowie die interne Gliederung des N. generell. Nach einem umfassenden Vergleich grammatischer Morpheme kommt M. L. Bender (1996) zu einer Untergliederung in vier Hauptzweige: (i) Songhai (sofern man es zum N. rechnet), (ii) Saharanisch, (iii) Kuliak (früher Zweig des Ostsudanischen) und (iv) Trabanten+Kern (*Satellite-Core*). Den Kern des N. bilden hiernach die Gruppen Ostsudanisch, Koma, Gumuz und Kadugli-Krongo, die Trabanten die Gruppen bzw. Einzelsprachen Maba, Fur, Zentralsudanisch, Berta und Kunama.

Gruppe	gesch. Sprecherzahlen	Gebiet
Songhai	> 3 Mio.	bes. Niger, Mali; auch: Burkina Faso, Benin, Nigeria
Saharanisch		
Kuliak	5.000	Uganda
Ostsudanisch		
Koma	49.000	Sudan, Äthiopien
Gumuz	90.000	Äthiopien
Kadugli-Krongo	123.000	Sudan (Nuba-Berge)
Maba	664.000	Tschad, Sudan, Zentralafrik. Rep.
Fur	15.000	Tschad, Sudan
Zentralsudanisch		
Berta	50.000	Sudan, Äthiopien
Kunama	150.000	Eritrea

🕮 M. L. Bender, The Nilo-Saharan Languages, München/ Newcastle 1996. – J. H. Greenberg, The Languages of Africa, Den Haag/Bloomington 1963. – E. A. Gregersen, Kongo-Saharan. In: Journal of African Languages 11 (1972), S. 69–89. R. Nicolaï, Parentés linguistiques (à propos du songhay), Paris 1990.

Mechthild Reh

Nilotisch, Untergruppe des ↗ Nilosaharanischen, bestehend aus ca. 25 west-, süd- und ostnilotischen Sprachen. Verbreitungsgebiet: Südsudan, Nord- und Ostuganda, Westkenia, kleine Sprechergruppen in Südwestäthiopien, Nordwesttansania und der Demokrat. Rep. Kongo. Die westnilotischen Sprachen Dinka, Luo und Lwo sowie das südnilotischen Kalenjin haben jeweils über 2 Mio. Sprecher, das ostnilotische Teso über 1 Mio. Die westnilotischen Sprachen Acholi, Nuer, Schilluk, Anywa/Jur-Luwo/Päri sowie die ostnilotischen Sprachen Maa(sai), Turkana und Bari haben jeweils zwischen 0,3 und 0,6 Mio. Sprecher. Die übrigen nilotischen Sprachen werden von jeweils weniger als 250.000 Personen gesprochen. – Die nilotischen Sprachen sind ↗ Tonsprachen und weisen Vokalharmonie [±ATR] auf. Ansonsten sind sie typologisch sehr uneinheitlich. So sind die ostnilotischen Sprachen Genussprachen (↗ Nominalklassensprache), die west- und südnilotischen Sprachen jedoch nicht. Die Wortstellung reicht von S(ubjekt)-V(erb)-O(bjekt) (z. B. Bari, Luo, Lwo) über VSO (z. B. Kalenjin, Teso, Turkana, Maa) bis zu OVS bzw. SOV (Anywa/Jur-Luwo/Päri). Syntaktische Basis sind Nominativ und Akkusativ, Anywa/ Jur-Luwo/Päri weisen jedoch in einem Teil der Sätze ein Ergativsystem auf. In den meisten nilotischen Sprachen existiert eine umfassende suffixale Verbalderivation.

🕮 B. Heine, A Typology of African Languages, Berlin 1976. – O. Köhler, Geschichte der Erforschung der nilotischen Sprachen, Berlin 1955. – F. Rottland, Die nilotischen Sprachen. In: B. Heine/Th. C. Schadeberg/E. Wolff (Hg.), Die Sprachen Afrikas, Hamburg 1981, S. 267–277.

Mechthild Reh

Nok-Kultur. Die N. gehört zusammen mit den als Katsina und Sokoto benannten Kulturen zur bislang ältesten archäolog. bekannten Tradition

Abb. 25: Nok-Kopf. Terrakotta

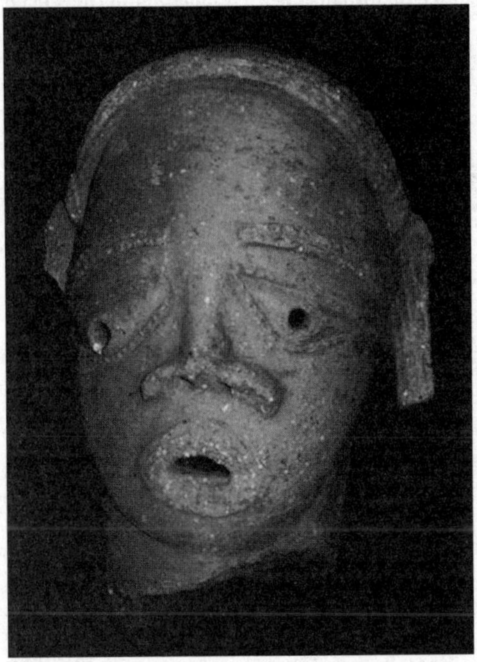

figuraler Plastik im subsahar. Afrika. Sie bestand vermutlich nahezu 2000 Jahre – von etwa 1000 vor bis etwa 1000 nach unserer Zeitrechnung. Ihren Namen erhielt sie nach dem Dorf Nok auf dem Jos-Plateau in Zentralnigeria, in dessen Umgebung 1928 die erste Terrakottafigur dieses Stils gefunden wurde. Tausende weiterer Menschen- und Tierfiguren sowie mit figürlichen Reliefs verzierte Gefäße kamen bis heute bei weiteren Grabungen zum Vorschein.

Die archäolog. Forschung über die Nok-Terrakotten steckt jedoch noch immer in den Anfängen. So ist bislang unklar, wer in den Figuren dargestellt ist. Die aufwändigen Kopfbedeckungen und Frisuren legen die Vermutung nahe, dass es sich dabei um hochgestellte Persönlichkeiten handelt. Auch der ursprgl. Zweck der Plastiken ist jedoch noch immer ungeklärt. Allg. Aussagen zu ihrer Funktion und Bedeutung sind sehr problematisch, da die Werke der N. über große Zeiträume hinweg in einem riesigen Gebiet geschaffen wurden.

Die meisten Nok-Terrakotten werden in einer Tiefe von eineinhalb bis zehn Metern, oft zwischen den Wurzeln alter Bäume, gefunden. Da sie in der Regel von archäolog. Laien geborgen werden, bleiben meist nur die Köpfe erhalten, während Torsi und Gliedmaßen entweder im Boden verbleiben oder zerstört werden.

Die technische Ausführung bei den Terrakotten bezeugt eine außerordentliche Meisterschaft in der Brenntechnik und eine hohe Materialbeherrschung. Als Rohmaterial diente Lehm mit zerkleinerten Steinstücken und Quarzbestandteilen. Größere Plastiken sind innen stets hohl und wohl in Spiralwulsttechnik hergestellt. Vor dem Brennen wurden sie häufig innen mit einer Holzkonstruktion verstärkt. Überreste von Schmelzöfen und Tonröhren für Blasebalge belegen, dass die Menschen der N. auch zu den ältesten uns heute bekannten Eisenschmelzern südlich der Sahara zählten.

📖 A. Fagg, Nok. In: T. Phillips (Hg.), Afrika. Die Kunst eines Kontinents, München 1996, S. 525. – B. Fagg, Nok Terracottas, Lagos 1977. – B. de Grunne, The Birth of Art in Black Africa. Nok Statuary in Nigeria, Paris/Luxemburg 1998.

Stefan Eisenhofer

Nomadismus, etymologisch »Wanderhirtentum«. *I. Definition.* Heute wird unter N. jede mobile Erwerbsform verstanden, so z. B. die Lebensweise wandernder Jäger, Schmiede, Gaukler, Händler, sofern sie ohne bodenstete Behausung leben und nicht als Individuen wandern, sondern in sozialen Gruppen, also mit mindestens einem Haushalt oder in größeren Gemeinschaften. Im ursprgl. Sinne versteht man unter N. eine mit mobilen Behausungen betriebene Wanderweidewirtschaft, die von ganzen ↗ Familien und Familien übergreifenden Gruppen betrieben wird. Formen der Transhumanz von festen Höfen oder Basislagern zählen hingegen nicht zum N., obwohl es vorkommen kann, dass eine transhumante Teilfamilie mit festem Basislager wesentlich größere Entfernungen zurücklegt als eine hirtennomadische Familie, die ihr Zelt unter günstigen Bedingungen monatelang am selben Ort belässt und es nach Verlassen eines verkoteten Lagerplatzes wenige hundert Meter weiter wieder aufschlägt. Nomaden im eigentlichen Sinn sind also keinesfalls immer mobiler als transhumante Hirten. Wo zur ↗ Viehhaltung andere Produktionsformen hinzukommen, wie z. B. ↗ Ackerbau an regelmäßig frequentierten Plätzen oder an solchen, an denen man einen ganzen Vegetationszyklus verweilt, kann es strittig sein, ob der Begriff N. noch anwendbar ist. Für solche Übergangsformen hat der Begriff Agropastoralismus (*agropastoralisme*) bes. im Frz. Beliebtheit erlangt.

Unterscheidungen wie Vollnomadismus vs. Halbnomadismus erscheinen wenig sinnvoll. Diese Termini implizieren einen Unterschied in der Intensität des N., wobei die Frage nach den Kriterien hierfür entweder gar nicht oder immer versch. beantwortet wird. So dienen u. a. als Kriterien: der Anteil mobiler Viehwirtschaft an der Gesamtproduktion; der Anteil mobiler Viehhirten an der Population; die an zurückgelegter Strecke oder an Verweildauer gemessene Mobilität oder das Überwiegen bestimmter Tierarten, da z. B. Kamelhirten oft mobiler als Kleinviehhirten sind. Statt solche summarischen Etiketten zu verwenden, ist es besser, die Gewichtung der Erwerbsformen sowie die Arten von Mobilität (großräumig/kleinräumig, feste saisonale Routen/freie, opportunistische Ortswahl, häufig/selten, koordiniert/auf Kleingruppenbasis etc.) am Einzelfall zu erörtern.

II. Verbreitung. In Afrika hat der N. zwei Verbreitungsgebiete. Das eine sind die Subtropen und die Tropen im N des Kontinents (↗ Ökozonen), wobei sich dieses Gebiet in Ostafrika nach S über den Äquator hinaus erstreckt. Das zweite umfasst Teile des südl. Afrika, die zum südl. Trockengürtel gehören. Einst verbanden von der Tsetsefliege freie Wanderstraßen beide Gebiete. Heute sind die dazwischen gelegenen Landstriche von ↗ Bauern besiedelt, die jedoch vielfach die hohe Wertschätzung des Rindviehs mit ihren stärker nomadischen Vorläufern und Nachbarn teilen. Zu den größeren Ethnien mit einem hohem Anteil an Nomaden zählen in der ↗ Sahara und der Sahelzone ↗ Araber und Tuareg, weiter südl. in Westafrika die Fulbe und im O ↗ nilotischsprachige Gruppen wie Nuer, Dinka und Maasai sowie Kuschiten (↗ Kuschitisch) wie Oromo und Somali. Im südl. Afrika sind als Beispiele die Herero und, früher, die Khoikhoi zu nennen.

III. Wissenschaftsgeschichte. Über den N. und seine Entstehung hat es die unterschiedlichsten Theorien gegeben. Bereits im Altertum begegnen uns vielfach, so z. B. in den Zyklopensagen, Gleichsetzungen von hirtennomadischer Lebensweise mit Roheit und Antisozialität. Auch der Blick des christl. Mittelalters auf den N. war durch Stereotypen verzerrt. Das Hirtenkriegertum, dessen Negativsicht bereits durch frühere Hochkulturen vorgeprägt war, wurde in allerlei apokalyptische Geschichtsentwürfe eingebaut. Von größerem Interesse ist eine Geschichtstheorie, die zu gleicher Zeit in der islam. Welt entwickelt wurde. Ibn Khaldûn (1332–1406) schrieb den Nomaden eine Form der sozialen Bindung (*Asabiya*) zu, die sie in die Lage versetze, die einer unaufhaltsamen Dekadenz unterliegenden städt. Gesellschaften zu erobern und zu erneuern, wonach sie aber selbst von der Dekadenz ergriffen und schließlich ihrerseits einer noch unverbrauchten nomadischen Opposition unterliegen würden.

Die wiss. Beschäftigung des 18. und 19. Jh. mit dem N. ist durch die evolutionistische Dreistufenlehre (Jäger → Hirten → Ackerbauern) geprägt (↗ Ethnologie, ↗ Kulturkreise). Erst die Arbeiten von E. Hahn um 1900 begründeten einen nachhaltigen Zweifel daran, dass das Hirtentum dem Feldbau vorangegangen sei. Er behauptete, es sei unter Bedingungen der Jägergesellschaft unmöglich, Wiederkäuer zu domestizieren, dies habe zumindest eine frühe Form des Hackbaus vorausgesetzt. Der N. sei in einer bäuerlichen Umgebung entstanden und dieser immer durch den Austausch der jeweiligen Erzeugnisse verbunden geblieben.

Entsprechend seiner Entstehungsgeschichte als relativ junger Spezialisierungsform aus einer bäuerlichen Gemischtwirtschaft heraus ist der N. nicht etwa primitiv – auch nicht im Sinne sekundärer Primitivität durch Rückentwicklung –, sondern technisch aufwendig (zusammenlegbarer Haushalt, Pack- und eventuell Reittierhaltung und -training), organisatorisch aufwendig (er erfordert die Koordination von Bewegungen, die Abgrenzung oder das Ausfechten von Weide- und Wasserrechten) und ökolog. hoch spezialisiert. Bes. seit der kolonialen Befriedung (↗ Kolonialismus) und dem damit verbundenen Vordringen des Ackerbaus, das auch demographische Gründe hat, sind die Nomaden i.d.R. auf Gebiete beschränkt, in denen keine andere Wirtschaftsform bei gleicher Produktivität pro Fläche möglich ist und Regenfälle nicht nur insges. gering sind, sondern extremen Schwankungen unterliegen.

IV. Nomaden und die moderne Welt. Dass nomadische Produktionssysteme unter solchen Voraussetzungen labil sind, hat in jüngerer Zeit viele traurige Illustrationen gefunden. Bei Verarmung werden aus Nomaden Jäger, Imker, Sammler, Dienstboten, Kleinkriminelle und heutzutage zu Hunderttausenden Nothilfeempfänger. Im Falle von Verarmung zu Nomaden zu werden oder es zu bleiben, ist dagegen unmöglich, da N. einen gewissen Reichtum voraussetzt. Will man auf jeden Nebenerwerb verzichten, den eine sesshafte Lebensweise erfordert, darf die Herdengröße ein gewisses Minimum nicht unterschreiten. Außerdem braucht man eine Behausung, die sehr viel aufwendiger als ein bäuerliches Lehmhaus ist: einen Bausatz aus kunstvoll auf Leichtigkeit konstruierten und ständig zu reparierenden und erneuernden Fertigteilen wie Stangenbündeln, geflochtenen Matten, Gitterrosten, Seilen etc. (↗ Architektur) sowie Lasttiere und Arbeitskräfte. Unterschreitet ein einzelner Haushalt diese Mindesterfordernisse, wird er durch Solidarleistungen aufgefangen, unterschreitet ihn eine größere Gruppe, ist der Schritt abwärts zum Lohn- oder Hilfeempfänger etc. unausweichlich und die Rückkehr zum Nomadentum oft unmöglich.

Ein so spezialisiertes und aufwändiges Produktionssystem kann durch ihm feindliche Rahmenbedingungen schnell massiv geschädigt werden. Diese Schädigung erfolgte vielerorts durch Einengung der Mobilität, einer Grundvoraussetzung des N. Eine solche Einengung hat sich z.B. aus der Schaffung von »Stammesterritorien« oder »Reservaten« ergeben, wie sie bes. für den brit. ↗ Kolonialismus typisch war. Die wichtigste Funktion territorialer Eingrenzungen war die milit. Kontrolle, wenngleich es hieß, man müsse die Viehzahlen kontrollieren können, um Überweidung und Bodenerosion zu vermeiden. Vorgeschoben wurden häufig auch romantische Vorstellungen von in sich abgeschlossenen ethn. Kulturen, die sich in einem Gleichgewicht befänden, das nicht gestört werden dürfe. Immer wieder begegnet man bei Politikern und Entwicklungsexperten auch der längst veralteten Dreistufentheorie, die den N. als primitives, zu überwindendes Stadium brandmarkt.

Auf dem Fleischmarkt konkurrieren afrik. Nomaden mit Ranchern. Hierbei kommt es zu allerlei Wettbewerbsverzerrungen, von der Einengung der Mobilität nomadischer Herden durch die Manipulation von Quarantäneregelungen seitens regierungsnäherer Anbieter bis zu Manipulationen staatl. Gesellschaften beim Aufkaufen von Vieh. Auch konkurrieren Nomaden mit den subventionierten Landwirtschaften der Industrieländer. Durch den Abbau von »Fleischbergen« durch Dumpingaktionen werden die parallel betriebenen Anstrengungen von Entwicklungsagenturen derselben Industrienationen, die Viehvermarktung in Nomadengebieten zu fördern, mit Regelmäßigkeit zunichte gemacht. Die Niedrigpreispolitik mancher Staaten im Interesse ihrer städt. Bev. und die Quotierung von Exporten im Interesse von Ranchern aus Regierungskreisen bewirken ebenfalls einen eingeschränkten Zugang nomadischen Viehs zum Markt.

Begleiterscheinung der Zerstörung einheimischer Produktionssysteme ist die Hungerhilfe. Sie beseitigt die Auswüchse des Desasters, zerstört aber die noch intakten Bestandteile nomadischer Produktionssysteme, u.a. wiederum durch Einengung von Mobilität. Das Verteilen von Hungerhilfe führt zu lokalen Bevölkerungskonzentrationen und damit zu Überweidung und Herdentod oder aber zur Trennung der Herden – die von der Jungmannschaft in entfernte Weidelager getrieben werden – von den Alten, Frauen und Kindern, die auf Getreidelieferungen warten und dabei in Kauf nehmen, dass sie sich wichtiger Proteine (Fleisch, Milch) begeben. Dienstleistungen der Regierung wie ↗ Gesundheitsversorgung, Sicherheit und ↗ Bildung existieren nur in sesshafter Form (Krankenstationen, Polizeistationen, Schulgebäude), während mobile, nomadenfreundliche Dienste wie Apotheken auf Rädern, begleitender Polizeischutz und mobile Schulen nicht zur Verfügung stehen.

Der totale Rückzug aus dem Markt und vom Staat ist für Nomaden i.d.R. keine gangbare Alternative, da der N., in bäuerlicher Umgebung entstanden, fast überall dem Ackerbau durch Produktaustausch verbunden geblieben ist. Die meisten Nomaden, seit eh und je marktabhängig, sind dies heute erst recht durch neue Bedürfnisse (Zucker, Tee, Taschenlampen, Radios). Es gilt also Bedingungen zu schaffen, unter denen sich der N. besser in die Nationalökonomien integrieren kann. Die Alternative hieße, den Niedergang des N. in Kauf zu nehmen und so den Teil der Erdoberfläche, der nicht anders als nomadisch genutzt werden kann, aus der Nahrungsmittelproduktion herausfallen zu lassen.

🕮 A. Bourgeot (Hg.), Horizons nomades en Afrique sahélienne, Paris 1999. – L. Vajda, Untersuchungen zur Geschichte der Hirtenkulturen, Wiesbaden 1968. – F. Scholz/J. Janzen (Hg.), Nomadismus – ein Entwicklungsproblem? Berlin 1982.

Günther Schlee

Nominalklassensprache, Bez. für einen Sprachtyp, der durch die Einteilung von Nomina in versch., i.d.R. formal markierte Klassen gekennzeichnet ist. Entscheidend ist dabei das syntaktische Bildungsprinzip der Konkordanz, das die Abhängigkeit qualifizierender bzw. modifizierender Satzelemente (z.B. Demonstrativa, Possessiva u.a.m.) vom regierenden Nomen formal zum Ausdruck bringt; vgl. ↗ Swahili *ki-kombe* *<u>ki</u>-zuri <u>ki</u>-moja <u>ki</u>-mevunjika* »eine schöne Tasse ist zerbrochen«, wo das Präfix *ki-* des Nomens

-*kombe* »Tasse« am Adjektiv -*zuri* »schön«, am Zahlwort -*moja* »eins« und am Verb -*vunjika* »zerbrochen sein« das Abhängigkeitsverhältnis anzeigt. Afrik. N. können geschlechts- oder naturorientiert sein. Erstere sind die sog. Genussprachen, die minimal zwischen Maskulinum und Femininum unterscheiden und allg. nur über eine beschränkte Zahl von Nominalklassen verfügen. Letztere sind die N. im engeren Sinne, deren Klasseneinteilung anderen semantischen Grundprinzipien (z. B. Menschen, Tiere, Pflanzen usw.) folgt und die zwischen zwei und 40 Klassen unterscheiden. Die meisten afrik. N. besitzen offene Systeme, in denen die Klassenzugehörigkeit des einzelnen Nomens formal durch ein Prä- oder Suffix kenntlich gemacht ist. Andere N. weisen verdeckte Systeme auf, in denen die Klassenzugehörigkeit allein aus der Konkordanz ersichtlich wird. In N. mit offenem System ist die Unterscheidung von Numerus als Teil der Klasseneinteilung von zentraler Bedeutung; z. B. Swahili *m-ti* »Baum« (Klasse 3, v. a. Pflanzen) vs. *mi-ti* »Bäume« (dazugehörige Pluralklasse 4), oder ||Ani (↗ Khoisan) *!'úí-mà* »männl. Leopard« vs. *!'úí-tsà* »zwei männl. Leoparden« vs. *!'úí-||ùà* »männl. Leoparden«. Etwa zwei Drittel aller afrik. ↗ Sprachen sind N.; Genussprachen finden sich v. a. im ↗ Afroasiatischen, daneben im ↗ Nilotischen und Khoisan. Naturorientierte N. gehören überwiegend zum ↗ Niger-Kordofanischen.

🕮 B. Heine, African noun class systems. In: H. Seiler/ Chr. Lehmann (Hg.), Apprehension. Das sprachliche Erfassen von Gegenständen. Bd. 1: Bereich und Ordnung der Phänomene, Tübingen 1982, S. 189–216.

Rainer Voßen

No-party Democracy. Die Suche nach einer authentischen afrik. Form der ↗ Demokratie hat in der nachkolonialen Phase der Entwicklung zu versch. Ideen und praktischen Erfahrungen geführt. Am stärksten verbreitet war in der Zeit von 1960–1990 das ↗ Einparteisystem. Daneben ist aber immer wieder das Konzept der N. D. vorgebracht worden. N. D. ist ein pol. System, in dem keine pol. Parteien zugelassen sind. Als Volksvertreter werden Personen aus der Mitte der Bevölkerung gewählt. Daher wird auch von direkter oder partizipativer Demokratie gesprochen. Das zentrale Merkmal der N. D. besteht im Aufbau des pol. Systems von unten, so dass im afrik. Kontext auch die Bezeichnung Palaverdemokratie verwandt wird. Vorreiter der Umsetzung der N. D.-Konzeption in die Praxis war Libyen, wo Staatschef M. al-Gaddafi in seinem *Grünen Buch* ankündigte, das Problem der Demokratie durch direkte Volksherrschaft zu lösen. In Arbeits- und Ausbildungsstätten sowie Wohnorten gewählte Volkskomitees sind seit 1977 die Basisorgane des Staates. Gaddafi selbst ist seit 1979 nur noch Mitglied der »Führung der libyschen Revolution«, ohne indessen an Macht eingebüßt zu haben. Inspiriert von Gaddafi versuchten sowohl J. J. Rawlings nach seinem Militärputsch in Ghana 1981 als auch Th. Sankara während seiner Militärherrschaft in Burkina Faso von 1983–1987 ähnliche durch Basisorgane getragene Systeme aufzubauen, die allerdings nicht von Dauer waren. Pol. Stabilität brachte das System der N. D. nach Uganda, wo Y. Museveni nach seiner Machtergreifung 1986 die im Widerstandskampf gegen die Obote-Diktatur geschaffenen *resistance councils* zu Basisorganen des neuen Staates ausbaute. 1995 verfassungsmäßig institutionalisiert, besteht die N. D. in Uganda bis zur Distriktebene aus den von unten aufgebauten *local councils*, einem durch direkte Personenwahl gewählten nat. Parlament sowie einem direkt gewählten exekutiven Staatspräsidenten. Da die 1986 an die Macht gelangte NRM (*National Resistance Movement*) das Herrschaftssystem in Uganda weithin bestimmt, wird auch von einem *movement system* – im Unterschied zu einem Parteiensystem – gesprochen. Seine Struktur und Funktionsweise in Uganda zeigen, dass die N. D. sich trotz der vorhandenen basisdemokrat. Elemente nicht grundlegend von Einparteisystemen unterscheidet, einschl. der unangefochtenen Autorität des Staatschefs – Museveni im Falle Ugandas oder Gaddafi in Libyen. ↗ Nachkolonialer Staat.

🕮 N. Kasfir, No-Party Democracy in Uganda. In: Journal of Democracy 9 (1998), 2, S. 49–63. – E. Wamba-dia-Wamba, Das Palaver als Praxis von Kritik und Selbstkritik. In: Peripherie 9 (1989), Nr. 35, S. 21–42.

Peter Meyns

Nordafrika erstreckt sich von der südl. Mittelmeerküste bis zur Sahelzone, die den Südrand der ↗ Sahara darstellt. Der Begriff N. bezieht sich im engeren Sinne auf die Staatengruppe Marokko, Algerien, Tunesien, Libyen und Ägypten. Vom ↗ Klima her gehört das Gebiet größtenteils zum Bereich des subtropischen Mittelmeerklimas. Allerdings nimmt die Sahara, die größte ↗ Wüste der Erde, den weitesten Teil von N. ein. Dennoch ist die Landwirtschaft der dominierende Wirtschaftsfaktor. Im Atlasgebirge und in seinem Vorland fallen im Winter ausreichend Niederschläge für den Getreideanbau (↗ Getreide). Die diesem Gebirge entspringenden Flüsse sowie der Nil erlauben intensive ↗ Bewässerungswirtschaft. Am Nordrand der Sahara befindet sich eine Reihe seit langer Zeit besiedelter Oasen mit dichten Beständen von Dattelpalmen. Landgewinnung in der Sahara findet sich in Libyen auf der Grundlage von Tiefbohrungen im fossilen Grundwasserkörper der Nubischen Serie. Ein Wirtschaftsfaktor von wachsender Bedeutung ist der ↗ Tourismus. Wegen der hohen Arbeitslosigkeit emigrieren viele Arbeitssuchende nach Europa, in die USA, nach Kanada und Australien und v. a. in die reicheren arab. Staaten. Das Bevölkerungswachstum in N. ist mit 2,3 % jährl. (1990–98) immer noch sehr hoch. Hält dieser Trend an, so wird sich die Bevölkerungszahl (135 Mio. 1998) innerhalb der nächsten 35 Jahre verdoppeln (↗ Bevölkerung). Die nordafrik. Völker wurden seit der arab. Eroberung des Gebiets im 7. Jh. größtenteils islamisiert und arabisiert (↗ Islamisierung). Einige der arab. Stämme, wie die im ägypt.-libyschen Grenzgebiet lebenden Awlad Ali, haben ihre nomadische Identität behalten (↗ Nomadismus), während andere Völker sich ihre Sprache bzw. Kultur bewahrten, z. B. die Berber des Maghreb, die ↗ Kopten Ägyptens, die Nubier sowie die Beja am Roten Meer. ↗ Islam, ↗ Maghreb, ↗ Naturräume, ↗ Ökozonen, ↗ Stadt, ↗ Urbansierung.

Fouad Ibrahim

Nordostafrika, Völker, Kulturen und Staaten. *I. Allgemeines.* Die V. und K. NO-Afrikas verteilen sich auf die Länder Sudan, Eritrea, Äthiopien, Dschibuti, den Norden Kenias und das durch Staatszerfall gekennzeichnete Somalia. Geogr. wird die Region auch als ↗ Horn von Afrika bezeichnet.

Generell angelegte Versuche, die V. und K. NO-Afrikas als Einheit oder in Differenz zu betrachten, sind im 20. Jh. oft durch pol. Filter gegangen. Die vereinheitlichende Perspektive war mit dem Bild Großäthiopiens verbunden, eines territorialen Raumes, der unter dem äthiop. Kaiser Menelik II. (1889–1913) in Zusammenarbeit mit und in Konkurrenz zu den europ. Kolonialmächten geschaffen wurde. Eine entlang von Rasse, ↗ Kultur, ↗ Sprache, Religion und gesellsch. Institutionen differenzierende Perspektive begleitete die ital. Kolonisierung Äthiopiens (1936–41) und verstärkte sich erneut mit den mikro-nat. Befreiungsbewegungen (der Eritreer, der Tigray, der Oromo, der Afar, der Ogaden-Somali u. a.) der 1970er und 1980er Jahre. In einer Gesamtschau lassen sich die V. und K. Nordostafrikas nur vor dem Hintergrund dieser beiden Trends beschreiben.

II. Ethnolinguistische Klassifikation der nordostafrik. Völker. Bei der ↗ Bevölkerung dominieren die ↗ afroasiatische und die ↗ nilosaharanische Sprachfamilie. Kleine Reste bantusprachiger Gruppen leben im S Somalias und im Tal des Schabele-Flusses (↗ Bantusprachen). Die afroasiat. Sprachfamilie besteht (1) aus wenigen Sprechern ↗ arab. Dialekte (Rasha'ida in Eritrea; Jebelawin in der heutigen äthiop. Region Bela Schangul an der Grenze zur sudanischen Region Blauer Nil) in Regionen, die an den nördl. Sudan grenzen; (2) aus Sprechern südsemitischer Sprachen (↗ Semitisch) wie Tigre, Tigray, Amhara, Gurage, Adare, Argoba, Gafat; (3) aus Sprechern ↗ kuschitischer Sprachen (Nordkuschitisch: Beja; Zentralkuschitisch: Agaw; Ostkuschitisch: Saho, Afar, Somali, Baiso, Rendille, Oromo, Konso, Gidole, Arbore, Waraza, Tsama, Sidamo, Alaba, Darasa, Hadya, Kambata, Burji, Geleba) und (4) aus Sprechern ↗ omotischer (Sprachen (Kefa-Janjero, Gimira-Maji, Omato, Ari-Banna, alle im SW Äthiopiens). Damit sind mehr als sechzig ethn. Gruppen erfasst und weitere dreißig Gruppen, die einen bisher linguistisch nicht bestimmten Status haben. Zur nilosaharanischen Sprachfamilie zählen Baria, Kunama, Berta, Gumuz, Koma, Nuer, Anuak, Majangir, Maban, Mekan, Suri, Surma, Nyangatom.

III. Kulturgeographische und institutionelle Klassifikation der Völker und Kulturen NO-Afrikas. Nicht nur eine Vielfalt der Sprachen zeichnet die V. und K. NO-Afrikas aus, sondern auch eine Vielfalt kultur-geogr. Verbindungen und Erfahrungen mit gesellsch. Institutionen. Scharfe Übergänge zwischen kühlen Hochland- und heißen Tieflandgebieten sowie tief einschneidende Flusstäler beeinflussten die Herausbildung der Arbeitsteilung, v. a. zwischen Hochlandbauern und Tieflandhirten (Rinder, Kamele), sowie von Siedlungsnischen und Rückzugsgebieten. Im kühlen Hochland Nordäthiopiens (Abessinien) ist der traditionelle Ochsenpflugbau üblich (bei Tigray, Amhara), auf dessen Grundlage sich eine nahezu feudal anmutende ↗ Gesellschaft entwickelte, deren steinerne Monumente (das alte ↗ Axum, die Paläste von Gondar, die Kirchen am Tanasee) in starkem Kontrast zu den K. der V. im südwestl. Äthiopien stehen, wo eine Ästhetik der Körper (Bemalung) und der gezüchteten Rinder (Farbe, Krümmung der Hörner) existiert. Geprägt durch steinerne Zeugen der Vergangenheit, die in das islam. Mittelalter reichen, sind auch die Städte an der Somaliküste (Zeyla, Berbera, Mogadischu, Kisimayo).

Neben dem im N und Zentrum Äthiopiens angebauten Basisgetreide *Teff* sind einzelne Nahrungs- und Genussmittel auf spezifische Weise mit den V. und K. Nordostafrikas verbunden. Das gilt für die von den Gurage angebaute *Ensete* (falsche Banane), eine bedürfnislose Pflanze, mit der jede Hungerkrise zu überstehen ist, für Kaffee (teils wurden nur die Blätter für einen Aufguss verwendet; bei den Oromo wird die Bohne auch »geschlachtet« und mit Butter vermengt gegessen) und für das Stimulanzmittel Khat (↗ Drogen). Während das Khatkauen in Dschibuti und Somalia ein kollektives Ereignis darstellt, welches das Ende jeder Arbeit bedeutet, bedienen sich die Oromo im Umland von Harar seiner, um die schwere Landarbeit bewältigen zu können.

Von den vielfältigen Erfahrungen mit gesellsch. Institutionen sind zu nennen: Schichtungsmodelle (↗ Sozialstruktur), Staatlichkeit und heiliges Königtum (↗ vorkoloniale pol. Systeme, ↗ traditionelle pol. Herrscher), das ↗ Dorf, die äthiop.-orthodoxe Kirchengemeinde (↗ Christentum), die ↗ Nachbarschaft, ↗ Alters- und Generationsklassensysteme, segmentäre Lineagesysteme (↗ Klan und Lineage), lokale Formen des ↗ Islam und des ↗ Judentums, andere lokale religiöse Kulte, die alle in vielfachen Kombinationen auftreten.

Die lange Dauer der Staatlichkeit des christl. äthiop. Reiches (Abessinien, arab. Habasch) – genauer gesagt, der von Amhara und Tigray bewohnten nördl. Hochgebiete des heutigen Äthiopiens – ragt wie eine Säule aus der Kulturgeschichte NO-Afrikas heraus und überschattet andere Erfahrungen mit soziopol. Organisation, wie die segmentäre Klanstruktur der Somali oder das Alters- und Generationsklassensystem (*Gada*) der Oromo und anderer Völker Südäthiopiens. Auch diese Systeme sind durch ein Bewusstsein von zeitlicher Tiefe und langer Dauer gekennzeichnet. Die Bedeutung rein nachbarschaftlicher Sozialstrukturen, ohne großen Anspruch auf zeitliche Tiefe, zeigt sich paradigmatisch bei den Majangir (Masongo, die als Hackbauern in dem Gebiet zwischen der äthiop. Hochland-Region von Ilubabor und der geogr. schon zum Nilsudan gehörenden Region von Gambela beheimatet sind. Aber auch die städt. Adare (Harari), die in dem islam. Zentrum der ummauerten Handelsstadt Harar leben, zeichnen sich durch auffällige Nachbarschaftsbeziehungen (*afocha*) aus, die hier in Verbindung mit islam. Heiligenkulten stehen.

Das dörfliche Gemeinschaftsleben bei den Amhara und Tigray ist maßgeblich durch die äthiop.-orthodoxe Kirche geprägt. Die Kirchengemeinde stellt den wichtigsten Rahmen dar, in dem über die ↗ Familie hinausgehende Solidarität geleistet wird. Familienverbände (*enda*) sind bei den Tigray stärker verfasst als bei den Amhara. Bei den Amhara ist der landwirtsch. Boden im kollektiven Besitz (*rist*) von Familienverbänden. Anteile können sowohl über die väterl. wie über die mütterl. Linie vererbt werden (↗ Familien- und Erbrecht). Lokaler Adel erhielt im Kaiserreich Äthiopien ein zeitweiliges Recht auf die Abschöpfung von Tribut und Arbeitskraft (*gult*) und stellte das Verbindungsglied zu den übergeordneten staatl. Strukturen dar. Das *rist-gult* System prägte die weltl. Strukturen des äthiop. Reiches über Jahrhunderte. Die Frage, wie egalitär oder wie hierarchisch die V. Nordostafrikas organisiert sind, hat die Forschung lange beschäftigt. Verglichen mit den Amhara und Tigray sind die Oromo und Somali ostentativ egalitär. Aber auch diese betrachten, wie viele andere V. der Region, Jäger und Handwerker als am unteren Ende einer Hierarchie stehend. Von einer solchen Stigmatisierung wurden in den vergangenen Jahrhunderten die äthiop. Juden (*Falascha, Beta Israel*) getroffen. Die Afar teilten ihre Klans in hochrangige »weiße« (*adoymara*) und niedrigrangige »rote« (*asaymara*). Die elaboriertesten Hierarchien bestanden im SW, im und in der Nachbarschaft zum alten Kaiserreich von Kaffa (z. B. Walayta, Kambatta). An der Spitze der Pyramide stand ein heiliger ↗ König, darunter ein königlicher Klan, dann folgten Klans geschichteter Nobilität (die sich oft eine nördl. oder arab. Abstammung gaben), dann freie Bauern und schließlich Handwerker und Jäger. In den Oromo-Staaten des südwestl. Äthiopien (Jimma, Gibe-Staaten) und an ihren Rändern schnitten sich egalitäre Gesellschaftsstruktur und hierarchische Staatlichkeit. Der SW Äthiopiens ist auch die Heimat der Kaffeebohne. Die egalitären Majangir organisierten ihre Nachbarschaften als »Kaffee teilende« Einheiten. Im hierarchisierten Oromo-Staat von Gera erteilte im 19. Jh. der Staat das Recht auf den Genuss von Kaffee.

IV. Politische Systeme und Sozialstruktur. Sprache, die Erfahrung mit Staatlichkeit oder anderen Gesellschaftsstrukturen, Religion und kulturgeogr. Siedlungsstruktur verbinden sich in NO-Afrika zu einer komplexen Mischung von gegenseitiger Abhängigkeit und Ablehnung. Aus der Perspektive der nordäthiop. Staatlichkeit und des äthiop.-orthodoxen Christentums wurden die Völker der heißen Tieflandzonen als unzivilisierte Barbaren (*Galla*) und die der tiefen Flusstäler und Rückzugsgebiete als Heiden (*Schangalla*) bezeichnet, die man versklaven kann. Auch die islamisierten Bewohner der Städte an der Somaliküste definierten ihr heidnisches Anderes als *gaal*.

Das Verhältnis zwischen vereinheitlichendem Nationalstaat und der ethnolinguistischen und kulturellen Vielheit seiner Zusammensetzung wird heute in jedem der nordostafrik. Staaten unterschiedlich gestaltet. In Äthiopien findet seit 1991 eine Föderalisierung auf ethnolinguistischer Grundlage statt. Mehr als die Hälfte der über achtzig ethnolinguistischen Gruppen haben auf diese Weise eine graduelle Institutionalisierung kontrollierter Selbstverwaltung erfahren. Die neun in Eritrea bestehenden ethnolinguistischen Gruppen sind dagegen strikt einem Zentralstaat unterworfen. Dschibuti ist durch ein ständiges Spannungsverhältnis zwischen (Issa)-Somali und Afar gekennzeichnet. Somalia, das von nur einer Sprache, einer Kultur und einer Religion geprägt ist und lange als einziger »typischer« Nationalstaat in Afrika galt, zeigt, dass aus der sozialen Organisation des Klans und der Abstammungsgruppe mit ihren vielfältigen sozialen, pol., jurist. und wirtsch. Bezügen sogar dann Trennendes abgeleitet werden kann, wenn sonst alles auf Vereinheitlichung deutet. Während in Äthiopien gegenwärtig der Anspruch erhoben wird, mit der Föderalisierung auf ethnolinguistischer Grundlage ein überliefertes, hierarchisches Gefälle zwischen N und S (äthiop.-orthodoxe Amhara und Tigray gegen die islam. und »heidnischen« Völker des S) abzubauen, heizt im Sudan ein ähnliches Gefälle (arabisierte Muslime des N gegen den Rest der Bev.) einen Konflikt auf. ↗ Altäthiopische, ↗ amharische, ↗ tigrinische Literatur, ↗ Geschichtsschreibung: Nordostafrika, ↗ Kopten, ↗ Nubien.

📖 A.J. Ahmed (Hg.), The Invention of Somalia, Trenton/NJ 1995. – D. Donham/W. James (Hg,), The Southern Marches of Imperial Ethiopia. Essays in History and Social Anthropology, Cambridge 1986. – D.N. Levine, Greater Ethiopia. The Evolution of a Multiethnic Community, Chicago 1974. – J.C. McCann, People of the Plow. An Agricultural History of Ethiopia, 1800–1990, Madison 1995. – J. Stauder, The Majangir. Ecology and Society of a Southwest Ethiopian People, Cambridge 1971. – X. Van der Stappen u.a., Aethiopia, Tervuren 1996.

Thomas Zitelmann

NROs ↗ Nichtregierungsorganisationen

Nuba (arab. *nauba*, wörtlich: Folge), eine Gattung der nordafrik.-andalusischen Musik, die durch versch. Formschemata metro-rhythmisch festgelegter Abschnitte bestimmt ist. *N.*-Musik findet sich von Marokko bis Libyen, allerdings mit Unterschieden im Repertoire und in der Gestaltung. Das Verhältnis der Formteile ist i.d.R. so angelegt, dass eine anfangs getragene rhythmische Struktur zunehmend an Dichte und Tempo gewinnt. Aufgrund der strikten rhythmischen Ordnung wird die *N.* häufig mit der europ. Suite verglichen. Dieser Vergleich übersieht allerdings, dass neben der zeitl. Organisation auch die tonale von großer Bedeutung ist, die der *N.* eine einheitliches Melodiegepräge gibt. Der Wechsel von Vokal- und Instrumentalteilen stellt ein weiteres Charakteristikum der *N.* dar. Zu den Vokalteilen gehört Strophendichtung mit festem Versmaß und Endreim, was den ästhetischen Reiz der *N.* ausmacht, die von einem musikalisch gebildeten Publikum geschätzt wird.

📖 Art. »Nordafrika«. In: Die Musik in Geschichte und Gegenwart, Bd. 7, Kassel/Stuttgart 1997, S. 227.

Raimund Vogels

Nubien (lat. *Nubae*), das Land am mittleren Lauf des Nils, im engeren Sinne der heute von einer ↗ Nubisch sprechenden Bevölkerung besiedelte Raum: Unter-N. vom 1. bis 2. Nilkatarakt (von Assuan bis Wadi Halfa, Ägypten) und Ober-N. vom 2. bis 4. Katarakt (Wadi Halfa bis Marawi, Nordsudan), in kulturhist. Sinn auch den Raum bis zum 6. Katarakt und um Khartum (Zentralsudan) einbegreifend. Die Ägypter nannten dieses Gebiet Kusch, die Griechen und z.T. auch die Römer Aithiopia bzw. Aethiopia.

I. Allgemeines. Ausgelöst durch die drohende Überflutung des nubischen Niltals bei ↗ Assuan seit 1898, bes. durch den Bau des Hochdamms (1960–71), rückte N. in den Brennpunkt der internat. Archäologie. Während die ältere Forschung, konzentriert auf Unter-N., die pol. Abhängigkeit N. von ↗ Altägypten hervorhob, tritt mit dem Fortschreiten der Felderkundung nach S zunehmend die kulturelle Eigenständigkeit des Raumes in den Blick. Zwischen dem 1. und 3. Katarakt fließt der Nil durch reine Wüstengebiete. Ackerbau ist nur auf kleinsten Schwemmlandflächen möglich; Kleinviehhaltung dominiert, die Bevölkerungsdichte bleibt gering. Südl. des 3. Katarakts nimmt das Land dank der Sommerregenfälle steppenhaften Charakter an, hier war extensive Viehhaltung möglich; die stabile Subsistenzgrundlage machte Ober-N. zum demographischen und kulturellen Kernland von N. Kupfer, Gold und farbige Gesteine waren für Handelspartner und Eroberer von Interesse. Von herausragender Bedeutung war die Rolle von N. als Verkehrs- und Handelskorridor zwischen dem subsahar. Afrika und dem Mittelmeerraum.

II. Von der Prähistorie bis zum Neuen Reich. Bereits im 6. Jt. v.Chr. ist im Zentralsudan ein keramisches Mesolithikum (Mittlere Steinzeit) fassbar, das NO-Afrika kulturell weiträumig beeinflusste. In Verbindung mit Traditionen der Ostsahara formierten sich im 4. Jt. v.Chr. nubische Kulturen von eigenständigem Gepräge: In Unter-N. trat die sog. A-Gruppe (2. Hälfte 4. – Anfang 3. Jt. v.Chr.) in engen Kontakt zum prädynastischen Ägypten und nahm an überregionalen Handelsnetzen teil. Parallel zur Etablierung der oberägypt. Protostaaten bildeten sich zu Ende des 4. Jt. v.Chr. nubische Herrschaften heraus. Mit der Entstehung des Zentralstaats etablierte Ägypten seine Dominanz über den nubischen Raum bis zum 2. Katarakt und knüpfte über Kontakte mit den Völkern des Kerma-Beckens südl. des 4. Katarakts an die zentralafrik. Handelsnetze an. In Unter-N. verfolgte Ägypten seine Interessen im Alten Reich durch milit. abgesicherte Handels- und Bergbauexpeditionen; seit dem Alten Reich fanden sich im ägypt. Heer häufig nubische Söldner. Im Mittleren Reich wurde Unter-N. besetzt und durch ein Netz von Festungen gesichert. Die sog. nubische C-Gruppe (Ende 3. – Mitte 2. Jt. v.Chr.) entwickelte sich vorwiegend unter ägypt. Protektorat.

In Ober-N. (mit Schwerpunkt im Kerma-Becken) ist die lokale Bev. ebenfalls seit dem späten Neolithikum (Jungsteinzeit) fassbar. Hier entstand im Laufe der 1. Hälfte des 2. Jt. v.Chr. ein prosperierender Staat mit Hauptstadt in ↗ Kerma, der nach dem ägypt. Rückzug aus dem nubischen Okkupationsgebiet in der 2. Zwischenzeit auch Unter-N. beherrschte und sich im Kontakt mit den Hyksos in die internat. Politik des vorderasiat. und NO-afrik. Raumes einschaltete. Die Reorganisation der ägypt. Politik zu Beginn des Neuen Reichs führte zur Zerschlagung des Reichs von Kerma zu Beginn der 18. Dynastie unter Thutmosis I., der Eroberung N. bis zum 4. Katarakt und der Etablierung eines ägypt. Kolonialreichs. In der Folge lösten sich die lokalen nubischen Kulturen weitgehend auf und wurden durch die dominanten Muster der pharaonischen Kultur ersetzt; gleichwohl wird auch später das Überleben einer indigenen sozialen und kulturellen Tradition immer wieder greifbar.

III. Napatanische Periode. Im pol. Vakuum nach der Auflösung der ägypt. Herrschaft über N. in der 3. Zwischenzeit entstand im 9. Jh. v.Chr. beim alten relig. Zentrum Napata erneut ein indigener Staat – unter Integration der ägypt. ideolog. und administrativen Traditionen, bes. des Kultes des Gottes Amun, sowie der äußeren Formen des Königtums und der Verwendung der ägypt. Schrift und Sprache. Zwischen 730 und 725 v.Chr. eroberte der nubische König Pije (Pianchi) ein erstes Mal Ägypten und begründete dort die kuschitische 25. Dynastie. Sein Nachfolger Schabaka (Sabakon) eroberte Ägypten zwischen 715 und 712 v.Chr. erneut; er und seine Nachfolger hielten Ägypten in Auseinandersetzungen mit Assyrien. 664 v.Chr. beendete die assyrische Invasion Ägyptens dort die kuschitische Herrschaft, die in der Folge auf Ober-N. beschränkt blieb. 593 v.Chr. stieß Psammetichos II. mit einem Heer griech. und kleinasiat. Söldner tief nach N vor. Im 4. Jh. v.Chr. verlagerte sich der Schwerpunkt des kuschitischen Reiches südwärts nach Meroe am Zusammenfluss von Nil und Atbara, wo seit Anfang des 3.Jt. v.Chr. auch die Könige bestattet wurden.

IV. Meroitische Periode. Die meroitische Periode ist als kulturelle Blütezeit des kuschitischen Staates durch Stadtanlagen, Tempel und ausgedehnte archäolog. Zeugnisse repräsentiert. Importstücke belegen einen engen Kontakt zum ptolemäisch-röm. Ägypten. Dieser beruhte auf einem dank der Einführung des Kamels florierenden Karawanenhandel. Hellenistisch-röm. Kultureinfluss ist ebenfalls deutlich. Seit dem 2. Jh. v.Chr. wurde ↗ Meroitisch in äygpt. Hieroglyphen geschrieben. Unter-N. wurde erneut intensiv besiedelt. Unter Ptolemaios II. wurde die ägypt. Oberhoheit über den N von Unter-N. wieder hergestellt, unter Ptolemaios VI. kurzfristig bis an den 2. Katarakt ausgedehnt. Konflikte bei der Etablierung der röm. Provinz Ägypten ab 30 v.Chr. führten zu einem meroitischen Angriff auf Philae und 23 v.Chr. zu einem röm. Feldzug unter Petronius, der Napata erreichte. Kaiser Nero entsandte 61 n.Chr. eine Expedition, die über Meroe bis in den Sudd am Weißen Nil vordrang. 292 n.Chr. wurde die röm. Herrschaft wegen der Einfälle der Blemyer (SO-ägypt. Nomadenvolk) aufgegeben.

V. Nachmeroitische Periode. Um die Wende vom 3. zum 4. Jh. n.Chr., jedenfalls vor 350 n.Chr. erlag das meroitische Reich dem Druck des Königreichs von ↗ Axum. Damit erlosch die meroitsche Hochkultur, und es folgte die Ballana- und Tanqasi-Kultur im N bzw. S (sog. X-Gruppe). Fürstengräber bei Ballana und Qustul nördl. des 2. Katarakts belegen in Unter-N. ein nachmeroitisches Reich, das wohl mit den Nobaten der Überlieferung zu verbinden ist; aus einer griech. Inschrift im Tempel von Kalabscha ist ein König Silko bekannt (spätes 6. Jh. n.Chr.). Bis zur Schließung des Tempels von Philae 535 n.Chr. frequentierten die nubischen Völker den dortigen Isis-Kult.

VI. Byzantinische Zeit. N. zerfiel im 6. Jh. n.Chr. in die drei Teilreiche Nobatia im N, Makuria in der Mitte und Alodia im S. Zwischen 529 und etwa 580 wurde es vom byzantinischen Reich teils orthodox, teils monophysitisch missioniert und stand danach unter dem Einfluss der koptischen Kirche von Ägypten (↗ Christentum, ↗ Kopten, ↗ Mission). Nach der Eroberung Ägyptens durch den ↗ Islam war N. weitgehend vom Kontakt zum Mittelmeerraum abgeschnitten, doch wurde neben dem Nubischen das Griech. noch längere Zeit für Inschriften verwendet. Die seit 710 vereinigten nördl. Reiche blieben bis ins 14. Jh., das südl. Reich bis ins 15. Jh., christl. und wurden danach islamisiert. ↗ Fur, ↗ Meroitisch.

🕮 J. Willeitner, Nubien. Antike Monumente zwischen Assuan und Khartum, München 1997. – D. Wildung (Hg.), Sudan: Antike Königreiche am Nil, München 1996.

Stephan Johannes Seidlmayer/Albrecht Berger

Nubisch, in Südägypten und im Sudan verbreitete Sprachfamilie des ↗ Nilosaharanischen, die in mehrere Untergruppen zerfällt: Nord-, Zentral- und Westnubisch. – Nobiin (Nordnubisch) und Dongolawi/Kenzi (Zentralnubisch) wurden bis zur Umsiedlung ihrer Sprecher beim Bau des ↗ Assuan-Staudamms (1959–70) entlang des Nils in Südägypten und im Nordsudan gesprochen. Dongolawi und Kenzi sind zwei eng verwandte ↗ Dialekte mit gegenseitiger Verstehbarkeit. Eine Vorstufe des Nobiin, das Altnubische, wurde zwischen dem 8. und 15. Jh. in einem koptischen Alphabet (↗ Ägyptisch), ergänzt durch drei Zeichen aus dem ↗ Meroitischen, geschrieben. Es war die offizielle Sprache der mittelalterlichen, christl. Königreiche (Makuria im N, Alodia im S). In der älteren Lit. wurden die am Nil gesprochenen nubischen Sprachen unter der Bez. »Nilnubisch« zusammengefasst. Es handelt sich dabei jedoch nicht um eine genetisch definierte, sondern um eine auf rezente Kontakte (↗ Sprachkontakt) zurückgehende Gruppierung. Das Nobiin, das Spuren intensiven Kontakts mit kuschitischen Sprachen (↗ Kuschitisch) aufweist, nimmt sogar eine isolierte Position innerhalb des N. ein. – Das Bergnubische (Zentralnubisch) besteht aus einer Reihe eng verwandter, in den nordwestl. und nördl. Kordofan-Bergen gesprochener Sprachen und Dialekte. Sie sind bislang wenig erforscht. Im N der Provinz Darfur ist das Midob (Westnubisch) zu finden, das ehemals in Süddarfur gesprochene Birgid (Zentralnubisch) ist inzwischen ausgestorben.

🕮 M. Bechhaus-Gerst, Sprachwandel durch Sprachkontakt am Beispiel des Nubischen im Niltal. Möglichkeiten und Grenzen einer diachronen Soziolinguistik, Köln 1996. – R. Werner, Grammatik des Nobiin, Hamburg 1987. – G. M. Browne, Introduction to Old Nubian, Berlin 1989.

Marianne Bechhaus-Gerst

Nuer ↗ Nilotisch

Numidien, in der Antike das Land der afrik. Nomaden westl. und südl. des Gebiets von ↗ Karthago; später die Bez. einer röm. Provinz im heutigen östl. Algerien zwischen den Provinzen *Mauretania Caesariensis* im W und *Africa Proconsularis* im O. N. trug wesentlich zur Getreideversorgung Roms bei, produzierte Wein, Oliven und Holz und war reich an Rindern, Schafen und Ziegen sowie berühmt für seine Pferdezucht. Für die röm. Amphitheater war es der Hauptlieferant wilder Tiere wie Löwen, Leoparden und Bären, auch Stammland von Elefanten. Die ansässige Berber-Bev. waren nomadisierende Hirten, die gelegentlich auch Ackerbau betrieben. Unter dem sich von der Küstenzone her ausbreitenden Einfluss von Karthago und anderen phönizischen Städten bildeten sich versch. Stammesverbände, die nach 201 v. Chr. unter der Herrschaft Massinissas, dem Bundesgenossen Roms, vereint wurden. Die Landwirtschaft wurde intensiviert, die Urbanisierung nahm zu, die punische Sprache und Schrift sowie punische Götterkulte verbreiteten sich. Unter Caesar (46 v. Chr.) wurde der größte Teil von N. zur röm. Provinz *Africa Nova* gemacht, die dann Augustus in der Provinz *Africa Proconsularis* aufgehen ließ (↗ römische Kolonisation). Kaiser Septimius Severus teilte 198 n. Chr. erstmalig eine eigene Provinz *Numidia* ab. Ihre Südgrenze wurde westl. der tunesischen Salzseen durch ein

Befestigungssystem (*limes*) gegen die ↗ Wüste hin geschützt. Ein verzweigtes Straßennetz, Bewässerungsanlagen, Olivenkulturen u.a. brachten N. eine lang anhaltende wirtsch. Blüte. Das Christentum verbreitete sich seit dem 3. Jh., und im 4. Jh. wurde N. zum Kernland der Donatisten (↗ Donatismus), die sich hier trotz Verfolgung bis zur Ausbreitung des Islam im 7. Jh. halten konnten.

🕮 H.G Horn/C.B. Rüger, Die Numidier, Bonn 1979. – H.W. Ritter, Rom und Numidien. Untersuchungen zur rechtl. Stellung abhängiger Könige, Lüneburg 1987. – C. Saumagne, La Numidie et Rome, Paris 1966.

Peter Spahn

Nyanja, auch Chewa (Sprache) ↗ Bantusprachen

OAU (*Organization of African Unity*). – *I. Gründung.* Die Organisation der Afrik. Einheit wurde 1963 gegründet und ist – im Sinne von Kap. VIII der UN-Charta – die »Regionale Abmachung« der Staaten Afrikas. Die OAU ging aus dem ↗ Panafrikanismus hervor, einer seit etwa 1900 bestehenden kulturellen Bewegung schwarzer Intellektueller in der Diaspora, die nach dem Zweiten Weltkrieg für ↗ Schwarzafrika Autonomie und Unabh. forderte. Ihr Wortführer K. Nkrumah, der Ghana 1957 in die Unabh. geführt hatte, entwickelte die Vision, der kolonialen Balkanisierung Afrikas entgegenzuwirken und, nach dem Vorbild der USA oder der Sowjetunion, einen Bundesstaat, die »Vereinigten Staaten von Afrika«, zu schaffen. Mit dem sich 1960 beschleunigenden Unabhängigkeitsprozess trat dem jedoch die wachsende staatl. Vielfalt entgegen. Während sich eine kleine Zahl radikaler Staaten, die Nkrumahs Ideen nahe standen, in der Casablanca-Gruppe zusammenfand, schlossen sich die gemäßigteren der Monrovia-Gruppe sowie der frankophonen UAM (*Union Africaine et Malgache*) an, die stärker vom afrik. ↗ Nationalismus beeinflusst waren. Einigkeit bestand über die Gruppen hinweg in dem Ziel, ein Forum aller unabh. Staaten des Kontinents zu schaffen, was mit der Gründung der OAU erreicht wurde.

II. Ziele und Organisationsstruktur. An der gesamtafrik. Konferenz der Staats- und Regierungschefs in Addis Abeba (Äthiopien), die am 25. 5. 1963 die Charta der OAU verabschiedete, nahmen 30 Staaten teil. Heute, nach der Aufnahme Südafrikas im Jahr 1994, sind 53 Länder Mitglied der OAU. Das sind alle Staaten Afrikas mit Ausnahme Marokkos, das 1984 im Streit über die Aufnahme der Exilregierung Westsaharas ausgetreten ist. – Oberstes Anliegen der afrik. Staaten nach Erlangung ihrer Unabh. war nicht die Schaffung eines gemeinsamen Bundesstaats, sondern die Bewahrung ihrer oft hart erkämpften ↗ nat. Souveränität. Dementsprechend konstituierte sich die OAU als institutionell lockere Organisation mit funktional begrenzten Formen der Kooperation. Sie folgte damit dem Vorbild der ↗ Blockfreienbewegung, auf deren Prinzipien die OAU sich ausdrücklich verpflichtete. Die in Art. 2 und 3 der Charta formulierten Ziele und Grundsätze (Verteidigung der Souveränität, der territorialen Integrität und Unabh., Nichteinmischung in innere Angelegenheiten) bringen den hohen Stellenwert der nat. Souveränität für die Mitgliedstaaten zum Ausdruck. Vor dem Hintergrund des ↗ kolonialen Erbes willkürlicher Grenzverläufe verständigten sich die Mitglieder darauf, den Status quo unangetastet zu lassen, um Grenzkonflikte zu vermeiden, und forderten die Befreiung Afrikas von den Resten des ↗ Kolonialismus. Ausdrücklich stellt sich die Charta auf den Boden der UN-Charta und der Allg. Erklärung der ↗ Menschenrechte. – Höchstes Organ der OAU ist die einmal im Jahr tagende Gipfelkonferenz der Staats- und Regierungschefs. Bei Sachfragen ist eine Zweidrittelmehrheit erforderlich; so weit wie möglich praktizieren die OAU-Mitglieder jedoch das Konsensprinzip. Der zweimal im Jahr tagende Ministerrat arbeitet der Gipfelkonferenz zu. Für die laufenden Geschäfte ist der Generalsekretär mit Sitz in Addis Abeba zuständig, dessen exekutive Kompetenzen aber begrenzt sind. Die Gipfelkonferenz wählt jährlich den Vorsitzenden der OAU und alle vier Jahre den Generalsekretär, dessen Amtsperiode verlängert werden kann. S.A. Salim (Tansania), der bis 2001 Generalsekretär war, wurde 1989 in sein Amt gewählt.

III. Aktivitäten. Die OAU ist als Stimme Afrikas in den internat. Beziehungen anerkannt. Ihrem Ziel, ein besseres Leben für die Völker Afrikas zu verwirklichen, konnte sie aufgrund ihrer an der Souveränität der Mitgliedstaaten orientierten Prinzipien sowie ihrer zunehmend kritischen Wirtschaftslage jedoch nicht näherkommen. Als Plattform »großer Reden« ist sie mehr aufgefallen als bei der Bewältigung dringender Probleme. In seltenen Fällen wurde ihre durch das Nichteinmischungsgebot bedingte pol. Ohnmacht auf einer Gipfelkonferenz angeprangert, so 1986, als der gerade an die Macht gelangte

Staatspräsident Ugandas, Y. Museveni, ihr vorwarf, die Willkürregime von Idi Amin und M. Obote und deren Menschenrechtsverletzungen jahrelang tatenlos hingenommen zu haben, oder 1993, als der Staatschef Eritreas, I. Afewerki, dessen Land nach 30-jährigem, von der OAU ignoriertem Befreiungskampf die staatl. Loslösung von Äthiopien erreicht hatte und Mitglied der OAU geworden war, ihr die jahrelange Passivität vorhielt.

In der Ablehnung der ↗ Apartheid in Südafrika hat die OAU über alle Differenzen hinweg auch immer wieder Einheit demonstrieren können. Bereits auf der Gründungskonferenz 1963 beschloss sie die Einrichtung eines »Befreiungskomitees« mit Sitz in Tansania, das die pol. und materielle Unterstützung der von der OAU anerkannten ↗ Rebellenbewegungen koordinierte. 1970 befürwortete die OAU im Lusaka-Manifest den bewaffneten Kampf, solange die weißen Regime im südl. Afrika unnachgiebig blieben. Mit dem Ende der Apartheid in Südafrika war diese Aufgabe erfüllt, das Befreiungskomitee wurde 1993 aufgelöst.

Trotz der Anerkennung der territorialen Integrität kam es in der nachkolonialen Entwicklung zu Grenzkonflikten. In einigen Fällen (Algerien/Marokko, 1963–67; Somalia/Kenia/Äthiopien, 1964–67) gelang es, das in der Charta postulierte Prinzip der friedlichen Streitbeilegung durchzusetzen, in anderen Konflikten wie zwischen Somalia und Äthiopien (Ogaden, 1977–78), Libyen und Tschad (1984–88), Äthiopien und Eritrea (1998–2000) jedoch nicht.

Als grundlegende Herausforderung der OAU erwiesen sich indessen die innerstaatl. ↗ Kriege/Bürgerkriege, die seit Ende der 1980er Jahre u. a. in Liberia, Sierra Leone, Sudan, Somalia, Ruanda und Burundi eskalierten. Seit dem Ende des Ost-West-Konflikts lassen sich schwerwiegende Menschenrechtsverletzungen nicht mehr durch Prinzipien wie das Nichteinmischungsgebot und die territoriale Integrität zudecken. Dem trug die OAU durch die Schaffung eines neuen Instruments Rechnung, dem »Mechanismus für die Prävention, das Management und die Lösung von Konflikten«, womit sie ihrer Friedenspolitik eine neue Richtung gab. Mit der Gründung des »Mechanismus« 1993 und der Einsetzung entsprechender Gremien (des Zentralorgans zur Beschlussfassung und des OAU-Generalsekretärs als exekutiver Instanz) machte sie auch die primäre Verantwortung Afrikas für die eigenen Konflikte deutlich. Das Engagement in Burundi 1996, als die OAU nach einem Militärputsch Sanktionen erließ, zeigte zwar ihre Bereitschaft, die neue Politik umzusetzen, indessen blieb der »Mechanismus« aufgrund der chronischen Finanznöte der OAU schwach. Seine Effektivität hängt ab von der sicherheitspol. Zusammenarbeit mit regionalen Initiativen wie der ↗ ECOMOG in Westafrika oder der Kooperation mit den UN. Einzelne afrik. Staaten beteiligten sich mit Truppenkontingenten an ↗ Blauhelmeinsätzen. Wie begrenzt die Möglichkeiten der OAU sind, Frieden zu vermitteln, zeigte sich seit 1998 bes. beim Kampf um die Macht im Kongo, wo sie nicht verhindern konnte, dass sich ein regionaler Krieg von bisher in Afrika unbekannten Dimensionen entwickelte. – Durch die Verabschiedung einer Flüchtlingskonvention 1974, einer »Afrik. Charta der Menschen- und Völkerrechte« (Banjul-Charta) 1986 sowie einer »Charta der Rechte und der Wohlfahrt des Kindes« 1991 formulierte die OAU wichtige Prinzipien, deren Umsetzung wie anderswo auch v. a. vom pol. Willen der Mitgliedstaaten abhängt. – In Wirtschaftsfragen ließ die OAU meist der ebenfalls in Addis Abeba ansässigen ↗ ECA den Vortritt, fühlte sich jedoch immer der Vision einer kontinentalen wirtsch. Kooperation verpflichtet. 1980 verabschiedete sie den »Lagos-Aktionsplan für die wirtsch. Entwicklung Afrikas«, der eine Politik der ↗ kollektiven Eigenständigkeit und die Errichtung eines afrik. Gemeinsamen Marktes bis zum Jahr 2000 propagierte. 1991 folgte der Abuja-Vertrag, der die Schaffung einer »afrik. Wirtschaftsgemeinschaft« bis 2025 vorsah. Es blieb bei diesen Absichtserklärungen. Initiativen auf der Ebene von ↗ regionalen Organisationen werden jedoch im Abuja-Vertrag als Bausteine der angestrebten kontinentalen Kooperation bezeichnet.

IV. Afrik. Union. Mit der auf seine Initiative hin 1999 auf einem Sondergipfel der OAU verabschiedeten »Syrte-Deklaration« wollte der libysche Führer Gaddafi dem ↗ Panafrikanismus zu neuem Leben verhelfen. Für einen afrik. Bundesstaat im Geiste Nkrumahs konnte er die Staaten Afrikas nicht gewinnen. Ein Jahr später wurde jedoch eine neue Charta, die *Constitutive Act of the African Union,* unterzeichnet und bereits 2001 in Kraft gesetzt. Die Grundstrukturen der OAU bleiben bestehen, aber mit der Gründung der Afrik. Union hat die pol. und ökonom. Kooperation auf dem Kontinent einen neuen Impuls erhalten. ↗ ECOWAS, ↗ Frontlinienstaaten, ↗ SADC.

🕮 Y. El-Ayouty (Hg.), The Organization of African Unity after Thirty Years, Westport, Conn./London 1994. – V. Matthies, Die friedenspol. Rolle der Organisation der Afrik. Einheit: Der OAU-Mechanismus für die Prävention, das Management und die Lösung von Konflikten. In: Institut für Afrika-Kunde/R. Hofmeier (Hg.): Afrika Jahrbuch 1996, Opladen 1997, S. 49–62. – G.J. Naldi, The Organization of African Unity. An Analysis of its Role, 2. Aufl., London/New York 1999. – G.J. Naldi (Hg.), Documents of the Organization of African Unity, London/New York 1992.

Peter Meyns

Oba, Titel des Herrschers im Königreich ↗ Benin. ↗ Beninkunst, ↗ Westafrika, Völker, Kulturen und Staaten.

Benson Osarhieme Osadolor

Obervolta, ↗ Burkina Faso

OCAM ↗ regionale Organisationen

Öffentliche Verwaltung. Verwaltung ist die Tätigkeit des Staates, die der Erfüllung öffentl. Aufgaben dient (und nicht Gesetzgebung oder Rechtsprechung ist), sowie alle damit befassten Behörden und die in diesen tätigen Angehörigen des öffentl. Dienstes. Die ö. V. ist somit ein Instrument der Politik, das pol. Entscheidungen umsetzt und auf Dauer strukturiert. In der Realität hat sich jedoch gezeigt, dass der Einfluss der ö. V. auf die Politik wächst, dass die ö. V. pol. Entscheidungen umlenken kann bzw. – als gesellsch. Interessengruppe – eigene Ziele verfolgt. Dafür hat sich der Begriff Bürokratie gebildet als Herrschaftstypus, gegründet auf die Beachtung gesetzlicher Regelungen und organisatorische Effizienz, dann aber auch als Kritik dieses Typus im Sinne von Formalismus ohne Berücksichtigung individueller Problemlagen (Bürokratisierung).

I. Historischer Entstehungskontext. Die Kolonialverwaltung erzwang Unterwerfung (z. B. durch ↗ Zwangsarbeit und Steuerzahlung), erlaubte aber auch eine begrenzte Partizipation, da sie auf Hilfskräfte angewiesen war. Wer in diese Positionen gelangen wollte, musste das kolonial geprägte, i.d.R. von Missionsgesellschaften geleitete Schulsystem (↗ Missionsschule) durchlaufen (Alphabetisierung + Christianisierung = ↗ Modernisierung) und verkörperte dann als Beamter oder Lehrer gegenüber der breiten Bev. dieses Modernisierungsideal. Bei Erlangung der Unabh. mussten in den kolonial gesetzten Grenzen ethn. heterogene Gruppen in einem neuen Staat zusammengeführt und für eine neue – moderne – Zukunft gewonnen werden. Die damit beauftragte ↗ Elite benutzte die ö. V. als eines der zentralen Instrumente zur Erreichung dieses Zieles.

Die Bev. knüpfte an die Unabh. große Erwartungen. Der Fortschritt sollte in gesteigertem ökonom. Wohlstand sichtbar werden, wobei eine stärkere Teilhabe an öffentl. Positionen – und nicht ein verstärktes Engagement in der Privatwirtschaft – als der Königsweg erschien. Ein Instrument, um in die ö. V. zu gelangen, wo es viele gewichtige Stellen zu besetzen galt, waren die Abschlüsse im modernen Erziehungssystem. Zunächst folgten die im Kolonialsystem herangebildeten mittleren afrik. Beamten den abziehenden weißen Verwaltungskräften nach und gelangten so nach einer oftmals kurzen Ausbildung im jeweiligen Mutterland (Frankreich, England) in verantwortungsvolle Stellungen. Diese Beamten sind oft kritisiert worden (geringe akademische Vorbildung, mangelndes Verständnis für neue Entwicklungsideologien etc.), aber sie waren pflichtbewusst, diszipliniert und den gesetzten Regelungen verbunden.

Die Verwaltungssysteme afrik. Länder expandierten rasch, nicht nur wegen wachsender Staatsaufgaben (z. B. wurde auf externen Druck hin ein umfassendes Planungssystem eingeführt), sondern auch aufgrund der Erwartungshaltung der Bev. Wer einen Schulabschluss erreichte, glaubte damit einen Anspruch auf eine Lebensstellung in der ö. V. erworben zu haben. So wuchs in den ersten zwei Jahrzehnten nach der Unabh. der öffentl. Dienst in vielen Ländern auf das Drei- bis Vierfache an. In nicht wenigen Ländern entfallen 70–80% des staatl. Budgets auf die Bezahlung der Beamtenschaft, so dass für Entwicklungsaufgaben so gut wie keine Mittel mehr übrig sind und diese durch externe Zuflüsse (↗ Entwicklungszusammenarbeit) bestritten werden müssen.

II. Image und Verhaltensweisen der Verwaltung. In den Augen der Bev. genoss die Verwaltung ein fast grenzenloses Prestige. Es gibt offensichtlich keine andere Position, die so sehr das Moderne und den Fortschritt verkörpert wie die eines Beamten, der hinter seinem Schreibtisch sitzt und mit gewichtigen Akten umgeht. Das gesamte Schulsystem, das eher zur Verachtung manueller Tätigkeit erzieht (die Institutionen der handwerklich-techn. Ausbildung werden i.d.R. nur von solchen Schülern besucht, die im klassischen Schulysystem gescheitert sind), schien gradlinig auf diese Position hinzuführen. Da Sekundarschulen, die ein Universitätsstudium und damit den späteren Eintritt in den höheren öffentl. Dienst erlaubten, nur in Städten existierten, wurden Schüler dem heimischen ländl. Milieu entfremdet und stellten insgesamt einen wichtigen Faktor für Landflucht und galoppierende Urbanisierung dar. Die ö. V. wurde somit als eine Entwicklungsagentur für persönliche Karrieren par excellence wahrgenommen. Die fabelhaften Karrieren junger Menschen verbreiteten sich in der Heimatregion und führten zu weiterer Landflucht.

Die Bev., während der Kolonialherrschaft zur Passivität verpflichtet, erwartete von der ö. V. die Lösung all ihrer Probleme. Dieser Mythos, der jede Kritik an der ö. V. schon im Keime erstickte, korrespondierte mit spezifischen Verhaltensweisen der Beamtenschaft: Sie begriff sich als Inhaber einer Machtposition und nicht als Dienstleister für die Bev. Die mit der Unabh. erforderliche Entwicklungsfunktion wurde so in ihr Gegenteil verkehrt. Um den Klienten einzuschüchtern und Kompetenzlücken sowie Entscheidungsscheu zu überspielen, pflegen die Bürokraten dieses Image durch eine Art rituellen Modernismus: Stilisierung der äußeren Erscheinung (je höher der Rang, desto dunkler der Anzug und desto enger die Krawatte geknüpft), Pflege von Statussymbolen (z. B. Dienstwagen), Überbetonung von dem Bürger unverständlichen Verfahren und Details, hochtönende Reden bei offiziellen Anlässen etc. Die Beamtenschaft hatte schon kurz nach der Unabh. einen hohen Grad der Privilegierung erreicht, zumal sie über vielfältige Mechanismen verfügte, ihre Stellung für zusätzliche Einnahmen zu benutzen. So werden mancherorts die Regeln des Beamtenrechts aufgeweicht, bis ein paralleles Engagement in der Wirtschaft möglich wird, oder – was einfacher ist – das Netzwerk der Familie und Freunde wird dafür genutzt. Aber auch diese Tendenzen, die einem Verständnis von systemischer ↗ Korruption nahe kommen, führten nicht zur Kritik an der Verwaltung, sondern zu der Ansicht, dass diese Amtsinhaber über bes. starke Mittel verfügen (Amulette, ↗ Hexerei) müssten, die ihnen zu ihrer Stellung verholfen hätten. Also galt es, gewichtige Gegenkräfte zu finden, traditionelle Heiler und Hexer zu konsultieren, ein stärkeres Amulett zu kaufen etc. In spezifischem Sinne wird hier ersichtlich, dass die ö. V. von ihrem soziokulturellen Umfeld durchdrungen wird. Der Modernisierungsprozess in Staat und Verwaltung ist oft nur eine Fassade geblieben, hinter der die sog. traditionellen Werte stärker denn je wirken.

III. Pol. Entscheidungen und Verwaltung. Die mit der Unabh. an die Macht gekommenen afrik. Eliten entwickelten einen exklusiven Herrschaftsanspruch, der für Gewaltenteilung, eine unabh. Justiz, eine freie Presse und Oppositionsparteien keinen Raum ließ (↗ Autoritäre Regime). Eine Politisierung der Verwaltung wurde so unausweichlich, d. h. die Beamten konnten sich nicht mehr auf pol. Abstinenz berufen (und lediglich die ihnen übertragenen Aufgaben erfüllen), sie mussten Farbe bekennen und Mitglied der staatstragenden Partei werden. Die Politiker veränderten ihrerseits die Gestaltungsmechanismen des öffentl. Dienstes, z. B. die Beförderung nach Bewährung und Leistung durch Faktoren der pol. Loyalität, ethn. Zugehörigkeit, familiärer Nähe etc. Das führte dazu, dass die ö. V. sich immer weniger auf eine kontinuierliche Aufgabenerfüllung konzentrieren konnte, sondern in den pol. Entscheidungsprozess hineingezogen wurde, der einen größeren Wert auf innere Stabilität und Sicherheit legte als auf z. B. die Befriedigung der Grundbedürfnisse der Bev. In diesem pol.-administrativen Komplex verwischten sich Unterscheidungen und Grenzen von Partei, Regierung und Verwaltung, was auch in personellen Fluktuationen zum Ausdruck kam: Beamte wurden zu Ministern und Mitgliedern des Parteibüros. Diese Staatsklasse unterlag keiner Kontrolle mehr und unterwarf den Staat (auch zum großen Teil die Wirtschaft, die früh in ihren Einflussbereich gezogen wurde) ihren Gruppeninteressen. Neutrales, rationales Verwaltungshandeln war so nicht möglich, und es konnte auch keine ethische Basis dafür entstehen, dass die ö. V. eine Sachwalterin des öffentl. Interesses sein sollte. Ein solches Konzept hat bisher in Afrika noch keine Wurzeln schlagen können. Der staatl. Sektor wird noch weitgehend mit der Kolonialherrschaft assoziiert, als etwas Fremdes und Oktroyiertes, das man für sich nutzen kann. Phänomene wie Klientelismus, ↗ Neopatrimonialismus und Korruption müssen unter diesem Blickwinkel gesehen werden. Wenn *Transparency International* 1999 Kamerun als das korrupteste Land der Welt bezeichnet (unter 99 untersuchten), dann wird dies im Lande eher als Ausdruck des bösen Willens der westl. Welt interpretiert.

Charakteristisch für afrik. Verwaltungssysteme ist der hohe Zentralisierungsgrad der Entscheidungsabläufe, ein Reflex des extrem zentralistischen pol. Systems. In Ministerien werden Verantwortlichkeiten ungern nach unten delegiert und solche ebenso ungern übernommen, selbst wenn der Amtsinhaber über die erforderliche Kompetenz verfügt. Es gibt kaum eine konsistente Personalpolitik und -führung, die Leistung honorieren würde. Wer wenig Entscheidungen produziert, hat u. U. höhere Aufstiegschancen. Dadurch beschränkt sich Verwaltungshandeln auf routinisierte Verfahren (z. B. Ausgabe von Personalausweisen, aber gegen ein Schmiergeld) und kurzfristige Perspektiven (z. B. Erarbeitung einer Rede für den Minister). Leistungswillige und gut ausgebildete Beamte werden so demotiviert und wandern ab – soweit ihnen diese Möglichkeit zur Verfügung steht, z. B. in die arab. Welt oder zu internat. Organisationen. Das Problem des Zentralismus ist bes. ausgeprägt im Bereich der Regional- und Kommunalverwaltung, da die Zentralregierung das Aufkommen pol. Gegengewichte fürchtet. Dadurch bleiben viele Probleme vor Ort ungelöst, obwohl pol. Meinungsführer immer wieder betonen, wie wichtig ihnen die Entwicklung von unten sei. Diese jedoch mit autonomen Initiativen aus der ↗ Zivilgesellschaft gleichzusetzen, übersteigt noch ihre einzig auf Machtkonzentration und -sicherung ausgerichtete Vorstellungswelt.

IV. Neuere Tendenzen und Perspektiven: Bis zum Ende der 1980er Jahre konnte man die afrik. Staaten unter dem Begriff patrimonial-administrativer Staat zusammenfassen, der ein »lahmer Staat« war, nicht in der Lage, ökonom. Wohlstand für seine Bev. zu produzieren. Die ökonom. Krise sowie die mit dem Ende des Ost-West-Konflikts einsetzende Demokratisierung (↗ Demokratie) und Auflösung des Einparteisystems hat auch die Strukturen der afrik. Staaten in Mitleidenschaft gezogen. Heute kann man eher von Staatszerfall sprechen, was sich auch darin manifestiert, dass ↗ Kriege/Bürgerkriege zugenommen haben. Das geringe Niveau an nachhaltiger Entwicklung wird v. a. damit erklärt, dass die afrik. Staaten nicht über die institutionellen Kapazitäten verfügen, um den Entwicklungsprozess zu steuern, obwohl doch seit der Unabh. viele Tausende Afrikaner im In- oder Ausland für Führungsaufgaben in der ö. V. ausgebildet worden sind. Offensichtlich waren bisher zu viele negative Faktoren am Werke, die eine Nutzung der persönlichen Fachkompetenz im Sinne einer Systementwicklung verhindert haben, was die externen Akteure in Afrika, insbes. internat. Organisationen wie IWF und Weltbank, dazu gebracht hat, den institutionellen Faktoren eine erhöhte Bedeutung beizumessen. Dies geschah im Rahmen der ↗ Strukturanpassung durch Auflagen, den öffentl. Dienst zu verkleinern und ihm gleichzeitig mehr Effizienz zu verleihen. Diese Quadratur des Kreises konnte nicht gelingen, da die angestrebten Veränderungsstrategien – eine Privatisierung der Staatsbetriebe und die Förderung der Marktkräfte – die etablierten Eliten eines Großteils der Ressourcen berauben, mit denen sie bisher ihre Patronagepolitik betrieben haben. Die bisherigen Reformmaßnahmen haben zu weitgehend technokratischen, schablonenhaften Scheinlösungen geführt, die nicht dauerhaft Bestand haben können, da sie nicht in das soziokulturelle Umfeld eingebettet und nicht vom pol. Willen der nat. Entscheidungsträger getragen sind. So ist es zwar in manchen Ländern gelungen, die Zahl der öffentl. Bediensteten etwas zu reduzieren bzw. zu stabilisieren, aber dies hat zu Verunsicherungen und Motivationsverlusten geführt. Oft haben gerade die besseren Beamten die angebotenen Abfindungsprogramme für Frühpensionierungen wahrgenommen. Verbunden mit eklatanten Kaufkraftverlusten durch eine restriktive Haushaltspolitik hat diese Konstellation zu einer Zunahme der Korruption – wie in Kamerun – geführt. Um aus diesem Dilemma herauszukommen, ist zweierlei erforderlich: (1) Eine Einbettung des Verwaltungsprozesses in die demokrat. Reformen; (2) die Transformation einer bisher monokratischen Verwaltung in eine polyzentrische, d. h. es müssen langfristig demokrat. Systeme aufgebaut werden, die den Grundprinzipien der Gewaltenteilung, des Wettbewerbs und der Machtkontrolle gehorchen. Dazu gehört die Auswahl und Beförderung nach Leistung, Loyalität nicht nur zu Personen, sondern zum Recht; die Betonung der Dienstleistungen für die Bev. Der Aufbau einer polyzentrischen ö. V. bedeutet auch, dass durch eine funktionale Dezentralisierung öffentl. Aufgaben auf der Ebene durchgeführt und übernommen werden, die dafür am besten geeignet sind. Eine solche Strategie würde die Zentralregierung entlasten und die Regional- bzw. Lokalverwaltungen stärken. Sie kann aber nur funktionieren, wenn die jeweiligen Verwaltungen der Bev. gegenüber rechenschaftspflichtig bzw. von dieser gefordert sind, effizienter zu werden. Die Staaten Afrikas müssen die Herausforderungen einer doppelten Transformation – gleichzeitig ökonom. und pol.-institutioneller Art – selbst in die Hand nehmen, sollen Erfolge erzielt werden. ↗ Nationenbildung, ↗ nachkolonialer Staat.

📖 H. F. Illy, Mythos und Realität der öffentl. Verwaltung in Afrika. In: Die Verwaltung 4 (1983), S. 447–464.

– Ders., Strukturanpassungsprogramme und institutionelle Reformen in Afrika – stumpfe Waffen der Weltbank? In: W. A. Koch (Hg), Ökonom. Aspekte der Demokratisierung in Afrika, München 1994, S. 89–107. – Th. M. Callaghy, The State as Lame Leviathan: The Patrimonial Administrative State in Afrika. In: Z. Ergas (Hg.), The African State in Transition, New York 1987, S. 87–116. – J. Corkery/A. Land/J. Bossuyt, Minding One's Own Business: Institutional Dimensions of Management for Capacity Development. In: International Review of Administrative Sciences 64 (1998), S. 531–551. – B. Olowu, Redesigning African Civil Service Reforms. In: The Journal of Modern African Studies 31(1999), S. 1–23.

Hans F. Illy

OIC (Organisation der Islam. Konferenz). Nach einem Gipfeltreffen zwischen muslim. Regierungschefs im Jahre 1969 und einer Außenministerkonferenz islam. Staaten im folgenden Jahr wurde 1971 in Djiddah (Saudi-Arabien) die OIC gegründet. Mit (im Jahre 2001) 60 Ländern, von denen 56 Vollmitglieder sind und vier nur über einen Beobachterstatus verfügen, ist sie die bedeutendste Organisation des islam. Internationalismus. Wie es in der Präambel ihrer Charta heißt, vertritt die OIC »eine strikte Orientierung am ↗ Islam und an islam. Prinzipien und Werten als Lebensform«. Ihr Hauptziel ist die Förderung islam. Solidarität auf wirtsch., sozialem, wiss. und kulturellem Gebiet. Zu den wichtigsten Unterabteilungen und Projekten der OIC gehören u. a. die Islam. Entwicklungsbank, der Internat. Solidaritätsfonds oder die Internat. Islam. Nachrichtenagentur. Aus der Mitgliedschaft in der OIC erhoffen sich insbes. viele ärmere afrik. Länder wirtsch. Unterstützung und eine stärkere Integration in die islam. Welt. Mitglied kann laut Charta der OIC jeder islam. Staat werden, wobei allerdings unklar ist, nach welchen Kriterien ein Staat als islam. gilt. So trat etwa Senegal der OIC zu einer Zeit bei, als ein Katholik Regierungschef war, und mehrere afrik. Länder wie Gabun, Benin oder Uganda sind Mitglieder, obgleich Muslime dort nur eine Minderheit bilden. In den 1980er und 1990er Jahren kam es in Nigeria und Tansania bei der Diskussion über die Frage der Verfassungsmäßigkeit bzw. des Status einer Mitgliedschaft zu schweren innenpol. Krisen.

🕮 H. Moinuddin, Die Organisation der Islam. Konferenz als Forum pol. und wirtsch. Kooperation, Bochum 1984. – E. Schöne, Islam. Solidarität, Berlin 1997.

Klaus Hock

Ökologischer Anbau umschreibt landwirtsch. Produktionsverfahren, die auf geschlossenen Stoffkreisläufen beruhen. Die Verwendung synthetisch hergestellter Produktionsmittel wie Mineraldünger und Pestizide ist ebenso ausgeschlossen wie der Einsatz gentechnisch veränderter Pflanzen und Tiere. In der kontrollierten Erzeugung ökolog. Nahrungs- und Genussmittel sehen auch afrik. Länder eine zusätzliche Chance für den Export. Die EU regelt in der Verordnung Nr. 2092/91, dass die Gleichwertigkeit von Herstellung, Inspektion und Zertifizierung nachgewiesen werden muss. Nicht-EU-Mitglieder müssen in einer Drittländerliste aufgeführt sein, was jedoch bis 1999 noch für keinen afrik. Staat zutraf. Allerdings ist der Export von Produkten, die unter die Verordnung fallen, auch möglich, wenn der Importeur in der EU über eine Importermächtigung gemäß Artikel 11 (6) verfügt. Diese Regelung ermöglicht es bspw. Madagaskar, ökolog. erzeugte Rohwaren wie Palm- und Kokosfett, Vanille und versch. Gewürze zu günstigeren Preisen in die EU zu exportieren. Dies geschieht auf Initiative eines dt. und eines frz. Unternehmens, die eine internat. Kontrollstelle mit der Zertifizierung beauftragt haben, und zeigt gleichzeitig die Probleme, die im ökolog. Anbau liegen: Die von sich aus hohe Marktabhängigkeit der Exportproduktion wird durch die enge Bindung an einen Händler noch verstärkt, und die Erzeugung im Rahmen des kontrollierten ökolog. Anbaus ist wenig geeignet, einen Beitrag zur Ernährungssicherung der afrik. Bevölkerung zu leisten. Viele Projekte der ↗ Entwicklungszusammenarbeit fördern daher vordringlich landwirtsch. Produktionsverfahren, die als standortgerechter Landbau umschrieben werden. Dieser kombiniert oder integriert traditionelle Anbaupraktiken und überliefertes Wissen mit modernen Methoden. Im Vordergrund stehen wirtsch. und ökolog. Alternativen zu teuren zugekauften Produktionsmitteln und die schonende, nachhaltige Verwendung natürl. Ressourcen.

Eckhard Baum

Ökozonen. *I. Allgemeines.* Der Begriff Ö. – früher Naturraum, Naturlandschaft, Landschaftsgürtel, Ökosystem – wurde erst kürzlich in der Ökologie bzw. Geoökologie geprägt. Dabei ist ein Ökotop die kleinste in sich geschlossene Einheit und die Ö. die oberste Ordnungsstufe, die Ökotope und Ökoregionen bzw. -subregionen zusammenfasst. Der Zonenbegriff entstammt dem Zonalitätsprinzip der Geographie und besagt, dass Geofaktoren (z. B. Klima, Böden etc.) häufig zu gleich gearteten breitenkreisparallelen Zonen auf der Erde führen. Dieses gilt v. a. für den afrik. Kontinent, auf dem von allen Landmassen die zonale Anordnung dieser Strukturmerkmale am besten sichtbar ist.

II. Gliederung afrik. Ökozonen. Dennoch ist der Versuch problematisch, in kontinentaler Dimension nach ökolog. Kriterien zu gliedern. So gilt auch für Afrika, dass häufig die kleinräumige Vielfalt der Standortbedingungen entscheidend ist und die Zusammenfassung dieser mosaikhaften Areale zu großen einheitlichen Zonen Schwierigkeiten bereitet. Bestimmte Geofaktoren können die ideale Zonalgliederung Afrikas völlig oder stark modifizieren. Dazu zählt die durch die Großreliefstruktur gegebene kontinentale Teilung in Hoch- und Niederafrika oder die Lage eines Raumes in Nähe eines kalten oder warmen Meeresstroms (West- bzw. Ostseite Afrikas). Auch die Verbreitung grundsätzlich versch. Gesteinstypen (z. B. Granite oder Basalte) richtet sich nicht nach dem Zonalitätsprinzip – ist also azonal –, beeinflusst aber entscheidend die Bodenbildung und damit die grundsätzliche Charakteristik eines Standortes oder einer ganzen Ökoregion. Letztlich erweisen sich viele heutige physische Strukturmerkmale (z. B. bestimmte Reliefformen) als Produkte sehr langer Entstehungszeiten unter Bedingungen, die den jetzigen absolut nicht entsprechen – z. B. ehem. Feuchtphasen in den afrik. Trockengebieten –, so dass sie durch das heutige Gefüge der Ökosysteme nicht allein oder gar nicht erklärbar sind. Daraus und aus empirischer Feststellung ergibt sich, dass der afrik. Kontinent ökozonal nur gegliedert werden kann, wenn berücksichtigt wird, dass die Zonen nie durch exakte und scharfe Verbreitungsgrenzen voneinander getrennt sind, sondern dass breite Übergangsräume existieren. Die afrik. ↗ Wüsten gehen in Halbwüsten über, diese unmerklich in die Dorn- und Trockensavannen (↗ Savanne), mit zunehmendem Baumbestand werden Feuchtsavannen allmählich zu Gebieten des trop. ↗ Regenwalds. Die typischen Merkmale für eine Ö. charakterisieren immer eher deren Kernraum, weniger die Randbereiche.

Afrika lässt sich ökozonal zunächst nach klimatischen Gesichtspunkten differenzieren. Selbst diese einfache und übergeordnete Charakteristik führt zu Schwierigkeiten, wenn trop. Regionen von außertrop. geschieden werden sollen, da der Begriff der Tropen nach versch. Kriterien wie z. B. der Begründung aus der atmosphärischen Zirkulation, aus der Astronomie definiert werden kann. Die großzügigste Gliederung Afrikas in nur drei große Ö. wird von der dt. ↗ Entwicklungszusammenarbeit – allerdings auch unter praktischen Erwägungen des natürl. Entwicklungspotentials – vorgeschlagen: (1) feuchte Tropen, (2) aride und semiaride Gebiete und (3) Berggebiete der Tropen und Subtropen. Dabei sind aber nur die beiden ersten Regionen Zonen, wohingegen die Berggebiete azonalen Charakter haben.

III. Gliederung nach Niederschlägen. Eine nähere Differenzierung kann über den Faktor Niederschlag vorgenommen werden: Wann fallen die Niederschläge und in welcher Höhe? Beiderseits des Äquators mit Ausnahme des Horns von Ostafrika fallen Regen zu allen Jahreszeiten, im Jahresverlauf mit zwei Maxima nach dem Zenitalstand der Sonne und mit mittleren Werten von deutlich über 1.500 mm. An diese Zone schließt sich das Sommerregengebiet an; in Nordafrika vom Juni bis Sept., in Südafrika von Okt. bis Feb. Während die Grenze dieses Gebietes in Nordafrika breitenkreisparallel verläuft, zieht sie im südafrik. Subkontinent mit meridionaler Komponente schräg von der atlantischen Küste in Angola zur südafrik. Ostküste – bedingt durch die Lage der kalten und warmen Meeresströme und durch die Passatzirkulation aus SO. Die Zone der Sommerregen empfängt mit einer Spanne von 200 bis über 1.000 mm sehr unterschiedliche Niederschlagsmengen und ist entsprechend differenziert. An die Sommerregengebiete schließt sich im N. die regenarme Zone der zentralen ↗ Sahara an und im S. der küstenparallele Streifen der ↗ Namib und das südl. Kalaharibecken (↗ Kalahari). Beide Zonen empfangen weit unter 200 mm Jahresniederschlag, können aber auch hyperarid sein. Spiegelbildlich ausgebildet ist wiederum die jeweils anschließende nicht tropische Zone der Winterregen (jährl. 200–600 mm Regen): in Nordafrika ein schmaler küstenparalleler Saum, der das Atlasgebirge mit einschließt, im südl. Afrika das Winterregengebiet des Kaplandes (Karte 24). Aus dieser hygrischen Charakteristik ergibt sich eine Gliederung in (1) vollhumide, (2) semihumide, (3) semiaride, (4) aride und (5) hyperaride Zonen. In unmittelbarem genetischen Zusammenhang damit steht die Ausbildung der Vegetationszonen, die das ausgeprägte Zonalitätsprinzip des Kontinents mit spiegelbildlicher Anordnung zum Äquator bestätigen. An die Zone der (1) trop. Regenwälder schließt sich die große Region der

Karte 24: Verteilung der Jahresniederschläge

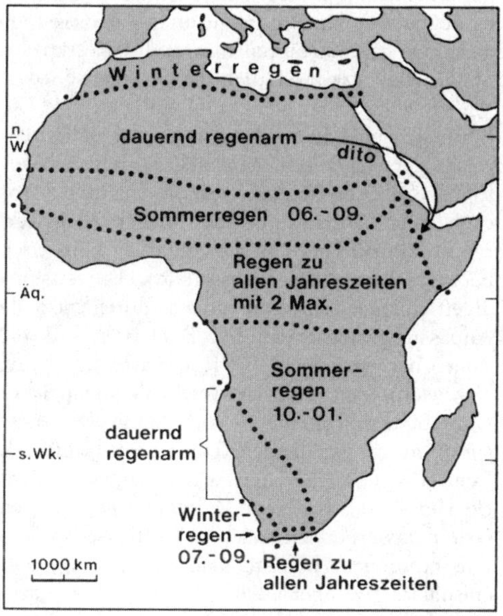

Savannen an. Sie wird durch ein wechselfeuchtes Klima geprägt, das je nach Grad der Humidität bzw. Aridität die (2) Feuchtsavannen und die (3) Trocken- bzw. (4) Dornsavannen entstehen lässt. Die ständig zunehmende Aridität begründet dann die anschließende zonale Verbreitung der (5) Halbwüsten- und (6) Wüstenzone. Semiariden Charakter hat ebenfalls die im N und S Afrikas nur schmal ausgebildete (7) Zone der Trockensteppen bzw. der Hartlaubvegetation.

(1) Die Ö. der *trop. Regenwälder* zeichnet sich durch intensivste chemische Verwitterungsprozesse aus, die über lange Zeiträume zu mehreren zehn Meter mächtigen Boden- bzw. Verwitterungsdecken geführt haben, wobei physikalische Verwitterungsprozesse keine Rolle spielen. Die hohen Niederschläge fallen über das ganze Jahr, hygrische und thermische Jahreszeiten sind nicht ausgebildet. Bei ganzjährigen Tagestemperaturen von über 25° C und großem Wasserangebot bewirken hydrolytische (auf Spaltung chemischer Verbindungen durch Wasser beruhende) Prozesse die Ferralitisierung (Anreicherung von Eisen- und Aluminiumoxiden) und Desilifizierung (Abfuhr von Silizium in gelöster Form) der Böden. Dabei ist v.a. bei ständiger Frischwasserzufuhr der Prozess der unter sonstigen exogenen Bedingungen schwierigen Desilifizierung äußerst intensiv. Die hohe Auswaschungstendenz aller Basen und der Kieselsäure führt schließlich zu sehr nährstoffarmen Böden (Latosole, Ferralite) mit hohem Kaolingehalt und der erwähnten Eisen- und Aluminiumanreicherung. Letztere kann unter bestimmten Bedingungen auch härteste Verkrustung ermöglichen, wovon viele durch Laterite bedeckte Reliefoberflächen in Afrika zeugen. Die nährstoffarmen Böden der Regenwälder stehen in krassem Gegensatz zu ihrem üppigen Erscheinungsbild. Die extrem hohe Primärproduktionsrate erklärt sich durch den schnellen Umsatz der Pflanzenmasse, denn das gerade abgestorbene organische Material wird bereits vor seiner Humifizierung und Mineralisierung wieder den lebenden Pflanzen zugeführt. Charakteristisch für diese Vegetationsart ist der hohe Baum- und geringe Kraut-/Strauchanteil sowie die außerordentlich große Artenvielfalt auf kleinstem Raum. Sie sichert dieser Zone eine hohe ökolog. Eigenstabilität, die empfindlich gestört werden kann, wenn das dichte Waldkleid z.B. durch Rodung (↗ Entwaldung) verletzt oder entfernt wird. Dann können sehr schnell flächenhafte Abspülprozesse einsetzen, während diese unter ungestörten Bedingungen durch den Wald verhindert werden und Lösungsabtrag überwiegt (Materialabtrag durch Wegfuhr in gelöster Form über das Grund- und Flusswasser). An steilen Reliefabschnitten sind nach überdurchschnittlich hohen Niederschlägen – Tageswerte von über 100 mm sind keine Seltenheit – Bodenfließen und Hangrutschungen zu beobachten.

(2) An die Regenwälder schließt sich beidseitig die große Ö. der semihumiden Gebiete bzw. der *Feuchtsavannen* an. Beide Grenzen – die zu den Regenwäldern und die zu den Trockensavannen – sind in Afrika fließend und als breite Übergangszonen ausgebildet. Das Klima dieser Ö. wird v.a. geprägt durch die jahreszeitliche Verlagerung der ITC, die an den jeweiligen Hochstand der Sonne geknüpft ist (↗ Klima) und so zu Zenitalregen führt. Zwar weisen diese Regionen im Jahresverlauf auch thermische Unterschiede auf, viel wichtiger ist jedoch die hygrische Charakteristik, die eine deutliche Trennung in eine Regen- und Trockenzeit ergibt. Die Dauer der Trockenperiode hängt von der Lage des betreffenden Gebietes ab: je höher die geogr. Breite, umso ausgeprägter die Trockenzeit. In äquatornahen Regionen, z.B. in Äthiopien, kann es folgerichtig auch zur Ausbildung einer doppelten Regenzeit kommen. Die Dauer der Trockenperiode für die Feuchtsavannen ist unterschiedlich; min. 2,5 bis max. 5 trockene Monate dürften ein gutes Maß darstellen. Gemäß dieser hygrischen Charakteristik sind die Verwitterungs- und Bo-

denbildungsprozesse der Feuchtsavannen denen der Regenwälder noch sehr ähnlich, d. h., dass die chemische Verwitterung die physikalischen Prozesse immer noch überwiegt. Die Gesteinszersatzzone (Saprolith) ist häufig aber geringfügig mächtiger als in den immerfeuchten Tropen. Die Ausbildung der Böden wird von der Reliefsituation gesteuert: Hangabschnitte trocknen in der niederschlagsfreien Zeit völlig aus, während Senken noch durchfeuchtet sein können. Dementsprechend finden sich Rotlehme (Latosole) auf den Hängen, dichte schwarze Tonböden (Regur) dagegen in sehr flachen Abschnitten. Die versch. Bodentypen und das differenzierte Wasserangebot prägen die Vegetation. Generell sind geschlossene Grasdecken mit unzusammenhängenden Baumbeständen bzw. mosaikhaften Waldinseln typisch für die afrik. Feuchtsavannen. Das führt bei kräftigen Niederschlägen zu flächenhaftem Abfluss an Hängen und auf flachem Relief, so dass tief eingeschnittene Täler nicht mehr anzutreffen sind. Da der Abtrag in den Tälern (Erosion) offensichtlich nicht größer ist als auf den Flächen (Denudation), wurden die Feuchtsavannengebiete – allerdings über lange geol. Zeiträume – zu Rumpfflächen geformt, d. h. zu Reliefoberflächen, die über den geol. Untergrund ohne Anpassung an die Struktur hinweggreifen. Sie können von markanten Inselbergen (isoliert aus der Fläche aufragenden Erhebungen) und Rumpfstufen (Hängen, die zum nächst höheren Flächenstockwerk führen) überragt werden.

(3) und (4) Ohne deutlich sichtbare Grenze gehen die *Feuchtsavannen* in die flächenmäßig größere Ö. der *Trocken- und Dornsavannen* über, die untereinander ebenfalls fließende Übergänge zeigen. Gerade diese Zone ist in Afrika modellhaft zonal angeordnet. Die Niederschläge fallen als typische Zenitalregen in einer konzentrierten Periode von drei, längstens vier Monaten und erreichen Werte von unter 1.000 und über 300 mm, was die ökolog. Unterschiedlichkeit der Zone zeigt. Acht bis neun Monate des Jahres sind absolut trocken. Thermisch ist im Unterschied zu den Feuchtsavannen nicht nur ein Tageszeitengang (Schwankung der Temperatur bis zu 15° C und mehr), sondern auch ein Jahreszeitengang (ähnlich hoher Wert) festzustellen, da die Temperatur während der Regenzeit deutlich absinkt. Frost in klaren Nächten ist v. a. in den Hochlandgebieten des südl. Afrika keine Seltenheit. Auf diesen Klimatyp reagieren die Bodenbildungsprozesse: Je trockener die Zone wird, desto wichtiger ist die physikalische Verwitterung, desto unbedeutender werden Lösungsvorgänge. Aufgrund der Abnahme von Eisenoxiden überwiegen braune Bodenfarben. Die Entwicklungstiefe ist gegenüber den Feuchtsavannenböden weitaus geringer; der Sandanteil nimmt auf Kosten des Tonanteils stark zu. Durch die geringen Niederschläge geht die Auswaschung völlig zurück. Die humusarmen Böden sind somit zwar nährstoffreich, der Vegetation sind aber durch das verfügbare Wasser Grenzen gesetzt. Die afrik. Trocken- und Dornsavanne (bei Niederschlagswerten um die 500 mm) ist die eigentlich klimatisch bedingte Zone offenen Graslandes. Die weitständigen Holzgewächse müssen sich durch spezielle Anpassungsmechanismen (z. B. Dornen – für die Zone namensgebend –, fiederblättriges Laub, Verdickung des Stammes zwecks Wasserspeicherung, Schirmkronen etc.) vor allzu großer Transpiration in der langen Trockenzeit schützen. Typisch sind auch Galeriewälder längs der Trockenflussbetten, deren Wurzeln bis in den Grundwasserbereich reichen. Abflüsse in den Flussbetten sind höchstens noch periodisch, eher episodisch. Da aber auch für diese Zone Starkniederschläge typisch sind, kommt es auf den Flächen zu Schichtfluten, in den Flussbetten zu kurzfristig sehr hohem Abfluss mit großer Erosionswirkung. Für die Reliefformung spielt aber nicht nur das fluviale Geschehen die entscheidende Rolle, auf den nur grasbestandenen Oberflächen greift der Wind in den langen Trockenzeiten abtragend an, v. a. wenn genügend Feinmaterial vorhanden ist, und zwar nicht nur durch flächenmäßig große Sand- und Staubstürme, sondern in der Trockenzeit oft auch durch Windhosen. Bei den erwähnten Faktoren, v. a. der Dominanz physikalischer Verwitterungsprozesse, sind die Strukturmerkmale des Gesteinsuntergrunds für die aktuelle Reliefformung entscheidend. Infolgedessen ist das Auftreten von Schichtstufen- und Schichtflächenlandschaften (z. B. Schwarzrand in Namibia), die den Feuchtsavannen fehlen, in dieser Ö. charakteristisch.

(5) und (6) Die Ö. der *Halbwüsten* und *Wüsten* liegt in dem Gebiet des absteigenden Astes der Hadley-Zelle, was grundsätzlich große Trockenheit der Luftmassen, Wolkenauflösung, tagsüber höchste Einstrahlung und starke nächtliche Ausstrahlung zur Folge hat. Thermisch ergeben sich daraus sehr hohe Tagesamplituden (von über 30° C) und extreme Jahresamplituden (von bis zu 60° C), die gemeinsam mit der Trockenheit der Luftmassen für die hohe Gesamtverdunstung verantwortlich sind. Das Niederschlagsverhalten zeigt eine hohe räumliche und

zeitliche Variabilität, d.h. die Niederschläge werden immer unzuverlässiger. Die Jahreswerte fallen von unter 300 mm in den Halbwüsten zu 10 mm in zehn Jahren (bspw. ↗ Assuan) in den Wüstenkernbereichen. Demzufolge spielen bei der Bodenbildung nahezu ausschließlich physikalische Prozesse, v.a. Insolationsverwitterung, die entscheidende Rolle. Das führt je nach Gesteinstyp zu Schutt- und Grusbildung, weniger zu sog. echten Böden, allenfalls Rohböden. Salzanreicherungen – bis hin zu Salzkrusten – in den oberen Horizonten, die durch den kapillaren Aufstieg salzhaltiger Wässer und deren Verdunstung entstehen, sind v.a. in Senken zu beobachten. Auf solchen Solontschaken kann nur eine Vegetation gedeihen, die salzverträglich (halophytisch) ist. In den Vollwüsten fehlt die Vegetation ganz, in den Halbwüsten ist sie kontrahiert, d.h. nur dort, wo die Reliefsituation Zuschusswasser ermöglicht. Die Bedeutung fließenden Wassers an der Reliefformung geht zugunsten von Windeinwirkung stark zurück. Gerade aus der Sahara werden Stäube bis in die hohe Atmosphäre gebracht und weit transportiert. Die auffälligsten Akkumulationsformen sind die großen Dünenfelder der ↗ Sahara (Ergs) und die hohen Längsdünen der Namib; den weitaus größeren Flächenanteil nehmen allerdings reine Felswüsten (Hamada), Schuttwüsten (Reg) und Kieswüsten (Serir) ein.

(7) Im äußersten N und S Afrikas schließt sich dem Wüstengürtel die Ö. der *außertropischen winterfeuchten Steppenklimate* bzw. der mediterranen Winterregenklimate mit Hartlaubvegetation, typischen Strauchformationen und Koniferengehölzen an. In dieser Zone kehrt sich also das Niederschlagsverhalten um: statt sommerlicher Zenitalregen Niederschläge im betr. Winter. Flächenmäßig ist dies die kleinste Ö. Afrikas. Sie ist aber nicht nur unter zonalen Gesichtspunkten zu sehen, sondern hat durch die Gebirgslander des Atlas im N und des Kaplandes im S auch azonalen Charakter.

Klaus Hüser

Omanhene, Titel der Herrscher in den Kernprovinzen des Reiches ↗ Asante (ca. 1670 bis 1896 im heutigen Ghana). ↗ König, ↗ vorkoloniale politische Systeme, ↗ Westafrika, Völker, Kulturen und Staaten.

Leonhard Harding

Omotisch, Sprachfamilie des ↗ Afroasiatischen und nach dem ↗ Semitischen und ↗ Kuschitischen drittgrößte Sprachgruppe Äthiopiens. Sie umfasst ca. 30 Sprachen im SW des Landes zu beiden Seiten des Omo-Flusses und weiter nördl. bis hin zum Weißen Nil. Die omotischen Sprachen weisen zahlreiche strukturale Ähnlichkeiten zum benachbarten Kuschitischen auf und wurden deshalb lange Zeit als Zweig (»Westkuschitisch«) dieser Sprachgruppe aufgefasst. Aber auch heute ist die Diskussion um die klassifikatorische Trennung von Kuschitisch und O. noch nicht abgeschlossen. In vielen omotischen Sprachen heißt »ich« *ta* und »du« *ne*, im Unterschied zu den Formen *ani* »ich« und *ati* »du« in der Mehrzahl der kuschitischen Sprachen. Aus diesem Grund nannte man das O. auch *ta-ne-* und das Kuschitische *an-at*-Sprachen. Die größte omotische Sprache ist mit über 1 Mio. Sprechern das Wolaitta (Wollamo), das zusammen mit dem Gamo (0,5 Mio.), Dorze (ca. 50.000) und über 15 anderen kleinen Sprachen die Ometo-Gruppe bildet. Kafa (Kaffa, 0,5 Mio.) und Schinascha schließen sich zur Kafa-Gruppe (Gonga, Kefoid) zusammen. – Eine strukturelle Besonderheit vieler omotischer Sprachen ist in den komplizierten tonalen Verhältnissen (↗ Tonsprache) zu sehen. So besitzt das Gimira (ca. 35.000) bspw. fünf distinktive Töne (tief, halbtief, mittel, hoch, sehr hoch), die jeweils bedeutungsunterscheidende Funktion haben, z.B. *àp* [tief] »Auge« vs. *áp* [sehr hoch] »Großmutter«).

🕮 M.L. Bender, Omotic. A New Afroasiatic Language Family, Carbondale 1975. – M.L. Bender, Comparative Morphology of the Omotic Languages, München 2000.

Rainer Voigt

OMVG; OMVS ↗ regionale Organisationen

Oni, Titel der Herrscher des Stadtstaates Ile-Ife im heutigen SW-Nigeria. Der erste Träger dieses Titels, der unter den Yoruba-Königen den ranghöchsten Status beansprucht, war der Dynastiegründer Oduduwa. ↗ Ife, ↗ Westafrika, Völker, Kulturen und Staaten, ↗ Yoruba-Staaten.

Benson Osarhieme Osadolor

Onitsha Market Literature ↗ populäre Literatur, ↗ Verlagswesen und Buchhandel

ONUC; ONUMOZ ↗ Blauhelmeinsätze

Oralliteratur, auch Oratur oder mündlich überlieferte Lit., Teil der ↗ Tradition einer Gesellschaft, die von Generation zu Generation mündlich weitergegeben wird.

I. Allgemeines. Zu O. gehören Epen, Legenden, Mythen, Märchen, Fabeln, Sprüche, Rätsel, Redensarten, Sprichwörter, Lieder und vieles mehr. Afrika verfügt über einen reichen Fundus an mündlich überlieferten Literaturen, die erst z.T. gesammelt und schriftlich festgehalten sind. Der Kontinent verkörpert auch heute noch in hohem Maß eine ↗ Kultur der Mündlichkeit. Obwohl die afrik. ↗ Gesellschaften durch Kolonisation, westl. orientierte Bildungssysteme, ↗ Urbanisierung, Einbeziehung in das Weltwirtschaftssystem und moderne ↗ Medien einen tiefgreifenden Wandel erfahren haben, spielt die O. als überliefertes kulturelles Wertesystem bei der Lösung gesellsch. Probleme nach wie vor eine bedeutende Rolle. Große Teile der Bev. setzen bei persönlicher Krisenbewältigung und in der Gestaltung des alltäglichen Lebens weiterhin auf die riesige Fülle des mündlichen Erbes, das als Überlieferung betrachtet wird, die es zu bewahren gilt. Nicht zuletzt auch in der modernen afrik. Lit. und im afrik. Film ist der Einfluss der O. prägend (↗ anglophone, ↗ frankophone, ↗ hispanophone, ↗ lusophone Literaturen, ↗ Kino, ↗ Literaturen in afrik. Sprachen, ↗ Literaturverfilmung).

II. Oralliteratur als Akt gesellschaftlicher Kommunikation. O. ist lebendige Sprache, gilt als wahr und als zu den verschiedensten Anlässen wieder belebbar. Totenwachen und Begräbnisse (↗ Bestattungsrituale), die Geburt von Zwillingen oder eine Zusammenkunft bieten stets Gelegenheit, den Schatz des mündlichen Erbes in Sprache, Gestik, Gesang und Musik, durch ↗ Tanz, auf dramatische Weise oder pantomimisch zum Ausdruck zu bringen. Dies kann, je nach regionalem Brauch und spezifischem Anlass, durch ↗ Griots, Sänger, Musiker, Gelegenheitsdichter, Erzähler, traditionelle Historiker oder Lobredner (↗ Preisgesang) geschehen. Bei solchen Performanzen kann jede Generation aufs Neue das Vermächtnis der Vorfahren wieder beleben, als bindend anerkennen oder den veränderten Anforderungen entsprechend umfunktionieren. Der Mediävist Paul Zumthor hat vorgeschlagen, fünf miteinander verknüpfte Schritte oder Phasen dieser lebendigen Kommunikation zu unterscheiden: (1) Die Entfaltung des Wortes – als eine Art Gegenstand; (2) der vernehmbare Übertragungsakt, der gleichermaßen auf Stimme und Ohr verweist, (3) das Wort als Botschaft, im Hier und Jetzt poetisch übermittelt; (4) als Akt der Gedächtnisbewahrung; und schließlich (5) als eine Handlung, die sich in eine ausreichend gefestigte Tradition einordnet. Diese fünf Phasen schaffen einen komplexen Akt gesellsch. Kommunikation: Stimmerfahrung, Sprechakt, eine dem Mund entstammende Aussage und die Mündlichkeit, d.h. eine formalisierte Aussage spezifischer Art. Zur Ordnung der äußerst vielfältigen O. sind diverse Klassifizierungen entwickelt worden, mit denen allerdings vorsichtig zu verfahren ist, weil die Grenzen der Gattungen schwer zu bestimmen sind, z.B. zwischen Legende und Mythos (»mythische Legende«), Mythos und Epos, Märchen und Sprichwort, wobei letzteres das Kondensat eines Märchens sein kann.

III. Techniken der Gedächtnisbewahrung. Die O. wurzelt in einem gestischen Gedächtnis, das als genuines literarisches Genre bezeichnet werden kann. Dieses entsteht durch bestimmte Mnemotechniken (Verfahren, sich etwas einzuprägen) wie Refrains, Auftaktsilben, Anrufe, Einleitungsfloskeln, eine Fülle von Scheinsynonymen, Assonanzen, Reime, Alliterationen und andere lautliche oder semantische Hervorhebungen, lexikalische und grammatische Parallelismen, Sinnpaare sowie Rhythmisierung durch Gesten und Mundbewegungen, die jeweils durch Wiederholung wirksam werden. Die Struktur mündlicher Texte wird durch ihren Rhythmus bestimmt, der wiederum im Zusammenspiel dieser Elemente hervorgebracht wird. Dies geschieht nicht auf mechanische Weise, denn die mnemotechnische Struktur folgt der Tradition und der individuellen Kreativität. Sie formt den Stil der Texte im Allgemeinen wie im Besonderen, wenn es um Varianten oder Vortragsarten durch unterschiedliche Interpreten geht, dank der Wiederholung der Formeln, Aussagen, Regeln und überlieferten traditionellen Normen. Dabei unterscheiden sich Fabel, Märchen, Sprichwort, Rätsel und Lied von den ↗ Chroniken, vom ↗ Mythos und der Legende, d.h. Gattungen, die eine größere Freiheit in ihrer Darstellung genießen.

IV. Techniken der Weitergabe. Ebenso wichtig wie das gesprochene Wort – Text, Erzählung, Lied, die Stimmgeräusche und Zischlaute – sind die stummen Gesten, die es begleiten. Bei bestimmten Völkern segnet eine Mutter ihr Kind auf folgende Weise: Sie spuckt und drückt mit ihren Händen den Speichel auf seinen Kopf, während sie die Segensworte ausspricht. Eine weitere Form der Vermittlung und Ausübung der

O. geschieht durch Schlag- und Toninstrumente. Die Schlaginstrumente übermitteln alle möglichen Nachrichten, und einige werden über eine Entfernung von zwanzig Kilometern gehört. Bei den Mitteilungen kann es sich um Sprichwörter, Sinnsprüche, Kriegs- oder Trauerlieder, Loblieder oder Genealogien handeln. Sende- und Empfangsbedingungen variieren. Sie werden zum günstigsten Zeitpunkt ausgesandt, z.B. in den frühen Tagesstunden oder spät am Abend. Weiterhin gibt es zahlreiche gesellsch. Anlässe wie die Nachricht von Geburten, Hochzeiten, Todesfällen oder der Ankunft eines Fremden. Die übermittelte Nachricht erfolgt stets in einer bestimmten Sprache, hängt also von linguistischen Gegebenheiten ab. So ist es zur Verständigung erforderlich, dass sich Sender und Empfänger vorweg auf gemeinsame Zeichen einigen. Möglich wird dies aufgrund festgefügter Formeln, die alle kennen. Darüber hinaus wird O. durch körperliche Ausgestaltung, z.B. durch Tätowierung, Narbenbildung oder verschiedenartige Hautauftragungen (von Schminke, Parfüm) sowie ↗ Schmuck weitergetragen, so z.B. bei den Bahindo (Rep. Kongo), bei denen weibliche Narbenbildungen den Mythos vom Mondgeist und der Fruchtbarkeit erzählen. Die Übermittlung der O. kann auch durch mythographische Wiedergabe, d.h. mit Hilfe von Piktogrammen und Ideogrammen erfolgen (z.B. durch bestimmte Arabesken, die Koransuren darstellen können). Des weiteren gibt es Einritzungen und Auftragungen auf Gegenständen wie Kürbisflaschen, Schneckengehäusen, Deckeln, Platten und Gebäudeoberflächen, darunter bestimmte Formen der Wandmalerei.

V. Sammlung und Aufzeichnung von Oralliteratur. Während seit den 1970er Jahren zunehmend die ästhetischen Strukturen der O. im Mittelpunkt des Forschungsinteresses stehen, erfolgte die Sammlung der mündlich überlieferten Lit. anfangs durch Missionare und europ. Linguisten bzw. Afrikanisten aus eher ethnologischem Erkenntnisinteresse. Die beiden Weltkriege hatten durch die Massenrekrutierungen junger Afrikaner für die Schlachtfelder Europas Einbrüche in der Tradierung kulturellen Wissens zur Folge gehabt. Aufgrund dieser Erfahrung und angesichts des sozialen Wandels der kolonialen und nachkolonialen Gesellschaften sahen viele afrik. Literaten, Historiker und Philosophen die Notwendigkeit, die O. zu sammeln und aufzuzeichnen, um sie so der Nachwelt zu erhalten. Am besten dokumentiert ist die O. der Yoruba (Nigeria). Um den Reichtum der O. auch über sprachliche Grenzen hinaus bekannt und ihre Zugehörigkeit zum Weltkulturerbe deutlich zu machen, wurden zahlreiche Texte in europ. Sprachen übersetzt, so z.B. die Fulbe-Epen und -Märchen von Amadou Hampâté Bâ (*Koumen*, 1961; *Kaidara*, 1969), westafrik. Fabeln von Birago Diop (*Les Contes d'Amadou Koumba*, 1947; dt. *Geistertöchter*), von John Pepper Clark das Heldenepos Ozidi (*The Ozidi Saga*, 1966) der Igbo (Nigeria). ↗ Erzählen/Erzählforschung, ↗ Frauenliteratur, ↗ geschichtliche Überlieferung, ↗ Mvett, ↗ Oralphilosophie, ↗ Theater.

📖 L.O. Sunkuli, A Dictionary of Oral Literature, Nairobi 1990. – J.G.W. Möhlig/H. Jungraithmayr (Hg.), Die Oralliteratur in Afrika als Quelle zur Erforschung der traditionellen Kulturen, Berlin 1988. – P. Zumthor, Introduction à la poésie orale, Paris 1985.

Georges Ngal

Oralphilosophie. Im subsahar. Afrika ist – mit wenigen Ausnahmen wie v.a. Äthiopien – ↗ Philosophie durch die Jahrhunderte bis zur Einführung der westl. Schriftsysteme im ausgehenden 19. und im 20. Jh. mündlich überliefert worden. Parallel zur ↗ Oralliteratur gebrauchen wir den Begriff O. In Äthiopien gibt es seit dem 4. Jh. schriftlich überlieferte Philosophie; daneben aber auch O. Quellen der O. sind ↗ Oralliteratur, ↗ geschichtliche Überlieferung, Sprichwörter, ↗ Mythen und Sagen, Volkslieder, ↗ Rituale, Glaubensinhalte und Gebräuche, Kunstwerke sowie gesellsch.-pol. Einrichtungen und Praxis. Sofern O. aus diesen Quellen durch heutige Philosophen konstruiert wird, handelt es sich i.d.R. um ↗ Ethnophilosophie. Die O. wird ferner durch philos. Weisheitslehrer entwickelt und überliefert. In diesem Fall handelt es sich um ↗ Weisheitsphilosophie. Heute noch lebende Weisheitslehrer sind wichtige Zeugen der O.

Im subsahar. Afrika kann man nach dem heutigen Stand der Forschung regional bestimmte Ausformungen der O. unterscheiden: Für die islamisierten Völker Westafrikas wie die Fulbe (↗ Fulbe-Reiche), Bambara, Dogon u.a. hat A. H. Bâ die philos. Bedeutung wichtiger Begriffe ihres Denkens, z.B. der Begriffe der Person, der Sprache und des Gottesbegriffs herausgearbeitet. Für die Akan in Ghana und Elfenbeinküste hat K. Gyekye die Grundbegriffe ihres Denkens untersucht und systematisch dargestellt. K. Wiredu beschäftigt sich mit der Klärung von Begriffen der Akan-Sprache (↗ Kwa) und ihrer Übersetzung ins Engl., wobei deren Bedeutung häufig nur mit großer Mühe in eine westl. Sprache übertragen werden kann. Für Zentralafrika, u.a. für die Luba (Kongo), teilt V.Y. Mudimbe den philos. Gehalt von Parabeln und Fabeln mit. Für die ↗ Yoruba in Nigeria, Benin und Niger sucht S.B. Oluwole philos. Gedanken aus Sprichwörtern und insbes. aus dem heute schriftlich aufgezeichneten Korpus der Ifa-Gedichte zu ermitteln. S. Gbadegesin und C.S. Momoh arbeiten von unterschiedlichen Voraussetzungen aus ebenfalls an der Darstellung der O. der Yoruba. – Für die Kikuyu (Kenia) bemüht sich G.J. Wanjohi, auf der Grundlage umfangreicher Sprichwörtersammlungen und seiner Kenntnis der Kultur dieses Volkes nicht nur einzelne Begriffe, sondern deren ges. *Kihooto*-Weltansicht in ihren versch. Aspekten zu ergründen. – Für die Oromo (Äthiopien) hat C. Sumner damit begonnen, die O. dieser Region zu dokumentieren.

Diese Übersicht zur Erforschung der O einiger Regionen in Afrika erhebt nicht den Anspruch, vollständig zu sein. Sie will zeigen, dass die O. an die Kulturen und Sprachen gebunden und in dem entsprechenden Kontext zu verstehen ist. Die Relevanz der O. für die philos. Forschung wird umso größer sein, desto mehr solche regionalen Forschungen vorliegen. Seit den 1960er Jahren wird an zahlreichen afrik. Universitäten im Rahmen des Unterrichts in afrik. Philosophie auch von O. Gebrauch gemacht.

🕮 K. Gyekye, An Essay on African Philosophical Thought. The Akan Conceptual Scheme, 2. Aufl., Philadelphia 1995. – C. Sumner, Proverbs, Songs, Folktales. An Anthology of Oromo Literature, Addis Abeba 1996. – G.J. Wanjohi, The Wisdom and Philosophy of the Gikuyu Proverbs. The Kihooto World-view, Nairobi 1997.

Heinz Kimmerle

Organisation der Islamischen Konferenz ↗ OIC

Oromo (Sprache) ↗ Kuschitisch

Orthographie ↗ Nationalsprache, ↗ Schriftsysteme, ↗ Sprachplanung

Ostafrika. In O., der ↗ Wiege der Menschheit, befinden sich einige der attraktivsten Ziele des internat. ↗ Tourismus. Hierzu trägt einmal die reiche Kultur seiner Stadtbewohner, seiner Bauern und Viehzüchter (z.B. der Maasai) bei und zum anderen die abwechslungsreiche Naturlandschaft des Ostafrik. Grabens mit ihren hohen vulkanischen Gebirgen wie dem Kilimandscharo (5.895 m) und dem Mt. Kenya (5.194 m) sowie den großen Seen (Victoriasee, Turkanasee, Tanganjikasee). In O. finden sich auch die weltberühmten Nationalparks mit ihrer hohen Biodiversität (z.B. Serengeti, Ngorongoro-Krater), die jährl. Tausende von Besuchern aus aller Welt anziehen, und die Küsten am Ind. Ozean mit ihren Badeorten (z.B. Mombasa) oder einzigartigen Kulturdenkmälern (↗ Sansibar). Zu O. gehören die Staaten Uganda, Kenia, Tansania, Ruanda und Burundi. Während in Kenia, Uganda und Tansania ↗ Swahili und Engl. Amtssprachen sind, wird in Ruanda Frz. und Engl., in Burundi Frz. verwendet. ↗ Anglophone Literaturen, ↗ Bevölkerung, ↗ Islam, ↗ Klima, ↗ Literatur in afrik. Sprachen: Ostafrika, ↗ Naturräume, ↗ Ökozonen, ↗ Stadt, ↗ Urbanisierung.

Fouad Ibrahim

Ostafrika, Völker, Kulturen und Staaten. *I. Frühe Geschichte.* Die Entwicklung der Menschheit von den frühesten Hominiden bis hin zum modernen Menschen (*Homo Sapiens Sapiens*) kann bes. gut anhand (nord)ostafrik. Fundstätten nachvollzogen werden. Louis Leakey hat mit seinen Grabungen im Raum des heutigen Kenia bereits ab den 1920er Jahren entscheidende Impulse für die paläontologische Forschung gegeben. Die ältesten Funde von Hominiden (etwa 3 Mio. Jahre) und von Steinwerkzeugen (2 Mio. Jahre) stammen aus dem südl. Äthiopien, der Region am Turkanasee in Nordkenia und der Olduvai-Schlucht im N des heutigen Tansania (↗ Wiege der Menschheit).

Sprachen aus allen vier Sprachfamilien Afrikas, ↗ Bantusprachen, ↗ nilotische, ↗ kuschitische und ↗ Khoisan-Sprachen, sind in Ostafrika vertreten. Die weiteste Verbreitung – von ihrem heute angenommenen Ursprungsgebiet im östl. Westafrika über das Kongobecken und Ostafrika bis nach Namibia und Südafrika – und die größte Ausdifferenzierung erfuhren unter ihnen die Bantusprachen. Ausgelöst durch die zunehmende Austrocknung der ↗ Sahara haben seit dem 3. Jt. v. Chr. Wanderbewegungen bantusprachiger Gruppen die Sprachlandschaft in weiten Teilen Afrikas verändert. Ab den letzten Jahrhunderten v. Chr. verbreiteten sie sich allmählich vom N Ostafrikas in den S. Entgegen früherer Annahmen waren wohl schon davor, seit dem 7. Jh. v. Chr., Techniken der Eisengewinnung in Teilen Ost- und Zentralafrikas weit verbreitet.

II. Niederlassungen und Wanderungsbewegungen.- II.1. Küste. Handelsbeziehungen zwischen Arabien, Indien und China und Ostafrika (von Somalia bis Mosambik) sind seit den ersten Jh. n. Chr. auch schriftlich belegt. Anfangs waren es v. a. arab. Händler und Seeleute (↗ Araber), die sich vorübergehend oder auch auf Dauer unter afrik. Gemeinschaften niederließen, die, nach den Schriften späterer arab. Geographen wie Mas'udi im 10. Jh. und al-Idrisi im 12. Jh. zu urteilen, in erster Linie bantusprachig waren. Schon ab dem 8. Jh. kam es zur Verbreitung des ↗ Islam an der Küste und auf den vorgelagerten Inseln (↗ Islamisierung). Darüber hinaus entwickelte sich eine »Sprache der Küste«, das ↗ *Swahili*, eine Bantusprache, und in der Folge auch eine gemeinsame afrik., islam.-geprägte Zivilisation, die mit zunehmender ↗ Urbanisierung und wachsendem Wohlstand aus dem Handel ab dem Beginn des 2. Jt. ihren Niederschlag auch in der ↗ Architektur (hoch spezialisierte Bauweise aus Korallenstein) und in der Dichtung (↗ Literaturen in afrik. Sprachen: Ostafrika) widerspiegelte. Immigrantengruppen aus Shiraz in Persien und aus Indien ließen sich anfangs im nördl. Teil der Küste nieder, von wo aus sie in Sekundärmigrationen in den S abwanderten. Für die Niederlassung von Einwanderern aus Indonesien gibt es auf dem Festland keine Hinweise, wohl aber für die Verbreitung neuer Kulturpflanzen. Kokospalme, (Koch)Banane und Nassreisarten aus SO-Asien verbreiteten sich ab der zweiten Hälfte des 1. Jt. n. Chr. von der Küste aus bis weit ins Innere Ostafrikas und leiteten dort einen Wandel der Ernährungsgewohnheiten und der Versorgungslage ein. Für eine Einwanderung aus Indonesien (ab dem Beginn des 2. Jt.), v. a. nach Madagaskar, lassen sich bis in die Gegenwart sprachliche und kulturelle Zeugnisse finden.

II.2. Inneres Ostafrika. Im Inneren wanderten ab dem 14. Jh. pastorale Gruppen, unter ihnen die Hima und Chwezi, wahrscheinlich aus dem Süden Äthiopiens, in die Zwischenseenregion ein. Sie ließen sich im S von Uganda nieder; ihr Einfluss erstreckte sich aber auch bis in Teile des heutigen Kenia und Tansania. Den Chwezi wird die Errichtung imposanter Lehmbauten und ausgedehnter Wälle in Süduganda zugeschrieben. In Interaktion mit ansässigen patrilinearen bäuerlichen Klanen (↗ Klan und Lineage) entstanden allmählich größere pol. Einheiten. Unter ihnen ist v. a. das Reich von Kitara, ursprgl. ein loser Zusammenschluss lokaler Gesellschaften, zu nennen. Einwandernde Vorfahren der Luo (Niloten) trugen zur Konsolidierung und Erweiterung dieser Gebiete bei und legten damit einen Grundstein für die Königreiche der Zwischenseenregion. Ihr Einfluss dehnte sich bis in den W von Kenia aus und erreichte zum Zeitpunkt der europ. Invasion den NW von Tanganyika. Um 1520 erreichten weitere Niloten, Vorfahren u. a. der Maasai, aus nordöstl. Richtung den Westen Kenias, im 19. Jh. auch Tanganyika. Und Wanderbewegungen am Horn von Afrika lösten ↗ Migrationen von Kuschiten (u. a. Somali und Galla) in den S – den Raum von Kenia – aus.

In der Folge von Konflikten im südl. Afrika wanderten in der ersten Hälfte des 19. Jh. auch Völker aus dem nördl. Natal in den N ab; die Ngoni gelangten dabei bis in den S Tanganyikas und trugen einerseits zur Destabilisierung, aber auch zu pol. Zusammenschlüssen in der Region bei.

III. Vorkoloniale politische Systeme. – III.1. Gesellsch. Organisation. Ostafrika weist eine große landschaftliche und klimatische Diversität auf: vom Hinterland der Küste mit feucht-heißem ↗ Klima über den zentral- und ostafrik. Graben, die Seenlandschaft, regenarme Hochplateaus bis hin zum fruchtbaren, gut bewässerten Hochland mit gemäßigtem Klima in Kenia (↗ Ökozonen). Die unterschiedlichen Landschaften, ökolog. Bedingungen, wirtsch. Möglichkeiten, hist. Erfahrungen und Wertesysteme haben unterschiedliche Formen gesellsch. Organisation hervorgebracht: Stadtstaaten an der Küste Ostafrikas und auf den vorgelagerten Inseln; Königreiche im Zwischenseengebiet von Uganda und im Gebiet von Ruanda und Burundi; in Streusiedlungen lebende halbnomadische pastorale Gruppen im Norden von Uganda und Kenia (Niloten, ↗ Nomadismus); verstreut lebende bäuerliche Gesellschaften – mit Dorfräten und Sprechern für die Gemeinschaft in Kenia (Kikuyu u. a.). Gemeinsame relig. Konzepte, ↗ Altersklassensysteme für Männer und Frauen, Heiratsbindungen (↗ Heiratsordnungen), Handel und Marktorganisation boten die Grundlage für vielfältige Formen der Vernetzung. In Tanganyika schlossen sich ab dem 16. Jh. kleinere Gruppen z. T. zu größeren Verbänden zusammen und entwickelten ein *Chief*-System (*Ntemi*) – mit zunehmenden Machtbefugnissen in der Hand von Einzelnen. Zu den wirtsch. und pol. stärksten Herrschaftsgebieten zählten im 19. Jh. Unyamwezi und Uhehe.

III.2. Küste: Swahili-Kultur, Handel und politische Herrschaft. Die frühe Einbindung der Küste Ostafrikas in den internat. Handel am Ind. Ozean (und über das Rote Meer auch zum Mittelmeerraum) trug wegen der Nachfrage nach Elfenbein und Schildpatt, später auch nach Gold, Bergkristall – und über Jahrhunderte auch nach

Sklaven – zur frühen Urbanisierung von Marktzentren und zu verstärktem Warenaustausch mit Inlandgesellschaften bei. Entlang der Küstenlinie bildete sich eine wohlhabende Schicht heraus, die stark vom (Außen)handel abhängig war. Impulse aus dem Handel förderten aber auch den lokalen Schiffsbau; Mogadischu war wegen der Herstellung wertvoller Baumwollstoffe berühmt; und in Mogadischu, ↗ Sansibar und Kilwa entstanden Münzprägestätten. Schon im 1. Jt. gelangten Importe von Töpferwaren (aus Arabien, ↗ Töpferei), von Glasperlen (aus Indien, ↗ Perlen) und von chinesischem Porzellan in die frühen Staaten auf dem Simbabwe-Plateau. Eine Reihe von Stadtstaaten entwickelte sich entlang der Küste. Kilwa, die Inseln Mafia, Sansibar und Pemba sowie die Komoren wurden zum Sitz neuer Dynastien, die ihre Herkunft von Immigranten aus dem persischen und arab. Raum herleiteten. Die letzten drei Jahrhunderte vor der Ankunft der Portugiesen (1498) auf dem Seeweg nach Indien stellen einen Höhepunkt der Küstenzivilisation der *Swahili* dar. Moscheen, Paläste und Häuser wohlhabender Bürgerfamilien wurden zunehmend aus Korallenstein erbaut und mit kunstvoll geschnitzten Holztoren versehen. Das gemeinsame Handelsinteresse, der Islam, die Kenntnis der arab. Sprache unter den Gelehrten und Händlern – und die Sprache der Küste, das *Swahili*, als Sprache der Kommunikation und zunehmend auch der Dichtung, schufen die Grundlage zu dieser Zivilisation, in die auch die vorgelagerten Inseln mit eingebunden waren. Zugleich aber standen sowohl die Länge der Küstenlinie wie auch Handelsrivalitäten zwischen urbanen Zentren einer engeren pol. Einheit entgegen.

Mit der portug. Expedition unter Vasco da Gama (1498) auf dem Seeweg nach Indien (Goa) beginnt ein zwei Jahrhunderte dauerndes Ringen um die Vorherrschaft an der Küste. Den Swahili gelingt es schließlich, die Portugiesen in den Süden der Küste, nach Mosambik, abzudrängen. Die ersten direkten europ. kommerziellen Kontakte mit der Ostküste haben verhältnismäßig wenige Spuren hinterlassen: einige Bauten wie das Fort Jesus in Mombasa, kleine christl. Gemeinden bei den Handelsfaktoreien und portug. Lehnwörter im Swahili.

Bis zum Beginn der frz. Plantagenwirtschaft auf den Inseln Mauritius und Réunion um 1750 war ↗ Sklavenhandel für Ostafrika von geringer Bedeutung. Erst als ab dem 19. Jh. die Westküste Afrikas durch die britische Marine kontrolliert wurde, um den Sklavenhandel zu unterbinden, nahm er in Ostafrika zu. Ab 1800 betrieben Portugiesen von Mosambik aus den Sklavenhandel v. a. für die Plantagenwirtschaften auf São Tomé und in Brasilien. Aus Lateinamerika wurde Kassava (Maniok) als Nahrung für die Matrosen auf den Schiffen mitgeführt. Der Anbau von Kassava in den Küstenregionen Afrikas diente anfangs v. a. der Ernährung der Sklaven; verbreitete sich in der Folge aber allmählich auch ins Landesinnere.

Die Omani (aus Südarabien), die den Portugiesen als nominelle Herrscher über die Küste folgten, konnten unter der Herrschaft von Seyyid Said bin Sultan (1804–1856) ihre Kontrolle über die Küste ausbauen. Wirtsch. Erfolg sicherten sie sich mit dem Anbau von Gewürznelken auf den Inseln Sansibar und Pemba. 1840 verlegte Seyyid Said die Hauptstadt seines Reiches nach Sansibar. Er förderte die Niederlassung asiat. Händler in Ostafrika und finanzierte mit indischem Kapital den Ausbau des Karawanenhandels von der Küste bis weit ins Hinterland. Waren dafür bezog er von amerik. und europ. Firmen, die in Sansibar Niederlassungen errichtet hatten. Aus dem Inneren wurden v. a. Elfenbein und Sklaven zur Küste gebracht – für die Bewirtschaftung der Plantagen auf den Inseln Sansibar und Pemba und an der Küste von Kenia. Junge Männer aus dem Inneren (Nyamwezi u. a.) spezialisierten sich in der Elefantenjagd, als Karawanenführer und Händler. Der Karawanenhandel leitete in Ostafrika einen entscheidenden gesellsch. Wandel ein; in den vom Sklavenhandel am stärksten betroffenen Regionen (von Tanganyika) aber führte er zur Zerstörung sozialer Systeme. Sklavenarbeit ersetzte in Regionen mit starker Spezialisierung im Handel männl. Arbeitskraft; die Verfügbarkeit von Sklavinnen führte zur Zunahme polygyner Ehen und trug insgesamt zu einem Statusverlust von Frauen bei (↗ Polygamie).

III.3. Königreiche im Zwischenseengebiet. (1) Entstehung. Im Süden Ugandas haben sich unter den bantusprachigen Gesellschaften schon früh exogame, halbautonome Klane herausgebildet. In Interaktion mit einwandernden pastoralen Hima und Chwezi entstanden größere pol. Einheiten – zunächst Kitara als eine Art Konföderation unter einer Dynastie der Chwezi. Nach dem Vordringen von Luo-Gruppen und Intermarriage (Heiratsallianzen) mit lokalen Gruppen entstanden schließlich das Königreich Bunyoro-Kitara (unter der aus Intermarriage hervorgegangenen Bito-Dynastie) und weitere Königreiche im Zwischenseengebiet (Ankole,

Busoga, Toro). Das Königreich Buganda scheint noch im 16. Jh. eines der Vasallenkönigreiche des Reiches Kitara gewesen zu sein. Konflikte mit dem rivalisierenden Königreich Ankole unter einer Hima-Dynastie schwächten Bunyoro-Kitara und führten im 17. Jh. zur Ablösung der Vasallen, also auch von Buganda. Dadurch bestand die wirtsch. Grundlage von Bunyoro in der Folge v. a. in der Viehzucht und Herdentierhaltung. Die herrschende Aristokratie verfügte über bedeutende Rinderherden und über Land und vergab im Tausch für Loyalität Nutzungsrechte an Abhängige. Während wirtsch. Erfolg den Zugang zur Aristokratie ermöglichte, wurde die Teilnahme am Staatsrat des Herrschers, des Mukama, nur den Bito und Mitgliedern der königlichen Familie eingeräumt.

(2) Buganda. Ab Mitte des 17. Jh. gelang es Buganda, unter dem Kabaka (Herrscher) Katerega, das Herrschaftsgebiet auszuweiten. Ursprgl. waren die Kabaka ältere Klanoberhäupter. Da der Kabaka als dem Klan seiner Mutter zugehörig angesehen wird und nur außerhalb dieses Klans Frauen zur Ehefrau wählen darf, erhält jeder Klan die Möglichkeit, einen Kabaka zu stellen. Der Kabaka war Oberhaupt einer effizienten zentralisierten hierarchisch gegliederten pol. Organisation – alle *Chiefs* und Untertanen bildeten seine Klientel. Er galt als Oberhaupt aller Klane, war für die Sicherheit der Märkte verantwortlich und kontrollierte den Fernhandel mit Gewehren, Stoffen und Luxusgütern. Der Kabaka behielt sich das Recht zur Weitergabe wertvoller Güter an ihm untergebene *Chiefs* vor – und versicherte sich so ihrer Loyalität. Alle *Chiefs* wurden durch den Kabaka ernannt und abberufen und waren ihm direkt verantwortlich; alle Baganda unterstanden ihren Klanoberhäuptern (Bataka). Während die Bev. von Ankole kulturell, pol. und ökonom. durch ein Klassensystem voneinander getrennt war, hing der Rang der Baganda davon ab, über wie viele Menschen sie für den Kabaka Autorität ausübten. Im 19. Jh. war Buganda unter Suna II. (reg. 1832–1856) und Mutesa I. (reg. 1857–1884) auf dem Höhepunkt seiner Macht, hatte aber seine demokrat. Strukturen weitgehend eingebüßt. – Der Norden Ugandas wurde ab 1820 durch Expansionsbestrebungen des Khediven Muhammad Ali von Ägypten in den Süden destabilisiert, Khartum zu einem wichtigen Handels- und Verwaltungszentrum. Unter dem Khediven Ismail annektierte Samuel Baker 1872 auch Teile Ugandas.

IV. Etablierung der Kolonialherrschaft. – IV.1. Dt.-Ostafrika. Europ. Reisende und Forscher auf der Suche nach den Nilquellen bereiteten den Weg zur kolonialen Aufteilung Ostafrikas zwischen dem Dt. Reich und Großbritannien. Ihnen folgten die eigentlichen Agenten des Kolonialismus: »Verträge« zwischen der Gesellschaft für Dt. Kolonisation (später DOG, Dt.-Ostafrik. Gesellschaft), unter Führung von Carl Peters, mit Vertretern afrik. Gesellschaften im Raum von Tanganyika bildeten im Anschluss an die Berliner Konferenz (↗ Berliner Afrika-Konferenz 1884/85) die Grundlage zur formellen Inbesitznahme des Gebiets. Die Grenzen im N und S von Dt.-Ostafrika wurden zunächst durch Verträge mit Großbritannien und Portugal festgelegt; der Sultan von Sansibar musste auf seine Rechte über das Festland verzichten. Da die Kosten zur Niederschlagung des heftigen ↗ Widerstands der Küstenbev. bei weitem die Möglichkeiten der DOG überstiegen, erklärte 1890 das Dt. Reich ein Protektorat über Dt.-Ostafrika (↗ Helgoland-Sansibar-Vertrag). Die heutige Westgrenze Tansanias entstand erst nach dem Ersten Weltkrieg, als Ruanda und Burundi unter belg. ↗ Treuhandschaft gestellt und Tanganyika brit. Völkerbundmandat wurde (↗ Mandatsgebiete).

IV.2. Britisches Protektorat Uganda. Die IBEAC (*Imperial British East Africa Company*) war v. a. am wirtsch. vielversprechenden Königreich Buganda interessiert; europ. Reisende (Henry Morton Stanley u. a.) hatten beeindruckt davon berichtet. Die Zustimmung des Kabaka zur christl. Missionierung durch brit. Anglikaner der CMS (*Church Missionary Society*) und kath. *Pères Blancs* aus Frankreich (↗ Mission) stürzten Buganda aber in schwere relig. motivierte Bürgerkriege zwischen den christl. Lagern, Muslimen und Anhängern der lokalen ↗ Religionen. Die (militärische) Intervention der IBEAC ab 1890 stärkte das protestantische Lager, legitimierte Gebietsgewinne Bugandas zu Lasten Bunyoros und ermöglichte die koloniale Machtübernahme: 1894 erklärte Großbritannien Uganda zum Protektorat. Im Vertrag von 1900 wurden der Buganda-Monarchie Sonderrechte eingeräumt; Buganda wurde zu einer der vier Provinzen des Protektorats. Die Festlegung der äußeren Grenzen nahm noch Jahre in Anspruch (der Ostteil wurde an das Protektorat *British East Africa* – Kenia – abgetreten). 1921 wurde das Protektorat einer zivilen Verwaltung unterstellt. Mit der *Indirect Rule* (↗ Indirekte Herrschaft) bedienten sich die Briten der äußeren Form nach des Verwaltungssystems von Buganda. Baganda-Chiefs waren z. T. auch als Verwaltungsagenten in den kleineren Feudalstaaten und selbst in den von den Briten als unregierbar eingeschätzten ↗ segmentären Gesellschaften der Ostprovinz eingesetzt. Diese koloniale Praxis verstärkte bestehende Spannungen zwischen Buganda und seinen Nachbarn.

IV.3. British East Africa. Kenia war für die IBEAC (ab 1890) in erster Linie als Zugang zum Landesinneren wichtig. Als die Briten 1895 Kenia unter dem Namen *British East Africa* zum Protektorat erklärten, wurde unter Einsatz indischer Arbeitskräfte (↗ Inder) mit dem Bau der Uganda-Bahn von Mombasa nach Kampala begonnen. Das klimatisch begünstigte und für den Anbau wertvoller Exportfeldfrüchte (*Cash Crops*) geeignete Hochland im Nahbereich der Bahn sollte durch die Ansiedlung europ. Siedler zum »weißen Hochland« werden. Die Maasai wurden bereits ab 1904 in Reservate abgedrängt; am schwersten aber hatten die in bäuerlichen kleinräumigen Gemeinschaften lebenden Kikuyu unter dieser Entscheidung zu leiden: Sie verloren ihr Land und wurden in wasserarme und wenig fruchtbare Reservate verwiesen. Trotz zahlreicher Einschränkungen entstammten noch 1913 drei Viertel der Exportprodukte afrik. Produktion. Steuern und ein Anbauverbot für Kaffee sorgten schließlich dafür, dass auch Männer, deren Familien über ausreichend Land verfügten, bei Siedlern oder in dem neuen urbanen Zentrum Nairobi (↗ Stadt, ↗ Stadtplanung) Lohnarbeit annehmen mussten. Die sozialen Kosten dafür hatten v.a. Frauen und Kinder durch vermehrte Arbeitslast zu tragen. Spaltungen innerhalb der Kikuyu-Gesellschaft verstärkten sich durch ihre Nähe zu den Siedlern, zur Hauptstadt Nairobi, durch die Einflüsse der christl. Missionen und ihrer Schulen (↗ Missionsschulen) und durch die Begünstigung »loyaler«, mit der Kolonialmacht kollaborierender kolonialer *Chiefs*. Formen von *Indirect Rule* wie in Uganda oder – nach Übernahme der Mandatsregierung durch die Briten – in Tanganyika entwickelten sich in Kenia allerdings wegen fehlender Konzepte einer »Ein-Mann-Autorität« nur rudimentär. (In vorkolonialer Zeit nahmen an Entscheidungsprozessen Vertreter/innen aller betroffener Verbände und Altersklassen teil; Autorität kam jenen zu, die Gruppeninteressen am Besten nach außen vertraten.)

V. Die Kolonialherrschaft in der Zwischenkriegszeit. Der Erste Weltkrieg hatte verheerende Auswirkungen auf Ostafrika: über eine halbe Mio. Menschen starben an den direkten oder indirekten Folgen der Kampfhandlungen um Dt.-Ostafrika. Unter brit. Mandatsverwaltung gelang es Angehörigen der Dschagga und der Haya, afrik. *Cash-Crop*-Produktion zu intensivieren und sich durch ihre Verbände wirksam gegen Einschränkungen ihres Landbesitzes durch europ. Siedler zur Wehr zu setzen. In Uganda gab es anfangs des 20. Jh. durchaus Ansätze zur Förderung einer europ. Siedlerschaft und ihrer Produktion, v.a. beim Baumwollanbau, um die brit. Textilindustrie von US-Importen unabh. zu machen. Missionare der CMS hatten ihrerseits damit begonnen, Saatgut an die einheimische Bauernschaft zu verteilen. Trotz ihrer Erfolge (1920 kam sie bereits für 80% der Exporte auf) sprachen sich Regionalberichte der Carter-Kommission (1911–1921) für eine europ. Siedlerschaft aus. Afrik. Gesellschaften wurden Subsistenzlandwirtschaft und Lohnarbeit zugedacht. Der massive Preisverfall für Baumwolle auf dem Weltmarkt – von 1920 auf 1921 auf die Hälfte und erneut während der folgenden Weltwirtschaftskrise – bewahrte Uganda davor.

Während die Zwischenkriegsjahre von den Kolonialverwaltungen genutzt wurden, um ihre Kontrolle über die koloniale Gesellschaft in Wirtschaft und Politik weiter auszubauen, entstanden zugleich pol. und gewerkschaftliche Gruppierungen (↗ Gewerkschaften) der afrik. Bevölkerung – mit zunächst noch gemäßigten Forderungen nach Gleichstellung bis hin zu Ansätzen einer nat. Politik. Strukturelle Benachteiligung von ↗ Frauen beim Zugang zur Lohnarbeit und zur Geldökonomie, beim ↗ Bodenrecht und bei der Schaffung von Eigentum, in den Bereichen Bildung, Wirtschaft und Politik, ist weithin charakteristisch für koloniale Systeme in Afrika und behinderte die Durchsetzung ihrer legitimen Forderungen – selbst nach Schaffung von Frauensektionen in den pol. Verbänden.

VI. Unabhängigkeitsbestrebungen nach dem Zweiten Weltkrieg. – VI.1. Kenia. Nach dem Zweiten Weltkrieg spitzte sich in Kenia die Lage v.a. wegen der Siedlerpräsenz und der Landfrage zu. Den Siedlern war es zwar weitgehend gelungen, sich gegenüber der afrik. Mehrheit und der asiat. Minderheit durchzusetzen, ihr eigentliches Ziel, eine von ihnen dominierte Regierung Kenias, hatten sie jedoch nicht erreicht. In Weiterentwicklung des »kulturellen Nationalismus« der 1930er und 1940er Jahre und auf dem Boden der seit Kriegsbeginn verbotenen *Kikuyu Central Association* entstand 1944 mit der KAU (*Kenya African Union*) die erste Massenpartei Kenias, deren Präsident 1947 Jomo Kenyatta wurde. Der Kampf um ↗ Entkolonialisierung radikalisierte sich und führte schließlich zum ↗ *Mau-Mau*-Aufstand der 1950er Jahre: Von 1952 bis 1959 galt in Kenia der Ausnahmezustand. Kenyatta wurde 1952 verhaftet und erst 1961 wieder aus dem Gefängnis entlassen, ohne ihm eine Beteiligung an dieser antikolonialen Bewegung nachweisen zu können. Die Revolte wurde vorwiegend von Kikuyu getragen und richtete sich in einem hohen Ausmaß gegen afrik. Kollaborateure der Kolonialregierung. Frauen waren zwar nicht direkt an den Kampfhandlungen beteiligt, nahmen aber eine wichtige Rolle bei der Weiterleitung von Informationen und der Versorgung der Kämpfer mit Nahrung ein. Nach Wiederzulassung pol. ↗ Parteien wurden die KANU (*Kenya African National Union*), zu deren Mitgliedern v. a. Kikuyu und Luo zählten, und die KADU (*Kenya African Democratic Union*), deren Mitglieder aus kleineren Völkern stammten, gebildet. Bei den Wahlen von 1963 erhielt die KANU die absolute Mehrheit. Kenyatta wurde Premier; im Juni desselben Jahres wurde die erste autonome Regierung Kenias gebildet; im Dez. erhielt Kenia als Republik die volle pol. Unabh. Jomo Kenyatta blieb bis zu seinem Tod 1978 Präsident.

VI.2. Uganda. In Uganda ging vor dem Zweiten Weltkrieg die Gründung pol. Organisationen v. a. von Baganda und Angehörigen des *Civil Service* aus. Im Handel, in der Verwaltung und Industrie Ugandas konnte sich nach und nach eine indische Mittelschicht etablieren. Afrikaner/innen wurden durch Verordnungen und hohe Kosten für Handelslizenzen aus den sichtbaren Bereichen des Handels verdrängt. Die Interessen der ind. und europ. Minderheit konnten schon vor 1945 in den pol. Institutionen des Kolonialstaates vertreten werden, während die afrik. Mehrheit davon ausgeschlossen blieb. Der Nationwerdung Ugandas im Kolonialismus stand eine Reihe kolonialer Strukturen entgegen: etwa die Regionalisierung Ugandas (u. a. war Buganda autonomer Teil Ugandas, ein Staat im Staat, mit einer direkten Vertretung bei der Kolonialverwaltung); unterschiedliche Behandlung der Bevölkerungsgruppen im Bildungssystem, in Wirtschaft und Politik; regionale wirtsch. und bildungsmäßige Ungleichentwicklung zwischen den *Cash-Crop*-Regionen des S und den durch saisonale ↗ Wanderarbeit geprägten Regionen im N; Bevorzugung von Christen, insbes. von Protestanten, gegenüber Muslimen im Bildungssystem, in der Wirtschaft und bei der Postenvergabe sowie Formen ethn. Arbeitsteilung (Männer aus dem N waren überproportional in der Armee und Polizei vertreten). Nach dem Zweiten Weltkrieg musste die Kolonialverwaltung schrittweise auf Forderungen nach höheren Löhnen und pol. Partizipation in den lokalen Parlamenten eingehen.

Die drei bedeutendsten Parteien in der Endphase der Kolonialzeit waren die DP (*Democratic Party*), die sich v. a. auf die kleinbäuerliche Bev. von Buganda und auf Katholiken im übrigen Uganda stützte; die UPC (*Uganda People's Congress*) unter Milton Obote, mit protestantischer Ausrichtung, einer Anhängerschaft im N und im S – unterstützt v. a. von Teilen der Bevölkerung außerhalb Bugandas; und die KY (*Kabaka Yekka*, »Kabaka über alles«) von Buganda. Nach einem Wahlsieg der DP im März 1961 näherten sich die beiden protestantischen Fraktionen, UPC und KY, einander an. Wahlen im April 1962 brachten der UPC-KY-Koalition einen überwältigenden Wahlsieg; im Mai 1962 wurde Obote Regierungschef. Im Okt. desselben Jahres erhielt Uganda die Unabh.

VI.3. Tanganyika. Ansätze zur Bildung einer nat. Bourgeoisie hatten sich in Tanganyika bereits 1929 mit dem Zusammenschluss von regionalen Gruppen zur überregional agierenden TAA (*Tanganyika African Association*) gezeigt. Sie vertrat nicht nur Forderungen nach Verbesserung der wirtsch. und pol. Lage ihrer Anhängerschaft, sondern zunehmend auch nationalistische Ideen. Als es nach dem Zweiten Weltkrieg zu einer allmählichen Entspannung des pol. Klimas kam, zerfiel die TAA in ihre Teilorganisationen. Julius Kambarage Nyerere unternahm es nach seiner Rückkehr vom Studium aus Europa, die Ziele der TAA wieder zu beleben. Die 1954 gegr. TANU (*Tanganyika African National Union*) trat als antikoloniale Bewegung die Nachfolge der zersplitterten TAA an und wurde zum Sammelpunkt auch anderer regionaler Organisationen. Die Gründung einer Frauensektion der TANU unter der Leitung von Bibi Titi Mohamed, die bereits in der TAA mitgearbeitet hatte, führte dazu, dass noch im selben Jahr mehr Frauen als Männer Parteimitglieder waren. Pol. als unverdächtig eingestufte, multiethn. *ngoma*(Tanz)-Gruppen, die Frauen in den Städten gründeten, trugen zur Popularisierung der TANU bei. Die ersten Wahlen 1958/59 waren noch einem Zensuswahlrecht und der Trennung nach Afrikanern, Asiaten, Europäern verpflichtet: Bei einer Bevölkerung von 8 Mio. Afrikanern, 70.000 Asiaten und 25.000 Europäern waren nur 60.000 Menschen wahlberechtigt! Der Wahlsieg der TANU beschleunigte den Übergang zur Unabh.:

Im Dez. 1961 wurde Tanganyika unabh., ein Jahr danach Republik, mit Nyerere als Staatsoberhaupt.

VI.4. Sansibar. Die Wirtschaft Sansibars war seit Anfang des 19. Jh. durch den Anbau von Gewürznelken bestimmt. Die Unterdrückung von Sklavenarbeit in Ostafrika ab dem Ende des 19. Jh. durch die Briten hatte zwar zu Einbrüchen in der Plantagenwirtschaft geführt, die wirtsch. und pol. Benachteiligung der betroffenen Gruppen aber nicht zum Verschwinden gebracht. Nach dem Zweiten Weltkrieg dominierte eine kleine Minderheit unter den ansässigen Arabern die Nelkenproduktion. Die asiat. Minderheit war v.a. im Handel tätig. Afrikaner, Nachfahren der ursprgl. Bewohner, der *Hadimu*, ehemaliger Sklav/inn/en und Einwanderer vom Festland, machte etwa drei Viertel der Gesamtbev. aus. Als Fischer, Bauern, Besitzer kleiner Gewürznelkenpflanzungen oder Pflücker waren sie von pol. und wirtsch. Entscheidungen weitgehend ausgeschlossen. Unzufriedenheit mit den Lebensbedingungen führten 1948 zu einem Generalstreik, der durch seinen Erfolg zur Stärkung des Selbstbewusstseins der Arbeiterschaft beitrug. In den 1950er Jahren kam es zur Bildung von Parteien: 1955/56 gründeten afrik. Bauern und junge Araber die ZNP (*Zanzibar National Party*) und 1957 entstand die ASP (*Afro Shirazi Party*) aus einer Allianz der *Shirazi Association* auf Pemba mit Immigranten in Sansibar. Die Briten versuchten, den Ausgang der folgenden Wahlen zugunsten der regierenden arab. Oberschicht zu manipulieren, und trugen so zur Verschärfung des pol. Klimas bei. Im Dez. 1963 wurde Sansibar unabh. Unmittelbar danach, im Jan. 1964, brach die Revolution aus, die zur Entmachtung der arab.-indischen Oberschicht, zur Flucht des Sultans und der meisten vermögenden Familien führte und Abeid Karume an die Macht brachte. Noch im selben Jahr schlossen Nyerere und Karume einen Unionsvertrag zwischen den beiden Staaten Sansibar und Tanganyika: die Union erhielt den Namen Tansania. ↗ Geschichtsschreibung: Ostafrika, ↗ Maji-Maji-Aufstand, ↗ Ujamaa.

🕮 R. Hofmeier, Kenya. Tanzania. Uganda. In: D. Nohlen/F. Nuscheler (Hg.): Handbuch der Dritten Welt, Bd. 5, 3. Aufl., Bonn 1993, S. 88–113, S. 178–200, S. 201–225. – J. Iliffe, A Modern History of Tanganyika, Cambridge 1979. – S.R. Karugire, A Political History of Uganda, Nairobi 1980. – G. Muriuki, A History of the Kikuyu 1500–1900, Nairobi 1974. – B.A. Ogot, The Movement of Peoples in East Africa. In: East Africa Past and Present, Paris 1964, S. 36–48. – Schicho, Walter, Handbuch Afrika, Bd. 3, Frankfurt/M. 2002 (in Vorb.). – J.E.G. Sutton, The East African Coast. An Historical and Archaeological Review, Dar es Salaam 1966. – R.M.A. van Zwanenberg/A. King: An Economic History of Kenya and Uganda 1800–1970, London 1977.

Ingeborg Grau

Ostsudanisch, größter und komplexester Zweig des ↗ Nilosaharanischen, dessen Verbreitungsgebiet sich in nur teilweise zusammenhängenden Räumen in nord-südl. Richtung von Südägypten über den Sudan, Uganda und Kenia bis an die Ostseite des Victoriasees in Tansania und in west-östl. Richtung vom Tschad bis nach Eritrea und Äthiopien erstreckt. Die neun Untergruppen – die in Uganda gesprochenen Kuliak-Sprachen So, Ik und Nyang'i werden nicht mehr wie bei J.H. Greenberg (1963) dem O. zugerechnet – werden heute anhand der Pronominalform für die 1. Person Sing. zweigeteilt. Die Untergruppen (ältere Bez. in Klammern) (1) Jebel (Tabi), (2) ↗ Nilotisch, (3) Surma (Didinga-Murle), (4) Temein und (5) Daju enthalten hier den Nasal *-n-*, was als gemeinsame Innovation gilt, während die Untergruppen (6) ↗ Nubisch, (7) Nera (Barea), (8) Nyima (Nyimang) und (9) Tama das für das Proto-Nilosaharanische rekonstruierte *-k-* beibehalten haben.

Abgesehen vom Nilotischen mit weit über 10 Mio. Sprechern verfügen die übrigen ostsudanischen Sprachen über eher geringe Sprecherzahlen:

Gruppe	Sprecherzahl	Gruppe	Sprecherzahl
Temein	rd. 10.000	Tama	rd. 145.000
Jebel	rd. 30.000	Daju	rd. 160.000
Nera	rd. 65.000	Surma	rd. 225.000
Nyima	rd. 75.000	Nubisch	rd. 620.000

– Alle ostsudanischen Sprachen weisen eine reichhaltige Flexions- und Derivationsmorphologie auf. Das verbale Derivationssystem umfasst häufig Affixe für Kausativ, plurale Objekte (z.B. Nilnubisch: *-j*; Shatt, Sila [Daju-Gruppe]: *-t* ~ *-d*; Temein: *-Vṯ*), Frequentativ, Reziprok-Assoziativ (z.B. Bergnubisch: *-in*; Shatt: *-ini*; Temein: *-aṉ*), Itiv (d.h. Bewegung weg von einem deiktischen Zentrum) und Ventiv (d.h. Bewegung hin zu einem deiktischen Zentrum), teilweise auch Benefaktiv und Passiv. Abgesehen von den Genussprachen (↗ Nominalklassensprache) Shatt und Sila sowie allen ostnilotischen Sprachen weisen die ostsudanischen Sprachen keine grammatisch relevante Unterklassifizierung der Nomina auf. – In der Wortreihenfolge unterscheiden sich Surma und das Nilotische von den übrigen ostsudanischen Sprachen, indem erstere entweder verbinitial (z. B. die Surmasprache Baale: *kāɗágī nāāná ēɗīŋ* »ich[2] esse[1] Fleisch[3]«) oder verbmedial sind (z. B. die westnilotische Sprache Dholuo: *ji dwá pi* »die Menschen[1] wollen[2] Wasser[3]«), letztere aber durchweg verbfinal (z. B. Kenzi-Nubisch: *essi-goon kál-goon-g átta* »bring[3] Wasser[1] und Brot[2]«). Von einigen entlehnten Präpositionen abgesehen, werden in den verbfinalen ostsudanischen Sprachen Suffixe und Postpositionen verwendet, um Kasus- und lokale Relationen anzuzeigen, z. B. Kenzi-Nubisch: *Mediinen tuur* »in[2] Ägypten[1]«, *Nobiina jooro* »wegen[2] des Nubischen[1]«, *kaleen agáabir* »nach[2] dem Essen[1]«; Nyimang: *a biḓ-au nɛ* »ich[1] bin[3] im[2b] Brunnen[2a]«, *a biḓ-i kwa* »ich[1] gehe[3] zum[2b] Brunnen[2a]«, *a biḓ-ɔ́u kwu* »ich[1] komme[3] vom[2b] Brunnen[2a]«. Die Surmasprachen – und auch das westnilotische Dinka – weisen jedoch in denselben Funktionen nicht durchweg Präfixe und Präpositionen auf, wie typologisch zu erwarten gewesen wäre und wie dies in den meisten nilotischen Sprachen auch der Fall ist (z. B. Dholuo: *ocópo gí kôth* »er/sie kam[1] im[2] Regen[3] an«; *dhi é i ɔt* »geh[1] ins[2+3] Haus[4]«). Vielmehr werden im Surma und im Dinka neben Präpositionen auch Postpositionen verwendet. – Der schriftliche Gebrauch der ostsudanischen Sprachen (außer Nilotisch) ist marginal. Allerdings wurde das Nubische in den christl. Königreichen im Gebiet der heutigen Rep. Sudan im 8.–14. Jh. als Schriftsprache (koptisch-griech. Schrift) (↗ Schriftsysteme) verwendet.

🕮 G. J. Dimmendaal/M. Last (Hg.), Surmic Languages and Cultures, Köln 1998. – J. H. Greenberg, The Languages of Africa, Den Haag/Bloomington 1963. – A. N. Tucker/M. A. Bryan, Linguistic Analyses: The Non-Bantu Languages of North-Eastern Africa, Oxford 1966.

Mechthild Reh

Oyo (Königreich) ↗ Yoruba-Staaten

Paläolithikum, Kulturphase der Altsteinzeit, und zwar die Zeit von den Anfängen des Menschseins vor etwa 1,5 Mio. Jahren bis zur Einführung von Pflanzenanbau und Tierzucht (Neolithikum). Die früheste Entwicklung wird nach Skelettresten von der Physischen Anthropologie und nach Umwelt- und Kulturresten von der Archäologie untersucht. Überreste aus früher Zeit sind Lager- und Wohnplätze mit Geräten und Herstellungsabfällen aus Stein und Knochen (Artefakte), Pflanzen- und Tierreste und geomorphologische Spuren als weitere Klimaindikatoren (Ökofakte), sowie Skelettreste der Menschen.

Aus archäolog. Sicht werden die ersten Menschen durch die Herstellung standardisierter Werkzeugtypen bestimmt. Diese Entwicklung fand zuerst in Afrika statt mit dem Auftreten des *Homo erectus*, seine Werkzeuge werden nach der Kulturepoche Acheuléen benannt. In frühester Zeit und in späteren Wellen besiedelten Menschen aus Afrika die gesamte Alte Welt. Nach den Kulturtraditionen verlief die Entwicklung in den Großregionen bis heute parallel (polylineare Entwicklung).

Hauptsiedlungsgebiete waren überall in Afrika die Gunsträume, die heute von Pflanzern und Tierzüchtern besiedelt sind; eine größere Biomasse und das Fischen an Seen, Flüssen und Meeresstränden (Strandbeuter) erlaubten kleinere Nutzungsareale und weitgehende Sesshaftigkeit mit engerer Kommunikation der Gruppen. Langfristige Verschiebungen der Klimazonen führten lokal zu Umweltänderungen und notwendigen Anpassungen, zu Landnahmeprozessen (z. B. Besiedlung der Sahara mit Wohnplätzen an Seen) und späterer Entvölkerung. Erst die modernen Wild- und Pflanzenbeuter wurden durch Pflanzer in ↗ Regenwälder (Pygmäen) und Trockensteppen (San) abgedrängt und zu einer halbnomadischen Lebensweise gezwungen.

Die große Zahl von Steinartefakttypen (im Acheuléen über 20) für wahrscheinlich unterschiedliche Funktionen zeigt beispielhaft ein differenziertes Kulturverhalten. Auffallend ist die frühe Entwicklung von Techniken der Steingeräteherstellung (Präparation, Abschlag und Retusche als Nachformung) und die Tradition bestimmter Gerätetypen, z. B. Faustkeil, Spaltkeil, Messer, Säge, Graviergeräte, über Jahrhunderttausende. In einzelnen Fällen wurden Spezialgeräte erfunden wie die großen 8-förmigen kantenscharfen Geräte aus Budrinna (Libyen). In den älteren Phasen sind die meisten Geräte nicht geschäftet, d. h. an den erhaltenen Steingeräten sind Wirk- und Griffteil zu unterscheiden, letzterer z. T. in spiegelbildlicher Form für Rechts- und Linkshänder. Knochengeräte sind selten, Holzgeräte nie erhalten.

Untersuchungen von Wohn- und Werkplatz, Gebrauchsspurenanalysen und aktualistische Vergleiche ermöglichen die Rekonstruktionen von Modellen früherer Lebensweisen: z.B. das Wohnen am Ufer in einer Gruppe von Hütten, gegen Raubtiere in der Nacht durch einen Strauchzaun geschützt, Fischfang und Tageszüge ins Hinterland zum Sammeln und Jagen. Das Vorkommen von Faustkeilen nur an Wohnplätzen legt die Deutung als multifunktionales Frauenmesser nahe, seit dem Mittelpleistozän (mittleres Eiszeitalter) durch Nacharbeit mit weichem Schlag und gerader scharfer Schneide auch zum Fellschaben, geeignet zur Lederherstellung für Kleidung. Aus der jüngeren Altsteinzeit sind in Namibia ↗ Felsbilder erhalten mit Tierdarstellungen. Diese Kunst überdauerte etwa 30.000 Jahre bis in neue Zeit (↗ Wildbeuterkunst).

Auch Bestattungen sind erst aus dem Jungpaläolithikum bekannt. Alle frühen Skelettreste sind Zufallsfunde aus Kalksteinhöhlen Südafrikas und von Oberflächen unter Tuffbedeckung in Ostafrika; im übrigen subsahar. Afrika blieben die Reste wegen der Tiefenverwitterung oder Abtragung der Böden nicht erhalten.

Die Lebensweise und damit auch die Geräte mussten sich den unterschiedlichen und sich ändernden Bedingungen der Ökotope wie Ufer, Feuchtsteppe, ↗ Savanne und ↗ Regenwald anpassen. Im Jungpleistozän ist deshalb eine Regionalisierung der paläolithischen Kulturen und eine Differenzierung im Gerätebestand festzustellen. Das P. in Afrika endet mit der Erfindung und Verbreitung der Agrartechniken ca. um 6.000 v. Chr. in Nordafrika und um die Zeitwende in Südafrika; in Rückzugsgebieten überlebten Wild- und Pflanzenbeuter bis in heutige Zeit. ↗ Wiege der Menschheit.

🕮 M.A. Badein, The Acheulian Industries in Africa, Hamburg 1981. – J.D. Clark, The Prehistory of Africa, Harmondsworth 1970. – J. Ki-Zerbo (Hg.), Methodology and African Prehistory, Berkeley (Cal.) 1981.

Helmut Ziegert

Palaverdemokratie ↗ No-party Democracy

Palmwine Music, ein Genre der westafrik. ↗ Popularmusik, das im ausgehenden 19. Jh. in den Palmwein-Bars der Hafenstädte des anglophonen Westafrika entstand, wo lokale Musiktraditionen mit der Musik und den Instrumenten europ. und amerik. Seeleute (Gitarre, Banjo, Mandoline etc.) kombiniert wurden. Die für die *P.M.* charakteristische Spieltechnik, bei der das Saiteninstrument mit zwei Fingern gezupft wird, wird Kru-Seeleuten aus Liberia zugeschrieben und »Kru-Bass« genannt. Um die Jahrhundertwende waren entlang der westafrik. Küste eine Vielzahl lokaler *P.M.*-Stile entstanden: *Maringa* bzw. *Ragtime* (in Anlehnung an das gleichnamige Genre der ↗ afroamerikanischen Musik benannt) in Sierra Leone, *Ashiko* in Accra (Ghana), *Osibisaaba* bei den Fanti (Ghana). Später verbreitete sich die zunächst urbane Musik ins Landesinnere, und es entstanden neue, in der jeweiligen Sprache gesungene Varianten. In Zentral- und Ostnigeria wurde *P.M.* *Native Blues* genannt, im westl. Nigeria entwickelte sich in den 1930er Jahren bei den Yoruba ↗ *Jùjú* als Variante. Zu den populärsten frühen *P.M.*-Gitarristen Ghanas zählt Kwame Sam Asare. Nach dem Zweiten Weltkrieg wurde die *P.M.* als *Guitar Band* ↗ *Highlife* bezeichnet, da die Gitarre zum dominierenden Instrument geworden war.

🕮 J. Collins, E.T. Mensah. The King of Highlife, London 1986. – J. Waterman, Jùjú. A Social History and Ethnography of an African Popular Music, Chicago 1990. – W. Bender, Sweet Mother. Moderne afrik. Musik, Wuppertal 2000.

Oliver Seibt

PALOP (*Países Africanos de Língua Oficial Portuguesa*). 1979 kamen die 1974/75 unabh. gewordenen afrik. Länder mit Portugiesisch als Amtssprache erstmals zu einer gemeinsamen Konferenz zusammen. »Die Fünf« (*Os Cinco*), wie die Gruppe auch genannt wurde, sind Angola, Guinea-Bissau, Kap Verde, Mosambik und São Tomé und Príncipe. Gemeinsam war den PALOP-Ländern ihre koloniale Vergangenheit und die Tatsache, dass sie erst nach langjährigen nat. Befreiungskämpfen gegen die portug. Kolonialherrschaft ihre Unabh. erlangt hatten. Daraus resultierte auch ihr Entschluss, sich – im Unterschied zum ↗ Commonwealth oder zur ↗ Frankophonie – ohne die ehem. Kolonialmacht Portugal als Gruppe zusammenzuschließen. Der Zusammenhalt der PALOP beruhte darauf, dass die ↗ Rebellenbewegungen, die bereits seit 1961 in der CONCP (Konferenz der nationalistischen Organisationen in den portug. Kolonien) zusammengeschlossen waren, nach der Unabh. in ihren Ländern die pol. Macht übernahmen. Als jedoch im Zuge der Demokratisierungswelle 1991 sowohl in Kap Verde wie in Sao Tomé e Príncipe die seit der Unabh. herrschenden Parteien abgewählt wurden, endete die traditionelle Solidarität zwischen den fünf Ländern. Nach 1992 fand erst 2001 die nächste Gipfelkonferenz der PALOP statt. Ohnehin hatte die wirtsch. Kooperation zwischen den »Fünf« nur geringe Fortschritte erzielt. Insbes. hinsichtlich Sprache und Ausbildung bestehen zwischen ihnen aber weiterhin Gemeinsamkeiten. Starken Anteil am Fortbestand der PALOP hatte ihre Anerkennung im Rahmen der ↗ Entwicklungszusammenarbeit der EU (↗ Lomé-Abkommen). Als Ergebnis der EU-Präsidentschaft Portugals wurde 1992 ein erstes Kooperationsabkommen zwischen EU und PALOP vereinbart, dem 1997 ein zweites folgte.

🕮 P. Meyns, Die vielfältigen Kooperationsbeziehungen der portugiesischsprachigen Länder in Afrika. In: Institut für Afrika-Kunde/R. Hofmeier (Hg.): Afrika Jahrbuch 1993, Opladen 1994, S. 66–75.

Peter Meyns

Panafrikanismus, afrik. Einheitsbewegung. *I. Begriff.* Als einzelne Nationalismen überwölbende Bewegung birgt auch der P., wie andere Pan-Bewegungen (Panslawismus, Panamerikanismus), von Anfang an ein unlösbares Dilemma – zwischen Nationalismen und kontinentaler Einheit. Hinzu kamen drei weitere Schwierigkeiten: (1) Vom N her überschnitten sich zwei, dazu konkurrierende Pan-Bewegungen, Panarabismus und Panislamismus, für den Zusammenschluss aller arab. Völker bzw. islam. Staaten. (2) P. enthielt als Befreiungsbewegung gegen europ. ↗ Kolonialismus und weißen ↗ Rassismus fast automatisch eine Prise (emanzipatorisch gemeinten) schwarzen (Gegen-)Rassismus, v.a. gegen Weiße im südl. Afrika. (3) Auch P. war eine typische Kopfgeburt isolierter Intellektueller, mit ideol. Rückgriff auf Afrika als ideelle Ganzheit und idealisierte Vergangenheit.

II. Vorgeschichte. P. begann als kollektive Selbstfindung von Nachfahren ehem. Sklaven aus Afrika in der Neuen Welt, v.a. in der brit. Karibik und den USA. Seine Vorgeschichte gehört daher ins weite Feld von Transatlantischem ↗ Sklavenhandel, Sklaverei, Kolonialherrschaft (↗ Kolonialismus), Abolitionismus (Bewegung zur Abschaffung von Sklavenhandel und Sklaverei) ab ca. 1787 und der dialektischen Konsequenz aus der Sklavenemanzipation – Rassismus als Rechtfertigungsideologie für europ. Kolonialismus und Vorherrschaft in der Welt. Schon ihr äußeres Aussehen und die explizite wie implizite Gleichsetzung von »*Negro* = *Slave*« in Nordamerika warf die Sklaven auf Afrika zurück. So machten erste Freigelassene (meist Afrikaner mit weißen Vätern) aus ihrer existenziellen Not eine ideol. Tugend: Sie werteten das verachtete Afrika positiv auf, sahen es, noch vor Afrikanern selbst, von außen als Einheit, auch »rassisch«: Afrika = Land der Schwarzen. Sie nutzten Chancen zur Selbstorganisierung und Artikulation der sich industrialisierenden westl. Zivilgesellschaft, zwar auf deren unterster Stufe, aber mit einem Minimum an Bürgerrechten. Ohne konkrete Kenntnisse fiel ihr Afrikabild jedoch, wie anders nicht möglich, romantisiert aus.

Erste Gruppen freigelassener Sklaven in den USA nannten sich *Free Africans, Free Persons of Color*, später *Negro*, danach *Afro-American*. Zugang zu moderner Bildung und (bescheidene) Partizipation an der beginnenden Industrialisierung ermöglichten Anfänge einer zunächst autodidaktischen, oft als »halbgebildet« verhöhnten Intelligentsia, die für Gleichberechtigung in einer weißen Gesellschaft kämpfte. Einige propagierten, als Reaktion auf rassistische Zurückweisung, *Back to Africa* – Rückkehr nach Afrika, allegorisch-symbolisch oder real.

Selbstorganisierung von unten begann ab 1787 mit Selbsthilfegruppen und afroamerik. Kirchen in Philadelphia, der Hauptstadt Pennsylvaniens. Quäker drängten dort seit 1688 auf Emanzipation ihrer eigenen, später aller Sklaven und gaben den Freigelassenen ab 1750 mit moderner Schulbildung Starthilfe.

Ein Jahrhundert später setzten, teilweise als Folge christl. ↗ Mission, vergleichbare Prozesse ein, zuerst an der Küste Westafrikas, bes. in europ. Küstenforts samt umliegenden afrik. *towns*, später in Sierra Leone, Goldküste, südl. Nigeria. In den relativ liberalen Kolonien des viktorianischen England fanden akkulturierte Afrikaner den größten Freiraum im sich modernisierenden Sektor von Wirtschaft und Bildung, konnten aber auch in den traditionellen Sektor durch Wahl zu Chiefs ihrer heimischen Gesellschaften überwechseln. Dieser Teil der sich bildenden westafrik. Intelligentsia hatte die stärkste Bindung zum traditionellen Afrika. Auf dem Höhepunkt des Kolonialimperialismus um 1900 provozierte die Zurückweisung europ. gebildeter Afrikaner (*educated natives*), oft mit europ. Namen und weißen Vätern oder Vorvätern, durch die Kolonialregierung die erste Welle eines noch moderaten afrik. ↗ Nationalismus. Anfangs beschränkte er sich auf Mitsprache in den kolonialen Verwaltungseinheiten.

III. Panafrik. Kongresse und pol. Emanzipationsbewegungen in Afrika. Nach komplexer Vorgeschichte seit dem späten 18. Jh. liefen versch. Strömungen im geogr. Rahmen des berühmten Sklavenhandels-Dreiecks (Westeuropa

– Westafrika – Westindische Inseln/Amerika) in der 1. Panafrik. Konferenz in London 1900 zusammen. Sie war initiiert von afroamerik. Diaspora-Intellektuellen aus der brit. Karibik, v.a. Henry Sylvester-Williams (Trinidad), der zuvor einige Jahre in Südafrika gelebt hatte, und aus den USA, aber schon unter Beteiligung gebürtiger Afrikaner aus den brit. westafrik. Kolonien. Wichtigster Sprecher des beginnenden P. wurde W.E.B. Du Bois (1868–1963) aus dem NO der USA, schon wegen seiner vielfältigen Lebenserfahrung (u.a. als Gründer der Bürgerrechtsbewegung der NAACP in den USA ab 1910 und zuletzt im unabh. Ghana seit 1958) und wegen seiner immensen literar. Produktivität.

Nach dem Ersten Weltkrieg organisierte Du Bois Anfang 1919 in Paris, am Rande des Friedenskongresses, den 1. Panafrik. Kongress, um erstmals pol. Ansprüche für das noch koloniale Afrika zu erheben – Verbot der Sklaverei und Zwangsarbeit, Anerkennung der Rechte der Afrikaner u.a. Von 57 Delegierten kamen 16 aus den USA, 13 aus Frz.-Westindien, je 7 aus Frankreich und Haiti, 3 aus Liberia, 11 aus versch. afrik. Kolonien, u.a. Senegal (Blaise Diagne). Drei weitere Kongresse folgten 1921, 1923 und 1927, getragen von Du Bois. Die organisatorische oder publizistische Kontinuität blieb schwach, aber die panafrik. Idee hielt sich über die Weltwirtschaftskrise 1929 und den Zweiten Weltkrieg hinweg.

Wie die antikoloniale Bewegung insges., radikalisierte der Zweite Weltkrieg auch den P. mit ihren pol. Forderungen – von der Autonomie zur Souveränität für die Kolonien, überhöht zur kontinentalen Einheit Afrikas. Der Aufstieg der Sowjetunion erlaubte, im Kalten Krieg die beiden feindlichen Lager gegeneinander auszuspielen, auch mit offenen oder verdeckten Sympathien für den Kommunismus.

Damit war die Ausgangslage für den 5. Panafrik. Kongress in Manchester im Okt. 1945 erreicht, der die pol.-ideol. Inspiration zur überraschend schnellen ↗ Entkolonialisierung Afrikas lieferte. Führend waren George Padmore (Trinidad), ein Neffe Sylvester-Williams', und Kwame Nkrumah, der zum charismatischen Führer des afrik. ↗ Nationalismus aufstieg, seit 1948 an der Goldküste, seit 1957 im unabh. Ghana, danach auf der panafrik. wie internat. Bühne. Mit Obafemi Awolowo (Nigeria), Jomo Kenyatta (Kenya) und Hastings Banda (Malawi) waren weitere bedeutende Vertreter des afrik. Nationalismus in Manchester aktiv beteiligt. Schärfer denn je zuvor forderte der Kongress ein Ende der Rassendiskriminierung und den Kampf um die Unabh., durch Streiks und Boykott, nur notfalls auch mit Gewalt von unten. Der 6. und letzte Panafrik. Kongress tagte 1958 sinnfällig in Accra, der Hauptstadt Ghanas. Die Entkolonialisierung auf breiter Front seit dem »Afrik. Jahr« 1960 und der Unabh. des Kongo unter Patrice Lumumba, der in Accra 1958 einen wichtigen Politisierungsschub erhalten hatte, führte den P. scheinbar seinem Triumph entgegen.

IV. Panafrikanismus in Afrika nach 1960. Die Kongokrise unmittelbar nach der Unabh. 1960 erwies sich jedoch als unheilvolles Omen für die weitere Entwicklung Afrikas: Die Ermordung des Togoer Präsidenten Sylvano Olympio 1963 eröffnete die Kette von Militärcoups in scheinbar gefestigten Nachfolgestaaten, die Anfang 1965 auch Nigeria und Ghana erschütterten (↗ nachkolonialer Staat, Militärregime). Dagegen kam die ↗ OAU, 1963 als Kompromiss zwischen dem von Nkrumah geforderten bundesstaatl. *Union Government for Africa* und dem Verzicht auf jegliche kontinentale Zusammenfassung, über mehr als formale Beschlüsse kaum hinaus. Realistisch war jedoch die Grundsatzentscheidung, an den kolonialen Grenzen festzuhalten, weil sonst Afrika in ein Chaos von Revisionskriegen versunken wäre.

Nach dem raschen Erfolg der nat. Entkolonialisierung war, spätestens mit Nkrumahs Sturz im Feb. 1965, der P. als afrik. Einheitsbewegung an den komplexen Realitäten Afrikas selbst gescheitert: Die Kolonialherrschaft erwies sich als Intermezzo zwischen prä- und postkolonialen Epochen. Präkoloniale Kontinuitäten, wenn auch noch so modifiziert, schlugen in mannigfachen inneren Konflikten durch: Wo im Prozess der ↗ Nationenbildung die stärkste ethn. oder relig. Gruppe, gemäß der frz. Formel der »einen und unteilbaren Nation«, die zahlreichen Minderheiten unter assimilatorischen oder gar diskriminierenden Druck setzte, begann, wie überall, die Selbstzerstörung. Erst recht provoziert jeder Versuch zur gewaltsamen ↗ Islamisierung durch Einführung der Scharia in relig. gemischten Staaten Konflikte (↗ Kriege/Bürgerkriege), v.a. in Sudan und Nigeria.

Wie alle postimperialen und postkolonialen Nachfolgestaaten sind auch die afrik. jungen Nationalstaaten nach innen und außen labil, verzehren sich in ↗ Tribalismus, ↗ Korruption, Begünstigung der Städte zu Lasten der Bauern, Missbrauch der Macht durch Diktatoren aller Schattierungen. In Somalia zerfiel der erst durch die Kolonialmacht geschaffene sog. Nationalstaat wieder in den Urzustand chaotischer Konflikte zwischen Klans und ethn. Gruppen. In Liberia und Sierra Leone zerschmetterten die Völker des Hinterlands quasi-koloniale Strukturen europäisierter Kreolen. Entsprechend bleibt der P. gelähmt, sind Versuche, ihn wieder zum Leben zu erwecken, in der Gesamtkrise Afrikas vorerst zum Scheitern verurteilt.

📖 I. Geiss: Panafrikanismus, Frankfurt/M. 1968. – V. B. Thompson, Africa and Unity. The Evolution of Panafricanism, London 1969.

Imanuel Geiss

Parteien. *I. Begriff.* In Demokratien erfüllen P. zentrale Vermittlungsfunktionen zwischen Staat und Gesellschaft, indem sie ihre Anhängerschaft integrieren und repräsentieren. P. und ihre Repräsentanten besetzen zahlreiche Schnittstellen des pol. Systems, angefangen von lokalen Verwaltungen bis zum nat. Parlament. Sie tragen dabei nicht nur zum Prozess der Willensbildung bei, sondern dienen zugleich einer demokrat. legitimierten Elitenrekrutierung.

II. Parteiengründung im ↗ Kolonialismus. Erste Vorläufer von P. in Gestalt demokrat. legitimierter Repräsentanten sind in der Mitte des 19. Jh. zu verzeichnen, als in Teilen Senegals allg. Wahlen (aller männl. Einwohner) zur Nationalversammlung der Zweiten Frz. Republik stattfanden. Die weitere Genese von P. geht zurück auf institutionelle Anreize. In den frz. Kolonien gingen derartige Impulse von den institutionellen Reformen der Jahre 1945/46 aus, die den Aufbau gewählter Institutionen sowie Wahlen zur Nationalversammlung für alle Kolonialgebiete vorsahen. In der Mehrzahl der west- und zentralafrik. Kolonien dominierte in der Folgezeit das RDA (*Rassemblement Démocratique Africain*), eine der pol. Linken in Frankreich nahestehende P., deren Zielsetzung sich zunächst auf die Gleichberechtigung von Kolonialherren und indigener Bev. bezog. Die überwiegend als Reaktion auf die Erfolge der RDA gegründeten konservativen sog. Verwaltungsparteien konnten in ländl. Gebieten mit noch existierenden traditionellen Herrschaftsstrukturen partielle Wahlerfolge erzielen. In der Mehrzahl blieben diese P. jedoch ohne feste Organisation und wurden häufig nur zu Wahlzeiten aktiv. Mit dem Einstellungswandel in Frankreich hinsichtlich der Gleichstellung und staatl. Souveränität ihrer Kolonialgebiete verloren die Verwaltungsparteien an Bedeutung oder zerfielen. – Auch in den brit. Kolonien standen zahlreiche Parteiengründungen im direkten Zusammenhang mit der Möglichkeit, an Wahlen teilzunehmen. Die neuen P. gingen i.d.R. nicht auf Vertreter der bestehenden *Legislative Councils* zurück, sondern wurden als antikoloniale Unabhängigkeitsbewegung gegründet. Das vorrangige Ziel bestand darin, die Kolonie möglichst rasch in die Unabh. zu führen und bei den darauf folgenden Parlamentswahlen möglichst viele Anhänger zu mobilisieren. Dabei kam es bereits in einigen Kolonien zum Wettbewerb zwischen Parteien mit spezifisch regionalem/ethnischem Hintergrund.

III. Parteien im ↗ nachkolonialen Staat. Mit der Unabh. wurden pol. Strukturen in die vormaligen Kolonien übertragen, die sich eng an das System der Fünften Frz. Republik bzw. an das brit. Westminster-Modell anlehnten. Beide Verfassungssysteme hielten sich in Afrika jedoch nicht lange. Dort, wo sich zum Zeitpunkt der Unabh. Mehrparteiensysteme herausgebildet hatten, setzte ein Trend zum ↗ Einparteisystem ein. Damit war nur noch eine Partei, die Einheits- oder Staatspartei, zugelassen. Binnen weniger Jahre hatte sich das System der Einparteiherrschaft als Strukturprinzip pol. Herrschaft in Afrika etabliert. Fürsprecher dieser Herrschaftsform sahen hierin die einzige Möglichkeit, ein ethn. segmentiertes Parteiensystem mit dem damit verbundenen Konfliktpotential zu verhindern (↗ ethnische Konflikte) und stattdessen eine erfolgreiche ↗ Nationenbildung zu ermöglichen. Die hierfür notwendige Vermittlungsfunktion zwischen Staat und Gesellschaft konnten die existierenden P. jedoch an keiner der beiden Schnittstellen erbringen. Auf der einen Seite gelang es den P., obwohl sie sich in nahezu allen Staaten als Massenparteien definierten, nicht, die Gesellschaft demokrat. zu durchdringen. Die P. selbst blieben Organisationen städt. Elitenkoalitionen mit geringem Organisationsgrad. Ihren Herrschaftsanspruch setzten sie landesweit um, indem bestehende traditionelle oder klientelistische Strukturen für parteipol. Ziele funktionalisiert wurden oder auf Basis neu etablierter Patronagestrukturen. Gleichzeitig repräsentierte die herrschende P. häufig eben nicht die propagierte nat. Einheit, sondern sicherte die Vormachtstellung einzelner Ethnien oder Regionen. Von Kritikern wurden die Staatsparteien bereits früh als parasitär, korrupt und massenfeindlich beschrieben. – Unabh. von der ideol. Ausrichtung versagte der Einparteistaat bei dem Versuch, die Nationenbildung zu befördern oder nachhaltige ökonom. und soziale Entwicklungsleistungen zu initiieren und verlor daher zunehmend seine anfangs infolge des Unabhängigkeitskampfes vorhandenen Legitimationsbasis. Hiervon waren sowohl jene P. betroffen, die sich in unterschiedlicher Form auf den ↗ Sozialismus beriefen, wie auch P., die sich westlich und marktwirtsch. orientierten.

IV. Parteien in den 1990er Jahren. Mitte der 1980er Jahre existierten Mehrparteiensysteme lediglich noch in Botsuana, Gambia, Mauritius, Senegal (ab 1976) und Simbabwe. Mit den pol. Reformen, die nach dem Ende des Ost-West-Konflikts im Zuge der zweiten Demokratisierungswelle in Afrika einsetzten, stieg ihre Zahl Anfang der 1990er Jahre jedoch sprunghaft an. I.d.R. waren es lokale Massenproteste, die veränderte weltpol. Situation sowie der äußere Druck seitens der Geberländer, die ein Ende der überkommenen autokratischen Einparteiherrschaft herbeiführten. In einigen Ländern kamen die Herrscher ihrer Absetzung auch durch von ihnen eingeleitete demokrat. Reformen zuvor. Bis 1994 kam es in Afrika zu 29 sog. Gründungswahlen, in deren Folge fast auf dem gesamten Kontinent wieder (teilweise auch erstmalig) Mehrparteiensysteme mit einer im Parlament vertretenen Opposition etabliert wurden. Nicht immer sind aus den Wahlgängen die Herausforderer als Sieger hervorgegangen, in zahlreichen Staaten gelang es den bisherigen Herrschern und ihren P., sich ihre Macht demokrat. legitimieren zu lassen.

V. Ausblick. Eine Bilanz zehn Jahre nach Beginn der zweiten Demokratisierung in Afrika fällt, sieht man von einer Minderheit erfolgreicher Länder ab, nüchtern aus. Zwar finden heute i.d.R. flächendeckend Wahlen zu den versch. Repräsentationsorganen statt, doch verfehlen diese häufig das Kriterium »frei und fair«. Offene Manipulationen bleiben dennoch die Ausnahme, da demokrat. Wahlen für die herrschenden P. eine zentrale legitimative Bedeutung (nicht zuletzt im Hinblick auf die Geberländer) erhalten haben. Etabliert haben sich vielmehr unterschwelligere Strukturen der Begünstigung und Einschüchterung, die häufig lange vor dem eigentlichen Wahltermin erfolgen. Gleichzeitig entpuppen sich einige der nun demokrat. legitimierten P. im Vergleich zu ihren autokratischen Vorgängern als nur unwesentlich demokratischer. Dem Zeitgeist folgend bildet heute nicht länger die Einparteiherrschaft das Strukturprinzip pol. Herrschaft in Afrika. Neu entstanden sind hingegen zahlreiche Systeme mit einer dominanten Partei, d.h. faktische Einparteisysteme. Andererseits existieren heute in zahlreichen Staaten Mehrparteiensysteme mit relevanten Handlungsspielräumen auch für oppositionelle P. Eine flächendeckende Weiterentwicklung zu demokrat. Mehrparteiensystemen ist an die Lösung einer Reihe struktureller Probleme geknüpft: (1) P. stellen nach mehreren Jahrzehnten in ihrer Mehrzahl weiterhin Organisationen städt. Elitenkartelle ohne institutionellen Unterbau dar, in denen die ländl. Bev. eine nur geringe Repräsentation besitzt. (2) Nach dem Wegfall der übergreifenden Einheitsparteien organisiert sich der Parteienwettbewerb nicht selten entlang ethn. Loyalitäten. Ein entlang pol. Interessen orientierter Wettbewerb mit der Chance auf wechselnde Mehrheiten scheint ebenso schwer erreichbar wie notwendig für eine demokrat. Konsolidierung. (3) Demokrat. Oppositionsparteien sind nicht oder nur ungenügend verankert. Von den herrschenden Parteien wird ihnen häufig eine systemfeindliche Haltung vorgeworfen, anstatt ihre der Demokratie zuträgliche Kritikfunktion anzuerkennen. (4) Zusätzlich wird die Effektivität der Opposition – insbes., aber nicht nur in multiethn. Gesellschaften – durch ihre starke Fragmentierung beeinträchtigt. Gerade dort, wo nach dem Mehrheitswahlrecht gewählt wird, führt dies regelmäßig zur Abwesenheit oder nur geringfügigen Repräsentation der Opposition im Parlament. (5) Häufig wird das Prinzip der Herrschaft auf Zeit von den dominanten P. nicht akzeptiert. Insbes. ↗ Rebellenbewegungen, die im Zuge der Demokratisierung die Macht errungen haben, sehen ihre Herrschaft durch ihren Erfolg im Guerillakrieg legitimiert und negieren oft das Prinzip eines demokrat. Machtwechsels. ↗ Demokratie, ↗ nachkolonialer Staat.

🕮 J. S. Coleman/C. G. Rosberg (Hg.), Parties and National Integration in Tropical Africa, Berkeley/Los Angeles 1964. – S. Schmidt, Parteien und demokrat. Konsolidierung in Afrika unter bes. Berücks. der Entwicklung Kenias. In: W. Merkel/E. Sandschneider (Hg.), Systemwechsel 3. Parteien im Transformationsprozess, Opladen 1997, S. 251–292. – J. Widner, Political Parties and Civil Society in Sub-Saharan Africa. In: M. Ottaway (Hg.), Democracy in Africa. The Hard Road Ahead, Boulder/London 1997, S. 65–81. – K. Ziemer, Pol. Parteien. Afrika. In: D. Nohlen/P. Waldmann/K. Ziemer (Hg.), Lexikon der Politik. Bd. 4, Die östl. und südl. Länder, München 1997, S. 427–430. – G. Erdmann, Parteien in Afrika. Versuch eines Neuanfangs in der Parteienforschung. In: Afrika-Spektrum 34 (1999), S. 375–393.

Christoph Emminghaus

Partizipation ↗ Demokratie, ↗ Zivilgesellschaft

Passatwinde ↗ Klima

Patriklan/Patrilineage ↗ Klan und Lineage

Patrilinearität (Abstammung über die männl.-väterliche Linie) ↗ Familie, ↗ Familien- und Erbrecht, ↗ Heiratsordnungen, ↗ Klan und Lineage, ↗ Matrilinearität, ↗ Verwandtschaft

Patrilokalität, ethnolog. Bez. einer Regel, die vorschreibt, dass ein Ehepaar zum Vater des Ehemannes zieht. Wohnsitzregeln – neben P. auch Virilokalität (Frau zieht zum Mann), Uxorilokalität (Mann zieht zur Frau) oder Avunkulokalität (das Paar zieht zum Bruder der Mutter) – sind mit Abstammungs- und Vererbungsregeln (↗ Verwandtschaft, ↗ Familie) verknüpft. P. ist die in Afrika vorherrschende Wohnsitzregel. In vielen bäuerlichen Gesellschaften bildeten ein Vater, seine Söhne und deren Ehefrauen auf diese Art eine Produktionsgemeinschaft, über deren Erträge der Vater bestimmte. Mit der wachsenden ↗ Urbanisierung vieler Länder, der Zunahme der Arbeitsmigration (↗ Migration) und dem Bedeutungswandel der ↗ Ehe hat P. vielerorts an Bedeutung verloren.

Katja Werthmann

Patrimonialismus ↗ Neopatrimonialismus

Pattern ↗ Rhythmus

Pennywhistle (Jive) ↗ Kwela

Peripherer Kapitalismus. *I. Allgemeines.* P.K. ist eine ökonom. Theorie, die Armut und Unterentwicklung der ↗ Dritten Welt mit deren Einbindung in das kapitalistische Weltsystem erklärt, insbes. mit der strukturellen Abhängigkeit der Entwicklungsländer (Peripherie) von den Industrieländern (Zentren) und der Ausrichtung der peripheren Wirtschaftsstrukturen auf die Interessen der Zentren (z.B. Export von Rohstoffen) sowie einheimischer ↗ Eliten (z.B. Import von Konsumgütern). Die Begriffe Zentren und Peripherie wurden von Raul Prebisch in den 1950er Jahren anläßlich vergleichender Untersuchungen der Wirtschaftsbeziehungen zwischen Lateinamerika einerseits, dem Großbritannien des 19. Jh. und den USA des 20. Jh. andererseits in die ökonom. Analyse eingeführt, von Samir Amin und Immanuel Wallerstein auf das kapitalistische Weltsystem insgesamt bezogen. Die Theorie des p.K. wurde in Deutschland v.a. während der 1970er Jahre von Dieter Senghaas vertreten.

II. Hist. Entwicklung. Die Zentren sind Produkte einer hist. Entwicklung, die in bestimmten Regionen zur Bildung einer nat.-bürgerlichen Hegemonie und eines nat.-kapitalistischen Staates führte. Bourgeoisie und bürgerlicher Staat sind hier untrennbar verbunden; nur die sog. liberale Ideologie kann entgegen aller Realität von einer kapitalistischen Wirtschaft reden und dabei vom Staat absehen. Der bürgerliche Staat ist national, wenn er den Akkumulationsprozess beherrscht – freilich in den Grenzen äußerer Zwänge, die aber durch seine Fähigkeit, auf ihr Wirken zu reagieren und an ihrer Gestaltung mitzuwirken, stark relativiert werden.

Die Peripherien hingegen sind die Länder und Regionen, die lokal nicht die Herrschaft über den Akkumulationsprozess haben, der demnach hauptsächlich von äußeren Zwängen gestaltet wird. Das bedeutet nicht, dass sie stagnieren, obwohl ihre Entwicklung nicht derjenigen der Zentren in der globalen Expansion des Kapitalismus gleicht. Es kann eine Bourgeoisie und einheimisches Kapital geben, und Peripherien sind nicht dasselbe wie vorkapitalistische Gesellschaften. Der Staat kann formell fehlen (wie in der Epoche des ↗ Kolonialismus); aber selbst wenn sich heute alle afrik. Länder als unabh. Staaten konstituiert haben, macht sie die formelle Existenz des Staates nicht schon zu kapitalistischen Nationalstaaten, denn die lokale Bourgeoisie, die den jeweiligen Staat weitgehend kontrolliert, beherrscht den Akkumulationsprozess nicht.

Derart definierte Zentren und Peripherien haben in jeder Entwicklungsphase des kapitalistischen Weltsystems existiert. Zu fragen ist nun, ob sich aus den gegenwärtigen Peripherien neue Zentren bilden können, bzw., ob die im globalen System wirkenden Kräfte in Richtung Peripherien drängen oder in die Gegenrichtung.

Der abstrakt, d.h. als Produktionsweise, betrachtete Kapitalismus beruht auf einem in seinen drei Dimensionen (Markt der Produkte gesellsch. Arbeit; Kapitalmarkt; Arbeitsmarkt) integrierten Markt, der Kapitalismus als Weltsystem auf der weltweiten Expansion eines Marktes, der nur die beiden ersten Dimensionen umfasst. Die Entstehung eines Weltmarkts der Arbeit ist wegen des Weiterbestehens der Staatsgrenzen unmöglich – trotz der Globalisierung der Wirtschaft, die dadurch noch immer unvollständig ist. Aus diesem Grund ist der Kapitalismus im globalen Maßstab mit Notwendigkeit polarisierend, und die darauf beruhende ungleiche Entwicklung wird zum heftigsten, zunehmend schärferen Widerspruch, der im Rahmen der kapitalistischen Logik nicht überwunden werden kann.

Von der industriellen Revolution bis in die 1950er Jahre war der Gegensatz Zentren – Peripherien gleichbedeutend mit dem Gegensatz von Industrieländern und nicht industrialisierten Ländern. Die Erhebungen der Peripherien – in Gestalt der Befreiung vom Kolonialismus – stellten diese alte Form der Polarisierung in Frage, indem sie die ↗ Modernisierung und ↗ Industrialisierung ihrer Gesellschaften in Gang setzten. Während der Bandung-Periode (1955–75) betrieben die Staaten der Dritten Welt autozentrierte Entwicklungspolitiken, um die weltweite Polarisierung zu verringern (um »aufzuholen«). Dazu gehörten nat. Regulierungssysteme ebenso wie ständige, auch kollektive Verhandlungen (z. B. Nord-Süd) und internat. Regulierungssysteme wie z. B. UNCTAD (*UN Conference on Trade and Development*). Zugleich wurde angestrebt, die gering produktiven Arbeitskraftreserven durch Überleitung in moderne, produktivere Tätigkeiten zu verringern, selbst wenn Letztere auf dem offenen Weltmarkt nicht wettbewerbsfähig waren.

III. Industrialisierung in der Peripherie. Die Industrialisierung wurde von den gesellsch. Kräften, die aus den Erfolgen der Befreiungsbewegungen (↗ Rebellenbewegungen) hervorgegangen waren, gegen das dominante transnat. Kapital durchgesetzt, jedoch mit ungleichen Ergebnissen. Damit entstanden Peripherien ersten Ranges, die Produktionssysteme mit potentiell im globalisierten Kapitalismus wettbewerbsfähigen Industrien aufbauten, und marginalisierte Peripherien, denen das nicht gelang. Der gegenwärtige p. K. ist deshalb nicht gleichbedeutend mit Nichtindustrialisierung, sondern im Gegenteil differenziert. Es sind heute drei Gruppen peripher-kapitalistischer Länder zu unterscheiden: (1) die ehemals soz. Länder China, Korea, Taiwan, Indien, Brasilien, Mexiko u. a., die nat. Produktionssysteme (die also potentiell, wenngleich nicht real wettbewerbsfähig sind) aufbauten; (2) Länder, die sich industrialisieren, aber keine nat. Produktionssysteme schufen: arab. Länder, Südafrika, Iran, Türkei, Länder Lateinamerikas. Dort sind zwar einige Industriebetriebe v. a. wegen der billigen Arbeitskraft »wettbewerbsfähig«, allerdings gibt es keine wettbewerbsfähigen Systeme; (3) die außerhalb der industriellen Revolution verbliebenen Länder, im Großen und Ganzen die AKP-Länder des subsahar. Afrika, des pazifischen Raums und der Karibik, die bestenfalls in von natürlichen Vorzügen bestimmten Bereichen wie z. B. Bergbau, Erdöl, tropische Agrarprodukte oder ↗ Tourismus »wettbewerbsfähig« sind.

IV. Gegenwärtige Monopole. Für die Zukunft ist ohne weiteres ein Szenario der globalen Evolution vorstellbar, wonach die globale Polarisierung auf der Grundlage neuer Monopole verschärft reproduziert werden könnte. Die Entwicklung käme dann aus den Monopolen der Zentren, d. h. der Triade USA/Kanada, EU, Japan, als da sind:

(1) Monopole im Bereich der Technologie, die gigantische Ausgaben, wie sie nur der Staat – der große und reiche Staat – auf sich nehmen kann, erfordern. – (2) Monopole im Bereich der Kontrolle globaler Finanzströme. Die Niederlassungsfreiheit für große, auf dem globalen Finanzmarkt tätige Finanzinstitute hat diesen Monopolen nie gekannte Wirksamkeit verliehen. Vor noch nicht sehr langer Zeit konnte das Geldaufkommen einer Nation nur in dem – generell nationalen – Raum zirkulieren, den ihre Finanzinstitute beherrschten. Heute wird das Geldaufkommen durch das globale Agieren von Finanzinstituten zentralisiert. Das freizügige globalisierte Finanzkapital operiert dabei im Rahmen eines Weltwährungssystems, das auf dem Dogma der freien Wertbestimmung der Devisen durch den Markt (nach einer Theorie, der zufolge das Geld eine Ware wie alle anderen sein soll) und der Bezugnahme auf den Dollar als faktisch universelle Währung fußt. Die erste Bedingung ist wiss. unbegründet, die zweite besteht nur mangels Alternative. Eine nat. Währung kann nur dann als Weltgeld fungieren, wenn die Voraussetzungen internat. Wettbewerbsfähigkeit ihres Stammlandes einen strukturellen Exportüberschuss produzieren, der sicherstellt, dass dieses Land die ↗ Strukturanpassung der anderen finanziert. Das gilt weder für die USA, die im Gegenteil ihr Defizit dadurch ausgleichen, dass sie die anderen zur Kreditgewährung nötigen, noch für die Konkurrenten der USA, denn die Überschüsse Japans und der EU stehen in keinem Verhältnis zum Finanzbedarf für die Strukturanpassung der anderen. Unter diesen Voraussetzungen erzeugt die finanzielle Globalisierung nur dauernde Instabilität statt der für erfolgreich verlaufende Anpassungsprozesse erforderlichen Stabilität. – (3) Monopole auf den Zugang zu den Naturschätzen der Welt. Sie sind umso gravie-

render, als die unsinnige Ausbeutung dieser Ressourcen durch die schon entwickelten Länder jetzt Gefahren für die Erde heraufbeschwört, die der Kapitalismus nicht beheben kann, weil er nur einer kurzfristigen sozialen Rationalität folgt (↗ Naturschutz, ↗ Umweltschutz). – (4) Monopole auf den Gebieten der Kommunikation und der ↗ Medien. Damit wird nicht nur die Gleichmacherei der Weltkulturen vorangetrieben, es werden auch neue Wege pol. Manipulation eröffnet. – (5) Monopole im Bereich der Massenvernichtungswaffen. Während sie zur Zeit des Ost-West-Konflikts Einschränkungen unterworfen waren, sind sie für die amerik. Diplomatie nun zur absoluten Waffe geworden.

V. Ausblick. Zusammen genommen definieren die fünf Monopolgruppen den Rahmen, in dem sich das globalisierte Wertgesetz äußert. Dieses Wertgesetz ist nicht als »rein« ökonom. Rationalität zu definieren, sondern als der verdichtete Ausdruck des gesamten Systems und daher stets in seinem gesellsch. und pol. Kontext zu betrachten. Es nimmt der Industrialisierung der Peripherien ihre Bedeutung, denn die produktive Arbeit, die sich in deren Erzeugnissen verkörpert, wird so abgewertet, die Wertschöpfung, die angeblich aus Tätigkeiten im Operationsfeld der neuen Monopole der Zentren herrührt, dagegen zu hoch angesetzt. Das erzeugt im globalen Maßstab eine neue Rangstufung in der Einkommensverteilung, die noch mehr Ungleichheit aufweist als zuvor. Die Industrien der Peripherie werden auf die Stellung von Subunternehmen zurückgedrängt. Die Polarisierung findet darin eine neue, ihre künftigen Formen bestimmende Grundlage, die den p.K. von morgen prägen wird. ↗ Außenwirtschaft, ↗ Finanz- und Währungspolitik, ↗ Gruppe der 77, ↗ Handels- und Marktsysteme, ↗ Kollektive Eigenständigkeit, ↗ Lomé-Abkommen, ↗ Neue Weltwirtschaftsordnung, ↗ Rentenökonomie, ↗ Rohstoffwirtschaft, ↗ Schwellenländer, ↗ Verschuldung

🕮 S. Amin, Maldevelopment, London/New Jersey 1990. – Ders., Capitalism in the Age of Globalisation, London/New Jersey 1996. – Ders., Zur Theorie von Akkumulation und Entwicklung in der gegenwärtigen Weltgesellschaft. In: D. Senghaas (Hg.), Peripherer Kapitalismus, Frankfurt/M. 1974, S. 71–97. – Ders., Die ungleiche Entwicklung, Hamburg 1975. – Ders., Delinking, London/New Jersey 1990. – I. Wallerstein, The Modern World System, New York 1973.

Samir Amin

Perlen sind sämtliche Artefakte, die mit einem Loch zum Auffädeln oder Aufziehen versehen sind. Sie spielen eine wichtige Rolle in den verschiedensten Schmuckformen (↗ Schmuck). P. aus Materialien wie ↗ Glas, Bakelit, Zelluloid und anderen Kunststoffen werden importiert. Zumeist in lokaler Produktion hergestellt werden P. aus Metall (Gold, Silber, Eisen, Kupfer, Messing und Aluminium), Holz, Ton, Glaspulver, Plastik u.v.m. Aufgrund der Vielfalt in Form und Material, Haltbarkeit, der geringen Größe und der Möglichkeit, sie in kleinste Einheiten zu stückeln, waren P. stets eine der wichtigsten Waren innerhalb der weitverzweigten afrik. Handelsnetze. Material, Form und Farbe erlauben vielfältige Bedeutungszuschreibungen in versch. Kontexten. So werden bestimmten Perlen im *Zâr*-Kult Ostafrikas und Ägyptens (↗ Besessenheit) spezifische Bedeutungen zugemessen.

Ulf Vierke

Perlensprache. Südafrik. bantusprachige Völker, v.a. die Zulu, benutzten spätestens seit Ende des 19. Jh. farbige Perlen zur Notation von Botschaften. Einer Auswahl von Farben werden Bedeutungen zugeordnet und Nachrichten in Farbenfolgen verschlüsselt (Chromographie). Die Bedeutung der Farben ist zumeist natürlichen Vorbildern entlehnt. So bedeutet Rot (Feuer) Liebe, Schwarz (Lederschurz der Frau) Heirat, Blau (Flügelspiel einer stets paarweise fliegenden Taube) Treue, Weiß (Helligkeit, Reinheit) Freude, dunkles Gelb (Kürbis) Heim und Garten. Als Brief (Zulu *iNcwadi*) werden Perlen in den Farben der zu übermittelnden Botschaft in eine Reihe gefädelt oder als farbige Felder in versch. Mustern auf eine Unterlage gestickt. Die Farbenfolge Weiß – Rot – Schwarz – Blau – Gelb könnte heißen: »Ich freue mich, liebe dich, möchte bald heiraten, werde dir überallhin folgen und dein Haus versorgen«. – Jede Farbe steht für eine Aussage in einem gefühlsmäßigen Bedeutungsfeld, hat eine allg. semantische Domäne, ist aber im Hinblick auf die spezifischere Bedeutung kontext-sensitiv und muss – meist durch die Nachbarfarben – kontextualisiert werden. Bei den *amaMchunu* in Natal z.B. bedeutet ein blasses Gelb allg. »Tratsch« und kann im Einzelfall »tratsch nicht« oder »höre nicht auf Tratsch« heißen. Grün bedeutet »frisch, jung, Jungfrau« und kann die Jungfernschaft sowohl stolz betonen als auch bedauern. Durch versch. viele Perlen einer Farbe lässt sich die betreffende Aussage gewichten. Die *amaMchunu* ordnen sieben Bedeutungsfarben in einer festgelegten Sequenz von 17 Positionen an, aus der sie oft nur Teile in ihren Perlenarbeiten wiedergeben, entsprechend ihrer aktuellen Botschaft; in langen Stücken ist diese Sequenz komplett oder gar wiederholt anzutreffen. – Die mit zunehmender Schulbildung einhergehende Alphabetisierung verdrängte in den letzten Jahrzehnten weitgehend die farbkodierten Mitteilungen. Dabei zeigten sich bemerkenswerte Übergänge: Zuerst traten lat. Buchstaben als gestickte Ornamente auf, deren Bedeutung noch in der gewählten Perlenfarbe lag. Es folgten aus Perlen gestickte Buchstaben, die bereits als Grapheme lesbare Worte und Texte bildeten, aber noch die stammestypische Farbenfolge zeigten. Eine lesbare Buchstabenbotschaft kann auf Farbkodierung verzichten, und so wurden die Texte schließlich in einer einzigen Farbe auf kontrastierendem Hintergrund angebracht, sei es in Form kleiner Perlenlätzchen oder meterlanger Bänder. – Die Perlentexte sind selbst für Einheimische oft schwer verständlich, weil die Worte – wie zuvor die Farben – ohne Lücken aneinandergesetzt werden. Zudem braucht ein geschriebener Text mehr Raum: Um Freude anzuzeigen, genügte früher eine weiße Perle; das kürzeste geschriebene Zulu-Wort dafür ist *kuhle*. Perlentexte spielen deshalb oft mit Kurzformen gängiger Sprichwörter; z. B. schreibt man statt *Ikhiwane elibomvu libola indeni* (»eine rote Feige ist innen faul« = urteile nicht nach erstem Augenschein) nur *indeni*. – Inzwischen sind die bedeutungsträchtige einfache Perlenschnur sowie der langwierig gestickte Perlenbrief ganz durch den auf Papier geschriebenen Postbrief ersetzt worden, der jedoch weiterhin *iNcwadi* heißt.

📖 J. Morris/E. Preston-Whyte, Speaking with Beads, London 1994. – W. Wickler/U. Seibt, Syntax and semantics in a Zulu bead-colour communication system. In: Anthropos 90 (1995), S. 1–15. – W. Wickler/U.Seibt, Zulu beadwork messages: chromographic versus alphabetic notation. In: Baessler-Archiv N. F.44 (1996), S. 23–75.

Wolfgang Wickler/Uta Seibt

Pflanzenwelt. Der Großteil Afrikas zählt zum Florenreich der Paläotropis, das die Gesamtheit der Altwelttropen umfasst. Dagegen gehört der Nordrand Afrikas zur Holarktis, während die Südwestspitze als Capensis eigenständig ist.

Nordafrika weist ein Winterregenklima (feucht-kühle, frostfreie Winter und trockenheiße Sommer) mit Hartlaubvegetation auf. Die Pflanzendecke bestand aus immergrünen Wäldern, in denen Eichen-(Quercus-)Arten dominierten. Feuer, Beweidung und Holznutzung führten schon vor mehreren tausend Jahren zu ihrer weitgehenden Zerstörung. An ihre Stelle traten Ersatzgesellschaften wie Macchie und Garigue (immergrüne Gebüsch- und Zwergstrauchformationen), die einen hohen Anteil immergrüner Bäume (u. a. Lorbeerbaum, Eichen), strauchiger Arten (u. a. Zistrosen, Lippenblütler) und krautiger Vertreter aufweisen. Weite Flächen sind Kulturland für Ölbäume (*Olea europaea*) und für Pfirsiche, Mandeln, Feigen, Zitrusfrüchte usw. In trocken-heißen Tieflagen am Mittelmeer findet sich eine Gebüschformation mit Pistazien (*Pistacia lentiscus*), Johannisbrotbaum (*Ceratonia siliqua*) und Kiefern (u.a. *Pinus halepensis*). In den niedrigen Stufen der Gebirge dominieren Steineiche (*Quercus ilex*) und Nadelgehölze wie Phönizischer Wacholder (*Juniperus phoenicea*). In höheren Lagen waren Zedernwälder (*Cedrus atlantica*) verbreitet, die heute nur noch in geschützten Lagen vorhanden sind.

Das an der Südwestspitze Afrikas liegende Florenreich der Capensis ist durch die Fynbos-Vegetation gekennzeichnet, in der immergrüne Sträucher dominieren. Artenreich sind Heidekraut- (*Ericaceae*) und Proteusgewächse (*Proteaceae*) vertreten. Die benachbarten Trockengebiete ↗ Namib, Karoo und ↗ Kalahari zeichnen sich durch eine hohe Diversität sukkulenter Pflanzen aus.

Mit einer Fläche von ca. 11,7 Mio. km² bildet die ↗ Sahara den größten ariden (trockenen) Lebensraum der Welt (↗ Wüste). Weite Teile sind vegetationslos, nur in Wadis und Oasen finden sich bestimmte Vegetationstypen ausdauernder Pflanzen. Aufgrund des in Trockentälern vorhandenen Grundwassers wachsen dort Bäume wie Tamarisken und Akazien. Zu den charakteristischen Pflanzen der Oasen zählt die Dattelpalme (*Phoenix dactylifera*). Die als Sahel bezeichnete Übergangszone zwischen Sahara und feuchterer Sudanzone besteht heute aus degradiertem Grasland. Typische Gehölze der Sudansavanne sind Dumpalme (*Hyphaene thebaica*), Affenbrotbaum (Baobab, *Adansonia digitata*) und Schibutterbaum (*Vitellaria paradoxa*, frz. *Karité*). Mit zunehmenden Niederschlägen folgen nach Süden Trockenwälder und Feuchtsavannen. Diese als Guineasavanne bez. Formationen gehen in Feuchtwälder am Golf von Guinea über. Die westafrik. ↗ Savannen weisen große Gemeinsamkeiten mit den ostafrik. Savannen auf, die sich weit ins südl. Afrika erstrecken. Verbreitet sind flussbegleitende Galeriewälder, in denen Waldarten weitab von ihrem Hauptverbreitungsgebiet auftreten.

Tieflandregenwälder erstrecken sich von der Oberguinearegion bis ins Kongobecken (unterbrochen durch die Dahomey-Lücke). Von den westafrik. ↗ Regenwäldern sind nur Reste erhalten, u. a. im Taï-Nationalpark (Elfenbeinküste). Einer der Gründe für ihren Rückgang ist der Export von Nutzhölzern, z. B. Fraké (*Terminalia superba*). An die Stelle der Regenwälder traten verbreitet Plantagen, in denen z. B. Kaffee, Kakao, Palmöl und Hevea (Kautschukgewinnung) angebaut werden. Tieflandregenwälder zeichnen sich durch eine hohe Artenvielfalt aus. Neben zahlreichen Baumarten (nur wenige Palmen) kommen Lianen und Riesenstauden vor, darunter v. a. Ingwergewächse. Typisch sind Epiphyten (Aufsitzerpflanzen), die das Raum- und Lichtangebot in den Baumkronen nutzen. Unter ihnen überwiegen Orchideen und Farne. Epiphytische Gefäßpflanzen sowie Moose und Flechten erreichen ihr Optimum in Bergregenwäldern, wie in den Gebirgen und auf den Vulkanen entlang des ostafrik. Grabenbruchs. Oberhalb der Waldgrenze findet sich in den ostafrik. Hochgebirgen afroalpines Grasland mit eingestreuten Schopfrosettenbäumen (*Lobelia spp., Senecio spp.*).

An den Küsten des tropischen Afrika findet sich in vor Brandung geschützten Bereichen eine als Mangrove bezeichnete Gehölzformation. Bestimmend sind immergrüne Gehölze, wie *Rhizophora racemosa* und *Laguncularia racemosa*, verbreitet ist der Mangrovefarn *Acrostichum aureum*. Die Vegetation der Sandstrände zeichnet sich durch pantropisch verbreitete Arten, wie die Ziegenfuß-Strandwinde *Ipomoea pes-caprae* aus. ↗ Entwaldung, ↗ Forst- und Holzwirtschaft, ↗ Landwirtschaft, ↗ Naturräume, ↗ Naturschutz, ↗ Ökozonen.

🕮 Unesco (Hg.), The Vegetation of Africa. Paris 1983. – R. Knapp, Die Vegetation von Afrika, Stuttgart 1973.

Stefan Porembski

Pfründenkapitalismus ↗ Neopatrimonialismus

Pharao ↗ Altägypten

Philosophie, afrikanische. *I. Grundlagen.* Die a.Ph. besteht ebenso aus mündlich überlieferten Reflexionsweisen wie aus philos. Denksystemen auf schriftlicher Basis, angefangen von der altägypt. Antike bis zur Gegenwart. Allerdings wird mit a.Ph. heute vielfach die philos. Lit. seit 1945 verbunden. Die zeitgenössische a.Ph. hat es sich zur Aufgabe gemacht, (1) weltanschauliche Auffassungen der oralen Tradition zu systematisieren und theoretisch zu begründen, (2) rationale Erkenntnis zu entfalten und sie in den Dienst des gesellsch. Fortschritts zu stellen, (3) pol.-theoretische Strategien zum Zweck der radikalen Veränderung und Erneuerung afrik. Gesellschaften zu entwickeln, (4) philos. Probleme in den jeweiligen afrik. Sprachen zu interpretieren und begreiflich zu machen. Bestimmendes Merkmal der a.Ph. ist das Nebeneinander von Mündlichkeit und Schriftlichkeit als sich gegenseitig beeinflussende Diffusionsmodelle von Wissen. Während das den Sprichwörtern, Legenden, Volksliedern und Erlebnisberichten zugrunde liegende orale Denken von relig. und sonstigen mythischen Ideen beeinflusst ist (↗ Erzählen/Erzählforschung, ↗ geschichtliche Überlieferung, ↗ Oralliteratur), stützt sich die geschriebene Philosophie fast ausschließlich auf individuell entwickelte Lehrmeinungen und Theorien in ägypt., lat., arab. Sprache sowie in sonstigen afrik. und modernen europ. ↗ Sprachen. Als akad. Disziplin knüpft die moderne (Schul)Philosophie Afrikas an beide Quellen an. Formal-methodologisch unterscheidet sie sich allerdings kaum vom Denken anderer Erdteile. Denn auch in Afrika zählen Ontologie, ↗ Metaphysik, Logik, ↗ Ethik, Anthropologie, Erkenntnistheorie, Ästhetik usw. zu den Hauptgebieten der Philosophie. Ungeachtet der Dominanz der Schriftlichkeit widmen sich viele Afrikaner weiterhin der Erforschung mündlich überlieferter Denkweisen. Sie verfolgen dabei das Ziel, die afrik. Lebens- und Geisteswelt – im Hinblick auf ihre traditionellen Grundlagen – darzustellen und zu analysieren. Ist heute die Rede von a.Ph., so wird lediglich dem laizistischen Denken Rechnung getragen, d. h. denjenigen Reflexionsweisen, die sich von relig. und weltanschaulichen Vorstellungen unterscheiden. Davon wird die ausschließlich auf dem ↗ Koran basierende islam. Philosophie insbes. der Nordafrikaner ausgeschlossen und dem islam. Denken (↗ Islam) zugeordnet. Gleiches gilt für die christl. Philosophie (↗ Christentum).

II. Geschichte. Bei der Suche nach den Ursprüngen der afrik. Geistesgeschichte stehen schriftliche Materialien im Vordergrund, weil sie die Datierung und Periodisierung vergangener Denksysteme erleichtern. Mündlich überlieferte Denkweisen hingegen werden in der hist. Forschung wenig herangezogen, weil sie sich weder zeitlich rekonstruieren noch kaum mit Personen oder bestimmten Epochen der Vergangenheit verknüpfen lassen. Zudem beziehen sie sich nicht auf abstrakt-prognostische Theorien, sondern vielmehr auf praktisch-anonyme Weissagungen, allg. Lebensregeln und Gemeinschaftstugenden, deren Entstehung, Entwicklung, Herkunft, Verbreitung und Wirkungsgeschichte unbekannt sind. Die Frage, ob die ↗ Oralphilosophie repräsentativ für alle Völker Afrikas ist, kann aus heutiger Sicht nicht beantwortet werden. Der gegenwärtigen Historiographie zufolge kennt die (geschriebene) a.Ph. in ihrer Geschichte fünf Hauptperioden: (1) die pharaonische Epoche, (2) die Philosophie unter griech.-röm. Herrschaft, (3) die Philosophie des frühen Islam, (4) die Philosophie unter europ. Kolonialherrschaft und (5) die Philosophie der Gegenwart. Die a.Ph. im pharaonischen Zeitalter entstand etwa um 2800 v. Chr. und war überwiegend durch Lehrmeinungen von Imhotep, Ptahhotep, Echnaton, Kegemni, Hordjedef geprägt. Gleichwohl hatten sich in Memphis, Theben, Heliopolis und Hermopolis Schulen herausgebildet. Im Mittelpunkt des altägypt. Denkens steht die Frage nach Konzepten wie Schöpfung, Gottheit, Erkenntnis, Wahrheit, Ordnung, Herrschaft, Liebe, Bescheidenheit, Gerechtigkeit, Sittlichkeit etc. Der Schlüsselbegriff der Ägypter war ↗ Maat, die vielfach mit Ordnung, Wahrheit, Liebe und Erkenntnis übersetzt wird. Die ptolemäische Epoche (323–30 v. Chr.) und die mit ihr einhergehende Hellenisierung beendeten die afrik.-pharaonische Denkkultur in Ägypten (↗ Altägypten).

Nicht nur unter der ↗ griech., sondern auch im Zuge der ↗ röm. Kolonisation verbreitete sich die europ. Kultur in Nordafrika, wodurch einheimische Traditionen und Denkweisen weitgehend verdrängt wurden. Nordafrikaner, die sich philos. Fragen zuwandten, konnten daher nur im Kontext der griech.-röm., später christl. Kultur ihre Theorien entwickeln. Darunter waren so versch. Denker wie Apuleius (125–180), Tertullian (160–220), Origines (185–254), Cyprian (200–258), Annobius (250–310), Athanasios (295–373), Aurelius Augustinus (354–430) und Philipones (490–575). Ihre Integration in die afrik. Geistesgeschichte wird heute als Möglichkeit angesehen, die Zäsur zwischen Altägypten und den späteren Epochen der a.Ph. zu überbrücken.

Mit dem Eindringen der ↗ Araber in Nordafrika ab 627 n. Chr. ging die christl. Dominanz zu Ende. Bis zum Beginn der europ. Expansionsbestrebungen im 15. Jh. wurde nur noch in islam. Kategorien gedacht. Als Philosophen traten hervor: Al-Tahawi (gest. 843), Ibn Ruschd Abdul Walid (1126–1198), Ibn Badjadja (gest.1130), Ibn Khaldûn (1337–1466), Mohammed Bagayogo u.a.

Das philosophische Denken der Moderne entstand nicht nur in der Auseinandersetzung mit dem europ. ↗ Kolonialismus und ↗ Rassismus, sondern auch im Entwurf eigener philos. Konzepte, die den pol., sozialen und kulturellen Entwicklungen entsprechen sollten. Der Pionier des modernen afrik. Denkens ist Wilhelm Anton Amo aus Axim (ca. 1700–1756), der in Deutschland studierte und an der Universität Halle lehrte. Zwar hat Amo das afrik. Denken in keiner Weise beeinflusst, doch wird er aufgrund seiner Mitwirkung an den geistigen Auseinandersetzungen seiner Zeit in Europa als Vorbild angesehen, an dem sich alle Afrikaner mit universellem Denkanspruch orientieren. Weitere Wegbereiter der Moderne sind die Übersee-Afrikaner zu Beginn des 20. Jh., die das Konzept des ↗ Panafrikanismus entwickelten, der bestimmenden pol. Ideologie Afrikas bis 1960. Nicht zuletzt hat die ↗ *Négritude*, eine Art poetische Philosophie, die der kolonialen Gewalt mit Skepsis gegenüberstand, das Selbstbewusstsein gestärkt. Doch erst mit Fabien Eboussi Boulaga, Ebenezer Njoh-Mouelle, Marcien Towa, Paulin Hountondji, Henry Odera Oruka, Olubi Sodipo u.a. wurde die Philosophie (um 1970) zu einer akad. Disziplin. Während sich die einen von der Oralphilosophie mit der Begründung distanzierten, sie sei lediglich eine praktische Lebensform, versuchten die anderen, das mündlich überlieferte Wissen für gegenwärtige Erfordernisse Afrikas nutzbar zu machen. Auf diese Weise haben sich Ansätze und Standpunkte herausgebildet, die heute das gesamtafrik. philos. Denken dokumentieren.

III. Gegenwartsströmungen. Das gegenwärtige afrik. Denken ist durch fünf Tendenzen gekennzeichnet: (1) ↗ Ethnophilosophie, (2) philos. Universalismus, (3) ↗ Weisheitsphilosophie, (4) pol.-ideologische Philosophie und (5) afrik. Hermeneutik. (1) Die Ethnophilosophie geht auf das Werk *La philosophie bantoue* (1945) von Placide Tempels (1906–1977) zurück, in dem er die in Afrika von relig. und sonstigen mythischen Ideen beeinflussten Denkweisen als Philosophie darstellt. Alle philos. Positionen, die sich mit Mythen (↗ Mythos), Gottheiten, Heroen (↗ Heroenkult) und Naturkräften beschäftigen oder weltanschauliche Traditionen und Rituale in die Philosophie einführen, werden zur Ethnophilosophie gerechnet. Die bekanntesten Vertreter sind Alexis Kagame (Ruanda), André Makarakiza (Burundi), Anton Mabona (Südafrika), Jean Calvin Bahoken (Kamerun), Vincent Mulago (Kongo), William Abraham (Ghana) und John Samuel Mbiti (Kenia). (2) Der philos. Universalismus, auch professionelle Philosophie genannt, ist geprägt von der Idee der Philosophie als universeller Methodenreflexion, die, unabh. von Kultur und thematischen Divergenzen bei der Deutung philos. Fragen, den gleichen Denkprinzipien und Maßstäben folgt. Der afrik. Universalismus setzt sich für die Überwindung ethnozentrischer und nationalistischer Bestrebungen im afrik. und europ. Denken ein. Dieses Bestreben richtet sich einerseits gegen die Vorstellung einer einzigartigen und unverwechselbaren Geistestradition Afrikas und andererseits gegen die Tendenz, Philosophie ausschließlich zu einem geistigen Eigentum Europas zu erklären. Hauptvertreter des Universalismus sind Paulin Jideni Hountondji (Benin), Ebenezer Njoh-Mouelle, Jean Godefroy Bidima, Marcien Towa (Kamerun), Elungu Pene Elungu (Dem. Rep. Kongo), Charles Kounkou (Rep. Kongo), Kwame A. Appiah und Kwasi Wiredu (Ghana), Babacar Sine und Souleyman Bachir Ndiaye (Senegal), Abdou Touré (Elfenbeinküste), Peter Bodunrin, Olusegun Oladipo, Joseph Omoregbe, Christopher Nwodo (Nigeria), Emenwo Blakolo (Botsuana), Laurant Ankunde (Togo), Didier Kaphagawani (Malawi). (3) Die Weisheitsphilosophie ist ein vom kenianischen Philosophen Henry Odera Oruka (1944–1995) in die philosophische Terminologie eingeführter Neologismus. Diese Denkrichtung beschäftigt sich mit der Frage nach der Sprachentwicklung sowie der weisheitlichen Reflexion in der oralen Tradition. (4) Die pol.-ideologische Tendenz bezeichnet das auf pol. Schriften und Essays beruhende Denken, das sich der kolonialen und nachkolonialen Phase Afrikas widmet und die Philosophie für pol. und moralische Fragen zuständig erklärt. Bedeutendste pol. Denker sind Kwame Nkrumah (Ghana) mit dem von ihm konzipierten ↗ Consciencismus, Léopold Sédar Senghor (Senegal) und Samir Amin (Ägypten). Darüber hinaus wird auch das Bemühen pol. verantwortlicher Afrikaner, ihre pol. Positionen der Öffentlichkeit in Schriften zu erläutern, dieser Denkrichtung zugeordnet. Dazu gehören Julius Nyerere und ↗ *Ujamaa*, eine Konzeption des sog. afrik. ↗ Sozialismus, sowie der ↗ Humanismus, eine Konzeption von Kenneth Kaunda, und die Authentizität, eine Konzeption von Mobutu Sese Seko (Zaire). Vor der Unabh. lag der ideologischen Philosophie das Motiv zugrunde, neue Möglichkeiten zu suchen, um die verlorene Freiheit zurückzugewinnen. Später ging es in erster Linie darum, zukunftsträchtige Ideologien für die souverän gewordenen Staaten bereitzustellen. (5) Die Hermeneutik zählt zu den den bedeutendsten Strömungen der afrik. Gegenwartsphilosophie. Ihr Ziel ist die methodische Rekonstruktion der Geistesgeschichte Afrikas. Dabei bemühen sich die afrik. Hermeneutiker, sowohl mündlich überlieferte Denkweisen als auch schriftlich fixierte Reden und Sprachzeichen früherer Zeiten im gegenwärtigen Kontext zu interpretieren. Nach ihrer Auffassung ist nicht die Form (z.B. die Schrift) der Überlieferung das Entscheidende für die Geschichte des Wissens, sondern vielmehr der Inhalt. Gefragt wird v.a., inwieweit sich vergangene und gegenwärtige Denkweisen als ges. Überlieferungserbe untersuchen und verstehen lassen. Das hermeneutische Denken wurde 1971 durch die Dissertation *Can There Be an African Philosophy? A hermeneutical investigation with reference to Igbo culture* von Theophilus Okere (Nigeria) in Afrika eingeführt. Okere wollte den wahren Sinn der afrik. Philosophie an den oralen Überlieferungen auffinden und begründen. Interpretiert werden heute geschriebene Texte ebenso wie mündliche Überlieferungen mit dem Ziel, bestimmte Handlungs- und Denkmuster aufzudecken, die für die gegenwärtige und die zukünftige Generation als Verhaltensmuster dienen könnten. In Anlehnung an Paul Ricoeur und Hans-Georg Gadamer versuchen die afrik. Hermeneutiker, die philos. Hintergründe sowohl der pharaonischen Zivilisation (Mubabinge Bilolo aus Kongo) als auch der Oralliteratur und sonstiger Sprachsymbole zu untersuchen (Oleko Nkombe Kinyongo und Tshiamalenga Ntumba, beide aus Kongo), Henry Olela (Kenia), Olubi Sodipo (Nigeria), Lansana Keita (Sierra Leone) und Claude Sumner (Kanada/Äthiopien) suchen hingegen nach den Wurzeln des afrik. Denkens ausschließlich in überlieferten Texten. Seit einigen Jahren haben Afrikanerinnen begonnen, sich von der durch Männer dominierten Philosophie zu lösen und eigene Konzepte zu entwickeln, wenngleich ihre Positionen in unterschiedliche Richtungen gehen. Doch mit ihrer systematischen Erforschung und Thematisierung der Frauen- und Geschlechterfrage in afrik. Gesellschaften leisten sie einen außerordentlichen Beitrag zur Bereicherung des philos. Denkens in Afrika (↗ Frauen, ↗ Geschlechterbeziehungen). Bekannteste feministische Denkerinnen sind Tanella Boni (Elfenbeinküste), Awa Thiam (Senegal), Sophie Oluwole und Marie Pauline Eboh (Nigeria).

📖 P.O. Bodunrin (Hg.), Philosophy in Africa: Trends and Perspectives, Ife-Ife 1985. – H. Kimmerle, Philosophie in Afrika – Afrikanische Philosophie, Frankfurt/M. 1991. – D.A. Masolo, African Philosophy in Search of Identity, Bloomington and Indianapolis 1994. – J.G. Bidima, La philosophie négro-africaine, Paris 1995. – J.E. Mabe, Die Kulturentwicklung des Menschen nach J.-J. Rousseau in ihrem Bezug auf die gesellschaftlichen Entwicklungen in Afrika, Stuttgart 1996. – Ders., Vom Sinn der Philosophie in Afrika – Plädoyer für eine Konvergenzphilosophie. (in Vorb.)

Jacob E. Mabe

Pidgin- und Kreolsprachen weisen unabh. von ihrer Entstehung in vorkolonialer oder kolonialer Zeit und trotz unterschiedlicher genealogischer Zugehörigkeit ihres jeweiligen Lexifikators (d.h. einer europ., arab. oder afrik. Basissprache) Gemeinsamkeiten in ihrer Entwicklungsgeschichte und Sprachstruktur auf. P. werden typischerweise in Kommunikationssituationen entwickelt, in denen Menschen mit unterschiedlicher Erstsprache aufeinandertreffen und einer Handels-, Arbeits- oder Hilfssprache im weitesten Sinne bedürfen. In vielen Fällen sind P. in einem fortgeschrittenen Stadium ihrer Entwicklung von einer Sprechergeneration als gemeinsames sprachliches Medium anerkannt, als meistgebrauchte und zuerst erlernte Sprache übernommen worden. Im Zuge solcher Prozesse werden P. in allen lexikalischen und grammatischen Bereichen ausgebaut. Sango, eine auf Ubangi-Sprachen basierende P.+K. (↗ Adamawa-Ubangi), wird heute v.a. in der Zentralafrik. Rep. gesprochen und ist insbes. in der Hauptstadt Bangui als K. weit verbreitet. Aufgrund seiner Rolle als K. und seiner wachsenden Bedeutung in allen Bereichen des modernen Lebens ist Sango mittlerweile als offizielle Sprache der Zentralafrik. Rep. anerkannt. Als P. entstand Sango vermutlich bereits im 17. Jh. infolge des Flusshandels im Ubangi-Kongo-Becken, während es gegen Ende des 19. Jh. auch im Kontakt mit europ. Händlern und Kolonialbeamten in der Region eingesetzt wurde. In struktureller Hinsicht ist allen afrik. P.+K. gemeinsam, dass sie über einen gemischten Wortschatz und eine zunächst vereinfachte Grammatik verfügen. Während das Krio, eine auf dem Englischen basierende P.+K. in Sierra Leone, bis heute in großem Umfang europ. Wortgut bewahrt hat (80% engl., 10% portug. Wörter), lässt die grammatische Struktur deutlichen Einfluss aus versch. ↗ Niger-Kongo-Sprachen (insbes. ↗ Mande und ↗ Kwa) erkennen. Satznegation wird in vielen P.+K. mehrfach markiert und/oder durch präverbale freie Morpheme ausgedrückt (vgl. Krio *i nɔ tɔk natin* »er/sie sagte überhaupt nichts«). Im Sango und in einigen P.+K. auf Bantu-Grundlage (↗ Bantusprachen) kommen ungebundene Negationselemente aber auch in verb- oder hauptsatzfinaler Position vor (vgl. Sango *pɛpɛ̀* »nicht« wie in *Lò tàmúlà kɛ́tɛ́ pɛpɛ̀*, wörtl.: »er/sie-spazier-wenig-nicht«, »er/sie ist überhaupt nicht umhergegangen«). – Pidginisiertes Frz. (*petit nègre, petit français, français de brousse*) wird in West- und Zentralafrika in den ehemaligen frz. und belg. Kolonien gesprochen. Frz. ist auch Basis der K. (Créole) von Mauritius, Réunion, Rodrigues und den Seychellen. Zwar ist das Créole nicht als Unterrichtssprache offizialisiert, aber es gibt bereits eine Créole-Lit. Die auf Portug. zurückgehende K. Westafrikas und der atlantischen Inseln, Crioulo, wird von mehr als 300.000 Menschen auf Kap Verde, in Senegal und Guinea-Bissau sowie auf São Tomé, Ilha do Príncipe und Pagula gesprochen. V.a. auf den Inseln ist Crioulo die meist gesprochene Sprache und gewinnt daher zunehmend auch im offiziellen Bereich an Bedeutung. Der K.-Status des *pequeno português* in Angola und Mosambik ist hingegen noch ungeklärt (Karte 25). ↗ Kreolisierung.

📖 B. Heine, Pidgin-Sprachen im Bantu-Bereich, Berlin 1973. – J. Holm, Pidgins and Creoles, 2 Bde., Cambridge 1988/89. – M. Sebba, Contact Languages: Pidgins and Creoles, London 1997.

Gabriele Sommer

Pilgerfahrt ↗ Djihad

Plantagenwirtschaft umschreibt eine kapitalintensive, marktorientierte, großbetriebliche ↗ Landwirtschaft mit Lohnarbeit. Sie wurde in Afrika während der Kolonialzeit durch europ. Siedler und Plantagengesellschaften begründet und hat auch heute noch erhebliche wirtsch. Bedeutung. Vorwiegend werden Dauerkulturen angebaut, ↗ Monokultur ist weitgehend üblich. Unter den einjährigen Kulturen eignet sich Baumwolle für die P. aufgrund ihrer relativen Selbstverträglichkeit. Tabak, der erst nach 5 Jahren wieder auf demselben Feld angebaut werden kann, steht bspw. in Simbabwe im Verbund mit der ↗ Viehhaltung und rotiert mit Weideland. Neben der Primärproduktion umschließt die P.

Karte 25: Pidgin- und Kreolsprachen in Afrika

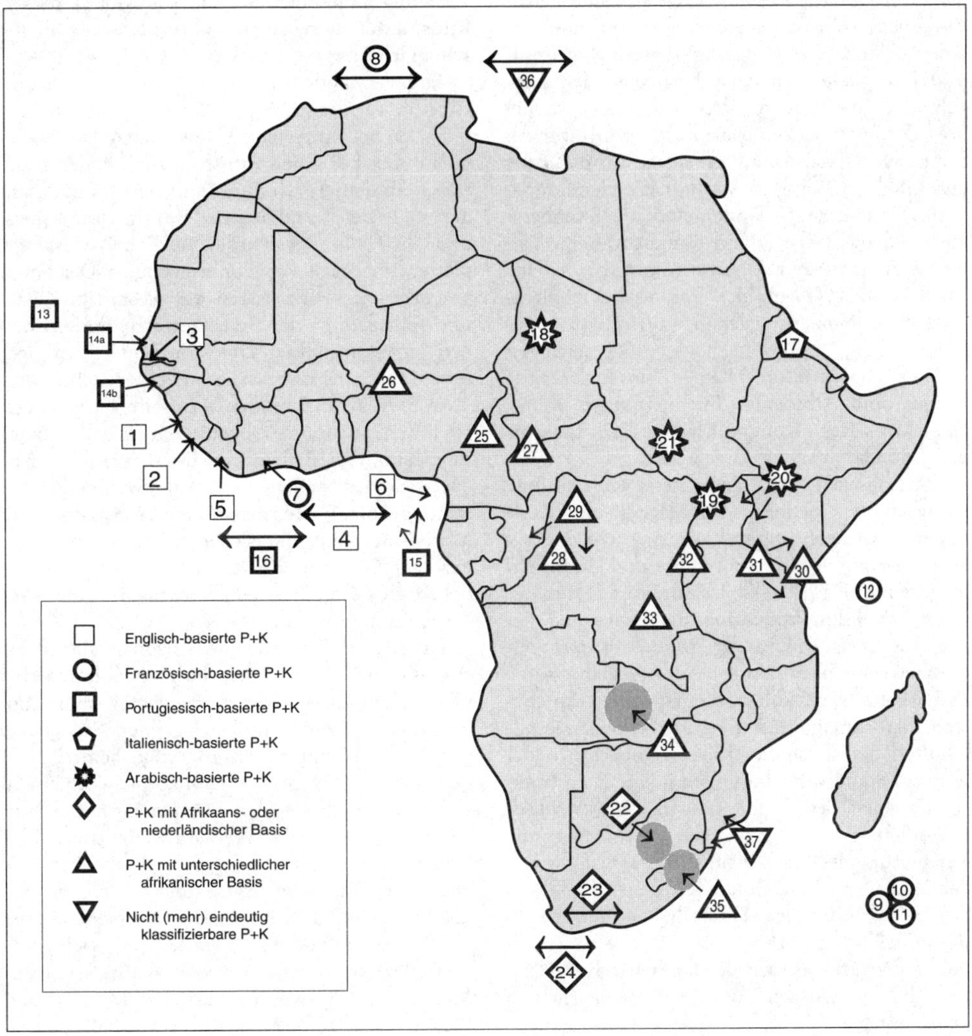

auch die Verarbeitung, i.d.R. auf der ersten Stufe. Die Plantagengesellschaften waren häufig Pionierinnen bei der Einführung und Erprobung von in Afrika nicht heimischen Kulturarten. Das relative Gewicht der P. wurde verringert, als auch Bauern die Kulturen übernahmen, womit ein wichtiger Beitrag zur ↗ ländlichen Entwicklung geleistet wurde. In Kenia fand die Produktion von Kaffee noch bis in die 1930er Jahre hinein ausschließlich in der P. statt. Heute wird er zu über 80% in bäuerl. Kleinbetrieben erzeugt. Tee galt lange Zeit wegen der hohen Verderblichkeit des Ernteguts ausschließlich als eine Kultur der P. Durch Ausbau der Infrastruktur und Einrichtung von Sammelstellen in den 1960er Jahren gelang es aber, auch den Tee in die bäuerl. Landwirtschaft einzuführen. Kenia ist das wichtigste Erzeugerland für Tee, gefolgt von Malawi, Simbabwe, Tansania und Uganda. Auch in anderen Ländern, bspw. in der Elfenbeinküste und in Ghana, übernahmen Bauern typische Plantagenkulturen, die damit ihr System der ↗ Bodennutzung diversifizierten und stabilisierten.

Die wichtigsten Plantagenkulturen Afrikas sind Kakao und Kaffee sowie Tee, Hevea (Kautschuk), Sisal, Ölpalmen, Bananen und Kokospalmen. Zitrusfrüchte und Oliven sind Kulturen der subtropischen Regionen Nord- und Südafrikas. Zuckerrohrplantagen werden aufgrund der hohen inländ. Nachfrage nach diesem Nahrungsmittel in vielen Ländern betrieben. Trotzdem gelingt es meist nicht, den Bedarf aus eigener Produktion zu decken. Kakao ist eine Kultur des tropischen Tieflands und als solche für die P. der küstennahen Regionen Westafrikas charakteristisch. Haupterzeugerländer sind die Elfenbeinküste, Ghana, Nigeria und Kamerun. Beim Kaffee ist zwischen dem v.a. im ostafrik. Hochland angebauten *coffea arabica* und dem der feuchttropischen Niederungslagen, *coffea canephora* oder *robusta,* zu unterscheiden. Die nach der Anbaufläche größten Kaffee produzierenden Länder sind Äthiopien, Elfenbeinküste, Kenia, Demokrat. Rep. Kongo, Madagaskar, Tansania und Uganda.

Die typische P. wird heute meist von multinat. Unternehmen betrieben. Der Flächen- und Kapitalbedarf ist hoch und das vordringliche Ziel die Maximierung von Kapitalrendite und Unternehmergewinn. Da die Gesellschaften i.d.R. flexibel in der Wahl des Produktionsstandortes sind, gelingt es meist auch, für Monokulturen vergleichsweise nachhaltige Anbauverfahren zu entwickeln. Dauerkulturen entsprechen am ehesten den klimagemäßen natürl. Pflanzengesellschaften der feuchten Tropen. Hinsichtlich der wirtsch. Standortbedingungen ist die P. an funktionierende Märkte und günstige Infrastruktur gebunden. So war bspw. die Einführung und Verbreitung der Sisalkultur in Ostafrika eng mit dem Bau der Eisenbahnen seit den 90er Jahren des 19. Jh. verbunden. Heute haben meist ganzjährig befahrbare Straßen die Schiene als Transportweg ersetzt. Neben der landwirtsch. P. existiert die forstwirtsch. P., z.B. in der Form von Teakplantagen.

Eckhard Baum

Plastik umfasst alle Erzeugnisse der bildenden Künste aus (1) formbaren Materialien wie z.B. Ton und (2) gegossene Objekte aus Bronze oder Messing. Zu (1) gehören die Darstellungen aus Terrakotta, bei denen es einen fließenden Übergang gibt von Gebrauchskeramik mit plastischen Applikationen (Gefäße, Pfeifenköpfe etc., ↗ Töpferei) über Puppen und andere, oft aus ungebranntem Lehm hergestellte Objekte sowie in rituellen Kontexten (↗ Ritus) verwendete Figuren bis hin zur Kunst des Königreichs ↗ Benin und anderer Gesellschaften des südl. Nigerias (↗ Yoruba-Königreiche), deren P. als ↗ Kunst von Weltrang angesehen werden. Die Motive dieser Kunst sind überwiegend anthropomorph (menschengleich).

Eng verwandt mit diesen P. sind (2) die im Guss in verlorener Form (Gelbguss) hergestellten. Die bekanntesten Werke entstanden ebenfalls in der höfischen Kunst im südl. Nigeria; sie traten ab dem 14. Jh. mit ähnlichen Motiven an die Stelle der Terrakotten (↗ Ife). In Bronzeguss und als Halbrelief wurden auch die Messingplatten im Palast von Benin gefertigt. Der Guss in verlorener Form ist an der westafrik. Küste und teilweise in der Sudanzone zu finden. Bei den so hergestellten Objekten handelt es sich um Gebrauchsgegenstände (Goldgewichte der ↗ Asante), um ↗ Schmuck (Armreife, Fingerringe etc.) und auch um Objekte mit ritueller bzw. repräsentativer Bedeutung. Bei den Gebrauchsgegenständen stellen die oft nur wenige Zentimeter großen P. Menschen- oder Tierfiguren und Motive aus dem Alltagsleben dar. Aufgrund ihrer geringen Größe und leichten Transportierbarkeit haben sie sich zu einem wichtigen Zweig der ↗ Touristenkunst entwickelt.

Die Materialien, Ton sowie Bronze oder Messing, bestimmen zugleich die Herstellungstechniken. Tonfiguren werden aus gemagertem Ton mit aufbauenden Techniken gebildet, wobei wegen der Schrumpfung des Materials beim Trocknen immer ein zentraler Hohlkörper vorhanden sein muss. Kleinere Elemente der P. werden mit frischem Ton auf das Werkstück appliziert. Die Oberflächen sind i.d.R. sorgfältig bearbeitet, geglättet, poliert oder mit Hilfe eines scharfen Werkzeugs mit Ritzverzierungen versehen.

Der Guss in verlorener Form ist die wichtigste Technik zur Herstellung von P. aus Bronze oder Messing. Dafür werden zunächst Modelle aus Bienenwachs geformt. Darüber wird die Gussform aus Lehm abgeformt, aus der man dann durch Erhitzen das Wachs entfernt. Anschließend wird das Metall in einem Tiegel geschmolzen, der oft schon vor dem Erhitzen mit Lehm an die Hohlform angefügt wird. Wenn das Messing flüssig ist, kann die gesamte Form gewendet werden, wobei sich das Metall in die Form ergießt. Nach dem Erkalten zerschlägt man die Tonform und erhält die fertige Metallfigur.

Obgleich keramische Plastiken in Afrika heute seltener auftreten als etwa hölzerne ↗ Skulpturen, spielen sie in der afrik. Geschichte aufgrund ihrer Langlebigkeit eine große Rolle für den Nachweis hist. Kulturen und deren künstlerischer Produktion. Dies ist insbes. bei der über zweitausend Jahre alten Kunst der ↗ Nok-Kultur (Nigeria) und den Erzeugnissen aus Djenné-Djeno im Binnendelta des Niger der Fall. Der Bronzeguss ist ab dem 11. Jh. belegt und nahm ab dem 15. Jh. rasch an Bedeutung zu. Die Versorgung mit Rohstoffen und die Verbreitung dieser Kunst in Westafrika erfolgte durch den transsaharischen Handel (↗ Westafrika, Völker, Kulturen und Staaten). Auch an der Guinea-Küste gehörten Kupfer und Bronze zu den wichtigsten Waren europ. Händler, und der Aufstieg dieser Kunst am Königshof von Benin ist nicht zuletzt in ihrem massenhaften Import begründet. Heute verwenden die Handwerker alle möglichen Materialien, u.a. alte Münzen, Kupferrohre, Aluminium u.ä. In der letzten Zeit ersetzen verschiedentlich P. aus bunt lackiertem Beton hölzerne Skulpturen etwa als Grabfiguren. Zu den P. aus Beton zählen außerdem Monumente an öffentl. Plätzen in den Städten. ↗ Kunst, städt., ↗ moderne Kunst.

🕮 W. Forman, Alte afrikanische Plastik: Nok, Ife, Benin, Leipzig 1967. – T. Förster, Glänzend wie Gold. Gelbguss bei den Senufo (Elfenbeinküste), Berlin 1987.

Hans P. Hahn

Politisierte Ethnizität bezeichnet die Instrumentalisierung von ethn.-kulturellen Unterschieden (die durch versch. Formen der Aneignung von Natur entstanden sein mögen) zum Zwecke der Vergrößerung eigener Macht- und Ressourcenansprüche. Dabei ist es von sekundärer Bedeutung, ob es sich um objektiv nachweisbare oder um nur fiktive ethn.-kulturelle Abgrenzungen handelt. P. E. (↗ Ethnizität ist eine Form der bewussten Selbstorganisation, nichts Biologisch-Genetisches, nichts Statisches) meint sowohl eine moralische Gemeinschaft als auch eine moderne pol. Ressource, kann zur Erfüllung unterschiedlicher Funktionen – von Regierungen wie von Minderheiten mit niedrigem oder hohem sozialen Status – eingesetzt werden und ist vom hist. Kontext abhängig. In ethn. heterogenen Gesellschaften sollen mehr oder weniger willkürlich gezogene ethn. Grenzen zwischen »Wir« und »den Anderen« die Exklusion von Ansprüchen anderer rechtfertigen und die Loyalität der Mitglieder des eigenen Klientelnetzes maximieren.

Ethnie oder Ethnizität markieren Ordnungsmodelle für inner- und zwischengesellsch. Austauschbeziehungen, die ein spezifisches System der Kontrolle über ökonom. und pol. Ressourcen, eine spezifische Form der Arbeitsteilung etablieren und ein System von Bedeutungen errichten, mit dem die Beziehungen zwischen Menschen und Menschengruppen reguliert werden. »Rasse« und »Ethnizität« konkurrieren mit und/ oder ergänzen Ordnungsvorstellungen, die das Verhältnis von oben und unten behandeln und mit den Begriffen Klasse und oder Schicht operieren. Die positive Seite der Ethnizität wird von O. Nnoli als »ein Mechanismus der Anpassung« definiert, die es dem Einzelnen ermöglicht, mit der Entfremdung in der Massengesellschaft durch Rückzug auf Vertrautes fertig zu werden. Die weltweite Existenz von p. E. legt die Vermutung nahe, »dass sie nicht etwa das Ergebnis irgendeines barbarischen Erbes irgendeiner bestimmten Gruppe von Menschen oder die Folge vorkolonialer Konfliktmuster zwischen Mitgliedern versch. ethn. Gruppen« ist. Sie ist vielmehr ein allg. gesellsch. Phänomen zwischenmenschl. Beziehungen, das von versch. Faktoren beeinflusst wird, wie v.a. die Erinnerung an gemeinsame Herkunft, Konkurrenz um Überlebensressourcen, die Empfindung sozialer Distanz aufgrund unterschiedlicher Sprachen und Sitten etc.

Im Afrika der 1990er Jahre tauchte in Zeiten von Wahlkämpfen in Mehrparteiensystemen das Phänomen der p. E. verstärkt auf und ersetzte manchmal den Wettbewerb um das bessere Parteiprogramm. Regierung und Opposition haben in der Regel unterschiedliche ethnonat. Anhängerschaften. Angesichts von Wahlkreisen, in denen meist eine ethn. Gruppe dominiert, ist es für Wahlkämpfer höchst rational, die Unterstützung der Mehrheitsethnie erringen zu wollen, was am leichtesten durch Appelle an deren Solidaritätsbewusstsein und -gefühl geschieht. Die damit einhergehende Emotionalisierung von Macht- und Verteilungskonflikten führt nicht selten zu Diskriminierung Dritter und zu gewaltsam ausgetragenen Interessenkonflikten – zu ethnopol. Konflikten (↗ ethn. Konflikt). Sie fungiert ferner als kostengünstige Form der Mobilisierung von Anhängern, bes. von Minderheiten oder gegen Minderheiten, die ökonom. ausgebeutet und psychisch unterdrückt werden.

Durch die pol. beschleunigte Modernisierung kam es angesichts zunehmender Verteilungskonflikte und ökonom. wie ökolog. Krisen generell zu einer »Politisierung« von traditionellen Vergesellschaftszusammenhängen (Großfamilie, ↗ Klan, Subklan, Nomadengruppe, Religionsgemeinschaft etc.). Als dann noch die Forderung nach Demokratisierung unabweisbar wurde, erhöhten sich die Spannungen zwischen den einzelnen Regionen, Ethnien oder Parteien, weil in ethn.-kulturell zerklüfteten Gesellschaften die zivile friedliche Koexistenz von pol. aktiven Gruppen erst gelernt werden muss. Gemeinschaftlichkeit als ein bewusstes Mittel, die Kräfte zu vereinen und Identität zu verteidigen, bietet in Konfliktsituationen eine unverzichtbare Überlebensprämie. Die zentrifugalen Kräfte, die durch p. E. im Prozess der ↗ Nationenbildung ausgelöst werden, können am besten durch parlamentarische Regierungssysteme wegen ihrer größeren Inklusivität und den in ihnen angelegten Zwängen zum Kompromiss eingedämmt werden. ↗ Ethn. Konflikte, ↗ Tribalismus.

📖 E. Bos/S. Schmidt, Politisierte Ethnizität und Verfassungsstaat in Schwarzafrika. In: J. Betz (Hg.), Verfassungsgebung in der Dritten Welt, Hamburg 1997, S. 394–441. – E. J. Dittrich/F. O. Radtke (Hg.), Ethnizität. Wissenschaft und Minderheiten, Opladen 1990. – R. Kößler/T. Schiel (Hg.), Nationalstaat und Ethnizität, Frankfurt/M. 1994. – O. Nnoli, Ethnicity. In: J. Krieger (Hg.), The Oxford Companion to Politics of the World, Oxford 1993, S. 280–284. – R. Tetzlaff, Politisierte Ethnizität – eine unterschätzte Realität im nachkolonialen Afrika. In: Afrika Spectrum 26. (1991), 1, S. 5–28.

Rainer Tetzlaff

Polyandrie ↗ Polygamie

Polygamie (Mehr- oder Vielehe), eheliche Verbindung mit mehr als einem Partner (↗ Ehe). Man unterscheidet zwischen Polyandrie, der Ehe einer ↗ Frau mit mehreren Männern, und Polygynie, der Ehe eines Mannes mit mehreren Frauen. Polygyne Ehen sind trotz christl. Einflusses und staatl. Verbote nach wie vor weit verbreitet. Elternschaft und Kinderreichtum werden hoch bewertet und sind für Männer v. a. durch die Heirat mehrerer Frauen zu erreichen, zumal in vielen Gesellschaften von beiden Ehepartnern nach der Geburt eines Kindes manchmal jahrelange sexuelle Enthaltsamkeit erwartet wird (*post-partem*-Tabu). Das ↗ islam. Ehe- und Familienrecht gestattet die Ehe mit bis zu vier Frauen. In Ländern, deren Gesetzgebung heute nur monogame Ehen als legal anerkennt, werden zusätzliche Frauen oft auf »traditionelle« Art geheiratet. Dies hat für die Frauen den Nachteil, dass sie und ihre Kinder im Fall von Scheidung oder Tod des Ehemannes keinen Anspruch auf Versorgung oder Erbschaft haben.

Das Zusammenleben mehrerer Frauen desselben Mannes kann zu Eifersucht und Konflikten führen. Frauen, die polygyne Ehen ablehnen, haben oft nur die Möglichkeit der Scheidung. Andererseits sind es manchmal auch Frauen, die ihre Mitfrauen selbst auswählen, wie im Fall der sororalen Polygynie (↗ Sororat).

Katja Werthmann

Polygynie ↗ Polygamie

Populäre Literatur, belletristische Veröffentlichungen in einer europ. oder einer größeren afrik. ↗ Sprache, die sich an eine kleine, westl. gebildete urbane Schicht wenden. P. L. ist i.d.R. keine Massenlit., denn in Afrika, einem Kontinent mit bis zu 2.000 Sprachen, die zumeist nie verschriftlicht wurden, kann ein beträchtlicher Teil der Bev. nicht oder nur rudimentär lesen. Es gibt aber auch populäre Ausdrucksformen für breitere Bevölkerungsschichten, z. B. Vorstadttheater, Musicals oder Perfomances. Die Entstehung der p. L. war eng verknüpft mit der Möglichkeit zur Veröffentlichung. Neben Missionsdruckereien und staatl. Verlagen, die Werke in afrik. Sprachen zum Zweck der Alphabetisierung herausbrachten, gab es zunächst nur wenige unabh. Verlage. Sie konnten zudem ihre Bücher kaum nat. und schon gar nicht internat. verbreiten. Falls Autoren in einer europ. Sprache schreiben wollten, um Leser außerhalb der eigenen Sprachgruppe zu erreichen, mussten sie sich an europ. Schulbuch- oder kommerzielle Verlage wenden, die in der Folge die meistverkauften Titel in Paris oder London herstellten und in A. verkauften.

I. Populäre Literatur multinationaler Verlage. Der erfolgreichste multinat. Verlag in A. war Heinemann Educational Books mit seiner *African Writers Series* (*AWS*, gegr. 1962), die schnell wuchs und schließlich auch experimentelle und pol. orientierte Werke einbezog (↗ anglophone, ↗ frankophone Literaturen) Der erste Titel, Chinua Achebes *Things Fall Apart* (dt. *Okonkwo oder das Alte stürzt*), war zugleich mit fünf Mio. verkaufter Exemplare das erfolgreichste Buch und wurde Pflichtlektüre an Schulen und Universitäten. Andere Verlage folgten in den 1970er Jahren: Macmillan mit seiner *Pacesetter Series* und Longman mit der *Drumbeat Series.* Ihre Abenteuergeschichten und Teenagerromanzen sollten als Alternative zur *AWS* die Lücke zwischen Schulbüchern und Erwachsenenlit. schließen und junge Leser ansprechen (↗ Kinder- und Jugendliteratur). Erbaulich und moralisierend richteten sie sich an ein afrik. Publikum, das zur

Unterhaltung las und nicht, um ein Examen zu bestehen. Den Erfolg der *AWS* konnten beiden Reihen nicht wiederholen.

II. Populäre Literatur in Nigeria. Die ersten einheimischen Verlage im anglophonen Afrika wurden nach dem Zweiten Weltkrieg in Onitsha (Nigeria) gegründet. Druckereien, Schulen, ausgeprägte Kleinhandelsstrukturen und der demokrat. Geist der Igbo-Bev. waren die Voraussetzungen für die Entwicklung einer preiswerten und anspruchslosen Lit. für eine neue alphabetisierte Stadtbev. (↗ Stadt), die Erbauliches und Unterhaltsames lesen wollte. Zu der Onitsha-Lit. zählten didaktische Anleitungen – *Erfolg im Leben* oder *Wie man Feinden und schlechter Gesellschaft aus dem Weg geht* – oder melodramat. Schilderungen problematischer und tragisch endender Liebesbeziehungen, z. B. *Mabel, süßer Liebling; Sie floss dahin.* Untreue Liebhaber, gefallene Mädchen, unglückliche Liebende und skrupellose Gauner bevölkerten Erzählungen, die mit einer moralischen Botschaft schlossen. Von einigen Onitsha-»Volksbüchern« wurden hunderttausende verkauft und immer wieder neu gedruckt. Leitfäden wandten sich an männliche Leser, Romanzen wurden von Frauen wie Männern verschlungen. Fast alle Autoren waren Männer, die sich in den Liebesgeschichten aber meist auf Frauenprobleme konzentrierten oder gar eine weibliche Perspektive wählten. Die Vielschreiber J. Abiakam, Thomas Iguh, Nathan Njoku oder Ogali A. Ogali verfassten jeder mehr als zwanzig solcher Broschüren. Ihren Höhepunkt erreichte die Onitsha-Lit. in den 1960er Jahren, verlor während des Biafrakriegs (1967–70) an Schwung und erholte sich nicht mehr, denn die Computertechnologie führte zur Veränderung der heimischen Verlagslandschaft. Desktop-publishing ersetzte die Druckereien, an Stelle der Broschüren traten professionelle und elegant aufgemachte Paperbacks, die heute in nigerianischen Städten zu finden sind.

II. Populäre Literatur in Ghana. In kleinerem Umfang entstand hier eine p. L., die auf Märkten und in Buchläden in Accra verkauft wurde. Titel wie *Frauen sind Gift* oder *Die Tränen einer eifersüchtigen Ehefrau* belegen, dass es sich meist um melodramatische Romanzen handelte. Der erfolgreichste populäre Autor war Samuel Asare Konadu, der mit seinem eigenem Verlag *Anuwuo Educational Publications* Auflagen zwischen 8.000 und 30.000, bei einem Titel 100.000 verkaufter Exemplare erzielte. Einige seiner Bücher waren schulische Pflichtlektüre, was dazu beitrug, dass Konadu zum meistgelesenen heimischen Autor aufstieg.

III. Populäre Literatur in Kenia und *Malawi.* David Maillu aus Kenia veröffentlichte in seinem 1973 gegr. Verlag *Comb Books* eigene Manuskripte, die von heimischen und internat. Verlagen abgelehnt worden waren. Seine Kurzgeschichten und narrativen Gedichte über städt. Themen erzielten eindrucksvolle Verkaufszahlen (zwischen 10.000 und 50.000 Expl. pro Jahr) und handelten meist von Beamten oder Angestellten in Nairobi, die sich durch exzessiven ↗ Alkoholgenuss und Sex ruinierten und hierfür büßen mussten. Diese p. L. erfreute sich bei den städt. Büroangestellten und der jungen ländl. Bev., die es in die Stadt zog, großer Popularität. Nach finanziellen Verlusten gründete Maillu 1979 *David Maillu Publishers Ltd.*

Aubrey Kalitera (Malawi) gründete eine erfolgreiche Zeitschrift für eigene Kurzgeschichten, die er dann auch in hektographierter Form in Läden und Büros in Blantyre verkaufte. In seinem Verlag *Power Pen Books* publizierte er Romane mit romantischen Themen. Das Lokalkolorit Malawis ermöglichte es den Lesern, sich mit den Figuren zu identifizieren, und die deutliche Moral am Ende der Geschichten rückte sie in die Nähe der traditionellen didaktischen Parabel oder des Märchens. Finanzielle Verluste bedeuteten Mitte der 1980er Jahre das Ende, das auch der erste und von ihm selbst in Malawi gedrehte Spielfilm nach seinem Roman *To Ndirande Mountain With Love* nicht aufhalten konnte.

IV. Populäre Literatur in Südafrika. P. L. existiert in unterschiedlichen Formen; zunächst als Kurzgeschichte in den ersten in engl. abgefassten Heften, deren herausragendstes Beispiel das 1951 gegründete *Drum* war. Die von *Drum* jährl. veranstalteten Wettbewerbe für Kurzgeschichten führten zu Hunderten von Einsendungen. Obwohl viele deutliche sozialkritische und pol. Bezüge aufwiesen, gingen die Preise stets an Geschichten mit einem Mix aus Verbrechen, Gewalt und Sex. Eher pol. ausgerichtete Lit. füllte die Seiten liberaler, radikaler oder kommunistischer Zeitschriften, die alle spätestens 1963 von der ↗ Apartheidregierung verboten wurden. 1971 erschien Oswald Mtshalis Gedichtband *Sounds of a Cowhide Drum,* in dem präzis artikulierte persönliche Meinungen mit treffenden pol. Beobachtungen verknüpft wurden. Sein Erfolg ermutigte Mongane Wally Serote, James Matthews, Sipho Sepamla und Pascal Gwala zunehmend militantere Lyrikanthologien zu veröffentlichen, die eine schwarze Bewusstseinshaltung (*Black Consciousness*) vertraten. Auf diese herausfordernde Soweto-Dichtung reagierte das Regime mit ↗ Zensur und Verbot. Matthews wurde inhaftiert, Serote ging ins Exil. An die Stelle der Anti-Apartheid-Dichtung traten nun andere Formen wie orale Lit. und ↗ Theater, die kein alphabetisiertes Publikum voraussetzten und breitere Bevölkerungsschichten, insbes. auch Arbeiter, ansprachen. Die wichtigsten Performance-Künstler, Alfred Qabula, Mi Hlatswayo, Nise Malange oder Mzwakhe Mbuli, waren Arbeiter und schufen eine populäre Dichtung, die den Kampf des Proletariats gegen die gewaltsame kapitalistische Wirtschaft in einer Verbindung afrik. und engl. Sprachelemente zum Thema machte.

Eine zweite Performancetradition stellte das Vorstadt (*Township*)-Theater dar. Es löste frühere melodramatische und komische Stücke z. B. von Sam Mhangwane, Gibson Kente ab, die im Vergleich zu schwarzen Musicals wie *King Kong*, *Umbatha* oder *Ipi-Tombi* wenig Eindruck hinterlassen hatten. Nach dem Soweto-Aufstand (1976) etablierte sich eine zornigere Gruppe Dramatiker. Zaks Mda, Julius Maqina, Matsemela Manaka und Maishe Maponya schrieben und führten *Black Consciousness*-Stücke auf; Mbongeni Ngema, Percy Mtwa und Barney Simon produzierten *Woza Albert*: Jesus besucht Südafrika und wird als Terrorist verhaftet. Ngmea und Mtwa schufen Musicals - *Asinamali*!, *Bhopa*!, *Sarafina* – mit einer Mischung aus Musik, Tanz und pol. Kommentar. Obwohl populäre Unterhaltung, thematisierten sie pol. Probleme. P. L. in Südafrika war aufs engste mit dem Anti-Apartheidkampf verbunden. Sie verwandten Ironie, Parodie, Burleske u. a. Spottformen als wirksame Mittel des pol. Protests. Nach dem Ende der Apartheid wenden sich die Künstler wie ihre Kollegen in anderen afrik. Ländern neuen populären Ausdrucksformen zu. ↗ Akkulturation, ↗ Fernsehen, ↗ Popularmusik, ↗ Rundfunk, ↗ Urbanisierung, ↗ Verlagswesen und Buchhandel.

🕮 K. Barber, Popular Arts in Africa. In: African Studies Review 30 (1987), S. 1–78. – B. Lindfors, Popular Literatures in Africa, Trenton/N. J. 1991. – E. Obiechina, An African Popular Literature. A Study of Onitsha Market Pamphlets, Cambridge 1973.

Bernth Lindfors

Popularmusik. Der engl. Begriff *popular music*, von dem sich die dt. Begriffe P. bzw. »populäre Musik« ableiten, kam in der zweiten Hälfte des 19. Jh. zunächst in den USA und kurze Zeit später in Großbritannien auf. Die wachsende wirtsch. und gesellsch. Bedeutung des Bürgertums und die durch die industrielle Revolution beschleunigte ↗ Urbanisierung gingen mit der Ausprägung einer städt. Musikkultur einher, die als so verschieden von der mit einer ländl. Lebensweise assoziierten »Volksmusik« und der an die Aufführungskontexte der Opernhäuser und Konzerthallen gebundenen »Kunstmusik« empfunden wurde, dass eine begriffliche Abgrenzung notwendig wurde.

Mit europ. Seeleuten, Militärangehörigen, Kolonialbeamten und Händlern gelangten im Zuge der kolonialen Eroberung sowohl frühe Formen der P. (Walzer, Polka, Tango, US-amerik. Minstrel Songs, Ragtime und die Musik der Tin Pan Alley) als auch – zumeist leicht zu transportierende – westl. Instrumente (Gitarre, Banjo, Harmonika) nach Afrika, wo sie von afrik. Musikern aufgegriffen und mit afrik. Musiktraditionen synthetisiert wurden. Daraus entwickelten sich eigenständige Musiktraditionen, die bald von den Küstenstädten ins Landesinnere vordrangen. Da die europ. und amerik. P. in Afrika auf wesentlich andere gesellsch. Kontexte traf, ist die Frage, ob neben musikalischen Elementen auch das Konzept P. übernommen wurde, nicht generell zu beantworten. Mitunter liegt die Zuordnung gegenwärtiger afrik. Musiktraditionen zur P. eher in der westl. Rezeption begründet als in afrik. Klassifikationen.

Spätestens seit dem Zweiten Weltkrieg erfolgt die anhaltende Beeinflussung der zeitgenössischen afrik. Musik durch europ. und amerik. P. (aber auch durch nordafrik. und asiat. Musik – einen starken Einfluss v. a. auf die ostafrik. P. hat z. B. die indische Filmmusik) über moderne Massenmedien (↗ Medien) wie Tonträger, ↗ Rundfunk, Filme (↗ Kino) und ↗ Fernsehen.

Die wachsende kommerzielle Bedeutung der P. in Europa und den USA führte während der späten 1960er und 1970er Jahre in Afrika einerseits zum Phänomen der sog. *copyright music*, wobei die Anfügung der Vorsilbe »Afro-« afrik. Adaptionen westl. Popularmusikgenres kennzeichnete (Afro-Rock, Afro-Soul, Afro-Pop, Afro-Disco etc.). Eine Ausnahme hiervon stellt die von Fela »Anikulapo« Kuti (Nigeria) geprägte Bezeichnung ↗ *Afrobeat* dar, die nicht als Verweis auf die brit. Beat Music der 1960er Jahre gemeint ist. Andererseits wächst seit dem großen internat. Erfolg, den afrik. Musiker wie Kuti, Manu Dibango (Kamerun), King Sunny Adé (Nigeria), Mory Kante (Guinea), Salif Keita (Mali) oder Youssou N'Dour (Senegal) seit den frühen 1980er Jahren u. a. durch die Zusammenarbeit mit westl. und asiat. Musikern wie Peter

Gabriel, Paul Simon und Sakamoto Ryûichi im Zuge der World Music-Bewegung verbuchen konnten, der Einfluss der afrik. P. auf das internat. Musikgeschehen.

Die lange Zeit vorherrschende Ignoranz westl. Musikforschung gegenüber als P. klassifizierten afrik. Musikformen liegt u. a. darin begründet, dass ihnen ein Mangel an »Authentizität« zugeschrieben wird – ein Vorwurf, der nichts über die Bedeutung aussagt, die dieser Musik in den jeweiligen afrik. Kulturen zukommt. Mit Ausnahme von G. Kubik, der seit den 1960er Jahren Untersuchungen städt. Musikkulturen in SO- und Ostafrika veröffentlichte, beschäftigen sich der US-amerik. und europ. Musikjournalismus und die akad. ↗ Musikethnologie erst seit den 1980er Jahren mit afrik. P.

Am Anfang der wissenschaftlichen Auseinandersetzung stand häufig der Versuch einer Gesamtdarstellung. Zu den bekanntesten Arbeiten dieser Art gehören W. Bender (1985/2000), J. Collins (1985/1992), R. Graham (1988/1989), G. Ewens (1991) sowie der 1991 von V. Erlmann herausgegebene Sammelband »Populäre Musik in Afrika«. Erst seit den späten 1980er Jahren erscheinen zahlreiche Aufsätze und Monographien, die sich eingehender der Untersuchung einzelner Genres afrik. P. oder einzelnen Musiker widmen (↗ Chimurenga, ↗ Highlife, ↗ Isicathamiya, ↗ Jùjú, ↗ Kwela, ↗ Makossa, ↗ Marabi, ↗ Mbalax, ↗ Palmwine Music, ↗ Rai, ↗ Soukous, ↗ Taraab, ↗ Musiker).

Viele Genres afrik. P. wie ↗ *Fújì* (Nigeria), *Zouglou* und *Mapouka* (Elfenbeinküste), *Bikutsi* (Kamerun), *Kwaito* (Südafrika) oder die zahlreichen afrik. Adaptionen ↗ afroamerikanischer Musik sind hingegen bis heute weitgehend undokumentiert geblieben, auch wenn ihre Vertreter bisweilen internat. bekannt sind.

🕮 W. Bender, Sweet Mother. Afrik. Musik, München 1985; überarb. Aufl., Wuppertal 2000. – J. Collins, West African Pop Roots, überarb. Aufl., Philadelphia 1992. – G. Ewens, Africa O-Ye! A Celebration of African Music, Enfield 1991. – V. Erlmann (Hg.), Populäre Musik in Afrika, Berlin 1991. – S. Barlow & B. Eyre, Afropop! An Illustrated Guide to Contemporary African Music, Edison 1995. – R.M. Stone (Hg.), The Garland Encyclopedia of World Music, Bd. 1: Africa, New York 1998. – S. Broughton et al. (Hg.), World Music. The Rough Guide, Bd. 1: Africa, Europe and the Middle East, London 1999. – www.weltmusik.de/iwalewa

Oliver Seibt

Portugiesischsprachige Literaturen ↗ lusophone Literaturen

Preisgesang, musikalische Darbietung, in der Spezialisten, meist professionelle Dichter, Sänger und ↗ Musiker, Texte bzw. Lieder vortragen und musikalisch begleiten, die soziale Beziehungen thematisieren. P. zählt insbes. in den islam. geprägten Gesellschaften Westafrikas zu einer der wichtigsten musikalischen Gattungen. Neben dem direkten Lobpreis (i.d.R. einer höher gestellten Persönlichkeit oder Familie) besteht die Aufgabe der auch ↗ *griot/griotte* genannten Spezialisten/innen in der Wiedergabe hist. Ereignisse sowie in der Kommentierung sozialer Geschehnisse, die Spott und Kritik einschließen können. Die Funktion des P. ist eng mit der Stellung der Griots verbunden, die als gesellschaftliche Außenseiter, einem Bettler ähnlich, mit niedrigem Status in einer ambivalenten Beziehung zu ihrer Gesellschaft leben, in denen ihnen bestimmte soziokulturelle Aufgaben zukommen. So sind Feiern zu wichtigen Ereignissen wie ↗ Initiationen, Hochzeiten, Amtseinsetzungen, islam. Festen ohne ihre Anwesenheit undenkbar. Die Geldbeziehung zwischen Patron und Klient, also zwischen dem, der für die Dienstleistung bezahlt und dem bzw. derjenigen, der/die mit seinem/ihrem Gesang eine Dienstleistung erbringt, ist nicht eindeutig. Es handelt sich vielmehr um eine ständig neu auszuhandelnde soziale Positionierung beider, des Patrons wie des Klienten, bei der die Inhalte des P., die Höhe der Bezahlung, die Anzahl der Zuhörer, der finanzielle Beitrag anderer u.v.a.m. gesellsch. registriert wird. Im P. werden so auch gesellsch. Veränderungen dokumentiert. Zu den traditionellen Inhalten des Lobpreises, insbes. der Aufzählung der Familiengenealogie und des P. auf die Verstorbenen, treten moderne Inhalte, wie z. B. der Verweis auf akad. Titel, Einkommen und Auslandsreisen oder die Verwendung von P. in Wahlkämpfen und Politik.

Der früheste Bericht, in dem Preissänger erwähnt werden, stammt von dem arab. Gelehrten Ibn Battuta, der am Hof von Mansa Suleyman (Regierungszeit 1341–60), Herrscher über das Königreich ↗ Mali, den genealogischen Lobgesang beobachtete. Noch heute zählt das sog. *Sundiata-Epos*, das die Gründung des Reiches Mali schildert, zum zentralen Repertoire der Mande-Griots. In den Ursprungsgeschichten der Preissänger wird der P. meist in unmittelbaren Bezug zum Islam gestellt und der erste Griot als Gefolgsmann des Propheten beschrieben, der ihm als Jäger und später als Sänger zu Diensten war.

Musikalisch ist der P. jeweils an die lokalen Musikstile angelehnt, so dass die ganze Fülle der

Abb. 26: Xalam spielender Griot. Hinterglasmalerei aus dem Senegal

in Westafrika verbreiteten ↗ Musikinstrumente zur seiner Begleitung verwendet wird, allerdings mit einer gewissen Dominanz von Saiteninstrumenten wie z. B. der ↗ Stegharfe *kora*, der gestrichenen Spießlaute *goge* oder *kuwu* und der Binnenspiellaute *xalam* oder *ngangera*. Aber auch ↗ Trommeln oder ↗ Xylophone werden zur Begleitung des P. gespielt. ↗ Erzählforschung, ↗ geschichtliche Überlieferung, ↗ Oralliteratur.

🕮 Art. »Afrika südlich der Sahara«. In: Die Musik in Geschichte und Gegenwart, Bd. 1, Kassel/Stuttgart 1994, S. 50. – V. Erlmann, Die Macht des Wortes. Preisgesang und Berufsmusiker bei den Fulbe des Diamaré (Nordkamerun), Hohenschäftlarn 1980.

Raimund Vogels

Presse. Die anglophone P. ist die älteste in Afrika. Schon um 1800 gaben Missionare in der südafrik. Kapregion Evangelisierungsblätter heraus. Von 1826 an benutzten Afroamerikaner und protestantische Missionare in Liberia Zeitungen, um einerseits die Sklaverei zu bekämpfen und andererseits die indigene Bev. zu evangelisieren. Ihr Einfluss erstreckte sich dann auf das ganze anglophone Westafrika, namentlich auf Ghana (damals Goldküste) und Nigeria, mit Titeln wie *Lagos Standard* (seit 1894), *Weekly Record*, *Chronicle* u. a.

In den frz. Kolonien war die P. lange Zeit den Kolonialherren vorbehalten. Die ersten Zeitungen – Anzeigenblätter wie *Annonce*, *Affiches*, *Avis divers* – erschienen bereits 1773 auf der Insel Mauritius. Später wurden in Senegal aufgrund des frz. Gesetzes über die Pressefreiheit vom Juli 1881 erste Zeitungen herausgegeben. Die Aktion ging von Europäern aus, die in Saint-Louis, La Gorée und Dakar lebten. Sie begründeten die Titel *Le Réveil du Sénégal*, *Le Petit Sénégalais*, *La Démocratie du Sénégal* u. a. Vergleichbare Entwicklungen gab es auch in den portug. Kolonien, vor allem in Mosambik. Das Zeitungswesen für Europäer entstand dort 1868, doch erst Ende des 19. Jh. erschienen Blätter für afrik. Leser. Im damaligen Belgisch-Kongo entsprang die P. einer Initiative der protestantischen Missionare der *Swedish Missionary Society*, die 1891 in der Region Nieder-Kongo das Blatt *Minsamu Mia Yenge* begründeten. Die P. wurde so zum Abbild der seinerzeit herrschenden bipolaren pol. Ordnung: Die machthabende weiße Klasse, mit den nur für Weiße bestimmten Kolonialistenblättern *Actualités africaines*, *Le Courrier d'Afrique*, *L'Essor du Congo*, *Journal du Katanga* usw., stand der Masse der einheimischen Bev. gegenüber, und dieser waren Blätter zugedacht, die als Träger der Evangelisierung und Fürsprecher des kolonialen Unternehmens fungierten.

Erst nach dem Ende des zweiten Weltkrieges (1945) wurde diese Ordnung in vielen afrik. Kolonien durchbrochen, und das mit Unterschieden je nach der Bedeutung des Landes und den vorliegenden pol. Realitäten. Während auf pol. Ebene immer nachdrücklicher Unabh. gefordert wurde, entstand auf der Medienebene eine von der afrik. Elite geleitete private P., die den Unabhängigkeitsdiskurs aufnahm und verbreitete. In diesem Kontext pol. Agitation, die gegen Ende der 1950er Jahre ihren Höhepunkt erreichte, setzten pol. Führer die P. für ihren jeweiligen Kampf ein.

Zeitungen wie *Uhuru* und *Indépendance* unterstützten die aufstrebende Partei MNC Patrice Lumumbas im vormaligen Belgisch-Kongo. In Ghana gründete Kwame Nkrumah 1948 die *Evening News*. In Nigeria dirigierte Nnamdi Azikiwe eine Pressegruppe, in Tansania leitete Julius Nyerere die *Sauti ya Tanu*, in Senegal stand

Léopold Sédar Senghor an der Spitze von *La Condition humaine.*

In den meisten afrik. Ländern ging die pol. Unabhängigkeit jedoch mit der Überzeugung einher, dass die Information – und folglich jedes kollektive Informationsmedium – ein Attribut der Macht und der nat. Souveränität ist. Die Herrschaft über die Massenmedien erschien in diesem Kontext nicht nur als notwendiges Mittel der Staatsmacht, sondern zuweilen als deren Voraussetzung. Der pol. Einsatz war um so gewichtiger, als es für den Staat nach der Unabh. darum ging, die Koexistenz unterschiedlicher Gruppen, die das Kolonialregime auf Grund äußerer, willkürlicher Kriterien zu »Ethnien« zusammengefasst hatte, zu organisieren. Das war eine der wichtigsten Rechtfertigungen für die Vorherrschaft von Einheitsparteien zwischen 1960 und 1990. Dieses pol. Modell – mit monopolistischer Grundauffassung – hatte ein Modell der Verstaatlichung der Medien zur Folge.

In den früheren brit. Kolonien hatten hist. Traditionen wie das lange Bestehen der P. und die polemische, kämpferische Kultur der auslaufenden Kolonialzeit einige Auswirkungen auf die Stellung der Zeitungen unter den autoritären postkolonialen Regimen. Trotz des Übergewichts der großen Regierungszeitungen und staatl. Repressalien behielten Länder wie Südafrika (mit der *Rand Daily Mail* und dem *Sowetan*), Nigeria (mit der *Newswatch*) und Kenia eine private P.

Dagegen unterlag die frankophone P. bis auf wenige Ausnahmen dem dominanten pol. Modell der monolithischen afrik. Regime. Zeitungen wurden dort generell zu Sprachrohren der jeweils herrschenden Ideologie.

Erst 1990 kam es durch pol. Umwälzungen zu einer neuen Mutation der P. 1989 standen noch fast 45 Staaten des subsahar. Afrikas unter der Herrschaft von ↗ Einparteisystemen und Militärregierungen. Die sozialen Protestbewegungen der zunehmend verelendeten afrik. Bev. und gewiss auch der internat. Kontext (Ende des kalten Kriegs) zwangen die afrik. Diktaturen, ab 1990 den pol. Pluralismus zuzulassen.

Seitdem versuchen demokrat. ambitionierte pol. Systeme mit wechselndem Erfolg, die autoritären Regime abzulösen. Diese pol. Umwälzungen zogen Veränderungen im Leben aller Massenmedien nach sich. Das Phänomen der sog. neuen afrik. P. steht in diesem Zusammenhang und ist dabei eher in den frankophonen Ländern wahrzunehmen.

Doch in allen Ländern sind pol. Veränderung und massives Auftauchen von Zeitungen dialektisch verbunden. Nach isolierten Anläufen zur Liberalisierung der P. in den Vorjahren, so 1979 in Senegal, 1982 in Kamerun und der jetzigen Demokrat. Rep. Kongo ist es zunächst in Benin gelungen, das Prinzip der ↗ nat. Konferenz als eines politischen Rahmens für Steuerung und Regelung der demokrat. Transition zur Triebkraft der neuen afrik. P. zu machen. Mit unterschiedlichen pol. Ergebnissen wurde das Modell von Benin in beiden Kongo-Staaten, in Gabun, in Togo und Madagaskar reproduziert. Hatten unter der alten Ordnung der Einheitsparteien die meisten Zeitungen als staatl. finanzierte Propagandainstrumente des Regimes fungiert, so führte die Wiederherstellung des Pluralismus unmittelbar zur Geburt von Dutzenden freier Blätter.

Der Hauptzug der neuen privaten P. ist vor allem der ausgeprägt pol. Charakter dieser Zeitungen. Er macht sie eher zu Stützen pol. Auffassungen und Polemiken als zu wirklichen Informationsträgern. Autoritäre Regime, ↗ Demokratie, ↗ Medien, ↗ Nationenbildung, ↗ Zensur.

🕮 A.-J. Tudesq, Journaux et radios en Afrique aux XIXe et XXe siècles, Paris 1998.

Eddie Tambwe Kitenge bin Kitoko

Primary Health Care ↗ Gesundheitsversorgung

Prostitution, Gelegenheitssex als käufliche Ware. I. Allg. ist P. in Afrika ein weibl. Phänomen und stellt für einen nicht geringen Teil der Frauen im städt. wie ländl. Bereich angesichts eingeschränkter Verdienstmöglichkeiten eine Strategie zur Sicherung ihres Lebensunterhalts dar, v.a. seit Frauen durch die ↗ Strukturanpassungen von IWF und Weltbank zunehmend marginalisiert werden. In den Worten einer Prostituierten aus Ghana – und in Anspielung auf eine wichtige Einnahmequelle des Landes: »Meine Kakaoplantage ist zwischen meinen Beinen.« Bereits in vorkolonialer Zeit existierte mancherorts in Afrika, z.B. bei den Akan (Ghana, Elfenbeinküste), eine Art institutionalisierter P. In der pol. Führungsschicht dienten Sklavinnen der Bedürfnisbefriedigung unverheirateter Männer. Diese Frauen wurden durch versch. ↗ Rituale in ihre Aufgabe initiiert. Ihre Besitzer wachten über die Sexualität dieser Frauen und kontrollierten ihre Einkünfte; die Sklavinnen erhielten dafür Lebensmittel. – Die durch die Kolonialherrschaft beschleunigte ↗ Urbanisierung und die Verbreitung der Geldwirtschaft veränderte auch die Machtverhältnisse und die ↗ Geschlechterbeziehungen. Männer wurden ohne ihre Frauen in urbanen Regionen angesiedelt (↗ Migration, ↗ Wanderarbeit), was zu sexueller Knappheit führte. Frauen flüchteten aus versch. Gründen in die Städte und verkauften Sex, wofür sie kein Startkapital benötigten. Sie konnten dabei Güter erwerben, die allein sie kontrollierten, und mit ihrem Einkommen ihre Familien auf dem Land unterstützen. Prostituierte wurden für andere Frauen auch zu Trendsettern, insbes. in Fragen der Kleidung. Heute sind sie dagegen häufig stigmatisiert.

Drei Kategorien von Prostituierten lassen sich unterscheiden, jede mit eigenen Tätigkeitsfeldern, Einkommensmöglichkeiten und Arbeitsrhythmen. Die Lohnsätze variieren je nach Kategorie und Dienstleistung, vom *short service* (ca. 20 Min.) bis zu einer Art »Ehe auf Zeit«, bei der auch Hausarbeit verrichtet wird. (1) Straßenmädchen suchen in Hotels, Nachtclubs und Kneipen, an Straßenecken und Fernfahrerrastplätzen nach Kurzzeitkunden. Meist handelt es sich um junge Mädchen aus sehr armen Verhältnissen, die gezwungen sind, auch Kunden zu akzeptieren, die keine Kondome benutzen wollen. – (2) *High class*-Prostituierte (nach westl. Sprachgebrauch Callgirls), meist mit etwas besserer Bildung, die gewöhnlich reichere, häufig ausl. Kunden bedienen, in Hotels oder an Orten operieren, die von Touristen frequentiert werden (z. B. an Stränden), und manchmal für eine Weile evtl. mit einem Mann zusammenleben. Sie akzeptieren eher bargeldlose Bezahlung wie Kleider, Schmuck, Kosmetik oder sogar Immobilien. – (3) *Seaters* (in Ghana *tuutu*, weil sie ursprgl. zwei Shilling verlangten, oder in Nairobi *wazi wazi* – ↗ Swahili für offen, exponiert) warten i.d.R. vor ihren Häusern auf Kunden. Sie sind meist ältere, verwitwete oder geschiedene Frauen. Während Straßenmädchen und Callgirls oft nicht »Vollzeit« arbeiten, sind *seaters* professionelle Prostituierte. Wie manche *high class*-Prostituierte verkaufen sie nicht nur Sex, sondern bieten eheähnliche Dienste an; sie bereiten das Essen und das Badewasser und stellen manchmal sogar auch eine Unterkunft zur Verfügung. Versch. Studien aus Ghana und der Elfenbeinküste haben gezeigt, dass der soziale Zusammenhalt und die soziale Kontrolle in dieser Gruppe stark sind und dass diese Frauen darum auch eher Kondome verwenden.

Ein herausragendes Merkmal der P. in Afrika ist das fast völlige Fehlen von Zuhältern. Manchmal sind die Frauen auf Mittelsmänner angewiesen, die ihnen gegen eine von beiden Seiten ausgehandelte Gebühr potentielle Kunden, bes. Touristen und Ausländer, zuführen. Diese Männer haben keine Verfügungsgewalt über die Frauen, beschützen sie aber oft vor zahlungsunwilligen oder agressiven Kunden.

Der Handel mit Kindern ist ein neuer, beunruhigender Aspekt der P. Kinder sollen v. a. jenen Kunden aus Industrieländern zu Diensten sein, die fälschlicherweise glauben, bei Kindern sei das Risiko einer HIV-Infektion geringer. Die Kinder stammen oft aus Kriegsgebieten und landen immer häufiger in wohlhabenderen afrik. Ländern (z. B. Südafrika) sowie in Europa und im Nahen Osten. Neue Gesetze in Deutschland, Frankreich und Australien ermöglichen nun auch die strafrechtliche Verfolgung der Staatsbürger dieser Länder, die sich im Ausland der Kinderprostitution bedienen.

P. ist in Afrika nichts anderes als irgendwo sonst – sie stellt für Frauen eine Möglichkeit dar, für sich und/oder ihre Familien Geld zu verdienen, wobei das Risiko, sich bei ungeschütztem Verkehr mit ↗ Aids zu infizieren, oft mehr oder weniger in Kauf genommen wird. Während die meisten afrik. Prostituierten ihre Tätigkeit als vorübergehend betrachten, verdienen sie heute in den seltensten Fällen genug, um damit aufhören zu können.

🕮 A. Adomako Ampofo, Costs and Rewards – Exchange in Relationships: Experiences of Some Ghanaian Women. In: E. Evers Rosander (Hg.), Transforming Female Identities, Uppsala 1997. – E. Akyeampong, Sexuality and Prostitution Among the Akan of the Gold Coast c. 1650–1950. In: Past and Present 156 (1997). – L. White, The Comforts of Home. Prostitution in Colonial Nairobi, Chicago 1990.

Akosua Adomako Ampofo

PTA ↗ COMESA

Punier ↗ Karthago

Purdah (auch *pardah*, persisch »Vorhang«), Seklusion oder »Abschließung« verheirateter Frauen, die sich in Afrika vornehmlich im ↗ Maghreb findet sowie in den subsahar. Regionen, die seit Jahrhunderten durch den ↗ Islam geprägt sind, wie etwa die Hausa-Städte in Nordnigeria oder die swahilisprachigen Küstengebiete Ostafrikas. Ursprung und Form der P. sind umstritten. Diesbzgl. Suren im ↗ Koran richten sich teils an den Propheten und seine Frauen, teils an die Gemeinschaft der Gläubigen. Da sich daraus keine eindeutigen Vorschriften über Verschleierung und Abschließung von ↗ Frauen ableiten lassen, haben sich hist. und regional unterschiedliche Formen entwickelt, die sich überdies nach dem Status, Alter und Bildungsgrad der Frauen unterscheiden. P. im heutigen Nordnigeria z.B. gestattet Frauen Ausgang bei Hochzeiten, Kondolenzbesuchen oder Arztkonsultationen mit Genehmigung des Ehemannes. Geht eine Frau außer Haus, hat sie ihren Körper so zu verhüllen, dass nur Gesicht, Hände und Füße sichtbar sind.

Katja Werthmann

Pygmäensprache, irreführende Bez. für die Sprachen der gesch. 150.000 Pygmäen bzw. Pygmoiden im mittleren Afrika, einer kleinwüchsigen Bev. mit ehemals überwiegend wildbeuterischer Lebensweise. Pygmäen sprechen typischerweise die Sprachen ihrer jeweiligen Nachbarn (zumeist Ackerbauern); der Nachweis einer ursprgl. eigenen, inzwischen verloren gegangenen P. konnte bisher nicht geführt werden. – Folgende Gruppen sind zu unterscheiden: (1) Mbuti (Ituri-Wald, Demokrat. Rep. Kongo), die zum einen ↗ Bantu- (Bira-Suwa), zum anderen zentralsudanische Sprachen (Moru-Mangbetu, ↗ Zentralsudanisch) sprechen; (2) Twa (Ruanda, Burundi, Demokrat. Rep. Kongo), versch. Bantusprachen, v.a. Rundi und Kinyarwanda; (3) Mbenga (im S der Zentralafrik. Rep., N der Demokrat. Rep. Kongo, in Westkamerun und Ostgabun) – sie sprechen Bantu- (Aka, Gieli, Bongo ~ Akua) bzw. Ubangi-Sprachen (Baka, ↗ Adamawa-Ubangi).

🕮 H. Jungraithmayr/W.J.G. Möhlig (Hg.), Lexikon der Afrikanistik, Berlin 1983.

Rainer Voßen

Pyramiden ↗ Altägypten

Qadiriyya ↗ Bruderschaften, islamische

Rai (arab.: Meinung, Rat), ein Stil der algerischen ↗ Popularmusik. *R.* entstand in den 1920/30er Jahren, als sich berberische Musiker in der Hafenstadt Oran niederließen und ihre ursprgl. ländl. Musik für ein städt. Publikum adaptierten. Die ersten *R.*-Sänger und -Sängerinnen, Cheikhs und Cheikhas genannt, traten in Cafés, Bars und Bordellen auf und wurden von ↗ Flöten- und ↗ Trommelspielern begleitet. Die bekannteste Interpretin dieser frühen Variante des *R.*, Cheikha Remitti, pflegt diesen Stil bis heute. In den 1950er und 1960er Jahren nahm der *R.* Elemente aus Rock, Pop, Jazz und lateinamerik. Musik (↗ afroamerikanische Musik) auf und entwickelte sich zu einem überregional bekannten Tanzmusikstil. Mit einer jüngeren Generation von Musikern, den sog. Chebs und Chebas, die ab den 1970er Jahren verstärkt auf elektrifizierte Instrumente, Synthesizer und die euro-amerik. Popularmusik zurückgriffen, hat der *R.* seit den späten 1980er Jahren internat. Verbreitung gefunden. Aufgrund der freizügigen und teils pol. kritischen Texte sind *R.*-Sänger immer wieder in Konflikt mit kolonialen und algerischen Machthabern sowie streng islam. Gruppierungen geraten. Prominente Vertreter des *R.* wie Khaled, Cheb Mami und Cheba Fadela leben daher heute im Exil. In Paris hat sich inzwischen eine eigene *R.*-Szene etabliert, die v.a. von der zweiten Generation algerischer Einwanderer getragen wird.

🕮 M. Schade-Poulsen, Men and Popular Music in Algeria: The Social Significance of Rai, Austin 1999.

Kerstin Klenke

Ramadan. Das Fasten im R., dem neunten Monat des islam. Mondkalenders, gehört zu den sog. fünf Pfeilern des ↗ Islam, den für alle Muslime obligatorischen Pflichten. Zwischen Sonnenaufgang und Sonnenuntergang müssen sich die Gläubigen des Essens und Trinkens sowie aller sexueller Aktivitäten enthalten. Nachts jedoch wird das Fasten unterbrochen – nach dem Vorbild des Propheten üblicherweise zunächst mit einem Glas Wasser und Datteln sowie einem Gemeinschaftsmahl als Ausdruck der Dankbarkeit für Gottes Fürsorge und als Symbol islam. Einheit. Der R. bindet mehr noch als viele andere islam. Feste die muslimische Gemeinschaft zusammen. In islam. geprägten Ländern ist das gesamte öffentl. Leben im R. vom Rhythmus der Fastenpraxis bestimmt. Häufig wird während des Monats in den Moscheen, Privathäusern und anderen Orten der gesamte ↗ Koran rezitiert. Die Bereitschaft zu Nächstenliebe, Mildtätigkeit und relig. Besinnung ist in dieser Zeit besonders ausgeprägt. So ziehen sich v. a. während der letzten zehn Nächte des R., die als besonders heilig gelten, viele Muslime zu Gebeten zurück. Gemeinsam gedenken die Gläubigen im R. der Herabsendung des Koran, wobei die »Nacht der Bestimmung«, der 27. Tag des Monats, in der dem

Propheten das Wort Gottes erstmals offenbart wurde, besonders gefeiert wird. Der R. endet mit dem Fest des Fastenbrechens (*'id al-fitr*). Neben gemeinschaftlichen Gebeten ist auch die Abgabe einer Spende (*sadaqat al-fitr*) üblich, was nochmals die soziale Dimension des R. unterstreicht.

🕮 K. Wagtendonk, Fasting in the Koran, Leiden 1968. – K. Lech, Geschichte des islam. Kultus. Das Ramadan-Fasten, Wiesbaden 1979.

Klaus Hock

Rap music ↗ afroamerikanische Musik

Raphiaplüsche ↗ Textilien

Rassel, ↗ Musikinstrument aus der Familie der Schüttelidiophone. Bei R. werden durch eine meist rhythmische Körperbewegung, z. B. der Hände oder Füße, flexibel angebrachte Teile in Schwingung versetzt und zum Klingen gebracht. R. können bei fast allen musikalischen Gelegenheiten Verwendung finden. So setzen z. B. Fuß- oder Hand-R. die Körperbewegungen der Tänzer in rhythmischen Klang um, oder sie schaffen bei der Begleitung eines Preismusikers eine Rhythmusgrundlage, die der Strukturierung der Texte dient. Nach der äußeren Form des Instruments werden Reihen-, Rahmen-, Stab- oder Gefäß-R. unterschieden, die alle in Afrika häufig vorkommen. Rahmen-R., bei denen mehrere Metallscheiben jeweils paarweise angebracht sind, finden sich bes. in Nordafrika. Reihen-R. bestehen i.d.R. aus getrockneten Fruchtschalen, die mit einer Schnur zusammengebunden am Körper der Tänzer befestigt werden und die Körperbewegung in rhythmischen Klang umsetzen (↗ Tanz). Am weitesten verbreitet ist wohl die Gefäß-R., die aus einer Vielzahl unterschiedlicher Materialien von der Kalebasse über den Tierpanzer bis zur geflochtenen Gefäßwandung hergestellt wird. Dabei können die beweglichen Rasselkörper (Kaurimuscheln, Kronkorken, Metallringe, Holz- oder Glasperlen, Samen u.v.m.) sowohl innerhalb des Gefäßes frei beweglich als auch außerhalb durch ein loses Netz miteinander verbunden sein.

🕮 Art. »Rasseln«. In: Die Musik in Geschichte und Gegenwart, Bd. 8, Kassel/Stuttgart 1998, S. 74.

Raimund Vogels

Rassismus, Glaube an die Ungleichheit der Rassen, mit dem die wirtsch. Ausbeutung, soziale und pol. Absonderung oder sogar physische Ausrottung bestimmter Gruppen gerechtfertigt wird. Anders als ↗ Ethnizität oder ↗ Tribalismus geht der R. nicht primär von kulturellen und sprachlichen, sondern von behaupteten biolog.-genetischen Unterschieden zwischen versch. Bevölkerungsgruppen aus. Diese biolog. Unterschiede sollen soziale Relevanz haben, und die angeblich an äußeren Merkmalen wie Hautfarbe und Phänotypus erkennbare Rasse soll auch die kulturellen Fähigkeiten und Merkmale determinieren. In der neueren Forschung unterscheidet man zwischen einer engeren Definition von R. als Ideologie und Doktrin und einer weiteren Definition von R. als Haltung, die sich auch in bestimmten auf Ausschluss der diskriminierten »Rasse« abzielenden institutionellen Konstellationen niederschlägt. Beide Definitionen treffen zumindest in groben Zügen auf die Grundlagen der europ. Kolonialherrschaft (↗ Kolonialismus) in Afrika zu, die durchweg rassistische Züge aufwies, auch wenn einzelne koloniale Beamten einzelne Afrikaner als (fast) gleichwertige Menschen geschätzt haben mögen. Im nachkolonialen subsahar. Afrika spielt der R. als pol. Ideologie im Vergleich zu Ethnizität keine so herausragende Rolle mehr. Eine Ausnahme stellt allerdings das südl. Afrika dar, wo R. zur Grundlage der ↗ Apartheid wurde. Auch die in Ruanda virulente Vorstellung, die Tutsi seien (überlegene) hellhäutige hamitische Einwanderer aus dem N, die die schwarzen autochthonen Hutu-Bauern ausgebeutet hätten, enthält Elemente von R. (↗ Genozid). R. spielt schließlich auch noch eine Rolle bei der pol. und sozialen Ausgrenzung von Jäger- und Sammlerbev. wie z. B. den Khoisan im südl. Afrika.

🕮 S. Marks/S. Trapido (Hg.), The Politics of Race, Class and Nationalism in Twentieth Century South Africa, London 1987.

Carola Lentz

Rebellenbewegungen. *I. Begriff*. So unterschiedlich R. im Einzelnen sind, gemeinsam ist ihnen, dass sie ihre Ziele außerhalb des legalen Rahmens eines gegebenen pol. Systems verfolgen. Dazu kommt die i.d.R. gewaltsame Kampfführung, meist in Form der Guerillataktik. Begriffe wie Befreiungs- oder Guerillabewegungen, für die diese Merkmale auch gelten, werden durch den weiter gefassten Begriff R. mit abgedeckt. R. treten nicht nur gegen koloniale und andere Formen der Fremdherrschaft an; der Begriff umfasst auch Bewegungen, die im Rahmen innerstaatl. Konflikte gegen als illegitim angesehene einheimische Regime gerichtet sind. Nicht immer wird die Macht im Staat angestrebt, es kann auch um Sezession oder Autonomierechte gehen, aber auch um lokalisierte Machtausübung durch Warlords. Zu differenzieren sind R. auch danach, ob sie pol.-ideol., machtpol. oder materielle Ziele verfolgen. Machtpol. Ziele, auch mit persönlichem Ehrgeiz charismatischer Führer verbunden, können in R. unterschiedlichster Art auftreten. Dagegen sind pol.-ideol. Ziele, die das Recht auf Selbstbestimmung kolonial abhängiger Bevölkerungen oder nat. Minderheiten zu verwirklichen suchen, und materielle Ziele von Warlords, denen der Krieg lediglich dazu dient, sich und ihre Anhänger zu reproduzieren, so weit voneinander entfernt, dass der übergreifende Begriff R. unpassend erscheint. Er findet jedoch neben den bereits genannten gemeinsamen Merkmalen auch darin seine Berechtigung, dass R. multikausal bedingt sind und ihren Charakter unter dem Einfluss sich wandelnder Bedingungen verändern können. So ist die UNITA (Union für die vollständige Unabh. Angolas) 1965 als antikoloniale Befreiungsbewegung entstanden, während sie unter ihrem langjährigen Führer J. Savimbi heute vornehmlich als Warlord-Bewegung anzusehen ist. Ein wichtiger Faktor solcher Wandlungsprozesse ist die externe Unterstützung von R. So bedeutete das Ende des Ost-West-Konflikts auch das Ende der geopol. motivierten Förderung für manche R., die danach andere Finanzquellen erschließen mussten und sich in dem Prozess selbst veränderten. Die UNITA wurde lange von Südafrika und den USA finanziert; als diese Quelle versiegte, stellte sie sich zu Beginn der 1990er Jahre erfolgreich auf den Diamantenhandel um, was ihren Charakter als Zentrum einer Warlord-Ökonomie in den Vordergrund rückte.

II. Der Guerillakrieg – auch Partisanenkrieg genannt – ist die bevorzugte Kampfform von R. Die Guerilla (spanisch für kleiner Krieg) ist der Krieg irregulärer Verbände gegen einen konventionell gerüsteten Gegner. Durch eine flexible Kampfführung, die sich dem Gegner entzieht, wo er seine Kräfte konzentriert hat, und dort angreift, wo der Gegner es nicht erwartet, verfolgt die Guerillabewegung das Ziel, ihre milit. Schwäche in Stärke umzuwandeln. Für nat. und revolutionäre Befreiungsbewegungen gehört die pol.-ideol. Zielsetzung zum Wesen des Guerillakriegs. Sie ist Voraussetzung dafür, die breite Unterstützung der Bev., insbes. in den ländl. Gebieten, zu gewinnen und es den Guerillakämpfern zu ermöglichen, wie »die Fische im Wasser zu schwimmen«. Der Guerillakrieg wird so zum Volkskrieg. Große Vorbilder in der ↗ Dritten Welt für seine erfolgreiche Durchführung waren die chines. Revolution unter der Führung Mao Zedongs, der Befreiungskrieg in Vietnam unter Ho Chi Minh und Vo Nguyen Giap sowie die von F. Castro und Che Guevara angeführte kuban. Revolution. In Afrika ragten F. Fanon (*Die Verdammten dieser Erde*) als Theoretiker der alger. Revolution und A. Cabral, der 1973 ermordete Führer der PAIGC (Afrik. Partei für die Unabh. Guinea-Bissaus und Kap Verdes), heraus. Im Übrigen endeten vor allem im südl. Afrika (Angola 1975, Mosambik 1975, Simbabwe 1980, Namibia 1990) und am Horn von Afrika (Äthiopien 1991, Eritrea 1991/93) Guerillakriege mit der Machtübernahme der R. – Im engeren Sinn verstanden als Kampfform irregulärer milit. Verbände sind die Bürgerkriege (↗ Kriege/Bürgerkriege) der 1990er Jahre durchweg durch Guerillaaktionen geprägt gewesen. Der Guerillakrieg ist immer durch ein hohes Maß an Disziplin und Gewalttätigkeit gekennzeichnet. Tritt indessen die pol.-ideol. Komponente in den Hintergrund, gewinnen leicht terroristische Aktionen die Oberhand. Mit blindwütigen Aktionen höchster Brutalität, teilweise ausgeübt von zwangsrekrutierten ↗ Kindersoldaten, haben R. in den 1990er Jahren in allen Teilen Afrikas Schlagzeilen gemacht. Auch solchen Aktionen kann, ob als Aufschrei des Protests gegen eine als korrupt und ungerecht gesehene staatl. Übermacht, ob zur Einschüchterung der Bev. oder zur Erzwingung von Gefolgschaft, eine Kriegslogik nicht vorschnell abgesprochen werden. Eine klare Linie zwischen Guerillakrieg und scheinbar sinnlosem Terror zu ziehen, ist in der Praxis kaum möglich.

III. Antikoloniale nationale Befreiungsbewegungen. Der Unabhängigkeitskampf in Afrika brachte eine Vielzahl pol. Organisationen hervor, von denen die meisten nach oft heftigen Auseinandersetzungen mit der Kolonialverwaltung die ↗ nat. Souveränität ihrer Länder erreicht haben. Nur in wenigen Ländern, meist Siedlerkolonien, in denen die Weißen nicht nachgeben wollten, konnte die nat. Unabh. erst nach bewaffneten Befreiungskämpfen errungen werden. Den Anfang machte die FLN (Nat. Befreiungsfront) Algeriens im Kampf gegen Frankreich und die frz. Siedler (1954–62). Portugal träumte von einem »lusitanischen Imperium« und weigerte sich daher, sein Kolonialreich aufzulösen. In drei seiner fünf Kolonien in Afrika, Angola, Guinea-Bissau und Mosambik, führten R. Guerillakriege, bevor die Nelkenrevolution in Portugal 1974 der Unabh. den Weg öffnete. In Angola erschwerte die Existenz von drei Befreiungsbewegungen, FNLA (Nat. Front für die Befreiung Angolas), MPLA (Volksbefreiungsfront Angolas) und UNITA, den Unabhängigkeitskampf. In Guinea-Bissau und Kap Verde sowie in Mosambik waren die PAIGC bzw. die FRELIMO (Front für die Befreiung Mosambiks) die dominierende Kraft. Auch in Simbabwe konkurrierten zwei Befreiungsbewegungen miteinander, ZANU (*Zimbabwe African National Union*) und ZAPU (*Zimbabwe African People's Union*). In Namibia verfolgte die SWAPO (*South West African People's Organization*) eine Doppelstrategie des – die UN-Verantwortung für ihr Land ausnutzenden – diplomatischen und des bewaffneten Kampfes. In Südafrika legten der ANC (Afrik. Nationalkongress) und der PAC (Panafrik. Kongress) viel Gewicht darauf, die internat. Isolierung der ↗ Apartheid zu stärken. Der ANC führte auch in den 1980er Jahren gelegentlich spektakuläre Sabotageaktionen durch. Auf der Basis der UN-Entschließung 1514 (XV) von 1960 zur Gewährung der Unabh. an alle kolonial abhängigen Länder und Völker erhielten die antikolonialen Befreiungsbewegungen breite internat. Zustimmung. Materiell wurden sie v. a. von den soz. und auch von kleineren westl. (z. B. skandinavischen) Ländern unterstützt. – Befreiungsbewegungen an der Macht haben sich nicht als bessere Herrscher erwiesen. Ihre ehrgeizigen gesellsch. Ziele sind an der Realität gescheitert. Ihre autoritäre Herrschaftsausübung hat in mehreren Fällen neuen (Algerien, Mosambik) oder alten (UNITA in Angola) R. den Boden bereitet.

IV. Autonomie und Sezession. Ein Konfliktfeld mit eigenen Merkmalen betrifft nat. Minderheiten, die in einem bestehenden staatl. Rahmen keine Möglichkeit sehen, ihr Recht auf Selbstbestimmung zu verwirklichen. Vorangegangen sind sehr unterschiedliche hist. Prozesse der Einverleibung, die jedoch meist mit der willkürlichen kolonialen Grenzziehung in Verbindung stehen. Für die R., die den Kampf in solchen Situationen aufnehmen, sind Autonomie und Sezession zwei pol. Optionen. R. in Eritrea haben v. a. in den Anfangsjahren ihres Kampfes (nach 1961) eine geregelte Autonomie angestrebt. Die Kompromisslosigkeit der äthiop. Regierung ließ jedoch die Sezession unausweichlich erscheinen, die 1993 nach erfolgreichem Guerillakrieg unter der Führung der EPLF (*Eritrean People's Liberation Front*) erreicht wurde. Eritrea war damit der erste Fall einer erfolgreichen Sezession in der nachkolonialen Entwicklung Afrikas. In mehreren Provinzen Äthiopiens kämpfen R. für Autonomie ebenso wie seit 1982 die MFDC (Bewegung demokrat. Kräfte der Casamance) in Senegal. Die Sezession von Somaliland vom zerfallenen Somalia hat bisher keine internat. Anerkennung gefunden. Der Kampf der christl. Bev. im S des Sudan für eine größere Autonomie angesichts der repressiven Herrschaft des arab.-islam. N im Staat dauert – mit Unterbrechungen – fast seit der Unabh. des Sudan 1956 an. Seit 1983 wird der Widerstand von der SPLM (*Sudan People's Liberation Movement*) angeführt, die in versch. Phasen des Kampfes neben der Autonomie das Ziel einer Sezession, aber auch die Übernahme der Macht im Staat im Bündnis mit pol. Oppositionskräften im N formuliert hat. Existenznöte, wechselnde Kriegserfolge sowie Spaltungen in den R. haben im Sudan zunehmend *warlordism* auftreten lassen. Eindeutig auf Sezession ausgerichtet ist die Polisario-Front in der ehem. span. Kolonie Westsahara, die Marokko sich 1975 gewaltsam einverleibt hat. Die von ihr ausgerufene Exilregierung (DARS) wurde 1982 in die ↗ OAU aufgenommen. Das unter Aufsicht der UN vorgesehene Referendum wird jedoch von Marokko seit Jahren erfolgreich verschleppt.

V. Anti-Regime-Rebellenbewegungen. Mit dem Ende des ↗ Kolonialismus traten gegen bestehende Regime gerichtete R. in den Vordergrund. In manchen Ländern (z. B. Demokrat. Rep. Kongo, Somalia) ist ihre Zahl nicht zu überschauen. Brennpunkte von Anti-Regime-R. waren zu Anfang 2000 v. a. das Horn von Afrika und das Gebiet der Großen Seen in Zentralafrika. Dazu kamen weitere Schauplätze in Westafrika (Liberia, Sierra Leone), Nordafrika (Algerien) und dem südl. Afrika (Mosambik), wo allerdings Friedensschlüsse R. zumindest teilweise in legale pol. Strukturen eingebunden haben. So vielschichtig R. im innerstaatl. Kontext sind, so entstehen sie i.d.R. vor dem Hintergrund korrupter und repressiver Regime, deren Misswirtschaft zu fortschreitendem Staatsverfall geführt hat. In welchem Maße zudem externe Interventionen R. in der Verfolgung ihrer eigenen Ziele zugleich zum Instrument regionalpol. Machtkalküle machen, wurde im Gebiet der Großen Seen und am Horn bes. deutlich. Erst wurde die ADFL (*Alliance of Democratic Forces for the Liberation of Congo-Zaire*) Laurent Kabilas mit externer Hilfe 1997 an die Macht gebracht. Nur ein Jahr später brachten dieselben Helfer, Uganda und Ruanda, zwei andere R. gegen Kabila in Stellung, Anfang 2001 gegen dessen Nachfolger Joseph Kabila. Im südl. Afrika hatte Südafrika im Rahmen seiner ↗ Destabilisierungspolitik in den 1980er Jahren u. a. die UNITA in Angola und die RENAMO (Nat. Widerstand von Mosambik) unterstützt. Häufig sehen sich R., die gewaltsam die Macht ergriffen haben, der Herausforderung anderer R. gegenüber. Die Gründe dafür differieren von Fall zu Fall. Als Vertreter partikularer – auch, aber nicht nur ethn.-regionaler – Interessen an die Macht gelangt, schaffen sie es oft nicht, die Grundlagen einer allg. akzeptierten zivilen Herrschaft zu legen. Die Liste der betroffenen Länder reicht von Algerien über Angola, Mosambik (1978–92), Burundi, Ruanda, Demokrat. Rep. Kongo, Rep. Kongo, Uganda, Äthiopien bis zu Somalia. Es entstehen durch Gewalt geprägte Situationen, aus denen nur schwer auszubrechen ist. Dass es dennoch möglich ist, hat der Friedensschluss in Mosambik 1992 gezeigt.

VI. Warlords. Durch Gewalt geprägte Situationen, die zu gewaltoffenen Räumen führen, sind der Nährboden für Warlords (Kriegsherren). Warlords leben vom Krieg; er dient ihnen und ihren Anhängern/Soldaten als Grundlage der Reproduktion. Nicht selten sind Warlords aus R. hervorgegangen, denen im Verlauf des Bürgerkriegs aus versch. Gründen die pol. Perspektive aus den Augen geraten ist. Die UNITA in Angola und die SPLM im Sudan sind Beispiele hierfür. Der offene Staatszerfall wie in Liberia oder Somalia begünstigt das eigenständige Auftreten von Warlords. Menschenverachtende Exzesse kennzeichnen oft ihre Kriegführung. Der Bezug zu pol. Zielen bricht jedoch selten vollständig ab, zumal sie zur Rechtfertigung der Gewalttätigkeit dienen. Daraus können sich pol. Konfliktlösungen ergeben wie in Mosambik, wo die RENAMO seit 1994 zweitstärkste Partei ist, oder in Liberia, wo Ch. Taylor, der Führer der NPFL (*National Patriotic Front of Liberia*) 1997 sogar Staatspräsident geworden ist. Ihre Pfründe geben Warlords indessen ungern aus der Hand, wie das Verhalten der RUF (*Revolutionary United Front*) in Sierra Leone zeigte, die auch nach dem Friedensschluss 1999, der für sie die Beteiligung an der Regierung brachte, die Kontrolle der Diamantengebiete im O des Landes nicht abgeben wollte. ↗ Blauhelmeinsätze, ↗ ethn. Konflikte, ↗ nachkolonialer Staat, ↗ Sozialismus.

📖 A. Cabral, Die Theorie als Waffe, Bremen 1983. – C. Clapham (Hg.), African Guerillas, Oxford 1998. – A. Gandolfi, Les Mouvements de Libération Nationale, Paris 1989. – W. Reno, Warlord Politics and African States, Boulder/London 1998.

Peter Meyns

Recht. *I. Rechtsvielfalt.* (1) R. ist in Afrika nicht einheitlich und die oft verwendete Bez. »afrik. R.« daher missverständlich. Vielmehr besteht in den einzelnen Staaten meist Rechtsvielfalt. Die Rechtssysteme dieser Mehrrechtsstaaten setzen sich aus dem jeweiligen staatl. R., den in zahlreichen Ethnien befolgten Gewohnheitsrechten sowie relig. R. zusammen (Rechtspluralismus). Das pol. Kräftefeld, gesellsch. und wirtsch. Transformationsprozesse sowie der hist. und kulturelle Kontext wirken sich auf das R. des jeweiligen Staates, seine einzelnen Teilrechtsordnungen sowie auf das Verhältnis zwischen ihnen aus. Infolgedessen sind allgemeingültige Aussagen über das R. in Afrika oder eine Zusammenfassung der Rechtssysteme in klar abzugrenzende Rechtsräume kaum möglich. Im Folgenden werden daher nur Grundlinien dargestellt, die zudem nicht für alle afrik. Rechtssysteme gleichermaßen gelten. Die nordafrik. Staaten sind wegen ihrer Prägung durch das islam. R. nicht erfasst. – (2) In Bezug auf afrik. Gewohnheitsrecht und staatl. R. wird meist eine Dichotomie von Traditionalität und Modernität gebildet. Da Gewohnheitsrecht seine Wurzeln in den vorkolonialen afrik. Lebensformen hat, wird es als »traditionelles R.« bezeichnet, das dann leicht als statisch misszuverstehen ist. Dabei liegt eines der wesentlichen Charakteristika des Gewohnheitsrechts gerade in seiner dynamischen Natur. Aufgrund seiner Flexibilität und Anpassungsfähigkeit ist es nicht zwingend traditionell im Sinne von althergebracht, sondern enthält vielmehr Fortentwicklungen und Neuschöpfungen. Staatl. R. beruht zumeist auf dem R. der jeweiligen früheren Kolonialmacht und wird dieses Ursprungs wegen häufig als »modernes R.« bezeichnet. Dies ist zwar in vielen Rechtsbereichen, wie z. B. dem Vertrags-, Handels- und Wirtschaftsrecht, zutreffend, aber staatl. R. ist nicht immer und nicht notwendigerweise modern. Es kann vielmehr auch das im südl. Afrika rezipierte römisch-holländische *common law*, ein in Teilen der heutigen Niederlande im 17. und 18. Jh. geltendes Gemeinrecht, oder das in brit. Kolonialgebieten seinerzeit eingeführte engl. *common law* umfassen. Eine weitere, in Bezug auf Gewohnheitsrecht und staatl. R. behauptete Dichotomie ist diejenige eines eigenen (afrik.) und eines fremden (europ.) R. Jedoch enthält afrik. Gewohnheitsrecht heute u.U. durchaus Elemente europ. Rechtsdenkens, während staatl. R. Elemente afrik. Gewohnheitsrechts aufgreifen kann.

II. Gewohnheitsrecht. (1) Im Laufe der Jahrhunderte hat sich innerhalb der Ethnien und ihrer ↗ vorkolonialen pol. Systeme eine Vielfalt oral tradierter Rechtsgebräuche entwickelt, die die komplexen Verhältnisse im afrik. Familien- und Gemeinschaftsverband regelten (↗ Familie, ↗ Klan und Lineage). Dieses R. basierte auf der von einer gemeinsamen Rechtsüberzeugung getragenen konkreten Rechtspraxis, die in engem Bezug zu der pol., sozioökonom., kulturellen und naturräumlichen Situation einer Gemeinschaft stand und zudem auf deren relig. und sozialem Wertesystem fußte. Afrik. Gewohnheitsrecht kam im Alltag der Menschen zur Anwendung. Durch den Gemeinschaftsbezug des Gewohnheitsrechts waren an wichtigen Rechtsakten immer mehrere Mitglieder einer Gemeinschaft beteiligt, was dem betreffenden Rechtsakt Öffentlichkeit verlieh und die mündliche Tradierung des Gewohnheitsrechts ermöglichte. Im Streitfall kam Gewohnheitsrecht vor autochthonen Streitschlichtungsinstanzen, die mit angesehenen Mitgliedern der Gemeinschaft besetzt waren, unter Teilnahme einer lokalen Öffentlichkeit zur Anwendung und wurde hierdurch immer wieder neu gebildet, weiterentwickelt und tradiert. Das Ziel der Konfliktbeilegung bestand nicht in erster Linie darin zu klären, welche der Streitparteien objektiv recht hat, sondern vermittelnd und schlichtend ein für alle Beteiligten akzeptables Ergebnis zu finden, um den Streitparteien und ihren jeweiligen Gruppen für die Zukunft ein gedeihliches Zusammenleben zu ermöglichen. Die Rechtsnormen des Gewohnheitsrechts sind nicht in Gestalt eines Korpus abstrakter Rechtsregeln gefasst, sondern einesteils als Bestandteil einer umfassenden Philosophie zu sehen, andernteils als hiervon getragene Rechtspraxis, die immer wieder neues R. schafft. – (2) Diese Merkmale des Gewohnheitsrechts machen deutlich, dass bei seiner Erfassung Inhalt, Form und Verfahren nicht voneinander getrennt werden können. In einigen Kolonialgebieten veranlassten die Kolonialmächte Erhebungen über den Inhalt der ungeschriebenen afrik. Gewohnheitsrechtssysteme mit dem Ziel einer Systematisierung, Kodifizierung und ggf. Vereinheitlichung. Auch von unabh. Staaten wurden derartige Untersuchungen vorgenommen. Der Versuch, Gewohnheitsrecht unter Verwendung europ. Rechtsterminologie in abstrakte Rechtssätze zu fassen, konnte das gelebte Gewohnheitsrecht allerdings nicht wiedergeben. Auch bei den Gerichten und Verwaltungsbehörden, die Gewohnheitsrecht im Rahmen des staatl. Rechtssystems anzuwenden hatten, entwickelten sich aus ähnlichen Gründen zuweilen Ausprägungen dieses R., die mit der Rechtswirklichkeit der afrik. Gemeinschaften nicht im Einklang standen. Es ist daher zwischen versch. Arten von Gewohnheitsrecht zu differenzieren. Das eine ist das in das staatl. Rechtssystem inkorporierte Gewohnheitsrecht, so wie es von den staatl. Gerichten aufgefasst, anerkannt und angewandt wird (offizielles Gewohnheitsrecht). Es leitet seine Autorität auch vom Staat ab. Das andere ist das Gewohnheitsrecht, wie es von den Menschen in ihrem Alltagsleben befolgt und bei der Konfliktbeilegung außerhalb staatl. Institutionen zu Grunde gelegt wird (gelebtes Gewohnheitsrecht). Die Übergänge zwischen beiden Arten von Gewohnheitsrecht sind fließend.

III. Rechtsentwicklung während der Kolonialzeit. – III. 1. Rezeption europ. Rechts. Von Äthiopien und Liberia, die der Kolonialherrschaft in dieser Form nicht unterlagen, abgesehen, übertrugen die europ. Kolonialmächte mit der Landnahme auch ihr R. in die neuen Herrschaftsgebiete. Obwohl dieser Rechtstransfer zwangsweise vonstatten ging, ist dafür der Begriff »Rechtsrezeption« üblich. Sie erfolgte einmal, indem das R. des europ. Kolonialstaats, unter partieller Anpassung an die örtlichen Verhältnisse, in derjenigen Gestalt für anwendbar erklärt wurde, die es im Kolonialstaat zu einem festgelegten Datum besaß (statische Rezeptionsklausel). Oder es wurde auf seinen aktuellen Stand zum Zeitpunkt des gerichtlichen Verfahrens abgestellt, in dem das rezipierte R. relevant wurde (dynamische Rezeptionsklausel). Eine andere Art der Rezeption bestand darin, dass die Kolonialmacht Regelungen erließ, die zwar auf ihren eigenen Rechtsauffassungen beruhte, aber speziell auf die Kolonialgebiete zugeschnitten waren und nur dort galten (Kolonialrecht). Indirekt fand Rechtsrezeption bspw. auch durch die Rechtsprechung der europ. Richter in den Kolonien statt, die bewusst oder unbewusst ihr eigenes Rechtsdenken in die Entscheidungsfindung einfließen ließen.

III. 2. Rezipiertes Recht und Gewohnheitsrecht. Dieses »rezipierte« europ. R. galt zunächst nicht für die afrik. Bev., da die Kolonialmächte duale Rechts- und Gerichtssysteme einsetzten. Die für die europ. Bev. in den Kolonien zuständigen Gerichte wandten auf die sie betreffenden Rechtsfragen rezipiertes europ. R. an. Für die afrik. Bev. war ein der Kolonialverwaltung unterstehender und der Rechtsstaatlichkeit in geringerem Maße verpflichteter Gerichtszweig zuständig, der im Rahmen des kolonialen Herrschaftssystems überwiegend Gewohnheitsrecht – bzw. was man dafür hielt – anwandte. Im Gegensatz zu den unterschiedslosen Rechtsordnungen innerhalb der europ. Kolonialstaaten selbst waren diese in den Kolonien nach »Rassen« gegliedert. Die »Eingeborenen« bedurften nach vorherrschender kolonialer Auffassung noch der Entwicklung im Rahmen der ↗ zivilisatorischen Mission der Kolonialmächte. Darüber hinaus galt afrik. Gewohnheitsrecht nur in den Grenzen des rezipierten europ. R. und der diesem zugrunde liegenden Vorstellungen von Gerechtigkeit und Moral und nur, soweit dies den macht- und ordnungspol. Interessen der Kolonialmächte diente. Da die Kolonialmächte die Kompetenz für das öffentl. R., wie das Straf- und Verwaltungsrecht, auf der Grundlage europ. R. an sich gezogen hatten, reduzierte sich die Bedeutung afrik. Gewohnheitsrechts auf den Bereich des Zivilrechts.

IV. Rechtsentwicklung nach der Unabhängigkeit. – IV. 1. Aufwertung des Gewohnheitsrechts. Nach der Unabh. galt das bestehende R. grundsätzlich fort, wurde jedoch in den einzelnen Staaten weiterentwickelt. Während manche Länder auf eine Ersetzung des Gewohnheitsrechts durch staatl. R. hinarbeiteten, wollten andere die spezifisch afrik. Elemente innerhalb des Gesamtrechtssystems aufwerten. In vielen Ländern umfasste dies neben der Reform des materiellen R. auch die Vereinheitlichung des dualen Gerichtssystems: Afrik. Gewohnheitsrecht sollte auf die afrik. Bev. im gleichen Justizsystem angewandt werden wie das vom rezipierten europ. R. geprägte staatliche R. Gewohnheitsrecht wird in der Gesetzgebung, v.a. auch in neueren Verfassungen zahlreicher afrik. Staaten, ausdrücklich anerkannt, dem staatl. R. gleichgestellt und ist insbes. in den Bereichen des ↗ Familien- und Erbrechts und des ↗ Bodenrechts von Bedeutung. Beim öffentl. R. sowie Wirtschafts- und Arbeitsrecht gilt hingegen überwiegend staatl. R.

IV. 2. Geltung religiösen Rechts. In vielen afrik. Staaten wird relig. R. gemäß der Verfassung bzw. Gesetzgebung als Teilrechtsordnung anerkannt. Dies gilt insbes. für das islam. R. Dort, wo relig. R. nicht offiziell als eigene Teilrechtsordnung anerkannt ist, wird es von den staatl. Gerichten u.U. trotzdem wie Gewohnheitsrecht angewendet.

IV. 3. Demokratisierung und ↗ Menschenrechte. Die rechtl. Entwicklung in Afrika ist im Zusammenhang mit pol. Orientierung, Änderungen der Staats- und Regierungsformen und entsprechender rechtspol. Prioritätensetzung zu sehen. Seit den 1980er Jahren vollzog sich die Fortentwicklung des R. verstärkt unter den Vorzeichen der Demokratisierung (↗ Demokratie) und des Schutzes der Menschenrechte. Die Einhaltung entsprechender Standards wurde von Weltbank, Internat. Währungsfonds und Geberländern zur Auflage für die Gewährung entwicklungspol. Leistungen gemacht. Neuere Verfassungen enthalten umfassende Kataloge von Menschen- und Grundrechten und spiegeln in der stärkeren Rechtsposition von Individuen und kulturellen Gemeinschaften gegenüber dem Staat den aktuellen Stand der internat. verfassungsrechtl. Diskussion wider. Internat. wie regionale Menschenrechtsabkommen und die Menschenrechtskataloge der Verfassungen bilden die Grundlage für tiefgreifende, allerdings z.Z. oft noch punktuelle Veränderungen in Rechtsprechung und Gesetzgebung.

IV. 4. Fortgesetzte Rezeptionsprozesse. Trotz der genannten Veränderungen haben die afrik. staatl. Rechtssysteme bis heute ihren vom R. der ehemaligen Kolonialmacht vorgegebenen Charakter vielfach beibehalten. Die Grundstrukturen dieses Rechtssystems und die es prägende jeweilige europ. Rechtskultur wirken somit fort. Dazu tragen auch fortbestehende Kontakte der afrik. Juristinnen und Juristen zu den rechtl. Institutionen der westl. Länder bei, insbes. auch im Bereich der Juristenaus- und -fortbildung und der Gesetzgebungsberatung.

IV. 5. Zwischen Rechtsvielfalt und Rechtseinheit. In den afrik. Mehrrechtsstaaten existiert nicht nur ein Nebeneinander der Teilrechtsordnungen, sondern diesen steht zudem die allgemeine, das jeweilige gesamte Staatsgebiet und Staatsvolk betreffende, Gesetzgebung des Staates gegenüber, insbes. die Verfassung. Zwischen dieser und den Normen des afrik. Gewohnheitsrechts und des relig. R. können sich Konflikte ergeben. Dies gilt v.a. für den Gleichheitsgrundsatz, etwa hinsichtlich der Gleichberechtigung von Mann und Frau, der rechtl. Stellung des Kindes sowie der Stellung ethn., relig. und gesellsch. Minderheiten. Angesichts des wachsenden Menschenrechtsbewusstseins geht es zunehmend darum, die Normen der versch. Teilrechtsordnungen mit den nach der Verfassung zu beachtenden Menschenrechten in Einklang zu bringen und dafür bei den betroffenen Rechtsadressaten Akzeptanz zu erreichen. Da die staatl. Rechtsreformen bisher kaum in der Bev. verankert werden konnten, hat sich die Erkenntnis durchgesetzt, dass Rechtsreformen aufgrund der Wirkungskraft des Gewohnheitsrechts nur durch intensive Aufklärung und Bewusstseinsbildung der Bev. eine Wirkungschance haben. Zudem können Vertreter »traditioneller« Gemeinschaften durch ein in ihren Augen modernes und fremdes staatl. R. ihre Autorität bedroht sehen und gegen ein Zusammenwachsen der versch. Rechtsordnungen innerhalb des Staates arbeiten. Entsprechendes gilt für relig. Gemeinschaften und deren R. Die Balance zwischen den beiden Polen Rechtsvielfalt und Rechtseinheit muss für jedes Rechtsgebiet sorgfältig austariert werden. Dies kann durch die Vereinheitlichung der Teilrechtsordnungen (Rechtsvereinheitlichung), durch Teilvereinheitlichung unter Aufrechterhaltung und Einbindung einzelner Regelungen der Teilrechtsordnungen (Rechtsintegration) oder durch Abstimmen einzelner Regelungen der Teilrechtsordnungen (Rechtsharmonisierung) erfolgen. Dabei kann es zu einer Vermischung von Normen afrik. Gewohnheitsrechts bzw. relig. R. mit solchen des staatl. R. kommen und hieraus ein neuartiges R. entstehen (Rechtssynkretisierung). Dort, wo der Rechtspluralismus in Gestalt lokal bzw. personal unterschiedlicher Teilrechtsordnungen weiterhin besteht, existieren Vorschriften, die bestimmen, in welchen Fällen welches R. anzuwenden ist (internes Kollisionsrecht).

V. Anwendung und Durchsetzung des Rechts. Die staatl. Justiz verfügt in der Straf- und Zivilgerichtsbarkeit über einen mehrstufigen Aufbau. In einigen Staaten hat sich eine funktionierende Verfassungsgerichtsbarkeit entwickelt, die v.a. im Hinblick auf die Einhaltung der Menschenrechte eine Kontrolle staatl. Handelns vornimmt. Das Gerichtsverfahren ist gesetzlich geregelt. Um der Bev. den Zugang zu den staatl. Gerichten zu erleichtern, bestehen mancherorts Sonderregelungen für die unterste Gerichtsinstanz, wonach diese ein vereinfachtes Verfahren anwendet und teils mit Laien, teils mit nicht akad. ausgebildeten Richterinnen und Richtern besetzt ist (wohingegen das Richterpersonal ansonsten aus akad. ausgebildeten Juristinnen und Juristen besteht). Neben den staatl. Gerichten gibt es auch eine »traditionelle« Gerichtsbarkeit, die anerkannten örtlichen Autoritäten und Ältesten untersteht. Die relig. Gemeinschaften haben ebenfalls Streitschlichtungsorgane, die unter Anwendung relig. R. außerhalb des staatl. Gerichtssystems zwischen ihren Mitgliedern vermitteln oder R. sprechen. Die Stellung und Zuständigkeit traditioneller und relig. Gerichte ist sehr unterschiedlich ausgestaltet: Teils sind sie vom staatl. R. anerkannt und mit bestimmten Zuständigkeitsbereichen betraut, vielfach bestehen sie aber auch außerhalb des staatl. Systems. Die Mehrzahl der Konflikte kommt gar nicht erst vor die staatl. oder staatl. anerkannten Gerichte. Der erschwerte Zugang zu diesen oftmals vom Wohnort der Streitbeteiligten weit entfernt gelegenen Gerichten, die lange Verfahrensdauer, hohe Prozesskosten, die Unkenntnis des vom Gericht angewandten R. und der Gerichtssprache, die Unsicherheit hinsichtlich des zu erwartenden Urteils sowie Schwierigkeiten bei der Durchsetzung und Vollstreckung der gerichtlichen Entscheidungen sind Gründe dafür, dass meist einer Streitbeilegung durch örtliche, inoffizielle Streitschlichtungsorgane wie Familien- oder Ältestenräte und sonstige Schiedsgerichte der Vorzug gegeben wird. Daneben hat sich aufgrund der ethnischen Vielfalt der Bev. v.a. in urbanen Regionen eine informelle Gerichtsbarkeit herausgebildet, die insbes. auf zivilrechtl., teils sogar auch auf strafrechtl. Gebiet ein R. entwickelt und anwendet, das einerseits an die Gewohnheitsrechte vorkolonialer pol. Systeme erinnert, andererseits den heutigen Lebensverhältnissen angepasst ist. Eine Durchsetzung der Urteile dieser Gerichte erfolgt im sozialen Umfeld. Die hierfür angewandten Methoden reichen von der Schaffung eines Erwartungsdrucks bis zur Ausübung physischer Gewalt gegen den Verurteilten.

VI. Internationalisierung und Regionalisierung. (1) Unter dem Einfluss der Globalisierung sind Veränderungen der Rechtssysteme afrik. Staaten v.a. bei den Menschenrechten festzustellen. Hier werden regionale (z.B. die Menschen- und Völkerrechtscharta der ↗ OAU vom 26. 6. 1981) und internat. (z.B. die UN-Übereinkommen zur Beseitigung jeder Form von Diskriminierung der Frau vom 18. 12. 1979 und über die Rechte des Kindes vom 20. 11. 1989) Übereinkommen zunehmend in der nat. Gesetzgebung und Rechtsprechung berücksichtigt. Auch ↗ Umweltschutz und Wirtschaftsrecht orientieren sich an internat. Vorgaben. Zwischenstaatl., aber auch innerstaatl. Konflikte können vor internat. Gerichten behandelt werden, wie z.B. die juristische Verfolgung der Verbrechen im Zusammenhang mit dem Völkermord in Ruanda vor dem *International Criminal Tribunal for Rwanda* in Arusha (Tansania). – (2) Regionale Zusammenschlüsse von afrik. Staaten sollen der Erreichung eines einheitlichen Rechts- und Wirtschaftsstandards dienen. So haben sich bspw. die Mitgliedstaaten der OHADA (*Organisation pour l'harmonisation en Afrique du droit des affaires*) auf ein einheitliches Handels- und Gesellschaftsrecht verständigt, das starke Bezüge zum frz. R. aufweist. Die Aktivitäten der OHADA und weiterer regionaler Staatenzusammenschlüsse (↗ regionale Organisationen) weisen darauf hin, dass rechtl. Entwicklungen in Afrika sich zunehmend nicht nur auf lokaler und nat., sondern auch auf supranat. Ebene vollziehen. ↗ Islamische Rechtsschulen, ↗ islamisches Ehe- und Familienrecht.

🕮 D. Darbon/J. du Bois de Gaudusson (Hg.), La création du droit en Afrique, Paris 1997. – P.-F. Gonidec (Hg.), Encyclopédie juridique de l'Afrique, Bd. 1–10, Paris 1982. – Internat. Encyclopedia of Comparative Law, Bd. 1,2,4,6, Tübingen 1972 ff. – J. Vanderlinden, African Law Bibliography, Bd. 1 (1947) ff, Brüssel 1972 ff. – K. Wähler, Rechtsordnungen Afrikas und Madagaskars. In: G. Grasmann (Hg.), Einführung in die großen Rechtssysteme der Gegenwart, 2. Aufl., München 1988, S. 623–658. – G. R. Woodman/A. O. Obilade (Hg.), African Law and Legal Theory, Aldershot 1995.

Harald Sippel/Ulrike Wanitzek

Rechtsschulen ↗ islamische Rechtsschulen

Regenwald/Regenwaldzerstörung. Die Regenwälder Afrikas liegen in Äquatornähe und setzen sich aus immergrünen, ombrophilen (regenliebenden) und, in den Randbereichen, aus halb immergrünen, teils Laub abwerfenden Formationen zusammen. Immergrüne Regenwälder entwickeln sich im Bereich ganzjährig feuchtheißer äquatorialer Klimate bei mind. 1.700–2.000 mm Jahresniederschlag, verteilt auf zehn humide Monate (↗ Klima). Bei längerer Trockenzeit (ca. drei Monate) entstehen halb immergrüne Formationen. In den Gebirgen West- und Ostafrikas gibt es die Bergregen- und Nebelwälder. Sie sind in Höhenlagen zwischen 1.700 und 2.400 m und bei ganzjährigen Niederschlagsmengen von 2.000–4.000 mm verbreitet, reich an Baumfarnen und Wildbananen, Flechten und Epiphythen. Die (durch menschl. Entwicklung unbeeinflussten) Primärwälder weisen eine große Artenvielfalt und eine vertikale Gliederung in zwei bis drei Baumstockwerke auf. Über einem 5–10 m hohen lockeren untersten Stockwerk erhebt sich bis in Höhen von ca. 30 m das Hauptkronendach, das von einzelnen Baumriesen bis zu 40 m überragt wird. Die im trop. Afrika heute weit verbreiteten Sekundärwälder sind meist artenärmer und von niedrigerem Wuchs (bis 20 m Höhe), z. T. mit verwilderten Kulturpflanzen (Ölpalmen, Bananenstauden) durchsetzt.

Der ursprgl. Regenwaldgürtel reichte ca. 5.000 km weit von Sierra Leone über Liberia, den S der Elfenbeinküste, SW-Ghana – unterbrochen durch die sog. Dahomey-Lücke – über S-Nigeria, W- und S-Kamerun, Äquatorialguinea, Gabun, die Rep. Kongo, den S der Zentralafrik. Rep. bis in das Kongobecken. Von den ehemals 6,2 Mio. km^2 Regenwald sind heute nur noch 2 Mio. km^2 übrig. Allein im Zeitraum 1960–90 gingen im trop. Afrika fast 20% der Regenwälder verloren. Primärwälder sind nur noch auf etwa 300.000 km^2, v. a. im Kongobecken, in Gabun, im S der Zentralafrik. Rep. und in SO-Kamerun erhalten geblieben. In Westafrika wurde der Regenwaldgürtel aufgrund kommerzieller Tropenholzexploitation seit Beginn des 20. Jh. und nachfolgender kleinbäuerl. Agrarerschließung für den Kakao- und Kaffeeanbau (Elfenbeinküste, Ghana) sowie durch Ölpalmenpflanzungen (Nigeria) zu 90% zerstört (Karte 26). Liberia verlor im Laufe des Bürgerkriegs (↗ Kriege/Bürgerkriege) in den 1980er und 1990er Jahren durch informellen Holzhandel rivalisierender Kriegsparteien einen großen Teil seiner Primärwälder. Die Regenwälder im O Madagaskars wurden v. a. durch Zuwanderung von Kleinbauern im Rahmen der ungelenkten Agrarkolonisation weitgehend zerstört. Auch die Bergregen- und Nebelwälder sind z. B. am Mt. Kenia, am Kilimandscharo oder in Ruanda durch illegale Landnahme infolge des Bevölkerungsdrucks bedroht. An ihre Stelle traten Kaffee- und Teepflanzungen bzw. kleinbäuerl. Felder. Auch der Wildbestand der Regenwälder ist bedroht, da die Nachfrage nach Wildfleisch in den wachsenden Städten steigt (↗ Jagd, ↗ Wildtierbewirtschaftung). Im Fall der Demokrat. Rep. Kongo erklärt sich die Existenz von z. Z. noch umfangreichen Primärwäldern durch den Armutsanstieg seit der Unabh. und den Verfall der während der belg. Kolonialzeit angelegten Pisten. Nur im O des Landes kam es in den 1990er Jahren aufgrund der Flüchtlingsströme aus Ruanda durch massiven Brennholzeinschlag für die Flüchtlingslager zur Zerstörung großer Waldgebiete. Durch den Bürgerkrieg wurden seit 1995 zum Zwecke der Waffenbeschaffung von unterschiedlichsten milit. Gruppen wertvolle Tropenhölzer an das benachbarte Ausland verkauft.

Karte 26: Verbreitung und Gefährdung der Regenwälder in Afrika am Ende des 20. Jh.

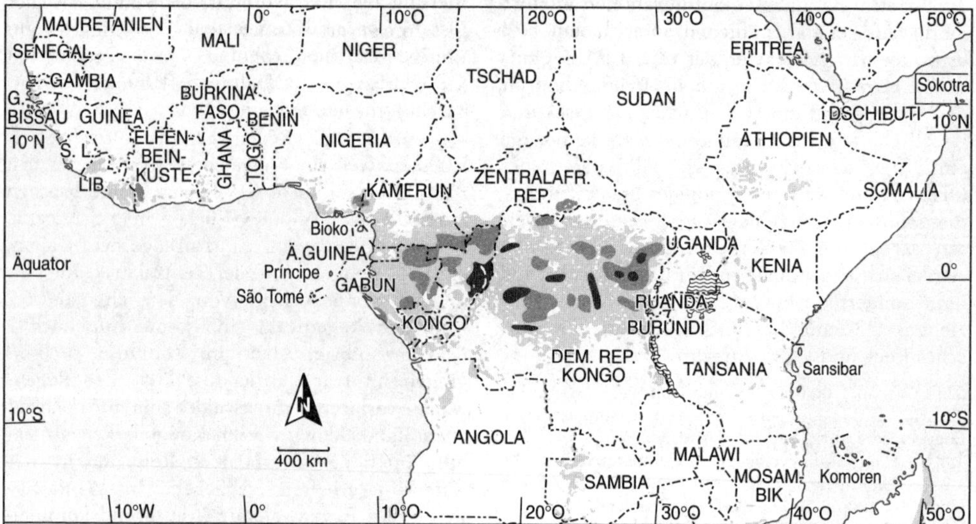

Staatsgrenze

Sekundärwälder mit kleineren Inseln von Primärwäldern; durch Agrarkolonisation und Holzextraktion stark degradierte Wälder

zunehmend durch Holzextraktion, Jagd, Agrarwirtschaft und Bergbau bedrohte Primärwälder

noch größere, intakte Primärwälder mit hoher Biodiversität

Quelle: Bryant, D. / Nielsen, D. / Tangley, L.: The last frontier forests. World Resources Institute, Washington D.C., 1997, S.27.
Entwurf: Th. Krings
Kartogr.: V. Scheuring.

© Inst. für Kulturgeographie Univ. Freiburg

Die afrik. Regenwälder beherbergen ca. 50 wertvolle Tropenholzarten, z. B. Sipo-Mahagoni, Sapali, weißer Acajou, Samba, Koto, Fraké. Durch fortgesetzten Raubbau an den Regenwäldern könnten etwa um das Jahr 2020 sämtliche kommerziell wichtigen Tropenholzressourcen im äquatorialen Afrika weitgehend erschöpft sein. ↗ Entwaldung, ↗ Naturschutz, ↗ Ökozonen.

🕮 M. Bollig/D. Bünnagel (Hg.), Der zentralafrik. Regenwald, Münster 1993. – B. Wiese, Afrika. Ressourcen, Wirtschaft, Entwicklung, Stuttgart 1997. – D. Bryant/D. Nielsen/L. Tangley, The Last Frontier Forests. Washington 1997.

Thomas Krings

Reggae ↗ afroamerikanische Musik

Regionale Organisationen. Oberbegriff für ein breites Spektrum verschiedenartigster Institutionen/Organisationen, die für mehr als zwei Länder eine bestimmte Funktion erfüllen und, wenn auch z. T. in geringem Maße, institutionell verankert sind. Ein vollständiger Überblick über alle r. O. in Afrika ist praktisch unmöglich, da es seit den 1960er Jahren zeitweise über 500 gegeben hat und derzeit insges. noch über 200 existieren (die meisten in Westafrika). Daher kann hier nur auf die Wichtigsten eingegangen werden. Sie sind nach versch. Kriterien zu charakterisieren, wenn sich auch zwischen den einzelnen Merkmalen Überlappungen ergeben.

Nach dem formellen Status der Mitgliedschaft ist zu unterscheiden zwischen (1) zwischenstaatl. r. O. (Vertretung durch Regierungen), (2) r. O. von halb bzw. quasi staatl. Institutionen (z. B. öffentl. Versorgungsunternehmen, Finanzinstitutionen) und (3) r. O. von nichtstaatl. Partnern (z. B. Gewerkschaften, Privatwirtschaft, pol. Parteien, Wissenschaft, Kirchen, Medien, NGOs, kulturellen Gruppierungen).

In geogr. Hinsicht kann unterschieden werden nach (1) kontinentalen/gesamtafrik. r. O., (2) r. O. mit begrenzter regionaler Mitgliedschaft (wobei die Zugehörigkeit zu den üblicherweise fünf

Großregionen ganz unterschiedlich ausfallen kann und auch andere Konfigurationen möglich sind) und (3) r. O. aufgrund sprachl. und hist. Affinitätsmerkmale wie z. B. die ↗ PALOP der ehem. portug. Kolonien und die 1985 aufgelöste OCAM (*Organisation Commune Africaine et Malgache)* mit frankophoner Orientierung,

Eine weitere Kategorie bilden afrik. Untergruppierungen im Rahmen von allg. internat. Organisationen (wie z. B. ↗ *Commonwealth*, ↗ OIC), die aber meist keine separate Struktur haben und hier nicht weiter behandelt werden. Schließlich ist nach dem Typus der jeweiligen Aufgabenstellung zu unterscheiden zwischen (1) im engeren Sinne pol. oder auf Fragen der Sicherheitspol. ausgerichteten r. O., (2) umfassend angelegten Wirtschaftsgemeinschaften, (3) r. O., die auf einzelne Wirtschafts- bzw. Sozialsektoren begrenzt sind, und (4) r. O. mit spezieller techn. Ausrichtung oder begrenzten spezifischen Zielsetzungen, wobei häufig allerdings keine derart klare Abgrenzung möglich ist und verschiedenste Mischformen vorherrschen.

I. Institutionelle Vielfalt. Als gesamtafrik. zwischenstaatl. r. O. von überragender Bedeutung sind in pol. Hinsicht die ↗ OAU, die sich auch die Schaffung einer AEC (*African Economic Community*) zum Ziel gesetzt hat, sowie in ökonom. und finanzieller Hinsicht die ↗ ECA und die ↗ AfDB. Im Rahmen des ↗ Lomé-Abkommens zwischen der EU und der Gruppe der AKP-Länder (Afrika, Karibik, Pazifik) bilden die 48 Staaten des subsahar. Afrika (einschl. Südafrika seit 1998) den weitaus größten Länderblock (Gesamtzahl der AKP-Länder 71). Andere gesamtafrik. r. O. sind von untergeordneter Bedeutung: Die OATUU (*Organization of African Trade Union Unity*) mit Sitz in Accra (Ghana) ist die Dachorganisation der Gewerkschaften des Kontinents. Länder aus mehreren Regionen haben sich auch zusammengefunden in der PALOP, der Gruppierung der portugiesischsprachigen Länder, und in der vorrangig durch die enge währungs- und finanzpol. Anbindung an Frankreich charakterisierte Franc-Zone mit der gemeinsamen Währung des Franc-CFA. Dieser wird von den zwei Zentralbanken BCEAO (*Banque Centrale des Etats de l'Afrique de l'Ouest)* und BEAC (*Banque des Etats de l'Afrique Centrale*) emittiert. Über den Kreis der frz. Exkolonien hinaus haben sich auch Äquatorial-Guinea und Guinea-Bissau dieser Zone angeschlossen. Die 1998 geschaffene OHADA (*Organisation pour l'Harmonisation du Droit des Affaires en Afrique*) soll die wirtsch. Integration aller Länder der Franc-Zone erleichtern. Eine geogr. Verklammerung zwischen Nordafrika sowie Ländern aus Ost-, West- und Zentralafrika stellt die auf Initiative Libyens ebenfalls 1998 gegründete COMESSA (*Communauté des Etats du Sahel et du Sahara*) dar, der außerdem bis 2000 Burkina Faso, Dschibuti, Eritrea, Gambia, Mali, Niger, Senegal, Sudan, Tschad und die Zentralafrik. Rep. beigetreten waren; im Feb. 2001 kamen noch Ägypten, Marokko, Nigeria, Somalia und Tunesien hinzu.

Angesichts der Größe des Kontinents und der geringen Verflechtungen zwischen räumlich weit voneinander entfernten Ländern liegt der Ansatzpunkt für eine vertiefte regionale Kooperation und Integration jedoch bisher – und sicher auch weiterhin – v. a. auf der Ebene der fünf großen Regionen (N-, W-, Zentral-, östl. und südl. Afrika). Die hier jeweils dominanten r. O. haben unterschiedliche Entstehungsgeschichten, praktische Voraussetzungen und formale vertragliche Mandate, zielen letztlich aber in ähnlicher Form über versch. Zwischenschritte auf die Schaffung umfassender Wirtschaftsgemeinschaften. Die mögliche Stufenabfolge auf dem Weg zu einem höheren ökonom. Integrationsgrad verläuft idealtypisch von einer Präferenzhandelszone über Freihandelszone, Zollunion, Gemeinsamen Markt, Wirtschaftsunion bis zu einer Supranationalen Union und eventuell einer pol. Gemeinschaft/Föderation. Die wichtigsten r. O. sind in diesem Sinne in Nordafrika die ↗ UMA, in Westafrika die ↗ ECOWAS, in Zentralafrika die ↗ CEMAC und die geogr. erheblich umfassendere, bisher aber wirkungslose CEEAC (*Communauté Economique des Etats de l'Afrique Centrale*), im östl. und südl. Afrika die ↗ COMESA, in Ostafrika die ↗ EAC und im südl. Afrika die ↗ SADC. In Westafrika bildet darüber hinaus die eine Hälfte der ECOWAS-Mitglieder (das sind die sieben frankophonen Staaten Benin, Burkina Faso, Elfenbeinküste, Mali, Niger, Senegal, Togo, Guinea-Bissau) die separate UEMOA (*Union Economique et Monétaire Ouest-Africaine*), die 1994 aus der früheren CEAO (*Communauté Economique de l'Afrique de l'Ouest*) hervorgegangen ist.

Weitere hier aufzuführende r. O. haben sowohl eine begrenztere geogr. Mitgliedschaft als auch eine deutlich engere Aufgabenstellung. Den Sonderfall eines sicherheitspol. Abkommens bilden acht frankophone Staaten Westafrikas in der ANAD (*Accord de Non-Agression et d'Assistance en Matière de Défense*). Als Entwicklungsbanken fungieren die BOAD (*Banque*

Ouest-Africaine de Développement) für die UEMOA-Mitglieder, die BDEAC (*Banque de Développement des Etats de l'Afrique Centrale*) für die CEMAC-Mitglieder und die EADB (*East African Development Bank*) für die Staaten der EAC. Elf afrik. Erdöl produzierende Länder bilden seit 1987 neben der global agierenden OPEC die APPA (*African Petroleum Producers' Association*); auch für andere Rohstoffe (wie Kaffee, Palmöl) gibt es spezielle afrik. Vereinigungen oder aber Untergruppen im Rahmen internat. Rohstoffvereinigungen. Die ↗ SACU (*Southern African Customs Union*) bildet den institutionellen Rahmen für die Zollunion von Südafrika mit den vier kleinen Nachbarländern Botsuana, Lesotho, Namibia und Swasiland; ohne Botsuana bilden diese Länder auch die CMA (*Common Monetary Area*) mit einer Anbindung der Währungen an den südafrik. Rand. Einen lediglich lockeren Zusammenschluss mit dem Ziel der Liberalisierung und Erleichterung des regionalen Handels im südl. und östl. Afrika stellt die 1992 mit Unterstützung von AfDB, EU und Weltbank initiierte CBI (*Cross-Border Initiative*) dar, an der sich potentiell alle Mitgliedsländer von COMESA, SADC und IOC beteiligen können. Auf die gemeinsame Nutzung der Wasserressourcen zweier Flusssysteme (↗ Gewässer) in Westafrika ausgerichtet sind die OMVG (*Organisation pour la Mise en Valeur du Fleuve Gambie*) und die OMVS (*Organisation pour la Mise en Valeur du Fleuve Sénégal*).

Weitere r. O. von minderer Bedeutung und mit nur geringer Wirksamkeit sind die von Guinea, Liberia und Sierra Leone gebildete MRU (*Mano River Union*), die von neun Anliegerstaaten des Niger-Flusssystems in Westafrika geschaffene ABN (*Autorité du Bassin du Niger/Niger Basin Authority*), die mit ähnlicher Funktion ausgestattete CBLT (*Commission du Bassin du Lac Tchad*) von fünf Anrainerstaaten des Tschadsees, die KBO (*Organization for the Management and Development of the Kagera River Basin*) von Burundi, Ruanda, Uganda und Tansania sowie die CEPGL (*Communauté Economique des Pays des Grands Lacs*) der Länder Burundi, Ruanda und Demokrat. Rep. Kongo. Alle diese r. O. waren wegen minimaler Finanz- und Ressourcenausstattung von Anfang an nur wenig leistungsfähig; zusätzlich wurde ihnen in den letzten Jahren durch anhaltende ↗ Kriege/Bürgerkriege fast jede Betätigungsmöglichkeit entzogen. Das CILSS (*Comité Permanent Inter-Etats de Lutte contre la Sécheresse dans le Sahel*) wird von neun westafrik. Sahelländern gebildet und dient der gemeinsamen Durchführung von Programmen zur Bekämpfung der Wüstenbildung. Eine ähnliche Orientierung für die Länder am Horn von Afrika stand ursprgl. hinter der Gründung der IGAD (*Intergovernmental Authority on Development*), die aber trotz konfliktbedingter Spannungen zwischen ihren sechs ostafrik. Mitgliedern seit Mitte der 1990er Jahre ein breiter verstandenes Mandat verfolgt. Der von fünf frankophonen Staaten Westafrikas gebildete CE (*Conseil de l'Entente*), gegr. gegen Ende der Kolonialzeit, hat gleichermaßen eine pol. wie eine wirtsch. Ausrichtung. Die fünf Inselstaaten im Ind. Ozean (einschl. Frankreich als Mutterland der Insel Réunion) haben die weitgehend auf Unterstützung durch die EU angewiesene IOC (*Indian Ocean Commission*) zur Förderung der angesichts der Insellage schwierigen Regionalkooperation gebildet. Eine neue, auf alle Anrainerstaaten des Ind. Ozeans (in Afrika, Asien und Ozeanien) ausgerichtete Initiative, die IORARC (*Indian Ocean Rim Association for Regional Cooperation*), ist derzeit noch im Anlaufstadium.

II. Durchwachsene Erfolgsbilanz. Während in der Kolonialzeit trotz der damaligen Verwaltungsabgrenzungen vergleichsweise große, zusammenhängende Wirtschaftsräume existierten, gestaltete sich der grenzüberschreitende Güter- und Personenverkehr nach Entstehung der vielen Einzelstaaten angesichts des Vorrangs nat. Entwicklungsziele und extrem zunehmender bürokratischer Hindernisse immer schwieriger. Vor diesem Hintergrund und den Auswirkungen der allg. Globalisierungstendenzen wurde seit langem in Afrika selbst wie von externer Geberseite auf die Regionalkooperation als wesentliches Element zur Überwindung der entwicklungshemmenden Kleinstaaterei hingewiesen. Sie war schon 1980 ein zentraler Aspekt des Aktionsplans von Lagos der OAU und wird auch von der ECA immer wieder betont. Die bisherigen Lomé-Abkommen der EU mit den AKP-Ländern haben seit 1975 ebenfalls der Unterstützung der regionalen Zusammenarbeit bes. Beachtung geschenkt. Eine Erfolgsbewertung der bisherigen Erfahrungen ist angesichts der großen Zahl unterschiedlicher Organisationen und ihrer spezifischen Charakteristika jedoch schwierig. Insges. sieht die Bilanz der meisten r. O. ernüchternd aus: Überwiegend wurde die Realisierung der selbst gesetzten Ziele immer wieder hinausgezögert, die Ressourcenausstattung für eine adäquate Aufgabenerfüllung blieb weit hinter den Notwendigkeiten zurück, und es fehlte letztlich an dem ernsthaften pol. Willen zur Abgabe jeweiliger nat. Kompetenzen an übergeordnete r. O.

Die großen, pol. und geogr. heterogenen Wirtschaftsgemeinschaften, die primär auf eine Steigerung des Handelsaustauschs und auf eine wirtsch. Integration zielen, haben bisher nur sehr begrenzte Erfolge aufzuweisen. Dies erscheint bei realistischer Betrachtung der Ausgangsbedingungen nicht weiter verwunderlich, da die Komplementarität der beteiligten Volkswirtschaften gering ist und auch die großen Entfernungen sowie die ungenügenden Verkehrsverbindungen einem intensiveren Handelsaustausch im Wege stehen. Nach wie vor überwiegen die Belange der jeweiligen nat. Wirtschaftspolitik, weshalb aus Rücksichtnahme auf die eigene Wirtschaft und die Sorge vor neuer Konkurrenz die vorgesehenen Mechanismen zum Abbau von Zöllen und anderen Handelshemmnissen nur zögerlich in die Tat umgesetzt werden. Die angestrebte Marktintegration führt unvermeidlich zu Polarisierungseffekten, die von den versch. vorgesehenen Kompensationsmechanismen aber nur unzureichend ausgeglichen werden, so dass die strukturell schwächeren Mitglieder kaum Anlass haben, sich vehement für die Realisierung der Integrationsziele einzusetzen. Gerade die Erzielung verbindlicher Absprachen über den Aufbau moderner Industrien, die auf größere Märkte und die Kostenvorteile großer Produktionseinheiten angewiesen sind, erweist sich in der Praxis als extrem schwierig. Ein weiteres Hindernis lag lange im monetären Bereich, d. h. in der allg. Devisenknappheit und der Nichtkonvertierbarkeit der nat. Währungen; durch die Freigabe der Währungsrestriktionen in den 1990er Jahren wurde dies weniger bedeutsam. Allerdings ist auch der Handelsaustausch zwischen den Mitgliedsländern der Franc-Zone trotz ihres währungspol. Vorteils nicht signifikant höher. Als vergleichsweise erfolgreicher, wenn auch bei von vornherein bescheideneren Zielsetzungen, können hingegen die wesentlich lockereren, vorwiegend auf zwischenstaatl. Koordination von Einzelmaßnahmen angelegten Organisationen angesehen werden. Eine flexible und pragmatische funktionale Regionalkooperation (mit selektiver Beteiligung an jeweiligen konkreten Maßnahmen wie z. B. den Sektorprogrammen im Rahmen der SADC) bedeutet keine generelle Einschränkung der nat. Wirtschaftspolitik. Letztlich lassen die Verschiedenartigkeit und Vielzahl derartiger Organisationen keine generalisierende Bewertung zu. Neben effizienten und integrationsfördernden Institutionen gibt es auch eine Reihe schwerfälliger bzw. unzureichend ausgestatteter r. O. mit geringen Kompetenzen und von nur marginaler Bedeutung. Im Übrigen sind Fortschritte der regionalen Zusammenarbeit nicht notwendigerweise von der Existenz institutioneller zwischenstaatl. Strukturen abhängig; angesichts der wirtschaftspol. Liberalisierung ist die Privatwirtschaft in den letzten Jahren längst zu einem entscheidenden Motor einer wachsenden faktischen Regionalintegration geworden. Angesichts der Parallelität von Globalisierung und neuen Regionalismen in anderen Kontinenten erscheint eine erhebliche Verstärkung der Regionalkooperation in Afrika unumgänglich. Sichtbare Fortschritte in überschaubaren Zeiträumen sind am ehesten bei der Konzentration auf solche Formen der Zusammenarbeit zu erwarten, bei denen für alle Beteiligten in begrenzten Bereichen Vorteile deutlich identifizierbar sind. Hierauf aufbauend können dann auch komplexere Integrationsansätze vorangetrieben werden. In jedem Fall müssen die r. O. ihre übergeordneten Interessen schrittweise und beharrlich gegen die fortbestehende Dominanz der nat. Eigeninteressen durchsetzen.

🕮 S.K.B. Asante, Regionalism and Africa's Development. Expectations, Reality and Challenges, Basingstoke 1997. – D. Bach (Hg.), Regionalisation in Africa: Integration and Disintegration, Oxford/Bloomington 1999. – A. Becart, Integration et développement. Bilan et perspectives de la Zone Franc en Afrique, Paris 1997. – P. Körner, Macht- und Interessenpolitik in der ECOWAS-Region und der Krieg in Liberia. Die pol. Dimension regionaler Integration in Westafrika, Hamburg 1996. – A. Oyejide (Hg.), Regional Integration and Trade Liberalization in Sub-Saharan Africa, Bd. 1–4, Basingstoke 1997–1999. – F. Söderbaum, Handbook of Regional Organizations in Africa, Uppsala 1996.

Rolf Hofmeier

Religionen, traditionelle. *I. Religion und Gesellschaft.* Religion, Kultur und soziales Leben sind im traditionellen Afrika so eng miteinander verflochten, dass die Religionen nur im sozialen Gesamtkontext verstanden werden können. Die R. sind in ihrem Grundmuster durch Kleingesellschaften (Gemeinschaften) bestimmt. Mit der Geburt und ritueller Akzeptanz wird der Mensch in gleicher Weise Mitglied der Ethnie wie der Religion. Er kann sich nicht für sie entscheiden, auch nicht aus ihr heraustreten, ohne sich von der ↗ Gesellschaft zu lösen. Die t. R. sind, anders als die Weltreligionen, grundsätzlich unmissionarisch, wollen sich nicht ausdehnen, da sie an Land, Sprache, Ahnen und das enge soziale Netz der vorgegebenen Gesellschaft gebunden sind. Nur durch Heirat und rituelle Aufnahme können Fremde Mitglied der Gemeinschaft und damit Teil der Religion werden. In der gemeinsamen Sprache drückt sich die allen gemeinsame Kultur aus. Eine Ethnie, bzw. eine Lineage oder ein ↗ Klan, in denen sich alle virtuell oder tatsächlich auf ein Urelternpaar zurückführen, kann keine große Variabilität im sozialen, kulturellen und ethischen Bereich erlauben. Das Überleben wird durch Einheit garantiert. Vielfalt wäre gefährlich. Darum herrscht in ethisch-relig. Dingen nach innen große Intoleranz. Abweichendes Verhalten wird streng bestraft. Nach außen, gegenüber den Religionen anderer Völker, herrscht eine Toleranz, die als Indifferenz zu charakterisieren ist.

II. Religiöses Lebensverständnis. Weil Religion, Kultur und Sozialität so eng miteinander verflochten sind, haben sie ein gemeinsames Ziel. Es besteht darin, das Leben zu erhalten. Afrik. Lebensverständnis trägt dabei charakteristisch relig. gefärbte Züge. (1) Das Leben ist *eines* und wird vom Vater auf den Sohn vererbt oder in matrilinearen Gesellschaften von der Mutter auf das Kind (↗ Matrilinearität). Jeder weiß, dass er in dieser Lebenskette steht und verpflichtet ist, sie zu stärken und zu verlängern. Kinderlosigkeit gilt daher nicht nur als Schande, sondern als gesellsch. Vergehen. Das Leben steht seit der Zeugung unter dem Segen der Ahnen. Der Glaube, dass bei der Zeugung nicht nur die Eltern etwas von ihrer Kraft abgeben, sondern auch die Ahnen, ja selbst Gott etwas von seinem Lebensodem hinzufügt, so dass ein Mensch entstehen kann, findet bei manchen Ethnien, z.B. den Shona (Simbabwe) rituellen Ausdruck. (2) Das Leben ist durch Wiederholung gekennzeichnet. Damit ist nicht die Reinkarnation im asiat. Sinn gemeint, sondern ein Wiederkommen in der eigenen ↗ Familie. Dabei wird eine Generation übersprungen. Die Großeltern leben in den Enkeln weiter, die entsprechend angeredet werden können. (3) Das Leben wird nicht individualistisch verstanden, sondern ist durch Interdependenz gekennzeichnet. Wo ein Glied leidet, leiden die anderen mit. Bis in die alltägliche Begrüßung wird dies deutlich. (4) Das auf Steigerung angelegte Leben ist zugleich ambivalent. Es gibt gute und böse Kräfte. Durch das Wort, den ↗ Preisgesang, das Gebet, die mythische Erzählung, das Sprichwort wird die Ambivalenz in Eindeutigkeit überführt, so dass das Böse überwunden und das Gute in der Gemeinschaft gestärkt wird. Das Wort hat Kraft, es wirkt bis in die Körperlichkeit hinein. Das gute Wort bewirkt Fruchtbarkeit und schafft Frieden. Das böse Wort, das laute Wort, Gezeter und Fluch aber bewirken Unfruchtbarkeit bei den Menschen wie auf dem Felde und lassen die ↗ Jagd erfolglos sein. Eine festgefügte Lehre existiert in den t.R. nicht. Als mythische Erzählungen, als Weisheitsspruch, als Sprichwort kommen die Glaubensvorstellungen zu Wort (↗ Erzählen, ↗ Mythos, ↗ Oralliteratur, ↗ Oralphilosophie). Alles zielt auf die Ethik. Die allein zählt, d.h. das gute, harmonische Leben in Frieden.

III. Riten. Die Riten (↗ Ritus, Rituale) sind die Haftpunkte der Religion, in ihnen stellt sie sich öffentlich dar. Durch die Riten fördert die Religion die Gemeinschaft und stabilisiert, trägt den Einzelnen und sagt allen, nach welcher Moral der Mensch zu leben hat und was rechtlich gültig ist. Die Riten markieren die Gefahrenpunkte des Lebens und helfen zugleich, ihnen zu begegnen. Wie sie die Gemeinschaft durch das Jahr begleiten, so tragen sie den Lebenszyklus des Einzelnen, begleiten ihn in das jeweils andere Lebensstadium, wie z.B. die Übergangsriten bei der Geburt, Pubertät (↗ Initiation), Hochzeit (↗ Heiratsordnungen) und beim Tod (↗ Bestattungsrituale). Trotz des einebnenden Charakters afrik. Sozialität und Religion besitzt kein Mensch den gleichen gesellsch. Status wie ein anderer. Es herrscht eine strenge Rangordnung, wobei das Prinzip der Seniorität höchste Allgemeingültigkeit besitzt. Seniorität heißt höheres Ansehen, verdienter Respekt, höhere Stellung, in die der Mensch hineinwächst, heißt Weisheit in der Bewältigung des Lebens und in relig. Dingen (↗ Alter, ↗ Weisheitsphilosophie). Der gute Tod im Alter wird nicht gefürchtet, nur der böse, schnelle, frühzeitige Tod, verursacht durch den bösen Willen anderer Menschen und durch Zauberei (↗ Hexerei). Neben dem Lebenszyklus spielt der Jahreszyklus gleichermaßen eine wichtige Rolle. Die Gemeinschaft braucht rituelle Hilfe bei der Aussaat, bei der Ernte, wenn der Regen ausbleibt, wenn Gewitter drohen. Doch auch das Handwerk bedarf solcher Begleitung, der ↗ Schmied zumal, dessen Beruf bes. Achtung genießt und mit vielen Tabus umgeben ist, aber auch die ↗ Jagd, wenn sie erfolgreich sein soll. Ein rein säkulares Tun und Leben gibt es nicht, auch wenn nicht alles Handeln mit Religion gleichgesetzt werden kann. Es ist die Religion, die dem »pro-fanen« Leben den Freiraum gewährt.

IV. Symbole. Alle Aspekte der t. R., so vielfältig und scheinbar widersprüchlich sie sein mögen, sind aufeinander bezogen und bilden letztlich ein in sich ruhendes Ganzes. Die innere Logik und Plausibilität sind jedoch nur erkennbar, wenn man den Schlüssel besitzt, der die Bedeutung der Symbole aufschließt. Das ist in den t. R. Afrikas der Mensch bzw. der menschliche ↗ Körper. Er ist Ursprung, Quelle und Maßstab aller Symbolbildung. Das ist konsequent im Lebensbegriff begründet. Formales Strukturprinzip der Symbolbildung ist die Analogie. Durch sie wird die Welt erschlossen, kann der Mensch die Kräfte der Natur handhaben, findet die heilenden Medizinen und die Mittel gegen Schadzauber. Das Hauptgesetz der Analogie ist aus der Homöopathie bekannt: Alles, was sich ähnlich ist, steht in Beziehung zueinander und zeigt ein Kräfteverhältnis an. Wer die Analogie erkannt hat, kann die innewohnende Kraft sich nutzbar machen, zum Segen wie zum Schaden. Umgekehrt wird man die Kleidung, die Utensilien, die Form des Hauses und die Grundstruktur des Dorfes so einrichten, dass durch die Symbolik die Intention erkennbar wird. Auch hier gilt das Grundprinzip der Partizipation, das durch die Analogie erschlossen und handhabbar wird. Die Forschung hat insges. sieben Analogiegesetze aufgefunden, durch die die Umwelt zur Mitwelt wird und der Mensch ihre guten Kräfte nutzen, sich gegen die negativen aber wehren kann.

V. Transzendenzerfahrung. Der Mensch erfährt sich abhängig, und zwar in abgestufter hierarchischer Ordnung. Er ist abhängig von der Umwelt, von den (1) Ahnen (↗ Ahnenkult), den (2) Geistern (↗ Geisterglaube), den (3) Gottheiten und schließlich von dem, der alle Erfahrung übersteigt, dem »Großen«, dem »Uralten«, (4) Gott selbst. (1) Die Ahnen stehen den Menschen am nächsten. Sie kennen sie, sie sind ihnen vertraut. In vielen, wenn auch nicht in allen t. R. sind die Ahnen Mittler zu Gott. Nicht alle Verstorbenen werden automatisch zu Ahnen. Man muss ein vorbildliches Leben geführt haben, rituell ordentlich begraben sein und eine angesehene Stellung gehabt haben. Auch wenn es keine feste Regeln gibt, wer zum Ahnen wird und wer nicht, Zauberer, Lepröse, Krüppel, außerhalb des Landes Begrabene fallen aus dem Kreis der Verehrten heraus, ja können als Gespenster den Menschen schaden. Sie müssen ebenso besänftigt werden wie (2) die Geister, die sich durch Gegenstände der Natur mitteilen und ihren Platz in der geschöpflichen Mitwelt haben (Bäume, Pflanzen, Berge, Flüsse, Tiere). Zu ihnen kann der Mensch ein bes. Verhältnis haben, das sich verschiedenartig konkretisiert, durch Tabus, durch Opfergaben, durch eine totemistische (übernatürliche) Verbindung. Die Geister können sich einzelne Menschen als Medium wählen, sei es permanent, sei es zeitlich gebunden. Von einem Geist befallen zu werden, ist meistens furchterregend (↗ Besessenheit). Das Verhältnis von Natur und Geist darf nicht in abendländischen Kategorien des Idealismus interpretiert werden. Die Geister sind in und mit der Natur vorhanden, sind gleichsam als symbolische Interpreten der Wirklichkeit im Körperlich-Natürlichen manifest und werden anthropomorph (menschenähnlich) verstanden. In der Natur, im Tier, im sog. leblosen Objekt wird der Geist manifest, begegnet der Mensch Geist von seinem Geist. Der Übergang zwischen Geistern und (3) Gottheiten ist in den t. R. fließend. Die Gottheiten stehen über den Geistern. Sie sind weiter von der Erde weg angesiedelt als die Geister, deren Zuhause die Erde ist. Das Zuhause der Gottheiten aber ist, abgesehen von den Erdgöttern, der Himmel. Sie sind näher bei Gott, sie sind fern und nah zugleich und umgeben den Menschen ähnlich wie die Geister von allen Seiten. Ihre hierarchische Ordnung gleicht gelegentlich, z. B. bei den Fon (Benin), verblüffend dem Hofstaat westafrik. Königtümer. Sie werden kultisch verehrt. Anders als in den Bantureligionen, in denen der Familienchef oder das (Klan)-Oberhaupt priesterliche Funktionen wahrnehmen, gehören bes. in Westafrika etablierte Priestertümer zum regulären Religionsvollzug. Opfern, Orakellesen, Segen spenden, die Verbindung zu den Gottheiten und zu Gott herstellen und die wichtigsten Staatszeremonien vorzunehmen oder rituell zu begleiten, ist ihre Aufgabe. (4) Und Gott? Er ist sehr fern, ist gleichsam der Horizont, der alles umspannt und umschließt. Er wird i.Allg. nicht kultisch verehrt. Er ist zu groß, als dass man mit kleinen Dingen zu ihm kommen könnte. Er bildet die Grenze des nicht Hinterfragbaren und darum auch rituell nicht Verhandelbaren. Über ihn hinaus gibt es keine Erfahrung, darum wendet sich der Mensch an ihn nur in der allergrößten Not oder Freude, wenn niemand und nichts anderes mehr hilft. *Usomandla* nennen ihn die Zulu (Südafrika), »der alle Macht hat«.

VI. Ethik. Die Lebenszentriertheit der t. R. bestimmt auch die ↗ Ethik. Das Leben der Gemeinschaft ist oberstes Gut. Das gilt es zu bewahren und zu mehren. »Der Mensch wird

Mensch durch den Mitmenschen« lautet ein weit verbreitetes Sprichwort. Hilfsbereitschaft, gute Gemeinschaft, Respekt vor dem Nächsten und Höhergestellten, Partizipation, verstanden als Teilhabe und Teilgabe, sind die zentralen Werte der Ethik der t. R. Sie knüpfen das Band der Gemeinschaft fest, gelten jedoch nur innerhalb der Gemeinschaft und haben eben dort auch eine einebnende Auswirkung, insofern der Einzelne nicht aus dem ihm zugewiesenen Status heraustreten und sich weder wirtsch. noch sonst hervortun darf, ein Effekt, der dem westl., an der Konkurrenz sich orientierenden Entwicklungs- und Wirtschaftsdenken grundlegend widerspricht. Der Ethik liegt ein tiefes Harmoniebedürfnis zugrunde, das auf den Frieden für alle zielt. Den aber können die Menschen nicht als Einzelne, sondern nur gemeinsam gewinnen. ↗ Animismus, ↗ Divination, ↗ Fetischismus, ↗ Heidentum, ↗ Heroenkult, ↗ Lebenskraft, ↗ Magie, ↗ Spiritualität, ↗ Vodún.

🕮 E.A.A. Adegbola (Hg.), Traditional Religion in West Africa, Ibadan 1983. – E. B. Idowu, African Traditional Religion. A Definition, London 1973. – J. W. Sempebwa, African Traditional Moral Norms and their Implications for Christianity. A Case Study of Ganda Ethics, St. Augustin 1983. – E. W. Smith (Hg.), African Ideas of God, 2. Aufl. London 1961. – T. Sundermeier, Nur gemeinsam können wir leben. Das Menschenbild schwarzafrik. Religionen, 3. Aufl., Gütersloh 1997. – L.-V. Thomas/R. Lumeau, La terre africaine et ses religions, Paris 1975.

Theo Sundermeier

Rentenökonomie, eine Volkswirtschaft, in der sich Staatsbürokratie und Unternehmer (↗ Unternehmen) durch ihr Zusammenwirken leistungsunabh., überhöhte Einkommen aneignen können und diese für konsumtive Zwecke nutzen (Luxuskonsum). Staatsbürokratien schöpfen von den Weltmarktpreisen aus dem Export von Produkten des ↗ Bergbaus, der ↗ Forstwirtschaft und der ↗ Landwirtschaft (*cash crops*) durch Exportsteuern, *Marketing Boards* o. ä. ab, Unternehmer können monopolartige Gewinne durch staatl. Eingriffe in den Wettbewerb erzielen. Staatl. Produktlizenzen, Devisenbewirtschaftung oder Importlizenzen sind pol. Instrumente, mit denen Rentenvorteile für bevorzugte Gruppen geschaffen werden. Unternehmer suchen mehr oder ausschließlich danach, ihre Gewinnmöglichkeiten durch Lobbying (*rent seeking*) zu steigern, als dies durch Innovationen und Investitionen zur Produktivitätsverbesserung zu erreichen. Dies trifft v. a. auf Afrika zu.

Eine wesentliche Erklärung wird in den pol.-gesellsch. Strukturen afrik. Länder gesehen, indem Klientelismus (↗ Neopatrimonialismus) und ↗ Korruption »legale« und »illegale« Renten begründen. Die volkswirtsch. Wirkungen sind schädlich, u. a. weil die Regierungen die bevorzugten Unternehmen dadurch schützen, dass konkurrierende Unternehmer unterdrückt werden, die sich meistens im ↗ informellen Sektor befinden. Dadurch entstehen Anreize für Schmuggel und Korruption. Konsumenten haben dagegen relativ hohe Preise zu zahlen. Da Investitionen ausbleiben, wird die Volkswirtschaft ineffizient und wenig dynamisch. Aus diesem Grund hat die Weltbank mit ihrer Politik der ↗ Strukturanpassung versucht, die rentenökonom. Strukturen aufzubrechen – allerdings manchmal vergeblich. Die Vorstellung, dass vom Staat geschaffene Vorteile für Unternehmer immer zur wirtsch. Stagnation führen, trifft jedoch nicht zu. In anderen Ländern, insbes. Ostasiens, hat sich das Gegenteil erwiesen. Einige Autoren sehen daher in der »schwachen« ↗ Zivilgesellschaft und fehlenden Institutionen den eigentlichen Grund für Klientelismus und *rent-seeking* in stagnierenden Rentenökonomien Afrikas.

🕮 G. Ashoff, Rent-Seeking: Zur Relevanz eines relativ neuen Konzeptes in der ökonom. Theorie der Politik und der entwicklungstheoretischen Diskussion. In: Vierteljahresberichte Nr. 112 (1988), S. 103–125. – F. Czichowski, Rent-Seeking, Stagnation und Unterentwicklung. Der Beitrag der Neuen Politischen Ökonomie zur Theorie der Entwicklung und Unterentwicklung. In: Konjunkturpolitik 36 (1990), S. 169–191.

Eike W. Schamp

Réunion, Die größte Insel der ↗ Maskarenen gilt seit 1946 durch die Ernennung zum DOM (*Département d'outre-mer*, Überseedepartement) als Teil des frz. Mutterlandes. Verwaltungsmäßig gehören dazu die unbewohnten Inseln Tromelin, sowie die – in der Straße von Mosambik gelegenen – Les Glorieuses, Juan de Nova, Bassas da India und Europa (zusammen 32 km²). **Fläche:** rund 2.500 km². **Einw.:** 710.000 (2000 gesch.). **Bev.-Wachstum:** 1,7%. **Stadtbev.:** 42%. **Hauptstadt:** Saint-Denis (210.000 Einw., 2000 gesch.). **Währung:** Frz. Franc bzw. Euro. **BSP/Kopf:** 9.386 US$ (1995). **Lebenserwartung**: 75 J. (1996). **Amtssprache:** Frz;. **Regional- und Verkehrssprachen:** Kreolisch (↗ Pidgin- und Kreolsprachen), Gujurati. **Religion:** 90% Kath.

Mit seinen Vulkanen, dem erloschenen Piton des Neiges (3.069 m) und dem aktiven Piton de la Fournaise (2.625 m), springt die zerklüftete Insel förmlich aus dem Ind. Ozean. Die ↗ Bevölkerung lebt zu 85% in der schmalen Küstenregion; rund 100.000 in Saint-Pierre und 70.000 in Saint-Paul an der SW-Küste.

Nach der Sklavenbefreiung (1835) wurden 100.000 ↗ Inder als Arbeiter in den Zuckerrohrplantagen und -fabriken angeworben, deren Nachfahren heute, in Kleidung und Sprache europäisiert, im NO der Insel siedeln. Eine zweite Welle kam Ende des 19. Jh. (etwa 20.000 Chinesen) und schließlich Anfang des 20 Jh. einige Tausend muslimische Inder aus Gudjarat (nördl. Bombay). Rund 40% der Bev. sind Mulatten, Schwarze (z.T. Nachfahren der Sklaven) und Madagassen; 25% Weiße, Inder und Chinesen.

Wirtschaft. Erwerbstätigkeit (1993): 10% Landwirtschaft, 14% Industrie, 68% Dienstleistungsgewerbe. Wichtig ist immer noch das Zuckerrohr, dessen Export 1996 immerhin 60% der Exporteinnahmen erbrachte. Vor Jahrzehnten galt R. weltweit als wichtigster Lieferant von Duftessenzen (Sonderstellung: Geraniumessenz). Ein Teil der Grundnahrungsmittel muss importiert werden, da über zwei Drittel der Anbauflächen mit Exportkulturen besetzt sind. Der ↗ Tourismus hat seit 1970 stark zugenommen, da viel unternommen wurde, diesen erfolgversprechenden Erwerbszweig auszubauen. 1996 wurden fast 0,4 Mio. ausl. Touristen registriert. Trotzdem bleibt die wirtsch. Lage angespannt. Beschränkte Möglichkeiten der Expansion und hohe Arbeitslosigkeit zwingen viele Bewohner zur Abwanderung, v.a. in das frz. Mutterland.

R. verfügt über eine reiche Literatur in Frz. und Kreolisch. Eine Reihe Schriftsteller, darunter auch der bekannteste Autor der Insel, Axel Gauvin (*Faims d'enfance*, 1987, dt. *Kindheitshunger*; *L'Aimé*, 1990, dt. *Wenn du aufwachst, bin ich da*) setzt sich für die Gleichberechtigung des Kreolischen gegenüber dem Frz., v.a. als Schulsprache, ein.

🕮 M. Guderjahn, Mauritius und Réunion, 1982. A. Miller, Réunion, Köln 1996.

Erhard Gabriel

Rhodesien ↗ Sambia, Simbabwe

Rhodesienkonflikt ↗ Kriege/Bürgerkriege

Rhythmus, musikalischer. *I. Allgemeines* Afrik. Musik ist meist, der engen Verbindung von ↗ Musik und ↗ Tanz entsprechend, an ein festes Zeitmaß gebunden. Die zeitl. Organisation ist als eine Überlagerung unterschiedlicher Raster von Zeiteinheiten zu beschreiben, die Zyklen bilden. In der musikethnolog. Fachterminologie wird zwischen dem Puls, der kleinsten musikalisch gliedernden Einheit, und dem Beat, einer von den Musikern wahrgenommenen Zeitstruktur, unterschieden. Während Pulse sich von einem Kulturfremden mittels Analyse der gehörten Musik feststellen lassen, ist der Beat ein kulturspezifisches Phänomen, das sich oft nur durch Einbeziehung von Bewegungsmustern, z.B. Tanzschritten, erfassen lässt. Feststehende, wiederholte Rhythmen werden meist unter dem Begriff Pattern (s. III.) gefasst und in ihrer Periodenlänge mit dem Konzept der Formzahl (s. II.) beschrieben. Zu einem der wichtigsten rhythmischen Gestaltungsweisen in der Musik Afrikas zählt die Verschränkung gleichzeitig gespielter Rhythmen, so dass während eines zyklischen Durchlaufs die Instrumente an jeweils unterschiedlichen Zeitpunkten oder Pulsen ihre Akzente setzen (Kreuzrhythmik). Häufig sind dabei binäre und ternäre Gliederungen der Periode kombiniert. Eine solche als Poly- oder Bimetrie bezeichnete Rhythmusgestaltung tritt auf, wenn in einem Trommelensemble eine Periode mit 12 Pulsen, z.B. in einem Instrument in vier Dreierrhythmen, in einem anderen in drei Viererrhythmen und in einem dritten in zwei Sechserrhythmen untergliedert wird.

In manchen Fällen ist es sinnvoll, das zeitl. Geschehen nicht von Pulsen ausgehend zu betrachten, sondern von der Ebene der Beats. Dies betrifft v.a. drei Konstellationen: (1) Verzierungen, die aus kürzeren Zeitwerten bestehen als die ansonsten vorherrschenden Pulse, z.B. die solistische Haupttrommel (↗ Trommel) in westafrik. Perkussionsensembles; (2) wechselnde Binnenteilungen der Beats, z.B. 3 versus 4, die nicht auf einen rein rechnerischen kleinsten Wert bezogen werden sollten; (3) gezieltes geringfügiges Verschieben des Zeitpunkts einer Aktion weg von einem metronomischen Raster, also Antizipation oder Retardierung von Schlägen wie z.B. beim Spiel der *hosho*-↗ Rassel der Shona (Simbabwe) oder der *jembe*-Trommel der Mande (Westafrika).

II. Formzahl. Die zeitliche Gliederung der traditionellen Musik Afrikas beruht nicht wie die europ. auf Takten, sondern auf Perioden, deren Länge aus der Anzahl der ihnen zugrunde liegenden Pulse bestimmt werden kann. Diese implizieren kein festes Akzentmuster wie beim Takt, der z.B. beim 4/4 Takt eine starke Betonung der ersten und eine schwache auf der drit-

```
A:(27) 5.3.3.5.4.5.3.2.3.1.4.1.1.4.3.2.3.1.4.2.2.4.3.4.2.1.2.
B:(27) .5.5.5.2.3.4.1.1.5.1.1.4.1.1.5.1.2.3.4.4.4.1.2.3.4.5.4
C:(54) ......2.....121..11.11.11.1..21.21...2.2..1.2..2.1.2.
```

Abb. 27: Die *amadinda*-Komposition *Akawologoma*, Formzahl 2 × 27 = 54

ten Zählzeit fordert. Dagegen gibt die Formzahl lediglich an, wie viele solcher Pulse der jeweilige Zyklus umfasst. Typische Werte, die bei Notenbeispielen an die Stelle einer Taktangabe treten, sind 12 und 16 (sowie deren Vielfache), in manchen Kulturen, bes. im arab. Kontext, können aber auch Periodenlängen beobachtet werden, die z. B. auf 5 oder 9 bzw. Vielfachen davon beruhen. Bei der Betrachtung eines Ensembles ist zu unterscheiden, ob man dessen gemeinsame Formzahl kumulativ angibt oder die jedes einzelnen Parts und seiner musikalischen Pattern.

III. Pattern. Häufig finden sich in der afrik. Musik feste Muster, die in der häufigen Repetition zu Bausteinen der musikalischen Gestaltung werden. Dabei kann es sich sowohl um melodische als auch um rein rhythmische Formeln handeln. Beide Aspekte können auch verwoben sein (melorhythmische P.). Beispiele für rhythmische Pattern finden sich etwa in westafrik. Perkussionsensembles, wo begleitende Trommeln ihre jeweiligen rhythmischen Pattern unverändert wiederholen, während der Part der Meistertrommel auf einen mehr oder weniger großen Fundus von variierbaren P. rekurriert.

Wenn ein unverändertes Schlagmuster als Orientierung für das gesamte Ensemble dient, spricht man von *time-line-pattern*. Diese werden meist auf durchdringend klingenden Instrumenten wie z. B. ↗ Doppelglocken gespielt.

Einen Sonderfall der Patternbildung stellen die von G. Kubik sog. inhärenten Pattern dar. Wenn man bei gleicher Klangfarbe in schneller, regelmäßiger Folge Töne über einen genügend großen Ambitus (Tonumfang) wahrnimmt, gruppiert das Gehör dieses Material in Bänder benachbarter Töne (*auditory stream segregation*, A. S. Bregman). Ein Beispiel für diesen Effekt liefern auf dem ↗ Xylophon *amadinda* gespielte Kompositionen aus der alten ↗ Hofmusik von Buganda: Zwei feststehende Parts werden auf demselben Instrument nach dem *Interlocking*-Prinzip so ineinander verzahnt gespielt, dass die Spieler A und B jeweils abwechselnd die mit den Ziffern 1–5 bezeichneten Töne des Xylophons anschlagen. Bei der gehörsmäßigen Verschmelzung der beiden Stimmen können sich dem Hörer versch. inhärente Pattern aufdrängen. Ein aus den Stufen 1 und 2 gebildetes Pattern wird zusätzlich dadurch hervorgehoben, dass ein dritter Spieler C es im hohen Register verdoppelt (Abb. 27).

Über das Klangresultat hinaus können beim Musizieren auch die Bewegungsabläufe wichtig sein, und zwar dann, wenn parallel zu klingenden Mustern motionale Pattern existieren, die primär aus der Sicht des/der Ausführenden relevant sind. In manchen Fällen können die Bewegungsmuster konstant bleiben, wenn ein Stück auf eine andere Stufe verschoben oder auf ein anders gestimmtes Instrument übertragen wird. In der *mbira*-Lamellophonmusik der Shona (Simbabwe) sind solche konstanten »Fingersätze« oft mit rhythmischen Formeln zu motiorhythmischen P. kombiniert.

🕮 G. Kubik, Die Amadinda-Musik von Buganda. In: A. Simon (Hg.), Musik in Afrika, Berlin 1983, S. 139–165. – S. Arom, African Polyphony and Polyrhythm. Musical Structure and Methodology, Cambridge 1991. - G. Kubik, Einige Grundbegriffe und -konzepte der afrik. Musikforschung. In: Jahrbuch für musikalische Volks- und Völkerkunde 11 (1984), S. 57–102.

Gerd Grupe/Raimund Vogels

Rhythm and Blues ↗ afroamerikanische Musik

Ringkampf ↗ Sport

Ritus, Ritual. In vielen afrik. Gesellschaften haben rituelle Handlungen eine große Bedeutung bei der Lösung alltäglicher Probleme, und auch existentielle persönliche oder soziale Krisen werden mit ihrer Hilfe bewältigt. R. sind in Afrika fast nirgends auf relig. Handlungs- oder Sinnzusammenhänge beschränkt. Oft werden sie auch nicht durch kanonische Texte, wie sie in Mythen oder heiligen Schriften vorliegen können, legitimiert. Eine rituelle Handlung wird als aus sich selbst heraus mächtig und wirkungsvoll vorgestellt.

Ausgangspunkt der meisten R. sind Situationen, in denen Menschen nicht wissen, wie sie handeln können oder sollen. Dazu gehören neben vorhersehbaren Lebenswendungen wie etwa dem Übergang vom Kind zum Erwachsenen v. a.

unerwartete Krisen wie der Verlust eines nahen Angehörigen. In solchen Situationen bieten R. schon durch ihre formal weitgehend festliegende Handlungsfolge eine Orientierung (↗ Bestattungsrituale), die auf den Erfahrungen aufbaut, die sich im kulturellen Gedächtnis einer Gesellschaft abgelagert haben und in den Ritualen aktualisiert werden. Dieses grundlegende kulturelle Wissen, wie sich eine solche Krise bewältigen lässt, ist das eigentliche sinngebende Moment rituellen Handelns. Rituelle Handlungen können, müssen aber nicht durch explizite Erklärungen ihres Sinnes gestützt werden. Durch ihre Anwendung in der Krise können R. und das in ihnen vermittelte kulturelle Wissen beweisen, dass sie den Menschen Halt bieten. Die soziale Integration und persönliche Handlungsfähigkeit der Teilnehmer wird gesichert, wiederhergestellt oder umgestaltet. Was als bedrohliche Krise erschien, wird nicht nur für den Einzelnen, sondern auch für die Gesellschaft zu einer Möglichkeit, schwierige Situationen zu kontrollieren und zu bewältigen.

Ein Merkmal fast aller R. ist daher die Verkleinerung und Vereinfachung von Dingen und Situationen, die dem Einzelnen oder der Gesellschaft als übermächtig oder unüberschaubar entgegentreten. Die Komplexität der Lebenswelt wird reduziert und auf ein menschliches Maß gebracht. V.a. in der ↗ Divination wird diese Reduktion der Welt auf einige wenige leicht bestimmbare Elemente deutlich.

In den Passage- oder Übergangs-R. wird dagegen ein natürlicher, ungeordneter Ablauf – v.a. Geburt, Erwachsenwerden, Heirat, Tod – durch eine kulturell bestimmte, weitgehend festgelegte Folge von Handlungen gestaltet und damit vorhersehbar gemacht. Generell sind Rituale dieses Typs in drei Phasen organisiert: einen Separations-R., durch den die Teilnehmer von ihrer vertrauten Umgebung getrennt werden; eine Phase der Seklusion, während der die Teilnehmer keinen Kontakt zur alltäglichen Welt haben; und schließlich einen Reaggregations-R., durch den sie mit neuem Status in die Gesellschaft wieder eingeführt werden. Typische Beispiele hierfür sind die in weiten Teilen West- und Zentralafrikas verbreiteten ↗ Initiationen in Männer- und Geheimbünde (↗ Bünde).

Die tiefgreifendsten, häufig als das Leben verändernd beschriebenen Erfahrungen machen die Teilnehmer in der Phase der Seklusion. Schon Arnold van Gennep, der den Begriff »Ritus« als erster gebrauchte, hat diese Phase als »sakrale Zeit«, die den Alltag unterbricht, beschrieben. Victor Turner hat sie als eine Zeit des spielerischen Umgangs der Teilnehmer miteinander und mit den Dingen der Welt gedeutet. Frei von den Zwängen des Alltags entwickeln sie in dieser Zeit eine Fülle neuer symbolischer Deutungen, die sie in kunstvoller Darbietung nach außen tragen. Andere Autoren betonen dagegen, dass der neue Umgang mit Dingen und Mitmenschen den Teilnehmern durch die formale Handlungsfolge eher auferlegt ist, als von ihnen selbständig erkundet wird. So oder so aber lernen die Teilnehmer Neues, das sich von dem ihnen bislang Vertrauten abhebt. Rituale sind ebenso als reine Handlungen denkbar, die einen darstellenden Charakter nur nebenher besitzen.

Rituelle Darstellungen sind selten ein getreues Abbild der Wirklichkeit, vielmehr zeichnen sie ein Bild, das der Gegenwart verpflichtet ist und den Menschen hilft, ihr Leben zu gestalten. Rituelle Handlungen haben die Verarbeitung von persönlichen und gesellsch. Erfahrungen zum Ziel, nicht die Bewahrung eines exakten hist. Andenkens.

🕮 C. Bell, Ritual Theory, Ritual Practice, New York 1992. – A. Belliger/D.J. Krieger (Hg.), Ritualtheorien, Opladen 1998. – V. Turner, Das Ritual. Struktur und Antistruktur, Frankfurt/M. 1989.

Till Förster

Rohstoffe. Afrika verfügt über 85% der derzeit bekannten Vorkommen an Platin und Palladium, über 75% der Manganreserven und über 50% der Vorräte an Gold und Vanadium (↗ Bergbau). Die ↗ Landwirtschaft, v.a. im subsahar. Afrika, erlaubt den Anbau zahlreicher tropischer Erzeugnisse und kann sich auf ausreichende Wasservorkommen stützen (↗ Bewässerungswirtschaft). Afrik. Bauern produzieren für den Weltmarkt u.a. Kaffee, Kakao, Bananen, Baumwolle und natürliche pharmazeutische Grundstoffe. Die Wälder sind lange Zeit für den Einschlag von Holz verschiedenster Art genutzt worden (↗ Forst- und Holzwirtschaft). In der wirtsch. Entwicklung der afrik. Staaten kommt der Rohstoffwirtschaft – der Gewinnung und Vermarktung der versch. Erzeugnisse – eine wichtige Rolle zu. Bis in die 1970er Jahre waren zahlreiche Arbeitsplätze in diesem Sektor entstanden; die dort erzielten Einkommen hatten Kaufkraft auf den inländischen Märkten geschaffen und stellten die wirtsch. Grundlage dar für Investitionen; die Devisenerlöse aus dem Export der Rohstoffe finanzierten den Import von Nahrungsmitteln, Verbrauchs- und Investitionsgütern. R. haben die Politik und die Beziehungen zu den IL (Industrieländern) geprägt. Innerhalb der einzelnen Staaten haben Kämpfe um die Nutzungsrechte der R. Konflikte ausgelöst, die bis zu Bürgerkriegen ausgeartet sind. R. haben zwischenstaatliche und regionale Konflikte verursacht, von denen nicht wenige mit Waffengewalt ausgetragen wurden (↗ Kriege/Bürgerkriege).

Rohstoffreiche Länder konnten enge Beziehungen zu IL aufbauen. Die afrik. Volkswirtschaften trifft es besonders hart, dass die Erlöse aus dem Verkauf von R. weltweit seit den 1990er Jahren rückläufig sind, bedingt durch einen Rückgang der mengenmäßigen Nachfrage und der Preise. Zudem konkurrieren die Rohstoffe afrik. Länder seit 1990 mit denen aus den osteurop. Staaten. Ursächlich für die geringe Wettbewerbsfähigkeit der Rohstofflieferanten in Afrika sind Fehlentscheidungen in der Wirtschafts- und Entwicklungspolitik dieser Staaten. Lieferengpässe und -unterbrechungen – verursacht durch pol. Konflikte und die unzureichende Verkehrsinfrastruktur – verunsichern mögliche Abnehmer. Halbstaatl. und staatl. Unternehmen kontrollieren den Rohstoffsektor. Geringer Rechtsschutz für das Eigentum und Auflagen für die Verwendung der Gewinne beeinträchtigen die Bereitschaft in- und ausl. Unternehmen, Kapital und Technologie für die Modernisierung des Rohstoffsektors bereitzustellen. Kleinbauern weigern sich, die Produktion angesichts niedriger staatl. festgesetzter Abgabepreise der Ausfuhrbehörden auszuweiten. Große Farmen werden hingegen für Verluste im Exportgeschäft entschädigt. Unzureichende Wiederaufforstungsmaßnahmen der Regierungen sowie der Holzeinschlag der Bev. zur Sicherung des Energiebedarfs (Brennholz, Holzkohle) haben den Waldbestand schrumpfen lassen (↗ Entwaldung).

Gescheitert sind auch die Bemühungen der afrik. Staaten, durch marktregulierende, weltumspannende Rohstoffabkommen die Erlöse dauerhaft zu steigern. Das Integrierte Rohstoffprogramm – Teil der in den 1970er Jahren propagierten ↗ Neuen Weltwirtschaftsordnung – sollte die Preise für die Ausfuhren von R. nicht nur aus afrik. EL (Entwicklungsländern) durch Anbieterzusammenschlüsse, die Bildung von Zwischenlagern und die Finanzierung von Maßnahmen zur Steigerung der Wettbewerbsfähigkeit der Anbieter im Rahmen eines gemeinsamen Fonds stabilisieren. Derartige Vorhaben scheiterten am hartnäckigen Widerstand der IL. Ihrer Auffassung nach ist das angestrebte Modell in sich widersprüchlich und läuft langfristig den Interessen der EL zuwider. Die EU hat im ↗ Lomé-Abkommen (seit 2001: Cotonou-Abkommen) eine Alternative angeboten in Form einer Erlösstabilisierung für agrarische Rohstoffe. Für die Stabilisierung der Einnahmen aus dem Verkauf mineralischer R. sagte die EU die Unterstützung bei Investitionen zu, die Engpässe bei der Gewinnung und Vermarktung beseitigen. Aber auch diese Maßnahmen entlasteten die afrik. Staaten nicht. Bei langfristig sinkenden Preisen konnten der Fonds und die Finanzierung von Investitionen die zugedachten Aufgaben nicht erfüllen. Die in Aussicht gestellten Mittelzusagen reichten nicht aus, um die den afrik. Staaten zustehenden Ansprüche abzudecken, und eine Erhöhung der Zusagen lehnte die EU ab. Da die Ausgleichszahlungen zu Investitionen im Rohstoffsektor verwendet wurden, unterblieben Anstrengungen, langfristig Güter herzustellen, die weniger anfällig waren für einen Verfall von Mengen und Preisen als R. Abhilfe gewährleistet vielmehr die Integration der afrik. Volkswirtschaften in die Weltwirtschaft durch Strukturwandel sowie Arbeitsteilung und Spezialisierung. Die afrik. Staaten wollen dies erreichen, indem sie die Leistungsfähigkeit des Rohstoffsektors im Rahmen von Programmen zur ↗ Strukturanpassung fördern. Neue Vermarktungsstrategien sollen die Erlöse erhöhen helfen, vorgeschlagen werden zum zeitweiligen Ausgleich von Erlösminderungen Versicherungssysteme, finanziert von exportierenden Ländern, den Verbrauchern und internat. Finanzierungsorganisationen. Ein anderer Weg – vertreten v. a. von den internat. Finanzierungseinrichtungen als Teil der Strukturanpassungsprogramme – sieht vor, auf der Grundlage vorhandener R. die Wirtschaftsstruktur zu verändern. Kompensationen bei Erlösausfall sollten ausschließlich im Rahmen von Strukturanpassungsprogrammen erfolgen und Investitionen in anderen Branchen anregen. Die EU und andere IL sollen die Märkte für verarbeitete Erzeugnisse aus den afrik. EL öffnen. ↗ Handels- und Marktsysteme, ↗ Verschuldung.

🕮 H. Barth/M. Kürsten, Die mineralischen Rohstoffe Afrikas: Chancen für die deutsche Wirtschaft, Stuttgart 1996. – K. Michaelowa/A. Naini, Der Gemeinsame Fonds und die speziellen Rohstoffabkommen, Baden-Baden 1995.

Karl Wolfgang Menck

Römische Kolonisation. Die Zerstörung von ↗ Karthago 146 v. Chr. führte zur Bildung der röm. Provinz *Africa*, die zunächst das nördl. und zentrale Tunesien umfasste. Das fruchtbare Land zog bald viele Siedler und Händler aus Rom und Italien an, und der Feldherr Marius ließ um 100 v. Chr. hier Veteranenkolonien anlegen, eine gezielte, staatl. organisierte Kolonisation setzte aber erst nach 46 v. Chr. unter Caesar und v. a. in der folgenden Regierungszeit von Augustus ein. In der nun *Africa Proconsularis* genannten Provinz, die von der Westgrenze der Kyrenaika in Libyen bis zum Fluss Ampsagas (Rhummel) im O Algeriens reichte, wurden mind. elf Städte gegründet, in denen röm. Veteranen und Einheimische lebten. Weitere dreizehn Kolonien entstanden entlang der Küste von *Mauretania* bis ins heutige Marokko. Um 44 n. Chr. wurde dieser Raum und das Hinterland in zwei Provinzen gegliedert: im O *Mauretania Caesariensis* mit der Hauptstadt Caesarea (Cherchel) und im W die *Mauretania Tingitana* mit dem Statthalter in Tingis (Tanger). Widerstand gegen die röm. Herrschaft gab es in den folgenden drei Jh. nur noch vereinzelt, so dass für das ges. Provinzialgebiet von der Kyrenaika bis zum Atlantik nur eine relativ kleine Streitmacht benötigt wurde: eine einzige Legion, die in Lambessa am Rande des Aurès-Gebirges (im O Algeriens) stationiert war. Zur Sicherheit der röm. Bürger wurden aber auch an strategisch wichtigen Orten Städte gegründet, in denen Veteranen angesiedelt wurden, z. B. in Theveste (Tebessa), Sitifis (Sétif), Thamugadi (Timgad) oder Djemila (Cuicul). Daneben gab es Städte vorröm., nämlich punischen oder numidischen Ursprungs: an der Küste Hadrumetum (Sousse), Leptis Magna, Icosium (Algier), Tingis (Tanger) u. a. Punische Sprache und Institutionen lebten – nach Ausweis der Inschriften – bis ins 2. Jh. n. Chr. fort; das gesprochene Punisch, zumindest auf dem Lande, sogar bis ins 4. Jh., wie Augustinus bezeugt. Die ↗ Urbanisierung erreichte – zumal in der zentralen Region um Karthago – einen hohen Grad: Es entstanden über 600 eigenständige Gemeinden, von denen viele den Rang eines *municipium* oder einer *colonia* erhielten. In den Städten wohnten (außer dem Dienstpersonal) v. a. die Großgrundbesitzer, die Mehrzahl der Bürger dagegen auf dem umliegenden Land. Großen Raum, bis zu einem Drittel der Stadtfläche, nahmen öffentl. Gebäude ein wie das Rathaus, Markt- und Gerichtshallen, Theater, Tempel und Thermen. Der Reichtum der afrik. Provinzen v. a. aufgrund seiner Agrarprodukte war in der ges. röm. Antike sprichwörtlich. Der Wohlstand hielt auch im 3. Jh. n. Chr. an, als andere Teile des röm. Reiches wegen der häufigen Usurpationen in eine tiefe Krise gerieten. Das ↗ Christentum breitete sich im röm. Afrika im 3. Jh. schneller aus als anderswo im W des Imperiums. In den Stadtzentren entstanden Kirchen und Bischofssitze. Im 4. und frühen 5. Jh. litt Nordafrika unter Glaubenskämpfen, insbes. um die Donatisten (↗ Donatismus). Soziale Unruhen auf dem Lande, Raubzüge der Berber und selbst die Invasion der Vandalen seit 429 haben die röm. Zivilisation nicht zerstört. Ab 533 konnten die Byzantiner das Imperium in Nordafrika noch über ein Jh. lang aufrechterhalten. ↗ Juden in Afrika.

🕮 S. Gsell, Histoire de l'Afrique du Nord, 8 Bde., 2. Aufl., Paris 1929. – L. Teutsch, Das römische Städtewesen in Nordafrika, Berlin 1962. – S. Raven, Rome in Africa, 3. Aufl., London 1993. – D. Fushöller, Tunesien und Ostalgerien in der Römerzeit, Bonn 1979.

Peter Spahn

Ruanda. **Fläche:** 26.340 km². **Einw.:** 6,6 Mio. (davon 33.000 Flüchtlinge, 625.000 im Land Vertriebene, 1998). **Stadtbev.:** 6% (1998). **Hauptstadt:** Kigali (236.000 Einw. 1998). **Unabh.:** 1. 7. 1962. Präsidialrep., formale Mehrparteiendemokratie (noch ohne Wahlen); Parteigründung 1991–1994, regional geprägt, ethn. Einflüsse, wichtigste Parteien FPR (*Front Patriotique Rwandais*), MDR (*Movement Démocratique Républicain*), PL (*Parti Libéral*). **Währung:** Franc Rwandais. **HDI-Rang** 152/162 (2001). **Auslandsverschuldung**: 1,1 Mrd. US$ (1997). **Anteil der Entwicklungshilfe am BSP**: 19% (1998). **BSP/Kopf**: 250 US$, **HIV-infizierte Erwachsene**: 11,2%, **Lebenserwartung**: m 40,4 J., w 40,2 J., **Alphabetisierung** der Erwachsenen: m 73,8%, w 45,3% (1999). **Einschulungsrate**: m 67%, w 68% (1995–99). **Amtssprachen:** Kinyarwanda (↗ Bantusprachen), Frz., Engl. Weitere **Verkehrssprache**: ↗ Swahili.

I. Naturraum. Das Kernland von R. (1600–2000 m) ist bergig mit gemäßigt feuchtem Klima und zwei Regenzeiten (Temperaturmittel ca. 20 °C). Folge der hohen Siedlungsdichte sind ↗ Entwaldung, Bodendegradierung und Erosion.

II. Bevölkerung und ethnische Gruppierungen. Das jährl. Wachstum der Bev. ist mit 0,4% (1990–99) nur aufgrund des Genozids von 1994 mit Folgekonflikten und Fluchtbewegungen sowie der relativ hohen HIV-Infektionsrate (↗ Aids) so gering, denn die Fruchtbarkeitsrate gehört mit 5,9 (1999) zu den höchsten des Kontinents. Die Abgrenzung der ethn. Gruppen ist problematisch. Die Angaben variieren: 85 (80)%

Hutu, 12 (19)% Tutsi, 3 (1)% Twa. Im 19. Jh. dienten die heute ethn. interpretierten Kategorien zur Unterscheidung zwischen Herren (Tutsi) und Bauern (Hutu) sowie Waldbewohnern (Twa) mit der Möglichkeit des Auf- und Abstiegs. Gegen eine lang existierende ethn. Abgrenzung sprechen die einheitliche Sprache und Kultur sowie fehlende ethn. Unterschiede bei der Religionszugehörigkeit (65% kath., 9% protestantisch, 1% muslim. 25% traditionelle und andere ↗ Religionen). Die heutige ethn. Grenzziehung ist der Endpunkt eines rezenten konflikthaften Prozesses der Ethnogenese (↗ Ethnizität, ↗ ethnische Konflikte). Daneben gibt es pol. Rivalitäten nach regionaler Herkunft.

Etwa 90% der Bev. sind subsistenzorientierte Kleinbauern; ca. die Hälfte der Bev. lebt unterhalb der Armutslinie. Davon abgesetzt ist eine kleine Schicht wohlhabender Militärs, Verwaltungsangestellter, Kaufleute sowie Technokraten, wobei zurückgekehrte Exil-Tutsi eine wichtige Rolle spielen. Die ↗ Urbanisierungsrate gehört mit 6% (1998) zu den geringsten der Welt.

III. Geschichte und Politik. Das Königreich R. entstand ab dem 16. Jh. als Zusammenschluss kleinerer Gebiete bis ins westl. Uganda und den nordöstl. Kongo. Unter der Kolonialherrschaft, zunächst dt. und später belgisch, wurden die heutigen Grenzen festgelegt. Die Missionierung erfolgte durch den kath. Orden der Weißen Väter, der die Tutsi-Herrschaftsschicht priviligierte. In den 1950er Jahren kam es zu sozialen Spannungen. Ethn. gefärbte Unruhen im Jahr 1959 führten mit Billigung der Belgier 1961 zur Absetzung des Königs und ersten Parlamentswahlen, die von der in der Zentralregion verankerten Hutu-Partei *Parmehutu* gewonnen wurden. Diese stellte den ersten Präsidenten Grégoire Kayibanda. Ethn. Gewalttaten, angeheizt durch Konflikte im benachbarten Burundi, führten 1973 zum Militärputsch durch Juvenal Habyarimana, der seine Macht als Präsident der zweiten ruand. Rep. auf die Hutu aus dem N stützte. Die Einheitspartei MRND (*Mouvement Révolutionnaire National pour le Développement*) kontrollierte über straff organisierte Parteigliederungen das öffentl. Leben. 1990 erfolgten auf internat. Druck Schritte zur Demokratisierung. Im Okt. 1990 begann mit dem Angriff der Rebellenarmee der FPR (hauptsächlich Exil-Tutsi) ein Bürgerkrieg. Die Umsetzung der Friedensvereinbarung von Arusha (1993) wurde durch Habyarimana blockiert. Währenddessen bereiteten radikale Hutu der Regierung systematisch den späteren ↗ Genozid vor, der nach dem Tod des Präsidenten (April 1994) zur Ausführung kam. Innerhalb von drei Monaten wurden zwischen 500.000 und 1 Mio. Tutsi sowie regimekritische Hutu umgebracht. Der milit. Sieg der FPR im Juli 1994 beendete den Genozid. Die neue Regierung unter Präsident Pasteur Bizimungu stützte sich auf das Friedensabkommen von Arusha, das die Zusammensetzung der Parteien in Regierung und Parlament vorgibt. Faktisch dominierten FPR und Armee unter Vizepräsident und Verteidigungsminister Paul Kagame die Politik. Ein erster Demokratisierungsschritt waren freie Kommunalwahlen. Seit 1994 kam es wiederholt zu Massakern, verübt durch Hutu-Milizen oder Regierungskräfte mit insges. mehreren tausend Toten. Seit 1996 bekämpfen ruandische Truppen die Hutu-Milizen in der Demokrat. Rep. Kongo (früher Zaire) und unterstützen nach wechselnden Koalitionen (ebenso wie Uganda und Burundi) Oppositionsgruppen gegen die Regierung der Demokrat. Rep. Kongo. Durch die milit. Präsenz im Kongo gewinnt R. inzwischen Zugang zu Rohstoffen wie Koltan, Diamanten, Kupfer, Kobalt und Gold. Präsident Bizimungu trat im März 2000 zurück. Seit dem 17. 4. 2000 ist Kagame Präsident.

Ansätze für eine Zivilgesellschaft formierten sich erst nach 1990 (heute: neben NGOs Verbände von Genozidopfern, Gewerkschaften sind bedeutungslos). Die ab 1990 relativ freien Medien waren ein wichtiges Forum für rassistische Hetze als Vorbereitung des Genozids. Die kath. Kirche hat ihre herausragende Position durch ihre teilw. Verwicklung in den Genozid verloren und büßte ebenso wie andere Kirchen erheblich an moralischer Autorität ein.

IV. Wirtschaft. R. verfügt kaum über Bodenschätze und nur schwer nutzbare Energiequellen (Wasser, Methangas). Wichtige Exportprodukte sind Kaffee und Tee. Anteile am BIP 1997: Landwirtschaft 37%, Industrie 26%, Dienstleistungen 36%. Die Wirtschaft ist noch durch den Wiederaufbau nach Bürgerkrieg und Genozid geprägt und durch die Konflikte im Zwischenseengebiet belastet (↗ Kriege/Bürgerkriege). R. ist wirtsch. weiterhin in hohem Maß von internat. Hilfe abhängig. Nach dem Bürgerkrieg haben die internat. Organisationen (Weltbank, EU, UN) an Gewicht gewonnen. Die wichtigsten bilateralen Geber sind Niederlande, Deutschland, Kanada und Belgien (1997). Frankreich verlor an Bedeutung, und die USA waren nur kurzzeitig bes. engagiert.

V. Literatur und Musik. Trotz der einheitlichen Landessprache fehlt eine profilierte nat.

Kunst-, Lit.- oder Musikszene, insbes. nach dem Genozid. Einen prägenden Einfluss auf die afrik. ↗ Philosophie hatte der Philosoph, Historiker und Schriftsteller Alexis Kagame. Die traditionelle Musik wurde von Cyprien Rugamba und seiner Gruppe *Amasimbi n'amakombe* auch in Europa bekannt gemacht. Heute gibt es lediglich im ruand. ↗ Rundfunk und bei öffentl. Veranstaltungen folkloristische Musik- und Tanzdarbietungen.

🕮 P. Becker, Rwanda. In: Nohlen/Nuscheler (Hg.), Handbuch der Dritten Welt, Bd. 5., Bonn 1993. – C. Newbury, The Cohesion of Oppression. New York 1988. – G. Prunier, The Rwanda Crisis 1959–1994, London 1995. – L. Harding (Hg.), Ruanda – der Weg zum Völkermord. Vorgeschichte, Verlauf, Deutung, Hamburg 1998.

Dieter Neubert

Rumba ↗ afroamerikanische Musik

Rumba, kongolesische ↗ Soukous

Rundfunk. Die Einführung des R. begann in den brit. Kolonien Südafrika (1924) und Kenia (1928) sowie in Liberia, Sierra Leone und Nigeria zu Beginn der 1930er Jahre. Fast zur gleichen Zeit entstanden erste Sender auch in den frz. Kolonien Madagaskar (1931), Kongo (1936) und Senegal (1939). In Belgisch-Kongo wurde der R. zunächst von den kathol. Missionaren eingerichtet (1937).

Ihre eigentliche Entwicklung nahm die Rundfunktechnik in Afrika jedoch erst nach der Unabh. vieler Staaten seit ca. 1960. Der R. erschien als das sozial wirksamste Medium zur Verbreitung von Informationen, das der traditionell auf dem Kontinent vorherrschenden Art der Gruppenkommunikation angepasst werden konnte. Außerdem zog jedes Rundfunkgerät zahlreiche Hörer an und erfüllte so die Aufgabe, den sozialen Zusammenhalt zu festigen (↗ Nachbarschaft). Nach dem Ende der Kolonialzeit gerieten die Rundfunkanstalten unter staatl. Kontrolle. Selbst die Landfunksender waren vom Staat abhängig, der die Finanzierung, die infrastrukturelle Erstausstattung und v. a. die Zuweisung von Frequenzen übernahm. Bei der Sensibilisierung der Bev. für Entwicklungskampagnen sowie der Weiterbildung und Information der Bauern erhielten sie meist finanzielle Unterstützung im Rahmen der ↗ Entwicklungszusammenarbeit.

Die Anzahl der Rundfunkempfänger stieg z. B. in Südafrika von 875.000 im Jahre 1955 auf 4,8 Mio. 1975. In den anderen Ländern des subsahar. Afrika lag diese Anzahl schätzungsweise bei 360.000 (1955), dann bei 4,2 Mio. (1965), bei 18,5 Mio. (1975), bei 42,6 Mio. (1985) und 70,2 Mio. (1995).

Die pol. Liberalisierung der 1990er Jahre setzte dem staatl. Monopol im Rundfunkwesen ein Ende. Man unterscheidet heute drei Hauptsektoren:

(1) Der öffentliche Sektor. Mit den alten staatl. Sendern behält er eine dominante Rolle. Diese Sender haben hist. Gewicht und verfügen über eine gut ausgebaute Infrastruktur, dank derer sie mit wenigen Ausnahmen – wie Äthiopien – das gesamte Landesgebiet erreichen. Um sich auf den neuen Pluralismus einzustellen, richten die staatl. Rundfunkanstalten außerdem seit 1990 flächendeckend kleinere Sender mit versch. thematischen Schwerpunkten ein. So hat etwa die nat. Rundfunkanstalt der Demokrat. Rep. Kongo ein zweites Programm für Musiksendungen eingeführt, um ihre Führungsrolle auszubauen. Gleiches gilt für den nat. R. in Benin mit dem Programm *Atlantic FM*. Die Gegenstücke sind *Canal Arc-en-Ciel* in Burkina Faso, *City Radio* in Tansania, *Radio 2 FM* in Malawi. In Nigeria besitzt der staatl. R. außer dem bundesweiten Netzwerk *FRCN* mehr als ein Dutzend Regionalsender in allen Landesteilen.

(2) Der internationale Sektor. Internat. oder transnat. Sender, die bis in die 1980er Jahre nur über Kurzwelle zu empfangen waren, wurden nach 1990 mit Sendungen auf UKW-Frequenzen zum zweiten Sektor des R. Dazu gehören RFI (*Radio France Internationale*), BBC (*World Service*), VOA (*Voice of America*), Deutsche Welle und *Africa N° 1*, aber auch, mit geringerer Bedeutung, Radio Moskau, Radio Peking und Radio Vatikan. Diese Entwicklung erklärt sich aus der Abneigung afrik. Hörer gegen ihre nat. Medien, die sie vielfach als staatl. Propagandainstrumente betrachten (↗ Zensur).

(3) Der private Sektor. Zum dritten Sektor gehören private Sender in den einzelnen Ländern. Hatte der Privatsektor vor Errichtung des Mehrparteiensystems fast nur aus konfessionellen Sendern bestanden, so besetzen seit 1990 afrik. Manager diese Nische. Die nat. Privatsender haben ihr Erscheinen zwar der pol. Liberalisierung zu verdanken; die wichtigste technische Voraussetzung zu ihrer Verbreitung waren jedoch moderne UKW-Sender, die sich mit relativ geringem Aufwand betreiben lassen. *Horizon FM* in Burkina Faso ist vielleicht der älteste Rundfunksender der privaten Kategorie. Nach

einem kurzlebigen Vorspiel 1987 erhielt er schon im Dez. 1990 die Sendeerlaubnis. Bes. intensiv war die Liberalisierung des R. in Mali, das heute fast 60 Privatsender zählt. Die bedeutendsten sind *Radio Liberté* (seit Okt. 1991), *Kayira* (1992) und *Radio Nataa*. In Gabun arbeiten trotz Repressalien des herrschenden Regimes (Verbote, Zerstörung oder Sabotage) weiterhin Privatsender wie u.a. *Fréquence Libre, Radio Liberté, Radio Soleil, Radio Mandarine*. Madagaskar verfügt über mehr als 70 Privatsender. Die Regierung Ghanas musste etwa zehn Sendeerlaubnisse für UKW-Stationen erteilen. Auch Nigeria zählt etwa zehn UKW-Sender. In fast allen afrik. Ländern hat sich auf diese Weise der nat. private R. etabliert. ↗ Medien.

🕮 R. Fardon (Hg.), African Broadcast Cultures: Radio in Transition, Oxford 2000.

Eddie Tambwe Kitenge bin Kitoko

Rundi (Sprache) ↗ Bantusprachen

SACU (*Southern African Customs Union*). 1910 wurden die drei damals noch kolonial abhängigen BLS-Länder (Botsuana, Lesotho, Swasiland) in eine Zollunion mit der neu gegründeten Südafrik. Union integriert. 1969, nach der Unabh. der BLS-Staaten wurde ein neuer SACU-Vertrag ausgehandelt, der eine zollfreie Zone mit gemeinsamen Außenzöllen beinhaltete. Für die Festlegung der Zölle sowie die Administration des Außenhandelsregimes blieb allerdings allein Südafrika zuständig. Da die zu diesem Zeitpunkt internat. bereits isolierte Apartheidregierung im Rahmen ihrer »Dialogpolitik« Kontakte zum unabh. Afrika suchte, hatte sie auch ein pol. Interesse am Fortbestehen der SACU. Daher machte sie den BLS-Staaten Zugeständnisse bei der Verteilung der gemeinsamen Zolleinnahmen, die ihnen deutlich höhere Einnahmen aus dem Zollpool garantierten, als ihrem Anteil am SACU-Außenhandel entsprach. Die Haushalte der BLNS-Staaten (Namibia trat der SACU 1990 nach seiner Unabh. bei) waren in erheblichem Umfang von diesen Einnahmen abhängig. Seit 1994 wird über eine Reform der SACU verhandelt. Mit dem globalen WTO-Handelsregime und Südafrikas Freihandelsvereinbarung mit der EU, die 2000 in Kraft getreten ist, müssen die SACU-Länder mit stark rückläufigen Zolleinnahmen rechnen. Da die SACU mit der Zollunion sowie der Währungskooperation im Rahmen der *Common Monetary Area*, der alle SACU-Mitglieder außer Botsuana angehören, eine fortgeschrittene Stufe der wirtsch. Integration erreicht hat, kann sie als Baustein in die angestrebte regionale Integration der ↗ SADC einbezogen werden, der neben den BLNS-Staaten seit 1994 auch Südafrika angehört. ↗ Regionale Organisationen.

🕮 U. Kumar, Economic Dominance and Dependence: The Case of the Southern African Customs Union. In: O.S. Saasa (Hg.), Joining the Future. Economic Integration and Co-operation in Africa, Nairobi 1991, S. 91–108.

Peter Meyns

SADC (*Southern African Development Community*). Die »Entwicklungsgemeinschaft des südl. Afrika« ist eine ↗ regionale Organisation, die das Ziel verfolgt, die Kooperation der Mitgliedsländer untereinander zu fördern, um die wirtsch. und soziale Entwicklung sowie die ↗ kollektive Eigenständigkeit zu stärken, aber auch, um in der Region Frieden und Sicherheit zu schaffen. Sie wurde 1992 von den zehn Staaten Angola, Botsuana, Lesotho, Malawi, Mosambik, Namibia, Swasiland, Sambia, Simbabwe und Tansania gegründet und löste damit die seit 1980 bestehende SADCC (*Southern African Development Coordination Conference*) ab. SADCC war auf dem Hintergrund des Konflikts zwischen den unabh. afrik. Staaten im südl. Afrika und dem Apartheidregime in Südafrika gegründet worden, um die wirtsch. Abhängigkeit der Mitgliedsländer von Südafrika zu verringern. Im Anschluss daran wurde SADC ins Leben gerufen, um der zukünftigen Kooperation mit einem nicht rassischen, demokrat. Südafrika den Boden zu bereiten. Das neue Südafrika wurde 1994 Mitglied der SADC. 1995 wurde Mauritius aufgenommen, 1997 folgten die Demokrat. Rep. Kongo und die Seychellen, so dass SADC heute 14 Mitglieder aufweist.

Den Vorsitz der SADC übernahm nach der Gründung Botsuana, das auch den Vorsitz der SADCC innegehabt hatte. 1996 ging SADC zu einem rotierenden Vorsitz über, der zunächst für drei Jahre an Südafrika unter seinem Staatspräsidenten Mandela ging. Seither rotiert das Amt jährl., nach Mosambik hatte 2000/2001 Namibia den Vorsitz inne. Der Vorsitzende der SADC wird von der jährl. Gipfelkonferenz der Staats- und Regierungschefs, dem obersten Entscheidungsorgan, gewählt. Oberstes Prinzip der SADC ist die souveräne Gleichheit der Mitgliedstaaten. Dementsprechend beruht ihre Entscheidungsfindung auf dem Konsensprinzip.

Die dezentralisierte funktionale Kooperation, die die SADC (wie schon die SADCC) praktiziert, belässt die Zuständigkeit für die insgesamt 18 Kooperationsbereiche bei den einzelnen Mitgliedstaaten (z.B. Energie – Angola, Bergbau – Sambia, Wasser – Lesotho, Agrarfoschung – Botsuana), die sie in eigener Verantwortung verwalten. Das Ziel der SADC, eine intensivere regionale Integration zu verwirklichen, kam seit ihrer Gründung nur langsam voran. Die Schaffung der als bes. bedeutsam angesehenen, 1996 beschlossenen SADC-Freihandelszone wurde aufgrund von Interessendivergenzen zwischen Südafrika als dominanter Wirtschaftsmacht und den übrigen Mitgliedsländern erst auf dem Gipfeltreffen 2000 konstituiert. Bis 2008 sollen im Handel unter den SADC-Staaten 85% der Zölle, bis 2012 sämtliche Zölle entfallen. Einschneidend war der 2001 gefasste Gipfelbeschluss einer institutionellen Reform, nach dem die bisherigen dezentralisierten Kooperationsbereiche in vier dem in Botsuana operierenden SADC-Sekretariat zugeordneten Direktoraten konzentriert werden sollen.

Für den Bereich Frieden und Sicherheit, der die nat. Souveränität bes. berührt, gründete die SADC 1996 ein *Organ on Politics, Defence and Security*, das im Unterschied zu allen anderen Kooperationsbereichen auf der Gipfelebene angesiedelt wurde. Das SADC-Organ soll unter den veränderten Bedingungen im südl. Afrika die Aufgaben der ↗ Frontlinienstaaten fortführen. Staatspräsident Mugabe von Simbabwe, der zuletzt Sprecher dieser Gruppe gewesen war, übernahm zunächst den Vorsitz des SADC-Organs. Nach Differenzen mit Mandela kam es 1997 zu einer Lähmung des SADC-Organs, dessen Zukunft erst mit den Reformbeschlüssen von 2001 im Sinne einer stärkeren Integration in die SADC-Strukturen geklärt wurden.

🕮 I. Mandaza/A. Tostensen, Southern Africa: In Search of a Common Future. From the Conference to a Community, Gaborone 1994. – P. Meyns, Die »Entwicklungsgemeinschaft des Südl. Afrika« nach der Apartheid – neue Ziele, alte Probleme. In: Verfassung und Recht in Übersee 31 (1998), S. 171–195.

Peter Meyns

Safari ↗ Tourismus

Sahara, größte Wüste der Erde, die mit einer Fläche von etwa 7–8 Mio. km^2, so groß wie Australien, fast die Hälfte des afrik. Kontinents bedeckt. Die S. (arab. *es-sahhara*, wüste Ebene) erstreckt sich in einer Breite von weit über 5.000 km von W nach O vom Atlantik bis zum Nil, bzw. unter Einschluss der Arab. und Nubischen Wüste bis zum Roten Meer. Im N wird sie von den Südhängen des Atlas begrenzt, bzw. sie reicht an die Mittelmeerküste heran. Im S wird ihre Grenze etwa durch den Verlauf der 150-mm-Jahresisohyete beschrieben, die sich von 18° N im W nach 15° N im O erstreckt. Der Übergang zu den feuchteren Zonen ist jedoch gleitend. Klimatisch gehört die S., die sich beidseits des nördl. Wendekreises erstreckt, zu den klassischen Passatwüsten großer kontinentaler Massen. Ein zusätzlicher Trockenheitsfaktor ergibt sich im W Mauretaniens durch die Nähe zum kalten Kanarenstrom.

Geomorphologisch gehört die S. mit mittleren Höhen von 200 bis 600 m ü.M. zu Niederafrika, die wenigen zentralen Hochgebirge wie der Ahaggar (Gipfelhöhe 2.918 m), der Tibesti (G.H. 3.415 m) und der Air (G.H. 2.310 m) stellen Ausnahmen dar. Stattdessen herrschen weite, leicht gewellte Ebenen, abflusslose Senken, sogar tiefe Depressionen vor, wie z.B. die Qattara-Senke 137 m unter dem heutigen Meeresspiegel. Entgegen üblicher Vorstellungen ist die S. nur zu etwa einem Fünftel von Sand bedeckt, in den Dünenmeeren (Ergs) werden allerdings die Einwirkungen des Windes am augenfälligsten. Die übrigen Teile der S. lassen sich gemäß ihrer Oberflächenbedeckung in reine Fels- (Hamada), Schutt- und Geröll- (Reg) und Kieswüsten (Serir) gliedern; überall sind dort am Gestein oberflächliche Anreicherungen von Eisen und Mangan, der sog. Wüstenlack, zu beobachten. In den weiten Ebenen finden sich nur selten (Trocken-) Täler, sog. Wadis, die eine fluviale Formung früherer Zeiten, aber auch der Jetztzeit bei sehr seltenen, jedoch heftigen Niederschlägen bezeugen. Dominanter ist insges. die äolische Formung, z.B. als Windschliff in den unteren Partien von Felshängen. Von punktuell auftretenden Windhosen bis hin zu breitflächigen Sand- und Staubstürmen wird sehr viel Material z.T. bis in die hohe Atmosphäre aus der S. heraus in weit entlegene Gebiete geweht. Das reicht vom Niederschlag sahar. Stäube auf den alpinen Gletschern Europas bis hin zu den Regenwäldern Südamerikas, wie durch Schwermineralanalysen nachgewiesen werden kann. Die wichtigsten Bodenschätze sind Erdöllagerstätten im algerischen und libyschen Teil der S. ↗ Desertifikation, ↗ Landwirtschaft, ↗ Nomadismus, ↗ Ökozonen, ↗ Wüste.

Klaus Hüser

Saharanisch (auch: Zentral- oder Ostsaharanisch), eine aus sechs Sprachen bestehende Sprachgruppe innerhalb des nilosaharanischen Sprachstamms (↗ Nilosaharanisch), die sich in einen westl. und einen östl. Zweig aufteilt. Zum Ersteren zählen Zaghawa und das inzwischen ausgestorbene Berti, zum Letzteren Kanembu-Kanuri und Teda-Daza (Tubu). Die Sprachen werden im NO Nigerias, dem SO Nigers und im NW des Tschad sowie in Enklaven in Libyen und im Sudan von ca. 4 Mio. Menschen (darunter von 3,5 Mio. Kanuri) gesprochen. Kanuri, das sich aus dem Kanembu entwickelt hat, war die Sprache der Herrscher des bis zum ausgehenden 19. Jh. im zentralen Sudan mächtigen, islamisierten Kanem-Borno-Reiches. Kanuri ist im Borno-Staat Nigerias als ↗ Verkehrssprache verbreitet und wird in Primarschule, Medien und Parlament verwendet. – Bereits Mitte des 19. Jh. erkannten die Reisenden Gustav Nachtigal und Heinrich Barth die Verwandtschaft von Kanuri und Teda. Johannes Lukas (1901–1980) gelang es, eine Verbindung zwischen diesen beiden Sprachen sowie Zaghawa und Berti herzustellen. Innerhalb des Nilosaharanischen lassen sich die saharanischen Sprachen keiner anderen Gruppe zuordnen; dies führte zu Spekulationen über ihre Zugehörigkeit entweder zum afroasiatischen Sprachstamm (↗ Afroasiatisch) oder zum ↗ Niger-Kongo. – Die saharanischen Sprachen sind ↗ Tonsprachen und zeichnen sich durch eine reichhaltige Verbalmorphologie aus. Drei Verbalklassen lassen sich aufgrund der Stellung der Subjektsmorpheme (präfigiert, teilweise präfigiert, suffigiert) unterscheiden. Die Wortstellung ist Subjekt-Objekt-Verb. Die Sprachen weisen untereinander eine relativ geringe lexikalische Verwandtschaft auf.

📖 N. Cyffer/Th. Geider (Hg.), Advances in Kanuri Scholarship, Köln 1997. – C. Le Cœur/M. Le Cœur, Grammaire et textes teda-daza, Dakar 1955.

Doris Löhr

Sambia. **Fläche:** 752.614 km^2. **Einw.:** 10,2 Mio. (1999). **Bev.-Wachstum/Jahr**: 2,4% (1990–99). **Stadtbev.:** 40% (1999). **Hauptstadt:** Lusaka (1,5 Mio. Einw.). **Wirtschaftszentren**: Lusaka, Kupfergürtel. **Unabh.:** 24. 10. 1964. **Staatsform**: Rep., Präsidialverfassung, Mehrparteiensystem. **Währung:** Kwacha. **HDI-Rang** 143/162 (2001). **Auslandsverschuldung**: 6,76 Mrd. US$ (1997). **Anteil der Entwicklungshilfe am BSP**: 11% (1998). **BSP/Kopf**: 320 US$, **HIV-infizierte Erwachsene**: 20%, **Lebenserwartung**: m 41,4 J., w 40,6 J., **Alphabetisierung** der Erwachsenen: m 84,6%, w 70,2% (1999). **Einschulungsrate**: m 85%, w 86% (1995–99). **Amtssprache:** Engl.; **Regionalsprachen:** Bemba, Nyanja/Chewa, Tonga, Kaonde, Lunda, Luvale (Bantusprachen), Lozi (↗ Mischsprache).

I. Naturraum. S. liegt auf dem zentralafrik. Hochplateau (↗ Ökozonen). Durch die Hochlandlage ist das ↗ Klima überwiegend gemäßigt, mit deutlichen Temperaturschwankungen zwischen Tag und Nacht. Nur in den Flusstälern – insbes. des Sambesi, der durch die Westprovinz fließt und dann die gemeinsame Grenze mit Simbabwe bildet, sowie seiner Nebenflüsse Kafue und Luangwa – werden regelmäßig tropische Temperaturen mit hoher Luftfeuchtigkeit erreicht. Die Regenfälle liegen im N bei durchschnittl. 1.250 mm pro Jahr, während sie im SW, wo S. an das semiaride ↗ Kalahari-Becken angrenzt, nur 500 mm betragen. Große Teile von S. sind durch ↗ Savannenlandschaften geprägt. Ein Potential für den ↗ Ackerbau gibt es in allen Landesteilen. Zudem verfügt S. über mineralische Rohstoffe, v. a. Kupfer und Kobalt.

II. Bevölkerung. Obwohl die ↗ Bevölkerung seit 1960 um das Dreifache, von 3,1 Mio. auf 8,9 Mio., gewachsen ist, ist das Land aufgrund seiner geogr. Größe auch heute relativ dünn besiedelt. Das Bevölkerungswachstum betrug in dieser Zeit über 3% pro Jahr, ging Ende der 1990er Jahre jedoch auf unter 2,5% zurück. Die Lebenserwartung der Bev., die 1990 54 Jahre betragen hatte, war 1999 auf 41 Jahre gesunken und lag damit unter dem Wert von 1960. In dieser – auch für andere Länder Afrikas charakteristischen – Entwicklung spiegeln sich die Auswirkungen von ↗ Aids wider. – Bei einer für Afrika vergleichsweise hohen ↗ Urbanisierung (40%) konzentriert sich die städt. Bev. entlang der in NS-Richtung verlaufenen Eisenbahnlinie (*line of rail*), wo sich zum einen der Kupfergürtel und die meisten Industriebetriebe und zum anderen ein erheblicher Teil der großen Farmen des Landes befinden. In ihrer Blütezeit waren die Kupferminen der wichtigste Arbeitgeber in S. und lösten mit ihrer Expansion eine Arbeitsmigration (↗ Migration) v. a. aus der Nordprovinz zum Kupfergürtel aus. Farmbetriebe rekrutierten Arbeitskräfte teilweise aus der Westprovinz. In den übrigen Teilen von S., die außerhalb der stark urbanisierten NS-Achse liegen und – nicht zuletzt wegen ihrer geringen Besiedlungsdichte – infrastrukturell schlecht erschlossen sind, lebt die Bev. vorwiegend von kleinbäuerl. Landwirtschaft. – In S. leben insges. rund 70 ethn. Gruppen, von denen jedoch vier, die Bemba, Nyanja, Tonga-Ila und Lozi, zusammen etwa 80% der Bev. ausmachen. Diese vier Gruppen sind auch in der Politik in Erscheinung getreten, ohne dass es bisher gravierende ethn. Konflikte gegeben hätte.

III. Geschichte und Politik. In seinen heutigen Grenzen besteht S. seit 1891, als es unter der Bezeichnung Nordrhodesien brit. Kolonie wurde. Von 1953–63 verwaltete Großbritannien seine drei Kolonien Nordrhodesien, Südrhodesien (heute: Simbabwe) und Nyasaland (heute: Malawi) gemeinsam als »Zentralafrik. Föderation«, die von den in Südrhodesien regierenden weißen Siedlern dominiert wurde. Dadurch erhielt die antikoloniale Bewegung in S. Auftrieb. Sie stand zunächst unter der Führung des ANC (*African National Congress*) und seines Vorsitzenden Harry Nkumbula. 1958 verließ der militante Flügel den ANC und gründete die UNIP (*United National Independence Party*). Unter ihrem Vorsitzenden Kenneth Kaunda führte die UNIP S. 1964 in die Unabh. Kaunda wurde Staatspräsident und behielt dieses Amt bis 1991. S. war zunächst ein Mehrparteiensystem, das von Kaunda 1972/73, nach gewalttätigen Auseinandersetzungen im Kupfergürtel, in ein ↗ Einparteisystem umgewandelt wurde. Durch geschickte Rotation von Partei- und Staatsämtern zwischen den versch. ethn. Gruppen (*tribal balancing*) konnte Kaunda in der zweiten Rep. pol. Stabilität wiederherstellen und bewahren. – V. a. nach der einseitigen Unabhängigkeitserklärung der weißen Siedler in Simbabwe 1965 und ihrer internat. Ächtung spielte S. eine wichtige Rolle bei der Unterstutzung der Befreiungsbewegungen (↗ Rebellenbewegungen) in den noch kolonial bzw. von weißen Minderheiten beherrschten Ländern im südl. Afrika. Kaunda erlangte als führender Vertreter der ↗ Frontlinienstaaten hohes Ansehen in Afrika und darüber hinaus. – Im Zuge des weltweiten pol. Wandels kehrte auch S. 1991 zur pluralistischen ↗ Demokratie zurück. Bei den Gründungswahlen zur dritten Rep. gewann der langjährige Gewerkschaftsführer Frederick Chiluba die Präsidentschaftswahlen und seine Partei, die neugegründete MMD (*Movement for Multi-Party Democracy*), erlangte eine klare Mehrheit im Parlament. Die bisherige MMD-Herrschaft ist durch parteiinterne Turbulenzen (Austritte, Ausschlüsse), Korruptionsvorwürfe sowie behauptete und tatsächliche Umsturzversuche geprägt, die die Regierung genutzt hat, um die Opposition zu schwächen. Bes. der Ausschluss Kaundas von einer erneuten Präsidentschaftskandidatur durch einen Verfassungstrick hat dem Ansehen von S. geschadet.

IV. Wirtschaft und Sozialstruktur. Schon in der Kolonialzeit wurde S. durch die Erschließung seiner Kupfervorkommen zu einem relativ wohlhabenden Land (↗ Bergbau). Nach der Unabh. profitierte S. zunächst weiterhin von der starken Nachfrage nach Kupfer auf dem Weltmarkt. Um ihre Kontrolle über die nat. Ökonomie zu erhöhen, schlug die UNIP-Regierung den Weg des wirtsch. Nationalismus (↗ nachkolonialer Staat) ein. Als 1974/75 die Kupferpreise auf dem Weltmarkt drastisch zu sinken begannen, führte die einseitige Ausrichtung der Wirtschaft auf Kupferexporte gepaart mit der wachsenden Ineffizienz der staatl. Wirtschaftspolitik zu einem dramatischen wirtsch. Niedergang S., der schließlich auch die Popularität der Herrschaft Kaundas unterhöhlte. Obwohl die MMD-Regierung auf eine neoliberale Wirtschaftspolitik umschwenkte und im Rahmen der – für die Gewährung weiterer internat. Kredite unabdingbaren – ↗ Strukturanpassung einen rigorosen Abbau staatl. Subventionen sowie eine Reprivatisierung staatl. Unternehmen, einschließlich der Kupferminen, einleitete, setzte sich die wirtsch. Misere in den 1990er Jahren fort. In einigen Bereichen waren private Investitionsvorhaben erfolgreich, z. B. beim Anbau von Gemüse und Blumen für europ. Märkte oder dem Bau von Hotels in den touristisch attraktiven Flusstälern. Für die Mehrheit der Bev., sowohl für die große Zahl kleiner bäuerlicher Haushalte als auch für die städt. Armen, bedeutete diese Politik jedoch ein Leben am Rande des Existenzminimums. Angesichts der rückläufigen formellen Beschäftigung und hoher Arbeitslosigkeit nahm die Bedeutung des ↗ informellen Sektors sprunghaft zu. Anfang 2000 wurden ihm über 50% der Erwerbstätigen zugerechnet.

V. Literatur, Musik, Kunst. S. steht, was künstlerische Ausdrucksformen anbelangt, im Schatten seiner Nachbarn. In afrik. Anthologien, sei es der bildenden Künste, sei es der Lit., tauchen Künstler aus S. selten auf. Seit den 1950er Jahren gibt es eine lebhafte ↗ Popularmusik-Szene, die sich v. a. der Regionalsprachen bedient. In der Malerei ist Stephen Kappata hervorgetreten, der mit einfachen Mitteln und erklärenden Titeln Bilder malt, die den Wert der afrik. Traditionen, die Repressivität der Kolonialherrschaft oder gesellsch. Probleme der Gegenwart (z. B. hohe Maismehlpreise, Aids) zum Ausdruck bringen.

📖 M. Burdette, Zambia – Between Two Worlds, Boulder/London 1988. – J.-P. Daloz/J. D. Chileshe (Hg.), La Zambie contemporaine, Paris/Nairobi 1996. – P. Meyns, Zambia in der 3. Republik. Demokratische Transition und politische Kontinuität, Hamburg 1995.

Peter Meyns

San (Sprache) ↗ Khoisan

Sango (Sprache) ↗ Pidgin- und Kreolsprachen

Sankt Helena, brit. Kronkolonie im Südatlantik, die aus der Hauptinsel St. H. sowie den weit entfernten abhängigen Außeninseln ↗ Ascención und ↗ Tristan da Cunha besteht. Die ges. Bev. belief sich Mitte der 1990er Jahre auf knapp 8.000 Personen, die ein weitgehend isoliertes Leben führen, da nur Ascención mit seinem US-Flugstützpunkt per Flugzeug, die anderen Inseln aber nur selten mit dem Schiff erreichbar sind. Am bekanntesten wurde St. H. als Verbannungsort des frz. Kaisers Napoleon (1815–21). Zuletzt erwies sich Ascención während des Falklandkrieges 1982 als strateg. wichtige Zwischenstation für die brit. Flotte und Luftwaffe auf dem Weg zu den von Argentinien beanspruchten Falklandinseln. Die Mehrheit der Bewohner ist eine aus Gruppen unterschiedlicher Hautfarbe entstandene Mischbev., während an der Spitze der Gesellschaft die Angehörigen einer kleinen Zahl führender weißer Familien, der traditionellen Oberschicht, sowie einige brit. Verwaltungsbeamte stehen. St. H. wurde 1501/02 von portug. Seefahrern entdeckt, 1659 errichtete die brit. *East India Company* einen Stützpunkt, dessen Bedeutung bis Anfang des 20. Jh. beträchtlich zunahm (damals zeitweilig rund 30.000 Einwohner verschiedenster Herkunft).

Ab 1834 als brit. Kronkolonie wurde St. H. lange autokratisch von einem Kolonialgouverneur verwaltet, erst 1963 fanden Wahlen statt für die Hälfte der Sitze im *Advisory Council*. 1967 trat eine Verfassung in Kraft, nach deren Regelungen ab 1968 in vierjährigem Rhythmus allg. Wahlen zu einem *Legislative Council* abgehalten wurden. 1989 wurde die Verfassung geringfügig modifiziert. An der Spitze der Verwaltung stehen weiter der brit. Gouverneur und drei eingesetzte Spitzenbeamte. Die Wahlen zum *Legislative Council* sind reine Persönlichkeitswahlen, da es keine pol. Parteien gibt. Angesichts der wirtsch. Schwäche und Abhängigkeit von brit. Finanzzuweisungen gibt sich die Bev. mit dem Weiterbestehen eines paternalistischen Systems und einer Form von Wohlfahrts-Kolonialismus zufrieden, zu dem keine realist. Alternative besteht. Die Möglichkeiten einer verstärkten wirtsch. Entwicklung sind eng begrenzt, die Handelsbilanz ist extrem unausgeglichen und die Arbeitslosigkeit hoch. Ohne erhebliche Subventionen von Großbritannien wäre die Aufrechterhaltung des bescheidenen Wohlstandsniveaus nicht möglich.

Rolf Hofmeier

Sansa ↗ Lamellophon

Sansibar das »Land der Schwarzen«, früher die Bez. für die ges. ostafrik. Küste, ist heute auf die der Küste vorgelagerten Inseln S., Pemba und Mafia beschränkt. Das Gebiet wurde um die Zeitenwende von noch steinzeitlichen Menschen besiedelt, die später von bantusprachigen Gruppen verdrängt wurden, die die Technik der Eisengewinnung beherrschten. Die Küstenregion war seit Jahrhunderten in engem Kontakt mit den Ländern jenseits des Indischen Ozeans. Händler, Seeleute und Flüchtlinge von der arab. Halbinsel, aus dem Persischen Golf und Indien haben sich im Laufe der Jahrhunderte unter der lokalen Bev. angesiedelt. So entstand die kosmopol. Swahilikultur der Küste.

Im 19. Jh. entwickelte S. sich zum Zentrum des Handels und der Diplomatie für die ges. Region. 1840 verlegte Seyyid Said (1806–56), Sultan von Oman, seine Hauptstadt nach S, wo er die Anlage von Gewürznelkenplantagen, die von Sklaven bewirtschaftet wurden, den Handel mit Sklaven, Elfenbein und anderen Waren des Festlandes im Tausch gegen Stoffe und andere Fertigwaren aus Indien und Europa förderte. Er schloss Handelsabkommen mit den USA und europ. Mächten, die Konsulate auf S. gründeten. S. wurde gleichfalls Ausgangspunkt von Expeditionen. Entdeckungsreisende und Missionare rüsteten hier ihre Karawanen aus.

Im Zuge der kolonialen Aufteilung Afrikas fiel das Hinterland von S., das sich einst bis zum Kongo erstreckte, an Großbritannien, das Dt. Reich und Belgien. S. selbst wurde 1890 brit. Protektorat (↗ Helgoland-Sansibar-Vertrag). Das

Verbot der Sklaverei 1897 ruinierte den Handel und die Plantagenwirtschaft. Diese veränderten soziöokom. Bedingungen führten letztlich zur Revolution von 1964. Handel und die meisten Plantagen wurden nationalisiert, über 10.000 Araber getötet und die meisten ↗ Inder vertrieben. Im April 1964 schloss sich S. mit Tanganyika zur Rep. Tansania zusammen. Heute sucht S. seine Wirtschaft durch die Entwicklung von Tourismus und der Wiederbelebung des Handels zu diversifizieren. Die hist. Altstadt von S. gehört zum ↗ Weltkulturerbe. ↗ Ostafrika, Völker, Kulturen und Staaten, ↗ Sklavenhandel.

🕮 www.allaboutzanzibar.com – www.zanzibararchives.com

Abdul Sheriff

Sanusiyya, islam. ↗ Bruderschaft, die von Muhammad as-Sanusi (1787–1859) gegr. wurde und in der Tradition der ↗ Idrisiyya steht. Die S. etablierte sich 1840 in der Kyrenaika (im NO des heutigen Libyen) und dehnte sich über ein Netz von Niederlassungen (*zawiya*) in Richtung Senegal und entlang der neu entdeckten Handelsroute zum Tschadsee aus. Im ↗ Widerstand gegen die frz. Eroberung des Tschad bis 1913 und gegen die ital. Besetzung der libyschen Küste nach 1911 spielte sie eine wichtige Rolle. Bei der Unabh. Libyens 1951 wurde ihr Führer, Idris I., von den UN als König eingesetzt; Sturz der Monarchie 1969.

Astrid Meier

São Tomé und Príncipe. **Fläche:** 1.001 km². Einw: 144.000 (1999). **Bev.-Wachstum/Jahr**: 2,1% (1990–99). **Stadtbev.:** 46% (1999). **Hauptstadt:** São Tomé (45.700 Einw., 1994). **Unabh.:** 12. 7. 1975. **Staatsform**: Parlamentarische Demokratie, acht pol. Parteien, davon drei im Parlament vertreten. **Währung:** Dobra. **HDI-Rang** 132/174 (2000). **Auslandsverschuldung**: 273,3 Mio. US$, **Anteil der Entwicklungshilfe am BSP**: 74% (1998). **BSP/Kopf**: 270 US$ (1999). **Lebenserwartung**: 64 J. **Alphabetisierung** der Erwachsenen: 73% (1995–99). **Einschulungsrate** der Klassen 1–6: 68% (1996/97). **Amtssprache:** Portug.; **Verkehrssprachen:** afro-portug. Kreolsprachen *lunga santomé* der Forros, *lunga ngola* der Angolares, das *crioulo* der Kapverdianer und auf Príncipe das *ling'lé* (↗ Pidgin- und Kreolsprachen).

I. Naturraum. Tropischer ↗ Regenwald bedeckt 29% des Archipels, während der Sekundärwald 30.000 ha beträgt. Der Schattenwald auf den Kakaoplantagen umfasst 32.000 ha. Die seit 1993 durchgeführte Landverteilung hat zu einer zunehmenden ↗ Entwaldung geführt, da die Kleinbauern oft illegal Bäume fällen. Die illegale Sandgewinnung für den Bau hat in den letzten Jahren viele Strände zerstört.

II. Bevölkerung und ethnische Gruppierungen. Die von importierten afrik. Sklaven und portug. Kolonisten des 16. Jh. abstammenden Kreolen, Forros genannt, sind die größte Bevölkerungsgruppe. Von 1870–1950 eingewanderte Plantagenarbeiter aus Angola, Mosambik und den Kapverden und ihre Nachkommen bildeten bis zur Unabh. eine separate Kategorie. Die Angolares sind Nachfahren von im 16. Jh. geflüchteten Sklaven. Trotz gesetzlicher Gleichstellung seit 1975 ist die sozioökonom. Lage der ehem. Kontraktarbeiter meist schlechter als die der Forros. Wichtige Positionen in Wirtschaft, Politik und ↗ öffentlicher Verwaltung werden durch Forros besetzt.

III. Geschichte und Politik. Nach der Unabh. wurde ein sozialistisches ↗ Einparteisystem eingeführt. Wirtsch. Kollaps führte 1987 zur Unterzeichnung eines Programms zur ↗ Strukturanpassung mit der Weltbank. Seit 1991 wurden regelmäßig demokrat. Wahlen abgehalten. 1995 scheiterte ein Militärputsch. Kompetenzgerangel zwischen Präsident und wechselnden Regierungen hat pol. Stabilität bisher verhindert. Organisationsschwäche und ↗ Korruption grassieren innerhalb von Politik und Verwaltung. Aus dem gleichen Grund funktioniert das Rechtssystem mangelhaft. Die ↗ Menschenrechte werden jedoch garantiert. Die kath. Kirche ist die größte nichtstaatl. Institution.

IV. Wirtschaft. S.T.u.P. ist vollständig abhängig von ausl. Hilfe. Kakao ist Hauptexportprodukt. Seit der Unabh. befindet sich die Wirtschaft in einer Krise. Das durchschnittl. Wirtschaftswachstum 1991–96 betrug 1,5%. Der Versuch, die Kakaoproduktion im Rahmen der Strukturanpassung wiederzubeleben, scheiterte. Seit 1993 wurden 20.000 ha ehem. Plantagenlands an Kleinbauern verteilt. Erhoffte Zuwachsraten bei ↗ Tourismus, ↗ Fischerei) und Kleinindustrie (↗ Industrialisierung) sind bisher ausgeblieben. Wirtschaftswachstum wird von vermuteten Erdölvorkommen und einer Freihandelszone erwartet. Trotz hoher Entwicklungshilfe (↗ Entwicklungszusammenarbeit) hat die Massenarmut zugenommen. Jedoch hat diese Hilfe eine kleine, relativ reiche Elite hervorgebracht. Über Schuldenerlass im Rahmen der HIPC-Initiative wird verhandelt.

V. Literatur. Die Literatur beschränkt sich auf sporadisch im Eigenverlag produzierte Titel. Es gibt weder Buchhandlungen noch Verlage. *Tchiloli* und *Auto da Floripes* sind bekannte Dramen des kreolischen Volkstheaters. ↗ Lusophone Literatur.

📖 G. Seibert, Comrades, Clients and Cousins. Colonialism, Socialism and Democratization in São Tomé and Príncipe, Leiden 1999. – L.Caetano da Rosa, Die lusographe Literatur der Inseln São Tomé und Príncipe, Frankfurt/M. 1994. – T. Hodges/M. Newitt, São Tomé and Príncipe. From Plantation Colony to Microstate, Boulder, Col./London 1988.

Gerhard Seibert

Sara (Sprache) ↗ Zentralsudanisch

Savannen. Unter S. versteht man tropische Graslandschaften mit offenem Landschaftscharakter, denn die dominierende Grasschicht ist nur vereinzelt von Bäumen oder Bauminseln durchsetzt. S. wurde von Alexander von Humboldt als Begriff in die Botanik und Vegetationsgeographie eingeführt. Landschaften, die S. physiognomisch ähneln, finden sich auch außerhalb der Tropen und werden dort als Steppen bezeichnet. Je nach Definition der Tropen hat auch Afrika nördl. und südl. des Äquators Anteil an subtrop. Steppen. Wird jedoch der Steppenbegriff ökolog. gefasst und als semiarides außertrop. Grasland der gemäßigten Zone verstanden, handelt es sich in Afrika bei der breiten Übergangszone zwischen den immergrünen ↗ Regenwäldern und den Halbwüsten und ↗ Wüsten um einen Savannengürtel. Zwischen der äquatorialen Feuchtregion und den Trockengebieten beiderseits des nördl. und südl. Wendekreises gelegen, weist er, vom Äquator hin zu den Wendekreisen, folgende Savannentypen auf: Feucht-S. mit 9,5–7 Monaten Niederschlägen, Trocken-S. mit 7–4,5 Monaten Niederschlägen und Dorn-S. mit 4,5–2 Monaten Niederschlägen. Diese scheinbar eindeutige klimatische Abhängigkeit (klimatische S.) ist durch edaphische (durch den Boden bestimmte) Gründe zu ergänzen, die zur Entstehung und Verbreitung von S. beitragen (edaphische S.): Bei sehr flachgründigen Böden über Lateritkrusten z. B. ist das Aufkommen von dichtem Baumwuchs gegenüber Gräsern immer behindert. Alle Savannentypen Afrikas wurden und werden seit langer Zeit stark vom Menschen beeinflusst, v. a. durch ↗ Weidewirtschaft (Überweidung) und regelmäßiges Abbrennen (anthropogen bzw. pyrogen bedingte S.). ↗ Ökozonen.

Klaus Hüser

Schafiiten ↗ islamische Rechtsschulen

Schambe, in Dt.-Ostafrika Felder, auf denen Baumwolle als Zwangskultur von allen Dorfbewohnern angebaut werden musste. ↗ Ostafrika, Völker, Kulturen und Staaten, ↗ Zwangsarbeit.

Leonhard Harding

Scheidung ↗ Ehe, ↗ Familien- und Erbrecht, ↗ Ehe, ↗ islamisches Ehe- und Familienrecht

Scherzverwandtschaft, engl. *joking relationship*, also Scherzbeziehung, ist eine Beziehung, in der es erlaubt oder gar obligatorisch ist, miteinander zu scherzen. Dabei kann es sich ebenso um Pseudoverwandtschaft handeln, die durch die Sch. erst etabliert wird, wie um eine Verwandtschaftsbeziehung, die auch unabh. vom Scherzen existiert.

Das Scherzen in solchen Beziehungen ist von robuster Art, hat oft eine sexuelle Komponente und schließt Körperkontakt nicht aus. Die ethnographische Forschung hat insbes. die Sch. zwischen einem männl. Ego und dem Bruder seiner Mutter (MuBr) untersucht, die in Gesellschaften mit überwiegend patrilinearer Abstammungsrechnung zu finden ist. Daraus, dass der ↗ Brautpreis für Ego's Mutter dem MuBr zugute kommt, erwachsen für Ego moralische Ansprüche und auch die Privilegien, die sich in Sch. äußern.

Oft sind sowohl Ego als auch sein MuBr nicht diejenigen, die miteinander scherzen, vielmehr scherzen die Frau oder Frauen des MuBr auf Kosten der Männer. Ein Tsonga (Transvaal, erste Hälfte 20. Jh.) z. B. beschreibt die Ankunft im Gehöft seines MuBr so: »Ich habe mich gut gewaschen und mit Öl eingerieben, meine besten Häute angezogen und mir schöne Federn ins gut gekämmte Haar gesteckt. Ich nähere mich dem Gehöft meines MuBr, und seine Frauen sehen mich. Sie ergreifen mich, tragen mich an Armen und Beinen zum Aschenhaufen … sie beschmieren mich am ganzen Körper mit Matsch oder dem Ocker für Frauen. Sie bringen mein Haar durcheinander, nehmen meine schönen Federn weg und stecken lächerliche Hühnerfedern hinein.« Dann greift der MuBr ein. Der Neffe wird gewaschen, frisch geölt und erhält ein Festmahl. Stirbt der MuBr, kann der Neffe den Anspruch erheben, seine Witwen zu heiraten. Das Verhältnis zu den Frauen des MuBr schließt also potentielle sexuelle Beziehungen ein, allerdings emotional ambivalent unter der Voraussetzung des Todes des MuBr.

Über individuelle oder im Verwandtschaftsrahmen stattfindende Sch. hinaus haben sich auch Sch. zwischen größeren Gruppen wie Klanen (↗ Klan und Lineage) und sogar ganzen Ethnien gebildet. Letztere basieren oft auf hist. Beziehungen zwischen den Gruppen, thematisieren wechselseitige Stereotypen und können Solidaritätsbeziehungen in Migrationssituationen (↗ Migration) herstellen oder auch interethn. Konfliktpotential entschärfen helfen. ↗ Verwandtschaft.

📖 A. Kuper, Wives for Cattle, London 1982.

Günther Schlee

Schlafkrankheit ↗ Tropenkrankheiten

Schmiede. In Afrika ist die S. Stätte manueller Arbeit wie des Kunstschaffens, ein Ort, der symbolischen Rang verleiht. Archäolog. Funde belegen die Existenz einer Jahrtausende alten ↗ Zivilisation der Eisengewinnung und -verarbeitung. Sie lässt sich in Ostafrika bereits im 7. Jh. v. Chr., in Westafrika seit dem 4. Jh. v. Chr. nachweisen. Seit dem Altertum sind in der S. Objekte in Gebrauch, die sich auch heute finden lassen: der Amboss, der Hammer, der lederne Blasebalg mit Verbindungsrohr und das Schmiedefeuer. Schmiedearbeit verschafft dem Feldbau die benötigten Beile, Hacken, Messer, Macheten usw. und verhilft damit der Agrarproduktion zum Aufschwung. Ebenso sind die Jagd- und Kriegswaffen und auch die Fanggerate – Lanzen, traditionelle Gewehre, Pfeile, Angelhaken, Fallen – Frucht der Geschicklichkeit des Schmiedes. Außer Eisen bearbeiten S. auch Edelmetalle wie Gold und Silber für die Herstellung von ↗ Schmuck oder königlichen Insignien.

Noch heute leben S. i.d.R. in Kasten, das Handwerk wird vom Vater auf den Sohn weitergegeben. Die Fähigkeit, aus dem zerstörerischen Feuer nützliche und begehrenswerte Objekte herzustellen, ist der übrigen Bev. meist unheimlich. In Nordafrika und der Sahelzone ist das Pferd, Fortbewegungsmittel in Frieden und Krieg, in der ↗ Landwirtschaft Helfer bei der Feldbestellung – durch die Hufeisen und das Zaumzeug mit der S. verbunden. Letzteres steht in Beziehung zur Ästhetik wie zu den Kennzeichen der Macht. Ohr- und Nasenringe waren geschmiedet, desgleichen die Beschläge der Herrscherstäbe im Reich ↗ Benin, die Herrscherkronen im Kaiserreich Äthiopien und die Tiaras der koptischen Kirche (↗ Kopten). ↗ Kunst, ↗ Technikgeschichte.

📖 M.-C. Dupré/Pinçon, Métallurgie et politique en Afrique centrale, Paris 1997. – M. Eckart (Hg.), Métallurgies africaines: nouvelles contributions, Paris 1983. – C. Laye, Einer aus Kurussa. Roman, Zürich 1954.

Jean-Godefroy Bidima

Schmuck ist Teil des gesamten äußeren Erscheinungsbilds einer Person, das ↗ Körper, ↗ Frisur, ↗ Kleidung, Accessoires und Kosmetik mit einschließt. Zu Sch. zählen sowohl Gegenstände, die dem Körper hinzugefügt werden, als auch Dinge oder Einwirkungen, die die natürliche Form des Körpers verändern. Oftmals werden Körper und Haare geschmückt, ebenso kann Sch. an der Kleidung angebracht sein. Die Kleidung kann selbst als Sch. gelten, wobei eine klare Trennung nicht möglich ist. Was unter Sch. verstanden wird, richtet sich nach den kulturell geprägten ästhetischen Vorstellungen der Sich-Schmückenden. Daher kann auch der Verzicht auf Sch. in manchen Gesellschaften als unästhetisch empfunden werden.

Körpergestaltung: Man kann temporäre und permanente Körperverzierungen (Epithel-Sch.) und Körperumformungen unterscheiden (↗ Körperkunst). Temporäre Körperverzierungen sind u. a. Körperbemalung, das Auftragen von Nagellack oder Schminke. Zu permanenten Körperverzierungen zählen Tatauierung (Tätowierung) und Narbenschmuck (Skarifizierung). Körperumformung beginnt bereits beim Auszupfen oder Rasieren von Körper- und Kopfhaaren. Immer seltener zu finden sind Entfernen oder Zuschleifen von Zähnen (z. B. Toposa/Südsudan, Dogon/Mali), Schädelumformungen (z. B. bis in die 1950er Jahre bei den Mangbetu/Zentralafrika) sowie das Einsetzen von Lippenscheiben in Unter- und Oberlippen (Sara/Tschad, Kichepo/SO-Sudan). Eine bis heute weit verbreitete Körperumformung ist die Genitalbeschneidung bei beiden Geschlechtern (↗ Beschneidung). Vielfach erfordert das Anbringen von beweglichen Schmuckstücken bestimmte Körperumformungen, etwa das Durchbohren

(Perforation) der Ohren, Nasen und Lippen zum Tragen von Ringen, Pflöcken, Scheiben und Nadeln. Die Frauen der Lobi (Elfenbeinküste, Burkina Faso) durchstechen den Mädchen bereits in der Kindheit Lippen, Nase und Ohren. Die Löcher werden immer mehr erweitert, bis darin Pflöcke eingesetzt werden können.

Beweglicher Schmuck wird dem Körper hinzugefügt, im Haar oder an der Kleidung getragen. Nach der Tragweise unterscheidet man zwischen Behang-Sch. (Ketten, Anhänger), Band-Sch. (Gürtel, Bänder), Ring- bzw. Spangen-Sch. (Ringe, Reifen, Diademe) und Einsteck-Sch. (Kämme, Pflöcke). Eine Einteilung von Sch. nach den verwendeten Materialien ist ebenfalls gebräuchlich. Fast jedes Material eignet sich als Sch.: Neben pflanzlichen (u.a. Bernstein, Holz) und tierischen Materialien (u.a. Elfenbein, Horn, Kaurischnecken, ↗ Leder, Knochen) werden Schmucksteine (u.a. Achat, Karneol), Metalle (u.a. Gold, Silber, Kupfer, Messing, Aluminium), Keramik, ↗ Glas, aber auch Plastik zu Sch. verarbeitet. ↗ Perlen aller Art sind in ganz Afrika als Sch. verbreitet, wobei Glasperlen eine besondere Stellung zukommt.

Funktion und Bedeutung: Sch. kann neben ästhetischem Wert auch praktische Funktionen besitzen. Hierbei sind die Grenzen zu Gebrauchsgegenständen fließend (z.B. Brillen, Uhren, Knöpfe, Geldmünzen). Sch. soll bestimmte Körperteile des Trägers hervorheben und verschönern und zeigt dessen Zugehörigkeit zu einer ethn., relig. oder sozialen Gruppe an. So sind die Frauen der ↗ Fulbe (Mali) an ihrem prachtvollen Gold-Sch. (Ohr- und Nasenringe) und ihrem reichen Kopf-Sch. aus Bernstein zu erkennen. Öffentlich zur Schau gestellt betont Sch. den Wohlstand des Trägers, wird aber auch als ökonom. Wertanlage akkumuliert. Dem ↗ Asantehene, dem Herrscher der ↗ Asante (Ghana), dienen von spezialisierten Schmieden gefertigter Gold-Sch. und Insignien aus Gold (u.a. Krone, Zepter, goldbesetzte Ledersandalen etc.) zur Repräsentation von Macht. Sch. besitzt zeichenhafte Bedeutungen (z.B. Kaurischnecken als Zeichen für Fruchtbarkeit) und spielt eine Rolle in relig. und medizin. Kontexten. Die Jäger der ↗ Mande in Westafrika tragen an ihren Hemden z.B. Amulette aus Leder, die Medizin oder Koransprüche enthalten.

Verwendung und Kontext: Das Tragen von Sch. ist nicht nur Frauen vorbehalten, auch Männer und Kinder schmücken sich. Dabei richtet sich die Art des Sch. nicht nur nach dem Geschlecht des Trägers, sondern auch nach Lebensabschnitt und Anlaß. Die unverheirateten Krieger der Samburu und Maasai (Kenia, Tansania) widmen sich ausgiebig dem Schmücken ihrer Körper. Das Abrasieren ihrer kunstvoll frisierten langen Haare vor der Hochzeit markiert den Eintritt in eine neue Lebensphase. Zu Festtagen getragener Sch. ist meist prächtiger als im Alltag getragener. Bei Übergangsriten (↗ Initiation, Hochzeit etc.) kann Sch. ein wichtiges Element der erforderlichen Bekleidung sein. Bei islam. Hochzeiten im Sudan werden sowohl Braut als auch Bräutigam geschmückt, geschminkt, und es wird Henna auf Hände und Füße aufgetragen. Während der Bräutigam Halbmonde aus Goldblech an der Kleidung trägt, ist der Goldschmuck der Braut bes. prunkvoll.

Die Formen von Sch. in Afrika wandeln sich beständig, jedoch bleibt die Bedeutung des Sich-Schmückens unverändert groß. Bedingt durch den gesellsch. Wandel sind bestimmte Praktiken der Körperumformung, die zunehmend als Verstümmelung gewertet werden, umstritten oder im Verschwinden begriffen. Afrik. Sch. wird heute über den afrik. Kontinent hinaus begehrt und vermarktet.

📖 A. Fisher, Afrika im Schmuck, Köln 1984. – Schmuck: Kostbarkeiten aus Afrika, Asien, Ozeanien und Amerika. Aus der Sammlung Ghysels, Ostfildern 1999. – R. Sieber, African Textiles and Decorative Arts, New York 1974.

Kerstin Bauer/Birgit Martin

Schnalzsprache, Bez. für einen Sprachtyp, der durch das Vorkommen ingressiver Schnalzkonsonanten (»Klicks«) als integrierter Bestandteil des Lautinventars gekennzeichnet ist. Sch. sind insbes. im südl. Afrika verbreitet; als ursprgl. gelten Schnalzlaute allein im ↗ Khoisan. Einige ↗ Bantusprachen im SW und SO der Region haben bereits in hist. Zeit (als Folge enger und intensiver Kontaktbeziehungen mit Khoisansprachen, ↗ Sprachkontakt) Schnalzlaute in ihre Lautinventare übernommen und nach und nach systematisiert. Erfolgte die Übernahme zu Beginn wahrscheinlich über lexikalische Entlehnung, so entwickelten die Schnalzlaute mit der Zeit eine Eigendynamik, die sich je nach Sprache unterschiedlich äußert. Allen Sch. außerhalb des Khoisan ist gemein, dass Schnalzlaute überwiegend in Wörtern auftreten, die sich nicht (mehr) unmittelbar auf bestimmte Gebersprachen zurückführen lassen. Prominentestes Beispiel für Bantu-S. sind die Nguni-Sprachen Zulu, Xhosa (Rep. Südafrika) und Swati (v.a. Swasiland) sowie das Süd-Sotho (Lesotho), die allesamt über drei der fünf Influxe des Khoisan verfügen: dental (hier *c* statt | geschrieben), alveolar (*q* statt *!*) und lateral (*x* statt ||). Im Zulu machen Schnalzwörter ein Siebtel des ges. Wortschatzes aus, im Xhosa sogar ein Sechstel. Anders als im Khoisan kommen Schnalzlaute im Nguni auch im Wortinneren vor. Weniger gründlich erforscht sind die Schnalzlautinventare der Kavango-Bantusprachen Yeyi, Mbukushu und Gciriku (Namibia, Botsuana). Jedenfalls besitzt Yeyi mit mind. 29 Schnalzphonemen ein weitaus größeres Inventar als irgendeine Südostbantusprache. Eine Besonderheit des Mbukushu und Gciriku liegt darin begründet, dass hier nur der Efflux bedeutungsunterscheidende Funktion hat, unabhängig vom jeweiligen Influx. Einzige Sch. Ostafrikas außerhalb des Khoisan ist das südkuschitische Dahalo (↗ Kuschitisch) an der Nordküste Kenias, das lediglich den dentalen Schnalzinflux aufweist. Für alle Sch. außerhalb des Khoisan gilt, dass die außersprachlichen Ursachen der Übernahme und Integration von Schnalzlauten noch weitgehend unbekannt sind.

🕮 J. A. Louw, A preliminary survey of Khoi and San influence in Zulu. In: A. Traill (Hg.), Khoisan Linguistic Studies 5, Johannesburg 1979, S. 8–21. – G. Sommer/R. Voßen, Schnalzwörter im Yei (R.41). In: Afrika und Übersee 75 (1992), S. 1–42. – R. Voßen, What click sounds got to do in Bantu. Reconstructing the history of language contacts in southern Africa. In: B. Smieja/M. Tasch (Hg.), Human Contact through Language and Linguistics, Frankfurt/M. 1997, S. 353–366.

Rainer Voßen

Schneiderei, die Kunst des Zusammenfügens von Stoff-, Fell- oder Lederteilen zu Gebrauchsgegenständen wie ↗ Kleidung, Taschen und Amuletten oder zu Objekten der Kunst.

I. Traditionelle Schneiderarbeiten. Die Sch. wurde nicht erst mit der Nähmaschine eingeführt, sondern in Afrika seit Jahrhunderten praktiziert. Als Materialien dienten Felle und Häute – v. a. für Könige und andere traditionelle Oberhäupter – sowie geklopfte und getrocknete Baumrinde, die manuell, mit Nadeln aus Elfenbein oder Knochen und Fäden aus Hanfschnur oder Lederstreifen, zu Kleidung zusammengefügt wurde. Dieser sehr rudimentären Techniken bedienten sich mehrere Völker des tropischen ↗ Regenwaldes. In der Sahelzone war die Sch. eng mit der Kunst der ↗ Weberei verbunden, die teils durch die ↗ Islamisierung, teils durch orientalische Reisende übermittelt wurde. Bei den Wolof (Senegal) nähten die *Woudé* (Schuhmacher, Täschner und Sattler) aus Leder Amulette, Messerscheiden, Sättel und Pferdegeschirre. Die Dyula benutzten eine Spindel (*fotekun*), einen Holzstab mit daran befestigtem Kreisel aus Terrakotta, um Baumwollfäden zu verzwirnen. Ihre Weber und Schneider wurden *aliva ahtya* genannt. Bei den Songhaï stellten die *Tiakay* (Weber und Schneider) Umhänge (*kunta*) und Stoffe mit Rautenmotiven (*munjuru*) her. Vom arab. Handwerk beeinflusst, erzeugten die *Masaka*, die Weber und Schneider der Hausa, Umhänge (*sakala*) und Stoffe (*godo*). Im ↗ Maghreb hatte sich die Sch. in Anlehnung an die ottomanische Kunst entwickelt, desgleichen das Sticken von Gebets- und Luxusteppichen und der dann in Westafrika so verbreitete Webstuhl.

II. Moderne Schneiderarbeit und Vordringen der Nähmaschine. In den 1950er Jahren erlernten die ersten afrik. Schneider das Zuschneiden nach westl. Muster: Im belg. Kongo entstand eine Mode für Beschäftigte der Kolonialverwaltung. In westl. beeinflussten Ländern des Maghreb wie Tunesien wurden zwei Stile üblich, der westl. und der arab, in der übrigen arab. Welt blieb die Mode traditionell. Kurz vor und insbes. nach der Unabh. inspirierten die afrik. Nationalismen die Sch.: Als Präsident Nkrumah in Ghana den Stoff der Akan als Amtstracht anlegte, kreierte er damit eine Mode. In Zaire (Demokrat. Rep. Kongo) gab die Politik der afrik. Authentizität der Sch. ihre Impulse, z. B. mit den *abacost*-Jacken für Männer. Ein weiterer Anstoß für die Sch. kam aus dem relig. Bereich mit der Verbreitung des Evangeliums und der Afrikanisierung des Kirchenpersonals. Die Sch. greift alle Stile auf (westl., muslimische, traditionelle), übernimmt aber auch Motive aus dem aktuellen Geschehen, von hist. Gestalten und Persönlichkeiten der Politik. In den letzten Jahren hat die afrik. Sch. auch in der internat. Modewelt Anerkennung gefunden. ↗ Textilien.

🕮 I. Perani/N. H. Wolff, Cloth, Dress and Art Patronage in Africa, Oxford 1999. – C. Schwarz, The Fabrics of Culture, Den Haag 1979.

Jean-Godefroy Bidima

Schnitzerei. Als Sch. bezeichnet man ein subtrahierendes Verfahren der Bildhauerei in weicheren Materialien, v. a. Holz (↗ Skulptur). Aus einem Block wird mit Hilfe versch. Werkzeuge das Bildwerk herausgeschlagen und/oder herausgeschnitten.

Im vorkolonialen Kunstschaffen Afrikas war Sch. die wichtigste Technik der bildenden

↗ Kunst. Zuerst ist sie in der antiken Kunst ↗ Altägyptens und der Küstenländer des Mittelmeers nachweisbar. Aus den übrigen Teilen des Kontinents sind nur sehr wenige ältere Werke bekannt, was hauptsächlich auf die geringere Haltbarkeit des Holzes unter tropischen Klimabedingungen zurückzuführen ist. Zudem werden in der afrik. Sch. häufig leichte und wenig widerstandsfähige Hölzer verwendet, damit die daraus hergestellten Objekte, v. a. ↗ Masken, tragbar bleiben. Ton- und Terrakotta-Plastiken der ↗ Nok-Kultur legen jedoch nahe, dass auch ihnen Sch. aus Holz als Vorbild gedient haben. Das früheste erhaltene Werk der Holzbildhauerei ist ein zoomorpher (tiergleicher) Kopf aus dem heutigen Angola, der auf das 8. bis 9. Jh. v. Chr. datiert wird. Ein ähnliches Alter weisen die ältesten Skulpturen aus dem Land der Dogon (Mali) auf. Der größte Teil der heute erhaltenen Werke aus Holz ist erst im 19. und 20. Jh. entstanden. Sog. afroportug. Elfenbein-Sch. sind in größerer Zahl im 16. und 17. Jh. für portug. Seefahrer an der Oberguineaküste entstanden, v. a. auf den Sherbro-Inseln vor der Küste des jetzigen Sierra Leone.

Im Gegensatz zur abendländischen Holzbildhauerei arbeiten afrik. Schnitzer fast nie nach Modellen, und nur selten legen sie auf dem Werkblock Vorzeichnungen an. Das wichtigste Maß ist der menschliche Körper, dessen Dimensionen (Handspanne, Elle, etc.) zur Festlegung konventioneller Maße dienen. Wichtigstes Werkzeug ist der Dechsel, ein Beil mit quer gestellter Klinge (Querbeil). Für die Behandlung von Details und Oberfläche verwendet man Schnitzermesser versch. Form und Größe, die nach den Wünschen der Handwerker gefertigt werden.

Häufig werden Sch. nach ihrer Fertigstellung farbig gefasst. Es kann sich um Farbaufträge mittels eines Holzes, einer Feder oder eines Pinsels handeln oder um Reservetechniken, bei denen ein Teil des Werkes mit eigens hergestellten Pflanzensäften eingelassen und anschließend mit eisenoxydhaltigem Schlamm oder Erden abgedeckt wird. Durch die Reaktion mit dem Pflanzensaft entsteht eine tiefschwarze Oberfläche, die abschließend noch mit Fetten oder Ölen zum Glänzen gebracht wird. Seltener sind Fassungen in ↗ Leder und anderen Materialien.

Hergestellt werden größtenteils Werkzeuge und Gebrauchsgegenstände wie Schäfte von Hacken, Äxten und Beilen, Griffe von Messern, Hocker, Löffel und Gefäße für den Haushalt sowie versch. Geräte wie Kopfstützen (Zentralafrika) und Webrollenhalter (Westafrika). Manche Geräte waren künstlerisch gestaltet und wurden im Westen als Werke der bildenden Kunst rezipiert. Demgegenüber machten ↗ Skulpturen im engeren Sinne nur einen kleinen Teil der Produktion aus. Die Herstellung von ↗ Haushaltsgegenständen ist im 20. Jh. stark zurückgegangen. Heute stammen Becher, Löffel und Messer zunehmend aus industrieller Fertigung. Für rituell gebrauchte Gegenstände und einige Werkzeuge wie Hackenschäfte bleibt die Sch. hingegen die wichtigste Quelle.

Sch. ist nahezu ausschließlich Männersache. In manchen Regionen, z. B. in der Sudanzone, sind Schnitzer Mitglieder endogamer Gruppen, so dass das Handwerk nicht jedermann zugänglich ist. Häufig gehören Schnitzer zur Geburtsgruppe der ↗ Schmiede. Andererseits gibt es Gesellschaften, in denen die Sch. persönliche Berufung ist und nur begabte Handwerker sich ihr zuwenden, so z. B. die Dan (Liberia und Elfenbeinküste).

📖 S. Brett-Smith, The Making of Bamana Sculpture, Cambridge 1994. – E. Fischer, Künstler der Dan. In: Baessler-Archiv N. F. 10 (1962), 2, S. 161–262.

Till Förster

Schöpfungsmythen sind Teil der alltagssprachlichen oralen Volkstraditionen, die den Menschen helfen, den Rätseln des Lebens zu begegnen und ihnen standzuhalten. Die traditionellen afrik. ↗ Religionen sind nicht spekulativ, sondern geben den Menschen eine Richtschnur, um in Harmonie mit der Mitwelt zu leben. Entsprechend sind die Sch. nicht am Jenseits und an dem Ursprung des Kosmos als solchem interessiert, sondern am Menschen, seiner Herkunft und seiner Abhängigkeit vom Jenseits, dem Schicksal, von Gott. Direkt oder indirekt wird dabei Gott benannt als der »Schöpfer«, als »Erzeuger«, als »Zerspalter«, der wie der Schnitzer zuerst das Holz spaltet, aus dem er die ↗ Maske schnitzt, so die Kamba (Uganda). Die Schöpfung *ex nihilo* wird nur selten gedacht, so z. B. bei den Nuer (Sudan) und den Shona (Simbabwe). Der aus dem Alten Testament bekannte doppelte Erzählstrang, dass einerseits die Schöpfung der Welt erzählt (was die Erschaffung des Menschen einschließt), andererseits die Entstehung des Menschen auf ganz andere Weise berichtet wird (in Afrika: Er kommt aus einem Baumstamm, einem Schilfrohr, aus einer Höhle o. ä.), ist auch in afrik. Mythen (↗ Mythos) bekannt. Wo beide Mythen gleichzeitig überliefert werden, wird dies nicht als Gegensatz empfunden. Doppelungen sind Ergänzungen, beinhalten einen Perspektivenwechsel, sind keine Widersprüche. Der zweite Mythos, in der die Gottheit keine oder nur eine geringe Rolle spielt, berichtet vom Entstehen oder Herauskommen der ersten Menschen, die immer zugleich das Urelternpaar der eigenen Gruppe sind. Der Ursprungsort kann meistens bezeichnet werden und liegt im eigenen oder einem angrenzenden Land. Sexualsymbolische Assoziationen sind unterschwellig vorhanden (Palme, Termitenhügel u. a.). Wenige Mythen unterstellen Unwissen im Blick auf den Sinn der Sexualität. Mythen, die berichten, wie ein Mann in das Dorf der Frauen gerät und dort die Geschlechtlichkeit entdeckt, so dass von nun an die Männer zu den Frauen ziehen werden, spiegeln matrilineares (↗ Matrilinearität) und matrilokales ↗ Recht wider. Um Patrilinearität handelt es sich, wenn die Frau in den Lebensbereich der Männer eindringt.

Ein zentrales Thema der Mythen fast aller Völker ist der Ursprung des Todes. Es sind zwei Tiere, die den Auftrag von Gott erhalten, den Menschen anzukündigen, sie könnten für immer leben (so die Botschaft des langsamen Tieres, z. B. des Chamäleons) oder sie müssten sterben (so die Botschaft des schnellen Tieres, des Hasen, der Eidechse o. ä.). Zwei Tiere werden gesandt, denn nur beide umschließen und bestimmen die ganze Wirklichkeit, repräsentieren Leben und Tod. Da der Mensch die erste Botschaft angenommen hat, statt, wie es sich nach afrik. Norm gehörte, mit seiner Entscheidung zu warten, ist der Tod unausweichlich geworden. Gott kann dafür nicht verantwortlich gemacht werden. Der Mensch selbst hat so gewählt. Das Theodizeeproblem schlägt sich nicht in den Sch. nieder und spielt auch sonst in den traditionellen Religionen kaum eine Rolle. Der Mensch ist die Ursache des Übels, nicht Gott. Er, der unendlich fern und doch auch immer zugleich sehr nahe ist, war einst so nahe bei den Menschen, dass sie keinen Mangel litten. Doch ist es die Schuld des Menschen, sein Fehlverhalten (Neid, Übertreten von Geboten, Eindringen in fremde Gebiete, Streit), welches dazu führte, dass sich der Himmel bzw. Gott zurückzog und unzugänglich wurde. ↗ Erzählen/Erzählforschung, ↗ Oralliteratur.

🕮 H. Baumann, Schöpfung und Urzeit des Menschen im Mythus der afrik. Völker, Berlin 1964. – D. Forde (Hg.), African Worlds. Studies in the Cosmological Ideas and Social Values of African Peoples, London/Toronto 1963. – M. Griaule, Schwarze Genesis. Ein afrik. Schöpfungsbericht, Freiburg 1970.

Theo Sundermeier

Schriftsysteme, afrikanische. *I.* Das (zus. mit dem Sumerischen) älteste Sch. wurde zum Ende des 4. vorchristl. Jt. in Ägypten entwickelt. Die Hieroglyphenschrift (↗ Ägyptisch) ist eine Kombination von Begriffszeichen (Ideogrammen) und Lautzeichen (Phonogrammen). Die Ideogramme (ursprgl. bildliche Darstellungen) stehen für Objekte und Begriffe, z. B. die Sonnenscheibe für »Sonne«. Die Phonogramme geben konsonantische Laute (Einkonsonantenzeichen K) oder die in einer Silbe vorkommenden konsonantischen Laute (Zweikonsonantenzeichen K[Vokal]K) wieder. Diese monumentale Schrift war bis ca. 400 n. Chr. in Gebrauch. Aus ihr entwickelte sich für den täglichen Gebrauch eine Kursivschrift (Hieratisch), die z. T. stark von der Schrift der Denkmäler abweicht. Der letzte Ausläufer des Hieratischen ist das kursive Demotische. Das aus dem Ägyptischen erwachsene Koptische wurde seit dem 3. Jh. n. Chr. mit dem griech. Alphabet geschrieben. Die Eroberung Ägyptens durch Alexander und die Übernahme des ↗ Christentums beschleunigten diesen Prozess. Das griech. Alphabet wurde dabei um einige demotische Zeichen für bes. koptische Laute (wie *h* und *sch*) erweitert. Diese Schrift wird noch heute in der Koptisch-Orthodoxen Kirche verwendet, während die koptische Sprache als Umgangssprache längst dem ↗ Arabischen gewichen ist. – Die Ausbreitung der Phönizier, eines eng mit den alten Hebräern verwandten Volkes, in das westl. Mittelmeer und nach Nordafrika führte zur Gründung von Kolonien, darunter ↗ Karthago unweit des heutigen Tunis, das zum Zentrum eines Reichs wurde, das seine größte Machtfülle im 3. Jh. hatte, als es zeitweise neben Nordafrika große Teile der iberischen Halbinsel, Sardinien und Sizilien beherrschte und in Konkurrenz zu den Römern trat. (Karthago wurde 146 v. Chr. von den Römern endgültig zerstört). In und um Karthago bildete sich eine typische Variante des Phönizischen und seiner Schrift heraus: das Punische. Hunderte von Inschriften (darunter die numidisch-punischen Bilinguen, s. u.) belegen deren breite Verwendung. Die punische Sprache ist Ende des 1. vorchristl. Jt. erloschen. – Nachhaltigeren Einfluss hatte die Besiedlung (seit ca. 800 v. Chr.) des nordostafrik. Plateaus durch altsüdarab. Stämme, die ihre eigene (sabäische) Schrift mitbrachten. Diese besteht aus Konsonantenzeichen, denen Vokale und Konsonantenlänge von einem Sprachkundigen leicht hinzugefügt werden konnten. (So ist das Verb *ᶜśr* als *ᶜaśśara* »den Zehnten abgeben« zu lesen.) Um den kuschitischen Bürgern des axumitischen Reiches (↗ Axum), die die semitische Sprache (↗ Semitisch) der herrschenden Schicht erst erlernen mussten, den Zugang zu ihrer Schrift zu erleichtern, wurde diese »vokalisiert«. Man ließ sich dabei durch indische Sch. anregen; im Einzelnen sind die Formen des indischen und des altäthiopischen oder Ge'ez-Alphabets jedoch verschieden. Aus den 29 Konsonantenzeichen des Altsüdarabischen wurden durch Wegfall und Neubildung einiger weniger Zeichen 30, die mit jeweils sieben Vokalen versehen 210 Konsonant-Vokal-Zeichen ergäben; tatsächlich sind es jedoch nur 202. Dieses Sch. gilt bis heute; es wurde nur noch um weiter modifizierte Zeichen (für neu entstandene Laute wie *sch* und *tsch*) erweitert. Im Amharischen und im Tigrinischen kommt man so auf etwa 290 Zeichen. Für den Lernenden reduziert sich diese hohe Zahl durch den relativ regelmäßigen Charakter der vokalischen Zusätze. Der lange *e*-Vokal wird z. B. durchgängig durch einen kleinen Kreis am rechten unteren Ende des Grundzeichens markiert. Diese Schrift wird nicht nur für die semitischen Sprachen Amharisch und Tigrinya (↗ amharische, ↗ tigrinische Literatur) verwendet, die über eine umfangreiche Lit. verfügen, sondern auch für Tigre und Gurage sowie – z. T. bis vor kurzem – für die kuschitischen Sprachen Bilin und Oromo (↗ Kuschitisch). – Die numidische, libysche oder altberberische Schrift ist v. a. durch die großen numidisch-punischen Bilinguen aus Thugga (Dougga) bekannt, die eine Entzifferung der in altberberischer Sprache verfassten Texte erlauben. Das ↗ Berberische (↗ Afroasiatisch) ist die Sprache der Urbev. Nordafrikas. Die aufgrund der Bilinguen bestimmten Lautwerte der einzelnen Zeichen gelten jedoch nur für die massylische Varietät des Numidischen. Die anderen formal eng verwandten Sch. des Massylischen und Gätulischen gelten wegen des Fehlens von umfangreichen Bilinguen und der mangelnden Kenntnis des Altberberischen als noch nicht zufriedenstellend entziffert. Insges. sind über Tausend altberberische Inschriften bekannt, die Zeugnis ablegen von Leben und Staatenbildungen der Berber in Nordafrika. Das altberberische Sch. zeichnet sich durch großes Symmetriestreben aus. Lediglich ein bis zwei der 22 Konsonantenzeichen sind nicht symmetrisch; über die Hälfte sind sogar doppelt symmetrisch. Die altberberische Schrift ist Ableger des südsemitischen Sch., das wir durch altsüdarab. Inschriften kennen und das auch dem äthiopischen Alphabet zugrunde liegt, während die hebräische, arab. und phönizische Schrift (und damit das griech.-lat. Alphabet) auf das nordsemitische Sch. zurückgehen. Das südsemitische Sch. wurde den östl. Berbern (Libyern) durch den Handel mit altnordarab. Stämmen in vorchristl. Zeit vermittelt. Die Besonderheit des numidischen Sch. besteht darin, dass ein Konsonantenzeichen den vorangehenden Vokal in sich trägt (VK), während in semitischen Konsonantenschriften (Hebräisch oder Arab.) der nicht ausgedrückte bzw. später zugesetzte Vokal dem Konsonanten folgt (KV). So wird in den Inschriften (alt)berberisch *aw-* »Sohn des« *W*- geschrieben. Noch heute lesen die Tuareg die Buchstaben *eB, eC, eD* usw., während sie bei uns *Be, Ce, De* usw. lauten. Diese Schrift, die mit einigen Änderungen bis heute bei den Tuareg (bei nichtoffiziellen Anlässen) in Gebrauch ist, heißt Tifinagh. Die Bez. (*ti-* ist der berberische »Artikel«) leitet sich von griech. *pínax* »Schreibtafel« her. Die Tsd. von Inschriften in der Sahara, die nicht alle neuzeitlichen Datums sind, harren noch der Bearbeitung. Von nationalbewussten Berbern (Imazighen) wird Tifinagh als nat. Sch. betrachtet und auch in anderen berberophonen Gebieten (v. a. Kabylei und Marokko) propagiert. – Die seit alters auch in Afrika verwendeten Sch. des Griech., Lat. und Hebräischen bleiben unberücksichtigt, weil es hier nicht zur Herausbildung typisch afrik. Formen gekommen ist. Heute wird überwiegend die lat. Schrift zur Schreibung afrik. Sprachen verwendet. Einzelne Sprachen (Berber, ↗ Hausa, ↗ Fulfulde, ↗ Swahili wurden/werden mit arab. Lettern verschriftet.

II. ↗ Mande. Laut- und v. a. Silbenalphabete, die sich nicht unmittelbar an lat. oder arab. Schriftzeichen orientieren. Entwickelt wurden diese Alphabete zwischen 1830 und 1950 für die Sprachen Vai (Sierra Leone, Liberia), Mɛnde (Sierra Leone), Looma, Kpelle (beide Liberia, Guinea) und Maninka (Guinea). Ein ideengeschichtlicher Einfluss durch europ. Schriftsprachen bzw. das arab. Sch. ist kaum zu leugnen; dennoch handelt es sich um Zeichen und Systeme eigener Prägung, entstanden in Anpassung an die phonologischen Gegebenheiten der Mandesprachen. Dabei spielt die typischerweise aus einem Konsonant und einem Vokal bestehende Silbe (KV) als orthographische Grundeinheit meist eine zentrale Rolle. – Die Vai-Schrift wurde in den frühen 30er Jahren des 18. Jh. von einem Mann namens Mɔmɔlu Duwalu Bukɛlɛ unter Mithilfe weiterer Personen geschaffen und erst 1962 durch ein dafür eingesetztes Komitee standardisiert. Es handelt sich um eine Silbenschrift mit 205 Zeichen, die von links nach rechts geschrieben wird (Abb. 28).

Abb. 28: Beispiele für die Vai-Schrift

Die Mɛnde-Schrift wurde im Jahre 1921 von Kisimi Kamara und einigen anderen Personen erstellt. Kamara war wohl mit der Vai-Schrift vertraut. Im Gegensatz zu dieser ist die Mɛnde-Schrift aber nur z. T. eine Silbenschrift im eigentlichen Sinne. Sie besteht sowohl aus Konsonantenzeichen mit vokalischen Diakritika (in Anlehnung an das arab. Sch.) als auch aus echten Silbenzeichen. Die bis zu 195 Zeichen werden von rechts nach links geschrieben (Abb. 29).

Abb. 29: Beispiele für die Mɛnde-Schrift

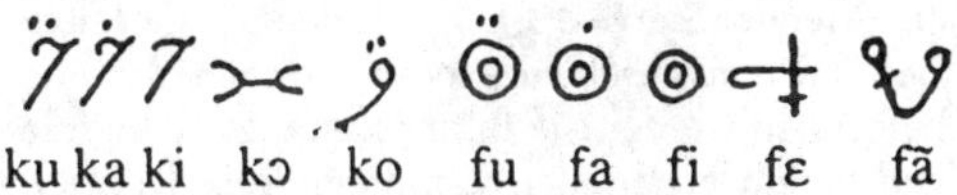

Die Looma-Schrift wurde in den 1930er Jahren von einem Mann namens Widɔ Zobɔ entwickelt. Es handelt sich um eine Silbenschrift der Vai-Systematik, doch weisen Grapheme mit gleichem Silbenlautwert in diesen beiden Systemen formal nur wenige Gemeinsamkeiten auf. Die Looma-Schrift umfasst ca. 190 Zeichen; geschrieben wird von links nach rechts (Abb. 30).

Abb. 30: Beispiele für die Looma-Schrift: „Geh Wasser holen!"

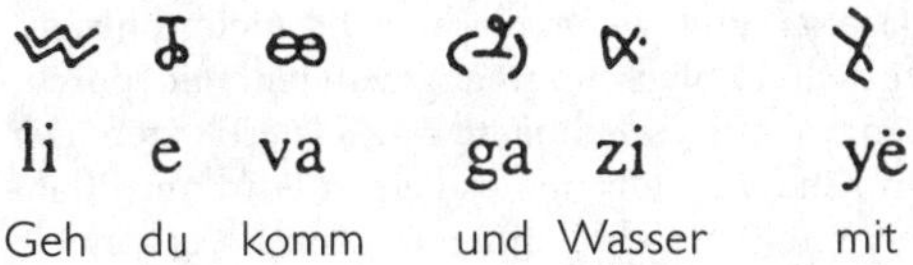

Die Kpelle-Schrift wurde im gleichen Zeitraum wie die Schrift der benachbarten Looma geschaffen, und zwar von einem *paramount chief* namens Gbili. Es handelt sich um eine Silbenschrift mit 88 Zeichen, die man von links nach rechts schreibt. – Die N'Ko-Schrift wurde wohl Ende der 1940er Jahre von Souleymane Kanté für das Maninka und, im weiteren Sinne, für das Manding insges. (also unter Einbeziehung von Mandinka und ↗ Bambara/Dyula usw.) geschaffen und in einer von ihm verfassten Abhandlung (*Méthode pratique d'écriture N'Ko*, 1961) vorgestellt. Es handelt sich um eine Lautzeichenschrift mit 18 Konsonanten- und sieben Vokalzeichen, sowie weiteren acht diakritischen Zeichen zur Markierung von Vokallänge, Nasalität und Tonhöhe (↗ Tonsprache) (Abb. 31).

Abb. 31: Orthographische Zeichen der N'Ko-Schrift

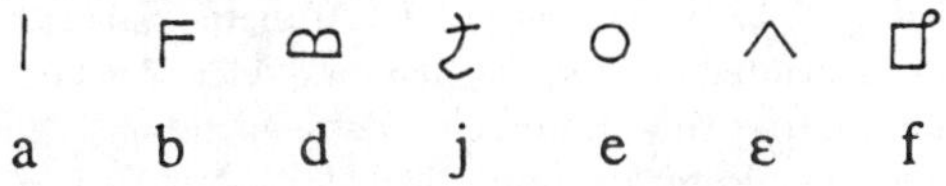

Alle genannten Sch. mit Ausnahme des N'Ko fanden hauptsächlich in persönlicher und geschäftlicher Korrespondenz sowie zum Festhalten von Ereignissen in der Gemeinde oder Familie oder zur Niederschrift von Chroniken o. ä. Verwendung. Auch für Geschäftsnotizen wie Waren-, Preis- und Kundenlisten wurden sie gebraucht. Aber schon in den 1960er Jahren scheinen die Sch. der Mɛnde, Looma und Kpelle in Vergessenheit geraten zu sein, während die Vai- und N'Ko-Schrift weiterhin Bestand hatten bzw. haben. Sie wurden noch Ende der 1960er Jahre in persönlicher Korrespondenz recht häufig benutzt. Fassbar sind u. a. eine ganze Reihe (ca. 50) von Schriften, z. T. von Kanté selbst verfasst. Einige wurden in den 1990er Jahren in gedruckter Form veröffentlicht (z. B. ein einsprachiges Wörterbuch des Maninka und eine hist. Abhandlung über die Manding) und sind in Mali oder Guinea im Buchhandel erhältlich. Untersuchungen zur Rezeption dieser Werke und zum weiteren Gebrauch der N'Ko-Schrift stehen noch aus.

III. Andere Schriftsysteme afrik. Ursprungs. Die von dem liberianischen Arzt Dr. Thomas Flo Lewis entwickelte Bassa-Schrift entstand in den 1920er Jahren. Das wahrscheinlich aus einer präalphabetischen Silbenschrift abgeleitete Alphabet besteht aus 23 Konsonanten, sieben Vokalen und fünf tonalen Diakritika (Schreibrichtung von links nach rechts) und ist vermutlich kaum noch in Gebrauch. – Eine ideographisch-piktographische Grundlage hat die 1903 vom Bamum-Herrscher Njoya (Kamerun) konzipierte, ursprgl. 510 Zeichen umfassende Bamum-Silbenschrift, die später auf 80 stilisierte Zeichen reduziert wurde. In ihr wurden zahlreiche Manuskripte (u. a. auch der höfischen ↗ Geheimsprache) geschrieben. Weitere indigene Sch.: Bagam (alias »Eghap«, Kamerun, vor 1917, Silbenschrift mit mehreren Hundert Zeichen); Ibibio-Efik (alias »Obɛri ɔkaimɛ«, um 1930, Ostnigeria, Alphabet aus 34 Buchstaben plus Ziffern); Bete (1956, Elfenbeinküste, Silbenschrift mit 401 Zeichen); Wolof (1961, Senegal, Alphabet aus 25 Konsonanten, vier Vokalen und drei Diakritika, Symbole für die Zahlen von 1 bis 10); das Dita-Alphabet (Fula, zwischen 1958 und 1966, Mali, 31 Konsonanten, sieben Vokale und ein Symbol für Nasalierung, zehn Zahlensymbole); Fula (vor 1964, Mali, Alphabet aus 19 Konsonanten, sechs Vokalen und vier Zeichen ungeklärter Funktion, zehn Zahlensymbole, erheblicher Kontrast zum Dita-Alphabet); Yoruba (zwischen 1926 und 1928, Westnigeria, Alphabet); zudem weniger bedeutende Schriftnacherfindungen für Somali (Osmania-Schrift) und Oromo. ↗ Medien.

📖 D. Dalby, A survey of the indigenous scripts of Liberia and Sierra Leone: Vai, Mende, Loma, Kpelle and Bassa. In: African Language Studies 8 (1967), S. 1–51. – D. Dalby, Further indigenous scripts of West Africa: Manding, Wolof and Fula alphabets and Yoruba »Holy« writing. In: African Language Studies 10 (1969), S. 161–181. – H. Haarmann, Universalgeschichte der Schrift, Frankfurt/M. 1991. – H. Jensen, Die Schrift in Vergangenheit und Gegenwart, 3. Aufl., Berlin 1969. – A. Schmitt, Die Bamum-Schrift, 3 Bde., Wiesbaden 1963. – V. Vydrine, Sur le »dictionnaire N'Ko«. In: Mandenkan 31 (1996), S. 59–75.

Raimund Kastenholz/Rainer Voigt

Schule ↗ Bildungswesen, ↗ Missionsschule

Schwacher Staat ↗ nachkolonialer Staat

Schwangerschaft und Geburtshilfe. Sch. und Geburt sind komplexe biolog. Vorgänge, werden aber auch in erheblichem Maß gesellsch. strukturiert und definiert. Von diesen einschneidenden und lebensbedrohlichen Ereignissen und den dabei angemessenen Verhaltensweisen existieren unterschiedl. Vorstellungen, die wiederum auf biolog. Abläufe einwirken können. Diese Vielfalt wurde im afrik. Kontext bisher nur punktuell untersucht, so dass verallgemeinernde Aussagen schwer möglich sind.

Der Zusammenhang zwischen Koitus und Empfängnis gilt allg. als bekannt. Häufig herrscht jedoch – z. B. bei den westafrik. Kissi, Mende und Kono – die Auffassung, dass in der Anfangszeit für eine erfolgreiche Sch. wiederholter Geschlechtsverkehr notwendig sei, da das Kind aus den sexuellen Sekreten von Mann und Frau geformt werde. Der Genuss bestimmter Pflanzen, so glauben viele, könne das Kindeswachstum und einen unkomplizierten Schwangerschaftsverlauf fördern. Gleichermaßen wird bestimmten Nahrungsmitteln ein ungünstiger Einfluss auf die Entwicklung des Kindes und seine Geburt zugesprochen, z. B. vermeidet die Schwangere Fett, damit das Kind bei der Geburt nicht »schmutzig« ist. Dies gilt auch für bestimmte Verhaltensweisen: So werden beim Sitzen mit gekreuzten Beinen oder beim Verweilen der Schwangeren im Türrahmen Analogien bei der Geburt befürchtet. Konflikte und Streitigkeiten erschweren, wie man glaubt, den Geburtsprozess, weshalb die Schwangere diese vermeiden oder bei der Geburt durch Offenbaren lösen sollte. Sch. wird aber nicht als Krankheit gewertet; die Schwangere geht i.d.R. bis zur Niederkunft ihrer Arbeit nach, auch körperlich schwerer.

Betreuen in einigen Gesellschaften, z. B. bei den Mende (Sierra Leone) oder den Kpelle (Liberia), hoch angesehene Spezialistinnen die Geburten, so werden sie in anderen Gesellschaften von einem erfahrenen Familienmitglied begleitet. Hebammen werden dort, wo die Frau wie bei den Bariba (Benin) idealerweise ohne Beistand gebiert, nur bei Komplikationen zugezogen. Männer sind meist von Geburten ausgeschlossen, wobei es für spezielle Heilkundige Ausnahmen geben kann.

I.d.R. bevorzugt die Frau vertikale Gebärpositionen. Bei der Geburt wird bes. auf die Plazenta geachtet, da sie Ursache tödlicher Komplikationen für Mutter oder Kind sein kann. Vielfach wird sie nach bes. Regeln vergraben, die der menschlichen Bestattung ähneln und für die weitere Fruchtbarkeit der Mutter für bedeutsam gehalten werden. Erst nach dem Ausstoßen der Plazenta und wenn diese nicht mehr pulsiert, wird die Nabelschnur abgebunden und durchtrennt, heute zunehmend mit Rasierklingen. Der am Kind verbleibende Nabelrest wird mit Pflanzenextrakten oder anderen Mitteln behandelt, damit er schneller abtrocknet und abfällt. In Teilen Sierra Leones, Liberias und Guineas bleiben Mutter und Kind bis zum Abfall der restlichen Nabelschnur zu Hause, die Männer dürfen das Kind bis dahin nicht sehen. Erst danach finden Zeremonien zur Reintegration der Mutter und zur Integration des Kindes in die Gesellschaft statt sowie die Namensgebung durch den Vater. Wie lange sich die Mutter nach der Geburt ausruhen darf, hängt nicht nur von den jeweiligen Gebräuchen ab, sondern auch davon, inwieweit andere ↗ Frauen sie unterstützen und ihre Arbeit übernehmen. Die Kinder werden idealerweise zwei Jahre gestillt; dass die Frau in dieser Zeit sexuell abstinent sein sollte, wird heute als eine Methode der Geburtenplanung anerkannt (↗ Verhütung).

Geburtskomplikationen werden häufig auf das Verhalten der Schwangeren und Dissonanzen im sozialen Umfeld zurückgeführt. Stirbt die Mutter während oder durch die Geburt, so wird in einigen Gesellschaften, wie z. B. den Kissi (Guinea), davon ausgegangen, dass sie eine Hexe ist und ihre Verpflichtungen gegenüber anderen Hexen nach einem Menschenopfer nicht erfüllt hat. Anderswo wird das Baby der ↗ Hexerei verdächtigt. Zwillingen hingegen werden häufig Fähigkeiten zur Bekämpfung von Hexen zugesprochen.

Das Risiko für Frauen in Afrika, an einer Geburt oder ihren Folgen zu sterben, ist weltweit gesehen am höchsten; in ländl. Gebieten liegt die Müttersterblichkeit zwischen 400 und 1.000 pro 100.000 Lebendgeburten. Ursachen hierfür liegen aus westlicher Sicht v. a. im schlechten Gesundheitszustand der Frauen, u. a. bedingt durch Krankheiten wie ↗ Aids und Malaria (↗ Tropenkrankheiten), einer Vielzahl Sch. – das subsahar. Afrika hat mit durchschnittl. 5,4 Lebendgeburten pro Frau (1999) weltweit die höchste Fruchtbarkeitsrate – sowie in mangelhaften Zugangsmöglichkeiten zu medizin. Einrichtungen, um z. B. bei Komplikationen einen Kaiserschnitt durchzuführen. Auch wo die medizin. Infrastruktur existiert, können kulturelle, soziale und finanzielle Barrieren den Zugang erschweren. Im Rahmen der Primären Gesundheitspflege (*Primary Health Care*, ↗ Gesundheitsversorgung) wurden daher sog. traditionelle Geburtshelferinnen aus- oder weitergebildet, allerdings ohne auf die unterschiedlichen Geburtssysteme Rücksicht zu nehmen. Weil man nicht immer auf traditionelle Hebammen zurückgreifen konnte oder an ihrer Statt Frauen ausgewählt wurden, die opportuner erschienen, kam es zu gegenseitigen Akzeptanzproblemen. Trotz vereinzelter positiver Erfahrungen wird heute daher eher für eine Stärkung modern-medizin. Dienste plädiert.

🕮 C. MacCormack (Hg.), Ethnography of Fertility and Birth, London 1982. – W. Schiefenhövel/D. Sich/C. E. Gottschalk-Batschkus (Hg.), Gebären – Ethnomedizin. Perspektiven und neue Wege. In: Zeitschrift für Ethnomedizin und transkulturelle Psychiatrie, Sonderbd. 8 (1995). – www.who.int

Line Göttke

Schwarzafrika. Der Begriff Sch. wird im Gegensatz zu ↗ Weißafrika verwendet. Bereits früh nannten die ↗ Araber das subsahar. Afrika *bilad as-sudan*, »das Land der Schwarzen«. Heute hegt man gegenüber dieser rassistisch geprägten Bez. meist Vorbehalte. Aufgrund vielfältiger ↗ Migrationen, Handelsbeziehungen wie z. B. ↗ Sklavenhandel ist eine Unterscheidung zwischen Weißafrika und Sch. auch oft problematisch. In offiziellen Verlautbarungen sind daher eher die neutraleren Begriffe »Afrika südlich der Sahara« oder »subsaharisches Afrika« gebräuchlich. In der Umgangssprache, aber auch in den Bevölkerungswissenschaften (↗ Bevölkerung) und der ↗ Entwicklungszusammenarbeit finden die Begriffe Sch. und Schwarzafrikaner aus praktischen Gründen immer noch Verwendung. ↗ Nordostafrika, ↗ Ostafrika, ↗ Südafrika, ↗ Westafrika, ↗ Zentralafrika, jeweils Völker, Kulturen und Staaten.

Fouad Ibrahim

Schwarzafrikanische Kunst. Bereits vor Beginn der Kolonialisierung des inneren Afrika und den Anfängen der Auseinandersetzung mit der ↗ Kunst des Kontinents hat es Versuche gegeben, ein Gemeinsames im künstlerischen Schaffen der Menschen und Völker südl. der Sahara zu erkennen, zu bestimmen und unter dem Begriff sch. K. zusammenzufassen. Mit den wachsenden Kenntnissen von der stilistischen Vielfalt und dem unterschiedlichen Gebrauch künstlerischer Ausdrucksformen in diesem Teil Afrikas hat sich jedoch spätestens Mitte des 20. Jh. gezeigt, dass die Konstruktionsversuche einer sch. K. zum Scheitern verurteilt sind. Das Konzept der sch. K. war, wie das Konzept Schwarzafrikas selbst, eine europ., koloniale Erfindung und wird heute von afrik. Intellektuellen zurückgewiesen.

Die Notwendigkeit eines Konstruktes sch. K. schien sich aus dem essentialistischen Entwurf eines einzigen, einheitlichen »schwarzen« Afrika durch die europ. Kolonialmächte zu ergeben. Dabei sollten sich die Eigenschaften der sch. K. aus den allen »Schwarzafrikanern« eigenen Wesenszügen herleiten. Erleichtert wurden solche Konstrukte durch die geringen Kenntnisse, die man lange Zeit von den Künsten des »schwarzen« Afrika besaß.

Im 18. und im gesamten 19. Jh. galt das »schwarze« Afrika als ein Erdteil, dem alle Künste fehlten. 1748 schrieb David Hume in seinem *Essay Of National Characters*, dass es, suchte man im gesamten Afrika südlich der Sahara, nicht möglich sei, ein einziges Werk der bildenden Künste oder der Literatur zu finden, welches dieser Bezeichnung würdig sei. Er fügte hinzu, dass Schönheit, wie sie mit »den alten Griechen und Römern« in Europa wahrgenommen werde, weder in den Menschen Afrikas noch in den Figuren, die sie verfertigt hätten, zu finden sei. Ausläufer dieser weithin verbreiteten Auffassung finden sich noch bis tief in das 20. Jh. hinein. 1790 schrieb Kant in seiner *Kritik der Urteilskraft* dagegen, dass Afrikaner ohne Zweifel eigene Vorstellungen von Schönheit besäßen, auch wenn diese nicht mit den europäischen übereinstimmten. Diese Auffassung stieß jedoch auf wenig Akzeptanz.

Doch auch nach der »Entdeckung« der sch. K. durch Künstler wie Picasso, Matisse, Kirchner und Heckel in den ersten Jahren des 20. Jh. blieb deren Wahrnehmung in Projektionen gefangen. ↗ Skulptur, ↗ Plastik und v. a. anthropomorphe (menschengleiche) Darstellungen wurden als eine ganz andere, eine »natürliche« und direkt aus dem menschlichen Empfinden gewachsene Kunst dem vielfach sublimierten Menschenbild in der europ. Bildhauerei gegenübergestellt. In den sehr persönlichen Äußerungen der Künstler erschienen die Werke der sch. K. in ihrer unvermittelten »Ursprünglichkeit« als unheimliche oder sogar Schrecken erregende Zeugnisse eines fremden, »primitiven« Lebens und Denkens, von dem man nichts wusste. Nicht selten wurden die Skulpturen auch als Ausdruck des rohen, ungestalteten Unbewussten verstanden. Viele Künstler der Avantgarde erhofften sich aus der sch. K. eine Befreiung von den Konventionen des verkrusteten Kulturbetriebs der alten Welt. Doch nicht nur in diesem Sinne ist der Entwurf einer künstlerischen Moderne ohne ihr Gegenüber, den der sch. K. und ozeanischen Kunst zugeschriebenen Primitivismus, nicht denkbar. Zwischen Abwehr und Verlangen schwankend, wurde sch. K. in der westl. Kunstwelt zu einem Entwurf alternativer Ästhetik verkehrt und zugleich vereinnahmt.

Versuche, diese Ästhetik zu bestimmen, waren zunächst an den stilistischen Eigenschaften der Skulpturen orientiert. Die Zuordnung einzelner Stile oder »Stilzentren« zu ethn. Gruppen war noch ein Unternehmen der kolonialen Inventarisierung und bis Mitte der 1930er Jahre weitgehend abgeschlossen (↗ Kolonialismus, ↗ Ethnizität). Sie beruhte auf der Annahme, dass afrik. Gesellschaften ihre künstlerischen Ausdrucksformen mehr oder minder unbeeinflusst voneinander und von hist. Wandel geschaffen und tradiert hätten. Auch die ersten Versuche, die Fülle der lokalen Stile zu größeren Einheiten zusammenzufassen, waren ahistorisch. Man unterschied einen »konkaven Stil« der Savannen und einen »konvexen Stil« der Waldländer. Ersterer sollte sich am »reinsten« in der westl. Sudanzone, dem heutigen Mali und Burkina Faso, finden. Da hier Skulpturen häufig aus schlanken und hohen Stämmen geschlagen wurden, wurde er auch »Pfahlstil« genannt. Der konvexe oder Rundstil sollte seine Zentren entlang der östl. Oberguineaküste und im südl. Teil des Kongobeckens haben und die »organisch lebendigen Elemente« des menschlichen Körpers zu je eigen gestalteten Teilen einer Skulptur zusammenfügen. Als Grundlage dieser stilistischen Differenzierung stellte man sich u. a. »vater- und mutterrechtliche« gesellsch. Organisationsformen vor, wobei die »vaterrechtlichen« Gesellschaften den erhabenen, hohen Pfahlstil hervorgebracht haben sollten und die »mutterrechtlichen« den eher »naturwahren« Rundstil. Andere Interpretationsversuche gingen davon aus, dass aus der den Menschen umgebenden Landschaft unterschiedlich geprägte Wahrnehmungen der Welt hervorgingen.

Obwohl die Versuche, eine allg. Ästhetik und Stilistik der sch. K. zu entwerfen, bereits in den 1950er Jahren ihren Sinne verloren hatten, bemühten sich einzelne Kunstkenner und Kritiker noch weiter um die Rettung dieses Konzepts. Der bislang letzte Versuch, die Ästhetik und damit die künstlerischen »Wesenszüge« der sch. K. zu bestimmen, ist in den 1980er Jahren von W. Schmalenbach unternommen worden. Er charakterisiert die sch. K. mit den Begriffen Kraft und Maß, die zwei widersprüchliche Tendenzen miteinander verknüpfen sollten: Dynamik einerseits, sowie Ruhe und Erhabenheit andererseits. In dieser Versöhnung von Gegensätzen liege die eigentliche Leistung der sch. K. Doch auch dieses Konstrukt sagt mehr über seinen Autor als über künstlerische Vielfalt Afrikas. Der Begriff sch. K. hat für die Auseinandersetzung mit den Künsten des Kontinents keine Relevanz mehr.

🕮 K. A. Appiah, Why Africa? Why art? In: Africa. The Art of a Continent, London 1995, S. 21–26, – W. Schmalenbach, Afrikanische Kunst, München 1988.

Till Förster

Schwarze Theologie ↗ Christentum

Schwellenländer. Sammelbegriff für bereits halbindustrialisierte Entwicklungsländer (*engl. NICs/Newly Industrializing Countries*), die im Aufholprozess gegenüber den Industrieländern schon weiter fortgeschritten sind. Eine allg. akzeptierte Definition und Abgrenzung von anderen Ländergruppierungen gibt es nicht. Je nach Erkenntnisinteresse wurden von unterschiedlichen Institutionen bzw. Autoren stark differierende Listen von Sch. aufgestellt. Die Klassifizierung von Staaten als Sch. ist als Kriterium bei der Vergabe finanzieller Mittel in der ↗ Entwicklungszusammenarbeit von Bedeutung, aber auch als Ausdruck wachsender Konkurrenzfähigkeit gegenüber den Industrieländern innerhalb der Weltwirtschaft. Mit dem Begriff verbindet sich ein entwicklungsheoretisches Konzept einer ökonom. und soziostrukturellen ↗ Modernisierung, die im Sinne eines nachholenden Entwicklungsprozesses über Zwischenstadien ein Entwicklungsland letztlich in den Status eines Industrielands verwandeln wird. Als Klassifizierungskriterien für Sch. werden statistische Wirtschaftsindikatoren, v.a. der Grad der Industrialisierung eines Landes und das Volumen seiner Exporte von Industriegütern, herangezogen, teilweise auch soziale Faktoren. Klassische Beispiele von Sch. sind Süd-Korea und Taiwan in Asien sowie Brasilien und Mexiko in Lateinamerika. In Afrika kann nur Südafrika als Sch. bezeichnet werden; auch große Volkswirtschaften wie Ägypten, Algerien und Nigeria sind strukturell noch weit von einer Eingruppierung als Sch. entfernt. Der ambivalente Status von Südafrika zeigt sich z.B. daran, dass es zwar generell als Entwicklungsland anerkannt ist, als Sch. aber im Rahmen des ↗ Lomé-Abkommens nicht wie die anderen afrik. Staaten mit Hilfsprogrammen bedacht wird.

🕮 Ch. Bergmann, Schwellenländer. Kriterien und Konzepte, München/Köln 1983.

Rolf Hofmeier

Seen ↗ Gewässer

Segmentäre Gesellschaft bezeichnet eine G. ohne pol. Zentralinstanz; synonym werden auch Begriffe wie staatenlose oder akephale G. verwendet. S.G. bestehen aus tendenziell gleichartigen und gleichrangigen Teilgebilden, die in wirtsch., relig. und pol. Hinsicht weitgehend autonom sind. Häufig sind solche Segmente Verwandtschaftsgruppen, die auf unilinearer Abstammung oder deren Fiktion basieren (↗ Klan und Lineage, ↗ Verwandtschaft). Insbes. im Konfliktfall, wenn je nach Kontext unterschiedliche Bündnisse gebildet werden, können sich diese Verbände zu Gliederungen höherer Ordnung zusammenfinden bzw. in kleinere Einheiten, z.B. einzelne Gehöfte, aufspalten. Die Gesamtheit der Segmente bilden auf versch. handlungsrelevanten Ebenen ein System ineinandergreifender Allianzen und Antagonismen, das, da gewisse Regulierungsmechanismen wie z.B. ↗ Recht von allen Mitgliedern anerkannt werden, eine funktionierende gesellsch. Struktur darstellt. Andere, nicht verwandtschaftlich begründete Institutionen wie ↗ Altersklassen, ↗ Bünde oder egalitäre Dorfgremien können ebenfalls lokale Beziehungen und Rivalitäten regulieren.

Das Konzept der s.G. wurde in der Zeit von 1930 bis etwa 1960 von der brit. Sozialanthropologie insbes. am Beispiel afrik. Gesellschaften entwickelt. Ausgangspunkt war die Frage, wie Ackerbau oder Viehzucht treibende Gruppen von z.T. beträchtlicher Größe (wenige Tsd. bis mehrere Hunderttsd.) ohne zentrale pol. Autorität Recht und Ordnung aufrechterhalten können. Als »klassische« Beispiele afrik. s.G. gelten u.a. die Nuer (Sudan), die Tiv (Nigeria), die Tallensi und Dagara (Ghana) sowie die Rif-Berber (Nordafrika). Viele s.G. setzten nicht nur der Kolonialherrschaft zäheren ↗ Widerstand entgegen als die meisten zentralisierten Gesellschaften, sie stellten auch die koloniale Verwaltung vor bes. Probleme, da es keine offensichtlichen Ansprechpartner gab. Es folgte die z.T. zwangsweise Einführung pol. Ämter bzw. die Aufwertung lokaler Autoritäten oder *big men* als pol. Führer. Diesen neuen Hierarchien war unterschiedlicher Erfolg beschieden: Während sich in einigen Regionen ein funktionierendes »traditionelles« Häuptlingstum etablieren konnte, verschwanden anderswo die entsprechenden Institutionen am Ende der Kolonialzeit. Vielfach ist der Prozess der Schaffung ethn. Identitäten (↗ Ethnizität) noch in vollem Gange. Unter den afrik. Intellektuellen werden kontroverse Diskurse geführt, die die Argumente sozialwiss. Forschung vergangener Jahrzehnte aufgreifen: Einerseits wird die fehlende pol. Zentralisierung als primitives gesellsch. Stadium angesehen und behauptet, in Wirklichkeit seien die s.G. schon immer staatl. organisiert gewesen; andererseits wird die Egalität der traditionellen Gesellschaft betont und als demokratisches Vorbild gepriesen. Problematisch ist bei s. G. die Bestimmung von Gruppengrenzen, da die einzelnen Segmente tendenziell antagonistisch sind und eine ethn. Gruppe in vorkolonialer Zeit allenfalls als vage Rechts- und Kulturgemeinschaft erfahrbar war, nicht jedoch als handelnde pol. Einheit. Dichotomisierende Typologien wie staatl. – staatenlos sind überholt. S. G. sind nicht als primitive Vorform eines evolutionären Prozesses in Richtung Staatlichkeit anzusehen, zumal die Geschichte Afrikas zeigt, wie Gesellschaften zwischen mehr oder weniger zentralisierten Formen pol. Organisation oszillieren können. Keineswegs waren s. G. nur von Staaten bedrängte Rückzugsgesellschaften, sondern vielfach selbst dynamisch und expansiv. ↗ Vorkoloniale pol. Systeme.

🕮 J. Middleton/D. Tait (Hg.), Tribes Without Rulers, London 1958. – F. Kramer/C. Sigrist (Hg.), Gesellschaften ohne Staat, Frankfurt/M. 1978. – L. Holy (Hg.), Segmentary Lineage Systems Reconsidered, Belfast 1979.

Richard Kuba

Segu (Bambarareich) ↗ Westafrika, Völker, Kulturen und Staaten

Seklusion ↗ Purdah

Sekten, christliche ↗ Christentum, ↗ Kirchen, christliche

Self-Reliance (Eigenständigkeit, Entwicklung aus eigener Kraft), ein von J. K. Nyerere in der Arusha-Erklärung 1967 zusammen mit ↗ Ujamaa eingeführter politökonom. Begriff. S.-R. ist die pol. Schlussfolgerung aus der These, dass der Widerspruch von Zentren und Peripherien der Logik der kapitalistischen Expansion innewohnt. Wenn der Aufbau einer autozentrierten kapitalistischen Wirtschaft in der Peripherie, d. h. in den Entwicklungsländern, aufgrund deren Abhängigkeit von den Zentren, d. h. den Industrieländern, nicht möglich ist (↗ peripherer Kapitalismus), wird ein anderer Entwicklungsweg notwendig. Diesen sieht die S.-R. in der Abkopplung bzw. Verringerung der Abhängigkeit vom kapitalistischen Weltsystem. Sie ist damit eine Strategie der Befreiung von struktureller Abhängigkeit.

Das Konzept der S.-R. setzt den Unterschied zwischen dem Wertgesetz i. Allg. und der spezifischen Form des globalisierten Wertgesetzes voraus. Nach dem allg. Wertgesetz müssten überall auf der Welt bei gleicher Produktivität die Arbeitslöhne gleich sein. Das globalisierte Wertgesetz ergibt bei gleicher Produktivität jedoch ungleiche Arbeitslöhne, während sich Warenpreise und Kapitalerträge tendenziell im Weltmaßstab angleichen. Daraus entsteht die Polarisierung. Optiert ein Land für den ↗ Sozialismus, kann es bei Entscheidungen, die seine Wirtschaft betreffen, nicht den Kriterien folgen, die sich aus der Unterordnung unter das globalisierte Wertgesetz ergeben.

S.-R. im Sinne von Abkopplung ist nicht gleichbedeutend mit Autarkie, sondern gestaltet die Außenbeziehungen nach internen sozialen Erfordernissen – im Unterschied zur Anpassung an die im Rahmen der Evolution des kapitalistischen Gesamtsystems sich bietenden Möglichkeiten. Damit steht S.-R. im Gegensatz zu der in den 1980er und 1990er Jahren in vielen Ländern erfolgten sog. ↗ Strukturanpassung, die eine einseitige Anpassung der Peripherien darstellt. S.-R. will hingegen die Zentren zwingen, sich den Erfordernissen der Entwicklung der Peripherien anzupassen.

Seit der pol. Unabh. verfolgten viele Staaten der ↗ Dritten Welt (↗ nachkolonialer Staat) sog. Entwicklungsprojekte, die als Strategien der ↗ Modernisierung verstanden wurden und das Ziel hatten, innerhalb der weltweiten Interdependenz wirtsch. Unabh. zu erlangen, was sich als utopisch erwies. Dagegen setzte die S.-R. auf den Aufbau einer autozentrierten Volkswirtschaft, der allerdings widerspruchsvoll verlief, denn er verband kapitalistische Operationsweisen mit gesellsch. Reformen, die der Logik des kapitalistischen Weltsystems entgegenstehen. Die Strategien der peripheren Bourgeoisien fügen sich den Zwängen der globalen Expansion des Kapitalismus. Diese Bourgeoisien sind Kompradoren, d. h. sie fungieren als Transmissionsriemen der Herrschaft des transnat. Kapitals und können nicht für S.-R. eintreten. Um eine auf die Befriedigung menschlicher Grundbedürfnisse ausgerichtete Entwicklungspolitik zu erzwingen, müssen daher die Massen mobilisiert werden, ihre pol. Macht zu gebrauchen (↗ Zivilgesellschaft).

Die Frage nach der Abkopplung wurde praktisch von allen Befreiungsbewegungen (↗ Rebellenbewegungen) gestellt, die hist. darauf erteilten Antworten erfolgten im Kontext der Befreiung von Kolonialherrschaft, des sozialen Fortschritts und der Demokratisierung der Gesellschaft (↗ Demokratie).

Jetzt gebietet der zunehmende Globalisierungszwang, insbes. in peripheren Räumen, große ↗ regionale Organisationen aufzubauen und in diesem Rahmen Strategien zu entwickeln, die auf die globale Modernisierung verändernd einwirken, sie also schrittweise aus der Umklammerung seitens des Kapitalismus der Zentren befreien. Wenn dabei die Grenzen strikt wirtsch. Abmachungen überschritten werden und mit der Bildung konföderativer pol. Gemeinschaften begonnen wird, könnte der Boden für eine polyzentrische Welt vorbereitet sein. Darüber hinaus verlangt eine so verstandene S.-R. das Aushandeln von Beziehungen zwischen den betreffenden Großregionen, und zwar auf der Ebene des Handels und der Regelung seiner Bedingungen, der Kontrolle und Nutzung sowohl von Ressourcen wie Finanzen und pol. wie milit. Sicherheit. Notwendig würde also eine Rekonstruktion des internat. pol. Systems, das von Hegemonismen zu lösen und auf die Bahn des Polyzentrismus zu leiten wäre. ↗ Außenwirtschaft, ↗ Blockfreienbewegung, ↗ Finanz- und Währungspolitik, ↗ Gruppe der 77, ↗ Kollektive Eigenständigkeit, ↗ Lomé-Abkommen, ↗ Neue Weltwirtschaftsordnung, ↗ Rentenökonomie, ↗ Rohstoffwirtschaft, ↗ Verschuldung.

📖 S. Amin, Delinking, London/New Jersey 1990. – Ders., Impérialisme et sous-développement en Afrique, Paris 1988.

Samir Amin

Semi-Bantu ↗ Bantusprachen

Semitisch, Sprachfamilie des ↗ Afroasiatischen in Nord- und Ostafrika und im Vorderen Orient. Die mit Abstand größte semitische Sprache Afrikas ist das ↗ Arabische. Daneben geht die Verbreitung eigenständiger semitischer Sprachen in Äthiopien und Eritrea auf die Einwanderung südarab. Stämme in der ersten Hälfte des 1. vorchristl. Jt. zurück. Die Landungsstelle lag im Golf von Zula (südl. von Massaua), wo das äthiopische Hochland dem Roten Meer bis auf Sichtweite nahe kommt. Vom dortigen Hafen Adulis führten der Handelsweg und die Route der Siedler nach Qohaito (das hist. Koloe) am Rande des ostafrik. Plateaus und dann weiter nach Matara, Adua und der späteren Königsstadt Aksum (↗ Axum). Von dieser hist. Handelsroute ausgehend, breiteten sich die semitischsprachigen Völker als Vertreter einer Hochkultur mit eigener Schrift (↗ Schriftsysteme) auf dem Hochland nach N und v. a. nach S hin aus. Mit dem aksumitischen Reich und der Übernahme des ↗ Christentums (Mitte des 4. Jh.) erlangte die altäthiopische Sprache Ge'ez ihre starke kulturelle Position, die sie bis heute nicht ganz an die Nachfolgesprachen abgegeben hat. Das Altäthiopische war bis ins 20. Jh. die Sprache der Königschroniken und ist bis heute (neben dem Amharischen) die Sprache der Äthiopisch-Orthodoxen Kirche sowie (neben dem Tigrinischen) der inzwischen abgespaltenen Erythräisch-Orthodoxen Kirche. – Auf dem Gebiet des altäthiopischen aksumitischen Reiches haben sich die beiden nördl. Völker der Tigriner und Tigre entwickelt. Die vorwiegend christl. Tigriner (5–6 Mio.) sprechen Tigrinya und werden heute durch die eritreisch-äthiopische Staatsgrenze geteilt. Die nördl. Gruppe (ca. 1,5 Mio.) spielt die herrschende Rolle in dem seit 1991 (offiziell 1993) unabh. Eritrea. Die südl. Gruppe der Tigrai (3,5 Mio.) ist jetzt in dem äthiopischen Bundesstaat Tigrai (mit Tigrinya als Schul- und Verwaltungssprache) vereint. Tigrinisch ist (nach dem Arabischen und Amharischen) die drittgrößte semitische Sprache und verfügt seit dem Ende des 19. Jh. über eine umfangreiche Lit. Die überwiegend muslim. Tigre (über 0,5 Mio.) im nördl. eritreischen Hochland sowie im Tiefland sprechen Tigre. Seit dieses auch in der Schule gelehrt wird, beginnt sich – über die von europ. Forschern aufgezeichnete Orallit. hinaus – eine eigene Lit. zu entwickeln. – Durch die südwärtige Expansion nördl. Völker, die von einer Verlagerung des Machtzentrums begleitet war, entstanden auf den zentral- und südäthiopischen Plateaus weitere semitische Sprachen. Aufgrund der Vermischung mit einheimischen Völkern (wie den Agaw) waren diese Sprachen stärkeren Veränderungen ausgesetzt. Die weiteste Verbreitung fand das Amharische, die Sprache des Königs bzw. Kaisers seit dem 14. Jh. Durch die Anerkennung anderer Sprachen in der Bundesrepublik Äthiopien (seit 1994) hat das Amharische (mit ca. 16 Mio. Muttersprachlern sowie vielen Mio. Zweitsprechern) möglicherweise etwas an Gewicht verloren, obwohl es immer noch die bedeutendste und am weitesten entwickelte Sprache Äthiopiens ist. Andere südäthiopische Sprachen sind Gurage (über 1 Mio.), das in eine Vielzahl von ↗ Dialekten (wie Chaha, Selti oder Ennemor) zerfällt, Harari, welches nur innerhalb der Stadtmauern von Harar gesprochen wird, Argobba (ca. 60.000) sowie das inzwischen ausgestorbene Gafat. ↗ Altäthiopische, ↗ amharische, ↗ arabischsprachige, ↗ tigrinische Literatur.

🕮 S. Moscati, An Introduction to the Comparative Grammar of the Semitic Languages, 2. Aufl., Wiesbaden 1969.

Rainer Voigt

Semitohamitisch ↗ Afroasiatisch

Senegal. **Fläche:** 197.722 km^2. **Einw.:** 9,2 Mio. (1999). **Bev.-Wachstum/Jahr**: 2,6% (1990–99). **Stadtbev.:** 47% (1999). **Hauptstadt:** Dakar (1,8 Mio. Einw.). **Wirtschaftsmetropolen:** Thiès (350.000) und Saint-Louis (200.000 Einw.). **Unabh.:** 4. 4. 1960. **Staatsform**: Präsidialrep.; Einkammerparlament; Mehrparteiensystem. **Währung:** CFA-Franc. **HDI-Rang** 145/162 (2001). **Anteil der Entwicklungshilfe am BSP**: 10,6% (1998). **BSP/Kopf**: 510 US$, **HIV-infizierte Erwachsene**: 1,8%, **Lebenserwartung**: m 51,1 J., w 54,8 J., **Alphabetisierung** der Erwachsenen: m 46,4%, w 26,7% (1999). **Einschulungsrate:** m 65%, w 55% (1995–99). **Amtssprache:** Frz. **Nationalsprachen:** Wolof (↗ Atlantisch), Fulakunda (↗ Fulfulde), Tukulor, Manding (↗ Mande), Serer (↗ Atlantisch), Dyula (↗ Bambara).

I. Naturraum. S. ist ein hauptsächlich von Ebenen und Plateaus gebildetes Flachland. Die Höhenlage übersteigt selten 100 m. Von N nach S staffeln sich unterschiedliche Klimazonen und Vegetationstypen (↗ Klima, ↗ Ökozonen). Die Sahelzone nördl. der Linie Linguère-Matam hat heißes Trockenklima. Die Vegetation ist saheltypisch: kümmerliche Dornbüsche, lückenhafte Kräuterdecken in der Regenzeit, Dominanz von Akazien. Das Ferlo-Gebiet südl. der Sahelzone und nördl. der Linie Kaolack-Bakel ist ebenfalls heiß mit einer Vegetation v.a. aus Akazien und Baobabs. Das Gebiet zwischen der Kleinen Küste und dem Bounda im O von Tambacounda weist Sudanklima auf, jedoch mit litoraler Nuance hinter der Küste und am Saloum. Im O herrschen in den sechs Monaten Trockenzeit hohe Temperaturen und geringe Luftfeuchtigkeit. In der Vegetation dominiert hier der *Caïcédrat*, im O der *Ven*, im W der *Kad* und der *Nere*. Der S kennt zwei Klimazonen. Im Ostteil mit dem Foulalou (Kolda) und dem äußersten SO (Kédougou) dauert die Regenzeit etwa sieben Monate. Es ist das Reich der Feuchtsavanne, mit Vorstufen der Waldzone. Im Nationalpark Niokolo Koba begleiten Galeriewälder mit Raphia-, Fächerpalmen und Bambus die Wasserläufe. Im W hat die Casamance ein subguineisches Klima, das im Küstenbereich das Guineaklima nach NO fortsetzt. Das Gebiet ist sehr regenreich, die Vegetation üppig.

II. Bevölkerung und ethnische Gruppierungen. Dank der drei großen, von O nach W strömenden Flüsse Senegal, Gambia und Casamance wurde S. zu einem Raum interethn. Konvergenz und Vermischung. In der Bev. überwiegen vier große ethn. Gruppen: Wolof (43,7%), Serer (14,3%), Fulbe (23%) und Dyula (6,8%; in der Casamance dominant). S. ist Einwanderungsland für 15.000 bis 20.000 Franzosen, 25.000 bis 30.000 Syrer und Libanesen sowie für Zuwanderer aus Guinea und von Kap Verde. Es ist auch Auswanderungsland; z.Z. sind mehr als 400.000 Senegalesen im Ausland ansässig.

III. Geschichte und Politik. Bis zum 15. Jh. blieb S. in Abhängigkeit vom westl. Sudan, dem Land der Schwarzen, und der von Berbern bevölkerten ↗ Sahara. In der Zeit der Karawanen und der Sahel-Sudan-Reiche (7.–16. Jh.) hing S. vom Sudan und der Sahara ab (↗ Westafrika, Völker, Kulturen und Staaten). Zur Zeit der Karavellen und Kontore (16.–18. Jh.) musste S. den Europäern tropische Produkte, Edelmetalle und Sklaven liefern. Die Portugiesen suchten Gold, Elfenbein, Felle, Gewürze und Sklaven. Vom 17. Jh. an brachen Niederlassungen der Holländer, Engländer und Franzosen das portug. Monopol. Das 17. Jh. war auch die Periode der Revolten, so jener des Nasir Al Din, und der Revolutionen (der muslimischen des Malick Sy im Boudou; derjenigen der Torodo im Futa Toro). Die Zeiten des legalen Handels und der Militärs (19. Jh.) standen im Zeichen von Erdnusskulturen, Eroberung und ↗ Widerstand. Die neuen Bedürfnisse des industriellen Europa veranlassten Frankreich zu Beginn des 19. Jh. zu landwirtsch. Experimenten in der Walo-Region, die jedoch scheiterten. In der zweiten Hälfte des 19. Jh. gründete Cheikh Bamba die Muriden-Bruderschaft (*Muridiyya*); die Kolonialbehörden verbannten ihn 1895–1902 nach Gabun. Seit dem ausgehenden 19. Jh. gehörte S. zu Frz.-Westafrika (AOF). Von den anderen Kolonien unterschied sich S. durch die vier pol. vollberechtigten Kommunen Saint-Louis, La Gorée (beide seit 1872), Rufisque (1880) und Dakar (1887) sowie die 1892 eingerichteten gemischten Kommunen. Nur die Einwohner dieser vollberechtigten Kommunen galten als frz. Bürger; sie wählten den Kolonialrat und einen Deputierten des frz. Parlaments. Der berühmteste war Blaise Diagne, der 1914 in die Deputiertenkammer gewählt wurde. Die übrigen Einwohner von S. waren frz. Untertanen, d.h. sie hatten sich ihren traditionellen Chefs zu fügen, die als Kantons- oder Provinzchefs selbst den frz. Administratoren unterstanden. Von der Konferenz von Brazzaville (Jan. 1944) bis zum Rahmengesetz Gaston Defferres (1956) währte der Marsch zur Unabh., der in die kurzlebige Mali-Föderation zwischen S. und Sudan (20. Juni bis 20. Aug. 1960) mündete.

Die Ära Léopold Sédar Senghor (1960–80) bestand seit 1962, der Verhaftung des Ministerpräsidenten Mamadou Dia, aus einem Präsidialregime und der faktischen Herrschaft einer Einheitspartei. Senghor gestattete aber ab 1976 eine kontrollierte pol. Öffnung und ein eingeschränktes Mehrparteiensystem. Die Ära Abdou Diouf (1981–2000) war von dessen Bemühen um Errichtung und Erhaltung seiner Hegemonie und den Unabhängigkeitsbestrebungen der Casamance geprägt. Die Maßnahmen der ↗ Strukturanpassung hatten katastrophale Auswirkungen auf die Wirtschaft des S. So wurde Diouf bei den Präsidentenwahlen 2000 von Abdoulaye Wade abgelöst.

IV. Wirtschaft. Erdnüsse, Baumwolle, Fisch und Phosphate bilden die Säulen der senegalesischen Wirtschaft, die vor vielen Herausforderungen steht. Die ↗ Landwirtschaft leidet an der zu niedrigen Reisproduktion, großen Problemen mit dem Baumwollsektor und einer Krise des Erdnusssektors. Die ↗ Viehhaltung ist wenig einträglich. Die ↗ Fischerei bleibt noch ein strategischer Sektor, doch der industrielle Fischfang gefährdet die Ressourcen. In der Energieversorgung ist S. vom Ausland abhängig. Die verarbeitende Industrie konzentriert sich in Dakar. Im ↗ Bergbau dominieren die Phosphate. Der ↗ Tourismus ist eine Devisenquelle.

V. Kultur, Literatur und Kunst. Das linguistische Phänomen der sog. Wolofisierung bildet eine Besonderheit des Landes. Wolof hat sich in ganz S. als Mittlersprache durchgesetzt. Die islamische Landschaft in S. prägen die fünf ↗ Bruderschaften der Qadiriyya, der Tidjaniyya, der Muridiyya, des Layénismus und des Hamallismus. Layénismus und Muridismus sind typisch senegalesische Bruderschaften. In der senegalesischen Gesellschaft treffen die drei Komponenten Afrika, Orient und Okzident aufeinander und dynamisieren sich in Wechselwirkung. Es gibt hierarchisch gestufte, nicht egalitäre Teilgesellschaften mit charakteristischen Kasten- und Rangordnungssystemen, jedoch auch egalitäre Bauerngesellschaften, die sich in ↗ Altersklassen organisieren und ↗ Initiationsriten befolgen. Die Stellung der ↗ Frau ist im Wandel begriffen, die ↗ Jugend sucht nach neuen Modellen. Ein Großteil der Bev. versucht im ↗ informellen Sektor zu überleben.

In den traditionellen Gesellschaften ist die ↗ Kunst nicht von den magisch-religiösen Praktiken zu trennen. In den hierarchisierten Gesellschaften obliegt das Kunstschaffen einer spezifischen Gruppe, den stofflichen Künstlern und den Wortkünstlern, den ↗ *Griots*. Die traditionelle ↗ Musik ist ein weit verbreitetes Genre. Musik und ↗ Tanz sind verbunden. Die ↗ Schnitzerei fungiert als Gebrauchs- und als dekorative Kunst. Kunstvolle ↗ Weberei ist bei den Mandjack in der Casamance hoch entwickelt.

Mit der Kolonisierung entwickelten sich neue künstlerische Ausdrucksformen. Als Dichter und Präsident hat L. S. Senghor kulturelle Infrastrukturen wie das *Musée dynamique* und den Verlag *Nouvelles Editions Africaines* (NEA) begründet. Abdou Diouf ließ 1982 eine Kulturcharta ausarbeiten. 1990 wurden das Generalkommissariat für die Errichtung der Gedenkstätte La Gorée, die Biennale der plastischen Künste in Dakar u. a. tätig. Bekannt geworden sind der Schriftsteller und Filmemacher Ousmane Sembène, die Autoren und Autorinnen Mariama Ba, Birago Diop, Aminata Sow Fall und Boris Boubacar Diop. Die heutige Musikszene nicht nur des S. beherrschen Künstler wie Youssou N'Dour, Ismael Lo und Coumba Gawlo. ↗ Desertifikation, ↗ Frankophone Literaturen, ↗ Kino, ↗ Literaturverfilmungen, ↗ *Mbalax*, ↗ *Négritude*, ↗ Popularmusik.

🕮 M. Devey, Le Sénégal, Paris 2000. – A. A. Dieng, Blaise Diagne, premier député africain, Paris 1990. – J. Copans, Les marabouts de l'arachide, Paris 1988. – O. Cruise O'Brien, The Mourides of Senegal. The Political and Economic Organisation of an Islamic Brotherhood, London 1971.

Amady Aly Dieng

Senufo (Sprache) ↗ Gur

Serer (Sprache) ↗ Atlantisch

Seychellen. **Fläche:** 455 km^2. **Einw.:** 77.000 (1999). **Bev.-wachstum/Jahr:** 1,1% (1990–99). **Stadtbev.**: 62% (1999). **Hauptstadt**: Victoria (40.000 Einw. 1995). **Unabh.**: 29. 06. 1976. **Staatsform**: Präsidialrep. (im *Commonwealth*).; Parlament mit 34 Mitgl., Wahl alle 5 J.; Direktwahl des Staatsoberhaupts (Präsident France Albert René) alle 5 Jahre (max. 3 Amtszeiten); letzte Wahl: 20./22. 3. 1998. Parteienstruktur: erste freie Wahlen 1998: SPPF (*Seychelles People's Progressive Front*) 30 von 34 Sitzen, UO

(*United Opposition*) 3, DP (*Democratic Party*) 1. **Währung:** Seychellen Rupee. **HDI-Rang** 53/174 (2000). **Auslandsverschuldung**: 187 Mio. US$ (1998). **Anteil der Entwicklungshilfe am BSP** 5% (1998). **BSP/Kopf** 6.540 US$ (1999). **Lebenserwartung** 71 J. (1998). **Alphabetisierung** der Erwachsenen 88%, **Einschulungsrate**: m/w 100% (1995–99). **Amts- und Verkehrssprachen:** Kreolisch (↗ Pidgin- und Kreolsprachen), Engl., Frz.

I. Naturraum. Die 112 Inseln der S. (455 km^2) verteilen sich über ein Gebiet (200 Meilenzone) von ca. 1,3 Mio. km^2 im Indischen Ozean. Der Staat zerfällt so in zahlreiche kleine Landsplitter. Die rd. 40 (Granit- u. Seynit-)Inseln der Inneren S. liegen dicht beieinander, erheben sich oft steil und auf der Hauptinsel Mahé bis zu 905 m aus dem Meer. Sie weisen jährl. Niederschläge von 2.300–4.000 mm und eine üppige Vegetation auf (↗ Klima). Da größere Küstenebenen oder Hochplateaus und damit günstige Areale für die Landwirtschaft fehlen, können auf den größten und bevölkerungsreichsten Inseln Mahé, Praslin und La Digue potentiell nur 15% der Fläche agrarisch genutzt werden. Die Böden sind nährstoffarm. Die überwiegend zur Amiranten-, Aldabra- und Farquhar-Gruppe zählenden Außeninseln werden von nur wenige Meter über dem Meeresspiegel liegenden Korallenriffen aufgebaut. Sie nehmen mit rd. 216 km^2 fast die Hälfte der Landfläche ein, weisen aber nur ca. 1.000 Bewohner (rd. 1,5% der Bev.) auf.

II. Bevölkerung und ethnische Gruppierungen. Um 1770 ließen sich die ersten frz. Siedler auf den unbewohnten Inseln nieder. Obwohl mit der Herrschaft der Briten 1811 die Epoche Frankreichs endete, ist der frz. Einfluss auf Sprache und Kultur bis heute bedeutend. Kreolen, Nachfahren frz. Siedler und afrik. Sklaven stellen rd. 90% der ↗ Bevölkerung (Rest v.a. ↗ Inder, Chinesen). Etwa 88% der Bev. konzentrieren sich auf Mahé, 10% auf Praslin und La Digue. Der Mangel an Land für Wirtschaft und Siedlung auf Mahé ist infolge gebirgigen Reliefs und starker Bevölkerungskonzentration ein Problem, das durch Landgewinnungsmaßnahmen gemildert werden soll. Rd. 90% der Bev. bekennen sich zur röm.-kath. Kirche, die auch eine pol. Kraft ist. Ca. 8% sind Anglikaner. Bis in die 1990er Jahre wiesen die S. negative Wanderungssalden auf, rd. 28.000 Seycheller leben im Ausland; seit 1993 werden infolge wachsenden Arbeitsplatzangebots Wanderungsgewinne verzeichnet.

III. Politik. 1977 kam der bis heute amtierende Präsident René mit der von ihm geführten sozialistischen Einheitspartei SPPF (*Seychelles People's Progressive Front*) durch Putsch an die Macht. Bei den ersten freien Wahlen 1998 erhielt er 61% der Stimmen. Die vormals sozialistisch orientierte Wirtsch. unterliegt seit 1991 einer Transformation. Wichtige Bereiche, v.a. im Verkehrswesen, der Energieversorgung, beim staatl. Export- und Importmonopol wurden aufgrund fehlender Investoren allerdings (noch) nicht privatisiert.

IV. Wirtschaft. Die Wirtschaft basiert auf den Säulen ↗ Tourismus und ↗ Fischerei. Der Tourismus erwirtschaftete 1998 direkt ca. 14 und indirekt 15–20% des BIP, er bietet rd. 30% aller formellen Arbeitsplätze und erlöst rd. 70% aller Devisen. Beträchtliche Einnahmen werden durch die Vergabe von Fischereirechten an ausl. Fangflotten erzielt. Ein Teil des angelandeten Thunfisches wird auf den S. verarbeitet (1987: 1.045 t, 1998: rd. 19.000 t). Thunfischkonserven stellten 1998 ca. 87% aller Erlöse aus dem Warenexport (1987: 58%). Die Ausfuhr vormals bedeutender Güter ist rückläufig (Zimt, Vanille) oder wurde eingestellt (Kopra). Die Landwirtschaft ist unbedeutend; der BIP-Beitrag des primären Sektors (einschließlich Forst-, Fischereiwirtschaft) beträgt nur rd. 4%. Die vormals hohe Importabhängigkeit von Gemüse, Eiern, Milch, Schweine-, Geflügel- sowie eingeschränkter von Rindfleisch konnte über den auch durch die Nachfrage der Hotels stimulierten Ausbau der lokalen Produktion gemildert werden. Der Teeanbau (1997: 270 t) bedient nur den Binnenmarkt und die touristische Nachfrage. Der Anteil des sekundären Sektors am BIP ist von 1987–98 von ca. 13 auf 25% gestiegen (v.a. Herstellung von Fruchtsäften, Bier, Zigaretten). Seit 1995 wird die Entwicklung zu einem Off-Shore-Finanzzentrum verfolgt; die *Seychelles Internat. Trade Zone* (Industriepark) soll mit Investitionsanreizen ausl. Firmen (v.a. Veredlungsindustrie) anziehen. Die S. weisen den höchsten Lebensstandard Afrikas auf (kostenlose Schulpflicht u. medizin. Versorgung, gute Trinkwasserversorgung, höchstes Pro-Kopf-Einkommen Afrikas, keine Slums, staatl. Grundrente, hohe Lebenserwartung, eine für Afrika niedrige Geburten- und Sterberate, große innere Sicherheit, pol. Stabilität). ↗ Fernsehen und Telefon sind weit verbreitet, Straßennetz (auf Mahé, Praslin) und Flug- bzw. Schiffsverkehr zwischen den Hauptinseln sind effizient.

V. Umwelt- und Naturschutz haben seit langem einen hohen Stellenwert. Insges. 19 Schutzgebiete dienen der Erhaltung oft endemischer

Tier- und Pflanzenarten und damit einer wichtigen touristischen Ressource. Der vormals weit verbreitete primäre ↗ Regenwald wurde schon in der Kolonialzeit fast gänzlich zerstört.

VI. Kultur. Musik und v.a. ↗ Tanz sind weit verbreitete künstlerische Ausdrucksformen. Der frz. und afrik. Einfluss dokumentiert sich im *Kamtole*-Tanz, dem *Contredance,* in den *Sega*- und *Moutia*-Tänzen, die modifiziert auch in Discos und Hotels beliebt sind. Auf abgelegenen Inseln werden afrik. Tänze mit ↗ Trommelmusik untermalt. Bekanntester Künstler ist der Maler Michael Adams (engl. Herkunft), der v.a. das ländl. Leben der S. darstellt.

📖 K. Vorlaufer, Die Seychellen: Tourismus als Entwicklungsoption für einen insularen Kleinstaat. In: Afrika Spectrum 91 (1991), S. 221–255.

Karl Vorlaufer

Shadiliyya ↗ Bruderschaften, islamische

Shona (Sprache) ↗ Bantusprachen, ↗ Niger-Kongo

Sierra Leone. **Fläche:** 71.740 km². **Einw.:** 4,3 Mio. (1999), 402.000 Kriegsflüchtlinge v.a. in Guinea und Liberia (2000). **Stadtbev.:** 36% (1999). **Hauptstadt und Wirtschaftsmetropole:** Freetown (1 Mio. Einw.). **Unabh.:** 18. 4. 1961. **Staatsform**: Präsidialrep.; Einkammerparlament, Mehrparteiensystem. **Währung:** Leone. **HDI-Rang** 162/162 (2001). **Auslandsverschuldung** 1,2 Mrd. US$ (2000). **Anteil der Entwicklungshilfe am BSP**: 15% (1998). **BSP/Kopf**: 130 US$, **HIV-infizierte Erwachsene**: 3%, **Lebenserwartung**: m 37 J., w 39,6 J. (1999). **Alphabetisierung** der Erwachsenen: 36% (2000). **Amtssprache:** Engl.; **Verkehrssprachen:** Engl., Krio (kreol. Engl., ↗ Pidgin- und Kreolsprachen), Temne (↗ Niger-Kongo-Sprachen), Mende (↗ Mande).

I. Naturraum. Als Kleinstaat an der westafrik. Küste dehnt sich S.L. von den durch Flussmündungen, Halbinseln und Mangroven charakterisierten Küstenebenen leicht ansteigend bis zur Guineaschwelle aus (höchste Erhebung: Mt. Bintumani, 1.948 m). Das Landschaftsbild wird von ↗ Savanne bestimmt, der tropische ↗ Regenwald schrumpfte durch Kahlschlag und Kriegszerstörung (nach 1991) auf weniger als ein Viertel der Gesamtfläche. Der Name des Territoriums – »Löwengebirge« – wurde von portug. Seefahrern nach der von ihnen aus Küstenperspektive wahrgenommenen Silhouette schon im 15. Jh. geprägt. (↗ Klima, ↗ Ökozonen)

II. Bevölkerung und ethnische Gruppierungen. Die Bev. setzt sich aus ca. 20 Ethnien zusammen. Temne (im N) und Mende (im SO) mit Anteilen von je einem Drittel bilden die größten Gruppen, gefolgt von Limba (im N) mit 10%. Bis zu 60% – v.a. im N und in Freetown – sind Muslime (↗ Islam), nur 10% – vorwiegend in Städten – Christen (↗ Christentum); in ländl. Regionen sind traditional-afrik. ↗ Religionen verbreitet.

III. Geschichte und Politik. Eine pol.-gesellsch. Schlüsselposition erlangten die insbes. in Freetown lebenden Krio, Nachkommen freigelassener Sklaven aus Nordamerika und der Karibik (2–3%). Ihre Ansiedlung durch die Kolonialmacht Großbritannien hatte im 18. Jh. zur Gründung der Hauptstadt und zur Herausbildung des Staates geführt. Als Großbritannien 1957 auf Grundlage der Westminster-Demokratie erstmals wählen ließ, gelangte die das Mende-Establishment verkörpernde SLPP (*Sierra Leone People's Party*) an die Regierung. Innenpol. Konflikte und Missmanagement führten 1967 zu einem Militärputsch und 1968 durch einen Gegenputsch zur Machtübernahme der u.a. von Temne, Limba und Krio unterstützten Nordpartei APC (*All People's Congress*). Diese blieb bis 1992 an der Regierung, seit den 1970er Jahren als Einheitspartei (↗ Einparteisystem), bis Ende 1985 unter Siaka Stevens, danach unter Joseph Momoh. Die von dem APC-Regime durch Misswirtschaft und Korruption heraufbeschworene Entwicklungskrise bereitete den Boden dafür, dass 1991 der Liberiakrieg ins Land übersprang und im April 1992 erneut das Militär die Macht übernahm. Doch weder die Armee noch die nach deren pol. Bankrott 1996 aus Wahlen hervorgegangene Zivilregierung von Ahmed Tejan Kabbah (SLPP) vermochten S.L. zu stabilisieren. Stattdessen riss die mit Charles Taylor in Liberia verbündete Untergrundarmee RUF (*Revolutionary United Front*) das Land immer mehr in den Krieg, im Mai 1997 ergriff das Militär mit der RUF durch einen blutigen Umsturz abermals die Macht. Eine Militärintervention der Regionalmacht Nigeria vertrieb im Feb. 1998 die Junta und verteidigte den an die Regierung zurückgekehrten Präsidenten Kabbah mit der multinat. Eingreiftruppe ECOMOG gegen massive Offensiven der RUF (↗ Blauhelmeinsätze, ↗ Kriege/Bürgerkriege). Angesichts eines milit. Patts verständigten sich die Konfliktparteien im Juli 1999 auf ein UN-überwachtes Friedensabkommen, dessen Durchsetzung sich allerdings wegen weiterer Kriegshandlungen v. a. von Seiten der RUF extrem schwierig gestaltete.

IV. Wirtschaft. Der Krieg forderte Zehntausende Todesopfer, machte Hunderttausende zu Flüchtlingen und schädigte die Ökonomie schwer. Staats- und Deviseneinnahmen beruhten einst auf den Bergbauprodukten Rutil (Titanerz), Bauxit und Eisenerz (↗ Bergbau). Nachdem diese infolge massiver Kriegszerstörungen ausgefallen waren, avancierten Diamanten und Gold zum Zankapfel zwischen Regierung und »Rebellen«. Die Bev. überlebte schon vor dem Krieg primär durch Subsistenzackerbau (↗ Landwirtschaft) oder Tätigkeit im städt. ↗ informellen Sektor. Sofern die Menschen nicht das Schicksal von Vertreibung und Flucht erlitten und auf internat. Hilfe angewiesen waren, nahm der soziale Stellenwert dieser Vorkriegsaktivitäten noch zu. Infolge der Verfügbarkeit von Waffen wurde die Gewaltkriminalität zu einer Erwerbsquelle.

V. Kunst und Musik. Der Krieg war möglich durch eine Kultur der Gewalt, die ihrerseits durch ihn weiteren Auftrieb erfuhr. Insbes. männl. Jugendliche und junge Männer wurden davon ergriffen (↗ Kindersoldaten). Kungfu- und Rambo-Filme aus den USA und Asien erzeugten Vorbilder, die in Kämpfernamen wie *Superman* oder *Free Kill* Niederschlag fanden. Anteil an der Kultur der Gewalt hatten die in ländl. Regionen einflussreichen Geheimbünde (z. B. Poro, ↗ Bünde). Diese tradierten andererseits zivile kulturelle Inhalte, darunter Überlieferungen von ↗ Recht, relig. Handlungen (traditionelle ↗ Religionen), Handwerkskünsten (↗ Masken, Korbgeflechte, ↗ Weberei) und ↗ Musik. Als eine eigenständige Klangrichtung der ↗ *Palm Wine-Music* entstand in S. L. und Liberia eine *African-Folk*-Musik v. a. aus Gitarren- und Perkussionklängen (↗ Popularmusik). Führender Vertreter war der 1994 verstorbene S. E. Rogie mit der Gruppe *Morningstars*, der ab 1970 in den USA wirkte, bevor er 1988 nach S. L. zurückkehrte. Dort erlangten der westafrik. Afro-Beat, der aus Jamaika importierte Reggae und die karibisch-afrik. Gombe-Musik einen hohen Beliebtheitsgrad (u. a. Bosco Banks, Ebenezer Calendar, Abdul Tee-Jay Rokoto). Klang und Inhalt setzten Kontrapunkte gegen Verwestlichung.

🕮 E. Conteh-Morgan/M. Dixon Fyle, Sierra Leone at the End of the Twentieth Century. History, Politics, and Society, New York 1999. – P. Richards, Fighting for the Rain Forest. War, Youth and Resources in Sierra Leone, Oxford 1996.

Peter Körner

Simbabwe. **Fläche:** 390.580 km². **Einw.:** 12,4 Mio. (1999). **Bev.-Wachstum/Jahr**: 1,7% (1990–99). **Stadtbev.:** 35% (1999). **Hauptstadt:** Harare (1,5 Mio. Einw.), **Wirtschaftsmetropolen:** Harare, Bulawayo, Gweru, Mutare. **Unabh.:** 18. 4. 1980, **Staatsform**: Republik; exekutives Präsidialsystem mit Mehrheitswahlrecht in 120 Einerwahlkreisen. Parteienstruktur: ZANU PF (*Zimbabwe African National Union Patriotic Front*): 62 von 120 gewählten Parlamentssitzen und 30 nominierte, MDC (*Movement for Democratic Change*): 57 Sitze; ZANU Ndonga: 1 Sitz. **Währung:** Zimbabwe-$, **HDI-Rang** 117/162 (2001). **Auslandsverschuldung**: 4,7 Mrd.US$, **Anteil der Entwicklungshilfe am BSP**: 4% (1998). **BSP/Kopf**: 520 US$, **HIV-infizierte Erwachsene**: 25,1%, **Lebenserwartung**: m 43,2 J., w 42,6 J., **Alphabetisierung** der Erwachsenen: m 92,3%, w 83,8% (1999). **Einschulungsrate**: m/w 87% (1995–99). **Amtssprache:** Engl.; **Regional- und Verkehrssprachen:** Shona, Ndebele (↗ Bantusprachen).

I. Naturraum. S. ist ein Binnenstaat im südl. Afrika. Die fruchtbaren Böden des zentralen Hochlands gehen im O in Bergland (bis zu 2.600 m) über (↗ Ökozonen). In der Dornenstrauchsavanne und den Trockenwäldern des Tieflandes im SW herrscht ein subtropisches ↗ Klima. Wesentlich für die agrarische Nutzbarkeit ist die Jahresniederschlagsmenge, die zwischen 300 mm im S, 600 mm im nördl. Tiefland und 700–800 mm auf dem Plateau variiert. Erratische Niederschläge, ↗ Entwaldung, Erosion und Knappheit fruchtbaren Bodens sind die größten Probleme der ca. 800.000 kleinbäuerlichen Haushalte. Die Wirtschaft ist von weltmarktproduzierenden Großfarmen (Tabak) und dem ↗ Bergbau (Gold, Ferrometalle, Kohle, etc.) dominiert.

II. Bevölkerung und ethnische Gruppierungen. Die größte Sprachgruppe des Landes, die Shona (77%), besiedelt das Hochplateau, die im 19. Jh. aus Südafrika zugewanderten Ndebele (19%) leben in den beiden Matabeleland-Provinzen im SW und angrenzenden Distrikten. Während in der Politik ↗ politisierte Ethnizität eine große Bedeutung hat, werden soziale Identitäten vorrangig entlang patrilinearer ↗ Klans und von ↗ Ahnenkulten ausgebildet (↗ Patrilinearität). Die kleine europ.-stämmige Minderheit (0,5–1%) dominiert den Großfarmsektor und weite Teile der Wirtschaft.

III. Geschichte und Politik. S. errang seine Unabh. 1980 nach einem erbitterten Befreiungskampf gegen europ. Siedler (ab 1890 kontrollierte die *British South Africa Company* das Land, 1923 wurde »Südrhodesien« eine selbstregierende Kolonie im brit. ↗ *Commonwealth*). Das Plateau war seit dem 15. Jh. Sitz einer Shona-Dynastie (*Great Zimbabwe*, Torwa- bzw. ↗ Monomotapa-Reich). Diese Reiche gehören gemeinsam mit dem antikolonialen ↗ Widerstand 1896–97 (*chimurenga*) zum Gründungsmythos des afrik. ↗ Nationalismus. Auslöser des Befreiungskampfes war die 1965 einseitig von Großbritannien und der Regierung der RF (*Rhodesian Front*) von I. Smith proklamierte Unabh. Südrhodesiens. Zuvor war die *Central African Federation* mit Nordrhodesien und Nyasaland aufgelöst (1953–63), und diese beiden Staaten waren als Sambia bzw. Malawi unabh. geworden. Die 1963 als Abspaltung von der 1961 gegr. ZAPU (*Zimbabwe African People's Union*, Vorsitz: J. Nkomo 1917–99) gebildete ZANU übernahm den aktiveren Part. Von Mosambik aus führte sie unter R. Mugabe (geb. 1924) einen Guerillakrieg (↗ Rebellenbewegungen). Die ZAPU operierte mit konventionellen Mitteln und unterstützt vom Ostblock vorrangig von Sambia aus. Auf Druck der ↗ Frontlinienstaaten des südl. Afrika agierten ab 1976 beide Bewegungen internat. als *Patriotic Front* (PF). Die Intensivierung des Guerillakrieges und wachsender internat. Druck – verbindliche UN-Sanktionen ab 1968, Nichtanerkennung der »internen« Wahlen von 1978 und des Marionettenregimes »Simbabwe-Rhodesien« unter Bischof A. Muzorewa und Ex-ZANU-Gründer N. Sithole – führten 1979 zu Verhandlungen unter brit. Regie, die 1980 in allg. Wahlen unter einer Westminsterverfassung mündeten. Aus ihnen ging die ZANU PF als stärkste Partei hervor (57 der 80 Sitze auf der afrik. Liste; ZAPU 20), die RF errang alle 20 der für die europ. Siedler auf sieben Jahre reservierten Sitze. Mugabe wurde Premier einer ZANU/ZAPU-Koalitionsregierung, C. Banana Präsident. Gegenüber der europ. Minderheit wurde eine Versöhnungspolitik eingeleitet. Der Marsch in den legalisierten Einparteistaat wurde jedoch 1989/90 aufgegeben, nachdem zuvor – verfassungskonform – ein Präsidialsystem (ohne reservierte Sitze) unter Führung von Mugabe etabliert worden war. Wachsende Spannungen zwischen der hegemonialen ZANU und der ZAPU führten 1982 zum Bruch der Koalition und milit. Säuberungsaktionen gegen vermeintliche ZAPU-Dissidenten im Matabeleland (1.500 Tote allein 1983). Der Konflikt, dem rasch ethn. Interpretationen unterlegt wurden, endete erst 1987 mit der Vereinigung von ZANU und ZAPU (vollzogen 1989). Vorher hatte die ZANU in einem Klima von Repression und Einschüchterung ihre parlamentarische Mehrheit weiter ausgebaut (Wahlen 1985: 64 zu 15 Sitze).

Obgleich der Parteienvereinigung eine Welle der Liberalisierung folgte (z.B. auch in der Berichterstattung der staatl. kontrollierten Medien) und die Justiz ihre Unabh. bewahrte, blieb das innenpol. Klima angesichts von ↗ Korruption und ↗ neopatrimonialer Herrschaftspraxis angespannt. Bei den Parlamentswahlen 1990 sicherte die vereinigte ZANU-PF sich zwar 117 von 120 Sitzen (plus 30 nominierte Sitze), bei den gleichzeitigen Präsidentschaftswahlen kam der Ex-ZANU-Generalsekretär E. Tekere (*Zimbabwe Unity Movement*) aber immerhin auf 17%. Obwohl die Parlamentswahlen 1995 durch ein geringeres Maß an Einschüchterung und Gewalt geprägt waren, boykottierte die Opposition diese Wahl (ZANU 118 Sitze, davon über 50% unangefochten). Bei den Präsidentschaftswahlen 1996 zogen Muzorewa und Sithole ihre Kandidatur in allerletzter Minute zurück, mit der Folge einer hist. niedrigen Wahlbeteiligung (13,2%).

Ende der 1990er Jahre übernahm die ↗ Zivilgesellschaft – Menschenrechts-NGOs, der Gewerkschaftsdachverband ZCTU sowie private Printmedien – zunehmend die Rolle der Opposition und forderte eine verfassungsgebende Versammlung nach dem Vorbild Südafrikas und die Abschaffung des 1989 eingeführten Präsidialsystems. Mugabe reagierte mit der Einsetzung einer ZANU-dominierten Verfassungskommission, deren Vorschläge im Feb. 2000 per Referendum abgelehnt wurden. Angesichts pol. Unnachgiebigkeit, wirtsch. Talfahrt, des milit. Engagements S. im Kongokrieg und Farmbesetzungen büßte das Mugabe-Regime rasch weiter an innenpol. Legitimation und internat. Reputation ein. Wenige Monate vor den Parlamentswahlen 2000 gründeten Vertreter der Zivilgesellschaft unter Vorsitz des Gewerkschaftsführers Morgan Tsvangirai das Oppositionsbündnis MDC (*Movement for Democratic Change*), das der ZANU bei den Parlamentswahlen 2000 mit 57 zu 62 der frei gewählten Sitze knapp unterlag.

IV. Wirtschaft und Sozialstruktur. Indikator einer anhaltenden wirtsch. Krise ist das Auseinanderfallen von Wirtschafts- und Bevölkerungswachstum bei anhaltend hohem Budgetdefizit, das wesentlich auf die nach der Unabh. stark expandierten Bereiche Bildung und ↗ Gesundheitsversorgung, zeitweise hohe Subventionen für Grundnahrungsmittel und hohe Verteidigungsausgaben zurückzuführen ist. Basis der diversifizierten Ökonomie sind eine duale ↗ Landwirtschaft mit europ. Großfarmen und afrik. Kleinbetrieben, ein entwickelter verarbeitender Sektor und Mineralienreichtum (Anteile am BIP 1997: 28%, 32% und 41% – letzteres wegen hoher Bildungs- und Gesundheitsausgaben). Das zunächst hohe Wirtschaftswachstum (1980–82: 21% jährl.) ging zu Beginn der 1990er Jahre auf 2% jährl. zurück und lag nach einem Zwischenhoch 1994–98 von 4% jährl. 1998 bei nur 1,6%. Die Pro-Kopf-Einkommen wuchsen daher nur sehr langsam (1990–2000: 0,6%). Bei rapide angestiegener Kindersterblichkeit und sinkender durchschnittl. Lebenserwartung (1970: 50 J.; 1999: 43 J.) ist das Bevölkerungswachstum von 3,1% (1970–90) auf 1,7% (1990–99) zurückgegangen (↗ Bevölkerung). 41% der Bev. leben unterhalb der Armutsgrenze (1989–94). Der Anteil der formal beschäftigten Bev. ist von 18% (1965) auf 11% (1997) gesunken, 1,3 Mio. Menschen gelten als arbeitslos.

1990 sah die Regierung sich gezwungen, die von Weltbank und IWF geforderten Maßnahmen zur ↗ Strukturanpassung einzuleiten und sich von dem nach 1980 beibehaltenen System staatl. Kontrollen zu trennen. Nach der 1993/94 von Hungerunruhen begleiteten Aufgabe von Preiskontrollen bei Grundnahrungsmitteln zog die Inflation kräftig an (1994–97 auf 23%, 1998 auf 31,7%). Die Begrenzung des Zahlungsbilanzdefizits (1998 14% des BIP gegenüber 2% 1996) scheiterte jedoch, u.a. wegen verheerender Dürren 1992/95, so dass der IWF seine Unterstützung aussetzte. Seit 1997 befinden sich Staatsfinanzen und Volkswirtschaft in einer schweren Krise, zugleich setzten die internat. Geber zunehmend auf entwicklungspol. Konditionalität. Bes. Kritik fand der Versuch der Regierung, ihre Klientel durch Sonderleistungen an Kriegsveteranen und die Forcierung der verschleppten Landreform zu mobilisieren. Im Mittelpunkt der Landfrage steht die extrem ungleiche Landverteilung (4.700 europ.-stämmigen Farmern mit durchschnittl. 3.000 ha stehen 800.000 afrik. Familienbetriebe mit jeweils nur ca. 20 ha gegenüber). Von ursprgl. geplanten 162.000 Familienbetrieben wurden bis 1995 tatsächlich nur 62.000 umgesiedelt (gleichzeitig häuften sich Indizien über die Aneignung von Land durch die neue Staatsklasse). Nachdem der Versuch, Großfarmen zu Marktpreisen anzukaufen, 1995 an Einsprüchen der Eigner gescheitert war, bestimmte die Regierung 1997 knapp 1.500 Farmen – oder 40% des europ. kontrollierten Landes – zur entschädigungslosen Enteignung; die internat. Geber verweigerten daraufhin jede Unterstützung. Eine weitere Eskalation erfolgte durch die von der Regierung inszenierte Besetzung von Farmen im Vorfeld der Wahlen 2000. Auf harsche Kritik der Geber stieß auch das kostspielige Engagement in der Demokrat. Rep. Kongo, wo die Regierung in Kontinuität ihrer vormals internat. renommierten Außenpolitik aus legalistischen und regionalpol. Gründen das Kabila-Regime mit ca. 10.000 Soldaten unterstützt (zur Abwehr außenpol. Destabilisierung hatte sich Simbabwe 1892–90 massiv in Mosambik engagiert).

V. Literatur und Kunst. Simbabwes internat. renommierte Belletristik thematisiert sowohl die Aufbruchsstimmung, mit wachsendem zeitlichen Abstand aber auch die traumatisierende Erfahrung des Befreiungskampfes (Chenjerai Hove: *Bones*, 1980, dt. *Knochen*; Shimmer Chinodya: *Harvest of Thorns* 1991, dt. *Dornenernte*). Die koloniale und postkoloniale Realität spiegelt sich z.B. bei T. Zeleza (*Smouldering Charcoal*, 1992) und Yvonne Vera (*Butterfly Burning*, 1998, dt. *Schmetterling in Flammen*). Weltweit Beachtung gefunden haben seit den 1960er Jahren auch zahlreiche Bildhauer, die einheimischen Sandstein verarbeiten, z.B. die Mitglieder der Familien Takawira, Mukomberanwa oder Munyaradzi.

🕮 G. Baumhögger, Zimbabwe. In: Institut für Afrika-Kunde (Hg.). Afrika Jahrbuch, Opladen 1988ff. – U. Engel, The Foreign Policy of Zimbabwe, Hamburg 1994. – B. Raftopoulous, Zimbabwe: Race and Nationalism in a Post-Colonial State, Harare 1996. – C. Sylvester, Zimbabwe. The Terrain of Contradictory Development, Boulder 1991.

Ulf Engel

Sklavenhandel. *I. Neue Forschungsansätze.* Die gewaltige, von europ. Händlern organisierte Verschleppung von Afrikanern nach Amerika dauerte vom 16. Jh. bis zur Mitte des 19. Jh. und wird von Historikern als atlantischer S. bezeichnet. Die Forschung hat seit den 1970er Jahren bei dem Versuch, alte Probleme zu lösen, eine Reihe neuer Fragen aufgeworfen. Das vorliegende umfangreiche quantitative und qualitative Material zeugt von der großen Komplexität des Problems bzgl. der aktualisierten Zahl der aus Afrika Verschleppten, bietet jedoch gleichzeitig die Grundlage für eine gesicherte Aussage über die wahrscheinliche Spannweite der Gesamtzahl. Die Daten wurden zudem mit neuen Methoden analysiert, um die Wirkung des S. auf den demographischen Prozess in Afrika insges. und die soziopol. Effekte auf die afrik. Gesellschaften besser einschätzen zu können. Außerdem bieten die letzten Untersuchungen eine neue Basis für eine Analyse der wirtsch. Auswirkungen des S. In der älteren Forschung standen v.a. die durch den S. erzielten Profite während der industriellen Revolution in England im Mittelpunkt, basierend auf der begrenzten Verbindung zwischen England und den brit. Karibikinseln. Nun wird der ges. Atlantikraum der Analyse zugrunde gelegt, der Beitrag der Afrikaner auf beiden Seiten des Atlantiks zum Wachstum des atlantischen Handels in den 350 Jahren von 1500 bis 1850 untersucht, werden Kosten und Nutzen für die nat. bzw. regionale Wirtschaft beiderseits des Atlantiks innerhalb langfristiger Entwicklungsprozesse erfasst.

II. Voraussetzungen für den atlantischen Sklavenhandel. Die beiden wesentlichen Voraussetzungen für die Entwicklung und Aufrechterhaltung des S. waren: (1) ein Markt, d.h. große Teile des nachfragenden Wirtschaftssystems basieren auf Sklavenarbeit, und ein funktionierendes Transportsystem, um die Sklaven relativ billig zu diesem Markt zu bringen; (2) schwach organisierte Gesellschaften, deren Mitglieder gegen noch geringeren Aufwand zu Sklaven gemacht und verkauft werden können. Starke, zentralisierte Regierungen hingegen schützen ihre Bev. vor Gefangenschaft und Sklaverei, halten interne Banditen in Schach und entmutigen externe Aggressoren durch ihre milit. Macht.

Durch die Entwicklung solcher zentralisierter Staaten in Europa im späten Mittelalter wurden die europ. Gemeinschaften vor Gefangenschaft und Sklaverei bewahrt, endete der Export von Sklaven aus Europa. Als die Gefangenenexporte aus Europa weniger wurden, während die Sklavenmärkte im Nahen Osten und in Nordafrika bestehen blieben, begannen arab. und nordafrik. Transsaharahändler sich am S. zu beteiligen. Dies verursachte den Anstieg von Gefangenenexporten aus Gebieten am Südrand der Sahara und nahe des Roten Meeres. Begünstigt wurde dies durch den Niedergang der Staaten in diesen Regionen. Später verlagerte sich der S. an die westafrik. Atlantikküste.

III. Die Situation an der westafrikanischen Küste. Europ. Entdecker und Geschäftsleute waren Mitte des 15. Jh. zu den afrik. Völkern an der Atlantikküste vorgedrungen, meist motiviert durch das Bestreben, den arab. und nordafrik. Händlern den Goldhandel streitig zu machen. Zunächst beschränkte sich der europ. Atlantikhandel mit Afrika mehr oder weniger auf Gold und andere afrik. Produkte. Auch nachdem die Portugiesen auf den Atlantikinseln vor der afrik. Küste Zuckerrohrplantagen angelegt hatten, herrschte der Handel mit afrik. Produkten weiterhin vor. All das änderte sich mit der Kolonisation Amerikas durch die Europäer im 16. Jh. und der Vernichtung der autochtonen Bev. Als dort der Bedarf an Sklavenarbeit wuchs, verlagerten die europ. Händler ihren Schwerpunkt von afrik. Produkten auf Gefangene. Zu dieser Zeit waren die Völker an der westafrik. Atlantikküste pol. extrem zersplittert. Z.B. gab es auf dem kleinen Gebiet der Goldküste (heute Ghana) zu Beginn des 17. Jh., bei einer Bev. von nicht mehr als 100.000 Einw., 43 selbständige Herrschaften. In diesen Fischerdörfern und ihrem Hinterland existierte der S. vor der Ankunft der Europäer nicht. Aufgrund der pol. Zersplitterung waren nur wenige Regentschaften in Westafrika in der Lage, angesichts der starken Nachfrage nach Sklaven den internen Zusammenbruch von Recht und Gesetz abzuwenden, geschweige denn externe Menschenjäger zu bekämpfen. Manche Staaten, die sich bei der Ankunft der Europäer gerade formierten, wie das Königreich ↗ Kongo in Zentralafrika und das Königreich ↗ Benin in Nigeria, versuchten die Bev. vor der Gefangennahme zu bewahren. Benin war erfolgreicher als das Kongoreich, das dem Druck europ. Sklavenhändler und portug. Kriegsherren nachgab. Andere Staaten wie ↗ Asante und Dahomey, die während der vom europ. Sklavenbedarf geschaffenen Bedingungen entstanden, paktierten mit den Sklavenhändlern, um ihre eigene Bev. vor Gefangennahme und Export zu schützen. Dazu importieren sie Feuerwaffen und andere zur Aufrechterhaltung der internen Stabilität notwendige Güter, die mit Kriegsgefangenen bezahlt wurden.

Anders als während des mittelalterlichen Sklavenhandels in Europa war der Bedarf für den amerik. Markt nun so immens, dass friedliche Nachbarschaftsverhältnisse und interne soziopol. Stabilität nicht aufrechtzuerhalten waren. Die geringen Gewinne, die auf dem innerafrik. Markt mit Sklavenarbeit zu erzielen waren, stellten einen weiteren Faktor dafür dar, dass Gefangene eher für den Export anstatt vor Ort verkauft wurden. Das Niveau der Preise, die europ. Geschäftsleute für die Sklaven zahlten, war daher äußerst niedrig, so dass trotz der hohen Verschiffungskosten über den Atlantik die Sklaven den dortigen Plantagen- und Minenbesitzern zu profitablen Preisen verkauft werden konnten. Die bis heute ausgewerteten und analysierten Quellen lassen den Schluss zu, dass es sich um zwischen 12 und 20 Mio. Menschen gehandelt haben muss.

IV. Auswirkungen auf die afrikanischen Gesellschaften. Die jüngsten Forschungsergebnisse beweisen, dass der atlantische S. äußerst negative Auswirkungen auf das afrik. Bevölkerungswachstum zwischen 1650 und 1850 hatte, v. a. wenn man die zusätzlichen menschlichen Verluste zwischen dem Ort der Gefangennahme und der Küste, die Verluste während der Verladung und des Transports der Sklaven, die Verluste in den durch den S. provozierten Kriegen und die Verluste aufgrund der sozioökonom. Beeinträchtigungen berücksichtigt. Vorsichtige Schätzungen gehen davon aus, dass die Bev. Westafrikas im Jahre 1850 ohne den S. doppelt so groß gewesen wäre. Unterlagen aus dem späten 19. Jh. und dem frühen 20. Jh., die das Wachstum der Bev. und der Produktion landwirtsch. Erzeugnisse für den Export simulieren können, belegen hinlänglich, dass genügend Ressourcen vorhanden waren, um diese zusätzliche Bev. ohne Lebensmittelimporte zu ernähren.

V. Wirtschaftliche Auswirkungen des Atlantikhandels. – V.1. Der amerikanische Kontinent. Dieser Massentransfer von Menschen aus Afrika nach Amerika war der entscheidende Faktor bei der Entwicklung des Wirtschaftssystems im Atlantikraum im 19 Jh. Auf einem Kontinent, dessen Wirtschaft ansonsten auf einem riesigen Überschuss an Land beruhte, fungierten die vielen versklavten Afrikaner und ihre Nachkommen als hochgradig spezialisierte Produzenten von Waren für den atlantischen Handel. Das Wachstum des atlantischen Handels hing deshalb, v. a. zwischen 1650 und 1850, in hohem Maße von der Arbeit der versklavten Afrikaner ab. Die Entwicklung der wichtigsten Wirtschaftszweige in Westeuropa während dieser Zeit hing wiederum stark von diesem atlantischen Handel ab. Die Kolonialmächte entfalteten milit. und pol. Mittel, um diesen Prozess zum Vorteil ihrer eigenen Wirtschaft zu lenken. Der Austausch von Waren gegen die amerik. Erzeugnisse, das Verschiffen dieser Güter über den Atlantik und die Finanzierung dieser Strukturen lieferten sowohl den Antriebsmotor als auch den Kraftstoff für den europ. Industrialisierungsprozess, das Aufkommen des Konsums und die Entwicklung der Finanzinstitutionen. Der durchschnittliche jährl. Wert des atlantischen Handels stieg von 16,2 Mio. US$ zwischen 1501 und 1550 auf 1,1 Mrd. US$ zwischen 1848 und 1850.

V.2. Der afrikanische Kontinent. Die Entwicklung dieser atlantischen Wirtschaft ging zu Lasten der afrik. Ökonomien. Die Verlagerung der europ. Nachfrage von afrik. Erzeugnissen hin zu Gefangenen zwang der afrik. Wirtschaft eine zerstörerische Arbeitsteilung auf und beschränkte den Export nahezu vollständig auf Sklaven. Vor dem 16. Jh. lag die amerik. Wirtschaft bei der Entwicklung der Warenproduktion für den atlantischen und internen Handel weit hinter der afrik. zurück. Der massive Transfer afrik. Arbeitskräfte, die nun im Wettbewerb mit Afrika in Amerika Güter für den atlantischen Handel produzierten, warf die Produktionsentwicklung in Afrika zurück. Während Afrikaner in Brasilien zwischen 1761 und 1800 Exportgüter im Wert von durchschnittl. 18,9 Mio. US$ jährl. erzeugten, produzierte ganz Westafrika in dieser Zeit für den atlantischen Handel nur Waren im Wert von 1,4 Mio. US$ jährlich. Auf der anderen Seite betrug der Durchschnittswert der exportierten Gefangenen zwischen 1750 und 1800 jährl. 10,5 Mio. US$. Im 18. Jh. wurde Gold, das in Brasilien von Afrikanern gefördert wurde, in die westafrik. Goldküste exportiert – eine Region, deren Name von der außerordentlichen Menge Gold herrührt, das dort gefördert worden war. Die portug. Regierung musste Gesetze erlassen, um den Import von brasilianischem Gold in die Goldküste zu verhindern.

Und der atlantische S. hatte noch weitere nachteilige Auswirkungen auf die langfristige Wirtschaftsentwicklung in Afrika. Durch das mehrere Jahrhunderte verzögerte Bevölkerungswachstum blieb das subsahar. Afrika spärlich bevölkert. Diese niedrige Bevölkerungsdichte verlängerte angesichts einer extrem geringen Warenproduktion das Vorherrschen der Subsistenzwirtschaft in Afrika und verzögerte die Kommerzialisierung des sozioökonom. Lebens, ohne die eine sinnvolle wirtsch. Entwicklung nicht stattfinden kann. Die jüngsten Forschungsergebnisse zeigen außerdem, dass die massive Jagd auf Gefangene die Entwicklung des vor der Ankunft der Europäer in Afrika existierenden interregionalen Handels unterbrach. Die Art der Güter, die anfangs von europ. Händlern nach Westafrika importiert wurden, zeugt vom Niveau dieses Binnenhandels. Wie am Beispiel von Importen in die Bucht von Benin und die Bucht von Biafra zu sehen ist, dominierten in diesen frühen Jahren als Waren die lokalen Zahlungsmittel (Kaurischnecken in der Bucht von Benin und Kupfer- und Eisenstäbe in der Bucht von Biafra). Es wurden sehr wenige Textilien und andere Bedarfsgüter und fast keine Feuerwaffen gehandelt. Es liegt auf der Hand, dass der wachsende interne Handel den Import von Zahlungsmitteln bedingte. Das Untersuchungsmaterial belegt ferner einen hohen Selbstversorgungsgrad bei der Herstellung zahlreicher Bedarfsgüter, einschließlich ↗ Textilien. Im Lauf der Zeit änderte sich die Zusammensetzung der Importe in entscheidender Weise. Der Anteil der Zahlungsmittel verringerte sich auf einstellige Prozentsätze, während Textilien und andere Bedarfsgüter, Spirituosen und Feuerwaffen bei weitem vorherrschten, ein deutliches Anzeichen dafür, dass der Handel in den Küstenenklaven, der auf dem Sklavenexport basierte, die Geschäfte mit dem Hinterland, von wo die Gefangenen kamen, in keiner Weise belebte.

VI. Ausblick. Afrika wurde der wirtsch. Entwicklung des Atlantikraumes zwischen dem 16. und 19. Jh. geopfert. Die afrik. Ökonomien wurden ans unterste Ende der atlantischen Wirtschaftsordnung des 19. Jh. verbannt. Durch die Kolonialherrschaft Europas wurde diese Situation später noch verschärft. Kein anderer Kontinent hat solch eine Doppeltragödie erleben müssen. Und die Hinterlassenschaften bestehen fort. Der nigerianische Literaturnobelpreisträger Wole Soyinka hat nun öffentlich die Frage nach Entschädigung der afrik. Völker gestellt. ↗ Asante, ↗ Bornu, ↗ Fulbe-Reiche, ↗ Geschichtsschreibung, ↗ Islam, ↗ Islamisierung, ↗ Kongo (Königreich), ↗ Mission, ↗ Ostafrika, Völker, Kulturen und Staaten, ↗ Sansibar, ↗ Südafrika, Völker, Kulturen und Staaten, ↗ Vorkoloniale politische Systeme, ↗ Westafrika, Völker, Kulturen und Staaten, ↗ Zentralafrika, Völker, Kulturen und Staaten.

🕮 B. Barry, Senegambia and the Atlantic Slave Trade, Cambridge 1998. – H. Bley (Hg.) Sklaverei in Afrika: afrik. Gesellschaften im Zusammenhang von europ. und interner Sklaverei und Sklavenhandel, Pfaffenweiler 1991. – J.E. Inikori, The Chaining of a Continent: Export Demand for Captives and the History of Africa South of the Sahara, 1450–1870, Kingston 1992. – Ders. (Hg.), Forced Migration: The Impact of the Export Slave Trade on African Societies, London/New York 1982. – Ders./E. Engerman (Hg.), The Atlantic Slave Trade. Effects on Economics, Societies, and Peoples in Africa, the Americas and Europe, Durham 1992.

Joseph E. Inikori

Skulptur. Die Ackerbau treibenden Völker Schwarzafrikas haben als Manifestationen der Jenseitswelt – wie z. B. Wald-, Hilfs – und Wächtergeister oder Ahnen (↗ Ahnenkult) – oft S. geschaffen, die den Menschen die Existenz dieser unsichtbaren Kräfte sinnlich wahrnehmbar machen. Diese Erscheinungsformen können aus Lehm, Holz, Elfenbein, Stein oder Metall gefertigt, Einzelfiguren, Werkgruppen, ↗ Masken, Insignien oder Objekte für Zeremonien sein. Meist sollen sie eine würdevolle Stimmung erzeugen, sind in Schreinen aufgestellt oder werden bei ↗ Festen und Ritualen (↗ Ritus) gezeigt, um die Macht von ↗ Altersklassen, Geheimbünden (↗ Bünde), von privilegierten Gruppen oder gar königlichen Familien zu dokumentieren. Fast immer zeigen die S. das Würdevolle auf lieblich-anmutige und ruhig-getragene Weise. Nur selten finden sich aggressive, groteske oder sonstwie Furcht einflößende Formen. Neben diesen in relig. oder sozialem Kontext verwendeten Werken sind kunstvoll gefertigte Gegenstände für Haushalt und Gewerbe weit verbreitet. Das Kunstschaffen in Afrika blickt auf eine eindrückliche Vergangenheit zurück. Allerdings sind nur wenige S. aus prähist. Zeit in archäolog. Fundkomplexen bis heute erforscht. Seit den Kontakten portug. Seefahrer Ende des 15. Jh. zu Bewohnern der westafrik. Küste fanden künstlerische Erzeugnisse, hauptsächlich ↗ Schnitzereien aus Elfenbein und Bronzegüsse aus höfischen Werkstätten westafrik. Königreiche, ihren Weg in europ. Kunstkammern und Kuriositätenkabinetts. Aus den bäuerlichen Gesellschaften Westafrikas (↗ Westafrika, Völker, Kulturen und Staaten) sind hingegen aus Holz geschnitzte, manchmal kunstvoll verzierte, häufig aber schlichte, in ihrer formalen Gestaltung bestechende Gebrauchs- und Ritualobjekte erhalten. Die meisten Schnitzer, die traditionellerweise figürliche Kunst – i.d.R. aus Holz – schufen, waren hauptberuflich sesshafte Pflanzer oder Ackerbauern. Somit konzentriert sich die afrik. S. auf die Siedlungsgebiete der Feuchtsavanne, vorwiegend auf den westl. Teil des Kontinents, von Senegal bis nach Angola. Die bildnerischen Erzeugnisse aus Ost- und Südafrika sind aufgrund des fehlenden Ahnenkults mit Erdverehrung und ausgeprägten Bundsystemen weniger auf Figuren und Masken als auf Gerätekunst für Haushalt und zu Prestigezwecken ausgerichtet. Auch die Ausbreitung des ↗ Islam mit dem dieser Religion eigenen Bilderverbot hat entlang der ostafrik. Küste, aber auch in Westafrika spürbare Auswirkungen gehabt.

Der größte Teil der in westl. Sammlungen aufbewahrten Holz-S. wurde kurz vor oder während der Kolonialzeit (↗ Kolonialismus) aus Afrika ausgeführt. Diese Werke sind selten älter als 100 Jahre. Bedingt durch Insektenfraß und extreme klimatische Verhältnisse ist die Lebensdauer der Holz-S. in den Tropen auf wenige Jahre oder Jahrzehnte beschränkt. Einzig in der trockenen Sahelregion – etwa bei den Dogon in Mali – wurden sehr alte Holzobjekte von hoher Qualität gefunden, die als Grabbeigaben gedient und in schwer zugänglichen Felshöhlen unversehrt Jahrhunderte überdauert hatten. Laut Radiokarbontests (C-14) sind viele dieser aus hartem Holz gefertigten Werke vor über 500 Jahren, manche gar vor über tausend Jahren hergestellt worden.

Die Oberflächenstruktur der S. lässt häufig auf ihre vielfältige Verwendung als Kultobjekte schließen. Während einige glatt sind und ölig glänzen, besitzen andere eine Patina aus Opfermaterialien, welche die ursprgl. geschnitzte Form des Objekts dickkrustig überdeckt. Formal variieren die S. von realistisch ausgewogenen, detailgetreuen Werken bis hin zu Figuren, die zu abstrakt-geometrischen Formen reduziert sind, in denen Mensch- oder Tiergestalt nur noch andeutungsweise zu erkennen ist. Solche Werke haben europ. Künstler der Avantgarde, die ihnen kurz nach der Jahrhundertwende in Paris, Berlin oder Dresden begegneten, tief beeindruckt und entscheidende Impulse gegeben. Viele große afrik. Meister blieben nicht anonym. Trotz fehlender Signatur mit vollem Namen ist seit Ende des 18. Jh. bspw. aus der Region von SW-Nigeria eine große Zahl herausragender Yoruba-Künstler bekannt. In Lobgesängen (*oriki*) wurde ihr Werk gepriesen; diesem Ruf folgten talentierte Schüler, die die Werkstätten über Generationen weiterführten. Die Analyse ihres Schaffens zeigt auch, wie die herausragendsten Schüler – ohne aus dem traditionellen Formenkanon auszubrechen – stets zu neuen, individuellen Stilelementen fanden. Ein wohl definiertes, lokales Schönheitsideal existiert bei vielen afrik. Völkern, manchmal auch ein umfassendes ästhetisches Vokabular. Kunstethnologen untersuchten schon in der ersten Hälfte des 20. Jh. die künstlerischen Leistungen afrik. Bildhauer und widerlegten damit noch heute verbreitetete Stimmen, welche diesen jede künstlerischen Intentionen absprechen und sie als bloße Handwerker im Rahmen von Kulthandlungen sehen wollen.

Die heute definierten Stilregionen decken sich häufig mit den Siedlungsgebieten bestimmter Ethnien, deren Namen als Bez. von Kunststilen allerdings nur vorläufige, zur Verständigung noch unvermeidliche Hilfsmittel bleiben, bis genügend über die einzelnen Meister und ihre Werkstätten bekannt ist. ↗ Moderne Kunst.

📖 E. Fischer/H. Himmelheber, Die Kunst der Dan, Zürich 1976. – T. Förster, Kunst in Afrika, Köln 1988. – J. Kerchache/J.-L. Paudrat/L. Stephan, Art of Africa, New York 1993. – T. Philipps (Hg.), Afrika – Die Kunst eines Kontinents, München 1995.

Lorenz Homberger

Slums im engeren Sinne sind durch Überbelegung und Verfall gekennzeichnete innere Stadtbereiche, die vormals oft Quartiere einkommensstarker Gruppen waren, wie z. B. die Medina Algiers. Außerhalb der Innenstädte gelegene Siedlungen mit Einfachstunterkünften (Bretter-, Blech-, Schilfhütten, -buden), hoher Wohndichte, fehlenden oder mangelhaften Ver- und Entsorgungsdiensten (z. B. Müllabfuhr) sowie schlechten Straßen werden demgegenüber oft auch als *Shanty Towns, Bidonvilles, Quartiers Clandestins,* Marginal- oder – wegen der ungeplanten, schnellen Entfaltung oft über Nacht – als Spontansiedlungen definiert. Da S. meist ungeplant und unkontrolliert ohne Beachtung von Baugesetzen oder ohne Landrechtstitel entstehen, werden sie auch als informelle oder illegale Siedlungen bezeichnet (↗ Squattersiedlungen). Um Kairo entstanden sie auf dem für die Ernährungssicherung wichtigen und daher für eine legale Bebauung nicht freigegebenen Bewässerungsland (Karte 27). Schon in der Kolonialzeit gab es S. in den großen Städten (↗ Stadt, ↗ Stadtplanung). Im Zuge der rasanten ↗ Urbanisierung haben sie sich seit 1960 rapide ausgedehnt. In Nairobi (Kenia) z. B. lebten 1999 von den ca. 3,6 Mio. Einw. rd. 60%, in anderen bes. schnell wachsenden Städten wie z. B. Daressalam (Tansania) oder Addis Abeba (Äthiopien) sogar 80–90% der Bev. in S. *Quartiers Clandestins* und *Bidonvilles* sind nicht immer S. Häufig werden aus den zunächst errichteten Schilfhütten nach einigen Jahren Blechbuden oder Steinhäuser, und auch eine infrastrukturelle Grundausstattung (z. B. öffentl. Wasserstellen, Viertelslatrinen) kommt hinzu. Viele *Bidonvilles* sind sozial und infrastrukturell relativ intakte Quartiere. In Südafrika wurde die Entstehung von S. durch die ↗ Apartheid gefördert. Da Schwarze sich in »weißen« Städten lange legal gar nicht und in den für sie vorgesehen *Townships* nur unter bestimmten Voraussetzungen (u. a. Arbeitsplatznachweis) aufhalten durften, entstanden oft außerhalb der Stadtgrenzen, i.d.R. auf »weißem« Farmland oder an den Grenzen nahegelegener ↗ Bantustans, ausgedehnte nach den Apartheidsgesetzen illegale Siedlungen. Ausgedehnte S. entfalteten

Karte 27: Die Ausdehnung informeller/illegaler Siedlungen im Großraum Kairo (um 1995)

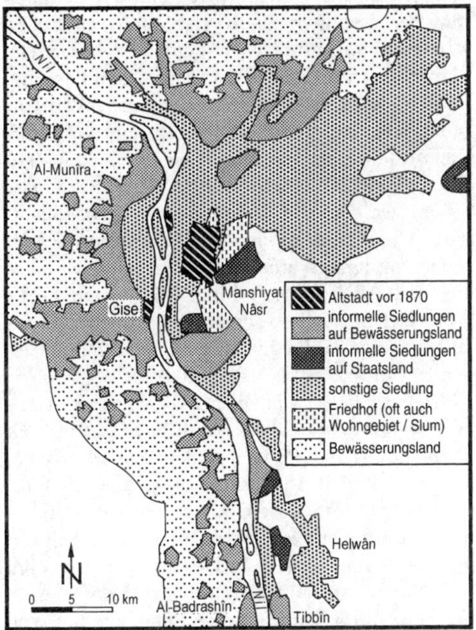

Entwurf: Karl Vorlaufer, verändert nach G. Meyer 1996 Kartographie: U. Beha

sich zudem in den *Townships*. Als die Zuzugsbeschränkungen in der Spät-/Postapartheidzeit aufgehoben wurden, haben sie sich v.a. in den Städten enorm ausgebreitet (↗ Stadt, Abb. 35).

In den ersten Jahren nach der Unabh. wurden S. vielerorts brutal und entschädigungslos beseitigt, ihre Bewohner umgesiedelt und i.d.R. obdachlos, da Ersatzwohnungen kaum gestellt wurden. Die Beseitigung der S. stieß auf den Widerstand der Betroffenen und war daher innenpol. nicht lange durchzusetzen. Seit etwa 1975/80 wird die bauliche und infrastrukturelle Sanierung der S., das sog. *Upgrading*, angestrebt. Das Selbsthilfepotential der Slum-Bev. soll jetzt verstärkt genutzt werden. In Daressalam z.B. wird seit 1994 das sog. *Community Based-Upgrading* als Ansatz propagiert.

📖 R. A. Obudho/C. C. Mhlanga (Hg.), Slum and Squatter Settlements in Sub-Sahara Africa, New York 1988.

Karl Vorlaufer

Sokoto ↗ Fulbe-Reiche, ↗ *Djihad*, ↗ Islam, ↗ Westafrika, Völker, Kulturen und Staaten

Sokotra, Socotra, Suqutra (arab.). **Fläche:** 3.626 km². **Einw.:** ca. 80.000 (2000 gesch.). **Hauptstadt:** Hadibu (Tamrida), zugleich Wirtschaftszentrum, etwa 50.000 Einw. (2000 gesch.). **Währung:** Jemen Rial. **Amtssprache:** ↗ Arabisch; **Regional- und Verkehrssprache**: Soqutri (alter südarab. Dialekt). Religion: ↗ Islam (Staatsreligion).

Die Insel S. – mit ihren benachbarten Eilanden Abd al Kuri, Kal Farun und den »Brüder-Inseln« Samhah und Darza al Ikhwan – ist geolog. ein Teil Afrikas, gehört aber pol. und von der Bev. her zu Südarabien. S. war Teil des Mahrah-Sultanats von Qishn und S. im Hadramaut, das 1967 Bestandteil der Demokrat. Volksrep. Jemen (Südjemen) wurde. Durch die Vereinigung beider Jemen (1990) gehört S. heute zur Rep. Jemen.

Seit Jahrhunderten bevölkern ↗ Araber den Küstenbereich. Im bis zu 1.507 m (Dschebel Dryet) aufsteigendem Bergland siedeln hellhäutige Sokotris, die vermutlich aus Südarabien stammen.

Die strategisch bedeutende Lage am Eingang zum Golf von Aden machte S. in den vergangenen Jahrhunderten zu einem begehrten Objekt. Zunächst Treffpunkt zwischen arab. und ind. Seefahrern, wurde die Insel im 10. Jh. Schlupfwinkel gefürchteter Seeräuber. Die Eröffnung des ↗ Suezkanals veranlasste die Briten, die Insel zur Sicherung ihres Seeweges nach Indien unter ihre Verwaltung zu nehmen. Während des Zweiten Weltkriegs unterhielt die *Royal Air Force* von 1941 bis 1943 in Qadhub einen Luftstützpunkt.

Die ↗ Bevölkerung lebte bis vor wenigen Jahren in recht einfachen Verhältnissen. Sie ernährte sich von ↗ Fischerei, ↗ Weidewirtschaft und geringem Export von Trockenfisch, Ghi (ausgelassene Butter), Aloe und etwas Weihrauch, wofür S. im Altertum berühmt war. In letzter Zeit verursachten staatl. Baumaßnahmen (Straßen, Flughafen u.a.) einen lebhaften Zuzug von Arbeitsmigranten (↗ Migration), welche die bisher ausgewogene, aber heikle Balance zwischen Umwelt und Bev. empfindlich stören. Die wachsende Bev. ist dabei, die noch vorhandenen Buschwälder großflächig zu vernichten, – mit ruinösen Folgen für die Böden und den empfindlichen Wasserhaushalt (schwindende Wasserverfügbarkeit, ↗ Naturschutz).

📖 B. Mies, Biogeographie der Insel Sokotra (Jemen). In: Geogr. Rundschau 1998, S. 722–729. – V. Naumkin, Island of the Phoenix. An Ethnographic Study of the People of Socotra, Reading 1993. – L. Stein/W. Wranik, Sokotra: Gegenwart und Zukunft. In: Jemen-Report 27 (1996), S. 15–21.

Erhard Gabriel

Somali (Sprache) ↗ Kuschitisch, ↗ Literaturen in afrik. Sprachen: Ostafrika

Somalia. **Fläche:** 637.657 km^2 (davon Somaliland: 137.000 km^2). **Einw.:** 9,8 Mio. inkl. Ausland-Somalis (2000). **Bev.-Wachstum/Jahr**: 2,4% (1990–99). **Stadtbev.:** 27% (1999). **Hauptstadt und Wirtschaftsmetropole:** Mogadischu (1 Mio. Einw.). **Unabh.:** 1. 7. 1960. **Staatsform**: Präsidialrep. Parteienstruktur: z. Z. keine pol. Parteien, sondern Klan-Vertretungen und Ältestenräte. **Währung:** Somalia-Schilling. **HDI-Rang** nicht erfasst. **Anteil der Entwicklungshilfe am BSP:** ca. 10% (1998). **BSP/Kopf**: ca. 120 US$ (1999). **Lebenserwartung**: 48 J. (1999). **Alphabetisierung** der Erwachsenen: ca. 24%, **Einschulungsrate:** m ca. 13%, w ca. 7% (1995–99). **Amtssprache:** Somali (↗ Kuschitisch); **Verkehrssprachen:** ↗ Arabisch, Engl., Ital., ↗ Swahili.

I. Naturraum: Somalias große N-S-Erstreckung von ca. 12° n. Br. bis ca. 1,5° s. Br. bedingt deutliche naturräumliche Unterschiede (↗ Ökozonen). Höchster Berg ist der Surud Ad (2.406 m) im nordsomal. Küstengebirge. Nach S flacht das somal. Tafelland in breiten Stufen zum Ind. Ozean hin ab. Den S des Landes durchfließen in fruchtbaren Schwemmlandebenen zwei im äthiop. Hochland entspringende Dauerflüsse, der Wabi Shebeli und der Juba. Das ↗ Klima ist arid (NO 50 mm Jahresniederschlag) bis semiarid (NW und S 500–600 mm) mit zwei Trocken- und zwei Regenzeiten (Hauptregenzeit April-Juni). Die Jahresmitteltemperatur erreicht in Süd-S. über 30 °C, auf den Hochplateaus knapp 18 °C. Den Klimaverhältnissen entsprechend überwiegen Dornsavannen sowie Grasvegetation auf den Hochplateaus im N und in der zentralen Küstenzone. In weiten Teilen des Landes (v. a. im N und in südsomal. Küsten- und Flussgebieten) sind durch nicht angepasste Landnutzung (Überweidung, übermäßige Rodung) z. T. irreparable Umweltschäden entstanden, die immer häufiger zu Dürren und Hungersnöten führen (↗ Naturschutz, ↗ Umweltschutz).

II. Bevölkerung und ethnische Gruppierungen. Bei knapp der Hälfte der Somali handelt es sich um Nomaden oder Halbnomaden (↗ Nomadismus), bei etwa einem Viertel um sesshafte Bauern. Die restlichen rund 30% sind Städter, deren Anteil an der Gesamtbev. rasch zunimmt (↗ Stadt, ↗ Urbanisierung). Die kuschitischen Somali bilden in Bezug auf ↗ Sprache, ↗ Kultur sowie Wirtschafts- und Lebensweise eine weitgehend homogene Gruppe. Die größten Klan-Konföderationen sind die Sab (Digil und Rahanweyn), Darod, Hawiye, Dir und Ishaq. Einige hunderttausend somalisierte Bantu (↗ Bantusprachen) wohnen als Bauern an den Flüssen Juba und Shebeli. Neben einigen zehntausend Menschen arab. Herkunft (v. a. Händler und Bauern) leben noch wenige Italiener sowie Personen pakistan. und indischer Abstammung in S. Den dünn besiedelten flussfernen Gebieten steht eine Bevölkerungskonzentration längs der Flüsse gegenüber. Größter Ballungsraum ist Mogadischu. Die ↗ Migrationen ländl. Arbeitsuchender sowie von Kriegs- und Dürreflüchtlingen sind in die Städte, allen voran Mogadischu, und in die erdölreichen arab. Golfstaaten gerichtet. Hunderttausende i.d.R. gut ausgebildeter Somali leben in Europa und Nordamerika.

III. Geschichte und Politik. Die somal. Küstenorte waren wegen ihres Weihrauchhandels seit alters her (Land Punt) bei den Seefahrern bekannt. Seit den 1880er Jahren gelang es Engländern und Franzosen, später auch den Italienern, durch Unterzeichnung von sog. Schutzverträgen mit somal. ↗ Klans den größten Teil von Nord- und NO-S. unter ihre Kontrolle zu bringen. 1905 kaufte Italien dem Sultan von ↗ Sansibar seine Besitzungen an der südsomal. Benaadir-Küste ab. Es entstanden *Frz.-Somaliland*, das Protektorat *Brit.-Somaliland* und *Ital.-Somaliland*. Die Herrschaft über das Innere der Somali-Halbinsel sicherte sich Äthiopien. Das Gebiet westl. des Juba-Flusses wurde *Brit.-Ostafrika* (dem heutigen Kenia) zugeschlagen. In den 1920er und 1930er Jahren wurden an den Unterläufen von Webi Shebeli und Juba ital. Bauern angesiedelt mit dem Ziel, Baumwolle und später v. a. Bananen für das Mutterland zu produzieren. Nach der ital. Niederlage gegen die Briten 1941 kam das ↗ Horn von Afrika (außer Frz.-Somaliland) unter brit. Militärverwaltung. 1950 erhielt Italien seine ehem. Kolonie in UNO-↗ Treuhandschaft zurück. Am 1. 7. 1960 entstand aus den beiden brit. und ital. verwalteten Territorien das unabh. S., eine parlament. Demokratie mit Mogadischu als Hauptstadt. Durch einen Militärputsch gelangte am 21. 10. 1969 Generalmajor Muhammed Siyad Barre an die Macht, der im folgenden Jahrzehnt nach sozialistischem Vorbild herrschte, wobei er insbes. von der Sowjetunion v. a. milit. unterstützt wurde. Das bereits seit der Unabh. vorhandene Streben nach Angliederung der somal. Siedlungsgebiete in den angrenzenden Staaten führte 1977/78 zum Ogaden-Krieg gegen Äthiopien, den S. nach Anfangserfolgen verlor, da sich die

UdSSR von dem Land abwandte und Äthiopien unterstützte. Nach dem Bruch mit dem Ostblock Ende 1977 öffnete sich S. dem W. Umfangreiche Mittel der bi- und multilateralen ↗ Entwicklungszusammenarbeit sind seither nach S. geflossen. Trotzdem verkehrten sich die Verhältnisse immer mehr ins Negative, einerseits wegen ungünstiger Weltmarktbedingungen, hauptsächlich aber infolge von Fehlplanungen, Misswirtschaft, Unterdrückung der Opposition und Klanegoismus. Der seit Frühjahr 1988 brutal geführte Krieg des Präsidenten gegen den nordsomal. Ishaq-Clan dehnte sich 1989 auch auf Süd- und Zentral-S. aus. Ende Jan. 1991 wurde Barre nach Einnahme der Hauptstadt durch die Rebellen gestürzt. Am 18. Mai 1991 erfolgte die Abtrennung Nord- und NW-Somalias als *Rep. Somaliland* mit Mohammed Egal als Präsident, die bisher aber nicht internat. anerkannt worden ist. Die in Mogadischu selbsternannte somal. Übergangsregierung unter Ali Mahdi Muhammed aus der Hawiye-Klan-Konföderation fand keinen Rückhalt in der Bev., so dass es zu einem Bürgerkrieg zwischen 14 untersch., klanorientierten Rebellengruppen kam. Hauptrivale des Interimspräsidenten war der ebenfalls zu den Hawiye gehörende General Muhammed Farah Aidid. Nach dessen Tod ist es sein Sohn Hussein Aidid. Der Bürgerkrieg forderte ca. mehrere zehntausend Menschenleben. Angesichts von 300.000 Opfern einer durch den Bürgerkrieg verursachten Hungerkatastrophe und 1 Mio. Flüchtlingen in Nachbarregionen entsandten die UN im Dez. 1992 nach einem Waffenstillstandsabkommen Blauhelmsoldaten (↗ Blauhelmeinsätze). *Restore Hope* konnte den Konflikt jedoch nicht beilegen. In Laufe der 1990er Jahre folgten zahlreiche Versöhnungskonferenzen zwischen den Führern der Rebellengruppen. Alle Vereinbarungen hatten jedoch keinen Bestand. Landesweit sind mehr als 200 Klans und über 150 relig. Führer mit z. T. islamistischen Ambitionen pol. aktiv und müssen in den Versöhnungsprozess mit einbezogen werden. Ende 1999 wurde in NO-S. eine eigenständige Verwaltungsregion namens *Puntland* ausgerufen. Auf der im Sommer 2000 in Arta (Dschibuti) abgehaltenen 13. Friedenskonferenz wurde ein Verfassungsentwurf für ein vereintes, föderales S. erarbeitet. Seit Ende 2000 arbeitet das in Arta neu gewählte Parlament, in dem alle somal. Klans vertreten sind. Präsident ist seit Aug. 2000 Abdikassim Salad Hassan.

IV. Wirtschaft und Sozialstruktur. Die wichtigsten wirtsch. Ressourcen besitzt S. in den Weidegebieten für die mobile Tierhaltung sowie in den Alluvialebenen entlang der Flüsse Südsomalias (↗ Landwirtschaft). Dort werden im Bewässerungsfeldbau Mais, Sesam, Bananen, Zuckerrohr, Baumwolle, Zitrusfrüchte und Gemüse angebaut, und in den flussfernen Regenfeldbaugebieten in Süd- und NW-S. stellen Sorghum und rote Bohnen die Hauptanbauprodukte dar. Einen bes. Reichtum bilden die fischreichen Küstengewässer sowie die natürlichen Bestände an Weihrauchbäumen im nordsomal. Küstengebirge. An mineralischen Rohstoffen sind bekannt: Eisenerz, Uran, Zinn, Quarz, Feldspat, Gips, Kalkstein und Meerschaum (↗ Bergbau). Bis auf die beiden letzteren ist der Abbau derzeit wirtsch. unrentabel. Ein großes Hemmnis für die ökonom. Entwicklung stellt die schlechte verkehrsmäßige Erschließung dar. Derzeit sind nur etwa 2.700 km Straßen asphaltiert. Den größten Beitrag zur Erwirtschaftung des BIP leistete 1987 mit 63,4% die Landwirtschaft. Allein die mobile Tierhaltung erreichte aufgrund der hohen Exporterlöse aus dem Lebendviehhandel einen Anteil von 47,9%. Beim ↗ Ackerbau lag er aufgrund der Bananenexporte bei 12,6%. Der sekundäre Sektor erreichte 9,6% am BIP. Etwa 37% entfielen auf den tertiären Sektor. Dieser hatte in den 1990er Jahren im Bereich des Handels einen bedeutenden Zuwachs zu verzeichnen, da aufgrund der pol. und milit. Instabilität Investitionen im produzierenden Gewerbe bis heute ein großes Risiko darstellen. Wichtigste Handelspartner sind Saudi-Arabien, Jemen, die V.A.E (v.a. Dubai), Äthiopien und Dschibuti.

Die Sozialstruktur weist in den Städten und im ländl. Raum deutliche Unterschiede auf. Im nomadischen Lebensraum lässt sich zwischen den Gebieten mit überwiegender Subsistenz- und denjenigen mit stark marktorientierter Tierproduktion eine deutliche soziale Schichtung von reichen bis sehr armen Familien feststellen. Ähnliches gilt für die Ackerbauzonen. In den Bewässerungsgebieten von Süd-S. mit Individualbesitz bilden v.a. die exportorientierten Bananenfarmer die Gruppe der reichen Landbesitzer, während es sich beim weitaus größten Teil der Familien um kleinbäuerliche Subsistenzbetriebe handelt. Bes. die Bantu-Bev. steht nach wie vor in einem Abhängigkeitsverhältnis zu den »noblen« Somali. In den größeren Städten dominiert eine neureiche Oberschicht, die sich v.a. aus Kriegsgewinnlern (*Warlords*, Großhändlern etc.) zusammensetzt. Die alte Führungsschicht aus der Barre-Ära sowie die gut ausgebildete Mittelschicht leben größtenteils im Ausland und unterhalten geschäftliche Beziehungen mit S. Die

Masse der ↗ Bevölkerung lebt als Kleinhändler, Handwerker, Gelegenheitsarbeiter und Arbeitslose häufig am Rande des Existenzminimums. Die fehlende soziale Absicherung durch den Staat wird durch noch weitgehend intakte familiäre und klaninterne soziale Netze aufgefangen.

V. Literatur und Kultur. In der somal. Kultur besitzen Dichtung, Musik und Tanz einen hohen Stellenwert. Nach der Einführung des Somali als Schriftsprache mit lat. Buchstaben Anfang der 1970er Jahre wurden Bücher mit somal. Lyrik und Prosa gedruckt, die im städt. Milieu mit entsprechend hohem Alphabetisierungsgrad Verbreitung fanden. Zu den bedeutendsten Schriftstellern Afrikas zählt der seit den 1970er Jahren im Exil lebende Nuruddin Farah (↗ anglophone Literaturen). Die materielle Kultur der Nomaden ist durch kunstvoll verzierte Flechtgegenstände, Gefäße und Waffen gekennzeichnet. Im sesshaften Milieu werden v. a. bunte Baumwolltücher, verzierte Ledersandalen und mit Stickereien versehene Kopfbedeckungen für Männer hergestellt. Bei den Frauen sind außer Silber- und Goldschmuck insbes. Amberketten sehr beliebt. Die ↗ Architektur der Küstenstädte ist von arab. und ital. Einflüssen geprägt. Insbes. in Mogadischu haben bei ↗ Kleidung, Musik und im Freizeitverhalten sowie bei Konsum- und Essgewohnheiten westl. Einflüsse Einzug gehalten. ↗ Literatur in afrik. Sprachen: Ostafrika, ↗ Nordostafrika, Völker, Kulturen und Staaten.

🕮 I. M. Lewis, A Modern History of Somalia, London 1980. – Th. Labahn, Somalia. In: Handbuch der Dritten Welt, 3. überarb. Aufl., Bd. 5, Bonn 1993, S. 134–155. – J. Janzen, Wirtschaftsstruktur und sozio-ökonomische Entwicklung Somalias (1960–1989). In: S. Brüne/V. Matthies, (Hg.), Krisenregion Horn von Afrika, Hamburg 1990, S. 187–222. – J. Touati, Politik und Gesellschaft in Somalia. 1890–1991, Hamburg 1997.

Jörg Janzen

Songhai (Sprache) ↗ Nilosaharanisch

Songhay, westafrik. Reich mit einer Blütezeit von ca. 1464 bis 1591. Ursprgl. war S. in Dendi am Niger beheimatet; Gao (im heutigen Mali), ab dem 11. Jh. die Hauptstadt des Reiches, war ein bedeutender südl. Endpunkt des Transsaharahandels. Im 13. Jh. gehörte S. eine Zeit lang zum Reich ↗ Mali. Ein Fürst, Ali Kolen, gründete die neue Dynastie der Sonni. Er schuf einen unabh. Staat S., der im 14. Jh. an Einfluss gewann und im frühen 15. Jh. Mali von seiner Vorrangstellung in Westafrika verdrängte.

Unter dem Sonni Ali (ca. 1464–92) entwickelte sich der kleine Staat zu einem riesigen und mächtigen Reich, das sich von Kebbi im O bis Djenné im W erstreckte. Er eroberte so berühmte Orte wie Timbuktu und Djenné, das Gebiet östl. des Nigers sowie das der Mossi im S.

Der nächste große Herrscher war Mohammed Touré (ca. 1493–1528), der sich den Titel ↗ Askia gab und die Errungenschaften der vorangegangenen Epoche festigte sowie weitere Expansionen durchführte. Er vergrößerte die Armee, um die Tuareg von Agadez, die Mossi und die Hausa zu besiegen. Tributzahlungen, Zollabgaben und Straßennutzungsgebühren erbrachten bedeutende Einnahmen. Die Ausbreitung des ↗ Islam wurde begünstigt; der Askia selbst ging auf Pilgerreise und wurde zum Kalifen des westl. Sudan ernannt, während Timbuktu sich zu einem berühmten Zentrum islam. Bildung entwickelte.

Gegen Ende des 16. Jh. brach S. jedoch wegen fehlender Kommunikationsmöglichkeiten zusammen; im Zentrum kam es zu Machtstreitigkeiten, wodurch die Verwaltung nicht mehr funktionierte; außerdem lehnten sich die Vasallenstaaten auf. Der wichtigste Faktor beim Untergang S. war jedoch 1591 die erfolgreiche Invasion marokkanischer Truppen, deren Anführer den Handel und Reichtum des westl. Sudan (Gold und Salz) unter ihre Kontrolle bringen wollten. In der Folge entstanden ein paar kleinere Staaten, die miteinander um die Vorherrschaft wetteiferten. Die Region wurde von Chaos und Instabilität geprägt, weshalb der Transsaharahandel auf östl. Routen auswich.

Toyin Falola

Soninke (Sprache) ↗ Mande

Sonnenenergie ↗ Energien, erneuerbare

Sororat, Sekundärehe zwischen einem Mann und der Schwester seiner Ehefrau, entweder bereits zu deren Lebzeiten (sororale Polygynie) oder nach ihrem Tod. In manchen Gesellschaften Westafrikas wie z. B. bei den Lyela (Burkina Faso) und den Bulsa (Ghana) kann eine Frau ihre leibliche Schwester oder ein anderes Mädchen aus ihrer Patrilineage als Ziehkind (↗ Adoption) in die Ehe mitbringen. Diese Ziehtochter wird später zur Mitfrau. Das Pendant zum S. ist das ↗ Levirat. ↗ Ehe.

Katja Werthmann

Sotho (Sprache) ↗ Bantusprachen, ↗ Literaturen in afrik. Sprachen: Südafrika, ↗ Mischsprachen, ↗ Schnalzsprachen, ↗ Sprachpolitik

Soukous, ein Genre der ↗ Popularmusik aus der Demokrat. Rep. Kongo (früher Zaire) und der Rep. Kongo. Ursprgl. bezeichnete *S.* einen in den 1960er Jahren populären Tanzstil. Heute wird *S.* verwendet als Bez. für zairische bzw. kongolesische Tanzmusik, auch *Rumba* oder *Congo Jazz* genannt, deren Zentrum sich auf Kinshasa und Brazzaville konzentriert. In der Instrumentierung an westl. Popularmusik angelehnt, ist *S.* durch verschiedene, z. T. von der Spieltechnik traditioneller ↗ Lamellophone beeinflusste Gitarrenstile charakterisiert. Vor und nach dem Zweiten Weltkrieg prägte auch die damals in Afrika sehr populäre afrokubanische *Rumba* (↗ afroamerikanische Musik) den *S.* Ab den 1950er Jahren breitete sich *S.* mit Gruppen wie *African Jazz, OK Jazz* unter der Leitung »Franco« Luambo Makiadis und *African Fiesta* über weite Teile Afrikas aus und wurde zu einer der beliebtesten Tanzmusikformen, die in der Popularmusik ganz Zentral- und Südafrikas ihre Spuren hinterlassen hat. Ab den 1970er Jahren wurden in den *S.*, etwa von der Gruppe *Zaiko Langa Langa*, auch Elemente des Rock aufgenommen, und seine Popularität weitete sich nach Europa aus.

🕮 G. Ewens, Congo Colossus. The Life and Legacy of Franco and OK Jazz, North Walsham 1994. – G. Stewart, Rumba on the River. A History of the Popular Music of the Two Congos, London 2000.

Florian Carl

Soul ↗ afroamerikanische Musik

Soziale Vorsorge. Systeme der sozialen Sicherung dienen der Behandlung im Krankheitsfall und der Altersvorsorge. Traditionsgemäß ist in Afrika die ↗ Familie für die Versorgung der Alten und Kranken zuständig. Die hohen Kosten der Krankenbehandlung im modernen Gesundheitssystem sowie die verlängerte Lebenszeit alter und gebrechlicher Menschen überlasten jedoch häufig die Kapazität selbst großer Familien. Deshalb wurden Alters- und Krankenversicherungen eingeführt.

In den ersten Jahren der Unabh. führten einige Regierungen Sozialversicherungssysteme ein, die sich jedoch meist lediglich auf Angehörige des öffentl. Dienstes oder Arbeiter mit regelmäßigem Einkommen erstreckten. Die große Mehrheit der Bev., die als Bauern oder Gelegenheitshändler tätig war, erhielt keinen Versicherungsschutz. Damit waren nur etwa 2% der Bev. Afrikas sozialversichert. Diese institutionalisierte s. V. fand allerdings geringe gesellsch. Akzeptanz: die Qualität der Leistungen der öffentl. ↗ Gesundheitsversorgung war so schlecht, dass Versicherte zusätzlich zu den Versicherungsprämien noch Ausgaben für Gesundheitsdienstleistungen des privaten Marktes zu tragen hatten. Die Beiträge zur Pensionskasse schmälerten das monatliche Einkommen, die Rentenzahlungen waren jedoch so gering, dass die meisten Rentner unterhalb des Existenzminimums lebten. Fehlinvestitionen und hohe Inflation führten zu einem Verfall der Rentenkasse.

Seit Ende der 1980er Jahre haben einige Länder Basiskrankenversicherungen eingeführt, die sich primär an Subsistenzbauern und Kleinhändler wenden. Sie sind meistens an ein Krankenhaus angeschlossen und bieten einer Familie kostenlose oder verbilligte Behandlung. Als Versicherungsprämie wird zum Teil die Lieferung von Naturalien akzeptiert. Die Krankenversicherungen sind oftmals nach genossensch. Prinzipien organisiert, d. h., die Mitglieder haben eine hohe Partizipationsmöglichkeit. Beispiele aus versch. afrik. Ländern zeigen, dass viele zunächst zwar der Versicherung beitreten, nach einigen Jahren jedoch wieder austreten, was die Auflösung der Versicherung zur Folge hat. Die Gründe hierfür sind: Erstens führt der Versicherungsschutz zu einer Erhöhung der Nachfrage nach Gesundheitsleistungen (*moral hazard*), da versicherte Kranke, die vorher die hohen Kosten der Behandlung gescheut haben, nun vermehrt die Gesundheitsdienste in Anspruch nehmen. Hinzu kommt die Einstellung, für die bezahlte Prämie auch eine adäquate Leistung erwarten zu können. Die erhöhte Nachfrage führt zu steigenden Kosten pro Versichertem, die nur über steigende Prämien ausgeglichen werden können. Dies veranlasst jedoch einen Teil der Versicherten, wieder auszutreten. Zweitens ist das Bildungsniveau der Versicherten oftmals relativ niedrig. Zudem ist es schwierig, Menschen mit geringer Schulbildung zu vermitteln, warum ein Versicherter am Ende einer Periode seine Prämie nicht zurückgezahlt bekommt, obwohl er nicht krank war. Es verwundert daher nicht, dass diese Krankenversicherungen innerhalb von zwei Jahren 90% ihrer Mitglieder verlieren: Sind die Versicherten in einem Jahr nicht krank, so treten sie aus Enttäuschung aus. Drittens fehlt vielen Krankenversicherungen die erforderliche Kompetenz, Versicherungsprämien treuhänderisch zu verwalten. Das Rechnungswesen ist rudimentär und dient weder als Aufzeichnungs- noch als Führungsinstrument. Die Veruntreuung von Geldern ist nicht auszuschließen und veranlasst viele enttäuschte Versicherte zu einem Austritt.

Der Ausbau eines Systems der s. V. hängt entscheidend vom Umgang der Menschen mit Zukunft ab. Eine auf die Gegenwart ausgerichtete Gesellschaft vernachlässigt s. V., was sich insbes. in Afrika heute feststellen lässt. Daher sind weder die Alters- noch die Krankheitsvorsorge bislang flächendeckend insitutionalisiert, sondern werden weiterhin primär der Familie überlassen.

🕮 S. Fleßa, Krankenversicherungen in Afrika: ein Strohhalm für das Gesundheitswesen. In: Das Gesundheitwesen 60 (1998), S. 52–57. – A. K. Gemegah, Möglichkeiten und Grenzen der Versicherungswirtschaft in Entwicklungsländern, 1995. – J. Toepffer, Krankenversicherung im Spannungsfeld von Markt und Staat, Bayreuth 1997.

Steffen Fleßa

Sozialisation ↗ Jugend, ↗ Kindheit

Sozialismus. *I. Allgemeines.* In den ersten zwei Jahrzehnten der nachkolonialen Entwicklung war der S. als pol. Ideologie, Gesellschaftsmodell und Entwicklungsstrategie in Afrika eine feste Größe. Mit dem Niedergang des S. in der Sowjetunion und den anderen Ländern des Ostblocks sowie dem Ende des Ost-West-Konflikts verlor er weitgehend an Bedeutung. Von der Unabh. Ghanas 1957 bis zum Sturz Mengistu Haile Mariams in Äthiopien 1991 ist der S. durch die Nähe zum Ostblock indessen nur ungenügend beschrieben, charakteristisch ist vielmehr ein Spektrum unterschiedlicher Vorstellungen. Insbes. in den 1960er Jahren beriefen sich nationalistische Bewegungen auf den S., um nach Erlangung der Unabh. ihren antikolonialen und antiimperialistischen Zielen Ausdruck zu verleihen. Eine Hinwendung zum Ostblock war damit jedoch i.d.R. nicht verbunden. Vielmehr sprach man z. B. in Algerien und Senegal vom afrik. Weg zum S., und in nur wenigen Ländern war vom S. keine Rede. Allg. wird die Zeit nach 1960 als Phase des afrik. S. bezeichnet, die Zeit nach 1975 hingegen als Phase des wiss. S.

II. Afrik. Sozialismus. Aus der antikolonialen Bewegung hervorgegangen, war der afrik. S. in starkem Maße kulturell geprägt. Der langjährige Präsident Tansanias, Nyerere, erklärte 1962, dass S. eine Geisteshaltung sei. Afrik.-autochthone, westl.-christl., islam., sozialdemokrat. und marxistische Ideen, die sich in unterschiedlichen Zusammensetzung im afrik. S. wiederfanden, führten zu Gedankengebäuden wie der ↗ *Négritude* Senghors, dem ↗ Consciencismus Nkrumahs oder dem ↗ *Ujamaa*-S. Nyereres. Immer ging es um die Besonderheit des afrik. Wegs zum S. – Ausdruck des Strebens nach Eigenständigkeit war ebenfalls der häufige Bezug auf traditionelle, kommunalistische Dorfstrukturen als Grundlage des eigenen Wegs zum S. Aus dieser idealisierten Vorstellung traditioneller Gemeinschaften wurde ferner die Perzeption der vorkolonialen Gesellschaft als frei von Klassen und Klassenkämpfen hergeleitet. – In den meisten Staaten blieb der afrik. S. bloße Rhetorik ohne ernsthafte Versuche der Umsetzung in die Praxis. Eine Ausnahme stellte Tansania dar mit dem *Ujamaa*-S. Im Vordergrund stand ansonsten der Ausbau des staatl. Wirtschaftssektors, so dass der afrik. S. auch als Staatskapitalismus charakterisiert wurde.

III. Wiss. Sozialismus. Die zweite Welle des S. in Afrika war durch die Hinwendung zu marxistisch-leninistischen Positionen geprägt. Wurde der afrik. S. im Wesentlichen von zivilen Regierungen proklamiert, so waren die Staaten, die den Weg des wiss. S. einschlugen, durchweg durch Militärumsturz oder bewaffneten Befreiungskampf an die pol. Macht gelangt. Zwar blieb ihre Zahl begrenzt, aber ihre Entwicklung erlangte eine hohe Aufmerksamkeit. Insbes. Angola und Mosambik nach ihrer Befreiung vom portug. Kolonialismus 1975 sowie Äthiopien nach dem Sturz von Kaiser Haile Selassie 1974 nahmen ehrgeizige sozialistische Reformen in Angriff, während der Marxismus-Leninismus in Benin, Rep. Kongo, Madagaskar und Simbabwe von Anfang an kaum mehr als ideol. Rhetorik war. – Für den wiss. S. stand die Universalität des S. im Vordergrund. Traditionelle afrik. Strukturen galten als rückschrittlich. Angola, Äthiopien und Mosambik suchten den Schulterschluss mit dem sozialistischen Lager unter Führung der Sowjetunion und richteten ihre pol. und wirtsch. Entwicklung weitgehend am sowjet. Modell aus. Zentrale Merkmale waren das Primat der Politik unter der Führung der marxistisch-leninistischen Vorhutpartei, der Ausbau eines zentralen und mit hoher Autorität ausgestatteten Staatsapparates, der Aufbau eines dominanten staatl. Wirtschaftssektors sowie die zentrale Wirtschaftsplanung. – Trotz ihrer ideol. Anlehnung an den orthodoxen S. des Ostblocks galten die wiss.-soz. Staaten Afrikas als selbständige Länder, die sich in eigener Verantwortung für ihre gesellsch. Option entschieden hatten. Die Begriffe afro-marxistisches Regime oder Afrokommunismus brachten dies zum Ausdruck.

IV. Sozialismus in Afrika aus geopolitischer Perspektive. Die beiden Kontrahenten im Ost-West-Konflikt, die USA und die Sowjetunion, betrachteten den S. in Afrika durch ihre jeweilige Brille. Die Sowjetunion, auf der Suche nach Verbündeten in der Dritten Welt, sah die Länder, die sich zum S. bekannten, aufgrund ihrer wirtsch. Rückständigkeit und schwachen Arbeiterklasse als auf einer Vorstufe des S. stehend an, für die sie den Begriff »nichtkapitalistische Entwicklung« und später »soz. Orientierung« geprägt hatte. Mosambiks Antrag auf Aufnahme in den sozialistischen Rat für gegenseitige Wirtschaftshilfe wurde 1981 abgelehnt. – Für die USA waren nicht die afrik.-soz., wohl aber die wiss.-sozialistischen Länder, insbes. Angola und Äthiopien, solange dort große kubanische Truppenkontingente stationiert waren, potentielle Einfallstore östl. Einflusses.

V. Das Scheitern des Sozialismus. Die Flucht Präsident Mengistus aus Äthiopien im Jahr 1991 und der Sturz seines diktatorischen Regimes können als vorläufiger Endpunkt des S. in Afrika angesehen werden. Bereits gegen Ende der 1980er Jahre hatten sich die herrschenden Parteien in Mosambik und Angola vor dem Hintergrund gravierender pol. und wirtsch. Zerfallsprozesse vom wiss. S. abgewandt und ihre Länder auf eine stärkere Zusammenarbeit mit dem kapitalistischen Westen, einschl. IWF und Weltbank, ausgerichtet. Sowohl als Strategie nachholender Entwicklung wie als Herrschaftsideologie war der S. gescheitert. Wiss. S. und afrik. S. wiesen dabei deutliche Ähnlichkeiten auf. Mosambiks triumphalistische Proklamierung der 1980er Jahre zum »Jahrzehnt des Siegs über die Unterentwicklung« steht stellvertretend für etatistische Höhenflüge (↗ nachkolonialer Staat) im Namen des S., denen jähe Abstürze folgten. – Ob der S. in Afrika nach den gescheiterten Erfahrungen dreier Jahrzehnte noch eine Perspektive hat, erscheint zweifelhaft. Z. B. ist auch der Einfluss der Kommunistischen Partei Südafrikas (SACP), die mit dem herrschenden ANC verbündet und auf sozialdemokrat. Kurs eingeschwenkt ist, deutlich rückläufig. Die Ansicht, dass soziale Gerechtigkeit, das ureigene Ziel des S., unter dem Kapitalismus – zumal in einer Zeit neoliberaler Globalisierung – nicht erreicht werden könne, gibt es indessen weiterhin, heute allerdings eher im Bereich der Wissenschaft als der Politik. Zu Recht weisen diese Wissenschaftler auch darauf hin, dass der doktrinäre wiss. S. keine Zukunft hat, sondern dass S. egalitär, freiheitlich, partizipativ und pluralistisch sein muss. Gemessen an den Erfahrungen der Vergangenheit und der gegenwärtigen Realität haften einem so verstandenen S. jedoch unverkennbar utopische Züge an.

📖 S. Amin, The Future of Socialism, Harare 1990. – W. H. Friedland/C. G. Rosberg (Hg.), African Socialism, Stanford 1964. – E. J. Keller/D. Rothchild (Hg.), Afro-Marxist Regimes. Ideology and Public Policy, Boulder/London 1987. – P. Meyns, Der Sozialismus in Afrika in der Krise. In: Institut für Afrika-Kunde/R. Hofmeier (Hg.): Afrika Jahrbuch 1989, Opladen 1990, S. 31–41. – D. u. M. Ottaway, Afrocommunism, New York/London 1981. – C. G. Rosberg/T. M. Callaghy (Hg.), Socialism in Sub-Saharan Africa. A New Assessment, Berkeley 1979.

Peter Meyns

Sozialstruktur. *I. Begriff.* S. ist ein Begriff für den Aufbau einer ↗ Gesellschaft und deren soziale Ungleichheit. Merkmale der S. sind u. a. Bevölkerungsschichten, räumliche und Herrschaftsstrukturen, Wirtschaftsformen, Altersaufbau, relig., sprachl. und ethn. Gruppierungen. Eine zusammenfassende Beschreibung der S. ist für Afrika nicht möglich. Erstens finden sich hier höchst unterschiedliche Gesellschaften (z. B. variiert die Urbanisierungsrate zwischen 6% in Ruanda und 83% in Dschibuti); gemeinsam ist ihnen allenfalls die als Folge des hohen Bevölkerungswachstums sehr junge Bev. (Durchschnittsalter 17,5 Jahre, ↗ Jugend). Zweitens sind die Statistiken für afrik. Länder ungenau, und damit fehlt für eine präzise, quantifizierende Analyse der S. die Datengrundlage. Drittens erfassen die in der Soziologie üblichen Schichten- oder Klassenmodelle afrik. Gesellschaften noch weniger als Industriegesellschaften, und empirisch bewährte Alternativen liegen nicht vor.

II. Sozialstruktur kolonialer Gesellschaften. Ein prägender Faktor für die S. afrik. Gesellschaften war der koloniale Einfluss. Die Wirkung des ↗ Kolonialismus variierte je nach Struktur der ↗ vorkolonialen pol. Systeme, den Zielen der Kolonialmächte in den Kolonien (Export von Bodenschätzen, Agrarprodukten, Arbeitskräften oder Besiedlung), der Form der Kolonialherrschaft (vereinfacht: ↗ indirekte oder direkte Herrschaft) und der Intensität der kolonialen

Durchdringung. Bis heute aktuell sind die künstlichen kolonialen Grenzziehungen, die bis auf wenige Ausnahmen (z. B. Ruanda, Somalia) multikulturelle Gesellschaften mit selten weniger als zehn und oftmals mehreren hundert Volksgruppen (z. B. Kamerun, Demokrat. Rep. Kongo, Nigeria) schufen. In den Kolonialgesellschaften etablierten sich die weißen Kolonisatoren als neue Oberschicht. ↗ Urbanisierung wurde in Gang gesetzt, und es entstand eine meist kleine städt. Arbeiterschaft, die weiterhin mit ihren ländl. Herkunftsregionen verbunden blieb (↗ Migration). In den multikulturellen Städten gewannen ethn. Identitäten an Bedeutung. In vielen Staaten wanderten, von den Kolonialmächten gefördert, neue ↗ Minderheiten ein (Libanesen, ↗ Inder). Durch die Einführung moderner ↗ Bildung entstand eine Schicht westl. gebildeter afrik. Schulabgänger, aus denen sich die erste Generation der nachkolonialen Oberschicht rekrutierte (↗ Eliten, ↗ öffentliche Verwaltung).

III. Sozialstruktur nachkolonialer Staaten. – III. 1. Ältere Untersuchungen. Die S. ↗ nachkolonialer Staaten untersuchten z. B. in den 1970er Jahren abhängigkeitstheoretische Arbeiten im Hinblick auf ihre pol. Ökonomie (↗ peripherer Kapitalismus). Ihnen zufolge verfügt eine kleine einheimische (Kompradoren-) Bourgeoisie über pol. Macht und profitiert von der Außenabhängigkeit der afrik. Staaten, wovon auch die kleine Mittelklasse der Staatsangestellten und die relativ privilegierten Industriearbeiter profitieren. Diesen Gruppen steht die Bevölkerungsmehrheit der Kleinbauern gegenüber, die durch die ungleichen Stadt-Land-Beziehungen ausgebeutet wird. Dies wurde allerdings nicht empirisch präzise belegt, und da die Betonung auf der wirtsch. Außenabhängigkeit lag, fanden interne Prozesse und Querverbindungen zwischen den vermeintlichen Klassen nur ungenügende Berücksichtigung. Ein Verdienst der Abhängigkeitstheorie ist aber der Hinweis auf die Bedeutung des Staates als wichtiger Ressource. – *III. 2. Neuere Untersuchungen.* Jüngere empirisch orientierte Arbeiten beschäftigen sich mit der zunehmenden Differenzierung innerhalb afrik. Gesellschaften. Zwar liegt noch kein geschlossenes Konzept vor, doch zeichnet sich eine Überschneidung von drei Strukturmerkmalen ab: Schicht- oder Klassenzugehörigkeit, regional-ethn. Zugehörigkeit, Zugang zu pol. Macht und Verwaltung. Die Ausprägung dieser Strukturmerkmale variiert zwischen den einzelnen Ländern; insges. eignen sie sich aber durchaus zur Beschreibung afrik. Gesellschaften. Ein weiteres wichtiges Strukturmerkmal, um das sich ein eigener Forschungsbereich konstituiert hat, sind die ↗ Geschlechterbeziehungen (↗ Frauen).

IV. Einzelne Strukturmerkmale. – IV. 1. Schichten oder Klassen. Die Zuordnung beruht vornehmlich auf der Einkommenshöhe und der Einkommensgrundlage (Kapital, Lohnarbeit, Subsistenzproduktion). Nur in Ausnahmefällen wird der Versuch unternommen, die Größe einzelner gesellsch. Gruppen zu erfassen oder die bruchstückhaft vorliegenden Daten zur Beschreibung von Lebenslagen zusammenzuführen. Typisch für alle Schichten ist die Verflechtung unterschiedlicher Einkommensarten. Unter- und Mittelschicht stützen sich auf die Verbindung von Subsistenz- und Marktproduktion (ländl.) bzw. Kleingewerbe und Lohnarbeit (städt.). Die Oberschicht besteht i.d.R. aus Spitzenbeamten, Politikern und Unternehmern (↗ Unternehmen), wobei Beamte und Politiker oft zugleich als Unternehmer aktiv sind und pol. Macht in vielen Ländern den ökonom. Erfolg fördert. Nur die Mittel- und Oberschicht kann die Investionen in Bildung aufbringen, die den Zugang zu besseren Positionen in Verwaltung, Wirtschaft und Politik eröffnen. Sie investiert zudem in kommerzielle Landwirtschaft, was zur Verdrängung von Kleinbauern und zu Landlosigkeit führen kann. Ein Teil der Stadtbewohner hat die Beziehungen zur ländl. Herkunftsregion reduziert (landlose Arme, neue Mittelschichten); vermutlich entstehen so neue urbane Milieus und Lebensstile, die bislang kaum erforscht wurden. – *IV. 2. Regional-ethn. Zugehörigkeit.* In vielen Ländern Westafrikas besteht ein aus der Kolonialzeit überkommener Nord-Süd-Gegensatz. Anderswo werden semiaride Regionen und dort lebende nomadisierende Viehzüchter benachteiligt (z. B. Kenia, Mali). Im Falle ethn. homogener Siedlungsgebiete bestimmen regionale Gegensätze auch ethn. Gegensätze, so dass eine regional-ethn. Gliederung entsteht, die durch unterschiedliche Religionszugehörigkeit noch verstärkt werden kann (z. B. Sudan). In multiethn. Siedlungsgebieten oder an Siedlungsgrenzen entstehen aus der Konkurrenz um lokale Ressourcen soziale Spannungen. Die ethn. Zugehörigkeit wird jeweils retrospektiv begründet und ist vielfältigen und variierenden Interpretationen unterworfen (↗ Ethnizität, ↗ politisierte Ethnizität, ↗ ethn. Konflikte).

IV. 3. Zugang zu pol. Macht und Verwaltung. Pol. Ämter und Spitzenpositionen in der Verwaltung oder im Militär bieten Akkumulationsmöglichkeiten – durch die direkte Verfügung über staatl. Mittel und indirekt durch den Zugang z. B.

zu Import- oder Transportlizenzen. Im Extremfall kommt es zur Privatisierung des Staates durch eine kleine herrschende Clique wie unter Mobutu in Zaire (heute Demokrat. Rep. Kongo). Zugleich können Konflikte innerhalb der Oberschicht um die Herrschaft im Staat die Politik bestimmen. Die Verteilung staatl. Ressourcen ist zudem regional hart umkämpft. Regionale Gegensätze sind deshalb immer auch von verteilungspol. Bedeutung und bestimmen die Politik mitunter mehr als Gegensätze zwischen den einzelnen Schichten. Die regional-ethn. Zugehörigkeit schneidet quer durch Schicht- und Klassenzugehörigkeiten. Ein wichtiges Muster der Verkopplung der versch. Strukturelemente sind Patron-Klient-Beziehungen mit regional-ethn. Klientelnetzen, die pol. Macht begründen können und zugleich als Verteilungsagenturen für staatl. Ressourcen fungieren (↗ Neopatrimonialismus).

V. Fazit. Die drei Strukturmerkmale Schicht, Ethnie und Zugang zu pol. Macht dürfen nicht als eine typisch afrik. S. missverstanden werden. Erstens finden sich ähnliche Strukturelemente auch in anderen Weltregionen, und zweitens unterscheiden sich afrik. Gesellschaften in der Kombination und Ausprägung dieser Merkmale. Zu berücksichtigen sind auch länderspezifische Elemente der S., z. B. die dominante Rolle befreiter Sklaven in Liberia und Sierra Leone, die große wirtsch. und pol. Bedeutung der islam. Muriden-↗ Bruderschaften *(Muridiyya)* im Senegal oder die lange Herrschaft der weißen Minderheiten in Simbabwe, Namibia und in Südafrika während der ↗ Apartheid.

Die S. afrik. Gesellschaften unterliegt dauernden Veränderungen. In einigen Ländern (z. B. Südafrika, Simbabwe, Senegal, Kenia) formiert sich ein reges öffentl. pol. Leben zu einer ↗ Zivilgesellschaft. Die Welle der ↗ Strukturanpassung hat vielerorts bes. die Stellung der kleinen und mittleren Staatsangestellten aus der Mittelschicht bedroht, die nun teilweise in das Kleingewerbe drängen oder zurück aufs Land migrieren. ↗ Bevölkerung, ↗ Stadt.

📖 G. Arrighi/J. S. Saul (Hg.), Essays on the Political Economy of Africa, New York 1973. – D. Berg-Schlosser/R. Siegler, Pol. Stabilität und Entwicklung, München 1988. – G. Elwert, Bauern und Staat in Westafrika, Frankfurt 1983. – D. Ghai/M. Godfrey/F. Lisk, Planning for Basic Needs in Kenya, Geneva 1979. – M. G. Schatzberg, The Dialectics of Oppression in Zaire, Bloomington 1988. – Human Development Report 2000 (www.undp.org).

Dieter Neubert

Soziolinguistik, wiss. Disziplin, die sich mit den Beziehungen zwischen Sprache und Gesellschaft befasst. Aufgrund der Komplexität dieser Beziehungen und der Schwierigkeit der Abgrenzung von Aspekten der Sprache, die nicht gesellsch. Natur sind oder nicht mit gesellsch. Sachverhalten zusammenhängen, umfasst S. eine große Zahl von Fragestellungen, Theorieansätzen und Methoden. S. wird hier als Oberbegriff von Sprachsoziologie verstanden. Sie ist interdisziplinär und verbindet Linguistik und Soziologie. – Die wichtigsten Vorläufer der S. sind: (1) Soziale Dialektologie, die sich seit spätestens Ende des 19. Jh. mit Fragen der Sprachschichtung und der sozialen und situativen Variation von ↗ Dialekt und Standardvarietät befasst. (2) Forschung zu Fragen der Sprachkultur, die sich seit den 1920er Jahren mit Problemen des Ausbaus, der Standardisierung und Kodifizierung von Sprachen beschäftigt (↗ Sprachplanung). (3) Kulturanthropologische Sprachforschung seit Beginn des 20. Jh., die neben der Wechselbeziehung zwischen Sprach- und Gesellschaftsstruktur die Frage der Abhängigkeit von Wahrnehmung und Erkenntnis von der Sprachstruktur (Ethnolinguistik) untersucht. (4) Forschung zu ↗ Sprachkontakt, wie sie v. a. von Uriel Weinreich (1926–1967) Anfang der 1950er Jahre konzipiert wurde; sie untersucht neben rein linguistischen auch soziolinguistische Aspekte (Prestige von Sprachen, Domänen ihrer Verwendung, Spracherhalt und ↗ Sprachwechsel). – Nach allg. Einführung des Terminus S. wurden diese Forschungsrichtungen fortgeführt. Daneben entstanden neue, die nach Fragestellungen und Methoden z. T. auch die Entwicklung der Linguistik und der Soziologie reflektieren, von dort beeinflusst sind und darauf zurückwirken. Als wichtigste Teildisziplinen und übergreifende Fragestellungen lassen sich ausmachen: (1) Forschung über Sprachbarrieren, v. a. die Kodetheorie (restringierte bzw. elaborierte Kodes). (2) Dialektsoziologie, die nicht nur die soziale Verteilung von Dialekt und Standardvarietät untersucht, sondern auch die schulischen und sonstigen sozialen Schwierigkeiten von Dialektsprechern. (3) Forschung zu ↗ Pidgin- und Kreolsprachen, die sich mit der Entstehung und Veränderung von Pidgin und Kreol befasst. 8. Variationslinguistik, die im afrik. Kontext v. a. wichtige Aspekte des Sprachwandels aufgedeckt hat. (4) Feministische Linguistik, die in Afrika noch am Anfang steht und sich, ausgehend von der Frage nach der sozialen Diskriminierung der Frauen, mit den Geschlechtsunterschieden in Sprache und Sprechen beschäftigt. (5) Sprachminderheitenforschung, die Fragen der Sprachunterdrückung, -konflikte und -rechte von sprachlichen Minderheiten untersucht. (6) Pragmatische Forschungsrichtungen wie Sprechakttheorie und Konversationsanalyse, deren Fragestellungen inhärent gesellschaftsbezogen sind. (7) Untersuchungen der kommunikativen Kompetenz, die Gesellschaften nach den in ihnen geltenden Regeln der Kommunikation vergleicht. Verwandt damit ist die Ethnographie des Sprechens, die auch eigene Erhebungsmethoden für sprachliche Kommunikation entwickelt hat. (8) Erforschung von Einstellungen (Attitüden) zu Varietäten, Sprachen und Sprachgemeinschaften. (9) Forschung über ↗ Mehrsprachigkeit, insoweit sie über individualpsychologische Aspekte hinausgeht und Beziehungen zur jeweiligen Gesellschaft herstellt. (10) Typologie von Sprachgemeinschaften und von Sprachen in Bezug auf Sprachgemeinschaften und ihren Status bzw. ihre Funktion in diesen (Amtssprache, ↗ Nationalsprache). (11) Kommunikation in Institutionen (Schule, staatl. Verwaltung, Betriebe) und über die Massenmedien (↗ Rundfunk, ↗ Fernsehen usw.). (12) Ideol. Aspekte von Sprachen und Sprachgebrauch, Sprachen in der Politik sowie ↗ Sprachpolitik und Sprachenpolitik. (13) Erforschung von Spracherhalt, ↗ Sprachtod und Sprachwiederbelebung. (14) Forschungen zum Ausbau von Sprachen, zur Standardisierung und Sprachplanung. (15) Probleme der internat. Kommunikation sowie der internat. Sprachen.

🕮 U. Ammon, Probleme der Soziolinguistik, Tübingen 1973. – J. Fishman, Soziologie der Sprache, München 1975. – R. Wardhaugh, An Introduction to Sociolinguistics, Oxford 1986.

Ulrich Ammon/Rainer Voßen

Spanischsprachige Literatur ↗ hispanophone Literatur

Spiritualität. Die Bedeutung von S. als einer bes. Form der Frömmigkeitsausübung und spirituellen Verbindung zu Gott ist in Afrika neueren Datums, die erst infolge des Auseinanderbrechens der ↗ Gesellschaft unter dem Kolonialismus und der sekundären Überlagerung der traditionellen ↗ Religionen durch die Weltregionen (↗ Islam, ↗ Christentum) ein eigenes Gewicht erhalten hat. Der Begriff S. spielte weder in der Religionswissenschaft noch in der Theologie eine bes. Rolle. Der ↗ Ethnologie und Sozialanthropologie ist er weiterhin fremd, da die traditionellen Religionen Afrikas keine Trennung von Religion, Kultur und sozialem Leben kennen. Religion gehört zum *way of life*, herausgehobene Formen der Frömmigkeit sind kein Ideal. Berufungen zu Heilern oder zu Priestern gibt man nur nach, da Nichtbefolgung immer wiederkehrende Krankheit zur Folge hat. Frömmigkeit und Religionspraxis der Wahrsager (↗ Divination) besitzen keinen Vorbildcharakter, sondern gelten als exzeptionell. Während S. im europ. Kontext individualistisch geprägt ist, hat sie in den neuen relig. Bewegungen, in den Basisgemeinden Ostafrikas und unter dem Einfluss der Pfingstkirchen sowie durch den Einfluss der Befreiungstheologien eine eigenständige afrik. Prägung bekommen: Sie ist nicht individualistisch, sondern gemeinschaftsbezogen, weniger durch Askese gekennzeichnet als durch Ausrichtung an Festen, nicht jenseitsbezogen, sondern zielt auf das vitale Leben. Darum sind Austreibungen böser Geister (↗ Geisterglaube), Heilungen, emotionsgeladene Gruppengebete und die Orientierung an geistlichen Führern (sog. Propheten) für sie kennzeichnend und geben ihr das spezifische afrik. Gepräge. Da ↗ Frauen vielfach Initiatoren neuer spiritueller Bewegungen sind, auch innerhalb der etablierten Großkirchen, ist ein feministischer Akzent unüberhörbar. Die Befreiungsbewegungen und die ihnen zugeordneten Befreiungstheologien haben eine spezifische pol. S. entwickelt. *A cry for life* ist die prägnanteste Zusammenfassung der afrik. S. Im Islam sind neuerdings ähnliche, allerdings stärker von ↗ Marabuts geprägte Strömungen zu erkennen, wobei der Einfluss des Sufismus unverkennbar ist. ↗ Islamisierung, ↗ Kirchen, christliche.

🕮 L'Afrique et ses formes de vie spirituelle, Actes du Deuxième Colloque International de Kinshasa, 21–27 November 1983, Kinshasa 1983. – M.g.C. Musharhamina (Hg.), Afrik. Spiritualität und christl. Glaube. Erfahrungen der Inkulturation, Freiburg 1986. – B. Mbuy-Beya, African Spirituality: A Cry for Life. In: K.C. Abraham/B. Mbuy-Beya (Hg.), Spirituality of the Third World, New York 1994, S. 64–76.

Theo Sundermeier

Spirituals ↗ afroamerikanische Musik

Sport. Viele Gesellschaften des vorkolonialen Afrika kannten kompetitive, organisierte Spiele und körperliche Übungen: Ringkämpfe, Kanurennen, Tanzveranstaltungen gehörten dazu, auch Spiele mit ballähnlichen Gegenständen sind für einige Regionen nachgewiesen. Werte wie Mut, Ausdauer und individuelle Fähigkeiten spielten in ländl. Gesellschaften eine wichtige Rolle.

Die Kolonialzeit prägte die Entwicklung des S. in Afrika in bes. Weise. Einerseits knüpften die aus Europa eingeführten Sportarten an durchaus vertraute Aspekte des dörflichen Lebens an, und die Afrikaner verknüpften durch die Übernahme moderner Sportarten zu einem gewissen Grad also Altes mit Neuem. Andererseits spiegelt der Bereich des S. die Komplexität der kolonialen Erfahrung, verdeutlicht die Auseinandersetzungen sowohl zwischen Kolonisierten und Kolonisierenden als auch innerhalb dieser Gruppen. Charakteristisch für die Kolonialzeit ist zum einen die Dialektik von Kontrolle und ↗ Widerstand. Zum anderen wurde S. zumindest auf der Graswurzelebene gleichzeitig afrikanisiert und gemäß internat. Regeln praktiziert und organisiert. Die europ. Kolonialherren betrieben S. zum eigenen Vergnügen, versuchten daneben aber auch – v. a. in den langsam wachsenden Städten und Industriegebieten (↗ Stadt, ↗ Urbanisierung) – sportliche Aktivitäten gezielt einzuführen, um ihre Vorstellungen von einer disziplinierten kolonialen Gesellschaft durchzusetzen. Dabei wurden Ansätze aus dem zeitgenössischen Europa übernommen, wo S. als vorzügliche Möglichkeit galt, Jugendlichen moralische Werte sowie Zeitdisziplin zu vermitteln. S. spielte im Erziehungssystem der jeweiligen Kolonialmächte eine unterschiedlich große Rolle. Bes. Großbritannien setzte in seinen afrik. Besitzungen auf die systematische Förderung des S. als Mittel der Ordnung und Disziplinierung.

S. wurde insbes. in den entstehenden oder wachsenden Städten zu einem wichtigen Bestandteil urbaner Identität. Zunächst gelangten nur relativ wenige afrik. Christen sowie Mitglieder der (westl.) gebildeten ↗ Elite in den Genuss gezielten Trainings durch Missionare und einige europ. Sportenthusiasten. Nach dem Zweiten Weltkrieg begannen koloniale Sozialarbeiter und Pädagogen verstärkt Sportstätten und Ausrüstung für breitere Bevölkerungskreise bereitzustellen. Junge Afrikaner begegneten den neuen Sportarten auf zwei Wegen: durch Sportunterricht in Schulen und Jugendclubs, v. a. aber dadurch, dass sie andere beim S. beobachteten und diesen dann selbst ausprobierten. Bereits während des ↗ Burenkriegs in Südafrika (1899–1902) schauten zahlreiche Afrikaner brit. Soldaten beim Fußballspielen zu. Auf ↗ Sansibar führten etwa Mitarbeiter der brit. *Eastern Telegraph Company* noch vor der Jahrhundertwende Kricket, Hockey und Fußball ein. In größeren Kolonialstädten wie Accra, Lagos oder Brazzaville (heute Ghana, Nigeria, Rep. Kongo) organisierten Vertreter der versch. vor Ort vertretenen europ. Nationen Fußballspiele an Sonntagnachmittagen oder Feiertagen. Diese Veranstaltungen erregten relativ rasch das Interesse der lokalen Bev.

Fußball war im kolonialen Afrika der mit Abstand populärste S. Zwar implizierte auch diese Sportart einerseits zumindest formal eine rigide Zeitordnung und ein kompliziertes Regelwerk, aber auf der anderen Seite kostete Fußball wenig Geld, war relativ leicht zu lernen und konnte nahezu überall praktiziert werden. Die Grundausrüstung war vergleichsweise günstig zu beschaffen. Die ersten Mannschaften entstanden als Schulmannschaften, Armee- und Betriebsclubs, erwuchsen also jeweils aus dem kleinen modernen Sektor. Anfänglich konnten Clubs nur mit tätiger administrativer Hilfe überleben. Die städt. Fußballteams waren an der Schaffung der vielfältigen Identitäten und sozialen Netzwerke der urbanen Bev. beteiligt und spiegelten sie gleichzeitig wider. Fußballmannschaften repräsentierten ethn. Gruppen, Stadtviertel, relig. Konfessionen, aber auch Berufsgruppen wie Eisenbahnarbeiter, Polizisten und Verwaltungsangehörige.

Die große Popularität von Fußball in der ersten Hälfte des 20. Jh. kann als Erfolg kolonialer Hegemonieansprüche angesehen werden, ebenso konnte Fußball aber auch ein Vehikel für alltäglichen afrik. Widerstand sein. So wehrten sich auf Sansibar afrik. Spieler und Fans unentwegt gegen die vom kolonialen *Sports Control Board* nachhaltig vertretene und auch internat. übliche Regel, dass die Entscheidungen der (europ.) Schiedsrichter Tatsachenentscheidungen, also prinzipiell unwiderruflich waren. Die Opposition drückte sich z. B. im wiederholten Boykott von Spielen aus, für die ein in die Kritik geratener Schiedsrichter vorgesehen war. In den Augen der sansibarischen Fußballer standen die Schiedsrichter für eine koloniale Ordnung, in der die europ. Autorität und Entscheidungsmacht über alle Vorwürfe erhaben waren. In Brazzaville kam es 1936 zu einem Konflikt, als die europ. Verwalter des Sportbundes erklärten, das Tragen von Schuhen auf dem Fußballfeld verursache Gewalt, Afrikaner seien ohnehin unsportlich und hätten daher barfuß zu spielen. Daraufhin schrieben einige Spielführer der afrik. Teams und Vertreter der städt. Elite empört an den Gouverneur, der ihr Ansinnen, Fußballschuhe tragen zu dürfen, jedoch ablehnte. Die Folge war ein Spielboykott, die offizielle Fußballliga in Frz.-Kongo brach zusammen.

Während Fußball zumindest anfänglich eher elitären Charakter hatte, genoss Boxen v. a. unter den Arbeitern in den Minenstädten des südl. Afrika große Popularität. Die meisten Europäer in den Kolonien hielten Boxen allerdings für eine den Afrikanern unangemessene, »unmoralische« Betätigung, die sowohl zur Verrohung der Bev. beitrage als auch die Gesundheit der städt. Arbeiterschaft bedrohe. Zudem sei der »afrik. Sportinstinkt« für diese Sportart nicht ausreichend entwickelt. Anstelle »proletarischer« Sportarten wie Faustkampf suchten die Kolonialherren gerade in den Städten – mit nur begrenztem Erfolg – »traditionelle« einheimische Spiele und Tänze zu fördern. Bes. beunruhigte sie jedoch die Tatsache, dass Boxen mehr oder weniger autonom, d. h. ohne das Betreiben der Europäer, ohne direkte europ. Patronage und Einfluss rasch enorme Popularität erlangte. Ähnlich wie Fußball erforderte der Boxsport keine größeren Ausgaben, selbst Boxhandschuhe konnten notfalls durch einfache Stofflumpen ersetzt werden. Es bedurfte weder eines größeren organisatorischen Aufwands noch spezieller Sportstätten. Zeitgenössische Beobachter im kolonialen Simbabwe (Südrhodesien) glaubten zudem eine enge Verwandtschaft zwischen dem Boxen und den unter Hirten verbreiteten Ringkämpfen (*tsimba*) sowie Stockkämpfen (*zuvara*) zu erkennen.

Spätestens in den Jahren vor dem Zweiten Weltkrieg hatte der nach europ. Muster organisierte S. in Afrika flächendeckend Einzug gehalten: Mannschaften spielten in organisierten Ligen, in Stadien vor größeren, zuweilen schwer zu kontrollierenden Zuschauermassen; Leichtathleten und Boxer bestritten organisierte Wettkämpfe. Trainer, Schieds- und Punktrichter sowie zunehmend Funktionäre gewannen an Bedeutung. Allerdings spielten lokale Praktiken weiterhin eine wichtige Rolle und beeinflussten diverse sportliche Aktivitäten. So wurden vielerorts magische Kräfte bemüht, den Ausgang der Wettkämpfe zu beeinflussen. Kolonialbeamte in Bulawayo (heute Simbabwe) bemerkten 1938, dass Boxer Armbänder mit einer Medizin trugen, die ihren Erfolg sichern sollte. Noch heute stellen viele afrik. Teams im Vorfeld wichtiger Fußballspiele »Zauberer« ein, deren Aufgabe u. a. darin besteht, das eigene Tor zu »schützen«. In Kamerun und im Kongo pflanzten Fußballanhänger häufig einen Talisman in die Mitte des Spielfeldes, um die gegnerische Mannschaft zu schwächen (↗ Magie, ↗ Hexerei).

Viele Sportclubs entwickelten sich bald zu Wohlfahrtsassoziationen, die mithalfen, in den rasch wachsenden Städten Netzwerke zu knüpfen. In den Küstenstädten Tansanias wurden Fußballvereine zu Zentren sozialer Aktivitäten und ähnelten in dieser Funktion z. B. Teehäusern oder Tanzvereinen. Auf Fußballplätzen und in Vereinshäusern konnten Männer sich in ihrer Freizeit treffen und lokale und internat. Nachrichten austauschen und diskutieren. Anderswo spielten Vereinsfunktionäre, oft ehem. aktive Sportler oder Anhänger, eine wichtige soziale Rolle. Sie gaben Ratschläge, sammelten Spenden, halfen Clubmitgliedern bei durch Krankheit und Tod verursachten finanziellen Krisen und unterstützen junge Männer bei der Suche nach einer Anstellung. Sportvereine waren zudem eng mit der Formierung ethn. Identitäten in der Kolonialzeit verbunden. V. a. in den Städten organisierten sich z. B. Fußballvereine verstärkt nach ethn. Herkunft und wurden von der Verwaltung, aber auch von den Anhängern anhand dieses Kriteriums identifiziert (↗ Ethnizität).

Nach der Unabh. der meisten Staaten in den 1960er Jahren erhielt der S. noch einmal einen beträchtlichen Popularitätsschub. Die Ausweitung des Schulwesens und der nun weit verbreitete Sportunterricht machten junge Afrikaner mit neuen Sportarten wie Volleyball, Handball, Hockey, Tischtennis und Basketball bekannt; Fußball gewann zahllose neue Anhänger. ↗ Rundfunk, ↗ Fernsehen, Videos, Zeitungen und Fachmagazine (↗ Medien, ↗ Presse) haben das Wissen über S. bes. unter der rapide wachsenden städt. Bev. enorm popularisiert. Allein in der Elfenbeinküste waren Mitte der 1990er Jahre mindestens sechs Fußballgazetten auf dem Markt, darunter drei Klubzeitungen und eine tägl. erscheinende Sportzeitung. Bald entdeckten die Politiker den S. als Instrument, um die nat. Integration oder panafrik. Ideologien zu propagieren (↗ Panafrikanismus) und um internat. Anerkennung für die Leistungen des Kontinents einzufordern. Bes. in der ersten Dekade nach der Unabh. betonten afrik. Politiker die Bedeutung des S. für die ↗ Nationenbildung.

In Senegal förderten die Machthaber bes. »traditionelle« Sportarten wie Ringkämpfe und Pirogenwettkämpfe. Dies hing nicht zuletzt mit der u. a. von Senegals Staatspräsidenten Senghor konzipierten ↗ *Négritude* zusammen, die die Werte des »authentischen Afrika« pries. V. a. die Ringkämpfe wurden zu öffentl. Ereignissen hochstilisiert, bei denen sich die pol. Prominenz ein Stelldichein gab. Bereits unmittelbar nach der Unabh. 1960 erhob die Regierung den Ringkampf zum Nationalsport. Die Verquickung von sportlichen Wettkämpfen mit offiziellen Zeremonien diente der pol. Propaganda; so wurden an den Jahrestagen der Unabh. Fahrrad- und Pirogenwettkämpfe organisiert. In Tansania versuchte die Regierung nach der Arusha-Erklärung 1967 (↗ *Self-Reliance*) auf kommunaler Ebene v. a. Mannschaftssport zu fördern. Dahinter stand die Hoffnung, mit Hilfe primär von Fußball Individualismus zugunsten von kollektiven Haltungen zurückzustellen.

S. erwies sich jedoch nur als bedingt tauglich, die nat. Integration voranzutreiben. Vielmehr wurden sportliche Wettkämpfe, und wiederum insbes. Fußball, zu einer Austragungsform diverser Konflikte. In Tansania etwa spiegeln sich regionale Spaltungen zwischen der Metropole Daressalaam und dem Rest des Landes oder zwischen Sansibar und dem Festland in Auseinandersetzungen über Fußball. Die Tribalisierung (↗ Tribalismus) des Fußballs ist heute insbes. in Ländern mit einer offenkundig stark ↗ politisierten Ethnizität wie Nigeria und Kamerun weit fortgeschritten. In diesen Staaten ist die Aufstellung der Nationalmannschaft ein Politikum, und das Publikum achtet sehr genau auf die ethn. Zugehörigkeit der Nationalspieler. Siege und Niederlagen werden damit jeweils explizit in Verbindung gebracht.

In vielen Fällen hat S. herrschaftsstabilisierende Wirkung. Staatspräsidenten schmücken sich gern mit siegreichen Sportlern, suchen mit Hilfe des sportlichen Erfolgs das Ansehen ihres Regimes positiv zu beeinflussen. Frankie Fredericks aus Namibia, der 1992 in Barcelona olympisches Silber im 100- und 200-m-Lauf gewann, wurde nach seiner Rückkehr vom Premierminister begrüßt und danach vom Präsidenten durch einen Staatsempfang geehrt. Präsident Biya kam der sportliche Erfolg Kameruns bei der Weltmeisterschaft 1990 gerade recht. Der Vorstoß der Mannschaft bis ins Viertelfinale verschaffte dem angeschlagenen Staatsoberhaupt angesichts massiver Forderungen nach Demokratisierung und Mehrparteiensystem eine wichtige Atempause. Die Siege des Teams wurden von Teilen der Bev. unmittelbar dem herrschenden Regime gutgeschrieben. Andererseits schlug das frühe Ausscheiden der Mannschaft vier Jahre später bei der Weltmeisterschaft in den USA negativ für Biyas Ansehen zu Buche, zumal er auch persönlich in die Mannschaftsaufstellung eingegriffen hatte.

S. in Afrika stellt seit geraumer Zeit ein internat. Politikum dar. Ein jüngeres Beispiel ist die kaum anders als pol. zu deutende Entscheidung der FIFA, die Junioren-WM 1995 Nigeria abzusprechen, nachdem der große Fußballsponsor Abiola vom ↗ Militärregime eingesperrt wurde. Südafrika wurde v. a. auf Druck der afrik. Staaten (und der Länder des Ostblocks) viele Jahre boykottiert und durfte zwischen 1960 und 1992 nicht an Olympischen Spielen teilnehmen. Den Olympischen Spielen in Montreal 1976 blieben 22 afrik. Staaten fern, um gegen die Teilnahme von Ländern wie Neuseeland zu protestieren, die weiterhin sportliche Beziehungen mit Südafrika unterhielten. Die lange internat. Isolation brachte das Apartheidregime schließlich dazu, die rigide Rassentrennung sukzessive aufzulockern. Nelson Mandela und seine Regierung maßen dem S. dann große Bedeutung bei für den Aufbau eines neuen Südafrika, für die Annäherung weißer und schwarzer Südafrikaner. Ereignisse wie der Gewinn der Rugby-Weltmeisterschaft 1995 schienen diesen Hoffnungen Auftrieb zu geben. Die Euphorie wich jedoch rasch kritischen Stimmen, die im Bereich des S. weiterhin viele Elemente der alten rassistischen Ordnung erkennen.

Nichtsdestotrotz strömten nach dem offiziellen Ende der ↗ Apartheid zahlreiche talentierte Fußballspieler aus Mosambik, Malawi, Sambia und Simbabwe nach Südafrika. Dort werden – im Gegensatz zu fast allen anderen afrik. Ländern – verhältnismäßig hohe Gehälter gezahlt, die Spieler bekommen Unterkunft und Transport gestellt, und die Vereine entrichten sogar Versicherungsbeiträge.

Der Traum eines jeden Fußballers bleibt jedoch Europa. Rund 400 Profis aus Afrika spielen z. Z. in europ. Profiligen; oft sind dubiose Spielervermittler an den Transaktionen beteiligt. Einige Spieler wie Georges Weah aus Liberia und der Ghanaer Anthony Yeboah haben eine steile Karriere zu verzeichnen, andere Spieler sind jedoch isoliert und immer wieder Opfer rassistischer Attacken. Auch in Lateinamerika und Südostasien verdienen zahlreiche afrik. Fußballer inzwischen ihren Lebensunterhalt. Vertreter anderer Sportarten, insbes. die erfolgreichen Läufer aus NO- und Ostafrika, leben ebenfalls vorwiegend in Europa oder den USA und werden von dortigen Sponsoren finanziert. Einige Sportler erhalten sogar die Staatsangehörigkeit ihres Gastlandes, wie etwa der Kenianer Wilson Boit Kipketer, Weltrekordhalter über 800 Meter, der für Dänemark startet. In Afrika selbst leiden angesichts der wirtsch. und pol. Krisen zunehmend sowohl der Profi- als auch der Breitensport. Für Leistungssportler gibt es kaum finanzielle Anreize oder adäquate Trainingsmöglichkeiten. Doch spielt der S. im Alltag zahlloser Menschen weiterhin eine wichtige Rolle.

In einigen Disziplinen haben sich Afrikaner einen festen Platz an der Weltspitze erobert. Athleten v. a. aus Ost- und Nordostafrika (Kenia, Äthiopien) dominieren bei Olympischen Spielen, Weltmeisterschaften und Leichtathletikveranstaltungen seit vielen Jahren die Laufwettbewerbe in den Mittel- und Langstrecken. Großes Aufsehen erregte 1960 der Äthiopier Abebe Bikila, der barfuß laufend bei den Olympischen Spielen in Rom die Goldmedaille auf der Marathonstrecke gewann. Sein Landsmann Haile Gebrselassie errang 1999 seinen vierten Weltmeistertitel über 10.000 Meter. Auch Läuferinnen aus Afrika sind seit einigen Jahren an der Weltspitze dabei. 1992 in Barcelona schaffte z. B. Derartu Tulu aus Äthiopien olympisches Gold im 10.000-Meterlauf der Frauen. Bei Fußballweltmeisterschaften (WM) sorgten afrik. Kicker zuletzt verstärkt für Furore. 1990 avancierten die *Lions Indomptables* aus Kamerun zum Überraschungsteam der WM in Italien und schieden erst unglücklich im Viertelfinale aus. Vier Jahre später avancierten die *Super Eagles* aus Nigeria während des WM-Turniers in den USA zum Geheimfavoriten, mussten sich dann aber im Viertelfinale Italien geschlagen geben. Bei der WM-Endrunde 1998 in Frankreich waren erstmals fünf afrik. Mannschaften vertreten. Nigeria, spätestens seit seinem Sieg im olympischen Fußballturnier 1996 Mitfavorit, schied allerdings als letzte afrik. Mannschaft nach dem Achtelfinale aus. Zahlreiche afrik. Fußballer sind heute bei europ. Vereinen unter Vertrag. Boxen schließlich ist die dritte Sportart, in der Afrikaner beträchtlichen internat. Erfolg erzielen. Bereits während der Kolonialperiode trainierten und förderten europ. Sponsoren junge Talente. Der Senegalese Louis Faal gewann 1922 als erster Afrikaner einen Weltmeistertitel im Boxen. Der Ghanaer Azumah Nelson war in den 1980er und 1990er Jahren über zehn Jahre lang Weltmeister im Superleichtgewicht. Aber auch in anderen Sportarten reüssieren einzelne Afrikaner. So ernannte z. B. die amerik. *National Basketball Association* den Nigerianer Hakeem Olajuwon 1994 zum »wertvollsten Spieler«. Im Bereich des S. erfährt Afrika heute teilweise die Anerkennung, die dem Kontinent ob der realen und vermeintlichen Krisen ansonsten versagt bleibt.

🕮 W. J. Baker/J. A. Mangan (Hg.), Sport in Africa. Essays in Social History, New York 1987. – B. Deville-Danthu, Le Sport en Noir et Blanc. Du sport colonial au sport africain dans les anciens territoires français d'Afrique occidentale (1920–1965), Paris 1997. -U. Engel/P. Körner/A. Mehler, Fußball in Afrika. In: Afrika-Jahrbuch 1994, Opladen 1995, S. 61–70. – P. Martin, Sports. In: Encyclopedia of Africa South of the Sahara, Bd. 4, New York 1997, S. 160–63. – D. E. McHenry, The Use of Sports in Policy Implementation: the Case of Tanzania. In: Journal of Modern African Studies 18 (1980), S. 237–256. – J. Nauright, Sport, Cultures and Identities in South Africa, London 1997.

Andreas Eckert

Sprachen, afrikanische. *I. Genetische Gliederung.* Die genaue Zahl der heute noch in Afrika gesprochenen S. ist unbekannt; Schätzungen sprechen von bis zu 2.000 (= etwa ein Drittel aller S. der Welt), wobei das fortgesetzte Aussterben v. a. kleinerer S. (↗ Sprachtod) einerseits sowie die bes. Schwierigkeit der Abgrenzung von S. und ↗ Dialekt andererseits solche Schätzungen erschweren. Hinsichtlich der verwandtschaftlichen Beziehungen afrik. S. untereinander wird derzeit (nach J. H. Greenberg) von vier großen Sprachstämmen ausgegangen, deren Verhältnis zueinander noch weitgehend ungeklärt ist: ↗ Afroasiatisch, ↗ Niger-Kordofanisch, ↗ Nilosaharanisch und ↗ Khoisan. Numerisch betrachtet repräsentiert das Niger-Kordofanische den größten, das Khoisan den kleinsten Sprachstamm. Kontrovers beurteilt wird bspw. die Frage, ob alle dem Nilosaharanischen zugeordneten S. sprachhist. dorthin gehören; sehr umstritten ist auch, ob die Khoisansprachen nicht eher mehrere versch. als einen einzigen Sprachstamm darstellen, da die der sprachhist. Entwicklung zugrunde liegende Zeittiefe beträchtlich sein dürfte und angesichts fehlender hist. Sprachzeugnisse einen eindeutigen Nachweis genetischer Verwandtschaft aller Khoisansprachen unmöglich macht. So ist die hier vorgestellte Klassifikation afrik. S. in manchen Einzelheiten immer noch als vorläufig anzusehen.

II. Typologische Merkmale. Über die genetischen Sprachgrenzen hinweg teilt eine Vielzahl der afrik. S. strukturelle Merkmale, die für Afrika bes. charakteristisch sind und eine Einteilung in Haupttypen des afrik. Sprachbaus ermöglichen. Inwieweit solche gemeinsamen Strukturmerkmale auf ↗ Sprachkontakt zurückgehen (areale oder Lehnverwandtschaft), sprachhist. ererbt (genealogische Verwandtschaft) oder aber gar Ausdruck inhärenter Tendenzen (sprachliche Universalien) sind, spielt zunächst

Karte 28: Afrikanische Sprachen

keine wesentliche Rolle. – Etwa zwei Drittel der afrik. S. gelten als ↗ Nominalklassensprachen, von denen annähernd 200 geschlechtsorientiert (sog. Genussprachen) und die übrigen naturorientiert (d.h. Nominalklassensprachen im engeren Sinne) sind. Eine deutlich geringere Verbreitung (ca. 20%) weist dagegen die nominale Kasusflexion auf. Die Zahl der einzelsprachlich vorkommenden Kasusfunktionen schwankt etwa zwischen zwei und mehr als zehn; im ersteren Fall handelt es sich zumeist um die »primären Kasus« Nominativ und Akkusativ, ein Beispiel für eine S. mit komplexem System ist das zentralkuschitische Awngi (↗ Kuschitisch), das zwölf Kasusfunktionen (Nominativ, Akkusativ, Translativ, Dativ, Ablativ, Lokativ, Komparativ, Komitativ, Direktiv, Innovativ, Genitiv, Adverbial) unterscheidet. Seinen formalen Ausdruck findet Kasus überwiegend durch Suffixe, doch werden auch Ton und selbständige Wörter (z.B. Postpositionen) als Mittel verwendet. Eine kleinere Anzahl afrik. S. verfügt über Kasuskonkordanz, d.h., Kasus wird nicht nur am regierenden Nomen selbst, sondern auch an den von ihm abhängigen Wortarten formal markiert. In einer Reihe ostafrik. S. stellt nicht der Nominativ die Nennform dar, sondern der Akkusativ. – Nicht selten drücken afrik. S. Kasus nicht am Nomen, sondern am Verb aus. Dies geschieht durch zumeist suffixale Erweiterung des Verbalstamms. Auch andere als Kasusfunktionen lassen sich durch Verbalerweiterung erzeugen, und tatsächlich bedienen sich annähernd so viele S. dieses Mittels wie es in Afrika Nominalklassensprachen gibt. Grundsätzlich können die versch. Funktionen von Verbalerweiterungen in drei Funktionsbereiche eingeteilt werden: (1) syntaktische, (2) semantische und (3) andere Funktionen. Syntaktisch-funktionale Erweiterungen verändern die Satzstruktur durch Wegnahme oder Hinzufügung einer syntaktischen Rolle. Zu ihnen gehören v.a. Kausativ, Intransitiv, Passiv, Applikativ (auch: Präpositional, Dativ, Benefaktiv), Reziprokativ, Reflexiv, Instrumentativ, Ablativ, Komitativ, Assoziativ und Kontaktiv. Semantisch-funktionale Erweiterungen modifizieren die im Grundverb ausgedrückte Bedeutung. Ihnen sind insbes. Intensiv, Reversiv, Frequentativ (auch: Iterativ, Repetitiv), Itiv (Handlungs- bzw. Bewegungsablauf weg vom deiktischen Zentrum) und Ventiv (... hin zum deiktischen Zentrum) zuzurechnen. Als andere Verbalerweiterungen können hier etwa die Stammnegation und numerus- oder aspektbildende Funktionen erwähnt werden, die i.d.R. die Aufgabe von Flexionsmorphemen übernehmen. Verbalextensionen treten häufig (auch mehrfach) kombiniert auf und unterscheiden sich auch durch den Grad ihrer Produktivität (= Verknüpfbarkeit mit nahezu allen oder jedenfalls einem großen Teil der Verbalstämme). Durch Verbalerweiterung abgeleitete Verben kommen in allen vier Sprachstämmen Afrikas vor. – Hinsichtlich ihrer Wortstellungsmerkmale lassen sich afrik. S. (nach Heine 1976) in vier Grundtypen unterteilen: (1) S., die die Adverbialphrase vor das Verb stellen (Typ D); (2) VSO-S., die das Verb bzw. Prädikat vor das Subjekt und Objekt setzen (Typ C); (3) S., in denen der Genitiv dem regierenden Nomen vorangeht, Postpositionen Präpositionen ersetzen und die Adverbialphrase dem Verb folgt (Typ B); und (4) SVO-S., die keines der Merkmale der Typen B bis D aufweisen (unmarkierter Typ A). Mit den hier genannten Hauptmerkmalen verbinden sich für jeden Typ weitere Nebenmerkmale. – Aus der Korrelation der beschriebenen Charakteristika lassen sich u.a. folgende Erkenntnisse über die Wechselbeziehung morphologischer und syntaktischer Phänomene gewinnen: (1) S. mit nominalem Klassensystem und nominaler Kasusflexion verfügen stets auch über derivative Verbalerweiterungen. (2) S. vom Typ B kennen keine Kasusflexion. (3) S. vom Typ C sind immer auch durch die Möglichkeit der verbalen Stammerweiterung gekennzeichnet. Darüber hinaus erlaubt die Kombination obiger Merkmale (unter Berücksichtigung des Vorkommens oder Fehlens) die Ermittlung von insges. sieben Sprachtypen, von denen im Niger-Kordofanischen alle sieben, im Nilosaharanischen und Afroasiatischen jeweils sechs und im Khoisan lediglich drei vertreten sind. – Während Ton bzw. Akzent in den allermeisten afrik. S. lexikalisch und/oder grammatikalisch distinktiv ist (↗ Tonsprache), treten andere typologische Merkmale häufig regional oder gar auf bestimmte Sprachfamilien oder -stämme beschränkt auf. So finden sich komplexeste Lautstrukturen bspw. im ↗ Zentralsudanischen und im Khoisan, das zudem als einzige genealogische Einheit genuin über Schnalzlaute (↗ Schnalzsprache) verfügt.

III. Afrikanische Sprachen im Kontext. Neben ihren genealogischen, arealen und typologischen Eigenschaften kommen afrik. S. bes. Rollen in Gesellschaft, Literatur und Geschichte zu, deren Untersuchung ebenfalls Aufgaben der ↗ Afrikanistik darstellen. Die Einflusssphäre von S. innerhalb der Gesellschaft wie auch die gesellsch. Einflüsse auf S. sind Gegenstand der ↗ Soziolinguistik (auch Sprachsoziologie), die sich in eine stets weiter wachsende Zahl von Teilgebieten (↗ Verkehrssprachen, europ. ↗ Sprachen in Afrika, ↗ Pidgin- und Kreolsprachen, ↗ Sprachwechsel, ↗ Sprachtod, ↗ Nationalsprache, ↗ Sprachpolitik, ↗ Sprachplanung, Alphabetisierung und Erwachsenenbildung, ↗ Mehrsprachigkeit, ↗ Geheimsprache, ↗ Perlensprache) untergliedert. Mit den vielschichtigen Funktionen mündlich überlieferter Texte befasst sich die afrik. Literaturwissenschaft (↗ Erzählen/Erzählforschung, ↗ Griot, ↗ Oralliteratur, ↗ Oralphilosophie, ↗ Preisgesang), während Geschichts- und Sprachwissenschaftler die Möglichkeiten der Interpretation sprachlicher Sachverhalte für die hist. Rekonstruktion in Afrika zu nutzen bemüht sind (↗ geschichtl. Überlieferung, ↗ Geschichtsschreibung).

📖 J.H. Greenberg, The Languages of Africa, Den Haag/Bloomington 1963. – E.A. Gregersen, Language in Africa, New York 1977. – B. Heine, A Typology of African Languages, Berlin 1976. – B. Heine/D. Nurse (Hg.), African Languages – an introduction, Cambridge 2000. – B. Heine/Th.C. Schadeberg/E. Wolff (Hg.), Die Sprachen Afrikas, Hamburg 1981. – Th.A. Sebeok (Hg.), Linguistics in Sub-Saharan Africa, Den Haag/Paris 1971.

Rainer Voßen

Sprachen, europäische, gelangten seit dem Mittelalter über die Kolonialisierung (↗ Kolonialismus) auf versch. Wegen und zu unterschiedlichen Zeiten nach Afrika; sie dienen noch heute in zahlreichen ↗ nachkolonialen Staaten als Amtssprachen (↗ Nationalsprache), werden aber im Ganzen von kaum mehr als gesch. 20% der Bev. Afrikas beherrscht. Die weiteste Verbreitung weisen das Engl. und das Frz. auf. In folgenden Ländern ist Engl. die einzige offizielle S.: Gambia, Ghana, Lesotho, Liberia, Mauritius, Namibia, Nigeria, Sambia, Sierra Leone, Simbabwe und Uganda; in fünf weiteren Ländern kommt ihm diese Rolle zusammen mit einer afrik. S. (in Klammern) zu: Botsuana (Tswana), Kenia (↗ Swahili), Malawi (Chewa), Swasiland (Swati) und Tansania (Swahili). In Kamerun, auf den Seychellen (jeweils Frz.) und in der Rep. Südafrika (↗ Afrikaans) koexistiert das Engl. als offizielle S. mit einer anderen e. S. Dem Frz. kommt der Status der alleinigen offiziellen S. in den Staaten Benin, Burkina Faso, Elfenbeinküste, Gabun, Guinea, Demokrat. Rep. Kongo, Rep. Kongo, Mali, Mauretanien, Niger, Senegal und Togo zu. In der Zentralafrik. Rep. teilt es diese Aufgabe mit der afrik. Kreolsprache Sango; in Ruanda mit dem Engl. und der ↗ Bantusprache Kinyaruanda; in Dschibuti, auf den Komoren, in Marokko, dem Tschad sowie in Tunesien (jeweils halboffiziell) mit dem ↗ Arabischen; und in Kamerun und auf den Seychellen (s. o.) schließlich jeweils mit einer anderen e. S. Im Vergleich dazu nimmt sich der offizielle Charakter des Portug. (Angola, Guinea-Bissau, Kap Verde, Mosambik, São Tomé e Príncipe) und noch mehr der des Spanischen (Äquatorial-Guinea) bescheiden aus. In einigen Staaten werden e. S. auch ohne offiziellen Status in begrenztem Umfang gesprochen: so das Engl. in Ägypten, Äthiopien, Eritrea und Togo; das Frz. in Ägypten, Algerien, Madagaskar und Mauritius; das Portug. in Namibia; das Spanische in Marokko; das Italien. in Äthiopien, Eritrea und Somalia; Afrikaans in Botsuana und Namibia sowie das Deutsche in Namibia und der Rep. Südafrika. – Mit Ausnahme des Deutschen und des Spanischen dienten alle e. S. in Afrika auch als Basisform zur Herausbildung von ↗ Pidgin- und Kreolsprachen. ↗ Anglophone, ↗ frankophone, ↗ hispanophone, ↗ lusophone Literatur.

📖 B. Heine, Sprache, Gesellschaft und Kommunikation in Afrika, München/London 1979. – J. Maho, African Languages Country by Country, a reference guide, Göteborg 1998. – M. Reh, Sprache und Gesellschaft. In: B. Heine/Th. C. Schadeberg/E. Wolff (Hg.), Die Sprachen Afrikas, Hamburg 1981, S. 513–557.

Rainer Voßen

Sprachkontakt. Bei S. kommt es zur ein- oder wechselseitigen Beeinflussung von Sprachen (↗ Mehrsprachigkeit), was u. U. sogar zur Entstehung neuer Sprachen führen kann (↗ Pidgin- und Kreolsprachen). Instabile mehrsprachige Situationen ziehen nicht selten die Übernahme einer Kontaktsprache auf Kosten einer anderen (↗ Sprachwechsel) bei völliger Verdrängung der rezessiven Sprache (↗ Sprachtod) nach sich. In Abhängigkeit von der Dauer und dem Ausmaß des S. verändern sich eine bzw. alle Kontaktsprachen (Entlehnung, Transfer), wobei alle Bereiche der Sprache (Lexikon, Phonologie, Grammatik) betroffen sein können. Während S. auf der Ebene des individuellen Sprechers sowohl das sporadische Auftreten von Interferenzen als auch den bewussten Einsatz mehrerer Sprachen in einem Sprechereignis oder einer Äußerung bedeuten kann (Sprachmischung, Codeswitching/Codewechsel), kann S. auf der Ebene der Sprachgemeinschaft langfristig zu Sprachwandel und Konvergenz, d. h. zu strukturellen Veränderungen und der Annäherung sprachlicher Systeme führen. Im Niltal bspw. beeinflussten sich durch langanhaltenden Kontakt die Sprachen Nobiin und Dongolawi/Kenzi (↗ Nubisch) nachhaltig und wechselseitig, mit der Folge, dass es zu zahlreichen lexikalischen Entlehnungen und Lehnübersetzungen in beiden Sprachen, aber auch zu Veränderungen im morphologischen Bereich (Pronomina, Nominal- und Verbalsystem) kam. S. zwischen dem Minianka (↗ Gur) und ↗ Bambara (↗ Mande) in Mali bewirkte v. a. in der rezessiven Sprache Minianka Veränderungen im Wortschatz und in der Grammatik. So diente das Relativpronomen *min* des Bambara als Grundlage für die Entstehung eines neuen Pronomens bzw. Determinans im Minianka, wobei diese strukturelle Veränderung Auswirkungen bis in den syntaktischen Bereich zeigt, da sie eine Verfestigung der Wortreihenfolge im Minianka-Satz zur Folge hat. S. zwischen Englisch und Mandinka (↗ Mande) bzw. Wolof (↗ Atlantisch) in Gambia führte zur Herausbildung bestimmter Muster des Codewechsels, bei dem die Verwendung der afrik. Sprachen als sog. Matrixsprachen (ML) vorherrscht, während Insertionen (IL) überwiegend aus dem Engl. stammen (85% IL bei nur 19% Beteiligung an ML-Wechseln). Im Satz *Kee Gambian*-oo *civilize*-ta baake le (Mann-*Gambian* + Determinans-*civilize* + Perfektiv-sehr-emphatische Partikel) »Der Gambier ist sehr zivilisiert« z. B. fungiert Mandinka als Matrixsprache, während modifizierte lexikalische Einfügungen aus dem Engl. stammen.

🕮 M. Bechhaus-Gerst, Sprachwandel durch Sprachkontakt am Beispiel des Nubischen im Niltal. Möglichkeiten und Grenzen einer diachronen Soziolinguistik, Köln 1996. – K. Dombrowsky-Hahn, Phénomènes de contact entre les langues minyanka et bambara (sud du Mali), Köln 1999. – D. Haust, Codeswitching in Gambia. Eine soziolinguistische Untersuchung von Mandinka, Wolof und Englisch in Kontakt, Köln 1995.

Gabriele Sommer

Sprachplanung. Von einer gesellsch. Institution ausgehende oder durch sie koordinierte, systematische Maßnahmen mit dem erklärten Ziel, das gesellsch. Sprachverhalten zu beeinflussen. Ist der Staat Träger derartiger Maßnahmen, spricht man auch von ↗ Sprachpolitik. Die Beeinflussung kann sich hierbei (1) auf die Auswahl bestimmter Sprachen und/oder Sprachformen für festgelegte gesellsch. Bereiche beziehen, (2) auf die grammatische Struktur und das lexikalische Inventar einer Sprache und (3) auf Regeln für den schriftlichen Gebrauch (Orthographie) einer Sprache. Im ersten Falle spricht man von Statusplanung oder auch »externer« S., in den beiden weiteren Fällen von »interner« S. oder auch Korpusplanung, da diese Planungsbereiche eng mit der Schaffung zumeist normativ verstandener Wörterbücher, Grammatiken und Textsammlungen verbunden sind. Mitunter wird auch die Spracherwerbsplanung zur S. gezählt. – Für die Staaten Afrikas sind alle drei Bereiche der S. von existenzieller Bedeutung. In vorkolonialer Zeit wurde die überwiegende Mehrheit der afrik. Sprachen primär mündlich verwendet, und auch in kolonialer Zeit erhielten afrik. Sprachen eher selten staatl. – und damit schriftliche – Funktionen. (Ausnahmen sind hier insbes. ↗ Hausa in Nordnigeria, ↗ Swahili in Tanganyika und Amharisch in Äthiopien, das allerdings nie Kolonie war.) Staatl. Aufmerksamkeit erhielt die Korpusplanung immer dann, wenn der betreffenden Sprache auch eine öffentl. Funktion, sei es im Schulunterricht, in der Verwaltung oder gar als offizielle Sprache, zugestanden wurde. Besondere Schwierigkeiten bei der Korpusplanung ergeben sich nicht nur dadurch, dass die meisten afrik. Staaten vielsprachig sind, sondern auch durch die Tatsache, dass Staatsgrenzen und Sprachgrenzen kaum je zusammenfallen. Jede Art der Korpusplanung, die nicht nur deskriptiv (d.h. beschreibend und alle Gebrauchsformen gleichermaßen zulassend), sondern auch vereinheitlichend (und damit auch bestimmte Normen festsetzend) sein will, bedarf deshalb nicht nur der innerstaatl. sondern auch der transstaatl. Übereinkunft. Entsprechende Arbeitstreffen werden v.a. von der UNESCO und einzelstaatl. NGOs gefördert. Verzichtet dagegen ein Staat in Verwaltung und Bildungswesen auf die Verwendung einheimischer Sprachen zugunsten der Sprache der ehem. Kolonialmacht, wie dies auch heute noch viele – wenn auch zunehmend weniger – afrik. Staaten tun, so tritt die Spracherwerbsplanung in den Vordergrund, die den Interessierten einen möglichst optimalen Zugang zur gewünschten Sprache ermöglichen soll.

🕮 R.L. Cooper, Language Planning and Social Change, Cambridge 1989. – K. Legère (Hg.), Cross-Border Languages, Namibia 1998. – C.M. Rubagumya (Hg.), Language in Education in Africa: A Tanzanian Perspective, Cleveland/Philadelphia 1989.

Mechthild Reh

Sprachpolitik (auch: Sprachenpolitik). Programme, Verordnungen und Maßnahmen, mit denen der Sprachgebrauch in Institutionen geregelt wird. Obwohl der Begriff nicht auf staatl. Regelungen festgelegt ist, wird er im afrik. Kontext häufig so verstanden. Die S. afrik. Staaten charakterisiert der Nigerianer A. Bamgboṣe mit Begriffen wie Vermeidung, Vagheit, Willkürlichkeit, Veränderlichkeit und fehlende Umsetzung von Beschlüssen. Durch den Sprachenreichtum der meisten Staaten wurden bereits bei Erlangung der Unabhängigkeit zahlreiche sprachpol. Entscheidungen erforderlich, insbes. die Festlegung der offiziellen Sprache/n, der Sprache/n in der ↗ öffentl. Verwaltung, der Justiz sowie im Primar- und Sekundarschulwesen. Aufgrund von Faktoren wie der Schwierigkeit der Sprachenauswahl in einem mehrsprachigen Umfeld, der Furcht vor ↗ Tribalismus (Voranstellung der ethn. vor der staatl. Identität, ↗ Ethnizität), der fehlenden bzw. unzulänglichen schriftsprachlichen Entwicklung vieler afrik. Sprachen sowie des Mangels an entsprechend ausgebildetem Personal, entschied sich die Mehrheit der ↗ nachkolonialen Staaten für eine exoglossische Politik, d.h. eine S., in der die Sprache der ehem. Kolonialmacht zur alleinigen offiziellen Sprache sowie zur Sprache von Verwaltung, Justiz, Bildung und ↗ Presse wurde. Afrik. Sprachen blieben hierbei entweder völlig unberücksichtigt (z.B. in Senegal, Gabun, Kamerun) oder wurden nur in einzelnen Bereichen wie Alphabetisierung und Erwachsenenbildung, ↗ Rundfunk und unteren Primarschulklassen mit berücksichtigt (z.B. Kenia, Uganda, Ghana). Die Pflege und Förderung afrik. Sprachen wurde dabei privater Initiative und den Kirchen überlassen. Auch die ehem. portug. Kolonien Angola und Mosambik folgten bei ihrer Unab. 1975 einer exoglossischen Politik (Portug.; in Mosambik allerdings erst in der Verfassung von 1990 genannt). – Nur einige Staaten wie Tansania, Sudan und Somalia entschieden sich früh für eine endoglossische Politik; d. h., sie erklärten eine afrik. Sprache zum offiziellen Medium – z. T. gemeinsam mit einer nichtafrik. Sprache – und bauten sie als nat. Kommunikationsmittel auf. In den 1990er Jahren haben sich zusätzliche afrik. Staaten für eine endoglossische S. entschieden: 1991 erklärte die Zentralafrik. Rep. Sango zur ko-offiziellen Sprache (neben dem Frz.); Eritrea sieht in seiner Verfassung die Gleichheit aller eriträischen Sprachen vor; die Rep. Südafrika erklärt in ihrer Verfassung von 1997 elf ihrer Sprachen zu offiziellen Sprachen (Pedi, Sotho, Tswana, Swati, Venda, Tsonga, ↗ Afrikaans, Englisch, Ndebele, Xhosa und Zulu). Trotz aller bisherigen bildungspol. Anstrengungen ist die Kenntnis europ. ↗ Sprachen auch und gerade in afrik. Staaten mit einer exoglossischen S. auf eine prozentual kaum wachsende Bildungselite von 20–30% beschränkt. Die viele Jahre dominierende monolinguale Ausrichtung, die ursprgl. auch aus ökonom. Gründen gewählt wurde, um durch die Konzentration auf eine europ. Sprache den Anschluss an internat. techn. und wirtsch. Entwicklungen zu gewinnen, wird heute – nicht zuletzt mit Blick auf Asien – zunehmend durch die Überzeugung modifiziert, dass eine endoglossische Mehrsprachenpolitik einer dynamischen wirtsch. Entwicklung durchaus nicht im Wege stehen muss. Auch das frühere Argument, staatl. ↗ Mehrsprachigkeit berge verstärkt die Gefahr von Staatszerfall in sich, wurde inzwischen durch ↗ Kriege/Bürgerkriege auch in einsprachigen Staaten (Somalia) entkräftet. So vermehrt sich kontinuierlich die Anzahl jener afrik. Staaten, deren schulische ↗ Sprachplanung auf die von Soziolinguisten (↗ Soziolinguistik) und Pädagogen bereits vor langer Zeit geforderte individuelle Dreisprachigkeit ausgerichtet ist – zumindest außerhalb der Großstädte: Erstsprache plus afrik. ↗ Verkehrssprache, sofern diese nicht mit der Erstsprache identisch ist, plus europ. Sprache – und ggf. weitere afrik. und außerafrik. Sprachen.

🕮 A. Bamgboṣe, Language and the Nation. The language question in sub-Saharan Africa, Edinburgh 1991. – T. Skutnabb-Kangas/R. Phillipson (Hg.), Linguistic Human Rights: Overcoming Linguistic Discrimination, Berlin/New York 1995. – K. Legère (Hg.), African Languages in Basic Education, Windhoek 1996.

Mechthild Reh

Sprachtod (vollendeter ↗ Sprachwechsel, Sprachverschiebung, Sprachumstellung), Endpunkt eines Sprachwechselprozesses, bei dem eine Minderheitensprache durch eine Sprache mit lokaler, regionaler oder nat. Bedeutung vollständig ersetzt wird. Im Gegensatz zu anderen Regionen der Welt werden afrik. Sprachen nicht durch internat. Kommunikationsmedien wie Engl. oder Frz. ersetzt, sondern durch andere afrik. Sprachen. Derzeit sind mind. fünfzig Fälle von S. in Afrika bekannt, wobei die Dunkelziffer der unbekannterweise ausgestorbenen Sprachen beträchtlich höher liegt. Heute sind z. B. nur noch sehr wenige Süd-Khoisansprachen (↗ Khoisan) erhalten, und man nimmt an, dass ihr Verschwinden mit der massiven Ausbreitung des ↗ Afrikaans im südl. Afrika in Verbindung steht. In Ostafrika sind Überreste des Elmolo (Nordwestkenia) nur noch in der Sprachwechselvarietät des Samburu erhalten, da ehem. elmolosprachige Jäger und Fischer spezialisiertes Vokabular aus dem Bereich der Fischerei in die neue Erstsprache übernommen haben. Das bis in die erste Hälfte des 20. Jh. in Westafrika gesprochene Ajawa hingegen ist binnen kurzer Zeit – und ohne Spuren zu hinterlassen – von der Sprachenkarte Afrikas verschwunden. Sprecher des Ajawa in Nordnigeria haben innerhalb nur weniger Jahrzehnte ihre Sprache vollständig durch das ↗ Hausa (↗ Verkehrssprache) ersetzt. Tatsächlich ist in mehr als hundert weiteren Fällen davon auszugehen, dass die jeweils rezessiven Sprachen im Aussterben begriffen oder als vom S. bedroht einzustufen sind. In Eritrea z. B. werden heute Engl., ↗ Arab. und Tigrinya als Arbeitssprachen verwendet, während die Sprachen der insges. neun Volksgruppen als ↗ Nationalsprachen anerkannt sind. Dennoch tendieren Bilinsprecher, v. a. in gemischtsprachigen Familien, vermehrt dazu, ihre Erstsprache zugunsten des Tigre oder Tigrinya aufzugeben. Gleiches gilt für die Mehrzahl der Sprecher des K'emant in Äthiopien, die das Amharische (↗ Semitisch) als Erstsprache vollständig übernommen haben. K'emant weist mittlerweile Anzeichen von Sprachverfall auf. Unter sog. Semisprechern mit nur noch unvollständiger Kompetenz in der rezessiven Sprache lassen sich strukturelle Veränderungen in Grammatik und Vokabular ausmachen, die in Zusammenhang mit dem Aussterben der Sprache als gewohnheitsmäßig genutztem Medium einer ehem. intakten Sprachgemeinschaft stehen.

🕮 M. Brenzinger (Hg.), Endangered Languages in Africa, Köln 1998. – G. Sommer, A survey of language death in Africa. In: M. Brenzinger (Hg.), Language Death. Factual and theoretical explorations with special reference to East Africa, Berlin/New York 1992, S. 301–417.

Gabriele Sommer

Sprachwechsel (*language shift*), Bez. für den soziolinguistischen Wandel (↗ Soziolinguistik), der in vielen afrik. Sprachgemeinschaften das asymmetrische und konkurrierende Verhältnis von Sprachen zueinander prägt (Sprachkonflikt, ↗ Mehrsprachigkeit). Wenn auch dem Untergang von Sprachen (↗ Sprachtod) seit kurzem vermehrt Beachtung geschenkt wird, sind die genauen Ursachen, die einen solchen Prozess auslösen, wie auch die Merkmale seines Verlaufs im afrik. Kontext erst in Ansätzen untersucht worden. Obwohl sich S. innerhalb kurzer Zeit vollziehen, die allmähliche Verdrängung einer Minderheitensprache durch eine dominante Sprache in jedem Stadium verlangsamt, gestoppt und sogar umgekehrt werden kann (Revitalisierung), sind am S.-Prozess i.d.R. mehrere Generationen von mehr oder weniger ausgeglichen Zweisprachigen beteiligt. Typisch ist außerdem, dass S. durch ganz unterschiedliche außersprachliche Faktoren ausgelöst werden kann (pol. Druck, ökonom. Wandel, demographische Veränderungen u.a.m.). Bezogen auf die Sprachgemeinschaft, in der sich S. vollzieht, äußert sich der Prozess v.a. in einer Umorganisierung des Sprachverhaltens (vermehrter Gebrauch der dominanten Sprache in immer mehr Kommunikationsbereichen). Damit in Zusammenhang steht ein verändertes Muster der Erstsprachenvermittlung durch die Elterngeneration und als Folge solcher Entwicklungen der allmähliche Verlust kommunikativer Kompetenz in der rezessiven Sprache v.a. bei jüngeren Sprechern. Auf Grund ambivalenter Spracheinstellungen einer Sprache gegenüber, die außerhalb der eigenen Gruppe keinerlei offizielle Anerkennung erfährt, werden solchen Entwicklungen von Seiten der Sprecher (teilweise unbewusst) keinerlei spracherhaltende Maßnahmen entgegengesetzt; das trifft insbes. dann zu, wenn der Gebrauch der rezessiven Sprache als dem gesellsch. Aufstieg hinderlich erscheint oder gar mit Repressalien verbunden ist. Als Beispiele von S. in Afrika wären etwa der Wechsel von Teriksprechern zum Nandi (Kenia), einem nah verwandten Kalenjin-Dialekt (↗ Nilotisch), von Ekinata zum verwandten ↗ Swahili (Tansania) oder auch von Yeyisprechern zum Tswana (Botsuana) zu nennen (↗ Bantusprachen). Obwohl stabile Zweisprachigkeit unter der relativ kleinen Gruppe von Jɔgɔsprechern (↗ Mande) in Ghana noch vorherrscht, haben verwandte Numu und Wela, die im benachbarten N der Elfenbeinküste als Mitglieder eines endogamen Schmiedeklans lange Zeit eine ökonom. Nische besetzten, mittlerweile damit begonnen, nicht nur die ursprgl. Wirtschaftsweise, sondern auch ihre Sprache zugunsten des in der Region dominanten Kulango (↗ Gur) aufzugeben.

🕮 H. Roeder, Sprachlicher Wandel und Gruppenbewusstsein bei den Terik, Hamburg 1986. – R.D.K. Mekacha, The Sociolinguistic Impact of Kiswahili on Ethnic Community Languages in Tanzania. A case study of Ekinata, Bayreuth 1993. – G. Sommer, Ethnographie des Sprachwechsels. Sozialer Wandel und Sprachverhalten bei den Yeyi in Ngamiland (Botswana), Köln 1995.

Gabriele Sommer

Sprichwort ↗ Oralliteratur, ↗ geschichtliche Überlieferung

Squattersiedlungen sind Wohnviertel, in denen die Gebäude bodenrechtl. illegal auf nicht amtlich vermessenen und im Kataster nicht registrierten Grundstücken errichtet wurden; die »Bauherren« haben keine legalen Eigentums- und Nutzungsrechte am Boden. S., die in den Städten Afrikas oft riesige Areale einnehmen, auf denen häufig die Mehrheit der jeweiligen Stadt-Bev. lebt, liegen vornehmlich auf Staatsland. Sie werden oft auch als informelle Siedlungen bezeichnet (↗ Slums). Da nach afrik. Gewohnheitsrecht (↗ Bodenrecht, ↗ Familien- und Erbrecht, ↗ Recht) ein Nutzer des Bodens ggf. ein Nutzungsrecht erwerben konnte und eine gewaltsame Beseitigung der S. durch den Staat ohne innenpol. Konflikte oft nicht mehr möglich ist, wurde die illegale Landnahme vielerorts nachträglich legalisiert. Aufgrund der i.d.R. jedoch ungesicherten Nutzungsrechte investieren die wilden Siedler nur wenig in ihre Häuser, so dass viele S. die Merkmale von Slums aufweisen. S. sind auch in ländl. Räumen entstanden (↗ Migration). Illegale bäuerl. Landnahme ist weit verbreitet, und Squatter – wilde Siedler, die oft als Holzfäller, Köhler oder in der Gewinnung von Steine, Erden und Bergbauprodukten tätig sind – okkupieren auch Natur- und Waldschutzgebiete.

🕮 R. A. Obudbo/C. C. Mblanga (Hg.), Slum and Sqatter Settlements in Sub-Saharan Africa, New York 1988. – P. Amis/P. Llyod (Hg.), Housing Africa's Urban Poor, Manchester 1990.

Karl Vorlaufer

Staat ↗ nachkolonialer Staat, ↗ vorkoloniale politische Systeme

Staatsbürokratie ↗ Öffentliche Verwaltung

Staatspartei ↗ Parteien

Staatszerfall ↗ ethnische Konflikte, ↗ Kriege/Bürgerkriege, ↗ nachkolonialer Staat

STABEX ↗ Lomé-Abkommen

Stadt. *I. Allgemeines.* Gemeinsame Merkmale (fast) aller afrik. St. sind das stürmische Bevölkerungswachstum infolge massiver Zuwanderung und hoher Geburtenüberschüsse (↗ Bevölkerung) sowie eine wachsende Verelendung großer Bevölkerungsteile. Darüber hinaus hat eine regional versch. hist., kulturelle und wirtsch. Entwicklung zur Herausbildung von Stadttypen geführt, die hinsichtlich ihrer Funktionen und innerer Gliederung große Unterschiede aufweisen. Die Abgrenzung einer städt. von einer ländl. Siedlung ist oft nicht eindeutig zu vollziehen. Viele Mittelpunktsiedlungen (Zentrale Orte)

Karte 29: Regionen historisch-genetischer Stadttypen in Afrika bis zum Ende des 19. Jh. und charakteristische Städte (Auswahl)

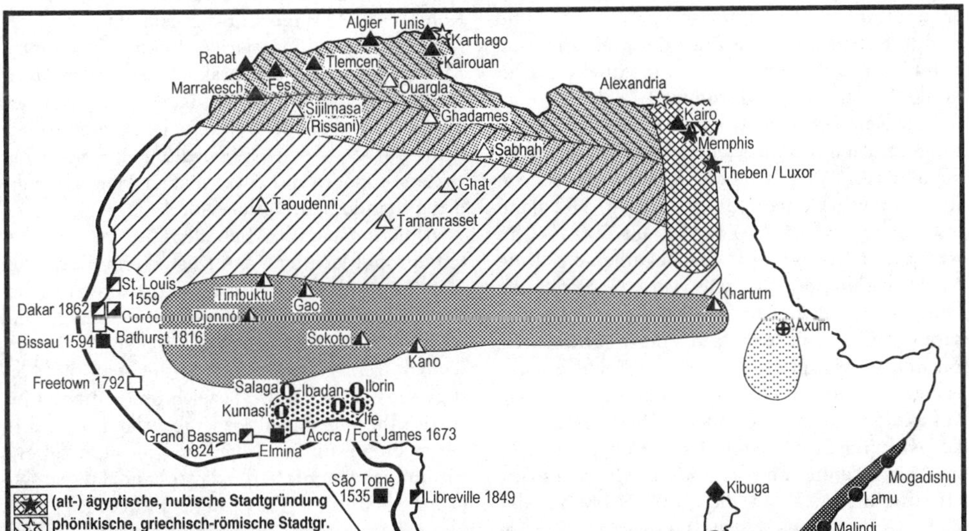

Entwurf: Karl Vorlaufer

Kartographie: U. Beha

deuten in ihrem Erscheinungsbild den städt. Charakter nur an und besitzen eine zwar geringe Einwohnerzahl, für ein weites Umland mit großer Bev. aber wichtige wirtsch., administrative und soziale Funktionen wie z. B. Märkte, Schulen und Krankenhäuser. Andererseits gibt es Siedlungen, die in Physiognomie und Größe die Charakteristika einer St. aufweisen, denen aber zentrale Funktionen für das Umland fehlen. Dies ist der Fall bei monofunktionalen Bergbausiedlungen in hermetisch abgeschlossenen Konzessionsgebieten.

II. Vorkoloniale Städte. Bei einer Typenbildung nach hist.-genetischen Kriterien können Großräume spezifischer Stadtentwicklung unterschieden werden (Karte 29). (1) In Nordafrika entstanden St. im 3. Jt. v. Chr. im heutigen Ägypten als relig. und wirtsch. Zentren und später infolge der phönizischen, ↗ griech. und ↗ röm. Kolonisation. Im Zuge der arab. Invasion entwickelte sich vom 6.–11. Jh. in Anlehnung an antike St. oder als Neugründung (z. B. Kairouan in Tunesien, Fès in Marokko) der Typ der islam.-orientalischen St. mit Medina bzw. Kasbah (Altstadtviertel), Stadtmauern, Burgen, Moscheen und Karawansereien. (2) Im äthiop. Hochland entstanden von ca. 500 v. Chr. bis 500 n. Chr. wichtige, auch auf dem Handel über das Rote Meer basierende St. wie v. a. ↗ Axum, die Hauptst. des gleichnamigen Reiches. (3) Im Zusammenhang mit der Entstehung zahlreicher Staaten entwickelten sich in der Sahel-Sudan-Zone seit dem 10./11. Jh. bedeutende, wirtsch. auf dem Transsahara-Handel (↗ Westafrika, Völker, Kulturen und Staaten) basierende St., so z. B. in Mali Djenné und Timbuktu (14. Jh.), Gao (15. Jh.), im 16./17. Jh. die Hausa-St. Kano oder Zaria (im heutigen Nigeria) sowie die erst im 19. Jh. von Fulbe gegr. St. Sokoto, heute in Nigeria. (4) In der Waldzone der östl. Oberguineaküste entwickelten sich seit dem 9. Jh. als kulturell-relig. Zentren zahlreiche, noch heute bedeutende St. wie v. a. Ife, Oyo, Benin im Yorubaland oder das erst im 19. Jh. gegr., aber noch präkoloniale Ibadan (heute Nigeria). Kumasi, Abomey und Quidah waren vorkoloniale Herrschaftszentren der Ashanti (heute Ghana); Salaga (heute Ghana) war die bedeutendste, auf dem Kolahandel (↗ Drogen) basierende Wirtschaftsmetropole dieses Raumes. (5) An der Ostküste Afrikas entfalteten sich die seit dem 9. Jh. von Arabern und Persern gegr., auf dem maritimen Fernhandel basierenden Swahili-St. wie u. a. Mogadischu, Lamu (Karte 32), Mombasa, Kilwa, das für den Goldhandel mit Simbabwe bedeutende Sofala oder das im 19. Jh. v. a. durch den Sklaven-, Elfenbein- und Gewürznelkenhandel florierende ↗ Sansibar.

Nur in Regionen, in denen gesellsch. Arbeitsteilung und die agrarische Überschussproduktion ein gewisses Niveau erreicht hatten, konnten sich präkoloniale Zentren des Handels, der Herrschaft und des spirituellen Lebens entfalten. In vorkolonialer Zeit waren weite Regionen des zentralen, östl. und südl. Afrika infolge des Fehlens dieser Voraussetzungen städtelos. Nur in kleinen Räumen gab es Ansätze präkolonialer Zentrenbildung, von denen die *Great Zimbabwe Ruins* das bekannteste Zeugnis sind. Aus der Residenz des ↗ Kabaka (Königs) von Buganda entwickelte sich seit der Kolonialzeit die Hauptst. Ugandas, Kampala. Präkoloniale Großsiedlungen nur semi-urbanen Charakters gab es zudem im Königreich ↗ Kongo mit der Hauptst. M'Banza (heute Angola). Tananarivo, heute die Hauptst. Madagaskars, war ein präkoloniales (v. a. Herrschafts-) Zentrum. Im heutigen Kenia, Malawi, Ruanda, Sambia oder Tansania existierten jedoch keine autochthonen Großsiedlungen städt. Charakters, sondern nur Sitze lokaler Herrscher, die ihren Standort oft verlagerten.

III. Kolonialstädte. Seit dem 16. Jh. errichteten europ. Mächte an den Küsten eine Kette von Handelsposten, Forts und Faktoreien zunächst zur Sicherung des Seewegs nach Indien und schließlich für den transatlantischen ↗ Sklavenhandel. Zur gleichen Zeit gründeten die Portugiesen offiziell als St. bezeichnete Stützpunkte. Im 17. Jh. entstanden frz., niederländ. und brit. Stützpunkte, oft in Anlehnung an autochthone Siedlungen v. a. für den Sklavenhandel. Freetown (1892, heute Sierra Leone), Libreville (1849, heute Rep. Kongo) und Monrovia (1822, heute Liberia) wurden als Refugien für ehem. Sklaven gegr.

Am Beispiel Südafrika lässt sich die Entfaltung eines von Europäern angelegten kolonialen und postkolonialen Städtenetzes darstellen: (1) Hafenst. als maritime Stützpunkte auf dem Wege nach Niederländ.-Indien entstanden bereits Jahrhunderte vor der Erschließung des Binnenlandes, so z. B. 1652 Kapstadt, von dem aus das Kapland durch Verwaltungs-, Handels- und Kirchorte erschlossen wurde. (2) Mit der brit. Herrschaft (seit 1814) wurden für den Indienhandel wichtige Hafenst. gegr.: Port Elizabeth 1820; Durban 1824, East London 1847. Im Binnenland entwickelten sich St. aus Militärposten, die zur Landessicherung gegen die Xhosa und Zulu angelegt wurden, wie z. B. Grahamstown

Karte 30: Die Flächennutzung in Harare/Simbabwe (um 1990) als Beispiel der Fortdauer kolonialer Segregationspolitik

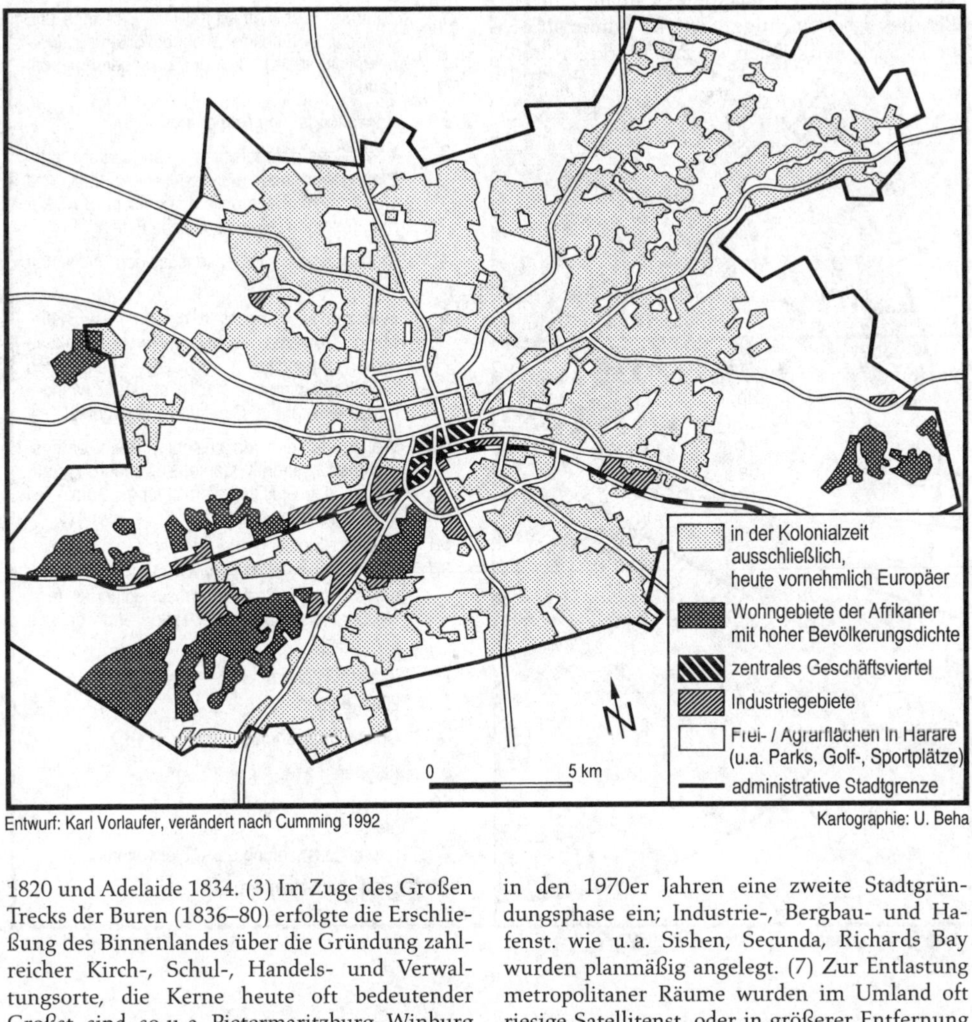

Entwurf: Karl Vorlaufer, verändert nach Cumming 1992

Kartographie: U. Beha

1820 und Adelaide 1834. (3) Im Zuge des Großen Trecks der Buren (1836–80) erfolgte die Erschließung des Binnenlandes über die Gründung zahlreicher Kirch-, Schul-, Handels- und Verwaltungsorte, die Kerne heute oft bedeutender Großst. sind, so u.a. Pietermaritzburg, Winburg 1841, Bloemfontein 1846 und Pretoria 1855. Die Klein- und Mittelst. dieser Phase sind bis heute zentrale Orte in ländl. Gebieten geringer Industrialisierung. (4) Mit den Diamantenfunden in Kimberley 1867 und den Goldfunden in Johannesburg 1886 setzte die Erschließung des östl. Binnenlandes durch Bergbaust. ein. (5) Ab den 1940er Jahren kam es im Zuge wirtsch. Wachstums und verstärkter Zuwanderung aus dem Aus- und Binnenland zur Gründung von Planst. (u.a. Vanderbijlpark 1942) auch nach dem brit. Vorbild des *New Town*-Konzeptes. (6) Mit der stärkeren Diversifizierung der Wirtsch. und der weiteren bergbaulichen Erschließung setzte in den 1970er Jahren eine zweite Stadtgründungsphase ein; Industrie-, Bergbau- und Hafenst. wie u.a. Sishen, Secunda, Richards Bay wurden planmäßig angelegt. (7) Zur Entlastung metropolitaner Räume wurden im Umland oft riesige Satellitenst. oder in größerer Entfernung eigenständigere Trabantenst. errichtet, so z.B. die 1974–1984 erbaute Satellitenst. Mitchells Plains, ca. 25 km von Kapstadt entfernt gelegen, für 250.000 Einw., und seit 1974 die Trabantenst. Atlantis, die 500.000 Einw. aufnehmen soll.

Der Prototyp der Kolonialst. entstand in den europ. Siedlerkolonien (v.a. Südafrika, Kenia, Dt.-Ostafrika, Südwestafrika, Rhodesien, z.T. Algerien, Marokko). Ohne Berücksichtigung vorkolonialer Siedlungen und entsprechend den kolonialen Interessen wurden hier sowohl St. mit zentralörtlichen Funktionen für die europ. Farmer und produzierendes Gewerbe und auch Hafenst. als koloniale Brückenköpfe (z.B. Casa-

Abb. 32: Modell der Raumstruktur einer ostafrikanischen Küstenmetropole: Daressalaam

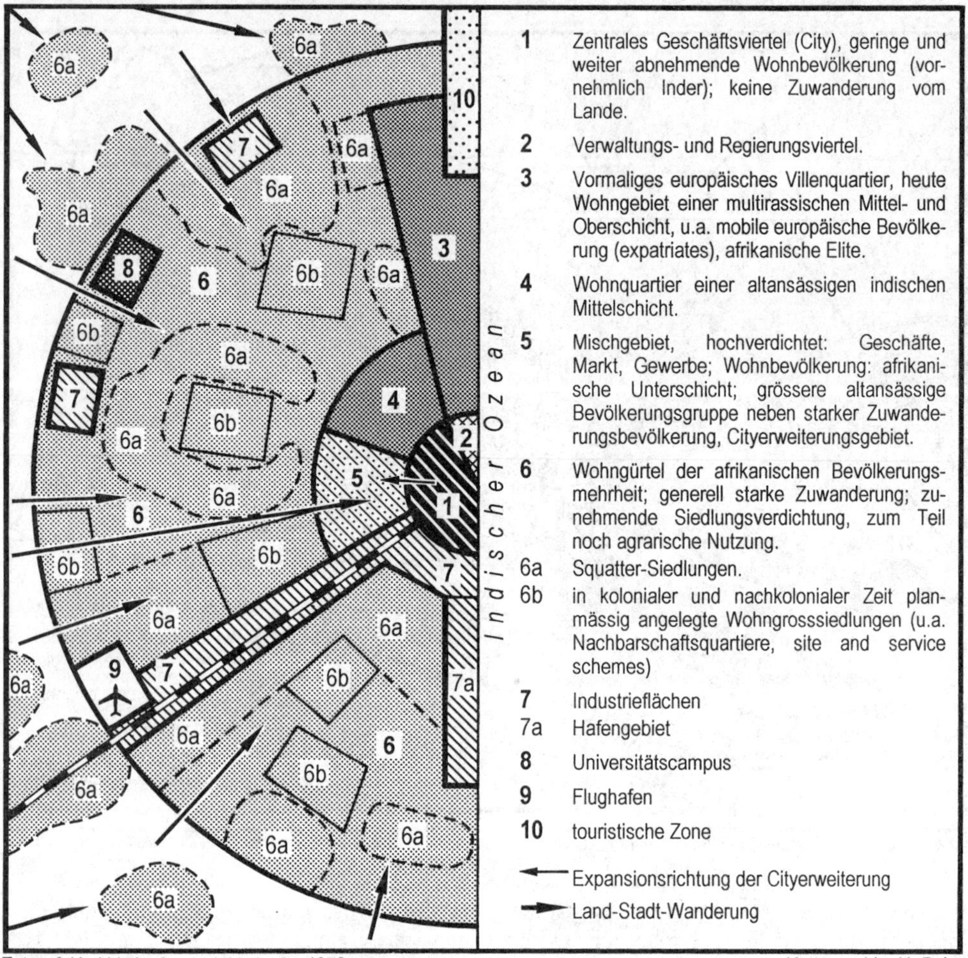

Entwurf: Karl Vorlaufer nach Vorlaufer 1972 Kartographie: U. Beha

blanca) angelegt. Die nach der Gartenstadtidee angelegten Wohnquartiere der Europäer nahmen im Verhältnis zu ihrem Bevölkerungsanteil überproportional große Flächen ein. Prominente Beispiele sind Nairobi (↗ Stadtplanung), Harare (früher Salisbury, Karte 30) oder Casablanca.

In den Kolonialst. Ost-, eingeschränkter auch Zentralafrikas stellten neben Europäern ↗ Inder als sog. koloniale Zwischenschicht einen hohen Bevölkerungsanteil; sie wohnten zunächst über ihren Läden im Geschäftsviertel und später in eigenen Vierteln (Abb. 32). Europäer, die koloniale Oberschicht, waren vornehmlich in der Verwaltung tätig. Die als Arbeitskräfte benötigten, aber lange von den Kolonialherren nicht als städt. Bewohner angesehenen Afrikaner stellten die zahlenmäßig breite, aber wirtsch., pol. und sozial marginalisierte Unterschicht. Eine Variante der Kolonialst. ist die weitgehend monofunktionale Bergbaust. Bergbaugesellschaften als i.d.R. alleinige Landbesitzer bestimmten die wirtsch. und städtebauliche Entwicklung. Die meisten der heute großen St. südl. der autochthonen Stadtkulturen Nordafrikas, der Sahel-Sudan-Zone und Oberguineaküste sowie Städtenetze bzw. Systeme zentraler Orte auch mit (heutigen) Klein- und Mittelst. stammen aus der Zeit des ↗ Kolonialismus.

IV. Funktionen kolonialer Zentren. Die zentralen Orte wurden zu Einfallstoren und Diffu-

Karte 31: Genese und Funktion kolonialer Zentren in Deutsch-Ostafrika

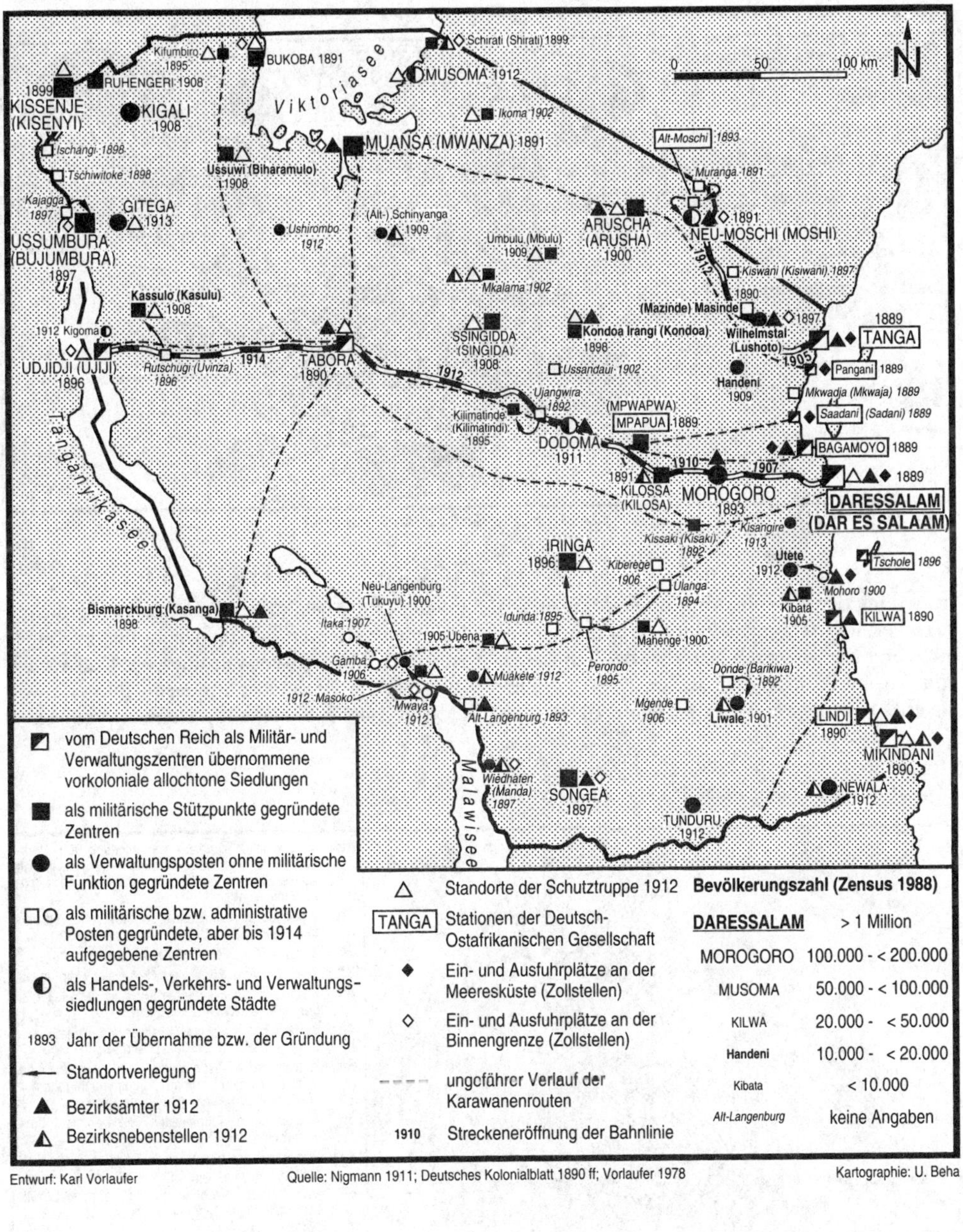

Entwurf: Karl Vorlaufer Quelle: Nigmann 1911; Deutsches Kolonialblatt 1890 ff; Vorlaufer 1978 Kartographie: U. Beha

sionszentren westl. Werte sowie der Geldwirtschaft; über sie erfolgte die Umstrukturierung überkommener Gesellschaften und Ökonomien sowie deren Einbindung in den Binnen- und Weltmarkt. Ostafrika ist ein Beispiel für die Oktroyierung eines Netzes kolonialer Zentren, denen mit ihrer Gründung jeweils spezifische Funktionen zugewiesen wurden (Karte 31). Nachfolgend entwickelten sich aus vielen dieser Siedlungen, die schnell auch Handelsfunktionen übernahmen, multifunktionale St.

Typisch für die Kolonialzeit waren häufige Hauptstadtneugründungen bzw. -verlegungen, v. a., weil die zunächst gewählten Standorte im

Abb. 33: Modell einer marokkanischen Stadt als Beispiel eines bis in die postkoloniale Zeit geprägten Dualstadtcharakters

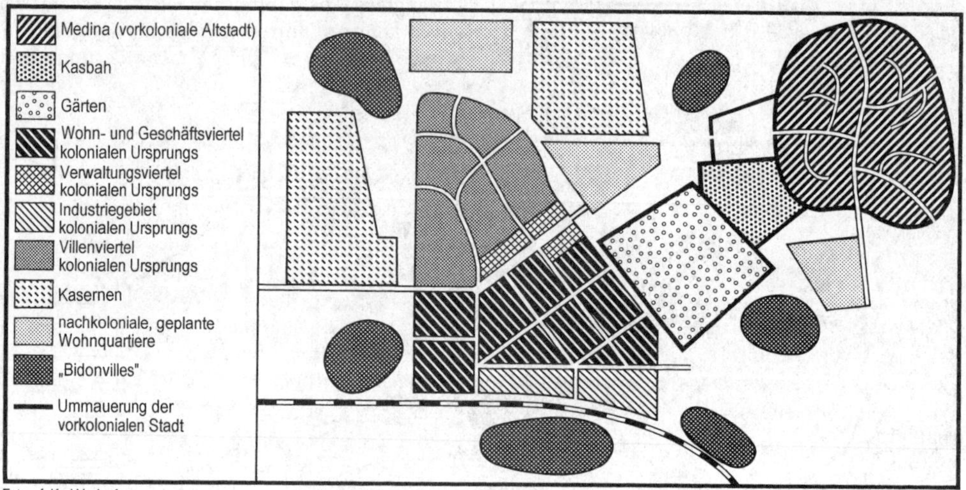

Entwurf: Karl Vorlaufer Quelle: verändert und ergänzt nachPopp / Müller-Hohenstein 1990 Kartographie: U. Beha

Zuge der infrastrukturellen und wirtsch. Erschließung der Kolonien ihre ursprgl. günstigen Lage verloren. Hauptstadtverlagerungen gab es u. a. von Mombasa nach Nairobi (1907) in Kenia, von Bagamoyo nach Daressalam (1891) in Dt.-Ostafrika; von Grand Bassam (seit 1893) über Bingerville (seit 1900) nach Abidjan (seit 1934) in der Elfenbeinküste. Aus gesundheitlichen Gründen verlegten z. B. die Deutschen in Kamerun den Sitz der Verwaltung von Duala nach Buea an die Hänge des Kamerun-Berges sowie die Italiener in Somalia die Hauptst. vom »hei-

Abb. 34: Modell einer westafrikanischen Hybridstadt

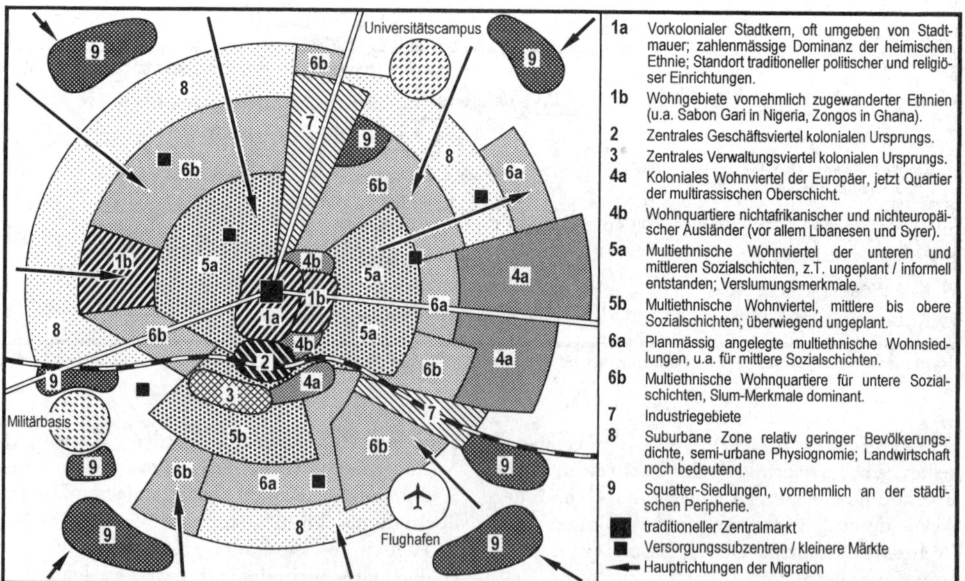

Entwurf: Karl Vorlaufer Quelle: verändert und ergänzt nach Manshard 1991 Kartographie: U. Beha

ßen« Roten Meer-Hafen Massawa in das höhergelegene Asmara; die Hauptst. Swasilands wurde vom zentral, aber tiefer gelegenen Manzini in das periphere, jedoch höhergelegene, daher gesündere Mbabane verlegt. Als Folge der Neugliederung Frz. Westafrikas übernahmen z.B. Niamey, Wagadugu und Ndjamena Hauptstadtfunktionen von St. Louis (Senegal).

V. Dual- und Hybridstädte. Der Typ der Dualst. entstand im Umfeld präkolonialer Stadtkultur. Im Zuge der kolonialen Okkupation wurden hier i.d.R. zunächst die vorkolonialen Großsiedlungen besetzt und dann neben der autochthonen St. planmäßig die europ. St. angelegt (Abb. 33). Wie z.B. Kibuga/Kampala (Uganda) blieben beide Siedlungskomponenten, die eine jeweils spezifische Raum-, Wirtschafts- und Bevölkerungsstruktur aufwiesen, oft bis in die nachkoloniale Zeit eigenständige Verwaltungseinheiten.

Im Zuge der rasanten ↗ Urbanisierung glichen sich fast alle St. schnell dem Typ der Hybridst. an (Abb. 34), in der sich exogene und endogene Siedlungselemente zu einer Einheit verflechten. Die Dualstadtmerkmale wurden zudem bereits in früher Kolonialzeit im Zuge massiver Überlagerung oder der Beseitigung der alten Siedlung häufig eliminiert. Vorkoloniale städt. oder halb städt. Siedlungen, die europ. Herrschaft unterworfen wurden, erhielten so schon früh die Merkmale einer Kolonialst. (z.B. Daressalam, Tabora, Tanga/Tansania; Bulawayo/Simbabwe) oder einer Hybridst. (z.B. Lagos/Nigeria; Wagadugu/Burkina Faso; Kumasi, Accra/Ghana; Kampala/Uganda; Mombasa/Kenia).

VI. Nachkoloniale Stadtentwicklung. Mit der ↗ Entkolonialisierung setzte ein radikaler Wandel ein. Die im Rahmen der Segregationspolitik nur für Europäer konzipierten Wohnquartiere gingen auf die multiethn. Oberschicht über, v.a. die neue afrik. ↗ Elite. Vormals als Grünzonen zwischen den Wohngebieten von Europäern, Asiaten und Afrikanern angelegte Areale (*Cordon Sanitaires*) wurden bebaut. In vielen ehem. Europäervierteln erfolgte eine Verdichtung der Bebauung; sie wandelten sich zu Wohnquartieren auch mittlerer oder sogar unterer Einkommensschichten. Die noch bis in die 1950er Jahre typische Gliederung der St. nach »rassischen« Kriterien wurde, dem Paradigma der *multi-racial society* entsprechend, aufgehoben. Die in der Kolonialzeit angelegte Stadtstruktur ist aber noch weithin erhalten. V.a. die St. Simbabwes sind auch 20 Jahre nach der Unabh. noch durch das koloniale Muster geprägt (Karte 30).

Fast alle heute großen St. bestanden bereits um 1960, als die meisten Staaten die Unabh. erlangten. Aus zahlreichen, in der Kolonialzeit noch kleinen Zentren wurden oft riesige urbane Agglomerationen. Diese Urbanisierung greift zunehmend auf ländl., bis 1960 weithin städtelose Regionen über: An Verkehrslinien und Straßenkreuzungen entwickeln sich spontan, ohne städteplanerische Gestaltung in großer Zahl Klein- und Mittelst. Spektakuläre nachkoloniale Stadtgründungen sind die neuen Hauptst. Nigerias (Abuja, 1982), der Elfenbeinküste (Yamoussoukro, 1984) oder Botsuanas (Gaborone, 1963). Die Gründung dieser Hauptst. sollte eine Abwendung vom Kolonialismus symbolisieren. Yamoussoukro und Abuja wurden zudem im Binnenland errichtet, um die aus der Kolonialzeit überkommene starke Küstenorientierung abzumildern. Die Anlage Gaborones als neue Hauptst. war notwendig, weil Botsuana in der Kolonialzeit als Betchuanaland von dem in Südafrika gelegenen Mafeking verwaltet wurde. Mehrere unabh. Länder verlegten ihren Regierungssitz in bereits bestehende St. Tansania verfolgt seit 1972 die Verlegung der Hauptst. von Daressalam nach Dodoma. Das koloniale Verwaltungszentrum Ugandas, Entebbe, musste seine Funktion 1963 an Kampala abtreten.

VII. Strukturmuster der Städte. Markantes Merkmal fast aller St. ist der scharfe Gegensatz zwischen Wohnvierteln unterschiedlicher Einkommensschichten: einerseits luxuriöse Villenquartiere mit bester infrastruktureller Versorgung sowie großen öffentl. Grünanlagen und andererseits Elendsquartiere mit hoher Bevölkerungsdichte, fehlender oder mangelhafter Ver- bzw. Entsorgung mit Wasser, Müll oder Strom sowie in gesundheitsbelastender Lage etwa in Nähe von Industrieanlagen oder in von Malaria verseuchten Flussniederungen. In vielen St. Westafrikas leben seit präkolonialer Zeit die Angehörigen ortsfremder Ethnien in eigenen, ethn. (relativ) homogenen Quartieren, so z.B. in den Ashanti-St. Ghanas u.a. die sog. *Northern*, Zuwanderer aus den nördl. Savannen, in eigenen, von den Ashanti getrennten Vierteln, sog. *Zongos*. Die Entstehung sozialer und/oder ethn. homogener Viertel wurde durch die Stadtplanung vorgegeben. Südafrika verfolgte schon Jahrzehnte vor dem im Rahmen der Apartheidpolitik 1950 erlassenen *Group Areas Act* eine rigide Segregationspolitik, die in der Bergbaust. Kimberley am konsequentesten durchgeführt wurde, nicht zuletzt auch im Interesse der dominierenden Bergbaugesellschaft De Beer, die durch iso-

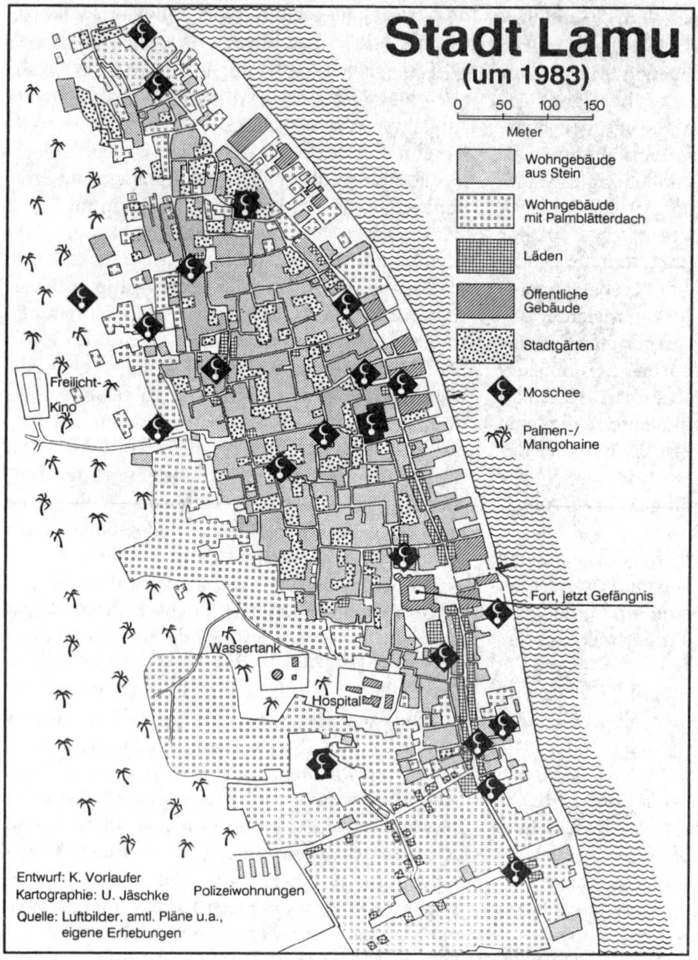

Karte 32: Lamu/Kenia als Beispiel der Raumstruktur einer Swahili-Stadt

lierte Quartiere für afrik. Bergleute den Diamantenschmuggel zu verhindern suchte. Das Prinzip der Segregation wurde dann auf die zahlreichen, um einzelne Goldgräbercamps entstandenen St. am Witwatersrand, dem Goldabbaugebiet mit Johannesburg als Kernst., übertragen. Schon Ende des 19. Jh. gab es im ungesunden W von Johannesburg drei Wohngebiete jeweils für die schwarze, indische und farbige Bev. Nach Ausbruch der Pest 1901 wurden die meisten Afrikaner in das von der St. 15 km entfernte Klipspruit, das heutige Soweto (Akronym für *South-Western-Township*) umgesiedelt.

Die präkolonialen und später ungeplant entstandenen St. und Stadtteile weisen ein unregelmäßiges Straßen- und Wegenetz, die Medinas z. B. Marokkos und Algeriens zudem eine Sackgassen-Struktur auf. Lamu (Kenia) ist bis heute ein prägnantes Beispiel für den Grundriss der Swahili-St. (Karte 32; ähnlich noch heute Sansibar und die Altst. Mombasas). Für die islam. St. Nordafrikas und insbes. Marokkos sind Basare typisch. Geschäftsstraßen, Hofkomplexe oder ganze Viertel sind Standorte jeweils bestimmter Handwerks- und Handelszweige.

In den Zentren vorkolonialer St. dominierte die Mischnutzung von Wohnen und Gewerbe, in vielen Geschäftsvierteln großer Kolonialst. dagegen eine monofunktionale Nutzung. In zahlreichen mittleren und kleineren St., aber selbst in Johannesburg, wies der CBD (*Central Business District*) eine größere Wohn-Bev. auf. Mit dem Anstieg der Nachfrage nach günstigen Standorten in den CBDs kam es in vielen Großst. zu einer Verdrängung der Wohn-Bev. zugunsten kommerzieller Nutzungen und zur Nutzungsintensivierung des Bodens durch den Hochhausbau. Viele CBDs afrik. Großst. ähneln funktional und physiognomisch europ. Innenst. und sind durch abnehmende Bevölkerungszahlen gekennzeichnet. Dies wurde in Johannesburg begründet mit der bis 1986 massiven, auf der Apartheidpolitik fußenden Umsiedlung der Afrikaner aus den CBDs; in Nordafrika mit der Sanierung der Medinas, die zu ↗ Slums geworden waren. Wie in den St. Europas stoßen im städt. Umland im Zuge der Urbanisierung oft zwei Migrationswellen (↗ Migration) aufeinander: die Abwanderung aus den Innenst. und die Zuwanderung aus ländl. Räumen und anderen St. Insbes. die Zentren südafrik. St., v.a. Johannesburgs, zeigen die für St. in den USA typischen Verfallsmerkmale: Zuzug unterer Einkommensschichten, wachsende Zahl von Squattern (↗ Squattersiedlungen), fliegenden Händlern und eine hohe Kriminalität. Höhere Einkommensschichten und hochrangige Dienstleistungsbetriebe verlassen die CBD. Die Edge City, ein am Rande des Agglomerationsraumes gelegenes neues Siedlungselement, wird zum Standort vieler ehem. City-Betriebe (Abb. 35). In jüngster Zeit breitet sich in vielen St. Afrikas (u.a. Algier, Johannesburg, Kairo) eine neue Siedlungsform aus, nämlich sog. *Gated Communities*, größere Wohnkomplexe, deren Zugänge durch Zäune, Mauern und bewachte Tore kontrolliert werden (Zitadellen): Angesichts wachsender Kriminalität schottet die Oberschicht sich ab.

VIII. Städtische Wirtschaft. Handel, Transportwesen und Verwaltung bilden die wirtsch. Basis fast aller St. Das Handwerk ist weithin von großer Bedeutung und wird oft informell (↗ informeller Sektor) unter freiem Himmel ausgeübt. In den Yoruba-St. Südnigerias, den islam. St. Nordnigerias und Nordafrikas war das Handwerk schon in vorkolonialer Zeit ein prägender Wirtschaftszweig. Hier konzentrieren sich die einzelnen Handwerke noch heute in gesonderten Vierteln. Infolge des geringen Industrialisierungsgrades bestimmt die Industrie nur in wenigen Fällen die Stadtstruktur. So wurde etwa das kleine Verwaltungs- und Handelszentrum Jinja (Uganda) am Ausfluss des Nils aus dem Victoriasee in spätkolonialer Zeit zu einer relativ bedeutenden Industriest. (u.a. Stahlwerk) ausgebaut, da hier von dem 1954 eröffneten Wasserkraftwerk des Owen Falls-Staudamms kostengünstig Elektroenergie genutzt werden kann. Zur Entlastung Nairobis (Kenia) wurden seit den 1970er Jahren die ca. 40 km von der Hauptst. entfernten Kleinzentren Thika und Athi River zu Industriest. ausgebaut. Eine ähnliche Funktion als industrielle Satellitenst. zur Entlastung der Hauptst. haben Rufisque bei Dakar (Senegal) oder Kafue bei Lusaka (Sambia). Beispiele für eine industriell geprägte St. sind Annaba – El Hadjar (Algerien) als Standort von Schwerindustrie und zahlreiche Bergbaustädte (Diamanten, Gold, Kohle, Soda, Zinn etc., ↗ Bergbau) in Ghana, der Demokrat. Rep. Kongo, Nigeria, Sambia, Simbabwe (s.u., Karte 33), Tansania und insbes. Südafrika.

Eine ausgeprägte Spezialisierung weisen die für die Einbindung Afrikas in den Weltmarkt wichtigen Hafenst. auf, die in der Kolonialzeit Brückenköpfe der europ. Mächte waren und Ausgangspunkte der für die Erschließung des Binnenlandes unentbehrlichen Eisenbahn. So werden z.B. Kenia, Uganda, Ruanda und Teile des östl. Kongo über Mombasa mit dem Weltmarkt verflochten, über Abidjan neben der Elfenbeinküste Burkina Faso und Mali, über Beira Nordmosambik und Simbabwe, über Daressalam neben Tansania Sambia und z.T. Uganda. Seit dem 19. Jh. sind die südafrik. Hafenst. Durban, Port Elizabeth und East London, aber auch Maputo (Mosambik) über Eisenbahnen mit den Bergbaurevieren und Agrarräumen des südafrik. Binnenlandes verbunden. Aufgrund ihrer günstigen Lage für den In- und Export sind Hafenst. vorrangige Industriestandorte. Die Wachstumsdynamik der Hafenst. erhöhte sich dadurch, dass sie in der Kolonialzeit häufig Hauptstadtfunktionen hatten. Aus diesem Standortmuster ergibt sich das für fast alle Staaten gravierende Problem räumlicher Disparitäten, ein meist starkes wirtsch. Gefälle von der Küste zum Binnenland. Über die Verlegung der Hauptstadt und der Förderung von St. des Binnenlandes wird versucht, die Dominanz der Hafen-/Hauptst. zu verringern (↗ Landesentwicklung).

In nahezu allen afrik. St. ist ein großer Teil der Bewohner mit der ↗ Landwirtschaft verbunden. In den präkolonialen Yoruba-St. z.B. betrieben ca. 80% der Bev. Landwirtschaft im städt. Umland. Im Zuge der Urbanisierung ist dieser Wert zurückgegangen, aber immer noch hoch. Die große Mehrheit der städt. Zuwanderer führt den heimatlichen Agrarbetrieb weiter oder versucht, in der St. oder ihrer Umgebung Land für eine Agrarproduktion i.d.R. im Nebenerwerb zu bewirtschaften. Im Umland vieler Großst. entstanden Zonen auch einer marktorientierten Intensivlandwirtschaft, z.B. um Nairobi. Selbst in den St. werden weithin alle bestellbaren Flächen – oft von Squattern illegal – bewirtschaftet. Die Klein-

Abb. 35: Modell der Post-Apartheid-Stadt

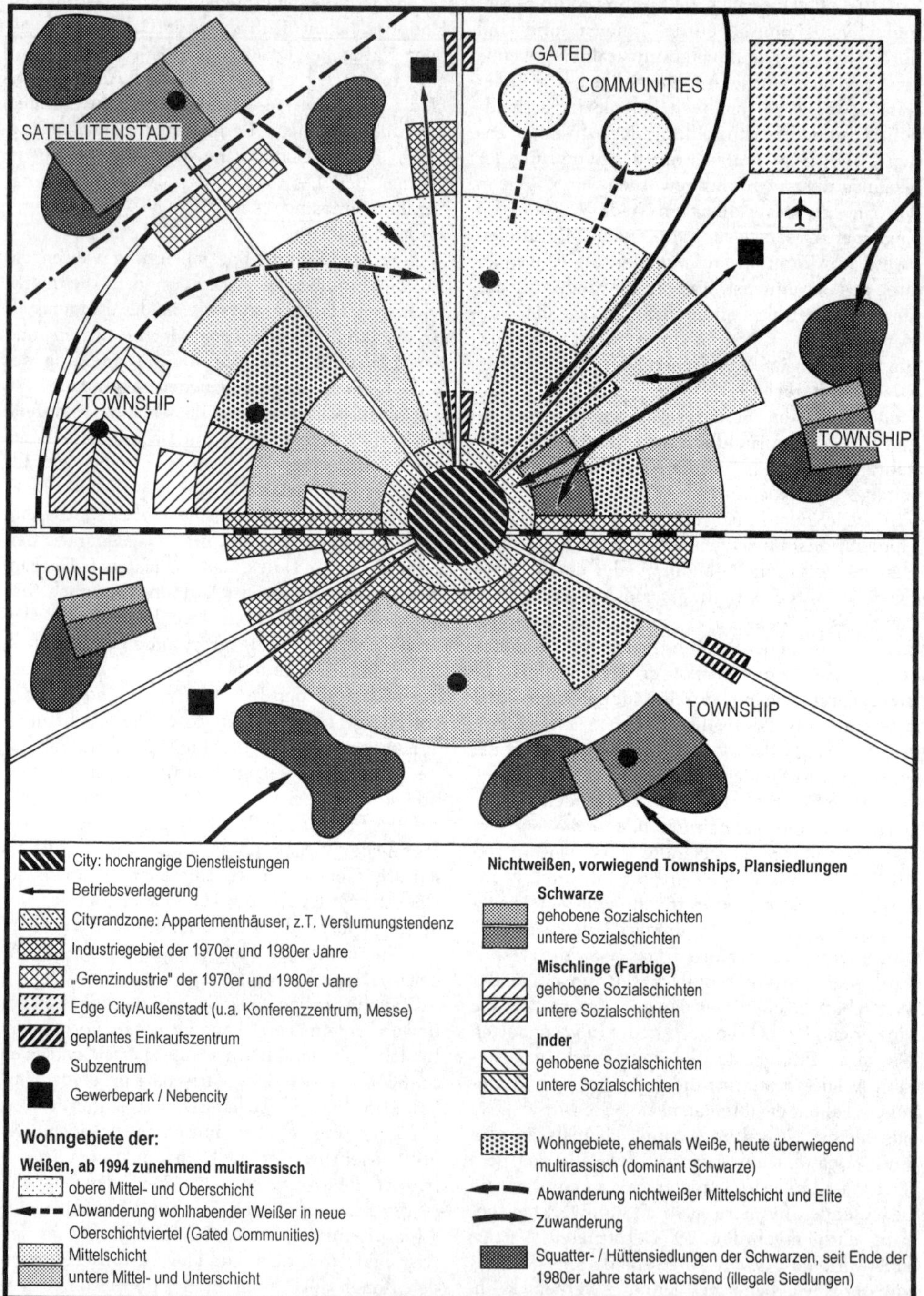

Entwurf: Karl Vorlaufer   Quelle: Bähr/Jürgens 1993, Wiese 1999 u.a.   Kartographie: U. Beha

Karte 33: Verteilung und Größe der Städte Simbabwes 1992 und der Anteil der Migranten (Lebenszeitwanderung) in ausgewählten Städten

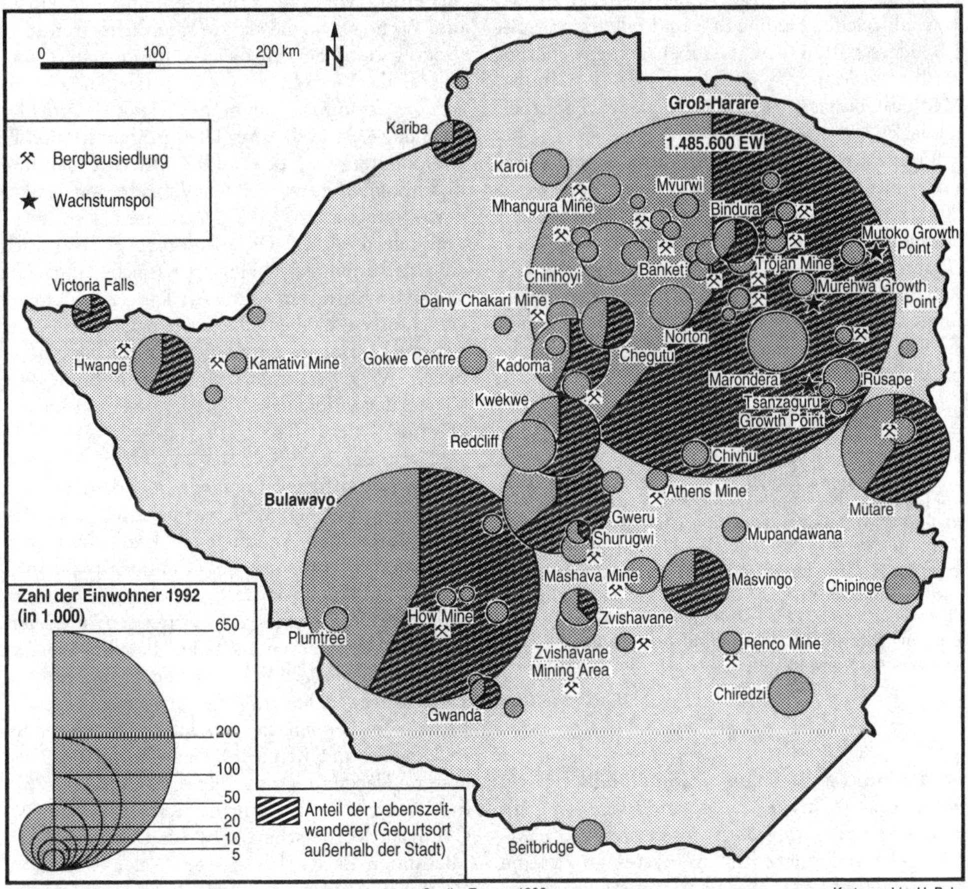

Entwurf: Karl Vorlaufer   Quelle: Zensus 1992   Kartographie: U. Beha

tierhaltung (v.a. Ziegen, Hühner) ist in vielen Slums und Squattersiedlungen verbreitet, als Futterbasis dient oft Müll. Die urbane Landwirtschaft ist so ein wichtiger Faktor der Existenzsicherung und ermöglicht in Anbetracht der hohen Arbeitslosigkeit und geringen Einkommen häufig erst das Verbleiben im urbanen Raum. Zudem sind die städt. Kleinproduzenten wichtig für die Ernährungssicherung ihrer St. So bewirtschafteten z.B. in Nairobi (um 1999) 3.700 »Bauern«, davon 40% Squatter und 60% Frauen, in der St. oder ihrem nahen Umland rd. 2.000 ha.

Wenn auch der ↗ Tourismus in einigen Ländern einen wichtigen Wirtschaftszweig darstellt, konnten sich ausgesprochene Fremdenverkehrsst. jedoch nur vereinzelt entfalten. In Kenia basiert das Seebad Malindi (50.000 Einw.) wirtsch. vornehmlich, in Simbabwe die St. Victoria Falls (ca. 25.000 Einw.) fast ausschließlich auf dem Tourismus. Das schon in vorkolonialer Zeit als Agrost. entstandene Maun (Botsuana) hat sich aufgrund seiner Funktion als Ausgangszentrum des Safari-Tourismus zu einer wirtsch. vom Fremdenverkehr abhängigen St. entwickelt, ähnlich auch als touristische Plansiedlungen gegr. St. wie Tabarka (Tunesien) oder Hurghada (Ägypten). Daneben ist der Tourismus in vielen multifunktionalen St., bspw. den marokkanischen Königsst. Fès, Marrakech, Meknès und Rabat oder Mombasa, Sansibar, Luxor und Kapstadt, ein bedeutender Wirtschaftsfaktor. In Tunesien und Ägypten erhielten versch. Oasenst. in jüngster Zeit Wachstumsimpulse durch den Sahara-Tourismus.

Schon in vorkolonialer Zeit besaßen insbes. die islam. St. häufig relig.-spirituelle Funktionen. Dies trifft gegenwärtig auf Senegal zu, wo sich zahlreiche »Heilige St.« und Pilgerst. oft um ↗ Bruderschaften bzw. Glaubensgemeinschaften berühmter Marabuts entfaltet haben (v.a. Touba, Médina-Gounass, Dahra, Tivaouane, Diourbel, Kaolack).

Einige afrik. St. weisen Merkmale von *Global Cities* auf, die welt- oder zumindest afrikaweite Funktionen ausüben. So ist z.B. Nairobi ein Standort internat. Organisationen und u.a. Hauptsitz wichtiger Unterorganisationen der UN (UNEP, Habitat). Als Standort der Hauptverwaltungen transnat. Wirtschaftsunternehmen haben die St. Afrikas keinerlei Bedeutung. ↗ Architektur, ↗ Transportsysteme.

📖 C.M. Baker/A.N. Hamer/A.R. Morrison, Beyond Urban Bias in Africa, Portsmouth, London 1994. – J. Baker (Hg.), Small Town Africa. Studies in Rural-Urban Interaction, Uppsala 1990. – W. Manshard, Städte des tropischen Afrika, Stuttgart 1977. – A. O'Connor, The African City, London 1986. – K. Vorlaufer, Kolonialstädte in Ostafrika: Genese, Funktion, Struktur, Typologie: In: H. Gründer/P. Johanek (Hg.): Kolonialstädte – Europ. Enklaven oder Schmelztiegel der Kulturen, Münster 2001, S. 125–181. – J.-B. Bisson/V. Bisson, Wüstenstädte im funkionsräumlichen Gefüge der Sahara heute. In: Geogr. Rundschau 53 (2001), S. 18–23.

Karl Vorlaufer

Stadtplanung. *I. Koloniale Stadtplanung.* Die im 16. und 17. Jh. in Afrika von Europäern gegr. Städte, wie z.B. Kapstadt, wiesen zwar ein planmäßiges Straßennetz auf, eine systematische, die räumliche Entwicklung einer Stadt steuernde St. auf der Basis von Kataster- und Bauleitplänen erfolgte aber erst im Kolonialismus.

Bereits die frühkoloniale St. orientierte sich an den den Zentren zugewiesenen Hauptfunktionen. Da die entstehenden Städte bei der Etablierung der Kolonialherrschaft v.a. milit. Funktionen hatten, nahmen Militäranlagen wie Forts und Kasernen zunächst und oft auch dann eine prominente Position ein, wenn die koloniale Siedlung präkolonialen Städten angegliedert wurde (Dualstadt; z.B. Tabora; Karte 34). Später wurden Verwaltungsviertel und mit dem Eisenbahnbau Bahnhöfe zu den Punkten, um die sich planmäßig angelegte Stadtteile gruppierten.

Wesentlich für die koloniale St. war die Übernahme der Gartenstadtidee und des Nachbarschaftsviertel-Konzepts (Karte 35), die räumliche Trennung der Wohngebiete von den Gewerbe- und Industrieflächen, die Anlage großer Parks, Erholungs- und Sport- (v.a. Golf-)flächen und breiter Boulevards mit grünen Mittelstreifen, die Sicherung von Freiräumen entlang der Flüsse und Bäche sowie die strikte räumliche Trennung (Segregation) der Europäer-Wohnquartiere von den afrik. Vierteln durch Grünflächen, die als *cordon sanitaire* dienten (bspw. Kampala/Uganda, Karte 36). Das Übergreifen tropischer Krankheiten von den i.d.R. schlechte sanitäre Bedingungen aufweisenden Vierteln der Afrikaner – und in Ostafrika der Asiaten – sollte so verhindert werden. Diese koloniale St. war auch ein Instrument der Herrschaftssicherung: Die Welt der Europäer sollte Afrikanern möglichst verschlossen bleiben, die soziale Distanz sollte sich auch in einer räumlichen Distanz manifestieren. Viele »rassisch« und sozial homogene Viertel der Kolonialstadt hatten die Funktion von Ghettos.

Die in den brit. Kolonien bes. rigide Segregation wurde offiziell mit medizin. Erkenntnissen begründet. Erst seit 1898 war bekannt, dass Malaria durch die Anopheles-Mücke übertragen wird, und man meinte, dass die noch nicht infizierten Europäer von der weitgehend infizierten afrik. Bev. v.a. nachts, d.h. durch separate Viertel, getrennt werden müssten, da die Übertragung der Malaria durch Mücken nachts erfolgt. 1901 wurde daher für die brit. Kolonien das Prinzip der Segregation offizielles Prinzip der St. In Uganda und Kenia z.B. wurden ab 1919 die ersten Flächennutzungspläne (*planning schemes*) erstellt (z.B. Kampala, Karte 36). In Dt.-Ostafrika wurde schon 1891 für Daressalam ein »Baulinien-Entwurf« erlassen, der getrennte Viertel für Afrikaner, ↗ Inder und Europäer anstrebte. Über unterschiedliche Baustandards für einzelne Flächen wurde ein für viele Küstenstädte typisches Raummuster realisiert: Im klimatisch begünstigten Küstenstreifen durften nur Gebäude europ. Standards erbaut werden; landeinwärts schlossen sich Zonen für »sonstige Steingebäude«, d.h. faktisch Wohnungen für Inder, an. Weiter landeinwärts lagen Areale, für die keine Baustandards vorgeschrieben waren. Hier durften »Hütten« errichtet, hier sollten die Afrikaner untergebracht werden. Während die St. in Südafrika im Rahmen der Apartheid nach »rassischen« Prinzipien erfolgte, wurde das brit. Segregationskonzept seit 1920 nicht mehr offen mit den Kriterien der Rassenzugehörigkeit begründet. Über das sog. *zoning* wurden vielmehr drei ähnliche Zonen ausgewiesen, wobei Afrikanern schon aus materiellen Gründen der Erwerb eines Wohnhauses in Vierteln gehobenen Stan-

Karte 34: Fort (Boma) und Verwaltungsquartier als »Landmarken« kolonialer Stadtplanung in einer kleineren Dualstadt: Beispiel Tabora/Deutsch-Ostafrika 1916

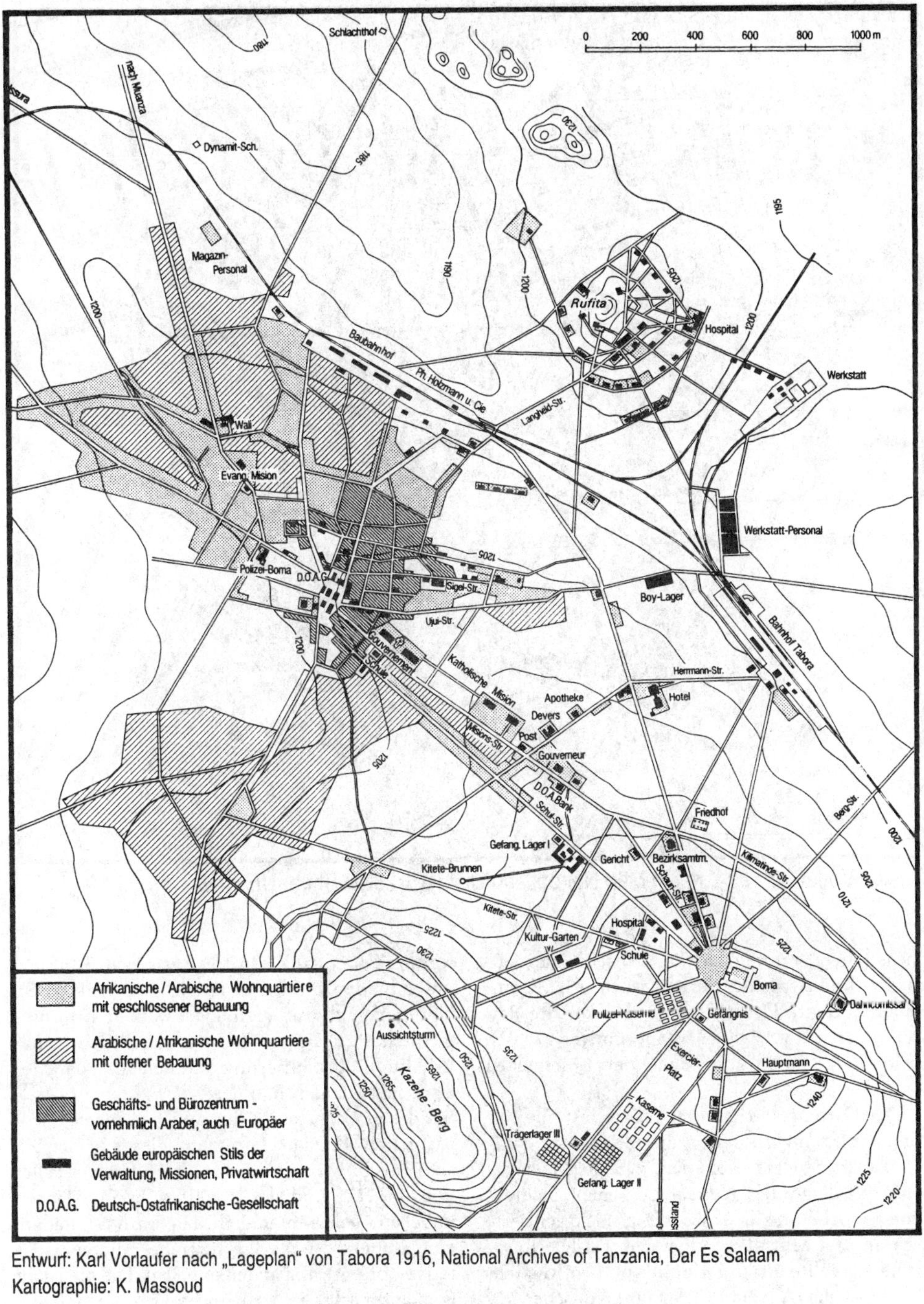

Entwurf: Karl Vorlaufer nach „Lageplan" von Tabora 1916, National Archives of Tanzania, Dar Es Salaam
Kartographie: K. Massoud

Karte 35: Nach dem Nachbarschaftsprinzip im kolonialen Nairobi erstellte Wohnquartiere für die afrikanische Bevölkerung

Quelle: Vorlaufer 1994, nach: Map Nairobi and District 1:2500, Sheet NE 14/C

dards (lange) unmöglich war. Zwischen den Europäer- und Afrikanervierteln wurden i.d.R. milit. und öffentl. Einrichtungen als sichtbare Barrieren errichtet. Dieses Raummuster wiesen viele Städte noch zum Ende der Kolonialzeit auf.

Der Gartenstadtcharakter prägte fast alle Kolonialstädte, insbes. aber die Städte im südl. Afrika. In den frz. Kolonien, z.B. in Marokko, kam mit den *Villes Nouvelles* (Neuen Städten) eine ähnliche St. zur Anwendung. Sie orientierte sich an drei zentralen Prinzipien: (1) Die Europäerstadt sollte strikt getrennt von den Medinas bzw. Kasbahs (Altstädten) der Einheimischen angelegt werden. Durch die Distanz der *Villes Nouvelles* zu den Medinas sollte auch deren Überformung oder gar Zerstörung, wie es in Tunesien und Algerien infolge einer nicht so strikten St. häufig der Fall war, verhindert werden. (2) Komplementär zu diesem Ziel war das Prinzip einer Erhaltung, Restaurierung und Belebung der Medinas. (3) Für den Bau der *Villes Nouvelles* sollten die modernsten städtebaulichen Ideen Europas gelten. Bei der Umsetzung dieser Prinzipien ab 1914 wurden zwischen den *Villes Nouvelles* (v.a. in Fès) und den Medinas breite Flächen unbebaut gelassen und in den Europäerstädten eine Hauptachse als Prachtstraße mit repräsentativen öffentl. Gebäuden angelegt. Die Neustadt entstand nach dem Prinzip funktionaler Gliederung in u.a. Wohn-, Verwaltungs- und Industrieflächen. Damit wurde der Funktionalismus,

Karte 36: Die räumliche Segregation der Wohngebiete unterschiedlicher »rassischer« Gruppen als Leitbild kolonialer Stadtplanung am Beispiel des Flächennutzungsplans für die koloniale »Enklavenstadt« Kampala/Uganda 1919

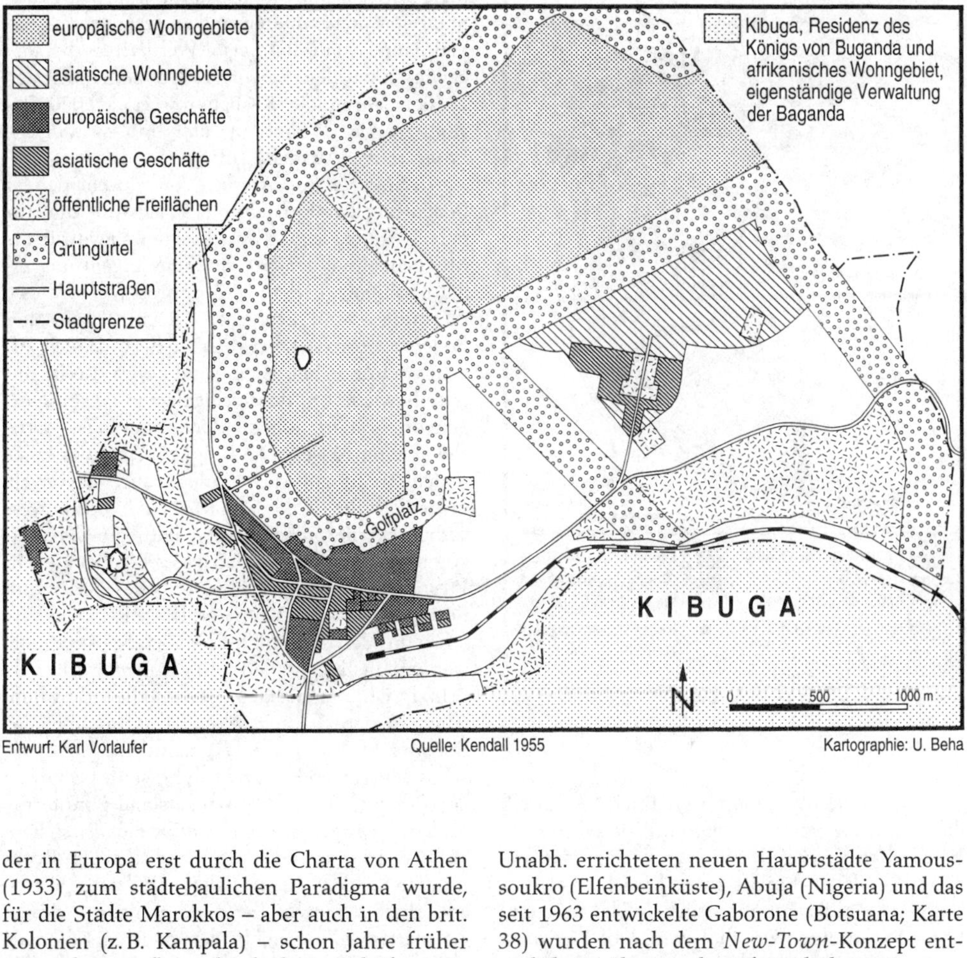

Entwurf: Karl Vorlaufer Quelle: Kendall 1955 Kartographie: U. Beha

der in Europa erst durch die Charta von Athen (1933) zum städtebaulichen Paradigma wurde, für die Städte Marokkos – aber auch in den brit. Kolonien (z. B. Kampala) – schon Jahre früher prägend. Beeinflusst durch die sozialreformerische Gartenstadtidee wurde v. a. nach 1948 das *Neighbourhood-Unit*-Konzept in vielen Ländern zum Leitbild der St. in vielen Ländern. Nachbarschaften mit Grünflächen, max. 3.000–5.000 Einw. sowie zentral gelegenen Gemeinschaftseinrichtungen waren typisch.

II. Nachkoloniale Stadtplanung. Das ebenfalls von der Gartenstadtidee abgeleitete *New-Town*-Konzept wurde zum Leitbild v. a. bei der Anlage neuer Entlastungs-, Satelliten- und Trabantenstädte in Ägypten sowie Südafrika. Prominente Beispiele für die Übernahme des *New-Town*-Konzepts durch die südafrik. St. sind die in den 1970er Jahren erbauten neuen Hafenstädte Richards Bay und Soldana. Auch die nach der Unabh. errichteten neuen Hauptstädte Yamoussoukro (Elfenbeinküste), Abuja (Nigeria) und das seit 1963 entwickelte Gaborone (Botsuana; Karte 38) wurden nach dem *New-Town*-Konzept entwickelt. In Abuja verknüpfte sich dieses Konzept mit dem Bandstadtmodell (Karte 37): Die Flächen unterschiedlicher Nutzung gruppieren sich entlang einer zentralen Verkehrsachse, woraus sich eine größere Effizienz des Verkehrssystems und kürzere Distanzen für die Bev. von ihren Wohnvierteln zu den Agrar-, Frei- und Gewerbeflächen ergeben.

Eine wesentliche Aufgabe der St. in den unabh. Staaten war die Bereitstellung von Flächen für den Wohnungsbau. Bis etwa 1970 erfolgte v. a. eine Förderung des Baus von Wohnungen relativ hohen Standards und die Beseitigung oder Sanierung von ↗ Slums mit der Folge, dass in Anbetracht begrenzter Mittel und hoher Baukosten nicht ausreichend Wohnungen erstellt

Karte 37: Flächennutzungsplan der neuen Hauptstadt Nigerias, Abuja

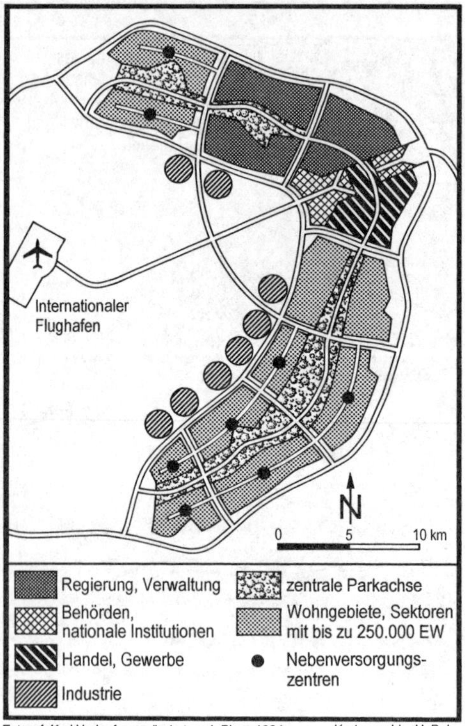

Entwurf: Karl Vorlaufer, verändert nach Binns 1994 Kartographie: U. Beha

werden konnten. Initiiert und finanziert durch die Weltbank, setzte in den 1970er Jahren ein Wechsel dieser Politik ein. Nun bestand das primäre Ziel darin, für die schnell wachsende Bev. mit geringem Einkommen einfache, kostengünstigere Wohnungen zu schaffen. Große *Site-and-Service-Schemes* mit Zehntausenden von Wohnungen wurden zunächst u. a. in Nairobi (Kenia), Dakar (Senegal), Daressalam (Tansania) und Lusaka (Sambia), bald auch in anderen Städten realisiert. Der Staat vergibt an Interessenten vermessene und infrastrukturell erschlossene Grundstücke, die vom Bauherrn entsprechend bebaut werden können.

In den ersten Jahrzehnten nach der Unabh. konzentrierte sich die St. auf die Vorlage umfangreicher Stadtentwicklungspläne (*Master Plans, Plan d'Urbanisme*), die jedoch aufgrund ihrer i.d.R. unrealistischen Ansätze hinsichtlich der techn. und finanziellen Rahmenbedingungen sowie in Anbetracht der Ineffizienz der Baubehörden oder des komplexen Bodenrechts nicht umgesetzt werden konnten. In letzter Zeit ist es ein wichtiges Aufgabenfeld der St. geworden – z. T. unter Mitwirkung der UNESCO –, die kulturhistorisch und architektonisch bedeutenden Stadtviertel zu sanieren und zu restaurieren, zumal dann, wenn diese als ↗ Weltkulturerbe ausgewiesen wurden. So wird z. B. in Algier seit den 1970er Jahren die Kasbah mit ca. 60.000 Bewohnern, in ↗ Sansibar die arab.-swahilische *Stone Town* (Altstadt) saniert.

III. St. und Bodenrecht. Von entscheidender Bedeutung für Entstehung, Wachstum und innere Differenzierung von Städten sowie für die Möglichkeiten der St. sind die Eigentumsverhältnisse am Boden (↗ Bodenrecht, ↗ Erdherr, ↗ Familien- und Erbrecht, ↗ Recht). Das städt. Bodenrecht ist äußerst differenziert, da sich aus dem traditionellen, islam. und europ. Recht mit jeweils wiederum unterschiedlichen Ausprägungen oft konkurrierende Bodennutzungsansprüche ableiten lassen. Die Möglichkeiten der kolonialen St. hingen nicht zuletzt auch davon ab, inwieweit die Kolonialmacht ein Verfügungsrecht über den städt. Boden hatte. In den vorkolonialen Städten Nordafrikas z. B., aber auch in Westafrika, war der größte Teils des Bodens im Besitz der ortsansässigen Bev. Diese Rechte mussten von den Kolonialherren i.d.R. akzeptiert werden, insbes. in den brit. Kolonien, die das Prinzip der ↗ indirekten Herrschaft anwandten. Auch in den Städten Westafrikas erlaubte das Bodenrecht kaum eine effiziente St. Ein typisches Muster städt. Entwicklung stellt Gaborone dar (Karte 38): Auf dem Staatsland konnte die großzügig angelegte neue Hauptstadt entstehen; auf dem angrenzenden, dem traditionellen Recht unterstehenden *Tribal Land* entfalteten sich – außerhalb der offiziellen Stadtgrenzen – riesige ↗ Squattersiedlungen. In den meisten Kolonialstädten wurde die St. dadurch erleichtert, dass ein Großteil des Landes Kron- bzw. Staatsland war. In nachkolonialer Zeit erwies sich der hohe Anteil des *Public Land* oft als nachteilig, da die staatl. Verwaltung nicht in der Lage ist, dieses Land einem transparenten Immobilienmarkt zuzuführen.

Ein Hemmnis für eine effiziente St. ist das Fehlen eines übersichtlichen Boden- und Immobilienmarktes. Versch. Bodenrechtssysteme und -ansprüche überlappen sich häufig; klare, im Kataster eingetragene Rechtstitel fehlen oder entsprechen nicht der Realität. Landansprüche des Staates, von Institutionen, organisierten Gemeinschaften, einer Ethnie oder eines Klans, einer Familie oder eines Individuums berühren

Karte 38: Die Hauptstadt Botsuanas, Gaborone, als Beispiel einer nachkolonialen Planstadt und des Einflusses des Landrechts auf die Stadtentwicklung

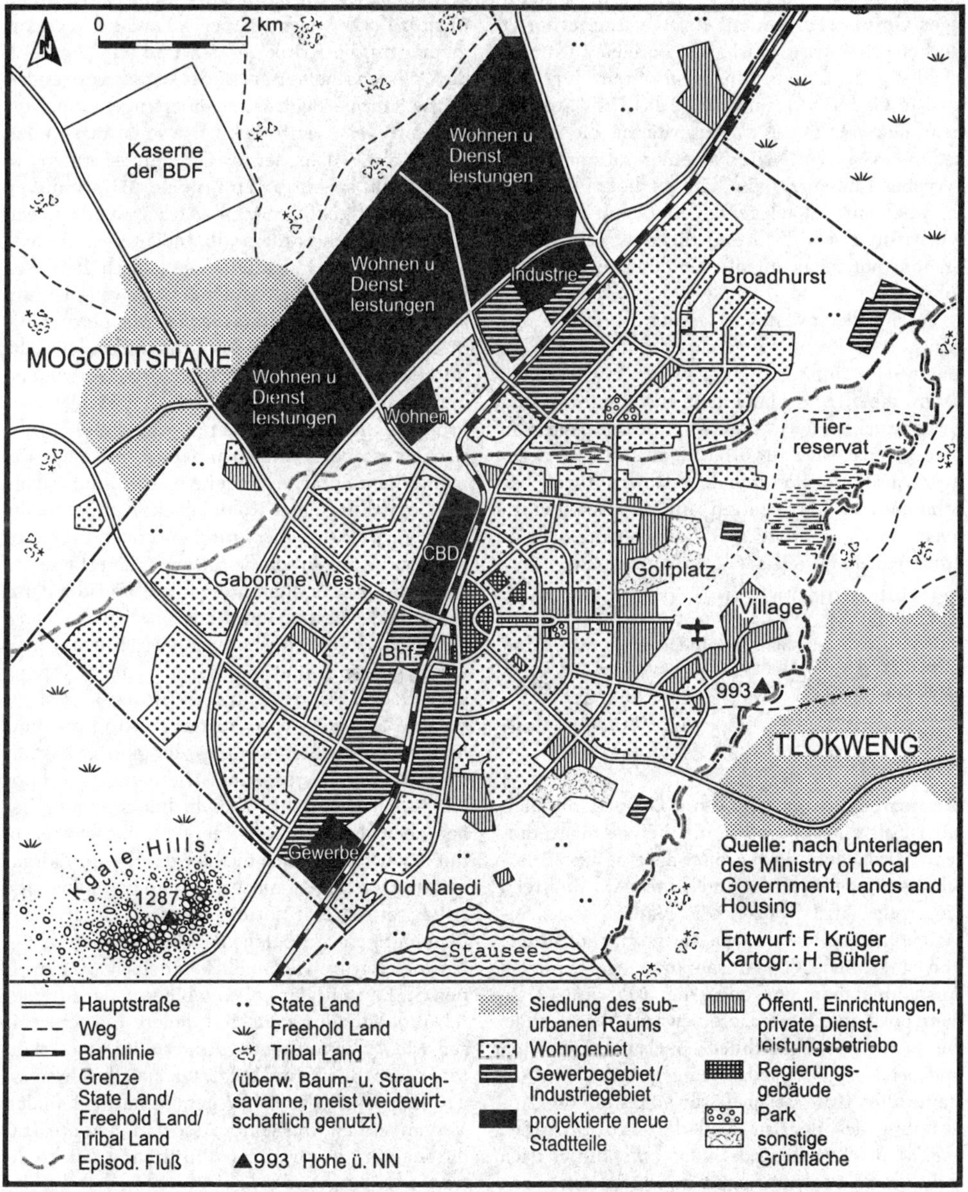

Quelle: F. Krüger (1997): Urbanisierung und Verwundbarkeit in Botswana

nicht selten ein und dasselbe Grundstück. Die Abgrenzung der Grundstücke ist i.d.R. nicht amtlich erfasst und unklar – mit der Folge häufiger Grenzstreitigkeiten. Infolge ungesicherter Rechtsverhältnisse gewähren Banken nicht die für die städt. Entwicklung benötigten Hypotheken. In Ghana z. B. untersteht das Land weitgehend den traditionellen Autoritäten, die es nur bedingt nach den Kriterien einer rationalen St. vergeben und nutzen. So können diese Städte die im Stadtzentrum gelegenen, eine hohe Standortgunst aufweisenden Grundstücke oft keiner dem Standortpotenzial entsprechenden Nutzung zuführen.

Potenzielle Investoren werden durch die ungesicherten Rechte abgeschreckt; die aktuellen Landnutzer sind nicht zu größeren Investitionen bereit; die öffentl. Hand kann nur eingeschränkt Grundstückssteuern erheben; die Umlage von Investitionskosten für öffentl., den Grundstücksnutzern zugute kommende Infrastrukturen wie Straßen und Kanalisation auf die Parzelleninhaber ist nicht möglich. ↗ Bevölkerung, ↗ Landesentwicklung, ↗ Stadt, ↗ Urbanisierung.

🕮 C. Rakodi (Hg.), The Urban Challenge in Africa, Tokio 1997. – R. E. Stren/R. R. White (Hg.), African Cities in Crisis: Managing Rapid Urban Growth, Westview 1989. – K. Vorlaufer, Koloniale und nachkoloniale Stadtplanung in Dar Es Salaam. Frankfurt/M. 1970.

Karl Vorlaufer

Stamm bezeichnet eine ethn. Gruppe, die kleiner ist als ein Volk, aber mit meist einigen tausend Mitgliedern doch größer als eine Verwandtschaftsgruppe (↗ Klan und Lineage). Während die großen afrik. Völker wie Hausa, Fulbe, Somali, Nuer oder ↗ Araber zwar über kulturelle und sprachliche Gemeinsamkeit, jedoch nur in Ausnahmefällen wie etwa die Zulu im 19. Jh. über pol. Einheit verfügten, waren die Gebilde, die man als St. bezeichnete, auch pol. Einheiten und beanspruchten i.d.R. eine gemeinsame Abstammung. Gute Beispiele für eine sinnvolle Anwendung des Begriffs sind die arab. St. (arab. *qabila*) im Tschad und Sudan. Sie fühlen sich zwar diesen beiden Staaten und gleichzeitig den arab. Nationen zugehörig, bewahren aber eine bes. Loyalität gegenüber ihrer *qabila,* die sie als Nachkommen eines gemeinsamen Vorfahren ansehen, auch wenn sich dessen Spur in einer weit zurückliegenden Vergangenheit verliert. Solche St. bilden pol. *pressure groups* und betrachten sich als korporierte Konkurrenten benachbarter St. Das Bewusstsein tribaler Zugehörigkeit bildet also eine wichtige Orientierung, wenn auch nicht die einzige.

Der Begriff St. ist in den letzten Jahrzehnten nicht zuletzt wegen seiner kolonialen Vergangenheit in die Kritik geraten und wird heute in der Wissenschaft nur noch selten verwendet. Frühe europ. Beobachter übertrugen die Vorstellung des territorialen Nationalstaats allzu leicht auf vormoderne Gesellungsformen in Afrika und sahen in den St. eine Art primitiver, kleinformatiger Nationen. Afrika wurde neben Australien, den nordamerik. Indianergesellschaften und den indischen Gemeinschaften außerhalb des hinduistischen Kastensystems zum klassischen Anwendungsgebiet für den Stammesbegriff. Er wurde undifferenziert für die unterschiedlichsten Gemeinschaften verwendet, gleichgültig, ob es sich um kleine Wildbeutergruppen, große Stadtstaaten wie die ↗ Yoruba und Hausa oder einfach um Bev. mit einer gemeinsamen Sprache handelte. Seine Blüte erlebte der Begriff St. in der Kolonialzeit. Auf der Suche nach Verwaltungsgliederungen setzten die Kolonialverwaltungen einheimische Häuptlinge zu Herrschern über Stammesgebiete und die darin lebenden Menschen ein. Vielerorts wurden dabei die Bedeutung alternativer Gesellungsformen zurückgedrängt und umfassendere pol. Systeme abgeschafft. Personell und territorial klar abgegrenzte St. wurden so zu den wichtigsten Einheiten der Rechtsprechung, der pol. Organisation und der Besteuerung. Die neuere ↗ Ethnologie Afrikas und die ↗ Geschichtsschreibung haben aber auch die Zielstrebigkeit nachgewiesen, mit der Afrikaner sich die Idee der Stammesorganisation zu eigen machten und im kolonialen Alltag zu ihrem Vorteil nutzten. Unter einer überwältigend tribalen Perspektive betrachtet, erschien Afrika wie ein Flickenteppich aus einzelnen St. Erst mit der pol. Unabh. und der Idee der ↗ Nationenbildung rückten andere Existenzweisen wie ↗ Eliten, Städter, Angestellte und Arbeiter in den Blick. Im Diskurs der afrik. Eliten ist der Begriff St. heute wegen seiner kolonialen Vergangenheit und seiner Assoziationen mit Traditionalität, wenn nicht Primitivität, diskreditiert.

In vielen Fällen, wo vorkoloniale St. tatsächlich von Bedeutung waren, wurde die typische pol. Dynamik von Abspaltung und ↗ Assimilation eingefroren und dadurch erst das Bild der tribalen Stabilität erzeugt, das nachfolgenden Beobachtern als Beleg für den St. als eine naturwüchsige Organisationsform erschien. Aber selbst da, wo St. in vorkolonialer Zeit nicht exis-

Abb. 36: Botschafter der Kora: Dembo Konteh (Gambia) und Kausu Kouyaté (Senegal)

tent oder unbedeutend waren, entstanden aus einem europ. Vorurteil pol. Wirklichkeiten. Erfunden oder nicht, die Realität tribaler Identität und Politik in Afrika spricht eine deutliche Sprache, auch wenn nicht alles, was die Medien als ↗ Tribalismus oder »Stammeskonflikt« etikettieren, auf das Wirken tribaler Loyalitäten zurückzuführen ist. ↗ Ethnizität.

🕮 K. Beck, Stämme im Schatten des Staats. Zur Entstehung administrativer Häuptlingstümer im nördlichen Sudan. In: Sociologus 39 (1989).

Kurt Beck

Stegharfe, auch Harfenlaute, ↗ Musikinstrument, das zwischen ↗ Harfe und ↗ Laute einzuordnen ist, da zwei parallele Saitenreihen, über einen Kerbsteg verlaufend, sowohl vertikal als auch horizontal zum Resonanzkörper stehen. St. haben 5 bis 21 Saiten. Das berühmteste Instrument dieser Familie, die ausschließlich in Westafrika anzutreffen ist, ist die *kora*, die in Senegal, Gambia, Guinea und Mali von Berufsmusikern bzw. ↗ Griots gespielt wird und u.a. durch den populären ↗ Musiker Mory Kante auch in Europa bekannt wurde. Die 21 Saiten der *kora* können in vier heptatonische Standardstimmungen mit variabler 2., 3., 4., 6., und 7. Stufe gestimmt werden. Die St. findet i.d.R. Verwendung als Begleitung eines Vokalparts, der auch vom Spieler selbst übernommen werden kann (↗ Preisgesang).

🕮 U. Wegner, Afrik. Saiteninstrumente. Berlin 1984.

Raimund Vogels

Steinzeit ↗ Paläolithikum

Steuern ↗ Finanz- und Währungspolitik

Strukturanpassung, Maßnahmen zur Behebung der wirtsch. Rückständigkeit v.a. der Staaten des subsahar. Afrika. Rückläufige Exporte bei steigenden Einfuhren, Kapitalflucht und eine rasch steigende Auslandsverschuldung (↗ Verschuldung) als Folge einer planwirtsch. Politik in Verbindung mit marktwidrigen Eingriffen in den Außenhandel ließen in den 1970er Jahren eine Wirtschaftsstruktur offenbar werden, die die notwendigen Anpassungen der EL (Entwicklungsländer) an die veränderten weltwirtsch. Bedingungen verhinderte. Diesen Trend umzukehren war Aufgabe der Strukturanpassung. Ihr Ziel war es zunächst, die Exportfähigkeit der Staaten des subsahar. Afrika zu stärken und das Vertrauen ausl. Investoren und Kreditgeber zurückzugewinnen. Die ↗ Außenwirtschaft wurde marktwirtsch. Regeln unterworfen. Die Maßnahmen sahen zudem vor, die Lenkungsfunktion der Preise zu stärken, staatl. Ausgaben und Steuern zu senken. Ausl. Kredite wurden für produktive Zwecke verwendet, ihre Tilgung und Rückzahlung wurden gewährleistet. Die Förderung der Tätigkeit privater Unternehmen erhielt Vorrang gegenüber der Unterstützung staatl. und halbstaatl. Unternehmen. Öffentl. Investitionen umfassten vermehrte Ausgaben für Ausbildung (↗ Bildungswesen) und ↗ Gesundheitsversorgung. St. schloss in der letzten Phase die Mitwirkung der Bürger durch demokrat. Willensbildung und die Beteiligung von ↗ Nichtregierungsorganisationen (NGOs, ↗ Zivilgesellschaft) sowie Maßnahmen ein, das Bevölkerungswachstum (↗ Bevölkerung) zu beschränken. In jüngster Zeit wurden auch der ↗ Umweltschutz sowie eine soziale und pol. Krisenprävention einbezogen. Länder wie Botsuana, Burundi, Elfenbeinküste, Ghana, Lesotho, Nigeria, Tansania und Uganda haben einen Prozess der Strukturanpassung auf Drängen internat. Finanzierungsinstitute wie IWF und Weltbank sowie zahlreicher IL (Industrieländer) eingeleitet. Sie alle sahen sich außerstande, den hoch verschuldeten Ländern weitere Finanzzusagen zu gewähren und die Zusammenarbeit fortzusetzen, solange nicht Voraussetzungen für die wirtsch. Wiederbelebung in den um Kredite und ↗ Entwicklungszusammenarbeit nachsuchenden Staaten geschaffen wurden.

Von Anfang an waren die Auflagen der Geber im Sinne der St. umstritten. Regierungen und zahlreiche NGOs in den betroffenen Staaten wehrten sich gegen die Eingriffe in die nat. Souveränität. In den ärmsten EL bestand auch wenig Bereitschaft durch die Rücknahme staatl. Ausgaben die Lebensbedingungen der Ärmeren und der Bev. im ländl. Raum zu verschlechtern. Zerstört wurden Arbeitsplätze in kleinen Betrieben, die sich nicht gegen die Importe ausländ. ↗ Unternehmen behaupten konnten. St. zeigt die günstigen Wirkungen für Wachstum und Beschäftigung erst nach einem Prozess der Zerstörung überkommener Strukturen, und die afrik. Länder fürchteten um die pol. und wirtsch. Stabilität in der Zeit des Übergangs. Arbeitsplätze und mehr Mittel für die Armutsbekämpfung stehen erst dann bereit, wenn es gelungen ist, die einheimische Wirtschaftstätigkeit zu beleben, die Standortattraktivität für in- und ausl. Investoren zu erhöhen und die Inflation einzudämmen. Zudem bemängeln afrik. Kritiker, dass sie ihre Märkte öffnen müssen, während die IL zu gleichen Schritten nicht bereit sind und dadurch die Anstrengungen der EL zur Steigerung der Exportfähigkeit unterlaufen. In den 1980er und 1990er Jahren hat sich in den internat. Finanzierungsinstituten und in IL sowie in den Staaten des subsahar. Afrika die gemeinsame Einsicht herausgebildet, dass die Vorteile der St. gerade in den ärmsten EL wachsen, wenn die Änderungen der Wirtschaftspolitik mit Maßnahmen zur Überwindung der Armut verbunden werden. Insbes. sollen kleine und mittlere Unternehmen gefördert und Rahmenbedingungen für die Entfaltung der Wirtschaftskraft des ↗ informellen Sektors geschaffen werden. Eine weltweite Liberalisierung des Außenhandels muss die Strukturanpassung der afrik. EL ergänzen.

🕮 A. Kuck, Strukturanpassungsmaßnahmen auf dem Prüfstand. Zur Theorie der Stabilisierungswirkungen, Wachstumswirkungen, Verteilungswirkungen von IWF- und Weltbankprogrammen am Beisp. Sub-Sahara-Afrika, Berlin 1998.

Karl Wolfgang Menck

Südafrika (Republik Südafrika). **Fläche:** 1.220.088 km². **Einw.:** 42,8 Mio. (1999). **Bev.-Wachstum/Jahr**: 1,8% (1990–99). **Stadtbev.:** 50% (2000). **Hauptstadt** (Regierungs- und Verwaltungssitz): Pretoria (692.348 Einw.); **Parlamentssitz:** Kapstadt (184.700 Einw.). **Wirtschaftsmetropolen:** Johannesburg mit Ekurhuleni (4,66 Mio); Ethekwini (Durban, 2,75 Mio); Tshwane (Pretoria, 1,68 Mio); Kapstadt (2,56 Mio); Nelson Mandela Metropole (Port Elizabeth, 0,97 Mio). **Unabh.:** 31. 5. 1910. **Staatsform**: Präsidialrep. (seit 1994 in 9 Provinzen aufgeteilt, jede mit eigenem Parlament, Oberhaupt, Kabinett und Minister); Zweikammerparlament (Nationalversammlung und Nationalrat der Provinzen); Mehrparteiensystem; Parteien: ANC (Afrik. Nationalkongress), DA (Demokratische Allianz), IFP (Inkatha Freiheitspartei u.a. **Währung:** SA Rand. **HDI-Rang** 94/162 (2001). **Auslandsverschuldung**: 24,7 Mrd. US$ (2000). **Anteil der Entwicklungshilfe am BSP**: 0,5% (1998). **BSP/Kopf**: 2.880 US$ (2000). **HIV-infizierte Erwachsene**: 20%, **Lebenserwartung**: m 51,6 J., w 65,2 J., **Alphabetisierung** der Erwachsenen: m 85,7%, w 84,2% (1999). **Einschulungsrate**: 100% (seit 1996). **Amtssprachen:** ↗ Afrikaans, Engl., Ndebele, Sotho, Swati, Tsonga, Tswana, Venda, Xhosa und Zulu (↗ Bantusprachen, ↗ Sprachpolitik); **Verkehrssprache**: Engl.

I. Naturraum. S.A. besteht aus einer ca. 3.000 km langen Küstenstrecke, einem weiten

Hochplateau im Inneren (1.200–1.800 m) und der imposanten Kette der Drakensberge, die von NO nach SW verläuft (höchster Berg ist der Masadi mit 3.450 m). Bedingt durch den warmen Ind. Ozean im O und den kalten Atlant. Ozean im W herrscht an der Ostküste subtropisches und am Kap mediterranes ↗ Klima (mit Winterregen), während das Inland gemäßigtes Kontinentalklima hat. Allerdings ist S. A. ein regenarmes Land mit nur 464 mm/Jahr Niederschlägen im Vergleich zu dem Weltdurchschnitt von 857mm/Jahr. Entsprechend gibt es viele aride und semiaride Gebiete (z. B. Karoo) und häufig auftretende Dürren. Wassernot ist ein großes Zukunftsproblem des südl. Afrika. S. A. hat den drittgrößten Artenreichtum der Welt an Tieren und Pflanzen und ausgedehnte Naturparks. Am Kapland wächst die auf der Welt einzigartige Fynbos-Flora (u. a. Proteen, Erika-Arten und Geophyten). In die UNESCO-Weltkultur- und Weltnaturerbeliste wurden 1999 der *Greater St Lucia Wetland* Park, die *Sterkfontein*-Höhlen und Robben Island und 2000 auch der Drakensberg- und Khahlamba-Park aufgenommen (↗ Naturschutz, ↗ Tourismus, ↗ Weltkultur-/naturerbe, ↗ Wildtierbewirtschaftung).

II. Bevölkerung und ethnische Gruppierungen. S. A. weist ein Vielzahl Völker mit jeweils eigener Geschichte und ↗ Sprache auf. In der Verfassung werden 11 Sprachgruppen berücksichtigt: Zulu (wird von 22,4% der Bev. als Muttersprache benutzt), Xhosa (17,5%), Afrikaans (15,1%), Pedi (9,8%), Engl. (9,1%), Tswana (7,2%), Sotho (6,9%), Tsonga (4,2%), Swati (2,6%), Venda (1,7%), Ndebele (1,5%). Engl. ist die Muttersprache von Südafrikanern brit. Abstammmung sowie von der Mehrzahl der etwa 1 Mio. südafrik. ↗ Inder, deren ursprgl. ind. Sprachen nur noch von der älteren Generation gesprochen werden. Nicht nur der Sprache, sondern auch der Religion kommt in S. A. eine wesentliche Bedeutung zu. Weit am stärksten repräsentiert ist das durch westl. Mission verbreitete ↗ Christentum (*Nederduitse Gereformeerde Kerk*, Anglikaner und versch. ev. Kirchen, Katholiken). Hinzu kommen die unabh. afrik. ↗ Kirchen (Zionistenkirche, Shembe u. a.). Der Hinduismus wird von der ind. Bev. praktiziert, auch der ↗ Islam zählt zu den Religionsgemeinschaften in S. A., und es existieren jüdische Gemeinden (↗ Juden). Unter Schwarzafrikanern spielen traditionelle ↗ Religionen eine große Rolle.

III. Geschichte und Politik. Ursprgl. Bewohner des südwestl. Afrika waren Khoi und San. Die Nguni (Ndebele, Swazi, Zulu und Xhosa) wanderten vom zentralen Afrika an die Ostküste des Landes. Mit der Station der holländischen Ostind. Kompanie am Kap der Guten Hoffnung begann 1652 die Geschichte der europ. Siedler, welche sich Afrikaaner nannten. Als Reaktion auf die Machtübernahme durch die Briten (1814) und aus wirtsch. Gründen starteten die Afrikaaner-Buren im Jahr 1834 ihren großen Treck in das Landesinnere, erschlossen das Land, gründeten Städte sowie die beiden Burenrep. Oranje Freistaat und Transvaal. 1842 eroberten die Briten auch Natal. Bei ihren Eroberungsbestrebungen stießen die Europäer auf harten Widerstand afrik. Völker, die sich allerdings auch gegenseitig bekämpften (Mfecane/Difaqane, 1820–30). Trotzdem gelang es ihnen, eigene Imperien zu gründen (↗ Zulureich) und sich durch eine Reihe sog. nat. Widerstandskriege gegen die weißen Eindringlinge zu behaupten.

Zur Arbeit auf den Zuckerrohrplantagen Natals wurden um 1860 Inder als Vertragsarbeiter angestellt. Die Entdeckung von Diamanten (1867) und Gold (1886) verlieh S. A. erhebliche wirtsch. Bedeutung, zwang Schwarze zur ↗ Wanderarbeit in den Minen, die das soziale Gefüge ihrer ↗ Gesellschaft zerstörte, und führte zum ↗ Burenkrieg (1899–1902). 1910 kam es zu einem Kompromiss zwischen Buren und Briten und zur Gründung der Südafrik. Union (brit. Kolonien Kapland und Natal; Burenrep. Transvaal und Oranje Freistaat) als Teil des Brit. Königreichs, mit einem Staatssystem, das die Rechte der Schwarzen und Inder einschränkte. Aus Protest gegen diese Diskriminierungsmaßnahme wurde 1912 der ANC gegründet. Der schwarze ↗ Widerstand gegen die weiße Oberherrschaft geschah ab 1912 durch friedliche Aktionen und Appelle an die Regierung. Die Übernahme der Macht 1948 durch die Nat. Partei, welche die ↗ Apartheid zur Ideologie machte und neue diskriminierende Gesetze zur Folge hatte (Sperrstunden-*curfews*, Verlust von Vergünstigungen – *segregation of amenities*, Tragen von Ausweisen-*reference books* nun auch für Frauen, minderwertige Bildung – *Bantu Education*) lösten die auch von Indern getragene *Defiance Campaign* (1952) aus und bewirkte die Abfassung der ↗ *Freedom Charter* (1955). Das Massaker von Sharpeville 1960 (gegen Passgesetze) stellte einen Wendepunkt dar. Der ANC wurde verbannt und ging unter Leitung von Oliver Tambo (1917–1993) ins Exil. Zum Guerillakrieg bildete sich dort MK (*Umkhonto we Sizwe*), die zu stärkerem milit. Widerstand führte. Bei den folgenden Gerichtsprozessen wurden Nelson Mandela (geb. 1918) u.a. ANC-Mitglieder zu langjährigen Gefängnisstrafen verurteilt.

In den 1970er und 1980er Jahren begann die weiße Regierung die *Homeland*-Politik, wobei für versch. schwarze Gruppierungen eigene ↗ *Bantustans* geschaffen wurden. (Transkei, Bophuthatswana, Venda, Ciskei). Die UN erklärten Apartheid als Verbrechen gegen die ↗ Menschenrechte und initiierten eine Kampagne von Sanktionen und Isolierung. Gleichzeitig wurden die Freiheitsbewegungen stärker, sowohl intern (z.B. 1976 Soweto-Jugend-Unruhen, schwarze ↗ Gewerkschaften) als auch extern (Exil-ANC). Die weiße Minderheitsregierung reagierte mit der *Tricameral Constitution* von 1983, in der Inder und Farbige Eintritt ins Parlament erhielten. Verschärfte Unruhen und auch das Ende des Kalten Krieges trugen dazu bei, dass die Regierung von F.W. de Klerk (geb. 1936) 1990 das Verbot des ANC aufhob und Mandela sowie andere pol. Gefangene freiließ.

1994 kommt es nach langen Verhandlungen zu den ersten demokrat. Wahlen (ANC erhält 62,6% der Stimmen) und der Bildung einer nat. Einheitsregierung (bis 1996) unter Präsident Mandela, der sich die Einigung der Nation zur Hauptaufgabe macht. Diese Regierung verabschiedet eine neue Landesverfassung (1996) und gründet zur Bewältigung der Apartheidvergangenheit die Wahrheits- und Aussöhnungskommission unter Vorsitz Desmond Tutus (geb. 1931). Die aus den 1999er Wahlen mit 66,4% der Stimmen hervorgegangene Regierung von Mandelas Nachfolger Thabo Mbeki (geb. 1942) steht vor der schwierigen Aufgabe, Lösungen für die vielen von der Rassentrennung geschaffenen und praktischen Probleme des Landes zu suchen. Sie zeigt stärker zentralistische Tendenzen, was von manchen als Gefahr für das demokrat. System gesehen wird. Die offizielle Oppositionspartei ist seit 2000 die Demokrat. Allianz (Vereinigung der *Democratic Party* und der *New National Party*), die bei den Kommunalwahlen (nach neu strukturierten Grenzen, die Townships und Städte vereinen) des gleichen Jahres 23% der Stimmen erhält. Die von Mangosutho Buthelezi (geb. 1928) gegr. Inkatha Freiheitspartei erhielt 9%.

IV. Wirtschaft und Sozialstruktur. Bodenschätze wie Gold, Platin, Diamanten verliehen dem Land nicht nur seine bes. pol. und wirtsch. Bedeutung, sondern machten S.A. auch zu einem Industrieland mit leistungsfähigem ↗ Finanz-, ↗ Rechts-, Kommunikations-, Energie und Verkehrssystem (↗ Bergbau, ↗ Industrialisierung). Allerdings ist das Land seit der Abschaffung der Apartheid (1994) mit der Lösung des Armutsproblems konfrontiert. Fast die Hälfte der Bev. lebt unter der Armutsgrenze. Aber auch die Arbeitslosigkeit (23%, 2000), die Wohnungsnot sowie die ungleichmäßige Einkommensverteilung machen S.A. zu einem Entwicklungsland. Zur Förderung der bisher benachteiligten Gruppen (Nichtweiße und ↗ Frauen) wurden neue Gesetze zum Chancenausgleich (*Affirmative Action*) verabschiedet. Allmählich nimmt die Zahl wohlhabender Schwarzer sowie schwarzer Betriebe zu. Das neue S.A. ist in den letzten Jahren von einer geschlossenen, internat. isolierten Wirtschaft zu einem offenen System mit globaler Anbindung geworden. Die Regierung entwickelte 1994 zum Ausgleich sozialer Gegensätze das sog. RD-Programm (*Reconstruction and Development*), dem bald das neue, übergreifende GEAR-Programm (*Growth, Employment and Redistribution*) folgte. Das Ziel von RDP war, Wirtschaftswachstum zu erreichen durch die Erfüllung von Grundbedürfnissen (Häuserbau, Arbeitsplatzbeschaffung, Stromversorgung u.a.). GEAR soll ein makroökonom. Rahmenwerk schaffen, das gekennzeichnet ist durch strenge Steuergesetze, Lockerung von Devisenbeschränkungen und größere Handelsfreiheit durch Senkung von Einfuhrtarifen. Gefördert werden soll u.a. die wirtsch. Selbständigkeit von Schwarzen durch die Schaffung kleiner und mittlerer Betriebe, das Engagement im internat. Wettbewerb und die Verbesserung des Erziehungssystems. Die Gesamtwirtschaft hat sich i. Allg. gut entwickelt, die Inflation hält sich in Grenzen (8%). Devisenbeschränkungen sind weitgehend gelockert worden, und Privatisierung findet in immer stärkerem Maße statt.

Die Versorgung ärmerer Gebiete mit Wasser, Strom und Telefon wurde energisch vorangetrieben, die Implementierung des Wohnungsbauprogramms ging zunächst langsamer voran. Das Gesundheitswesen wurde gleich nach 1994 revidiert, im Hinblick auf bessere Versorgung der sozial Schwächeren. Ein gewaltiges neueres Problem stellt ↗ Aids dar, dessen Bekämpfung bisher noch wenig Erfolge gezeigt hat.

Wegen der unzureichenden öffentl. Mittel ergeben sich viele informelle Tendenzen. In den Einzugsgebieten größerer Städte sind viele Wohnsiedlungen spontan entstanden, die zum Teil von offizieller Seite nachträglich zugelassen und mit der nötigen Infrastruktur versehen werden (↗ Slums, ↗ Squattersiedlungen). Der ↗ informelle Sektor blüht. Die Arbeitsmarktsituation wird noch verschärft durch viele illegale Einwanderer aus anderen afrik. Ländern, worauf die Regierung mit strengeren Einwanderungsbestimmungen reagiert hat (↗ Migration).

Die Landwirtschaft ist gekennzeichnet von einer Dualwirtschaft mit einem gut entwickelten kommerziellen Sektor und einem vorwiegend existenzorientierten Sektor in den ländl. Gebieten. Die Agrarwirtschaft trägt 4,1% zum BSP bei und beschäftigt 15% der werktätigen Bev. S.A. ist Selbstversorger in fast allen Agrarprodukten. Die Landreform muss im Kontext des Landgesetzes von 1913 gesehen werden und zielt auf Rückerstattung von Landrechten und auf günstigere Bedingungen für die extrem armen Farmarbeiter. Seit der Demokratisierung des Landes und seiner Transformation sind alle Schulen offen für alle Rassen, Townships wie auch ländl. Schulen allerdings weitgehend unterversorgt.

Der plötzliche Übergang von einer autokratischen Minderheitsregierung zur freiheitlichen ↗ Demokratie hat eine Reihe Probleme mit sich gebracht, wie z.B. eine Zunahme an ↗ Korruption und Kriminalität, die für viele bisher Privilegierte Anlass zum Auswandern geworden sind. Es muss aber anerkannt werden, dass das neue S.A. trotz der gewaltigen Übergangsprobleme viele eindrucksvolle Leistungen aufzuweisen hat.

V. Literatur, Theater, Film, Tanz und Musik. – *V.1. Literatur.* Die Lit. Südafrikas reflektiert die Vielfalt der Sprachen und Gruppen. (1) ↗ Oralliteratur. Die ursprgl. mündlich überlieferte Lit., mit Liedern, *Praise Poems* (Preisliedern), Märchen und Erzählungen, reicht zum Teil noch bis in die heutige Zeit, etwa mit dem Auftreten von *Praise*-Sängern bei offiziellen Veranstaltungen und einer Wiederbelebung des Geschichtenerzählens (*story telling*). (2) Literatur schwarzer Autoren. Während der Apartheid verstand sich ein großer Teil der Lit. als Sprachrohr gegen das herrschende pol. System. Neben Werken in einheimischen Sprachen (von z.B. Dhlomo, Vilakazi, Noni Jabavu, Nyembezi, ↗ Literaturen in afrik. Sprachen: Südafrika) schreiben die meisten schwarzen Autoren seit langem auf Engl., wie Serote, Mtshali und Gwala in ihrer *New Black or Soweto-Poetry* in den 1970er Jahren; Can Themba, Es'kia Mphalele, Richard Rive, Njabulo Ndebele in ihren Kurzgeschichten; und Serote, Tlali, Sepamla and Mzamane in den pol.-didaktischen Soweto-Romanen der frühen 1980er Jahre. Internat. bekannt wurde die nach Botsuana ausgewanderte Bessie Head mit ihren teils dokumentarischen, teils fabelartigen Romanen und Erzählungen (↗ Frauenliteratur). Neuere Autoren sind Zakes Mda mit Romanen (z.B. *Ways of dying*) und Theaterstücken im Stil des magischen Realismus, Mandla Langa mit Kurzgeschichten und einem Roman *The Memory of Stones*, der Erlebnisse, Erinnerungen und Visionen gestaltet, die sich auf die Exilzeit, das neue SA und die afrik. Ahnenwelt beziehen. Sindiwe Magona schreibt Kurzgeschichten und autobiogr. Texte. Zu den Lyrikern gehören u.a. Tatamkhulu Afrika und Lesego Rampolekeng, letzterer mit Rapähnlichen Gedichten. (3) Die ↗ anglophone Lit. des 20. Jh. begann in S.A. mit Olive Schreiner und Herman Charles Bosman. Ein Markstein wurde 1948 Alan Paton's Roman *Cry the beloved country*, der das schwere Leben von Schwarzafrikanern aus liberaler Sicht gestaltet. Nadine Gordimer erhielt 1991 als erste Afrikanerin den Literaturnobelpreis. Die Romane J.M. Coetzees zeigen eine mehr allegorische Spiegelung der südafrik. Realität. (4) Auch die neuere ↗ Afrikaans-Lit. reflektiert die Auseinandersetzung mit der Zeit, so schon in den 1960er Jahren die gleichzeitig leichte und schwermütige Lyrik von Ingrid Jonker sowie die von Antjie Krog in den 1970er Jahren. Letztere hat in ihrem auf Engl. geschriebenen Prosawerk *Country of my skull* ihre Eindrücke von der »Wahrheits- und Aussöhnungskommission« gleichzeitig dokumentarisch und als persönliche und kollektive Erfahrung wiedergegeben. Zu nennen sind außerdem Breyten Breytenbach, der lange im frz. Exil lebte, und André P. Brink, der gehobene Unterhaltungsromane mit soziopol. Gehalt schreibt, die er selbst von Afrikaans ins Engl. übersetzt. Neuere Autoren sind Etienne van Heerden mit Kurzgeschichten und Romanen (*Toorberg*, *Casspirs en Camparis*), der jung verstorbene Koos van Prinsloo, der neue Wege im Bereich der postmodernen Kurzgeschichte beschritt, AHM Scholtz (*Vaat Maar*) und Marlene van Niekerk mit dem Roman *Triomf* über das vormalige Sophiatown.

V.2. Theater, Film, Tanz und Musik. Im Bereich des Theaters sind der englischsprachige Atholl Fugard zu nennen (*People are living here*, *Master Harold and the Boys*) sowie satirische Theaterstücke schwarzer und weißer Autoren wie Mbongeni Ngema (*Woza Albert*, 1983) und Paul Slabolepszy. Die Auseinandersetzung mit einer destruktiven patriarchalischen Gesellschaft findet sich schon in afrikaanssprachigen Stücken der 1970er Jahre (*Siener in die Suburbs* von du Plessis) ebenso wie in dem neuen Theaterstück

Ek Anna van Wyk von Pieter Fourie mit seinen Anspielungen auf die Wahrheitskommission. Auf dem Gebiet des Films (↗ Kino) hat v.a. Ananth Singh internat. Erfolge erzielt (*Cry the beloved country*). ↗ Musik und ↗ Tanz sind sehr lebendige Bereiche südafrik. Kulturlebens. Neue Formen entwickelten sich aus den soziopol. Gegebenheiten, z.B. die *Gumboot-* (Gummistiefel)-Tänze der Minenarbeiter. Traditionelle afrik. Harmonien, Rhythmen und Tanzbewegungen finden sich nicht nur in Richtungen wie *Maskanda, Magqashiya* und ↗ *Isicathamiya*, sondern auch in den verschiedensten Mischformen von Pop, Rock und Jazz (z.B. Afro-Fusion, ↗ Popularmusik). Bekannte Gruppen sind u.a. Ladysmith Black Mambazo, Jonny Clegg und Juluka, bedeutende ↗ Musiker Dollar Brand (Abdullah Ibrahim), Hugh Masekela, Miriam Makeba, Lucky Dube, Sipho Gumede, Brenda Fassie und viele andere. Eine der populärsten Stilformen ist z.Z. der *Kwaito*, eine Art Rap. Mbongeni Ngema wurde mit seinem auf den Sowetoaufstand bezogenen *Zarafina* bekannt. Ein typisches Beispiel für einen modernen *Maskanda*-Mischstil zeigt Busi Mhlongos *Urban Zulu*. Oper ist ein vielversprechendes Gebiet. Neben interessanten Aufführungen westl. Opern entstehen auch neue Werke wie *uShaka* von James Khumalo. Viele neue Entwicklungen gibt es auf dem Gebiet des modernen Tanztheaters mit Gruppen wie *Moving into Dance* und *Siwela Sonke* und Choreographen wie Boysie Cekwana und Robyn Orlin.

VI. Kunst. Die moderne südafrik. Kunst spiegelt die wechselnden postkolonialen Erfahrungen wider. Die Künstler reflektieren die Fragmentierung und Brüche von Kulturen und Geschichte, suchen nach Identitätsresten und versuchen neuerdings, ältere oder alternative Werte zu beleben. Sie sind v.a. soziale Kommentatoren. Nach einer langen Zeit der Betonung westl. ästhetischer Werte bemühen sich zeitgenössische schwarze und weiße Künstler seit Jahrzehnten, neue stilistische und thematische Idiome zu schaffen, die ihre spezifisch afrik. Identität reflektieren. Cecil Skotnes und Walter Battis haben in den 1960er Jahren Aspekte einheimischer Kunstformen übernommen, während Gerard Bhengu, Gerard Sekoto und George Pemba sich von westl., modernistischen Idiomen anregen ließen für ihre oft subversive Darstellung des Lebens in der ↗ Stadt und auf dem Land. Neuerdings wenden Walter Oltmann und Andries Botha einheimische Webtraditionen an, auf der Suche nach einer im Hiesigen gegründeten Identität.

In den letzten Jahrzehnten des 20. Jh. praktizierten südafrik. Künstler wieder sozial relevante Kunst. In den 1960er Jahren entwickelten *Rorke's Drift*-Künstler wie Azaria Mbatha, Charles Nkosi und John Muafangejo einen ethnisierten Modernismus, indem sie bibl. und hist. Themen als subversive Anklagen gegen das Apartheidregime oder als Ausdruck des Widerstands in Namibia (Muafangejo) verwandten. In den 1970er Jahren verfolgen weiße Künstler einen ähnlichen Ansatz, wie Norman Catherine in seinen Parodien ineffizienter Machthaber, Clive van den Berg mit seinen Zeichnungen zerstörter Landschaften, William Kentridge in seinen anklagenden Zeichnungen und dokumentarischen Darstellungen eines Minenmoguls und seiner ausgebeuteten Arbeiter, die eine schweigende Opposition beginnen, sowie Andries Bothas Dekonstruktion ursprgl. Werte durch die Neusicht von Denkmälern. Penny Siopsis z.B. thematisiert aus feministischer Perspektive die Diskriminierung von Frauen in der südafrik. Geschichte. Inspiriert von einem traditionalistischen Hintergrund und der zeitgenössischen Balladenform *maskanda* schuf Trevor Makhoba Bilder, die brisante Probleme der Zulu-Gesellschaft ansprechen (z.B. Vergewaltigung, Emanzipation der Frauen). Daneben gibt es auch viele Zweige des Kunsthandwerks, z.B. ↗ Töpferei, ↗ Schnitzerei, Korbarbeiten, ↗ Perlenarbeiten mit ihrer bunten Vielfalt, und ↗ Weberei.

VII. Architektur. S.A. verfügt über eine breite Vielfalt traditioneller Baukunst. Eine mehr ökolog. treffende Bauweise als der »Bienenkorb« der Zulu oder die Häuser der Tembe im NO derselben Provinz KwaZulu-Natal wäre nur schwer vorstellbar. Die aus der Renaissance entstandene kapholländische Baukunst der ersten europ. Siedler im Kapland gilt als bodenständig, z.B. Groot Constantia bei Kapstadt, begonnen ca.1700. Das reiche viktorianische Erbe mit Lehmbacksteinen, Wellblechdächern und Veranden stammt von engl. Siedlern, die Stadt Pietermaritzburg stellt das Vorbild. Die *Union Buildings* (Pretoria, 1910–12) des imperialistischen Architekten Herbert Baker sind immer noch das Verwaltungszentrum der Regierung. Die moderne ↗ Architektur wurde einzigartig beeinflusst von Le Corbusier und später, wie das *Meat Board*, Pretoria, 1955, vom dt. Architekten Helmut Stauch. Eine bes. Stellung hatte der Brutalismus in den 1970er Jahren, z.B. die Rand Afrikaans Universität, Johannesburg, 1974. Heute fördert man ökolog. bewusste Architektur und die Konservierung der hist. Bausubstanz wie die *Victoria & Alfred Wa-*

terfront in Kapstadt. ↗ Stadtplanung, ↗ Urbanisierung.

🕮 N.A. Worden, Concise Dictionary of South African History, Kapstadt 1998. – South Africa Yearbook 1999, Pretoria 1999. – D./E. Losskarn, Südafrika, Köln 2001.

Walter Peters/Andrea Engel/Juliet Leeb-du Toit

Südafrika, Völker, Kulturen und Staaten. *I. Frühe Geschichte.* Die frühsten Zeugnisse menschlicher Siedlung im südl. Afrika sind im Transvaal gefundene, 1,6 Mio. Jahre alte Steinwerkzeuge. Die Präsenz des modernen *Homo Sapiens* geht vermutlich 130.000 Jahre zurück (↗ Wiege der Menschheit). Aus Südnamibia stammen 26.000 Jahre alte ↗ Felsbilder, die die als San bezeichneten Nachfahren der ersten Jäger und Sammler noch bis in das 19. Jh. anfertigten (↗ Wildbeuterkunst). Ursprgl. lebten sie im ges. südl. Afrika, bis sie im Laufe von Jahrhunderten in die Halbwüsten verdrängt wurden. Die später als Khoikhoi (auch ↗ Khoisan) bezeichneten Gruppen übernahmen vermutlich vor 2.000 bis 3.000 Jahren die Viehzucht im Gebiet des heutigen Botsuana und breiteten sich als Resultat der *pastoral revolution* nach S aus. Die Funde eisenzeitlicher Siedlungen zeigen, dass die sog. Bantu lange vor Ankunft der Europäer in die Region des heutigen Südafrikas einwanderten (↗ Bantusprachen, ↗ Ostafrika, Völker, Kulturen und Staaten). Archäologische Funde lassen vermuten, dass nach dem Jahr 1000 ein kultureller Umbruch stattfand. Die Bev. nahm zu, und komplexere Organisationsformen entstanden um Siedlungs- und Handelszentren wie Mapungubwe und Bambandyanalo im Limpopotal, Phalaborwa und um das im 11. Jh. gegr. Großsimbabwe, in dessen Ruinen Glas- und Porzellanfunde aus Persien und China vom überseeischen Handel vor dem 14. Jh. zeugen.

II. 15.–18. Jahrhundert. – II.1. Europ. Siedler und Khoisan. Nachdem B. Diaz 1488 das Kap der guten Hoffnung umsegelt hatte, ankerten regelmäßig Schiffe auf dem Weg nach Indien an der südafrik. Küste, um Vieh gegen europ. Waren von Khoikhoi-↗ Klans einzutauschen. Aber erst die VOC (*Vereenigde Oost-Indisch Compagnie*) ließ 1652 eine permanente Versorgungsstation für ihre Schiffe am Fuß des Tafelberges gründen und vergab ab 1657 sog. Freibriefe an Angestellte und Soldaten zum Anbau von Getreide und Gemüse. Die Siedler drangen in Gebiete ein, die die staatenlos organisierten Khoisan als Weiden und Jagdgebiete beanspruchten. Sie lebten in lockeren Verbänden, durch Allianzen, Heirat und Handel miteinander verbunden, zugleich aber Konkurrenten um Wasserstellen, Weiden, Vieh und Handelschancen (↗ segmentäre Gesellschaft). Die einzelnen *clans* versuchten, die Siedler in ihr System einzubeziehen, verbündeten sich mit ihnen oder bekämpften sie. Zwei bewaffnete Konflikte (1659, 1673–77) entschied die VOC zu ihren Gunsten. Aufgrund der Befürchtung, England würde das Kap besetzen, zielte die VOC ab den 1670er Jahren mit der Gründung neuer Niederlassungen und der Förderung von Immigration auf eine Konsolidierung der Kolonie. Expeditionen drangen immer weiter in das Landesinnere ein und nutzen ihre waffentechnische Überlegenheit zu Raubzügen und Zwangshandel. Verarmte Khoikhoi stellten sich zunehmend in den Dienst weißer Farmer, aber erst die Pockenepidemien von 1713, 1755 und 1767 zerstörten ihre gesellsch. Grundlage.

Ende des 18. Jh. hatten die Treckburen die meisten Gebiete westlich des Fisch (*Fish River*) und südlich des Oranje (*Orange River*) erobert. Sie lebten als halbnomadische Viehzüchter und Jäger, wie die Griqua, die im N die koloniale Grenzgesellschaft repräsentierten und sich aus freigelassenen und geflohenen Sklaven, Khoikhoi und sog. Mischlingen zusammensetzten. Um das Zentrum am Kap siedelten zwei bis drei Tagesreisen entfernt wohlhabende Farmer, die von Sklaven Wein und Weizen anbauen ließen. Am Kap lebte eine internat. Gesellschaft von Europäern, Sklaven, »freien Schwarzen«, sog. Mischlingen sowie ostindischen Seeleuten und Handwerkern, in unterschiedlichen Statusgruppen. Sklaven importierte die VOC seit 1658, zunächst aus Angola und Dahomey, später aus Westafrika, Mosambik, Madagaskar, Südindien, Bengalen, Sri Lanka und dem indones. Archipel. Dazu kamen Deportierte aus den holländischen Besitzungen in Asien, häufig Gelehrte und Aristokraten, die Gründungsväter islam. Gemeinden in Südafrika (↗ Islam). Von 1652 bis zum Verbot des ↗ Sklavenhandels 1807 importierte Südafrika ca. 60.000 Sklaven.

Als Reaktion auf die Expansion Napoleons bat die VOC die englische Regierung um Schutz, die ab 1815 endgültig die Verwaltung übernahm. Der Ausbau der Kommunikationswege und des Finanzwesens (1837 Gründung der Handelsbank in Kapstadt) sowie die Einführung von Merinoschafen, deren Wolle zu einem wichtigen Exportgut wurde, beschleunigte die Expansion ins Landesinnere.

II.2. Xhosa. Im O stieß die Kolonie an das Gebiet der ackerbauenden und viehzüchtenden

Xhosa, unter denen im 18. Jh. drei *chieftaincies* dominierten: die Gcaleka östlich des Kei, die Ngiqka zwischen dem Kei und dem Great Fish und die Ndlambe im Zuurveld. Durch klientilistische und nachbarschaftliche Beziehungen mit kleineren Klans sowie Tembu, Khoikhoi und San verbunden, erwies sich die Flexibilität der Gesellschaftsordnung, die auf die Integration von Fremden angewiesen war, gegenüber den Europäern letztlich als Schwäche. Die Siedler waren mit einer lockeren Klan-Konföderation konfrontiert, die auf dem Prinzip beruhte, möglichst viele Menschen zu binden, die in Konfliktfällen aber immer wieder zur Teilung tendierte. Dürren, Erbstreitigkeiten und persönliche Ambitionen konnten durch ↗ Migration aufgefangen werden. Selbst Zeiten der Prosperität förderten die Teilung größerer Einheiten, wenn Bevölkerungsdruck und Viehvermehrung zur Expansion zwangen. Ohne übergreifende Institutionen und Verwaltungsstrukturen war die Herrschaft selbst machtvoller *chiefs* eher nominell. Begegneten sich Treckburen und Xhosa anfänglich noch ohne Feindseligkeiten, änderte sich dies mit der Grenzziehung von 1778, die große Teile des Xhosalandes der Kolonie zuschlug. Der erste bewaffnete Konflikt 1779 stand am Beginn einer 100-jährigen Kriegsperiode, an deren Ende die Unterwerfung der Xhosa stand. Zunächst kämpften Siedlerkommandos und Xhosa-Klans in unterschiedlichen Bündnissen, ohne die Machtverhältnisse an der Ostgrenze eindeutig zu klären. Erst 1811 änderten die brit. Kolonialherren ihre Politik und eroberten das Zuurfeld. Sie trieben 20.000 Xhosa über den Fisch und stationierten Truppen zur Grenzsicherung, die jedoch auch nach einem weiteren Krieg 1819 nicht durchgesetzt werden konnte. Nach dem sechsten Grenzkrieg 1834 verloren die Xhosa weitere Gebiete und wurden zum ersten Mal direkt der Kolonialadministration unterstellt. Die schon seit Anfang des Jahrhunderts einflussreichen christl. inspirierten Propheten gewannen Autorität und pol. Macht, insbes. nach dem Krieg von 1846, der in einer Katastrophe (*cattle killing*) endete. In der Folgezeit nahmen immer mehr Menschen Lohnarbeit an und wandten sich dem ↗ Christentum zu (↗ Mission).

III. 19. Jahrhundert. – III.1. Christliche Mission. Seit den 1830er Jahren expandierten die Missionen und gründeten Hunderte von Stationen im ganzen Land. Die Rolle der Missionare ist ambivalent. Sie waren Anwälte marginalisierter Gruppen, Berater von *chiefs* sowie Mittelsmänner zum kolonialen Staat und verbreiteten zugleich ein Wertesystem, das tief in das afrik. Sozialgefüge eingriff. Immer wieder führten unterschiedliche Ansichten z. B. über Polygynie (↗ Polygamie) und das Verhältnis zu den Ahnen (↗ Ahnenkult), aber auch der Anspruch auf Gleichberechtigung zu Konflikten und ab dem späten 19. Jh. zur Gründung Unabh. ↗ Kirchen. Bekehrung, der Aufbau eines Bildungssystems und die Verschriftlichung der afrik. ↗ Sprachen waren die zentralen Betätigungsfelder der Missionare. Gemeinsam mit Ethnologen und Kolonialbeamten ordneten sie die afrik. Gesellschaften nach Sprachgruppen, die sie als unterschiedliche Völker oder Ethnien begriffen (↗ Ethnizität). Viele der heute durch die offiziellen Landessprachen repräsentierten »Ethnien« gehen direkt auf die Umwälzungen im 19. Jh. zurück; an ihrem Beginn standen pol. Allianzen, innergesellsch. Zentralisierungsprozesse, Kriege und Staatsgründungen.

III.2. Ngunigruppen. Dies gilt auch für die Ngunigruppen im Gebiet zwischen den Drakensbergen und dem Meer. Hier lässt sich ab dem 17. Jh. eine zunehmende Besiedlungsdichte nachweisen, vermutlich aufgrund eines durch die Einführung von Mais sowie günstige ökolog. und klimatische Bedingungen verursachten Bevölkerungswachstums. Die Einbindung der Region in die Handelssysteme der Kapkolonie im W und der Portugiesen im O stimulierte die Konsolidierung größerer Gemeinwesen, und im späten 18. Jh. etablierten sich die *chiefdoms* der Ndwandwe, Ngwane und Mthethwa. Kontrolle über den Handel, Konzentration milit. Macht und die Einleitung gesellsch. Transformationen gingen Hand in Hand. Dingiswayo, der *chief* der Mthethwa, formte ein stehendes Heer aus Regimentern auf der Basis von ↗ Altersklassen, band loyale *chiefs* unterworfener Gruppen in einen Rat ein und rekrutierte die jungen Männer in das Heer, während er die inneren Strukturen unangetastet ließ. Wiederholte Dürren verschärften vermutlich die Rivalitäten der dominierenden *chiefs*. Unter Dingiswayos Nachfolger Shaka expandierte das ↗ Zulureich milit. und löste in den 1820er und 30er Jahren Kriege und Umwälzungen in der gesamten Region aus, die weit bis über die Grenzen des heutigen Südafrikas spürbar waren (*Mfecane*).

III.3. Burenrepubiken, Gold- und Diamantenminen. Während im O die Grenzkriege mit den Xhosa anhielten, etablierte sich außerhalb der Kolonie eine neue Macht, die Burenrepubliken. Nach dem sechsten Grenzkrieg von 1835 begann der »Große Treck«, in dem bis 1840 ungefähr 6.000 Siedler, v.a. aus den östl. Distrikten, die Kolonie verließen. Zwischen 1840 und 1845 folgten noch einmal ca. 10.000 *Voortrekker*. Anlass waren die Anglisierung der Kolonie, die Befreiung der Sklaven und die rechtl. Besserstellung freier Schwarzer. Im Transvaal gründeten sie vier Republiken, deren Unabh. die Briten 1852 anerkannten. 1858 vereinten sich diese Republiken zur Südafrik. Rep. (*South African Republic*), mit der Hauptstadt Pretoria, und erließen eine auf Rassentrennung beruhende Verfassung. Südl. des Vaal ließ sich eine Gruppe nieder, die das ges. Gebiet zwischen Oranje und Vaal beanspruchte. Die Briten erkannten 1854 die Unabh. des Oranje-Freistaaats (*Orange Free State*) an. Bis 1867 herrschte zwischen den brit. Besitzungen und den Burenrepubliken ein labiles Gleichgewicht. In der Kapkolonie lebte 1860 über die Hälfte der viertel Mio. Weißen und ihre Landwirtschaft dominierte die Ökonomie. Der repräsentativen Selbstregierung (seit 1853) mit einer beschränkten Vertretung für Nicht-Weiße folgte 1872 die selbstverantwortliche Regierung, nachdem sich die ökonom. Grundlage mit der Entdeckung von Diamanten radikal verändert hatte (↗ Bergbau). Südl. des Vaal entstand mit Kimberley die damals reichste Diamantenmine der Welt. Zunächst bauten 3.000 schwarze und weiße Schürfer die Diamanten an der Oberfläche ab, aber schon 1888 kontrollierte die Minengesellschaft De Beers fast das ganze Diamantenfeld. Die Minen schufen erstmals ein ausgedehntes System der ↗ Wanderarbeit, das sich bis auf die Zuckerrohrplantagen in Natal auswirkte, die verstärkt indische Arbeiter rekrutierten. Die Minen beschäftigten Mitte der 1870er Jahre 50.000 Wanderarbeiter pro Jahr, die weißen Aufsehern unterstellt und in geschlossenen Lagern untergebracht waren. Das Rekrutierungssystem bezog die *chiefs* mit ein, die junge Männer in Gruppen in die Minen schickten. Der Wert der Diamantenausfuhr steigerte sich von 24.000 Pfund im Jahr 1869 auf 2,2 Mio. Pfund 1878. Die Landwirtschaft erhielt im weiten Umkreis, im Oranje-Freistaat und Basutoland einen Aufschwung, von dem auch afrik. Bauern profitierten. Aber erst die Entdeckung großer Mengen goldhaltigen Gesteins 1886 löste die industrielle Revolution aus. Ab 1893 begann der Untertagebau am Witwatersrand, dem neuen Wirtschaftszentrum, das durch Infrastrukturmaßnahmen an das Kap und die Häfen angebunden wurde. Acht Konsortien kontrollierten den Goldbergbau und damit die Wirtschaft. Die Zahl der Arbeiter (1892: 25.000) stieg trotz schlechter und ungesunder Arbeitsbedingungen und ab 1895 sinkender Löhne.

Die Entstehung großer Städte zog eine wirtsch. Gewichtsverlagerung vom Land in die Stadt nach sich, deren ↗ Bevölkerung sich aus Migranten aus aller Welt, afrik. Wanderarbeitern und einer engl. dominierten Ober- und Mittelschicht zusammensetzte (↗ Stadt, ↗ Stadtplanung, ↗ Urbanisierung). Die Stellung der Buren verschlechterte sich, weil Spekulanten riesige Landflächen im Transvaal erwarben, während sich ihre Höfe durch Erbteilung zunehmend verkleinerten. Die afrik. Landwirtschaft in der Kapkolonie und in Natal hatte sich dagegen frühzeitig auf die Marktproduktion eingestellt und profitierte auch in den Bergbaugebieten von der enorm erhöhten Nachfrage.

Mit der *mineral revolution* verlagerte sich auch das pol. Zentrum an den Witwatersrand. Die Südafrik. Rep. versuchte, der brit. Umklammerung durch Expansion an die Küste und nach N zu entkommen. Ein von Cecil Rhodes (seit 1890 Premierminister der Kapkolonie) 1895 initiierter Putschversuch gegen die Regierung im Transvaal (*Jameson Raid*), scheiterte, zeigte aber die wachsenden Spannungen zwischen brit. Interessen, repräsentiert durch das Minenkapital, und burischen Ansprüchen. 1899 erklärte Präsident P. Kruger im Bündnis mit dem Oranje-Freistaat Großbritannien den Krieg (↗ Burenkrieg), der 1902 mit der milit. Niederlage der Buren und der Annexion der Republiken endete, die fünf Jahre unter brit. Kolonialherrschaft standen. Die brit. Politik nach dem Krieg zielte auf einen raschen Wiederaufbau der Minenindustrie und die Anglisierung des Transvaal. Mit der Einführung von Kopfsteuern und ähnlichen Maßnahmen wurde versucht, die Afrikaner zurück in den Lohnarbeitssektor zu zwingen, aus dem sich viele während des Krieges zurückgezogen hatten. Dies führte z.B. in Natal 1906/07 zur Bambatha-Rebellion.

IV. 20. Jahrhundert: Südafrik. Union. 1910 folgte die Vereinigung aller vier Provinzen, ohne Lesotho und Swasiland, zur Union von Südafrika (brit. Kolonien Natal und Kapland, Burenrep. Transvaal und Oranje-Freistaat). Grundlage war die Anerkennung der gegenseitigen Abhängigkeit, denn eine brit. Majorität unter den Weißen war nicht gegeben, und der aufstrebende burische Nationalismus sah deutlich die wirtsch. und administrativen Vorteile einer Union. Südafrika wurde als weißes Dominion von einem eigenen Parlament regiert, unter einem Generalgouverneur, der die Krone repräsentierte. Beide Weltkriege führten zu innenpol. Krisen, weil ein Teil der Buren den Deutschen zuneigte. Insges. war die Zwischenkriegszeit aber eine Phase der Konsolidierung für die weiße Bev., des Ausbaus von Wirtschaft und Industrie, abgesichert durch eine umfassende rassistische Gesetzgebung. Diese Politik der Segregation (1910–1940) zielte auf den Ausschluss der Nicht-Weißen aus den Kernbereichen der Politik und die Festschreibung ihrer permanenten Unterordnung.

Der am 8. Jan. 1912, unter der Präsidentschaft von J. Dube, zwei Jahre vor der weißen *National Party* gegründete ANC (*African National Congress*) kämpfte mit Petitionen und Delegationen um die Verteidigung und Erweiterung bestehender Rechte. Bis in die 1940er Jahre verfolgte er eine gemäßigte Politik, die auf Integration zielte. Eine Wurzel des afrik. ↗ Nationalismus liegt in den ↗ Missionsschulen, aus denen eine neue ↗ Elite hervorging. So zählt das auf Initiative von J.T. Jabavu 1916 als *South African Native College* gegr. *Fort Hare* zu seinen Absolventen neben N. Mandela auch K. Matanzima, M. Buthelezi und R. Mugabe. Eine der ersten Maßnahmen in der Phase der Segregation war die Verabschiedung des *Natives Land Act* 1913, der eine klare Unterscheidung von afrik. Reservate (↗ Bantustan; 7%, später 13% des Landes) und »weißem« Farmland traf und die Verpachtung an afrik. Bauern verbot. Die folgenden Zwangsumsiedlungen in Reservate zogen sich bis in die 1970er Jahre hin. Die Zerschlagung der marktorientierten und konkurrenzfähigen afrik. Landwirtschaft gehört in Südafrika zu den schwerwiegendsten Maßnahmen des frühen 20. Jahrhunderts, auch wenn die wachsenden urbanen Gebiete ein relativer Freiraum blieben, bis der *Natives Urban Areas Act* (1923) Afrikanern das Wohnrecht in den Städten nahm und sie zu »Gastarbeitern« im eigenen Lande machte. Trotz Zuzugsbeschränkungen und Passgesetzen wuchs die schwarze städt. Bev. aufgrund des steigenden Arbeitskräftebedarfs kontinuierlich (1936: 1,4 Mio., 1951: 2,5 Mio.) und der ↗ Widerstand gegen Passverordnungen gehört im südl. Afrika zu den wichtigsten pol. Fragen des 20. Jh. So kämpfte auch die von M. Gandhi gegründete *British India Association* gegen Passverordnungen für ↗ Inder. Neben pol. Bewegungen entstanden unter Wanderarbeitern und schwarzen Stadtbewohnern auch neue soziale Institutionen, wie Clubs, Sparvereine und Beerdigungskassen (↗ Vereine). Bes. ↗ Frauen fanden in zionistischen Gemeinden und kirchlichen Gebetsgruppen (*manyanos*) eine Möglichkeit, der sozialen Not die gegenseitige finanzielle und spirituelle Unterstützung entgegen zu setzen.

Die Regierungspolitik zwischen 1920 und 1950 war gekennzeichnet von dem Bemühen, die ↗ Industrialisierung, bes. im verarbeitenden Sektor, voranzutreiben und den Interessen der weißen Landwirtschaft und des weißen Proletariats zu dienen. Es ging um die Frage, den Zufluss afrik. Arbeiter in industrielle Gebiete zu kontrollieren. In Zeiten wirtsch. Wachstums und in Kriegszeiten wurden diese Kontrollen gelockert, in Depressionszeiten verschärft. Dabei kam es zu Konflikten mit der schwarzen Arbeiterschaft und mit weißen Arbeitern, wie beim Streik weißer Minenarbeiter 1922 (*Rand Revolt*). 1948 errang die *Herenigde Nasionale Party* mit dem Ruf von der »schwarzen Gefahr« einen überwältigenden Wahlsieg gegen die Regierung Smuts, die ein afrik. Proletariat als unausweichlich akzeptieren wollte. Unter dem Programm der ↗ Apartheid wurde die institutionalisierte Rassendiskriminierung systematisch durchgesetzt. Ab den 1940er Jahren gestaltete sich auch die schwarze Politik radikaler. Die 1944 gegründete Jugendliga des ANC verabschiedete 1949 unter der Leitung von Mandela ein neues Aktionsprogramm, das auf dem Prinzip der Selbstbestimmung beruhte und einen kämpferischen afrik. Nationalismus begründete. ↗ Afrikaans-Literatur, ↗ Broederbond, ↗ Freedom Charter, ↗ Geschichtsschreibung, ↗ Hererokrieg, ↗ Literaturen in afrik. Sprachen: Südafrika.

📖 W. Beinart, Twentieth-century South Africa, Cape Town/Oxford 1994. – T.R.H. Davenport, South Africa. A Modern History, Toronto 1991. – R. Elphick/H. Giliomee, The Shaping of South African Society, 1652–1840, Cape Town 1989. – J. Fisch, Geschichte Südafrikas, München 1990. – R. Ross, A Concise History of South Africa, Cambridge 1999. – N. Worden, The Making of Modern South Africa, Oxford 1994.

Gesine Krüger

Sudan. **Fläche:** 2,5 Mio. km^2. **Einw.:** 30,4 Mio. (1999). **Bev.-Wachstum/Jahr**: 2,8% (2000). **Stadtbev.:** 35% (1999). **Hauptstadt und Wirtschaftsmetropole:** Khartum (2,5 Mio. Einw., Großraum: 6 Mio.). **Unabh.:** 1. 1. 1956. **Staatsform**: islam. Präsidialrep.; Einkammerparlament (*al-Majlis al-Watani*). **Währung:** sudan. Pfund. **HDI-Rang** 138/162 (2001). **Auslandsverschuldung**: 24 Mrd. US$ (1999). **Anteil der Entwicklungshilfe am BSP**: 3% (1998). **BSP/Kopf**: 330 US$, **HIV-infizierte Erwachsene**: 1%, **Lebenserwartung**: m 54,2 J., w 57 J., **Alphabetisierung** der Erwachsenen: m 68,9%, w 44,9% (1999). **Ein-**

schulungsrate: m 43%, w 37% (1995–99). **Amtssprache:** ↗ Arabisch; **Verkehrssprachen:** Engl., **Regionalsprachen:** s. u.

I. Naturraum, Landnutzung. S. ist der größte Staat des Kontinents. Er erstreckt sich über mehrere ↗ Klima- u. Vegetationszonen von tropischem ↗ Regenwald im S bis Vollwüste im N, wo nur an den dichtbesiedelten Ufern des Nils Leben möglich ist (↗ Ökozonen). Bei Khartum fließen der Weiße Nil aus dem Süd-S. und der Blaue Nil aus dem äthiop. Hochland zusammen. Das Gebiet zwischen den Flüssen, *Gazira* (Insel) genannt, gehört zu den fruchtbarsten Afrikas. Rund ein Drittel des Landes ist ↗ Wüste, ein weiteres Drittel ausschließlich weidewirtsch. nutzbar, und vom letzten Drittel landwirtsch. nutzbaren Landes werden lediglich 15–20% kultiviert. In den 1970er Jahren galt S. wegen seines Reichtums an ungenutzten Ressourcen als potentieller Brotkorb des Mittleren Ostens. Massive Investitionen aus der Golfregion förderten v. a. den mechanisierten Regenfeldbau im Savannengürtel und damit wegen der weitverbreiteten Praxis des *soil-mining* die Verwüstung weiter Landstriche sowie die »legale« Vertreibung der Hackbauern und Nomaden, die zwar über traditionelle ↗ Bodenrechte, nicht aber über Grundbucheinträge verfügten. 1996 wurden 6 Mio. ha in mechanisiertem Regenfeldbau, 9 Mio. ha in traditionellem Regenfeldbau und 1,9 Mio. ha unter ↗ Bewässerung angebaut, davon allein in dem zur Kolonialzeit als Baumwollprojekt begonnenen *Gezira-Scheme* fast 1 Mio. ha. Etwa die Hälfte des Landes wird von Viehhaltern genutzt, im S von transhumanten Niloten wie Nuer und Dinka, im N hauptsächlich von arab. Nomaden (↗ Nomadismus). Sie besitzen den größten Teil des riesigen Viehreichtums (1994 geschätzt: 25 Mio. Rinder, 26 Mio. Schafe, 23 Mio. Ziegen und 3,5 Mio. Kamele). Die sahelweite Dürre von 1984/85 brachte zwei Jahre hintereinander Missernten, vernichtete bes. im W des Landes einen Großteil der Viehbestände und löste unter der Landbev. die schlimmste Hungerkrise des Jh. aus.

II. Wirtschaft. S. ist ein Agrarstaat. Etwa 75% der Erwerbsbev. sind in ↗ Landwirtschaft und ↗ Viehhaltung tätig, nur 10% in Handel und herstellendem Gewerbe, welches hauptsächlich landwirtsch. Produkte weiterverarbeitet. In der Landwirtschaft werden nahezu 100% der Exportgüter des Landes erzeugt. Der Anteil der Landwirtschaft am BIP beträgt 33%, der des Dienstleistungssektors 50% und der Anteil des prod. Gewerbes 17%. Landwirtsch. Produkte werden allerdings überwiegend für den direkten häuslichen Konsum hergestellt und daher vom BIP nicht erfasst. – S. gehört zur Gruppe der am wenigsten entwickelten Länder. Pol. Instabilität, Bürgerkrieg (↗ Kriege/Bürgerkriege), Dürren und eine ungünstige Wirtschaftsstruktur haben das Land seit Beginn der 1980er Jahre in eine wirtsch. Dauerkrise gestürzt. Hyperinflation und drastischer Verfall der Reallöhne begleiten seitdem eine ausgedehnte Verelendung, die Verarmung der Mittelschichten und eine zunehmende Klassendifferenzierung. Zu Beginn der 1990er Jahre drohte der Hunger von den Flüchtlingen in den ↗ Squattersiedlungen auf die abgeglittenen Mitglieder früherer städt. Mittelschichten überzugreifen. ↗ Wanderarbeit in die Golfstaaten erschien vielfach als einzige Rettung. Importen im Wert von 1,5 Mrd. US$ standen im Jahr 1996 Exporte im Wert von lediglich 620 Mio. US$ und die hauptsächlich informell importierten Geldzuflüsse von ca. 2 Mio. im Ausland arbeitenden Sudanesen gegenüber. Begründeten Vermutungen zufolge verschlingt der Bürgerkrieg mit täglich 1 Mio. US$ mehr als die Hälfte der Exporteinnahmen. Die wirtsch. Hoffnung der Sudanesen besteht in der Beendigung des Bürgerkriegs und im Export von Rohöl, womit Mitte 1999 über eine 1.600 km lange Pipeline von den Förderstätten im S zum Hafen Port Sudan begonnen wurde.

III. Bevölkerung und ethnische Gruppierungen. Die ↗ Bevölkerung ist regional sehr ungleich verteilt. Das jährl. Wachstum der Hauptstadt Gross-Khartum liegt seit 1985 bei mindestens 6%, wovon die Hälfte auf die Zuwanderung von Dürre- und Bürgerkriegsflüchtlingen v. a. aus dem W und dem S entfällt (↗ Flüchtlinge, ↗ Stadt, ↗ Urbanisierung). – S. ist ethn. und linguistisch extrem heterogen. Von den bis zu 2.000 Sprachen Afrikas sind im S. 100 bis 120 vertreten, von den vier kontinentumfassenden Sprachfamilien allein drei (↗ Afroasiatisch, ↗ Niger-Kordofanisch, ↗ Nilosaharanisch). Arab. tauchte im O erst im 8. Jh. auf, verbreitete sich aber schnell nach dem Zerfall der christl. nubischen Reiche am Nil (↗ Christentum, ↗ Kopten, ↗ Nubien) zwischen dem 12. und dem 14. Jh. Im 16. Jh. hatte es sich zur Sprache der Macht entwickelt und verdrängte so die eingesessenen Sprachen aus dem Zentrum und W des Landes. Als Ergebnis der jahrhundertelangen Arabisierung sprechen heute 50% der Sudanesen Arab. als Muttersprache. Daneben existieren viele der älteren Sprachen: ↗ Nubisch im N entlang des Nils (300.000 Sprecher), Beja im O (1,5 Mio.,

↗ Kuschitisch), Fur im W (750.000, ↗ Nilosaharanisch); im S Dinka (3 Mio., ↗ Nilotisch), Nuer (1,2 Mio., ↗ Nilotisch, ↗ Ostsudanisch), Zande (700.000, ↗ Adamawa-Ubangi). Dem geschlossenen Block des Arab. steht die sprachliche Zersplitterung v.a. im SW, in den an Äthiopien angrenzenden Bergregionen des O und in den Nubabergen gegenüber. In diesen Rückzugsgebieten finden sich Zwergsprachen wie Eliri (1.000) oder Talodi (2.000). Dem Zensus von 1956 zufolge leben im S. 19 ethn. Großgruppen und annähernd 600 Ethnien. Nach unabh. Schätzungen bekennen sich gegenwärtig über 70% der Bev. als Muslime, 10–15% als Christen. Vielleicht 15% sind Anhänger lokaler ↗ Religionen, wobei zu beachten ist, dass wegen der religiösen Aspekte des Bürgerkriegs und der Politisierung der Religion solche Zuschreibungen immer eine pol. Dimension beinhalten. Im 14. Jh. war der ↗ Islam im Gebiet des heutigen S. noch eine Religion unter anderen. Während des Sultanats der Funj (1504–1821) wurde er zur Religion des Hofes und des Bürgertums der Handelsstädte am Nil. In den Zeiten der großen Sklavenrazzien bis tief ins 19. Jh. galt derjenige, der sich nicht als Muslim ausgeben konnte, als legitime Beute. Die weitere ↗ Islamisierung und Durchsetzung der arab. Identität war also mindestens ebenso eine Frage der Macht wie der Mission durch Anhänger versch. Sufi-Gemeinschaften.

V. Politik. Zwischen 1899 und 1955 wurde der *Anglo-Egyptian S.* als Kondominium von Großbritannien und Ägypten gemeinsam verwaltet. Seit der Unabh. wechselten Perioden parlamentarischer. Regierungsformen (1956–1958, 1964–1969, 1986–1989) mit ↗ Militärregimen ab. Seit 1989 herrscht eine islamistische Militärdiktatur. Die 1990er Jahre sahen eine intensive Islamisierungskampagne in allen staatl. und gesellsch. Bereichen. Die modernen ↗ Medien, aber auch die populären künstlerischen Ausdrucksformen sind einer rigorosen relig. ↗ Zensur unterworfen. Viele Intellektuelle und Künstler leben heute im Ausland im Exil. – Seit der Unabh. liegt der S. mit einer Unterbrechung von nur 11 Jahren im Bürgerkrieg. Die hist. Wurzeln gehen bis in die Zeit zurück, in der die islam. Staaten des N den S als Sklavenreservoir betrachteten. Die Kolonialpolitik schirmte den S vor der weiteren Ausbreitung des Islams und der arab. Sprache ab und vertiefte so die kulturelle Spaltung zwischen den südl. und den nördl. Landesteilen. Der erste Bürgerkrieg begann noch im Jahr des Übergangs zur Unabh. in einer Atmosphäre des Misstrauens gegen die vom N dominierte Zentralregierung mit der Meuterei einer aus Südsudanesen bestehenden Armeeeinheit, steigerte sich zum Aufstand der Guerillatruppe *Anyanya* und schließlich zum Bürgerkrieg, der bis zur Friedensvereinbarung von Addis Abeba im März 1972 über 500.000 Menschenleben forderte. 1983 flackerte er erneut auf und wurde trotz mehrerer Friedensbemühungen und internat. Vermittlertätigkeit nicht beigelegt, wiewohl temporäre Waffenstillstände zwischen der Zentralregierung und der SPLA (*Sudanese People's Liberation Army*) mehrmals ausgehandelt und weitgehend eingehalten worden sind. Der Konflikt wird häufig nach einem relig. Muster (Muslime im N gegen Christen im S) oder einem ethn. Muster (Araber gegen Schwarzafrikaner) gedeutet. Tatsächlich sind die Ursachen des fortwährenden Krieges vielschichtiger und reichen vom Vorwurf der Verletzungen des 1972 ausgehandelten Autonomieabkommens über die regionale Benachteiligung und die hist. Erfahrung der Ausplünderung bis zu den Machtinteressen der benachbarten Staaten und der *Warlords*, von denen manche im Lauf des Krieges schon mehrmals die Seiten gewechselt haben. Relig. und rassistische Motive spielen ebenfalls eine Rolle. Die Zentralregierung versucht mit ihrer Interpretation des Bürgerkriegs als eines ↗ *djihad* (Heiliger Krieg) zur Verteidigung des islam. Staats den Krieg als Pflicht für jeden Muslim darzustellen. Kompliziert wird der Konflikt dadurch, dass sich die Opposition des N, hauptsächlich die großen Parteien DUP (*Democratic Unionist Party*), Umma und Kommunisten, mit der SPLM (*Sudanese People's Liberation Movement*) zur NDA (*National Democratic Alliance*) zusammengeschlossen und 1996 mit milit. Aktionen im O eine zweite Front eröffnet haben. Mittlerweile ist deutlich, dass keine Seite den Konflikt milit. gewinnen kann. Zwischen 1983 und 1999 hat der Krieg in Süd- und Zentral-S. mindestens 2 Mio. Tote gekostet, weit mehr als jeder andere aktuelle Bürgerkrieg. Die Zahl der Flüchtlinge wird auf 3–4 Mio. geschätzt. Jede Seite ist nach UN-Ansicht zahlreicher Menschenrechtsverletzungen schuldig. Der Krieg wird hauptsächlich als Krieg gegen die Zivilbev. geführt, Hunger strategisch als Waffe eingesetzt, Dörfer werden bombardiert, die Ernte wird vernichtet, das Vieh geraubt und Lieferungen der internat. Hilfsorganisationen für die hungernde Zivilbev. eignen sich die Kriegsparteien an. Bes. in den Nubabergen und der Region der für die Zentralregierung wichtigen Ölfelder hat die Kriegführung zeitweise einen genozidartigen Charakter angenommen. ↗ Fur, ↗ Mahdi, ↗ Nordostafrika, Völker, Kulturen und Staaten.

🕮 Wuquf, Beiträge zur Entwicklung von Staat und Gesellschaft in Nordafrika, Bd. 7/8: Sudan, Hamburg 1993. – B. Streck, Sudan, Steinerne Gräber und lebendige Kulturen am Nil, Köln 1982. – M.W. Daly, Imperial Sudan, Cambridge 1991. – Library of Congress, Area Handbook Series Sudan, (Internet).

Kurt Beck

Sudansprachen, ein dem arab. *bilaad as-suudaan* »Land der Schwarzen« nachempfundener und von Diedrich Westermann verwendeter Begriff für Sprachen des subsahar. Raumes. Zu den S. wurden neben dem ↗ Kwa, den »Benue-Cross« (↗ Benue-Kongo), den »Togorestsprachen«, dem ↗ Gur, ↗ Mande und ↗ Atlantischen ursprgl. auch die nilotischen und saharanischen Sprachen (↗ Nilotisch, ↗ Saharanisch) gezählt. Angesichts der starken Zersplitterung der S. zögerte Westermann, sie als aus einer »früher ungeteilten Einheit erwachsen«, d.h. als genetisch verwandt anzusehen, obwohl er bemüht war, in »lautlicher, morphologischer, etymologischer und grammatischer Hinsicht« einen altererbten Gemeinbesitz der S. nachzuweisen. Die westl. S. wurden von ihm mit den ↗ Bantusprachen in Beziehung gesetzt, da beiden ein »Substrat ... ohne Klassensystem« gemeinsam sei. Typologisch (↗ Sprachen, afrik.) zeichnen sich die S. v.a. durch folgende Charakteristika aus: Einsilbigkeit der Wurzel, Mangel an grammatischen Bildungselementen, etymologischer musikalischer Ton (↗ Tonsprache), Voranstellung des Genitivs, Pluralbildung meist durch Suffigierung des Pronomens der 3. Person Pl. und Fehlen einer passiven Verbalform. Der 1905 von Carl Meinhof geprägte Begriff S. ist heute in der ↗ Afrikanistik nicht mehr gebräuchlich.

🕮 C. Meinhof, Probleme der afrik. Linguistik. In: Wiener Zeitschrift für die Kunde des Morgenlandes 19 (1905), S. 77–90. – D. Westermann, Die Sudansprachen, Hamburg 1911. – D. Westermann, Die westlichen Sudansprachen und ihre Beziehungen zum Bantu, Berlin 1927.

Rudolf Leger

Südliches Afrika. Das s.A. umfasst die Rep. Südafrika, Lesotho, Swasiland, Botsuana, Namibia, Simbabwe, Sambia, Malawi, Angola und Mosambik. Die geogr. Grenze zum übrigen Afrika liegt in etwa an der Wasserscheide zwischen Kongo und Sambesi. Da das s.A. im Hochdruckgürtel der subtropischen Zone der Südhalbkugel liegt, ist das ↗ Klima dort arid bis semiarid (trocken bis halbtrocken). Aufgrund seiner Höhenlage erhält der O mehr Niederschläge. Von O nach W wandelt sich die Vegetation von einer Trockensavanne über eine Dornstrauchsavanne zur ↗ Wüste (↗ Kalahari). – Die Bevölkerungszahl des s.A. betrug 1995 ca. 105 Mio., davon 5 Mio. europ. Abstammung. ↗ Bevölkerung, ↗ Naturräume, ↗ Ökozonen, ↗ Stadt, ↗ Südafrika, Völker, Kulturen und Staaten, ↗ Urbanisierung.

Fouad Ibrahim

Suezkanal. *I. Geschichte und Beschaffenheit des Suezkanals.* Bereits in früher Erdperiode führte eine Wasserverbindung vom Mittelmeer zum Roten Meer durch das Wadi Tumilat, den Timsahsee und den Großen und Kleinen Bittersee. Einen Süßwasserkanal soll schon Thutmosis III. (1490–1436 v. Chr.) dieser Linie folgend angelegt haben. Necho II. (610–595 v. Chr.) hat ihn ersetzt (Nechokanal), und Dareios I. (521–486 v. Chr.), Ptolemaios II. (285–247 v. Chr.) sowie Trajan (98–117 n. Chr.) haben ihn in Stand halten lassen. Der Gedanke eines direkten Kanals, unabh. vom Nil, den schon G.W. Leibniz (1646–1716) vortrug, kam erst im 19. Jh. zum Tragen. F. de Lesseps, damals frz. Konsul in Kairo, erhielt 1856 vom ägypt. Vizekönig Said Pascha die Konzession zum Bau des schleusenlosen Großschifffahrtskanals nach Plänen des Verkehrstechnikers A. Negrelli (aus Südtirol). Nach zehnjähriger Bauzeit (1859–1869) eröffnete Ismail Pascha (1830–1895) den S. unter den Klängen der zu diesem Anlass von G. Verdi komponierten Oper »Aida«.

Kanallänge: 195 km; Breite: 160–190 m; Sohlentiefe: 19,5–20 m; Sohlenbreite: 80 m; Jahresfrequenz: über 22.000 Schiffe. Ausweichstellen ermöglichen einen Verkehr in beiden Richtungen im Konvoi mittels Lotsen bei einer Durchfahrtzeit von 15 Stunden. Das andere Ufer erreicht man per Fähre oder durch den 1981 fertiggestellten Ahmed-Hamdi-Tunnel, 12 km nördl. von Suez. Er ist nach dem im Oktoberkrieg 1973 gefallenen General benannt, liegt bis zu 51 m unter der Kanalsohle und ist 2,8 km lang. Ein weiterer Tunnel entsteht z.Z. bei Ismailija. Der S. gilt als bedeutender Devisenbringer.

Port Said am nördl. Kanalausgang (über 300.000 Einw.), 1856 gegründet, ist die viertgrößte Stadt Ägyptens. Ismailija (150.000 Einw.) ist Sitz der S.-Behörde (*Suez Canal Authority*). – Suez, Gründung aus dem 15. Jh., zählt mit Port Taufik am südl. Eingang der Kanalzone mehr als

400.000 Einw. und hat den bedeutendsten Hafen für rund 500 Schiffe.

II. Suezkrise, durch die Nationalisierung der S.-Gesellschaft durch Präsident Nasser ausgelöster Konflikt 1956–57 zwischen Ägypten, Israel, Großbritannien und Frankreich. Die Betreiber-Gesellschaft gehörte ursprgl. Said Pascha (44%) und frz. Aktionären (52%); 1875 kaufte die brit. Regierung den ägypt. Anteil. Ägypten war erst ab 1949 wieder im Direktorium vertreten (mit einem Anteil von 7% des Ertrages). Nach dem Zweiten Weltkrieg gewann der Kanal wegen wachsender Erdöltransporte an Bedeutung; gleichzeitig nahmen wegen der Gründung von Israel (1948) die Spannungen in der Region zu. Die Weigerung Großbritanniens und der USA, den Assuan-Damm zu finanzieren (wegen sowjet. Einflusses), führte am 26. Juli 1956 zur Nationalisierung der Kanalgesellschaft durch Nasser. Die Westmächte befürchteten eine Schließung des S.; Großbritannien, Frankreich und Israel begannen im Geheimen mit der Vorbereitung eines Militärschlags. Am 29. Okt. rückten israel. Truppen Richtung Kanal vor, worauf Briten und Franzosen einen beidseitigen Rückzug verlangten und drohten, mit einer Intervention den von der UN geforderten Waffenstillstand durchzusetzen. Am 5. und 6. Nov. landeten brit. und frz. Truppen in der Kanalzone, doch die Aktion wurde unter dem Druck der USA und der UdSSR abgebrochen. Die Suezkrise markiert das Ende des vorherrschenden frz. und brit. Einflusses im Nahen und Mittleren O; bis 1989 stand die internat. Politik der Region im Zeichen des Kalten Kriegs zwischen USA und UdSSR. Aus der Suezkrise ging Nasser als Sieger hervor und wurde zur Symbolfigur des arab. Nationalismus.

🕮 D.A. Farnie, East and West of Suez. The Suez Canal in History, 1854–1956, Oxford 1969. – W. Köhler, Die Wiedereröffnung des Suez-Kanals, München 1977. – S.I. Troen (Hg.), The Suez-Sinai-Crisis: 1956, London 1990. – W. Heinemann/N. Wiggershaus, Das internat. Krisenjahr 1956. Polen, Ungarn, Suez, München 1999.

Karlheinz Schüssler/Astrid Meier

Sufi-Orden ↗ Bruderschaften, islamische

Susu (Sprache) ↗ Mande

Swahili, mit über 40 Mio. Sprechern größte ↗ Bantusprache und gleichzeitig bedeutendste ↗ Verkehrssprache des subsahar. Afrika. Das Verbreitungsgebiet umfasst im Wesentlichen die Länder Kenia, Tansania (wo es seit 1961 den Charakter einer ↗ Nationalsprache hat), den N Mosambiks und Sambias sowie den S Somalias, wobei die Kerngebiete des S. an der ostafrik. Küste einschließlich ↗ Sansibars und Pembas liegen. Periphere Bedeutung hat das S. auf den Komoren sowie im afrik. Binnenland, bes. in Uganda und der Demokrat. Rep. Kongo – mit Ausnahme der Region Lubumbashi, wo S. als Muttersprache gesprochen wird. Die weite Verbreitung verdankt es v.a. seiner traditionellen Rolle als Sprache islam. Händler und Sklavenjäger (↗ Sklavenhandel), die in vorkolonialer Zeit von der ostafrik. Küste aus weit ins Hinterland vordrangen. Als Verkehrssprache findet das S. derzeit immer weitere Verbreitung, auch in bislang weniger frequentierten Gebieten wie z.B. in und um Nairobi in Kenia. – Die Bez. S. leitet sich vom arab. Wort *saahilii* (»Küstenbewohner«) her und wurde zunächst weniger als Sprachname, sondern eher als Bez. für eine Bev. verwendet, die u.a. durch den ↗ Islam und die wirtsch. Organisation in Handelsstädten kulturell miteinander verbunden war. In vorkolonialer Zeit wurde für die Sprache(n) und die Sprecher der Küste eher der Terminus »Zanj« bzw. »Zenj« (arab. »schwarz«) verwendet, wobei nicht klar ist, ob Zanj und S. als deckungsgleich zu betrachten sind. Während der dt. Kolonialherrschaft in Ostafrika bezeichnete man die Sprache als »Suaheli« oder »Kisuaheli«, während heute fast nur noch S. gebraucht wird, was der Standardorthographie am nächsten kommt. – Das S. gliedert sich in rund 20 ↗ Dialekte, die wegen ihrer sprachlichen Besonderheiten untereinander nicht immer verstehbar sind. Die wichtigsten Dialekte sind das Mvita von Mombasa in Kenia und das Unguja von Sansibar, wobei die beiden Orte bis weit ins 19. Jh. hinein auch die wichtigsten Machtzentren an der Küste waren (↗ Ostafrika, Völker, Kulturen und Staaten). Daneben existieren eine Reihe von Soziolekten wie z.B. das Kisetla (von engl. *settler*; ↗ Pidgin- und Kreolsprachen), das von engl. Siedlern in Kenia im Gespräch mit ihren afrik. Hausangestellten verwendet wurde. Das S. verfügt heute, zumindest in Tansania, über eine Standardvarietät, die auf dem Unguja-Dialekt basiert. Die dt. Kolonialregierung erkannte die Vorzüge einer einheitlichen afrik. Standardsprache in Dt.-Ostafrika und förderte die Entwicklung nach Kräften, während die Engländer in Kenia Engl. bevorzugten. Um die Jahrhundertwende stellte man deutscherseits das Unguja von der seit Jahrhunderten benutzten arab. auf lat. Schrift um. Erst 1928 änderte sich die engl.

Karte 39: Verbreitung des Swahili

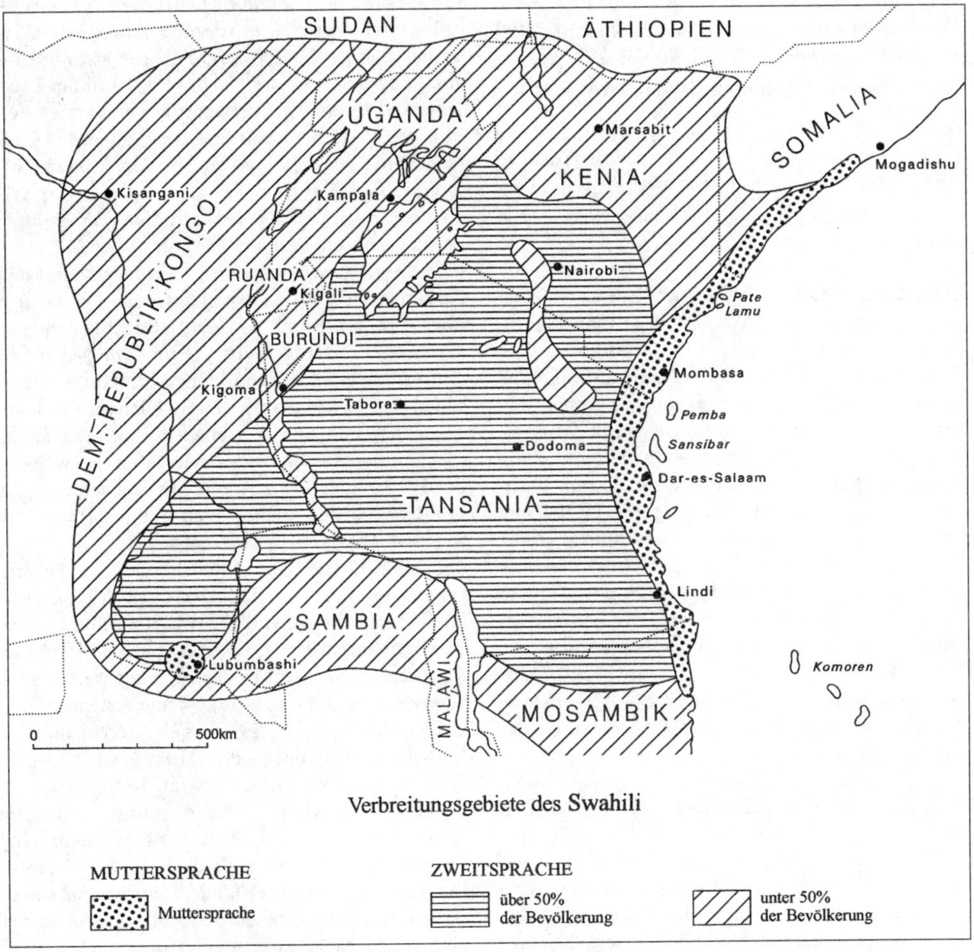

Haltung und man beschloss, das Unguja auch in Kenia zu fördern. Dies geschah in der Praxis nur halbherzig, da mit dem Mvita schon eine traditions- und prestigereiche Literatursprache existierte. Bis heute ist das S. in Kenia, von der Küstenregion einmal abgesehen, nur in wenigen sozialen Bereichen Hauptsprache. –

Die Herkunftsgeschichte des S. und die Frage nach seiner Entstehungszeit konnten bisher nicht befriedigend geklärt werden. Einige Wissenschaftler datieren das erste Auftauchen des S., u. a. aufgrund nur weniger lexikalischer Zeugnisse, die sich in Werken von arab. Geographen des 10. bzw. 12. Jh. finden, ins 9. Jh. Dies ist jedoch zweifelhaft, da diese Bantulexeme keineswegs nur dem S. zugeordnet werden können. Die ersten durch Europäer niedergeschriebenen Wörter stammen aus der ersten Hälfte des 17. Jh. (↗ Afrikanistik.) – Das S. ist in Lautbestand, Grammatik und Grundwortschatz eine Bantusprache, in seinem Kulturwortschatz jedoch zeigt es vielfältige Einflüsse aus kuschitischen (↗ Kuschitisch) und noch nicht näher identifizierten ↗ Sudansprachen sowie aus dem ↗ Arabischen und Persischen; auch europ. Kolonialsprachen wie Englisch, Portugiesisch und Deutsch haben Spuren im Wortschatz hinterlassen. – Bereits in vorkolonialer Zeit entwickelte sich eine stark islam. geprägte und in arab. Schrift niedergeschriebene S.-Lit. Auch die ursprgl. arab. verfassten ↗ Chroniken ostafrik. Küstenstädte wurden im späten 19. Jh. ins S. übertragen. Als moderne Schriftsprache (in lat. Umschrift) hat das S. nicht nur eine breit gefächerte Lit. – von Julius

Nyerere bis Ngugi wa Thiong'o – hervorgebracht (↗ Literaturen in afrik. Sprachen: Ostafrika), sondern ist auch Sprache der ↗ Medien geworden.

🕮 E. Z. Bertoncini, Outline of Swahili Literature, Leiden 1989 – G. Miehe/W.J.G. Möhlig (Hg.), Swahili-Handbuch, Köln 1995. – D. Nurse/ Th. Spear, The Swahili. Reconstructing the history and language of an African society, 800–1500, Philadelphia 1985.

Reinhard Klein-Arendt

Swasiland. **Fläche:** 17.363 km^2. **Einw.:** 980.000 (1999). **Stadtbev.:** 26% (1999). **Hauptstadt:** Mbabane (52.000 Einw. 1990). **Unabh.:** 6. 9. 1968. **Staatsform**: Parlamentarische Monarchie, Parlament mit 55 gewählten und 10 vom König ernannten Abgeordneten, Senat mit 30 Mitgliedern (10 vom Parlament gewählt, 20 vom König ernannt); Parteien sind seit 1973 verboten. **Währung:** Lilangeni (Plural: Emalangeni). **HDI-Rang** 113/162 (2001). **Auslandsverschuldung**: 368,2 Mio. US$ (1997). **Anteil der Entwicklungshilfe am BSP**: 2% (1998). **BSP/Kopf**: 1.360 US$, **HIV-infizierte Erwachsene**: 25,3%, **Lebenserwartung**: m 46 J., w 48 J., **Alphabetisierung** der Erwachsenen m 80%, w 77,9% (1999). **Einschulungsrate:** m/w 100% (1995–99). **Amtssprache:** Swati (↗ Bantusprachen); **Unterrichtssprache**: Engl.

I. Naturraum. Im kleinen Binnenstaat S. sind vier geogr. Zonen zu unterscheiden (↗ Klima, ↗ Ökozonen). Das bergige *Highveld* im NO mit seinem moderaten, feuchten Klima eignet sich v.a. für die ↗ Weide- und ↗ Forstwirtschaft. Im O schließt sich das subtropische *Middleveld* mit fruchtbaren Ackerböden und Niederschlägen von 750 mm im Jahr an. Für den ↗ Ackerbau eignen sich auch die Flächen des *Niederveld,* wobei die Niederschläge dort geringer und unregelmäßiger sind (500 mm jährl.). Im NO befinden sich die dünn besiedelten und kargen Lebomboberge. Die Expansion der Viehwirtschaft führt zu Überweidung und Bodenerosion.

II. Bevölkerung und ethnische Gruppierungen. Die ↗ Bevölkerung besteht zu 97% aus Swasi. Der Rest verteilt sich auf Zulu, Tsonga und Shangaan. Die anhaltende Stadt-Land-↗ Migration der letzten Jahre hat zu einer erheblichen Zunahme der Stadtbev. beigetragen. Eine strenge Trennung zwischen städt. und ländl. Bev. ist aufgrund familiärer Verflechtungen und Arbeitsmigration kaum möglich.

III. Geschichte und Politik. Der Nationalstaat S. entstand im frühen 19. Jh. und wurde nach dem Sieg der Briten im Burenkrieg 1902 brit. Protektorat. König Shobuza II., der von Großbritannien geduldet wurde und schon seit 1921 amtierte, führte das Königreich 1968 in die Unabh. Die königstreue Partei INM (*Imbokodvo National Movement*) gewann bei den ersten demokrat. Parlamentswahlen 1967 alle Mandate. Nachdem der als systemkritisch angesehene NNLC (*Ngwane National Liberatory Congress*), der v.a von den Gewerkschaften unterstützt wurde, bei den Wahlen 1972 drei der 24 Parlamentssitze gewonnen hatte, löste der König das Parlament 1973 auf, suspendierte die Verfassung und verbot die pol. Parteien. Der bescheidene Erfolg der NNLC wurde vom Königsclan als Bedrohung seiner absoluten Machtfülle angesehen. Bis heute wurde das Parteienverbot nicht aufgehoben. Damit ist S. eines der wenigen afrik. Länder, die kein Mehrparteiensystem aufweisen. Bis 1978 regierte der König mit Dekreten. Freie Wahlen wurden bisher nicht abgehalten. Auf Sobhuza II (1899–1982) folgte dessen Sohn König Mswati III (geb. 1968). Trotz des Parteienverbots operieren mehrere Oppositionsbewegungen im Untergrund. Um die innenpol. Lage zu entspannen, beauftragte der König 1996 ein Komitee mit der Ausarbeitung einer neuen Verfassung. Der überaus schleppende Arbeitsanlauf des Komitees zeigt, dass es sich hierbei um ein Verzögerungsmanöver des Monarchen handelt, der möglichst wenige demokrat. Reformen hinzunehmen bereit ist. Derweil nimmt der Druck der ↗ SADC auf den König zu, Verfassungsreformen und Mehrparteienwahlen durchzuführen. Dessen ungeachtet fanden 1998 Parlamentswahlen im traditionellen Stil statt. Nach wie vor gibt es de facto zwei Regierungen: Den Premierminister und sein Kabinett mit der Bürokratie als Institutionen des modernen Nationalstaats einerseits und den Monarchen und seinen traditionellen Hofstaat andererseits.

IV. Wirtschaft. Die Volkswirtschaft basiert auf der ↗ Landwirtschaft und agrarindustieller Güterproduktion. Neben Zucker und Zitrusfrüchten tragen v.a. Holz und Holzprodukte sowie Konzentrate für Erfrischungsgetränke zu den Exporterlösen bei. Wachstum ist v.a. in den Bereichen Textilien, Kühlschränke und Papierprodukte zu verzeichnen. Das seit der Unabh. relativ starke Wirtschaftswachstum von jährl. zwischen 3% und 6% schwächte sich nach 1994 mit der internat. Öffnung des südafrik. Marktes und dem zurückgehenden Interesse ausl. Investoren ab. Bis 1993 war das Land für internat. Unternehmer interessant, die ihre Produktion aus

Südafrika wegen der weltweiten Sanktionen nach S. auslagerten, von dort ihre Produkte auf den südafrik. Markt exportieren konnten und so die industrielle Entwicklung in S. ankurbelten. Die Zahl der Migranten, die in Südafrika im Bergbau arbeiten, ist rückläufig. Dennoch ist der große Nachbar der wichtigste Handelspartner des Landes (1995 wurden 58,4% der Gesamtexporte und 96,3% der Importe mit Südafrika abgewickelt). Der Anteil der Landwirtschaft am BIP ist von einem Drittel 1968 auf 9,9% (1995/96) gefallen. Dafür verantwortlich sind rückständige Anbaumethoden, Landflucht und die Konkurrenz der südafrik. Großfarmen. Die Bodenverteilung gliedert sich in *Swazi Nation Land* (ca. 60% der Gesamtfläche), das treuhänderisch vom König und den Chiefs verwaltet wird und auf dem 70% der Bev. leben, und in Privatland, das sich größtenteils im Besitz von internat. bzw. südafrik. Konzernen befindet. Die Viehzucht hat fast ausschließlich soziale, kaum kommerzielle Bedeutung.

🕮 A. R. Booth, Swaziland. Tradition and Change in a Southern African Kingdom, Boulder 1983. – J.S.M. Matselbula, A History of Swaziland, 3. Aufl., Kapstadt 1988.

Heiko Meinhardt

Swati (Sprache) ↗ Bantusprachen, ↗ Schnalzsprache

Swing ↗ afroamerikanische Musik

Synkretismus. (1) Wenn sich zwei Religionen, hier die ursprgl. afrik. und die christl. bzw. der ↗ Islam, begegnen, beeinflussen sie sich gegenseitig. Dieser Vorgang wird S. genannt, wobei dieser Begriff zunächst rein beschreibend verstanden werden sollte. In der Begegnung kommt es neben klaren Abgrenzungen zu Veränderungen in den Religionen durch Angleichung oder Übernahme zunächst fremder Elemente insbes. im Bereich der Sprache (weltanschaulicher Aspekt), der Riten (soziokultureller Aspekt, ↗ Ritus) und der Ethik (individueller und kommunaler Aspekt).

(2) Diese beschreibende Sicht des S. wird durch eine normative ergänzt, ja oft überlagert. S. ist jetzt negativ besetzt und wird als Kampfbegriff gegen andere verwendet, denen man vorwirft, der christl. Religion durch Religionsvermischung ihre eigene Prägung zu nehmen. S. ist dann gleichzusetzen mit Verfälschung des Glaubens bzw. Abfall vom wahren Glauben. Auf der anderen Seite bemüht sich christl. Theologie in Afrika darum, den christl. Glauben in den afrik. Kontext zu inkulturieren und heimisch werden zu lassen. Dieser Prozess der Inkulturation (kath.) und Kontextualisierung (ev.) meint dasselbe wie S., aber nicht mehr aus einer Perspektive von außen, sondern von innen als Betroffener. Als Beispiel dafür sei auf die Übernahme von afrik. Gottesnamen als Bezeichnung des biblischen Gottes oder auch von Initiationsriten (↗ Initiation) in die Feier der Konfirmation oder Firmung verwiesen. Ähnlich wird Christus mit Titeln aus den ursprgl. afrik. ↗ Religionen bezeichnet (z. B. Initiationsmeister, Heiler, Ahne, Häuptling). Die Beurteilung des ↗ Ahnenkults und die Übernahme einzelner diesbezüglicher Riten in die christl. Kirchen ist dagegen heftig umstritten. Bes. in Hinblick auf die Afrik. Unabh. Kirchen (↗ Christentum, ↗ Kirchen, christl.) wurde die Frage kontrovers diskutiert, ob hier von S. oder gelungener Inkulturation gesprochen werden sollte.

(3) Die Vielfältigkeit islam. Lebens- und Glaubensformen ist Ausdruck der besonderen Ausbreitungsgeschichte und Anpassungsfähigkeit des Islam im afrik. Milieu. Rechtgläubigkeit, aber auch ihr Gegenstück, die Erklärung als Unglaube, entschieden sich durch die Einhaltung eines weitmaschigen und überschaubaren Regelwerks orthopraktischer Vorschriften. Im relig. Alltag, jenseits theologischer Spitzfindigkeiten, konnten sich deshalb nichtislam. rituelle Praktiken und Vorstellungen behaupten, die den Übertritt zum Islam erleichterten und diesen gleichzeitig »afrikanisierten«. Aus diesem Mechanismus erklärt sich unmittelbar der notorische Vorwurf des S. (arab. *talfiq*), der von der arab. dominierten muslim. Weltgemeinschaft gegenüber afrik. muslim. Gemeinschaften, aber auch innerhalb derselben untereinander erhoben wurde. In periodischen Erneuerungsbewegungen wurde die Ausmerzung »heidnischer« Praktiken propagiert und als pol. Handlungsmotiv instrumentalisiert. Die bis heute wiederkehrenden Anklagen richten sich u. a. gegen den weitverbreiteten ↗ Geisterglauben, gegen Tieropfer, gegen die Verehrung von Heiligen und deren durch Talismane übertragbare magische Schutz- und Heilkräfte, gegen die unverkennbar afrik. musikalischen und tänzerischen Elemente im rituellen Alltag und Festkalender (↗ Magie, ↗ Musik, ↗ Tanz). Ausgesprochen selten sind dagegen synkretistische Annäherungen an christl. Gemeinschaften, zu denen die afrik. Muslime, bedingt

durch ihre religions- und missionsgeschichtliche Erfahrung, kritische Distanz bewahren. ↗ Akkulturation, ↗ Kreolisierung.

🕮 Th. Sundermeier, Was ist Religion? Religionswissenschaft im theologischen Kontext, Gütersloh 1999. – Der schwarze Christus. Wege afrik. Christologie, Freiburg/Basel 1989. – K. Hock, Gott und Magie im Swahili-Islam. Zur Transformation relig. Inhalte am Beispiel von Gottesvorstellungen und magischen Praktiken, Köln/Wien 1987.

Johannes Triebel/Ulrich Rebstock

Taarab (auch *Tarabu*), ↗ Popularmusik der swahilisprachigen Bev. an der ostafrik. Küste (Kenia/Tansania). In der islam. Swahili-Kultur (↗ Ostafrika, Völker, Kulturen und Staaten) treffen sich afrik., arab. und indische Einflüsse, die auch die *T.*-Musik bestimmen. *T.* entstand in den ersten Jahrzehnten des 20. Jh. v.a. in Musikklubs auf ↗ Sansibar, in Mombasa (Kenia), Daressalaam und Tanga (Tansania). Im Vordergrund des *T.* stehen der Gesang (überwiegend von Frauen) und die in ↗ Swahili gesungenen Texte. Neben arab. ↗ Laute, versch. ↗ Trommeln, Akkordeon und, auf Sansibar und in Daressalaam, europ. Streichinstrumenten gehören heute auch Keyboards, E-Gitarre und Bass zu den Musikinstrumenten der *T.*-Ensembles. In den 1920er Jahren erlangte die Sängerin Siti bint Saad mit den ersten kommerziellen *T.*-Aufnahmen Berühmtheit. Seit den 1960er Jahren hat sich *T.*, wesentlich durch den Einfluss des *Black Star Musical Club* in Tanga, bis nach Burundi und in die Demokrat. Rep. Kongo verbreitet.

🕮 W. Graebner, Tarabu. Populäre Musik am Indischen Ozean. In: V. Erlmann (Hg.), Populäre Musik in Afrika, Berlin 1991.

Florian Carl

Tal der Könige ↗ Altägypten

Tamaschek, Tamazight (Sprache) ↗ Berber

Tansania. **Fläche:** 945.087 km². **Einw.:** 34,3 Mio (1999). **Bev.-Wachstum/Jahr**: 2,8% (1990–99). **Stadtbev.:** 32% (1999). **Hauptstadt:** Dodoma (300.000 Einw.). **Regierungssitz und Wirtschaftsmetropole:** Daressalaam (1,5 Mio. Einw.). **Unabh.:** 9. 12. 1961 (Tanganyika), 10. 12. 1963 (Sansibar). **Staatsform**: Föderative Präsidialrep.; Einkammerparlament (Nationalversammlung); Mehrparteiensystem. **Währung:** Tanzania Shilling. **HDI-Rang** 140/162 (2001). **Anteil der Entwicklungshilfe am BSP**: 14% (1998). **BSP/Kopf**: 240 US$, **HIV-infizierte Erwachsene**: 8,1%, **Lebenserwartung**: m 50 J., w 52,2 J., **Alphabetisierung** der Erwachsenen: m 84%, w 65,7% (1999). **Einschulungsrate**: m 82%, w 79% (1995–99). **Amtssprache:** ↗ Swahili und Engl.; **Nationalsprachen:** weitere ↗ Bantu- und ↗ nilotische Sprachen.

I. Naturraum. Das ostafrik. Land T. weist eine große Variationsbreite auf vom tropischen Küstengürtel über eine zentrale Hochebene (durchschnittl. Höhe von 1.000 m) bis zu versch. Bergregionen (u.a. dem Kilimandscharo, mit 5.891 m höchster Berg Afrikas, ↗ Ökozonen, ↗ Klima). Die fruchtbarsten und regenreichen Gebiete sind ungleichmäßig weitgehend an der Peripherie des Landes verteilt, während das Zentrum nur wenig nutzbar ist. Dies wirkt sich auch auf die Bevölkerungsverteilung aus. Insges. stehen große Landflächen zur Verfügung, doch in den Konzentrationsgebieten werden bereits extrem hohe, problematische ↗ Bevölkerungsdichten erreicht. Waldflächen werden durch Ausbreitung der ↗ Landwirtschaft immer weiter zurückgedrängt (↗ Entwaldung), insges. jedoch halten sich die ökolog. Schäden in Grenzen. T. besitzt beachtliches, noch keineswegs ausgeschöpftes ↗ Bergbaupotential (u.a. Gold, Diamanten, Edelsteine, Erdgas), ebenso auch viele Attraktionen für den ↗ Tourismus (Nationalparks, Tropenstrände, Berge etc.).

II. Bevölkerung und ethnische Gruppierungen. Die Bev. setzt sich aus rund 120 versch. Völkern zusammen; diese Vielfalt und die relative zahlenmäßige Gewichtung verhindern den Dominanzanspruch einzelner Ethnien auf gesamtstaatl. Ebene. Dies trägt – ebenso wie die gemeinsame Sprache Swahili – wesentlich zur weitgehenden Abwesenheit tribal bedingter Spannungen oder Konflikte und zur Herausbildung eines für Afrika exemplarischen nat. Zusammengehörigkeitsgefühls bei. In den größeren Städten treffen Angehörige aller Ethnien zusammen, und zwischen ihnen kommt es in beachtlichem Ausmaß zu Heiratsverbindungen. In begrenztem Umfang findet eine ↗ Migration aus übervölkerten Gebieten in Zonen mit noch vorhandenen Landreserven statt; der Zuzug in die Städte (↗ Stadt) hat sich in den letzten Jahren deutlich beschleunigt. Hist. bedingte Unterschiede im Zugang zu moderner Bildung haben lange (und bis heute fortgesetzt) zur faktischen Bevorzugung einzelner Ethnien bei der Vergabe technisch-administrativer Führungspositionen geführt, während in der Politik stets sorgfältig auf eine ethn.-regionale Balance geachtet wurde. Zwar gibt es durchaus immer wieder Vorwürfe von ↗ Tribalismus und entspr. Protektion, doch spielt dies insges. eine geringere Rolle als anderswo in Afrika. Auch die Beziehungen zwischen den Religionen – etwa ein Drittel Muslime (↗ Islam), Christen (↗ Christentum) und Anhänger traditioneller ↗ Religionen) – waren in der Vergangenheit relativ konfliktfrei, doch gibt es Anzeichen zunehmender Spannungen, bedingt durch das Gefühl der Muslime, sie seien sozial und ökonom. benachteiligt.

III. Geschichte und Politik. Auf dem Territorium von T. findet sich mit den archäolog. Funden in der Olduvai-Schlucht eine der ↗ Wiegen der Menschheit. Schon vor der europ. Eroberung war die Küste über Jahrhunderte von arab. Einflüssen bestimmt. Von ↗ Sansibar aus unternahmen arab. Sklavenhändler v.a. im 19. Jh. ihre Raubzüge bis zum Tanganyikasee. Nach Eroberungen einzelner dt. Kolonialabenteurer wie Carl Peters (ab 1884) übernahm 1890/91 das Dt. Reich das Gebiet als »Schutzgebiet Dt.-Ostafrika«. Nach dem Ersten Weltkrieg wurde Tanganyika vom Völkerbund als ↗ Mandatsgebiet an Großbritannien übertragen, das nach langer Vernachlässigung erst nach dem Zweiten Weltkrieg eine gezielte Wirtschaftsentwicklung einleitete. Ohne gewaltsame Auseinandersetzungen erhielt Tanganyika 1961 die Unabh. unter Führung der von Julius Nyerere 1954 gegr. TANU (*Tanganyika African National Union*). Am 26. 4. 1964 schlossen sich Tanganyika und das 1963 unabh. gewordene Sansibar, nachdem auf den dortigen beiden Inseln eine blutige Revolution am 12. 1. 1964 die arab. Sultansherrschaft beendet hatte, zur Vereinigten Rep. von T. zusammen. 1965 erfolgte der Schritt zum formellen ↗ Einparteisystem; 1977 wurden die Parteien beider Landesteile unter dem Namen CCM (Partei der Revolution) zusammengeschlossen. Der Vater der Nation Nyerere (1922–1999) war von 1962 bis 1985 Präsident und verzichtete dann freiwillig auf eine Wiederwahl (1990 auch auf den Parteivorsitz), spielte aber im Hintergrund weiter eine wichtige pol. Rolle. Nachfolger Nyereres als Staatspräsident (1985–1995) wurde Ali Hassan Mwinyi aus Sansibar. Das seit 1967 sozialistisch orientierte Einparteiregime kontrollierte alle Aspekte des pol. und gesellsch. Lebens, was zu zunehmenden bürokrat. Verkrustungen (jedoch ohne eklatante Menschenrechtsverletzungen) führte, von der Mehrheit der Bev. aber weitgehend akzeptiert wurde.

Der Wandel zu einem demokrat.-pluralistischen Mehrparteiensystem (↗ Demokratie) in den 1990er Jahren vollzog sich vergleichsweise langsam, geordnet und stark von oben kontrolliert. Nach einer Verfassungsänderung 1992 wurden insges. 13 pol. Parteien offiziell registriert und zugelassen. Aufgrund ihrer weiter bestehenden allgegenwärtigen Dominanz erzielte die CCM bei Wahlen 1995 einen klaren Sieg gegen die schwachen Oppositionsparteien; Benjamin Mkapa wurde mit Unterstützung Nyereres zum dritten Präsidenten von T. gewählt. Im Okt. 2000 wurden Mkapa und die CCM erneut klar als Regierung bestätigt; nur fünf Oppositionsparteien konnten eine verringerte Zahl von Mandaten erringen. Insges. blieb T. bisher ein pol. stabiles und friedliches Land. Lediglich im semiautonomen Landesteil Sansibar ergaben sich nach den Wahlen für die Sansibar-Präsidentschaft und das separate Repräsentantenhaus schon 1995 und verstärkt 2000 massive Spannungen und ein schwer überbrückbares pol. Patt.

Die Legitimität der staatl. Strukturen ist im gesamten Land unbestritten. Das Militär hat sich bisher nicht in die Politik eingemischt. Die ↗ Gewerkschaften waren lange von der Staatspartei abhängig und sind weiterhin relativ schwach. Die Einhaltung der ↗ Menschenrechte und die Unabh. der Justiz (↗ Recht) sind generell gegeben. Auch die Freiheit der ↗ Medien und öffentl. Meinungsäußerungen unterliegen keinen grundlegenden Beschränkungen (anders jedoch in Sansibar); allerdings ist der tatsächliche Einfluss unabh. gesellsch. Gruppen auf pol. Entscheidungen eher gering. Die sog. traditionellen Autoritäten wurden schon früh zurückgedrängt. Seit langem besitzen die Führer der christl. Kirchen eine hohe moralische Autorität, halten sich aber im Hinblick auf pol. Einflussnahme zurück. Frauenorganisationen haben in den letzten Jahren an Gewicht gewonnen, sind aber immer noch in einer schwachen Position (↗ Frauen). Die sog. ↗ Zivilgesellschaft und das breiter werdende Spektrum lokaler NGOs müssen um größere Anerkennung kämpfen.

IV. Wirtschaft und Sozialstruktur. Die ökonom. Entwicklung war bisher ausgesprochen unbefriedigend. T. ist trotz umfangreicher Leistungen der ↗ Entwicklungszusammenarbeit eines der ärmsten Länder der Welt geblieben. Die von Nyerere ab 1967 verfolgte Politik eines eigenständigen afrik. ↗ Sozialismus (↗ *Ujamaa*) hatte zunächst beträchtliche internat. Aufmerksamkeit erfahren und wurde teilweise gar als Modell einer egalitären ↗ Gesellschaft angesehen, erwies sich im Laufe der Jahre aber als Misserfolg mit überhand nehmender staatl. Bürokratie und Kontrolle und mit Unterbindung von Freiräumen für eine dynamische wirtsch. Betätigung. Anfang der 1980er Jahre geriet T. in eine eklatante wirtsch. Krise und scharfe Konfrontation zu IWF, Weltbank und den westl. Gebern. Erst ab 1986 wurden (zunächst zögerlich) wirtschaftspol. Reformen in Richtung auf Liberalisierung, stärkere marktwirtsch. Elemente und Abbau der Staatswirtschaft eingeleitet. In den letzten Jahren gewann dieser Kurs Oberhand, und T. erreichte wieder ein (allerdings nur bescheidenes) positives Wirtschaftswachstum. Die Palette der Exportprodukte ist breit gefächert (Kaffee, Baumwolle, Tee, Sisal, Tabak, Bergbauprodukte), außerdem steigen die Deviseneinnahmen aus dem ↗ Tourismus. Dennoch ist die ↗ Außenwirtschaftsbilanz weiterhin hoch defizitär. Die hohe Auslandsverschuldung (rund US$ 6,5 Mrd.) stellt ein massives Hindernis für verstärkte Anstrengungen des Staates hinsichtlich einer Verbesserung der maroden Sozialsektoren dar. Die Landwirtschaft verharrt bisher auf einem generell niedrigen Niveau; der Anteil des Industriesektors am BIP war jahrelang sogar rückläufig. Bei schnell wachsender ↗ Urbanisierung überwiegt der sog. ↗ informelle Sektor inzwischen gegenüber offizieller Erwerbsarbeit als Überlebensmöglichkeit für die Mehrheit der Bev. Die soziale Differenzierung zwischen versch. Bevölkerungsgruppen (auch in geogr. Hinsicht) nimmt als Folge der Wirtschaftsliberalisierung gegenüber den früheren Zielsetzungen eines sozialen Ausgleichs (allerdings auf niedrigem absoluten Niveau) deutlich zu.

V. Kunst und Literatur. Aus dem Bereich der Kunst sind die Schnitzereien der Makonde mit mythischen Geisterdarstellungen und sog. Lebensbäumen internat. bekannt geworden. Eine moderne naive Malereischule (vorwiegend mit phantasievollen bunten Tiermotiven) entstand ab Anfang der 1970er Jahre, orientiert auf europ. Abnehmer und benannt nach dem Vorbild Tingatinga (↗ Malerei, ↗ Touristenkunst). Die reiche Swahililit. ist Ausdruck der Küstenkultur mit ihren vielen über Jahrhunderte hinweg vermischten Elementen. Moderne gesellschaftskritische Autoren mit breiterer Resonanz sind bisher nicht hervorgetreten; hingegen Shafi Adam Shafi (*Kasri ya mwinyi fuad,* 1978; dt. *Die Sklaverei der Gewürze*) und Abdulrazak Gurnah (*Paradise,* 1994; dt. *Das verlorene Paradies*), beide aus Sansibar, mit hist. Romanen. Eine eigenständige Film- und Fernsehproduktion gibt es noch nicht. ↗ Literaturen in afrik. Sprachen: Ostafrika, ↗ Ostafrika, Völker, Kulturen und Staaten.

📖 J. Iliffe, A Modern History of Tanzania, Cambridge 1979. – D. E. MacHenry, Limited Choices. The Political Struggle for Socialism in Tanzania, Boulder 1994. – T. Ofcansky/R. Yeager, Historical Dictionary of Tanzania, Lanham/Md. 1997. – P. G. Rösch, Der Prozeß der Strukturanpassung in Tanzania, Hamburg 1995. – R. Yeager, Tanzania. An African Experiment, Boulder/London 1989.

Rolf Hofmeier

Tanz. *I. Allgemeines.* T. ist ein Ausdrucks- und Kommunikationsmittel, das sich sozialisierter körperlicher Bewegungsmuster bedient. Das Wort T. bezeichnet das abstrakte Phänomen und einen einzelnen T., Tanzen die konkrete Aktion, die Manifestation von Ideen und Gefühlen in Bewegung. Abgesehen von der sichtbaren materiellen Wirklichkeit entzieht sich das Wesen von T. dem Beobachter. T. ist eine universale Erscheinung, denn überall auf der Welt wurde und wird getanzt, jedoch ist die Verbreitung in den versch. Kulturen unterschiedlich stark. Es gibt wohl keinen Kontinent, der so sehr mit Tanzen verknüpft ist wie Afrika, ja man kann T. als die Domäne des hist. Afrika bezeichnen. Trotzdem hat die Forschung dieses sichtbare Kulturgut bis heute kaum untersucht.

Den Terminus afrik. T. verwendet man heute in Bezug auf die Kulturen afrik. Völker südlich der Sahara. Aufgrund der Heterogenität von Funktion, Art und Form der Tänze, Aufführungspraxis und musikalischer Begleitung stellt dieser Begriff lediglich eine kontinental geogr. Klassifizierung dar. Es gibt nach Schätzungen noch bis zu 2.000 ↗ Sprachen auf dem afrik. Kontinent. Selbst wenn man von nur 1.500 ausginge und für jede Sprachgemeinschaft z. B. 10 versch. Tänze ansetzte (was niedrig ist), käme man auf 15.000 und deren Varianten. Neben den Tänzen, die man den Sprachgemeinschaften bzw. Kulturen zuordnen kann, existiert eine bunte Tanzlandschaft in Diskotheken der Großstädte, die auch an außerafrik. Tanzstilen orientiert ist. Nat. Tanzkompanien adaptieren klassische Tänze für die Bühne, um sie einem breiteren Publikum weltweit zugänglich zu machen. Der moderne Bühnenkunsttanz zeitgenössischer Künstler, der außerafrik. und afrik. choreographische und inhaltliche Konzepte verbindet, ist, außer in Südafrika, hauptsächlich in Europa und Nordamerika vertreten, er wird von den Künstlern selbst

Abb. 37: Grundposition des Körpers bei klassischen Tänzen

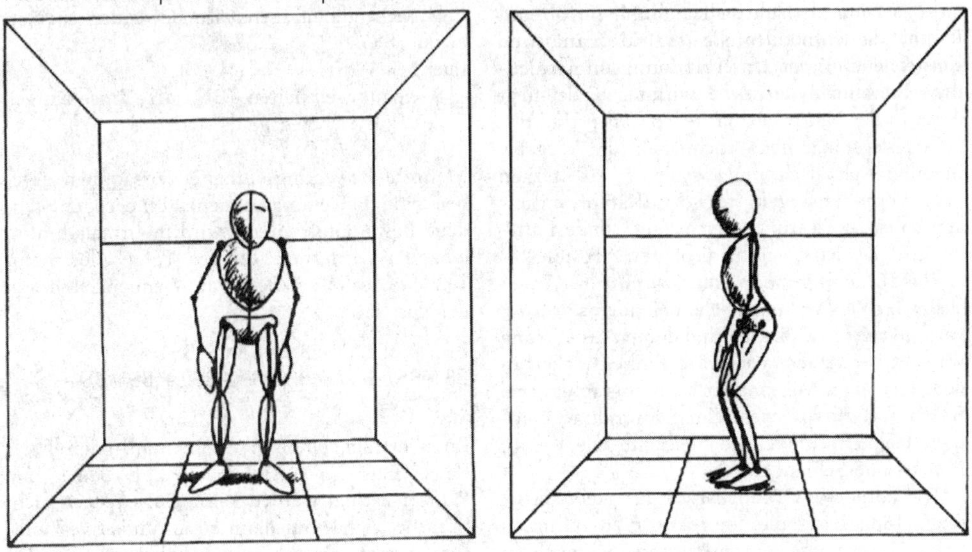

teilweise als »moderner afrik. Ausdruckstanz« bezeichnet.

Die Selbstverständlichkeit in der Ausführung dieser Ausdrucksform gerade im Alltag und dessen Bedeutung war und ist für Außenstehende anderer Kulturen kaum nachvollziehbar. Bewegungsauffassungen sowie die ihnen zugrunde liegenden Erlebnisbereiche und philos. Sichtweisen bestimmen nicht nur den tänzerisch-motionalen, sondern den ges. kinetisch-motionalen Ausdrucksbereich. Tanzen war und ist heute teilweise noch als sozial erlernte Technik Bestandteil und Träger von Alltagskultur mit unterschiedlichen Funktionen als (1) künstlerisches Ausdrucksmittel, (2) Kommunikationsmittel mit quasisprachlicher Funktion, (3) Medium zur relig. Verwirklichung, (4) Bestandteil ritueller Begleithandlungen, z. B. bei Geburt und Tod, und schließlich als (5) Mittel zur Entspannung.

II. Tanz als künstlerisches Ausdrucksmittel. – II.1. Historische Quellen. Als früheste Belege für die hist. Existenz von T. können die ältesten Zeugnisse afrik. Kunst herangezogen werden, und zwar die ↗ Felsbilder, deren datierbare Fragmente auf ein Alter von 19.000 bis 26.000 Jahre schließen lassen. Obwohl eine genaue Analyse der dargestellten Motionssegmente menschlicher Figuren unter bewegungstechnischen Aspekten noch aussteht, kann man für einige Zeichnungen belegen, dass es sich um die Darstellung einer tänzerischen Motion und nicht um Alltagsbewegungen handelt. Altägypt., später griech. und röm. Quellen berichten von der Kunst schwarzafrik. Tänzer/innen. Dokumente von Forschern, Reisenden und Missionaren erwähnen Tanzen, Theaterspiel und Pantomime, wobei die persönlichen Kommentare der Schreiber/innen von angstvollen und diffamierenden Äußerungen über sachliche Darstellung bis zu bewundernden Beschreibungen des hohen Niveaus der agierenden Künstler reichen. Insbes. Berichte und Briefe kath. und ev. Missionare sowie von deren Ehefrauen lassen erkennen, dass das Tanzen vor dem Hintergrund christl. Leiblichkeitsvorstellungen als Angst auslösendes Teufelswerk betrachtet wurde, das es zu verbieten galt. Menschen, die zu Tanzveranstaltungen gingen und erwischt wurden, erhielten eine Geldstrafe oder wurden aus der christl. Gemeinschaft ausgestoßen. Die Missionare wie auch viele Forscher, die selbst in christl. Tradition standen, übersahen dabei die mannigfaltigen Funktionen von T. und die gesellsch. Bedeutung dieser Ausdrucksform.

II.2. Tanz als soziales Kunstwerk. Klassische Tanzaufführungen stellen ein überindividuelles soziales Kunstwerk dar, an dessen Erschaffung Tänzer/innen, Musiker/innen und Zuschauer/innen in unterschiedlicher Form beteiligt sind. So ist es teilweise üblich, sofern man nicht eine Aufführung auf einer Bühne im europ. Sinne besucht, dass Zuschauende bei bestimmten Tanzpassagen spontan mittanzen. Andererseits können Tänze bestimmten sozialen Gruppen, einzelnen Funktionsträgern oder Ereignissen vorbehalten sein, deren Durchführung zeitlich determiniert ist. Tanzen ist eine Handlung im öffentl. Raum, die intrakulturelle soziale Strukturen spiegelt und mitgestaltet und damit unterschiedliche Funktionen erfüllt. Funktionswandel liegt dabei in der Natur der Sache, so haben traditionelle Kriegstänze heute nicht mehr die Aufgabe, Beteiligte physisch und psychisch zu stärken bzw. Verhaltensregeln für den Kampf mittels symbolischer Gestik zu vermitteln, sondern dienen z. B. der Kurzweil bei profanen ↗ Festen.

II.3. Choreographie und Raumform. Angesichts der Vielfalt tänzerischen Handelns und der geringen Zahl von Daten und deren Auswertung wäre es vermessen, von einer Einheitlichkeit in den formalen Merkmalen Choreographie und Raumform zu sprechen. Zur Anwendung kommen vielmehr universale Elemente wie Kreis-, Linien- und Schlangenform.

Die korporale Grundposition für viele klassische Tänze ist die in den Piktogrammen (Abb. 37) gezeigte Körperhaltung, die auch in ↗ Skulpturen zur Darstellung kommt, bei der die Knie leicht gebeugt sind und der Oberkörper nach vorne geneigt ist, wodurch der untere Beckenbereich nach hinten kippt. Sie ist Ausgangsposition für jede tänzerische Sequenz, aber in ihr werden auch Schritte, Drehungen und Sprünge durchgeführt; das Becken selbst kann gleichzeitig isoliert vertikale und horizontale Drehungen ausführen. Nicht beteiligte Körperabschnitte wie Oberkörper, Kopf und Arme führen andere Aktionen durch, wobei der Brustwirbelsäule in Höhe des Brustbeins eine besondere Bedeutung zukommt, da dieser Bereich häufig zusätzlich nach vorn und hinten flektiert wird. Die Halswirbelsäule führt ebenfalls Flexionen nach vorne und hinten sowie Drehungen aus. Die Technik des isolierten Bewegens der einzelnen Körperabschnitte Kopf, Oberkörper, Becken, Arme, Beine bzw. Körperregionen Hals-, Brust- und Lendenwirbelsäule; Handgelenke hat in der Lit. den Begriff Polyzentrik als Stilmerkmal für afrik. Tanz begründet. Dieses Charakteristikum lässt bei ungeschulten Beobachtern den Eindruck entstehen, afrik. T. sei unstrukturiert.

Ein T. ist in seiner Realisierung ein Bewegungskontinuum, dessen zeitliche Dimension durch die ↗ Musik vorgegeben wird und der sich in versch. Ebenen zerlegen und auf diesen sinnvoll segmentieren lässt:

Ebene 1 (Text)
  Tanz (T) als Gesamterscheinung;
Ebene 2 (Satz)
  Voneinander abgrenzbare Bewegungssequenzen (BS);
Ebene 3 (Wort)
  Bewegungseinheiten (BE), die Umsetzungen des akustischen Signals sind.

Mehrere Bewegungseinheiten zusammen ergeben eine Bewegungssequenz. Eine so entstandene Bewegungssequenz wird mehrmals hintereinander wiederholt; die ges. Folge aller mehrfach wiederholter Bewegungssequenzen ergibt den ges. Tanz.

BE1 + BE2 + BE3 … BEn = BS1;
BS1-BS1-BS1 + BS2-BS2-BS2 + BS3-BS3-BS3 + … BSn = T.

Im übertragenen Sinne kann man einen T. als Bewegungstext verstehen, der in Sätze bzw. Wörter zerlegt werden kann. T. ist jedoch nicht Sprache, er hat nur dann kommunikative Funktion, sofern die Aufgabe inhaltsbezogener Informationübertragung durch konventionalisierte Gestik erfüllt ist.

III. Tanz als Kommunikationsmittel. – III. 1. Narrative Struktur. Die Besonderheiten des afrik. T. bestehen darin, dass er ähnlich wie die gesprochene Sprache auch eine kommunikative Funktion haben kann. Weitgehend unbekannt ist die Tatsache, dass viele klassische afrik. Tänze narrativ sind, das heißt, Geschichten oder Sachverhalte, z. B. geschichtliche Ereignisse, mittels konventionalisierter Gestik und Mimik erzählten, sie auf diese Weise von einer zur anderen Generation weitergaben. Diese Art der Geschichtsvermittlung zeigt, dass Nicht-Schriftkulturen Kommunikationsmöglichkeiten des Menschen ausnutzten, die in Schriftkulturen ausgestorben sind. Tänze können Handlungen und Ereignisse pantomimisch durch stilisierte Imitation wiedergeben.

III.2. Tanz und Musik. T. ist an Musik, aber Musik nicht notwendigerweise an T. gebunden, weshalb Tänze den Namen der Musikstücke erhalten, zu denen sie aufgeführt werden, darüber hinaus besteht eine enge Verknüpfung mit den entsprechenden Trommelsprachen. Die Gesamtgestalt einer tänzerischen Handlung ergibt sich aus den Komponenten T., Musik und Trommelsprache, der Tänzer setzt das musikalisch-akustische Signal und/oder das trommelsprachlich-akustische Signal in Bewegung um. Ein wichtiges strukturelles Merkmal der Gestaltung ist die Wiederholung, so dass man von einer zyklischen Gestalt sprechen kann. Obwohl der musikalische

Parameter ↗ Rhythmus eine Dominanz in der korporalen Umsetzung hat, findet auch die ↗ Melodie Ausformung in den Bewegungen.

III.3. Bühnenpräsentation von Tanz. Klassische Tänze werden heutzutage von nat. Tanzgruppen für die Bühne adaptiert. Bei deren Präsentation auf einer modernen Bühne ergeben sich versch. Probleme. Der Choreograph steht dabei vor der Aufgabe, eine gesellschaftsbezogene Aktivität in eine Bühnenform zu transformieren. In der klassischen Aufführungspraxis gab es keine künstliche Grenze zwischen Aufführenden und Zuschauern, und diese Dichotomie gilt es bei einer choreographischen Umarbeitung zu berücksichtigen. Charakteristische Bewegungen indigener Tänze müssen vergrößert werden, so dass sie für Zuschauer, die weiter vom Aufführungsraum entfernt sind, noch sichtbar sind. Kostüme werden dem modernen bzw. außerafrik. Geschmack angepasst, ebenso müssen mehrere Stunden dauernde Tänze für die Aufführungspraxis auf der Bühne gekürzt werden. Der moderne Bühnentanz nat. Ensembles expandiert und präsentiert experimentelle Arbeiten, die über das klassische Repertoire hinausgehen.

Eine Vielzahl von Künstlern, die sich an eigener und außerafrik. ↗ Tradition gleichsam orientieren, schaffen moderne Kunstwerke von hohem Niveau. Das Themenspektrum der Stücke ist so breit und mannigfaltig wie das der Künstler anderer Kontinente und reicht von der tänzerischen Umsetzung eines afrik. Märchens bis zu Shakespeares »Was ihr wollt«. V. a. in Südafrika arbeiten Gruppen, die sich in ihren Arbeiten mit der pol. Vergangenheit und Realität auseinandersetzen, und lange Zeit waren Tanzaufführungen nonverbaler Ausdruck pol. Protests. Anders als z. B. Bildende Künstler leben viele Choreographen und Tänzer, vermutlich aus ökonom. Gründen, im europ. oder amerik. Ausland, wo sie in Tanzschulen ebenfalls klassischen afrik. T. unterrichten.

IV. Tanz, Religion und Ritus. Tanzen ist Bestandteil autochthoner ↗ Religionen und dient der relig. Verwirklichung. Als Folge repetetiver tänzerischer Bewegungen können die Tänzer in einen anderen Bewusstseinszustand geraten und verbinden sich so mit der spirituellen Energie. In den ursprgl. nicht afrik. Religionen ↗ Christentum und ↗ Islam ist Tanzen kein Bestandteil der Liturgie, obwohl zaghafte Bestrebungen zu erkennen sind (↗ Gottesdienst, ↗ Kirche).

Es wird häufig geäußert, ↗ Ritus und T. seien untrennbar verknüpft, keine rituelle Begleithandlung werde ohne T. durchgeführt. Dies mag auf das alte Afrika zutreffen, nicht jedoch für die Gegenwart, denn die Orientierung an außerafrik. Lebensformen und Religionen ebenso wie die Abwanderung in die Großstädte (↗ Migration, ↗ Stadt, ↗ Urbanisierung) bedingen einen Verlust des klassischen Ritus hin zu neuem, den Bedürfnissen der jetzigen Welt angepasstem Tanzen. Auch heute noch ist Tanzen Bestandteil ritueller Begleithandlungen bei dem Tod eines Menschen (↗ Bestattungsrituale), unabh. welcher relig. Gemeinschaft die Teilnehmenden angehören.

V. Ästhetische Bewertung von Tanz. Die implizite und explizite Bewertung von Tanzen erfolgt anhand versch. Kriterien. Flexibilität des Körpers, Geschmeidigkeit und Leichtigkeit in der Bewegung ebenso wie inneres und äußeres Gleichgewicht der tanzenden Person bestimmen den ästhetischen Wert klassischer afrik. Tanzkunst, dabei stellt sich die Frage des Alters nicht. Flexibilität, das heißt gleichzeitiges Bewegen einzelner Körperteile isoliert zu unterschiedlichen Rhythmen, ist ein wesentliches Element des Bewegungsverhaltens. Geschmeidigkeit und Schnelligkeit in der Bewegung ist nur mit innerem und äußerem Gleichgewicht zu erreichen, und das bedarf der Gelassenheit und Ruhe der tanzenden Person. Zwischen ↗ Musiker und Tänzer besteht eine intime Beziehung, die durch gegenseitige Herausforderung gekennzeichnet ist. Die Qualität des Zusammenwirkens von Tänzer und Musiker ist ein wichtiger ästhetischer Wert in der Beurteilung eines tänzerischen Ereignisses, und so sind denn auch die kompetentesten Kritiker eines Tänzers die Musiker.

Um T. zu verstehen, ist es nötig, sich als Zuschauer die kulturspezifischen Elemente, die das tänzerische Verhalten beeinflussen, und den resultierenden T. anzueignen. Sehen ist eine kulturell erworbene Fertigkeit, bei der bestimmte Sehgewohnheiten ausgebildet werden. Betrachtet man als Außenstehender das Tanzen, so wird das Gesehene mit bekanntem Bewegungsverhalten verglichen, sozusagen auf die eigene Matrix projiziert. Dabei werden der eigenen Tanzkultur fremde Bewegungen den bekannten Eindrücken angepasst, selbst wenn sie in der tatsächlichen Ausführung so nicht durchgeführt werden. Dass die Tänzer in den Boden stampfen, ist eine Vorstellung, die aufgrund kulturfremder Sehgewohnheiten bei Zuschauern, aber auch in der Lit. vorherrscht. Die ausgeführte Bewegung, die als Stampfen gesehen wird, verlangt hingegen Durchlässigkeit des Körpers und Weichheit in der Bewegungsausführung, die letztlich in der virtuosen Sprungtechnik bes. westafrik. Tänze gipfelt. Sind Bewegungseindrücke von der eigenen Bewegungskultur völlig verschieden und nicht in eine bekannte Kategorie einzuordnen, fallen sie durch die Matrix durch, werden nicht wahrgenommen. Das betrifft z. B. die minimale Bewegung der Wirbelsäule in Höhe des Brustbeins, die ungeschulten Beobachtern leicht entgeht.

VI. Tanzen als sozial erlernbare Technik. Keine andere Kunstform des afrik. Kontinents beinhaltet in ihrer Beurteilung so viele Stereotype wie der T. Tanzen sei den Afrikanern angeboren, ist ein Vorurteil, das selbst afrik. Fachleute nicht aus dem Weg räumen können. Tanzen ist aber wie Sprechen eine sozial erlernte Technik, die wie die Primärsprache durch Imitation erworben wird, und dabei gibt es mehr und weniger Begabte. Wie auch in anderen Teilen der Welt sind Eltern oft nicht begeistert, wenn begabte Kinder ihr tänzerisches Talent durch eine professionelle Ausbildung zum Beruf machen wollen, denn dort wie hier ist es eine brotlose Kunst. Europ. Sehgewohnheiten und Unkenntnis führen zu der Behauptung, dass afrik. T. wildes, unstrukturiertes Herumgehüpfe sei. Dabei ist mindestens seit den Arbeiten von Claude Levi-Strauss klargeworden, dass alle sozial relevanten Verhaltensweisen des Menschen, und nicht nur gesprochene Sprache im engeren Sinne, strukturiert sind. Es bedarf vorbehaltloser Liebe, vieler Jahre des Schauens und eventuell Praktizierens, um die Struktur von T. bzw. die zugrunde liegenden Regeln zu erkennen, die ebenso komplex sind wie die von Musik und Sprache.

Afrik. Tanzen lernt man genauso wenig in kurzer Zeit wie Ballett, viele Jahre kontinuierlichen Trainings sind nötig, selbst Afrikaner zu Virtuosen auf diesem Gebiet zu formen, und das wird jemandem, der aus einer anderen Kultur kommt, kaum gelingen. Obgleich strukturelle Elemente afrik. Tanzstile weltweit in andere T.- und Bewegungsstile einflossen, wie z. B. die virtuose Beinarbeit westafrik. Tänze im Steptanz oder die Geschmeidigkeit und Schnelligkeit der Bewegung im Jazztanz, bleibt die klassische Tanzkunst in ihrer originalen Aufführungspraxis dem ungeschulten Beobachter weitgehend fremd.

🕮 J. Miller Chernoff, Rhythmen der Gemeinschaft. Musik und Sensibilität im afrik. Leben, München 1994. – R. F. Thompson, African Art in Motion, Los Angeles 1974. – K. Welsh Asante, African Dance, Trenton 1996.

Ulrike Groß

Tatauierung ↗ Körperkunst, ↗ Schmuck

Taufe ↗ Gottesdienst

Taxi ↗ Transportsysteme

Technikgeschichte. *I. Historischer Überblick.* Die Technik befasst sich mit Entwicklung, Auswahl und Einsatz mechanischer, chemischer und biochemischer Geräte, technologischer Verfahren und ganzer Anlagen. T. ist Geschichte der Entwicklung der Menschheit, auch Kultur- und Sozialgeschichte. Der *Homo erectus* lebte von der ↗ Jagd, beherrschte vermutlich schon das Feuer und bediente sich bereits der ersten Werkzeuge. Auch der *Homo sapiens* stammt aus Afrika (vor ca. 400.000 Jahren, ↗ Wiege der Menschheit) und eroberte von dort aus zuerst als Jäger und Sammler die Welt. Sesshafte Bauern gibt es seit etwa 10.000 v.Chr. im sog. Goldenen Halbmond, den Ländern des Nahen Ostens, die heute von Ägypten (also ganz im N Afrikas) über Israel, Syrien, Irak und Iran bis zu den Ausläufern des Zagros- und Taurusgebirges reichen. Die mit zunehmendem Einsatz von Werkzeugen und techn. Gerät sowie neuer Energiequellen und Verfahren mögliche Intensivierung des ↗ Ackerbaus führte aufgrund höherer und sichererer Erträge in Verbindung mit Arbeitsteilung und Spezialisierung zur Entstehung blühender Kulturen mit hoher Bevölkerungsdichte in den fruchtbaren Flussniederungen von Euphrat und Tigris sowie vom Nil (↗ Altägypten) und zur Entwicklung der Zivilisation. Hier entstanden trotz noch relativ niedriger Innovationsgeschwindigkeit neue oder verbesserte Geräte und Technologien, insbes. für die Bereiche Nahrungs- und Genussmittelgewinnung und -verarbeitung (einschl. der Waffen zur Jagd), ↗ Kleidung, Wohnen, ↗ Schmuck und für kultische Zwecke.

In Afrika war die Technologiedrift aus der Nilregion zunächst westl. gerichtet und breitete sich vom 5. Jh. v. Chr. über den gesamten nordafrik. Raum (↗ Karthago) bis nach Spanien aus. Später kam, trotz der als Barriere wirkenden ↗ Sahara, z. B. durch die Handel treibenden Fulbe (↗ Fulbe-Reiche) und Hausa ein Technologietransfer in N-S-Richtung hinzu (Westafrika, Völker, Kulturen und Staaten). Mit weltweiter Schifffahrt und internat. Handel, aber insbes. seit der Kolonisierung kamen fremde Geräte und Technologien nach Afrika und vermischten sich mit einheimischen.

II. Neue Materialien. Die T. ist durch Meilensteine der Entwicklung strukturiert. Wesentliche Impulse brachte die Verwendung neuer Materialien. So wurden von den Archäologen ganze Zeitepochen nach ihnen benannt, so z.B. die Steinzeit (speziell das Neolithikum ab 5.000 v. Chr.) mit ihren wesentlichen Vertretern der Steinbeile, Schaber, Speerspitzen und den ersten Werkzeugen für den in dieser Zeit aufkommenden Ackerbau, die Bronzezeit ab 3.000 v.Chr. mit neuen Gusstechniken, die bis heute in Afrika große Verbreitung finden, die Eisenzeit ab ca. 1.000 v. Chr., die die Landwirtschaft verbesserte, indem sie dauerhafte Handhacken (zuvor weitgehend aus Holz und Stein), Mähmesser (bis dahin ebenfalls, wie ein Fund aus dem Jahre 3.500 v.Chr. aus ↗ Faijum zeigt, aus Holz oder auch aus Knochen und Steinen) und Speer- und Haken(pflug)spitzen hervorbrachte. Grabgemälde und Grabbeigaben gaben vielfach Aufschluss über die Entwicklung (z.B.: Szenen in ägypt. Pharaonengräbern um 2.500 v.Chr., Brauerei, Bodenbearbeitung, Ernte u. Dreschen). Waffen, Schmuck und Kultgegenstände genießen eine hohe Wertschätzung. Entsprechend werden wertvolle Materialien und aufwändige, künstlerische Bearbeitung und Verzierung gewählt. Auch Handwerkzeuge für die Produktion und Verarbeitung von Nahrungsmitteln zeigen häufig durch reiche Verzierungen ihre Bedeutung für den Menschen. Dies gilt bes. auch für Erntemesser, Mörser und Gefäße zur Aufbewahrung von Wasser oder Mehl. Handhacken werden in Afrika je nach Funktion (schwere Bodenbearbeitung, leichte Pflege oder Wasserregulierung) Region, Tradition (Kurz- oder Langstiel) und Geschlecht der Person sehr unterschiedlich ausgeführt.

III. Neue Energiequellen. Vielleicht noch größere Entwicklungssprünge sind durch die Entwicklung neuer Energiequellen ausgelöst worden. Hingewiesen sei hier auf die Domestizierung von Tieren (rund 9.000 v.Chr.) und ihr Einsatz für Transport- und Zugarbeiten (ab 6.000 v.Chr., um 4.000 v.Chr. wurde das Rad erfunden, um 3.500 v.Chr. die Anspannung, mit dem seit 2.000 v. Chr. bekannten Hakenpflug in der Bodenbearbeitung). Die tierische Anspannung hat in den semiariden Gebieten von Ägypten bis Botsuana bis heute große Bedeutung bei der Bodenbearbeitung und beim Transport, nicht zuletzt auch in dem seit dem 5. vorchristl. Jh. bekannten Bewässerungsfeldbau zur Wasserhebung. Je nach Art der Zugtiere (Esel, Pferde, Rinder, Wasserbüffel und Kamele) kommen unterschiedliche, aber meist nicht tiergerechte Formen der Anspannung (das Nackenjoch herrscht vor) und eine Vielzahl von Geräten vom traditionellen Haken(pflug) bis zur tiergezogenen Pflanzenschutzmittelspritze zum Einsatz. Nur die Länder und Regionen der feuchten Tropen können wegen der Verbreitung der Tsetsefliege keine Zugtiere einsetzen.

IV. Dampfmaschine. Ein nächster großer Entwicklungssprung wurde durch die Erfindung der Dampfmaschine (James Watt 1769) verursacht. In Europa ersetzte sie schnell fehlende Arbeitskräfte in der wachsenden Industrie, aber auch in der Landwirtschaft. Max Eyth (1836–1906) gelang es ab 1862, eine große Zahl von Dampfpflügen auf den Baumwollfeldern Ägyptens und Tunesiens zum Einsatz zu bringen. Auch in der Baumwolle, Sisal oder Zuckerrohr verarbeitenden Industrie oder in der Holzindustrie West- und Ostafrikas fand sie Verwendung, später zu Beginn des 20. Jh. auch als Dampflokomotive zum Transport von Gütern und Menschen (↗ Transportsysteme). Bereits 1910 gab es in West- und in Ostafrika Eisenbahnen im Küstenbereich, im südl. Afrika sogar eine Transkontinentalverbindung. Die Kosten der Massengütertransporte (Agrarprodukte, Erze) konnten auf ein Zehntel reduziert werden. Afrika ist relativ arm an Energieträgern wie Steinkohle. Ein großer Vorteil der Dampfmaschine war der energetisch autonome Betrieb bei der Verwendung organischer Abfallstoffe wie Bagasse, Reisspelzen oder Presskuchen als Brennstoff in Zuckerfabriken, Reis- oder Ölmühlen.

V. Elektro- und Verbrennungsmotor. Der Dampfmaschine am Anfang des Industriezeitalters folgte direkt der Elektromotor. Viele sozioökonom. Konflikte wurden durch die ↗ Mechanisierung, durch die Verdrängung von Arbeit durch Kapital heraufbeschworen. Afrika litt in dieser Zeit unter dem ↗ Sklavenhandel, der mehr als 10 Mio. Menschen auf die Zuckerrohrfelder Lateinamerikas verschleppte. Der Verbrennungsmotor (Otto 1876, Diesel 1893) fand in bestimmten Bereichen als stationäre Energiequelle, z.B. zur Stromerzeugung oder zum Antrieb von Pkws und Nutzfahrzeugen, schnell Einzug und verdrängte gemeinsam mit dem Elektromotor die Dampfmaschine. Größere Erdölvorkommen haben zumindest in Nigeria oder Kamerun erhebliche Auswirkungen auf Wirtschaft und Technikentwicklung gezeigt. Die sozialen und ökolog. Folgen einer Pipeline für Erdgas aus dem Tschad zur Küste werden z.Z. untersucht.

VI. Moderne Technologien. Selbstverständlich haben Flugzeug oder Telekommunikation, Fahrstuhl und Computer längst Eingang in Afrika gefunden. Dennoch ist Afrika, was die Technik anbetrifft, bislang nie Zentrum bedeutender Entwicklungen gewesen. Die Verbreitung moderner Technik ist auf städt. und industrielle Zentren in Zusammenhang mit dem Welthandel konzentriert. Die für einen effizienten Technikeinsatz nötige Infrastruktur fehlt in weiten Bereichen des Erdteils. Die ↗ landwirtsch. Produktion erfolgt auf den vorherrschenden kleinen Subsistenzbetrieben zu einem großen Teil noch immer mit traditioneller Technik. Dort, wo aufgrund des ↗ Klimas Nahrungsmittel das ganze Jahr wachsen und – zumindest im Fall von Wurzelfrüchten – auch ganzjährig geerntet werden können, wo sie einen geringen Marktwert haben und wo genügend Landreserven und auch Arbeitskräfte vorhanden sind, gibt es wenig Motivation zur Intensivierung, Mechanisierung oder Konservierung. Erst die wachsende Stadt-Bev. zwingt, zumindest in Teilbereichen, zum Einsatz moderner Technologien in der Nahrungsmittelproduktion (↗ Stadt, ↗ Urbanisierung).

🕮 Tropen- und Kolonialtechnik in 27 Beiträgen, Berlin 1942. – K. Herrmann, Pflügen, Säen, Ernten. Landarbeit und Landtechnik in der Geschichte, Reinbek 1985. – J.N. Leonard, Die ersten Ackerbauern, rev. ed., o.O. 1975.

Rüdiger Krause

Technische Zusammenarbeit ↗ Entwicklungszusammenarbeit

Telekommunikation ↗ Internet, ↗ Technikgeschichte

Temne (Sprache) ↗ Atlantisch

Tempel ↗ Ägyptologie, ↗ Altägypten, ↗ Faijum, ↗ Nubien, ↗ römische Kolonisation

Territorialer Herrscher ↗ Erdherr/Erdpriester

Textilien. *I. Gegenstand.* Als ↗ Kleidung, ↗ Haushaltsgegenstände, Geschenke und Zahlungsmittel besitzen T. in Afrika praktische Funktionen und zeichenhafte, soziale, kulturelle und ökonom. Bedeutungen. Als Träger künstlerischer Ausdrucksformen sind sie Teil der globalen Kunstwelt (↗ Kunst). T. werden für den Eigenbedarf oder von Handwerkern für den Markt hergestellt. Sie werden nicht nur für den lokalen Bedarf produziert, sondern auch über weite Entfernungen gehandelt. Seit dem 15. Jh. wurden T. auch aus Europa, später ebenso aus Asien und Amerika, nach Afrika eingeführt.

II. Textilherstellung und -verzierung. Neben versch. stoffbildenden Techniken (u.a. Weben, Flechten, Filzen, Stricken, Häkeln) sind zahlreiche stoffverzierende Verfahren (u.a. Färben, Sticken, Applizieren) bekannt. Zur Textilherstellung dienen tierische, pflanzliche und synthetische Fasern. Wolle wird nur in Nordafrika, im Sudan, entlang des Nigerbogens (Westafrika) und in Madagaskar verwendet. Wildseide wird heute kaum noch verarbeitet. In Nigeria, Burkina Faso, Elfenbeinküste und Madagaskar wurde Wildseide mit Baumwolle verwebt oder für Stickereien benutzt. Bereits im 17. Jh. verwendeten die ↗ Asante (Ghana) importierte Seide aus Europa und Asien für die Herstellung der kunstvollen *Kente*-Stoffe. Diese wertvollen T. aus Baumwolle, Seide und Kunstseide mit eingewebten bunten Mustern werden meist als Umschlagtücher im zeremoniellen Kontext getragen. Rindenstoffe werden durch Filzen von Rindenbast in einem aufwendigen Verfahren hergestellt (Küste Westafrikas, Ost-, Zentralafrika und Madagaskar). Sie sind vermutlich die älteste Form von T. in Afrika und heute fast überall von gewebten T. verdrängt worden. Die Herstellung von Raphia-T. ist auf das Verbreitungsgebiet der Raphiapalme im tropischen Regenwald begrenzt. Durch die Kombination von dekorativen Techniken wie Färben, Florbildung, Stickerei und Applikation entstehen geometrische Muster. Zu den bekanntesten Raphia-T. zählen die Florstoffe (Raphiaplüsche) aus dem südl. Zentralafrika. Sie werden von den Kuba und benachbarten Gruppen in der Region des Kasai-Flusses (Demokrat. Rep. Kongo) hergestellt und waren, europ. Berichten und Realien aus dem 16./17. Jh. zufolge, auch weiter westl. bei den Kongo verbreitet. Sie bestehen aus einem Grundgewebe, in das ein Flor aus feinen Raphiafasern eingestickt wird. Die Enden werden gerade abgeschnitten, so dass nur ein millimeterlanger Flor stehenbleibt, der anschließend mit dem Daumen aufgefasert wird. Wegen ihrer samtigen Oberfläche werden Raphiaplüsche fälschlich auch als Samt (Kasai-Samt) bezeichnet. Raphiaplüsche werden v.a. im rituellen und höfischen Kontext verwendet: als Kleidung, Dekoration, Grabbeigaben und Zahlungsmittel.

Baumwolle ist das zur Textilherstellung in Afrika am häufigsten verwendete Material (West-, NO-, Ostafrika, Madagaskar). Heute wird statt handgesponnenem Garn meist maschinengesponnenes Garn verarbeitet. In Westafrika weben Männer auf horizontalen Trittwebstühlen schmale Gewebebänder, die zu Tüchern oder Kleidung zusammengenäht werden und früher auch als Zahlungsmittel galten. Eine Musterung der T. entsteht durch die Verwendung verschiedenfarbiger Garne für das Grundgewebe, wobei die Farben Weiß, Blau und Rot dominieren. Bunte Dekore aus Baumwolle, Seide oder synthetischem Garn können zusätzlich eingewebt werden. Die einzelnen Bänder werden dann zu komplexen Mustern zusammengesetzt. T. für den alltäglichen Gebrauch sind häufig einfarbig, schlicht gestreift oder kariert, während aufwändig gemusterte, teure T. meist besonderen Anlässen vorbehalten bleiben.

Zur weiteren Stoffverzierung finden sich in Afrika zahlreiche Färbeverfahren. Der bedeutendste Farbstoff ist das Indigo, der seit 1897 auch in synthetischer Form verfügbar ist. Gefärbt werden sowohl handgefertigte als auch industrielle Stoffe. Sie werden direkt bemalt und mit Stempeln bedruckt oder durch partielles Abdecken bestimmter Stoffteile vor dem Färben gemustert (Reserveverfahren). Eine Vielzahl versch. Reservetechniken, die z. T. miteinander kombiniert werden, ist in Afrika bekannt (Batik, Näh-, Falt-, Wickel-, Bindereservierung und Ikat). Die ↗ Yoruba (Nigeria) verzieren ihre indigogefärbten *Adire*-T. mittels Abbind- und Nähreserven oder durch Batik, indem sie vor dem Färben eine Stärkepaste auftragen. T. aus Garn, das vor dem Weben durch Abbinden und Färben gemustert wurde (Ikat), werden nur in Nigeria, der Elfenbeinküste, Burkina Faso und vereinzelt in Ghana und Togo hergestellt. Die auf indische Einflüsse zurückgehenden Ikat-T. in Madagaskar sind in den letzten Jahrzehnten fast vollständig verschwunden. Bei Beizenreserven wie den *Bogolan*-T. der Bambara (Mali) wird der Stoff mit Pflanzenfarbe präpariert und anschließend mit schwarzem Flussschlamm bemalt. Der eisenhaltige Schlamm reagiert mit der Pflanzenfarbe, wodurch die schwarze Farbe fixiert wird. *Bogolan*-T. sind seit den 1980er Jahren nicht nur zu einem Zeichen nat. Identität in Mali geworden, sie finden sich auch in den Kreationen afrik. Modedesigner. Eine ebenfalls weit verbreitete Technik der Stoffverzierung ist die Stickerei, in Nordafrika ein städt. Handwerk mit europ., jüdischen und arab. Einflüssen. In Westafrika geht sie auf islam. Einflüsse zurück. Mit Applikationen aus Stoff, ↗ Perlen, Kaurischnecken, ↗ Leder oder Amuletten verzierte T. sind überall in Afrika verbreitet. In Südafrika applizieren Frauen der Ndebele und Xhosa in Handarbeit u. a. Stoff, Perlen und Knöpfe. Die Herstellung von Perlenarbeiten ist in Ostafrika ebenfalls weit verbreitet (u. a. Maasai, Turkana, Iraqw).

III. Industriell gefertigte Textilien. Seit Ende des 19. Jh. werden in Europa, Asien und Amerika industrielle T. für den afrik. Markt produziert. In Süd- und Ostafrika haben sie die handgefertigten T. fast vollständig verdrängt. In Ostafrika sind v. a. die bunt bedruckten *Kanga*-Tücher an ihre Stelle getreten. In West- und Zentralafrika als Kleidung sehr beliebt sind maschinell hergestellte Wax-Batik-T. aus den Niederlanden, Großbritannien, aber auch aus Nigeria und der Elfenbeinküste. Preisgünstige, in Afrika hergestellte bedruckte Baumwollstoffe (*fancy*) imitieren häufig Designs der teuren Wax-Batiken oder tragen Motive pol., relig. bzw. sportlicher Ereignisse. Fabrikgefertigte Imitationen u. a. von *Kente*- und *Bogolan*-T. sind heute über den afrik. Kontinent hinaus populär zur Herstellung von Kleidungsstücken und als Dekostoffe. Heute deckt die afrik. Textilproduktion einen großen Teil der Nachfrage. Handgefertigte T. konnten der fabrikgefertigten Konkurrenz v. a. im rituellen Bereich, als Prestigeobjekte und als Zeichen kultureller Identität standhalten. Ein neuer Absatzmarkt findet sich in Form des Souvenirhandels (↗ Touristenkunst) und des ↗ Kunstmarkts. Im Alltag sind die handgefertigten T. der Konkurrenz mit maschinell gefertigten Stoffen und den aus Europa importierten Altkleidern nicht gewachsen. ↗ Schneiderei, ↗ Weberei.

🕮 J. Mack/J. Picton, African Textiles, 2. Aufl., London 1989. – J. Picton, The Art of African Textiles. Technology, Tradition and Lurex, London 1995.

Kerstin Bauer

Theater in Afrika. *I. Allgemeines.* Modernes Th. entstand in Afrika ebenso wie der Roman aus der Erfahrung des ↗ Kolonialismus und präsentiert sich als synkretistische Form (↗ Synkretismus, ↗ Kreolisierung). Die führenden Vertreter des afrik. Th. sind durch ihr Studium oder ihre Arbeit an großen Th. mit dem westl. Th. und seinen Theorien vertraut. Brechts episches Th. mit seinem Verfremdungseffekt und der marxistischen Grundposition fasziniert afrik. Dramatiker als Gegenposition zu dem realistisch-illusionistischen Th. der Kolonialkultur. Die Schauspieler-zentrierten Konzeptionen von Jerzy Grotowskis »Armem Th.« oder Peter Brooks »Der leere Raum« entsprechen mit ihrer Absage an das Regie- und Ausstattungs-Th. den Arbeitsbedingungen in Afrika. Brook nimmt für das afrik. Th. eine Mittlerrolle ein, weniger durch seine Afrikatournee mit *Die Konferenz der Vögel* oder seine Bühnenbearbeitung von Birago Diops *L'os* (Der Knochen), sondern mehr durch seine »afrik.« Inszenierungen von *La Témpête/Sturm* oder *Woza Albert* und *Le Costume/The Suit* mit Mamadou Dioume (Senegal) und Bakary Sangaré (Mali), mit denen er im Pariser Th. *Bouffes du Nord* oder auf dem Festival in Avignon das frz. Publikum mit afrik. Stücken vertraut machte.

In Afrika präsentiert sich das Th. in einem breit gefächerten Spektrum von Formen und Stilen, vom internat. Kunst-Th., den Hits auf westl. Theaterfestivals, populärem Unterhaltungs-Th. oder Ethno-Th. Gespielt wird in afrik. Sprachen, in ↗ Pidgin, in Engl., Frz., Portug., am häufigsten in einer Mischung aus mehreren Sprachen. Th. spielen Schul- und Universitätstheatergruppen, professionelle, halb professionelle oder Amateurgruppen in »richtigen« Th., in Gemeinde- und Schulsälen, aber auch auf Straßen und Dorfplätzen.

II. Theater im anglophonen Afrika. – II.1. folk operas. In den 1950er Jahren erwiesen sich in West- und Ostafrika die *folk operas* in afrik. Sprachen als Publikumsmagneten. Im Yorubaland (Nigeria) haben Duro Lapido und Hubert Ogunde ihre Erfahrungen mit Kirchen-*Cantatas* umgesetzt und eine neue Form totalen Th. geschaffen, das ↗ Musik, ↗ Tanz, ↗ Gesang, Pantomime und Sprech-Th. verbindet und als *Yoruba Folk Opera* in die Theatergeschichte eingegangen ist. Duro Lapido hat in Abgrenzung zu den *Cantatas* seinen Musik- und Tanzstil nigerianisiert und weltliche Stoffe der Yoruba-Geschichte aufgegriffen. Was in Europa, z.B. bei den Berliner Festspielen, als Ethno-Th. missverstanden wurde, war in Wirklichkeit z.Z. der Unabhängigkeitsbewegung eine Form der Selbstvergewisserung bei der Suche nach einer afrik. kulturellen Identität.

II.2. Ganda-Opern. Mit ähnlichen Intentionen hat in Uganda Byron Kawadwa seine Opern in Ganda (↗ Bantusprachen) konzipiert. *St. Langwa* handelt vom Tod der ersten christl. Märtyrer durch die Hand des Königs von Buganda. Kawadwas Erfolgsstück *Das Lied von Wankoko* behandelt das hist. Thema einer dynastischen Verbindung zwischen den Königreichen von Buganda und Toro, die von dem pol. Emporkömmling Wankoko (»Hahn«) hintertrieben wird. Hinter der hist. Fassade ist die pol. Aktualität der Stücke erkennbar. *St. Langwa* stellt Willkürherrschaft bloß. In dieser Oper setzt Kawadwa erstmals die Musik des Königshofs (↗ Hofmusik), die bisher streng auf den rituellen Bezirk des Königspalastes begrenzt war, in einer öffentl. Aufführung ein und protestiert damit gegen die Abschaffung der Königreiche durch den Ministerpräsidenten M. Obote 1966.

II.3. Einzelne Theatermacher. (1) Die Herkunft des Th. aus dem rituellen Handeln (↗ Ritus) kommt in der Arbeit des Nigerianers John Pepper Clark zum Ausdruck. Zuerst hat er als Ethnograph das alle 10 Jahre in seiner Heimat stattfindende mehrtätige *Ozidi*-Festival dokumentiert. Als Festival mit relig.-ritueller Funktion dienen auch die theatralen oder narrativen Strukturen der Performance von Ozidi, dem mystischen Gründer des Volks der Ijaw, primär relig. Zwecken. Clark hat den *Ozidi*-Stoff aber auch in ein Theaterstück umgearbeitet, in dem das Geschehen um Ozidi und das Reinigungsritual der Ijaw entritualisiert wird. Das Relig.-Rituelle wird umgewandelt zu präsentativem Bühnengeschehen vor einem passiven Publikum und ist damit nur noch Stoff der Darstellung; es wird abgebildet, aber nicht funktional gelebt.

(2) Dieser Unterschied zwischen ritueller Handlung und der theatralen Darstellung ritueller Inhalte charakterisiert die Tragödien des nigerianischen Nobelpreisträgers Wole Soyinka. Dieser, Afrikas bekanntester Theaterautor, ist sowohl mit den Arbeiten von Lapido und Kawadwa und der Performance-Tradition seiner heimatlichen Yoruba-Kultur vertraut als auch europ. Theatertraditonen. In seinem Essay *The Fourth Stage* definiert Soyinka in Abgrenzung zur griech.-klassischen Tragödie und zu Nietzsches *Geburt der Tragödie* seine Konzeption der afrik. Tragödie. Dieses Konzept wird in seinem Erfolgsstück *Death and the King's Horseman* dramatisch umgesetzt. Als Vorlage dient ihm ein hist. Ereignis und Lapidos Stück *Oba Waja*. Nach Yoruba-Traditon muss beim Tode des Königs dessen engster Vertrauter, der *Horseman*, in das Reich der Ahnen nachfolgen, um die lebenswichtige Verbindung zwischen Diesseits und Jenseits zu erhalten (↗ Ahnenkult). Der engl. Distriktverwalter erfährt von diesem »barbarischen Brauch« und unterbindet Elesin Obas Selbstopfer. Damit wird die rituelle Ordnung der Yoruba-Gesellschaft zerstört. Soyinka hat die Handlungsräume von traditioneller und kolonialer Handlung strikt getrennt. Die Yoruba-Handlung findet auf dem öffentl. Marktplatz statt und wird von Gesang, Preisliedern, aber auch Tanz und Trance, durch Interaktion und Partizipation bestimmt. Die koloniale Handlung

findet im Gebäude des Distriktverwalters statt; sie ist bürokratisch strukturiert durch Befehl und Gehorsam. Elesin Oba wird am rituellen Selbstopfer gehindert und so zum wirklichen Selbstmord getrieben. Damit verkörpert er Soyinkas Konzeption der afrik. Tragödie.

II.4. Entwicklungs-Theater. Ngugi wa Thiong'o aus Kenia hat 1977 im Rahmen des Kamirithu-Kulturprojekts gemeinsam mit Dorfbewohnern in einem kollektiven Prozess das Stück *Nahiijka Nndeenda* (Ich heirate, wenn ich will) zur Aufführung gebracht. Das Stück schildert, wie die ↗ Mau-Mau-Freiheitskämpfer um die Früchte der Unabh. betrogen werden und zu einem ländl. Porletariat absinken, während die früheren Kollaborateure sich zur neureichen *comprador class* formieren und vom ↗ Neokolonialismus profitieren. Die kenianische Regierung ist gegen das in Gikuyu durchgeführte Graswurzelprojekt radikal eingeschritten: Das Stück wurde verboten, Ngugi inhaftiert, das Th. in Kamiriithu niedergerissen. Dadurch hat das Kamiriithu-Projekt internat. Aufmerksamkeit erlangt, in Afrika wurde es zum Modell für Graswurzelorganisationen und Ngugi wa Thiong'o, neben den beiden brasilianischen Theaterpädagogen Agosto Boal und Paolo Freire, zum Vordenker für das Entwicklungs-Th. (*Theatre for Development*). Seit den 1980er Jahren ist Entwicklungs-Th. die am weitesten verbreitete Theaterform in Afrika. Die Theaterpraxis des TfD variiert von Formen der partizipativen Selbstbestimmung, von *theatre of conscientisation, theatre of empowerment* zu propagandistischen Shows im Auftrag von Ministerien, NGOs, WHO, UNICEF. Die Themen variieren von Gesundheitsproblemen (Hygiene, Bau von Latrinen, Brunnenbau) zu gesellschaftspol. Fragen, Frauenthemen, Landbau- und Landnutzung, Vermarktung und immer wieder ↗ Aids. Entwicklungs-Th. hat Talente und Experimente gefördert, aber auch zur Trivialisierung und Klischeebildung beigetragen. Neben der sozialpol. Kompononente hat Entwicklungs-Th. aber sicher mehr zur Verbreitung und Wiederbelebung alter Performance-Traditionen in den afrik. Sprachen beigetragen als Ngugi wa Thiongo's ideolog. Forderung nach der Priorität der afrik. Sprachen.

III. Theater im frankophonen Afrika. – III.1. Frz. Einfluss. Die Entwicklung des Th. im frankophonen Afrika verläuft nicht grundsätzlich anders als in den anglophonen Ländern, auch wenn die Strukturen und Persönlichkeiten des frz. Kulturbetriebs eine größere Rolle spielen als die entsprechenden brit. Institutionen. Die *Centres culturels, Theâtres universitaires,* die Wettbewerbe von RFI (*Radio France Internat.*) haben die Form des frankophonen Th. wesentlich beeinflusst.

III.2. Populäres Theater. Hier bestimmen traditionelle Formen das Erscheinmungsbild, wie das *Koteba* (Tanz-)Th. aus Mali und seine kommerzialisierte Form durch Souleyman Koly (Elfenbeinküste), die *Concert Parties* und *Kantatas* in Togo und Benin sowie die populären Sketche von Jean Miché Kankan und Dave Moktoi in Kamerun. *Koteba* und andere aus dem rituellen Th. entstandene Formen belegen die Aktualität traditioneller Performance-Kultur. *Concert parties* und die Farcen von Kankan und Moktoi zeigen in *petit nègre,* dem frz. Pidgin der ungebildeten Unterschicht, und in witziger Form die Überlebensstrategien kleiner Leute im Moloch der großen Städte. Weiterhin existieren nach wie vor die mündlichen Erzählformen (↗ Oralliteratur, ↗ geschichtliche Überlieferung); präsentiert werden große Epen wie *Sundjata* (Herrscher des Königreichs ↗ Mali) als auch Trickster- und Tiergeschichten (Anansi, der Spinnenmensch oder die Schildkrötengeschichten). Beide Formen werden auch von den Vertretern des Kunst-Th. genutzt.

III.3. Einzelne Theatermacher. In der Rep. Kongo gründete (1) Sony Labou Tansi Ende der 1970er Jahre das *Rocado Zulu Theater.* Mit dieser halb professionellen Truppe führte er eigene Stücke auf, u.a. beim Festival der Frankophonie in Limoges, und inszenierte in den Armenvierteln von Brazzaville Straßen-Th., u.a. im Dienst der ↗ Aids-Aufklärung (Sony Labou Tansi starb 1995 an Aids). Seine Stücke *Rue des mouches* (Straße der Fliegen, 1985), *Moi, veuve de l'empire* (Ich, Witwe des Kolonialreichs, 1987) oder *Conscience de tracteur* (Das Gewissen eines Traktors, 1979) setzen sich, in der Form der Groteske oder des absurden Th., kritisch mit dem damaligen Regime in der Rep. Kongo auseinander. (2) In Togo gründete Senouvo Agbota Zinsou das National-Th., das er bis zu seiner Flucht 1992 leitete. Zinsou kombiniert die traditionellen Erzählweisen der Trickster- und Tiergeschichten mit aktuellen pol. Inhalten (*On joue la comédie, 1975; Yévi au pays des monstres, 1987; La tortue qui chante, 1983; Die siebte Königin,* dt. 2000). Die Rolle des Erzählers/Spielleiters übernimmt Zinsou selbst. Mit der Einführung selbstreflexiver Überlegungen zur Rolle des Erzählens und theatralen Agierens kreiert er ein relativiert komödiantisches Spiel mit metatheatralen Diskursen. (3) Werewere Liking stammt aus einer Bassa-Künstlerfamilie (Kamerun), wuchs im Umfeld der traditionellen und rituellen Kultur ihrer Heimat, aber ohne formelle Schulausbildung auf. Stücke wie *La Puissance d'Um* (1979) sind aus diesem Grundstock rituellen Wissens und Handelns entstanden. Seit 1979 lebt Werewere Liking in Abidjan (Elfenbeinküste), wo sie 1984 Ki-Yi gründete, eine Truppe, die sich einem neuen, experimentellen Theaterstil verschrieben hat. Die Aufführungen sind Bewegungs-Th., kaum noch Sprech- oder Dialog-Th. Tanz, Musik, Gesang sind zu konstituiven Elementen der Performance geworden, die nur gelegentlich von einem *Maître des ceremonies* – meist Werewere Liking selbst – dem Publikum erläutert werden.

IV. Forschungssituation. Die Forschung hat bisher Studien zu einzelnen Dramatikern (Wole Soyinka und Femi Osofisan/Nigeria, Ngugi wa Thiongo/Kenia, Athol Fugard/Südafrika) vorgelegt oder zum Th. einzelner Länder. Seit 1990 befassen sich Kritiker vorwiegend mit der Abgrenzung zwischen rituellem, traditionellem, populärem Th. und Kunst-Th. In Verbindung damit wird die Rolle von Sprache (afrik. oder europ. ↗ Sprachen) diskutiert und die damit verknüpfte soziopol. Funktion von Th., das pol. Mandat der Dramatiker und ihr Verhältnis zu Gesellschaft und pol. Institutionen, d.h. die Förderung des Th. durch eine offizielle Kulturpolitik oder die Behinderung durch Zensur und pol. Verfolgung der Autoren. ↗ Anglophone Literaturen, ↗ frankophone Literaturen.

🕮 D. Rubin (Hg.), World Encyclopedia of Contemporary Theatre, Bd. 3: Africa, London 1997. – M. Banham (Hg.), The Cambridge Guide ot African and Caribbean Theatre, Cambridge 1994. – D. Kerr: African Popular Theatre, Oxford 1996. – Ch. Balme, Postcolonial Theatre, Oxford 1999. – J. Conteh-Morgan, Theatre and Drama in Francophone Africa, Cambridge, 1995. – G. Bielemeier, Frankophones Theater im Senegal, Bayreuth 1989.

Eckhard Breitinger

Theben ↗ Altägypten

Tidjaniyya ↗ Bruderschaften, islamische

Tierwelt. Die nördl. der ↗ Sahara gelegenen mediterranen Gebiete gehören zum Faunenreich der Paläarktis. Hier vorkommende charakteristische Säugetiere sind der vom Aussterben bedrohte Atlashirsch und der Berberaffe. Der Berberlöwe ist bereits ausgestorben. Zwischen Paläarktis und der das übrige Afrika einschließenden Äthiopis weist die Sahara eine nur geringe faunistische Diversität auf. Typisch sind einige Antilopen- und Gazellenarten (z.B. Dorkas- und Dünengazelle) sowie der Wüstenfuchs (Fenek) und die nachtaktive Wüstenspringmaus. Unter den Reptilien sind Skinke, Geckos und Vipern zu nennen, unter den Gliedertieren sind Skorpione und Walzenspinnen verbreitet. Die artenreichste Tiergruppe der Sahara ist die der Schwarzkäfer (*Tenebrionidae*) mit mehreren Hundert Arten. Deren Randgebiete werden von Wanderheuschrecken bewohnt. Unter günstigen klimatischen Bedingungen (↗ Klima) können sie, große Schwärme bildend, weite Regionen durchziehen und dabei beträchtliche wirtsch. Schäden verursachen.

Weltweit einmalig ist die Groß-T. der ↗ Savannen, v.a. in ↗ Ostafrika mit großen Beständen an Antilopen, Büffeln und Zebras. Die Vielfalt der Antilopenarten ist groß, erwähnt seien Kob-, Kuh- und Pferdeantilope sowie die etwas kleineren Arten Schirrantilope und Oribi. Daneben finden sich u.a. Nashorn (Spitzmaul- und Breitmaulnashorn), afrik. Elefant, Giraffe und echte Strauße. Als sogenannte Megaherbivore üben sie einen großen Einfluss auf die Struktur der Pflanzendecke in den von ihnen beweideten Regionen aus. Raubtiere sind z.B. durch Löwe, Leopard, Gepard, Hyäne und Schakal vertreten. Außerhalb von Schutzgebieten, aber auch in Nationalparks sind viele Tierarten durch Wilderei in ihrem Bestand stark zurückgegangen und z.T. vom Aussterben bedroht. Schlangen sind reich vertreten, u.a. zahlreiche giftige Arten (Mambas, Kobras, Ottern, Vipern). Feuchtgebiete, Sümpfe und ↗ Gewässer bilden den Lebensraum des Flusspferds (in Westafrika lokal auch das Zwergflusspferd in kleinen Populationen), mehrerer Krokodilarten und einer reichen Vogelfauna (u.a. Eisvögel, Seeschwalben, Pelikan, Fischadler, der schwarzweiß gefärbte Sattelstorch). Unter den Krokodilen ist das Nil-Krokodil mit einer Länge von bis zu 7 m zu erwähnen. Zu den verbreitetsten Insekten zählen Ameisen (u.a. Treiberameisen) und Termiten. Zusammen mit z.B. Tausendfüßlern spielen letztere eine wichtige Rolle als Zersetzer toter organischer Substanzen. Weit verbreitet in Feucht- und Trockensavannen ist die Tsetsefliege, die in vielen Regionen die Haltung von Großvieh verhindert. Affen (Gorilla, Schimpanse) und Halbaffen kommen schwerpunktmäßig in Regenwäldern vor. Der Gorilla kommt in drei Unterarten vor: der westl. und östl. Tieflandgorilla sowie der Berggorilla, der im Grenzgebiet Ruanda, Uganda, Demokrat. Rep. Kongo lebt. In den Regenwäldern finden sich auch typische kletternde bzw. fliegende Tiere (Hörnchen, Baumschlangen, Fledermäuse, Vögel). Die großen ostafrik. Seen zählen zu den fischartenreichsten Gewässern der Erde. Es sind vor allem endemische Buntbarscharten (Cichliden), die den großen Artenreichtum dieser Seen bedingen. Allein im Viktoriasee kommen ca. 400 Arten vor, von denen aber in den letzten 20 Jahren mehr als die Hälfte ausgestorben sind. Die Ursache dafür ist die Einführung des Nilbarsches für fischereiwirtsch. Zwecke. Die T. Madagaskars hat eine über lange Zeiträume isolierte Entwicklung durchgemacht und ist klar von der des afrik. Festlandes differenziert. Einzigartig ist u.a. das Vorkommen der Lemuren, während Affen fehlen. Nahezu die Hälfte aller Chamäleonarten ist auf Madagaskar beschränkt, die übrigen Chamäleonarten kommen v.a. im subsahar. Afrika vor. ↗ Naturschutz, ↗ Ökozonen, ↗ Tourismus, ↗ Viehhaltung, ↗ Weltkultur-/Weltnaturerbe, ↗ Wildtierbewirtschaftung, ↗ World Wide Fund for Nature.

📖 J. Kingdon, Island Africa: the Evolution of Africa's Rare Animals and Plants, Princeton 1986. – Th. B. Allen, Die Tiere Afrikas, Köln 1998.

Stefan Porembski

Tigrinische Literatur. Tigrinisch/Tigrinya, die Sprache des äthiop. Bundesstaates Tigray und des zentralen Hochlands von Eritrea, ist direkte Nachfolgesprache des Altäthiop., das bis heute in der Äthiopisch- und Eritreisch-Orthodoxen Kirche gepflegt wird. Die ersten tigrinischen Bücher waren Bibelübersetzungen (*Wängel qeddus*, Die vier Evangelien, Basel 1866/67) und relig. Traktate. Seit Ende des 19. Jh. erlangte das T. neue Bedeutung als Sprache der Hauptstadt und wichtigste einheimische Sprache der ital. Kolonie Eritrea (1890), die auch in den Schulen unterrichtet wurde. Die ersten literarischen Publikationen erschienen in Rom mit Fesseha Giyorgis *Notizen einer Reise von Äthiopien nach Europa* (1895) und der *Geschichte der Araber und Ägypter* (aus dem Arab., 1897).

Die Mehrzahl der Publikationen bis zum Ende der ital. Herrschaft (1941) sind Übersetzungen relig. Werke u.a. aus dem Schwed. und Ital. und stammen aus den beiden Druckereien Äthiopiens in Monkullo, später in Asmara und in Keren. Wichtig sind der Sammelband *Berhan yikun* (Es werde Licht, 1912) und die beiden relig. Monatsschriften *Mäl'ekti sälam* (Friedensbrief, ab 1909) und *Nay hezb Ityopya unätäyna fätawi* (Der wahre Freund des äthiop. Volkes, ab 1916). Als erster Roman gilt *Hadä Ityopyawi* (Ein Äthiopier, Rom 1916) von Sängal Wärqenäh. – Eine neue Dimension erfuhr der Gebrauch des Tigrinischen nach 1941 unter brit. Verwaltung. 1942 erschien die erste Zeitung, die *Eritreische Wochenzeitung* (*Nay Ertera semunawi gazeta*), in der viele literarische Texte veröffentlicht wurden. Unter verändertem Namen (ab 1952 *Zämän*, Zeit, ab 1962 *Hebrät*, Einheit, d.i. mit Äthiopien) besteht sie bis heute (ab 1991 *Haddas Ertera*, Neues Erythräa, dreimal wöchentlich). Bei der Gestaltung der sprachlichen Ausdrucksfähigkeit hat sich Woldä-Ab Wolde-Mariam als zeitweiliger Redakteur Verdienste erworben; er gilt als Vater der modernen tigrinischen Sprache. Während die Föderation (1952) mit und der Annexion durch Äthiopien (1962) verlor Tigrinisch den Status als Schul- und Verwaltungssprache, auch wenn weiter tigrinische Bücher erschienen. Der erste neuere Roman und das einzige (ins Engl.) übersetzte Werk der t.L. (*Hadä zanta*, Eine Geschichte, 1949/50) stammt von Gäbrä-Yäsus Hailu und handelt von einem Eritreer, der sich der ital. Armee anschließt und nach Kämpfen in Libyen wieder in seine Heimat zurückkehrt. Weitere hist. Romane stammen von Täklay Zäwoldi (*Wogahta natsennät*, Die Morgenröte der Freiheit, 1954) und von Yishaq Yosef (*Hailom woddi Asmära*, H., der Asmeraner, 1967). Als pol. Romane können gelten: *Way anä däqqäy* (Oh, meine Kinder! 1967/68) und *Nemän iyyu zenägro* (Wem soll ich es erzählen? 1973/74) von Abäba Täsfa-Giyorgis sowie *Aynefälalä* (Wir wollen uns nicht trennen, 1966/67) von Mesgena Täkästä. Probleme der städt. Gesellschaft werden in *Worqeha* (1965) von Musa Aron, *Män-iyyu bädälänya* (Wer ist der Schuldige? 1965) von Ar'ayä Bälay und *Meschät meschät mär'a* (Jeden Abend Hochzeit, 1967/68) von Abreha Gäbrä Heywät behandelt. Wegen seines Stils gerühmt wird der aus dem Ital. übers. und adaptierte Roman *Marqosay – wäyni mes hembaschay* (M. – Wein und Brot, 1973) von Agostinos-Tädla (zä-Hebo) (auf dem Titelblatt Yeshaq Gäbrä-Yäsus zugeschrieben).

Der ausschließliche Gebrauch des Amharischen in Schule und Verwaltung war einer der Gründe für den eritreischen Freiheitskampf, der 1991 (offiziell 1993) zur Selbständigkeit des Lands führte. Die Befreiungsbewegungen (↗ Rebellenbewegungen) brachten schon im Untergrund tigrinische Publikationen heraus, so dass Tigrinisch im selbständigen Eritrea wieder zur

Schul- und Verwaltungssprache avancierte. Tigrinische Publikationen haben seitdem zugenommen, unter ihnen viele, die den Freiheitskampf verherrlichen. Im äthiop. Bundesland Tigray beginnt sich jetzt eine t. L. zu entwickeln. ↗ Altäthiopische Literatur, ↗ amharische Literatur, ↗ Semitisch.

📖 G. Negash, A History of Tigrinya Literature in Eritrea: the Oral and the written, 1890–1991, Leiden 1999.

Rainer Voigt

Tigrinya (Sprache) ↗ Semitisch, ↗ Schriftsysteme, afrik., ↗ Zigrinische Literatur

Togo. **Fläche:** 56.785 km^2. **Einw.:** 4,4 Mio. (1999). **Bev.-Wachstum/Jahr**: 2,8%. **Stadtbev.:** 33% (1999). **Hauptstadt und Wirtschaftsmetropole:** Lomé (700.000 Einw.). **Unabh.:** 27. 4. 1960. **Staatsform**: Präsidialrep.; Einkammerparlament (Nationalversammlung); Mehrparteiensystem. **Währung:** CFA-Franc. **HDI-Rang** 128/162 (2001). **Auslandsverschuldung**: 1,4 Mrd. US$. **Anteil der Entwicklungshilfe am BSP**: 15,5% (1998). **BSP/Kopf**: 430 US$, **HIV-infizierte Erwachsene**: 6%, **Lebenserwartung**: m 50,4 J., w 52,8 J., **Alphabetisierung** der Erwachsenen: m 73,6%, w 39,6% (1999). **Einschulungsrate**: m 85%, w 61% (1995–99). **Amtssprache:** Frz.; **Nationalsprachen:** Ewe/Gbe, Dagomba, ↗ Fulfulde, Kabre, Kotokoli/Tem, Mina, Mobo. (↗ Atlantisch, ↗ Gur, ↗ Kwa)

I. Naturraum. T., das eine N-S-Ausdehung von ca. 500 km und eine O-W-Ausdehnung von nur ca. 100 km hat, weist ein übersichtliches Landschaftsbild auf. Entlang der 56 km langen und flachen Küstenzone im S liegt das einzige Waldgebiet. Der W wird von trockenen und mittleren Hügeln (Togo-Atakora-Gebirge) durchzogen, einem sehr fruchtbaren und daher für landwirtsch. Nutzung geeigneten Gebirgsland. Dominante Landschaft im kargen N sind die Savannen. Diese drei Vegetationszonen wirken ausgleichend auf das tropische Klima. Die jährl. Niederschlagsmengen bewegen sich zwischen 1.000 und 1.500 mm.

II. Bevölkerung und ethnische Gruppierungen. In T. leben etwa 40 versch. Ethnien mit vielen Untergruppen. Die meisten wanderten im 18. und 19. Jh. ein. Die stärkste Gruppe stellen die bereits vom 11. bis 16. Jh. eingewanderten Ewe im S mit 60% der Bev. Heute sind fast alle ethn. Gruppierungen in den Städten des S, wo Wirtschaft und öffentl. Verwaltung konzentriert sind, repräsentiert. Der N wird überwiegend von Kabre (14%) und weiteren kleineren Ethnien, wie von Fulbegruppen, Moba und Tamberma bewohnt. Die Konkomba und die Bassari sind im W beheimatet. Letztere haben ihre alte Tradition der Eisenverarbeitung bewahrt. Schwerwiegende Rivalitäten oder ↗ ethnische Konflikte existieren kaum. Für die N-S-Gegensätze ist die von der pol. Führung geförderte Polarisierung zwischen den nördl. Ethnien, die in der Armee und Polizei begünstigt werden, und den sich pol. benachteiligt fühlenden Völkern im S verantwortlich. Der amtierende Präsident Gnassigbe Eyadema (*1935) ist Kabre.

III. Geschichte und Politik. Der Name T. bedeutet in Ewe »das hinter der Lagune liegende Dorf« und war ursprgl. eine Bez. für ein Dorf im S (heute Togoville). Als erste Europäer kamen im 15. Jh. die Portugiesen ins Land. Der Beginn der dt. Kolonialherrschaft verbindet sich mit dem Namen Gustav Nachtigall, der 1884 im Auftrag des Dt. Reichs mit dem Oberhaupt des Dorfs Togo einen sog. Schutzvertrag abschloss, der T. dem Dt. Reich als Kolonie unterstellte. 1919 wurde T. ein ↗ Mandatsgebiet des Völkerbundes und 1945 in ↗ Treuhandschaft der UN unter frz. und (im SW) brit. Verwaltung gestellt. Nach einem Referendum vereinigte sich 1956 das brit. Gebiet mit Ghana, das im selben Jahr unabh. wurde. Am 27. 4. 1960 erlangte das frz. T. seine Unabh. mit Sylvano Olympio als Staatspräsident. Nach der Ermordung Olympios 1963 übernahm Nicolas Grunitzky die Macht, die 1967 nach einem Staatsstreich von dem damaligen Oberleutnant Gnassingbe Eyadema übernommen wurde. 1969 gründete Eyadema eine Einheitspartei mit dem offiziellen Ziel, die Integration aller Bev.-Gruppen zu fördern (in Wahrheit ging es um Herrschaftssicherung). Seine mehrfachen Ankündigungen, einer Zivilregierung die Macht zu überlassen, wurden bislang nicht in die Tat umgesetzt. Zwar hatte die Demokratisierung Anfang der 1990er Jahre durch die Einführung des Mehrparteiensystems eine Stärkung des Parlaments erreicht, doch blieb die Macht Eyademas bestehen. Seine Partei, das *Rassemblement du Peuple Togolais,* ist nach wie vor die stärkste pol. Kraft.

IV. Wirtschaft. Motor ist hier die ↗ Landwirtschaft, die etwa 30% zum BIP beiträgt und mehr als 70% der Erwerbstätigen stellt. Hauptexportgüter sind Kaffee, Kakao und Baumwolle. Hauptnahrungsmittel sind Hirse, Bohnen, Erdnüsse, Hirse, Mais, Maniok, Yams. ↗ Viehhaltung, ↗ Fischerei und ↗ Forstwirtschaft kommen auch große Bedeutung zu. Der Industriesektor wird vom ↗ Bergbau dominiert. Abgebaut wird hauptsächlich Phosphat. Es gibt zudem Erdölraffinerien sowie mittlere und kleine Industrien (Zement, Lebensmittel, Holzverarbeitung und Textilien). Wichtigste Außenhandelspartner sind neben der ↗ CEDEAO Frankreich, Indien, Kanada und Spanien. Seit 1999 steckt die Wirtschaft erneut in einer tiefen Krise.

V. Literatur und Kunst. Die Orallit. besteht aus versch. Texten in einheimischen Sprachen, insbes. in Kabiye und Ewe. Die schriftliche Literatur nahm in der dt. Kolonialzeit mit autobiogr. Texten (die 1938 von Diedrich Westermann veröffentlicht wurden) ihren Anfang. Die frankophone Lit. verbindet sich mit dem Namen Félix Couchoro (1900–1968) und seinem 1929 erschienenen Roman *L'esclave*. Erst nach 1945 traten Autoren wie David Kouessan (*1917), Sam Obianim (1921–1982) u. a. mit ihren Werken an die Öffentlichkeit. Die Demokratisierung ab 1989 bedeutete auch für die togolesische Lit. einen Neuanfang. Zu den bekanntesten modernen Autoren gehören u. a. Akoua Tchotcho Ekue (*1954) mit ihrem Roman *Le crime de la rue* (1989) sowie Josuah Kossi Efoui (*1962). Im Bereich der Kunst dominieren die ↗ Weberei und Textilkunst im SW. Nicht zuletzt kommt der Skulptur eine bedeutende Rolle zu.

🕮 J. Etinne-Nugue, Artisanats traditionnels en Afrique Noire. Togo, Paris 1992. – T. Tete, Démocratisation à la togolaise, Paris 1998.

Jacob E. Mabe

Togorestsprachen ↗ Kwa

Tonsprache, Sprachtypus, bei dem die relative Tonhöhe, mit der eine Silbe gesprochen wird, bedeutungsunterscheidende Funktion hat. Die afrik. Sprachen südl. der Sahara gehören mit wenigen Ausnahmen (z. B. atlantische Sprachen [↗ Atlantisch] wie ↗ Fulfulde, aber auch ↗ Verkehrssprachen wie ↗ Swahili) zu den T. – Man unterscheidet zwischen Register-T., bei denen Tonhöhenstufen (hoch, tief, mittel), die sich je nach der individuellen Tonhöhenlage der Sprecher unterscheiden, bezeichnet werden, und Kontur-T., bei denen es v. a. auf den Tonhöhenverlauf (fallend, steigend) ankommt. In Afrika finden sich insbes. Register-T., jedoch auch Mischtypen. Es sind bis zu fünf Tonebenen belegt (Dan [↗ Mande], Liberia: fünf Ebenentöne, zwei Falltöne, ein Steigton). Orthographisch werden Töne durch Akzentzeichen über den Vokalen markiert (hoch: á, tief: à, mittel: ā, steigend ǎ, fallend â), wobei die offiziellen Orthographien afrik. Sprachen oft auf die Kennzeichnung des Tons verzichten. – Im Gegensatz zur Intonation, die syntaktische oder semantische Unterscheidungen auf der Satzebene signalisiert, werden durch den Ton Unterschiede auf der Wortebene ausgedrückt. Hierbei kann es sich um lexikalische Unterscheidungen handeln, d. h. versch. Wörter zeigen dieselbe Folge von Konsonanten und Vokalen jedoch unterschiedliche Töne (Cefo [↗ Gur], Burkina Faso: *dɛ́* »Körper«, *dɛ̄* »Bruder«, *dɛ̀* »Feld«), oder es liegen Unterschiede im Bereich der Grammatik vor (Kposo [↗ Kwa], Togo: Perfekt *ʋ̀-lá* »wir haben getanzt«, Präsens *ʋ̄-lá* »wir tanzen«, Aufforderung *ʋ́-lá* »lasst uns tanzen!«). In einigen nilotischen Sprachen (↗ Nilotisch) ist der Kasus tonal gekennzeichnet, z. B. Maa: *ɛ̄-dɔ́ln-títō*-sehen FEM-Mädchen.OBJEKT = »er wird das Mädchen sehen«), *ɛ̄-dɔ́ln-tītó* (3.SG-sehen FEM-Mädchen.SUBJEKT = »das Mädchen wird ihn sehen«). – Töne werden innerhalb eines Satzes nicht immer gleich realisiert. Bei T. mit *downdrift* sinkt das Tonniveau aller oder nur der nichttiefen Töne im Laufe eines Satzes immer weiter ab, so dass eventuell ein Tiefton zu Beginn einer Äußerung höher artikuliert wird als ein Hochton an ihrem Ende. Auch der Ausfall eines tieftonigen Segments, dessen Ton jedoch erhalten bleibt, kann eine Absenkung verursachen (*downstep*, markiert durch Apostroph vor der Silbe; z. B. Akan [Kwa]: *mé 'bó* »mein Stein« < *mé* »mein« + ɔ̀-*bó* »Stein«). Die Realisierung von Tönen, aber auch die Entstehung oder Veränderung von Tonsystemen kann durch bestimmte Konsonanten, Vokale oder Druckakzentsysteme beeinflusst werden.

🕮 D. Creissels, Aperçu sur les structures phonologiques des langues négro-africaines, 2. Aufl., Grenoble 1994. – V. A. Fromkin (Hg.), Tone. A linguistic survey, New York/San Francisco/London 1978.

Kerstin Winkelmann

Tonsystem. Die einzelnen Musikkulturen Afrikas unterscheiden sich u. a. hinsichtlich des Tonvorrats, der der musikalischen Gestaltung jeweils zugrunde liegt. Als Materialleitern dienen penta-, hexa- oder heptatonische, d. h. fünf-, sechs- oder siebentönige Skalen. Bei penta- und heptatonischen Systemen tendiert die Stimmung häufig zu einer äquidistanten Teilung der Oktave. Ausgedrückt in Cents, der für die Angabe von Intervallgrößen üblichen Maßeinheit, die für eine reine Oktave den Wert 1.200 ergibt, somit 100 Cents pro temperiertem Halbton, würden sich demnach Schritte von 240 bzw. ca. 171 Cents ergeben. In der Praxis findet man jedoch oft eine beachtliche Toleranzspanne bzgl. der tatsächlichen Intonation einzelner Stufen des T., was G. Kubik als »elastische Skalen« bezeichnet. Im Bereich der westafrik. Mande-Kulturen existieren äquidistante Heptatonik und solche mit differierenden Intervallgrößen nebeneinander. Dies erklärt auch, warum westl. gestimmte Instrumente (Gitarren, Tasteninstrumente) dort relativ problemlos adaptiert werden konnten: Ihre Stimmung liegt innerhalb der akzeptablen Toleranzspanne. Darüber hinaus liegt manchen T. ein Ausschnitt aus der Obertonreihe zugrunde. Vorbild dürfte i.d.R. der ↗ Musikbogen sein.

🕮 G. Kubik, Kognitive Grundlagen afrik. Musik. In: A. Simon (Hg.), Musik in Afrika, Berlin 1983, S. 327–400.

Gerd Grupe

Tontine. Unter T. sind Spar- und Kreditvereinigungen zu verstehen, die insbes. in West- und Zentralafrika, aber auch unter Immigranten in den Industrieländern verbreitet sind und die angesparten Beträge nach dem Rotationsprinzip ihren Mitglieder zuteilen. Obwohl die T. weitgehend nach dem gleichen Prinzip funktionieren, differieren ihre Namen von Land zu Land. T. kennen keine Zinsen, da kein externes Geld aufgenommen wird. Durch das regelmäßige Ansparen von etwa 100 Währungseinheiten können bspw. 12 Mitglieder der Vereinigung im Monat 1.200 Währungseinheiten ansparen und somit einem Mitglied pro Monat zur Verfügung stellen, z. B. für den Ankauf eines dauerhaften Konsumguts. Der Kreditnehmer ist also selbst Sparer und zahlt den Kredit mit seinen weiteren Sparbeiträgen zurück; im nächsten Monat wird die Summe einem anderen Mitglied zur Verfügung gestellt. Es gibt aber auch die Möglichkeit, dass einzelne Teilnehmer mehr sparen als andere, also mehrere Anteile und Anrechte haben und dann auch eher die Zuteilung der Gesamtsumme erhalten. Die Zuteilung kann per Konsens (etwa zugunsten der finanziell Schwächsten), per Lotterie (nach dem Zufallsprinzip) oder per Gebot (wobei dann eine bes. produktive Verwendung der Mittel unterstellt werden kann) erfolgen. Um die Vertrauensbasis zwischen den Mitgliedern zu stärken und die Kosten der Finanztransaktionen zu senken, sind die T. wie auch alle anderen Formen von ROSCAS (*Rotating Savings and Credit Associations*/ Rotierenden Spar- und Kreditvereinigungen) v. a. nach ethn. und geogr. Auswahlkriterien (z. B. gleiches Stadtviertel, gleiche Straße) strukturiert. Die Sicherung des Kredits umfasst Instrumente wie Sanktionen und Formen der Reziprozität, bis zum völligem Ausschluss von der weiteren Kreditgewährung mit sozialer Ächtung. Insges. zeichnen sich diese Vereinigungen durch eine sehr große Flexibilität aus, so dass vielfältige Formen des Kleinsparens und Kleinkredits für landwirtsch., handwerkliche und handelsbezogene Tätigkeiten, aber auch generell für die Finanzierung der Haushalte möglich werden.

Die T. sind in ländl. Regionen und in peripheren städt. Zonen in den letzten Jahren noch wichtiger als früher geworden, weil die Öffnung der Märkte und die Wirtschaftsliberalisierung den Bedarf an finanziellen Einrichtungen und finanziellen Produkten für Kleinstproduzenten und für Kleinstsparer mit niedrigen Einkommensniveaus vergrößert haben und der formale Sektor diesen Bedarf weder quantitativ noch qualitativ decken kann. Es zeigt sich sogar die Tendenz, die Arbeitsweise dieser Mikrobanken auf einer höheren Stufe zu reproduzieren (so etwa in den Susu-Unternehmen in Ghana). ↗ Informeller Sektor, ↗ Finanzsektor, ↗ Überlebensökonomie.

🕮 African Development Bank (Hg.), African Development Report (http://www.afdb.org). – P.K. Kimuyu, Rotating Saving and Credit Associations in Rural East Africa. In: World Development 27 (1999), S. 1299–1308. – Virtual Library on Informal Credit: http://www.soc.titech.ac.jp/icm/suppliers/rosca.html

Karl Wohlmuth

Töpferei. Verarbeitung von Ton zu Gebrauchskeramik, Geräten (↗ Haushaltsgegenstände) oder Kunstgegenständen (↗ Plastik). Die T. ist eines der ältesten Handwerke der Menschheit. Früheste Funde wurden z. B. in der ↗ Sahara bis auf das 8. Jt. v. Chr. datiert. In der Archäologie spielt Keramik eine wichtige Rolle bei der Datierung. Berühmt sind die Tonfiguren der ↗ Nok- und ↗ Ife-Kultur, die heute internat. als ↗ Kunst angesehen werden. Vom 1. Jt. vor bis zum 1. Jt. nach Chr. hat die Nok-Kultur, vom insbes. 11.–15. Jh. die Ife-Kultur zahlreiche lebensgroße anthropomorphe (menschengleiche) Terrakotta-Köpfe und Figuren hervorgebracht, wobei die Ife-Figuren Könige oder deren Gefolge darstellen. Heute hat die T. auch in der ↗ modernen Kunst Bedeutung erlangt.

Versch. Techniken zur Herstellung von Töpferwaren, wie Treiben (Formen aus dem Vollen), Abformen von konkaver oder konvexer Form (Model) und Aufbauen (Wulsttechnik) können miteinander kombiniert werden. Die Töpferin geht um das Werkstück herum oder bewegt es mit einer Unterlage. Elektrische oder mit den Füßen in Schwung gehaltene Töpferscheiben gibt es nur in Nordafrika und in europ. beeinflussten Werkstätten. Die Oberflächengestaltung erfolgt vor oder nach dem Brand durch ebene Dekore (z. B. Bemalung, Anstrich) oder vor dem Brennen durch plastische Ornamentierung in eintiefenden (z. B. Abrollen, Stempeln, Polieren) oder erhabenen Techniken (z. B. Aufsetzen von Noppen). Mineralhaltige Glasuren werden nur in modernen Werkstätten verwendet. Nach dem Trocknen werden die Stücke zumeist im offenen Feldbrand (ca. 600°-700° C) gebrannt, doch auch im Grubenbrand oder durch Schmauchen (Räuchern nach dem Brand). Wegen der niedrigen Brenntemperatur sind afrik. Töpferwaren feuerfest, aber porös und können so zum Kühlen von Wasser dienen. Getöpfert werden neben einfacher Gebrauchskeramik wie anthropomorph oder zoomorph (tiergleich) verzierte Gefäße, Terrakotta-Figuren, Pfeifenköpfe, Spinnwirtel und ↗ Perlen aus Ton.

In Afrika töpfern überwiegend ↗ Frauen; Männer arbeiten eher auf der Töpferscheibe oder figürlich, so z. B. in Nigeria, Kongo und Ostafrika. In Westafrika sind die Töpferinnen oftmals Frauen endogamer Handwerkergruppen (↗ Schmiede). Häufig spezialisieren sie sich auf bestimmte Objekte. Eine formale Lehre gibt es i.d.R. nicht. Erlernt wird die T. verbal sowie durch Zuschauen, Nachahmen und zunehmende Mithilfe. Getöpfert wird nicht nur für den Eigenbedarf, sondern auch für den Verkauf. Z. T. heute noch üblich ist das Bezahlen der Gefäße mit der entsprechenden Füllmenge an Getreide. Töpferwaren können neben alltäglichen Funktionen im Haushalt rituelle, zeichenhafte oder schützende Bedeutungen besitzen (z. B. als sakrale Gefäße, Urnen, Grabfiguren, tönerne Dachaufsätze). Während Tonwaren im rituellen Kontext ihre Bedeutung behalten haben, werden sie im alltäglichen Gebrauch zunehmend von Erzeugnissen aus Metall oder Kunststoff verdrängt.

📖 N. Barley, Smashing Pots. Feats of Clay from Africa, London 1994. – A. Stößel, Afrikanische Keramik, München 1984.

Iris Rödiger

Tourismus. *I. Entwicklung des Tourismus.* Schon im 19. Jh. war Ägypten für die europ. und v. a. brit. Oberschicht ein attraktives Reiseland aufgrund seines in den Wintermonaten angenehmen Klimas, seiner Exotik und Kultur. Ab 1900 setzte ein zunächst noch bescheidener T. auch im östl. und südl. Afrika ein (z. B. Großwildjagden). Mit dem Bau von Bahnlinien wurden Attraktionen des Binnenlandes für den T. erschlossen. Die als Kap-Kairo-Linie geplante Bahn z. B. überquerte den Sambesi bei den Victoriafällen: Das noch bestehende Victoria-Falls-Hotel wurde hier bereits 1901 eröffnet. Das frz. Protektorat Marokko war schon in den 1920er Jahren Ziel eines relativ intensiven T. v. a. von Franzosen. Die Entfaltung des internat. T. zu einem wirtsch. bedeutenden Faktor setzte aber erst in den 1960er Jahren mit dem Einsatz großer Düsenjets sowie wachsender Einkommen in den IL (Industrieländern) ein. Ein umfangreicherer T. begann zunächst in Nordafrika (Tunesien, Ägypten, Marokko), griff in den 1970er und 1980er Jahren auf Kenia, dann auf Mauritius und nach dem Ende der ↗ Apartheid auf Namibia, Botsuana, Simbabwe und v. a. Südafrika über. Eine geringe absolute, in Relation zur Bev. große Zahl internat. Besucher weisen die Seychellen und neuerdings auch die Kapverden auf. Im westl. und äquatorialen Afrika ist der internat. T. relativ unbedeutend (Karte 40, 41). Trotz starken Wachstums des. T. ist der Anteil Afrikas am Welt-T. gering.

II. Ziele der Tourismusförderung. Mit der Förderung des T. verfolgen die Länder v. a. eine Steigerung der Deviseneinnahmen, Einkommen und Arbeitsplätze sowie einen Abbau räumlicher Disparitäten. In jüngster Zeit wird der T. zunehmend als ein Instrument zur nachhaltigen Sicherung natürl. Ressourcen und der Biodiversität (↗ Naturschutz) verstanden. Nur durch Einnahmen aus dem T. lässt sich der heimischen Bev. gegenüber die Schließung von Schutzgebieten (Nationalparks) für nicht touristische Nutzungen legitimieren. Zudem hofft man, dass sich die Bev. aktiv an der Sicherung natürl. Ressourcen (z. B. Wild, Korallenriffe, Strände) beteiligt, wenn sie erkennt, dass ökolog. Stabilität Basis des T. und damit Existenzgrundlage der von ihm direkt oder indirekt abhängigen Bev. ist. Fast alle Länder propagieren in ihren touristischen Entwicklungsplänen eine Maximierung wirtsch. Nutzens und eine Minimierung kultureller und ökolog. Negativeffekte wie eine Kommerzialisierung der überkommenen Kultur oder eine Über- bzw. Fehlnutzung natürl. Ressourcen durch den

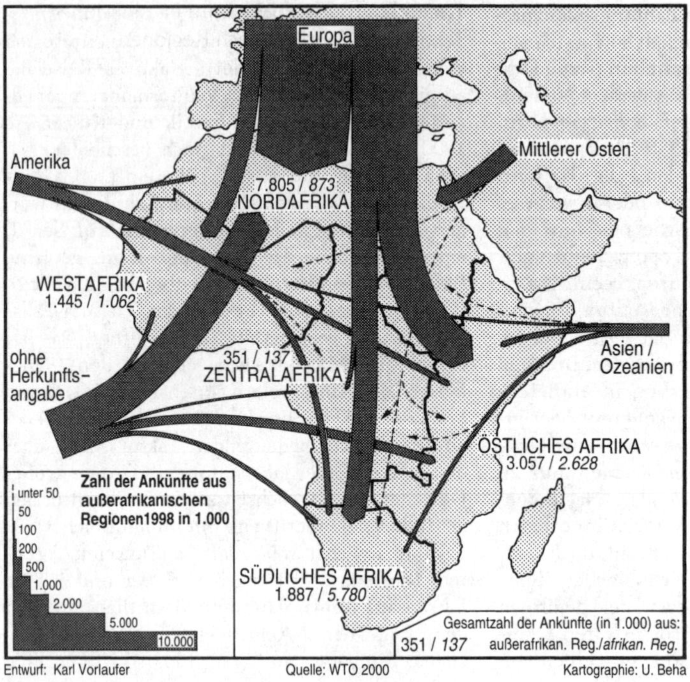

Karte 40: Ankünfte ausländischer Touristen (in 1.000) in den Regionen Afrikas 1998

Karte 41: Die Zahl internat. Touristenankünfte in den Ländern Afrikas (pro 1.000 Einw. 1981 und 1998)

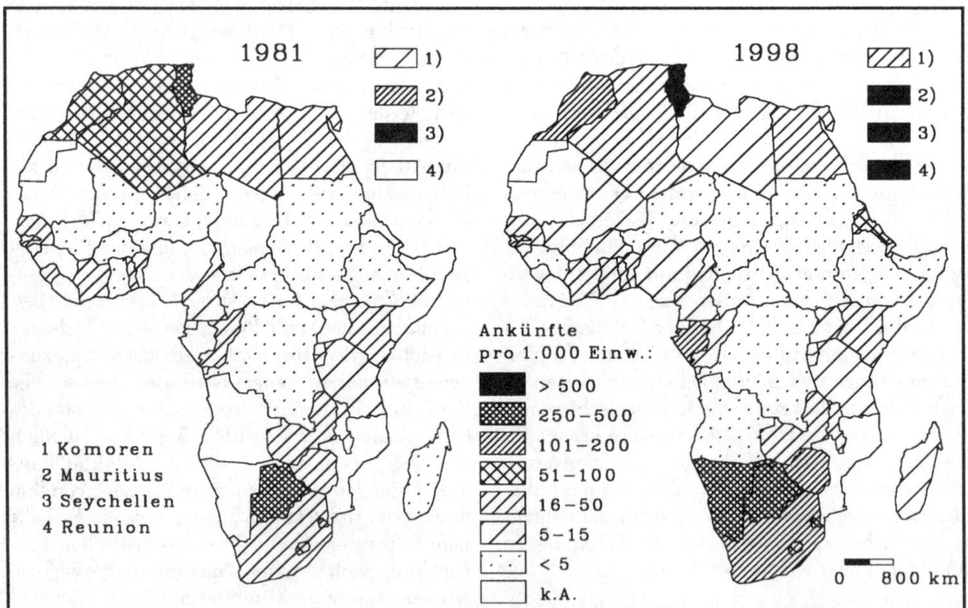

T. In Anbetracht wachsender Zahlungsbilanzprobleme, der Massenarbeitslosigkeit sowie sich verschärfender regionaler Disparitäten stehen die Länder unter dem Zwang, alle verfügbaren Potenziale und damit auch die touristischen Attraktionen wirtsch. zu nutzen.

III. Tourismus als Devisenbringer. Neben dem generellen Kapitalmangel limitiert die Devisenknappheit das Wirtschaftswachstum aller Länder. Die für eine Produktionssteigerung unerlässliche Einfuhr u.a. von Investitionsgütern oder zur ↗ Gesundheitsversorgung, aber auch wachsende Importe für das Militär oder den Luxuskonsum der Oberschicht bedingen oft eine rasante Verschlechterung der Zahlungsbilanz sowie eine dramatisch steigende Auslandsverschuldung (↗ Verschuldung). Als Devisenbringer bietet sich der T. an, u.a., weil viele Länder mit ihren oft einzigartigen Attraktionen (Wildreichtum, »exotische« Völker, »unberührte« Landschaften) auf dem Welttourismusmarkt im Vergleich zu ihren »traditionellen« Exportgütern (v.a. Rohstoffe, ↗ Rohstoffwirtschaft) eine oft konkurrenzlose Position einnehmen. Fernreisen erfreuen sich zudem einer wachsenden Nachfrage; die Zielländer können so an den hohen Einkommen in den IL stärker teilhaben als bei einer Ausweitung anderer, auf gesättigte Märkte stoßende Warenexporte. Vielerorts zählt der T. zu den wichtigsten Devisenbringern und hilft, die negativen Handelsbilanzsalden zu reduzieren; Südafrika z.B. erreicht nur durch den T. eine positive Leistungsbilanz. Insbes. in Kleinstaaten mit fehlenden Ressourcen für alternative Exportproduktionen wie z.B. den Seychellen ist der T. lebensnotwendig, zumal die Deviseneinnahmen pro Kopf der Bev. oft beträchtliche Höhen erreichen. Die positiven Effekte werden dadurch erhöht, dass alle Länder Afrikas eine positive Reiseverkehrsbilanz aufweisen, d.h. mehr Reisedevisen einnehmen als durch Reisen ihrer Bev. im Ausland ausgegeben werden, während sie im Warenhandel i.d.R. negative Salden haben. Gleichwohl ist der innerafrik. Reiseverkehr bedeutend. Neben häufigen Familienbesuchen infolge der massiven internat. ↗ Migrationen und eines relativ umfangreichen Geschäfts- und Pilger-T. v.a. in Nord- und Westafrika beteiligt sich die einkommensstärkere nichtafrik. Bev. am internat. Erholungs- und Safari-T. In ost- und zentralafrik. Binnenländern lebende Europäer verbringen z.B. ihren Badeurlaub häufig in Kenia, auf Mauritius, Réunion oder den Seychellen. Weiße Südfrikaner stellen in den Nachbarländern die größte und auf Mauritius eine bedeutende Besuchergruppe

Karte 42: Touristenankünfte in Tunesien, Kenia und Mauritius nach Regionen und ausgewählten Ländern

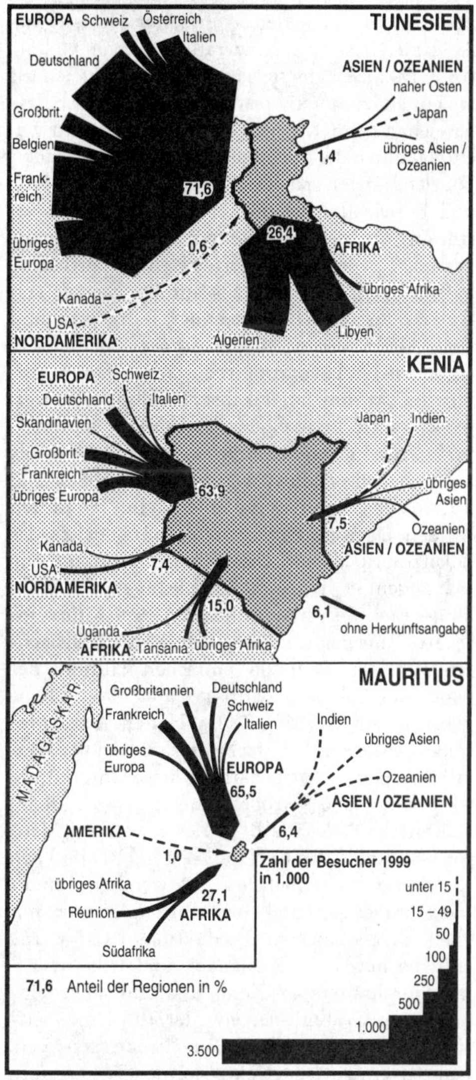

Entwurf: Karl Vorlaufer Kartographie: U. Beha
Quellen: Nationale Tourismusbehörden; Kenya (Ed.): Economic Survey 2000

(Karte 42). Auch der sich nach dem Bürgerkrieg allmählich erholende Bade-T. in Mosambik wird wesentlich von Südafrikanern getragen, die jedoch auch in großer Zahl überseeische Länder besuchen. In Tunesien und Kenia z.B. stellen Besucher aus Nachbarstaaten eine bedeutende Gruppe.

Für die Zahlungsbilanz sind nicht die Brutto-,

sondern die Nettodeviseneffekte von Bedeutung. Je weniger Güter, Dienste, Sach- und Humankapital ein Land zur Erstellung des touristischen Angebotes importieren muss, desto geringer ist der Abfluss durch den T. erzielter Devisen ins Ausland. Diese sog. Sickerrate hängt von vielfältigen Faktoren ab; sie ist aber im Vergleich zu vielen anderen exportorientierten Wirtschaftsbereichen beim T. geringer. Diese Rate wird v.a. einmal durch die in einem Land vorherrschenden Tourismusarten sowie durch Größe, Struktur und Entwicklungsstand der Volkswirtschaft bestimmt. Ein den heimischen Ressourcen angepasster T. wird einen geringeren Importbedarf aufweisen als z.B. ein stark auf den Einsatz von Gütern aus den IL basierender T. Im östl. und südl. Afrika werden so z.B. Fotosafari- und v.a. Jagdtouristen bevorzugt in einfachen Camps untergebracht und mit lokalem Wildbret versorgt. Jedoch auch Luxushotels sowohl in Nationalparks etwa in Kenia, Simbabwe oder Tansania als auch an Badestränden werden zum großen Teil mit lokalen Baumaterialien erstellt. Hierdurch werden Devisen gespart; für Touristen ist das Lokalkolorit dieser Unterkünfte attraktiv, die sich zudem in die Landschaft einfügen. Die Trekking- und Bergsteigertouristen am Kilimandscharo, Ruwenzori oder am Mt. Kenia übernachten auf ihrer Tour in einfachen Hütten; der boomende Sahara-T. wird z.T. in Zelten durchgeführt; der Trekking-T. im Hohen Atlas Marokkos basiert auf Einfachunterkünften der bäuerl. Bev. Der Importbedarf für diese Unterkünfte ist gering, der Nettodeviseneffekt hoch. Beim stationären Bade-T. z.B. in Kenia oder auf Mauritius entfällt weitgehend der i.d.R. für den Rundreise- oder Safari-T. notwendige Import von Fahrzeugen und Treibstoffen. Länder mit einer diversifizierten Produktionsstruktur wie z.B. die nordafrik. Zielländer, Südafrika oder – mit Einschränkung – Kenia und Simbabwe können einen Großteil der von der Tourismuswirtschaft benötigten Inputs im Lande erzeugen. Hohe Nettodeviseneffekte werden in Ländern mit bedeutender Souvenirproduktion (↗ Touristenkunst) erzielt, da vornehmlich lokale Materialien und überkommenes Know-how eingesetzt werden. In vielen Ländern entfallen 20–25% aller Ausgaben der Touristen auf den Andenkenkauf. Südfrika ist ein markantes Beispiel für über das Shopping der Touristen realisierbare Einkommen (Abb. 38). Länder mit geringer Bev. und Fläche wie v.a. insulare Mikrostaaten (Seychellen, Komoren, Réunion, Kapverden) sind im hohen Maße vom Import für den T.

Abb. 38: Die Verteilung der Ausgaben ausländischer Besucher in Südafrika im August 1996

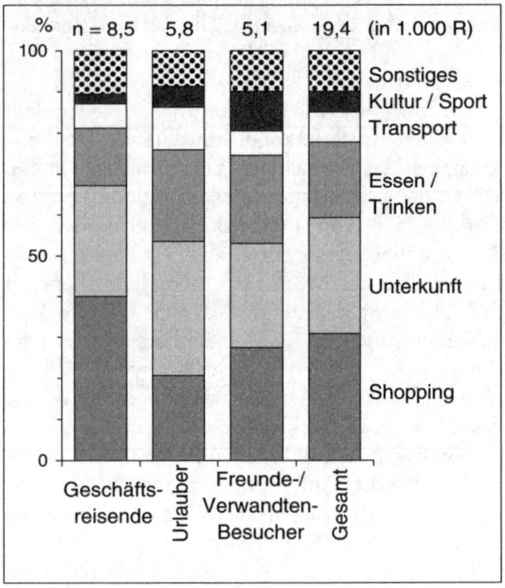

Quelle: Satour:Survey of South Africa`s Visitor Market 1996
Entwurf: K.Vorlaufer Grafik: U.Dortschy

abhängig. Hier sind die Produktionskapazitäten quantitativ nicht ausreichend und zu wenig diversifiziert, um die benötigten Vorprodukte erzeugen zu können. Ein beträchtlicher Devisenabfluss kann sich dann ergeben, wenn ausl. Investoren, Hotelketten oder Reiseveranstalter in der nat. Tourismuswirtschaft engagiert sind (Karte 43). Dies ist in den einzelnen Ländern jedoch unterschiedlich. Die meisten Hotelanlagen gehören i.d.R. heimischen Investoren, z.T. mit einer Minderheitsbeteiligung ausl. Partner. Das Management dieser Hotels wird oft transnat. Hotelketten übertragen, die z.T. auch als Pächter auftreten. Die großen transnat. Ketten sind vielerorts und v.a. in Hauptstädten mit einem bedeutenden Geschäfts-T., im wachsenden Maße auch in Ferienländern vertreten. Nichtafrik. Hotelketten sind zwar dominant, jedoch transnat. oder nat. operierende Ketten afrik. Eigner haben meist einen bedeutenden Marktanteil. Ein Nachteil ist, dass im Falle nat. oder internat. Konflikte der T. oft abbricht, während unter objektiv gleichen Bedingungen andere Exportsektoren weiter für die Ausfuhr produzieren können. Die diskontinuierliche Entwicklung des T. in vielen Ländern ist hierdurch mitbedingt: Pressemitteilungen über Raubüberfälle auf Touristen, Anschläge islam. Fundamentalisten oder der Golf-

Karte 43: Die Standorte wichtiger Hotelketten bzw. -konzerne in Afrika 2000

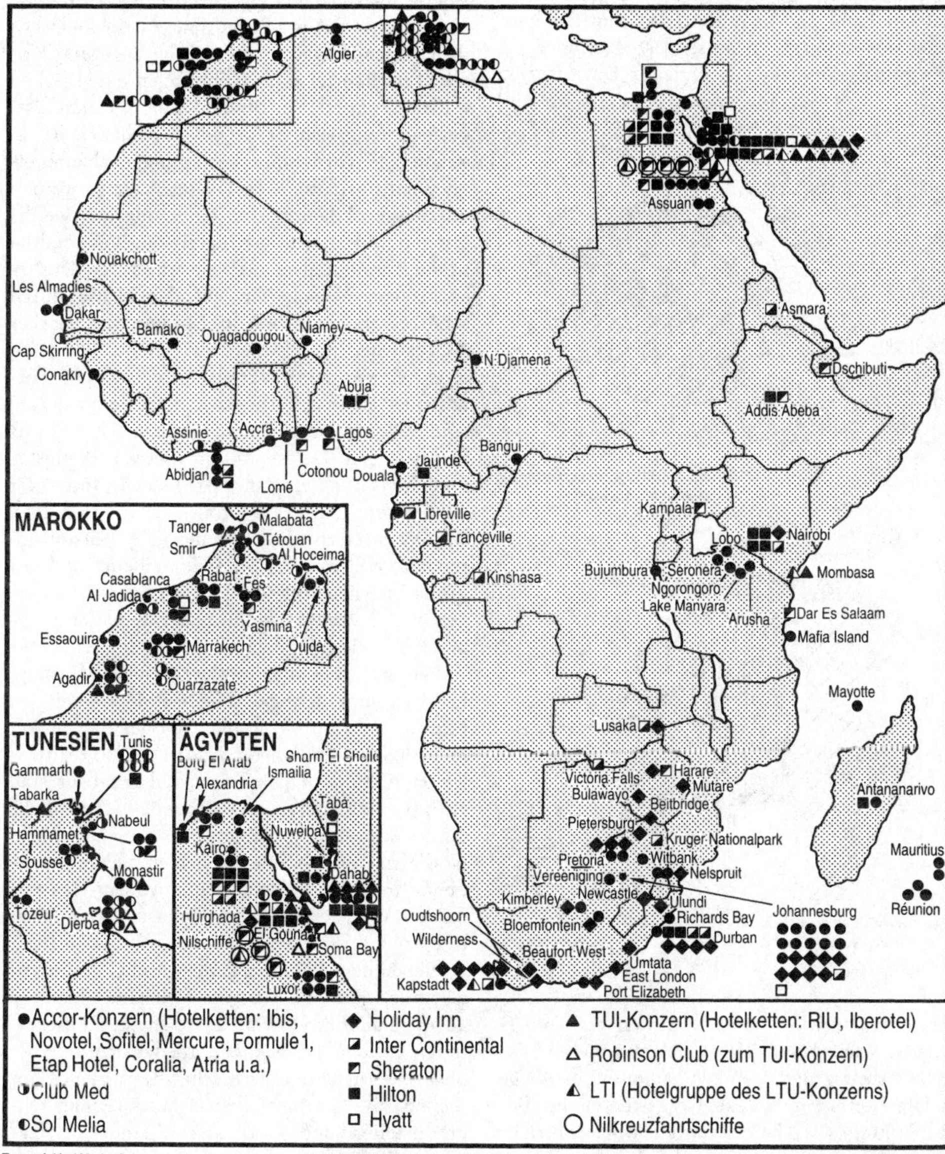

Entwurf: Karl Vorlaufer Quelle: Unterlagen der Hotelkonzerne bzw. -ketten Kartographie: U Beha

krieg 1991 erklären die Einbrüche der touristischen Nachfrage auch in Ländern abseits dieser Ereignisse. Ägypten ist ein Beispiel dafür, dass sich der T. selbst nach einem blutigen Terroranschlag wie in Luxor 1997 schnell erholen kann.

IV. Tourismus und Beschäftigung. Die Schaffung von Arbeitsplätzen durch den T. hat in allen Ländern Priorität. Die Beschäftigungseffekte werden beeinflusst durch die touristische Nachfrage- und Angebotsstruktur sowie durch die Struktur und den Entwicklungsstand der Volkswirtschaft. In Anbetracht des Kapitalmangels sind alle Länder bemüht, Investitionen vorrangig in jenen Sektoren zu tätigen, in denen pro investierte Kapitaleinheit die meisten Arbeitsplätze

Abb. 39: Die Unterkünfte ausländischer Touristen in Südafrika im August 1996

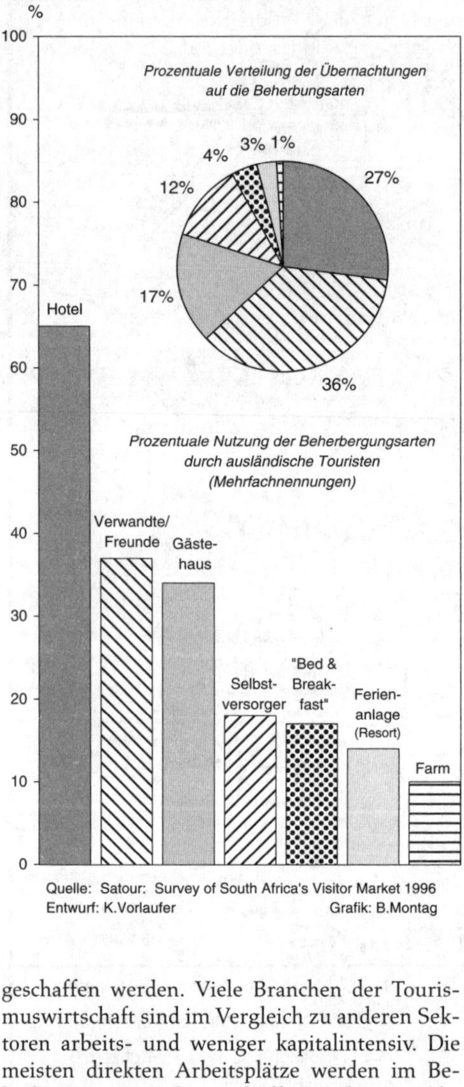

Quelle: Satour: Survey of South Africa's Visitor Market 1996
Entwurf: K.Vorlaufer Grafik: B.Montag

geschaffen werden. Viele Branchen der Tourismuswirtschaft sind im Vergleich zu anderen Sektoren arbeits- und weniger kapitalintensiv. Die meisten direkten Arbeitsplätze werden im Beherbergungsgewerbe geschaffen, wobei Betriebe oberer Kategorie pro Gast und Tag mehr Arbeitskräfte beschäftigen als Einfachunterkünfte, die jedoch pro Bett einen geringeren Kapital- und Importbedarf benötigen. In wichtigen Reiseländern wie z. B. Tunesien dominieren i.d.R. Betriebe mittlerer bis luxuriöser Kategorie hinsichtlich ihres Anteils an den ges. Bettenkapazitäten und Übernachtungen. Im südl. Afrika beherbergen Farmen, oft im Zusammenhang mit der Buchung eines Jagdaufenthaltes, Gäste in großer Zahl. In Ländern mit einem hohen Anteil von Freundes-/ Verwandtenbesuchen am T. (Beispiel Südafrika, Abb. 39) kommt der Hotellerie eine *relativ* geringe Bedeutung zu. In Badezentren haben demgegenüber 3- bis 5-Sterne-Hotels, Feriendörfer und -wohnungen einen hohen Kapazitätsanteil. Der Binnen-T. ist in vielen Ländern umfangreich; er ist jedoch nicht wie der T. aus den IL vornehmlich erholungs-, abenteuer- oder naturorientiert. In Westafrika z. B. werden durch die obligatorische Teilnahme an Beerdigungen (↗ Bestattungsrituale) von Verwandten und Bekannten große Reiseströme ausgelöst. Besuche von Verwandten auf dem Land durch Stadtbewohner, insbes. in Ländern mit starker ↗ Urbanisierung, bedingen einen oft lebhaften Reiseverkehr, dessen wirtsch. Effekte infolge entfallender Übernachtungskosten aber eher gering sind. Die mit der Buchung einer Unterkunft verbundenen Devisen- und Beschäftigungseffekte weisen so eine unterschiedliche Intensität auf. Zudem ist die Nachfrage bei in- und ausl. Gästen unterschiedlich mit der Folge auch differenzierter Effekte. In Marokko, einem Land mit umfangreichem Binnen-T., nächtigen Marokkaner viel häufiger als Europäer auf Campingplätzen sowie in einfachen Hotels.

Wirtsch. bedeutend ist der in einigen islam. Ländern umfangreiche Pilger-T. (↗ Hadjdj). In Marokko nimmt ein großer Teil der Bev. an oft mehrtägigen Wallfahrten zu den rd. 500 regionalen Heiligtümern (Moussen) teil. Hiermit sind auch profane Aktivitäten verbunden (Wettspiele, Tänze, Festessen, Erledigung von Geschäften). In Nordafrika und in Senegal spielen zudem grenzüberschreitende Pilgerreisen etwa zu Heiligen Städten wie nach Kairouan (Tunesien) eine wichtige Rolle.

Neben dem Beherbergungs- und Gaststättengewerbe, auf das in den meisten Ländern 40–60% aller direkt vom T. abhängigen Beschäftigten entfallen, entstehen Arbeitsplätze in einer oft breiten Palette touristischer Betriebe des formellen und ↗ informellen Sektors: Andenkenproduzenten und -verkäufer; Fremden-, Trekking-, Bergführer; Anbieter von Transportleistungen (Taxen, Busse, Boote, Schiffe, Autovermietung, Dromedare für den Wüsten-/ Sahara-/Oasen-T.), Berufsjäger (für den Jagd-T.) oder weibliche (z. B. in Kenia) und männliche (z. B. in Tunesien) Prostituierte (↗ Prostitution). Beschäftigte in Bars und Banken, Polizisten, Zollbeamte oder Ärzte sind oft vollständig oder z. T. mit ihrer Arbeitszeit auf den T. ausgerichtet. Von der touristischen Nachfrage gehen zudem indirekte Beschäftigungseffekte auf Wirtschaftszweige aus, die Leistungen an die Tourismuswirtschaft liefern: Das Bau- und Ausbaugewerbe, die Getränke-, Nahrungs-, Genußmittelindustrie, die Land-, Fischerei- und Forstwirtschaft, das Reparaturhandwerk etc. Die in diesen Bereichen erzielten Einkommen bewirken zudem eine Nachfrage nach vielfältigen Gütern und Dienstleistungen (induzierte Effekte) und damit eine Zunahme von Arbeitsplätzen und Einkommen in Branchen, die scheinbar mit dem T. nicht verbunden sind. Je diversifizierter und größer eine Volkswirtschaft ist, desto stärker sind die indirekten und induzierten Effekte des T. In großen Reiseländern wie Ägypten, Marokko, Südafrika oder Tunesien entfallen auf einen direkt vom T. abhängigen Beschäftigten i.d.R. 1,5–2,5 weitere Arbeitsplätze in anderen Branchen, und zwar häufig auch weit abseits der Touristenorte. In Marokko z.B. entstanden 1998 bei 3,4 Mio. aus- und 2,0 Mio. inländischen Touristen 608.000 direkte und indirekte Arbeitsplätze. Mind. 2,5–3,0 Mio. Marokkaner, d.h. rd. 10% der Bev., sind vom T. wirtsch. abhängig. In der stark vom T. geprägten Ökonomie der Seychellen liegt dieser Wert sogar bei rd. 15–20%. Der hier dominante Luxus-T. bietet in Relation zu den Besucherzahlen vielen Menschen Arbeit; die Seychellen weisen zudem eine hohe Tourismusintensität auf (Karte 41).

Im internat. T. tätigen Geschäftstouristen relativ hohe, Besucher von Freunden und Verwandten geringe Ausgaben. Viele Länder streben deshalb den Ausbau des Geschäfts-, Messe- und Kongress-T. an, der in Südafrika, Kairo, Nairobi (Kenia) oder Abidjan (Elfenbeinküste) bereits existiert. Dieser wetterunabh. T. hat zudem den Vorteil einer geringeren Saisonalität als z.B. der wetterabhängige Bade-T. Die touristische Nachfrage verteilt sich in vielen Ländern sehr ungleichmäßig über das Jahr, mit dem Nachteil, dass viele Betriebe der Tourismuswirtschaft nicht alle Arbeitskräfte ganzjährig beschäftigen konnen. Insbes. der Messe-/Kongreß-T. wird deshalb bevorzugt in der Nebensaison gefördert, um so die Saisonalität abzuschwächen. Diesem Ziel dient auch die angestrebte Diversifizierung der touristischen Märkte, da Besucher aus unterschiedlichen Ländern auch ein zeitlich differierendes Reiseverhalten aufweisen. I.d.R. gilt, dass vornehmlich aufgrund klimatischer Bedingungen die Nachfragespitzen in den innertrop. Zielländern (z.B. den Seychellen) im N-Winter, in Nordafrika in den Ferienmonaten europ. Länder im N-Sommer und im südl. Afrika v.a. aufgrund der dann hier herrschenden Trockenzeit im N-Winter liegen.

V. Tourismus und räumliche Disparitäten. Viele Tourismusarten in Afrika basieren auf der Attraktivität einer mehr oder weniger unberührten Natur, dem Wildreichtum, »einsamen«, unverbauten Stränden oder auf den von der westl. Zivilisation (oft scheinbar) noch nicht erfassten »exotischen« Völkern (Ethno-T.). Diese Attraktionen liegen v.a. in peripheren, häufig dünn- oder unbesiedelten Räumen, die für andere Wirtschaftszweige keine, für den T. jedoch günstige Standorte bieten. Während etwa die Industrie zur räumlichen Ballung tendiert und so die regionalen Disparitäten verschärft, eignet sich der T. zur Inwertsetzung peripherer Räume und damit als Instrument des räumlichen Disparitätenabbaus. Der Rundreise-(Oasen-/Sahara-)T. in Tunesien, der Trekking-T. im Zentralen Hohen Atlas (Marokko), der auf die oft abseits gelegenen Nationalparks ausgerichtete Safari-T. oder der in bevölkerungsarmen, jedoch wildreichen Räumen angebotene Jagd-T. (↗ Wildtierbewirtschaftung) sind Beispiele. Auch durch den Bade-/Wassersport-T. wurde eine oft massive Erschließung marginaler Küstenräume eingeleitet. An der vormals nur extensiv von Beduinen genutzten Küste des Roten Meeres in Ägypten entsteht – mit Hurghada (ca. 25.000 Betten) als bisherigem Zentrum – eine sich über mehrere 100 km erstreckende Tourismuszone, die *Red Sea Riviera.* Am Golf von Aqaba entstehen z.Z. zehn neue Touristenzentren mit insges. 33.000 Betten (ca. 82% der ges. Kapazität Ägyptens 1994). In den jeweiligen Räumen werden der heimischen Bev. häufig erstmals Erwerbsmöglichkeiten in einem modernen Sektor angeboten. Aufgrund der i.d.R. gering qualifizierten Bev. in Peripherieräumen kommt es häufig zu massiven Migrationen aus übervölkerten Räumen und aus Großstädten (Fachpersonal). In Ägypten wird so mit der Zuwanderung von mind. 600.000 Menschen an die Küste des Roten Meeres gerechnet. Mit dieser ↗ Migration sind beträchtliche soziale und ökolog. Probleme verbunden (v.a. Müll, Abwasser, Slumbildung, Wassermangel, Verbauung der Landschaft, ↗ Umweltschutz), die die touristische Attraktivität dieser Räume zunehmend gefährden. Trotz oft umfangreicher Migrationen in die Tourismusregionen werden die grundsätzlichen Muster der Bevölkerungsverteilung nicht wesentlich verändert. So bestehen z.B. in Kenia zwischen der Verteilung der Bev. und des T. weiterhin große Diskrepanzen. Auch in Tunesien und Marokko wurden trotz touristischer Erschließung peripherer Räume bisher die Disparitäten durch den T. eher verschärft. Die ohnehin schon dichter besiedelte und agrarisch günstigere Ostküste Tunesiens z. B. um Hammamet und Sousse verzeichnete einen im Vergleich zum Binnenland dynamischen Ausbau der Tourismuswirtschaft. In Marokko ist zwar schon seit der Kolonialzeit der Rundreise- und Städte-T. stärker ausgeprägt und v. a. die Königsstädte Fès, Meknès, Marrakech und Rabat sind wichtige touristische Zentren. Aufgrund der internat. Nachfrage v. a. nach einem Strandurlaub orientiert sich der T. jedoch zunehmend zur Küste.

Während in der Frühphase der touristischen Entwicklung einer Peripherieregion oft nur die lokale Bev. (i.d.R. Einfach-) Unterkünfte anbietet, setzt im Zuge der weiteren Entfaltung und generell bei den planmäßig angelegten Tourismuszentren ein massiver Zustrom auswärtiger Investitionen ein. In den Oasen z. B. Südtunesiens oder an der Küste des Roten Meeres kam es so zu einer konfliktbeladenen Enteignung und wirtsch. Abhängigkeit der lokalen Bev. von auswärtigen Interessen. Die regionalwirtsch. Effekte des T. sind in den einzelnen Peripherieräumen sehr unterschiedlich. Im Umland Agadirs (Marokko) z. B. erfolgte durch die touristische Nachfrage eine Intensivierung der Landwirtschaft; ca. 80% der von touristischen Betrieben benötigten Güter werden im Umland erzeugt. In den mit staatl. Hilfe entwickelten Touristenzentren an der vormals unterentwickelten Mittelmeerküste Marokkos (u. a. Restinga, Mdig) dominieren im Unterschied zu Agadir mit seinen zahlreichen Luxushotels weitgehend autarke Feriendörfer. Die geringen Auswirkungen auf die Regionalwirtschaft erklären sich auch daraus, dass sich hier – im Unterschied zum ganzjährig nachgefragten Agadir – die Saison auf den Sommer beschränkt. Die unterschiedliche Saisonalität des T. selbst innerhalb eines Landes hat so auch divergierende regionalwirtsch. Auswirkungen. In den vom Wüsten-T. profitierenden Oasen Tunesiens und Marokkos hat demgegenüber die touristische Nachfrage zu einer Ausweitung der lokalen Agrarproduktion geführt. Gleichwohl müssen viele Güter aus weiterentwickelten Regionen bezogen werden. Dies trifft v. a. auf *Lodges* in oder am Rande von Nationalparks zu. Viele Nahrungsmittel für Hotels können evtl. aus ökolog. Gründen nicht im Umland erzeugt werden. Die Hotels der Küstenzone Kenias z. B. beziehen europ. Gemüsearten aus dem Binnenhochland. Ähnlich differenziert sind die regionalwirtsch. Effekte hinsichtlich Produktion und Verkauf von Souvenirs. Die in den Oasen Südmarokkos angebotenen Lederwaren (↗ Leder) werden trotz ihrer scheinbar lokalen Authentizität in großen Städten wie Marrakech oft in Massenproduktion hergestellt. An lokale Rohstoffvorkommen gebundene Souvenirs können bedeutende regionale Effekte auslösen. Auf den Fossilienfunden bei den südmarokkanischen Oasen des Tafilalet z. B. basiert ein umfangreicher Souvenirhandel. Die in Peripherieräumen wie z. B. den Oasen Nordafrikas durch den T. entstandenen Arbeitsplätze sind lokal oft von beträchtlicher Relevanz; sie verhindern eine noch stärkere Abwanderung in die Großstädte und Tourismusregionen der Küste. Ein noch stärkerer Disparitätenabbau wird dadurch oft erschwert, dass sich der in einigen Ländern bedeutende Kultur-T. auf kulturell attraktive Großstädte orientiert. Kairo oder die Königsstädte Marokkos sind deshalb überragende Touristenzentren. Diese exzessive Ballung des T. oft nur auf eine Großstadt wird dadurch verstärkt, dass sie i.d.R. mit ihren Großflughäfen Ausgangs- sowie Endpunkte auch des Rundreise-T. sind (Beispiele: Kapstadt, Nairobi, Windhuk, Harare, Kairo). Bestreben vieler Länder ist es daher, in peripheren Touristenregionen und v. a. in den stark besuchten Küstenräumen direkt mit Europa verbundene Flughäfen zu errichten: Die touristische Attraktivität dieser Region wird aufgrund ihrer dann zeit- und kostengünstigeren Erreichbarkeit erhöht; die Entzerrung des ansonsten i.d.R. in der Hauptstadt gebündelten Verkehrs mit den daraus resultierenden ökolog. Negativeffekten und sozialen Kosten wird erleichtert, Disparitäten werden abgeschwächt. Agadir in Marokko, Mombasa in Kenia oder Hurghada in Ägypten sind Beispiele für v. a. auf dem T. basierende Großflughäfen in Peripherieräumen.

VI. Ökolog. und kulturelle Probleme. Die vom T. ausgehenden ökolog. Probleme sind vielfältig. Die Tragfähigkeit der oft bes. fragilen Ökosysteme zahlreicher Tourismusregionen droht insbes. durch den Massen-T., die hohe räumliche Konzentration eine großen Touristenzahl auf relativ kleinem Raum, überschritten zu werden. Ver- bzw. Entsorgungsprobleme hinsichtlich Wasser, Energie oder Müll, der exzessive Verbrauch knapper Ressourcen (Wasser, Land), Beeinträchtigung oder Zerstörung wertvoller Biotope durch eine touristische Fehl- oder Übernutzung, die Schädigung von Korallenriffen durch den Tauch- und Schnorchel-T. (etwa in Kenia, Ägypten) sowie die nicht nur ästhetisch negative exzessive Überbauung weiter Küstenabschnitte durch touristische Einrichtungen (z. B. in Tunesien, Marokko) sind wachsende Probleme. In ariden Räumen entzieht z. B. der Oasen-T. infolge eines exzessiven Wasserbrauchs der Hotels (u. a. Pools) der heim. Bev. und Landwirtschaft das knappe Gut Wasser. Der v. a. in Tunesien, Südafrika oder Simbabwe boomende Golf-T. hat einen großen Verbrauch an (oft agrarisch günstigen) Flächen und an Wasser zur Bewässerung der Golfplätze. Auch deshalb propagieren fast alle Länder einen Ausbau des Öko-T. Unter diesem Label wird jedoch weithin nur eine bessere Vermarktung des in vielen Ländern ohnehin vorherrschenden naturorientierten T. gesehen. Gleichwohl verstärken viele Zielländer mit diesem Ansatz auch den Schutz touristischer Ressourcen. Mit dem Ökotourismuskonzept verknüpft ist die langfristige Sicherung der Natur und die Rücksichtnahme auf die Kultur der vom Touristen als »exotisch« bewerteten Ethnien, die zudem am wirtsch. Nutzen des T. teilhaben sollen. Die Forderung nach einem umwelt- und sozialverträglichen T. ist eine zentrale Komponente. Dieser Ansatz basiert auch auf der Erkenntnis, dass bes. – aber nicht nur – die abseits der Städte lebenden, von der westl. Zivilisation (oft scheinbar) nicht berührten Völker durch den T. eine Kommerzialisierung und evtl. sogar eine Zerstörung ihrer Kultur befürchten müssen. Die negativen Auswirkungen des T. auf die Kultur der gastgebenden Gesellschaften werden jedoch oft überschätzt. ↗ Fernsehen, ↗ Rundfunk, Videos und im wachsenden Maße das ↗ Internet sind effektivere Agenten des sozialen Wandels als Touristen, auch wenn v. a. in den durch den Massen-T. geprägten Küstenräumen der Wandel von Werten und Lebensstilen durch den von Touristen ausgehenden Demonstrationseffekt beschleunigt wird. Dem steht gegenüber, dass gerade das Interesse der Touristen am kulturellen Erbe der Reiseländer hier eine Vitalisierung der Kultur bewirken kann, zumal wenn die Bev. erkennt, dass die Sicherung des kulturellen Erbes Voraussetzung für die Weiterentwicklung des T. und damit Basis ihrer wirtsch. Existenz ist. Ein Beispiel: Gerade bei den Maasai, die in Nähe der von Touristen stark besuchten Nationalparks Kenias und Tansanias leben, ist eine bes. ausgeprägtes Festhalten an tradierten Werten und Verhaltensweisen festzustellen. Die vielen an ihnen – zumindest als Fotoobjekte – interessierten Touristen vermitteln den Eindruck, eine offensichtlich einzigartige Kultur zu repräsentieren, derentwegen Europäer aus weit entfernten Räumen anreisen und viel Geld auszugeben bereit sind. Auch bei den zunehmend in den T. eingebundenen San der ↗ Kalahari ist eine Vitalisierung ihrer Kultur festzustellen, deren Untergang vormals unumgänglich erschien. So wurden ein Museum und eine Kunstgalerie eröffnet, in denen Besuchern und Einheimischen die materiellen Kulturgüter dieses Volkes vorgestellt werden. Die Ausweisung und Sicherung zahlreicher Stätten des ↗ Weltkulturerbes erfolgt auch, um das touristische Angebot und damit die Einkommen der Bev. auszuweiten. Denkmalschutzmaßnahmen können häufig erst durch Einnahmen aus dem T. finanziert werden. Auch die Ausweisung der oft riesigen Nationalparks ist ohne Einnahmen aus dem T. in vielen Ländern nicht mehr vertretbar.

🕮 A. Kagermeier, Staatl. geförderte Tourismusprojekte in Marokko und Tunesien. In: Zeitschrift für Wirtschaftsgeographie 43 (1999), S. 104–115. – K. Vorlaufer (Hg.), Tourismus in Entwicklungsländern. Möglichkeiten und Grenzen einer nachhaltigen Entwicklung durch Fremdenverkehr, Darmstadt 1996. – www.wto.org

Karl Vorlaufer

Touristenkunst sind Erzeugnisse für einen ↗ Kunstmarkt, der sich überwiegend auf Touristen (↗ Tourismus) als Kunden spezialisiert hat. T. wird somit nicht über Eigenschaften des Objekts bestimmt, und es handelt sich nicht um ↗ Kunst im engeren Sinne. In vielen afrik. Großstädten haben sich besondere Märkte oder Bereiche größerer Märkte auf T. spezialisiert; fliegende Händler finden Käufer in touristischen Zentren (v. a. an Stränden, in Basaren, Hotelhallen). Auf Flughäfen wird die Ware (*Airport Art*) zudem in Galerien oder Verkaufsständen angeboten. Hier findet sich nicht nur landestypische T., sondern auch Ware aus anderen afrik. Ländern, die über ein transkontinentales Handelsnetz vertrieben wird. Der Markt für T. bietet ein im Vergleich zum lokalen Absatz hohes Preisniveau und stellt heute in den meisten afrik. Ländern einen bedeutenden Erwerbszweig dar. In Ländern mit nicht frei konvertierbarer Währung und für grenzüberschreitend agierende Händler ermöglicht es der Markt für T. zudem, Devisen zu erlangen. Das Angebot umfasst Handwerk, Kunsthandwerk und populäre Kunst (↗ Kunst, städt.). Die Objekte verweisen als Zeichen auf ein diffuses Afrikabild (z. B. Tiere wie Elefant und Antilope, Holzmasken und -figuren, Rastafarben) und stehen in Material, Handwerkstechnik und Form in einer lokalen, ethn. oder nat. Tradition (z. B. ägypt. Papyrusbilder, Senufo-Masken aus Holz oder Gelbmetall). Die Produzenten (Handwerker) gehören dabei nicht unbedingt der

Abb. 40: Hashim B. Mruta, »Nganga auf den Eiern«, Öl auf Hartfaser, o. J.

ethn. Gruppe an, auf die diese Bezüge verweisen. Es entstehen neue, ausschließlich für den touristischen Markt bestimmte Objekttypen, die durch formale Bezüge (Ornamentik, Farbwahl etc.) auf traditionelle Lebenswelten verweisen (z. B. Genredarstellungen in der figürlichen ↗ Skulptur und ↗ Plastik). Beispiele für T. aus Ostafrika sind ↗ Perlenschmuck (Maasai), Holzskulptur (Makonde und Kamba) und Quadratmalerei (↗ Malerei). Beliebte Mitbringsel sind auch Drahtspielzeug aus West-, Ost- und Südafrika, Steinskulptur aus Simbabwe (Shona), Gelbguss-Arbeiten aus Kamerun und Nigeria, Lederarbeiten des ↗ Maghreb sowie, wegen des einfachen Transports, ↗ Textilien und ↗ Schmuck (z. B. Silberschmuck der Tuareg) (Abb. 40).

🕮 Institut für Auslandsbeziehungen (Hg.), Airport Art – Das exotische Souvenir. Stuttgart 1987.

Ulrich Bauer/Ulf Vierke

Tradition. Unter T. verstehen wir bewusst oder unbewusst gesellsch. weitergegebene Handlungsformen und Wissen. Dieser Erfahrungsschatz kann bei der Weitergabe verändert, angepasst oder umfunktioniert werden, so dass sich hinter dem Ausdruck T. durchaus ein (u. U. kontinuierlicher) Neuerungsprozess verbergen kann.

Häufig wird T. mit einer unterschwelligen oder sogar offenen Wertung belegt. Wer die Macht hat, beruft sich, um seine Praxis zu legitimieren, gern auf »Tradition«. T. wird als etwas Bewährtes oder sogar in mystischer Weise Legitimiertes dargestellt, von dem abzuweichen riskant wäre oder sogar mit transzendentalen Sanktionen belegt würde. Es liegt nahe, dass solchermaßen sanktionierte T. auch erfunden werden kann. Bei Wissen und Handlungsformen, die in bes. emphatischer Weise als Traditionen deklariert werden, liegt die Vermutung nahe, dass ihre Legitimität eigentlich strittig ist. Sie sind oft in entscheidenden Aspekten verändert, umfunktioniert oder von anderswo übernommen worden. Negative Wertungen werden mit »T.« meist verbunden, wenn ihr »Modernität« gegenübergestellt wird. Dabei kann das als modern und damit wünschenswert dargestellte Verhalten genauso alt oder jung sein, wie das, was als »traditionell« und rückständig abgewertet wird. Gerade in Afrika wird häufig das, was den europ. Beobachtern nicht vertraut war und ist – wie etwa die Großfamilie, der ↗ Brautpreis oder Formen der Religion – als T. bezeichnet, obwohl die betreffenden Institutionen und Phänomene eine

Innovation sein mögen. Oft wird der Begriff T. als eine Restkategorie von Moderne gebraucht. »Traditionell« ist dann alles, was nicht als modern erscheint oder gewertet wird. Dabei wird die Kontinuität gesellsch. Entwicklung unterschlagen; bestimmte Aspekte der Gegenwart sollen auf diese Weise als Neuerung und Verbesserung erscheinen.

In manchen Gesellschaften Afrikas wurden Traditionen schon vor der Kolonialzeit durch bes. Institutionen bewahrt. Bei zeremoniellen Anlässen wurde hervorgehoben, dass ein bestimmtes Wissen oder eine Fertigkeit von Vorgängern oder Ahnen übernommen wird; u. U. wurde auch die pol. Macht an die Übernahme und Weitergabe von Traditionen gebunden. In anderen Gesellschaften existierte zwar auch ein Wissen um Geschichte (↗ geschichtl. Überlieferung) und die Weitergabe von Wissen, aber die »Scham« verbot, es explizit zu machen oder gar als T. zu zitieren. Traditionen, die Macht oder wirtsch. Vorteile sichern, wecken Opposition. Setzt sich diese z. B. gegen die Vorrechte von Priestern oder ererbte Machtprivilegien durch, kann das die Fortführung oder Weitergabe einer T. unterbinden. Traditionen, die von Institutionen weitergetragen werden, überleben deren Ende kaum. Wenn z. B. ↗ *griots* (Barden) in Westafrika keinen Lohn mehr für ihre Preisgesänge (↗ Preisgesang) erhalten oder wenn als Schlichter wirkende Ältestenräte kein Gehör mehr finden, wird das Wissen dieser Traditionsträger nicht weitergegeben. Umgekehrt kann dagegen eine Stärkung dieser Institutionen durch erhöhte Nachfrage oder Entlohnung auch die T. stärken. T., die nicht von Institutionen tradiert, sondern unbewusst weitergegeben wird, betrifft insbes. Handlungsroutinen und implizites Wissen, das durch kontinuierliche Praxis erhalten wird. Ein Teil dieses impliziten Wissens ist für die gesellsch. Entwicklung bes. wichtig: die Orientierungsmuster. Orientierungsmuster dienen erstens dazu, die Wichtigkeit der versch. Handlungsbereiche zu ordnen (Relevanzstruktur); es sind zweitens Muster, nach denen eine Information als wahrscheinlich zutreffend oder unglaubwürdig bewertet wird (Plausibilitätsstruktur), und sie enthalten drittens das Netz der Begriffe, das wir über die Realität werfen (semantische Struktur). Nur bei überlebensbedrohenden, die Ökonomie ganz umwälzenden und/oder emotional fesselnden Ereignissen kommt es zur Diskontinuität dieser meist unbewussten Teile von T.

Die Fixierung von T. durch Verschriftlichung und Archivierung (auch von ↗ Musik) setzte in Afrika später ein als in anderen Kontinenten. Das hat einerseits die Chance, die Flexibilität und »Machbarkeit« von T. erhalten, andererseits waren und sind dadurch akkumulative Prozesse der Erweiterung des gesellsch. Wissens begrenzt. Wissen der Vergangenheit, das durch Verschriftlichung und Archivierung zu »fossilierter T.« wurde, kann u. U. heute die Vielfalt der Optionen für Problemlösungen und kreative Entwicklungen vergrößern.

🕮 G. Elwert, Der entwicklungssoziolog. Mythos vom Traditionalismus. In: D. Götze/H. Weiland (Hg.), Soziokulturelle Implikationen techn. Wandlungsprozesse, Saarbrücken 1983. – G. Elwert, Kulturbegriffe und Entwicklungspolitik. In: G. Elwert (Hg.), Kulturen und Innovationen, Berlin 1996. – T. Ranger, The Invention of Tradition in Colonial Africa. In: E. Hobsbawm/T. Ranger (Hg.), The Invention of Tradition, Cambridge 1983. – E. Shanklin, Two Meanings and Uses of Tradition. In: Journal of Anthropological Research 37 (1981). – J. Vansina, Oral Tradition and History, London 1985.

Georg Elwert

Traditionelle Medizin ↗ Krankheit und Heilung

Traditioneller politischer Herrscher (Häuptling). Die Vorstellung, dass ein Herrscher mit pol. Macht an der Spitze einer Gemeinschaft steht, scheint sich in unterschiedlichen Ausformungen überall auf der Welt durchgesetzt zu haben, was sich auch im Wortschatz zeigt. Der symbolisch wie auch wörtlich als Kopf oder Oberhaupt bezeichnete Herrscher findet sich bei den westafrik. ↗ Yoruba, Wolof, Fulbe oder den bantusprachigen Völkern. Es gab ihn bei den alten Ägyptern (hieroglyphisches Zeichen), Griechen und Römern (*Caput*).

Der Herrscher übte seine Macht ausschließlich oder gleichzeitig in der häuslichen und familiären Gemeinschaft, in seinem Klan, innerhalb der Gruppe oder des Staates, über seine Alters- oder Geschlechtsgenossen aus. Der t.p.H. war nicht unbedingt, wie in den orientalischen und feudalen europ. Traditionen, auch der territoriale Herrscher (↗ Erdherr/Erdpriester) über die ↗ Stadt oder das Land, über die Wälder, Jagdgründe oder Fischgebiete. Außerhalb seines ererbten Klangebiets durfte er keine Grundsteuern und Abgaben erheben. Diese kamen dem Erdherrn zu. Ihm stand hingegen eine pol. Steuer zu. Hist. entwickelte sich die pol. Macht aus Interessenkonflikten und Autoritätsansprüchen. Mit ihrer Ausdifferenzierung entstanden pol.

Strukturen, welche den Erdherren/Erdpriester die Ausweitung und Intensivierung der landwirtsch. Aktivitäten ermöglichten und den t.p.H. so neue Einkommensquellen in Form von Gebühren und Abgaben erschlossen. Die jüdisch-christl. und die islam.-oriental. Einflüsse veränderten die Beziehung des pol. Oberhaupts zum Land, wo lange Zeit die spirituelle Autorität der ersten dort Niedergelassenen aufrechterhalten wurde.

Eine weitere Besonderheit bei der Organisation der pluralistischen Gemeinschaftsherrschaft in der afrik. Tradition (t.p.H. und Erdherr) ist die Berücksichtigung der Rollen- und Aufgabenverteilung: Die nach Initiationsstufen getrennten ↗ Altersklassen, die sozialen Kategorien (Adlige, Freie, Kastenangehörige, Sklaven, Halbfreie), die Unterscheidung der Geschlechter (↗ Initiation, ↗ Sozialstruktur). Die afrik. Initiationsgesellschaften, in denen die Knaben und Mädchen den Altersklassen entsprechend ausgebildet und auf das Erwachsenendasein vorbereitet wurden, brachten durch diese Erziehung jene Anführer hervor, die eine gesellsch., wirtsch., spirituelle und/oder pol. Autorität ausübten.

Parallel zur Macht der Männer war, auf häuslicher Ebene oder innerhalb des Klans oder Staates, die der Frauen organisiert. Hier existierten, z. B. bei den Nguni und Swasi in Südafrika, den westafrik. Akan, Hausa und Mande, den Nubiern oder den alten Ägyptern, mehrere Funktionen. Die wichtigste war die der *Souveraine-Femme*, der obersten Gebieterin, und zwar sowohl in matri- als auch patrilinearen Systemen (↗ Matrilinearität). Die aus dem herrschenden Aristokratiegeschlecht gewählte Frau besaß Souveränität, erhielt Abgaben, leitete die Gemeinschaft der Frauen und nahm an der Wahl des Herrschers, des ↗ Königs, und der pol. Würdenträger teil.

Die Erstfrau spielte eine bedeutende Rolle, da sie dem Herrschergeschlecht die zukünftigen Kandidaten für das höchste Amt lieferte. Oft wurde sie aus derselben Abstammungslinie wie ihr Gatte gewählt, damit ihre von Seiten her adligen Nachkommen größere Chancen auf das Herrscheramt hatten. Aus dieser Überlegung heraus praktizierten manche Herrscher Inzest, indem sie ihre eigene Schwester, in Ermangelung einer solchen, ihre Tante mütterlicherseits heirateten. Bei den Fon im westafrik. Dahomey wählte man der hingegen eine sog. Leopardenträgerin von bescheidener Herkunft, um den Herrscher und seinen Klan besser kontrollieren zu können. Im Gebiet des Tschadsees, in ↗ Bornu oder im ↗ Fulbereich Futa Djalon wechselten sich mehrere Abstammungsgeschlechter auf dem Thron ab. Bei den zentralafrik. Vili wurde ein Ausländer zum Herrscher gewählt. Die Ausübung der pol. Gewalt bedeutete eine Vorrangstellung sowie Vergünstigungen, die zu Lasten der Bev. gingen, und zwar eben nicht im Form von Abgaben an den Grundherrn, die durch die Verbundenheit mit der Scholle begründet war, sondern als pol. Steuern. Da der Boden unveräußerlich war, wurde für das Nutzungsrecht keine Abgabe gefordert. Dieses war vielmehr mit der Teilnahme an den mit der Nutzung verbundenen ↗ Ritualen verknüpft.

Was das Gleichgewicht der Gewalten betrifft, so geht es darum, ob die t.p.H. von einer Gruppe von Oligarchen, wiederum mit einem Anführer an der Spitze, auf ihre Rechtmäßigkeit hin kontrolliert werden. Von diesen souveränen Titelträgern werden die t.p.H. gewählt oder ihres Amtes enthoben. In diesem weit verbreiteten System stehen zwei Modelle einander gegenüber: das Modell einer oligarchischen Herrschaft unter der Kontrolle einer Gruppe und das Modell einer autokratischen Herrschaft, in der die ges. Macht beim Monarchen bzw. beim alleinherrschaftlich regierenden Diktator liegt. Auch nach Kolonialherrschaft und Unabh. haben sich t.p.H. in vielen afrik. Staaten bis heute erhalten. ↗ Indirekte Herrschaft, ↗ König, ↗ vorkoloniale politische Systeme.

🕮 P. Diagne, Pouvoir politique traditionnel en Afrique Occidentale, Paris 1967.

Pathé Diagne

Transportsysteme. *I. Definition.* T. sind Verkehrsmittel und Verkehrsinfrastruktur sowie deren Organisation und Regulierung. Sie dienen der Beförderung von Menschen, Gütern und Informationen von einem zum anderen Ort T. schaffen die Voraussetzungen für interkulturelle Kommunikation, ermöglichen den Zugang zu Gütern und Dienstleistungen, die anderswo produziert werden, sowie den Export eigener Leistungen, sind jedoch, da pol. Einfluss und gesellsch. Konflikte auf ihre Strukturen einwirken, nicht immer effizient. T. im engeren Sinne umfassen die Art der Verkehrsmittel und die zugehörigen Infrastruktursysteme, T. im weiteren Sinne die Regulierungssysteme und Organisationsformen des Verkehrs. Je technischer T. im engeren Sinne sind, desto größere Investitionen erfordern sie und desto aufwendiger ist ihre Unterhaltung. Insbes. im subsahar. Afrika sind moderne T. nur unzureichend ausgebaut, was die wirtsch. und kulturelle Entwicklung hemmt.

II. Ländlicher Transport. Der bei weitem größte Teil des Transport- und Verkehrsaufkommens entfällt auf den ländl. Raum. Mit Ausnahme von Regionen, in denen Exportprodukte (*cash crops*) angebaut werden, besteht die ländl. Infrastruktur oft nur aus Pfaden und schlechten Wegen; das Netz der Zubringerstraßen ist dünn und schlecht instand gehalten. Der überwiegende Teil des Transports erfolgt nicht motorisiert. Er wird nicht auf Rädern, sondern größtenteils durch Tragen auf dem Kopf bewältigt. Aufgrund der weiten Verbreitung von Tierkrankheiten, der fehlenden Großtierhaltung bei Bauern und einer auf Motorisierung und Straßenbau ausgerichteten Verkehrspolitik sind Packtiere oder von Tieren gezogene Karren selten. Afrika liegt in der Nutzung sog. angepasster Transportmittel zu Lande (wie Fahrrad, teils mit Anhänger oder Seitenwagen; Schubkarren; Pack- und Zugtiere; Karren; Mopeds; Kleinsttraktoren) und zu Wasser (Pirogen) hinter anderen Kontinenten weit zurück.

Beim ländl. Transport spielt die geschlechtsspezifische Arbeitsteilung eine große Rolle. ↗ Frauen und Kinder, oft Mädchen, bringen bei Kopflasten bis zu 30 kg erhebliche Kraft und Zeit für den ländl. Transport auf. 70–80 % ihrer Transportwege beschränken sich auf das ↗ Dorf, die Felder, die Wasserstelle und den nahen Busch. Frauen obliegt die Versorgung des Haushalts mit Wasser und Feuerholz, der Anbau von Nahrungsmitteln und der Transport der Kinder zur Krankenstation und Schule. Je nach Jahreszeit und Klimaregion kann das Wasserholen zwischen 1 und 6 Stunden tägl. in Anspruch nehmen. Angepasste Transportmittel sind für Frauen nicht oder nur schwer erreichbar. Insbes. den allein erziehenden und älteren Frauen fehlen oft die Mittel zu deren Erwerb und Unterhaltung; Radfahren von Frauen wird noch nicht von allen Männern akzeptiert. Männer verwenden Transportmittel wie Fahrrad oder Moped zugleich als Statussymbol und für kommerzielle Zwecke, z. B. um auf den Märkten *cash crops* zu verkaufen. Nur wenige Haushalte können Frauenarbeit durch Lohnarbeit auf dem Feld oder die von Männern kommerzialisierte Feuerholz- und Wasserversorgung ersetzen. Eine Steigerung der landwirtsch. Produktivität (bei Nahrungsmitteln) als auch der Prozess sozialen Wandels wird somit erschwert.

III. Städtischer Transport. Ein geringer Motorisierungsgrad der Haushalte und schnelle ↗ Urbanisierung machen die Bereitstellung von Transportmöglichkeiten in der ↗ Stadt zu einem beträchtlichen Problem. Städt. Personentransport wird angesichts des Wachstums der Großstädte immer dringender. Ein steigender Anteil städt. Bewohner muss jedoch zu Fuß gehen. Tägl. Fahrten in der Stadt werden zu mehr als 50% zur Schule und anderen Bildungseinrichtungen, an zweiter Stelle zur Arbeitsstätte, kaum aber zum Einkaufen und zu Einrichtungen des Gesundheitswesens unternommen. Staatl. Busgesellschaften bewältigen nur in wenigen Städten mehr als 50 % des Personentransports. Sie befahren oft nur asphaltierte Straßen; entlegene Stadtviertel erreichen sie nicht. Überall hat sich daher ein Sektor des privaten Personentransports mit umgebauten Pickups (die in Nairobi *matatus* heißen), Bussen mit bis zu 50 Plätzen und umgebauten LKW entwickelt, der zwischen Legalität und Illegalität angesiedelt ist. Daneben gibt es Sammeltaxen und Taxen, in vielen Städten Moped- und selbst Fahrradtaxen. Kaufleute, Beamte und andere wohlhabende Personen investieren in diese Fahrzeuge. Die Fahrer, die sie auf Tagesbasis mieten müssen, bestreiten mit den Überschüssen ihrer Arbeit den Lebensunterhalt. Syndikate organisieren den Transport, indem sie Wege und Preise zuweisen und Fahrer kontrollieren. Schlecht erreichbare Stadtviertel werden nicht bedient. Konflikte zwischen Eigentümersyndikaten und Fahrern sowie Behörden sind häufig. Im stadtnahen Verkehr bis ca. 50 km bewältigen diese Transportmittel auch einen größeren Teil der städt. Versorgung mit Nahrungsmitteln und Feuerholz. Hinzu treten je nach Region Karren, Esel, Kamele, Pickups und LKW. In den Stadtvierteln dagegen werden die Versorgungsgüter oft auf gemieteten Karren transportiert, deren Lenker vom Transport leben müssen (↗ informeller Sektor).

IV. Nationaler und internationaler Transport. IV.1. Koloniales Erbe. Die meisten afrik. Regionen und ganz bes. die Binnenstaaten leiden unter einem mangelhaften und teuren T. Die in der Kolonialzeit angelegten Verkehrssysteme wurden bislang nicht grundlegend verändert: Straßennetz und Eisenbahnlinien sind jeweils auf einen oder wenige Häfen ausgerichtet, über die immer noch der Warentausch von Rohstoffen im Export gegen Fertigwaren im Import abgewickelt wird (↗ Aussenwirtschaft, ↗ Koloniales Erbe, ↗ Kolonialismus). Ein innerafrik., grenzüberschreitendes modernes Transportsystem ist i.d.R. nicht vorhanden.

IV.2. Eisenbahnen. Die ersten Eisenbahnlinien

wurden um 1860 eröffnet (Ägypten, Algerien, Südafrika). Senegal folgte 1885, während Bahnlinien in den meisten übrigen Küstenkolonien um die Jahrhundertwende entstanden. Sie verbanden nur die wichtigsten Häfen mit ihrem nahen Hinterland; ihr Ausbau ging wegen der erheblichen Kosten nur langsam voran. Bahntechnik und Spurweiten unterscheiden sich bis heute. Nach 1920 sind im subsahar. Afrika – mit Ausnahme Südafrikas und der Bergbaugebiete in der heutigen Demokrat. Rep. Kongo und Sambia – nur wenige neue Bahnlinien entstanden. Erst nach 1960 wurden weitere Bahnlinien gebaut, z. B. in Kamerun, Tansania und Gabun, doch gibt es in weiten Teilen Afrikas nur einzelne Linien, kein Netz. Unterschiedliche Techniken (z. B. bei Spurweiten), Ausrichtung auf Rohstofftransport (von Erzen etc.), geringe Vernetzung und unzureichende Organisation machen die Bahnen wenig konkurrenzfähig. Staatl. Entwicklungspolitik und die ↗ Entwicklungszusammenarbeit haben den Wettbewerb zwischen Straße und Schiene weitgehend zugunsten der Straße entschieden.

IV.3. Straßen. Der Straßenbau hat zwar entlegene Binnenregionen an einen Hafen anschließen können, trotz höherer Priorität aber nicht zu einer radikalen Senkung der Transportkosten geführt. Die Straßenunterhaltung ist den Regierungen zu teuer, Transportunternehmer erleiden durch schlechte Straßen einen enormen Fahrzeugverschleiß, die Unfallzahlen sind hoch. Auf manchen Fernstrecken herrschen zudem kartellähnliche Verbünde von Transportunternehmen – teils gesteuert von Großfamilien und ethn. Gruppen, die seit der Kolonialzeit den Ferntransport beherrschen. Folglich sind die Kosten des Straßentransports zwei bis drei Mal höher als in vergleichbaren Entwicklungsländern anderer Kontinente.

IV.4. Häfen. Diese haben für die afrik. Länder eine zentrale ökonom. Bedeutung. Der erste Kunsthafen wurde 1863 in Dakar (Senegal) errichtet. Weitere folgten erst recht spät, z. B. Takoradi (Ghana) 1928 oder Abidjan (Elfenbeinküste) 1950. Afrik. Regierungen investieren heute relativ viel in die Erneuerung und den Ausbau von Häfen. Wegen der zunehmenden Kapitalintensität erreichen techn. Revolutionen wie der Container afrik. Häfen relativ spät. Wichtige Containerhäfen außerhalb des weiter entwickelten Nord- und Südafrika sind Lagos (Nigeria) und Abidjan, weiterhin Duala (Kamerun), Tema (Ghana) und Dakar. Der Containerverkehr hat den Vorteil, dass am Zielort ausgeladen wird und so arbeitsintensive Formen des Hafenumschlags vermieden werden, kostet aber Arbeitsplätze. Der Vorteil wird in Afrika jedoch vielfach nicht genutzt. Container werden bereits im Hafen ausgeladen und Güter umgeladen. Ineffiziente Organisation, Bürokratie und zunehmende Unfähigkeit, die finanziellen Mittel für die wachsende Kapitalintensität moderner Hafenwirtschaft aufzubringen, bewirken auch hier einen Anstieg der Transportkosten, mit der Folge, dass afrik. Exportprodukte auf dem Weltmarkt benachteiligt und Importprodukte auf den Binnenmärkten für Konsumenten teuer werden.

IV.5. Flughäfen. Von zentraler Bedeutung für die soziale und wirtsch. Entwicklung ist die Verfügbarkeit moderner Kommunikationsmittel in angemessener technischer Qualität und zu angemessenen Kosten. Afrika ist an den internat. Flugverkehr schlecht angebunden. Die größten Flughäfen befinden sich in Südafrika (Johannesburg, Kapstadt) und ↗ Nordafrika (Kairo, Tunis, Casablanca); die Zahl der Passagiere auf den wichtigsten Flughäfen außerhalb des Südens und Nordens (Nairobi, Lagos, Abidjan) ist bescheiden im Vergleich zu anderen Kontinenten. Die Technologien zur Überwachung der Flughäfen und des Luftraums sind teils veraltet, die Fluglinien oft nicht ausgelastet.

IV.6. Telekommunikation. Bes. unzureichend aber ist die internat. Anbindung Afrikas an die moderne Telekommunikation, wiederum mit Ausnahme von Süd- und Nordafrika. Die Anzahl der Telefone im subsahar. Afrika liegt derzeit unter derjenigen Manhattans, die Anzahl der Internet-Hosts (↗ Internet) ist entsprechend gering. Allerdings steigt die Zahl der Mobiltelefone mit rapider Geschwindigkeit und verdrängt auch in ländl. Regionen das Festnetz. Die Kosten des Internet, eines i. Allg. nicht von Regierungen kontrollierbaren Kommunikationsmittels, sind im internat. Vergleich hoch. Immer noch ist ein großer Teil der internat. Verbindungen auf die Zentren der ehemaligen Kolonialherren ausgerichtet, beim Internet auf die USA. Die Binnenstaaten leiden nicht nur unter begrenztem Zugang zu Seehäfen und haben daher bes. hohe Transportkosten zu tragen, sondern auch unter dem mangelhaften Zugang zu intra- und interkontinentalen Kabelverbindungen, die preisgünstige Telekommunikation möglich machen. Insges. bewirken die nationalen T. in Afrika eine Verschärfung der regionalen Disparitäten. Die internat. T. binden afrik. Länder zwar an die Welt, oft aber nur unzureichend an die Nachbarländer.

🕮 Ch. Flatz, Afrika auf dem Weg in die Informationsgesellschaft. High-Tech als Chance für Entwicklungsländer? In: Nord-Süd aktuell 8 (1999), S. 614–622. – A. Haas, Hunger und Logistik. Der Beitrag des Transportwesens zur Ernährungssicherung im Niger-Binnendelta der Rep. Mali, Saarbrücken 1995. – B. Hoyle, Transport and Development in Tropical Africa, London 1988.

Eike W. Schamp

Transsaharahandel ↗ Architektur, ↗ Bornu, ↗ Ghana (Reich), ↗ Mali (Königreich), ↗ Plastik, ↗ Songhay, ↗ Westafrika, Völker, Kulturen und Staaten

Traum. Die menschliche Traumerfahrung ist zugleich universal wie kulturell verschieden. Zwar wird auch in afrik. Gesellschaften die grundsätzliche Subjektivität und Individualität von Traumerfahrung gesehen und anerkannt. Unterschiedlich ist hingegen die gesellsch. Ausdeutung dieser Erfahrung im Sinne des über Träume vermittelten Zugangs zu einer bes. Sphäre des Wissens und der Wirklichkeit einerseits und eines diesem Zugang zugrunde liegenden Konzepts vom Zusammenhang zwischen Körper und Selbst andererseits.

Vielfach anzutreffen ist in diesem Zusammenhang die Vorstellung von der Existenz einer dem eigenen Körper innewohnenden, jedoch partiell unabh. von ihm agierenden Geistinstanz bzw. Seele. Während des Schlafs kann diese den Körper verlassen und auch nach dem Tod eines Menschen fortleben. Den Hinterbliebenen vermittelt sie sich dann in Träumen und prägt und beeinflusst bisweilen ihr Alltagshandeln.

Das Feld der diesbezüglichen Traum- und Selbstkonzeptionen in afrik. Gesellschaften ist ebenso groß wie das Spektrum des damit verbundenen gesellsch. Umgangs mit Traumerfahrungen. Als solches reicht es von der Bedeutung des Traums als künstlerische Inspiration – wie im Falle der Herstellung von ↗ Masken oder Webmustern – über die in Träumen und ↗ Krankheiten aufscheinende Berufung zur Übernahme eines bestimmten Amtes wie das eines Heilers, Wahrsagers oder Kultleiters bis hin zur soziale Bewegungen generierenden Kraft von Träumen im Kontext des Verbindung zwischen Charisma und Prophetentum.

Zusammengenommen vermittelt der Blick auf das Thema Traum in afrik. Gesellschaften das Bild unterschiedlicher Techniken des Selbst. Grundlegend dafür ist nicht das Konzept eines autonomen, allein vor und für sich selbst verantwortlichen Individuums, sondern vielmehr das eines über gesellsch. Institutionen und kosmologische Ideen eng mit seiner Mitwelt verbundenen sozialen Subjekts. ↗ Besessenheit, ↗ Divination.

🕮 M.C. Jedrej/M.C. u. R. Shaw (Hg.), Dreaming, Religion and Society in Africa, Leiden 1992.

Peter Probst

Treuhandschaft wurde nach dem Ersten Weltkrieg durch den Völkerbund als Verwaltungsprinzip eingeführt. Der Friedensvertrag von Versailles übertrug die ehem. dt. Kolonien (in Afrika: Togo, Kamerun, Dt.-Ostafrika, Dt.-Südwestafrika) als ↗ Mandatsgebiete dem 1919 gegr. Völkerbund, der die Rolle des Sachwalters übernahm und die direkte Verantwortung für die Gebiete an die Siegerstaaten und deren Verbündete delegierte. Die T. ist ein Begriff, der sich an die von Lord Lugard geprägte Vorstellung kolonialer Verwaltungspraxis des brit. *Empire* anlehnt (↗ indirekte Herrschaft/*indirect rule*). T. wurde vom Völkerbund, entsprechend dem vermeintlichen Entwicklungsgrad der Gebiete, durch Mandate der Kategorien A, B und C vergeben. C-Mandate entsprachen dem geringsten Entwicklungsstand und konnten, unter Berücks. der Interessen der Bevölkerung im Mandatsgebiet, als integraler Bestandteil des Territoriums der Mandatsmacht verwaltet werden. Mit der Wahrnehmung des C-Mandats über Südwestafrika wurde Südafrika von Großbritannien stellvertretend beauftragt. Aufgabe der Mandatoren sollte es sein, die an sie übertragenen Gebiete auf die Unabh. vorzubereiten.

Nach dem Zweiten Weltkrieg reklamierten die UN die Anerkennung als Rechtsnachfolgerin des Völkerbundes und die Übertragung der Mandatsgebiete in ihr Treuhandsystem (Kap. XII und XIII der UN-Charta). Südafrika weigerte sich und stellte die Rechenschaftsberichte ein. Südwestafrika wurde daher auch als ein »veruntreutes Pfand« tituliert und spielte im weiteren Entkolonialisierungsprozess (↗ Entkolonialisierung) eine Sonderrolle. Mit der Unabh. Namibias 1990 gab es in Afrika keine Treuhandgebiete mehr.

Henning Melber

Tribalismus. Der Begriff T. leitet sich vom engl. Begriff *tribe* für ↗ Stamm ab und lässt sich am besten als »Denken in Stammeskategorien« übersetzen. Im wiss. Sprachgebrauch wird heute meist der eigentlich bedeutungsgleiche Begriff

↗ Ethnizität statt T. verwendet, weil die Bezeichnungen *tribe* und Stamm wegen ihrer kolonialen Vergangenheit als pol. diskreditiert gelten. Im populären Sprachgebrauch ist die Bez. T. aber v. a. im anglophonen Afrika nach wie vor üblich. Sie verweist auf die Politisierung von ethn. Gemeinschaftsideologien, die aus einer behaupteten gemeinsamen Abstammung, Sprache, Kultur und Geschichte und manchmal auch Religion bestimmte pol. Rechte und Forderungen ableiten. Dabei kann mit T. das positiv bewertete Festhalten an kulturell-ethn. Identitäten gemeint sein; meist schwingt aber Kritik an ethn. Klientelismus und pol. Vetternwirtschaft mit. T. ist eines der innerhalb wie außerhalb Afrikas populärsten Erklärungsmuster für pol. Diskriminierung, Unterentwicklung und Bürgerkriege, selbst dann, wenn andere Faktoren wie Ökonomie und Demographie unübersehbar sind.

📖 P. P. Ekeh, Social Anthropology and Two Contrasting Uses of Tribalism in Africa. In: Comparative Studies in Society and History 32 (1990), S. 660–700. – J. Lonsdale, Staatsgewalt und moralische Ordnung. Die Erfindung des Tribalismus in Afrika. In: Der Überblick 29 (1993), S. 5–10. – A. Mafeje, The Ideology of ›Tribalism‹. In: Journal of Modern Africa Studies 9 (1971), S. 253–61.

Carola Lentz

Tristan da Cunha, Insel im Atlantik mit 98 km² und 300 Einw. ↗ Sankt Helena.

Trommel, ↗ Musikinstrument aus der Familie der Membranophone (Instrumente, die den Klang durch Schwingungen einer über einen Resonanzkörper gespannten Membran erzeugen). T. finden sich in Afrika in vielfältigen Formen und Größen und in fast allen kulturellen Kontexten, vom ↗ Ritus bis zur Unterhaltung. Man spielt sie einzeln, paarweise oder in Ensembles. Manche T. sind so klein, dass sie in einer Hand gehalten und mit der anderen gespielt werden können, andere sind über 2 m hoch und bis zu 0,75 cm breit. Gefertigt sind sie aus Holz, Kalebassen, Ton, gelegentlich auch Blechdosen oder Ölfässern; die Membran ist aus Häuten oder Fellen. Es gibt zylindrische, fassförmige und konusförmige T., und zwar sowohl ein- als auch zweifellig (an beiden Enden jeweils ein Fell). T. mit nur einem Fell werden beim Spielen vertikal gehalten oder stehen auf dem offenen bzw. mit einem Brett geschlossenen Ende, zweifellige T. werden annähernd horizontal gehalten oder umgehängt, was das Spielen auf beiden Membranen ermöglicht.

Weitere Unterscheidungsformen sind: (1) die in Nordafrika verbreiteten *Rahmen-T.*, bei denen die Höhe der Wandung geringer ist als der Durchmesser der Fellbespannung; (2) die in Nordafrika und im Sudangürtel verbreiteten *Kessel-T.*, die einen schalenförmigen Korpus mit nur einer fellbespannten Öffnung aufweisen, die neben Holz v. a. aus Kalebassen, Ton oder Bronze gefertigt sind; (3) die im Sudangürtel und südlich davon verbreiteten *Sanduhr-T.*, die in der Korpusmitte eine Einschnürung aufweisen, so dass der Durchmesser der Membrane größer ist als der Mitteldurchmesser. Dieses Merkmal ermöglicht besondere Spielpraktiken der Tonhöhenveränderung, wobei der Musiker durch Druck auf die Spann- oder Stimmschnüre in der Korpusmitte die Membranspannung und damit den Trommelton verändert; (4) *Becher-T.*, die ent-

Abb. 41: Afrikanische Trommeln mit versch. Fellbefestigungsarten (Keil-, Schnur-, Gurt-, Pflock-, Nagelspannung)

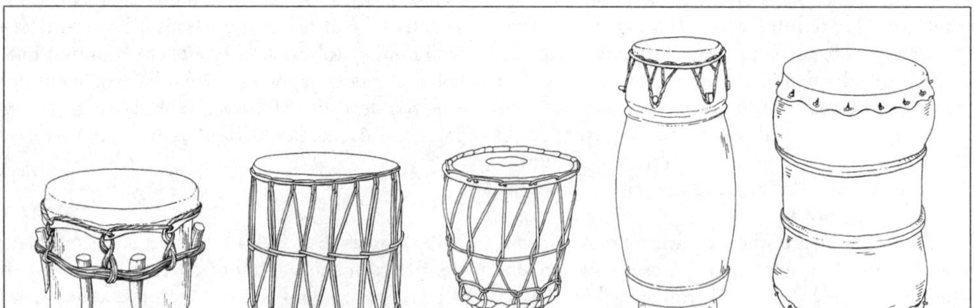

sprechend ihrer Bez. mit einer Schale und einem schmaler angesetzten Fuß gestaltet sind. In der nordafrik. ↗ Popularmusik sind Becher-T. in Form der aus Ton gefertigten *darabukka* häufig anzutreffen, ohne dass dieser Typus im subsahar. Afrika Verbreitung gefunden hätte. Die westafrik. Becher-T., z. B. die *atumpan* der Ashanti (Ghana) oder die *djembe* der Mande-Völker, unterscheiden sich von der *darabukka* in Bezug auf Größe und Verhältnis zwischen Schale und Fuß.

Über diese Formen hinaus weisen zahlreiche Instrumente aus den Küstenregionen Westafrikas aufwändige künstlerische Gestaltungselemente auf, wie z. B. Menschen und Tiere darstellendes Schnitzwerk, das auf den kulturellen Kontext des Instruments und seinen Symbolcharakter verweist. Bei der Membranbefestigung ist zwischen Klebe-, Keil-, Schnur-, Gurt-, Pflock- und Nagelspannung zu unterscheiden. Die angewandten Verfahren sind nur teilw. an die Korpusform gebunden, z. B. die Schnurspannung bei der Sanduhr-T. oder die Gurtspannung bei der konusförmigen Trommel (Abb. 41).

T. können sowohl mit beiden Händen als auch mit zwei Stöckchen oder einer Kombination von beidem gespielt werden. Viele T., vorrangig im Zentralsudan, sind mit *Schnarrsaiten* versehen. Diese meist pflanzlichen Faserstränge oder Stöckchen verlaufen über oder unter der Membran. Sie werden durch das Anschlagen der Membran mit in Schwingung versetzt und geben dem Trommelton eine spezifische Klangqualität. Parallelen zu den Schnarrsaiten westasiat. T. deuten auf einen türkisch-osmanischen Einfluss hin.

🕮 A. Meyer, Afrik. Trommeln. West- und Zentralafrika, Berlin 1997.

Raimund Vogels

Trommelsprache ↗ Instrumentalsprache

Trompete, ↗ Musikinstrument aus der Familie der Aerophone (Blasinstrumente). T., zu denen klassifikatorisch auch Hörner zählen, bestehen aus tierischen Materialien wie Kuh- oder Antilopenhorn, Elefantenstoßzähnen etc. oder aus Metall, Holz, Kalebassen. Sie dienen überall in Afrika als Signalinstrumente, mit denen Botschaften über große Entfernungen hinweg vermittelt werden (↗ Instrumentalsprachen), finden aber auch Verwendung im rituellen Rahmen (↗ Ritus) und bei der ↗ Jagd. Im Kontext höfischen Zeremoniells (↗ Hofmusik) wird der T. ferner eine symbolische Funktion bei der Repräsentation von Status und Macht zugewiesen, wie z. B. bei metallenen Lang-T. in Nordafrika und an den islam. Höfen des Sudangürtels, wo ihr Besitz den Herrschern vorbehalten ist.

🕮 Art. »Afrika südlich der Sahara«. In: Die Musik in Geschichte und Gegenwart, Bd. 1, Kassel/Stuttgart 1994, S. 50.

Raimund Vogels

Tropenkrankheiten. *I. Allgemeines*. T. umfassen einerseits spezifisch tropische Erkrankungen durch Parasiten, Bakterien und Viren, die von Klimabedingungen oder von Überträgern mit mehr oder minder begrenzter geogr. Verbreitung abhängig sind (Bilharziose, Denguefieber, Ebola, Flussblindheit, Gelbfieber, Lassafieber, Lepra, Malaria, Marburg-Virus, Schlafkrankheit und West-Nil-Fieber), andererseits auch Krankheiten wie Cholera, Hepatitis, Hirnhautentzündung, Keuchhusten, Masern, Noma, Pest, Polio, Ruhr, Tetanus, Trachom, Tuberkulose, Typhus. Diese Krankheiten, die in Europa früher bedrohlich waren, jetzt dort aber relativ harmlos geworden oder im Verschwinden begriffen sind, fordern in den Tropen durch epidemisches Auftreten aufgrund geschwächter Konstitutionen und unzulänglicher Vorbeugungs- und Behandlungsmöglichkeiten weiterhin viele Todesopfer. Mangelnde Hygiene und Fehlernährung erklären z. B. die bes. Anfälligkeit im Kleinkindalter. In den Bilharziosen-Zonen ist Bluthanen so verbreitet, dass ein Junge, dessen Urin klar bleibt, als anormal gilt: Ihm fehlt das Äquivalent der Menstruation beim Mädchen. Die vielfältigen Erkrankungen, die das Immunsystem wiederholt belasten, können zu schleichenden biolog. Modifikationen und dadurch zu immunpatholog. Störungen führen, die sich in Faserveränderungen im Blut, in der Milz, im Herzmuskel, in den Nieren usw. äußern.

In den Städten und ihren ↗ Slums sind die Migranten aus ländl. Regionen z. T. von ihrer sozialen Gruppe und der ↗ Familie abgeschnitten; zugleich behalten sie die erworbene physiopatholog. Konstitution. Durch Entwurzelung und Verelendung entwickeln sie psycholog. Störungen, die Alkoholismus (↗ Alkohol) und Selbstmorde auslösen können. Hinzu kommen die üblichen Parasiten- und Infektionsgefahren sowie Fehlernährung. Flaschenmilch statt Muttermilch als Säuglingsnahrung verursacht durch nicht sterilisierte Babyflaschen und Sauger, Verunreinigungen durch Fliegen und das zur Milchbereitung verwendete Wasser schwere Magen- und Darminfektionen. Aufgrund der geringen Einkünfte der Eltern bzw. Mütter werden die Säuglinge oft nicht ausreichend versorgt, wenn die Mutter das Kind nicht mehr stillen kann. Dies führt zu Unterernährung.

Die folgende Darstellung beschränkt sich auf die drei verbreitetsten und schwersten Erkrankungen: Malaria, Filariosen (Fadenwurmerkrankungen) und Trypanosomiasen (Schlafkrankheit etc.).

II. Malaria. – II.1. Ursachen. Malaria, eine endemische Parasitenkrankheit, die von bestimmten Protozoen (Hämatozoen oder Plasmodien) hervorgerufen wird, ist im ges. subsahar. Afrika präsent. Diese Parasiten werden durch Stiche der Anopheles-Mücke auf Menschen übertragen. Malaria ist seit dem Altertum als Sumpffieber bekannt. Daher rührt ihr frz. Name *Paludisme* (von latein. *palus,* Sumpf); Spanier, Briten, US-Amerikaner und Deutschen nennen die Krankheit hingegen nach ihrem ital. Namen (von *mala,* schlecht, und *aria,* Luft). Der Erreger wird erst 1880 von Laveran in Constantine (heute Algerien) entdeckt, die von Ross vermutete Übertragung durch die Anopheles-Mücke 1898 von Grassi endgültig bestätigt. Seit dem 17. Jh. ist die Wirksamkeit der Chinarinde gegen bestimmte Wechselfieber bekannt, aus der Pelletier und Caventou 1820 den Wirkstoff, das Chinin, isolieren. In den Jahren vor dem Zweiten Weltkrieg werden *Quinacrine* und *Chloroquine* als erste synthetische Malariamittel entwickelt und danach versch. Derivate hergestellt.

In Afrika werden jährl. bei 300 Mio. Kranken mehr als eine Mio. Todesfälle verzeichnet – meist unter Kindern –, und zwar infolge von bösartigen, durch *Plasmodium falciparum* verursachten Anfällen. Die hohe Todesrate beruht nicht nur auf Resistenzen der Mücken gegenüber Mitteln für Prophylaxe und Therapie, sondern auch auf dem Preisanstieg dieser Erzeugnisse bei gleichzeitigem Rückgang der internat. Hilfe. Außerdem verhindern Armut (z. B. fehlendes Geld für Moskitonetze), schlechte Wohnverhältnisse sowie die Strukturschwäche im Gesundheitswesen (↗ Gesundheitsversorgung) eine effiziente Bekämpfung der Krankheit.

II.2. Evolution der Malaria. Nur weibl. Anopheles-Mücken können die geschlechtliche Vermehrung der Plasmodien auslösen und die Übertragung der Malaria von Mensch zu Mensch bewirken. Die Reproduktion der Anopheles ist von den drei Faktoren Blut, Wasser und Wärme abhängig. Das befruchtete Weibchen legt seine Eier innerhalb von 48 Stunden nach dem Blutsaugen ab (das Männchen saugt kein Blut). Die im Wasser abgelegten Eier verwandeln sich binnen zehn Tagen erst in Larven, dann in Nymphen und schließlich in eine neue Erwachsenengeneration. Dieser aquatische Zyklus wird unmöglich, wenn die Wassertemperatur 16° C unterschreitet. Wärme und Feuchtigkeit steigern die geschlechtliche Aktivität der Weibchen. Folglich kommt es in der gemäßigten Zone nur im Sommer zur Eiablage. In der feuchtwarmen innertropischen Zone sind hingegen stets Anopheles vorhanden, die Malaria übertragen können, und die auf *Plasmodium falciparum* beruhende Form ist insbes. in der Regenzeit hyperendemisch. Die Weibchen stechen v. a. abends oder nachts. Die meisten Anopheles entfernen sich kaum von ihrem Entstehungsort, werden aber manchmal vom Wind weiter getragen oder von Verkehrsmitteln (Schiff, Auto, Flugzeug) über große Entfernungen transportiert.

Es gibt keine natürliche Immunität gegen Malaria, doch mitunter sollen Personen, die an heterozygoter Sichelzellenanämie leiden, vor schweren Anfällen von *Plasmodium-falciparum*-Malaria geschützt sein. Dagegen gibt es eine zwar relative, aber unbestreitbar erworbene Immunität. Sie erscheint langsam nach zahlreichen Anfällen und hält sich nur bei wiederkehrend befallenen Personen, dies um den Preis einer hohen Kindersterblichkeit durch bösartige Anfälle. Bei Jugendlichen und Erwachsenen verhindert sie zwar nicht, dass Parasiten im Blut zirkulieren, Symptome treten jedoch nicht auf. Dieser Schutz wird auch von der malariabefallenen Mutter auf ihr Kind übertragen, so dass Säuglinge in hyperendemischen Zonen bis zum Alter von drei bis vier Monaten geschützt bleiben. Er ist jedoch instabil und erlischt ein bis zwei Jahre nach dem Verlassen der Endemiezone. Antikörper erscheinen bald nach dem Befall im Blut und halten sich dort bei wiederkehrenden Anfällen. Diese Antikörper gehen mit einem erhöhten Anteil von Immunoglobulinen im Serum einher, die nicht alle spezifischen Antikörpern entsprechen und zum größten Teil ohne Schutzwirkung sind.

Die endemische Malaria ist eine Hauptursache für den erhöhten Immunoglobulinspiegel der Bev. im subsahar. Afrika. Diese Immunitätsphänomene sind nicht nur positiv, sondern können auch immunopathologische Probleme wie tropische Splenomegalien (Milzschwellungen) oder Nierenkrankheiten hervorrufen.

Malariasymptome zeigen sich in Fiebererscheinungen nach einer Inkubationszeit von 8 bis 20 Tagen. Eine vermutete Malaria kann durch Blutuntersuchungen bestätigt werden, namentlich durch einen dünnen Abstrich und einen dicken Tropfen, die die Präsenz von Hämatozoen zeigen und die Art der Plasmodien bestimmen lassen. Richtig behandelt, nimmt dieser Primärbefall in wenigen Tagen einen günstigen Verlauf. Doch weil insbes. bei *Plasmodium vivax, ovale* und *malariae* nicht auf die Therapie ansprechende Schizonten in der Leber verbleiben, können in mehr oder minder kurzer Frist Rückfälle auftreten.

II.3. Behandlung und Vorbeugung. Unter den empfohlenen Mitteln bleibt Chinin das Notfallmedikament gegen die bösartigen Formen, weil es rasch wirkt. Neben dem Chinin gibt es zahlreiche synthetische Malariamittel, z. B. Chloroquine (Nivaquine) und Amodiaquine (Flavoquine). Es gibt unterschiedliche Methoden der Prophylaxe. Für Personen mit gelegentlichem Risiko (Aufenthalt in einer Malaria-Endemiezone) bleibt die individuelle Chemoprophylaxe (Medikamentenschutz) die einzig wirksame Abhilfe, da Moskitonetze, Klimaanlagen, Mückenschutzsalben etc. keinen absoluten Schutz bieten. Um die vollständige Vernichtung aller im Blut befindlichen Formen von *Plasmodium falciparum* zu gewährleisten, muss die Chemoprophylaxe zwei Monate nach der Rückkehr in ungefährdete Gebiete fortgesetzt werden. Dagegen sind eventuelle Rückfälle durch *Plasmodium vivax, malariae* oder *ovale* nicht auszuschließen. Die Versuche, einen wirksamen Impfstoff herzustellen oder die Anopheles-Mücken auszurotten, sind bislang erfolglos geblieben.

III. Trypanosomiasen (Schlafkrankheiten). – III.1. Ursachen und Evolution. Verursacher dieser Krankheiten sind Geißeltierchen der Gattung Trypanosoma, die von blutsaugenden Gliederfüßern übertragen werden. Die Schlafkrankheit ist eine von der Tsetsefliege auf den Menschen übertragene Erkrankung, die durch Trypanosomen in Gehirn und Hirnhäuten zu schweren Schlafstörungen mit Schlaflosigkeit in der Nacht und gesteigertem Schlafbedürfnis am Tag führt und daher ihren Namen erhalten hat.

Die afrik. Humantrypanose ist seit langem bekannt. Schon im 15. Jh. beschreibt der arab. Historiker Ibn Khaldûn die Symptome bei einem nigerianischen Herrscher. Im 18. Jh. wurden Afrikaner mit vergröberten Hals- und Nackenganglien dem ↗ Sklavenhandel zugeführt, da bekannt war, dass diese Drüsenkranken bald in lethargischem Zustand sterben würden. Der Erreger wird erst 1901 von Ford im damals brit. Gambia entdeckt und von Duton als *Trypanosoma gambiense* identifiziert. Die Übertragung durch die Tsetsefliege wird 1903 nachgewiesen. Bis 1925 gilt die Krankheit als die am meisten zu fürchtende Endemie in Schwarzafrika und ist Ursache mehrerer zehntausend Todesfälle, was die demographische und wirtsch. Unterentwicklung der Verbreitungsgebiete zur Folge hat. Tsetsefliegen können Trypanosomen auch auf Tiere übertragen. Mehr als 10 Mio. km², die sonst 125 Mio. Stück Großvieh ernähren könnten, sind von Tsetsefliegen verseucht. Die Trypanose kann zwar heute nicht mehr als große Endemie angesehen werden, doch seit 1975 kommt es sowohl in West- (beide Kongostaaten, Angola, Gabun, Kamerun, Nigeria und der Elfenbeinküste) als auch in Ostafrika (Kenia, Tansania, Sambia) immer wieder zu Ausbrüchen. Die afrik. Humantrypanose grassiert etwa zwischen 15° nördl. und südl. Breite, entsprechend dem Verbreitungsgebiet der Tsetsefliege. Dabei sind zwei epidemiologische Typen zu unterscheiden: (1) Die west- und zentralafrik. Trypanose, mit *Trypanosoma gambiense,* wird von der hygrophilen Tsetsefliege *Glossina palpalis* übertragen, die in den Wäldern und an den Ufern von Wasserläufen lebt. (2) Überträger der Trypanose Ostafrikas, mit *Trypanosoma rhodiense,* ist die xerophile (Trockenheit liebende) *Glossina morsitans* der Savanne. Der Mensch ist anscheinend das einzige natürliche Parasitenreservoir für *Trypanosoma gambiense.* Für *Trypanomosa rhodiense* ist dagegen ein animalisches Reservoir nachgewiesen (Antilopen und Rinder).

Von der Tsetsefliege beim Blutsaugen aufgenommen, vermehrt sich das Trypanosom in einem komplexen Evolutionszyklus, bis es in etwa 17 Tagen in den Speicheldrüsen des Insekts das infektiöse Stadium metazyklischer Trypanosomen erreicht. Die Fliege bleibt zeitlebens infiziert, steckt aber ihre Nachkommen nicht an. Menschen oder Tieren werden diese Trypanosomen bei erneutem Blutsaugen eingeflößt. Es gibt keine natürliche Immunität. Das Blut von Befallenen ist ebenfalls infektiös; eine Übertragung durch Blutspenden oder von der Mutter auf das Kind kann vorkommen.

Nach einer Inkubationszeit von 5 bis 20 Tagen, manchmal auch von mehreren Jahren, verläuft die Krankheit in zwei Phasen, der sog. lymphatico-sanguinen und der sog. meningoenzephalischen Periode: (1) Die erste Phase von zwei bis drei Wochen entspricht dem Bestehen des Einstichgeschwürs oder Trypanoms, eines

Pseudofurunkels, das spontan ohne Narbenbildung abheilt. (2) Die zweite Phase umfasst die Ausbreitung in der Blut- und Lymphbahn, mit ständigem irregulärem, nicht auf Malariamittel ansprechendem Fieber und mittelgroßen, verschieblichen Adenopathien (Drüsenschwellungen) v.a. im Hals-Nacken-Bereich, die langsam verhärten und, anders als jene bei Tuberkulose, nie eitern. Milz und Leber können leicht geschwollen sein. Auf der Haut können Trypaniden auftreten, die wegen ihrer rosa-violetten Farbe nur bei Hellhäutigen zu beobachten sind. An neurologischen Symptomen erscheinen Kopf-, Nacken- und Rückgratschmerzen sowie Charakter- und Verhaltensänderungen. Juckreiz, Impotenz beim Mann und Menstruationsstörungen bei der Frau, Herzschäden, bes. Herzmuskelentzündung, die früher nur auf *Trypanosoma rhodiense* zurückgeführt wurden, werden ebenfalls beobachtet. (3) Die dritte Phase ist jene der zerebralen meningo-enzephalitischen Polarisierung, deren physio-pathologische Mechanismen komplex sind. Die vielgestaltigen, vereint oder getrennt auftretenden neurologischen Anzeichen dominieren nun das klinische Bild. (4) In der vierten Phase der Demenz und des Kräfteverfalls ist der Kranke bettlägerig und die Behandlung wirkungslos. Der Kranke fällt ins Koma und stirbt. Nach einer je nach der Virulenz des Trypanosoms und der Widerstandskraft der Konstitution unterschiedlichen chronischen Evolution, evtl. mit zeitweiligen Besserungen, tritt der Tod in acht Monaten bis zwei Jahren ein. Wegen der heute verfügbaren wirksamen Therapien und Mittel zur Früherkennung hat die Krankheit nicht mehr den fatalen Verlaufscharakter.

III.2. Behandlung und Vorbeugung. Die sichere Diagnostik beruht auf dem Nachweis des Trypanosoms in den Ganglien, der Blutbahn, dem Rückenmark und der Rückenmarksflüssigkeit und ist durch Einführung immunologischer Methoden, die breite Untersuchungen erleichtern, erheblich verbessert worden. Zur Behandlung der Schlafkrankheit werden je nach Entwicklungsstadium versch. Medikamente eingesetzt. In jedem Krankheitsstadium wirkt Arsobal, das als Derivat des dreiwertigen Arsens hochgiftig und nur unter strikter ärztlicher Überwachung im Krankenhaus zu verwenden ist. Seit einigen Jahren zeigen sich immer mehr Resistenzfälle, so dass neue, ebenfalls giftige Produkte herangezogen werden müssen. Die Vorbeugung gegen Trypanose fußt auf der epidemiologischen Überwachung durch Studium der Variationen versch. Symptome. Impfstoffe gibt es nicht. Die allg. Vorbeugung besteht in der Bekämpfung des Parasitenreservoirs.

IV. Filariosen. – IV.1. Ursachen und Evolution. Erreger dieser Parasitenkrankheiten sind Filarien, lebendig gebärende Fadenwürmer, deren Larven, die sog. Mikrofilarien, die Evolution zu einem infektiösen Stadium in einem Gliederfüßer durchlaufen. Letzterer ist Zwischenwirt und Überträger. Außer dieser Gemeinsamkeit zeigen die Filariosen große Unterschiede in der geogr. Verbreitung, der epidemiologischen Charakteristik und der patholog. Manifestation. Man unterscheidet lymphatische und subkutane Filariosen wie Loase, Draculose oder Medinawurmkrankheit und Onchozerkose (Flussblindheit). V.a. die lymphatischen Filariosen und die Onchozerkose führen zu ernsten Komplikationen, während Loase und Medina-Filariosen Invalidität bewirken. Die Übertragung auf den Menschen geschieht insbes. durch Mückenstiche.

In bestimmten Gebieten, namentlich im tropischen Afrika, sind die Überträger entweder Anopheles- oder Aedes-Mücken. In den Endemiegebieten, wo die Betroffenen stets erneut befallen werden, führen die wiederholten Vorfälle schließlich zu chronischen Schäden. Dies zeigt sich in Adenolymphozelen (durch variköse Erweiterung der Lymphknoten entstandene schmerzlose weiche Tumore) in der Leistengegend, in Hydrozelen (Blutwasserergüssen) in der Testikelwandung, in Nebenhodenentzündungen, in lymphatischen Varizen, deren Bruch zu Bauchwassersucht führen kann, und analogen Vorgängen im Thorax mit Ergüssen in das Brustfell. Die auffälligsten Manifestationen der Filarien sind die Elephantiasen, starke Schwellungen der befallenen Körperteile, v.a. der unteren Gliedmaßen und des Skrotums sowie von Brust und Schamlippen der Frau. Diese Tumore wiegen bis zu 100 kg, führen zu Invalidität und können sich außerdem superinfizieren.

IV.2. Behandlung und Vorbeugung. Die Diagnose der lymphatischen Filariose wird durch die charakteristischen Symptome erleichtert. Es gibt aber auch viele gesunde Filarienträger, die ermittelt werden müssen, da sie ein epidemiologisch bedrohliches Parasitenreservoir bilden.

Die Prophylaxe mit Notezin, das die Mikrofilarien abtötet, soll die Übertragungskette dadurch brechen, dass den Überträgern der »Nachschub« entzogen wird. Das Notezin ist sehr wirksam gegen die Mikrofilarien und daher von prophylaktischem Interesse, aber praktisch wirkungslos gegen die erwachsenen Filarien. Die individuelle Vorbeugung gegen die lymphatische

Filariose besteht darin, den Stich von infizierten Mücken zu vermeiden, denn es gibt keinen Impfstoff und die Wirksamkeit der Chemoprophylaxe mit Notezin ist zweifelhaft. Der Schutz der Bev. in den Endemiegebieten beruht darauf, nach Möglichkeit den Kontakt Parasitenreservoir/Überträger zu unterbrechen.

🕮 U. Bienzle (Hg.), Prävention, Diagnose und Therapie von Tropenkrankheiten, Frankfurt/M. 1992. – http://www.bni-hamburg.de

Jean-Marie Molassoko

Tschad. **Fläche:** 1.284.000 km². **Einw.:** 7,6 Mio. (1999). **Bev.-Wachstum/Jahr**: 2,6%. **Stadtbev.:** 23,5%. **Hauptstadt und Wirtschaftsmetropole:** N'Djamena (600.000 Einw.) **Unabh.:** 11. 08. 1960. **Staatsform**: Präsidialrep.; Zweikammerparlament (Nationalversammlung und Senat seit 1996); Mehrparteiensystem. **Währung:** CFA-Franc. **HDI-Rang** 155/162 (2001). **Auslandsverschuldung**: 1,1 Mrd. US$ (2000). **Anteil der Entwicklungshilfe am BSP**: 21% (1998). **BSP/Kopf**: 200 US$, **HIV-infizierte Erwachsene**: 2,7%, **Lebenserwartung**: m 44,2 J., w 46,7 J., **Alphabetisierung** der Erwachsenen: m 50,1%, w 32,3% (1999). **Einschulungsrate**: m 65%, w 39% (1995–99). **Amtssprache:** Frz., ↗ Arabisch. **Regional- und Nationalsprachen**: Sara (↗ Zentralsudanisch), Sango (↗ Pidgin- und Kreolsprachen), ↗ Fulfulde, ↗ Hausa.

I. Naturraum. Das Sahelland T. liegt im östl. Teil des Tschadbeckens, das im N vom Tibesti-Gebirge (3.415 m), im NO vom Ennedi-Gebirge und im O von der Ouadai-Schwelle (1.249 m) begrenzt wird. Im SW bildet der abflusslose Tschadsee, der die meisten Wasserläufe des S in sich aufnimmt, das hydrographische Zentrum (↗ Gewässer). Etwa die Hälfte des Landes ist ↗ Wüste (↗ Sahara). Nur der S weist Savannen und Galeriewälder auf. Die stetige Ausbreitung der Wüste bringt einschneidende Veränderungen mit sich für das tschadische ↗ Ökosystem sowie die Lebensweise der Menschen.

II. Bevölkerung und ethnische Gruppierungen. Die Verteilung der tschadischen Bev. ist durch die klimatische und geogr. Lage bedingt. In den Wüstengebieten von Tibesti, Borku und Ennedi beläuft sich die Bev.-Dichte auf 1 Einw./10 km². Die Oasen und der S sind hingegen dicht bevölkert, denn dort finden sich alle großen Flüsse und Großstädte, wie N'Djamena am Chari, Sarh (194.000 Einw.), Moundou (282.000 Einw.) und Abéché (188.000 Einw.). Im T. leben versch. ethn. Gruppen mit jeweils eigener Kultur und Sprache: im S die Sara (28% der Bev.), die Buduma, die Kanembu, die Massa, die Mbai, die Laka, die Njama und die Toupouri, die überwiegend ↗ Ackerbau, ↗ Fischerei und ↗ Viehhaltung betreiben. Der N wird von arabischstämmigen Ethnien (etwa 15% der Bev.) sowie den halbnomadischen Teda bewohnt. Zur Bev. zählen zudem die als Handeltreibende überall im Land beheimateten Hausa und die Fulbe, die in der Landesmitte Viehzucht betreiben (Rinder, Ziegen und Schafe). Aufgrund der andauernden pol., ökolog. und ökonom. Krisen der letzten Jahrzehnte mussten viele Tschader ihre Heimat verlassen.

III. Geschichte und Politik. Archäolog. Funde zeugen von menschlichem Leben im Tibesti und Ennedi vor 3000 v. Chr. Die weitere Geschichte des T. ist mit den seit dem 8. Jh. n. Chr. gegr. Reichen ↗ Bornu, Kanem, Wadai und Barguirni verknüpft, die, mit Ausnahme von Bornu, bis zur europ. Eroberung im 19. Jh. bestanden. Einen Teil des Landes konnten die Franzosen erst nach dem Sieg über den Heerführer Rabeh im Jahre 1900 (Kousseri-Schlacht) unterwerfen. Das Gebiet des Tschadsees wurde 1912 nach Abstimmung mit den Deutschen in die Kolonie Frz.-Äquatorialafrika eingegliedert. 1930 kam die Tibesti-Region hinzu. Die koloniale Grenzziehung ist größtenteils verantwortlich für die Dauerkonflikte zwischen muslim. Nordisten und christl. Südisten, die bis heute den Frieden in T. schwerwiegend belasten. Nach der Unabh. 1960 verschärften sich diese Rivalitäten, wobei Präsident Ngarta Tombalbaye ein gewisses pol. Gleichgewicht hielt. Seit seinem Sturz 1975 wird T. durch wechselnde Militärdiktaturen regiert. Ab 1982 erreichte die Tschadkrise durch den Machtkampf zwischen Goukouni Oueddei und Hissene Habré ihren Höhepunkt. Erst 1990 gelang es der Rebellenarmee unter Idriss Déby, den Konflikt mit Libyen beizulegen sowie die staatl. Autorität mit Hilfe der Nachbarländer wieder herzustellen 1996 wurde eine neue Verfassung verabschiedet. Im selben Jahr fanden die ersten freien Präsidentschaftswahlen statt, aus denen Déby als Sieger hervorging. Im Mai 2001 wurde er wiedergewählt. Die Wahl wurde von den Oppositionskandidaten erfolglos angefochten.

IV. Wirtschaft. Wegen der Dauerkämpfe zwischen Oueddei und Habré versank das Land in einem wirtsch. Chaos. Aber auch die schlechten klimatischen Bedingungen tragen zur miserablen Wirtschaftslage bei. Aufgrund seiner Binnenlage ist T. auf seine Nachbarländer, insbes. Kamerun, angewiesen. Obwohl die ↗ Landwirtschaft 50%

des BIP bildet, kann sie nicht extensiv betrieben werden, da lediglich 6% der Landesfläche im S als Ackerland genutzt werden können. Davon sind 70% allein dem Hirseanbau gewidmet. Reis, Maniok, Gemüse, Bataten, Weizen, Mais und Erdnüsse werden zum Eigenverbrauch angebaut. Dennoch bleibt die Versorgungslage insges. unbefriedigend. Baumwolle und Tabak sind für den Export bestimmt. Der Industrie ist nur gering entwickelt. Zu den wichtigsten Bodenschätzen gehören Erdöl, Uran und Steinsalz (↗ Bergbau). Die große Entfernung vom Kamerunhafen in Duala bleibt ein Hindernis für den Außenhandel. T. plant eine Pipeline zwischen Doba und Kribi in Kamerun (1.000 km). Mit diesem umstrittenen Projekt hofft die Regierung, die Wirtschaft zu beleben und insbes. Arbeitsplätze zu schaffen.

V. Literatur und Kunst. Die moderne Lit. beginnt 1962, als Joseph Brahim Seid (1927–1980) sein autobiogr. Werk *Au Tchad sous les étoiles* vorlegt, gefolgt von *Un enfant du Tchad* (1967). Später veröffentlichen Maoundoé Naindouba (*1948), Noel Nétonon Ndjekery (*1956) sowie der Dramaturg Moustapha Baba (1952–1982) ihre Werke. Antoine Bangui (*1933) und Michel Ngangbet Kosnaye (*1938) thematisieren in ihren Werken pol. Terror, Aberglauben und den Alltag im T. Neben der modernen ↗ Architektur islam. und europ. Prägung herrschen traditionelle Bauweisen vor mit Flachdachbauten aus Steinen oder Kegeldächern aus Stroh und Matten sowie kegelförmige Lehmbauten.

🕮 J. Chapelle, le peuple tchadien, Paris 1980. – M. Bourdette Donon, Tchad, Paris 1998.

Jacob E. Mabe

Tschadisch, mit ca. 150 Sprachen größte der sechs Sprachfamilien des ↗ Afroasiatischen. Die Zahl der Sprecher einzelner Sprachen variiert zwischen 40 Mio. (↗ Hausa) und einigen Hundert. Die tschadischen Sprachen (ohne Hausa) werden in Nordnigeria, Niger, Nordkamerun und im S des Tschad auf einer Fläche von etwa 840.000 km^2 gesprochen. Das auffälligste geogr. Merkmal dieser Region ist der Tschadsee, von dem der Name der Familie abgeleitet ist. – Das T. gliedert sich in drei Zweige und 27 Gruppen: *West-T.* (1) Hausa, Gwandara; (2) Sura, Tal, Gerka, Angas, Goemai, Mupun, Kofyar, Montol, Chip; (3) Ron, Bokkos, Kulere, Sha, Fyer, Tambas; (4) Bole, Bele, Deno, Gera, Karekare, Ngamo, Tangale, Kwami, Kupto, Maha, Pero, Piya; (5) Warji, Tsagu, Kariya, Miya, Pa'a, Siri; (6) Boghom, Guruntum, Geji, Buli, Zaar; (7) Bade, Ngizim, Duwai. *Zentral-T.*: (8) Tera, Jara, Ga'anda; (9) Bura, Margi, Kilba, Kyibaku; (10) Higi, Kapsiki; (11) Gude, Bata, Bacama, Gudu; (12) Laamang; (13) Wandala, Glavda, Guduf, Dghwede, Gamergu, Podoko; (14) Sukur; (15) Mafa, Mada, Mofu, Giziga, Baldamu; (16) Daba, Hina; (17) Gidar; (18) Kotoko, Yedina; (19) Musgu; (20) Masa, Zime, Mesme. *Ost-T.*: (21) Kera, Kwang; (22) Lele, Kabalai, Gabri, Nancere; (23) Sibine, Ndam, Tumak, Gadang, Sarwa, Miltu; (24) Sokoro, Barain; (25) Bidiya, Dangaleat, Migama; (26) Mokilko; (27) Mubi, Jegu, Birgit. – Aus geolinguistischer Sicht ist das T. umringt von und verflochten mit Sprachen, die (mit Ausnahme des ↗ Berber) zu zwei anderen Sprachstämmen Afrikas, dem ↗ Nilosaharanischen und dem ↗ Niger-Kordofanischen gehören: Songhay, ↗ Saharanisch, ↗ Ostsudanisch, ↗ Zentralsudanisch, ↗ Adamawa-Ubangi, ↗ Benue-Kongo, ↗ Gur und ↗ Mande. Der lang anhaltende Kontakt mit Sprechern nicht verwandter Sprachen sowie die selbständige Entwicklung einzelner tschadischer Sprachen haben dazu geführt, dass heute die linguistische Verschiedenheit innerhalb des T. sehr groß ist (vergleichbar mit der der heutigen indogermanischen Sprachen). So findet man im phonologischen Inventar einzelner Sprachen Phoneme in recht unterschiedlicher Zahl: z. B. 58 Konsonanten im Gude gegenüber 23 im Mokilko, zwei kurze und einen langen Vokal im Miya gegenüber neun kurzen und neun langen Vokalen im Tangale. Laterale Frikative kommen nur in zentral- und einigen westtschadischen Sprachen vor. In den west- und osttschadischen Sprachen wird das Genus (↗ Nominalklassensprache) morphologisch markiert, in den zentraltschadischen aber nicht, was einer der Gründe dafür war, dass in den 1930er Jahren die jeweiligen Sprachen in zwei Hauptgruppen, T. und Tschadohamitisch (↗ Hamitensprachen), eingeteilt wurden. Im Bereich der Verbalmorphologie wird die Grundopposition Perfektiv vs. Imperfektiv innerhalb des Verbalstamms durch Apophonie (Mubi), Tonwechsel (Fyer) oder aber analytisch, d. h. außerhalb des Stammes (Giziga) gekennzeichnet. Alle diese Unterschiede sprechen für eine lange und komplizierte Geschichte des T. Nachdem die Familie durch J. H. Greenberg in den 1950er Jahren endgültig als eine Einheit etabliert wurde, versucht man seit dem Ende der 1960er Jahre mit der hist.-vergleichenden Methode Lexikon, Phonologie und Morphologie des Proto-T. zu rekonstruieren. – Alle tschadischen Sprachen sind ↗ Tonsprachen, wobei der Ton in erster Linie grammatische Funktion hat. Mit Ausnahme des Hausa, das neben der lat. Schrift eine längere Tradition mit angepasster arab. Schrift (*ajami*) aufweist, wird die lat. Schrift für alle tschadischen Sprachen verwendet (↗ Schriftsysteme).

📖 H. Jungraithmayr/D. Ibriszimow, Chadic Lexical Roots, 2 Bde., Berlin 1994. – J. Lukas, Die Gliederung der Sprachwelt des Tschadsee-Gebietes in Zentralafrika. In: Forschungen und Fortschritte 10/29 (1934), S. 356–357. – P. Newman, Nominal and Verbal Plurality in Chadic, Dordrecht 1990.

Dymitr Ibriszimow

Tschad-Konflikt ↗ Kriege/Bürgerkriege

Tsonga (Sprache) ↗ Bantusprachen, ↗ Sprachpolitik

Tswana (Sprache) ↗ Bantusprachen, ↗ Sprachpolitik, ↗ Verkehrssprache, ↗ Literaturen in afrik. Sprachen: Südafrika

Tuareg-Rebellion ↗ Kriege/Bürgerkriege

Tunesien. **Fläche:** 162.155 km^2. **Einw.:** 9,4 Mio. (1999). **Bev.-Wachstum/Jahr**: 2%. **Stadtbev.:** 65%. **Hauptstadt und Wirtschaftsmetropole:** Tunis (700.000 Einw.) **Unabh.:** 20. 3. 1956. **Staatsform**: Präsidialrep.; Einkammerparlament (Nationalversammlung); Mehrparteiensystem. **Währung:** Tunesischer Dinar. **HDI-Rang** 89/162 (2001). **Auslandsverschuldung**: 11,2 Mrd. US$; **Anteil der Entwicklungshilfe am BSP**: 0% (1998). **BSP/Kopf**: 1.820 US$, **HIV-infizierte Erwachsene**: 0,04%, **Lebenserwartung**: m 68,8 J., w 71,2 J., **Alphabetisierung** der Erwachsenen: m 80,4%, w 59,3% (1999). **Einschulungsrate**: m 97%, w 94% (1995–99). **Amtssprache:** Arab. **Nationalsprache:** ↗ Arabisch und ↗ Berber. **Verkehrssprache**: Frz.

I. Naturraum. T. weist drei Vegetationsarten mit unterschiedlichen Klimaten auf. Kennzeichnend für den N sind die mediterranen Landschaften sowie die vielen Gebirge. Dort herrscht ein ↗ Klima mit kalten Winterregen sowie sommerlichen Hochtemperaturen. Diese Region ist trotz der Erosion bes. fruchtbar und daher günstig für landwirtsch. Nutzung. Im O ist das Land flach. Das Zentrum reicht von der Dorsale (Tell) bis an die Schichtkämme von Gafsa (Steppe). Der S ist ein arides Wüstengebiet mit saharischem Klima, Salzsteppen und Salzseen. Durch die Zerstörung der Vegetation und Fauna in den letzen Jahrzehnten sind viele Tier- und Pflanzenarten verschwunden.

II. Bevölkerung und ethnische Gruppierungen. Die Berber, die heute nur 2% der Bev. stellen, gelten als Urbewohner. Die meisten von ihnen leben in den gebirgigen Rückzugsgebieten von Gafsa, im S sowie auf der Insel Djerba. Über 95% der heutigen Tunesier sind ↗ Araber, die seit dem 7. Jh. n. Chr. im Land leben. Zu den Minderheiten gehören kleine Gruppen Afrikaner, ↗ Juden und Europäer sowie Nachkommen der Osmanen.

III. Geschichte und Politik. Die Besiedlung des jetzigen T. geht auf das ↗ Paläolithikum zurück. 814 v. Chr. gründeten die Nachkommen der Phönizier ↗ Karthago im heutigen Tunis. Das Land wurden von den Römern 146 v. Chr. gewaltsam erobert (↗ Numidien, ↗ römische Kolonisation). Zwischen 439 und 532 n. Chr. stand T. unter der Herrschaft der Vandalen und von Byzanz. Mit der Invasion der Araber im 7. Jh. bildeten sich versch. arab. Dynastien (↗ Almohaden) heraus, die das Land bis zur türk. Teileroberung 1534 regierten. Der Sturz der ↗ Hafsiden-Dynastie im Jahre 1574 ging einher mit der Ausbreitung des osmanischen Reichs auf das ganze Gebiet. Nur die Stadt Tunis blieb unter der Autorität des Bey, der sich seinerseits den Osmanen unterwarf. Wegen hoher Schulden (Ende der Seeräuberei) geriet das Land 1881 unter frz. Schutzherrschaft. Der Bey führte zwar die Regierungsgeschäfte weiter, doch behielten sich die Franzosen die Entscheidungsgewalt in der Außen-, Sicherheits- und Wirtschaftspolitik vor. Forderungen der Tunesier ab 1888 für die Wiederherstellung der Autorität ihres Bey blieben ohne Erfolg. Erst unter Habib Bourghiba (1903–2000) formierte sich eine radikale Opposition gegen die frz. Kolonialherrschaft, die infolge nicht nachlassender Proteste und Kämpfe T. 1956 in die Unabh. führte. Bourghiba wurde Premierminister, 1957 Staatspräsident und ließ sich 1975 zum Präsidenten auf Lebenszeit wählen. Unter seiner Herrschaft wurden frz. Landbesitzer enteignet und Oppositionelle verfolgt. 1987 setzte der Premierminister Zine Al-Abidine Ben Ali (*1936) Bourghiba wegen seines hohen Alters ab. Mit der Gründung mehrerer pol. Parteien begann ein Jahr später die Demokratisierung. 1989 ließ sich Ben Ali offiziell zum Staatspräsidenten wählen. Am 24. 10. 1999 wurde er mit 94,4% der Stimmen zum dritten Mal für weitere fünf Jahre in seinem Amt bestätigt. Bei den letzten Parlamentswahlen errang seine Partei *Rassemblement constitutionelle Démocratique* mit 91,6%

alle 148 Direktmandate. Auf die übrigen Parteien entfielen lediglich 34 Sitze.

IV. Wirtschaft. Trotz der relativ hohen ↗ Industrialisierung macht die Landwirtschaft immerhin 14% des BIP aus und beschäftigt etwa 20% der erwerbsfähigen Tunesier. Angebaut werden Getreide, Gemüse, Früchte und Wein v. a. an der Mittelmeerküste; wichtige Kulturen sind auch Oliven, Datteln und Zitrusfrüchte. Wichtigste Bodenschätze sind Phosphat, Erdöl und Erdgas. Die letzten beiden Rohstoffe stellen ein Viertel des Exportwertes dar (↗ Bergbau, Energiewirtschaft). Während Erdgas in den letzten Jahren an Bedeutung gewonnen hat, ist die Produktion von Erdöl rückläufig. Mit Phosphat ist T. fünftgrößter Lieferant der Welt. Exportiert werden zudem Eisenerz und Textilien. Nicht zuletzt ist der ↗ Tourismus ein wichtiger Wirtschaftsfaktor. Mehr als 50.000 Tunesier sind im Fremdenverkehr beschäftigt, der auch hohe Deviseneinnahmen erbringt (ca. 5% des BIP).

V. Literatur, Kunst und Musik. Die Entwicklung der tunesischen Kunst und Musik hängt mit der berberischen und arab.-islam. Kultur zusammen. Bekannte Kunstobjekte sind Ornamente, ↗ Schmuck, Teppiche etc. Seit Beginn des 20. Jh. hat sich eine eigenständige ↗ Malerei herausgebildet, die heute durch Jellal Ben Abdallah und Ammar Farhat vertreten wird. In der Musik herrscht ein Nebeneinander von klass. arab. und islam.-relig Musikstil, insbes. der Sufi-Bruderschaft (↗ Nuba). Dominante Sprache der Lit. war bis Ende des 19. Jh. Arab. Seit Beginn des 20. Jh. haben sich neue Formen entwickelt, die sich überwiegend an westl. Prosa orientierten. Trotz ihrer langen Kolonialherrschaft war es den Franzosen nicht gelungen, ihre Sprache als dominantes kulturelles Medium durchzusetzen. Allerdings gab es Tunesier mit großer Vorliebe für den frz. Romantizismus, die sich gegen den Klassizismus der arab. Poesie wandten, wie z. B. der Poet Aboulkacem Chabbi (1909–1934) mit seinem *Aghâni al-Hayat* (Lied des Lebens) 1930, das damals als Eckstein der modernen Literatur galt. Obwohl die ↗ arabischsprachige Lit. nach der Unabh. von Seiten der damaligen Einheitspartei für pol. Propaganda missbraucht wurde, schrieben Intellektuelle wie Béchir Khraief, Samir Ayadi, Ahmed Mammou, Leila Mami u. a. Prosa mit sozialer Thematik. Die ↗ frankophone Lit. verbindet sich mit dem Namen Albert Memmi (*1920), dem Theoretiker der Unabhängigkeit. Kennzeichnend für sein lit. Werk ist die Thematisierung seiner jüdisch-maghrebin. Identität. Seit 1960 sind frankophone Autoren wie Salah Garmadi, Moncef Ghachem, Chems Nadir sowie die jüngeren Autoren wie Tahar Bekri, Samir Marzouki, Mustapha Tlili u. a. hervorgetreten. Die Lit. in den Berbersprachen ist noch unbekannt.

🕮 P. Frankenberg, Tunesien. Ein Entwicklungsland im maghrebinischen Orient, Stuttgart 1981. – A. Guelmani, La politique sociale en Tunisie de 1881 à nos jours, Paris 1996. – T. Bekri, De la literature tunésienne, Paris 1999.

Jacob E. Mabe

Twi (Gruppe der Akan-Sprachen) ↗ Kwa

UAM ↗ OAU

Übergangsriten ↗ Initiation, ↗ Beschneidung, ↗ Bestattungsrituale, ↗ Ritus, Rituale

Überlebensökonomie, das strategische Handeln ungesicherter Personen und Haushalte im Kampf um das alltägliche Überleben. Ungesicherte sind Menschen, die kaum über eigene Ressourcen verfügen; d. h. sie haben z. B. weder einen Arbeitsplatz in der ↗ Stadt noch ein Grundstück auf dem Land. Sie sind somit auf ihre große Flexibilität bei der Kombination von Erwerbsmöglichkeiten, die Verknüpfung von Subsistenz- und Geldwirtschaft sowie die Bildung vielseitiger sozialer Netzwerke angewiesen. Ungesicherte sind oft Krisen ausgesetzt, die sie aus eigener Kraft kaum überwinden können, und werden daher auch als »verwundbare Gruppen« bezeichnet. Dazu gehören bes. Haushalte in afrik. Städten, die von allein stehenden Frauen geführt werden. Armut macht oft Ü. notwendig. Beide sind v. a. im ↗ informellen Sektor zu finden.

Eike W. Schamp

UDEAC ↗ CEMAC

Uganda. **Fläche:** 241.039 km². Einw. 22,6 Mio. (1999). **Bev.-Wachstum/Jahr**: 2,8% (1990–99). **Flüchtlinge**: 218.191 (als Aufnahmeland, 1. 1. 2000). **Stadtbev.:** 14% (1999). **Hauptstadt:** Kampala (1 Mio., 1998). **Wirtschaftsmetropolen:** Kampala, Jinja. **Unabh.:** 9. 10. 1962. **Staatsform**: Präsidialrep. (im *Commonwealth*). Parlament: 214 in allg. Wahlen gewählte und 62 vom Präsident ernannte (39 Frauen-, 10 Militär-, 5 Jugend-,

5 Behinderten-, 3 Gewerkschaftsvertreter) Mitglieder; Direktwahl des Staatsoberhaupts (Generalleutnant Yoweri Kaguta Museveni) alle 5 Jahre; letzte Wahl: 31. 05. 2001. Parteienstruktur: Keine Parteien, nur Personen bei Wahlen zugelassen; Einführung des Mehrparteiensystems im Juni 2000 durch Referendum abgelehnt. Pol. dominierend seit 1986 die NRM (*National Resistance Movement*) (»Bewegungsdemokratie«, faktisch ↗ Einparteisystem), der seit 1997 alle volljährigen Ugander angehören. Nicht verbotene, jedoch zu Wahlen nicht zugelassene Parteien: die als Anti-Baganda-Organisation 1960 entstandene, protestantisch orientierte UPC (*Uganda People's Congress*, die Regierungspartei Milton Obotes 1962–71, 1980–85), die 1974 gegr., v.a. bei den kath. Baganda populäre DP (*Democratic Party*), die für die Baganda-Monarchie und Föderalismus eintretende CP (*Conservative Party*). **Währung:** Uganda Shilling. **HDI-Rang** 141/162 (2001). **Auslandsverschuldung**: 3,9 Mrd. US$, **Anteil der Entwicklungshilfe am BSP**: 7,1% (1998). **BSP/Kopf**: 320 US$, **HIV-infizierte Erwachsene**: 8,3%, **Lebenserwartung**: m 42,5 J., w 43,8 J., **Alphabetisierung** der Erwachsenen: m 76,8%, w 55.5% (1999). **Einschulungsrate**: m 92%, w 83% (1995–99). **Amtssprachen**: Engl., ↗ Swahili; Regional- u. **Verkehrssprachen:** ↗ Bantusprachen, ↗ Nilotisch.

I. Naturraum. Rd. 85% der Landfläche wird von einem auf 900–1.500 m hohen, vom Viktoriasee im S zum N allmählich abfallenden, vom Nil entwässerten Plateau eingenommen, in dessen Zentrum der Kiogasee (2.047 km²) und an dessen Rändern durch Tektonik und Vulkanismus entstandene Bergländer liegen (↗ Ökozonen).

Das agrarwirtsch. Potential des Plateaus wird v.a. durch Niederschläge bestimmt. Ein 50–100 km breiter Gürtel um den Viktoriasee weist günstigste agrarische Bedingungen auf. Dauerkultur ist die Banane, das Grundnahrungsmittel der Baganda und Basoga. Nur im NO herrscht semiarides bis arides ↗ Klima; ↗ Ackerbau ist hier nur bei guten Böden und einer jahreszeitlich günstigen Verteilung der Niederschläge v.a. an (i.d.R. Insel-)Bergen möglich; extensive ↗ Weidewirtschaft ist Lebensgrundlage.

Die Bergländer an den Rändern Ugandas besitzen in Höhen zwischen rd. 1.500–2.300 m aufgrund hoher Niederschläge, oft günstiger Böden (Vulkanismus) und geringer Verdunstung (niedrige Temperatur) ein hohes agrar. Potential. Der äußerste W wird durch den auf der Ostseite bis zu 400 m zur Sohle abfallenden Zentralafrik. Graben und die höchste nichtvulkanische Erhebung Ostafrikas, den Ruwenzori (5.119 m über NN) geprägt. Die Grabensohle erhält ihre markanteste Ausprägung durch den Georg- (246 km²), Eduard- (2.200 km²) und Albertsee (5.335 km²).

II. Politik. Drei Jahre nach der Unabh., 1966, kam es zu einem Staatsstreich, in dem sich die bis heute relevanten ↗ ethnischen Konflikte widerspiegeln. Der zu den Lango zählende Ministerpräsident M. Obote stürzte den Staatspräsidenten Mutesa (in Personalunion König von Buganda) und beseitigte die schon in vorkolonialer Zeit entstandenen Königreiche Buganda, Toro, Bunyoro, Ankole und Busoga. 1971 putschte sich Idi Amin, ein Angehöriger der Kakwa, an die Macht. Durch Massaker v.a. an den Völkern der Lango und Acholi, den Anhängern Obotes, Vertreibung der ↗ Inder (1972) und Nationalisierung u.a. der brit. Betriebe und Banken führte Idi Amin die Talfahrt der ugandischen Wirtschaft und den Zerfall des Staates herbei. Nach seinem Sturz 1979, der wieder installierten Obote-Regierung 1985 und der Militärregierung unter T. Okello errang Museveni 1986 die Macht. Die Einigung des durch Bürgerkrieg und ethn. Konflikte zerrissenen Landes sollte durch Dezentralisierung der pol. Entscheidungsprozesse und der Verwaltung erfolgen. Aufstandsbewegungen bedrohen jedoch bis heute die staatl. Einheit. Die relig. und ethn. fundierte *Holy Spirit Movement* unter Alice Lakwina wurde zwar 1987 blutig niedergeschlagen, kontrolliert jedoch mit Unterstützung des Sudans bis heute als *Lord's Resistance Army* große Teile Nordugandas. Im äußersten NW agiert die *West Nile Bank Front* und im W die von islam. Fundamentalisten getragene *Allied Democratic Forces*, die von der Demokrat. Rep. Kongo und außerafrik. islam. Staaten unterstützt wird. Durch diese Konflikte sind allein seit 1996 rd. 80.000 Ugander zu Flüchtlingen geworden. Große Flüchtlingsströme kommen zudem aus dem Sudan.

Die in der Verfassung von 1995 geforderte relig. und regionale (= ethn.) Balance in der Zusammensetzung des Kabinetts wurde nicht realisiert. Baganda, Banyankole (Ethnie des Präsidenten) und Protestanten sind über-, andere Regionen/Ethn. (v.a. des N) sowie Katholiken unterrepräsentiert, Muslime (rd. 15% der Bev.) gar nicht vertreten.

III. Bevölkerung und ethnische Gruppierungen. Die Bev. weist konfliktträchtige ethn. und relig. Differenzierungen auf. Rd. 70% zählen zu den Bantu-, 25% zur nilot., 5% zur ↗ zentralsudanesischen Sprachgruppe. Die »Bantu«-Völker – Baganda (ca. 20% der Bev.), Batoro, Banyoro, Basoga, Banyankole, Bagishu und Bakiga – siedeln im S und W. Sie sind Ackerbauern und gründeten schon vor Jh. mächtige Königreiche im Zwischenseengebiet. Die »nilotischen« Völker – Iteso (ca. 9% der Bev.), Langi (6%), Acholi (5%) und Karamojong (2%) – siedeln nördl. des Kiogasees. Die »zentralsudanischen« Völker – Kakwa und Lugbara (rd. 5%) – sind aufgrund ihrer peripheren Lage im äußersten NW, ihrer soziolinguistischen Nähe zum Sudan und ihrer islam. Ausrichtung marginalisiert. V. a. im Bananengürtel um den Viktoriasee mit der Hauptstadt Kampala erfolgt seit langem eine massive Zuwanderung von Angehörigen v. a. auch »nilotischer« Völker. Auch die Zuwanderung aus Nachbarländern ist beträchtlich (mit Nachkommen rd. 10% der Bev.); die Städte sind multiethn. Die – überwiegend latenten – ethn. Konflikte verquicken sich z. T. mit relig. Gegensätzen. Rd. 65% der Bev. sind Christen (39% Katholiken, 22% Anglikaner, 5% andere Christen), 15% Muslime und ca. 20% Anhänger traditioneller ↗ Religionen. Der ↗ Islam ist v. a. im N verbreitet, hat aber auch in Kampala viele Anhänger. Durch Abspaltung von der kath. und der anglikanischen ↗ Kirche, die großen pol. Einfluss haben, entstanden zahlreiche Sekten. Synkretistische Erweckungsbewegungen haben starken Zulauf.

IV. Wirtschaft. Die ↗ Landwirtschaft ist Lebensgrundlage für 80% der Bev.; sie erwirtschaftet seit Jahren rd. 45% des BIP, erbringt ca. 2/3 aller Einnahmen des Staates (v. a. durch Exportzölle auf Kaffee); die drei wichtigsten agrar. Ausfuhrgüter Kaffee (1996: 62,5%), Baumwolle (2,3%) und Tee (2,7%) erwirtschaften ca. 70% aller Exporterlöse. Kaffee wird von rd. 2 Mio. Kleinbauern angebaut. Tee wird überwiegend auf Teeplantagen, aber auch von Kleinbauern auf rd. 10.000 ha angebaut. U. erzeugt eine breite Palette von Grundnahrungsmitteln für den Binnenmarkt, v. a. Bananen, Hirse, Mais, Hülsenfrüchte, Erdnüsse, Sorghum; in Bewässerungsprojekten Reis. Fleisch- und Milchrinder werden durch Hirten, Kleinbauern und auf Ranchen gehalten. Die zahlreichen Seen und Flüsse sind Basis einer bedeutenden ↗ Fischerei. Im Viktoriasee ist der Bestand an Tilapia-Fisch durch den in den 1960er Jahren ausgesetzten, hier ursprgl. nicht beheimateten Nilbarsch, einen Raubfisch, gefährdet; das Ökosystem ist belastet durch die starke Ausbreitung von Wasserhyazinthen.

Die Industrie (ohne Baugewerbe) erwirtschaftet knapp 10% des BIP (1997: 8%); die Aufbereitung und Verarbeitung landwirtsch. Produkte ist die Basis, auch Stahlprodukte, Hacken, Textilien, Matratzen, Zement, Seife, Tierfutter, Farben, Düngemittel, Schuhe, Zigaretten und Streichhölzer werden erzeugt. Ein Automontagewerk produziert etwa 850 Nutzfahrzeuge pro Jahr, davon rd. 40% für den Export in Nachbarländer; 1998 wurde ein Montagewerk für Fernsehgeräte eröffnet. Die Industrie arbeitet jedoch nur mit rd. 30% ihrer Kapazität. Facharbeitermangel, Korruption, schlechtes Management, fehlende Logistik und Marketingstrategien, Engpässe in der Versorgung mit Rohstoffen, Ersatzteilen und Energie belasten die industrielle Entwicklung. Der Bergbau brach in den 1970er Jahren fast vollständig zusammen. Bis zur Herrschaft Idi Amins war der ↗ Tourismus nach Kaffee und Baumwolle drittwichtigster Devisenbringer. Die Rehabilitation der zerstörten touristischen Infrastruktur und die Erholung des dezimierten Wildbestands erfolgen auch in attraktiven touristischen Regionen (im Ruwenzori, Bwindi N. P.) nur schleppend. – Trotz hoher Wachstumsraten der Wirtschaft seit 1986 wurden 1996 noch 45,6% (1992: 55,9%) der Bev. als arm und 26,2% (35,2%) als extrem arm klassifiziert.

V. Kunst und Literatur. Das 1939 gegründete *Makerere University College of Fine Arts* widmet sich der Pflege der ↗ Kunst, insbes. der ↗ Malerei, mit Schülern aus dem ges. Ostafrika. Barbara Kimenje, Jane Jagers Bakaluba und v. a. Okot p'Bitek (*Song of Lawino*, 1970; dt. *Lawinos Lied*, 1998) sind bekannte AutorInnen, die die Konflikte aus dem Zusammenprall tradioneller und moderner Lebensstile behandeln (↗ anglophone Lit., ↗ Literaturen in afrik. Sprachen: Ostafrika). Jüngst beschrieb Moses Isegawa (*Abessinische Chronik*, 2000) die Geschichte einer Großfamilie in U. ↗ No-party Democracy, ↗ Ostafrika, Völker, Kulturen und Staaten.

🕮 H. P. Hansen/M. Dwaddle (Hg.), Developing Uganda, Oxford 1998. – H. Hecklau, Ostafrika, Darmstadt 1989. – J. K. Museveni, Sowing the Mustard Seed: The Struggle for Freedom and Democracy in Uganda, London 1997.

Karl Vorlaufer

Ujamaa (Swahili: erweiterte Familie). In der nachkolonialen Entwicklung nach 1960 suchten viele junge Staaten nach einem afrik. Weg zum ↗ Sozialismus. Gerade unabh. geworden, wollten sie eine Entwicklung einschlagen, die sich ebenso vom westl. Kapitalismus wie vom östl. doktrinären Sozialismus abhob. Indem er U. als die Grundlage des afrik. Sozialismus bezeichnete, brachte J. K. Nyerere (1923–99), einer der Gründungsväter des unabh. Afrika und bis 1985 Staatspräsident Tansanias, zum Ausdruck, dass dessen Wurzeln in den traditionellen Lebensformen und -gewohnheiten afrik. Gesellschaften liegen. Vom Sozialismus östl. Prägung grenzte er U. mit dem Argument ab, es habe in der traditionellen afrik. Gesellschaft keine Klassenunterschiede gegeben. Vielmehr würden die Menschen dort zusammen leben und zusammen arbeiten zum Wohle aller. Da die traditionelle afrik. Gesellschaft eine bäuerliche Gemeinschaft war, war U. für Nyerere auch ländl. Sozialismus. – U. erwies sich in der Realität als utopische Konzeption, die starke Ähnlichkeiten mit populistischen Ideen eines bäuerlichen Sozialismus in anderen Ländern zu anderen Zeiten hatte, z. B. zu den Vorstellungen der Volkstümler in Bezug auf die russische Mir im 19. Jh. Umgesetzt wurde der U.-Sozialismus in Tansania durch die Schaffung von sog. U.-Dörfern (*ujamaa vijijini*) in einer Umsiedlungskampagne, die mit administrativer Gewalt durchgesetzt wurde und folglich auf die Agrarproduktion destruktiv und auf die Bauern demotivierend wirkte. In der Praxis ist U. gescheitert, als pol. Idee der frühen nachkolonialen Entwicklungsphase behält sie ihre Bedeutung. ↗ Egalitarismus.

🕮 J. K. Nyerere, Afrik. Sozialismus. Aus den Reden und Schriften von J. K. Nyerere, Stuttgart 1973. – M. von Freyhold, Ujamaa Villages. Analysis of a Social Experiment, London 1979.

Peter Meyns

UMA (*Union du Maghreb Arabe*). Die Arab. Maghreb-Union wurde im Februar 1989 von den drei engeren Maghreb-Staaten Algerien, Marokko und Tunesien sowie von Libyen und Mauretanien gegründet. Ihr Ziel besteht darin, die Integration der beteiligten Staaten auf wirtsch., aber auch sozialem und kulturellem Gebiet zu fördern. Ursprünglich v. a. von Libyen betonte sicherheitspol. Prioritäten sind heute gegenüber ökonom. in den Hintergrund getreten. 1995 wurde die Schaffung einer Zollunion vereinbart, deren Einrichtung bisher jedoch auf sich warten lässt. Begründet werden soll ferner Freizügigkeit für die Bürger der Mitgliedsländer durch Abschaffung der Grenzkontrollen, ein einheitlicher Energiemarkt, gemeinsame Industrien und eine gemeinsame Maghreb-Fluglinie. Höchstes Gremium der UMA ist der Präsidentenrat, dem der Ministerrat zuarbeitet. Die Aktivitäten werden von einem Generalsekretär koordiniert. Für Schlichtungszwecke wurde ein Schiedsgericht gegründet. – Hohe Priorität hat für die UMA eine enge Handels- und Wirtschaftskooperation mit der EU, die jedoch im Rahmen der 1995 ins Leben gerufenen »Euro-Mediterranen Partnerschaft« (Barcelona-Prozess) auf bilaterale Abkommen mit den Maghreb-Ländern setzt. Mit Marokko und Tunesien wurden seither Assoziationsverträge unterzeichnet, mit Algerien wird noch verhandelt. Zudem erwies sich der Westsahara-Konflikt als größtes Hemmnis für die Realisierung der UMA-Ziele, da Algerien die im Krieg mit Marokko befindliche ↗ Rebellenbewegung POLISARIO unterstützt. Die 1999 erfolgte Aufhebung des westl. Embargos gegen Libyen und eine Lösung des Westsahara-Konflikts könnten die UMA zukünftig zu einem Pendant der EU in Nordafrika mit enger Bindung an Europa werden lassen.

🕮 E. Weidnitzer, Regionale Kooperation im Rahmen der »Union du Maghreb Arabe« und Perspektiven der Zusammenarbeit mit der EG, Berlin 1991.

Frank Bliss

Umweltschutz. Afrika ist mit ähnlichen Umweltproblemen konfrontiert wie die übrigen Kontinente, wobei die Ressourcen für eine effektive Umweltpolitik beschränkter sind als in den meisten Ländern Asiens oder Lateinamerikas und die Probleme zumindest in einzelnen Sektoren, z. B. Verwüstung, gravierender. Die Armut vieler Menschen fördert mangels ökonom. Alternativen die Übernutzung und Zerstörung natürl. Ressourcen und verhindert zugleich einen effektiven U. Schrankenlose Ausbeutung des Naturraums (↗ Ökozonen) durch nat. wie internat. Unternehmungen im Verein mit mangelhafter Durchsetzung von (oft durchaus vorhandenen) Umweltschutzgesetzen treten hinzu. Zentrale Problembereiche und notwendige Interventionssektoren der Umweltpolitik sind Abholzung (↗ Entwaldung, ↗ Forst- und Holzwirtschaft), Überweidung und daraus resultierend Verwüstung (↗ Desertifikation), ↗ Urbanisierung mit ihrer Müll- und Abwasserproblematik sowie der Luft- und Bodenverschmutzung und schließlich Eingriffe in ↗ Gewässer. Mit der Industrie verbundene Umweltprobleme (Luft-, Boden-, Wasserverschmutzung) treten dagegen nur punktuell auf und sind bis auf wenige Ausnahmen (z. B. in Algerien, Ägypten, Nigeria, Südafrika) eher nachrangig.

Die zunehmende Entwaldung und Verwüstung stehen an erster Stelle der Umweltschutzprobleme. Ein nicht angepasstes Forst- und Wildschutzrecht verhindert oft den Schutz von Baum- bzw. Wildbeständen, indem es den Anrainern die vormalige Nutzung des Waldes bzw. des Wildes untersagt und damit deren Engagement für den Wald- und Wildschutz (↗ Naturschutz, ↗ Wildbewirtschaftung) unterbindet. Ein modernes Nutzungsrecht, das Wälder und Wild einerseits in der Substanz schützt, andererseits eine verantwortliche Nutzung durch die Anrainer-Bev. zulässt, wird derzeit u. a. in der Elfenbeinküste, Guinea, Ghana, Mali und Simbabwe erprobt. Durch die Rio-Konferenz 1992 wurde der Partizipationsgedanke im U., insbes. in für viele Länder erstellten Waldschutz- bzw. in Wildbewirtschaftungskonzepten verankert.

Während die Verwüstung mancherorts (in Tunesien bereits durch die Römer) Tradition hat, sind Umweltprobleme der Verstädterung, nachrangig auch der ↗ Industrialisierung, neueren Datums. Im einzelnen sind zu nennen die Luftverschmutzung durch den explosionsartig zunehmenden Kraftfahrzeugverkehr, die Emission von Kraftwerken und Hausbrandstellen (v. a. der Küche); die Versiegelung des Bodens in den städt. Agglomerationen ohne ausreichende Drainagen; die Bodenvergiftung durch Öl und Chemikalien aus Werkstätten und üblicherweise von den Wohnbereichen kaum getrennten kleinen Produktionsbetrieben; die Abwässer als negative Begleiterscheinung einer weiterhin hygienisch zumeist schlechten, aber quantitativ stark verbesserten Wasserversorgung; ferner der Haus- und Gewerbemüll, für den vielfach selbst in Großstädten noch keine organisierte Entsorgung existiert.

Da Städte zumeist auch Gewerbezentren sind, kommen zu den genannten Problemen die oft illegalen, gleichwohl von der Verwaltung kaum geahndeten Immissionen aus der Produktion hinzu: Abgase und Stäube, Altöl- und Abwässerverklappung in Gewässer, ungeordnete Deponierung selbst von Sonder- und Giftmüll bis hin zu verstrahltem Gerätemüll aus Krankenhäusern.

Z. T. im nat. Umweltrecht bereits eingeführte strenge Grenzwerte für Immissionen werden mit Ausnahme von Südafrika und im Ansatz in den Maghrebländern selbst in den Hauptstädten, wo es zumindest Kontrolleure gibt, wenig beachtet. Mit internat. Unterstützung führt jedoch u. a. Tunesien gegenwärtig ein modernes boden- und wasserschützendes System der Mülldeponierung ein, das anteilig durch Nutzergebühren finanziert wird. Auch der Bau der Stadtbahn von Tunis ist hier ein wichtiger Beitrag gegen die urbane Luftverschmutzung durch den Individualverkehr.

Schädigende Eingriffe in den Wasserkreislauf werden nicht nur im städt. Bereich, sondern praktisch von der gesamten Bev. vorgenommen. Bis auf wenige Ausnahmen ist die Einleitung von Abwässern jeglicher Art in Flüsse oder Seen, aus denen vielfach wieder das Trinkwasser geschöpft wird, die Regel. Nicht ordentlich, z. T. sogar in saisonalen Flusstälern deponierte Abfälle werden in der Regenzeit in die perennierenden Gewässer gespült. Im städt. Bereich sind infolge der zahlreichen Sickerlatrinen Kontaminierungen des Grundwassers unausweichlich. Durch die verbesserte Trinkwasserversorgung und den Latrinenbau kommt es auch in Dörfern zur Verschmutzung des teilweise dann wieder durch Handpumpen aus geringer Tiefe geförderten Trinkwassers.

Ein sich verschärfendes Umweltproblem stellt vielerorts die Übernutzung der Süßwasserressourcen dar. Die Anlage von Stauseen entzieht häufig den Unterliegern an einem Fluss das Wasser. Die Dämme, die z. B. in Burkina Faso für die Wasserversorgung von Menschen, Tieren und Bewässerung angelegt wurden, schädigen die Quellflüsse des Volta-Stromes und damit die Wasserversorgung in Ghana. Die Übernutzung der Oberläufe von Nil, Sambesi oder Niger führte bereits in der Vergangenheit zu Konflikten zwischen den Anrainerstaaten. In fast allen Ländern des Sahararaums wird artesisches Wasser in großen Mengen für Bewässerungszwecke abgepumpt, mit der Folge, dass der Druck in den Aquiferen sinkt und Wasser aus immer größerer Tiefe unter exponentiell steigenden Kosten gepumpt werden muss. In Tunesien, Libyen und Ägypten sind nahezu alle artesischen Quellen versiegt, bei denen das Wasser jahrhundertelang aufgrund des natürl. Drucks an die Oberfläche kam. Häufig vorhandene Gesetze, die Eingriffe in den Grundwasserhaushalt von staatl. Genehmigungen abhängig machen, werden durch ungeprüfte Bewilligungen insb. für staatl. Agenturen konterkariert. Der Übernutzung der Oberflächen- und Grundwasser stehen im ↗ Maghreb und in Ägypten die Überbewässerung und bei mangelhafter Drainung die Versalzung wertvoller Ackerböden gegenüber. Einige Länder wie z. B. Marokko oder Tunesien investieren wegen der Bedeutung des ↗ Tourismus zumindest in den Gewässerschutz (u. a. Kläranlagenbau).

Nicht alle Umweltzerstörungen in Afrika lassen sich mit Armut begründen. Sie sind vielfach das Ergebnis grenzenlosen Profitstrebens, der Bestechlichkeit, fehlender Ausbildung der Verwaltung und (seltener) unzureichender gesetzlicher Bestimmungen. Zumindest in einigen Ländern stehen dieser Negativbilanz jedoch eine sich langsam formierende Umweltbewegung und aktive umweltschützende Maßnahmen sowohl im traditionellen wie im modernen Sektor gegenüber. Ein Großteil aller internat. Entwicklungsprojekte ist im Umweltbereich angesiedelt, mit allerdings höchst unterschiedlichem Erfolg. Während einzelne Vorhaben wie z. B. die Organisation der Müllabfuhr in tunesischen Städten, die Abwasserentsorgung in Nord- und Westafrika, die erstmalige Formulierung von (partizipativen) Gesetzen zum Waldschutz oder die Unterstützung der Dezentralisierung (z. B. Burkina Faso und Mali) erste Erfolge zeigen, haben sich andere entwicklungspol. Maßnahmen als direkter Beitrag zur Umweltzerstörung erwiesen. So wurde durch das EU-finanzierte Western-Savannah-Projekt im Darfur (Sudan) die natürl. Vegetation gleich auf Hunderten von Quadratkilometern zerstört. Prävention tut not, denn Umweltschutzmaßnahmen hinken zumeist auch unter guten Rahmenbedingungen den Negativentwicklungen hinterher. So werden nicht mehr als maximal 10%, eher aber nur rund 5% der jährl. in Afrika vernichteten Waldbestände wieder aufgeforstet. Während die Verwaltung die Müllproblematik zumindest in einigen Großstädten in den Griff zu bekommen scheint, führt das Vordringen von Verpackungen, v. a. von Plastikmüll, im ländl. Raum zu unlösbaren Problemen. Mancherorts kommen bereits mehr Tiere durch Plastiktütenmüll um (Erstickung) als durch Seuchen oder Futtermangel.

Indes bleibt der U. nicht mehr allein dem Staat und der ↗ Entwicklungszusammenarbeit überlassen. Umweltgruppen werden mehr und mehr aktiv, die z. T. von ausl. Förderung profitieren können, sich aber auch zunehmend selbst finanzieren. In Burkina Faso, der Elfenbeinküste, in Kamerun, im Senegal oder auch in Südafrika kam es bereits zur Gründung »grüner« Parteien.

Nicht vergessen werden dürfen angesichts dieser modernen Entwicklung die traditionellen Umweltschutzbemühungen. Mustergültig organisiert – zumindest bis zur Einmischung des ägypt. Staates – war z. B. die Müllabfuhr in Kairo durch die *Zaballîn,* zumeist koptische Müllsammlerfamilien, die einerseits Recycling, andererseits mit organischen Abfällen eine produktive Schweinezucht betrieben.

Wenn heute in der Forstgesetzgebung anstelle des zeitweise praktizierten Ausschlusses der Anrainer von der Waldnutzung wieder die Mitverantwortung lokaler Repräsentanten der Bev. eingeführt wird, so ist auch dies ein Rückgriff auf alte Umweltschutztraditionen. Dabei wird kein abstrakter U. propagiert. Wirtschaftsgüter, nämlich Baumbestände, werden geschützt, weil sie einen unmittelbaren ökonom. Nutzen haben. Das trifft auch auf die Nutzung und langfristige Sicherung der Wildbestände zu. Der Nachhaltigkeitsgedanke wird sich angesichts der geringen Kapitalressourcen in Afrika generell stark an solchen unmittelbaren Nützlichkeitserwägungen orientieren müssen.

🕮 S. Karekezi/T. Ranja, Renewable Energy Technologies in Africa, London 1997. – A. Krammer, Über die Verstädterung im trop. Afrika und ihre kulturellen Grundlagen, Saarbrücken 1998. – G. Leach/R. Mearns, Beyond the Woodfuel Crisis. People, Land and Trees in Africa, London 1988. – G. Meyer, Abfall-Recycling als wirtschaftliche Existenzmöglichkeit im informellen Sektor – das Beispiel der Müllsammler in Kairo. In: Die Erde 118 (1988), S. 65–78. – C. Rakodi (Hg.), The Urban Challenge in Africa, Tokyo/New York 1997.

Frank Bliss

Unabhängigkeit ↗ African Personality, ↗ Afrikanische Ideologie, ↗ Consciencismus, ↗ Entkolonialisierung, ↗ nachkolonialer Staat, ↗ nationale Souveränität, ↗ Nationalismus, ↗ Nationenbildung, ↗ Négritude, ↗ Rebellenbewegungen, ↗ Kriege/Bürgerkriege, ↗ Widerstand, ↗ Wind des Wandels

UNAMIR; UNAMSIL; UNASOG; UNAVEM ↗ Blauhelmeinsätze

UN-Friedensmissionen ↗ Blauhelmeinsätze

Universalismus. Als philos. Doktrin sieht der U. die Individuen in ihrer Beziehung zur ges. menschlichen Gesellschaft. In der Soziologie ist U. ein operativer Begriff im Gegensatz zu Partikularismus und Individualismus: Autorität von Individuen ist nur im allg. Einverständnis gegeben und davon abhängig. In der christl., jüdischen und islam. Theologie besagt die Doktrin des U., dass alle Menschen zur Erlösung bestimmt sind.

Das Konzept des U. hat in der Evolution der lokalen und regionalen Kulturen eine ambivalente Rolle gespielt, denn die ↗ Gesellschaft wurde oft exklusiv gefasst (Ausgrenzung von Unfreien, sog. Unmündigen usw.). Das galt auch für den Rationalismus der Aufklärung, der den U. in Europa repräsentierte. Die Romantik des 18. und 19. Jh. erkannte die Identitäten der Völker, ihrer regionalen Sprachen, des Erbes der Vergangenheit, des ↗ Traums und der Seelentiefe zwar an, doch wurden die afrik. Gesellschaften mit der Kolonisierung dem einseitigen U. unterworfen. Die Globalisierung der Wirtschaft, der ↗ Kultur, der ↗ Medien nach westl. Muster (Einheitsdenken des Ultraliberalismus) erscheint heute als neue Form der Kolonisierung, wie im kolonialen Zeitalter zum Schaden der jeweiligen Identitäten. Ideologien wie ↗ Panafrikanismus, ↗ Consciencismus, ↗ *Négritude*, ↗ *Ujamaa* oder Authentizität waren Gegenreaktionen auf derartige Tendenzen. Der Anschluss an die Vergangenheit der Vorfahren soll dem Einstieg in die Globalisierung vorausgehen. Die Besinnung auf eigenständige Beiträge in diesem Prozess ist eine Vorleistung für die Entwicklung eines wahren U., dessen die Menschheit angesichts der Herausforderungen des dritten Jahrtausends bedarf, der aber die Anerkennung der Würde und Lebensinteressen aller ihrer Angehörigen zum Kern haben muss.

Georges Ngal

Universität ↗ Forschung und Wissenschaft

UNOMIL; UNOMOZ; UNOMUR/UNOMIR; UNOSOM ↗ Blauhelmeinsätze

Unterentwicklung ↗ peripherer Kapitalismus

Unternehmen. *I. Allgemeines.* Die hist. Wurzeln afrikanischer U. liegen in Handwerk und Handel (↗ Handels- und Marktsysteme). Während der Kolonialzeit wurde das afrik. Handwerk größtenteils verdrängt, und die Struktur des Handels veränderte sich, z. B. wurden in Westafrika im internat. Handel Afrikaner zu Agenten europ. U. In die Kolonialzeit fällt eine Diversifizierung afrik. Handels-U. in das Transportgeschäft (↗ Transportsysteme) sowie das verstärkte Vordringen von Minderheiten wie ↗ Indern und Libanesen. Die ersten größeren Industrie-U. in afrik. Eigentum entstanden in den meisten Ländern in den 1950er Jahren (↗ Industrialisierung).

II. Unternehmensstruktur und Charakteristika. Auch heute überwiegen Handels- und Kleingewerbe-U., der Anteil von Dienstleistungs- und Industrie-U. ist dagegen gering. Bei sehr kleinen U. verwischen sich die sektoralen Grenzen – oft werden Produktion und Dienstleistung kombiniert. Es sind alle Branchen vertreten, mit regionalen Schwerpunkten, je nach Rohstoffvorkommen (↗ Rohstoffe); Industrie-U. produzieren überwiegend Konsumgüter für den inländischen Bedarf, kaum Investitions- oder exportfähige Güter. Exportorientierte U. – wie z. B. ↗ Bergbau, Mineralöl – sind meist in ausl. Eigentum. Das Gros der afrik. Privat-U. ist sehr klein. Etwa 90% beschäftigen nur bis zu vier Mitarbeiter (↗ Mikrounternehmen), was sowohl für den Handel als für das produzierende Gewerbe gilt. In ländl. Regionen sind fast ausschließlich Kleinst-U. ansässig, die häufig als Nebeneinnahmequelle betrieben werden. Die Größe der U. ist mit der Eigentümerstruktur eng verbunden: Die größten sind Tochtergesellschaften transnat. Konzerne oder *joint ventures* (d. h. Partnerschafts-U. mit ausl. und afrik. – hier oft staatl. – Anteilseignern) oder afrik. Staats-U. Der mittlere Bereich (ca. 50 bis 100 Beschäftigte) wird in vielen Ländern von Minoritäten-Unternehmern dominiert, insbes. von Indern. Während die Zahl der Industrieunternehmerinnen sehr gering ist, sind ↗ Frauen im Handel wesentlich stärker vertreten. Bei den afrik. U. ist der Eigenkapitalanteil im Vergleich zu den Industrieländern sehr hoch.

III. Wirtschaftliche Bedeutung. Die wirtsch. Bedeutung der U. in afrik. Eigentum wird im Bereich der Beschäftigungswirkungen, weniger im Industrialisierungspotential gesehen. Die Kleinst- und Klein-U. schaffen Arbeitsplätze und bilden zudem junge Arbeitslose aus. Da alternative Beschäftigungsmöglichkeiten fehlen, schließen Kleinst-U. auch bei sehr geringen Erträgen selten; bei größeren U. ist die Schließungsrate wesentlich höher. Die Betreiber von Kleinst-U. sehen sich selbst kaum als Unternehmer; weniger gewinn- und wachstumsorientiert, ist das U. für sie vielfach bloßes Überlebensinstrument (↗ Überlebensökonomie). Das Gros dieser U. verharrt bei der sehr geringen Startgröße. Im Hinblick auf das Wachstums- und Industrialisierungspotential sind Klein- und Mittel-U. die wichtigste Gruppe, ihr Anteil ist jedoch noch zu klein. In den Statistiken hat sich der Anteil des (formellen) produzierenden Gewerbes am BSP kaum erhöht und liegt bei durchschnittlich 10%. Dennoch ist die Bedeutung der U. größer, als sich im (geringen) Anteil am BSP ausdrückt, da ein Teil der Kleinst- und Klein-U. nicht formalisiert ist, d. h. die U. halten keine Lizenz, zahlen weder Steuern noch sonstige Abgaben (↗ informeller Sektor) und finden in der Berechnung des BSP keine Berücksichtigung.

IV. Unternehmensprobleme. Diese variieren je nach Wirtschaftssystem. Generell konnte bisher trotz versch. wirtschaftspol. Bemühungen die starke Importabhängigkeit der U. nicht reduziert werden. Viele Länder weisen eine defizitäre Infrastruktur auf. Hinzu kommen fehlende Rechtssicherheit, bürokratische Hürden, ineffiziente Beamte (↗ öffentliche Verwaltung) und eine unzureichende Schul- und Berufsausbildung, die zu Wissensdefiziten bei den Unternehmern und ihren Mitarbeitern führt. Diese Probleme senken die Produktivität und erhöhen die Kosten. Die Kapazitätsauslastung der U. ist im Vergleich zu U. in den Industrienationen sehr schlecht – in manchen Ländern liegt sie bei durchschnittl. unter 30%. Zudem hat sich für die U. seit der im Zuge der ↗ Strukturanpassung vollzogenen Öffnung der afrik. Märkte die Wettbewerbssituation verschärft. Dazu kommen hohe Transaktionskosten durch vielfache Instabilitäten in der Wirtschaftspol. sowie durch Bürgerkriege (↗ Kriege/Bürgerkriege) und Kriminalität. Ein oftmals unausgereiftes, wenig zuverlässiges Bankensystem erschwert oder verhindert die Kreditaufnahme sogar bei erfolgreichen kleineren U. Neben Problemen, die auf staatl. bzw. infrastrukturelle Defizite zurückzuführen sind, werden den afrik. Unternehmern, insbes. den Betreibern von Kleinst- und Klein-U., selbst Managementschwächen im technischen wie kaufmännischen Bereich attestiert. Bezogen auf das Wachstum behaupten sich die mittelgroßen U. i.d.R. am erfolgreichsten.

V. Unternehmenspolitik ↗ nachkolonialer Staaten. Seit der Unabh. betreiben die meisten afrik. Staaten eine Industriepolitik, die v.a. auf die Entwicklung von Groß- und Mittel-U. zielt. Die Bandbreite der Fördermaßnahmen reicht von Steuererleichterungen über Zollbefreiungen, Errichtung von Gewerbegebieten bis zu direkten Beihilfen aus dem Staatshaushalt. In den 1970er Jahren wurden in mehreren Ländern Nationalisierungsprogramme implementiert, die sich die Veränderung der Eigentumsstruktur zu Gunsten afrik. privater oder staatl. Anteilseigner zum Ziel setzten, zu Lasten des ausl. Kapitals. Da die Staatshaushalte in der Vergangenheit durch die oft hohen Verluste der Staatsunternehmen belastet wurden, werden im Zuge der Strukturanpassung auf Druck von Weltbank und IWF Anstrengungen zur Privatisierung von Staats-U. unternommen. In der staatl. und nichtstaatl. ↗ Entwicklungszusammenarbeit konzentrieren sich die unternehmensbezogenen Maßnahmen auf die Förderung von Kleinst- und Klein-U. sowie auf die Entwicklung afrik. Unternehmensverbände. ↗ Finanzsektor.

🕮 T. Biggs/P. Srivastava, Structural Aspects of Manufacturing in Sub-Saharan Africa. Findings from Seven Country Enterprise Survey, World Bank Discussion Paper No. 346, Washington 1996. – D. Gebert (Hg.), Traditionsorientierung und unternehmerischer Erfolg, Saarbrücken 1992. – J. Iliffe, The Emergence of African Capitalism, London 1982. – R. C. Riddell, Manufacturing Africa: Performance and Prospects of Seven Countries in Sub-Saharan Africa, London 1990. – A. Wilfert, Die Strategien nigerianischer Unternehmer bei wechselnden ökonom. Rahmenbedingungen. Eine empirische Analyse der Wirkungen des Strukturanpassungsprogramms von 1986,. Fuchsstadt 1992. – H. Willer, Das neue Unternehmertum in Afrika. Motivation und Erfolgsstrategien von einheimischen und von Minoritätenunternehmern in Nordnigeria, Spardorf 1989.

Heidi Willer

Uran ↗ Bergbau

Urban Art ↗ Kunst, städtische

Urbanisierung/Verstädterung. *I. Probleme der quantativen Erfassung.* Das rasante Wachstum städt. Bev. und Siedlungsflächen sowie eine enorm steigende Zahl der Städte sind die sichtbarsten Merkmale des sozialen Wandels in Afrika. Dimension und Dynamik der U. sind jedoch quantitativ nur bedingt zuverlässig zu erfassen und so für die einzelnen Länder nur mit Einschränkungen vergleichend zu bewerten. Schon die Definition von ↗ Stadt ist unterschiedlich. Manchmal wird jede kompakte Siedlung ab 2.000, ein andermal erst ab 5.000 Einw. als städt. definiert oder unabh. von der Einwohnerzahl nur der Rechtsstatus einer Siedlung zugrunde gelegt. Selbst in ein und demselben Land können die Kriterien variieren. Als städt. eingestuft wurde bspw. in Simbabwe 1969 bei der Volkszählung jede Siedlung mit mind. 150 männl. Beschäftigten, von denen 50% im nicht agrarischen Bereich tätig sein mussten, 1982 jeder Ort mit mehr als 2.500 Einw. und 1995 jede kompakte Siedlung mit mehr 2.500 Einw. und mehr als 50% aller Beschäftigten in nicht agrarischer Tätigkeit. Die bei Volkszählungen erhobenen Daten werden zudem durch die administrative Abgrenzung der als städt. definierten Siedlung beeinflusst. Viele Städte sind z. B. überbegrenzt, d. h., sie umfassen auch große ländl. Räume. Andere Städte sind unterbegrenzt, d.h., das städt. geprägte, oft hoch verdichtete Umland wird als ländl. Raum berücksichtigt, wie z.B. das Umland Nairobis (Kenia).

In Südafrika wurde während der ↗ Apartheid der Umfang der U. der schwarzen Bev. zudem statistisch verschleiert, da nach Auffassung der Apartheidregierung ein großer Teil der in den »weißen« Städten arbeitenden schwarzen Bev. in der ländl. Heimat zu leben hatte. In den ↗ Bantustans hatten sich aber in Grenzräumen zum »weißen« Südafrika oft riesige informelle städt., jedoch als ländl. klassifizierte Siedlungen entwickelt, aus denen die Bev. zur Arbeit über die Grenze in nahegelegene, von Weißen bewohnte Städte pendelte.

II. Verstädterungsgrad und -dynamik. Afrika, um 1900 ein in weiten Räumen städteloser oder -armer Kontinent, verzeichnet von allen Weltregionen die rasanteste U. (Tab. 6), wobei die einzelnen Großregionen und Länder (Tab. 6, Karte 44), manchmal auch einzelne ethn. Gruppen in einem Land (z.B. Südafrika, Abb. 42) recht unterschiedliche Urbanisierungsraten aufweisen. Anfang 2000 lebten ca. 340 Mio. Afrikaner oder 43% der Bev. in Städten, nur 20 Jahre früher waren es lediglich 130 Mio. (27%). Begleitet wird das rasante Wachstum der Stadt-Bev. von einer rapiden Ausweitung städt. Siedlungsflächen sowie einer schnell steigenden Zahl von semi-urbanen und urbanen Zentren. Aus vor Jahrzehnten noch winzigen kolonialen Verwaltungs- und Handelsposten oder aus vorkolonialen semi-urbanen Kleinzentren entwickelten sich oft riesige Megastädte (Tab. 7). Auch die zu Beginn des 20. Jh. wenigen großen präkolonialen Städte vervielfachten ihre Einwohnerzahl und Siedlungsfläche wie u.a. Kairo, Algier und Tunis oder das schon vor Jahrzehnten über die vorkoloniale Stadtmauer expandierende Ibadan (Nigeria; Karte 45). Auch die erst in der Kolonialzeit entstandenen Städte wie z.B. Daressalam (Tansania) breiteten sich in wenigen Jahren und v.a. in jüngster Zeit großflächig in das sie umgebende Umland aus. Die im noch ländl. Umland lebende Bev. wird so in die U. einbezogen; wertvolle landwirtsch. Nutzflächen werden oft umgewidmet, nicht selten mit der Folge wachsender Versorgungsprobleme der Stadt mit Nahrungsmitteln. Die Zahl der Städte unterschiedlicher Größe wuchs zudem beträchtlich; Zahl und Bev. auch kleinerer Städte haben dramatisch zugenommen (Abb. 43). Die rasante Ausbreitung der städt. Siedlungsflächen erfolgte im letzten Jahrzehnt mit zunehmender Dynamik. Oft werden bis zu 100 km vom Stadtkern entfernte kleinere Zentren und Dörfer in den urbanen Verdichtungsraum einbezogen. Es entstehen riesige, häufig in zahlreiche selbständige Kommunen gegliederte städt. Agglomerationen. Um Johannesburg entstand z.B. in Anlehnung an den O-W-Verlauf der goldführenden Schichten eine Kette von Städten, die heute zum ca. 5 Mio. Einw. zählenden Agglomerationsraum Witwatersrand zusammengewachsen sind (Karte 46). Groß-Kairo umfasste 1994 fast 13 Mio. Einw., wobei der Zuwachs in nur acht Jahren, von 1986-94, etwa 3 Mio. Einw. betrug. Bis 2000 war die Bev. auf über 16 Mio. angewachsen, deren Flächenbedarf riesig ist. Eine Umwidmung von großen, für die Ernährungssicherung unentbehrlichen Bewässerungsflächen zu städt. Siedlungen geht hiermit einher. Die rasante U. wird getragen von der administrativen Eingliederung vormals ländl. Räume in die Stadt, der Zuwanderung (↗ Migration) und von einer hohen natürlichen Bevölkerungszunahme (↗ Bevölkerung). In der Elfenbeinküste z.B. betrug die Wachstumsrate der städt. Bev. von 1990-1999 3,9% gegenüber dem Landesdurchschnitt von 2,5%, in Tansania sogar 7,5% gegenüber 2,8% (subsahar. Afrika: 4,7/2,6%). Dies beruht i.d.R. nicht auf einer höheren Geburten-, sondern auf der geringeren Sterberate infolge besserer ↗ Gesundheitsversorgung sowie auf dem geringeren Durchschnittsalter der städt. Bev. In Abidjan (Elfenbeinküste) betrug die Sterberate 1988 z.B. 7,5% (Zensus), im Landesdurchschnitt jedoch 13%. Infolge der selektiven Zuwanderung weist die Bev. der meisten Städte bis heute eine disproportionierte Alters- und Geschlechtergliederung auf. Insbes. die 20- bis 35-Jährigen sind in Städten im Vergleich zum Landesdurchschnitt überrepräsentiert. In dieser Altersgruppe übertrifft die Zahl der Männer die der Frauen meist deutlich.

III. Urbanisierung und räumliche Disparitäten. Die U. verläuft in vielen Ländern räumlich ungleichgewichtig und konzentriert sich auf nur wenige, dann aber sehr große Städte. Die nat. Städtenetze weisen oft extreme Disproportionen auf. Die i.d.R. durch die Kolonialmächte vorgeprägten Disproportionen zeigen sich in der Dominanz oft nur eines Zentrums, einer sog. Primatstadt, die die vielfache Größe der nachfolgend größten Städte hat und auf die so oft ein hoher Anteil der ges. städt. Bev. eines Landes entfällt (Karte 47). Durch die Entfaltung oft nur einer einzigen riesigen Agglomeration werden die räumlichen Disparitäten, ein zentrales Pro-

	Anteil der Stadtbevölkerung an der Gesamtbevölkerung (in %)			Wachstum pro Jahr in %			
	1970[2]	1980[2]	1995[1]	1970–1975[2]	1980–1985[2]	1990–1995[1]	1995–2000[1]
Afrika	22,5	27,0	34,9	4,4	4,8	4,8	4,3
Ostafrika	10,3	15,1	22,0	6,5	6,8	6,3	5,3
Nordafrika	36,5	39,9	46,0	3,3	3,7	3,6	3,1
Westafrika	17,6	22,2	37,0	5,3	5,4	5,6	4,9
Zentralafrika	24,8	31,6	33,0	5,0	5,1	4,9	4,5
Südl. Afrika	44,1	49,6	48,0	3,5	3,7	3,6	3,3
Nordamerika	73,8	73,9	76,2	1,1	1,0	0,9	1,2
Lateinamerika	57,4	65,4	73,4	3,9	3,3	2,7	2,3
Europa	66,7	70,2	73,5	1,3	0,7	0,6	0,5
Südasien	21,3	25,4	29,0	4,2	3,9	3,8	3,4
Ostasien	26,9	28,1	37,0	2,0	1,6	2,0	2,9

Quellen: 1 UNFPA: The State of the World Population 1999
2 UNCHS: World Urbanization Prospects: The 1996 Revision

Tab 6: Verstädterungsgrad und -dynamik in den Regionen Afrikas im Vergleich mit anderen Weltregionen

Karte 44: Der Verstädterungsgrad (%-Anteil) der städt. Bev. an der Gesamtbev. in den Ländern Afrikas 1960 und 1996

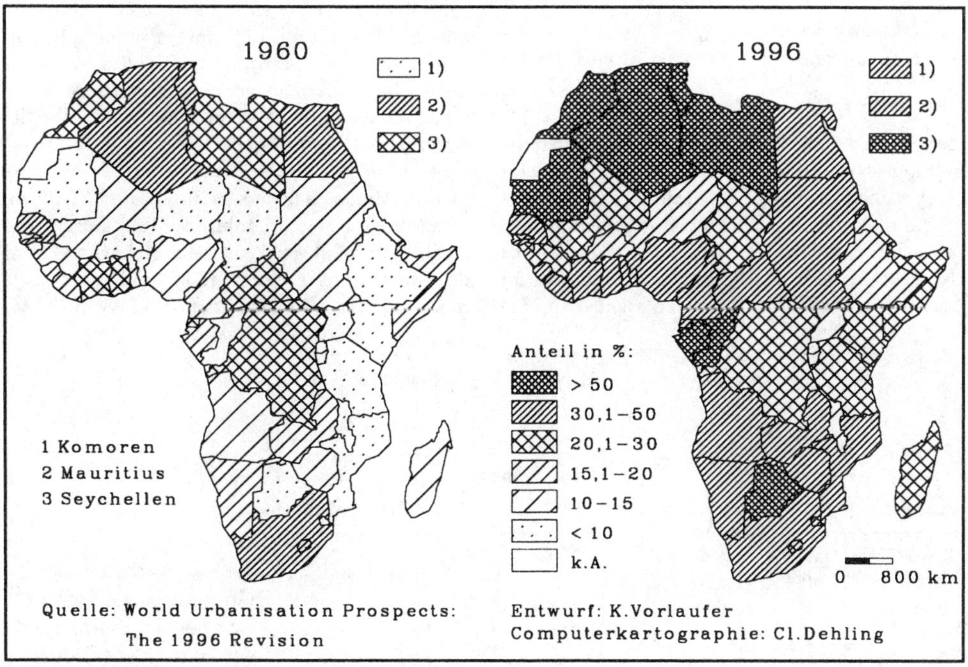

Abb. 42: Der unterschiedliche Verstädterungsgrad ethnischer Gruppen am Beispiel Südafrika 1946 und 2000

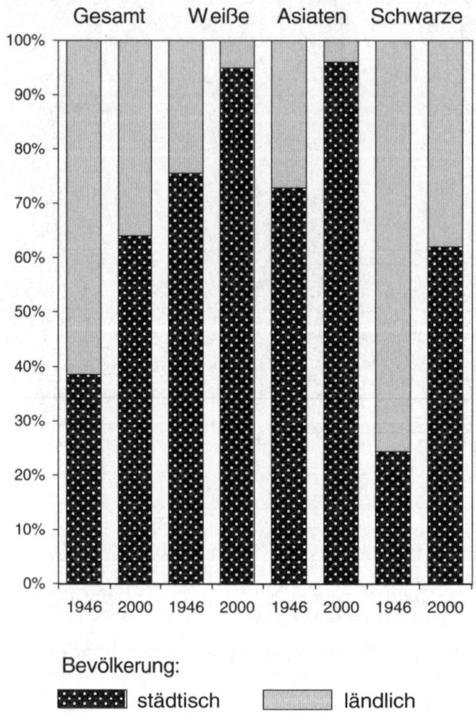

Quelle: Wiese 1999
Entwurf: K.Vorlaufer Grafik: Cl.Dehling

Karte 45: Ibadan/Nigeria als Beispiel für das Flächenwachstum einer vorkolonialen Stadt Westafrikas

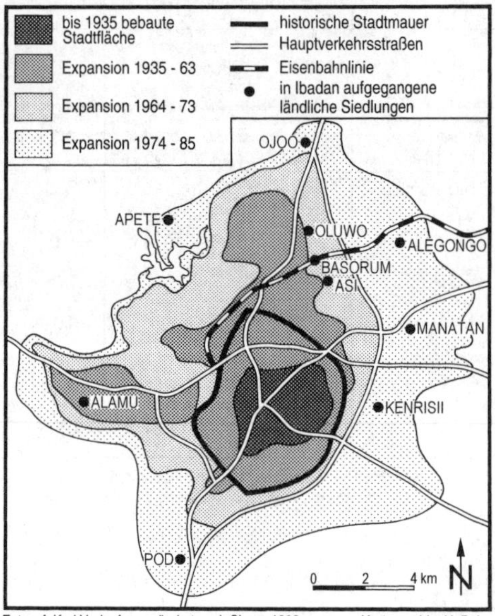

Entwurf: Karl Vorlaufer, verändert nach Simon 1992 Kartographie: U. Beha

blem vieler Länder, verschärft. Die sich durch die Ballung von Bev. und Wirtschaft in einer Stadt ergebenden Vorteile (z.B. Minimierung des Verkehrsaufkommens, erleichterte Bezugs- und Absatzbedingungen für die Wirtschaft) können bei Überschreiten einer bestimmten Stadtgröße in Nachteile umschlagen. Die so entstandenen Megastädte sind – zumal unter den weithin vorhandenen Defiziten beim Stadt- und Umweltmanagement – kaum noch effizient zu verwalten (Slumbildung, Umweltprobleme etc., ↗ Umweltschutz). Die Entfaltung einer Primatstadt und dann eines disproportionierten Städtesystems ist insbes. in Ländern ausgeprägt, in denen präkoloniale Städtenetze nicht vorhanden waren und die Kolonialmächte somit wirtsch.-räumliche Strukturen oktroyieren konnten, die auf die exogene Haupt-/Hafenstadt ausgerichtet sind. Guinea, Kenia, Rep. Kongo, Sambia, Senegal, Simbabwe, Uganda und Tansania sind Beispiele für extrem disproportionierte Städtenetze und eine überragende Primatstellung der Hauptstadt. Ma-

	Bevölkerung (in Mio.)			Jährliches Bevölkerungswachstum (in %)			
				Gesamtstaat		Urbane Agglomeration	
	1970	1985	2000	1970–1985	1985–2000	1970–1985	1985–2000
Kairo-Giza	5,69	7,69	11,13	2,33	2,06	2,01	2,46
Lagos	1,44	3,65	8,34	3,39	3,54	6,18	5,51
Kinshasa	1,23	2,69	5,04	2,86	3,09	5,21	4,19
Algier	1,19	2,66	5,09	3.05	2,88	5,34	4,52

Quelle: United Nations

Tab. 7: Wachstum und Größe urbaner Agglomerationen am Beispiel ausgewählter Megastädte

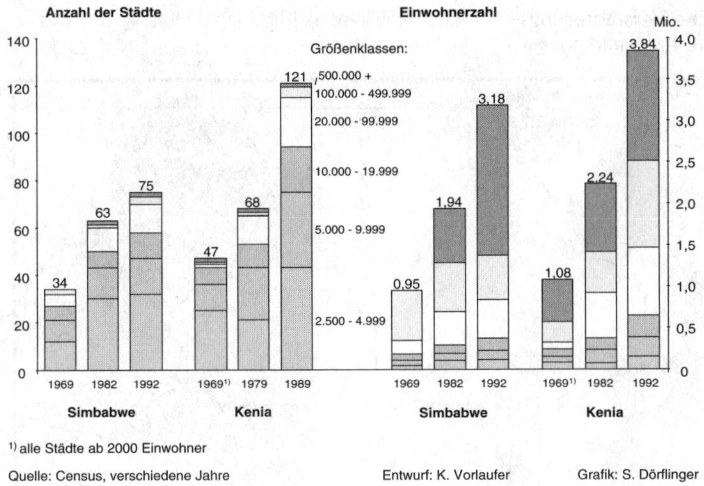

Abb. 43: Zunahme der Zahl und Bevölkerung der Städte unterschiedlicher Größenklassen an den Beispielen Simbabwe und Kenia

rokko ist ein Beispiel dafür, dass auch in einem Land mit langer städt. Tradition durch die Kolonialherrschaft in nur wenigen Jahren Städtenetze neu strukturiert wurden. In vorkolonialer Zeit verlegten die Herrscher innerhalb des Jahres ihren Sitz im saisonalen Rhythmus in die Königsstädte Marrakech, Fès, Meknès und Rabat. Hierdurch wurde ein ausgeglichenes Wachstum dieser vier größten Städte Marokkos erreicht. Die Franzosen konzentrierten die städt. Entwicklung auf die neu angelegte Hafenstadt Casablanca, die zur Wirtschaftsmetropole und größten Stadt aufstieg, und dies, obwohl Rabat Regierungssitz wurde. Heute ist Casablanca Kern eines riesigen, sich über 130 km entlang der Küste erstreckenden urbanen Raumes.

IV. Urbanisierung und sozialer Wandel. Während im Europa des 19. Jh. Industrialisierung und U. synchron verliefen, beide Prozesse sich gegenseitig bedingten, vollzieht sich das Wachs-

Karte 46: Der Agglomerationsraum Witwatersrand als Beispiel einer durch die Apartheidpolitik und den Bergbau geprägten städt. Siedlungsfläche in Südafrika (um 1973)

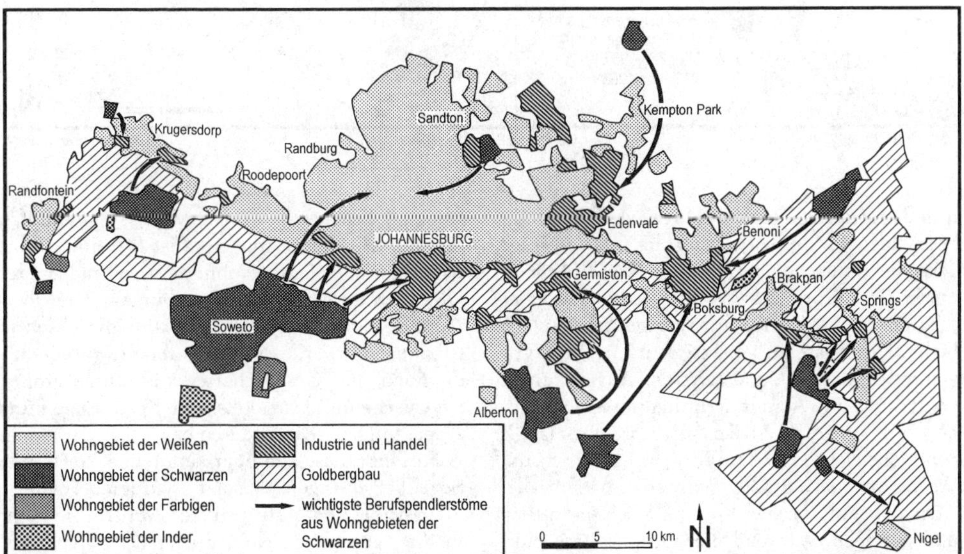

Entwurf: Karl Vorlaufer, verändert nach Fair 1979 Kartographie: U. Beha

Karte 47: Der Anteil der in Städten lebenden Bevölkerung an der Gesamtbevölkerung in den Ländern Afrikas 1975 und 1996

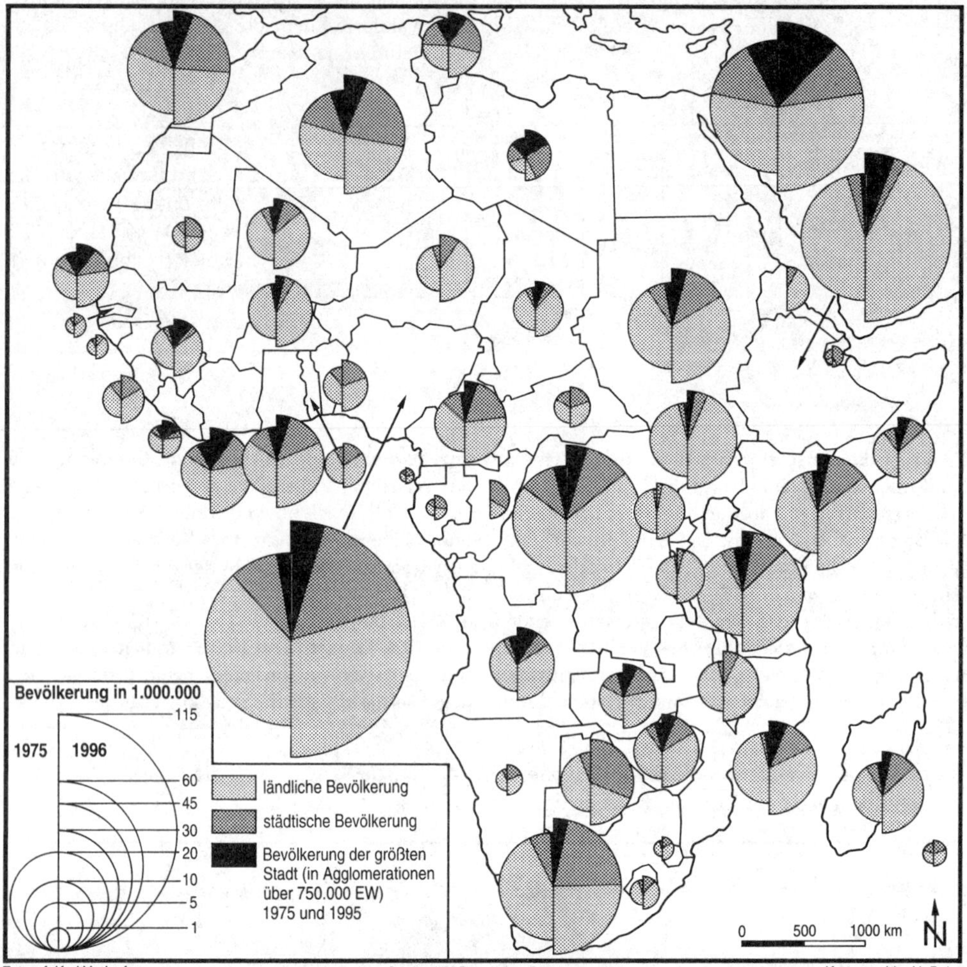

Entwurf: Karl Vorlaufer Quelle: UN Population Division Kartographie: U. Beha

tum der afrik. Städte weitgehend unabh. von der bescheidenen ↗ Industrialisierung mit der Folge, dass die Industrie, der für den städt. Arbeitsmarkt im Europa des 19. Jh. wesentliche Wirtschaftszweig, in Afrika nur wenige Arbeitsplätze bietet. Die Massenarbeitslosigkeit mit ihren gravierenden sozialen und wirtsch. Auswirkungen (Wohnungsnot, Armut, Kriminalität usw.) ist daher in den Städten Afrikas ausgeprägter als z. Z. der Industrialisierung in Europa. Entstehen und Wachstum der Städte wurden im subsahar. Afrika zudem von den Kolonialmächten initiiert und getragen, während die europ. U. an endogene, jahrhundertealte städt. Siedlungen, Traditionen, Lebensstile und Milieus anknüpfen konnte. Mit der U. in Afrika ist für eine riesige Mehrheit der Stadtbewohner ein viel radikalerer Umbruch tradierter Werte verbunden. Die Übernahme städt. Lebensstile, das Hineinwachsen in urbane Netzwerke und Positionen können Individuen und Gesellschaften nur unter großen psychischen und sozioökonom. Spannungen und Anpassungsschwierigkeiten bewältigen, was aber nicht heißt, dass alle überkommenen Werte und Sozialbeziehungen obsolet würden. Tradierte Strukturen und Kulturmuster werden vielmehr in die neue Lebenswelt, die Stadt, transferiert, hier evtl. unter dem Anpassungsdruck modifiziert, oft auch bewusster gelebt als auf dem Land. Die U. vollzieht sich für die Mehrheit der städt. Bev. und v.a. für die große Zahl der Zuwanderer und ihrer Nachkommen zumindest noch der zweiten und dritten Generation zwischen zwei Welten. Einerseits ist jeder Stadtbewohner gezwungen, sich in das urbane Wirtschafts- und Sozialleben einzufügen (Übernahme einer typisch städt. Tätigkeit, räumlich enges Zusammenleben mit Menschen unterschiedlicher Herkunft, Berufe, Religionen, Ethnien). Andererseits besteht die Strategie der Existenzsicherung für die meisten darin, tradierte Sozialbeziehungen und Netzwerke auf der Grundlage der Großfamilie oder Ethnie zu bewahren und auszubauen (↗ Familie, ↗ Verwandtschaft, ↗ Ethnizität). Freundschaften knüpfen viele Stadtbewohner v.a. zu Angehörigen der eigenen Ethnie, was auch für Personen gilt, die schon lange in der Stadt leben. Ethn. orientierte Netzwerke (↗ Vereine) sind für die in immer größerer Zahl in Städten allein lebenden Frauen allerdings weniger relevant als für Männer. Mit der Abwanderung vom Land entziehen sich Frauen oft bewusst den traditionellen Autoritäten; in der Stadt gehen sie zudem häufig diskriminierten Tätigkeiten nach, etwa als Barmädchen bzw. Prostituierte (↗ Prostitution, ↗ Frauen, ↗ Geschlechterbeziehungen), mit der Folge, dass sie die männl. dominierten tradierten und ethn. orientierten sozialen Netze in der Stadt nicht nutzen können oder wollen. Frauen binden sich daher häufiger in Netzwerke ein, die, etwa auf der Basis der Religion oder gemeinsamer Berufe, ethn. Grenzen überschreiten. Die Bindung der Zuwanderer und ihrer Nachkommen oft auch noch der zweiten und dritten Generation an die ländl. Herkunftsregionen zeigt sich u.a. im Konzept der gespalteten Haushalte bzw. im Prinzip »eine Familie, zwei Haushalte«, das eine wichtige Strategie der Existenzsicherung darstellt. Ein Teil der Familie bzw. des Haushalts (als Wirtschaftseinheit) lebt weiter auf dem Land und betreibt häufig ↗ Landwirtschaft. Ein anderer Teil lebt entweder permanent oder zeitlich befristet in der Stadt. Das Bündeln städt. und ländl. Einkommens ist für viele Familien eine ökonom. Voraussetzung für das Verbleiben in der Stadt und die Übernahme städt. Lebensstile. Die Rückbesinnung auf tradierte Werte und Normen vermittelt den in der zunächst fremden Stadt lebenden Zuwanderern (und ihren Nachkommen) in psychischer, emotionaler und sozialer Hinsicht Halt und Orientierung. Die Aussicht auf eine endgültige oder nur zeitlich begrenzte Rückwanderung lässt die aus der ländl. Gesellschaft überkommenen Kulturmuster für viele Stadtbewohner, selbst für schon vor langen Jahren zugewanderte, nicht obsolet erscheinen; sie gelten vielmehr als Garant für eine Rückkehrmöglichkeit in die Heimat, woraus sich oft eine verstärkte Ethnozentrierung ergibt. Der Rückwanderungswunsch und seine Realisierung wird stark bestimmt von der jeweiligen sozioökonom. Lage der Migranten. Da die sozialen, familiären, wirtsch. (Landbesitz) und emotionalen Bindungen der meisten Zuwanderer an die Herkunftsregion eng sind, wird eine Rückkehr nach dem alters- oder krankheitsbedingten Ausscheiden aus dem Erwerbsleben angestrebt und oft in die Tat umgesetzt. Im Zuge des Hineinwachsens vieler Migranten in das städt. Sozialsystem einerseits und aufgrund des Fehlens der wirtsch. Basis in der Herkunftsregion andererseits (Landmangel, Umweltzerstörung, ↗ Kriege/Bürgerkriege) entscheiden sich jedoch mehr und mehr Zuwanderer für ein endgültiges Verbleiben in der Stadt; die Rückkehr wird hinausgeschoben und schließlich aufgegeben und die Stadt zum endgültigen Lebensraum. Im Apartheidstaat Südafrika durfte die schwarze Bev. nur zeitlich begrenzt in den Städten leben und musste nach dem Ausscheiden aus dem Arbeitsleben mit ihren Familien in die heimatlichen Siedlungsräume, die *Native Reserves* (Bantustans/Homelands), zurückkehren. Erst 1976 wurde schwarzen Stadtbewohnern ein Daueraufenthaltsrecht zugestanden.

V. Probleme der Urbanisierung. Massenarbeitslosigkeit, Wohnungsnot, steigende Kriminalität, Prostitution, Drogenkonsum (↗ Drogen), Alkoholismus (↗ Alkohol) sowie dramatisch wachsende Umweltbelastungen sind zentrale Probleme der U. Zu rigide, den Bedingungen nicht angepasste Bauvorschriften, lange Baugenehmigungsverfahren, Rechtsunsicherheiten hinsichtlich des Baulandes (↗ Bodenrecht, ↗ Recht, ↗ Stadtplanung), ineffiziente Baubehörden, ein unzulängliches Hypothekenwesen sowie mangelnde Kapitalkraft der Privathaushalte sind Ursachen dafür, dass der legale Wohnungsbau die stark steigende Nachfrage nach preisgünstigen Wohnungen nicht befriedigen kann. Der legale private Wohnungsbau, auf den z.B. in den Städten Kenias während der 1980er Jahre nur knapp 10% der legalen Bautätigkeit entfielen, ist von geringer Bedeutung. Infolge der Finanzkrise der afrik. Staaten sowie des mit der ↗ Strukturanpassung verbundenen Rückzugs des Staates aus wesentlichen Investitionsbereichen wurde der staatl. Wohnungsbau reduziert. Dieser Rückgang konnte in den meisten Ländern durch die legale private Bautätigkeit nicht kompensiert werden. So konnte in Kenia der legale private und öffentl. Wohnungsbau schon in den 1980er Jahren jährl. nur für ca. 12% der zusätzlichen Haushalte Wohnraum erstellen. Dieser Wert hat sich weiter verringert, während die Stadt-Bev. spektakulär gewachsen ist. Extreme Überbelegungen der Wohnungen, exzessive illegale Bautätigkeit, die Entstehung riesiger ↗ Slums und ↗ Squattersiedlungen sind die Folge. Das staatl. Engagement im Wohnungsbau beschränkt sich in vielen Ländern auf die Förderung von Selbsthilfeprogrammen. In wachsender Zahl werden z. B. *Sites and Service Schemes* erstellt. Dabei überlässt der Staat Bauinteressenten zu günstigen Konditionen infrastrukturell erschlossene Grundstücke, die nach den finanziellen Möglichkeiten des Besitzers bebaut werden können. Dieser Ansatz hat jedoch den Nachteil, dass kapitalstarke Gruppen die nach sozialen Kriterien vergebenen Grundstücke über Strohmänner erwerben und Wohnungen bauen, die dann teuer vermietet werden.

Die Versorgung mit ausreichendem und qualitativ gutem Trinkwasser ist nicht nur in ariden (trockenen) Regionen, sondern fast generell für die großen Agglomerationen unbefriedigend. Der Wassermangel verschärft sich, obwohl viele Städte bereits über kostenaufwendige und reparaturanfällige *Pipelines* oft aus weit entfernten Gebieten versorgt werden. Mängel weisen zudem die innerstädt. Verteilersysteme auf. Insbes. Slums und Squattersiedlungen sind weithin unterversorgt. Offene Quellen und Gewässer sowie unzulänglich angelegte private Flachbrunnen dienen der Versorgung breiter Bevölkerungsschichten mit häufig stark verunreinigtem Oberflächen- und Grundwasser. Wasserleitungen werden zudem illegal angezapft; Rohrbrüche, gesundheitsgefährdende Verschmutzungen des Trinkwassers, hohe Reparaturkosten und häufige Ausfälle auch für die legal an das Leitungsnetz angeschlossenen Kunden der Wasserwerke sind die Folge. Eine fehlende oder unzulängliche Abwasser- und Müllbeseitigung belastet die Umwelt. Abwässer – oft mit toxischen Rückständen – versickern im Boden oder werden ungeklärt in Fließgewässer und ins Meer geleitet. Von den zumindest in den meisten Großstädten vorhanden, aber oft unsachgemäß angelegten Mülldeponien gehen beträchtliche Belastungen der Luft und insbes. des Grundwassers aus. In den Wohnsiedlungen einkommensschwacher Bevölkerungsschichten erfolgt keine oder eine nur unregelmäßige Müllabfuhr, was zu wilden Müllkippen und dem Abbrennen von Müll mit der Folge hoher Luftemissionen führt. U. a. aufgrund Fahrzeugmangels wurden z. B. 1986 in Daressalam nach Schätzungen der Stadtverwaltung lediglich ca. 20% des anfallenden Mülls aus den Wohngebieten abgefahren, aber damit noch keineswegs sachgerecht entsorgt; in Lagos 1998 nur 40%, und nur 4% aller Industriebetriebe hatten eine geregelte Abfallentsorgung. Allerdings erfolgt meist eine Wiederverwertung des Abfalls durch die in vielen Städten große Gruppe der »Müllmenschen«, die aus dem Müll alle noch verwertbaren Stoffe heraussuchen und einer Recyclingwirtschaft zuführen. Noch problematischer ist in vielen Ländern die Abwasserentsorgung. Um 1985 hatten z. B. rd. 90% der etwa 1,5 Mio. Bewohner Daressalams keinen Kanalanschluss. Die Sickergruben werden von der Stadtverwaltung aufgrund von Fahrzeugmangel, -mängeln und organisatorischen Defiziten zu selten geleert, und auch bei Haushalten mit Anschluss an die Kanalisation ist die Abwasserentsorgung mit Mängeln behaftet. Die Kanalisation ist veraltet, schlecht gewartet und daher häufig verstopft. Eine die Erneuerungsrate übersteigende Grundwasserentnahme ist ebenfalls ein Problem vieler Städte. Die Übernutzung verhindert eine nachhaltige Wasserversorgung, woraus sich Bodenabsenkungen mit Gefährdungen für große Siedlungen ergeben können. Im Rahmen bi- und multilateraler ↗ Entwicklungszusammenarbeit wurden in vielen Städten hohe Investitionen in die Verbesserung der Wasserver- und -entsorgung sowie der Müllbeseitigung getätigt; die rasante U. marginalisiert jedoch diese Bemühungen. In den ärmeren Stadtvierteln mit i.d.R. unzulänglicher Stromversorgung kann ein Großteil der Bewohner aus Kostengründen nur Holz oder Holzkohle als Energieträger verwenden, die aus immer größerer Entfernung in die Städte transportiert werden müssen, weil das Umland bereits entwaldet ist (↗ Entwaldung). Hinzu kommen umweltbelastende Bausünden. In Dakar z. B. hat die Erschließung von Bauland zur Zerstörung der Küstenvegetation, diese zur Bildung von Wanderdünen und damit zu einer Bedrohung für Gebäude und Infrastrukturen geführt. Niederschläge versickern jetzt weniger im Boden, sondern fließen stärker oberflächlich ab, woraus sich ein Rückgang der Grundwassererneuerung ergibt. Meerwasser kann leichter in die küstennahen Aquifere eindringen; Quantität und Qualität der Trinkwasservorräte nehmen ab. In anderen großen Küstenstädten hat die Beseitigung der Mangrovenwälder u.a. zur Bauholz-, Baulandgewinnung ähnliche Negativwirkungen.

Die Elektroenergie- und Trinkwasserversorgung ist jedoch in städt. Regionen deutlich besser und gesicherter als in ländl. Angesichts der zunehmenden Brennholz- und Süßwasserkrise wird so für Zuwanderer aus ariden Regionen die Attraktivität der Städte erhöht.

VI. Urbanisierung und Wirtschaftswachstum. I. Allg. besteht zwischen Urbanisierungsgrad und wirtsch. Entwicklung ein enger Zusammenhang. Stark urbanisierte Gesellschaften erreichen i.d.R. ein hohes Pro-Kopf-Einkommen. In Afrika ist der Zusammenhang zwischen Urbanisierungsgrad und BIP pro Kopf allerdings nur schwach ausgebildet, wenngleich die Länder mit dem geringsten Pro-Kopf-Einkommen auch die geringste U. aufweisen (z. B. Äthiopien, Burundi, Ruanda, Uganda: U. unter 20%; BIP pro Kopf unter 600 US$). Länder mit dem stärksten Urbanisierungsgrad haben jedoch auch nur ein geringes bis mittleres BIP pro Kopf (z. B. Ägypten, Elfenbeinküste, Botsuana, Mauritius: U. 30–75%; BIP pro Kopf 500–2.800 US$), Länder mit mittlerem Urbanisierungsgrad (um die 50%) wie Gabun und die Seychellen aber ein BIP pro Kopf von bis zu 4.500 US$. Eine wesentlich von exogenen Kräften initiierte U. kann also auch Indikator wachsender Unterentwicklung und Verelendung großer Bevölkerungsteile sein. Städte können zudem als parasitäre Elemente gesehen werden, die auf Kosten der ländl. Bevölkerungsmehrheit leben, weil die Regierungen v.a. die Hauptstädte auf vielfältige Weise (u.a. vorrangiger Ausbau von Infrastrukturen) privilegieren. Die Land-Bev. alimentiert nach dieser sog. *Urban-Bias*-These die Städte und erhöht indirekt deren Attraktivität für Zuwanderer. Dem steht gegenüber, dass der Anteil der Städte an der Erstellung des BSP ein- bis zweimal höher liegt als ihr Anteil an der jeweiligen Bev. Die Städte erwirtschaften meist ca. 45–50% des »offiziellen« BSP. Unberücksichtigt bleibt dabei, dass v.a. in den armen Ländern ein beachtlicher Anteil der Güter außerhalb des formellen Wirtschaftskreislaufs auf dem Land im Rahmen der Subsistenzwirtschaft erstellt wird. Wenn auch die wirtsch. Bedeutung der Städte in dieser Hinsicht überschätzt wird, sind sie doch wesentliche Elemente ökonom. Wachstums, und U. ist eine Voraussetzung wirtsch. Entwicklung. Für das Wirtschaftswachstum langfristig entscheidende Branchen wie der Dienstleistungssektor, aber auch die Industrie finden günstige Standortbedingungen nur in Städten. Hier können aufgrund vielfältiger Agglomerationsvorteile höhere Produktivitätssteigerungen sowie größere volks- und betriebswirtsch. Kostenersparnisse erzielt werden als auf dem Land. Die Drosselung der U. ist jedoch geboten, um die mit dem rasanten Städtewachstum verknüpften Probleme lösen zu können. Die verstärkte Förderung ländl. Regionen sowie der Abbau bisheriger städt. Privilegien sind hierfür zentrale Voraussetzungen, die in vielen Ländern seit einigen Jahren im Rahmen der Strukturanpassung verfolgt werden. Auch über die Förderung ↗ ländl. Entwicklung wird versucht, die U. zu verlangsamen. V.a. gilt es, über den Ausbau eines Systems von Städten unterschiedlicher Größe die bisher oft auf nur eine Stadt konzentrierte U. und damit die Entstehung weiterer Megastädte zu verhindern. ↗ Landesentwicklung, ↗ Sozialstruktur.

🕮 J. Baker/P. O. Pedersen (Hg.), The Rural-Urban Interface in Africa, Uppsala 1992. – A. Krammer, Über die Verstädterung im trop. Afrika und ihre kulturellen Grundlagen, Saarbrücken 1998. – P. Feldbauer (Hg.), Mega-Cities. Die Metropolen des Südens zwischen Globalisierung und Fragmentierung, Frankfurt/M. 1997. – J. D. Tarver (Hg.), Urbanization in Africa. A Handbook, Westport/London 1994.

Karl Vorlaufer

Urmensch ↗ Wiege der Menschheit

Venda (Sprache) ↗ Bantusprachen, ↗ Sprachpolitik

Vereine sind Interessengemeinschaften, die nicht auf verwandtschaftlichen Beziehungen beruhen und mehr oder weniger hierarchisch organisiert sind. Der Beitritt ist freiwillig; ein Austritt ist möglich, wobei sich die Aufnahme nach der Zugehörigkeit zu bestimmten Lokalitäten, ethn. Gruppen, Religionsgemeinschaften, nach dem Geschlecht oder anderen sozialen Merkmalen richtet. V. unterscheiden sich von ↗ Bünden im Erwerb der Mitgliedschaft (Beitritt statt ↗ Initiation), in den Zielen (Bewältigung von Alltagsproblemen statt Verwaltung eines Geheimnisses) und der Möglichkeit des Austritts. Aufgrund ihrer Flexibilität und der Fähigkeit, unterschiedliche Abstammungsgruppen zu integrieren, spielen V. in Zeiten gesellsch. Wandels bei der Organisation sozialer Gruppen eine wichtige Rolle und gelten auch als Vehikel der Anpassung und Ausdruck afrik.-europ. Kulturverständnisses.

Erforscht wurden die V. im Zusammenhang

mit Studien zur ↗ Urbanisierung, ↗ Migration und ↗ Modernisierung. So widmeten sich z. B. Untersuchungen in der Tradition der brit. Sozialanthropologie zwischen 1940 und 1960 städt. V., die sich im Kupfergürtel des früheren Rhodesiens als Migrantenorganisationen gegründet hatten (↗ Ethnizität). Weiterhin wurden V. als Kulturbewahrer betrachtet und das soziokulturelle Umfeld wie die kollektiven und individuellen Interessen der Vereinsmitglieder analysiert.

Spätestens seit der Mitte des 20. Jh. sind V. in Afrika nicht mehr nur ein urbanes Phänomen, sondern auch in ländl. Regionen von großer Bedeutung; es gibt kaum noch ein ↗ Dorf, in dem keine V. existieren, und fast jeder erwachsene Afrikaner war bzw. ist in einem oder mehreren V. Mitglied. Eine Klassifizierung nach Vereinszwecken ist problematisch, da meist mehrere Ziele gleichzeitig verfolgt werden. Die Forschung hat »traditionelle« V. (z. B. vorkoloniale, nicht verwandtschaftliche Organisationen im ländl. Raum wie ↗ Altersklassen, kollektive Arbeitsgruppen, Jagd- und Kriegsgemeinschaften, aber auch Gemeinschaften aus Bereichen wie Kult, Handel mit einer nur gering ausgebildeten Organisationsstruktur) von sog. modernen V. unterschieden.

Fast alle V. bezwecken die gegenseitige Hilfestellung bei finanziellen und persönlichen Problemen. Anlass zur Vereinsgründung und Ziel des V. ist häufig auch die Mobilisierung bestimmter Bevölkerungsgruppen zur Selbsthilfe, insbes. zur Entwicklung ihres Herkunfts- oder Wohnortes, -viertels oder -region. In V. von Berufsgruppen konzentrieren sich die Aktivitäten i.d.R. auf die Beschaffung von Kapital nach dem Prinzip der »rotierenden Kreditvergabe«. Einige V. regulieren Angebot und Nachfrage, andere finanzieren gemeinsam (zuweilen mit Unterstützung von NGOs) bestimmte Anschaffungen. Diese *Rotating Saving and Credit Associations* sind entweder eigenständige V. oder in Form gegenseitiger Unterstützung Vereinen mit erweiterter Zielsetzung angeschlossen und meist nach Geschlechtern getrennt organisiert. Ihr Ziel ist die Beschaffung von Krediten für eine Klientel, die im Netz der staatl. und von Banken kontrollierten Kreditvergabe nicht berücksichtigt wird. Gut erforscht sind die Marktfrauen- und Prostituierten-V. In letzteren sind meist Migrantinnen organisiert, und auch hier werden mit Hilfe des V. die Geschäfte geregelt, in schwierigen Lebenslagen wird geholfen und bei Konflikten mit den staatl. Autoritäten oder Kunden interveniert. – Man unterscheidet folgende V.: (1) Überregional und teilweise landesweit organisiert sind meist Jugend- und Frauenorganisationen, ethn., Heimat- und Migranten-V. sowie studentische und pol. V. (2) Regional und in der Anzahl der Mitglieder begrenzter sind Sport-, Freizeit- und Kultur-V., aber auch für einen bestimmten Zweck eingerichtete Selbsthilfe-V., berufliche und elitäre V. Die Anzahl der Mitglieder schwankt beträchtlich. Viele V. werden *ad hoc* gegründet und lösen sich ebenso schnell wieder auf.

Allen V. gemeinsam ist eine hierarchische Struktur, die ihren Ausdruck in den zu vergebenden Ämtern findet. Die Amtsvergabe kann sich auf die Nominierung eines Vorsitzenden und eines Kassenwarts beschränken oder zu einer Akkumulation von Ämtern führen, bei der so gut wie jedes Mitglied zum Funktionär wird. Zum Großteil stellen die Titel und Ämter Anleihen aus der europ. Terminologie dar, verweisen aber auch auf vorkoloniale hierarchische Strukturen afrik. Staaten. Die multiple Ämtervergabe weist auf die Instrumentalisierbarkeit der V. für individuelle Interessen. Die V. schaffen eine Arena sozialer Mobilität, die auch Personen Zugang zu Anerkennung ermöglicht, die außerhalb der V., im »traditionellen« Milieu, kaum Chancen hätten, sich durch besondere Positionen zu profilieren. Die Integration von realen oder erfundenen afrik. und europ. Traditionen lassen sich insbes. in den Foren der Selbstdarstellung finden, in denen einheitliche Kleidung, Tänze, Fahnen, Vereinsausweise, Slogans, Lieder und Hymnen, aber auch Kalender und Magazine die Gruppenidentität inszenieren bzw. stärken sollen. Teilweise geschieht dies bei groß angelegten jährl. Vereinstreffen, die in Form folkloristischer Feste stattfinden können und bei größeren V. häufig die einzige Vereinsaktivität darstellen. Im Kontext ethn. und regional begründeter V. tragen solche Aktivitäten oft erst zur Schaffung bzw. Abgrenzung der kulturellen Gruppe bei, die der V. zu organisieren beansprucht. ↗ Tontine.

📖 K. Little, West African Urbanization: A Study of Voluntary Associations in Social Change, Cambridge 1965. – C. Meillassoux, Urbanization of an African Community: Voluntary Associations in Bamako, London 1968. – A. Wipper, Women's Voluntary Associations. In: M.J. Hay/S. Stichter (Hg.), African Women South of the Sahara, London 1984.

Editha Platte

Verfassungen ↗ Recht

Verhütung. In weiten Teilen Afrikas sind große Familien nach wie vor die Norm, doch bekommen auch afrik. Frauen heute weniger Kinder als früher. Die Fruchtbarkeitsrate, d.h. die Zahl der Kinder, die eine Frau durchschnittl. in ihrem Leben zur Welt bringt, ging in Nordafrika von 7,1 Kindern 1960 auf 3,7 im Jahr 1999, im subsahar. Afrika von 6,7 Kindern auf 5,4 zurück (↗ Bevölkerung). Dieser Rückgang ist größtenteils auf die Anwendung von Verhütungsmethoden zurückzuführen. Insges. stieg der Anteil der Frauen zwischen 15 und 49 Jahren, die oder deren Partner eine Form der V. nutzen, in den 1990er Jahren in Afrika auf 20% (70% in den Industrienationen), wobei es allerdings erhebliche Unterschiede zwischen den Ländern gibt: von 6% in Nigeria über 33% in Kenia bis zu 48% in Simbabwe. Verhütungsmethoden werden insbes. im städt. Milieu und von Frauen mit längerer Schulbildung genutzt.

Überwiegend wird mit reversiblen Methoden verhütet; Verhütung ist i.d.R. Sache der ↗ Frauen. Repräsentative Untersuchungen zum kontrazeptiven Verhalten allein stehender Frauen gibt es bislang nicht; was Paare anbetrifft, so erklärten bei Befragungen etwa ein Drittel derjenigen, die Verhütungsmittel anwenden, traditionelle Methoden (Coitus Interruptus, periodische Abstinenz u.a.) zu nutzen. Von den verheirateten Frauen, die verhüten, nutzen 27% die Pille und 17% die Dreimonatsspritze. Kondome finden bei der Verhütung kaum Beachtung, während sie als Aids-Prävention (↗ Aids) zunehmend akzeptiert werden. Sexuelle Abstinenz von bis zu zwei Jahren nach Geburt und Stillen tragen v.a. in West- und Zentralafrika zur Verlängerung der Geburtenabstände bei (↗ Schwangerschaft und Geburtshilfe). Diese Praktiken treten allerdings mit zunehmender ↗ Urbanisierung und »Modernisierung« in den Hintergrund.

Der Anteil von Frauen, die in den zwei Jahren nach der Geburt nicht schwanger werden oder gar kein Kind mehr haben wollen, aber keine Verhütungsmittel nutzen, ist im subsahar. Afrika sehr hoch. Als Begründung, warum Paare keine Verhütungsmittel anwenden, werden relig. Motive genannt (obwohl nur der Katholizismus die Nutzung reversibler Verhütungsmethoden verbietet), die Ablehnung von Familienplanung durch den Partner (i.d.R. den Mann), Mangel an Information, Angst vor Nebenwirkungen (Sterilität) sowie fehlender Zugang zu Familienplanungseinrichtungen. 77% der Frauen kennen mindestens eine Verhütungsmethode; sehr viel weniger sind jedoch über die ganze Methodenpalette, ihre Wirkungsweise und mögliche Nebenwirkungen informiert und wissen, wo die Mittel erhältlich sind. Kulturelle Schranken, der für viele Frauen schwierige geogr. Zugang zu Gesundheitsdiensten und deren unzureichende Qualität beeinträchtigen einen breiteren Gebrauch von Verhütungsmitteln. Gesetzliche Einschränkungen – wie z.B. die erforderliche Zustimmung des Partners oder Alterseinschränkungen – wurden weitgehend abgeschafft, doch bleibt die Ausgabe von Verhütungsmitteln, selbst Kondomen, an unverheiratete Jugendliche aufgrund fehlender Information des Gesundheitspersonals und mangelnder gesellsch. Akzeptanz kontrovers, obwohl bei jungen Mädchen und Frauen im Alter von 15 bis 19 Jahren unerwünschte Schwangerschaften häufig vorkommen. Angesichts der überdurchschnittl. hohen Aids-Infektionsrate gerade bei Jugendlichen, zunehmender öffentl. Diskussion dieser Problematik und wachsender Sensibilität der Betroffenen zeichnet sich hier allerdings ein Wandel ab. ↗ Abtreibung, ↗ Gesundheitsversorgung.

🕮 D. Kirk/B. Pillet, Fertility Levels, Trends, and Differentials in Sub-Saharan Africa in the 1980s and 1990s. In: Studies in Family Planning 29 (1998). – J. Rosen/S. Conly, Africa's Population Challenge: Accelerating Progress in Reproductive Health, Washington 1998. – www.who.int – www.unfpa.org

Cordula Schümer

Verkehrsmittel ↗ Transportsysteme

Verkehrssprache (auch: *lingua franca*), Mittel der Kommunikation zwischen Sprechern unterschiedlicher Muttersprachen, v.a. in bestimmten Bereichen des öffentl. Lebens wie Handel, Arbeitswelt, Schule, Militär und ↗ öffentl. Verwaltung. Zu unterscheiden sind indigene afrik. Sprachen wie etwa Amharisch (↗ Semitisch), ↗ Bambara/Dyula, ↗ Hausa, Kanuri, ↗ Swahili oder Tswana und afrik. ↗ Pidgin- und Kreolsprachen wie Fanakalo, Lingala, Nigerian Pidgin, Pidgin A70 und Sango einerseits sowie importierte europ. ↗ Sprachen wie Englisch, Französisch, Portugiesisch oder Niederländisch (↗ Afrikaans) andererseits. Während die V. außerafrik. Ursprungs meist großräumig verbreitet sind und oftmals die Funktion einer ↗ Medien-, Parlaments- und Schul- bzw. Universitätssprache haben, sind afrik. V. i.d.R. weniger großflächig verteilt und ihrer jeweiligen Funktion nach eher lokal begrenzt. Sprachen wie Hausa und Swahili gelten als überregionale V., andere sind sowohl räumlich als auch funktional eingeschränkte V. Ein Beispiel hierfür ist das Fanakalo, das in der Rep. Südafrika, in Simbabwe, Sambia und Namibia v.a. als Minen- und Kontaktsprache Verwendung findet. Fanakalo erscheint in der Lit. auch unter den (größtenteils pejorativen) Bez. »Küchenkafferisch«, *isiKula, mine Kaffir, chiLapalapa* und *isiLolo*. Die unterschiedlichen Namen lassen sich häufig auf die jeweilige Funktion der Sprache zurückführen. So bezeichnet »Küchenkafferisch« das Medium der Verständigung zwischen den ehem. Kolonialherren und ihren Bediensteten (auch «*missis and boy language*» genannt), *mine Kaffir* die Variante des Fanakalo, die von den Minenarbeitern benutzt wird; *isiLinguboyi* steht für die Sprache von Vorgesetzten und Arbeitern («*boss and boy language*») und *isiKula* im Zulu für die Sprache der ↗ Inder (Sprache der Kulis/Tagelöhner). ↗ Medien.

📖 B. Heine, Afrik. Verkehrssprachen, Köln 1968. – S. Brauner, Verkehrs- und Nationalsprachen in Afrika, Berlin 1985. – S. Kaltenbrunner, Fanakalo – Dokumentation einer Pidginsprache, Wien 1996.

Michael Broß

Verlagswesen und Buchhandel. Die Anfänge des modernen Buchwesens reichen in Afrika bis ins 18. Jh. zurück. Zwar soll es im 16./17. Jh. in Marokko (Fez, 1516), Kenia und den portug. Besitzungen in Angola und Mosambik Druckerpressen gegeben haben, nachweisbar ist aber, dass das erste gedruckte Buch, ein Wörterbuch der madegassischen Sprache, 1773 auf Mauritius erscheint, das sich seit 1768 zum Zentrum des Buchdrucks der Inseln im Indischen Ozean entwickelt. 1795 erhält Kapstadt eine Druckerei. Nach dem Ägypten-Feldzug Napoleons (1798–1801) verbreitet sich die Kenntnis der Drucktechnik in Ägypten, zahlreiche Werke der arab. und abendländischen Lit. (in Übersetzung) werden im Laufe des 19. Jh. in arab. Schrift gedruckt. Im subsahar. Afrika kommt es vielerorts zur Errichtung kleiner Druckereien, die oft auch Verlags- und Vertriebsfunktionen übernehmen. Meist handelt es sich dabei um Unternehmungen engl., frz. und dt. Missionsgesellschaften, die ihre Missionsschulen mit Lernmaterialien, Wörterbüchern, Grammatiken versorgen und den christl. Glauben durch Übersetzungen der Evangelien in die Lokalsprachen sowie Erbauungslit. verbreiten und vertiefen wollen. 1840/60 werden z.B. in Accra (Ghana) das Waterville Publishing House, in Lovedale (Lesotho) die Lovedale Press, in Morija (Lesotho) die Morija Press, in Cape Coast (Ghana), in Sierra Leone, Angola und Nigeria Missionsdruckereien eingerichtet. Erste Zeitungen werden gegründet. Herausgeber und Verleger sind Missionare, weiße Siedler (*Cape Town Gazette*, 1800), in Sierra Leone, Liberia (*The Liberia Herald*, 1826), Ghana (*The West African Herald*, 1858) und Nigeria (*Anglo-American*, Lagos 1863) Afroamerikaner und Afrikaner, frühe Kritiker der kolonialen Expansion.

Während der Kolonialzeit führt der Ausbau des Schulsystems zum allmählichen Heranwachsen eines lesekundigen Publikums und in den Haupt- bzw. Universitätsstädten zur Bildung intellektueller Milieus. Der Bedarf an Lesestoff wie an Schulbüchern wird in den frz. und portug. Kolonien fast ausschließlich durch Buchimporte aus dem Mutterland gedeckt. Auch in den brit. Kolonien spielt der Import eine Rolle, daneben gewinnen aber die Missionsverlage an Bedeutung. Neben relig. Themen veröffentlichen sie Titel in lokalen Sprachen und fördern so die Weiterentwicklung der afrik. Literaturen (1935 erscheint Mofolos *Chaka* bei Morija Press). Von 1922, als der University of Witwatersrand das Department of Bantu Studies angegliedert wird, bis zum Beginn der ↗ Apartheid verlegt die University of Witwatersrand Press literarische Werke in südafrik. Sprachen. Eine ähnliche Rolle spielt in den 1950er Jahren das von der brit. Kolonialverwaltung gegründete *East African Literature Bureau* für Ostafrika. In Nairobi, Kapstadt und Ibadan (Nigeria) gründen die engl. Großverlage Filialen mit erheblichen Marktanteilen bei Schulbüchern und anglophonen Titeln. Vereinzelt entstehen auch einheimische Verlage und – neben zahlreichen Missionsbuchhandlungen – unabh. Buchläden. In den Städten Südnigerias produziert eine Vielzahl Kleinstverleger mit gebraucht erworbenen Missionarspressen günstige ↗ populäre Lit., die *Onitsha Market Literature*, die in Auflagen von 3–4.000 Exemplaren, Bestseller bis zu 60.000 Exemplaren, auf Märkten verkauft wird. V. u. B. unterliegen der kolonialen ↗ Zensur; u.a. in den portug. Kolonien während des Faschismus, in Algerien z.Z. des Zweiten Weltkriegs und des ↗ Algerienkriegs, in Kenia während des ↗ Mau-Mau-Aufstands, und in Südafrika unter der Apartheid kommt es zu weit reichenden Verboten.

In den 1960er und 1970er Jahren, als die unabh. Staaten in den Bildungsbereich investieren und die Schülerzahlen steigen, entstehen v.a. in Ländern wie Senegal, Elfenbeinküste, Nigeria, Kenia viele neue Verlage, die auf den expandierenden Schulbuchmarkt ausgerichtet sind und mit diesem finanziellen Rückgrat auch Belletristik publizieren, nicht zuletzt die Werke afrik. Autoren (*African Writers Series*) und Sachbücher. Diese Verlage sind entweder staatliche (z. B. Tanzania Publishing House), multinat. (Oxford University Press Ibadan, Nigeria; NEA und CEDA, Elfenbeinküste, unter Beteiligung der frz. Verlage Hachette bzw. Hatier; Heinemann Kenya mit afrik. Kapitalmehrheit) oder privatwirtsch. Unternehmen (Editions Clé, Kamerun, eine Initiative der ev. Kirche; Spectrum Books, Ibadan). Dem kurzen Aufschwung folgt Mitte der 1980er Jahre infolge ungünstiger pol. und ökonom. Rahmenbedingungen, z. B. durch Verstaatlichungen des gesamten Buchwesens oder des Schulbuchsektors in Algerien, Ghana und Tansania, durch Bürgerkrieg, ein autoritäres Regime und das Ende des Ölbooms in Nigeria, durch sinkende Rohstoffpreise und die ↗ Strukturanpassung in ganz Afrika, eine Krise des Buchwesens, die auch in Ländern mit entwickeltem V.u.B. (Ägypten, Tunesien, Algerien, Marokko, Senegal, Elfenbeinküste, Nigeria, Kenia, Simbabwe, Südafrika) noch nicht überwunden ist. Neben der stark gesunkenen Kaufkraft, die drastische Umsatzeinbußen auf dem Buch- und insbes. dem Schulbuchmarkt, der wesentlichen Einnahmequelle vieler Verlage (mit 100.000er-Auflagen z. B. 90% des Umsatzes der zwei großen Verlage in der Elfenbeinküste), nach sich zieht, sieht sich das V. u. B. vor folgende Probleme gestellt:

1. *Kleiner Markt.* Selbst in Ländern mit ins Gewicht fallender Mittelschicht ist es nicht gelungen, eine Lesekultur zu etablieren. In größerem Umfang gelesen werden Tageszeitungen, Bücher dagegen nur zu Unterrichtszwecken, selten zur Unterhaltung. Zusätzliche Absatzbeschränkungen ergeben sich aus der niedrigen Alphabetisierungsrate und der Sprachenvielfalt. Erscheint ein Buch in einer Weltsprache, erreicht es nur die Bildungselite. In den lokalen Sprachen, die nicht immer von einer großen Bevölkerung, wenn auch z. T. grenzüberschreitend, gesprochen werden, kann kaum rentabel und kostengünstig produziert werden; Exporte in die Nachbarländer sind wegen Zollproblemen nahezu unmöglich.

2. *Hohe Produktionskosten.* Da Papier, Maschinen etc. teuer eingeführt und zudem hohe Importzölle gezahlt werden müssen, entstehen hohe Druckkosten. Bei den üblicherweise geringen Auflagen von 500–1.000 Exemplaren resultiert hieraus ein so hoher Verkaufspreis, dass die in Afrika hergestellten Bücher der Konkurrenz der billiger produzierten und zollfrei eingeführten Importlit. nur schwer standhalten können.

3. *Mangelndes Know-how und Kapital.* Die Mehrzahl der in V. u. B. tätigen Mitarbeiter hat keine fundierte Ausbildung. Autorenbetreuung und Marketing gibt es kaum; die Qualität der meisten Bücher erreicht nicht internat. Standard. Investitionen zur Qualitätsverbesserung sind schwierig, da Verlage von Banken nicht als kreditwürdig eingestuft werden.

4. *Unzureichendes Urheberrecht.* Zwar sind die meisten Länder der Berner Konvention zur Wahrung der Urheberrechte beigetreten, Verstöße werden aber nicht strafrechtlich geahndet. Erfolgreiche Titel kommen daher als Raubdrucke auf den Markt, was Autoren um Honorare, Verlage um mögliche Gewinne bringt und entmutigend wirkt.

5. *Unzulängliche Vertriebsstrukturen.* Da nicht konvertierbare Währungen, Kommunikations- und Transportprobleme den innerafrik. Buchvertrieb erschweren, haben afrik. Verleger in den 1990er Jahren Organisationen, u. a. das *African Books Collective*, London, gegründet, um von dort aus ihre i.d.R. anglophonen Titel in Europa, Nordamerika, den *Commonwealth*-Ländern und in Afrika zu vermarkten, neuerdings auch über das Internet. Der Verbesserung der Vertriebsstrukturen dienen auch die Buchmessen, v. a. die Internat. Buchmesse in Kairo (seit 1968; für die arab. und islam. Länder) und in Harare (Simbabwe). Wenn auch vielerorts in kirchl. bzw. islam. Buchhandlungen, in Schreibwarenhandlungen, Supermärkten, auf Märkten und am Straßenrand Bücher verkauft werden, kann von einer flächendeckenden Versorgung nicht die Rede sein. Meist beschränkt sich die Auswahl auf Schulbücher und im Unterricht behandelte Lit. Nur in den Millionenstädten finden sich Buchhandlungen, heute verstärkt Buchhandelsketten, mit einem einer europ. Buchhandlung vergleichbaren Angebot sowie den Publikationen afrik. Autoren und lokaler Verlage. Kunden sind die einheimische Mittelschicht und vor Ort lebende Europäer.

6. *Übermächtige Konkurrenz.* Wegen der niedrigeren Buchpreise, ihrer Finanzkraft, Professionalität und z. T. eigener Vertriebsstrukturen haben die internat. Verlage und Verlagskonzerne entscheidende Marktvorteile. Der weitaus überwiegende Teil der in Afrika verkauften Bücher wird außerhalb des Kontinents produziert. Bekannte Autoren veröffentlichen ihre Werke bei anglo-amerik., frz. oder portug. Verlagen, einmal aus finanziellen Erwägungen, zum an-

dern, um höhere Auflagen- und Leserzahlen und eine literarische Öffentlichkeit zu erreichen. Diese ist selbst in Ländern mit entwickeltem V. u. B. nur rudimentär ausgebildet. Wenn auch durch lokale Buchmessen, Autorenlesungen, Literatursendungen und Zeitungsrezensionen versucht wird, den Stellenwert des Buches zu erhöhen, spielt doch das Fernsehen als Informations- und Unterhaltungsmedium, in dem auch gesellsch. relevante Themen zur Sprache kommen, eine wachsende Rolle.

Trotzdem gibt es dank verlegerischem Wagemut und Hartnäckigkeit immer wieder erfolgreiche Verlagsneugründungen und unvermutete Bestseller. In letzter Zeit sind insbes. auf dem Gebiet der ↗ Frauenlit. (Le Fennec, Marokko; Sister Namibia, Windhuk) und der ↗ Kinder- und Jugendlit. (Bilderbücher mit Texten afrik. Autorinnen bei N.E.I., Elfenbeinküste; Songolo Books, Südafrika) steigende Verkaufszahlen zu verzeichnen.

🕮 P.G. Altbach (Hg.), Publishing and Development in the Third World, London 1992. – G. Hinterhölzl/J. Seymann (Hg.), Buchlandschaften. Das BuchMarkt-Buch 2, Wien 1998. – J. Gibbs/J. Mapanje (Hg.), The African Writers's Handbook, Oxford 1999. – www.africanbookscollective.com

Gudrun Honke

Verschuldung, Folge einer Entwicklungsstrategie, nach der durch Kreditaufnahme finanzierte Investitionen einen Wirtschaftsaufschwung herbeiführen sollen, die beabsichtigte Wirkung jedoch nicht eintritt und die Kredite nicht zurückgezahlt werden können.

I. Rahmenbedingungen. Die Grundlage wirtsch. Wachstums bilden volkswirtsch. Ersparnisse, wenn sie (1) vorhanden sind und (2) in produktive Investitionen umgelenkt werden können, deren Erträge über dem nat. Zinsniveau liegen. In Ländern mit nur geringer Ersparnisbildung, was typisch ist für die meisten subsahar. Staaten, erweitern Auslandskredite den volkswirtsch. Investitionsspielraum. Insofern wird die Kreditaufnahme als legitimer Bestandteil der Entwicklungspolitik gesehen. Zudem die Risiken der Kreditfinanzierung bei Beachtung folgender drei Kriterien kontrolliert werden können: (1) Transformationskriterium: Auslandskredite müssen in Ertrag bringende Inlandsinvestitionen umgewandelt werden; (2) Effizienzkriterium: Kreditfinanzierte Investitionen müssen eine Mindestrentabilität aufweisen, die gleich dem zu zahlenden Realzins oder größer ist, damit der Schuldendienst sich selbst finanziert; (3)Transferkriterium: Wenn der Schuldendienst in Devisen zu leisten ist, sollten mit den Krediten nur Investitionen finanziert werden, die entweder für den Weltmarkt konkurrenzfähige Produkte herstellen (und damit Devisen erwirtschaften), oder aber Produkte herstellen, die bislang importiert wurden (Deviseneinsparung durch Substitution). Diese Voraussetzungen werden nicht immer ausreichend beachtet. Im Gegenteil nimmt die V. Afrikas insbes. im Hinblick auf die Auslandsschulden weiterhin stark zu und erreicht für einzelne Staaten besorgniserregende Dimensionen.

II. Ursachen und Entwicklung. Neben dem Problem der Inlands-V., das meist durch defizitäre Haushaltspolitik entsteht und durch inflationsanheizende Vermehrung der Geldmengen die wirtsch. Entwicklung lähmt, bindet v.a. die Bedienung der Auslandsschulden zunehmend nat. Ressourcen und verursacht gravierende Engpässe bis hin zur Zahlungsunfähigkeit des Staates.

II.1. Externe Ursachen. Hauptauslöser der Verschuldungskrise waren die Ölpreisschocks von 1973/74 und 1979/80. Bei der ersten Krise stieg der Ölpreis von drei auf elf US$/Barrel. Um die zusätzlichen Kosten zu finanzieren, mussten die Öl importierenden Entwicklungsländer entweder den Binnenkonsum oder die Investitionen reduzieren bzw. zusätzliche, infolge der Petrodollars leicht verfügbare Kredite aufnehmen. Ein Großteil der Entwicklungsländer griff – meist zu variablen Zinssätzen – auf Auslandskredite zurück. Ebenso 1979/80, als die Aufnahme ausl. Kredite vieler nicht Erdöl exportierender Staaten in eine schwere Verschuldungskrise führte, da die Industrieländer aufgrund des zweiten Ölpreisschocks eine Politik des sog. knappen Geldes betrieben, die die Zinssätze nach oben trieb. Realzinsen von zeitweise 10–20% waren keine Ausnahmen, wodurch die Zinslast der Entwicklungsländer dramatisch anstieg. Dazu kam ein steigender Dollarkurs, da die Kredite meist in US$ aufgenommen wurden. So entstand 1982 die erste sog. Verschuldungskrise, die v.a. durch die schwierige Lage Lateinamerikas in den Blickpunkt der Öffentlichkeit geriet und dazu führte, dass sich die Geschäftsbanken aus der Neuvergabe von Auslandskrediten zurückzogen, wodurch der Nettokapitaltransfer rückläufig wurde. Die Möglichkeit, durch zusätzliche Exporte Einnahmesteigerungen zu erzielen, wurde durch die Wachstumsschwäche der Weltwirtschaft von 1979 bis 1983 begrenzt. Recyclingverfahren,

Rohstoff sparender techn. Fortschritt und ein zunehmend breiteres Rohstoffangebot führten zu einem Rohstoffpreisverfall. Durch die negative Entwicklung der *Terms of Trade* mussten die Entwicklungsländer wesentlich mehr exportieren, um die gleiche Menge importieren zu können, was aufgrund des Protektionismus in den Industrieländern gegenüber Produkten aus den Entwicklungsländern schwieriger wurde. Hinzu kam, dass der Absatz hoch subventionierter Agrarexporte der EU in Afrika die Absatzchancen der lokalen Produktion zerstörte, wodurch es zu weiteren Einnahmeminderungen kam, die den Schuldendienst erschwerten. Die Kreditnehmer wurden häufig nicht sorgfältig beraten oder geprüft, da einmal die Staatsgarantien und zum anderen die Sicherheitsgarantien der Exportländer (wie z. B. die dt. Hermesdeckung) aus Sicht der Banken ausreichend Gewähr für Sicherheit boten.

II.2. Interne Ursachen. Neben externen gibt es auch eine Reihe interner Faktoren, die zur Verschuldungskrise vieler Staaten beigetragen haben: Ein großer Teil der Finanzierungsmittel wurde nicht für produktive Investitionen genutzt, aus deren Erträgen die fälligen Zins- und Tilgungszahlungen hätten bedient werden können. Stattdessen absorbierten Luxuskonsum, Prestigeobjekte sowie kapitalintensive unrentable Großprojekte bis zu 70% der aufgenommenen Mittel. Zusätzlich ergab sich das Problem der Fristen, d. h. kurzfristige Kredite wurden für langfristig wirksame Investitionen benutzt, deren Erträge erst wesentlich später anfielen als die durch die Laufzeit der Kredite festgelegten Rückzahlungen. Viele Länder versäumten eine angemessene Gestaltung der makroökonom. Rahmenbedingungen, wodurch das Risiko für Investitionen und für Wirtschaftswachstum stieg. Typische Strukturschwächen waren künstlich überhöhte Wechselkurse, wodurch die Importe verbilligt und die Exporte verteuert wurden. An Monostrukturen des Exports wurde festgehalten und die Agrarentwicklung und insbes. die eigenständige Ernährungssicherung vernachlässigt (z. B. Weizenimporte).

Ineffiziente Personal- und Ausgabenstrukturen (Rüstungs- und Sicherheitsausgaben) produzierten chronische Haushaltsdefizite und speisten so die Inflation. Ein desolates Schuldenmanagement, bei dem die Höhe der V. den Entscheidungsträgern nicht bekannt ist, unzureichende Kontrollen (Meldepflicht etc.), fehlendes Verantwortungsbewusstsein der Funktionäre und unzureichende Kontrollen der Mittelverwendung, ineffiziente staatl. Unternehmertätigkeit, ↗ Korruption und verkrustete bürokratische Strukturen lähmten die Wirtschaft. Dies steht auch in Zusammenhang mit fehlender Öffentlichkeit und Kontrolle. Das mangelnde Vertrauen in die pol. und wirtsch. Zukunft des eigenen Landes oder auch der eigenen Person führt häufig zu privaten Kapitalabflüssen ins Ausland. Zuverlässige Statistiken sind nicht verfügbar, aber Schätzungen des IWF nehmen eine insges. etwa der Verschuldungshöhe entsprechende Kapitalflucht an. So könnte das Auslandsvermögen des ehem. Präsidenten Mobutu (Zaire, heute Demokrat. Rep. Kongo) wahrscheinlich die Schulden seines Landes ausgleichen.

Ausmaß und Grad der V. variieren von Land zu Land, und auch wenn Afrika in absoluten Zahlen gesehen nicht zu den größten Schuldnern gehört, so sind doch die Auswirkungen der V. insbes. in den ärmeren Sahelstaaten gravierend.

III. Strategien und Handlungsoptionen. Von entscheidender Bedeutung für die zu wählenden Strategien ist die Einschätzung der Verschuldungsproblematik: Entweder handelt es sich um kurzfristige Liquiditätskrisen (Option: Umschuldungen) oder längerfristige Insolvenzkrisen (Option: Schuldenerlass und Sanierung). Umschuldungen können immer dann sinnvoll sein, wenn die Hoffnung besteht, dass das Land mittel- bis langfristig seine wirtsch. Stabilität zurückgewinnen kann. Erste Zahlungsunfähigkeiten, wie z. B. in Ghana 1966, wurden im Rahmen von Umschuldungen geregelt. Heute werden teilweise durch konzertierte Aktionen der Gläubiger- und Schuldnerländer, des IWF und der BIZ (Bank für Internat. Zahlungsausgleich) umfangreiche Umschuldungsmaßnahmen eingeleitet. Dadurch können die fälligen Tilgungen zeitlich gestreckt und durch die Gewährung neuer Kredite laufende Zinszahlungen geleistet werden. Im Rahmen des Pariser Clubs wird die Umschuldung der öffentl. Kredite organisiert, wodurch der private Sektor wichtige Impulse bzw. Vorgaben erhält. Zwar führen die Umschuldungen zur Beseitigung von Liquiditätsengpässen, die langfristigen Ursachen der V. werden jedoch nicht thematisiert. Ziel ist die volle Rückzahlung zu veränderten Konditionen. Die Überwindung akuter Zahlungskrisen steht im Vordergrund, da man einen internat. Finanzkollaps befürchtet.

Von 1983–85 wurden die kurzfristigen Überbrückungskredite durch Beistandskredite des IWF abgelöst. Diese Kredite waren mit einschneidenden wirtschaftspol. Auflagen verbunden, die die Voraussetzung bildeten für die Bereitschaft der Geschäftsbanken, parallel zu den Umschuldungsverhandlungen neue Kredite zur Verfügung zu stellen. Dabei handelte es sich meist um Maßnahmen zur Verminderung des öffentl. Haushaltsdefizits, zur Inflationsbekämpfung, zur Förderung produktiver Investitionen, zur Reduzierung konsumptiver Ausgaben, zur Schaffung positiver Realzinssätze (Ersparnisbildung), zur Förderung marktorientierter Wechselkurs- und Preispolitik, Liberalisierung des Außenhandels und zur Förderung von ausl. Investitionen.

Diese makroökonom. sinnvollen Maßnahmen hatten zum Teil negative Konsequenzen, insbes. für ärmere Bevölkerungsschichten: Der Staat nahm die geforderten Kürzungen häufig im Gesundheits- und Bildungsbereich vor (↗ Gesundheitsversorgung, ↗ Bildungswesen). Bes. hart waren die Streichung der Nahrungsmittelsubventionen sowie der Personalabbau in der Verwaltung. Die Freigabe der Preise für lokale Nahrungsmittel führte zu städt. Preissteigerungen. Neben der unzureichenden Sozialverträglichkeit wurden die Programme auch wegen ihrer ausgesprochenen Zahlungsbilanzorientierung, der Überschätzung der Steuerungskapazitäten des Staates und der zu kurzen Anpassungsfristen kritisiert. Es zeigte sich, dass hinter dem Problem der Zahlungsbilanzkrise Probleme struktureller Art standen, die kurzfristig nicht zu lösen waren.

Typische Ansatzpunkte der Weltbankprogramme sind: (1) die Handelspolitik: Exportförderung, institutionelle Hilfen, Importliberalisierung, Wechselkursanpassung; (2) die Verbesserung des Managements im öffentl. Sektor; (3) die techn. Hilfe zur Trägerförderung sowie (4) die Förderung der Privatwirtschaftsentwicklung. Dieser Ansatz ist als techn. Rehabilitierungsstrategie mit ausgesprochener Exportorientierung ohne ein eigentliches Entwicklungskonzept kritisiert worden. Die von Weltbank und IWF ins Leben gerufene Schuldenerlassinitiative für die HIPC-Länder (*Highly Indebted Poor Countries*) verfolgt das Grundprinzip von Schuldenerleichterung gegen Reformen, wobei erstmals auch der Einschluss multilateraler Schulden erfolgt. Ziel ist eine langfristig tragfähige Schuldendienstbelastung (Zinszahlungen plus Tilgungen) der Länder. Der G 7-Gipfel 1999 in Köln beschloss eine Reform der HIPC-Initiative, die mehr Länder einschließen soll. Bis Ende 2000 waren folgende afrik. HIPC-Länder in die Initiative aufgenommen worden: Benin, Burkina Faso, Gambia, Guinea, Guinea-Bissau, Kamerun, Madagaskar, Malawi, Mali, Mauretanien, Mosambik, Niger, Ruanda, São Tomé und Príncipe, Sambia, Senegal, Tansania, Tschad und Uganda.

Nur nachhaltige gesellsch. Reformen können bei gleichzeitigem Schuldenerlass helfen, den hochverschuldeten Ländern eine gangbare Perspektive zu eröffnen. Im Einzelfall besteht jedoch das Risiko, dass Einsparungen durch Schuldenerlasse nicht zur Armutsbekämpfung genutzt und die notwendigen Strukturreformen (↗ Strukturanpassung) nur halbherzig umgesetzt werden. Neben den erwähnten externen Ursachen sind es v. a. die internen institutionellen Strukturen der Länder, die einer nachhaltigen Reform unterzogen werden müssen, um die Armuts- und Verschuldungsfalle zumindest mittel- bis langfristig überwinden zu können. ↗ Außenwirtschaft, ↗ Finanz- und Währungspolitik, ↗ Finanzsektor, ↗ Lomé-Abkommen.

🕮 Herausforderung Schuldenkrise, München 2000. – E. Toussaint, Profit oder Leben. Neoliberale Offensive oder internationale Schuldenkrise, Köln 2000. – www.imf.org

Walter Thomi

Verstädterung ↗ Urbanisierung

Verwaltung ↗ Öffentliche Verwaltung

Verwandtschaft, System sozialer Beziehungen aufgrund von Abstammung und Heirat. Afrika weist einen großen Reichtum an Verwandtschaftssystemen auf – im Gegensatz zu Europa, wo zwar auch heute noch Grundbesitz und Industriekapital durch Erbe und Heirat transferiert werden, wesentliche Funktionen von V. wie Rache oder Altersversorgung aber von staatl. Institutionen (Polizei, Militär, Rechtswesen, Wohlfahrt, Versicherungen) übernommen worden sind und z. B. zwischen den Kindern der Brüder und Schwestern des Vaters und der Mutter – den Vettern und Kusinen – nicht mehr terminologisch unterschieden wird.

In Afrika hat V. nicht an Bedeutung verloren, vielmehr bieten staatl. Institutionen neue Arenen der Betätigung auch verwandtschafts-basierter Netzwerke (↗ Neopatrimonialismus). V. ist als Medium sozialer Bindungen und Strukturierungen so vorherrschend, dass auch Vergemeinschaftungen, die auf anderen Prinzipien beruhen (Lokalität, Kooperation), dazu tendieren, in verwandtschaftlichen Begriffen beschrieben zu werden. Die Formen der Abstammung und damit zusammenhängend der Weitergabe von Gütern und Zugehörigkeiten prägen die soziale Organisation einer Gesellschaft und umgekehrt (größere Abstammungsgruppen, ↗ Klan und Lineage).

Die Weitergabe einer Zugehörigkeit kann patrilinear sein, d. h. vom Vater an Kinder beiderlei Geschlechts, weiter aber nur durch Söhne, matrilinear, d. h. von der Mutter an Kinder beiderlei Geschlechts, weiter aber nur durch Töchter, wobei an das männl. Geschlecht gebundene Ämter und Funktionen von einem Mann an den Sohn seiner Schwester (SwSo) übertragen werden, oder kognatisch, d. h. von beiden Eltern und ihren Herkunftsfamilien an Kinder beiderlei Geschlechts. Aufgrund der einen oder anderen Art der Weitergabe von einer patri- bzw. matrilinearen Gesellschaft zu sprechen, ist ungenau, denn diese Linearitäten sind Merkmale von Deszendenz- und Erbregelungen, nicht von ganzen Gesellschaften. Gibt es mehrfache Gruppenzugehörigkeiten, von denen die eine patrilinear, die andere matrilinear weitergegeben wird, spricht man von doppelt-unilinearer Abstammung. In einem solchen System wird also die Abstammung vom Vater zum Vater des Vaters verfolgt, von der Mutter entsprechend zur MuMu, während die Beziehung zu den anderen beiden Großelternteilen (VaMu und MuVa) keine Gruppenzugehörigkeit bestimmt und als weniger eng empfunden wird. In einem kognatischen System dagegen gebührt allen vier Großeltern annähernd die gleiche kulturelle Aufmerksamkeit.

Gleichsetzungen von Patrilinearität und Patriarchat sowie ↗ Matrilinearität und Matriarchat sind veraltet und entsprechen nicht den Gegebenheiten. Die Sichtweise von patrilinearen Abstammungsgruppen als Gruppen von Männern, die untereinander zum Zweck der Heirat Frauen tauschen, trägt den wirklichen Entscheidungsstrukturen nicht Rechnung, da die Rolle der weiblichen Akteure beim Zustandekommen solcher Verbindungen vernachlässigt wird (↗ Heiratsordnungen). Andererseits stärkt Matrilinearität nicht automatisch die Position der ↗ Frauen. Nur wenn Matrilinearität und Matrilokalität zusammenfallen, also Landeigentum von Frauen an Frauen weitergegeben wird und sich so zusammen siedelnde Gruppen miteinander verwandter Frauen bilden, deren Ehemänner von außen hinzukommen, kann sich die Balance von Macht und Einfluss zugunsten der Frauen verschieben. Wo Rechte zwar durch Frauen, aber nicht an Frauen weitergegeben werden, ist dies nicht der Fall. Werden Landrechte matrilinear von einem Mann an seinen SwSo vererbt, so dass ein junges Paar zum MuBr des Bräutigams zieht (Avunkulokalität), haben Frauen keinerlei Vorteil gegenüber einem patrilinearen Arrangement.

Sich die Verbreitung von Linearitätsformen in Afrika anzusehen, kann also nur als grobe Orientierung dienen; den Komplexitäten der ethnographischen Realität wird dadurch nicht Rechnung getragen. Quer durch das südl. Afrika, vom südl. Kongogebiet und Angola bis an die Küsten des Ind. Ozeans nördl. des Sambesi erstreckt sich ein breiter matrilinearer Gürtel, an dessen Rändern auch doppelt-unilineare und kognatische Systeme vorkommen. Ansonsten gibt es matrilineare Inseln in Westafrika, bei den Akan in und um Ghana, bei den Tuareg in der Sahara und in kleinteiliger, breiter Streuung im übrigen Afrika. In den Regionen nördl. und südl. des matrilinearen Gürtels ist meist Patrilinearität vorherrscht.

Für alle Behauptungen eines engen Zusammenhangs zwischen Abstammungsrechnungen und Verwandtschaftsterminologien finden sich Gegenbeispiele. Trotzdem lassen sich einige typische Entsprechungen feststellen. Im nördl. Afrika gibt es häufig Bezeichnungssysteme für Verwandte, die den ethnolog. Wortzusammmensetzungen entsprechen und die einzelnen Verwandtschaftstypen genau unterscheiden. Wenn z. B. der Mutterbrudersohn (MuBrSo) in einer Weise bezeichnet wird, die die einzelnen Elemente (Mu, Br, So) erkennen lässt, und wenn dieser Typ von Wortbildung in der betreffenden Verwandtschaftsterminologie vorherrscht, spricht man von einer deskriptiven Terminologie. Existiert ein gesonderter Terminus für jeden Verwandtschaftstypus, sind diese Bezeichnungen aber nicht in der erwähnten Weise zusammengesetzt und analysierbar, so handelt es sich um eine Terminologie vom sog. Sudan-Typ. Deskriptive und Sudan-Terminologien finden sich häufig in Kulturen, die durch patrilineare Abstammungsgruppen, insbes. in ↗ segmentären Gesellschaften, geprägt sind. Dem patrilinearen Klangedanken entspricht in vielleicht noch reinerer Form das sog. Omaha-System, das eigentümliche Spiegelungen zwischen den Bez. für die Klanangehörigen der Mutter und für die Kinder der eigenen (wirklichen oder Klan-) Schwester aufweist. Diese beiden Kategorien von Verwandten haben miteinander gemein, dass die SwKi zu Ego stehen wie dieser zu seinem MuBr. Auch setzt das Omaha-System Mitglieder des eigenen Patriklans in der eigenen Generation Brüdern und Schwestern gleich oder unterscheidet sie zumindest von allen anderen Vettern und Kusinen. Eine Terminologie, die sich von allen anderen in der Verwandtschaftsethnologie etablierten Typen unterscheidet, ist die der Boran (Äthiopien), die die VaBrKi den eigenen Geschwistern gleichsetzen und alle anderen Vettern und Kusinen mit einer anderen, untereinander aber gleichen Bezeichnung (also sozusagen als Vettern bzw. Kusinen) bezeichnen. Auch hier kommt zum Ausdruck, dass Verwandtschaftssysteme nicht nur als Beziehungsnetz zwischen Individuen gesehen werden sollten, sondern auch im Lichte der vorherrschenden Gruppenstrukturen. ↗ Brautpreis, ↗ Familie, ↗ Familien- und Erbrecht, ↗ Islam. Familien- und Erbrecht, ↗ Patrilokalität, ↗ Scherzverwandtschaft.

🕮 A. Kuper, Wives for Cattle: Bridewealth and Marriage in Southern Africa, London 1982. – R. Parkin, Kinship: An Introduction to Basic Concepts, Oxford 1997. – G. Schlee, Kuschitische Verwandtschaftssysteme in vergl. Perspektiven. In: T. Geider/R. Kastenholz (Hg.), Sprachen und Spracherzeugnisse in Afrika, Köln 1994.

Günther Schlee

Viehhaltung/Viehzucht in Afrika ist charakterisiert durch eine Vielzahl von Formen, die sich nach gehaltener Tierart und Intensitätsstufe unterscheiden. Unter den großen Wiederkäuern haben Rinder mit 15 % des Weltbestandes die größte Bedeutung. Kamele, bei denen es sich ausschließlich um das einhöckerige Dromedar handelt, finden sich zu 73 % in Afrika. Die Zahl der kleinen Wiederkäuer, Ziegen und Schafe, ist in den letzten Jahren stark angestiegen. Eine größere Konzentration von Equiden in den drei Arten Esel, Maultier und Pferd findet sich in Äthiopien, während in Ägypten und Marokko überwiegend Esel verbreitet sind. Insbes. bei den Nomaden (↗ Nomadismus) hat V. primär die Funktion, Sicherheit zu gewährleisten, Wohlstand zu akkumulieren und damit Status und Prestige zu dokumentieren. V. ist in Afrika ein fester Bestandteil der Kultur; in zahlreiche ↗ Rituale sind Tiere eingebunden.

Darüber hinaus leistet die V. einen wichtigen Beitrag zur menschlichen Ernährung. 1996 wurden insgesamt 9,3 Mio. t Fleisch erzeugt, d. h. 13 kg pro Kopf und Jahr (gegenüber einer Produktion von 71 kg pro Kopf und Jahr in der BRD). Der Rindfleischanteil war mit 37 % der größte, gefolgt von Geflügelfleisch (25 %) und Hammel- und Ziegenfleisch (17 %). Die Unterschiede in der Fleischerzeugung sind in den einzelnen Ländern erheblich. Während bspw. Botsuana 45 kg und Südafrika 29 kg pro Kopf und Jahr produzieren, erzeugen Mali und Sierra Leone lediglich 5 kg. Zusätzlich wird bei der V., mit Ausnahme von Schweinen und Geflügel, pflanzliches Material verwertet, das für die menschliche Ernährung nicht direkt nutzbar ist.

Außerdem wird V. als Zugtierhaltung betrieben. Hierzu dienen überwiegend Ochsen, aber auch Equiden und Kamele. Im subsahar. Afrika weist der O des Kontinents eine bedeutend höhere Zugtierdichte auf als der W und S. Allein Äthiopien verfügt über 36% des gesamten Bestandes. Die großen Wiederkäuer ermöglichen es dem Menschen, in Trockengebieten zu leben, die ohne diese nicht bewohnbar wären.

In der V. Afrikas sind drei, i.d.R. für bestimmte ↗ Ökozonen charakteristische Systeme zu unterscheiden: (1) Extensive Produktionssysteme finden sich in den Trockengebieten. Zu ihnen gehören die ↗ Weidewirtschaft der Hirtennomaden ebenso wie kapitalintensive Großfarmen (Ranchbetriebe). (2) In den halbfeuchten Savannen und insbes. in den tropischen Höhenlagen finden sich Ackerbausysteme mit integrierter V. Hier sind beide Betriebszweige zu einem integrierten System verzahnt durch fruchtbarkeitsmehrenden Futterbau auf dem Acker, Verwendung von Stallmist und tierischer Anspannung. Diese Form erlaubt eine erhebliche Steigerung der Intensität der ↗ Bodennutzung und wird daher in dicht besiedelten Gebieten zunehmend angewandt. In der höchsten Intensitätsstufe wird der Weidegang aufgegeben und das Vieh ganzjährig im Stall gehalten. (3) Die bodenunabh. V. ist eine neuere Entwicklung in Afrika mit relativ hohen Zuwachsraten. Die intensive Hühnerhaltung zur Fleisch- oder Eierproduktion hat sich in dicht besiedelten Gebieten und in Stadtnähe zur wichtigsten Quelle der Eiweißversorgung entwickelt. Die Schweinebestände sind in den letzten Jahren um ein Drittel gewachsen, haben aber mit einem Anteil von 1% der Weltpopulation in Afrika nur geringe Bedeutung. Die Problematik der bodenunabh. V. liegt in der Nahrungskonkurrenz zum Menschen und vielfach auch in der Abhängigkeit von Futtermittelimporten. Auf der anderen Seite gewährleistet sie die Versorgung der wachsenden ↗ Bevölkerung mit relativ preiswertem tierischen Eiweiß. ↗ Landwirtschaft.

Eckhard Baum

Vodún (frz. *Vodoun*, engl. *Voodoo*), die traditionelle Religion im Süden Benins, ist auch unter der Küstenbev. Westnigerias, Togos und Ghanas verbreitet. Der Begriff V. kommt in allen *gbè*-Sprachen (früher Ewe genannt) vor. Er wird, nicht unumstritten, mit das »aufgedeckte Mysterium«, übersetzt, abgeleitet aus *vo* = Mysterium, Geheimnis und *dún* = entschleiern, loslösen.

In Benin kennt man hunderte versch. V. Zu den am weitesten verbreiteten gehören *Sakpatá*, *Heviosò*, *Gun* oder *Dangbé*. Die den V. zugeschriebenen Aufgaben sind auf innerweltliche Probleme gerichtet. Sie sind zuständig für eheliche Treue, menschliche Reproduktion, Bodenfruchtbarkeit und Eigentum. Als personifizierte Naturkräfte, die im Konsens mit den Ahnen (↗ Ahnenkult) handeln, greifen die V. strafend in die Welt der Menschen ein. ↗ Krankheit, Naturkatastrophen oder Kinderlosigkeit werden dem Wirken der V. zugeschrieben. Zur Abwendung von Unheil sind Opferzeremonien und Initiationen erforderlich.

Die Perpetuierung und Reproduktion der Kulte erfolgt durch die Position des V.-Priesters (*vodúnno*) und durch die geheime ↗ Initiation für die Eingeweihten (*vodúnsi*). In der Regel wird die Priesterposition vererbt und ist Männern vorbehalten. Die Initiation findet im fünf- bis siebenjährigen Rhythmus statt und dauert, je nach V., zwei oder drei Jahre. Während der Initiation werden die Initianden, überwiegend Frauen, an einem isolierten Ort in der Geheimsprache, den Tänzen (↗ Tanz) und Anrufungen unterrichtet, die für die Verehrung notwendig sind. Zentral ist dabei das Erlernen der Trance. Im Moment der Trance werden die Handlungen des Individuums von den Göttern kontrolliert, und es verkörpert dieses Wesen selbst. Die Hierarchie der Kulte ist undurchlässig, eine Initiierte kann nie Priesterin werden. Die Position des Priesters ist durch Zugang zu Wissen, Macht und Wohlstand gekennzeichnet; Unterwerfung, Ergebenheit und Gehorsam bestimmen die Rolle der Initiierten.

Die V.-Kulte üben nicht nur relig., sondern auch pol. Funktionen aus. Die Priester sind i.d.R. Richter. In dieser Rolle sind sie in das dörfliche System sozialer Kontrolle eingebettet. Die V.-Priester regulieren relig. und zivile Verfehlungen wie Diebstahl, Gewaltdelikte, Ehezwistigkeiten oder Scheidungen. Sie konkurrieren somit auf lokaler Ebene mit anderen Rechtsinstitutionen, wie dem Altenrat und der staatl. Gerichtsbarkeit (↗ Recht).

Die Geschichte der V.-Kulte ist durch Kampf um pol. Einfluss gekennzeichnet. Dies reicht bis in die frühe Zeit des Königreiches Dahomé zurück und setzt sich bis in die koloniale und postkoloniale Zeit fort. Während der marxistisch-leninistischen Herrschaft (1975–1989) wurde die relig. Ausübung verboten. Damals wurde V. als konservative soziale und pol. Kraft wahrgenommen, die insbesondere in ländl. Regionen eine Gefahr für die staatl. Institutionen darstellte. Erst die Rückkehr zur Demokratie unter Präsident Nicéphore Soglo (1991) brachte eine massive Wiedereinführung der V.-Kulte. Damit versuchte der neue Staat die Macht der V.-Priester für sich zu funktionalisieren, um Einfluss und Zugang zur pol. desillusionierten ländl. Bev. zu erlangen.

Die V.-Kulte werden, auch von ihren Anhängern, scharf kritisiert. Die hohen Kosten und die mehrjährige Isolation während der Initiation gehören zu den Hauptkritikpunkten. Andere sind die Willkür und ↗ Korruption, die im Zusammenhang mit der Funktion der sozialen Kontrolle durch die Priester ausgeübt wird. Abgelehnt wird auch das Geheimhaltungsgebot, das streng kontrolliert und sanktioniert wird. Häufig verarmen die Familien nach Bezahlung der Initiation, während die Priester zu den reichsten Männern am Ort zählen.

Mehr als von jedem anderen Aspekt der V.-Kulte sind außenstehende Beobachter von der Trance beeindruckt. Im V. dient die Trance jedoch nicht der Befreiung des Individuums oder des Unbewussten. Sie ist vielmehr die Manifestation der absoluten Beherrschung des V. über seine »Frauen«, die *Vodúnsi*. Die Trance hat hier eine pol. Funktion für die Kulte und trägt zu deren Perpetuierung und Stabilität bei.

🕮 S.P. Blier, African Vodun. Art, Psychology and Power, Chicago, 1995. – K. Elwert-Kretschmer, Religion und Angst. Soziologie der Voodoo-Kulte. Frankfurt/M., 1997. – P. Verger, Dieux d'Afrique. Cultes des Orishas et Voduns à l'ancien Côte des Esclaves en Afrique et à Bahia, la Baie de tous les Saints au Brasil, Paris, 1954.

Karola Elwert-Kretschmer

Voodoo ↗ Vodún

Vorkoloniale politische Systeme. Afrik. Völker haben sich in vorkolonialer Zeit in einer Vielzahl pol. Formen organisiert, entsprechend ihren pol. und kulturellen Erfahrungen und den sozialräumlichen Bedingungen ihres Siedlungsgebiets. Diese Formen waren komplex und unterlagen der ständigen Anpassung an sich wandelnde Rahmenbedingungen.

I. Jäger und Sammler. Es hat in allen Großräumen Gesellschaften gegeben, die ihren Lebensunterhalt vornehmlich vom Jagen, Sammeln oder von der Viehzucht bestritten haben. Sie mussten ihre Organisation in hohem Maße den spezifischen Überlebensbedingungen anpassen. Verwandtschaftliche Bande, Alter und Erfahrung ließen Einzelnen eine Führungsrolle zukommen, wenn gemeinsame Belange betroffen waren. Jäger- und Sammlervölker im südl. Afrika, die San, sowie die vornehmlich von der Viehzucht lebenden Khoikhoi (↗ Khoisan), aber auch die Pygmäen in Zentralafrika sind Beispiele für diesen Zusammenhang von ökonom., gesellsch. und pol. Organisationsform. Wegen der notwendigen Beweglichkeit lebten die Sammler und Jäger in kleineren Gruppen; mehrere von ihnen bildeten durch die gemeinsame Sprache und die gemeinsamen Ahnen eine Einheit, was auf die Lebensweise der Jagdgruppen aber keinen Einfluss hatte. Besitz materieller Güter war auf das jeweils auf dem Rücken Tragbare beschränkt. Besitzverhältnisse spielten deshalb keine differenzierende Rolle. Das Leben der Gruppe wurde normalerweise durch ältere und in der Jagd und im Sammeln erfahrenere Männer oder Frauen geordnet, die auch rituelle Funktionen hatten, um die Verbindung der Gemeinschaft zu den Ahnen und Göttern herzustellen. Größere Streitfälle wurden durch Intervention der ganzen Gemeinschaft geschlichtet, alles andere regelten die einzelnen Familien selbst. Die formalisierte pol. Autorität, die »Herrschaft«, beschränkte sich also auf nur wenige Bereiche.

II. Viehzüchter. Viehzüchtervölker waren und sind stärker organisiert, weil sie in größeren Verbänden zusammenleben und sich ihr Lebensrhythmus an dem des Viehs zu orientieren hat. Besitzverhältnisse waren bei ihnen stärker ausgeprägt, weil sie Vieh aufzogen, damit Reichtum schufen und davon ihren Lebensunterhalt bestritten. Die Herden waren kein Gemeineigentum; vielmehr setzten sich Besitzrechte einzelner Gruppen und Familien durch. Durch Unterschiede in Fruchtbarkeit und Krankheitsanfälligkeit der Tiere bildeten sich Differenzierungen in Besitz, Ansehen und Einfluss. Um das Überleben der Gruppe zu sichern, mussten sie sich gegen Jagdzüge von Nachbarn verteidigen und eine handlungsfähige Führung schaffen. Interne Streitigkeiten um den Besitz von Vieh und den Zugang zu den Wasserstellen machten ebenfalls die Herausbildung von Entscheidungsinstanzen notwendig. Damit war die Basis für ein Amt gelegt, das richterliche, pol. und milit. Funktionen beinhaltete; es wird i.Allg. Häuptlingsamt genannt. Die bekanntesten Viehzüchtervölker sind die Maasai und Somali in Ostafrika, die Herero im südl. Afrika und manche Fulbegruppen in Westafrika. Wegen der Weite ihres Lebensraumes ist die Herausbildung zentraler Organisations- oder Herrschaftsinstitutionen, die alle Gruppen umfasst hätten, in der Geschichte nicht notwendig geworden (↗ Nomadismus).

III. Ackerbauern. Ackerbaugesellschaften mussten sich auf andere Existenzbedingungen einstellen. Sie waren sesshaft, lebten in festen Behausungen und schufen damit immobilen Besitz; sie nutzten dauerhaft den Boden, rodeten Land, pflanzten Früchte, Gemüse und Bäume, entwickelten Dünge- und Bewässerungsmethoden und legten Speicher zur Aufbewahrung von Ernteerträgen an. So entstand eine festere Bindung an ein bestimmtes Stück Land und ein Recht auf seine Nutzung. Zur Absicherung ihrer Lebensform hielten diese Gesellschaften zusätzlich Kleinvieh oder auch Rinder und nutzten den Reichtum der Natur durch Jagen und Sammeln. Ihr Besitz und relativer Reichtum bedurfte eines größeren Schutzes vor Feinden, und so entwickelte sich eine stärker zentralisierte pol. Organisationsform, aber auch die Möglichkeit der Besteuerung durch diejenigen, die Gemeinschaftsaufgaben in Form von Herrschaftsfunktionen übernahmen oder sich gewaltsam als Herrscher oder Beschützer aufdrängen konnten.

Unter diesen Bedingungen haben sich unterschiedliche Formen pol. Organisation herausgebildet. Der Familienverband war die kleinste und für die Menschen wichtigste Einheit. In dünn besiedelten Regionen haben sich rituelle Führer Anerkennung verschafft, die beim Pflanzen und Ernten sowie bei der Zuteilung von Land eine wichtige Rolle spielten, weil sie als direkte Nachfahren der ersten Besiedler des Landes den Pakt der Vorfahren mit der Natur zur friedlichen Einbindung der Natur in den Nutzungsprozess durch Ackerbauern zu erneuern hatten. In Ostafrika hießen sie *ntemi-chiefs* und waren häufig die einzigen Machtträger in einem Dorf. Ähnliche Organisationsformen von Macht gab es in vielen Regionen: *earth priests* bzw. *maîtres de territoire* übten rituelle Funktionen aus und sorgten für den Frieden zwischen Mensch und Natur (↗ Erdherr/Erdpriester).

In dichter besiedelten Gegenden empfanden die Menschen oft die Notwendigkeit, ein stärker ausgeprägtes System pol. Machtausübung aufzubauen. Es haben aber auch Agrargesellschaften existiert, die segmentär geblieben sind und ihr Überleben ohne einen zentralisierten Staatsapparat sichergestellt haben (↗ segmentäre Gesellschaften). Sie haben sich in kleinen Einheiten organisiert, obwohl sie über Verwandtschaftsbande und kulturelle Gemeinsamkeiten mit anderen Gruppen verbunden waren, mit ihnen eine Einheit bildeten und in demselben Großraum lebten. Die bekanntesten sind die sog. Nuer, eine von Ackerbau und Viehzucht lebende Gesellschaft im Sudan, mit etwa 300.000 Menschen. Auch die igbosprachigen Völker im S Nigerias oder die Duala in Kamerun haben keine übergreifenden Herrschaftsinstanzen ausgebildet. Diese Organisationsformen waren fließend, sie verfestigten sich, wenn ein gemeinsames Vorgehen notwendig erschien.

Andere Ackerbauern haben Verwandtschafts- oder Abstammungsbeziehungen zum Ausgangspunkt ihrer Organisation in sog. Häuptlingstümern gemacht. Hier wurde eine Person, in der Regel ein älterer Mann, der in der Abstammungslinie am nächsten mit dem Gründerahn verwandt war, mit einer bes. Autorität ausgestattet und zum »Häuptling« eingesetzt (↗ traditioneller politischer Herrscher).

IV. Zentralistische politische Organisationsformen. In manchen Regionen und zu manchen Zeiten haben sich zentralistische pol. Organisationsformen herausgebildet, Stadtstaaten oder Reiche. Die Ursachen dieser Form der Staatenbildung haben mit den naturräumlichen Rahmenbedingungen, der Bevölkerungsdichte, der Existenz von wichtigen Fernhandelsnetzen sowie ihrer Kontrolle, mit gesellsch. Differenzierungsprozessen und mit realen Machtverhältnissen innerhalb der Gesellschaft und in dem jeweiligen geogr. Raum zu tun. So haben die yorubasprachigen Völker trotz der verbindenden Elemente ihrer gemeinsamen Kultur nicht zu einer gemeinsamen pol. Organisation in einem einzigen pol. Zentrum gefunden, sondern mehrere Reiche gebildet, die sich jeweils um eine ↗ Stadt gruppierten und Gemeinsamkeiten in den pol. Strukturen und Konzepten aufwiesen. Es haben sich auch Reiche gebildet, die Gruppen derselben kulturellen Gemeinschaft in zentralisierten Organisationsformen zusammengeschlossen haben, wie in Buganda, den Nachbarreichen im heutigen Uganda, in Ruanda, ↗ Benin oder Swasiland. Andere Herrscher haben ihre Macht auch auf andere Völker ausgedehnt, diese unterworfen und Großreiche konstituiert, so die alten Reiche ↗ Ghana, ↗ Mali und ↗ Songhay oder die neueren wie ↗ Asante, Dahomey oder das ↗ Zulureich. In diesen Fällen ist eine herrschende Schicht entstanden, die über verwandtschaftliche Merkmale hinausging, mit einem ↗ König an der Spitze.

Die Herrscher legitimierten ihren Machtanspruch auf versch. Weise: in den alten Reichen sowie im Zulureich in erster Linie durch milit. Stärke; in Buganda, Ruanda, Asante, Dahomey und vielen anderen sowie in den sog. Häuptlingstümern durch die ↗ Tradition, d. h. der Herrscher galt als legitimer Nachfolger der herrschenden Dynastie. Die Tradition war überall das Kernstück der Legitimation von Macht; sie beschränkte sie gleichzeitig durch Institutionen wie Ältestenräte und die Gegenüberstellung der pol. und der geistigen Machtträger. Die Souveränität lag auf mehreren Schultern, und die Gesetzgebung des Herrschers war an die Mitsprache anderer gebunden. Ein sakraler Herrscher führte seine Legitimation auf einen göttlichen Ursprung seiner Dynastie zurück. Ihm wurden magische Kräfte zugeschrieben, die auch die Herrschaft über die Natur einbezogen.

V. Islamische Staatswesen. Eine sich von allen geschilderten Staatsformen deutlich abhebende pol. Organisationsform waren die islam. Staatswesen, die im 18. und 19. Jh. in Westafrika gegründet wurden, so das Kalifat von Sokoto oder das ↗ Fulbereich von Massina (↗ Islamisierung, ↗ Djihad). Sie waren vom Anspruch her Theokratien, in denen Gott als oberste Autorität und Norm für die Organisation von ↗ Gesellschaft und Staat angesehen wurde. Der Herrscher, der Kalif, übte seine Macht aus im Namen Allahs, er war als solcher der Oberbefehlshaber der Gläubigen, das Volk die Gemeinschaft der Gläubigen. Diese Theokratien waren zentralisierte Staaten, auch wenn das Kalifat Sokoto in mehrere Emirate aufgeteilt war. Dieses Konzept stellte für die Gläubigen, d. h. für die Muslime, einen erheblichen Fortschritt dar, weil es eine größere Rechtssicherheit und Gleichheit vor dem Gesetz mit sich brachte. Das Kalifat schuf auch einen großen einheitlichen Wirtschaftsraum, die Voraussetzung für eine Weiterentwicklung von Handwerk und Handel, die mit Entstehung der Textilmanufaktur in und um Kano auch verwirklicht wurde, und für eine Fortentwicklung der gesellsch. Arbeitsteilung, der sich im Aufstieg der Gelehrten und Privathändler ausdrückte.

Im Laufe der Jahrhunderte haben die pol. Organisationsformen afrik. Gesellschaften unter dem Druck interner Dynamik und äußerer Anstöße tiefgreifende Änderungen erfahren, bis zum Abgleiten in Willkürherrschaft. Die nachhaltigsten äußeren Einwirkungen sind durch das Eindringen des ↗ Islam, den ↗ Sklavenhandel und das Vordringen der Europäer und der Weltwirtschaft im Zuge des Übergangs vom Sklaven- zum Warenhandel im 19. Jh. erfolgt. ↗ Architektur, ↗ Klan und Lineage, ↗ Kulturkreise, ↗ Religionen, traditionelle, ↗ Verwandtschaft, ↗ Wildbeuterkunst.

Leonhard Harding

Wahrsager ↗ Divination, ↗ Krankheit und Heilung, ↗ Marabut

Währungspolitik ↗ Finanz- und Währungspolitik

Wald ↗ Entwaldung, ↗ Forst- und Holzwirtschaft, ↗ Ökozonen, ↗ Regenwald/Regenwaldzerstörung

Wanderarbeit, Mobilität der Arbeitskraft, die sich in Afrika seit der Kolonialzeit entwickelte und für die es vielschichtige Gründe gibt. In gesellsch. Hinsicht ist die W. der Kolonialzeit häufig eine Auflehnung jener Schichten, die am Rande der Gesellschaft oder in Abhängigkeitsverhältnissen stehen; diese werden durch die Kolonisation von der traditionellen Oberherrschaft der sozial Höhergestellten befreit, denen gegenüber sie zu unentgeltlichen Leistungen verpflichtet sind.

In wirtsch. Hinsicht gibt es mehrere Gründe: (1) den Protest gegen zu geringe Entlohnung oder ↗ Zwangsarbeit, wie sie in manchen kolonialen Systemen, z. B. den frz., an der Tagesordnung war; diese Situation begünstigte eine bedeutende Abwanderung in andere Kolonialgebiete, z. B. in die brit.; (2) die Abwanderung aus Regionen mit schwacher Produktivität oder geringen wirtsch. Möglichkeiten in Gebiete mit vermeintlich größeren Erfolgschancen (↗ Migration). So haben die Saisonarbeiter aus Obervolta (heute Burkina Faso) die Grundlagen für die Erdnussindustrie in Senegal und für die Kakaoindustrie in der Elfenbeinküste gelegt. Der Lebensmittelhandel in Gabun ist fast vollständig in der Hand von Kamerunern; der Fischfang in Nordkamerun (Tschadsee, Lagdo-Staudamm) wird von Maliern kontrolliert. In der gleichen Weise besteht und floriert der ↗ Bergbau im südl. Afrika (Rep. Südafrika, Namibia) dank der Arbeiter, die kostengünstig in Lesotho, Swasiland, Mosambik und Malawi rekrutiert werden. Die von diesen Arbeitern in ihre Heimatländer transferierten Gelder stellen dort einen beträchtlichen Beitrag zum Volkseinkommen dar.

Viele Wanderarbeiter haben sich definitiv an ihrem Arbeitsort niedergelassen und die Nationalität ihres Gastlandes angenommen. Im Zuge des pol. Wandels zu ↗ Demokratie und Mehrparteiensystemen kommt es angesichts des hohen Bevölkerungsanteils an Zuwanderern bei einheimischen Bevölkerungsgruppen, um die Migranten von pol. Partizipation auszuschließen, zu Rückgriffen auf nat., regionale oder ethn. Zugehörigkeiten (↗ Ethnizität, ↗ Tribalismus).

Eugène Désiré Eloundou

Wanderfeldbau ist eine ursprüngliche Form der Bodennutzung, die an niedrige Bevölkerungsdichten (↗ Bevölkerung) und verfügbare Landreserven gebunden ist. Nach ein bis drei Jahren Anbau folgen zur Regeneration der Bodenfruchtbarkeit Brachezeiten von 20 Jahren und mehr. Die genutzte Fläche in der Nähe des Wohnplatzes wechselt regelmäßig. Ist der Boden erschöpft, wandert man an einen anderen Ort innerhalb des Gebiets, in dem man als Mitglied einer Ethnie ↗ Bodenrechte besitzt. Vegetation und Bodenfruchtbarkeit gelten als regenerationsfähig, solange der Anteil das jährl. bebauten Landes 15% des nutzbaren Areals nicht übersteigt. Zunehmende Besiedlungsdichte erzwingt Verkürzung der Brachezeiten, diversifizierten Anbau und Intensivierung. W. mit kurzen Brachen wird als Umlagewirtschaft bezeichnet. ↗ Landwirtschaft.

Eckhard Baum

Wanderungen ↗ Migration

Warlords ↗ Rebellenbewegungen

Wasser ↗ Bewässerungswirtschaft, ↗ Gewässer

Weberei. Der Webstuhl ist noch heute Realität in vielen afrik. Städten und Dörfern, ganz bes. jedoch im W des Kontinents und dort mit regionalen Varianten. Beim heutigen Stand der Forschung gilt die Hypothese als glaubwürdig, dass der Webstuhl semitischer Herkunft ist; der Transfer nach Afrika aber auf zwei Wegen erfolgte. Zum einem ist er den ↗ Arabern zu verdanken, die ihn z. B. den Fulbe bekannt machten. Der zweite Weg verweist auf eine sehr alte nichtarab., vielleicht syrische, türkische oder griech. Herkunft.

Die Araber, die bereits die Stoffe für ihre Tuniken (*djellabah*) weben konnten, gaben das Instrument wahrscheinlich an die islamisierten ↗ Fulbe weiter; möglich ist auch, dass sich islamisierte Afrikaner auf der Pilgerfahrt nach Mekka die benötigten Teile und die Kenntnisse für die Montage von Webstühlen beschafft haben. Im 11. Jh. war die Webtechnik jedenfalls in Mali und Mauretanien bekannt. Die Fulbe gaben ihre Technik an die westafrik. Tukulor weiter. Eine abgewandelte Form des Webstuhls nahmen die Serer und Wolof in Senegal in Gebrauch. Der Transfer setzte sich unter den Völkern des alten Reichs ↗ Mali bis zu den Dogon fort. Dieser arab.-berberische Webstuhl eroberte den ganzen Nigerbogen bis zum Tschadsee, und über die Senufo und Dyula erreichte er schließlich die Akan in Ghana. Der zweite, nichtarab. Herkunftsweg fand seinen Endpunkt bei den Yoruba (Nigeria). Den Webstuhl soll dort eine im 9. Jh. aus dem NO zugewanderte Proto-Yoruba-Gruppe eingeführt haben. Deren Besonderheit ist, dass sie nicht Wolle oder Baumwolle, sondern die Raphia-Pflanzenfaser verwebte.

Die beiden Webstühle sind unterschiedlich konstruiert. Der Sudan-Typ wird als horizontal, mit hängenden Litzenstäben und Webkämmen, bezeichnet. Er hat einen Kettbaum sowie ein Schiffchen mit Rolle zum Durchführen der Schussfäden; die Spule befindet sich neben dem Weber. Bedient wird er mit zwei Tritten und zwei Hebeln, die an den Seiten angebracht sind. Der Weber sitzt auf dem Boden oder einer Bank, die Beine horizontal ausgestreckt. Er bewegt die Stäbe mit den Händen und lässt die Fäden zwischen den Zehen durchlaufen. Der nigerianische Webstuhl wird vertikal genannt, weil er im Sitzen mit aufrechtem Oberkörper bedient wird. Er ist etwa ebenso ausgestattet, aber mehr auf die Geschicklichkeit der Hände eingestellt.

Der Webstuhl ist der Ort, in dem sich Gewerbe, ↗ Kunst und symbolische Aspekte verbinden. Das Gerät wird noch heute, v. a. in den Baumwollanbaugebieten in Elfenbeinküste, Ghana, Mali, Burkina Faso, Senegal, Guinea und Nordafrika in großem Umfang genutzt. Es verleiht dem ↗ informellen Sektor Auftrieb. Neben den importierten Stoffen finden traditionelle Gewebe als Tischdecken, Gewänder, Luxusobjekte oder Machtinsignien ihren Platz. ↗ Kleidung, ↗ Schneiderei, ↗ Textilien, ↗ Touristenkunst.

🕮 J. Anquetil, L'art et l'artisanat d'Afrique, Paris 1977.

Jean-Godefroy Bidima

Weidewirtschaft in den halbtrockenen und trockenen Gebieten Afrikas hat drei Formen: (1) Kapitalintensive Großbetriebe (Ranchen) sind v. a. im südl. Afrika und im Hochland Kenias verbreitet, wo sie von europ. Siedlern eingeführt wurden und z. T. noch heute betrieben werden. Charakteristisch ist die Anlage von Koppeln, Tränken und Zäunen, die einen planmäßigen Umtrieb der Herden erlauben. Sie werden zur Produktion von Rindfleisch, Schafwolle oder -fellen (Karakul) genutzt, aber auch Strauße und andere domestizierte Wildarten werden gehalten. (2) Die kommunale Weidenutzung ist im nordafrik. Raum üblich, ist aber auch südl. der Sahara bei sesshaft gewordenen Nomaden (↗ Nomadismus) oder bei ↗ Bauern anzutreffen, die ↗ Viehhaltung betreiben. In diesem Fall tragen Nebenprodukte des ↗ Ackerbaus zur Futterversorgung bei. Landverknappung und Herdenwachstum bewirken jedoch veränderte Verhaltensweisen mit der Folge, dass Überweidung zu einem ernsten Problem wird. (3) Unter den Hirtennomaden ist die W. der Vollnomaden wie z. B. der Maasai in Ostafrika an keinen festen Wohnsitz gebunden. Halbnomaden, bspw. die Fulbe in Westafrika, haben dagegen einen Wohnort und unternehmen saisonale Wanderungen, die als kleine und große Transhumanz an die Modalität der Regen- und Trockenzeiten gebunden sind. In den feuchten ↗ Savannen findet die W. durch die von der Tsetsefliege übertragene Rinderkrankheit Nagana (*Trypanosomiasis*) ihre natürliche Grenze (↗ Tropenkrankheiten).

Methoden des Weidemanagements, die allerdings fast nur in der kapitalintensiven W. Verwendung finden, sind v. a. die Steuerung der Besatzdichte, die Regelung des Umtriebs der Herden und das kontrollierte Abbrennen. Zur Regeneration der natürlichen Pflanzengesellschaft sind periodische Ruhezeiten notwendig. Vergleichsweise aufwendig sind Verfahren der Verbesserung der Grasnarben wie die mechanische Bearbeitung, Zusaat oder Ansaat von Futterpflanzen oder die mineralische Düngung.

🕮 R. M. Jones u. a., Weiden und Weidewirtschaft in den Tropen und Subtropen. In: P. Horst/I. Reh, Tierzucht in den Tropen und Subtropen. Handbuch der Landwirtschaft und Ernährung in den Entwicklungsländern, 2. Aufl., Bd. 5, Stuttgart 1999.

Eckhard Baum

Weisheitsphilosophie. (1) W., eine Form der ↗ Philosophie im subsahar. Afrika, ist in den afrik. Völkern durch die Jahrhunderte mündlich überliefert worden und gehört deshalb zur ↗ Oralphilosophie. Die Bezeichnung W. (*Sage philosophy*) ist von Henry Odera Oruka in die philos. Terminologie eingeführt worden. Er macht dabei einen Unterschied zwischen Volksweisheit und philos. Weisheit. Dieser Unterschied kann jedoch nicht in jedem Fall eindeutig durchgehalten werden. Die Weisheitslehrer (beider Typen von Weisheit) sind innerhalb der Dörfer, Städte oder Ethnien des subsahar. Afrika Inhaber einer bestimmten Funktion. Sie geben einzelnen Personen oder der Leitung eines Dorfes, einer Stadt oder Ethnie Rat bei schwierigen Entscheidungen. Dieser Rat ist in der Regel nicht eine direkte Handlungsanweisung, sondern eine Art Orakel, dessen Bedeutung für die jeweilige Situation der Ratsuchende selbst herausfinden soll. Es handelt sich häufig um ein bestehendes Sprichwort, das eine bestimmte Anwendung findet, oder es wird eine Formulierung gewählt, die dann auch von anderen als Sprichwort gebraucht wird. An diesem Punkt verflechten sich W. und andere Formen der ↗ Oralphilosophie, sofern diese z. B. in Sprichwörtern enthalten ist. Bei ihren Ratschlägen greifen die Weisheitslehrer auf den ihnen überlieferten Weisheitsvorrat zurück, der in vielen Fällen philos. Charakter hat. Die Schüler der traditionellen Weisheitslehrer, die sich in deren Umgebung aufhalten, übernehmen so die Inhalte und Methoden der W. Mit der zunehmenden Alphabetisierung Afrikas verschwindet indessen der Lebenszusammenhang, in dem die traditionellen Weisheitslehrer stehen. Obwohl es einzelne philos. Weisheitslehrer gibt, die der alphabetischen Schrift kundig sind, verschwindet mit ihrer praktischen Funktion auf die Dauer auch der theoretische Kontext der W.

Traditionelle W. gehört zur ↗ Oralphilosophie. Die von Oruka u. a. schriftlich aufgezeichneten Auffassungen der philos. Weisheitslehrer haben an zahlreichen afrik. und einigen westl. Universitäten Eingang in die Forschung und Lehre des Faches Philosophie gefunden.

(2) H. O. Oruka, der Begründer der W. als einer akad. Disziplin, ist selbst Sohn eines traditionellen Weisheitsphilosophen der Luo (Kenia). Er hat die Lehrer der philos. Weisheit zuerst als diejenigen Funktionsträger in afrik. Gemeinschaften erkannt, die man als die traditionellen afrik. Philosophen ansprechen kann. Obwohl Oruka dies bestreitet, wird man bestimmte Inhalte der W. auch bei Vertretern anderer Berufe, etwa den ↗ Schmieden oder den Heilkundigen, antreffen. Zusammen mit einigen Mitarbeitern hat Oruka in versch. Regionen Kenias Männer und Frauen aufgesucht, die Volksweisheit und W. beherrschen, und mit Hilfe von Interviews deren Auffassungen aufgezeichnet. Weil dabei die betreffenden W. nur sehr fragmentarisch erfasst werden konnten, hat er später die Lehren eines bestimmten Weisheitsphilosophen, Oginga Odinga, im Zusammenhang dargestellt. Das sollte der Anfang einer Serie solcher Darstellungen sein, die er durch seinen frühen Tod nicht fortsetzen konnte.

(3) Bei den äthiop. Philosophen Skendes und Zera Jacob aus dem 16. und 17. Jh. stellt sich eine andere Variante der W. dar. Darin verschränken sich die Funktionen eines Weisheitsphilosophen, der in der mündlichen Überlieferung steht, und eines Philosophen, der geschriebene Texte produziert und hinterlässt. Beide Philosophen leben und arbeiten als traditionelle Weisheitslehrer und werden durch bestimmte Zufälle veranlasst, ihre W. aufzuschreiben. Bei Skendes ist es die Folge des Gelöbnisses, wegen einer Schuld nie wieder zu sprechen, die ihn zwingt, seine Antworten an Ratsuchende, die er im Auftrag des Königs von ↗ Axum zu geben hat, schriftlich zu formulieren. Und Zera Jacob folgt der Bitte eines Schülers, den er im Auftrag von dessen Vater, eines reichen Kaufmanns, unterrichtet, wenn er seine *Hatäta* (Kritisch forschende Untersuchungen) aufschreibt.

(4) Der frz. Ethnologe M. Griaule hat im Zuge seiner Erforschung der Dogon (Mali) den traditionellen Weisheitslehrer Ogotemmêli kennen gelernt, der ihm 1947 nach 15-jähriger Bekanntschaft seine W. anvertraut hat. Auf diese Weise ist von Griaule schriftlich festgehalten worden, was sonst nicht überliefert worden wäre. Die »Gespräche mit Ogotemmêli«, die eigentlich ein 33 Tage dauernder Monolog dieses weisen Mannes sind, enthalten wichtige Auffassungen zur Kosmologie, Sprachphilosophie, Sozial- und Wirtschaftsphilosophie, Philosophie des Menschen, bes. des Verhältnisses der Geschlechter zueinander, Kunst- und Religionsphilosophie und auch zur Philosophie des Tanzes.

(5) Amadou Hampâté Bâ, Schüler Tierno Bokars, eines anderen Weisheitslehrers im Dogon-Gebiet, hat wichtige Beiträge zur Erforschung der afrik. Oralphilosophie geleistet. Sein Buch über das Leben und die Lehre Bokars ist, wie die Weisheitslehren von Skendes und Zera Yacob, aus einem praktischen, eher zufälligen Anlass niedergeschrieben. Bokar steht sowohl in der Tradition afrik. W. als auch im Überlieferungszusammenhang islamischer Theologie (↗ Islam).

🕮 H. Odera Oruka, Sage Philosophy. Indigenous Thinkers and Modern Debate on African Philosophy, Leiden/New York 1990. – M. Griaule, Dieu d'eau. Entretiens avec Ogotemmêli, 2. Aufl., Paris 1966.- A. H. Bâ, Vie et enseignement de Tierno Bokar. Le sage de Bandiagara, Paris 1980.

Heinz Kimmerle

Weißafrika wird generell mit Nordafrika gleichgesetzt und ist weniger gebräuchlich als der Begriff ↗ Schwarzafrika. W. hat eine hellhäutigere Bev., die aus ↗ Arabern, Berbern und Nilfellachen besteht. Die mit der ersten Islamisierungswelle (↗ Islamisierung) nach Afrika vordringenden ↗ Araber bezeichneten das Gebiet südl. der Sahara als *bilad as-sudan*, d. h. Land der Schwarzen, und prägten somit die Vorstellung von der Zweiteilung, die heute aufgrund vielfältiger ↗ Migrationen usw. als problematisch angesehen wird. ↗ Nordafrika, ↗ Nordostafrika, Völker, Kulturen und Staaten.

Fouad Ibrahim

Weltanschauung, die systematische Zusammenfassung der Ideen über Natur, Mensch, Gesellschaft und die Regeln menschlichen Verhaltens. Im frankophonen Afrika werden dazu meist die Begriffe *philosophie* oder auch *idéologie* verwendet, im anglophonen Afrika *philosophy*. In afrik. Sprachen ist W. einerseits als Fremdwort (z. B. im ↗ Swahili *filosofia*) eingeführt, andererseits gibt es auch indigene Begriffe, die im jeweiligen Kontext den Sachverhalt ausdrücken können und auch korrekte Übersetzungen von Texten der europ. Philosophie ermöglichen. Relativ oft verwenden insbes. afrik. Philosophen das dt. Wort W. ohne Übersetzung. Damit wird teilweise bewusst auf F.D.E. Schleiermacher zurückgegriffen, der unter W. die Zusammenfügung des auf Denken, Erleben, Wollen und Tun gerichteten Wissens zu einem Sinnganzen verstand. Als beispielhaft für Auffassungen, dass afrik. W. als kollektive W. sich von anderen (v. a. europ.) W. prinzipiell unterscheidet, steht L. S. Senghor, wenn er vier Merkmale für die afrik. W. (*la philosophie africaine*) nennt: (1) Vorrang der intuitiven Vernunft als Erkenntnismittel vor der rationalen Erkenntnis, Erkenntnis durch Anteilnahme bei den »Negroafrikanern«; (2) Dialektik im Sinne eines pluralen Dialogs; (3) afrik. W. ist Religion, sie wird in der Praxis erlebt; (4) Humanismus, und zwar ein Humanismus, der weniger individuell, sondern mehr sozial, weniger technisch, sondern mehr kulturell, bestimmt ist. Auch K. Nkrumah nennt allg. Merkmale der afrik. W., die nach seiner Auffassung im ↗ *Egalitarismus* und im Materialismus bestehen (↗ Consciencismus, ↗ *African Personality*). Bereits 1939 hatte Senghor den nach seiner Auffassung prinzipiellen Unterschied zwischen afrik. und europ. W. in dem berühmten Satz zusammengefasst: »L'émotion est nègre, comme la raison hellène.« (Die Emotion ist schwarz, wie die Vernunft griechisch ist.) J. S. Mbiti sieht das Besondere der afrik. W. darin, dass sie auf einem spezifischen Zeitbegriff beruht und zutiefst religiös ist, weshalb zukünftige Orientierungen für afrik. Gesellschaften v. a. aus erneuerten Religionen und einem den neuen Bedingungen vorsichtig angepassten Zeitbegriff erwachsen können. Kritiker sehen im Betonen konstruierter ethn. Gemeinsamkeiten weder die wesentlichen Besonderheiten noch die Vielfalt von W. in Afrika angemessen berücksichtigt und lehnen dieses Herangehen als ↗ Ethnophilosophie ab. Eine in diesem Sinne unter afrik. Philosophen kontrovers diskutierte Frage ist, ob eine afrik. W. im Singular existiert.

🕮 Ch. A. Diop, Gibt es eine afrikanische Philosophie? In: Beiträge zur Unterrichtspraxis: Philosophie, H. 29 (1993), S. 61–72. – P. J. Hountondji, Afrik. Philosophie: Mythos und Realität, Berlin 1993. – J. S. Mbiti, Afrikanische Religion und Weltanschauung, Berlin/New York 1974. – L. S. Senghor, Liberté 1: Négritude et humanisme, Paris 1964.

Gerd-Rüdiger Hoffmann

Weltkultur-/-naturerbe. Die 1972 von der UNESCO verabschiedete und inzwischen von 156 Ländern unterzeichnete »Internationale Konvention für das Kultur- und Naturerbe der Menschheit« ist das bedeutendste Instrument, das von der Völkergemeinschaft zum Schutz ihres kulturellen und natürlichen Erbes beschlossen wurde. Erstmals werden Kultur und Natur als gleichermaßen zu schützende Bereiche definiert. Stätten von einzigartigem und hohem Wert werden als gemeinsames Erbe der ganzen Menschheit betrachtet; damit obliegt ihr Schutz nicht allein der Verantwortung eines einzelnen Staates, sondern der Völkergemeinschaft. Bis 2000 wurden in Afrika 51 Kultur- und 37 Naturerben anerkannt (Karte 48), wobei die Klippen von Bandiagara, im Land der Dogon (Mali), aufgrund ihrer sowohl kulturellen (Architektur) als auch natürlichen (Geologie) Einzigartigkeit als Kultur- und Naturerbe ausgewiesen wurden. Das Naturerbe umfasst v. a. Schutzgebiete in unter-

Karte 48: Die Weltkultur- und Weltnaturerbestätten der Unesco in Afrika (31.5. 2001)

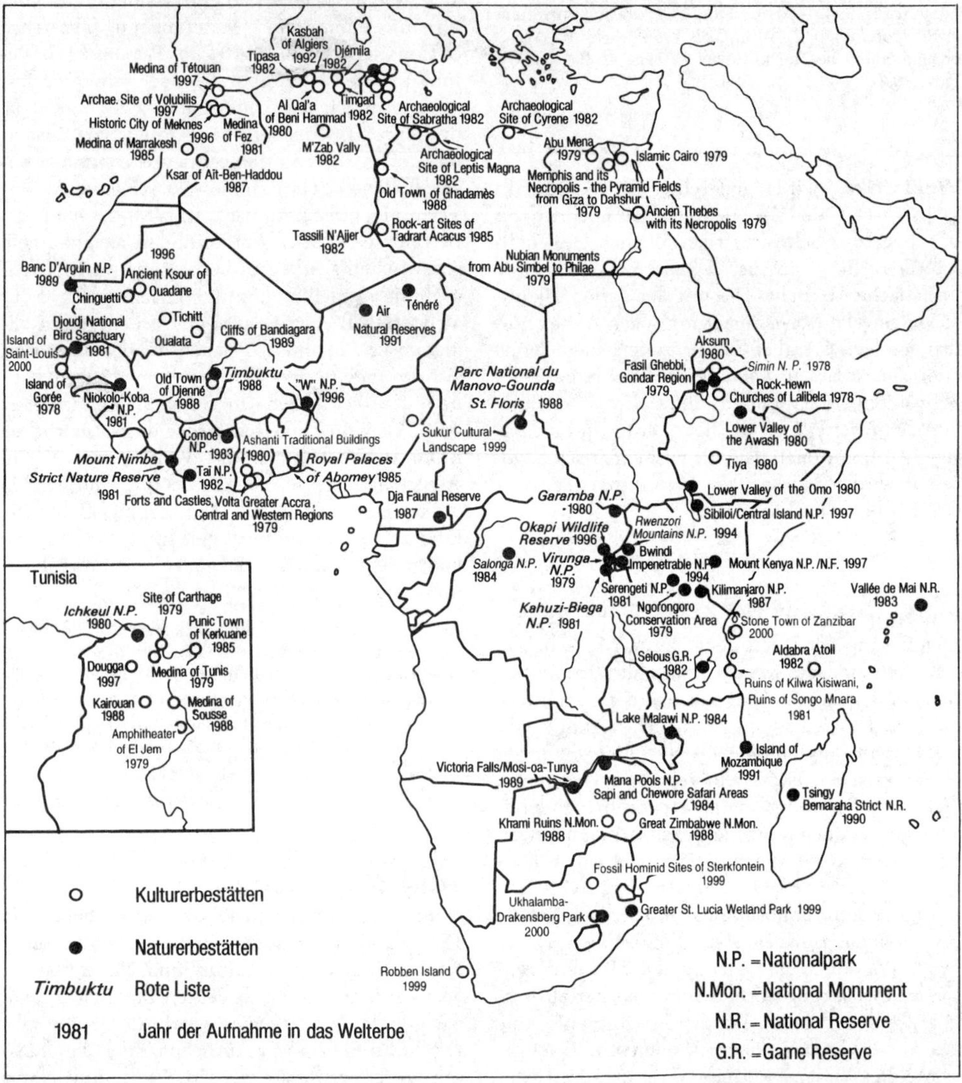

Entwurf: Karl Vorlaufer Quelle World Heritage Sites in Africa, http//www.unesco.org (2001) Kartographie: K. Massoud

schiedlichen Ökosystemen (↗ Naturschutz), das Kulturerbe eine breite Palette von hist. Zeugnissen wie u.a. die Pyramiden von Gizeh, Medinas islam. Städte (z.B. Fes), phönizische (Karthago, Sabratha), griech. (Cyrene) und röm. Siedlungen (Leptis Magna) in Nordafrika, vorkoloniale Städte in der Sahara und im Sahel (z.B. Timbuktu und Djenne in Mali), die für den ↗ Sklavenhandel bedeutenden Küstenforts Ghanas oder die Ruinen von Simbabwe. Durch Verfall, Kriege, Naturkatastrophen, Bauprojekte, Über- oder Fehlnutzung akut gefährdete Erbestätten werden auf einer Roten Liste geführt und mit Priorität gefördert. In Afrika gelten zwei Kultur- (königl. Paläste in Abomey/Benin: Sturmschäden, Timbuktu: Sandüberwehungen) und zehn Naturerbestätten als gefährdet. Dank internat. Hilfe können viele Erbestätten gesichert werden.

Karl Vorlaufer

Weltmusik ↗ Popularmusik

Weltwirtschaft ↗ Neue Weltwirtschaftsordnung

Westafrika erstreckt sich von der ↗ Sahara im N bis zum Atlantik im S und W sowie dem Tschadsee im O. Naturgeogr. stellt W. ein ideales Beispiel des planetarischen Landschaftswandels von der Vollwüste der Sahara über die Dornstrauchsavanne der Sahelzone, den Trocken- und den Feuchtsavannengürtel bis zum immerfeuchten tropischen ↗ Regenwald dar. Heute umfasst W. 13 Staaten: Senegal, Gambia, Burkina Faso, Guinea-Bissau, Kap Verde, Guinea, Sierra Leone, Liberia, Elfenbeinküste, Ghana, Togo, Benin und Nigeria. ↗ Bevölkerung, ↗ Klima, ↗ Naturräume, ↗ Ökozonen, ↗ Stadt, ↗ Urbanisierung.

Fouad Ibrahim

Westafrika, Völker, Kulturen und Staaten. *I. Besiedlung und Wanderungsbewegungen.* Der Großraum Westafrika ist seit Jahrtausenden besiedelt. Die Formen der Besiedlung haben sich in Abhängigkeit von den naturräumlichen Lebensbedingungen entwickelt, in Anpassung an kurz- und langfristige Klimaveränderungen. Aus ↗ Felsbildern in der ↗ Sahara ist bekannt, dass dort vor mehreren tausend Jahren eine fruchtbare Landschaft existierte und Gesellschaften eine komplexe Land- und Viehwirtschaft aufgebaut hatten. Nach etwa 3000 v. Chr. setzte ein Austrocknungsprozess der Region ein, der die Menschen zur Wanderung in andere Gebiete zwang, in das Niltal, nach Mauretanien und in die subsahar. Savannenregion. Gegen etwa 2000 v. Chr. war aus der fruchtbaren Sahara eine menschlicher Besiedlung feindliche Wüste geworden. In den übrigen ↗ Ökozonen – Steppen- und Savannenlandschaft sowie tropischer Regenwald – waren die großen Flüsse Senegal und Niger mit ihren Nebenflüssen sowie der Tschadsee Faktoren, die zusätzlich die Probleme des Überlebens geprägt haben.

Wie auch die anderen Großräume Afrikas hat Westafrika zahlreiche Wanderungsbewegungen von kleinen und großen Bevölkerungsgruppen erlebt. Viele Völker führen ihren Ursprung auf eine Herkunft »vom Osten« zurück, meinen damit eine Herkunft aus der Ferne oder möglicherweise eine Wanderung aus dem Raum Ägypten. Der senegalische Wissenschaftler Cheikh Anta Diop vermutete, dass es sich dabei um eine Rückwanderung handelte, dass diese Völker vor Jahrtausenden wegen größerer klimatischer Veränderungen ins Niltal gezogen wären, dort am Aufbau der ägypt. Hochkultur beteiligt gewesen seien und diese Region dann wieder verlassen hätten. Eine andere, besser bekannte Wanderungsbewegung hat fulfuldesprachige, v. a. von der Viehzucht lebende Völker von der äußersten Westspitze dieses Großraums bis weit in den O nach Kamerun geführt. Die Wanderung bantusprachiger Völker aus dem Raum östl. Nigeria – Kamerun in südlichere Teile des Kontinents stellt eine ähnliche Migrationsbewegung dar.

II. Großreiche ab dem 8. Jahrhundert. – II.1. Überblick. Entsprechend den extrem variierenden Lebensbedingungen haben die Menschen unterschiedliche Formen der gesellsch. und pol. Organisation und der Lebenssicherung entwickelt (↗ vorkoloniale pol. Systeme). In der Savannenregion bildeten sich seit etwa 800 n. Chr. mächtige Reiche, die auf der Nutzung der landwirtsch. Möglichkeiten, Viehzucht und auf dem Fernhandel beruhten, z. B. ↗ Ghana (Blütezeit 800 bis 1080), ↗ Mali (Blütezeit 1235 bis 1400) und ↗ Songhay (Blütezeit 1464 bis 1591). Die Kontrolle der Fernhandelsrouten brachte die Herrschenden in Kontakt mit der Mittelmeerwelt, mit Ägypten sowie dem Nahen Osten und verschaffte ihnen genügend Einkünfte aus dem Verkauf von Gold und Sklaven sowie aus dem Import von Salz, anderen Nahrungsmitteln, Stoffen und Pferden, um ein effizientes Herrschaftssystem aufbauen zu können. Dieses beruhte außerdem auf dem Einsatz von Sklaven, die auf Plantagen arbeiteten und die Herrschenden sowie die Städte zu versorgen hatten. An der Spitze dieser Reiche standen Herrscher, die ihre Legitimation aus ihrer milit. Macht bezogen und die durch die Eintreibung von Abgaben sowie durch die Unterwerfung von Nachbarvölkern zu Macht und Reichtum gelangten.

II.2. Mali und Songhay. Herrscher aus dem Volk der Malinke schufen das Reich Mali. Durch ihren Goldreichtum und Pilgerfahrten nach Mekka wurden sie auch außerhalb Westafrikas bekannt; einer der größten Herrscher Malis, Mansa Musa, etwa hat auf seiner Pilgerfahrt (↗ *Hadjdj*) nach Mekka (1324–1325) durch seinen Goldreichtum die Goldwährung Ägyptens für Jahrzehnte in Unordnung gebracht und von dieser Reise Architekten mitgebracht, die seinen Hof und zahlreiche Moscheen bauten. Der islam. Einfluss, der in solchen spektakulären Unternehmungen deutlich wurde, hat langsam die Stadt- und später auch die Land-Bev. erfasst und umgestaltet (↗ Islamisierung). In manchen Städten (↗ Stadt) entstanden Zentren islam. Gelehrsamkeit, so v.a. in Timbuktu, in anderen wurden große Moscheen erbaut, so in Gao, Djenné und Kong. Weder das Reich Mali noch die anderen Reiche dieser Zeit waren Staaten, die eine Staatsideologie oder ein Nationalbewusstsein und damit ein zusammenhängendes Ganzes geschaffen hätten; ähnlich wie im Europa der damaligen Zeit stellten diese Reiche einen losen Verbund dar, durch Eroberungszüge zusammengefügt und durch den Zwang zu Abgaben und Tributen zusammengehalten. Im Reich Songhay war dies bes. deutlich, indem unterschiedliche Machtgruppen neue Dynastien geschaffen, einander verdrängt und das Reich beherrscht haben. Nach dem Zerfall dieser Reiche kam es zu einer Balkanisierung des Großraumes Westafrika, bes. in seinem westl. Teil, u a. unter dem wachsenden Druck, der vom transatlantischen ↗ Sklavenhandel und seinen Gewinnmöglichkeiten für korrupte Herrscherschichten ausging.

III. Reiche ab dem 14. Jahrhundert. – III.1. Wolof, Mossi und Bambara. Nach der Zeit der Großreiche und teils zeitgleich mit ihrer Blüte entstand eine Vielzahl anderer Reiche, in denen sich einzelne Völker eine pol. Organisationsform gegeben oder in denen sie Nachbarvölker zusammengeführt haben. Im äußersten W gründeten die Wolof im 14. Jh. das Reich Djolof und entwickelten Formen der sozialen Hierarchie und der pol. Herrschaft, die auch zur Basis der späteren Reiche Walo, Cayor, Baol, Sine und Salum wurden. Weiter im Binnenland bildeten sich seit Ende des 15. Jh. die Mossi-Staaten; der größte hatte sein Zentrum in Wagadugu (heute Burkina Faso); im 18. Jh. bildeten sich andere Reiche um diesen Kern, so Tenkodogo, Yatenga, Boussouma und Gurma. An der Spitze stand ein Adel, angeführt vom Herrscher, dem *Naba*, bzw. dem *Mogho Naba* in Wagadugu, wo der oberste Herrscher der Mossi noch heute residiert. Am Niger entstanden Segu und Kaarta, Reiche der Bambara, die sich als Nachfahren des Reiches Mali verstehen. Am Tschadsee, im Siedlungsgebiet der Kanuri, Kanembu und Baghirmi, hatte sich schon im 8. Jh. das Reich Kanem und später ↗ Bornu gebildet, im Schnittpunkt wichtiger Fernhandelsstraßen nach Ägypten und zum Mittelmeer. Von dort ist seit dem 11. Jh. der Islam in diese Region eingedrungen.

III.2. Benin, Yoruba- und Hausa-Staaten. Im S, in der Regenwaldzone, entstand etwa um das Jahr 1000 das Königreich ↗ Benin, das durch eine bemerkenswerte pol. Stabilität, einen beachtlichen Reichtum der Hauptstadt und eine weltweit bewunderte Kunst geprägt war (↗ Beninkunst). Andere Völker haben sich in Stadtstaaten organisiert, v.a. die Hausa und die Yoruba. Letztere gründeten im Laufe des 14. Jh. ein großes Reich, Oyo (↗ Yoruba-Staaten), das im N mit den Stadtstaaten der Hausa, in NW mit den Mossi-Reichen und im S v.a. mit dem Königreich Benin in regen Handelsbeziehungen stand. Die bekanntesten Hausa-Stadtstaaten waren Gobir, Kebbi, Katsina, Kano, Daura, Zaria und Nupe. Zu den Yoruba-Stadtstaaten gehörte u.a. auch die heilige Stadt der Yoruba, Ile-Ife (↗ Ife). Diese Reiche werden Stadtstaaten genannt, weil ein größerer Teil der Bewohner in Städten lebte, weil sich die Herrschaft und Kultur v.a. in den Städten konzentrierte und weil keine Versuche territorialer Expansion zur Unterwerfung von Nachbarvölkern unternommen wurden. Die Staaten der Hausa und Yoruba hatten neben der jeweils gemeinsamen Sprache auch Gemeinsamkeiten in der pol. Organisationsform, dem Gewohnheitsrecht sowie in den gesellsch. Hierarchien und in den relig. Kulten.

IV. Ab dem 17. Jahrhundert: die Reiche Asante und Dahomey. In späterer Zeit sind Reiche errichtet worden, die den Fernhandel kontrollierten oder im Umfeld des transatlantischen Sklavenhandels agierten. Zu ihnen gehörten ↗ Asante und Dahomey. Asante entstand zwischen 1670 und 1690 durch den Zusammenschluss mehrerer kleiner Reiche unter Osei Tutu. Dahomey ist gegen 1720 entstanden, als die Herrscher von Abomey an die Küste vorstießen und Allada sowie Whydah unterwarfen. Ob sie damit den Sklavenhandel unter eigene Kontrolle bringen oder ihn eindämmen wollten, ist bis heute nicht geklärt. Dahomey ist in Europa u.a. durch sein Amazonenheer bekannt geworden. Beide Reiche haben mit der Kolonialeroberung ihre Unabh. verloren und sind als pol. Einheiten untergegangen.

V. 18. und 19. Jahrhundert: die islamischen Staaten. Im 18. und 19. Jh. haben islam. Revolutionen zur Errichtung islam. Staaten geführt, teils aus dem Bestreben, den Sklavenhandel einzudämmen, teils um die Einfuhrwege von Waffen zu kontrollieren, teils als sozial und religiös begründete Umsturz- oder Erneuerungsbewegung. V.a. die neuen Staaten Sokoto (1800/1807–1903) und Massina (1818–1853) wussten sich in enger Verbindung mit Erneuerungstendenzen in der islam. Welt (↗ Fulbe-Reiche). In beiden Fällen ging die Initiative zur Gründung eines islam. Staatswesens von religiös motivierten Fulbegruppen aus, die sich um charismatische Prediger scharten und in einer Serie heiliger Kriege (↗ *Djihad*) dem ↗ Islam zum Sieg verhalfen. Das Kalifat Sokoto, von Usman dan Fodio durch die Unterwerfung der Hausa-Staaten gegründet, war das größte islam. Reich, das auch durch die brit. Kolonialmacht nicht aufgelöst wurde; es erstreckte sich über den gesamten N des heutigen Nigerias bis Kamerun und eröffnete damit einen riesigen vereinheitlichten Wirtschaftsraum.

Gemeinsam blieb den islam. wie den nichtislam. Staaten, dass sie in hohem Maße vom Arbeitseinsatz von Sklaven abhängig waren. Dies bedeutete, dass wichtige Bereiche der Wirtschaft, der Landwirtschaft, der Viehzucht, des Handwerks und des Haushalts von Sklaven besorgt wurden und dass sich ein pol. und gesellsch. System herausbilden und festigen musste, das einen regelmäßigen Nachschub von Sklaven und ihre Unterordnung in der Gesellschaft garantieren konnte. In unterschiedlichem Maße wurden die betroffenen Gesellschaften dadurch zu Sklavenhaltergesellschaften.

Im 19. Jh. sind weitere islam. Staatsgründungen erfolgt: Als die koloniale Aufteilung des Kontinents einsetzte, haben mehrere Anführer versucht, den Vormarsch der frz. Truppen, die seit der Mitte des Jahrhunderts von Saint Louis (Senegal) vorrückten, durch den Zusammenschluss kleinerer Völker in straff organisierten Reichen unter ihrer Führung zu stoppen. So haben al-Hadjdj Umar Tall (1779–1864) und Samori Ture (1830–1893) auf dem Gebiet der heutigen Staaten Guinea und Elfenbeinküste Reiche aufgebaut, die durch die Überwindung kleinstaatl. und ethn. Denkens den ↗ Widerstand gegen die Weißen organisieren sollten. Sie eroberten dabei große Gebiete, verbreiteten islam. Denken und errichteten eine neue Verwaltung, konnten der waffentechnischen Überlegenheit der Franzosen aber nicht auf Dauer widerstehen.

VI. Mikrostaaten. Andere Völker Westafrikas haben sich seit Jahrhunderten in pol. Formen organisiert, die keine staatl. zentralistischen Strukturen kannten. Die igbosprachigen Völker z. B., die heute ca. 20 Mio. Menschen zählen und in ihrem alten Siedlungsgebiet östl. des unteren Niger eine der am dichtesten besiedelten Regionen Afrikas gestalteten, organisierten sich auf Dorfebene und beließen die wichtigste Autorität beim Chef oder der Cheffin der Großfamilie. ↗ Frauen haben im Machtgefüge dieser Gesellschaft eine größere Rolle gespielt als bei vielen anderen Völkern. In den Dörfern bestand eine komplexe Struktur von Verwandtschaftsbanden, Geheimgesellschaften, beruflichen Gruppierungen und relig. Führern. Diese Kombination überlappender Einrichtungen ließ jedem Mitglied des Dorfes persönliche Entscheidungsmöglichkeiten und verhinderte den Aufstieg Einzelner zu einer beherrschenden Stellung. Gemeinsame Angelegenheiten wurden im Bedarfsfall in gemeinsamen Gesprächen auf dörflicher oder regionaler Ebene geregelt. Diese Form der Organisation hat die Igbo nicht daran gehindert, Fernhandelsnetze aufzubauen, Metallverarbeitung zu entwickeln, Textilien herzustellen und bewundernswerte Kunstwerke zu schaffen. Seit dem 11. Jh. sind von ihnen offenbar Bronzefiguren gegossen worden, wie man bei Ausgrabungen im Dorf Igbo Ukwu entdeckt hat. Ob ihre Organisationsform in der Vergangenheit auch zentralisierte Reiche gekannt hat, weiß man nicht. Ihr Siedlungsraum ist nach der Ankunft der ersten europ. Sklavenhändler an diesem Teil der westafrik. Küste sehr stark vom Sklavenhandel betroffen worden.

Die archäolog. Funde in Igbo Ukwu und die Funde im mittleren und nördl. Nigeria, die zur Entdeckung der ↗ Nok-Kultur geführt haben, zeigen ebenso wie die schon bekannten Kunstwerke aus Ile-Ife und aus Benin, dass in dieser Großregion seit mehr als 2000 Jahren ein komplexes und ausgefeiltes künstlerisches Schaffen existiert und geblüht hat, das Kunstgegenstände zum täglichen Gebrauch, zu kult. und pol. Zwecken aus Lehm, Terrakotta, Stein, Eisen, Bronze, Elfenbein und Holz hergestellt hat. Es lässt auf einen regen regionalen Austausch von künstlerischen Vorstellungen und Fähigkeiten, vielleicht auch von Künstlern schließen, ebenso auf die Verfügbarkeit von Rohstoffen wie Eisen, Zinn und Kupfer und auf eine hoch entwickelte Metallverarbeitungstechnik. V. a. aber wird daraus klar, dass über einen längeren Zeitraum gesellsch. sowie pol. Rahmenbedingungen vorgeherrscht haben müssen, die eine solche handwerkliche und künstlerische Spezialisierung ermöglicht haben.

Seit Ende des 15. Jh. gelangten Europäer an die westafrik. Küsten, nahmen Handelsbeziehungen zu afrik. Völkern auf und legten Niederlassungen an. Von hier aus wurden die ersten Sklaven nach Europa und auf Inseln im Atlantik gebracht. Diese Stützpunkte wurden in der Folge zu Umschlagplätzen im Sklavenhandel, und von Westafrika (bis nach Angola) sind schätzungsweise 13 Mio. Menschen über den Atlantik verschleppt worden. Bes. betroffen war die Bucht von Benin, die Bucht von Biafra und die sog. Goldküste. Aber auch von Senegambien und der Guineaküste sind Menschen als Handelsware exportiert worden.

VII. Sozial- und Wirtschaftsstruktur der westafrik. Reiche. Alle Reiche Westafrikas kannten komplexe gesellsch. Hierarchien; an der Spitze stand eine Gruppe, die man als »Aristokratie« bezeichnen kann. Diese sog. *chiefly* oder *royal families* standen dem Gründerahn der Gemeinschaft am nächsten; zur Aristokratie gehörten auch andere wichtige Familien, Priester und Heiler und häufig Personen, die sich mit Waffengewalt durchgesetzt hatten. In islam. Staatswesen kamen Gelehrte, Richter und andere Minister hinzu. Die breite Masse der Bev. bildete die Mittelschicht, und die Sklaven stellten die zahlenmäßig manchmal große Unterschicht dar. Soziale Mobilität in nennenswertem Maße existierte nicht. In den Gesellschaften, die keine oder nur geringe überörtl. pol. Zentralisierung entwickelten, waren auch soziale Struktur und Hierarchie weniger ausgeprägt und damit flexibler.

Wirtsch. lebte die große Mehrheit der Bev. bis zum Ende des 19. Jh. von der ↗ Landwirtschaft, der ↗ Viehzucht und der ↗ Fischerei. In ländl. Subsistenzwirtschaften waren handwerkliche Tätigkeiten und generell Formen der gesellsch. Arbeitsteilung nicht sehr ausgeprägt. Städt. Leben war lange Zeit die Ausnahme; auch Zentren islam. Gelehrsamkeit wie Timbuktu oder Handelsstädte wie Gao oder später Kano, pol. Zentren wie Oyo, Kumasi oder Benin waren isolierte Erscheinungen. Erst im 19. Jh. nahmen ↗ Urbanisierung und Marktproduktion signifikant zu. Der Fernhandel, v. a. der Transsahara-Handel und der große O-W-Handel, fiel aus diesem Rahmen heraus. Denn hier wurden Luxusgüter gehandelt, von spezialisierten Händlergruppen, mit wahrscheinlich hohen Gewinnspannen. Die Klienten waren ausschließlich Mitglieder herrschender Schichten, und von diesem Handel gingen keine größeren Auswirkungen auf die ↗ Gesellschaft aus.

VIII. Politische Veränderungen im 19. Jahrhundert. – VIII.1. Überblick. Im 19. Jh. ist der Großraum Westafrika durch mehrere einschneidende Veränderungen erschüttert worden: die islam. Revolutionen, heiligen Kriege und Reichsgründungen; die Abschaffung des transatlant. Sklavenhandels und das Auftauchen brit. Patrouillenboote zur Überwachung der Küsten; die Blütezeit und Expansion der Reiche Asante und Dahomey; der Zusammenbruch von Oyo; die Yoruba-Kriege um die regionale Vorherrschaft; das Entstehen neuer Reiche um die Städte Ibadan und Abeokuta; die Rückkehr ehem. Sklaven, die größtenteils Christen (↗ Christentum) oder Muslime geworden waren und Erfahrung im Leben in Küstenstädten, im Handel mit Europäern und im Umgang mit neuen Pflanzen wie Kakao hatten; die Umstellung vieler Völker auf den Export von Palmöl, Palmkernen und anderen Waren; das Ausgreifen Europas auf die afrik. Märkte, markiert durch das Vorrücken der Franzosen von der Westspitze des Kontinents, die Kriege der Briten gegen die Asante, den milit. Widerstand gegen die Europäer durch Lat Dior, den Damel von Cayor (Senegambien), Mamadu Lamine (Senegal), Samori Ture und al-Hadjdj Umar Tall, den Widerstand des Herrschers von Opobo, Jaja (Nigerdelta), der Baule (Elfenbeinküste) sowie vieler anderer Völker und Herrscher, die Verteidigungskämpfe des Kalifen von Sokoto und seiner Emire gegen die brit. Truppen, den relig. Widerstand durch fromme Männer wie Ahmadu Bamba (Senegal) oder Shaikh Hamallah (Mali), die Eroberungszüge der Europäer und schließlich die Aufteilung des Kontinents und den Verlust der pol. Unabh.

VIII.2. Kolonialismus und Unabhängigkeitsbestrebungen. Diese Aufteilung hat Westafrika in versch. europ. Einflusssphären aufgespalten: den großen Block Frz.-Westafrika, der aus einer Vielzahl von Kolonien bestand, aber einer einheitlichen Verwaltung unterstellt wurde; die brit. Kolonien, unter ihnen die Goldküste und Nigeria, sowie die dt. Gebiete Togo und Kamerun und schließlich die portug. Kolonien Kapverden und Guinea-Bissau. Nur Liberia blieb von kolonialer Unterwerfung verschont, stand aber unter der Herrschaft von Ausländern, auch wenn diese zurückgekehrte Sklaven oder deren Nachfahren waren. In allen Kolonien dominierte jeweils die Kultur des kolonialen Besetzers. Überall wurden neue Grenzen gezogen und pol. Einheiten aufgelöst. Bemerkenswert war in Westafrika, dass kein Gebiet zu einer Siedlerkolonie und die kleinbäuerl. Produktionsweise vorherrschend wurde und in Anbau und Export von Erdnüssen (Senegal, Nigeria), Palmöl (Nigeria), Kaffee und Kakao (Goldküste, Elfenbeinküste) große Weltmarktanteile erreichen konnte. Lediglich in Guinea (Bauxit), der Goldküste (Gold) und Nigeria (Zinn) sind Bergwerksindustrien mit ausl. Kapital aufgebaut worden (↗ Bergbau).

In der Kolonialzeit formierten sich im frz. und brit. Einflussbereich unterschiedliche und voneinander unabh. Formen des ↗ Nationalismus;

im frz. Bereich waren dies v. a. die Bewegung der ↗ *Négritude* mit Léopold Sedar Senghor und Aimé Césaire sowie die überregionale Partei RDA (*Rassemblement Démocratique Africain*). Im brit. Teil Westafrikas entstand der *National Council of British West Africa*, in Nigeria wurden die ersten pol. ↗ Parteien unter Herbert Macauley und Nnamdi Azikiwe gegründet, in der Goldküste die *Convention Peoples' Party* unter Kwame Nkrumah.

Die ↗ Entkolonialisierung im frankophonen Westafrika hat Afrikaner als Abgeordnete der »Vier Gemeinden« Senegals ins frz. Parlament einziehen lassen und nach zwei großen konstitutionellen Reformen für ganz Frz.-Westafrika im Jahre 1958 zu einer Volksabstimmung über die sofortige Unabh. oder den Eintritt in die *Communauté Française* geführt. Die Engländer haben die Verfassungen jeder einzelnen Kolonie in Verhandlungen mit gewählten Repräsentanten der afrik. Bev. verändert, schrittweise die Zahl der schwarzen Abgeordneten im Legislativ- und Exekutivrat erhöht und schließlich ein *Responsible Government* als Übergang in die Unabh. eingeführt. Zu Unabhängigkeitskriegen zur Vertreibung der Kolonialherren ist es nur in den portug. Kolonien gekommen. ↗ Architektur.

🕮 J.F.A. Ajayi/M. Crowder (Hg.), History of West Africa, 2 Bde., 2. Aufl., London 1976. – C.H. Becker/S. Mbaye (Hg.), AOF: Réalités et héritages: Sociétés ouest-africaines et ordre colonial, 1895–1960, 2 Bde., Dakar 1997. – A.G. Hopkins, An Economic History of West Africa, London 1973.

Leonhard Harding

Westatlantisch ↗ Atlantisch

Westkuschitisch ↗ Kuschitisch, ↗ Omotisch

Westsahara. **Fläche:** 266.000 km^2. **Einw.:** 200.000 (2000). **Hauptstadt:** El Aaiún (100.000 Einw.). **Sprachen:** Span., ↗ Arabisch, Berbersprachen.

Das Wüstenland W. ist kein eigenständiger Staat, sondern von Marokko besetzt. Nach dem Rückzug der Spanier 1976 wurde W. zwischen Marokko und Mauretanien aufgeteilt. Ab Aug. 1979 besetzte Marokko auch den von Mauretanien aufgegebenen Südteil von W. Die marokkanische und mauretanische Okkupation sowie der anschließende Befreiungskrieg (↗ Kriege/Bürgerkriege) der Sahrauis hat zu erheblichen Bevölkerungsverschiebungen und starken sozioökonom. Umwälzungen in W. geführt. Rund 35.000 Menschen leben allein in Flüchtlingslagern im alger. Tindouf. Die meisten ethnolog. Abhandlungen über das Gebiet sind daher überholt.

I. Bevölkerung und ethnische Gruppierungen: Die Bewohner von W. betrachten sich heute überwiegend als ↗ Araber, ihre Sprache ist das arab. *hassâniyya*. Hist. gesehen handelt es sich jedoch um zwei unterschiedliche Bevölkerungsteile: berbersprachige Gruppen (↗ Berber) und seit dem 13. Jh. in größerem Umfang eingewanderte Araber, insbes. die *Ma'qil*, aus denen die *Dûî Hassân* hervorgingen, die ab Mitte des 17. Jh. in W. dominieren. Daneben leben dort seit dem 19. Jh. die *Rgîbât*, die berberischen Ursprungs sind, jedoch wie die meisten ehem. berbersprachigen Gruppen auf das Arab. als Umgangssprache zurückgriffen, und die *Tekna*. Der von der Bev. selbst nicht gebrauchte Begriff »Mauren« umfasst diese Bevölkerungsgruppen als »Weiße« im Gegensatz zu den angrenzenden schwarzafrik. Ethnien im S.

II. Wirtschaft und Sozialstruktur: Die traditionelle Ökonomie von W. ist der ↗ Nomadismus (Kamele, Ziegen, Schafe) und die Oasenwirtschaft mit etwas Handwerk auf der Grundlage lokaler Produkte und Handel. Die traditionelle Gesellschaft basierte auf Verwandtschaftsgruppen, deren Älteste (*mashekh*) zusammen mit relig. Funktionären (↗ *Marabuts*) auch die pol. Führungspositionen innehatten. Das islam. ↗ Recht sowie ein daraus abgeleitetes lokales Gewohnheitsrecht (*'urf*) galten für den ges. zivil- wie strafrechtl. Bereich.

III. Geschichte und Politik. Am 11. Juni 1975 marschierte Marokko auf zunächst friedlichem Wege im Rahmen des sog. Grünen Marsches mit rund 300.000 aus dem ganzen Land herbeigefahrenen »Demonstranten« in die nördl. Zone des noch span. besetzten W. ein. König Hassan II. wollte durch »Heimholung der marokkanischen Sahara« von der sozioökonom. Krise in Marokko ablenken und sich zugleich die riesigen Phosphatvorkommen von W. sichern. Der Einmarsch stand im Gegensatz zu dem bereits formulierten Unabhängigkeitswillen der Mehrheit der Bev., die als Reaktion am 28. 2. 1976 einen »Sahrauischen Nationalrat« wählte und einen eigenständigen Staat, die Demokrat. Rep. der Sahrauis (DARS), ausrief. Seit dem definitiven Abzug der Spanier 1976 bis zum Waffenstillstand vom 17. 5. 1991 führten Marokko und die Polisario (*Frente por la Liberación de Saguia el Hamra y Rio de Oro*), der milit. Arm der DARS, einen kostspieligen Krieg mit zusätzlichen negativen wirtsch. und sozialen Folgen für Marokko.

Der UN-Friedensplan für W. und der Waffenstillstand wurden nur teilweise umgesetzt. Eine seit 1991 geplante Volksabstimmung über die Zukunft von W. wurde wiederholt verschoben. Während die Polisario nur die letzte amtliche span. Volkszählung aus dem Jahre 1974 der Abstimmung zugrunde legen will (damals waren 73.000 Personen registriert), will Marokko auch »Nachzügler« abstimmen lassen, d. h. einige Zehntausend später nach W. umgesiedelte Marokkaner sollen »als Angehörige damals nicht erfasster Stämme« eine Mehrheit für den Anschluss an Marokko erzielen. Der im Sept. 1997 unter US-Vermittlung beschlossene »Houston-Plan« zur Lösung der strittigen Fragen konnte daher bisher nicht umgesetzt werden.

🕮 W. Creyaufmüller, Nomadenkultur in der Westsahara, Hallein 1983. – D. A. Leurdijk: Decision-Making by the Security Council: the Case of Western Sahara 1988–1995, Den Haag 1995. – A. G. Pazzanita/T. Hodges, Historical Dictionary of Western Sahara. London 1994. – K. Rössel, Wind, Sand und (Mercedes-)Sterne. Westsahara: der vergessene Kampf für die Freiheit, Bad Honnef 1991.

Frank Bliss

Widerstand. *I. Definition.* (1) Unter W. versteht man i.Allg. individuelle oder kollektive Verhaltensformen, die gegen pol., soziale Unterdrükkung oder Marginalisierung bzw. gegen eine Regierung gerichtet sind, aber auch den W. einer ganzen ↗ Gesellschaft gegen Eroberung und Fremdherrschaft. (2) Häufig wird der Begriff W. spezifischer verwendet als antikolonialer W. afrik. Gesellschaften gegen den europ. ↗ Kolonialismus im 19. und 20. Jh.

II. Widerstand im weiteren Sinne findet sich bereits im vorkolonialen Afrika. In ↗ segmentären Gesellschaften äußerte sich W. bei sozialen und pol. Konflikten häufig durch Abwanderung einer Gruppe in unbesiedeltes Gebiet (Fission). Stärker sozial differenzierte Gesellschaften kannten Formen des u. U. auch bewaffneten W. spezifischer sozialer oder relig. Gruppen (Sklavenaufstände, ↗ *Djihad*), in Äthiopien und Südafrika auch Sozialbanditentum. W. gegen Eroberung, drohende Versklavung oder staatl. Zugriff führte oft zu Flucht oder Abwanderung. In den ↗ nachkolonialen Staaten Afrikas bestehen neben modernen Widerstandsformen wie Demonstrationen, Streiks, Unruhen, deren sich v. a. die städt. Bev. bedient, nach wie vor vielfältige Möglichkeiten, sich staatl. Zugriff zu entziehen, sei es durch Verweigerung von Leistungen an den Staat wie Flucht in den Busch bei Steuerforderungen, durch subversive ökonom. Strategien wie W. gegen den erzwungenen Anbau bestimmter Agrarprodukte oder deren Preisgestaltung über staatl. Aufkaufagenturen und auch durch Schmuggel. Darüber hinaus stehen vielerorts bewaffnete Aufstandsbewegungen (↗ Rebellenbewegungen) im ländl. Raum einem nur zu punktuellen, dann aber oft umso brutaleren milit. Erfolgen fähigen Staat gegenüber.

III. Antikolonialer Widerstand ist so alt wie die europ. Expansion in Afrika selbst. Afrik. Gesellschaften und Staaten stellten sich europ. Exploration und kommerzieller Durchdringung und Besiedlung entgegen, indem sie Europäer am Zugang ins Hinterland hinderten. Unterschieden werden zwei Typen und Perioden antikolonialen W.: (1) Der primäre W. richtete sich gegen die Eroberung und Errichtung kolonialer Herrschaft (↗ Hererokrieg). Er begann in Südafrika, Algerien, Sudan und Senegal Mitte des 19. Jh., formierte sich in den meisten anderen Regionen des subsahar. Afrika zwischen 1885 und dem Ersten Weltkrieg und bediente sich milit. Mittel. (2) Im Kontrast dazu schloss der W. gegen die bereits etablierte Kolonialherrschaft und den von ihr hervorgerufenen sozioökonom. Wandel (v. a. seit den 1920er Jahren) eine Vielzahl von Formen ein: von passivem W. über pol. ↗ Parteien bis zu bewaffneten Rebellionen; von kulturellen und/oder sozialen Protestbewegungen bis hin zu spiritueller Abwendung vom Kolonialsystem durch unabh. relig. Bewegungen.

Die Formen milit. W. waren oft abhängig vom Typus vorkolonialer gesellsch. Organisation: Zentralisierte Staaten (z. B. das ↗ Zulureich und das Sokoto-Kalifat) konnten umfangreiche Armeen mobilisieren, die jedoch in einigen wenigen entscheidenden Schlachten geschlagen wurden. Dadurch gelangten in relativ kurzen Zeiträumen große Territorien unter koloniale Kontrolle. Grund für die Niederlagen waren, neben der waffentechnischen Überlegenheit der Kolonialmächte, oft die taktische und strategische Ausrichtung afrik. Armeen auf Gegner in der Region. Samori und Rabeh in Westafrika leisteten den Kolonialtruppen durch territoriale Verlagerung ihrer Reiche jahrelang W. Der einzige langfristig erfolgreiche Fall staatl. organisierten milit. W. blieb Äthiopien unter Menelik II., dessen Heer bei Adua 1896 die ital. Armee schlug. Kleinräumig organisierte Gesellschaften konnten der kolonialen Eroberung nur geringen unmittelbaren milit. W. entgegensetzen, aber die pol. Tragweite einzelner kolonialer milit. Gegenaktionen blieb entsprechend gering. Die koloniale Eroberung der Igbo-Region SO-Nigerias etwa zog sich in Form von Patrouillen und sog. Strafexpeditionen gegen einzelne Dörfer und Dorfgruppen über Jahrzehnte hin. Mancherorts (↗ Maji-Maji-Aufstand) wurden kommunale und ethn. Grenzen überschreitende großflächige Aufstandsbewegungen durch traditionelle Formen sozialer und relig. Organisation (Eide, Geheimbünde, ↗ Bünde) koordiniert.

Eine bes. Dimension erhielt der antikoloniale W. in Kombination mit islam. Fundamentalismus im Sahelraum (↗ Mahdi).

W. und Kollaboration bilden – trotz aller pol.-moralischen Konnotationen – auch analytisch ein unverzichtbares Begriffspaar. In der Frühzeit des Kolonialismus handhabten zahlreiche afrik. pol. Führer W. und Kollaboration selektiv als Strategien des Umgangs mit den Invasoren, welche in Unterschätzung ihres Machtpotentials oft zunächst als willkommene Allianzpartner gegen lokale Gegner instrumentalisiert, zu einem späteren Zeitpunkt aber auch milit. bekämpft wurden. Formen des W. gegen den Kolonialismus verbanden sich häufig mit Konflikten innerhalb afrik. Gesellschaften selbst.

Nach Niederwerfung des milit. W. in den ersten Jahrzehnten der Kolonialherrschaft war es – insbes. seit den 1920er Jahren, in frühen kolonialen Zentren wie Lagos, Accra, Dakar und Kapstadt auch schon im späten 19. Jh. – die koloniale Situation selbst, die durch ↗ Urbanisierung, ↗ Wanderarbeit, v. a. aber durch Ausbreitung des ↗ Christentums (↗ Mission, ↗ Missionsschulen) die Voraussetzungen für neue Widerstandsformen schuf. Relativ gut ausgebildete afrik. Angestellte des Kolonialstaats (z. B. bei Eisenbahn und Post) oder der Missionen (z. B. Lehrer), im südl. Afrika auch Wanderarbeiter in den Bergwerken, organisierten Interessenverbände und ↗ Gewerkschaften, welche zunächst für verbesserte Arbeitsbedingungen eintraten, zugleich aber auch Kristallisationspunkte für weitergehende pol. Forderungen bildeten. Oft in Europa akad. ausgebildet, verfügten afrik. Rechtsanwälte, Ärzte, Journalisten, Unternehmer (↗ Presse) und Freiberufler (v. a. in den brit. und frz. Kolonien) über hinreichend Unabh., um als Sprecher afrik. Protests gegenüber dem Kolonialstaat aufzutreten. Vielfach erhielten so spezifische lokale oder sektorale Konflikte (um städt. Wassergebühren, um Gesundheitsvorschriften auf Märkten, gegen Fälle rassischer Diskriminierung, bei Konflikten im kommerziellen Sektor etc.) eine dezidiert pol. Dimension, der mit Streiks, Petitionen, Demonstrationen etc. Ausdruck verliehen wurde. Aus diesen modern ausgebildeten Gruppen rekrutierte sich auch der Kern der entstehenden Parteien, *Youth Movements* u. ä. früher pol. Organisationen des afrik. ↗ Nationalismus; letzterer erhielt durch Berufung auf afrik. Traditionen und Werte sowie durch die Ablehnung spezifischer europ. Einflüsse und des ↗ Rassismus auch eine kulturelle Dimension (Mbonu Ojike in Nigeria; ↗ *Négritude*).

Nicht alle wichtigen Protestbewegungen und Widerstandsformen der Kolonialzeit hatten eine solch moderne pol. Dimension. Der »Krieg der Frauen« in SO-Nigeria (1929) richtete sich gegen korrupte, von der Kolonialverwaltung eingesetzte Chiefs und gegen die niedrigen von den europ. Handelsgesellschaften angebotenen Aufkaufpreise für Agrarprodukte. Gegen das von Europäern dominierte Missionschristentum entstanden zahllose unabh. ↗ Kirchen (z. B. Kimbanguismus im belg. Kongo). Sie wurden von den Kolonialmächten oft als pol. Bedrohung wahrgenommen und ihre Führer inhaftiert, auch wenn sie nur in Ausnahmefällen (z. B. John Chilembwe in Malawi 1915) gewaltsame Aufstände herbeiführten. ↗ Freedom Charter, ↗ Mau-Mau, ↗ Entkolonialisierung, ↗ Zivilgesellschaft.

📖 D. Crummey (Hg.), Banditry, Rebellion and Social Protest in Africa, London/Portsmouth 1986. – D. L. Lewis, The Race to Fashoda: European Colonialism and African Resistance in the Scramble for Africa, London 1988. – A. Isaacman, Peasants and Rural Social Protest in Africa. In: African Studies Review 33 (1990) 2, S. 1–120.

Axel Harneit-Sievers

Wiege der Menschheit. Intensive Feldforschungen in versch. Teilen Afrikas, insbes. in Ostafrika, haben seit den 1970er Jahren zu einem drastischen Anstieg der Funde von Fossilien unserer Vorfahren geführt. Seit dem Fund in den Tugen-Bergen im nördl. Kenia im Nov. 2000 reicht die Fossildokumentation der hominiden Linie etwa 6 Mio. Jahre zurück. Zu den Kennzeichen der frühen Hominiden, von denen die meisten zur Gattung *Australopithecus* gehören, zählen neben dem aufrechten Gang spezielle Anpassungen von Kauapparat und Schädel, an Hand derer eine ganze Reihe Arten unterschieden wird. Aus dem *Australopithecus afarensis,* zu dem das Skelett *Lucy* gehört, oder aus dem südafrik. *Australopithecus africanus* (über die 1999 in Äthiopien entdeckte Form *Australopithecus* *garhi)* dürfte vor etwa 2,5 Mio. Jahren der Übergang zur Gattung Homo erfolgt sein. Der frühe Homo unterscheidet sich von den Australopithecinen v. a. durch ein größeres Gehirn (500–800 cm^3), verkleinerte Backenzähne und einen weniger vorspringenden Kiefer. Fossile Überreste des frühen Homo stammen aus Äthiopien, Kenia, Tansania, Malawi und Südafrika. Die meisten Spezialisten sehen in den Funden zwei versch. Arten: *Homo habilis* und *Homo rudolfensis*. Daraus entstand vor ca. 1,9 Mio. Jahren die Art *Homo erectus*, die sich nach Asien und Europa ausbreitete. Die Schädelform ist u. a. durch einen stark vorspringenden Überaugenwulst, schräg nach oben verlaufende Seitenwände und ein gewinkeltes Hinterhaupt charakterisiert. Das Hirnvolumen der afrik. *Homo-erectus*-Funde reicht von ca. 800–1.060 cm^3. Von dieser Art liegt ein nahezu komplettes Skelett eines etwa 11jährigen Jungen vom Turkanasee (Kenia) vor, dessen Körperhöhe bereits 1,60 m betrug. Weitere Funde stammen ebenfalls aus Kenia sowie aus Tansania, Südafrika und Algerien. Vor etwa 600.000 Jahren folgte in Afrika auf *Homo erectus* eine progressivere Menschenform, die weithin als *archaischer Homo sapiens* bezeichnet wird. Während der nachfolgenden Jahrhunderttausende zeigt diese Form einen durch Fossilfunde gut dokumentierten anatomischen Modernisierungsprozess, der schließlich zum anatomisch modernen Menschen führte. Dieser ist bereits vor etwa 130.000 Jahren in Ost- und Südafrika nachweisbar. ↗ Paläolithikum.

🕮 G. Bräuer/J. Reincke, Die ersten Menschen; Homo erectus; Der moderne Mensch – Ursprung und Ausbreitung. In: Brockhaus Mensch, Natur, Technik, Bd. 1: Vom Urknall zum Menschen, Leipzig/Mannheim 1999, S. 557–589; 590–622; 623–671. – R. Klein, The Human Career: Human Biological and Cultural Origins, 2. Aufl., Chicago 1999. – C. Stringer/R. McKie, Afrika, Wiege der Menschheit: die Entstehung, Entwicklung und Ausbreitung des Homo sapiens, München 1996. – R. Foley, Menschen vor Homo sapiens, Sigmaringen 2000.

Günter Bräuer

Wildbeuterkunst. Die künstlerischen Ausdrucksformen der W. sind durch ihre nicht sesshafte Lebensweise und ihre Haupternährungsquelle, die ↗ Jagd, geprägt. Es dominieren großenteils darstellerische und musikalische Formen. Bildende Kunst ist eher selten. Wo es sie gibt, ist sie häufig an rituelle Tänze und verwandte Formen der darstellenden Künste gebunden.

Die bekannteste von Wildbeutern hervorgebrachte K. sind die im südl. und östl. Afrika sowie in ↗ Nubien und der zentralen ↗ Sahara zu findenden ↗ Felsbilder. Im südl. Afrika hängt ihre Entstehung, soweit es sich rekonstruieren lässt, mit rituellen Trancetänzen zusammen, die die Jäger anlässlich der Tötung einer bestimmten Antilopenart durchführten. Daneben gibt es immer auch Darstellungen des täglichen Lebens.

Im Bereich der ↗ Musik sind die polyphonen Gesänge der kleinwüchsigen Mbuti, Aka u. a. des Regenwaldgürtels des nördl. Kongobeckens bekannt geworden (vom NO der Demokrat. Rep. Kongo über den S der Zentralafrik. Rep. bis zum O Kameruns). Anlässe bieten erfolgreiche Jagden und Kommemorationen der in Mythen (↗ Mythos, ↗ geschichtliche Überlieferung) und Legenden überlieferten Vergangenheit. Die während der ↗ Initiation gelernten *elima*-Lieder der Mbuti-Frauen werden auch während des Sammelns gesungen. Sie wenden sich an den Wald, der die Frauen beschützen und sie zu Plätzen mit viel Nahrung führen soll.

Die wenigen, aber hochspezifischen Geräte der Jagd sind Gegenstände ästhetischer Gestaltung. Gebrauchswert und Gestalt werden dabei nicht voneinander getrennt, sondern als sich gegenseitig voraussetzend gesehen. Zu diesen Zeugnissen einer über viele Generationen betriebenen, auch technischen Verfeinerung zählen Lanzen, Messer, Stichel und Schaber, aber auch Netze und Körbe. Daneben werden Rindenbaststoffe mit Ruß und verschiedenen, aus Pflanzen gewonnenen Farben bemalt. Diese werden auch zur Bemalung des Gesichtes verwendet (↗ Körperkunst, ↗ Schmuck).

Till Förster

Wildtierbewirtschaftung. Wild ist seit jeher für die afrik. Bev. eine wichtige Basis der Proteinversorgung. Eine systematische W., die eine optimale wirtsch. Wildnutzung anstrebt, hat sich v. a. nach 1960 insbes. in Südafrika, Namibia, Botsuana und Simbabwe entwickelt, wo sie auf großen Farmen/Ranches sowie zunehmend auf Gemeindeland betrieben wird. In Simbabwe erfolgt W. mit den Nutzungen *Game Ranching* (Fleisch-, Häute-, Fellerzeugung), Jagd- und Fototourismus. In Botsuana, Namibia, Sambia und Tansania wird auf 432.000 km^2 kommunalen Landes (12,5% der Gesamtfläche) W. betrieben, in Südafrika durch rd. 10.000 Betriebe auf rd. 11 Mio. ha. In Botsuana werden rd. 8% der Landfläche privatwirtsch. für die W. (v. a. Jagd-, Fototourismus) genutzt; in Namibia leben 90% aller größeren Säugetierarten heute auf Privatland. W. leistet einen hohen Beitrag zum ↗ Naturschutz und zur Biodiversität. Im südl. Afrika wurde im Zuge der Landnahme der Wildbestand zugunsten der Nutztierhaltung in weiten Regionen fast vollständig vernichtet, die jetzt wieder mit Wild besetzt werden. Die Bestockung erfolgt v. a. mit Antilopenarten, aber auch mit Giraffen oder Geparden. So leben z. B. fast 30% aller Geparden Afrikas auf den Privatfarmen Namibias. Im südl. Afrika sind bis zu 20% aller marktwirtsch. orientierten Agrarbetriebe in der W. tätig. In Räumen mit zu niedrigen Niederschlägen wird die vormals dominante Rinder- (v. a. in Simbabwe, Südafrika) oder Schafhaltung (v. a. in Namibia) zugunsten der W. aufgegeben oder verringert; benachbarte Großbetriebe schließen sich häufig – insbes. in Namibia und Simbabwe – zu sog. *Conservancies* zusammen. Die 1991 gegr. *Save Valley Conservancy* in Simbabwe umfasst z. B. 21 Betriebe mit einer Fläche von insges. 342.000 ha. Die Wiederbestockung erfolgte mit den hier gänzlich ausgerotteten Spitz- und Breitmaulnashörnern, Giraffen, Gnus, Zebras, Büffeln, Elefanten, Straußen, Warzenschweinen, Elen-, Leier- und Rappenantilopen. Zudem erhöhten sich bei stark dezimierten Arten infolge der Schutzmaßnahmen die Bestände. Die Bestockung mit zugekauften Lebendtieren wird weiter verfolgt, da bei vielen Arten noch nicht der optimale Bestand erreicht wurde. Einkommen werden v. a. durch den Jagd-, aber auch den Fototourismus erzielt. Die Trophäenjagd bringt die Haupteinnahmen; Fleischjagd bzw. das *Game Cropping* und damit der Verkauf von Wildbret sind noch unbedeutend. Die im Umland lebende Bev. soll verstärkt an Erträgen aus der W. der *Conservancies* beteiligt werden. Durch die Beseitigung aller Zäune zwischen den rechtl. selbständigen *Ranches* wird die Wildmigration nicht mehr eingeschränkt; die mit der W. auf kleineren Flächen verbundene Inzuchtgefahr wird verhindert.

W. ist für viele Standorte die optimale Landnutzung. In Südafrika z. B. hat der Staat zur Schaffung der *Madikwe Game Reserve* 71.000 ha Farmland erworben, wobei eine Studie ergab, dass bei Bestockung mit Wild 1.200, mit Rindern nur 80 Arbeitsplätze geschaffen werden. Der Nettogewinn, bezogen auf die Investitionen, liegt bei der W. elfmal höher als bei einer Rinderhaltung. Wachsende Einnahmen aus dem Jagd-/Fototourismus, gute Marktchancen für Wild, Häute und Felle sowie der bedeutende Absatz von Lebendwild, das zur Bestockung der sich weiter ausbreitenden Wildfarmen benötigt wird, begünstigen den Landnutzungswandel. Wild ist zudem im Vergleich zu Rindern und Schafen resistenter gegen Krankheiten, arideren Klimata besser angepasst, kann die Vegetation effizienter nutzen, weist eine höhere Reproduktionsrate und Fleischproduktion pro ha auf. Dem steht gegenüber, dass oft kostspielige und viele 100 km lange wildsichere Zäune zwischen den *Ranches/Conservancies* und den sich oft anschließenden dichtbesiedelten Ackerbauergebieten angelegt werden müssen. Eine spezifische Komponente der W. ist das v. a. in Schutzgebieten praktizierte *Culling*, das selektive Erlegen von Wild bei einem so hohen Besatz, dass die Tragfähigkeit der Habitate überschritten wird, deren Existenz und damit das Überleben des Wilds gefährdet ist. Insbes. Elefanten (u. a. im Krüger N. P.), Impala, Büffel oder Warzenschweine werden erlegt. Das Fleisch wird oft kostenlos oder preisgünstig an die Umland-Bev. abgegeben; Häute und Felle werden an Gerbereien verkauft. Durch *Culling*, den natürl. Tod und, z. B. in Simbabwe, den behördlichen Abschuss wildernder Elefanten in Siedlungsräumen besitzen die Länder des südl. Afrika große Elfenbeinbestände, die aufgrund des Washingtoner Artenschutzabkommens (CITES) nicht auf dem Weltmarkt verkauft werden dürfen. 1999 erhielten Botsuana, Namibia und Simbabwe die einmalige Erlaubnis eines begrenzten Exports. Mit der Lockerung der v. a. von Simbabwe und Südafrika geforderten CITES-Bestimmungen befürchten Naturschutzorganisationen das Wiederaufleben der Elefantenwilderei. Die betroffenen Länder argumentieren demgegenüber, dass sie mit dem ohnehin anfallenden Elfenbein Naturschutzmaßnahmen unter Beteiligung der in Nähe der Schutzgebiete lebenden Bev. realisieren können: Auf der CITES-Konferenz 2000 in Nairobi wurde das Handelsverbot weiter festgeschrieben. Straußen- (v. a. in Südafrika, Fleisch- und Ledergewinnung), Krokodil- (v. a. in Simbabwe, Ledergewinnung) und Schlangenfarmen (z. B. in Kenia u. a. zur Serumgewinnung) sind Sonderformen der W.

Neben der i. d. R. eher nach ökonom. Erfordernissen betriebenen W. auf Privatland hat sich v. a. im südl. Afrika in den letzten Jahren zunehmend die W. auf kommunalem Land durchgesetzt. Die bekannteste Variante ist das seit 1984 in Simbabwe laufende CAMPFIRE (*Communal Areas Management Program for Indigenous Resources*). Der Staat übertrug die Wildnutzungsrechte an von Bauern besiedelte, wildreiche und i. d. R. an Schutzgebiete grenzende Distrikte (Karte 49).

Karte 49: Wildtierbewirtschaftung, Jagdgebiete und Nationalparks in Räumen Simbabwes mit unterschiedlichem agrarischem Potential 1999

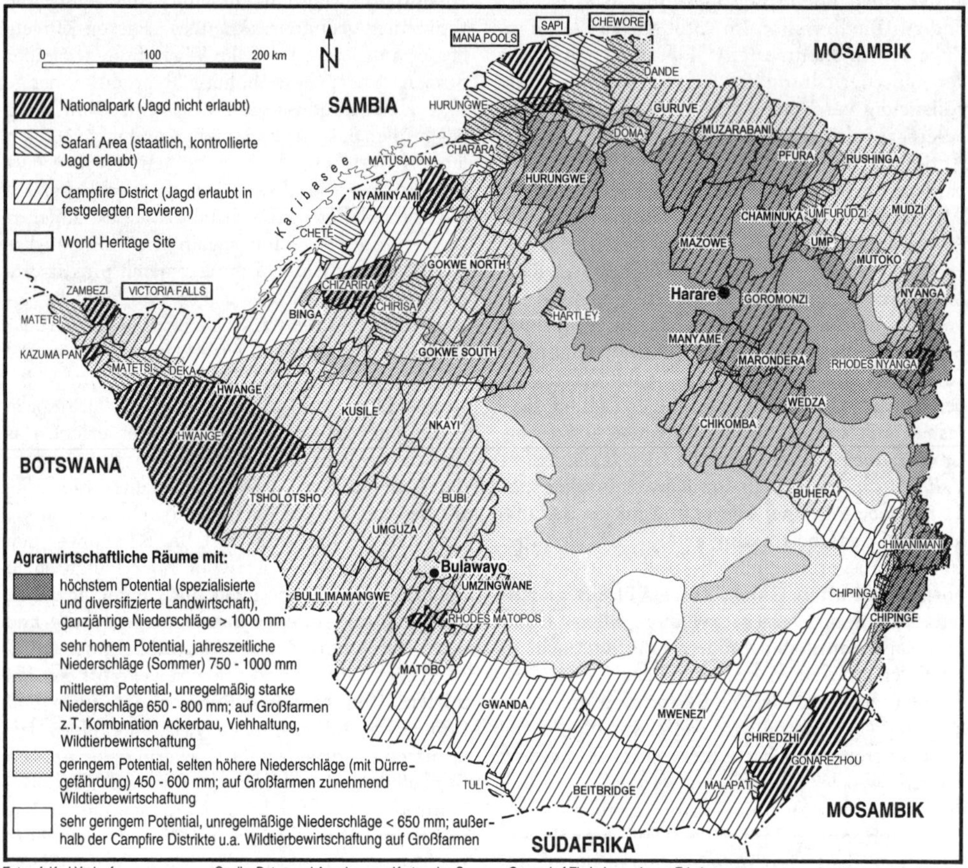

Entwurf: Karl Vorlaufer Quelle: Daten und Angaben aus Karten des Surveyor General of Zimbabwe, eigene Erhebungen Kartographie: U. Beha

Da Wild hier von der Bev. nicht als legal nutzbare Ressource, sondern als Verursacher existenzgefährdender Schäden bewertet wurde, war Wilderei weit verbreitet · Oberstes CAMPFIRE-Ziel ist eine Verknüpfung der Wildnutzung mit Artenschutz und ländl. Entwicklung unter Partizipation der Bev. Wildreiche, oft an Schutzgebiete grenzende Räume der Distrikte werden als *Concession Areas* i.d.R. für fünf Jahre an Jagdveranstalter verpachtet. Neben der Pacht erhalten die Distrikte für jedes erlegte Tier eine vorab festgesetzte Trophäengebühr. Die Nachhaltigkeit der W. wird durch eine jährl. Festlegung der erlaubten Jagdquoten für jede Tierart unter Beteiligung der Bev. gesichert. Die Einnahmen werden bis auf die Dorfebene verteilt und v.a. für Infrastrukturprojekte verwendet (Wege, Schulen, Maismühlen usw.). Dadurch wird Wild von der Bev. zunehmend als eine zu schützende Ressource betrachtet; die Wilderei ist zurückgegangen. Ähnliche Projekte unter Beteiligung der Bev. wurden in Botsuana, Namibia, Sambia oder Tansania realisiert. Durch die kontrollierte Wildnutzung konnte i.d.R. der Wildbestand auch in Schutzgebieten gesichert werden. Auch in staatl. Jagdrevieren, wie z. B. in den *Safari Areas* Simbabwes, basiert die W. auf der Festlegung von Jagdquoten, die eine Bestandsgefährdung ausschließen, Nashörner und wilde Hunde sind grundsätzlich geschützt. ↗ Jagd.

🕮 W. Krug, Wildtierbewirtschaftung und Biodiversitätenschutz im südl. Afrika. In: Geogr. Rundschau 51 (1999), S. 263–268. – K.T. M. Swanson, E.B. Barbier (Hg.), Economics for the Wilds. Wildlife, Wildlands, Diversity and Development, London 1992. – K. Vorlaufer, Die Selous Game Reserve/Tansania – Naturschutz, Jagdtourismus und zukunftsfähige Entwicklung in Afrikas größtem Wildreservat. In: Erdkunde 52 (1998), S. 314–329. – K. Vorlaufer, Jagdtourismus und nachhaltige Entwicklung in Zimbabwe: Widerspruch oder Komplementarität? In: A. Steinecke (Hg.), Tourismusforschung in Nordrhein-Westfalen, Paderborn 2001, S. 149–170.

Karl Vorlaufer

Wind des Wandels/*Wind of change*, ein geflügeltes Wort, das die Entkolonialisierungswelle (↗ Entkolonialisierung) auf dem afrik. Kontinent von den späten 1950er bis in die frühen 1960er Jahre symbolisch umschreibt und von H. Macmillan, dem damaligen Premierminister Großbritanniens, stammt. Macmillan verwendete es 1960 in Südafrika in einer viel beachteten Rede, in der er die Phase des Umbruchs als »der heiße Wind der Freiheit, der über Afrika weht« bezeichnete und die weiße Regierung am Kap damit indirekt aufforderte, mit der Zeit zu gehen und auch in Südafrika den Weg einer demokrat. Mehrheitsregierung einzuschlagen. Die weiße Regierung hielt aber an ihrer Politik der ↗ Apartheid fest und entschloss sich, Südafrika von einer konstitutionellen Monarchie (mit der brit. Königin als Staatsoberhaupt) in eine Republik umzuwandeln und aus dem ↗ *Commonwealth* auszutreten. – Ende der 1980er Jahre wurde das Wort vom W.d.W. reaktiviert, um den – teils als zweite Befreiung, teils als zweite Demokratisierung apostrophierten – Prozess pol. Wandels zu charakterisieren, der mit dem Zusammenbruch des Sozialismus und Ende des Kalten Krieges Afrika erfasste und Anfang der 1990er Jahre in vielen Ländern zur Ablösung von ↗ autoritären Regimen und ↗ Einparteisystemen durch Mehrparteiendemokratien führte.

Henning Melber

Wissenschaft ↗ Forschung und Wissenschaft

Wodu ↗ Vodún

Wolof (Sprache) ↗ Atlantisch

World Wide Fund for Nature (WWF, vormals *World Wildlife Fund).* 1961 gegr., ist der WWF die weltweit größte private Naturschutzorganisation mit einem Engagement auch in 23 afrik. Ländern (2000). Ziele des WWF sind der Schutz der Natur und ökolog. Prozesse über die Sicherung der Diversität des genetischen Potentials, der Arten und Ökosysteme; die Schaffung von Voraussetzungen zur Nutzung erneuerbarer Ressourcen; Maßnahmen zur Reduzierung der Umweltbelastungen und des Ressourcenverbrauchs. 1999 war der WWF in Afrika in 126 Projekten engagiert: Umweltbildung, -forschung, Förderung von Naturschutzinstitutionen; Schutz und Nutzung von Tiefland- und Berg-↗ Regenwäldern (v.a. in der Elfenbeinküste, Demokrat. Rep. Kongo, Gabun, Kamerun, Zentralafrik. Rep.); Erstellung und Implementierung von Managementplänen i.d.R. unter Einbindung der lokalen Bev. zur Sicherung unterschiedlicher Schutzgebiete, hoch gefährdeter Habitate und Ökosysteme; spezielle Artenschutzprojekte (u.a. für Berggorillas in der Demokrat. Rep. Kongo, Ruanda, Uganda; Nashörner in Namibia, Südafrika; Elefanten; Meeresschildkröten im Ind. Ozean). Der integrierte ↗ Naturschutz unter Berücksichtigung der ökolog., pol., institutionellen und sozioökonom. Bedingungen prägt zunehmend die Projekte.

1998 hat der WWF die *Living Planet Campaign* gestartet mit dem Ziel, zukünftig Schutzbemühungen auf repräsentative Ökosysteme zu konzentrieren, die bes. gefährdet sind. Von den weltweit erfassten 232 Ökoregionen entfielen 60 auf Afrika, von denen 54 als gefährdet eingestuft wurden. Jede Ökoregion zeichnet sich durch eine große Fläche, eine spezifische Zusammensetzung ihrer Fauna und Flora, ökolog. Dynamik und bes. Umweltbedingungen aus. Verstärkt bemüht sich der W. um eine Verknüpfung der Naturschutzziele mit den Nutzungsinteressen der lokalen Bev. in oder in Nähe von Schutzgebieten, wie z.B. bei CAMPFIRE in Simbabwe (↗ Wildtierbewirtschaftung) und dem 12.000 km^2 großen Banc-d'Arguin-Nationalpark in Mauretanien, der mit seinen Wattflächen, Mangroven, Marschen, Inseln und Dünen eines der wenigen noch intakten Küsten-Ökosysteme der Welt ist (v.a. Winterquartiere für Zugvögel, Heimat der seltenen Mönchsrobben, Laichgebiet vieler Fisch- und Krustentierarten). Der Park ist auch Lebensraum des Fischervolks der Imraguen, die seit jeher mit naturschonenden Fangmethoden arbeiten. Der WWF unterstützt die Imraguen und schützt sie vor der Konkurrenz nicht naturschonend arbeitender Fischer bei der Ausstattung mit Segelbooten, Fischverarbeitung, -haltbarmachung und -vermarktung, Versorgung mit Wasser, medizin. und schulischen Diensten mit dem Ziel, die Harmonie zwischen Mensch und Natur zu sichern. Ein weiterer Schwerpunkt ist die Förderung einer umwelt- und sozialverträglichen Waldbewirtschaftung auch außerhalb von Schutzgebieten, die Wiederaufforstung unter ökolog. und sozialverträglichen Aspekten, die Reduzierung der Waldschäden sowie eine verstärkte, aber umweltverträgliche Nutzung forstlicher Ressourcen.

🕮 www.wwf.de

Karl Vorlaufer

Wüste. W. ist eine Region, in der die Verdunstung erheblich höher ist als die jährl. Niederschlagsmenge und die aufgrund dieses Wassermangels wenig bzw. keine Vegetation aufweist. Auf dem afrik. Kontinent existieren nur Hitze-W. (weltweit auch Kälte-W.) Bei Hitze-W. unterscheidet man zwischen Zonen von höchster Trockenheit (hyperarid, Kern-W.) und solchen der Semiaridität (Halb-W. mit Übergang zu den Trockensavanne), wobei die Grenzen fließend sind. Allen gemeinsam ist die Niederschlagsarmut, die zeitliche Unzuverlässigkeit und die räumliche Variabilität der Niederschläge, die Wolkenfreiheit, die dadurch bedingte hohe tägliche Ein- und nächtliche Ausstrahlung, die extreme Trockenheit der Luft und die hohe bis extreme Verdunstung. Gerade die raum-zeitliche Variabilität der Niederschläge macht die landwirtsch. Nutzung der semiariden Zonen so riskant. Jahresmittelwerte der Niederschläge – etwa 500 mm als agronom. Trockengrenze – können eine scheinbare Sicherheit vortäuschen, die über längere Zeiträume nicht gewährleistet ist, was v.a. durch die sog. Dürrekatastrophe im Sahel 1968 bis 1973 deutlich wurde. ↗ Desertifikation, ↗ Naturräume, ↗ Ökozonen, ↗ Savannen.

Klaus Hüser

Xhosa (Sprache) ↗ Bantusprachen, ↗ Niger-Kongo, ↗ Literaturen in afrik. Sprachen: Südafrika

Xylophon, ↗ Musikinstrument aus der Familie der Idiophone (Selbstklinger), bei dem Klangplatten aus Holz mit einem Schlegel angeschlagen werden. Sowohl die Anzahl der Klangplatten als auch deren Stimmung variieren erheblich. Man unterscheidet vier Formen:

(1) Schenkel-X.: Bei diesem Typus wird auf eine Haltekonstruktion der Klangplatten verzichtet, die statt dessen auf den ausgestreckten Beinen der Spieler ruhen. Die Verbreitung des

Abb. 44: Harold Sikwaliyungu spielt auf einem *silimba*-Xylophon mit 12 Platten und Kalebassenresonatoren (Namibia, 1992)

Schenkel-X. ist nur durch wenige Zeugnisse aus West- und SO-Afrika belegt. Es dürfte manchmal eher Kindern zum Üben dienen. *(2) Holm-X.*: Die Haltekonstruktion der Klangplatten besteht bei diesem X. aus zwei langen Stämmen oder Ästen (meist Bambus), auf die die Klangplatten aufgelegt werden. Das Holm-X. ist sowohl in Ostafrika, insbes. in Uganda, Tansania und Nordmosambik, aber auch in Westafrika, insbes. in Kamerun und SO-Nigeria, weit verbreitet. Dabei findet das Instrument sowohl im höfischen Kontext (↗ Hofmusik) als auch zur Unterhaltung und bei Riten (↗ Ritus) Verwendung. *(3) Trog-X.*: Die Klangplatten liegen hier über einem gezimmerten Kasten oder ausgehöhlten Trog und sind ähnlich wie beim Holm-X. befestigt. Trog-X. werden auffallend häufig an der afrik. Ostküste gespielt, was zu Spekulationen über den Einfluss der südostasiat. Musikkultur auf Afrika Anlass gab. *(4) X. mit Einzelresonatoren*: Anders als bei den zuvor aufgeführten Typen hängen bei diesem X. unter den einzelnen Klangplatten Resonanzkörper, und zwar Kalebassenresonatoren in einer der Tonhöhe der Klangplatte entsprechenden Größe. Kennzeichen der überwiegenden Mehrzahl dieses Typus sind auch sog. *Mirlitons*, mitschwingende Membranen, die auf kleine eingeschnittene Öffnungen des Resonators geklebt werden und beim Anschlagen einer Platte ein Brummgeräusch erzeugen. Gebräuchlich ist das X. mit Einzelresonatoren in Ost-, Zentral- und insbes. in Westafrika, wo es als *Balafon* (mit 20 Klangplatten) seit Jahrhunderten gespielt wird.

🕮 Art. »Xylophon«. In: Die Musik in Geschichte und Gegenwart, Bd. 9, Kassel/Stuttgart 1998, S. 2100.

Raimund Vogels

Yoruba (Sprache) ↗ Benue-Kongo, ↗ Literaturen in afrik. Sprachen: Westafrika

Yoruba-Staaten, Königreiche und Herrschaftsgebiete der yorubasprachigen Völker im SW Nigerias (↗ Benue-Kongo). Das erste Königreich in der Region war ↗ Ife, die anderen Staaten wurden nach diesem Modell errichtet. Der mündlichen Überlieferung zufolge gründeten Söhne oder Enkel von Oduduwa, dem Sohn Gottes und Gründer Ifes, die übrigen Y.-St.; die Yoruba bezeichnen sich alle als Kinder Oduduwas. Nach Ife wurde von Oranyan, dem jüngsten Sohn Oduduwas, das Königreich Oyo gegr. Insges. gab es sieben »gekrönte Könige« in direkter Abstammung von Oduduwa, dessen Nachkommen das Privileg der Krone behielten. Auch die ungekrönten Häupter errichteten mächtige Staaten.

Trotz ihrer gemeinsamen Vorfahren und kultureller und relig. Bindungen schlossen sich die Yoruba nicht zu einem einzigen, pol. einheitlichen Imperium zusammen. Yoruba war im übrigen der zweite Name für Oyo, den mächtigsten unter den Y.-St., und wurde von den Europäern im 19. Jh. als Bezeichnung für das Volk übernommen. Der Zusammenbruch Oyos im 19. Jh. aufgrund interner pol. Krisen und unter einem Angriff der Fulbe aus dem Hausaland löste mehrere Bürgerkriege aus, die das Land großflächig verwüsteten. Es entstanden eine Reihe kleinerer Staaten: Alt-Oyo wurde als die Stadt New-Oyo wieder errichtet. Teile der Armee Oyos gründeten Ibadan, während die dort ansässigen Egba fortzogen und Abeokuta gründeten.

Zu den Y.-St. gehörten viele städt. Zentren. Jede Ansiedlung stellte eine dicht bevölkerte, von Dörfern und Ackerland umgebene Stadt dar. ↗ Westafrika, Völker, Kulturen und Staaten.

🕮 R. Law, The Oyo Empire c. 1600-c. 1836, Oxford 1977. – J. Pemberton/F. S. Afolayan, Yoruba Sacred Kingship: a Power like that of the Gods, Washington 1996.

Benson Osarhieme Osadolor

Zaire ↗ Kongo (Demokratische Republik)

Zande (Sprache) ↗ Adamawa-Ubangi

Zarma (Songhai-Dialekt) ↗ Nilosaharanisch

Zauberei ↗ Hexerei, ↗ Magie

Zayditen ↗ islamische Rechtsschulen

Zeit/Zeitwahrnehmung. Der Begriff Z. und die Besonderheiten der Zw. im Denken und in der Lebenspraxis der Afrikaner sind zentrale Themen der afrik. und der vergleichenden ↗ Philosophie und der Kulturanthropologie. Wenn man Z. als das »Maß der Veränderung« definiert, ist dieses Maß in Afrika traditionellerweise nicht wie in der westl. Überlieferung von der abstrakten Gleichförmigkeit des Zählens von Sekunden, Minuten etc., sondern von konkreten Abläufen des persönlichen und gesellsch. Lebens bestimmt. Die afrik. Zw. ist von einem vierfachen Raster (a) menschlicher und (b) natürlicher Indikatoren geprägt, die ihrerseits in (a1) individuelle und (a2) gesellsch. bzw. (b1) kosmisch-himmlische und (b2) irdisch-umweltliche unterteilt sind. Beispiele für (a1) sind: die eigene Geburt oder die Geburt des ältesten Sohnes, für (a2) der Amtsantritt eines Chiefs oder eines ↗ Königs. Beispiele für (b1) sind: der Stand der Sonne oder des Monds, für (b2) der Wechsel von Regen- und Trockenzeiten. Insbes. für die Bantuvölker ist wichtig, dass in ihren Sprachen und ihrem Denken Zeit- und Ortsbestimmung stets miteinander verbunden sind.

Im Zuge der Verwestlichung vermischen sich zunehmend afrik. und westl. Zeitbegriffe und Besonderheiten der Zw. Der abstrakte und gleichförmige westl. Zeitbegriff erweist sich für die Zeiteinteilung regelmäßiger Arbeit und für möglichst exakte Voraussagen des ökonom. Geschehens als bes. geeignet und spielt deshalb für die technologische und wirtsch. Entwicklung eine Schlüsselrolle. Ihm fehlt jedoch die Beziehung zum Inhalt der Zeit und zum Rhythmus des Lebens, die für die afrik. Zw. kennzeichnend ist und die bestimmten Einseitigkeiten des westl. Entwicklungsmodells entgegenwirken kann. ↗ Zeitrechnung, altägypt.

🕮 J.A.A. Ayoade, Time in Yoruba Thought. In: R.A. Wright (Hg.), African Philosophy. An Introduction, 2. Aufl., Washington 1979, S. 71–87. – A. Kagame: Sprache und Sein. Die Ontologie der Bantu Zentralafrikas. Brazzaville/Heidelberg 1985, S. 135–153. – S. B. Diagne/ H. Kimmerle (Hg.), Temps et développement dans la pensée de l'Afrique subsaharienne/Time and Development in the Thought of Subsaharan Africa, Amsterdam/ Atlanta 1998.

Heinz Kimmerle

Zeitrechnung, altägyptische. *I. Zeitvorstellung.* Die Ägypter unterschieden eine zyklische und eine nichtzyklische Zeit; die eine nannten sie *Neheh,* die andere *Djet. Neheh,* die zyklische Zeit, ist die ewige Wiederkehr; sie wird erzeugt durch die Bewegung der Gestirne und daher mit der Sonne determiniert. Diese Zeit wird mit dem Begriff des Werdens assoziiert, der im ↗ Ägyptischen mit dem Bild des Skarabäus, dem zentralen Heilssymbol der Ägypter, geschrieben wird. Die andere Zeit, *Djet*, wird mit dem Begriff des Bleibens, Währens, Dauerns assoziiert und mit dem Zeichen der Erde determiniert. Ihre Symbole sind Stein und Mumie, ihr Gott ist Osiris, der gestorbene Gott, der dem Totenreich vorsteht. *Djet* ist ein heiliger Raum der Dauer, worin das Vollendete unwandelbar fortdauernd aufgehoben ist. Daher heißt Osiris als Herr der *Djet* Wannafre, »Der in Vollendung Währende«. *Djet* ist stillstehende Zeit; Bewegung gibt es nur im *Neheh*. *Neheh* ist daher der Oberbegriff der Zeiteinheiten, der kalendarischen Zeit.

II. Kalendarische Zeit. – II.1 Jahr. Der ägypt. Kalender beruhte auf dem Sonnenjahr, das mit 365 Tagen, also um einen Vierteltag zu kurz, berechnet wurde. Es begann mit dem Einsetzen der Nilüberschwemmung, das mit einem astronomischen Ereignis, dem Frühaufgang der Sothis (=Sirius) verknüpft wurde (Mitte Juli nach dem julianischen Kalender) und gliederte sich in 12 Monate zu je 30 Tagen, die zu drei Jahreszeiten zusammengefasst wurden. Am Ende dieser 360 Tage wurden 5 Zusatztage (Epagomenen) angehängt. Die Monatsnamen sind von Festnamen abgeleitet; der Kalender ist also ein Festkalender. Wie in allen archaischen und traditionalen Kulturen haben Zeitmessung und Kalender auch in ↗ Altägypten ihren Sitz im Kult. Dieses Normaljahr überschreibt ein ursprüngliches Mondjahr, das nicht auf Berechnung, sondern auf Beobachtung beruhte und das daher mit den natürlichen Jahreszyklen in Einklang blieb, während das Normaljahr sich gegenüber dem Naturjahr um einen Vierteltag verschob und erst nach Ablauf von 1456 Jahren wieder mit diesem zusammenfiel. Dieses Mondjahr bestand ebenfalls aus 12 Monaten, die je nachdem 29 oder 30 Tage umfassten, abhängig vom Eintreten des Neumonds, mit dem der erste Tag des neuen Monats begann. Die 12 Monate addierten sich zu 354 Tagen, was alle drei, seltener zwei Jahre die Einfügung eines Schaltmonats erforderte, um mit dem Jahreszyklus in Einklang zu bleiben. Die Ägypter hielten neben dem Normaljahr an diesem Mondjahr fest, benutzten also zwei Kalender gleichzeitig. Der eine bot den Vorteil der Berechenbarkeit, da er nicht auf Beobachtung beruhte, und war daher bes. geeignet für die Zwecke der Verwaltung. Der andere bot den Vorteil des Einklangs mit kosmischen Zyklen und war daher besonders geeignet für die Zwecke des Kults, dem es auf die Eingliederung der menschlichen in die als göttlich verehrten natürlichen Ordnungen ankam. Beide Kalender sind religiös, weil die Ordnung als solche heilig ist. Da aber der eine solare Kalender in einer komplexen, auf Berechenbarkeit angewiesenen Gesellschaft viel praktischer ist als der Mondkalender, tritt im Laufe der Zeit jener immer stärker in den Vordergrund und wird zum Normalkalender. Die Ägypter haben die beiden Kalender durch Konkordanzen miteinander in Beziehung gesetzt. Dabei haben sie einen Zyklus von 25 Normalkalenderjahren zugrunde gelegt, die genau 309 Mondmonaten entsprechen. Eine solche Konkordanz ist in einem Papyrus der Spätzeit erhalten.

II.2 Tag. Der ägypt. Tag begann mit Sonnenaufgang. Tag und Nacht gliederten sich in je 12 Stunden. Deren Zahl lag fest, so dass ihre Länge schwankte (die Tagesstunden sind im Sommer länger als im Winter, bei den Nachtstunden ist es umgekehrt). Auch hier ersetzte Messung (durch Wasseruhren) ein älteres System, das auf astronomischen Beobachtungen beruhte. Hier wurden die Stunden bestimmt nach dem Aufgang bestimmter Sterne, der »Dekane«. Da sich diese Aufgänge im Jahreszyklus verschieben, führt alle 10 Tage ein neuer Dekan »seine« Stunde an (während der alte eine Stunde vorrückt). Wenn ein Dekan die 12. Nachtstunde anführt, erscheint er erstmals am Morgen nach siebzigtägiger Unsichtbarkeit, was man seinen Heliakischen Frühaufgang nennt. Nach altägypt. Vorstellung verbleibt er für diese 70 Tage in der Unterwelt; von dieser Beobachtung wurde im Totenkult die 70-Tagesfrist abgeleitet, die als die ideale Dauer der Einbalsamierung galt. Da sich das Normaljahr gegenüber dem Sternjahr verschiebt, mussten die Sternuhren immer neu adjustiert werden. Sie haben daher mehr theoretische oder symbolische Bedeutung. In der Praxis benutzte man Wasseruhren. Von den Dekanen leitete sich die ägypt. 10-Tage-Woche her; der babylonische Sieben-Tage-Zyklus, der auf der Beobachtung der Mondphasen beruht, spielte in Ägypten keine Rolle. In Theben wurde jeder 10. Tag festlich begangen; wie weit dieser Brauch ins 2. Jt. zurückreicht, ist allerdings unklar. Er ist aber kein Ruhetag im Sinne des biblischen Sabbat.

II.3 Tagewählereikalender. Kalender ganz anderer Art sind die Tagewählereikalender (Hemerologien), die jeden einzelnen Tag des Jahres aufgrund bestimmter mythischer Ereignisse qualifizierten. Sie dienten der Prognostik und gaben Anweisungen, was an bestimmten Tagen zu tun und zu lassen war. Der Tag war in drei Tageszeiten eingeteilt, die als gut, unentschieden oder unheilvoll eingestuft wurden, wobei sich die Eigenschaft des Tages bzw. der Tageszeit aus dem zugehörigen mythischen Ereignis herleitete. So bekam die mythische Welt eine kalendarische und die Zeit eine mythische Dimension. Solche Hemerologien sind auch aus Babylonien bekannt, waren aber für Ägypten so typisch, dass unheilvolle Tage im Mittelalter und darüber hinaus als *dies aegyptiaci* galten. Als bes. unheilvoll wurden die Epagomenen eingestuft; an diesen Tagen durchstreiften die Unglücksboten der Sachmet das Land.

II.4 Jahreszählung. In der Jahreszählung fingen die Ägypter mit jeder Thronbesteigung eines neuen Königs wieder mit Jahr 1 an, besaßen aber in den Königslisten ein Instrument, das es ihnen ermöglichte, zurückliegende Zeitabstände genau zu berechnen. Da es aber nie zu einer historiographischen Beschäftigung mit der Vergangenheit kam, haben sie von dieser Möglichkeit kaum Gebrauch gemacht. Eine Ausnahme ist die Aufstellung einer Stele Sethos' I. (um 1290 v.Chr.) zur Feier der 400-jährigen Wiederkehr der Einrichtung des Seth-Kults in Avaris. ↗ Ägyptologie, ↗ Zeit/Zeitwahrnehmung.

🕮 J. Assmann, Zeit und Ewigkeit im Alten Ägypten, Heidelberg 1975. – J. Assmann, Das Doppelgesicht der Zeit im altägypt. Denken. In: ders., Stein und Zeit, Mensch und Gesellschaft im Alten Ägypten, München 1991, S. 32–58. – L. Kákosy, Zeit. In: Lexikon der Ägyptologie, Bd. 6, Wiesbaden 1986, S. 1361–1371.

Jan Assmann

Zensur, Form von Kontrolle und Überwachung von Veröffentlichungen und Meinungsäußerungen durch den Staat, um die Verbreitung nonkonformer Ansichten zu verhindern. Im kolonialen Afrika, unter dem Apartheidregime Südafrikas sowie unter dem weißen Siedlerregime Rhodesiens diente Z. dem Schutz weißer Herrschaft, der Unterdrückung pol. Opposition und der Ahndung vermeintlicher Verstöße gegen herrschende Moralvorstellungen. Zudem schränkte sie die öffentl. Debatte pol. empfindlicher Themen (etwa die Lage der schwarzen Mehrheit) ein. In den nachkolonialen Staaten dient sie der Aufrechterhaltung autoritärer pol. Strukturen und unliebsamer Regime. Z. richtet sich gegen kritische Lit., ↗ Presse, ↗ Medien. Viele Schriftsteller, deren Werke verboten wurden und die Repressionen bzw. Morddrohungen ausgesetzt waren, gingen ins Exil, so u. a. Nuruddin Farah (Somalia), Amadou Kourouma (Elfenbeinküste), Tierno Monénembo (Guinea), Wole Soyinka (Nigeria). 1993 wurde Tahar Djaout in Algerien, 1995 Ken Saro-Wiwa vom Militärregime in Nigeria ermordet. In Ländern wie Nigeria, Rhodesien und Malawi wurde die Pressetätigkeit, auch die der ausl. Journalisten, stark eingeschränkt. Vielerorts wird die Arbeit kritischer Journalisten auch heute behindert. Im Jahre 2000 wurden sechs afrik. Journalisten ermordet, Dutzende inhaftiert. Theateraufführungen waren stets gefährdet. Als Ngugi wa Thiong'os Stück *I Will Marry When I Want* (Ich heirate, wenn ich will) 1977 in Kenia verboten wurde, zerstörte die Armee das ↗ Theater; der Autor kam ins Gefängnis. Während der Zeit der ↗ Apartheid waren Werke oppositioneller, vermeintlich kommunistischer Autoren, Veröffentlichungen verbotener Organisationen wie des ANC sowie fast die ges. kritische Presse Opfer der Z. Die südafrik. Gesetzgebung stellte die extremste Form der Z. dar. Nicht nur galten streng definierte Kriterien (Obszönität, Blasphemie, Schüren von Rassenproblemen, Staatssicherheit), sondern die Gesamtheit der Rassengesetzgebung wurde der künstlerischen Tätigkeit übergestülpt, bes. im Theaterbetrieb. In der Anfangszeit der Apartheid wurden viele Autoren bedrängt oder ins Exil getrieben, ihre Werke verboten (↗ anglophone Literaturen). Erst nach Jahren des Widerstands bzw. dem Ende der Apartheid wurde die Z. gelockert und schließlich aufgehoben. Lange verbotene Werke konnten durch den Einsatz fortschrittlicher Verlage neu erscheinen. Ergebnis der Z. war nicht nur die Einschüchterung ganzer Generationen von Autoren, die geistig-intellektuelle Isolierung ihrer Länder und finanzielle Verluste für den Buchhandel, sondern auch ein großer Einfallsreichtum beim Umgehen der Bestimmungen (Veröffentlichung im Ausland, Arbeit im Untergrund).

In den letzten Jahren haben Zensurmaßnah men auch auf das ↗ Internet übergegriffen. *Reporters sans Frontières* beschuldigt in Afrika die Staaten Libyen, Sierra Leone, Sudan und Tunesien, die Provider unter staatl. Kontrolle zu stellen und als staatsfeindlich deklarierte WEB-Angebote aus dem Netz zu filtern. ↗ Kino, ↗ Musiker.

🕮 M. Delange, The Muzzled Muse: Literature and Censorship in South Africa, Amsterdam 1997. – www.rsf.org

Geoffrey V. Davis

Zentralafrika erstreckt sich etwa zu gleichen Teilen beiderseits des Äquators von der Atlantikküste im W bis zum Zentralafrik. Graben im O. Es schließt die Asandeschwelle im N ein und wird im S durch die Lundaschwelle begrenzt. Damit bildet das Kongobecken den Kernraum. Insges. handelt es sich in etwa um ein Gebiet von der Größe Europas, jedoch mit einer Bevölkerungsdichte (16 Einw./km^2), die weniger als ein Zehntel derjenigen Europas beträgt. In Z. findet sich der größte Teil des immergrünen tropischen ↗ Regenwaldes Afrikas mit seinen über 700 Baumarten sowie der Kongo, nach dem Amazonas der wasserreichste Fluss der Erde (↗ Gewässer). Seine Wasserfälle bilden die Hauptenergiequellen der Region. Mit den abnehmenden Niederschlägen nordwärts und südwärts des Äquators geht der Regenwald in die Feucht- und Trockensavanne über. Zu Z. gehören 7 Staaten: Äquatorialguinea, Gabun, Kamerun, Rep. Kongo, Demokrat. Rep. Kongo, São Tomé und Príncipe sowie die Zentralafrik. Rep. ↗ Bevölkerung, ↗ Klima, ↗ Naturräume, ↗ Ökozonen, ↗ Stadt, ↗ Urbanisierung.

Fouad Ibrahim

Zentralafrika, Völker, Kulturen und Staaten. *I. Frühe Geschichte.* Fast alle Völker in Zentralafrika sprechen eng miteinander verwandte ↗ Bantusprachen. Die linguistische Verwandtschaft deutet darauf hin, dass die Ursprachen dieser Sprachfamilie zunächst, vermutlich um 2500 v. Chr., in Kamerun gesprochen wurden und sich durch ↗ Migration von dort weiter verbreiteten. Archäolog. Funde sprechen außerdem dafür, dass sich etwa zur selben Zeit eine Ackerbau betreibende Bev. in gleicher Richtung ausbreitete. Es handelte sich vermutlich eher um eine immer stärker zunehmende Bewegung kleiner Gruppen als um eine großangelegte Invasion. Die Archäologie belegt, dass Zentralafrika bereits vor dieser Wanderung ziemlich bevölkert war und sich die versch. Gruppen wohl in hohem Maße vermischten. Im Vergleich zu anderen Regionen entwickelten sich in Zentralafrika erst recht spät komplexe pol. Systeme. Obwohl um 500 v. Chr. in weiten Teilen der Region (und in den nördl. Gebieten schon viel früher) eine bäuerliche Bev. lebte, stammen die frühesten Beweise für eine komplex organisierte Gesellschaft aus den ersten Jahrhunderten unserer Zeitrechnung. Es handelt sich dabei um die Siedlungen bei Madingo-Kayes im Gebiet der heutigen Rep. Kongo. In großen Teilen Zentralafrikas sind archäolog. Studien bisher allerdings noch sehr lückenhaft, und neue Entdeckungen könnten unsere Vermutungen über diese Chronologie grundlegend verändern.

II. Quellenlage. Keine zentralafrik. Gesellschaft besaß vor 1500 ein Schriftsystem. Für viele Gesellschaften, v. a. jene im Innern des Kontinents, gibt es schriftliche Zeugnisse erst seit Ende des 19. Jh., und Historiker müssen sich in Bezug auf frühere Ereignisse auf mündliche Überlieferungen (↗ geschichtliche Überlieferung) stützen, umso mehr, als die Archäologie noch keine grundlegenden Hinweise auf größere Kultur- und Herrschaftsverlagerungen geliefert hat. Nur in den Küstengebieten am Atlantik und am Indischen Ozean gibt es schriftl. Augenzeugenberichte über Ereignisse und Persönlichkeiten früherer Zeiten. Sich an mündliche Überlieferungen zu halten, ist für Historiker nicht immer einfach; die schriftl. überlieferten Aufzeichnungen zu versch. Zeitpunkten, z. B. aus dem Reich ↗ Kongo zwischen dem 16. und dem 20. Jh., belegen deutliche Umwälzungen in der Gesellschaft.

III. 16.–18. Jahrhundert: Zentralafrik. Königreiche und portugiesische Expansion. Im späten 15. und frühen 16. Jh., als die Portugiesen nach Zentralafrika kamen, gab es eine Anzahl größerer Königreiche und eine Anzahl kleinerer Gemeinwesen. Die bei weitem mächtigsten, den Portugiesen bekannten Herrschaftsgebiete waren Kongo und Ndongo im W (im heutigen Angola) und das Karanga-Königreich (auch unter dem Namen ↗ Monomotapa bekannt) im heutigen Simbabwe. Kleinere Staaten, die entweder eine lose Oberherrschaft der mächtigeren Staaten akzeptierten oder eine lokale Unabh. geltend machten, beherrschten die angrenzenden Gebiete. Die Portugiesen nahmen mit vielen zentralafrik. Staaten Beziehungen zunächst rein geschäftlicher Natur auf. Portug. Händler ließen sich in der Hauptstadt des Kongoreichs und in seinem wichtigsten Atlantikhafen Mpinda nieder. Der König des Kongo, Nzinga a Nkuwu, ließ sich zum ↗ Christentum bekehren, und unter seiner Herrschaft und der seines Sohnes Alfonso I. (1509–42) verbreiteten sich sowohl das Christentum als auch die portug. Mode, Sprache und Schrift und andere europ. Gepflogenheiten. Die Portugiesen nahmen über den Hafen von Luanda auch Beziehungen zu Ndongo auf, ebenso wie zu Loango im nördl. Küstenbereich, als diese Königreiche sich Mitte des 16. Jh. vereinigten. Etwa um das Jahr 1540 gab es auch Bestrebungen, geschäftliche Abkommen mit Benguela zu treffen, einem Königreich im zentralen Hochland des heutigen Angola. An der anderen Küste suchten die Portugiesen Fabriken für den Goldhandel aufzubauen, zunächst in Sofala (1505), dann weiter nördl. auf der kleinen Insel Mosambik. Portug. Händler drangen auch ins Sambesital ein und errichteten in den 1520er Jahren Stützpunkte in den Städten Sena und Tete. Nach dieser ersten Handelsperiode gingen die Portugiesen an beiden Küsten auch auf Eroberungszüge, bes. während der Herrschaft König Sebastians I. (1554–1578). Im Jahre 1571 erhielt Paulo Dias de Novais finanzielle Mittel zur Kolonialisierung Angolas. Er unterstützte zunächst Ndongo, doch 1579 brach Krieg aus, und obwohl Dias de Novais eine Niederlage erlitt, schaffte er es, seine junge Kolonie im Gebiet um Luanda und das Cuanza-Flusstal zu behalten. Nachfolgende Gouverneure gingen nach 1615 eine nutzbringende milit. Allianz mit den Imbangala ein, einer Kriegertruppe ohne feste Bindungen, und vergrößerten Angola während der nächsten 40 Jahre auf Kosten seiner afrik. Nachbarn, v. a. Ndongos. Die portug. Expansion wurde schließlich aufgehalten von der Ndongo-Königin Njinga (1624–1663) und aufgrund anhaltender Misserfolge bei Militäroperationen gegen den Kongo. Eine kleinere, eher auf Handel ausgerichtete Kolonie wurde zu dieser Zeit auch in Benguela im zentralen Küstenbereich Angolas gegr. All diese Kriege hatten die Versklavung Tausender zur Folge, so dass beinahe die Hälfte aller aus Afrika exportierten Sklaven aus dem westl. Zentralafrika stammten (↗ Sklavenhandel). Ungefähr ab 1680 wurden die meisten Sklaven bei Kriegen zwischen afrik. Staaten gefangengenommen, wenngleich auch die portug. Kolonie in einige Kriege verwickelt war. Der Bürgerkrieg im Kongo, der 1665 nach der Niederlage gegen einen portug. Armee bei Mbwila begann, wurde die nächsten anderthalb Jahrhunderte fortgeführt, wovon der Sklavenhandel profitierte. Während Dias de Novais Angola eroberte, wurde im Jahr 1571 eine weitere portug. Expedition ausgerüstet, die Karanga einnehmen und die Goldminen im südöstl. Afrika unter ihre Herrschaft bringen sollte. Diese Expedition, unter der Leitung von Francisco Baretto und nach seinem Tod von Diogo Homem, brachte nur wenige Goldminen in ihren Besitz. Nach ihrem Rückzug weitete sich der portug. Einfluss v. a. deshalb aus, weil private Geschäftsleute, die ihre Sklaven bewaffnet und Armeen gebildet hatten, in den Bürgerkriegen im Königreich Karanga mitkämpften. Mitte des 17. Jh. war der Einfluss Portugals im Hochland weit verbreitet, Karanga gab es praktisch nicht mehr. 1696 drang Changamire II., Herrscher des Königreichs Rotse im SO Simbabwes, in diese Region vor und jagte die Portugiesen davon; sie behielten lediglich den Hafen Sofala im S sowie einige Niederlassungen im Sambesital, namentlich Sena, Tete und die neue Stadt Zumbo. Auch die Insel Mosambik im N blieb in der Hand der Portugiesen.

Das 18 Jh. war die Blütezeit mächtiger Reiche im Innern des Kontinents. Etwa um 1700 dehnte sich das Lunda-Reich nach W aus und eroberte riesige Territorien, bis es Mitte des Jh. das Cuango-Tal erreichte. Nach 1740 drang es nach O in das heutige Nordsambia vor. Diese Ostgebiete spalteten sich ab und bildeten das Königreich Kazembe, das bald in die kommerziellen und pol. Geschäfte der portug. Besitztümer im Sambesital verwickelt wurde. Ein weiteres Königreich, Lozi, entstand am oberen Sambesi, wahrscheinlich vor 1750. In der gleichen Zeit entwickelten sich mehrere Königreiche im Gebiet der Großen Seen.

IV. 19. Jahrhundert: Ausrichtung der Handelsstrukturen auf Europa. Mitte des 19. Jh. änderte sich die Situation in Zentralafrika grundlegend. Mit der Abschaffung des transatlantischen Sklavenhandels kam der Rohstoffhandel (↗ Rohstoffe), der sich auf die industrialisierten Länder Westeuropas konzentrierte und zu einer grundlegenden wirtsch. Neuausrichtung führte. Importe aus Europa ersetzten nach und nach zahlreiche afrik. Bedarfsgüter, v. a. Textilien und Metallwaren, für die im Gegenzug versch. einheimische Erzeugnisse wie Honig, Wachs und Elfenbein, dann Erdnüsse und schließlich Kaffee und Kautschuk exportiert wurden. Produktion und Transport dieser Waren befanden sich zu einem viel größeren Anteil in privater Hand als der alte internat. Handel. In der Folge schossen immer mehr einheimische Handelsorganisationen aus dem Boden, und die Menschen, die durch den neuen Handel zu mehr Wohlstand kamen, begannen bestehende pol. Autoritäten in Frage zu stellen.

Im zentralen Hochland Angolas investierte die aufstrebende Klasse der *Long-distance*-Händler und -Träger ihr Einkommen in die Landwirtschaft, erwarb Sklaven und versuchte schließlich, pol. Einflussnahme zu erreichen. Im Kongo errichteten unzählige Handelsgruppen von den Dörfern aus gigantische Netzwerke, die sich von den Erdnuss- und Kautschuk-Regionen bis hin zur Küste erstreckten. Das Reich Lunda wurde von den Handelsgesellschaften der Chokwe-Träger und -Händler unterhöhlt, die schließlich auch in die Bürgerkriege nach dem Tod von Naweej. II. im Jahr 1852 eingriffen. Im Sambesital beteiligten sich auch die portug. Siedler, die nun definitiv Teil der afrik. Wirtschaft und Portugal nur noch nominell zur Treue verpflichtet waren, am expandierenden regionalen Handel. Zur gleichen Zeit bereiteten andere Gruppen, wie die Makua in Nordmosambik, den Weg für den Elfenbeinhandel und v. a. für eine neue Form des Sklavenhandels, der den Gewürznelkenfarmen in Sansibar und den Zuckerrohrplantagen im Ind. Ozean Arbeiter lieferte. Weitere Handelsgesellschaften von der ostafrik. Küste kamen ebenfalls in das Kazembe-Königreich und trugen dazu bei, die dortigen Machthaber zu stürzen. In der Zwischenzeit, etwa um 1840, gründeten kriegerische Zulu-Völker aus dem südl. Afrika neue Staaten in Südmosambik und am oberen Sambesi.

V. Die Etablierung der europäischen Kolonialmacht. Diese unbeständige Lage ermöglichte den europ. Kolonialmächten einen leichten Zugriff auf den Kontinent und schwächte potentiellen ↗ Widerstand. In manchen Gebieten, wie im Kongo, kamen die Portugiesen auf Einladung des Herrschers Pedro V., um die Ansprüche des Staates gegenüber den neuerdings so einflussreichen Geschäftsclans zu unterstützen, und übernahmen letztendlich die Macht; in anderen Gegenden, wie z. B. im zentralen Hochland, intervenierten die Portugiesen zugunsten der Händler und gegen den Staat. Auch die Deutschen in Ostafrika und die vom belg. König Leopold II. gegr. Handelsgesellschaft im Kongo-Freistaat organisierten Kampftruppen, um ihre Geschäftsinteressen durchzusetzen. Im ersten Jahrzehnt des 20. Jh. war schließlich die ges. Region unter europ. Kontrolle (↗ Kolonialismus), wenngleich der bewaffnete Widerstand in manchen Gegenden, wie in Ostangola, bis Mitte der 1920er Jahre anhielt. Die Kolonialverwaltungen, die aus den Eroberungsfeldzügen hervorgingen, waren oft stark auf die Handelsgesellschaften angewiesen, die die Eroberung unterstützt hatten und bisweilen anderen Firmen Konzessionen überließen. Die *British South Africa Company* und ihre zahlreichen Nebenzweige sowie andere Gesellschaften bauten Eisenbahnlinien in Angola, die Verbindungen zu ihren Kupferminen aus den belg. Eroberungen herstellten, und in Nordrhodesien. Zur gleichen Zeit waren die meisten Kolonialverwaltungen stark von Wanderarbeitern abhängig, um ihre Minen bewirtschaften zu können. Die belg. Regierung unterstützte zunächst das Konzept der ↗ Wanderarbeit, gab in den 1930er Jahren diese Politik in ihren Minen jedoch auf und befürwortete stattdessen die gemeinsame Ansiedlung von Bauern und Arbeitern. In manchen Fällen belebte die neue Wirtschaft die Produktion der Kleinbauern; die Regierungen Angolas und Rhodesiens z. B. entschieden sich allerdings für den Ausbau der Landwirtschaft auf riesigen Farmen, die sich in ausl. Besitz befanden und mit Wanderarbeitern bewirtschaftet wurden, was die bäuerl. Produktion teilweise ersetzte.

VI. Koloniale Verwaltung. Die Kolonialverwaltungen mussten sich auf lokale Herrscher stützen, um ihre Befehlsgewalt aufrechterhalten zu können (↗ Indirekte Herrschaft). Die Mutterländer hatten nicht vor, für die Verwaltung der Kolonien Geld auszugeben, und aufgrund der finanziellen Beschränkungen hielten sich die europ. Interventionen in Grenzen, außer in Rhodesien und in Angola, wo die hohe Zahl europ. Siedler in weiten Gebieten eine zivile und milit. Herrschaft ausübte. Anderswo verblieben kommunale Verwaltung und Rechtsprechung in der Hand der älteren afrik. Oberschicht. In manchen Fällen, v. a. in den engl. Kolonien wie Nord- und Südrhodesien, wurden große vorkoloniale Staaten teilweise erhalten, so zum Beispiel das Lozi-Königreich im westl. Nordrhodesien und der Ndebele-Staat in Südrhodesien. Portugal und Belgien wiederum versuchten, ohne Rückgriff auf größere Verwaltungseinheiten mittels Gemeindeverwaltungen zu regieren. Gleichzeitig rekrutierten alle Kolonialherren ihre untersten Verwaltungsbediensteten aus der Klasse der gebildeten Afrikaner, deren Unterricht Missionaren anvertraut war. Missionare wurden allg. bevorzugt, u. a. weil sie schulischen Unterricht, medizinische Dienste und praktische Ausbildung anboten, ohne dass dies die Regierungen etwas kostete (↗ Mission). Manchmal, wie in Angola, wurden (vom kath. Portugal!) protest. Missionare aus Nordamerika geholt, vielfach stellten sie sich auch ihr eigenes Programm zusammen. In den 1930er Jahren erzeugten die ↗ Missionsschulen eine kirchlich und milit. ausgebildete afrik. Führungsschicht. Antikoloniale Tendenzen bildeten sich eher in dieser Gruppe als in der alten Elite. In den 1950er Jahren verlangten die neue ↗ Eliten in allen Kolonien die Unabh. (↗ *African personality*, ↗ afrik. Ideologie), die dann allerdings auf sehr unterschiedliche Art und Weise kam. In Belg.- und Frz.-Kongo wurde die Unabh. recht plötzlich und ohne viel Kampf gewährt (↗ Entkolonialisierung), in Angola, Mosambik und Nord- und Südrhodesien jedoch gab es beträchtlichen Widerstand gegen jeglichen Gedanken an Unabh., sowohl von Seiten der Siedler als auch, im Falle Portugals, von Seiten der Regierung. Als die brit. Regierung 1964 beschloss, Njassaland (Malawi) sowie Nord- und Südrhodesien in die Unabh. zu entlassen, erklärten die südrhodesischen Siedler sich im Jahre 1965 einseitig unabh., da klar wurde, dass England die afrik. Mehrheit das neue Land regieren lassen wollte. Die aufständischen Siedler nahmen sich vor, das Muster kolonialer Herrschaft unter ihrer Aufsicht weiterzuführen. In der Folge organisierte sich die afrik. Oberschicht in Massenorganisationen und infolge Unterdrückung in ↗ Rebellenbewegungen, um die Unabh. zu erkämpfen. 1965 wüteten Guerillakriege in Südrhodesien, Mosambik und Angola. Erst mit dem Sturz der portug. Regierung durch kriegsmüde Soldaten 1974 und der brit. Intervention 1979 im Fall Rhodesien gewannen diese Länder schließlich ihre Unabh. ↗ Architektur.

🕮 D. Birmingham (Hg.), History of Central Africa, 3 Bde., London 1983–1998. – J. Thornton, Africa and Africans in the Making of the Atlantic World, 2. Aufl., Cambridge 1999. – J. Vansina, Paths in the Rain Forests, London 1990.

John Thornton

Zentralafrikanische Republik. **Fläche:** 622.984 km². **Einw.:** 3,6 Mio. (1999). **Bev.-Wachstum/Jahr**: 2,3% (1990–99). **Stadtbev.:** 41% (1999). **Hauptstadt und Wirtschaftsmetropole:** Bangui (600.000 Einw.) **Unabh.:** 13. 8. 1960. **Staatsform**: Präsidialrep.; Parlamentssystem: Zweikammersystem; Mehrparteiensystem. **Währung:** CFA-Franc. **HDI-Rang** 154/162 (2001). **Auslandsverschuldung**: 885,3 Mio. US $ (1997). **Anteil der Entwicklungshilfe am BSP**: 11% (1998). **BSP/Kopf**: 290 US$, **HIV-infizierte Erwachsene**: 13,8%, **Lebenserwartung**: m 42,7 J., w 46 J., **Alphabetisierung** der Erwachsenen: m 58,6%, w 33,3% (1999). **Einschulungsrate**: m 51%, w 27% (1995–99). **Amtssprachen:** Frz., Sango (↗ Pidgin- und Kreolsprachen); **Nationalsprachen:** u. a. Banda, Gbaya (↗ Adamawa-Ubangi).

I. Naturraum. Als Binnenland liegt die Z.A.R. im Herzen Afrikas. Prägend für das Relief ist die ausgedehnte Hochfläche zwischen den über 1.000 m hohen Massiven des Dar Schalla (Dar Fetit) im SW und S von Birao sowie des Yade (Bakore) im N von Bouar. Steil abfallend, trennt diese Schwelle die Becken des Ubangi-Kongo-Systems und des Auk-Schari-Logone-Systems, der wichtigsten ↗ Gewässer des Landes. Das Jahr teilt sich in eine Regen- und eine Trockenzeit. Die Temperaturen schwanken zwischen 20° und 32 °C. Das dringend zu lösende ökolog. Problem bleibt der Kampf gegen den außer Kontrolle geratenen Holzeinschlag im S des Landes (↗ Entwaldung, ↗ Forst- und Holzwirtschaft, ↗ Ökosysteme).

II. Bevölkerung und ethnische Gruppierungen. In der Z.A.R. begegnen sich die Sprachräume des ↗ Niger-Kordofanischen und des ↗ Nilosaharanischen, wobei der ↗ Adamawa-Ubangi-Zweig 90% der Landessprachen umfasst. Es finden sich also: (1) im W und SW Gbaya mit Untergruppen, Ngbandi (mit Sango und Yakoma) und Gbanzili-Sere (mit Ngbaka-Mabo, Monzombo, Gbanzili-Balaka, Sere); (2) in der Landesmitte die Banda mit Untergruppen, (3) im S am Ubangi die Nzande und Nzakara; (4) aus dem Adamawa-Zweig das Pana der Mbum-Gruppe an der nördl. Grenze zu Kamerun, Tschad und Sudan.

III. Geschichte und Politik. Die heutige Z.A.R. ist eine Folge der europ. Kolonisation. 1885 errichtete Dolisie während seiner Expedition auf dem Sangha am linken Ufer den Posten Nkundjia. Von dort aus grenzten Franzosen und Belgier ihre Einflussbereiche ab. Frankreich annektierte das ges. nördl. Ubangi-Becken. 1889 gründeten Belgier den Posten Zango auf dem linken und Franzosen den Posten Bangui auf dem rechten Ufer des Ubangi. Die 1894 gegr. neue Kolonie Ober-Ubangi – ab 1903 Ubangi-Schari – wurde 1910 Teil von Frz.-Äquatorialafrika. 1939 wurde der Südteil von Ober-Sangha, der zu Mittelkongo gehörte, an Ubangi-Schari angeschlossen. 1946 wurde das Land Bestandteil der *Union Française* mit Vertretungsanspruch im frz. Parlament. So wurde Barthélémy Boganda, Symbolfigur der zentralafrik. Geschichte, Abgeordneter der frz. Nationalversammlung. Am 28. 9. 1958 wurde er erster Premierminister der autonomen Kolonie Z.A.R. Ihm folgte nach seinem Tod 1959 der Innenminister David Dacko, der bei der Unabh. 1960 zum ersten Staatspräsidenten gewählt wurde. Am 31. 12. 1965 übernahm Jean Bédel Bokassa, Oberbefehlshaber der Armee, nach einem Militärputsch die Macht. Bokassa erklärte sich zum Staats- und Regierungschef und riss alle drei Gewalten an sich. In seinem Größenwahn erließ er 1976 eine neue Verfassung, die die Z.A.R. in ein Kaiserreich umwandelte und ihn selbst zum Kaiser erhob. Seine Raumordnungspolitik begünstigte die Städte Bangui und

Bérengo, ausl. Unternehmen wurden ausgeplündert. Nach Schülerprotesten gegen den Uniformzwang wurden viele Kinder im Gefängnis von der Armee umgebracht. Diese schweren Menschenrechtsverletzungen lösten 1977/78 Massendemonstrationen aus. Angesichts des brutalen Vorgehens der Armee und v.a. um die geostrategischen Konsequenzen einer Annäherung Bokassas an Gaddafi zu verhindern, schritt Frankreich im Sept. 1979 mit 130 Soldaten ein, die Bokassa stürzten und Dacko wieder einsetzten. Aus den Wahlen im März 1981 ging Dacko mit 50% der Stimmen gegenüber 38% für Ange-Félix Patassé als Sieger hervor. Ein halbes Jahr später ergriff General André Kolingba, ein Yakoma, unter bis heute ungeklärten Umständen die Macht. 1986 wurde er für sechs Jahre durch Volksentscheid zum Staatsoberhaupt gewählt. 1991 legte ein Generalstreik den ges. öffentl. Sektor lahm. Eine ↗ nationale Konferenz erkannte Kolingba die Macht ab; die im Okt. 1992 durchgeführten Parlaments- und Präsidentschaftswahlen wurden jedoch gerichtlich annuliert. 1993 gewann A.-F. Patassé die erneuten Präsidentenwahlen. Trotz mehrerer Putschversuche wurde Patassé bei den Präsidentenwahlen 1999 in seinem Amt bestätigt. Im Mai 2001 kam es zu einem erneuten Putschversuch von Seiten des früheren Präsidenten Kolingba, der von libyschen Truppen niedergeschlagen wurde.

IV. Wirtschaft. Die Wirtschaft der Z.A.R. stützt sich auf die Vermarktung von Exportkulturen (Kaffee, Baumwolle, Tabak) sowie den ↗ Bergbau (Gold, Diamanten). Diese Außenorientierung hat zwei Konsequenzen: (1) die geringe Entwicklung des Sekundär- und des Tertiärsektors sowie der Nahrungsmittelkulturen (Erdnüsse, Hirse, Sorghum, Maniok); (2) die Instabilität der Handelsbilanz, die den Kursschwankungen auf dem Weltmarkt ausgesetzt ist. Die schlechten Verkehrsverbindungen sowie der auf die Häfen Duala (Kamerun) und Pointe Noire (Rep. Kongo) angewiesene Außenhandel bereiten dem Land enorme wirtsch. Schwierigkeiten.

V. Literatur. In der ↗ Oralliteratur gibt es den ↗ Griot nur dank der Dichter der Nzakara und der Zande. Die schriftliche Lit. begann bereits in der kolonialen Epoche mit frz. Autoren wir E. Psichari (*Terre de soleil et de sommeil*, 1908), R. Maran (*Batouala*, 1921, Prix Goncourt) und A. Gide (*Voyage au Congo*, 1927). Die einheim. Lit. wurde 1972 mit *Princesse Mandapu* von P.M. Bamboté aus der Taufe gehoben. Es folgten P. Sammy-Mackfoy (*L'Odyssée de Mongou*, 1977), C.R. Yavoucko (*Crépuscule et défi*, 1979), E. Goyémidé (*Le Silence de la forêt*, 1984), G. Danzi (*Un soleil au bout de la nuit*, 1985) und D. Guimanda (*Mémoires d'un paysan*, 1995). Theaterautoren sind B.B. Siango (*A nolengué ti Indépendance*), Ipéko-Etomane (*Le téléphone*) und F. Niamolo (*L'héritage*).

🕮 P. Kalck, Histoire de la République centafricaine, Paris 1992. – P. Saulnier, Le Centafrique. Entre mythe et réalité, Paris 1997. – J.-B. N. Wago, L'Economie centafricaine, Paris 1999.

Steve Robert Renombo Ogoula

Zentralismus ↗ Öffentliche Verwaltung

Zentralsudanisch, eine ca. 20 Sprachen umfassende Untergruppe der Schari-Nil-Sprachen, die zum nilosaharanischen Sprachstamm (↗ Nilosaharanisch) gehören. Sie gliedert sich in die Sara-Bongo-Bagirmi- und die Moru-Mangbetu-Gruppe, die früher als Schari-Wadai- bzw. Nil-Kongo-Sprachen bekannt waren. Diese Sprachen sind im Tschad, Sudan (Bahr el Ghazal), in der Demokrat. Rep. Kongo, der Zentralafrik. Rep. und Uganda verbreitet. Eine Konzentration findet sich im NO der Demokrat. Rep. Kongo und im SW des Tschads. Die Zahl der Sprecher beläuft sich auf 2–3 Mio.; davon sind ca. 1 Mio. Sprecher des Sara, einer aus 17 Einzelsprachen bestehenden Sprachgruppe. Mangbetu, Bale, Lendu und Lugbara werden jeweils von mehr als 100.000 Sprechern im O des Verbreitungsgebiets gesprochen. Die Barma im W gelten als das staatstragende Volk des im 16. Jh. entstandenen islamisierten Reiches Bagirmi, das sich mit seinen Nachbarn ↗ Bornu und Wadai (↗ Westafrika, Völker, Kulturen und Staaten) in dauernden Konflikten befand. Die Sprachen Kresh und Moru werden im sudanesischen Grundschulunterricht verwendet. – Eine exakte Gliederung des Z. ist aufgrund mangelnder Daten und unklarer Identifizierungen kompliziert. Auch die extreme geogr. Zersplitterung in sprachlich heterogene Gebiete, in denen Sprecher von nilosaharanischen, afroasiatischen (↗ Afroasiatisch) und ↗ Niger-Kongo-Sprachen zusammenleben, erschwert eine Zuordnung. Seit den Arbeiten von Archibald N. Tucker und J.H. Greenberg in den 1940er Jahren besteht an der internen Geschlossenheit der zentralsudanischen Sprachen allerdings kein Zweifel mehr. – Zentralsudanische Sprachen sind ↗ Tonsprachen; ihre Wortstellung ist Subjekt-Verb-Objekt. Sie dient häufig zur Aspektunterscheidung.

🕮 M. L. Bender, The Nilo-Saharan Languages. A Comparative Essay, München/Newcastle 1996. – P. Boyeldieu, Identité tonale et filiation des langues sara-bongo-baguirmiennes (Afrique Centrale), Köln 2000. – R. Stevenson, Bagirmi Grammar, Khartum 1969.

Doris Löhr

Zither, ↗ Musikinstrument mit horizontaler Lage der Saiten, das zu den Chordophonen (Saiteninstrumenten) gehört. Ein evtl. angebrachter Resonator ist für die Saitenspannung nicht von Bedeutung. Je nach der Form der Saitenträgers unterscheidet man in Kasten-, Schalen-, Brett-, Floß-, Stab- und Röhren-Z. Sie kommen in Afrika nicht überall vor, sondern sind jeweils regional verbreitet. Röhren-Z. werden auf Madagaskar gespielt, Rahmen-Z. v. a. in den westafrik. Küstenregionen, Schalen- und Brett-Z. in Zentral- und Ostafrika. Kasten-Z. kommen vermutlich aus Westasien und wurden mit dem Islam in Nordafrika eingeführt. Floß- und Stab-Z. sind dagegen gleichermaßen in West-, Zentral- und Ostafrika zu finden.

🕮 Art. »Zither«. In: Die Musik in Geschichte und Gegenwart, Bd. 9, Kassel/Stuttgart 1998, S. 2412.

Raimund Vogels

Zivilgesellschaft bezeichnet einen Bereich öffentl. Lebens, dessen Institutionen (↗ Gewerkschaften, ↗ Kirchen, ↗ NGOS etc.) der Artikulierung und Verwirklichung diverser Interessen bzw. Rechte dienen und von staatl. Einflussnahme unabh. sind. Dem Konzept der Z. liegt die Annahme einer Trennung zwischen Z. und Staat zugrunde als zwei gesellsch. Bezugspunkte, die miteinander agieren – mithin die Unterscheidung zwischen dem Staat als Ort der Machtausübung und der Gesellschaft als einem relativ autonomen Gegengewicht zu staatl. Handeln.

Trotz seiner langen Geschichte – der Begriff geht u. a. auf Aristoteles, Rousseau, Hegel, Marx und Gramsci zurück – ist Z. eines der unschärfsten Konzepte der pol.-philosophischen Theorie und hat im Gefolge der Demokratisierungwelle (↗ Demokratie), die nach dem Ende des Ost-West-Konflikts in den ↗ nachkolonialen Staaten Afrikas einsetzte, wieder aktuelle Bedeutung erhalten.

In der afrik. Diskussion um Z., die in den 1980er Jahren einsetzte, stand die Forderung nach Teilhabe am pol. System zumindest vorder-

Abb. 45: Guere-Musiker beim Spiel auf der Rahmenzither *do*, Elfenbeinküste

gründig im Zentrum. Mehrparteiendemokratie sollte die Dominanz einer einzigen Staatspartei (↗ Einparteisystem) und deren pol. Monopolstellung ablösen. So besehen, erwiesen sich Rufe nach größeren zivilgesellsch. Freiräumen als ein Plädoyer für mehr bürgerliche Freiheiten. Die Phase der Demokratiebewegungen solchen Zuschnitts überschnitt sich mit der Wiederentdeckung einer relativ konservativen Laisser-faire-Ideologie in wirtschaftspol. Hinsicht. Diese Koinzidenz schuf eine Grundlage, auf der sich radikalere pol.-ideol. Strömungen mit den Ansichten eher traditioneller neoklassischer Ökonomen trafen. Sie teilten weitgehend die Einschätzung, dass der afrik. Staat gemeinhin seiner Bestimmung und Aufgabe nicht mehr gerecht werde und deshalb in seiner bestehenden Form als ein Hindernis im weiteren Entwicklungsprozess gelte. Als Vehikel gesellsch. Entwicklung habe er ausgedient, seine permanente Intervention in die volkswirtsch. Sphäre diene allenfalls der Bereicherung heimischer Eliten wie auch externer Nutznießer, keinesfalls aber mehr dem Gemeinwohl. Demgegenüber sollten andere Agenturen und Institutionen, die wesentliche Teile der Bev. repräsentieren, größeres Mitspracherecht ausüben dürfen (Parteien, Gewerkschaften, Verbände, Medien, diverse Organisationen spezifischer Bevölkerungsgruppen etc.). Solange es der Bevölkerungsmehrheit verwehrt bleibt, mittels solcher Artikulations- und Partizipationsformen das pol.-gesellsch. System mitzugestalten, kann der Staat nicht seinem Anspruch gerecht werden, das Gemeinwohl zu vertreten.

Verfechter einer Z. glauben, dass diese für neue Entwicklungsimpulse in den Gesellschaften Afrikas sorgen könne. Kritiker warnen hingegen vor einer neuerlichen Mythologisierung, die von den eigentlichen Aufgaben gesellsch. Wandels ablenkt. Tatsächlich wird es den Vertretern einer auf Emanzipation bzw. als Befreiungsstrategie angelegten Z. nicht dadurch leichter gemacht, dass auch Denkansätze der Weltbank und des Internat. Währungsfonds seit Ende der 1980er Jahre das Konzept der Z. als entwicklungsfördernden Beitrag für sich entdeckten und propagieren. Diese beiden internat. Organisationen sehen in der Z. ein Mittel, die Effizienz von Bürokratien und öffentl. Einrichtungen zu vergrößern sowie die Interaktion von Privatwirtschaft, freiem Markt und staatl. Institutionen als Beitrag zu tragfähiger Entwicklung zu fördern. Z. missrät so zu einem viel beschworenen Allheilmittel – was deren tatsächlichen, begrenzten Beitrag zu sog. *good governance* und gesellsch. Wandel aus den Augen geraten lässt. Als plakative Formel verliert Z. reale Bedeutung und emanzipatorischen Gehalt. Sie gerät zur Farce, die Legitimation für das *recycling* von pol. und ökonom. Macht in den Händen interner wie externer Eliten bietet. So verstanden, fördert Z. Akzeptanz und Identifikation mit dem bestehenden System unter den Beherrschten. Das mag in sich bereits als Fortschritt gegenüber den Formen und Auswirkungen despotischer bzw. autokratischer Herrschaft gelten, die von den afrik. »Entwicklungsdiktaturen« (zumeist ohne Entwicklung und gegen oder allenfalls ohne das Volk, ↗ Autoritäre Regime) bis zum Ende der 1980er Jahre praktiziert worden war. Das systemverändernde Potential einer auf mehr als nur formaler Teilhabe am System orientierten Auffassung von Z. repräsentiert ein solches Verständnis hingegen nicht. ↗ Gesellschaft, ↗ Nat. Konferenz.

📖 J. W. Harbeson/D. Rothchild (Hg.), Civil Society and the State in Africa, Boulder 1994. – R. Kößler/H. Melber, Chancen internat. Zivilgesellschaft, Frankfurt/M. 1993. – W. Schicho, Mythos Zivilgesellschaft: Die »Dritte Kolonisierung« Afrikas. In: F. Kolland/E. Pilz/A. Schedler (Hg.), Staat und zivile Gesellschaft, Frankfurt/M. 1996, S. 93–115.

Henning Melber

Zivilisation. In Afrika wird unter Z. eine ↗ Gesellschaft verstanden, in der Menschen nach bestimmten, von ihnen selbst erbrachten intellektuellen, technischen, künstlerischen Leistungen sowie in sozialen und pol. Institutionen leben. Vielfach werden die Begriffe Z. und ↗ Kultur als gleichbedeutend behandelt, doch gibt es Sinnverschiebungen. Kultur bezeichnet die Gesamtheit der menschl. Tätigkeiten sowie die ihnen zugrunde liegenden geistigen Ideen. Z. hingegen ist die Summe aller materiellen und geistigen Eigenschaften der sog. fortgeschrittenen Völker der Welt seit der Urzeit. Nicht nur auf die Vergangenheit bezogen, bedeutet Z. auch die Erweiterung des traditionellen Erbes auf die modernen Formen des Lebens. Da Kultur insbes. in Europa vielfach als Gegenbegriff zu Barbarei, Geschichtslosigkeit, Primitivität und Wildheit aufgefasst wird, ziehen Afrikaner den Begriff Z. vor, um nicht zuletzt die Höherwertigkeit, Einzigartigkeit und Unverwechselbarkeit ihrer Geistes- und Lebenswelt zu betonen. Gleichwohl wenden sie sich gegen die These, erst die Begegnung mit anderen Kulturen, insbes. den europ., hätte die geistige, pol. und gesellsch. Emanzipation afrik. Völker gefördert. Denn es gab nicht immer und überall in Afrika primitive und archaische Zustände, sondern auch gut organisierte Gesellschaften, lebendige Traditionen sowie technisch fortgeschrittene Lebensweisen. Naturbeherrschung, Rationalisierung und Technisierung des Lebens hatten bereits in der Frühzeit einen hohen Entwicklungsgrad erreicht. Wie sich im Leben der heutigen Afrikaner die Zivilisationsleistungen ihrer Vorfahren spiegeln und worin sie bestehen, ist allerdings kaum genau zu bestimmen, da die gegenwärtigen afrik. Lebensformen nur wenig unmittelbaren Bezug zu den frühen Z. haben; vielmehr verdeutlichen sie das Spezifische der modernen Zeit mit all ihren Begleiterscheinungen. Trotzdem bleiben die alten Z. nicht nur des Paläolithikums und ↗ Neolithikums, sondern auch ↗ Altägyptens, ↗ Nubiens, ↗ Numidiens etc. aufgrund ihrer vielfältigen Spuren als Appell und Erinnerung für das gegenwärtige und zukünftige Afrika. Zu den wesentlichen Merkmalen afrik. Z. gehören z. B. versch. ↗ Schriftsysteme, ↗ Religionen, ↗ Oralphilosophie, ↗ Oralliteratur, ↗ Kunst, ↗ Musik, ↗ Tanz, aber auch ↗ No-party Democracy. Damit unterscheidet sich der afrik. Zivilisationsbegriff von dem der ↗ zivilisatorischen Mission, die zum Ziel hatte, die Völker Afrikas durch Erziehung und Bildung zu Kultur und Entwicklung zu befähigen.

🕮 C. A. Diop, Civilisation ou barbarie. Anthropologie sans complaisance, Paris 1981. – L. S. Senghor, Négritude et Civilisation de l'universel, Paris 1977. – J. E. Mabe, Die Kulturentwicklung des Menschen nach Jean-Jacques Rousseau in ihrem Bezug auf die gesellschaftlichen Entwicklungen in Afrika, Stuttgart 1996.

Jacob E. Mabe

Zivilisatorische Mission ist eine schönfärberische Umschreibung von Eroberungsstrategien, mit denen die kolonialen Sendboten Europas (Missionare, Forschungsreisende, Händler und andere Abenteurer) sowie in der Folge auch die direkten Vertreter der Kolonialmächte (Beamte und Militärs) Afrika zu unterwerfen trachteten. Sie begriffen sich als Träger einer allein gültigen Definition von Kultur und Fortschritt, die anderen Menschen und deren lebensweltlicher Orientierung aufoktroyiert wurde. Zu den wesentlichen Bestandteilen des europ. Zivilisationsgedankens gehörte die Einführung von Waren- und Geldwirtschaft, Lohnarbeit, damit einhergehender kapitalistischer Arbeitstugenden und christl. Religion. Die »Eingeborenen« sollten erzogen und dadurch zivilisiert werden, notfalls mit Gewalt.

Die z. M. entsprang der Philosophie der Aufklärung, deren neuzeitl. Rationalitätsgedanke ein lineares Fortschrittsmodell kultureller Entwicklung postulierte und mit pseudowiss. Erklärungsansätzen verbrämte. Ihr wohnte eine rassistische Grundhaltung inne, die mehr als ein paternalistisches Verständnis für fremde Kulturen (wie z. B. in der idealistischen Verklärung des edlen Wilden) nicht zuließ. Von dieser eurozentrischen Sichtweise abweichende Werte und Normen wurden nicht als gleichwertig akzeptiert. Dabei ist der Nachweis schwierig, in welchen Fällen die Verfechter der z. M. sich einer Rechtfertigungsstrategie bedienten, deren Legitimationscharakter für die in ihrem Namen begangenen Gräuel und Untaten ihnen bewusst war. Jedenfalls erforderte die »Zivilisierung der kolonialen Mündel« einen hohen Preis unter den Opfern, die bei Verweigerung und Widerstand z. T. physisch und psychisch vernichtet wurden. Die z. M. erwies sich für sie somit als Unterwerfung unter fremdbestimmte Verhältnisse und Beraubung der eigenen Identität.

🕮 U. Bitterli, Die »Wilden« und die »Zivilisierten«. Grundzüge einer Geistes- und Kulturgeschichte der europ.-überseeischen Begegnung, 2. Aufl., München 1991. – H. Melber, Der Weissheit letzter Schluss. Rassismus und kolonialer Blick, Frankfurt/Main 1992.

Henning Melber

Zulu (Sprache) ↗ Bantusprachen, ↗ Niger-Kongo, ↗ Literaturen in afrik. Sprachen: Südafrika

Zulureich, südafrik. Königreich, das Anfang des 19. Jh. von Shaka (1787–1828) gegr. und 1887 von Großbritannien annektiert wurde. Bis zum späten 18 Jh. waren die Zulu, die unter der Herrschaft der Mthethwa standen, einer von vielen kleineren ↗ Klans. Shaka, der im Heer des Mthethwa-Herrschers Dingiswayo zum General aufgestiegen war, schuf durch Kriegs- und Eroberungszüge ein mächtiges Reich. Nach Dingiswayos Tod schloss sich ein großer Teil der Mthethwa-Konföderation Shaka an. Zulu (↗ Bantusprachen) wurde zur Sprache des Königreichs, dessen Stärke auf der Konzentration der milit., ökonom. und administrativen Macht in der Hand Shakas beruhte. Unter seiner Führung expandierte das Z. nördl. bis zum Pongola und südl. bis zum Territorium der Mpondo. 1828 wurde Shaka von seinem Halbbruder und Nachfolger Dingane ermordet. Dieser wurde nach der Ermordung des Burenführers Pieter Retief von burischen Siedlern in der Schlacht vom *Blood River* (1838) vernichtend geschlagen und von Mpande abgesetzt. Mpande trat das Land südl. des Thukela, das die Briten 1843 als Kolonie Natal annektierten, an die Siedler ab. Aus einem Bürgerkrieg ging 1856 sein Sohn Cetshwayo erfolgreich hervor. Zu dieser Zeit bezeichneten sich ca. 150.000 Menschen als Zulu. Cetshwayo, der ein stehendes Heer von 40.000 Mann unterhielt, wurde jedoch von den Briten in Natal sowie von Siedlern bedrängt, die 1852 im Transvaal eine Burenrep. gegr. hatten. Nach der Niederlage im Anglo-Zulu-Krieg 1879 ging er ins Exil. Gegen milit. Hilfe im Konflikt mit seinem Hauptwidersacher Zibhebhu vergab Dinizulu, der Nachfolger Cetshwayos, weiteres Land an die Siedler. 1887 annektierten die Briten das verbleibende Zulureich als Teil der Kolonie Natal. Nach einer Rebellion gegen die Briten wurde Dinizulu ins Exil nach ↗ Sankt Helena geschickt. Er kehrte 1898 zurück, ohne wieder als Zulu-Herrscher anerkannt zu werden. ↗ Südafrika, Völker, Kulturen und Staaten.

🕮 J. Guy, The Destruction of the Zulu Kingdom, London 1976.

Gesine Krüger

Zwangsarbeit, in Afrika Mittel v.a. der Kolonialverwaltungen, fehlende Arbeitskräfte zu beschaffen. Aufgrund der fehlenden Bereitschaft der afrik. Bevölkerung zur Lohnarbeit, einem Mangel an Arbeitskräften und da nicht mehr wie im 19. Jh. auf Sklaven zurückgegriffen werden konnte, wurden die Arbeiter zum Bau von Straßen, Eisenbahnen, öffentl. Gebäuden, aber auch für Plantagen und Bergwerke zwangsweise rekrutiert. Mit der Rekrutierung beauftragten die Kolonialbehörden häufig die einheimischen Herrscher; die Reaktionen auf die Zwangsarbeit reichten von Flucht bis zu Aufständen (↗ Maji-Maji-Aufstand, ↗ Widerstand).

1930 forderte die IAO (Internat. Arbeitsorganisation) die Abschaffung aller Arbeiten, die unter Androhung von Strafen erzwungen werden, einschließlich des Zwangsanbaus bestimmter Kulturen in der Landwirtschaft. Z. wurde 1936 in Liberia verboten, 1945 in den frz. Kolonien, 1957 von den UN generell untersagt, diente aber z.B. in Äquatorial-Guinea noch in den 1970er Jahren als Strafmaßnahme für Gefangene. ↗ Kolonialismus.

Babacar Fall

Weiterführende Literatur

Alpern, Stanley B., Amazons of Black Sparta. The Women Warriors of Dahomey, London 1998.

Althausen, Johannes (Hg.), Christen Afrikas auf dem Wege zur Freiheit, 1955–1969. Dokumente und Erklärungen, Berlin 1971.

Anderson, David M./Rathbone, Richard, Africa's Urban Past, Oxford/Portmouth 2000.

Arabic Literature of Africa. Bd. 1: O'Fahey, R. S., The Writing of Eastern Sudanic Africa to 1900; Bd. 2: Hunwick, John O., The Writings of Central Sudanic Africa; Bd. 3: Hunwick, John O./O'Fahey, R. S., The Writing of Muslim People of Eastern Africa, Leiden 1994, 1995, 1998.

Arndt, Susan, Feminismus im Widerstreit. Afrikanischer Feminismus in Gesellschaft und Literatur, Münster 2000.

Bach, Daniel C. (Hg.), Regionalisation in Africa – Integration and Disintegration, Oxford/Bloomington 1999.

Behrend, Heike, Alice und die Geister. Krieg im Norden Ugandas, München 1993.

Behrend, Heike/Geider, Thomas (Hg.), Afrikaner schreiben zurück. Texte und Bilder afrikanischer Ethnographen, Köln 1998.

Behrend, Heike/Luig, Ute (Hg.), Spirit Possession, Modernity and Power in Africa, Oxford 1999.

Berger, Iris/White, E. Francis, Women in Sub-Saharan Africa: restoring women to history, Bloomington 1999.

Betz, Joachim/Brüne, Stefan (Hg.), Jahrbuch Dritte Welt 2001, München 2000 (erscheint jährlich seit 1983).

Bierschenk, Thomas, Die Fulbe Nordbénins. Geschichte, soziale Organisation, Wirtschaftsweise, Hamburg 1997.

Bierschenk, Thomas/Elwert, Georg (Hg.), Entwicklungshilfe und ihre Folgen. Ergebnisse empirischer Untersuchungen in Afrika, Frankfurt 1997.

Bollig, Michael/Klees, Frank, Überlebensstrategien in Afrika, Köln 1994.

Brandstetter, Anna-Maria/Neubert, Dieter (Hg.), Postkoloniale Transformation in Afrika. Zur Neubestimmung der Soziologie der Dekolonisation, Hamburg 2001.

Bürkle, Horst (Hg.), Theologie und Kirche in Afrika, Stuttgart 1968.

Büttner, Thea (Hg.), Afrika. Geschichte von den Anfängen bis zur Gegenwart. Bd. 1–4, Berlin/Köln 1979–1985.

Clark, John Desmond, The Prehistory of Africa, London 1970.

Coquery-Vidrovitch, Claudine, Les Africaines, Paris 1994 (engl.: African Women, Boulder 1997).

Coussy, Denise, La littérature africaine moderne au sud du Sahara, Paris 2000.

Curtin, Philip/Feierman, Steven/Thompson, Leonard, African History: from earliest times to independence, 2. Aufl., London 1995.

Dammann, Ernst, Das Christentum in Afrika, München/Hamburg 1968.

Deutsch, Jan-Georg/Wirz, Albert (Hg.), Geschichte in Afrika. Einführung in Probleme und Debatten, Berlin 1997.

Diop, Papa Samba (Hg.), Littératures et sociétés africaines: Regards compératistes et perspectives interculturelles: mélanges offertes à Janos Riesz, Tübingen 2001.

Dumett, Raymond, El Dorado in West Africa, The gold mining frontier. African labour and colonial capitalism in the Gold Coast, 1875–1900, Athens, Ohio/Oxford 1999.

Ehling, Holger/Ripken, Peter (Hg.), Die Literatur Schwarzafrikas. Ein Lexikon der Autorinnen und Autoren, München 1997.

Ehret, Christopher, An African Classical Age: eastern and southern Africa in world history, 1000 BC to A. D. 400, Oxford/Charlottesville, VA 1998.

Ela, Jean-Marc, Mein Glaube als Afrikaner, Freiburg 1987.

Engel, Ulf, Die Afrikapolitik der Bundesrepublik Deutschland 1949–1999. Rollen und Identitäten, Hamburg 2000.

Engel, Ulf/ Mehler, Andreas (Hg.), Gewaltsame Konflikte und ihre Prävention in Afrika. Hintergründe, Analysen und Strategien für die entwicklungspolitische Praxis, Hamburg 1999.

Engel, Ulf/Schleicher, Hans G., Die beiden deutschen Staaten in Afrika. Zwischen Konkurrenz und Koexistenz 1949–1990, Hamburg 1998.

Enwezor, Okwui (Hg.), The Short Century. Inde-

pendance and liberation movements in Africa, München 2001.
Eze, Emmanuel Chukwudi (Hg.), Postcolonial African Philosophy. A critical reader, Cambridge, Mass./Oxford 1997.

Fanon, Frantz, Die Verdammten dieser Erde, Frankfurt/M. 1981.
Faye, J.D. (Hg.), Cambridge History of Africa, Bd. 1–8, Cambridge 1982–1984.
Fischer, Rudolf, Gold, Salz und Sklaven. Die Geschichte der großen Sudanreiche Gana, Mali, Songhai, Tübingen 1982.
Fischer, Rudolf, Korallenstädte in Afrika. Die vorkoloniale Geschichte der Ostküste, Oberdorf 1984.
Forkl, Hermann (Hg.), Die Gärten des Islam, Stuttgart/London 1993.
Förster, Till (Hg.), Tuma Be. Alltagskultur der westafrikanischen Savanne, Tübingen 1992.

General History of Africa/Unesco, Bd. 1–8, London 1981–1993 (frz. Ausgabe: Histoire générale de l'Afrique, Paris 1981–1993).
Gensichen, Hans-Werner, Glaube für die Welt. Theologische Aspekte der Mission, Gütersloh 1971.
Gérard, Albert (Hg.) European Language Writing in Sub-Saharan Africa, Bd. 1.2, Budapest 1986.
Gifford, Paul, African Christianity. Its public role, London 1998.
Glinga, Werner, Literatur in Senegal: Geschichte, Mythos und gesellschaftliches Ideal in der oralen und schriftlichen Literatur, Berlin 1990.
Grau, Ingeborg (Hg.), Afrika. Geschichte und Gesellschaft im 19. und 20. Jahrhundert, Wien 2000.
Gray, Stephen, Southern African Literature, Kapstadt 1979.
Griffith, Gareth, African Literatures in English, Harlow 2000.
Grinker, Roy Richard/Steiner, Christopher B. (Hg.), Perspectives on Africa: A Reader in Culture, History and Representation, Oxford 1997.
Gründer, Horst, Christliche Mission und deutscher Imperialismus. Eine politische Geschichte ihrer Beziehungen während der deutschen Kolonialzeit (1884–1914) unter besonderer Berücksichtigung Afrikas und Chinas, Paderborn 1982.
Gründer, Horst, Geschichte der deutschen Kolonien, 4., erw. Aufl., München 2000.

Hahn, Hans-Peter, Afrika und die Globalisierung, Münster/Hamburg 1999.
Hanak, Ilse, Frauen in Afrika: »... ohne uns geht gar nichts!«, Frankfurt/M./Wien 1995.
Hansohm, Dirk/Kappel, Robert, Schwarz-weiße Mythen – Afrika und der entwicklungspolitische Diskurs, 2., überarb. Aufl., Münster/Hamburg 1994.
Harding, Leonhard, Geschichte Afrikas im 19. und 20. Jahrhundert, München 1999.
Harrow, Kenneth W. (Hg.), The Marabout and the Muse: New approaches to islam in African literature, Oxford 1996.
Hein, Wolfgang, Unterentwicklung – Krise der Peripherie. Phänomene, Theorien, Strategien, Opladen 1998.
Heyden, Ulrich van der (Hg.), Mission und Gewalt. Der Umgang christlicher Missionen mit Gewalt und die Ausbreitung des Christentums in Afrika und Asien in der Zeit von 1782–1918/19, Stuttgart 2000.
Hunwick, John (Hg.), Religion and National Integration in Africa, Evanston 1992.

Iliffe, John, East African Doctors: a history of a modern profession, Cambridge 1998.
Iliffe, John, Geschichte Afrikas, 2. Aufl., München 2000.
Institut für Afrika-Kunde/Hofmeier, R. (Hg.) Afrika Jahrbuch 1999, Opladen 2000 (erscheint jährlich seit 1988).
Isichei, Elizabeth, A History of Christianity in Africa: from antiquity to the present, London 1995.

Jestel, Rüdiger (Hg.), Das Afrika der Afrikaner. Gesellschaft und Kultur Afrikas, Frankfurt/M. 1982.
Jones, Adam, Zur Geschichte der Afrikaforschung, Stuttgart 1996.
Joseph, Richard (Hg.), State, Conflict and Democracy in Africa, Boulder/London 1999.

Kabou, Axelle, Weder arm noch ohnmächtig. Eine Streitschrift gegen schwarze Eliten und weiße Helfer, Basel 1995.
Killam, Douglas/Rowe, Ruth (Hg.), The Companion to African Literatures, Bloomington/Oxford 1999.
Ki-Zerbo, Joseph, Geschichte Schwarzafrikas, Frankfurt 1981.
Klein, Herbert S., The Atlantic Slave Trade, Cambridge 1999.
Kresse, Kai, Afrikanische Philosophie, Tübingen 1997.

Krings, Matthias, Geister des Feuers. Zur Imagination des Fremden im Bori-Kult der Hausa, Hamburg 1998.

Kubik, Gerhard, Zum Verstehen afrikanischer Musik: ausgewählte Aufsätze, Leipzig 1998.

Kurio, Hars, Berberkönige und Schriftgelehrte. Nordafrikanischer Islam in Tradition und Moderne, Hamburg 1992.

Lacey, R. Kevin/Coury, Ralph M. (Hg.), The Arab-African and Islamic Worlds. interdisciplinary studies, New York 2000.

Lentz, Carola, Die Konstruktion von Ethnizität. Eine politische Geschichte Nord-West Ghanas, 1870–1990, Köln 1998.

Levtzion, Nehemia/Pouwels, Randall L. (Hg.), The History of Islam in Africa, Athens/Oxford 2000.

Loimeier, Roman, Islamische Erneuerung und politischer Wandel in Nordnigeria, Münster/Hamburg 1993.

Lölke, Ulrich, Kritische Traditionen. Philosophie als Ort der Dekolonisation, Frankfurt/M. 2000.

Loprieno, Antonio (Hg.), Ancient Egyptian Literature: History and Forms, Leiden 1996.

Lovejoy, Paul E. Transformations in Slavery: A History of Slavery in Africa, 2. Aufl., Cambridge 2000.

Lüsebrink, Hans-Jürgen, Schrift, Buch und Lektüre in der französischsprachigen Literatur Afrikas. Zur Wahrnehmung und Funktion von Schriftlichkeit und Buchlektüre in einem kulturellen Epochenumbruch der Neuzeit, Tübingen 1990.

Mandela, Nelson, Der lange Weg zur Freiheit, Frankfurt/M. 1997.

Martin, Phyllis M./O'Meara, Patrick (Hg.), Africa, Bloomington 1995.

Meillassoux, Claude, Anthropologie der Sklaverei, Frankfurt 1989.

Mermissi, Fatema, Die vergessene Macht. Frauen im Wandel der islamischen Welt, Berlin 1993.

Müller-Hohenstein, Klaus, Die Landschaftsgürtel der Erde, Stuttgart 1979.

Nagl-Docekal, Herta (Hg.), Postkoloniales Philosophieren: Afrika, Wien/München 1992.

Nantet, Bernard, Dictionnaire d'Histoire et Civilisations africaines, Paris 1999.

Neill, Stephen, Geschichte der christlichen Missionen, 2. Aufl., Erlangen 1990.

Nketia, Joseph H. Kwabena, Die Musik Afrikas, Wilhelmshaven 1979.

Okpewho, Isidore, African Oral Literature, backgrounds, character and continuity, Bloomington 1992.

Oppen, Achim von/Rottenburg, Richard (Hg.), Organisationswandel in Afrika. Kollektive Praxis und kulturelle Aneignung, Berlin 1995.

Owomoyeal, Oyekan (Hg.), A History of Twentieth Century African Literature, Nebraska 1993.

Platte, Editha, Frauen in Amt und Würden. Handlungsspielräume muslimischer Frauen im ländlichen Nordostnigeria, Frankfurt/M. 2000.

Pobee, John S., Grundlinien einer afrikanischen Theologie, Göttingen 1981.

Reader, John, Africa. A biography of the continent, London 1997.

Reichmuth, Stefan, Islamische Bildung und soziale Integration in Ilorin (Nigeria) seit ca. 1800, Münster/Hamburg 1998.

Ricard, Alain, Littératures d'Afrique noire. Des langues aux livres, Paris 1995.

Riemenschneider, Dieter/Schulze-Engler, Frank (Hg.), African Literatures in the Eighties, Amsterdam1993.

Riesz, Jánosz, Französisch in Afrika – Herrschaft durch Sprache, Frankfurt/M. 1998.

Riesz, Jánosz, Koloniale Mythen – Afrikanische Antworten, Frankfurt/M. 1993.

Rosander, Eva Evers/Westerlund, David (Hg.), African Islam and Islam in Africa. Encounters between Sufis and Islamists, London 1997.

Schicho, Walter, Handbuch Afrika, Bd. 1–3, Frankfurt/M. 1999–2002 (Bd. 2, 3 in Vorb.)

Schleicher, Ilona und Hans-Georg, Die DDR im südlichen Afrika. Solidarität und Kalter Krieg, Hamburg 1997.

Schneider, Gabriele, Mussolini in Afrika. Die faschistische Rassenpolitik in den italienischen Kolonien 1936–1941, Köln 2000.

Schultz, Jürgen, Die Ökozonen der Erde, 2. Aufl., Stuttgart 1995.

Schultz, Jürgen, Handbuch der Ökozonen, Stuttgart 2000.

Schulze-Engler, Frank, Intellektuelle wider Willen. Schriftsteller, Literatur und Gesellschaft in Ostafrika 1960–1980, Essen 1992.

Shaw, Mark, The Kingdom of God in Africa: A short history of African christianity, Grand Rapids 1996.

Shaw, Thurstan (Hg.), The Archaeology of Africa: foods, metals and towns, London 1993.

Simon, Artur (Hg.), Musik in Afrika. 20 Beiträge zur Kenntnis traditioneller afrikanischer Musikkulturen, Berlin 1983.

Spittler, Gerd, Verwaltung in einem afrikanischen Bauernstaat. Das koloniale Französisch-Westafrika 1919–1939, Wiesbaden 1981.

Stoecker, Helmut (Hg.), Kamerun unter deutscher Kolonialherrschaft, 2 Bde., Berlin 1968.

Sundermeier, Theo, Aus einer Quelle schöpfen wir. Von Afrikanern lernen, Gütersloh 1992.

Tetzlaff, Rainer/Engel, Ulf (Hg.), Afrika zwischen Dekolonisation, Staatsversagen und Demokratisierung, Hamburg 1995.

Tietze, Wolf (Hg.), Westermann Lexikon der Geographie, Braunschweig 1970.

Veit-Wild, Flora, Teachers, Preachers, Non-Believers: a social history of Zimbabwean literature, London 1992.

Walter, Hermann, Vegetationszonen und Klima, 3., überarb. Aufl., Stuttgart 1977.

Werthmann, Katja, Nachbarinnen. Die Alltagswelt muslimischer Frauen in einer nigerianischen Großstadt, Frankfurt 1997.

Wesseling, Hendrik L., Teile und herrsche. Die Aufteilung Afrikas 1880–1914, Stuttgart 1999.

Wiese, Bernd, Afrika. Ressourcen, Wirtschaft, Entwicklung, Stuttgart 1997.

Wirz, Albert, Sklaverei und kapitalistisches Weltsystem, Frankfurt/M. 1984.

Ziegert, Helmut, Der Stand der Archäologie in Afrika heute. In: Archéoafrika 1 (1997) 2, S. 90–94.

Verzeichnis der Autorinnen und Autoren

Adomako Ampofo, Akosua, University of Ghana – Legon, Ghana
Alber, Erdmute, Freie Universität Berlin
Amin, Samir, Forum du Tiers Monde, Dakar, Senegal
Ammon, Ulrich, Universität Duisburg
Ansprenger, Franz, Berlin
Arend, Elisabeth, Universität Bremen
Assmann, Jan, Universität Heidelberg
Augel, Johannes, Universität Bielefeld

Bar-Chen, Eli, Universität München
Barry, Boubacar, Université de Dakar, Senegal
Bass, Hans H., Universität Bremen
Bauer, Kerstin, Iwalewa-Haus, Universität Bayreuth
Bauer, Ulrich, Technische Universität Cottbus
Baum, Eckhart, Universität Gesamthochschule Kassel, Witzenhausen
Bechhaus-Gerst, Marianne, Universität Köln
Beck, Kurt, Universität München
Benedek, Wolfgang, Universität Graz
Berger, Albrecht, Freie Universität Berlin
Berger, Lothar, Informationsstelle Südliches Afrika e. V., Bonn
Beyerhaus, Peter, Institut Diakrisis, Gomaringen
Bidima, Jean Godefroy, Collège de France, Paris
Bliss, Frank, Remagen
Böhm, Gerhard, Universität Wien
Bräuer, Günter, Universität Hamburg
Braukämper, Ulrich, Universität Göttingen
Breitinger, Eckhard, Universität Bayreuth
Brennecke, Hanns, Universität Erlangen/Nürnberg
Broß, Michael, Universität Frankfurt/M.

Caglar, Ayse, Freie Universität Berlin
Carl, Florian, Universität Köln
Coetzee, Ampie, University of Western Cape, Bellville, Südafrika
Collet, Giancarlo, Universität Münster

Davis, Geoffrey V., Technische Hochschule Aachen
Debiel, Tobias, Stiftung Entwicklung und Frieden, Bonn
Diagne, Pathé, Centre d'Etudes de Prospective Alternative et de Politologie, Dakar, Senegal
Dieng, Amady Ali, Université de Dakar, Senegal

Eckert, Andreas, Humboldt-Universität Berlin
Eisenhofer, Stefan, München
Elger, Ralf, Bamberg
Eloundou, Eugène Désiré, Université de Yaoundé, Kamerun
Elwert, Georg, Freie Universität Berlin
Elwert-Kretschmer, Karola, Berlin
Emminghaus, Christoph, Universität Hamburg
Engel, Andrea, University of Natal, Durban, Südafrika
Engel, Ulf, Universität Leipzig
Essomba, Philippe, Université de Yaoundé, Kamerun

Fall, Babacar, Université de Dakar, Senegal
Falola, Toyin, University of Texas, Austin, Texas, USA
Fiedermutz-Laun, Annemarie, Universität Münster
Fiedler, Klaus, University of Malawi, Zomba, Malawi
Fleßa, Steffen, Evangelische Fachhochschule, Nürnberg
Förster, Till, Universität Basel

Gabriel, Erhard, Institut für Angewandte Wirtschaftsgeographie, Ahrensburg
Gärtner, Susanne, Universität Gießen
Geider, Thomas, Köln
Geiss, Imanuel, Universität Bremen
Göttke, Line, Berlin
Grau, Ingeborg, Universität Wien
Grohs, Gerhard, München
Groß, Ulrike, Universität Köln
Grupe, Gerd, Freie Universität Berlin
Gutberlet, Marie-Hélène, Universität Frankfurt/M.

Hahn, Hans-Peter, Universität Bayreuth
Halm, Heinz, Universität Tübingen
Harding, Leonhard, Universität Hamburg
Harneit-Sievers, Axel, Institut für Afrika-Kunde, Hamburg; Zentrum Moderner Orient, Berlin
Heap, Simon, INTRAC (International NGO Training and Research Centre), Oxford
Hebga, Meinhard, Université de Yaoundé, Kamerun
Herrmann, Roland, Universität Gießen
Hock, Klaus, Universität Rostock
Hoffmann, Gerd Rüdiger, Senftenberg

Hofmeier, Rolf, Institut für Afrika-Kunde, Hamburg
Höhn, Stefanie, Fachhochschule Zwickau
Homberger, Lorenz, Museum Rietberg, Zürich
Honke, Gudrun, Bochum
Honke, Otto, Bochum
Hüser, Klaus, Universität Bayreuth
Huß, Werner, Universität Bamberg

Ibrahim, Fouad, Universität Bayreuth
Ibriszimow, Dymitr, Universität Frankfurt/M.
Illy, Hans F., Arnold-Bergstraesser-Institut, Freiburg
Inikori, Joseph E., University of Rochester, Rochester, NY, USA
Ischinger, Anne-Barbara, Humboldt-Universität, Berlin

Jacobs, Bruno, Köln
Jakobeit, Cord, Institut für Afrika-Kunde, Hamburg; Universität Hamburg
Jansen-Winkeln, Karl, Freie Universität Berlin
Janzen, Jörg, National University of Mongolia, Ulanbator, Mongolei
Jones, Adam, Universität Leipzig

Kalu, Ogbu, University of Nigeria, Nsukka, Nigeria
Kappel, Robert, Universität Leipzig
Kashula, Russell, University of Cape Town, Südafrika
Kastenholz, Raimund, Universität Mainz
Khamis, Said A. M., Universität Bayreuth
Kießling, Roland, Universität Hamburg
Kimmerle, Heinz, Zoetermeer, Niederlande
Klein, Axel, University of Kent, Canterbury, Großbritannien
Klein-Arendt, Reinhard, Universität Köln
Kleinewillinghöfer, Ulrich, Universität Bayreuth
Klenke, Kerstin, Universität Köln
Körner, Peter, Norderstedt
Krause, Rüdiger, Universität Gesamthochschule Kassel, Witzenhausen
Krings, Thomas, Universität Freiburg
Krüger, Fred, Universität Freiburg
Krüger, Gesine, Universität Hannover
Kuba, Richard, Universität Frankfurt/M.
Küper, Wolfgang, Eschborn

Leeb-du Toit, Juliet, University of Natal, Pietermaritzburg, Südafrika
Leger, Rudolf, Universität Frankfurt/M.
Lentz, Carola, Universität Frankfurt/M.
Lindfors, Bernth, University of Texas, Austin, Texas, USA
Löhr, Doris, Universität Frankfurt/M.
Luig, Ute, Freie Universtät Berlin

Mabe, Jacob E., Freie Universität; Humboldt-Universität, Berlin
Maloba, Wunyabari O., University of Delaware, Newark, DE, USA
Martin, Birgit, Bayreuth
Martini, Jürgen, Universität Magdeburg
Mbollé, Henriette, Paris
Mbonerane, Albert, Mönchengladbach
Meier, Astrid, Universität Zürich
Meinhardt, Heiko, Universität Hamburg
Melber, Henning, The Nordic Africa Institute, Uppsala, Schweden
Menck, Karl, HWWA Institut für Wirtschaftsforschung, Hamburg
Meyns, Peter, Universität Duisburg
Miescher, Stephan F., University of California, Santa Barbara, USA
Molassoko, Jean-Marie, Courdimanche, Frankreich
Möllers, Hein, Informationsstelle Südliches Afrika e. V., Bonn
Müller, Klaus-Jürgen, Universität Hamburg

Naït-Zerrad, Kamal, Universität Köln
Neubert, Dieter, Universität Bayreuth
Ngal, Georges, Sorbonne, Paris
Nganang, Patrice, Shippensburg University, Shippensburg, PA, USA
Nord, Antonie, Institut für Afrika-Kunde, Hamburg

Ogoula, Steve Robert Renombo, Université de Libreville, Gabun
Okunoye, Oyeniyi, Obafemi Awolowo University, Ile-Ife, Nigeria
Oppen, Achim von, Zentrum Moderner Orient, Berlin
Osadolor, Benson Osarhieme, Universität Hamburg
Osswald, Klaus-Dieter, Pädagogische Hochschule Freiburg
Owens, Jonathan, Universität Bayreuth

Pauls, Anja, Köln
Peters, Walter H., University of Natal, Durban, Südafrika
Platte, Editha, Frobenius-Institut, Frankfurt/M.
Porembski, Stephan, Universität Rostock
Probst, Peter, Iwalewa-Haus, Universität Bayreuth

Randrianja, Solofo, Université de Tamatave, Tamatave, Madagaskar
Rebstock, Ulrich, Universität Freiburg
Reh, Mechthild, Universität Hamburg
Reuther, Ernst-Ulrich, Technische Hochschule Aachen
Richter, Elke, Montpellier, Göttingen
Richter, Roland, München
Riesz, Janos, Universität Bayreuth
Ritz-Müller, Ute, Kelsterbach
Rödiger, Iris, Bayreuth
Röschenthaler, Ute, Berlin
Rwegera, Damien, UNAIDS, Abidjan, Elfenbeinküste

Schamp, Eike W., Universität Frankfurt/M.
Schlee, Günther, Max-Planck-Institut für ethnologische Forschung, Halle/S.
Schröder, Jobst-Michael, Bundesforschungsanstalt für Forst- u. Holzwirtschaft, Hamburg
Schulze-Engler, Frank, Universität Frankfurt/M.
Schümer, Cordula, Frankfurt/M.
Schüssler, Karlheinz, Feldkirchen
Seibert, Gerhard, Centro de Estudios Africanos e Asiáticos, Lissabon, Portugal
Seibt, Oliver, Universität Köln
Seibt, Uta, Max-Planck-Institut für Verhaltensphysiologie, Seewiesen
Seidlmayer, Stephan Johannes, Freie Universität Berlin
Sheriff, Abdul, University of Dar es Salaam, Tansania
Singer, Hans-Rudolf †
Sippel, Harald, Universität Bayreuth
Sommer, Gabriele, Frankfurt/M.
Spahn, Peter, Freie Universität Berlin
Storch, Anne, Universität Frankfurt/M.
Streck, Bernhard, Universität Leipzig
Sundermeier, Theo, Universität Heidelberg

Tambwe, Eddie Kitenge bin Kitoko, Annières, Frankreich
Tetzlaff, Rainer, Universität Hamburg
Thomi, Walter, Universität Halle
Thornton, John K., Millersville University, Millersville, PA, USA
Triebel, Johannes, Neuendettelsau

Veit-Wild, Flora, Humboldt-Universität Berlin
Verhoeven, Ursula, Universität Mainz
Vierke, Ulf, Bayreuth
Vogels, Raimund, Hochschule für Musik und Theater, Hannover
Voigt, Rainer, Freie Universität Berlin
Vorlaufer, Karl, Universität Düsseldorf
Voßen, Rainer, Universität Frankfurt/M.

Walther, Wiebke, Universität Tübingen
Wanitzek, Ulrike, Universität Bayreuth
Wauschkuhn, Markus, Universität Bremen
Wegemund, Regina, Hamburg
Werthmann, Katja, Universität Frankfurt/M.
Wickler, Wolfgang, Max-Planck-Institut für Verhaltensphysiologie, Seewiesen
Willer, Heidi, Universität Bayreuth
Winkelmann, Kerstin, Universität Bayreuth
Wohlmuth, Karl, Universität Bremen

Zdunnek, Gabriele, Berlin
Ziegert, Helmut, Universität Hamburg
Zitelmann, Thomas, Zentrum Moderner Orient, Berlin

Bildquellen

Alle nicht einzeln aufgeführten Abbildungen, Karten und Tabellen siehe die jeweilige Legende bei der Abbildung.

Abb. 1, 2	Annemarie Fiedermutz-Laun
Abb. 3	Privatbesitz
Abb. 9	Musik in Geschichte und Gegenwart (MGG), 2. Ausgabe, Sachteil, Band 3, Sp. 1442 (Berlin, Museum für Völkerkunde)
Abb. 10	aus: Porträt Afrika, Berlin: Haus der Kulturen der Welt 2000, S. 76
Abb. 11	aus: Wolfgang Bender, Sweet Mother. Moderne Afrikanische Musik. Wuppertal: Peter Hammer, 2000, S. 84
Abb. 12	Iwalewa-Haus, Afrikazentrum der Universität Bayreuth, Inv.nr. G 00224 SS. Copyright: VG Bild-Kunst
Abb. 13	aus: Ulrich Wegner, Afrikanische Saiteninstrumente. Berlin 1984 (= Veröffentlichungen des Museums für Völkerkunde, Berlin, N. F. 40), S. 163
Abb. 14	aus: Bender, a.a.O., S. 142
Abb. 15	Foto: Herbert Cole, University of California, San Diego (Cole Collection)
Abb. 16	Museum Rietberg, Zürich
Abb. 17	aus: Alfons Hug (Hrsg.): Neue Kunst aus Afrika. Heidelberg: Edition Braus, 1996, S. 171 (Foto: Nikolaus Koliusis)
Abb. 18	aus: Bender, a.a.O., S. 285
Abb. 19	aus: Bender, a.a.O., S. 245
Abb. 20	Privatbesitz; Foto: Dr. Norbert Aas, ArtArc, Bayreuth
Abb. 21	Foto: Till Förster, Basel
Abb. 23	aus: Till Förster/Marina von Assel (Hrsg.), Kunst aus Zimbabwe – Kunst in Zimbabwe. Köln: Köppe 2001, S. 44
Abb. 24	MGG, Sachteil, Bd. 6, Sp. 1167 (Tervuren, Koninklijk Museum voor Midden-Afrika, Bildarchiv E. Ph. 8798)
Abb. 25	Privatbesitz
Abb. 26	aus: Bender, a.a.O., S. 32
Abb. 27	Gerd Grupe/Raimund Vogels
Abb. 28-31	Raimund Kastenholz
Abb. 36	aus: Simon Broughton u. a., Rough Guide Weltmusik, Stuttgart: Metzler, 2000, S. 289
Abb. 37	Piktogramm: Ulrike Groß
Abb. 40	Iwalewa-Haus, Afrikazentrum der Universität Bayreuth, Inv.nr. A 00170 OT
Abb. 41	MGG, Sachteil, Bd. 9, Sp. 855 f.
Abb. 44	MGG, Sachteil, Bd. 9, Sp. 2115
Abb. 45	aus: Ulrich Wegner, Afrikanische Saiteninstrumente. Berlin 1984 (= Veröffentlichungen des Museums für Völkerkunde, Berlin, N. F. 40), S. 79 (Foto: Hugo Zemp)

Karte 2	Raimund Kastenholz
Karte 3	Reinhard Klein-Arendt
Karte 4	Kamal Naït-Zerrad
Karte 9	Rudolf Leger
Karte 10	Michael Broß
Karte 12	Rainer Voßen
Karte 13	Rainer Voßen
Karte 22	Anne Storch
Karte 23	Rainer Voßen
Karte 24	nach Bernd Wiese, Afrika. Ressourcen, Wirtschaft, Entwicklung. Stuttgart: Teubner, 1997, Abb. 8.2, S. 37
Karte 25	Gabriele Sommer
Karte 28	Jost Gippert, Frankfurt/M.
Karte 39	Reinhard Klein-Arendt